Ricker/Weberling
Handbuch des Presserechts

Handbuch des Presserechts

Begründet von

Martin Löffler und Reinhart Ricker

7., neu bearbeitete Auflage von

Dr. Reinhart Ricker M. A.
Professor für Medienrecht und Medienpolitik
Rechtsanwalt in Kronberg

Dr. Johannes Weberling
Honorarprofessor für Medienrecht an der Europa-Universität Viadrina Frankfurt (Oder)
Rechtsanwalt in Berlin

unter Mitarbeit von

Dr. Volker Hagemeister, Vorsitzender Richter am Landgericht in Berlin
Katja Heintschel von Heinegg, Rechtsanwältin in Berlin
Oliver Licht, M.A., LL.M., M.P.A., Justiziar der Senatskanzlei in Berlin
Dr. Malte Nieschalk, LL. M., Rechtsanwalt in Berlin
Dr. Philipp-Christian Thomale, Rechtsanwalt in Berlin

7. Auflage 2021

C.H.BECK

www.beck.de

ISBN 978 3 406 73516 5

Wilhelmstraße 9, 80801 München
Druck und Bindung: Westermann Druck Zwickau GmbH
Crimmitschauer Straße 43, 08058 Zwickau
Satz: Druckerei C. H. Beck
(Adresse wie Verlag)

CO_2 neutral
chbeck.de/nachhaltig

Gedruckt auf säurefreiem, alterungsbeständigem Papier
(hergestellt aus chlorfrei gebleichtem Zellstoff)

Vorwort zur 7. Auflage

Seit Erscheinen der 6. Auflage im Jahre 2012 hat sich das Presserecht vor dem Hintergrund der weiter fortschreitenden Konvergenz der Medien und des Markteintritts immer neuer digitaler Medienangebote und Akteure mit großer Geschwindigkeit weiterentwickelt. Nicht zuletzt aufgrund zunehmender europäischer Regelungen, darunter die Datenschutz-Grundverordnung (DSGVO) und aktuell die „Digital Single Market“-Richtlinie (DSM-Richtlinie) mussten große Teile des Werks gründlich überarbeitet werden.

Die Entscheidung des BVerwG zum Grundrechts-unmittelbaren Auskunftsanspruch der Medien gegenüber Behörden des Bundes Ende Februar 2013 beendete praktisch eine jahrzehntelang kontrovers geführte Diskussion in Literatur und Rechtsprechung und festigte den Auskunftsanspruch der Medien gegenüber der öffentlichen Hand insgesamt. Auch der Grundsatz der prozessualen Waffengleichheit in äußerungsrechtlichen einstweiligen Verfügungsverfahren wurde vom BVerfG seit 2018 in mehreren Entscheidungen hervorgehoben. Zugleich hat das Gericht unter die seit Jahren andauernde Diskussion über die Zulässigkeit des Vorhaltens von Berichten in Online-Archiven mit den Entscheidungen „Recht auf Vergessen I“ und „Recht auf Vergessen II“ Ende 2019 einen Schlusspunkt gesetzt, der nunmehr von der Fachgerichtsbarkeit weiter konturiert wird.

Seit 2015 wurde das Medienprivileg durch mehrere Änderungen in den Prozessordnungen insbesondere in Bezug auf das Zeugnisverweigerungs- und Beschlagnahmerecht gefestigt. Die in der Rechtsprechung bisher nicht entschiedene Frage, ob und inwieweit das Urheberrecht der Veröffentlichung von Dokumenten und Unterlagen entgegengehalten werden kann, entschied der BGH im Ergebnis einer mehrjährigen Auseinandersetzung in den Entscheidungen „Reformistischer Aufbruch II“ und „Afghanistan-Papiere II“ im Anschluss an § 50 UrhG aufgrund des überwiegenden öffentlichen Interesses an diesen Dokumenten zugunsten der Medienfreiheit. Auch das Spannungsfeld zwischen Persönlichkeitsrecht und öffentlichem Interesse bei der Wort- und Bildberichterstattung war Gegenstand zahlreicher Entscheidungen des BGH. Das Gericht hat entsprechend seiner Tendenz in den vergangenen Jahren weiter nach dem Grundsatz der praktischen Konkordanz entschieden und die Verfassungsgüter Medienfreiheit und Persönlichkeitsrecht gleichermaßen angemessen gewürdigt. Das bereits in der Vorauflage angesprochene, damals noch neue sogenannte „abgestufte Schutzkonzept“ hat sich dabei bewährt.

Kurz vor Drucklegung trat der neue Medienstaatsvertrag in Kraft. Die dadurch bewirkten Veränderungen gerade im Bereich der elektronischen Medien wurden in der 7. Auflage ebenso berücksichtigt wie der Anfang Februar 2021 von der Bundesregierung in das Gesetzgebungsverfahren eingebrachte Gesetzentwurf zur Anpassung insbesondere des Urheberrechts an die 2019 beschlossene DSM-Richtlinie der Europäischen Union. Die Auseinandersetzung über das den Presseverlegern zustehende Leistungsschutzrecht als notwendigem Mittel zur Begrenzung der kostenlosen Selbstbedienung internationaler Medienkonzerne dürfte damit zumindest vorläufig ihr Ende gefunden haben.

Einmal mehr konnten wir uns auf unsere Mitarbeiter verlassen. Wir bedanken uns bei Herrn Volker Hagemeister, Frau Katja Heintschel von Heinegg, Herrn Oliver Licht, Herrn Malte Nieschalk sowie Herrn Philipp-Christian Thomale sehr herzlich für ihre Mitarbeit. Dank gebührt auch unseren studentischen Hilfskräften Gunnar Hamann und Margarita Hamann für ihre verlässliche Unterstützung bei den Literatur- und Rechtsprechungsrecherchen sowie bei der Erstellung des Sachregisters.

Für die 7. Auflage des Ricker/Weberling gilt unverändert: Alle, die an diesem Werk mitwirkten, haben sich bei der Herausforderung, ein Werk zu verfassen, das wissenschaftlich genau aber auch didaktisch einprägsam das vielgestaltige Gebiet des Presserechts anschaulich wiedergibt, von dem Grundsatz leiten lassen, der für die Zukunft unseres Staates und unseres gesamten Gemeinwesens im sich einigenden Europa von besonderer Bedeutung erscheint: „In dubio pro libertate“.

Reinhart Ricker
Johannes Weberling

Bearbeiterübersicht der 7. Auflage

1. Abschnitt .... Prof. Dr. Reinhart Ricker, M.A./Oliver Licht, M.A., LL.M., M.P.A.
2. Abschnitt .... Prof. Dr. Reinhart Ricker, M.A./Oliver Licht, M.A., LL.M., M.P.A.
3. Abschnitt .... Prof. Dr. Reinhart Ricker, M.A./Oliver Licht, M.A., LL.M., M.P.A.
4. Abschnitt .... Prof. Dr. Johannes Weberling
5. Abschnitt .... Prof. Dr. Johannes Weberling/Dr. Volker Hagemeister
6. Abschnitt .... Prof. Dr. Johannes Weberling
7. Abschnitt .... Prof. Dr. Johannes Weberling
8. Abschnitt .... Prof. Dr. Johannes Weberling
9. Abschnitt .... Prof. Dr. Johannes Weberling
10. Abschnitt .... Prof. Dr. Johannes Weberling/Dr. Philipp-Christian Thomale
11. Abschnitt .... Prof. Dr. Johannes Weberling
12. Abschnitt .... Prof. Dr. Johannes Weberling
13. Abschnitt .... Prof. Dr. Johannes Weberling/Dr. Malte Nieschalk, LL.M.
14. Abschnitt .... Prof. Dr. Johannes Weberling/Dr. Philipp-Christian Thomale
15. Abschnitt .... Prof. Dr. Johannes Weberling/Dr. Malte Nieschalk, LL.M.
16. Abschnitt .... Prof. Dr. Johannes Weberling/Katja Heintschel von Heinegg
17. Abschnitt .... Prof. Dr. Johannes Weberling/Dr. Malte Nieschalk, LL.M.
18. Abschnitt .... Prof. Dr. Johannes Weberling

Inhaltsübersicht

Abkürzungsverzeichnis

aA	anderer Ansicht
aaO	am angegebenen Ort
aE	am Ende
aF	alte Fassung
ABl.	Amtsblatt der Europäischen Gemeinschaften
Abs.	Absatz
Abschn.	Abschnitt
AcP	Archiv für die civilistische Praxis
AEUV	Vertrag über die Arbeitsweise der Europäischen Union
AfP	Archiv für Presserecht
AG	Amtsgericht
AGB PZD	Allgemeine Geschäftsbedingungen der Deutschen Bundespost Postdienst für den Postzeitungsdienst (außer Kraft)
AGBG	Gesetz zur Regelung des Rechts der Allgemeinen Geschäftsbedingungen (außer Kraft; sh. jetzt §§ 305 ff. BGB)
AktG	Aktiengesetz
ALR	Allgemeines Landrecht (Preußen)
Alt.	Alternative
aM	anderer Meinung
Anh.	Anhang
Anm.	Anmerkung
Anw.Bl.	Anwaltsblatt
AO	Abgabenordnung
AöR	Archiv für öffentliches Recht
AP	Arbeitsrechtliche Praxis
ArbG	Arbeitsgericht
ArbGG	Arbeitsgerichtsgesetz
AuR	Arbeit und Recht
ArbR-Hdb	Handbuch Arbeitsrecht
ArbZG	Arbeitszeitgesetz
Arch.FunkR	Archiv für Funkrecht
Arch.Urh.R	Archiv für Urheberrecht
ArchPR	Archiv Presserechtlicher Entscheidungen
Art.	Artikel
AT	Allgemeiner Teil
Aufl.	Auflage
AVG	Angestelltenversicherungsgesetz (außer Kraft; sh. jetzt SGB VI)
AVO	Ausführungsverordnung
AWR	Archiv für Wettbewerbsrecht
BAG	Bundesarbeitsgericht
BAGE	Entscheidungen des Bundesarbeitsgerichts
Bay.	Bayern
bay.	bayerisch
BayBS	Bereinigte Sammlung des bayerischen Landrechts
BayObLG	Bayerisches Oberstes Landesgericht
BayObLGSt	Sammlung der Entscheidungen des BayObLG in Strafsachen
BayPG	Bayerisches Pressegesetz
BayVerwBl.	Bayerisches Verwaltungsblatt
BayVerwGH	Bayerischer Verwaltungsgerichtshof
BayZustV	Bayerische Zuständigkeitsverordnung

BB	Betriebs-Berater
BBG	Bundesbeamtengesetz
BBiG	Berufsbildungsgesetz
Bd.	Band
BDSG	Bundesdatenschutzgesetz
BDZV	Bundesverband Digitalpublisher und Zeitungsverleger e. V. (bis 2019 Budesverband Deutscher Zeitungsverleger e. V.)
BeamtStG	Gesetz zur Regelung des Statusrechts der Beamtinnen und Beamten in den Ländern (Beamtenstatusgesetz)
Begr.	Begründung
Berlin	Berlin
berlin.	berlinerisch
BerlinPG	Berliner Pressegesetz
BeschFG	Beschäftigungsförderungsgesetz (außer Kraft; sh. jetzt TzBfG)
betr.	betreffend
BetrVG	Betriebsverfassungsgesetz
BFH	Bundesfinanzhof
BGB	Bürgerliches Gesetzbuch
BGBl.	Bundesgesetzblatt
BGE	Entscheidungen des Schweizerischen Bundesgerichts
BGH	Bundesgerichtshof
BGHSt	Entscheidungen des Bundesgerichtshofs in Strafsachen
BGHZ	Entscheidungen des Bundesgerichtshofs in Zivilsachen
BIEM	Bureau International des Sociétés Gérant les Droits d'Enregistrement et de Reproduction Mécanique (Neuilly-sur-Seine)
BIRPI	Bureaux Internationaux Réunis pour la Protection de la Propriété Intellectuelle (aufgelöst; sh. jetzt WIPO)
BJM	Bundesministerium der Justiz (jetzt: Bundesministerium der Justiz und für Verbraucherschutz)
BKartA	Bundeskartellamt
Bl.	Blatt
BMI	Bundesministerium des Innern (jetzt: Bundesministerium des Innern, für Bau und Heimat)
Börsenblatt	Börsenblatt für den deutschen Buchhandel
BPjM	Bundesprüfstelle für jugendgefährdende Medien
BPjS	Bundesprüfstelle für jugendgefährdende Schriften (umbenannt; sh. jetzt BPjM)
Branden	Brandenburg
branden.	brandenburgisch
BrandenLPG	Brandenburgisches Landespressegesetz
BRD	Bundesrepublik Deutschland
Brem.	Bremen
brem.	bremisch
BremPG	Bremer Pressegesetz
BfV	Bundesamt für Verfassungsschutz
BT	Besonderer Teil
BT-Drs.	Bundestags-Drucksache
BUrlG	Mindesturlaubsgesetz für Arbeitnehmer (Bundesurlaubsgesetz)
BVerfG	Bundesverfassungsgericht
BVerfGE	Entscheidungen des Bundesverfassungsgerichts
BVerfGG	Gesetz über das Bundesverfassungsgericht (Bundesverfassungsgerichtsgesetz)
BVerwG	Bundesverwaltungsgericht
BVerwGE	Entscheidungen des Bundesverwaltungsgerichts
BW	Baden-Württemberg

bw.	baden-württembergisch
BWLPG	Baden-württembergisches Landespressegesetz
BZRG	Gesetz über das Zentralregister und das Erziehungsregister (Bundeszentralregistergesetz)
bzw.	beziehungsweise
CR	Computer und Recht
dh	das heißt
DAG	Deutsche Angestellten Gewerkschaft (ehem.; sh. jetzt ver.di)
DB	Der Betrieb
DdA	Le Droit d'Auteur
DDR	Deutsche Demokratische Republik
ders.	derselbe
DesignG	Gesetz über den rechtlichen Schutz von Design (Designgesetz)
DGB	Deutscher Gewerkschaftsbund
dies.	dieselbe, dieselben
DJ	Deutsche Justiz
DJT	Deutscher Juristentag eV
dju	Deutsche Journalistinnen- und Journalisten-Union
DJV	Deutscher Journalisten-Verband eV
DJZ	Deutsche Juristen-Zeitung
DNBG	Gesetz über die Deutsche Nationalbibliothek
DÖD	Der Öffentliche Dienst
DÖV	Die Öffentliche Verwaltung
dpa	Deutsche Presse-Agentur GmbH
DR	Deutsches Recht
DRiG	Deutsches Richtergesetz
DRiZ	Deutsche Richterzeitung
DRSpr.	Deutsche Rechtsprechung (Entscheidungssammlung)
DRZ	Deutsche Rechts-Zeitschrift
Drs.	Drucksache
DSGVO	Verordnung (EU) 2016/679 des Europäischen Parlaments und des Rates vom 27.4.2016 zum Schutz natürlicher Personen bei der Verarbeitung personenbezogener Daten, zum freien Datenverkehr und zur Aufhebung der Richtlinie 95/46/EG (Datenschutz-Grundverordnung)
DSM-RL	Richtlinie (EU) 2019/790 des Europäischen Parlaments und des Rates vom 17.4.2019 über das Urheberrecht und die verwandten Schutzrechte im digitalen Binnenmarkt und zur Änderung der Richtlinien 96/9/EU und 2001/29/EG
DStR	Deutsches Steuerrecht
DtZ	Deutsch-deutsche Rechts-Zeitschrift
DuD	Datenschutz und Datensicherung
DVBl	Deutsches Verwaltungsblatt
DVO	Durchführungsverordnung
DVP	Deutsche Verwaltungspraxis
EG	Einführungsgesetz; Europäische Gemeinschaft(en)
EGGVG	Einführungsgesetz zum Gerichtsverfassungsgesetz
EGMR	Europäischer Gerichtshof für Menschenrechte (Straßburg)
EGV	Vertrag zur Gründung der Europäischen Gemeinschaft (umbenannt; sh. jetzt AEUV)
ehem.	ehemalig
Einl.	Einleitung
einschl.	einschließlich

EMRK .... Konvention zum Schutze der Menschenrechte und Grundfreiheiten (Europäische Menschenrechtskonvention)
ErfK .... Erfurter Kommentar zum Arbeitsrecht
ErgBd .... Ergänzungsband
EU .... Europäische Union
EuGH .... Europäischer Gerichtshof (Luxemburg)
EuGRZ .... Europäische Grundrechte-Zeitschrift
EuR .... Europarecht
EUV .... Vertrag über die Europäische Union
EuZW .... Europäische Zeitschrift für Wirtschaftsrecht
EWS .... Europäisches Wirtschafts- und Steuerrecht
EzA .... Entscheidungssammlung zum Arbeitsrecht

FAG .... Gesetz über Fernmeldeanlagen (Fernmeldeanlagen-Gesetz) (außer Kraft; sh. jetzt va TKG)
FamRZ .... Zeitschrift für das gesamte Familienrecht
ff. .... folgende (Seiten bzw. Paragraphen)
FKVO .... Fusionskontrollverordnung (VO (EWG) Nr. 139/2004)
FMBl. .... Amtsblatt des Bayerischen Staatsministeriums der Finanzen
FSK .... Freiwillige Selbstkontrolle der Filmwirtschaft GmbH
FuR .... Film und Recht

GBl. .... Gesetzblatt
GbR .... Gesellschaft bürgerlichen Rechts
GebrMG .... Gebrauchsmustergesetz
gem. .... gemäß
GEMA .... Gesellschaft für musikalische Aufführungs- und mechanische Vervielfältigungsrechte
GeschmMG .... Gesetz über den rechtlichen Schutz von Mustern und Modellen (Geschmacksmustergesetz) (außer Kraft; sh. jetzt DesignG)
GewO .... Gewerbeordnung
GG .... Grundgesetz für die Bundesrepublik Deutschland
ggf. .... gegebenenfalls
GjS .... Gesetz über die Verbreitung jugendgefährdender Schriften (außer Kraft; sh. jetzt JuSchG)
GjSM .... Gesetz über die Verbreitung jugendgefährdender Schriften und Medieninhalte (außer Kraft; sh. jetzt JuSchG)
GoltdArch. .... Goltdammer's Archiv für Strafsachen
GRCh .... Charta der Grundrechte der Europäischen Union
GrS .... Großer Senat
GrStS .... Großer Senat für Strafsachen des Bundesgerichtshofs
Gruchot .... Gruchots Beiträge zur Erläuterung des Rechts (zitiert nach Band und Seitenzahl)
GrünhutsZ .... Grünhuts Zeitschrift für privates und öffentliches Recht
GRUR .... Gewerblicher Rechtsschutz und Urheberrecht
GRUR Ausl. .... Gewerblicher Rechtsschutz und Urheberrecht, Auslands- und Internationaler Teil (1952–1969; sh. jetzt GRUR Int.)
GRUR Int. .... Gewerblicher Rechtsschutz und Urheberrecht, Internationaler Teil
GRUR-RR .... Gewerblicher Rechtsschutz und Urheberrecht Rechtsprechungs-Report
GrZS .... Großer Senat für Zivilsachen des Bundesgerichtshofs
GS .... Gerichtssaal
GschO-BT .... Geschäftsordnung des Bundestages
GSSt. .... Großer Senat für Strafsachen
GTV .... Gehaltstarifvertrag
GVBl. .... Gesetz- und Verordnungsblatt

GVG	Gerichtsverfassungsgesetz
GVL	Gesellschaft zur Verwertung von Leistungsschutzrechten mbH
GWB	Gesetz gegen Wettbewerbsbeschränkungen
HambPG	Hamburgisches Pressegesetz
HdbStR	Handbuch des Staatsrechts
Hess.	Hessen
hess.	hessisch
HessBiblG	Hessisches Bibliotheksgesetz
HessPG	Hessisches Pressegesetz
HESt.	Höchstrichterliche Entscheidungen (Sammlung von Entscheidungen der Oberlandesgerichte und der Obersten Gerichte in Strafsachen)
HGB	Handelsgesetzbuch
HK MedienR	Hamburger Kommentar Gesamtes Medienrecht
hL	herrschende Lehre
hM	herrschende Meinung
Hmb.	Hamburg
hmb.	hamburgisch
HRR	Höchstrichterliche Rechtsprechung
Hrsg.	Herausgeber
hrsgg.	herausgegeben
idF	in der Fassung
idR	in der Regel
IFG	Gesetz zur Regelung des Zugangs zu Informationen des Bundes (Informationsfreiheitsgesetz)
IG	Industriegewerkschaft
IPBürgR	Internationaler Pakt über bürgerliche und politische Rechte
IPI	International Press Institute (Wien)
IRG	Internationales Rechtshilfegesetz
IuKDG	Gesetz zur Regelung der Rahmenbedingungen für Informations- und Kommunikationsdienste (Informations- und Kommunikationsdienste-Gesetz)
iü	im übrigen
iVm	in Verbindung mit
IVW	Informationsgemeinschaft zur Feststellung der Verbreitung von Werbeträgern eV
IWG	Gesetz über die Weiterverwendung von Informationen öffentlicher Stellen (Informationsweiterverwendungsgesetz)
JArbSchG	Gesetz zum Schutze der arbeitenden Jugend (Jugendarbeitsschutzgesetz)
JGG	Jugendgerichtsgesetz
JMBl.	Justizministerialblatt
JMStV	Staatsvertrag über den Schutz der Menschenwürde und den Jugendschutz in Rundfunk und Telemedien (Jugendmedienschutz-Staatsvertrag)
JöSchG	Gesetz zum Schutze der Jugend in der Öffentlichkeit (Jugendschutzgesetz) (außer Kraft)
JR	Juristische Rundschau
JURA	Juristische Ausbildung
JuS	Juristische Schulung
JuSchG	Jugendschutzgesetz
Justiz	Die Justiz
JZ	JuristenZeitung

K&R	Kommunikation und Recht
KAGB	Kapitalanlagegesetzbuch
Kap.	Kapitel
KG	Kammergericht; Kommanditgesellschaft
KGJ	Jahrbuch für Entscheidungen des preußischen Kammergerichts Berlin
KJ	Kritische Justiz
KK-StPO	Karlsruher Kommentar zur Strafprozessordnung
KK-OWiG	Karlsruher Kommentar zum Ordnungswidrigkeitengesetz
KommJur	Kommunaljurist
KRG	Kontrollratsgesetz
KSchG	Kündigungsschutzgesetz
KSZE	Konferenz über Sicherheit und Zusammenarbeit in Europa (sh. jetzt OSZE)
KUG	Gesetz betreffend das Urheberrecht an Werken der bildenden Künste und der Photographie (Kunsturhebergesetz)
KuR	Kunst und Recht
LAG	Landesarbeitsgericht
LBibG	Landesbibliotheksgesetz
LeipzZ	Leipziger Zeitschrift für Deutsches Recht
LG	Landgericht
li.	links, linker, linke
LK	Leipziger Kommentar
LM	Nachschlagewerk des Bundesgerichtshofs, herausgegeben von Lindenmaier und Möhring
LMG	Landesmediengesetz
LPG	Landespressegesetz
LT	Landtag
LuftVG	Luftverkehrsgesetz
LUG	Gesetz betreffend das Urheberrecht an Werken der Literatur und der Tonkunst (außer Kraft; sh. jetzt UrhG)
mAnm	mit Anmerkung
mkritAnm	mit kritischer Anmerkung
mwN	mit weiteren Nachweisen
MarkenG	Gesetz über den Schutz von Marken und sonstigen Kennzeichen (Markengesetz)
MBl.	Ministerialblatt
MDR	Monatsschrift für Deutsches Recht
MDStV	Mediendienste-Staatsvertrag (außer Kraft)
MilRegG	Gesetz der Alliierten Militärregierung
MitbestG	Gesetz über die Mitbestimmung der Arbeitnehmer (Mitbestimmungsgesetz)
MMR	MultiMedia und Recht
MP	Media Perspektiven
MRK	Menschenrechtskonvention
MStV	Medienstaatsvertrag vom 14–28. April 2020 (GVBl. S. 450, 451, BayRS 02-33-S)
MTV	Manteltarifvertrag
MünchArb.	Münchener Handbuch zum Arbeitsrecht
MüKo-BGB	Münchener Kommentar zum Bürgerlichen Gesetzbuch
MüKo-StGB	Münchener Kommentar zum Strafgesetzbuch
MuR	Medien und Recht
MuSchG	Gesetz zum Schutz von Müttern bei der Arbeit, in der Ausbildung und im Studium (Mutterschutzgesetz)
MuW	Markenschutz und Wettbewerb

MV	Mecklenburg-Vorpommern
mv.	mecklenburg-vorpommersch
MVLPG	Mecklenburg-vorpommersches Landespressegesetz
nF	neue Fassung
Nds.	Niedersachsen
nds.	niedersächsisch
NdsMBl.	Niedersächsisches Ministerialblatt
NdsPG	Niedersächsisches Pressegesetz
Nds. Rpfl.	Niedersächsische Rechtspflege
NdsZustVO-OWi	Niedersächsische Verordnung über sachliche Zuständigkeiten für die Verfolgung und Ahndung von Ordnungswidrigkeiten
NetzDG	Gesetz zur Verbesserung der Rechtsdurchsetzung in sozialen Netzwerken
NJ	Neue Justiz
NJOZ	Neue Juristische Online-Zeitschrift
NJW	Neue Juristische Wochenschrift
NJW-CoR	NJW-Computerreport
NJWE-WettbR	NJW-Entscheidungsdienst Wettbewerbsrecht
NJW-RR	NJW-Rechtsprechungs-Report Zivilrecht
Nr.	Nummer
NRW	Nordrhein-Westfalen
nrw.	nordrhein-westfälisch
NRWIFG	Gesetz über die Freiheit des Zugangs zu Informationen für das Land Nordrhein-Westfalen
NRWLPG	Nordrhein-westfälisches Landespressegesetz
NStZ	Neue Zeitschrift für Strafrecht
nv	nicht veröffentlicht
NVwZ	Neue Zeitschrift für Verwaltungsrecht
NZA	Neue Zeitschrift für Arbeitsrecht
oa	oben angegeben
oJ	ohne Jahr(esangabe)
OGHSt	Entscheidungen des Obersten Gerichtshofes für die Britische Zone in Strafsachen
OGHZ	Entscheidungen des Obersten Gerichtshofes für die Britische Zone in Zivilsachen
OLG	Oberlandesgericht
OLG Hamburg	Hanseatisches Oberlandesgericht
OLGRspr.	Die Rechtsprechung der Oberlandesgerichte auf dem Gebiet des Zivilrechts, herausgegeben von Mugdan und Falkmann
OSZE	Organisation für Sicherheit und Zusammenarbeit in Europa
OVG	Oberverwaltungsgericht
OVG Bautzen	Sächsisches Oberverwaltungsgericht Bautzen
OVGRspr.	Sammlung von Entscheidungen des preußischen Oberverwaltungsgerichts
OWiG	Gesetz über Ordnungswidrigkeiten
PartG	Gesetz über die politischen Parteien (Parteiengesetz)
PEG	Pflichtexemplargesetz
PflAV	Pflichtexemplarablieferungsverordnung
PflEV	Pflichtexemplarverordnung
PflExG	Pflichtexemplargesetz
PflStG	Pflichtstückegesetz
PhR	Pharma Recht
PostG	Postgesetz

PostV	Postdienstverordnung
PostVerfG	Gesetz über die Unternehmensverfassung der Deutschen Bundespost
PostZtgO	Postzeitungsordnung (außer Kraft)
PreußOVG	Preußisches Oberverwaltungsgericht (Entscheidungssammlung)
PreußPVG	Preußisches Polizeiverwaltungsgesetz
PreußVerwBl.	Preußisches Verwaltungsblatt
Prot.	Protokoll
PRRG-Entwurf	Presserechtsrahmengesetz-Entwurf
RabattG	Gesetz über Preisnachlässe (Rabattgesetz) (außer Kraft)
RAG	Reichsarbeitsgericht
RBerG	Rechtsberatungsgesetz (außer Kraft; sh. jetzt RDG)
RBÜ	Revidierte Berner Übereinkunft zum Schutz von Werken der Literatur und Kunst
RdA	Recht der Arbeit
RdErl.	Runderlass
RDG	Gesetz über außergerichtliche Rechtsdienstleistungen (Rechtsdienstleistungsgesetz)
RdJ	Recht der Jugend und des Bildungswesens
RDV	Recht der Datenverarbeitung
Rn.	Randziffer
re.	rechts, rechter, rechte
REG	Rückerstattungsgesetz
RegBl.	Regierungsblatt
RegE	Regierungsentwurf
Reger	Sammlung von Entscheidungen der Gerichte und Verwaltungsbehörden auf dem Rechtsgebiet der inneren Verwaltung
RFH	Reichsfinanzhof
RG	Reichsgericht
RGBl.	Reichsgesetzblatt
RGR-Kommentar	BGB-Kommentar der Reichsgerichtsräte und Bundesrichter
RGSt	Entscheidungen des Reichsgerichts in Strafsachen
RGZ	Entscheidungen des Reichsgerichts in Zivilsachen
RhPf.	Rheinland-Pfalz
rhpf.	rheinland-pfälzisch
VerfGH Rheinland-Pfalz	Verfassungsgerichtshof Rheinland-Pfalz
RiA	Das Recht im Amt
RIDA	Revue Internationale du Droit d'Auteur
RiStBV	Richtlinien für das Strafverfahren und das Bußgeldverfahren
RIW	Recht der Internationalen Wirtschaft
RJM	Reichsjustizministerium
Rn.	Randnummer
RPG	Gesetz über die Presse (Reichspressegesetz)
RPLMG	Rheinland-pfälzisches Landesmediengesetz
RPLPG	Rheinland-pfälzisches Landespressegesetz (außer Kraft; sh. jetzt RPLMG)
RRspr.	Rechtsprechung des Reichsgerichts in Strafsachen
Rspr.	Rechtsprechung
RsprJR	„Rechtsprechung", Beilage zur Juristischen Rundschau
RStV	Staatsvertrag für Rundfunk und Telemedien (Rundfunkstaatsvertrag)
RV	Verfassung des Deutschen Reichs
RzW	Rechtsprechung zum Wiedergutmachungsrecht

s. a.	siehe auch
S.	Seite
s.	siehe
Saarl.	Saarland
saarl.	saarländisch
SaarlMG	Saarländisches Mediengesetz
Sächs. Arch.	Sächsisches Archiv für Rechtspflege
Sachs.	Sachsen
sächs.	sächsisch
SächsAnn.	Annalen des Sächsischen Oberlandesgerichts
SächsPG	Sächsisches Pressegesetz
SAE	Sammlung arbeitsrechtlicher Entscheidungen
SAnhalt	Sachsen-Anhalt
sanhalt.	sachsen-anhaltinisch
SAnhaltLPG	Sachsen-anhaltinisches Landespressegesetz
SchlHA	Schleswig-Holsteinische Anzeigen
SchulG	Schulgesetz
Schulze	Rechtsprechung zum Urheberrecht (Entscheidungssammlung)
SeuffArch.	Seufferts Archiv für Entscheidungen der Oberlandesgerichte
SeuffBl.	Seufferts Blätter für Rechtsanwendung
SG	Gesetz über die Rechtsstellung der Soldaten (Soldatengesetz)
SGB	Sozialgesetzbuch
SGB VI	Das Sechste Buch Sozialgesetzbuch – Gesetzliche Rentenversicherung
SGG	Sozialgerichtsgesetz
SH	Schleswig-Holstein
sh.	schleswig-holsteinisch; siehe
SHPG	Schleswig-holsteinisches Pressegesetz
SJZ	Süddeutsche Juristen-Zeitung
SK	Systematischer Kommentar zum Strafgesetzbuch
sog.	so genannt
Sp.	Spalte
stRspr	ständige Rechtsprechung
Stagma	Staatlich genehmigte Gesellschaft zur Verwertung musikalischer Urheberrechte (sh. jetzt GEMA)
StAnz.	Staatsanzeiger
StenBer.	Stenographische Berichte
StenProt.	Stenographische Protokolle
StGB	Strafgesetzbuch
StPO	Strafprozessordnung
str.	streitig
StrÄG	Strafrechtsänderungsgesetz
StrRG	Gesetz zur Reform des Strafrechts
StUG	Gesetz über die Unterlagen des Staatssicherheitsdienstes der ehemaligen Deutschen Demokratischen Republik (Stasi-Unterlagen-Gesetz)
StV	Strafverteidiger
StVollzG	Gesetz über den Vollzug der Freiheitsstrafe und der freiheitsentziehenden Maßregeln der Besserung und Sicherung (Strafvollzugsgesetz)
TDG	Gesetz über die Nutzung von Telediensten (Teledienstegesetz) (außer Kraft)
Thür.	Thüringen
thür.	thüringisch
ThürLPG	Thüringisches Landespressegesetz
TMG	Telemediengesetz
TVG	Tarifvertragsgesetz

TzBfG	Gesetz über Teilzeitarbeit und befristete Arbeitsverträge (Teilzeit- und Befristungsgesetz)
u.	unten
ua	unter anderem
UER	Union Européenne de Radiodiffusion, Genf
UFITA	Archiv für Medienrecht und Medienwissenschaft (früher unter den Titeln Archiv für Urheber-, Film-, Funk- und Theaterrecht sowie Archiv für Urheber- und Medienrecht)
UiD	Union-Informations-Dienst
UIG	Umweltinformationsgesetz
Unesco	United Nations Educational, Scientific and Cultural Organization (Paris)
UnivG	Universitätsgesetz
UNO	United Nations Organization (New York)
UrhG	Gesetz über Urheberrecht und verwandte Schutzrechte (Urheberrechtsgesetz)
UrhR	Urheberrecht
UrhR-AnpassungsG	Gesetz zur Anpassung des Urheberrechts an die Erfordernisse des digitalen Binnenmarkts (RegE, BR-Drs. 142/21)
UrhG	Urheberrechtsgesetz
uU	unter Umständen
usw	und so weiter
U. S.	United States Reports
UWG	Gesetz gegen den unlauteren Wettbewerb
VBlBW	Verwaltungsblätter für Baden-Württemberg
VDZ	Verband Deutscher Zeitschriftenverleger e. V.
ver.di	Vereinte Dienstleistungsgewerkschaft
VereinsG	Gesetz zur Regelung des öffentlichen Vereinsrechts (Vereinsgesetz)
VerfGH	Verfassungsgerichtshof
VerfGH Bayern	Bayerischer Verfassungsgerichtshof
VerlG	Gesetz über das Verlagsrecht
VermAnlG	Gesetz über Vermögensanlagen (Vermögensanlagengesetz)
VersR	Versicherungsrecht
VerwRspr.	Verwaltungsrechtsprechung in Deutschland (Entscheidungssammlung)
VG	Verwaltungsgericht
VGG	Verwertungsgesellschaftsgesetz
VGH	Verwaltungsgerichtshof
vgl.	vergleiche
VO	Verordnung
VoIP	Voice over IP
Vorb.	Vorbemerkung
VVDStRL	Veröffentlichungen der Vereinigung der Deutschen Staatsrechtslehrer
VwGO	Verwaltungsgerichtsordnung
VwVfG	Verwaltungsverfahrensgesetz
Warneyer	Warneyers Jahrbuch der Entscheidungen (Entscheidungs-Sammlung)
WCT	World Intellectual Property Organization Copyright Treaty
Weim. Verf.	Weimarer Reichsverfassung
WiB	Wirtschaftliche Beratung
WiKG	Gesetz zur Bekämpfung der Wirtschaftskriminalität
WIPO	World Intellectual Property Organization
WiStG	Gesetz zur weiteren Vereinfachung des Wirtschaftsstrafrechts (Wirtschaftsstrafgesetz)
WM	Wertpapier-Mitteilungen

WpPG	Gesetz über die Erstellung, Billigung und Veröffentlichung des Prospekts, der beim öffentlichen Angebot von Wertpapieren oder bei der Zulassung von Wertpapieren zum Handel an einem organisierten Markt zu veröffentlichen ist (Wertpapierprospektgesetz)
WPPT	WIPO Performances and Phonograms Treaty
WRP	Wettbewerb in Recht und Praxis
WuW	Wirtschaft und Wettbewerb
WuW/E	WuW-Entscheidungssammlung zum Kartellrecht
ZAW	Zentralverband der deutschen Werbewirtschaft eV
zB	zum Beispiel
ZBl. für Bibl.	Zentralblatt für Bibliothekswesen
ZfA	Zeitschrift für Arbeitsrecht
ZfStrVo	Zeitschrift für Strafvollzug und Straffälligenhilfe
ZG	Zeitschrift für Gesetzgebung
ZHR	Zeitschrift für das gesamte Handelsrecht und Wirtschaftsrecht (früher unter dem Titel Zeitschrift für das gesamte Handelsrecht und Konkursrecht)
ZIW	Zeitschrift für Immaterialgüter-, Informations- und Wettbewerbsrecht
ZPO	Zivilprozessordnung
ZPÜ	Zentralstelle für private Überspielungsrechte GbR
ZRP	Zeitschrift für Rechtspolitik
ZStW	Zeitschrift für die gesamte Strafrechtswissenschaft
ZUM	Zeitschrift für Urheber- und Medienrecht
ZV	Zeitungsverlag und Zeitschriftenverlag (Zeitschrift; Organ des Bundesverbandes Deutscher Zeitschriftenverleger eV u. des Verbands Deutscher Zeitschriftenverleger eV)

Literaturverzeichnis

Abeltshauser, Redaktionelle Presseäußerungen im Lichte von § 1 UWG, WRP 1997, S. 1143

Adomeit, Das Arbeitsverhältnis zwischen Dienstvertrag und Gesellschaft, JA 1988, S. 173

Ahrens, Benetton und Busengrapscher – ein Test für die wettbewerbsrechtliche Sittenwidrigkeitsklausel und die Meinungsfreiheit, JZ 1995, S. 1096

Ahrens, Beteiligung der Presse an Wettbewerbsverstößen von Anzeigenkunden, in: FS für Fritz Traub zum 65. Geburtstag, Frankfurt a. M. 1994, S. 11

ders., Redaktionelle Werbung – Korruption im Journalismus, GRUR 1995, S. 307

ders./Jänich, Der gebundene Preis für CD-ROM-Produkte – ein Irrweg der Rechtsprechung, GRUR 1998, S. 599

ders., Persönlichkeitsrecht und Freiheit der Medienberichterstattung, Berlin 2002

Alber, Die Selbstbindung der europäischen Organe an die Europäische Charta der Grundrechte, EuGRZ 2001, S. 349

Albrecht/Janson, Datenschutz und Meinungsfreiheit nach der Datenschutzgrundverordnung, CR 2016, S. 500

Alexander, Werbeblocker und Medienfinanzierung, NJW 2016, S. 3620

Allfeld, Der Entwurf eines Gesetzes, betreffend das Urheberrecht an Werken der bildenden Künste und der Photographie, GRUR 1904, S. 258

Altmannsperger, Gesetz über das Postwesen, Loseblattausgabe, Hamburg 1989, Stand Dezember 1989

Alwart, Strafrechtliche Haftung des Unternehmens – vom Unternehmenstäter zum Täterunternehmen, ZStW 1993, S. 752

Amelung, Der Schutz der Privatheit im Zivilrecht, Tübingen 2002

Andri, Ratgeber Künstlersozialversicherungsgesetz, Vorteile, Voraussetzungen, Verfahren, München 2001

Anschütz, Die Verfassung des Deutschen Reiches vom 11.8.1919, 14. Aufl., Berlin 1933

Apelt, Willibalt, Geschichte der Weimarer Verfassung, München 1946

von Aretin/Rotteck, Staatsrecht der constitutionellen Monarchie, 2. Aufl., Leipzig 1839

Arloth, Frank/Krä, Horst, Strafvollzugsgesetze Bund und Länder, 4. Aufl., München 2017

Armbruster, Entwurf eines Gesetzes zum Schutz freier Meinungsbildung, Tübingen 1972

von Arnauld, Strukturelle Fragen des allgemeinen Persönlichkeitsrechts, ZUM 1996, S. 286

Arndt, A., „Vor unserer Tür“ – Eine Besprechung der Entscheidung der BGH vom 16.9.1966 zu dieser Sendung, NJW 1967, S. 1845

Arndt, C., Die „strategische Kontrolle“ von Post- und Fernmeldeverkehrsbeziehungen, NJW 1985, S. 107

ders., Die Herausgabe von Stasi-Unterlagen Prominenter, NJW 2004, S. 3157

Arnold, Ist § 5 UrhG verfassungskonform?, ZUM 1999, S. 283

Ascheid/Preis/Schmidt (Hrsg.), Kündigungsrecht, 5. Aufl., München 2017

Ascherfeld, Presse-Grosso und Europarecht, 2. Aufl., Frankfurt 2001

Assmann/Schneider, Wertpapierhandelsgesetz, 3. Aufl., Köln 2003

Aulehner, Art. 93 I Nr. 2a GG – abstrakte Normenkontrolle oder föderative Streitigkeit?, DVBl. 1997, S. 982

Auty, Robert u. a. (Hrsg.), Lexikon des Mittelalters, München 2002

Bachem (Hrsg.), Staatslexikon, 4. Aufl., Freiburg im Breisgau 1911

Badura, „Tendenzautonomie“ des Presseunternehmers und Mitwirkungsrechte des Betriebsrates, Jura 1980, S. 335

ders./v. Danwitz/Herdegen/Sedemund/Stern, Postgesetz, Kommentar, 2. Auflage München 2004

Baeck/Deutsch/Kramer, Arbeitszeitgesetz, 3. Auflage München 2014

Baier, Die Bekämpfung der Kinderpornographie auf der Ebene von Europäischer Union und Europarat, ZUM 2004, S. 39

Bappert, Rechtsfragen bei Veröffentlichungen von Fotografien in Zeitungen und Zeitschriften, AfP 1954, S. 1
ders., Wege zum Urheberrecht, Frankfurt 1962
ders./Wagner, Rechtsfragen des Buchhandels, 2. Aufl., Frankfurt 1958
Bardong, Zeitungen und Zeitschriften im Binnenmarkt. Kompetenz der Europäischen Gemeinschaft zur Angleichung der zivilrechtlichen Schadenersatzansprüche bei Ehrverletzungen durch Zeitungen und Zeitschriften, Baden-Baden 2001
Baronikians, Kopienversand durch Bibliotheken – rechtliche Beurteilung und Vorschläge zur Regelung, ZUM 1999, S. 126
ders., Buchstabenkombinationen als Unternehmenskennzeichen – Anmerkungen zu und im Zusammenhang mit BGH, GRUR 2001, S. 344 – DB Immobilienfonds, GRUR 2001, S. 795
Barriga, Die Entstehung der Charta der Grundrechte der Europäischen Union, Baden-Baden 2003
Barton, Pressefreiheit und Persönlichkeitsschutz, AfP 1995, S. 452
ders., Die Novellierung des „Hessischen Gesetzes über Freiheit und Recht der Presse", AfP 2001, S. 363
Battis, Ulrich (Hrsg.), Bundesbeamtengesetz, 5. Aufl., München 2017
Bauer, Neue Spielregeln für Teilzeitarbeit und befristete Arbeitsverträge, NZA 2000, S. 1039
ders./Lingemann, Stillegung von Tendenzbetrieben am Beispiel von Pressebetrieben, NZA 1995, S. 813
ders./Mengel, Tendenzschutz für Neue Medienunternehmen, NZA 2001, S. 307
Baumann, Gesetzliche Regelung des Vollzugs der Untersuchungshaft, JZ 1990, S. 107
Baumbach/Hopt, Handelsgesetzbuch, 35. Aufl., München 2012
ders./Lauterbach/Hartmann/Anders/Gehle, Zivilprozessordnung,, 78. Auflage München 2020
Bayreuther, Anmerkung. Vergleichende Werbung nicht mehr grundsätzlich wettbewerbswidrig – Testpreis-Angebot, EuZW 1998, S. 474
Beater, Axel, Medienrecht, 2. Aufl., Tübingen 2016
Beater, Informationsinteressen der Allgemeinheit und öffentlicher Meinungsbildungsprozess, ZUM 2005, S. 602
Bechtle, Der Vertragsberuf – ein scheinbarer Widerspruch, in: Beruf und Berufung, 2. FS für Joh. Binkowski, Terheyden (Hrsg.), Mainz 1988, S. 3
Bechtold, Untersagung eines Zusammenschlusses mit Monopol-Marktbeherrscher wegen Entstehens einer Oligopol-Marktbeherrschung – Anmerkung zu der Entscheidung des BGH vom 22.9.1987 KVR 5/86, DB 1987, S. 2558
ders., Das neue Kartellgesetz, NJW 1998, S. 2769
ders., Ende des Erfordernisses der Lückenlosigkeit?, NJW 1994, S. 3211
ders., Medienkartellrecht, AfP 2001, S. 115
ders., Die Entwicklung des deutschen Kartellrechts 1999 bis 2001, NJW 2001, S. 3159
ders., Tagesspiegel/Berliner Zeitung – Keine oligopolitische Marktbeherrschung, BB 2003, S. 2528
ders./Bosch, GWB Gesetz gegen Wettbewerbsbeschränkungen, 9. Auflage München 2018
ders./Buntscheck, Die Entwicklung des deutschen Kartellrechts 2001 bis 2003, NJW 2003, S. 2866
Beck, Der Lizenzvertrag im Verlagswesen, München 1961
von Becker, B., Grenzenlose Freiheit der Satire?, NJW 2001, S. 583
ders., Überlegungen zum Verhältnis von Kunstfreiheit und Persönlichkeitsrecht, AfP 2001, S. 466
ders., Werbung Kunst Wirklichkeit – Bemerkungen zu einem schwierigen Verhältnis, GRUR 2001, S. 1101
ders., Vertrieb von Verlagserzeugnissen, ZUM 2002, S. 171
ders., Rechtsprobleme bei Mehr-Autoren-Werkverbindungen, ZUM 2002, S. 581
ders., „Mephisto revisited" – ein Rundblick zum Schlüsselroman aus aktuellem Anlass, K&R 2003, S. 81
von Becker, P., Straftäter und Tatverdächtige in den Massenmedien: Die Frage der Rechtmäßigkeit identifizierender Kriminalberichte, Berlin 1978

Beckmann, Staatsanwaltliche Ermittlungstätigkeit als Grenze der Freiheit der Berichterstattung?, FuR 1982, S. 73
BeckOK Beamtenrecht Bund = Brinktrine, Ralf/Schollendorf, Kai (Hrsg.), BeckOK Beamtenrecht Bund, 18. Ed., München, Stand: 31.1.2020
BeckOK Datenschutzrecht = Brink, Stefan/Wolff, Heinrich Amadeus (Hrsg.), BeckOK Datenschutzrecht, 31. Ed., München, Stand: 1.2.2020
BeckOK GG = Epping, Volker/Hillgruber, Christian (Hrsg.), BeckOK Grundgesetz, 42. Ed., München, Stand: 1.12.2019
BeckOK Informations- und Medienrecht = Gersdorf, Hubertus/Paal, Boris (Hrsg.), BeckOK Informations- und Medienrecht, 27. Ed., München, Stand: 1.2.2020
BeckOK StPO = Graf, Jürgen-Peter (Hrsg.), BeckOK StPO mit RiStBV und MiStra, 36. Ed., München, Stand: 1.1.2020
Beger, Erstes Berliner Pflichtexemplargesetz, Bibliotheksdienst 29 (1995), S. 82
Behm, Zur Wirksamkeit von Rechtsgeschäften über „Telefonsex“, NJW 1990, S. 1822
Behringer, Post, Zeitung und Reichsverfassung – Machtkämpfe zu Beginn des Zeitungswesens, in: Beyrer/Dallmeier (s. u.), S. 40
Beier, Dietrich, Das Recht der Domainnamen, München 2004
ders./Götting/Lehmann/Moufang, Urhebervertragsrecht, Festgabe für Gerhard Schricker zum 60. Geburtstag, München 1995
Beisel, Die Strafbarkeit der Auschwitzlüge – Zugleich ein Beitrag zur Auslegung des neuen § 130 StGB, NJW 1995, S. 997
ders., Gerechtigkeit für Zombies! – Agnosie oder Negation: Rechtsprechung des Bundesverfassungsgerichts bleibt in der Rechtsprechung unbeachtet, AfP 1997, S. 514
Benda, Eine Gegendarstellung zur saarländischen Pressefreiheit, NJW 1994, S. 2266
Benda, Ernst, Tatort Schloßbezirk, NJW 1999, S. 1524
Berg, Fahndung und Ermittlung mit Hilfe der Medien: Ein Beitrag aus Sicht der Medien, AfP 1989, S. 416
Bergemann, Rechte an Briefen, Baden-Baden 2001
Berger, Ch., Das neue Urhebervertragsrecht, Baden-Baden 2003
ders., Zum Anspruch auf angemessene Vergütung (§ 32 UrhG) und weitere Beteiligung (§ 32 a UrhG) bei Arbeitnehmer-Urhebern, ZUM 2003, S. 173
Berger, V., Rechtsprechung des Europäischen Gerichtshofes für Menschenrechte, Köln/Berlin/Bonn/München 1987
Berger/Degenhart, Rechtsfragen elektronischer Pressespiegel – verfassungsrechtliche und urheberrechtliche Aspekte, AfP 2002, S. 557
Berger-Delhey, Die tarifliche Jahresleistung für Redakteure, AfP 1989, S. 721
ders., Die Befristung von Arbeitsverhältnissen im Rahmen von Arbeitsbeschaffungsmaßnahmen, NZA 1990, S. 47
ders., Mitbestimmung der Betriebsvertretung bei Arbeitszeitregelungen gegenüber Redakteuren?, NZA 1992, S. 441
ders., „Männer und Frauen sind gleichberechtigt“ (Art. 3 Abs. 2 S. 1 GG). Quotenregelung als Problem, ZTR 1996, S. 258
ders./Alfmeier, Freie Mitarbeiter oder Arbeitnehmer?, NZA 1991, S. 257
Berka, Redaktionsgeheimnis und Pressefreiheit, Aktuelle Probleme des Schutzes journalistischer Quellen im österreichischen Recht, Wien 2001
Berlit, Wettbewerbsrecht, 8. Aufl., München 2011
Berner, Lehrbuch des Deutschen Presserechtes, Leipzig 1876
von Bernuth, Streitpunkt – der Regelungsgehalt des § 52a UrhG, ZUM 2003, S. 438
Bernzen, Anna, Anmerkung zu BVerfG, Beschl. vom 17. 8. 2017 – 1 BvR 1741/17, MMR 2017, S. 742
Bethge, Innere Pressefreiheit – Gesellschaftspolitische Aufgabe oder Verfassungsproblem?, AfP 1980, S. 13
Bernzen, Anna, Anmerkung zu BVerfG, Beschl. vom 17. 8. 2017 – 1 BvR 1741/17, MMR 2017, S. 742

ders., Nochmals: Redaktionelle Mitbestimmung als Zulassungskriterium für Privatfunk, AfP 1989, S. 525
Bettermann, Die allgemeinen Gesetze als Schranken der Pressefreiheit, JZ 1964, S. 601
Beuthien (Hrsg.), Persönlichkeitsgüterschutz vor und nach dem Tode, Baden-Baden 2002
ders./Hieke, Unerlaubte Werbung mit dem Abbild prominenter Personen, AfP 2001, S. 353
ders./Schmölz, Persönlichkeitsschutz durch Persönlichkeitsgüterrechte. Erlösherausgabe statt nur billige Entschädigung in Geld, München 1999
ders./Wehler, Stellung und Schutz der freien Mitarbeiter im Arbeitsrecht, RdA 1978, S. 4
Bewier, Über das Recht am eigenen Bilde, Leipzig 1916
Beyler, Das Recht des Strafgefangenen auf Besitz von Gegenständen nach § 70 (i. V. m. § 69 II) StVollzG unter besonderer Berücksichtigung der allgemeinen technischen Entwicklung, ZfStrVO 2001, S. 142
ders./Dallmeier (Hrsg.), Als die Post noch Zeitung machte. Eine Pressegeschichte, Frankfurt a. M. 1994
Bieber, Roland/Epiney, Astrid/Haag, Marcel/Kotzur, Markus, Die Europäische Union, 12. Aufl., Baden-Baden 2016
Biedermann, Der Kontrahierungszwang im Anzeigenwesen der Zeitungen, Frankfurt 1987
Bietmann, Rundfunkfreiheit und Arbeitnehmerbegriff, NJW 1983, S. 201
Binder/Vesting, Rundfunkrecht, 4. Auflage München 2018
Birk, „Tendenzbetrieb" und Wirtschaftsausschuß, JZ 1973, S. 753
Birkert, Europarecht im deutschen Verwaltungsprozess (15): Rundfunk-, Presse- und sonstiges Medienrecht, Post- und Telekommunikationsrecht, VBlBW 2002, S. 51
Bizer/Trosch, Die Anbieterkennzeichnung im Internet – Rechtliche Anforderungen für Tele- und Mediendienste, DuD 1999, S. 621
Blanke/Kitz, Grenzüberschreitende Buchpreisbindung und Europäisches Gemeinschaftsrecht, JZ 2000, S. 118
Bleckmann, Staatsrecht II – Die Grundrechte, 4. Aufl., Frankfurt/Oder 1997
ders., Europarecht: das Recht der Europäischen Union und der Europäischen Gemeinschaften, 6. Aufl., Köln 1997
Blei, Strafrecht AT, 12. Aufl., München 1996
Blumenauer, Journalismus zwischen Pressefreiheit und Zensur, Köln/Weimar/Wien 2000
Bock, Michael, Die Übertragbarkeit der Kommunikationsfreiheiten des Artikel 5 GG auf das Internet, Wiesbaden 2018
Bock, Urheberrechtliche Probleme beim Leserbrief, GRUR 2001, S. 397
Böge, „Verschlechterung", epd medien 2004, Nr. 11, S. 30
Bölke, „Das Gesetz allein kann nicht für Anstand sorgen" – Der Presserat an der Schnittstelle von Ethik und Recht, in: Wer die Medien bewacht – Medienfreiheit und ihre Grenzen im internationalen Vergleich, Hrsg. Gerhardt/Pfeifer, Frankfurt a. M. 2000
Börner, Der Vertrag zwischen Verlag und Pressegrossisten, Berlin 1981
Bolwin, Das Recht auf Meinungsfreiheit gemäß Art. 5 Abs. 1 S. 1 Grundgesetz und die Treuepflicht des Redakteurs im öffentlich-rechtlichen Rundfunk bei Kommentar, Berichterstattung und Interview, AfP 1987, S. 472
von Bonin/Köster, Internet im Lichte neuer Gesetze, ZUM 1997, S. 821
BK-GG = Kahl, Wolfgang/Waldhoff, Christian/Walter, Christian (Hrsg.), Kommentar zum Grundgesetz, Loseblattsammlung, Heidelberg, Stand: September 2019 (200. EL)
Borck, Über Gewinnspiele der Presse, AfP 1983, S. 312
ders., Werbung im Programm, München 1988
ders., Titelschutz für Rundfunksendungen, UFITA 1989 Bd. 110, S. 35
ders., Eine Lanze für die Zugabeverordnung, WRP 1996, S. 969
ders., Vermutungen über vergleichende Werbung, über Wertreklame und deren weitere Entwicklung, WRP 2001, S. 1124
Born, Schafft den „Durchschnittsleser" ab – Ein Diskussionsbeitrag wider die Rechtsunsicherheit im Medienrecht, ZIP 1998, S. 517
Bornemann, Der Jugendmedienschutz-Staatsvertrag der Länder, NJW 2003, S. 787
Bosten/Prinz, Wettbewerbsrechtlicher Titelschutz durch Titelschutzanzeige, AfP 1991, S. 361

Bott, Die Gratiszeitung – Im Spiegel von Wettbewerbs- und Verfassungsrecht, Hamburg 2003, zugl. Diss., Univ. Mainz 2003
Bottke, Bemerkungen zu dem Beschluß des BVerfG zu § 353d Nr. 3 StGB, NStZ 1987, S. 314
Brackert, Kollektivbeleidigung und Meinungsfreiheit – Eine Anmerkung zum sog. Soldatenurteil, JA 1991, 189
Brändel, Presserechtliche Aspekte des neuen Abzahlungsgesetzes im Hinblick auf den Vertrieb von Presseerzeugnissen, AfP 1973, S. 462
Brahms/Gut, Zur Umsetzung der Richtlinie Europäische Ermittlungsanordnung in das deutsche Recht – Ermittlungsanordnung auf Bestellschein?, NStZ 2017, S. 388
Branahl, Gerichtsberichterstattung als Arbeitsfeld der Tageszeitungen, in: Zeitung – Medium mit Vergangenheit und Zukunft, FS für Hans Bohrmann, Hrsg. Jarren/Kopper/Toepser-Ziegert, München 2000, S. 135
ders., Medienrecht – Eine Einführung, 7. Aufl., Wiesbaden 2013
ders., Medienrecht, 4. Aufl., Opladen 2002
Brand, Rundfunk im Sinne des Artikel 5 Abs. 1 Satz 2 GG, Berlin 2002
ders./Schulze (Hrsg.), Medienkundliches Handbuch, Die Zeitung, Braunschweig 1982
dies. (Hrsg.), Medienkundliches Handbuch, Zeitungssystematischer Teil, Braunschweig 1983
dies. (Hrsg.), Medienkundliches Handbuch, Die Zeitung, 5. Aufl., Aachen-Hahn 1997
Brandi-Dohrn, A., Arbeitnehmererfindungsschutz bei Softwareerstellung, CR 2001, S. 285
Brandi-Dohrn, M., Der urheberrechtliche Optionsvertrag, München 1967
Brandner, Der stumme Zeitungsverkäufer am Laternenmast, GRUR 1996, S. 531
Brannekämper, Wettbewerbsstreitigkeiten mit Auslandsbezug im Verfahren der einstweiligen Verfügung, WRP 1994, S. 661
Braun, Handbuch der Gerichtsberichterstattung, Bonn 1994
ders., Redaktionelle Hinweise in Zeitungen und Zeitschriften, WRP 1983, S. 600
Braun-Schwarz, Die verlegerische Haftung auf Unterlassung für wettbewerbswidrige Anzeigen in periodischen Druckwerken, Frankfurt a. M. 1994
Brehm, Privatgeheimnis und Amtsgeheimnis, AfP 2004, S. 85
Bremer/Martini, Kartellrechtsreform und Sicherung der Pressevielfalt, ZUM 2003, S. 942
Brettschneider, Öffentliche Meinung und Politik, Opladen 1995
Brink, Stefan/Polenz, Sven/Blatt, Henning, Informationsfreiheitsgesetz, München 2017
ders./Wolff, Heinrich Amadeus (Hrsg.), BeckOK Datenschutzrecht, 31. Ed., München 2020 (zit.: BeckOK Datenschutzrecht)
Brinkner, BGH: Divergenzen zwischen deutscher und europäischer Fusionskontrolle, WIB 1996, S. 143
Brinktrine, Ralf/Schollendorf, Kai (Hrsg.), BeckOK Beamtenrecht Bund, 18. Ed., München, Stand: 31. 1.2020 (zit.: BeckOK Beamtenrecht Bund)
Brömmekamp, Die Pressefreiheit und ihre Grenzen in England und der Bundesrepublik Deutschland, Frankfurt a. M. 1997
Brohm, Die Funktion des BVerfG – Oligarchie in der Demokratie?, NJW 2001, S. 1
Brosius-Gersdorf, Dienstgeheimnis versus Presse- und Rundfunkfreiheit. Durchsuchungen und Beschlagnahmen bei den Medien wegen Veröffentlichung von Dienstgeheimnissen, AfP 1998, S. 25
Brox/Rüthers, Arbeitsrecht, 15. Aufl., Stuttgart 2002
Brüggemann, Michael/Engesser, Sven, Skeptiker müssen draußen bleiben: Weblogs und Klimajourna-lismus, in: Hahn, Oliver/Hohlfeld, Ralf, Knieper, Thomas (Hrsg.), Digitale Öffentlichkeit(en), Konstanz 2015
Bruns, Zur Frage der Aktualitätsgrenze im Gegendarstellungsrecht, AfP 1996, S. 246
Bryde, Die Kontrolle von Schulnoten in verwaltungsrechtlicher Dogmatik und Praxis, DÖV 1981, S. 193
Bucher/Püschel, Die Zeitung zwischen Print und Digitalisierung, Wiesbaden 2001
Buchner, Tendenzförderung als arbeitsvertragliche Pflicht – Zur Bindung des Arbeitnehmers an die Unternehmenszielsetzung, ZfA 1979, S. 335
Büllesbach, Das neue Bundesdatenschutzgesetz, NJW 1991, S. 2593
Bülow/Ring, Heilmittelwerbegesetz, 2. Aufl., Köln 2001

Bug, Hanna, Digitalisierung und Rundfunkkonzentrationskontrolle von Medienkonglomeraten, Berlin 2018
Bull/Zimmermann, Herstellung und Vertrieb von Fachzeitschriften als Gegenstand des Datenschutzrechts, AfP 1978, S. 111
Bullinger, Die Entwicklung der Medien und des Medienrechts in den neuen Bundesländern, AfP 1991, S. 465
ders., Genetische Belastung der „öffentlichen Aufgaben" der Presse, AfP 1995, S. 644
ders., Ordnung oder Freiheit für Multimediadienste, JZ 1996, S. 385
Bulst, Private Kartellrechtsdurchsetzung durch die Marktgegenseite – deutsche Gerichte auf Kollisionskurs zum EuGH, NJW 2004, S. 2201
Bundesverband Deutscher Zeitungsverleger e. V., ZEITUNGSzahlen 2019, Berlin 2019
Bunte, Die Preisbindung für Verlagserzeugnisse auf dem kartellrechtlichen Prüfstand, NJW 1997, S. 3127
Burdeau, Georges, Droit constitutionnel et institutions politiques, 13. Aufl., Paris 1968
Burghart, Axel, Grundgesetz für die Bundesrepublik Deutschland, Loseblattsammlung, Köln, Stand: November 2019 (79. EL) (zit.: Leibholz/Rinck, GG)
Burkhardt, Emanuel/Gamer, Waldemar/Peifer, Karl-Nikolaus/Ritter von Strobl-Albeg, Joachim, Das Recht der Wort und Bildberichterstattung, 6. Aufl., Köln 2018 (zit.: Wenzel, Wort- und Bildbe-richterstattung)
ders., Kartellrecht, München 2003
ders., Zivilrechtliche Ansprüche bei Verletzung von Wettbewerbsregeln des VDZ – Probeabonnement, LMK 2006 Nr. 18930
Buscher, Neuere Entwicklung der straf- und ehrenschutzrechtlichen Schranken der Meinungsfreiheit und der Kunstfreiheit, NVwZ 1997, S. 1057
Busse, Der Kosovo-Krieg vor deutschen Strafgerichten, NStZ 2000, S. 631
ders./Starck, Warenzeichengesetz, Kommentar, 6. Aufl., Berlin 1990
Butz, Die publizistische Sorgfalt, NJW 1997, S. 1334
Butzer/Clever, Grundrechtsverwirkung nach Art. 18 GG: Doch eine Waffe gegen politische Extremisten?, DÖV 1994, S. 637
Calliess, Inhalt, Dogmatik und Grenzen der Selbstregulierung im Medienrecht, AfP 2002, S. 465
Callies, Christian/Ruffert, Matthias (Hrsg.), EUV/AEUV, 5. Aufl., München 2016
ders./Müller-Dietz, Strafvollzugsgesetz, 9. Aufl., München 2002
ders./Ruffert, EUV/AEUV. Das Verfassungsrecht der Europäischen Union mit Europäischer Grundrechtecharta, 5. Aufl., München 2016
Castendyk, Neue Ansätze zum Problem der unbekannten Nutzungsart in § 31 Abs. 4 UrhG, ZUM 2002, S. 332
Chemnitz/Johnigk, Rechtsberatungsgesetz, 11. Aufl., Münster 2003
Cichon, Caroline, Rechtmäßige Presseinformationen der Staatsanwaltschaft, GRUR-Prax 2019, S. 4933
Clausse, Publikum und Information, Köln 1962
von Coelln, Lebach einmal anders – die Rundfunkfreiheit fordert ihr Recht, ZUM 2001, S. 478
ders., Justiz und Medien, AfP 2014, S. 193
ders., Der Zugang der medien zu Gerichtsentscheidungen, AfP 2016, S. 308
ders., Mehr Medienöffentlichkeit vor Gericht?, AfP 2016, S. 491
Coing, Ehrenschutz und Presserecht, Karlsruhe 1960
Collenberg, Das Recht am eigenen Bilde, Heidelberg 1909
Conrad, Johannes/Elster, Ludwig/Lexis/Loening (Hrsg.), Handwörterbuch der Staatswissenschaften, 3. Aufl., Jena 1910
Cramer, Das Zeugnisverweigerungsrecht von Presse und Rundfunk, Tübingen 1968
ders., Zur strafrechtlichen Beurteilung der Werbung für Pornofilme, AfP 1989, S. 611
Czajka, Dieter, Pressefreiheit und „öffentliche Aufgabe" der Presse, Stuttgart, Berlin, Köln, Mainz 1968
Dagtoglou, Wesen und Grenzen der Pressefreiheit, Stuttgart 1963
Damjanovic, Neue Akzente aus Strassburg – Die Rechtsprechung zu Art. 10 EMRK, MuR 2000, S. 70

Damm, Der Gegendarstellungsanspruch in der Entwicklung der neueren Gesetzgebung, in: Presserecht und Pressefreiheit, FS für Martin Löffler, München 1980, S. 25
dies., Gegendarstellung als Schlagzeile?, AfP 1994, S. 271
dies., Pressefreiheit und Bildnisschutz, in: Medien zwischen Spruch und Informationsinteresse, FS für Robert Schweizer, Baden-Baden 1999, S. 111
dies., Presserecht, Kommentar, 3. Aufl., Percha 1998
dies./Rehbock, Widerruf, Unterlassung und Schadensersatz in Presse und Rundfunk, 3. Aufl., München 2008
Dammann, Das neue Bundesdatenschutzgesetz, NVwZ 1991, S. 640
Darbyshire, Penny, Eddey on the English Legal System, 6th edition, London 1996
Dasch, Die Einwilligung zum Eingriff in das Recht am eigenen Bild, München 1990
Datenschutzrecht und Medien. Empfehlungen der Gruppe für den Schutz von Personen bei der Verarbeitung personenbezogener Daten, AfP 1998, S. 287
Degenhart, Bestandsschutz für die Presse, AfP 1987, S. 649
ders., Das allgemeine Persönlichkeitsrecht, Art. 2 I i. V. mit Art. 1 I GG, JuS 1992, S. 361
Delitz, Tagespresse und Justiz, Hamburg 1989
Delp, Das gesamte Recht der Publizistik, Bd. 1, 2. Aufl., Loseblattausgabe, Neuwied 1979 ff., München 1985 ff. (zit.: Sammlung Delp), Stand Januar 2004
ders., Kleines Praktikum für Urheber- und Verlagsrecht, 4. Aufl., Stuttgart 2000
ders., Der Verlagsvertrag, 7. Aufl., München 2001 einschließlich Nachtrag zur Reform des Urhebervertragsrechts, München 2002
ders., Das Recht des geistigen Schaffens in der Informationsgesellschaft, 2. Aufl., München 2003
Democh, Die Entwicklung des Strafschadens als Sanktion, AfP 2002, S. 375
Denninger (Hrsg.), Kritik und Vertrauen, FS für Peter Schneider, Frankfurt a. M. 1990
Dense, Die rechtliche Problematik der Anzeigenblätter, Diss., Münster 1974
Deutscher Presserat, Jährliche Tätigkeitsberichte seit 1956, Bonn-Bad Godesberg 1956
ders., Jahrbuch 1991, Bonn 1991
ders., Stellungnahme des Deutschen Presserates zu Empfehlungen des 58. Juristentages, AfP 1990, S. 292
ders., Jahrbuch 1998, Konstanz 1999
ders., Jahrbuch 2003, Konstanz 2003
ders., Jahrbuch 2004, Konstanz 2004
ders., Selbstkontrolle der gedruckten Medien 1956–2006, Bonn 2006
ders., Praxis-Leitfaden zu Ziffer 7 des Pressekodex, Berlin, 2009
ders. (Hrsg.), Jahrbuch 2011, Konstanz 2011
Diedrichs, Ökonomische und publizistische Konzentration der Pressemedien in der Bundesrepublik 1975/76, Media Perspektiven 1976, S. 200
ders., Daten zur Konzentration der Tagespresse und der Publikumszeitschriften in der Bundesrepublik Deutschland im IV. Quartal 1982, Media Perspektiven 1983, S. 482
Dieselhorst, Anwendbares Recht bei Internationalen Online-Diensten, ZUM 1998, S. 293
Diestel, Vier Jahre Stasi-Unterlagen-Gesetz, Erfahrungen aus arbeits- und verwaltungsrechtlicher Sicht, NJ 1995, S. 631
Dietel/Gintzel/Kniesel, Demonstrations- und Versammlungsfreiheit, 13. Aufl., Köln 2004
Dietrich, Caroline und die Medien, AfP 2013, S. 277
ders., Der Bundesgerichtshof und das sog. abgestufte Schutzkonzept im Rahmen der §§ 22 und 23 Abs. 1 Nr. 1 KUG, Berlin 2020
Dietz, A., Die Entwicklung des bundesdeutschen Urheberrechts in Gesetzgebung und Rechtsprechung von 1972 bis 1979, UFITA Bd. 87, S. 1
ders., Das Urheberpersönlichkeitsrecht vor dem Hintergrund der Harmonisierungspläne der EG-Kommission, ZUM 1993, S. 309
Dietz, R., Grundfragen des Streikrechts, JuS 1968, S. 4
ders., Zur Bestimmung des Tendenzunternehmens i. S. des § 81 Abs. 1 BetrVG, NJW 1967, S. 86
ders./Pannier (Hrsg.), FS für Hildebert Kirchner zum 65. Geburtstag, München 1985
Di Fabio, Werbeverbote – Bewährungsprobe für europäische Grundfreiheiten und Grundrechte, AfP 1998, S. 564

ders., Persönlichkeitsrechte im Kraftfeld der Medienwirkung, AfP 1999, S. 126
Dirnberger, Frank et al. (Hrsg.), PdK Bayern Bayerisches Gesetz über das Erziehungs- und Unterrichtswesen (BayEUG), 19. Fassung, München 2018 (zit.: PdK Bayern – BayEUG)
Dölling/Gössel/Waltós (Hrsg.), Kriminalberichterstattung in der Tagespresse, Heidelberg 1998
Doepner, Heilmittelwerbegesetz, Kommentar, 2. Aufl., Köln 2000
ders./Spieth, Verfassungsrechtliche Aspekte der sogenannten freien Kurzberichterstattung über öffentliche Veranstaltungen und Ereignisse, AfP 1989, S. 420
Dörner, Schwerbehindertengesetz, Loseblatt, Percha a. Starnberger See, Stand Mai 2001
Dörr, Auskunftsansprüche gegen die Medien bei Persönlichkeitsrechtsbeeinträchtigungen, AfP 1993, S. 709
ders., Durchsuchungen und Beschlagnahmen bei Medienunternehmen, AfP 1995, S. 378
ders., Pressefreiheit und Werkszeitungen, JuS 1997, S. 1036
ders., Der Einfluss der Judikatur des Bundesverfassungsgerichts auf das Medienrecht, VerwArch 2001, S. 149
ders., Medienfreiheit im Binnenmarkt, AfP 2003, S. 202
ders./Cole, Jugendschutz in den elektronischen Medien – Bestandsaufnahme und Reformabsichten, München 2001
ders./Eckl, Die Entwicklung des Medienrechts, NJW 1999, S. 1925
ders./Wagner, Eva Ellen/Natt, Alexander, Rechtliche Vorgaben für Telemedienangebote des öffentlich-rechtlichen Rundfunks im Lichte des Verbots der Presseähnlichkeit, ZUM 2017, S. 821
ders./Zorn, Die Entwicklung des Medienrechts. Ein Überblick, NJW 2001, S. 2837
Dolzer (Hrsg.), Bonner Kommentar, Kommentar zum Grundgesetz, Loseblattsammlung, Heidelberg, Stand Mai 2004
Dovifat/Wilke, Zeitungslehre, 2 Bde., 6. Aufl., Berlin 1976
Drauz/Schroeder, Praxis der europäischen Fusionskontrolle, 3. Aufl., Köln 1995
Dreher, Die Marktabgrenzung bei der Fusionskontrolle und das Verhältnis zwischen nationaler und europäischer Fusionskontrolle, JZ 1996, S. 1025
Dreier, H. (Hrsg.), Grundgesetz, Kommentar, Band 1: Art. 1–19, Tübingen 1996
Dreier, Th., Die Umsetzung der Urheberrechtsrichtlinie 2001/29/EG in deutsches Recht, ZUM 2002, S. 28
Dressel, Der angestellte Urheber – Kein Handlungsbedarf für den Gesetzgeber, GRUR 1989, S. 319
Dröge, Der „New Deal for Consumers" – ein Paradigmenwechsel im deutschen UWG, WRP 2019, S. 160
Drzemczewski/Meyer-Ladewig, Grundzüge des neuen EMRK-Kontrollmechanismus nach dem am 11. Mai 1994 unterzeichneten Reform-Protokoll (Nr. 11), EuGRZ 1994, S. 317
Dünnwald, Die Leistungsschutzrechte im TRIPS-Abkommen, ZUM 1996, S. 725
Dürig/Evers, Zur verfassungsändernden Beschränkung des Post-, Telefon- und Fernmeldegeheimnisses, Bad Homburg 1969
Dütz, Tendenzschutz und Beteiligungsrechte des Betriebsrats insbesondere bei Kündigungen in Pressebetrieben, BB 1975, S. 1261
ders., Vorläufiger Rechtsschutz im Arbeitskampf, BB 1980, S. 533
ders., Gerichtsschutz für außergesetzliche Arbeitnehmervertretungen im Betrieb, insbesondere Redaktions- und Sprecherausschüsse, AfP 1980, S. 17
ders., Mitbestimmung des Betriebsrats bei Arbeitszeitmaßnahmen in Pressebetrieben, AfP 1988, S. 193
ders., Das neue französische Kündigungsrecht, RdA 1989, S. 35
ders., Rechtsgrenzen für koalitionsautonome Arbeitszeitregelungen im Pressebereich, insbesondere zur tariflichen Einschränkung von Wochenendarbeit, AfP 1989, S. 605
Duguit, Léon, Traité de droit constitutionnel, 2. Aufl., Paris 1925
Dumont, Das Recht am eigenen Bilde, Berlin 1910
ders., Selbstverständnis und Verantwortung, in: Beruf und Berufung, 2. FS für Joh. Binkowski, Terheyden (Hrsg.), Mainz 1988, S. 8

Dunkhase, Das Pressegeheimnis. Wandel und Perspektiven gesetzlicher Sicherungen der Pressefreiheit gegen strafprozessuale Zwangsmaßnahmen, Berlin 1998
Duttge/Hörnle/Renzikowski, Das Gesetz zur Änderung der Vorschriften über die Straftaten gegen die sexuelle Selbstbestimmung, NJW 2004, S. 1065
Ebel, Kartellrecht, GWB und EG – Vertrag, Loseblatt, Neuwied/Kriftel, Stand Mai 2000
Eberle, Journalistischer Umgang mit Stasi-Unterlagen – Rechtliche Aspekte, DtZ 1992, S. 263
ders., Gesetzwidrige Medienöffentlichkeit beim BVerfG?, NJW 1994, S. 1637
ders./Rudolf/Wasserburg, Mainzer Rechtshandbuch der Neuen Medien, Heidelberg 2003
Ebner, Die Berichtigungspflicht bei Zeitungsanzeigen, DJZ 1910, S. 1074
Eck/Ikas, Neue Grenzen vergleichender Werbung, WRP 1999, S. 251
Eggert, Informations- und Auskunftspflichten der öffentlichen Hand gegenüber Medien, AfP 2003, S. 131
Ehmann, Zur Struktur des Allgemeinen Persönlichkeitsrechts, JuS 1997, S. 193
ders./Thorn, Erfolgsort bei grenzüberschreitenden Persönlichkeitsverletzungen, AfP 1996, S. 20
Ehmke (Hrsg.), Verfassungsrechtliche Fragen einer Reform des Pressewesens, in: FS für Arndt, Frankfurt a. M. 1969, S. 77
Eisemann, Tendenzschutz und Beweislast, RdA 1977, S. 336
Eisenreich, Die neuere Entwicklung des Ausstattungsrechts, Köln 1987
Ekey/Klippel, Heidelberger Kommentar zum Markenrecht, Heidelberg 2003
Elsaß, Haftung der Verbreiter von Distributed Content für Persönlichkeitsverletzungen, K&R 2016, S. 652
Emmerich, Übertriebenes Anlocken – Was ist das eigentlich?, FS Piper, München 1996, S. 171
ders., Kartellrecht, 9. Aufl. München 2001
ders./Würkner, Kunstfreiheit oder Antisemitismus?, NJW 1986, S. 1200
Empt, Virtuelle Kinderpornographie als verfassungsrechtlich geschützte Meinungsfreiheit?, ZUM 2002, S. 613
Engel, Einwirkungen des europäischen Menschenrechtsschutzes auf Meinungsäußerungs- und Pressefreiheit – insbesondere auf die Einführung von innerer Pressefreiheit, AfP 1994, S. 1
ders./Flechsig/Maennel/Tettenborn, Beck'scher IuKDG-Kommentar, München 2001
Engeler, Malte, Der staatliche Twitter-Auftritt, MMR 2017, S. 651
Engelhardt, Umwelt und Recht – Zur Rechtsstellung des Empfängers von Postsendungen, NJW 1966, S. 1907
Engels, Zum Problem der Veröffentlichung verbrämter Prostitutionswerbung in der Presse, AfP 1985, S. 101
ders./Eisenblätter, Zum Impressum in periodischen Druckerzeugnissen, AfP 2008, S. 32
ders./Schulz, Presse ohne Öffentlichkeit?, AfP 1997, S. 455
dies., Das Bildnis aus dem Bereich der Zeitgeschichte, AfP 1998, S. 574
ders./Stulz-Herrnstadt, Einschränkungen für die Presse nach dem neuen Jugendschutzgesetz, AfP 2003, S. 97
Engelmann, Die Zukunft der Buchpreisbindung im Europäischen Binnenmarkt, dargestellt anhand des Systems der deutsch-österreichischen Buchpreisbindung, Berlin 2002
Epping, Volker/Hillgruber, Christian (Hrsg.), BeckOK Grundgesetz, 42. Ed., München, Stand: 1.12.2019
Erbs, Georg/Kohlhaas, Max (Hrsg.), Strafrechtliche Nebengesetze, München 2018 (218. EL)
Erdemir, Gewaltverherrlichung, Gewaltverharmlosung und Menschenwürde, ZUM 2000, S. 699
Erdmann/Jürging/Kammann, Kommentar zum Betriebsverfassungsgesetz, 6. Aufl., München 2003
Erfurter Kommentar (ErfK) = Müller-Glöge, Rudi/Preis, Ulrich/Schmidt, Ingrid (Hrsg.), Erfurter Kommentar zum Arbeitsrecht, 20. Auflage München 2020
Erhardt, Kunstfreiheit und Strafrecht, Heidelberg 1989
Erichsen/Ehlers, Allgemeines Verwaltungsrecht, 12. Aufl., Berlin 2002
Ermacora, Handbuch der Grundfreiheiten und der Menschenrechte, Wien 1963
Erman, Bürgerliches Gesetzbuch, Kommentar, 2 Bände, 11. Aufl., Münster 2004
Ernst, Kameras im Gerichtssaal, ZUM 1996, S. 187

ders., Wirtschaftsrecht im Internet, BB 1997, S. 1057
ders., Informations- oder Illustrationsinteresse?, NJW 2001, S. 1624
ders., Hacker und Computerviren im Strafrecht, NJW 2003, S. 3233
ders., Gleichklang des Persönlichkeitsschutzes im Bild- und Tonbereich?, NJW 2004, S. 1277
Eser, Albin/Perron, Walter/Sternberg-Lieben, Detlev et al., Strafgesetzbuch, Kommentar, 30. Aufl., München 2019 (zit.: Schönke/Schröder, StGB)
Esser, Robert, Internet für Strafgefangene – Neue Impulse durch den EGMR, NStZ 2018, S. 121
d'Ester, Zeitungswesen, Breslau 1928
Ettig, Bereicherungsrechtliche Ansprüche bei Verletzung des allgemeinen Persönlichkeitsrechts durch redaktionelle Berichterstattung, K&R 2016, S. 12
dies., Zur Zulässigkeit der Berichterstattung über Hochzeit eines Prominenten, K&R 2017, S. 154 ff.
Etzel, Die Entwicklung des Arbeitsrechts seit Anfang 1998, NJW 1999, S. 2933
ders., Die Entwicklung des Arbeitsrechts seit Ende 1996, NJW 1998, S. 1190
ders./ et al., KR. Gemeinschaftskommentar zum Kündigungsschutzrecht und zu sonstigen kündigungsschutzrechtlichen Vorschriften, 11. Auflage Köln 2016
Eyermann, VwGO Verwaltungsgerichtsordnung, Kommentar, 15. Auflage München 2019
Faller, Die öffentliche Aufgabe von Presse und Rundfunk – Begriff, Inhalt und Bedeutung, AfP 1981, S. 430
Fangmann/Scheuerle/Schwemmle, Handbuch für Post und Telekommunikation: Poststrukturgesetz, 2. Aufl., Köln 1994
Faulstich, Werner, Die Mediengeschichte des 20. Jahrhunderts, München 2012
Fechner, Frank, Medienrecht. Lehrbuch des gesamten Medienrechts unter besonderer Berücksichtigung von Presse, Rundfunk und Multimedia, 19. Aufl., Tübingen 2018
Fechner, Medienrecht. Lehrbuch des gesamten Medienrechts unter besonderer Berücksichtigung von Presse, Rundfunk und Multimedia, 4. Aufl., Tübingen 2003
Feldmann, Neue Studien zur Theorie der Massenmedien, München 1969
ders., Besprechung des Urteils des Bundesgerichtshofes I ZR 311/98 – Spiegel-CD-ROM vom 5.7.2001, ZUM 2002, S. 210
Feldmann, Dirk, Besprechung des Urteils des Bundesgerichtshofes I ZR 311/98 – Spiegel-CD-ROM vom 5.7.2001, ZUM 2002, S. 210
Feldmann, Erich, Neue Studien zur Theorie der Massenmedien, München 1969
Fenchel, Negative Informationsfreiheit, Berlin 1997
Feser, Vermögensmacht und Medieneinfluss – Parteieigene Unternehmen und die Chancengleichheit der Parteien, Berlin 2003
Fezer, G., Rechtsschutz gegen erledigte strafprozessuale Zwangsmaßnahmen, Jura 1982, S. 18
Fezer, K.-H., Ausschließliche Zuständigkeit der Kennzeichengerichte und der Gemeinschaftsmarkengerichte, NJW 1997, S. 2915
Fezer, K.-H., Elektronische Verlagserzeugnisse als Gegenstand der kartellrechtlichen Preisbindung, NJW 1997, S. 2150
Fezer, K.-H., Imagewerbung mit gesellschaftskritischen Themen im Schutzbereich der Meinungs- und Pressefreiheit, NJW 2001, S. 580
Fezer, K.-H., Markenrecht, 3. Aufl., München 2001
Fiebig, Ansätze zu einem institutionellen Verständnis der Pressefreiheit, AfP 1995, S. 459
Fikentscher/Möllers, Die (negative) Informationsfreiheit als Grenze von Werbung und Kunstdarbietung, NJW 1998, S. 1337
Finkelnburg, Vorläufiger Rechtschutz im Verwaltungsstreitverfahren, 4. Aufl., München 1998
Fischer, Thomas, Strafgesetzbuch mit Nebengesetzen, 67. Aufl., München 2020
Fischer, F., Zur Zulässigkeit des Vertriebs traditioneller und elektronisierter Pressespiegel durch kommerzielle Anbieter, ZUM 1995, S. 117
Fischer, H.-D. (Hrsg.), Der Verleger als Kommunikator, in: Positionen und Strukturen bei Druckmedien, FS für Dietrich Oppenberg, Düsseldorf/Wien/New York 1987, S. 13
Fischer, U., Die Vorschläge von DGB und DAG zur Reform des Betriebsverfassungsgesetzes, NZA 2000, S. 167

Fischer/Breuer/Wolter, Die Presseräte der Welt, Bonn/Bad Godesberg 1976
Fitting/Engels/Schmidt/Trebinger/Linsenmaier, Betriebsverfassungsgesetz, Kommentar, 30. Auflage München 2020
Fitting/Wlotzke/Wißmann, Mitbestimmungsgesetz, Kommentar, 3. Aufl., München 1995
Flechsig, Rechtmäßige private Vervielfältigung und gesetzliche Nutzungsgrenzen, GRUR 1993, S. 532
ders., Der rechtliche Rahmen der europäischen Richtlinie zum Schutz von Datenbanken, ZUM 1997, S. 577
ders., Ratgebersendungen versus Verbot der Rechtsberatung, ZUM 1999, S. 273
ders., Schutz gegen Verletzung des höchstpersönlichen Lebensbereichs durch Bildaufnahmen, ZUM 2004, S. 605
ders./Hertel/Varenhold, Die Veröffentlichung von Unterlassungsurteilen und Unterlassungserklärungen, NJW 1994, S. 2441
Florian/Weigert, Kommentar zur Postordnung, 2 Teile, Teil 1 Starnberg 1969 und Teil 2 Starnberg 1974
Fölsch, Neuerungen im Zivilprozess – Entfristung, Spezialisierung, Effizienz, NJW 2020, S. 801
Foerste, Die Produkthaftung für Druckwerke, NJW 1991, S. 1433
Foerstner, Kollektivbeleidigung, Volksverletzung und „lex Tucholsky". Eine Untersuchung zu Äußerungsdelikten und Meinungsfreiheit, Berlin 2002
Foth, Der Kommentar, DRiZ 1980, S. 103
Franke/Puhr-Westerheide, Strafverfolgungsverjährung von Schriften und Einziehung im selbständigen Verfahren, AfP 1983, S. 444
Frenz, Walter, Handbuch Europarecht, Band 4, Berlin und Heidelberg 2009
ders., Konkretisierte Abwägung zwischen Pressefreiheit und Persönlichkeitsschutz, NJW 2012, S. 1039
Frenzel, Von Josephine Mutzenbacher zu American Psycho, AfP 2002, S. 191
Frey, Der Tendenzbetrieb im Recht der Betriebsverfassung und des Arbeitsverhältnisses, Heidelberg 1959
ders., Der Tendenzschutz im Betriebsverfassungsgesetz 1972, ArbuR 1972, S. 162
ders., Der Tendenzschutz im Betriebsverfassungsgesetz 1972, Heidelberg 1974
Freytag, Möglichkeiten und Grenzen humorvoller Werbevergleiche – „Gib mal Zeitung!", GRUR-Prax 2009, S. 1
Friesenhahn, Die Pressefreiheit im Grundrechtssystem des Grundgesetzes, in: Recht und Rechtsleben in der sozialen Demokratie, Festgabe für Otto Kunze zum 65. Geburtstag, Ballerstedt (Hrsg.), Berlin 1969
Froelich, Freie Rede und freie Kunst in einer offenen Gesellschaft ohne „Schmähkritik"?, AfP 2016, S. 312
Frömming, Zur Haftung der Medien für persönlichkeitsrechtsverletzende Zitate, in: Medienrecht im Wandel, FS für Manfred Engelschall, Prinz (Hrsg.), Baden-Baden 1996
ders./Peters, Die Einwilligung im Medienrecht, NJW 1996, S. 958
Fromm/Nordemann, Urheberrecht, 12. Aufl., Stuttgart 2018
Frowein, Der europäische Grundrechtsschutz und die deutsche Rechtsprechung, NVwZ 2002, S. 29
ders./Peukert, Europäische Menschenrechtskonvention, EMRK-Kommentar, 2. Aufl., Kehl 1996
Fuchs, Die wettbewerbsrechtliche Beurteilung redaktioneller Werbung in Presseerzeugnissen unter besonderer Berücksichtigung der Kopplung von entgeltlicher Anzeige und redaktioneller Berichterstattung, GRUR 1988, S. 736
Füllkrug, Spekulationsmarken. Eröffnet der Wegfall des Geschäftsbetriebes die Möglichkeit, Formalrechte zu mißbrauchen?, GRUR 1994, S. 679
Fuhr/Bosman, ZDF-Staatsvertrag, Kommentar, 2. Aufl., Mainz 1985
Funk, Wettbewerbsrechtliche Grenzen von Werbung per E-Mail, CR 1998, S. 411
Funke, Lieber Angleichen als Zersplittern – Zum Richtlinienvorschlag über vergleichende Werbung, WM 1997, S. 1472
Fuß, Personale Kontaktverhältnisse zwischen Verwaltung und Bürger, DÖV 1972, S. 765

Hess/Worzalla/Glock/Nicolai/Rose/Huke, Betriebsverfassungsgesetz, 9. Auflage Köln 2014
Gaertner, Die Haftung der Verlage für den wettbewerbswidrigen Inhalt von Anzeigen, AfP 1990, S. 269
ders., Zulässigkeit multimedialer Kombinationsangebote am Beispiel Zeitschrift plus CD-ROM, AfP 1996, S. 16
ders., Urheberrechtliche Fragestellung in bezug auf Jahresausgaben von Zeitschriften auf CD-ROM, AfP 1999, S. 143
Gallas, Der Schutz der Persönlichkeit im Entwurf eines Strafgesetzbuches (E 1962), ZStW 1963, S. 16
Galperin/Löwisch, Kommentar zum Betriebsverfassungsgesetz, Bd. 1, 6. Aufl., Heidelberg 1982
von Gamm, Warenzeichengesetz, Kommentar, 4. Aufl., München 1965
ders., Urheberrechtsgesetz, Kommentar, München 1968
ders., Persönlichkeits- und Ehrverletzungen durch Massenmedien, München 1969
ders., Wettbewerbsrecht, 5. Aufl., Bd. 1, Köln u. a. 1987
ders., Kartellrecht, Kommentar, 2. Aufl., Köln, 1990
ders., Die theoretische und praktische Lückenlosigkeit bei Vertriebssystemen – Eine Analyse und Wertung, WuW 1992, S. 400
ders., Gesetz gegen den unlauteren Wettbewerb, Taschenkommentar, 3. Aufl., Köln u. a. 1993
ders., Datenschutz und Wettbewerbsrecht, GRUR 1996, S. 574
ders./Teplitzky, Wettbewerbs- und Wettbewerbsverfahrensrecht, Bd. 1, 5. Aufl. Köln 1987, Bd. 2, 6. Aufl. Köln 1992
Ganea (Hrsg.), Festschrift für Adolf Dietz zum 65. Geburtstag: Urheberrecht gestern – heute – morgen, München 2001
Gao, Zur Durchführung der Berner Übereinkunft in der Volksrepublik China, GRUR Int. 1993, S. 120
Gärditz, Klaus Ferdinand, Auf dem Weg zu einem Presseauskunftsgesetz des Bundes?, AfP 2019, S. 281
Gaul, Der Betriebsinhaberwechsel und seine einzelvertraglichen Auswirkungen, BB 1979, S. 1666
Gebhard, Das Zeugnisverweigerungsrecht der Presse im Zivilprozeß, Bonn-Bad Godesberg 1975
Geerlings, Pressefusionskontrolle contra Pressefreiheit?, AfP 2004, S. 329
Gehrhardt, Nachrichtensperre und Auskunftspflicht der Behörden – Informationsanspruch der Presse und des Rundfunks, Media Perspektiven 1978, S. 347
Geiger/Klinghardt, Stasi-Unterlagen-Gesetz, 2. Auflage Stuttgart 2006
Geiger, Rudolf/Khan, Daniel-Erasmus/Kotzur, Markus, EUV/AEUV – Kommentar, 6. Aufl., München 2017
Geis, Josefine Mutzenbacher und die Kontrolle der Verwaltung, NVwZ 1992, S. 25
Gercke, Die Entwicklung der Rechtsprechung zum Internetstrafrecht in den Jahren 2000 und 2001, ZUM 2002, S. 283
Gercke, Die Rechtsprechung zum Internetstrafrecht im Jahr 2002, ZUM 2003, S. 349
Gercke, Marco, Die Entwicklung des Internetstrafrechts 2019/2020, ZUM 2020, 948
Gerecke, Martin, Kennzeichnung von werblichen Beiträgen im Online-Marketing, GRUR 2018, S. 153
ders., Die rechtliche Behandlung des Influencer Marketings – unverändert unbefriedigend, GWR 2021, 44
Gerhardt, E., Auswahlrecht einer Behörde bei der Einladung von Jornalisten zu einer Informationsfahrt, AfP 1975, S. 762
ders., Presserechtsrahmengesetz – ultimativ, AfP 1977, S. 217
ders., Presserechtsrahmengesetz, AfP 1979, S. 300
Gerhardt, R., Zum Begriff der Informationsfreiheit, AfP 1974, S. 689
ders., Störenfried oder demokratischer Wächter? Die Rolle des Fernsehens im Gerichtssaal – Plädoyer für eine Änderung des § 169 S. 2 GVG, ZRP 1993, S. 377

ders., ZRP-Rechtsgespräch mit dem Präsidenten des BGH, Professor Dr. Günter Hirsch. Auch Richter nehmen sich fundierte Kritik zu Herzen, ZRP 2000, S. 536
ders./Steffen, Kleiner Knigge des Presserechts, 2. Aufl., Frankfurt a. M. 1997
von Gerlach, Persönlichkeitsschutz und öffentliches Informationsinteresse im internationalen Vergleich, AfP 2001, S. 1
Gerschel, Beschlagnahme von selbstrecherchiertem Fernsehmaterial verfassungsgemäß, AfP 1987, S. 683
S. 713
ders., Urheberrechtstarif für Tageszeitungsredakteure, ZUM 1986, S. 462
ders., Das Standesrecht der Presse und Presseselbstkontrolle, AfP 1993, Gersdorf, Kameras in Gerichtsverhandlungen: Karlsruhe auf verschlungenem verfassungsdogmatischen Pfade, AfP 2001, S. 29
ders./Paal, Informations- und Medienrecht, München 2014
Gersdorf, Hubertus/Paal, Boris (Hrsg.), BeckOK Informations- und Medienrecht, 27. Ed., Stand: 1.2.2020 (zit.: BeckOK Informations- und Medienrecht)
Götting/Schertz/Seitz, Handbuch Persönlichkeitsrecht, 2. Auflage München 2019
Ginsburg, Urheberpersönlichkeitsrechte im Rechtssystem des Common Law, GRUR Int. 1991, S. 593
Girth/Sack, Die Werbung mit der Inflation, WRP 1974, S. 181
Glassen/Hahn/Kersten/Rieger, Frankfurter Kommentar zum Kartellrecht, Loseblatt, Köln 1982/2001, Stand Februar 2004
Gleiss/Hirsch, Kommentar zum EG-Kartellrecht, 4. Aufl., Heidelberg 1993
Gloy, Neuere Rechtsprechung zu unlauteren Vertriebsmethoden auf dem Pressemarkt, GRUR 1996, S. 585
ders./Bruhn, Die Zulässigkeit von Preisvergleichen nach der Richtlinie 97/55/EG Kehrtwende oder Kontinuität?, GRUR 1998, S. 226
ders./Loschelder/Erdmann, Handbuch des Wettbewerbsrechts, 4. Aufl., München 2010
von Gneist, Rudolf, Englische Verfassungsgeschichte, Berlin 1882
von Godin, Wettbewerbsrecht, 2. Aufl., Berlin 1974
Godulla, Alexander, Mehr als lousy pennies? Etablierte vs. alternative Geschäftsmodelle im Online-Journalismus, in: Hahn, Oliver/Hohlfeld, Ralf, Knieper, Thomas (Hrsg.), Digitale Öffentlichkeit(en), Konstanz 2015
Göhler, Gesetz über Ordnungswidrigkeiten, 17. Auflage München 2017
Goerlich, Soldatische Pflichten, provokative Meinungsäußerungen und die Vereinigungsfreiheit der Soldaten, Jura 1993, S. 471
Görlitz, Tabakwerbung und Europa: Im zweiten Anlauf endlich am Ziel?, ZUM 2002, S. 97
ders., EU-Binnenmarktkompetenzen und Tabakwerbeverbote, EuZW 2003, S. 485
Görres-Gesellschaft (Hrsg.), Staatslexikon : Recht – Wirtschaft – Gesellschaft, 7. Aufl., Freiburg im Breisgau 1995
Gössel, Rechtsprobleme der Gerichtsberichterstattung in Deutschland, in: Dölling/Gössel/Waltós (Hrsg.), Kriminalberichterstattung in der Tagespresse, Heidelberg 1998, S. 1
Götze, Roman/Engel, Gernot-Rüdiger, Umweltinformationsgesetz Kommentar, Berlin 2017
Gola, Peter (Hrsg.), Datenschutz-Grundverordnung, 2. Aufl., München 2018
ders./Klug, Die Entwicklung des Datenschutzrechts in den Jahren 2002/2003, NJW 2003, S. 2428
ders./Wronka, Handbuch zum Arbeitnehmerdatenschutz, 3. Aufl., Frechen 2004
Goldenbohm/Weise, Erweiterter Dateibegriff im neuen BDSG, CR 1991, S. 535
Golz, Der sachlich relevante Markt bei Verlagserzeugnissen, Heidelberg 2003
Goose, Der internationale Pakt über bürgerliche und politische Rechte, NJW 1974, S. 1305
Gornig, Gilbert-Hanno, Äußerungsfreiheit und Informationsfreiheit als Menschenrechte, Berlin 1989
ders., Zur Polizeifestigkeit der Pressefreiheit, JuS 1999, S. 1167
Gostomzyk, Zur Ausgestaltung des rechtlichen Gehörs im Verfahren vor dem Beschwerdeausschuss des Deutschen Presserates, UFITA 2005, S. 775
Gounalakis, Freiräume und Grenzen politischer Karikatur und Satire, NJW 1995, S. 809

ders., Kameras im Gerichtssaal, in: Wirtschafts- und Medienrecht in der offenen Demokratie, FS für Kübler, Hrsg. Assmann/Brinkmann/Gounalakis/Kohl/Walz, Heidelberg 1997, S. 173
ders., Persönlichkeitsschutz und Geldersatz, AfP 1998, S. 10
ders., Medienpersönlichkeitsrechte in rechtsvergleichender Sicht, AfP 2001, S. 271
ders., Regulierung von Presse, Rundfunk und elektronischen Diensten in der künftigen Medienordnung, ZUM 2003, S. 180
ders./Klein, Catherine: Zulässigkeit von personenbezogenen Bewertungsplattformen – Die „Spickmich"-Entscheidung des BGH vom 23. 6. 2009, NJW 2010, S. 566
ders./Vollmann, Die pressespezifischen Vorschriften des Stasi-Unterlagen-Gesetzes im Lichte des Art. 5 GG, DtZ 1992, S. 77
ders./Vollmann, Stasi-Unterlagen-Gesetz – „Sprachrohr" oder „Maulkorb" für die Presse?, AfP 1992, S. 36
ders./Zagouras, Crossmedia Konzentration und multimediale Meinungsmacht, AfP 2006, S. 93
Grabenwarter, Die Charta der Grundrechte für die Europäische Union, DVBl. 2001, S. 1
ders./Pabel, Katharina, Europäische Menschenrechtskonvention, 6. Aufl., München 2016
Grabitz, Eberhard/Hilf, Meinhard/Nettesheim, Martin (Hrsg.), Das Recht der Europäischen Union, Loseblattsammlung, München, Stand: Juni 2019 (67. EL)
Grabitz/Hilf, Das Recht der Europäischen Union, München, Loseblatt, Stand August 2003
Graf, Jürgen-Peter (Hrsg.), BeckOK StPO mit RiStBV und MiStra, 36. Ed., München, Stand: 1.1.2020 (zit.: BeckOK StPO)
Graf von Kielmansegg, Sebastian, Das Sonderstatusverhältnis, JA 2012, S. 881
Gramlich, Rechtsordnungen des Buchgewerbes im Alten Reich, Frankfurt 1994
ders., Postrecht im Wandel, Chemnitz 1999
Graul, Tatbestand vor Rechtswidrigkeit? – Zum Freispruch aus § 193 StGB, NStZ 1991, S. 457
von Gravenreuth, Computerviren, Hacker, Datenspione, Crasher und Cracker, NStZ 1989, S. 201
Greger, Die Video-Novelle 1985 und ihre Auswirkungen auf StGB und GjS, NStZ 1986, S. 8
Greiff, Zur Rechtsgrundlage des Gegendarstellungsanspruchs, NJW 1963, S. 1137
Greitemann, Das Forschungsgeheimnis im Strafprozess, NStZ 2002, S. 572
Grigoleit/Kersten, Grundrechtlicher Schutz und grundrechtliche Schranken kommerzieller Kommunikation, DVBl. 1996, S. 596
Grimm, Die Meinungsfreiheit in der Rechtsprechung des Bundesverfassungsgerichts, NJW 1995, S. 1697
Grobys/Foerstl, Die Auswirkungen der Urheberrechtsreform auf Arbeitsverträge, NZA 2002, S. 1015
von der Groeben/Schwarze, Kommentar zum Vertrag über die Europäische Union und Gründung der Europäischen Gemeinschaft, 6. Aufl., Baden-Baden 2003
Gröning, Hintertüren für redaktionelle Werbung? Aufdeckung und Bekämpfung redaktioneller Werbung nach der neuesten Rechtsprechung des Bundesgerichtshofs, WRP 1993, S. 685
ders., Kostenlose Entgeltlichkeit? Wettbewerbskonforme Wettbewerbswidrigkeit? Werbende Nicht-Werbung?, WRP 1995, S. 181
Gröseling/Höfinger, Hacking und Computerspionage. Auswirkungen des 41. StrÄndG zur Bekämpfung der Computerspionage, MMR 2007, S. 549
Gronau, Das Persönlichkeitsrecht von Personen der Zeitgeschichte und die Medienfreiheit, Baden-Baden 2002
Gropp, Zur Verwertbarkeit eigenmächtig aufgezeichneter (Telefon-)Gespräche – Der Fall Schenk und die Lehre von den Beweisverboten, StV 1989, S. 216
Groß, Verschwiegenheitspflicht der Bediensteten und Informationsrecht der Presse, Göttingen 1964
ders., Neuregelung des journalistischen Zeugnisverweigerungsrechts, NJW 1975, S. 1763
ders., Beschlagnahme von Druckwerken, NJW 1976, S. 170
ders., Das neue Pressefusionskontrollgesetz, NJW 1976, S. 1386
ders., Das Recht der Pressebeschlagnahme, AfP 1976, S. 14
ders., Zum Gegenstellungsanspruch, DVBl. 1981, S. 247
ders., Die öffentliche Aufgabe der Presse und ihre Auswirkungen, DVP 1993, S. 91

ders., Zum Presseordnungsrecht, AfP 1993, S. 548
ders., Zu den Voraussetzungen des Rechts auf Gegendarstellung und dessen Durchsetzung, AfP 1994, S. 268
ders., Zum Pressestrafrecht, NStZ 1994, S. 312
ders., Zur Konzentration auf dem Gebiet der Printmedien, ZUM 1996, 365
ders., Redakteursmitbestimmung und Pressefusionskontrolle, ZUM 1996, S. 917
ders., Zum presserechtlichen Informationsanspruch, DÖV 1997, S. 133
ders., Zum Pressestraf- und Pressestrafverfahrensrecht, AfP 1998, S. 358
ders., Zur Gesetzgebungszuständigkeit für das Pressewesen, AfP 1997, S. 503
ders., Zur Beschlagnahme nach dem Landespresserecht, ZUM 1997, S. 861
ders., Presserecht, Einführung in Grundzüge und Schwerpunkte, 3. Aufl., Heidelberg 1999
ders., Die Gegendarstellung im Spiegel von Literatur und Rechtsprechung, AfP 2003, S. 497
Groth, Die Zeitung, Ein System der Zeitungskunde, 4 Bde., Mannheim 1928–1930
ders., Die Geschichte der deutschen Zeitungswissenschaft, München 1948
Grünberger, Schutz geschäftlicher Kennzeichen gegen Parodie im deutschen und im amerikanischen Recht, Frankfurt 1991
Grumbach/Hennecke/Thews, Landesgesetz über die Schulen in Rheinland-Pfalz, Kommentar, Loseblattsammlung, 3. Aufl., Wiesbaden, Stand November 2003
Grupp, Redaktionell gestaltete Rundfunksendungen vor Wahlen, ZRP 1983, S. 28
Grzeszick, Der Anspruch des Urhebers auf angemessene Vergütung: Zulässiger Schutz jenseits der Schutzpflicht, AfP 2002, S. 383
Gucht, Das Zensurverbot im Gefüge der grundrechtlichen Eingriffskautelen, Frankfurt a. M. 2000
Gudd, Der Gegendarstellungsanspruch in international-privatrechtlicher, interlokalrechtlicher und internationalverfahrensrechtlicher Sicht, Diss., Bochum 1989/90
Gündisch/Dany, Rundfunkberichterstattung aus Gerichtsverhandlungen, NJW 1999, S. 256
Günther, Andreas, Produkthaftung für Informationsgüter. Verlagserzeugnisse, Software und Multimedia im deutschen und US-amerikanischen Produkthaftungsrecht, Köln 2001
Günther, Jörg-Michael, Öffentlichkeitsarbeit von Behörden und externes Whistleblowing durch Beamte, NVwZ 2018, S. 1109
Guiraud, L'inquisition médiévale, Paris 1928
Guggenberger/Ulmer, Presse-Grosso: Vielfaltsicherung durch Artenschutz!?, AfP 2013, S. 183
Gummig, Rechtsfragen bei Werbung im Internet, ZUM 1996, S. 573
Gundel, Zur Durchsetzung des presserechtlichen Auskunftsanspruchs gegen staatliche Eigengesellschaften in Privatrechtsform: Bestimmt der presserechtliche Behördenbegriff auch den Rechtsweg?, AfP 2001, S. 194
Guradze, Die Europäische Menschenrechtskonvention, Köln 1968
Gurlit, Konturen eines Informationsverwaltungsrechts, DVBl. 2003, S. 1119
dies., Informationsbeschaffung der Medien: Gegenüberstellung von presserechtlichen und allgemeinen Informationsansprüchen, AfP 2020, S. 9
Gusy, Anmerkung zu Verfassungsrecht GG, Art. 5 III 1, JZ 1991, 470
ders., Zur Verfassungsmäßigkeit von Abhörmaßnahmen des Verfassungsschutzes und zu deren gerichtlicher Überprüfbarkeit, JZ 1991, 513
Gygi/Korinek/Fromont/Rennes/von Sell/Hilf, Die Organisation von Rundfunk und Fernsehen in rechtsvergleichender Sicht, München 1978
Haacke, Meinungsbildung durch Unterhaltung, Publizistik, Band 6 (1961), S. 338
Haas, Der „Große Lauschangriff" – klein geschrieben, NJW 2004, S. 3082
Habermas, Strukturwandel der Öffentlichkeit, 7. Aufl., Frankfurt 2001
Haberstumpf/Hintermeier; Einführung in das Verlagsrecht, Darmstadt 1985
Hacker, Selbstbestimmung, Freizügigkeit und Meinungsfreiheit nach dem Inkrafttreten der UN-Menschenrechtsgesetze, Vereinte Nationen 1976, S. 77
Häberle, Peter (Hrsg.), Erbs/Kohlhaas, Strafrechtliche Nebengesetze, München 2018 (218. EL)
Häntzschel, Reichspreßgesetz, Kommentar, Berlin 1927
Hahn, Pressevertrieb und Pressefreiheit in der Bundesrepublik Deutschland im Spannungsfeld von deutschem und europäischem Kartell- und Wettbewerbsrecht, AfP 1992, S. 116

ders., Das Recht am eigenen Bild – anders betrachtet, NJW 1997, S. 1348
Hale, Presse in der Zwangsjacke, Düsseldorf 1965 (Übersetzung von „The Captive Press in the Third Reich", Princeton 1964)
Haller, Informationsfreiheit und Pressevertrieb in Europa, Baden-Baden 2004
Hamacher, Andreas, Der Rundfunkbegriff im Wandel des deutschen und europäischen Rechts, Berlin 2015
Hamann, Andreas/Lenz, Helmut, Das Grundgesetz für die Bundesrepublik Deutschland, 3. Aufl., Neuwied 1970
Hamm, Hauptverhandlungen in Strafsachen vor Fernsehkameras – auch bei uns?, NJW 1995, S. 760
ders., Justiz und Medien, AfP 2014, S. 202
Hanack, Die Reform des Sexualstrafrechts und der Familiendelikte, NJW 1974, S. 1
Hanau, Personelle Mitbestimmung des Betriebsrates in Tendenzbetrieben, insbesondere in Pressebetrieben, BB 1973, S. 901
ders., Pressefreiheit und paritätische Mitbestimmung, Berlin 1975
ders., Neue Rechtsprechung zum betriebsverfassungsrechtlichen Tendenzschutz, AfP 1982, S. 1
ders., Der Eingliederungsvertrag – Ein neues Instrument der Arbeitsförderung, DB 1997, S. 1278
ders., Die neue Arbeitskampfarithmetik, insbesondere im Pressebereich, AfP 1980, S. 126
ders., Diskussionsbeitrag, RdA 1994, S. 276
ders./Adomeit, Arbeitsrecht, 12. Aufl., Neuwied 2000
Hanebutt-Benz, Gutenbergs Erfindungen. Die technischen Aspekte des Druckens mit vielfachen Lettern auf der Druckerpresse, in: Gutenberg – aventur und kunst. Vom Geheimunternehmen zur ersten Medienrevolution. Katalog zur Ausstellung anlässlich des 600. Geburtstags von Johannes Gutenberg, Stadt Mainz (Hrsg.), Mainz 2000, S. 158
Hannich, Rolf (Hrsg.), Karlsruher Kommentar zur Strafprozessordnung, 8. Aufl., München 2019 (zit.: KK-StPO)
Harding, Nicolas, Die Charakterisierung staatlicher Accounts in sozialen Netzwerken, NJW 2019, S. 1910
Harmjanz, Auflagen und Bedingungen, Baden-Baden 1999
Harms, Ist das „bloße" Anschauen von kinderpornographischen Bildern im Internet nach geltendem Recht strafbar?, NStZ 2003, S. 646
von Hartlieb, Gewaltdarstellung in Massenmedien, UFITA 1980, S. 101
ders./Schwarz, Mathias (Hrsg.), Handbuch des Film-, Fernseh- und Videorechts, 5. Aufl., München 2011
Hartmann/Quasten, Werkänderung und Rechtschreibreform, AfP 2002, S. 304
Hartstein/Ring/Kreile/Dörr/Stettner, Kommentar zum Rundfunkstaatsvertrag, Bd. III, Jugendmedienschutz-Staatsvertrag, München, Loseblatt, Stand Juli 2004
Hartwig, Über das Verhältnis von informativer und suggestiver Werbung, WRP 1997, S. 825
ders., Gesellschaftskritische Unternehmenswerbung – Kommerzielle Kommunikation zwischen Sponsoring und Public Relations, ZUM 1998, S. 782
Hase, BZRG-Kommentar, München 2003
Hatschek, Julius, Englische Verfassungsgeschichte bis zum Regierungsantritt der Königin Victoria, München, Berlin 1913
Haug, Thomas, Informationspflichten bei Social Media-Präsenzen von Rechtsanwälten, NJW 2015, S. 661
Haun, Werbung mit dem Doppelgänger eines Prominenten, Hamburg 2003
Haupt, Die völkerrechtlichen Verträge der DDR auf dem Gebiet des Urheberrechts im Blickwinkel der politischen Veränderungen in Europa, ZUM 1992, S. 285
Hausmann, Der Deutsche Fußball Bund (DFB) – Ein Kartell für „Fernsehrechte"?, BB 1994, S. 1089
Hauss, Presse-Selbstkontrolle – Aufgaben und Grenzen, AfP 1980, S. 178
HBdStR, Band 2, 2. Aufl. = Isensee, Josef/Kirchhof, Paul (Hrsg.), Handbuch des Staatsrechts der Bundesrepublik Deutschland, Band II, 2. Aufl., Heidelberg 1998
Heckel, Hans/Avenarius, Hermann, Schulrechtskunde, 7. Aufl., Neuwied und Darmstadt 2000

Hecker, Die Haftung des Verlages für die Veröffentlichung fehlerhafter Anzeigen, AfP 1993, S. 717
Heermann, Der Schutzumfang von Sprachwerken der Wissenschaft und die urheberrechtliche Stellung von Hochschulangehörigen, GRUR 1999, S. 468
Hefermehl, Grenzen der Klagebefugnis der Gewerbetreibenden und Verbände im Recht gegen den unlauteren Wettbewerb, WRP 1987, S. 281
Hegemann, Jan, Die Früchte des verbotenen Baums: Investigative Recherche und die Verwertung rechtswidrig erlangter Informationen, AfP 2019, S. 12
Heiliger, Ein zweites Fehlurteil gegen Ossietzky, KJ 1991, S. 498
Heim, Das Rechtsinstitut der Titelschutzanzeige, AfP 2004, S. 19
Heinrichsbauer, Jürgen, Die Presseselbstkontrolle, München 1954
Heintschel von Heinegg, Auskunftsansprüche der Presse gegenüber der Verwaltung, AfP 2003, S. 295
ders., Herausgabe und Verwendung von Stasi-Unterlagen mit personenbezogenen Informationen an die Presse. Anmerkungen zum Urteil des BVerwG vom 23. Juni 2004 (Fall Kohl), AfP 2004, S. 505
Heinz, Zur Rechtsprechung des Bundesgerichtshofs über die Verletzung von „Persönlichkeitsrechten" – gleichzeitig ein Beitrag zur Dogmatik des Schadensersatzanspruchs und benachbarter Ansprüche, AfP 1992, S. 237
Heinze, Der Warnstreik und die „Neue Beweglichkeit", NJW 1983, S. 2410
Heker, Im Spannungsfeld von Urheberrecht und Wettbewerbsrecht, ZUM 1995, S. 97
Held/Seifert, Kartellrechtspraxis und Kartellrechtsprechung, 8. Aufl., Köln 1993
Heldrich (Hrsg.), Medien zwischen Spruch und Informationsinteresse, FS für Robert Schweizer zum 60. Geburtstag, Baden-Baden 1999, S. 29 ders., Privates Glück in der Medienwelt, in: Medien zwischen Spruch und Informationsinteresse, FS für Robert Schweizer zum 60. Geburtstag, Baden-Baden 1999ders., Persönlichkeitsschutz und Pressefreiheit nach der Europäischen Menschenrechtskonvention, NJW 2004, S. 2634
Helle, Das Urteil auf Widerruf einer verletzenden Behauptung und seine Vollstreckung, NJW 1963, S. 129
ders., Die Einwilligung beim Recht am eigenen Bild, AfP 1985, S. 93
ders., Besondere Persönlichkeitsrechte im Privatrecht, Tübingen 1991
Hellenthal, Zur Rechtswidrigkeit von sogenannten Betriebsbesetzungen, NZA 1987, S. 52
Henke, Verbote und Beschränkungen bei Ein- und Ausfuhr, Herne/Berlin 2000
Hennemann, Pressefreiheit und Zeugnisverweigerungsrecht, Berlin 1978
Henning-Bodewig, Die wettbewerbsrechtliche Haftung von Massenmedien, GRUR 1981, S. 867
ders., Das „Presseprivileg" in § 13 Abs. 2 Nr. 1 UWG, GRUR 1985, S. 258
ders., „Werbung mit der Realität" oder wettbewerbswidrige Schockwerbung?, GRUR 1993, S. 950
ders., Werbung im Kinospielfilm, GRUR 1996, S. 321
ders., Neue Aufgaben für die Generalklausel des UWG?, GRUR 1997, S. 180
ders., Neuere Entwicklungen im Sponsoring, ZUM 1997, S. 633
Henschel, Die Rechtsbeziehungen im Postzeitungsbetrieb, JZ 1954, S. 70
Hentschel, Peter/König, Peter/Dauer, Peter, Straßenverkehrsrecht, 44. Aufl., München 2017
Herdemerten, Werbeanzeigen politischer Parteien in Tageszeitungen, AfP 1968, S. 768
Hernekamp, Der Schutz des allgemeinen Informationsbedürfnisses bei presserelevanten Arbeitskämpfen, BB 1976, S. 1329
Hermann, Satirische Werbung und die juristische Humorkontrolle, K&R 2018, 693
Herrmann, Günter, Fernsehen und Hörfunk in der Verfassung der Bundesrepublik Deutschland, Tübingen 1975
ders./Lausen, Rundfunkrecht, Fernsehen und Hörfunk mit neuen Medien, 2. Aufl., München 2004
Herzberg, Anstiftung zur unbestimmten Haupttat, JuS 1987, S. 617
Herzog, Roman/Herdegen, Mathias/Scholz, Rupert/Klein, Hans (Hrsg.), Grundgesetz Kommentar, Loseblattsammlung, München, Stand: März 2019 (87. EL) (zit.: Maunz/Dürig, GG)

Herzog, Subsidiaritätsprinzip und Staatsverfassung, Der Staat 1963, S. 399
Hess, Medienkartellrecht, AfP 2000, S. 61
ders., Medienkartellrecht, AfP 2000, S. 539
ders., Medienkartellrecht, AfP 2002, S. 313
ders., Medienkartellrecht, AfP 2002, S. 398
ders., Medienkartellrecht, AfP 2003, S. 29
ders., Medienkartellrecht, AfP 2003, S. 128
ders., Medienkartellrecht, AfP 2003, S. 250
ders., Medienkartellrecht, AfP 2003, S. 319
ders., Medienkartellrecht, AfP 2004, S. 104
ders., Medienkartellrecht, AfP 2004, S. 231
ders./Schlochauer/Worzalla/Glock/Nicolai/Rose, BetrVG Kommentar, 8. Aufl. Köln 2011
Hesse, K., Carolines Spange oder: Ist Prinz Ernst August von Hannover eine Gefahr für die Pressefreiheit?, in: FS für Paul W. Hertin zum 60. Geburtstag am 15. November 2000, Schertz (Hrsg.), München 2000, S. 691
Hesse, Konrad, Grundzüge des Verfassungsrechts der Bundesrepublik Deutschland, 20. Aufl., Heidelberg 1999
Hesse, W., Freie Mitarbeiter bei der Presse, FuR 1983, S. 94
ders., Tarifvertragliche Urheberrechtsregelung für Redakteure an Tageszeitungen, AfP 1986, S. 201
ders., Der Arbeitnehmerurheber – Dargestellt am Beispiel der tarifvertraglichen Regelungen für Redakteure an Tageszeitungen und Zeitschriften, AfP 1987, S. 562
Hillig, Rundfunkrecht, Textausgabe, München 1990
Hirsch, Ernst, Maulkorb für die Presse? Zum Referentenentwurf eines Gesetzes zur Neuordnung des zivilrechtlichen Persönlichkeits- und Ehrenschutzes, Berlin 1959
HK MedienR = Paschke, Marian/Berlit, Wolfgang/Meyer, Claus (Hrsg.), Hamburger Kommentar Gesamtes Medienrecht, 3. Aufl., Baden-Baden 2016
Hochrathner, Die gerichtliche Durchsetzung von Gegendarstellungsansprüchen, ZUM 2000, S. 916
Hodel, Kannibalismus im Wohnzimmer?, Kriminalistik 1986, S. 354
Hoecht, Zur Zulässigkeit der Abrufbarkeit identifizierender Presseberichte über Straftäter aus Onlinearchiven, AfP 2009, S. 342
Höckelmann, Die verschuldensunabhängige Produkthaftung für Verlagserzeugnisse/Neue Medien, UFITA Bd. 2001/II, S. 425
Höhne, Nachrichtenangebot im Wandel – Der Einfluß von Konkurrenz und Elektronik auf den Nachrichtenmarkt in der Bundesrepublik Deutschland, Publizistik 1980, S. 75
Hoeller/Bodemann, Das „Gambelli"-Urteil des EuGH und seine Auswirkungen auf Deutschland, NJW 2004, S. 122
Holzgraefe/Thomale, Die »Werbeblocker II«-Entscheidung des BGH – Eine verfassungsrechtliche Würdigung, ZUM 2019, S. 887
Hömig/Wolff = Wolff, Heinrich Amadeus (Hrsg.), Grundgesetz für die Bundesrepublik Deutschland, 12. Aufl., Baden-Baden 2018
Höppener, Meinung auf dem Campus – Die Zulässigkeit einer Zeitschriftenherausgabe der studentischen Interessenvertretung an der Hochschule, Baden-Baden 2000
Hoeren, Pressespiegel und das Urheberrecht – Eine Besprechung des Urteils des BGH „Elektronischer Pressespiegel", GRUR 2002, S. 1022Hörle, Werbung in redaktioneller Form aus rechtlicher Sicht, AfP 1973, S. 361
ders., Allgemeine Geschäftsbedingungen für das Anzeigenwesen nach dem neuen AGB-Gesetz, AfP 1977, S. 266
ders., AGB-rechtliche Fragen zum Wahrnehmungsvertrag der VGWort, AfP 2001, S. 8
ders./Sieber, Ulrich/Holznagel, Bernd (Hrsg.), Handbuch Multimedia-Recht, Loseblattsammlung, München, Stand: Februar 2020 (51. EL)
ders./Wronka, Bundesdatenschutzgesetz: Auswirkungen auf Werbung und Presse, 3. Aufl., Bonn 1983
Hoerster (Hrsg.), Klassische Texte der Staatsphilosophie, 11. Aufl., München 2001

Hösch, Die Auswirkungen des § 24 Abs. 2 S. 2 UWG auf Wettbewerbsvereinigungen, WRP 1996, S. 849
Hoffmann, Christof, Grundrechte und straßenrechtliche Benutzungsordnung, Saarbrücken, Diss. 2004
Hoffmann, Nachbesserungspflicht der Bundesprüfstelle für jugendgefährdende Schriften bei Entfallen des Gefährdungspotentials einer Schrift, ZUM 1996, S. 478
Hoffmann-Riem, Redaktionsstatute im Rundfunk, Baden-Baden 1972
Hoffmeister, Art. 10 EMRK in der Rechtsprechung des Europäischen Gerichtshofs für Menschenrechte 1994–1999, EuGRZ 2000, S. 358
Hofmann, Buchpreisbindungen auf dem Prüfstand des Europarechts – Bleibt in Deutschland alles beim Alten?, GRUR 2000. S. 555
ders., Rundfunkfreiheit durch Rundfunkorganisation, Baden-Baden 1979
ders., Die Zukunft des Rundfunks – ein Verfassungsproblem, Rundfunk und Fernsehen, Baden-Baden 1979
ders., Innere Pressefreiheit als politische Aufgabe, Neuwied 1979
ders., Kommerzielles Fernsehen, Baden-Baden 1981
ders., in Jarren, Medienwandel – Gesellschaftswandel?, Berlin 1994
ders., Kommunikationsfreiheit für Werbung, ZUM 1996, S. 1
ders., Kommunikationsfreiheiten, Baden-Baden 2002
ders./Kohl/Kübler/Luscher, Medienwirkung und Medienverantwortung, Baden-Baden 1975
ders./Plander, Rechtsfragen zur Pressereform, Baden-Baden 1977
von Holleben, Geldersatz bei Persönlichkeitsverletzungen, Baden-Baden 1999
Holoubek, Medienfreiheit in der Europäischen Menschenrechtskonvention, AfP 2003, S. 193
Holzgraefe/Thomale, Die »Werbeblocker II«-Entscheidung des BGH – Eine verfassungsrechtliche Würdigung, ZUM 2019, S. 887
Holzkämper, Die Verfassungsmäßigkeit von Zugangsbeschränkungen für Presseunternehmen zum privaten Rundfunk, ZUM 1994, S. 114
Holznagel/Höppener, Exclusivvereinbarungen versus Pressefreiheit – Verfassungsrechtliche Überlegungen zu einem Zutrittsrecht der Presse zu öffentlichen Veranstaltungen, DVBl. 1998, S. 868
Hoppe, Persönlichkeitsschutz durch Haftungsrecht, Berlin 2001
Hopt, Handelsvertreterrecht, §§ 84–92c, 54, 55 HGB mit Materialien, 4. Aufl., München 2009
Horn, Zum Recht der gewerblichen Veranstaltung und Vermittlung von Sportwetten, NJW 2004, S. 2047
Hort, Der finanzielle Ausgleich bei Verletzungen des Persönlichkeitsrechts in Deutschland und in der Schweiz, Frankfurt 2003
Hoß, Web-Impressum und Wettbewerbsrecht, CR 2003, S. 687
Hossenfelder/Lutz, Die neue Durchführungsverordnung zu den Artikeln 81 und 82 EG-Vertrag, WuW 2003, S. 118
Hromadka, Arbeitnehmerähnliche Personen – Rechtsgeschichtliche, dogmatische und rechtspolitische Überlegungen, NZA 1997, S. 1249
ders., Arbeitnehmerbegriff und Arbeitsrecht, NZA 1997, S. 569
Huber, Peter/Voßkuhle, Andreas (Hrsg.), Grundgesetz, 7. Aufl., München 2018 (zit.: v. Mangoldt/Klein/Starck, GG)
Hubmann, Der zivilrechtliche Schutz der Persönlichkeit gegen Indiskretion, JZ 1957, S. 521
ders., Das Persönlichkeitsrecht, 2. Aufl., Köln/Graz 1967
ders., Die Urheberrechtsklauseln in den Manteltarifverträgen für Redakteure an Zeitschriften und an Tageszeitungen, RdA 1987, S. 89
ders., Urheber- und Verlagsrecht, 8. Aufl., München 1995
ders./Götting, Gewerblicher Rechtsschutz, 7. Aufl., München 2002
Hübner, Information oder Herrschen die Souffleure?, Hamburg 1964
Hueck/Nipperdey, Grundriß des Arbeitsrechts, 5. Aufl., Berlin 1970
dies., Lehrbuch des Arbeitsrechts, 2 Bde., 7. Aufl., Berlin und Frankfurt 1963 und 1970
Hufen, Meinungsfreiheit und Boykottaufruf, JuS 1986, S. 193
Huff, Die Veröffentlichungspflicht der Gerichte, NJW 1997, S. 2651

ders., Saalöffentlichkeit auch in Zukunft ausreichend – Keine Änderung des § 169 Satz 2 GVG, NJW 2001, S. 1622
Hunold, Mehrfachbefristung heute, NZA 1997, S. 741
Huppertz, Die Buchpreisbindung nach internationalem und europäischem Wettbewerbsrecht, GRUR 1998, S. 988
Huster, Das Verbot der „Ausschwitzlüge", die Meinungsfreiheit und das Bundesverfassungsgericht, NJW 1996, S. 487
Ihlefeld, Die Begriffe „unmittelbar und überwiegend" im betriebsverfassungsrechtlichen Tendenzschutz, ArbuR 1975, S. 234
ders., Noch einmal: Die Tarifverträge der „Westfälischen Rundschau" aus betriebsverfassungsrechtlicher Sicht, AfP 1973, S. 516
ders., Betriebsverfassungsrechtlicher Tendenzschutz und Pressefreiheit, ArbuR 1980, S. 257
Ikas, Zum ständigen Gratisvertrieb von Presseerzeugnissen, insbesondere Stadtmagazinen, WRP 1997, S. 392
Immenga, Schwerpunkte der vierten Novelle zum Gesetz gegen Wettbewerbsbeschränkungen, NJW 1980, S. 1417
ders./Mestmäcker, EG-Wettbewerbsrecht, München 1997
dies., GWB, Kommentar, 3. Aufl., München 2001
Ingerl/Rohnke, Die Umsetzung der Markenrechts-Richtlinie durch das deutsche Markengesetz, NJW 1994, S. 1247
dies., Markenrecht, München 1998
dies., Markengesetz, 2. Aufl., München 2003
Ipsen, Presse-Grosso im Verfassungsrahmen, Berlin 1980
ders., Presse-Grosso, EWG-Vertrag und Verfassung, WRP 1988, S. 1
Isele, Zur Problematik des Streiks in Versorgungsbetrieben, in: FS für Schnorr von Carolsfeld zum 70. Geburtstag, Hubmann (Hrsg.), Köln/Bonn/Berlin/München 1972, S. 219
Isensee, Kunstfreiheit im Streit mit Persönlichkeitsschutz, AfP 1993, S. 619
ders./Axer, Jugendschutz im Fernsehen, München 1998
ders./Kirchhof, Paul (Hrsg.), Handbuch des Staatsrechts der Bundesrepublik Deutschland, 2. Aufl., Heidelberg 2000
Jacob, Journalismus im Spannungsfeld zwischen Pressefreiheit und Datenschutz, DuD 1998, S. 65
Jänich, Fußballübertragungsrechte und Kartellrecht, GRUR 1998, S. 438
Jahn/Pirrwitz, Die wettbewerbsrechtliche Verantwortlichkeit eines Unternehmens für Presseveröffentlichungen, insbesondere redaktionelle Werbung, WRP 1990, S. 302
Janisch, Artikel 5 Abs. 1 GG und die legitime Neugier des Medienpublikums, AfP 2000, S. 32
Jankowski, Nichts ist unmöglich! – Möglichkeiten der formularmäßigen Einwilligung in die Telefonwerbung, GRUR 2010, S. 495
Janz, Rechtsfragen der Vermittlung von Oddset-Wetten in Deutschland, NJW 2003, S. 1694
Jarass, Politik und Bürokratie als Elemente der Gewaltenteilung, München 1975
ders., Grenzen des Zugriffs der Strafverfolgungsbehörden auf Presse- und Rundfunkmaterial, AfP 1977, S. 214
ders., Die Freiheit der Massenmedien, Baden-Baden 1978
ders., Die Freiheit des Rundfunks vom Staat, Berlin 1981
ders., Rechtsfragen der Öffentlichkeitsarbeit – Zugleich ein Beitrag zum Thema „Werbung und Recht", NJW 1981, S. 193
ders., Rechtliche Grundlagen der Schülerpresse und der Schulpresse, DÖV 1983, S. 609
ders., Öffentliche Verwaltung und Presse, DÖV 1986, S. 721
ders./Pieroth, Bodo, Grundgesetz für die Bundesrepublik Deutschland, 15. Aufl., München 2018
Jarren, Otfried, Kommentar: Medienkrise oder Tageszeitungsfinanzierungskrise?, in: Jarren, Otfried/Künzler, Matthias/Puppis, Manuel (Hrsg.), Medienwandel oder Medienkrise?, Baden-Baden 2012, S. 165 ff. (zit.: Medienkrise)
Jerschke, Öffentlichkeitspflicht der Exekutive und Informationsrecht der Presse, Berlin 1971

Jerusalem, Die Belehrung über das Widerrufsrecht gemäß § 1b AbzG bei der Bestellung von Zeitungen im Abonnement, AfP 1987, S. 379
Jesch, Das kartellrechtliche Schriftformgebot, Göttingen 1990
Joecks, Wolfgang/Miebach, Klaus (Hrsg.), Münchener Kommentar zum StGB, 3. Aufl., München 2016 (zit.: MK zum StGB)
Jürgens, Aufsteigende Gerichtsstände – Der fliegende Gerichtsstand im Presserecht, NJW 2020, S. 1846
Julius, Vertheidigung der Leipziger Allgemeinen Zeitung, Braunschweig 1843
Jung, D., Durchsuchung und Beschlagnahme in Medienangelegenheiten, AfP 1995, S. 375
Jung, H., Stärkung des strafrechtlichen Schutzes der Vertraulichkeit des Wortes, JuS 1991, S. 169
Jung/Ströfer, Gesetzgebungsübersicht, JuS 1989, S. 165
Jungermann, Neues zur Buchpreisbindung – Auch reimportierte Bücher sind der Buchpreisbindung zugänglich, NJW 2000, S. 2172
Kahl, Jonas, Elektronische Presse und Bürgerjournalismus, Baden-Baden 2013
Kahl, Wolfgang/Waldhoff, Christian/Walter, Christian (Hrsg.), Bonner Kommentar zum Grundgesetz, Loseblattsammlung, Heidelberg, Stand: September 2019 (200. EL) (zit.: BK-GG)
Kahl/Piltz, Wer hat Vorfahrt: Datenschutz oder Meinungs- und Pressefreiheit?, K&R 2018, S. 289
Kahlenberg, Referentenentwurf der 7. GWB-Novelle: Tief greifende Änderungen des deutschen Kartellrechts, BB 2004, S. 389
Kaiser, Presseplanung, Frankfurt 1972
ders., Das Recht des Presse-Grosso, Baden-Baden 1979
ders./Schöch, Strafvollzug, 5. Aufl., Heidelberg 2002
Kalscheuer, Fiete/Jacobsen, Annika, Der Parlamentsvorbehalt: Wesentlichkeitstheorie als Abwägungstheorie, DÖV 2018, S. 523
Kamann/Bergmann, Die neue EG-Kartellverfahrensordnung – Auswirkungen auf die unternehmerische Praxis, BB 2003, S. 1743
Karle/Weidner, Das Gintec-Urteil des EuGH und die Folgen für das HWG, PharmR 2010, S. 391
Karlsruher Kommentar zum Gesetz über Ordnungswidrigkeiten = Mitsch, Wolfgang (Hrsg.), Karlsruher Kommentar zum Gesetz über Ordnungswidrigkeiten, 5. Aufl., München 2018 (zit.: KK-OWiG)
Karlsruher Kommentar zur Strafprozessordnung und zum Gerichtsverfassungsgesetz mit Einführungsgesetz = Hannich, Rolf (Hrsg.), Karlsruher Kommentar zur Strafprozessordnung, 8. Aufl., München 2019 (zit.: KK-StPO)
Karpen, Das Recht der Öffentlichkeit, sich zu informieren, DVBl. 2000, S. 1110
ders./Hofer, Die Kunstfreiheit des Art. 5 III 1 GG in der Rechtsprechung seit 1985 – Teil 2, JZ 1992, S. 1060
ders./Nohe, Die Kunstfreiheit in der Rechtsprechung seit 1992, JZ 2001, S. 801
Karpenstein/Mayer, EMRK Konvention zum Schutz der Menschenrechte und der Grundfreiheiten, 2. Auflage München 2015
Kasseler Kommentar Sozialversicherungsrecht, München Stand 2019
Katzenberger, Urheberrechtliche und urhebervertragsrechtliche Fragen bei der Edition philosophischer Werke, GRUR 1984, S. 319
ders., Elektronische Printmedien und Urheberrecht, Stuttgart 1996
ders., Elektronische Printmedien und Urheberrecht, AfP 1997, S. 434
Kau, Die Mitbestimmung in Presseunternehmen, Hamburg 1980
Kellen, Die Entwicklung des Anzeigen- und Reklamewesens in den Zeitungen, Frankfurt a. M. 1907
Kenia/Klemm, Möglichkeiten und Grenzen der Schaffung anderer Arbeitnehmervertretungsstrukturen nach § 3 Abs. 1 Nr. 3 BetrVG, RdA 2006, S. 22
Kepplinger, Das Interesse der Allgemeinheit und die Eigeninteressen der Medien, ZRP 2000, S. 134
ders., Die Demontage der Politik in der Informationsgesellschaft, 2. Aufl., Freiburg 2000

ders., Die Entwicklung der Kriminalitätsberichterstattung, in: Kriminalität in den Medien, Hrsg. Bundesministerium der Justiz, Mönchengladbach 2000
ders./Ehmig/Hartung, Alltägliche Skandale, Konstanz 2002
ders./Hachenberg/Frühauf, Struktur und Funktion eines publizistischen Konfliktes – Die Auseinandersetzung um Heinrich Bölls Artikel: „Will Ulrike Gnade oder freies Geleit?", Publizistik 1977, S. 14
Kerscher, Strafjustiz contra Medien – ein Anachronismus, NJW 1997, S. 1350
Kilian, Kontrahierungszwang und Zivilrechtssystem, AcP 1980/180, S. 47
ders./Heussen, Computerrechtshandbuch, München 2003
Kimminich, Die Vereinten Nationen und die Menschenrechte, Aus Politik und Zeitgeschichte, Beilage 36 zu Das Parlament, S. 25
Kirchner, Gedanken über Pflichtexemplare, in: Das Buch in Praxis und Wissenschaft: 40 Jahre deutsches Bucharchiv München. Eine Festschrift, Vodosek (Hrsg.), Wiesbaden 1989, S. 554
Kittner/Zwanziger, Arbeitsrecht, 2. Aufl., Frankfurt a. M. 2003
Kitzinger, Das Reichsgesetz über die Presse, Tübingen 1920
KK-OWiG = Mitsch, Wolfgang (Hrsg.), Karlsruher Kommentar zum Gesetz über Ordnungswidrigkeiten, 5. Aufl., München 2018
KK-StPO = Hannich, Rolf (Hrsg.), Karlsruher Kommentar zur Strafprozessordnung, 7. Aufl., München 2013
Kläver, Bereicherungsrechtliche Ansprüche bei einer Verletzung des allgemeinen Persönlichkeitsrechts, Hamburg 1999
ders., Vermögensrechtliche Aspekte des zivilrechtlichen allgemeinen Persönlichkeitsrechts, ZUM 2002, S. 205
Klammer, Pressevertrieb in Ostdeutschland. Die wirtschaftlichen und politischen Interessen beim Aufbau eines Pressegroßhandelssystems nach der Oktoberwende 1989, Berlin 1997
Klee, Pressedatenbanken und datenschutzrechtliches Medienprivileg, Mainz 1992
Klein, E., Einwirkungen des europäischen Menschenrechtsschutzes auf die Meinungsäußerungs- und Pressefreiheit, AfP 1994, S. 9
ders., Konzentration durch Entlastung? Das Fünfte Gesetz zur Änderung des Gesetzes über das Bundesverfassungsgericht, NJW 1993, S. 2073
Klein, H. H., Zum Begriff der öffentlichen Aufgabe, DÖV 1965, S. 755
Kleinke, Yvonne, Polizei darf keine Versammlungsfotos twittern, GRUR-Prax 2019, S. 536
Kleinmann/Bechthold, Kommentar zur Fusionskontrolle, 2. Aufl., Heidelberg 1989
Klickermann, Paul, Influencer-Marketing im Fokus des Kennzeichnungsgebots, MMR 2020, 150
Klimisch/Lange, Zugang zu Netzen und anderen wesentlichen Einrichtungen als Bestandteil der kartellrechtlichen Mißbrauchsaufsicht, WuW 1998, S. 15
Klippel, Der zivilrechtliche Persönlichkeitsschutz von Verbänden, JZ 1988, S. 625
Kloepfer, Das Stasi-Unterlagen-Gesetz und die Pressefreiheit: Verfassungsfragen des Gesetzes über die Unterlagen des Staatssicherheitsdienstes der ehemaligen DDR, Berlin 1993
ders., „Innere Pressefreiheit" und Tendenzschutz im Lichte des Artikels 10 der Europäischen Konvention zum Schutze der Menschenrechte und Grundfreiheiten, Berlin 1996
ders., Privatsphäre im Fadenkreuz staatlicher Überwachung?, K&R 2001, S. 545
ders., Informationszugangsfreiheit und Datenschutz: Zwei Säulen des Rechts der Informationsgesellschaft, DÖV 2003, S. 221
ders./Kutzschbach, Presse-Grosso zwischen Kartell- und Verfassungsrecht, AfP 1999, S. 1
Klöppel, Das Reichspreßgesetz, Leipzig 1894
Klosterfelde, Anzeigenpraxis, 2. Aufl., Bonn 1991
Klute, Das Recht der Gegendarstellung im Rundfunkrecht der neuen Bundesländer, AfP 1993, S. 542
Knieps, Zugang zu Netzen – Verselbständigung, Nutzung, Vergütung, Eigentumsschutz, MMR 1998, S. 275
Knöpfel, Wettbewerbsrecht, JZ 1990, S. 1082
Knops, Rückgabe- und Umtauschrechte als Zusatzleistungen, GRUR 1995, S. 649
Koch, Entschädigung bei unbegründeter Beschlagnahme im Strafverfahren?, JR 1959, S. 293

ders., Publizistischer Mißbrauch staatsanwaltlicher Ermittlungsverfahren, ZRP 1989, S. 401
Koch-Krumrei, Der urheberrechtliche Schutz wissenschaftlicher Werke in Deutschland und Frankreich, München 1991
Koch/Scholtz, Abgabenordnung, 5. Aufl., Köln u. a. 1996
Koch-Sembdner, Das Rückrufsrecht des Autors bei Veränderungen im Verlagsunternehmen, AfP 2004, S. 211
Kocian Elmaleh, Gegendarstellungsrecht – Droit de réponse; Eine rechtsvergleichende Studie zum Medienrecht in Deutschland, Frankreich und der Schweiz, Bern 1993
Koebel, Der presserechtliche Anspruch auf Gegendarstellung, NJW 1963, S. 790
ders., Ein neues Landespressegesetz in Baden-Württemberg, NJW 1964, S. 1108
Köbl, Das presserechtliche Entgegnungsrecht und seine Verallgemeinerung, Berlin 1966
Köhler, Die Beteiligung an fremden Wettbewerbsverstößen, WRP 1997, S. 897
ders., Redaktionelle Werbung, WRP 1998, S. 349
ders., Wettbewerbs- und verfassungsrechtliche Fragen der Verteilung unentgeltlicher Zeitungen, WRP 1998, S. 455
ders., Kopplungsangebote (einschließlich Zugaben) im geltenden und künftigen Wettbewerbsrecht, GRUR 2003, S. 729
ders., Das neue UWG, NJW 2004, S. 2121
ders., Der Rechtsbruchtatbestand im neuen UWG, GRUR 2004, S. 381
ders., Rechtsprechungsbericht zum Recht des unlauteren Wettbewerbs IX, GRUR-RR 2008, S. 145
ders., Neue Regelungen zum Verbraucherschutz bei Telefonwerbung und Fernabsatzverträgen, NJW 2009, S. 2567
ders., Die Kopplung von Gewinnspielen an Umsatzgeschäfte: Wende in der lauterkeitsrechtlichen Beurteilung – Zugleich Besprechung von BGH, Urt. v. 5.10.2010 – BGH 5.10.2010 Aktenzeichen I ZR 4/06 – Millionen-Chance II, GRUR 2011, S. 478
ders., Das neue UWG 2015, NJW 2016, S. 593
ders./Bornkamm/Feddersen, Gesetz gegen den unlauteren Wettbewerb – UWG, 38. Auflage München 2020
Köhne, Leserbrief „Verbesserung des Jugendmedienschutzes", NJW 2002, S. XVI
Köhne, Neuprüfung von indizierten Schriften und Medien, AfP 2002, S. 201
König/Seitz/Göhler, Gesetz über Ordnungswidrigkeiten, Kommentar, 13. Aufl., München 2002
König/Trafkowski, Zum Anwendungsbereich der Rundfunkklausel des § 38 Abs. 3 GWB, ZUM 2003, S. 513
Körner, J., Der Herausgeber von Zeitungen, Zeitschriften und Büchern, Frankfurt a. M. 2002
Körner, M., Zur Aufgabe des Haftungsrechts – Bedeutungsgewinn präventiver und punitiver Elemente, NJW 2000, S. 241
Kohl, Die Betätigung der öffentlichen Hand im Medienbereich, insbesondere die Problematik der staatlichen und gemeindlichen Pressepublikationen, AfP 1981, S. 326
Kohl/Haun, Kommentar zur Postzeitungs- und Postzeitungsgebührenordnung, 2. Aufl., Starnberg 1972
Kohlhaas, Das Mitschneiden von Telefongesprächen im Verhältnis zum Abhörverbot (§ 298 StGB) und dem Fernmeldegeheimnis, NJW 1972, S. 238
Kohn, Joachim, Die Amtsblatt-Entscheidung des BGH und ihre Folgen für die kommunale Praxis, NVwZ 2019, S. 1178
Koller, Transportrecht, 10. Auflage München 2020
Kollmann, Die anstehende 8. GWB-Novelle bringt Veränderungen im Pressebereich, K&R 2013, S. 23
Konzen, Aussperrungsquoten und Druckgewerbe, AfP 1984, S. 1
Kopp/Schenke, Verwaltungsgerichtsordnung, Kommentar, 13. Aufl., München 2003
Koppe/Zagouras, Haftung für Produktkritik, GRUR 2005, S. 1011
Kort, Zur wettbewerbsrechtlichen Beurteilung gefühlsbetonter Werbung, WRP 1997, S. 526
Kortz, Ausschluß der Fernsehöffentlichkeit im Gerichtsverfahren – Interessenausgleich oder Verfassungsverstoß?, AfP 1997, S. 443

Koszyk, Deutsche Presse im 19. Jahrhundert, Berlin 1966
ders., Deutsche Presse 1914 bis 1945, Berlin 1972
Kotthoff, Zu den rabattrechtlichen Grenzen von Preisermäßigungssystemen, WRP 1997, S. 145
Koziol/Seethaler/Thiede (Hrsg.), Medienpolitik und Recht, Wien 2010 (zit.: Koziol/Seethaler/Tiede I)
Koziol/Seethaler/Thiede (Hrsg.), Medienpolitik und Recht II, Wien 2013 (zit.: Koziol/Seethaler/Tiede II)
Kramer, Rainer, Umweltinformationsgesetz, Öko-Audit-Verordnung, Umweltzeichenverordnung, Stuttgart 1994
ders., Heimliche Tonbandaufnahmen im Strafprozeß, NJW 1990, S. 1760
Kramm, Rechtsschutz gegen wettbewerbsbeschränkende Eingriffe von Apothekenkammern, WRP 1992, S. 365
Krausnick, Keine Chance für Court-TV?, ZG 2002, S. 273
Kreile/Westphal, Investigativer Journalismus im Reichstagsgebäude, AfP 2002, S. 458
ders./Becker, Stand der Harmonisierungsbemühungen der EG auf dem Gebiet des Urheberrechts am Vorabend des Europäischen Binnenmarkts, ZUM 1992, S. 581
ders./Rahn, Das Ende der Tabakwerbung in Deutschland und Europa?, ZUM 1998, S. 820
Krenberger, Benjamin/Krumm, Carsten, Ordnungswidrigkeitengesetz, 5. Aufl., München 2018
Kresse, Tendenzschutz bei Konzernverflechtung, Frankfurt 1982
Kretschmar, EU-Initiative zur kommerziellen Kommunikation, GRUR 1998, S. 999
Kretschmer, Strafrechtlicher Ehrenschutz und Meinungs- und Pressefreiheit im Recht der Bundesrepublik Deutschland und der Vereinigten Staaten von Amerika, Frankfurt a. M. 1994
Kreutz, Oliver/Wiebe, Andreas, Native Advertising – Alter Wein in neuen Schläuchen?, WRP 2015, S. 1053
Kriele, Ehrenschutz und Meinungsfreiheit, NJW 1994, S. 1897
Krone, Jan, Verlage zwischen Web 2.0, Vermarktung und „Krise", in: Krone, Jan (Hrsg.), Medienwandel kompakt 2008–2010, Baden-Baden 2011, S. 170 (zit.: Verlagen zwischen 2.0)
Krüger, Das Recht am eigenen Bild und Belange der öffentlichen Sicherheit im Spannungsfeld zwischen Polizei und Medien, AfP 1981, S. 331
Krüger-Nieland, Persönlichkeitsschutz im Wettbewerbsrecht, GRUR 1974, S. 561
Kübler, Empfiehlt es sich, zum Schutze der Pressefreiheit gesetzliche Vorschriften über die innere Ordnung von Presseunternehmen zu erlassen? Gutachten für den 49. Deutschen Juristentag, München 1972
ders., Kommunikation und Verantwortung (Konstanzer Universitätsreden), Konstanz 1973
ders., Medienwirkung und Medienverantwortung, mit Beiträgen von Hoffmann-Riem, Kohl und Lüscher, Baden-Baden 1975
ders., Überlegungen und Dokumente zum Lebach-Urteil des Bundesverfassungsgerichts, Baden-Baden 1975
ders., Pflicht der Presse zur Veröffentlichung politischer Anzeigen?, Baden-Baden 1976
ders., Pressefreiheit als Entscheidungsfreiheit des Lesers, in: Presserecht und Pressefreiheit: FS für Martin Löffler, Studienkreis für Presserecht und Pressefreiheit (Hrsg.), München 1980, S. 169
ders., Zur Wettbewerbswidrigkeit von „Offertenblättern", AfP 1988, S. 309
ders., Postzeitungsdienst und Verfassung, Berlin 1992
ders., Gegendarstellung und Grundgesetz, AfP 1995, S. 629
ders., Ehrenschutz, Selbstbestimmung und Demokratie, NJW 1999, S. 1281
ders., Rassenhetze und Meinungsfreiheit, AöR 2000, S. 109
ders., Legitimationsfragen der Medienregulierung, AfP 2002, S. 277
Küchenhoff, Naturrecht und Christentum, Düsseldorf 1948
Kühl, Persönlichkeitsschutz des Tatverdächtigen durch die Unschuldsvermutung, in: Beiträge zum Schutz der Persönlichkeit und ihrer schöpferischen Leistungen, FS für Heinrich Hubmann zum 70. Geburtstag, Forkel/Kraft (Hrsg.), Frankfurt a. M. 1985, S. 241
ders., Zur Strafbarkeit unbefugter Bildaufnahmen, AfP 2004, S. 190
Kühle, Erledigung der Hauptsache bei Erwähnung des Gegendarstellungsthemas im Presseorgan, AfP 1984, S. 238
ders., Volontäre sind Tendenzträger, AfP 1978, S. 190

Kühling, Jürgen, Das „Recht auf Vergessenwerden“ vor dem BVerfG – November(r)evolution für die Grundrechtsarchitektur im Mehrebenensystem, NJW 2020, S. 275
ders., Zu den möglichen Grenzen der Kommunikationsfreiheit – Die ersten Urteile des neuen ständigen Europäischen Gerichtshofs für Menschenrechte zu Art. 10 EMRK, AfP 1999, S. 214
ders./Buchner, Datenschutz-Grundverordnung, Bundesdatenschutzgesetz, 2. Auflage München 2018
Kürschner, Der Informationsanspruch der Presse gegenüber der Justiz im Lichte von Steuergeheimnis, Persönlichkeitsrecht und anderen schutzwürdigen Belangen, DRiZ 1981, S. 401
Küster/Stemberger, Die rechtliche Verantwortung des Journalisten, Heidelberg 1949
Küstner, Neue Rechtsprechung zum Ausgleichsanspruch des Handelsvertreters nach § 89b HGB, BB 1972, S. 1300
Küstner/Thume, Handbuch des gesamten Außendienstrechts, Bd. 1, 3. Aufl., Heidelberg 2000
Küstner/von Manteuffel, Handbuch des gesamten Außendienstrechts, Bd. 2, 6. Aufl., Heidelberg 1995
Kugelmann, Die Vertraulichkeit journalistischer Kommunikation und das BVerfG, NJW 2003, S. 1777
Kujath, Johanna, Die Medienöffentlichkeit im „NSU-Prozess“, AfP 2013, S. 269
Kull, Pressekommission und Pressefreiheit, DÖV 1968, S. 861
ders., Redaktionsstatut und Pressefreiheit, AfP 1970, S. 906
ders., Das europäische Recht und die Presse, AfP 1993, S. 430
ders., Gesetz „zum Schutze“ und Artikel 5 Abs. 2 GG, AfP 1970, S. 964
ders., Mäzen oder Publizist? – Zur Rolle und Rechtsstellung des Herausgebers, DÖV 1972, S. 453
ders., Umwelt und Recht. Entscheidungshilfen für Medienpolitik, NJW 1980, S. 1608
ders., Zum Auskunftsanspruch der Presse gegenüber dem Rundfunk, AfP 1985, S. 76
ders., Schritte und Rückschritte auf dem Weg zur Medienfreiheit in der DDR, AfP 1990, S. 81
ders., „Freedom within the media“ – Von deutschen Anfängen zu europäischen Weiterungen, AfP 1995, S. 551
Kummer, Heinz Joachim/Schumacher, Jochen, Umweltinformationsgesetz, Weinheim 1997
Kunczik, Michael, Die manipulierte Meinung, Köln, Wien 1990
ders., Gewalt und Medien, 4. Aufl., Köln 1998
ders./Weber, PR-Anzeigen ausländischer Staaten in deutschen Zeitungen und Zeitschriften – eine inhaltsanalytische Auswertung, Publizistik 1993, S. 46
ders./Zipfel, Publizistik, Köln 2001
Kunert, Das Gesetz über das Zeugnisverweigerungsrecht der Mitarbeiter von Presse und Rundfunk, MDR 1975, S. 885
ders., Erweitertes Zeugnisverweigerungsrecht der Medienmitarbeiter, NStZ 2002, S. 169
Kunig, Philip (Hrsg), Grundgesetz Kommentar, 6. Aufl., München 2012 (zit.: v. Münch/Kunig, GG)
ders., Die Pressefreiheit, Jura 1995, S. 589
Kunze, Zum Begriff des sogenannten Tendenzbetriebes, in: FS für Kurt Ballerstedt zum 70. Geburtstag, Flume (Hrsg.), Berlin 1975, S. 79
ders./Christmann, Wirtschaftliche Mitbestimmung im Meinungsstreit, Bd. 1, Köln 1964
Lackner, Strafgesetzbuch, Kommentar, 24. Aufl., München 2001
Ladeur, Meinungsfreiheit, Ehrenschutz und die Veränderung der Öffentlichkeit in der Massendemokratie, AfP 1993, S. 531
ders., Schutz von Prominenz als Eigentum, ZUM 2000, S. 879
ders., Was ist Pornographie heute?, AfP 2001, S. 471
ders., Der prozedurale Schutz der Medienfreiheit, ZUM 2004, S. 1
ders., Die Anpassung des privaten Medienrechts an die „Unterhaltungsöffentlichkeit“, NJW 2004, S. 393
ders., Die Kollision von Meinungsfreiheit und Ehrenschutz in der interpersonalen Kommunikation, JZ 2020, S. 943

Lamp, Die soziale Natur des Menschen im Kontext von Masse und Öffentlichkeit, Habilitationsschrift Universität Mainz 2000
Lange, Wahlinserate und Chancengleichheit der Parteien, AfP 1973, S. 507
ders., Schutz des allgemeinen Persönlichkeitsrechts durch zivilrechtliche Prävention, VersR 1999, S. 274
ders., Werbung mit gesellschaftskritischen Themen als Bestandteil der Meinungs- und Pressefreiheit, AfP 2002, S. 185
Langen/Niederleithinger/Ritter/Schmidt, Kommentar zum Kartellgesetz, 6. Aufl., Neuwied 1982
Langer, Aktuelle Probleme der falschen Verdächtigung, GA 1987, S. 289
Lansky, Ralph, Bibliotheksrechtliche Vorschriften, Loseblattsammlung, 4. Aufl., Frankfurt am Main, 2007, Stand: 10. Erg. 2017
ders., Bibliotheksrechtliche Vorschriften, Loseblattsammlung, 3. Aufl., Frankfurt, 1980
Larenz, Das allgemeine Persönlichkeitsrecht im Recht der unerlaubten Handlungen, NJW 1955, S. 521
ders./Canaris, Claus-Wilhelm, Methodenlehre der Rechtswissenschaft, 3. Aufl., Berlin u.a. 1995
Laubenthal, Abstrahierter Empfängerhorizont und Individualisierbarkeit des Opfers bei der Beleidigung, JR 1990, S. 126
Lauber-Rönsberg, Zum Verhältnis von Datenschutzrecht und zivilrechtlichem Äußerungsrecht, AfP 2019, S. 373
Laue, Aktuelle Rechtsprechung des Europäischen Gerichtshof für Menschenrechte zur Meinungsfreiheit des Art. 10 EMRK, AfP 2015, S. 110
Lauf, Freiheit für die Daten! Sekundäranalysen und Datenbestände in der deutschen Medien- und Kommunikationswissenschaft, M&K 2002, S. 247
Lecheler/Germelmann, Der Staatsanwalt im Zeitungsverlag, JURA 2001, S. 781
Lechner, Hans/Zuck, Rüdiger, Bundesverfassungsgerichtsgesetz, 7. Aufl., München 2015
Leeb, Christina-Maria/Maisch, Marc, Social-Media-Stars und –Sternchen im rechtsfreien Raum?, ZUM 2019, S. 29
Lehr, Bildberichterstattung der Medien über Strafverfahren, NStZ 2001, S. 63
ders., Der Verdacht – eine besondere Herausforderung an den Ausgleich zwischen Persönlichkeitsschutz und freier Berichterstattung, AfP 2013, S. 7
ders./Berg, Rundfunk und Presse in Deutschland, Textsammlung der einschlägigen Bestimmungen, 3. Aufl., Mainz 1980
Leibholz/Rinck, GG = Burghart, Axel, Grundgesetz für die Bundesrepublik Deutschland, Loseblattsammlung, Köln, Stand: November 2019 (79. EL)
Leibholz/Rinck/Hesselberger, Grundgesetz für die Bundesrepublik Deutschland, Kommentar an Hand der Rechtsprechung des Bundesverfassungsgerichts, Loseblattsammlung, Band I: Art. 1–20; Band II: Art. 21–146, Köln, Stand September 2003
Leible, „Millionen-Chance II" – Das endgültige Aus für § 4 Nr. 6 UWG?, GRUR-Prax 2011, S. 209
Leible/Sosnitza, „2 für 1-Vorteil", Rabattgesetz und Europäisches Gemeinschaftsrecht, GRUR 1995, S. 799
dies., Richtlinienkonforme Auslegung vor Ablauf der Umsetzungsfrist und vergleichende Werbung, NJW 1998, S. 2507
Leipziger Kommentar zum Strafgesetzbuch, Hrsg. Jescheck/Russ/Willms, §§ 80–184c, 10. Aufl., Berlin/New York 1988; §§ 185–262, 10. Aufl., Berlin/New York 1989; §§ 263–302a, 10. Aufl., Berlin/New York, 1988
Leisner, Werbefernsehen und öffentliches Recht, Berlin 1967
Leiss, Grundgesetzwidrige Verfolgung patinierter Pornographie, NJW 1971, S. 1201
ders., Verlagsgesetz, Kommentar, Berlin 1973
Leitmeier, Lorenz, Das antinazistische Grundgesetz, NJW 2016, S. 2553
Lent, Wolfgang, Paradigmenwechsel bei den publizistischen Sorgfaltspflichten im Online-Journalismus – Zur Neuregelung des § 19 Medienstaatsvertrag, ZUM 2020, S. 593
Lenz, Christina, Das Recht am eigenen Bild des Polizeibeamten im Einsatz bei Demonstrationen contra Pressefreiheit, BayVBl. 1995, S. 164

Lenz, Christopher, Das Recht auf Kurzberichterstattung Bestätigung und Korrektur aus Karlsruhe, NJW 1999, S. 757
Leonhard, Mediendelikte zwischen Globalität und Territorialität. Internationales Privat- und Verfahrensrecht bei grenzüberschreitenden Persönlichkeits-, Wettbewerbs- und Immaterialgüterrechtsverletzungen, Regensburg 2001
Lerche, Verfassungsrechtliche Zentralfragen des Arbeitskampfes, Bad Homburg 1968
ders., Die Gesetzgebungskompetenz von Bund und Ländern auf dem Gebiet des Presserechts, JZ 1972, S. 468
ders., Verfassungsrechtliche Aspekte der „inneren" Pressefreiheit, Berlin 1974
ders., in: Evangelisches Staatslexikon, Hrsg. Kunst, 2. Aufl., Berlin 1975
ders., Die Verwertung rechtswidrig erlangter Informationen durch Presse und Rundfunk, AfP 1976, S. 55
ders., Einschränkung der Pressefreiheit durch Richterrecht?, in: FS für Robert Schweizer zum 60. Geburtstag, Heldrich (Hrsg.), Baden-Baden 1999
Leupold, Die massenweise Versendung von Werbe-E-Mails: Innovatives Direktmarketing oder unzumutbare Belästigung des Empfängers?, WRP 1998, S. 270
Leutheusser-Schnarrenberger, Die Zukunft des allgemeinen Persönlichkeitsrechts: Der „Herrenreiter" auf dem Weg ins dritte Jahrtausend, in: Medienrecht im Wandel, FS für M. Engelschall, Prinz (Hrsg.), Baden-Baden 1996, S. 13
dies., Die diplomatische Konferenz der WIPO 1996 zum Urheberrecht und zu verwandten Schutzrechten, GRUR Int. 1997, S. 667
von Lewinski, Die Umsetzung der Richtlinie zum Vermiet- und Verleihrecht, ZUM 1995, S. 442
Libor, Christine, Kameras im Gerichtssaal? Zur Zulässigkeit verschiedener Formen der Berichterstattung über Gerichtsverfahren, AfP 2014, S. 224
dies., Netzwerkdurchsetzungsgesetz: Selbstbehauptung des Rechts oder erster Schritt in die selbstregulierte Zensur?, AfP 2017, S. 482
Lieb, Zur Rechtmäßigkeit von Unterstützungsarbeitskämpfen, insbesondere im Druck- und Verlagsbereich, RdA 1991, S. 145
Libertus, Persönlichkeitsrechtliche Aspekte der Berichterstattung über ehemalige Stasi-Mitarbeiter sowie der Beweiswert der SIRA- und Rosenholz-Dateien, ZUM 2010, S. 221
Liegl/Schmitz, Aus anderer Sicht: Zentrale Vermarktung von Fernsehrechten im Bereich des Automobilsports, WRP 1998, S. 244
Liesching, Das neue Jugendschutzgesetz, NJW 2002, S. 3281
ders., Anforderungen des Erwachsenenversandhandels nach dem Jugendschutzgesetz, NJW 2004, S. 3303
ders., Was sind „rechtswidrige Inhalte" im Sinne des Netzwerkdurchsetzungsgesetzes?, ZUM 2017, S. 809
ders./Schuster, Jugendschutzrecht, 5. Aufl., München 2011
Limbach, 50 Jahre Pressefreiheit, epd medien 1999, Nr. 67, S. 7
Lindacher, Zur wettbewerbsrechtlichen Unterlassungshaftung der Presse im Anzeigengeschäft, WRP 1987, S. 585
ders., Internationale Zuständigkeit in Wettbewerbssachen, in: FS für Hideo Nakamura zum 70. Geburtstag, Heldrich (Hrsg.), Tokio 1996, S. 321
ders., Kritisierende vergleichende Werbung, in: FS für Hans Erich Brandner zum 70. Geburtstag, Pfeiffer (Hrsg.), Köln 1996, S. 399
Lindemann, Deutsche Presse bis 1815, Berlin 1969
Lindloff/Fromm, Ist gekennzeichnete redaktionelle Werbung auf Webseiten strafbar? – Strafrechtliche Relevanz des Verschleierns von Werbehandlungen, MMR 2011, S. 359
Lipps, Kartellrecht, 3. Aufl., Bonn 1982
Lisken, Zur Meinungsfreiheit im Sonderstatusverhältnis, NJW 1980, S. 1503
ders., Pressefreiheit und Strafprozeß, ZRP 1988, S. 193
von Liszt, Das deutsche Reichspreßgesetz, Berlin 1880
Löffel, Marc, Zeitungswebsites – Der Einfluss von Usability und Design auf den Werbeerfolg, Wiesbaden 2015

Löffler, H., Kommentar zur europäischen Fusionskontrollverordnung, Neuwied 2001
Löffler, M., Die Beschlagnahme von Zeitungen und Zeitschriften, NJW 1952, S. 997
ders., Die zivilrechtliche Haftung des Verlegers und Redakteurs für den Inhalt der Zeitung, ZV +ZV 1952, S. 116
ders., Der Streit um den Tendenzbetrieb, NJW 1954, S. 489
ders., Das heute in Deutschland geltende Presserecht. Bilanz der Grundsatzentscheidung des Bundesverfassungsgerichts vom 4. Juni 1957, Publizistik 1957, S. 323
ders., Zur Frage der zivilrechtlichen Haftung des Verlegers für die Veröffentlichung einer Falschmeldung über die ungünstige Vermögenslage eines Dritten. Zum Begriff der Falschmeldung, NJW 1957, S. 1149
ders., Das neue Kartellgesetz und seine Bedeutung für die Zeitungs- und Zeitschriftenverlage, ZV+ZV 1957, S. 586
ders., Der Zeugniszwang gegen Presse und Rundfunk, NJW 1958, S. 1215
ders., Ein vorbildliches Pressegesetz – Zum Inkrafttreten des neuen hessischen Landespressegesetzes, NJW 1959, S. 417
ders., Um die akademische Freiheit – Der Streit um die Zulassung des Vertriebs von Studentenzeitschriften im Hochschulbereich, NJW 1961, S. 529
ders., Markenschutz durch presserechtliche Gegendarstellung, BB 1962, S. 82
ders., 11. Arbeitstagung des Studienkreises für Presserecht und Pressefreiheit, NJW 1962, S. 904
ders., Dürfen Pressebetriebe bestreikt werden?, NJW 1962, S. 1601
ders., 13. Arbeitstagung des Studienkreises für Presserecht und Pressefreiheit, NJW 1963, S. 897
ders., Der Verfassungsauftrag der Presse, Modellfall „Spiegel", Karlsruhe 1963
ders., Die öffentliche Aufgabe der Presse und die Werkszeitschrift, Publizistik 1964, S. 115
ders., Die Sorgfaltspflichten der Presse und des Rundfunks, NJW 1965, S. 942
ders., Mitteilung – Arbeitstagung des Studienkreises für Presserecht und Pressefreiheit, NJW 1965, S. 957
ders., Die Haftung der Pressegesellschaften für betriebliche und körperschaftliche Organisationsmängel, NJW 1965, S. 2392
ders., Ehrenschutz unter Hinblick auf die Massenmedien. Gutachten für den Dritten Österreichischen Juristentag (1967), Wien 1967
ders., Presserecht, Bd. II, 2. Aufl., München 1968
ders., Das Standesrecht der Massenmedien in weltweiter Sicht, AfP 1971, S. 16
ders., Die Gesetzgebungskompetenz von Bund und Ländern auf dem Gebiet des Presserechts, NJW 1972, S. 1313
ders., 33. Tagung des Studienkreises für Presserecht und Pressefreiheit zum Thema „Boykott", NJW 1973, S. 1359
ders., Die Sonderstellung von Presse-Unternehmen in Streikfällen – Schadensersatzansprüche bei rechtswidrigen Eingriffen, AfP 1975, S. 784
ders., Das Pressefusions-Kontrollgesetz, AfP 1976, S. 155
ders., 39. Tagung des Studienkreises für Presserecht und Pressefreiheit, NJW 1976, S. 1079
ders., Arbeitskampfrecht und Pressefreiheit, AfP 1977, S. 272
ders., Die Bedeutung des Tendenzschutzes für die Presse; Tendenzschutz ein überholtes Privileg?, AfP 1978, S. 165
ders., Kollision zwischen werblicher und publizistischer Aussage bei Presse und Rundfunk, BB 1978, S. 921
ders., Lücken und Mängel im neuen Zeugnisverweigerungs- und Beschlagnahmerecht von Presse und Rundfunk, NJW 1978, S. 913
ders., Wann ändert der Verleger die grundsätzliche Haltung seiner Zeitung?, AfP 1979, S. 290
ders., Das Grundrecht auf Informationsfreiheit als Schranke des Urheberrechts, NJW 1980, S. 201
ders., Rechtsprobleme der Jugendpresse, insbesondere der Schüler- und Studentenzeitungen, AfP 1980, S. 184
ders., Die presserechtliche Pflicht zur strengen Trennung von Text- und Anzeigenteil – Der Begriff der „entgeltlichen" Presse-Veröffentlichung, in: FS für Georg Roeber, zum 10. Dezember 1981, Hrsg. Herschel/Hubmann/Rehbinder, Freiburg i. Br. 1982, S. 269

ders., Presserecht, Bd. I, 3. Aufl., München 1983
ders., Verstößt die „Benetton-Werbung" gegen die guten Sitten i. S. des § 1 UWG?, AfP 1993, S. 536
ders., Presserecht, 6. Aufl., München 2015
ders./Arndt/Noelle-Neumann/Haacke, Die öffentliche Meinung, Publizistik als Medium und Faktor der öffentlichen Meinung, München 1962
ders./Faut, Pressefreiheit und Chiffregeheimnis, BB 1974, S. 193
ders./Golsong/Frank, Das Gegendarstellungsrecht in Europa, Möglichkeiten der Harmonisierung, München 1974
ders./Hébarre, Form und Funktion der Presse-Selbstkontrolle in weltweiter Sicht, München 1968
ders./Wenzel, Das Standesrecht der Verbände und das Kartellrecht, WRP 1960, S. 257
Loewenheim, Vergütungspflicht für das Auslegen von Zeitschriften in Wartezimmern? – Zur Interpretation von § 27 Abs. 1 UrhG, GRUR 1980, S. 558
ders., Die urheber- und wettbewerbsrechtliche Beurteilung der Herstellung und Verbreitung kommerzieller elektronischer Pressespiegel, GRUR 1996, S. 636
ders., Handbuch des Urheberrechts, 2. Auflage München 2010
ders./Leistner, Matthias/Ohly, Ansgar (Hrsg.), Urheberrecht UrhG, KUG, VGG – Kommentar, 6. Aufl., München 2020 (zit.: Schricker/Loewenheim, Urheberrecht)
ders./Meessen/Riesenkampff/Kersting/Meyer-Lindemann, Kartellrecht, 4. Aufl., München 2020
Löwe/Rosenberg/Schäfer, Großkommentar zur Strafprozeßordnung und zum Gerichtsverfassungsgesetz, 25. Aufl., Berlin u. a. 1989–2004
ders., Der rundfunkpolitische Streik, RdA 1982, S. 73
ders./Mayer-Maly, Bemerkungen zur neueren Rechtsprechung zum Tendenzschutz, BB 1983, S. 913
ders./Rieble, Tarifvertragsgesetz, München 1992
dies., Tarifvertragsgesetz, 2. Aufl., München 2004
Lorenz, Journalismus, Stuttgart u. a. 2002
ders., Redaktionelle Werbung in Anzeigenblättern, WRP 2008, S. 1494
Loritz, Betriebsbesetzungen – ein rechtswidriges Mittel im Arbeitskampf, DB 1987, S. 223
Loschelder, Vom besonderen Gewaltverhältnis zur öffentlich-rechtlichen Sonderbindung, Köln 1982 (zit.: Vom besonderen Gewaltverhältnis)
Lücke, Die „allgemeinen" Gesetze (Art. 5 Abs. 2 GG) – Versuch einer Neuinterpretation, Heidelberg 1998
Lüders, Carl-Heinz (Hrsg.), Presse- und Rundfunkrecht, Berlin 1952
Lüthge-Bartholomäus, Nochmals: Die polizeirechtliche Schließung von „Massagesalons", NJW 1976, S. 138
Lutz, Das Vierte Gesetz zur Änderung des Urheberrechtsgesetzes, ZUM 1998, S. 622
Lyall, Francis, An Introduction to British Law, 2. Aufl., Baden-Baden 2002
Magiera, Die Grundrechtecharta der Europäischen Union, DÖV 2000, S. 1017
Märten, Die Vielfalt des Persönlichkeitsschutzes, Baden-Baden 2015
Mallmann., Pressepflichten und öffentliche Aufgaben der Presse, JZ 1966, S. 625
ders., Referat zum 49. Deutschen Juristentag, in: Verhandlungen des 49. DJT, Teil N, München 1972
ders., Arbeitsrecht. Verfassungsrecht., JZ 1976, S. 519
Mampel, Die sozialistische Verfassung der Deutschen Demokratischen Republik: mit einem Nachtrag bis zur Wende 1989 und das Ende der sozialistischen Verfassung, 2. Aufl., Frankfurt a. M. 1982
von Mangoldt/Klein, Das Bonner Grundgesetz, Kommentar, Band 1, 2. Aufl., München 1957
dies. /Pestalozza, Das Bonner Grundgesetz, Kommentar, Band 8: Art. 70–75, 3. Aufl., München 1996
dies./Starck, GG = Huber, Peter/Voßkuhle, Andreas (Hrsg.), Grundgesetz, 7. Aufl., München 2018

dies., GG, 5. Aufl. = Harck, Christian (Hrsg.), Kommentar zum Grundgesetz, 5. Aufl., München 2005
Mann, Die Garantie der Pressefreiheit unter der kurhessischen Verfassung von 1831, Frankfurt a. M. 1993
ders., Werbung auf CD-ROM-Produkten mit redaktionellem Inhalt, NJW 1996, S. 1241
ders., Einbindung von preisgebundenen Produkten in Koppelungsangebote, WRP 1997, S. 1139
ders., Werbung im Pressevertrieb nach Aufhebung von RabattG und ZugabeVO, AfP 2001, S. 174
ders., Auswirkungen der Caroline-Entscheidung des EGMR auf die forensische Praxis, NJW 2004, S. 3220
ders., Die Klarstellung nach der Stolpe-Rechtsprechung, AfP 2011, S, 326
ders./Smid, Festschrift für Renate Damm zum 70. Geburtstag, Baden-Baden 2005
dies., Pressevertriebsrecht, Köln 2008
Mantz, Reto, Die Entwicklung des Internetrechts bis Ende 2019, NJW, S. 512
Martini, Mario, Die Presseförderung im Fadenkreuz des Unionsrechts, EuZW 2015, S. 821
Mannheim, Presserecht, Berlin 1927
Marwitz, Werberegulierung durch EU-Gesetzgebung, K&R 2004, S. 209
dies., Zwangskommerzialisierung vermögenswerter immaterieller Rechte, AfP 2003, S. 405
Mathy, Das Unverzüglichkeits- und Aktualitätsgebot im Gegendarstellungsrecht, AfP 1971, S. 158
ders., Die Mitwirkung des Betriebsrates bei personellen Maßnahmen in Tendenzbetrieben, AfP 1972, S. 259
ders., Der Vergütungsanspruch gemäß § 7 des Manteltarifvertrages für Redakteure an Tageszeitungen vom 1. Oktober 1976, AfP 1977, S. 205
ders., Das Recht der Presse, Ein Leitfaden für die Redaktionsarbeit, 4. Aufl., Köln 1988
ders./Wendt, Der Westfälische Friede und die Pressefreiheit – Über die rechtlichen Grenzen der Gastronomiekritik, AfP 1982, S. 144
Mauhs, Der Einfluß der Medien auf das Strafverfahren, ZUM 1989, S. 346
Maunz/Dürig, GG = Herzog, Roman/Herdegen, Mathias/Scholz, Rupert/Klein, Hans (Hrsg.), Grundgesetz Kommentar, Loseblatt, München, Stand: März 2019 (87. EL)
Maunz, Theodor/Schmidt-Bleibtreu, Bruno/Klein, Franz/Bethge, Herbert (Hrsg.), Bundesverfassungsgerichtsgesetz – Kommentar, Loseblattsammlung, München, Stand: Januar 2020 (58. EL)
Maurer, Allgemeines Verwaltungsrecht, 14. Aufl., München 2002
von Maydell, Arbeitskampf oder politischer Streik?, JZ 1980, S. 431
Mayer (Hrsg.), Persönlichkeitsschutz und Medienrecht, Wien 1999
Mayer-Maly, Gewinnstreben und Wertfreiheit im „Tendenzbetrieb", RdA 1966, S. 492
ders., Das neue Betriebsverfassungsrecht der Presse, AfP 1972, S. 194
ders., Grundsätzliches und Aktuelles zum Tendenzbetrieb, BB 1973, S. 761
ders., Der Tendenzkonzern, in: FS für Philipp Möhring zum 75. Geburtstag, Hefermehl (Hrsg.), München 1975, S. 251
ders., Veränderungen des „Tendenzschutzes" durch Tarifverträge?, AfP 1977, S. 209
ders., Pressefreiheit und Arbeitsverfassung, AfP 1979, S. 376
ders., Die manteltarifliche Arbeitszeitregelung für Redakteure, AfP 1981, S. 242
ders., Das Arbeitsverhältnis und die Zeit, ZfA 1990, S. 203
ders./Löwisch, Bemerkungen zur neueren Rechtsprechung zum Tendenzschutz, BB 1983, S. 913
McLuhan, The Gutenberg Galaxy, Toronto 1962 (übersetzt: Die Gutenberg-Galaxis, Düsseldorf 1969)
Mecklenburg, Internetfreiheit, ZUM 1997, S. 525
Mees, Einheitliche Beurteilung der Sittenwidrigkeit im Sinne des § 1 UWG bei Verstößen gegen wertbezogene und wertneutrale Normen, GRUR 1996, S. 644
Meier, Strafbarkeit des Anbietens pornographischer Schriften, NJW 1987, S. 1610
Meilicke/Meilicke, Kommentar zum Mitbestimmungsgesetz 1976, Heidelberg 1976

Meisel, Die Mitwirkung und Mitbestimmung des Betriebsrats in personellen Angelegenheiten, 6. Aufl., Heidelberg, 1995
ders., Tendenzbetrieb, SAE 1977, S. 35
Menke, Die vergleichende Werbung in Deutschland nach der Richtlinie 97/55/EG und der BGH- Entscheidung „Testpreis-Angebot", WRP 1998, S. 811
Mennicke, Sanktionen gegen Insiderhandel, Berlin 1996, zugl. Diss., Göttingen 1995
Mensching, Das Zeugnisverweigerungsrecht der Medien: Inhalt und Reichweite des Zeugnisverweigerungsrechts und des damit korrespondierenden Beschlagnahme- und Durchsuchungsverbotes im Medienbereich, zugl. Diss., Bonn 2000
Mentzel-Reuters, Arno, Sammeln für die Zukunft, 25 Jahre Pflichtexemplargesetz in Baden-Württemberg, Katalog zur Ausstellung der württembergischen Landesbibliothek Stuttgart, Stuttgart 1988
Merten, D., Das besondere Gewaltverhältnis, Berlin 1985
ders., Öffentliches Recht: Blauer Dunst im Amt, JuS 1992, S. 365
Merten, K., Aktualität und Publizität. Zur Kritik der Publizistikwissenschaft, Publizistik 1973, S. 216
Mesic, Das Recht am eigenen Bild, Berlin 2000
Messer, Der unvollständige Testbericht, GRUR 1996, S. 647
Mestmäcker, Medienkonzentration und Meinungsvielfalt, Baden-Baden 1978
ders./Schulze, Urheberrechtskommentar, Loseblatt, Neuwied/Kriftel 2001, Stand Dezember 2003
ders./Schweitzer, Europäisches Wettbewerbsrecht, 2. Aufl., München 1999
Metzger, Der Titelschutz von Film-, Hörfunk- und Buchreihen, Frankfurt 1992
Meyer, Jürgen/Hölscheidt, Sven (Hrsg.), Charta der Grundrechte der Europäischen Union, 5. Aufl., Baden-Baden 2019 (zit.: Meyer/Hölscheidt, GRCh)
Meyer, Die Haftung für fehlerhafte Aussagen in wissenschaftlichen Werken, ZUM 1997, S. 26
Meyer-Goßner, Lutz/Schmitt, Bertram, Strafprozessordnung, 62. Aufl., München 2019
Meyer-Goßner/Schmitt, Strafprozeßordnung, 63. Auflage München 2020
Meyer-Ladewig, Jens/Nettesheim, Martin/von Raumer, Stefan (Hrsg.), EMRK – Europäische Menschenrechtskonvention, 4. Auf., Baden-Baden 2017
ders./Petzold, Veröffentlichung von Fotoaufnahmen aus dem Privatleben – Caroline von Hannover, Übersetzung und Bearbeitung des Urteils des EGMR vom 24.6.2004 – 59320/00, NJW 2004, S. 2647
Meyn, Massenmedien in der Bundesrepublik Deutschland, Neuaufl., Konstanz 2004

Meyn, Massenmedien in der Bundesrepublik Deutschland, Neuaufl., Konstanz 2004

Mezger/Blei, Strafrecht, Kurzlehrbuch in 2 Bden, 18. Aufl., München 1983
Michalski/Riemenschneider, Irreführende Werbung mit der Umweltfreundlichkeit von Produkten, BB 1994, S. 1157
Michel, Stefan, Zur „überindividuellen Meinungsbildung" und den Grenzen des Begriffs der Presse, NVwZ 2019, S. 1656
Milker, Jens, Die Polizei auf Twitter – Brauchen wir ein Social-Media-Gesetz für staatliche Stellen?, NVwZ 2018, S. 1751
Miller/Schmittmann, Jugendschutz im Internet – Selbstregulierung und Aufklärung statt Sperren, AfP 2004, S. 422
Misoch, Sabina, Online-Kommunikation, Konstanz 2006
Mitsch, Wolfgang (Hrsg.), Karlsruher Kommentar zum Gesetz über Ordnungswidrigkeiten, 5. Aufl., München 2018 (zit.: KK-OWiG)
MK zum BGB = Säcker, Franz Jürgen/Rixecker, Roland/Oetker, Hartmut/Limperg, Bettina (Hrsg.), Münchener Kommentar zum Bürgerlichen Gesetzbuch, 7. Aufl., München 2015 ff.
MK zum StGB = Joecks, Wolfgang/Miebach, Klaus (Hrsg.), Münchener Kommentar zum StGB, 3. Aufl., München 2016
Möhl, Das Zeugnisverweigerungsrecht der Presse in Straf- und Disziplinarverfahren, Bonn-Bad Godesberg 1963
Möhring/Nicolini, Urheberrechtsgesetz, 2. Aufl., Berlin 2000
Möller, Die Unübertragbarkeit des Urheberrechts in Deutschland, Berlin 2007

ders., „20 % auf (fast) alles“ – Rabattwerbung in der Beurteilung des Wettbewerbsrechts, NJW 2009, S. 2510
ders., Die aktuellen Entwicklungen im Lauterkeitsrecht, NJW 2019, S. 1645
Möstl, Politische Parteien als Medienunternehmer, DÖV 2003, S. 106
Molthagen, Das Verhältnis der EU-Grundrechte zur EMRK, Dissertation, Hamburg 2003
Montag, Die Entwicklung des Europäischen Gemeinschaftsrechts, NJW 1998, S. 2088
Moosmann, Oliver, Exklusivstories. Zur rechtlichen Problematik der Exklusivvermarktung von Lebensgeschichten und anderen persönlichkeitsrechtlich geschützten Informationen, Frankfurt am Main 2002
Müller, T., Die Vermarktung Verstorbener, Buchbesprechung, AfP 2002, S. 182
Müller, Gerda, Ehrenschutz und Meinungsfreiheit, AfP 1997, S. 499
Müller, G., Tarifautonomie und gesetzliche Regelung des Arbeitskampfrechts, DB 1992, S. 269
Müller, J., Pflicht der Massenmedien zur Veröffentlichung politischer Anzeigen? Hinweise auf die Rechtsprechung der USA, AfP 1975, S. 778
Müller, U., Die Verletzung des Persönlichkeitsrechts durch Bildveröffentlichungen: Das Recht am eigenen Bild als untauglicher Versuch einer Konkretisierung des allgemeinen Persönlichkeitsrechts, Frankfurt 1985
Müller/Gießler/Scholz, Kommentar zum Gesetz gegen Wettbewerbsbeschränkungen, 4. Auflage Frankfurt 1981
Müller-Franken, Sebastian, Die Verfassungsgarantie der Freiheit der Presse und presseähnliche Betätigungen von Gemeinden, AfP 2019, S. 103
ders., Netzwerkdurchsetzungsgesetz: Selbstbehauptung des Rechts oder erster Schritt in die selbstregulierte Vorzensur? – Verfassungsrechtliche Fragen, AfP 2018, S. 1
Müller-Glöge, Rudi/Preis, Ulrich/Schmidt, Ingrid (Hrsg.), Erfurter Kommentar zum Arbeitsrecht, 20. Aufl., München 2020 (zit.: ErfK)
Müller-Henneberg/Schwartz/Hootz, GWB (Gemeinschaftskommentar), 5. Aufl., Köln 2001
Müller-Katzenburg, Offener Rechtsstreit um verhüllten Reichstag, NJW 1996, S. 2341
Müller-Terpitz, „Smart Sanctions“ versus Pressefreiheit. Staatenunabhängige Embargomaßnahmen im Antiterrorkampf und ihre Auswirkungen auf die Presse, K&R, Beihefter 1/2011
von Münch, Staatliche Wirtschaftshilfe und Subsidiaritätsprinzip, JZ 1960, S. 303
ders., Zur Frage der Offenlegungspflicht der Eigentumsverhältnisse an Zeitungs- und Zeitschriftenverlagen, AfP 1969, S. 845
ders., Verfassungsrechtliche Grundlagen des Arbeitskampfrechts, Jura 1979, S. 25
ders., Der Schutz der Privatsphäre in der Spruchpraxis des Deutschen Presserates – Eine Analyse der Arbeit der freiwilligen Presseselbstkontrolle, AfP 2002, S. 18
Münchener Handbuch zum Arbeitsrecht, Bd. 4 Kollektives Arbeitsrecht II, 4. Auflage München 2018 (zitiert: MünchArbR)
Münchener Kommentar zum Bürgerlichen Gesetzbuch: BGB, 8. Auflage München 2019 (zitiert MüKo-BGB)
Münchener Kommentar zum Strafgesetzbuch: StGB, 3. Auflage München 2019 (zitiert MüKo-StGB)
Münster, Die Presse – Trumpf in der Werbung, Stuttgart 1963
Müssle/Schmittmann, Der Gemeinsame Markt und die Presse – Let's go Europe?, AfP 2002, S. 145
Munzinger, Die Entwicklung des Inseratenwesens in den deutschen Zeitungen, Diss. Heidelberg 1901
Musiol, Christian, Pressemäßiges Stadtportal verletzt Gebot der Staatsferne, GRUR-Prax 2021, 36
Neben, Triviale Personenberichterstattung als Rechtsproblem, Berlin 2001
Nesselkauf, Gegendarstellungsrecht bedarf keiner Ergänzung, AfP 1968, S. 757
Nettesheim, Martin (Hrsg), Das Recht der Europäischen Union, Loseblattsammlung, München, Stand: Dezember 2017 (zit.: Grabitz/Hilf)
Nettesheim, Datenschutz und Meinungsäußerungsfreiheit – Zur Reichweite der Freistellung allgemeiner Meinungsäußerungen nach Art. 85 Abs. 1 DSGVO, AfP 2019, S. 473
Neuberger, Christoph/Lobigs, Frank, Die Bedeutung des Internets im Rahmen der Vielfaltssicherung, Berlin 2010 (zit.: Vielfaltssicherung)

Neumann, Urheberrecht und Schulgebrauch, Baden-Baden 1994
ders./Biebl, Arbeitszeitgesetz Kommentar, 14. Aufl., München 2004
ders./Nipperdey/Scheuner (Hrsg.), Die Grundrechte, Handbuch der Theorie und Praxis der Grundrechte, Band 2, 2. Aufl., Berlin 1968
Neumann-Duesberg, Betriebsübergang und Tendenzbetrieb, NJW 1973, S. 268
ders., Bildberichterstattung über absolute und relative Personen der Zeitgeschichte, JZ 1960, S. 114
ders., Die Gewerkschaften im Tendenzbetrieb und Tendenzunternehmen, DB 1973, S. 619
ders., Fernsehsendung „Aktenzeichen xy-ungelöst“ und Persönlichkeitsrecht, JZ 1971, S. 305
ders., Presseverlage und Druckereien als Tendenzbetriebe, BB 1967, S. 549
ders., Tendenzschutz von Druckereien und Verlagen (§ 81 Abs. 1 BetrVG), ArbuR 1970, S. 353
Neuschild, Der presserechtliche Gegendarstellungsanspruch, Hamburg 1977
Niederleithinger, Harmonisierung des Wettbewerbsrechts – en detail oder en gros?, Anw.Bl. 1992, S. 337
Niemann, Zum Theorienstreit über die Grenzen personeller Mitwirkung des Betriebsrats im Presseunternehmen, AfP 1972, S. 262
Niepalla, Statusklagen freier Mitarbeiter gegen Rundfunkanstalten, ZUM 1999, S. 354
Nieschalk, Folgerungen aus deregulierten Medienlandschaften für die Reformdiskussion um das Pressefusionsrecht, Hamburg 2012
ders., Verbraucherbefragung kein „Test“, NJ 2018, S. 269
Niessen, Der Schutz der Grundrechte ausländischer juristischer Personen, NJW 1968, S. 1017
Nietsch, Internationales Insiderrecht, Berlin 2004, zugl. Diss., Darmstadt 2004
Nikisch, Arbeitsrecht, Bd. 1, 3. Aufl., Tübingen 1961
Noelle-Neumann, Kumulation, Konsonanz und Öffentlichkeitseffekt Öffentlichkeitseffekt – Ein neuer Ansatz zur Analyse der Wirkung der Massenmedien, Publizistik 1973, S. 26
dies., Umfragen zur inneren Pressefreiheit, Düsseldorf 1977
dies., Öffentlichkeit als Bedrohung, 2. Aufl., Freiburg 1979
dies., Öffentliche Meinung, Frankfurt/Berlin 1989
dies., Manifeste und latente Funktion Öffentlicher Meinung, Publizistik, 1992, S. 283
Noelle-Neumann, Von der doppelten Natur des Menschen – Warum eine neue Güterabwägung zwischen Pressefreiheit und Persönlichkeitsschutz erforderlich ist, in: Medien zwischen Spruch und Informationsinteresse, FS für Robert Schweizer zum 60. Geburtstag, Heldrich (Hrsg.), Baden-Baden 1999, S. 63
dies./Schramm, Umfrageforschung in der Rechtspraxis, Weinheim 1961
dies./Schulz, Der Konflikt in der Redaktion – Ein Beitrag empirischer Daten zur juristischen Diskussion, DÖV 1972, S. 546
dies./Wilke, Jürgen (Hrsg.), Publizistik/Massenkommunikation, Fischer Lexikon, 4. Aufl., Frankfurt 2009
Nordemann, W., Das neue Copyright Law der USA und die Presse in der Bundesrepublik, AfP 1978, S. 116
Nordemann, W., Wettbewerbs- und Markenrecht, 9. Aufl., Baden-Baden 2003
Nordemann/Czychowski, Der Schutz von Gesetzessammlungen auf CD-ROM nach altem und neuem Recht, NJW 1998, S. 1603
Nordemann/Czychowski/Grüter, Das Internet, die NameServer und das Kartellrecht, NJW 1997, S. 1899
Nordemann/Mielke, Zum Schutz von Fotografien nach der Reform durch das dritte Urheberrechtsänderungsgesetz, ZUM 1996, S. 214
Nordemann/Schierholz, Medien und Presse – eine Erwiderung auf Katzenbergers Thesen, AfP 1998, S. 365
Nowak, John/Rotunda, Ronald, Constitutional Law, 3rd edition, St. Paul 1986
Obert, Nationale französische Buchpreisbindung – letzte bataille auf europäischer Ebene? ZUM 2001, S. 45
Ochs, Die Werbung mit Reichweiten, WRP 1976, S. 11
Oechsler, Die Schwarze Liste im Wettbewerbsrecht als negativer Safe Harbor, GRUR 2019, S. 136

ders., Die Wahrung des Grundrechtsstandards im Urheberrecht, NJW 2020, S. 3206
Oelschlägel, Zur markenrechtlichen Schutzmöglichkeit von Druckschriftentiteln, GRUR 1998, S. 981
ders., Werktitelschutz vor Fertigstellung des Werks, AfP 1999, S. 117
Oetker, Dauer und Durchführung des Berichtigungsanspruchs nach § 11 des Preßgesetzes, DJZ 1906, S. 639
Oetker, H., Außerordentliche Kündigung von Betriebsratsmitgliedern – Aktuelle Probleme des Stimmrechtsausschlusses wegen Interessenkollision, ArbuR 1987, S. 224
ders., Die Reichweite des Amtsschutzes betriebsverfassungsrechtlicher Organmitglieder – am Beispiel der Versetzung von Betriebsratsmitgliedern, RdA 1990, S. 343
ders., Betriebszugehörigkeit und gelockerte Betriebsbeziehung – Dargestellt am Beispiel der Zeitungszusteller, ArbuR 1991, S. 359
Ohly, Anmerkung. Wettbewerbsrecht, GRUR 1998, S. 824
Ohnheiser, Postrecht, 4. Aufl., Heidelberg 1984
von Olenhusen, Der Fall v. Dammann, Zu den Grenzen journalistischer Informationsbeschaffung, medien und recht 2001, S. 214
von Olenhusen, Der Urheber- und Leistungsrechtsschutz der arbeitnehmerähnlichen Personen, GRUR 2002, S. 11
Omlor, Weiterleitungspflichten von Mediaagenturen für Medienrabatte, AfP 2019, S. 206
Oppenberg, Die Sozialverpflichtung der Zeitungsverleger, in: Beruf und Berufung, 2. FS für Joh. Binkowski, Terheyden (Hrsg.), Mainz 1988, S. 20
Ory, Redaktionelle Mitbestimmung als Zulassungskriterium für Privatfunk, AfP 1988, S. 336
ders., Private Rundfunkveranstalter als Tendenzunternehmen, AfP 1991, S. 692
ders., Novelle des Rechts der Gegendarstellung im Rundfunk und bei der Presse im Saarland, ZUM 1994, S. 428
ders., Impressum und Gegendarstellung bei Mediendiensten, AfP 1998, S. 465
ders./Schmittmann, Freie Mitarbeiter in den Medien, München 2002
Osiander, Das Recht am eigenen Bild im allgemeinen Persönlichkeitsrecht: Aspekte für Medienschaffende, Frankfurt a. M. u. a. 1993
Ossenbühl, Medien zwischen Macht und Recht, JZ 1995, S. 633
ders., Medienfreiheit und Persönlichkeitsschutz, ZUM 1999, S. 505
Ott, Impressumspflicht für Webseiten – Die Neuregelungen nach § 5 TMG, § 55 RStV, MMR 2007, S. 354
Otto, Anmerkung zum Beschluß des BVerfG vom 10.10.1995 („Soldaten sind Mörder"), NStZ 1996, S. 127
Paal, Presse-Grosso auf dem Prüfstand, AfP 2012, S. 1
Pabst, Der postmortale Persönlichkeitsschutz in der neueren Rechtsprechung des BVerfG, NJW 2002, S. 999
Padrutt, Lokale Tageszeitungen, lokale Kommunikationen, Bonn 1974
Pärn, Das Honorar des Rechtsanwaltes des Betroffenen in Gegendarstellungssachen, AfP 1978, S. 80
Pärn, Typographische Aufmachung einer Gegendarstellung, AfP 1975, S. 861
Palandt, Bürgerliches Gesetzbuch, Kommentar, 79. Aufl., München 2020
Papier, Hans-Jürgen, Recht der öffentlichen Sachen, 3. Aufl., Berlin 1998
Pallasch, Einschränkung der Arbeitnehmerhaftung für betriebliche Tätigkeiten, RdA 2013, S. 338
Pappermann, Die Verteilung politischen Werbematerials auf öffentlichen Straßen, NJW 1976, S. 1341
Partsch, Informationsfreiheitsgesetze – bessere Recherchemittel für die Presse, AfP 2002, S. 198
ders./Schurig, Das Informationsfreiheitsgesetz von Nordrhein-Westfalen – ein weiterer Schritt aus dem Entwicklungsrückstand Deutschlands, DÖV 2003, S. 482
Paschke, Medienrecht, 2. Aufl., Berlin u.a. 2001
Paschke, Marian, Medienrecht, 3. Aufl., Heidelberg u.a. 2009
Paschke/Berlit/Meyer/Kröner (Hrsg.), Hamburger Kommentar Gesamtes Medienrecht, 4. Auflage Baden-Baden 2021 (zit.: HK MedienR)

Pastor/Ahrens, Der Wettbewerbsprozeß, 4. Aufl., Köln u. a. 1999
Pauly/Wissowa, Real-Enzyklopädie der klassischen Altertumswissenschaften, Stuttgart 1899
Peifer, Karl-Nikolaus, Netzwerkdurchsetzungsgesetz: Selbstbehauptung des Rechts oder erster Schritt in die selbstregulierte Vorzensur? – Zivilrechtliche Aspekte, AfP 2018, S. 14
ders., Individualität im Zivilrecht. Der Schutz persönlicher, gegenständlicher und wettbewerblicher Individualität im Persönlichkeitsrecht, Immaterialgüterrecht und Recht der Unternehmen, Tübingen 2001
ders., Netzwerkdurchsetzungsgesetz: Selbstbehauptung des Rechts oder erster Schritt in die selbstregulierte Vorzensur? – Zivilrechtliche Aspekte, AfP 2018, S. 14
von Pentz, Ausgewählte Fragen des Medien- und Persönlichkeitsrechts im Lichte der aktuellen Rechtsprechung des Vi. Zivilsenats, AfP 2016, S. 101
dies., Ausgewählte Fragen des Medien- und Persönlichkeitsrechts im Lichte der aktuellen Rechtsprechung des Vi. Zivilsenats, AfP 2020, S. 93
Pernice, Öffentlichkeit und Medienöffentlichkeit, Berlin 2000
Peters, Die publizistische Sorgfalt, NJW 1997, S. 1334
Peters, Jan-Philipp/Wellbrock, Christian-Mathias, Eine Anwendung der Theorie der kognitiven Dissonanz auf die Problematik der Monetarisierung journalistischer Inhalte im Internet, in: Seufert, Wolfgang (Hrsg.), (Wie) Verändert das Internet die Ökonomie der Medien?, Baden-Baden 2017, S. 185 (zit.: kognitive Dissonanz)
Petersen, Jens, Medienrecht, 5. Aufl., München 2010
Petersen, Medienrecht, München 2003
Petrén, Gustaf, Die Aktenöffentlichkeit in Schweden, VerwArch 1958, S. 323
Petruzzelli, Michelle, Bewertungsplattformen, MMR 2017, S. 800
Peukert, Vorschläge zur Reform des Europäischen Menschenrechtsschutzsystems, EuGRZ 1993, S. 173
Pfeifer, Verleger, Manager, Publizist, in: Beruf und Berufung, 2. FS für Joh. Binkowski, Terheyden (Hrsg.), Mainz 1988, S. 12
Pfeiffer (Hrsg.), Karlsruher Kommentar zur Strafprozessordnung, 5. Aufl., München 2003 (zit.: KK)
Pfennig, Christo und § 59 – Die Diskussion um das Bleibende, ZUM 1996, S. 658
Pickrahn, Verwertungsgesellschaften nach deutschem und europäischem Kartellrecht, Frankfurt 1996
Pietzko, Zur Zulässigkeit der Änderung einer Gegendarstellung nach Rechtshängigkeit, AfP 1985, S. 22
ders., Die Werbung mit dem Doppelgänger eines Prominenten, AfP 1988, S. 209
Piper, Zur wettbewerbsrechtlichen Beurteilung von Werbeanzeigen und redaktionellen Beiträgen werbenden Inhalts insbesondere in der Rechtsprechung des Bundesgerichtshofs, in: FS für Vieregge zum 70. Geburtstag, Baur (Hrsg.), Berlin 1995, S. 715
Plander, Sonderarbeitskampfrecht für die Presse?, ZUM 1985, S. 66
Plassmann, Vergleichende Werbung im Gemeinsamen Markt, GRUR 1996, S. 377
Plenge, Die Zulässigkeit staatlicher Zeitungen und Zeitschriften, Kiel 1975
Podszun, Rupprecht/Schwalbe, Ulrich, Zulässigkeit von Pressekooperationen in der 9. GWB-Novelle: Eine juristische und ökonomische Analyse, ZUM 2017, S. 339
Plum, Pressetendenzschutz in Europa, AfP 2011, S. 227
Pöppelmann, Gesetz zur Änderung des saarländischen Pressegesetzes und des Rundfunkgesetzes für das Saarland, AfP 1994, S. 101
ders., Verhüllter Reichstag, ZUM 1996, S. 293
ders./Jehmlich, Zum Schutz der beruflichen Kommunikation von Journalisten, AfP 2003, S. 218
ders., Einladung zu „Strohmann-Konstruktionen“, epd medien 2004, Heft 16, S. 20
ders./Schmidt, „Kunstgriffe“ der Justiz. Ein Plädoyer für die Änderung des Zeugnisverweigerungsrechts für Beschäftigte bei Presse und Rundfunk, AfP 1997, S. 485
Poretschkin, Alexander/Lucks, Ulrich, Soldatengesetz, 9. Aufl., München 2013 (zit.: Scherer/Alff/Poretschkin)
Posse, Über Wesen und Aufgabe der Presse, Tübingen 1917

Potrykus, Bundesgesetze zum Schutz der Jugend in der Öffentlichkeit und über die Verbreitung jugendgefährdender Schriften, München, 1954
Prantl, Die Sperrfrist für journalistische Informationen, AfP 1982, S. 204
Praxishandbuch Medienrecht = Schwartmann, Rolf (Hrsg.), Praxishandbuch Medien-, IT- und Urheberrecht, 4. Aufl., Heidelberg 2018
Preis, Neuorientierung in der arbeitsrechtlichen Gesetzgebung, NZA 2000, S. 9
Presser, Das Buch vom Buch, 5000 Jahre Buchgeschichte, 2. Aufl., Hannover 1978
Prinz, Der Schutz der Persönlichkeitsrechte vor Verletzungen durch die Medien, NJW 1995, S. 817
ders. (Hrsg.), Medienrecht im Wandel, FS für Manfred Engelschall, Baden-Baden 1996
ders./Peters, Butz, Medienrecht – Die zivilrechtlichen Ansprüche, München 1999
ders./Wanckel, Nochmals: „Gegendarstellung auf dem Titelblatt einer Zeitschrift", NJW 1993, S. 3039
dies., Geldentschädigung bei Persönlichkeitsrechtsverletzungen durch Medien, NJW 1996, S. 953
dies., Schädigung durch Pressebericht, Berichterstattung über ein Kreditinstitut/„Mody-Bank"/ Focus – Kurzkommentar zum Urteil des LG Hamburg vom 11.7.1997, EWIR 1998, S. 171
Probst, Art. 10 EMRK – Bedeutung für den Rundfunk in Europa, Baden-Baden 1996 (zit.: Art. 10 EMRK)
Pross, Deutsche Presse seit 1945, München u. a. 1965
Pürer, Heinz/Raabe, Johannes, Presse in Deutschland, 3. Aufl., Konstanz 2007
Pürer/Raabe, Medien in Deutschland, Band 1: Presse, 2. Aufl., Konstanz 1996
Püschel (Hrsg.), Urheberrecht, Meyers Taschenlexikon, 2. Aufl., Leipzig 1980
Püschel, Zur Berechtigung des presserechtlichen Auskunftsanspruchs in Zeiten allgemeiner Informationszugangsfreiheit, AfP 2006, S. 401
Püttner, Subventionierung von Anzeigenblättern, JuS 1995, S. 1069
Puttfarcken, Zulässigkeit der Veröffentlichung des Barschel-Fotos, ZUM 1988, S. 133
Putzke, Holm/Zenthöfer, Jochen, Der Anspruch auf Übermittlung von Abschriften strafgerichtlicher Entscheidungen, NJW 2015, S. 1777
Quante, Das allgemeine Persönlichkeitsrecht juristischer Personen: eine zivilrechtliche Studie, Frankfurt 1999
Raabe, Informations- und Auskunftspflichten der öffentlichen Hand gegenüber der Presse, Hamburg 2010
Raeschke-Keßler, Der Presseinformant und das Wettbewerbsrecht, DB 1986, S. 843
Rahvar, Zahra, Die Zukunft des deutschen Presserechts im Lichte konvergierender Medien, Baden-Baden 2011
Raiser, Der Kampf um die Aussperrung, ZRP 1978, S. 201
Ranft, Verfahrensöffentlichkeit und „Medienöffentlichkeit" im Strafprozeß, Jura 1995, S. 573
Rasch, Polizei und Grundrechte, DVBl. 1987, S. 194
Rasch/Westrick/Loewenheim, Gesetz gegen Wettbewerbsbeschränkungen, Kommentar, Loseblattsammlung, 4. Aufl., Herne 1977 (mit Lieferung 14, 1993 Erscheinung eingestellt)
Raßmann, Der Schutz des Freihaltebedürfnisses im Rahmen von § 23 MarkenG, GRUR 1999, S. 384
Rath-Glawatz, Anzeigenauftrag und Kontrahierungszwang, WRP 1982, S. 625
ders., Außerdienstliches Verhalten von Redakteuren in Presseunternehmen, AfP 1982, S. 125
ders., Die deutsche Gesetzgebungszuständigkeit für Werbeverbote, AfP 1999, S. 29
ders., Auswirkungen der Aufhebung von RabattG und ZugabeVO auf das Anzeigengeschäft, AfP 2001, S. 169
ders./Engels/Dietrich, Das Recht der Anzeige, 3. Auflage, Köln 2006
Raue/Hegemann, Münchener Anwaltshandbuch Urheber- und Medienrecht, 2. Auflage, München 2017
Rebe, Die Träger der Pressefreiheit nach dem Grundgesetz, Berlin 1969
Rebmann, Aktuelle Probleme des Zeugnisverweigerungsrechts von Presse und Rundfunk und des Verhältnisses von Presse und Polizei bei Demonstrationen, AfP 1982, S. 189
ders., Strafverfolgung im Bereich terroristischer Publikationen, NStZ 1989, S. 97

ders./Ott/Storz, Das baden-württembergische Gesetz über die Presse, Stuttgart 1964
Recknagel, Das Recht der Gegendarstellung bei Meldungen von Nachrichtenagenturen, Baden-Baden 2000
Redant, Bereicherungsansprüche und Schadensersatz bei Ausbeutung des guten Rufs, Starnberg 2000
Redeker, Der Redakteur – ein leitender Angestellter nach § 5 Abs. 3 BetrVG, BB 1988, S. 63
Reh/Groß, Hessisches Pressegesetz, Wiesbaden 1963
Rehbinder, Presserecht, Herne und Berlin 1967
ders./Peukert, Alexander, Urheberrecht und verwandte Schutzrechte, 18. Aufl., München 2018
Rehbock, Gegendarstellung auf dem Titelblatt einer Zeitschrift, AfP 1993, S. 447
Reich, Die Bedeutung der Binnenmarktkonzeption für die Anwendung der EWG-Wettbewerbsregeln, in: FS für Steindorf, München 1990, S. 1065
Reimer, Das Recht des unlauteren Wettbewerbs in den Mitgliedsstaaten der EWG (Hrsg. E. Ulmer), Bd. III, Deutschland, München 1968
ders., Wettbewerbs- und Warenzeichenrecht, Bd. 1, 4. Aufl., Köln u. a. 1966
ders./von Gamm, Wettbewerbs- und Warenzeichenrecht, Bd. II, Wettbewerbsrecht, 4. Aufl., Köln u. a. 1972
Reinbothe/von Lewinski, WIPO Treaties 1996 – ready to come into force, E. I. P. R. 2002, S. 199
Reinecke, Neudefinition des Arbeitnehmerbegriffs durch Gesetz und Rechtsprechung?, ZIP 1998, S. 581
Reinhard/Distelkötter, Die Haftung des Dritten bei Bestsellerwerken nach § 32a Abs. 2 UrhG, ZUM 2003, S. 269
Reinlein, Laura Johanna, Medienfreiheit und Medienvielfalt – Kontrolle crossmedialer Konzentration in Zeiten der Konvergenz, Frankfurt am Main 2011
Rennen/Caliebe, Rechtsberatungsgesetz, 3. Aufl., München 2001
Renzikowski, Anmerkung zu BGH, Urt. v. 24.3.1999, NStZ 2000, S. 28
Reske/Berger-Delhey, Tendenzschutz und Arbeitszeit, AfP 1990, S. 107
Ress, Entwicklung des Europäischen Urheberrechts, Baden-Baden 1989
Retka, Verdeckte Tatsachenbehauptungen und unvollständige Berichterstattung, AfP, 2018, S. 196
Reumann, Entwicklung der Vertriebs- und Anzeigenerlöse im Zeitungsgewerbe seit dem 19. Jahrhundert, Publizistik 1968, S. 226
ders., Waffengleichheit in der Gegendarstellung, Berlin 1971
Reuter, Die Grenzen des Streikrechts, ZfA 1990, S. 535
ders., Das Sonderarbeitsrecht des Pressebereichs, in: Arbeitsrecht in der Bewährung, FS für Otto Rudolf Kissel zum 65. Geburtstag, Heinze (Hrsg.), München 1994, S. 941 ff.
Richardi, Reform des Betriebsverfassungsgesetzes?, NZA 2000, S. 161
ders./Thüsing, Betriebsverfassungsgesetz, Kommentar, 12. Auflage München 2010
Richter, Heiko, Informationsweiterverwendungsgesetz, München 2018
Ricker, Anzeigenwesen und Pressefreiheit, München 1973
ders., Die öffentliche Aufgabe der Presse, Neu-Ulm 1973
ders., Die innere Pressefreiheit und die Rechtsprechung des Bundesverfassungsgerichts, AfP 1975, S. 846
ders., Der Grundrechtsschutz im Standesrecht der Presse, AfP 1976, S. 158
ders., Kommunikationspolitisch relevante Urteile des Bundesverfassungsgerichtes seit 1967, Publizistik 1976, S. 411
ders., Staatliche Ausbildungsregelung und Zugangsfreiheit im Journalismus, AfP 1979, S. 296
ders., Ärztezeitung und Wettbewerbsrecht, AfP 1982, S. 155
ders., Das Rechtsberatungsgesetz im Konflikt mit den Grundrechten aus Art. 5 I GG, NJW 1999, S. 449
ders., Das Vergütungsrecht des Urhebers für das Auslegen von Zeitschriften in Wartezimmern, WRP 1983, S. 75
ders., Freiheit und Aufgabe der Presse, Freiburg 1983
ders., Die Einspeisung von Rundfunkprogrammen in Kabelanlagen, Berlin/Offenbach 1984

ders., Wirtschafts-Fachzeitschriften im Postzeitungsdienst, WRP 1985, S. 599
ders., Die wettbewerbs- und presserechtliche Zulässigkeit der Gratisverteilung von „tv AKTUELL“, ZUM 1986, S. 247
ders., Der Herausgeber als Koordinator, in: FS für Dietrich Oppenberg, Positionen und Strukturen bei Druckmedien, Fischer (Hrsg.), Düsseldorf 1987, S. 41 ff.
ders., Filmabgabe und Medienfreiheit, München 1988
ders., Unternehmensschutz und Pressefreiheit, Heidelberg 1989
ders., Rechte und Pflichten der Medien unter Berücksichtigung des Rechtsschutzes des einzelnen, NJW 1990, S. 2097
ders., Rundfunkkontrolle durch Rundfunkteilnehmer?, Opladen 1992
ders., Die Verfassungsmäßigkeit von Pflichtangaben zu Arzneimitteln in Presseanzeigen, PhR 1992, S. 334
ders., Wahlwerbung und Medienfreiheit, in: Medien zwischen Spruch und Informationsinteresse, FS für Robert Schweizer zum 60. Geburtstag, Heldrich (Hrsg.), Baden-Baden 1999, S. 155
ders./Becker, Grundversorgung kontra Vertragsfreiheit – Anspruch öffentlich-rechtlicher Rundfunkanstalten auf unentgeltliche Kurzberichterstattung über Fußballveranstaltungen?, ZUM 1988, S. 311
ders./Müller-Malm, Auswirkungen des zukünftigen Produkthaftungsgesetzes für Presseverlage, AfP 1989, S. 505
ders./Schiwy, Rundfunkverfassungsrecht, München 1997
Ridder, Zur verfassungsrechtlichen Stellung der Gewerkschaften im Sozialstaat nach dem Grundgesetz für die Bundesrepublik Deutschland, Stuttgart 1960
ders., Die öffentliche Aufgabe der Presse im System des modernen Verfassungsrechts, Wien 1962
Riechert/Nimmerjahn, Mindestlohngesetz, 2. Auflage München 2017
Riesenhuber, Die Vermutungstatbestände des § 10 UrhG, GRUR 2003, S. 187
ders., Medienfreiheit durch Medienvielfalt – Grundsätze des deutschen Pressekartellrechts und seine Auswirkungen in der Praxis, AfP 2003, S. 481
Riess, Ehrliches Pferd gesucht. Geschichte des Inserates, Hamburg 1971
Rieß/Hilger, Das neue Strafverfahrensrecht – Opferschutzgesetz und Strafverfahrensänderungsgesetz 1987, NStZ 1987, S. 145
Rinck, Organisation und Auswertung von Warentests, BB 1963, S. 1027
Rittig, Der medienrechtliche Auskunftsanspruch gegen Strafverfolgungsbehörden, Göttingen 2019
Ring, Wolf-Dieter (Hrsg.), Medienrecht – Vorschriftensammlung, Loseblattsammlung, Heidelberg, Stand: März 2020 (157. EL)
Rittstieg, Autoren – Mitautoren, NJW 1970, S. 648
Rodekamp, Redaktionelle Werbung, Diss., Münster 1975
ders., Wettbewerbsrechtliche Beurteilung redaktionell gestalteter Anzeigen, GRUR 1978, S. 681
Rödel, Die Menschenrechtsbeschwerde nach der Europäischen Menschenrechtskonvention, ZAP 2002, Fach 25, S. 115
Röhl, Fehler in Druckwerken, JZ 1979, S. 369
Roellecke, Roma locuta – Zum 50-jährigen Bestehen des Bundesverfassungsgerichts, NJW 2001, S. 2924
Röper, Daten zur Konzentration der Tagespresse in der Bundesrepublik Deutschland im 1. Quartal 1991, Media Perspektiven 1991, S. 431
ders., Zeitungsmarkt 2002: Wirtschaftliche Krise und steigende Konzentration, Media Perspektiven 2002, S. 478
ders., Bewegung im Zeitungsmarkt 2004, Media Perspektiven 2004, S. 268
von Roesgen, Die Haftung für den Inhalt von Anzeigen, ZV 1971, S. 872
Rösler, Pressegegendarstellungen gegen Meinungen – Das europäische Erwiderungsrecht als Maßstab, ZRP 1999, S. 507
Röttger, Kundenzeitschriften: Camouflage, Kuckucksei oder kompetente Information?, Publizistik Sonderheft 3/2002, Hrsg. Vogel/Holtz-Bacha, S. 109

Roggemann, Von Bären, Löwen und Adlern – Zur Reichweite der §§ 90a und b StGB, JZ 1992, S. 934
Roggen, Pressevertrieb und Kartellrecht, Berlin 1983
Rohde, Die Gegendarstellung im saarländischen Pressegesetz, ZUM 1996, S. 742
ders., Die Nachzensur in Art. 5 Abs. 1 S. 3 GG. Ein Beitrag zu einem einheitlichen Zensurverbot, Kiel 1996
Rohnke, Die Entwicklung des Markenrechts seit Mitte 2001, NJW 2003, S. 2203
Rojahn, Der Arbeitnehmerurheber in Presse, Funk und Fernsehen, München 1978
Romatka, Gegendarstellung zu Presseberichten über Gerichtsverfahren, AfP 1977, S. 242
Ronellenfitsch, Das besondere Gewaltverhältnis – ein zu früh totgesagtes Rechtsinstitut, DÖV 1981, S. 933
Rose, Grenzen der journalistischen Recherche im Strafrecht und Strafverfahrensrecht, Diss., Frankfurt a. M., 2001
Rossi, Matthias, Informationsfreiheitsgesetz, 2. Aufl., Baden-Baden 2018
Roßnagel, Recht der Telemediendienste, München 2013
Rothenbücher, Das Recht der freien Meinungsäußerung, VVDStRL, Bd. 4 (1928), S. 6
Rotsch, Der Schutz der journalistischen Recherche im Strafprozessrecht, Frankfurt a. M., Diss. 2000
Rotta, Nachrichtensperre und Recht auf Information, Stuttgart 1986
Roxin, Strafrechtliche und strafprozessuale Probleme der Vorverurteilung, NStZ 1991, S. 153
Rudolph, Zur Rahmenordnung eines europäischen Binnenmarktes für den Rundfunk – Harmonisierungsbestrebungen der EG-Kommission, AfP 1986, S. 106
Rudolphi, Gewerkschaftliche Beschlüsse über Betriebsbesetzungen bei Aussperrungen als strafbares Verhalten gem. § 111 StGB, RdA 1987, S. 160
ders./Horn/Samson, Systematischer Kommentar zum Strafgesetzbuch, Loseblattsammlung, Neuwied/Kriftel, Bd. I, 7., tw. 8. neubearb. Aufl., Stand April 2003, Bd. II, 5., 6. bzw. 7. neubearb. Aufl., Stand Februar 2004
Rübenach, Europäisches Presserecht, Stuttgart 2000
Rühl, Tatsachenbehauptungen und Wertungen, AfP 2000, S. 17
Rüthers, Streik und Verfassung, Köln 1960
ders., Zur Rechtmäßigkeit von Sympathie-Arbeitskämpfen, BB 1964, S. 312
ders., Tarifmacht und Mitbestimmung in der Presse, Berlin 1975
ders., Arbeitskampf und Pressefreiheit, AfP 1977, S. 305
ders., Innere Pressefreiheit und Arbeitsrecht, DB 1972, S. 2471
ders., Tendenzschutz und betriebsverfassungsrechtliche Mitbestimmung, AfP 1980, S. 3
ders., Programmfreiheit der Rundfunkanstalten und Arbeitsrechtsschutz der freien Mitarbeiter, DB 1982, S. 1869
ders., Sonderarbeitskampfrecht der Presse?, NJW 1984, S. 201
ders./Beninca, Die Verwirklichung des Tendenzschutzes in Pressebetrieben im Rahmen des Direktionsrechts bei Versetzungen von Redakteuren, AfP 1995, S. 638
Rumphorst, Journalisten und Richter, Konstanz 2001
Rupp, Grundfragen der Kommunikationsfreiheiten, in: Kritik und Vertrauen, FS für Peter Schneider zum 70. Geburtstag, Denninger (Hrsg.), Frankfurt a. M. 1990, S. 455
Ruppel, Der Bildnisschutz. Eine rechtsvergleichende Bestandsaufnahme aus der Sicht des deutschen Rechts, Frankfurt a. M. 2001
Sachon, Die wettbewerbsrechtliche Problematik des Vertriebs von Freistücken auf den Märkten der Fachpresse, WRP 1980, S. 659
Sachs, Michael (Hrsg.), Grundgesetz Kommentar, 8. Aufl., München 2018
Sack, Zur Vereinbarkeit des RabattG mit Art. 30 EG-Vertrag, EWS 1994, S. 181
ders., Irreführende Werbung mit wahren Angaben, in: Lebendiges Recht, FS für Reinhold Trinkner zum 65. Geburtstag, von Westphalen (Hrsg.), Heidelberg 1995, S. 293
ders., Sonderschutz bekannter Marken, GRUR 1995, S. 81
ders., Die Berücksichtigung der Richtlinie 97/55/EG über irreführende und vergleichende Werbung bei der Anwendung der §§ 1 und 3 UWG, WRP 1998, S. 241
Säcker, „Innere" und „äußere" Pressefreiheit, K&R 2003, S. 1529

ders., Der Fall „Tagesspiegel/Berliner Zeitung“ – A never Ending Story, BB 2003, S. 2245
ders./Rixecker, Roland/Oetker, Hartmut/Limperg, Bettina (Hrsg.), Münchener Kommentar zum Bürgerlichen Gesetzbuch, 7. Aufl., München 2015 ff. (zit.: MK zum BGB)
Sänger, Zum Gegendarstellungsrecht in den Landespressegesetzen, AfP 1968, S. 755
ders., Politik der Täuschungen, Mißbrauch der Presse im Dritten Reich, Wien 1975
Sajunt, Die Entwicklung des Presse- und Äußerungsrechts im Jahr 2019, NJW 2020, S. 583
Salamon, Die Meinungs- und Pressefreiheit im Herzogtum Nassau (1806–1866), Frankfurt 1994
Salje, Telekommunikations-Dienstleistungen und Preisvergleich, WRP 1998, S. 672
Sannwald, Die Reform der Gesetzgebungskompetenzen nach den Beschlüssen der Gemeinsamen Verfassungskommission von Bundestag und Bundesrat, DÖV 1994, S. 629
ders., Die Neuordnung der Gesetzgebungskompetenzen und des Gesetzgebungsverfahrens im Bundesstaat, Köln 1995 und 1996
Sauthoff, Michael, Öffentliche Straßen, 2. Aufl. München 2010
Sawada, Die „Demagogenverfolgung“ – Staatliche Unterdrückung politischer Gesinnung, JuS 1996, S. 384
Schachenmeyer, Gratisverbreitung für Fachpresse verboten?, ZV + ZV 1977, S. 546
Schack, Weiterleben nach dem Tode – wie lange? Postmortale Begrenzungen subjektiver Rechte, JZ 2019, S. 864
Schäfer, Die Kennzeichnungspflicht der Tele- und Mediendienste im Internet, DuD 2003, S. 348
Schaefer, Jan Philipp, Wie viel Freiheit für die Gegner der Freiheit?, DÖV 2010, S. 379
Schaffeld/Hörle, Das Arbeitsrecht der Presse, 2. Auflage Köln 2007
Schaub, Die Haftungsbegrenzung des Arbeitnehmers, WiB 1994, S. 227
ders., Arbeitsrechtshandbuch, 11. Aufl., München 2004
ders./Koch, Arbeitsrecht von A-Z, 24. Auflage München 2020
Scheele, Zur Reform des Gegendarstellungsrechts, NJW 1992, S. 957
Scheer, Deutsches Presserecht, Hamburg 1966
Scheffczyk, Verfassungsprozessuale Fragen von „Recht auf Vergessen I+II“, NVwZ 2020, 977
Schemmer, Franz, Informationsbeschaffung der Medien: Rechtsgrundlagen und Ansprüche, AfP 2020, S. 1
Scherer, I., Privatrechtliche Grenzen der Verbraucherwerbung, Berlin 1996
dies., Die Neuregelung der aggressiven geschäftlichen Handlungen in § UWG § 4a UWG, GRUR 2016, 233
Scherer, J., Gerichtsöffentlichkeit als Medienöffentlichkeit, Königstein 1979
Scherer, Werner/Alff, Richard/Poretschkin, Alexander = Poretschkin, Alexander/Lucks, Ulrich, Soldatengesetz, 9. Aufl., München 2013
Scheuch, Eigenproduktionen der Filmwirtschaft und Product Placement – Schranken wettbewerbsrechtlicher Kontrolle, in: FS für Piper zum 65. Geburtstag, Erdmann (Hrsg.), München 1996, S. 439
Scheuer/Strothmann, Europäisches Medienrecht – Entwicklungen 2000/2001, MMR 2001, S. 576
Scheuermann, Der Begriff der Veranstaltung in § 52 Abs. 1 Satz 3 UrhG, ZUM 1990, S. 71
Scheuner, Pressefreiheit, VVDStRL 1965, Heft 22, S. 1
ders., Privatwirtschaftliche Struktur und öffentliche Aufgaben der Presse, ZV 1968, S. 31
ders., Stellung des Verlegers in der freien Presse, ZV 1977, S. 977
Scheurle/Mayen, Telekommunikationsgesetz, 3. Auflage München 2018
Schippan, Anforderungen an die journalistische Sorgfaltspflicht, ZUM 1996, S. 398
Schirmbacher: UWG 2008 – Auswirkungen auf den E-Commerce, K&R 2009, S. 433
Schiwy/Schütz/Dörr (Hrsg.), Medienrecht, 5. Aufl., Neuwied 2010
Schlaich, Klaus/Korioth, Stefan, Das Bundesverfassungsgericht, 11. Aufl., München 2018
Schlingloff, „Fotografieren verboten!“ – Zivilrechtliche Probleme bei der Herstellung und Reproduktion von Lichtbildern ausgestellter Kunstwerke, AfP 1992, S. 112
Schlüter, Verdachtsberichterstattung. Zwischen Unschuldsvermutung und Informationsinteresse, München 2011
Schlund, Heimliches Mithören von Telefongesprächen, BB 1976, S. 1491

Schmahl, Das Diskriminierungsverbot des § 26 Absatz 2 Satz 1 GWB, insbesondere seine Auswirkungen auf den Pressevertrieb, WRP 1980, S. 602
Schmidbauer, Presseberichte der Polizei zwischen Informationsanspruch und Recht auf Anonymität – Grenzen der Zulässigkeit identifizierender personenbezogener Daten in polizeilichen Meldungen, BayVBl. 1988, S. 257
Schmidt, Carolin Louisa, Die Selbstregulierung der Presse im Wandel – Der Deutsche Presserat, seine Kritiker und Lösungsmöglichkeiten, DVBl. 2018, S. 1460
Schmidt, D., Gesetz über die Unterlagen des Staatssicherheitsdienstes der ehemaligen Deutschen Demokratischen Republik – Stasi-Unterlagen-Gesetz –, RDV 1991, S. 174
Schmidt, G., Die mündliche Verhandlung in Gegendarstellungssachen, AfP 1992, S. 31
Schmidt, I., Wettbewerbspolitik und Kartellrecht. Eine Einführung, 7. Aufl., Stuttgart 2001
Schmidt, K., Umdenken im Kartellverfahrensrecht!, BB 2003, S. 1237
Schmidt, R., Einführung in das Umweltrecht, 6. Aufl., München 2001
Schmidt-Bleibtreu, Bruno/Hofmann, Hans/Henneke, Hans-Günter (Hrsg.), Kommentar zur Grundge-setz, 14. Aufl., Köln 2018
Schmidt-Bleibtreu/Hofmann/Hopfart, Kommentar zum Grundgesetz, 12. Aufl., Neuwied/Kriftel 2011
Schmidt/Seitz, Aktuelle Probleme des Gegendarstellungsrechts, NJW 1991, S. 1009
Schmidt/Stolz, Zur Ausbeutung von Datenbanken im Internet, insbesondere durch Recherchedienste, Suchmaschinen und Hyperlinks, AfP 1999, S. 146
Schmits, Das Recht der Gegendarstellung und das right of reply, Sinzheim 1997
Schmitt, Friedrich, Telemedienauftrag öffentlich-rechtlicher Rundfunkanstalten nach dem Grundgesetz, NVwZ 2018, S. 769
Schmitt, § 36 UrhG – Gemeinsame Vergütungsregelungen europäisch gesehen, GRUR 2003, S. 294
Schmittmann, J., Kosten beim Empfänger unerwünschter E-Mail-Werbung, K&R 2002, S. 135
Schmittmann, M., Rom II–Verordnung: Neues Internationales Privatrecht innerhalb der Europäischen Union für mediale Distanzdelikte?, AfP 2003, S. 121
ders., (Glücks)spiel ohne Grenzen: Das Internet-Sportwetten-Urteil des EuGH und seine Konsequenzen auf die Medien, AfP 2004, S. 30
Schmittmann/de Vries, Blick nach Brüssel, AfP 1998, S. 375
Schneider, Presse- und Meinungsfreiheit nach dem Grundgesetz, München 1962
ders., Pressefreiheit und politische Öffentlichkeit, Neuwied 1966
ders., Die Freiheit der Meinungsäußerung in der griechischen Demokratie und römischen Republik, Publizistik 1969, Heft 1, S. 6
Schneider, E., Der Anspruch auf Widerruf im Verfügungsverfahren, AfP 1984, S. 127
Schneider, H., Allgemeine Geschäftsbedingungen für Anzeigen und Fremdbeilagen in Zeitungen und Zeitschriften, WRP 1977, S. 382
ders., Verfassungsrechtliche Grenzen einer gesetzlichen Regelung des Pressewesens, Berlin 1971
Schneider, H.-P., Tollhaus Europa – Unzeitgemäßes Werbeverbot für Tabakerzeugnisse, NJW 1998, S. 576
Schneider, P., Demokratie und Justiz, in: Recht und Macht, Mainz 1970
ders., Pressefreiheit und Staatssicherheit, Mainz 1968
Schnellenbach, Helmut/Bodanowitz, Jan, Beamtenrecht in der Praxis, 9. Aufl., München 2017 (zit.: Beamtenrecht)
Schoch, Kommunales Amtsblatt und Lokalpresse im Konflikt, AfP 2019, S. 93.
ders., IFG Informationsfreiheitsgesetz Kommentar, 2. Auflage München 2016
ders./Kloepfer, Informationsfreiheitsgesetz – Entwurf eines Informationsfreiheitsgesetzes für die Bundesrepublik Deutschland, Berlin 2002
Schönke/Schröder, StGB = Eser, Albin/Perron, Walter/Sternberg-Lieben, Detlev et al., Strafgesetzbuch, Kommentar, 30. Aufl., München 2019
Schößler, Anerkennung und Beleidigung. Rechtsgut und Strafzweck des § 185 StGB, Frankfurt a. M. 1997
Scholtissek, Einige Gedanken zum Persönlichkeitsrecht in der Werbung und in den Medien, WRP 1992, S. 614

Scholz, Peter, Der Gegendarstellungsanspruch in der Presse, Jura 1986, S. 19
Scholz, Rainer, Medienfreiheit und Publikumsfreiheit, in: Presserecht und Pressefreiheit, FS für Martin Löffler zum 75. Geburtstag, Studienkreis für Presserecht und Pressefreiheit (Hrsg.), München 1980, S. 355
Scholz, Rupert, Pressefreiheit und Arbeitsverfassung, Verfassungsprobleme um Tendenzschutz und innere Pressefreiheit, Berlin 1978
ders., Die gemeinsame Verfassungskommission von Bundestag und Bundesrat, ZG 1994, S. 1
ders., Meinungsfreiheit und Persönlichkeitsschutz: Gesetzgeberische oder verfassungsgerichtliche Verantwortung? Oder: Zum Ehrenschutz der Soldaten, AfP 1996, S. 323
Scholz/Joseph, Gewalt- und Sexdarstellungen im Fernsehen, Bonn 1993
Scholz/Konzen, Die Aussperrung im System von Arbeitsverfassung und kollektivem Arbeitsrecht, Berlin 1980
Scholz/Liesching, Jugendschutz, Kommentar, 4. Aufl., München 2004
Schomburg, Das strafrechtliche Verbot vorzeitiger Veröffentlichung von Anklageschriften und anderen amtlichen Schriftstücken, ZRP 1982, S. 142
ders., Die öffentliche Bekanntmachung einer strafrechtlichen Verurteilung, ZRP 1986, S. 65
ders./Korte, Zur Notwendigkeit der Verbesserung der Rechtsstellung des nach § 138 StGB Anzeigepflichtigen, ZRP 1990, S. 417
Schomerus, Thomas/Schrader, Christian/Wegener, Bernhard, Umweltinformationsgesetz, 2. Aufl., Baden-Baden 200
Schottenloher, Flugblatt und Zeitung, Nachdruck der 1922 ersch. Erstausgabe, München 1985
Schricker, Die wettbewerbsrechtliche Beurteilung der Gratisverteilung von Fachzeitschriften, GRUR 1980, S. 194
ders., Zur Bedeutung des Urheberrechtsgesetzes von 1965 für das Verlagsrecht, GRUR Int. 1983, S. 446
ders., Verlagsrecht, 3. Aufl., München 2001
ders., Zum Begriff der angemessenen Vergütung im Urheberrecht – 10% vom Umsatz als Maßstab?, GRUR 2002, S. 737
ders./Loewenheim, Urheberrecht = Loewenheim, Ulrich/Leistner, Matthias/Ohly, Ansgar (Hrsg.), Urheberrecht UrhG, KUG, VGG – Kommentar, 6. Aufl., München 2020
Schroeder, Probleme der Staatsverunglimpfung, JR 1979, S. 89
ders., Pornographieverbot als Darstellerschutz?, ZRP 1990, S. 299
ders., Pornographie, Jugendschutz und Kunstfreiheit, Heidelberg 1992
Schröder, Oskar, Zum Recht der Anzeigenvertreter, DB 1970, S. 1625
Schroeder-Angermund, Von der Zensur zur Pressefreiheit, Pfaffenweiler 1993
Schröer-Schallenberg, Informationsansprüche der Presse gegenüber Behörden, Berlin 1987
Schroers, Versteckte Probleme bei der Zusammenarbeit zwischen Staatsanwaltschaft und Medien, NJW 1996, S. 969
Schüle, Persönlichkeitsschutz und Pressefreiheit, Tübingen 1961
ders., Pressefreiheit – Aussprache und Schlussworte zu den Berichten in den Verhandlungen der Tagung der Deutschen Staatsrechtslehrer zu Saarbrücken vom 9. bis 12.10.1963, VVdStRL, Heft 22/1965, S. 166
Schütz, Publizistische Konzentration der deutschen Tagespresse zur Entwicklung der publizistischen Einheit seit 1945, Media Perspektiven 1976, S. 189
ders., Die redaktionelle und verlegerische Struktur der deutschen Tagespresse 1983, Media Perspektiven 1983, S. 216
ders., Deutsche Tagespresse 1989, Media Perspektiven 1989, S. 748
ders., Deutsche Tagespresse 1991, Media Perspektiven 1992, S. 74
ders., Deutsche Tagespresse 1993: Ergebnisse der zweiten gesamtdeutschen Zeitungsstatistik, Media Perspektiven 1994, S. 168
ders., Deutsche Tagespresse 1997, Ergebnisse der vierten gesamtdeutschen Zeitungsstatistik, Media Perspektiven 1997, S. 663
Schulte, Zur Pflicht einer lokalen Tageszeitung mit Monopolstellung zum Abdruck von Wahlkampfanzeigen einer Wählerinitiative, NJW 1976, S. 1210

Schulz, Die rechtlichen Auswirkungen von Medienberichterstattung auf Strafverfahren, Frankfurt a. M. 2002
ders./Korte, Die offene Flanke der Medienprivilegien, AfP 2000, S. 530
dies., Jugendschutz bei non-fiktionalen Fernsehformaten, ZUM 2002, S. 719
Schulze, E., Rechtsprechung zum Urheberrecht, Loseblatt-Entscheidungssammlung, München, Stand April 1995
Schulze, V., Die Zeitung, Aachen-Hahn 2005
Schulze/Stippler-Birk, Schmerzensgeldhöhe in Presse- und Medienprozessen, München 1992
Schulze/Wessel/Lambert, Die Vermarktung Verstorbener. Persönlichkeitsrechtliche Abwehr- und Ersatzansprüche, Berlin 2001, zugl. Diss. Univ. Dresden
Schumacher, Verdachtsberichterstattung und Online-Archive, K&R 2014, S. 381
Schumann, Heribert, Die Sonderdelikte der Pflichtverletzung des verantwortlichen Redakteurs und des Verlegers, AfP 2019, S. 384
Schumann, Heribert, Zur Geltung der allgemeinen Strafgesetze für Straftatbestände der Landespressegesetze und zum Deliktscharakter der Pflichtverletzung des verantwortlichen Redakteurs, AfP 2019, S. 19
Schuppert, G., Das Stasi-Unterlagen-Gesetz: ein Maulkorb für die Presse?, AfP 1992, S. 105
ders., Der Fall Benetton: Wem gehört die Interpretationsherrschaft über Werbebotschaften?, AfP 2003, S. 113
Schuschke/Walter, Vollstreckung und vorläufiger Rechtsschutz, 2. Aufl., 1997
Schwabe, Demoskopische Erhebungen bei mehrdeutigen Äußerungen, AfP 2003, S. 120
Schwartmann, Rolf (Hrsg.), Praxishandbuch Medien-, IT- und Urheberrecht, 4. Aufl., Heidelberg 2018 (zit.: Praxishandbuch Medienrecht)
Schwartz, Subsidiarität und EG-Kompetenzen. Der neue Titel „Kultur". Medienvielfalt und Binnenmarkt, AfP 1993, S. 409
ders., EG Kompetenz für das Verbot der Tabakwerbung?, AfP 1998, S. 553
Schwarz, Fernsehöffentlichkeit im Gerichtsverfahren. Zur Frage der Verfassungsgemäßheit des § 169 S. 2 GVG, AfP 1995, S. 353
ders., Der Referentenentwurf eines Vierten Gesetzes zur Änderung des Urheberrechtsgesetzes, ZUM 1995, S. 687
Schwarze, Grenzen der Harmonisierungskompetenz der EG im Presserecht, ZUM 2002, S. 89
ders., Die Medien in der europäischen Verfassungsreform, AfP 2003, S. 209
Schweizer, Läßt sich ein Tabakwerbeverbot im Hinblick auf die Pressefreiheit rechtfertigen?, AfP 1998, S. 571
ders., Der Durchschnittsleser, in: Medien zwischen Spruch und Informationsinteresse, FS für Robert Schweizer zum 60. Geburtstag, Heldrich (Hrsg.), Baden-Baden 1999
ders., Die Entdeckung der pluralistischen Wirklichkeit, 3. Aufl., Berlin 2000
ders., Buchbesprechung, ZUM 2001, S. 446
Schwerdtner, Innere Pressefreiheit – Privatwirtschaftliche Organisation und öffentliche Aufgabe der Presse – oder: Der Versuch der Quadratur des Kreises, JR 1972, S. 357
ders., Das Persönlichkeitsrecht in der deutschen Zivilrechtsordnung, Berlin 1977
ders., Der zivilrechtliche Persönlichkeitsschutz, JuS 1978, S. 289
ders., Empfiehlt es sich, die Rechte und Pflichten der Medien präziser zu regeln und dabei den Rechtsschutz des einzelnen zu verbessern?, JZ 1990, S. 769
Schwind, Hans-Dieter/Böhm, Alexander/Jehle, Jörg-Martin/Laubenthal, Klaus (Hrsg.), Strafvollzugsgesetz, 6. Aufl., Berlin 2013
Schwind/Böhm, Strafvollzugsgesetz, Kommentar, 3. Aufl., Berlin 1999
Seetzen, Vorführung und Beschlagnahme pornographischer und gewaltverherrlichender Spielfilme, NJW 1976, S. 497
Seibel-Schwiedernoch, Die verfassungsrechtliche Problematik des Medienprivilegs, CR 1988, S. 861
Seibt/Wiechmann, Probleme der Urheberrechtlichen Verwertungsgemeinschaft bei der Werksbindung, GRUR 1995, S. 564
Seidl-Hohenveldern, Ignaz (Hrsg.), Lexikon des Rechts – Völkerrecht, 3. Aufl., Neuwied/Kriftel 2001

Seifert, Postmortaler Schutz des Persönlichkeitsrechts und Schadensersatz – Zugleich ein Streifzug durch die Geschichte des allgemeinen Persönlichkeitsrechts, NJW 1999, S. 1889
Seiler, Verfassungsrechtliche Grenzen der Normierung innerer Pressefreiheit, AfP 1999, S. 7
ders., Pressekonzentration und publizistische Vielfalt nach zehn Jahren deutscher Einheit, AfP 2002, S. 1
Seiter, Streikrecht und Aussperrungsrecht, Tübingen 1975
ders., Nochmals: Differenzierung zwischen Gewerkschaftsmitgliedern und Außenseitern bei der Aussperrung, JZ 1980, S. 749
ders., Die neue Aussperrungsrechtsprechung des Bundesarbeitsgerichts, RdA 1981, S. 65
ders., Aussperrung im Druckgewerbe, AfP 1985, S. 186
Seitz, Saarländisches Gegendarstellungsrecht: Eine Übersicht über die Änderungen durch das Gesetz vom 11.5.1994, NJW 1994, S. 2922
Seitz, Walter, Die DGHS-Entscheidung des BVerfG – ein Lichtblick?, NJW 1996, S. 1518
ders., Prinz und Prinzessin – Wandlungen des Deliktsrechts durch Zwangskommerzialisierung der Persönlichkeit, NJW 1996, S. 2848
ders., Promischutz vor Pressefreiheit? Oder: Die Presse als unkontrollierte Gewalt, NJW 1997, S. 3216
ders., Meinungsfundamentalismus – Von „Babycaust" und „rechtswidrigen Abtreibungen", NJW 2003, S. 3523
ders., Der Gegendarstellungsanspruch – Presse, Film, Funk, Fernsehen und Internet, 5. Aufl., München 2017
ders/Schmidt, Die Gegendarstellung im Wahlkampf, NJW 1980, S. 1553
Sendler, Liberalität oder Libertinage?, NJW 1993, S. 2157
Senfft, Begehungsgefahr bei Recherchen der Presse, NJW 1980, S. 367
Senn, Der „gedankenlose" Durchschnittsleser als normative Figur, in: medialex., 150
Seufert, Wolfgang, Auswirkungen des Medienwandels auf die Struktur des marktfinanzierten Medienangebots, in: Jarren, Otfried/Künzler, Matthias/Puppis, Manuel (Hrsg.), Medienwandel oder Medienkrise?, Baden-Baden 2012, S. 145 ff.
Sevecke, Die Benetton-Werbung als Problem der Kommunikationsfreiheiten, AfP 1994, S. 196
ders., Anwendungsbereich und Umfang der Impressumspflichten nach dem Hamburgischen Pressegesetz, AfP 1998, S. 353
Seyfarth, Der Einfluß des Verfassungsrechts auf zivilrechtliche Ehrschutzklagen, NJW 1999, S. 1287
Sieber, Strafrechtliche Verantwortlichkeit für den Datenverkehr in internationalen Computernetzen. Neue Herausforderungen des Internet, JZ 1996, 429
ders., Mindeststandards für ein globales Pornographiestrafrecht, ZUM 2000, S. 89
Siekmann, Verfassungsmäßigkeit eines umfassenden Verbots der Werbung für Tabakprodukte, DÖV 2003, S. 657
Simitis, Das Stasi-Unterlagen-Gesetz – Einübung in die Zensur?, NJW 1995, S. 639
ders., Die EU-Datenschutzrichtlinie – Stillstand oder Anreiz?, NJW 1997, S. 281
ders., Datenschutz – Rückschritt oder Neubeginn?, NJW 1998, S. 2473
ders./Hornung/Spieker Datenschutzrecht, DSGVO mit BDSG, Baden-Baden 2019
ders., Kommentar zum Bundesdatenschutzgesetz, 5. Aufl., Baden-Baden 2003
SK-StGB = Wolter, Jürgen (Hrsg.), Systematischer Kommentar zum Strafgesetzbuch, 9. Aufl., Köln 2017
SK-StPO = Wolter, Jürgen (Hrsg.), Systematischer Kommentar zur Strafprozessordnung, 5. Aufl. Köln 2016
Smend, Das Recht der freien Meinungsäußerung, VVDStRL, Bd. 4 (1928), S. 44
ders., Staatsrechtliche Abhandlungen, 3. Aufl., Berlin 1994
Smid, J., Der Journalist als Insider aufgrund öffentlich zugänglicher Informationen?, AfP 2002, S. 13
Smid, S., InsO Kommentar, 2. Aufl., Stuttgart 2001
Soehring, Gegendarstellungsrecht: Deliktsrecht?, AfP 1978, S. 81
ders., Presse, Persönlichkeitsrechte und Vorverurteilungen, GRUR 1986, S. 518

ders., Ehrenschutz und Meinungsfreiheit, NJW 1994, S. 2926
ders., Die Entwicklung des Presse- und Äußerungsrechts 1994–1996, NJW 1997, S. 360
ders./Hoene, Presserecht, 6. Auflage Köln 2019
ders./Seelmann-Eggebert, Die Entwicklung des Presse- und Äußerungsrechts 1997 bis 1999, NJW 2000, S. 2466
Soehring, C.-H., Vorverurteilung durch die Presse. Der publizistische verstoß gegen die Unschuldsvermutung, Baden-Baden 1999
Söllner, Grundriß des Arbeitsrechts, 13. Aufl., Stuttgart u. a. 2003
Soergel, Bürgerliches Gesetzbuch, Kommentar, 13. Auflage Stuttgart 1999
Soiné, Verdeckte Ermittler als Instrument zur Bekämpfung von Kinderpornographie im Internet, NStZ 2003, S. 225
Sosnitza, Plagiate, Prozesse und Provisionen – Rechtsfragen bei der Tätigkeit von Werbeagenturen, ZUM 1998, S. 631
Sowka, Befristete Arbeitsverträge nach dem Beschäftigungsförderungsgesetz, BB 1997, S. 677
Spautz, Urheberstrafrecht – Wohin geht die Entwicklung?, ZUM 1990, S. 164
Speckmann, Die Wettbewerbssache, 2. Aufl., Köln 1995
Spiller/Koppehele, Zur Rechtslage des Grosso-Vertriebs von Presseerzeugnissen im Gebiet der DDR, AfP 1990, S. 169
Spindler, Deliktsrechtliche Haftung im Internet – nationale und internationale Rechtsprobleme, ZUM 1996, S. 533
ders./Schmitz, Telemediengesetz, 2. Auflage München 2018
ders./Schuster, Recht der elektronischen Medien, 4. Auflage München 2019
von Sponeck, Datenschutzkontrolle bei internen Dateien, CR 1991, S. 653
Springer, Die zentrale Vermarktung von Fernsehrechten im Ligasport nach deutschem und europäischem Kartellrecht unter besonderer Berücksichtigung des amerikanischen Antitrust-Rechts, WRP 1998, S. 477
Stadler, Der Schutz von Unternehmensgeheimnissen im Zivilprozeß, NJW 1989, S. 1202
Staebe, Privilegierungen vielfaltserhaltender Pressefusionen, AfP 2004, S. 14
Staggat, Zur Rechtsgrundlage des Informationsanspruches der Presse, Diss., Münster 1970
Stamm, Das Bundesverfassungsgericht und die Meinungsfreiheit, Parlamentarische Beilage 2001, S. 16
Stammler, Die Presse als soziale und verfassungsrechtliche Institution, Berlin 1971
ders., Bestandsschutz der Presse, AfP 1987, S. 659
ders., Paradigmenwechsel im Medienrecht, ZUM 1995, S. 104
Stapper, Von Journalisten, der Gerichtsberichterstattung und dem Strafrecht, ZUM 1995, S. 590
Starck, Christian (Hrsg.), Kommentar zum Grundgesetz, 5. Aufl., München 2005 (zit.: v. Mangoldt/Klein/Starck, GG, 5. Aufl.)
Starck, Informationsfreiheit und Nachrichtensperre, AfP 1978, S. 171
ders., Kommentar zum Grundgesetz, 5. Aufl., München 2005 (zit.: v. Mangoldt/Klein/Strack, GG, 5. Aufl.)
Stark, Ehrenschutz in Deutschland, Berlin 1996
Staudinger, Kommentar zum BGB, 12. Aufl., Berlin 1981, 13. Aufl. 1993
Steffen, Schranken des Persönlichkeitsschutzes für den „investigativen“ Journalismus, AfP 1988, S. 117
ders., Schmerzensgeld bei Persönlichkeitsverletzungen durch Medien, NJW 1997, S. 12
Stein, Keine Europäische Verbots-Gemeinschaft – das Urteil des EuGH über die Tabakwerbeverbote-Richtlinie, EWS 2001, S. 12
ders./von Buttlar, Christian/Kotzur, Markus, Völkerrecht, 14. Aufl., München 2017
Stein, Ekkehart/Roell, Monika, Handbuch des Schulrechts, 2. Aufl., Bottighofen 1992
Steinbeck „Rabatte, Zugaben und andere Werbeaktionen: Welche Angaben sind notwendig?, WRP 2008, S. 1046
Stelkens/Bonk/Leonhardt, VwVfG Verwaltungsverfahrensgesetz, 9. Auflage München 2018
Sterzel, Tendenzschutz und Grundgesetz. Zu den verfassungsrechtlichen Voraussetzungen der betriebsverfassungsrechtlichen Mitbestimmungsordnung, Baden-Baden 2001
Stettner, Der neue Jugendmedienschutz-Staatsvertrag – eine Problemsicht, ZUM 2003, S. 425

Stickelbrock, „Impressumspflicht“ im Internet – eine kritische Analyse der neueren Rechtsprechung zur Anbieterkennzeichnung nach § 6 TDG, GRUR 2004, S. 111
Stier-Somlo, Fritz/Elster, Alexander (Hrsg.), Handwörterbuch der Rechtswissenschaft, Berlin und Leipzig 1927
Stober, Zum Informationsanspruch der Presse gegenüber Gerichten, DRiZ 1980, S. 3
ders., Zum Informationsanspruch der Presse gegenüber Privatpersonen, AfP 1981, S. 389
Stock, Medienfreiheit in der EU-Grundrechtscharta: Art. 10 EMRK ergänzen und modernisieren!, Frankfurt a. M. 2000
ders., EU-Medienfreiheit – Kommunikationsgrundrecht oder Unternehmerfreiheit, K&R 2001, S. 289
ders., Innere Medienfreiheit – Ein modernes Konzept der Qualitätssicherung, Baden-Baden 2001
Stockmann/Schultz, Kartellrechtspraxis und Kartellrechtsprechung, 13. Aufl., Köln 1998
Stöber, G., Pressepolitik als Notwendigkeit – Zum Verhältnis von Staat und Öffentlichkeit im Wilhelminischen Deutschland 1890–1914, Stuttgart 2000
Stöber, R., Deutsche Pressegeschichte, Konstanz 2000
Stoltenberg, Die historische Entscheidung für die Öffnung der Stasi-Akten – Anmerkungen zum Stasi-Unterlagen-Gesetz, DtZ 1992, S. 65
ders., Stasi-Unterlagen-Gesetz, Kommentar, Baden-Baden 1992
Streintz, Der Einfluß der Verfassungsrechtsprechung auf die Pressefreiheit, AfP 1997, S. 857
Ströbele/Hacker, Markengesetz, 7. Aufl., Köln 2003
Strong, Frank, American Constitutional Law, Buffalo 1950
Strümper, Fahndung und Ermittlung mit Hilfe von Presse und Rundfunk, AfP 1989, S. 409
Studienkreis für Presserecht und Pressefreiheit, Zur Gesetzgebungskompetenz für die Pressereform, JZ 1972, S. 494
ders. (Hrsg.), Presserecht und Pressefreiheit, FS für Martin Löffler zum 75. Geburtstag, München 1980
Stürner, Die gewerbliche Geheimnissphäre im Zivilprozeß, JZ 1985, S. 453
ders., Empfiehlt es sich die Rechte und Pflichten der Medien präziser zu regeln und dabei den Rechtsschutz des Einzelnen zu verbessern? – Gutachten A zum 58. Deutschen Juristentag, München 1990
ders., Persönlichkeitsschutz und Geldersatz, AfP 1998, S. 1
ders., Medien zwischen Regulierung und Reglementierung – Sanktionen gegen Medien?, AfP 2002, S. 283
Sundermann, Fotografien von Menschenansammlungen nach der DSGVO, K&R 2018, S. 438
Tenckhoff, Grundfälle zum Beleidigungsrecht, JuS 1988, S. 618
Teplitzky, Aktuelle Fragen beim Titelschutz, AfP 1997, S. 450
ders., Zur Frage der wettbewerbsrechtlichen Zulässigkeit des (ständigen) Gratisvertriebs einer ausschließlich durch Anzeigen finanzierten Zeitung, GRUR 1999, S. 108
ders., Wettbewerbsrechtliche Ansprüche, Unterlassung – Beseitigung – Schadensersatz Anspruchsdurchsetzung und Anspruchsabwehr, 9. Aufl., 2007 Köln
Teßmer, Der privatrechtliche Persönlichkeitsschutz von Prominenten vor Verletzung durch die Medien, Marburg 2000
Tettiner, Schutz der Kommunikationsfreiheiten im deutschen Verfassungsrecht, JZ 1990, S. 846
ders., Die Ehre – ein ungeschütztes Verfassungsgut?, Köln 1995
Thiel, Presseunternehmen in der Fusionskontrolle, München 1992
Thiele, Der Regierungsentwurf des Niedersächsischen Pressegesetzes, DVBl. 1963, S. 905
Thieme, Rundfunkfinanzierung im Bundesstaat, Hamburg 1977
ders., Deutsches Hochschulrecht, 3. Auflage Köln u. a. 2004
Thies, H., Widerruf und Entgegnung in Presse, Film und Funk, Diss., Göttingen 1963
Thomas, Zum Begriff des „Schwebenden Verfahrens“ in den Paragraphen 4 der Landespressegesetze, AfP 1978, S. 181
Thomas/Putzo, Zivilprozeßordnung, 41. Auflage München 2020
Thümmel/Schütze, Zum Gegendarstellungsanspruch bei ausländischen Presseveröffentlichungen, JZ 1977, S. 786

Thum, Verfassungsunmittelbarer Auskunftsanspruch der Presse gegenüber staatlichen Stellen?, AfP 2005, S. 30
Tiedemann, Von den Schranken des allgemeinen Persönlichkeitsrechts, DÖV 2003, S. 74
Tillmanns, Wieviel Datenschutz verkraftet die Medienarbeit?, in: Medienrecht im Wandel, FS für Manfred Engelschall, Prinz (Hrsg.), Baden-Baden 1996, S. 217
ders., Publikumswerbeverbote – jüngere Rechtsprechung und Tendenzen, PharmR 2010, S. 382
Tilmann, Richtlinie vergleichende Werbung, GRUR 1997, S. 790
Timm, Schutz von Amtsträgern vor diffamierenden Äußerungen in der Presse in Deutschland und in den USA. Eine rechtsvergleichende Untersuchung der höchstrichterlichen Rechtsprechung zum Ausgleich zwischen Meinungsfreiheit und Persönlichkeitsschutz, Frankfurt 1999
Tinnefeld/Ehmann, Einführung in das Datenschutzrecht, 3. Aufl., München u. a. 1998
Tönjes, Der Rechtsschutz des Zeitungs- und Zeitschriftentitels nach geltendem Recht, Bonn 1970
Toepel, Durchsuchung im Auftrag der Europäischen Kommission, NStZ 2003, S. 631
Töpper, Die Fernsehkamera im Gerichtssaal, DriZ 2002, S. 443
Tofall, Selbstbegebung und Zurechnung auf Dritte, AfP 2014, S. 399
Tolmein, Zur Genehmigungsfähigkeit von Fernsehinterviews mit Untersuchungsgefangenen, NStZ 1998, S. 206
Traugott, Zur Abgrenzung von Märkten, WUW 1998, S. 929
Trebes, Zivilrechtlicher Schutz der Persönlichkeit von Prominenten vor Presseveröffentlichungen in Deutschland, Frankreich und Spanien. Eine rechtsvergleichende Untersuchung unter besonderer Berücksichtigung des einstweiligen Rechtsschutzes, Berlin 2003
Treffer, Zur Auskunftspflicht kommunaler Pressestellen gegenüber der Presse in Umweltfragen im Spannungsfeld der strafrechtlichen Haftung nach § 203 StGB, ZUM 1990, S. 507
Tribe, Laurence, American Constitutional Law, 2nd edition, Mineola 1988
Tschöpe, Gestaltungselemente bei Arbeitsverträgen, MDR 1996, S. 1081
Uecker, Neue Maßstäbe für vergleichende Werbung – Kommentar zum Urteil des BGH vom 23.4.1998, RIW 1998, S. 961
Uhlitz, Die Rechtsnatur des Berichtigungszwanges nach dem Pressegesetz, NJW 1962, S. 526
Ukena/Opfermann, Werbung und Sponsoring zugunsten von Tabakerzeugnissen, WRP 1999, S. 141
Ule, Verwaltungsprozeßrecht, 9. Aufl., München 1987
Ulmer, E., Urheber- und Verlagsrecht, 4. Aufl., Berlin 2004
Ulmer, P., Der Vertragshändler, München 1969
ders., Die freiwillige Selbstkontrolle durch Organisationen – Erscheinungsformen und Strukturen – Rechtsfragen – Haftungsrisiken, AfP 1975, S. 829
ders., Wettbewerbs- und kartellrechtliche Grenzen der Preisunterbietung im Pressewesen, AfP 1975, S. 870
ders., Schranken zulässigen Wettbewerbs marktbeherrschender Unternehmen (Eine kartell- und wettbewerbsrechtliche Fallstudie zum Anzeigenwettbewerb auf dem Pressemarkt des Ruhrgebietes), Baden-Baden 1977
ders., Der Begriff „Leistungswettbewerb“ und seine Bedeutung für die Anwendung von GWB und UWG-Tatbeständen, GRUR 1977, S. 565
ders., Mißbrauchsaufsicht über marktbeherrschende Unternehmen: Voraussetzungen des Behinderungsmißbrauchs, BB 1977, S. 561
ders., Programminformationen der Rundfunkanstalten in kartell- und wettbewerbsrechtlicher Sicht, Berlin 1983
ders., Die Gesellschaft bürgerlichen Rechts, Sonderausgabe, 3. Aufl., München 1997
Ulrich, Der wettbewerbsrechtliche Schutz der Privatsphäre, in: FS für Vieregge zum 70. Geburtstag, Baur (Hrsg.), Berlin 1995, S. 901
Uwer, Medienkonzentration und Pluralismussicherung, Berlin 1998
Vedder, Christoph/Heintschel von Heinegg, Wolf (Hrsg.), Europäisches Unionsrecht, 2. Aufl., Baden-Baden 2018

Veigel, Abgeschafft: Rabattgesetz und Zugabeverordnung, in BDZV-Jahrbuch 2001, Berlin 2001
Graf Vitzthum, Wolfgang/Proelß, Alexander (Hrsg.), Völkerrecht, 7. Aufl., Berlin 2016
Vitzthum, Völkerrecht, 2. neubearb. und erw. Aufl., Berlin 2001
Vlachopoulos, Kunstfreiheit und Jugendschutz, Berlin 1996
Vodosek (Hrsg.), 40 Jahre Deutsches Bucharchiv, München, Eine Festschrift, Wiesbaden 1989
Vogel, J., Scalping als Kurs- und Marktpreismanipulation, NStZ 2004, S. 252
Vogel, M., Die Umsetzung der Richtlinie 96/9/EG über den rechtlichen Schutz von Datenbanken in Art. 7 des Regierungsentwurfs eines Informations- und Kommunikationsdienstegesetzes, ZUM 1997, S. 592
Volgt, Lexikon des Wettbewerbsrechts, München 1994
ders., Die Entwicklung des Wettbewerbsrechts in den Jahren 1995 bis 1997, NJW 1997, S. 2558
Volkmann, Uwe, Die Geistesfreiheit und der Ungeist – Der Wunsiedel-Beschluss des BVerfG, NJW 2010, S. 417
Wägenbaur, B., Das gemeinschaftsweite Verbot der Tabakwerbung, EuZW 1999, S. 144
Wägenbaur, R., Das Verbot „indirekter" Tabakwerbung und seine Vereinbarkeit mit Art. 30 EGV, EuZW 1998, S. 709
Wagner, C., Konzentrationskontrolle im Medien-Binnenmarkt der EG. Wettbewerbsrechtliche und medienspezifische Ansätze, AfP 1992, S. 1
Wagner, F., Zwischen Revolution und Restauration – Zur öffentlichen Meinung in Literatur und Geschichte im England des 17. Jahrhunderts, Diss., Mainz 2003
Wagner, S., Bekannter Unbekannter – Johannes Gutenberg, in: Gutenberg – aventur und kunst. Vom Geheimunternehmen zur ersten Medienrevolution. Katalog zur Ausstellung anlässlich des 600. Geburtstags von Johannes Gutenberg. Hrsg. Stadt Mainz 2000, S. 114
Waldenberger, Preisbindung bei Zeitungen und Zeitschriften: Der neue § 15 GWB, NJW 2002, S. 2914
ders./Hoß, Das Recht der „elektronischen Presse", AfP 2000, S. 237
Waldhauser, Anmerkung. Beschluss des BGH vom 11. Dezember 1997 (KUR 7/97) zur Zentralvermarktung der Europacupspiele durch den DFB, GRUR 1998, S. 129
von Wallenberg, Gabriela, Erleichterung der Zusammenarbeit von Presseunternehmen und der Referentenentwurf zur 9. GWB-Novelle, NZKart 2016, S. 343
von Wallenberg, Strukturwandel bei den Zeitungen – UWG – rechtliche Zulässigkeit von Gratiszeitungen und pressespezifische Regelungen im Entwurf zur Siebten GWB-Novelle, K & R 2004, S. 328
Wallenfels/Russ, Preisbindungsgesetz, 7. Auflage München 2017
Wallraf, Das neue saarländische Gegendarstellungsrecht – Durchsuchungen und Beschlagnahmen in Medienangelegenheiten. 76. Tagung des Studienkreises für Presserecht und Pressefreiheit, AfP 1995, S. 390
ders., Persönlichkeitsschutz und Geldersatz, AfP 1998, S. 46
Walter, Ch., Die Vereinbarkeit des sogenannten Reality-Fernsehens mit dem Recht am eigenen Bild, Diss., Bonn 1996
Walter, G., Ehrenschutz gegenüber Parteivorbringen im Zivilprozeß, JZ 1986, S. 614
Walter, U., Der zivilrechtliche Schutz vor Nachstellungen – Was der Gesetzgeber über den Unterschied zwischen Paparazzo und Papagallo nicht zu sagen wagte, ZUM 2002, S. 886
Walther, Zur Anwendbarkeit der Vorschriften des strafrechtlichen Jugendmedienschutzes auf im Bildschirmtext verbreitete Mitteilungen, NStZ 1990, S. 523
Walz, Das neue Bundesdatenschutzgesetz, CR 1991, S. 364
ders./Eichen, Klaus/Sohm, Stefan, Soldatengesetz, 3. Aufl., Heidelberg 2016
Wambach, Zur Zulässigkeit vergleichender Werbung, MDR 1998, S. 1239
Wandtke, Zum Vergütungsanspruch des Urhebers im Arbeitsverhältnis, GRUR 1992, S. 139
ders., Zur Medienordnung nach der Wende bis zur staatlichen Einheit Deutschlands, ZUM 1993, S. 587
ders./Bullinger, Winfried (Hrsg.), Praxiskommentar zum Urheberrecht, 4. Aufl., München 2014
ders./Holzapfel, Ist § 31 Abs. 4 UrhG noch zeitgemäß?, GRUR 2004, S. 284

Wanckel, Persönlichkeitsschutz in der Informationsgesellschaft. Zugleich ein Beitrag zum Entwicklungsstand des allgemeinen Persönlichkeitsrechts, Frankfurt 1999
Wasserburg, Der Schutz der Persönlichkeit im Recht der Medien: Ein Handbuch über die Ansprüche auf Schadensersatz, Unterlassung, Widerruf und Gegendarstellung, Heidelberg 1988
Wassermann, O si tacuisses… Was Richter nicht sagen sollten, NJW 2001, S. 1470
Wassermeyer, Schockierende Werbung, GRUR 2002, S. 126
Weber, Innere Pressefreiheit als Verfassungsproblem, Berlin 1973
ders., Mitbestimmung durch Redaktionsstatut?, NJW 1973, S. 1953
Weber-Steinhaus, Computerprogramme im deutschen Urheberrechtssystem, Köln 1993
Weberling, Stasi-Unterlagen-Gesetz Kommentar, Köln 1993
ders., Mögliche Konsequenzen des Gesetzes zur Bekämpfung der „Scheinselbständigkeit" für den Medienbereich, AfP 1999, S. 236
ders., Informations- und Auskunftspflichten der öffentlichen Hand gegenüber Medien in der Praxis, AfP 2003, S. 304
ders., Unterlassungsansprüche des Betriebsrats bei Verstößen gegen § 90 BetrVG insbesondere in Tendenzunternehmen, AfP 2005, S. 139
ders., Zur eingeschränkten Geltung des § 16 Abs. 2 ArbZG in Presseunternehmen, AfP 2007, S. 320
ders., Zwischen Presserecht und Rundfunkrecht. Zur Einordnung des Internet-Fernsehen in die Rundfunkrechtsordnung, AfP 2008, S. 445
ders. (Hrsg.), Verantwortliche beim Namen nennen – Täter haben ein Gesicht, Baden-Baden 2009
ders., Zur Angemessenheit der von Zeitungsverlagen in den neuen Ländern an freie Mitarbeiter gezahlten Texthonorare – Frankfurter Honorarliste 2011, AfP 2011, S. 134
ders., European Laws Governing Access to Information in Theory and Practice, in: Hill (Hrsg.), Access to Information Laws in Asia, Germany and Australia. A Reader, Singapore 2011, S. 162
ders., Medieneigentum verpflichtet in besonderer Weise – Notwendigkeit, Optionen und Grenzen der Modernisierung der Pressefusionskontrolle in Deutschland, in: FS für Alexander v. Brünneck zur Vollendung seines siebzigsten Lebensjahrs, Peine/Wolff (Hrsg.), Baden-Baden 2011, S. 246
ders., Folgerungen aus dem Mindestlohngesetz (MiLoG) für Presseunternehmen, AfP 2014, S. 417
ders., Mindestlohnaufzeichnungsverordnung (MiLoAufzV) – Vereinfachungen für Presseunternehmen bei der Durchführung des Mindestlohngesetzes (MiLoG), AfP 2014, S. 501
ders., Medienrechtliche Bedingungen und Grenzen des Roboterjournalismus, NJW 2018, S. 735 ff.
ders., Abgesenkter Mindestlohn und Nachtzuschlag für Zeitungszusteller – Anmerkung zu BAG 5 AZR 25/17, AfP 2018, S. 415, 420
ders., Optionen zur Gewährleistung eines angemessenen Ausgleichs für Nachtarbeit, NJ 2019, S. 432
ders., Mediale Rohstoffversorgung, AfP 2020, S. 20
ders./Bergann, Pressefreiheit und Datenschutzrecht, AfP 2018, S. 205
dies., Aktuelle Fragen der Umsetzung des Medienprivilegs der DSGVO, AfP 2019, S. 293
ders./Freitag, 9. Frankfurter Medienrechtstage 2010. Staatliche Maßnahmen zur Behinderung freier Berichterstattung in Ost- und Südosteuropa – Stand und Gegenstrategien, Berlin 2011
ders./Krüger, Zulassungsfreie Bewegtbild-Angebote von Medienunternehmen im Internet, AfP 2020, S. 470
ders./Nieschalk, Kein Bedarf für eine übereilte Reform der Pressefusionskontrolle!, AfP 2009, S. 221
ders./Wallraf/Deters (Hrsg.), Im Zweifel für die Pressefreiheit, FS zur 100. Arbeitstagung der Arbeitsgemeinschaft der Verlagsjustitiare, Baden-Baden 2008
Weiand, Rechtliche Aspekte des Sponsoring, NJW 1994, S. 227

Weides, Der Jugendmedienschutz im Filmbereich, NJW 1987, S. 224
Weiler, Medienwirkung auf das Strafverfahren, ZRP 1995, S. 130
Weiss, Sonderarbeitskampfrecht der Presse?, ArbuR 1984, S. 97
Weiss/Weyand, Die tarifvertragliche Regelung der Ausbildung der Redaktionsvolontäre an Tageszeitungen, BB 1974, S. 2109
dies., Zur Mitbestimmung des Betriebsrats bei der Arbeitszeit von Redakteuren, ArbuR 1990, S. 33
Weisser, Niclas-Frederic, Die Strafbarkeit eines unrichtigen Impressums bei periodischen Druckerzeug-nissen nach dem Presserecht, AfP 2013, S. 98
Welcker, Die vollkommene und ganze Preßfreiheit..., Freiburg 1830
Wellbrock, Persönlichkeitsschutz und Kommunikationsfreiheit: Eine Analyse der Zuordnungsproblematik anhand der Rechtsprechung der Zivilgerichte und des Bundesverfassungsgerichts, Baden-Baden 1982
Wendt, Das Recht am eigenen Bild als strafbewehrte Schranke der verfassungsrechtlich geschützten Kommunikationsfreiheiten des Art. 5 Abs. 1 GG, AfP 2004, S. 181
Wente, Das Recht der journalistischen Recherche. Ein Beitrag zum Konflikt zwischen den Medienfreiheiten und der informationellen Selbstbestimmung, Baden-Baden 1987
ders., Persönlichkeitsschutz und Informationsrecht der Öffentlichkeit im Strafverfahren, StV 1988, S. 218
ders., Rechtsschutz gegen Indizierungsentscheidungen der Bundesprüfstelle für jugendgefährdende Schriften, ZUM 1991, S. 561
Wenzel, Die örtliche und sachliche Zuständigkeit für Gegendarstellungsfragen, JZ 1962, S. 112
ders., Das Verhalten bei Ablehnung von Gegendarstellungen, AfP 1968, S. 756
ders., Nochmals: Grenzen des Gegendarstellungsanspruches, AfP 1971, S. 161
ders., Haftung des Bibliothekars als Verbreiter, NJW 1973, S. 603
ders., Wenzel, Böll gegen Walden, AfP 1978, S. 143ders., Rechtsprobleme des Presse-Grosso, AfP 1979, S. 380
ders., Sonderarbeitskampfrecht der Presse, AfP 1983, S. 452
ders., 71.Tagung des Studienkreises für Presserecht und Pressefreiheit – Das Stasi-Unterlagen-Gesetz, NJW 1992, S. 3217
ders., Wort- und Bildberichterstattung = Burkhardt, Emanuel/Gamer, Waldemar/Peifer, Karl-Nikolaus Peifer/Ritter von Strobl-Albeg, Joachim, Das Recht der Wort und Bildberichterstattung, 6. Aufl., Köln 2018
ders./Burkhardt, Emanuel/Gamer, Waldemar/Ritter v. Strobl-Albeg, Joachim, Das Recht der Wort- und Bildberichterstattung, 5. Aufl., Köln 2003 (zit.: Wenzel/Verfasser)
ders., Kostenlose private Kleinanzeigen, AfP 1992, S. 44
ders., Die Kollision der Kommunikationsfreiheit mit dem Rechtsberatungsgesetz, AfP 1995, S. 646
ders., Urheberrecht für die Praxis, 4. Aufl., Stuttgart 1999
Wenzel, Das Recht der Wort- und Bildberichterstattung, 6. Auflage Köln 2018
Wessels/Hillenkamp, Lehrbuch Strafrecht BT 2, 26. Aufl., Heidelberg 2003
Wessels/Beulke, Strafrecht, Lehrbuch Strafrecht AT, 33. Aufl., Heidelberg 2003
Wessels/Hettinger, Lehrbuch Strafrecht BT 1, 26. Aufl., Heidelberg 2002
dies., Strafrecht BT 2, 24. Aufl., Heidelberg 2001
Westphalen, Graf v., Die Allgemeinen Geschäftsbedingungen für Anzeigen in Zeitungen und Zeitschriften im Licht des neuen AGB-Gesetzes, BB 1977, S. 423
Wiebe/Kreutz, Native Advertising – Alter Wein in neuen Schläuchen (Teil 1), WRP 2015, S. 153
dies., Native Advertising – Alter Wein in neuen Schläuchen (Teil 2), WRP 2015, S. 1179
Graf v. Westphalen, Die Allgemeinen Geschäftsbedingungen für Anzeigen in Zeitungen und Zeitschriften im Licht des neuen AGB-Gesetzes, BB 1977, S. 423
Wewer, Göttrik, Darf der Staat Facebook und Twitter nutzen?, ZRP 2016, S. 23
Widmaier, Gerechtigkeit – Aufgabe von Justiz und Medien?, NJW 2004, S. 399
Wiedemann, G., Handbuch des Kartellrechts, 4. Auflage München 2020

Wiedemann, H., Tarifvertragsgesetz, Kommentar, 8. Auflage München 2119
Wiesener, Der Gegendarstellungsanspruch im deutschen und internationalen Privat- und Verfahrensrecht – Untersuchung unter besonderer Berücksichtigung der international-verfahrensrechtlichen und kollisionsrechtlichen Behandlung der übrigen Ansprüche gegen Eingriffe durch Massenmedien, Berlin 1999
Wild, Die zulässige Wiedergabe von Presseberichten und –artikeln in Pressespiegeln, AfP 1989, S. 701
Wilhelm, Vorzeitige Weitergabe einer Anklageschrift, § 353d Nr. 3 StGB, NJW 1994, S. 1520
Wilhelmi, Tonbandaufnahmen durch die Presse in öffentlichen Gemeinderatssitzungen, AfP 1992, S. 221
Wilke, Pressefreiheit, Darmstadt 1984
ders., Die Zeitung, in: Von Almanach bis Zeitung, Wolfgang Martens zum 75. Geburtstag, S. 388–402, Fischer/Haefs/Mix (Hrsg.), München 1999
ders., Grundzüge der Medien- und Kommunikationsgeschichte: Von den Anfängen bis ins 20. Jahrhundert, Köln/Weimar/Wien 2000
ders., Unter Druck gesetzt. Vier Kapitel deutscher Pressegeschichte, Köln/Weimar/Wien 2002
Wimmer, Norbert/Nawrath, Katharina: Der schöne 15. Juni 2011 – Anmerkungen zu BGH ZUM 2015, 989 – Tagesschau-App, ZUM 2016, S. 126
Windsheimer, Die „Information" als Interpretationsgrundlage für die subjektiven öffentlichen Rechte des Art. 5 Abs. 1 des Grundgesetzes, München 1968
Wirth, Die Titelschutzanzeige und ihre Rechtswirkung, AfP 2002, S. 303
Wissowa, Georg, Paulys Realencyclopädie der classischen Altertumswissenschaft, Stuttgart 1926
Witzleb, Geldansprüche bei Persönlichkeitsverletzungen durch Medien, Tübingen 2002
Wlotzke/Wißmann/Kaberski/Kleinsorge, Mitbestimmungsgesetz Kommentar, 4. Aufl. München 2011
Wolf, Cornelia, Zwischen Imitation und Innovation – Anwendungsoptionen und redaktionelle Aneignung von Apps im Journalismus, in: Hahn, Oliver/Hohlfeld, Ralf/Knieper, Thomas (Hrsg.), Digitale Öffentlichkeit(en), Konstanz 2015
Wolf, G., Gerichtsberichterstattung – künftig „live" im Fernsehen?, ZRP 1994, S. 187
Wolf, J., Medienfreiheit und Medienunternehmen, Berlin 1985
ders., Der strafrechtliche Schutz der Persönlichkeit gegen unbefugte Kommerzialisierung unter Berücksichtigung des Schutzes durch das Zivilrecht, Baden-Baden 1999 (zit.: Strafrechtlicher Schutz der Persönlichkeit)
Wolf-Hegerbekermeier/Pelizäus, Freie Informationen für alle – gut gemeint, aber auch gut gemacht?, DVBl. 2002, S. 955
Wolff, Heinrich Amadeus (Hrsg.), Grundgesetz für die Bundesrepublik Deutschland, 12. Aufl., Baden-Baden 2018 (zit.: Hömig/Wolff)
Wolff, Allgemeines Verwaltungsrecht, 4. Aufl., Baden-Baden 2004
Wolff/Bachof, Verwaltungsrecht 1, 11. Aufl., München 1999
Wolff/Bachof, Verwaltungsrecht I, 9. Aufl., München 1974
Wollemann, Werbung mit Auflagenzahlen, WRP 1980, S. 529
Wolter, Jürgen (Hrsg.), Systematischer Kommentar zur Strafprozessordnung, 5. Aufl. Köln 2016 (zit.: SK-StPO)
Wolter, Jürgen (Hrsg.), Systematischer Kommentar zum Strafgesetzbuch, Loseblatt, 9. Aufl., Köln 2017 (zit.: SK-StGB)
Wronka, Werbeverträge und AGB-Gesetz, BB 1976, S. 1580
Würtenberger, Karikatur und Satire aus strafrechtlicher Sicht, NJW 1982, S. 610
ders., Satire und Karikatur in der Rechtsprechung, NJW 1983, S. 1144
Wuttke, Die deutschen Zeitungen und die Entstehung der öffentlichen Meinung, 2. Aufl., Leipzig 1875
Zacker, Die Meinungsfreiheit zwischen den Mühlsteinen der Ehrabschneider und der Menschenwürde, DÖV 1997, S. 238
Zäch, Wettbewerbsrecht der Europäischen Union, München u. a. 1994
Zagouras, Georgios, Konvergenz und Kartellrecht, München 2002
Zehelein, Kai, Kommunikativer Straßenverkehr, Frankfurt am Main, Diss. 2004

Zentralverband der deutschen Werbewirtschaft, Werbung in Deutschland 2002, Meckenheim 2002
ders., Deutscher Werberat Jahrbuch 2003, Meckenheim 2003
Zeytin, Zur Problematik des Schmerzensgeldes. Feststellung und Ersatz des entschädigungspflichtigen immateriellen Schadens und Doppelfunktion des Schmerzensgeldes, Berlin 2001
Ziegler, Redaktionsstatut und Pressefreiheit, AfP 1970, S. 913
Ziepke, Die Anrechnung von Tariflohnerhöhungen, BB 1981, S. 61
Zimmermann (Hrsg.), DDR-Handbuch, 3. Aufl., Köln 1985
Zöffler, Der Zeugniszwang gegen Presse und Rundfunk, NJW 1958, S. 1215
ders., Lücken und Mängel im neuen Zeugnisverweigerungs- und Beschlagnahmerecht von Presse und Rundfunk, NJW 1978, S. 913
Zoebisch, Der Gegendarstellungsanspruch im Internet, ZUM 2011, S. 390
Zöller, Kommentar zur Zivilprozeßordnung, 39. Auflage Köln 2020
Zohm, Ann-Kathrin, Der verfassungsrechtliche Rahmen der Pressefusionskontrolle, Berlin 2010
Zuck, Court TV: Das will ich sehen!, NJW 1995, S. 2082
ders., Mainstream-Denken contra Medienöffentlichkeit – zur Politik der n-tv-Entscheidung des BVerfG, NJW 2001, S. 1623
Zwach, Die Leistungsurteile des Europäischen Gerichtshofs für Menschenrechte, Stuttgart 1996
Zweng, Die wettbewerbsrechtliche Beurteilung der Werbung mit Gewinnspielen, München 1993

1. Abschnitt. Allgemeine Grundlagen

Literatur:

Dovifat/Wilke, Zeitungslehre, 2 Bde., 6. Auflage, Berlin 1976; *Kunczik/Zipfel, Publizistik,* 2. Auflage, Köln 2005; *Löffler,* Presserecht, 6. Auflage, München 2015; *Noelle-Neumann/Schulz/Wilke,* Publizistik/Massenkommunikation, Fischer Lexikon, Frankfurt am Main 2009; *Ricker,* Freiheit und Aufgabe der Presse, Freiburg 1983; *Schiwy/Schütz/Dörr,* Medienrecht, 5. Auflage, Köln 2010.

1. Kapitel. Begriff und Wesen des Presserechts. Presserechtliche Grundbegriffe

I. Der Begriff des Presserechts

1. Der Begriff „Presserecht" wird teils in weiterem, teils in engerem Sinn verstanden. Diese Unterscheidung ist vor allem für die Frage wichtig, ob und inwieweit der Bundes- bzw. Landesgesetzgeber zur Regelung der einzelnen, zum „Presserecht" gehörenden Bestimmungen befugt ist (Art. 70 ff. GG; → Kap. 2 Rn. 10 ff.). 1

a) Unter *Presserecht im weiteren Sinn* versteht man alle für die Presse geltenden Rechtsnormen. Dieser weite Begriff umfasst angesichts der Vielgestaltigkeit des Pressewesens einen nicht geringen Teil der Rechtsordnung wie zB wichtige Bestimmungen des Arbeitsrechts, des Urheber- und Verlagsrechts, des Wettbewerbs- und Kartellrechts, des Zivil- und Strafrechts, aber auch des Postrechts. Das vorliegende Werk behandelt das Presserecht in diesem weiteren Sinn.

Die den verschiedensten Rechtsgebieten angehörigen Bestimmungen des Presserechts im weiteren Sinn, die man vielfach auch als das *Berufsrecht der Presse* bezeichnet, werden aber noch nicht dadurch zum Presserecht im eigentlichen (engeren) Sinn, dass sie für die Tätigkeit der Presse von wesentlicher Bedeutung sind. Denn das Recht des Zitierens fremder Äußerungen (Zitierrecht) oder der Veröffentlichung von Photos fremder Werkschaffender (Abbildungsfreiheit) gehört auch dann zur Rechtsmaterie „Urheberrecht" und damit zur ausschließlichen Kompetenz des Bundesgesetzgebers (Art. 73 GG), wenn diese Fragen in der Praxis das „tägliche Brot" der Pressearbeit bilden. Der Begriff „Presserecht im weiteren Sinn" hat somit mehr praktische als rechtliche Bedeutung. 2

b) Zum *Presserecht im engeren Sinn,* das schon im Hinblick auf die Gesetzgebungskompetenz eine eigene selbstständige Rechtsmaterie bildet (vgl. zu Art. 75 GG aF BVerfGE 36, 193 ff.; 36, 314 ff.; 7, 29 ff.), gehören nur die pressespezifischen Normen, die die Rechtsverhältnisse der Presse gerade im Blick auf ihre Eigenart und ihren außergewöhnlichen geistigen und politischen Einfluss regeln. Diese geistige Wirkungskraft der Presse, die vom *Obrigkeitsstaat* mit Misstrauen betrachtet wurde, führte zu kontrollierenden und restriktiven presserechtlichen Bestimmungen wie zB den Vorschriften über das Impressum (sh. Kap. 13) und dem Erfordernis der Bestellung eines verantwortlichen Redakteurs (→ Kap. 13 Rn. 22 ff.). Sie gehören als wesentliche, aus der Eigenart der Presse resultierende Bestimmungen zum Presserecht im engeren Sinn. 3

Da der Presse in der freiheitlichen Demokratie die öffentliche Aufgabe der Mitwirkung bei der Meinungsbildung durch informierende und kritisierende Tätigkeit obliegt (sh. u. Kap. 3), gehören auch alle Rechtsvorschriften, deren Besonderheit durch den inneren Zusammenhang mit der Presse als der Mittlerin der öffentlichen Meinung gegeben ist, zum Presserecht im engeren Sinn. Sonach lässt sich das Presserecht im engeren Sinn definieren als das für die Presse wegen ihrer *geistigen Wirkungskraft geltende Sonderrecht.* 4

2. a) Während der Begriff „Presserecht" im Sinne einer selbstständigen, auf der geistigen Wirkungskraft der Presse beruhenden Materie eng zu fassen ist, muss umgekehrt der Begriff *„Presse"* weit verstanden werden und deckt sich nicht mit dem Sprachgebrauch, der unter *„Presse"* gemeinhin nur Zeitungen und Zeitschriften versteht. So erstreckt sich der Schutz der Pressefreiheit auch auf den gesamten Inhalt einer Werkszeitung, obwohl diese als gruppeninterne Publikation nicht allgemein zugänglich ist, sie aber dennoch in gedruckter und zur Verbreitung 5

bestimmter Form am Kommunikationsprozess teilnimmt (vgl. BVerfGE 95, 35; vgl. dazu *Dörr* JuS 1997, 1036).

Trotz seiner Bedeutung ist der so wichtige Begriff „Presse" in der Verfassung nicht legaldefiniert (vgl. *Mann/Smid* in Spindler/Schuster, Recht der elektronischen Medien, Presserecht Rn. 5). Die Begriffsbestimmung bleibt somit der geistig-technischen Entwicklung und der Ausdeutung durch die Wissenschaft offen (vgl. *Bethge* in Sachs GG Art. 5 Rn. 68; Studienkreis für Presserecht und Pressefreiheit, NJW 1980, 1612 f.).

Vom Begriff der Presse zu unterscheiden ist der des *„Journalismus"*. Dieser ist nach Auffassung des EuGH aufgrund der Bedeutung der Meinungsfreiheit weit zu verstehen. So kann das Hochladen von selbst aufgenommenen Videos auf der Plattform YouTube eine journalistische Tätigkeit darstellen (vgl. AfP 2019, 227; zur Deprofessionalisierung → Kap. 4 Rn. 51).

5a b) Fraglich ist, wie die *elektronische Presse* einzuordnen ist (vgl. Löffler/*Cornils* LPG § 1 Rn. 188 ff.; auch → Kap. 12 Rn. 6c). Unter diesem – mehrdeutigen (vgl. *Degenhart* in BK-GG, 185. EL, Art. 5 Rn. 195; zu Definitionsversuchen und Beispielen vgl. Kahl, Elektronische Presse, S. 27 ff.) – Sammelbegriff lassen sich zahlreiche Erscheinungsformen der nichtkörperlichen Presse zusammenfassen: online-Ausgaben „klassischer" Zeitungen und Zeitschriften, die „1:1" neben ihr gedrucktes Pendant treten (vgl. hierzu *Degenhart* in BK-GG, 185. EL, Art. 5 Rn. 196), aber auch E-Zines, die gar keine körperliche Entsprechung mehr kennen, „presseähnliche Angebote" (vgl. hierzu *Degenhart* in BK-GG, 185. EL, Art. 5 Rn. 197), Blogs (vgl. hierzu Rahvar, Zukunft des deutschen Presserechts, S. 55 ff.; Brüggemann/Engesser, Skeptiker müssen draußen bleiben, S. 167 ff.), elektronische Anzeigen- und Offertenblätter, so genannte Apps (vgl. hierzu Wolf, Zwischen Imitation und Innovation, S. 121 ff.) sowie elektronische Publikationen von Unternehmen zwecks Werbung und Kundenbindung. Schon der Umstand, dass in manchen Fällen nur eine elektronische *Alternativ*-Verbreitung zum gedruckten Presseerzeugnis, in anderen Fällen aber ein *ausschließlicher* Vertrieb in elektronischer Form (zB über das Internet) erfolgt, zeigt, wie wenig einheitlich der Begriff der elektronischen Presse ist.

Einige Autoren vertreten die Auffassung, dass die hier beispielhaft genannten Erscheinungsformen dem Pressebegriff zuzuordnen sind (vgl. *Mann/Smid* in Spindler/Schuster, Recht der elektronischen Medien, Presserecht Rn. 5; Rahvar, Zukunft des deutschen Presserechts, S. 145). Dies wird mit der Technologieneutralität des Pressebegriffs begründet (vgl. *Degenhart* in BK-GG, 185. EL, Art. 5 Rn. 195 ff.). Andere Stimmen in der Literatur lehnen dies mangels Körperlichkeit ab (vgl. *Bethge* in Sachs GG Art. 5 Rn. 73a) oder sehen eine Erstreckung der Pressefreiheit auf Online- und Netzwerkmedien zumindest als kritisch an (vgl. *Starck/Paulus* in v. Mangoldt/Klein/Starck GG Art. 5 Rn. 132; differenzierend *Jarass* in Jarass/Pieroth GG Art. 5 Rn. 111 f.). In diesem Zusammenhang ist festzustellen, dass nach der Rechtsprechung des Bundesverfassungsgerichts die Verfassung für neue Entwicklungen offen ist. Dies muss somit auch für den Inhalt des Art. 5 gelten (vgl. BVerfGE 74, 353 f.; *Bethge* in Sachs GG Art. 5 Rn. 68). Der Gesetzgeber hat dies aufgegriffen und unterhalb der verfassungsrechtlichen Problematik neben den Rundfunk- und Pressegesetzen auch andere Formen der audiovisuellen Kommunikation etwa durch das Telemediengesetz geregelt. In dem hier vorliegenden Werk liegt der Schwerpunkt auf dem Presserecht im traditionellen Sinne, also der Kommunikation in *verkörperter* Form.

6 c) Der Begriff *„Presse"*, wie ihn die Verfassung (Art. 5 Abs. 1 S. 2 und Art. 75 Abs. 1 Ziff. 2 GG aF) und die Landespressegesetze verwenden, ist ein Sammelbegriff und umfasst das *Pressewesen* in seiner Gesamtheit. Dazu gehören sowohl die in der Presse tätigen Personen wie auch der technische, wirtschaftliche und organisatorische Apparat der einzelnen Presse-Unternehmen, vor allem aber das Presse-Erzeugnis (Zeitungen, Zeitschriften, Bücher usw) selbst (vgl. Löffler/*Cornils* Einl. Rn. 105).

7 d) Was das *Presseprodukt* anlangt, so ist vom umfassenden Begriff des *„Druckwerks"* auszugehen, auf den die modernen Landespressegesetze (zB § 7 NRWLPG) in Übereinstimmung mit dem alten Reichspreßgesetz von 1874 abstellen: Nicht nur für die „periodischen Druckwerke", dh für Zeitungen und Zeitschriften allein gelten die Ordnungsvorschriften des Presserechts, sondern für alle Erzeugnisse, die der Sammelbegriff „Druckwerk" umschließt. Dazu gehören gem. § 7 NRWLPG alle – mittels eines Massenvervielfältigungsverfahrens hergestellten und zur Verbreitung bestimmten – Schriften und bildlichen Darstellungen (mit und ohne Schrift), aber auch besprochene digitale und analoge Tonträger wie CDs und Schallplatten (vgl. Löffler/*Lehr* LPG § 7 Rn. 28, 36) sowie Musikalien mit Text oder Erläuterungen (vgl. Löffler/*Lehr* LPG § 7 Rn. 35). Einbezogen in den Begriff „Druckwerk" werden auch die vervielfältigten Mitteilungen, mit denen die *Nachrichtenagenturen,* Pressekorrespondenzen und Materndienste die Presseorgane mit Schrift- und Bildmaterial versorgen (§ 7 Abs. 2 NRWLPG). Näheres zum Begriff „Druckwerk" und „periodisches Druckwerk" (Zeitungen und Zeitschriften) → Kap. 12 Rn. 3 ff.

e) Der zutreffende, nicht auf den Inhalt, sondern auf die Herstellungsmethode der Massen- 8
vervielfältigung abstellende Begriff „Presse" schließt es nicht aus, dass dort, wo es durch die Eigenart der *periodischen Presse* geboten erscheint, ein auf Zeitungen und Zeitschriften beschränkter Pressebegriff zur Anwendung kommt (vgl. § 7 Abs. 4 NRWLPG; → Kap. 12 Rn. 15 ff.).

f) Indem der Pressebegriff vor allem auf die technische Seite der Herstellung und Verbreitung 9
von Presseprodukten abhebt, ergibt sich als Kennzeichen der Presse als Produkt, dass es sich hier um die Herstellung und Verbreitung *verkörperter* Massenvervielfältigungen (Vervielfältigungsstücke) handelt – im Gegensatz zur *körperlosen* Verbreitung (Ausstrahlung) von Informationen wie beim Hörfunk, beim Fernsehen sowie bei rundfunkähnlichen Kommunikationstechniken (vgl. BVerfGE 74, 350 f.). Nach dieser Definition fallen auch audiovisuelle körperliche Speichermedien, so zB DVDs und Videokassetten unter den Begriff des Presseerzeugnisses bzw. des Druckwerks (vgl. BVerwG AfP 1990, 250; *Degenhart* in BK-GG, 185. EL, Art. 5 Rn. 202; *Schemmer* in Epping/Hillgruber, 42. Ed., Art. 5 Rn. 43; *Castendyk* in v. Hartlieb/Schwarz Handbuch 1. Kap. Rn. 8; Hoffmann-Riem, Kommunikationsfreiheiten, Rn. 145; *Wendt* in v. Münch/Kunig GG Art. 5 Rn. 30; *Bethge* in Sachs GG Art. 5 Rn. 68; aM: BayObLG AfP 1988, 36 f.).

Dieses „überkommene Abgrenzungskriterium des Gutenberg-Zeitalters" (Löffler/*Lehr* LPG 9a
§ 7 Rn. 4) jedoch stößt auch wegen der zunehmenden Digitalisierung (zB in Form der *„elektronischen Presse",* → Rn. 5a; → Kap. 12 Rn. 6c) mehr und mehr an seine Grenzen. Dies mag folgendes Beispiel verdeutlichen: Es ist fraglich, ob ein (elektronisch publizierter) Artikel aus dem online-Angebot eines Zeitungsverlags, der durch den Rezipienten ausgedruckt wird, zur Presse oder zum Rundfunk zu zählen ist. Für die erste Auffassung spricht, dass sein Urheber ein Presse-Unternehmen ist bzw. die Wahrnehmung des Gedankeninhalts beim Rezipienten in verkörperter Form erfolgt. Für die zweite Auffassung hingegen spricht, dass die Bereitstellung und Verbreitung der Informationen in nichtkörperlicher Form erfolgt.

Stellte man nur darauf ab, in welcher Form der konkrete Empfänger den Gedankeninhalt wahrnimmt, so gälte Folgendes: Würde der Rezipient den online publizierten Artikel ausdrucken, so unterfiele das oben genannte Beispiel der Pressefreiheit; läse der Rezipient den Artikel jedoch auf seinem Tablet, unterfiele die Verbreitung des Artikels mangels Körperlichkeit der Rundfunkfreiheit. Diese eher zufällige Differenzierung vermag jedoch nicht zu überzeugen (ähnlich *Bethge* in Sachs GG Art. 5 Rn. 73a).

Demgegenüber ist der Ansatz, eine Einzelfallbetrachtung vorzunehmen und hierbei zu prüfen, welchem der „traditionellen" Medien das fragliche Produkt funktionell am nächsten kommt (vgl. Paschke, Medienrecht, Rn. 205), überzeugender. Allerdings dürfte auch dieser Ansatz aufgrund der Konvergenz (→ Rn. 34 ff.) an seine Grenzen stoßen. Denn bei diesem „Vorgang des gegenseitigen Annäherns, des Zusammenstrebens und der zunehmenden Vereinheitlichung" (Reinlein, Medienfreiheit und Medienvielfalt, S. 16) kann nicht ausbleiben, dass neuartige Produkte zu klassifizieren sind, die gleichsam „gleich weit entfernt" von „klassischem" Rundfunk und „klassischer" Presse sind. Dann aber stellt sich die Frage, *welchem* der „traditionellen" Medien sie zuzuordnen sind. Bei deren Beantwortung kann nicht auf ein etwaiges Rangverhältnis zwischen den einzelnen Grundrechten des Art. 5 Abs. 1 GG zurückgegriffen werden, da es dieses nicht gibt (vgl. *Bethge* in Sachs GG Art. 5 Rn. 88). Die Abgrenzungsprobleme bleiben somit letztlich bestehen.

Auf vergleichbare Schwierigkeiten stößt der Ansatz, im Einzelfall zu prüfen, welches „klassische" Medium durch das jeweilige Produkt substituiert wird, und eine entsprechende Zuordnung vorzunehmen (vgl. Löffler/*Lehr* LPG § 7 Rn. 36). Denn gerade den Neuen Medien ist es ja zueigen, bisher nicht bekannte Kommunikationsformen zu ermöglichen; das Erschließen *neuer* Wege freilich kann schon begrifflich keine Substitution – also gleichsam ein Ersatz *alter* Wege – sein.

9b g) Zu den *rundfunkähnlichen Kommunikationstechniken* mit massenkommunikativen Charakter zählen insbesondere die Telemedien, welche in § 1 Abs. 1 S. 1 Telemediengesetz (TMG vom 26.2.2007 (BGBl. I S. 179), zuletzt geändert durch Gesetz vom 11.7.2019 (BGBl. I S. 1066)) definiert sind. Auch deren (zur Presse → Rn. 9a) Abgrenzung zu anderen Medien ist in den Zeiten der Medienkonvergenz schwieriger geworden und wirft Probleme auf (vgl. *Schwartmann* in Praxishandbuch Medienrecht, 1. Kap. Rn. 14 ff.; *Brock/Schmittmann* in Praxishandbuch Medienrecht, 10. Kap. Rn. 18 ff.; *Hamacher,* Der Rundfunkbegriff im Wandel, S. 96 ff.; zur Medienkonvergenz → Rn. 34 ff.). Die frühere Unterscheidung zwischen den Mediendiensten (vgl. die Legaldefinition in § 2 MDStV aF) und Informations- und Kommunikationsdiensten (vgl. § 2 TDG aF) hingegen ist nach der Aufhebung dieser Vorschriften entfallen.

II. Das Wesen des Presserechts

10 1. Das heute auf Verfassungsrecht (Verfassungsgarantie des Art. 5 GG), Bundesrecht (zB Pressefusionskontrollgesetz) und den Landespresse- bzw. -mediengesetzen beruhende Presserecht trug nach der überholten Presserechtstheorie des Obrigkeitsstaats im Wesentlichen *polizeilichen* Charakter und verfolgte den Zweck, die Ruhe und Ordnung im Staat vor Störungen durch „gefährliche" Druckschriften zu schützen (vgl. *Stier-Somlo/Elster* Bd. 4 S. 557). Zu diesen herkömmlichen, noch immer geltenden Ordnungsvorschriften gehören zB der Impressumzwang (→ Kap. 13 Rn. 1 ff.) und die Vorschriften über den verantwortlichen Redakteur (→ Kap. 13 Rn. 22 ff.), die freilich heute einen anderen Sinn besitzen.

11 Demgegenüber ging die in der Weimarer Republik herrschende neuere Presserechtstheorie (vgl. Haentzschel, Reichspreßgesetz, S. 10) vom *öffentlich-rechtlichen* Charakter des Presserechts aus und sah in ihm einen selbstständigen Teil des Staatsrechts. Dafür spricht die verfassungsrechtliche Garantie der zentralen presserechtlichen Norm, der Pressefreiheit (Art. 5 GG), als eines in erster Linie dem Staat gegenüber (zur mittelbaren Drittwirkung von Grundrechten → Kap. 10 Rn. 28 ff.) wirksamen Grundrechts. Die Sicherung der gewerberechtlichen Pressefreiheit (vgl. zB § 2 NRWLPG), die Einschränkung der Beschlagnahmemöglichkeit (§§ 13 ff. LPG aF; durch §§ 97, 98; 111q StPO bundesrechtlich geregelt) und der Ausschluss jeder Sonderbesteuerung (vgl. zB § 1 Abs. 4 HessPG) sind Ausfluss des öffentlich-rechtlichen Charakters des Presserechts. Doch wird auch die Zuordnung alleine zum öffentlichen Recht dem besonderen Charakter des modernen Presserechts nicht gerecht.

12 2. Man wird daher sagen können, dass das Presserecht ein *Sonderrecht gemischter Natur* ist, das neben reinen Ordnungsbestimmungen und wichtigen öffentlich-rechtlichen Elementen auch bedeutsame privat- und sozialrechtliche Züge aufweist (gegen die Bezeichnung des Medienrechts als Sonderrecht *Petersen,* Medienrecht, § 1 Rn. 14). So ist das presserechtlich wohl bekannteste und in der Praxis besonders häufig in Anspruch genommene Recht auf Gegendarstellung heute zivilrechtlicher Natur. Auch der weite Bereich der sog. „inneren Pressefreiheit", der die Beziehungen der Sozialpartner in den Presseverlagen regelt (Redaktionsstatut), ist Teil des Privatrechts. Außerdem bedarf die Freiheit der Presse in der modernen Industriegesellschaft nicht nur des Schutzes gegenüber dem Staat, sondern auch gegenüber mächtigen Unternehmen, Interessengruppen und Verbänden (zB Gewerkschaften), die bisweilen versuchen, durch Boykott, Streik, Kartell- und Konzerndruck ihre Wünsche und Forderungen durchzusetzen (vgl. BVerfGE 52, 296; 25, 256 (268); vgl. zur inneren Pressefreiheit *Petersen,* Medienrecht, § 2 Rn. 12; sh. im Einzelnen Abschn. 7. Zum Pressekartellrecht vgl. *Zohm,* Pressefusionskontrolle; sh. Abschn. 17). Nur die „gemischte Natur" des Presserechts wird seinem vielfältigen Inhalt gerecht.

III. Presserechtliche Grundbegriffe

13 1. Das Presserecht gilt als juristisch schwierige und komplizierte Materie. Eine der Ursachen ist die Verwendung von Begriffen, für die eine Legaldefinition fehlt, bei denen es aber auch an einer rechtswissenschaftlichen Durchleuchtung und Präzisierung mangelt. Hinzu kommen die permanenten technischen Entwicklungen und Neuerungen, die es immer wieder erforderlich

machen, zu hinterfragen, ob das jeweilige Phänomen noch als Presse zu bewerten ist (hierfür beispielhaft zu nennen sind Blogs oder Twitter-Meldungen (tweets); → Rn. 37).

Nach Klärung der Begriffe *„Presse"* (→ Rn. 6 ff.) und *„Presserecht"* (→ Rn. 1 ff.) erscheint es zweckmäßig, einen Überblick über die wichtigsten presserechtlichen Grundbegriffe zu geben und sich um eine klare Definition zu bemühen (vgl. bereits *Stier-Somlo/Elster* Bd. 4 S. 559 ff.).

2. Der Oberbegriff, unter den die Presse einzuordnen ist, sind die *Massenmedien* (Massen- **14**
kommunikationsmittel), zu denen außer den Printmedien auch Film, Hörfunk, Fernsehen und das Internet (vgl. *Misoch,* Online-Kommunikation, S. 21) zählen (zur Problematik im Hinblick auf Informations- und Mediendienste vgl. *Ricker/Schiwy* Abschnitt B Rn. 74 ff.). Zum Wesen der Massenmedien gehört einerseits das technische Mittel der Massenvervielfältigung, andererseits der allen Medien gemeinsame Adressat, die anonyme Masse. Im Blick auf den üblichen Inhalt der Massenkommunikation ergibt sich folgende Begriffsbestimmung:

Massenmedien sind Unternehmen oder Institutionen, die sich mit dem technischen Mittel der Massenvervielfältigung zum Zwecke der Information (einschließlich Werbung), der Unterhaltung und Erbauung einseitig an die (anonyme) Masse wenden (vgl. *Kunczik/Zipfel,* Publizistik, S. 49 ff.; *Noelle-Neumann/Schulz/Wilke,* Publizistik/Massenkommunikation, S. 65; *Paschke,* Medienrecht, Rn. 25 ff.).

Die klassische Trennung zwischen Massenmedien und Individualkommunikation (Brief, Telefon) ist durch das Internet und seine technischen Möglichkeiten (zB E-Mails, Blogs, Websites, VoIP, Chats) jedoch schwierig geworden (vgl. hierzu *Schiwy/Schütz/Dörr* S. 344): So findet die früher individuelle Festnetz-Telefonie heute überwiegend mit Hilfe von Voice over IP (VoIP) – also dem massenkommunikationsfähigen Internet – statt.

3. Je nach der Technik der Vervielfältigung unterscheidet man bei den Massenmedien die **15**
verkörperten und die *körperlosen Medien.* Bei den letzteren erfolgt die Massenvervielfältigung und Verbreitung des geistigen Sinngehalts in „körperloser" Form durch akustische und optische Projektion (Hörfunk, Fernsehen, Filmvorführung) oder mittels Telekommunikation (Rundfunk, vgl. § 2 Abs. 1 S. 1 RMStV). Zu den *verkörperten Medien* gehören die sog. *„Druckwerke"* wie Zeitungen, Zeitschriften, Bücher, Plakate, CD-ROMs, DVDs, Filmkassetten, Videokassetten, aber auch Sammelkarten von Fußballspielern (vgl. OLG Frankfurt a. M. 7.8.2018 – 11 U 156/16) usw (→ Rn. 7, 9). Bei den verkörperten Medien ist es gleichgültig, ob die Massenvervielfältigung mechanisch (durch die Druckpresse) oder auf chemischem Wege (fotomechanische Wiedergabe) erfolgt. Auch ein auf einem Datenträger gespeichertes elektronisches Magazin zum Beispiel ist ein verkörpertes Massenmedium.

4. Eine große Gruppe unter den Druckwerken bilden die *periodischen Druckwerke,* dh Druck- **16**
werke, die in ständiger, wenn auch unregelmäßiger Folge und im Abstand von nicht mehr als sechs Monaten erscheinen (§ 7 Abs. 4 NRWLPG). Hauptfälle von periodischen Druckwerken sind die als periodische Presse bezeichneten *Zeitungen und Zeitschriften.* Auch bei dieser wichtigen Gruppe hat der Gesetzgeber auf eine Legaldefinition verzichtet und die nähere Bestimmung wie auch die nicht weniger wichtige Abgrenzung der Rechtsprechung und der Wissenschaft überlassen (zum Begriff der „Tageszeitung" vgl. OLG Frankfurt a. M. AfP 1985, 288). Zeitungen und Zeitschriften können zugleich sog. *Sammelwerke* sein (vgl. § 4 Abs. 1 UrhG; *Leistner* in Schricker/Loewenheim, Urheberrecht, § 4 Rn. 28), die eine Sammlung von verschiedenen Beiträgen unter einem bestimmten Auslese- und Anordnungsprinzip enthalten (→ Kap. 62 Rn. 16). Das Besondere der *Zeitung* ist ihr tagebuchartiger Charakter, da sie fortlaufend über aktuelle Ereignisse berichtet. Sie ist das Tagebuch der Zeit, sei es „in einem breitgefächerten Spektrum über Themen aus Politik, Wirtschaft, Gesellschaft, Kultur, Sport und anderen Bereichen" (Tageszeitung; vgl. BFH BeckRS 2005, 25007913) oder auf einem bestimmten Sektor (zB Sportzeitung, Wirtschaftszeitung). So ergibt sich folgender Begriff der Zeitung:

Die Zeitung ist ein zu den Massenmedien gehörendes periodisches Druckwerk (Sammelwerk), das in tagebuchartiger Weise fortlaufend über die aktuellen Vorgänge in allen oder in bestimmten Lebensbereichen in Schrift und Bild berichtet (vgl. Dovifat/Wilke Bd. I S. 16; Bott S. 51).

Keine Zeitungen im Rechtssinn sind die *kostenlosen Anzeigenblätter.* Dabei handelt es sich um periodisch überwiegend einmal wöchentlich erscheinende Druckwerke, die sich ausschließlich aus Anzeigeneinnahmen finanzieren und kostenlos und unbestellt an die Haushalte verteilt werden (vgl. *Dovifat/Wilke* Bd. I S. 30; Löffler/*Lehr* LPG § 7 Rn. 14). Bei ihnen fehlt die fortlaufende Berichterstattung über die aktuellen Vorgänge in allen oder einem bestimmten Lebensbereich (vgl. OLG Köln AfP 1999, 87). Der geringe redaktionelle Teil dient im Wesentlichen der verstärkten Verbreitung des umfangreichen Anzeigenteils (vgl. BGH GRUR 1971, 477 mit Anm. *Hefermehl*). Enthält allerdings das gratis verteilte Anzeigenblatt einen so umfangreichen redaktionellen Teil, dass es imstande ist, beim Bezieher als Ersatz für eine Kaufzeitung zu wirken („Anzeigenzeitung"), so kann im Einzelfall ein Wettbewerbsverhältnis zwischen der Tagespresse und dem gratis abgegebenen Anzeigenblatt entstehen (vgl. BGH AfP 2004, 255 ff. (258 ff.); BGHZ 51, 248; zur Anwendung dieser Rechtsprechung auf kostenlos verteilte und verkaufte Fach- oder Programmzeitschriften vgl. BGHZ 81, 291 ff.; LG Braunschweig AfP 1997, 559; Bott S. 79 ff.; zur Anwendung dieser Rechtsprechung auf von Gemeinden herausgegebene Stadtblätter vgl. OLG Stuttgart GRUR-RR 2016, 453 ff.). Gegen Entgelt vertriebene Anzeigenblätter ohne redaktionellen Teil heißen *Offertenblätter* (hierzu → Kap. 47 Rn. 23). Dagegen gehören Anzeigenblätter zur Presse im Sinn des § 7 NRWLPG (vgl. Löffler/*Lehr* LPG § 7 Rn. 14).

17 In einigen Fällen ist die Abgrenzung der Zeitschrift von der Zeitung schwierig. Wesentlich erscheint, dass bei der *Zeitschrift* die tagebuchartige, fortlaufende Berichterstattung fehlt. Sie befasst sich auf ihrem Gebiet (Wissenschaft, Kunst, Wirtschaft usw) nur mit bestimmten besonderen Fragen und Vorgängen. Daraus folgt:

Die Zeitschrift ist ein zu den Massenmedien gehörendes periodisches Druckwerk (Sammelwerk), das sich der Erörterung einzelner Fragen und Vorgänge eines bestimmten Lebensbereichs widmet, dh ihr Inhalt ist spezialisiert und sie richtet sich idR deshalb an einen begrenzten Leserkreis (vgl. *Noelle-Neumann/Schulz/Wilke,* Publizistik/Massenkommunikation, S. 510 ff.).

18 5. Zu den wichtigsten Funktionen der Presse gehört die Mitwirkung bei der Bildung der *öffentlichen Meinung* (vgl. BVerfGE 80, 135; 20, 175; 12, 260; *Bethge* in Sachs GG Art. 5 Rn. 66). Eine lebendige öffentliche Meinung ist der „Sauerteig" der Demokratie. Doch wird kaum ein publizistischer Begriff so verschwommen und unpräzise verwendet, wie der Begriff der „öffentlichen Meinung" (vgl. Brettschneider S. 21; *Kübler* AfP 2002, 278; *Lamp* S. 46 ff., 68; Übersicht bei *Löffler,* Öffentliche Meinung, S. 76 ff., 84 ff.; *Noelle-Neumann* Publizistik, Band 37, 283 ff.).

Nur im Strafrecht wird versucht, den vagen Begriff im Rahmen der Erläuterung des Delikts der üblen Nachrede (§ 186 StGB – „in der öffentlichen Meinung herabwürdigen") näher zu präzisieren. Träger der öffentlichen Meinung ist das Publikum. Versucht man, die verschiedenen Deutungen des Phänomens „öffentliche Meinung" zusammenzufassen (vgl. *Löffler,* Öffentliche Meinung, S. 79) und gegenüber bloßen Augenblicksstimmungen der Masse deutlich abzugrenzen, so ergibt sich folgende Begriffsbestimmung:

Öffentliche Meinung ist die während eines gewissen Zeitraums in einem größeren, individuell nicht bestimmten, nicht geschlossenen Teil der Bevölkerung (vgl. auch *Fischer* StGB § 186 Rn. 4) vorherrschende übereinstimmende Ansicht bzw. Einstellung zu Personen, Ereignissen oder Zuständen.

19 6. Eine wichtige Rolle im Bereich des Medienrechts spielt der Begriff der *Kommunikation.* Kommunikation ist ein Prozess der Verständigung, Mitteilung und Interaktion zwischen verschiedenen Menschen (vgl. *Noelle-Neumann/Schulz/Wilke,* Publizistik/Massenkommunikation, S. 169 ff.). Der Begriff *Massenkommunikation* bezieht sich auf Kommunikationsprozesse mit Hilfe technischer Medien. Dabei wird eine große Anzahl von Mitteilungen an beliebig viele, meist anonyme Rezipienten verbreitet (vgl. *Kunczik/Zipfel,* Publizistik, S. 49 ff.; *Noelle-Neumann/Schulz/Wilke,* Publizistik/Massenkommunikation, S. 171; *Paschke,* Medienrecht, Rn. 25 ff.).

20 7. Bei den Massenmedien wie der Presse vollzieht sich die *Kommunikationstätigkeit* durch das Verbreiten des Mediums. Dem Verbreiten gehen als Vorbereitungshandlungen das Herstellen und Vervielfältigen eines Druckwerks voraus, das zum Erscheinen bzw. zur Veröffentlichung der Publikation führt. Alle diese Kommunikationsbegriffe spielen im Presserecht eine wichtige Rolle. Ihre rechtliche Präzisierung und Abgrenzung ist von erheblicher rechtlicher und praktischer Bedeutung.

21 a) Das *Herstellen* eines Druckwerks bedeutet seine Fertigstellung, die durch technische, wirtschaftliche und geistige Tätigkeit bzw. Mitwirkung erfolgen kann. Daraus ergibt sich, dass sowohl der Drucker wie der Verleger und der Verfasser je nach der Art ihrer Mitwirkung an der Herstellung von Druckwerken rechtlich, insbesondere haftungsrechtlich, beteiligt sein können.

b) Die *Vervielfältigung im presserechtlichen Sinne* gehört zum Wesen eines Druckwerks, das begrifflich eine verkörperte Massenvervielfältigung ist (→ Rn. 15). Vervielfältigung im presserechtlichen Sinn ist das Herstellen einer Vielheit gleicher Nachbildungen des Originals einer Schrift oder sonstigen Darstellung. Nach der Legaldefinition des § 7 Abs. 1 NRWLPG liegt ein Druckwerk nur vor, wenn die Vervielfältigung mittels eines „zur Massenherstellung geeigneten Vervielfältigungsverfahrens" erfolgt, was zB bei den Durchschlägen, die mittels einer Schreibmaschine hergestellt werden, nicht zutrifft (hM, vgl. Löffler/*Lehr* LPG § 7 Rn. 25; BGH NJW 1999, 1981). Hieraus ergibt sich, dass zB bei dem Kopieren eines Videobandes dann keine Massenvervielfältigung gegeben ist, wenn hierfür lediglich zwei handelsübliche Videorecorder verwendet werden. Grund hierfür ist der Aufwand an Zeit und Handarbeit (vgl. BGH NJW 1999, 1981). Jedoch schließt der Umstand, dass bei der Vervielfältigung Handarbeit unterstützend mitwirkt, das Vorliegen einer Massenvervielfältigung nicht per se aus (vgl. Löffler/*Lehr* LPG § 7 Rn. 25). Durch die fortschreitende Digitalisierung nimmt die Bedeutung der eben beispielhaft beschriebenen „Handarbeit" für Vervielfältigungshandlungen allerdings ab: Dateien lassen sich schnell kopieren oder mit wenigen „Klicks" im Internet einer unbestimmten Anzahl an Personen öffentlich zugänglich machen. Das Vorliegen einer Massenvervielfältigung wird sich daher bei digitalen Sachverhalten tendenziell schnell bejahen lassen. **22**

Demgegenüber geht der *urheberrechtliche* Vervielfältigungsbegriff weiter und umfasst jede körperliche Nachbildung bzw. Fixierung eines Werkes, gleichgültig, ob diese Fixierung mittels eines zur Massenherstellung geeigneten Verfahrens erfolgt oder nicht (§ 16 UrhG; → Kap. 62 Rn. 35). Erforderlich ist nur, dass durch die (körperliche) Vervielfältigung das Werk dem Menschen auf irgendeine Weise wiederholt wahrnehmbar gemacht wird (vgl. *Dustmann* in Fromm/Nordemann, Urheberrecht, § 16 Rn. 9; *Loewenheim* in Schricker/Loewenheim, Urheberrecht, § 16 Rn. 5). **22a**

c) Das *Verbreiten* eines Druckwerks steht im Mittelpunkt der Kommunikationstätigkeit der Presse. Hier muss zwischen dem presserechtlichen, urheber- und verlagsrechtlichen sowie dem strafrechtlichen Verbreitungsbegriff unterschieden werden: **23**

(1) Für den *presserechtlichen* Verbreitungsbegriff ist das körperliche Zugänglichmachen des Druckwerkes Dritten gegenüber wesentlich (vgl. BGHSt 18, 63). Wird lediglich der geistige *Inhalt* eines Druckwerks verbreitet, etwa durch Vorlesen oder Zitieren, so liegt keine Verbreitung im Sinne des Presserechts vor. Der Verkauf von Schallplatten an die Kunden eines Radiogeschäfts ist presserechtliche Verbreitung, nicht aber das Abspielen von Schallplatten im Rundfunk (vgl. RGSt 47, 226). Das körperliche Zugänglichmachen eines Druckwerks ist schon dann gegeben, wenn es, zB bei einer Buchausstellung, zu anderen Personen in eine solche räumliche Nähe kommt, dass sie vom Inhalt des Druckwerks Kenntnis nehmen können; dass sie tatsächlich Kenntnis nehmen, ist jedoch nicht erforderlich (vgl. RGSt 7, 115; vgl. auch BGHSt 12, 46; 11, 282).

Die Tätigkeit des „Verbreitens" ist der rechtliche Oberbegriff und umfasst *alle Verbreitungsarten* wie Verkaufen, Verteilen, Vertreiben, Feilhalten, Anbieten, Anschlagen, Ausstellen und Auslegen von Druckschriften. Dabei gehört es zum presserechtlichen Verbreitungsbegriff, dass das Druckwerk einem *größeren Personenkreis* körperhaft zugänglich gemacht wird (vgl. zum strafrechtlichen Verbreitungsbegriff BGH NJW 1999, 1980; zum presserechtlichen Verbreitungsbegriff BGH NJW 1963, 60). **24**

Keine presserechtliche Verbreitung liegt vor, wenn die Schrift oder Darstellung nur wenigen, individuell bestimmten Personen zugänglich gemacht werden soll. Ein „größerer Personenkreis" ist überall dort gegeben, wo der Kreis der Empfänger vom Absender der Schrift personell nicht mehr kontrolliert werden kann, mag auch der Kreis (zB ein größerer Verein) individuell bestimmt sein (vgl. BGHSt 13, 257; Löffler/*Cornils* Einl. Rn. 115 ff.). Daraus ergibt sich, dass der presserechtliche Verbreitungsbegriff nicht erfordert, dass die Schrift oder Darstellung *öffentlich* verbreitet wird (→ Rn. 30). Es genügt ein größerer, wenn auch individuell abgegrenzter Personenkreis (vgl. RGSt 7, 113; BGHSt 19, 63).

Hinsichtlich der Frage, wann ein Druckwerk als verbreitet gilt, ist nach der „modifizierten Entäußerungstheorie" auf die Verbreitungsabsicht und das Verbreitungsbewusstsein des Entäußernden abzustellen (vgl. RGSt 55, 277; BGHSt 36, 56). Darf derjenige, der sich des Druckwerks entäußert, damit rechnen, dass es einem größeren Personenkreis zugehen wird, so ist es **25** verbreitet. Die bloße *Vorbereitung* der (späteren) Verbreitung eines Druckwerks ist selbst noch keine Verbreitung. Das gilt insbesondere für das Ankündigen eines Druckwerks oder die Aufforderung zu dessen Bestellung. Auch die Tätigkeit, die sich innerhalb des engen Kreises der sog. Herstellungsbeteiligten eines Druckwerks abspielt, ist noch Vorbereitung (vgl. BGH AfP 1989, 455). Nach herrschender Ansicht ist die Lieferung von Pflichtexemplaren an die Bibliotheken (sh. Kap. 15) keine Verbreitungshandlung (vgl. RGSt 2, 270; Löffler, Bd. I, 3. Aufl., Rn. 45; Löffler/*Cornils* Einl. Rn. 121; aA Löffler/*Bullinger* Einl. Rn. 35), wohl aber die Versendung von Rezensionsexemplaren an Presseverlage und von Ansichtsexemplaren an potentielle Kunden (vgl. Löffler/*Cornils* Einl. Rn. 121). Die Frage, ob eine bloße Vorbereitungshandlung oder die Verbreitung selbst vorliegt, ist von besonderer rechtlicher Bedeutung für die kurze presserechtliche Verjährung (§ 25 NRWLPG; → Kap. 49 Rn. 32). Der Beginn der Verbreitung wird als das Erscheinen des Druckwerks bezeichnet (→ Rn. 32).

26 Aus den hier getroffenen Feststellungen ergibt sich folgender presserechtlicher Verbreitungsbegriff:

Verbreitung eines Druckwerks im Sinne des Presserechts ist die Tätigkeit, durch die das Druckwerk aus dem engen Kreis der an seiner Herstellung Beteiligten heraustritt und einem größeren individuell nicht verbundenen Personenkreis zugänglich gemacht wird (vgl. BGH AfP 1989, 455; Löffler/*Cornils* Einl. Rn. 115).

27 (2) Auch der *urheber-* und *verlagsrechtliche Verbreitungsbegriff* erfordert die Zugänglichmachung eines oder mehrerer körperlicher Werkstücke für die Öffentlichkeit (vgl. *Dustmann* in Fromm/Nordemann, Urheberrecht, § 17 Rn. 1; → Kap. 62 Rn. 36 ff.). Wann in diesem Sinne Öffentlichkeit vorliegt, bestimmt § 15 Abs. 3 UrhG.

Weitergabe nicht des Werkstücks, sondern des Inhalts eines Werks durch zB Vorlesen oder Aufführung ist keine Verbreitung im Sinne des Urheber- und Verlagsrechts, sondern Verwertung in unkörperlicher Form (vgl. *Loewenheim* in Schricker/Loewenheim, Urheberrecht, § 17 Rn. 6). Wird der Inhalt eines literarischen Werks durch den Rundfunk mitgeteilt, so liegt keine Verbreitung, sondern sog. „Rundfunkweitergabe", dh Sendung vor (vgl. BGHZ 33, 18; 11, 135; vgl. auch *Dustmann* in Fromm/Nordemann, Urheberrecht, § 20 Rn. 2).

28 (3) Der *strafrechtliche Verbreitungsbegriff,* der auch im Jugendschutzgesetz (JuSchG, BGBl. I S. 2730) vom 23.7.2002 (zuletzt geändert durch Gesetz vom 10.3.2017 (BGBl. I S. 420)) Anwendung findet, ist *umfassender* als der presserechtliche Verbreitungsbegriff. Er ist nicht auf „Druckwerke" beschränkt, dh auf Darstellungen, die im Massenvervielfältigungsverfahren hergestellt werden (→ Rn. 7), sondern umfasst auch die auf andere Weise hergestellten Schriften und Darstellungen (zB die mit einer Schreibmaschine hergestellten Originale und Durchschläge). Sowohl § 1 Abs. 2 JuSchG als auch § 11 Abs. 3 StGB (in der ab 1.1.2021 geltenden Fassung (vgl. das Gesetz vom 30.11.2020 (BGBl. I S. 2600))) stellen nunmehr nicht mehr auf Schriften, sondern auf „Trägermedien" bzw. „Inhalte" ab. „Inhalte" im Sinne des § 11 Abs. 3 StGB sind „solche, die in Schriften, auf Ton- oder Bildträgern, in Datenspeichern, Abbildungen oder anderen Verkörperungen enthalten sind oder auch unabhängig von einer Speicherung mittels Informations- oder Kommunikationstechnik übertragen werden. Was die Frage der *körperhaften* Weitergabe von Schriften und anderen Darstellungen anlangt, so lässt das Strafrecht in einigen wichtigen Fällen – auch hier über den presserechtlichen Verbreitungsbegriff hinausgehend – die Weitergabe des *Inhalts* genügen. Dies gilt vor allem für die Verbreitung ehrenrühriger Tatsachen (§§ 186 ff. StGB; sh. Kap. 53).

29 In der Mehrzahl der Fälle, insbesondere dort, wo es sich um Schriften, Ton- und Bildträger, Datenspeicher, Abbildungen und Darstellungen strafbaren Inhalts handelt (vgl. § 11 Abs. 3 StGB; → Kap. 49 Rn. 2 f.), erfordert auch der strafrechtliche Verbreitungsbegriff das Zugänglichmachen als körperliches Stück – allerdings ohne Beschränkung des Verbreitungsobjekts auf Druckwerke (vgl. BGHSt 18, 63). Der Rundfunk fällt nicht unter die Ton- und Bildträger iSd § 11 Abs. 3 StGB (vgl. BGHSt 36, 363; BVerwG NJW 1990, 3286 ff.; VG Köln NJW 1987, 274 f.; *Hecker* in Schönke/Schröder StGB § 11 Rn. 72).

30 d) Unter *Veröffentlichung* eines Druckwerks versteht das Gesetz (§§ 23, 25 NRWLPG) die *öffentliche* Verbreitung eines Druckwerks. Die Veröffentlichung von Druckwerken ist von ihrer Verbreitung rechtlich zu unterscheiden: Bei der Verbreitung genügt die Weitergabe des Druckwerks an einen „größeren Personenkreis", der nicht öffentlich zu sein braucht (→ Rn. 24 ff.).

Zugleich muss eine physische Weitergabe des Druckwerks, also eine Gewahrsamsübertragung erfolgen (strittig. Bejahend Löffler/*Kühl* LPG § 24 Rn. 31; BGH NJW 1963, 60; OLG Hamburg NStZ 1983, 127. Verneinend wohl BGH BeckRS 2016, 13022). Eine Veröffentlichung hingegen liegt nur dann vor, wenn das Druckwerk der Öffentlichkeit, dh unbestimmt welchen und unbestimmt vielen, nicht durch persönliche Beziehungen verbundenen Personen zugänglich gemacht wird. Hierbei reicht allerdings ein nichtkörperliches Zugänglichmachen aus.

Vom presserechtlichen Begriff der Veröffentlichung weicht die *urheberrechtliche* Veröffentlichung ab. Nach § 6 Abs. 1 UrhG ist ein Werk dann veröffentlicht, „wenn es mit Zustimmung des Berechtigten der Öffentlichkeit zugänglich gemacht worden ist", was auch durch unkörperliche Weitergabe des Inhalts, etwa durch Vorlesen im Rundfunk oder Hochladen in das Internet erfolgen kann (vgl. *Katzenberger/Metzger* in Schricker/Loewenheim, Urheberrecht, § 6 Rn. 16; → Kap. 62 Rn. 29). **31**

e) Von Bedeutung ist im Rahmen der Kommunikationstätigkeit der Presse auch der Begriff des *Erscheinens* eines Druckwerks. Im Presserecht bedeutet das Erscheinen den Beginn der Verbreitung (→ Rn. 25 f.). Der Beginn der Verbreitung ist in dem Augenblick gegeben, „in dem die Druckschrift aus dem engen Kreis der an ihrer Herstellung Beteiligten heraustritt und einem größeren Personenkreis zugänglich gemacht wird, in dem sie mit dem Willen des Verfügungsberechtigten die Stätte der ihre Verbreitung vorbereitenden Handlungen zum Zwecke der Verbreitung verlässt" (vgl. BGH AfP 1989, 455). Mit dem ersten Verbreitungsakt ist das Erscheinen des Druckwerks vollendet und abgeschlossen. Zwar können später noch weitere Druckwerke der gleichen Auflage verbreitet werden, doch kann das bereits erfolgte Erscheinen des Druckwerks nicht wiederholt werden. Andererseits ist es begrifflich möglich, dass ein Druckwerk an mehreren Erscheinungsorten gleichzeitig erscheint. **32**

Im *Urheberrecht* ist ein Druckwerk nach der Legaldefinition des § 6 Abs. 2 S. 1 UrhG erschienen, „wenn mit Zustimmung des Berechtigten Vervielfältigungsstücke des Werks nach ihrer Herstellung in genügender Anzahl der Öffentlichkeit angeboten oder in Verkehr gebracht worden sind". Das urheberrechtliche „Erscheinen" erfordert demnach die physische Verbreitung der Vervielfältigungsstücke selbst, während die urheberrechtliche Veröffentlichung auch in nicht-körperlicher Form erfolgen kann (→ Rn. 31; vgl. zu den Unterschieden und Rechtsfolgen von Veröffentlichung und Erscheinen im Einzelnen *Marquardt* in Wandtke/Bullinger, Urheberrecht, UrhG § 6 Rn. 24, 41 ff.). **33**

IV. Presse, Medienkonvergenz und „Neue Medien"

1. a) Namentlich neue Technologien fördern einen Prozess, der gemeinhin als (Medien) Konvergenz bezeichnet wird. Hierunter ist im Allgemeinen ein „Vorgang des gegenseitigen Annäherns, des Zusammenstrebens und der zunehmenden Vereinheitlichung" (*Reinlein,* Medienfreiheit und Medienvielfalt, S. 16) zu verstehen. Das führt zu dem Phänomen der zunehmenden Substituierbarkeit bzw. Verschmelzung von Endgeräten, Transportwegen, Netzplattformen und von Inhalte-Diensten (vgl. *Rahvar,* Zukunft des deutschen Presserechts, S. 11). Wesentliche Motoren der Konvergenz sind die Digitalisierung (vgl. *Petersen,* Medienrecht, § 1 Rn. 24) und das Internet (vgl. *Rahvar,* Zukunft des deutschen Presserechts, S. 11). **34**

b) Die Konvergenz findet auf verschiedenen Ebenen statt: auf der der Technik, der der Angebote und der der Nutzung (vgl. *Rahvar,* Zukunft des deutschen Presserechts, S. 17 ff.; *Reinlein,* Medienfreiheit und Medienvielfalt, S. 17 ff.). Diese Mehrschichtigkeit macht deutlich, dass es sich bei der Medienkonvergenz um ein komplexes Phänomen handelt – für welches eindeutige oder „starre" Bewertungen und Antworten nicht verfügbar sein dürften. **35**

2. *Dass* die Medienkonvergenz (medien)rechtliche Fragen nach sich zieht und dementsprechend solcher Antworten bedarf, dürfte unbestritten sein (vgl. nur Petersen, Medienrecht, § 1 Rn. 24; zu kartellrechtlichen Fragen sh. Kap. 87 Rn. 1 ff.). Im Folgenden sollen einige dieser Fragen, die ihren Schwerpunkt im Presserecht haben, beispielhaft genannt werden. **36**

a) Erstens: Wie sind die Gewährleistungen der einzelnen Kommunikations-Grundrechte *voneinander abzugrenzen?* Hinsichtlich der „Neuen Medien" (wie zB die so genannte „elektronische Presse" (→ Rn. 5a; → Kap. 12 Rn. 6c)) besteht vor allem das Problem der Abgrenzung von Presse- und Rundfunkfreiheit (vgl. hierzu *Hamacher,* Der Rundfunkbegriff im Wandel, **37**

S. 269 ff.). Die bisherigen Grundaussagen, dass der verfassungsrechtliche Begriff der Presse einerseits formal zu verstehen (vgl. BVerfGE 66, 134), andererseits aber auch entwicklungsoffen sei (vgl. *Kühling* in BeckOK Informations- und Medienrecht, 27. Ed., GG Art. 5 Rn. 46; *Jarass* in Jarass/Pieroth GG Art. 5 Rn. 34; *Bethge* in Sachs GG Art. 5 Rn. 68 (mwN)), dürften zunehmend in Konflikt geraten: Denn wenn durch die Entwicklung – hier: die Konvergenz – die herkömmlichen Formen aufgelöst bzw. angenähert werden, können Entwicklungs*offenheit* und Form*gebundenheit* in einen Widerspruch geraten.

Letztlich stellt sich somit die Frage, ob an der herkömmlichen Differenzierung der einzelnen „klassischen" Medien festzuhalten ist oder ob nicht alle Medien in *einem* Mediengrundrecht zusammenzufassen sind (vgl. hierzu *Grabenwarter* in Maunz/Dürig GG Art. 5 Rn. 255 ff.; *Schemmer* in Epping/Hillgruber, GG, 42. Ed., Art. 5 Rn. 43.1; *Bethge* in Sachs GG Art. 5 Rn. 89c; *Degenhart* in BK-GG, 185. EL, Art. 5 Rn. 49; *Starck/Paulus* in v. Mangoldt/Klein/Starck GG Art. 5 Rn. 132). Eine solche „Verschmelzung" ließe zwar Abgrenzungsschwierigkeiten entfallen, ist aber im Hinblick auf den (derzeitigen) Wortlaut von Art. 5 Abs. 1 kritisch zu sehen (vgl. *Grabenwarter* in Maunz/Dürig GG Art. 5 Rn. 257). Letztlich ist somit der (verfassungsändernde) Gesetzgeber gefragt (vgl. *Schemmer* in Epping/Hillgruber, GG, 42. Ed., Art. 5 Rn. 43.1; *Starck/Paulus* in v. Mangoldt/Klein/Starck GG Art. 5 Rn. 132). Ein anderer Ansatz ist, speziell die Pressefreiheit zu einer „Auffangmedienfreiheit" weiterzuentwickeln. Unter den Begriff der Presse fielen dann alle Medieninhalte, die weder Rundfunk noch Film darstellen (vgl. *Kühling* in BeckOK Informations- und Medienrecht, 27. Ed., GG Art. 5 Rn. 46). Zu kritisieren an dieser Negativabgrenzung ist allerdings, dass ja auch der Rundfunk entwicklungsoffen ist (vgl. *Schemmer* in Epping/Hillgruber, GG, 42. Ed., Art. 5 Rn. 43.1) und insofern inhaltlich nicht abschließend bestimmt werden kann.

38 b) Zweitens: Besteht aufgrund der zentralen Bedeutung des Internets für die Schaffung, Verbreitung und Empfang von Informationen die *Notwendigkeit für ein neues Grundrecht* („Internet-Grundrecht")? Ein solches Grundrecht (→ Kap. 6 Rn. 8b) böte auch den (vermeintlichen) Vorteil, dass Abgrenzungsschwierigkeiten zwischen den „klassischen" Mediengrundrechten (→ Rn. 37) entfielen.

39 c) Drittens: Inwiefern ist das „klassische" Presserecht – namentlich die Landespresse- bzw. Landesmediengesetze – auf neue Produkte der Presse-Unternehmen *anwendbar?* Dies gilt zB in Ansehung einzelner presserechtlicher Begriffe wie des Druckwerks (→ Kap. 12 Rn. 6c).

40 d) Viertens: Wie wirken sich Medienkonvergenz (→ Rn. 34 f.), „Neue Medien" und „Soziale Medien" auf die in den Landespresse- bzw. Landesmediengesetzen genannte *öffentliche Aufgabe der Presse* aus? So kann nicht von der Hand gewiesen werden, dass sich der öffentliche und individuelle Meinungsbildungsprozess durch diese neuen Akteure verändern, was wiederum Auswirkungen auf die Rolle der „klassischen" Medien haben könnte. Nicht ohne Grund heißt es daher in einigen Landesgesetzen (zB § 4 SaarlMG), dass nicht nur die Presse, sondern die „Medien" schlechthin eine öffentliche Aufgabe wahrnehmen (→ Kap. 3 Rn. 28 f.).

41 e) Fünftens: Welche *ökonomischen Auswirkungen* haben Konvergenz und Digitalisierung auf die Presse-Unternehmen (hierzu → Kap. 4 Rn. 49 f.)? Damit verbunden sein können die Frage einer etwaigen zukünftigen Subventionierung der Presse (vgl. *Starck/Paulus* in v. Mangoldt/Klein/Starck GG Art. 5 Rn. 128; zur Subventionierung der Presse → Kap. 9 Rn. 7) sowie kartellrechtliche Fragen (vgl. *Zagouras*, Konvergenz und Kartellrecht, passim; Bug, Digitalisierung und Rundfunkkonzentrationskontrolle, passim; zum Presse-Kartellrecht → Kap. 9 Rn. 6a; Abschn. 17).

42 f) Sechstens: Die so genannten Neuen Medien und ihre Akteure wie etwa Blogger, Social Media-Influencer und Graswurzel-Journalisten werfen die Frage auf, inwiefern diese Akteure in den Genuss der *Privilegien der Presse* (sh. Kap. 10) gelangen können. Kann zB ein Microblogger den presserechtlichen Auskunftsanspruch (sh. Abschn. 4) geltend machen? Gleiches gilt für etwaige *Verpflichtungen:* So stellt sich die Frage, ob Beiträge von Influencern – im Gegensatz zu denen von „privaten" Instagram-Nutzern – einem wettbewerbsrechtlichen Regime unterworfen sind (→ Kap. 14 Rn. 5d; zum Wettbewerbsrecht im Allgemeinen sh. Abschn. 16; zu den journalistischen Sorgfaltspflichten nach dem MStV vgl. *Heins/Lefeldt,* MMR 2021, 126 ff.). Diese Fragen werfen die nächste Frage auf: Wenn zunehmend presserechtliche Regelungen auch auf Personen, die nicht in institutioneller Weise der Presse verbunden sind, angewendet werden – findet dann nicht eine „Entprivilegisierung" der „klassischen" Presse statt (vgl. *Michel* NVwZ

2019, 1657; *Gurlit* AfP 2020, 15)? Eine andere Frage ist freilich, ob dies als positive oder negative Tendenz zu bewerten ist.

2. Kapitel. Die Rechtsquellen. Verfassungs-, Bundes- und Landesrecht. Nationales und internationales Recht. Die Gesetzgebungskompetenz

I. Die Rechtsquellen

1. So vielfältig wie der Inhalt des Presserechts sind seine Rechtsquellen. Im Vordergrund der nationalen Rechtsquellen steht das *Verfassungsrecht* mit der zentralen Bestimmung des Art. 5 Abs. 1 und 2 GG, der die durch ein absolutes Zensurverbot verstärkte Verbürgung der Pressefreiheit (sh. Kap. 7–10), zugleich aber auch ihre Begrenzung durch die allgemeinen Gesetze sowie den Jugend- und Ehrenschutz enthält (Näheres → Kap. 11 Rn. 1 ff.). 1

Weitere für die Presse wichtige Verfassungsbestimmungen sind die Garantie des Wesensgehalts der Pressefreiheit (Art. 19 Abs. 2 GG, → Kap. 11 Rn. 14 f.), die Möglichkeit der Verwirkung der Pressefreiheit im Falle ihres Missbrauchs zum Kampf gegen die freiheitliche demokratische Grundordnung (Art. 18 GG, → Kap. 11 Rn. 35 ff.) sowie die Aufteilung der Gesetzgebungskompetenz zwischen Bund und Ländern (Art. 70 ff. GG, → Rn. 10 ff.). 2

2. Nach der 2007 aufgehobenen Kompetenzregelung des Art. 75 Abs. 1 S. 1 Ziff. 2 GG stand dem Bund hinsichtlich der „allgemeinen Rechtsverhältnisse der Presse“ das Recht der *Rahmengesetzgebung* zu (→ Kap. 4 Rn. 34). Diese Regelung existiert nun nicht mehr, so dass alleine den Ländern die Gesetzgebungskompetenz zusteht (vgl. *Uhle* in Maunz/Dürig, GG, 53. EL, Art. 70 Rn. 112; *Heintzen* in BK-GG, 193. EL, Art. 70 Rn. 88). 3

3. Trotz der nun nicht mehr gegebenen Rahmengesetzgebung spielt das *Bundesrecht* neben dem Landesrecht für die Presse nach wie vor eine bedeutende Rolle. Für die Praxis des Pressewesens sind das Strafrecht (sh. Abschn. 11), insbesondere das Beleidigungsrecht (sh. u. Kap. 53), das Prozessrecht einschließlich des Zeugnisverweigerungsrechts der Presse (sh. Kap. 30), das Arbeitsrecht mit dem Tendenzschutz für Pressebetriebe (sh. Abschn. 7), das bürgerliche Recht mit der zivilrechtlichen Haftung der Presse bei unerlaubten Handlungen (sh. Abschn. 9), insbesondere bei Persönlichkeitsverletzungen, das Kartellrecht (sh. Abschn. 17), das Urheber- (sh. Abschn. 13) und das Verlagsrecht (s. Abschn. 14) ua von grundlegender Bedeutung. 4

4. Weil die Länder die Gesetzgebungskompetenz in Bezug auf das Presserecht haben (→ Rn. 3), spielt das *Landesrecht* eine große Rolle für die Presse. Hier sind namentlich die Landespresse- bzw. die Landesmediengesetze zu nennen. Sie stellen das grundlegende Pressespezifische Recht dar.

5. Eine auf dem Gebiet des Presserechts besonders wichtige Rechtsquelle ist die *Rechtsprechung*. Dies gilt vor allem für die Staaten, in denen, wie in der Bundesrepublik Deutschland, politisch unabhängige Verfassungsgerichte bestehen, an die sich Bürgerinnen und Bürger wenden können, wenn sie sich in ihren Grundrechten durch Akte der Gesetzgebung, Justiz oder Verwaltung beeinträchtigt sehen. So hat das *Bundesverfassungsgericht* in Karlsruhe seit 1956 in einer Reihe richtungweisender Grundsatzurteile die überragende Bedeutung des Grundrechts des Art. 5 GG für die freiheitliche Verfassung von Staat und Gesellschaft herausgearbeitet (vgl. *Roellecke* NJW 2001, 2924 ff.; *Stamm* Parlamentarische Beilage 2001, 16 ff.; → Kap. 5 Rn. 7 f.). Die anderen Gerichte sind ihm gefolgt, wobei sich zB der *Bundesgerichtshof* in seiner Rechtsprechung um eine gerechte Abwägung zwischen dem Rechtsgut der Pressefreiheit einerseits und den damit nicht selten kollidierenden Rechtsgütern der Persönlichkeit, der Ehre und des Kredits andererseits bemüht (sh. zB Abschn. 9). Von zunehmender Bedeutung für die Tätigkeit der Presse ist darüber hinaus die Rechtsprechung des *EGMR* (→ Rn. 7a und → Kap. 43 Rn. 11 ff.). 5

6. Wenn auch das *Standesrecht* der Presse, wie es insbesondere seit 1956 vom *Deutschen Presserat* entwickelt wurde, nicht die Kraft einer rechtsverbindlichen Norm besitzt, so werden doch die publizistischen Standesregeln von den Gerichten bei der Frage, was den guten Sitten und der Sorgfalt im Beruf entspricht, besonders beachtet (vgl. zum Standesrecht Löffler/*Löffler* BT StandesR Rn. 1 ff.; sh. Kap. 40). Zu betonen ist, dass es sich hierbei – anders als im „Dritten 6

Reich" (→ Kap. 4 Rn. 27 ff.) – um autonomes, nicht aber um staatliches Standesrecht handelt (vgl. § 1 Abs. 4 BWLPG).

7 7. Das in der Bundesrepublik geltende Presserecht beruht nicht nur auf nationalen, sondern auch auf *internationalen* Rechtsquellen.

7a a) Unmittelbar geltendes Recht enthält die am 4.11.1950 in Rom unterzeichnete *„Europäische Konvention zum Schutze der Menschenrechte und Grundfreiheiten"* (EMRK). Die Konvention wurde in der Bundesrepublik durch Bundesgesetz vom 7.8.1952 (BGBl. II S. 685) mit Gesetzeskraft verkündet (Neubekanntmachung am 22.10.2010, BGBl. II S. 1198; Protokoll Nr. 15 vom 24.6.2013 bekanntgemacht im BGBl. 2014 II S. 1034) und gilt seither mit dem Rang eines Bundesgesetzes (str.; so aber BVerfGE 128, 326 (367); *Meyer-Ladewig/Nettesheim* in Meyer-Ladewig/Nettesheim/von Raumer EMRK Einleitung Rn. 18).

Art. 10 der Konvention sichert den wesentlichen Teil der Pressefreiheit: „[...] die Freiheit [...], Informationen und Ideen ohne behördliche Eingriffe und ohne Rücksicht auf Staatsgrenzen zu empfangen und weiterzugeben.". Dies umfasst zB die journalistische Recherche und die Freiheit, zu entscheiden, welches Material veröffentlicht werden soll (vgl. *Daiber* in Meyer-Ladewig/Nettesheim/von Raumer EMRK Art. 10 Rn. 19). Er enthält allerdings auch einen weitreichenden Schrankenkatalog (→ Kap. 5 Rn. 5).

Die besondere praktische Bedeutung der Europäischen Konvention liegt darin, dass sich die in ihrem Grundrecht (möglicherweise) verletzte natürliche oder juristische Person mit der sog. *Individualbeschwerde* (Art. 34 EMRK) an den „Europäischen Gerichtshof für Menschenrechte" in Strasbourg wenden kann (→ Kap. 10 Rn. 26 f.; vgl. hierzu *Meyer-Ladewig/Kulick* in Meyer-Ladewig/Nettesheim/von Raumer EMRK Art. 34). Dies setzt allerdings eine Erschöpfung des nationalen Rechtswegs voraus, zu dem in der Bundesrepublik auch die Verfassungsbeschwerde zählt (vgl. EGMR BeckRS 2009, 22678 Rn. 85 f.; *Meyer-Ladewig/Peters* in Meyer-Ladewig/Nettesheim/von Raumer EMRK Art. 35 Rn. 12).

Damit ist die EMRK auch als Interpretationshilfe bei der Auslegung nationalen Rechts anerkannt und findet so ihren Niederschlag in der Rechtsprechung des Bundesverfassungsgerichts (vgl. BVerfG BeckRS 2016, 50714; BVerfGE 128, 326 (367); 82, 114; 74, 370; → Kap. 5 Rn. 5).

Zudem entfaltet Art. 10 EMRK auch im Rahmen der Europäischen Union supranationale Geltung. Gemäß Art. 6 Abs. 3 EUV (Vertrag über die Europäische Union, in der Fassung des Vertrags von Lissabon) werden die Grundrechte der EMRK ausdrücklich als Teil der allgemeinen Grundsätze des Unionsrechts anerkannt, wie sie sich aus den gemeinsamen Verfassungsüberlieferungen der Mitgliedstaaten ergeben (vgl. *Dörr* AfP 2003, 208 f.; Molthagen S. 7, 24). Das Unionsrecht (→ Rn. 9b ff.) unterliegt damit zumindest partiell auch der Rechtsprechung des EGMR (vgl. *Kingreen* in Calliess/Ruffert EUV/AEUV EUV Art. 6 Rn. 23), was unter anderem bedeutet, dass auch der EuGH an die durch den EGMR vorgenommene Auslegung der EMRK gebunden ist (vgl. *Schorkopf* in Grabitz/Hilf/Nettesheim, Das Recht der Europäischen Union, 51. EL, EUV Art. 6 Rn. 52). In dem Umfang, in welchem Art. 10 EMRK in das Gemeinschaftsrecht der EU übernommen wurde, geht er als supranationales Recht nicht nur einfachem Bundesrecht, sondern selbst Art. 5 GG vor, soweit nicht dessen menschenrechtlicher und demokratischer Wesensgehalt angetastet wird, was Art. 23 GG nach Auffassung des Bundesverfassungsgerichts nicht gestattet (BVerfGE 89, 174; 73, 339; *Klein* AfP 1994, 11; zur Bedeutung von Art. 10 EMRK für die Auslegung von Art. 5 Abs. 1 S. 2 GG vgl. *Grabenwarter* in Maunz/Dürig, GG, 68. EL, Art. 5 Rn. 13 ff.). Somit sind die einzelnen Mitgliedstaaten der Europäischen Union unmittelbar an die Grundrechte der EMRK gebunden, soweit die Maßnahmen der Mitgliedstaaten im Rahmen des Unionsrechts die im AEUV festgelegten Grundfreiheiten (→ Rn. 9d) der Unionsbürger beeinträchtigen.

Zusätzlich dazu, dass die Bestimmungen der EMRK als „allgemeine Grundsätze Teil des Unionsrechts" (Art. 6 Abs. 3 EUV) sind, „tritt" die Europäische Union der EMRK selbst „bei" (Art. 6 Abs. 2 EUV). Diese Norm statuiert eine Kompetenz und Verpflichtung zum zukünftigen Beitritt, nicht jedoch einen unmittelbaren Beitritt (vgl. hierzu *Folz* in Vedder/Heintschel von Heinegg, Europäisches Unionsrecht, EUV Art. 6 Rn. 5 ff.; *Kingreen* in Calliess/Ruffert EUV/AEUV EUV Art. 6 Rn. 19 ff.).

b) Die von der Generalversammlung der *Vereinten Nationen* am 10.12.1948 verkündete „Allgemeine Erklärung der Menschenrechte" postuliert in Art. 19 das Recht jedermanns, „Nachrichten und Ideen zu sammeln, zu empfangen und zu verbreiten und zwar durch jedes Ausdrucksmittel und ohne Rücksicht auf Staatsgrenzen" (zu der Entwicklung vgl. Kimminich, „Aus Politik und Zeitgeschichte", 25 ff.). Wenn auch nach herrschender Rechtsauffassung (vgl. BVerwGE 3, 175) der UNO-Deklaration von 1948 keine unmittelbare innerstaatliche Rechtswirkung zukommt, so besitzt sie als Leitlinie und Auslegungsmaßstab nicht nur moralische, sondern auch praktische Bedeutung. **8**

c) Um den in der UNO-Deklaration von 1948 proklamierten Menschenrechten innerstaatliche, rechtsverbindliche Geltung zu verschaffen, verabschiedete die UNO am 19.12.1966 nach jahrelanger Vorarbeit den „Internationalen Pakt über bürgerliche und politische Rechte" (sog. *Menschenrechtspakt*), den die Bundesrepublik 1973 ratifizierte (BGBl. II S. 1533). Der seit März 1976 in Kraft befindliche Menschenrechtspakt garantiert in Art. 19 die Meinungsfreiheit im gleichen Umfang wie Art. 19 der UNO-Deklaration von 1948, enthält aber – insoweit abweichend – einen Schrankenkatalog, ähnlich dem der Europäischen Konvention (→ Rn. 7a; → Kap. 5 Rn. 6 f.). Näheres vgl. *Stein/von Buttlar/Kotzur,* Völkerrecht, Rn. 1009 ff.; *Goose* NJW 1974, 1305; *Hacker* Vereinte Nationen 1976, Nr. 3, S. 77 ff. **9**

d) Die west- und osteuropäischen Staaten einigten sich 1975 unter Mitwirkung der USA, der Sowjetunion, Kanadas, der Schweiz und des Heiligen Stuhls in der „Schlussakte der Helsinki-Konferenz über Sicherheit und Zusammenarbeit in Europa" (KSZE, zum 1.1.1995 umbenannt in *OSZE – Organisation für Sicherheit und Zusammenarbeit in Europa*) darauf, die Menschenrechte und Grundfreiheiten entsprechend der Charta der Vereinten Nationen und der Allgemeinen Erklärung der Menschenrechte zu achten und zu respektieren (→ Kap. 5 Rn. 5a). **9a**

8. Ebenfalls für die Presse von Bedeutung sind *Rechtsquellen der Europäischen Union.* **9b**

a) Neben den Grundrechten der EMRK (→ Rn. 7a) gelten seit dem 1.12.2009 die Grundrechte der *Europäischen Grundrechtscharta* (ABl. 2007 C 303, S. 1; konsolidierte Fassung in ABl. 2016 C 202, S. 389). Durch deren Art. 11 werden die Informations-, die Meinungs- sowie die Medienfreiheit geschützt (vgl. *Folz* in Vedder/Heintschel von Heinegg, Europäisches Unionsrecht, Art. 11 GR-Charta; *Bernsdorff* in Meyer/Hölscheidt GRCh Art. 11; Barriga S. 89 ff.; *Schwarze* AfP 2003, 211; *Grabenwarter* in Maunz/Dürig, GG, 68. EL, Art. 5 Rn. 19 ff.; *Degenhart* in BK-GG, 185. EL, Art. 5 Rn. 5). Bemerkenswert bei dieser Norm ist, dass durch sie nicht nur die Freiheit der Medien, sondern auch deren Pluralität (Art. 11 Abs. 2 GRCh) geschützt wird. Dies kann zB im Rahmen des Presse-Kartellrechts (sh. Abschn. 17) von Bedeutung sein. **9c**

b) Von den Grundrechten (→ Rn. 9c) zu unterscheiden sind die *Grundfreiheiten,* die ihre Grundlage im Vertrag über die Arbeitsweise der Europäischen Union finden. Von besonderer Bedeutung ist Art. 34 AEUV (Warenverkehrsfreiheit), der auch auf (körperliche) Presse-Erzeugnisse Anwendung findet (vgl. EuGH ZUM 1997, 830). Bezüge zu dieser Norm bestehen zB bei gesetzlichen Buchpreisbindungen, wie etwa dem deutschen BuchPrG (vgl. *Bahr/Paschke* in HK MedienR BuchPrG § 1 Rn. 173). Im Einzelfall kann für die wirtschaftliche Betätigung der Presse auch die Dienstleistungsfreiheit (Art. 56 ff. AEUV) einschlägig sein, etwa im Bereich von online erbrachten nichtkörperlichen Leistungen. Bilden körperliche und nicht-körperliche Leistung einen nicht aufteilbaren Sachverhalt, ist eine Schwerpunktbildung vorzunehmen (vgl. *Randelzhofer/Forsthoff* in Grabitz/Hilf/Nettesheim, Das Recht der Europäischen Union, 43. EL, AEUV Art. 56/57 Rn. 38; *Khan/Eisenhut* in Vedder/Heintschel von Heinegg, Europäisches Unionsrecht, AEUV Art. 34 Rn. 4). **9d**

c) Schließlich ist auch die *Europäische Wettbewerbsordnung* gemäß Art. 101 ff. AEUV für die Presse von Bedeutung. So verbietet Art. 101 Abs. 1 AEUV unter anderem wettbewerbsbeschränkende Vereinbarungen und abgestimmte Verhaltensweisen von Unternehmen, die geeignet sind, den Handel zwischen den Mitgliedstaaten zu beeinträchtigen (vgl. *Schuhmacher* in Grabitz/Hilf/Nettesheim, Das Recht der Europäischen Union, 64. EL, AEUV Art. 101 Rn. 1). **9e**

Durch Art. 103 AEUV wird der Rat ermächtigt, Durchführungsvorschriften (dh Verordnungen und Richtlinien) zu erlassen. Von ihrer Bedeutung herausragend sind hierbei die beiden kartellrechtlichen Anwendungsverordnungen: die Kartellverfahrensordnung und die Fusionskontrollverordnung (vgl. *Ludwigs* in Grabitz/Hilf/Nettesheim, Das Recht der Europäischen Union, 53. EL, AEUV Art. 103 Rn. 1; sh. zum Kartellrecht im Einzelnen Abschn. 17).

II. Die Gesetzgebungskompetenz im Bereich des Presserechts

10 1. Hinsichtlich des Bundes ist zu unterscheiden zwischen dessen ausschließlicher und konkurrierender Gesetzgebungskompetenz sowie der (früheren) Rahmengesetzgebungskompetenz. Die Presse wird in den Art. 70 ff. GG nun nicht mehr explizit genannt.

10a a) Die in Art. 75 GG aF geregelte *Rahmengesetzgebung,* die in Abs. 1 Satz 1 Nr. 2 noch „die allgemeinen Rechtsverhältnisse der Presse" umfasste, ist durch Gesetz vom 28.8.2006 (BGBl. I S. 2034) aufgehoben worden (vgl. hierzu die 5. Aufl., → Kap. 2 Rn. 10 ff.).

11 b) Das Grundgesetz unterscheidet nunmehr nur noch zwischen der ausschließlichen (Art. 71, 73 GG) und der konkurrierenden (Art. 72, 74 GG) Gesetzgebung. Obwohl gemäß Art. 70 Abs. 1 GG grundsätzlich die Länder das Recht zur Gesetzgebung haben, liegt das faktische Übergewicht beim Bund (vgl. *Degenhart* in Sachs GG Art. 70 Rn. 7 mwN).

12 c) Hinsichtlich der *ausschließlichen Gesetzgebung des Bundes* für die Presse von Bedeutung ist Art. 73 Abs. 1 Nr. 9 GG. Hiernach ist alleine der Bund befugt, „den gewerblichen Rechtsschutz, das Urheberrecht und das Verlagsrecht" zu regeln. Der „gewerbliche Rechtsschutz" umfasst das Patent-, Gebrauchsmuster-, Geschmacksmuster-, Markenschutz- und das Sortenschutzrecht (*Spranger* in BK-GG, 126. EL, Art. 73 Rn. 15), das „Verlagsrecht" bezieht sich auf die Rechtsbeziehungen zwischen Verleger und Urheber (vgl. *Spranger* in BK-GG, 126. EL, Art. 73 Rn. 58; sh. Abschn. 14).

13 d) Auch aus dem Bereich der *konkurrierenden Gesetzgebung* sind für die Presse zahlreiche Materien bedeutsam.

Gemäß Art. 74 Abs. 1 Nr. 1 Var. 1 GG besteht eine konkurrierende Gesetzgebung hinsichtlich des *bürgerlichen Rechts.* Der Bundesgesetzgeber hat diese Kompetenz durch das Bürgerliche Gesetzbuch (BGB) in Anspruch genommen. Diese Kodifikation stellt die wesentliche Grundlage der zivilrechtlichen Haftung der Presse dar (vgl. §§ 823 ff. BGB; sh. Abschn. 9).

Art. 74 Abs. 1 Nr. 1 Var. 2 GG regelt eine konkurrierende Gesetzgebungskompetenz hinsichtlich des *Strafrechts.* Auch von diesem Titel hat der Bund durch Erlass des Strafgesetzbuchs (StGB) Gebrauch gemacht. Dieses Gesetz stellt die wesentliche strafrechtliche Schranke der Tätigkeit der Presse dar (vgl. §§ 185 ff. StGB, sh. Kap. 53; §§ 201 ff. StGB, sh. Kap. 54). Darüber hinaus finden sich vereinzelte strafrechtliche Normen in anderen Gesetzen (zB im Jugendschutzgesetz (sh. Kap. 60), im Gesetz betreffend das Urheberrecht an Werken der bildenden Künste und der Fotografie (→ Kap. 43 Rn. 60 f.) oder im Stasi-Unterlagen-Gesetz (→ Kap. 42 Rn. 21)).

Gemäß Art. 74 Abs. 1 Nr. 1 Var. 4 GG besteht eine konkurrierende Gesetzgebungskompetenz hinsichtlich des *„gerichtlichen Verfahrens",* worunter unter anderem die Prozessordnungen fallen (vgl. *Degenhart* in Sachs GG Art. 74 Rn. 25). Als wichtige Bundesgesetze sind in diesem Zusammenhang die Zivilprozessordnung und die Strafprozessordnung zu nennen (sh. Kap. 30, Kap. 31 und Kap. 32).

Nach Art. 74 Abs. 1 Nr. 11 GG ist auch das *„Recht der Wirtschaft"* Gegenstand der konkurrierenden Gesetzgebung. Hierzu zählt unter anderem das UWG (vgl. *Rengeling/Szczekalla* in BK-GG, 131. EL, Art. 74 Rn. 95; sh. Abschn. 16).

Gemäß Art. 74 Abs. 1 Nr. 12 GG unterliegt *„das Arbeitsrecht"* der konkurrierenden Gesetzgebung. Hierzu zählt auch das Betriebsverfassungsrecht, das durch das Betriebsverfassungsgesetz geregelt ist (sh. Abschn. 7).

14 2. Eine *ausschließliche Gesetzgebungskompetenz der Länder* liegt hinsichtlich des Rechts der Strafvollstreckung und des Untersuchungshaftvollzugs vor (vgl. *Degenhart* in Sachs GG Art. 74 Rn. 20; *Niedobitek* in BK-GG, 127. EL, Art. 74 Rn. 18; → Kap. 11 Rn. 21 ff.).

3. Kapitel. Die Stellung der Presse in Staat und Gesellschaft – Die öffentliche Aufgabe

I. Die verfassungsrechtlichen Grundlagen der öffentlichen Aufgabe

1. Gemäß der Rechtsprechung des Bundesverfassungsgerichts ist die freie Presse ein Wesenselement des freiheitlichen Staates (vgl. BVerfG NJW 2007, 1118; BVerfGE 66, 133; 52, 296; 36, 340; 20, 174). Ihr kommt eine *konstitutive Bedeutung* für die Demokratie zu (vgl. BVerfG BeckRS 2018, 10461; NJW 2007, 1118; BVerfGE 10, 121). Damit ist der Presse ein herausragender Stellenwert im staatlichen, aber auch im gesellschaftlichen Bereich zugewiesen. Dieser Position entspricht der spezifische Verfassungsschutz, den die Presse durch Art. 5 Abs. 1 S. 2 GG erhalten hat, der sowohl ein eigenes Abwehrrecht gegen staatliche Eingriffe beinhaltet, als auch die institutionelle Garantie des Staates für ein freies Pressewesen enthält (vgl. *Stammler* AfP 1987, 660; *Hain* in Spindler/Schuster, Recht der elektronischen Medien, Allgemeines C Rn. 38; → Kap. 9 Rn. 6 ff.). Zusätzlich zu diesem grundlegenden Schutz hat der Gesetzgeber die Presse durch zahlreiche Normen weiter gesichert (sh. Kap. 10). Dieser Tatbestand führt zu der Frage, warum der Presse im Gegensatz zu anderen Berufsgruppen, die in Staat und Gesellschaft ebenfalls eine wichtige Rolle einnehmen, eine *privilegierte Stellung* zukommt. In Übereinstimmung mit der Rechtsprechung des Bundesverfassungsgerichts ist die Antwort hierauf in der *öffentlichen Aufgabe* zu sehen (vgl. BVerfGE 20, 162 (173 ff.); 12, 244 ff.). Diese stellt sich als ein *Verfassungsauftrag* der Presse dar (strittig. Vgl. Bleckmann Grundrechte § 26 Rn. 74; Löffler, Bd. I, 3. Aufl., § 3 Rn. 38 f. Anderer Auffassung Löffler/*Cornils* LPG § 3 Rn. 31; kritisch auch *Bethge* in Sachs GG Art. 5 Rn. 66 f.). Der Pressefreiheit kommt demnach eine *„dienende Funktion"* bei der Gewährleistung einer freien individuellen und öffentlichen Meinungsbildung im Sinne einer umfassenden Vermittlung von Informationen und Meinung zu (vgl. BVerfGE 73, 152; 57, 319; BGH NJW 2017, 3154 f.). Auch in den Landespressegesetzen ist die öffentliche Aufgabe (→ Rn. 4 ff.) besonders erwähnt. Nur um der Erfüllung der öffentlichen Aufgabe willen und nur in deren Rahmen kann die Presse ihre besonderen Privilegien in Anspruch nehmen (vgl. BVerfGE 20, 173). Die öffentliche Aufgabe der Presse stellt somit die *causa* für die objektiv-rechtliche Gewährleistung der Pressefreiheit (vgl. Ricker, Freiheit und Aufgabe der Presse, S. 12 f.). 1

2. Das Bundesverfassungsgericht hat damit der ausschließlich *individualrechtlichen Sicht* (vgl. Forsthoff S. 9 ff.; Rehbinder, Presserecht, S. 22 f.; *Klein* DÖV 1965, 755 ff. (759); *Kull* DÖV 1968, 861; *ders.* AfP 1970, 608) eine Absage erteilt. Diese Auffassung sieht in der Pressefreiheit nur ein Abwehrrecht gegenüber dem Staat, das grundsätzlich nur um der Freiheit des Einzelnen willen existiere. Die Presse bekleide somit keine andere Stellung als andere Grundrechtsträger auch. Ihre öffentliche Aufgabe betrachtet diese Ansicht als Konzession an den herrschenden Sprachgebrauch oder allenfalls als einer soziologischen Interpretation zugänglich. Dadurch unterscheide sich die Presse aber insoweit nicht von anderen Grundrechtsträgern, denen in der modernen arbeitsteiligen Welt ebenfalls eine öffentliche Aufgabe zukomme. Mit dieser Betrachtungsweise wird jedoch die Pressefreiheit verkürzt. Ihre Funktion als Abwehrrecht ist nicht zu bestreiten. Damit ist aber noch nicht geklärt, *warum* die Presse eine besondere Stellung in der Verfassung einnimmt und damit im Gegensatz zu anderen Berufsgruppen privilegiert ist. Eine Antwort hierauf ergibt sich vielmehr aus dem Umstand, dass ihr im Rahmen der objektiven Wertordnung eine entscheidende Bedeutung zukommt, die das Bundesverfassungsgericht mit dem Begriff der „öffentlichen Aufgabe" konkretisiert hat. 2

Der Begriff der öffentlichen Aufgabe ist somit der entscheidende Kulminationspunkt für die Diskussion über die Stellung und die Funktion der Presse in Staat und Gesellschaft. Gleichzeitig ist er aber auch als *Rechtsbegriff* zu bewerten (vgl. *Hoffmann-Riem,* Kommunikationsfreiheiten, Art. 5 Rn. 178; Löffler/*Bullinger,* 5. Aufl., LPG § 3 Rn. 22 ff.; *Scheuner* VVDStRL 22, 164; Studienkreis für Presserecht und Pressefreiheit, NJW 1965, 2393), dem bei der Auslegung von Normen mit presserechtlicher Relevanz eine wichtige Abwägungs- und Auslegungsfunktion zukommt (vgl. BVerfG NJW 2015, 3708 (3709); BVerfGE 101, 388 f.; BGH BeckRS 2018, 1728; JZ 1965, 618). 3

II. Der Inhalt der öffentlichen Aufgabe

4 Die *Landespresse- bzw. Landesmediengesetze* enthalten (Ausnahme Hessen, wo eine entsprechende Bestimmung fehlt) eine *Vorschrift* über die öffentliche Aufgabe (§ 3/Art. 3 LPG respektive § 4 SaarlMG und § 5 RPLMG). Damit haben sich auch die Landesgesetzgeber zu dem *besonderen Verfassungsauftrag* der Presse bekannt. Mit Ausnahme von Berlin (vgl. aber § 3 Abs. 3 BerlinPG), Bremen, Rheinland-Pfalz und dem Saarland werden in den Bestimmungen die wesentlichen Tätigkeiten der Presse erwähnt, durch die sie ihre öffentliche Aufgabe erfüllt. So hat etwa § 3 HambPG die Teilaspekte der öffentlichen Aufgabe besonders deutlich und umfassend herausgestellt. Danach kommt die Presse ihrer öffentlichen Aufgabe nach, indem sie insbesondere 1. Nachrichten beschafft und verbreitet, 2. Stellung nimmt und Kritik übt, 3. in anderer Weise an der Meinungsbildung mitwirkt bzw. 4. der Bildung dient.

4a Trotz dieser Definition der öffentlichen Aufgabe in den Landespressegesetzen ist der Inhalt des Begriffs kommunikationspolitisch und verfassungsrechtlich nicht unumstritten. Hierfür ist einmal die von den Landesgesetzgebern gewollte weite Fassung der Vorschriften maßgebend, die unterschiedliche Interpretationen der Tätigkeiten der Presse bei der Erfüllung ihrer öffentlichen Aufgaben zulässt. Dabei zeigt es sich, dass der Begriff als causa für die besondere Stellung der Presse die unterschiedlichen Grundsatzpositionen über die Funktion der Presse in Staat und Gesellschaft besonders hervortreten lässt (zu den einzelnen Meinungen vgl. Rudolph, Erhalt von Vielfalt im Pressewesen, S. 8 ff.):

5 1. Anknüpfend an das Merkmal *„öffentlich"* sieht eine Auffassung in dem Begriff ein Merkmal für die *Staatsbezogenheit* der Presse. Er wird in der Weise ausgelegt, dass er Ausdruck dessen sei, „was alle angeht" (vgl. hierzu Dagtoglou, Wesen und Grenzen der Pressefreiheit, S. 23 ff.). In diesem Sinne spricht man etwa von der „öffentlichen Hand", „der öffentlichen Gewalt" oder dem „öffentlichen Dienst".

Es fällt auf, dass sämtliche Ableitungen die staatliche Sphäre zum Gegenstand haben. Der Grund hierfür liegt in der These, dass der Staat der alleinige Sachwalter derjenigen Angelegenheiten sei, die „alle angehen", und damit auch als alleiniger Hüter des Gemeinwohls angesehen werden müsse. Somit ergibt sich für diese Auffassung eine Identität von Staatlichkeit und Gemeinwohl, die dem Staat das Öffentlichkeitsmonopol zukommen lasse.

6 a) Vor diesem Hintergrund wird es verständlich, dass sich diese Betrachtungsweise der öffentlichen Aufgabe gerade in der zweiten Hälfte des 19. Jahrhunderts durchsetzte. Es vollzog sich in diesem Zeitabschnitt einmal die schrittweise Abkehr von liberalen Ideen des Vormärz und hiermit korrespondierend eine Verstärkung der staatlichen Autorität (vgl. Czajka, Pressefreiheit und „öffentliche Aufgabe", S. 54 ff.). Andererseits wurde diese Entwicklung noch durch die intensive Kommerzialisierung der Presse in jener Epoche beschleunigt, die vor allem durch die Ausweitung des Inseratenwesens ermöglicht wurde. Beide Faktoren gaben den Anlass, dass führende Autoren wie *Wuttke* (S. 12 ff.) und *Posse* (S. 24) forderten, dass die Presse in „ein öffentliches Amt" zu kleiden und ihr somit eine öffentlich-rechtliche Stellung zu geben sei, die einer Organisation als Körperschaft des öffentlichen Rechts entspräche (vgl. *Czajka,* Pressefreiheit und „öffentliche Aufgabe", S. 60).

7 Ihre praktische Verwirklichung und zugleich aber auch ihre Pervertierung erfuhr dieses Verständnis von der öffentlichen Aufgabe während der nationalsozialistischen Zeit. Die Allzuständigkeit des totalitären Staates vernichtete die freie Presse und unterwarf ihre gesamte Tätigkeit der Oberaufsicht des Staats. Dies kam vor allem durch § 1 des Schriftleitergesetzes vom 4.10.1933 (vgl. RGBl. I S. 713; → Kap. 4 Rn. 27 ff.) zum Ausdruck, wonach die „Mitwirkung an der Gestaltung des geistigen Inhalts der im Reichsgebiet herausgegebenen Zeitungen und politischen Zeitschriften in Wort, Nachricht und Bild eine in ihren beruflichen Pflichten und Rechten vom Staat geregelte öffentliche Aufgabe" sei. Diese „öffentliche Aufgabe" war (verbindliche) Richtlinie für das Wirken der Presse. Dies galt selbst für die Gestaltung der Berichterstattung und das erforderliche Maß der Recherche (vgl. OLG Frankfurt a. M. JW 1937, 1262 f.; zur publizistischen Sorgfaltspflicht → Kap. 41 Rn. 7 ff.).

8 Trotz der verheerenden Folgen, die das „Dritte Reich" auch für die Presse brachte, wurden nach dem Zusammenbruch schon bald wieder Stimmen laut, die der Presse eine öffentliche Aufgabe zuwiesen und dabei wiederum von „öffentlichem Dienst der Presse" (Hirsch, Maulkorb

für die Presse?, S. 15), von „öffentlichem Amt" oder sogar von einem „öffentlich-rechtlichen gebundenen Presseberuf" (vgl. Smend S. 389) sprachen. In diesem Zusammenhang sah ein Referentenentwurf des Bundesministeriums des Innern für ein Gesetz zur Neuordnung des zivilrechtlichen Persönlichkeits- und Ehrenschutzes aus dem Jahre 1952 die Errichtung von paritätisch besetzten Presseausschüssen unter dem Vorsitz eines Richters vor, die bei einem Verstoß gegen die Pflichten der Presse eine Verwarnung aussprechen und bei mehrmaligen Verstoß die Erteilung eines Berufsverbots bei Gericht beantragen konnten (vgl. §§ 36 ff. des Entwurfs, abgedruckt bei *Lüders,* Presse- und Rundfunkrecht, S. 266 ff.; vgl. hierzu *Heinrichsbauer,* Die Presseselbstkontrolle, S. 107 ff.). Festzuhalten ist, dass die Urheber dieser Vorschläge keineswegs im Verdacht stehen, auf Umwegen eine Rezeption der totalitären Gedankengänge des „Dritten Reiches" betreiben zu wollen. Im Gegenteil, sie sind sich einig, dass nur eine staatliche Bindung der Presse eine Wiederholung des Geschehenen verhindern kann. Grundlage für diese These ist vor allem die Annahme, dass die liberale Presse der Zwanziger Jahre des 20. Jahrhunderts profitorientiert gewesen sei und daher überhaupt nicht oder jedenfalls nicht ausreichend die Bevölkerung vor dem Nationalsozialismus gewarnt habe (vgl. Smend S. 289 f.; *Küster/Sternberger* S. 11 ff.). Dabei wird die Gefahr einer Staatsbezogenheit der Presse durch staatliche Bevormundung verneint. Man ist der Ansicht, dass nach den durch das „Dritte Reich" erlittenen Erfahrungen Übergriffe nun nicht mehr zu erwarten seien (vgl. *Smend* S. 389). Das neue Gemeinwesen, das auf Grund seiner rechtsstaatlichen Legitimation einen Vertrauensvorschuss erhält, wird mühelos mit dem Gemeinwohl identifiziert und ihm so ein Öffentlichkeitsmonopol zugesprochen. Diesem habe die Presse zu dienen. Sie müsse aufhören, ein „Privatvergnügen" zu sein (vgl. *Küster/Sternberger* S. 11 ff.).

b) Eine nicht unwesentliche Unterstützung hat die Ansicht von der Staatsbezogenheit der **9** öffentlichen Aufgabe der Presse durch *Ridder* bekommen. Ausgehend von der These, dass die Pressefreiheit als staatliches Abwehrrecht gegenüber dem Staat nicht mehr den Anforderungen der modernen Massengesellschaft entspräche (vgl. *Ridder,* Meinungsfreiheit, in Neumann/Nipperdey/Scheuner Bd. 2 S. 243 ff.), müsse der Standort der politischen Presse nicht allein als status negativus sondern als status activus oder status politicus erkannt und im Rahmen der „öffentlichen Meinungsfreiheit" begriffen werden (vgl. *Ridder,* Meinungsfreiheit, S. 259). Damit könne die politische Presse nicht mehr durch Art. 5 Abs. 1 S. 2 GG erfasst werden, sondern müsse, ebenso wie die politischen Parteien, unter die institutionelle Garantie des Art. 21 GG gestellt werden (vgl. *Ridder,* Meinungsfreiheit, S. 257). Das subjektive Recht wird zu einer „von der Verfassung gestellten Aufgabe" und zu einer „staatsbezogenen Tätigkeit" (vgl. *Ridder,* Zur verfassungsrechtlichen Stellung der Gewerkschaften, S. 14 ff.). Die innere Ordnung der Presse müsse gemäß Art. 21 Abs. 1 S. 3 GG demokratischen Grundsätzen entsprechen und gemäß Art. 21 Abs. 1 S. 4 GG über die Herkunft ihrer Mittel öffentlich Rechenschaft geben. Damit sind von *Ridder* die verfassungsrechtlichen Grundlagen für gesetzgeberische Eingriffe und staatliche Kontrollen gelegt, wie sie in der medienpolitischen Diskussion von Gruppierungen innerhalb der politischen Linken gefordert wurden. Hierzu zählte etwa der Plan der Jungsozialisten, eine „Bundesbehörde für die Kontrolle und die Zukunftsentwicklung im Medienbereich" zu installieren, der „weitgehende Eingriffsbefugnisse" wie Auskunftsrechte gegenüber der Presse, Genehmigungsrechte bei Unternehmenszusammenschlüssen im Pressewesen und das Recht zur Entsendung von „kontrollierenden Beiratsmitgliedern" in die zu gründenden Beiräte der Medienunternehmen zustehen sollten (vgl. Massenmedien, Material zur Diskussion, herausgegeben vom Bundesvorstand der Jungsozialisten, S. 4, 15 f.). Hierunter fällt auch die Forderung nach der Einrichtung einer Bundeskommission für das Kommunikationswesen, die den Missbrauch publizistischer und wirtschaftlicher Macht verhindern soll (vgl. *Klimmt* Die Zeitung Nr. 4/5 1992, 12).

c) Eine kritische Stellungnahme zu dieser Ansicht hat von deren These auszugehen, dass dem **10** Staat als alleinigem Hüter des Gemeinwohls das Öffentlichkeitsmonopol zustehe. Sicher ist es richtig, dass es die grundlegende Aufgabe des Staates ist, dem Gemeinwohl zu dienen und es zu fördern. Dies ergibt sich schon aus der Bindung des Staates an die Grundrechte gemäß Art. 1 Abs. 3 GG sowie aus Art. 20 Abs. 1 GG, wonach die Bundesrepublik ein demokratischer und sozialer Staat ist. Aus dieser Verpflichtung des Staates lässt sich jedoch nicht der Anspruch herleiten, dass die Pflege des Gemeinwohls ausschließlich ihm zustehe (vgl. *Löffler,* Bd. I,

3. Aufl., § 3 Rn. 35 f.; Studienkreis für Presserecht und Pressefreiheit, NJW 1965, 2393). Nach der Rechtsprechung des Bundesverfassungsgerichts ist vielmehr auch der Einzelne eine sich *innerhalb der sozialen Gemeinschaft entfaltende* Persönlichkeit (vgl. BVerfG NJW 2007, 1935). Damit spricht das Gericht nicht für eine Egalisierung der Individualsphäre des Einzelnen, sondern zeigt dessen für das demokratische Staatswesen existenzielle *„Aktivbürgerschaft“* (vgl. BVerfGE 20, 162) auf. Zu dieser Stellung gehört aber gerade auch die Sorge um Probleme des Allgemeinwohls. Die Abgrenzung zwischen den Funktionen des Staats und denen der Bürger führt somit zu dem Gedanken des *Subsidiaritätsprinzips*. Nach diesem naturrechtlichen Postulat ist dem einzelnen Menschen oder einem kleinen Gemeinwesen der Handlungsvorrang vor Rechtsinstitutionen des Staates oder einer übergeordneten Gemeinschaft einzuräumen, soweit er oder es zur Aufgabenerfüllung allein oder als Mitglied einer gesellschaftlichen Gruppe hierzu in der Lage ist (vgl. *Herzog* Der Staat 1963, 399 ff.; *Küchenhoff* S. 121 ff.; *v. Münch* JZ 1960, 303 ff.; Staatslexikon, 7. Aufl., Bd. 5 Sp. 386 ff.).

11 Es soll hier nicht darauf eingegangen werden, ob das Subsidiaritätsprinzip Allgemeingültigkeit beanspruchen kann. Im Bereich der Presse ist es jedenfalls anzuwenden (vgl. *Ricker* AfP 1976, 158 f.). Dieser Standpunkt ergibt sich im Wege der teleologischen Interpretation der Pressefreiheit: Im Gegensatz zu totalitären Systemen ist ein Wesenselement des demokratischen Staates, dass der Prozess der Willensbildung vom Volk her zu den Staatsorganen und nicht in umgekehrter Richtung verläuft (vgl. BVerfGE 20, 56). Der Presse fällt in diesem Prozess eine essenzielle Aufgabe zu. In ihr artikuliert sich die öffentliche Meinung. Sie führt die in der Gesellschaft und ihren Gruppen sich unaufhörlich neu bildenden Standpunkte zusammen, stellt sie zur Erörterung und trägt sie an die politisch handelnden Staatsorgane heran, die auf diese Weise ihre Entscheidungen auch in Einzelfragen der Tagespolitik ständig am Maßstab der im Volk tatsächlich vertretenen Auffassungen messen können (vgl. BVerfGE 20, 174 f.). Sie sorgt damit zum einen für eine Verbindung zwischen Volk und Staatsorganen (vgl. *Grzeszick* in Maunz/Dürig, GG, 57. EL, Art. 20 Rn. 74), aber auch für eine Kontrolle der Staatsorgane (vgl. BVerfGE 35, 222). Insgesamt kommt ihr somit sowohl eine Kontroll- als auch eine Vermittlungsfunktion zu (vgl. BVerfG NJW 2014, 3712). Die Presse wird dadurch unter anderem zu einem *Korrektiv staatlicher Herrschaft* und dient insofern dem öffentlichen Interesse (vgl. BVerfGE 20, 174 ff.; BGHZ 31, 312). Inhaltlich ist diese Kontroll- und Überwachungsfunktion nicht auf die Aufdeckung von Straftaten beschränkt (vgl. BGH AfP 2020, 139).

12 Die Geschichte der Presse (sh. Kap. 4) hat gezeigt, dass die Ausübung staatlichen Drucks auf die Zeitungen oft ein sicheres Anzeichen für totalitäre Entwicklungen ist. Obwohl der hier untersuchten Ansicht, abgesehen von ihrer Pervertierung im „Dritten Reich“, die Beabsichtigung einer solchen Tendenz nicht unterstellt werden soll, zeigen nicht nur ihr Missbrauch durch die Nationalsozialisten, sondern auch die bisher Theorie gebliebenen Vorschläge für eine *staatliche Einflussnahme auf die Presse* große Gefahren für das Pressewesen und das gemeine Wohl, weil der Staat hierdurch zur Kontrolle über seine eigenen „Kontrolleure“ oder – in der Terminologie des EGMR (vgl. nur 20.3.2018 – 45791/13 – Falzon/Malta) – über seinen eigenen „public watchdog“ ermächtigt wird. Daher wird die Presse trotz ihrer durch § 3 NRWLPG anerkannten, faktischen öffentlichen Funktion bei der Meinungsbildung nicht als mit einer staatlichen Aufgabe der demokratischen Meinungsbildung „beliehen“ oder betraut angesehen, was nämlich strukturelle Anforderungen und staatliche Einwirkungsrechte zur Folge hätte (vgl. Löffler/*Cornils* LPG § 3 Rn. 17: kein „beamtenähnliches Sonderstatusverhältnis“ der Presse; *Bethge* in Sachs GG Art. 5 Rn. 19: „Grundrechtsträger ist nicht Funktionär der demokratischen Staatsordnung“).

13 2. Eine zweite Auffassung leitet aus der öffentlichen Aufgabe der Presse eine *wertbezogene Interpretation* der Pressefreiheit ab und kommt daher zu einer *restriktiven Auslegung des Grundrechts* (vgl. v. *Mangoldt/Klein,* Bd. I, 2. Aufl., S. 245; Scheer S. 185 ff.; *Schüle,* Persönlichkeitsschutz und Pressefreiheit, S. 23). Zum Literaturstand beim Rundfunk vgl. *Starck/Paulus* in v. Mangoldt/Klein/Starck GG Art. 5 Rn. 193 ff.

14 a) Ausgangspunkt auch dieser Auffassung ist das Merkmal „öffentlich“. Dabei wird zwischen den *„Öffentlichkeitsinteressen“* und dem *„öffentlichen Interesse“* unterschieden. Unter der ersten Definition sei alles zu verstehen, was den Leser interessiere, also auch Sensation und Klatsch. Die Presse habe dagegen dem „öffentlichen Interesse“ zu dienen, wie es auch in § 3 respektive Art. 3

der Landespressegesetze von Baden-Württemberg, Bayern, Berlin, Brandenburg, Bremen, Hamburg, Mecklenburg-Vorpommern, Niedersachsen, Nordrhein-Westfalen, Sachsen, Sachsen-Anhalt, Schleswig-Holstein und Thüringen sowie in § 4 des Saarländischen Mediengesetzes und § 5 des Rheinland-pfälzischen Landesmediengesetzes zum Ausdruck komme. Diese Definition habe „etwas mit ‚Staat' zu tun" (*Schneider,* Presse- und Meinungsfreiheit, S. 117). Öffentliche Aufgaben seien daher nur diejenigen, die einen Beitrag zur Funktionsfähigkeit des Staates und somit eine positive Leistung für das Gemeinwohl erbringen würden. Damit lasse sich unter die öffentliche Aufgabe der Presse nur subsumieren, was „einer Koordinierung der Einzelinteressen mit dem Ziel eines zweckvollen und friedlichen, sozial und ethisch gesunden Zusammenlebens der Bürger" diene (Schneider, Presse- und Meinungsfreiheit, S. 117). Die Presse habe damit eine „moralische Anstalt" zu sein, die die „Aufgabe einer ethisch verstandenen Aufklärung und Volkserziehung" wahrnehmen müsse (vgl. Coing, Ehrenschutz und Presserecht, S. 15). Publikationen, die nur der Unterhaltung und dem Vergnügen der Leser und den Geschäftsinteressen der Verleger dienten, erfüllten dagegen die öffentliche Aufgabe nicht (vgl. , Persönlichkeitsschutz und Pressefreiheit, S. 23). Sie können daher auch nicht das Grundrecht der Pressefreiheit in Anspruch nehmen, sondern es komme ihnen nur der „mindere" Schutz der Gewerbefreiheit gemäß Art. 12 GG zu (vgl. *Schneider,* Presse- und Meinungsfreiheit, S. 142).

b) Die wertbezogene Auffassung von der öffentlichen Aufgabe der Presse greift auf Strömungen in der politischen Publizistik des Frühliberalismus zurück (sh. Kap. 4). So sieht etwa Rotteck (v. *Aretin/Rotteck* Bd. III S. 228) die Presse als ein „Beförderungsmittel allgemeiner humaner Cultur". Nach *Welcker* (Die vollkommene und ganze Preßfreiheit, S. 5) dient die Presse „zur Verbreitung und Nutzbarmachung der guten Früchte gelehrter Forschungen, ihrer Gedanken und Entdeckungen". Hierbei stehe an erster Stelle „die Entwicklung und Aussprache eines wahren, sittlichen vaterländischen Gemeingeistes". Gerade dieser politische Aspekt rückt seit den Befreiungskriegen mehr und mehr in den Vordergrund (vgl. *Groth,* Die Geschichte der deutschen Zeitungswissenschaft, S. 110) und führt im Verlauf des sich immer stärker abzeichnenden Gegensatzes zwischen dem für eine freiheitliche Staatsordnung kämpfenden Volk und der absoluten Herrschaft in der Vormärz-Epoche (vgl. *Fr. Schneider,* Pressefreiheit und politische Öffentlichkeit, S. 218 ff.) dazu, dass die Zeitungen als Organe angesehen werden, die es „verstehen, in den Herzen der Völker zu lesen" und die daher „der Mund des Volkes in das Ohr des Fürsten" sein sollen (*Görres* Rheinischer Mercur, Nr. 80 und 81 vom 1. und 3.7.1814). Unter diesem Aspekt wird es verständlich, dass die Presse von ihrer Freiheit keinen beliebigen Gebrauch machen soll, sondern dass sie vielmehr durch ihre Funktion als Wortführer des Volkes in ein „ehrenvoll und gesegnetes Amt" (vgl. Görres aaO) oder „öffentliches Institut" (*Julius* S. 6) gebunden wird. **15**

c) Gegen eine restriktive Interpretation der Pressefreiheit durch die wertbezogene Auslegung der öffentlichen Aufgabe ergibt sich eine Reihe von Bedenken: **16**

Schon ihre Prämisse, dass die Unterhaltungspresse nicht die Funktionen erfülle, um die Pressefreiheit in Anspruch nehmen zu können, hält den *Rechtstatsachen* nicht stand. Publizistikwissenschaftliche Untersuchungen haben ergeben, dass die *Unterhaltung* für den Informationswert einer Zeitung förderlich sein kann (vgl. *Dovifat/Wilke,* Zeitungslehre, S. 38). Dabei lässt sich nachweisen, dass von Beiträgen mit unterhaltendem Charakter unter Umständen das politische und gesellschaftliche Bewusstsein stärker geprägt wird als von rein politischen Beiträgen (vgl. *Dovifat/Wilke,* Zeitungslehre, S. 181). Die Unterhaltsamkeit einer Berichterstattung ist oft Voraussetzung für die Gewinnung öffentlicher Aufmerksamkeit und damit letztlich auch Bedingung für die Einwirkung auf die öffentliche Meinungsbildung (vgl. BGH NJW 2008, 3136). Folglich ist auch die journalistische Technik, durch die Beigabe von – uU plakativen – Bildnissen die Aufmerksamkeit der Rezipienten für den Wortbericht zu wecken, von der Pressefreiheit geschützt (vgl. BVerfG GRUR 2017, 843; OLG Köln BeckRS 2019, 13613 Rn. 23). Auch der EGMR gesteht der Presse zu, durch eine „übertreibende und provozierende, sensationelle Aufbereitung von Berichten" (*Frenz* NJW 2012, 1040) die Aufmerksamkeit der Öffentlichkeit zu gewinnen. Unterhaltung ist somit „ein wesentlicher Bestandteil der Medienbetätigung" (BVerfG AfP 2008, 166), so dass auch unterhaltende Beiträge von der Pressefreiheit geschützt sind (vgl. BGH BeckRS 2018, 1728). Für den Rundfunk ist ebenso anerkannt, dass unterhaltende und kulturelle Beiträge wesentlich zur Meinungsbildung beitragen (vgl. BVerfG ZUM 2014,

506; BVerfGE 73, 152; 59, 258; 12, 260), sich aber nicht darauf beschränken (vgl. VerfGH Rheinland-Pfalz KommJur 2014, 304). Dabei ist die Verbesserung der Informationslage durch Unterhaltung keineswegs auf deren gehobene Bereiche beschränkt. Gerade Beiträge, die einen sensationellen Anstrich haben, sind geeignet, die Bereitschaft sozial schwacher Schichten zu wecken, eine Information zur Kenntnis zu nehmen und somit eine, wenn auch oft schmale Basis für eine geistige Verarbeitung zu schaffen (vgl. hierzu *Noelle-Neumann* Publizistik 1950, 212 ff.). Weiterhin muss der Abwertung der Unterhaltung entgegen gehalten werden, dass es ein unmittelbares Bedürfnis des Menschen nach Abwechslung und Entspannung gibt, für das die Unterhaltung eine wesentliche Möglichkeit seiner Befriedigung bietet (vgl. *Haacke* Publizistik 1961, 338 ff.). Darüber hinaus kann Unterhaltung aber auch zu einer psychischen Stabilisierung führen, wenn die reale Befriedigung eines Bedürfnisses nicht möglich ist (vgl. *Noelle-Neumann/Schulz/Wilke,* Publizistik/Massenkommunikation, S. 198). Des Weiteren kann Unterhaltung selbst nicht nur Ablenkung und Zerstreuung bieten, sondern umgekehrt auch Realitätsbilder vermitteln und Gesprächsgegenstände zur Verfügung stellen, an die sich Diskussionsprozesse anschließen können (vgl. BGH BeckRS 2018, 1728; NJW 2008, 3136). Nicht zu vernachlässigen ist schließlich der Umstand, dass der *publizistische und wirtschaftliche Erfolg* des Presseprodukts respektive des Presseunternehmens auf unterhaltende Inhalte angewiesen sein kann (vgl. BVerfG AfP 2008, 167). Unterhaltung dient damit auch der Sicherung der wirtschaftlichen Grundlage des einzelnen Presseunternehmens und somit letztlich der Vielfalt der Presselandschaft an sich (→ Kap. 9 Rn. 6 f.).

Selbstverständlich gehört es nicht nur zu den Aufgaben der Presse, zu unterhalten. Nach der Rechtsprechung des EGMR umfasst das durch Art. 10 EMRK garantierte Recht auf Meinungsäußerung („freedom of expression“) vielmehr auch die Äußerung und Verbreitung von Informationen und Ideen, welche verstören und schockieren („‘information’ or ‘ideas’ […] that offend, shock or disturb“) (vgl. 20.3.2018 – 45791/13 – Falzon/Malta; EGMR AfP 2019, 314).

17 Neben der verfehlten Beurteilung der Rechtstatsachen (→ Rn. 16) muss die wertbezogene Interpretation der öffentlichen Aufgabe aber auch auf eine Reihe *rechtsdogmatischer Bedenken* stoßen. Obwohl diese Ansicht eine institutionelle Bindung der Presse an den Staat ablehnt, stellt sie funktional doch eine enge Verbindung unter der gemeinsamen Verpflichtung zum Dienst am Gemeinwohl her. Dabei wird hierunter ausdrücklich keine Partnerschaft verstanden, in der Staat und Presse von ihren unterschiedlichen soziologischen und rechtlichen Standpunkten aus unabhängige Beiträge leisten. Vielmehr wird jedenfalls mittelbar auch hier die Unterordnung der Presse gefordert. Diese erfolgt wohl nicht durch hoheitlichen Eingriff, aber die Presse verliert bei Missachtung der ihr aufgegebenen Bestimmung ihren spezifischen grundrechtlichen Schutz. Gerade auch den mittelbaren staatlichen Zwang auf das Pressewesen hat das Bundesverfassungsgericht aber zu Recht ebenfalls als verfassungswidrig abgelehnt (vgl. BVerfGE 12, 260). So verstößt diese Auffassung gegen die in Art. 5 Abs. 2 GG niedergelegte Regelung. Die Grenzen der Verfassungsvorschrift hat der Verfassungsgeber dort selbst zusammengefasst und abschließend geregelt. Sie bieten keine Rechtfertigung für eine Einschränkung der Pressefreiheit durch wertbezogene Interpretationen (vgl. Löffler/*Cornils* LPG § 3 Rn. 34 f.; *Klein* DÖV 1965, 755). Darüber hinaus zeigen aber diese Schranken, vor allem die der „allgemeinen Gesetze“, dass die Grenzen der Pressefreiheit durch die Legislative zu bestimmen sind, was aber bei dieser Auslegung gerade nicht gegeben ist. Die Verbürgung der Pressefreiheit ist zwar der „seriösen“ Presse, die ihre öffentliche Aufgabe ernst nimmt, zu verdanken, aber der öffentliche Auftrag der Presse war nur Motiv der grundgesetzlichen Regelung. Sein Fehlen oder Wegfall ist daher nicht dazu geeignet, die Pressefreiheit einzugrenzen und immanente Schranken derselben zu begründen (vgl. BVerfGE 66, 134; 50, 240; 35, 222; 34, 283; 33, 14; 25, 307; *Degenhart* in BK-GG, 185. EL, Art. 5 Rn. 199; *Groß* DVP 1993, 92; *Starck/Paulus* in v. Mangoldt/Klein/Starck GG Art. 5 Rn. 130, 60; *Wendt* in v. Münch/Kunig GG Art. 5 Rn. 31; *Bethge* in Sachs GG Art. 5 Rn. 69).

18 Neben der Unvereinbarkeit der wertbezogenen Interpretation der öffentlichen Aufgabe mit Art. 5 GG verstößt diese Ansicht schließlich auch gegen das in Art. 20 GG niedergelegte *Rechtsstaatsprinzip:* Eine Zerlegung der Zeitungspublikationen in spezifisch geschützte und solche, die vom Schutz der Pressefreiheit ausgeschlossen sind, ist praktisch unmöglich, da hierfür geeignete – und objektive – Abgrenzungskriterien fehlen (vgl. *Löffler,* Bd. I, 3. Aufl., § 3 Rn. 50 ff.;

Ossenbühl JZ 1995, 636). Dies wird auch durch die Vertreter einer wertbezogenen Auffassung von der öffentlichen Aufgabe der Presse selbst bestätigt. Diese begnügen sich damit, bei der Differenzierung auf die Lage des Einzelfalls zu verweisen (vgl. *Schüle* VVdStRL 1965, Heft 22, 166). Vor allem aber würde er in Ermangelung tauglicher Abgrenzungskriterien zwischen einer schützenswerten und einer dieses Schutzes unwürdigen Presse das Tor für weltanschauliche Tendenzen weit öffnen. Gegen eine solche Entwicklung muss aber gerade auf Grund der konkreten Erfahrungen mit dem Nationalsozialismus gewarnt werden. Das Zusammenleben in der pluralistisch geprägten Gesellschaft, die nicht etwa wertneutral oder sittenlos ist, sondern der eine Verfassung zugrunde liegt, die die Freiheit so hoch einschätzt, dass sie nur in engen und rechtlich fixierten Grenzen beschränkt werden darf, würde gefährdet werden. Gerade hierdurch unterscheidet sich aber der freiheitliche von dem totalitären Staat, in dem zwar formal auch Freiheitsrechte fixiert sind, aber deren freiheitliche Interpretation fehlt.

Dass eine wie auch immer verstandene „Seriosität" nicht konstituierend für den Pressebegriff **18a** ist, bedeutet freilich nicht, dass zB eine Berichterstattung zur reinen Befriedigung von Neugier oder Sensationslust schrankenlos zulässig ist. Vielmehr muss, sofern durch einen Bericht zB die Rechte Dritter tangiert werden, eine Abwägung des öffentlichen Informationsinteresses gegenüber den betroffenen Rechten im Einzelfall erfolgen (vgl. BGH BeckRS 2018, 1728). Zum Recht der Wort- und Bildberichterstattung im Einzelnen sh. Abschn. 9.

3. Eine dritte, wohl herrschende Auffassung (vgl. *Bullinger* AfP 1995, 645; *Groß* DVP 1993, **19** 91; *Hoffmann-Riem,* Kommunikationsfreiheiten, Art. 5 Rn. 178; *Mallmann* JZ 1966, 625 ff. (629); *Ossenbühl* JZ 1995, 636; *Paschke,* Medienrecht, Rn. 212; *Ricker,* Freiheit und Aufgabe der Presse, S. 27 ff.; *Scheuner* VVDStRL 1965, Heft 22, 93; *P. Schneider,* Pressefreiheit und Staatssicherheit, S. 93 ff.; ähnlich *Degenhart* AfP 1987, 649; *Streintz* AfP 1997, 864) sieht als öffentliche Aufgabe der Presse die *Erfüllung ihrer spezifischen Funktionen* im Interesse der für den Staat notwendigen *Publizitätsentfaltung* an. Dabei lehnt sie einmal die Staatsbezogenheit der Presse und damit ihre öffentlichrechtliche Bindung strikt ab. Zum anderen weist sie auch alle Bestrebungen zurück, mit Hilfe einer wertbezogenen Interpretation der öffentlichen Aufgabe einem Teil der Presse das spezifische Grundrecht zu nehmen. Sie versucht vielmehr auf der Grundlage soziologischer Tatbestände die wesentliche Funktion unter den Begriff der öffentlichen Aufgabe zu subsumieren und gleichzeitig ihren damit verbundenen Stellenwert für die Publizitätsentfaltung in der Demokratie transparent zu machen. Teilweise wird dabei die öffentliche Aufgabe als Faktum, das die Rechtsordnung nicht schafft, sondern anerkennt und zu schützen hat, bezeichnet (vgl. *Starck/Paulus* in v. Mangoldt/Klein/Starck GG Art. 5 Rn. 147).

Ausgangspunkt für die Vertreter dieser funktionalen Interpretation ist ebenso wie bei den **20** beiden eingangs untersuchten Auffassungen wiederum die Frage nach dem Gemeinwohl, dem zu dienen auch für sie Aufgabe der Presse ist (vgl. *P. Schneider* S. 93). Dabei kommt diese Meinung zu dem Ergebnis, dass ein staatliches Monopol für den Dienst am Gemeinwohl mit der Verfassung nicht zu vereinbaren sei. Vielmehr stimmen ihre Vertreter mit den Überlegungen überein, die bereits zu einer Absage an die These von der Staatsbezogenheit der öffentlichen Aufgabe führte. Danach ist auch der Einzelne auf Grund seiner vom Bundesverfassungsgericht anerkannten Aktivbürgerschaft aufgerufen, sich alleine oder in einer gesellschaftlichen Gruppe für das Gemeinwohl einzusetzen. Somit kommt es zwischen dem staatlichen Einsatz und der privaten Initiative zu einer Funktionsverteilung, die wegen des im demokratischen Staatswesen notwendigen Prozesses der Willensbildung vom Volke her der Presse die Funktion eines „eminenten Faktors" der öffentlichen Meinung zuweist (BVerfGE 12, 260 f.). Hiervon ausgehend erfüllt die Presse auch nach dieser Auffassung eine öffentliche Aufgabe. Dabei erhält das Attribut „öffentlich" freilich eine grundlegend andere Bedeutung. Der Begriff wird nicht staatsbezogen interpretiert, sondern in einer zweiten Wortbedeutung erfasst. Die Presse erfüllt danach eine öffentliche Aufgabe, wenn sie *„Allgemeinzugänglichkeit"* herstellt, also die Öffentlichkeit informiert. *Hierin* ist der Dienst zu sehen, den die Presse für die individuelle und gesellschaftliche Meinungsbildung leistet (vgl. BVerfG AfP 2009, 485; BVerfGE 73, 152; 57, 319). Dabei wird der Gehalt dieses Begriffs von dem Publizitätseffekt aus bestimmt, der im Wesentlichen in drei Ausformungen besteht (vgl. *Paschke,* Medienrecht, Rn. 212; *Ricker,* Freiheit und Aufgabe der Presse, S. 28 ff.; *P. Schneider* S. 94 ff.).

21 a) Indem die Presse Öffentlichkeit im Sinne von Allgemeinzugänglichkeit schafft, setzt sie zunächst den transindividuellen Kommunikations- und Meinungsbildungsprozess in Gang und konstituiert somit einen *öffentlichen Meinungsmarkt* (vgl. dazu *Kunczik,* Die manipulierte Meinung, S. 89 ff.; *ders.* Publizistik 1993, 46 ff.; teilweise wird darauf hingewiesen, dass umgekehrt auch die öffentliche Meinung die Presse beeinflusse, vgl. *Kloepfer* in HBdStR, Band 2, 2. Aufl., § 35 Rn. 37). Aus dieser wertfreien Umschreibung wird deutlich, dass grundsätzlich die gesamte publizistische Tätigkeit der Presse von dieser Funktion erfasst wird. Bei der Kommunikationsaufgabe steht somit die „Aktualvermittlung" im Vordergrund, deren Sinn und Zweck darin besteht, möglichst viele Meinungen aus vielen Quellen an viele Rezipienten zu übermitteln (vgl. hierzu auch *Groß* DVP 1993, 91 f.). Auch Publikationen, die dem Vergnügungs- und Unterhaltungsinteresse dienen, oder solche, die Geschäftsinteressen fördern (→ Rn. 16), wie etwa der Anzeigenteil (vgl. dazu BFH DStR 2016, 1867; Ricker, Anzeigenwesen und Pressefreiheit, S. 34 f.; sh. auch Kap. 47) fallen hierunter. Entscheidend ist also nicht, welche Kommunikation den Meinungsmarkt ausmacht, sondern dass überhaupt Voraussetzungen für Kommunikation geschaffen werden (vgl. *Janisch* AfP 2000, 32 ff.). Damit erkennt diese Auffassung die Universalität des Inhalts der Presse ausdrücklich an, die auch von der Publizistikwissenschaft als ein für sie konstitutives Merkmal aufgefasst wird (vgl. *Dovifat/Wilke,* Zeitungslehre, S. 22).

22 Diese Feststellung bedeutet jedoch nicht, dass somit keinerlei Schranken für den Presseinhalt bestehen und *jede* Publikation die öffentliche Aufgabe erfüllt. Auch hier wird eine *Grenze* durch Art. 5 Abs. 2 GG gezogen. Wort- respektive Bild-Veröffentlichungen, die etwa in die *Privat- und Intimsphäre* Dritter derart eingreifen, dass deren Persönlichkeitsrecht in ungerechtfertigter Weise tangiert wird, können daher nicht von der öffentlichen Aufgabe der Presse gedeckt sein (vgl. BVerfGE 34, 283 f.; → Kap. 42 Rn. 6 ff.). Andererseits wird die Abgrenzung hier aber nicht nach subjektiven Wertvorstellungen, sondern nach rechtlich festgelegten Kriterien vorgenommen, die dem Gebot der Rechtssicherheit und damit der Rechtsstaatlichkeit entsprechen (→ Rn. 18).

23 b) Der zweite Aspekt, der sich aus der funktionalen Interpretation der öffentlichen Aufgabe herleitet, ist der der *persönlichen (Meinungs)Bildung.* Hierbei handelt es sich um eine Funktion im weitesten Sinne, die daraus folgt, dass durch die von der Presse angebotenen Nachrichten und Meinungen Einstellungen beim Leser geändert werden können und bei neuen Themen außerhalb der unmittelbaren Erfahrung des Lesers solche Einstellungen sogar gebildet und geprägt werden (vgl. *Noelle-Neumann/Schulz/Wilke,* Publizistik/Massenkommunikation, S. 268).

Damit wird deutlich, dass im Gegensatz zu der wertbezogenen Interpretation die Presse hier nicht mit der Sanktion des Verlustes der Pressefreiheit belegt werden kann, wenn sie nicht ein besonderes Maß an qualifizierter Bildung vermittelt. Vielmehr muss die Frage, wie und in welchem Umfang die Presse einen (Meinungs-)Bildungsbeitrag leisten will, der *eigenen* freien publizistischen Entscheidung vorbehalten bleiben (vgl. BVerfG NJW 2014, 3712; BVerfGE 101, 389; 66, 134; 25, 307; BGH BeckRS 2018, 19228; BVerwG NVwZ 2018, 903; *Starck/Paulus* in v. Mangoldt/Klein/Starck GG Art. 5 Rn. 130; *Wendt* in v. Münch/Kunig GG Art. 5 Rn. 31).

24 c) Schließlich wird unter dem Begriff der öffentlichen Aufgabe die Konstituierung eines *politischen Forums* durch die Presse subsumiert. Hier werden die politischen Aussagen vorgeformt und die Kommunikation zwischen Bevölkerung und ihren Repräsentanten ermöglicht. Die funktionsbezogene Ansicht von der öffentlichen Aufgabe stimmt daher mit wesentlichen Feststellungen des Bundesverfassungsgerichts überein: Danach hält die Presse die ständige politische Diskussion in Gang; sie beschafft die Informationen, nimmt selbst dazu Stellung und wirkt damit als orientierende Kraft in der öffentlichen Auseinandersetzung (vgl. BVerfGE 20, 174 f.). „In ihr artikuliert sich die öffentliche Meinung; die Argumente klären sich in Rede und Gegenrede, gewinnen deutliche Konturen und erleichtern so dem Bürger Urteil und Entscheidung" (BVerfGE 20, 175; vgl. hierzu auch *Kepplinger* Publizistik 1977, 15 ff.). Zugleich steht die Presse in der repräsentativen Demokratie als ständiges Verbindungs- und Kontrollorgan zwischen dem Volk und seinen gewählten Vertretern in Parlament und Regierung (vgl. BVerfGE 20, 174 f.). Sie ist damit für die freiheitlich-demokratische Grundordnung bzw. das freiheitliche Staatswesen „konstituierend" (BVerfG BeckRS 2018, 10461; BVerfGE 10, 121; BFH DStR 2016, 1867). Der EGMR spricht in diesem Zusammenhang in vergleichbarer Weise von der *„public watchdog"-Funktion* der Presse, die eine „essential role […] in a democratic society" (EGMR 20.3.2018 –

45791/13 – Falzon/Malta) spiele. Nach Auffassung des EuGH rechtfertige diese Rolle, dass die Presse „die Öffentlichkeit ohne andere als die unbedingt notwendigen Einschränkungen informieren“ (EuGH BeckRS 2019, 15825 Rn. 72) können muss.

Aufgrund dieser Rolle kommt der Presse aber nicht nur eine reine *„Transportfunktion“* in Bezug auf Fakten zu. Wie die Geschichte zeigt (→ Kap. 4 Rn. 27 ff., 32), kann die bloße Reduzierung auf diese Funktion im Extremfall eine Pervertierung der Presse darstellen. Sie hat vielmehr darüber hinaus Tatsachen und Meinungen zu bewerten und Stellung zu ihnen zu nehmen *(„Kritikfunktion“),* sowie „zutreffende und umfassende Informationen über tatsächliche Vorgänge und Verhältnisse, Missstände, Meinungen und Gefahren“ zu beschaffen, um der Öffentlichkeit „eine abgewogene Beurteilung der für die Meinungsbildung essenziellen Fragen“ (BGH NJW 2017, 3155) zu ermöglichen (*„Aufdeckungsfunktion“;* zum Informationsanspruch der Presse sh. Abschn. 4; zur Verdachtsberichterstattung → Kap. 42 Rn. 13 ff.). Diese Aufdeckungsfunktion ist weit zu verstehen; sie ist nicht auf die Aufdeckung von Straftaten oder Rechtsbrüchen beschränkt (vgl. BGH GRUR 2018, 653). **24a**

Die eben genannten Funktionen bestehen nicht nur im Kontext des Grundgesetzes (Art. 5 Abs. 1 S. 2 GG), sondern im Wesentlichen auch im Kontext der EMRK (Art. 10 EMRK; vgl. EGMR 20.3.2018 – 45791/13 – Falzon/Malta).

Bei den eben aufgeführten Funktionen handelt es sich um die wesentlichen. Dennoch ist diese Aufzählung nicht abschließend, wie die Rechtsprechung des BVerfG („Der Presse kommt neben einer Informations- *insbesondere* eine Kontrollfunktion zu“ (NJW 2015, 3709 – Hervorhebung erfolgte diesseits)) belegt.

Die Bedeutung der Presse als „kontrollierender“ und „kritisierender“ Akteur auf dem politischen Forum liegt auch darin, dass *sie* es im Rahmen des Willensbildungsprozesses ist, die Gegenansichten zu von staatlichen Institutionen geäußerten Meinungen vermitteln kann. Denn auch der Regierung und anderen staatlichen Stellen ist es gestattet, durch *Informations- und Öffentlichkeitsarbeit* (vgl. hierzu *Starck/Paulus* in v. Mangoldt/Klein/Starck GG Art. 5 Rn. 166 ff.; VG Berlin AfP 2019, 271) auf die öffentliche Meinung einzuwirken, gegebenenfalls sogar in Form von Empfehlungen und Warnungen (vgl. BVerfG NJW 2018, 930 (mwN)). Ein weiterer Bereich der staatlichen Informationsarbeit sind Strafverfahren (vgl. *Cichon* GRUR-PRAX 2019, 493). **24b**

Bei der Öffentlichkeitsarbeit bedienen sich staatliche Stellen auch der „Neuen Medien“ und „Sozialen Medien“ (vgl. *Harding* NJW 2019, 1910 ff.; zur Nutzung von Twitter *Kleinke* GRUR-Prax 2019, 536; *Engeler* MMR 2017, 651 ff.; zur Nutzung von Facebook vgl. *Wewer* ZRP 2016, 23 ff.). Ob diese Tätigkeit eines eigenen gesetzlichen Rahmens bedarf, ist umstritten (vgl. *Milker* NVwZ 2018, 1751 ff.). Jedenfalls müssen sich die amtlichen Äußerungen an den allgemeinen Grundsätzen für rechtsstaatliches Verhalten orientieren, insbesondere am Willkürverbot und am Verhältnismäßigkeitsgrundsatz. Dies bedeutet unter anderem, dass mitgeteilte Tatsachen wahr sein und Wertungen dem Sachlichkeitsgebot genügen müssen (vgl. VG Köln AfP 2019, 552). So kann sich zB eine Handwerksinnung auch als Körperschaft des öffentlichen Rechts auf das Grundrecht der Meinungsfreiheit aus Art. 5 Abs. 1 S. 1 GG berufen, soweit sie nicht in ihrer Funktion als Teil der öffentlichen Verwaltung, sondern als Vertreterin der berufsständischen und wirtschaftlichen Interessen ihrer Mitglieder tätig wird (vgl. BGH 1.3.2018 – I ZR 264/16 Rn. 24 f.). Bei kritischen Äußerungen muss sie jedoch grundsätzlich das Gebot der Sachlichkeit und Neutralität sowohl in inhaltlicher Hinsicht als auch bei den gewählten Formulierungen beachten. Nimmt sie allerdings berufsständische und wirtschaftliche Interessen ihrer Mitglieder wahr, geht damit eine Lockerung des Sachlichkeitsgebots einher (vgl. BGH 1.3.2018 – I ZR 264/16 Rn. 39 f.). Im Falle höchst umstrittener Fragen darf die staatliche Stelle ihre Mehrheitsauffassung dazu nicht apodiktisch mitteilen, sondern muss zugleich die Minderheitsauffassung offenlegen (vgl. OVG Lüneburg, Beschluss vom 22.10.2020 – 8 ME 99/20 (= BeckRS 2020, 28178, Rn. 8)).

Zur staatlichen Pressetätigkeit → Kap. 9 Rn. 5d.

d) Diese bedeutende politische Funktion der Presse lässt sie faktisch als eine *„vierte Gewalt“* im demokratischen Staat erscheinen (vgl. Löffler, Bd. I, 2. Aufl., 1. Kap. Rn. 57 ff.; *Seitz* NJW 1997, 3216; *Streintz* AfP 1997, 869). Dies ist freilich nicht unbestritten (kritisch zu dieser Terminologie zB *Schemmer* in Epping/Hillgruber, GG, 42. Ed., Art. 5 Rn. 37; *Starck/Paulus* in **25**

v. Mangoldt/Klein/Starck GG Art. 5 Rn. 147 mwN; *Bethge* in Sachs GG Art. 5 Rn. 66): So ist es nach Kloepfer die Öffentlichkeit beziehungsweise die öffentliche Meinung, der diese Kontrollfunktion zukomme (vgl. HBdStR, Band 2, 2. Aufl., § 35 Rn. 18 f.).

Unabhängig von terminologischen Differenzen ist die Presse (zu Telemedien → Rn. 28 f.) eine wesentliche Institution, die zu neuen Impulsen und besonders zur Kontrolle der Staatsgewalten in der Lage ist: Vor allem die Parlamentsmehrheit ist mit der Regierung über das Parteiensystem so vielfältig verflochten, dass sie bisweilen weder bereit noch fähig ist, die Kontrolle der Exekutive wirkungsvoll zu ermöglichen. Gerade Untersuchungsausschüsse (vgl. *Klein* in Maunz/Dürig, GG, 76. EL, Art. 44 Rn. 4, 252 ff.), die institutionell zur Überwachung der Regierung zusammentreten, zeigen deutlich, dass der von Montesquieu entwickelte Idealtyp der Gewaltenteilung und Gewaltenhemmung nicht immer funktioniert (vgl. *Löffler,* Bd. I, 2. Aufl., 1. Kap. Rn. 57). Sinnvoll ist daher die Einbeziehung *solcher* gesellschaftlicher Kräfte, die eine reale Macht darstellen und wegen ihrer Unabhängigkeit (zur Offenlegungspflicht von Inhaber- und Beteiligungsverhältnissen an der periodischen Presse → Kap. 13 Rn. 15 f.) die Kontrollfunktion effektiv übernehmen können (vgl. *Löffler,* Bd. I, 2. Aufl., 1. Kap. Rn. 60). In diesem Zusammenhang bleibt allerdings festzuhalten, dass diese *faktische* politische Funktion der Presse als „vierte Gewalt" keine rechtliche Stellung ist und sich die Presse oder einzelne ihrer Vertreter eine solche auch nicht anmaßen (vgl. *Streintz* AfP 1997, 869). Der Presse kommt damit, anders als den „klassischen" drei Gewalten (vgl. Art. 1 Abs. 3 GG), keine rechtliche Staatsgewalt mit ihren Konsequenzen (zB Eingriffsbefugnisse in die Rechte des Bürgers, unmittelbare Grundrechtsbindung und das Erfordernis der demokratischen Legitimation) oder eine Stellung als Verfassungsorgan zu (vgl. *Bethge* in Sachs GG Art. 5 Rn. 67; *Paschke,* Medienrecht, Rn. 212).

26 e) Zusammenfassend lässt sich somit feststellen, dass die funktionale Sicht der öffentlichen Aufgabe der Presse sowohl den kommunikationswissenschaftlichen Erkenntnissen als auch den rechtlichen Anforderungen entspricht: Indem diese Auffassung in der öffentlichen Aufgabe der Presse die Herstellung eines allgemeinen Meinungsmarkts begreift, wird sie dem Bestreben der Presse nach einer möglichst breiten Öffentlichkeit gerecht. Gleichzeitig vermeidet sie es, die Pressefreiheit durch eine wertbezogene Interpretation der öffentlichen Aufgabe einzuschränken. Damit entspricht sie insoweit kommunikationswissenschaftlichen Untersuchungen und stimmt darüber hinaus mit der Rechtsprechung des Bundesverfassungsgerichts überein. Danach kann sich aus dem Inhalt des Art. 5 Abs. 1 S. 2 GG nur ergeben, dass die *gesamte* publizistische Tätigkeit der Presse *in ihrer vollen inhaltlichen Breite* in den Grenzen des Art. 5 Abs. 2 GG einschließlich des Unterhaltungsteils von dem spezifischen Grundrechtsschutz und den übrigen Privilegien erfasst wird: Sei es der investigative (vgl. BVerfG BeckRS 2018, 10461), sei es der unterhaltende Journalismus (vgl. BGH BeckRS 2018, 1728). Dies hat für die *Auslegung der Landespressegesetze* respektive Landesmediengesetze wichtige Konsequenzen: Soweit die Gesetze bestimmte Tätigkeiten unter den Begriff der öffentlichen Aufgabe subsumieren (alle Landespressegesetze mit Ausnahme von Berlin (vgl. aber § 3 Abs. 3 BerlinPG), Bremen, Hessen Rheinland-Pfalz und dem Saarland), haben diese *nur beispielhaften Charakter* (aA *Rebmann/Ott/Storz* § 3 Rn. 6), wie es auch in vielen Landespressegesetzen ausdrücklich hervorgehoben ist. Die Erkenntnis, dass die öffentliche Aufgabe die gesamte publizistische Tätigkeit in den Grenzen des Art. 5 Abs. 2 GG umfasst, hat weiterhin zur Folge, dass sie insoweit auch im *öffentlichen Interesse liegt.* Soweit einige Landespressegesetze respektive Mediengesetze der Länder dieses Merkmal besonders hervorheben, kann daher hieraus keine restriktive Auslegung der öffentlichen Aufgabe hergeleitet werden (vgl. *Groß* DVP 1993, 92).

27 Diese umfassende Interpretation der öffentlichen Aufgabe führt zu einem besonderen Maß an Freiheit für die Presse. Sie ist nach der funktionalen Sicht der Presse essentiell notwendig, denn nur ein freies, nicht von der öffentlichen Gewalt gelenktes Zeitungswesen kann ein Wesenselement des freiheitlichen Staates sein (vgl. BVerfGE 36, 340; 20, 174). Indem die öffentliche Aufgabe als sachgerechte Erfüllung der pressespezifischen Funktionen begriffen wird, ergeben sich aber auch *strukturelle Mindestanforderungen* an den freien Raum der Presse. Damit erhält der Begriff der öffentlichen Aufgabe schließlich auch für die Klärung medienpolitischer Probleme eine besondere Bedeutung. In Übereinstimmung mit der höchstrichterlichen Rechtsprechung, etwa zu dem Problem der Pressekonzentration (vgl. BVerfGE 20, 175 f.; BGHZ 76, 55 (65 f.);

zur Pressefusionskontrolle sh. Kap. 85), soll der Begriff der öffentlichen Aufgabe damit jedoch nicht zu einer Reglementierung des freien Meinungsmarkts und damit zu einem „Pflichtenfüllhorn" für die Presse verformt werden (vgl. Löffler/*Bullinger,* 5. Aufl., LPG § 3 Rn. 20; *ders.* AfP 1995, 645). Es wird vielmehr sichergestellt, dass die Presse in der Lage ist, ihre Funktionen so zu erfüllen, dass das Grundrecht als *„ein Stück Volksfreiheit"* erhalten bleibt (*Mallmann* JZ 1966, 629).

III. Die öffentliche Aufgabe der Presse im Zeichen der Medienkonvergenz

Rheinland-Pfalz (vgl. RPLMG vom 19.12.2018 (GVBl. S. 431)) und das Saarland (vgl. SaarlMG vom 27.2.2002, zuletzt geändert durch das Gesetz vom 16.5.2018 (ABl. I S. 268)) haben die einzelnen Mediengesetze (Pressegesetz und Rundfunkgesetz) jeweils in ein einheitliches Mediengesetz zusammengeführt. Damit soll der „der *Konvergenz* der Medien" (LT RhPf. Drs. 14/3235, 1) bzw. der „Globalisierung der Informations- und Kommunikationswirtschaft und -gesellschaft, (der) Digitalisierung [...] sowie (der) Konvergenz der Medien" (LT Saarl. Drs. 12/478, 1) Rechnung getragen werden (vgl. hierzu Rahvar, Zukunft des deutschen Presserechts, S. 149 ff.; zum Begriff der (Medien)Konvergenz → Kap. 1 Rn. 34 ff.). Gleichzeitig soll der dadurch neu geschaffene Regelungsrahmen offen für zukünftige technische Fortentwicklungen sein (vgl. LT Saarl. Drs. 12/478, 2). Durch diese Zusammenführung entfällt die strikte Trennung der „klassischen" Medien (wie zB Presse und Rundfunk). Des Weiteren werden nunmehr auch Telemedien vom Rechtsregime der Mediengesetze erfasst (§ 3 Abs. 1 RPLMG und § 2 Abs. 1 S. 1 SaarlMG). **28**

Diese „rechtliche Konvergenz" ist im Hinblick auf die technischen Entwicklungen begrüßenswert, wirft aber die Frage auf, inwiefern auch den Telemedien eine „öffentliche Aufgabe" zukommt. Grundsätzlich besagt § 4 SaarlMG nämlich, dass „die Medien" (also auch die Telemedien nach Maßgabe von § 2 Abs. 1 S. 2 SaarlMG) eine öffentliche Aufgabe wahrnehmen. Entsprechendes gilt in Rheinland-Pfalz (§ 5 RPLMG). Nach dem Willen des Gesetzgebers orientieren sich diese Normen explizit an der öffentlichen Aufgabe der Presse im Sinne der früheren Pressegesetze (vgl. LT Saarl. Drs. 12/478, 50; LT RhPf. Drs. 14/3235, 41 f.). Dies legt nahe, den Telemedien insofern eine der Presse vergleichbare Aufgabe einzuräumen. Ob dies faktische bzw. rechtliche Auswirkungen auf die in diesem Kapitel beschriebene öffentliche Aufgabe der Presse hat, lässt sich noch nicht abschließend beurteilen (vgl. hierzu *Rahvar,* Zukunft des deutschen Presserechts, S. 154 ff.). Dies hängt unter anderem davon ab, wie sich der publizistische Wettbewerb zwischen den Medienarten entwickeln wird und ob sie zB unterschiedliche Rollen im gesellschaftlichen Meinungsbildungsprozess einnehmen (zB der Art, dass die Presse tendenziell tiefgründig, Telemedien hingegen tendenziell schnell informieren und bewerten). **29**

Im Zusammenhang mit den durch die Digitalisierung der Medien hervorgerufenen Veränderungen soll auch auf die Möglichkeit und Gefahren einer *Monopolisierungs- und Konzentrationstendenz* hingewiesen werden (sh. Kap. 87 Rn. 1 ff.). Eine solche hat das Bundesverfassungsgericht in Bezug auf den Rundfunk angesprochen. Es bestehe die Gefahr, dass Angebote nicht mehr auf Meinungsvielfalt gerichtet, sondern durch einseitige Interessen oder die wirtschaftliche Rationalität eines Geschäftsmodells bestimmt seien: „Dies alles führt zu schwieriger werdender Trennbarkeit zwischen Fakten und Meinung, Inhalt und Werbung sowie zu neuen Unsicherheiten hinsichtlich Glaubwürdigkeit von Quellen und Wertungen. Der einzelne Nutzer muss die Verarbeitung und die massenmediale Bewertung übernehmen, die herkömmlich durch den Filter professioneller Selektionen und durch verantwortliches journalistisches Handeln erfolgt. Angesichts dieser Entwicklung wächst die Bedeutung der dem beitragsfinanzierten öffentlich-rechtlichen Rundfunk obliegenden Aufgabe, durch authentische, sorgfältig recherchierte Informationen, die Fakten und Meinungen auseinanderhalten, die Wirklichkeit nicht verzerrt darzustellen und das Sensationelle nicht in den Vordergrund zu rücken, vielmehr ein vielfaltssicherndes und Orientierungshilfe bietendes Gegengewicht zu bilden." (BVerfG BeckRS 2018, 15432). Vergegenwärtigt man sich, dass es „Aufgabe der Presse ist [.], *umfassende* Information zu ermöglichen, die *Vielfalt der bestehenden Meinungen* wiederzugeben und selbst Meinungen zu bilden und zu vertreten" (BVerfG NJW 2012, 755 – Hervorhebungen erfolgten diesseits), wird deutlich, **30** dass diese Ausführungen zum öffentlich-rechtlichen Rundfunk sinngemäß auch für die Presse und deren Aufgabe gelten.

4. Kapitel. Die Geschichte des Presserechts

Literatur:

Bachem (Hrsg.), Staatslexikon, 4. Auflage, Freiburg im Breisgau 1911; *Berner,* Lehrbuch des deutschen Presserechts, Leipzig 1876; *Conrad/Elster/Lexis/Loening* (Hrsg.), Handwörterbuch der Staatswissenschaften, 3. Auflage, Jena 1910; *d'Ester,* Zeitungswesen, Breslau 1928; *Habermas,* Strukturwandel der Öffentlichkeit, 7. Auflage, unveränderter Nachdruck, Frankfurt 2001; *Hale,* Presse in der Zwangsjacke, Düsseldorf 1965 (Übersetzung von „The Captive Press in the Third Reich", Princeton 1964); *Wilke,* in Schiwy/Schütz/Dörr, Medienrecht, 5. Aufl., S. 212ff.; *Klöppel,* Das Reichspreßgesetz, Leipzig 1894; *Koszyk,* Deutsche Presse im 19. Jahrhundert, Berlin 1966; *ders.,* Deutsche Presse 1914–1945, Berlin 1972; *Lindemann,* Deutsche Presse bis 1815, Berlin 1969; *Löffler,* Presserecht, Bd. I, 2. Aufl., München 1969, S. 29–53; *ders.,* in Publizistik 1957, S. 323ff.; in ZV 1966, S. 2512ff.; *McLuhan,* The Gutenberg Galaxis, Toronto 1962 (deutsch: „Die Gutenberg Galaxis", Düsseldorf 1969), *Pauly/Wissowa,* Real-Enzyklopädie der klassischen Altertumswissenschaft, Bd. 3, Stuttgart 1899; *Presser,* Das Buch vom Buch, Hannover 1978; *Pross,* Deutsche Presse seit 1945, München 1965; *Pürer/Raabe,* Presse in Deutschland, 3. Auflage, Konstanz 2007; *Sänger,* Politik der Täuschungen, Missbrauch der Presse im Dritten Reich, Wien 1975; *Schneider, F.,* Pressefreiheit und politische Öffentlichkeit, Berlin 1966; *Schroeder-Angermund,* Von der Zensur zur Pressefreiheit. Das absolutistische Zensursystem in der 2. Hälfte des 18. Jahrhundert, Pfaffenweiler 1993; *Stier-Somlo/Elster* (Hrsg.), Handwörterbuch der Rechtswissenschaft, Berlin und Leipzig 1927; *Wilke* (Hrsg.), Pressefreiheit, Darmstadt 1984; *Wilke,* Presse und Zensur, in Beyrer/Dallmeier, S. 148ff.

I. Die Meinungsfreiheit in der Antike. Das fehlende Urheberrecht

1 1. Die Antike, auf der unsere abendländische Kultur beruht, hat trotz der einzigartigen Blüte des Geisteslebens weder ein Urheberrecht noch ein der damaligen *Bücherherstellung* entsprechendes „Presserecht" entwickelt. Man hat diese auffallende Tatsache auf das Fehlen eines hochentwickelten Vervielfältigungs- und Vertriebswesens zurückführen wollen. In Wirklichkeit besaß die Antike einen reichen blühenden *Buchhandel* mit den Zentren Athen, Alexandria und Rom. Die mit Berufsschreibern, meist Sklaven, betriebenen griechischen und römischen Vervielfältigungsfirmen ermöglichten durch gleichzeitiges Diktieren an zahlreiche Schreiber im Wege einer handschriftlichen Massenvervielfältigung die Herstellung größerer Buch-Auflagen (Papyrus- oder Pergamentrollen) von bis zu 1.000 Exemplaren.

2 2. Es war *Alexander der Große,* der um 325 v. Chr. durch ein von ihm eingerichtetes Amt die neuesten Nachrichten sammeln, auf Papyrusrollen niederschreiben, vervielfältigen und in seinem Reich verbreiten ließ. Seinem Vorbild folgten die Römer. Bereits zur Zeit der Römischen Republik (um 170 v. Chr.) erschien als „periodische Presse" regelmäßig der *„Römische Stadtanzeiger" (acta diurna),* ein Blatt mit amtlichen Bekanntmachungen, das in Hunderten von Exemplaren im ganzen Imperium verbreitet wurde und den Zerfall des römischen Reiches überdauerte.

2a 3. Als *Buchmaterial* dienten im Altertum die Tontafel, der Papyrus und das Pergament. Hunderttausende assyrischer und babylonischer, mit Holzstäbchen bearbeiteter, gebrannter *Tontafeln* waren in den Bibliotheken von Assur und Babylon zugänglich. An ihre Stelle traten später die jahrtausendelang in Ägypten benutzten, aus den Papyrusstauden am Nil gewonnenen *Papyrusrollen.* In Pergamon wurde schließlich das haltbarste Buchmaterial, das aus Tierhäuten gewonnene *Pergament* entwickelt, das noch heute im Buchdruck Verwendung findet. Während die *Griechen* den aus Ägypten bezogenen Papyrus zu 6 bis 7m langen Buchrollen formten, da sich der Stoff nicht falten ließ, entwickelten die praktisch veranlagten *Römer* um die Zeit von Christi Geburt mit Hilfe des Pergaments die gültige Form eines zum Blättern geeigneten Buches.

3 4. Anders als die in Funktionen und Kräften denkende faustische Welt des modernen Europas sah der antike Mensch die Natur plastisch und körperhaft. Der Gedanke eines von der stofflichen Verkörperung im Buch losgelösten geistigen Inhalts mit eigenem *Urheberrechtsschutz* war dem Altertum wesensfremd (vgl. *Rehbinder/Peukert,* Urheberrecht, Rn. 126). Die Werke der grie-

chischen und römischen Autoren blieben ungeschützt. Ihr Lohn war ausschließlich der Ruhm, sofern dem Urheber nicht die Gunst eines Mäzens zuteil wurde.

5. Ebenso fremd waren dem klassischen Altertum alle Bestrebungen, die *freie Entfaltung des Geisteslebens* zu kontrollieren, zu lenken oder zu unterdrücken. In der großartigen Weite des *griechischen Geistes* war kein Platz für geistige Enge und Intoleranz. So kannte die griechische Sprache mit dem Wort *„Parrhesia"* (παρρησία) einen eigenen Ausdruck für freies, freimütiges Reden. Dabei wurde die *Parrhesia* nicht nur als Recht, sondern auch als Tugend aufgefasst, denn sie setzte Zivilcourage voraus. Die Wahrnehmung der Möglichkeit des freien Sprechens erfuhr somit eine hohe Wertschätzung (vgl. *Schneider,* Publizistik, 1969, S. 7 f.). Nach einem berühmten Ausspruch von Aristoteles ging es den Griechen um die freie Menschlichkeit des Einzelnen und die gemeinsame Sicherheit unter dem Gesetz. Sokrates vertrat das Postulat einer sittlichen Ordnung, die dem Missbrauch der Freiheit Schranken setzt. Das volle Maß der existierenden Freiheit genoss aber nur der Vollbürger, denn nur er war an der Mitgestaltung der Polis aktiv beteiligt. So war etwa die Stellung der Frau durch völlige Politikferne gekennzeichnet, und ein Recht auf freie Meinungsäußerung war hier weitgehend gegenstandslos (vgl. *Schneider,* aaO, S. 9). Sklaven wurden mit zahmen Tieren verglichen und dementsprechend auch nicht gehört (vgl. *Hoerster* S. 52). 4

6. Trotz ihrer Härte und Nüchternheit sah die *Römische Republik* in der Geistesfreiheit Griechenlands ihr Vorbild. Doch war die Freiheit des antiken Bürgers kein allgemeines Menschenrecht. Die Lehre der Stoa „Alle Menschen sind Brüder, denn sie alle haben Gott zum Vater" konnte sich in einer auf Sklaverei beruhenden Gesellschaft nicht durchsetzen. Zudem trat für den Römer neben den Begriff *libertas* die *auctoritas,* wobei beide Begriffe sich gegenseitig begrenzten. Für die Redefreiheit bedeutete dies, dass lediglich derjenige das Wort erhielt, der *auctoritas* hatte. Nur derjenige durfte frei reden, von dem man glaubte, dass er auch wirklich etwas zu sagen habe. Während in Athen in der Volksversammlung jeder zu Wort kommen konnte, war dies in Rom – wenigstens in der Regel – nur den Beamten möglich (vgl. *Schneider,* aaO, S. 9). Zwar machte die antike Meinungsfreiheit ein „Äußerungsrecht" mit Bestimmungen über Zensur, Verbot und Beschlagnahme von Schriften usw überflüssig. Doch führte das empfindliche römische Ehrgefühl zur Entwicklung eines *Beleidigungsrechts:* Anstifter, Verfasser und Verbreiter von „Schmähschriften" (libelli famosi) machten sich ab der Kaiserzeit strafbar; vor dieser Zeit wurden Beleidigungsprozesse lediglich als Privatdelikt gehandhabt (vgl. *Paulys* Realencyclopädie der classischen Altertumswissenschaft, Halbbd. 25 Sp. 29). Beleidigende Angriffe auf die kaiserliche Autorität wurden als Majestätsbeleidigung geahndet. Roms geistige Toleranz endete um die Mitte des 3. Jahrhunderts n. Chr., als die Cäsaren Decius und Diokletian im Ringen um die geistige Führung des Reiches versuchten, dem Vordringen des Christentums durch Verfolgung seiner Anhänger und Vernichtung seiner Schriften Einhalt zu gebieten. 5

II. Das kirchliche Mittelalter. Zensur und Inquisition

1. Unter Kaiser Konstantin wurde das Christentum 324 n. Chr. zur *Staatsreligion* erhoben. Es war eine verhängnisvolle Verirrung der zur Macht gelangten christlichen Kirche, ihren religiösen Absolutheitsanspruch Andersdenkenden gegenüber gewaltsam durchzusetzen. Die *kirchliche Verfolgung* richtete sich alsbald sowohl gegen Nichtchristen (Heiden) wie gegen solche Christen, deren Überzeugung vom herrschenden Dogma abwich. So wurden die Thalia des auf dem I. Konzil von Nikaia (325 n. Chr.) unterlegenen Presbyters Arius verbrannt und ihr Besitz mit dem Tod bedroht (vgl. Lexikon des Mittelalters, Bd. 9 Sp. 533). Der mittelalterlichen Kirche war der Gedanke der persönlichen Meinungsfreiheit und der geistigen Toleranz wesensfremd. *Freiheit* bedeutete nach kirchlicher Auffassung die Befreiung der Seele von der Sünde. Zur Rettung gefährdeter Seelen hielt sich die Kirche für berechtigt, Andersdenkende mit Zwang zum „rechten" Glauben zu bekehren. Es bedurfte eines eineinhalb Jahrtausende (325 bis 1848) währenden Kampfes, bis sich der abendländische Geist von der kirchlichen Bevormundung lösen und Glaubens- und Gewissensfreiheit, Meinungs- und Zensurfreiheit erringen konnte. 6

2. Um jedes Aufkommen abweichender Anschauungen auf weltanschaulichem Gebiet im Keim zu ersticken, baute die Kirche ein umfassendes Überwachungssystem auf. Zu diesem Zweck wurde 1184 n. Chr. die *Inquisition* eingeführt. Die kirchlichen Inquisitoren, meist 7

Angehörige des Dominikaner- und Franziskaner-Ordens, hatten die Aufgabe, alle vom christlichen Dogma abweichenden Gedanken aufzuspüren und gegen deren Träger den Inquisitionsprozess einzuleiten. Im Inquisitionsprozess blieben Anzeigenerstatter und Zeugen dem Angeschuldigten unbekannt. Ein Verteidiger war nicht zugelassen. Das „Geständnis" konnte mit der Folter erzwungen werden. Die normale Strafe für hartnäckige oder rückfällige „Ketzer" war der Feuertod. Ketzerische Schriften wurden gleichfalls verbrannt. Razzien der Inquisition gegen verbotene Schriften waren keine Seltenheit. Bis zur Erfindung der Buchdruckerkunst um 1450 reichte die von der Inquisition ausgeübte *Nachzensur* bereits erschienener Publikationen (censura repressiva) angesichts der geringen Auflage der meist im handschriftlichen Verfahren hergestellten Schriften aus, um das geistige Schaffen des Abendlandes unter kirchlicher Kontrolle zu halten. Dies änderte sich grundlegend mit dem Aufkommen der neuen Technik des Massenvervielfältigungsverfahrens (Herstellung von Druckwerken mittels beweglicher Lettern).

III. Die Erfindung Gutenbergs. Der Kampf um die Pressefreiheit

8 1. Um 1450 richtete der aus einer Mainzer Patrizierfamilie stammende Johannes Gensfleisch, der sich nach seinem väterlichen Haus *Gutenberg* nannte, in Mainz eine Buchdruckerwerkstatt mit neuer Drucktechnik, dh mit beweglichen, aus Blei gegossenen Lettern ein (vgl. *Hanebutt-Benz* S. 158 ff.; *S. Wagner* S. 114 ff.). Ihre rasche, jederzeitige Wiederverwendbarkeit verbilligte und beschleunigte den Druck von Schriften außerordentlich. Die Wirkung der Erfindung, die im 7. Jahrhundert n. Chr. schon in China gemacht wurde, war umwälzend. Sie steht in ihrer Bedeutung für die Geschichte des Abendlandes der fast gleichzeitig erfolgten (Wieder)Entdeckung Amerikas (1492) nicht nach. Wissen und Bildung, die bis dahin das Privileg und Herrschaftsinstrument einer kleinen Gesellschaftsschicht gewesen waren, wurden zum jedermann zugänglichen Allgemeingut. Neue politische, religiöse und soziale Ideen kamen durch das Mittel der technischen Massenvervielfältigung zu einer bisher unbekannten Breitenwirkung. Die Buchdrucker waren bis in die zweite Hälfte des 16. Jahrhunderts nicht durch fest institutionalisierte, eigene Organisationen verbunden, wie dies etwa für die übrigen Handwerker galt. Erst Ende des 16. Jahrhunderts begannen die Buchdrucker Innungen und Korporationen zu bilden, die „Buchdruckergesellschaften" genannt wurden. Sie entwarfen für diese Innungen Gesellschaftssatzungen, die nach einer obrigkeitlichen Konfirmation als Buchdruckerordnungen Rechtskraft erlangten. Dies galt zB für die Leipziger Buchdruckerordnung von 1606 (vgl. *Gramlich* S. 7). Die Frankfurter Buchdruckerordnung aus dem Jahre 1660 behielt bis zur Einführung der Gewerbefreiheit im Jahr 1866 Rechtskraft. Die fürstlichen Landesherren nutzten in der Folgezeit den Buchdruck auch für die Repräsentation obrigkeitlicher Macht, womit dieser seit dem 16. Jahrhundert besonders in den Dienst der Zensur-, Ordnungs- und Zentralisierungspolitik des frühmodernen europäischen Staatswesens gestellt wurde (*Gramlich* S. 132).

Eine weitere Begleiterscheinung der technischen Neuerung war das zunehmende wirtschaftliche Bedürfnis der Verleger und Drucker, gegen den Nachdruck der von ihnen veröffentlichten Werke vorgehen zu können; Regelungen, die Züge eines *Urheberrechtsschutzes* aufweisen, wurden damit erforderlich (vgl. hierzu *Rehbinder/Peukert,* Urheberrecht, Rn. 129 ff.; sh. Abschn. 13).

9 2. In der ersten Epoche fehlten der abendländischen Presse noch die Wesenszüge der modernen Zeitungs- und Zeitschriftenpresse; dies gilt insbesondere im Hinblick auf die Periodizität des Erscheinens. Die Vorläufer der modernen Zeitung waren *Flugschriften,* Einblattdrucke und die so genannten „Neuen Zeitungen", wobei es sich in allen Fällen um Gelegenheitsdrucke handelte, die jeweils ein konkretes Ereignis (zB die Entdeckung Amerikas) oder ein Anliegen von allgemeinem Interesse (zB die 95 Thesen Luthers gegen den Ablasshandel) zum Gegenstand hatten. Ein neuer Werkstoff, das *Papier,* trat an die Stelle des bisher verwendeten teuren Pergaments (→ Rn. 2a) und erleichterte die Massenverbreitung von Druckwerken. Das bereits um das Jahr 100 n. Chr. in China nachgewiesene Papier wurde um 750 n. Chr. von der arabischen Welt übernommen und gelangte im 14. Jahrhundert über Spanien nach Mitteleuropa. Die erste deutsche Papiermühle entstand 1390 bei Nürnberg.

10 3. Die öffentliche Kritik, der die Erfindung Gutenbergs breite Resonanz verlieh, wandte sich im Zeitalter der *Reformation* und des *Humanismus* in erster Linie gegen die allgemein als reformbedürftig erachtete Kirche und die von ihr ausgeübte geistige Bevormundung (Conrad/

Elster/Lexis/Loening Bd. 6 S. 1194). Folge dessen war, dass sowohl die Kirche als auch der Staat die Zensur verschärften.

Da die bis dahin *von der Kirche* praktizierte Nachzensur (→ Rn. 7) zur Kontrolle der aus den Druckereien strömenden Flut kritischer Schriften nicht mehr ausreichte, ging die Kirche zur Einrichtung der Vorzensur (censura praevia) über (*Bachem* Bd. 4 Sp. 284). Im Jahre 1486 erließ Berthold von Henneberg, Fürstbischof von Mainz, eine erste Verordnung zur Einrichtung einer Zensurkommission für das gesamte Bistum (*Wilke* in Beyrer/Dallmeier S. 148). Die päpstliche Bulle „Inter multiplices" von 1487 führte die von den Bischöfen auszuübende Vorzensur im gesamten Bereich der römischen Kirche ein. Bei Vermeidung von Geldstrafen, Exkommunikation und Vernichtung der Druckschrift durch Verbrennen durfte ohne vorher eingeholte bischöfliche Erlaubnis keine Schrift gedruckt werden (*Conrad/Elster/Lexis/Loening* Bd. 6 S. 1194). Um die Zensur praktisch auszuüben, war ein entsprechender *Behördenapparat* notwendig. Schon 1496 hatte Kaiser Maximilian I. einen Generalsuperintendenten des Bücherwesens in ganz Deutschland eingesetzt. Ein wesentliches Instrument zur Durchsetzung der Zensur war auch die seit 1569 als ständige Einrichtung bestehende Frankfurter Bücherkommission, welche die auf den dortigen Buchmessen angebotenen Bücher inspizierte (vgl. *Wilke* in Beyrer/Dallmeier S. 149 f.; Conrad/Elster/Lexis/Loening Bd. 6 S. 1195).

Eine weitere Maßnahme zur Verhinderung der Verbreitung „gefährlicher" Inhalte war der 1559 von Papst Paul IV. erlassene *index librorum prohibitorum;* das Lesen der auf dieses Verzeichnis gesetzten Werke war gänzlich verboten (vgl. *Bachem* Bd. 4 Sp. 285; *Conrad/Elster/Lexis/Loening* Bd. 6 S. 1194; zur heutigen Indizierung von Medien → Kap. 60 Rn. 16 ff.).

4. Trotz intensiver Bemühungen und erheblicher Strafverschärfung vermochte die Kirche der **11** mächtigen, zur Freiheit drängenden Strömung der Zeit, wie sie sich in zahllosen Druckschriften niederschlug, nicht Herr zu werden. Sie rief schließlich den *Staat* zu Hilfe, der durch eine Reihe von Zensurgesetzen versuchte, die „Catholische allgemeine Lehr" zur „Reinhaltung des Glaubens" vor öffentlicher Kritik zu schützen (vgl. *Bachem* Bd. 4 Sp. 286; Näheres bei *Löffler,* Bd. I, 2. Aufl., Kap. 3. Rn. 21 ff.). Dies geschah zunächst nur gebietsweise, dann durch den Reichstagsabschied zu Speyer vom 22.4.1529 von Reichs wegen (*Stier-Somlo/Elster* Bd. 4 S. 557). Die hierdurch angeordnete staatliche Zensur wurde erstmals 1831 wieder – zunächst nur in Baden – durch das badische Gesetz über die Polizei der Presse aufgehoben.

Praktisch zeitgleich wurde mit dem Augsburger Abschied vom 29.11.1530 die *Angabe des Druckers und des Druckorts* vorgeschrieben (*Conrad/Elster/Lexis/Loening* Bd. 6 S. 1194; zur Impressumpflicht sh. Kap. 13).

5. Aufgrund der Schwäche der Reichsgewalt bemächtigten sich schnell die Territorialgewalten **12** der Gesetzgebungskompetenz über die Presse (*Bachem* Bd. 4 Sp. 287). Für die Zensur wurden die absoluten Landesfürsten zuständig, denen mehr an einem florierenden, gewinnträchtigen Buchgewerbe als an der Erhaltung der „reinen Lehre" gelegen war. Abweichend von der deutschen Zensurgesetzgebung, die vorwiegend dem Schutz des kirchlichen Dogmas diente, verfolgten die Zensurgesetze in *Frankreich* und in *England* vor allem den Zweck, die königliche Autorität und die staatliche Ordnung vor öffentlicher Pressekritik zu schützen (Näheres bei *Löffler,* Bd. I, 2. Aufl., Kap. 3 Rn. 25 f.).

IV. Die Aufklärung. Die Durchsetzung der Pressefreiheit. Das Entstehen der periodischen Presse

1. Die im 17. und 18. Jahrhundert von England ausgehende, das ganze Abendland erfassende **13** *Idee der Aufklärung* fußte auf der Überzeugung, dass zum Wesen des Menschen die Glaubens-, Gewissens- und Meinungsfreiheit als überstaatliches (vorstaatliches) *Menschenrecht* gehöre (vgl. *Conrad/Elster/Lexis/Loening* Bd. 6 S. 1195). Die kirchlich-staatliche Pressezensur wurde mehr und mehr als unwürdige, unerträgliche Bevormundung geistig selbstständiger Menschen empfunden, so dass in einigen Staaten (ua Österreich) die Zensur vorübergehend aufgehoben wurde (→ Rn. 15). Hand in Hand mit dem Kampf um die bürgerlichen Freiheitsrechte ging im Zeitalter der Aufklärung das Bemühen des zu wirtschaftlichem Wohlstand gelangten Bürgertums um ein *demokratisches Mitspracherecht* bei der Regierung des Landes. Als wichtigstes Instrument zur Durchsetzung beider Ziele – Anerkennung der Menschenrechte und demokratische Mit-

bestimmung – galt allgemein das Grundrecht auf *Pressefreiheit.* In ihrem Schutz entstand erstmals ein *öffentliches Forum,* vor dem die herrschende Gewalt zur Rechenschaft gezogen werden konnte. Darüber hinaus war die Pressefreiheit als politisch *stärkstes Grundrecht* in der Lage, auch allen anderen Freiheitsrechten wie Meinungs-, Glaubens- und Gewissensfreiheit Schutz und Hilfe zu gewähren (Näheres bei *Löffler,* Bd. I, 3. Aufl., § 3 Rn. 28 ff.). Freilich akzeptierte die Öffentlichkeit zunächst die staatliche Kontrolle. Daher wurde bis ins letzte Drittel des 18. Jahrhunderts aus Gründen der Staatsräson nur sehr eingeschränkt über innenpolitische Vorgänge berichtet (vgl. *Wilke* in Beyrer/Dallmeier S. 151). Bis zu diesem Zeitpunkt war es journalistisches Grundprinzip, den Leser nur unparteiisch zu unterrichten und ihm seine Meinungsbildung selbst zu überlassen (vgl. *Noelle-Neumann/Schulz/Wilke,* Publizistik/Massenkommunikation, S. 516).

14 2. Als erster moderner Staat hat *England* seinen Bürgern Pressefreiheit gewährt (vgl. *Noelle-Neumann/Schulz/Wilke,* Publizistik/Massenkommunikation, S. 515; vgl. hierzu auch *Bachem* Bd. 4 Sp. 287 f.; *Hatschek,* Englische Verfassungsgeschichte, S. 568 ff.). Die leidenschaftliche Forderung der beiden großen englischen Humanisten John Milton und John Locke nach allgemeiner Meinungs- und Pressefreiheit fand 1695 dadurch Erfüllung, dass das britische Parlament von der Erneuerung des in diesem Jahr abgelaufenen Zensurstatuts Abstand nahm (vgl. *Gneist,* Englische Verfassungsgeschichte, S. 608 f.; *Strong,* American Constitutional Law, S. 238). Das englische Vorbild – aber auch die Ablehnung gegen die dort 1712 eingeführte Sonderbesteuerung auf Zeitungen und Anzeigen – strahlte hinüber in die Neue Welt (vgl. *Strong,* American Constitutional Law, S. 240): die *amerikanische* Unabhängigkeitserklärung vom 4.7.1776 stützte sich auf die „unveräußerlichen Menschenrechte“, und die Verfassung der USA gewährte in dem Zusatzartikel (amendment) Nr. 1 vom 25.9.1789 der Religions-, Rede- und Pressefreiheit vollen Verfassungsschutz.

Dem angelsächsischen Beispiel folgte *Frankreich* (vgl. *Burdeau* S. 267 f.). Der 14.7.1789 gilt als die Geburtsstunde der französischen Pressefreiheit, die in Art. 11 der berühmten „Erklärung der Menschen- und Bürgerrechte“ (26.8.1789) ihre ausdrückliche Anerkennung fand. In Titel I, § 2 der französischen Verfassung vom 3.9.1791 wurde die Pressefreiheit weiter konkretisiert. Er sah vor, dass niemand strafrechtlich oder zivilrechtlich für gedruckte und veröffentlichte Schriften verurteilt werden dürfe, ohne dass von einem Geschworenengericht erkannt und erklärt worden ist, ob es in der angeklagten Schrift ein Vergehen gibt und ob die verfolgte Person dafür strafbar ist. Damit brach die Nationalversammlung in aller Deutlichkeit mit den alten Zuständen und schuf die Voraussetzungen für öffentliche Kritik an den politischen Körperschaften (vgl. *Schroeder-Angermund* S. 169; vgl. im Einzeln *Duguit* Bd. 5 § 35). 1828 schließlich wurde ein Pressegesetz verabschiedet, das als Vorbild für Regelungen auf deutschem Boden angesehen werden kann (vgl. Stier-Somlo/Elster Bd. 4 S. 557; → Rn. 15). Unter Napoleon freilich blieben diese Bestimmungen leere Worte; die Zensur wurde nach wie vor ausgeübt (vgl. *Bachem* Bd. 4 Sp. 289; Duguit Bd. 5 S. 414 f.).

15 3. Erst erheblich später konnte sich die Pressefreiheit teilweise auch in *Deutschland* durchsetzen. Vergeblich erwarteten die Patrioten vom siegreichen Befreiungskrieg gegen Napoleon (1813/1814) die Erfüllung des allgemeinen Wunsches nach Pressefreiheit. Nur Goethes Großherzog Karl August von *Sachsen-Weimar-Eisenach* (1816) und König Wilhelm I. von *Württemberg* (1817) wagten es, die Zensur aufzuheben; *Bayern* beschränkte sie (1818) auf politische Literatur. In Nassau-Usingen und Nassau-Weilburg gab es ebenfalls Tendenzen zur Pressefreiheit (vgl. *Salamon* S. 8, 28). Die freisinnigen Fürsten stießen alsbald auf den erbitterten Widerstand der zwischen Österreich, Russland und Preußen bestehenden *„Heiligen Allianz“,* die sich zum Schutz von „Thron und Altar“ die Unterdrückung aller liberalen Bestrebungen und Kundgebungen (zB Wartburgfeier, Jubelfeier der Völkerschlacht von Leipzig, v. Kotzebues Ermordung) zum Ziel gesetzt hatte. Diesem Zweck dienten die so genannten *Karlsbader Bundesbeschlüsse* vom 20.9.1819, die mit dem Bundespreß-Gesetz ein strenges Zensursystem einführten bzw. aufrechterhielten (vgl. *Noelle-Neumann/Schulz/Wilke,* Publizistik/Massenkommunikation, S. 516; *Blumenauer* S. 19; *Sawada* JuS 1996, 384 ff.; *Stier-Somlo/Elster* Bd. 4 S. 557; *Conrad/Elster/Lexis/Loening* Bd. 6 S. 1195 f.). Um ein Übergreifen der Idee der französischen Juli-Revolution (1830) auf Deutschland zu verhindern, verbot der allmächtige Wiener Staatskanzler *Metternich* der Presse die Behandlung und Erörterung politischer Fragen schlechthin. Die gebildete Welt wandte ihr Interesse den unverfänglichen Gebieten der Literatur und Wissenschaft zu. Das Verhältnis der deutschen Intelligenz zur Politik erlitt eine tiefgreifende Störung.

4. Nahezu drei Jahrzehnte waren in Deutschland beherrscht von dem Bemühen um die Durchsetzung und Perfektionierung des obrigkeitlichen Presszwangs einerseits, aber andererseits auch durch den unablässigen Kampf um Meinungs- und Pressefreiheit, sei es in oft nur kurzlebigen Presseorganen, in Flugschriften und in der politischen Dichtung, sei es in einer öffentlichen Demonstration wie dem Hambacher Fest von 1832. Zu den Mitteln, die Unterdrückung zu entlarven, gehörte unter anderem die „Zensur-Lücke", bei der man im Druck die Stellen frei ließ, die der Zensor gestrichen hatte (vgl. *Wilke* in Beyrer/Dallmeier S. 155). So ließ sich trotz aller geistigen Knebelung der Freiheitsgedanke auf die Dauer in Deutschland nicht unterdrücken. Das Fanal war die Pariser Februar-Revolution von 1848. Sie führte im März 1848 (Ende der Zeit des *„Vor-März"*) in Deutschland zu einer allgemeinen Entladung der seit Jahrzehnten aufgestauten politischen Kräfte. In Mannheim, Berlin und Wien, am Rhein und an der Elbe kam es zu Aufständen. Die Regierungen beeilten sich, die beiden Hauptforderungen des Volkes – Volksvertretung und Pressefreiheit – zu bewilligen. Der Deutsche Bund berief ein verfassunggebendes Parlament nach Frankfurt. Die in der Paulskirche tagende *Nationalversammlung* proklamierte in Art. 4 der „Reichsverfassung" als wesentliches Grundrecht die Freiheit der Presse und das Verbot jeglicher Zensur, außerdem die Glaubens- und Bekenntnisfreiheit. Obwohl die Bewegung von 1848 schon im nächsten Jahr mit Waffengewalt niedergeschlagen wurde, fand eine Rückkehr zur Zensur nicht statt. Die Pressefreiheit blieb neben der konstitutionellen Verfassungsform die bleibende Errungenschaft des Jahres 1848 (vgl. *Stier-Somlo/Elster* Bd. 4 S. 557; *Conrad/Elster/Lexis/Loening* Bd. 6 S. 1196). So bestimmte zB Art. 27 der preußischen Verfassung: „Die Zensur darf nicht eingeführt werden, jede andere Beschränkung der Preßfreiheit nur im Wege der Gesetzgebung" (zur Gesetzgebung nach 1848 ausführlich Bachem Bd. 4 Sp. 291 ff.). **16**

5. Die Epoche der Aufklärung (17. und 18. Jahrhundert) war zugleich die Zeit der Entstehung der modernen *periodischen Presse.* Erst die Regelmäßigkeit (Periodizität) ihres Erscheinens verschaffte der Presse den außerordentlichen Einfluss, der Napoleon zu seinem berühmten Ausspruch von der Presse als siebter (europäischer) *Großmacht* veranlasste. **17**

a) Als *Vorläufer* der periodischen Presse gelten die sog. *„Messrelationen"* und die *„Postzeitungen".* Die Messrelationen (relatio historica) wurden seit 1580, zunächst noch unregelmäßig, während der Buchhändlermessen herausgegeben und fassten den zwischen zwei Messen liegenden Ereignisstoff übersichtlich zusammen (vgl. *Bachem* Bd. 4 Sp. 276). Auch die staatlichen Postmeister betätigten sich als Zeitungsherausgeber und formten aus den ihnen zugehenden Nachrichten die weit verbreiteten *Postzeitungen* (zu den Postzeitungen vgl. *Behringer* in Beyrer/Dallmeier S. 40 ff.; *Lorenz* S. 12 ff.; *Bachem* Bd. 4 Sp. 276). Zu den ältesten deutschsprachigen Zeitungen gehören die bereits 1597 in *Rorschach* am Bodensee erschienene Monatsschrift „Annus Christi" sowie die beiden erstmals 1609 regelmäßig erscheinenden Wochenzeitungen *„Aviso"* aus Wolfenbüttel und die Straßburger *„Relation"* (vgl. *Wilke,* Von Almanach bis Zeitung, S. 388). Es folgten ab dem Ende des 17. Jahrhunderts die katholische und evangelische Presse (vgl. *Bachem* Bd. 4 Sp. 276 f.). **18**

b) Interessanterweise stand der Siegeszug der periodischen Presse in den ersten beiden Jahrhunderten (ca. 1600 bis 1800) nicht im Zeichen der Zeitung, sondern der *Zeitschrift.* Ihr tiefer schürfender Charakter und ihr Bemühen um die Klärung grundsätzlicher Lebensfragen entsprachen in besonderem Maß dem hohen Aufschwung des Geisteslebens, der die abendländische Kultur in der Epoche der Aufklärung prägte. Neben den – einem wachsenden wissenschaftlichen und technischen Interesse dienenden – Gelehrten-Zeitschriften übten die zuerst in England aufgekommenen *„moralischen Zeitschriften"* den größten Einfluss aus. Ihr Ziel war es, durch die sittliche Erziehung des Menschen eine allgemeine Verbesserung der Verhältnisse in Staat und Gesellschaft herbeizuführen. Zum ersten Mal fühlte sich die Presse einer öffentlichen Aufgabe verpflichtet. **19**

c) Von beträchtlicher wirtschaftlicher Bedeutung war das Aufkommen der von Frankreich ausgehenden *Anzeigenpresse.* Der Staat erkannte rasch den fiskalischen Nutzen der neuen Presse-Gattung, die unter verschiedenen Namen wie Anzeigen- oder Intelligenzblätter in Erscheinung trat. Für die Erteilung entsprechender Druckprivilegien sicherte sich der Landesfürst einen erheblichen Anteil am Anzeigenerlös. **20**

V. Die Presse im Bismarck'schen Kaiserreich. Das Reichspreßgesetz von 1874

21 1. Das von Bismarck während des deutsch-französischen Krieges von 1870/1871 verwirklichte deutsche Kaiserreich gab sich die Reichsverfassung vom 16.4.1871, die in Art. 4 Ziff. 16 dem Reich die ausschließliche Kompetenz auf dem Gebiet der Pressegesetzgebung übertrug. Der unter der Devise von Einheit und Freiheit gewählte erste deutsche Reichstag war sich über die Notwendigkeit der alsbaldigen Schaffung eines einheitlichen deutschen Pressegesetzes einig. Die Erreichung dieses Ziels, um das sich insbesondere die Verleger *Dr. Elben* (Schwäbischer Merkur, Stuttgart) und Leopold *Sonnemann* (Frankfurter Zeitung) bemühten, scheiterte jedoch zunächst am Widerstand Bismarcks. Hauptstreitpunkte der jahrelangen Auseinandersetzung waren die rechtliche Begrenzung der *Beschlagnahme* von Druckschriften und der Schutz des Redaktionsgeheimnisses der Presse durch Anerkennung eines *Zeugnisverweigerungsrechts* der Journalisten hinsichtlich der Person ihrer Gewährsmänner. Als das gesamte Gesetzeswerk am Einspruch des von Bismarck beherrschten Bundesrates zu scheitern drohte, einigte man sich auf einen Kompromiss. Am 25.4.1874 nahm der Reichstag das neue *„Reichspreßgesetz"* (RPG vom 7.5.1874, RGBl. S. 65) mit „außerordentlich großer Mehrheit" an. Es wurde zu einem „Jahrhundertgesetz", das erst am 1.7.1966 endgültig außer Kraft trat und einige Jahre später eine kurze Renaissance erleben sollte (→ Rn. 32, 35). Zu dem RPG traten gemäß § 4 S. 2 RPG die Vorschriften der Reichsgewerbeordnung, die ebenfalls das Pressewesen betreffende Regelungen enthielt (vgl. *Conrad/Elster/Lexis/Loening* Bd. 6 S. 1197).

22 2. Abgesehen von der enttäuschenden Regelung des Beschlagnahmerechts und der mangelhaften Sicherung des Redaktionsgeheimnisses (vgl. hierzu *Conrad/Elster/Lexis/Loening* Bd. 6 S. 1201) konnte die Presse mit dem Erreichten zufrieden sein. Die Zensur und alle sonstigen gegen die Presse gerichteten Präventivmaßnahmen waren aufgehoben. Beseitigt war der Kautions- und Konzessionszwang. Die Ausübung des Pressegewerbes war frei und konnte weder durch die Verwaltung noch durch den Richter entzogen werden (§ 4 RPG). Eine Sonderbesteuerung der Presse war ebenso ausgeschlossen (§ 30 Abs. 4 RPG) wie ein Zeitungsverbot oder Eingriffe der Verwaltung in die publizistische Tätigkeit der Presse.

23 3. Da die Pressefreiheit im Kaiserreich nur gesetzlich (§ 1 RPG), aber nicht verfassungsrechtlich gesichert war, konnte sie jederzeit durch ein später ergehendes Reichsgesetz eingeschränkt werden. Von dieser Möglichkeit machte Bismarck im Kampf gegen die Sozialdemokratie Gebrauch, wobei er sein Vorgehen auf § 30 RPG stützte, welcher besondere gesetzliche Bestimmungen für Zeiten von Kriegsgefahr und Aufruhr vorsah (vgl. *Pürer/Raabe* S. 63). Das *„Sozialistengesetz"* vom 21.10.1878, das bis 1890 in Kraft war, verbot alle Druckwerke, die sozialdemokratischen Bestrebungen dienten. Das Reichspreßgesetz wurde in weitem Umfang durch das Sozialistengesetz außer Kraft gesetzt (vgl. *Bachem* Bd. 4 Sp. 297; *Conrad/Elster/Lexis/Loening* Bd. 6 S. 1202). Die gegen die sozialdemokratische Presse gerichteten Unterdrückungsmaßnahmen Bismarcks führten zum gleichen Misserfolg wie sein gegen die katholische Kirche gerichteter *„Kulturkampf"* (1872–1880). Die Sozialdemokratie und die katholische Zentrumspartei gingen aus dieser Auseinandersetzung wesentlich gestärkt hervor und konnten sich seit dieser Zeit auf eine machtvoll angewachsene Parteipresse stützen.

24 4. Der mächtige wirtschaftliche Aufschwung, den das neu gegründete Deutsche Kaiserreich in der zweiten Hälfte des 19. Jahrhunderts nahm, erfasste auch die Presse, die sich, was Bismarck zu spät erkannte, immer mehr zu einer politischen und wirtschaftlichen Großmacht entwickelte. Ihre Befreiung von überlebten Bindungen, insbesondere von fiskalischer Sonderbesteuerung, ließ ihr den Ertrag ihrer Tätigkeit einschließlich der Verbreitung des Anzeigenteils voll zukommen. Der Aufstieg der Presse ging mit der Entwicklung einer die Massenzeitung begünstigenden technischen Entwicklung Hand in Hand. Zu der schon ins 18. Jahrhundert zurückreichenden Erfindung des Stereotypie-Verfahrens, das mittels des Plattengusses den unveränderten Nachdruck von Schriften ohne neue Satzherstellung ermöglichte, kam die Erfindung der Schnellpresse und der Rotationsmaschine. Einen besonderen Fortschritt bedeutete die Setzmaschine und deren Krönung, die Linotype, die das gleichzeitige Setzen und Gießen der Druckzeilen ermöglichte.

Mit der Erfindung der Autotypie, die es gestattete, das aktuelle Bild in die Rotationspresse aufzunehmen, begann die moderne Bildberichterstattung und der Siegeszug der *„Illustrierten*

Presse"; das erste illustrierte Blatt erschien 1833 in Leipzig (*Bachem* Bd. 4 Sp. 276). Kurz darauf (1848) folgten die *politischen Witzblätter,* ua der „Kladderadatsch". Bald entwickelte sich, vor allem in den Großstädten, neben der bis dahin maßgeblichen Meinungspresse, zu der in erster Linie die Parteipresse gehörte, die so genannte *Generalanzeigerpresse,* die sich keiner ausgeprägten Tendenz verschrieb und die durch das Bestreben, allen zu gefallen, hohe Auflagen erzielte. Diese Entwicklung wurde erst durch den Ersten Weltkrieg gestoppt. Die Pressefreiheit wurde aufgehoben und durch eine strenge Militärzensur ersetzt.

Die Zahl der Zeitungen ging infolge wirtschaftlicher Schwierigkeiten zurück (vgl. *Noelle-Neumann/Schulz/Wilke,* Publizistik/Massenkommunikation, S. 518; *Wilke,* Grundzüge der Medien- und Kommunikationsgeschichte, S. 275 f.).

VI. Die Weimarer Republik. Pressefreiheit als „Grundrecht der Deutschen" anerkannt

1. Nachdem das deutsche Kaiserreich als Folge des Ersten Weltkriegs (1914–1918) zusammen- **25**
gebrochen war, nahm die nach Weimar einberufene Nationalversammlung am 11.8.1919 die republikanische *Weimarer Verfassung* an, die in ihrem 2. Hauptteil die „Grundrechte und Grundpflichten der Deutschen" enthielt. In Art. 118 wurde die Meinungsäußerungsfreiheit „durch Wort, Schrift, Druck, Bild oder in sonstiger Weise ... innerhalb der Schranken der allgemeinen Gesetze" verfassungsrechtlich garantiert. Mit dieser Formulierung erhielt jedoch nur die materielle Pressefreiheit Verfassungsschutz, nicht dagegen die Informationsfreiheit und die formelle Pressefreiheit (Schutz der Presseverlage gegen Eingriffe von außen mit Ausnahme der Zensur; vgl. *Stier-Somlo/Elster* Bd. 4 S. 558). Teilweise wurde daher vertreten, dass Art. 118 Abs. 1 zu den Grundrechten gehöre, die „leer laufen" (vgl. *Anschütz* S. 551). Eine Fortentwicklung des Presserechts gelang der von politischen und wirtschaftlichen Krisen geschwächten Weimarer Republik nicht (vgl. *Apelt,* Geschichte der Weimarer Verfassung, S. 316). Dem 1924 vom Reichsinnenministerium vorgelegten Referentenentwurf eines Gesetzes über die Rechte und Pflichten der Zeitungs- und Zeitschriftenredakteure war ebenso wenig Erfolg beschieden wie dem 1931/1932 unternommenen Versuch, das Reichspreßgesetz von 1874 zu modernisieren.

2. Der Existenzkampf, den die Weimarer Republik von Anfang an mit ihren radikalen **26**
Gegnern von rechts und links zu führen hatte und dem sie schließlich erlag, führte zu einer Einschränkung der Pressefreiheit durch die „Gesetzgebung zum Schutz der Republik" und die Anwendung des so genannten *„Diktaturparagraphen"* (Art. 48 der Weimarer Verfassung; vgl. hierzu *Stier-Somlo/Elster* Bd. 4 S. 558) durch den Reichspräsidenten. Die Hoffnung, auf diese Weise der radikalen Presse Herr zu werden, erfüllte sich nicht (vgl. *Rumphorst* S. 61). Einen unheilvollen politischen Einfluss übte der weit verzweigte Materndienst des rechtskonservativen Hugenberg-Konzerns aus, der sich im Wege einer umfassenden Pressekonzentration zu einem mächtigen Pressekonzern entwickelt hatte. Er wurde zum publizistischen Wegbereiter des Nationalsozialismus (vgl. *Löffler,* Bd. I, 2. Aufl., Kap. 3 Rn. 64).

VII. Die Presse während der Herrschaft des Nationalsozialismus und in der Besatzungszeit

1. Hitler nahm die erste sich bietende Gelegenheit (hier den Reichstagsbrand vom 27. auf den **27**
28.2.1933) zum Anlass, die Meinungs- und Pressefreiheit noch am gleichen Tag durch § 1 der so genannten „Verordnung des Reichspräsidenten zum Schutz von Volk und Staat" (RGBl. I S. 83) zu beseitigen. Während das Vermögen der sozialdemokratischen und kommunistischen Presse entschädigungslos eingezogen wurde, ging der Nationalsozialismus bei der Unterwerfung der bürgerlichen Presse andere Wege. Nach dem Vorbild des italienischen Faschismus bediente sich Hitler zur Durchsetzung seiner Ziele der staatlich gelenkten *berufsständischen „Selbstverwaltung"* der Presse. Danach war die rechtliche Voraussetzung für jede journalistische oder verlegerische Tätigkeit in der Presse die Zugehörigkeit zu der durch das Reichskulturkammergesetz vom 22.9.1933 (RGBl. I S. 661) errichteten *Reichspressekammer* als Körperschaft des öffentlichen Rechts (§ 1, § 2 Nr. 2 Reichskulturkammergesetz; → Kap. 10 Rn. 5, → Kap. 40 Rn. 5). Wer die für eine Pressetätigkeit vorgeschriebene nationalsozialistische „Zuverlässigkeit" nicht besaß

oder verlor, wurde entweder in die Reichspressekammer nicht aufgenommen oder kurzerhand ausgeschlossen, was in beiden Fällen den Verlust der beruflichen Pressebetätigung bedeutete. Der Präsident der Reichspressekammer war zugleich der *Reichsleiter für die Presse.* In dieser Funktion hatte er die NS-Gauverlage zu überwachen sowie den Zentralverlag der NSDAP (in dem ua der „Völkische Beobachter" erschien) zu betreuen (vgl. *Kluge/Krüger,* Verfassung und Verwaltung im Dritten Reich, S. 146).

28 2. Eines der ersten Gesetzgebungswerke des nationalsozialistischen Staates war das *Schriftleitergesetz* vom 4.10.1933 (RGBl. I S. 713), das für die redaktionelle Arbeit der Presse zur Zeit des Nationalsozialismus maßgebend wurde. Mit seinen 47 Paragraphen war es die rechtliche Grundlage für eine staatliche Organisation, die den Journalisten unter betonter Ablehnung des „liberalen Freiheitsdenkens" in den Dienst der Regierungspolitik stellte. Jeder Redakteur (Schriftleiter) musste in einer Berufsliste eingetragen sein (§§ 8, 12 Schriftleitergesetz). Die Eintragung setzte eine mindestens einjährige Ausbildung voraus, ferner arische Abstammung des Schriftleiters und seiner Ehefrau und die Eigenschaften, „die die Aufgabe der geistigen Einwirkung auf die Öffentlichkeit erfordert" (§§ 5 ff. Schriftleitergesetz). Gleichzeitig wurde eine Standesgerichtsbarkeit eingerichtet (§§ 27 f. Schriftleitergesetz). Aus „dringenden Gründen des öffentlichen Wohles" konnte der Reichsminister für Volksaufklärung und Propaganda, Joseph Goebbels, darüber hinaus jederzeit und ohne nähere Begründung die Löschung eines Schriftleiters in der Berufsliste und damit seinen Ausschluss aus dem Presseberuf verfügen (§ 35 Schriftleitergesetz).

29 3. Den zahlreichen, aus Gründen mangelnder politischer Zuverlässigkeit zur Veräußerung ihres Verlagsbesitzes gezwungenen Verlegern war in der Regel der Verkauf an den mächtigen, nationalsozialistischen Zeitungskonzern (Eher-Konzern, München) zu einem weit unter dem wahren Wert liegenden Schleuderpreis vorgeschrieben (vgl. *Löffler,* Bd. I, 2. Aufl., Kap. 3 Rn. 69 ff.).

30 4. Nachdem die Diktatur Hitlers und der von ihm inszenierte 2. Weltkrieg (1939–1945) zu Ende waren, ging die faktische Staatsgewalt auf die Alliierten über. Mit Gesetz Nr. 2 vom 10.10.1945 (Amtsblatt des Kontrollrats in Deutschland, S. 19) wurden Reichskulturkammer und der Reichsleiter für die Presse und Zentralverlag der NSDAP aufgelöst und für gesetzwidrig erklärt. Mit Direktive Nr. 40 vom 12.10.1946 (Amtsblatt des Kontrollrats in Deutschland, S. 212) wurde die Presse verpflichtet, sich Erklärungen bestimmten (zB antidemokratischen oder militaristischen) Inhalts zu enthalten. Gleichzeitig fanden die Alliierten den Großteil der deutschen Presse (82,5 % der Gesamtauflage aller Zeitungen) im Besitz des nationalsozialistischen Zeitungskonzerns (Eher-Konzern), der seinerseits wiederum zu 100 % der NSDAP gehörte. Es hätte nahe gelegen, den vom Hitlerregime enteigneten Verlegern ihren Verlagsbesitz zurückzugeben. Die Befürchtung, dass der Geist des Nationalsozialismus während seiner Herrschaft alle Kreise infiziert habe, veranlasste die drei westlichen Besatzungsmächte Frankreich, das Vereinigte Königreich und die USA, den Wiederaufbau der bundesdeutschen Presse im Rahmen eines eng begrenzten *Lizenzierungssystems* vorzunehmen (vgl. BVerfG AfP 2008, 174; *Pürer/Raabe* S. 108 ff.). Aufgaben und Funktion der Presse waren im Kontrollratsgesetz der Alliierten von 1945 festgelegt (vgl. *Wilke,* Unter Druck gesetzt, S. 43). Nur die von den Besatzungsmächten berufenen „Lizenzträger" hatten das Recht, Zeitungen und Zeitschriften zu publizieren. Die „Altverleger" erhielten beim Nachweis, dass ihre Enteignung durch die NSDAP auf mangelnder politischer „Zuverlässigkeit" beruhte, in der Regel ihre Verlagshäuser und Druckereien zurück, jedoch häufig mit der Auflage, sie den Lizenzträgern pachtweise zur Verfügung zu stellen (Näheres vgl. Löffler/*Cornils* Einl. Rn. 16 f.).

VIII. Die Presse in der Bundesrepublik

1. Die teilweise Weitergeltung des Reichspreßgesetzes bis 1966

31 Nach dem Ende des Lizenzierungssystems der westlichen Besatzungsmächte (Sommer 1949) ging die Neuordnung des Pressewesens der Bundesrepublik in deutsche Hände über, allerdings behielten sich die Alliierten eine gewisse Kontrolle vor (vgl. Art. 5 ff. Gesetz Nr. 5 vom 21.9.1949, Amtsblatt der Alliierten Hohen Kommission für Deutschland, S. 7). Als staatlich autonome Gebilde hatten sich auf westdeutschem Boden inzwischen die *Länder* etabliert, die an Stelle des zusammengebrochenen Deutschen Reiches die Gesetzgebungsgewalt ausübten. Gestützt auf diese Kompetenz nahm in der Folge die Mehrzahl der Länder eigene Neuregelungen auf dem Gebiet des Pressewesens vor, wobei in einigen Fällen lediglich Einzelfragen behandelt, in anderen Fällen jedoch Gesamtregelungen getroffen wurden.

Die lange Zeit heftig umstrittene Frage der *Weitergeltung des Reichspreßgesetzes* von 1874 wurde schließlich durch eine Entscheidung des Bundesverfassungsgerichts (BVerfGE 7, 29) dahin gehend geklärt, dass das Reichspreßgesetz als partielles Landesrecht weiter gelte, somit der Verfügung des jeweiligen Landesgesetzgebers unterliege. In Ländern mit einer inzwischen ergangenen landesrechtlichen Vollregelung des Pressewesens (Bayern, Hessen, Nordwürttemberg/Nordbaden) besaß demnach das Reichspreßgesetz keine Geltung mehr, in Ländern mit einer Teilregelung (Bremen, Hamburg, Nordrhein-Westfalen, Saarland und Schleswig-Holstein) galt es ergänzend, und in den Ländern ohne Neuregelung (Berlin, Niedersachsen, Rheinland-Pfalz und Südwürttemberg/Südbaden) blieb das Reichspreßgesetz als Landesrecht voll in Kraft (Näheres Löffler/*Cornils* Einl. Rn. 21 f., 24; *Löffler* Publizistik 1957, 323 ff.).

2. *Die Presse in der DDR*

In der ehemaligen DDR gab es keine Pressegesetze. Art. 27 Abs. 2 der DDR-Verfassung vom **32**
6.4.1968 idF vom 7.10.1974 legte fest, dass die Freiheit der Presse gewährleistet wird. Dieser Satz war zwar fast gleichlautend mit Art. 5 Abs. 1 S. 2 GG. Aber die in Art. 27 Abs. 2 DDR-Verfassung erwähnte Freiheit wurde ganz anders verstanden als in Westdeutschland. Die Presse war nur insofern frei, als sie dem Sozialismus diente und ihn nicht in Frage stellte (vgl. *Kull* AfP 1990, 81; *Ludz/Kuppe,* DDR-Handbuch, S. 719 ff.; *Mampel* Art. 27 Rn. 13 f.). Die Presse in der ehemaligen DDR war im Gegensatz zu derjenigen in Westdeutschland eine *Lizenzpresse.* Alle Presseerzeugnisse durften nur mit staatlicher Erlaubnis verlegt werden. Das Presseamt beim Vorsitzenden des Ministerrates der DDR erteilte die Lizenzen für Tages- und Wochenzeitungen und Zeitschriften. Die Lizenzen konnten auch wieder eingeschränkt oder entzogen werden (§ 9 VO über die Herausgabe und Herstellung aller periodisch erscheinenden Presseerzeugnisse vom 12.4.1962, GBl. DDR II 1962 S. 239; vgl. ausführlich *Ludz/Kuppe,* DDR-Handbuch, S. 859 ff.). Diese Verordnung führte dazu, dass nahezu alle Presseprodukte von der SED und den mit ihr verbundenen Organisationen herausgegeben wurden (vgl. *Bullinger* AfP 1991, 465 f.; *Schulze* S. 33 ff.). Die DDR-Journalisten hatten bei ihrer Arbeit die von Lenin im Jahre 1901 festgelegten Grundaufgaben der Massenmedien wahrzunehmen: als kollektiver Propagandist, Agitator und Organisator bei der Gestaltung und Entwicklung der sozialistischen Gesellschaft mitzuwirken (vgl. *Schulze* S. 52). Eine weitere Einschränkung der Presse erfolgte durch die Postzeitungsvertriebsordnung vom 20.11.1975 (GBl. DDR I 1975 S. 769 ff.), nach der alle Presseerzeugnisse vor der Verbreitung in der DDR auf einer Postzeitungsliste des Ministeriums für Post- und Fernmeldewesen aufgenommen sein mussten. Nach der Öffnung der DDR-Grenze im November 1989 wandelte sich das Verständnis von den Medien. Auf Anregung des „Runden Tisches" wurde im Dezember 1989 eine Mediengesetzgebungskommission gebildet, der Vertreter der Regierung, aller am „Runden Tisch" vertretenen Parteien und Gruppierungen, der Kirche, der Berufsverbände, der Medien sowie Wissenschaftler angehörten (vgl. *Pürer/Raabe* S. 215 f.; *Wandtke* ZUM 1993, 587). Die Kommission einigte sich auf einige Grundsätze, die schließlich in den Beschluss über die Gewährleistung der Meinungs-, Informations- und Medienfreiheit aufgenommen wurden, den die Volkskammer der DDR am 5.2.1990 verabschiedete (GBl. DDR I 1990 S. 39 f., abgedruckt in AfP 1990, 23 f.). Am 16.5.1990 trat die „Verordnung über den Vertrieb von Presseerzeugnissen in der DDR vom 2.5.1990" in Kraft (GBl. DDR I 1990 S. 245 f., abgedruckt in AfP 1990, 115 f.). Durch diese Verordnung wurde in erster Linie der DDR-bezogene Vertrieb gesichert, indem die Erlaubnis zum Vertrieb von einem Firmensitz in der DDR abhängig gemacht wurde (§ 1 der VO). Nach der formellen Wiedervereinigung am 3.10.1990 haben die Bundesländer Brandenburg, Mecklenburg-Vorpommern, Sachsen, Sachsen-Anhalt und Thüringen eigene Landespressegesetze erlassen, die denen in der alten Bundesrepublik weitgehend entsprechen; bevor diese Gesetze in Kraft traten, galt in der Übergangszeit das Reichspreßgesetz als Landesrecht (→ Rn. 35; zu der Entwicklung nach der Transformation vgl. *Noelle-Neumann/Schulz/Wilke,* Publizistik/Massenkommunikation, S. 262 f.).

3. *Die Verfassungsgarantie der Pressefreiheit*

33 Das mit Ablauf des 23.5.1949 in Kraft getretene *Grundgesetz* der Bundesrepublik Deutschland führte zu einem das Länderrecht überwölbenden einheitlichen Verfassungsrecht. Der *Art. 5 Abs. 1 GG* garantiert nicht nur die Meinungsäußerungs- und Informationsfreiheit, sondern auch die *Pressefreiheit* als solche. Damit wird ihr als einem vor- bzw. überstaatlichen Menschenrecht umfassender Rechtsschutz gewährt. Der Art. 5 Abs. 1 GG sichert sowohl die materielle (aktive) wie die formelle (abwehrende) Seite der Pressefreiheit, ihren individuellen und institutionellen Gehalt (→ Kap. 6 Rn. 7 ff.). Dank dieses starken rechtlichen Fundaments und einer die Bedeutung der Pressefreiheit anerkennenden Judikatur des Bundesverfassungsgerichts in Karlsruhe gehört die Bundesrepublik heute weltweit zu den Ländern, in denen die Pressefreiheit am besten gesichert ist.

4. *Vergebliches Bemühen um ein Presserechts-Rahmengesetz des Bundes*

34 Das Grundgesetz hatte in Art. 75 Abs. 1 S. 1 Ziff. 2 dem Bund auf dem Gebiet der „allgemeinen Rechtsverhältnisse der Presse“ das Recht der Rahmengesetzgebung übertragen. Im Blick auf das in elf verschiedene Landespressegesetze zersplitterte Presserecht der alten Bundesrepublik richtete sich die Hoffnung auf den zu einer Rahmenregelung berufenen Bundesgesetzgeber. Der Bund unternahm wiederholt (1952, 1958, 1964, 1974) ernsthafte Anläufe, ein solches Presserechts-Rahmengesetz zu schaffen. Doch scheiterten alle diese Bemühungen angesichts der politischen Brisanz der umstrittenen presserechtlichen Fragen, insbesondere der sog. „inneren“ Pressefreiheit (→ Kap. 38 Rn. 11 ff.). Letztmals gab es im Jahre 1992 entsprechende Tendenzen seitens des Bundes im Zusammenhang mit dem Streit um die Regelung der inneren Pressefreiheit in Brandenburg (vgl. Mitteilung in AfP 1993, 561; *Kull* AfP 1995, 551 f.; auch → Kap. 38 Rn. 1). Im Zuge der „Föderalismusreform 2006“ wurde die Rahmenkompetenz des Bundes (Art. 75 GG) vollständig aufgehoben (vgl. *Rozek* in v. Mangoldt/Klein/Starck GG Art. 75 Rn. 1), so dass sich entsprechende Vorhaben endgültig erledigt haben.

5. *Die Schaffung der modernen Landespressegesetze (1964–1966 und 1991–1993)*

35 a) Da es dem Bundesgesetzgeber nicht gelang, den Rahmen für ein modernes Presserecht zu schaffen und weil das Reichspreßgesetz von 1874 immer mehr veraltete (→ Rn. 31), unternahmen die elf alten Bundesländer ab 1959 den schließlich erfolgreichen Versuch, nach einem als Muster dienenden Modellentwurf (vgl. Löffler/*Cornils* Einl. Rn. 28) neue, in den wesentlichen Punkten übereinstimmende Landespressegesetze zu schaffen, die in den Jahren 1964 bis 1966 bzw. nach dem Beitritt in den Jahren 1991 bis 1993 in Kraft traten. Dank dieses planmäßigen Vorgehens der Länder besitzt die Bundesrepublik seit dieser Zeit ein weithin übereinstimmendes Presserecht:

(1) Baden-Württemberg: „Gesetz über die Presse“ vom 14.1.1964 (GBl. S. 11), zuletzt geändert durch Gesetz vom 24.4.2018 (GBl. S. 129 (131)).

(2) Bayern: „Bayerisches Pressegesetz“ in der Fassung der Bekanntmachung vom 19.4.2000 (GVBl. S. 340), zuletzt geändert durch Verordnung vom 26.3.2019 (GVBl. S. 98).

(3) Berlin: „Berliner Pressegesetz“ vom 15.6.1965 (GVBl. S. 744), zuletzt geändert durch Gesetz vom 4.4.2016 (GVBl. S. 150).

(4) Bremen: „Gesetz über die Presse“ vom 16.3.1965 (Brem.GBl. S. 63), zuletzt geändert durch Gesetz vom 8.5.2018 (Brem.GBl. S. 149 (151)).

(5) Hamburg: „Hamburgisches Pressegesetz“ vom 29.1.1965 (HmbGVBl. S. 15), zuletzt geändert durch Gesetz vom 18.5.2018 (HmbGVBl. S. 184).

(6) Hessen: „Hessisches Gesetz über Freiheit und Recht der Presse“ in der Fassung der Bekanntmachung vom 12.12.2003 (GVBl. 2004 S. 2), zuletzt geändert durch Gesetz vom 3.5.2018 (GVBl. S. 82).

(7) Niedersachsen: „Niedersächsisches Pressegesetz“ vom 22.3.1965 (Nds. GVBl. S. 9), zuletzt geändert durch Gesetz vom 16.5.2018 (Nds. GVBl. S. 66).

(8) Nordrhein-Westfalen: „Pressegesetz für das Land Nordrhein-Westfalen" vom 24.5.1966 (GV. NRW. S. 340), zuletzt geändert durch Gesetz vom 8.5.2018 (GV. NRW. S. 214).

(9) Rheinland-Pfalz: „Landesmediengesetz" vom 19.12.2018 (GVBl. S. 431).

(10) Saarland: „Saarländisches Mediengesetz" vom 27.2.2002 (ABl. S. 498, ber. S. 754), geändert durch Gesetz vom 16.5.2018 (ABl. I S. 268).

(11) Schleswig-Holstein: „Gesetz über die Presse" vom 19.6.1964 (GVOBl. SchlH S. 71), in der Fassung der Bekanntmachung vom 31.1.2005 (GVOBl. S. 105), zuletzt geändert durch Gesetz vom 11.6.2019 (GVOBl. S. 145).

Nach der Neugründung der Länder Brandenburg, Mecklenburg-Vorpommern, Sachsen, Sachsen-Anhalt und Thüringen sowie deren Beitritt zur Bundesrepublik am 3.10.1990 sind dort nach und nach eigene Landespressegesetze in Kraft getreten, die sich ebenfalls weitgehend an dem Modellentwurf orientieren:

(12) Brandenburg: „Pressegesetz des Landes Brandenburg" vom 13.5.1993 (GVBl. I S. 162), zuletzt geändert durch Gesetz vom 8.5.2018 (GVBl. 2018 I S. 23).

(13) Mecklenburg-Vorpommern: „Landespressegesetz für das Land Mecklenburg-Vorpommern" vom 6.6.1993 (GVOBl. MV S. 541), zuletzt geändert durch Gesetz vom 22.5.2018 (GVOBl. MV S. 193 (204)).

(14) Sachsen: „Sächsisches Gesetz über die Presse" vom 3.4.1992 (SächsGVBl. S. 125), zuletzt geändert durch Gesetz vom 11.5.2019 (SächsGVBl. S. 358).

(15) Sachsen-Anhalt: „Pressegesetz für das Land Sachsen-Anhalt" vom 14.8.1991 (GVBl. LSA S. 261), in der Fassung der Bekanntmachung vom 2.5.2013 (GVBl. LSA S. 198 (199)), zuletzt geändert durch Gesetz 29.3.2018 (GVBl. LSA S. 22 (23)).

(16) Thüringen: „Thüringer Pressegesetz" vom 31.7.1991 (GVBl. S. 271), zuletzt geändert durch Gesetz vom 6.6.2018 (GVBl. S. 229 (265)).

b) Durch die modernen Landespressegesetze wurden für die Weiterentwicklung des Presse- **36**
rechts *erfreuliche Fortschritte* erzielt. Indem die Tätigkeit der Presse als *öffentliche Aufgabe* anerkannt wurde, fand ihre zentrale Stellung im Gefüge der demokratischen Gesellschaft die gebotene rechtliche Anerkennung. In den LPG bzw. LMG wurde der Presse den Behörden gegenüber ein gerichtlich durchsetzbarer *Informationsanspruch* zuerkannt (vgl. zB § 4 NRWLPG; Näheres sh. Abschn. 4). Das schon im Reichspreßgesetz von 1874 enthaltene Recht auf Abdruck einer *Gegendarstellung* wurde modernisiert (Näheres sh. Abschn. 5). Überdies wurde der Beschlagnahmeschutz der Presse wesentlich durch die Einführung von Regelungen verstärkt, die eine vom Verschulden der Behörde unabhängige Entschädigung der Presseverlage bei fehlerhafter Beschlagnahme vorsehen. Auch entspricht es den modernen Erfordernissen, wenn das LPG (vgl. zB § 7 Abs. 2 NRWLPG) die *Nachrichtenagenturen* und Pressekorrespondenzen voll den Vorschriften der Landespressegesetze unterwirft und sie damit sowohl an den Schutzbestimmungen wie an den Sorgfaltspflichten des Presserechts teilhaben lässt (vgl. hierzu auch BVerfG AfP 2003, 539 ff.).

6. *Erweiterung des Zeugnisverweigerungsrechts. Kompetenzstreit bei der pressespezifischen Auflage-Beschlagnahme*

a) Durch Beschluss vom 28.11.1973 verneinte das Bundesverfassungsgericht (BVerfGE 36, **37**
193 ff.) die Kompetenz des Landesgesetzgebers auf dem Gebiet des *Zeugnisverweigerungsrechts,* soweit es sich um Verfahren nach Bundesrecht handelt, und erklärte den früheren § 24 LPG insoweit für nichtig. Daraufhin nahm der Bundesgesetzgeber durch Gesetz vom 25.7.1975 (BGBl. I S. 1973) mit der Änderung des § 53 Abs. 1 Nr. 5 StPO eine Neuregelung vor (Näheres → Kap. 30 Rn. 33 ff.). Gegenstand anhaltender Diskussion in der Literatur war die Tatsache, dass § 53 StPO idF vom 25.7.1975 dem Wortlaut nach das von den Presseangehörigen *selbst recherchierte Material* nicht erfasste. Um in diesem Bereich das Zeugnisverweigerungsrecht auszudehnen und damit den Schutz der Informanten und das Redaktionsgeheimnis zu verstärken, erfolgten mehrere Gesetzesinitiativen (vgl. BT-Drs. 13/195; BT-Drs. 13/5285; Näheres zum Inhalt des Entwurfs vgl. *Pöppelmann* AfP 1997, 485 ff.). Mit der Änderung der StPO vom 15.2.2002 (BGBl. I S. 682) wurde diese Forderung schließlich umgesetzt. Das neue Zeugnisverweigerungsrecht der Strafprozessordnung umfasst nunmehr auch das selbst recherchierte Materi-

al, § 53 Abs. 1 S. 2 StPO (vgl. *Schmitt* in Meyer-Goßner/Schmitt, StPO, StPO § 53 Rn. 39; *Kunert* NStZ 2002, 171; *Pöppelmann/Jehmlich* AfP 2003, 221 f.). Eine Einschränkung findet diese Regelung in § 53 Abs. 2 S. 2 StPO, wenn an der Aufklärung einer Straftat ein besonderes Interesse besteht und die Aufklärung ansonsten aussichtslos oder wesentlich erschwert wäre (sog. Subsidiaritätsklausel). Die Subsidiaritätsklausel gilt dem Gesetzeswortlaut nach allerdings nur für Vergehen (str., vgl. *Schmitt* in Meyer-Goßner/Schmitt, StPO, StPO § 53 Rn. 39a). Eine Unterausnahme von der Klausel gilt dann, wenn die Aussage zur Offenbarung der Person des Verfassers, des Einsenders von Beiträgen und Unterlagen oder eines sonstigen Informanten führen würde (vgl. *Schmitt* in Meyer-Goßner/Schmitt, StPO, StPO § 53 Rn. 39c). Ebenso geschützt sind die auf diesem Weg erhaltenen Mitteilungen und deren Inhalte (→ Kap. 30).

38 b) Anlässlich der Neuregelung des Zeugnisverweigerungsrechts durch Gesetz vom 25.7.1975 (→ Rn. 37) erließ der Bundesgesetzgeber in § 111m und § 111n StPO zugleich neue Vorschriften zur *pressespezifischen Beschlagnahme* von Druckwerken (Näheres → Kap. 17 Rn. 22 f.; → Kap. 31 Rn. 3 ff.).

7. *Die wirtschaftliche und technologische Entwicklung der Presse ab 1990 und in der Gegenwart*

39 a) In der Bundesrepublik Deutschland hat sich die Stellung der Presse in Staat und Gesellschaft wesentlich verändert. Jahrhunderte lang dienten die presserechtlichen Normen im Wesentlichen der Bevormundung und Gängelung der vom *Obrigkeitsstaat* mit Misstrauen betrachteten Presse. Im Honoratiorenstaat des Bismarck'schen Kaiserreiches und der Weimarer Republik war der Journalist ein Außenseiter, dem das Reichsgericht die Befugnis verwehrte, Sprachrohr der Öffentlichkeit zu sein und deren Interessen zu vertreten. Demgegenüber wird heute die informierende, kontrollierende und meinungsbildende Tätigkeit der Presse allgemein als *öffentliche Aufgabe* anerkannt (zB § 3 NRWLPG; → Kap. 3 Rn. 4 ff.).

40 b) Die Presse, die während der ersten beiden Jahrzehnte der Bundesrepublik an dem allgemeinen Aufschwung der Wirtschaft teilgenommen und dadurch ihre Unabhängigkeit gegenüber pressefremden Einflüssen wesentlich verstärkt hatte, sah sich in den siebziger Jahren infolge einer außergewöhnlichen Steigerung der Produktionskosten in einer ernsten *wirtschaftlichen Krise.* Der von einer stürmischen technischen Entwicklung und der scharfen Konkurrenz mit Rundfunk und Fernsehen ausgehende Zwang zu ständiger Modernisierung brachte für die Presse enorme Investitionskosten mit sich. Die Folge war, dass insbesondere kleinere und mittlere Zeitungsunternehmen ihre Selbstständigkeit aufgeben und den Anschluss an größere Verlagsgruppen suchen mussten.

41 Die Bedrohung der für eine offene demokratische Gesellschaft unentbehrlichen Pressevielfalt durch eine immer stärkere *Pressekonzentration* konnte durch das sog. *Pressefusions-Kontrollgesetz* vom 28.6.1976 (BGBl. I S. 1697) weithin abgewehrt werden (ausführlich zum verfassungsrechtlichen Rahmen der Pressefusionskontrolle Zohm, Pressefusionskontrolle). Im Jahr 1989 gab es in den elf alten Bundesländern 119 *publizistische Einheiten* (vgl. *Schütz,* Tabelle 1 „Zeitungsstatistik im Überblick" in Media Perspektiven 1989, 754). In der Kategorie Publizistische Einheit werden alle Verlage als Herausgeber mit den jeweiligen Zeitungsausgaben zusammengenommen, die in ihrem Mantel, im Regelfall den Seiten 1 und 2 mit den aktuellen politischen Nachrichten, vollständig oder in wesentlichen Teilen übereinstimmen (vgl. *Schütz* Media Perspektiven 1989, 749). Während sich im westlichen Bundesgebiet die Zahl der publizistischen Einheiten zwischen 1991 und 1993 auf 114 verminderte (vgl. *Schütz* Media Perspektiven 1994, 169), ist sie zwischen 1995 und 1997 unverändert geblieben. Dies war positiv zu registrieren, da ihr stetiger Rückgang in der Vergangenheit zugleich einen zuverlässigen Indikator für publizistische Konzentration darstellte (vgl. *Schütz* Media Perspektiven 1997, 663 ff.; *Groß* ZUM 1996, 365 ff.). Die Lage im Zeitungsmarkt hat sich allerdings mit der ungünstigen konjunkturellen Entwicklung in der Bundesrepublik verschlechtert. So wurde die Situation als die größte Zeitungskrise seit dem Zweiten Weltkrieg bezeichnet (vgl. *Röper* Media Perspektiven 2002, 478 ff.; 2004, 268; Zentralverband der deutschen Werbewirtschaft, Werbung in Deutschland 2002, S. 17; vgl. zu Entwicklungen in der Pressewirtschaft *Noelle-Neumann/Schulz/Wilke,* Publizistik/Massenkommunikation, S. 537 ff.; *Rudolph,* Erhalt von Vielfalt im Pressewesen, S. 172 ff.). In diesem Zusammenhang kam es zu Forderungen, die pressespezifische Fusionskontrolle solle gelockert werden (vgl. Empfehlung des BDZV vom 20.11.2003 in FAZ vom 21.11.2003; Überblick bei *Röper* Media Perspektiven 2004, 279 ff.; auch → Kap. 9 Rn. 6a; → Kap. 82 Rn. 10; → Kap. 85 Rn. 1 ff.; → Kap. 86 Rn. 1 ff.).

Auch im neuen Jahrtausend gab es Änderungen im Pressefusions-Recht. Der Gesetzgeber suchte hierbei, „[...] angemessen den Handlungsspielraum kleiner und mittlerer Presseunternehmen" (BT-Drs. 17/9852, 1 hinsichtlich der 8. GWB-Novelle; ähnlich BT-Drs. 18/10207, 1 hinsichtlich der 9. GWB-Novelle) zu erweitern. **42**

Durch die *8. GWB-Novelle* (vgl. hierzu die zahlreichen Literaturnachweise bei *Hennemann* in BeckOK Informations- und Medienrecht, 27. Ed., GWB § 30 Rn. 2) vom 26.6.2013 (BGBl. I S. 1738) wurde im Bereich der Presse die Reduzierung des Multiplikatorenfaktors in § 38 Abs. 3 GWB von 20 auf acht vorgenommen. Hintergrund hierfür war die wachsende Konkurrenz durch Online-Medien (vgl. BT-Drs. 17/9852, 29). Diese Änderung hat eine hohe Relevanz: In den Jahren vor 2013 wurden jährlich durchschnittlich ca. 50 Pressefusionen beim Bundeskartellamt angemeldet; nach der Novellierung wären etwa 20 % hiervon nicht mehr anmeldepflichtig gewesen (vgl. *Rinne* in BeckOK Informations- und Medienrecht, 27. Ed., GWB § 38 Rn. 5). **43**

In der *9. GWB-Novelle* (vgl. hierzu die zahlreichen Literaturnachweise bei *Hennemann* in BeckOK Informations- und Medienrecht, 27. Ed., GWB § 30 Rn. 2a; speziell zu den die Presse betreffenden Auswirkungen des Regierungsentwurfs vgl. *Podszun/Schwalbe* ZUM 2017, 339; *von Wallenberg* NZKart 2016, 343) vom 1.6.2017 (BGBl. I S. 1416) wurde § 30 um einen neuen Abs. 2b und einen neuen Abs. 4 erweitert sowie Abs. 3 Satz 2 ergänzt. Des Weiteren wurde die Überschrift der Norm geändert. **44**

Die Verkleinerung des Zeitungsmarktes durch Zeitungsfusionen und -kooperationen bringt ein weiteres Phänomen mit sich: die gleichzeitige Verkleinerung des journalistischen Arbeitsmarktes (vgl. *Jarren,* Medienkrise, S. 165). So verkleinerte sich die Anzahl der im Zeitungs- und Zeitschriften-Verlagswesen beschäftigten Personen im Jahr 2015 im Vergleich zum Vorjahr um 7,1 % (vgl. Statistisches Bundesamt, Strukturerhebung im Dienstleistungsbereich Verlagswesen, 2015, S. 12). **45**

c) Die „Erleichterungen" im Fusionskontrollrecht (→ Rn. 40 ff.) können freilich nicht alle Probleme, denen sich die Presse-Unternehmen ausgesetzt sehen, lösen. So bleiben im Bereich der Zeitungen in vielerlei Sicht negative Tendenzen erkennbar: Zu nennen sind Umsatzrückgänge, Sinken der Gesamtauflagen, Rückgang der Reichweite des Mediums und der Anzeigenerlöse (vgl. *Faulstich,* Mediengeschichte, S. 406). Gerade letzteres ist von großer Bedeutung. Denn in Bezug auf Zeitungen und Zeitschriften sind Werbeeinnahmen eine wichtige (vgl. *Jarren,* Medienkrise, S. 166; BFH DStR 2016, 1867), wenn nicht die wichtigste Form der Marktfinanzierung (vgl. *Seufert,* Medienwandel, S. 149). Ebenfalls zurück ging die Anzahl der Zeitungs- und Zeitschriftenverlage: Diese sank im Jahr 2015 um 4,8 % im Vergleich zum Vorjahr (vgl. Statistisches Bundesamt, Strukturerhebung im Dienstleistungsbereich Verlagswesen, 2015, S. 12). **46**

Mögliche Gegenstrategien zu diesen Entwicklungen sind Kosteneinsparungen sowie ein Erschließen neuer Geschäftsfelder, namentlich im digitalen Bereich. **47**

d) Kosteneinsparungen sind zum einen durch zusätzliche Kooperationen und Fusionen möglich; einher geht damit freilich die Zunahme der regionalen Pressekonzentration (vgl. *Neuberger/Lobigs,* Vielfaltssicherung, S. 196). Einsparungen sind zum anderen möglich bei den Personalkosten, va im Bereich der Redaktionen. Sofern damit eine Senkung der Qualitätsmaßstäbe einhergeht (vgl. *Krone,* Verlage zwischen Web 2.0, S. 172), führt dies allerdings zu dem Problem, dass es für die Printzeitung dadurch immer schwieriger wird, ihre Stärken (wie etwa bei qualitativ hochwertigen Hintergrundberichten, vgl. *Faulstich,* Mediengeschichte, S. 406) gegenüber anderen Formen des Journalismus zur Geltung kommen zu lassen. Dies wiederum kann zu einem weiteren Bedeutungsverlust der Printzeitung führen. **48**

e) Eine weitere Strategie, den ökonomischen Herausforderungen (→ Rn. 46) zu begegnen, ist die Digitalisierung. **49**

Möglich ist eine solche Strategie jedenfalls: Denn aufgrund ihrer privatrechtlichen Organisationsform steht es der Presse grundsätzlich frei, zu entscheiden, welcher Mittel sie sich zum Zwecke der Verbreitung ihrer Produkte bedient: „Im Zentrum der grundrechtlichen Gewährleistung der Pressefreiheit steht das Recht, Art und Ausrichtung, Inhalt und Form eines Publikationsorgans frei zu bestimmen." (BVerfGE 101, 389). Von dem materiellen Pressebegriff hat sich die Presse daher zunehmend gelöst. So sind Presseunternehmen zum Beispiel in der Lage, ihre Presseerzeugnisse online und offline im Internet zu verbreiten (*„elektronische" Presse* (hierzu → Kap. 1 Rn. 5a; → Kap. 12 Rn. 6c) wie etwa E-Papers oder E-Zeitungen und online-Angebote). Auch diese Vertriebswege sind grundsätzlich zu den geschützten Tätigkeiten der Presse zu zählen (vgl. *Grabenwarter* in Maunz/Dürig, GG, 82. EL, Art. 5 Rn. 288).

Tatsächlich hat die Anzahl der Online-Angebote der Zeitungen in Deutschland von 1999 (160 Angebote) bis 2017 (698 Angebote) ständig zugenommen. Ebenso verhält es sich mit den E-Paper-Auflagen: Dort konnten die Verkaufe von 50.914 (II/2007) auf 1.207.122 Auflagen (II/2017) kontinuierlich gesteigert werden (vgl. BDZV, Die deutschen Zeitungen in Zahlen und Daten 2018). Gleichzeitig sinkt damit die Bedeutung der gedruckten Zeitung als Nachrichtenquelle (vgl. *Peters/Wellbrock,* Kognitive Dissonanz, S. 185). Eine zunehmende Substitution der gedruckten Zeitung durch die „elektronische" Presse ist damit zu beobachten. So ist die Presse tatsächlich von einer Digitalisierung betroffen, ob dies „fast immer negativ" (*Faulstich,* Mediengeschichte, S. 405) ist, bedarf einer näheren Untersuchung. Grundsätzlich lässt sich sagen, dass diese Substitution insbesondere bei jüngeren Konsumenten stattfindet (vgl. *Peters/Wellbrock,* Kognitive Dissonanz, S. 185). Somit werden tendenziell zahlende Konsumenten durch nichtzahlende ersetzt (vgl. *Peters/Wellbrock,* Kognitive Dissonanz, S. 185). Tatsächlich gehen viele (va jüngere) Nutzer davon aus, dass Inhalte im Internet kostenlos sind. Ihre Bereitschaft, für online-Inhalte zu bezahlen, ist dementsprechend gering (vgl. *Seufert,* Medienwandel, S. 161; *Martini* EuZW 2015, 822). Gleichzeitig scheint die Bereitschaft, für analoge Presse-Produkte höhere (Abonnements-)Preise zu bezahlen, abzunehmen (vgl. *Jarren,* Medienkrise, S. 165).

Legt man diese – sicher pauschalisierende – Prämisse zugrunde, erscheint zumindest fraglich, ob das gegenwärtige Nutzerverhalten im Internet die Möglichkeit einer Entgeltfinanzierung von (qualitativem) „Online-Journalismus" als realistisch erscheinen lässt (vgl. zu etablierten und alternativen Geschäftsmodellen im Online-Journalismus Godulla, Mehr als lousy pennies?, S. 135 ff.; vgl. zum Einfluss von Usability und Design von Zeitungswebsites auf deren Werbeerfolg Löffel, Zeitungswebsites, passim).

50 f) Weitere Möglichkeiten der Presse-Unternehmen, auf die oben (Rn. 46) beschriebenen Herausforderungen zu reagieren, sind Modifikationen ihres bisherigen Geschäftskonzepts. In Betracht kommt zum einen das „Expand your Brand", also die Übertragung bestehender Printmarken ins Internet (vgl. *Neuberger/Lobigs,* Vielfaltssicherung, S. 194). Wesentlich weiter jedoch geht das „Expand your Business": Hierbei findet eine Loslösung vom klassischen Contentgeschäft (dh Print) und eine Entwicklung hin zu vielfältigsten Internet-Geschäftsmodellen statt (vgl. *Neuberger/Lobigs,* Vielfaltssicherung, S. 194). Ob man im zuletzt genannten Fall aber überhaupt noch von „Presse" sprechen kann, ist freilich fraglich.

51 g) Ein Trend, der losgelöst ist von den vorgenannten Entwicklungen, ist die *Deprofessionalisierung des Journalismus* (vgl. hierzu *Grabenwarter* in Maunz/Dürig, GG, 82. EL, Art. 5 Rn. 245). Insbesondere die Entwicklung der technischen Rahmenbedingungen ermöglicht es immer mehr Menschen, sich auch ohne entsprechende Ausbildung journalistisch zu betätigen. Als Stichworte seien hierzu genannt: *Bürgerjournalismus, Graswurzel-Journalismus* und *Network-Journalism* (vgl. hierzu eingehend *Kahl,* Elektronische Presse und Bürgerjournalismus, S. 48 ff.). Diese Phänomena werfen ua die Frage auf, wie in ihrem Fall die verschiedenen Gewährleistungen des Art. 5 GG abzugrenzen sind bzw. welche Freiheitsrechte jeweils einschlägig sind. Gleichfalls offen ist, ob bzw. wann zB die Regelungen der Landespressegesetze auf solche Formen der Berichterstattung anwendbar sind. Der EuGH jedenfalls vertritt einen weiten Journalismus-Begriff, so dass auch das Hochladen eigener Videos auf der Plattform Youtube eine journalistische Tätigkeit sein kann (vgl. AfP 2019, 227).

2. Abschnitt. Die Pressefreiheit

Literatur:

Bonner Kommentar, Kommentar zum Grundgesetz, Loseblattsammlung, Heidelberg; *Burkhardt et al.,* Das Recht der Wort und Bildberichterstattung, 6. Aufl., Köln 2018; *Epping/Hillgruber,* BeckOK Grundgesetz, Online-Ressource, München; *Frowein/Peukert,* Europäische Menschenrechtskonvention, EMRK-Kommentar, 3. Aufl., Kehl 2009; *Gornig,* Äußerungsfreiheit und Informationsfreiheit als Menschenrechte, Berlin 1988; Maunz/Dürig, GG, Art. 5, Loseblattsammlung, München; *Häntzschel,* Das Grundrecht der freien Meinungsäußerung, Archiv für öffentliches Recht 1926, S. 228 ff.; *Hoffmann-Riem,* Kommunikationsfreiheiten, Baden-Baden 2002; *Leibholz/Rinck,* Grundgesetz, Kommentar an Hand der Rechtsprechung des Bundesverfassungsgerichts, Loseblattsammlung, Köln; *Löffler,* Presserecht, Bd. I, 2. Aufl., München 1969, 5. Kap., S. 70 ff.; *ders.,* Presserecht, Bd. I, 3. Aufl., München 1983; *ders.* (Hrsg.), Presserecht, Kommentar zu den Landespressegesetzen der Bundesrepublik Deutschland, 6. Aufl., München 2015; *v. Mangoldt/Klein/Starck,* Grundgesetz, 7. Aufl. München 2018; *Meyer-Ladewig/Nettesheim/von Raumer,* Konvention zum Schutz der Menschenrechte und Grundfreiheiten, 4. Aufl., Baden-Baden 2017; *v. Münch/Kunig,* Grundgesetz Kommentar, 6. Aufl., München 2012; *Ridder,* Meinungsfreiheit, in Neumann/Nipperdey/Scheuner, Bd. II, Berlin 1954, S. 243 ff.; *Rohde,* Die Nachzensur in Art. 5 Abs. 1 S. 3 GG, Kiel 1996; *Sachs,* Grundgesetz Kommentar, 8. Aufl., München 2018.

5. Kapitel. Die Bedeutung des Grundrechts der Pressefreiheit. Die Rechtsquellen

I. Die Bedeutung des Grundrechts der Pressefreiheit

1. Das in der Verfassung verankerte *Grundrecht der Pressefreiheit* (Art. 5 Abs. 1 S. 2 GG) ist für den einzelnen Bürger wie für Staat und Gesellschaft von fundamentaler Bedeutung. Die Pressefreiheit gibt dem *Einzelnen* die Möglichkeit, sich ständig und umfassend auf allen Lebensgebieten zu unterrichten, sich über Meinungen anderer zu informieren, seinen eigenen Standpunkt zu überdenken, sich an der öffentlichen Diskussion zu beteiligen und politische Entscheidungen zu treffen (vgl. BVerfGE 50, 239 f.). Für den *demokratischen Rechtsstaat* ist das Grundrecht der Pressefreiheit „schlechthin konstituierend" (BVerfGE 107, 329; → Kap. 3 Rn. 1) und von „besonderer Bedeutung" (OVG Berlin-Brandenburg AfP 2010, 622). Auch nach Auffassung des EGMR spielt sie „eine wesentliche Rolle für das Funktionieren der demokratischen Gesellschaft" (20.3.2018 – 45791/13 – Falzon/Malta; → Kap. 3 Rn. 24). Das Risiko der demokratischen Staatsform, die alle Bürger mit gleichem Stimmrecht an der politischen Willensbildung teilnehmen lässt, ist nur tragbar, wenn die Staatsbürger unter anderem durch eine freie Presse ausreichend und zuverlässig über das Geschehen im Land und in der Welt informiert werden. Dank ihrer verfassungsrechtlich gesicherten Unabhängigkeit ist die Presse ein unentbehrliches Organ der Kontrolle und Kritik von Staat und Wirtschaft und zugleich Motor und Medium der öffentlichen Meinung. In der Vergangenheit war es vor allem die Presse, die gemeinsam mit dem Rundfunk in der repräsentativen Demokratie die ständige Verbindung zwischen dem Volk und seinen gewählten Vertretern in Parlament und Regierung aufrechterhielt (vgl. BVerfGE 83, 295 f.; 59, 257 f.; *Leibholz/Rinck,* GG, 56. EL, Art. 5 Rn. 168). 1

2. Von allen in der Verfassung verankerten Freiheitsrechten ist die Pressefreiheit ein politisch besonders starkes *Grundrecht.* Hinter ihm steht die geistige und wirtschaftliche Macht der modernen Presse, die gewillt und in der Lage ist, das ihr zuerkannte Grundrecht mit Nachdruck zu verteidigen. Darüber hinaus setzt sich die Presse – wie kaum eine andere Institution – für die Wahrung und Sicherung aller anderen Grundrechte ein. Sie folgt dabei bewährten Traditionen: Der erfolgreiche Kampf der Presse um die Anerkennung der Menschenrechte und Grundfreiheiten gehört zu ihren großen geschichtlichen Leistungen (→ Kap. 4 Rn. 13 ff.). Die Pressefreiheit ist die Garantie für alle übrigen Freiheitsrechte (vgl. Urteil des Supreme Court, Craig v. Harney, 331 U. S. 367 (1947): „A free press lies at the heart of our democracy, and its preservation is essential to the survival of liberty"; vgl. auch BVerfGE 7, 208). Ihre Beschränkung 2

gefährdet „wie im Dominoverfahren die Meinungs- und Kommunikationsfreiheiten der ganzen Gesellschaft" (*Rupp* FS Peter Schneider, 455). Teilweise wird vertreten, dass die Presse und die Regierung „natürliche Widersacher" (natural adversaries) seien (*Nowak/Rotunda/Young,* Constitutional Law, S. 891). Eine der ersten Maßnahmen von Diktatoren war daher von jeher die Aufhebung der Pressefreiheit und die Beschränkung des Zugangs zu den Medien. Der Grad der politischen Freiheit eines Landes lässt sich nicht selten am Pegelstand seiner Pressefreiheit erkennen (zur „Frühwarnfunktion" des OSZE-Beauftragten für Medienfreiheit → Rn. 5a).

II. Die Rechtsquellen der Pressefreiheit

3 1. Die Pressefreiheit wird in *Art. 5 Abs. 1 S. 2* GG verfassungsrechtlich gewährleistet. Diese Anerkennung der Pressefreiheit als *Grundrecht,* die zugleich zum Kreis der jedermann zustehenden allgemeinen Menschenrechte gehört, sichert dieser Freiheit einen starken Rechtsschutz. Als konstituierendes Element der freiheitlichen Rechtsordnung hat das Grundrecht des Art. 5 *Ausstrahlungswirkung* auf das gesamte öffentliche und private Recht (→ Kap. 10 Rn. 27 ff.) und erfordert überall dort Berücksichtigung, wo die freie Betätigung der Presse in Frage steht (vgl. BVerfGE 7, 198 ff.). Der Art. 5 Abs. 1 S. 2 GG ist die zentrale Bestimmung des gesamten Presserechts (→ Kap. 6 Rn. 7 ff.).

4 2. Die Pressefreiheit ist außerdem in den Landespressegesetzen/Landesmediengesetzen aller 16 Bundesländer verankert (vgl. zu einem potentiellen Bundespressegesetz *Schemmer* AfP 2020, 3). Da aber Art. 5 GG als Bundes-Verfassungsrecht in allen Bundesländern unmittelbar geltendes Recht darstellt, das gegenüber den Landesgesetzen und den Landesverfassungen Vorrang hat, ist die Bedeutung der landesrechtlichen Normen gering und hat im Wesentlichen wiederholenden Charakter. Eine Einschränkung des der Presse durch Art. 5 GG garantierten Freiheitsraumes durch den Landesgesetzgeber ist nach Art. 31 GG („Bundesrecht bricht Landesrecht") unzulässig. Art. 1 Abs. 3 GG erklärt die Grundrechte als unmittelbar verbindlich für alle Organe der öffentlichen Gewalt (vgl. auch BVerfGE 7, 209). Daher darf auch der Bundesgesetzgeber den Schutzbereich des Art. 5 GG über die Schranken des Abs. 2 hinaus nicht einengen, sofern er nicht als verfassungsändernder Gesetzgeber tätig wird (vgl. Art. 79 GG). Dagegen ist eine Erweiterung des Freiheitsbereiches der Presse durch den Landes- oder Bundesgesetzgeber in den Grenzen der jeweiligen Regelungskompetenz zulässig, so zB durch Sicherung der Zulassungsfreiheit (§ 2 NRWLPG) oder die Zuerkennung eines Auskunftsanspruches gegenüber den Behörden (§ 4 NRWLPG; sh. Abschn. 4). Das Zeugnisverweigerungsrecht (§ 53 StPO, § 383 Abs. 1 Nr. 5 ZPO) und die Beschlagnahmeregelungen (§ 111q StPO; → Kap. 9 Rn. 4; → Kap. 10 Rn. 10; Kap. 31) stellen ebenfalls eine solche durch den Gesetzgeber geschaffene Privilegierung dar (vgl. BVerfGE 77, 65 ff.). Zum Postzeitungsdienst → Kap. 88 Rn. 9 ff.

5 3. Wichtiger als die Ergänzung des Art. 5 GG durch § 1 NRWLPG ist für die Sicherung der Pressefreiheit der Art. 10 der *Europäischen Menschenrechtskonvention* (EMRK) vom 4.11.1950, die in der Bundesrepublik seit 1953 geltendes Recht ist (Gesetz vom 7.8.1952, BGBl. II S. 685; Neubekanntmachung am 22.10.2010, BGBl. II S. 1198; → Kap. 2 Rn. 7a). Der EMRK sind inzwischen nahezu alle Staaten Europas mit Einschluss der osteuropäischen Staaten beigetreten (vgl. *Meyer-Ladewig/Nettesheim* in Meyer-Ladewig/Nettesheim/von Raumer EMRK Einleitung Rn. 3; Grabenwarter/Pabel EMRK § 1 Rn. 4). Zwar spricht die EMRK nicht von der Pressefreiheit selbst, wohl aber von zwei ihrer Wesensbestandteile: der Meinungsäußerungsfreiheit und der Informationsfreiheit (vgl. Barriga S. 89 ff.; *Müssle/Schmittmann* AfP 2002, 146; aA wohl *Grabenwarter/Pabel* (EMRK § 23 Rn. 8), die der Auffassung sind, dass die Pressefreiheit einen selbständigen Teil des sachlichen Schutzbereichs von Art. 10 bilde). In diese beiden Freiheitsrechte, die *„ohne Rücksicht auf Landesgrenzen"* garantiert werden, darf nach Art. 10 Abs. 2 EMRK nur durch (materielles) Gesetz eingegriffen werden, wozu auch untergesetzliches Recht gehört (vgl. EGMR NVwZ 2010, 693). Ihre Schranken finden die Freiheitsrechte des Art. 10 EMRK nur insoweit, als Eingriffe zum Schutz wichtiger, im Einzelnen aufgeführter Rechtsgüter (zB Schutz des guten Rufes, Staatsschutz etc) auch in einer demokratischen Gesellschaft unerlässlich sind (vgl. *Holoubek* AfP 2003, 193 f.; *Rudolph* AfP 1986, 110 f.). Mit der Unterteilung in Schutzbereich und Schrankenvorbehalte ist Art. 10 Abs. 1 und 2 EMRK ähnlich strukturiert wie Art. 5 Abs. 1 und 2 GG (vgl. auch *Kull* AfP 1993, 430). Auch für einen Eingriff in Art. 10 EMRK

bedarf es einer gesetzlichen Grundlage, eines legitimen Zwecks und der Notwendigkeit des Eingriffs zum Erreichen eines Zwecks in der demokratischen Gesellschaft (vgl. *Daiber* in Meyer-Ladewig/Nettesheim/von Raumer EMRK Art. 10 Rn. 27; *Wenzel/Burkhardt/Peifer*, Kap. 1 Rn. 50ff.). Die gesetzliche Grundlage darf ihrerseits grundsätzlich nur bestimmte in Art. 10 Abs. 2 EMRK aufgeführte Beschränkungsziele verfolgen und muss mit ausreichender Bestimmtheit formuliert sein (vgl. EGMR NVwZ 2010, 693; NJW 2003, 497; 2003, 877; 2000, 1017; Frowein/Peukert Vorb. zu Art. 8–11 Rn. 2ff.). Die besondere praktische Bedeutung des Art. 10 EMRK liegt darin, dass er jedermann die Möglichkeit eröffnet, bei Verletzung seiner Freiheitsrechte den Europäischen Gerichtshof in Strasbourg im Rahmen einer Individualbeschwerde (Art. 34 EMRK) anzurufen (→ Kap. 10 Rn. 26f.). Da die Bundesrepublik Deutschland die Gerichtsbarkeit des EGMR gemäß Art. 46 EMRK anerkannt hat, ist die formelle und materielle Rechtskraft seiner Entscheidungen für die nationalen Gerichte – innerhalb der jeweiligen personellen, sachlichen und zeitlichen Grenzen des Streitgegenstands (vgl. *Meyer-Ladewig/Brunozzi* in Meyer-Ladewig/Nettesheim/von Raumer EMRK Art. 46 Rn. 13) – bindend, sofern die Bundesrepublik selbst Partei des Rechtsstreits ist (*Klein* AfP 1994, 11; BVerfG NJW 2004, 3409). Somit ist die Rechtsprechung des EGMR – ebenso wie die Regelungen der EMRK selbst – bei der Auslegung der Grundrechte und des deutschen einfachen Rechts – in der Regel (zu den Ausnahmen vgl. *Meyer-Ladewig/Brunozzi* in Meyer-Ladewig/Nettesheim/von Raumer EMRK Art. 46 Rn. 37ff.) – zu berücksichtigen (vgl. BVerfG BeckRS 2016, 50714; BVerfGE 111, 329; zur Bedeutung der EMRK als Auslegungskriterium nationalen Rechts → Kap. 2 Rn. 7a; → Kap. 43 Rn. 11ff.). Der EGMR hat in den letzten Jahrzehnten dem Verständnis der Meinungsäußerungs- und Pressefreiheit gemäß Art. 10 EMRK durch eine umfangreiche Kasuistik klare Konturen gegeben (vgl. *Daiber* in Meyer-Ladewig/Nettesheim/von Raumer EMRK Art. 10 Rn. 34ff.; *Scheuer/Strothmann* MMR 2002, 576ff.; *Damjanovic* MuR 2000, 70ff.; *Hoffmeister* EuGRZ 2000, 358ff.; *Kühling* AfP 1999, 214ff.; Probst Art. 20 EMRK, S. 34ff.).

4. Während sich die „Europäische Menschenrechtskonvention" von 1950 zunächst auf Westeuropa beschränkte, einigten sich die west- und osteuropäischen Staaten unter Mitwirkung der USA, der vormaligen Sowjet-Union, Kanadas, der Schweiz und des Heiligen Stuhles am 1.8.1975 in der „Schlussakte der Helsinki-Konferenz über Sicherheit und Zusammenarbeit in Europa" (KSZE, zum 1.1.1995 umbenannt in *OSZE* – Organisation für Sicherheit und Zusammenarbeit in Europa) auf die Achtung und Respektierung der „Menschenrechte und Grundfreiheiten" entsprechend der Charta der Vereinten Nationen und der Allgemeinen Erklärung der Menschenrechte (→ Rn. 6). Zu ihren unabhängigen Institutionen gehört der OSCE Representative on Freedom of the Media (OSZE-Beauftragter für Medienfreiheit), der am 5.11.1997 durch Beschluss Nr. 193 eingesetzt wurde. Zu seinen Aufgaben gehört es, die Entwicklungen im Medienbereich zu beobachten und ausgehend davon in enger Absprache mit dem Amtierenden Vorsitzenden für die vollständige Einhaltung der OSZE-Prinzipien in Bezug auf freie Meinungsäußerung und Medienfreiheit einzutreten. Ihm kommt in dieser Hinsicht eine „Frühwarnfunktion" zu. Es gehört auch zu seinen Aufgaben, sich mit gravierenden Problemen zu befassen, deren Ursache unter anderem die Behinderung der Medientätigkeit und ungünstige Arbeitsbedingungen für Journalisten sind. **5a**

5. Neben den Grundrechten der EMRK bestehen die Grundrechte der *Europäischen Grundrechtscharta* (ABl. 2007 C 303, S. 1). Die Informations-, die Meinungs- sowie die Medienfreiheit werden durch deren Art. 11 geschützt (vgl. *Bernsdorff* in Meyer/Hölscheidt GRCh Art. 11; *Barriga* S. 89ff.; *Schwarze* AfP 2003, 211; → Kap. 2 Rn. 9c). Art. 11 GRCh lautet: „(1) Jede Person hat das Recht auf freie Meinungsäußerung. Dieses Recht schließt die Meinungsfreiheit und die Freiheit ein, Informationen und Ideen ohne behördliche Eingriffe und ohne Rücksicht auf Staatsgrenzen zu empfangen und weiterzugeben. (2) Die Freiheit der Medien und ihre Pluralität werden geachtet". **5b**

6. Einen wichtigen Auslegungsmaßstab für den Inhalt des Grundrechts der Pressefreiheit bildet Art. 19 der *„Allgemeinen Erklärung der Menschenrechte"*, die am 10.12.1948 von der Generalversammlung der Vereinten Nationen proklamiert wurde. Er lautet: „Jeder hat das Recht auf Meinungsfreiheit und freie Meinungsäußerung; dieses Recht schließt die Freiheit ein, Meinungen ungehindert anzuhängen sowie über Medien jeder Art und ohne Rücksicht auf Grenzen **6**

Informationen und Gedankengut zu suchen, zu empfangen und zu verbreiten." Der Allgemeinen Erklärung selbst kommt keine unmittelbare rechtliche (Bindungs-)Wirkung zu.

6a Durch den sog. *UN-Menschenrechtspakt* (*Internationaler Pakt über bürgerliche und politische Rechte/* IPbürgR) vom 19.12.1966, den die Bundesrepublik 1973 ratifizierte (BGBl. II S. 1533; vgl. *Goose* NJW 1974, 1305) jedoch ist sie in der Bundesrepublik geltendes Recht geworden. Nach Art. 19 ist die Meinungsfreiheit ein jedermann zustehendes Menschenrecht und beinhaltet das insbesondere für die Pressetätigkeit unentbehrliche Recht, Informationen (news and thoughts) zu sammeln, zu empfangen und zu verbreiten – unabhängig von Landesgrenzen (vgl. Gets, Meinungsäußerungs- und Informationsfreiheit im Internet aus der Sicht des Völkerrechts, S. 98f.). Bei diesen in Art. 19 verankerten Rechten handelt es sich um subjektiv-öffentliche Rechte, die den Individuen dem Staat gegenüber zustehen und auf die sich jeder berufen kann, ohne dass es eines besonderen staatlichen Ausführungsgesetzes bedürfte. Sie sind „self-executing", dh infolge ihrer hinreichenden Bestimmtheit unmittelbar anwendbar (vgl. *Gornig,* Äußerungsfreiheit und Informationsfreiheit als Menschenrechte, S. 246). Über die „Allgemeine Erklärung der Menschenrechte" hinausgehend sieht der UN-Menschenrechtspakt in Art. 41 und 42 bei Verletzung von Menschenrechten ein Beschwerderecht vor. Neben der sog. *Staatenbeschwerde* sieht das erste Fakultativprotokoll zu dem Internationalen Pakt über bürgerliche und politische Rechte vom 19.12.1966 (BGBl. 1992 II S. 1247) in den Art. 1ff. eine *Individualbeschwerde* vor, wonach auch Einzelpersonen unmittelbar beim Menschenrechtsausschuss Beschwerde gegen die Verletzung eines in dem Pakt niedergelegten Rechts durch die Vertragsstaaten erheben können (vgl. *Seidl-Hohenveldern,* Lexikon des Rechts – Völkerrecht, S. 91, 277f.). Das Fakultativprotokoll bedarf einer gesonderten Unterzeichnung und Ratifikation. Es ist für Deutschland nach Hinterlegung der Ratifikationsurkunde am 25.8.1993 und laut der Bekanntmachung vom 30.12.1993 (BGBl. 1994 II S. 311) am 25.11.1993 in Kraft getreten (auch → Kap. 10 Rn. 26a). Die Bundesrepublik hat hierbei Vorbehalte hinsichtlich Art. 5 Abs. 2 ausgesprochen.

7 7. Eine der wichtigsten Rechtsquellen für Begriff und Inhalt der Pressefreiheit ist die *Rechtsprechung.*

a) Diese Feststellung gilt in besonderem Maß für die Staaten, in denen politisch unabhängige Verfassungsgerichte – so zB der Supreme Court in Washington oder das Schweizer Bundesgericht mit Sitz in Lausanne und Luzern – tätig sind, an die sich der Bürger unmittelbar wenden kann, wenn er in seinen Freiheitsrechten durch Akte der Gesetzgebung, Justiz oder Verwaltung beeinträchtigt wird. In der Bundesrepublik hat das *Bundesverfassungsgericht* in Karlsruhe seit 1956 in einer Reihe von richtungweisenden, rechtsschöpferischen Entscheidungen die überragende Bedeutung des Grundrechts der Meinungs- und Pressefreiheit für den Einzelnen wie auch für Staat und Gesellschaft herausgearbeitet (vgl. *Dörr* VerwArch 2001, 149ff.; kritisch zu dem Einfluss des Bundesverfassungsgerichts *Brohm* NJW 2001, 1ff.), wie die nachfolgende nicht abschließende Aufzählung zeigt.

In der *Lüth-Entscheidung* (BVerfGE 7, 198) wurde die scheinbar absolute Schranke der Pressefreiheit in Art. 5 Abs. 2 (Vorrang der allgemeinen Gesetze) ihrerseits relativiert und eingeschränkt. Dass die Presse eine wichtige öffentliche Aufgabe erfüllt, wurde im Spiegel-Urteil (vgl. BVerfGE 20, 162) hervorgehoben (vgl. auch BVerfGE 77, 74). Nachdrücklich hat das Bundesverfassungsgericht eine Beschränkung des Schutzes der Pressefreiheit auf die sog. „seriöse" oder „politische" Presse abgelehnt (vgl. BVerfGE 34, 269; → Kap. 3 Rn. 16). Die Bedeutung der den Grundrechtsschutz genießenden, durch die Medien vermittelten Unterhaltung für die Bildung der öffentlichen Meinung hob das *Lebach-Urteil* hervor (BVerfGE 35, 202). Demnach kommt der Pressefreiheit, gleich allen Garantien des Art. 5 Abs. 1 GG, eine *„dienende Funktion"* bei der Gewährleistung einer freien individuellen und öffentlichen Meinungsbildung im Sinne einer umfassenden Vermittlung von Information und Meinung zu (vgl. BVerfGE 73, 152; 57, 319). In der sog. *Honecker-Entscheidung* (BVerfGE 91, 125ff.) wurde in Hinblick auf das besondere Gewicht der publizistischen Vorbereitungstätigkeit der Presse erneut betont, dass die Pressefreiheit das Recht der im Pressewesen tätigen Personen umschließt, sich über Vorgänge in einer öffentlichen Gerichtsverhandlung zu informieren und hierüber zu berichten (vgl. BVerfGE 91, 134; sh. im Einzelnen Kap. 16). Dies gelte auch für den Rundfunk. Allerdings rechtfertige die stärkere Beeinträchtigung anderer Rechtsgüter, die im Unterschied zur Presseberichterstattung von der Rundfunkberichterstattung im gerichtlichen Verfahren ausgeht, weitergehende Beschränkungen als sie für die Pressefreiheit gelten (vgl. BVerfGE 103, 44; 91, 125). Dem Risiko der Unsicherheit, das eine *Verdachtsberichterstattung* der Presse in sich birgt, hat das BVerfG durch eine Entscheidung zum äußerungsrechtlichen Folgenbeseitigungsanspruch gem. §§ 823, 1004 BGB analog Rechnung getragen (vgl. BVerfG AfP 1997, 619 ff.; sh. im Einzelnen Kap. 44). Dieser greife stets dann ein, wenn eine ursprünglich rechtmäßige Meldung über eine Straftat sich auf Grund späterer gerichtlicher Erkenntnisse in einem anderen Licht darstellt und die durch die Meldung hervorgerufene Beeinträchtigung des Persönlichkeitsrechts andauert. Daher könne die Presse verpflichtet sein, bei einer vorhergehenden zulässigen Verdachtsberichterstattung auch eine ergänzende Mitteilung über den für den Betroffenen günstigen Ausgang eines Strafverfahrens zu veröffentlichen (vgl. BVerfG AfP 1997, 619; im Einzelnen → Kap. 44 Rn. 30).

In mehreren grundsätzlichen Entscheidungen (vgl. BVerfGE 10, 121; 12, 205; 20, 162) wurde Art. 5 GG vertiefend dahin ausgelegt, dass die Pressefreiheit nicht nur als Individualrecht der Presse-Angehörigen geschützt wird, sondern auch in objektiv-rechtlicher Hinsicht als Garantie des „Instituts Freie Presse" zu verstehen ist (im Einzelnen → Kap. 9 Rn. 6 ff.). Das BVerfG erachtete es in seinem Beschluss zum Postzeitungsdienst als zulässig, bei der Entscheidung über die Vergabe staatlicher Pressesubventionen auf die Erfüllung der dienenden Funktion für die individuelle und öffentliche Meinungsbildung abzustellen (vgl. BVerfGE 80, 135). Aus der Garantie der institutionellen Freiheit folge kein grundrechtlicher Anspruch auf staatliche Förderung (vgl. BVerfGE 80, 133 f.; im Einzelnen → Kap. 7 Rn. 15, → Kap. 9 Rn. 7). Der Staat könne sich jedoch freiwillig zu Förderungsmaßnahmen für die Presse entschließen. Dann müsse er aber jede Einflussnahme auf Inhalt und Gestaltung einzelner Presseerzeugnisse sowie Verzerrungen des publizistischen Wettbewerbs vermeiden. Diese inhaltliche Neutralitätspflicht folge aus Art. 5 Abs. 1 S. 2 GG (vgl. BVerfGE 80, 133 f.). Das *„Südkurier-Urteil"* des Bundesverfassungsgerichts (BVerfGE 21, 271) stellte fest, dass der Grundrechtsschutz des Art. 5 GG sowohl den redaktionellen Teil der Zeitungen und Zeitschriften umfasst, wie auch den für die Presse wirtschaftlich wichtigen Anzeigenteil. Dabei sei § 102 Abs. 1 Nr. 4 AO, welcher ein auf den redaktionellen Teil eines Presseorgans beschränktes *Auskunftsverweigerungsrecht* für Presseangehörige der Steuerfahndung gegenüber beinhaltet, als „allgemeines Gesetz" im Sinne von Art. 5 Abs. 2 GG anzusehen. Allerdings kann das Auskunftsverweigerungsrecht nach der Auffassung des BVerfG in verfassungskonformer Auslegung im Einzelfall auch auf Anzeigen ausgedehnt werden, sofern diese ebenso wie ein redaktioneller Beitrag geeignet und bestimmt sind, der kontroll- und meinungsbildenden Funktion der Presse zu dienen (vgl. BVerfG NJW 1990, 701 f.). Selbst *Werkszeitungen,* die vornehmlich unternehmensintern verteilt werden, gehören zur Presse im Sinn von Art. 5 Abs. 1 S. 2 GG (vgl. BVerfGE 95, 28 ff.). Dem Urteil des Verfassungsgerichts zufolge wird die Ermöglichung freier individueller und öffentlicher Meinungsbildung nicht nur von allgemein zugänglichen, sondern auch von gruppeninternen Publikationen erfüllt. Entscheidend für den Grundrechtsschutz sei nicht eine berufsmäßige vorwiegende Betätigung im Pressewesen, Vertriebsweg oder Empfängerkreis, sondern allein das Kommunikationsmedium (vgl. BVerfGE 95, 35). Geschützt sei zudem auch die Entscheidung, Zuschriften Dritter anonym zu veröffentlichen.

Eine (mittelbare) *Drittwirkung* – also nicht nur gegenüber dem Staat, sondern auch gegenüber nichtstaatlichen Mächtegruppen – sprach das Gericht dem Grundrecht der Pressefreiheit in der *Blinkfüer-Entscheidung* zu (BVerfGE 25, 256; im Einzelnen → Kap. 10 Rn. 28 ff.). Im *Sonnenfreunde-Beschluss* (BVerfGE 30, 336) wurde es vom Gericht in Übereinstimmung mit dem Spiegel-Urteil (BVerfGE 20, 162) als ein Wesenselement der Presse anerkannt, dass sie nach privatwirtschaftlichen Grundsätzen und in privatrechtlichen Organisationsformen arbeitet. Die Verfolgung kommerzieller Interessen stehe, so erklärte das Verfassungsgericht, dem vollen Schutz der Pressefreiheit nicht entgegen. In seinem Beschluss zu dem damaligen § 6 Nr. 3 GjS legte das BVerfG (BVerfGE 77, 354 f.) dar, dass sich auch der Presse-Grossist auf die Pressefreiheit berufen kann. Denn auch presseexterne Hilfstätigkeiten könnten im Interesse eines freiheitlichen Pressewesens in den Schutzbereich des Art. 5 Abs. 1 S. 2 GG einbezogen werden. In der Entscheidung *Kritische Bayer-Aktionäre* (BVerfGE 85, 1 ff.) wurde der Schutzbereich der Pressefreiheit gegenüber dem der Meinungsfreiheit genauer abgegrenzt. Danach ist der Schutzbereich der Pressefreiheit dann berührt, wenn es um die im Pressewesen tätigen Personen in Ausübung ihrer Funktion, um ein Presseerzeugnis selbst, um eine institutionell-organisatorische Voraussetzung und Rahmenbedingung sowie um die Institution einer freien Presse überhaupt geht. Handelt es sich dagegen um die Frage, ob eine bestimmte Äußerung erlaubt war oder nicht (sh. zur zivilrechtlichen Haftung der Presse Abschn. 9, zum strafrechtlichen Schutz der Ehre Kap. 53), insbesondere ob ein Dritter eine für ihn nachteilige Äußerung hinzunehmen hat, ist ungeachtet des Verbreitungsmediums Art. 5 Abs. 1 S. 1 GG einschlägig (vgl. BVerfG NJW-RR 2000, 1210; ZUM 1998, 563; BVerfGE 95, 34 f.; 85, 12 f.). Dementsprechend hat das BVerfG die Zulässigkeit von Meinungsäußerungen in Publikationen, die dem Pressebegriff unterfallen, am Grundrecht der Meinungsfreiheit gemessen (vgl. BVerfGE 71, 179 ff.; 43, 137).

Auch im Bereich des *Strafprozessrechts* (sh. im Einzelnen Kap. 31) hat das Bundesverfassungsgericht für die Presse bedeutsame Entscheidungen getroffen. So sei die Pressefreiheit für die Auslegung und Anwendung strafprozessualer Normen auch dann von Bedeutung und durch die Strafverfolgungsbehörden zu berücksichtigen, wenn der in § 97 Abs. 5 S. 1 StPO normierte Beschlagnahmeschutz nicht anwendbar ist (vgl. BVerfG AfP 2015, 419 ff.).

8 b) Seine wichtigsten Erkenntnisse über die Bedeutung und den Inhalt des Grundrechts der Pressefreiheit hat das Bundesverfassungsgericht in dem über die Beschlagnahme und Durchsuchung beim Spiegel-Verlag (1962) ergangenen *Spiegel-Urteil* vom 5.8.1966 (BVerfGE 20, 162 ff.; zu strafprozessualen Fragen im Einzelnen → Kap. 10 Rn. 9 ff.; Kap. 30; Kap. 31; Kap. 32) zusammengefasst. Obwohl die Ansicht der Richter in den Einzelfragen auseinander ging, bestand über die nachstehend zitierten grundsätzlichen Feststellungen Einigkeit (vgl. BVerfGE 20, 174 ff.; s. auch BVerfG NJW 1984, 1741 f.):

„Eine freie, nicht von der öffentlichen Gewalt gelenkte, keiner Zensur unterworfene Presse ist ein Wesenselement des freiheitlichen Staates; insbesondere ist eine freie, regelmäßig erscheinende politische Presse für die moderne Demokratie unentbehrlich. Soll der Bürger politische Entscheidungen treffen, muss er umfassend informiert sein, aber auch die Meinungen kennen und gegeneinander abwägen, die andere sich gebildet haben. Die Presse hält diese ständige Diskussion in Gang … In ihr artikuliert sich die öffentliche Meinung … In der repräsentativen Demokratie steht die Presse zugleich als ständiges Verbindungs- und Kontrollorgan zwischen dem Volk und seinen gewählten Vertretern in Parlament und Regierung …

So wichtig die damit der Presse zufallende öffentliche Aufgabe ist, so wenig kann diese von der organisierten staatlichen Gewalt erfüllt werden. Presseunternehmen müssen sich im gesellschaftlichen Raum frei bilden können. Sie arbeiten nach privatwirtschaftlichen Grundsätzen und in privatrechtlichen Organisationsformen. Sie stehen miteinander in geistiger und wirtschaftlicher Konkurrenz, in die die öffentliche Gewalt grundsätzlich nicht eingreifen darf …

Das Grundgesetz gewährleistet in Art. 5 die Pressefreiheit. Wird damit zunächst … ein subjektives Grundrecht für die im Pressewesen tätigen Personen und Unternehmen gewährt, … so hat die Bestimmung zugleich auch eine objektiv-rechtliche Seite. Sie garantiert das Institut ‚Freie Presse'. Der Staat ist … verpflichtet, in seiner Rechts-Ordnung überall, wo der Geltungsbereich einer Norm die Presse berührt, dem Postulat ihrer Freiheit Rechnung zu tragen. Freie Gründung von Presseorganen, freier Zugang zu den Presseberufen, Auskunftspflichten der öffentlichen Behörden sind prinzipielle Folgerungen daraus; doch ließe sich etwa auch eine Pflicht des Staates denken, Gefahren abzuwehren, die einem freien Pressewesen aus der Bildung von Meinungsmonopolen erwachsen könnten …

Die in gewisser Hinsicht bevorzugte Stellung der Presse-Angehörigen ist ihnen um ihrer Aufgabe willen und nur im Rahmen dieser Aufgabe eingeräumt. Es handelt sich nicht um persönliche Privilegien. Befreiungen von allgemein geltenden Rechtsnormen müssen nach Art und Reichweite stets von der Sache her sich rechtfertigen lassen."

9 8. Zu den Rechtsquellen, die für das Grundrecht der Pressefreiheit von Bedeutung sind, gehört auch das *Standesrecht der Presse,* um dessen Ausgestaltung und Durchsetzung sich seit 1956 der „Deutsche Presserat" bemüht (vgl. *Schmidt* DVBl 2018, 1460 ff.; *Münch* AfP 2002, 18; → Kap. 40 Rn. 14 ff.). Im Jahre 1973 erarbeitete der Deutsche Presserat zusammen mit den Berufsverbänden der Verleger und Journalisten einen sog. „Pressekodex", der die allgemeinen anerkannten Standesregeln der Presse enthält. Er ist nicht statisch, sondern unterliegt einer ständigen Überarbeitung, um aktuellen Entwicklungen in der Presse gerecht zu werden (→ Kap. 40 Rn. 17). Zu diesen gehören Themen wie Datenschutz (Novellierung des Presseko-

dex im Jahr 2001, die etwaigen Auswirkungen der DS-GVO auf den Redaktionsdatenschutz sind hierbei noch nicht berücksichtigt), Opferschutz (Novellierung im Jahr 2013) und Digitalisierung (Novellierungen im Jahr 2015 und 2016) (vgl. Pressekodex idF vom 22.3.2017, abgedruckt bei *Ring,* Medienrecht, J III 1.200; online abrufbar unter www.presserat.de). Bei dem Pressekodex handelt es sich um standesrechtliche Grundsätze der Berufsethik, die zwar keine rechtlichen Haftungsgründe darstellen, jedoch von den Gerichten als Auslegungshilfe bei der Bestimmung des Umfangs der publizistischen Sorgfalt herangezogen werden (vgl. Bölke S. 43 ff.; *Peters* NJW 1997, 1335; *Schippan* ZUM 1996, 404). So wäre es zB ohne die strikte Einhaltung der Standesnorm, die Namen von Gewährsleuten keinesfalls preiszugeben, der Presse schwerlich gelungen, sich die rechtliche Anerkennung ihres Zeugnisverweigerungsrechts zu erkämpfen (→ Kap. 30 Rn. 11).

9. Die Pressefreiheit als oberster Grundsatz des Presserechts hat nicht nur in Art. 5 Abs. 1 S. 2 **10**
des Grundgesetzes und in den Landespressegesetzen/Landesmediengesetzen, sondern auch in zahlreichen *sonstigen gesetzlichen Regelungen* des materiellen und des Verfahrensrechts ihren Niederschlag gefunden, so zB im Tendenzschutz des Arbeitsrechts (§ 118 Abs. 1 BetrVG) oder im publizistischen Zeugnisverweigerungsrecht (§ 53 Abs. 1 S. 1 Nr. 5 StPO, § 383 Abs. 1 Nr. 5 ZPO sowie andere Verfahrensvorschriften des Bundes; → Kap. 30 Rn. 41 f.). Eine zusammenfassende Übersicht enthält das → Kap. 10 Rn. 1 ff.

6. Kapitel. Begriff und Inhalt der Pressefreiheit (Übersicht)

I. Der Begriff der Pressefreiheit

1. Weder Art. 5 des Grundgesetzes noch die Landespressegesetze respektive Landesmediengeset- **1**
ze enthalten eine *Legaldefinition* der Pressefreiheit (vgl. *Mann/Smid* in Spindler/Schuster, Recht der elektronischen Medien, Presserecht Rn. 5). Art. 5 Abs. 1 S. 2 GG stellt vielmehr fest: „Die Pressefreiheit und die Freiheit der Berichterstattung durch Rundfunk und Film werden gewährleistet." In § 1 Abs. 1 S. 1 des Landespressegesetzes Nordrhein-Westfalen zB heißt es lapidar: „Die Presse ist frei." Entsprechend ordnen die Mediengesetze an: „Die Medien sind frei." (so zB § 3 Abs. 1 S. 1 SaarlMG).

Eine Legaldefinition fehlte auch im Reichspreßgesetz von 1874 und in der Weimarer Reichs- **1a**
verfassung von 1919. Die Verfasser des Grundgesetzes haben den Begriff „Pressefreiheit" so übernommen, wie er sich *historisch entwickelt* hatte (vgl. Parlamentarischer Rat, Stenogr. Ber. der 25. Sitzung des Ausschusses für Grundsatzfragen, S. 23).

Von den verfassungsrechtlichen Begriffen „Presse" und „Pressefreiheit" zu unterscheiden ist der **1b**
Begriff der Medien. Dieser ist in den Landesmediengesetzen definiert (vgl. zB § 2 Abs. 1 S. 1 SaarlMG) und umfasst die Presse, den Rundfunk und die Telemedien (sh. Kap. 1).

2. Aus historischer Sicht betrachtet erscheint das Recht auf Pressefreiheit in erster Linie als **2**
Abwehrrecht gegenüber dem Staat als dem Träger der hoheitlichen Gewalt (vgl. *Streinz* AfP 1997, 861), der jahrhundertelang versuchte, die wegen ihrer kritischen Haltung und ihrer „Unbotmäßigkeit" gefürchtete Presse durch einschränkende Maßnahmen wie Zensur, Lizenzzwang, Sonderbesteuerung ua zu gängeln.

Doch schon die Weimarer Verfassung von 1919 zog in Art. 118 Folgerungen aus der Erkenntnis, dass die Pressefreiheit in der modernen Industriegesellschaft nicht nur vom Staat, sondern ebenso sehr durch Eingriffe *wirtschaftlicher und ideologischer Machtgruppen* bedroht ist. Deshalb stellte Art. 118 Abs. 1 S. 2 fest, dass der Staatsbürger in seinem Recht auf Meinungsfreiheit durch kein „Arbeits- oder Anstellungsverhältnis" behindert werden dürfe und dass ihn niemand benachteiligen dürfe, wenn er von diesem Recht Gebrauch mache.

Dass das Grundrecht der Pressefreiheit heute auch gegenüber *nichtstaatlichen Kräften* von Bedeutung ist, hat das Bundesverfassungsgericht im Fall *Blinkfüer,* bei dem es um den von einem Großkonzern gegenüber einem Presseverlag betriebenen Boykott ging, bereits 1969 ausdrücklich bestätigt (vgl. BVerfGE 25, 256 ff.; → Kap. 10 Rn. 28 ff.). Damit wird die dienende Funktion der Pressefreiheit für die Meinungs- und Willensbildung des Einzelnen und der Gesellschaft verdeutlicht (vgl. BVerfG NJW 2014, 3712; BVerfGE 73, 152; 57, 319). Auch die Entwicklungen in der Gegenwart, wie etwa die wirtschaftliche Pressekonzentration (→ Kap. 4 Rn. 41 ff.), zeigen, dass Einwirkungen auf die publizistische Vielfalt nicht nur vom Staat ausgehen.

3 3. Das Bundesverfassungsgericht hat in seiner rechtschöpferischen Judikatur (→ Kap. 5 Rn. 7 f.) nicht nur das herkömmlich als reines Abwehrrecht gegen staatliche Übergriffe verstandene Grundrecht der Pressefreiheit auf die Abwehr von Eingriffen nichtstaatlicher Gruppen und Kräfte ausgedehnt. Es hat außerdem die bisher nur individualrechtlich verstandene Pressefreiheit auf die Freiheit der *„Institution Presse"* ausgeweitet und die *gesamte Tätigkeit* der Presse – von der Informationsbeschaffung bis zur Zeitungsverbreitung – sowie den *gesamten Inhalt* der Presse einschließlich des Unterhaltungs- und Anzeigenteils dem Schutz des Art. 5 GG unterstellt. Sogar *Werkszeitungen,* die lediglich unternehmensintern verteilt werden und somit nicht allgemein zugänglich sind, fallen in den Schutzbereich der Pressefreiheit (vgl. BVerfGE 95, 28). Auch die *im Internet veröffentlichten Artikel,* die im Wesentlichen inhaltsgleich mit den Publikationen in der Druckausgabe der Zeitung sind und zu dieser in einem Ergänzungsverhältnis stehen, fallen in den Schutzbereich. Denn die Entscheidung der Presse, ihre Artikel auf einem alternativen Verbreitungsweg zu publizieren, ändert nichts an dem Charakter als Presseerzeugnis (vgl. BVerfG AfP 2017, 230).

4 4. Beschränkt man den Begriff „Pressefreiheit", wie er sich bis heute historisch entwickelt hat, auf die Abwehr der *von außen kommenden* Beeinträchtigungsversuche, sei es von staatlicher Seite oder von nichtstaatlichen Machtgruppen, so umfasst der so verstandene Begriff nicht die sog. *„innere Pressefreiheit",* bei der es vor allem um die Äußerungsfreiheit und den sog. Gesinnungsschutz (→ Kap. 35 Rn. 23 f.; vgl. hierzu auch *Seiler* AfP 1999, 7 ff.; *Degenhart* in BK-GG, 185. EL, Art. 5 Rn. 265 ff.; *Schemmer* in Epping/Hillgruber, GG, 42. Ed., Art. 5 Rn. 50) für den angestellten Journalisten im Blick auf seine arbeitsvertragliche Bindung geht (zur geschichtlichen Entwicklung der Idee der „inneren Pressefreiheit" vgl. *Kull* AfP 1995, 551 ff.).

5 5. Fasst man die vorstehende Übersicht über den Inhalt der Pressefreiheit zusammen, so ergibt sich, dass das Grundrecht aus Art. 5 Abs. 1 S. 2 GG nicht nur ein *Abwehrrecht* gegenüber dem Eingriff staatlicher oder wirtschaftlicher Machtgruppen ist. Neben dieser sog. negatorischen oder formellen Pressefreiheit steht die sog. *aktive oder materielle Pressefreiheit,* die das Beschaffen des Informationsmaterials, seine Veröffentlichung und Verbreitung sowie die aktive Mitwirkung bei der Bildung und Durchsetzung der öffentlichen Meinung beinhaltet (vgl. zB § 3 NRWLPG; *Kreile* AfP 2001, 458 ff.; → Kap. 7 Rn. 1 ff.). Originäre Leistungsansprüche gegenüber dem Staat vermittelt die Pressefreiheit jedoch in aller Regel nicht (vgl. *Degenhart* in BK-GG, 185. EL, Art. 5 Rn. 74); es kommen lediglich derivative Ansprüche bei staatlichen Förderungen in Betracht (vgl. BVerfGE 80, 133 f.; → Kap. 9 Rn. 7). Nicht abschließend geklärt ist, ob die Presse einen *verfassungsrechtlichen Auskunftsanspruch* unmittelbar aus dem Grundgesetz herleiten kann (unter bestimmten Umständen bejahend BVerwG ZUM 2020, 153; OVG Münster AfP 2020, 162 f.; OLG Dresden AfP 2019, 355; nicht eindeutig BVerfG NJW 2014, 3712. Zu den einfachgesetzlichen Informationsrechten (zB § 4 NRWLPG, § 1 Abs. 1 IFG und § 4 Abs. 1 NRWIFG) sh. Abschn. 4).

6 6. Die Pressefreiheit ist konstituierend für die *freiheitlich-demokratische Grundordnung* (vgl. BVerfG NJW 2017, 619; 1988, 330).

II. Der Inhalt des Grundrechts der Pressefreiheit (Übersicht)

1. Die Pressefreiheit als Teil der Kommunikationsfreiheit (Art. 5 Abs. 1 GG)

7 a) Die Verfassungsgarantie des Art. 5 GG gilt nicht nur der Pressefreiheit allein, sondern umfasst insgesamt sechs (aber → Rn. 8) in Abs. 1 im Einzelnen aufgeführte *Grundrechte,* die sich mit der Pressefreiheit zum Teil überschneiden, jedoch ihre eigene rechtliche Selbstständigkeit besitzen. Die äußere und innere Verbindung mit den sonstigen Grundrechten des Art. 5 Abs. 1 GG ist für den Inhalt und die Auslegung des Grundrechts der Pressefreiheit von Bedeutung. Art. 5 Abs. 1 GG lautet:

„Jeder hat das Recht, seine Meinung in Wort, Schrift und Bild frei zu äußern und zu verbreiten und sich aus allgemein zugänglichen Quellen ungehindert zu unterrichten. Die Pressefreiheit und die Freiheit der Berichterstattung durch Rundfunk und Film werden gewährleistet. Eine Zensur findet nicht statt.“

b) Außer den drei Grundrechten der *Presse-, Funk- und Filmfreiheit* sichert Art. 5 Abs. 1 GG als **8**
viertes Grundrecht die freie *Äußerung* der Meinung, fünftens die freie *Verbreitung* der Meinung und sechstens die freie *Information* aus allgemein zugänglichen Quellen. Nach anderer Auffassung stellt die Freiheit, seine Meinung zu äußern und zu verbreiten, *ein* Grundrecht dar, so dass Art. 5 Abs. 1 GG insgesamt nur fünf Grundrechte umfasse (vgl. *Degenhart* in BK-GG, 185. EL, Art. 5 Rn. 32).

Demgegenüber stellt die *Freiheit von der Zensur* nach Art. 5 Abs. 1 S. 3 GG kein eigenständiges Grundrecht dar (vgl. *Jarass* in Jarass/Pieroth GG Art. 5 Rn. 77; *Degenhart* in BK-GG, 185. EL, Art. 5 Rn. 32; *Bethge* in Sachs GG Art. 5 Rn. 129). Das Zensurverbot ist vielmehr als zusätzliche Schranke für alle Eingriffe (vgl. Art. 5 Abs. 2) in die Kommunikations- und Medienfreiheiten des Art. 5 Abs. 1 S. 1 und S. 2 GG anzusehen (vgl. BVerfGE 33, 53; Gucht, Das Zensurverbot im Gefüge der grundrechtlichen Eingriffskautelen; *Bethge* in Sachs GG Art. 5 Rn. 129; im Einzelnen hierzu → Kap. 7 Rn. 20 ff.).

Es ist bisher noch nicht überzeugend gelungen, die verschiedenen Einzel-Grundrechte des **8a**
Art. 5 Abs. 1 mit einem Oberbegriff zusammenzufassen, zumal der Art. 5 Abs. 3 die zwei Grundfreiheiten der Kunst und der Wissenschaft hinzufügt. Der Oberbegriff „Geistesfreiheit“ (vgl. *Lenz* in Hamann/Lenz, GG, GG Art. 5 Anm. A 2) befriedigt nicht, wenn man an den Nachrichtenteil bzw. den Anzeigenteil der Presse sowie die in Art. 4 GG verbürgte Religionsfreiheit denkt. Der Oberbegriff „Meinungsfreiheit“ ist entschieden zu eng und schließt das große und bedeutsame Gebiet der Übermittlung von Tatsachen (Nachrichten und Informationen) aus. Sofern der Begriff „Kommunikation“ weit verstanden wird und das Sich-Unterrichten aus allgemein zugänglichen Quellen umfasst, können die Grundrechte des Art. 5 Abs. 1 unter dem Oberbegriff *„Kommunikationsfreiheit(en)“* zusammengefasst werden (vgl. Fechner, Medienrecht, Kap. 3. Rn. 3; Hoffmann-Riem, Kommunikationsfreiheiten, S. 1 f.; *Grabenwarter* in Maunz/Dürig, GG, 68. EL, Art. 5 Rn. 1; *Ossenbühl* JZ 1995, 635; Paschke, Medienrecht, Rn. 166 ff.; *Stammler* ZUM 1995, 108). Allerdings begegnet dies gleichfalls gewissen Bedenken, da zur Kommunikation auch die Versammlung zum Zwecke des Meinungsaustauschs zu zählen ist. Diese Betätigung aber wird durch Art. 8 Abs. 1 GG geschützt.

c) Angesichts der Fortentwicklung und Ausbreitung der elektronischen Medien wird darüber **8b**
hinaus vereinzelt gefordert, den Kanon der Kommunikationsfreiheiten des Art. 5 Abs. 1 GG um die sog. *„Internetfreiheit“* als Freiheit sui generis zu erweitern (vgl. *Mecklenburg* ZUM 1997, 525 ff.; eingehend zur Übertragbarkeit der Kommunikationsfreiheiten auf das Internet vgl. Bock, Übertragbarkeit der Kommunikationsfreiheiten, passim. Vgl. zur verfassungsrechtlichen Einordnung des Internets auch Hamacher, Der Rundfunkbegriff im Wandel, S. 275 ff.; *Jarass* in Jarass/Pieroth Art. 5 Rn. 110 ff.). Im Hinblick darauf, dass der Begriff der „allgemein zugänglichen Quelle“ iSd Art. 5 Abs. 1 S. 1 GG weit zu verstehen ist, erscheint dies jedoch nicht zwingend erforderlich (ebenfalls ablehnend Petersen, Medienrecht, § 2 Rn. 17; *Grabenwarter* in Maunz/Dürig, GG, 82. EL, Art. 5 Rn. 260; *Degenhart* in BK-GG, 185. EL, Art. 5 Rn. 48, 195; kritisch auch *Starck/Paulus* in v. Mangoldt/Klein/Starck GG Art. 5 Rn. 132). Zuzugestehen ist zwar, dass die Internetfreiheit als Leistungsrecht eine gewisse Bedeutung haben kann. Dies gilt zB in Gegenden, in denen keine leistungsfähigen Fernmeldeverbindungen und damit nur eine unzureichende Internetkonnektivität vorhanden sind. In der zivilgerichtlichen Rechtsprechung jedenfalls ist anerkannt, dass die „Nutzbarkeit des Internets [.] ein Wirtschaftsgut (ist), dessen ständige Verfügbarkeit […] für die eigenwirtschaftliche Lebenshaltung typischerweise von zentraler Bedeutung ist und bei dem sich eine Funktionsstörung als solche auf die materiale Grundlage der Lebenshaltung signifikant auswirkt“ (vgl. BGH MMR 2013, 612). Dies gebietet allerdings keine inhaltliche Erweiterung von Art. 5 Abs. 1 GG um eine solche Internetfreiheit – hiergegen sprechen bereits die Systematik und der abschließende Wortlaut von Art. 5 Abs. 1 S. 2 GG (zustimmend *Degenhart* in BK-GG, 185. EL, Art. 5 Rn. 48). Als vermittelnd zu bezeichnen sein dürfte die Ansicht, dass das Internet ein Medium sui generis sei, auf das grundsätzlich das allgemeine Recht zur Meinungsäußerung und -verbreitung Anwendung finde, aber im Einzelfall eine analoge Anwendung der Rundfunk- oder Pressefreiheit denkbar sei (vgl. *Starck/Paulus* in v. Mangoldt/Starck/Klein GG Art. 5 Rn. 252).

9 d) Strittig ist der inhaltliche Umfang des „speziellen" Grundrechts der Pressefreiheit zu demjenigen des „allgemeinen" Grundrechts der Meinungsäußerungs- und Verbreitungsfreiheit sowie zur Informationsfreiheit. Nach teilweise vertretener Auffassung wird das allgemeine Grundrecht durch das Spezialrecht der Pressefreiheit verdrängt (vgl. *Starck/Paulus* in v. Mangoldt/Starck/Klein GG Art. 5 Rn. 127; zum Meinungsstand *Grabenwarter* in Maunz/Dürig, GG, 82. EL, Art. 5 Rn. 319 ff.). Da jedoch die Pressefreiheit bei richtiger Auslegung das allgemeine Grundrecht der Meinungsfreiheit einschließt, treten zur allgemeinen Meinungs- und Informationsfreiheit wichtige Ergänzungen und Verstärkungen *kumulativ* hinzu, die erst in ihrer Gesamtheit das Grundrecht der Pressefreiheit ergeben (aA zB *Degenhart* in BK-GG, 185. EL, Art. 5 Rn. 51 ff., der eine Abgrenzung der beiden Schutzbereiche vornimmt). Für diese „kumulative" Lösung sprechen Gründe der begrifflichen Klarheit: Da eine Legaldefinition der Pressefreiheit fehlt, sollte an dem in Art. 5 Abs. 1 S. 1 klar umrissenen und gesicherten „Basisrecht" der allgemeinen Meinungs- und Informationsfreiheit festgehalten werden.

Die „kumulative" Lösung entspricht im Ergebnis auch der Rechtsprechung des Bundesverfassungsgerichts: „Bei der *besonderen* Garantie der Pressefreiheit geht es um die einzelne Meinungsäußerungen *übersteigende* Bedeutung für die freie und öffentliche Meinungsbildung." (vgl. BVerfG AfP 2017, 230 – Hervorhebungen erfolgten diesseits). Nach Ansicht des BVerfG kann sich die Presse auf die Meinungsfreiheit berufen (vgl. nur 2.5.2018 – 1 BvR 666/17 Rn. 17): Würde letztere durch die Pressefreiheit im Wege der Spezialität verdrängt werden, wäre dies nicht möglich. Somit hält das Gericht die Pressefreiheit für „mehr als nur" einen Unterfall der allgemeinen Meinungsfreiheit. Gehe es um die Zulässigkeit einer Äußerung, so beurteile sich diese nach dem Grundrecht der Meinungsfreiheit – unabhängig davon, ob sie in einem Medium gefallen sei, das den Schutz der Pressefreiheit genieße. Letztere aber trage der *darüber hinausgehenden Bedeutung* der Presse für die individuelle und öffentliche Meinungsbildung Rechnung und schütze daher alle Voraussetzungen, die vorliegen müssen, damit die Presse ihre Aufgabe im Kommunikationsprozess erfüllen könne (vgl. BVerfG ZUM 1998, 563). Der Schutzbereich der Pressefreiheit sei also berührt, wenn es um die im Pressewesen tätigen Personen in Ausübung ihrer Funktion, um ein Presseerzeugnis selbst, um seine institutionell-organisatorischen Voraussetzungen und Rahmenbedingungen und schließlich um die Institution der freien Presse an sich gehe (→ Rn. 10; zum Verhältnis von Meinungs- und Kunstfreiheit → Kap. 53 Rn. 11; → Kap. 59 Rn. 4; → Kap. 60 Rn. 12 f.).

2. *Der Schutzumfang der Pressefreiheit (Übersicht)*

10 Gesetz und Verfassung gewähren der Pressefreiheit umfassenden Schutz. Grundrechtsschutz genießt in erster Linie die gesamte *Tätigkeit der Presse,* und zwar sowohl die aktive Beschaffung von Informationen (Nachrichten und Meinungen) wie auch deren ungehinderter passiver Empfang, aber auch die freie Gestaltung des Presseprodukts, die freie Veröffentlichung und Verbreitung von Informationen sowie die Mitwirkung der Presse bei der Bildung der öffentlichen Meinung (→ Kap. 3 Rn. 19 ff.). Abgesichert wird die freie Tätigkeit der Presse zusätzlich durch die sog. *Zulassungsfreiheit* (freie Gründung von Presseunternehmen und freier Zugang zu den Presseberufen; auch → Kap. 10 Rn. 6). Die ungehinderte Tätigkeit der Presse wird weiter geschützt durch das *Verbot von Sondergesetzen,* insbesondere durch das Verbot einer Sonderbesteuerung der Presse (vgl. zB § 1 Abs. 4 HessPG), ferner durch das Verbot des Eingreifens der *Verwaltung* in die freie Betätigung der Presse und schließlich durch die Gewährleistung der *Zensurfreiheit* (→ Kap. 7 Rn. 20 ff.).

11 Der Schutz der Pressefreiheit kommt aber nicht nur der Pressetätigkeit, sondern auch dem *Presse-Erzeugnis* selbst, einschließlich des Anzeigenteils, zugute, wobei der Begriff „Presse" im weiten Sinn des „Druckwerks" zu verstehen ist. Dies umfasst zB auch online publizierte Artikel, zumindest dann, wenn sie im Wesentlichen inhaltsgleich mit der gedruckten Ausgabe sind und zu dieser in einem Ergänzungsverhältnis stehen (vgl. BVerfG AfP 2017, 230). Das Presse-Erzeugnis genießt zB besonderen Schutz im Bereich des Beschlagnahmerechts (→ Kap. 9 Rn. 4; → Kap. 10 Rn. 10; Kap. 31). Zum Schutzbereich der Pressefreiheit gehört auch der *technische und wirtschaftliche Apparat* der Presse, der sie in die Lage versetzt, ihre öffentliche Aufgabe zu erfüllen. Weit gespannt ist auch der *Personenkreis,* der Träger der Pressefreiheit ist und dem dieses

Grundrecht unmittelbar zugutekommt. Über den *individualrechtlichen* Schutz der Pressetätigkeit und des Presse-Erzeugnisses hinaus verleiht Art. 5 GG der *Institution „Freie Presse"* als solcher Grundrechtsschutz (BVerfG NJW 2007, 1118; BVerfGE 80, 133; 66, 133; 20, 175; BGH NJW 2017, 3154; → Kap. 9 Rn. 6 ff.) und weist damit eine objektiv-rechtliche Dimension auf (vgl. *Grabenwarter* in Maunz/Dürig, GG, 82. EL, Art. 5 Rn. 353 ff.). Die Pressefreiheit bedeutet nicht nur Schutz gegenüber etwaigen Eingriffen des *Staates,* sondern entfaltet über die entsprechende Auslegung bürgerlich-rechtlicher Vorschriften auch Schutzwirkung *(mittelbare Drittwirkung)* gegenüber Eingriffen *nichtstaatlicher Machtgruppen,* Interessenverbände und privater Personen (vgl. BVerfGE 66, 135; 20, 175; 12, 259 f.; 10, 121; → Kap. 10 Rn. 28 ff.); hierzu zählen auch die von der Berichterstattung betroffenen Personen (sh. Abschn. 9). Eine Reihe wichtiger *Schutzrechte (Privilegien),* die dem Grundrecht der Pressefreiheit auf den verschiedensten Gebieten Rechnung tragen, sichern der Presse die Erfüllung ihrer öffentlichen Aufgabe (→ Kap. 10 Rn. 1 ff.).

Dieser umfassende Schutzumfang der Pressefreiheit soll im Einzelnen in den Kap. 7–10, deren Schranken im Kap. 11 erörtert werden.

7. Kapitel. Der Schutz der Pressetätigkeit. Das Zensurverbot

I. Der Schutz der Informationsbeschaffung

1. Die Freiheit, sich jederzeit „aus allgemein zugänglichen Quellen ungehindert zu unterrich- **1**
ten", wird jedem Bürger in Art. 5 Abs. 1 S. 1 GG als subjektives öffentliches Recht in der verfassungsrechtlich gesicherten Form eines Grundrechts garantiert.

Dieses *„Grundrecht auf Informationsfreiheit"* ist von hoher Bedeutung für das Individuum. Denn es „gehört zu den elementaren Bedürfnissen des Menschen, sich aus möglichst vielen Quellen zu unterrichten, das eigene Wissen zu erweitern und sich so als Persönlichkeit zu entfalten." (BVerfG NJW 1970, 236). Zudem sei „in der modernen Industriegesellschaft der Besitz von Informationen von wesentlicher Bedeutung für die soziale Stellung des Einzelnen" (BVerfG NJW 1970, 236). Enge Beziehung besteht des Weiteren zum Demokratiegebot des Art. 20 Abs. 1 GG, denn nur ein informierter Bürger ist ein politisch mündiger Bürger. Im Blick auf seine besondere Bedeutung sowohl für den Einzelnen wie für die staatliche Gemeinschaft, steht das Grundrecht auf freie Information selbstständig und gleichwertig neben der Meinungsfreiheit (vgl. BVerfGE 28, 188; 27, 88; BayVfGH AfP 1985, 279).

Für die Presse hat die Informationsfreiheit die darüber hinausgehende Bedeutung, dass „(e)rst der prinzipiell ungehinderte Zugang zu Informationen [.] die Presse in den Stand (versetzt), die ihr in der freiheitlichen Demokratie zukommende Funktion wirksam wahrzunehmen" (BVerfG AfP 2014, 523). Denn die daraus grundsätzlich folgenden Auskunftspflichten des Staates ermöglichen es der Presse, umfassend und wahrheitsgetreu Informationen zu erhalten; sie werden dadurch in die Lage versetzt, die Öffentlichkeit entsprechend zu unterrichten (vgl. BGH NJW 2017, 3155).

2. a) Der Schutz der Informationsfreiheit umfasst sowohl das lediglich *passive Empfangen* von **2**
Informationen (Tatsachen und Meinungen) wie auch deren *aktives Sammeln* (Recherchieren), auf das vor allem die Presse angewiesen ist (vgl. BVerfGE 27, 71). Zutreffend unterscheidet Art. 19 der Allgemeinen Erklärung der Menschenrechte (→ Kap. 5 Rn. 6) zwischen „receive and collect news and thoughts". Das Recht des Einzelnen, die Gewissheit zu haben, dass alle für ihn bestimmten Informationen ungehindert in seinen Wahrnehmungsbereich gelangen, darf nicht behindert werden; eine solche Behinderung ist schon in einer länger dauernden zeitlichen Verzögerung des Zugangs zu erblicken (vgl. BVerfGE 27, 88).

b) Nach überwiegender Auffassung geschützt ist auch die *„negative Informationsfreiheit"* (vgl. **2a**
BVerwG BeckRS 2018, 1215). Dies ist die Freiheit, sich bei der Informationsauswahl aufgedrängten Informationen zu verschließen, nicht hinzuhören, in Ruhe gelassen zu werden (strittig – vgl. BVerwG NJW 1999, 805; *Degenhart* in BK-GG, 185. EL, Art. 5 Rn. 174; *Wendt* in v. Münch/Kunig GG Art. 5 Rn. 26; Fenchel, Negative Informationsfreiheit, S. 30 ff.; *Lindner* NVwZ 2002, 37; *Fikentscher/Möllers* NJW 1998, 1340, vgl. ebd. zum Überblick über

ablehnende Ansichten). Die hochentwickelte Medientechnik ermöglicht jedoch, dass Meinungsäußerungen zunehmend auch Personen erreichen, die nicht erreicht werden wollen, durch die Umstände aber zum Empfang gezwungen sind. Dies geschieht zB über unerwünschte E-Mail-Werbung, die über das Internet in private Mailboxen verteilt wird, oder durch SMS und MMS (vgl. zu Grenzen und Abwägung der kollidierenden Grundrechtsausübungen *Fikentscher/Möllers* NJW 1998, 1337 ff.).

2b *Wettbewerbsrechtlich* ist diese Kommunikationsform, ebenso wie die unerwünschte Briefkasten-, Telefon- und Telefaxwerbung, grundsätzlich unzulässig und stellt einen Wettbewerbsverstoß gemäß § 7 Abs. 2 Nr. 3 UWG nF dar (vgl. *Köhler* in Köhler/Bornkamm/Feddersen, UWG, UWG § 7 Rn. 200). Ihre Zusendung ist nur dann ausnahmsweise zulässig, wenn die eng auszulegenden Voraussetzungen des § 7 Abs. 3 UWG vorliegen. Dies ist der Fall, wenn bereits eine Geschäftsbeziehung zwischen dem Versender und dem Empfänger der elektronischen Post besteht und letzterer der Verwendung der hierbei erlangten Daten durch den Versender nicht widersprochen hat (vgl. im Einzelnen *Köhler* in Köhler/Bornkamm/Feddersen, UWG, UWG § 7 Rn. 202 ff.).

3 3. Das Informationsrecht des Bürgers ist nach Art. 5 Abs. 1 S. 1 GG auf *„allgemein zugängliche Quellen"* beschränkt. Eine solche liegt vor, wenn die Informationsquelle technisch geeignet und bestimmt ist, der Allgemeinheit, dh einem individuell nicht bestimmbaren Personenkreis, Informationen zu verschaffen (vgl. BVerfG NVwZ 2017, 1618; BVerfGE 103, 60; 90, 32; BVerfG AfP 2000, 561). Dazu gehören in erster Linie neben der Presse, in- und ausländischer Hörfunk und Fernsehen (vgl. BVerfGE 90, 32), Filme (BVerfGE 33, 65) und das Internet (vgl. BVerfG MMR 2013, 59; *Degenhart* in BK-GG, 185. EL, Art. 5 Rn. 164 (mwN)) einschließlich der sozialen Netzwerke und Suchmaschinen (vgl. *Starck/Paulus* in Mangoldt/Klein/Starck GG Art. 5 Rn. 109). Eine „allgemein zugängliche" Quelle ist auch die demoskopische Meinungsumfrage (repräsentative Testbefragung; strittig – vgl. *Starck/Paulus* in v. Mangoldt/Klein/Starck GG Art. 5 Rn. 115), die nicht mit der „Volksbefragung" im Sinne eines politischen Volksentscheids verwechselt werden darf (vgl. BVerfGE 8, 112).

3a *Keine „allgemein zugänglichen" Quellen* sind Vorgänge aus dem privaten Bereich wie auch aus der Privatwirtschaft, sowie alle schriftlichen und mündlichen Äußerungen, die an einzelne adressiert sind (vgl. BVerfG EuGRZ 2001, 63 f.; VG Bremen NJW 1997, 2696 f.; Hoffmann-Riem, Kommunikationsfreiheiten, Art. 5 Rn. 103; Windsheimer, „Information" als Interpretationsgrundlage, S. 133).

3b Schwierig zu beantworten ist die Frage, ob als *Quelle* iSd Art. 5 Abs. 1 GG nur die Informationsträger Presse, Rundfunk, Bibliotheken, Museen, Zeitungsarchive usw in Frage kommen, oder auch die *Fakten respektive Ereignisse selbst* wie zB der Ort eines Verkehrsunfalls, eines Brandes oder eines Verbrechens (bejahend BVerfGE 103, 60; *Jarass* in Jarass/Pieroth GG Art. 5 Rn. 22; *Starck/Paulus* in v. Mangoldt/Klein/Starck GG Art. 5 Rn. 106; differenzierend OVG Bautzen LKV 2020, 30 f.).

4 4. Zu den allgemein zugänglichen Quellen gehören auch die ausländischen Informationsquellen (vgl. BVerfGE 90, 32; *Bethge* in Sachs GG Art. 5 Rn. 54), sofern diese in ihrem Land allgemein zugänglich sind. Erfahrungsgemäß ist es eine typische Maßnahme von Diktaturen, den Bürgern des eigenen Landes den Zugang zu den ausländischen Informationsquellen, insbesondere den Bezug ausländischer Presse-Erzeugnisse, den Zugang zum Internet (oder zumindest bestimmter Websites) und das Abhören ausländischer Sender, zu erschweren bzw. unmöglich zu machen. Gerade dieser Tendenz will das Grundrecht auf Informationsfreiheit entgegenwirken. Es soll dem Bürger die Beurteilung seiner eigenen Regierung auch aus der Sicht des Auslands ermöglicht werden (vgl. BVerfGE 27, 84 f.). Allgemein zugänglich sind daher auch alle ausländischen Rundfunkprogramme, deren Empfang in der Bundesrepublik Deutschland möglich ist (vgl. BVerfGE 90, 32).

5 5. Die üblicherweise allgemein zugänglichen Informationsquellen dürfen weder durch den Staat noch durch *private Einwirkung* unterbunden werden. Auch hier kommt dem Art. 5 Abs. 1 GG mindestens *mittelbare Drittwirkung* zu.

5a Dieser Grundsatz kann eine Rolle spielen für solche privaten *Exklusivverträge,* durch die Informationen unterbunden werden, an denen ein legitimes Interesse der Öffentlichkeit besteht und die normalerweise allgemein zugänglich sind (vgl. eingehend hierzu *Soehring* in Soehring/

Hoene, Presserecht, § 7 Rn. 78 ff.; vgl. hierzu auch die Richtlinie 1.1 des Pressekodex des Deutschen Presserats idF 11.9.2019; *Holznagel/Höppener* DVBl 1998, 868 ff.; *Moosmann,* Exklusivstories, passim; *Paschke,* Medienrecht, Rn. 368 ff.). Anlässlich des Bergwerkunglücks von Lengede schloss eine Illustrierte mit den geretteten Bergleuten einen Exklusivvertrag, wonach allein dieser Illustrierten das Recht der Berichterstattung zustehen sollte. Der BGH (GRUR 1968, 210, mAnm *Bußmann*) hielt diesen Vertrag zwar für wirksam, deutete aber an, dass die Rechtsgültigkeit von solchen Exklusivvereinbarungen „nicht außer Zweifel" (GRUR 1968, 209) stehe. So seien „Fälle denkbar, in denen es im allgemeinen Interesse nicht hingenommen werden (könne), daß durch eine solche Vereinbarung die einzige Quelle der Information über ein Geschehen verstopft (werde), über das zuverlässig unterrichtet zu werden die Öffentlichkeit ein erhebliches und berechtigtes Interesse (habe)" (GRUR 1968, 209; ähnlich *Degenhart* in BK-GG, 185. EL, Art. 5 Rn. 170).

Tendenziell aber sind Exklusivvereinbarungen wirksam (vgl. OLG Hamburg ZUM-RD 1998, 116; OLG München AfP 1981, 348; *Prinz/Peters,* Medienrecht, 1. Aufl., Rn. 246; *Soehring* in Soehring/Hoene, Presserecht, § 7 Rn. 83; *Wenzel/Burkhardt/Peifer* Kap. 2 Rn. 63).

6. Welche Quellen „allgemein zugänglich" sind, bestimmt sich nach der *objektiven Sachlage* – also der tatsächlichen Zugänglichkeit – im In- und Ausland und kann nicht staatlicherseits beliebig reglementiert werden. Staatliche – zB gesetzgeberische – Dispositionen hinsichtlich dieser so verstandenen allgemeinen Zugänglichkeit sind vielmehr am Grundrecht der Informationsfreiheit zu messen (vgl. *Lerche* in Evang. Staatslexikon, 3. Aufl., Sp. 1315; *Bethge* in Sachs GG Art. 5 Rn. 57). Eine durch staatliche Maßnahmen erzielte Beeinträchtigung der Möglichkeit des allgemeinen Zugangs führt also nicht zum Verlust der Eigenschaft als allgemein zugängliche Quelle (vgl. BVerfGE 33, 65; 27, 83). 6

Strittig ist, ob dem Bürger ein Anspruch darauf zusteht, dass der Staat für das Vorhandensein allgemein zugänglicher Informationsquellen Sorge trägt (bejahend *Löffler,* Bd. I, 3. Aufl., § 1 Rn. 87; aA BVerfG DVBl 2001, 457; BVerwGE 61, 22; BVerwG NJW 1983, 2954; JZ 1981, 137; DÖV 1979, 102). Zutreffend ist, dass die Informationsfreiheit primär ein Abwehrrecht gegenüber staatlichen Eingriffen darstellt. Sie umfasst allerdings ein gegen den Staat gerichtetes Recht auf Zugang in Fällen, in denen eine im staatlichen Verantwortungsbereich liegende Informationsquelle auf Grund rechtlicher Vorgaben zur öffentlichen Zugänglichkeit bestimmt ist, der Staat den Zugang aber verweigert (vgl. BVerfG NVwZ 2017, 1619; NJW 2001, 1634). Auch die Organe der Rechtsprechung haben unter bestimmten Voraussetzungen Allgemeinzugänglichkeit herzustellen (zum Zugangsrecht zu öffentlichen Gerichtsverhandlungen → Kap. 16 Rn. 4 f.). So ist die Veröffentlichung von Gerichtsentscheidungen als eine verfassungsunmittelbare öffentliche Aufgabe der rechtsprechenden Gewalt anzusehen. Dabei folgt die Pflicht, alle Entscheidungen zu veröffentlichen, die für die Öffentlichkeit von Interesse sind, aus dem Rechtsstaatsgebot sowie dem Demokratiegebot und dabei insbesondere der Justizgewährungspflicht (→ Kap. 16 Rn. 2).

7. a) Mit der Sicherung des ungehinderten passiven Empfangs von Informationen ist jedoch die volle Informationsfreiheit nicht gewährleistet. Zu dem „receive news" muss die Möglichkeit des aktiven „collect news" hinzutreten. Kein Staatsbürger, kein Wissenschaftler, kein Wirtschaftler und kein Politiker kann auf das eigene *aktive Sammeln von Informationen* verzichten, wenn er sich selbst ein zuverlässiges, unabhängiges Urteil bilden will. Für die öffentliche Meinung ist nämlich nicht nur von Bedeutung, was der Staat von sich aus mitteilt, sondern auch das, was er *nicht* von sich aus preisgibt (vgl. Tribe, American Constitutional Law, S. 813). Deshalb hat eine Reihe von Staaten, wie etwa Schweden (Gesetz vom 2.12.1766; vgl. hierzu *Petrén* VerwArch 1958, 323 ff.; Schoch IFG Einl. Rn. 40), Finnland („Laki yleisten asiakirjain julkisuudesta" Nr. 83/1951 vom 9.2.1951; davor galt das schwedische Gesetz aus dem Jahr 1766 auch im damals schwedischen Finnland), die USA („Freedom of Information Act" vom 4.7.1966; vgl. hierzu Schoch IFG Einl. Rn. 41), Frankreich (Titre I des „Loi n° 78–753 du 17 juillet 1978 portant diverses mesures d'amélioration des relations entre l'administration et le public et diverses dispositions d'ordre administratif, social et fiscal" vom 17.7.1978; vgl. hierzu Schoch IFG Einl. Rn. 42), Dänemark („Lov om offentlighed i forvaltningen (Offentlighedsloven)" vom 19.12.1985), Kanada („Access to Information Act"/„Loi sur l'accès à l'information" vom 1.7.1983), das Vereinigte Königreich („Freedom of Information Act 2000" vom 30.11.2000; vgl. 7

hierzu Schoch IFG Einl. Rn. 43) und Schottland („Freedom of Information (Scotland) Act 2002“ vom 17.2.2002) ihren Bürgern das *„right to know“* eingeräumt. Danach hat das Publikum einen Rechtsanspruch auf Einsicht in alle behördlichen Akten, auch wenn keine persönliche Beziehung zu dem betreffenden Gegenstand besteht, vorausgesetzt, dass nicht höherwertige Interessen die Geheimhaltung erfordern.

7a b) In der Bundesrepublik hat der Bürger aus dem Grundrecht der Informationsfreiheit selbst keinen Anspruch auf Behördenauskunft (vgl. *Schemmer* in Epping/Hillgruber, GG, 42. Ed., Art. 5 Rn. 33). Ein solcher kann sich aber auf Grund gesetzlicher Regelungen ergeben (zB § 29 VwVfG: Recht zur Akteneinsicht durch Beteiligte).

Von diesen vereinzelten Regelungen, die eher flankierenden Charakters sind, zu unterscheiden sind die *„Informationsgesetze“*, deren hauptsächlicher Zweck es ist, dem Bürger Informationsansprüche einzuräumen und diese inhaltlich zu konkretisieren.

7b Ein solches Gesetz ist das *Umweltinformationsgesetz* (UIG in der Fassung der Bekanntmachung vom 27.10.2014 (BGBl. I S. 1643), zuletzt geändert durch Artikel 2 Absatz 17 des Gesetzes vom 20.7.2017 (BGBl. I S. 2808)). Zweck dieses Gesetzes ist es, den rechtlichen Rahmen für den freien Zugang zu Umweltinformationen bei informationspflichtigen Stellen sowie für die Verbreitung dieser Umweltinformationen zu schaffen (§ 1 Abs. 1 UIG). Nach § 3 hat jede Person nach Maßgabe dieses Gesetzes Anspruch auf freien Zugang zu Umweltinformationen, über die eine informationspflichtige Stelle iSd § 2 Abs. 1 UIG verfügt; ein rechtliches Interesse muss hierbei nicht dargelegt werden. Andere Ansprüche auf Zugang zu Informationen bleiben hiervon unberührt. Der Zugang kann durch Auskunftserteilung, Gewährung von Akteneinsicht oder in sonstiger Weise eröffnet werden. Besteht ein Ablehnungsgrund (§§ 8, 9 UIG), so kann die Auskunfterteilung im Interesse öffentlicher oder sonstiger Belange in der Form des § 5 UIG verweigert werden. Vgl. im Einzelnen zum UIG *Götze/Engel,* Umweltinformationsgesetz; *Kramer,* Umweltinformationsgesetz; *Kummer/Schumacher,* Umweltinformationsgesetz; *Schomerus/Schrader/Wegener,* Umweltinformationsgesetz.

7c Subsidiär hierzu (vgl. § 1 Abs. 3 IFG) gilt das *Informationsfreiheitsgesetz* des Bundes (IFG vom 5.9.2005 (BGBl. I S. 2722), zuletzt geändert durch Artikel 44 der Verordnung vom 19.6.2020 (BGBl. I S. 1328)). Nach dessen § 1 Abs. 1 hat jeder nach Maßgabe dieses Gesetzes gegenüber den Behörden des Bundes einen Anspruch auf Zugang zu amtlichen Informationen. Hierunter sind alle amtlichen Zwecken dienende Aufzeichnungen zu verstehen, unabhängig von der Art ihrer Speicherung. Entwürfe und Notizen, die nicht Bestandteil eines Vorgangs werden sollen, gehören jedoch nicht dazu (§ 2 Nr. 1 S. 2 IFG). Auch der Auskunftsanspruch nach dem IFG besteht nicht unbeschränkt; so können öffentliche Belange (§ 3 IFG) oder der Schutz des behördlichen Entscheidungsprozesses (§ 4 IFG) einer Auskunfterteilung entgegenstehen, so dass diese abgelehnt werden kann. Hiergegen ist der Rechtsbehelf des Widerspruchs sowie die Verpflichtungsklage zulässig (§ 9 Abs. 4 IFG). Zu den Kosten vergleiche § 10 IFG. Vgl. im Einzelnen zum IFG *Brink/Polenz/Blatt,* Informationsfreiheitsgesetz; *Rossi,* Informationsfreiheitsgesetz; *Schoch,* Informationsfreiheitsgesetz.

7d Neben dem Bund haben die meisten Bundesländer – Ausnahmen: Bayern, Niedersachsen und Sachsen – *Landes-Informationsfreiheitsgesetze* erlassen. Es sind dies: Baden-Württemberg (Gesetz zur Regelung des Zugangs zu Informationen in Baden-Württemberg (LIFG) vom 17.12.2015, zuletzt geändert durch Artikel 5 des Gesetzes vom 12.6.2018 (GBl. S. 173 (185))), Berlin (Gesetz zur Förderung der Informationsfreiheit im Land Berlin (IFG) vom 15.10.1999, zuletzt geändert durch Artikel 21 des Gesetzes vom 2.2.2018 (GVBl. S. 160)), Brandenburg (Akteneinsichts- und Informationszugangsgesetz (AIG) vom 10.3.1998, zuletzt geändert durch Artikel 3 des Gesetzes vom 8.5.2018 (GVBl. 2018 I [Nr. 7])), Bremen (Gesetz über die Freiheit des Zugangs zu Informationen für das Land Bremen (BremIFG) vom 16.5.2006, zuletzt geändert durch Gesetz vom 15.3.2019 (Brem.GBl. S. 55)), Hamburg (Hamburgisches Transparenzgesetz (HmbTG) vom 19.6.2012, zuletzt geändert durch Artikel 1 des Gesetzes vom 19.12.2019 (HmbGVBl. 2020 S. 19, ber. 56)), Hessen (Hessisches Datenschutz- und Informationsfreiheitsgesetz (HDSIG) vom 3.5.2018 (GVBl. S. 82), zuletzt geändert durch Gesetz vom 12.9.2018 (GVBl. S. 570)), Mecklenburg-Vorpommern (Gesetz zur Regelung des Zugangs zu Informationen für das Land Mecklenburg-Vorpommern (IFG MV) vom 10.7.2006, zuletzt geändert durch Artikel 3 des Gesetzes vom 22.5.2018 (GVOBl. MV S. 193 (201)), Nordrhein-Westfalen (Gesetz über die Freiheit des

Zugangs zu Informationen für das Land Nordrhein-Westfalen (IFG NRW) vom 27.11.2001, zuletzt geändert durch Artikel 2 des Gesetzes vom 17.5.2018 (GV. NRW. S. 244)), Rheinland-Pfalz (Landestransparenzgesetz (LTranspG) vom 27.11.2015 (GVBl. S. 383), zuletzt geändert durch Artikel 1 des Gesetzes vom 19.12.2018 (GVBl. S. 448)), das Saarland (Saarländisches Informationsfreiheitsgesetz (SIFG) vom 12.7.2006, zuletzt geändert durch das Gesetz vom 22.8.2018 (ABl. I S. 674)), Sachsen-Anhalt (Informationszugangsgesetz Sachsen-Anhalt (IZG LSA) vom 19.6.2008, zuletzt geändert durch Artikel 4 des Gesetzes vom 18.2.2020 (GVBl. LSA S. 25 (37))), Schleswig-Holstein (Informationszugangsgesetz für das Land Schleswig-Holstein (IZG-SH) vom 19.1.2012, zuletzt geändert durch Gesetz vom 19.7.2019 (GVOBl. S. 310)) und Thüringen (Thüringer Transparenzgesetz (ThürTG) vom 10.10.2019 (GVBl. 2019 S. 373)) (→ Kap. 18 Rn. 5a).

Keinen Informationsanspruch an sich (§ 1 Abs. 2a IWG), aber die Weiterverwendung von bei öffentlichen Stellen vorhandenen Informationen (§ 1 Abs. 1 IWG) regelt das *Informationsweiterverwendungsgesetz* (IWG vom 13.12.2006 (BGBl. I S. 2913), zuletzt geändert durch Artikel 1 des Gesetzes vom 8.7.2015 (BGBl. I S. 1162)). Vgl. zum IWG im Einzelnen Richter, Informationsweiterverwendungsgesetz. **7e**

8. Das jedermann gemäß Art. 5 Abs. 1 S. 1 GG zukommende Recht, sich aus allgemein zugänglichen Quellen zu informieren, steht auch der *Presse* als wesentlicher Inhalt der ihr verbürgten Pressefreiheit zu. Denn gerade die publizistische Vorbereitungstätigkeit, zu der namentlich die Beschaffung von Informationen gehört, ist von einiger Bedeutung. Erst der prinzipiell ungehinderte Zugang zur Information versetzt die Presse in den Stand, die ihr in der freiheitlichen Demokratie zukommende Funktion wirksam wahrzunehmen (vgl. BVerfG AfP 2014, 523; BGH NJW 2017, 3154 f.; BVerwG BeckRS 2019, 12367 Rn. 22; *Eggert* AfP 2003, 132 f.; *Karpen* DVBl 2000, 1111). Es liegt jedoch auf der Hand, dass die Presse ihrer wichtigen öffentlichen Aufgabe, der zuverlässigen und ausreichenden Information des Publikums, nicht nachkommen könnte, wenn sie auf die allgemein zugänglichen Informationsquellen beschränkt wäre. Der Presse als Nachrichten- und Meinungsmittler kommt vielmehr die Aufgabe zu, auch Quellen, die nicht allgemein zugänglich sind, zu erschließen, so dass auch diese Tätigkeit vom Schutzbereich der Pressefreiheit umfasst sein kann (vgl. *Schemmer* in Epping/Hillgruber, GG, 42. Ed., Art. 5 Rn. 59). Schon aus dem Verfassungsauftrag der Presse im Sinn einer öffentlichen *Informationspflicht* (vgl. BVerfGE 27, 81; 20, 174 f.) ergibt sich, dass der Presse ein erweiterter Informationsanspruch gebühren sollte (vgl. BVerwG BeckRS 2019, 12367 Rn. 22). Seine *einfachgesetzliche* Konkretisierung hat dieser pressespezifische Informationsanspruch in § 4 NRWLPG gefunden (sh. ausführlich Abschn. 4); dieser Anspruch richtet sich jedoch nur gegen Landesbehörden (zu einem entsprechenden Gesetzesvorhaben auf Bundesebene vgl. *Gärditz* AfP 2019, 281 ff.). **8**

Die Erweiterungen, die § 4 NRWLPG gegenüber dem allgemeinen verfassungsrechtlichen Informationsanspruch bietet, lässt im Einzelfall die Frage aufwerfen, ob der Informationsbegehrende „Presse" ist oder nicht. So können freischaffende Blogger Presseangehörige sein (vgl. *Gurlit* AfP 2020, 13), während ein Unternehmen, das zwar ein Printmedium herausgibt, aber hauptsächlich außerpublizistische Unternehmenszwecke verfolgt, nicht als Presse gilt (vgl. BVerwG BeckRS 2019, 12367). Zum verfassungsrechtlichen Informationsanspruch der Presse → Kap. 6 Rn. 5; → Kap. 10 Rn. 8.

Gerade die modernen Massenmedien Fernsehen und Internet sind grenzüberschreitende Informationsquellen, so dass die Informationsfreiheit zunehmend auch transnationale Bezüge aufweist. Die Regelungen der EMRK (vgl. Art. 10 Abs. 1; → Kap. 2 Rn. 7a) und der Europäischen Grundrechtscharta (Art. 11; → Kap. 2 Rn. 9c) aber auch die Grundfreiheit der Dienstleistungsfreiheit (Art. 56 ff. AEUV; → Kap. 2 Rn. 9d) gewinnen daher unter anderem für die Auslegung des hier dargestellten Grundrechts an Bedeutung (vgl. hierzu *Bethge* in Sachs GG Art. 5 Rn. 64 f.; *Starck/Paulus* in v. Mangoldt/Klein/Starck GG Art. 5 Rn. 16 ff.; → Kap. 43 Rn. 1a). Daneben gewährt Art. 10 Abs. 1 S. 1 und 2 EMRK selbst Informationsrechte (vgl. *Schemmer* AfP 2020, 8 (mwN)). **8a**

II. Der Schutz der Äußerung von Meinungen und der Mitteilung von Tatsachen

9 1. a) „Die Meinungsäußerungsfreiheit begründet eine der wesentlichen Grundlagen einer demokratischen Gesellschaft und eine der Grundbedingungen für ihren Fortschritt und die Selbstverwirklichung jedes Einzelnen." (EGMR AfP 2017, 219). Auch die im Grundgesetz (Art. 5 Abs. 1 S. 1 GG) verbürgte Meinungsfreiheit ist von grundlegender Bedeutung im freiheitlich demokratischen Staat (vgl. BVerfG NJW 2018, 2862). Sie ist zugleich (individuelle) Geistesfreiheit (vgl. BVerfG NJW 2018, 2862).

b) Das in Satz 1 des Art. 5 Abs. 1 GG garantierte Grundrecht auf *freie Meinungsäußerung* ist zugleich ein wesentlicher Bestandteil der in Satz 2 garantierten Pressefreiheit (vgl. *Bethge* in Sachs GG Art. 5 Rn. 89). Die Freiheit der Meinungsäußerung umfasst alle Lebensbereiche und schützt die Wiedergabe der eigenen und der fremden Ansicht.

9a c) Eine Meinung ist jede „durch das Element der Stellungnahme und des Dafürhaltens geprägte Äußerung" (BVerfG NJW 2018, 2861; vgl. auch BGH GRUR 2018, 625). Tatsachen hingegen sind „Vorgänge oder Zustände, deren Vorliegen dem Wahrheitsbeweis zugänglich ist" (BGH GRUR 2018, 625).

Der Schutz der Meinungsäußerungsfreiheit kommt der richtigen wie der irrigen Meinung zugute (vgl. BVerfG NJW 2018, 2861; BVerfGE 66, 151; BGH NJW 1964, 294). Der Grundrechtsschutz besteht somit unabhängig davon, ob die Äußerung rational oder emotional, begründet oder grundlos ist und ob sie von anderen für nutzlos oder schädlich, wertvoll oder wertlos gehalten wird (vgl. BVerfG NJW 2018, 2861; OLG Hamburg AfP 2017, 161; *Degenhart* in BK-GG, 185. EL, Art. 5 Rn. 109).

9b Selbst bei Meinungsäußerungen, die in Grundrechtspositionen Dritter eingreifen, spricht grundsätzlich die *Vermutung für die Zulässigkeit der freien Rede,* sofern es um Beiträge zum geistigen Meinungskampf in einer die Öffentlichkeit wesentlich berührenden Frage geht (vgl. BVerfG AfP 2006, 353; BGH AfP 2020, 155). Kritik muss hierbei nicht sachlich vorgetragen werden, sondern darf auch „pointiert, polemisch und überspitzt" (BVerfG NJW 2017, 1460) erfolgen (vgl. auch BVerfG AfP 2006, 351; BGH GRUR 2015, 292). Allerdings können gerade in diesen Fällen die Schranken des Grundrechts – insbesondere der Ehrenschutz – zum Tragen kommen: Im Falle von Formalbeleidigung und Schmähung tritt die Meinungsfreiheit regelmäßig hinter den Ehrenschutz zurück (vgl. BVerfG BeckRS 2019, 4023 Rn. 11; OLG Rostock AfP 2016, 73 f.). Allerdings ist der Begriff der Schmähkritik selbst wiederum eng auszulegen (vgl. BVerfG BeckRS 2019, 4023 Rn. 11; BGH GRUR 2018, 626). Vor allem im politischen Meinungskampf darf gegen das Äußern einer Meinung nur in äußersten Fällen eingegriffen werden (vgl. BVerfG AfP 2009, 363; BGH AfP 1993, 737; OLG Dresden AfP 2016, 160; OLG München ZUM 1997, 60 f.; vgl. in Bezug auf die EMRK auch EGMR NJW 2004, 2655). Sh. hierzu eingehend Kap. 42.

9c Bei der *Auslegung einer Äußerung* ist weder die subjektive Absicht des äußernden Medienangehörigen noch das subjektive Verständnis des von der Berichterstattung Betroffenen zugrunde zu legen. Abzustellen ist vielmehr auf den Sinn, den sie nach dem Verständnis eines unvoreingenommenen und verständigen Durchschnittsrezipienten hat (vgl. BGH GRUR 2018, 650; OLG Dresden AfP 2016, 159). Hierbei darf der Äußerung kein Sinn beigelegt werden, den sie nach ihrem Wortlaut offenbar nicht haben kann. Eine Verurteilung wegen einer Äußerung verstößt jedenfalls dann gegen Art. 5 Abs. 1 S. 1 GG, wenn diese den Sinn, den das Gericht ihr entnommen und der Verurteilung zugrunde gelegt hat, nicht besitzt oder wenn bei mehrdeutigen Äußerungen die zur Verurteilung führende Deutung zugrunde gelegt worden ist, ohne dass andere, ebenfalls mögliche Deutungen mit überzeugenden Gründen ausgeschlossen worden sind (dazu ausführlich → Kap. 42 Rn. 22 ff.). Auch bei der Verwendung von Fachbegriffen, denen im alltäglichen Sprachgebrauch eine andere Bedeutung zukommen kann, ist aus diesem Grund eine Untersuchung erforderlich, ob der Begriff im „technischen" oder im „alltagssprachlichen" Sinn benutzt wurde (OLG Köln AfP 2003, 335 ff.).

9d *Bewusst oder erwiesen unrichtige Tatsachenbehauptungen* sind dagegen nicht vom Schutzbereich des Grundrechts erfasst, denn sie können nichts zur Meinungsbildung beitragen (vgl. BVerfG NJW 2018, 2861; BGH MMR 2017, 699). Art. 5 GG gibt somit kein Recht zur Lüge (vgl. BVerfG

AfP 2005, 173; NJW 2003, 1855; BGH AfP 1998, 507; *Soehring/Seelmann-Eggebert* NJW 2000, 1468 ff.). Anders Degenhart, der im Hinblick auf die Stolpe-Entscheidung des Bundesverfassungsgerichts (BVerfGE 114, 339 ff.) die Frage aufwirft, ob die bewusst oder evident unwahre Tatsachenmitteilung zwar vom Schutzbereich erfasst wird, aber auf der Rechtfertigungsebene zurücktreten muss (vgl. BK-GG, 185. EL, Art. 5 Rn. 118). Daher ist auch die bewusst unvollständige Berichterstattung nicht geschützt, sondern rechtswidrig, sofern für die Meinungsbildung wesentliche Angaben verschwiegen werden (vgl. BGH NJW 2006, 601; *Degenhart* in BK-GG, 185. EL, Art. 5 Rn. 119).

2. Der Art. 5 Abs. 1 S. 1 GG nennt als geschützte *Formen* der Meinungsäußerung *„Wort, Schrift und Bild"*. Die Formulierung gibt die wesentlichen Äußerungsarten wieder, ist aber nicht erschöpfend (vgl. BVerwG NJW 1958, 1407). Meinungen können auch durch Zeichen, Gesten und Gebärden geäußert werden, ebenso durch Tragen von zB Fahnen, Plaketten und Abzeichen (vgl. BVerfGE 82, 43 ff.; 71, 113; zu den einzelnen Ausdrucksmitteln vgl. *Degenhart* in BK-GG, 185. EL, Art. 5 Rn. 139 ff.). Der Begriff „Schrift" umfasst alle Arten von Zeichen – auch die nur Eingeweihten verständlichen Geheimzahlen. 10

3. Das Grundrecht des Art. 5 Abs. 1 S. 1 GG enthält neben der positiven auch die *negative Komponente,* von dem Grundrecht der Meinungsäußerungsfreiheit keinen Gebrauch zu machen und zu schweigen (vgl. BVerfGE 95, 182; 65, 40; kritisch zur Konstruktion der negativen Meinungsfreiheit *Grabenwarter* in Maunz/Dürig, GG, 70. EL, Art. 5 Rn. 98 f.). Von diesem negativen Grundrecht kann der Bürger gegenüber allen privaten und uU auch gegenüber amtlichen Umfragen Gebrauch machen, sofern diese Meinungen betreffen. Soweit von der Erhebung nur Tatsachen erfasst werden, ist die negative Meinungsfreiheit jedoch nicht betroffen (vgl. *Grabenwarter* in Maunz/Dürig, GG, 70. EL, Art. 5 Rn. 97; zur Abgrenzung von Meinungen zu Tatsachen → Kap. 42 Rn. 23 ff.). Dieses Recht der Auskunftsverweigerung gilt jedoch in Fällen der Bekanntgabe solcher Tatsachen, aus denen Rückschlüsse auf die Meinung des Befragten gezogen werden können (zB frühere Vereins- und Parteimitgliedschaft). 11

Für die Presse ist die negative Komponente der Meinungs- bzw. Pressefreiheit zB bei der Auswahl der Themen von Bedeutung: Der Träger der Pressefreiheit soll „grundsätzlich selbst entscheiden dürfen, was er in sein Presseerzeugnis aufnehmen will und was nicht." (BVerfG NJW 2018, 2784; ähnlich BGH AfP 2020, 158 (mwN)); ihm steht eine Gestaltungsfreiheit sowohl in inhaltlicher als auch in formaler Form zu (vgl. BVerfG AfP 2019, 39). Des Weiteren führt die negative Freiheit dazu, dass die Presse grundsätzlich nicht zu einer *bestimmten* eigenen Bewertung einer Sachlage verpflichtet werden darf, wie es etwa bei einer Nachtrags-Berichterstattung der Fall ist (vgl. BVerfG NJW 2018, 2785; zum Anspruch auf Berichtigung → Kap. 44 Rn. 16 ff.).

4. Wird der Boden der Meinungsäußerung verlassen und verdichtet sich das Verhalten des sich Äußernden zu einer *„Aktion"* (Boykott, Demonstration usw), so entfällt in der Regel insoweit der Schutz des Grundrechts auf freie Meinungsäußerung (vgl. OLG Düsseldorf AfP 1985, 213). Allerdings kann auch ein Boykottaufruf, der auf geistige Argumente gestützt und als Mittel des Meinungskampfes in einer die Öffentlichkeit wesentlich berührenden Frage eingesetzt wird, geschützt sein (vgl. BVerfGE 7, 212; BGH AfP 2016, 251). Wenn aber der Boykott mit unzulässigem wirtschaftlichem Druck durchgesetzt werden soll, entfällt der Schutz durch Art. 5 Abs. 1 GG (vgl. BVerfGE 25, 265; vgl. auch BVerfG AfP 1988, 237). Bloß mittelbarer wirtschaftlicher Druck kann jedoch zulässig sein (vgl. BGH AfP 2016, 252; vgl. zu Boykottaufrufen im Einzelnen *Wagner* in MK zum BGB § 823 Rn. 351 ff.; *Degenhart* in BK-GG, 185. EL, Art. 5 Rn. 142; → Kap. 42 Rn. 61; Kap. 75 Rn. 26 ff.). 12

5. Der Begriff der Meinung in Art. 5 Abs. 1 S. 1 ist grundsätzlich weit zu verstehen. Auch wenn sich diese Elemente mit denen einer Tatsachenbehauptung vermischen, wenn eine Trennung zwischen beiden nicht möglich ist oder der tatsächliche Teil gegenüber der Wertung in den Hintergrund tritt, gilt das Gleiche (→ Kap. 42 Rn. 23 ff.). So darf auch der Sinn bzw. Gesamtzusammenhang einer komplexen Äußerung nicht durch eine Trennung der wertenden und tatsächlichen Gehalte der Äußerung aufgehoben oder verfälscht werden. Würde in einem solchen Fall das tatsächliche Element als ausschlaggebend angesehen, so könnte der grundrechtliche Schutz der Meinungsfreiheit wesentlich verkürzt werden (→ Kap. 42 Rn. 23a). Die Tatsachenmitteilung ist geschützt, weil und soweit sie Voraussetzung der Bildung von Meinungen ist 13

(vgl. BVerfG NJW 2018, 2861; BGH BeckRS 2018, 19228; kritisch *Ossenbühl* ZUM 1999, 509 f.). Die Mitteilung von Tatsachen fällt im Übrigen ohne weitere Voraussetzungen in den Schutzbereich der Pressefreiheit. Nach § 3 NRWLPG gehört zur Aufgabe der Presse neben der öffentlichen Kritik und Stellungnahme gerade die Mitteilung von Nachrichten.

13a Die Verfolgung *kommerzieller Interessen* steht der Annahme einer Meinungsäußerung nach heutiger Auffassung per se nicht entgegen (vgl. BVerfGE 107, 280; 102, 365 f.; 30, 352; *Degenhart* in BK-GG, 185. EL, Art. 5 Rn. 133 ff. (mwN zur früheren entgegengesetzten Rechtsprechung); *Bethge* in Sachs GG Art. 5 Rn. 25a). So ist etwa bei der Bewertung von Wettbewerbsäußerungen im Rahmen einer Gesamtwürdigung davon auszugehen, dass die Meinungsäußerung eines Gewerbetreibenden nicht deshalb von vornherein außerhalb des Schutzbereichs von Art. 5 Abs. 1 S. 1 GG steht, weil sie auch Wettbewerbszwecken dient (vgl. BVerfG NJW 2002, 278; 2002, 2318; BGH AfP 1997, 798 f.; KG NJW-RR 1997, 937; OLG Köln ZUM 1997, 205; *Lange* AfP 2002, 185 ff.; krit. hierzu *Wassermeyer* GRUR 2002, 126 ff.; auch → Kap. 73 Rn. 8 ff.). Insoweit fällt auch Wirtschaftswerbung jedenfalls dann in den Schutzbereich, wenn sie einen wertenden, meinungsbildenden Inhalt hat oder Angaben enthält, die der Meinungsbildung dienen (vgl. BVerfGE 107, 280; BVerfG ZUM 2002, 131; für die Eigenwerbung der Medien BGH AfP 2002, 436; *v. Becker* GRUR 2001, 1102; *Fezer* NJW 2001, 581; *Starck/Paulus* in v. Mangoldt/Klein/Starck GG Art. 5 Rn. 79). Soweit in einer Anzeige Meinungen geäußert sind, fällt sie auch mit ihrem kommerziellen Anteil in den Gewährleistungsbereich des Art. 5 Abs. 1 S. 1 GG hinein, denn die in der Anzeige realisierte Wettbewerbsabsicht allein kann kein geeignetes Kriterium für die Beurteilung sein, ob eine Meinungsäußerung unter Art. 5 Abs. 1 S. 1 GG fällt (vgl. BVerfG AfP 2003, 149 ff.; *Ahrens* JZ 1995, 1100; *Grigoleit/Kersten* DVBl 1996, 596 ff.; *Hoffmann-Riem* ZUM 1996, 3 f.; *Sevecke* AfP 1994, 200 f.; auch → Kap. 47 Rn. 2 ff.; → Kap. 73 Rn. 8 ff.).

III. Der Schutz der Verbreitung von Informationen (Meinungen und Tatsachen). Die Vertriebsfreiheit

14 1. Es hat seinen guten Grund, dass Art. 5 Abs. 1 S. 1 GG nicht nur dem Äußern, sondern auch dem *Verbreiten* von Informationen (Meinungen und Tatsachen) einen selbstständigen Grundrechtsschutz gewährt. Denn es nützt zB den Redakteuren einer Studentenzeitschrift wenig, wenn sie sich in den Spalten ihres Blattes frei äußern dürfen, jedoch daran gehindert werden, ihre Zeitschrift im Hochschulbereich zu vertreiben und so ihr Publikum zu erreichen (vgl. *Löffler* NJW 1961, 529 ff.). Doch gibt das Recht auf Informationsverbreitung dem Verbreiter weder einen Anspruch gegen den Staat, ihm ein aufnahmebereites Publikum zu beschaffen (so zutreffend *Degenhart* in BK-GG, 185. EL, Art. 5 Rn. 123; *Tettinger* JZ 1990, 848), noch einen Anspruch gegen Dritte, dass diese Informationen zur Kenntnis zu nehmen haben (vgl. *Starck/Paulus* in v. Mangoldt/Klein/Starck GG Art. 5 Rn. 96). Ein *Recht auf Kommunikation* des Einzelnen im Sinne eines gegenseitigen (bilateralen) Austauschs von Informationen kennt unsere Rechtsordnung nicht. Allenfalls Ansätze dazu sind zB im Recht der Gegendarstellung (§ 11 NRWLPG, sh. hierzu eingehend Abschn. 5) im Petitionsrecht (Art. 17 GG) sowie im Anspruch auf Gehör vor Gerichten (Art. 103 Abs. 1 GG) und Verwaltungsbehörden (§ 28 VwVfG) enthalten. Zum Gebrauch öffentlicher Straßen zum Zwecke des Vertriebs von Medien → Rn. 17 ff.

15 2. Für die *Presse* ist die verfassungsrechtlich gewährleistete *Verbreitungsfreiheit* von besonderer Wichtigkeit. Die sachgemäße Erfüllung ihrer öffentlichen Aufgabe im Sinn des § 3 NRWLPG (sh. hierzu Kap. 3) hängt davon ab, dass die Presse ihren letzten Leser unbehindert erreicht (vgl. *Löffler* NJW 1961, 529). Der Art. 5 Abs. 1 S. 2 GG gewährleistet „die institutionelle Eigenständigkeit der Presse von der Beschaffung der Information bis zur Verbreitung der Nachricht und der Meinung“ (BVerfG NJW 2015, 3430; BVerfGE 10, 121). Hieraus folgt eine Schutzpflicht des Staates für die Presse und eine Bindung bei allen Maßnahmen, die er zur Förderung der Presse ergreift. Der einzelne Träger der Pressefreiheit kann daraus aber keinen Anspruch auf staatliche Förderung ableiten (zur Zulässigkeit von Pressesubventionen → Kap. 9 Rn. 7).

Auch die Verbreitungsfreiheit ist – wie der Begriff der Presse selbst – entwicklungsoffen. So wird auch das Führen eines *Online-Archivs* mit illustrierten Zeitungsartikeln vom Schutzbereich der Pressefreiheit erfasst (vgl. BVerfG NJW 2012, 755), was der Presse eine nachhaltige Verbreitung ihrer Produkte ermöglicht (zu den so genannten „neuen Medien" → Kap. 1 Rn. 9a; → Kap. 12 Rn. 6c; zum Phänomen der Medienkonvergenz → Kap. 1 Rn. 9a, 34 ff.; → Kap. 3 Rn. 28 ff.). Zu den damit einhergehenden datenschutz- und persönlichkeitsrechtlichen Fragestellungen vgl. *Kühling* NJW 2020, 275 ff.; *Sajuntz* NJW 2020, 586 f.; *Mantz* NJW 2020, 515 f.; EGMR NJW 2020, 295 ff. Zum *„Recht auf Vergessenwerden"* ggü. Suchmaschinenbetreibern vgl. BVerfG NJW 2020, 314 ff.

3. Aus dem Grundrecht der jedermann zustehenden Äußerungs- und Verbreitungsfreiheit des Art. 5 Abs. 1 S. 1 GG ergibt sich *kein Rechtsanspruch des Bürgers* gegen die Medien Presse, Rundfunk und Film auf deren Inanspruchnahme zum Zwecke der umfassenden Verbreitung seiner Ansichten (vgl. BVerfG NJW 1976, 1627; BVerwG NJW 1968, 612). Dieser mangelnde Zugang des Bürgers zu den Medien mag im Blick auf das Demokratie-Prinzip (Art. 20 Abs. 1 GG) zu bedauern sein, doch scheitert der „Jedermann-Anspruch" an der Unmöglichkeit seiner praktischen Verwirklichung. Mit Recht versucht die Presse diesem unbefriedigenden Zustand durch den Ausbau der Sparte „Leserbriefe" (oder digitale Substitute wie Foren) abzuhelfen. Hiervon unberührt sind freilich die Ansprüche auf Gegendarstellung (sh. hierzu den Abschn. 5). **16**

4. Umstritten ist die Frage, inwieweit nach dem *Straßenrecht* der Verkauf von Zeitungen, politischen Flugblättern oder kommerziellem Werbematerial auf öffentlichen Straßen einer Erlaubnis- und Gebührenpflicht unterliegt (vgl. *Degenhart* in BK-GG, 185. EL, Art. 5 Rn. 247; Papier, Recht der öffentlichen Sachen, S. 93 ff.; allgemein zur Nutzung von Straßen zur Grundrechtsausübung Hoffmann, Grundrechte und straßenrechtliche Benutzungsordnung; Zehelein, Kommunikativer Straßenverkehr). Die früher herrschende Auffassung (vgl. die Übersicht bei OLG Stuttgart NJW 1976, 201) ging davon aus, dass kein *Gemeingebrauch* der Straße mehr vorliege, wenn sie zu anderen Zwecken als dem Verkehr benutzt werde. Demgegenüber wird heute mit Recht die Meinung vertreten, dass die Straßen innerhalb des Ortsbereichs, insbesondere in Fußgängerzonen, neben dem Verkehr auch als Forum des Gemeinwesens der Information und Kommunikation unter den Bürgern dienen, so dass der Verkauf von Zeitungen, Zeitschriften und Flugblättern unter den erlaubnis- und gebührenfreien Gemeingebrauch fällt (strittig – vgl. BVerfG NVwZ 1992, 53; VGH München BayVBl. 1996, 665 f.; *Degenhart* in BK-GG, 185. EL, Art. 5 Rn. 247; Hoffmann, Grundrechte und straßenrechtliche Benutzungsordnung, S. 53 ff.; Löffler/*Cornils* LPG § 1 Rn. 232. AA Papier, Recht der öffentlichen Sachen, S. 94; VGH Mannheim NVwZ 1998, 91. Unklar Sauthoff, Öffentliche Straßen, S. 312). **17**

Dagegen liegt kein Gemeingebrauch, sondern eine (ggf. erlaubnis- und gebührenpflichtige) *Sondernutzung* vor, wenn ein Verteilen von Handzetteln verbunden mit einem werbenden Ansprechen von Passanten eine wirtschaftliche Betätigung iSd § 14 GewO ist und bei dieser Werbetätigkeit Passanten in erheblichem Maße bedrängt werden (vgl. BayObLG NVwZ 1998, 104 f.). Ebenfalls eine erlaubnis- und gebührenpflichtige Sondernutzung liegt vor, wenn die Verbreitung von politischem oder kommerziellem Werbematerial unter Verwendung von Informationsständen, Stellplakaten oder sonstigen Platz raubenden Materialien erfolgt (vgl. BVerfG NJW 1977, 671; BVerwG NJW 1997, 408; zum Handverkauf von Sonntagszeitungen VG Karlsruhe NJW 2002, 160 f.). Zu diesen können Zeitungsentnahmegeräte zu zählen sein (vgl. VGH München DÖV 2002, 956; *Degenhart* in BK-GG, 185. EL, Art. 5 Rn. 247). Das Grundrecht der Pressefreiheit kann jedoch zu einer Reduzierung des Ermessens der Genehmigungsbehörde führen, so dass ein Anspruch auf Erteilung der Sondernutzungserlaubnis besteht und die Genehmigung somit zu erteilen ist (vgl. *Degenhart* in BK-GG, 185. EL, Art. 5 Rn. 247; Löffler/*Cornils* LPG § 1 Rn. 232). **17a**

Die Vertriebsfreiheit von Presse-Erzeugnissen auf öffentlichen Straßen *endet* dort, wo die konkrete Gefahr einer Verkehrsbehinderung, Belästigung oder Ablenkung der Verkehrsteilnehmer vorliegt (vgl. BayObLG NStZ 2003, 45; VGH Mannheim DÖV 1997, 744; OLG Köln NVwZ 2000, 350). Eine solche Verkehrsbeeinträchtigung ist nach § 33 StVO vor allem auf den Verkehrsstraßen außerhalb geschlossener Ortschaften gegeben (vgl. zu straßenverkehrsrechtlichen Aspekten *König* in Hentschel/König/Dauer, Straßenverkehrsrecht, StVO § 33 Rn. 5 ff.). **17b**

5. Ein Problem für den Vertrieb von Presseprodukten stellt sich mit dem Inkrafttreten des *Jugendschutzgesetzes* (JuSchG vom 23.7.2002, zuletzt geändert durch Artikel 11 des Gesetzes vom 10.3.2017 (BGBl. I S. 420)), in dem das JÖSchG und das GjSM zusammengeführt wurden (vgl. **17c**

Liesching NJW 2002, 3281 ff.). Vorrangig um einen besseren Schutz Minderjähriger vor gewaltverherrlichenden Computerspielen erreichen zu können, dürfen gemäß § 12 Abs. 5 JuSchG solche periodische Druckschriften, die Zugaben wie bspw. CD-ROMs enthalten, nur noch vertrieben werden, wenn sie die Freigabe-Kennzeichnung einer Organisation der freiwilligen Selbstkontrolle erhalten haben (vgl. *Engels/Stulz-Herrnstadt* AfP 2003, 198 ff.; zu der Freigabe → Rn. 25; sh. zum Jugendschutz allgemein Kap. 60).

IV. Der Schutz der freien Mitwirkung bei der Bildung der öffentlichen Meinung

18 1. Für die demokratische Staatsordnung ist die freie, nicht manipulierte Bildung der öffentlichen Meinung lebenswichtig. Sie ist die „Vorformung der politischen Willensbildung des Volkes" (BVerfGE 8, 113). Träger der freien Bildung der öffentlichen Meinung ist neben dem Rundfunk vor allem die Presse (vgl. BVerfG AfP 2000, 558; BVerfGE 10, 121; vgl. auch OLG Frankfurt a. M. ZUM 1997, 273; OLG München ZUM 1997, 271), eine freie Presse ist daher konstituierend für die freiheitlich demokratische Grundordnung (vgl. BVerfG BeckRS 2018, 10461; → Kap. 3 Rn. 24). Sie nimmt dabei eine *Doppelfunktion* wahr: Sie ist sowohl der Motor, der die öffentliche Diskussion in Gang hält, wie auch das Sprachrohr, durch das sich die öffentliche Meinung äußert (zur öffentlichen Aufgabe der Presse eingehend → Kap. 3 Rn. 1 ff.).

19 2. Die durch Art. 5 Abs. 1 S. 2 GG und § 3 NRWLPG verbürgte freie Mitwirkung der Presse bei der Bildung der öffentlichen Meinung ist rechtlich deshalb von besonderer Bedeutung, weil dadurch auch *der* Teil der Pressetätigkeit, der der *Unterhaltung und Erbauung* dient, vollen Grundrechtsschutz erhält. Dass die öffentliche Meinungsbildung nicht nur durch politische Information, sondern in weitem Umfang auch durch die von den Medien verbreitete Unterhaltung erfolgt, haben das Bundesverfassungsgericht, der Bundesgerichtshof und der Europäische Gerichtshof für Menschenrechte mit Recht hervorgehoben (im Einzelnen → Kap. 3 Rn. 16; zur Abwägung von Unterhaltungs- und Informationsinteresse bei der Wortberichterstattung → Kap. 42 Rn. 10 f.).

V. Das Zensurverbot (Art. 5 Abs. 1 S. 3 GG)

20 1. Zum wesentlichen Inhalt der Pressefreiheit gehört das mit Ausnahme der Informationsfreiheit für alle Grundfreiheiten des Art. 5 Abs. 1 GG gleichermaßen geltende Zensurverbot. Das Zensurverbot schützt der Sache nach nur Akte der Meinungsäußerung und möglicherweise auch der Meinungsverbreitung. Der Leser und Bezieher eines Geisteswerkes wird dagegen durch eine Zensurmaßnahme nur in seiner Informationsfreiheit betroffen, so dass er sich auf das für ihn nur als Reflex wirkende Zensurverbot nicht berufen kann (vgl. BVerfGE 27, 102). Der Art. 5 Abs. 1 S. 3 GG enthält die lapidare Feststellung: „Eine Zensur findet nicht statt". Das Zensurverbot ist für die Presse von besonderer Bedeutung, weil es *absolute Geltung* besitzt und der relativierenden Wirkung des Schrankenvorbehalts des Art. 5 Abs. 2 GG nicht unterworfen ist (vgl. BVerfGE 33, 52). Wie die Geschichte des Presserechts zeigt (→ Kap. 4 Rn. 6 ff.), war die Zensur das älteste und wirksamste Mittel zur Unterdrückung der Meinungs- und Pressefreiheit. Mit dem Geist einer freiheitlichen Demokratie ist eine Zensur unvereinbar. Mit Recht hat das Bundesverfassungsgericht im „Spiegel-Urteil" (BVerfGE 20, 162) „eine freie, nicht von der öffentlichen Gewalt gelenkte, keiner Zensur unterworfene Presse" als ein Wesenselement des freiheitlichen Staats bezeichnet.

21 2. Unter *Zensur* iSd Art. 5 Abs. 1 S. 3 ist nur die *Vorzensur* (→ Rn. 22) zu verstehen (vgl. BVerfGE 73, 166; 47, 236 f.; 33, 71 f.; *Degenhart* in BK-GG, 185. EL, Art. 5 Rn. 546; Fechner, Medienrecht, Kap. 3. Rn. 110 ff.; *Starck/Paulus* in v. Mangoldt/Klein/Starck GG Art. 5 Rn. 259; *Grabenwarter* in Maunz/Dürig, GG, 68. EL, Art. 5 Rn. 101; Paschke, Medienrecht, Rn. 291; Petersen § 2 Rn. 33). Ist das Geisteswerk erst einmal an die Öffentlichkeit gelangt und vermag es Wirkung auszuüben, so gelten die allgemeinen Regeln über die Meinungs- und Pressefreiheit und ihre Schranken, wie sie sich aus Art. 5 Abs. 1 S. 1 und 2 sowie Abs. 2 GG ergeben. Diese würden gegenstandslos, wenn das Zensurverbot auch die Nachzensur umfasste, dh Kontroll- und Repressivmaßnahmen, die erst nach der Veröffentlichung eines Geisteswerkes

einsetzen (vgl. BVerfGE 33, 72; *Schemmer* in Epping/Hillgruber, GG, 42. Ed., Art. 5 Rn. 115). Wesentlich für das Verbot der Vorzensur ist, dass durch sie nicht präventiv verhindert werden darf, was später repressiv verfolgt werden darf (vgl. *Starck/Paulus* in v. Mangoldt/Klein/Starck GG Art. 5 Rn. 261). Als solche Repressivmaßnahme ist auch die Strafverfolgung anzusehen, selbst wenn sie schon vor der Verbreitung des Druckwerks einsetzt, falls nach materiellem Strafrecht bereits die Vorbereitung oder der Versuch der Verbreitung strafbar ist (vgl. VGH München NJW 1983, 1339f.). Dies gilt etwa für § 184b Abs. 3 StGB, welcher bereits den bloßen Besitz von Kinderpornographie unabhängig von der Verbreitungsabsicht unter Strafe stellt. Dieser ist eine solche repressive Maßnahme, um den Missbrauch von Kindern für die Herstellung von Kinderpornographie wirksamer zu bekämpfen. Strafgrund dieser Regelung ist, dass auch der Besitzer bzw. Konsument solcher Schriften dazu beiträgt, dass Kinder sexuell missbraucht werden (vgl. Fischer StGB § 184b Rn. 2).

3. Als *Vor- oder Präventivzensur* werden einschränkende Maßnahmen vor der Herstellung oder **22** Verbreitung eines Geisteswerkes, insbesondere das Abhängigmachen von behördlicher Vorprüfung und Genehmigung seines Inhalts bezeichnet (vgl. BVerfGE 87, 230; 83, 153; 73, 166; 33, 72; *Degenhart* in BK-GG, 185. EL, Art. 5 Rn. 546; Rohde, Die Nachzensur, S. 123). Dabei ist es unerheblich, welches Ziel mit der Zensur verfolgt wird (so genannter formeller Zensurbegriff; vgl. BVerfGE 33, 72; *Wenzel/Burkhardt/Peifer* Kap. 1 Rn. 47).

An ihre Grenzen kann die formelle Unterscheidung zwischen Vor- und Nachzensur bei **22a** Beschränkungen der Zugänglichkeit zu Internet-Inhalten stoßen. Denn die systematischen und automatisierten Kontroll- und Sperrtechnologien (zB Filtersoftware) ermöglichen solche Beschränkungen quasi zeitgleich zu der Veröffentlichung von Inhalten (vgl. hierzu *Grabenwarter* in Maunz/Dürig, GG, 68. EL, Art. 5 Rn. 119).

4. Das Zensurverbot ist kein eigenständiges Grundrecht. Es stellt eine *absolute Eingriffsschranke* **23** dar (vgl. BVerfGE 33, 53; *von der Decken* in Schmidt-Bleibtreu/Hofmann/Henneke GG Art. 5 Rn. 39; *Grabenwarter* in Maunz/Dürig, GG, 68. EL, Art. 5 Rn. 115). Art. 5 Abs. 1 S. 3 GG wirkt vielmehr als „Schranken-Schranke" für Grundrechtseinschränkungen nach Art. 5 Abs. 2 GG (vgl. *Degenhart* in BK-GG, 185. EL, Art. 5 Rn. 546; *Starck/Paulus* in v. Mangoldt/Klein/Starck GG Art. 5 Rn. 262; *Bethge* in Sachs GG Art. 5 Rn. 129; Gucht S. 38ff.).

5. Das Zensurverbot wendet sich gegen den Staat als Träger der öffentlichen Gewalt (vgl. **24** *Starck/Paulus* in v. Mangoldt/Klein/Starck GG Art. 5 Rn. 264; *Wenzel/Burkhardt/Peifer* Kap. 1 Rn. 46). Unter diesem Gesichtspunkt war die Verfassungsmäßigkeit des Gesetzes zur Überwachung strafrechtlicher und anderer Verbringungsverbote (*Überwachungsgesetz* – VerbrVerbG vom 24.5.1961 (BGBl. I S. 607), zuletzt geändert durch Gesetz vom 8.7.2016 (BGBl. I S. 1594)) bestritten worden. Nach dieser Regelung sind Druckwerke und Filme bei ihrer Einfuhr in die Bundesrepublik dem Bundesamt für gewerbliche Wirtschaft (jetzt: Bundesamt für Wirtschaft und Ausfuhrkontrolle) zur Überprüfung vorzulegen, wenn zu befürchten ist, dass sie als Propagandamittel gegen die freiheitliche demokratische Grundordnung eingesetzt werden. Das Bundesverfassungsgericht (vgl. BVerfGE 33, 52) hielt diese Bestimmung bei verfassungskonformer Auslegung mit Art. 5 Abs. 1 GG vereinbar: Das Überwachungsgesetz richte sich nicht gegen eine bestimmte Meinung, sondern gegen aktive verfassungsfeindliche Bestrebungen als solche. Dazu gehöre jedoch die öffentliche Kritik an der Demokratie nicht. Die Eignung als verfassungsfeindliches Propagandamittel müsse sich unmittelbar aus der Darstellung selbst ergeben, nicht aus der späteren Verwendung. Die Verbreitung der Druckwerke und Filme werde nicht von einer vorherigen Genehmigung abhängig gemacht. Die durch die Vorlage ermöglichte Prüfung könne nur zur behördlichen Feststellung eines Verstoßes gegen das Verbringungsverbot führen. Dieses könne mit der Aufforderung verbunden werden, die eingeführten Kopien des Films dem Bundesamt auszuhändigen. Das sei jedoch eine typische repressive Maßnahme, die auch unabhängig von der Vorlage getroffen werden könne und der gerichtlichen Kontrolle unterliege. Ebenfalls keine Zensur liegt in der Nichtzulassung eines Schulbuches zum Unterrichtsgebrauch. Denn die Schulbehörden verhindern hier nicht die Verteilung von Presseprodukten an Dritte, sondern treten als Benutzer der Informationen auf bzw. agieren im Rahmen ihrer Schulhoheit iSd Art. 7 Abs. 1 GG (vgl. *Jarass* in Jarass/Pieroth GG Art. 5 Rn. 78). Die Schulbuchzulassung kann weder zu einem Druckverbot noch zu einem Verwendungsverbot führen (vgl. BVerwG JR 1973, 437). Ebenso wenig kann ein Urteil bzw. eine einstweilige

Verfügung auf Unterlassung einer erstmaligen rechtswidrigen Äußerung als Vorzensur angesehen werden. Es handelt sich dabei zwar um die vorherige Unterbindung von Meinungsäußerungen, die aber ausschließlich zur justitiellen Sicherung der Rechte privater Dritte (dh des Klägers respektive des Antragstellers) erfolgt (vgl. *Bethge* in Sachs GG Art. 5 Rn. 135a). Maßgeblicher Akteur ist damit eine Privatperson; diese jedoch stellt keine staatliche Stelle dar (vgl. *Starck/Paulus* in v. Mangoldt/Klein/Starck GG Art. 5 Rn. 264 (mwN); nicht eindeutig *Schemmer* in Epping/Hillgruber, GG, 42. Ed., Art. 5 Rn. 117).

25 6. Medieninterne *Selbstkontrolleinrichtungen* (zB der Deutsche Presserat) sind als nichtstaatliche Stellen keine Einrichtungen der Zensur (vgl. *Degenhart* in BK-GG, 185. EL, Art. 5 Rn. 552f.; *Paschke,* Medienrecht, Rn. 290; *Starck/Paulus* in v. Mangoldt/Klein/Starck GG Art. 5 Rn. 265 (allerdings kritisch hinsichtlich der FSK, vgl. → Rn. 266); auch → Kap. 40 Rn. 14ff.). Außerdem werden Kontrollmaßnahmen zu Zwecken des Jugendschutzes auch dann nicht als Verstoß gegen das Zensurverbot bewertet, wenn sie lediglich zu einer Verbreitungsbeschränkung führen (vgl. *Jarass* in Jarass/Pieroth GG Art. 5 Rn. 78; Liesching/Schuster, Jugendschutzrecht, JuSchG § 11 Rn. 10; vgl. auch BVerfGE 87, 230). Voraussetzung für diese Bewertung ist jedoch, dass die Medieninhalte für Erwachsene frei erreichbar bleiben.

Auch das Erfordernis einer Altersfreigabe nach § 12 Abs. 5 JuSchG für den Verkauf von Presseprodukten, denen ein Trägermedium beiliegt, stellt daher keine Zensurmaßnahme dar (vgl. *Engels/Stulz-Herrnstadt* AfP 2003, 97ff.; → Kap. 59 Rn. 5; → Kap. 60 Rn. 2f.).

8. Kapitel. Der geschützte Personenkreis. Die Träger der Pressefreiheit

I. Der geschützte Personenkreis

1 1. Nach Wortlaut und Sinn des Art. 5 Abs. 1 GG hat *„jeder"* die dort verbürgten Grundrechte (vgl. *Scholz* FS Löffler, S. 362). Die Verfassung bekräftigt, was die heute noch in Frankreich geltende „Deklaration der Menschen- und Bürgerrechte" schon 1789 zum Ausdruck brachte: Nämlich dass es sich bei der Meinungs- und Pressefreiheit um ein *allgemeines Menschenrecht* handelt, das – abweichend von Art. 118 Abs. 1 der Weimarer Verfassung von 1919 – nicht nur „jedem Deutschen", sondern auch jeder *ausländischen* natürlichen Person im Bereich des Grundgesetzes zusteht (einschränkend *Starck* in v. Mangoldt/Klein/Starck, GG, 5. Aufl., Art. 5 Rn. 178). Dadurch befindet sich das Grundgesetz im Einklang mit Art. 10 der Europäischen Menschenrechtskonvention (→ Kap. 2 Rn. 7a; → Kap. 5 Rn. 5), mit Art. 11 der EU-Grundrechtscharta (→ Kap. 2 Rn. 9c; → Kap. 5 Rn. 5b), mit Art. 19 der Allgemeinen Erklärung der Menschenrechte vom 10.12.1948 (→ Kap. 2 Rn. 8) und dem UNO-Menschenrechtspakt (sog. Internationaler Pakt für bürgerliche und politische Rechte; → Kap. 2 Rn. 9; → Kap. 5 Rn. 6a). In der Bundesrepublik genießen die Auslandspresse, die ausländischen Verlage (aber → Rn. 2a) und die ausländischen Journalisten die gleichen Rechte wie die inländische Presse (vgl. *Jarass* in Jarass/Pieroth GG Art. 5 Rn. 38; *Grabenwarter* in Maunz/Dürig, GG, 82. EL, Art. 5 Rn. 218).

2 2. Ob die Rechte aus Art. 5 Abs. 1 GG auch (inländischen) *juristischen Personen* zustehen, hängt nach Art. 19 Abs. 3 GG davon ab, ob sie „ihrem Wesen nach auf diese anwendbar sind". Diese Frage ist für die Pressefreiheit zu bejahen (vgl. BVerfG NJW 2012, 754f.; 21, 271; *Schemmer* in Epping/Hillgruber, GG, 42. Ed., Art. 5 Rn. 39). Neben den juristischen Personen steht das Grundrecht der Pressefreiheit auch Handelsgesellschaften (vgl. BVerfGE 10, 99), sowie Stiftungen und politischen Parteien (BVerfGE 6, 277) zu. Bei *juristischen Personen des öffentlichen Rechts* scheitert die Grundrechtsträgerschaft in der Regel schon an ihrer generellen Grundrechtsunfähigkeit, die immer dann gegeben ist, wenn sie von einem Akt der öffentlichen Gewalt in Wahrnehmung ihrer gesetzlich zugewiesenen und geregelten öffentlichen Aufgaben betroffen werden (vgl. BVerfGE 132, 394; 75, 197; 68, 207). Dann sind sie auch von dem Genuss des Grundrechts der Pressefreiheit ausgeschlossen (vgl. *Bethge* in Sachs GG Art. 5 Rn. 79; Löffler/*Cornils* LPG § 1 Rn. 237; *Kübler* AfP 2002, 279; für die Meinungsfreiheit vgl. VerfGH Bayern NVwZ 1998, 392; aA *Scholler/Broß* DÖV 1978, 243).

Da es sich bei der Pressefreiheit um ein jedermann zustehendes Menschenrecht handelt, kann der Auffassung des Bundesverfassungsgerichts (vgl. BVerfGE 21, 208) nicht beigepflichtet werden, wenn es aus Art. 19 Abs. 3 GG den Schluss ziehen will, *ausländische juristische Personen* könnten nicht Träger der Pressefreiheit sein. Eine solche Folgerung ist von der Sache her nicht begründet (ebenfalls kritisch gegenüber der Rechtsprechung *Grabenwarter* in Maunz/Dürig, GG, 82. EL, Art. 5 Rn. 230 f.). Diese Auffassung ist jedoch zumindest hinsichtlich der in der EU ansässigen juristischen Personen und Personenvereinigungen ohnehin überholt. Denn die Bestimmungen des AEUV – namentlich das Diskriminierungsverbot (Art. 18 AEUV) – gebieten eine unionsrechtskonforme Auslegung des Tatbestandsmerkmals „inländisch", so dass diese wie inländische juristische Personen zu behandeln sind (vgl. BVerfGE 129, 94 ff.; *Bethge* in Sachs GG Art. 5 Rn. 78; *Hofmann* in Schmidt-Bleibtreu/Hofmann/Henneke GG Art. 19 Rn. 10). 2a

3. Von der Grundrechtsfähigkeit, die sich bei der Pressefreiheit auch auf Ausländer, juristische Personen, Gesellschaften und Parteien erstreckt, ist die *Grundrechtsmündigkeit* zu unterscheiden. Diese konzentriert sich auf die Frage, in welchem Umfang *Kindern* der Grundrechtsschutz zukommt. Im Pressebereich spielt diese Frage insbesondere bei der Herausgabe von *Schülerzeitungen* durch Jugendliche eine Rolle (vgl. *Bethge* in Sachs GG Art. 5 Rn. 77). Einzelheiten werden bei der Behandlung der Frage der Einschränkung von Grundrechten durch Schule und elterliches Erziehungsrecht (Art. 6 GG) erörtert werden (→ Kap. 11 Rn. 31 ff.). 3

II. Die Träger der Pressefreiheit

1. Die grundsätzliche Feststellung, dass *jedermann* Träger der Pressefreiheit sein kann, bedarf bei Presse-Unternehmen der Differenzierung, da hier in der Regel eine große Anzahl von Personen auf verschiedenen Ebenen und mit verschiedenen Funktionen zusammenwirken muss, bis das fertige Presseprodukt in die Hände des letzten Lesers gelangt ist. 4

2. Das Grundrecht der Pressefreiheit ist nicht auf die im Pressewesen bereits Tätigen zu beschränken. Vor allem ist auch Träger der Pressefreiheit, wer ein Presse-Unternehmen erst *gründen* will. Gerade ein solcher nicht bzw. noch nicht in der Presse tätiger Privatmann ist darauf angewiesen, dass er – ungehindert von staatlicher bzw. nichtstaatlicher Seite – sein Ziel erreichen kann (vgl. *Degenhart* in BK-GG, 185. EL, Art. 5 Rn. 275, 257; Löffler, Bd. I, 3. Aufl., Rn. 66). Auch der zukünftige Herausgeber eines Buches kann Träger des Grundrechts der Pressefreiheit sein (vgl. KG NJW-RR 1997, 789). 5

3. Auch die Begrenzung des Trägerkreises der Pressefreiheit auf die den *geistigen Inhalt* des Druckwerks gestaltenden Personen ist zu eng. Diese sich auf die freie geistige Kommunikation als den Schutzzweck des Art. 5 Abs. 1 GG berufende Auffassung (vgl. Schüle, Persönlichkeitsschutz, S. 23) übersieht die Bedeutung der organisatorischen und wirtschaftlichen Seite der Presse. Die Pressefreiheit schwebt nicht im luftleeren Raum, sondern gewinnt ihre Stärke und Durchschlagskraft gerade durch die hinter ihr stehenden Presse-Unternehmen als geistige, wirtschaftliche und organisatorische Einheiten, die in ihrer Gesamtheit ein freies Pressewesen sichern (vgl. *Seiler* AfP 1999, 14). 6

Da sich die geistige Seite der Pressefreiheit ohne eine ausreichend materielle, organisatorische und technische Basis nicht verwirklichen lässt, sind auch viele in diesen Bereichen Tätigen als Träger des Grundrechts der Pressefreiheit anzusehen (vgl. BVerfGE 77, 354; *Degenhart* in BK-GG, 185. EL, Art. 5 Rn. 276; *Starck/Paulus* in v. Mangoldt/Klein/Starck GG Art. 5 Rn. 135; *Grabenwarter* in Maunz/Dürig, GG, 82. EL, Art. 5 Rn. 283–287). Die Pressefreiheit erstreckt sich damit auf alle Vorbereitungs-, Produktions- und Vertriebshandlungen (vgl. *Cole* AfP 2009, 543). Folgerichtig gewährt § 53 Abs. 1 S. 1 Nr. 5 StPO das publizistische Zeugnisverweigerungsrecht allen „Personen, die bei der Vorbereitung, Herstellung oder Verbreitung von Druckwerken, [...] berufsmäßig mitwirken oder mitgewirkt haben", und es ist unbestritten, dass die heute geltende Fassung neben den Redakteuren auch die Angehörigen der organisatorischen und technischen Bereiche umfasst. Mit Recht hat das Bundesverfassungsgericht im Spiegel-Urteil (vgl. BVerfGE 20, 162) festgestellt, dass Art. 5 „ein subjektives Grundrecht für die *im Pressewesen tätigen Personen und Unternehmen*" gewährt (BVerfGE 20, 175; vgl. auch BVerfG NJW 2007, 1118; 1988, 1833), wobei der Schutz von der Beschaffung der Information bis zur Verbreitung der Nachricht und der Meinung reicht. Zudem können sich neben den eigentlichen 7

Presseunternehmen grundsätzlich auch alle anderen Unternehmen auf den Schutz der Pressefreiheit berufen, sofern Publikationen des innerbetrieblichen Kommunikationsprozesses betroffen sind. Denn dieser Schutz knüpft nicht an die berufsmäßige und vorwiegende Betätigung im Pressewesen oder den jeweiligen Unternehmenszweck, sondern allein an das Medium Presse an (vgl. BVerfGE 95, 34 f. in Bezug auf ein Chemieunternehmen). Diese Klarstellung des Bundesverfassungsgerichts kann sich auch insofern als bedeutsam erweisen, als Publikationen der Öffentlichkeitsarbeit von Unternehmen eine zunehmende Bedeutung in der und für die gesellschaftliche Kommunikation erhalten (vgl. *Engels/Schulz* AfP 1997, 456 f.).

8 4. Im Rahmen der vom Bundesverfassungsgericht (vgl. BVerfGE 20, 176) bestätigten privatrechtlichen Struktur des Pressewesens kommt dem *Verleger* (hierzu → Kap. 13 Rn. 18 ff.) als haftendem Inhaber, Organisator und Leiter eines Presse-Unternehmens eine Vorrangstellung zu (vgl. BVerfGE 52, 296; *Ricker* FS Dietrich Oppenberg, 42 f.; *Scheuner* ZV 1977, 977). Diese Verlegerfreiheit umfasst neben dem Recht, Zeitungen und Zeitschriften zu gründen, erwerben, veräußern und ihre Tendenz zu bestimmen, unter anderem auch das Recht, frei über den Abdruck von Anzeigen und Leserbriefen zu entscheiden (vgl. BVerfGE 102, 359; OLG München AfP 2002, 514; *Rüthers/Beninca* AfP 1995, 641; *Streinz* AfP 1997, 865). Etwas anderes gilt nur für Monopolzeitungen (→ Kap. 47 Rn. 17 ff.); freilich sind auch diese im Hinblick auf die Frage des Abdrucks politischer Anzeigen in ihrer Entscheidung frei (vgl. BVerfG NJW 1976, 1627).

Die Freiheitsgarantie bezieht sich nicht nur auf den Inhalt, sondern auch auf die Form der Publikation (vgl. BVerfG NJW 2017, 1376). So hat der Träger des Grundrechts der Pressefreiheit das Recht, das von ihm verlegte Presseerzeugnis nach seinen eigenen Vorstellungen zu gestalten und selbst zu entscheiden, was er in sein Presseerzeugnis aufnehmen will und was nicht (vgl. BVerfG NJW 2018, 2784; vgl. zum Entscheidungsspielraum der Presse auch BGH AfP 2019, 334 f.). Dazu zählt nicht nur die Entscheidung darüber, ob ein bestimmtes Thema überhaupt berichtenswert ist (vgl. BVerfG AfP 2010, 367; BGH AfP 2020, 158) und ob und wie dieses bebildert wird (vgl. BVerfG NJW 2017, 1376; BGH NJW 2020, 48), sondern auch die Entscheidung, ob die Veröffentlichung eines Beitrags mit oder ohne Autorenangabe erfolgt bzw. Zuschriften Dritter anonym veröffentlicht werden (vgl. BVerfGE 95, 36). Da die dem Verleger als Leiter des Presseunternehmens originär zustehenden Kompetenzen dispositiv sind, kann er einzelvertraglich auf einen Dritten als *„Herausgeber"* (hierzu → Kap. 13 Rn. 19) einen unterschiedlich weiten Bereich von Aufgaben und Befugnissen delegieren. Sofern nicht im Einzelfall eine abweichende Vereinbarung getroffen wurde, ist der Herausgeber nach seiner üblichen Charakteristik als „Inhaber der geistigen Oberleitung" Träger der publizistischen Richtlinienkompetenz und als solcher auch Träger der Pressefreiheit (vgl. OLG München NJW-RR 1997, 743; *Ricker* FS Dietrich Oppenberg, 53).

Doch stehen die Schutzrechte aus Art. 5 Abs. 1 S. 2 GG auch den *anderen im Pressewesen Tätigen* zu wie den Redakteuren, den Mitarbeitern des Anzeigenteils und der Verwaltung, des technischen Betriebs und der Expedition, ferner auch den Reportern und Informanten, den Korrespondenten sowie den ständigen und gelegentlichen Mitarbeitern (vgl. Rebe, Träger der Pressefreiheit, S. 56 ff.; *Bethge* in Sachs GG Art. 5 Rn. 75; *Degenhart* in BK-GG, 185. EL, Art. 5 Rn. 276). Im Pressewesen tätig und damit Träger der Pressefreiheit sind auch die Nachrichtenagenturen (vgl. *Grabenwarter* in Maunz/Dürig, GG, 82. EL, Art. 5 Rn. 287), die Pressekorrespondenzen, die Materndienste und andere presse-redaktionelle Hilfsunternehmen sowie deren Mitarbeiter (vgl. BVerfGE 100, 365). Der Presse-Grossist kann sich ebenfalls auf die Pressefreiheit berufen (vgl. BVerfGE 77, 354; *Grabenwarter* in Maunz/Dürig, GG, 82. EL, Art. 5 Rn. 290; Löffler/*Cornils* LPG § 1 Rn. 153 ff.).

9 5. Der Grundsatz, dass alle im Pressewesen Tätigen zugleich Träger des Grundrechts der Pressefreiheit sind, bedarf jedoch einer Differenzierung in doppelter Hinsicht. Die Teilhabe am Grundrechtsschutz der Pressefreiheit bestimmt sich nach der *Art und Intensität* der Mitwirkung am geschützten Kommunikationsvorgang: Der in der Expedition des Verlags tätige Kraftfahrer genießt den (mittelbaren, → Kap. 10 Rn. 28 ff.) Schutz der Pressefreiheit, wenn Demonstranten den Vertrieb der Zeitung zu verhindern suchen. Dagegen wird sein Grundrecht auf Pressefreiheit nicht beeinträchtigt, wenn der Redaktion seines Verlags seitens der Behörde entgegen der Bestimmung des § 4 NRWLPG ein berechtigtes Auskunftsverlangen (sh. Abschn. 4) verweigert

wird. So unterstehen auch sog. presseexterne Hilfstätigkeiten dem Schutz des Art. 5 Abs. 1 S. 2 GG, wenn es sich um typischerweise pressebezogene Tätigkeiten handelt, die in enger organisatorischer Bindung an die Presse erfolgen, für das Funktionieren einer freien Presse notwendig sind und sich die staatliche Regulierung dieser Tätigkeit zugleich einschränkend auf die Meinungsfreiheit auswirken würde (vgl. *Grabenwarter* in Maunz/Dürig, GG, 82. EL, Art. 5 Rn. 287). Eine solche Tätigkeit übt auch eine *Photoagentur* aus, die für Presseunternehmen den Ankauf und die Archivierung von Bildmaterial übernimmt, welches zur Veröffentlichung in den Medien bestimmt ist (vgl. OLG Hamburg AfP 1997, 535 f.).

Des Weiteren ist bei der Frage, in welchem Umfang den einzelnen Angehörigen der Presse- **10** Unternehmen das Grundrecht auf Pressefreiheit und dessen Geltendmachung (zB durch Verfassungsbeschwerde) zusteht, sowohl das Arbeitsvertragsrecht wie das Betriebsverfassungsrecht, aber teilweise auch die Pressegesetze selbst (vgl. zB § 4 BrandenLPG) zu berücksichtigen. Es handelt sich hierbei um das Problem der *inneren Pressefreiheit* (sh. Kap. 38; vgl. hierzu auch *Starck/Paulus* in v. Mangoldt/Klein/Starck GG Art. 5 Rn. 163 ff.; *Bethge* in Sachs GG Art. 5 Rn. 81 f.; Löffler/*Cornils* LPG § 1 Rn. 126 ff.; *Degenhart* in BK-GG, 185. EL, Art. 5 Rn. 265 ff.; *Jarass* in Jarass/Pieroth GG Art. 5 Rn. 94; *Seiler* AfP 1999, 7 ff.; zur Geschichte der inneren Pressefreiheit *Kull* AfP 1995, 551 ff.).

9. Kapitel. Der Schutz des Presseprodukts und des Presse-Apparates. Der Schutz der Institution „Freie Presse"

I. Allgemeines

Das Grundrecht der Pressefreiheit gewährt nicht nur den einzelnen Presse-Angehörigen ein **1** *subjektives* öffentliches Recht auf ungehinderte Sammlung, Veröffentlichung und Verbreitung von Nachrichten und Meinungen (→ Kap. 7 Rn. 1 ff.), sondern besitzt darüber hinaus auch einen *objektiv-rechtlichen Gehalt.* So genießt insbesondere das *Presseprodukt* selbst Rechtsschutz. Auch wäre die subjektive Freiheit der Pressetätigkeit nicht gesichert ohne einen entsprechenden Schutz des technischen und wirtschaftlichen *Presse-Apparates.* Über den Schutz des einzelnen Presseunternehmens hinaus garantiert Art. 5 Abs. 1 S. 2 GG das *„Institut Freie Presse"* dh die Freiheit des Pressewesens in seiner Gesamtheit (→ Rn. 6 f.).

II. Der Schutz des Presseprodukts einschließlich des Pressematerials (Informationsmaterials)

1. Wenn Art. 5 Abs. 1 S. 2 GG in lapidarer Form die „Pressefreiheit" verfassungsrechtlich garan- **2** tiert, so kommt auch hier der umfassende Presse-Begriff des § 7 NRWLPG zum Zug (strittig – vgl. *Starck/Paulus* in v. Mangoldt/Klein/Starck GG Art. 5 Rn. 129; nach aA unterscheiden sich der verfassungsrechtliche und einfachgesetzliche Pressebegriff voneinander, vgl. *Grabenwarter* in Maunz/Dürig, GG, 82. EL, Art. 5 Rn. 254; → Kap. 1 Rn. 6 f.). Danach gehören zur *Presse als Produkt* nicht nur die Erzeugnisse der periodischen Presse, dh Zeitungen und Zeitschriften, sondern alle zur Verbreitung bestimmten Massenvervielfältigungen geistigen Sinngehalts, deren Inhalt durch Schrift, Bild oder Wort übermittelt wird. Damit erstreckt sich der Schutz des Art. 5 Abs. 1 S. 2 GG neben Büchern und Plakaten auch auf Flugblätter (vgl. *Grabenwarter* in Maunz/Dürig, GG, 82. EL, Art. 5 Rn. 239), Programmzeitschriften und Werkszeitungen (vgl. BVerfGE 95, 28; LG Braunschweig AfP 1997, 559), besprochene Schallplatten (vgl. *Bethge* in Sachs GG Art. 5 Rn. 68), Videokassetten (strittig – vgl. BVerwG AfP 1990, 250; aA *Jarass* in Jarass/Pieroth GG Art. 5 Rn. 34), Ton- und Filmbänder, CDs, CD-ROMs (vgl. *Schemmer* in Epping/Hillgruber, GG, 42. Ed., Art. 5 Rn. 43), vervielfältigte Fotografien sowie Musikalien mit Text und Erläuterungen (→ Kap. 1 Rn. 9) – sofern sie jeweils der Informationsverbreitung dienen. Nicht hierunter fallen Radiosendungen und rundfunkähnliche Kommunikationstechniken (vgl. BVerfGE 74, 350). Diese „klassische" Abgrenzung zwischen Presse und Rundfunk wird im Hinblick auf die Medienkonvergenz (→ Kap. 1 Rn. 34 ff.) jedoch immer schwieriger. Umstritten ist

daher, ob sich der Pressebegriff auch auf bestimmte nicht-körperliche Kommunikationsmittel mit massenkommunikativem Charakter erstreckt. Zu nennen ist in diesem Zusammenhang vor allem die so genannte „elektronische Presse“ (hierzu → Kap. 1 Rn. 5a; → Kap. 12 Rn. 6c). Der Schutz der Presseprodukte als solcher kommt vor allem im Bereich des Beschlagnahme- und Durchsuchungsrechts zum Zug (→ Kap. 30 Rn. 43 ff.; → Kap. 31 Rn. 1 ff.).

3 2. Was den *Inhalt* der geschützten Presse-Erzeugnisse anlangt, so gilt hier der Grundsatz der *Unteilbarkeit* der Pressefreiheit. Der Schutz des Art. 5 Abs. 1 S. 2 GG kommt dem gesamten Inhalt der Druckschrift zugute und umfasst den redaktionellen wie den Anzeigenteil der Presse (vgl. BVerfG NJW 2003, 1304; BVerfGE 64, 114; 21, 271; *Starck/Paulus* in v. Mangoldt/Klein/Starck GG Art. 5 Rn. 131; auch → Kap. 47 Rn. 2). Zutreffend stellte das Bundesverfassungsgericht in dem 1973 zur Rundfunkfreiheit ergangenen Lebach-Urteil (vgl. BVerfGE 35, 202) fest: „Eine Beschränkung (des Schutzes aus Art. 5 Abs. 1 GG) auf seriöse, einem anerkennenswerten privaten oder öffentlichen Interesse dienende Produktionen liefe am Ende auf eine Bewertung und Lenkung durch staatliche Stellen hinaus, die dem Wesen dieses Grundrechts gerade widersprechen würde“ (ebenso BVerfGE 34, 269; 25, 296; vgl. auch BVerfGE 101, 389). Deshalb, so fährt das Lebach-Urteil fort, können sich die Medien grundsätzlich auf den Schutz des Art. 5 Abs. 1 GG auch dann berufen, wenn es sich nicht um die Vermittlung politischer Informationen, sondern um *Unterhaltung* handele, da beides für die Bildung der öffentlichen Meinung von Bedeutung sei (vgl. BVerfGE 35, 202). Hieran haben Bundesverfassungsgericht (vgl. ZUM 2014, 506) und Bundesgerichtshof (vgl. BeckRS 2018, 1728) auch in der Folgezeit festgehalten (→ Kap. 3 Rn. 16).

4 3. Neben den Presseprodukten genießt auch das ihnen zugrunde liegende Informationsmaterial (Pressematerial) besonderen Schutz. Er hat seinen Ausdruck im publizistischen Zeugnisverweigerungs-, Beschlagnahme- und Durchsuchungsrecht gefunden. Die bei der Herstellung und Verbreitung von Druckwerken berufsmäßig mitwirkenden Personen sind gemäß § 53 Abs. 1 S. 1 Nr. 5 StPO berechtigt, das Zeugnis über das ihnen übergebene *Informationsmaterial* (Beiträge, Unterlagen, Mitteilungen) zu verweigern, soweit es sich um den redaktionellen Teil des Druckwerks handelt (→ Kap. 30 Rn. 31 ff.). Nach der StPO-Novelle vom 15.2.2002 beschränkt sich dieses Recht nicht mehr nur auf Mitarbeiter von periodischen Presseerzeugnissen (vgl. *Bader* in KK-StPO, StPO § 53 Rn. 27). Soweit in diesem Rahmen ein Zeugnisverweigerungsrecht besteht, ist nach § 97 Abs. 5 StPO auch eine Beschlagnahme oder Durchsuchung unzulässig (→ Kap. 30 Rn. 43 ff.). Mit der Neuregelung des Zeugnisverweigerungsrechts fällt nunmehr auch selbst recherchiertes Material unter das Zeugnisverweigerungsrecht (vgl. *Huber* in BeckOK StPO, 36. Ed., StPO § 53 Rn. 32; *Bader* in KK-StPO, StPO § 53 Rn. 27; *Pöppelmann/Jehmlich* AfP 2003, 221 f.; *Kunert* NStZ 2002, 171).

Im Bereich des *Fernmeldegeheimnisses* (Art. 10 GG) werden Eingriffe in die journalistische Kommunikation jedoch unter bestimmten Gesichtspunkten als zulässig erachtet. Die Telekommunikationsüberwachung sieht in den §§ 100a ff. StPO keine generellen Ausnahmetatbestände für die Presse vor; dem Schutz der Pressefreiheit wird in diesem Bereich vielmehr durch Abwägungen im Einzelfall Rechnung getragen (vgl. *Degenhart* in BK-GG, 185. EL, Art. 5 Rn. 231). Aus § 160a Abs. 2 StPO ergibt sich ein relatives Erhebungs- und Verwertungsverbot, das sich an Verhältnismäßigkeitsgrundsätzen orientiert (vgl. *Sackreuther* in BeckOK StPO, 36. Ed., StPO § 160a Rn. 13 ff.). Im Allgemeinen ist dabei das öffentliche Interesse an einer wirksamen, auf die Ermittlung der Wahrheit gerichteten Strafrechtspflege gegen das öffentliche Interesse an der durch die zeugnisverweigerungsberechtigten Person ausgeübten Tätigkeit sowie deren individuelle Interessen an der Geheimhaltung abzuwägen. Speziell im Falle der Presse ist hierbei die hohe Bedeutung der Presse- und Rundfunkfreiheit zu berücksichtigen (vgl. *Wolter/Greco* in SK-StPO § 160a Rn. 37). Trotz dieser herausragenden Bedeutung kommt ihr nach Auffassung des BVerfG jedoch nicht automatisch ein Vorrang vor einer effektiven Strafrechtspflege zu (vgl. BVerfGE 107, 332 f.; implizit BVerfG NJW 2017, 3288 und NJW 2015, 3431, wonach die Pressefreiheit unter anderem gegenüber der Funktionstüchtigkeit der Rechtspflege abzuwägen ist. Vgl. auch *Wolter/Greco* in SK-StPO § 160a Rn. 37 (mwN). Zu strafprozessualen Fragen auch → Kap. 30; → Kap. 31).

Im Falle der *Wohnraumüberwachung* kommt § 100d Abs. 5 StPO zum Tragen. Nach dieser Norm bestehen ua gegenüber Presseangehörigen Erhebungs- und Verwertungsbeschränkungen.

Dies gilt auch für die so genannte online-Durchsuchung (vgl. *Graf* in BeckOK StPO, 36. Ed., StPO § 100d Rn. 23).

III. Der Schutz des Presse-Apparates

1. Der Schutz der Pressefreiheit erstreckt sich nicht nur auf die Presse-Tätigkeit, sondern darüber **5** hinaus auf die Sicherung des umfangreichen *technischen und wirtschaftlichen Apparates,* dessen die Presse bedarf, um ihre öffentliche Aufgabe der Information, Kritik und Meinungsbildung zu erfüllen (vgl. *Starck/Paulus* in v. Mangoldt/Klein/Starck GG Art. 5 Rn. 135; vgl. auch BVerfGE 20, 174 ff.). Diese Schutzerweiterung beruht auf der historischen Erfahrung, dass die Verfassungsgarantie der vollen Pressefreiheit leer läuft, wenn die Presse in der Verfügung über die erforderlichen materiellen Hilfsquellen und -güter – wie etwa die Belieferung mit ausreichenden Papiermengen – behindert wird. Demzufolge umfasst der geschützte Presse-Apparat die gesamte materielle Basis eines Presse-Unternehmens wie Grund und Boden, Gelände, Maschinen, Papierlager und Papierlieferung, die Produktion, das Inventar der Redaktion, aber auch den Vertriebsapparat einschließlich Fuhrpark, die Inseratenkundschaft, die Geschäftsbeziehungen sowie die dem Unternehmen gehörigen Titel-, Verlags- und sonstigen Schutzrechte. Das Bundesverfassungsgericht betont, dass die Pressefreiheit „die Pressetätigkeit in sämtlichen Aspekten (schützt)" (ZUM 2017, 489). Der Schutz der Pressefreiheit bei einer journalistischen Tätigkeit reicht allerdings nicht so weit, dass etwa ein Journalist unter Berufung auf das Pressegeheimnis oder sein Auskunftsverweigerungsrecht (§ 102 Abs. 1 Nr. 4 AO) die nach § 4 Abs. 5 S. 1 Nr. 2 S. 1 EStG geforderten Angaben zu Teilnehmern und Anlass einer Bewirtung verweigern könnte (vgl. BFH NJW 1998, 1973 f.).

2. Die wirtschaftliche bzw. publizistische Grundlage der Presse kann auf verschiedene Arten in **5a** Frage gestellt werden: Durch das Verhalten von Wettbewerbern oder durch Änderungen im Mediennutzungsverhalten, aber auch durch Maßnahmen des Gesetzgebers.

a) Ein Beispiel für die Bedrohung des wirtschaftlichen Fundaments der Presse war die Richt- **5b** linie 98/43/EG des Europäischen Parlaments und des Rates vom 6.7.1998 zur Angleichung der Rechts- und Verwaltungsvorschriften der Mitgliedstaaten über Werbung und Sponsoring zugunsten von Tabakerzeugnissen (vgl. ABl. L 213, S. 9 ff.). Diese enthielt in Art. 3 Abs. 1 ein generelles Verbot jeder Form von Werbung oder finanzierter Verkaufsförderung für Tabakerzeugnisse. Gerade Zeitungsverlage seien existenziell auf diese Form der Werbung angewiesen, da sie zwei Drittel ihrer Erlöse aus dem Anzeigengeschäft erzielen (vgl. *Schneider* NJW 1998, 577; Bericht in AfP 1998, 297 f.; hierzu → Kap. 74 Rn. 13). Die *Tabakwerberichtlinie* 98/43/EG wurde nach dem Urteil des Europäischen Gerichtshofs vom 5.10.2000 (EuGH JZ 2001, 34; vgl. Entscheidungsbesprechung von *Stein* EWS 2001, 12 ff.; *Schwarze* ZUM 2002, 89 ff.) aufgehoben. Die Nachfolgerichtlinie 2003/33/EG enthält einige Modifizierungen (vgl. GRUR Int. 2003, 821 ff.; *Marwitz* K&R 2004, 213 f.; *Görlitz* EuZW 2003, 485 ff.; *ders.* ZUM 2002, 97 ff.). Auch sie war äußerst umstritten (vgl. *Siekmann* DÖV 2003, 657 ff.; *Birkert* VBlBW 2002, 51 ff.). Eine gegen sie gerichtete Klage der Bundesrepublik Deutschland wurde jedoch durch den Gerichtshof mit Urteil vom 12.12.2006 abgewiesen (vgl. EuR 2007, 230 ff. mit Anm. von *Gundel*).

b) Heftig umkämpft ist die so genannte *„Tagesschau-App"*. Hierbei handelt es sich um eine **5c** Applikation der öffentlich-rechtlichen Rundfunkanstalten, mit der Textbeiträge, Audio- und Videobeiträge abgerufen werden können. Mehrere Verlage haben gegen die Bereitstellung dieser App geklagt. Hierdurch wollen sie sich vor – ihrer Meinung nach zu weitgreifenden – Aktivitäten der öffentlich-rechtlichen Rundfunkanstalten im Internet schützen. Sie sind der Auffassung, dass es sich hierbei um ein unzulässiges nichtsendungsbezogenes presseähnliches Angebot handele. Nachdem der ordentliche Rechtsweg erschöpft ist (Berufungsurteil: OLG Köln AfP 2014, 79 ff.; Revisionsurteil: BGH AfP 2015, 553 ff.; erneutes Berufungsurteil: OLG Köln AfP 2016, 549 ff.; vgl. *Martini* in BeckOK Informations- und Medienrecht, 30. Ed., MStV § 2 Rn. 162), hat der NDR am 22.1.2018 Verfassungsbeschwerde erhoben. Nach einer grundlegenden Weiterentwicklung wurde bereits 2017 die veränderte Version 2.0 zum Download bereitgestellt (vgl. hierzu *Schmitt* NVwZ 2018, 769 ff.; *Dörr/Wagner/Natt* ZUM 2017, 821 ff.; *Wimmer/Nawrath* ZUM 2016, 126 ff.); aktuell ist die Version 3.0. Zur WarnWetterApp des Deutschen Wetterdienstes vgl. BGH 12.3.2020 – I ZR 126/18).

Von der presseähnlichen Betätigung von Rundfunkanstalten zu unterscheiden sind rundfunkähnliche Angebote von Presseunternehmen (vgl. hierzu zB OVG Berlin-Brandenburg BeckRS 2019, 5296). Da es sich hierbei um rundfunkrechtliche Fragen handelt, kann auf diese hier nicht eingegangen werden.

5d c) Die Staatsferne der Presse kann auch durch staatliche Pressetätigkeit bedroht werden. In der vieldiskutierten (vgl. *Schoch* AfP 2019, 93ff.; *Müller-Franken* AfP 2019, 103ff.) Entscheidung „Crailsheimer Stadtblatt II" (vgl. AfP 2019, 146ff.; hierzu *Kohn* NVwZ 2019, 1178ff.) hat der BGH der aus Art. 5 Abs. 1 S. 2 GG resultierenden Staatsferne der Presse eine Marktverhaltensregelung im Sinne von § 3a UWG abgeleitet (vgl. ebenso OLG Nürnberg AfP 2019, 337ff.; LG Dortmund AfP 2019, 532ff.; LG München I GRUR-RS 2021, 1338 u. 1339). (Privatrechtliche) Angehörige der Presse können somit Unterlassungsansprüche gegen Hoheitsträger und von Hoheitsträgern beherrschte Unternehmen, die sich in unzulässiger Weise pressemäßig betätigen, geltend machen. Zulässig ist eine solche Betätigung nur im Rahmen der dem Hoheitsträger zugewiesenen Aufgaben und soweit die Garantie des Instituts der freien Presse nicht gefährdet wird (vgl. BGH AfP 2019, 148; mit ausführlicher Begründung LG Dortmund AfP 2019, 532ff.). Das Anfertigen von Fotografien durch die Berufsfeuerwehr von ihren Einsätzen und deren Verkauf verstößt nicht gegen das Gebot der Staatsferne (vgl. LG München I 24.4.2020 – 37 O 4665/19). Ebenfalls einen Verstoß gegen die Staatsferne kann der Betrieb eines offiziellen Internetportals durch eine Kommune darstellen (vgl. LG München I, Urteil vom 17.11.2020 – 33 O 16274/19 (GRUR-RS 2020, 31225); hierzu *Musiol,* GRUR-Prax 2021, 36; zum Wettbewerbsrecht im Einzelnen s. 16. Abschnitt).

5e d) Auswirkungen auf das Pressewesen als solches werden auch *Digitalisierung* und *Medienkonvergenz* (zur Medienkonvergenz → Kap. 1 Rn. 9a, 34ff.; → Kap. 3 Rn. 28ff.) sowie Änderungen im Nutzerverhalten zeitigen. Die hiermit einhergehende Substitution innerhalb der Medien führt dazu, dass zahlende Konsumenten durch solche Konsumenten ersetzt werden, die ihre Informationen vor allem online beziehen und es zunehmend gewohnt sind, dass dies kostenlos möglich ist (→ Kap. 4 Rn. 49).

IV. Der Schutz der Institution „Freie Presse"

6 In den beiden ersten, die *institutionelle Seite* der Pressefreiheit herausarbeitenden Entscheidungen (vgl. BVerfGE 10, 121; 12, 205) richtete das Bundesverfassungsgericht den Blick mehr auf das *einzelne* Presse-Unternehmen und dessen Bestandssicherung als Voraussetzung einer erfolgreichen Tätigkeit dieser Unternehmen (zu einer kritischen Auseinandersetzung mit dem institutionellen Verständnis der Pressefreiheit vgl. *Fiebig* AfP 1995, 459ff.). Das BVerfG ging davon aus, dass der Presse angesichts ihrer Aufgabe, die sie gegenüber der Allgemeinheit in einem demokratischen Staat zu erfüllen habe, der Bestandsschutz gebühre. In seiner grundlegenden Spiegel-Entscheidung (vgl. BVerfGE 20, 162) ging das Bundesverfassungsgericht einen entscheidenden Schritt weiter und dehnte zutreffend den institutionellen Schutz des Art. 5 Abs. 1 S. 2 GG auf die Sicherung eines *„freien Pressewesens"* in seiner Gesamtheit aus (seitdem stRspr, vgl. BVerfG NJW 2007, 1118; vgl. auch BVerwG BeckRS 2019, 12367 Rn. 22). Denn die Freiheit der einzelnen Presse-Unternehmen ist nicht automatisch mit der Gesamtstruktur eines freien Pressewesens identisch (vgl. BVerfG AfP 2001, 122).

6a Diese Tatsache wurde vor allem auf dem Gebiet der zunehmenden *Pressekonzentration* deutlich (vgl. zum Presse-Kartellrecht *Degenhart* in BK-GG, 185. EL, Art. 5 Rn. 258–263; Löffler/*Cornils* LPG § 1 Rn. 148–152; Zagouras, Konvergenz und Kartellrecht; Zohm, Der verfassungsrechtliche Rahmen der Presse-Fusionskontrolle; zum Kartellrecht im Einzelnen s. 17. Abschnitt; zu rechtsgeschichtlichen Fragen des Presse-Fusionsrechts auch → Kap. 4 Rn. 40–48). Die einem einzelnen großen und leistungsfähigen Presse-Unternehmen garantierte gewerberechtliche Seite der Pressefreiheit kann in Verbindung mit der Wettbewerbsfreiheit zu einer die Vielfalt des Pressewesens bedrohenden Verdrängung mittlerer und kleinerer Presse-Unternehmen und zu einer *Monopolbildung* führen, die mit einer erheblichen Beeinträchtigung des freien Pressewesens verbunden ist. Ohne eine Vielzahl unabhängiger Presseorgane ist ein freies Pressewesen als Ganzes nicht gewährleistet. Zur Erhaltung der freiheitlichen Struktur des Pressewesens kann es notwendig werden, die Pressefreiheit des einzelnen Presse-Unternehmens einzuschränken, wie dies 1976 durch das Pressefusions-Kontrollgesetz geschehen ist (vgl. BVerfG AfP 1985, 107; BGH AfP 1987, 685f.; *Riesenhuber* AfP 2003, 483ff.; zur Entwicklung der Konzentration im Bereich der Printmedien vgl. *Groß* ZUM 1996, 365ff.; *Röper* Media Perspektiven 2002, 478; → Kap. 4 Rn. 41). Gesetzliche Antikonzentrationsmaßnahmen greifen somit nicht zwingend in die Pressefreiheit ein, wenn bestimmten Anforderungen Rechnung getragen wird. Sie können vielmehr gerade jene Institution der freien Presse schützen, die der Grundgesetz-Geber gewahrt wissen will und deren wesentliches Element eine relativ große Zahl selbstständiger Publikationen ist.

Aus dem in Art. 5 Abs. 1 S. 2 GG verfassungsrechtlich gewährleisteten Schutz der Institution 7 „freie Presse" folgt zwar kein unmittelbarer *subjektivrechtlicher Anspruch* der Presseangehörigen oder -verlage auf Gewährung bestimmter Leistungen und Vergünstigungen wie zum Beispiel *Subventionen* (vgl. BVerfGE 80, 133; vgl. zu Subventionen im Allgemeinen *Grabenwarter* in Maunz/Dürig, GG, 82. EL, Art. 5 Rn. 382–385; *Degenhart* in BK-GG, 185. EL, Art. 5 Rn. 272–274; *Jarass* in Jarass/Pieroth GG Art. 5 Rn. 40; Löffler/*Cornils* LPG § 1 Rn. 168–171; *Starck/Paulus* in v. Mangoldt/Klein/Starck GG Art. 5 Rn. 158f.). Dementsprechend besteht keine Pflicht des Staates zur finanziellen Förderung der Presse (vgl. *Martini* EuZW 2015, 825). Aber wenn der Staat Maßnahmen zur Förderung der Presse ergreift, ist ihm durch Art. 5 Abs. 1 S. 2 GG als objektive Grundsatznorm eine Schutzpflicht für die Presse auferlegt. Ihm obliegt eine inhaltliche Neutralitätspflicht insofern, als er jede Einflussnahme auf Inhalt und Gestaltung einzelner Presseerzeugnisse sowie eine Verzerrung des publizistischen Wettbewerbs vermeiden muss (vgl. BVerfGE 80, 133f.; *Schemmer* in Epping/Hillgruber, GG, 42. Ed., Art. 5 Rn. 48). Dieser Neutralitätspflicht des Staates entspricht auf Seiten des Trägers der Pressefreiheit ein subjektives Abwehrrecht gegen die mit den Förderungsmaßnahmen etwa verbundenen inhaltslenkenden Wirkungen sowie ein Anspruch auf Gleichbehandlung im publizistischen Wettbewerb (vgl. BVerfGE 80, 134). Darüber hinaus ist eine Subventionierung allenfalls auf der Grundlage eines Gesetzes möglich (strittig – vgl. *Martini* EuZW 2015, 825; *Starck/Paulus* in v. Mangoldt/Klein/Starck GG Art. 5 Rn. 159. Nach anderer Auffassung ist ein Gesetz dann nicht erforderlich, wenn es sich um eine offensichtlich meinungsneutrale Subventionsform handelt (wie es etwa der ermäßigte Umsatzsteuersatz (§ 12 Abs. 2 Nr. 1 iVm Anlage 2 UStG) ist), vgl. *Kühling* in BeckOK Informations- und Medienrecht, 27. Ed., GG Art. 5 Rn. 55; *Degenhart* in BK-GG, 185. EL, Art. 5 Rn. 272). Diese Grundlage muss durch präzise Tatbestände die Voraussetzungen und Bedingungen der fördernden Maßnahmen so eindeutig festlegen, dass für ein Ermessen der Exekutive bei Durchführung der Förderung kein Raum bleibt (vgl. OLG Frankfurt a. M. NVwZ 1993, 706; VG Berlin AfP 1996, 98; *Groß* ZUM 1996, 377; Hoffmann-Riem, Kommunikationsfreiheiten, Art. 5 Rn. 199). Bedenklich ist eine Subventionierung dann, wenn bestimmte Zeitungen gezielt einen Vorteil zugeteilt erhalten, der konkurrierende Zeitungen benachteiligt, oder wenn ein Blatt mit Alleinstellung gefördert wird, weil dann eine Abhängigkeit kaum zu vermeiden ist (vgl. *Püttner* JuS 1995, 1071). Gleiches gilt für eine politisch motivierte Förderung von Journalisten, einerlei ob sie durch den Staat direkt oder mittelbar durch Sponsorbeiträge Dritter erfolgt (vgl. VG Berlin AfP 1996, 97f.). Nur in Ausnahmesituationen wird eine selektive Presse-Subventionierung für zulässig erachtet. Dies ist der Fall, wenn sie eindeutig dem Zweck dient, die Pressefreiheit und Pressevielfalt zu erhalten (vgl. OLG Frankfurt a. M. NVwZ 1993, 707) und sich meinungsneutral auswirkt. Das Bundesverfassungsgericht erachtete es in seinem Beschluss zum Postzeitungsdienst als zulässig, bei der Entscheidung über die Vergabe staatlicher Pressesubventionen auf die Erfüllung der dienenden Funktion für die individuelle und öffentliche Meinungsbildung abzustellen (vgl. BVerfGE 80, 135). Das Gleiche gilt für die Regelung der Auskunftspflichten von Behörden (vgl. BVerfG NJW 1985, 1656).

Die Zulässigkeit von Presse-Subventionen ist jedoch nicht nur national an Art. 5 Abs. 1 S. 2 8 GG zu messen. Darüber hinaus ist jeweils zu prüfen, ob diese auch europarechtlich beihilferechtskonform sind (vgl. hierzu *Martini* EuZW 2015, 821ff.).

10. Kapitel. Die besonderen Schutzrechte (Privilegien) der Presse. Die Durchsetzung der Pressefreiheit gegenüber staatlichen und nichtstaatlichen Eingriffen

I. Die besonderen Schutzrechte (Privilegien) der Presse

1 Um der Presse die erfolgreiche Wahrnehmung ihrer vielfältigen öffentlichen Aufgabe zu ermöglichen, hat die Rechtsordnung die Presse und ihre Mitarbeiter mit einer Reihe von Schutzrechten ausgestattet, wie sie anderen Personen und Einrichtungen nicht zustehen. Über diese Sonderstellung der Presse sagt das Bundesverfassungsgericht im Spiegel-Urteil (vgl. BVerfGE 20, 162) mit Recht:

„Die in gewisser Hinsicht bevorzugte Stellung der Presse-Angehörigen ist ihnen um ihrer Aufgabe willen und nur im Rahmen dieser Aufgabe eingeräumt. Es handelt sich nicht um persönliche Privilegien; Befreiungen von allgemein geltenden Rechtsnormen müssen nach Art und Reichweite stets von der Sache her sich rechtfertigen lassen."

Die besonderen Schutzrechte der Presse finden sich in der Verfassung des Bundes und der Länder, in den Landespresse- respektive Landesmediengesetzen wie auch in einzelnen Gesetzen des materiellen Rechts und des Verfahrensrechts. Sie werden im Zusammenhang mit den einschlägigen Gesetzen (StGB, StPO, LPG/LMG, usw) näher erläutert. Die nachfolgende Darstellung beschränkt sich auf eine zusammenfassende Übersicht:

2 1. Der in Art. 5 Abs. 1 S. 2 GG verankerte *Verfassungsschutz* der Pressefreiheit gewährt der Presse in Verbindung mit dem Zensurverbot (Art. 5 Abs. 1 S. 3 GG) den stärksten Rechtsschutz. Er sichert die individualrechtliche und die institutionelle Seite der Pressefreiheit und kommt allen im Pressewesen Tätigen zugute, wobei hinsichtlich der Reichweite des Rechtsschutzes der umfassende Begriff der Presse maßgebend ist (→ Kap. 1 Rn. 5 ff.).

3 2. In die Pressefreiheit darf im Regelfall nur auf Grund eines allgemeinen Gesetzes eingegriffen werden. *Sondergesetze* jeder Art, insbesondere die *Sonderbesteuerung* der Presse sind unzulässig, sofern sie nicht durch Art. 5 Abs. 2 GG legitimiert sind (vgl. § 1 Abs. 3 NRWLPG; vgl. auch BVerfGE 74, 336; 21, 271; → Kap. 11 Rn. 3 ff.).

4 3. *Verwaltung und Polizei* dürfen in die publizistische Tätigkeit der Presse nicht (ohne gesetzliche Grundlage) eingreifen. Die Presse ist „polizeifest". Diese Folgerung ergibt sich aus Art. 5 Abs. 2 S. 2 GG sowie aus Art. 10 Abs. 2 der Europäischen Menschenrechtskonvention (→ Kap. 5 Rn. 5) und Art. 19 Abs. 3 S. 2 des Internationalen Paktes über bürgerliche und politische Rechte (→ Kap. 5 Rn. 6a), wonach nur der Gesetzgeber zum Eingriff in die Pressefreiheit legitimiert ist (vgl. Löffler/*Achenbach* LPG vor §§ 13 ff. Rn. 46; → Kap. 31 Rn. 2). Zudem schließt der auch in § 1 Abs. 2 NRWLPG zum Ausdruck kommende und historisch gewachsene Grundsatz der Polizeifestigkeit der Presse alle präventiven ordnungsbehördlichen und polizeilichen Maßnahmen aus, die sich gegen den Inhalt eines Presseerzeugnisses richten (vgl. OVG Frankfurt (Oder) NJW 1997, 1387 f. mwN; hierzu *Gornig* JuS 1999, 1167 ff. Vgl. zum Begriff der Polizeifestigkeit *Rasch* DVBl 1987, 197).

5 4. Die Presse darf – anders als die freien Berufe der Ärzte, Anwälte, Notare usw – weder einem *Standeszwang* noch einer mit hoheitlicher Gewalt ausgestatteten Standesgerichtsbarkeit unterworfen werden (vgl. § 1 Abs. 4 NRWLPG; *Grabenwarter* in Maunz/Dürig, GG, 82. EL, Art. 5 Rn. 381; *Bethge* in Sachs GG Art. 5 Rn. 72; zum Standesrecht der Presse → Kap. 5 Rn. 9; Kap. 40).

6 5. Im Pressebereich gilt die Freiheit der *Berufsausübung,* dh jeder kann die Pressetätigkeit jederzeit ohne behördliche Genehmigung ausüben und bedarf zur Gründung eines Pressebetriebs keiner Zulassung oder Lizenz (sog. Zulassungsfreiheit nach § 2 NRWLPG; vgl. BVerfGE 20, 176; *Degenhart* in BK-GG, 185. EL, Art. 5 Rn. 257; *Grabenwarter* in Maunz/Dürig, GG, 82. EL, Art. 5 Rn. 470). Die Berufsausübung kann nur durch das Bundesverfassungsgericht im Wege der Verwirkung unterbunden werden (vgl. Art. 18 GG; → Kap. 11 Rn. 35 ff.).

7 6. Die Tätigkeit der Presse gilt in ihren wesentlichen Funktionen als Erfüllung einer *„öffentlichen Aufgabe"* (vgl. BVerfGE 20, 162; vgl. § 3 NRWLPG; sh. im Einzelnen Kap. 3). Die Presse

genießt deshalb den wichtigen Schutz der Wahrnehmung berechtigter Interessen im Sinn des § 193 StGB (vgl. § 3 Abs. 3 BerlinPG; → Kap. 42 Rn. 65 ff.; → Kap. 53 Rn. 29 ff.).

7. Ein wichtiges Sonderrecht steht der Presse mit dem *Informationsanspruch* gemäß § 4 NRWLPG **8**
zu: Gegenüber den Behörden haben die Vertreter der Presse einen einklagbaren Anspruch auf Auskunftserteilung, der es ihnen ermöglicht, ihre Leserschaft über wichtige Vorgänge in Staat und Verwaltung zuverlässig zu unterrichten (sh. eingehend Abschn. 4). Dieser Anspruch geht über das in Art. 5 Abs. 1 S. 1 GG normierte Grundrecht auf Informationsfreiheit hinaus, da er auch den Zugang zu nicht allgemein zugänglichen Informationsquellen umfassen kann. Des Weiteren kann auch das Grundrecht der Pressefreiheit in Zusammenwirken mit einfachgesetzlichen Normen einen Auskunftsanspruch begründen (→ Kap. 7 Rn. 7 ff.). Aus dem Grundrecht der Pressefreiheit selbst können jedoch keine Informationsansprüche aus nichtöffentlichen Quellen abgeleitet werden (strittig – → Kap. 6 Rn. 5). Hiervon zu unterscheiden sind Fälle, in denen eine im staatlichen Verantwortungsbereich liegende Informationsquelle aufgrund rechtlicher Vorgaben zur öffentlichen Zugänglichkeit bestimmt ist, der Staat aber den Zugang nicht in hinreichender Weise eröffnet; in diesen Fällen besteht ein Zugangsanspruch der Presse (→ Kap. 7 Rn. 6).

8. Allen im Bereich der periodischen Presse (Zeitungen und Zeitschriften) berufsmäßig **9**
Tätigen steht im Prozess zum Schutz ihrer Informationsquellen ein weitreichendes *Zeugnisverweigerungsrecht* zu, und zwar sowohl über die Person eines Informanten oder Verfassers redaktioneller Beiträge wie auch hinsichtlich des Inhalts solcher Beiträge und Unterlagen (vgl. § 53 Abs. 1 S. 1 Nr. 5, S. 2 f. StPO; § 383 Abs. 1 Nr. 5 ZPO; sh. im Einzelnen Kap. 30). Dieses Recht ist Ausfluss nicht nur der Pressefreiheit des Art. 5 Abs. 1 S. 2 GG, deren Schutzbereich auch die Geheimhaltung von Informationsquellen und das Vertrauensverhältnis zu Informanten erfasst. Auch Art. 10 EMRK schützt die journalistischen Quellen; nach Auffassung des EGMR ist dieser Schutz „eine der Grundvoraussetzungen für die Pressefreiheit“ (AfP 2018, 502).

9. Auch auf dem Gebiet der *Beschlagnahme* sowohl einzelner Presse-Unterlagen wie auch der **10**
Gesamtauflage eines Druckwerks genießt die Presse eine bevorrechtigte Stellung, die ihrer öffentlichen Funktion im freiheitlichen Rechtsstaat entspricht (im Einzelnen → Kap. 31 Rn. 1 ff.; zum Straftatbestand der Verbreitung eines beschlagnahmten Druckwerks → Kap. 17 Rn. 22 f.). Dasselbe gilt für die *Durchsuchung* von Presse-Unternehmen (vgl. §§ 94 ff. StPO; im Einzelnen → Kap. 30 Rn. 43 ff.; → Kap. 31 Rn. 54 ff.).

10. Zugunsten der Presse-Angehörigen ist im Strafprozess der für die Presse mit ihren zahlrei- **11**
chen Verbreitungsorten nachteilige *fliegende Gerichtsstand* zugunsten des Gerichtsstands des Erscheinungsortes beseitigt worden (vgl. § 7 Abs. 2 StPO; → Kap. 32 Rn. 1 ff.).

11. Da Presse-Inhaltsdelikte stets in aller Öffentlichkeit durch Verbreitung von Druckschriften **12**
begangen werden, genießt die Presse in vielen Fällen das Privileg der *kurzen Verjährung* von Presse-Inhaltsdelikten (vgl. § 25 NRWLPG; → Kap. 17 Rn. 49 ff.; → Kap. 49 Rn. 32 ff.).

12. Ob sich aus Art. 10 EMRK ein *allgemeiner strafrechtlicher Rechtfertigungsgrund* im Hinblick **12a**
auf Straftaten bei der Informationsbeschaffung ableiten lässt, wird aufgrund der Haldiman-Entscheidung des EGMR (24.2.2015 – 21830/09) zwar vereinzelt diskutiert (vgl. *Hegemann* AfP 2019, 17), ist aber noch nicht als allgemeine Rechtsauffassung zu bezeichnen.

13. Auch im Arbeitsrecht nimmt die Presse eine Sonderstellung ein, die der Sicherung der **13**
Pressefreiheit Rechnung trägt. Als Unternehmen, die den Zwecken der Berichterstattung oder Meinungsäußerung dienen, genießen Pressebetriebe gemäß § 118 BetrVG sog. *„Tendenzschutz“*, der die Mitwirkung des Betriebsrats einschränkt (vgl. *Degenhart* in BK-GG, 185. EL, Art. 5 Rn. 265 ff.; → Kap. 37 Rn. 4 ff.).

14. Hinsichtlich des *Datenschutzes* sind vor allem das Bundesdatenschutzgesetz vom 30.6.2017 **13a**
(BGBl. I S. 2097, zuletzt geändert durch Artikel 12 des Gesetzes vom 20.11.2019 (BGBl. I S. 1626)) sowie die *Datenschutz-Grundverordnung* einschlägig. Art. 85 DSGVO lässt explizit Abweichungen und Ausnahmen für ua journalistische Zwecke zu (vgl. im Einzelnen *Pötters* in Gola, DSGVO, DSGVO Art. 85 Rn. 1 ff.; *Stender-Vorwachs* in BeckOK Datenschutzrecht, 31. Ed., DSGVO Art. 85 Rn. 1 ff.; Weberling/Bergann AfP 2018, 205, und AfP 2019, 293). Des Weiteren treffen die Landespresse- bzw. Landesmediengesetze Regelungen zum Datenschutz (Baden-Württemberg und Nordrhein-Westfalen § 12 LPG; vgl. allgemein zu Datenschutz und Pressefreiheit *Grabenwarter* in Maunz/Dürig, GG, 82. EL, Art. 5 Rn. 480. Im Einzelnen → Kap. 42 Rn. 39 ff.).

II. Die Durchsetzung der Pressefreiheit gegenüber staatlichen Eingriffen

1. *Der materielle Grundrechtsschutz*

14 Die *Verfassung* gibt jedem Träger eines Grundrechts zu dessen Durchsetzung einen doppelten Rechtsschutz: den materiellen und den prozessualen Grundrechtsschutz (vgl. Art. 19 Abs. 4 GG). Der *materielle Grundrechtsschutz* der Pressefreiheit kommt vor allem in folgenden Rechtsprinzipien zum Ausdruck:

a) Als Verfassungsgrundrecht stellt die Pressefreiheit nicht bloß eine allgemeine Richtlinie, sondern *unmittelbar geltendes Recht* dar, das für alle Organe der Gesetzgebung, Justiz und Verwaltung bindend ist (vgl. Art. 1 Abs. 3 GG).

15 b) Wo das Grundrecht der Meinungs- und Pressefreiheit mit einem „Gegeninteresse" (Staatsgeheimnis, öffentliche Ordnung, Persönlichkeitsrecht usw) kollidiert, spricht in der Regel eine *grundsätzliche Vermutung* zugunsten der freien Rede, wenn es sich um Beiträge zur Auseinandersetzung in einer die Öffentlichkeit wesentlich berührenden Frage handelt (BVerfG NJW 2016, 2871; BGH MMR 2017, 699; vgl. auch EGMR MuR 2002, 151 f.; *Degenhart* in BK-GG, 185. EL, Art. 5 Rn. 447).

16 c) Als überstaatliches Menschenrecht ist die Meinungs- und Pressefreiheit *unverzichtbar* (vgl. BVerfGE 26, 86). Es ist daher zu erwägen, ob der Staat für die Aufrechterhaltung der im Interesse einer freiheitlichen Gesellschaftsordnung unentbehrlichen Pressefreiheit für eine Meinungsvielfalt Sorge tragen müsste, wenn bei den Presse-Angehörigen selbst der Freiheitswille, etwa im Zuge einer immer stärkeren Pressekonzentration, zum Erlahmen käme (vgl. zur Rundfunkvielfalt BVerfGE 57, 322 f.; 52, 296; 20, 162). Die Pflicht, jedenfalls zur Bekämpfung marktbeherrschender Unternehmungen im Bereich des Pressewesens Antikonzentrationsmaßnahmen zu ergreifen, folgt aus der institutionellen Verbürgung (strittig – vgl. *Groß* ZUM 1996, 923 f.; *Grabenwarter* in Maunz/Dürig, GG, 82. EL, Art. 5 Rn. 467). Hierbei muss der Staat jedoch stets meinungsneutral und unter Beachtung des Gleichheitsgrundsatzes handeln (vgl. *Starck/Paulus* in v. Mangoldt/Klein/Starck GG Art. 5 Rn. 157). → Kap. 9 Rn. 6a f.; sh. zum Kartellrecht im Einzelnen Abschn. 17.

17 d) Das Grundrecht der Pressefreiheit ist *unteilbar.* Es umfasst die „staatstreue" wie die oppositionelle, die „seriöse" wie die weniger seriöse Presse (vgl. BVerfG GRUR 2008, 540; BVerfGE 101, 389; BVerwGE 47, 254; → Kap. 3 Rn. 16 ff.). Der Schutz der Pressefreiheit erstreckt sich auf den redaktionellen wie auf den Anzeigenteil (vgl. BVerfGE 107, 280; BFH DStR 2016, 1867; → Kap. 9 Rn. 3 f.). Er schließt die einzelnen Funktionen der Presse wie auch das Institut „freie Presse" als solches ein (→ Kap. 9 Rn. 6 ff.).

18 e) Das Grundrecht der Pressefreiheit ist in seinen Grundzügen *unabänderbar* (vgl. *Schulz* AfP 2009, 127). Die Verfassung hat in Art. 79 Abs. 3 GG die in Art. 1 und 20 niedergelegten Grundsätze jeder Verfassungsänderung entzogen und für schlechthin unabänderbar erklärt. Zu diesen Grundsätzen gehören das Demokratieprinzip und die Freiheit und Gleichheit des politischen Prozesses (vgl. *Bethge* in Sachs GG Art. 5 Rn. 65 f.), wobei das Demokratiegebot einen freien und offenen Willensbildungsprozess voraussetzt (vgl. *Evers* in BK-GG, 45. EL, Art. 79 Rn. 183). Die Pressefreiheit selbst wird in Art. 79 Abs. 3 GG zwar nicht ausdrücklich genannt. Im Hinblick auf ihre schlechthin konstituierende Bedeutung für eine freiheitlich-demokratische Staatsordnung (vgl. BVerfG BeckRS 2018, 10461; BFH DStR 2016, 1867; → Kap. 3 Rn. 24) ist jedoch ein enger Bezug zu den in Art. 20 GG beschriebenen Grundsätzen gegeben. Auch ist die Freiheit der Meinungsäußerung der „unmittelbarste Ausdruck der menschlichen Persönlichkeit in der Gesellschaft" (vgl. BVerfGE 64, 344 f.; 7, 208). Da die Meinungsäußerung als ein Element der Pressefreiheit anzusehen ist (zur Meinungsfreiheit → Kap. 7 Rn. 9 ff.), besteht also auch ein enger Zusammenhang der Pressefreiheit zu Art. 1 GG. Aus dieser inneren Verknüpfung zu Art. 1 und 20 GG folgt die Unzulässigkeit einer vollkommenen Beseitigung der Pressefreiheit und damit ihrer grundsätzlichen Negierung.

19 f) Darüber hinaus hat die Verfassung jede Einschränkung von Grundrechten besonders erschwert. Art. 19 Abs. 2 GG stellt ausdrücklich fest: „In keinem Falle darf ein Grundrecht in seinem *Wesensgehalt* angetastet werden" (Hervorhebung erfolgte diesseits). Bei jedem Grundrecht wird damit ein keiner denkbaren Einschränkung unterliegender *unantastbarer Kern* garantiert. Dieser Kern- oder Wesensgehalt wäre dann angetastet, wenn das betroffene Grundrecht infolge

seiner Einschränkung die ihm von der Verfassung zugedachte Wirkung nicht mehr entfalten könnte. Wann dies der Fall ist, ist für jedes Grundrecht gesondert zu ermitteln (vgl. *Hofmann* in Schmidt-Bleibtreu/Hofmann/Henneke GG Art. 19 Rn. 17). So bezeichnet Art. 5 Abs. 1 S. 3 GG mit dem Zensurverbot einen gleichermaßen vor die Klammer gezogenen Wesensgehalt der Pressefreiheit und damit deren unantastbaren Kernbereich (vgl. Löffler/*Cornils* LPG § 1 Rn. 260 ff.).

g) Nach der Rechtsprechung des BVerfG ist der Wesensgehalt für jedes Grundrecht individu- **20** ell zu bestimmen. Hierbei muss seine jeweilige besondere Bedeutung im Gesamtsystem der Grundrechte ermittelt werden (vgl. BVerfGE 117, 96). Im Übrigen sind die Einzelheiten der Wesensgehaltsgarantie umstritten (vgl. *Sachs* in Sachs GG Art. 19 Rn. 40 ff.; → Kap. 11 Rn. 14 f.).

h) Schließlich wird das Grundrecht der Pressefreiheit auch durch die vom Bundesverfassungs- **21** gericht (vgl. BVerfGE 7, 198) entwickelte und allgemein anerkannte sog. *Lüthformel* in seiner Substanz gesichert: Die Beschränkung, die das Grundrecht der Pressefreiheit durch den – absolut formulierten – Schrankenvorbehalt der allgemeinen Gesetze (vgl. Art. 5 Abs. 2 GG) erfährt, ist dahingehend zu relativieren, dass diese Schranken ihrerseits im Licht der fundamentalen Bedeutung des Grundrechts der Pressefreiheit im Wege der praktischen Konkordanz eine entsprechende Einschränkung erfahren (vgl. BVerfG NJW 2018, 2250; BGH GRUR 2018, 550 f.; → Kap. 11 Rn. 16 ff.).

2. Der materielle Gesetzesschutz

Der materielle Verfassungsschutz der Pressefreiheit findet seine Ergänzung in dem *Gesetzesschutz,* **22** den die Pressefreiheit in den Landespressegesetzen (§ 1 NRWLPG; → Kap. 5 Rn. 4) sowie durch Zuerkennung besonderer Schutzrechte *(Privilegien)* auf den verschiedensten Rechtsgebieten erfährt (→ Rn. 1 ff.). Auch hat die Verfassungsgarantie des Art. 5 über das Grundgesetz hinaus eine *Ausstrahlungswirkung* auf die gesamte Rechtsordnung, wo immer die Freiheit der Presse in Frage steht (vgl. BVerfGE 7, 204; → Kap. 5 Rn. 3).

3. Der prozessuale Grundrechtsschutz. Die Rechtsweg-Garantie (Art. 19 Abs. 4 GG)

Der materielle Rechtsschutz der Pressefreiheit findet seine Ergänzung und Verstärkung durch **23** den *prozessualen Grundrechtsschutz* des Art. 19 Abs. 4 GG: Er garantiert jedem Inhaber von subjektiven Rechten jeder Art (nicht nur von Grundrechten, vgl. *Sachs* in Sachs GG Art. 19 Rn. 127) bei deren Verletzung *durch die öffentliche Gewalt* eine „möglichst wirksame gerichtliche Kontrolle" (BVerfG NJW 2018, 2467). Da Grundrechtsverletzungen als solche nicht per se strafbar sind und insofern sanktioniert werden können, kommt der sog. *Rechtsweg-Garantie* des Art. 19 Abs. 4 GG erhöhte Bedeutung zu. Welcher Rechtsweg im konkreten Fall gegeben ist, bestimmt sich nach der Zuständigkeitsregelung der einschlägigen Gesetze (zB GVG, VwGO). Dabei soll nur der Rechtsweg im Rahmen der jeweils anzuwendenden Prozessordnung gesichert werden (vgl. *Sachs* in Sachs GG Art. 19 Rn. 138). Art. 19 Abs. 4 S. 2 GG sieht für den durch die öffentliche Gewalt in seinen Rechten Verletzten subsidiär den ordentlichen Rechtsweg vor, wenn nach den maßgeblichen Prozessordnungen nicht ein anderes bestimmt ist.

Will die Presse ihre Rechte gegenüber *Privatpersonen* durchsetzen, so greift nicht Art. 19 Abs. 4 GG, sondern der rechtsstaatliche Justizgewährungsanspruch, der aus Art. 20 GG abgeleitet wird (vgl. *Sachs* in Sachs GG Art. 19 Rn. 11, Art. 20 Rn. 162). So ist es Sache der Zivilgerichte, im privaten und wirtschaftlichen Rechtsverkehr die verfassungsrechtliche Pressefreiheit zu wahren, soweit sie hier mittelbar wirkt (zur mittelbaren Drittwirkung → Rn. 28 ff.).

Den unabhängigen staatlichen Gerichten muss nach der Rechtsweg-Garantie des Art. 19 Abs. 4 GG die „umfassende Prüfung des Verfahrensgegenstands" (BVerfG NJW 2018, 2467) – das heißt des jeweiligen Eingriffs der öffentlichen Gewalt – in rechtlicher und sachlicher Hinsicht zustehen. Lange bestand jedoch kein effektiver Rechtsschutz in Fällen von *erledigten Durchsuchungs- und Beschlagnahmeanordnungen* durch den Richter bei den Medien. Seine frühere Rechtsprechung, wonach Art. 19 Abs. 4 GG bei erledigten Grundrechtseingriffen eine nachträgliche Prüfung durch die Fachgerichte nicht verlange (vgl. noch BVerfGE 49, 329), hat das BVerfG zwischenzeitlich jedoch aufgegeben (vgl. BVerfGE 96, 27). Ein Rechtsschutzinteresse sei nunmehr in Fällen *tief greifender Grundrechtseingriffe* gegeben, in denen die direkte Belastung durch den angegriffenen Hoheitsakt sich erledigt hat, bevor der Betroffene eine gerichtliche Entscheidung erlangen konnte (vgl. BVerfG NJW 2017, 1939 f.). Bei solchen Eingriffen, zu denen auch Durchsuchungs- und Beschlagnahmeanordnungen bei Medienunternehmen zählen, gebietet es daher das Erfordernis effektiven Rechtsschutzes, dass der Betroffene Gelegenheit erhält, die Berechtigung des tatsächlich nicht mehr bestehenden Grundrechtseingriffs gerichtlich nachträglich klären zu lassen (vgl. BVerfG NJW 2007, 1121). Ein besonderer Rechtsbehelf bei Verletzung eines Grundrechts ist die *Verfassungsbeschwerde* (→ Rn. 24 ff.).

4. Die Verfassungsbeschwerde

24 Die in den §§ 90–95 des Bundesverfassungsgerichtsgesetzes im Einzelnen geregelte *Verfassungsbeschwerde* ist kein Bestandteil der Rechtsweg-Garantie des Art. 19 Abs. 4 GG (vgl. BVerfGE 1, 344; → Rn. 23), sondern ein Rechtsbehelf eigener Art. Er gibt jedermann die Möglichkeit, bei Verletzung seiner Grundrechte oder bestimmter weiterer Rechte durch die öffentliche Gewalt das Bundesverfassungsgericht in Karlsruhe anzurufen (vgl. Art. 93 Abs. 1 Nr. 4a GG, § 90 BVerfGG).

Auf die einzelnen Zulässigkeitsvoraussetzungen einer Verfassungsbeschwerde soll hier nur knapp eingegangen werden (vgl. im Einzelnen *Stern* in BK-GG, 44. EL, Art. 93 Rn. 403 ff.).

Dies sind namentlich die Beschwerdefähigkeit (vgl. hierzu *Morgenthaler* in Epping/Hillgruber, GG, 42. Ed., Art. 93 Rn. 54 ff.; *Detterbeck* in Sachs GG Art. 93 Rn. 82; Schlaich/Korioth, Das Bundesverfassungsgericht, Rn. 206 ff.), die Prozessfähigkeit (vgl. hierzu *Morgenthaler* in Epping/Hillgruber, GG, 42. Ed., Art. 93 Rn. 57 f.; *Detterbeck* in Sachs GG Art. 93 Rn. 83 f.), der Beschwerdegegenstand (vgl. hierzu *Morgenthaler* in Epping/Hillgruber, GG, 42. Ed., Art. 93 Rn. 59 f.; *Detterbeck* in Sachs GG Art. 93 Rn. 85 ff.; Schlaich/Korioth, Das Bundesverfassungsgericht, Rn. 213 f.), die Beschwerdebefugnis (vgl. hierzu *Morgenthaler* in Epping/Hillgruber, GG, 42. Ed., Art. 93 Rn. 61 ff.; *Detterbeck* in Sachs GG Art. 93 Rn. 88 ff.; Schlaich/Korioth, Das Bundesverfassungsgericht, Rn. 215 ff.; → Rn. 24a), die Rechtswegerschöpfung und Subsidiarität (vgl. hierzu *Morgenthaler* in Epping/Hillgruber, GG, 42. Ed., Art. 93 Rn. 68 ff.; *Detterbeck* in Sachs GG Art. 93 Rn. 96; Schlaich/Korioth, Das Bundesverfassungsgericht, Rn. 244 ff.; → Rn. 24b) sowie Form und Frist (vgl. hierzu *Morgenthaler* in Epping/Hillgruber, GG, 42. Ed., Art. 93 Rn. 74 ff.; *Detterbeck* in Sachs GG Art. 93 Rn. 97 f.; Schlaich/Korioth, Das Bundesverfassungsgericht, Rn. 243; → Rn. 25a).

24a Voraussetzung ist stets, dass der Beschwerdeführer beschwerdebefugt ist. Die *Beschwerdebefugnis* setzt voraus, dass „sich aus dem Vortrag des Beschwerdeführers mit hinreichender Deutlichkeit die Möglichkeit einer Grundrechtsverletzung ergibt. Er muss einen Sachverhalt darlegen, nach dem es jedenfalls möglich ist, dass er durch (den angegriffenen hoheitlichen Akt) [...] in einem beschwerdefähigen Recht beeinträchtigt ist" (BVerfGE 114, 274). Grundrechte aus Landesverfassungen, unmittelbare Rechte aus der EMRK oder aus dem EU-Recht können mit Hilfe der Verfassungsbeschwerde jedoch nicht geltend gemacht werden (vgl. *Detterbeck* in Sachs GG Art. 93 Rn. 88). Zur Geltendmachung der Beschwerdebefugnis ist auch erforderlich, dass der Beschwerdeführer vorbringt, er werde von dem angegriffenen Hoheitsakt selbst, gegenwärtig und unmittelbar betroffen (vgl. *Morgenthaler* in Epping/Hillgruber, GG, 42. Ed., Art. 93 Rn. 63).

24b Auch muss der Beschwerdeführer *vor* Anrufung des Bundesverfassungsgerichts den *Rechtsweg erschöpft* haben; er muss auch umstrittene Rechtsmittel einlegen, um diesem Grundsatz gerecht zu werden (vgl. BVerfG NJW 2019, 987). Dies ist nur dann nicht erforderlich, wenn seine Verfassungsbeschwerde von allgemeiner Bedeutung ist, oder wenn dem Beschwerdeführer durch das zeitraubende Beschreiten des normalen Rechtsweges ein schwerer, unabwendbarer Nachteil entstünde (vgl. § 90 Abs. 2 S. 2 BVerfGG).

24c Um dem Bundesverfassungsgericht die Möglichkeit zu geben, „seine Arbeit stärker auf die Weiterentwicklung des Verfassungsrechts, insbesondere der Grundrechte, zu konzentrieren" (BR-Drs. 603/92, 12) und nicht in einer Flut im Ergebnis aussichtsloser Verfassungsbeschwerden zu „ertrinken", wurden durch Gesetz vom 2.8.1993 (Fünftes Gesetz zur Änderung des Gesetzes über das Bundesverfassungsgericht, BGBl. I S. 1442) die Voraussetzungen der *Annahme zur*

Entscheidung durch das Gericht enger gefasst (vgl. *Klein* NJW 1993, 2073 f.; zu den Schwächen des Annahmeverfahrens Lechner/Zuck BVerfGG Vor §§ 93a ff. Rn. 44). So bedarf die Verfassungsbeschwerde selbst nach Erschöpfung des Rechtswegs der Annahme zur Entscheidung (§ 93a Abs. 1 BVerfGG). Sie ist gemäß § 93a Abs. 2 BVerfGG dann zur Entscheidung anzunehmen, wenn ihr entweder eine grundsätzliche verfassungsrechtliche Bedeutung zukommt (so genannte Grundsatz-Annahme; vgl. hierzu *Graßhof* in Maunz/Schmidt-Bleibtreu/Klein/Bethge, BVerfGG, 25. EL, § 93a Rn. 65; Lechner/Zuck BVerfGG § 93a Rn. 6 ff.) oder sie zur Durchsetzung der in § 90 Abs. 1 BVerfGG genannten Rechte angezeigt ist (so genannte Durchsetzungs-Annahme; vgl. hierzu *Graßhof* in Maunz/Schmidt-Bleibtreu/Klein/Bethge, BVerfGG, 25. EL, § 93a Rn. 67 ff.; Lechner/Zuck BVerfGG § 93a Rn. 17 ff.).

Die Verfassungsbeschwerde kann nicht nur gegen Maßnahmen der Verwaltung, sondern – **25**
sofern die Voraussetzungen vorliegen – auch gegen Entscheidungen der Gerichte (vgl. BVerfGE 140, 54) und unmittelbar gegen Rechtssätze aller Rangstufen erhoben werden (vgl. *Morgenthaler* in Epping/Hillgruber, GG, 42. Ed., Art. 93 Rn. 59). So konnten etwa Redakteure vor dem BVerfG geltend machen, durch das im Jahre 1994 novellierte und im saarländischen § 11 LPG verankerte Gegendarstellungsrecht selbst, gegenwärtig und unmittelbar in ihrem Grundrecht aus Art. 5 GG betroffen zu sein. Allerdings gilt auch bei der Verfassungsbeschwerde gegen Gesetze der Grundsatz der Subsidiarität (vgl. BVerfG NJW 2002, 428 f.; *Morgenthaler* in Epping/Hillgruber, GG, 42. Ed., Art. 93 Rn. 70.1), weshalb in dem genannten, § 11 Saarländisches LPG betreffenden Fall die Verfassungsbeschwerde ohne den vorherigen Versuch, Abhilfe auf dem Zivilrechtsweg zu erlangen, als unzulässig abgewiesen wurde (vgl. BVerfG NJW 1998, 1385 f.). Zudem gilt im Verfahren vor dem Bundesverfassungsgericht der allgemeine Grundsatz, dass es im Rahmen der Verfassungsbeschwerde nur überprüfen kann, ob die Grundrechte oder grundrechtsgleichen Rechte verletzt worden sind (vgl. *Morgenthaler* in Epping/Hillgruber, GG, 42. Ed., Art. 93 Rn. 52). Daher bezieht sich der Prüfungsumfang nicht auf die Gestaltung des Verfahrens, Feststellung und Würdigung des Tatbestands und vor allem nicht die Auslegung des einfachen Rechts (vgl. BVerfG NJW 2004, 2009), sondern hauptsächlich auf die Nichtbeachtung und die Verkennung der Bedeutung und Tragweite von Grundrechten (vgl. Schlaich/Korioth, Das Bundesverfassungsgericht, Rn. 286 ff.).

Bei Gesetzen oder sonstigen Hoheitsakten, gegen die ein Rechtsweg nicht offen steht, beträgt **25a**
die Frist zur Erhebung der Verfassungsbeschwerde ein Jahr seit Inkrafttreten (vgl. § 93 Abs. 3 BVerfGG), bei gerichtlichen Entscheidungen einen Monat seit der Zustellung oder formlosen Mitteilung der in vollständiger Form abgefassten Entscheidung, wenn diese von Amts wegen vorzunehmen ist (vgl. § 93 Abs. 1 BVerfGG).

Die Entscheidungen des Bundesverfassungsgerichts binden die Verfassungsorgane des Bundes **25b**
und der Länder sowie alle Gerichte und Behörden (vgl. § 31 Abs. 1 BVerfGG).

5. Die Menschenrechtsbeschwerde der EMRK und die Individualbeschwerde nach dem 1. Fakultativprotokoll des IPbürgR

a) Die „Europäische Konvention zum Schutze der Menschenrechte und Grundfreiheiten" **26**
(EMRK) ist in der Bundesrepublik geltendes Recht (→ Kap. 5 Rn. 5). Art. 34 EMRK gibt jedem Bürger eines Staates, in dem die EMRK Geltung besitzt, das Recht, gegen eine Verletzung der durch die EMRK garantierten Rechte, zu denen auch die Pressefreiheit gehört, den *„Europäischen Gerichtshof für Menschenrechte"* (EGMR) in Strasbourg anzurufen. Doch muss auch hier vor Anrufung des Gerichtshofs der innerstaatliche Rechtsweg durchschritten werden (vgl. Art. 35 Abs. 1 Hs. 1 EMRK – so genannte *vertikale Rechtswegerschöpfung*). Hierzu gehört auch eine mögliche Verfassungsbeschwerde beim Bundesverfassungsgericht (vgl. *Meyer-Ladewig/Peters* in Meyer-Ladewig/Nettesheim/von Raumer, EMRK, EMRK Art. 35 Rn. 12; Grabenwarter/Pabel EMRK § 13 Rn. 32).

Innerhalb des innerstaatlichen Rechtswegs müssen dabei die Beschwerdepunkte, die später dem EGMR vorgelegt werden sollen, zumindest der Sache nach erhoben worden sein (so genannte *horizontale Rechtswegerschöpfung;* vgl. EGMR 19.2.2009 – 3455/05 Rn. 154; EGMR NJW 1999, 1316; Grabenwarter/Pabel EMRK § 13 Rn. 36 ff. Vgl. ausführlich zur Durchführung der Menschenrechtsbeschwerde Grabenwarter/Pabel EMRK 3. Kapitel).

Der bislang erreichte Menschenrechtsschutzstandard erschien allerdings eine Zeit lang durch die schnell anwachsende Zahl der Beschwerden, ihre zunehmende Komplexität und die geographische Ausdehnung des Europarates gefährdet; das 14. Protokoll konnte diesbezüglich aber eingeschränkt Entlastung herbeiführen (vgl. *Meyer-Ladewig/von Raumer* in Meyer-Ladewig/Nettesheim/von Raumer EMRK Einleitung Rn. 60).

26a b) Auch eine Verletzung der in Art. 19 IPbürgR verankerten Menschenrechte (→ Kap. 5 Rn. 6a) kann der im Einzelfall durch staatliches Handeln verletzte Bürger in einem internationalen Beschwerdeverfahren geltend machen, sofern der verletzende Staat Vertragsstaat des Paktes ist und zudem Vertragspartei des ersten Fakultativprotokolls zum IPbürgR vom 19.12.1966 wurde. Dieses Protokoll sieht in den Art. 1 ff. vor, dass sich im Rahmen einer sog. *Individualbeschwerde* Einzelne nach Erschöpfung des innerstaatlichen Rechtswegs (Art. 2) mit der Behauptung, Opfer einer Verletzung eines in dem Pakt niedergelegten Rechts zu sein, durch einen Vertragsstaat an den Menschenrechtsausschuss mit Sitz in Genf wenden können. Der Ausschuss fordert zunächst den betreffenden Staat zur Stellungnahme auf (Art. 4), berät dann in einer nichtöffentlichen Sitzung (Art. 5) und teilt das Ergebnis dem betroffenen Vertragsstaat und dem Einzelnen mit (vgl. Vitzthum/Proelß, Völkerrecht, 3. Abschn. Rn. 241). Um Divergenzen in der Rechtsprechung der Menschenrechtsschutzorgane zu vermeiden, sieht Art. 5 Abs. 2a des Zusatzprotokolls vor, dass „dieselbe Sache nicht bereits in einem anderen internationalen Untersuchungs- oder Streitregelungsverfahren geprüft" werden darf, so dass Individualbeschwerden an den UN-Menschenrechtsausschuss nur zulässig sind, wenn der Fall nicht vor den Organen der EMRK anhängig war oder ist (vgl. Stein/v. Buttlar/Kotzur, Völkerrecht, Rn. 1012).

III. Die Durchsetzung der Pressefreiheit gegenüber nichtstaatlichen Eingriffen

27 1. Seiner Herkunft nach ist das Grundrecht auf Pressefreiheit ein gegen den Staat gerichtetes Abwehrrecht, denn der autoritäre Staat war es, der Jahrhunderte lang versuchte, die freie Tätigkeit der Presse zu unterdrücken (→ Kap. 4 Rn. 10 ff.). Diese traditionelle Frontstellung „Presse contra Staat" hat sich in der modernen Demokratie grundlegend geändert: Die Presse ist zu einem „konstituierenden" Element der freiheitlich-demokratischen Grundordnung bzw. des freiheitlichen Staatswesens geworden (vgl. BVerfG BeckRS 2018, 10461; → Kap. 3 Rn. 1, 24). Insbesondere bildet die Presse heute neben dem Rundfunk das unentbehrliche Verbindungsorgan zwischen Volk und Regierung (→ Kap. 3 Rn. 11, 24). In der durchorganisierten modernen Industriegesellschaft drohen der Pressefreiheit bisweilen weit größere Gefahren von Seiten *wirtschaftlicher und ideologischer Machtgruppen* (zB in Form des publizistischen und ökonomischen Wettbewerbs) als von Seiten der öffentlichen Gewalt. Es kommt hinzu, dass heute der Staat im Bereich der Wirtschaft wichtige hoheitliche Aufgaben an private Rechtsträger abgibt und auf diese Weise in die Pressefreiheit nicht mehr als „öffentliche Gewalt", sondern als Wirtschafts-Unternehmen dh als *Fiskus* einzugreifen vermag (vgl. BVerfGE 10, 327).

28 2. Angesichts dieser grundlegenden Veränderung der Gefährdungslage würde die Verfassungsgarantie der Pressefreiheit ihre umfassende Abwehrfunktion verlieren, wenn man deren Stoßrichtung auf die „öffentliche Gewalt" beschränken wollte. Die heute in Theorie und Praxis herrschende Auffassung (vgl. BVerfGE 142, 101; 97, 145; 95, 36 f.; 7, 198; LG Paderborn AfP 1998, 332; *Degenhart* in BK-GG, 185. EL, Art. 5 Rn. 65 f.; *Buscher* NVwZ 1997, 1058; *Jarass* in Jarass/Pieroth GG Art. 5 Rn. 42; *Wenzel/Burkhardt/Peifer* Kap. 2 Rn. 4 f.) geht deshalb zutreffend davon aus, dass gerade dem Grundrecht des Art. 5 Abs. 1 S. 2 GG eine sog. *Drittwirkung* zukommt, die der Presse nicht nur gegenüber der öffentlichen Gewalt, sondern auch gegenüber „dritten", also *nichtstaatlichen Eingriffen* bzw. Rechten privater Dritter (wie zB deren Allgemeines Persönlichkeitsrecht) Verfassungsschutz gewährt.

29 Wie allerdings diese „Drittwirkung" der Pressefreiheit *rechtsdogmatisch* zu begründen ist, darüber gehen die Ansichten auseinander. Die noch immer von der geschichtlich überholten Frontstellung Staat/Presse beeinflusste herrschende Lehre lehnt eine *unmittelbare* Drittwirkung des Art. 5 Abs. 1 S. 2 GG ab, bestreitet aber die *mittelbare* Drittwirkung nicht. Sie wird vielfach aus Art. 1 Abs. 3 GG hergeleitet: Danach stellen die Grundrechte sowohl für die Gesetzgebung wie für die Rechtsprechung und Verwaltung unmittelbar geltendes Recht dar mit der Folge, dass zB der Richter bei der Beurteilung des gegen eine Zeitung durchgeführten Boykotts verpflichtet ist, neben den einschlägigen Vorschriften des bürgerlichen Rechts (§§ 823 ff. BGB) und des Strafrechts (§ 240 StGB) den der Presse gemäß Art. 5 Abs. 1 S. 2 GG zustehenden Verfassungsschutz und ihre öffentliche Aufgabe (zB Kritik zu üben) ausreichend zu berücksichtigen.

3. Das *Bundesverfassungsgericht* hat in mehreren Entscheidungen eine *mittelbare Drittwirkung* der Grundrechte anerkannt (vgl. BVerfGE 142, 101; 97, 145; 84, 194 f.; 81, 254; 7, 204 ff.; weitere Nachweise bei *Schlaich/Korioth,* Das Bundesverfassungsgericht, Rn. 291). Nach seiner Rechtsprechung hat das Grundgesetz „in seinem Grundrechtsabschnitt auch objektive Grundentscheidungen getroffen" (BVerfGE 81, 254). Dieses Wertsystem müsse als verfassungsrechtliche Grundentscheidung für alle Bereiche des Rechts – also auch das Zivilrecht – gelten. Demnach muss der Zivilrichter „prüfen, ob von der Anwendung zivilrechtlicher Vorschriften im Einzelfall Grundrechte berührt werden. Trifft das zu, dann hat er diese Vorschriften im Lichte der Grundrechte auszulegen und anzuwenden." (BVerfGE 84, 195). Hierbei habe er die Bedeutung und Tragweite der berührten Grundrechte ausreichend zu berücksichtigen (vgl. BVerfGE 97, 145; 7, 207). Dieser Einfluss gilt nicht nur bei Generalklauseln (zB § 826 BGB – „gute Sitten"; → Kap. 42 Rn. 60 ff.), „sondern erstreckt sich auf *alle* auslegungsfähigen und -bedürftigen Tatbestandsmerkmale der zivilrechtlichen Vorschriften." (BVerfGE 142, 101 – Hervorhebung erfolgte diesseits). **30**

Auch der *Bundesgerichtshof* bejaht eine solche Drittwirkung von Grundrechten: Seiner Auffassung nach erschöpfen sie sich nicht in der Abwehrfunktion gegenüber dem Staat, sondern beeinflussen die Werteordnung des Privatrechts und entfalten damit auch Wirkung zwischen Bürgern (vgl. BGH AfP 2018, 232) bzw. zwischen Presseorgan und Person, über die berichtet wird. Gerade im zuletzt genannten Fall spielt das verfassungsrechtlich fundierte Allgemeine Persönlichkeitsrecht eine große Rolle für die Frage, ob eine konkrete Wort- bzw. Bildberichterstattung zivilrechtlich zulässig ist (sh. u. Abschn. 9). **30a**

4. Für den *Prüfungsumfang des Bundesverfassungsgerichts* bedeutet dies: Grundsätzlich sind Auslegung und Anwendung der zivilrechtlichen Normen „Sache der Zivilgerichte" (BVerfGE 97, 145). Urteile anderer Gerichte überprüft das Bundesverfassungsgericht im Rahmen einer Verfassungsbeschwerde daher nicht in vollem Umfang auf ihre Rechtmäßigkeit hin (vgl. *Schlaich/Korioth,* Das Bundesverfassungsgericht, Rn. 283). Es findet vielmehr nur eine beschränkte Überprüfung statt, wobei der Umfang sich an der Zielsetzung der Verfassungsbeschwerde orientiert (vgl. hierzu ausführlich *Schlaich/Korioth,* Das Bundesverfassungsgericht, Rn. 286 ff.). **31**

11. Kapitel. Die Schranken der Pressefreiheit. Die Verwirkung

Es gehört zum *Wesen* der menschlichen Freiheit, dass sie nicht schrankenlos sein kann. Das Freiheitsrecht des Einzelnen findet seine natürliche Grenze an den Rechten der anderen und der Gemeinschaft. Dieser Grundgedanke gilt auch für die Pressefreiheit, und die Verfassung hat ihm durch den sog. *Schrankenvorbehalt* des Art. 5 Abs. 2 GG Rechnung getragen (→ Rn. 2 ff.; vgl. zur Rechtfertigung von Eingriffen in Art. 10 EMRK *Daiber* in Meyer-Ladewig/Nettesheim/von Raumer EMRK Art. 10 Rn. 27 ff. (mwN)). Eine Reihe weiterer, wesensmäßiger Einschränkungen der Meinungs- und Pressefreiheit ergibt sich aus den so genannten *Sonderstatusverhältnissen,* in denen sich der Einzelne innerhalb der Gesellschaft vorübergehend oder ständig befindet (→ Rn. 17 ff.). **1**

I. Der Schrankenvorbehalt des Art. 5 Abs. 2 GG

1. Der Art. 5 GG, der in Abs. 1 die Meinungs- und Pressefreiheit garantiert, enthält in Abs. 2 einen generellen *Schrankenvorbehalt:* **2**

„Diese Rechte finden ihre Schranken in den Vorschriften der allgemeinen Gesetze, den gesetzlichen Bestimmungen zum Schutze der Jugend und in dem Recht der persönlichen Ehre".

1. Die Schranke der „allgemeinen" Gesetze

3 a) Da nach Art. 5 Abs. 2 GG außer dem Ehren- und Jugendschutz nur *„allgemeine Gesetze"* die Grundrechte des Art. 5 Abs. 1 einzuschränken vermögen (zu der Ausnahme → Rn. 8c), ist die Konkretisierung dieses vagen Begriffs unerlässlich, wenn man feststellen will, wo die Grenzen der Pressefreiheit verlaufen. Das Grundgesetz fußt mit seiner Formulierung auf Art. 118 Abs. 1 S. 1 der Weimarer Verfassung, der die Meinungsfreiheit „innerhalb der Schranken der allgemeinen Gesetze" gewährleistete. Schon zur Zeit der Weimarer Verfassung war die Frage lebhaft umstritten, was der Begriff der „allgemeinen Gesetze" als spezifische Schranke der Pressefreiheit bedeute (vgl. Anschütz Art. 118 Anm. 1 ff.; vgl. auch *Starck/Paulus* in v. Mangoldt/Klein/Starck GG Art. 5 Rn. 277 f.; *Grabenwarter* in Maunz/Dürig, GG, 68. EL, Art. 5 Rn. 121; *Bethge* in Sachs GG Art. 5 Rn. 136).

Eine Auffassung wies dem Wort „allgemeine" keine besondere Bedeutung zu (Kitzinger, Das Reichsgesetz über die Presse, S. 203), sondern sah den Schwerpunkt allein in dem Begriff „Gesetze", wodurch klargestellt werde, dass zwar der Gesetzgeber, nicht aber die Verwaltung in das Grundrecht eingreifen dürfe. Eine andere Ansicht sah in den „allgemeinen Gesetzen" den Gegensatz zu „besonderen Gesetzen". Nach dieser damals herrschenden Meinung waren solche Gesetze als allgemein anzusehen, welche sich nicht gegen die Äußerung einer Meinung als solche richten, sondern dem Schutze eines schlechthin ohne Rücksicht auf eine bestimmte Meinung zu schützenden Rechtsguts dienen (vgl. Häntzschel S. 22; Anschütz S. 554 f.; *Rothenbücher* VVdStRL, Bd. 4, 20). Nach anderer Auffassung sollten „allgemeine Gesetze" iSd Art. 118 Weim. Verf. solche Gesetze sein, die deshalb den Vorrang vor Art. 118 haben, weil das von ihnen geschützte gesellschaftliche Gut wichtiger ist als die Meinungsfreiheit (vgl. *Smend* VVdStRL, Bd. 4, 52).

Die erste Meinung würde zu dem Ergebnis führen, dass auch ein speziell gegen die Pressefreiheit gerichtetes Bundes- oder Landesgesetz volle Rechtswirksamkeit besäße, sofern nur ein Gesetz im formellen Sinn und nicht lediglich eine Rechtsverordnung oder Gewohnheitsrecht vorlägen. Eine solche Preisgabe des Grundrechtsschutzes gegenüber der (einfachen) Gesetzgebung kann schwerlich dem Willen der Verfassung entsprechen. Daher ist ihr bei der Auslegung des Art. 5 Abs. 2 GG nicht zu folgen. Zudem ist dieser Meinung auch durch die Rechtsprechung des BVerfG zum „Parlamentsvorbehalt" der Boden entzogen. Im Rahmen seiner so genannten *„Wesentlichkeitstheorie"* hat das Gericht die Voraussetzungen, unter denen der formelle Gesetzgeber bei Lebensbereichen mit Grundrechtsbezug selbst tätig werden muss und nicht etwa das Handeln und die Entscheidungsmacht der Exekutive überlassen darf, herausgearbeitet (vgl. BVerfGE 139, 45 (mwN); vgl. auch BVerwGE 121, 108; ausführlich zur Wesentlichkeitstheorie *Kalscheuer/Jacobsen* DÖV 2018, 523 ff.).

3a Nach der wohl überwiegenden Meinung (vgl. *Grabenwarter* in Maunz/Dürig, GG, 68. EL, Art. 5 Rn. 131; *Bethge* in Sachs GG Art. 5 Rn. 143a; *Degenhart* in BK-GG, 185. EL, Art. 5 Rn. 91; *Schemmer* in Epping/Hillgruber, GG, 42. Ed., Art. 5 Rn. 98; *Antoni* in Hömig/Wolff GG Art. 5 Rn. 26; *Wendt* in v. Münch/Kunig GG Art. 5 Rn. 73) können allgemeine Gesetze gemäß Art. 5 Abs. 2 GG nicht *nur Gesetze im formellen Sinn,* sondern auch *materielle Gesetze* sein. Zu letzteren zählen Verordnungen und Satzungen, die auf gesetzlicher Grundlage beruhen. Ebenfalls ein Gesetz im Sinne des Abs. 2 kann die richterliche Rechtsfortbildung („Richterrecht") sein (vgl. BVerfG NJW 2006, 3410 f.; *Schemmer* in Epping/Hillgruber, GG, 42. Ed., Art. 5 Rn. 98)

4 b) Geht man demzufolge mit Recht davon aus, dass der Begriff „allgemeines Gesetz" in Art. 5 Abs. 2 GG nicht nur formal zu verstehen ist, sondern einen materiellen Gehalt besitzt, so kommt man dem Zweck der Bestimmung näher durch die Frage, welche Art von Gesetzen durch den Begriff „allgemein" offensichtlich ausgeschlossen werden soll. Nicht zu den „allgemeinen" Gesetzen gehören die sog. *Individualgesetze* oder Einzelfall-Gesetze, die keine generellen Bestimmungen enthalten, sondern einen konkreten Einzelfall regeln – so etwa den dominierenden Einfluss eines einzelnen Pressekonzerns. Da jedoch bereits Art. 19 Abs. 1 GG bestimmt, dass einem Individualgesetz nicht die Wirkung zukommt, ein Grundrecht einzuschränken, kann sich der Begriff „allgemeine Gesetze" nicht bzw. nicht nur auf den Ausschluss von Individualgesetzen beschränken, da sonst Art. 5 Abs. 2 GG eine ebenso sinnlose wie überflüssige Wiederholung des Art. 19 Abs. 1 GG wäre (vgl. *Herzog* in Maunz/Dürig, GG, 20. EL, Art. 5 Rn. 254; *Starck* in v. Mangoldt/Klein/Starck, GG, 6. Aufl., Art. 5 Rn. 197).

c) Den Gegensatz zu den „allgemeinen" Gesetzen bilden außer den Individualgesetzen schon nach dem Sprachgebrauch die *besonderen Gesetze,* die nicht für jedermann gelten, sondern nur für einen begrenzten Kreis von Adressaten oder für einen abgegrenzten Lebensbereich. Diese rein formale Deutung des Begriffs „besondere Gesetze" wird jedoch der in Art. 5 Abs. 2 zugleich enthaltenen Schutzfunktion dieser Bestimmung nicht gerecht, wonach nur allgemeine, nicht aber besondere Gesetze die Grundrechte des Absatzes 1 einzuschränken vermögen. Trägt man diesem Schutzgedanken Rechnung, so muss es sich bei den „besonderen" Gesetzen stets um Regelungen handeln, die sich gezielt *gegen* die in Art. 5 Abs. 1 GG garantierten *Freiheitsrechte,* insbesondere die Meinungs- bzw. Informationsfreiheit, richten. In diesen Fällen liegt ein verfassungswidriger Eingriff in die Grundrechte des Art. 5 Abs. 1 GG mit der Folge der Nichtigkeit vor (BVerfGE 21, 271). **5**

Daraus ergibt sich, dass nicht allen „besonderen Gesetzen" im Pressebereich die rechtliche Einwirkung auf die Grundrechte des Art. 5 Abs. 1 versagt ist. So sind zB die Landespresse- bzw. -mediengesetze zwar in formellem Sinn „besondere" Gesetze, die nur für den Bereich der Presse gelten. Ihr Ziel ist es jedoch nicht, die Freiheitsrechte des Art. 5 Abs. 1 einzuschränken. Sie dienen vielmehr dem Schutz anderer Rechtsgüter (bes. zum Gegendarstellungsrecht → Kap. 23 Rn. 7; vgl. *Groß* AfP 2003, 497 ff.; *Rohde* ZUM 1996, 746) oder im Ausnahmefall dem institutionellen Schutz des Pressewesens im Interesse der Informations- und Meinungsfreiheit (vgl. etwa die in § 5 Abs. 2 HessPG normierte Pflicht zur Offenlegung der Inhaber- und Beteiligungsverhältnisse an Verlagen periodischer Presse; im Einzelnen → Kap. 13 Rn. 15 f.). Unter diesem Gesichtspunkt ist auch die pressespezifische Fusionskontrolle als allgemeines Gesetz iSd Art. 5 Abs. 2 GG zu verstehen (vgl. BVerfG AfP 1985, 107). Bestimmungen, die den Presseunternehmen Zugangsbeschränkungen zum privaten Rundfunk auferlegen (vgl. etwa § 60 Abs. 2 S. 2 MStV), haben ebenfalls die Sicherung der Meinungsvielfalt zum Ziel. Da sie in erster Linie die Erhaltung des publizistischen Wettbewerbs bezwecken, sind auch sie als „allgemeine Gesetze" anzusehen (vgl. *Holzkämper* ZUM 1994, 117). **6**

d) Aus dem so gewonnenen Begriff der „besonderen" Gesetze folgt im Umkehrschluss, dass *„allgemeine Gesetze"* iSd Art. 5 Abs. 2 GG solche Gesetze bzw. Gesetzesbestimmungen sind, die sich in ihrer *Zielrichtung* nicht gegen die in Art. 5 Abs. 1 garantierten Grundrechte wenden. Dass zahlreiche Gesetzesbestimmungen in ihrer *Auswirkung* zu einer Beschränkung der Grundfreiheiten des Art. 5 Abs. 1 führen können, wie zB die Bestimmungen des Strafrechts (zB §§ 111, 131 oder 140 Nr. 2 StGB), des Wettbewerbsrechts oder des Urheberrechts, ändert nichts daran, dass es sich hier um allgemeine Gesetze handelt, denen die Presseangehörigen ebenso unterworfen sind wie alle anderen Bürger. Dagegen entfällt der Charakter des allgemeinen Gesetzes, wenn das alleinige oder mit maßgebliche Ziel der Gesetzesbestimmung auf die Beschränkung der Informationsfreiheit oder Meinungsfreiheit bzw. anderer Grundrechte des Art. 5 Abs. 1 GG gerichtet ist (vgl. *Starck/Paulus* in v. Mangoldt/Klein/Starck GG Art. 5 Rn. 279; *Wendt* in v. Münch/Kunig GG Art. 5 Rn. 71), es also bestimmte Kommunikationsinhalte „als solche" wegen ihres Inhalts sanktioniert oder es ein Sonderrecht gegen Presse oder Rundfunk ist und nicht dem Schutz eines Gemeinschaftswertes – losgelöst von der fraglichen Meinungsäußerung – dient. **7**

e) Nach heute herrschender Meinung sind unter „allgemeinen" Gesetzen somit nur diejenigen zu verstehen, „die nicht eine Meinung als solche verbieten, die sich nicht gegen die Äußerung der Meinung als solche richten, sondern dem Schutz eines schlechthin ohne Rücksicht auf eine bestimmte Meinung zu schützenden Rechtsguts dienen" (BVerfGE 124, 321 f.; vgl. auch BVerfG AfP 2008, 165; NJW 2007, 1118; BVerfGE 62, 244; 59, 263; 50, 240; 28, 292; 28, 185 f.; 26, 205; 21, 280; 7, 209; *von der Decken* in Schmidt-Bleibtreu/Hofmann/Henneke GG Art. 5 Rn. 35). Indem das BVerfG dieser Definition bisweilen auch die Teilformel anschließt, dieses andere, schlechthin zu schützende Rechtsgut sei als Gemeinschaftswert zu verstehen, der gegenüber der Betätigung der Pressefreiheit den Vorrang genießt, kombiniert es die schon in der Weimarer Zeit konkurrierenden Auffassungen der Sonderrechtslehre und Abwägungslehre (vgl. BVerfGE 50, 241; Löffler/*Cornils* LPG § 1 Rn. 248 f.; *Buscher* NVwZ 1997, 1057). **8**

So hat das Bundesverfassungsgericht *beamtenrechtliche Bestimmungen,* die eine Einschränkung der Meinungsäußerungsfreiheit beinhalten, für allgemeine Gesetze iSd Art. 5 Abs. 2 GG erklärt, weil das Beamtengesetz nicht die Einschränkung der Meinungsäußerungsfreiheit als solcher **8a** bezwecke, sondern der Sicherung der Treuepflicht der Beamten diene (vgl. BVerfGE 39, 334). Auch die einschränkenden Bestimmungen des Soldatengesetzes richten sich nach der Auffassung des Bundesverfassungsgerichts nicht gegen eine bestimmte Meinung als solche oder gegen die Meinungsäußerungsfreiheit selbst, sondern dienen der Sicherung der Verteidigungsaufgaben der Bundeswehr (vgl. BVerfG NJW 1977, 2205; BVerfGE 28, 289 ff.; *Sohm* in Walz/Eichen/Sohm, Soldatengesetz, § 8 Rn. 10; → Rn. 29).

8b *Strafrechtliche Normen* wie etwa das öffentliche Beschimpfen des Staats und seiner Symbole oder von Verfassungsorganen (§§ 90a Abs. 1, 90b StGB) regeln meinungs-, presse- und publikationsneutrale Straftaten und werden daher zu den allgemeinen Gesetzen gezählt (vgl. *Degenhart* in BK-GG, 185. EL, Art. 5 Rn. 509; *Buscher* NVwZ 1997, 1058). Auch § 185 StGB ist ein solches allgemeines Gesetz (vgl. BVerfG NJW 2017, 1092). Gleiches gilt für § 130 Abs. 3 StGB aF (vgl. BVerfGE 90, 251; → Kap. 52 Rn. 10 ff.).

8c Abweichend hierzu (→ Rn. 8b) ist § 130 Abs. 4 StGB *kein* solches allgemeines Gesetz (vgl. BVerfG NJW 2010, 49 – „Wunsiedel-Beschluss"; vgl. hierzu *Leitmeier* NJW 2016, 2553 ff.; *Schaefer* DÖV 2010, 379 ff.; *Volkmann* NJW 2010, 417 ff.). Dennoch stellt er nach Auffassung des Bundesverfassungsgerichts eine verfassungsrechtlich zulässige Schranke dar: „In Bezug auf das nationalsozialistische Regime in den Jahren zwischen 1933 und 1945 erlaub(e) Art. 5 I und II GG jedoch auch Eingriffe durch Vorschriften, die *nicht* den Anforderungen an ein allgemeines Gesetz entsprechen." (BVerfG NJW 2010, 49, Hervorhebung erfolgte diesseits). Dies ist mit der „Einzigartigkeit der Verbrechen der historischen nationalsozialistischen Gewalt- und Willkürherrschaft und der daraus folgenden Verantwortung für die Bundesrepublik Deutschland" (BVerfG NJW 2010, 51 f.) zu begründen.

8d Da sie sich nicht speziell gegen die Presse oder die Äußerung einer Meinung als solche richten, sind als *allgemeine zivilrechtliche Gesetze* auch die urheberrechtlichen Schutzvorschriften (vgl. OLG Düsseldorf NJW-RR 1998, 119), die der Lauterkeit des Wettbewerbs dienenden Normen wie § 3 UWG nF (vgl. *Degenhart* in BK-GG, 185. EL, Art. 5 Rn. 487; zu § 1 UWG aF OLG Hamburg ZUM 1997, 564) sowie die §§ 22, 23 KUG anzusehen (vgl. OLG Saarbrücken NJW-RR 1998, 745; *Lenz* BayVBl. 1995, 168; *Grabenwarter* in Maunz/Dürig, GG, 82. EL, Art. 5 Rn. 401; sh. Kap. 43).

8e § 176 GVG, der sitzungspolizeiliche Anordnungen durch den Richter zur Aufrechterhaltung der Ordnung im gerichtlichen Verfahren ermöglicht, ist ebenfalls eine verfassungskonforme Schranke im Sinne von Art. 5 Abs. 2 GG (vgl. BVerfGE 91, 136). Schließlich zählte auch Art. 1 § 1 RBerG, welcher die Besorgung fremder Rechtsangelegenheiten Personen vorbehielt, denen die entsprechende Erlaubnis erteilt wurde, zu den die Berichterstattung im Einzelfall einschränkenden allgemeinen Gesetzen (vgl. BVerfG NJW 2004, 1855; zu der jetzigen Rechtslage vgl. das Rechtsdienstleistungsgesetz vom 12.12.2007, BGBl. I S. 2840, zuletzt geändert durch Gesetz vom 20.11.2019 (BGBl. I S. 1724); hierzu auch → Kap. 74 Rn. 14).

9 f) Die oben (→ Rn. 8) wiedergegebene Definition eines allgemeinen Gesetzes birgt freilich eine Gefahr: Der das jeweilige Grundrecht des Art. 5 Abs. 1 GG einschränkende Gesetzgeber wird oft in der Lage sein, seinem Gesetz einen generellen Zweck zu unterlegen, der die effektiv (und unter Umständen sogar zielgerichtet) herbeigeführte Beschränkung der Pressefreiheit quasi als bloße Nebenwirkung eines allgemeinen Gesetzes erscheinen lässt. Um diese kritische Einbruchstelle in verfassungsgeschützte Grundrechte weiter abzudichten, hat das Bundesverfassungsgericht auch die sog. „Lüth-Formel" (vgl. BVerfGE 7, 208 f.; Lücke S. 21 ff.; → Rn. 16) herangezogen. Danach ist nach der Prüfung, ob ein allgemeines Gesetz vorliegt (1. Schritt), im Einzelfall abzuwägen, ob eine Gesetzesbestimmung auch dann, wenn sie als „allgemeines" Gesetz anzusehen ist, im Lichte der besonderen Bedeutung der Grundrechte aus Art. 5 Abs. 1 GG diesen gegenüber Vorrang hat und zu ihrer Einschränkung führen kann (2. Schritt) (vgl. *Starck/Paulus* in v. Mangoldt/Klein/Starck GG Art. 5 Rn. 286). Der bloße Umstand, dass ein das Grundrecht einschränkendes Gesetz „allgemein" ist, ist somit zwar notwendige, aber nicht hinreichende Bedingung für eine Grundrechtseinschränkung. Zusätzlich erforderlich ist in der Regel eine im Rahmen der gesetzlichen Tatbestandsmerkmale vorzunehmende Abwägung zwischen der Bedeutung des eingeschränkten Grundrechts für seinen Träger im konkreten Fall sowie dem Ausmaß der ihm zugemuteten Beeinträchtigung einerseits und der Bedeutung des von dem angewandten Gesetz geschützten Rechtsguts und der Schwere seiner Beeinträchtigung durch die Grundrechtsausübung andererseits (vgl. BVerfG AfP 1998, 387). Im Rahmen dieser Abwägung prüft das Bundesverfassungsgericht, ob die Regelung geeignet ist, den angestrebten Zweck zu erreichen. Sie muss auch erforderlich sein, was nicht der Fall ist, wenn ein milderes Mittel ausreicht. Schließlich muss sie im engeren Sinne verhältnismäßig sein. Dies ist der Fall, wenn „die Schwere der gesetzgeberischen Grundrechtsbeschränkung bei einer Gesamtabwägung nicht außer Verhältnis zu dem Gewicht der sie rechtfertigenden Gründe steht. Dabei ist ein angemessener Ausgleich zwischen dem Eingriffsgewicht der Regelung und dem verfolgten gesetzgeberischen Ziel, zwischen Individual- und Allgemeininteresse herzustellen." (BVerfGE 133, 322; vgl. auch BVerfGE 81, 192; 67, 173; *Jarass* in Jarass/Pieroth GG Art. 5 Rn. 68 ff.).

2. *Jugendschutz*

Das verfassungsrechtlich bedeutsame Interesse an einer ungestörten Entwicklung der Jugend **10**
berechtigt den Gesetzgeber zu Regelungen zur spezifischen Gefahrenabwehr (vgl. BVerfGE 30, 347). Es sollen schwer oder gar nicht mehr korrigierbare Fehlentwicklungen der Jugend verhindert werden, die durch die Verbreitung von Druck-, Bild- oder Tonerzeugnissen entstehen können, in denen Gewalttätigkeiten oder Verbrechen provoziert, Krieg verherrlicht oder verharmlost, sexuelle Vorgänge in grob Scham verletzender Weise dargestellt werden (vgl. BVerfGE 30, 347; *Degenhart* in BK-GG, 185. EL, Art. 5 Rn. 537). Wie das BVerfG in seiner Rechtsprechung herausgestellt hat, ist nach der Wertordnung der Verfassung der Schutz der Jugend „ein Ziel von bedeutsamem Rang und ein wichtiges Gemeinschaftsanliegen" (BVerfG GewA 2012, 115; vgl. auch BVerfGE 83, 139; 77, 356; 47, 117; 30, 348; zustimmend *Bethge* in Sachs GG Art. 5 Rn. 160). Daher ist der Gesetzgeber nicht nur berechtigt, sondern auch verpflichtet (vgl. BVerfGE 83, 140 ff.; *Ring* in Schiwy/Schütz/Dörr S. 285), seine Vorstellungen von Maßnahmen, die er zum Schutze von Kindern und Jugendlichen vor Beeinträchtigungen ihrer seelischen Entwicklung und ihrer sozialen Orientierung durch die Medien für erforderlich hält, zur Grundlage normativ verbindlicher Regelungen zu machen und dabei – sofern erforderlich – andere Grundrechte einzuschränken (vgl. BVerfGE 83, 140 f.; 47, 117; BVerwG NJW 1987, 1430). Voraussetzung für die Anwendbarkeit der Schrankenregelung des Art. 5 Abs. 2 GG ist jedoch stets, dass die in Frage stehende Regelung auch tatsächlich dazu bestimmt ist, dem Schutz der Jugend zu dienen (vgl. BVerfGE 30, 347; *Degenhart* in BK-GG, 185. EL, Art. 5 Rn. 537; auch → Kap. 60 Rn. 1 ff.).

Das *Jugendschutzgesetz* (JuSchG vom 23.7.2002 (BGBl. I S. 2730), zuletzt geändert durch **10a**
Artikel 11 des Gesetzes vom 10.3.2017 (BGBl. I S. 420)), in dem das Gesetz über die Verbreitung jugendgefährdender Schriften und Medieninhalte (GjSM) sowie das Gesetz zum Schutze der Jugend in der Öffentlichkeit (JÖSchG) aufgegangen sind, ist zu dem Zweck erlassen, die Jugend vor sittlicher Gefährdung zu schützen (vgl. hierzu *Engels/Stulz-Herrnstadt* AfP 2003, 97 ff.). Soweit Schriften mit politischem Inhalt betroffen sind, ist auch § 1 Abs. 1 GjSM, jetzt § 18 Abs. 1 JuSchG, als mit den verfassungsrechtlichen Anforderungen des Art. 5 Abs. 2 GG vereinbar anzusehen (vgl. BVerfGE 90, 16).

3. *Ehrenschutz*

Eine weitere Schranke ist der Ehrenschutz, welcher aufgrund des aus Art. 2 Abs. 1 iVm Art. 1 **11**
Abs. 1 GG abgeleiteten Persönlichkeitsrechts selbst verfassungsrechtlichen Schutz genießt (vgl. BVerfGE 93, 290). Nach dem Wortlaut des Art. 5 Abs. 2 GG ist für ihn kein Gesetzesvorbehalt festgelegt. Da aber Eingriffe in die Freiheitsrechte grundsätzlich nur auf gesetzlicher Grundlage möglich sind, bildet auch die Ehre nur insoweit eine einengende Schranke, als dies gesetzlich normiert ist (vgl. BVerfGE 33, 16 f.; Leibholz/Rinck, GG, 48. EL, Art. 5 Rn. 971). Das ist im Bereich des Strafrechts vor allem durch die Bestimmungen der §§ 185 ff. StGB (→ Kap. 53 Rn. 1 ff.), auf zivilrechtlichem Sektor durch die §§ 823 ff. BGB sowie das Recht auf Berichtigung (→ Kap. 44 Rn. 16 ff.), Unterlassung (→ Kap. 44 Rn. 1 ff.) und Schadensersatz (→ Kap. 44 Rn. 35 ff.) geschehen (vgl. Leibholz/Rinck, GG, 48. EL, Art. 5 Rn. 971). Auch im Bereich des Ehrenschutzes kommt dem Gesetzgeber somit die Aufgabe zu, die konkreten Schrankenbestimmungen von Art. 5 Abs. 2 GG mit gegebenenfalls eingreifender Wirkung

gegenüber den Gewährleistungen des Art. 5 Abs. 1 GG auszugestalten und insbesondere das kommunikationsrechtliche Verhältnis von Meinungsäußerung einerseits und Ehrenschutz andererseits im Einzelnen zu erfassen (vgl. *Scholz* AfP 1996, 323; *Seyfarth* NJW 1999, 1287; *Wallraf* AfP 1998, 47).

Ein hierfür bedeutender Anwendungsbereich sind die „Neuen Medien", die es – unter anderem – praktisch jedermann ermöglichen, mit großer Breitenwirkung und gegebenenfalls unter dem Deckmantel der Anonymität andere Personen in ihrer Ehre anzugreifen. Um hier die Rechtsstellung (potentiell) Geschädigter zu verbessern, wurde das Netzwerkdurchsetzungsgesetz (NetzDG vom 1.9.2017 (BGBl. I S. 3352), zuletzt geändert durch Artikel 274 der Verordnung vom 19.6.2020 (BGBl. I S. 1328)) erlassen (vgl. hierzu *Wenzel/Burkhardt/Peifer* Kap. 10 Rn. 235 f.; *Müller-Franken* AfP 2018, 1 ff.; *Peifer* AfP 2018, 14 ff.; *Libor* AfP 2017, 482 ff.; *Liesching* ZUM 2017, 809 ff.).

11a Dieser Auftrag an den Gesetzgeber schließt freilich eine „flankierende" richterliche Fortbildung des Rechts nicht aus (vgl. *Wenzel/Burkhardt* Kap. 14 Rn. 94; → Rn. 3a).

So ist etwa der BGH – mit Billigung des BVerfG (vgl. NJW 2000, 2188) – der seit einigen Jahren beobachteten Tendenz einiger Medien, auf Kosten der Persönlichkeitsrechte von „Prominenten" die eigene Marktstellung zu verbessern, dadurch entgegengetreten, dass er in Fällen schwerer Persönlichkeitsverletzungen durch eine Ausweitung des Schmerzensgeldes eine „fühlbare" Geldentschädigung verhängte, deren Höhe für den Schädiger einen echten präventiven Hemmungseffekt auslösen dürfte (vgl. *Wenzel/Burkhardt* Kap. 14 Rn. 83 ff.; hierzu im Einzelnen → Kap. 44 Rn. 43 ff.).

Inwieweit allerdings die Gerichte, insbesondere das BVerfG, den Konflikt zwischen Meinungs- und Pressefreiheit einerseits und Ehrenschutz andererseits sachgerecht lösen können, war jedoch ebenfalls Gegenstand der rechtspolitischen Diskussion (vgl. zu einem ungerechtfertigten Zurückdrängen des Ehrenschutzes *Starck* in v. Mangoldt/Klein/Starck, GG, 6. Aufl., Art. 5 Rn. 212 f. (mwN); aA *Starck/Paulus* in v. Mangoldt/Klein/Starck, GG, 7. Aufl., Art. 5 Rn. 310 ff.; weitere Nachweise bei *Bethge* in Sachs GG Art. 5 Rn. 163).

II. Verhältnis der Schrankentrias

12 Strittig ist, was die besondere Hervorhebung des Jugend- und Ehrschutzes neben dem generellen Vorbehalt der „allgemeinen Gesetze" zu bedeuten hat, da zum Beispiel der Schutz der Ehre durch die allgemeinen Bestimmungen des Zivil- und Strafrechts (→ Kap. 42 Rn. 1 ff.) ohnehin gesetzlich geregelt ist (vgl. *Bethge* in Sachs GG Art. 5 Rn. 162) bzw. schon durch das verfassungsrechtliche allgemeine Persönlichkeitsrecht (so *Jarass* in Jarass/Pieroth GG Art. 5 Rn. 76; *Degenhart* in BK-GG, 185. EL, Art. 5 Rn. 97) bzw. durch Art. 1 Abs. 1 GG (so *Starck/Paulus* in v. Mangoldt/Klein/Starck GG Art. 5 Rn. 302) geschützt wird.

Nach einer Ansicht soll der Herausstellung rechtliche Bedeutung zukommen. Danach seien auch spezifische – und eben nicht nur allgemeine (→ Rn. 3 ff.) – Beschränkungen der Medien zum Schutz des Ansehens und des Rufes der Bürger vor öffentlicher Bloßstellung sowie von Kindern und Jugendlichen vor exzessiven Gewaltdarstellungen und Pornographie erlaubt. Ohne die Hervorhebung könne somit gegenüber ausschließlich an die Presse gerichteten Regelungen eingewendet werden, dass ihnen der Charakter eines allgemeinen Gesetzes fehle (vgl. Kretschmer S. 26 f.; vgl. auch *Starck/Paulus* in v. Mangoldt/Klein/Starck GG Art. 5 Rn. 270 f.).

Diese Gefahr besteht jedoch nicht. Da die Feststellung des „allgemeinen Gesetzes" nach dem Zweck der Norm zu treffen ist, erscheint es folgerichtig, die Schranken des Art. 5 Abs. 2 GG sämtlich als „allgemeine Gesetze" zu betrachten. Sowohl die dem Jugend- als auch die dem Ehrschutz dienenden Bestimmungen haben allgemein nicht den primären Zweck, gezielt die Meinungsfreiheit als solche einzuschränken (vgl. *Stark,* Ehrenschutz in Deutschland, S. 108), sondern dienen dem Schutz der Jugend (vgl. *Starck/Paulus* in v. Mangoldt/Klein/Starck GG Art. 5 Rn. 296) bzw. dem Persönlichkeitsrecht und damit anderen Verfassungsgütern. Deshalb erfüllen sie die Merkmale eines allgemeinen Gesetzes (strittig – bejahend *Ricker/Schiwy* Abschnitt B Rn. 177; verneinend *Wenzel/Burkhardt/Peifer* Kap. 2 Rn. 19 f. Das Bundesverfassungsgericht tendiert wohl dazu, dass Gesetze zum Schutze der Jugend nicht allgemein zu sein brauchen, wie sich aus BVerfGE 30, 353 ableiten lässt).

Mit der Benennung des Jugend- und Ehrschutzes in Art. 5 Abs. 2 GG sind diese Rechtsgüter jedenfalls verfassungsrechtlich herausgehoben (vgl. *Jarass* in Jarass/Pieroth GG Art. 5 Rn. 74), wodurch sich Konsequenzen bei der Güterabwägung mit der Pressefreiheit ergeben (vgl. *Degenhart* in BK-GG, 185. EL, Art. 5 Rn. 97; *Wente* ZUM 1991, 564f.). Mit ihr zeigt das Grundgesetz nicht nur das Recht, sondern auch die besondere Verpflichtung der Legislative auf, diese beiden nach der Wertordnung hochrangigen Verfassungsgüter wirksam zu schützen (vgl. BVerfG NJW 1991, 1472; *Scholz/Joseph,* Gewalt- und Sexdarstellungen im Fernsehen, S. 47ff.) und ihnen dadurch gegenüber den Meinungsgrundrechten einen besonderen Rang zu sichern (vgl. BVerfGE 83, 139f.; 77, 356; 54, 217f.).

III. Die Einschränkung des Schrankenvorbehalts. Die Wesensgehaltsgarantie. Das Zitiergebot. Die Lüth-Formel

Aus dem Wortlaut des Art. 5 Abs. 2 GG könnte gefolgert werden, jedes allgemeine Gesetz sei in der Lage, die in Art. 5 Abs. 1 GG garantierten Freiheitsrechte in beliebigem Umfang einschränken. Damit wären die für den Einzelnen und den demokratischen Rechtsstaat wesentlichen Grundrechte des Art. 5 Abs. 1 GG der Verfügungsgewalt des (einfachen) Bundes- und Landesgesetzgebers ausgeliefert. Diese Rechtsfolge würde dem besonderen Verfassungsschutz nicht gerecht, den die Meinungs- und Pressefreiheit gemäß Art. 5 Abs. 1 GG genießen. Aus gutem Grund erfährt deshalb der Schrankenvorbehalt des Art. 5 Abs. 2 GG (→ Rn. 2ff.) seinerseits wieder eine Einschränkung in dreifacher Hinsicht. **13**

1. Die Wesensgehaltsgarantie (Art. 19 Abs. 2 GG)

Art. 19 Abs. 2 GG bestimmt ausdrücklich, dass Grundrechte „in keinem Fall" in ihrem „Wesensgehalt" angetastet werden dürfen. Dabei muss die Frage des Wesensgehalts dem BVerfG zufolge für jedes Grundrecht gesondert bestimmt werden (vgl. BVerfGE 117, 96; 22, 219; zustimmend *Sachs* in Sachs GG Art. 19 Rn. 44). Es ist Sinn dieser Regelung, der staatlichen Gewalt (Legislative, Exekutive und Judikative) eine unbedingte Bindung an die durch das Grundgesetz für maßgeblich erklärte Werteordnung vorzuschreiben und einer Aushöhlung von Grundrechten durch übermäßige Begrenzungen entgegenzuwirken (vgl. Hesse, Grundzüge des Verfassungsrechts, Rn. 332). Der Wesensgehalt der Pressefreiheit darf sonach ohne jede Ausnahme weder durch ein allgemeines Gesetz noch durch Bestimmungen zum Schutz der Ehre oder der Jugend beeinträchtigt werden (vgl. BVerfGE 7, 411). **14**

Umstritten ist, ob bei der Garantie ein absoluter oder ein relativer Wesensgehalt zugrunde zu legen ist (vgl. zum Streitstand *Sachs* in Sachs GG Art. 19 Rn. 41ff.; *Huber* in v. Mangoldt/Klein/Starck GG Art. 19 Rn. 135ff.). Das BVerfG neigt einem relativen Begriff zu: So sei zB der Wesensgehalt des physischen Freiheitsrechts nicht angetastet, „solange übergeordnete Schutzinteressen Dritter diesen Eingriff gebieten" (BVerfGE 117, 96 – anders noch BVerfGE 109, 156: „[...] solange gewichtige Schutzinteressen Dritter den Eingriff zu legitimieren vermögen und insbesondere der Grundsatz der Verhältnismäßigkeit gewahrt ist."). Dem ist in Ansehung der Pressefreiheit nicht zuzustimmen: Der Begriff *„Wesensgehalt der Pressefreiheit"* ist nicht „relativ", dh im Blick auf ein mit der Pressefreiheit kollidierendes Interesse, sondern ist absolut zu verstehen und beinhaltet den *unantastbaren Kern* der Pressefreiheit, bei dessen Einschränkung die Presse ihre öffentliche Aufgabe in einer informierten und demokratischen Gesellschaft nicht mehr sachgerecht erfüllen könnte (→ Kap. 10 Rn. 19ff.). **14a**

2. Das Zitiergebot (Art. 19 Abs. 1 S. 2 GG)

Grundsätzlich übt ein Gesetz, das eine Einschränkung der Pressefreiheit vorsieht, diese Wirkung nur aus, wenn das einzuschränkende Grundrecht in dem betreffenden Gesetz unter Nennung des Artikels des Grundgesetzes besonders aufgeführt wird (Art. 19 Abs. 1 S. 2 GG). Durch diese Mussvorschrift soll der Gesetzgeber auf die Bedeutung eines Grundrechts nachdrücklich hingewiesen werden (vgl. BVerfG NJW 2008, 835; BVerfGE 64, 79). Dieses Zitiergebot entfällt jedoch für grundrechtsrelevante Regelungen, die der Gesetzgeber in Ausführung der ihm **15** obliegenden, im Grundrecht selbst vorgesehenen Regelungsaufträge, Inhaltsbestimmungen oder Schrankenziehungen vornimmt (strittig – BVerfG NJW 1999, 3400; BVerfGE 64, 80; 33, 77; 28, 289; 10, 99; aA *Sachs* in Sachs GG Art. 19 Rn. 27 ff.). Hier erscheint die Warn- und Bestimmungsfunktion des Zitiergebots von geringerem Gewicht, weil dem Gesetzgeber in der Regel ohnehin bewusst ist, dass er sich im grundrechtsrelevanten Bereich bewegt (vgl. BVerfGE 64, 80). Daher gilt das Zitiergebot nicht für Gesetze iSd Art. 5 Abs. 2 GG (strittig – BVerfGE 44, 201; *Grabenwarter* in Maunz/Dürig, GG, 68. EL, Art. 5 Rn. 135; aA *Sachs* in Sachs GG Art. 19 Rn. 29).

3. Die Lüth-Formel. „Wechselwirkungstheorie"

16 Es ist das Verdienst des *Bundesverfassungsgerichts,* die im Wortlaut des Art. 5 Abs. 2 GG liegende Gefahr einer Durchbrechung des Verfassungsschutzes der Pressefreiheit von Seiten des (einfachen) Gesetzgebers durch die Entwicklung der sog. *„Lüth-Formel"* abgewendet zu haben. Sie kam – als Auslegungsgrundsatz – zuerst im sog. Lüth-Urteil von 1958 (BVerfGE 7, 198 f.) zur Anwendung und lautet (S. 208 f.):

„... die allgemeinen Gesetze müssen in ihrer das Grundrecht beschränkenden Wirkung ihrerseits im Lichte der Bedeutung dieses Grundrechts gesehen und so interpretiert werden, daß der besondere Wertgehalt dieses Rechts ... auf jeden Fall gewahrt bleibt ... es findet ... eine Wechselwirkung in dem Sinne statt, daß die ‚allgemeinen' Gesetze zwar dem Wortlaut nach dem Grundrecht Schranken setzen, ihrerseits aber aus der Erkenntnis der wertsetzenden Bedeutung dieses Grundrechts im freiheitlichen demokratischen Staat ausgelegt und so in ihrer das Grundrecht begrenzenden Wirkung selbst wieder eingeschränkt werden müssen." (BVerfGE 7, 208 f.)

Diese Formel hat – in nunmehr leicht abgewandelter Form:

„Diesen Anforderungen haben die Fachgerichte bei der Auslegung und Anwendung der die Meinungsfreiheit beschränkenden Gesetze Rechnung zu tragen, damit die wertsetzende Bedeutung der Meinungsfreiheit auf der Rechtsanwendungsebene gewahrt bleibt. Zwischen Grundrechtsschutz und Grundrechtsschranken findet eine Wechselwirkung in dem Sinne statt, dass die Schranken zwar dem Grundrecht Grenzen setzen, ihrerseits aber aus der Erkenntnis der grundlegenden Bedeutung dieses Grundrechts im freiheitlich demokratischen Staat ausgelegt und so in ihrer das Grundrecht begrenzenden Wirkung selbst wieder eingeschränkt werden müssen." (BVerfG NJW 2018, 2859)

– allgemeine Anerkennung gefunden (vgl. auch BVerfGE 124, 342; 117, 260; 94, 8; 93, 290; 90, 248; 86, 10 f.; 82, 280; 77, 75; 74, 377; 66, 150; 50, 241; 20, 176; dem folgend die ordentliche Gerichtsbarkeit, vgl. nur BGH NJW 2006, 840).

Diese im Lüth-Urteil auf die Meinungsäußerungsfreiheit bezogene Auslegung des Art. 5 Abs. 2 GG wurde im Spiegel-Urteil (BVerfGE 20, 176) auch für die Pressefreiheit bestätigt. Kollidiert das Grundrecht der Pressefreiheit mit der Bestimmung eines allgemeinen Gesetzes (zB der Strafprozessordnung, vgl. BVerfG NJW 2007, 1118; BVerfGE 77, 75), so hat die Schranke entgegen dem Wortlaut des Art. 5 Abs. 2 GG keinen absoluten Vorrang vor dem Grundrecht des Art. 5 Abs. 1. Vielmehr hat der Richter unter Berücksichtigung der besonderen Umstände des Einzelfalles entsprechend der Lüth-Formel eine *Abwägung* zwischen den widerstreitenden Rechtsgütern vorzunehmen (vgl. BVerfGE 71, 214; 20, 176; 7, 208; *Degenhart* in BK-GG, 185. EL, Art. 5 Rn. 100; *Schemmer* in Epping/Hillgruber, GG, 42. Ed., Art. 5 Rn. 100 ff.; *Grimm* NJW 1995, 1702). Das verlangt in der Regel eine im Rahmen der gesetzlichen Tatbestandsmerkmale vorzunehmende Abwägung zwischen der Bedeutung des eingeschränkten Grundrechts für seinen Träger im konkreten Fall sowie dem Ausmaß der ihm zugemuteten Beeinträchtigung einerseits und der Bedeutung des von dem angewandten Gesetz geschützten Rechtsguts und der Schwere seiner Beeinträchtigung durch die Grundrechtsausübung andererseits (vgl. BVerfG AfP 1998, 387). Die Schranken des Grundrechts dürfen hierbei dessen substantiellen Gehalt nicht in Frage stellen. Dies gilt für die Auslegung ebenso wie für das beschränkende Gesetz und die mit ihm verfolgten Zwecke selbst (vgl. BVerfGE 124, 332).

Das BVerfG prüft in der Abwägung, ob die Regelung *geeignet* ist, den angestrebten Zweck zu erreichen. Unter dem Aspekt der *Erforderlichkeit* ist weiter zu prüfen, ob der Gesetzgeber nicht ein anderes, gleich wirksames, aber das Grundrecht weniger beeinträchtigendes Mittel hätte wählen können. Schließlich muss die durch diese Regelung bewirkte Beschränkung für den Betroffenen auch *verhältnismäßig* sein (vgl. BVerfGE 81, 192; 67, 173; Hesse, Grundzüge des Verfassungsrechts, Rn. 318; *Jarass* in Jarass/Pieroth GG Art. 5 Rn. 68 ff.).

Die *Wechselwirkungstheorie* ist jedoch nicht unangefochten geblieben (vgl. *Bettermann* JZ 1964, 601 ff.; einen Überblick über kritische Stimmen gibt *Grabenwarter* in Maunz/Dürig, GG, 68. EL, Art. 5 Rn. 147). Dabei wird bestritten, dass die die Kommunikationsfreiheiten beschränkenden Gesetze überhaupt einer zusätzlichen Abwägung bedürfen (vgl. Wolf, Strafrechtlicher Schutz der Persönlichkeit, S. 340 ff.). Im Rahmen einer historisch-systematischen Auslegung der „Allgemeinheit" ließen sich Fallgruppen bestimmen, mit denen das gesetzgeberische Ziel erreicht werden könne und so eine Güterabwägung vermieden würde, die wenig vorhersehbar sei und den Spielraum verbunden mit der Gefahr der Willkür lediglich vom Gesetzgeber auf die Gerichte übertrüge. Der Wechselwirkungslehre wird zudem vorgeworfen, sie beruhe auf einem unzulässigen Zirkelschluss (vgl. *Bettermann* JZ 1964, 602; *Wolf,* Strafrechtlicher Schutz der Persönlichkeit, S. 329 f.; *Herrmann,* Fernsehen und Hörfunk, S. 182 f.). Sie akzeptiere zwar einerseits in Übereinstimmung mit dem eindeutigen Verfassungstext die Einschränkung des Art. 5 Abs. 1 durch Art. 5 Abs. 2 GG, versuche jedoch andererseits, Art. 5 Abs. 2 GG bzw. die auf dieser Grundlage ergehenden gesetzlichen Vorschriften aus dem Grundgedanken des Art. 5 Abs. 1 heraus restriktiv zu interpretieren. Dem ist zuzugeben, dass eine solche Interpretationsweise Unsicherheitsfaktoren bei der Bestimmung und dem Verhältnis des Grundrechts zu anderen Rechtsgütern in sich birgt. Das Prinzip der Abwägung (vgl. Löffler/*Cornils* LPG § 1 Rn. 268 ff.) und des Ausgleichs verschiedener Rechtsgüter im Rahmen *praktischer Konkordanz* (vgl. *Hesse,* Grundzüge des Verfassungsrechts, Rn. 317 ff.) ist aber offensichtlich im System der Grundrechte angelegt und somit verfassungsimmanent. Dies ergibt sich auch aus Art. 19 Abs. 2 GG, wonach Eingriffe und Einschränkungen stets den Wesensgehalt eines Grundrechts zu respektieren haben (→ Rn. 14 f.). **16a**

Weiterhin ist umstritten, ob die *Abwägung abstrakt* (vgl. *Starck/Paulus* in v. Mangoldt/Klein/Starck GG Art. 5 Rn. 288) *oder konkret* und einzelfallbezogen (vgl. BVerfG AfP 2017, 310; BVerfGE 114, 348; 94, 8; 86, 11; 85, 16; *Jarass* in Jarass/Pieroth GG Art. 5 Rn. 70) erfolgen soll. Die Einzelfallabwägung kann zwar Probleme der Rechtsunsicherheit mit sich bringen. Diese würde jedoch auch im Rahmen einer Abwägung nach abstrakten Kriterien nicht entfallen, da die Abwägung völlig unterschiedliche Sachverhalte betrifft, zu denen sich nur schwer gemeinsame abstrakte Kriterien finden lassen. Zudem enthält das Rechtsstaatsprinzip auch das Gebot der Einzelfallgerechtigkeit. Erweist sich also im Medienrecht eine entsprechende Typisierung von Sachverhalten als schwierig bis unmöglich, so ist zwangsläufig auf die Einzelfallabwägung zurückzugreifen (vgl. Ricker, Rundfunkkontrolle, S. 44). Abgesehen davon verfolgen einschränkende Gesetze oft multifunktionale Zwecke unterschiedlichen Wertranges (vgl. Dreier, GG, 1. Aufl., Art. 5 Rn. 127 f.). Dass eine solche Einzelfallabwägung auch praktikabel ist, zeigen die Erfahrungen der anglo-sächsischen Rechtsordnungen, in denen Einzelfallentscheidungen eine wesentliche Rechtsquelle sind („case law", vgl. nur *Darbyshire,* Eddey on the English Legal System, S. 200; *Lyall,* An Introduction to British Law, S. 32). Sie ist auch dem deutschen Recht nicht wesensfremd, wie ein Blick auf das Wettbewerbsrecht zeigt (vgl. *Köhler* in Köhler/Bornkamm, UWG, Einl. UWG Rn. 2.4). **16b**

IV. Das Einordnungsverhältnis als Schranke der Pressefreiheit

Bestimmte Personenkreise und Lebensbereiche stehen zum Staat in engerer Beziehung als der normale Bürger. Solche besonderen Verhältnisse des öffentlichen Rechts werden als *„verwaltungsrechtliche Sonderverhältnisse"*, *„öffentlich-rechtliche Sonderbindung"* oder *„Sonderstatusverhältnisse"* und vor allem früher auch als *„besondere Gewaltverhältnisse"* bezeichnet (vgl. Wolff/Bachof, Verwaltungsrecht I, 9. Aufl., S. 212). Es handelt sich somit um Rechtsverhältnisse, die durch eine besonders enge Bindung der betroffenen Personen an die staatliche Gewalt gekennzeichnet sind, wodurch sich die Frage nach einer besonderen Beschränkbarkeit von Grundrechten **17** stellt (vgl. *v. Münch/Kunig* in v. Münch/Kunig GG Vorb. Art. 1–19 Rn. 43). Beispiele hierfür sind das Beamtenverhältnis, das Schulverhältnis, das Strafgefangenenverhältnis und das Wehrdienstverhältnis (vgl. *Graf von Kielmansegg* JA 2012, 881; *Wenzel/Burkhardt/Peifer* Kap. 2 Rn. 23 ff.).

18 Art. 5 Abs. 1 GG gilt – wie alle Grundrechte – dem Grunde nach auch in diesen Sonderstatusverhältnissen (vgl. BVerfG StV 2008, 260; BVerfGE 58, 367; 33, 10 f.; *Schemmer* in Epping/Hillgruber, GG, 42. Ed., Art. 5 Rn. 136; *Starck/Paulus* in v. Mangoldt/Klein/Starck GG Art. 5 Rn. 333). Nach der Rechtsprechung (BVerfG StV 2008, 260; BVerfGE 33, 9; 40, 276; 41, 259; 45, 417; 47, 78; 58, 367) und der Literatur (vgl. Hesse, Grundzüge des Verfassungsrechts, Rn. 326) können die Grundrechte zwar auch hier nur durch Gesetz oder auf Grund eines Gesetzes eingeschränkt werden. Gleichwohl können in ihnen im Ergebnis weitergehende Grundrechtseinschränkungen zulässig sein als dies im „allgemeinen" Staat-Bürger-Verhältnis der Fall ist, sofern der verfassungsrechtlich festgelegte Zweck des jeweiligen Sonderstatusverhältnisses dies erfordert (vgl. *Bethge* in Sachs GG Art. 5 Rn. 180; zu den einzelnen Sonderstatusverhältnissen vgl. *Degenhart* in BK-GG, 185. EL, Art. 5 Rn. 522 ff.).

19 Dass ein „besonderes Gewaltverhältnis" nicht aus sich heraus Grundrechtseingriffe rechtfertigen kann, folgt auch aus der vom BVerfG aus dem Rechtsstaats- und Demokratieprinzip abgeleiteten Rechtsprechung *(„Wesentlichkeitstheorie")*, wonach es der *Gesetzgeber* ist, der verpflichtet ist, „die für die Grundrechtsverwirklichung maßgeblichen Regelungen im Wesentlichen selbst zu treffen und diese nicht dem Handeln und der Entscheidungsmacht der Exekutive zu überlassen" (BVerfGE 139, 52 (mwN); vgl. auch BVerwGE 120, 96).

20 Die Einschränkungen der Meinungsfreiheit in Sonderstatusverhältnissen sind somit durchweg gesetzlich geregelt (→ Rn. 21 ff.). Damit ist der Begriff des Einordnungsverhältnisses jedoch *nicht gänzlich obsolet* geworden (vgl. *Graf von Kielmansegg* JA 2012, 882; aA *Bryde* DÖV 1981, 195; *Fuss* DÖV 1972, 765). Diese Rechtsfigur hat ihre Berechtigung zwar nicht mehr darin, dass sie – wie früher (vgl. *Wendt* in v. Münch/Kunig GG Art. 5 Rn. 85) – selbst Eingriffsgrundlage bzw. eine Rechtfertigung für Grundrechtseingriffe ist. Allerdings lassen sich in dieser – freilich nicht immer begriffsscharfen (vgl. *Graf von Kielmansegg* JA 2012, 881) – Kategorie weiterhin diejenigen Rechtsverhältnisse zusammenfassen, in denen sich der Betroffene in besonderer Abhängigkeit zu einem staatlichen Hoheitsträger befindet, etwa durch eine besonders intensive Pflichtenbindung (vgl. Loschelder, Vom besonderen Gewaltverhältnis, S. 34 f.), was den Gesetzgeber somit zu einer Grundrechtseinschränkung in stärkerem Maße als sonst berechtigt. Sie spielt daher im Rahmen der Verhältnismäßigkeitsprüfung eine Rolle (vgl. *Starck/Paulus* in v. Mangoldt/Klein/Starck GG Art. 5 Rn. 334): Diese Prüfung kann im Kontext eines Sonderstatusverhältnisses somit anders ausfallen als außerhalb eines solchen (vgl. *v. Münch/Kunig* in v. Münch/Kunig GG Vorb. zu Art. 1–19 Rn. 43).

1. Die Strafhaft

21 a) Im Strafvollzug liegt angesichts der Gesamterfassung des Betroffenen die weitestgehende Beschränkung seiner Grundrechte vor. Deshalb fordert gerade hier das Bundesverfassungsgericht (vgl. BVerfGE 33, 1; 40, 276) eine eindeutige gesetzliche Grundlage, die mit dem *Strafvollzugsgesetz* vom 16.3.1976 (zuletzt geändert durch Artikel 7 des Gesetzes vom 9.12.2019 (BGBl. I S. 2146)) gegeben ist. Soweit das Gesetz selbst nicht ausdrückliche Einschränkungen vorsieht, dürfen dem Strafgefangenen nur solche Beschränkungen auferlegt werden, „die zur Aufrechterhaltung der Sicherheit oder zur Abwendung einer schwerwiegenden Störung der Ordnung der Anstalt unerläßlich sind" (§ 4 Abs. 2 S. 2 StVollzG; vgl. *Hoffmann-Riem,* Kommunikationsfreiheiten, Rn. 79). Daher ist es als unzulässig anzusehen, wenn der Antrag eines Häftlings in Auslieferungshaft auf Erlaubnis zum Besuch eines Journalisten mit der Begründung abgelehnt wird, der Häftling sei nicht gehindert, „seine Geschichte" schriftlich aufzuzeichnen und dann an Journalisten und Presseunternehmen zu übersenden, obgleich keine konkreten Anhaltspunkte dafür vorliegen, dass dieser Besuch den Haftzweck oder die Ordnung der Anstalt gefährden könnte und die Gefahrenabwehr nicht mit weniger einschneidenden Mitteln erreicht werden kann (vgl. BVerfG NJW 1996, 983). Indem das Gericht den Häftling darauf verwies, seine Geschichte selbst aufzuschreiben und sodann der Presse zuzuleiten, habe es den grundrechtlichen

Schutz gemäß Art. 5 Abs. 1 S. 1, 2 Abs. 1 GG verkannt, der auch die Wahl des Mediums und Mittels, seine Meinungen und Beobachtungen zum Ausdruck zu bringen, umfasst (vgl. BVerfGE 71, 113).

b) Der Zweck des Strafvollzugs ist besonders auf die Wiedereingliederung des Gefangenen in die Gesellschaft gerichtet (vgl. BVerfGE 40, 284; 35, 235), was auch grundrechtsbeschränkende Maßnahmen rechtfertigen kann, sofern diese erforderlich sind, um die inneren Voraussetzungen für eine spätere straffreie Lebensführung des Gefangenen zu fördern (vgl. BVerfG NStZ 1995, 614; BVerfGE 40, 284 f.). **22**

Deshalb kann der *Bezug von Zeitungen,* Zeitschriften und Büchern nach Maßgabe der §§ 68, 70 des Gesetzes beschränkt werden. Der Strafgefangene darf Zeitungen und Zeitschriften durch Vermittlung der Anstalt „in angemessenem Umfang" beziehen und in gleichem Umfang Bücher besitzen. Ausgeschlossen sind Bücher, Zeitungen und Zeitschriften, deren Verbreitung mit Strafe oder Geldbuße bedroht ist. Einzelne Ausgaben oder Teile von Zeitungen oder Zeitschriften können dem Gefangenen vorenthalten werden, wenn sie „das Ziel des Vollzugs oder die Sicherheit oder Ordnung der Anstalt erheblich gefährden würden" (§ 68 Abs. 2 S. 2 StVollzG; vgl. hierzu BVerfG NStZ-RR 1996, 55); im Hinblick auf die Bedeutung des Grundrechts dürfen jedoch nur unerlässliche Einschränkungen vorgenommen werden (vgl. *Arloth/Krä,* StVollzG, StVollzG § 68 Rn. 1; vgl. auch BVerfG NStZ 1995, 614). Als Disziplinarmaßnahme kann zudem gemäß § 103 Abs. 1 Nr. 3 StVollzG der Lesestoff beschränkt oder für bis zu zwei Wochen gänzlich entzogen werden. Hierbei muss der *Grundsatz der Verhältnismäßigkeit,* der nur geeignete, erforderliche und zumutbare Maßnahmen zulässt, berücksichtigt werden (vgl. BVerfGE 40, 284; *Laubenthal* in Schwind et al., Strafvollzugsgesetz, § 103 Rn. 2). **23**

c) Der Strafgefangene darf unter den Voraussetzungen des § 69 Abs. 2 StVollzG ein eigenes Hörfunkgerät sowie ein eigenes Fernsehgerät besitzen beziehungsweise gemäß § 69 Abs. 1 StVollzG am Hörfunkprogramm der Anstalt und am gemeinschaftlichen Fernsehempfang teilnehmen. Der Videotextempfang darf wegen der Möglichkeit der unkontrollierten Übermittlung privater Nachrichten durch Nichtinsassen (zum Beispiel über Beobachtungen zur aktuellen Außensicherung der Anstalt) über so genannte Live-SMS-Chatrooms auf Videotextseiten jedoch verhindert werden (vgl. OLG Celle NStZ 2002, 111). **24**

Nicht abschließend geklärt ist die Frage, inwiefern Strafgefangenen der *Zugang zum Internet* zu ermöglichen ist. Nach der Rechtsprechung des EGMR kann Art. 10 EMRK zwar „nicht derart ausgelegt werden, dass er [den Konventionsstaaten] eine *generelle* Verpflichtung auferlegt, Häftlingen den Zugang zum Internet oder zu spezifischen Webseiten zu ermöglichen" (17.1.2017 – 21575/08 – Jankovskis/Litauen, Hervorhebung erfolgte diesseits). Im *Einzelfall* jedoch kann eine Verletzung von Art. 10 EMRK vorliegen, wenn einem Häftling die Nutzung des Internets vollständig untersagt wird (17.1.2017 – 21575/08 – Jankovskis/Litauen). Zudem ist zu unterscheiden zwischen den für Zugang zum Internet erforderlichen Empfangsgeräten (zB Laptop, Tablet), dem technischen Zugang als solchem (zB WLAN, Provider) und etwaigen Restriktionen der Nutzung des World Wide Web (zB zeitlicher Art, inhaltliche Beschränkungen der aufzurufenden Websites, Beschränkung hinsichtlich genereller Funktionalitäten) (vgl. im Einzelnen *Esser* NStZ 2018, 121 ff.). Das BVerfG hat Zugangsbeschränkungen zu Computern für verfassungskonform erachtet (vgl. NJW 2019, 1738 f.). **24a**

2. Die Untersuchungshaft

a) Wie der Strafgefangene, so ist auch der Untersuchungsgefangene durch die Einweisung in die Haftanstalt einer weitgehenden Beschränkung seiner persönlichen Freiheit unterworfen. Doch streitet für ihn bis zum erfolgten Nachweis seiner Schuld eine gesetzlich verankerte *Unschuldsvermutung* (Art. 6 Abs. 2 EMRK; vgl. BVerfG NJW 2018, 2948). Daraus folgt, dass er – was die Einschränkung seiner Freiheitsrechte anlangt – tendenziell besser gestellt ist als ein Strafgefangener, sofern nicht ausnahmsweise die Zwecke der Untersuchungshaft eine andere Regelung erfordert. Zu diesen gehört es, eine Verdunkelungsgefahr abzuwehren (vgl. §§ 112 Abs. 2 Nr. 3, 119 StPO), so dass zum Beispiel besondere Kontaktbeschränkungen zulässig sein können. **25**

b) Infolge der Föderalismusreform (Gesetz zur Änderung des Grundgesetzes (Artikel 22, 23, 33, 52, 72, 73, 74, 74a, 75, 84, 85, 87c, 91a, 91b, 93, 98, 104a, 104b, 105, 107, 109, 125a, 125b, **26**

125c, 143c) vom 28.8.2006, BGBl. I S. 2034) ist die Gesetzgebungskompetenz für den Untersuchungshaftvollzug großenteils vom Bund auf die Länder übergegangen. Entsprechende Gesetze zum „Wie" der Untersuchungshaft sind nun in allen Bundesländern erlassen worden (vgl. *Schmitt* in Meyer-Goßner/Schmitt, StPO, StPO § 119 Rn. 2a). Lediglich die Voraussetzungen der Untersuchungshaft (das „Ob") und etwaige Beschränkungen des Untersuchungsgefangenen werden weiterhin durch Bundesgesetz – die StPO – geregelt (einen Überblick gibt *Michalke* NJW 2010, 17 ff.).

Die gesetzliche Grundlage einer Beschränkung der Rechte des Untersuchungsgefangenen bildet der § 119 Abs. 1 StPO nF; danach dürfen „soweit dies zur Abwehr einer Flucht-, Verdunkelungs- oder Wiederholungsgefahr (§§ 112, 112a) erforderlich ist, [...] einem inhaftierten Beschuldigten Beschränkungen auferlegt werden". Im Gegensatz zur alten Rechtslage (vgl. § 119 Abs. 3 StPO aF) sind nunmehr zulässige Beschränkungen beispielhaft und nicht abschließend genannt (vgl. *Krauß* in BeckOK StPO, 36. Ed., StPO § 119 Rn. 9). Sie müssen nunmehr auch jeweils ausdrücklich angeordnet werden (vgl. *Krauß* in BeckOK StPO, 36. Ed., StPO § 119 Rn. 51), Standardanordnungen sieht das Gesetz nicht vor. Hierdurch soll sichergestellt werden, dass in jeder Haftsache eine Prüfung im Einzelfall vorgenommen wird, in der jede Beschränkung auf ihre Erforderlichkeit hin geprüft und ihre Anordnung begründet wird (vgl. BVerfG NStZ-RR 2015, 80). Voraussetzung sind daher stets konkrete Anhaltspunkte dafür, dass eine reale Gefährdung des Zwecks der Untersuchungshaft zu besorgen ist. Außerdem darf dieses Ziel nicht mit weniger einschneidenden Mitteln zu erreichen sein. Dem Grundsatz der Verhältnismäßigkeit kommt in der Untersuchungshaft daher besonders große Bedeutung zu (vgl. BVerfG NStZ-RR 2015, 80; StV 2008, 260; *Schultheis* in KK-StPO, StPO § 119 Rn. 9).

Gegen getroffene behördliche Entscheidungen oder Maßnahme kann gemäß § 119 Abs. 5 oder § 119a Abs. 1 StPO eine gerichtliche Entscheidung durch den Untersuchungsgefangenen beantragt werden.

27 c) Die Berechtigung zu einer Beschränkung der Grundrechte ergibt sich allein aus dem Zweck der Untersuchungshaft sowie der Ordnung in der Vollzugsanstalt (vgl. BVerfG StV 2008, 260). Bei Jugendlichen kommt der Gedanke der erzieherischen Einwirkung hinzu (vgl. § 2 Abs. 1 S. 2 JGG).

28 d) Eine Inhaltskontrolle von ein- und ausgehenden Sendungen findet statt, soweit dies zur Erreichung des Zwecks der Untersuchungshaft erforderlich erscheint. Die Überwachung des Schriftwechsels umfasst auch die Befugnis, Schreiben und Pakete anzuhalten (§ 119 Abs. 1 S. 7 StPO); angehaltene ausgehende Schreiben werden in diesen Fällen zur Habe des Beschuldigten genommen, eingehende solche eventuell an den Absender zurückgesandt. Sind keine Beschränkungen angeordnet, so darf der Untersuchungsgefangene Post in unbeschränktem Maße absenden und erhalten. Im Regelfall muss der Bezug einer allgemein im Zeitungshandel erhältlichen *Zeitung* oder *Zeitschrift* gestattet werden. Jedoch kann angeordnet werden, dass diese nur in bestimmter Zahl und nur durch Vermittlung der Anstalt bezogen werden dürfen (vgl. BVerfG NStZ 1982, 132; BVerfGE 34, 402; *Schultheis* in KK-StPO, StPO § 119 Rn. 47). Beschränkungen des Zeitungsbezugs betreffen die Aufrechterhaltung der Ordnung in der Vollzugsanstalt; dies fällt nun in den Regelungsbereich der Untersuchungshaft-Vollzugsgesetze der Länder (vgl. *Schmitt* in Meyer-Goßner/Schmitt, StPO, StPO § 119 Rn. 23; → Rn. 26). So kann der Bezug von Büchern, Zeitungen und Zeitschriften zum Beispiel im Einzelfall dann eingeschränkt werden, wenn er die Aufklärung einer Straftat gefährdet, weil Zeitungen über den Stand der Ermittlungen berichten und deren Lektüre die Aussagen des Untersuchungshäftlings beeinflussen könnte. Allerdings wird hierdurch der Grundsatz der Waffengleichheit tangiert, weil sich der Beschuldigte nicht der den Strafverfolgungsbehörden zur Verfügung stehenden allgemein zugänglichen Informationsquellen bedienen kann. Für die Untersuchungshaft ist der Informationsbezug daher in der Regel zu gestatten (vgl. *Degenhart* in BK-GG, 185. EL, Art. 5 Rn. 515).

28a *Besuche von Medienvertretern* sind in der Regel zu gestatten, sofern nicht der Zweck der Untersuchungshaft dem entgegensteht (vgl. *Degenhart* in BK-GG, 185. EL, Art. 5 Rn. 514). So ist es zulässig, einem Fernseh-Journalisten ein Interview mit einem Untersuchungsgefangenen zu versagen, wenn auf anderem Wege die Verdunkelungsgefahr nicht beseitigt werden kann, es sogar vielmehr zu erwarten ist, dass der Beschuldigte die Äußerungsmöglichkeit im Rahmen eines Fernsehinterviews durch die Verwendung kodierter Begriffe zur Übermittlung verdeckter Nachrichten missbraucht (vgl. BGH NStZ 1998, 205; aA zur Unverhältnismäßigkeit einer solchen Entscheidung *Tolmein* NStZ 1998, 206). In der Regel kein Versagungsgrund für ein Interview ist die bloß abstrakte Gefahr, dass durch die Äußerungen Zeugen beeinflusst werden können (vgl. *Schultheis* in KK-StPO, StPO § 119 Rn. 52).

Bei der Prüfung (→ Rn. 28a) ist das Informationsinteresse der Öffentlichkeit einzubeziehen (vgl. *Schultheis* in KK-StPO, StPO § 119 Rn. 52). Allerdings ist in diesem Zusammenhang zu berücksichtigen, dass der Presse, sofern sie von sich aus die Initiative ergreift, auch infolge des Informationsanspruchs kein Recht auf ein direktes Gespräch mit einem Untersuchungsgefangenen zusteht. Die demokratische Aufgabe der Presse wird dadurch nicht beeinträchtigt, da der Häftling sich auch unmittelbar oder über seinen Rechtsvertreter an die Öffentlichkeit wenden kann (vgl. VerfGH Berlin NJW 1994, 3344). Auch steht der Presse kein Anspruch darauf zu, in den Räumen der Haftanstalt die von ihr gewünschten Arbeitsbedingungen geschaffen zu bekommen. **28b**

3. Das Wehrdienstverhältnis

Für Soldatinnen und Soldaten gelten zum einen die Grundrechtsschranken, wie sie für alle anderen Grundrechtsträger Anwendung finden, wie etwa Art. 5 Abs. 2 GG (strittig – vgl. *Brenner* in v. Mangoldt/Klein/Starck GG Art. 17a Rn. 16; *Hucul* in Walz/Eichen/Sohm, Soldatengesetz, § 6 Rn. 11; nach anderer Auffassung (vgl. *Schwarz* in Maunz/Dürig, GG, 72. EL, Art. 17a Rn. 28) wird Art. 5 Abs. 2 durch Art. 17a GG verdrängt). Darüber hinaus wird zum Beispiel ihr Grundrecht auf Meinungsfreiheit auf der Grundlage des Art. 17a Abs. 1 GG (vgl. BVerfGE 44, 197; BVerwGE 43, 48; vgl. auch § 6 S. 2 Soldatengesetz) durch eine Reihe von Vorschriften des Soldatengesetzes (zum Beispiel §§ 7, 8, 10, 12, 15, 17; eine Übersicht findet sich bei Scherer/Alff/Poretschkin, Soldatengesetz, § 6 Rn. 32) weiter eingeschränkt. Soldaten dürfen im Rahmen der Erfordernisse des militärischen Dienstes und mit dem Ziel der Erhaltung der Funktionsfähigkeit der Bundeswehr in ihrem Grundrecht der freien Meinungsäußerung eingeschränkt werden (vgl. BVerfG NJW 1977, 2205; BVerwG NVwZ-RR 2009, 427; BVerwGE 93, 325 ff.; 93, 291 f.; 83, 62; 76, 33; 73, 237 ff.; BVerwG DVBl 2000, 1134; *Degenhart* in BK-GG, 185. EL, Art. 5 Rn. 527 f.). Allerdings müssen die Grundrechtsschranken ihrerseits im Lichte der Bedeutung des Grundrechts gesehen und so ausgelegt werden, dass der besondere Wertgehalt des Grundrechts auf jeden Fall gewahrt bleibt (vgl. BVerwG NVwZ-RR 2009, 427; auch → Rn. 16 ff.). **29**

Eine bedeutende Beschränkung ergibt sich aus § 15 Abs. 1 S. 1 SG: Nach dieser Norm darf sich der Soldat im Dienst nicht zu Gunsten oder zuungunsten einer bestimmten (vor allem partei-)politischen Richtung bestätigen, also namentlich durch Agitation und Propaganda auf Kameraden einwirken (vgl. *Eichen* in Walz/Eichen/Sohm, Soldatengesetz, § 15 Rn. 29). Hiervon unberührt bleibt das Recht, „im Gespräch", das heißt im echten, gleichberechtigten Dialog, seine politische Auffassung zu äußern (vgl. *Eichen* in Walz/Eichen/Sohm, Soldatengesetz, § 15 Rn. 30). Doch steht dem Soldaten, auch demjenigen mit Vorgesetztenfunktionen, das Recht zu, sich öffentlich mit allgemeinpolitischen und verteidigungspolitischen Fragen auseinander zu setzen (vgl. BVerwG NJW 1985, 1659). Dies umfasst grundsätzlich auch das Recht, hierbei durch Hinzufügung seines Dienstgrades auf die Zugehörigkeit zur Bundeswehr hinzuweisen (vgl. BVerwG NVwZ 1998, 739). Allerdings wird von ihm – insbesondere wenn er Vorgesetzter ist (§ 10 Abs. 6 SG) – auch erwartet, dass er, um seine Autorität nicht zu untergraben und seine Loyalität nicht in Frage zu stellen, seine Meinung dem Anlass und den Umständen entsprechend besonnen, tolerant und sachlich formuliert (vgl. BVerwGE 93, 333) und hierzu nicht seine dienstliche Stellung missbräuchlich in Anspruch nimmt (vgl. BVerwGE 111, 54). Durch die besondere Pflicht zur Verschwiegenheit (§ 14 SG) und das Verbot, sich im Dienst für eine politische Meinung einzusetzen, wird der Soldat in seiner Meinungsäußerungsfreiheit eingeschränkt, jedoch ist diese Beschränkung durch die der Bundeswehr übertragene Verteidigungsaufgabe gerechtfertigt (vgl. BVerfG NJW 1977, 2205; BVerfGE 28, 63; BVerwGE 113, 48 ff.; BVerwG NJW 2002, 980; NVwZ-RR 2002, 204). Die Meinungsäußerungsfreiheit des Soldaten unterliegt dabei Begrenzungen nicht erst, wenn tatsächlich Auswirkungen auf die Funktionsfähigkeit der Bundeswehr festzustellen sind. Es reicht aus, wenn das Verhalten typischerweise **29a** geeignet ist, die Disziplin, die auf gegenseitiger Achtung beruhende Kameradschaft oder die Achtungs- und Vertrauenswürdigkeit des Soldaten ernsthaft zu gefährden und damit letztlich die Verteidigungsbereitschaft der Streitkräfte in Frage zu stellen (vgl. BVerfG NJW 1992, 2751; BVerwGE 93, 292; krit. *Eichen* in Walz/Eichen/Sohm, Soldatengesetz, § 15 Rn. 34).

29b Ein Soldat *verstößt* etwa dann *gegen seine Dienstpflicht* gemäß § 17 Abs. 2 S. 1 SG, die auch darin besteht, sich in besonderer Weise zu den Grundrechten zu bekennen, wenn er gehässige und bornierte Schmähkritik an Ausländern übt, die mit polemischen Stellungnahmen zur Ausländerfrage oder mit berechtigter Kritik an Erscheinungen in der Bundesrepublik nichts mehr zu tun haben (vgl. BVerwG NJW 1997, 2341). Sofern er durch entsprechende Äußerungen „im Dienst" die Verbrechen des NS-Regimes nachträglich billigt und derartige Gräueltaten auch für die Zukunft bejaht und propagiert, verstößt er gegen § 15 Abs. 1 S. 1 SG, der im Dienst gezielte politische Betätigung verbietet (vgl. BVerwG NJW 1997, 2339); auch die Verharmlosung der Verbrechen der Nationalsozialisten stellt einen Verstoß gegen § 8 SG dar (vgl. BVerwG NVwZ-RR 2009, 431 f.). Außerhalb der Kaserne kann sich der Soldat zwar frei äußern, darf aber gemäß § 17 Abs. 1 aE, Abs. 2 SG auch durch sein außerdienstliches Verhalten das Ansehen der Bundeswehr nicht schädigen (vgl. BVerwG NJW 1978, 2110; ArchPR 1970, 62); insbesondere ist Zurückhaltung in der politischen Kontroverse geboten (vgl. BVerwG NJW 1985, 1658). Dementsprechend verbietet § 15 Abs. 3 des Soldatengesetzes das Tragen von Uniformen in politischen Versammlungen. Dessen ungeachtet kann sich der Soldat jedoch außer Dienst und außerhalb dienstlicher Unterkünfte und Anlagen in Rede oder in Schrift kritisch mit politischen, auch wehr- und sicherheitspolitischen Themen auseinandersetzen und in Diskussionen über die Grundlagen der militärischen Verteidigung und über militärische Strategien eingreifen, die in der Öffentlichkeit geführt werden (vgl. BVerwGE 93, 328; *Goerlich* JURA 1993, 477). Betätigt sich ein Soldat aber für eine politische Partei, deren politische Zielsetzung mit der verfassungsmäßigen Ordnung nicht vereinbar ist, verletzt er die politische Treuepflicht gemäß § 8 SG (vgl. BVerwG NJOZ 2013, 1779; NJW 2002, 980 ff.). Auch die Teilnahme an sonstigen verfassungsfeindlichen Aktivitäten ist als Dienstvergehen zu bewerten (vgl. *Degenhart* in BK-GG, 185. EL, Art. 5 Rn. 528).

4. Das Beamtenverhältnis

30 Die durch Art. 33 Abs. 5 GG gedeckten Regelungen des Beamten- und Disziplinarrechts (zB § 60 Abs. 2 BBG, § 33 Abs. 2 BeamtStG) sind allgemeine Gesetze iSv Art. 5 Abs. 2 GG und stellen damit Schranken dieses Grundrechts dar (vgl. BVerfG NVwZ 2008, 416; BVerfGE 39, 367; BVerwG NVwZ 2018, 1146). Sie sind jedoch nur dann zulässig, wenn sie durch Sinn und Zweck des konkreten Dienst- und Treueverhältnisses gefordert werden (vgl. BVerwG NVwZ 2003, 74).

Jedes als politische Meinungsäußerung zu wertende (innerhalb und außerhalb des Dienstes gezeigte) Verhalten des Beamten ist nur dann durch Art. 5 GG verfassungsrechtlich gedeckt, wenn es mit der in Art. 33 Abs. 5 GG bzw. einfachgesetzlich festgelegten politischen Treuepflicht vereinbar ist (vgl. BVerfG NJW 1989, 93). Im konkreten Fall ist die Vereinbarkeit der Äußerung mit der politischen Treuepflicht des Beamten nach dem Grundsatz zu beurteilen, dass rechtlich begründete Grenzen des Art. 5 GG im Lichte des durch sie begrenzten Grundrechts auszulegen sind (vgl. BVerfG NVwZ 2008, 416; BVerfGE 39, 366 f.).

30a Beamte haben sich *im Dienst* bei privaten Meinungsäußerungen in Form und Inhalt zurückzuhalten (vgl. BVerwG NVwZ 2018, 1146; DVBl 2001, 1078; NJW 1987, 84), so dass keine Zweifel an ihrer Neutralität im Sinne einer unparteiischen und gerechten Amtsführung aufkommen können (vgl. *Bodanowitz* in Schnellenbach/Bodanowitz, Beamtenrecht, § 7 Rn. 24). Dies gilt entsprechend für Richter (vgl. *Degenhart* in BK-GG, 185. EL, Art. 5 Rn. 526); auch von ihnen kann erwartet werden, „dass sie Zurückhaltung üben, wenn die Autorität und Unparteilichkeit der Justiz in Frage stehen" (EGMR NJW 2001, 1195). Widrigenfalls können sie als befangen abgelehnt werden (vgl. BGH MMR 2016, 279) oder disziplinarisch zur Verantwortung gezogen werden (vgl. KG NJW 1995, 884).

30b Auch im *außerdienstlichen Bereich* ist die Verpflichtung zur Verfassungstreue als hergebrachter Grundsatz iSv Art. 33 Abs. 5 GG allgemeine Schranke der Meinungsäußerung (vgl. BVerfGE

39, 360; BVerfG DVBl 1981, 1053; *Degenhart* in BK-GG, 185. EL, Art. 5 Rn. 525; aA *Bodanowitz* in Schnellenbach/Bodanowitz, Beamtenrecht, § 7 Rn. 23). Zu allgemeinpolitischen Fragen dürfen Beamte und Richter sich, sofern sie auf ihr Amt Bezug nehmen, in der Öffentlichkeit jedoch nur so zurückhaltend äußern, dass das öffentliche Vertrauen in ihre unparteiische, gerechte und gemeinwohlorientierte Amtsführung keinen Schaden nimmt (vgl. BVerfG NJW 1989, 93; *Wassermann* NJW 2001, 1470 f.). Diese Pflicht zur Mäßigung gebietet daher insbesondere auch dem Richter, eine klare Trennung zwischen dem Amt und der Teilnahme am politischen Meinungskampf einzuhalten (vgl. *Degenhart* in BK-GG, 185. EL, Art. 5 Rn. 526). Ein Verstoß dagegen liegt dann vor, wenn Richter oder Staatsanwalt das ihnen übertragene Amt ausdrücklich in Anspruch nehmen und einsetzen, um einer von ihnen selbst geteilten politischen Auffassung größere Beachtung und Überzeugungskraft zu verschaffen (vgl. BVerwG NJW 1988, 1747 f.; *Schemmer* in Epping/Hillgruber, GG, 42. Ed., Art. 5 Rn. 142.1). Sofern sich der Beamte verfassungsfeindlich äußert, ist eine Abwägung zwischen Verfassungsschutz und Meinungsfreiheit geboten, wobei der Eingriff jeweils verhältnismäßig sein muss. Die Verbreitung ausländerfeindlicher Pamphlete oder die Verbreitung entsprechender Äußerungen im Internet kann sogar eine außerordentliche Kündigung rechtfertigen (vgl. für Angestellte im öffentlichen Dienst BAG NJW 1996, 2253 f.; LAG Sachsen MMR 2018, 626). Die aktive Betätigung eines Beamten in einer Partei, die mit der freiheitlich-demokratischen Grundordnung unvereinbare Ziele verfolgt, verstößt gegen die ihm obliegende Treuepflicht (vgl. OVG Münster BeckRS 2017, 152320; VGH Kassel NJW 2000, 236).

In der Regel muss der Beamte zunächst die in der institutionellen Ordnung der Verwaltung **30c** und des demokratischen Staates liegenden Abhilfemöglichkeiten (zB in Form einer Remonstration (§ 36 Abs. 2 BeamtStG)) ausschöpfen, bevor er die Öffentlichkeit von (potentiellen) Verfassungsverstößen der eigenen Verwaltung unterrichtet (vgl. BVerfG BeckRS 2012, 56062; BVerfGE 28, 204; BVerwG NVwZ 1989, 975 f.; *Jarass* in Jarass/Pieroth GG Art. 5 Rn. 97; *Degenhart* in BK-GG, 185. EL, Art. 5 Rn. 523; *Günther* NVWZ 2018, 1111). Dementsprechend ist die *„Flucht in die Öffentlichkeit"* in der Regel ein Dienstvergehen (vgl. BVerfG NVwZ 2006, 1283). Stellt der Beamte aber schwere Verstöße gegen die verfassungsmäßige Ordnung oder gravierende Missstände im öffentlichen Dienst fest, so darf er uU ausnahmsweise sofort die Flucht in die Öffentlichkeit (so genanntes externes Whistleblowing) antreten (vgl. BVerfGE 28, 205; BGH NJW 2003, 980; 1966, 1227; für eine Erweiterung des zulässigen externen Whistleblowings *Günther* NVwZ 2018, 1111 f.).

Beamte und Angestellte können sich nicht nur auf die in Art. 5 Abs. 1 GG, sondern in der **30d** Regel auch auf die in *Art. 10 EMRK* garantierten Rechte berufen (vgl. EGMR NVwZ-RR 2017, 836). Allerdings sind die Staaten berechtigt, diesen Personen wegen ihres Status eine Pflicht zur Zurückhaltung aufzuerlegen; hierbei kommt den staatlichen Stellen ein bestimmter Ermessensspielraum zu (vgl. EGMR NVwZ-RR 2017, 838).

Für Bundesbeamte regelt § 70 BBG das *Verhältnis zwischen dem Informationsanspruch der Medien* **30e** *und der Pflicht zur Amtsverschwiegenheit* des Beamten (vgl. *Grigoleit* in Battis, Bundesbeamtengesetz, § 70 Rn. 1). Er stellt keine Rechtsgrundlage zur Erteilung von Auskünften an Medien dar; der Informationsanspruch der Medien (sh. im Einzelnen Abschn. 4) respektive Presse ergibt sich vielmehr aus den Landespresse- bzw. -mediengesetzen und anderen Gesetzen (vgl. *Heid* in BeckOK Beamtenrecht Bund, 18. Ed., BBG vor § 70 Rn. 1). Eine entsprechende Regelung im BeamtStG gibt es nicht, so dass es dem Landesgesetzgeber freigestellt ist, vergleichbare Normen im Hinblick auf seine Landesbeamten zu erlassen.

5. Das Schulverhältnis

a) Das Schulverhältnis beginnt mit der Aufnahme des Schülers in die Schule und endet mit **31** seiner Entlassung aus derselben (vgl. *Heckel/Avenarius,* Schulrechtskunde, S. 295). Auch der Schüler ist Träger des Grundrechts aus Art. 5 Abs. 1 S. 2 GG (vgl. *Degenhart* in BK-GG, 185. EL, Art. 5 Rn. 529 – zur Stellung des Lehrers → Rn. 30 ff.). Bei der Erziehung zu einem mündigen Staatsbürger ist gerade dieses Grundrecht von besonderer Bedeutung (vgl. Heckel/Avenarius, Schulrechtskunde, S. 374); im Übrigen ist es unter anderem gerade Zweck der Schule, den gegenseitigen toleranten Meinungsaustausch zu erlernen (vgl. *Starck/Paulus* in

v. Mangoldt/Klein/Starck GG Art. 5 Rn. 384; *Degenhart* in BK-GG, 185. EL, Art. 5 Rn. 529. Vgl. auch BVerfGE 90, 21: „Auch Jugendliche können nur dann zu mündigen Staatsbürgern werden, wenn ihre Kritikfähigkeit in Auseinandersetzung mit unterschiedlichen Meinungen gestärkt wird."). Allerdings können die schulrechtlichen Vorschriften die Meinungsfreiheit einschränken (vgl. zB im Hinblick auf Lehrer § 25 Abs. 1 S. 4 SchulG RhPf., im Hinblick auf Schüler § 36 Abs. 3 S. 3 SchulG RhPf.).

In dem durch diese Vorschriften gesteckten Rahmen darf der Schüler durch das Tragen von Plaketten, Abzeichen, bedruckten T-Shirts, Aufnähern und dergleichen zu politischen Streitfragen Stellung nehmen (vgl. Stein/Roell, Handbuch des Schulrechts, S. 55, 230; Heckel/Avenarius, Schulrechtskunde, S. 375). So kann zB eine Schülerin in der Schule eine Plakette gegen das Verbot des Schwangerschaftsabbruchs (§ 218 StGB) tragen (vgl. VGH Mannheim JZ 1976, 711), unzulässig wäre hingegen das Tragen von Plaketten mit zum Beispiel beleidigender oder rassistischer Tendenz (vgl. *Degenhart* in BK-GG, 185. EL, Art. 5 Rn. 529). Im Hinblick auf die Meinungsfreiheit ebenfalls grundsätzlich zulässig sind von Schülern in Internetportalen abgegebene Bewertungen über Lehrer (vgl. BGH NJW 2009, 2888; hierzu *Gounalakis/Klein* NJW 2010, 566 ff.; vgl. allgemein zu Bewertungsplattformen *Petruzzelli* MMR 2017, 800 ff.).

32 b) *Schülerzeitungen* werden heute in der Regel gedruckt und erfüllen so den Rechtsbegriff der Presse (§ 7 NRWLPG; → Kap. 1 Rn. 6 f.). Sie erfahren zum Teil eine umfassende rechtliche Regelung: In Rheinland-Pfalz zB nicht nur im Schulgesetz (§ 36 SchulG RhPf.) sondern auch in zahlreichen Schulordnungen (§ 4 Schulordnung für die öffentlichen Grundschulen vom 10.10.2008 (GVBl. S. 219), zuletzt geändert durch Artikel 3 der Verordnung vom 3.6.2019 (GVBl. S. 97); § 5 Schulordnung für die öffentlichen Realschulen plus, Integrierten Gesamtschulen, Gymnasien, Kollegs und Abendgymnasien (Übergreifende Schulordnung) vom 12.6.2009 (GVBl. S. 224), zuletzt geändert durch Artikel 3 des Gesetzes vom 26.6.2020 (GVBl. S. 279); § 6 Schulordnung für die öffentlichen berufsbildenden Schulen vom 9.5.1990 (GVBl. S. 127), zuletzt geändert durch Artikel 4 des Gesetzes vom 26.6.2020 (GVBl. S. 279)).

Auch für Schülerzeitungen, die nur von Schülern ohne Beteiligung der Schule erarbeitet werden, gilt das Grundrecht der Pressefreiheit samt seiner Schranken (vgl. *Starck/Paulus* in v. Mangoldt/Klein/Starck GG Art. 5 Rn. 386; vgl. auch *Jarass* DÖV 1983, 611 ff.). Sie sind ein Medium, das als Übungsfeld für die Teilnahme an der öffentlichen Meinungsbildung anzusehen ist (vgl. *Dirnaichner* in PdK Bayern – BayEUG, Art. 63 S. 2). Das Äußern von Meinungen und die Auseinandersetzung mit Andersdenkenden müssen gelernt werden, was auch Aufgabe einer Schülerzeitung sein kann. Die Landespressegesetze erleichtern die Herausgabe von Schülerzeitungen durch minderjährige Schüler dadurch, dass vom verantwortlichen Redakteur einer von Jugendlichen für Jugendliche herausgegebenen periodischen Druckschrift gemäß § 9 Abs. 2 NRWLPG nicht die Volljährigkeit verlangt wird.

32a Auch die *Schranken der den Schülerzeitungen zustehenden Pressefreiheit* ergeben sich aus den schulgesetzlichen Vorschriften, die den Erziehungs- und Bildungsauftrag der Schule konkretisieren. Aus Art. 5 Abs. 1 S. 3 GG folgt ein Verbot für die Schulverwaltung zur Vorzensur von Schülerzeitungen (vgl. *Jarass* DÖV 1983, 614; *Stein/Roell,* Handbuch des Schulrechts, S. 305 f.). Der Vertrieb solcher Zeitungen auf dem Schulgelände kann hingegen davon abhängig gemacht werden, dass ihr Inhalt zuvor auf etwaige das Vertrauensverhältnis zwischen Lehrern und Schülern störende Schmähungen hin überprüft wird (vgl. *Starck/Paulus* in v. Mangoldt/Klein/Starck GG Art. 5 Rn. 386). Gegen ein Verbot des Erscheinens einer Schülerzeitung kann das Verwaltungsgericht im Wege einstweiligen Rechtsschutzes angerufen werden (vgl. VG München BeckRS 2012, 45393).

6. Das Hochschulverhältnis

33 Durch die Immatrikulation werden die Studenten der Körperschaft einer Hochschule eingeordnet. Aus dieser Eingliederung kann sich eine Einschränkung der Meinungs- und Pressefreiheit ergeben, wenn durch deren Ausübung der Lehr- und Forschungsauftrag der Hochschule, insbesondere der Vorlesungsbetrieb, ernstlich beeinträchtigt (vgl. zB § 3 Abs. 5 HochSchG Rheinland-Pfalz; § 4 Abs. 4 S. 2 HRG; Höppener, Meinung auf dem Campus) oder andere Mitglieder der Hochschule an der Wahrnehmung ihrer Rechte und Pflichten behindert würden (zB durch

Vorlesungsstörungen oder wildes Plakatieren). Dies kann im Extremfall zu einer Reduzierung der Meinungsfreiheit „auf Null" (*Starck/Paulus* in v. Mangoldt/Klein/Starck GG Art. 5 Rn. 335) führen. Im Regelfall jedoch wird man die bloße Meinungskundgabe nicht als eine solche gewichtige Störung bewerten können (vgl. *Degenhart* in BK-GG, 185. EL, Art. 5 Rn. 530).

Als Zwangsmitglieder der verfassten Studierendenschaft können Studenten umgekehrt aber **33a** auch verlangen, dass jene solche Tätigkeiten, die nicht zu ihren gesetzlichen Aufgaben gehören bzw. nicht durch Gesetz auf diese übertragen wurden, unterlässt (vgl. BVerwG NJW 1969, 1784; VG Osnabrück BeckRS 2015, 54627; *Wenzel/Burkhardt/Peifer* Kap. 2 Rn. 23). Unzulässig ist dementsprechend die Anmaßung eines *allgemeinpolitischen* Mandats; im Rahmen des übertragenen hochschulpolitischen Mandats jedoch darf die Studierendenschaft im hochschulbezogenen Meinungskampf ihre eigenen Positionen auch deutlich vertreten (vgl. OVG Lüneburg NVwZ-RR 2015, 460).

Auseinandersetzungen zwischen Hochschulverwaltung und *Studentenpresse* haben sich zB auf **34** dem Gebiet des *Presse-Vertriebs* ergeben. Der VGH Kassel (NJW 1980, 661 f.) hielt eine Anordnung an einer hessischen Universität im Fachbereich Humanmedizin für zulässig, die politische Propaganda untersagte, sofern sie nicht hochschulpolitischen oder gewerkschaftlichen Inhalt hatte. Der VGH sah in den Regelungen über die Zweckbestimmung der Hochschulen im Allgemeinen (§ 19 Abs. 1 HessHochSchG 1973 und § 3 HessHochSchG 1978) und des Fachbereichs Humanmedizin im Besonderen (§ 28 Abs. 1 HessUnivG 1974 und HessUnivG 1978) allgemeine Gesetze im Sinne des Artikel 5 Abs. 2 GG. Mit der Zweckbestimmung sei es unvereinbar, wenn jeder Student die Einrichtungen und das Gelände der Universität dazu benutzen würde, um für seine allgemeinpolitische Überzeugung offen und in nachhaltiger Weise zu werben und damit die Universität zu einem allgemeinen Kommunikationsforum parteipolitischer Aktivitäten zu machen (vgl. VGH Kassel NJW 1980, 661; *Löffler* AfP 1980, 189 hält diese Entscheidung für grundrechtswidrig, da die Zweckbestimmung vom VGH falsch ausgelegt worden sei). Besondere Voraussetzungen gelten für Räume, die nicht unmittelbar der Lehre und Forschung dienen, wie etwa die Mensen, die zum universitären Bereich gehören und traditionell ein Ort des Meinungsaustausches und der Meinungsbildung sind. Hier muss allerdings zwischen mehreren Nutzungsarten unterschieden werden. So handelt es sich beim Betreiben von Büchertischen und Aufstellen von Plakatwänden in jedem Fall um eine genehmigungspflichtige Sondernutzung, da hier dem Grundrecht des Art. 5 Abs. 1 GG die Sicherheit der Essensteilnehmer als Schutzgut gegenübersteht. Da demgegenüber bei der Verteilung von Flugblättern keine Gefahr für die Nutzer der Mensa ersichtlich ist, würde ein diesbezügliches Verbot dem Grundsatz der Verhältnismäßigkeit nicht standhalten (vgl. VGH Mannheim NVwZ 1994, 803 f.).

Der BGH erachtete in einer Entscheidung aus dem Jahre 1981 (NJW 1982, 189 f.) ein *Hausverbot* wegen Störens der Vorlesungen an der Universität als wirksam und führte im konkreten Fall als gesetzliche Ermächtigung die §§ 74, 75 BWHochSchG an. Zum Rechtsweg bei Hausverboten vgl. OVG Magdeburg NVwZ-RR 2018, 134.

V. Die Verwirkung der Pressefreiheit (Art. 18 GG)

1. Der Charakter der Bundesrepublik als einer kämpferischen, die Grundrechte verteidigenden **35** Demokratie findet in Art. 18 GG deutlichen Ausdruck: „Wer die Freiheit der Meinungsäußerung, insbesondere die Pressefreiheit ... zum Kampfe gegen die freiheitliche demokratische Grundordnung mißbraucht, verwirkt diese Grundrechte" (vgl. BVerfGE 25, 100). Art. 18 GG wird ergänzt durch die §§ 36–41 des Bundesverfassungsgerichtsgesetzes (BVerfGG), die das Verfahren bei der Verwirkung und deren Ausmaß näher regeln.

2. Der *Tatbestand* des Art. 18 GG erfordert in objektiver Hinsicht einen Missbrauch der in **36** Art. 18 aufgeführten Grundrechte zum Kampf gegen die freiheitliche demokratische Grundordnung. Ein strafbarer Tatbestand wie etwa Hochverrat oder Staatsgefährdung braucht nicht vorzuliegen. Ein Grundrecht wird dann missbraucht, wenn es in einer Weise in Anspruch genommen wird, die seinen Sinn ins Gegenteil verkehrt. Als Reaktion auf den Untergang der Weimarer Republik soll Art. 18 GG die Bundesrepublik gerade vor solchen Gegnern schützen, die sich zur Erreichung ihres staatszerstörenden Zieles der Grundrechte bedienen (vgl. *Dürig/Klein* in Maunz/Dürig, GG, 81. EL, Art. 18 Rn. 6 ff.).

36a Als *Tathandlung* muss eine praktisch-politische Bekämpfung der freiheitlich-demokratischen Grundordnung durch individuelle Betätigung gegeben sein (vgl. BVerfGE 25, 60; 25, 100). Zum *Kampfe* iSd Art. 18 S. 1 GG wird ein Verhalten dann, wenn durch aktiv aggressive Haltung auf die Beseitigung eben dieser Grundordnung hingearbeitet wird, die zudem von einer kompromisslosen Verfolgung dieses Ziels bestimmt ist (vgl. *Butzer/Clever* DÖV 1994, 641). Bloße Pressepolemik erfüllt diesen Tatbestand nicht; Art. 18 GG bezweckt nicht, Opposition und politische Auseinandersetzung zu verbieten (vgl. *Dürig/Klein* in Maunz/Dürig, GG, 81. EL, Art. 18 Rn. 18). Ob eine Gefährdung der Grundordnung vorliegt, ist vor allem mit Hilfe einer Prognose zu bestimmen (vgl. *Pagenkopf* in Sachs GG Art. 18 Rn. 11). Maßgeblich ist also der Blick auf die Zukunft; das Verhalten des Betreffenden in der Vergangenheit hingegen ist weniger von Bedeutung (vgl. Leibholz/Rinck, GG, 18. EL, Art. 18 Rn. 46). In *subjektiver* Hinsicht ist *Vorsatz* erforderlich. Der Täter muss die einschlägigen Tatbestandsmerkmale kennen und den Willen haben, sie zu verwirklichen. Ein Missbrauch mit natürlichen Handlungswillen ist ausreichend (vgl. *Jarass* in Jarass/Pieroth GG Art. 18 Rn. 6); ein schuldhaftes Verhalten ist nicht erforderlich (*Birkenmaier* in Schmidt-Bleibtreu/Hofmann/Henneke GG Art. 18 Rn. 7).

37 3. Die Verwirkung nach Art. 18 GG ist der denkbar schwerste Eingriff in die Grundrechte einer Person. Deshalb ist der Ausspruch der Verwirkung nur gerechtfertigt, wenn eine *ernsthafte Gefahr* für die freiheitlich demokratische Grundordnung besteht (vgl. BVerfGE 38, 23). Eine weitere Garantie der Rechtssicherheit ist mit dem Entscheidungsmonopol des *Bundesverfassungsgerichts* gegeben, das allein über die Verwirkung und ihr Ausmaß entscheidet (Art. 18 S. 2 GG; BVerfGE 10, 122). Das Bundesverfassungsgericht bestimmt sowohl die zeitliche Dauer wie das Ausmaß der Verwirkung. Nach Ablauf von zwei Jahren seit Eintritt der Verwirkung kann der Betroffene die Wiederherstellung der verwirkten Grundrechte beantragen (§ 40 BVerfGG). Der das Verwirkungsverfahren einleitende Antrag auf Verwirkung hingegen kann nur von der Bundesregierung, einer Landesregierung oder von Seiten des Bundestages gestellt werden (§ 36 BVerfGG).

38 4. Die *praktische Bedeutung* von Art. 18 GG ist gering (vgl. *Schlaich/Korioth,* Das Bundesverfassungsgericht, Rn. 339). Das BVerfG hat bislang noch keine Verwirkung von Grundrechten ausgesprochen. Aus formellen Gründen wurden zwei Verfahren vom BVerfG zurückgewiesen (BVerfGE 11, 282 f.; 38, 23 ff.). Auch die beiden Anträge gegen zwei Rechtsextreme, die die Bundesregierung am 9.12.1992 gestellt hatte, hat das BVerfG mit Beschluss vom 18.7.1996 gem. § 37 BVerfGG als offensichtlich nicht begründet verworfen und von einer Begründung gem. § 24 S. 2 BVerfGG abgesehen (vgl. *Dürig/Klein* in Maunz/Dürig, GG, 81. EL, Art. 18 Rn. 2).

3. Abschnitt. Das Ordnungsrecht der Presse

Literatur:

Burkhardt et al., Das Recht der Wort- und Bildberichterstattung, 6. Aufl., Köln 2018; *Fischer*, Strafgesetzbuch, Kommentar, 67. Aufl., München 2019; *Groß*, Presserecht, 3. Aufl., Heidelberg 1999; *Kirchner*, Gedanken über Pflichtexemplare, in: 40 Jahre deutsches Bucharchiv, München. Eine Festschrift, Hrsg.: Vodosek, 1989, S. 553 ff.; *Köhler/Bornkamm/Feddersen*, Gesetz gegen den unlauteren Wettbewerb, 37. Aufl., München 2019; *Löffler*, Presserecht, 6. Aufl., München 2015; *Rath-Glawatz/Engels/Dietrich*, Das Recht der Anzeige, 3. Aufl., Köln 2006; *Ricker*, Der Herausgeber als Koordinator, in: Festschrift für Dietrich Oppenberg (Positionen und Strukturen bei Druckmedien), Hrsg.: Heinz-Dietrich Fischer, Düsseldorf u. a. 1987, S. 41 ff.; *ders.*, Unternehmensschutz und Pressefreiheit, Heidelberg 1989; *Schiwy/Schütz/Dörr*, Medienrecht, 5. Aufl., Köln 2010; *Schönke/Schröder*, Strafgesetzbuch, Kommentar, 30. Aufl., München 2019; *Soehring/Hoene*, Presserecht, 6. Aufl., Köln 2019.

12. Kapitel. Begriff und Bedeutung des Presse-Ordnungsrechts. Das Druckwerk

I. Begriff und Bedeutung des Presse-Ordnungsrechts

1. Das deutsche Presserecht kennt in seinem Aufbau und in seiner Gliederung kein klar abgegrenztes Presse-Ordnungsrecht. Eine solche Abgrenzung des Presse-Ordnungsrechts lässt sich allenfalls in negativem Sinn vornehmen als eine Zusammenfassung der presserechtlichen Vorschriften, die nach gesonderter Abhandlung der großen Rechtsgebiete wie Pressefreiheit, öffentliche Aufgabe, Auskunftsanspruch, Pressebeschlagnahme, Zeugnisverweigerung und Gegendarstellung verbleiben. Dementsprechend werden in diesem 3. Abschnitt unter dem Titel „Ordnungsrecht der Presse“ folgende Bestimmungen zusammengefasst: der für das gesamte Presserecht maßgebliche *Druckwerkbegriff* (vgl. zB § 7 NRWLPG; → Rn. 3 ff.), die *Impressum-* und *Offenlegungspflicht* (vgl. zB § 8 NRWLPG; sh. Kap. 13), die an den *verantwortlichen Redakteur* zu stellenden persönlichen Anforderungen (vgl. zB § 9 NRWLPG), die in § 10 NRWLPG normierte Pflicht zur *Kennzeichnung* entgeltlicher Veröffentlichungen (Anzeigen; sh. Kap. 14) sowie die Pflicht zur Ablieferung von *Bibliotheks-Exemplaren* (vgl. zB § 11 MVLPG; zu den einschlägigen landes- und bundesrechtlichen Vorschriften → Kap. 15 Rn. 2b ff.). Die Vorschriften über die *Gerichtsberichterstattung* der Presse schließen sich der Systematik entsprechend an (sh. Kap. 16). Den Schluss bilden das Straf- und Ordnungswidrigkeiten-Recht der Presse (vgl. zB §§ 21–23 LPGNRW; sh. Kap. 17) einschließlich der Bestimmungen über die verkürzten Verjährungsfristen bei Presseverstößen (vgl. zB § 25 LPGNRW; vgl. auch *Schiwy/Schütz/Dörr* S. 416 ff. u. 449 ff.). 1

2. Wie alle Ordnungsvorschriften setzen die Bestimmungen der Landespressegesetze der Freiheit der Pressetätigkeit naturgemäß gewisse Ordnungsschranken. Die Pressegesetze der Länder sind *allgemeine Gesetze* iSd Art. 5 Abs. 2 GG, die der Pressefreiheit zulässige Grenzen ziehen. Nach der früheren Rechtsprechung des Bundesverfassungsgerichts (vgl. BVerfGE 71, 214; 62, 243 f.; 59, 263 f.; 7, 209 f.) sind „allgemeine Gesetze“ solche gesetzlichen Vorschriften, die sich nicht gegen eine bestimmte Meinung richten, sondern dem Schutze eines anderen schützenswerten Rechtsguts dienen. Diese Rechtsprechung hat durch den „Wunsiedel“-Beschluss (BVerfG NJW 2010, 47), bei dem es um die Billigung, Verherrlichung und Rechtfertigung der nationalsozialistischen Gewalt- und Willkürherrschaft geht (vgl. hierzu auch BVerfG BeckRS 2018, 17060 (mwN)), zwar eine gewisse Modifikation erfahren (vgl. *Grabenwarter* in Maunz/Dürig, GG, 68. EL, Art. 5 Rn. 122). Diese Änderung ist im hier interessierenden Kontext der Landespresse- bzw. Landesmediengesetze jedoch ohne große Bedeutung. Diese Regelwerke sind somit „allgemeine Gesetze“ iSd Art. 5 Abs. 2 GG (→ Kap. 11 Rn. 6). Wenn zB § 9 Abs. 1 LPG Baden-Württemberg für jeden verantwortlichen Redakteur einer Zeitung ein Mindestalter von 21 Jahren vorschreibt, richtet sich diese Bestimmung erkennbar nicht gegen eine bestimmte (politische oder weltanschauliche) Meinung. Zweck der Verpflich- 2

tung zur Bestellung eines verantwortlichen Redakteurs ist, dass dieser die Zeitung von strafrechtlichen (§ 21 Abs. 2 Nr. 1 NRWLPG; vgl. BGHZ 24, 200 (210 ff.)) und zivilrechtlichen (vgl. BGHZ 39, 366) Haftungstatbeständen freihält. Die Vorschrift dient damit dem Schutz von Rechtsgütern, die mit der Pressefreiheit in Kollision geraten können. Um dies wirkungsvoll zu gewährleisten, hat der Gesetzgeber die Altersgrenze höher angesetzt. Fraglich ist aber, ob eine persönliche Beschränkung auf die Vollendung des 21. Lebensjahres angesichts der Trends zu Herabsetzungen der Altersgrenzen für das aktive und passive Wahlrecht (vgl. zB § 7 NRW Kommunalwahlgesetz) sowie fehlender (TMG) bzw. abweichender (§ 18 Abs. 2 S. 3 Ziff. 3 MStV) Altersgrenzen im Bereich der elektronischen Presse einerseits noch zeitgemäß, andererseits verfassungsrechtlich zulässig ist.

II. Das Druckwerk

1. Bedeutung und Begriff

3 a) Der § 7 LPG (abweichend Saarland § 2 Abs. 2; Rheinland-Pfalz § 3 Abs. 2 Ziff. 1; Hessen § 4; Bayern Art. 6; Berlin, Mecklenburg-Vorpommern, Sachsen, Sachsen-Anhalt, Schleswig-Holstein und Thüringen § 6), der eine Legaldefinition des „Druckwerks" enthält, ist eine *zentrale Bestimmung* des gesamten Presserechts. Da sich der Begriff „Presse" mangels einer gesetzlichen oder verfassungsrechtlichen Definition am Begriff des Druckwerks orientiert, ergibt sich aus der weiten Fassung des § 7 NRWLPG einerseits der Grundrechts-Schutz der Pressefreiheit (Art. 5 Abs. 1 GG) für alle Schriften, die vom Druckwerkbegriff umfasst werden (→ Kap. 1 Rn. 6 f.). Andererseits werden alle Produzenten von Druckwerken den Ordnungsvorschriften und den Pflichten des Presserechts unterstellt.

4 b) Schon der Text des § 7 NRWLPG zeigt, dass der Gesetzgeber bei der Definition „Druckwerk" *nicht* von dem *üblichen Sprachgebrauch* ausgeht, sondern eine sehr *viel weitere Begriffsbestimmung* vorgenommen hat. Der § 7 Abs. 1 NRWLPG lautet: „Druckwerke im Sinne dieses Gesetzes sind alle mittels der Buchdruckerpresse oder eines sonstigen zur Massenherstellung geeigneten Vervielfältigungsverfahrens hergestellten und zur Verbreitung bestimmten Schriften, besprochenen Tonträger, bildlichen Darstellungen mit und ohne Schrift, Bildträger und Musikalien mit Text oder Erläuterungen". Insgesamt sind die in § 7 Abs. 1 und 2 NRWLPG vorgegebenen Begriffsbestimmungen von Entwicklungsoffenheit geprägt, indem sie regelbeispielartige Aufzählungen bieten und sich durch Wendungen wie „sonstig" oder „in ähnlicher Weise" hüten, abschließende Festlegungen zu treffen (vgl. *Kunig* JURA 1995, 589). Die umfassende Begriffsbestimmung hat *historische Ursachen*. Der Obrigkeitsstaat früherer Epochen war bestrebt, die durch Zeitungen und Zeitschriften erfolgende Massenvervielfältigung „gefährlicher" Ideen möglichst in allen ihren Erscheinungsformen den gesetzlichen Bestimmungen des Presse-Ordnungsrechts zu unterwerfen (vgl. Löffler/*Lehr* LPG § 7 Rn. 3; Weberling S. 12 ff.). Die Presse ist heute ein „Grund-" bzw. „Wesenselement des freiheitlichen Staates" (BVerfGE 36, 340; 20, 174; → Kap. 3 Rn. 24 ff.). Der verfassungsrechtliche Pressebegriff ist dementsprechend weit auszulegen (vgl. *Grabenwarter* in Maunz/Dürig, GG, 82. EL, Art. 5 Rn. 239).

Der zentrale Begriff des Druckwerks schließt – zum Teil über den Wortlaut des § 7 NRWLPG hinausgehend – ua folgende Elemente ein:

5 (1) Es muss sich bei einem „Druckwerk" stets um eine Massenvervielfältigung mit *geistigem Sinngehalt* handeln (vgl. Löffler/*Lehr* LPG § 7 Rn. 15; *Fiedler* in BeckOK Informations- und Medienrecht, 27. Ed., HPresseG § 4 Rn. 2; *Mann* NJW 1996, 1243; *Schiwy/Schütz/Dörr* S. 449 f.). Dies folgt aus dem erwähnten *Zweck* der weiten Fassung des § 7 NRWLPG. Es ging und geht auch heute noch um den geistigen Sinngehalt der Presse-Erzeugnisse. Denn nur durch ihn erfüllen Presseprodukte ihre öffentliche Aufgabe (vgl. § 3 NRWLPG; → Kap. 3 Rn. 4 ff.).

Dabei genügt es, wenn der Sinngehalt des Druckwerks nur von Eingeweihten verstanden wird (zB Geheimzeichen einer Sekte). Dagegen fallen Schriften ohne Sinngehalt – wie etwa eine sinnlose Zusammenstellung von Buchstaben oder Zahlen (zB die Prüfungstafeln eines Augenarztes oder ornamental bedruckte Tapeten) – nicht unter den Druckwerkbegriff. Andererseits verlangt das Gesetz nicht, dass ein Druckwerk eine *Meinung* vermittelt. Dies ergibt sich unmittelbar aus § 7 Abs. 3 NRWLPG, der als Beispiel für Druckwerke Formulare, Preislisten uä aufzählt.

(2) Ein weiteres wichtiges Element des Druckwerkbegriffs, das sich aus dem Inhalt des § 7 Abs. 1 NRWLPG ergibt, ist die *stoffliche Verkörperung* des geistigen Sinngehalts (→ Kap. 1 Rn. 9 f, 15). § 7 Abs. 1 NRWLPG nennt als denkbare Formen stofflicher Verkörperung ua besprochene Tonträger, bildliche Darstellungen mit und ohne Schrift sowie Musikalien mit Text und Erläuterungen. Unter den Begriff des Druckwerks fallen auch Computerprogramme (vgl. *Schiwy/Schütz/Dörr* S. 449 f.). Videokassetten (vgl. BVerwG AfP 1990, 250) sind ebenso wie Veröffentlichungen, die sich die sich auf einer CD-ROM, DVD oder einer Blu-ray befinden, als Kombination von Bild- und Tonträger (vgl. Löffler/*Lehr* LPG § 7 Rn. 36) einzustufen. **6**

(3) Das Erfordernis der *körperlich* greifbaren Vervielfältigung trennt bis heute noch die Presse begrifflich vom *Rundfunk,* bei dem die Vervielfältigung und Verbreitung unkörperhaft mittels Telekommunikation (vgl. § 2 Abs. 1 S. 1 MStV) erfolgt. **6a**

Das Erfordernis des geistigen Sinngehalts (→ Rn. 5) und der stofflichen Verkörperung (→ Rn. 6) bedeutet jedoch nicht, dass ein Druckwerk ausschließlich mit menschlichen Sinnen erfassbar sein muss. Der Umstand, dass die Wahrnehmbarmachung der körperlich gespeicherten Texte, Musik- und Filmteile eines technischen Hilfsmittels (zB PC mit CD-ROM-Laufwerk) bedarf, spricht somit nicht per se gegen das Vorliegen eines Druckwerks (vgl. *Fiedler* in BeckOK Informations- und Medienrecht, 27. Ed., HPresseG § 4 Rn. 4; *Mann* NJW 1996, 1243). **6b**

Strittig ist, ob bzw. unter welchen Umständen auch die sog. *„elektronische Presse"* unter den Begriff des Druckwerks fällt (→ Kap. 1 Rn. 5a, 9a, 14 f.). Dies ist gerade im Hinblick auf das Merkmal der stofflichen Verkörperung fraglich. Zunächst ist zu berücksichtigen, dass es sich hierbei um einen Sammelbegriff handelt, unter dem verschiedene Erscheinungsformen digitaler Medienangebote zusammengefasst werden (→ Kap. 1 Rn. 5a). Diese Vielfalt kann eine einheitliche rechtliche Bewertung erschweren (vgl. Löffler/*Lehr* LPG § 7 Rn. 36). Im Kontext des hier zu erörternden Begriffs des Druckwerks ist somit zu differenzieren. **6c**

Sofern eine dauerhafte Speicherung (zB auf Festplatte, USB-Stick) „elektronischer Presse" (zB E-Books) erfolgt, spricht einiges dafür, auch diese Produkte unter den Begriff des Druckwerks fallen zu lassen, sofern sie als Substitute gedruckter Produkte zu bewerten sind (zustimmend Löffler/*Lehr* LPG § 7 Rn. 36; anders wohl Beater, der Onlinezeitungen dem Telemedienrecht selbst dann unterstellen will, wenn sie wortgleich zur gedruckten Ausgabe sind (vgl. Medienrecht, Rn. 167)).

Erfolgt jedoch nur eine kurzfristige Speicherung der jeweiligen Informationen im Zwischenspeicher des Ausgabegeräts (zB PC, Tablet, Smartphone), liegt keine ausreichende stoffliche Verkörperung vor, um ein Druckwerk bejahen zu können (anders wohl *Fiedler* in BeckOK Informations- und Medienrecht, 27. Ed., HPresseG § 4 Rn. 5). Denn die durch die Verkörperung entstehende „Gefährlichkeit" (→ Kap. 4 Rn. 8 ff.) bzw. intellektuelle Wirkmacht von Druckwerken ist deutlich eingeschränkt, wenn der gedankliche Sinngehalt nicht dauerhaft, sondern nur kurzfristig gespeichert wird und damit nur vorübergehend wahrgenommen und verbreitet werden kann. Dass flüchtige Speicher nach wohl herrschender Meinung „Schriften" im strafrechtlichen Sinne (§ 11 Abs. 3 StGB in der bis zum 31.12.2020 geltenden Fassung) sind (krit. *Stein/Deiters* in SK-StGB § 11 Rn. 106 (mwN)), ist ebenfalls kein zwingendes presserechtliches Argument, da Straf- und Presserecht verschiedene Funktionen innehaben. Insofern sollte – trotz der aufgrund der Digitalisierung bestehenden Notwendigkeit einer Neuausrichtung des Merkmals „körperlich" bzw. „Verkörperung" – keine gänzliche Abkehr von diesem Tatbestandsmerkmal erfolgen (zur Abkehr vom strafrechtlichen Schriftenbegriff hin zum Inhalte-Begriff (§ 11 Abs. 3 StGB in der ab dem 1.1.2021 geltenden Fassung) vgl. BT-Drs. 19/19859; *Gercke,* ZUM 2020, 952 f.)).

Inwiefern im presserechtlichen (dh im Sinne der Landespressegesetze) Sinne an der Körperlichkeit des Druckwerks festzuhalten ist, ist zu unterscheiden von der Frage, ob eine solche Körperlichkeit auch erforderlich ist, damit das Presseprodukt in den Schutzbereich der Pressefreiheit fallen kann (hiergegen zB *Degenhart* in BK-GG Art. 5 Rn. 198). Dies ist zu verneinen. So unterstellt das Bundesverfassungsgericht zB im Internet veröffentlichte – also nicht-körperliche – Artikel zumindest dann dem Schutz der Pressefreiheit, wenn sie im Wesentlichen inhaltsgleich mit Publikationen der Printausgabe sind (vgl. BVerfG AfP 2017, 230). **6d**

(4) Die gesetzliche Definition des Druckwerks erfordert nach § 7 Abs. 1 NRWLPG außerdem die Herstellung in einem zur *Massenherstellung geeigneten Vervielfältigungsverfahren.* Ob die Her- **7**

stellung auf mechanischen oder chemischen Verfahren beruht, ist unmaßgeblich (vgl. BVerwG DVBl 1972, 927). Es genügt, dass das Verfahren generell für die Massenproduktion geeignet ist – ohne Rücksicht darauf, ob im konkreten Fall auch eine Vielzahl von Exemplaren hergestellt wurde (vgl. Löffler/*Lehr* LPG § 7 Rn. 26).

8 (5) Sinn und Zweck des Presserechts ist es nicht, die zum *persönlichen Gebrauch* des Druckers, Verlegers oder eines sonstigen Herstellers produzierten Erzeugnisse den Ordnungsbestimmungen der Landespressegesetze zu unterwerfen. Deshalb gehört nach § 7 Abs. 1 NRWLPG zum Begriff des Druckwerks dessen *Bestimmung zur Verbreitung*. Das bedeutet, dass das Druckwerk aus dem engen Kreis der an seiner Herstellung Beteiligten heraustreten und einem größeren Personenkreis zugänglich gemacht werden soll (vgl. BGH AfP 1989, 455). Dabei kann sich die Bestimmung *ändern:* Wird ein ursprünglich zum persönlichen Gebrauch bestimmtes Druckwerk später doch verbreitet, so wird es erst mit dem Wandel der Verwendungsabsicht zum Druckwerk. Somit entsteht oder entfällt jeweils nachträglich der Charakter eines Druckwerks. Doch sind an den Nachweis der Zweckänderung strengere Maßstäbe anzulegen. Schriftproben, Korrekturen, Druckfahnen wie auch alle zur Herstellung benutzten Formen sind mangels Bestimmung zur Verbreitung keine solchen Druckwerke (vgl. Löffler/*Lehr* LPG § 7 Rn. 22).

2. Die verschiedenen Arten von Druckwerken

9 a) § 7 Abs. 1 NRWLPG nennt an erster Stelle die *Schriften*. Sie sind Zeichen oder Verbindungen von Zeichen, die einen geistigen Sinngehalt verkörpern (auch → Rn. 5). Als Schriftzeichen kommen Buchstaben, Bilder und auch Geheim-, Kurz- oder Bilderschriften in Frage (vgl. *Hecker* in Schönke/Schröder StGB § 11 Rn. 73). Ob der Inhalt durch das Auge oder durch den Tastsinn (Blindenschrift) wahrgenommen werden kann, ist rechtlich ohne Bedeutung. Beachte, dass das StGB in § 11 Abs. 3 nunmehr (ab dem 1.1.2021) nicht mehr auf den Begriff der „Schrift", sondern auf den des „Inhalts" abstellt.

10 b) Zu den Druckwerken zählen auch *besprochene Tonträger*, dh zB CDs und Schallplatten. Das Wort „besprochen" ist weit auszulegen und kann gleichsam besungene Tonträger umfassen (vgl. Löffler/*Lehr* LPG § 7 Rn. 28). Eine Sonderregelung gilt in Bayern (vgl. *Söder* in BeckOK Informations- und Medienrecht, 27. Ed., BayPrG Art. 6 Rn. 3).

11 c) Durch die Einbeziehung *„bildlicher Darstellungen und Bildträger"* hat der Druckwerkbegriff eine erhebliche Ausdehnung erfahren (vgl. Löffler/*Lehr* LPG § 7 Rn. 29 ff.). Die wohl herrschende Meinung (vgl. *Fischer* StGB § 11 Rn. 33 ff.; *Hecker* in Schönke/Schröder StGB § 11 Rn. 72; aA OLG Hamm AfP 2002, 442) neigt dazu, den Begriff der bildhaften Druckwerkform weit auszulegen und bejaht den Druckwerk-Charakter auch bei Ansichtskarten, Fotos und Dias, selbst wenn der geistige Sinngehalt gering ist. Auch die *Kombinationen* verschiedener Verkörperungen geistiger Sinngehalte, insbesondere von Bild- und Tonträgern wie etwa Videokassetten unterfallen dem Begriff des Druckwerks im Sinne von § 7 Abs. 1 NRWLPG (vgl. OLG Koblenz NStZ 1991, 45; LG Duisburg NStZ 1987, 367; → Rn. 6).

12 d) *Musikalien* fallen nur dann unter den Druckwerk-Begriff, wenn sie mit einem Text oder mit Erläuterungen versehen sind. Reine Instrumentalaufnahmen haben keinen Druckwerk-Charakter. Dagegen gehören Gesangsaufnahmen zu den besprochenen Tonträgern im Sinne des Gesetzes. Die menschliche Stimme, einerlei ob in Form von Gesang oder als gesprochenes Wort, gibt der Aufnahme den Charakter eines Druckwerkes. Dieselben Grundsätze gelten für Notenausgaben. Texte mit Erläuterungen führen zur Annahme eines Druckwerkes. Allerdings begründet der Aufdruck des Komponistennamens, des Titels und der Opus-Zahl noch keinen Druckwerk-Charakter (vgl. Löffler/*Lehr* LPG § 7 Rn. 35).

13 e) Bei Gebrauchsgegenständen des täglichen Bedarfs findet man häufig eine Verbindung des geistigen Sinngehalts mit dem praktischen Nutzungszweck (zB Aschenbecher mit Reklamespruch; Notizbücher mit Sprüchen usw). Hier ist der Druckwerk-Charakter zu bejahen, wenn der geistige Sinngehalt, den die Aufschrift vermittelt, gegenüber der praktischen Bestimmung seinen eigenen Charakter wahrt und eine Meinungskundgabe bezweckt (vgl. BayObLG 10, 344; RGSt 41, 413).

3. Die Einbeziehung der presseredaktionellen Hilfsunternehmen

Von großer pressepolitischer Bedeutung ist der § 7 Abs. 2 NRWLPG, der das gesamte Korrespondenzmaterial, das die Presse von den sog. *presseredaktionellen Hilfsunternehmen* bezieht, in den Druckwerkbegriff einschließt. Dadurch werden die *Angehörigen* der *Nachrichten-Agenturen,* Materndienste und verwandter Unternehmen einerseits zu Trägern der Pressefreiheit, sind jedoch andererseits den Ordnungsvorschriften des Presserechts unterworfen. Darauf, ob das Korrespondenzmaterial im Einzelnen den Erfordernissen des Druckwerk-Begriffs entspricht, kommt es nicht an. Gemäß § 7 Abs. 2 S. 2 NRWLPG gelten nämlich alle von einem presseredaktionellen Hilfsunternehmen gelieferten Mitteilungen als Druckwerke, *ohne Rücksicht auf die technische Form,* in der sie geliefert werden. Daher sind auch Mitteilungen, die im Wege der elektronischen Datenübermittlung an die Presseredaktionen gesendet werden bzw. Übermittlungen durch E-Mail, Funk, Telefax oder Fernschreiber, als Druckwerke anzusehen (vgl. Löffler/*Lehr* LPG § 7 Rn. 53). 14

Das Gesetz trägt damit dem erheblichen, vom Publikum unbemerkten Einfluss der presseredaktionellen Hilfsunternehmen auf die öffentliche Meinung Rechnung (vgl. Löffler/*Lehr* LPG § 7 Rn. 53). Auf das Nachrichtenmaterial, das die Agenturen verarbeiten und der Presse anbieten, ist diese verstärkt angewiesen, da die eigene Nachrichtenbeschaffung zunehmend kostenintensiver geworden ist. Nachrichtenagenturen, Pressekorrespondenzen, Materndienste und Bildbüros liefern Artikel druckfertig an die Redaktionen. Es ist daher angebracht, sie den Vorschriften des Presseordnungsrechts auch dann zu unterwerfen, wenn das von ihnen gelieferte Material die Tatbestandsvoraussetzungen des § 7 Abs. 1 NRWLPG nicht erfüllt.

4. Die periodischen Druckwerke

a) Wenn im Alltag von „der" Presse die Rede ist, versteht man darunter allgemein die *periodisch erscheinende Presse,* die im Wesentlichen von den *Zeitungen und Zeitschriften* verkörpert wird (→ Kap. 1 Rn. 16f.). Infolge ihres regelmäßigen Erscheinens und auf Grund der Höhe ihrer Auflage kommt der periodischen Presse ein besonderer Einfluss auf die öffentliche Meinung zu. 15

b) Bei der herausragenden Bedeutung der (periodischen) Zeitungs- und Zeitschriftenpresse ist es verständlich, dass sie vom Gesetzgeber in § 7 Abs. 4 NRWLPG als besondere Gruppe begrifflich erfasst wurde, um in verschiedenen Bereichen des Presserechts besonderen Ordnungsvorschriften unterworfen zu werden. So gilt nur für periodische Druckwerke die Pflicht, einen verantwortlichen Redakteur zu beschäftigen und ihn in das Impressum aufzunehmen (§ 8 Abs. 2 NRWLPG). Die Kennzeichnungspflicht bei Inseraten (§ 10 NRWLPG; sh. im Einzelnen Kap. 14) obliegt nur ihr. Ein Anspruch auf Abdruck einer Gegendarstellung besteht nur gegenüber periodischen Druckwerken (§ 11 NRWLPG; zum Gegendarstellungsrecht sh. Abschn. 5). Die meisten Landespressegesetze sehen vor, dass bei der periodischen Presse die internen Beteiligungsverhältnisse am Verlag zu offenbaren sind (vgl. zB Art. 8 Abs. 3 BayPG; im Einzelnen → Kap. 13 Rn. 15f.). 16

c) Die *Legaldefinition* des § 7 Abs. 4 NRWLPG stellt fest: „*Periodische Druckwerke* sind Zeitungen, Zeitschriften und andere in ständiger, wenn auch unregelmäßiger Folge und im Abstand von nicht mehr als sechs Monaten erscheinende Druckwerke". Diese Begriffsbestimmung erfasst auch Flugblätter, Informationsbriefe und Plakatreihen, die nicht seltener als in sechsmonatigen Abständen erscheinen (vgl. Löffler/*Lehr* LPG § 7 Rn. 76). 17

d) Zum Begriff des periodischen Erscheinens gehört schon nach dem Sprachgebrauch die *Absicht unbeschränkten Weitererscheinens.* Wegen der fehlenden Kontinuität fallen nach strittiger Auffassung Zeitschriften oder Zeitungen mit einer von vornherein begrenzten Erscheinungsdauer (zB Messe- und Ausstellungszeitschriften; Wahlzeitungen der politischen Parteien) nicht unter den Begriff des periodischen Druckwerks (vgl. Löffler/*Lehr* LPG § 7 Rn. 77; Schiwy/Schütz/Dörr S. 450). Vereinzelt wird in Hinblick auf das Tatbestandsmerkmal „ständig" auch vertreten, es sei ausreichend, wenn für eine bestimmte Zeit eine wiederkehrende Veröffentlichung geplant ist. Daher sei auch eine Wahlkampfzeitschrift, die innerhalb einer bestimmten Zeit mehrfach erscheint, zB an vier Wochenenden, als periodische Druckschrift anzusehen (vgl. *Seitz,* Gegendarstellungsanspruch, 5. Kap. Rn. 74; *Wenzel/Burkhardt* Kap. 11 Rn. 13). Diese Ansicht ist jedoch mit dem Begriff „ständig" in der Definition der periodischen Presse nicht 18 vereinbar. Regelmäßigkeit der Erscheinungsweise wird nach dem Gesetzeswortlaut nicht gefordert. Bedeutung erlangt diese Abgrenzung vor allem bei Gegendarstellungen. So kann gegen Wahlzeitungen ein Gegendarstellungsanspruch nicht geltend gemacht werden, wenn diese im Abstand von mehr als sechs Monaten erscheinen (vgl. Schiwy/Schütz/Dörr S. 450).

Nur *in sich abgeschlossene und selbstständige Druckwerke* wie einzelne Zeitungs- und Zeitschriften-Nummern gelten bei wiederkehrender Erscheinungsweise als periodische Druckwerke (vgl. *Wenzel/Burkhardt* Kap. 11 Rn. 14). Selbst so genannte Händlerschürzen, werbliche Hinweise an Verkaufsstellen, mit denen auf die aktuelle Ausgabe einer Zeitung oder Zeitschrift hingewiesen wird, sollen unter den Begriff des periodisch erscheinenden Druckwerks fallen (vgl. LG Berlin AfP 2000, 98 f.). Schriftenreihen, deren einzelne Schriften inhaltlich auf ergänzende Fortsetzung angelegt sind, gehören nicht zu den periodischen Druckwerken. Auch einzelne Teile eines periodisch erscheinenden Lieferwerks (Loseblattsammlung, Entscheidungssammlungen usw), denen die Abgeschlossenheit und Selbstständigkeit fehlen, sind keine periodischen Druckwerke iSd § 7 Abs. 4 NRWLPG (vgl. Löffler/*Lehr* LPG § 7 Rn. 79). Zu den periodisch erscheinenden Druckwerken gehören allerdings diejenigen Tageszeitungen, die sich als Lokalzeitungen verstehen. Ein Presseerzeugnis darf sich jedoch nur dann als eine solche ansehen, wenn es umfassend und kontinuierlich über das örtliche Geschehen in all seinen Erscheinungsformen berichtet. Zudem ist die Lokalausgabe dadurch gekennzeichnet, dass sie sich der Berichterstattung über die örtlichen Ereignisse und Angelegenheiten umfassend widmet, also fortlaufend in Wahrnehmung einer selbst auferlegten „Chronistenpflicht" eine Art Presse-Grundversorgung hinsichtlich des lokalen Geschehens in seiner ganzen Breite erbringt (vgl. OVG Münster ZUM 1996, 339 f.).

Eine von den übrigen Landespressegesetzen abweichende Regelung des Rechts der periodischen Presse enthält Art. 6 BayPG (vgl. Löffler/*Lehr* LPG § 7 Rn. 83). Als Zeitungen oder Zeitschriften werden gemäß Art. 6 Abs. 3 BayPG nur solche periodischen Druckwerke angesehen, deren Auflage 500 Stück übersteigt oder deren Bezug, bei einer geringeren Auflage, nicht an einen bestimmten Personenkreis gebunden ist.

5. Die Freistellung amtlicher und „harmloser" Druckwerke

19 In § 7 Abs. 3 LPG (abweichend Rheinland-Pfalz § 1 Abs. 4; Saarland § 2 Abs. 3; Hessen § 4 Abs. 2; Berlin, Mecklenburg-Vorpommern, Sachsen-Anhalt, Schleswig-Holstein und Thüringen § 6 Abs. 3; Bayern Art. 7 Abs. 2 und 3; Sachsen § 15 Abs. 2) hat der Gesetzgeber die *amtlichen* und die sog. *„harmlosen"* Druckwerke im Blick auf ihre mangelnde Bedeutung für die öffentliche Meinungsbildung von den Kontroll- und Ordnungsvorschriften der Landespressegesetze ausdrücklich freigestellt (zur bayerischen Sonderregelung vgl. Löffler/*Lehr* LPG § 7 Rn. 57: Privileg nur für die harmlosen Druckwerke; zur sächsischen Sonderregelung vgl. Löffler/*Lehr* LPG § 7 Rn. 58).

a) *Amtliche Druckwerke* sind Druckerzeugnisse, die von einem Organ der öffentlichen Gewalt (Behörde) zu amtlichen Zwecken entweder selbst oder durch Beauftragte (private Druckereibetriebe) hergestellt werden (vgl. *Wenzel/Burkhardt* Kap. 11 Rn. 12; Löffler/*Lehr* LPG § 7 Rn. 55). Lässt die Behörde das Druckwerk in einem Verlag erscheinen, greift das Privileg nur ein, wenn die Veröffentlichung in ihrem Namen erfolgt (vgl. *Wenzel/Burkhardt* Kap. 11 Rn. 12). Aus dem Gesetzeswortlaut („ausschließlich") ergibt sich, dass das Privileg der Befreiung von den Ordnungsvorschriften der Landespresse- bzw. Landesmediengesetze lediglich für solche Druckwerke gilt, die nur amtliche Mitteilungen und keine sonstigen Themen enthalten (vgl. Schiwy/Schütz/Dörr S. 450 f.; *Wenzel/Burkhardt* Kap. 11 Rn. 12; Löffler/*Lehr* LPG § 7 Rn. 56). Das sächsische Landespressegesetz stellt amtliche Druckwerke nicht generell frei, sondern erklärt in § 15 Abs. 2 S. 1 SächsPG nur die Regelungen über die Anforderungen an den verantwortlichen Redakteur und die Kennzeichnung entgeltlicher Veröffentlichungen für nicht anwendbar.

20 b) Eine Freistellung von den Pflichten der Landespressegesetze besteht auch für die sog. *harmlosen Druckwerke* (vgl. § 7 Abs. 3 Ziff. 2 NRWLPG; beachte aber die Einschränkung in Art. 7 Abs. 2 und 3 BayPG, wonach nur eine Befreiung von der Impressumpflicht erteilt wird). Da sie somit von sämtlichen Ordnungsbestimmungen der Landespressegesetze ausgenommen sind, die sich auf Druckwerke beziehen, genießen sie andererseits nicht das Privileg der kurzen Verjährung (vgl. BGH AfP 1995, 416; zu den Verjährungsvorschriften im Einzelnen → Kap. 17 Rn. 49 ff.).

(1) Der Grund für die Privilegierung ist die Vermutung, dass eine Gefahr für andere Rechtsgüter wegen der publizistisch geringen Bedeutung dieser Druckwerke nicht besteht. Die Privilegierung knüpft an den „harmlosen" Charakter solcher Druckwerke an, die „dem Gewerbe und Verkehr sowie dem häuslichen und geselligen Leben dienen" (vgl. OLG München AfP 2008, 522; Löffler/*Lehr* LPG § 7 Rn. 60). Welchen Zwecken ein Druckwerk „dient", entscheidet sich weder nach dem Titel noch nach der Überschrift oder den damit verfolgten subjektiven Zielen, sondern nach dem objektiven Charakter, den der Gesamteindruck ergibt. Das Druckwerk muss den privilegierten Zwecken ausschließlich und unmittelbar dienen (vgl. BGH AfP 1995, 416; Löffler/*Lehr* LPG § 7 Rn. 60).

(2) Der Begriff *Gewerbe* iSd § 7 Abs. 3 Ziff. 2 NRWLPG ist nicht im rechtstechnischen Sinne **21**
der Gewerbeordnung zu verstehen, sondern umfasst auch Handel und Landwirtschaft sowie freie Berufe (vgl. Löffler/*Lehr* LPG § 7 Rn. 61). Werbedrucksachen, die nur Zwecken des Gewerbes dienen, gelten nach § 7 NRWLPG als harmlos. Unter den weit auszulegenden Begriff des Gewerbes fällt auch die privatwirtschaftliche Betätigung im Rahmen von Kapitalanlagegeschäften. Daher sind auch Kapitalanlageprospekte harmlose Schriften (vgl. BGH AfP 1995, 416; vgl. zur zivilrechtlichen Haftung für fehlerhafte Angaben in solchen Prospekten §§ 8 ff. WpPG, §§ 20 ff. VermAnlG und § 306 KAGB). Die Harmlosigkeit entfällt nicht, wenn die der Werbung dienenden Druckwerke an der öffentlichen Meinungsbildung teilnehmen, da dies regelmäßig der Fall ist.

(3) Nicht zu den harmlosen Druckwerken gehören *Anzeigenblätter* (vgl. *Fiedler* in BeckOK **22**
Informations- und Medienrecht, 27. Ed., HPresseG § 4 Rn. 10; → Kap. 47 Rn. 22 ff.). Nach der Aufmachung und dem Selbstverständnis der Herausgeber wirken sie an der öffentlichen Meinungsbildung mit (vgl. BGHZ 116, 54; 19, 392; OLG Karlsruhe AfP 1997, 713 f.; OLG Düsseldorf GRUR 1987, 297; LG Braunschweig AfP 1997, 559). Das BVerfG hat dies ausdrücklich bestätigt (vgl. BVerfG NJW 1990, 702; BVerfGE 64, 114). Dabei hat das Gericht vor allem die Wirkung der Anzeige als Nachricht hervorgehoben (BVerfG aaO), denn auch Anzeigen dienen der Kommunikationsaufgabe der Presse (vgl. BFH DStR 2016, 1867). Eine Freistellung würde auch dem gesetzlichen Zweck zuwiderlaufen, der in der Ordnungsvorschrift des § 10 NRWLPG (Trennung bzw. Kennzeichnung von Text- und Anzeigenteil) zum Ausdruck kommt (→ Kap. 14 Rn. 1 ff.). Gerade bei Anzeigenblättern ist die Gefahr der Irreführung des Lesers durch „redaktionelle" Werbung besonders groß.

(4) *Dem Verkehr dienen* Fahrpläne, Landkarten und darüber hinaus alle als Hilfsmittel der **23**
Kommunikation gefertigten Druckwerke (Postkarten, Briefpapier mit Briefkopf; nicht aber zwingend Ansichtskarten). Dem *häuslichen und geselligen Leben* sind ua zuzurechnen Formulare, Preislisten, Familienanzeigen, Stimmzettel für Wahlen, Theater- und Konzertprogramme, Festschriften, Vereinssatzungen, Mitgliederverzeichnisse sowie Spiel-, Unterhaltungs- und Rätselbücher (vgl. Löffler/*Lehr* LPG § 7 Rn. 63).

13. Kapitel. Impressumpflicht. Offenlegung der Inhaber- und Beteiligungsverhältnisse. Drucker, Verleger, Herausgeber, Redakteur, Chefredakteur, verantwortlicher Redakteur. Der Verantwortliche für den Anzeigenteil. Anbieterkennzeichnung bei Onlineausgaben von Zeitungen oder Zeitschriften.

I. Impressumpflicht

1. Bedeutung und Zweck des Impressums

a) Zu den wichtigsten Ordnungsvorschriften der Presse gehört der *Impressumzwang,* den die **1**
Landespressegesetze in § 8 LPG für die *gesamte* periodische und nichtperiodische Presse angeordnet haben (abweichend: Sachsen § 6; Hessen §§ 6, 7; Berlin, Mecklenburg-Vorpommern, Sachsen-Anhalt, Schleswig-Holstein und Thüringen § 7; Bayern Art. 7, 8; Rheinland-Pfalz § 9; zur „Impressum"pflicht (terminologisch präziser: Informationspflichten) bei Telemedien mit journalistisch-redaktionell gestalteten Angeboten gemäß § 18 Abs. 2 MStV iVm §§ 5 f. TMG

vgl. *Ott* in BeckOK Informations- und Medienrecht, 27. Ed., TMG § 5; → Rn. 38 ff.). Davon ausgenommen sind die amtlichen und die sog. harmlosen Schriften (§ 7 Abs. 3 NRWLPG; → Kap. 12 Rn. 19 ff.). Nach § 8 LPG Baden-Württemberg muss jedes Druckwerk ein Impressum enthalten, das über die Herkunft des Druckwerks und die für seinen Inhalt Verantwortlichen Aufschluss gibt (zur Offenlegungspflicht von Inhaber- und Beteiligungsverhältnissen → Rn. 15 ff.).

2 b) Der Impressumzwang ist fast so alt wie die Massenvervielfältigung und -verbreitung von Schriften. Eine Hauptwaffe der Presse im Kampf gegen staatliche und kirchliche Bevormundung und Unterdrückung war ihre *Anonymität,* mit deren Hilfe sie sich der Verfolgung und Bestrafung wegen kritischer Veröffentlichungen zu entziehen suchte. Aber auch in der heutigen Welt der verfassungsrechtlich gesicherten Meinungs- und Pressefreiheit ist der Impressumzwang unverändert von großer praktischer Bedeutung. Der Einzelne könnte sich gegen Presseangriffe nicht zur Wehr setzen, wenn ihm der Adressat seiner *zivilrechtlichen* Ansprüche auf Unterlassung, Widerruf und Schadensersatz (zur zivilrechtlichen Haftung der Presse sh. Abschn. 9) wie auch auf Abdruck einer Gegendarstellung (sh. Abschn. 5) unbekannt bliebe (vgl. OLG Celle NJW 1996, 1150; OLG Bremen NJW-RR 1993, 726; OLG Karlsruhe AfP 1992, 373). Darüber hinaus sichert der Impressumzwang die notwendige *strafrechtliche* Verfolgung von Pressedelikten (vgl. BGH NJW 1997, 2248 f.; KG AfP 1998, 324 f.; sh. zur strafrechtlichen Verantwortlichkeit Kap. 17, Abschn. 11 und Abschn. 12) sowie die Möglichkeit der *Beschlagnahme* und der Einziehung von Druckwerken mit strafbarem Inhalt (vgl. BGH NJW 1990, 1992). Der Zweck des Impressums ist also allgemein auf die problemlose Identifizierung der Verantwortlichen gerichtet (vgl. BGH NJW 1990, 1992; OLG Karlsruhe AfP 1992, 373; OLG Hamm AfP 1991, 441; *Soehring* in Soehring/Hoene, Presserecht, § 25 Rn. 1, 6). Es vermittelt zudem dem Verletzten die ladungs- und zustellungsfähige Anschrift des Verletzers (vgl. Löffler/*Lehr* LPG § 8 Rn. 8).

3 c) Auch sichert der Impressumzwang die der Presse gemäß § 3 NRWLPG obliegende Aufgabe der freien öffentlichen Meinungsbildung, wie sie im Interesse der Funktionsfähigkeit des demokratischen Rechtsstaats unerlässlich ist. Die Meinungsbildung kann nur dann sachgerecht verlaufen, wenn der Bürger mit Hilfe des Impressums feststellen kann, *wer* den Meinungsbildungsprozess in Gang setzt und beeinflusst. Gleiches gilt in Ansehung der Frage, wer wirtschaftlich hinter der Person steht, die im Impressum genannt wird. Viele LPG verpflichten daher auch Verlage, die periodische Presse verlegen, zu einer Offenlegung ihrer wirtschaftlichen Beteiligungsverhältnisse (→ Rn. 15 f.).

4 d) Auch für die Presse-Angehörigen, die innerhalb eines Presseunternehmens für den Inhalt von Druckschriften *verantwortlich* sind, ist der Impressumzwang von positiver Bedeutung: Die Aufteilung der Verantwortlichkeit unter den einzelnen Redakteuren, wie sie vom jeweiligen Impressum zum Ausdruck gebracht wird, dient der Klarstellung und eventuellen Begrenzung ihrer konkreten Haftung (vgl. BGH NJW 1977, 626; auch → Rn. 35). Missverständlichkeiten gehen jeweils zu Lasten der im Impressum Genannten (vgl. OLG Karlsruhe AfP 1992, 373). Dennoch ist zu berücksichtigen, dass der Benennung im Impressum lediglich eine eingeschränkte Beweisbedeutung zuerkannt wird. Danach enthält sie das durchaus widerlegbare außergerichtliche Geständnis, dass der Benannte tatsächlich die bezeichnete Stellung bekleidet habe (vgl. KG AfP 1998, 324; *Engels/Eisenblätter* AfP 2008, 35).

2. Umfang und Inhalt der Impressumpflicht

5 a) Der *Umfang* der Impressumpflicht ist je nach der publizistischen Bedeutung und dem Einfluss der zur Veröffentlichung kommenden Presse-Organe verschieden und wirkt sich im Presserecht (§§ 7, 8 NRWLPG) in einer *Dreigliederung* aus:

6 (1) Vom Impressumzwang *befreit* sind wegen ihrer Ungefährlichkeit die *amtlichen* und sog. *harmlosen* Druckwerke (§ 7 Abs. 3 NRWLPG; → Kap. 12 Rn. 19 ff.).

7 (2) Die „einfache" Impressumregelung gilt nach § 8 Abs. 1 NRWLPG für die *nichtperiodische Presse.* Hier müssen der *Drucker* und der *Verleger* – beide mit Namen bzw. Firma und Anschrift – angegeben werden.

Der *Selbstverleger* muss nicht explizit genannt werden. Neben Namen und Anschrift seines Druckers kann er sich auf die Angabe der Adresse des Verfassers oder des Herausgebers beschränken. Das Thüringer Pressegesetz verlangt außerdem, dass die Eigentumsverhältnisse des Verlags genannt werden (§ 7 Abs. 1 aE ThürLPG; zur periodischen Presse → Rn. 15 ff.). Ein „Selbstverlag" liegt vor, wenn das Werk von seinem Verfasser ohne die Vermittlung eines anderen Verlegers selbst zum Erscheinen gebracht wird (vgl. Löffler/*Lehr* LPG § 8 Rn. 62).

(3) Eine erweiterte Impressumpflicht obliegt nach § 8 Abs. 2 NRWLPG der einflussreicheren *periodischen Presse* (Zeitungen und Zeitschriften). Hier sind im Impressum außer Namen und Anschrift von Drucker und Verleger zusätzlich Namen und Anschrift des *verantwortlichen Redakteurs* anzugeben (→ Rn. 22 ff.). Darüber hinaus ist ein besonderer *„Verantwortlicher für den Anzeigenteil"* zu benennen (→ Rn. 36 f.). 8

b) Für den *Inhalt* der Impressumangaben gilt der Grundsatz der *Klarheit* und *Eindeutigkeit* (vgl. BGH NJW 1990, 1992; OLG Karlsruhe AfP 1992, 373; OLG Hamm AfP 1991, 441). 9

Die Landespressegesetze enthalten zur Art und Weise des unerlässlichen Abdrucks des Impressums keine Regelung. Für den Zweck des Impressums (→ Rn. 2) ist eine blickfangmäßige Kennzeichnung nicht erforderlich (vgl. OLG Hamm AfP 1991, 441). Ausreichend ist vielmehr, dass der Leser es bei aufmerksamer Durchsicht des Druckwerkes auffindet (OLG Hamm aaO), ein mühevolles Suchen darf jedoch nicht erforderlich sein (vgl. *Held* in HK Medienrecht 69. Abschn. Rn. 7). Auch darf das Impressum nicht auf verschiedene Stellen einer Druckschrift verteilt werden, sondern muss als Ganzes an einer Stelle stehen. Nur dann ist der Grundsatz der Klarheit und Eindeutigkeit eingehalten. Um dem Grundsatz der Klarheit der Herkunftsangaben zu genügen, müssen auch die in Deutschland verlegten fremdsprachlichen Druckwerke zusätzlich ein Impressum in deutscher Sprache aufweisen (vgl. *Schiwy/Schütz/Dörr* S. 453; Löffler/*Lehr* LPG § 8 Rn. 30; *Held* in HK Medienrecht 69. Abschn. Rn. 7). Teilweise fordert das Gesetz explizit eine „deutliche" Wahrnehmbarkeit (zB § 6 Abs. 1 S. 1 SächsPG).

Die vom Gesetz geforderte Eindeutigkeit der Impressumangaben gilt auch für die *Anschrift* der im Impressum zu nennenden Personen. Die Angabe eines *Pseudonyms* ist im Impressum nur zulässig, wenn es der Leserschaft bekannt ist (vgl. Löffler/*Lehr* LPG § 8 Rn. 34). In ihrer heutigen Fassung verlangen die meisten Landespresse- respektive Landesmediengesetze neben der Angabe des Wohnorts mit Recht auch die Nennung der Anschrift (Ausnahme: § 7 Abs. 1 BerlinPG, wonach bei nicht-periodischer Presse die Angabe des Wohnorts genügt). Zur Anschrift gehören grundsätzlich der Ort, die Straße und die Hausnummer (vgl. BGH NJW 1990, 1992). Dabei kommt sowohl die Privatanschrift als auch die Geschäftsadresse in Betracht (vgl. *Rath-Glawatz* in Rath-Glawatz/Engels/Dietrich, Das Recht der Anzeige, Kap. P Rn. 416; Löffler/*Lehr* LPG § 8 Rn. 38). Es reicht aus, wenn die Anschrift der Redaktion oder des Verlages für alle presserechtlich verantwortlichen Personen einmal angeführt wird (vgl. Schiwy/Schütz/Dörr S. 451). Denn durch die genaue Angabe der Verlagsanschrift ist die Erreichbarkeit der genannten Person und damit der Zweck des Impressums gewährleistet (zur Frage, inwieweit die bloße Angabe eines Postfaches genügen soll, vgl. jeweils verneinend BVerwG NJW 1999, 2608; OLG Hamburg NJW 2004, 1114; Löffler/*Lehr* LPG § 8 Rn. 38; *Held* in HK Medienrecht 69. Abschn. Rn. 6). Alle über die durch § 8 NRWLPG geforderten Angaben hinausgehenden Hinweise wie Urheberkennzeichnungen, Haftungshinweise oder Gerichtsstandsangaben dienen lediglich der Zweckmäßigkeit und Leserfreundlichkeit (vgl. *Engels/Eisenblätter* AfP 2008, 35).

3. Das Impressum bei Sonderteilen des Druckwerks

a) Ein *einheitliches Druckwerk* muss nur *ein* Impressum aufweisen. Enthält die Publikation (etwa die umfangreiche Samstags-/Sonntagsnummer einer Zeitung) auch *selbstständige Teile,* so erfordert jeder von ihnen (sofern es sich nicht um ein harmloses Druckwerk handelt, → Rn. 6) ein eigenes Impressum. Bei der Frage, wann ein solcher Fall vorliegt, kommt es nicht auf den inhaltlichen Zusammenhang, sondern auf die *äußere Aufmachung* und den äußeren technischen Zusammenhalt an. Aus diesem Grundsatz folgt, dass alle für sich gebundenen, gehefteten oder broschierten Druckwerke, auch wenn sie einer anderen Publikation beigelegt sind, wie etwa Flugblätter, Landkarten usw, jeweils ein eigenes Impressum benötigen. Bei *Sonderbeilagen* für Zeitungen ist eine enge drucktechnische Verbindung mit dem Hauptblatt nicht üblich. Meist werden die Beilagen erst nach der Fertigstellung des Hauptblattes eingelegt („eingeschossen"), so dass an sich ein gesondertes Impressum erforderlich wäre. Trotzdem kann sich aus der Auf- 10 machung ergeben, dass sie zusammen mit der Zeitung eine Einheit bilden. Dies ist dann der Fall, wenn aus der Sicht und nach der Planung des Verlegers die Beilage einen regelmäßigen Bestandteil der jeweiligen Zeitung bildet und auch von den Personen betreut wird, die im Hauptblatt als „Verantwortliche" angeführt sind (vgl. *Rath-Glawatz* in Rath-Glawatz/Engels/Dietrich, Das Recht der Anzeige, Kap. P Rn. 263; Löffler/*Lehr* LPG § 8 Rn. 101 f.).

11 b) Um den negativen Folgen einer gesteigerten Presseverflechtung entgegenzuwirken, haben alle Länder in § 8 Abs. 3 LPG (abweichend: Sachsen § 6 Abs. 3; Hessen § 7 Abs. 2; Berlin, Mecklenburg-Vorpommern, Sachsen-Anhalt, Schleswig-Holstein und Thüringen § 7 Abs. 3; Saarland § 8 Abs. 1; Bayern Art. 8 Abs. 4; Rheinland-Pfalz § 9 Abs. 3) eine *Erweiterung des Impressums* vorgenommen:

(1) Dem erweiterten Impressumzwang unterliegen alle Zeitungen, die *regelmäßig ganze Seiten des redaktionellen Teils fertig übernehmen.* Sie haben in ihrem Impressum auch den Verleger und den verantwortlichen Redakteur des übernommenen Teils anzugeben. Bremen, Niedersachsen und Sachsen-Anhalt fordern nur die Angabe des für den übernommenen Teil verantwortlichen Redakteurs.

12 (2) Diese Regelung resultiert aus der fortschreitenden Pressekonzentration, die zu einem starken Rückgang der publizistischen Einheiten geführt hat (→ Kap. 87 Rn. 2). Der Leser ist immer mehr auf unselbständige Blätter angewiesen, die nur noch wenige Sparten in eigener Verantwortung herstellen. Dabei handelt es sich um sog. *„Anschlusszeitungen"* (vgl. Löffler/*Lehr* LPG § 8 Rn. 109). Bei diesen gibt es hinsichtlich des Umfangs des Fremdbezugs verschiedene Möglichkeiten. Die sog. *„Kopfzeitungen"* weichen von der Hauptzeitung nur durch den unterschiedlichen Titel redaktionell ab (vgl. Löffler/*Lehr* LPG § 8 Rn. 110). Der Fremdbezug kann auch in der Weise erfolgen, dass der „Zeitungsmantel" für bestimmte Vertriebsgebiete durch einen lokalen oder regionalen Teil ergänzt und auch ein örtlicher Anzeigenteil hinzugefügt wird (vgl. Löffler/*Lehr* LPG § 8 Rn. 109). Die Verpflichtung dieser Zeitungen, ein erweitertes Impressum zu führen, soll dem Leser kenntlich machen, in welchem redaktionellen Abhängigkeitsverhältnis seine Zeitung steht. Nur so ist er in der Lage, das für seine Informations- und Meinungsbildung wesentliche Moment der journalistischen Identität zu erfassen (vgl. *Jarass* NJW 1981, 198). Nur eine transparente Zeitungspresse kann die ihr nach § 3 NRWLPG zukommende Aufgabe einer freien, nicht manipulierten Meinungsbildung sachgemäß erfüllen (vgl. BVerfGE 20, 175; 12, 113; zur öffentlichen Aufgabe sh. Kap. 3).

12a Wenn § 8 Abs. 3 NRWLPG für den Fremdbezug von Zeitungsinhalten *Regelmäßigkeit* fordert, so bedeutet dies nicht täglich. Ausreichend ist zB auch die ständige Übernahme nur des Sonntagsteils beim gleichen Verlag. Allerdings fällt die lediglich sporadische oder gelegentliche Übernahme fremder Teile nicht unter § 8 Abs. 3 NRWLPG. Die Regelung des erweiterten Impressumszwangs in Rheinland-Pfalz (§ 9 Abs. 3 RPLMG) erwähnt das Erfordernis der Regelmäßigkeit nicht. Aus einer sinn- und zweckorientierten Auslegung des Gesetzestextes heraus muss jedoch die Regelmäßigkeit des Fremdbezugs auch für Rheinland-Pfalz gelten, da es auch nur dann erforderlich ist, die Leserschaft über die wirklichen Presseverhältnisse aufzuklären, wenn tatsächlich enge Verflechtungen mit anderen Presseunternehmen bestehen (vgl. Löffler/*Lehr* LPG § 8 Rn. 112, 130). Gegen diese Auslegung spricht allerdings, dass der Gesetzgeber des LMG eine gleichlautende Formulierung des Landespressegesetzes (LPG vom 14.6.1965 (GVBl. S. 107), zuletzt geändert durch Artikel 7 des Gesetzes vom 8.5.2002 (GVBl. S. 177)) übernommen hat, ohne das Erfordernis der Regelmäßigkeit „hinzuzufügen" (vgl. RLP LT-Drs. 14/3235, 42, re. Sp.: „Die Absätze 1, 2, 3 und 5 übernehmen die Bestimmungen aus § 8 des Landespressegesetzes.").

13 (3) Neben dem Schutz des Leserinteresses dient die Vorschrift aber auch dem weiteren Zweck, die *Haftung* der für den Zeitungsinhalt *verantwortlichen Redakteure* abzugrenzen und klarzustellen. Es wäre unbillig, wenn die Haftung für den gesamten Zeitungsinhalt ausschließlich bei den Verantwortungsträgern der Lokalzeitung läge, obwohl diese nur auf einen Teilbereich der Zeitung wirklich Einfluss nehmen können.

14 (4) Eine noch weitergehende Bestimmung zum Schutz des Leserinteresses enthalten die Pressegesetze von Baden-Württemberg, Brandenburg, Mecklenburg-Vorpommern und Nordrhein-Westfalen: Nach § 8 Abs. 3 S. 2 BWLPG und BrandenLPG müssen *Kopfblätter,* dh Zeitungen, die von ihrer Zentrale, der Hauptzeitung, die gesamte Zeitungsnummer, jedenfalls den redaktionellen Teil fertig geliefert bekommen und nur einen anderen, ihrem lokalen Bereich entsprechenden *Kopf (Titel)* tragen, in ihrem Impressum auch den Titel der Hauptzeitung angeben. § 8 Abs. 3 S. 2 NRWLPG verlangt hinsichtlich solcher Kopfblätter in der Impressumsangabe zwar nicht den Titel der Hauptzeitung, sondern nur die Angabe des Verlegers. Die umfassendste Regelung hat Mecklenburg-Vorpommern getroffen, welches in § 7 Abs. 3 S. 2 MVLPG sowohl die Angabe des Verlegers als auch den Titel der Hauptzeitung fordert.

4. Die Adressaten der Impressumpflicht

Die Impressumpflicht obliegt nach §§ 21 Ziff. 3, 22 Abs. 1 Ziff. 1 LPG (abweichend: Bayern Art. 13 Abs. 1 Ziff. 1; Rheinland-Pfalz § 9 Abs. 5; Sachsen und Thüringen § 13 Abs. 1 Ziff. 3; Sachsen-Anhalt §§ 13 Ziff. 3, 14 Abs. 1 Ziff. 1; Hessen §§ 13 Abs. 2, 14 Abs. 1 Ziff. 2; Brandenburg § 15 Abs. 1 Ziff. 3; Schleswig-Holstein §§ 15 Ziff. 3, 16 Abs. 1 Ziff. 1; Berlin, Hamburg und Mecklenburg-Vorpommern §§ 20 Ziff. 3, 21 Abs. 1 Ziff. 1; Nordrhein-Westfalen §§ 22 Ziff. 3, 23 Abs. 1 Ziff. 1; Saarland §§ 63 Abs. 2 Ziff. 3, 64 Abs. 1 Ziff. 1) dem Verleger sowie dem verantwortlichen Redakteur, beim Selbstverlag uU auch dem Verfasser oder Herausgeber (→ Rn. 19). **14a**

Beachte, dass auch den *das Druckwerk vertreibenden Unternehmer* eine Verantwortung für die Ordnungsgemäßheit des Impressums treffen kann (→ Kap. 17 Rn. 40). **14b**

II. Offenlegung der Inhaber- und Beteiligungsverhältnisse der periodischen Presse

1. Bayern (Art. 8 Abs. 3 BayPG), Berlin (§ 7a BerlinPG), Brandenburg (§ 9 BrandenLPG), Hessen (§ 5 HessPG), Mecklenburg-Vorpommern (§ 7 Abs. 4 MVLPG), Rheinland-Pfalz (§ 9 Abs. 4 RPLMG), Sachsen (§ 8 SächsPG), Sachsen-Anhalt (§ 7a SAnhaltPG), Schleswig-Holstein (§ 7 Abs. 4 SHPG) und Thüringen (§ 8 ThürPG) sind einer von vielen Seiten, auch von politischen Parteien, erhobenen Forderung nachgekommen und haben in ihren Landespresse- respektive Landesmediengesetzen die Verpflichtung begründet, in regelmäßigen Zeitabschnitten im Impressum der Zeitung Angaben über deren Inhaber- und Beteiligungsverhältnisse zu publizieren. Diese Pflicht folgt aus der besonderen Bedeutung der periodischen Presse und ihrem starken Einfluss auf die öffentliche Meinungsbildung: Die notwendige Transparenz der periodischen Presse erfordere nicht nur die Kenntnis der direkt auf die Zeitungsgestaltung Einfluss nehmenden Persönlichkeiten, vorwiegend des Verlegers und der Redakteure, sondern auch Aufschluss über die am Unternehmen wirtschaftlich Beteiligten, von denen ein indirekter Einfluss ausgehen könne (vgl. *Möstl* DÖV 2003, 106 ff.; vgl. auch die jeweilige Gesetzesbegründung, zB LT RhPf. Drs. 14/3235, 43, li. Sp.). **15**

2. Die *Offenlegungspflicht* ist in Schleswig-Holstein in § 7 Abs. 4 S. 1 SHPG kurz und klar wie folgt normiert: „Die Verlegerin oder der Verleger eines periodischen Druckwerkes muss in regelmäßigen Zeitabschnitten im Druckwerk offen legen, wer an der Finanzierung des Unternehmens wirtschaftlich beteiligt ist, und zwar bei Tageszeitungen in der ersten Nummer jedes Kalendervierteljahres, bei anderen periodischen Druckschriften in der ersten Nummer jedes Kalenderjahres.“. Dem entspricht mit geringfügigen Abweichungen der Wortlaut von § 7 Abs. 4 S. 1 MVLPG und § 8 S. 1 SächsPG. **16**

Wesentlich ausführlicher ist zB die entsprechende Regelung in *Bayern.* Sie beruht auf Art. 8 Abs. 3 BayLPG. Die früher ebenfalls einschlägige Verordnung zur Durchführung des Gesetzes über die Presse vom 7.2.1950, zuletzt geändert durch Verordnung vom 1.7.2005 (GVBl. S. 303) ist durch Art. 40 Abs. 2 Ziff. 2 Bayerisches Datenschutzgesetz (BayDSG vom 15.5.2018 (GVBl. S. 230), zuletzt geändert durch § 6 des Gesetzes vom 18.5.2018 (GVBl. S. 301)) aufgehoben worden.

Ausführlichere Bestimmungen enthalten auch § 5 HessPG, § 9 BrandenLPG, § 9 Abs. 4 RPLMG und § 8 ThürLPG. Wegen der Einzelheiten vgl. Löffler/*Lehr* LPG § 8 Rn. 139 ff.

III. Drucker. Verleger. Herausgeber

1. Drucker

17 a) Der Drucker ist neben dem Verleger und Verfasser die maßgebliche Person für die Herstellung eines Druckwerkes (→ Kap. 1 Rn. 21). Deshalb ist er im *Impressum* aller Druckwerke – mit Ausnahme der amtlichen und harmlosen Druckschriften – stets mit voller Adresse deutlich anzugeben (→ Rn. 6, 7). Der Drucker ist Träger des Grundrechts auf *Pressefreiheit* und genießt die der Presse zustehenden Schutzrechte (Privilegien), insbesondere das publizistische *Zeugnisverweigerungsrecht* des § 53 Abs. 1 S. 1 Ziff. 5 StPO (vgl. Löffler/*Achenbach* LPG § 23 Rn. 28, 35 f.).

17a b) Andererseits gehen mit der Pressefreiheit auch Pflichten einher (vgl. BVerfGE 12, 130), die vom Drucker beachtet werden müssen. In § 6 LPG (abweichend: Bayern Art. 3 Abs. 2; Berlin § 3 Abs. 2; Mecklenburg-Vorpommern, Sachsen, Sachsen-Anhalt, Schleswig-Holstein und Thüringen § 5) ist die Sorgfaltspflicht der Presse festgelegt. Danach hat sie alle Nachrichten vor ihrer Verbreitung auf Wahrheit, Inhalt und Herkunft zu prüfen. In Hessen fehlt eine entsprechende gesetzliche Regelung.

Dabei darf die zivil- und strafrechtliche Haftung des Druckers, der in der Regel nur für die technische Seite der Herstellung zuständig ist, jedoch nicht überspannt werden. Grundsätzlich wird der Drucker nur als Gehilfe zur Verantwortung gezogen (→ Kap. 41 Rn. 21).

Nach dem Recht der meisten Landespressegesetze trifft den Drucker die Pflicht zur Ablieferung von sog. Bibliotheksexemplaren (zu den hier einschlägigen Vorschriften → Kap. 15 Rn. 2b ff.), wenn das Druckwerk keinen Verleger hat oder der Verlagsort außerhalb des Geltungsbereichs des jeweiligen Gesetzes liegt (→ Kap. 15 Rn. 28a). Gemäß § 9 Abs. 5 RPLMG ist der Drucker auch für die Aufnahme des Impressums verantwortlich.

17b c) Drucker ist der Inhaber des Druckereibetriebs, gleichgültig, ob er den Betrieb als Eigentümer, Pächter oder bloßer Besitzer führt. Mitinhaber eines Druck-Unternehmens haften bei Pressedelikten als Gesamtschuldner (Näheres vgl. Löffler/*Lehr* LPG § 8 Rn. 44; Löffler/*Achenbach* LPG § 14 Rn. 15). Drucker können sowohl natürliche Personen, als auch Personengesellschaften oder juristische Personen sein. Ob sie gewerbsmäßig handeln oder nicht, ist unerheblich (vgl. *Groß* AfP 1993, 549).

2. Verleger

18 a) Verleger ist jeder *Unternehmer,* der das Erscheinen und Verbreiten von Druckwerken im eigenen Namen bewirkt (vgl. OLG Düsseldorf NJW 1980, 71; *Wenzel/Burkhardt* Kap. 11 Rn. 72; Schiwy/Schütz/Dörr S. 453 f.). Verleger kann eine natürliche oder juristische Person, eine Personenmehrheit oder eine Handelsgesellschaft sein. Verleger ist der *faktische Inhaber* des Unternehmens, auch wenn er nur Pächter, Nießbraucher oder bloßer Besitzer ist (näheres vgl. Löffler/*Lehr* LPG § 8 Rn. 54). Für den presserechtlichen Verlegerbegriff ist es insbesondere unerheblich, ob der Unternehmer das Druckwerk auf eigene oder fremde Rechnung und mit oder ohne Berechtigung gegenüber dem Verfasser erscheinen lässt (vgl. *Groß* AfP 1993, 548 (549)). Anders als im Verlagsrecht, in dem der Verleger gemäß § 1 VerlG nur derjenige Partner eines Verlagsvertrages ist, der berechtigt und verpflichtet ist, ein ihm vom Verfasser anvertrautes Werk auf eigene Rechnung zu vervielfältigen und zu verbreiten, ist nach § 8 NRWLPG auch derjenige als Verleger zu benennen, der unbefugt und unter Verletzung fremder Urheber- und Verlagsrechte Druckwerke erscheinen lässt (vgl. RGSt 5, 358).

18a b) Die *zivilrechtliche* Haftung des Verlegers (hierzu im Einzelnen → Kap. 41 Rn. 23 ff.) spielt in der presserechtlichen Praxis eine wichtige Rolle, weil der durch eine Presse-Veröffentlichung Geschädigte sich in erster Linie an den Verleger als den kapitalkräftigsten unter den Pressebeteiligten zu halten versucht (vgl. *Henning-Bodewig* GRUR 1981, 875; *Löffler* NJW 1957, 1149). Hat der Verleger bei einer die Rechte Dritter verletzenden Publikation selbst mitgewirkt, so haftet er je nach dem Maß seiner Beteiligung – neben der Redaktion – als Anstifter, Gehilfe oder Mittäter nach außen *gesamtschuldnerisch* (→ Kap. 41 Rn. 19; zur Haftung bei Unterlassungsansprüchen → Kap. 44 Rn. 8; zur Haftung für einen Widerruf → Kap. 44 Rn. 24; zur Haftung auf Schadensersatz → Kap. 44 Rn. 42). Erscheint die kritische Publikation ohne Wissen und

Willen des Verlegers, so kann seine Haftung dennoch gegeben sein, und zwar entweder auf Grund der Vernachlässigung der ihm obliegenden *Sorgfalts- und Überwachungspflicht* oder wegen etwaiger von ihm zu verantwortender *Organisationsmängel* (im Einzelnen → Kap. 41 Rn. 25).

c) Auf dem Gebiet des *Strafrechts* besteht bei Publikationen strafbaren Inhalts (sog. Presse-Inhaltsdelikten) nach § 21 Abs. 2 S. 1 Ziff. 2 NRWLPG eine *berufsbedingte Sonderhaftung* des Verlegers nichtperiodischer Druckwerke, wenn er vorsätzlich oder fahrlässig seine Aufsichtspflicht verletzt und die rechtswidrige Tat darauf beruht (vgl. Löffler/*Kühl* LPG § 20 Rn. 112ff.; → Kap. 17 Rn. 10, 12ff.). Da es bei der periodischen Presse, insbesondere den Zeitungen und regelmäßig erscheinenden Zeitschriften, dem Verleger nicht zugemutet werden kann, den gesamten Inhalt jeweils vor dem Erscheinen zu prüfen, beschränkt sich die Sonderhaftung gemäß § 21 Abs. 2 S. 1 Ziff. 2 NRWLPG auf die nichtperiodische Presse (vgl. *Groß* NStZ 1994, 314). **18b**

d) Angesichts der zentralen Stellung des Verlegers beim Erscheinen und Verbreiten von Druckschriften ist seine Adresse im *Impressum aller* Druckwerke stets anzugeben – auch hier mit Ausnahme der amtlichen und der sog. harmlosen Druckwerke (→ Rn. 6, 7). **18c**

3. Herausgeber

Da die dem Verleger als Leiter des Presseunternehmens originär zustehenden Kompetenzen dispositiv sind, kann er einzelvertraglich auf einen Dritten als „Herausgeber" einen unterschiedlich weiten Bereich von Aufgaben und Befugnissen delegieren. Sofern nicht im Einzelfall eine abweichende Vereinbarung getroffen wurde, ist der Herausgeber nach seiner üblichen Charakteristik als *„Inhaber der geistigen Oberleitung"* Träger der *„publizistischen Richtlinienkompetenz"* (vgl. Löffler/*Lehr* LPG § 8 Rn. 64ff.; *Ricker* FS D. Oppenberg, 53). Nur dann kann von einer bestimmenden Einflussmöglichkeit auf den redaktionellen Inhalt der Publikation gesprochen werden, die die darauf bezogene Verantwortlichkeit und *presserechtliche Haftung* des Herausgebers selbst entstehen lässt (vgl. BGH MDR 1981, 40; LG Stuttgart AfP 1983, 294; *Ricker* FS D. Oppenberg, 49). Anders als ein Verleger oder Drucker kann der Herausgeber als Inhaber der geistigen Oberleitung beim Erscheinen eines Druckwerks grundsätzlich nur eine natürliche Person, nicht aber eine Gesellschaft oder juristische Person sein (vgl. Schiwy/Schütz/Dörr S. 454; *Sevecke* AfP 1998, 357). Dies ergibt sich einerseits aus der inneren Verwandtschaft der Tätigkeit mit der des Verfassers oder Chefredakteurs (vgl. Löffler/*Lehr* LPG § 8 Rn. 70). Andererseits erwächst aus der Funktion als Träger der publizistischen Richtlinienkompetenz eine höchst persönliche zivil- und strafrechtliche Verantwortung und die Verantwortung für den Meinungsbildungsprozess, die durch eine juristische Person nicht wahrgenommen werden kann (vgl. *Sevecke* AfP 1998, 353). Die *zivilrechtliche* Haftung des Herausgebers erstreckt sich auf die Fälle, in denen er auf Grund eigener Mitwirkung eine persönliche Verantwortung trägt oder in denen er seine inhaltlichen Kontrollpflichten subjektiv vorwerfbar verletzt (vgl. OLG Celle AfP 1992, 295; Ricker, Unternehmensschutz und Pressefreiheit, S. 146; *Wenzel/Burkhardt* Kap. 12 Rn. 65, Kap. 14 Rn. 62; → Kap. 41 Rn. 22). Bei der Veröffentlichung kritischer Bücher und Artikel muss der Herausgeber – ebenso wie der Verleger – den mit der Überprüfung beauftragten Dritten Organstellung iSd §§ 30ff. BGB verschaffen. Versäumt der Herausgeber dies, so muss er sich so behandeln lassen, als habe er den verantwortlichen Dritten Organstellung eingeräumt. Eine *strafrechtliche Sonderhaftung* – wie sie für den Verleger besteht (→ Rn. 18b) – gibt es *für den Herausgeber* nur in Sachsen (§ 12 Abs. 2 S. 1 Ziff. 2 SächsPG). **19**

Im *Impressum* muss der Herausgeber nicht benannt werden. Doch darf der *Selbstverleger,* der sich eines Herausgebers bedient, letzteren statt seiner selbst benennen (→ Rn. 7). Als im Impressum benannter Herausgeber eines Selbstverlages kann er auch gemäß § 22 Abs. 1 Ziff. 3 NRWLPG eine Straftat oder gemäß § 23 Abs. 1 Ziff. 1 NRWLPG eine Ordnungswidrigkeit begehen, sofern er als solcher vorsätzlich oder fahrlässig den Vorschriften über das Impressum zuwiderhandelt.

IV. Redakteur und Chefredakteur

1. Redakteur

20 Das Presserecht enthält keine Definition des wichtigen Begriffs des Redakteurs (zum verantwortlichen Redakteur → Rn. 22ff.).

a) Das charakteristische Berufsbild des Redakteurs ist das *„Redigieren"*, dh das Sammeln, Sichten und Ordnen des zur Veröffentlichung in der Presse bestimmten Stoffes (vgl. Löffler/*Lehr* LPG § 9 Rn. 13). Nicht wesentlich für den Redakteur ist es, dass er selbst Artikel schreibt; wohl aber muss ihm in seinem Ressort eine, wenn auch begrenzte, Entscheidungsbefugnis über die Auswahl des zu publizierenden Stoffes zustehen. Dieser presserechtliche Redakteur-Begriff galt früher auch für die arbeitsrechtliche Definition (vgl. BAG AfP 1981, 475). Nunmehr wird in dem Gehaltstarifvertrag für Redakteurinnen und Redakteure an Tageszeitungen eine Definition des tarifvertraglichen Redakteur-Begriffs vorgenommen. Diese vom Presserecht abweichende Definition (vgl. eingehende Darstellung des BAG AfP 1981, 475f.) gilt für das Tarifrecht. Somit kann derjenige, der als hauptberuflich Festangestellter tätig ist und beim Redigieren ohne eigene Entscheidungsbefugnis mitwirkt, Redakteur im arbeitsrechtlichen Sinne sein, mangels Entscheidungsbefugnis muss er jedoch nicht Redakteur im presserechtlichen Sinne sein (vgl. LAG Köln AfP 2013, 170; Löffler/*Lehr* LPG § 9 Rn. 14).

20a b) Die *zivilrechtliche Haftung* des Redakteurs ergibt sich aus den allgemeinen Grundsätzen des Rechts der unerlaubten Handlung (§§ 823ff. BGB; zur Haftung allgemein → Kap. 41 Rn. 7ff.; zur Haftung des Redakteurs → Kap. 41 Rn. 22; zur Haftung auf Unterlassung → Kap. 44 Rn. 8; zur Haftung auf Berichtigung → Kap. 44 Rn. 24; zur Haftung auf Schadensersatz → Kap. 44 Rn. 42). Eine Sonderhaftung trifft ihn nicht. Doch hat er bei seiner publizistischen Tätigkeit die der Presse auferlegte *Sorgfaltspflicht* des § 6 NRWLPG zu beachten, wonach alle zur Verbreitung kommenden Nachrichten sorgfältig auf Wahrheit, Inhalt und Herkunft zu prüfen sind (→ Kap. 39 Rn. 6ff.). Auch in *strafrechtlicher* Hinsicht trifft ihn – anders als den Verleger und den verantwortlichen Redakteur – keine Sonderhaftung. Vielmehr gilt für ihn der Grundsatz des § 21 Abs. 1 NRWLPG: „Die Verantwortlichkeit für Straftaten, die mittels eines Druckwerks begangen werden, bestimmt sich nach den allgemeinen Strafgesetzen". Je nach dem Grad seiner Mitwirkung bei einer strafbaren Veröffentlichung kann er als Täter, Mittäter, Anstifter oder Gehilfe (§§ 25–27 StGB) zur Rechenschaft gezogen werden. Da dem Redakteur eine rechtliche Sonderstellung nicht zukommt, besteht bei ihm keine Pflicht zur Benennung im Impressum.

2. Chefredakteur

21 Entgegen einer weit verbreiteten Annahme nimmt der Chefredakteur keine presserechtliche Sonderstellung ein. Das Presserecht kennt den Chefredakteur trotz seiner maßgeblichen Leitungsfunktion als Rechtsbegriff nicht. Deshalb besteht auch keine Pflicht, den Chefredakteur im Impressum zu benennen. Seine rechtliche Haftung ist prinzipiell die gleiche wie die des einfachen Redakteurs, wenn auch der Bereich, auf den sich die Sorgfaltspflicht des Chefredakteurs erstreckt, wesentlich größer ist (→ Kap. 41 Rn. 22). Der Chefredakteur ist insbesondere nicht mit dem verantwortlichen Redakteur identisch und darf mit diesem auch nicht verwechselt werden (vgl. *Soehring* in Soehring/Hoene, Presserecht, § 28 Rn. 8; *Wenzel/Burkhardt* Kap. 11 Rn. 70). Denn während die Aufgabe des Chefredakteurs in erster Linie die Verantwortung für den wirtschaftlichen Erfolg und die organisatorische und planerische Gestaltung des Produkts umfasst, obliegt dem verantwortlichen Redakteur im Sinne des Presserechts in Bezug auf den Inhalt der zu publizierenden Titel die Kontrolle, um eine straf- oder zivilrechtliche Haftung zu vermeiden. Daher kann der Chefredakteur einer Tageszeitung auch bei einem unklaren und unvollständigen Impressum nicht auf Abdruck einer Gegendarstellung in Anspruch genommen werden, sofern er nicht auch die Stellung eines im Sinne des Presserechts verantwortlichen Redakteurs innehat (vgl. OLG Celle NJW 1996, 1149f.).

V. Der verantwortliche Redakteur

1. Im Gegensatz zum Redakteur und Chefredakteur, deren Stellung sich mit dem Aufkommen der periodischen Presse historisch entwickelt hat, handelt es sich bei der Funktion des verantwortlichen Redakteurs um eine *„juristische Erfindung"*. Sie dient dem Zweck, der anonymen Macht der periodischen Presse ein wirksames Haftungsprinzip entgegenzustellen (→ Rn. 2). Die Landespressegesetze haben das Prinzip des verantwortlichen Redakteurs zum Angelpunkt des gesamten presserechtlichen Haftungssystems gemacht (vgl. §§ 11, 21 Abs. 2 S. 1 Ziff. 1, 22, 23 Abs. 1 Ziff. 1 NRWLPG). **22**

2. Jedem *Verleger* eines *periodischen Druckwerks* obliegt die doppelte Pflicht einerseits einen verantwortlichen Redakteur (mit entsprechenden persönlichen Voraussetzungen, → Rn. 28 ff.) zu *bestellen* und ihn andererseits in jeder Nummer eines periodischen Druckwerks im Impressum mit voller Adresse zu *benennen* (vgl. §§ 8 Abs. 2, 9, 21, 22, 23 NRWLPG). Dies hat eindeutig zu geschehen; hiergegen verstößt zB die Bezeichnung eines Redakteurs als Stellvertreter des Chefredakteurs „verantwortlich für Dresden und Region", weil nicht deutlich wird, ob es sich hierbei nicht nur um eine organisatorische Aufteilung der Stellvertretung handelt (vgl. OLG Dresden AfP 2017, 183). Für die richtige und deutliche Benennung im Impressum haftet neben dem Verleger der verantwortliche Redakteur selbst (→ Rn. 26). **22a**

Im Einzelnen ergibt sich hier Folgendes:

3. Trotz der rechtlich bedeutsamen Funktion des verantwortlichen Redakteurs fehlen im Gesetz nähere Bestimmungen über seine *Bestellung*. **23**

a) Nachdem zu dieser Frage früher verschiedene Theorien existierten (vgl. die Darstellung bei Löffler/*Lehr* LPG § 9 Rn. 18 ff.), hat sich heute die sog. *„Stellungstheorie"* durchgesetzt. Danach ist verantwortlicher Redakteur, wer mit dieser Stellung vom Verleger des Druckwerks *tatsächlich* beauftragt wurde und kraft dieser Stellung darüber verfügen kann, ob ein Beitrag veröffentlicht wird oder eine Publikation wegen ihres strafbaren Inhalts unterbleibt (vgl. BGH NJW 1997, 2250; 1990, 2830; 1980, 67; KG AfP 1998, 324; OLG Celle NJW 1996, 1149; *Wenzel/Burkhardt* Kap. 11 Rn. 68). Allein auf die formale Benennung im Impressum als entscheidenden konstitutiven Akt für die Entstehung von Pflichten abzustellen ist vor allem deshalb unsachgemäß, weil die Aufgaben des verantwortlichen Redakteurs sich auch schon auf den Zeitraum vor dem Erscheinen der Ausgabe mit dem Impressum beziehen (vgl. KG AfP 1998, 324). Auch eine Bestimmung des verantwortlichen Redakteurs durch Auslegung oder nach Rechtsscheingrundsätzen kann es nicht geben, noch kann auf den Empfängerhorizont gemäß den §§ 133, 157 BGB abgestellt werden, da strafrechtlich verantwortlich nur derjenige sein kann, der die Stellung des verantwortlichen Redakteurs auch *tatsächlich* inne hat (vgl. OLG Celle NJW 1996, 1150). **23a**

b) Durch das Abstellen auf den *tatsächlich* verantwortlichen Redakteur wird das Unwesen der sog. *„Sitzredakteure"* unterbunden, die – ohne Verfügungsmacht über den Zeitungsinhalt – vom Verleger im Impressum als verantwortliche Redakteure benannt wurden und notfalls bereit waren, die Strafe für den wirklich Verantwortlichen „abzusitzen" (vgl. Löffler/*Lehr* LPG § 9 Rn. 20; Löffler/*Kühl* LPG § 21 Rn. 32; KG AfP 1998, 324). Daher macht sich derjenige, der sich lediglich auf eine formal nach außen hin eingenommene Stellung des presserechtlich verantwortlichen Redakteurs zurückgezogen, sich aber ansonsten nicht an der Herstellung des Druckwerks beteiligt hat, allenfalls wegen Beihilfe strafbar (vgl. BGH NJW 1997, 2251). **23b**

c) Obwohl die *faktische* Stellung des vom Verleger Beauftragten entscheidet, ist seine im periodischen Druckwerk erfolgte *Benennung* als verantwortlicher Redakteur nicht ohne rechtliche Relevanz. Vielmehr gilt sie als *außergerichtliches Geständnis* dafür, dass der Benannte auch in Wirklichkeit der verantwortliche Redakteur ist. Voraussetzung dafür ist allerdings der Nachweis, dass die Benennung mit Wissen und Willen des Benannten erfolgt ist (vgl. KG AfP 1998, 324). Dieser kann jedoch jederzeit den Gegenbeweis erbringen: Die Sonderhaftung trifft in diesem Fall nur den tatsächlich verantwortlichen Redakteur (vgl. auch BGH NJW 1990, 2830). **23c**

d) Die Funktion des verantwortlichen Redakteurs *dauert* von der tatsächlichen Beauftragung seitens des Verlegers bis zur Abberufung oder bis zur Niederlegung dieses Amtes, die jederzeit – unabhängig vom Anstellungsvertrag – für eine oder alle Nummern des periodischen Druckwerks erfolgen kann. Ist der verantwortliche Redakteur durch Krankheit oder Urlaub an der Ausübung **23d** seiner Funktion verhindert, so besteht seine Haftung trotzdem weiter, wenn er sein Amt nicht niederlegt oder vom Verleger nicht abberufen wird.

24 4. Die *Funktion* des verantwortlichen Redakteurs umfasst folgende Pflichten:

a) Die Hauptaufgabe des verantwortlichen Redakteurs geht dahin, den zu publizierenden Stoff auf seine Strafbarkeit zu *prüfen* und Texte mit strafbarem Inhalt vor dem Erscheinen des Druckwerks *auszuscheiden* (§ 21 Abs. 2 S. 1 Ziff. 1 NRWLPG; vgl. BGHZ 24, 210 ff.; BGH NJW 1990, 2830; *Schiwy/Schütz/Dörr* S. 459). Dementsprechend enthält § 11 Abs. 1 S. 1 HessPG eine widerlegbare Vermutung, dass der verantwortliche Redakteur eine abgedruckte strafbedrohte Äußerung gebilligt hat. Die Befugnis des verantwortlichen Redakteurs beschränkt sich auf ein *Vetorecht:* er darf nur untersagen, dass dieser oder jener Text erscheint, aber nicht anordnen, was stattdessen oder dass etwas überhaupt erscheinen soll (vgl. BGH NJW 1997, 2250; 1990, 2830). Dieses Vetorecht steht ihm gegenüber jedem Angehörigen des Verlages zu, auch gegenüber dem Chefredakteur und dem Verleger selbst. Bezüglich dieses Vetorechts ist der verantwortliche Redakteur nicht mit dem Chefredakteur zu verwechseln (→ Rn. 21). Nur dann, wenn der Chefredakteur tatsächlich die Veröffentlichungen auf ihren Inhalt in straf- und presserechtlicher Hinsicht selbst überprüft und ihr Erscheinen gegebenenfalls unterbindet, ist er zugleich der verantwortliche Redakteur (vgl. OLG Celle NJW 1996, 1150).

24a b) Das Vetorecht steht dem verantwortlichen Redakteur nur in *strafrechtlicher,* nicht in zivilrechtlicher Hinsicht zu. Der Wortlaut des Gesetzes (§ 21 Abs. 2 S. 1 Ziff. 1 NRWLPG) ist hinsichtlich der Überwachungspflicht eindeutig. Die schwierige Aufgabe des verantwortlichen Redakteurs verbietet eine pauschale Erweiterung seiner auf den *strafbaren* Inhalt des Druckwerks begrenzten Überwachungsfunktion (vgl. BGH NJW 1977, 626; *Soehring* in Soehring/Hoene, Presserecht, § 28 Rn. 13; Löffler/*Lehr* LPG § 9 Rn. 38 ff.) auch auf eine generelle *zivilrechtliche Haftung* oder Prüfpflicht. Eine solche zivilrechtliche Haftung des verantwortlichen Redakteurs käme nur dann in Frage, wenn er – neben dieser „amtlichen" Funktion – noch zusätzlich ein eigenes Ressort zu bearbeiten hätte und ihm hier eine schuldhafte Verletzung der Rechte Dritter unterliefe (vgl. BGH NJW 1977, 627; KG AfP 1991, 639). So haftet er insbesondere nur dann, wenn er sich über seine presserechtliche Funktion hinaus, die strafrechtliche Unbedenklichkeit des Inhalts zu überwachen, verpflichtet hat, in weitergehendem Umfang über Inhalt und Gestaltung der Zeitung zu entscheiden, oder er selbst Autor eines rechtsverletzenden Beitrages ist (vgl. OLG Bremen NJW-RR 1993, 727). Sonst haftet der verantwortliche Redakteur zivilrechtlich nach den allgemeinen Grundsätzen des bürgerlichen Rechts.

25 c) Als weitere gesetzliche Pflicht obliegt es dem verantwortlichen Redakteur (neben dem Verleger), für den rechtzeitigen und ordnungsgemäßen Abdruck einer einwandfreien *Gegendarstellung* zu sorgen (§ 11 NRWLPG; → Kap. 24 Rn. 9 f.).

26 d) Bei der Bedeutung der Funktion des verantwortlichen Redakteurs muss seine Bestellung ordnungsgemäß im *Impressum* der periodischen Druckwerke bekannt gemacht werden (§ 8 Abs. 2 NRWLPG). Für die korrekte Erfüllung dieser Pflicht haftet deshalb neben dem Verleger der verantwortliche Redakteur selbst (§ 22 Ziff. 3, § 23 Abs. 1 Ziff. 1 NRWLPG).

27 e) Die dem verantwortlichen Redakteur obliegenden gesetzlichen Pflichten treffen ihn *persönlich* und können nicht von einem *Redaktionskollektiv* wahrgenommen werden. Geschieht dies trotzdem, so ist jedes Mitglied des Kollektivs voll verantwortlich (vgl. BGH NJW 1980, 67). Daher ist als „verantwortlicher Redakteur" im Sinne des Presserechts zu betrachten, wer an einer Kollektiventscheidung über Ablehnung oder Aufnahme eines „strafrechtlich unreinen" Beitrags in ein Druckwerk mitwirkt und diese Entscheidung durch Aufnahme seines Namens in das Impressum nach außen hin mit vertritt. Dieser Mitverantwortlichkeit kann er sich bei einer Mehrheitsentscheidung auch nicht durch schlichtes Dagegenstimmen entziehen (vgl. OLG Stuttgart NStZ 1981, 28). Der verantwortliche Redakteur haftet auch für solche Beiträge strafrechtlich, für die ein namentlich zeichnender Redakteur die Verantwortung übernommen hat. Das gilt sogar dann, wenn das Impressum den Hinweis enthält, dass für mit vollem Namen gezeichnete Beiträge nur der Autor selbst haftet (vgl. LG Berlin AfP 1992, 86).

28 5. Wegen seiner besonders wichtigen Aufgabe haben die Landespresse- bzw. Landesmediengesetze in § 9 (abweichend: Bayern Art. 5; Hessen § 7 Abs. 3; Sachsen § 7; Berlin, Mecklenburg-Vorpommern, Sachsen-Anhalt und Schleswig-Holstein § 8; sowie Brandenburg und Rheinland-Pfalz § 10) an die Person des verantwortlichen Redakteurs *besondere Anforderungen* gestellt. Als verantwortlicher Redakteur darf *nicht tätig* sein und beschäftigt werden, somit auch nicht bestellt werden, wer:

a) … *seinen ständigen Aufenthalt außerhalb des Geltungsbereiches des Grundgesetzes hat.* Voraussetzung für die Bestellung und Beschäftigung eines verantwortlichen Redakteurs ist demnach, dass dieser seinen ständigen Aufenthalt im Inland hat. Viele Landespresse- bzw. Landesmediengesetze halten an diesem Erfordernis jedoch nicht mehr fest. Sie fordern entweder einen ständigen Aufenthalt in einem Mitgliedstaat der Europäischen Union oder auch des EWR (Baden-Württemberg, Bayern, Berlin, Hamburg, Hessen, Mecklenburg-Vorpommern, Niedersachsen, Rheinland-Pfalz, Saarland, Sachsen und Schleswig-Holstein) oder einen solchen in einem der Mitgliedstaaten der Europäischen Union, des EWR oder der Schweiz (Brandenburg und Sachsen-Anhalt). Teilweise lassen die Landesgesetze Ausnahmen von der Residenzpflicht zu (vgl. zB § 9 Abs. 3 NRWLPG und BremPG). **29**

b) … *infolge Richterspruchs die Fähigkeit zur Bekleidung öffentlicher Ämter nicht besitzt* (vgl. §§ 45 ff. StGB). Gemeint ist die Fähigkeit, Rechte aus öffentlichen Wahlen zu erlangen oder das Recht, in öffentlichen Angelegenheiten zu wählen oder zu stimmen, dh passives und aktives Wahlrecht (letzteres aber nicht in Brandenburg, Hessen, Nordrhein-Westfalen, Rheinland-Pfalz und im Saarland). Dem Begriff des Richterspruchs unterfallen alle strafgerichtlichen Entscheidungen, die den Verlust von Wahlberechtigung und Wählbarkeit als Nebenstrafe beinhalten, und Entscheidungen des Bundesverfassungsgerichts in Grundrechtsverwirkungsverfahren (vgl. *Groß* AfP 1993, 550; hierzu → Kap. 11 Rn. 35 ff.). Von dieser Beschränkung sind in den Ländern Berlin (§ 8 Abs. 4 BerlinPG) und Brandenburg (§ 10 Abs. 2 S. 1 BrandenLPG) Druckwerke ausgenommen, die von Gefangenen im Rahmen der Gefangenenmitverantwortung in Justizvollzugsanstalten herausgegeben werden. **30**

c) … *das 21. Lebensjahr nicht vollendet hat* (abweichend: Geschäftsfähigkeit, derzeit also Mindestalter 18 Jahre: Bayern Art. 5 Abs. 2 Ziff. 3; Berlin, Mecklenburg-Vorpommern und Sachsen-Anhalt § 8 Abs. 1 Ziff. 3; Niedersachsen und Thüringen § 9 Abs. 1 Ziff. 3; Saarland § 9 Abs. 1 S. 2 Ziff. 1; Rheinland-Pfalz § 10 Abs. 1 Ziff. 1; Brandenburg § 10 Abs. 1 Ziff. 3. Ebenfalls abweichend: Mindestalter 18 Jahre: Hamburg § 9 Abs. 1 Ziff. 3). Außerdem muss der verantwortliche Redakteur *geschäftsfähig* sein. Nicht voll geschäftsfähig (§§ 104 Ziff. 1, 106 ff. BGB) sind Minderjährige (Personen, die noch nicht 18 Jahre alt sind, § 2 BGB) und Personen iSd § 104 Ziff. 2 BGB. **31**

(1) Eine *Ausnahme* vom Erfordernis des Mindestalters und der vollen Geschäftsfähigkeit statuieren alle Landespresse- bzw. Landesmediengesetze für den bei der so genannten *Jugendpresse* tätigen verantwortlichen Redakteur. Zur Jugendpresse gehören nach § 9 Abs. 2 NRWLPG alle „Druckwerke, die von Jugendlichen für Jugendliche herausgegeben werden“ (Näheres vgl. *Löffler* AfP 1980, 184). Sachsen (§ 7 Abs. 2 SächsPG) erweitert dies insofern, als Zeitschriften für Jugendliche und Heranwachsende auch dann von diesem Erfordernis ausgenommen sind, wenn sie nicht von Jugendlichen herausgegeben werden. **32**

(2) Zur Jugendpresse zählen vor allem die *Schülerzeitungen.* Ihre Herausgabe unterliegt nicht der Genehmigung des Schulleiters oder der Schulaufsichtsbehörde (→ Kap. 11 Rn. 32 f.). Die durch das Impressum ausgewiesenen Redakteure sind Schüler, während die Lehrer höchstens eine beratende Funktion ausüben (vgl. etwa § 36 SchulG RhPf. zum Recht der Schüler auf Herausgabe von Schülerzeitungen). Sinn der presserechtlichen Privilegierung ist es, dafür zu sorgen, dass sich die Meinungsbildung bei Jugendlichen möglichst selbstständig entfaltet. Es soll den Jugendlichen erspart werden, für ihre eigene Presse einen Erwachsenen als verantwortlichen Redakteur bestellen zu müssen, der in ihren Augen als Zensor erscheint. Für die Haftung des Minderjährigen als verantwortlicher Redakteur gelten die allgemeinen Grundsätze. Er obliegt den gleichen Pflichten wie der verantwortliche Redakteur der Tagespresse (→ Rn. 24 ff.). Doch ist die strafrechtliche Haftung des jugendlichen Redakteurs durch das Jugendstrafrecht (vgl. § 10 StGB, §§ 1 ff. JGG), aber auch durch die altersbedingt verminderte Vorwerfbarkeit bei der Schuldfrage (vgl. § 19 StGB) begrenzt. **32a**

d) … *nicht unbeschränkt strafgerichtlich verfolgt werden kann* (abweichend: in Bayern Ausschluss nur für den politischen Teil (Art. 5 Abs. 3 BayPG); keine Regelung in Hamburg und Rheinland-Pfalz). Durch dieses Erfordernis soll die Möglichkeit ausgeschlossen werden, den Platz des verantwortlichen Redakteurs mit Personen zu besetzen, die strafrechtlich nicht haftbar gemacht **33** werden können. Dies gilt vor allem für Bundes- und Landtagsabgeordnete, die das Privileg der *Immunität* besitzen (Art. 46 Abs. 2 GG). Die Vorschrift geht auf die Zustände in der Weimarer Republik zurück, als Anfang 1931 in den deutschen Parlamenten nicht weniger als 400 Anträge auf Aufhebung der Immunität von Abgeordneten vorlagen, die sich gleichzeitig als verantwortliche Redakteure betätigten (vgl. *Heinrichsbauer,* Presseselbstkontrolle, S. 28).

34 In Bayern gilt die unbeschränkte strafrechtliche Verfolgbarkeit nur für den verantwortlichen Redakteur des *politischen Teils* des Druckwerks (Art. 5 Abs. 3 BayPG). Berlin nimmt die verantwortlichen Redakteure von periodisch erscheinenden Zeitschriften, die Zwecken der Wissenschaft oder der Kunst dienen, von dem Erfordernis der unbeschränkten strafgerichtlichen Verfolgbarkeit aus (§ 8 Abs. 3 S. 1 BerlinPG).

35 6. Ist nur *ein* verantwortlicher Redakteur für die einzelne Nummer eines Druckwerks bestellt, so haftet dieser für den *gesamten* redaktionellen Teil (bezüglich des Anzeigenteils → Rn. 36). Bei der Fülle von Lesestoff, den viele Publikationen, vor allem große Zeitschriften, heute bringen, werden jedoch häufig für dieselbe Nummer eines Druckwerks *mehrere verantwortliche Redakteure* bestellt, und zwar in der Regel für die verschiedenen Teile der Druckschrift (Lokales, Sport, Feuilleton usw). Dies ist rechtlich zulässig, hat aber zur Folge, dass im Impressum deutlich kenntlich zu machen ist, *wer* für *welchen Teil* des Druckwerks haftet (§ 8 Abs. 2 S. 3 NRWLPG; vgl. *Soehring* in Soehring/Hoene, Presserecht, § 25 Rn. 3; *Wenzel/Burkhardt* Kap. 11 Rn. 69 f.). Grundsätzlich hat die Aufteilung *erschöpfend* zu sein. Andererseits verbieten es die Landespressegesetze nicht, dass auch *einzelne Artikel* einen *eigenen* verantwortlichen Redakteur im Impressum aufweisen. Nicht gestattet ist es dagegen, dass für den *gleichen Teil* des Druckwerks *mehrere Redakteure* presserechtlich verantwortlich sind. In diesem Fall liegt ein Impressumverstoß vor (vgl. Löffler/*Lehr* LPG § 8 Rn. 88).

VI. Der Verantwortliche für den Anzeigenteil

36 1. Der Anzeigenteil ist heute für die Funktionsfähigkeit der periodischen Presse von wesentlicher Bedeutung. Ohne die Erlöse aus dem Anzeigengeschäft könnten die Zeitungen und Zeitschriften ihre öffentliche Aufgabe der Information und Kritik (§ 3 NRWLPG) nicht erfüllen (→ Kap. 4 Rn. 46; sh. zum Anzeigenwesen ausführlich Kap. 47). Nach einer grundlegenden Entscheidung des Bundesverfassungsgerichts (vgl. BVerfGE 21, 271) erstreckt sich der Grundrechtsschutz der Pressefreiheit (Art. 5 Abs. 1 S. 2 GG) auch auf den Anzeigenteil (vgl. auch BVerfGE 102, 374). Auf ihn erstrecken sich aber auch die der Presse obliegenden *Pflichten.* Erfahrungsgemäß können nicht nur vom redaktionellen, sondern auch vom Anzeigenteil Gefahren für die Allgemeinheit ausgehen (zB betrügerische Anzeigen, vgl. OLG Düsseldorf AfP 1988, 50, oder Anzeigen, durch die Marken- und Urheberrechte verletzt werden, sh. Abschn. 13). Der besonderen Bedeutung des Anzeigenteils entsprechend enthalten alle Landespressegesetze (vgl. § 8 Abs. 2 S. 4 NRWLPG) die sinngemäße Bestimmung: „Für den Anzeigenteil ist ein *Verantwortlicher* zu benennen; für diesen gelten die Vorschriften über den verantwortlichen Redakteur entsprechend." Diese Verpflichtung besteht auch für wöchentlich erscheinende Anzeigenblätter (hierzu → Kap. 47 Rn. 22 ff.), selbst wenn ihr Inhalt ausschließlich aus Anzeigen besteht (vgl. OLG Düsseldorf AfP 1988, 48). Sie ist für die Presse günstig, denn sie gestattet ihr, mit der Verantwortung für den Anzeigenteil statt eines Redakteurs eine andere Person als „Verantwortlichen" zu beauftragen, der mit den Besonderheiten des Anzeigenteils vertraut ist. In der Regel ist dies der kaufmännische Leiter des Anzeigenteils. Der „Verantwortliche für den Anzeigenteil" kann jedoch auch der alleinige verantwortliche Redakteur des Gesamtblattes sein, wenn er dann im Impressum auch speziell für den Anzeigenteil benannt wird (vgl. Löffler/*Lehr* LPG § 9 Rn. 8).

37 2. Beim „Verantwortlichen für den Anzeigenteil" gelten die gleichen Tätigkeitsvoraussetzungen wie beim verantwortlichen Redakteur (§ 9 Abs. 1 NRWLPG, → Rn. 28 ff.). Auch obliegen dem „Verantwortlichen für den Anzeigenteil" alle Pflichten, die den verantwortlichen Redakteur treffen (→ Rn. 24 ff.). Löst eine Veröffentlichung im Anzeigenteil einen Gegendarstellungsanspruch aus (§ 11 NRWLPG), dann ist der „Verantwortliche" für diesen Anspruch passiv legitimiert (vgl. *Rath-Glawatz* in Rath-Glawatz/Engels/Dietrich, Das Recht der Anzeige, Teil P Rn. 413), sofern das jeweilige Landesrecht „ausschließlich dem geschäftlichen Verkehr dienende

Anzeigen" nicht vom Gegendarstellungsrecht ausnimmt (vgl. zB § 11 Abs. 2 S. 1 lit. c NRWLPG). Der Verantwortliche haftet für den Anzeigenteil in straf- und presserechtlicher Hinsicht, in zivilrechtlicher Hinsicht dagegen nur nach den für jede Person geltenden allgemeinen Grundsätzen des BGB (→ Rn. 24a, vgl. *Rath-Glawatz* in Rath-Glawatz/Engels/Dietrich, Das Recht der Anzeige, Teil P Rn. 409). Ein solcher Fall zivilrechtlicher Haftung kann somit eintreten, wenn der Verantwortliche für den Anzeigenteil zwar nicht in dieser Eigenschaft, wohl aber bei seiner damit verbundenen Ressort-Tätigkeit als geschäftlicher Leiter des Anzeigenteils, schuldhaft die Rechte Dritter verletzt. Aufgrund der praktischen Erfordernisse des Pressewesens ist bei Anzeigenveröffentlichungen in der Regel nur eine eingeschränkte Prüfungs- bzw. Haftpflicht gegeben („grobe und unschwer erkennbare Verstöße", vgl. BGH GRUR 2015, 908 (mwN); OLG Frankfurt a. M. AfP 1997, 549; OLG Hamburg AfP 1990, 318; OLG Karlsruhe AfP 1990, 217; KG AfP 1990, 312; *Gaertner* AfP 1990, 269; *Rath-Glawatz* in Rath-Glawatz/Engels/Dietrich, Das Recht der Anzeige, Teil P Rn. 410. Vgl. zu Einzelheiten Löffler/*Steffen* LPG § 6 Rn. 167). Der Schutzumfang der Pressefreiheit und damit auch die Beschränkung der Prüfpflicht kommt jedoch umso weniger zum Tragen, „je weniger ein Presseerzeugnis der Befriedigung eines Informationsbedürfnisses von öffentlichem Interesse oder der Einwirkung auf die öffentliche Meinung dient und je mehr es eigennützige Geschäftsinteressen wirtschaftlicher Art verfolgt" (BGH GRUR 2015, 909). Verfügt ein Presseprodukt also nur über einen geringen oder gar keinen redaktionellen Teil, so kann es sein, dass eine vollumfängliche Prüfpflicht für Anzeigen besteht (vgl. BGH GRUR 2015, 909).

VII. Anbieterkennzeichnung bei Online-Ausgaben von Zeitungen oder Zeitschriften; sonstige Telemedien

1. Telemedien

Für *Telemedien* (vgl. hierzu die Legaldefinition in § 1 Abs. 1 S. 1 Telemediengesetz (TMG vom 26.2.2007 (BGBl. I S. 179), zuletzt geändert durch Artikel 11 des Gesetzes vom 11.7.2019 (BGBl. I S. 1066)) gilt das TMG. Dieses lässt jedoch sowohl die Pressegesetze (§ 1 Abs. 3 TMG) als auch die Bestimmungen des Medienstaatsvertrags (§ 1 Abs. 4 TMG) unberührt. Der Rundfunkmedienstaatsvertrag definiert gleichfalls den Begriff der Telemedien (§ 2 Abs. 1 S. 3 MStV) und trifft bezüglich ihrer Regelungen (§§ 17 ff. MStV). **38**

Dies wirft vor allem bei im Internet veröffentlichten Inhalten die Frage auf, unter welches *Rechtsregime* diese im Einzelfall fallen. So statuiert einerseits § 5 TMG, andererseits § 18 MStV Informationspflichten. Im Rahmen des § 55 RStV ist nochmals zwischen Telemedien und „Telemedien mit journalistisch-redaktionell gestalteten Angeboten" zu differenzieren. Für letztere bestehen Informationspflichten, die über die Regelungen der §§ 5 und 6 TMG hinausgehen (§ 18 Abs. 2 MStV). **39**

Bei diesen *„Telemedien mit journalistisch-redaktionell gestalteten Angeboten"* handelt es sich vor allem um solche, die vollständig oder teilweise Inhalte periodischer Druckerzeugnisse in Text oder Bild wiedergeben; dies sind vor allem die Telemedien, die als elektronische Presse in Erscheinung treten (vgl. *Holznagel* in Hoeren/Sieber/Holznagel, Handbuch Multimedia-Recht, 39. EL, Teil 3 Rn. 93). **40**

Andere Angebote können ebenfalls journalistisch-redaktionell gestaltet sein (und damit den Impressumspflichten des § 18 Abs. 2 MStV unterfallen), wenn sie bestimmte Kriterien erfüllen (vgl. hierzu *Held* in HK Medienrecht 69. Abschn. Rn. 60 ff.; *Martini* in BeckOK Informations- und Medienrecht, 27. Ed., TMG § 1 Rn. 22 ff.; zur Vorgängerbestimmung *Micklitz/Schirmbacher* in Spindler/Schuster, Recht der elektronischen Medien, RStV § 55 Rn. 15 ff.). Dies können sein: E-Zines, elektronische Zeitschriften, die periodisch und ausschließlich online verbreitet werden, und unter Umständen journalistische Blogs (vgl. *Micklitz/Schirmbacher* in Spindler/Schuster, Recht der elektronischen Medien, RStV § 55 Rn. 19) sowie ggf. Audio- und Videoangebote auf Abruf (*Holznagel* in Hoeren/Sieber/Holznagel, Handbuch Multimedia-Recht, 39. EL, Teil 3 Rn. 93). Auf sie soll hier jedoch nicht weiter eingegangen werden.

2. Inhalt und Umfang der Impressumpflicht

41 a) Hinsichtlich des *Inhalts* gelten für Onlineausgaben von Zeitungen oder Zeitschriften die allgemeinen Informationspflichten nach § 5 Abs. 1 TMG. Hiernach sind ua Name, Anschrift, Rechtsform, Register und – zwingend – E-Mail-Adresse des Anbieters anzugeben. Über die E-Mail-Adresse hinaus ist ein „zweiter unmittelbarer und effizienter Kommunikationsweg" zu eröffnen (vgl. *Ott* in BeckOK Informations- und Medienrecht, 27. Ed., TMG § 5 Rn. 36). Dies kann, muss aber nicht eine Telefonnummer sein (früher strittig – vgl. *Micklitz/Schirmbacher* in Spindler/Schuster, Recht der elektronischen Medien, TMG § 5 Rn. 58 f.; *Held* in HK Medienrecht 69. Abschn. Rn. 39 (mwN)).

42 Für „Telemedien mit journalistisch-redaktionell gestalteten Angeboten" (→ Rn. 40) sind darüber hinaus die besonderen Impressumpflichten nach § 19 Abs. 2 MStV zu beachten. Der Anbieter muss also (mindestens) eine Person als Verantwortlichen benennen, der er die Entscheidungsbefugnis über das Ausscheiden strafbarer Inhalte übertragen hat (vgl. hierzu im Einzelnen *Held* in HK Medienrecht 69. Abschn. Rn. 58 ff.; *Lent* in BeckOK Informations- und Medienrecht, 27. Ed., RStV § 55 Rn. 6 ff.; *Micklitz/Schirmbacher* in Spindler/Schuster, Recht der elektronischen Medien, RStV § 55 Rn. 24 ff.). Eine Aufteilung der Verantwortung ist zulässig, sofern sie eindeutig ist (vgl. *Micklitz/Schirmbacher* in Spindler/Schuster, Recht der elektronischen Medien, RStV § 55 Rn. 26).

43 b) § 5 Abs. 1 TMG sieht auch vor, *wie* die Informationspflichten zu erfüllen sind *(gestalterische Anforderungen):* Die Angaben sind „leicht erkennbar, unmittelbar erreichbar und ständig verfügbar zu halten".

44 *Leicht erkennbar* bedeutet, dass die Angaben effektiv optisch wahrnehmbar und gut lesbar sein müssen (vgl. hierzu im Einzelnen *Ott* in BeckOK Informations- und Medienrecht, 27. Ed., TMG § 5 Rn. 14 f.; *Held* in HK Medienrecht 69. Abschn. Rn. 34; *Micklitz/Schirmbacher* in Spindler/Schuster, Recht der elektronischen Medien, TMG § 5 Rn. 27 ff.). Das Impressum muss als solches erkennbar sein, was nicht zwingend die Benutzung des Wortes „Impressum" voraussetzt (vgl. hierzu im Einzelnen *Ott* in BeckOK Informations- und Medienrecht, 27. Ed., TMG § 5 Rn. 18 ff.).

45 *Unmittelbar erreichbar* bedeutet, dass die Pflichtangaben ohne wesentliche Zwischenschritte aufrufbar sein müssen. Als Faustregel kann hierbei die „2-Klick-Regelung" gelten, wonach der Nutzer nicht mehr als zwei Schritte (= „Klicks") benötigen darf, damit eine unmittelbare Erreichbarkeit noch bejaht werden kann (vgl. hierzu im Einzelnen *Ott* in BeckOK Informations- und Medienrecht, 27. Ed., TMG § 5 Rn. 21 ff.; *Held* in HK Medienrecht 69. Abschn. Rn. 35; *Micklitz/Schirmbacher* in Spindler/Schuster, Recht der elektronischen Medien, TMG § 5 Rn. 37 ff.).

46 *Ständig verfügbar* sind die Angaben nur dann, wenn ein Nutzer (praktisch) jederzeit auf sie zugreifen und sie dauerhaft archivieren (zB ausdrucken) kann (vgl. hierzu im Einzelnen *Ott* in BeckOK Informations- und Medienrecht, 27. Ed., TMG § 5 Rn. 24 f.; *Held* in HK Medienrecht 69. Abschn. Rn. 36; *Micklitz/Schirmbacher* in Spindler/Schuster, Recht der elektronischen Medien, TMG § 5 Rn. 43 f.).

46a c) Bei § 5 Abs. 1 TMG handelt es sich um eine Marktverhaltensregelung (vgl. *Möller* NJW 2019, 1646), so dass im Falle einer Verletzung Wettbewerber *wettbewerbsrechtliche Unterlassungsansprüche* geltend machen können (vgl. KG BeckRS 2017, 145966; *Ott* in BeckOK Informations- und Medienrecht, 27. Ed., TMG § 5 Rn. 51 f.).

3. Soziale Medien

47 Die Presse veröffentlicht im Internet nicht nur redaktionell gestaltete Inhalte (→ Rn. 38), sondern bedient sich ebenso der Sozialen Medien. Auch hierbei sind nach umstrittener Auffassung Informationspflichten gemäß § 5 TMG zu beachten (vgl. *Solmecke* in Hoeren/Sieber/Holznagel, Handbuch Multimedia-Recht, 42. EL, Teil 21.1 Rn. 2 ff.). Dies gilt zB im Falle einer gewerblichen Facebook-Präsenz (vgl. OLG Düsseldorf MMR 2014, 393), eines gewerblichen Twitter-Accounts (vgl. LG Düsseldorf BeckRS 2013, 14295) und einer gewerblichen Xing-Präsenz (vgl. LG München I BeckRS 2014, 14976). Vgl. zu Informationspflichten bei Social Media-Präsenzen im Einzelnen *Haug* NJW 2015, 661 ff.

14. Kapitel. Pflicht zur Kennzeichnung entgeltlicher Veröffentlichungen

I. Bedeutung, Zweck und Anwendungsbereich der Kennzeichnungspflicht

1. Die meisten LPG bzw. LMG legen der periodischen Presse (Zeitungen und Zeitschriften; je nach Legaldefinition auch „andere in ständiger, wenn auch unregelmäßiger Folge und im Abstand von nicht mehr als sechs Monaten erscheinende" (§ 10 iVm § 7 Abs. 4 BWLPG; § 11 iVm § 7 Abs. 4 BrandenLPG) und ähnliche Druckwerke) die Pflicht auf, jede Veröffentlichung, für die ihr ein Entgelt zufließt oder zufließen soll, deutlich mit dem Wort *„Anzeige"* zu kennzeichnen, soweit sie nicht durch Anordnung und Gestaltung allgemein als Anzeige zu erkennen ist (Berlin, Mecklenburg-Vorpommern, Sachsen, Sachsen-Anhalt und Schleswig-Holstein § 9; Baden-Württemberg, Bremen, Hamburg, Niedersachsen, Nordrhein-Westfalen und Thüringen § 10; Brandenburg § 11; Saarland § 13; Rheinland-Pfalz § 14). In Bayern fordert Art. 9 nur eine Kenntlichmachung. In Hessen ist eine solche Veröffentlichung „in der üblichen Weise als Anzeige kenntlich zu machen" (§ 8). In § 13 Abs. 2 SaarlMG werden darüber hinaus „Schleichwerbung, Produkt- und Themenplatzierung sowie entsprechende Praktiken" explizit für unzulässig erklärt. 1

Dieser Grundsatz der klaren *Unterscheidbarkeit* von *redaktionellen* Presse-Veröffentlichungen und solchen, die der *Werbung* dienen, verfolgt einen doppelten Zweck: Einerseits die Unabhängigkeit der Presse und andererseits die Lauterkeit der in der Presse betriebenen Werbung zu gewährleisten.

a) Die Sicherung der *Unabhängigkeit, Objektivität bzw. Neutralität* der (politisch und wirtschaftlich einflussreichen) periodischen Presse ist ein Hauptzweck der Kennzeichnungspflicht entgeltlicher Veröffentlichungen (vgl. BGH GRUR 2014, 881; AfP 1981, 458; OLG Hamburg ZUM 1996, 416 (420); *Fiedler* in BeckOK Informations- und Medienrecht, 27. Ed., HPresseG § 8 Vorb.; Löffler/*Sedelmeier* LPG § 10 Rn. 2; Ricker, Unternehmensschutz und Pressefreiheit, S. 90). Sie dient dem Schutz der Leser vor Manipulation und Fehlinformation unter Einfluss wirtschaftlicher Interessen sowie dem Anspruch wahrhaftiger und glaubwürdiger Information (vgl. LT Sachs. Drs. 14/622-Neu, 2). Immer wieder versuchen Unternehmen, Gruppen und Verbände, die meinungsbildende Presse durch Beeinflussung ihres *redaktionellen Teils* in den Dienst ihrer wirtschaftlichen Interessen zu stellen (vgl. LT Sachs. Drs. 14/622-Neu, 2). Gerade auf der Unbeeinflussbarkeit des redaktionellen Teils von Zeitungen und Zeitschriften beruht aber die Vertrauenswürdigkeit und Zuverlässigkeit der freien Presse. Wirtschaftliche Beeinflussung der Presse würde die Erfüllung ihrer öffentlichen Aufgabe der zutreffenden Information der Bürger und der unabhängigen Kritik am öffentlichen und wirtschaftlichen Geschehen unmöglich machen. Eine von außen beeinflusste Zeitung wäre nicht mehr in der Lage, den allgemeinen Meinungsmarkt herzustellen, dessen wesentliches Moment gerade seine freie Bildung ist (→ Kap. 3 Rn. 21). 2

Die gesetzliche Verpflichtung zur Kennzeichnung entgeltlicher Veröffentlichungen wirkt gegenüber diesen Gefahren präventiv. Sie gibt der Presse die Möglichkeit, dem entgegen gesetzten Ansinnen von Inserenten mit Verweis auf die Rechtslage wirkungsvoller zu begegnen.

b) Zugleich dient das Kennzeichnungsgebot dem Schutz des *lauteren Wettbewerbs* (vgl. BGH GRUR 2011, 166; Löffler/*Sedelmeier* LPG § 10 Rn. 2; zum Wettbewerbsrecht → Rn. 3a, 8b, 8c, 9a, 11a, 15a, 18b und 19b ff.). Geschädigt werden durch solche Machenschaften die korrekt handelnden *Verleger,* die Anzeigenaufträge an Konkurrenzverlage verlieren, die sich der Schleichwerbung zugänglich zeigen (vgl. OLG Hamburg ZUM 1996, 420; KG AfP 1995, 658; *Mann* NJW 1996, 1242). Benachteiligt werden aber auch die einwandfrei werbenden *Inserenten* gegenüber ihren unlauter handelnden Wettbewerbern. Vor allem aber soll die *Leserschaft vor einer Irreführung bewahrt* werden (vgl. BGH GRUR 1998, 482; 1997, 909; OLG Düsseldorf AfP 1994, 312). Nur wenn der Leser den publizistischen (bzw. werbenden) Hintergrund der in der Zeitung enthaltenen Veröffentlichungen kennt, ist er in der Lage, sich sachgerecht zu informieren und zwischen verschiedenen Angeboten die richtige Auswahl zu treffen (vgl. *Hoene* in Soehring/Hoene, Presserecht, § 24 Rn. 7, 19; *Wenzel/von Strobl-Albeg* 5. Aufl., Kap. 5 Rn. 350; *Hecker* AfP 1993, 719; *Fuchs* GRUR 1988, 738 f.). Unter diesem Aspekt dient die Verpflichtung zur Trennung von Text- und Anzeigenteil auch der *Informationsfreiheit der Leser* (vgl. BGH NJW 3

1990, 3202; OLG Karlsruhe AfP 1989, 463; OLG Düsseldorf AfP 1988, 355; Ricker, Unternehmensschutz und Pressefreiheit, S. 91). Eine nicht als solche gekennzeichnete Vermischung von Werbung und redaktionellem Text gilt insbesondere deshalb als wettbewerbswidrig, weil der Verkehr einem redaktionellen Beitrag als objektiver Meinungsäußerung oder als Berichterstattung einer neutralen Redaktion größere Bedeutung beimisst und unkritischer gegenübersteht als den werbenden Behauptungen von Unternehmen (vgl. BGH GRUR 2014, 881 (mwN); NJW 1998, 1148; OLG Hamburg NJOZ 2013, 543).

3a 2. In den folgenden Ausführungen soll *nicht immer zwischen den presse- und wettbewerbsrechtlichen Dimensionen des Kennzeichnungsgebots differenziert werden,* da nur bei der Beachtung beider „Ebenen" ein rechtmäßiges Verhalten des jeweils Verantwortlichen (→ Rn. 9 ff.) vorliegt. Dennoch ist stets zu berücksichtigen, dass die jeweiligen Sanktionen differieren können: So muss nicht jedes wettbewerbsrechtliche Fehlverhalten auch einen presserechtlichen Verstoß darstellen. In einem solchen Fall ist somit zwar eine zivilrechtliche Abmahnung möglich, aber keine bußgeldrechtliche Ahndung.

3b 3. Bei *Anzeigenblättern* (vgl. BGH GRUR 1998, 483; OLG Hamburg GRUR 2000, 455; OLG Düsseldorf AfP 1994, 311) und *Kundenzeitschriften* (vgl. BGH GRUR 1997, 909; 1996, 792; LG Hamburg WRP 1997, 254) wird zu differenzieren sein, ob auch sie von der Kennzeichnungspflicht erfasst werden. Denn grundsätzlich wird der Leser bei solchen Publikationen davon ausgehen, dass sie werbender Art sind; sein Vertrauen auf eine objektive Berichterstattung ist daher beschränkt (vgl. *Köhler* in Köhler/Bornkamm/Feddersen, UWG, UWG § 5a Rn. 7.46). Etwas anderes gilt freilich dann, wenn die Kundenzeitschrift durch ihre Themenwahl den Eindruck erweckt, unabhängig und neutral zu sein (vgl. *Köhler* in Köhler/Bornkamm/Feddersen, UWG, UWG § 5a Rn. 7.46), und nicht eindeutig auf dem Titelblatt als Werbeschrift gekennzeichnet ist (vgl. OLG Frankfurt a. M. BeckRS 2015, 16779). Der bloße Umstand, dass sie kostenlos ist, reicht hierbei nicht aus, um ihren Charakter als Werbeschrift erkennbar werden zu lassen (vgl. OLG Frankfurt a. M. BeckRS 2015, 16779).

3c 4. Trotz der sichernden Funktion des presserechtlichen Trennungsgebots (→ Rn. 2 und 3) darf nicht übersehen werden, dass es den Verleger in seiner ebenfalls verfassungsrechtlichen Freiheit, selbst über die von ihm publizierten Inhalte und deren Darstellungsform zu entscheiden, beeinträchtigt. So muss es der Presse grundsätzlich möglich bleiben, in ihrem redaktionellen Teil über bestimmte Unternehmen und Produkte auch positiv zu berichten, ohne dass dies gleich rechtlich zu beanstanden sein darf (vgl. OLG Hamburg BeckRS 2010, 20542; *Fiedler* in BeckOK Informations- und Medienrecht, 27. Ed., HPresseG § 8 Rn. 28). Die jeweilige Vorschrift des LPG respektive LMG ist daher im Lichte von Art. 5 Abs. 1 und 2 GG auszulegen und anzuwenden, damit die wertsetzende Bedeutung dieser Grundrechte auch auf der Ebene der Rechtsanwendung zur Geltung kommt. Nach Art. 5 Abs. 2 GG finden sie ihre Schranken allerdings in den Vorschriften der allgemeinen Gesetze (sh. Kap. 11), wozu auch Bestimmungen zum Schutze der Lauterkeit des Wettbewerbs zählen (vgl. BGH GRUR 2014, 879 (881)).

II. Die verschiedenen Formen der redaktionellen Werbung

4 1. Da ständig neue Werbeformen auftreten (→ Rn. 5c ff.), muss sich die nachfolgende Darstellung auf die bekanntesten Formen der potentiell unzulässigen redaktionellen Werbung beschränken. Eine generelle und abschließende Klassifizierung der einzelnen Formen als zulässig oder unzulässig dürfte an dieser Stelle unmöglich sein. Denn ob ein redaktioneller Beitrag eine (getarnte) Werbung enthält, lässt sich nur von Fall zu Fall entscheiden (vgl. *Köhler* in Köhler/Bornkamm/Feddersen, UWG, UWG § 5a Rn. 7.55).

4a a) Eine verbreitete Form ist die *redaktionell gestaltete Anzeige* (vgl. KG AfP 1987, 697; OLG Hamm AfP 1981, 294; *Ahrens* GRUR 1995, 309; *Rath-Glawatz* in Rath-Glawatz/Engels/Dietrich Teil P Rn. 350). Hier ist die Werbeanzeige so gestaltet, dass sie in Form und Inhalt den Anschein einer von der unabhängigen Redaktion stammenden redaktionellen Mitteilung erweckt (vgl. OLG München AfP 1992, 368; OLG Hamburg AfP 1988, 246; KG AfP 1987, 697; *Köhler* WRP 1998, 349). Durch eine solche Tarnung will der Inserent sich die Glaubwürdigkeit und das publizistische Gewicht des redaktionellen Teils erschleichen (vgl. OLG Hamburg AfP 1988, 246; Rodekamp, Redaktionelle Werbung, S. 15).

b) Während es sich bei der redaktionell gestalteten Anzeige um Werbung, wenn auch schwer erkennbare, handelt, sind *redaktionelle Hinweise* als Werbung überhaupt nicht zu erkennen, da sie sich als übliche Textbeiträge darstellen (vgl. Ricker, Unternehmensschutz und Pressefreiheit, S. 92). Redaktionelle Hinweise sind Veröffentlichungen der Redaktion, die auf bestimmte Erzeugnisse, Dienstleistungen oder einzelne Unternehmen hinweisen oder sie günstig beurteilen. Hierzu gehören etwa Berichte über Jubiläen, Geschäftserweiterungen, Sonderangebote, Messe-Erfolge und ähnliche Publikationen im Rahmen der „Verbraucheraufklärung" (vgl. OLG Köln AfP 1992, 273; *Rath-Glawatz* in Rath-Glawatz/Engels/Dietrich Teil P Rn. 354, 370). Redaktionelle Werbung kann auch bei Eigenwerbung für die Zeitung gegeben sein, insbesondere dann, wenn der Gegenstand des Artikels die Leistung eines Dritten ist, zB eine Leserreise (vgl. OLG Düsseldorf AfP 1988, 354). **5**

c) Bei den so genannten *Koppelungsgeschäften* wird der Inserent bzw. das von ihm angepriesene Produkt zusätzlich zu einer normal bezahlten Anzeige im redaktionellen Teil des Druckerzeugnisses positiv erwähnt (vgl. *Fiedler* in BeckOK Informations- und Medienrecht, 27. Ed., HPresseG § 8 Rn. 10; Branahl, Medienrecht, S. 295 ff.). Die Koppelung von entgeltlichen Anzeigen und „unterstützenden" redaktionellen Beiträgen ist sehr verbreitet und bei der Berichterstattung über bestimmte Themen (zB Gesundheit, Wohnen, Heirat, Reisen, Geschäftseröffnungen zu beobachten (vgl. *Köhler* WRP 1998, 357). Diese redaktionellen Hinweise brauchen nicht bezahlt zu werden. Sie werden einmal auf Betreiben des Inserenten hin verfasst, der seinen Anzeigenauftrag von dieser zusätzlichen Begünstigung abhängig macht. Möglich ist aber auch, dass der Verleger eine solche zusätzliche Erwähnung anbietet, um damit einen Anzeigenkunden neu zu werben oder nicht zu verlieren. Dabei wird die begleitende Berichterstattung entweder von der Redaktion des betreffenden Presseerzeugnisses selbst erarbeitet oder – wie vielfach üblich – von dem Inserenten gleich mit der Anzeige zur Veröffentlichung eingereicht (vgl. *Hoene* in Soehring/Hoene, Presserecht, § 24 Rn. 18). Ein Koppelungsbeitrag liegt auch dann vor, wenn der redaktionelle Hinweis sich nicht in derselben Ausgabe des Presseerzeugnisses befindet wie die bezahlte Anzeige (vgl. Rodekamp, Redaktionelle Werbung, S. 20 ff.; *Hoene* in Soehring/Hoene, Presserecht, § 24 Rn. 18). **5a**

d) Die *Berichterstattung über wirtschaftliche Angelegenheiten* ist rechtlich zulässig, wenn sie unentgeltlich erfolgt, die sachliche Unterrichtung der Leser im Vordergrund steht und wenn die daneben eintretende Werbewirkung nur als Begleiterscheinung aufzufassen ist (vgl. OLG Köln AfP 2004, 136; OLG Hamburg NJWE-WettbR 1998, 149; ZUM 1997, 394; 1996, 418). **5b**

e) Ein verhältnismäßig neues Phänomen stellen die so genannten *Advertorials* dar. Hierbei handelt es sich um Inhalte, bei denen Werbung in gleicher Aufmachung wie der redaktionelle Teil erfolgt und keine oder nur eine geringe Kennzeichnung erfolgt (vgl. *Micklitz/Schirmbacher* in Spindler/Schuster, Recht der elektronischen Medien, 3. Aufl., UWG § 4 Rn. 105). Im Hinblick darauf, dass es sich um einen wenig trennscharfen Sammelbegriff handelt (vgl. *Soppe* in BeckOK Informations- und Medienrecht, 27. Ed., NPresseG § 10 Rn. 29.1), ist im Einzelfall zu entscheiden, ob sie presse- und wettbewerbsrechtlich zulässig sind. **5c**

f) Zunehmend spielen für die Presse auch andere *Web-basierte Werbeformen* eine Rolle. Dies gilt insbesondere für Websites und andere Telemedien, die das durch die „klassischen" Printmedien vermittelte Informationsangebot ergänzen sollen. Ein Beispiel hierfür ist *Native Advertising,* also eine Form der bezahlten Onlinewerbung, die sich optisch und funktional an die Inhalte der Ausspielseite anpasst (vgl. im Einzelnen *Klickermann* MMR 2020, 150 ff.; *Kreutz/Wiebe* WRP 2015, 1053 ff.). Weitere Erscheinungsformen können im Hinblick auf ihre Vielfalt hier nur genannt werden: „Gefällt mir"-Buttons, Postings, tweets, Einträge in Blogs und Bewertungsportale sowie das so genannte *Influencer* Marketing (vgl. zur jeweiligen wettbewerbsrechtlichen Bewertung *Köhler* in Köhler/Bornkamm/Feddersen, UWG, UWG § 5a Rn. 7.76 ff.; speziell zu Influencern vgl. *Leeb/Maisch* ZUM 2019, 29 ff.; LG München I GRUR-RR 2019, 332; zum Gesetzgebungsvorhaben bezüglich Werberegeln für Influencer vgl. *Gerecke* GWR 2020, 44 ff.; *Libor* AfP 2019, 312; vgl. auch den Gesetzentwurf der Bundesregierung vom 20.1.2021 („Entwurf eines Gesetzes zur Stärkung des Verbraucherschutzes im Wettbewerbs- und Gewerberecht")). Ganz allgemein lässt sich aber auch hinsichtlich dieser neuen Formen oftmals sagen, dass die allgemeinen Grundsätze gelten. Dies sind namentlich der Trennungsgrundsatz respektive das **5d**

Erkennbarkeitserfordernis (vgl. im Einzelnen zur Kennzeichnung von werblichen Beiträgen im Online-Marketing *Gerecke* GRUR 2018, 153 ff.).

5e g) Zur wettbewerbsrechtlichen Zulässigkeit der Verwendung in redaktionellen Beiträgen von *QR-Codes,* über die mittels eines weiteren Links die Möglichkeit besteht, auf werbliche Websites zu gelangen, vgl. OLG Frankfurt a. M. BeckRS 2015, 16779.

6 2. Die in den LPG bzw. LMG statuierte Kennzeichnungspflicht gilt auch für *Veröffentlichungen von kirchlicher oder politischer Seite,* für die ein Entgelt gefordert, versprochen oder bezahlt wird. Damit geht das presserechtliche Kennzeichnungsgebot über das durch die Richtlinie 2005/29/EG vollharmonisierte Lauterkeitsrecht hinaus, da es auch in Fällen, in denen keine Werbewirkung für Waren oder Dienstleistungen betroffen ist, gilt (vgl. *Fiedler* in BeckOK Informations- und Medienrecht, 27. Ed., HPresseG § 8 Rn. 4). Diese grundsätzliche Ausdehnung der Norm auf politische und weltanschauliche Werbung entspricht der herrschenden Meinung (vgl. *Grupp* ZRP 1983, 28; *Löffler* BB 1978, 921) und wurde vom EuGH als – derzeit – europarechtlich unbedenklich erachtet (vgl. EuGH GRUR Int. 2013, 1158 Rn. 49). Regierung, Parteien, religiöse und humanitäre Organisationen ebenso wie die Tarifpartner nutzen die Presse zunehmend als Medium zur Propagierung ihrer Ziele. Gerade in diesem Bereich ist es aber notwendig, dass der Leser den publizistischen Ursprung und Hintergrund einer Veröffentlichung erkennt. Der Presse fällt in der pluralistischen Demokratie die *Aufgabe* zu, ein freies Forum der *öffentlichen Meinung* zu bilden (→ Kap. 3 Rn. 24). Das ist nur möglich, wenn die Unabhängigkeit der Presse in diesem für Manipulationen so anfälligen Feld strikt eingehalten wird.

III. Das Entgelt

7 Voraussetzung für die Verpflichtung, Veröffentlichungen deutlich als Anzeige zu kennzeichnen, ist deren *Entgeltlichkeit.* Mit diesem Erfordernis hat der Gesetzgeber die unter das Gesetz fallenden Erscheinungsformen redaktioneller Werbung stark eingegrenzt.

1. Der Begriff des Entgelts ist grundsätzlich *weit* zu fassen (vgl. OLG Hamburg BeckRS 2010, 20542). Darunter ist *jeder Vermögensvorteil* zu verstehen, sei es in Geld, sei es in Form von Waren oder Dienstleistungen oder sonstigen Vermögenswerten (vgl. OLG Hamburg BeckRS 2010, 20542). Erfasst werden damit auch mittelbare Vermögensvorteile wie etwa die Vereinbarung zwischen Verlagen, wechselseitig Inserate abzudrucken, die Hingabe von Gegenständen, die für die Leserwerbung geeignet sind, oder das Einräumen von Preisnachlässen beim Kauf des beworbenen Produkts (vgl. *Löffler* FS Roeber, 1982, 269; Rodekamp, Redaktionelle Werbung, S. 15 und 39 ff.; *Köhler* WRP 1998, 351). Der BGH sieht auch in der kostenlosen Überlassung bestimmter Erzeugnisse als Preis für die richtige Lösung eines von einer Zeitschrift veranstalteten Kreuzworträtsels die Zuwendung eines geldwerten Vorteils (vgl. BGH WRP 1994, 818; KG AfP 1992, 290). Ausdrücklich offen gelassen hat er allerdings die Frage, ob dies auch zu der Verpflichtung führt, das Preisrätsel in Anwendung des presserechtlichen Kennzeichnungsgebots entgeltlicher Veröffentlichungen mit dem Wort „Anzeige" zu kennzeichnen (vgl. dazu die kritischen Anmerkungen von *Gröning* WRP 1995, 182 f.; Löffler/*Sedelmeier* LPG § 10 Rn. 17; *Fiedler* in BeckOK Informations- und Medienrecht, 27. Ed., HPresseG § 8 Rn. 11). Die Gewährung eines Entgelts im Sinne der Norm ist auch gegeben, wenn die Autorität eines bedeutenden Unternehmens der Touristikbranche dergestalt in die Anzeigenakquisition für die Sonderpublikation (Anlass war das Firmenjubiläum des Unternehmens) eingespannt wird, dass mögliche Anzeigenkunden von Vorstandsmitgliedern des Unternehmens dazu aufgefordert werden, das Publikationsvorhaben durch Schaltung von Anzeigen zu unterstützen (vgl. OLG Hamburg NJWE-WettbR 1998, 149). Ein Entgelt ist ebenfalls dann gegeben, wenn nicht der Textbeitrag bezahlt werden muss, sondern die der Illustration dienenden Bilder, wenn eine Veröffentlichung des Beitrages von der Bezahlung dieser Bilder abhängig gemacht wird (vgl. LG Hannover NJW-RR 2006, 910).

Dabei ist die Kennzeichnungspflicht gesetzlich nicht auf *bereits bezahlte* Veröffentlichungen beschränkt. Vielmehr reicht es aus, dass ein Entgelt vom Verleger gefordert oder vom Inserenten versprochen wird (vgl. *Fuchs* GRUR 1988, 739). Dies ist häufig bei Dauerinseraten der Fall, deren Abdruck erst nach Ablauf einer vereinbarten Frist bezahlt wird. Erfasst werden aber auch solche Fälle, bei denen der Inserent mit der Zahlung in Verzug ist. Soweit der Wortlaut der

Norm verlangt, dass dem Verleger bzw. dem nach dem jeweiligen LPG respektive LMG sonstigen Verantwortlichen ein Entgelt gewährt wird, ist daraus nicht zu schließen, dass die Genannten *selbst* Empfänger der Leistung sein müssen, denn es macht keinen Unterschied, ob diese Personen sich die Leistung selbst oder einem Dritten gewähren lassen (vgl. *Groß* AfP 1993, 551).

2. a) Von rechtlich weittragender Bedeutung ist es, dass *zwischen dem Entgelt und der Veröffentlichung ein unmittelbarer Zusammenhang* dergestalt bestehen muss, dass gerade „für eine Veröffentlichung ein Entgelt" gefordert, versprochen oder vergütet wird (anders Sachsen § 9 SächsPG und Brandenburg § 11 BrandenLPG: „aus Anlass oder im Zusammenhang mit einer Veröffentlichung"). Wesentlich ist, dass dieser unmittelbare Zusammenhang bereits *vor dem Abdruck* des Inserats gegeben sein muss. Dies folgt aus dem Wortlaut der Vorschrift, die anordnet, dass die Pflicht zur Kennzeichnung erst entsteht, wenn die im Gesetz vorgesehenen Tatbestände des Forderns, Versprechens oder Erhaltens einer Zuwendung schon eingetreten sind (vgl. Rodekamp, Redaktionelle Werbung, S. 40). Ein unmittelbarer Zusammenhang liegt allerdings nicht nur dann vor, wenn das Entgelt für eine konkrete Veröffentlichung geleistet wird. Stattdessen ist eine Unmittelbarkeit auch dann zu bejahen, wenn der Verleger vorab ein Entgelt erhält, um später vereinbarungsgemäß in regelmäßigen oder unregelmäßigen Abständen bestimmte Inhalte (namentlich in einen redaktionellen Beitrag gekleidete Werbung) in seinem periodischen Druckwerk zu veröffentlichen (vgl. BGH GRUR 2014, 882). Umgekehrt liegt eine Unmittelbarkeit auch dann vor, wenn eine Veröffentlichung in mehreren Raten bezahlt wird (vgl. *Soppe* in BeckOK Informations- und Medienrecht, 27. Ed., NPresseG § 10 Rn. 16.3). **8**

b) Problematisch ist es, ob die vom Gesetz geforderte unmittelbare Verknüpfung zwischen Veröffentlichung und Entgelt bei den sog. *Koppelungsbeiträgen,* einem Sonderfall im Bereich der redaktionellen Hinweise (→ Rn. 5), gegeben ist. Hier handelt es sich um eine redaktionelle Veröffentlichung, die als „Zugabe" zu einer bezahlten Anzeige gewährt wird, so dass der Koppelungsbeitrag (der redaktionelle Hinweis) wenigstens mittelbar von dem Anzeigenkunden bezahlt wird. Das LPG bzw. LMG verlangt jedoch in den meisten Bundesländern (Ausnahmen: § 11 BrandenLPG und § 9 SächsPG), dass das Entgelt gerade „für eine Veröffentlichung" gezahlt werden muss. Gezahlt wird aber nur für die Anzeige. Nur diese und das Entgelt sind miteinander verknüpft. Deshalb unterliegen die so genannten Koppelungsbeiträge *nicht* – Ausnahme: Brandenburg und Sachsen – der im LPG respektive LMG normierten presserechtlichen Kennzeichnungspflicht (vgl. Löffler/*Sedelmeier* LPG § 10 Rn. 21 mwN; Rodekamp, Redaktionelle Werbung, S. 42; aA: *Fuchs* GRUR 1988, 739). Unter dem Aspekt einer strikten Trennung und Unterscheidbarkeit von Text- und Anzeigenteil mag dieses Ergebnis *kommunikationspolitisch unbefriedigend* sein, weil damit wesentliche Teile der redaktionellen Werbung presserechtlich nicht erfasst werden. Im Wege einer *Analogie* ist diese Lücke des Gesetzes *nicht* zu schließen, da die extensive Auslegung eines bestehenden Verbots zu Ungunsten des Täters nicht nur im Strafrecht, sondern auch im Recht der Ordnungswidrigkeiten *verfassungsrechtlich unzulässig* ist (vgl. *Bohnert* in Krenberger/Krumm, OWiG, OWiG § 3 Rn. 9; § 22 LPG, § 3 OWiG, Art. 103 Abs. 2 GG). Eine Änderung der Rechtslage könnte daher nur durch den Gesetzgeber im Wege einer *Novellierung* der das Kennzeichnungsgebot begründenden Norm im LPG respektive LMG erfolgen. Die Gesetzgeber in Brandenburg und Sachsen haben bereits eine Formulierung gewählt („aus Anlass oder im Zusammenhang"), die auch Koppelungsbeiträge unter die Kennzeichnungspflicht fallen lässt (vgl. LT Branden Drs. 1/1287, 16). **8a**

Unabhängig von der presserechtlichen Zulässigkeit können Koppelungsbeiträge jedoch *wettbewerbswidrig* sein (vgl. *Fiedler* in BeckOK Informations- und Medienrecht, 27. Ed., HPresseG § 8 Rn. 10; → Rn. 19b ff.). **8b**

Umgekehrt verletzt auch die unzutreffende Bezeichnung eines redaktionellen Beitrags als „Anzeige" (so genannte *Füllanzeige*) das Gebot der Trennung von redaktionellem und Anzeigenteil. Denn sie täuscht über die Zugkraft der Zeitschrift als Werbemedium und verstößt daher auch unter dem Gesichtspunkt der Füllanzeige gegen das Wettbewerbsrecht (vgl. KG AfP 1995, 656 f.; Löffler/*Sedelmeier* LPG § 10 Rn. 22, 54; *Soppe* in BeckOK Informations- und Medienrecht, 27. Ed., NPresseG § 10 Rn. 30; hierzu auch → Kap. 77 Rn. 8). **8c**

3. Ein *„Erhalten"* des Entgelts ist zu bejahen, wenn die Zahlung an den in → Rn. 9 und 10 genannten Verpflichteten geflossen ist bzw. ihm der sonstige geldwerte Vorteil gewährt wurde. **8d**

„Gefordert" im Sinne der Norm wurde das Entgelt, wenn der Verpflichtete ein solches verlangt hat und der Dritte dem zugestimmt hat. Das *„Sich-versprechen-lassen"* schließlich ist spiegelbildlich zum „Fordern" (vgl. *Soppe* in BeckOK Informations- und Medienrecht, 27. Ed., NPresseG § 10 Rn. 3–5).

IV. Die Adressaten der Kennzeichnungspflicht

9 1. a) Die Pflicht zur deutlichen Kennzeichnung einer entgeltlichen Veröffentlichung als Anzeige trifft nach der ausdrücklichen Anordnung der meisten Landespresse- bzw. Landesmediengesetze (mit Ausnahme Bayerns, → Rn. 12) den *Verleger* (zu weiteren Verantwortlichen → Rn. 10). Bei der Bedeutung der Bestimmung für die Unabhängigkeit einer privatwirtschaftlich strukturierten Presse (→ Rn. 2) gehört die strikte Beachtung des presserechtlichen Kennzeichnungsgebots zu den Standespflichten der Verlegerschaft (→ Rn. 19 ff.). Die *presserechtliche* Verpflichtung zur klaren Trennung von Text- und Anzeigenteil obliegt nur den Verlegern *periodischer Druckwerke* (vgl. die jeweilige Legaldefinition im LPG respektive LMG), denn nur bei Zeitungen und Zeitschriften ist im Blick auf ihren meinungsbildenden Einfluss die Gefahr der pressefremden Beeinflussung und der Schleichwerbung akut.

9a b) Neben der presserechtlichen Kennzeichnungspflicht besteht auch ein *wettbewerbsrechtliches* Verbot der verschleierten Werbung (Nr. 11 Anhang zu § 3 Abs. 3 UWG). Dieses gilt – anders als das presserechtliche Verbot – für alle „redaktionelle Medien" unabhängig von ihrer Periodizität (vgl. *Fiedler* in BeckOK Informations- und Medienrecht, 27. Ed., HPresseG § 8 Rn. 6; zu den wettbewerbsrechtlichen Dimensionen des Kennzeichnungsgebots auch → Rn. 3, 8b, 15a, 18b und 19b ff.).

10 2. a) Presserechtlich haftet neben dem Verleger in den Ländern Baden-Württemberg, Berlin, Brandenburg, Niedersachsen, Nordrhein-Westfalen, Rheinland-Pfalz, Saarland, Sachsen, Sachsen-Anhalt und Thüringen auch der *Verantwortliche für den Anzeigenteil* eines periodischen Druckwerks (vgl. BGH AfP 1994, 137; OLG Frankfurt a. M. NJW 1985, 1648; auch → Kap. 13 Rn. 36 f.) für die Erfüllung der Kennzeichnungspflicht. In den Ländern Bremen, Hamburg, Hessen, Mecklenburg-Vorpommern und Schleswig-Holstein fehlt seine Erwähnung. Da der Gesetzgeber hier trotz Kenntnis des Problems einer möglichen Mithaftung des „Verantwortlichen für den Anzeigenteil" von seiner Erwähnung abgesehen hat, scheidet seine Haftung nach dem erkennbaren Willen des Gesetzgebers aus.

11 Kommen der Verleger und der Verantwortliche für den Anzeigenteil *beide* als mögliche Täter eines Verstoßes gegen die Kennzeichnungspflicht in Betracht, so beantwortet sich die Frage ihrer *Täterschaft* oder Teilnahme nach den allgemeinen zivil- und strafrechtlichen Bestimmungen, insbesondere nach §§ 9, 14 OWiG (Näheres sh. Kap. 17).

11a b) Wettbewerbsrechtlich haftet vorrangig ebenfalls der Verleger. Daneben haftet der zuständige Redakteur (vgl. *Köhler* in Köhler/Bornkamm/Feddersen, UWG, UWG § 5a Rn. 7.58).

11b 3. Umstritten ist, ob Verleger oder die sonstigen Verpflichteten (→ Rn. 10) *persönlich handeln* (→ Rn. 8d) müssen, um einen Verstoß bejahen zu können (vgl. *Soppe* in BeckOK Informations- und Medienrecht, 27. Ed., NPresseG § 10 Rn. 11).

11c 4. Auch der *Inserent* verstößt gegen das Ordnungswidrigkeitsgesetz, wenn er sich vorsätzlich an einer Zuwiderhandlung gegen die presserechtliche Gebotsnorm beteiligt (§ 14 OWiG). Zu der wettbewerbsrechtlichen Haftung von Personen außerhalb des Presseunternehmens vgl. *Köhler* in Köhler/Bornkamm/Feddersen, UWG, UWG § 5a Rn. 7.59.

12 5. In *Bayern* enthält Art. 9 BayPG ganz allgemein und ohne Nennung eines Verantwortlichen die Verpflichtung, in Zeitungen und Zeitschriften alle entgeltlichen Veröffentlichungen als solche kenntlich zu machen. Aus generellen presserechtlichen Haftungsgrundsätzen sind demnach auch in Bayern der Verleger und der Verantwortliche für den Anzeigenteil als Adressaten der Kennzeichnungspflicht anzusehen.

V. Form und Inhalt der angeordneten Kennzeichnung

13 1. Die meisten LPG respektive LMG schreiben vor, dass entgeltliche Veröffentlichungen deutlich mit dem Wort *„Anzeige"* zu bezeichnen sind, soweit sie nicht schon durch *Anordnung und*

Gestaltung allgemein als Anzeige zu erkennen sind (zur Sonderregelung in Bayern (Art. 9 BayPG) und Hessen (§ 8 HessPG) → Rn. 17, 17a).

a) Im Rahmen dieses presserechtlichen Gebots spielt nur die *äußere* Anordnung und Gestaltung einer Anzeige eine Rolle für die Klärung der Frage, ob sie so deutlich ist, dass sich eine besondere Kennzeichnung durch den Verleger erübrigt. Auf die Gestaltung des *Inhalts* der Anzeige kommt es in diesem Zusammenhang nicht an. Denn der Leser soll *alsbald* und ohne Prüfung des Inhalts den Werbecharakter einer Veröffentlichung feststellen können (vgl. OLG Hamm AfP 1992, 266; OLG Karlsruhe AfP 1989, 463). Das OLG Hamburg (BeckRS 2010, 20542) hingegen ist der Auffassung, dass sich der Werbecharakter auch unmittelbar aus dem Inhalt ergeben könne.

b) Ob äußere Anordnung und Gestaltung einer Presseveröffentlichung ihren Charakter als **13a** Anzeige deutlich erkennen lassen, entscheidet sich nach dem Eindruck, den sie auf den *„unbefangenen Durchschnittsleser"* macht. Dabei ist an den „flüchtigen" Leser gedacht, der an der betreffenden Materie nicht besonders interessiert und mit ihr auch nicht besonders vertraut ist (vgl. BGH GRUR 1996, 792; OLG Hamm AfP 1992, 274; OLG München AfP 1991, 628; OLG Hamburg AfP 1988, 246; OLG Düsseldorf AfP 1988, 355). Ist mithin der flüchtige Leser in der Lage, nach äußerer Gestaltung und Anordnung unschwer den Anzeigencharakter einer Veröffentlichung, etwa einer redaktionell gestalteten Werbebeilage, zu erkennen, so darf der Verleger auf die Beifügung des Wortes „Anzeige" verzichten (vgl. OLG München ZUM 1998, 842; LG München AfP 1995, 682). Ist hierzu jedoch eine analysierende Lektüre erforderlich, so ist der Anzeigencharakter nicht von sich aus erkennbar, so dass es einer expliziten Kennzeichnung bedarf (vgl. *Köhler* in Köhler/Bornkamm/Feddersen, UWG, UWG § 3a Rn. 1.202). Das Gericht kann zudem den Gehalt einer Äußerung selbst vom Empfängerhorizont eines verständigen Durchschnittslesers feststellen (vgl. BVerfG AfP 1998, 502; 1993, 476; einschränkend OLG München (AfP 1997, 930), das die Einschätzung des Richters nur ausreichen lässt, wenn dieser zu den angesprochenen Verkehrskreisen zählt; vgl. auch OLG Hamburg BeckRS 2010, 20542).

2. Die äußere *Anordnung einer Veröffentlichung* lässt dann in der Regel keinen Zweifel an ihrer **14** Entgeltlichkeit aufkommen, wenn sie sich mitten *im Anzeigenteil* der Zeitung befindet (vgl. OLG Köln AfP 1982, 236; Ricker, Unternehmensschutz und Pressefreiheit, S. 91; *Rath-Glawatz* in Rath-Glawatz/Engels/Dietrich Teil P Rn. 351). Aber auch in einem solchen Fall kann durch die Gestaltung der Veröffentlichung ihr werbender Charakter für den flüchtigen Durchschnittsleser in manchen Fällen nicht erkennbar sein. Tauchen *Zweifel* auf, ob es sich um einen redaktionellen Beitrag oder um eine Anzeige handelt, dann gehen diese Zweifel zu Lasten des Verlegers und des Inserenten (vgl. Rodekamp, Redaktionelle Werbung, S. 74; *Fuchs* GRUR 1988, 739). In einem solchen Fall fehlt die vom Gesetz geforderte Klarheit, und es besteht die Pflicht zur deutlichen Kennzeichnung mit dem Wort „Anzeige". Es liegt hier ein Wechselverhältnis dergestalt vor, dass eine Anzeige umso deutlicher zu kennzeichnen ist, je weniger sie durch ihre Anordnung und Gestaltung als Werbung zu erkennen ist (vgl. OLG Karlsruhe AfP 1989, 463; *Rath-Glawatz* in Rath-Glawatz/Engels/Dietrich Teil P Rn. 351; *Fuchs* GRUR 1988, 739). Werden demgemäß auf einer Seite neben redaktionellen Teilen auch redaktionell gestaltete Anzeigen veröffentlicht, reicht es nicht aus, pauschal alle Seiten des Druckwerks mit dem Vermerk „Anzeige" zu kennzeichnen. Dem Leser ist in diesem Fall trotz des Hinweises nicht klar, wann es sich um einen redaktionellen Beitrag und wann es sich um eine Anzeige handelt. Vielmehr ist das redaktionell gestaltete Inserat selbst mit dem Wort „Anzeige" zu versehen (vgl. OLG Hamburg GRUR 2000, 455). Eine mehrseitige Werbebeilage, die in Format und Aufmachung nahezu völlig der Trägerzeitung entspricht, kann jedoch insgesamt als „Anzeige" zu kennzeichnen sein (vgl. OLG Hamm AfP 1992, 266). Im Übrigen muss eine redaktionell gestaltete Werbebeilage nicht schon dann deutlich als Anzeige gekennzeichnet werden, wenn sie darauf hinweist, sie sei exklusiv für das Trägerobjekt erstellt worden und danke dem Trägerobjekt für die Mitnahme, wenn sich ansonsten Aufmachung und Gestaltung von derjenigen des Trägerobjektes unterscheiden (vgl. LG München AfP 1995, 682).

3. Die eindeutige Verpflichtung aus dem LPG respektive LMG zur Kennzeichnung entgeltli- **15** cher Veröffentlichungen mit dem Wort „Anzeige" (zu den „Ausnahmen" Bayern und Hessen → Rn. 17 f.) schließt *anderweitige Bezeichnungen* weitgehend aus. Denn eine alternative Kennzeichnung muss derart sein, dass beim situationsadäquat aufmerksamen Durchschnittsleser kein

Zweifel am werblichen Charakter des Beitrags aufkommen kann (vgl. OLG Hamburg BeckRS 2010, 20542).

Grundsätzlich lässt sich daher sagen, dass die Vermeidung des Begriffs „Anzeige" und die Verwendung eines anderen unscharfen Begriffes in der Regel eine Verletzung des Kennzeichnungsgebots darstellt (vgl. BGH GRUR 2014, 882). Somit sind Bezeichnungen wie zB „sponsored by" (BGH GRUR 2014, 882), „PR-Mitteilungen", „public-relations", „PR-Anzeige", „Sonderveröffentlichung" oder „Werbereportage" nicht geeignet, dem Leser ausreichende Klarheit über den Charakter der Veröffentlichung zu geben (vgl. BGH NJW 1974, 1141; OLG München AfP 1997, 801; OLG Düsseldorf AfP 1979, 261; LG München WRP 2006, 776; wettbewerbsrechtliche Beispiele bei *Köhler* in Köhler/Bornkamm/Feddersen, UWG, UWG § 5a Rn. 7.42; *Hoene* in Soehring/Hoene, Presserecht, § 24 Rn. 11) und stellen damit einen Verstoß dar. Gleiches kann für eine als „Gegendarstellung" aufgemachte Werbeanzeige gelten, wenn auch hier für einen nicht unerheblichen Teil der umworbenen Verkehrskreise nicht erkennbar ist, ob eine bezahlte Werbeanzeige oder die Richtigstellung von falschen Behauptungen im Rahmen einer Gegendarstellung vorliegt (vgl. LG Koblenz AfP 1993, 596 f.). Zur lediglich wettbewerbsrechtlich relevanten unzulässigen Irreführung der Leserschaft durch die Kennzeichnung eines rein redaktionellen Beitrags als Anzeige vgl. KG AfP 1995, 656.

15a Zu beachten ist, dass aus wettbewerbsrechtlicher Sicht *selbst dann ein Verstoß gegen das UWG* vorliegen kann, wenn ein werblicher Beitrag mit dem Wort „Anzeige" gekennzeichnet ist (vgl. LG Hamburg AfP 2013, 428). Dies reicht nach der Rechtsprechung namentlich dann nicht aus, wenn der Leser sie übersieht oder jedenfalls nicht dem Text zuordnet (vgl. OLG Hamburg NJOZ 2013, 543). Zum Wettbewerbsrecht im Einzelnen → Rn. 19b ff.

16 4. Die Pflicht zur deutlichen Kennzeichnung einer entgeltlichen Veröffentlichung mit dem Wort „Anzeige" erstreckt sich auch auf die Frage, *wo* dieser Hinweis zu platzieren ist. Als Grundsatz gilt, dass das Wort „Anzeige" an sichtbarer Stelle und in ausreichender Größe im Druckwerk so anzubringen ist, dass es vom Leser nicht übersehen werden kann (vgl. OLG Hamm AfP 1985, 283; OLG Düsseldorf AfP 1978, 53; Ricker, Unternehmensschutz und Pressefreiheit, S. 92; *Fuchs* GRUR 1988, 739). Daraus folgt, dass die Bezeichnung „Anzeige" *unmittelbar* über der Werbe-Veröffentlichung zu stehen hat (vgl. Rodekamp S. 75; Ricker, Unternehmensschutz und Pressefreiheit, S. 92; *Fuchs* GRUR 1988, 739; aA *Rath-Glawatz* in Rath-Glawatz/Engels/Dietrich Teil P Rn. 351). Nicht ausreichend ist die Platzierung innerhalb des Textes der Anzeige (vgl. OLG München AfP 1991, 628) oder gar ein bloßer Hinweis im Impressum (vgl. *Köhler* in Köhler/Bornkamm/Feddersen, UWG, UWG § 5a Rn. 7.42). Befindet sich auf der unteren Hälfte einer in der Kopfleiste als „Anzeige" gekennzeichneten Seite eine redaktionell gestaltete Anzeige, fehlt gegebenenfalls die vom LPG respektive LMG geforderte Erkennbarkeit (vgl. OLG Hamm AfP 1992, 274). Hinsichtlich der Anforderungen an den aufklärenden Hinweis, dass es sich bei redaktionell gestalteter Werbung um gewerbliche Anzeigen handele, ist vor allem zu berücksichtigen, dass ein in unmittelbarer Nähe zwischen zwei stark als Blickfang wirkenden Gestaltungselementen aufgedruckter Hinweis „Anzeigen" vom flüchtigen Leser leicht übersehen wird, und dass zudem Aufmachung und Stil einer als redaktioneller Beitrag aufgemachten Werbung, insbesondere bei längerer Lektüre, eine die Hinweisfunktion des Vermerks „Anzeigen" aufhebende Wirkung entfalten (vgl. OLG München AfP 1991, 628). Auch durch den Abdruck von Werbung auf der Rückseite einer Zeitschrift, die der Vorderseite zum Verwechseln ähnlich nachgestaltet ist, kann die für den Leser maßgebliche Grenze zwischen redaktionell verantworteten Beiträgen und Firmenwerbung in unzulässiger Weise verwischt werden. Werbung auf der Rückseite einer Zeitschrift darf der Titelseite daher optisch nicht zu ähnlich und mit ihr verwechselbar sein (vgl. OLG Hamburg NJW-RR 2004, 196 ff.). Insgesamt muss also eine solche nach dem LPG respektive LMG erforderliche Kennzeichnung mit dem Wort „Anzeige" durch Schriftart, Schriftgröße, Platzierung und die übrigen Begleitumstände einen ausreichend deutlichen Hinweis auf den Charakter der Veröffentlichung als Anzeige beinhalten, so dass beim flüchtigen Durchschnittsleser der Eindruck eines redaktionellen Beitrags nicht ankommt (vgl. BGH GRUR 1996, 792).

17 5. Die Sonderregelung der Kennzeichnungspflicht in Bayern und in Hessen:

a) Der *Art. 9 BayPG* verlangt zwar die Kenntlichmachung solcher Teile in Zeitungen und Zeitschriften, deren Abdruck gegen Entgelt erfolgt, fordert aber zu diesem Zweck nicht die

Verwendung des Wortes „Anzeige". Der besondere Zweck der Vorschrift (→ Rn. 2, 3) und die durch eine umfangreiche Rechtsprechung (vgl. zB OLG Karlsruhe AfP 1989, 462; OLG Düsseldorf AfP 1988, 355; OLG Hamburg AfP 1988, 246) belegten ständigen Umgehungsversuche lassen es jedoch geboten erscheinen, auf der Verwendung des Wortes „Anzeige" zu bestehen, das allein eine Irreführung mit hinreichender Sicherheit ausschließen kann (ebenso Rodekamp S. 43 ff.). Dies gilt zumindest hinsichtlich der wettbewerbsrechtlichen Kennzeichnungspflicht (zur Unterscheidung vom presserechtlichen Kennzeichnungsgebot → Rn. 3a).

b) § 8 HessPG verlangt Kenntlichmachung als Anzeige „in der üblichen Weise". Zumindest **17a** nach dem Wortlaut ist daher eine Kennzeichnung nicht nur mit dem Wort „Anzeige" zulässig (vgl. *Fiedler* in BeckOK Informations- und Medienrecht, 27 Ed., HPresseG § 8 Rn. 20 mit Hinweis darauf, dass die Rechtsprechung dies zu verkennen scheint). Üblich ist im Pressewesen entweder die Klarstellung mit dem Wort „Anzeige" oder eine äußere Anordnung und Gestaltung, die zweifelsfrei nach den hier dargelegten Kriterien auf den Anzeigencharakter schließen lässt.

VI. Folgen des Verstoßes

1. Bei einer vorsätzlichen oder fahrlässigen Zuwiderhandlung gegen das in den LPG respektive **18** LMG statuierte presserechtliche Kennzeichnungsgebot macht sich der zur deutlichen Kennzeichnung Verpflichtete, dh der Verleger bzw. der „Verantwortliche für den Anzeigenteil" (→ Rn. 9–12), einer *Ordnungswidrigkeit* gemäß § 22 LPG (abweichend: Bayern Art. 13 Abs. 1 Ziff. 1; Sachsen und Thüringen § 13 Abs. 1; Hessen und Sachsen-Anhalt § 14 Abs. 1; Brandenburg § 15 Abs. 1; Schleswig-Holstein § 16 Abs. 1; Berlin, Hamburg und Mecklenburg-Vorpommern § 21 Abs. 1; Nordrhein-Westfalen § 23 Abs. 1; Rheinland-Pfalz § 36 Abs. 3 RPLMG; Saarland § 64 Abs. 1 SaarlMG) schuldig (Näheres → Kap. 17 Rn. 35, 41). Auch der *Inserent* begeht nur bei vorsätzlicher Mitwirkung eine Ordnungswidrigkeit (→ Rn. 11c), denn ein Beteiligter, den die Kennzeichnungspflicht aus dem LPG respektive LMG selbst nicht trifft, handelt nur dann pflichtwidrig, wenn er bei der Zuwiderhandlung des Verpflichteten (Verleger oder Anzeigenverantwortlicher) bewusst und gewollt mitwirkt (vgl. Löffler/*Sedelmeier* LPG § 10 Rn. 42; *Fiedler* in BeckOK Informations- und Medienrecht, 27. Ed., HPresseG § 8 Rn. 25).

2. Darüber hinaus hat ein Verstoß gegen das presserechtliche Kennzeichnungsgebot auch **18a** *privatrechtliche Auswirkungen:* Verträge zwischen Verleger und Inserenten sind nach § 134 BGB wegen Gesetzesverstoßes (vgl. OLG Düsseldorf K&R 2008, 46; LG Hannover NJW-RR 2006, 911; OLG München AfP 1995, 655; *Ellenberger* in Palandt BGB § 134 Rn. 20) bzw. nach § 138 BGB wegen Sittenwidrigkeit (vgl. OLG München AfP 1992, 306) nichtig. Dies hat zur Folge, dass sich keine der beiden Parteien auf den abgeschlossenen Vertrag stützen kann. Die finanzielle Auseinandersetzung zwischen Verleger und Inserenten erfolgt in diesen Fällen nach den Grundsätzen der ungerechtfertigten Bereicherung gemäß §§ 812 ff. BGB (vgl. OLG Düsseldorf NJW 1975, 2018). Ein Anspruch auf Herausgabe der Bereicherung kann allerdings auch an § 817 S. 2 BGB scheitern, sofern dem Leistenden ebenfalls ein Verstoß gegen § 134 oder § 138 BGB zur Last fällt (vgl. OLG München AfP 1995, 656; *Soppe* in BeckOK Informations- und Medienrecht, 27. Ed., NPresseG § 10 Rn. 33).

3. Da es sich bei dem presserechtlichen Kennzeichnungsgebot um eine Marktverhaltensregel **18b** iSd § 3a Hs. 1 UWG handelt, kann gegen Verstöße auch vor den Zivilgerichten im *Wettbewerbsprozess* vorgegangen werden (vgl. *Fiedler* in BeckOK Informations- und Medienrecht, 27. Ed., HPresseG § 8 Rn. 1). Hierzu im Einzelnen → Rn. 19b ff.

VII. Standesrechtliche Dimensionen

1. Die getarnte redaktionelle Werbung – sei es in Form sog. redaktioneller Hinweise oder mittels **19** redaktionell gestalteter Anzeigen – verstößt gegen grundlegende Bestimmungen des Standes- und Wettbewerbsrechts (sh. dazu im Einzelnen auch Kap. 40, 74, 75 und 76).

2. a) Auf kaum einem Gebiet des Presserechts spielen die *Standes-Regeln* der Presse-Angehörigen eine so maßgebliche Rolle wie bei der von § 10 NRWLPG erstrebten Abwehr einer unlauteren redaktionellen Werbung. So hat der *Deutsche Presserat* als Selbstkontroll-Einrichtung

der bundesdeutschen Presse (siehe Kap. 40) in Ziffer 7 des Pressekodex sowie in den „Richtlinien für die publizistische Arbeit" 7.1, 7.2, 7.3 und 7.4 die nach § 10 NRWLPG zu beachtenden Grundsätze ebenfalls festgeschrieben.

19a b) Noch intensiver hatte sich der *Zentralverband der deutschen Werbewirtschaft* (ZAW) in Zusammenarbeit mit den Pressefachverbänden um die Bekämpfung der unlauteren redaktionellen Werbung bemüht. Der ZAW hatte umfangreiche *ZAW-Richtlinien* sowohl für „redaktionelle Hinweise in Zeitungen und Zeitschriften", für deren Herausgabe auch der Bundesverband Deutscher Zeitungsverleger eV (BDZV), der Verband Deutscher Zeitschriftenverleger eV (VDZ) und der Deutsche Journalistenverband eV (DJV) mitverantwortlich zeichneten, wie auch für „redaktionell gestaltete Anzeigen" ausgearbeitet (abgedruckt im Jahrbuch Deutscher Werberat 2003, 71 ff.). Diese regelten eine Fülle von (strittigen) Einzelfragen der publizistischen Praxis. Gegenwärtig jedoch werden sie nicht mehr überarbeitet und auch nicht mehr empfohlen. Bis zu einer etwaigen Überarbeitung und Abstimmung von Nachfolge-Leitlinien dürften aber ihre Kernaussagen nach wie vor als inhaltlich zutreffend zu bezeichnen sein.

VIII. Wettbewerbsrechtliche Dimensionen

19b 1. Da es sich bei dem presserechtlichen Kennzeichnungsgebot um eine Marktverhaltensregel iSd § 3a Hs. 1 UWG handelt (vgl. BGH GRUR 2014, 881), kann gegen Verstöße vor den Zivilgerichten im *Wettbewerbsprozess* vorgegangen werden (vgl. *Fiedler* in BeckOK Informations- und Medienrecht, 27. Ed., HPresseG § 8 Rn. 1).

Dies kann auch im Wege einstweiligen Rechtsschutzes geschehen; das Gericht kann hierbei ohne mündliche Verhandlung entscheiden (vgl. OLG Hamburg BeckRS 2010, 20542).

20 2. Die verpönte redaktionelle Werbung verstößt zugleich oftmals gegen wesentliche Normen des *Wettbewerbsrechts.* Hierbei kommen neben § 3 Abs. 1 und § 3a UWG als Verbotstatbestände auch § 5a Abs. 6 und Nr. 11 Anh. § 3 Abs. 3 UWG in Betracht (vgl. *Köhler* in Bornkamm/Feddersen/Köhler, UWG, UWG § 3a Rn. 1.202).

a) Ein Verstoß gegen Rechtsnormen bedeutet in der Regel auch einen Verstoß gegen die Grundsätze des lauteren Wettbewerbs (vgl. BGH NJW 1990, 3202; OLG Karlsruhe AfP 1989, 464; OLG Düsseldorf AfP 1988, 355; OLG Frankfurt a. M. AfP 1984, 240; LG Hamburg WRP 1997, 254). Dies gilt vor allem dann, wenn der standeswidrig Handelnde sich speziell dadurch einen geschäftlichen Vorteil gegenüber dem standestreuen Wettbewerber zu verschaffen versucht (vgl. OLG Düsseldorf AfP 1988, 355; *Fuchs* GRUR 1988, 738). Gerade die planmäßige Missachtung der Standesauffassung verschafft einen Wettbewerbsvorsprung vor standesgetreuen Mitbewerbern, da den Anzeigenkunden eine zusätzliche Werbeform geboten wird (vgl. *Ahrens* GRUR 1995, 310).

21 b) *Besondere Bedeutung* gewinnt das Wettbewerbsrecht unter anderem für die *Koppelungsbeiträge* (→ Rn. 5a), da diese in den meisten Bundesländern vom presserechtlichen Trennungsgebot nicht erfasst werden (→ Rn. 8a). Die Veröffentlichung solcher anscheinend objektiver und neutraler redaktioneller Hinweise und Empfehlungen zur Unterstützung von Firmen, die im Anzeigenteil inserieren, kann wettbewerbswidrig sein (vgl. BGH NJW-RR 1998, 831 f.; OLG München NJWE-WettbR 1996, 243; OLG Karlsruhe AfP 1995, 670; OLG Hamm GRUR 1988, 769; OLG Hamburg AfP 1988, 246; OLG Saarbrücken WRP 1987, 509). Es ist unlauter und wettbewerbswidrig, wenn die Presse unter Verletzung der ihr obliegenden Pflichten (→ Rn. 1 ff.) im redaktionellen Teil in getarnter Form Werbehilfe für einen Inserenten betreibt.

Wenn durch den Beitrag jedoch nur eine „gewisse Werbewirkung" entsteht, so ist ein Verstoß gegen das UWG nicht ohne weiteres gegeben, sondern erst dann, wenn weitere Umstände hinzukommen, die die Annahme einer versteckten Werbung rechtfertigen (vgl. KG AfP 1987, 697 f.; *Wenzel/v. Strobl-Albeg* Kap. 5 Rn. 358 ff.; *Ahrens* GRUR 1995, 312; → Kap. 78 Rn. 4). So kann eine redaktionelle Berichterstattung dann wettbewerbsrechtlich ins Gewicht fallen, wenn darin Produkte oder Dienstleistungen von Inserenten namentlich genannt und angepriesen werden (vgl. BGH NJW 1998, 1148; GRUR 1994, 442). Doch ist auch in solchen Fällen nicht ausgeschlossen, dass unter Berücksichtigung des Informationsgebots der Presse, also ihrer Aufgabe, über Anliegen von allgemeinem Interesse zu unterrichten, und unter Würdigung der Aufmachung und des Inhalts der redaktionellen Beiträge auch in Fällen ihrer Verknüpfung mit

Werbeanzeigen der erwähnten Unternehmen eine Wettbewerbsförderungsabsicht der Presse als nur von untergeordneter Bedeutung anzusehen sein kann und damit der Vorwurf entfällt, die Presse stelle ihre Berichterstattung in die Dienste der werbenden Wirtschaft (vgl. BGH NJW-RR 1998, 832; *Rath-Glawatz* AfP 2001, 173). Ein Koppelungsgeschäft kann mithin dann als zulässig angesehen werden, wenn die sachliche Information im Vordergrund steht und die unvermeidbar damit verbundene Werbewirkung nur als eine in Kauf zu nehmende Nebenfolge erscheint (vgl. OLG München NJWE-WettbR 1996, 243).

Dies gilt jedoch nicht, wenn sich die redaktionellen Beiträge als übertriebene Produktwerbung im Sinne einer distanzlosen, pauschal lobenden und unsachlichen Hervorhebung für die in den Werbeanzeigen angepriesenen Waren darstellen (vgl. BGH NJW 1998, 1118; NJW-RR 1998, 838; OLG Karlsruhe AfP 1995, 670). Außerdem wird die Leserschaft irregeführt, wenn ihr an Stelle objektiv-kritischer Beurteilung fremder Ware und Leistungen getarnte Werbung vorgesetzt und dadurch der Anschein eines besonders günstigen Angebots hervorgerufen wird.

3. Bei Wettbewerbsverstößen können Schadensersatz- und Unterlassungsansprüche geltend **21a** gemacht werden (§§ 823 ff. BGB; §§ 8 ff. UWG; → Kap. 81). Den Unterlassungsansprüchen kommt besondere Bedeutung zu, weil sie die Möglichkeit bieten, präventiv gegen unlautere redaktionelle Werbung vorzugehen.

4. Zu *Beweisfragen hinsichtlich der Entgeltlichkeit* vgl. *Fiedler* in BeckOK Informations- und **21b** Medienrecht, 27. Ed., HPresseG § 8 Rn. 10; *Soppe* in BeckOK Informations- und Medienrecht, 27. Ed., NPresseG § 10 Rn. 17–19.

5. Nach der mit Gesetz vom 23.7.2001 *aufgehobenen Zugabeverordnung* (Gesetz zur Aufhebung **22** der Zugabeverordnung und zur Anpassung weiterer Rechtsvorschriften, BGBl. I S. 1661) war es verboten, im geschäftlichen Verkehr neben einer Ware oder einer Leistung eine Zugabe (Ware oder Leistung) anzubieten, anzukündigen oder zu gewähren, wenn diese Leistung weder *gering* noch *handelsüblich* war (§ 1 Abs. 1 und 2 ZugabeVO). Auch nach dem Wegfall der Zugabeverordnung kann sich die Rechtswidrigkeit von Koppelungsgeschäften im Anzeigenbereich jedoch unverändert aus dem Wettbewerbsrecht und aus der presserechtlichen Kennzeichnungspflicht ergeben (vgl. *Rath-Glawatz* AfP 2001, 169; → Rn. 1 ff., 21).

IX. Europarechtlicher Ausblick

In der Rechtssache C-391/12 (RLvS Verlagsgesellschaft mbH/Stuttgarter Wochenblatt GmbH) **23** hat der EuGH über die Vereinbarkeit des presserechtlichen Kennzeichnungsgebots (§ 10 BWLPG) mit der Richtlinie über unlautere Geschäftspraktiken entschieden (vgl. GRUR Int. 2013, 1158; hierzu *Fiedler* in BeckOK Informations- und Medienrecht, 27. Ed., HPresseG § 8 Rn. 4). Der BGH hatte ihm die Frage zur Vorabentscheidung vorgelegt (vgl. BGH AfP 2012, 464 und GRUR 2014, 879).

Der Gerichtshof erklärte § 10 BWLPG für Europarechts-konform. Ein wesentlicher Grund hierfür sei, dass „der Unionsgesetzgeber noch kein Sekundärrecht dieser Art für die Printmedien erlassen" habe. Inwiefern sich eine etwaige entsprechende Tätigkeit des Unionsgesetzgebers auf die nationale presserechtliche Kennzeichnungspflicht auswirken wird, bleibt also abzuwarten.

15. Kapitel. Die Pflicht zur Ablieferung von Druck- und Medienwerken an Bibliotheken

I. Zweck und Herkunft der Ablieferungspflicht

1. Die der Presse obliegende gesetzliche Pflicht, von allen ihren im Inland hergestellten Druck- **1** werken – bzw., sofern es das jeweilige Landesrecht vorsieht, von Medienwerken (→ Rn. 2a) –, insbesondere von Büchern, Zeitungen und Zeitschriften sog. „Pflichtexemplare" den vom Gesetzgeber bestimmten *öffentlichen Bibliotheken* anzubieten und (auf Verlangen) abzuliefern, entspricht einem *wichtigen kulturellen Bedürfnis der Allgemeinheit* (vgl. BVerfGE 58, 137; VG Münster NJW 1990, 2081; *Groß* S. 212; Schiwy/Schütz/Dörr S. 411). Auf diese Weise wird erreicht, dass nahezu die gesamte in dem betreffenden Bundesland verlegte periodische bzw.

nichtperiodische Literatur in öffentlichen Bibliotheken gesammelt, registriert und bereitgestellt wird. Damit wird der Öffentlichkeit der Zugang zu diesen Druckwerken ermöglicht und zugleich eine vollständige Erfassung und Dokumentation des gegenwärtigen und vergangenen Schrifttums gewährleistet (vgl. OVG Koblenz ZUM-RD 2010, 247). Die Bedeutung dieses Zweckes wird ua daran deutlich, dass eine schuldhafte Verletzung der Ablieferungspflicht eine bußgeldbewehrte Ordnungswidrigkeit darstellen kann (vgl. zB § 19 DNBG, § 14 Abs. 1 Ziff. 5 SAnhaltPG).

2 2. Die Ablieferungspflicht der Presse ist rechtlich als „Naturalabgabe" zu qualifizieren (vgl. BVerfGE 58, 137). Die *historische Wurzel* der Verpflichtung reicht weit zurück (vgl. LT RhPf. Drs. 16/3660, 10, li. Sp.; *Löffler* FS Faller, 1984, 435 ff.; Schiwy/Schütz/Dörr S. 351). Sie beruht auf dem *Privilegienwesen* des fürstlichen Absolutismus. Als Gegenleistung für die dem Drucker beziehungsweise Verleger gewährte Druckerlaubnis beanspruchte der Landesherr für seine Hofbibliothek entsprechende Freiexemplare. Auch war es üblich, dass die staatliche *Zensurbehörde* die von ihr überprüften Druckwerke der Landesbibliothek überließ. Auch nach Aufhebung der Zensur und dem Wegfall des Privilegienwesens blieb die lukrative Pflichtablieferung aller Druckerzeugnisse des Landes an die öffentlichen Bibliotheken aufrecht erhalten. Das Reichspreßgesetz vom 7.5.1874 (RGBl. S. 65) anerkannte in § 30 Abs. 3 das hergebrachte Recht der Länder, für ihre Bibliotheken von jedem in ihrem Land erscheinenden Druckwerk Freiexemplare anzufordern. Obgleich das Recht des Pflichtexemplars zunächst in sämtlichen Landespressegesetzen geregelt worden war (dort meist unter § 12; zu den entsprechenden Regelungen in den einzelnen Bundesländern → Rn. 2b ff.), haben inzwischen einige Länder diese Materie aus ihren Pressegesetzen herausgenommen und anderweitig normiert. Grund hierfür ist die Anpassung an den heutigen Zweck der Pflichtabgabe (vgl. LT Hess. Drs. 18/6067, 24). Die Ablieferung soll es ermöglichen, das Schrifttum vollständig zu sammeln und der Öffentlichkeit aus kulturpolitischem Bedürfnis bereitzuhalten (vgl. *Beger* Bibliotheksdienst 29 (1995), S. 82).

2a 3. Aufgrund der zunehmenden Digitalisierung im Bereich der Medien stellt sich die Frage, ob hinsichtlich der Ablieferungspflicht eine *Beschränkung auf analoge Informationsträger* (zB gedruckte Bücher, physische Landkarten und Noten) dem Zweck, Wissen und Kulturerbe möglichst umfangreich zu sammeln, zu erschließen, zu bewahren und für die Allgemeinheit nutzbar zu machen, noch gerecht wird. Führt man sich alleine Beispiele wie die „Encyclopædia Britannica", die nach knapp 250 Jahren nicht mehr gedruckt werden wird, sondern nur noch digital erscheint (so genannte „Netzpublikation"), vor Augen, wird deutlich, dass dies nicht der Fall ist. Dies gilt umso mehr, als zum einen analoge Druckwerke zunehmend durch digitale Publikationen substituiert werden (vgl. LT NRW Drs. 16/179, 11) und zum anderen auch vollkommen neue Informationsträger, die a priori nicht (mehr) vom klassischen Begriff des Druckwerks erfasst werden, Bestandteil der Medienwelt (und des Kulturerbes) werden. Viele Vorschriften (vgl. zB § 3 DNBG, § 14 Abs. 1 SaarlMG; vgl. im Einzelnen → Rn. 2b ff.) tragen dem nunmehr Rechnung und erstrecken die Ablieferungspflicht auch auf unkörperliche „Darstellungen in Bild, Schrift und Ton". Konsequenter Weise bezieht sie sich damit nicht mehr nur auf Druckwerke (vgl. zB § 2 Abs. 2 Ziff. 1 SaarlMG) und damit auf einen bestimmten Medientypus, sondern auf Medienwerke (vgl. zB § 14 Abs. 4 SaarlMG) allgemein. Ob aufgrund dieser „Entkörperlichung" konsequenter Weise überhaupt noch von einem Pflicht*exemplar*recht gesprochen werden kann, ist diskussionswürdig. So hat sich das DNBG vom Begriff des „Pflichtstücks" vollkommen gelöst (vgl. BT-Drs. 16/322, 10, li. Sp.) und spricht nunmehr von „Ablieferungspflicht" und „Medienwerk" (§ 14). Das SaarlMG hingegen hat an dem Begriff des „Pflichtexemplars" festgehalten (§ 14). Auch im vorliegenden Werk soll dieser klassische Begriff weiterhin verwendet werden, allerdings mit seinem neuen Bedeutungsinhalt (was auch einen veränderten Adressatenkreis der Ablieferungspflicht sowie modifizierte Modalitäten des Ablieferungsverfahrens beinhaltet).

Problematisch ist es jedenfalls, wenn – unabhängig vom Sprachgebrauch – Pflichtexemplarregelungen auch inhaltlich noch immer nur an den (analogen) Druckwerk-Begriff anknüpfen, der eine Ausdehnung auf elektronische und Online-Medien nicht zulässt (zB § 11 MVLPG). Dies wird weder dem erweiterten Informationsspektrum der Gegenwart gerecht noch ist dies „technologieneutral". Dem hessischen Gesetzgeber ist insofern zuzustimmen, wenn er der

Auffassung ist, dass mit der zunehmenden Verbreitung digitaler Publikationen der hinter dem Pflichtexemplarrecht stehende Auftrag nicht mehr nur durch das Sammeln von Druckwerken ausgeführt werden könne (vgl. LT Hess. Drs. 18/6067, 24).

II. Die einzelnen landes- und bundesgesetzlichen Regelungen

Da sowohl die einzelnen Länder wie auch der Bund die Ablieferungspflicht der Presse entsprechend ihren besonderen Bedürfnissen geregelt haben, besteht hier eine erhebliche rechtliche Unterschiedlichkeit. Ein Überblick über die heutige Rechtslage ergibt folgendes Bild (eine Übersicht über die entsprechenden Verwaltungsvorschriften ist abrufbar unter „https://staatsbibliothek-berlin.de/die-staatsbibliothek/abteilungen/bestandsaufbau/amtsdruckschriften/abgabeerlasse/" (Stand: 8.3.2021)): **2b**

1. In *Baden-Württemberg* ist die Ablieferungspflicht durch Gesetz über die Ablieferung von Pflichtexemplaren an die Badische Landesbibliothek in Karlsruhe und die Württembergische Landesbibliothek in Stuttgart (Pflichtexemplargesetz) vom 3.3.1976 (GBl. S. 216), zuletzt geändert durch Artikel 5 des Gesetzes vom 12.2.2007 (GBl. S. 105 (107)), geregelt. Konkretisiert wird sie durch die Verordnung des Wissenschaftsministeriums zur Durchführung des Gesetzes über die Ablieferung von Pflichtexemplaren an die Badische Landesbibliothek in Karlsruhe und die Württembergische Landesbibliothek in Stuttgart (Pflichtexemplarverordnung) (GVBl. S. 447), zuletzt geändert durch Verordnung vom 1.9.2000 (GVBl. S. 664). **3**

Als Druckwerke sind an die Landesbibliotheken in Stuttgart und Karlsruhe abzuliefern (§ 1 Abs. 1): alle mittels eines Druck- oder sonstigen Vervielfältigungsverfahrens hergestellten und der Verbreitung bestimmten Schriften, bildlichen Darstellungen, mit und ohne Text, Musiknoten, Landkarten, Ortspläne und Atlanten, Publikationen in Mikroform, audiovisuelle Materialien, Tonträger und Bildträger usw (§ 2 Abs. 1) sowie digitale Publikationen (§ 1a). Ausgenommen sind amtliche Druckwerke (§ 2 Abs. 2) sowie die in § 4 BW-PfleV genannten Werke. Eine Entschädigung kann auf Antrag gewährt werden (§ 1 Abs. 1, 5). Amtliche Drucksachen sind nach der Anordnung der Landesregierung über die Abgabe amtlicher Veröffentlichungen an Bibliotheken vom 9.10.2006 (Az.: 31–700.5/142) abzuliefern.

2. In *Bayern* ist die Ablieferungspflicht im Gesetz über die Ablieferung von Pflichtstücken (Pflichtstückegesetz – PflStG) vom 6.8.1986 (GVBl. S. 216), zuletzt geändert durch § 1 Nr. 251 der Verordnung vom 26.3.2019 (GVBl. S. 98), geregelt. Konkretisiert wird sie hinsichtlich der Gewährung der Entschädigung durch Richtlinien vom 6.8.1986 idF vom 1.10.2006 (vgl. *Lansky,* Nr. 536), sowie hinsichtlich der Sammlung der Pflichtstücke nach dem PflStG durch die Bekanntmachung des Staatsministeriums für Unterricht und Kultus vom 11.11.1986 mit Stand vom März 2012 (vgl. *Lansky,* Nr. 535). **4**

Nach Art. 1 Abs. 1 S. 1 PflStG sind von allen mittels eines Vervielfältigungsverfahrens hergestellten und zur Verbreitung bestimmten Texten, die in Bayern verlegt werden, innerhalb von zwei Wochen nach Erscheinen unentgeltlich und auf eigene Kosten zwei Stücke in handelsüblicher Form an die Bayerische Staatsbibliothek in München abzuliefern. Auf Antrag kann dem Ablieferungspflichtigen eine angemessene Entschädigung gewährt werden (Art. 4).

Die Abgabe amtlicher Drucksachen wird durch die Bekanntmachung der Bayerischen Staatsregierung vom 2.12.2008 (JMBl. Nr. 1/2009 S. 2) geregelt.

3. Für *Berlin* ist das Gesetz über die Ablieferung von Pflichtexemplaren (PflExG) in der Fassung vom 15.7.2005 (GVBl. S. 414), zuletzt geändert durch Artikel 38 des Gesetzes vom 12.10.2020 (GVBl. S. 807), maßgebend. **5**

Nach dem PflExG muss der Verleger ein Pflichtexemplar innerhalb von zwei Wochen nach Erscheinen des Textes an die Stiftung Zentral- und Landesbibliothek Berlin abliefern (§ 1 Berlin-PflExG). Gemäß § 5 Berlin-PflExG wird dem Ablieferungspflichtigen eine angemessene Entschädigung auf schriftlichen Antrag gewährt, wenn auf Grund hoher Herstellungskosten und kleiner Auflage eine unentgeltliche Abgabe unzumutbar ist. Zur Ablieferung ist nur der Verleger (§ 2 Abs. 3 Berlin-PflExG) verpflichtet.

Hinsichtlich amtlicher Drucksachen gilt die Verordnung über die Ablieferung amtlicher Veröffentlichungen an Bibliotheken vom 16.3.2007 (GVBl. S. 141).

Gemäß dem Beschluss des Senats vom 23.2.2021 soll das Pflichtexemplarrecht erweitert werden und sich die Ablieferungspflicht auch auf digital veröffentlichte Medienwerke, d. h. auf Netzpublikationen, erstrecken.

6 4. In *Brandenburg* regelt § 13 BrandenLPG die Ablieferungspflicht. Konkretisiert wird sie durch die Verordnung des Ministers für Wissenschaft, Forschung und Kultur zur Durchführung des Brandenburgischen Landespressegesetzes über die Anbietung und die Ablieferung von Pflichtexemplaren an die Stadt- und Landesbibliothek Potsdam (Pflichtexemplarverordnung – PflEV) vom 29.9.1994 (GVBl. 1994 II S. 912).

§ 13 Abs. 1 BrandenLPG schreibt vor, dass der Verleger (hilfsweise der Drucker, § 13 Abs. 2) mit Beginn der Verbreitung von jedem Druckwerk ein Pflichtexemplar an die Stadt- und Landesbibliothek Potsdam abzugeben hat. Entsprechendes gilt für gleichgestellte digitale Ausgaben (§ 13 Abs. 3). Auf Antrag erstattet die Bibliothek die Herstellungskosten, wenn wegen des großen finanziellen Aufwands *und* der geringen Auflage dem Verleger die unentgeltliche Abgabe unzumutbar ist. Die Entschädigung entfällt, wenn die Herstellung des Druckwerkes aus öffentlichen Mitteln gefördert wurde (§ 5 Abs. 1 S. 2 PflEV).

Die Ablieferung amtlicher Drucksachen ist in einem Erlass der Landesregierung vom 7.3.1997 (ABl. S. 210) geregelt.

7 5. In *Bremen* regelt das BremPG die Ablieferungspflicht.

§ 12 BremPG verpflichtet den Verleger bzw. den Drucker zum Anbieten, auf Verlangen zur Ablieferung je eines Stückes eines Medienwerkes (zur Definition sh. § 7 BremPG).

Eine Ablieferungspflicht von amtlichen Drucksachen begründet der Erlass über die Abgabe amtlicher Veröffentlichungen vom 8.9.2009 (ABl. d. Freien Hansestadt Bremen 2009, S. 855–856).

8 6. In *Hamburg* gilt das Gesetz über die Ablieferung von Pflichtexemplaren (Pflichtexemplargesetz – PEG) vom 14.9.1988 (HmbGVBl. S. 180), zuletzt geändert durch Gesetz vom 8.9.2009 (HmbGVBl. S. 330).

Der Verleger muss jeweils ein Exemplar ohne besondere Aufforderung innerhalb von zwei Wochen nach Beginn der Verbreitung an die Staats- und Universitätsbibliothek abliefern (§§ 1, 3 PEG). Dies gilt auch für digitale Publikationen (§ 1 S. 2 PEG; zum Begriff vgl. § 2 Abs. 2 PEG). Bei Druckwerken mit niedriger Auflage und hohem Selbstkostenpreis wird dem Verleger auf Antrag eine Entschädigung gewährt (§ 4 Abs. 2 PEG iVm der Verfahrensanordnung zur Durchführung des PEG vom 1.12.2010 (Lansky, Nr. 553; → Rn. 29)).

Amtliche Druckwerke fallen nicht unter das Pflichtexemplargesetz (§ 5). Ihre Abgabe richtet sich nach der Anordnung über die Abgabe amtlicher Druckschriften an öffentliche Bibliotheken (Senatsbeschluss im Verfügungswege vom 9.7.2008).

9 7. In *Hessen* regelt § 4a des Hessischen Bibliotheksgesetzes (HessBiblG) vom 20.9.2010 (GVBl. I S. 295), zuletzt geändert durch Gesetz vom 23.6.2020 (GVBl. S. 430), das Pflichtexemplarrecht. Die Norm wird konkretisiert durch die Verordnung über die Pflichtablieferung von Medienwerken (PflAV) vom 14.8.2017 (GVBl. S. 279).

§ 4a Abs. 2 S. 1 HessBiblG begründet die Ablieferungspflicht von Medienwerken, wozu auch unkörperliche solche gehören. Wer ablieferungspflichtig ist, bestimmt § 4a Abs. 2 S. 2 HessBiblG, die Modalitäten der Ablieferung Abs. 3 iVm der PflAV. Unter bestimmten Umständen kann ein Zuschuss zu den Herstellungskosten verlangt werden (§ 4a Abs. 5 HessBiblG iVm § 4 PflAV).

Für die Ablieferung amtlicher Druckwerke gilt der Gemeinsame Erlass vom 15.1.1998 (StAnz f. d. Land Hessen 5/1998, 342 f.).

10 8. In *Mecklenburg-Vorpommern* statuiert das MVLPG in seinem § 11 das Pflichtexemplarrecht. Es wird konkretisiert durch die Verordnung über die Ablieferung von Druckwerken (Druckwerkablieferungsverordnung) vom 20.3.1996 (GVOBl. MV 1996 S. 174).

Hiernach hat der Verleger oder hilfsweise der Drucker von jedem Druckwerk binnen eines Monats nach dem Erscheinen ein Stück kostenfrei an die Landesbibliothek Mecklenburg-Vorpommern abzuliefern. Bei einer Auflage von höchstens 500 Exemplaren und einem Ladenpreis von mindestens 200 DM ist dem Ablieferungspflichtigen jedoch die Hälfte des Ladenpreises zu erstatten (§ 11 Abs. 3 S. 1), Näheres bestimmt § 4 Druckwerkablieferungsverordnung. Ein solcher Anspruch auf Erstattung besteht nicht, wenn die Herstellung des Druckwerkes mit öffentlichen Mitteln bezuschusst wurde (§ 11 Abs. 5).

Die unentgeltliche Pflichtabgabe von amtlichen Veröffentlichungen an Bibliotheken regelt die Verwaltungsvorschrift des Ministeriums für Bildung, Wissenschaft und Kultur vom 14.12.2009 (ABl. MV 2010, S. 5).

9. In *Niedersachsen* ist das Pflichtexemplarrecht ebenfalls im Pressegesetz geregelt (§ 12 NdsPG). **11**

Hiernach hat der Verleger oder hilfsweise der Drucker kostenfrei ein Pflichtexemplar der Niedersächsischen Landesbibliothek in Hannover abzuliefern. Sie kann bei mangelndem öffentlichem Interesse auf die Ablieferung verzichten (§ 12 Abs. 2 NdsPG). Auf Antrag wird bei einer Auflage unter 500 Exemplaren und bei einem jeweiligen Ladenpreis von über 100 EUR der halbe Ladenpreis erstattet (§ 12 Abs. 3 NdsPG), sofern für die Herstellung keine öffentlichen Mittel gewährt wurden (§ 12 Abs. 5 NdsPG).

Für die Ablieferung amtlicher Druckwerke gilt der Gemeinsame Runderlass des Ministeriums für Wissenschaft und Kultur, der Staatskanzlei und der übrigen Ministerien vom 11.12.2012 (Nds. MBl. Nr. 1/2013 S. 6).

10. Der Gesetzgeber *Nordrhein-Westfalens* hat die Anbietungs- und Abgabepflicht in dem Gesetz über die Ablieferung von Pflichtexemplaren (PflExG) vom 29.1.2013 (GV. NRW. S. 31) normiert. Es wurde konkretisiert durch die Verordnung zur Durchführung des Gesetzes über die Ablieferung von Pflichtexemplaren vom 19.1.2010 (GV. NRW. S. 110), welche gemäß § 4 mit Ablauf des 31.12.2011 wieder außer Kraft trat. **12**

Hiernach trifft den Verleger (auch den Kommissions-, Lizenz- und Selbstverleger, § 3 Abs. 3 PflExG) die Pflicht, ein Exemplar des Textes je nach Verlagsort an die Universitäts- und Landesbibliothek in Bonn, Düsseldorf oder Münster abzuliefern (§§ 1, 2 PflExG). Als abgabepflichtige Texte gelten nach § 3 Abs. 1 PflExG auch Texte in verfilmter oder elektronisch aufgezeichneter Form, besprochene Tonträger, Notendrucke und graphische Musikaufzeichnungen, Landkarten, Ortspläne und Atlanten sowie mit Text versehene bildliche Darstellungen, einerlei, ob diese in körperlicher oder unkörperlicher Form vorliegen. Unter den Voraussetzungen des § 7 besteht ein Anspruch auf Entschädigung.

Für amtliche Druckwerke gelten der Runderlass des Innenministeriums des Landes Nordrhein-Westfalen zur Abgabe amtlicher Veröffentlichungen an Bibliotheken vom 12.6.2008 (MBl. NRW. 2009 S. 324), zuletzt geändert durch Änderungsrunderlass vom 14.10.2008 (MBl. NRW. S. 542).

11. In *Rheinland-Pfalz* ist das Pflichtexemplarrecht in § 3 Landesbibliotheksgesetz (LBibG) vom 3.12.2014 (GVBl. S. 245), zuletzt geändert durch Art. 22 des Gesetzes vom 19.12.2018 (GVBl. S. 448), geregelt. Es wird konkretisiert durch die Landesverordnung zur Durchführung des § 3 des Landesbibliotheksgesetzes vom 24.5.2017 (GVBl. S. 109). **13**

Die Ablieferungspflicht (§ 3 Abs. 1 LBibG) besteht für denjenigen, der berechtigt ist, das Medienwerk (§ 3 Abs. 9 LBibG) zu verbreiten oder erstmals öffentlich zugänglich zu machen (§ 3 Abs. 4 LBibG). Auf Antrag wird eine Entschädigung gewährt (§ 3 Abs. 2 LBibG iVm § 5 DVO).

Für die Ablieferung amtlicher Druckwerke gilt die Verwaltungsvorschrift der Landesregierung über die Abgabe von Medienwerken an wissenschaftliche Bibliotheken und an die Landesarchive vom 14.12.2004 (MWWFK 15525–53201-2/50) mit Änderungen vom 8.12.2009 (MBWJK 9812–53201-2/50) und vom 30.4.2013 (MBWWK 98-53 201-2/50).

12. Im *Saarland* ergibt sich die Anbietungs- und Ablieferungspflicht aus § 14 SaarlMG. Sie wird konkretisiert durch die Verordnung zur Durchführung des Saarländischen Mediengesetzes über die Ablieferung von Pflichtexemplaren (PflAV) vom 8.11.2016 (ABl. 2016 S. 1060). **14**

Die Ablieferungspflicht besteht hinsichtlich Medienwerke (§ 14 Abs. 4 SaarlMG), unabhängig davon, ob sie unkörperlich (§ 14 Abs. 3 SaarlMG) oder körperlich sind. Die Verpflichtung trifft den Verleger, hilfsweise den Drucker bzw. Hersteller (§ 14 Abs. 5 SaarlMG). Der Verleger kann unter bestimmten Voraussetzungen angemessen zu entschädigen sein (§ 14 Abs. 8 SaarlMG iVm § 3 PflAV).

Die Abgabepflicht amtlicher Drucksachen wird durch Erlass vom 19.12.1967 in der Fassung vom 4.9.1973 (ABl. 1968 S. 253; 1973 S. 645) geregelt.

13. In *Sachsen* ist das Pflichtexemplarrecht in § 11 SächsPG geregelt. **15**

Hiernach hat der Verleger, hilfsweise der Drucker (§ 11 Abs. 2 SächsPG), jeweils ein Exemplar der analogen oder digitalen Publikation (§ 11 Abs. 3–5 SächsPG) an die Sächsische Landesbibliothek in Dresden abzuliefern. Wenn die unentgeltliche Abgabe nicht zumutbar ist, wird im Einzelfall auf Antrag eine Entschädigung gewährt (§ 11 Abs. 6 SächsPG).

Eine Regelung zur Abgabe amtlicher Veröffentlichungen an öffentliche Bibliotheken existiert in Sachsen nicht (vgl. die Übersicht über die Abgabeerlasse unter http://staatsbibliothek-berlin.de/ die-staatsbibliothek/abteilungen/bestandsaufbau/amtsdruckschriften/abgabeerlasse/ (Aufruf am 8.10.2020)).

16 14. Auch in *Sachsen-Anhalt* ist das Pflichtexemplarrecht im LPG geregelt. Es wird konkretisiert durch die Verordnung über die Durchführung der Ablieferungspflicht von Druckwerken und digitalen Publikationen vom 17.12.2010 (GVBl. LSA 2010 S. 599).

Gemäß § 11 SAnhaltPG besteht für den Verleger, hilfsweise den Drucker (§ 11 Abs. 1 S. 2 SAnhaltPG) die Pflicht, ein Exemplar binnen eines Monats nach dem Erscheinen an die Universitäts- und Landesbibliothek Sachsen-Anhalt in Halle abzuliefern. Ist die Auflage des Druckwerks nicht höher als 500 Stück und beträgt der Ladenpreis eines Stücks mindestens 100 EUR, so ist die Hälfte des Ladenpreises zu erstatten (§ 11 Abs. 3 SAnhaltPG), sofern bestimmte weitere Bedingungen erfüllt sind (§ 11 Abs. 4 und 5 SAnhaltPG). Die genannten Bestimmungen gelten gemäß § 11 Abs. 6 SAnhaltPG auch für digitale Publikationen (§ 6 Abs. 5 SAnhaltPG).

Die Abgabepflicht amtlicher Publikationen regelt der Beschluss der Landesregierung über die Abgabe amtlicher Veröffentlichungen an öffentliche Bibliotheken vom 18.1.2011 (MBl. LSA 2011 S. 67).

17 15. In *Schleswig-Holstein* ist das Pflichtexemplarrecht in §§ 9–12 Gesetz für die Bibliotheken in Schleswig-Holstein (Bibliotheksgesetz – BiblG) vom 30.8.2016 (GVOBl. 2016 S. 791), zuletzt geändert durch Art. 8 Gesetz vom 13.12.2019 (GVOBl. 2019 S. 612), geregelt. Konkretisiert wird es durch die Landesverordnung zur Durchführung des Gesetzes für die Bibliotheken in Schleswig-Holstein über die Anbietung und Ablieferung von Pflichtexemplaren (Pflichtexemplarverordnung – PflEVO) vom 19.6.2017 (GVOBl. 2017 S. 420).

Gemäß § 9 Abs. 1 BiblG ist von jedem Medienwerk (§ 1 Abs. 3 BiblG), das im Geltungsbereich dieses Gesetzes verbreitet oder öffentlich zugänglich gemacht wird, jeweils ein Exemplar unaufgefordert und unmittelbar nach Beginn der Verbreitung oder öffentlichen Zugänglichmachung den Pflichtbibliotheken (§ 9 Abs. 4) anzubieten und abzuliefern oder zu übermitteln. Verpflichtet sind die in § 9 Abs. 2 BiblG genannten Personen. Eine Entschädigung ist im Falle einer unzumutbaren Härte zu gewähren (§ 10 Abs. 2 BiblG iVm § 4 PflEVO).

Die Ablieferungspflicht amtlicher Drucksachen wird durch den gemeinsamen Erlass des Innenministeriums und des Ministeriums für Bildung, Wissenschaft, Forschung und Kultur vom 2.12.1998 (ABl. SchlH S. 999), geändert durch Erlass vom 5.9.2003 (ABl. SchlH S. 677), durch Verwaltungsvorschrift vom 31.10.2008 (ABl. SchlH S. 1018) und vom 19.6.2013 (ABl. SchlH S. 999) geregelt.

18 16. In *Thüringen* ist das Pflichtexemplarrecht in § 12 ThürPG geregelt.

Hiernach hat der Verleger ein Exemplar des Druckwerks oder der digitalen Publikation (§ 12 Abs. 3 ThürPG) an die Bibliothek der Universität Jena abzugeben. Auf Antrag wird eine Entschädigung in Höhe der Herstellungskosten des abgegebenen Exemplars gewährt, wenn die kostenlose Abgabe unzumutbar ist (§ 12 Abs. 1 S. 2 und 3 ThürPG).

Die Abgabe amtlicher Druckwerke ist in der Verwaltungsvorschrift des Thüringer Kultusministeriums über die Abgabe amtlicher Veröffentlichungen an Bibliotheken und das Hauptstaatsarchiv vom 19.11.2008 (ABl. TKM 19 (2009), Nr. 1, S. 3) geregelt.

19 17. Die *bundesgesetzliche* Ablieferungspflicht zugunsten der Deutschen Bücherei in Leipzig und der Deutschen Bibliothek in Frankfurt am Main beruht auf dem Gesetz über die Deutsche Nationalbibliothek vom 22.6.2006 (BGBl. I S. 1338), das zuletzt durch Artikel 2 des Gesetzes vom 1.9.2017 (BGBl. I S. 3346) geändert worden ist. Ergänzend gilt die Pflichtablieferungsverordnung vom 17.10.2008 (BGBl. I S. 2013), die durch Artikel 1 der Verordnung vom 29.4.2014 (BGBl. I S. 450) geändert worden ist.

Zur Länder übergreifenden Aufgabe der Deutschen Nationalbibliothek gehört insbesondere, die in Deutschland veröffentlichten Medienwerke sowie die im Ausland veröffentlichten deutschsprachigen Medienwerke zu sammeln, zu inventarisieren, zu erschließen und bibliographisch zu verzeichnen, auf Dauer zu sichern und für die Allgemeinheit nutzbar zu machen

(§ 2 DNBG). Dazu zählt auch die „Bewahrung des kulturellen Erbes der Nationen in unkörperlichen Veröffentlichungsformen wie auch im Internet" (BT-Drs. 16/322, 10, li. Sp.), worunter vor allem digitale Medien fallen. Erfasst werden daher gemäß § 3 Abs. 1 DNBG vom Begriff des Medienwerks alle Darstellungen in Schrift, Bild und Ton, die in körperlicher Form verbreitet oder in unkörperlicher Form der Öffentlichkeit zugänglich gemacht werden. Nach Maßgabe der Verbreitung oder öffentlichen Zugänglichmachung in körperlicher bzw. unkörperlicher Form haben die Ablieferungspflichtigen (§ 15 DNBG) Medienwerke in zweifacher bzw. einfacher Ausfertigung abzuliefern (§ 14 Abs. 1 bzw. Abs. 2 DNBG). Für Medienwerke in körperlicher Form gewährt die Bibliothek den Ablieferungspflichtigen auf Antrag einen Zuschuss zu den Herstellungskosten der abzuliefernden Ausfertigungen, wenn die unentgeltliche Abgabe eine unzumutbare Belastung darstellt (§ 18 S. 1 DNBG iVm § 6 PflAV).

Anordnungen über die Pflicht zur Ablieferung amtlicher Druckwerke des Bundes an öffent- **20**
liche Bibliotheken enthält der Erlass vom 12.5.1958 (GMBl. S. 209) mit Ergänzung vom 17.3.1961 (GMBl. S. 235). Begünstigte Bibliotheken sind die Deutsche Bibliothek, die Westdeutsche Bibliothek/Staatsbibliothek zu Berlin – Preußischer Kulturbesitz, die Bibliothek des Deutschen Bundestages und die Bayerische Staatsbibliothek (§ 1). Besonderheiten gelten im Geschäftsbereich des BMVg (Abgabe amtlicher Veröffentlichungen im Geschäftsbereich des Bundesministeriums der Verteidigung (BMVg) – Neufassung – vom 21.8.1998 (VMBl. 1998 Nr. 12 S. 252)).

Zum Zweck des internationalen amtlichen Schriftentausches hat die Bundesregierung in einem Erlass vom 22.7.1958 (GMBl. S. 339) festgelegt, dass amtliche Drucksachen an die Abteilung „Abteilung Amtsdruckschriften und Internationaler Amtlicher Schriftentausch der Staatsbibliothek zu Berlin – Preußischer Kulturbesitz" auf ihre Anforderung in Höhe von bis zu 20 Exemplaren kostenlos abzuliefern sind.

III. Die der Ablieferungspflicht unterliegenden Druck- und Medienwerke

1. Soweit die Anbietungs- bzw. Ablieferungspflicht unmittelbar in den einzelnen *Landespressege-* **21**
setzen selbst normiert ist (alle Bundesländer außer Baden-Württemberg, Bayern, Berlin, Hamburg, Hessen, Nordrhein-Westfalen, Rheinland-Pfalz und Schleswig-Holstein), ist die Begriffsbestimmung des Druckwerkes (→ Rn. 22) bzw. Medienwerks (→ Rn. 22a) in der jeweiligen Norm des LPG für den Umfang der Ablieferungspflicht maßgebend (zum Begriff des Druckwerkes im Einzelnen → Kap. 12 Rn. 3 ff.).

a) Erfasst werden demgemäß durch den Druckwerkbegriff alle (periodischen wie nichtperiodi- **22**
schen) stofflich verkörperten *Massenvervielfältigungen* mit geistigem Sinngehalt, die zur Verbreitung bestimmt sind. In erster Linie sind also Bücher, Zeitungen und Zeitschriften, bildliche Darstellungen (mit und ohne Schrift), aber auch DVDs, Schallplatten, Bild- und Tonkassetten sowie Musikalien mit Text oder Erläuterungen betroffen. Der Ablieferungspflicht unterliegen nach dem allgemeinen Druckwerkbegriff des LPG auch Landkarten und Atlanten sowie Beilagen (Zeitungsbeilagen), sofern sie mit dem Druckwerk eine Einheit bilden. Ablieferungsfrei sind dagegen die nur äußerlich mit dem Druckwerk verbundenen Anlagen wie Prospekte, Kataloge, Fahrpläne etc (Näheres vgl. Löffler/*Burkhardt* LPG § 12 Rn. 18 ff.).

Aufgrund der „Digitalisierungstendenz" (→ Rn. 2a) sind einige Landesgesetze vom insofern **22a**
zu engen Begriff des Druckwerks abgekommen und unterwerfen nunmehr ganz allgemein *Medienwerke* der Ablieferungspflicht (zB § 14 Abs. 1 SaarlMG); Entsprechendes gilt in Ansehung der Deutschen Nationalbibliothek (§ 14 Abs. 1 DNBG). Bei Medienwerken handelt es sich um „alle Darstellungen in Schrift, Bild und Ton, die in körperlicher Form verbreitet oder in unkörperlicher Form der Öffentlichkeit zugänglich gemacht werden" (§ 3 Abs. 1 DNBG; ebenso zB § 14 Abs. 4 SaarlMG). Laut der Gesetzesbegründung zum DNBG greift diese Definition Regelungen des UrhG auf (vgl. BT-Drs. 16/322, 14, li. Sp. – sh. zum Urheberrecht im Einzelnen Abschn. 13). Verbreitet sind hierbei auch solche Werke, die erst auf Verlangen bereitgestellt oder gedruckt (zB Publishing oder Printing on Demand) werden (vgl. BT-Drs. 16/322, 14, li. Sp.).

Bei *Medienwerken in körperlicher Form* handelt es sich um „alle Darstellungen auf Papier, **22b**
elektronischen Datenträgern und anderen Trägern" (§ 3 Abs. 2 DNBG). Eine wesentliche

Gruppe sind hierbei die Druckwerke im klassischen Sinne (→ Rn. 22). Medienwerke in körperlicher Form sind auch digitale Werke, sofern sie verkörpert sind (zB als Blu-ray Discs, CD-ROMs).

22c Bei *Medienwerken in unkörperlicher Form* handelt es sich um „alle Darstellungen in öffentlichen Netzen" (§ 3 Abs. 3 DNBG). Unter „öffentlichen Netzen" ist vor allem das Internet zu zählen; betriebliche oder behördliche Intranets hingegen fallen als nicht- bzw. nur teilöffentliche Netze nicht darunter (vgl. BT-Drs. 16/322, 14, re. Sp.; LT Hess. Drs. 18/6067, 25).

22d Von der Ablieferungspflicht umfasst sein kann *„Zubehör" zum Medienwerk.* Je nach anwendbarem Gesetz können dies sein „zum Hauptwerk gehörende Beilagen" (§ 14 Abs. 2 S. 1 SaarlMG), „Materialien, die der Vervollständigung des Hauptwerks dienen" (§ 14 Abs. 2 S. 1 SaarlMG), Sammelordner, Jahrgangstitelblätter, Inhaltsverzeichnisse und Register zu Medienwerken (§ 2 Abs. 4 PflAV) sowie „Elemente, Software und Werkzeuge, die in physischer oder in elektronischer Form erkennbar zu den ablieferungspflichtigen Medienwerken gehören" (§ 2 Abs. 5 S. 1 Hess.-PflAV).

23 b) Wo der Sinn der Ablieferungspflicht, das kulturelle Bedürfnis der Allgemeinheit (→ Rn. 1), fehlt, findet die Abgabepflicht keine Anwendung bzw. ist explizit ausgeschlossen. Deshalb sind die gemäß § 7 Abs. 2 LPG an sich zu den Druckwerken zählenden Materialien der Nachrichtenagenturen, *Pressekorrespondenzen* usw als *ablieferungsfrei* zu betrachten (vgl. *Kirchner* in 40 Jahre Deutsches Bucharchiv München, S. 561; *Lohse* FS Kirchner, 238).

24 c) Von den für Druckwerke geltenden gesetzlichen Regelungen des Pflichtexemplarrechts können die sog. *harmlosen Druckwerke* wie etwa Formulare, Preislisten, Werbedrucksachen, Familienanzeigen usw ausgenommen sein (vgl. zB § 3 Ziff. 1 Hess.-PflAV oder § 14 Abs. 1 S. 3 SaarlMG). Sie gelten dann als *ablieferungsfrei.* Da die diesbezüglichen Regelungen nicht einheitlich sind, ist im Einzelfall zu prüfen, ob das jeweils anwendbare Gesetz das in Frage stehende Medienwerk von der Ablieferungspflicht ausnimmt.

25 d) Manche Gesetze nehmen die *amtlichen Druck- und Medienwerke* vom Anwendungsbereich des Pflichtabgaberechts aus (zB § 2 Abs. 2 BW-PflExG; differenzierend § 3 Abs. 1 Ziff. 1 Berlin-PflExG). Dennoch sind solche Werke für die Erfassung der Zeitgeschichte bedeutend. Bund und Länder haben deshalb für ihren Bereich durch besondere Regelungen die Ablieferungspflicht auf amtliche Druck- und Medienwerke ausgedehnt (→ Rn. 2b–20).

26 2. Die Vielfalt der Regelungen (→ Rn. 33) macht es erforderlich, jeweils im Einzelfall zu prüfen, ob ein Medienwerk unter das Pflichtabgabenrecht fällt. So kann es sein, dass ein Werk durchaus die allgemeine Definition des Druckwerks respektive Medienwerks erfüllt, aber kraft Gesetzes kein solches im Sinne des jeweils anzuwendenden Gesetzes ist (vgl. zB § 2 Abs. 2 BW-PflExG).

Denkbar ist auch, dass ein Werk (Beispiel: ein Brettspiel) zwar grundsätzlich unter das Gesetz fällt (§ 3 Abs. 2 DNBG), aber durch die bisweilen umfangreichen Kataloge konkretisierender Verordnungen von der Ablieferungspflicht wieder ausgenommen wird (§ 4 Ziff. 14 PflAV).

Umgekehrt gibt es Medienwerke (Beispiel: ein hessisches Amtsblatt), die zwar einer ablieferungsfreien Gattung unterfallen („behördliche Medienwerke für den dienstlichen Gebrauch" in Hessen, § 3 Ziff. 2 HessPflAV), aber – quasi als Rückausnahme – doch der Ablieferungspflicht unterliegen (§ 3 Ziff. 2 aE Hess.-PflAV).

Im Hinblick darauf, dass schuldhafte Verstöße gegen die Ablieferungspflicht oftmals bußgeldbewehrt sind (zB nach § 6 Berlin-PflExG, § 64 Abs. 1 Ziff. 4 SaarlMG und § 19 DNBG), ist im Einzelfall eine genaue Prüfung ratsam.

IV. Die zur Anbietung bzw. Ablieferung Verpflichteten

27 1. In erster Linie obliegt die Anbietungs- bzw. Ablieferungspflicht dem *Verleger,* der im Geltungsbereich des betreffenden die Ablieferungspflicht begründenden Gesetzes periodische oder nichtperiodische Druckwerke verlegt. Als Verleger kommen natürliche und juristische Personen in Frage, ebenso Gesellschaften des bürgerlichen und des Handelsrechts (vgl. Löffler/*Lehr* LPG § 8 Rn. 54).

28 Eine konsequente Erweiterung des Kreises der Ablieferungspflichtigen nimmt zB das DNBG vor: Gemäß § 15 DNBG ist ablieferungspflichtig, wer *berechtigt ist, das Medienwerk zu verbreiten* *oder öffentlich zugänglich zu machen* und den Sitz, eine Betriebsstätte oder den Hauptwohnsitz in Deutschland hat. Die Ablieferungspflicht knüpft damit nicht mehr an die traditionelle Verleger- oder die Herstellereigenschaft an, sondern stellt auf die rechtliche Befugnis zur Verbreitung oder öffentlichen Zugänglichmachung ab (vgl. BT-Drs. 16/322, 18, li. Sp.). Gibt es mehrere Berechtigte, so hat die zuständige Stelle ein Auswahlermessen, welchen Ablieferungspflichtigen sie in Anspruch nimmt (vgl. BT-Drs. 16/322, 18, li. Sp.). Einige Landesgesetzgeber (zB Schleswig-Holstein und Thüringen) haben vergleichbare Regelungen getroffen und damit den Kreis der Verpflichteten erweitert.

2. Hat das Druckwerk keinen Verleger (Selbstverlag) oder liegt der Verlagsort außerhalb, der **28a** Druckort aber innerhalb des Geltungsbereichs des jeweiligen Gesetzes, so obliegt (neben dem Selbstverleger) ggf. dem *Drucker* die Anbietungspflicht (zB in Berlin § 2 Abs. 3 S. 2 Berlin-PflExG: „... den sonstigen Hersteller").

V. Der Vergütungsanspruch des Verlegers bzw. Druckers

1. In Baden-Württemberg (§ 1 Abs. 1 S. 2 BW-PflExG) wird im Fall der Zwangsablieferung **29** von Pflichtexemplaren auch ohne Vorliegen einer Härte eine gesetzlich vorgesehene Entschädigung gewährt. Hierfür ist ein Antrag zu stellen.

Die Länder Bayern (Art. 4 Abs. 1 PflStG), Berlin (§ 5 Berlin-PflExG), Brandenburg (§ 13 Abs. 1 S. 2 BrandenLPG iVm § 5 Branden-PflEV), Hamburg (§ 4 Abs. 2 PEG), Hessen (§ 4a Abs. 5 HessBiblG iVm § 4 Hess.-PflAV), Mecklenburg-Vorpommern (§ 11 Abs. 3 MVLPG iVm § 4 Druckwerkablieferungsverordnung), Niedersachsen (§ 12 Abs. 3 NdsLPG), Nordrhein-Westfalen (§ 7 NRW-PflExG), Rheinland-Pfalz (§ 3 Abs. 2 RhPf.-LBibG iVm § 5 Landesverordnung zur Durchführung des § 3 des RhPf.-LBibG), Saarland (§ 14 Abs. 6 SaarlMG iVm § 3 Saarl.-PflAV), Sachsen (§ 11 Abs. 6 SächsPG), Sachsen-Anhalt (§ 11 Abs. 3 SAnhaltPG), Schleswig-Holstein (§ 10 Abs. 2 SH-BiblG iVm § 4 SH-PflEV) und Thüringen (§ 12 Abs. 1 S. 2 ThürLPG) sowie die Deutsche Nationalbibliothek (§ 18 DNBG iVm § 6 PflAV) machen eine Entschädigung davon abhängig, dass die Unentgeltlichkeit im konkreten Fall – etwa wegen des hohen Wertes des Druckwerks und seiner geringen Auflage – für den Ablieferungspflichtigen nicht zumutbar erscheint.

Bremen hat in seinem LPG lediglich eine rudimentäre Regelung (§ 12 Abs. 5 S. 3 BremPG) zur Vergütungsverpflichtung.

2. Einige Regelungen schließen eine Entschädigung bzw. einen Zuschuss aus, wenn das in **30** Frage stehende Medienwerk bereits öffentlich gefördert worden war (zB § 4 Abs. 2 SH-PflEVO).

3. Nach dem jahrzehntelangen Streit um die Frage, ob die Pflichtabgabe der Eigentums- **31** garantie des Grundgesetzes widerspreche, hat die Grundsatz-Entscheidung des BVerfG von 1981 (vgl. BVerfGE 58, 137 ff. = NJW 1982, 633 ff.) die Rechtslage geklärt (vgl. Schiwy/Schütz/Dörr S. 413; *Kirchner* in 40 Jahre Deutsches Bucharchiv München, S. 553, 555). Danach belastet die Ablieferungspflicht das Eigentum an dem Druckwerk (vgl. BVerfGE 58, 137 f.). Die Abgabeverpflichtung ist aber keine Enteignung iSd Art. 14 Abs. 3 GG, sondern sie fällt unter die *Eigentumsbindung* des Art. 14 Abs. 2 GG und wird als Naturalleistungspflicht qualifiziert (BVerfG aaO). Damit *entfällt* eine generelle Entschädigungspflicht.

Das BVerfG (aaO) hat aber ausdrücklich darauf hingewiesen, dass Eigentumsbindungen stets **32** *verhältnismäßig* sein müssen (so schon BVerfGE 50, 340 f.; 52, 29 f.). Der Grundsatz der Verhältnismäßigkeit ist jedoch in der Regel gewahrt, da im Normalfall die unentgeltliche Abgabe eines Belegexemplars eine zumutbare, den Verleger nicht übermäßig und einseitig treffende Belastung darstellt (BVerfG aaO). Wenn jedoch die finanzielle Belastung übermäßig ist und den Abgabepflichtigen unzumutbar trifft, muss eine Entschädigung erfolgen (BVerfG aaO).

Von der Ablieferungspflicht zu unterscheiden ist ein etwaiger Anspruch von Verlegern, ihr **32a** Druckwerk der jeweils zuständigen Stelle (→ Rn. 2b–20) anzudienen. Eine solche *„Abnahmepflicht" von Pflichtexemplaren* dieser Stellen kann für den Verleger gerade bei teuren Werken mit geringer Auflage finanziell interessant sein (uU auch wegen der etwaigen Berechtigung an Ausschüttungen der VG Wort, → Kap. 64 Rn. 4 ff.). Jedoch besteht ein solcher Anspruch nicht: Verleger haben kein subjektiv-öffentliches Recht auf die Entgegennahme von von ihnen verlegten Druckwerken als Pflichtexemplare (vgl. OVG Koblenz ZUM-RD 2010, 246). Dies stellen einige der Pflichtexemplar-Bestimmungen (zB § 1 Abs. 3 NRW-PflExG und § 14 Abs. 1 S. 2 SaarlMG; → Rn. 2b–20) explizit klar.

VI. Ausblick

33 1. Die Grundsatz-Entscheidung des BVerfG von 1981 hat zwar wichtige Fragen des Pflichtexemplarrechts geklärt. Ein Hauptkritikpunkt an ihm besteht jedoch unverändert in der Uneinheitlichkeit der gesetzlichen Vorschriften von Bund und Ländern (vgl. *Schiwy/Schütz/Dörr* S. 353; *Kirchner* in 40 Jahre Deutsches Bucharchiv München, S. 556). Es sollten sowohl im Interesse der Bibliotheken als auch im Interesse der Abgabepflichtigen *einheitliche Regelungen* angestrebt werden. Eine klare Rechtslage ist bereits deshalb wünschenswert, weil sie hilft, fahrlässige Pflichtenverletzungen durch die Ablieferungspflichtigen (die oftmals eine Ordnungswidrigkeit darstellen) zu vermeiden.

34 2. Wenn nicht mehr nur Druckwerke, sondern auch digitale Medienwerke vom Pflichtabgaberecht erfasst werden, dürften sich verstärkt urheberrechtliche Fragen stellen (sh. zum Urheberrecht Abschn. 13). Denn es dürfte davon auszugehen sein, dass digitale Medien durch die Nutzer der Bibliotheken tendenziell häufiger vervielfältigt werden als analoge Medien. Es ist zu vermuten, dass dies eine *weitere Belastung* bzw. eine Beeinträchtigung der wirtschaftlichen Verwertungs- und Auswertungsinteressen des Ablieferungspflichtigen (→ Rn. 27 ff.) darstellt. Es ist daher zu begrüßen, wenn die Stelle, an die das Pflichtexemplar abzuliefern ist, gesetzlich verpflichtet ist, „ausreichende Vorkehrungen gegen eine unzulässige Vervielfältigung, Veränderung oder Verbreitung" des Werks zu treffen (§ 14 Abs. 3 SaarlMG und § 11 Abs. 10 S. 2 SächsPG).

16. Kapitel. Die Gerichtsberichterstattung der Presse

I. Grundsatz der Öffentlichkeit des Gerichtsverfahrens und der freien Gerichtsberichterstattung

1 1. Zu den obersten Grundsätzen des Rechtsstaats gehört die *Öffentlichkeit des Gerichtsverfahrens* (vgl. BVerfG AfP 2015, 540 (541); BVerfGE 103, 63 ff.; BGH NJW 2019, 2185; BGHSt 22, 361). Dieses für die ordentlichen Gerichte in § 169 Abs. 1 S. 1 GVG statuierte Prinzip gilt für alle Verhandlungen vor dem erkennenden Gericht in sämtlichen Instanzen. Die Öffentlichkeit von Gerichtsverfahren war eine Hauptforderung des europäischen Liberalismus, die in Deutschland auf Grund der Volkserhebung von 1848 durchgesetzt wurde. Einst als Reaktion gegenüber der geheimen Kabinettsjustiz absoluter Fürsten entstanden, dient das Öffentlichkeitsprinzip im demokratischen Rechtsstaat noch heute in erster Linie der Kontrolle der Rechtsprechung durch die Allgemeinheit (vgl. BGH NJW 2019, 2185; BGHSt 9, 281; *Diemer* in KK zur StPO GVG § 169 Rn. 2; *Gündisch/Dany* NJW 1999, 257; *Ranft* JURA 1995, 573). Der Anspruch auf ein öffentliches Gerichtsverfahren wird als Menschenrecht in Art. 6 Abs. 1 der *Europäischen Menschenrechts-Konvention,* die in der Bundesrepublik als unmittelbar geltendes Bundesrecht Anwendung findet (vgl. BGBl. 2002 II S. 1054; BVerfG NJW 2004, 3408; BGHZ 45, 34; *Valerius* in BeckOK StPO EMRK Art. 1 Rn. 2; → Kap. 2 Rn. 7a), ausdrücklich garantiert (vgl. OLG Celle AfP 1990, 306; *Frowein* NVwZ 2002, 30). In der EMRK sind allerdings – wie auch im GVG – gleichzeitig Ausnahmen bestimmt: „Presse und Öffentlichkeit können jedoch während des ganzen oder eines Teiles des Verfahrens ausgeschlossen werden, wenn dies im Interesse der Moral, der öffentlichen Ordnung oder der nationalen Sicherheit in einer demokratischen Gesellschaft liegt, wenn die Interessen von Jugendlichen oder der Schutz des Privatlebens der Prozessparteien es verlangen oder – soweit das Gericht es für unbedingt erforderlich hält – wenn unter besonderen Umständen eine öffentliche Verhandlung die Interessen der Rechtspflege beeinträchtigen würde.". Der Grundsatz der freien Gerichtsberichterstattung ist also nicht schrankenlos (→ Rn. 6 ff.).

2 2. Als sachkundige Repräsentanten der forensischen Öffentlichkeit haben die Medien eine wichtige Funktion. Mit ihrer regelmäßigen Gerichtsberichterstattung erfüllt die Presse die *öffentliche Aufgabe der Information und der Kontrolle* des staatlichen und wirtschaftlichen Geschehens (vgl.

BGH AfP 1988, 30; OLG Köln AfP 1986, 347; *Branahl* FS Bohrmann, 136 f., 140 f.; Scherer, Gerichtsöffentlichkeit als Medienöffentlichkeit, S. 74 f., S. 130 f.; *Widmaier* NJW 2004, 399; sh. zur öffentlichen Aufgabe der Presse Kap. 3). Zugleich weckt sie das Interesse der Bürger am Justizgeschehen (vgl. *Baumann,* Das Verbrechensopfer in Kriminalitätsdarstellungen der Presse, S. 10 ff.; *Kepplinger,* Die Entwicklung der Kriminalitätsberichterstattung, S. 60; *Töpper* DRiZ 2002, 443).

Aus dem Rechtsstaatsgebot, dem Demokratiegebot und dem Grundsatz der Gewaltenteilung ergibt sich die Pflicht der Gerichte, die veröffentlichungswürdigen Entscheidungen ihrer Spruchkörper – in anonymisierter Form – der Allgemeinheit zugänglich zu machen (vgl. BVerfG AfP 2015, 540 (542); hierzu zustimmend *Schemmer* AfP 2020, 6; *von Coelln* AfP 2016, 308 ff.; BVerwG ZUM 1998, 80; *Huff* NJW 1997, 2652). Dabei ist es unzulässig, Unterschiede in der Belieferung von Presseunternehmen an dem Kriterium der Wissenschaftlichkeit des Publikationsorgans festzumachen (vgl. BVerwG ZUM 1998, 82). Das hinsichtlich des presserechtlichen Auskunftsanspruchs (sh. Abschn. 4) bestehende Ermessen der Gerichte kann daher auf Null reduziert sein.

Gegenstand einer solchen *Veröffentlichungspflicht* können auch solche Entscheidungen sein, die noch nicht rechtskräftig sind (vgl. BVerfG AfP 2015, 540; VG Berlin AfP 2020, 179; *Putzke/Zenthöfer* NJW 2015, 1778). Inhaltlich kann die Veröffentlichungspflicht auch sensible Verfahren wie Disziplinarverfahren umfassen (vgl. VG Berlin AfP 2020, 179).

Derjenige, hinsichtlich dessen Verfahren eine Entscheidung durch die Rechtspflege veröffentlicht werden soll oder wurde, kann hiergegen vor dem Verwaltungsgericht um (ggf. einstweiligen) Rechtsschutz ersuchen (vgl. VG Berlin AfP 2020, 179).

Hierbei hat nicht nur die deutsche Presse Interesse an Gerichtsverhandlungen in der Bundesrepublik. **2a** Auch im Ausland können Prozesse eine große Aufmerksamkeit seitens der *ausländischen Medien* erfahren, zB wenn Verfahren einen „Auslandsbezug" aufweisen, wie es bei dem so genannten *„NSU-Prozess"* der Fall war (vgl. hierzu BVerfG AfP 2013, 233; *Kujath* AfP 2013, 269 ff.; zu den gesetzgeberischen Auswirkungen dieses Prozesses vgl. AfP 2013, 321).

3. Aus der Funktion der Gerichtsberichterstattung folgt, dass sich die Presseangehörigen bei **3** ihrer Anwesenheit im Gerichtssaal und bei der anschließenden Unterrichtung der Öffentlichkeit unmittelbar auf das der Presse nach der Verfassung (Art. 5 Abs. 1 S. 2 GG) zustehende Grundrecht der Pressefreiheit berufen können, zu deren Wesenselement die *Informationsfreiheit* sowie die *Freiheit der Berichterstattung* gehören (vgl. BVerfG NJW 1992, 3288; BVerfGE 77, 354; 66, 133; 57, 319; 50, 234 ff.; 20, 176). Einschränkungen dieser Freiheit ergeben sich nach Art. 5 Abs. 2 GG aus den *allgemeinen Gesetzen* (→ Kap. 11 Rn. 3 ff.), zu denen die Bestimmungen des Gerichtsverfahrens gehören, die der Presseberichterstattung Schranken setzen können (vgl. BVerfGE 103, 62; 50, 234 ff.; *Kujath* AfP 2013, 270). Jedoch sind die allgemeinen Gesetze wiederum im Lichte des eingeschränkten Grundrechts auszulegen (vgl. BVerfGE 7, 208; BVerfG AfP 1992, 55). Das bedeutet, dass im Rahmen der auslegungsfähigen Tatbestandsmerkmale der einfachrechtlichen Vorschriften regelmäßig eine Abwägung vorzunehmen ist (vgl. BVerfG AfP 1992, 55). Abzuwägen sind hierbei einerseits die Pressefreiheit, andererseits der Schutz des allgemeinen Persönlichkeitsrechts der Parteien (bzw. des Angeklagten), deren Anspruch auf ein faires Verfahren sowie die Funktionstüchtigkeit der Rechtspflege (vgl. BVerfG AfP 2017, 407). Ein Verstoß gegen Art. 5 Abs. 1 S. 2 GG liegt dann vor, wenn die Maßnahme durch die §§ 169 ff. GVG offensichtlich nicht gedeckt ist oder wenn das Gericht den angewendeten Regelungen einen der Bedeutung und Tragweite der Pressefreiheit widerstreitenden Sinn beigelegt hat (vgl. BVerfGE 50, 242).

4. Der rechtswidrige Ausschluss einer Person von einer öffentlichen Gerichtsverhandlung kann **3a** einen Verstoß gegen das Öffentlichkeitsprinzip darstellen. Im Strafprozess begründet ein solcher einen *absoluten Revisionsgrund* (§ 338 Nr. 6 StPO; vgl. *Diemer* in KK-StPO GVG § 169 Rn. 20; *Kujath* AfP 2013, 270).

5. Zu den Regelungen in den *RiStBV* sh. Nr. 129 RiStBV. **3b**

II. Die sich aus dem Grundsatz der freien Gerichtsberichterstattung ergebenden rechtlichen Konsequenzen

4 1. Die Presse-Angehörigen haben das freie *Zugangsrecht* zu allen Sitzungssälen, in denen öffentliche Gerichtsverhandlungen stattfinden (vgl. ausführlich *Degenhart* in BK-GG, 185. EL, Art. 5 Rn. 212–215). Um einen ungestörten Ablauf der Verhandlung sicherzustellen, darf die Justiz allerdings *Kontrollmaßnahmen* anordnen (vgl. BVerfGE 48, 123; 46, 13; BGH NJW 1980, 249), die auch von den Presse-Angehörigen zu respektieren sind (zB Durchsuchung nach Waffen). Angesichts der Bedeutung der modernen Medienöffentlichkeit kann es erforderlich sein, Plätze für Pressevertreter auch bei Überfüllung des Gerichtssaals freizuhalten, obwohl grundsätzlich die Platzbesetzung entsprechend dem zeitlichen Eintreffen der Besucher zu erfolgen hat (vgl. BVerfG NJW 2003, 500; *Diemer* in KK-StPO GVG § 169 Rn. 8; *von Coelln* AfP 2014, 194 (mwN)). Die Gerichtsberichterstatter müssen sich, wenn sie eine ihrer öffentlichen Aufgabe entsprechende Berücksichtigung geltend machen, durch ihren Presse-Ausweis legitimieren.

5 2. Die Presse-Angehörigen haben das Recht, im Gerichtssaal zu verweilen und Notizen und Zeichnungen anzufertigen, solange die Öffentlichkeit der Verhandlung andauert. Nur unter besonderen Umständen kann das Anfertigen von Notizen untersagt werden (zB bei Gefahr einer Einwirkung auf wartende Zeugen, vgl. BGH NStZ 1982, 389). Die Gerichte sind verpflichtet, die *äußeren Voraussetzungen* für die Gerichtsberichterstattung zu schaffen, so zB für *Sitzgelegenheiten* oder für ausreichende *Beleuchtung* zu sorgen (vgl. BGHSt 5, 75; BayObLG NJW 1982, 395). Da das Grundrecht auf Pressefreiheit die Teilnahme der Presse an öffentlichen Gerichtsverhandlungen und die Berichterstattung darüber einschließt, verstößt der Richter gegen Art. 5 Abs. 1 GG, wenn er einem Pressevertreter die Anwesenheit im Gerichtssaal deshalb untersagt, weil dieser für eine Zeitung arbeitet, die an der Verhandlungsführung des Richters wiederholt scharfe Kritik geübt hatte (vgl. OLG Hamm NJW 1967, 1289; zu den weiteren Rechten der Gerichtsberichterstatter → Rn. 12). Eine Zugangsbeschränkung darf durch das Gericht also nicht als Sanktion für eine frühere kritische Berichterstattung des betreffenden Medienvertreters ausgesprochen werden (vgl. *von Coelln* AfP 2014, 193; aA für Fälle schwerwiegender unsachlicher Berichterstattung wohl OLG Hamm NJW 1967, 1290).

III. Generelle Schranken der freien Gerichtsberichterstattung

6 1. Die freie Gerichtsberichterstattung ist auf *öffentliche* Gerichtsverhandlungen beschränkt und entfällt kraft Gesetzes bei allen Verfahren, bei denen – der Natur der Sache entsprechend – die Rechtsordnung *nichtöffentliche Verhandlungen* vorsieht wie zB bei Familien- und Kindschaftssachen (§ 170 GVG) und Jugendgerichtsverfahren (§ 48 Abs. 1 JGG; vgl. aber die Ausnahme in § 48 Abs. 3 JGG).

7 2. Eine weitere wichtige Grenze findet die Berichterstattung dort, wo das Gericht im Einzelfall den Ausschluss der Öffentlichkeit anordnet oder nur einem beschränkten Personenkreis einen Zugang gewähren kann.

7a a) Ein *Ausschluss der Öffentlichkeit* ist möglich, wenn das Verfahren die Unterbringung des Beschuldigten in einem psychiatrischen Krankenhaus oder einer Entziehungsanstalt betrifft (§ 171a GVG). Ebenso kann ein Ausschluss zum Schutz von Persönlichkeitsrechten erfolgen (§ 171b GVG). Dies ist dann der Fall, wenn Umstände aus dem persönlichen Lebensbereich eines Prozessbeteiligten, Zeugen oder durch eine rechtswidrige Tat Verletzten zur Sprache kommen, deren öffentliche Erörterung schutzwürdige Interessen verletzt. Als Beispiel sei die Vernehmung von Vergewaltigungsopfern angeführt (vgl. § 171b Abs. 2). Bei überwiegendem Interesse an der öffentlichen Erörterung der Umstände kann ein Ausschluss der Öffentlichkeit nicht erfolgen. Dabei ist zu beachten, dass das Öffentlichkeitsprinzip in dem Maße zurücktritt, in dem der Kernbereich des Persönlichkeitsrechts berührt wird und die Gefahr einer unzumutbaren öffentlichen Erörterung durch die Berichterstattung in den Medien droht (vgl. *Diemer* in KK-StPO GVG § 171b Rn. 3 f.).

In § 172 GVG sind die weiteren Ausschlussmöglichkeiten aufgeführt: Gefährdung der Staatssicherheit, der öffentlichen Ordnung oder der Sittlichkeit sowie bei Vernehmung einer noch nicht achtzehnjährigen Person. Hinzu kommen Fälle der möglichen Verletzung schützenswerter privater Geheimnisse, Geschäfts-, Betriebs-, Erfindungs- und Steuergeheimnisse. Der Ausschluss der Öffentlichkeit kann sich auf die gesamte Verhandlung oder auf einzelne Phasen des Verfahrens erstrecken. Angesichts der Bedeutung des Öffentlichkeitsprinzips (→ Rn. 1) muss der Ausschluss der Öffentlichkeit durch *konkrete Tatsachen* gerechtfertigt sein.

b) Eine andere Form der Beschränkung der Gerichtsöffentlichkeit stellt die *Auswahl von* **8**
Prozessbeobachtern dar. Bei Gerichtsverhandlungen, die auf ein so großes öffentliches Interesse stoßen, dass die Zahl der Plätze im Gerichtssaal nicht für alle erschienenen Pressevertreter (und sonstige Personen) ausreicht, wird das Öffentlichkeitsprinzip durch die „tatsächlichen Gegebenheiten" (vgl. BGH JR 1979, 261 f.) eingeschränkt. Denn „Öffentlichkeit" im Sinne des GVG bedeutet (bzw. bedeutete, → Rn. 8b) ausschließlich „Saalöffentlichkeit" (BVerfG NJW 2001, 1636). In einem solchen Fall hat das Gericht zwar einen weiten Spielraum, wie es die knappen Plätze verteilt (vgl. BVerfG AfP 2013, 234; *von Coelln* AfP 2014, 195). Es darf dabei jedoch *keine willkürliche Auswahl* der Pressevertreter vornehmen (vgl. BVerfG NJW 1993, 915) und muss dem subjektiven Recht der Medienvertreter auf gleiche Teilhabe an den Berichterstattungsmöglichkeiten Rechnung tragen (vgl. BVerfG AfP 2013, 234; hierzu *Kujath* AfP 2013, 269 ff.). Teilweise wird vertreten, dass dieses Ermessen hinsichtlich eines bestimmten Modus „auf Null" reduziert sein kann (vgl. *von Coelln* AfP 2014, 195; *Kujath* AfP 2013, 272).

Zulässig ist nach diesen Grundsätzen die Anwendung des Prioritätsprinzips; allerdings muss **8a**
dieses verfahrensmäßig insofern „realitätsnah" ausgestaltet sein, als es die tatsächliche Situation der vorhersehbar Interessierten hinreichend berücksichtigt (vgl. BVerfG AfP 2013, 234). Wird etwa dem Berichterstatter einer Landesrundfunkanstalt, die auf das Sammelangebot eines mit ihr in der ARD verbundenen Senders zurückgreifen kann, kein (insofern „zusätzlicher") Platz zugewiesen, so hält das BVerfG dies für ein sachgerechtes Unterscheidungsmerkmal (BVerfG aaO). Ebenfalls nicht per se ausgeschlossen ist ein Losverfahren zur Vergabe von Plätzen (vgl. BVerfG AfP 2013, 234). Eine andere Verfahrensart der Zuweisung einer nur begrenzt zur Verfügung stehenden Anzahl von Plätzen für Pressevertreter ist die sog. *„Pool-Lösung"* (vgl. BVerfGE 91, 134 ff.; BVerfG NJW 2009, 2117 ff.; 2000, 2890; *von Coelln* AfP 2014, 196 f.). Hierbei haben die interessierten Journalisten Personen zu benennen, die zur Teilnahme an der Hauptverhandlung zugelassen werden („Poolführer"). Diese haben sich schriftlich zu verpflichten, das Textmaterial ihren Konkurrenzunternehmen und Mitbewerbern zeitnah kostenlos zu überspielen oder anderweitig zur Verfügung zu stellen. Die erforderlichen Absprachen obliegen im Einzelnen den interessierten Anstalten, Redaktionen, Agenturen und Journalisten. Kommt eine Einigung nicht zustande, dürfen keine Journalisten zur Teilnahme an der Verhandlung zugelassen werden (vgl. BVerfGE 91, 134 ff.; NJW 2009, 2117 ff.; 2000, 2890). Trotz der andersgelagerten Konkurrenzsituation zwischen Zeitungen ist kein Grund ersichtlich, der einer Anwendung der Pool-Lösung auch auf den Pressebereich entgegensteht (kritisch BVerfG NJW 2020, 40). Aus Art. 3 Abs. 1 GG iVm Art. 5 Abs. 1 S. 1, 2 GG lässt sich das subjektive Recht der Medienunternehmen auf gleiche Teilhabe an den Berichterstattungsmöglichkeiten ableiten, die sich aus der eingeschränkten Eröffnung der nicht öffentlichen Verhandlung für eine Presseberichterstattung ergeben (vgl. BVerfG BeckRS 2009, 27650).

Die oben (→ Rn. 8) beschriebenen Ressourcen-Probleme sind durch das Gesetz zur Erweite- **8b**
rung der Medienöffentlichkeit in Gerichtsverfahren und zur Verbesserung der Kommunikationshilfen für Menschen mit Sprach- und Hörbehinderungen vom 8.10.2017 (BGBl. I S. 3546) teilweise behoben worden. Nunmehr dürfen durch das Gericht Tonübertragungen aus dem Gerichtssaal in Arbeitsräume für Medien-Angehörige zugelassen werden (§ 169 Abs. 1 S. 3–5 GVG; vgl. hierzu *Diemer* in KK-StPO GVG § 169 Rn. 11a f.). Allerdings dürfen diese Übertragungen nicht aufgenommen werden (§ 169 Abs. 1 S. 5 GVG) (im Einzelnen → Rn. 11).

3. a) Eine weitere Schranke bilden die *Ordnungsvorschriften des Prozessrechts,* die der Sicherung **9**
eines störungsfreien, geordneten Verfahrensablaufs dienen. Die Prozessordnung (§ 176 GVG) überträgt dem die Verhandlung führenden Richter zu diesem Zweck die *„Sitzungsgewalt"*. Er kann die Anwesenheit solcher Personen bei einer öffentlichen Verhandlung untersagen, „die in einer der Würde des Gerichts nicht entsprechenden Weise erscheinen" (§ 175 Abs. 1 GVG) oder durch unangemessenes Verhalten (zB durch Tragen provokativer Kleidung) einen störungsfreien Verhandlungsablauf gefährden (vgl. *Diemer* in KK-StPO GVG § 175 Rn. 2). Der

richterlichen Sitzungsgewalt sind auch die Gerichtsberichterstatter unterworfen. Begrenzt wird die richterliche Sitzungsgewalt durch die allgemeinen gesetzlichen Bestimmungen (vgl. BGH ZD 2011, 33).

9a b) *Anordnungen nach § 176 GVG* stellen einen Eingriff in die Pressefreiheit dar, wenn Bildaufnahmen beschränkt oder gänzlich untersagt werden. Beim Erlass solcher Anordnungen hat der Vorsitzende bei der Ausübung seines Ermessens daher der Bedeutung der Pressefreiheit Rechnung zu tragen (vgl. OLG Frankfurt a. M. AfP 2019, 241) und den Grundsatz der Verhältnismäßigkeit zu beachten (vgl. BVerfG AfP 2017, 407). Er muss auch „die für die Entscheidung maßgebenden Gründe offenlegen und dadurch den Betroffenen zu erkennen geben, dass in die Abwägung die grundrechtlich geschützten Informations- und Berichterstattungsinteressen der Medien und die Erfordernisse eines geordneten Verfahrensablaufs, insbesondere mit Blick auf die Rechte der Verfahrensbeteiligten, eingestellt wurden." (BVerfG NJW 2020, 38).

Gegen Entscheidungen des Vorsitzenden kommt in verfassungskonformer Auslegung von § 304 Abs. 1 StPO die *Beschwerde* in Betracht (vgl. BVerfG BeckRS 2009, 27650). Wird einer solchen Beschwerde nicht abgeholfen, kann unter bestimmten Voraussetzungen der Erlass einer einstweiligen Anordnung durch das Bundesverfassungsgericht beantragt werden (vgl. BVerfG NJW 2020, 38; AfP 2017, 407). Entscheidungen des Gerichts nach § 169 GVG (→ Rn. 8b) hingegen sind unanfechtbar (§ 169 Abs. 4 GVG).

10 4. Bei der Gerichtsberichterstattung ist weiterhin das allgemeine *Persönlichkeitsrecht* der Prozessbeteiligten zu beachten. Um Wiederholungen zum 42. Kap. (Wortberichterstattung; dort insbes. → Kap. 42 Rn. 10, 13–15) und zum 43. Kap. (Bildberichterstattung; dort insbes. → Kap. 43 Rn. 55 f.) zu vermeiden, sollen hier nur die Grundzüge dargestellt werden.

Wenn mit der Berichterstattung über Gerichtsverfahren *ohne strafrechtlichen* Einschlag eine Prangerwirkung verbunden ist, haben die Presseorgane die ihnen möglichen und zumutbaren Maßnahmen zu ergreifen, um eine Identifizierung des Betroffenen durch die Leser auszuschließen. Die Missachtung dieses Grundsatzes kann zur deliktischen Haftung führen.

Bei der Berichterstattung über Personen, gegen die ein *Ermittlungsverfahren* läuft, ist die „Unschuldsvermutung", die nach Art. 6 Abs. 2 EMRK zugunsten des noch nicht verurteilten Angeklagten gilt, zu berücksichtigen. Daher darf das Publikationsorgan nicht die Schuld des Tatverdächtigen behaupten.

Die Berichterstattung über laufende *Strafverfahren* wird den identifizierbaren (potentiellen) Täter stets in seinem Persönlichkeitsrecht erheblich beeinträchtigen, da sein (potentielles) Fehlverhalten öffentlich bekannt gemacht und seine Person in den Augen der Adressaten von vornherein negativ qualifiziert wird. Bei Aufsehen erregenden und schweren Straftaten können Bild und Name des Täters veröffentlicht werden. Im Bereich der Kleinkriminalität besteht eine solche Befugnis hingegen in aller Regel nicht.

Bei der Berichterstattung aus einer laufenden Verhandlung per *Twitter* oder anderer (Mikro) Bloggingdienste ist trotz des Strebens nach Aktualität auf inhaltliche Korrektheit zu achten (vgl. *Libor* AfP 2014, 227), um Haftungsrisiken zu vermeiden. Ein sitzungspolizeiliches (§ 176 GVG) Verbot des Tweetens ist zwar prinzipiell denkbar, stellt aber einen Grundrechtseingriff dar und muss daher gerechtfertigt und verhältnismäßig sein (vgl. *von Coelln* AfP 2014, 202).

Nach der strafgerichtlichen *Verurteilung* und der aktuellen Berichterstattung hierüber tritt das Informationsinteresse der Öffentlichkeit mit zunehmender zeitlicher Distanz gegenüber dem Persönlichkeitsschutz zurück. Besondere Bedeutung gewinnt dann das Resozialisierungsinteresse des Täters. Das allgemeine Persönlichkeitsrecht verschafft dem Straftäter jedoch auch nach Verbüßung seiner Strafe keinen allumfassenden Anspruch darauf, in der Öffentlichkeit überhaupt nicht mehr mit der Tat konfrontiert zu werden. Dies gilt jedenfalls dann, wenn eine Berichterstattung in anonymisierter Form erfolgt und eine Erkennbarkeit lediglich im Einzelfall durch einen beschränkten, engen Bekanntenkreis möglich ist.

Besonderen Schutzes bedarf ein Betroffener, wenn er von dem Tatvorwurf, über den eine Verdachtsberichterstattung stattfand, *freigesprochen* wurde. Hier kann der erforderliche Ausgleich zwischen Pressefreiheit und allgemeinem Persönlichkeitsrecht dadurch herbeigeführt werden, dass dem Betroffenen durch ein Gericht das Recht zugebilligt wird, eine ergänzende Mitteilung über den für ihn günstigen Ausgang des Verfahrens von dem Publikationsorgan zu verlangen.

Der Deutsche Presserat hat in Ziffer 12 und 13 seines Pressekodex in der Fassung vom 22.3.2017 (→ Kap. 2 Rn. 6; → Kap. 5 Rn. 9) sorgfältig abgewogene Standesregeln zur Presseberichterstattung über schwebende Ermittlungs- und Gerichtsverfahren aufgestellt: Die Zugehörigkeit von Verdächtigen und Tätern zu ethnischen, religiösen oder anderen Minderheiten soll in der Regel nicht erwähnt werden (Richtlinie 12.1). Ein Verdächtiger darf nicht als Schuldiger hingestellt werden (Richtlinie 13.1). Im Falle eines Freispruchs oder der Einstellung eines Ermittlungsverfahrens soll hierüber berichtet werden (Richtlinie 13.2). Bei Straftaten Jugendlicher sowie hinsichtlich jugendlicher Opfer soll mit Rücksicht auf die Zukunft der Betroffenen besondere Zurückhaltung geübt werden (Richtlinie 13.3). **10a**

Bei der Berichterstattung über Strafverfahren wird vor allem auch das Problem der „Vorverurteilung" kontrovers diskutiert. Hierbei geht es um die Frage, inwieweit Gerichtsberichte, die in der Boulevardpresse nicht selten sensationell aufgemacht sind, sich auf die richterliche Unabhängigkeit und auf die strafrechtlichen Urteile auswirken (vgl. Delitz, Tagespresse und Justiz, 26 f.; *Weiler* ZRP 1995, 135; *Roxin* NStZ 1991, 153). Teilweise wird in Erwägung gezogen, bei einem Verlust der richterlichen Unabhängigkeit durch eine Medienkampagne ein Verfahrenshindernis mit der Folge der Prozesseinstellung anzunehmen, da in einem solchen Fall gegen die Rechtsstaatlichkeit verstoßen wird (vgl. *Roxin* NStZ 1991, 153). Es ist jedoch zu berücksichtigen, dass es bisher keine empirischen Untersuchungen darüber gibt, ob und in welchem Maße Vorverurteilungen in der Presse die Richter beeinflussen (vgl. *Roxin* NStZ 1991, 153; *Soehring* GRUR 1986, 526). Ausweislich einer Umfrage bestreiten Richter den Verlust ihrer Unabhängigkeit durch sensationelle, einseitig aufgemachte Gerichtsberichte (vgl. *Gerhardt* im Gespräch mit *Hirsch* ZRP 2000, 536 ff.; *Mauhs* ZUM 1989, 347). Bei der Struktur des Strafverfahrens in der Bundesrepublik Deutschland (auch → Rn. 9 f.) und den strengen Anforderungen an eine Berichterstattung über (potentielle) Straftäter, deren Nichtbeachtung eine Haftung der Presse begründet, ist ein sachwidriger Einfluss der Medien auf die Richter in der Regel nicht anzunehmen (kritischer *Wenzel/Burkhardt/Peifer* Kap. 10 Rn. 180; vgl. auch *Soehring* GRUR 1986, 526). Hiervon freilich zu unterscheiden ist die Möglichkeit einer Vor„verurteilung" in der öffentlichen Meinung. **10b**

5. Dem Schutz des Persönlichkeitsrechts dient auch das grundsätzliche (zu den Ausnahmen → Rn. 11a) Verbot von Rundfunk- und Filmaufnahmen, das sich aus § 169 Abs. 1 S. 2 GVG ergibt. Danach sind „Ton- und Fernseh-*Rundfunkaufnahmen* sowie Ton- und *Filmaufnahmen* zum Zwecke der öffentlichen Vorführung oder Veröffentlichung ihres Inhalts … unzulässig" (vgl. zur Verfassungsmäßigkeit der früheren Fassung von § 169 S. 2 GVG BVerfGE 103, 44). Das Verbot gilt für die ganze Dauer der mündlichen Verhandlung einschließlich der Urteilsverkündung (vgl. BGHSt 22, 83; BGH NStZ 1989, 375) sowie für Ortsbesichtigungen (vgl. BGHSt 36, 119). Vor Beginn und nach Schluss der Verhandlung sowie in den Verhandlungspausen sind Aufnahmen prozessrechtlich zulässig (vgl. BVerfG NJW 2003, 2523; BGHSt 23, 125; *Diemer* in KK-StPO GVG § 169 Rn. 13; *Lehr* NStZ 2001, 64) (zur persönlichkeitsrechtlichen Zulässigkeit von Aufnahmen sh. im Einzelnen Kap. 43). **11**

Durch das Gesetz zur Erweiterung der Medienöffentlichkeit in Gerichtsverfahren und zur Verbesserung der Kommunikationshilfen für Menschen mit Sprach- und Hörbehinderungen vom 8.10.2017 (BGBl. I S. 3546) sind von diesem Grundsatz Ausnahmen zugelassen worden (zu den gesetzgeberischen Gründen vgl. BT-Drs. 18/10144. Zum Entwurf des Gesetzes vgl. *von Coelln* AfP 2016, 491 ff.). So sind nach § 169 Abs. 2 GVG nunmehr Tonaufnahmen der Verhandlung einschließlich der Verkündung der Urteile und Beschlüsse zu wissenschaftlichen und historischen Zwecken zulässig. Außerdem sind auch Ton- und Filmaufnahmen der „Verkündung von Entscheidungen des Bundesgerichtshofs in besonderen Fällen" (§ 169 Abs. 3 S. 1 GVG) zulässig. Entsprechende Entscheidungen des Gerichts sind unanfechtbar (§ 169 Abs. 4 GVG). **11a**

Eine – bereits schon länger bestehende – teilweise Ausnahme von dem Verbot des § 169 Abs. 1 S. 2 GVG gilt gemäß § 17a BVerfGG für Verfahren vor dem Bundesverfassungsgericht: Bis zur Feststellung der Anwesenheit der Beteiligten und bei öffentlicher Verkündung von Entscheidungen sind Rundfunk- und Filmaufnahmen dort grundsätzlich zulässig (vgl. *Benda* NJW 1999, 1524 f.).

Durch die beschriebenen Lockerungen des grundsätzlichen Verbots von Bild- und Tonaufnahmen dürften sich einige früher geäußerte Bedenken wegen möglicher Auswirkungen einer

Rundfunkberichterstattung auf das Gerichtsverfahren (vgl. *Huff* NJW 2001, 1623; *Kortz* AfP 1997, 443; *Ernst* ZUM 1996, 188; *Hamm* NJW 1995, 761; *Wolf* ZRP 1994, 188) erübrigt haben. Auch an der Auffassung, das absolute Verbot der Übertragung sei zumindest hinsichtlich verschiedener Verfahrensarten und -abschnitte unverhältnismäßig (vgl. Sondervotum in BVerfGE 103, 44 (72 ff.); *Krausnick* ZG 2002, 273 ff.; *Gersdorf* AfP 2001, 29 f.; *Gündisch/Dany* NJW 1999, 260; *Schwarz* AfP 1995, 355; *Eberle* NJW 1994, 1638; *Gerhardt* ZRP 1993, 381; aA BVerfGE 103, 62), wird man nicht mehr uneingeschränkt festhalten können.

12 6. Das Verbot des § 169 Abs. 1 S. 2 GVG erstreckt sich nicht auf das *Fotografieren* im Gerichtssaal (vgl. *Hamm* AfP 2014, 203; *Lehr* NStZ 2001, 64; *Diemer* in KK-StPO GVG § 169 Rn. 13; aA *Ranft* JURA 1995, 580). Es kann jedoch vom Vorsitzenden kraft seiner Sitzungsgewalt (§ 176 GVG) untersagt werden, wenn es die Verhandlung stört (vgl. BVerfG NJW 2003, 2672; BGH MDR 1971, 188; *Diemer* in KK-StPO GVG § 169 Rn. 13; zur Zulässigkeit von Bildveröffentlichungen trotz Fotografierverbots vgl. BGH ZD 2011, 31; OLG Hamm AfP 1985, 218). Dabei kann der Vorsitzende etwa anordnen, dass interessierte Journalisten einen so genannten „Pool" bilden, wobei das von nur einem Angehörigen angefertigte Bildmaterial sämtlichen weiteren Beteiligten kostenfrei herauszugeben ist (hierzu auch → Rn. 8 f.). Ein solches Recht hat jedoch nur derjenige, der zumindest ernsthaft versucht hat, Mitglied des Pools zu werden. Ein unbeteiligter Dritter kann hieraus keine Ansprüche herleiten (vgl. KG NJW-RR 1997, 789).

In räumlicher Hinsicht erstrecken sich die sitzungspolizeilichen Befugnisse des Vorsitzenden auf den gesamten Bereich der Sitzung. Außer den für die Verhandlung erforderlichen Räumen werden hiervon noch das Beratungszimmer und unmittelbar angrenzende Flure umfasst (vgl. BGH NJW 1998, 1420; *von Coelln* AfP 2014, 196). Das Anfertigen von *Zeichnungen und Skizzen* der Prozessbeteiligten steht den Gerichtsberichterstattern gleichfalls frei, wobei in allen Fällen der Bildanfertigung das *Persönlichkeitsrecht* der Prozessbeteiligten, insbesondere deren *Recht am eigenen Bild,* zu beachten ist (sh. die eingehenden Ausführungen zum Recht am eigenen Bild im → Kap. 43 Rn. 2 ff. und im → Kap. 63 Rn. 34).

Die (früher so genannten, → Kap. 43 Rn. 11 ff.) *„Personen der Zeitgeschichte",* wozu die Beteiligten eines Sensationsprozesses je nach den Umständen gehören (→ Kap. 43 Rn. 56), müssen sich eine Bildaufnahme grundsätzlich gefallen lassen (vgl. BGH ZD 2011, 33). Sie können sich aber dagegen – zwar nicht durch körperlichen Widerstand, aber durch Vorhalten einer Zeitung oder eines Hutes etc – schützen (im Einzelnen → Kap. 43 Rn. 1 ff.). Die Bildaufnahme ebenfalls dulden müssen in der Regel Richter und Schöffen (vgl. BVerfG NJW 2000, 2890 f.; zustimmend *Bernzen* MMR 2017, 743; kritisch hierzu *Ernst* NJW 2001, 1624 ff.). Eine Berichterstattung findet ihre Grenzen jedoch in dem Schutzbedürfnis der Abgebildeten, das eine Anonymisierung erforderlich machen kann (vgl. BVerfG NJW 2002, 2021 f.). Die (früher so genannten) relativen Personen der Zeitgeschichte, die wegen einer Straftat angeklagt sind, müssen es jedoch nicht hinnehmen, während einer Hauptverhandlung heimlich fotografiert zu werden. Insofern überwiegt das Recht des Angeklagten, sich konzentriert verteidigen zu können.

IV. Die drei speziellen Schranken der Gerichtsberichterstattung (§ 353d Nr. 1, 2 und 3 StGB)

13 Neben den aufgeführten allgemeinen Schranken der Presseberichterstattung kennt die Prozessordnung noch *drei spezielle Schranken,* die in § 353d Nr. 1, 2 und 3 StGB unter dem Stichwort *„Verbotene Mitteilungen über Gerichtsverhandlungen"* zusammengefasst sind. Ein Verstoß gegen diese Vorschriften wird mit *Freiheitsstrafe* bis zu einem Jahr oder mit *Geldstrafe* bestraft. Angesichts der *besonderen Kasuistik,* die diese drei Tatbestände kennzeichnet, ist ihre praktische Bedeutung gering: Im Jahr 2016 erfolgten lediglich zwei Verurteilungen (vgl. Statistisches Bundesamt, Fachserie 10 Reihe 3, 2016, S. 45).

14 1. Der *§ 353d Nr. 1 StGB* bedroht in Verbindung mit § 174 Abs. 2 GVG auch die Angehörigen von Presse, Rundfunk und Fernsehen mit Strafe, wenn sie Berichte über eine Verhandlung publizieren, bei der die Öffentlichkeit wegen Gefährdung der *Staatssicherheit* ausgeschlossen wurde. Das Veröffentlichungsverbot erstreckt sich auch auf den Inhalt von amtlichen Schriftstücken eines solchen Prozesses (im Einzelnen → Kap. 58 Rn. 9).

2. Der *§ 353d Nr. 2 StGB* sieht ein weiteres Veröffentlichungsverbot dort vor, wo das Gericht den bei einer nichtöffentlichen Gerichtsverhandlung Anwesenden auf Grund eines Gesetzes noch eine *Schweigepflicht* hinsichtlich bestimmter Tatsachen auferlegt hat (→ Kap. 58 Rn. 10). 15

3. Der dritte Sonderfall, der *§ 353d Nr. 3 StGB,* wird in seiner kasuistischen Fassung teilweise kritisiert (vgl. Fischer StGB § 353d Rn. 9; *Wenzel/Burkhardt/Peifer* Kap. 10 Rn. 188; *Stapper* ZUM 1995, 595; *Wilhelm* NJW 1994, 1521). Da hierdurch allein die wörtliche Veröffentlichung von Anklageschriften und anderen amtlichen Schriftstücken aus Straf-, Bußgeld- oder Disziplinarverfahren unter Strafe gestellt ist, genügt – nach umstrittener Auffassung – bereits eine minimale Umformulierung zur Vermeidung einer Strafbarkeit (vgl. *Perron/Hecker* in Schönke/Schröder StGB § 353d Rn. 49; aA OLG Hamburg NStZ 1990, 283, das eine geringfügige Änderung nicht ausreichen lässt, um eine Strafbarkeit entfallen zu lassen). Das BVerfG hat jedoch die Verfassungsmäßigkeit dieser Vorschrift ausdrücklich bestätigt (vgl. BVerfG NJW 2014, 2777; BVerfGE 71, 206 ff.; → Kap. 58 Rn. 4): Die Norm sei „trotz bestehender Umgehungsmöglichkeiten nicht schlechterdings ungeeignet“ (BVerfG NJW 2014, 2779), den verfolgten Gesetzeszweck zu erreichen. 16

17. Kapitel. Das Straf- und Ordnungswidrigkeiten-Recht der Presse

I. Allgemeine Übersicht

1. Das für Presse-Angehörige in Frage kommende Straf- und Ordnungswidrigkeiten-Recht ist mehrschichtig und gliedert sich wie folgt: 1

a) Grundsätzlich unterliegen die Presseangehörigen bei Rechtsverstößen (zB Untreue, Widerstand gegen die Staatsgewalt, Körperverletzung etc) den *gleichen strafrechtlichen Bestimmungen,* die für alle Bürger gelten. Die strafrechtlichen Regelungen gehören zu den allgemeinen Gesetzen iSd Art. 5 Abs. 2 GG, die die Pressefreiheit einschränken können (vgl. BVerfGE 82, 43 (50); 71, 206 (214 f.); *Grabenwarter* in Maunz/Dürig, GG, 82. EL, Art. 5 Rn. 399). Doch kommen der Presse auch im Strafverfahren gewisse *Schutzrechte* (Privilegien) zugute, die die Ausübung ihrer öffentlichen Aufgabe (Information und Kritik des öffentlichen Geschehens) sicherstellen, wie zB das publizistische Zeugnisverweigerungsrecht der Presse-Angehörigen (§ 53 Abs. 1 S. 1 Nr. 5 StPO; vgl. BVerfGE 77, 65 (76 ff.); BVerfG AfP 1982, 100; → Kap. 30 Rn. 1 ff.). 2

b) Im Hinblick auf die potenzielle Gefährlichkeit einer Massenverbreitung strafbarer Druckwerke enthalten jedoch die Landespressegesetze respektive Landesmediengesetze ein *pressespezifisches Straf- und Ordnungswidrigkeiten-Recht,* bei dem zwei Kategorien von Rechtsverstößen unterschieden werden: 3

(1) Bei den sog. *Presse-Inhaltsdelikten* (Bayern Art. 12; Hessen, Sachsen und Sachsen-Anhalt § 12; Brandenburg und Schleswig-Holstein § 14; Berlin, Hamburg und Mecklenburg-Vorpommern § 19; Baden-Württemberg, Bremen und Niedersachsen § 20; Nordrhein-Westfalen § 21; Saarland § 63; in Rheinland-Pfalz und Thüringen fehlt eine gesetzliche Bestimmung) wird die strafbare Handlung gerade durch den *geistigen Inhalt* des Druckwerks verwirklicht, wie dies zB bei der Verbreitung verbotener pornographischer Schriften der Fall ist (vgl. *Schumann* AfP 2019, 386 f.; Näheres → Rn. 7 ff.). Hier finden prinzipiell die allgemeinen Bestimmungen des Strafrechts Anwendung (zB § 21 Abs. 1 NRWLPG; vgl. *Schumann* AfP 2019, 19 ff.). 4

(2) Dagegen handelt es sich bei den sog. *Presse-Ordnungsverstößen* um Zuwiderhandlungen gegen die in den Landespressegesetzen respektive Landesmediengesetzen enthaltenen Ordnungsvorschriften, wie etwa die Verbreitung periodischer Druckwerke ohne die vorgeschriebene Benennung des verantwortlichen Redakteurs im Impressum (Verstoß gegen § 8 Abs. 2 NRWLPG). Diese Ordnungsverstöße werden je nach ihrem Ausmaß entweder als Presseordnungs-*Vergehen* – also Straftaten – (§ 21 NRWLPG, → Rn. 16 ff.) oder als bloße *Ordnungswidrigkeiten* (§ 22 NRWLPG; → Rn. 35 ff.) geahndet. 5

2. Für das pressespezifische Straf- und Ordnungswidrigkeiten-Recht ist der *Landesgesetzgeber zuständig* (vgl. BVerfG NJW 1978, 1911; BVerfGE 7, 29; Löffler/*Cornils* Einl. Rn. 53; *Groß* NStZ 1994, 312). Zwar steht dem *Bund* nach Art. 74 Abs. 1 Nr. 1 GG die Gesetzgebungsbefugnis auf dem Gebiet des Strafrechts zu. Doch gehört das pressespezifische Straf- und 6

Ordnungswidrigkeiten-Recht kraft Sachzusammenhang zur *„Materie Presserecht"*, für die den Ländern die Gesetzgebungskompetenz zusteht (Art. 70 Abs. 1 GG; vgl. BVerfGE 7, 29 ff.; BGH NJW 1989, 989 f.; Löffler/*Kühl* Vor §§ 20 ff. Rn. 12).

6a 3. Die *Medienkonvergenz* macht es immer schwieriger, die „klassischen Medien" (zB Presse und Rundfunk) untereinander und von den „Neuen Medien" abzugrenzen. Dies hat zum einen manchen Landes-Gesetzgeber (Rheinland-Pfalz, Saarland) veranlasst, einen – sofern die Gesetzgebungskompetenz reicht – einheitlichen Rechtsrahmen zu schaffen (vgl. LT RhPf. Drs. 14/3235, 40, li. Sp.). Zum anderen ordnen die Pressegesetze explizit an, dass sich die Verantwortlichkeit auch nach den allgemeinen Strafgesetzen bestimmt (§ 21 Abs. 1 NRWLPG; → Rn. 9), während umgekehrt spezialgesetzliche medienrechtliche Gesetze die Pressegesetze explizit unberührt lassen (vgl. zB § 1 Abs. 3 TMG). Diese Verschränkung zwingt Presseangehörige zunehmend, auch *medienstrafrechtliche Normen und Ordnungswidrigkeiten außerhalb der Pressegesetze* zu beachten (→ Rn. 61 f.).

II. Das landesrechtliche Presse-Inhaltsdelikt

7 1. Nach § 20 Abs. 1 LPG liegt ein Presse-Inhaltsdelikt vor bei solchen Straftaten, *die mittels eines Druckwerks begangen werden*. Presse-Inhaltsdelikte sind zB (eine Übersicht findet sich bei *Schumann* AfP 2019, 386) § 86 StGB (Verbreitung von Propagandamitteln verfassungswidriger Organisationen), § 184 StGB (Verbreitung pornographischer Schriften; vgl. BGH NJW 1990, 3026; 1977, 1695; OLG Koblenz NStZ 1991, 45), § 90a Abs. 1 StGB (Verunglimpfung des Staates und seiner Symbole durch Verbreiten von Schriften; vgl. BayObLG NJW 1987, 1711) und § 111 Abs. 1 Var. 3 StGB (Öffentliches Auffordern zu Straftaten, vgl. OLG Frankfurt a. M. StV 1990, 209). Ansonsten kann jedes Allgemeindelikt Presse-Inhaltsdelikt werden, wenn es mittels Verbreitung einer Druckschrift begangen wird (→ Rn. 8).

Ein Presse-Inhaltsdelikt liegt damit etwa vor, wenn mittels einer Druckschrift für eine terroristische Vereinigung geworben (§ 129a Abs. 5 StGB; vgl. OLG Düsseldorf NStZ 1990, 145) oder eine Beleidigung begangen wird (§ 185 StGB; vgl. KG StV 1990, 208).

7a *Kein* Presse-Inhaltsdelikt liegt dagegen vor, wenn strafbare Äußerungen in einem Film dokumentiert werden und dessen Hersteller und Verbreiter sich wegen der darin enthaltenen kritischen Distanzierung durch seine Weitergabe nicht strafbar machen (vgl. BGH NStZ 1996, 492). Ein Presse-Inhaltsdelikt ist weiterhin dann nicht gegeben, wenn die Verbreitung des Druckwerks als solche strafbar ist, unabhängig davon, ob dieses einen strafbaren Inhalt hat (vgl. dazu auch *Groß* AfP 1998, 358 (360)). Dies gilt zum Beispiel, wenn Plakate für einen Verein geklebt werden, gegen den ein Betätigungsverbot verhängt wurde (vgl. BGH NStZ 1996, 393) oder wenn gegen ein Betätigungsverbot durch die Herstellung von Druckwerken verstoßen wird (vgl. OLG Düsseldorf AfP 1998, 69 f.).

7b Durch den von der Rechtswissenschaft entwickelten und vom Gesetzgeber übernommenen *Begriff* des Presse-Inhaltsdelikts *„Druckwerke strafbaren Inhalts"* kann gerade die als gefährlich angesehene Massenvervielfältigung und -verbreitung von Schriften *mit strafbarem Text* bzw. *anderem strafbaren Inhalt* (zB Fotografie) erfasst werden. Auf Presse-Inhaltsdelikte finden die presserechtlichen Sondervorschriften des § 20 NRWLPG und die kurze Verjährung des § 24 NRWLPG Anwendung (im Einzelnen → Kap. 49 Rn. 32 ff.).

8 2. Die *Verbreitung* eines Druckwerks mit strafbarem Inhalt ist die notwendige Ausführungshandlung jedes Presse-Inhaltsdelikts (vgl. BGH NJW 1989, 989; KG StV 1990, 208; OLG München MDR 1989, 180; BayObLG NJW 1987, 1711). Stets muss es sich um die Verbreitung des *Druckwerks selbst* handeln. Wird nicht das Druckwerk als solches verbreitet, sondern nur sein Inhalt, so liegt kein Presse-Inhaltsdelikt vor (vgl. BGH NJW 1999, 509; BGHSt 18, 63; OLG Koblenz NStZ 1991, 45; OLG Köln NStZ 1990, 242; OLG München MDR 1989, 180 (181)). Auch muss die Verbreitung des Druckwerks gerade in dessen typischer Eigenschaft als geistiges *Einwirkungsmittel* auf eine unbestimmte *Vielheit* von Lesern erfolgen (vgl. BGH NJW 1989, 989; OLG Frankfurt a. M. StV 1990, 209; KG StV 1990, 208; OLG München MDR 1989, 180 (181)). Eine Übersicht über die wichtigsten Straftatbestände, die als Presse-Inhaltsdelikt begangen werden können, findet sich bei Löffler/*Kühl* LPG § 20 Rn. 53 ff.

3. Die *rechtliche Verantwortlichkeit* für Presse-Inhaltsdelikte bestimmt sich nach den allgemeinen Strafgesetzen, wie § 21 Abs. 1 NRWLPG ausdrücklich feststellt. Dieser Generalverweis auf die allgemeinen Strafgesetze hat, anders als bei presseordnungsrechtlichen Straftaten und Ordnungswidrigkeiten, letztlich nur deklaratorische Bedeutung (vgl. *Schumann* AfP 2019, 21; *Groß* AfP 1998, 358 f.; aA Löffler/*Kühl* LPG § 20 Rn. 61). Er gilt auch für die Fragen der Täterschaft und Teilnahme (Anstiftung, Beihilfe), Versuch und Vollendung, Schuldform, Unrechtsbewusstsein, Irrtum, Rechtfertigungsgründe, Tateinheit und Tatmehrheit, Einziehung usw – abgesehen von der *Sondervorschrift* über die Verjährungsfristen und den Beginn der Verjährung bei Presseverstößen (§ 25 NRWLPG; dazu → Rn. 49 ff.). **9**

III. Die strafrechtliche Sonderhaftung des verantwortlichen Redakteurs und des Verlegers bei Presse-Inhaltsdelikten

1. Der § 20 Abs. 2 LPG betrifft eine mit Strafe bedrohte spezielle *Berufspflichtverletzung* des verantwortlichen Redakteurs bzw. des Verlegers, die darin besteht, dass diese *vorsätzlich oder fahrlässig* ihre Pflicht versäumen, Druckwerke von strafbarem Inhalt freizuhalten. Durch diese Sonderhaftung der beiden für die Pressepublikation maßgebenden Personengruppen soll der gefährlichen Massenverbreitung von Druckwerken mit strafbarem Inhalt vorgebeugt werden. Durch die Vorschrift soll sichergestellt werden, dass auch dann, wenn der eigentliche Täter nicht zu ermitteln ist, die mithilfe eines Presseerzeugnisses realisierte Straftat verfolgt werden kann (vgl. BGH NJW 1990, 2830). Die Sonderhaftung schließt die Verantwortlichkeit nach den allgemeinen Strafgesetzen nicht aus (vgl. zB § 21 Abs. 2 S. 1 aE NRWLPG). **10**

2. Die Sonderhaftung (vgl. *Schumann* AfP 2019, 387 f.; *Schumann* AfP 2019, 21 ff.) des *verantwortlichen Redakteurs* (zu diesem Begriff → Kap. 13 Rn. 22 ff. und → Rn. 19) nach der jeweils geltenden Norm (Sachsen-Anhalt § 12; Sachsen § 12 Abs. 2; Brandenburg und Schleswig-Holstein § 14 Abs. 2; Berlin, Hamburg und Mecklenburg-Vorpommern § 19 Abs. 2; Bremen und Niedersachsen § 20; Baden-Württemberg § 20 Abs. 2; Nordrhein-Westfalen § 21 Abs. 2; Saarland § 63 Abs. 1; in Rheinland-Pfalz und Thüringen fehlt eine entsprechende gesetzliche Bestimmung; zu den in Bayern und Hessen eingreifenden Vermutungen → Rn. 12a, 14) bezieht sich auf die *periodische Presse* (zB Zeitungen und Zeitschriften; vgl. die Legaldefinition im jeweiligen Landespresse- bzw. -mediengesetz (zB § 6 Abs. 2 S. 1 SächsPG)). Sie greift auch dann ein, wenn ein namentlich zeichnender Autor allein die Verantwortung übernommen hat (vgl. LG Berlin AfP 1992, 86). Nur für die periodische Presse ist die Bestellung eines verantwortlichen Redakteurs zwingend vorgeschrieben (§ 8 Abs. 2 NRW LPG; → Kap. 13 Rn. 22 ff.). **11**

Im Falle der *nichtperiodischen Presse* hingegen haftet der *Verleger* für die Straffreiheit des Inhalts der von ihm verlegten Erzeugnisse (vgl. *Schumann* AfP 2019, 389 f.), sofern diese dem Landespresse- bzw. -mediengesetz unterfallen (zB Bücher, Broschüren, Plakate, bespielte CDs und DVDs, Schallplatten; vgl. die Legaldefinition im jeweiligen Gesetz), wobei er sich verlässlicher Hilfskräfte bedienen darf. Bei ihm ist deshalb die Haftung auf die Verletzung seiner *Aufsichtspflicht* beschränkt. Doch tritt die Sonderhaftung des verantwortlichen Redakteurs bzw. des Verlegers nur ein, wenn durch sein pflichtwidriges Verhalten der rechtlich missbilligte *Erfolg* bereits in der Weise *eingetreten* ist, dass durch das Druckwerk der Tatbestand einer strafbaren Handlung verwirklicht wurde. Damit ist die Einstandspflicht des Verlegers auf Presse-Inhaltsdelikte beschränkt; das gilt auch in den Bundesländern (alle außer Bayern, Brandenburg, Bremen, Niedersachsen, Nordrhein-Westfalen und Sachsen-Anhalt), in denen die Verletzung der Aufsichtspflicht zum Inhalt des Druckwerks nicht ausdrücklich in Bezug gesetzt wird (vgl. *Groß* AfP 1998, 358 (360 f.)). **11a**

3. Auf dem Gebiet der beruflichen Sonderhaftung des verantwortlichen Redakteurs und des Verlegers haben folgende *Länder abweichende Regelungen* getroffen: **12**

a) In *Bayern* bürdet der Art. 12 Abs. 2 S. 1 BayPG beim Erscheinen eines Druckwerks mit strafbarem Inhalt nicht nur dem verantwortlichen Redakteur (→ Rn. 11) und Verleger (→ Rn. 11a), sondern auch dem *Drucker und Verbreiter* eine Fahrlässigkeitshaftung auf, soweit er „am Erscheinen eines Druckwerks strafbaren Inhalts mitgewirkt hat“ und „sofern er nicht die Anwendung pflichtgemäßer Sorgfalt nachweist“. Es handelt sich dabei um eine sog. *Stufenhaftung:* Die Bestrafung des „Vormanns“ schließt die des „Nachmanns“ aus (Art. 12 Abs. 2 S. 2 **12a**

BayPG; vgl. BGH NJW 1989, 990; *Groß* AfP 1998, 358 (361)). Entgegen der missverständlichen Formulierung der Vorschrift statuiert sie keine Vermutung zu Lasten des Presse-Angehörigen. Somit scheidet eine Bestrafung aus, wenn das Gericht von der Fahrlässigkeit nicht überzeugt ist (vgl. Löffler/*Kühl* LPG § 20 Rn. 161).

13 b) In *Berlin* kommt nach § 19 BerlinPG die berufliche Sonderhaftung des verantwortlichen Redakteurs und des Verlegers nur bei *vorsätzlicher* Pflichtverletzung zum Zug (vgl. BGH NJW 1990, 2830; LG Berlin AfP 1992, 86).

14 c) Das *hessische* LPG kennt, ähnlich wie das LPG Bayern, kein Sonderdelikt des verantwortlichen Redakteurs oder Verlegers wegen der Verletzung ihrer Sorgfaltspflichten. Dagegen enthält § 11 Abs. 1 HessPG eine – nach Abs. 1 S. 2 ausdrücklich als widerlegbar bezeichnete – *Vermutung* zu Lasten des verantwortlichen Redakteurs dahingehend, dass er die kritische Äußerung als eigene gewollt habe. In Ansehung von Verleger und Drucker gilt die gleiche Vermutung, sofern sie trotz schriftlichen Widerspruchs des verantwortlichen Redakteurs das Druckwerk veröffentlichen (§ 11 Abs. 2 HessPG).

15 d) § 21 Abs. 2 S. 1 NRWLPG fordert für den Tatbestand der presserechtlichen Sorgfaltsverletzung den Nachweis der *groben Fahrlässigkeit* (vgl. zum Begriff „leichtfertig" Fischer StGB § 15 Rn. 35) bzw. des Vorsatzes. Eine nur leichte Fahrlässigkeit genügt daher für die Verwirklichung des Deliktes nicht.

15a e) Das *rheinland-pfälzische* Landesmediengesetz kennt keine strafrechtliche Sonderhaftung bei Presse-Inhaltsdelikten, sondern statuiert nur Presseordnungsvergehen (§ 35 RPLMG; → Rn. 16 ff.).

15b f) In *Sachsen* ist die Sonderhaftung erweitert. Bei periodischen Druckwerken ist auch der Verantwortliche für den Anzeigenteil (§ 6 Abs. 2 S. 5 SächsPG) verantwortlich (§ 12 Abs. 2 S. 1 Nr. 1 SächsPG). Bei nichtperiodischen Druckwerken hingegen ist nicht nur der Verleger, sondern auch der *Herausgeber* oder *Verfasser* verantwortlich (§ 12 Abs. 2 S. 1 Nr. 2 SächsPG). § 14 StGB (Handeln für einen anderen) bleibt hierbei unberührt (§ 12 Abs. 2 S. 2 SächsPG).

15c g) Das *saarländische* Landesmediengesetz erstreckt die pressestrafrechtliche Verantwortlichkeit des verantwortlichen Redakteurs auf den Rundfunk (vgl. § 63 Abs. 3 SaarlMG), nicht jedoch auf die Telemedien.

15d h) Der Freistaat *Thüringen* hat darauf verzichtet, in sein Pressegesetz eigene Strafvorschriften aufzunehmen (LT Thür. Drs. 1/219, 9). Somit statuiert das ThürLPG lediglich Ordnungswidrigkeiten. Selbstverständlich schließt das die Anwendung der allgemeinen Strafgesetze und die dadurch begründete Verantwortlichkeit der Presse-Angehörigen nicht aus.

IV. Die landesrechtlichen Presseordnungs-Vergehen

16 Wie oben (→ Rn. 5) ausgeführt, unterscheiden sich die Presseordnungs-Verstöße von den Presse-Inhaltsdelikten dadurch, dass es sich hier nicht um die Verbreitung von Druckwerken mit (strafbarem) Inhalt handelt, sondern um Verstöße gegen die in den Landespressegesetzen (respektive Landesmediengesetzen) verankerte *Presse-Ordnung,* wie zB die Verletzung der Impressumpflicht des § 8 NRW LPG.

Dabei werden die gravierenden Presseordnungs-Verstöße in der Regel als Presseordnungs-*Vergehen* (Ausnahme: die Gesetze von Brandenburg, Sachsen und Thüringen, die die Verstöße nur als Ordnungswidrigkeiten ahnden) mit *Freiheitsstrafe* bis zu einem Jahr oder mit *Geldstrafe* (entsprechend den Tagessätzen des § 40 StGB) bestraft. Als *Schuldform* erfordert das Presseordnungs-Vergehen *vorsätzliches* Handeln, da fahrlässiges Verhalten im Gesetz nicht ausdrücklich einbezogen wird (und somit gemäß § 15 StGB eine Strafbarkeit nicht gegeben ist). Doch genügt als Schuldform bedingter Vorsatz (dh billigendes In-Kauf-Nehmen der Folgen des Tuns; vgl. BGH NJW 2018, 1752; BGHSt 16, 155), da jede Form des Vorsatzes ausreicht, wenn sich – wie hier – aus dem Gesetz nichts anderes ergibt (vgl. Fischer StGB § 15 Rn. 2). Dagegen werden die lediglich *fahrlässig* begangenen Presseordnungs-Verstöße in den meisten Bundesländern (Ausnahme: Nordrhein-Westfalen, wo die fahrlässige Verletzung der Presseordnung weder Straftat noch Ordnungswidrigkeit ist) als bloße Ordnungswidrigkeiten geahndet (→ Rn. 44). Dies sind namentlich folgende Normen: In Hessen und Sachsen-Anhalt der jeweilige § 14 Abs. 2 LPG; in Schleswig-Holstein § 16 Abs. 2 SHPG; in Berlin, Hamburg und Mecklenburg-Vorpommern

§ 21 Abs. 2 des jeweiligen LPG; in Bayern Art. 13 Abs. 1 Ziff. 1 BayPG; in Baden-Württemberg, Bremen und Niedersachsen § 22 Abs. 2 des jeweiligen LPG; in Rheinland-Pfalz § 36 Abs. 3 Nr. 4 RPLMG und im Saarland § 64 Abs. 2 SaarlLMG. In Brandenburg, Sachsen und Thüringen werden alle schuldhaften Verstöße gegen die Presseordnung als Ordnungswidrigkeiten geahndet. Der *Versuch* von Presseordnungs-Vergehen ist straflos, da dessen Strafbarkeit vom Gesetz nicht ausdrücklich angeordnet wird (vgl. § 23 Abs. 1 StGB).

In der jeweiligen Norm des Presse- bzw. Mediengesetzes werden die strafbaren Ordnungsvergehen im Einzelnen erschöpfend aufgeführt. Dies ist in: Hessen und Sachsen-Anhalt § 13; Bayern Art. 14; Hessen § 14; Schleswig-Holstein § 15; Berlin, Hamburg, Mecklenburg-Vorpommern § 20; Baden-Württemberg, Bremen und Niedersachsen § 21; Nordrhein-Westfalen § 22; Rheinland-Pfalz § 35 Abs. 1; Saarland § 63 Abs. 2. **17**

Einige Bundesländer haben keine strafrechtlichen Normen zum Schutz des Presseordnungsrechts erlassen: In Sachsen und Thüringen (jeweils § 13) sowie in Brandenburg (§ 15) werden schuldhafte Verstöße nur als Ordnungswidrigkeiten geahndet (→ Rn. 35 ff.).

Die einzelnen Presseordnungs-Vergehen gliedern sich in:

1. *Bestellung eines nicht den gesetzlichen Anforderungen entsprechenden verantwortlichen Redakteurs durch den Verleger*

Nach der jeweils geltenden Norm (Sachsen-Anhalt § 13 Ziff. 1; Bayern Art. 14 Ziff. 1; Schleswig-Holstein § 15 Ziff. 1; Berlin, Hamburg und Mecklenburg-Vorpommern § 20 Ziff. 1; Baden-Württemberg, Bremen und Niedersachsen § 21 Ziff. 1; Nordrhein-Westfalen § 22 Ziff. 1; Rheinland-Pfalz § 35 Abs. 1 Ziff. 1; Saarland § 63 Abs. 2 Ziff. 1) wird der *Verleger* bestraft, der (vorsätzlich) eine Person zum verantwortlichen Redakteur *bestellt,* obgleich diese die jeweiligen gesetzlichen Anforderungen nicht erfüllt. Die Funktion eines verantwortlichen Redakteurs darf nach § 9 NRW LPG nur ausüben, wer im Geltungsbereich des Grundgesetzes seinen ständigen Aufenthalt hat, öffentliche Ämter bekleiden darf, das 18. Lebensjahr vollendet hat und unbeschränkt verfolgbar ist (zu Ausnahmen von diesen Anforderungen in einzelnen Ländern → Kap. 13 Rn. 28 ff.). Dabei ist für die Erfüllung des Tatbestandsmerkmals der *Bestellung* des verantwortlichen Redakteurs nicht der bloße Abschluss eines Anstellungsvertrags maßgebend, sondern die faktische Einräumung der Entscheidungsbefugnis über den Inhalt des Druckwerks (vgl. BGH NJW 1990, 2830; KG NJW 1998, 1421; → Kap. 13 Rn. 23 ff.). **18**

In Sachsen und Thüringen (§ 13 Abs. 1 Ziff. 1), Hessen (§ 14 Abs. 1 Ziff. 4) und in Brandenburg (§ 15 Abs. 1 Ziff. 1) handelt es sich bei dem Verstoß lediglich um eine bloße Ordnungswidrigkeit. Abweichendes Landesrecht → Rn. 23 ff.

2. *Tätigwerden als verantwortlicher Redakteur, ohne den gesetzlichen Anforderungen zu entsprechen*

Nach der jeweils geltenden Norm (Sachsen-Anhalt § 13 Ziff. 2; Bayern Art. 14 Ziff. 2; Schleswig-Holstein § 15 Ziff. 2; Berlin, Hamburg und Mecklenburg-Vorpommern § 20 Ziff. 2; Baden-Württemberg, Bremen und Niedersachsen § 21 Ziff. 2; Nordrhein-Westfalen § 22 Ziff. 2; Rheinland-Pfalz § 35 Abs. 1 Ziff. 2; Saarland § 63 Abs. 2 Ziff. 2) wird bestraft, wer die Funktion eines verantwortlichen Redakteurs ausübt, ohne den gesetzlichen Anforderungen (zB § 9 NRW LPG) zu entsprechen. Trotz des Wortlautes kommt es dabei nicht auf die formale *Zeichnung* als verantwortlicher Redakteur oder die Benennung im Impressum an, sondern auf die *tatsächliche Ausübung* der Funktion (vgl. BGH NJW 1990, 2830; KG ZUM 1998, 850 f.; Groß, 348; auch → Kap. 13 Rn. 22 ff.). **19**

In Sachsen und Thüringen (§ 13 Abs. 1 Ziff. 2), in Hessen (§ 14 Abs. 1 Ziff. 5) sowie in Brandenburg (§ 15 Abs. 1 Ziff. 2) handelt es sich bei diesem schuldhaften Verstoß um eine bloße Ordnungswidrigkeit.

3. *Verletzung der Impressum-Vorschriften durch den verantwortlichen Redakteur oder den Verleger bei einem Druckwerk strafbaren Inhalts*

20 a) Nach der jeweils geltenden Norm (Sachsen-Anhalt § 13 Ziff. 3; Hessen § 13 Abs. 2; Bayern Art. 14 Ziff. 4; Schleswig-Holstein § 15 Ziff. 3; Berlin, Hamburg und Mecklenburg-Vorpommern § 20 Ziff. 3; Baden-Württemberg, Bremen und Niedersachsen § 21 Ziff. 3; Nordrhein-Westfalen § 22 Ziff. 3; Rheinland-Pfalz § 35 Abs. 1 Ziff. 3; Saarland § 63 Abs. 2 Ziff. 3) werden der verantwortliche Redakteur oder der Verleger bestraft, wenn diese bei einem Druckwerk mit *strafbarem Inhalt* die Vorschriften über das Impressum (vgl. zB § 8 NRW LPG) außer acht lassen. Beim Selbstverlag richtet sich die Strafdrohung gegen den Verfasser bzw. den Herausgeber.

Die Länder Brandenburg (§ 15 Abs. 1 Ziff. 3), Sachsen und Thüringen (§ 13 Abs. 1 Ziff. 3), die keine strafbaren Verstöße gegen Presseordnungsrecht kennen, behandeln einen schuldhaften Verstoß gegen die Impressumpflicht immer als Ordnungswidrigkeit.

21 b) Liegt der für § 21 Ziff. 3 LPG erforderliche Vorsatz nicht vor oder handelt es sich nicht um ein Druckwerk mit strafbarem Inhalt, so werden Impressumverstöße zwar nicht als Vergehen, im Falle der Fahrlässigkeit jedoch als Ordnungswidrigkeit (→ Rn. 35 ff.) geahndet. Die Zuwiderhandlung gegen Impressumvorschriften kann auch durch falsche Angaben erfolgen, so zB die Benennung eines sog. *Sitzredakteurs* (→ Kap. 13 Rn. 23b), der als verantwortlicher Redakteur ohne wirkliche Befugnisse lediglich zum Schein im Impressum genannt wird. In Betracht kommen auch Zuwiderhandlungen durch unvollständige Angaben. Da § 8 NRW LPG auf das *Erscheinen* des Druckwerks (nicht schon dessen Herstellung) abhebt, tritt die *Vollendung* der strafbaren Handlung erst mit diesem Zeitpunkt ein. Der Begriff des Erscheinens bezeichnet den Beginn der Verbreitung, der dann gegeben ist, wenn die Druckschrift aus dem engen Kreis der an ihrer Herstellung Beteiligten heraustritt und einem größeren Personenkreis zugänglich gemacht wird (vgl. BGH NJW 1989, 990). Es ist nicht ausreichend, dass sie nur bestimmten Personen zugeleitet wird (vgl. OLG Frankfurt a. M. StV 1990, 209; Löffler/*Kühl* LPG § 21 Rn. 41 – zu abweichendem Landesrecht → Rn. 23 ff.).

Zu den Anforderungen an das Impressum betreffend Angabe von Name und Adresse des Druckers und des Verlegers, bei periodischen Druckwerken auch des verantwortlichen Redakteurs usw sh. im Einzelnen Kap. 13

4. Verbreitung oder Wiederabdruck von Exemplaren eines beschlagnahmten Druckwerks entgegen dem Verbot des LPG

22 Mit der bundesrechtlichen Regelung der Auflagenbeschlagnahme in § 111q StPO ist die in den LPG (früher) geregelte *Pressebeschlagnahme* nach überwiegender Meinung (*Spillecke* in KK-StPO, StPO § 111q Rn. 2; *Huber* in BeckOK StPO, 29. Edition, § 111q Rn. 1) gegenstandslos geworden.

22a Ob dies auch hinsichtlich der damit zusammenhängenden *Strafvorschrift* der Fall ist, ist umstritten (vgl. Löffler/*Kühl* LPG § 21 Rn. 52; Löffler/*Achenbach* LPG Vor §§ 13 ff. Rn. 28). Fraglich ist somit, ob die in einigen Ländern (Baden-Württemberg § 21 Ziff. 4; Bayern Art. 14 Ziff. 3; Bremen § 21 Ziff. 4; Berlin § 20 Ziff. 4; Rheinland-Pfalz § 35 Abs. 1 Ziff. 4) noch enthaltene Strafvorschrift ebenfalls gegenstandslos geworden ist. Diese Frage ist insofern relevant, als das Bundesrecht – anders als die eben genannten Landesnormen – kein eigenständiges Verbreitungsverbot für Druckwerke für die Dauer ihrer Beschlagnahme enthält. Der Gesetzgeber in Rheinland-Pfalz ist der Auffassung, dass es sich bei der Landesnorm um einen Sonderfall handele, der in der Strafprozessordnung mangels Regelungskompetenz des Bundesgesetzgebers nicht enthalten sei. Das strafbewehrte Verbreitungs- und Wiederabdruckverbot bei der Beschlagnahme eines Druckwerks sei nicht strafverfahrensrechtlicher, sondern materiell-verwaltungsrechtlicher Art und damit der Gesetzgebungskompetenz des Landesgesetzgebers zugeordnet (vgl. LT RhPf. Drs. 14/3235, 44, re. Sp.). Außerdem ermöglichen die Vorschriften der StPO ausschließlich eine Sicherstellung der – körperlichen – Gegenstände, die LPG bzw. LMG jedoch verbieten darüber hinaus auch eine weitere Verbreitung des – nichtkörperlichen – kriminellen Gedankeninhalts. Folgt man dieser Auffassung, haben die landesrechtlichen Beschlagnahme- und Strafbedingungen somit durchaus einen eigenen Regelungsgehalt.

Als Konsequenz aus dem Vorrang der (damaligen) §§ 111m und 111n StPO haben viele Länder die diesbezüglichen Normen ihrer LPG aufgehoben (vgl. Löffler/*Cornils* Einl. Rn. 59;

Barton AfP 2001, 363 (367)), die Länder Brandenburg, Sachsen, Sachsen-Anhalt und Thüringen solche Vorschriften erst gar nicht erlassen.

Mecklenburg-Vorpommern geht insoweit einen Mittelweg: § 15 MVLPG verbietet zwar die Verbreitung beschlagnahmter Druckwerke, ahndet Verstöße gegen dieses Verbot aber nicht (zur gesamten Problematik der Auflagenbeschlagnahme → Kap. 31 Rn. 3 ff.).

5. Abweichendes Landesrecht

Die oben (→ Rn. 16–22a) dargestellte strafrechtliche Ahndung von Presseordnungs-Vergehen erfährt in einigen Ländern neben den bereits erwähnten Besonderheiten weitere abweichende Bestimmungen, auf die im Folgenden eingegangen werden soll: **23**

a) Bayern **24**

(1) Die Zuwiderhandlung gegen die Impressumvorschriften bei einem Druckwerk strafbaren Inhalts (→ Rn. 20 f.) muss in Bayern nach Art. 14 Ziff. 4 BayPG „in Kenntnis des strafbaren Inhalts einer Druckschrift“ geschehen. Gemäß dieser Gesetzesfassung ist die Kenntnis der Strafbarkeit des Inhalts des Druckwerkes subjektives Tatbestandsmerkmal. Demgegenüber handelt es sich nach der Fassung anderer Landespressegesetze bei der Strafbarkeit des Inhaltes um eine sog. objektive Bedingung der Strafbarkeit (Löffler/*Kühl* LPG § 21 Rn. 40) mit der Folge, dass der Täter auch dann vorsätzlich handelt, wenn er ohne Kenntnis der Strafbarkeit des Inhaltes gegen Impressumvorschriften verstößt, da sein Vorsatz nicht dieses Merkmal zu umfassen braucht (vgl. BGHSt 16, 124; Fischer StGB § 16 Rn. 27). Abweichend von anderen Landespressegesetzen ist in Bayern die Strafdrohung nicht lediglich gegen den Verleger bzw. den verantwortlichen Redakteur gerichtet, sondern gegen jeden Pressetätigen, der „in Kenntnis des strafbaren Inhalts einer Druckschrift den Vorschriften der Art. 7 und 8 zuwiderhandelt“. Handelt es sich um ein Druckwerk ohne strafbaren Inhalt, so wird die (vorsätzliche) Zuwiderhandlung als Ordnungswidrigkeit geahndet; fahrlässige Verstöße stehen dagegen nicht unter Strafe (Art. 13 Abs. 1 BayPG; § 10 OWiG).

(2) Das BayPG kennt neben den vier Presseordnungs-Vergehen (→ Rn. 18–22a) zusätzlich noch folgendes Presse-Vergehen: Nach Art. 14 Ziff. 5 BayPG macht sich wegen eines Presseordnungs-Vergehens strafbar, wer über die *Inhaber- und Beteiligungsverhältnisse* (Art. 8 Abs. 3 BayPG) wissentlich (fahrlässiges Handeln genügt nicht) falsche Angaben macht (→ Kap. 13 Rn. 15 f.). **25**

b) Berlin **26**

(1) Das BerlinPG führt in § 20 Ziff. 1 hinsichtlich des Verbots, einen *verantwortlichen Redakteur* ohne Vorliegen der gesetzlichen Erfordernisse zu bestellen (→ Rn. 18), neben diesem auch den sog. *„Verantwortlichen für den Anzeigenteil“* (§ 7 Abs. 2 S. 4 Hs. 1 BerlPG) auf (→ Kap. 13 Rn. 36 f.). Eine sachliche Erweiterung gegenüber den anderen Landespressegesetzen liegt darin jedoch nicht, da der „Verantwortliche“ ebenfalls den Anforderungen des § 8 BerlinPG genügen muss, insoweit also dem verantwortlichen Redakteur gleichsteht (§ 7 Abs. 2 S. 4 Hs. 2 BerlPG; → Kap. 13 Rn. 36 f.).

(2) Ein weiterer Unterschied besteht hinsichtlich der *Strafandrohung.* Sie ist in Berlin erheblich reduziert und sieht Freiheitsstrafen nur bis zu sechs Monaten oder Geldstrafen bis zu 180 Tagessätzen vor. **27**

(3) Ein Verstoß gegen die Vorschriften zur Offenlegung der *Inhaber- und Beteiligungsverhältnisse* (§ 7a BerlPG) wird gemäß § 21 Abs. 1 Nr. 2 BerlPG, im Gegensatz zu der bayerischen (Art. 14 Ziff. 5 BayPG) und der hessischen Regelung (§ 13 Abs. 1 HessPG), nur als Ordnungswidrigkeit behandelt. Vgl. zu den strafrechtlichen Normen des BerlPG auch *Weisser* AfP 2013, 98 (100 f.). **28**

c) Brandenburg **28a**

Der in § 15 Abs. 1 Ziff. 1–3 normierte Rechtsrahmen in Brandenburg ist mit dem in Sachsen (→ Rn. 34) und Thüringen (→ Rn. 34a) vergleichbar. Ein wesentlicher Unterschied ist, dass die Geldbuße nur bis zu einer Höhe von 25.000 EUR (statt 50.000 EUR) verhängt werden kann.

d) Hessen **29**

(1) Das Presseordnungs-Vergehen der Bestellung eines den persönlichen Erfordernissen nicht entsprechenden verantwortlichen Redakteurs (→ Rn. 18) wird in Hessen nur als Ordnungswidrigkeit geahndet (§ 14 Abs. 1 Ziff. 4 HessPG), ua mit der Folge, dass eine Geldbuße statt Geld- oder Freiheitsstrafe verhängt wird. Dies geschieht nicht nur bei Vorsatz, sondern auch bei

Fahrlässigkeit. Die Höhe dieser Geldbuße bestimmt sich nach § 14 Abs. 3 HessPG (während die Höhe einer Geldstrafe nach § 40 StGB bestimmt wird).

30 (2) Das Presseordnungs-Vergehen des *Tätigwerdens als verantwortlicher Redakteur,* ohne den gesetzlichen Anforderungen zu entsprechen (→ Rn. 19), wird in Hessen als bloße Ordnungswidrigkeit geahndet (§ 15 Abs. 1 Ziff. 5 HessPG).

31 (3) Die Zuwiderhandlung gegen die *Impressumvorschriften* (→ Rn. 20) wird in Hessen des Weiteren auch dann als *Vergehen* nach § 13 Abs. 2 S. 2 HessLPG geahndet, wenn zwar kein Druckwerk strafbaren Inhalts vorliegt, die Impressum-Zuwiderhandlung aber „durch *falsche Angaben* in Kenntnis ihrer Unrichtigkeit begangen oder geduldet worden ist" (vgl. *Stöckel* in Erbs/Kohlhaas, 218. EL, P 190, Rn. 15).

32 (4) Wie Bayern (→ Rn. 25), so kennt auch *Hessen* zusätzliche Presseordnungs-Vergehen: Mit Freiheitsstrafe bis zu zwei Jahren oder mit Geldstrafe wird bestraft, wer bei *Offenlegung der Inhaber- und Beteiligungsverhältnisse* wissentlich falsche Angaben macht (§ 13 Abs. 1 HessPG; zur Offenlegung → Kap. 13 Rn. 15 f.).

33 *e) Rheinland-Pfalz*

Entsprechend der bayerischen Fassung (→ Rn. 24) stellt auch § 35 Abs. 1 Ziff. 3 RPLMG durch seinen Wortlaut („in Kenntnis") klar, dass bei Impressum-Verstößen (§ 9 RPLMG; → Rn. 20) die auf den Inhalt bezogene Strafbarkeit des Druckwerks nicht objektive Bedingung der Strafbarkeit, sondern objektives Tatbestandsmerkmal ist und damit vom Vorsatz umfasst sein muss.

34 *f) Sachsen*

Die Presseordnungs-Vergehen des § 22 Ziff. 1 NRW LPG (→ Rn. 18) und des § 22 Ziff. 2 NRW LPG (→ Rn. 19) werden in Sachsen nur als Ordnungswidrigkeiten verfolgt (§ 13 Abs. 1 Ziff. 1 und Ziff. 2 SachsPG). Ebenfalls als bloße Ordnungswidrigkeit wird in Sachsen ein Verstoß gegen die Impressum-Vorschriften (§ 13 Abs. 1 Ziff. 3) und die Offenlegungspflicht nach § 8 (§ 13 Abs. 1 Ziff. 4) geahndet. Voraussetzung ist jeweils ein Verschulden.

34a *g) Thüringen*

In Thüringen besteht die gleiche Rechtslage wie in Sachsen (→ Rn. 34). Nach § 13 Abs. 1 Ziff. 1 ThürLPG stellt die Bestellung eines Redakteurs, der den Anforderungen des § 9 nicht entspricht, eine Ordnungswidrigkeit dar. Auch das Tätigwerden als verantwortlicher Redakteur, ohne die nach § 9 erforderlichen Voraussetzungen zu erfüllen, ist nach § 13 Abs. 1 Ziff. 2 ordnungswidrig. Das Gleiche gilt nach § 13 Abs. 1 Ziff. 3 für eine Verletzung der Impressum-Vorschriften und nach § 13 Abs. 1 Ziff. 6 für einen Verstoß gegen die Offenlegungspflicht. Voraussetzung ist jeweils ein Verschulden.

V. Die Presse-Ordnungswidrigkeiten

35 Alle Landespressegesetze haben die *leichteren* Presseordnungs-Verstöße als bloßes Verwaltungsunrecht (im Gegensatz zum Kriminalstrafrecht) ausdrücklich dem Recht der Ordnungswidrigkeiten unterstellt. Dadurch hat das *„Gesetz über Ordnungswidrigkeiten"* (OWiG) für die Presse große praktische Bedeutung.

36 Grundsätzlich findet das OWiG auf *Bundes- und Landesrecht* Anwendung (§ 2 OWiG). Die Vorschriften des StGB gelten nicht (*Gürtler* in Göhler, OWiG, OWiG § 1 Rn. 3). Regelungen der StPO, des GVG und des JGG können mittelbar zur Anwendung kommen (vgl. zB §§ 46 Abs. 1, 79 Abs. 3, 85 OWiG; vgl. hierzu die Übersicht bei *Lampe* in KK-OWiG § 46 Rn. 55), sofern das OWiG nicht selbst andere Regelungen trifft. Nach § 1 OWiG liegt eine Ordnungswidrigkeit nur dort vor, wo eine Zuwiderhandlung ausschließlich mit *Geldbuße* bedroht ist. Zur inneren Tatseite gehört die *Vorwerfbarkeit,* die sachlich die gleiche Bedeutung wie das Verschulden (Vorsatz oder Fahrlässigkeit) im Strafrecht hat (*Rogall* in KK-OWiG § 1 Rn. 8). Gemäß § 10 OWiG kann fahrlässiges Handeln jedoch nur bei ausdrücklicher Feststellung im Gesetz als Ordnungswidrigkeit geahndet werden. Dies ist in allen Landespressegesetzen – außer Bayern – erfolgt, so dass Presse-Ordnungswidrigkeiten auch fahrlässig begangen werden können. In manchen Fällen stellt *nur* die fahrlässige Verletzung einer presserechtlichen Ordnungsvorschrift eine Ordnungswidrigkeit dar, während ein vorsätzlicher Verstoß eine Straftat darstellt.

37 Die *Höhe der Geldbuße* beträgt nach § 17 Abs. 1 OWiG mindestens 5 EUR und höchstens 1.000 EUR, sofern das Gesetz (also das jeweilige Landespresse- bzw. -mediengesetz) nichts

anderes bestimmt. Von der Möglichkeit einer Erhöhung der Geldbuße haben alle Länder – ausgenommen Bayern – Gebrauch gemacht.

Die §§ 22 ff. OWiG enthalten Rahmenvorschriften für die *Einziehung* als Nebenfolge einer Ordnungswidrigkeit. Sie kommen nur dann zur Anwendung, wenn die Einziehung in dem entsprechenden Gesetz ausdrücklich zugelassen ist (§ 22 Abs. 1 OWiG). Dieser Unterschied zu § 74 StGB, der bei vorsätzlichen Straftaten die Einziehung grundsätzlich ermöglicht, hängt mit dem geringeren Unrechtsgehalt von Ordnungswidrigkeiten zusammen. Die Landespressegesetze müssen also einen dahingehenden ausdrücklichen Hinweis enthalten, damit eine Einziehung möglich ist. Dies ist nur in Bayern (Art. 13 Abs. 2 BayPG) und Hessen (§ 14 Abs. 4 HessPG) für einzelne Ordnungswidrigkeiten der Fall. **38**

Auch eine *Beschlagnahme* von Druckwerken ist bei Ordnungswidrigkeiten grundsätzlich möglich (§§ 94–98 StPO iVm § 46 Abs. 1 OWiG für die Beschlagnahme zu Beweiszwecken – nicht aber §§ 99, 100 StPO (§ 46 Abs. 3 OWiG); §§ 111q StPO iVm § 46 Abs. 1 OWiG für die Beschlagnahme zum Zweck der Einziehung; → Kap. 30 Rn. 43 ff. sowie → Kap. 31 Rn. 3). Doch werden solche schweren Eingriffe im Pressebereich kaum praktische Bedeutung erlangen, da die nachteiligen Folgen *außer Verhältnis* zur Bedeutung einer Ordnungswidrigkeit stehen (→ Kap. 31 Rn. 22 ff.).

Abweichend vom Strafrecht, wo verschiedene Teilnahmeformen bestehen ((mittelbarer) Täter, Mittäter, Anstifter und Gehilfe), geht das OWiG von einem einheitlichen *Täter-Teilnehmer-Begriff* aus (so genannter Einheitstäter): Für alle Beteiligten, die bei einer Ordnungswidrigkeit irgendwie mitgewirkt haben, kommt grundsätzlich der gleiche Bußgeldrahmen in Betracht (vgl. § 14 OWiG). Zudem herrscht im OWiG der Grundsatz der sog. *Opportunität* (§ 47 OWiG): Eine Zuwiderhandlung muss somit nicht verfolgt werden; von ihrer Verfolgung *kann* die Behörde nach pflichtgemäßem Ermessen absehen. Der *Versuch* von Presse-Ordnungswidrigkeiten ist sanktionslos, sofern das betreffende Gesetz nicht ausdrücklich seine Ahndbarkeit bestimmt (§ 13 Abs. 2 OWiG). **38a**

Sofern sich die *Zuständigkeit zur Verfolgung und Ahndung von Ordnungswidrigkeiten* nicht nach den Vorschriften des jeweiligen Landespresse- respektive -mediengesetzes (Baden-Württemberg: § 22 Abs. 4 BWLPG; Berlin: § 21 Abs. 4 BerlinPG; Brandenburg: § 15 Abs. 3 BrandenLPG; Bremen: § 22 Abs. 4 BremPG; Hessen: § 14 Abs. 6 HessPG; Mecklenburg-Vorpommern: § 21 Abs. 4 MVLPG; Nordrhein-Westfalen: § 23 Abs. 3 NRW LPG; Rheinland-Pfalz: § 36 Abs. 6 RPLMG; Saarland: § 64 Abs. 4 SaarlMG; Sachsen: § 13 Abs. 3 SächsPG; Sachsen-Anhalt: § 14 Abs. 4 SAnhaltPG; Schleswig-Holstein: § 16 Abs. 4 SHPG; Thüringen: § 13 Abs. 3 ThürLPG) bzw. spezieller Zuständigkeitsverordnungen (Bayern: §§ 87 ff. BayZuStV; Hamburg: Anordnung über Zuständigkeiten für die Verfolgung von Ordnungswidrigkeiten vom 2.9.1975; Niedersachsen: § 2 Nr. 1 lit. a NdsZustVO-OWi) richtet, gelten die Bestimmungen des OWiG. **38b**

Die einzelnen Presse-Ordnungswidrigkeiten gliedern sich in: **38c**

1. *Leichter Verstoß gegen die Impressumpflicht*

a) Den gesetzlichen Bestimmungen (Sachsen und Thüringen § 13 Abs. 1 Ziff. 3; Sachsen-Anhalt § 14 Abs. 1 Ziff. 1; Hessen § 14 Abs. 1 Ziff. 2; Brandenburg § 15 Abs. 1 Ziff. 3; Schleswig-Holstein § 16 Abs. 1 Ziff. 1; Berlin, Hamburg und Mecklenburg-Vorpommern § 21 Abs. 1 Ziff. 1; Baden-Württemberg, Bremen und Niedersachsen § 22 Abs. 1 Ziff. 1; Nordrhein-Westfalen § 23 Abs. 1 Ziff. 1; Rheinland-Pfalz § 36 Abs. 3 Ziff. 1; Saarland § 64 Abs. 1 Ziff. 1) nach handelt *ordnungswidrig,* wer als *verantwortlicher Redakteur* oder *Verleger* – beim Selbstverlag als Verfasser oder Herausgeber – den Vorschriften über das *Impressum* vorsätzlich oder fahrlässig zuwiderhandelt; in Bayern stellt nur der vorsätzlich begangene Verstoß eine Ordnungswidrigkeit dar (Art. 13 Abs. 1 Ziff. 1 BayPG). Impressumverstöße sind in der Regel dann bloße Ordnungswidrigkeiten, wenn entweder lediglich fahrlässig gehandelt wird (→ Rn. 16) oder ein Druckwerk mit strafbarem Inhalt nicht vorliegt. In Brandenburg, Sachsen und Thüringen werden Impressumverstöße in jedem Fall nur als Ordnungswidrigkeiten geahndet (→ Rn. 28a, 34, 34a). Hervorzuheben ist dabei, dass sich die *Prüfungspflicht* des Verlegers hinsichtlich der Richtigkeit des Impressums grundsätzlich auf das gesamte Impressum erstreckt, während der verantwortliche Redakteur lediglich die redaktionsspezifischen Angaben kontrollieren muss (vgl. OLG Düssel- **39** dorf AfP 1988, 48; *Paschke,* Medienrecht, Rn. 1295). Allerdings kann der Verleger seine Prüfungspflicht auf einen verantwortlichen Betriebsleiter *übertragen.* Voraussetzung einer Haftungsbefreiung ist aber, dass bei der Auswahl die notwendige Sorgfalt beachtet und die erforderlichen Aufsichtsmaßnahmen regelmäßig durchgeführt wurden (vgl. OLG Saarbrücken NJW 1978, 2395). Bei einer schuldhaften Verletzung der Aufsichtspflicht kann nach § 130 OWiG, der auch im Pressebereich Anwendung findet, eine Ordnungswidrigkeit vorliegen (vgl. BGH AfP 1986, 124).

40 b) In allen Landespresse- bzw. -mediengesetzen, ausgenommen Hessen, wird auch ein *Unternehmer* (zB ein Grossist, Buch-, Zeitungs- und Zeitschriftenhändler) mit Geldbuße bedroht, wenn er schuldhaft (also vorsätzlich oder – mit Ausnahme von Bayern – auch fahrlässig) Druckwerke mit fehlenden oder unvollständigen Impressumangaben verbreitet. Als Tathandlung kommt jede Art der gewerbsmäßigen Verbreitung wie Verkaufen, Verteilen, Ausstellen oder Anschlagen in Betracht (→ Kap. 1 Rn. 24). Die Prüfungspflicht des Unternehmers bezieht sich allein auf das *Vorhandensein* und die *Vollständigkeit* des Impressums, während die Kontrolle der inhaltlichen Richtigkeit, zB ob die Adresse des Druckers zutrifft, nach dem Gesetzeswortlaut nicht ihm, sondern dem Verleger obliegt. Ebenso wie der Verleger kann auch der Unternehmer seine Prüfungspflicht delegieren; § 130 OWiG gilt auch für den Unternehmer (vgl. BGH AfP 1986, 124).

2. Unterlassung der klaren Trennung von Text- und Anzeigenteil

41 Nach der jeweils geltenden Norm (Bayern Art. 13 Abs. 1 Ziff. 1; Thüringen § 13 Abs. 1 Ziff. 4; Sachsen § 13 Abs. 1 Ziff. 5; Sachsen-Anhalt § 14 Abs. 1 Ziff. 2; Hessen § 14 Abs. 1 Ziff. 3; Brandenburg § 15 Abs. 1 Ziff. 4; Schleswig-Holstein § 16 Abs. 1 Ziff. 2; Hamburg und Mecklenburg-Vorpommern § 21 Abs. 1 Ziff. 2; Berlin § 21 Abs. 1 Ziff. 3; Baden-Württemberg, Bremen und Niedersachsen § 22 Abs. 1 Ziff. 2; Nordrhein-Westfalen § 23 Abs. 1 Ziff. 2; Rheinland-Pfalz § 36 Abs. 3 Ziff. 3; Saarland § 64 Abs. 1 Ziff. 2) begeht der *Verleger* bzw. der *für den Anzeigenteil Verantwortliche* (→ Kap. 13 Rn. 36 f.) eine Ordnungswidrigkeit, wenn eine entgeltliche Veröffentlichung nicht als Anzeige kenntlich gemacht und damit gegen die jeweilige *Kennzeichnungspflicht* (Hessen § 8; Bayern Art. 9; Berlin, Mecklenburg-Vorpommern, Sachsen, Sachsen-Anhalt und Schleswig-Holstein § 9; Baden-Württemberg, Bremen, Hamburg, Nordrhein-Westfalen, Niedersachsen und Thüringen § 10; Brandenburg § 11; Saarland § 13; Rheinland-Pfalz § 14) verstoßen wird (zur Kennzeichnungspflicht im Einzelnen sh. Kap. 14).

3. Verstoß gegen die Ablieferungspflicht von Bibliotheks-Exemplaren

42 In allen Ländern sind die *Verleger* und zum Teil auch die *Drucker* (→ Kap. 15 Rn. 28a) gehalten, *Pflichtexemplare* an die vom Gesetz bestimmten *Bibliotheken* des Landes abzuliefern (zu den einzelnen Regelungen → Kap. 15 Rn. 2b ff.). Eine vorsätzliche oder fahrlässige Verletzung dieser Pflicht wird in den meisten Bundesländern als Ordnungswidrigkeit geahndet.

In folgenden Landespressegesetzen fehlt eine entsprechende Sanktionsbestimmung: Baden-Württemberg, Bayern, Berlin, Bremen (dort besteht allerdings eine Anbietungspflicht (§ 12 BremPG)), Hamburg (vgl. aber sogleich), Hessen, Niedersachsen (dort besteht allerdings eine Ablieferungspflicht (§ 12 NdsPG)), Nordrhein-Westfalen (vgl. aber sogleich), Rheinland-Pfalz, Sachsen (dort besteht allerdings eine Ablieferungspflicht (§ 11 SächsPG)) Schleswig-Holstein und Thüringen (dort besteht allerdings eine Ablieferungspflicht (§ 12 ThürLPG)).

In den anderen Ländern befindet sich die Normierung einer Ordnungswidrigkeit an unterschiedlichen Stellen:

(a) Brandenburg: § 15 Abs. 1 Ziff. 6 iVm § 13 BrandenLPG;

(b) Hamburg: § 6 iVm § 1 Gesetz über die Ablieferung von Pflichtexemplaren (Pflichtexemplargesetz) vom 14.9.1988 (vgl. HmbGVBl. S. 180), zuletzt geändert durch Gesetz vom 8.9.2009 (HmbGVBl. S. 330);

(c) Mecklenburg-Vorpommern: § 21 Abs. 1 Ziff. 4 iVm § 11 MVLPG iVm Verordnung über die Ablieferung von Druckwerken (Druckwerkablieferungsverordnung) vom 20.3.1996 (GVOBl. MV 1996 S. 174);

(d) Nordrhein-Westfalen: § 8 iVm § 1 Gesetz über die Ablieferung von Pflichtexemplaren in Nordrhein-Westfalen (Pflichtexemplargesetz Nordrhein-Westfalen) vom 29.1.2013 (GVBl. S. 31);

(e) Saarland: § 64 Abs. 1 Ziff. 4 iVm § 14 SaarlMG iVm Verordnung zur Durchführung des Saarländischen Mediengesetzes über die Ablieferung von Pflichtexemplaren (PflAV) vom 8.11.2016 (ABl. S. 1060);

(f) Sachsen-Anhalt: § 14 Abs. 1 Ziff. 4 iVm § 11 SAnhaltPG.

4. Verletzung der Gegendarstellungspflicht der Presse

a) Gemäß § 9 Abs. 3 Hess LPG (Hessen) bzw. § 10 Abs. 2 SaarlMG (Saarland) bzw. § 10 Abs. 3 LPG (Berlin, Mecklenburg-Vorpommern und Sachsen-Anhalt) bzw. § 10 Abs. 4 Sächs LPG (Sachsen) bzw. § 11 Abs. 2 RPLMG (Rheinland-Pfalz) bzw. § 11 Abs. 3 LPG (Baden-Württemberg, Bremen, Hamburg, Niedersachsen, Nordrhein-Westfalen, Schleswig-Holstein und Thüringen) bzw. § 12 Abs. 3 Branden LPG (Brandenburg) muss sich die Presse, wenn sie zu einer von ihr veröffentlichten Gegendarstellung in der gleichen Nummer ihrerseits Stellung bezieht (sog. *„Redaktionsschwanz“*, vgl. LG Frankfurt a. M. NJW-RR 1988, 1022; *Schmidt/Seitz* NJW 1991, 1011), auf tatsächliche Angaben beschränken (im Einzelnen → Kap. 27 Rn. 12 ff.). In Bayern besteht eine solche Beschränkung nicht. **43**

Ein (vorsätzlicher oder fahrlässiger) Verstoß gegen diese Glossierungsbeschränkung wird in den Landespresse- bzw. -mediengesetzen einiger Länder als Ordnungswidrigkeit geahndet (Thüringen § 13 Abs. 1 Ziff. 5; Sachsen § 13 Abs. 1 Ziff. 6; Sachsen-Anhalt § 14 Abs. 1 Ziff. 4; Brandenburg § 15 Abs. 1 Ziff. 5; Mecklenburg-Vorpommern § 21 Abs. 1 Ziff. 3; Berlin § 21 Abs. 1 Ziff. 4; Baden-Württemberg § 22 Abs. 1 Ziff. 1; Niedersachsen § 22 Abs. 1 Ziff. 3; Nordrhein-Westfalen § 23 Abs. 1 Ziff. 3; Saarland § 64 Abs. 1 Ziff. 3). Die übrigen Landespressegesetze (Bremen, Hamburg, Hessen, Rheinland-Pfalz und Schleswig-Holstein) enthalten keine Sanktionsbestimmung.

b) Tathandlung ist die *wertende Stellungnahme* in der gleichen Nummer. Die Bestimmung **43a** richtet sich nicht nur gegen Presseangehörige (Redakteure, Verleger usw), sondern auch gegen Dritte, die von der Presse Gelegenheit zu einer gleichzeitigen Glossierung erhalten und dabei gegen die Glossierungsbeschränkung verstoßen (vgl. Löffler/*Kühl* LPG § 22 Rn. 69). Vollendet ist die Ordnungswidrigkeit mit dem Erscheinen des betreffenden Druckwerkes.

5. Fahrlässige Begehung gewisser Presseordnungs-Vergehen

Werden gewisse Presseordnungs-Vergehen nicht vorsätzlich, sondern nur *fahrlässig* begangen, so **44** können solche Zuwiderhandlungen in vielen Bundesländern als Ordnungswidrigkeiten geahndet werden (→ Rn. 16). Im Falle fahrlässiger Begehung gehören folgende Tatbestände zu den Presse-Ordnungswidrigkeiten:

a) Die Bestellung eines den gesetzlichen Erfordernissen nicht entsprechenden verantwortlichen Redakteurs (→ Rn. 18);
b) die Ausübung der Funktion eines verantwortlichen Redakteurs, ohne dass die gesetzlichen Anforderungen erfüllt sind (→ Rn. 19);
c) die Nichtbeachtung von Impressumvorschriften bei einem Druckwerk mit strafbarem Inhalt (→ Rn. 20 f.);
d) darüber hinaus in *Hessen:* fahrlässig falsche Angaben über die Inhaber- und Beteiligungsverhältnisse (§ 15 Abs. 1 Ziff. 2 HessPG; → Rn. 32).

6. Abweichendes Landesrecht

a) Bayern **45**

(1) In Bayern hat der Verleger von Zeit zu Zeit über die Inhaber- und Beteiligungsverhältnisse an seinem Verlag Auskunft zu geben (Art. 8 Abs. 3 BayPG, → Kap. 13 Rn. 15 f.). Wer wissentlich falsche Angaben macht, begeht eine Straftat (Vergehen, Art. 14 Ziff. 5 BayPG). Bei einer

lediglich bedingt vorsätzlichen Zuwiderhandlung wird die Tat als Ordnungswidrigkeit geahndet (Art. 13 Abs. 1 Ziff. 1 BayPG).

45a (2) Bayern hat als einziges Land von der Erhöhung der normalen *Geldbuße* (5-1.000 EUR) (→ Rn. 37) abgesehen. Auch fordert Bayern als einziges Land für Ordnungswidrigkeiten ein *vorsätzliches,* nicht bloß fahrlässiges Handeln (→ Rn. 36).

45b *b) Brandenburg*

In Brandenburg wird ein vorsätzlicher oder fahrlässiger Verstoß gegen die Offenlegungspflicht der Inhaber- und Beteiligungsverhältnisse nach § 9 BrandenLPG als Ordnungswidrigkeit verfolgt (§ 15 Abs. 1 Ziff. 3 BrandenLPG).

46 *c) Hessen*

In Hessen handelt ein Verleger *ordnungswidrig,* wenn er vorsätzlich oder fahrlässig gegen die *Offenlegungspflicht* hinsichtlich der Inhaber- und Beteiligungsverhältnisse seines Verlages verstößt (§ 5 Abs. 2 iVm § 14 Abs. 1 Ziff. 1 HessPG, → Rn. 44). Wesentlich gravierender wird es vom hessischen Gesetzgeber beurteilt, wenn der Verleger bei dieser Offenlegung *„wissentlich falsche Angaben macht"*. Diese Falschangabe wird als kriminelles Presseordnungs-Vergehen mit Freiheitsstrafe bis zu zwei Jahren oder mit Geldstrafe bestraft (§ 13 Abs. 1 HessPG, → Rn. 32). Macht der Verleger infolge *Fahrlässigkeit* falsche Angaben, so liegt eine bloße Ordnungswidrigkeit vor (§ 14 Abs. 1 Ziff. 1 HessPG), die mit einer hohen Geldbuße von bis zu 50.000 EUR geahndet werden kann (→ Rn. 37).

47 *d) Sachsen*

In Sachsen wird ein vorsätzlicher oder fahrlässiger Verstoß gegen die Offenlegungspflicht der Inhaber- und Beteiligungsverhältnisse nach § 8 als Ordnungswidrigkeit verfolgt (§ 13 Abs. 1 Ziff. 4 SächsPG).

48 *e) Thüringen*

In Thüringen besteht die gleiche Rechtslage wie in Sachsen (§ 13 Abs. 1 Ziff. 6 ThürLPG; → Rn. 47).

VI. Verkürzte Verjährung von Presseverstößen

49 1. Zu den wichtigsten Schutzrechten (Privilegien) der Presse gehört die verkürzte Verjährung bei Presse-Verstößen (Hessen § 12; Sachsen und Thüringen § 14; Bayern Art. 15; Sachsen-Anhalt § 15; Brandenburg § 16; Schleswig-Holstein § 17; Berlin und Mecklenburg-Vorpommern § 22; Hamburg § 23; Baden-Württemberg, Bremen und Niedersachsen § 24; Nordrhein-Westfalen § 25; Rheinland-Pfalz § 37; Saarland § 66; vgl. auch *Soehring* in Soehring/Hoene, Presserecht, § 26 Rn. 23 ff.). Sie gilt bei *Presse-Inhaltsdelikten* (vgl. *Schumann* AfP 2019, 392; → Rn. 7 ff.), *Presse-Ordnungsvergehen* (→ Rn. 16 ff.) und bei *Presse-Ordnungswidrigkeiten* (→ Rn. 35 ff.). Zum Presse-Privileg der kurzen Presseverjährung kommt als weitere Vergünstigung hinzu, dass der *Beginn der (verkürzten) Verjährung* bereits mit dem ersten Akt der Veröffentlichung bzw. Verbreitung der Druckschrift einsetzt (vgl. Abs. 2 (Hessen) bzw. Abs. 3 (übrige Bundesländer) der oben genannten Normen). Diese Regelung weicht zugunsten der Presse von den allgemeinen Strafrechtsbestimmungen (§ 78a StGB) ab, wonach die Verjährung erst beginnt, wenn die Straftat beendet ist.

49a Das Privileg der verkürzten Verjährung von Presse-bezogenen Straftaten ist in den letzten Jahren allerdings zunehmend in Frage gestellt worden. So ist es zB in Bayern in mehreren Schritten (vgl. LT Bay. Drs. 14/1759 und 15/7182) hinsichtlich verschiedener Straftaten aufgehoben worden (vgl. die jetzige Fassung des Art. 15 Abs. 1 S. 2 BayPG), so dass hinsichtlich dieser Delikte nunmehr die allgemeinen Verjährungsregelungen gelten. Diese Tendenz ist in allen Bundesländern zu beobachten, wobei die Beschränkungen in Bremen verhältnismäßig maßvoll sind.

49b Eine weitere Tendenz, das Privileg der verkürzten Verjährungsfrist einzuschränken, besteht darin, es von einer Erfüllung der Impressumspflichten (sh. Kap. 13) abhängig zu machen: Hinsichtlich solcher Druckwerke, die nicht das erforderliche Impressum erhalten, gelten somit die allgemeinen Vorschriften des StGB über Beginn und Frist der Verjährung. Nach Auffassung des Gesetzgebers sei dies „gerechtfertigt, da nur bei entsprechenden Angaben im Impressum die Ermittlungen wegen möglicher Verstöße zügig eingeleitet werden können" (LT RhPf. Drs. 14/

3235, 53, re. Sp.). Mit Rheinland-Pfalz vergleichbare Regelungen erlassen haben Hessen und Schleswig-Holstein.

2. Die kurze Presseverjährung ergibt sich aus der *Eigenart der Presse* und ist sachlich begründet. **50**
Bei Anwendung der regulären strafrechtlichen Verjährungsfristen wäre die Presse erheblich benachteiligt (vgl. OLG München MDR 1989, 180 (181)). Da die Verjährung üblicherweise erst beginnt, wenn die Tathandlung *beendet* ist, würden sich diese Fristen bei der Presse dadurch sehr in die Länge ziehen, dass sich die Verbreitung einer Druckschrift bis zum Verkauf des letzten Exemplars oft über Jahre hinzieht (vgl. Schiwy/Schütz/Dörr S. 359). Erst dann wäre die Tat beendet und der Beginn der Verjährung möglich. Deshalb fand schon im französischen Pressegesetz von 1819 der Gedanke der verkürzten Presseverjährung Eingang und hat sich in der Folge allgemein durchgesetzt. Seit 1874 war die Verjährung im Reichsgesetz über die Presse normiert (§ 22; vgl. auch RGSt 61, 22).

3. Da das Institut der kurzen Presse-Verjährung nach seinem Wesen und seiner historischen **51**
Entwicklung zur „Materie Presserecht" gehört, steht den *Ländern die Kompetenz* zu ihrer Regelung zu (vgl. BVerfGE 7, 29 ff.; *Sternberg-Lieben/Bosch* in Schönke/Schröder StGB § 78a Rn. 9; *Groß* AfP 1998, 358 f. (362)). Die jeweilige Landesnorm (→ Rn. 49.) *kürzt* bei Presseverstößen die *Verjährungsfrist* wie folgt: Es verjährt – in der Regel (zu Sonderregelungen → Rn. 55a ff.) – die Verfolgung der durch die Presse begangenen *Verbrechen* (zB Hochverrat) in einem Jahr, der *Presse-Vergehen* (Presse-Inhaltsdelikte und Presse-Ordnungsvergehen) in sechs Monaten und der *Presse-Ordnungswidrigkeiten* in drei Monaten. Dies gilt jedoch nur, sofern bestimmte Delikte nicht von der Privilegierung ausgeschlossen sind (vgl. zB § 24 Abs. 1 S. 2 BWLPG).

Für *Kartellordnungswidrigkeiten,* die durch das Verbreiten von Druckschriften begangen werden, **51a**
gelten nach § 81 Abs. 8 GWB die allgemeinen Verjährungsfristen des OWiG. Hierfür konnte der Bund eine Regelung treffen, da ihm für diesen Bereich nach Art. 74 Abs. 1 Nr. 16 GG die Kompetenz zusteht (vgl. BGH AfP 1986, 124 (125)).

4. Mit dem Eintritt der Verjährung ist die weitere *Strafverfolgung* des betreffenden Presse- **52**
Verstoßes ausgeschlossen (§ 78 Abs. 1 StGB; Näheres und Ausnahmen → Rn. 55a). Das Presseprivileg kommt auch dem *Anstifter* und *Gehilfen* zugute (vgl. BGH MDR 1981, 1032; Fischer StGB § 78 Rn. 7a; *Sternberg-Lieben/Bosch* in Schönke/Schröder StGB § 78 Rn. 9; *Groß* AfP 1998, 358 (363); → Kap. 49 Rn. 39). Nach heute herrschender Meinung ist die Verjährung nach ihrer rechtlichen Natur ein *formales Prozesshindernis,* das zur Einstellung des (verjährten) Verfahrens führt (vgl. BVerfGE 25, 256 (265); *Mitsch* in MK zum StGB § 78 Rn. 1). Eine wichtige Folge dieser Rechtsauffassung ist es, dass nicht die am Tatort, sondern die am *Sitz des Prozessgerichts* geltenden Verjährungsbestimmungen zum Zug kommen (vgl. BGH NJW 2005, 2566; *Groß* AfP 1998, 358 (362)). Für die *Vollstreckungsverjährung* (eines rechtskräftigen Schuldspruchs gemäß § 79 StGB), für das *Ruhen* und die *Unterbrechung* der Verjährung sowie für die Berechnung der *Fristen* gelten die allgemeinen Vorschriften des StGB und OWiG. Näheres zur Verjährung im Pressestrafrecht → Kap. 49 Rn. 32 ff.

5. Ein weiteres Privileg steht der Presse im Verjährungsrecht dadurch zu, dass der *Beginn der* **53**
Verjährung bereits mit dem Beginn (und nicht mit der Beendigung; → Rn. 50) der Veröffentlichungs- bzw. Verbreitungshandlung einsetzt.

a) Hier hat sich die presserechtliche Verjährungstheorie (→ Rn. 50) gegenüber der früher vertretenen strafrechtlichen Verjährungstheorie, die auf den Eintritt des tatbestandsmäßigen Erfolgs abstellte (vgl. RGSt 32, 72; BGHSt 14, 258), eindeutig durchgesetzt (vgl. BGHSt 25, 347; OLG Koblenz NStZ 1991, 45; KG StV 1990, 209; BayObLG NJW 1987, 1711; Fischer StGB § 78 Rn. 7a; *Groß* AfP 1998, 358 (363); Näheres vgl. Löffler/*Kühl* LPG § 24 Rn. 53 ff.). Der Lauf der Verjährungsfrist beginnt somit im Zeitpunkt der ersten Verbreitungshandlung (Erscheinen), die vorliegt, sobald das Druckwerk aus dem engen Kreis der Herstellungsbeteiligten heraus einem größeren Personenkreis körperlich zugänglich gemacht wird (vgl. BGH NJW 1989, 990; → Kap. 1 Rn. 32), bzw. mit der Veröffentlichung (öffentliche Verbreitung, → Kap. 1 Rn. 30).

b) Wird ein Druckwerk *neu aufgelegt,* so beginnt mit der Veröffentlichung oder Verbreitung **54**
der neuen Auflage die (verkürzte) Presse-Verjährung von neuem. Dasselbe gilt, sofern das Druckwerk *in Teilen erscheint,* jeweils für die weiteren Teile (vgl. dazu *Groß* AfP 1998, 358 (363 f.)).

55 c) Die Verjährung schließt nicht nur die weitere Verfolgung der Tat, sondern auch das Eintreten von *Nebenfolgen* (sog. „Maßnahmen") wie etwa die *Einziehung* von Druckwerken aus (§ 78 Abs. 1 S. 1 StGB; § 31 Abs. 1 S. 1 OWiG; → Rn. 38). Eine Ausnahme gilt hinsichtlich der selbständigen Einziehung (§ 76a Abs. 2 StGB); diese ist auch nach Eintritt der Verjährung möglich (§ 78 Abs. 1 S. 2 StGB). Entsprechendes gilt für selbständige Anordnungen (§ 27 OWiG) im OWi-Verfahren (§ 31 Abs. 1 S. 2 OWiG).

55a 6. Auf dem Gebiet der Verjährungsfrist haben folgende *Länder abweichende Regelungen* getroffen:

56 *a) Bayern*

Bayern hat in Art. 15 Abs. 1 S. 1 BayPG die Presseverjährung für *Vergehen* und *Verbrechen* einheitlich auf sechs Monate begrenzt. Für *Presse-Ordnungswidrigkeiten* (Art. 13 BayPG) gilt die Verjährungsfrist von drei Monaten (Art. 15 Abs. 2).

57 *b) Hessen*

In Hessen gilt für Presse-Vergehen und Presse-Verbrechen einheitlich die kurze Verjährungsfrist von sechs Monaten (§ 12 Abs. 1 HessPG).

58 *c) Rheinland-Pfalz*

In Rheinland-Pfalz beträgt die Verjährungsfrist bei Ordnungswidrigkeiten sechs Monate (§ 37 Abs. 2 RP LMG).

59 *d) Sachsen*

In Sachsen findet eine sechsmonatige Verjährungsfrist Anwendung bei Vergehen nach § 12 Abs. 2 SächsPG (§ 14 Abs. 1 SächsPG).

60 Zu weiteren Fragen im Zusammenhang mit der Verjährung von Presseverstößen → Kap. 49 Rn. 32 ff.

VII. Sonstige medienrelevante Straftatbestände

61 1. Neben den Landespresse- bzw. -mediengesetzen enthält vor allem das StGB für die Presse bedeutsame strafrechtliche Verbotsnormen (sh. im Einzelnen Abschn. 11).

62 2. Strafvorschriften zum Schutze der Jugend sind § 27 JuSchG (sh. hierzu Kap. 60) und § 23 JMStV.

63 3. Gleichfalls von Bedeutung sind die Straftatbestände aus dem Bereich des gewerblichen Rechtsschutzes (§ 16 Abs. 1 UWG; vgl. *Keller/Liesching* in HK Medienrecht 88. Abschn. Rn. 7; sh. im Einzelnen Abschn. 16). Insbesondere im Bereich des Anzeigenwesens sind spezielle strafbewehrte Werbeverbote zu berücksichtigen (wie etwa § 14 HWG). Darüber hinaus enthalten das Markenrecht (§§ 143 ff. MarkenG; vgl. *Keller/Liesching* in HK Medienrecht 88. Abschn. Rn. 8; sh. im Einzelnen Abschn. 15) und das Urheberrecht (§§ 106 ff. UrhG; vgl. *Keller/Liesching* in HK Medienrecht 88. Abschn. Rn. 5 f.; sh. im Einzelnen Abschn. 13) Strafvorschriften.

64 4. Insbesondere für die Bildberichterstattung (sh. Kap. 43) von Relevanz ist § 33 KUG, der unter bestimmten Umständen das Veröffentlichen oder Verbreiten von Bildnissen unter Strafe stellt (vgl. hierzu *Keller/Liesching* in HK Medienrecht 88. Abschn. Rn. 9; im Einzelnen → Kap. 43 Rn. 60 f.).

4. Abschnitt. Der Informationsanspruch der Presse

Literatur:

Binder/Vesting, Beck'scher Kommentar zum Rundfunkrecht, 4. Auflage München 2018; *Gersdorf/Paal,* Informations- und Medienrecht, München 2014; *Eyermann,* VwGO, 5. Auflage München 2019; *Gurlit,* Informationsbeschaffung der Medien: Gegenüberstellung von presserechtlichen und allgemeinen Informationsansprüchen, AfP 2020, 9 ff.; *Löffler,* Presserecht, 6. Auflage München 2015; Partsch, Der Auskunftsanspruch der Presse – Neujustierung durch das BVerwG, NJW 2013, 2858 ff.; *Raabe,* Informations- und Auskunftspflichten der öffentlichen Hand gegenüber der Presse, Hamburg 2010; *Rittig,* Der medienrechtliche Auskunftsanspruch gegen Strafverfolgungsbehörden, Göttingen 2019; *Rotta,* Nachrichtensperre und Recht auf Information, Stuttgart 1986; *Schröer-Schallenberg,* Informationsansprüche der Presse gegenüber Behörden, Berlin 1987; *Schemmer,* Informationsbeschaffung der Medien: Rechtsgrundlage und Ansprüche, AfP 2020, 1 ff; *Schoch,* Informationsfreiheitsgesetz, 2. Auflage München 2016; *Soehring/Hoene,* Presserecht, 6. Auflage Köln 2019; *Staggat,* Zur Rechtsgrundlage des Informationsanspruches der Presse, Diss. Münster 1970; *Weberling,* Mediale Rohstoffversorgung, AfP 2020, 20 ff.; *Wente,* Das Recht der journalistischen Recherche, Baden-Baden 1987; *Wenzel,* Das Recht der Wort- und Bildberichterstattung, 6. Auflage Köln 2018.

18. Kapitel. Der Informationsanspruch als Rechtsgarantie

I. Sinn und Bedeutung des Informationsanspruches

Jeder einzelne Staatsbürger ist auf zutreffende und umfassende Informationen über das politische Geschehen angewiesen, wenn er seine Rolle in der Demokratie verantwortlich wahrnehmen will. Erst diese für eine möglichst unverfälschte Erkenntnis notwendige Übersicht über Tatsachen und Meinungen, Absichten und Erklärungen ermöglicht die eigene Willensbildung und damit die Teilnahme am demokratischen Entscheidungsprozess überhaupt (vgl. BVerfGE 83, 294; 44, 125 ff. (147); NJW 1970, 235 (236); Soehring/Hoene § 3 Rn. 3; Schröer-Schallenberg S. 17; vgl. → Kap. 7 Rn. 1; *Schemmer* AfP 2020, 1; *Weberling* AfP 2020, 20). 1

Die *Informationsfreiheit des Bürgers* (Art. 5 Abs. 1 S. 1 GG) ist also eine Voraussetzung für dessen aktive Teilnahme am demokratischen Staat und damit eine unmittelbare Folgerung aus dem in Art. 20 GG verankerten Demokratieprinzip (vgl. hierzu BVerfG AfP 1992, 57; NJW 1992, 493 (494); BVerfGE 27, 71; 7, 208; *Soehring/Hoene* Rn. 4.3; *Groß* DÖV 1997, 133 (134)). 2

Durch die ausdrückliche Garantie, sich aus allgemein zugänglichen Quellen, insbesondere den Massenmedien Presse, Rundfunk und Fernsehen, zu unterrichten, wird eine von äußeren Einflüssen und Manipulationen (vgl. BVerfG NJW 1977, 751 ff. – Unzulässige Öffentlichkeitsarbeit der Bundesregierung vor Bundestagswahlen) möglichst freie Betrachtung der Wirklichkeit gewährleistet. Damit wird zugleich deutlich, in welch engem Zusammenhang die Pressefreiheit des Art. 5 Abs. 1 S. 2 GG mit dieser Informationsfreiheit steht (BVerfG NJW 235, 236 f.; vgl. → Kap. 7 Rn. 3 ff.).

Erst der prinzipiell ungehinderte Zugang zu Informationen versetzt die Presse in den Stand, die ihr in der freiheitlichen Demokratie zukommenden Funktionen wirksam wahrzunehmen (vgl. *BVerfG* NJW 1979, 1400; NJW 1995, 184). Der Presse kommt neben einer Informations- insbesondere eine Kontrollfunktion zu (vgl. BVerfG NJW-RR 2010, 470 (471)). Grundsätzlich entscheidet die Presse in den Grenzen des Rechts selbst, ob und wie sie über ein bestimmtes Thema berichtet. Das „Ob" und „Wie" der Berichterstattung ist Teil des Selbstbestimmungsrechts der Presse, das auch die Art und Weise ihrer hierauf gerichteten Informationsbeschaffungen grundrechtlich schützt (vgl. BVerfG NJW 2015, 3708 (3709)).

Diese grundgesetzlichen Garantien bannen die Gefahr der Beschränkung der Information durch Zensur und deren Missbrauch durch Propaganda, beides wesentliche Elemente der nationalsozialistischen Diktatur.

Der Gedanke einer individuellen Informationsfreiheit und einer Kontrolle durch das Volk 3
führt zur *Öffentlichkeit der Sitzungen* der *gesetzgebenden Körperschaften* (Art. 42 Abs. 1 S. 1 GG) und

der Gerichte (§ 169 GVG; § 17a BVerfGG; Bonner Kommentar GG Art. 5 Rn. 277; vgl. → Kap. 16 Rn. 1). Bereits in diesem an sich jedem Bürger zugänglichen Bereich erfüllt die Presse eine wichtige Funktion, indem sie einen komprimierten Überblick und mannigfachen Einblick in das tägliche Geschehen ermöglicht (vgl. BVerfG NJW 1995, 184 (185); *Groß* DÖV 1997, 133 (134); → Kap. 16 Rn. 2).

4 Damit wird die Information über alle wesentlichen Vorgänge der Gegenwart jedoch noch nicht erbracht. Nicht jede Sitzung ist öffentlich; im Bereich der Verwaltung bestehen umfangreiche Beschränkungen; Geheimhaltungsinteressen sind zu wahren; Beeinträchtigungen der Verwaltungstätigkeit sind zu befürchten. Die Ausübung der Staatsgewalt auf dem Gebiet der öffentlichen Verwaltung bedarf jedoch ebenfalls der demokratischen Kontrolle. Hier entfaltet der in § 4 LPG (Hessen § 3 LPG; Brandenburg und Saarland § 5 LPG bzw. SMG; Rheinland-Pfalz § 6 LMG) geregelte *Informationsanspruch der Presse* seine eigentliche Bedeutung. Die aus dem von Art. 5 Abs. 1 S. 2 GG geschützten Institut „Freie Presse“ folgenden Pflichten des Staats (BVerfGE 20, 162 (175)) sowie die Abwägung der Gesichtspunkte der Geheimhaltung und der Behinderung der Erfüllung der Verwaltungsaufgaben einerseits, der unverzichtbaren Notwendigkeit der Erlangung von Informationen auch aus diesem Bereich staatlicher Tätigkeit andererseits haben zur grundsätzlichen Anerkennung eines Informationsrechts gegenüber den Behörden geführt (vgl. → Rn. 6 f.). Wenn der entsprechende nur in Ausnahmefällen beschränkte Anspruch dabei nicht jedem einzelnen Bürger, sondern *der Presse* zuerkannt wurde, so erklärt sich dies aus deren besonderer Eignung als Mittler von Nachrichten und Meinungen (vgl. BVerfGE 35, 222; 20, 174 f. – Spiegel; VG Stuttgart AfP 1986, 89 (90); Raabe S. 75; *Soehring/Hoene* Rn. 4.2 f.; Wenzel/*Burkhardt/Peifer* Kap. 10 Rn. 1; *Schröer-Schallenberg* S. 39; vgl. → Kap. 7 Rn. 8).

4a Für Anbieter journalistisch-redaktionell gestalteter Telemedien gilt nach § 18 Abs. 2 S. 1 iVm Abs. 4 MStV der den vorgenannten presserechtlichen Bestimmungen entsprechend ausgestaltete Auskunftsanspruch des § 5 MStV. Journalistisch-redaktionell gestaltete Telemedien sind nach § 18 Abs. 2 S. 1 MStV insbesondere Angebote, in denen vollständig oder teilweise Inhalte periodischer Druckerzeugnisse in Text und Bild wiedergegeben werden. Sie müssen anerkannten journalistischen Sorgfaltspflichten entsprechen. Nach § 19 Abs. 1 S. 3 MStV müssen Nachrichten vom Anbieter vor ihrer Verbreitung mit der nach den Umständen gebotenen Sorgfalt auf Inhalt, Herkunft und Wahrheit geprüft werden. Journalistisch-redaktionell gestaltete Telemedien sind demnach alle Telemedienangebote, welche sowohl journalistisch arbeiten, als auch die besonderen Rechtspflichten der Presse erfüllen (vgl. Kap. 39). Erforderlich ist dafür ein Mindestmaß an inhaltlicher Vielfalt, Aktualität, Periodizität und Publizität (vgl. VGH Mannheim ZUM-RD 2014, 396; OVG Berlin-Brandenburg LKV 2015, 180 (181); Binder/Vesting/*Held* RStV § 54 Rn. 48 ff.; Wenzel/*Burkhardt/Peifer* Kap. 10 Rn. 2; Schoch IFG § 1 Rn. 352; Lent ZUM 2020, 593; *Gurlit* AfP 2020, 13). Journalistisch-redaktionell gestaltete Telemedien müssen zudem die besonderem Impressumsvorschriften gemäß § 18 Abs. 2 MStV erfüllen und sind verpflichtet, rechtmäßige Gegendarstellungsbegehren nach § 20 MStV zu veröffentlichen.

5 Durch ihren Informationsanspruch ist die vollständige Grundlage für die Presse zur Erfüllung ihrer öffentlichen Aufgabe geschaffen. Dadurch wird sie in die Lage versetzt, umfassend über tatsächliche Vorgänge und Verhältnisse, Missstände, Meinungen und Gefahren zu berichten und damit jedem Leser einen für ihn sonst kaum erreichbaren Wissensstand zu bieten, der eine abgewogene Beurteilung der für die eigene Meinungsbildung essentiellen Fragen ermöglicht (vgl. BVerfGE 91, 125 ff. (134); 50, 234 ff. (240); 12, 113 ff.; VG Stuttgart AfP 1986, 89 (90); Löffler/*Burkhardt* LPG § 4 Rn. 10, 37; Schröer-Schallenberg S. 39; *Doepner/Spieth* AfP 1989, 420 (422 f.)). Zugleich ist der Informationsanspruch ein notwendiges Element journalistischer Tätigkeit, die durch *kritische Stellungnahme* und nicht bloß durch Weitergabe ermittelter Fakten selbst in die Diskussion über bedeutsame Fragen eingreift und auf diese Weise einen wertvollen Beitrag zur Bildung der öffentlichen Meinung leistet (vgl. *Wente* StV 1988, 216 (218)).

5a Zusätzlich bestehen in den in meisten Bundesländern sowie seit dem 1.1.2006 auch für den Bund (vgl. Schoch Einl. Rn. 1; Gersdorf/Paal/*Debus* IFG § 1 Rn. 33 und 59 ff.) Informationsfreiheitsgesetze, nach denen jedermann ein Informationsrecht gegenüber den Behörden oder sonstigen öffentlichen Stellen hat (vgl. § 1 IFG Bund; §§ 2, 3 IFG Berlin; §§ 1, 2 AIG Brandenburg; § 1 IFG Bremen; § 1 IFG Hamburg; §§ 1, 3, 4 IFG Mecklenburg-Vorpommern; §§ 2, 3 IFG Nordrhein-Westfalen; § 1 IFG Saarland; § 1 IZG Sachsen-Anhalt; §§ 3–5 IFG

Schleswig-Holstein; § 1 IFG Thüringen; siehe hierzu auch Art. 39 BayDSG). Gesetzlich erfasst werden die in dienstlichem Zusammenhang erlangten Informationen, zu denen jedermann auf Antrag Zugang zu gewähren ist (vgl. zB §§ 3, 4 IFG Nordrhein-Westfalen).

Dieser kann durch Akteneinsicht in der Behörde oder etwa durch Zusendung von Kopien erfolgen. Die Informationen müssen unverzüglich, spätestens innerhalb eines Monats erteilt werden, sofern keine Hinderungsgründe vorliegen, etwa vorgehende private Interessen Betroffener (vgl. zB § 7 Abs. 5 IFG Bund; § 5 Abs. 2, §§ 8 f. IFG Nordrhein-Westfalen). Wird die Auskunft abgelehnt, kann der Antragsteller den zuständigen Datenschutzbeauftragten anrufen (vgl. zB § 12 IFG Bund; § 13 Abs. 2 IFG Nordrhein-Westfalen). Andere Auskunftsrechte werden durch die Informationsfreiheitsgesetze nicht berührt.

Nach § 1 Abs. 3 IFG Bund ist das IFG Bund gegenüber Regelungen in anderen Rechtsvorschriften über den Zugang zu amtlichen Informationen mit Ausnahme des § 29 VwVfG und des § 25 SGB X subsidiär (vgl. Schoch IFG § 1 Rn. 288 ff.; Löffler/*Burkhardt* LPG § 4 Rn. 3629a; aA *Püschel* AfP 2006, 401 (407)). Für die Presse und ihre Angehörigen besteht deshalb der Informationsanspruch nach § 4 LPG (Hessen § 3 LPG; Brandenburg und Saarland § 5 LPG bzw. SMG; Rheinland-Pfalz § 6 LMG) und nicht nach den genannten Informationsfreiheitsgesetzen (Schoch IFG Bund § 1 Rn. 181). Dagegen bestimmen § 17 IFG Schleswig-Holstein sowie § 20 IFG Berlin, das der presserechtliche Auskunftsanspruch neben den Anspruch nach dem IFG tritt. Unabhängig davon steht es natürlich jedem Vertreter der Presse frei, den Informationsanspruch nach dem IFG als „normale" natürliche Person geltend zu machen (vgl. *Schoch* IFG § 1 Rn. 327; Wenzel/*Burkhardt/Peifer* Kap. 10 Rn. 7; *Schemmer* AfP 2020, 1 (7)). **5b**

Weitere Informationszugangsrechte bestehen auch für Vertreter der Presse ua aus Art. 10 EMRK, der Dokumentenzugangs-Verordnung (EG) Nr. 1049/2001, § 3 Umweltinformationsgesetz (vgl. VG Hannover AfP 2020, 268), § 2 Verbraucherinformationsgesetz (vgl. BVerwG NJW 2020, 1159), § 34 Stasi-Unterlagen-Gesetz sowie § 5 Abs. 1 S. 1 BArchG (vgl. Schoch IFG § 1 Rn. 304 ff.; Gersdorf/Paal/*Debus* IFG § 1 Rn. 825 ff.; *Partsch* NJW 2013, 2858 (2860); *Schemmer* AfP 2020, 1 (8); *Gurlit* AfP 2020, 9 (18); *Weberling* AfP 2020, 20 (22)). Zudem haben Pressevertreter Zugang zu geschützten Registern (vgl. BVerfG AfP 2000, 559; BGH NZM 2012, 42; *Schoch* IFG § 1 Rn. 323, Einl. Rn. 37; *Soehring/Hoene* Rn. 5.2 ff.; *Weberling* AfP 2020, 20 (22)) sowie einen Anspruch auf Herausgabe anonymisierter Urteilskopien (vgl. BVerfG AfP 2015, 540; BVerwG AfP 2015, 80; BGH NJW 2017, 1821 mAnm *Dölling; Schemmer* AfP 2020, 1 (6)). **5c**

II. Die Rechtsgrundlage des Informationsanspruches

1. § 4 LPG (Hessen § 3 LPG; Brandenburg und Saarland § 5 LPG bzw. SMG; Rheinland-Pfalz § 6 LMG) gewährt der Presse einen Informationsanspruch gegenüber den jeweiligen Landesbehörden (vgl. → Kap. 19 Rn. 10 ff.). Umstritten war, ob der Presse schon durch Art. 5 Abs. 1 S. 2 GG ein verfassungsunmittelbarer subjektiver Auskunftsanspruch eingeräumt wird, der durch § 4 LPG lediglich konkretisiert wird. **6**

Die Bedeutung des Begriffes „Pressefreiheit" erschöpft sich nicht in der bereits in Art. 5 Abs. 1 S. 1 GG gewährten Garantie der freien Meinungsäußerung und der Einrichtung eines vor staatlichen Eingriffen und Zwang geschützten Freiraums (status negativus). Die Einrichtung einer *freien Presse* durch die Verfassung *als Institut* (institutionelle Garantie; vgl. BVerfGE 20, 175 f. – Spiegel) verpflichtet vielmehr darüber hinausgehend den Staat, die ungehinderte Betätigung der Presseangehörigen von der Beschaffung der Information bis zur Verbreitung der Nachrichten zu ermöglichen. Die *institutionelle Garantie* verpflichtet den Staat überall in seiner Rechtsordnung, wo der Geltungsbereich einer Norm die Presse berührt, dem Postulat ihrer Freiheit Rechnung zu tragen (vgl. BVerfGE 20, 162 (175) – Spiegel; NJW 1989, 2877; 1969, 1161 (1162) – Blinkfüer; *Kloepfer/Kutzschbach* AfP 1999, 1 (7); *Bechtold* NJW 1998, 2769 ff.). Das BVerfG hat die Pressefreiheit gerade nicht auf ein klassisches Abwehrgrundrecht beschränkt und den Staat verpflichtet, solche Eingriffe zu unterlassen, die die Arbeit der Presse behindern oder sogar unterbinden, sondern konkrete, aus dem Grundrecht der Pressefreiheit folgende Handlungspflichten des Staates formuliert. Eine Entwicklung, die sich auch in der Rechtsprechung des EGMR zu Art. 10 EMRK abzeichnet (vgl. *Weberling* in Hill S. 167 f.; *Partsch* NJW 2013, 2858

(2860); *Laue* AfP 2015, 110 (116); Karpenstein/Mayer/*Mensching* EMRK Art. 10 Rn. 21). Aus der institutionellen Garantie der freien Presse leitet das BVerfG und mit ihm die herrschende Meinung unter anderem Auskunftspflichten der Behörden ab. Die Presse kann nur durch eine Teilhabe an dem exklusiv bei der öffentlichen Hand befindlichen Informationsfundus ermöglicht werden, ihre *öffentliche Aufgabe* zu erfüllen (vgl. VG Stuttgart AfP 1986, 90 (91 f.) mit zust. Anm. *Joachim Löffler;* Raabe S. 75 ff.; Soehring/Hoene Rn. 1.10 ff. und 4.3; *Weberling* AfP 2020, 20; *Heintschel von Heinegg* AfP 2003, 295 (297 ff.); *Groß* DÖV 1997, 133 (134 ff.); Bonner Kommentar GG Art. 5 Rn. 320; Hamann/Lenz Art. 5 Anm. B 6; Staggat, Zur Rechtsgrundlage, S. 99; Jerschke S. 223 ff.; *Gerhardt* AfP 1974, 691; v. Münch Art. 5 Rn. 24).

7 Seit seinem Urteil vom 20.3.2013 geht auch das BVerwG (vgl. BVerwG AfP 2013, 335) davon aus, dass Art. 5 Abs. 1 S. 2 GG einen verfassungsunmittelbaren Auskunftsanspruch der Presse gegenüber Bundesbehörden in Ermangelung einer einfachgesetzlichen Regelung des Bundesgesetzgebers aus, soweit auf sie die Landespressegesetze wegen einer entgegenstehenden Gesetzgebungskompetenz nicht anwendbar sind (vgl. BVerwG NVwZ 2016, 1020 (1021)):

„Der Inhalt des presserechtlichen Auskunftsanspruchs wird maßgeblich durch die Funktionen bestimmt, die die Presse in der freiheitlichen Demokratie erfüllt. Ihr kommt neben einer Informations- insbesondere eine Kontrollfunktion zu (...). Die effektive funktionsgemäße Betätigung der Presse setzt voraus, dass ihre Vertreter in hinreichendem Maß von staatlichen Stellen Auskunft über Angelegenheiten erhalten, die nach ihrem Dafürhalten von öffentlichem Interesse sind (...). Der verfassungsunmittelbare Auskunftsanspruch der Presse hat diesen Funktionen Rechnung zu tragen. Dies ist gewährleistet, wenn er in seinem materiellrechtlichen Gehalt nicht hinter dem Inhalt derjenigen presserechtlichen Auskunftsansprüche zurückbleibt, die die Landesgesetzgeber im Wesentlichen inhaltsgleich, auf eine Abwägung zielend und den Anforderungen des Art. GG Artikel 5 GG Artikel 5 Absatz I 2 GG genügend in den Landespressegesetzen normiert haben (...).“ (vgl. hierzu BVerfG NVwZ 2016, 50 (51); *Schemmer* AfP 2020, 1 (3)).

7a Die einen aus dem Grundrecht der Pressefreiheit abgeleiteten Auskunftsanspruch ablehnende andere Meinung hat sich in Anbetracht der mittlerweile gefestigten Rechtsprechung des BVerwG daher praktisch erledigt (vgl. *Weberling* AfP 2020, 20 (21)).

19. Kapitel. Die Ausübung des Informationsrechts

I. Inhalt und Umfang des Auskunftsanspruches

1 Nach § 4 Abs. 1 LPG (Hessen § 3 LPG; Brandenburg und Saarland § 5 LPG bzw. SMG; Rheinland-Pfalz § 6 LMG) sind die Behörden – soweit nicht die gesetzlichen Verweigerungstatbestände aus Abs. 2 eingreifen – verpflichtet, der Presse „die der Erfüllung ihrer öffentlichen Aufgabe dienenden Auskünfte zu erteilen“.

2 In welcher *Form,* mit welchem *Inhalt* und zu welchem *Zeitpunkt* die verpflichtete Behörde dem Auskunftsersuchen der Presse nachkommt, unterliegt keinen starren Regeln, sondern bestimmt sich nach den *Anforderungen,* die für die Erfüllung der öffentlichen Aufgabe der Presse im *Einzelfall* als notwendig erscheinen (vgl. Schröer-Schallenberg S. 98 ff.). Die Behörde hat in diesem Rahmen ein Auswahlermessen (vgl. OVG Bremen NJW 1989, 926 (927); VG Stuttgart AfP 1986, 89 (90); Raabe S. 114; Schröer-Schallenberg S. 100). Die Ermessensausübung hat sachgerecht zu sein und kann sich in Abhängigkeit vom Gegenstand des Auskunftsbegehrens auf Null reduzieren und sogar die Vorlage von Akten zur Einsicht erfordern (vgl. VG Cottbus AfP 2002, 360 (361); 2008, 114; VGH München NJW 2004, 3358 (3359 f.); VG Dresden AfP 2009, 301 (303 f.); Raabe S. 114 f.; Soehring/Hoene Rn. 4.29; Rittig S. 263 ff.). Auf konkrete Anfrage der Presse ist die Behörde zu wahrheitsgemäßer Darstellung der für die Berichterstattung und Stellungnahme notwendigen Gesichtspunkte verpflichtet (vgl. OVG Bremen NJW 1989, 926; Rittig S. 242 ff.). Aus dem Wahrheitsbegriff folgt zugleich, dass sie Zusammenhänge mit anderen Tatsachenkomplexen, die Einfluss auf die Würdigung der dargestellten Vorgänge haben können, nicht verschweigen darf, wenn es dem Fragenden erkennbar auch hierauf ankommt (vgl. BGH DVBl 1981, 96; ebenso Schröer-Schallenberg S. 98; Raabe S. 119). Aber auch ohne ausdrückliche Rückfrage sind Auskünfte vollständig und nicht unter Weglassung wesentlicher anderer Tatsachen zu erteilen (vgl. VG Berlin AfP 1994, 178; Löffler/*Burkhardt* LPG § 4

Rn. 92; Rittig S. 244 ff.). Die Behörde hat insbesondere nicht das Recht vor der Übermittlung der erbetenen Auskünfte zu prüfen, ob die erbetenen Auskünfte von überwiegendem öffentlichen Interesse sind und danach auszufiltern. Diese Prüfung und Bewertung obliegt ausschließlich der Presse selbst (vgl. BVerwG NVwZ 2016, 1020, 1022; VG Hamburg AfP 2009, 296 (299 f.); VG Dresden AfP 2009, 301 (306); VG Berlin AfP 1994, 175 (178); Löffler/*Burkhardt* LPG § 4 Rn. 85; Raabe S. 118; Soehring/Hoene Rn. 4.14; *Weberling* AfP 2003, 304 (305)). Das BVerfG hat zu Recht herausgestellt, dass die der freien individuellen und öffentlichen Meinungsbildung dienende Funktion der Pressefreiheit nur unter den Bedingungen umfassender und wahrheitsgemäßer Information gelingen kann (BVerfG NJW 1998, 1627 (1628 f.)). Wahrheit bedeutet Übereinstimmung der Auskunft mit der Wirklichkeit (vgl. Löffler/*Burkhardt* LPG § 4 Rn. 90; *Bettermann* NJW 1955, 97 (98)). Halbwahrheiten und Falschauskünfte sind deshalb ausgeschlossen; der Auskunftsanspruch wird durch sie nicht ordnungsgemäß erfüllt. Die Presse kann in solchen Fällen weiterhin Auskunft verlangen, notfalls auch auf gerichtlichem Wege (vgl. VGH München AfP 2004, 473 (474); Löffler/*Burkhardt* LPG § 4 Rn. 92; → Kap. 22 Rn. 1 ff.).

Der Anspruch bezieht sich nur auf Informationen, die bei der Behörde bereits vorhanden sind. **2a**
Das Auskunftsrecht führt nicht zu einer Pflicht zur Beschaffung bei der Behörde nicht vorhandener Informationen und bedarf nicht zuletzt deswegen einer möglichst konkreten Fragestellung (vgl. BVerwG AfP 2013, 355 (359); ZUM 2013, 904; Soehring/Hoene Rn. 4.28; Löffler/*Burkhardt* LPG § 4 Rn. 86; Rittig S. 247; *Schemmer* AfP 2020, 1 (5)). Es besteht auch kein Anspruch gegen die Behörde auf Bewertung oder Kommentierung tatsächlicher Vorgänge (vgl. OVG Münster NJW 1995, 2741 f.; OVG Saarlouis NJW 2008, 777 (778 f.); AfP 1996, 299; Löffler/*Burkhardt* LPG § 4 Rn. 85).

Eine der Sache angemessene Auskunft wird die Behörde in der Regel auf verschiedene Art **2b**
und Weise geben können, sei es, dass eine Pressekonferenz abgehalten wird (vgl. VGH Mannheim AfP 1989, 587), ein schriftlicher Bericht oder Aktenauszüge zur Verfügung gestellt werden, eine amtliche Presseerklärung abgegeben wird (vgl. OVG Koblenz NJW 1991, 2659 f.) oder laufend gedruckte Informationen herausgegeben werden (vgl. VGH Mannheim AfP 1989, 587 (588)). Der Inhalt des Auskunftsbegehrens kann das behördliche Ermessen auch auf *bestimmte Auskunftsformen reduzieren.* So wird eine sorgfältige Unterrichtung der Presse bei umfangreichen oder komplizierten Sachverhalten (zB statistische Erhebungen) oft die schriftliche Darstellung verlangen, um Missverständnisse, Lücken oder Übertragungsfehler auszuschließen, und kann sogar das Recht auf Akteneinsicht beinhalten (vgl. VG Cottbus AfP 2002, 360 (361); 2008, 114; VG Dresden AfP 2009, 301 (303 f.); VG Hannover AfP 1984, 60 ff.; Raabe S. 114 f.; Soehring/Hoene Rn. 4.29; Löffler/*Burkhardt* LPG § 4 Rn. 87; Rittig S. 257 ff.). Daraus folgt auch ein „berechtigtes Interesse" iSd § 12 GBO auf Einsicht in das Grundbuch (vgl. BVerfG NJW 2001, 503 (504 f.); BGH NZM 2012, 42; KG NJW 2002, 223 (224); OLG Dresden NJ 2019, 303; AG Lichtenberg AfP 2001, 340 f.; vgl. auch Raabe S. 115; *Eggert* AfP 2003, 131 (132); Soehring/Hoene Rn. 5.10 ff.)). Andererseits können sich besondere Anforderungen bezüglich des *Zeitpunktes* einer Mitteilung aus der Eilbedürftigkeit des Auskunftsersuchens ergeben, so dass die Presse auf mündliche bzw. fernmündliche Mitteilung bestehen kann, sofern eine zutreffende Darstellung ohne vorherige Prüfung von Akten sofort möglich ist. Bei der Weitergabe von laufenden Informationen muss die Behörde den Gleichheitssatz beachten (vgl. VGH Mannheim AfP 1992, 95 f.; 1989, 587 f.; OVG Bremen NJW 1989, 926 f.; Löffler/*Burkhardt* LPG § 4 Rn. 95; Soehring/Hoene Rn. 4.29 und 4.40 ff.; Rittig S. 266 ff.; → Kap. 21 Rn. 1 f.).

Die Erteilung kostenfreier (VG Arnsberg AfP 2007, 69 f.; Löffler/*Burkhardt* LPG § 4 Rn. 88; Rittig S. 298 f.) wahrheitsgemäßer Auskünfte in sachgerechter und zweckentsprechender Weise stellt als Gegenstück zu dem *Recht auf Auskunft* eine behördliche *Pflicht,* eine Amtspflicht iSd Art. 34 GG iVm § 839 BGB dar (vgl. Soehring/Hoene Rn. 4.5). Bei schuldhafter Pflichtverletzung kann die Behörde auf Ersatz eines eventuell entstandenen Schadens in Anspruch genommen werden (vgl. Löffler/*Wenzel*/*Burkhardt* LPG § 4 Rn. 82 f.; LG Karlsruhe NJOZ 2007, 91). Die Herausgabe einer wahrheitsgemäßen, ohne Namensnennung sachlich über eine Gerichtsverhandlung berichtenden Pressemitteilung stellt dagegen keine Amtspflichtverletzung dar (vgl. OLG Karlsruhe AfP 2006, 264; siehe ferner VG Regensburg K&R 2020, 91; zur ausnahmsweise rechtmäßigen Namensnennung vgl. VG Düsseldorf, AfP 2020, 449; OVG Münster BeckRS 2021, 1073).

II. Die Anspruchsberechtigten

3 1. Die Behörden sind gegenüber „der Presse" (so § 3 LPG Hessen und Art. 4 LPG Bayern; ähnlich in § 6 LMG Rheinland-Pfalz „den Medien") bzw. „den Vertretern der Presse" (so § 4 der übrigen LPG und § 5 LPG Brandenburg; ähnlich § 5 SMG Saarland „Vertreter der Medien") zur Auskunft verpflichtet. Die unterschiedliche Ausdrucksweise in den Landespressegesetzen von Bayern, Hessen und Mecklenburg-Vorpommern einerseits und denen der übrigen Bundesländer andererseits ist im Ergebnis bedeutungslos. Eine am Wortlaut orientierte, den Sinn und Zweck der Vorschrift beachtende Auslegung zeigt, dass sachlich keine Unterschiede bestehen (vgl. *Soehring/Hoene* Rn. 4.88 ff.; Löffler/*Burkhardt* LPG § 4 Rn. 46 ff.; Raabe S. 85 ff.; Rittig S. 131 ff.). Wenn einmal von „der Presse", im Übrigen von „den Vertretern der Presse" gesprochen wird, so erklärt sich dies einfach daraus, dass im ersten Fall der *Anspruchsinhaber* – die Presse –, im zweiten Fall lediglich derjenige kenntlich gemacht wird, der diesen Anspruch *geltend machen* darf (vgl. Soehring/Hoene Rn. 4.8 f.; so wohl auch VGH München AfP 2004, 473). Die Pressefreiheit als umfassende Garantie ist gerade nicht auf einige Repräsentanten beschränkt, sondern privilegiert die gesamte Pressetätigkeit bis hin zur Verbreitung (vgl. BVerfG NJW 1995, 184 (195); 1988, 1833; 1979, 1400 (1401)). So ist auch der Auskunftsanspruch als Konsequenz der institutionellen Garantie und Voraussetzung für die Erfüllung ihrer Aufgaben in der Demokratie *der Presse* zuerkannt (vgl. → Kap. 18 Rn. 6 f.). Dies wird durch die Formulierung „Vertreter der Presse" nicht in Frage gestellt werden (vgl. Löffler/*Burkhardt* LPG § 4 Rn. 41 ff.).

4 Die Zuerkennung des Rechts an die Presse als einer Gesamtheit bedeutet nicht notwendig, dass jeder irgendwie Beteiligte als Organ handlungsbefugt ist.

Diese Unterscheidung wird von Art. 4 LPG Bayern deutlich zum Ausdruck gebracht, wenn das *Recht der Presse* auf Auskunft (Satz 1) von der *Ausübung* des Rechts (Satz 2) getrennt wird (vgl. VGH München AfP 2004, 473).

Wer als Vertreter der Presse gilt und damit das Auskunftsrecht ausüben kann, ist durch eine teleologische Auslegung des § 4 LPG zu ermitteln (vgl. *Soehring/Hoene* Rn. 4.9 f.; hierzu ausführlich Löffler/*Burkhardt* LPG § 4 Rn. 42 ff.; *Raabe* S. 85 f.; *Schröer-Schallenberg* S. 40 ff.). Der Auskunftsanspruch soll die Möglichkeit der Nachrichtenbeschaffung und der Erlangung von Informationen aus dem Bereich staatlicher, insbesondere verwaltungsbehördlicher Tätigkeit gewährleisten und dient letztlich der Erfüllung der öffentlichen Aufgabe der Presse (vgl. → Kap. 18 Rn. 4 ff.; → Kap. 3 Rn. 19). Daraus folgt, dass „Pressevertreter" zunächst diejenigen sind, deren Aufgabe die Beschaffung oder die Verbreitung von Information ist, also Nachrichtenagenturen, Reporter und Redakteure ebenso wie freie Journalisten (vgl. VGH Mannheim NJW 1996, 538; *Staggat* S. 152 f.; Löffler/*Burkhardt* LPG § 4 Rn. 48 f., der Art. 4 BayPG auf die periodische Presse beschränkt; anders *Rittig* S. 133 f.; *Wente* S. 145; *ders.* StV 1988, 216 (217); *Schröer-Schallenberg* S. 55; *Soehring/Hoene* Rn. 4.10 f.). „Pressevertreter" und damit auskunftsberechtigt sind auch diejenigen Personen, die lediglich beabsichtigen, in der Zukunft für die Presse tätig zu werden, bzw. nur gelegentlich als deren Mitarbeiter in Erscheinung treten (vgl. VG Hannover AfP 1984, 60 ff.; *Schröer-Schallenberg* S. 55; *Soehring/Hoene* Rn. 4.10; Löffler/*Burkhardt* LPG § 4 Rn. 48). Auch der Verleger und der Herausgeber sind wegen der ihnen jeweils für Publikationen zustehenden Verantwortung (zum Verleger → Kap. 13 Rn. 18 ff. und → Kap. 38 Rn. 18; zum Herausgeber → Kap. 13 Rn. 19) anspruchsberechtigt (VG Saarland AfP 1997, 837 (839); *Schröer-Schallenberg* S. 59; vgl. Löffler/*Burkhardt* LPG § 4 Rn. 47; *Soehring/Hoene* Rn. 4.10; *Wente* S. 145; *Mathy* S. 56; *Raabe* S. 86). Dieser Kreis der Presseangehörigen muss *nicht in eigener Person* auftreten, sondern kann sich der jeweiligen Mitarbeiter, etwa einer Redaktionssekretärin, oder auch eines zur Berufsverschwiegenheit verpflichteten externen Hausanwalts bedienen, da die Einholung der erforderlichen Auskünfte nicht an der Verhinderung des federführenden Pressevertretern scheitern oder verzögert werden darf. Damit kann unabhängig von einer bestimmten Funktion jeder Pressetätige nach den allgemeinen Stellvertreterregelungen des BGB im konkreten Fall mit dem Auskunftsersuchen betraut werden (vgl. Löffler/*Burkhardt* LPG § 4 Rn. 50; *Soehring/Hoene* Rn. 4.10).

5 Da es um Mitteilungen *an die Presse* geht, setzt die Legitimation voraus, dass Zweck des Ersuchens ein Publikationsinteresse ist, so dass die private Neugier eines Pressetätigen, sei es die eines Reporters oder einer Sekretärin, niemals die Ausübung des Auskunftsanspruches recht-

fertigt (vgl. BVerfGE 20, 162 (176); *Mathy* S. 56). Ein in eigener Sache geführter Rechtsstreit mit einer Behörde berührt den presserechtlichen Auskunftsanspruch eines Journalisten gegen diese Behörde nicht, wenn ein gesteigertes öffentliches Interesse an der Berichterstattung besteht (vgl. OVG Bautzen, NJ 2020, 316). Der Begriff des „Vertreters der Presse" ist nicht *personell* nach der konkreten Funktion des Pressetätigen zu verstehen, sondern meint denjenigen, der im Auftrag und *für die Presse* Informationen einholt.

Da der Auskunftsanspruch nicht jedermann zusteht, sondern Bestandteil der besonderen Stellung der Presse ist, bedürfen die Presseangehörigen in Zweifelsfällen einer Legitimation. Seit dem Auslaufen der staatlichen Autorisierung der Verbandspresseausweise Ende 2009 muss der Nachweis der Auskunftsberechtigung im Zweifel durch ein entsprechendes Legitimationsschreiben der Redaktion geführt werden, da die seitdem von Medienverbänden herausgegebenen Presseausweise aufgrund sehr unterschiedlicher Maßstäbe ausgegeben werden. Die beim Deutschen Presserat eingerichtete Ständige Kommission berechtigt Medienverbände, die bestimmte Mindeststandards erfüllen, seit 2018 zur Herausgabe eines einheitlichen Presseausweises, dem aber im Gegensatz zur bis 2009 geltenden Regelung der „öffentliche Glaube" fehlt. Er wird zwar von Behörden und Gerichten weithin als Legitimation akzeptiert. Eine Verpflichtung besteht dazu allerdings nicht (vgl. Raabe S. 88; *Soehring/Hoene* Rn. 4.11 ff.; *Rittig* S. 171 ff.; *Gurlitt* AfP 2020, 9 (13 f.)). **6**

2. Das Auskunftsrecht aus § 4 LPG (Hessen § 3 LPG; Brandenburg und Saarland § 5 LPG bzw. SMG; Rheinland-Pfalz § 6 LMG) steht nicht nur der „seriösen", sondern der gesamten Presse einschließlich der Anzeigenblätter zu (vgl. VGH Mannheim AfP 1992, 95 (96); 1989, 589; OVG Bremen NJW 1989, 926 (927); VG Stuttgart AfP 1986, 89; Löffler/*Burkhard* LPG § 4 Rn. 44; Soehring/Hoene Rn. 14). Das BVerfG (NJW 1973, 1221 (1224)) hat ausdrücklich hervorgehoben, dass sich die Pressefreiheit nicht auf die seriöse Presse beschränkt. Der Informationsanspruch der Presse gegenüber Behörden ist Folge der institutionellen Garantie der freien Presse (vgl. → Kap. 19 Rn. 6 f.). Aus der institutionellen Garantie der freien Presse folgt ferner, dass der Staat zur Gleichbehandlung im publizistischen Wettbewerb verpflichtet (vgl. BVerfG NJW 1989, 2877 (2878); OVG Bremen NJW 1989, 926 (933); BVerwG NJW 1997, 2694; *Soehring* AfP 1995, 449; → Kap. 21 Rn. 2). Dies bedeutet, dass jede Einflussnahme auf Inhalt und Gestaltung einzelner Presseerzeugnisse sowie Verzerrungen des publizistischen Wettbewerbs vermieden werden müssen (BVerfG NJW 1989, 2877). Eine Beschränkung des Informationsanspruchs auf eine bestimmte Art der Presse würde diese Neutralitätspflicht verletzen. **7**

Auch die sog. Sensationspresse erfüllt eine öffentliche Aufgabe und damit zugleich die Voraussetzungen des § 4 LPG (Hessen § 3 LPG; Brandenburg und Saarland § 5 LPG bzw. SMG; Rheinland-Pfalz § 6 LMG). Begreift man die öffentliche Aufgabe der Presse wie das BVerfG in einer vielschichtigen Aufbereitung von tatsächlichen Vorgängen, von der bloßen Weitergabe bis zur kritischen Stellungnahme, also der Herstellung eines allgemeinen Meinungsmarktes (vgl. BVerfG AfP 1981, 398, *Weberling* AfP 2008, 445 (448 f.); ferner → Kap. 3 Rn. 19 ff.), so wird erkennbar, dass der große Bereich publizistischer Unterhaltung hiervon nicht trennbar ist (vgl. BVerfGE 12, 205; Löffler/*Burkhardt* LPG § 4 Rn. 44). Vielfach prägt der unterhaltende, satirische oder ironische Stil oder ein sensationeller Anstrich überhaupt erst die Meinungsäußerung und erweckt beim Leser Aufmerksamkeit (vgl. Ricker, Die öffentliche Aufgabe der Presse, S. 21 ff.). **8**

3. Öffentlich-rechtliche und private Rundfunkveranstalter haben nach § 5 MStV (bisher § 9a RStV) einen den einschlägigen landespresserechtlichen Bestimmungen entsprechenden Auskunftsanspruch gegenüber Behörden (vgl. Binder/Vesting/*Flechsig* RStV § 9a Rn. 14 ff.; Spindler/Schuster/*Nüßing* RStV § 9a Rn. 1 ff.; Soehring/Hone Rn. 4.8; NK-MedienR/*Held* 72. Abschnitt Rn. 3). Nach § 55 Abs. 1 S. 1 iVm Abs. 3 RStV gilt der Auskunftsanspruch nach § 9a RStV für journalistisch-redaktionell gestaltete Telemedien entsprechend (vgl. Binder/Vesting/*Held* RStV § 55 Rn. 54 ff.; Spindler/Schuster/*Micklitz/Schirmbacher* RStV § 55 Rn. 28; Löffler/*Burkhardt* LPG § 4 Rn. 54; Rittig S. 37 ff.; NK-MedienR/*Held* 72. Abschnitt Rn. 3; zum Begriff der journalistisch-redaktionell gestaltete Telemedien vgl. → Kap. 18 Rn. 4a). Soweit diese Auskunftsansprüche auch aus § 25 LPG (Berlin § 23 LPG, Brandenburg § 17 LPG, Bremen § 25 LPG, Nordrhein-Westfalen § 26 LPG, Sachsen-Anhalt § 16 LPG) bzw. §§ 1 Abs. 6 LMG Rheinland und §§ 1 Abs. 2, 5 SMG Saarland verdrängen diese § 5 MStV (bisher § 9a RStV) nicht, sondern ergänzen ihn lediglich (vgl. Löffler/*Burkhardt* LPG § 4 Rn. 54). **8a**

9 4. Die Pressefreiheit als Ausdruck eines allgemeinen Menschenrechtes und somit der Informationsanspruch stehen gleichfalls der *ausländischen Presse* zu (ebenso *Mathy* S. 57; Löffler/*Burkhardt* LPG § 4 Rn. 45; *Soehring/Hoene* Rn. 4.15; Raabe S. 86 f.; aA *Rebmann/Ott/Storz* § 4 Rn. 18). Auch die ausländische Presse erfüllt im Inland eine öffentliche Aufgabe. Die öffentliche Diskussion und die Herstellung eines öffentlichen Meinungsmarktes hängen nicht von dem in- oder ausländischen Sitz eines Presseunternehmens ab, sondern ist das Ergebnis der Erfassung und Dokumentierung von Ereignissen. Wird somit die demokratische Funktion der Presse auch von ausländischen Unternehmen erfüllt, so besteht kein Anlass, diesen den Auskunftsanspruch vorzuenthalten (vgl. Staggat S. 120; Raabe S. 87 f.). Als Beleg für die bedeutende Rolle der ausländischen Presse sei die sog. „Spiegel-Affäre" von 1962 erwähnt (vgl. Löffler/*Burkhardt* LPG § 4 Rn. 45).

III. Die Auskunftsverpflichteten

10 1. Der Informationsanspruch richtet sich gegen *„die Behörden"*. Die Frage, an welche staatliche Dienststelle sich die Presse wenden muss, wer im konkreten Fall die Auskunftsperson ist, und ob lediglich die hoheitlich handelnden Organe des Staates betroffen sind, entscheidet sich in erster Linie nach diesem verwaltungsrechtlichen Begriff.

Behörden sind „in den Organismus der Staatsverwaltung eingeordnete organisatorische Einheiten von Personen und sachlichen Mitteln, die mit einer gewissen Selbstständigkeit ausgestattet dazu berufen sind, unter öffentlicher Autorität für die Erreichung der Zwecke des Staates oder von ihm geforderter Zwecke tätig zu sein" (BVerfGE 10, 20 (48); *Ricker* ZUM 1988, 311 (314)). Nach § 1 Abs. 4 VwVfG ist eine Behörde jede Stelle, die Aufgaben der öffentlichen Verwaltung wahrnimmt. Es handelt sich also um die nach außen handelnden Einrichtungen, Körperschaften, Anstalten und Stiftungen der öffentlichen Hand, darunter auch Gerichte, Staatsanwaltschaften, Parlamente und ihre Verwaltung (vgl. *Soehring/Hoene* Rn. 4.20; BVerwG NVwZ 2016, 1020; OLG Koblenz NJW-RR 2004, 691), wobei es gleichgültig ist, in welcher Organisationsform die öffentliche Hand ihre Aufgaben erfüllt (vgl. ebenso *Wente* S. 144; *Schröer-Schallenberg* S. 67 ff.). Die Wahl einer privatrechtlichen oder öffentlich-rechtlichen Form ist oft das Ergebnis von Zweckmäßigkeitserwägungen, was die Fülle vielfältigster insbesondere kommunaler Eigen- und Regiebetrieben in Form von Aktiengesellschaften und GmbHs belegt (vgl. BVerwG NJW 1990, 134 ff.; VG Saarbrücken AfP 1997, 837). Hoheitsträger sollen sich nicht ihren öffentlich-rechtlichen Pflichten durch eine „Flucht ins Privatrecht" entziehen können. Der funktionelle Behördenbegriff der Landespressegesetze umfasst deshalb auch juristische Personen wie AG oder GmbH. Sofern diese von der öffentlichen Hand beherrscht werden, sind diese ebenfalls auskunftspflichtig (vgl. BGH NJW 2005, 1720; LG Berlin NJ 2020, 555; LG München I WRP 2007, 99 (101); VGH München AfP 2006, 292 (295); OVG Saarlouis AfP 1998, 426 (427 ff.); VG Hamburg AfP 2009, 296 (299); Löffler/*Burkhardt* LPG § 4 Rn. 56; *Rebmann/Ott/Storz* § 4 Rn. 9; Groß, Presserecht, Rn. 445; *Soehring/Hoene* Rn. 19 f.; *Raabe* S. 96 ff.; *Weberling* AfP 2003, 304 (305); *Jarass* DÖV 1986, 721 (722); im Ergebnis ebenso Wente S. 143 f.). Auch Organisationseinheiten, die öffentliche Aufgaben in der Form des Privatrechts insbesondere im Bereich der Daseinsvorsorge wahrnehmen, sind auskunftspflichtig, wenn der Normgeber wie bei einer Sparkasse einen selbständigen Hoheitsträger errichtet hat und damit zum Ausdruck bringt, dass dessen Tätigkeit als Wahrnehmung öffentlicher Aufgaben zu verstehen ist (vgl. OVG Lüneburg NJ 2016, 477; *Weberling* AfP 2020, 20 (22)). Auskunftspflichtig sind auch private Verwaltungshelfer, die der Verwaltung in den unterschiedlichen Modellen ein Public Private Partnership assistieren (vgl. *Gurlitt* AfP 2020, 9 (16)). Noch nicht völlig geklärt ist, ob sich der verfassungsunmittelbare Auskunftsanspruch aus Art. 5 Abs. 1 S. 2 GG nur gegen Bundesbehörden oder auch gegen im jedenfalls bestimmenden Eigentum des Bundes befindliche privatrechtliche Einrichtungen richtet (vgl. *Schemmer* AfP 2020, 1 (4 f.)). Nach der Rechtsprechung des BVerfG bleibt der verfassungsunmittelbar Auskunftsanspruch hinter dem Gehalt der im Wesentlichen inhaltsgleichen Auskunftsansprüche der Landespressegesetze nicht zurück (vgl. BVerfG NVwZ 2016, 50). Demnach besteht auch der presserechtliche Auskunftsanspruch nach Art. 5 Abs. 1 S. 2 GG in vergleichbarem Umfang wie auf Länderebene auch gegen zur Erfüllung öffentlicher Aufgaben des Bundes tätiger Unternehmen mit einer zumindest bestimmenden Kapitalmehrheit des Bundes (vgl. *Gurlitt* AfP 2020, 9 (15 f.); Soehring/Hoene Rn. 4.20 f.). Es kommt nicht darauf an, ob die übertragenen Befugnisse Ausübung hoheitlicher Gewalt sind (vgl. Löffler/*Burkhardt* LPG § 4 Rn. 56) oder die privatrechtliche Gesellschaft eine Monopolstellung innehat (vgl. VG Saarbrücken AfP 1997, 837 (840)). Abzugrenzen sind die Behörden dagegen von den Dienststellen, Abteilungen, Referaten, Dezernaten und Ämtern, denen *lediglich als Teile einer Behörde* bestimmte Aufgabenbereiche zugeordnet sind (vgl. Schröer-Schallenberg S. 71; Groß, Presserecht, S. 182).

In *Bremen* ist die Auskunftspflicht ausdrücklich auf Landesbehörden und der Landesaufsicht **11**
unterliegende Körperschaften des öffentlichen Rechts beschränkt (§ 4 Abs. 1 LPG). Dagegen trifft in *Thüringen* (§ 4 Abs. 1 LPG) „die Behörden sowie die der Aufsicht des Landes unterliegenden Körperschaften des öffentlichen Rechts" und in den übrigen Bundesländern „die Behörden" die Auskunftspflicht. Der hier verwendete Begriff der Behörden umfasst nicht nur Landes- oder Kommunalbehörden, sondern auch Bundesbehörden (vgl. OVG Berlin VersR 1995, 1217 (1219); VG Berlin AfP 1994, 175 (176); Löffler/*Burkhardt* LPG § 4 Rn. 60; *Wente* S. 143; *Schröer-Schallenberg* S. 74; *Groß,* Presserecht, Rn. 437).

a) Angesichts ihres besonderen Status nach Art. 140 GG iVm Art. 137–139, 141 WRV sind **11a**
Kirchen, soweit sie als Körperschaften des öffentlichen Rechts verfasst sind, nicht zur Auskunft verpflichtet. Lediglich soweit ihnen in Teilbereichen wie dem Steuerrecht ausdrücklich hoheitliche Gewalt verliehen worden ist, sie also als Teil der öffentlichen Gewalt tätig sind, besteht für sie eine Auskunftspflicht (vgl. BGH NJW 1957, 542; 1961, 1116 (1117); *Schröer-Schallenberg* S. 85 f.; *Soehring/Hoene* Rn. 4.25; Löffler/*Burkhardt* LPG § 4 Rn. 71; *Raabe* S. 103 f.; aA *Groß,* Presserecht, Rn. 446). Gegen privatrechtlich organisierte Kirchen und Religionsgemeinschaften (zB Sekten) besteht dagegen überhaupt kein Auskunftsanspruch (vgl. VG Berlin JR 1972, 306; Soehring/Hoene Rn. 4.25; Löffler/*Burkhardt* LPG § 4 Rn. 71; Raabe S. 104).

b) *Öffentlich-rechtliche Rundfunkanstalten* gehören grundsätzlich nicht zu den Auskunftsverpflich- **11b**
teten (ausdrückliche Regelung in § 4 Abs. 5 LPG Sachsen; BVerfG NJW 1989, 382; BVerwG NJW 1985, 1655 (1657); OVG Münster AfP 1986, 86 (87); VGH Mannheim NJW 1982, 668 f.; *Schröer-Schallenberg* S. 74 ff.; *Soehring/Hoene* Rn. 4.24; *Groß,* Presserecht, Rn. 447; differenziert *Raabe* S. 100 ff.; aA *Kull* AfP 1985, 75 ff.). Sie sind selbst Träger der in Art. 5 Abs. 1 S. 2 GG garantierten Rundfunkfreiheit, welche die Unabhängigkeit vom Staat beinhaltet (vgl. BVerfG NJW 1989, 382; AfP 1986, 314 (319)) und gleichrangig neben der Pressefreiheit steht (vgl. BVerfG NJW 1989, 382; BVerfGE 12, 260 f.; BVerwG NJW 1985, 1655 (1657)). Die Zuerkennung eines Auskunftsanspruches würde die öffentlich-rechtlichen Rundfunkanstalten wegen der damit verbundenen Verschlechterung ihrer Wettbewerbssituation gegenüber der Presse und gegenüber den privaten Rundfunkveranstaltern benachteiligen (vgl. BVerfG NJW 1989, 382).

Allerdings wird ein Informationsanspruch gegen öffentlich-rechtliche Rundfunkanstalten ausnahmsweise zu bejahen sein, wenn er „staatliche" Aufgaben wie den Gebühreneinzug betrifft. Das BVerfG (in NJW 1989, 382) hat diese Frage zwar ausdrücklich offengelassen. Der Anspruch wird aber in solchen Fällen ebenso wie bei den öffentlich-rechtlich verfassten Kirchen zu bejahen sein, da hier die Rundfunkanstalt eindeutig als Behörde iSd § 4 Abs. 1 LPG tätig wird (vgl. Löffler/*Burkhardt* LPG § 4 Rn. 73; Raabe S. 101 ff.).

Anderer Ansicht nach stellt die Programmfinanzierung einen Teil der Rundfunkfreiheit dar, so dass die öffentlich-rechtlichen Rundfunkanstalten auch diesbezüglich nicht als Behörden angesehen werden können (vgl. Schröer-Schallenberg S. 81 ff.; OVG Münster ZUM 2012, 512).

Die Begrenzung der Informationspflicht auf den engen Bereich, in dem die Rundfunkanstalt behördliche Tätigkeiten wahrnimmt, insbesondere wie beim Gebühreneinzug auch hoheitliche Maßnahmen der Zwangsvollstreckung betreiben kann, entspricht dem Wortlaut und Zweck des § 4 LPG (Hessen § 3 LPG; Brandenburg und Saarland § 5 LPG bzw. SMG; Rheinland-Pfalz § 6 LMG) und führt zu keiner unverhältnismäßigen Beschränkung der Rundfunkfreiheit. Daher ist der Meinung zu folgen, die in diesen Fällen einen Auskunftsanspruch bejaht. Gegen den öffentlich-rechtlichen Rundfunk als öffentlicher Stelle besteht allerdings ein Auskunftsanspruch nach den Informationsfreiheitsgesetzen des Bundes und der Länder, welche die landespresserechtlichen Bestimmungen nicht verdrängen, wohl aber ergänzen (vgl. → Kap. 18 Rn. 5b; Soehring/Hoene Rn. 4.24). Soweit das Informationsfreiheitsgesetz jedem Bürger den Zugang zu amtlichen Informationen ermöglicht, steht der Zugang unter gleichen Bedingungen auch den Vertretern der Presse zu. Davon ausgenommen sind allerdings Informationen, die den journalistisch-redaktionellen Bereich betreffen. Darunter sind alle Information zu verstehen, die Einblicke in die dem Redaktionsgeheimnis unterfallende Informationsgewinnung, -verarbeitung oder -verbreitung ermöglichen oder deren Veröffentlichung auf andere Weise eine fremde Einflussnahme auf Auswahl, Inhalt und Gestaltung der Programme konkret befürchten lässt. (vgl. OVG Münster ZUM 2012, 513; *Soehring/Hoene* Rn. 4.24). Private Rundfunkveranstalter unterliegen dagegen keiner Auskunftspflicht (vgl. unten c).

11c c) Nach dem eindeutigen Wortlaut des § 4 LPG (Hessen § 3 LPG; Brandenburg und Saarland § 5 LPG bzw. SMG; Rheinland-Pfalz § 6 LMG) steht der Presse kein Auskunftsanspruch gegenüber *Privaten* zu (vgl. auch LG Frankfurt a. M. AfP 1989, 572; Löffler/*Burkhardt* LPG § 4 Rn. 77).

Auch Art. 5 GG begründet unmittelbar keinen derartigen Anspruch. Dagegen kann sich in Einzelfällen ein Anspruch auf gleichberechtigte Teilhabe an Informationsmöglichkeiten über das Privatrechtssubjekt aus der *mittelbaren Drittwirkung* ergeben, die Art. 5 GG auf die Rechtsbeziehungen zwischen Privaten hat (vgl. OLG Köln AfP 2001, 218; *Raabe* S. 105; aA *Rittig* S. 384 f.; Löffler/*Burkhardt* LPG § 4 Rn. 78, der nur ausnahmsweise einen Auskunftsanspruch aus dem Verbot sittenwidriger Schädigung nach § 826 BGB oder dem kartellrechtlichen Behinderungs- oder Diskriminierungsverbot ableitet).

12 2. Häufig betreffen Vorgänge in den staatlichen Institutionen verschiedene Behörden zugleich. Da die Voraussetzungen des Auskunftsanspruches dann gegenüber jeder dieser Behörden vorliegen, kann die Presse jede von diesen um Informationen ersuchen (vgl. Wente S. 144; ders. StV 1988, 216 (217); Löffler/*Burkhardt* LPG § 4 Rn. 66; *Soehring/Hoene* Rn. 4.20; *Raabe* S. 93; *Rittig* S. 201 ff.). Dagegen sehen andere nur die „in erster Linie" zuständige Behörde als verpflichtet an, da hierdurch die Gefahr von Widersprüchlichkeiten reduziert wird (vgl. Schröer-Schallenberg S. 72; *Kürschner* DRiZ 1981, 401 ff.). Dies widerspricht jedoch nicht nur dem Wortlaut, sondern auch der gesetzlichen Intention, da eine umfassende und ungefärbte Darstellung oft erst aus der Gesamtbetrachtung der einzelnen Stellungnahmen möglich ist. Zudem ist für die Praxis zu befürchten, dass der Auskunftsanspruch allzu oft im Zuständigkeitsstreit auf der Strecke bleibt.

13 In *Sachsen, Sachsen-Anhalt* (§ 4 Abs. 1 S. 2) und in *Bayern* (Art. 4 Abs. 2) ist in den Pressegesetzen festgelegt, wer in der Behörde zur Auskunft verpflichtet ist: „Das Recht auf Auskunft kann nur gegenüber dem Behördenleiter und den von ihm Beauftragten geltend gemacht werden."

Da die Entscheidung über die auskunftspflichtige Person einer Behörde beamtenrechtlicher bzw. für Angestellte dienstrechtlicher Natur ist, besteht in den anderen Bundesländern die gleiche Rechtslage (vgl. *Mathy* S. 57; *Schröer-Schallenberg* S. 73; *Soehring/Hoene* Rn. 4.18; Löffler/*Burkhardt* LPG § 4 Rn. 68 f.; *Raabe* S. 91 ff.). Die Presse muss sich daher bei offiziellen Anfragen an den Behördenleiter bzw. dessen Beauftragten, zumeist den Pressereferenten, wenden und um die Beantwortung ihrer Fragen bitten. Aufgrund der grundsätzlichen beamten- und tarifvertraglichen Verschwiegenheitspflicht sind andere Beamte oder Behördenangestellte nicht zur Auskunft verpflichtet und auch nicht berechtigt (vgl. *Soehring/Hoene* Rn. 4.16). Unabhängig davon steht es der Presse frei, im Rahmen ihrer Recherchen auch andere Beschäftigte in den Behörden zu befragen (vgl. *Raabe* S. 93),

20. Kapitel. Die Grenzen des Informationsanspruches

I. Beschränkungen nach § 4 Abs. 2 LPG

1 Die Auskunftsansprüche der Presse können in Konflikt geraten mit Interessen der Allgemeinheit und des Einzelnen. Vor diesem Hintergrund ist eine uneingeschränkte Informationspflicht nicht akzeptabel. Erst die Berücksichtigung aller, auch in der Verfassung verankerten Garantien (wie zB das allgemeine Persönlichkeitsrecht in Art. 1, Art. 2 GG) und die Gewährleistung einer effektiven staatlichen Arbeit tragen dem demokratischen Rechtsstaat hinreichend Rechnung (vgl. *Schröer-Schallenberg* S. 106; ferner *Schmidbauer* BayVBl. 1988, 257 (259)). So hat die Rechtsprechung (vgl. BVerfG NJW 1981, 1719 (1724); BVerwG NJW 1990, 2761 (2762); 1986, 2329 (2330)) nicht zuletzt ausdrücklich betont, dass es verfassungsmäßig legitimierte staatliche Aufgaben gibt, die zu ihrer Erfüllung der Geheimhaltung bedürfen.

§ 4 Abs. 2 LPG (Mecklenburg-Vorpommern Abs. 4; Hessen § 3 Abs. 1 S. 2; Brandenburg § 5 Abs. 2; Rheinland-Pfalz § 6 Abs. 2 LMG; Saarland § 5 Abs. 2 SMG) benennt die Gründe, aufgrund derer die Behörden die Auskunft verweigern können. Soweit diese Gründe vorliegen, sind die Behörden nicht verpflichtet, die begehrten Auskünfte zu verweigern (Ausnahmen: Nordrhein-Westfalen und Thüringen, vgl. → Rn. 3). Aus dem Wortlaut der Vorschrift („können"; Sachsen und Bayern: „darf") ergibt sich vielmehr, dass die Behörde unter Abwägung des aus der institutionellen Gewährleistung der Pressefreiheit in Art. 5 Abs. 1 S. 2 GG folgenden Auskunftsanspruch der Presse und den in § 4 Abs. 2 LPG aufgeführten entgegenstehenden Interessen eine begründete Ermessensentscheidung treffen muss. (vgl. OVG Bremen NJW 1989, 926; VG Cottbus AfP 2007, 114 f.; VGH München AfP 2004, 473; OLG Schleswig NJW 1985, 1090 (1092); Löffler/*Burkhardt* LPG § 4 Rn. 98; *Paschke/Berlit/Meyer/Kröner/Held* 72. Abschnitt Rn. 11). Dabei hat sie entsprechend der klassischen Verhältnismäßigkeitsprüfung gemäß § 40 VwVfG alle für die Entscheidung relevanten Gesichtspunkte zu berücksichtigen und Gründe und Gegengründe sachgerecht abzuwägen (vgl. Stelkens/Bonk/Sachs/*Sachs* VwVfG § 40 Rn. 21 ff., 83; Soehring/Hoene Rn. 4.33; OVG Koblenz NJW 1991, 2659 (2660)). Die Einhaltung dieser Anforderungen bei der Ermessensentscheidung ist in vollem Umfang gerichtlich überprüfbar (vgl. Stelkens/Bonk/Sachs/*Sachs* VwVfG § 40 Rn. 147; Löffler/*Burkhardt* LPG § 4 Rn. 98; *Paschke/Berlit/Meyer/Kröner/Held* 72. Abschnitt Rn. 11; zum prozessualen Verfahren vgl. → Kap. 22 Rn. 3). 2

Im Einzelfall kann eine *„Ermessensreduzierung auf Null"* vorliegen (vgl. Stelkens/Bonk/Sachs/ *Sachs* VwVfG § 40 Rn. 102a). 3

So sieht § 4 Abs. 2 LPG Nordrhein-Westfalen keine Ermessensentscheidung vor. Daher ist hier die Behörde verpflichtet, die Auskunft zu verweigern, wenn einer der im Gesetz aufgeführten Ausschlussgründe vorliegt (vgl. Löffler/*Burkhardt* LPG § 4 Rn. 99).

In *Thüringen* steht der Behörde nur dann kein Ermessen zu, wenn Vorschriften über die Geheimhaltung und den Datenschutz entgegenstehen (§ 4 Abs. 2 S. 2). In diesen Fällen hat sie die Pflicht zur Verschwiegenheit (vgl. Löffler/*Burkhardt* LPG § 4 Rn. 100). 4

1. Nach den Landespressegesetzen besteht – abgesehen vom BayPG – keine Auskunftspflicht, wenn durch die Informationen „die *sachgemäße Durchführung* eines *schwebenden Verfahrens vereitelt, erschwert, verzögert* oder *gefährdet* werden könnte" (§ 4 Abs. 2 Ziff. 1 LPG; Berlin Ziff. 3; Sachsen Ziff. 2; Mecklenburg-Vorpommern § 4 Abs. 3 Ziff. 1, der auch „schwebende Verwaltungsvorgänge" erfasst; Brandenburg § 5 Abs. 2 Ziff. 1; Hessen § 3 Abs. 1 Ziff. 1); Rheinland-Pfalz § 6 Abs. 2 Ziff. 1 LMG. Hamburg konkretisiert den Begriff des Verfahrens auf schwebende Gerichtsverfahren, Bußgeldverfahren und Disziplinarverfahren (§ 4 Abs. 2 Ziff. 1). In Hessen findet sich eine Begrenzung auf straf- und dienststrafgerichtliche Verfahren (§ 3 Abs. 1 Ziff. 1). Auch in Thüringen wird der genannte Verweigerungsgrund insoweit tatbestandlich begrenzt, als lediglich straf-, berufs- und ehrengerichtliche Verfahren sowie Disziplinarverfahren betroffen sind (§ 4 Abs. 2 Ziff. 1). In diesen drei Ländern kommt eine Informationsverweigerung bei anderen Verfahren, wie etwa Verwaltungsverfahren zB des Bau- oder Ausländerrechts, insoweit nicht in Betracht. 5

Aus dem Wortlaut der Vorschrift („Durchführung" und „schwebend") ergibt sich, dass es sich um noch nicht abgeschlossene Verfahren handeln muss. Fraglich ist aber, wie der Begriff Verfahren in den Bundesländern zu definieren ist, die diesen nicht konkretisiert haben. 5a

Nach mittlerweile ganz überwiegender Auffassung fallen schon nach dem Wortlaut alle Verfahren, also alle rechtlich geregelten Behandlungen eines Einzelfalls aus den Bereichen der Verwaltung, Justiz und der Gesetzgebung unter § 4 Abs. 2 Ziff. 1 (vgl. Paschke/Berlit/Meyer/ Kröner/*Held* 72. Abschnitt Rn. 12; *Gehrhardt* MP 1978, 347 (348)). Dabei erfolgt teilweise eine Einschränkung dahingehend, dass es sich bei den Verwaltungsverfahren um förmliche im Sinne der §§ 63 ff. VwVfG handeln müsse (vgl. *Thomas* AfP 1978, 181 (182); *Löffler-Burkhardt* LPG § 4 Rn. 104).

Förmliche Verfahren müssen im Gegensatz zu den formlosen (vgl. § 10 VwVfG) ausdrücklich durch *Rechtsvorschrift* angeordnet werden (§ 63 VwVfG), weisen eine größere Formstrenge auf und erfordern grundsätzlich eine mündliche Verhandlung (§ 67 VwVfG). Die erhöhte Rechtsschutz- und Gesetzmäßigkeitsgarantie und die justizförmige Ausgestaltung dieser Verwaltungsverfahren rechtfertigen allein einen Auskunftsverweigerungsgrund (vgl. *Thomas* AfP 1978, 181 (182)).

Um einer „uferlosen Ausdehnung" vorzubeugen, wird zum Teil eine Beschränkung auf gerichtliche oder gerichtsähnliche Verfahren gefordert (vgl. *Groß* DÖV 1997, 133 (139)).

Nach anderer Ansicht ist der Begriff des Verfahrens auf strafrechtliche Gerichts-, Bußgeld- und Disziplinarverfahren einschließlich Ermittlungs- und Untersuchungsverfahren zu begrenzen (vgl. *Schröer-Schallenberg* S. 114f.). Gerade in diesem Bereich hat der Geheimhaltungs- und Überraschungseffekt eine besondere Bedeutung. So schließt zB die vorzeitige Bekanntgabe von Zeitpunkt und Ort einer geplanten Razzia durch die Polizei eine deren Erfolg versprechende Durchführung aus (vgl. *Schröer-Schallenberg* S. 111). Die Form und Art und Weise des Ablaufs anderer Verfahren erfordern keine Geheimhaltung (vgl. *Schröer-Schallenberg* S. 113). Vor allem bei Verwaltungsverfahren ist häufig ein besonders schwerer Eingriff in die Rechtssphäre der Bürger gegeben. Damit hier eine Einflussnahme der Allgemeinheit, die durch die Presse unterrichtet wird, erreicht wird, muss im Gegenteil ein Informationsanspruch bei diesen Verfahren ausdrücklich bejaht werden (vgl. *Schröer-Schallenberg* S. 113f.; Löffler/*Burkhardt* LPG § 4 Rn. 106).

5b Die historische Auslegung führt zum gleichen Ergebnis. 1963 wurde von der Innenministerkonferenz ein Modellentwurf für ein Landespressegesetz gebilligt (Text in AfP 1963, 329ff.), in dem nur der Begriff „Verfahren" Verwendung findet. Dagegen ist in dem diesem Entwurf vorausgegangenen Kommissionsentwurf von 1960 (Text im Tätigkeitsbericht des Deutschen Presserates 1960, S. 34ff.) die Verweigerung einer Auskunft nur bei Straf-, Bußgeld- oder Disziplinarverfahren zugelassen. Die Wahl der Landesgesetzgeber für die allgemeine Formulierung von 1963 deutet auf ihren Willen hin, alle Verfahren in die Regelung des § 4 LPG (Hessen § 3 LPG; Brandenburg und Saarland § 5 LPG bzw. SMG; Rheinland-Pfalz § 6 LMG) einzubeziehen (kritisch hierzu *Groß* DÖV 1997, 133 (139)).

Die *grammatische* und *historische* Deutung sprechen für eine extensive Auslegung des Verfahrensbegriffs. Die finale Definition folgt aus der *teleologischen* Interpretation des begriffs. Denn der Zweck und das Ziel einer Norm haben die größte Bedeutung für die Auslegung (vgl. BVerfG NJW 1980, 1677).

§ 4 Abs. 1 LPG dient der Erfüllung der *öffentlichen Aufgabe* der Presse (vgl. → Kap. 18 Rn. 4ff.). Die Presse ist ein konstituierendes Element der freiheitlich-demokratischen Grundordnung (vgl. BVerfGE 20, 162 (174f.) – Spiegel; 36, 340). Soll der Bürger politische Entscheidungen treffen, muss er umfassend informiert sein, aber auch die Meinungen kennen und abwägen können, die sich andere gebildet haben. Die Presse hält die ständige Diskussion in Gang; sie beschafft die Informationen, nimmt selbst dazu Stellung und wirkt damit als orientierende Kraft in der öffentlichen Auseinandersetzung. In ihr artikuliert sich die öffentliche Meinung (vgl. BVerfGE 20, 162 (174f.); *Ricker,* Freiheit und Aufgabe der Presse, S. 28; siehe auch BVerfG NJW 1981, 1774 (1775f.); ferner → Kap. 3 Rn. 21). Dieser öffentlichen Aufgabe der Presse steht der Zweck des § 4 Abs. 2 Nr. 1 LPG gegenüber, öffentliche Verfahren möglichst ohne Störungen durchführen zu können. Die staatlichen Interessen an einer Geheimhaltung sind zwar im *strafrechtlichen* Bereich besonders hoch zu bewerten, da in diesem Bereich durch frühzeitige Veröffentlichungen von Informationen eine starke Behinderung des Verfahrens (zB durch Erhöhung der Fluchtgefahr des dringend Tatverdächtigen) eintreten kann. Hier haben die staatlichen Interessen regelmäßig den Vorrang vor der Herstellung eines öffentlichen Meinungsmarktes durch die Presse (vgl. VG Potsdam AfP 2009, 534). Für Verfahren aus anderen Gebieten gilt dies jedoch nicht. Allerdings besteht ein Auskunftsverweigerungsrecht nach § 4 Abs. 2 Nr. 1 LPG nur, wenn die Auskunft die sachgemäße Durchführung eines schwebenden Verfahrens vereiteln, erschweren, verzögern oder gefährden könnte. Dafür bedarf es naturgemäß konkrete vorliegender Gründe, die eine tatsächliche Beeinträchtigung befürchten lassen. Vor diesem Hintergrund gibt es keinen Grund, von dem aus der grammatikalischen und der historischen Auslegung folgenden weiten Verständnis des Verfahrensbegriffs abzuweichen (vgl. Löffler/*Burkhardt* LPG § 4 Rn. 106; Paschke/Berlit/Meyer/Kröner/*Held* 72. Abschnitt Rn. 12; Soehring/Hoene Rn. 4.51ff.; Schröer-Schallenberg S. 116; OLG Koblenz NJW-RR 2004, 691; VG

Cottbus AfP 2008, 114 f.). Die Gefahr, dass der Informationsanspruch, der wesentliche Vorgänge der Gegenwart transparent machen soll, seine Bedeutung verlieren würde, wenn man alle Verfahren in § 4 Abs. 2 Ziff. 1 LPG einbezieht, besteht daher nicht.

Das BVerfG hat in seinen beiden „Lebach"-Entscheidungen (BVerfG NJW 1973, 1226 (1228); 2000, 1859) das besondere Informationsinteresse der Öffentlichkeit an der Berichterstattung über Straftaten betont. Der öffentlichen Aufgabe der Presse ist durch einen möglichst weitreichenden Informationsanspruch gegenüber den Behörden und damit durch eine restriktive Auslegung der Begriffe „erschwert, verzögert oder gefährdet werden" Rechnung zu tragen (vgl. auch Rittig S. 328 ff.; Schröer-Schallenberg S. 116; Löffler/*Burkhardt* LPG § 4 Rn. 106; Soehring/Hoene Rn. 4.53 ff.; *Gehrhardt* MP 1978, 347 (349); OLG Koblenz NJW-RR 2004, 691). Oft wird es genügen, um eine konkrete Gefährdung eines Ermittlungsverfahrens auszuschließen, auf Informationsteile, nicht aber gleich auf eine Unterrichtung insgesamt zu verzichten (vgl. *Kürschner* DRiZ 1981, 401 (402); vgl. auch Schröer-Schallenberg S. 116). Insbesondere bei polizeilichen Ermittlungsverfahren hat die Behörde zu beachten, dass die Öffentlichkeit schon aus einem Sicherheitsbedürfnis heraus ein legitimes Interesse daran hat, über Art und Umfang der Ermittlung durch die Presse informiert zu werden (vgl. Löffler/*Burkhardt* LPG § 4 Rn. 107, mit Hinweis auf die bereits 1956 beschlossenen „Grundsätze über das Zusammenwirken von Kriminalpolizei und Presse"). Zudem ist bei der Entscheidung über die Erteilung von Auskünften zu berücksichtigen, dass die Presse bezüglich der übermittelten Auskünfte stets allein verpflichtet ist, eigenständig zu prüfen und zu entscheiden, ob das Veröffentlichungsinteresse wirklich entgegenstehende schutzwürdige private und öffentliche Interessen überwiegt. Keine Behörde ist berechtigt, diese Entscheidung vorwegzunehmen (vgl. → Kap. 19 Rn. 2; Soehring/Hoene Rn. 4.54; Löffler/*Burkhardt* LPG § 4 Rn. 122 Ist das Verfahren abgeschlossen, so ist es im Hinblick auf die wesentliche Meinungsbildungsfunktion der Presse Pflicht der Behörde, den Zeitungen und Zeitschriften nun die verlangten Informationen in vollem Umfang zu geben, soweit nicht jetzt noch ein anderer der genannten Ausnahmetatbestände durchgreift (vgl. hierzu → Rn. 9). 6

2. Als weiteren *Auskunftsverweigerungsgrund* nennt § 4 Abs. 2 Ziff. 2 LPG (Sachsen Ziff. 1; Thüringen S. 2; Mecklenburg-Vorpommern § 4 Abs. 3 Ziff. 3; Berlin § 4 Abs. 1 Ziff. 1; Brandenburg § 5 Abs. 2 Ziff. 2; Rheinland-Pfalz § 6 Abs. 2 Ziff. 2 LMG; Saarland § 5 Abs. 2 Nr. 2 SMG; keine entsprechende Vorschrift in Hessen) dem Informationsinteresse entgegenstehende *„Vorschriften über die Geheimhaltung"* (zur Regelung in Bayern vgl. → Rn. 8d). In Hamburg sind außerdem die Vorschriften über die *Amtsverschwiegenheit* angeführt. In Sachsen (§ 4 Abs. 2 Ziff. 1) sind zusätzlich Regelungen über den Persönlichkeitsschutz erwähnt. Dagegen werden in Mecklenburg-Vorpommern (§ 4 Abs. 3 Ziff. 3) und Thüringen (§ 4 Abs. 2 S. 2) als weiteres Tatbestandsmerkmal die Vorschriften über den *Datenschutz* genannt. 7

a) Geheimhaltungsvorschriften im Sinne dieser Bestimmung sind solche, die öffentliche Geheimnisse schützen und zumindest auch die auskunftsverpflichtete Behörde zum Adressaten haben (vgl. VG Frankfurt (Oder) AfP 2009, 305 (306); OVG Hamburg ZUM 2011, 91 f.; Löffler/*Burkhardt* LPG § 4 Rn. 109; *Soehring/Hoene* Rn. 4.81; Paschke/Berlit/Meyer/Kröner/*Held* 72. Abschnitt Rn. 13; Binder/Vesting/*Flechsig* RStV § 9a Rn. 26; Wente S. 149). Hier handelt es sich vor allem um die Staats- und Dienstgeheimnisse betreffenden Normen der §§ 93 ff., 353b StGB, § 174 Abs. 2 GVG, des § 45 Außenwirtschaftsgesetz, die Vorschriften der Geschäftsordnung des Deutschen Bundestages (vgl. § 69 Abs. 7 GeschOBT iVm Geheimschutzordnung des Deutschen Bundestages), die Pflicht zur Wahrung des Beratungsgeheimnisses nach § 43 DRiG und des § 30 der Abgabenordnung (AO; vgl. unten b). 8

Hinzu kommen §§ 150, 150a GewO, §§ 10, 101 Abs. 2 Bundespersonalvertretungsgesetzes, § 30 VwVfG, §§ 16, 21 Bundesstatistikgesetzes sowie Vorschriften im Sozialgesetzbuch (zB § 35 SGB I).

Auch in diesen Bereichen muss die Entscheidung, inwieweit Auskunft gegeben werden kann, das Ergebnis einer Abwägung sein zwischen Grundrechtspositionen und Geheimhaltungspflichten (so auch *Kürschner* DRiZ 1981, 401 (403)).

Sofern Geheimhaltungsgründe nach presserechtlichen Bestimmungen eine Auskunft verhindern, besteht gleichwohl die Möglichkeit eines Auskunftsanspruchs nach dem IFG. Liegt nach dem IFG kein berechtigtes Geheimhaltungsinteresse vor, gilt dies nach dem BVerwG erst recht für den medienrechtlichen Auskunftsanspruch (vgl. BVerwG AfP 2015, 362 (364); NVwZ 2016,

945 (946); *Gurlit* AfP 2020, 9 (17)). So steht dem Anspruch auf Zugang zu einem Schriftwechsel zwischen dem Bundeskanzleramt und der Ehefrau eines verstorbenen Bundeskanzlers gem. § 1 Abs. 1 Satz 1 IFG kein überwiegendes schutzwürdiges Interesse der Witwe entgegen (vgl. VG Berlin AfP 2020, 358).

8a b) Das *Steuergeheimnis* nach § 30 AO gehört zu den Vorschriften über die Geheimhaltung (vgl. auch *Wente* StV 1988, 216 (219 f.)). Es ist als Gegenstück zu den weitgehenden Auskunfts- und Offenlegungspflichten der Steuerpflichtigen zu sehen (vgl. OLG Hamm NJW 1981, 356 (357)) und soll den Steuerzahler, der sämtliche steuerlich relevanten Tatsachen dem Finanzamt angeben muss, davor bewahren, dass seine finanziellen Verhältnisse außerhalb des Besteuerungsverfahrens bekannt werden und von Dritten ausgewertet werden können (vgl. VG Saarlouis NJW 2003, 3431 (3433)). Ein weiterer Aspekt der Wahrung des Steuergeheimnisses ist das Interesse des Fiskus an einer vollständigen Erfassung seiner Steuerquellen. Die Einhaltung des Steuergeheimnisses liegt also auch im öffentlichen Interesse (vgl. VG Saarlouis NJW 2003, 3431 (3433); OLG Hamm NJW 1981, 356 (358); Löffler/*Burkhardt* LPG § 4 Rn. 110).

Nicht nur bei Steuerstrafverfahren von erheblicher Bedeutung und von bedeutendem Umfang kann jedoch ein *zwingendes* öffentliches Interesse gem. § 30 Abs. 4 Nr. 5 AO Auskünfte an die Presse und Rundfunk rechtfertigen (vgl. BVerwG BeckRS 2019, 29127; OLG Hamm NJW 1981, 356 (358); VG Saarlouis NJW 2003, 3431 (3434); Löffler/*Burkhardt* LPG § 4 Rn. 111 f.; Rittig S. 3550 ff.; siehe ferner *Wente* StV 1988, 216 (220); Schröer-Schallenberg S. 126).

8b c) Allgemeine Verwaltungsvorschriften, die zB bestimmte Vorgänge als „Verschlusssachen" qualifizieren sind keine Geheimhaltungsvorschriften. Es gibt zwar keine exakte Definition des Geheimnisbegriffs (vgl. *Starck* AfP 1978, 171 (177); Löffler/*Burkhardt* LPG § 4 Rn. 113). Zur Vermeidung des nahe liegenden Interessenkonfliktes in der Behörde und angesichts der Bedeutung des Auskunftsanspruchs als Ausfluss der durch Art. 5 Abs. 1 S. 2 GG gewährleisteten institutionellen Garantie der Pressefreiheit sind nur formelle Gesetze oder die auf Grund eines formellen Gesetzes erlassenen Rechtsvorschriften Geheimhaltungsvorschriften. Die Kennzeichnung eines Vorganges beispielsweise als „Geheim" kann nur dann einen Auskunftsverweigerungsgrund begründen, wenn tatsächlich inhaltlich eine Geheimhaltungsbedürftigkeit vorliegt und die Deklarierung als „Geheim" nicht nur zur Vermeidung von Presseveröffentlichungen erfolgt (vgl. OVG Berlin-Brandenburg NVwZ 2014, 1177; OVG Hamburg ZUM 2011, 91; Löffler/*Burkhardt* LPG § 4 Rn. 113; *Soehring/Hoene* Rn. 4.58; *Rebmann/Ott/Storz* LPG § 4 Rn. 28; ferner *Wente* S. 148; *ders.* StV 1988, 219; *Gehrhardt* MP 1978, 347 (351); *Starck* AfP 1978, 171 (177); *Kürschner* DRiZ 1981, 401 (403)). Andernfalls wäre die öffentliche Verwaltung allzu leicht in den Stand gesetzt, den ua zu ihrer Kontrolle geschaffenen Auskunftsanspruch bezüglich innerbehördlicher Vorgänge leer laufen zu lassen (vgl. *Schröer-Schallenberg* S. 120 f.). Aus dieser Gefahr folgt auch, dass die Behörde im Rahmen der Güterabwägung (vgl. → Rn. 2) das Informationsrecht der Presse besonders zu beachten hat.

Keine Geheimhaltungsvorschriften iSd § 4 Abs. 2 Ziff. 2 LPG sind die Bestimmungen, die dem *einzelnen Bediensteten* die Pflicht zur *Amtsverschwiegenheit* auferlegen (so vor allem § 67 BBG bzw. die Beamtengesetze der Länder). Der Auskunftsanspruch verpflichtet nicht den einzelnen Beamten, sondern *die Behörde,* so dass es sich um die Regelung eines anderen Rechtsverhältnisses handelt (vgl. *Jarass* DÖV 1986, 721 (723); Wente S. 149; → Kap. 19 Rn. 10 ff.). Die Behörde, gegen die sich der Auskunftsanspruch richtet, unterliegt nicht den Verschwiegenheitspflichten wie der einzelne Beamte oder Angestellte im öffentlichen Dienst (vgl. Löffler/*Burkhardt* LPG § 4 Rn. 114; Paschke/Berlit/Meyer/Kröner/*Held* 72. Abschnitt Rn. 13). Sie ist deshalb über den Behördenleiter bzw. über den von ihm beauftragten Mitarbeiter (etwa Pressereferenten) nach pflichtgemäßem Ermessen zur Auskunft verpflichtet, sofern kein anderes Geheimhaltungsgebot besteht. So handelt es sich auch bei der Bekanntgabe des Namens eines Amtswalters, der für die Erfüllung einer öffentlichen Aufgabe zuständig ist, nicht um eine persönliche Angelegenheit des Betroffenen (vgl. VG Wiesbaden AfP 2011, 416). Nur in Hamburg (vgl. → Rn. 7) sind die Vorschriften über die Amtsverschwiegenheit ausdrücklich in § 4 Abs. 1 Ziff. 2 LPG angeführt und können damit in diesem Bundesland möglicherweise einen Auskunftsverweigerungsgrund nach Ziff. 2 unterstützen (vgl. OVG Hamburg ZUM 2011, 91).

Vorschriften einer Gemeindeordnung, aufgrund derer Angelegenheiten in nicht-öffentlicher Sitzung behandelt und beschlossen werden können, sind ebenfalls keine Geheimhaltungsvorschriften iSd § 4 Abs. 2 Nr. 2 LPG (vgl. VGH München AfP 2004, 473; VG Oldenburg 8.11.2019 – 5 B 2986/19). Gleiches gilt für die nur organbezogenen und zudem auch dispositiven Verschwiegenheitspflichten des Gesellschaftsrecht gegenüber privaten Dritten wie die §§ 52, 85 GmbHG, §§ 93, 116 AktG (vgl. OVG Berlin-Brandenburg NVwZ 2014, 1177 (1179); OVG Hamburg ZUM 2011, 94), das BayAbgG (vgl. BVerwG AfP 2019, 160 (162)) und § 203 StGB (vgl. OLG Koblenz NJW-RR 2004, 691). Art. 5 Abs. 1 S. 1 Nr. 2 BayDSG, der Art. 6 Abs. 1 UAbs. 1f) DSGVO modifiziert, ist mangels Regelungskompetenz des bayerischen Landesgesetzgebers in der DSGVO unwirksam (vgl. BVerwG AfP 2019, 160 (163)).

d) Vorschriften über den Persönlichkeitsschutz, wie sie in Sachsen (vgl. → Rn. 7) zusätzlich **8c**
erwähnt werden, sind zB der Namensschutz (§ 12 BGB) und das Recht am eigenen Bild (§§ 22 ff. KUG). Wenn solche Regelungen entgegenstehen, wird in der Regel gleichzeitig ein Auskunftsverweigerungsgrund nach § 4 Abs. 2 Ziff. 3 (vgl. → Rn. 9 f.; Löffler/*Burkhardt* LPG § 4 Rn. 116) vorliegen.

e) Das Bestehen einer Verschwiegenheitspflicht auf Grund beamtenrechtlicher oder sonstiger **8d**
gesetzlicher Vorschriften ist in Bayern (Art. 4 Abs. 2 S. 2 LPG) als einziger Informationsverweigerungsgrund angegeben. Hierunter fallen sowohl Geheimhaltungsvorschriften iSd anderen Landespressegesetze als auch Regelungen, die private Geheimnisse schützen (vgl. *Schmidbauer* BayVBl. 1988, 259 f.). Verfahrensvorschriften wie Art. 52 Abs. 2 GO oder das BayAbgG zählen dazu allerdings nicht (→ Rn. 8b). Insoweit lassen sich auch Parallelen zu § 4 Abs. 2 Ziff. 3 der übrigen Landespressegesetze ziehen (→ Rn. 9 f.), zu denen deshalb praktisch kein Unterschied besteht (vgl. Löffler/*Burkhardt* LPG § 4 Rn. 115).

3. Nach § 4 Abs. 2 Ziff. 3 LPG kann die befragte Behörde die Auskünfte verweigern, wenn **9**
dadurch „ein *überwiegendes öffentliches* oder ein *schutzwürdiges privates Interesse verletzt* würde" (Hessen § 3 Abs. 1 Ziff. 2; Berlin § 4 Abs. 2 Ziff. 4; Mecklenburg-Vorpommern § 4 Abs. 3 Ziff. 2; Thüringen § 4 Abs. 2 Ziff. 2; Brandenburg § 5 Abs. 2 Ziff. 3; Rheinland-Pfalz § 6 Abs. 2 Ziff. 3 LMG; Saarland § 5 Abs. 2 Ziff. 3 SMG; zur Regelung in Bayern vgl. → Rn. 8d).

In Hessen und Thüringen sind lediglich die „Auskünfte über persönliche Angelegenheiten" bzw. in Berlin nur „ein schutzwürdiges privates Interesse" erwähnt. Diese drei Bundesländer enthalten einen speziellen Ausnahmetatbestand, der aber im Grundsatz demjenigen „aus überwiegendem öffentlichen Interesse" in den anderen LPG entspricht (vgl. → Rn. 14).

Dem Auskunftsanspruch entgegenstehende überwiegende öffentliche Interessen erfassen *generalklauselartig alle Verweigerungsgründe,* die aus der Natur der Sache einer kasuistischen Aufzählung entzogen sind (vgl. → Rn. 8a zum Verständnis des Steuergeheimnisses nach § 30 AO; Löffler/*Burkhardt* LPG § 4 Rn. 118). Dieser Begriff ist aufgrund der Bedeutung des Auskunftsanspruchs für die Funktionsfähigkeit der Presse als „öffentlicher Wachhund" eng auszulegen und bezieht sich in erster Linie auf außenpolitische Interessen sowie den Kernbereich einer noch laufenden Entscheidungsfindung in der Regierung (vgl. BVerfG NVwZ 2016, 50; BVerwG NVwZ 2016, 1020; 2019, 479; 2020, 309; Löffler/*Burkhardt* LPG § 4 Rn. 119; Paschke/Berlit/Meyer/Kröner/*Held* 72. Abschnitt Rn. 14). Das BVerwG akzeptiert anders als beim IFG beim presserechtlichen Auskunftsanspruch keine, der richterlichen Beurteilung entzogenen Bereichsausnahmen (vgl. BVerwG NVwZ 2020, 305; *Gurlitt* AfP 20209, 17; anders dagegen OVG Münster AfP 2020, 161, das die operative Tätigkeit des BfV als bereichsspezifischen abwägungsfesten Ausschlussgrund ansieht). Soweit es einen Auskunftsanspruch über die Teilnehmer an vom Bundesnachrichtendienst organisierte Hintergrundgespräche mit Journalisten bejaht (vgl. BVerwG NVwZ 2020, 305 (310)), verkennt das BVerwG allerdings bei der in die Abwägung einzubeziehenden Rechtsgüter, dass der Quellenschutz und das Redaktionsgeheimnis als Kernbereiche journalistischer Tätigkeit nicht auf diesem Umweg ausgehebelt werden dürfen (vgl. *Stöger* in Koziol/Seethaler/Thiede (2013) S. 161; *Libor* AfP 2020, 23 (26)). Diplomatische oder parteipolitische Rücksichten dürfen dagegen keine Rolle bei der Aufklärung einer abgeschlossenen Krisenlage spielen dürfen (vgl. Schröer-Schallenberg S. 141; zur Besuchserlaubnis eines Journalisten für ein Interview mit einem eine lebenslange Freiheitsstrafe mit anschließender Sicherungsverwahrung verbüßenden Strafgefangenen vgl. KG Berlin NJW 1998, 3367).

Die Anerkennung der Schutzwürdigkeit privater Interessen bedarf einer umfassenden Güter- **10**
und Interessenabwägung (vgl. BVerwG AfP 2019, 160 (162, 164 f.); VGH München AfP 2004,

473; BGH NJW 2005, 1720 (1721); Löffler/*Burkhardt* LPG § 4 Rn. 121; Soehring/Hoene Rn. 4.86; Paschke/Berlit/Meyer/Kröner/*Held* 72. Abschnitt Rn. 14).

Die Beurteilung der Schutzwürdigkeit privater Interessen folgt nach den in Rechtsprechung und Schrifttum entwickelten Kriterien zum Schutz des allgemeinen Persönlichkeitsrechtes bei Eingriffen (vgl. → Kap. 42 Rn. 1 ff.; BVerwG AfP 2019, 160 (164 f.); Löffler/*Burkhardt* LPG § 4 Rn. 121 ff.; Schröer-Schallenberg S. 137). Ein Auskunftspflicht hängt danach unter anderem davon ab, welche Sphäre des Persönlichkeitsrechts, die Sozial-, die Privat- oder die am strengsten zu schützende Intimsphäre, von der geforderten Auskunft berührt wird; inwieweit derjenige, über den die Behörde um Information ersucht wird, dies durch eigenes Verhalten veranlasst hat; die voraussichtliche Schwere der Beeinträchtigung und deren Folgen; das Maß des öffentlichen Informationsinteresses usw (vgl. BVerwG AfP 2019, 160 (164 f.); NVwZ 2016, 1020; OVG Berlin-Brandenburg NVwZ 2014, 1177; Löffler/*Burkhardt* LPG § 4 Rn. 122 ff.). In Thüringen und Hessen wird die Bedeutung des öffentlichen Informationsinteresses für die Abwägung ausdrücklich im Gesetz hervorgehoben.

11 Soweit Auskünfte über privatrechtliche Unternehmen ersucht werden, ist deren Recht am eingerichteten und ausgeübten Gewerbebetrieb mit dem Umstand abzuwägen, dass sich deren Tätigkeiten im wirtschaftlichen Verkehr und damit in der Öffentlichkeitssphäre abspielen (vgl. VG Frankfurt (Oder) AfP 2010, 305 (306 f.)). Handelt es sich dabei um ein Unternehmen im öffentlichen Eigentum, überwiegt prinzipiell das Auskunftsinteresse (vgl. OVG Berlin-Brandenburg NVwZ 2014, 1177 (1179)). Selbst wenn es sich beim Gegenstand der Auskunft um ein Geschäfts- oder Privatgeheimnis iSv § 203 StGB handelt, kann das öffentliche Informationsinteresse überwiegen und eine Auskunft rechtfertigen (vgl. OVG Münster AfP 2004, 475).

Grundsätzlich werden der Presse keine Auskünfte aus Steuer-, Straf-, Scheidungsakten oÄ einzelner Bürger zu geben sein. Nur wenn dort vermerkte Tatsachen unmittelbare Bedeutung für einen die öffentliche Meinung bewegenden Vorgang haben, kann die Presse insofern aufklärende Informationen verlangen. Dies kann zB dann der Fall sein, wenn gerüchteweise verlautete, ein hoher Beamter mit Zugang zu geheimen Akten sei einmal in ein Ermittlungsverfahren wegen des Verdachts der Spionage verwickelt gewesen (vgl. Löffler/*Burkhardt* LPG § 4 Rn. 122; ferner zum Informationsinteresse an Straftaten → Kap. 42 Rn. 13, 15) oder wenn die Tatsache schon im Wesentlichen vorher bekannt war und die Tätigkeit eines öffentlichen Amtsträgers betrifft, die kraft des Amtes im Mittelpunkt öffentlichen Interesses stand (vgl. OVG Lüneburg NJW 1991, 445 f.).

Trotz abweichender Gesetzesfassung gelten diese Abwägungsgrundsätze zwischen Informations- und privatem Geheimhaltungsinteresse auch für Bayern (vgl. → Rn. 8d). Dass beamtenrechtliche oder sonstige gesetzliche Vorschriften über eine Verschwiegenheitspflicht als solche nicht schon zur Verweigerung einer Auskunft ausreichen, sondern jeweils im Wege einer *Interessenabwägung* festzustellen ist, ob das Informations- oder das Interesse an der Geheimhaltung überwiegt, ergibt sich aus dem der Behörde eingeräumten Ermessen (vgl. OVG Bremen NJW 1989, 926; VGH München AfP 2004, 473; → Rn. 2).

12 4. Nach § 4 Abs. 2 Ziff. 4 LPG Baden-Württemberg, Niedersachsen, Nordrhein-Westfalen, Rheinland-Pfalz, Sachsen, Sachsen-Anhalt und Schleswig-Holstein (Brandenburg § 5 Abs. 2 Ziff. 4; Mecklenburg-Vorpommern § 4 Abs. 3 Ziff. 4; Rheinland-Pfalz § 6 Abs. 2 Ziff. 4 LMG, Saarland § 5 Abs. 2 Ziff. 4 SMG) „können Auskünfte (darüber hinaus dann) verweigert werden, wenn ihr *Umfang das zumutbare Maß überschreitet*".

Damit soll eine Störung der behördlichen Tätigkeit durch übertriebene Auskunftsverlangen ausgeschlossen werden (vgl. Schröer-Schallenberg S. 129 f.; *Kürschner* DRiZ 1981, 401 (404)). Die Unbestimmtheit und die daraus resultierende Auslegungsbedürftigkeit des Begriffes „zumutbares Maß" führen jedoch zu erheblichen Bedenken gegen diese Vorschrift (vgl. auch Rotta S. 95; Groß, Presserecht, Rn. 434; *Gerhardt* MP 1978, 347 (352)). Denn die Behörde kann durch eine ihr angenehme Auslegung sehr schnell Auskünfte verweigern. Auch kann sie für die Vollständigkeit wichtige Informationen zurückhalten, ohne dass die Presse eine solche Auskunftsbeschränkung überhaupt bemerkt. Ein solches Vorgehen ließe den Informationsanspruch praktisch leerlaufen.

13 Dieser Ausnahmetatbestand ist daher äußerst *restriktiv* auszulegen. Denn eine Behörde hat Lästigkeiten als Preis für die freiheitliche Demokratie hinzunehmen (vgl. BVerfGE 15, 296).

Auch darf die Auskunft nicht *völlig verweigert* werden, sondern nur soweit „das zumutbare Maß“ überschritten wird. Dies wird nur bei einer erheblichen rechtsmissbräuchlichen Belastung der Behörde als erfüllt anzusehen sein (vgl. Löffler/*Burkhardt* LPG § 4 Rn. 130; *Soehring/Hoene* Rn. 4.49). Sie wiegt umso geringer, je wichtiger die Auskunftserteilung für die Öffentlichkeit ist. Gerade bei diesem Tatbestand ist das Ermessen, das der Behörde nach den gesetzlichen Vorschriften für die Auskunftsverweigerung zusteht (Ausnahme Nordrhein-Westfalen), von besonderer Relevanz. Selbst dann, wenn der Aufwand für die Auskunft nach Zeit und Umfang normalerweise unzumutbar ist, kann das Informationsinteresse der Presse so gewichtig sein, dass die Behörde im Rahmen der Güterabwägung sehr sorgfältig zu prüfen hat, ob sie die hierfür erforderlichen Anstrengungen nicht trotzdem anstellt oder sogar anstellen muss (vgl. → Rn. 2).

5. Einen speziellen Ausnahmetatbestand enthalten schließlich die Landespressegesetze von **14**
Berlin (§ 4 Abs. 2 Ziff. 2), Thüringen (§ 4 Abs. 2 Ziff. 3) und Hessen (§ 3 Abs. 1 Ziff. 3). Dort ist die Behörde berechtigt, *Maßnahmen* (die im öffentlichen Interesse liegen) zu verschweigen, soweit diese durch ihre (vorzeitige) Bekanntgabe „vereitelt, erschwert, verzögert oder gefährdet werden könnten“ (Hessen; Thüringen) bzw. die Bekanntgabe „die öffentlichen Interessen schädigen oder gefährden würden“ (Berlin).

Diese Vorschrift entspricht im Grundsatz § 4 Abs. 2 Ziff. 3 Alternative 1 in den übrigen Landespressegesetzen (Auskunftsverweigerung „aus überwiegendem öffentlichem Interesse“ – vgl. → Rn. 9), ist dieser Generalklausel aber eindeutig vorzuziehen, weil sie in ihren tatbestandlichen Voraussetzungen besser fassbar und auf (staatliche) *Maßnahmen* beschränkt ist.

Gedacht ist hierbei insbesondere an finanz- und wirtschaftspolitische Maßnahmen, die ihre Wirksamkeit bei vorzeitigem Bekanntwerden häufig verlieren würden oder aber negative Nebenfolgen auslösen könnten (zB erheblicher Devisenfluss bei beabsichtigter Wechselkursänderung).

II. Informationsrecht der Presse und Stasi-Unterlagen-Gesetz

Seit Dezember 1991 ist das Gesetz über die *Unterlagen des Staatssicherheitsdienstes* der ehemaligen **15**
Deutschen Demokratischen Republik (Stasi-Unterlagen-Gesetz – StUG; BGBl. 1991 I S. 2272, zuletzt geändert durch das Neunte Gesetz zur Änderung des Stasi-Unterlagen-Gesetzes vom 15.11.2019, BGBl. I S. 1564) in Kraft (vgl. zum Sinn, Zweck und Anwendungsbereich des Gesetzes → Kap. 54 Rn. 42 ff. und → Kap. 42 Rn. 21a). Dieses Gesetz enthält Regelungen über den Umgang mit Stasi-Unterlagen, die von der Presse beachtet werden müssen. Da hierdurch das Informationsrecht der Presse tangiert wird, soll im Folgenden kurz darauf eingegangen werden.

Nach § 4 Abs. 1 S. 1 StUG haben öffentliche und nicht-öffentliche Stellen, darunter auch die **16**
Presse nur in den gesetzlich vorgesehenen Fällen ein *Zugangsrecht* zu den Unterlagen und ein *Verwendungsrecht*. Für die Medien regeln §§ 34 iVm §§ 32, 33 StUG den Zugang und die Verwendung.

In §§ 7 und 9 StUG sind allgemeine *Anzeige- und Herausgabepflichten* festgelegt. Danach muss die Presse dem Bundesbeauftragten für die Stasi-Unterlagen unverzüglich anzeigen, wenn sie im Besitz von Stasi-Unterlagen ist. Falls die Stasi-Unterlagen nicht im Eigentum der Presse stehen, kann der Bundesbeauftragte die Herausgabe verlangen (§ 9 Abs. 1 StUG). Der Presse obliegt der Nachweis, dass die Unterlagen ihr Eigentum sind. Dies wird nicht immer gelingen, da es sich oftmals um zugetragene Unterlagen handelt, die dem Staatssicherheitsdienst deliktisch entwendet wurden (vgl. *Gounalakis/Vollmann* AfP 1992, 36 (37)). An abhanden gekommenen Sachen kann aber niemand – auch nicht gutgläubig – Eigentum erwerben (vgl. § 935 BGB, → Kap. 54 Rn. 48). Aber auch wenn es sich um Eigentum der Presse handelt, kann der Bundesbeauftragte zur Anfertigung von Duplikaten die Überlassung der Unterlagen verlangen. Dagegen stellt die Verpflichtung zur Herausgabe von selbst gefertigten Mehrfertigungen (§ 9 Abs. 2 StUG) einen unverhältnismäßigen Eingriff in die Pressefreiheit dar, da sie die Aufbereitung vorhandenen Tatsachenmaterials durch die Presse und damit ihre Aufgabe auf Missstände aufmerksam zu machen unverhältnismäßig behindert (vgl. Weberling (1993) StUG § 9 Rn. 4). Eine vorsätzliche oder fahrlässige Verletzung dieser Pflichten kann nach § 45 Abs. 2 StUG mit einer Geldbuße bis zu 250.000 EUR geahndet (vgl. → Kap. 54 Rn. 48 ff.).

In § 44 StUG enthält das Gesetz eine Strafvorschrift, die mit § 353d StGB vergleichbar ist. Danach ist eine öffentliche Mitteilung von durch das StUG geschützten Originalunterlagen oder Duplikaten von Originalunterlagen mit personenbezogenen Informationen über Betroffene oder Dritte ganz oder in wesentlichen Teilen im Wortlaut strafbar (vgl. → Kap. 54 Rn. 45 ff.).

21. Kapitel. Die Gleichbehandlung der Presse

I. Der Gleichbehandlungsgrundsatz

1 Angesichts der großen Bedeutung behördlicher Auskünfte für die Presse, aber auch der nahe liegenden Gefahr, dass bei der Erteilung von Informationen einzelne wohlgefällige oder politisch nahe stehende Presseorgane begünstigt werden, wird erkennbar, wie wichtig die Beachtung des Grundsatzes der Gleichbehandlung der einzelnen Presseorgane ist.

2 Das Verbot unsachlicher Differenzierung ergibt sich unmittelbar aus dem Gleichheitssatz des Art. 3 GG, dem auch die Verwaltung als vollziehende Gewalt nach Art. 1 Abs. 3 GG und Art. 20 Abs. 3 GG unterworfen ist (vgl. BVerfGE 3, 383 (390); VGH Mannheim AfP 1992, 95 f.; 1989, 587 (589); VG Berlin AfP 1985, 77; *Soehring/Hoene* Rn. 4.41; Löffler/*Burkhardt* LPG § 4 Rn. 138; Paschke/Berlit/Meyer/Kröner/*Held* 72. Abschnitt Rn. 17–18). Ein Anspruch auf Gleichbehandlung ergibt sich auch aus der aus Art. 5 Abs. 1 S. 2 GG folgenden *Neutralitätspflicht* des Staates im Leistungsbereich, die jede Einflussnahme auf Inhalt und Gestaltung der Tätigkeit der Presse verbietet (vgl. BVerfG NJW 1989, 2877 (2878); OVG Bremen NJW 1990, 931 (933); Soehring/Hoene Rn. 4.40 ff.; Raabe S. 120 ff.; Rheinland-Pfalz hat den „Grundsatz der Gleichbehandlung" in § 6 Abs. 4 LMG gesetzlich verankert). Unter dem Gesichtspunkt der Wettbewerbsneutralität, die der Staat nach Art. 3 GG zu wahren hat, ergibt sich für ihn ebenfalls die Verpflichtung, den Wettbewerb nicht zugunsten einzelner Medien zu beeinflussen oder zugunsten eigener Publikationen zu begünstigen (vgl. BGH NJW 2019, 763 – Crailsheimer Stadtblatt II; OVG Bremen NJW 1989, 926 (927); Löffler/*Burkhardt* LPG § 4 Rn. 138; *Soehring/Hoene* Rn. 4.42 f.). Die Presse sowie gemäß § 5, 18 Abs. 4 MStV Rundfunkveranstalter und Anbieter journalistisch-redaktioneller Telemedien einschließlich freier Mitarbeiter können beanspruchen, bezüglich Zeitpunkt, Umfang und Inhalt der Auskunft und der Möglichkeit der Beschaffung durch Zutritt oder Pressekonferenzen von den Behörden gleichbehandelt zu werden (vgl. BGH NJW 1961, 308 (309); VGH Mannheim AfP 1992, 95; 1989, 587 (589); OVG Bremen NJW 1989, 926,. 927; Löffler/*Burkhardt* LPG § 4 Rn. 138, 143, 151 ff.; Binder/Vesting/*Flechsig* RStV § 9a Rn. 34). Auch soweit die Behörde die Einhaltung sog. *Sperrfristen* vor der Veröffentlichung verlangt, muss sie die Presseorgane gleichbehandeln; sie darf nicht durch beispielsweise unterschiedliche Fristbestimmung gezielt oder als Nebeneffekt einzelnen Blättern einen Aktualitätsvorsprung sichern (vgl. *Prantl* AfP 1982, 204; Wenzel/*Burkhardt* Kap. 2 Rn. 68 ff.; *Soehring/Hoene* Rn. 4.43).

Allerdings sind Differenzierungen (zB bei der Einladung zu einer Presseveranstaltung) nicht schlechthin ausgeschlossen. Diese müssen jedoch von sachlichen Gesichtspunkten getragen werden; andernfalls liegt ein Verstoß gegen Art. 3 GG vor (vgl. VGH Mannheim AfP 1989, 587 f.; OVG Bremen NJW 1989, 926 (927)).

So können etwa die sog. „persönlichen Interviews" schon der Natur der Sache wegen nur einem oder einigen Journalisten gewährt werden (vgl. VGH Mannheim AfP 1989, 587 (590)). Allerdings darf die Auswahl der Teilnehmer nicht auf eine Reglementierung oder Steuerung der Presse oder eines Teils von ihr hinauslaufen (VGH Mannheim, AfP 1989, 887). Auch wäre der Ausschluss eines Journalisten beispielsweise dann gerechtfertigt, wenn von vornherein feststünde, dass dieser nicht gewillt ist, sich an die vereinbarte Vertraulichkeit des Pressegespräches zu halten.

2a Bringt eine Behörde laufend gedruckte oder sonst wie (zB per E-Mail) vervielfältigte Informationen heraus, kann sie nach pflichtgemäßem Ermessen nur dann einzelne Pressevertreter von der laufenden Belieferung ausschließen und auf Einzelanfragen verweisen, wenn wegen der Spezialisierung des Blattes oder dessen geringen redaktionellem Umfang von vornherein keine Aussicht besteht, dass das zur Verfügung gestellte Informationsmaterial auch tatsächlich pressemäßig ausgewertet wird. Effizienzgesichtspunkte spielen dafür bei der mittlerweile nahezu ausschließlich erfolgenden digitalen Kommunikation jedenfalls keine Rolle mehr (vgl. VGH Mannheim AfP 1989, 587 (588 f.); OVG Münster NJW 1996, 2882; NVwZ-RR 1998, 311; *Weberling* AfP 2003, 304 (305); *Soehring/Hoene* Rn. 4.46).

Dies gilt allenfalls für sonstige ebenfalls unter den Pressebegriff fallende Orts- oder Stadtanzeiger, die nur gelegentlich die Informationen der Behörden publizistisch verwerten (vgl. VG Sigmaringen AfP 1998, 429 (431); auch → Rn. 3), nicht aber für kostenlos verteilte Anzeigenblätter mit je nach Region durchaus beachtlichen redaktionellen Teilen (vgl. Löffler/*Burkhardt* LPG § 4 Rn. 143; BGH ZUM 2005, 651 (653); OVG Münster NJW 1996, 2882; VGH Mannheim AfP 1992, 95 (96)). Die Behörde darf auch bei der Einladung zu einer sog. überregionalen Presseinformationsfahrt zur Unterrichtung über bestimmte Probleme des Eisenbahnverkehrs nach dem Gesichtspunkt auswählen, welche Blätter sich fachjournalistisch schon mit solchen Problemen beschäftigt haben (vgl. BVerwG NJW 1975, 891). Die Erteilung von Sonderauskünften ist auch dort zulässig, wo die entsprechende Initiative von dem Presseorgan ausging. **2b**

II. Der Gleichbegünstigungsgrundsatz

Nach § 4 Abs. 4 LPG (Hessen § 3 Abs. 3; Sachsen-Anhalt § 4 Abs. 3; Mecklenburg-Vorpommern § 4 Abs. 5; Brandenburg § 5 Abs. 4; Saarland § 5 Abs. 4 SMG; keine entsprechende Vorschrift in Bayern und Rheinland-Pfalz) kann der Verleger einer Zeitung oder Zeitschrift von den Behörden verlangen, dass ihm deren amtliche Bekanntmachungen nicht später als seinen Mitbewerbern zur Verwendung zugeleitet werden. Damit wird lediglich ein Teilaspekt des unmittelbar aus Art. 3 Abs. 1 GG iVm Art. 5 Abs. 1 u. 2 GG folgenden Gleichbehandlungsprinzips (Gleichbegünstigung) geregelt (vgl. BVerfG NJW 1989, 2877 (2878); BVerwG NJW 1997, 2694 (2695 f.); OVG Bremen NJW 1989, 926 (927)). Dieses korrespondiert mit der Neutralitätspflicht des Staates gegenüber konkurrierenden Presseorganen (vgl. BVerfG NJW 1989, 2877 (2878); BVerwG NJW 1997, 2694 (2696); *Soehring/Hoene* Rn. 4.41). **3**

Es soll die gerade in diesem Bereich der Pressetätigkeit auftretende Gefahr verhindert werden, dass Marktvorteile durch persönliche Beziehungen oder ähnliche nicht durch Leistung geprägte Gesichtspunkte erlangt werden, die vor allem in dem werbenden Effekt der umfassenden und frühzeitigen Berichterstattung liegen (vgl. Löffler/*Burkhardt* LPG § 4 Rn. 138 u. 148 f.; vgl. auch VGH Mannheim AfP 1992, 95).

Mitbewerber sind diejenigen Verleger von Zeitungen und Zeitschriften, für deren Leserschaft die betreffende amtliche Bekanntmachung als Informationsstoff in Frage kommen kann (ebenso *Schröer-Schallenberg* S. 144). Hierzu gehören Tages- und Wochenzeitungen, aber etwa auch Anzeigenblätter mit redaktionellem Teil. Auf Auflagenhöhe, Erscheinungsort und -art kommt es nicht an (vgl. OVG Münster NJW 1996, 2882; VGH Mannheim AfP 1989, 587 (588 f.); VG Sigmaringen AfP 1998, 431). Die Herausgabe eines gemeindeeigenen Blattes begründet ein Wettbewerbsverhältnis zur Presse (vgl. BGH NJW 2019, 763 – Crailsheimer Stadtblatt II; Löffler/*Burkhardt* LPG § 4 Rn. 143). Mitbewerber sind gleichermaßen freie Mitarbeiter sowie gemäß § 5, 18 Abs. 4 MStV Rundfunkveranstalter und Anbieter journalistisch-redaktioneller Telemedien (vgl. Löffler/*Burkhardt* LPG § 4 Rn. 143, 151 ff.; Binder/Vesting/*Flechsig* RStV § 9a Rn. 34). *Amtliche Bekanntmachungen* sind die an die Öffentlichkeit gerichteten förmlichen Willensäußerungen einer Behörde mit amtlich bestimmtem Inhalt (vgl. auch OVG Bremen NJW 1989, 926; Löffler/*Burkhardt* LPG § 4 Rn. 140). Dazu gehören zum einen die offiziellen Mitteilungen, für die durch Rechtsvorschriften die öffentliche Bekanntmachung vorgeschrieben ist (VGH Mannheim AfP 1992, 95 f.). Amtliche Bekanntmachungen sind jedoch auch jene Mitteilungen der Gemeindeverwaltung, über die allein sie verfügt und die deshalb nur von ihr amtlich publiziert werden können, wie zB das Anberaumen bestimmter Termine für Dienstleistungen der Gemeinde, Einladungen zu Ausschusssitzungen und vorbereitende Unterlagen (vgl. VGH Mannheim AfP 1992, 95 (96)).

Die Veröffentlichung von Gerichtsurteilen ist keine amtliche Bekanntmachung (vgl. OVG Bremen NJW 1989, 926; OLG Stuttgart AfP 1992, 291). Dennoch besteht auch hier aus den oa Gründen der Gleichbehandlung und Neutralität ein Anspruch auf gleichzeitige Überlassung, wobei die Rechtsprechung zu Recht nicht mehr nach dem wissenschaftlichen Niveau der belieferten Presseorgane differenziert (vgl. VGH Mannheim NJW 2013, 2045 (2054); BVerwG NJW 1996, 1489 f.; → Kap. 18 Rn. 5c).

Die Behörde wird durch § 4 Abs. 4 LPG nicht verpflichtet, *von sich aus* alle mitbewerbenden Presseorgane mit amtlichen Mitteilungen *zu versorgen.* Vielmehr setzt das Gebot gleichzeitiger Zuleitung behördlicher Veröffentlichungen, wie der Auskunftsanspruch überhaupt, ein ausdrückliches Verlangen auf (ständige) Belieferung voraus (vgl. Löffler/*Burkhardt* LPG § 4 Rn. 138).

4 Ein eigenständiger Gleichbehandlungsanspruch folgt aus § 3 Abs. 1 IWG (Informationsweiterverwendungsgesetz – Gesetz über die Weiterverwendung von Informationen öffentlicher Stellen vom 13.12.2006 (BGBl. I S. 1162) idF des 1. Änderungsgesetzes vom 8.7.2015 (BGBl. I S. 1162), das der Umsetzung der Richtlinie 2003/98/EG vom 17.11.2003 (ABl. L 345, S. 90) diente). Danach gelten die gleichen Entgelte und Bedingungen für andere Personen, wenn von öffentlichen Stellen Informationen für eigene Geschäftstätigkeiten weiterverwendet werden. Nach § 3 Abs. 2 IWG sind die Informationen in allen angefragten Formaten und Sprachen, in den sie bei der öffentlichen Stelle vorliegen, zur Weiterwendung zur Verfügung zu stellen (vgl. VGH Mannheim NJW 2013, 2045 – Juris-Monopol; Löffler/*Burkhardt* LPG § 4 Rn. 148; *Schoch,* Anh. II, § 3 IWG).

22. Kapitel. Die Durchsetzung des Auskunftsanspruches

I. Der Rechtsweg

1 Wird einem Informationsbegehren der Presse nicht entsprochen, kann er gerichtlich durchgesetzt werden (vgl. Soehring/Hoene Rn. 4.90; Löffler/*Burkhardt* LPG § 4 Rn. 184; Paschke/Berlit/Meyer/Kröner/*Held* 72. Abschnitt Rn. 19; *Rotta* S. 96; *Schröer-Schallenberg* S. 168 f.).

Bei dem Recht aus § 4 Abs. 1 LPG handelt es sich um einen Anspruch aus dem Bereich des öffentlichen Rechts. Für seine Beurteilung sind Normen heranzuziehen (§ 4 LPG; Art. 5 Abs. 1 GG), welche die (Sonder-)Rechtsbeziehungen zwischen Staat und Bürger und nicht zwischen gleichgestellten Privatrechtssubjekten regeln. Begehrt wird in der Regel ein Realakt in Form einer Auskunft. Der Anspruch ist deshalb gemäß § 40 VwGO im Wege der allgemeinen Leistungsklage vor den Verwaltungsgerichten durchzusetzen (vgl. BVerwG NJW 1989, 412; *Soehring/Hoene* Rn. 4.91; Löffler/*Burkhardt* LPG § 4 Rn. 184 f.; Paschke/Berlit/Meyer/Kröner/*Held* 72. Abschnitt Rn. 19; Wente S. 274 f.). Nach der neueren Rechtsprechung des BGH kann der Anspruch allerdings auch vor der ordentlichen Gerichtsbarkeit durchgesetzt werden, wenn öffentlich-rechtliche Aufgaben, vor allem der Daseinsvorsorge, durch privatrechtlich organisierte Unternehmen des Staates bzw. unter dessen maßgeblichem Einfluss erfüllt werden, und von diesen eine Auskunft begehrt wird (vgl. BGH NJW 2005, 1720; LG Berlin, NJ 2020, 555; LG München I WRP 2007, 99; AG Hamburg AfP 2009, 232 f.; aA *Soehring/Hoene* Rn. 4.92; Löffler/*Burkhardt* LPG § 4 Rn. 184).

Verweigerte Auskünfte der Staatsanwaltschaft über Strafverfahren sind ebenfalls vor den Verwaltungsgerichten einzuklagen. § 23 EGGVG legt zwar eine Sonderzuständigkeit der ordentlichen Gerichte fest, wenn der Rechtsstreit Anordnungen, Verfügungen oder sonstige Maßnahmen der Justizbehörden auf dem Gebiet der Strafrechtspflege betrifft.

Das BVerwG hat allerdings die Anwendung des § 23 EGGVG bei Erklärungen der Staatsanwaltschaft über Strafverfahren gegenüber der Presse verneint. Zutreffend hat es darauf hingewiesen, dass die Art des Klagebegehrens für die Frage der Rechtswegzuweisung unerheblich ist und sich die Nichtanwendbarkeit demnach nicht aus der Klageart ableiten lässt. Vielmehr ist richtigerweise auf den Zweck der Erklärung abzustellen. Das Ziel ist vornehmlich auf die Vermittlung von Informationen an die Öffentlichkeit gerichtet. Da es an einer konkreten, charakteristischen Aufgabenerfüllung auf dem Gebiet der Strafrechtspflege fehlt und im Gegenteil eine Tätigkeit auf dem Gebiet der Öffentlichkeitsarbeit vorliegt, sind die Voraussetzungen des § 23 EGGVG nicht erfüllt (vgl. BVerwG NJW 1989, 412; *Soehring/Hoene*

Rn. 4.91; Löffler/*Burkhardt* LPG § 4 Rn. 192; Paschke/Berlit/Meyer/Kröner7*Held* 72. Abschnitt Rn. 19).

II. Die Klageart

Die Auskunftserteilung einer Behörde ist kein Verwaltungsakt gemäß § 35 VwVfG, sondern schlichtes Verwaltungshandeln (vgl. Stelkens/Bonk/Sachs/*Bonk/Neumann/Siegel* VwVfG § 54 Rn. 36 f.). Demnach ist der unberechtigt verweigerte Auskunftsanspruch im Wege der allgemeinen Leistungsklage durchzusetzen (vgl. Eyermann/*Happ* VwGO § 42 Rn. 62). 2

Eines vorherigen Widerspruchsverfahrens bedarf es nicht, da dieses gemäß § 68 Abs. 1 und 2 VwGO nur im Falle einer Anfechtungs- oder Verpflichtungsklage erfolgt (vgl. VGH München AfP 2006, 292 (294); VG Hamburg AfP 2009, 296 (298); OVG Münster NJW 1995, 2741; Eyermann/*Happ* VwGO § 42 Rn. 69; *Soehring/Hoene* Rn. 4.91; Löffler/*Burkhardt* LPG § 4 Rn. 186; Paschke/Berlit/Meyer/Kröner7*Held* 72. Abschnitt Rn. 19; *Schröer-Schallenberg* S. 172). Für die Klagebefugnis gilt § 42 Abs. 2 VwGO analog, die bei einer Auskunftsverweigerung aus dem Informationsanspruch aus § 4 LPG folgt (vgl. VG Saarbrücken AfP 1997, 837 (838)). 3

III. Das einstweilige Anordnungsverfahren als Regelfall

Auch wenn damit aus rechtlicher Sicht keine Schwierigkeiten bestehen, ein (berechtigtes) Auskunftsersuchen notfalls im Klageweg vor Gericht durchzusetzen, ist die Effektivität des Anspruchs in Anbetracht der langen Laufzeit verwaltungsgerichtlicher Verfahren fraglich. In Anbetracht des Aktualitätsbedürfnisses der Medien wäre der Auskunftsanspruch damit faktisch wertlos (vgl. *Soehring/Hoene* Rn. 4.93; Löffler/*Burkhardt* LPG § 4 Rn. 189; Eyermann/*Happ* VwGO § 123 Rn. 66a und 66c). 4

Insoweit erschiene sogar der mittelbare Druck, dem die Behörde durch das Risiko ausgesetzt ist, bei ungerechtfertigter Verweigerung einer Auskunft eventuell zum Schadensersatz verpflichtet zu sein (Amtshaftung Art. 34 GG iVm § 839 BGB; vgl. → Kap. 19 Rn. 2), als bedeutsamer für die Einhaltung der Auskunftsverpflichtung einzuschätzen sein.

In der Praxis hat sich daher in den vergangenen Jahren durchgesetzt, dass die in der Regel eiligen Auskunftsersuchen der Presse gemäß § 4 LPG grundsätzlich im Wege der einstweiligen Anordnung gemäß § 123 VwGO durchgesetzt werden können, da ansonsten die Funktionsfähigkeit der Presse gefährdet (vgl. OVG Koblenz K&R 2021, 70 (71); VGH München ZUM-RD 2021, 122; AfP 2004, 473 (475); VG Cottbus AfP 2008, 114 (115); 2002, 360 (361); VG Dresden AfP 2009, 301 (309); VG Frankfurt (Oder) NJ 2017, 524; AfP 2010, 305 (307); VG Oldenburg 8.11.2019 – 5 B 2986/19; *Soehring/Hoene* Rn. 4.93; Paschke/Berlit/Meyer/Kröner/*Held* 72. Abschnitt Rn. 19; Löffler/*Burkhardt* LPG § 4 Rn. 189; *Weberling* AfP 2020, 20 (22)). 5

Nach § 123 Abs. 1 VwGO ist der Erlass einer einstweiligen Anordnung zulässig, wenn in Bezug auf ein streitiges Rechtsverhältnis eine schnelle Regelung notwendig ist, um wesentliche Nachteile des Antragstellers abzuwenden, drohende Gewalt zu verhindern oder wenn sie aus anderen Gründen notwendig erscheint. Grundsätzlich soll die einstweilige Anordnung nach § 123 Abs. 1 VwGO das Ergebnis des Hauptverfahrens nicht vorwegnehmen, wie dies auch im zivilgerichtlichen Verfahren für die einstweilige Verfügung gilt.

Sowohl im zivil- wie auch im verwaltungsgerichtlichen Verfahren sind immer dann Ausnahmen von diesem Grundsatz zugelassen, wenn eine Verweisung des Antragstellers auf das Hauptverfahren einen effektiven Rechtsschutz unmöglich machen würde und dem Antragsteller damit unzumutbare und nicht mehr wieder gutzumachende Nachteile entstünden, obwohl sein Obsiegen im Hauptverfahren in hohem Maße wahrscheinlich ist (vgl. *Finkelnburg* Rn. 189 ff.). Bei der Frage der Eilbedürftigkeit kommt bezüglich der Auskunftsbegehren der Presse noch hinzu, dass unter das Selbstbestimmungsrecht der Presse auch die Freiheit der Presse fällt, zu entscheiden, ob eine Berichterstattung zeitnah erfolgen soll (vgl. BVerfG NJW 2014, 3711). Zur Erhaltung der Funktionsfähigkeit der Presse als „öffentlicher Wachhund" ist die Vorwegnahme der Hauptsache bei berechtigten Auskunftsersuchen daher gerechtfertigt (vgl. *Soehring/Hoene* Rn. 4.93; Löffler/*Burkhardt* LPG § 4 Rn. 189).

6 Aus den gleichen Erwägungen wurde auch dem Anspruch von Journalisten auf Akteneinsicht nach dem Akteneinsichts- und Informationszugangsgesetz (AIG) Brandenburg stattgegeben (vgl. OVG Berlin-Brandenburg BeckRS 2012, 55340) bzw. auf Auskunft über Erlasse zur Corona-Pandemie als Umweltinformationen nach dem UIG Niedersachsen (vgl. VG Hannover AfP 2020, 268) im Wege von einstweiligen Anordnungen stattgegeben.

5. Abschnitt. Das Recht der Gegendarstellung

Literatur:

Groß, Die Gegendarstellung im Spiegel von Literatur und Rechtsprechung, AfP 2003, S. 497 ff.; *Lent,* Aktuelle Rechtsfragen der Gegendarstellung in elektronischen Presseangeboten, ZUM 2016, S. 954 ff.; *Löffler,* Presserecht, 6. Auflage München 2015; *Paschke/Berlit/Meyer/Kröner,* Hamburger Kommentar Gesamtes Medienrecht, 4. Auflage Baden-Baden 2021; *Scheele,* Zur Reform des Gegendarstellungsrechts, NJW 1992, S. 957 ff.; *Seitz,* Der Gegendarstellungsanspruch in Presse, Film, Funk, Fernsehen und Internet, 5. Auflage, München 2017; *Soehring/Hoehne,* Presserecht, 6. Auflage, München 2019; *Spindler/Schuster,* Recht der elektronischen Medien, 4. Auflage 2019; *Wenzel,* Das Recht der Wort- und Bildberichterstattung, 6. Auflage, Köln 2018.

23. Kapitel. Grundlagen des Gegendarstellungsrechts

I. Geschichtliche Entwicklung des Rechtes auf Gegendarstellung

Normen des Presserechts betrafen in der geschichtlichen Entwicklung zunächst den *Schutz der Presse* in ihren Erscheinungsformen und Tätigkeitsbereichen – die Gewährleistung der *Pressefreiheit.* 1

Mit dem zunehmenden Einfluss der Presse auf die öffentliche Meinungsbildung wurden aber zugleich die Gefahren und damit die Notwendigkeit erkannt, ein ausgleichendes Gegengewicht zum Schutz des von einer Veröffentlichung Betroffenen, einen *Schutz vor der Presse,* zu schaffen.

Daher hat sich das Recht der Gegendarstellung zu einem elementaren Bestandteil der Presseordnung entwickelt.

Die heute in § 11 LPG (Bayern Art. 10 LPG; Berlin, Hessen, Mecklenburg-Vorpommern, Sachsen, Sachsen-Anhalt und Saarland § 10 LPG; Brandenburg § 12 LPG) normierte Verpflichtung der Presse, die abweichende Tatsachendarstellung des von einer Pressemeldung Betroffenen ohne vorherige Wahrheitsprüfung abzudrucken und in gleicher Weise wie die Meldung zu veröffentlichen, gehört zu den bekanntesten und wichtigsten Bestimmungen des Presserechts. Viele Probleme des Gegendarstellungsrechts sind nach wie vor umstritten, nicht zuletzt aufgrund landesrechtlicher Besonderheiten und der praktischen Durchsetzung des Gegendarstellungsanspruchs im zivilgerichtlichen Eilverfahren, das eine Revision zum Bundesgerichtshof zur Klärung zentraler Fragen nicht vorsieht (vgl. Soehring/Hoene Rn. 29.7).

Das Recht, mit einer Gegendarstellung in der Presse zu Wort zu kommen, verdankt seine Entstehung der Französischen Revolution. Mit der Proklamation der Menschenrechte am 28.8.1789 wurde die staatliche Zensur beendet. An ihre Stelle trat die Presse- und Meinungsfreiheit. Diese neu gewonnene Freiheit wurde im politischen Meinungskampf jedoch häufig missbraucht. Die Ohnmacht gegenüber Presseverleumdungen (trotz der Möglichkeit der Strafklage) wurde offenkundig.

Ausgehend von dieser Entwicklung in der Französischen Revolution sind die Anfänge des Gegendarstellungsrechts in Frankreich zu finden. Bei der Beratung eines von Berlier im Jahre 1799 eingebrachten Gesetzentwurfes, mit dem diese Missstände beseitigt werden sollten, war es der Abgeordnete Dulaure, der vorschlug, jedermann einen gesetzlichen Berichtigungsanspruch zu gewähren, „dessen Ehre durch eine Pressemitteilung" berührt werde.

Der Entwurf Berliers und die Zusatzanträge Dulaures wurden jedoch abgelehnt. Erst 1822 wurde auf Antrag des Abgeordneten Mestadier mit Art. 11 des neuen französischen Pressegesetzes ein Entgegnungsrecht („droit de réponse") geschaffen.

Als erstes deutsches Gesetz übernahm das badische Pressegesetz von 1831 diesen Rechtsgedanken eines jedermann zustehenden Entgegnungsrechts. Bis dahin bestand lediglich als Ausgestaltung der behördlichen Pressebevormundung der Zwang, von *Behörden* geforderte Berichtigungen abzudrucken. Bereits damals galt der Entgegnungsanspruch nur, wenn *Tatsachenbehauptungen* Inhalt der Pressemitteilungen waren.

Reichseinheitlich wurde das Entgegnungsrecht dann 1874 mit § 11 des Reichsgesetzes über die Presse (RPG) ausgestaltet. Diese Regelung war Vorlage für die vornehmlich in den Jahren 1964 bis 1966 entstandenen gegenwärtigen Landespressegesetze (eingehender zur geschichtlichen Entwicklung vgl. Löffler/*Sedelmeier* LPG § 11 Rn. 30 ff.).

2 Die Schaffung eines einheitlichen Bundespresserechtsrahmengesetzes wurde intensiv diskutiert. Auf dem 58. Deutschen Juristentag 1990 (vgl. Bericht über den Tagungsverlauf in NJW 1990, 2985 ff.) bestand größtenteils Einigkeit über die Forderung nach einer bundeseinheitlichen Regelung. Der Erlass bundesgesetzlicher Rahmenvorschriften für die Presse war aber gemäß Art. 75 Abs. 1 Nr. 2, 72 Abs. 2 GG nur zulässig, wenn dies zur Herstellung einheitlicher Lebensverhältnisse oder zur Wahrung der Rechts- und Wirtschaftseinheit erforderlich gewesen wäre. Trotz vieler regionaler Besonderheiten im Gegendarstellungsrecht bestehen daran angesichts der bisherigen, im Großen und Ganzen funktionierenden Regelungen, erhebliche Zweifel, so dass eine bundeseinheitliche Regelung keine Erfolgsaussichten hatte (vgl. *Groß* AfP 2003, 498). Seit dem 1.9.2006 ist Art. 75 GG weggefallen. Aufgrund der Gesetzgebungskompetenz der Länder herrscht somit im Gegendarstellungsrecht eine erhebliche Rechtszersplitterung, die zu einer besonders sorgfältigen Prüfung des jeweils anwendbaren Rechts zwingt (vgl. Soehring/Hoene Rn. 29.7).

II. Zweckbestimmung und Rechtsnatur des Rechtes auf Gegendarstellung

3 Das Institut der Gegendarstellung bezweckt den Schutz des Betroffenen. Der Gegendarstellungsanspruch ist zwar nicht unmittelbar verfassungsrechtlich gewährleistet, er ist aber durch das aus Art. 1 und Art. 2 GG folgende *allgemeine Persönlichkeitsrecht* verfassungsrechtlich geboten (vgl. BVerfG NJW 1998, 1382; 1983, 1179; BGH NJW 1976, 1198; Soehring/Hoene Rn. 29.2 f.; *Seitz* 1. Kap. Rn. 14 ff.). Das allgemeine Persönlichkeitsrecht beinhaltet ua die Selbstbestimmung des Einzelnen über die Darstellung der eigenen Person. Der Betroffene soll selbst entscheiden dürfen, wie er sich Dritten und der Öffentlichkeit gegenüber darstellen will und in welchem Umfang seine Persönlichkeit zum Gegenstand öffentlicher Erörterung gemacht wird (vgl. BVerfG NJW 1983, 1179), wenngleich die dem Grundrechtsträger hiermit eingeräumte Rechtsmacht sich allein auf die tatsächlichen Grundlagen seines sozialen Geltungsanspruchs erstreckt und insbesondere nicht das Recht beinhaltet, nur dann und nur so dargestellt zu werden, wie er es wünscht (vgl. BVerfG AfP 2010, 562). Das Gegendarstellungsrecht dient dem Schutz dieses Selbstbestimmungsrechts.

4 2. Die intensive Einflussmöglichkeit der Presse auf die Meinungsbildung in der Bevölkerung und die Gefahr unvollständiger, missverständlicher oder entstellender Veröffentlichungen machen es zum zwingenden Erfordernis, dass der Gesetzgeber dem von einer Pressemitteilung Betroffenen ein rechtlich gesichertes und schnelles Mittel an die Hand gibt, die bis dahin nur von einer Seite informierte Leserschaft mit seiner Darstellung zu erreichen (vgl. BVerfG AfP 1998, 501; NJW 1983, 1179). Andernfalls würde der Einzelne in seiner Persönlichkeit verletzt und zum Objekt öffentlicher Erörterung herabgewürdigt (vgl. BVerfG AfP 1986, 314).

5 3. Freilich wird das allgemeine Persönlichkeitsrecht in diesem Bereich auch durch den Anspruch auf *Widerruf* durch die Presse (vgl. → Kap. 29 Rn. 1) geschützt. Als schnell wirksamer Schutz wird jedoch das Entgegnungsrecht in den Bereich der Gefährdung durch Pressemeldungen vorverlegt. Dies lässt sich einerseits durch den nachhaltigen Einfluss der Presse auf die Meinungsbildung, andererseits auch dadurch rechtfertigen, dass lediglich eine zweite Sachdarstellung zu veröffentlichen ist (vgl. auch BVerfG NJW 1998, 1382; 1983, 1179). Obwohl der Widerruf die Gegendarstellung an Überzeugungskraft übertreffen kann, setzt dieser jedoch eine unter Umständen zeitaufwendige Feststellung der Unwahrheit voraus.

6 4. Die Einordnung des Gegendarstellungsrechts als Ausfluss des allgemeinen Persönlichkeitsrechts wird nicht deshalb ausgeschlossen, weil etwa auch Behörden, juristische Personen und Organisationen zur Gegendarstellung berechtigt sein können. Bestimmte Bereiche des Persönlichkeitsrechts sind ihrem Wesen nach gem. Art. 19 Abs. 3 GG auch auf juristische Personen und sonstige Vereinigungen übertragbar. Dies ist von der Rechtsprechung und im Schrifttum anerkannt (vgl. BVerfG NJW 1984, 1741 ff.; BGH NJW 1986, 2951; OLG Düsseldorf AfP 2006, 473; Damm/Rehbock S. 133 ff. mwN), auch wenn das BVerfG offen lässt, ob ein Wirt-

schaftsunternehmen sich gegenüber nachteiligen Äußerungen auf ein grundrechtlich geschütztes Persönlichkeitsrecht berufen kann (vgl. BVerfG NJW 2010, 3501) Grundsätzlich steht daher das Selbstbestimmungsrecht über die eigene Darstellung auch juristischen Personen des öffentlichen Rechts und des Privatrechts zu (vgl. näher zur Trägerschaft des allgemeinen Persönlichkeitsrechts → Kap. 42 Rn. 4). Zu beachten ist aber, dass bei Gegendarstellungsverlangen von Behörden strengere Anforderungen gelten. Durch die Ausgangsmitteilung muss das Vertrauen in die Integrität und Funktionsfähigkeit der Behörde erschüttert werden (vgl. VerfGH Berlin AfP 2008, 593).

Das dem Einzelnen gewährte Gegendarstellungsrecht schränkt durch seinen *Abdruck- und Veröffentlichungszwang* die Pressefreiheit des Art. 5 Abs. 1 S. 2 GG ein, so dass § 11 LPG nur dann 7 verfassungsgemäß ist, wenn es sich hierbei um ein allgemeines Gesetz iSd Art. 5 Abs. 2 GG handelt. Durch die tatbestandlichen Beschränkungen des Gegendarstellungsanspruchs auf periodische Druckwerke, Betroffensein, tatsächliche Behauptungen, angemessenen Umfang, tatsächliche Gegenäußerung und berechtigtes Interesse wird ein wirksamer Schutz der Individualrechtsgüter erreicht, zugleich aber die Pressefreiheit in nicht mehr als dem vom Schutzzweck geforderten Maß beschränkt. Die Verfassungsmäßigkeit des § 11 LPG wird daher allgemein bejaht (vgl. BVerfG AfP 1998, 184; Löffler/*Sedelmeier* LPG § 11 Rn. 45, *Soehring/Hoene* Rn. 29.3).

Dabei ist es vor allem auch nicht verfassungsrechtlich zu beanstanden, dass der Anspruch auf Gegendarstellung weder das Vorliegen einer Ehrverletzung noch den Nachweis der Unwahrheit der Erstmitteilung bzw. Wahrheit der Entgegnungserklärung voraussetzt. Nach der Rechtsprechung des Bundesverfassungsgerichts erschöpft sich das durch das Gegendarstellungsrecht geschützte allgemeine Persönlichkeitsrecht nicht im Ehrenschutz. Das Persönlichkeitsbild kann vielmehr auch durch Darstellungen beeinträchtigt werden, die die Ehre unberührt lassen (vgl. BVerfG AfP 1998, 184).

III. Rechtsgrundlagen

1. *Printveröffentlichungen*

Die Verpflichtung zur Veröffentlichung von Gegendarstellungen in „periodischen Druckwerken" folgt aus den jeweiligen Landespressegesetzen, zumeist § 11 LPG (Bayern Art. 10 LPG; 8 Berlin, Mecklenburg-Vorpommern, Saarland, Sachsen-Anhalt § 10 LPG; Hessen § 9 LPG; Brandenburg § 12 LPG). Die Regelungen stimmen im Wesentlichen überein, enthalten aber auch einige Unterschiede etwa im Hinblick auf Formerfordernisse, auf die im Einzelnen weiter unten bei den jeweiligen Anspruchsvoraussetzungen eingegangen wird. Welches Landesgesetz anwendbar ist, bestimmt sich nach dem Erscheinungsort, also dem Ort, an dem die Publikation mit dem Willen des Verlegers der Öffentlichkeit zugänglich gemacht wird, was unabhängig vom Ort des Druckes und der Verteilung stets der Ort des Verlagssitzes sein dürfte (vgl. *Seitz* 3. Kap. Rn. 4 mit Fn. 9; ähnlich Wenzel/*Burkhardt* Kap. 11 Rn. 9). Umstritten ist dies dann, wenn es um eine Veröffentlichung in einer Lokalausgabe einer überregionalen Zeitung etwa von „Bild" geht. Nach Ansicht des LG München ist dann, wenn es eine selbständige Lokalredaktion gibt, der Sitz dieser Redaktion für das anwendbare Recht maßgeblich. Demgegenüber vertritt das LG Berlin die Auffassung, auch in diesem Fall sei der Verlagssitz maßgeblich, da die Selbständigkeit einer Lokal- oder Regionalredaktion für den Betroffenen oft nicht erkennbar sei und so eine Rechtszersplitterung für ein- und dieselbe Publikation vermieden werde (vgl. LG Berlin 27 O 360/18, nv; so auch *Soehring/Hoene* Rn. 29.8). Alle Landespressegesetze verweisen für die Geltendmachung auf den Zivilrechtsweg.

2. *Veröffentlichungen in Rundfunk und Fernsehen*

Noch viel mehr unterschiedliche Regelungen gibt es für Gegendarstellungen im Rundfunk, 9 wozu auch Fernsehsendungen zählen (vgl. zur Definition von Rundfunk § 2 Abs. 1 S. 1, 2 Nr. 1 MStV). Auch diese Regelungen unterscheiden sich aber nur im Detail. Zunächst kommt es darauf an, ob es um privaten oder öffentlich-rechtlichen Rundfunk geht. Für den öffentlich-rechtlichen Rundfunk finden sich die Anspruchsgrundlagen in den jeweiligen Staatsverträgen bzw. Gesetzen über die öffentlich-rechtlichen Rundfunkanstalten des Bundes und der Länder (im Einzelnen aufgeführt bei *Seitz* 1. Kap. Rn. 8 mwN). So ist etwa § 12 des Staatsvertrages über den Norddeutschen Rundfunk (NDR-StV) Anspruchsgrundlage für eine Gegendarstellung bei Sendungen des NDR; § 9 ZDF-Staatsvertrag für eine Gegendarstellung bei Sendungen des ZDF. Sofern etwa für kleine Spartenprogramme der Öffentlichen-Rechtlichen Rundfunkanstalten keine gesonderten Regeln bestehen, kommt es auf den Träger des Programmes bzw. die federführende Anstalt an (vgl. *Seitz* 1. Kap. Rn. 9, 10). Für den privaten Rundfunk finden sich die Anspruchsgrundlagen in den Landesmedien- bzw. Rundfunkgesetzen bzw. den Medienstaatsverträgen, die manche Bundesländer abgeschlossen haben (jeweilige Normen abgedruckt bei *Seitz* Anhang V). So gibt etwa § 10 des Staatsvertrages über das Medienrecht in Hamburg und Schleswig-Holstein einen Gegendarstellungsanspruch gegen den Rundfunkveranstalter in diesen Bundesländern. Welches Recht anwendbar ist, bestimmt sich nach dem Ausstrahlungsort, also regelmäßig dem Sitz der jeweiligen Anstalt (*Seitz* 1. Kap. Rn. 7). Bei Sendungen der ARD kommt es gemäß § 8 Abs. 1 S. 1 ARD-Staatsvertrag nur auf die Anstalt an, die den Beitrag in das Gemeinschaftsprogramm eingebracht hat. Bei privaten Rundfunkveranstaltern bestimmt sich das anwendbare Recht nach den jeweiligen Landesgesetzen bzw. Staatsverträgen aber nach dem Sitz der Landesmedienanstalt, die dem Sender die Zulassung erteilt hat. Dieser kann von dem Sitz des Rundfunkveranstalters abweichen, so dass für Gegendarstellungen gegen Sendungen des Fernsehsenders „Pro 7" mit Sitz in München wegen der Zulassung durch die Medienanstalt Berlin-Brandeburg der Medienstaatsvertrag Berlin-Brandenburg anwendbar ist (vgl. OLG München NJW-RR 2000, 1573).

3. Internetveröffentlichungen

10 Für Gegendarstellungen gegen Veröffentlichungen im Internet gibt es mit § 20 Medienstaatsvertrag (MStV) eine einheitliche Anspruchsgrundlage, soweit es sich um Telemedien mit journalistisch-redaktionell gestalteten Angeboten handelt. Der Begriff „Telemedien" wird definiert in § 2 Abs. 1 S. 3 MStV. Der Medienstaatsvertrag ersetzt seit dem 7. November 2020 den bisher geltenden Rundfunkstaatsvertragund enthält neben an das Fortschreiten der Technik angepassten Definitionen von Rundfunk und Telemedien auch erstmals Definitionen und Regelungen für rundfunkähnliche Telemedien, Medienplattformen und Medienintermediäre (vgl. Medienstaatsvertrag (MStV) vom 14.–28. April 2020, GVBl. S. 450, 451, BayRS 02-33-S). Für das Recht der Gegendarstellung in Telemedien sind bislang aber keine Änderungen vorgesehen. Da sich § 20 MStV sich ebenfalls nur im Detail von § 11 LPG unterscheidet, wird auf Besonderheiten bei den einzelnen Anspruchsvoraussetzungen eingegangen.

24. Kapitel. Anspruchsberechtigte und Anspruchsverpflichtete

I. Die Anspruchsberechtigten

1 *Anspruchsberechtigt* ist *jede Person oder Stelle,* die durch eine in der Presse mitgeteilte Tatsachenbehauptung *betroffen* ist (§ 11 Abs. 1 LPG; vgl. aber Art. 10 LPG Bayern, wonach der Anspruch einer „Person oder Behörde" zusteht, die durch eine in der Presse mitgeteilte Tatsachenbehauptung „unmittelbar betroffen" ist). Entsprechend lautet die Formulierung in § 20 Abs. 1 MStV bzw. den Landesrundfunkgesetzen, wobei dort zum Teil auch eine betroffene „Gruppe" anspruchsberechtigt ist (vgl. etwa § 30 Landesrundfunkgesetz Mecklenburg-Vorpommern).

Im Hinblick auf die Notwendigkeit, breiten Kreisen einen Schutz gegenüber Presseveröffentlichungen einzuräumen, ist der Begriff *Person oder Stelle* nach allgemeiner Auffassung weit zu fassen (vgl. *Seitz* 4. Kap. Rn. 2 mwN).

1a 1. *„Person"* iSd Landespressegesetze bezieht sich nicht nur auf natürliche oder juristische Personen des privaten und öffentlichen Rechts, sondern auch auf sonstige Personenvereinigungen, die klagen oder verklagt werden können, wie die Aktiengesellschaft, Handelsgesellschaften des HGB (offene Handelsgesellschaft, Kommanditgesellschaft), GmbH, öffentliche oder private Stiftungen, Genossenschaften, GbR etc. Sollte die Gesellschaft als Folge einer Verschmelzung oder Übertragung von Eigentum untergehen, so kann die übernehmende Gesellschaft den Anspruch nicht mehr weiterführen (vgl. LG Hamburg AfP 2002, 70). Auch Erben verstorbener natürlicher Personen sind nicht anspruchsberechtigt (vgl. KG Berlin AfP 2007, 137).

Auch nicht rechtsfähige Vereine, Gruppen und Bürgerinitiativen werden als „Person" oder Stelle iSv § 11 LPG angesehen (vgl. *Seitz* 4. Kap. Rn. 3; Wenzel/*Burkhardt* Kap. 11 Rn. 11.53, Löffler/*Sedelmeier* LPG § 11 Rn. 48). Davon zu unterscheiden ist die Frage, ob die gemäß § 11 Abs. 1 LPG betroffene Person oder Stelle parteifähig gemäß § 50 ZPO ist (vgl. LG München AfP 2006, 279, zur Ortsgruppe einer politischen Partei). Ferner ist davon zu unterscheiden die Frage, wer für eine nicht-rechtsfähige Person oder Stelle die Gegendarstellung unterzeichnen muss, wenn es keinen gesetzlichen Vertreter gibt. Das ist der gewillkürte Vertreter oder bei Behörden der Leiter (Wenzel/*Burkhardt* Kap. 11 Rn. 57 mwN).

2. *„Stelle"* iSd Landespressegesetze bezieht sich nach überwiegender Auffassung auf den öffent- **1b**
lich-rechtlichen Bereich (vgl. *Seitz* 4. Kap. Rn. 3; *Soehring/Hoene* Rn. 29.14; Wenzel/*Burkhardt* Kap. 11 Rn. 56). Gemeint sind in erster Linie Behörden, ferner alle Körperschaften, Organisationen, Anstalten, Institute, Ministerien etc. Hierzu zählen zB die Bundesregierung (vgl. OLG München AfP 1976, 288), Landesregierungen (vgl. OLG München AfP 2000, 361, siehe dort insbesondere zur Frage der Vertretungsbefugnis), kirchliche Behörden (vgl. OLG Karlsruhe AfP 1998, 65); Ämter, Gerichte, Staatsanwaltschaften, Gesetzgebungsorgane sowie deren Fraktionen (vgl. *Seitz* 4. Kap. Rn. 4 mwN). Für die unmittelbar betroffene Stelle kann der Rechtsträger als juristische Person des öffentlichen Rechts den Anspruch geltend machen, sofern er durch die Tatsachenbehauptung selbst betroffen ist (vgl. KG Berlin 17.3.2009 – 9 W 48/09, nv). Behörden steht allerdings nicht bei jeder behaupteten unwahren Tatsachenbehauptung ein Gegendarstellungsanspruch zu (siehe unten).

Das Gegendarstellungsrecht steht auch *ausländischen* Personen oder Stellen zu (vgl. *Seitz* 4. Kap. Rn. 5).

3. Der Gegendarstellungsanspruch steht nur demjenigen zu, der von einer im Druckwerk **2**
aufgestellten Tatsachenbehauptung *betroffen* ist (§ 11 Abs. 1 LPG). Diese Einschränkung des Kreises der Berechtigten folgt aus dem schutzwürdigen Interesse der Presse, die davor bewahrt bleiben muss, dass jeder Leser, der sich zu einer Darstellung äußern will, eine entsprechende Veröffentlichung verlangen könnte.

a) *Betroffen* ist derjenige, in dessen Interessensphäre eingegriffen wird und der dadurch individuell, nicht bloß generell, berührt wird (vgl. BVerfG AfP 1998, 184; OLG Köln AfP 1985, 227; OLG Frankfurt a. M. AfP 1984, 225; Löffler/*Sedelmeier* LPG § 11 Rn. 54; *Seitz* 4. Kap. Rn. 6 ff.; *Soehring* NJW 1997, 361). Abweichend von den anderen Landespressgesetzen verlangt Art. 10 LPG Bayern, dass der Antragsteller „unmittelbar" betroffen ist.

Unmittelbar betroffen ist der Anspruchsteller, wenn über ihn als Person berichtet wurde, aber auch, wenn die Darstellung der Verhältnisse anderer auf die eigenen ausstrahlt (vgl. Löffler/*Sedelmeier* LPG § 11 Rn. 56 f.). Ob jemand unmittelbar betroffen ist, lässt sich nicht allgemein, sondern nur anhand des konkreten Einzelfalls entscheiden (vgl. *Seitz* 4. Kap. Rn. 13).

Eine mittelbare Betroffenheit liegt vor, wenn Presseberichte über andere Personen auf die eigenen Verhältnisse einwirken (vgl. OLG Jena AfP 2007, 559; OLG Köln AfP 1971, 74). Maßgeblich ist aber nicht die Unterscheidung zwischen mittelbarer und unmittelbarer Betroffenheit, sondern die Berührung der eigenen Interessensphäre durch die Berichterstattung (*Soehring/Hoene* Rn. 29.14; Wenzel/*Burkhardt* Kap. 11 Rn. 59).

b) Die Abgrenzung, wann bei Berichten über andere die eigene Interessensphäre betroffen ist **3**
(zB bei Berichten über Angehörige, Mitarbeiter, Tochtergesellschaften etc), kann im Einzelfall Schwierigkeiten bereiten:

Die erziehungsberechtigten Eltern minderjähriger Kinder dürften bei Berichten über diese als betroffen angesehen werden können (vgl. Löffler/*Sedelmeier* LPG § 11 Rn. 57; LG Bückeburg NJW 1977, 1065). Entsprechend ist derjenige zur Gegendarstellung berechtigt, über dessen Ehegatten oder Partner ehrverletzende Tatsachenbehauptungen veröffentlicht werden (vgl. LG Hamburg AfP 2008, 532). Der Arbeitgeber kann betroffen sein, wenn über die Fähigkeiten seiner Angestellten berichtet wird, wie umgekehrt auch ein Arbeitnehmer von der Kritik an dem Unternehmen, bei dem er angestellt ist, betroffen sein kann. So wurde ein Universitätsklinikum als von einer Berichterstattung über Unregelmäßigkeiten bei der Verwendung von Forschungsgeldern durch den Prodekan betroffen angesehen (vgl. LG Köln 27.2.2008 – 28 O 712/07, BeckRS 2008, 6743) und eine Gemeinde bei Berichten über den Ablauf der Gemeinderatssitzung (vgl. OLG Jena AfP 2007, 559). Auch kann der Chefredakteur einer von einer anderen Zeitschrift angegriffenen Tageszeitung „Betroffener" sein (vgl. KG Berlin AfP 2007, 137; OLG Köln AfP 1985, 227; weitere Beispiele bei *Seitz* 4. Kap. Rn. 13 ff.; Löffler/*Sedelmeier* LPG § 11 Rn. 57).

Im Zweifelsfall wird sich diese Frage danach entscheiden, wessen allgemeines Persönlichkeitsrecht aus der Sicht des Durchschnittslesers (vgl. → Kap. 23 Rn. 6 ff.) tangiert wurde und wer im Hinblick auf die Meinungsfreiheit befugt sein soll, eine eigene Sachdarstellung vorzubringen.

Stellt man auf die Berührung der eigenen Interessensphäre für die Frage der Aktivlegitimation ab, so dürfte sich in der Praxis kaum ein Unterschied zu Art. 10 LPG Bayern ergeben, wonach nur der *unmittelbar* Betroffene zur Gegendarstellung berechtigt sein soll. Soweit das OLG München bei nur mittelbarer Betroffenheit einen Gegendarstellungsanspruch ablehnt, dürfte es an einem Eingriff in die eigene Interessensphäre fehlen, so dass auch nach den übrigen Landespressegesetzen eine Abdruckverpflichtung ausscheidet (vgl. OLG München 28.9.2005 – 18 U 4223/05, BeckRS 2005, 33881: Keine Betroffenheit der Bundesrepublik Deutschland als Anstellungskörperschaft bei Bericht über Beförderung von Beamten kurz vor der Bundestagswahl, wenn es um die Personalpolitik der dafür politisch Verantwortlichen geht).

4 c) Berechtigt ist nur, wer *individuell* berührt wird. Damit ist die Sachdarstellung, die lediglich eine generelle Interessenssphäre tangiert (zB „die Künstler", „die Arbeiterschaft", „die Hauseigentümer" betreffende Mitteilungen) der Gegendarstellung nicht zugänglich (vgl. Wenzel/*Burkhardt* Kap. 11 Rn. 63; Löffler/*Sedelmeier* LPG § 11 Rn. 58). Ebenso wenig kann ein Mitglied einer politischen Partei einen Gegendarstellungsanspruch gegen Tatsachenbehauptungen über diese Partei geltend machen (vgl. OLG Hamburg AfP 1977, 47). Dagegen soll ein Wahlkreiskandidat bei einer gegen die Partei gerichteten Behauptung durch eine in seinem Wahlkreis erscheinende Zeitung als „Betroffener" anzusehen sein (vgl. OLG Karlsruhe AfP 1981, 363). Das OLG Hamburg hat einen Betriebsratsvorsitzenden als Vorsitzenden der Betriebsversammlung nicht für betroffen gehalten von Tatsachenbehauptungen über den Hergang der Betriebsversammlung, in denen es nicht um sein Verhalten ging (vgl. OLG Hamburg AfP 1982, 232). Das kann aber anders zu beurteilen sein, wenn aus den mitgeteilten Tatsachen Rückschlüsse über das Verhalten des Betriebsratsvorsitzenden gezogen werden können.

5 d) Eine *namentliche Nennung des Anspruchsberechtigten in dem Presseartikel* ist nicht erforderlich. Das ergibt sich schon daraus, dass auch bei Berichten über andere Personen oder Stellen die eigene Interessensphäre berührt sein kann. Es reicht vielmehr aus, wenn ein durchschnittlicher Leser die Meldung mit einer bestimmten Person (oder Stelle) in Beziehung setzt, etwa weil deren Verantwortungsbereich betroffen ist (vgl. KG Berlin AfP 2007, 231). Eine jedenfalls nicht unbeträchtliche Zahl unbefangener Leser muss die Meldung mit dem Betroffenen in Verbindung bringen bzw. seine Identität muss sich zwanglos ergeben (vgl. BGH NJW 1963, 1155; OLG Brandenburg NJW-RR 2000, 325). Schwierig kann die Abgrenzung sein, wenn der Leser erst durch weitere Recherchen die Identität des Betroffenen ermitteln kann. Entscheidend dürfte sein, ob die für eine Identifizierung erforderlichen Kenntnisse durch den Artikel selbst vermittelt werden bzw. bereits bei einem durchschnittlichen Leser vorhanden sind (vgl. OLG Düsseldorf AfP 2000, 470; Löffler/*Sedelmeier* LPG § 11 Rn. 59).

6 e) Die *Betroffenheit* bedingt nicht notwendig, dass die Person oder Stelle angegriffen oder kritisiert wurde. Auch eine positive Berichterstattung kann den Anspruch auslösen (vgl. Soehring/Hoene Rn. 29.15 mwN). Bei reinen Belanglosigkeiten kann es allerdings an einem berechtigten Interesse für den Abdruck der Gegendarstellung fehlen (→ Kap. 26 Rn. 4).

7 f) Bei einer *Mehrheit* von Betroffenen steht der Anspruch grundsätzlich jedem Einzelnen zu (vgl. OLG Karlsruhe AfP 2006, 372; Wenzel/*Burkhardt* Kap. 11 Rn. 66). Es kann allerdings an einem berechtigten Interesse fehlen, wenn alle Betroffenen von der Ausgangsmitteilung in gleicher Weise betroffenen sind und die gleichlautenden Gegendarstellungen den Abdruckverpflichteten unbillig belasten würden (vgl. *Seitz* 5. Kap. Rn. 126). In einem solchen Fall können mehrere Betroffene den Abdruck einer gemeinsamen Gegendarstellung verlangen. Auch bei unterschiedlichem Betroffensein mehrerer Personen durch die Ausgangsmitteilung kann es geboten sein, doppelte Passagen zu streichen und die Abdruckgröße zu reduzieren (vgl. OLG

Karlsruhe AfP 2006, 372). Um eine unzumutbare Belastung des Verlages zu vermeiden, kann bei mehreren Betroffenen auch eine besondere Abdruckanordnung gemäß § 938 ZPO zu treffen sein (vgl. Paschke/Berlit/Meyer/Kröner/*Meyer* 39. Abschnitt Rn. 32).

g) Der wiederholte Abdruck einer Gegendarstellung kann verlangt werden, wenn die Veröffentlichung der ursprünglichen Gegendarstellung nicht ordnungsgemäß erfolgt ist (→ Kap. 28 Rn. 15). 8

II. Die Anspruchsverpflichteten

1. Printveröffentlichungen

a) Verpflichtet, die Gegendarstellung zum Abdruck zu bringen, sind der *verantwortliche Redakteur* und der *Verleger* (hinsichtlich der diesbezüglichen Kennzeichnungspflicht im Impressum vgl. → Kap. 13 Rn. 14a) des periodischen Druckwerks, das die fragliche Mitteilung veröffentlicht hat (§ 11 Abs. 1 LPG). 9

Der Anspruchsberechtigte kann die Veröffentlichung von dem Verleger *oder* dem verantwortlichen Redakteur wie auch von beiden *als Gesamtschuldner* verlangen (vgl. OLG München 18.6.2001 – 21 W 1705/01, BeckRS 2001, 30187065). Die beschriebene Zweigleisigkeit ist historisch zu erklären und wirft manche Probleme auf. Neben den Spannungen zwischen den beiden Verpflichteten bei einer unterschiedlichen Sichtweise des an sie gerichteten Anspruchs können sich prozessuale Schwierigkeiten aus verschiedenen Gerichtsständen ergeben. Außerdem ist häufig die Ermittlung des verantwortlichen Redakteurs problematisch (vgl. OLG Celle AfP 1996, 274). Insbesondere ist dieser nicht mit dem Chefredakteur zu verwechseln. Die Gegendarstellung muss von demjenigen verantwortlichen Redakteur gefordert werden, der für den betreffenden Teil verantwortlich ist, in dem die beanstandete Behauptung enthalten war, was sich in der Regel aus dem Impressum ergibt (vgl. *Seitz* 4. Kap. Rn. 30). War die Ausgangsmitteilung im Politikteil enthalten, ist richtiger Anspruchsgegner daher der verantwortliche Redakteur für Politik. Allerdings ist nicht die förmliche Benennung im Impressum, sondern die tatsächliche Bekleidung der Stellung entscheidend (vgl. *Seitz* 4. Kap. Rn. 31 mwN). Es wird daher empfohlen, nur den Verleger in Anspruch zu nehmen (vgl. Paschke/Berlit/Meyer/Kröner/*Meyer* 39. Abschnitt Rn. 39; Löffler/*Sedelmeier* LPG § 11 Rn. 80). Verleger im presserechtlichen Sinn ist derjenige, der ein von ihm selbst oder von anderen hergestelltes Druckwerk erscheinen lässt und seine Verbreitung bewirkt (*Seitz* 4. Kap. Rn. 26 mwN). Das sind zumeist juristische Personen wie eine GmbH oder eine AG, kann aber auch eine natürliche Person sein, und ergibt sich in der Regel aus dem Impressum. Wird im Impressum neben einer Verlags-GmbH als „Herausgeber und Verleger" eine natürliche Person benannt, so ist trotzdem nur die mit der Verlegertätigkeit befasste Gesellschaft und nicht auch die mit der Berufsbezeichnung genannte natürliche Person passivlegitimiert (vgl. Wenzel/*Burkhardt* Kap. 11 Rn. 72; aA OLG Karlsruhe NJW-RR 1992, 1305).

b) Tritt zwischen dem Pressebericht und dem Erscheinen der Gegendarstellung ein Wechsel in der Person des Verlegers bzw. des verantwortlichen Redakteurs ein, so gilt der Verleger bzw. Redakteur als verpflichtet, in dessen Ausgabe nach der gesetzlichen Vorschrift die Gegendarstellung abgedruckt werden soll (vgl. Wenzel/*Burkhardt* Kap. 11 Rn. 71). Der Redakteur (bzw. der Verleger) der Erstmitteilung schuldet den Abdruck nicht als Person, sondern ist als *Haftungssubjekt* des Presseorgans verpflichtet, so dass der *nachfolgende* Redakteur (Verleger) – nur dieser ist mit den notwendigen Befugnissen ausgestattet – als Adressat anzusehen ist (vgl. *Köbl* S. 41). Wenn der Wechsel in einem bereits anhängigen Prozess eintritt, dann finden die §§ 265, 325 ZPO Anwendung (vgl. Wenzel/*Burkhardt* Kap. 11 Rn. 71). Danach führt der ausgeschiedene Verantwortliche den Prozess in *gesetzlicher Prozessstandschaft* für den neuen Verantwortlichen weiter. 10

c) Nur gegenüber Veröffentlichungen in *periodischen Druckwerken* (in Bayern bei Zeitungen und Zeitschriften) kann ein Anspruch auf Abdruck einer Gegendarstellung bestehen (zu den Begriffen periodisches Druckwerk, Zeitung, Zeitschrift → Kap. 1 Rn. 16 f.). Nach den landesspezifischen Legaldefinitionen wird daher der weitest mögliche Abstand zwischen den Intervallen einer ständig – ggf. auch unregelmäßig – erscheinenden Publikation auf sechs Monate festgelegt (§ 7 LPG; § 2 Abs. 2 Ziff. 2 LMG Saarland; § 3 Abs. 2 Nr. 2 LMG Rheinland-Pfalz; § 4 Abs. 3 11

LPG Hessen; Art. bzw. § 6 Abs. 2 LPG Bayern und Sachsen; § 6 Abs. 4 LPG Berlin, Mecklenburg-Vorpommern und Thüringen). Gemäß Art. 6 Abs. 2 LPG Bayern gibt es keinen Gegendarstellungsanspruch gegen Zeitungen oder Zeitschriften mit einer Auflage von weniger als 500 Stück, sofern sie sich an einen bestimmten Bezieherkreis wendet.

12 d) Die schon zur Zeit der Geltung des § 11 RPG umstrittene Frage, ob sich der Gegendarstellungsanspruch auch auf den *Anzeigenteil* des periodischen Druckwerks erstreckt, wird von den heutigen Landespressegesetzen unterschiedlich beantwortet: Die meisten Landespressegesetze differenzieren und geben den Gegendarstellungsanspruch im Anzeigenteil nur, wenn es sich um *nicht rein geschäftliche Anzeigen* handelt. Der Abdruck hat kostenfrei zu erfolgen in Baden-Württemberg, Brandenburg, Nordrhein-Westfalen, Saarland, Sachsen und Thüringen. Eine Kostenpflicht ist in Berlin, Bremen, Niedersachsen, Rheinland-Pfalz und Sachsen-Anhalt statuiert.

Keine derartige Differenzierung nach dem Charakter der Anzeigen, jedoch die Bestimmung der Kostenpflichtigkeit enthalten die Landespressegesetze von Schleswig-Holstein und Hamburg.

Keinerlei Regelung enthalten schließlich die Landespressegesetze von Bayern, Mecklenburg-Vorpommern und Hessen.

13 e) Die Pflicht zur Gegendarstellung erstreckt sich auch auf die Mitteilungen der Nachrichtenagenturen (§ 7 Abs. 2 LPG; vgl. dazu Recknagel, Das Recht der Gegendarstellung bei Meldungen von Nachrichtenagenturen, 2000). In den Ländern Hessen und Sachsen, in denen dies nicht ausdrücklich gesetzlich geregelt ist, gilt die Bestimmung entsprechend (vgl. OLG Frankfurt a. M. AfP 1983, 414). Nach § 11 Abs. 2 iVm § 3 Abs. 2 Nr. 1b oder c LMG Rheinland-Pfalz besteht zudem die Besonderheit, dass jede Zeitung die Gegendarstellung eines von ihr vorher in Anspruch genommenen Pressedienstes abdrucken muss.

2. *Veröffentlichungen in Rundfunk und Fernsehen*

14 Zur Ausstrahlung im öffentlich-rechtlichen Rundfunk verpflichtet ist nach den jeweiligen Staatsverträgen bzw. Landesmediengesetzen die Rundfunkanstalt, auch wenn die Bezeichnungen variieren und zum Teil von der „Körperschaft" die Rede ist. Bei Sendungen im ARD-Gemeinschaftsprogramm ist gemäß § 8 ARD-Staatsvertrag nur die für diese Sendung verantwortliche Anstalt passiv legitimiert. Für Gegendarstellungen im privaten Rundfunk sehen die jeweiligen Landesmediengesetze vor, dass der jeweilige Anbieter oder Veranstalter verpflichtet ist. Anbieter ist gemäß § 2 TMG jede natürliche oder juristische Person, die eigene oder fremde Telemedien zur Nutzung bereit hält oder den Zugang zur Nutzung vermittelt. Veranstalter ist derjenige, der die Sendung in eigener redaktioneller Verantwortung gestaltet, bearbeitet und/oder verbreitet bzw. darbietet (*Seitz* 4. Kap. Rn. 49 mwN). Wird ohne eigene redaktionelle Verantwortung lediglich die Sendung eines Dritten verbreitet, etwa in den Fensterprogrammen der privaten Fernsehsender, wird vertreten, dass der Anspruch gegen den Dritten zu richten ist (vgl. *Soehring/Hoene* Rn. 29.121, aA Löffler/*Sedelmeier* LPG § 11 Rn. 255).

3. *Internetveröffentlichungen*

15 Bei Internetveröffentlichungen ist gemäß § 20 Abs. 1 S. 1 MStV Verpflichteter der Anbieter von Telemedien. Der Begriff des Diensteanbieters ist in § 2 S. 1 Nr. 1 TMG definiert (dazu *Seitz* 4. Kap. Rn. 54 f.). Danach ist Diensteanbieter jede natürliche oder juristische Person, die eigene oder fremde Telemedien zur Nutzung bereithält oder den Zugang zur Nutzung vermittelt, also auch Netzwerke wie Facebook oder Twitter (*Seitz* 4. Kap. Rn. 54). Ob Anbieter, die nur den Zugang vermitteln (Access-Provider) bzw. nur fremde Inhalte speichern (Host-Provider), richtiger Anspruchsgegner sein können, ist umstritten (vgl. Wenzel/*Burkhardt* Kap. 11 Rn. 342 mwN; *Seitz* 4. Kap. Rn. 55). Da gemäß § 20 Ab. 1 S. 1 MStV aber Voraussetzung ist, dass es sich um ein journalistisch-redaktionell gestaltetes Angebot handelt, wirkt sich der Streit praktisch kaum aus. Letztlich kann sich ein Gegendarstellungsanspruch daher nur gegen den Anbieter eigener Inhalte iSd § 7 Abs. 1 TMG (Content-Provider) richten (vgl. Spindler/Schuster/*Mann* RStV § 56 Rn. 14). Das kann der Verlag eines Druckerzeugnisses sein, der es teilweise oder vollständig auch online anbietet, so dass dieser richtiger Anspruchsgegner sowohl für die Print-Gegendar-

stellung als auch für die Online-Gegendarstellung sein kann (vgl. Spindler/Schuster/*Mann* RStV § 56 Rn. 8). Häufig wird die Online-Ausgabe eines Printmediums aber von einer anderen juristischen Person angeboten, so dass ein Blick ins Impressum ratsam ist.

Ein journalistisch-redaktionell gestaltetes Angebot liegt insbesondere dann vor, wenn vollständig oder teilweise Inhalte periodischer Druckerzeugnisse in Text oder Bild wiedergegeben werden. Damit sind zweifelsfrei Online-Angebote von Printmedien, aber auch reine Online-Zeitungen oder Magazine erfasst, nicht aber private Homepages. Zu fordern sind jedenfalls das Ziel des Anbieters, zur öffentlichen Kommunikation beizutragen, und ein gewisses Maß an Aktualität und Professionalität, so dass eine Vergleichbarkeit mit redaktionell gestalteten Printprodukten besteht (vgl. OLG Bremen NJW 2011, 1611: Zu bejahen bei Homepage einer Rechtsanwaltskanzlei mit ständig aktualisierten Pressemitteilungen; *Seitz* 5. Kap. Rn. 81 ff.). Auch ein Internetblogger kann zur Veröffentlichung einer Gegendarstellung verpflichtet sein, wenn sein Internetblog über ein journalistisch-redaktionell gestaltetes Angebot verfügt, zu aktuellen politischen Fragen Stellung bezogen wird und ein ausreichendes Maß an Faktizität und Professionalisierung der Arbeitsweise und des Grades an organisierter Verfestigung aufweist (KG Berlin 10 W 173/16, BeckRS 2016, 21278). Das kann auch bei einer „privaten" Internetseite der Fall sein (aA Spindler/Schuster/*Mann* RStV § 56 Rn. 11) Das Merkmal der Periodizität schließt dagegen reine Foren oder Internetlexika als Anspruchsverpflichtete aus. Periodisch ist ein Druckerzeugnis gemäß § 7 LPG dann, wenn es ständig, wenn auch unregelmäßig erscheint und der Abstand zwischen den Ausgaben nicht mehr als sechs Monate beträgt.

Werden die Inhalte einer journalistisch-redaktionell gestalteten Internetseite auch über eine App auf mobile Geräte verbreitet, ist der Anbieter der Internetseite auch richtiger Anspruchsgegner für eine Gegendarstellung in der App (LG München AfP 2015, 71). Zu beachten ist, dass die Online-Angebote von Verlagen häufig von anderen juristischen Personen verantwortet werden als die Printveröffentlichungen (so etwa bei „Bild" und „Bild Online").

Gemäß § 5 Abs. 1 TMG müssen bei geschäftsmäßig, in der Regel gegen Entgelt angebotenen Telemedien, Namen und Adresse des Diensteanbieters sowie zahlreiche weitere Informationen leicht erkennbar und ständig verfügbar gehalten werden.

25. Kapitel. Die materiell-rechtlichen Anspruchsvoraussetzungen

I. Tatsachenbehauptung in der Ausgangsmitteilung

1. Der Gegendarstellungsanspruch setzt die Veröffentlichung einer *Tatsachenbehauptung* durch die **1**
Presse voraus. Ausgeschlossen sind damit „Gegendarstellungen" gegen Meinungsäußerungen.

Mit dieser Beschränkung hat der Gesetzgeber gegenüber dem Schutz des einzelnen Betroffenen einer freien Gestaltung der Pressebeiträge durch einen kritischen Journalismus den Vorzug gegeben und dadurch gleichzeitig verhindert, dass die Pressetätigkeit durch eine Abdruckpflicht der verschiedensten Gegenmeinungen unzumutbar behindert wird (vgl. hierzu auch *Schmidt/Seitz* NJW 1991, 1010). Eine Erweiterung des Gegendarstellungsrechts auf Meinungsäußerungen, wie es vereinzelt im Schrifttum gefordert wurde (vgl. *Scheele* NJW 1992, 958; *Stürner,* Gutachten A zum 58. Deutschen Juristentag, S. 91 ff.), ist deshalb abzulehnen (vgl. den entsprechenden Beschluss des 58. Deutschen Juristentages 1990, zitiert bei *Schmidt/Seitz* NJW 1991, 1010).

2. a) Für die *Definition* des Begriffes der Tatsachen und seiner Abgrenzung von Meinungsäußerungen gelten im Gegendarstellungsrecht keine Besonderheiten. Insoweit kann auf die allgemeinen von der Rechtsprechung entwickelten Grundsätze zurückgegriffen werden (vgl. BVerfG AfP 1998, 500; ausführlich *Seitz* 6. Kap. Rn. 3 ff.; *Soehring/Hoene* Rn. 14.4 ff.; → Kap. 42 Rn. 22 ff.).

b) *Tatsachenbehauptungen* sind danach durch die objektive Beziehung zwischen der Äußerung **1a**
und der Realität gekennzeichnet, während Werturteile durch die subjektive Beziehung des Einzelnen zum Inhalt seiner Aussage geprägt werden. Für letztere ist das Element der Stellungnahme und des Dafürhaltens charakteristisch, das Tatsachenbehauptungen fehlt. Anders als die

subjektiv geprägten Meinungsäußerungen sind die Tatsachenbehauptungen folglich als objektive Aussagen dem Beweis zugänglich (vgl. BVerfG AfP 1998, 500; NJW 2010, 3501; BGH AfP 2011, 259; Löffler/*Sedelmeier* LPG § 11 Rn. 91). Zu den Tatsachen gehören nicht nur die äußerlichen, sinnlich wahrnehmbaren Vorgänge, sondern auch die inneren Vorgänge des Seelenlebens, sobald sie zu einer äußeren Erscheinung in Beziehung treten (vgl. *Seitz* 6. Kap. Rn. 4). Wenn diese inneren Vorgänge mit dem Beweis zugänglichen Hilfstatsachen begründet werden, kann eine gegendarstellungsfähige Tatsachenbehauptung vorliegen (vgl. OLG Karlsruhe AfP 2008, 315, wonach bereits der Eindruck ausreichen soll, die Behauptungen über innere Befindlichkeiten würden mit Tatsachen belegt).

Beispiel: A hat Unterlagen gefälscht (= äußere Tatsache), um den Ausschuss dadurch in die Irre zu leiten (= innere Tatsache, vgl. BGH NJW 1992, 1314; OLG Frankfurt a. M. AfP 1983, 281). Auch die Äußerung, ein Rechtsanwalt möge es, wenn er als Prominentenanwalt bezeichnet werde, soll die Behauptung einer inneren Tatsache und damit gegendarstellungsfähig sein (KG Berlin AfP 2019, 362).

Auch *rechtliche Beziehungen* (Rechtstatsachen) können Tatsachen sein: Die Aussagen, „dieses Buch gehört mir" beinhaltet die Tatsachenbehauptung der Eigentümerstellung und ist daher gegendarstellungsfähig (vgl. Löffler/*Sedelmeier* LPG § 11 Rn. 105). Insbesondere wenn juristische Laien juristische Begriffe wie Betrug, Diebstahl oder illegal verwenden, kann aber auch eine Meinungsäußerung vorliegen. Entscheidend ist, ob der durchschnittliche Leser der Äußerung über die Bewertung hinaus auch noch einen konkreten Tatsachenkern entnehmen kann, so dass die Verwendung des Wortes „illegal" sowohl Tatsachenbehauptung (vgl. BGH NJW 1993, 931) als auch Meinungsäußerung (vgl. BGH AfP 1982, 217) sein kann (siehe auch Löffler/*Sedelmeier* LPG § 11 Rn. 105 mwN). Die Äußerung einer Rechtsauffassung zu einem konkreten Sachverhalt ist dagegen ein Werturteil, so dass kein Gegendarstellungsanspruch besteht (vgl. OLG Frankfurt a. M. 11.3.1997 – 16 W 11/97, BeckRS 2014, 21390). Es ist auf das Verständnis eines durchschnittlichen Lesers, also eines juristischen Laiens abzustellen. Mangelt es danach an einem hinreichenden tatsächlichen Gehalt eines Rechtsbegriffes, liegt keine gegendarstellungsfähige Tatsachenbehauptung vor (vgl. BVerfG NJW 2019, 419 – Verpfändung).

2 c) Als wichtigster Maßstab für den Tatsachenbegriff hat sich die *Beweiszugänglichkeit* einer Darstellung erwiesen (vgl. BVerfG AfP 1998, 502; 1994, 126; Löffler/*Sedelmeier* LPG § 11 Rn. 95). Demzufolge ist die Mitteilung „die Sängerin hat das hohe C nicht getroffen" abstrakt dem Beweis zugänglich und damit eine (gegendarstellungsfähige) Tatsachenbehauptung, während der Bericht „die Sängerin hat schlecht gesungen" als (subjektive) Meinungsäußerung einer (objektiven) Beweisführung nicht zugänglich und damit keine Tatsachenbehauptung ist. Auf den *konkreten Beweis* der Unwahrheit der Tatsachenbehauptung kommt es auf Grund des formellen Charakters des Gegendarstellungsrechts jedoch nicht an (vgl. BVerfG NJW 2002, 357; AfP 1998, 502; vgl. → Kap. 29 Rn. 1). Ob eine Äußerung als Tatsachenbehauptung einzustufen ist, bedarf der Ermittlung ihres vollständigen objektiven Aussagegehaltes aus der Sicht eines unvoreingenommenen und verständigen Publikums bei Würdigung ihres Kontextes und der Begleitumstände (vgl. BVerfG AfP 2008, 58; BGH AfP 1997, 635).

2a d) In Einzelfällen kann die Abgrenzung zwischen Tatsachenbehauptung und einer Meinungsäußerung erhebliche Schwierigkeiten bereiten:

(1) Bei gemischten Äußerungen kommt es darauf an, was nach Ansicht des Durchschnittslesers überwiegt (vgl. BVerfG AfP 2004. 47; NJW 1995, 3305; AfP 1989, 532; BGH NJW 1997, 2513; AfP 1994, 296; KG Berlin AfP 1997, 721). Wenn mehrere Äußerungen vorliegen, die zwar äußerlich in einem Text miteinander verbunden sind, sich aber inhaltlich ohne weiteres voneinander trennen lassen, sind die Elemente für sich gesehen getrennt rechtlich zu bewerten (vgl. OLG Köln AfP 1992, 155).

(2) Bei einer *Äußerung im politischen Meinungskampf* gebietet die Beachtung der in Art. 5 GG garantierten Meinungsfreiheit eine eher restriktive Auslegung des Tatsachenbegriffs im Gegensatz zur bloßen Meinungsäußerung (vgl. BVerfG AfP 2003, 538; NJW 2002, 3389; AfP 1998, 500 ff.; BGH NJW 1994, 126; OLG Karlsruhe AfP 1999, 290; → Kap. 42 Rn. 22 ff.).

Demnach ist die Behauptung, eine Partei sei programmlos, keine Tatsachenbehauptung, sondern Meinungsäußerung. Im Rahmen der angesprochenen Privilegierung ist jedoch darauf Wert zu legen, dass sich die Aussage auch tatsächlich im politischen Meinungskampf abspielt.

Allein der Umstand, dass sich ein Politiker zu einem brisanten Thema äußert, kann nicht entscheidend sein (vgl. OLG München MDR 1994, 30 mAnm *Kiethe/Fruhmann*).

(3) Formulierungen, in denen eine reine Bewertung von tatsächlichen Vorgängen zum Ausdruck kommt, sind grundsätzlich nicht als Tatsachenbehauptung einzustufen. Die Bezeichnung eines querschnittsgelähmten Reserve-Offiziers als „geb. Mörder" und „Krüppel" ist zB als Meinungsäußerung einzustufen (vgl. BVerfG NJW 1992, 2073, dazu *Kriele* NJW 1994, 1899 f.). Gleiches gilt für die Titulierung als „Zwangsdemokrat" (vgl. BVerfG AfP 1990, 192), die Äußerung „Faschistenfreund" (vgl. BVerfG NJW 1990, 1980) oder die Bezeichnung eines Fußballspielers im Zusammenhang mit dessen schlechten Leistungen als „Abkassierer" (vgl. OLG Celle AfP 1997, 819). Die Äußerung, die Deutsche Unitarier Religionsgemeinschaft sei eine „Nazi-Sekte", ist als Meinungsäußerung anzusehen, wenn lediglich eine plakative Bewertung von tatsächlichen Umständen beabsichtigt ist (vgl. OLG Hamburg AfP 1992, 165). Anders kann es sein, wenn beim Leser durch die Äußerung konkrete Vorstellungen eines mit Mitteln des Beweises überprüfbaren Sachverhalts hervorgerufen werden. Bleibt die Äußerung aber völlig substanzlos, liegt keine Tatsachenbehauptung vor (vgl. BVerfG NJW 2010, 3501). Das gleiche gilt bei ironisch geprägten Aussagen, denen sich letztlich keine eindeutige Bedeutung zuordnen lässt (vgl. BVerfG NJW 2017, 1537).

Rhetorische Fragen, bei denen der Zweck der Äußerung bereits mit der Stellung der Frage erreicht ist, sind je nach ihrem Aussagegehalt als Meinungsäußerung oder Tatsachenbehauptung zu bewerten. Dagegen sind *echte Fragen,* bei denen eine noch nicht feststehende Antwort erwartet wird, als Meinungsäußerung zu behandeln (vgl. BGH NJW 2004, 1034 f.; BVerfG AfP 1992, 52; OLG Hamburg AfP 1995, 517; LG Offenburg NJW-RR 2001, 1052; → Kap. 42 Rn. 22 ff.). Es ist auch unzulässig, in eine an sich offene Frage auf dem Titelbild einer Zeitschrift die (verdeckte) gegendarstellungsfähige Tatsachenbehauptung, es gebe für das Aufwerfen der Frage hinreichende tatsächliche Anhaltspunkte, hineinzuinterpretieren (vgl. BVerfG NJW 2018, 1596; zweifelhaft daher OLG Hamburg ZUM 2018, 546).

e) Auch bildliche Darstellungen, Fotos und Karikaturen können den Gegendarstellungs- 3
anspruch auslösen, sofern darin Tatsachenbehauptungen enthalten sind (vgl. LG München AfP 2003, 373; OLG Hamburg AfP 1984, 115; OLG München AfP 1979, 364). Dem Bild muss aber eine konkrete Tatsache entnommen werden können. Allein der Umstand, dass es sich bei dem veröffentlichten Bild um eine Fotomontage handelt, stellt noch keine zur Gegendarstellung führende Tatsachenbehauptung dar (vgl. OLG Karlsruhe AfP 2011, 282). Eine verdeckte Aussage kann sich auch aus dem Zusammenhang zwischen Fotos und der Titelschlagzeile ergeben (vgl. OLG Karlsruhe BeckRS 2019, 17481).

(1) Die Entgegnung kann grundsätzlich durch ein „Gegenbild" erfolgen, auch wenn dies in der Praxis schwierig sein dürfte und allenfalls dann angebracht sein kann, wenn die Version des Betroffenen schwer in Worte zu fassen ist. Veröffentlicht die Presse beispielsweise über einen Verkehrsunfall eine (unzutreffende) Skizze, so besteht für den Betroffenen ein beachtliches Interesse an einer Veröffentlichung einer nach seiner Sichtweise richtigen Aufzeichnung. Die Entgegnung kann dann aber auch in wörtlich beschreibender Art sein (vgl. OLG München AfP 1979, 364). Ein „Gegenbild" kann aber nicht bereits deshalb gefordert werden, weil der Ausgangstext mit einem besonders auffälligen Foto versehen war (vgl. OLG Hamburg AfP 1984, 115).

(2) Bei einer *Satire oder Karikatur* ist zu beachten, dass diese Kunstgattungen mit Übertreibungen, Verzerrungen und Verfremdungen arbeiten. Sie können bei der Feststellung und Qualifizierung des Gehaltes daher nicht ohne Weiteres anderen Aussagen gleichgestellt werden. Um ihren Aussagegehalt festzustellen, ist die Satire oder Karikatur von ihrer in Wort und Bild gewählten Verzerrung zu lösen (vgl. BVerfG AfP 1992, 133; 1987, 677). Der Aussagekern und seine Einkleidung sind dann jeweils daraufhin zu überprüfen, ob sie eine Tatsachenbehauptung enthalten. Um eine Basis für die wertende Aussage der Satire oder Karikatur zu haben, wird der Aussagekern meist auf einer (allgemein bekannten) Tatsache aufbauen. Hiergegen mit dem Gegendarstellungsrecht vorzugehen, ist zulässig. Die Verfremdung hingegen, die gerade darauf gerichtet ist, ein Zerrbild der Wirklichkeit zu schaffen, wird man regelmäßig als eine Meinungsäußerung einordnen können (vgl. BVerfG AfP 1998, 53; OLG Frankfurt a. M. AfP 1982, 179; *Soehring/Hoene* Rn. 14.49).

3a f) Schließlich kann ein Gegendarstellungsanspruch auch bestehen, wenn ein bloßer Verdacht geäußert oder ein Gerücht verbreitet wird, sofern der Äußerung eine Tatsachenbehauptung entnommen werden kann (vgl. *Seitz* 6. Kap. Rn. 18). Sofern allerdings aufgrund der mitgeteilten Tatsachen lediglich ein entsprechender Eindruck entstehen kann, muss dieser für einen unvoreingenommenen Leser zwingend sein; bei einer Mehrdeutigkeit der Aussage besteht kein Gegendarstellungsanspruch (BVerfG AfP 2008, 58, sogleich → Rn. 12).

4 3. Die Tatsachenbehauptung muss *aufgestellt,* dh dem Leserkreis zur Kenntnis gebracht worden sein. Dabei ist es unerheblich, ob die Mitteilung mit Vorbehalt, als sicher oder nur wahrscheinlich, mit Bestimmtheit oder Zweifeln (uU auch bei einer Vermutung: OLG Düsseldorf AfP 1985, 124; LG Düsseldorf AfP 1992, 315) erfolgt ist. Auch auf einen in der Erstmitteilung nur geäußerten Verdacht kann erwidert werden (vgl. Paschke/Berlit/Meyer/Kröner/*Meyer* 39. Abschnitt Rn. 24 f.).

Ist die Äußerung mehrdeutig, kann der Abdruck einer Gegendarstellung nur verlangt werden, wenn sich die Tatsachenbehauptung als unabweisliche Schlussfolgerung aufdrängt (vgl. BVerfG AfP 2008, 58). In dieser Entscheidung hat das Bundesverfassungsgericht klargestellt, dass anders als bei Unterlassungsansprüchen wie im Fall Stolpe (vgl. BVerfG AfP 1998, 506) es wegen der besonderen Bedeutung der Abdruckverpflichtung für die Presse für eine Verurteilung nicht genügt, dass lediglich eine nicht fernliegende Deutung zu einer gegendarstellungsfähigen Tatsachenbehauptung führt. Nach dieser Maßgabe erscheint auch die Auffassung zweifelhaft, dass ein Anspruch auf Gegendarstellung dann in Betracht kommen soll, wenn die beanstandete Äußerung mindestens ebenso gut als Tatsachenbehauptung wie als Meinungsäußerung zu verstehen ist (so KG Berlin ZUM-RD 2005, 53).

5 Nach Sinn und Zweck des Gegendarstellungsrechts kann die Abdruckpflicht auch nicht davon abhängen, ob die Mitteilung *als eigene oder fremde* („wie die X-Zeitung berichtet"; Leserbriefe; „die Y-Nachrichtenagentur teilt mit" usw) gebracht worden ist (vgl. OLG Karlsruhe NJW-RR 2000, 323; *Seitz* 6. Kap. Rn. 10). Für die Beeinträchtigung des Einzelnen durch die Tatsachenbehauptung macht dies keinen Unterschied, zudem könnte die Abdruckpflicht sonst durch entsprechende äußere Form der Mitteilung allzu leicht umgangen werden (vgl. OLG Frankfurt a. M. AfP 1985, 290; vgl. → Rn. 24). Richtet sich die Gegendarstellung gegen eine nur wiedergegebene Behauptung eines Dritten, so muss dies freilich im Wortlaut der Entgegnungserklärung kenntlich gemacht werden (vgl. OLG Karlsruhe NJW-RR 2000, 323; OLG Hamburg AfP 1983, 343). Das gilt nach zutreffender Auffassung auch dann, wenn der Äußerung des Dritten *inhaltlich* begegnet werden soll (vgl. *Seitz* 6. Kap. Rn. 10; LG Dresden AfP 2010, 592; OLG Karlsruhe AfP 2009, 267; einschränkend Löffler/*Sedelmeier* LPG § 11 Rn. 108). Zitiert eine Zeitung wörtlich eine Abgeordnete mit dem Vorwurf, jemand arbeite mit Nazis zusammen, darf der Betroffene in seiner Gegendarstellung die Erstmitteilung aber nicht dahingehend wiedergeben, dass in dem Artikel behauptet werde, er arbeite mit Nazis zusammen. Denn das war die Behauptung der Abgeordneten, nicht die der Redaktion, die sie sich allein durch die Wiedergabe des Zitats noch nicht zu eigen gemacht hat (vgl. LG Dresden AfP 2010, 592). Möglich ist in derartigen Fällen auch die Entgegnung, der Dritte habe sich nicht wie zitiert geäußert, da jedes Zitat die konkludente Tatsachenbehauptung enthält, der Dritte habe sich wie zitiert geäußert.

6 Auch das *Verschweigen* wesentlicher Momente kann als Aufstellung einer Tatsachenbehauptung zu werten sein, wenn durch die Kürzung der geschilderte Sachverhalt eine abweichende Darstellung erfährt. Allerdings muss dadurch eine Auswirkung auf eine andere im Text enthaltene Tatsachenbehauptung feststellbar sein, etwa wenn sich aufgrund der verschwiegenen Umstände sich dem Leser eine andere Tatsache als unabweisliche Schlussfolgerung aufdrängt (vgl. *Seitz* 6. Kap. Rn. 20). So besteht bei einer bloßen Nichtnennung eines bedeutenden Herstellers in einem Produkttest kein Gegendarstellungsanspruch, wenn sich dem Textbericht nicht die Behauptung entnehmen lässt, es seien alle oder alle wichtigsten Hersteller getestet worden (vgl. LG Köln AfP 1981, 416).

II. Die Entgegnungserklärung

1. Die Abdruckpflicht der Presse setzt voraus, dass die Gegendarstellung *keinen strafbaren Inhalt* hat und sich auf *tatsächliche Angaben* beschränkt, die mit den Tatsachenbehauptungen der Erstmitteilung in einem *direkten gedanklichen Zusammenhang* stehen (§ 11 Abs. 2 LPG). 7

a) Der Ausschluss von Gegendarstellungen, durch die ein Straftatbestand (vornehmlich Beleidigung und Verleumdung) erfüllt würde, ergibt sich zwangsläufig aus dem Strafrecht. Der in den meisten Landespressegesetzen (§§ 19, 20 oder 21 LPG) enthaltene Hinweis auf die allgemeinen Strafgesetze hat also lediglich deklaratorische Bedeutung (vgl. auch → Kap. 17 Rn. 9). Damit wird klargestellt, dass eine Verpflichtung des Verlegers oder des verantwortlichen Redakteurs aus § 11 LPG keinen Rechtfertigungsgrund bieten kann. Ein *„strafbarer Inhalt"* ist dann gegeben, wenn die Gegendarstellung eine Strafnorm tatbestandsmäßig und rechtswidrig erfüllt (vgl. §§ 12, 11 Abs. 1 Ziff. 5 StGB). Das wird angesichts des weiten Schutzes der Meinungsfreiheit aus Art. 5 GG selbst dann kaum der Fall sein, wenn ein Bericht als „lügenhaft" oder „verleumderisch" bezeichnet wird (vgl. aber Löffler/*Sedelmeier* LPG § 11 Rn. 119), wobei dies aber ohnehin keine konkrete tatsächliche Entgegnung auf die Ausgangsmitteilung darstellt. Einen strafbaren Inhalt kann eine Gegendarstellung dagegen dann haben, wenn ihr Inhalt den Tatbestand der üblen Nachrede gemäß § 186 StGB hinsichtlich einer dritten Person erfüllt (vgl. *Seitz* 5. Kap. Rn. 176).

Verstößt der Inhalt der Gegendarstellung gegen *zivilrechtliche Normen,* so berührt dies die Zulässigkeit zunächst nicht. Würde durch die Gegendarstellung in das *Persönlichkeitsrecht* einer unbeteiligten dritten Person in ungerechtfertigter Weise eingegriffen, kann ihr Abdruck aber nach dem Grundsatz von Treu und Glauben abgelehnt werden (vgl. *Seitz* 5. Kap. Rn. 178). So darf etwa auch in einer Gegendarstellung nicht der Name eines von einem strafrechtlichen Ermittlungsverfahren Betroffenen genannt werden, wenn dies nach den allgemeinen Grundsätzen (vgl. dazu BVerfG AfP 2009, 46) in einem Zeitungsartikel unzulässig wäre. Diese Grundsätze gelten auch im Verhältnis zwischen Presse und Gegendarstellungsgläubiger (vgl. LG Oldenburg NJW 1986, 1269). Werden Rechte Dritte durch die Gegendarstellung unverhältnismäßig beeinträchtigt, kann es schließlich auch an einem berechtigten Interesse an dem Abdruck der Gegendarstellung fehlen bzw. die Gegendarstellung ist wegen Irreführung unzulässig, wenn durch sie ein falscher Eindruck über den Dritten erweckt wird (s. unten unter III.).

Ein weiterer Ausschlusstatbestand war in § 11 Abs. 3 S. 6 LPG Saarland aF zu finden. Danach konnte das Gegendarstellungsverlangen abgelehnt werden, wenn die Entgegnung geeignet war, den öffentlichen Frieden zu stören, indem sie die „Menschenwürde anderer dadurch verletzt, dass sie Personen wegen ihrer Rasse oder ihrer Zugehörigkeit zu einer ethnischen oder religiösen Gruppe diskriminierend angreift". Inhaltlich stellte die Norm keine Neuerung dar, weil ähnliche Fälle über § 242 BGB abgelehnt werden können (vgl. *Seitz* NJW 1994, 2915; Löffler/*Sedelmeier* LPG § 11 Rn. 118). Im neuen LMG Saarland findet sich deshalb diese Bestimmung auch nicht mehr.

b) Der Gegendarstellungstext muss sich auf *tatsächliche Angaben* beschränken. Entsprechend dem Schutzzweck des Gegendarstellungsrechts sollen nur *Tatsachen gegen Tatsachen,* nicht Meinungsäußerungen gegen Meinungsäußerungen gestellt werden. Der Begriff „tatsächliche Angaben" ist in *gleicher Weise* wie sonst Tatsachenbehauptungen von Werturteilen und Meinungen abzugrenzen. 8

Die tatsächliche Angabe kann in Form bloßer Zurückweisung der Erstmitteilung („es ist nicht zutreffend, dass …") wie auch durch summarische oder detaillierte Stellungnahme („wahr ist vielmehr, dass …") erfolgen. Bei einer reinen Negation besteht aber die Gefahr, dass die Gegendarstellung irreführend wird, da vielfach Äußerungen mehrere Tatsachen beinhalten und dann unklar sein kann, was genau nicht zutreffend ist. Wenn auf die Behauptung, jemand sei wegen Raubes zu einer Freiheitsstrafe verurteilt worden, entgegnet wird, dies sei falsch, ist die Gegendarstellung irreführend, wenn der Betroffene zwar nicht wegen Raubes, wohl aber wegen Diebstahls oder nur zu einer Geldstrafe verurteilt wurde (vgl. *Seitz* 5. Kap. Rn. 151; *Soehring/Hoene* Rn. 29.33).

Enthält der Gegendarstellungstext sowohl tatsächliche Angaben als auch Meinungsäußerungen, so sind der Verleger bzw. der verantwortliche Redakteur ohne Zustimmung des Betroffenen weder *berechtigt noch verpflichtet,* den zulässigen Teil *herauszuschälen* und abzudrucken. Vielmehr kann die Entgegnung insgesamt zurückgewiesen werden (vgl. OLG Düsseldorf AfP 2001, 327; Löffler/*Sedelmeier* LPG § 11 Rn. 125 – → Kap. 26 Rn. 1).

9 c) Nicht aus dem Gesetzeswortlaut, aber aus Sinn und Zweck des Gegendarstellungsrechts ergibt sich als weitere Zulässigkeitsvoraussetzung, dass die tatsächlichen Angaben der Gegendarstellung in einem *direkten gedanklichen Zusammenhang* zu den in der Erstmitteilung enthaltenen Tatsachenbehauptungen stehen, dh sie muss konkret auf den Inhalt der Erstmitteilung, so wie diese von einem verständigen und unvoreingenommenen Leser verstanden wird, erwidern (vgl. *Soehring/Hoene* Rn. 29.29; *Seitz* 5. Kap. Rn. 153). Die Entgegnung muss das Spiegelbild zur Ausgangsmitteilung und darf nicht ihrerseits interpretationsbedürftig sein (BVerfG NJW 2019, 419). Der Betroffene soll die Möglichkeit zur Stellungnahme und Korrektur eines in sein Persönlichkeitsrecht eingreifenden Berichts, aber nicht darüber hinausgehend die Gelegenheit haben, die eingeräumte Veröffentlichung zu eigener Publikationstätigkeit zu nutzen (vgl. OLG Hamburg AfP 1989, 466; LG Düsseldorf AfP 1993, 498; LG Köln AfP 1981, 416).

Wird zB bei einem Bericht über Kraftfahrzeugbetriebe behauptet, die Firma X stelle lediglich Teile für Motorräder her, so kann diese entgegnen, dass sie die Produktion auf Autoteile erweitert habe, sie darf jedoch nicht hinzufügen, dass sie zur Produktionssteigerung demnächst eine moderne Fabrikhalle errichten werde. Eine solche Gegendarstellung kann insgesamt zurückgewiesen werden.

Allerdings ist der *Vortrag neuer Tatsachen* zulässig, um die Unrichtigkeit der Ausgangsmitteilung zu belegen (vgl. OLG Karlsruhe AfP 1992, 373; OLG Frankfurt a. M. AfP 1985, 290) oder darzustellen, dass das Gegenteil des Berichts zutrifft. Um die Gefahr einer Irreführung durch die bloße Negation einer Behauptung zu vermeiden, wird dies vielfach erforderlich sein. Es bestehen daher keine Bedenken gegen einen erklärenden Zusatz, soweit dieser zum Verständnis der Entgegnung erforderlich ist (vgl. OLG Karlsruhe AfP 2007, 494). Werden zB die hygienischen Verhältnisse eines Krankenhauses geschildert, so ist die Verwaltung nicht auf das (negative) Bestreiten der Darstellung beschränkt; sie kann vielmehr tatsächliche Angaben hinzufügen, die die Zustände als besonders gut erscheinen lassen. Dagegen handelt es sich um einen unzulässigen Vortrag neuer Tatsachen, wenn eine Person in einer Gegendarstellung nicht nur bestreitet, eine ihr zugeschriebene abträgliche Bemerkung gemacht zu haben, sondern sie nun ihrerseits diese Äußerung dem Reporter zurechnet, der für den Artikel recherchiert hat (vgl. OLG Hamburg AfP 1989, 465). Unzulässig wird die Gegendarstellung auch dann, wenn sie sich nicht auf die für die Entgegnung notwendigen Tatsachen beschränkt, sondern ergänzende Informationen liefert, die nichts mit der behaupteten Unrichtigkeit oder dem gerügten Eindruck zu tun haben (vgl. OLG Hamburg AfP 1987, 625; *Seitz* 5. Kap. Rn. 157 f.). Die Gegendarstellung muss aber aus sich heraus verständlich sein auch für den Leser, der die Ausgangsmitteilung nicht gelesen hat (vgl. Paschke/Berlit/Meyer/Kröner/*Meyer* 39. Abschnitt Rn. 20 f.).

10 d) Statt einer entgegengesetzten Sachverhaltsschilderung kann die Gegendarstellung auch lediglich eine *Ergänzung* enthalten. Diese ist aber nur möglich, wenn der Betroffene ein berechtigtes Interesse an ihr hat. Das ist dann der Fall, wenn eine Ergänzung notwendig ist, um einem falschen, durch die Erstveröffentlichung entstandenen Eindruck entgegenzutreten, wobei nach der neueren Rechtsprechung des Bundesverfassungsgerichts der Eindruck sich als unabweisliche Schlussfolgerung darstellen muss (vgl. BVerfG AfP 2008, 58). Entscheidend ist hierbei der Eindruck des Durchschnittslesers (vgl. → Kap. 24 Rn. 2). Ergänzungen sind aber auch zulässig, wenn sie für das Verständnis des Lesers erforderlich oder notwendig sind, um die Gegendarstellung plastischer zu machen oder die Gefahr der Irreführung auszuschließen (vgl. OLG München AfP 2001, 137).

Die Mitteilung, die Firma A habe auf einer Fachausstellung in C keinen Preis erhalten, berechtigt diese zu der Entgegnung, dass sie in C gar nicht ausgestellt habe (vgl. Löffler/*Sedelmeier* LPG § 11 Rn. 129). Denn aus der Erstmitteilung ergibt sich der zwingende Eindruck, die Firma A habe an der Fachausstellung in C teilgenommen und daher einen Preis erhalten können.

Im Falle der Ergänzung ist der *Vortrag neuer Tatsachen* naturgemäß am weitesten gedeckt. Doch ist auch hier zu prüfen, ob diese sich im Rahmen des Berichtigungszweckes halten (vgl. OLG Hamburg AfP 1987, 626). Eine Gegendarstellung dient nicht der Herausstellung der eigenen

Leistung oder der Verbreitung von politischen Botschaften (vgl. *Seitz* 5. Kap. Rn. 158). Eine unzulässige Selbstdarstellung in einer Gegendarstellung kann zum Beispiel dann vorliegen, wenn die eigene Tätigkeit als Rechtsanwalt zu sehr herausgestellt wird (vgl. OLG München AfP 1997, 823).

e) Für die sachgerechte Anknüpfung an die Ausgangsmitteilung ist es erforderlich, diese in der Gegendarstellung mit Erscheinungsort und Datum konkret zu bezeichnen und diejenigen Tatsachenbehauptungen, gegen die sich die Gegendarstellung wendet, konkret und zutreffend wiederzugeben (vgl. Soehring/Hoene § 29 Rn. 29.28). Eine wörtliche Wiedergabe ist zwar nicht vorgeschrieben, aber ratsam, da es unzulässig ist, den Inhalt der Erstmitteilung unrichtig, sinnverfälschend oder irreführend darzustellen (vgl. *Seitz* 5. Kap. Rn. 131 mwN). Richtet sich die Gegendarstellung gegen einen Eindruck, muss dies durch eine entsprechende Formulierung klargestellt werden (vgl. OLG Düsseldorf AfP 2008, 83). **11**

III. Berechtigtes Interesse

1. Dass ein Recht auf Abdruck einer Gegendarstellung entfällt, wenn der Betroffene kein *berechtigtes Interesse* an einer Veröffentlichung hat, wird von den meisten Landespressegesetzen ausdrücklich bestimmt. Diese Ausnahme gilt als *allgemeines Rechtsprinzip* (vgl. BGH NJW 1965, 1231; OLG Schleswig AfP 2004, 125; OLG Dresden AfP 2002, 55; *Seitz* 5. Kap. Rn. 182; Löffler/*Sedelmeier* LPG § 11 Rn. 52) auch in den Ländern, in denen das Gesetz in dieser Hinsicht keine Regelung enthält. In diesem Fall handelt es sich bei dem Fehlen eines berechtigten Interesses um eine von dem in Anspruch Genommenen darzulegende und ggf. glaubhaft zu machende Einwendung. Das gleiche gilt gemäß § 20 Abs. 2 Nr. 1 MStV für Gegendarstellungen gegen journalistisch-redaktionell gestaltete Telemedienangebote. **12**

Das Erfordernis des berechtigten Interesses ist ein materieller Gesichtspunkt, der maßgeblich von den Umständen des Einzelfalls abhängig ist. So kann das berechtigte Interesse fehlen, wenn es sich um reine Belanglosigkeiten handelt (vgl. OLG Köln AfP 1989, 565: Amtsgericht, nicht Staatsanwaltschaft hatte Beschlagnahme angeordnet; OLG Dresden AfP 2002, 52). Es ist aber nicht erforderlich, dass die Ausgangsmitteilung eine Ehrverletzung beinhaltet. Der Gegendarstellungsanspruch ist nur dadurch begrenzt, dass er nicht in Betracht kommt, wenn es um Tatsachenbehauptungen geht, die sich nicht nennenswert auf das Persönlichkeitsbild des Betroffenen auswirken können (vgl. BVerfG AfP 1998, 184). Ein berechtigtes Interesse ist ferner zu verneinen, wenn die Zeitung bereits in ihrem Bericht der Richtigkeit der Mitteilung nachdrücklich („offensichtlich unwahr“) entgegengetreten ist (vgl. auch *Seitz* 5. Kap. Rn. 209; → Kap. 25 Rn. 13) oder der Betroffene in der Ausgangsmitteilung bereits selbst ausreichend zu Wort gekommen ist (vgl. LG Berlin AfP 2006, 381; Soehring/Hoene Rn. 29.38). Das gilt aber nur, wenn er zu allen Aspekten der Gegendarstellung seine Sichtweise darstellen konnte und diese nicht als unglaubwürdig erscheinend dargestellt oder durch den weiteren Inhalt des Artikels entwertet wird (vgl. KG Berlin BeckRS 2007, 65290). Das berechtigte Interesse entfällt auch, wenn nachfolgend eine Richtigstellung abgedruckt wird und diese geeignet ist, durch Platzierung und Inhalt entstandene Fehlvorstellungen auszuräumen (vgl. KG Berlin BeckRS 2008, 19869; OLG Schleswig AfP 2004, 125; OLG Dresden NJW 1997, 1379; Wenzel/*Burkhardt* Kap. 11 Rn. 34). Das bloße Angebot einer klarstellenden Berichterstattung, deren genauer Wortlaut nicht verbindlich festliegt, ist allerdings nicht geeignet, das berechtigte Interesse zu beseitigen (vgl. LG Oldenburg AfP 1986, 85). Die Berichtigung muss eindeutig sein und den gleichen Leserkreis und Aufmerksamkeitswert erreichen wie die Ausgangsmitteilung (OLG Düsseldorf AfP 2016, 163). **13**

Das berechtigte Interesse entfällt auch nicht deshalb, weil der Betroffene eine von der Zeitung angebotene Gelegenheit zur Stellungnahme nicht genutzt hat, da dies zur Rechtewahrung auf eine Pflicht zur Auskunft Privater gegenüber der Presse hinauslaufen würde (vgl. Wenzel/*Burkhardt* Kap. 11. Rn. 33). Anders kann es aber sein, wenn der Betroffene selbst die Angelegenheit öffentlich gemacht und sich dazu bereits geäußert hat. Das berechtigte Interesse fehlt aber nicht bereits dann, wenn der Betroffene sich zunächst gegenüber der Presse äußert, dann die Äußerungen aber unter Drohung mit einer Gegendarstellung wieder zurücknimmt (BVerfG 2018, 2250). **14**

Das berechtigte Interesse fehlt auch, wenn die Gegendarstellung irreführend ist (vgl. LG Berlin AfP 2008, 532; OLG Naumburg AfP 2006, 464; OLG München AfP 1998, 515; *Seitz* 5. Kap. Rn. 200 ff.). Wann dies der Fall ist, hängt stets von den konkreten Umständen des Einzelfalls ab. Die Gefahr der Irreführung besteht häufig dann, wenn sich die Gegendarstellung auf eine bloße Negation beschränkt (→ Rn. 8).

15 Weiterhin ist ein berechtigtes Interesse dann zu verneinen, wenn die Gegendarstellung *offenkundig unwahr* ist (vgl. BVerfG NJW 2002, 356; AfP 1998, 184; OLG Karlsruhe AfP 1992, 373; *Seitz* 5. Kap. Rn. 192 ff.; *Soehring/Hoene* Rn. 29.32 ff.). An sich ist der Gegendarstellungsanspruch allerdings wahrheitsunabhängig. Dies ist Folge des aus der staatlichen Schutzpflicht für das Persönlichkeitsrecht folgenden Gebots der Sicherstellung gleicher publizistischer Wirkung (vgl. BVerfG AfP 1998, 184; → Kap. 29 Rn. 1). Im gerichtlichen Verfahren muss ein Antragsteller daher nicht glaubhaft machen, dass die in der Gegendarstellung behaupteten Tatsachen zutreffend sind.

16 *Offenkundigkeit* in diesem Sinne liegt nur dann vor, wenn eine Tatsache allgemein- oder gerichtsbekannt (§ 291 ZPO) ist oder sich bereits aus dem eigenen Vortrag des Antragstellers ergibt; es gelten strenge Anforderungen (vgl. OLG Karlsruhe NJW 2006, 621; LG Berlin 9.1.2001 – 27 O 785/00, nv; *Soehring/Hoene* Rn. 29.32). Vorausgesetzt ist somit, dass die Unwahrheit der Tatsachenbehauptung der Gegendarstellung so klar auf der Hand liegt, dass sie ohne Glaubhaftmachung zweifelsfrei feststeht (vgl. BVerfG NJW 2002, 357; OLG Karlsruhe NJW 2006, 621; Löffler/*Sedelmeier* LPG § 11 Rn. 63). Es reicht daher nicht aus, durch Vorlage einer eidesstattlichen Versicherung die Unwahrheit glaubhaft zu machen, sofern Aussage gegen Aussage steht (LG München NJOZ 2014, 941). Es ist umstritten, inwieweit entsprechend konkreter Vortrag den Anspruchsteller dazu zwingen kann, gemäß § 138 Abs. 3 ZPO seinerseits konkreter zu der behaupteten Unwahrheit vorzutragen (vgl. dazu *Schippan* ZUM 2014, 959).

Das berechtigte Interesse entfällt wegen des unterschiedlichen Streitgegenstandes (vgl. → Kap. 29 Rn. 1) nicht, wenn neben dem Antrag auf Gegendarstellung noch Ansprüche auf Unterlassung, Widerruf oder Schadensersatz verfolgt werden (vgl. BGH NJW 1964, 1132; Löffler/*Sedelmeier* LPG § 11 Rn. 66). Im Einzelfall kann wegen einer bereits veröffentlichten Richtigstellung oder eines Widerrufes aber das berechtigte Interesse an der Gegendarstellung entfallen.

17 2. Keine Pflicht zum Abdruck besteht ferner, wenn die Gegendarstellung nach ihrem *Umfang nicht angemessen* ist (zur abweichenden Regelung in Bayern und Hessen vgl. → Rn. 19).

Nach § 11 Abs. 2 LPG gilt der Umfang der Gegendarstellung dann (jedenfalls) als angemessen, wenn sie den Umfang der Erstmitteilung (hinsichtlich des den Anspruchsteller betreffenden Textes) nicht überschreitet. Darüber hinaus ist Maßstab für die Angemessenheit, welcher Raum zur deutlichen, konzentrierten Stellungnahme zu den in der Erstmitteilung enthaltenen Tatsachenbehauptungen notwendig ist (vgl. OLG Düsseldorf AfP 2006, 473; OLG Hamburg ZUM 1994, 118; OLG Hamburg 8.2.1990 – 3 U 223/89, nv; Wenzel/*Burkhardt* Kap. 11 Rn. 122 ff.).

Bei der Prüfung des *Umfanges* der Gegendarstellung ist somit *kein kleinlicher Maßstab* anzulegen (nachdrücklich Wenzel/*Burkhardt* Kap. 11 Rn. 124). Abzustellen ist auf den Zweck des Entgegnungsrechts und die Umstände des Einzelfalles (vgl. OLG Karlsruhe AfP 2009, 267; OLG Düsseldorf AfP 1988, 160; OLG Hamburg AfP 1985, 53). Für eine Titelseite vertritt das OLG Karlsruhe die Auffassung, dass die Gegendarstellung wegen deren besonderer Funktion für ein Presseerzeugnis (dazu BVerfG AfP 1998, 184) einen Umfang von 150 Prozent der Ausgangsmitteilung nicht überschreiten darf (vgl. OLG Karlsruhe NJW 2006, 621). Das mag im Allgemeinen angemessen sein; auch insoweit dürfte es aber stets auf die Umstände des Einzelfalls ankommen. Das OLG Karlsruhe hat auch klargestellt, dass diese Beschränkung nicht für den Innenteil gilt (vgl. OLG Karlsruhe AfP 2009, 267).

Die Überschreitung des Umfangs der Erstmitteilung ist insbesondere dann gerechtfertigt, wenn eine durch ein Schlagwort aufgestellte Tatsachenbehauptung richtig gestellt werden soll oder es sich um einen komplexen Sachverhalt handelt. Schon im Allgemeinen nimmt die Widerlegung einer Tatsachenbehauptung mehr Raum in Anspruch als ihre Aufstellung, da häufig die bloße Negation irreführend sein wird (vgl. *Seitz* 5. Kap. Rn. 168). Bei Veröffentlichungen im Internet ist zudem zu berücksichtigen, dass der zur Verfügung stehende Platz für die Gegendarstellung praktisch nicht begrenzt ist.

Im Einzelfall kann sogar eine *erhebliche Überschreitung* des Textes der Erstmitteilung noch gerechtfertigt sein, wobei der Teil der Gegendarstellung, der für die Wiedergabe der Erstmitteilung verwendet wird, ohnehin bei der Prüfung des angemessenen Umfangs nicht berücksichtigt werden darf (vgl. OLG Karlsruhe AfP 2009, 267). Ob die Gegendarstellung noch in angemessenem Umfang auf die Erstmitteilung erwidert, sollte aber im Hinblick auf das Ziel des Gegendarstellungsrechts, den Betroffenen überhaupt seine Sichtweise darlegen zu können, nicht zu streng beurteilt werden. So hat das OLG Karlsruhe (AfP 2007, 494) zu Recht entschieden, dass allein die Tatsache, dass eine notwendige Ergänzung in der Gegendarstellung statt in zwei Sätzen auch in einem Satz hätte erfolgen können, die Gegendarstellung nicht insgesamt unzulässig macht.

Trotz Übereinstimmung mit dem Textumfang der Erstmitteilung kann der Umfang der Gegendarstellung unzulässig sein. Dies ist dann der Fall, wenn der Betroffene sich nicht auf die notwendige Information beschränkt, sondern nur weitschweifig Zeilen füllt (vgl. OLG Düsseldorf AfP 2006, 473; *Seitz* 5. Kap. Rn. 169). Als zu *geschwätzig* können Gegendarstellungen aber nur in ganz eindeutigen Fällen abgelehnt werden. So kann nicht der Abdruck eines ganzen Interviews verlangt werden, wenn sich der Antragsteller nur gegen einzelne Tatsachenbehauptungen des ursprünglichen Interviews wendet (vgl. LG Düsseldorf AfP 2010, 87). Letztlich kommt es darauf an, ob es sich noch um eine Entgegnung auf die Tatsachenbehauptung in der Ausgangsmitteilung handelt, oder ob es um einen Sachverhalt geht, der damit nicht mehr in unmittelbarem Zusammenhang steht und für das Verständnis der Entgegnung auch nicht erforderlich ist (vgl. *Seitz* 5. Kap. Rn. 169). **18**

Überschreitet der Gegendarstellungstext den sachlich angemessenen Umfang, so kann er insgesamt zurückgewiesen werden. Zu einer Kürzung ist die Presse weder berechtigt (§ 11 Abs. 3 LPG) noch verpflichtet.

Ist der Umfang der Gegendarstellung nicht unangemessen, so haben Abdruck und Veröffentlichung *kostenfrei* zu erfolgen.

Nach den Landespressegesetzen von *Hessen und Bayern* (Art. bzw. § 10 Abs. 3 bzw. Abs. 2 LPG) besteht eine abweichende Regelung insofern, als Folge der (in Bayern „wesentlichen") Überschreitung des angemessenen Umfanges *nicht die Zurückweisung* der Gegendarstellung, sondern deren teilweise *Kostenpflichtigkeit* ist. Es müssen hinsichtlich des überschreitenden Teiles die üblichen Einrückungsgebühren gezahlt werden. Das OLG München hat eine wesentliche Überschreitung und damit eine Kostenpflichtigkeit angenommen, wenn der Text der Gegendarstellung doppelt so lang wie die Ausgangsmitteilung ist (vgl. OLG München AfP 1999, 72). **19**

26. Kapitel Die formellen Anspruchsvoraussetzungen

I. Das Abdruckverlangen

Die Presse bzw. Rundfunkveranstalter und Anbieter von Telemedien sind erst dann zum Abdruck der Gegendarstellung verpflichtet, wenn ihr zusätzlich zur Gegendarstellungserklärung ein *Abdruckverlangen* zugegangen ist (zu den prozessualen Auswirkungen bei Fehlen des Abdruckverlangens vgl. → Kap. 28 Rn. 8). **1**

1. Das *Abdruckverlangen,* also die Erhebung des Anspruchs auf Abdruck und Veröffentlichung der Gegendarstellung, ist an *keine Form* gebunden, es kann mündlich (telefonisch), schriftlich, uU auch durch schlüssige Handlung (Zusendung der Gegendarstellung) geltend gemacht werden (vgl. OLG Schleswig AfP 1982, 45). Praktisch fallen Abdruckverlangen und Zuleitung der gewünschten Gegendarstellung zumeist zusammen, so dass es auf eine Differenzierung zwischen der Zuleitung und dem Abdruckverlangen kaum je ankommen wird (dazu Löffler/*Sedelmeier* LPG § 11 Rn. 149 ff.).

Das Abdruckverlangen kann von dem Betroffenen, gegebenenfalls von seinem gesetzlichen Vertreter unterzeichnet werden. Im letzteren Fall reicht es aus, dass das Vertretungsverhältnis nur irgendwie zum Ausdruck kommt (vgl. OLG Schleswig AfP 1982, 45). Da es sich um eine rechtsgeschäftliche Willenserklärung handelt, kann das Abdruckverlangen auch von einem *Bevollmächtigten* (Rechtsanwalt) geltend gemacht werden (vgl. auch OLG Bremen AfP 1979, 157). Es gilt in diesem Fall § 174 BGB, wonach der Bevollmächtigte auf Verlangen des Empfängers eine *Vollmachtsurkunde* vorlegen muss. Die Vorlage einer beglaubigten Abschrift oder die Übersendung eines Faxes genügen nicht; es muss das Original übersandt werden (vgl. Palandt/*Heinrichs* BGB § 174 Rn. 5).

2. Das Abdruckverlangen kann der Presse gleichzeitig mit der Gegendarstellung oder zeitlich vor dieser übermittelt werden. Auch ist es unschädlich, wenn umgekehrt zunächst die Gegendarstellung und erst nachfolgend das Abdruckverlangen der Presse zugeht; in jedem Falle ist jedoch darauf zu achten, dass dies *rechtzeitig geschieht* (vgl. → Rn. 2).

Es besteht keine Pflicht des Verpflichteten zur Reaktion auf das Abdruckverlangen (*Soehring/Hoene* Rn. 29.58) Lediglich Kostennachteile können durch eine unterlassene Mitteilung über die Veröffentlichung entstehen, wenn der Betroffene den Verpflichteten zu einer solchen Mitteilung aufgefordert hat und in Unkenntnis einer Veröffentlichung ein gerichtliches Verfahren anstrengt (so KG Berlin AfP 2007, 245).

Es ist zulässig und angesichts der oftmals bestehenden Schwierigkeit insbesondere bei längeren Texten zu beurteilen, auf welche Passagen der Ausgangsmitteilung welche Erwiderung zulässig ist, durchaus ratsam, das Abdruckverlangen auf mehrere unterschiedliche Versionen der Gegendarstellung zu beziehen und diese zusammen zuzuleiten. Es muss dann aus dem Abdruckverlangen aber unmissverständlich hervorgehen, dass der Betroffene durch den Abdruck einer Fassung seinen Gegendarstellungsanspruch insgesamt als erfüllt ansieht (vgl. OLG Hamburg ZUM 2018, 546). Nach anderer Ansicht soll sich aus dem höchstpersönlichen Charakter des Gegendarstellungsanspruchs ergeben, dass die Auswahl nicht dem Verpflichteten überlassen wird (Wenzel/*Burkhardt* Kap. 11 Rn. 146). Das überzeugt nicht. Lediglich in extrem Fällen bei einer Vielzahl von Versionen ganz unterschiedlichen Inhalts könnte sich das Verhalten des Betroffenen als rechtsmissbräuchlich erweisen (vgl. OLG Köln BeckRS 2014, 16140). Bei einer späteren Geltendmachung im Prozess ist dann wegen § 253 Abs. 2 S. 2 ZPO aber die Reihenfolge anzugeben, in der die unterschiedlichen Versionen verlangt werden. Sollten diese sich im Hinblick auf Inhalt oder Größe wesentlich unterscheiden und nur nach einem Hilfsantrag verurteilt werden, kommen auch gemäß § 92 Abs. 1 S. 1 ZPO Kostennachteile in Betracht.

II. Fristen

2 1. Welche Fristen für die Geltendmachung des Gegendarstellungsanspruchs gegenüber der Presse gelten, ist in den Landespresse- und rundfunkgesetzen bzw. den Staatsverträgen unterschiedlich geregelt. Ganz überwiegend müssen Abdruckverlangen und Gegendarstellung der Presse aber *unverzüglich* zugeleitet werden, zudem gibt es eine Ausschlussfrist von maximal drei Monaten (LPG Bayern enthält keine Frist; LPG Hessen fordert allein „Unverzüglichkeit"). Für das Erfordernis der Unverzüglichkeit ist auf die tatsächliche Kenntnisnahme, nicht auf den im Druckwerk angegebenen Tag des Erscheinens abzustellen (vgl. die ausdrückliche Regelung in Sachsen: „unverzüglich nach Kenntniserlangung"; *Seitz* 5. Kap. Rn. 35 mwN). Dagegen beginnt die kenntnisunabhängige dreimonatige Ausschlussfrist mit der *Veröffentlichung* der Erstmitteilung. Für Gegendarstellungen im Internet verlangt § 20 Abs. 2 Nr. 4 MStV ebenfalls eine unverzügliche Zuleitung der Gegendarstellung, spätestens sechs Wochen nach dem letzten Tage des Angebots des beanstandeten Textes, jedenfalls jedoch spätestens drei Monate nach der erstmaligen Einstellung des Angebots in das Internet.

3 2. *Unverzüglich* bedeutet gemäß § 121 Abs. 1 BGB *„ohne schuldhaftes Zögern"*. Das wird von einigen Gerichten im Gegendarstellungsrecht dahingehend verstanden, dass eine Frist von 14 Tagen regelmäßig angemessen für die Geltendmachung der Gegendarstellung ist (vgl. OLG Frankfurt a. M. 15.9.2011 – 16 W 39/11, nv; OLG Hamburg NJW-RR 2001, 186; OLG Stuttgart AfP 2006, 252; LG Dresden AfP 2010, 595; so auch Wenzel/*Burkhardt* Kap. 11 Rn. 149 ff.; Paschke/Berlit/Meyer/Kröner/*Meyer* 39. Abschnitt Rn. 40 ff.). Zugleich soll der Zugang regelmäßig nicht mehr rechtzeitig sein, wenn er mehr als zwei Wochen erfolgt, nachdem der Betroffene von der Presseveröffentlichung Kenntnis erlangt hat (vgl. OLG Hamburg AfP 2011, 72). Überzeugender als eine starre Zwei-Wochen-Frist erscheint es, ohne Bindung an starre Fristen stets unter Würdigung aller Umstände des Einzelfalls zu entscheiden, ob der Betroffene schuldhaft gezögert hat (vgl. KG Berlin AfP 2009, 62; *Soehring/Hoene* Rn. 29.63 f.;

Seitz 5. Kap. Rn. 39). Auch nach den allgemeinen Grundsätzen ist maßgeblich, dass dem Betroffenen eine angemessene Überlegungsfrist bleiben muss, bevor er sich für die Geltendmachung eines Anspruchs entscheidet (vgl. Palandt/*Heinrichs* BGB § 121 Rn. 3). Eine starre Frist von zwei Wochen, in der der Anspruch höchstens geltend gemacht werden kann, ist damit unvereinbar (vgl. BVerfG NJW 1983, 1179). Wie lange diese Überlegungs- und Beratungsfrist mindestens zu bemessen ist, kann nur unter Berücksichtigung der konkreten Umstände des Einzelfalls entschieden werden, wobei der erkennbare Wille des Gesetzgebers, zur Wahrung der Aktualität das Verfahren nach Möglichkeit zu beschleunigen, berücksichtigt werden muss (*Seitz* 5. Kap. Rn. 38).

3. Maßgebliche Gesichtspunkte können insbesondere sein: Die Komplexität der Materie, wie 4
schnell es dem Betroffenen möglich ist, einen im Presserecht erfahrenen Rechtsanwalt hinzuziehen, ob er sich im Zeitpunkt der Veröffentlichung im Ausland aufhält, ob es sich um eine täglich erscheinende oder nur wöchentlich/monatlich erscheinende Publikation handelt, ob die Verzögerung durch den Anspruchsgegner mitverursacht ist, etwa weil zunächst der Abdruck in Aussicht gestellt oder zumindest ernsthaft darüber verhandelt wurde usw. Wenn der Betroffene schnell einen Anwalt findet, der bereits nach vier Tagen Unterlassungsansprüche geltend macht, ist die Zuleitung einer Gegendarstellung 13 Tage nach der Veröffentlichung nicht mehr unverzüglich, wenn keine nachvollziehbaren Gründe für das Abwarten bei dem Gegendarstellungsanspruch bestehen. Es spielt auch keine Rolle, ob die Angelegenheit noch in der Öffentlichkeit behandelt wird, da dies im Zeitpunkt, in dem der Betroffene unverzüglich handeln muss, regelmäßig ohnehin nicht vorhersehbar ist, und die Frage der Unverzüglichkeit nicht aufgrund nachträglicher Entwicklungen beurteilt werden kann (vgl. KG Berlin AfP 2009, 61). Eine schuldhafte Verzögerung durch den Betroffenen kann auch dann vorliegen, wenn die Gegendarstellung zunächst dem falschen Anspruchsgegner zugeleitet wird (vgl. OLG Düsseldorf AfP 2008, 523).

Sofern in einem späteren gerichtlichen Verfahren die Unverzüglichkeit bestritten ist, trägt der Betroffene die Darlegungslast dafür, warum er die Gegendarstellung nicht früher begehrte (vgl. OLG Hamburg AfP 1994, 225). Ggf. muss er durch eine eidesstattliche Versicherung glaubhaft machen, wann er erstmals von der Veröffentlichung erfahren hat und warum er nicht früher eine Gegendarstellung zuleiten konnte.

4. Das Aktualitätsgebot ist in Bayern von besonderer Bedeutung. Dieses Bundesland enthält 5
keine Fristenbegrenzung. Daraus kann aber nicht der Schluss gezogen werden, dass das Abdruckverlangen zeitlich unbeschränkt geltend gemacht werden kann. Vielmehr kann der Abdruck nur innerhalb der Aktualitätsgrenze begehrt werden (vgl. OLG München AfP 2001, 137; 2001, 126; 1988, 373). Diese setzt das OLG München je nach Tages- oder Wochenzeitung zwischen vier und sechs Wochen an, wobei in dieser Zeit nicht nur dem Verpflichteten, sondern auch dem Gericht die Gegendarstellung zugegangen sein muss und noch innerhalb der Aktualitätsgrenze darüber mündlich im Eilverfahren verhandelt werden kann (vgl. OLG München NJOZ 2014, 1534; AfP 2001, 126).

5. Hat der Betroffene nicht unverzüglich den Abdruck verlangt oder – auch ohne Verschulden 6
– die Drei-Monats-Frist versäumt, so entfällt der Gegendarstellungsanspruch. Die Drei-Monats-frist gilt gemäß § 20 Abs. 2 Nr. 4 MStV auch für Internetveröffentlichungen. Für die *gerichtliche Geltendmachung* ergibt sich aus den Landespressegesetzen keine Frist (vgl. aber zur Aktualitätsgrenze in Bayern OLG München, NJOZ 2014, 1534). Es besteht aber Einigkeit darüber, dass ein Gegendarstellungsanspruch nicht zeitlich unbegrenzt nach der Zuleitung gerichtlich geltend gemacht werden kann (→ Kap. 28 Rn. 10).

6. Der Betroffene kann *ohne Schaden für die Unverzüglichkeit* seiner Gegendarstellung vor und 7
während des gerichtlichen Gegendarstellungsverfahrens die Fassung seiner Gegendarstellung mit dem Ziel der Mängelbeseitigung *ändern,* allerdings unter der Voraussetzung, dass alle in diesem Zusammenhang erforderlichen Maßnahmen unverzüglich ergriffen werden (vgl. OLG Düsseldorf AfP 2001, 327; OLG München AfP 2001, 137; OLG Hamburg AfP 1985, 208; Wenzel/*Burkhardt* Kap. 11 Rn. 156). Bleibt der Antragsteller nach einem gerichtlichen Hinweis dagegen vier Wochen lang untätig, fehlt es an der Unverzüglichkeit (vgl. OLG Düsseldorf AfP 2001, 327). Zu beachten ist aber, dass es sich der Sache nach um dieselbe Gegendarstellung handelt; also nicht die Gegendarstellung durch Aufnahme neuer Punkte nachträglich erweitert wird (vgl.

Soehring/Hoene Rn. 29.69). Die ursprüngliche Fassung muss auch zumindest formell ordnungsgemäß gewesen sein; auch bei groben Mängeln der Erstfassung kann die Zeit bis zur Einreichung der Zweitfassung eine verschuldete Verzögerung darstellen (vgl. OLG Stuttgart AfP 2006, 252; vgl. *Seitz* 5. Kap. Rn. 53 mwN).

8 7. Gegendarstellung und Abdruckverlangen müssen, um wirksam zu sein, innerhalb der vorgenannten Frist der Presse *zugegangen* sein. – Dieser Zeitpunkt hat besondere Bedeutung für die Frage, *wann* die Veröffentlichung erfolgen muss („nächstfolgende Nummer", § 11 Abs. 3 LPG).

Als empfangsbedürftige Willenserklärung ist das Abdruckverlangen dann im Sinne von § 130 BGB zugegangen, wenn es so in den Machtbereich des Empfängers (hier also des verantwortlichen Redakteurs oder des Verlegers) gelangt ist, dass bei Annahme gewöhnlicher Verhältnisse mit der Kenntnisnahme durch den Empfänger zu rechnen war (vgl. BGH NJW 1983, 930; 1980, 990; 1965, 966). Es genügt also auch, wenn Abdruckverlangen und Gegendarstellung zu den Personen im Pressehaus gelangen, die zur Entgegennahme von Postsendungen bestimmt sind.

Hinsichtlich der Adressierung sollte klargestellt werden, wer in Anspruch genommen wird: Der Verleger oder der verantwortliche Redakteur, auch wenn in den Landespressegesetzen, nach denen der Zugang an Verleger oder verantwortlichen Redakteur erfolgen muss, beide durch die Zuleitung an einen von ihnen verpflichtet werden (vgl. *Seitz* 5. Kap. Rn. 24). Ein Blick ins Impressum hilft hinsichtlich der konkreten Bezeichnung meist weiter.

III. Formvorschriften

9 Die maßgeblichen Landespressegesetze schreiben für die Gegendarstellung, wenn auch in unterschiedlichen Formulierungen, die Schriftform und die Unterzeichnung durch den Betroffenen oder seinen Vertreter vor. Das ergibt sich im Übrigen auch aus der zumindest entsprechenden Anwendung von § 126 BGB (vgl. Löffler/*Sedelmeier* § 11 Rn. 142; *Seitz* 5. Kap. Rn. 90). Das Gleiche gilt für die Landesrundfunkgesetze bzw. Staatsverträge sowie gemäß § 20 Abs. 2 Nr. 4 MStV für Gegendarstellungen im Internet.

10 1. *Schriftlich* in diesem Sinne ist jede Art von Fixierung durch Druck oder Schrift im Gegensatz zu mündlicher oder telefonischer Darstellung (vgl. auch OLG Köln AfP 1985, 151).

a) Soll die Gegendarstellung durch ein „Gegenbild" erfolgen (vgl. → Rn. 11), so ist die Schriftlichkeit entsprechend dem Fixierungszweck auch bei einem Bild als gewahrt anzusehen, sofern es unterzeichnet wird (vgl. *Seitz* 5. Kap. Rn. 91; Löffler/*Sedelmeier* LPG § 11 Rn. 138).

b) Die Gegendarstellung muss in solcher Form abgefasst sein, dass der Text ohne weiteres abgedruckt werden kann. Das ergibt sich bereits daraus, dass der Anspruchsgegner nicht befugt ist, eigenmächtig Änderungen an der begehrten Gegendarstellung vorzunehmen (vgl. → Kap. 27 Rn. 4) Unschädlich ist es dabei, wenn der Gegendarstellungstext Teil eines Gesamtschreibens (beispielsweise verbunden mit dem Abdruckverlangen) ist, sofern der abzudruckende Teil des Schreibens durch Einrücken oÄ von dem übrigen Teil klar getrennt ist (vgl. *Soehring/Hoene* Rn. 29, 56).

c) Soll die Gegendarstellung in einer deutschsprachigen Zeitung erscheinen, so muss dies in deutscher Sprache geschehen (vgl. Löffler/*Sedelmeier* LPG § 11 Rn. 140; Wenzel/*Burkhardt* Kap. 11 Rn. 127). Soll die Gegendarstellung in einem fremdsprachigen Druckwerk erscheinen, so kann die Entgegnung auch in der jeweiligen Sprache der Ausgangsmitteilung abgedruckt werden (vgl. LG Darmstadt AfP 2005, 484, für eine in Deutschland erscheinende türkischsprachige Zeitung). Ob in einem solchen Fall eine in deutscher Sprache verfasste Gegendarstellung unzulässig ist (so LG Darmstadt AfP 2005, 484), ist umstritten (vgl. die Nachweise bei *Seitz* 5. Kap. Fn. 230). Nach dem das Gegendarstellungsrecht durchdringenden Grundsatz der Waffengleichheit wird man allerdings die Sprache der Ausgangsmitteilung auch für die Gegendarstellung verlangen dürfen, um den gleichen Empfängerkreis zu gewährleisten, zumal eine deutschsprachige Gegendarstellung in einer ansonsten türkischsprachigen Zeitung deren Leser auch irritieren dürfte (aA *Seitz* 5. Kap. Rn. 92).

11 2. Die Gegendarstellung muss *unterzeichnet* sein. Dies wird in den meisten Landespressegesetzen ausdrücklich bestimmt. Lediglich die Landespressegesetze von Berlin, Bremen, Sachsen-Anhalt und Niedersachsen sagen zur Unterzeichnung nichts aus. Da jedoch auch dort die

Schriftform vorgesehen ist, ergibt sich das Erfordernis der Unterzeichnung aus § 126 Abs. 1 BGB. Diese Norm bezieht sich nämlich auf alle Fälle, bei denen per Gesetz die Schriftform vorgesehen ist.

Durch die Unterzeichnung muss die Entgegnung räumlich abgeschlossen werden (vgl. Palandt/*Ellenberger* BGB § 126 Rn. 5). Im Falle des oben genannten Gesamtschreibens genügt es aber, wenn sich eine Unterschrift nur am Schluss des Schreibens befindet, da sich in diesem Fall die Unterzeichnung offenkundig auch auf den Gegendarstellungstext bezieht und dessen räumliche Abgeschlossenheit schon durch die äußere Form (Einrücken oÄ) erkennbar ist (vgl. OLG Dresden 4 U 132/17, juris Rn. 3 f.). Nicht ausreichend ist es aber, wenn nur das gesonderte Abdruckverlangen unterschrieben ist.

a) Die Unterzeichnung muss im Hinblick auf den Wortlaut des § 126 Abs. 1 BGB und den höchstpersönlichen Charakter der Gegendarstellungserklärung eigenhändig, das heißt *handschriftlich* vollzogen werden (vgl. LG Frankfurt a. M. AfP 2009, 73; Wenzel/*Burkhardt* Kap. 11 Rn. 131; *Seitz* 5. Kap. Rn. 98). Daher genügen faksimilierte oder gestempelte Unterschriften genauso wenig dem Erfordernis der Eigenhändigkeit wie Unterschriften durch sonstige mechanische Hilfsmittel (vgl. Palandt/*Ellenberger* BGB § 126 Rn. 8). **12**

Davon zu trennen ist die Frage, ob die handschriftlich unterzeichnete Gegendarstellung im *Original* zugeleitet werden muss oder ob zB eine *Kopie* davon das Formerfordernis erfüllt. Dieses Problem hat eine große praktische Bedeutung, da die Kommunikation per *Telefax und Email mit eingescannten Dokumenten* heute bereits weitgehend die klassische Geschäftspost ersetzt hat. Die herrschende Meinung bejaht bei empfangsbedürftigen Willenserklärungen, die der Schriftform bedürfen, eine Wirksamkeit nur bei Zugang der formgerecht errichteten Erklärung beim Empfänger, so dass die Übermittlung per Fax nicht ausreicht (vgl. Palandt/*Ellenberger* BGB § 126 Rn. 12 mwN). Für prozessuale Erklärungen wird dagegen die Übermittlung per Fax als ausreichend erachtet (vgl. BGH GS NJW 2000, 2340).

Für die Zuleitung einer Gegendarstellung besteht insbesondere das OLG Hamburg auf der Zuleitung im Original, so dass die Übermittlung einer Gegendarstellung nur per Fax innerhalb der maßgeblichen Frist diese nicht wahrt, auch wenn das Original später nachgesandt wird (vgl. OLG Hamburg AfP 2011, 72; 1989, 746; so auch Löffler/*Sedelmeier* LPG § 11 Rn. 154, ähnlich Soehring/Hoene Rn. 29.52). Nach Auffassung des OLG Hamburg ist die Zuleitung des Originals innerhalb der Unverzüglichkeitsfrist eine materielle Anspruchsvoraussetzung für die Gegendarstellung. Die Formgebundenheit sei auch kein Selbstzweck, sondern Voraussetzung für eine Prüfung durch den Empfänger, da sich die Einzelheiten wie Farbe der verwendeten Schreiber und Nuancen der Strichführung nur am Original erkennen ließen. Nach Meinung der meisten anderen Obergerichte genügt dagegen die Übermittlung der zuvor eigenhändig unterschriebenen Gegendarstellung per Telefax jedenfalls zur Fristwahrung (vgl. OLG Dresden ZUM-RD 2007, 117; OLG Frankfurt a. M. 13.9.2011 – 16 W 39/11, nv; OLG München AfP 1999, 72; OLG Hamm BeckRS 2015, 4884; OLG Saarbrücken AfP 1992, 287). Zum Teil wird die Form bei Übermittlung per Fax jedenfalls dann als gewahrt gesehen, wenn sie ohne Zwischenempfänger übermittelt wird (vgl. OLG Köln BeckRS 2018, 19145 zu Art. 10 LPG Bayern; KG Berlin AfP 1993, 748). Auch bei Gegendarstellungen gemäß § 56 RStV (heute § 20 MStV) wurde die Zuleitung einer unterschriebenen Gegendarstellung per Fax für ausreichend erachtet (vgl. OLG Bremen NJW 2011, 1611).

Angesichts dieser erheblichen Rechtsunsicherheit sollte jedenfalls stets auch neben der Übermittlung per Fax oder Email die Gegendarstellung im Original zugeleitet werden, auch wenn die Gepflogenheiten des Geschäftsverkehrs und die Eilbedürftigkeit des Gegendarstellungsverfahrens für die Auffassung sprechen, die eine Zuleitung per Fax ausreichen lässt. Diese sollte zumindest für die Fristwahrung genügen (so auch *Seitz* 5. Kap. Rn. 72). Zu einer vertieften Prüfung der Originalunterschrift kommt es im regelmäßig im Eilverfahren zu entscheidenden Gegendarstellungsrecht ohnehin nicht, wenngleich dem OLG Hamburg zuzubilligen sein mag, dass seine Auffassung dogmatisch konsequenter ist.

Nach bayerischem Landespresserecht (Art. 10 Abs. 1 S. 3) kann die Beglaubigung der Unterschrift verlangt werden, wenn sich begründete Zweifel an deren Echtheit ergeben. Eine anwaltlich beglaubigte Kopie der Gegendarstellung genügt dem Unterzeichnungserfordernis jedoch nicht (vgl. LG Düsseldorf AfP 1993, 498).

13 b) Ebenfalls umstritten ist die Frage, ob die Unterzeichnung der Gegendarstellung durch einen *Bevollmächtigten* möglich ist, oder ob die Unterzeichnung durch den Betroffenen persönlich erfolgen muss.

(1) Die meisten Landespressegesetze halten die Unterzeichnung durch einen Bevollmächtigten nicht für möglich, so Baden-Württemberg, Brandenburg, Hamburg, Hessen, Mecklenburg-Vorpommern, Nordrhein-Westfalen, Rheinland-Pfalz, Saarland, Sachsen, Schleswig-Holstein, Thüringen. Dort muss die Unterschrift von dem Betroffenen persönlich stammen (vgl. OLG Frankfurt a. M. AfP 2003, 459; OLG Hamburg AfP 1989, 746; OLG Schleswig AfP 1982, 45; OLG Stuttgart AfP 1979, 30; Löffler/*Sedelmeier* LPG § 11 Rn. 146). Das Gleiche gilt für Bayern, wo der Wortlaut freilich missverständlich von der Unterzeichnung durch den *Einsender* spricht (vgl. OLG München NJW 1990, 2895; Wenzel/*Burkhardt* Kap. 11 Rn. 130). Mit Ausnahme von Hessen, Bayern und Thüringen erkennen alle Landespressegesetze die *Unterzeichnung* durch den *gesetzlichen Vertreter* ausdrücklich an. Die gesetzliche Vertretung ist jedoch auch in diesen drei Ländern zulässig, da anderenfalls juristischen Personen die Anspruchsstellung unmöglich wäre. Die jeweiligen Vertretungsregeln sind aber zu beachten: Sind die Geschäftsführer einer juristischen Person lediglich gesamtvertretungsberechtigt, genügt die Unterschrift eines Geschäftsführers nicht (vgl. LG Düsseldorf AfP 1993, 498). Bei einer Aktiengesellschaft reicht die Unterzeichnung durch ein Vorstandsmitglied nach Auffassung des OLG Düsseldorf aber dann, wenn das Vorstandsmitglied zwar nicht gemäß § 78 Abs. 2 S. 1 AktG nach der Satzung alleinvertretungsberechtigt, aber gemäß § 78 Abs. 4 AktG entsprechend ermächtigt worden ist (vgl. OLG Düsseldorf AfP 2006, 473; ablehnend Soehring/Hoene Rn. 29.54). Besonderheiten können sich auch bei der Vertretung von öffentlich-rechtlichen Körperschaften, Behörden oder kirchlichen Institutionen ergeben (vgl. OLG München AfP 2000, 360; *Seitz* 5. Kap. Rn. 11 f.).

(2) Die Landespressegesetze von Berlin, Bremen, Niedersachsen und Sachsen-Anhalt fordern zwar auch die Schriftform, treffen aber bezüglich der Unterzeichnung keine Regelung. Fraglich ist, ob in diesen Bundesländern die *gewillkürte Stellvertretung* zulässig ist. Alle Obergerichte der betroffenen Länder, das KG Berlin (NJW 1970, 2029), das OLG Bremen (AfP 1978, 157), das OLG Celle (NJW-RR 1988, 957) und das OLG Naumburg (NJW-RR 2000, 475) haben diese Frage bejaht. Zur Begründung wird auf den Rechtsgedanken aus § 126 BGB verwiesen, bei dem eine Stellvertretung rechtlich anerkannt ist (vgl. KG Berlin NJW 1970, 2029). Bedenken gegen diese Auffassung ergeben sich aus dem höchstpersönlichen Charakter der Gegendarstellung (vgl. OLG Hamburg AfP 1989, 746; *Seitz* 5. Kap. Rn. 119; Wenzel/*Burkhardt* Kap. 11 Rn. 138). Diese Bedenken werden von der Gegenmeinung als lebensfremd und formalistisch abgelehnt (vgl. die Nachweise bei Löffler/*Sedelmeier* LPG § 11 Rn. 147). In den betroffenen Ländern spielt der Streit heute keine Rolle, da die gewillkürte Stellvertretung anerkannt ist und auch ein praktisches Bedürfnis dafür besteht, dass etwa der bevollmächtigte Anwalt die Gegendarstellung bei Auslandsaufenthalt seines Mandanten geltend macht. Allerdings sollte schon im Hinblick auf die manchmal umstrittene Frage, welches Landesrecht anwendbar ist (vgl. oben) vorsichtshalber stets die Unterzeichnung durch den Betroffenen oder einen gesetzlichen Vertreter erfolgen.

(3) Für Gegendarstellungen im Internet verlangt § 20 Abs. 2 S. 4 MStV, dass die Gegendarstellung von dem Betroffenen oder seinem gesetzlichen Vertreter unterzeichnet ist, so dass die gewillkürte Stellvertretung hier ausgeschlossen ist. Das gleiche gilt für die meisten Landesrundfunkgesetze bzw. Staatsverträge.

IV. Ausnahmen von der Veröffentlichungspflicht

14 1. Allgemein hat der Verpflichtete die Veröffentlichungspflicht nicht zu erfüllen, wenn formelle oder materielle Voraussetzungen des Gegendarstellungsanspruchs fehlen (dies gilt trotz des zu engen Wortlautes auch für das LPG Bayern). Nach dem im Gegendarstellungsrecht gültigen *Alles-oder-Nichts-Prinzip* genügt es dabei, wenn lediglich ein formales oder inhaltliches Kriterium nicht erfüllt ist (vgl. OLG Celle AfP 2010, 475; OLG Karlsruhe AfP 2003, 439; OLG München AfP 1992, 304; Wenzel/*Burkhardt* Kap. 11 Rn. 166). Eine andere Frage ist, ob im gerichtlichen Verfahren noch Änderungen zulässig sind und diese dem Verleger bzw. verantwortlichen Redakteur zugeleitet werden müssen (vgl. → Kap. 28 Rn. 12).

Ist der Entgegnungstext beispielsweise nicht ordnungsgemäß unterschrieben oder enthält er Meinungsäußerungen usw (vgl. → Kap. 25 Rn. 9 ff.), so kann der Verpflichtete den Abdruck ablehnen. Der Verleger bzw. der verantwortlicher Redakteur sind *nicht verpflichtet,* an der Abfassung einer ordnungsgemäßen Gegendarstellung *mitzuwirken.* Den *Grund der Ablehnung* muss der Verpflichtete nicht mitteilen (vgl. *Seitz* 8. Kap. Rn. 5 mwN). Anders ist dies, soweit Landesmediengesetze eine entsprechende Begründungspflicht vorsehen, wie zum Beispiel Art. 17 Abs. 4 S. 1 BayRG. Unter Umständen kann eine unterlassene Mitteilung über eine Veröffentlichung der verlangten Gegendarstellung aber nachteilige Kostenfolgen haben.

2. Ausnahmen von der Abdruckpflicht in einem anderen Sinne, nämlich *gesetzliche Einschränkungen des Anwendungsbereiches* des Gegendarstellungsrechts, enthalten § 7 Abs. 3 LPG und § 11 Abs. 5 LPG. **15**

Danach unterliegen die amtlichen und die sog. harmlosen, nur dem häuslichen, geselligen Bereich dienenden Druckwerke nicht dem Entgegnungszwang (§ 7 Abs. 3 LPG; vgl. auch → Kap. 12 Rn. 19 ff.). Ferner besteht kein Gegendarstellungsanspruch bei wahrheitsgetreuen Berichten über öffentliche Sitzungen gesetzgebender oder beschließender Organe bzw. der Gerichte in Deutschland (§ 11 Abs. 5 LPG; vgl. auch Art. 42 Abs. 3 GG und §§ 36, 37 StGB – vgl. → Kap. 49 Rn. 20). Die Landespresse-/-mediengesetze von Brandenburg, Rheinland-Pfalz, Sachsen und Thüringen haben das Privileg auch auf übernationale parlamentarische bzw. auf gesetzgebende Organe der Europäischen Union ausdehnt (vgl. Wenzel/*Burkhardt* Kap. 11 Rn. 42 ff.; *Klute* AfP 1993, 543 f.). Entsprechende Ausnahmen bestehen nach den meisten landesrechtlichen Bestimmungen auf für Gegendarstellungen im Rundfunk sowie gemäß § 20 Abs. 4 MStV für die Anbieter journalistisch-redaktionell gestalteter Telemedien.

Wahrheitsgetreu ist die Berichterstattung über eine Gerichtsverhandlung oder eine Parlamentssitzung dann, wenn sie ein „zutreffendes Gesamtbild" über den Prozess vermittelt (vgl. LG Berlin AfP 1992, 177). Ob dasjenige, was der einzelne Teilnehmer an der Verhandlung von sich gegeben hat, seinerseits wahr oder unwahr ist, ist unerheblich. Die Privilegierung soll gerade vermeiden, dass kontroverse Inhalte aus dem Gerichtssaal heraus- und zwischen dem Betroffenen und der Presse weiter ausgetragen werden (vgl. *Seitz* 5. Kap. Rn. 224). Ein Gegendarstellungsanspruch des Angeklagten zu dem Verlauf der gegen ihn gerichteten Hauptverhandlung ist somit ausgeschlossen, wenn die Gegendarstellung gegen den Inhalt dessen gerichtet ist, was von der Presse in zutreffender Weise als Gegenstand der Gerichtsverhandlung berichtet wurde (vgl. LG Berlin AfP 1992, 177). Ein Gegendarstellungsanspruch ist aber möglich, wenn ein Betroffener geltend macht, eine behauptete Äußerung sei in der Sitzung oder in dem Prozess gar nicht oder so nicht gefallen. Umstritten ist, ob es in diesem Fall auf die Wahrheit der Gegendarstellung ankommt (vgl. die Nachweise bei *Soehring/Hoene* Rn. 29.26). Nach zutreffender Ansicht dürfte dies angesichts des eindeutigen Wortlauts der Regelungen der Fall sein; im Streitfall aber als Einwendung gegen den an sich bestehen Anspruch vom Verpflichteten darzulegen und glaubhaft zu machen sein (vgl. *Seitz* 5. Kap. Rn. 227; aA OLG Jena AfP 2007, 559 (Glaubhaftmachungslast beim Betroffenen; zum Problem der prozessualen Wahrheitsermittlung vgl. → Kap. 28 Rn. 11).

27. Kapitel. Die Erfüllung der Veröffentlichungspflicht

I. Print

1. Die Gegendarstellung muss in der nächstfolgenden Nummer, in dem gleichen Teil des Druckwerkes und mit gleicher Schrift wie der beanstandete Text abgedruckt werden. Einschaltungen und Weglassungen sind unzulässig (§ 11 Abs. 3 LPG). **1**

Die Gegendarstellung ist gemäß § 11 Abs. 3 LPG in der nach Empfang der Einsendung *nächstfolgenden,* für den Druck noch *nicht abgeschlossenen* Nummer abzudrucken (§ 10 Abs. 2 S. 1 LPG Bayern verlangt „unverzüglichen" Abdruck). Diese Regelung ist Ausdruck einer Interessenabwägung zwischen dem Interesse des Einsenders an alsbaldiger Veröffentlichung und dem der Zeitung an einem reibungslosen und termingerechten Betriebsablauf. Der Betroffene soll mit seiner Ansicht die Aufmerksamkeit der Leser erreichen können. Das setzt voraus, dass die

Angelegenheit noch nicht aus dem Bewusstsein der Leser verschwunden ist (vgl. → Kap. 25 Rn. 26).

Eine Nummer ist für den Druck dann *abgeschlossen,* wenn der *Umbruch,* dh die Zusammenstellung des gesetzten Zeitungstextes zu einer Ausgabe, die Verteilung des Textes auf die einzelnen Seiten sowie die Aufmachung *fertig gestellt* ist (vgl. Wenzel/*Burkhardt* Kap. 11 Rn. 169; *Seitz* 7. Kap. Rn. 4) oder doch soweit fortgeschritten ist, dass die Gegendarstellung nur noch mit erheblichen Änderungen der Textaufteilung abgedruckt werden könnte. In diesem Fall kann die Entgegnung in der folgenden Ausgabe des Druckwerkes veröffentlicht werden (vgl. Löffler/*Sedelmeier* LPG § 11 Rn. 166 mwN). Bei Zeitschriften ist die Fertigstellung des Layouts maßgeblich (vgl. auch *Seitz* 7. Kap. Rn. 4; Wenzel/*Burkhardt* Kap. 11 Rn. 169; Mathy S. 88).

Wenn die Erstmitteilung nur in der gelegentlich erscheinenden *Teilauflage* einer Zeitschrift steht, so muss der Betroffene aber grundsätzlich nicht warten, bis wieder einmal eine Teilauflage herauskommt (vgl. OLG Hamburg NJW-RR 1991, 97). Zu beachten ist auch, dass der Abdruck zwar in der auf den Eingang des Abdruckverlangens folgenden Ausgabe erfolgen muss, andererseits aber der Presse auch eine ausreichende Zeit zur sorgfältigen Prüfung der Gegendarstellung auf Rechtmäßigkeit verbleiben muss (*Soehring/Hoene* § 29 Rn. 29.94 mwN). Es kann daher auch ratsam sein, dem Verpflichteten mit dem Abdruckverlangen eine angemessene Frist zur Erklärung der Abdruckbereitschaft zu setzen (*Seitz* 7. Kap. Rn. 7). Wird nicht freiwillig veröffentlicht, ist die nächstfolgende Ausgabe die auf den Tag der Zustellung einer entsprechenden einstweiligen Verfügung folgende Ausgabe (*Soehring/Hoene* Rn. 29.93).

2 2. Die Gegendarstellung muss gemäß § 11 Abs. 3 LPG in dem *gleichen Teil des Druckwerkes* wie die Erstmitteilung erscheinen, nach dem LPG Bremen mit „gleichwertiger Platzierung". Der Begriff ist eng auszulegen, um den gleichen Leserkreis zu erreichen (vgl. LG Koblenz AfP 2005, 291; LG Hamburg AfP 2001, 443; Löffler/*Sedelmeier* § 11 Rn. 173). Die Gegendarstellung soll die gleiche Aufmerksamkeit wie die Erstmitteilung erhalten. Dies folgt aus dem für das Verhältnis zwischen der Presse und dem Betroffenen geltenden *Grundsatz der Waffengleichheit* (vgl. OLG Hamburg AfP 2010, 580; KG Berlin NJW-RR 2009, 767; OLG München AfP 1995, 667; *Seitz* 7. Kap. Rn. 9). Hat das Druckwerk einzelne Ressorts/Rubriken wie Innenpolitik, Außenpolitik, Sport, Kultur, Leute etc, besteht nach allgemeiner Auffassung die Pflicht, die Gegendarstellung ebenfalls dort aufzunehmen. Bei einer besonderen Gestaltung und Abgrenzung von anderen Teilen des Druckwerks kann auch eine einzelne Seite einen solchen Teil darstellen (vgl. OLG München AfP 2000, 386: Seite 3 der „Süddeutschen Zeitung").

Auf welcher Seite des Druckwerkes der Entgegnungstext erscheint, unterliegt im Übrigen aber nicht dem Einfluss des Einsenders. Gleicher Teil meint nicht gleiche Stelle und gleiche Seite, wenn der entsprechende Teil, zum Beispiel der Politikteil, mehrere Seiten umfasst. Es kommt nur darauf an, dass der Abdruck dann innerhalb des Politikteils und an gleichwertiger Stelle wie die Ausgangsmitteilung erfolgt (vgl. LG Koblenz AfP 2005, 291). Die Abdruckanforderung „im gleichen Teil" verlangt nicht, dass die Gegendarstellung über dem Bruch der Seite abgedruckt wird, wenn dies nicht zusätzlich angeordnet wurde (vgl. OLG Hamburg AfP 1986, 137). Eine solche Anordnung kann aber gerechtfertigt sein, wenn die Erstmitteilung über dem Bruch abgedruckt war (vgl. LG Hamburg AfP 1987, 633).

2a Der Grundsatz der Waffengleichheit gilt grundsätzlich auch für *Titelseiten* von Zeitungen und Zeitschriften. Wird eine Tatsachenbehauptung auf einer Titelseite aufgestellt, muss die Gegendarstellung prinzipiell an gleicher Stelle und in gleicher Aufmachung veröffentlicht werden (vgl. OLG Karlsruhe NJW 2006, 621; LG Hamburg AfP 1987, 631; OLG Hamburg AfP 1975, 862; Wenzel/*Burkhardt* 11. Kap. Rn. 171). Wenn der Ausgangsartikel auf der Titelseite an hervorgehobener Stelle, eingerahmt als sogenanntes „lokales Fenster", als besonderer Hinweis auf die Lokalseite der Tageszeitung veröffentlicht worden ist, so ist die Gegendarstellung in gleicher Aufmachung auf der Titelseite abzudrucken (vgl. LG Oldenburg AfP 1986, 84). Ist die Erstbehauptung in einer großen Schlagzeile auf der Titelseite enthalten gewesen, dann besteht ein Anspruch auf Gegendarstellung in Form einer Schlagzeile auf der Titelseite (vgl. OLG Karlsruhe AfP 1992, 385). Das Bundesverfassungsgericht hat aber klargestellt, dass eine Abdruckanordnung auf der Titelseite nicht dazu führen darf, dass diese ihre Funktion verliert, eine Identifizierung des Blattes zu ermöglichen, die als besonders wichtig erachteten Mitteilungen aufzunehmen und das Interesse des Publikums zu erregen (vgl. BVerfG AfP 1998, 184). Der Titelseite kommt danach im Rahmen der publizistischen Gestaltungsfreiheit eine besondere Bedeutung bei, weil sie die Identität des Druckwerkes prägt. Auf diese besondere Bedeutung muss die Platzierung der Gegendarstellung Rücksicht nehmen, so dass ggf. die Größe von Überschrift und Text der Gegendarstellung auf der Titelseite zu reduzieren ist (vgl. KG Berlin NJW-RR 2009, 767; Paschke/Berlit/Meyer/Kröner/*Meyer* 39. Abschnitt Rn. 53). Das OLG Karlsruhe meint, dass auf der Titelseite eine Gegendarstellung nicht mehr als 150 Prozent der Fläche der Ausgangsmitteilung umfassen sollte (vgl. OLG Karlsruhe AfP 2006, 168). Letztlich ist aber immer eine Einzelfallabwägung vorzunehmen, wie der Anspruch des Betroffenen auf Erreichung dergleichen Aufmerksamkeit und das Interesse der Presse an der Erhaltung der Funktion der Titelseite am besten vereint werden können (vgl. *Soehring/Hoene* Rn. 29.98). Zu beachten ist auch stets, ob auf der Titelseite der Bericht mit der fraglichen Äußerung nur angekündigt wird oder die Tatsachenbehauptung selbst in einer Titelschlagzeile enthalten ist. Bei einer bloßen Ankündigung ist es ausreichend, auf dem Titel nur eine Ankündigung für die Entgegnung zu platzieren (vgl. BVerfG AfP 1998, 184). Eine Ankündigung ist aber nicht erforderlich, wenn der Anreißer auf der Titelseite keinen inhaltlichen Bezug zu der mit der Gegendarstellung angegriffenen Äußerung hat (vgl. KG Berlin AfP 2007, 231) Wird die beanstandete Erstmitteilung auf der Titelseite begonnen und im Innenteil fortgeführt, kann nach dem Gebot der Waffengleichheit ebenfalls ein Abdruck auf der Titelseite mit Überleitung in den Innenteil erforderlich sein (vgl. Paschke/Berlit/Meyer/Kröner/*Meyer* 39. Abschnitt Rn. 53). Sofern die ursprüngliche Behauptung auf der linken Seite des Titelblattes veröffentlicht war, kann dies als Verpflichtung auch für die Gegendarstellung gelten (vgl. OLG Karlsruhe AfP 2008, 315). Dieser Fläche kommt wegen der fächerartigen Auslage am Kiosk eine zusätzlich gesteigerte Bedeutung zu (vgl. BVerfG NJW 1998, 1384).

3. Auch vom *äußeren Erscheinungsbild* muss die Gegendarstellung dem angegriffenen Pressebe- **3**
richt entsprechen. § 11 Abs. 3 LPG spricht zumeist von „gleicher Schrift"; zT auch von „gleichwertiger Platzierung, gleicher Schriftgröße und Auszeichnung" wie der beanstandete Text. Das Schriftbild (Typen, Größe, Klarheit), vor allem aber die optische Aufmachung (Überschrift, verschiedene Schriftgrößen usw) müssen der Erstmitteilung gleichwertig sein (vgl. KG Berlin AfP 2007, 231; Wenzel/*Burkhardt* 11. Kap. Rn. 173). Auch diese Anforderung darf aber nicht zu schematisch verstanden werden; entscheidend ist, dass die Gegendarstellung die gleiche Aufmerksamkeit finden kann wie die Ausgangsmitteilung und nicht versteckt wird. Entspricht zwar ein die Gegendarstellung inhaltlich übernehmender Text in seiner Größe der Erstmitteilung, wird aber die eigentliche Gegendarstellung erheblich kleiner abgedruckt, so ist sie der Erstmitteilung nicht gleichwertig (vgl. OLG Karlsruhe AfP 1992, 385). Für die Schriftgröße ist maßgeblich, in welchem Teil des Artikels die mit der Gegendarstellung angegriffene Behauptung enthalten ist (Überschrift, Zwischenüberschrift, Fließtext etc, vgl. KG Berlin AfP 2007, 231).

4. Die Gegendarstellung ist *ohne Einschaltungen und Weglassungen* abzudrucken. Danach sind **4**
Zwischenbemerkungen der Redaktion, Fragezeichen, Ausrufezeichen usw und Auslassungen unzulässig. Redaktionelle Fassungen des Gegendarstellungstextes sind nicht geeignet, den Gegendarstellungsanspruch zu erfüllen (vgl. OLG Karlsruhe AfP 1992, 385).

Werden lediglich orthographische Fehler beseitigt, bestehen dagegen keine Bedenken, da die Gegendarstellung dadurch in ihrer Wirkung nicht beeinträchtigt wird (vgl. OLG Hamburg NJW-RR 1995, 1053; *Seitz* 7. Kap. Rn. 32).

Auch die *Unterschrift* des Einsenders ist als zwingender Bestandteil der Gegendarstellung mit abzudrucken. Allerdings kann ein berechtigtes Interesse des Betroffenen bestehen, dass dies nur anonymisiert geschieht, etwa wenn es um schwere Vorwürfe geht und er auch in dem Ausgangsartikel nicht mit vollem Namen, sondern nur mit Initialen bezeichnet wird (vgl. Wenzel/*Burkhardt* 11. Kap. Rn. 182).

5. Die Gegendarstellung darf nicht in Form eines *Leserbriefes* abgedruckt werden (§ 11 Abs. 3 **5**
LPG). Ein Abschieben in die entsprechende Rubrik der Zeitung wird damit ausgeschlossen. In Bayern und Hessen, wo diese Klarstellung fehlt, folgt dies aus dem Zweck des Gesetzes. Ein *Leserbrief* hat nämlich nicht das gleiche Gewicht wie Beiträge im redaktionellen Teil, für den einer Zeitungsredaktion vom Rezipienten eine besondere Sachkunde zuerkannt wird (vgl. OLG Düsseldorf NJW 1986, 1270). Wenn sich die Gegendarstellung allerdings gegen einen Leserbrief richtet, dann ist sie wiederum auch in dieser Rubrik abzudrucken (vgl. OLG Düsseldorf NJW 1986, 1270).

6 6. Der von der Erstmitteilung Betroffene hat nach allgemeiner Ansicht für seine Entgegnung Anspruch auf die Überschrift „Gegendarstellung", auch wenn dies in den Landespressgesetzen nicht vorgesehen ist (vgl. KG Berlin NJW-RR 2009, 767; *Seitz* 7. Kap. Rn. 27; Wenzel/*Burkhardt* 11. Kap. Rn. 175, *Soehring/Hoene* Rn. 29–101). Es spricht viel dafür, dass eine solche Überschrift sogar zwingend ist (vgl. OLG Hamburg AfP 1988, 345), da zum einen ansonsten die Gefahr besteht, dass die Gegendarstellung neben anderen Artikeln mit Überschrift untergeht (so KG Berlin NJW-RR 2009, 767), zum anderen ohne eine solche Überschrift oder mit einer an sich zulässigen Gegenschlagzeile bei einer Tatsachenbehauptung in der Überschrift die Leser den Text für einen redaktionellen Beitrag halten könnten (vgl. *Seitz* 7. Kap. Rn. 28). Dem Grundsatz der Waffengleichheit kann bei Behauptungen in Schlagzeilen dadurch genügt werden, dass nur die Überschrift „Gegendarstellung" in der Schriftgröße der Ausgangsmitteilung abgedruckt wird und im Übrigen durch drucktechnische Anordnungen sichergestellt wird, dass der Gegendarstellung die gleiche Aufmerksamkeit zukommt wie der Ausgangsmeldung (vgl. KG Berlin NJW-RR 2009, 767). Auch hier verbieten sich schematische Festlegungen für die Abdruckanordnung, insbesondere im Hinblick auf das Ermessen des Gerichts gemäß § 938 ZPO. Es gibt keinen Anspruch darauf, dass die Überschrift „Gegendarstellung" stets in der Größe der Überschrift des Ausgangsartikels abgedruckt wird, sofern nicht bereits die beanstandete Tatsachenbehauptung in der Ausgangsüberschrift enthalten war.

7 7. Nach dem Grundsatz der Waffengleichheit muss auf die Gegendarstellung auch in einem Inhaltsverzeichnis hingewiesen werden, wenn dort auch auf die Ausgangsmitteilung verwiesen worden ist. Die Auffassung des OLG München, wonach ein solcher Anspruch nur besteht, wenn die beanstandete Behauptung der Erstmitteilung ebenfalls dort enthalten war (OLG München AfP 1995, 667), erscheint im Hinblick auf den geforderten gleichen Aufmerksamkeitswert für Gegendarstellung und Ausgangsmitteilung zweifelhaft (vgl. Wenzel/*Burkhardt* Kap. 11 Rn. 192). Wohl überwiegend wird in der Rechtsprechung eine Ankündigungspflicht bejaht (KG Berlin AfP 2019, 362 (363); OLG Hamburg AfP 2010, 580).

8 8. Abdruck und Veröffentlichung sind für den Berechtigten *kostenfrei* (§ 11 Abs. 3 LPG). Bei einem Abdruck im Anzeigenteil gelten Ausnahmen nach den Landespressegesetzen von Berlin, Bremen, Hamburg, Niedersachsen, Rheinland-Pfalz, Sachsen-Anhalt und Schleswig-Holstein (vgl. → Kap. 25 Rn. 4). Eine Kostenpflicht bei Überschreitung des angemessenen Umfanges kann sich außerdem in Bayern und Hessen ergeben (vgl. → Kap. 26 Rn. 5).

II. Rundfunk und Fernsehen

9 Aufgrund der unterschiedlichen landesgesetzlichen Regelungen sowie der anderen Technik sind bei Veröffentlichungen von Gegendarstellungen in Rundfunk und Fernsehen einige Besonderheiten zu beachten. Die Gegendarstellung wird in der Regel durch einen Sprecher der zur Veröffentlichung verpflichteten Anstalt verlesen. Einen Anspruch auf Ausstrahlung eines „Gegenfilms"gibt es nach zutreffender Auffassung nicht (*Seitz* 7. Kap. Rn. 65 mwN). Die Anstalten sind entweder aus den jeweiligen landesrechtlichen Bestimmungen (wiedergegeben bei Wenzel/*Burkhardt* Kap. 11 Rn. 303 ff.; Darstellung der Unterschiede auch bei Löffler/*Sedelmeier* LPG § 11 Rn. 270 ff.) oder aus dem Rechtsgedanken des § 242 BGB verpflichtet, einem Betroffenen auf seine Kosten ein Sendemanuskript oder einen Mitschnitt zur Prüfung und Formulierung eines Gegendarstellungsanspruches zur Verfügung zu stellen. Geschieht dies nicht oder nicht rechtzeitig, kann sich dies auf den Lauf der Fristen zur Geltendmachung einer Gegendarstellung auswirken (*Soehring/Hoene* Rn. 29.113). Zu beachten ist, dass sich die ausgestrahlte Fassung und die in die Mediathek eingestellte Fassung eines Beitrages gelegentlich unterscheiden. In einem solchen Fall ist kein einheitliches Gegendarstellungsverlangen möglich, wenn sich die Erwiderung auf eine Behauptung bezieht, die nur in einer Fassung enthalten ist (vgl. OLG Dresden AfP 2018, 353). Einige Landesgesetze treffen auch gesonderte Regelungen für Gegendarstellungen in sogenannten Abrufdiensten, wobei es sich dabei allerdings um Telemedien iSd § 20 MStV handeln und die dortigen Regeln anwendbar sein dürften (vgl. *Seitz* 7. Kap. Rn. 53, 53a; → Rn. 11).

10 Die Gegendarstellung ist nach allen Regelungen „unverzüglich", also ohne schuldhaftes Zögern gemäß § 121 BGB, zu veröffentlichen. Schon aus dem Grundsatz der Waffengleichheit, aber zumeist auch aus den jeweiligen landesrechtlichen Regelungen folgt, dass die Ausstrahlung

zur gleichen bzw. gleichwertigen Sendezeit bzw. im gleichen/gleichwertigen Sendebereich erfolgen muss. Kein Problem ist dies bei regelmäßig ausgestrahlten Sendungen wie Nachrichten oder Magazinen, es sei denn, der Zeitraum bis zur nächsten Ausstrahlung wäre zu groß. Dann muss wie bei einer Einzelsendung eine gleichwertige Sendezeit innerhalb der gleichen Programmsparte wie etwa im Kultur- oder Sportprogramm gefunden werden, was der Anspruchsberechtige in seinem Veröffentlichungsverlangen auch konkretisieren kann und sollte (vgl. *Seitz* 7. Kap. Rn. 61). Die Veröffentlichung ist für den Betroffenen kostenfrei.

III. Internet

§ 20 MStV enthält einige mit den Landespressegesetzen vergleichbare Regelungen zur Veröffentlichung von Gegendarstellungen in Telemedien. Sie ist in gleicher Aufmachung wie die angegriffene Tatsachenbehauptung (→ Rn. 3) unverzüglich ohne Einschaltungen und Weglassungen für den Betroffenen kostenfrei und ohne zusätzliches Abrufentgelt aufzunehmen. Der Grundsatz der Waffengleichheit gilt auch hier. **11**

Aufgrund des Mediums Internet ergeben sich für die Veröffentlichung von Gegendarstellungen aber einige Besonderheiten. Wird die Ausgangsmitteilung gelöscht, entfällt nicht etwa der Gegendarstellungsanspruch, sondern ist die Gegendarstellung gemäß § 20 Abs. 1 S. 4 MStV an vergleichbarer Stelle so lange anzubieten, wie die ursprünglich angebotene Tatsachenbehauptung. Die bloße Herausnahme aus dem aktuellen Online-Angebot genügt allerdings nicht, solange die Meldung weiterhin etwa über eine Suchfunktion im Onlinearchiv auffindbar ist (vgl. LG Potsdam AfP 2009, 165, zur Vorgängernorm § 56 Abs. 1 S. 4 RStV). Die Gegendarstellung muss an vergleichbarer Stelle platziert werden; also vom Nutzer genau so leicht gefunden werden wie die Ausgangsmitteilung. Das kann dazu führen, dass bei Platzierung der Ausgangsmitteilung an verschiedenen Stellen, etwa zunächst auf der Startseite, dann auf der Startseite einer Rubrik wie „Lokales" oder „Politik" und dann im Archiv auch die Gegendarstellung entsprechend lange an den unterschiedlichen Stellen anzubieten ist (vgl. Spindler/Schuster/*Mann* RStV § 56 Rn. 24).

Wird die Ausgangsmitteilung weiterhin angeboten, muss die Gegendarstellung gemäß § 20 Abs. 1 S. 3 MStV in unmittelbarer Verknüpfung mit ihr veröffentlicht werden. Eine unmittelbare Verknüpfung liegt jedenfalls dann vor, wenn die Gegendarstellung mit der Erstmitteilung eine optische Einheit bildet und gemeinsam mit ihr auf dem Bildschirm erscheint (Spindler/Schuster/*Mann* RStV § 56 Rn. 23 mwN). Bei längeren Gegendarstellungen bzw. Ausgangsmitteilungen geschieht die unmittelbare Verknüpfung am besten durch einen deutlichen Hinweis in der Ausgangsmitteilung auf die Gegendarstellung und das Setzen eines Links mit Hinweis auf Gegendarstellung, wobei die Gegendarstellung mit einem Klick erreichbar sein muss und die beanstandete Tatsachenbehauptung und der Hinweis auf die Gegendarstellung zugleich auf dem Bildschirm sichtbar sein müssen (vgl. Wenzel/*Burghardt* Kap. 11 Rn. 356; großzügig LG Potsdam AfP 2009, 165). Ferner muss nach dem Grundsatz der Waffengleichheit die Schrift des Links die gleiche Größe wie die Überschrift des beanstandeten Beitrags haben (Spindler/Schuster/*Mann* RStV § 56 Rn. 23).

IV. Die redaktionelle Stellungnahme (Redaktionsschwanz)

1. Eine *Stellungnahme* der Presse zu der Gegendarstellung (sog. *Redaktionsschwanz*) ist nicht ausgeschlossen (§ 11 Abs. 3 LPG). Sie kann durch Vor- und Nachbemerkungen, beispielsweise aber auch im Leitartikel erfolgen. Im Internet muss sich die Stellungnahme auf tatsächliche Angaben beschränken und darf nicht mit der Gegendarstellung verknüpft werden (§ 20 Abs. 1 S. 5 MStV). Gegen dieses schon in der Vorgängerbestimmung § 56 Abs. 1 S. 5 RStV geregelte Verknüpfungsverbot werden verfassungsrechtliche Bedenken erhoben (Spindler/Schuster/*Mann* RStV § 56 Rn. 28). Auch im Rundfunk muss nach den meisten Regelungen eine Erwiderung auf tatsächliche Angaben beschränkt werden. Zum Teil ist aber auch eine Erwiderung am gleichen Tag oder im unmittelbaren Zusammenhang mit der Gegendarstellung unzulässig (die einzelnen Unterschiede sind dargestellt bei Löffler/*Sedelmeier* LPG § 11 Rn. 270 ff.). Wiederum andere Regelungen wie § 9 RBB-Staatsvertrag sehen keine Einschränkungen vor, so dass nach **12**

den allgemeinen Regelungen redaktionelle Anmerkungen zulässig sind (vgl. KG Berlin NJW-RR 2008, 357).

13 Bei der drucktechnischen Gestaltung des Redaktionsschwanzes folgt aus dem *Grundsatz der Waffengleichheit,* dass er von der Gegendarstellung deutlich getrennt sein muss und diese nicht „erschlagen" darf (vgl. *Seitz* 7. Kap. Rn. 37). Bei einer solchen Trennung ist ein Redaktionsschwanz auch in Brandenburg zulässig, da es sich dann nicht um einen nach dem brandenburgischen Landespressegesetz verbotenen Zusatz zu einer Gegendarstellung handelt (OLG Brandenburg NJW-RR 2000, 832).

Unzulässig sind Glossierungen, welche die Gegendarstellung entwerten (vgl. OLG Koblenz NJW-RR 2006, 484; LG Frankfurt a. M. AfP 1987, 723, zu längeren Stellungnahmen auf Gegendarstellungen in Fernsehsendungen; *Seitz* 7. Kap. Rn. 36). Nach dem Entwertungsverbot darf die redaktionelle Anmerkung nicht mit neuen Tatsachenbehauptungen überfrachtet werden, welche die Gegendarstellung nebensächlich erscheinen lassen.

Ein Verweis auf die gesetzliche Abdruckpflicht unabhängig vom Wahrheitsgehalt der Gegendarstellung ist bei vielen Zeitungen üblich und zulässig (vgl. *Soehring/Hoene* Rn. 29.108 f.; *Seitz* 7. Kap. Rn. 38). Das OLG Dresden hat auch den Zusatz „Nach dem Sächsischen Gesetz über die Presse sind wir verpflichtet, nicht nur wahre, sondern auch unwahre Gegendarstellungen abzudrucken" für zulässig gehalten, obwohl dadurch der entwertende Eindruck, bei der hier abgedruckten Gegendarstellung handele es sich um eine unwahre, entstehen könnte (vgl. OLG Dresden AfP 2001, 523, *Soehring/Hoene* Rn. 29.109; kritisch *Seitz* 7. Kap. Rn. 38).

14 2. Wird die Stellungnahme *in der gleichen Nummer* veröffentlicht, so muss sie sich auf *tatsächliche* Angaben beschränken (Glossierungsbeschränkung, § 11 Abs. 4 S. 3 LPG). So ist es ein Verstoß gegen das Glossierungsverbot, wenn der Anspruchsverpflichtete dem Abdruck der Gegendarstellung die Überschrift der Erstmitteilung voranstellt, die ihrerseits geeignet ist, ein herabsetzendes Werturteil über den Betroffenen zu vermitteln (vgl. OLG Hamburg AfP 1984, 39 f.). Nicht zulässig sind auch Anmerkungen wie die Gegendarstellung sei irreführend oder frei erfunden (vgl. *Soehring/Hoene* Rn. 29.108). Meinungsäußerungen sind erst in den folgenden Nummern möglich. Keine Glossierungsbeschränkung findet sich im LPG Bayern. Das OLG München entnimmt die Grenzen für eine Glossierung den allgemeinen Regeln der §§ 226, 242, 826 BGB, die nur in Ausnahmefällen zu einer Unzulässigkeit der Glossierung führen (vgl. OLG München AfP 1999, 496).

15 3. Wird eine unzulässige Glossierung veröffentlicht, so ist die Abdruckpflicht nicht ordnungsgemäß erfüllt. Der Betroffene kann, wie überhaupt bei nicht ordnungsgemäßer Ausführung (vgl. → Kap. 28 Rn. 15), erneut den Abdruck verlangen (vgl. BGH NJW 1964, 1132; OLG Brandenburg NJW-RR 2000, 832; *Soehring/Hoene* Rn. 29.110). Darüber hinaus wird in den Ländern Berlin (§ 21 LPG), Nordrhein-Westfalen (§ 23 LPG), Sachsen (§ 13 Abs. 1 Ziff. 4), Sachsen-Anhalt (§ 14 Abs. 1 Ziff. 3), Thüringen (§ 13 Abs. 1 Ziff. 5), Mecklenburg-Vorpommern (§ 21 Abs. 1 Ziff. 3), Brandenburg (§ 15 Abs. 1 Ziff. 5) und Saarland eine unzulässige Glossierung als Ordnungswidrigkeit geahndet (§ 64 Abs. 1 Nr. 3 SaarlMG; vgl. → Kap. 17 Rn. 43).

Durch die Glossierung kann ein neues Recht auf Gegendarstellung ausgelöst werden, wenn darin neue Tatsachenbehauptungen aufgestellt werden (vgl. BVerfG NJW 2002, 357; LG Oldenburg AfP 1986, 80; *Soehring/Hoene* Rn. 29.108; Löffler/*Sedelmeier* LPG § 11 Rn. 172). Der Hinweis, die Redaktion halte an der ursprünglichen Mitteilung fest, reicht dafür jedoch nicht aus (vgl. LG Hamburg AfP 1970, 83; Löffler/*Sedelmeier* LPG § 11 Rn. 172). Bei der Formulierung des Redaktionsschwanzes muss der Presseverlag ein bestehendes gerichtliches Äußerungsverbot beachten, so dass eine Wiederholung der untersagten Behauptung im Redaktionsschwanz eine Verletzung des Unterlassungstitels darstellen würde (vgl. OLG Hamburg AfP 1989, 464; *Soehring/Hoene* Rn. 29.108).

28. Kapitel. Die Durchsetzung des Gegendarstellungsanspruchs

I. Rechtsweg und Verfahrensart

1. In fast allen Landespressegesetzen wird für die gerichtliche Durchsetzung des Gegendarstellungsanspruchs ausdrücklich der *Zivilrechtsweg* eröffnet. Das gilt gemäß § 20 Abs. 3 MStV auch für Gegendarstellungen im Internet. Auch in Hessen, dessen LPG keine Festlegung enthält, ist der Rechtsweg zu den ordentlichen Gerichten gegeben (vgl. auch → Rn. 3). 1

2. Auch der Streit um die Frage, in welcher *Verfahrensart* der Gegendarstellungsanspruch geltend zu machen sei, ist durch die Landespressegesetze (ausgenommen in Bayern, Sachsen und Hessen, vgl. → Rn. 3) beendet worden. Gemäß § 11 Abs. 4 LPG ist der Anspruch im Verfahren über den Erlass einer einstweiligen Verfügung (§§ 935 ff. ZPO) geltend zu machen. Ein Hauptverfahren findet nicht statt. 2

Das gilt auch in den Bundesländern, deren Landespressegesetze auf das einstweilige Verfügungsverfahren verweisen, die ein Verfahren in der Hauptsache aber nicht ausdrücklich ausschließen, wie in Hamburg und Mecklenburg-Vorpommern (vgl. *Seitz* 9. Kap. Rn. 91). Die Rechtsprechung geht davon aus, dass sich in dem Verweis auf die Vorschriften über den Erlass einer einstweiligen Verfügung der Wille des Gesetzgebers erweist, die Durchsetzung des Gegendarstellungsanspruchs auf diese Verfahrensart zu beschränken (vgl. OLG Hamburg MDR 1972, 333; NJW 1968, 2383). Das gilt nunmehr auch für Hessen, wo in § 11 Abs. 4 LPG nur allgemein geregelt ist, dass auf Erfüllung geklagt werden und das Gericht im Wege der einstweiligen Verfügung die Veröffentlichung anordnen kann (vgl. OLG Frankfurt a. M. NJW-RR 2002, 1474).

In Bayern enthält das Pressegesetz nur den Hinweis, dass der Anspruch auch im Zivilrechtsweg verfolgt werden kann. Nach der Rechtsprechung des OLG München ist die Durchsetzung im einstweiligen Verfügungsverfahren zulässig, aber auch eine Hauptsacheklage möglich (vgl. *Seitz* 9. Kap. Rn. 85 mwN). In Sachsen, wo nach § 10 Abs. 5 LPG der Anspruch „auch" im Verfahren der einstweiligen Verfügung geltend gemacht werden kann, kommt ebenfalls ein Hauptsacheverfahren in Betracht (vgl. Wenzel/*Burkhardt* Kap. 11 Rn. 210). In der Praxis ist aber schon wegen des im Gegendarstellungsrecht erforderlichen Aktualitätsbezuges das einstweilige Verfügungsverfahren die einzig sinnvolle Verfahrensart (vgl. OLG München AfP 1990, 53; *Soehring/Hoene* Rn. 29.74). Das gilt auch, soweit einzelne landesgesetzliche Regelungen über den Rundfunk ebenfalls eine Hauptsacheklage nicht ausschließen (zB § 9 Abs. 5 Staatsvertrag Berlin-Brandenburg). Für Gegendarstellungen im Internet schließt § 20 Abs. 3 S. 3 f. MStV ein Verfahren in der Hauptsache ausdrücklich aus und verweist auf die zivilprozessualen Regeln des einstweiligen Verfügungsverfahrens. 3

II. Zuständigkeit und interlokales Recht

1. Die örtliche und die sachliche Zuständigkeit der Gerichte richten sich nach den Bestimmungen der ZPO:

a) Maßgeblich für die *sachliche Zuständigkeit* ist der *Wert des Streitgegenstandes,* da die Durchsetzung des Gegendarstellungsanspruchs durch §§ 23, 71 GVG weder den Amts- noch den Landgerichten ausdrücklich zugewiesen ist. Der Streitwert wird vom Gericht gem. § 51 Abs. 1 Nr. 1 GKG, § 3 ZPO nach freiem Ermessen festgesetzt. In der Praxis werden meist Streitwerte von deutlich mehr als 5.000 Euro festgesetzt, so dass von einer sachlichen Zuständigkeit der Landgerichte auszugehen ist (vgl. *Soehring/Hoene* Rn. 29.77; *Seitz* 10. Kap. Rn. 17). 4

b) *Örtlich zuständig* ist das Landgericht am Wohnsitz des Verlegers bzw. des verantwortlichen Redakteurs (§ 13 ZPO) oder, wenn der Verleger eine juristische Person ist, an deren Sitz (§ 17 ZPO). Es ist umstritten, ob ein besonderer Gerichtsstand durch den Ort der Niederlassung (§ 21 ZPO) etwa bei Regionalausgaben von Zeitungen begründet sein kann (vgl. ausführlich *Seitz/Schmidt* 9. Kap. Rn. 15 ff.; Wenzel/*Burkhardt* Kap. 11 Rn. 220). Da in der Praxis der Wohnsitz eines Redakteurs den Betroffenen meist nicht bekannt sein dürfte und vom Verlag auch nicht mitgeteilt werden wird sowie wegen der Unsicherheit über die Anwendbarkeit des § 21 ZPO 5 und das Vorliegen einer selbständigen Niederlassung empfiehlt sich die Stellung des Antrags nur gegen den Verlag am Verlagssitz, der sich in der Regel aus dem Impressum ergibt (vgl. auch LG Berlin AfP 2004, 148). Nach nunmehr ganz herrschender Ansicht sind die Gerichtsstände des Erfüllungsortes (§ 29 ZPO) und der unerlaubten Handlung (§ 32 ZPO) auf den Gegendarstellungsanspruch nicht anwendbar (vgl. *Seitz* 9. Kap. Rn. 18 ff.). Der sonst im Presserecht aus § 32 ZPO hergeleitete „fliegende Gerichtsstand" an jedem Ort, wo die Zeitung oder Zeitschrift bestimmungsgemäß verbreitet wird (dazu BGH NJW 1977, 1590), findet daher im Gegendarstellungsrecht keine Anwendung (vgl. BVerfG NJW 2005, 1343; *Soehring/Hoene* Rn. 29.79 Löffler/*Sedelmeier* LPG § 11 Rn. 192; → Kap. 32 Rn. 8).

6 2. Im Hinblick auf die *internationale Zuständigkeit,* die sich in der Regel nach der örtlichen Zuständigkeit richtet, folgt daraus, dass ein Gegendarstellungsanspruch gegen eine zwar im Inland verbreitete, aber im Ausland erscheinende Zeitung in der Bundesrepublik Deutschland nicht geltend gemacht werden kann, wenn hierzulande weder ein Sitz noch eine Niederlassung bestehen (weiterführend: *Wiesner,* Der Gegendarstellungsanspruch im deutschen und internationalen Privat- und Verfahrensrecht, 1999).

7 3. Wohnt der verantwortliche Redakteur nicht am Sitz des Verlages (zB Wohnort: Bayern – Verlagssitz: Baden-Württemberg), empfiehlt sich erst recht die Beschränkung auf ein Vorgehen gegen den Verlag (vgl. → Rn. 5). Zwar könnte gemäß § 36 Abs. 1 Nr. 3, Abs. 2 ZPO das zuständige Gericht vom zuständigen Obergericht bestimmt werden, allerdings wird dies in der Regel zu lange dauern; zwei Titel können ohnehin nicht vollstreckt werden, da die Gegendarstellung nur einmal abgedruckt werden muss (vgl. *Seitz* 9. Kap. Rn. 21).

III. Besonderheiten des gerichtlichen Verfahrens

8 1. Nach nunmehr ganz überwiegender Meinung ist die vergebliche Geltendmachung des Gegendarstellungsanspruchs als eine rein materiell-rechtliche Voraussetzung des Anspruchs und trotz des Wortlauts von § 11 Abs. 4 einiger Landespressegesetze nicht als besondere Prozessvoraussetzung zu qualifizieren (vgl. Wenzel/*Burkhardt* 11. Kap. Rn. 215; *Seitz* 9. Kap. Rn. 110; Löffler/*Sedelmeier* LPG § 11 Rn. 195). Eine erstmalige Geltendmachung des Abdruckverlangens im Prozess wäre aber ohnehin nicht empfehlenswert, da der Betroffene dann in jedem Fall gemäß § 93 ZPO die Kosten tragen müsste, wenn der Antragsgegner den Anspruch unverzüglich anerkennt. In der Praxis erfolgt daher die Übersendung von Abdruckverlangen und Gegendarstellung in der Regel gemeinsam.

9 2. Für das *Gerichtsverfahren* gelten gemäß Verweisung in § 11 Abs. 4 LPG grundsätzlich die Vorschriften der Zivilprozessordnung über das Verfahren der einstweiligen Verfügung (§§ 935 ff. ZPO). Jedoch ergeben sich aus dem Wesen des Gegendarstellungsanspruchs gegenüber den Vorschriften über das zivilrechtliche Eilverfahren Besonderheiten(vgl. Löffler/*Sedelmeier* LPG § 11 Rn. 200 ff.). Von dem bereits erwähnten Ausschluss des Hauptsacheverfahrens (§ 926 ZPO) abgesehen, besteht eine Abweichung darin, dass es einer Glaubhaftmachung der Dringlichkeit (Verfügungsgrund) nicht bedarf (§ 11 Abs. 4 LPG). Auch in Bayern und Hessen, wo ein entsprechender Hinweis fehlt, dürfte ein Verfügungsgrund nicht besonders glaubhaft gemacht werden müssen (ebenso *Seitz* 9. Kap. Rn. 99 f.). Davon zu unterscheiden ist aber die ggf. erforderliche Glaubhaftmachung (§ 294 ZPO) der materiell-rechtlichen Anspruchsvoraussetzungen, etwa des Betroffenseins durch den Ausgangsartikel, die Passivlegitimation des Anspruchsgegners oder der rechtzeitigen Zuleitung der Gegendarstellung, so dass sich die Vorlage einer entsprechenden eidesstattlichen Versicherung des Betroffenen empfehlen kann, wenn es etwas bei der Zuleitung zu unverschuldeten Verzögerungen gekommen ist (→ Rn. 11).

10 3. Für die *gerichtliche Geltendmachung* ergibt sich aus den Landespressegesetzen keine Frist (vgl. aber zur Aktualitätsgrenze in Bayern OLG München AfP 2001, 126). Es besteht aber Einigkeit darüber, dass ein Gegendarstellungsanspruch nicht zeitlich unbegrenzt nach der Zuleitung gerichtlich geltend gemacht werden kann (vgl. *Soehring/Hoene* Rn. 29.7340a; Wenzel/*Burkhardt* Kap. 11 Rn. 215 ff.). Dabei wird dogmatisch zum Teil auf Verwirkung, auf den Wegfall des berechtigten Interesses oder die Widerlegung der Dringlichkeit des einstweiligen Verfügungsverfahrens abgestellt. Das OLG Karlsruhe hat Verwirkung bei einer gerichtlichen Geltendmachung zwei Monate nach Zuleitung der Gegendarstellung bei einer wissenschaftlichen Zeitschrift

angenommen (vgl. OLG Karlsruhe AfP 1999, 356). Das KG Berlin geht entsprechend seiner Rechtsprechung zu anderen presserechtlichen Ansprüchen davon aus, dass bei einer schuldhaften Verzögerung der Geltendmachung um einen Monat im Regelfall die Dringlichkeit widerlegt ist (vgl. KG Berlin 2.11.2015 – 10 W 35/15, juris Rn. 2). *Seitz* plädiert dafür, die Unverzüglichkeitsgrenze (§ 121 BGB) auch auf den Bereich der gerichtlichen Geltendmachung anzuwenden, was dem Sinn und Zweck des Gegendarstellungsverfahrens am ehesten entsprechen dürfte, sich allerdings auch nicht aus dem Gesetz ergibt (*Seitz* 5. Kap. Rn. 65d). Verzögerungen durch das Gericht können aber nicht zu Lasten des Betroffenen gehen. Aufgrund der unterschiedlichen Ansichten und vorgeschlagenen Fristen empfiehlt sich jedenfalls eine zügige gerichtliche Geltendmachung.

4. Zwar kommt es im Gegendarstellungsverfahren grundsätzlich nicht auf die Wahrheit oder **11** Unwahrheit an. Dennoch kann für die anspruchsbegründenden Tatsachen eine Glaubhaftmachung erforderlich sein (zB für die Tatsache der eigenhändigen Unterschrift), wenn der Antragsgegner diese zulässig bestreitet. Dies kann auch gelten für die Betroffenheit, die gesetzliche Vertretung des Betroffenen, die Passivlegitimation, die Zuleitung, das Abdruckverlangen und die Ablehnung durch das Presseorgan. Es ist deshalb sinnvoll, dem Gericht die im Streit befindliche Erstmitteilung sowie das Impressum zur Glaubhaftmachung der Passivlegitimation vorzulegen (vgl. Löffler/*Sedelmeier* LPG § 11 Rn. 206). Weil es – außer im Fall der offensichtlichen Unwahrheit – nicht auf die inhaltliche Richtigkeit der Gegendarstellung ankommt, müssen Unwahrheit der Ausgangsmitteilung bzw. Wahrheit der Entgegnung aber nicht glaubhaft gemacht werden (vgl. *Seitz* 9. Kap. Rn. 107; Wenzel/*Burkhardt* Kap. 11 Rn. 11.230). Strittig ist, ob bei nach den meisten Landespressegesetzen privilegierten wahrheitsgetreuen Berichten über Parlamentssitzungen, Gerichtsverhandlungen etc der Antragsteller glaubhaft machen muss, dass die Berichterstattung nicht wahrheitsgetreu war (vgl. OLG Jena AfP 2007, 559 mwN).

5. Ist der Antrag zulässig und begründet, so ordnet das Gericht den Abdruck des vorgelegten **12** Gegendarstellungstextes an.

a) Es ist streitig, ob im Rahmen der einstweiligen Verfügung das Gericht gemäß § 938 ZPO berechtigt ist, Änderungen an der Gegendarstellung vorzunehmen, wenn diese nicht ganz den gesetzlichen Vorschriften entspricht. Das betrifft aber nur inhaltliche Änderungen; die Abdruckmodalitäten wie Überschriftengröße oder Aufnahme ins Inhaltsverzeichnis kann das Gericht gemäß § 938 ZPO auch anders als vom Antragsteller beantragt anordnen. Bei erheblichen Abweichungen vom Antrag müssen dem Antragsteller dann aber teilweise die Kosten auferlegt werden (*Seitz* 12. Kap. Rn. 20). Bei der Änderung des Inhalts einer Gegendarstellung im Prozess ist die Rechtsprechung der jeweiligen Oberlandesgerichte uneinheitlich. Es empfiehlt sich daher, die Praxis des jeweiligen Gerichtsbezirks vor einer Änderung im Prozess genau zu prüfen.

(1) Es besteht überwiegend Einigkeit, dass aufgrund des höchstpersönlichen Charakters des **12a** Gegendarstellungsanspruchs von sich aus das Gericht keine inhaltlichen Änderungen der Gegendarstellung vornehmen darf, von der bloßen Korrektur von Rechtschreib- oder Zeichensetzungsfehlern einmal abgesehen (vgl. OLG Karlsruhe AfP 1999, 373; OLG Hamburg NJW-RR 1995, 1053; *Seitz* 12. Kap. Rn. 60). Insbesondere das OLG Frankfurt a. M. hatte allerdings die Auffassung vertreten, die Gerichte dürften einzelne Formulierungen streichen oder ändern, sofern dadurch nicht die Substanz der Gegendarstellung verändert werde (vgl. OLG Frankfurt a. M. AfP 1982, 179)). Diese Meinung hat sich nicht durchgesetzt. In neueren Entscheidungen hat das OLG Frankfurt a. M. daran auch nicht festgehalten (vgl. OLG Frankfurt a. M. AfP 2010, 478). Das Gericht hat gemäß § 139 Abs. 1 ZPO auf sachdienliche Anträge hinzuwirken und muss daher bei Bedenken gegen die Zulässigkeit eines Antrages Hinweise geben. Dabei darf es aber nur auf Bedenken hinweisen; es darf nicht die dem Antragsteller obliegende Aufgabe übernehmen, eine inhaltlich korrekte Gegendarstellung zu formulieren (kritisch zur Praxis einiger Gerichte *Hochrathner* ZUM 2000, 916).

(2) Voraussetzung für eine Änderung ist daher ein Antrag des Betroffenen (regelmäßig in **12b** Form eines Hilfsantrages, vgl. KG Berlin AfP 2006, 355; OLG Brandenburg NJW-RR 2000, 326, OLG Hamburg AfP 1984, 155). Nach Auffassung einiger Gerichte ist auch eine Ermächtigung des Gerichts durch den Betroffenen, einzelne Punkte zu streichen, zulässig (vgl. OLG München AfP 2003, 70; OLG Karlsruhe AfP 2003, 439). Die Ermächtigung kann aber nur Fälle betreffen, in denen die Kürzung selbständige Punkte der Gegendarstellung betreffen und nach

der Kürzung ein sinnvoller und verständlicher Text zurück bleibt (vgl. *Seitz* 12. Kap. Rn. 26, 63 ff. zu Praxis in Bayern).

12c (3) Umstritten ist, ob auch die Hilfsfassung(en) bzw. die Ermächtigung des Betroffenen an das Gericht den für die ursprüngliche Gegendarstellung geltenden Anforderungen der Landespressegesetze unterworfen sind, also insbesondere, ob sie eigenhändig vom Betroffenen unterzeichnet werden und die geänderte Fassung an den Verlag bzw. verantwortlichen Redakteur mit einem Abdruckverlangen zugeleitet werden muss. Nach Auffassung insbesondere des OLG Hamburg muss auch der Hilfsantrag in formeller und materieller Hinsicht den Anforderungen des § 11 LPG entsprechen, insbesondere bedarf es eines erneuten Abdruckverlangens sowie der Zuleitung einer vom Betroffenen unterzeichneten Gegendarstellung. Dabei liegt das Abdruckverlangen bereits in der Stellung des Hilfsantrages im Verfügungsverfahren. Soweit lediglich der Prozessbevollmächtigte des Betroffenen in der mündlichen Verhandlung nach entsprechenden Hinweisen des Gerichts die abgeänderte Gegendarstellung in Form eines Hilfsantrages in den Prozess einführt, fehlt es an der Zuleitung einer vom Betroffenen unterschriebenen Gegendarstellung (vgl. OLG Hamburg AfP 1984, 155; so auch *Soehring/Hoene* Rn. 29.85 unter Verweis auf die Möglichkeit der Geltendmachung anderer Fassungen durch Stellung von Hilfsanträgen). Bei der Geltendmachung der geänderten Fassung ist das Unverzüglichkeitsgebot zu beachten (vgl. OLG Hamburg AfP 2011, 72). Nach Auffassung des Kammergerichts Berlin muss nur die ursprüngliche Gegendarstellung dem Verlag oder Redakteur zugehen, wenn der Aussagegehalt der Neufassung vom Ursprungstext umfasst ist, was insbesondere bei bloßen Kürzungen der Fall sei, unter Umständen auch bei geringfügigen Ergänzungen (vgl. KG Berlin AfP 2006, 565; 1984, 228). Teilweise wird es für reinen Formalismus gehalten, eine erneute Zuleitung zu verlangen, wenn die geänderte Fassung dem Prozessbevollmächtigten des Verlages oder Redakteurs übergeben wird (vgl. OLG Brandenburg NJW-RR 2000, 326). Das OLG Köln wiederum hat den Verfahrensbevollmächtigten eines Verlages nicht für befugt gehalten, im Prozess die geänderte, aber nur eingeschränkte Fassung entgegenzunehmen (vgl. OLG Köln AfP 1989, 565). Das erscheint wenig überzeugend, da die Prozessvollmacht auch zur Entgegennahme von Erklärungen befugt und ein schutzwürdiges Interesse des Verlages nicht erkennbar ist, da die nunmehr verlangte Fassung in der ursprünglichen enthalten war (vgl. *Seitz* 12. Kap. Rn. 46). Ganz überwiegend wird gefordert, wenn bei dem Ausschluss der gewillkürten Stellvertretung ausgeschlossen ist, die geänderte Fassung immer eigenhändig von dem Betroffenen unterzeichnet werden muss (so *Seitz* 12. Kap. Rn. 44), wofür schon der eindeutige Wortlaut der entsprechenden Regelungen spricht. Soweit es sich aber um bloße selbständige Kürzungen und Streichungen, also um ein Minus zum ursprünglichen Antrag handelt, sollte darauf verzichtet werden (so Löffler/*Sedelmeier* LPG § 11 Rn. 216 mwN). Soweit Gerichte auch eine Kürzungsermächtigung an das Gericht für zulässig halten, muss diese persönlich von dem Betroffenen unterzeichnet sein (vgl. OLG Karlsruhe AfP 1999, 373; *Seitz* 12. Kap. Rn. 65).

12d (4) Zur Entschärfung des Problems kann es sich empfehlen, bereits vorprozessual dem Verpflichteten mehrere formgerecht erstellte Fassungen der Gegendarstellung zuzuleiten verbundenen mit der Erklärung, dass bei Veröffentichung nur einer der Fassungen der Anspruch als erfüllt anerkannt wird (→ Kap. 26 Rn. 1). In einem anschließenden Prozess können diese Fassungen dann im Wege von Haupt- und Hilfsanträgen geltend gemacht werden, wobei es allerdings erforderlich ist, die Reihenfolge der Geltendmachung zu bezeichnen, da es sich jeweils um unterschiedliche Streitgegenstände handelt und die Anforderungen des § 253 Abs. 2 S. 2 ZPO beachtet werden müssen.

13 b) Grundsätzlich ist es zulässig, eine einstweilige Verfügung auf Veröffentlichung einer Gegendarstellung *ohne mündliche Verhandlung* zu erlassen. Voraussetzung dafür ist die besondere Dringlichkeit im Sinne von § 937 ZPO und die Glaubhaftmachung durch den Antragsteller, dass er bereits vergeblich die Gegendarstellung verlangt und der Anspruchsverpflichtete dies ausdrücklich oder stillschweigend abgelehnt hat. Außerdem sind alle anspruchsbegründenden Tatsachen glaubhaft zu machen. Darüber hinaus kann nach § 937 Abs. 2 ZPO eine Entscheidung ohne mündliche Verhandlung ergehen, wenn der Antrag zurückzuweisen ist (siehe zur Folgenabwägung beim Erlass einer einstweiligen Verfügung auf Veröffentlichung einer Gegendarstellung: BVerfG AfP 2000, 456).

Zum Teil wird vertreten, Regelfall sollte die Entscheidung *nach mündlicher Verhandlung* sein (vgl. *Seitz* 10. Kap. Rn. 26 f.; *Hochrathner* ZUM 2000, 916). Das entspricht aber nicht der Praxis aller Gerichte und hängt sehr vom Einzelfall ab, insbesondere der Eindeutigkeit der Sach- und Rechtslage sowie der Dringlichkeit. Wird ohne mündliche Verhandlung eine einstweilige Verfügung erlassen, muss nach einem Widerspruch unverzüglich mündlich verhandelt und mit der Verhängung eines Zwangsgeldes bis zur Entscheidung über den Widerspruch gewartet werden, um vollendete Tatsachen für den Antragsgegner zu vermeiden (vgl. *Hochrathner* ZUM 2000, 916, der zu Recht eine Entscheidung des LG Baden-Baden erst vier Monate nach Widerspruch für viel zu spät hält).

Die Praxis einiger Instanzgerichte, nach Eingang des Antrages auf Erlass einer einstweiligen Verfügung über Wochen Hinweise an den Antragsteller zu geben und dann ohne Beteiligung des Antragsgegners einen geänderten Anspruch ohne mündliche Verhandlung zuzusprechen, hat das Bundesverfassungsgericht wiederholt als Verstoß gegen den Grundsatz der prozessualen Waffengleichheit gewertet (vgl. BVerfG AfP 2021, 22; AfP 2020, 311; NJ 2020, 360; NJW 2018, 3634). Aus diesen Entscheidungen folgt allerdings nicht, dass eine Entscheidung über eine einstweilige Verfügung auf Veröffentlichung einer Gegendarstellung nicht mehr im Beschlusswege ohne Beteiligung des Antragsgegners gemäß § 937 Abs. 2 ZPO erfolgen kann. Voraussetzung ist allerdings, dass der Antragsteller zur Wahrung des Anspruchs des Antragsgegners auf rechtliches Gehör diesem außerprozessual eine angemessene Frist zur Erklärung über den geltend gemachten Anspruch setzt und dem Gericht eine etwaig darauf erfolgte Stellungnahme vorlegt bzw. mitteilt, dass in der Frist keine Äußerung erfolgt ist. Bestehen Bedenken des Gerichts gegen den Antrag, muss es Hinweise gemäß § 139 ZPO schriftlich in der Akte dokumentieren und diese jedenfalls im Fall eines geänderten Antrages auch gemeinsam mit der Antragsschrift an den Verpflichteten zustellen und ihm Gelegenheit zur Stellungnahme geben. Für den Verpflichteten besteht zudem die Möglichkeit, unmittelbar nach außergerichtlicher Inanspruchnahme oder bereits bei Befürchtung einer solchen durch Einreichung einer Schutzschrift gemäß § 945a ZPO die Wahrung seines rechtlichen Gehörs sicherzustellen. Die Möglichkeit zur Einreichung einer Schutzschrift ersetzt aber nicht Pflicht des Gerichts, dem Antragsgegner die Gelegenheit zur Stellungnahme zum nachgebesserten Verfügungsantrag zu geben (vgl. BVerfG AfP 2020, 311).

6. Die *Zwangsvollstreckung* einer gerichtlichen Abdruckanordnung erfolgt durch ein für den Fall **14** der Nichtbefolgung festzusetzendes Zwangsgeld bzw. Zwangshaft gemäß § 888 ZPO (vgl. Wenzel/*Burkhardt* Kap. 11 Rn. 267; OLG München AfP 2001, 331). Der Gegendarstellungstitel muss innerhalb eines Monats durch Zustellung im Parteibetrieb vollzogen werden, andernfalls droht dessen Aufhebung (§ 929 Abs. 2 ZPO). Zum Teil wird vertreten, für die Vollziehung sei es zusätzlich zur Zustellung im Parteibetrieb erforderlich, dass der Vollstreckungsgläubiger innerhalb der Vollziehungsfrist durch einen Antrag auf Verhängung von Zwangsmitteln zeigen müsse, dass er es ernst mit der Vollstreckung meine (vgl. OLG Koblenz AfP 2009, 59). Eine derartige Verpflichtung wird aber überwiegend abgelehnt (vgl. OLG München AfP 2007, 53; Löffler/*Sedelmeier* LPG § 11 Rn. 222; *Seitz* 13. Kap. Rn. 21). Für die Parteizustellung gelten die üblichen zivilprozessualen Formerfordernisse (dazu *Seitz* 13. Kap. Rn. 22 ff.). Wird Berufung gegen ein erstinstanzliches Urteil eingelegt, das die Veröffentlichung einer Gegendarstellung anordnet, kann der Verpflichtete gemäß §§ 719, 707 ZPO die einstweilige Einstellung der Zwangsvollstreckung beantragen. Die meisten Oberlandesgerichte stellen daran aber strenge Anforderungen und verlangen, dass das Urteil ohne weiteres bzw. sicher keinen Bestand haben wird (vgl. die Nachweise bei *Wenzel-Burkhardt* 11. Kap. Rn. 269).

Ist der Abdruck des erstrittenen Gegendarstellungstitels nicht ordnungsgemäß, etwa unter **15** Verstoß gegen die Abdruckanordnung des Gerichtes hinsichtlich Größe und Aufmachung erfolgt, so kann der Antragsteller an sich die *nochmalige Veröffentlichung* im Verfahren nach § 888 ZPO verlangen. Hierbei ist aber zu berücksichtigen, dass der Anspruch auf neuerlichen Abdruck dem Gebot von Treu und Glauben unterliegt, also nur geringfügige Abweichungen kein erneutes Abdruckverlangen rechtfertigen (vgl. Löffler/*Sedelmeier* LPG § 11 Rn. 224).

Wird die Gegendarstellung im Laufe des Verfahrens freiwillig ordnungsgemäß veröffentlicht, **16** dürften die Parteien den Rechtsstreit in der Hauptsache übereinstimmend für erledigt erklären. Die Kostenentscheidung richtet sich dann nach § 91a ZPO.

Umstritten ist, ob auch die nur unter dem Druck eines vorläufig vollstreckbaren Titels bzw. eines Zwangsgeldes gemäß § 888 ZPO erfolgte Veröffentlichung zu einer Erledigung der Hauptsache führt, obwohl nach allgemeiner Ansicht die Leistung aufgrund vorläufig vollstreckbaren Titels keine endgültige Erfüllung gemäß § 362 BGB ist (ausführlich *Seitz* 10. Kap. Rn. 64 ff.). Auch das OLG Karlsruhe hat sich nun der wohl herrschenden Auffassung angeschlossen, dass die Veröffentlich der Gegendarstellung nach Erlass des erstinstanzlichen Urteils jedenfalls dann kein erledigendes Ereignis darstellt, wenn diese bereits durch Zustellung im Parteibetrieb vollzogen wurde (OLG Karlsruhe AfP 2017, 75).

16a 3. Eine Verfassungsbeschwerde, die sich gegen die Verurteilung zum Abdruck einer Gegendarstellung richtet, ist auch dann nicht ausgeschlossen, wenn die Gegendarstellung bereits abgedruckt und die angegriffenen gerichtlichen Entscheidungen die Erledigung des Rechtsstreits in der Hauptsache festgestellt haben. Auch in diesem Fall besteht regelmäßig ein fortwirkendes Rechtsschutzinteresse an der Klärung der Rechtmäßigkeit der Gegendarstellung (vgl. BVerfG NJW 2014, 766; NJW 2004, 1235). Der Erlass einer einstweiligen Anordnung des Bundesverfassungsgerichts gegen die Verurteilung zum Abdruck selbst bzw. zur Zwangsgeldzahlung ist dagegen nur in extremen Ausnahmefällen denkbar, da das BVerfG hinsichtlich der Folgenabwägung gemäß § 32 BVerfGG strenge Maßstäbe anlegt und betont, dass es nicht eine weitere Rechtsschutzinstanz des fachgerichtlichen Verfahrens sei (vgl. BVerfG 1 BvR 1660/13, BeckRS 2013, 54013; kritisch dazu *Seitz* 13. Kap. Rn. 33).

IV. Kosten

17 Während sich im *gerichtlichen* Verfahren die Belastung mit den Prozesskosten (Gerichts- und Anwaltskosten) nach dem Obsiegen bzw. Unterliegen richtet (§§ 91–93 ZPO), gelten für die Kostenerstattung im *außergerichtlichen* Streit die allgemeinen Grundsätze (dazu BGH NJW 2007, 1458). Eine Kostenerstattung kann danach als Schadenersatz aus dem Gesichtspunkt des Verzuges (§ 286 BGB) oder wegen unerlaubter Handlung (§§ 823 ff. BGB) verlangt werden. Die Presse muss sich also nach einer Mahnung hinsichtlich ihrer Abdruckpflicht im Verzug befinden oder rechtswidrig und schuldhaft durch die Veröffentlichung ein geschütztes Rechtsgut verletzt haben. In einem solchen Fall sind die zur Durchsetzung des Gegendarstellungsanspruchs entstandenen Kosten ersatzfähig (vgl. OLG Köln BeckRS 2018, 19145). Die Frage rechtswidriger und schuldhafter Rechtsgutverletzung wäre erstmals in diesem Verfahren über die Anwaltskostenerstattung zu prüfen, da in dem Verfahren zur Durchsetzung des Gegendarstellungsanspruches wegen des formellen Charakters des Anspruchs diesbezüglich keine Feststellungen getroffen worden sind (vgl. Löffler/*Sedelmeier* LPG § 11 Rn. 228).

18 Voraussetzung für eine Pflicht zur Kostenerstattung ist, dass der Betroffene im Innenverhältnis gegenüber dem Rechtsanwalt zur Zahlung der in Rechnung gestellten Kosten verpflichtet ist und die konkrete anwaltliche Tätigkeit im Außenverhältnis erforderlich und zweckmäßig war (vgl. BGH AfP 2010, 472). Letzteres wird angesichts der Schwierigkeit, eine fehlerfreie Gegendarstellung zu formulieren, und des strengen Alles-oder-Nichts-Prinzips immer anzunehmen sein. Erforderlich sind Rechtsanwaltskosten allerdings nur dann gewesen, wenn die inhaltlichen und formalen Anforderungen des vom Rechtsanwalt geltend gemachten Anspruchs erfüllt waren, also ein Anspruch auf Veröffentlichung der Gegendarstellung bestand, was im Schadensersatzprozess zu prüfen ist (OLG Köln BeckRS 2018, 19145). Macht der Anwalt aufgrund derselben Ausgangsberichterstattung noch weitere presserechtliche Ansprüche wie Unterlassung und Widerruf/Richtigstellung gegen denselben Anspruchsgegner geltend, handelt es sich wegen der Verschiedenheit der Ansprüche nicht um dieselbe Angelegenheit iSd § 15 Abs. 2 S. 1 RVG (vgl. BGH NJW 2016, 1245).

19 Streitig ist, ob § 945 ZPO gleichfalls Anwendung im Gegendarstellungsverfahren findet und ob der Betroffene bei Aufhebung des Gegendarstellungstitels schadensersatzpflichtig wird (vgl. dazu die eingehende Darstellung bei *Seitz* 14. Kap. Rn. 29 f.). Der BGH (vgl. BGH NJW 1974, 642) erkennt die Schadensersatzpflicht des Antragstellers nach § 945 ZPO grundsätzlich an. Praktisch dürfte sie nur in den seltenen Fällen in Betracht kommen, dass wegen der Gegendarstellung Anzeigenaufträge abgelehnt werden mussten oder sich bei einer Gegendarstellung auf der Titelseite eine Ausgabe messbar schlechter verkauft hat als im Durchschnitt (vgl. Wenzel/*Burkhardt* 11. Kap. Rn. 271).

29. Kapitel. Verhältnis zu anderen Ansprüchen

Der *Anspruch auf Richtigstellung bzw. Widerruf aus §§ 823, 1004 BGB* ist eine andere Möglichkeit, 1
auf die Presseberichterstattung korrigierend oder vervollständigend Einfluss zu nehmen. Wesentliches Unterscheidungsmerkmal ist der *formelle Charakter* der Gegendarstellung. Während der Anspruch auf Richtigstellung bzw. Widerruf einer Tatsachenbehauptung als *Beseitigungsanspruch* nur besteht, wenn die Darstellung objektiv wahrheitswidrig gewesen ist, wird der Anspruch auf die Gegendarstellung grundsätzlich unabhängig von einer solchen Feststellung gewährt (vgl. BVerfG NJW 1998, 1382; BGH NJW-RR 1992, 937; OLG Koblenz AfP 1989, 461; vgl. → Kap. 44 Rn. 16, und → Kap. 25 Rn. 15). Dies erklärt sich aus der unterschiedlichen Zweckrichtung der beiden Institutionen: hier *sofortiges* Eingreifen durch andere Tatsachendarstellung *ohne Wahrheitsvermutung* – dort *nachgewiesene Unrichtigkeit* einer Presseveröffentlichung mit Bekanntgabe des *objektiv richtigen* Sachverhalts (vgl. im Einzelnen → Kap. 44 Rn. 16 ff.). Allein bei offenbar unrichtiger Darstellung entsteht im Gegendarstellungsverfahren kein Anspruch auf Abdruck und Veröffentlichung (vgl. → Kap. 26 Rn. 4). Der Widerrufsanspruch ist also neben dem Gegendarstellungsanspruch durchsetzbar (vgl. BVerfG NJW 1998, 1382; *Seitz* 8. Kap. Rn. 46; Löffler/*Sedelmeier* LPG § 11 Rn. 66). In der Praxis üblich ist nicht ein förmlicher Widerruf einer sich als falsch erwiesenen Tatsachenbehauptung, sondern eine Richtigstellung, die sich nicht auf die bloße Negation beschränken und ggf. erforderliche Klarstellungen enthalten kann (*Soehring/Hoene* Rn. 31.11 ff.). Häufig wird der Anspruch zugleich mit dem Gegendarstellungsanspruch und dem Anspruch auf Unterlassung der erneuten Verbreitung der unwahren Tatsachenbehauptung aus §§ 823 Abs. 1, 1004 Abs. 1 S. 2 BGB analog (→ Kap. 44 Rn. 1a ff.)) geltend gemacht. Um der Gefahr zu entgehen, sowohl eine Gegendarstellung als auch eine Richtigstellung zu veröffentlichen, kann der Verpflichtete sie zusammen in der Art und Weise veröffentlichen, dass unter die Gegendarstellung der Zusatz: „Der Betroffene hat Recht. Die Redaktion" veröffentlicht wird. In einem solchen Fall entfällt das berechtigte Interesse an der Richtigstellung ebenso wie das berechtigte Interesse an der Gegendarstellung, wenn eine eindeutige Richtigstellung der beanstandeten Behauptung veröffentlicht wird (vgl. → Kap. 26 Rn. 4; *Seitz* 8. Kap. Rn. 47).

Im Unterschied zum Gegendarstellungsrecht ist beim Richtigstellungsanspruch der Betroffene 2
darlegungs- und beweispflichtig dafür, dass die Unwahrheit der richtig zu stellenden Tatsache feststeht (vgl. BGH AfP 2008, 381). Da nur die Berichtigung feststehender Unrichtigkeiten verlangt werden kann, kommt die Durchsetzung des Anspruches im Wege der einstweiligen Verfügung nicht in Betracht. Der Betroffene muss also anders als beim Gegendarstellungsanspruch stets Hauptsacheklage erheben (*Soehring/Hoene* Rn. 31.27). Die *Pflicht zur Richtigstellung* kann unabhängig von einem Verlangen des Betroffenen auch aus den journalistischen *Standespflichten* (näher hierzu vgl. → Kap. 40 Rn. 7) folgen. Nach dem *Pressekodex* (Ziffer 3) und den Richtlinien des Deutschen Presserates (Richtlinie 3.1) soll bei inhaltlich unrichtigen Meldungen nicht lediglich der berichtigte Sachverhalt in der folgenden Ausgabe wiedergegeben, sondern darüber hinaus der Leser darauf hingewiesen werden, „dass die vorangegangene Meldung ganz oder zum Teil unrichtig war".

Da der Gegendarstellungsanspruch dem Betroffenen ein Mittel zur Hand gibt, einen ihm 3
durch unrichtige Presseberichterstattung entstandenen Schaden schnell zu minimieren, kann der schuldhafte Verzicht des Betroffenen auf eine zumutbare Gegendarstellung über seine Schadensminderungspflicht gemäß § 254 BGB Auswirkungen auf einen etwaigen Schadensersatzanspruch bzw. dessen Höhe haben. Nach der ständigen Rechtsprechung des BGH begründet eine Verletzung des allgemeinen Persönlichkeitsrechts nur dann einen Anspruch auf eine Geldentschädigung, wenn es sich um einen schwerwiegenden Eingriff handelt und die Beeinträchtigung nicht in anderer Weise befriedigend aufgefangen werden kann (vgl. BGH ZUM 2010, 251; vgl. → Kap. 44 Rn. 3 ff.). Es kann daher an einem unanwendbaren Bedürfnis für eine Geldentschädigung fehlen bzw. deren Höhe herabzusetzen sein, wenn der Betroffene nicht zeitnah Gegendarstellung bzw. Richtigstellung verlangt, sondern nur eine Geldentschädigung, zumal wenn dies erst längere Zeit nach der Veröffentlichung geschieht (vgl. *Seitz* 8. Kap. Rn. 53 mwN).

6. Abschnitt. Zeugnisverweigerung und Beschlagnahme im Pressebereich. Der Gerichtsstand in Pressesachen. Interlokales und internationales Kollisionsrecht

Literatur:

Baumbach/Lauterbach/Hartmann/Anders/Gehle, Zivilprozessordnung, 78. Auflage München 2020; *Bott,* Die Medienprivilegien im Strafprozess, Frankfurt am Main 2009; *Damm,* Sind deutsche Gerichte zur weltweiten Internetregulierung befugt?, GRUR 2010, S. 891; *Dörr,* Durchsuchungen und Beschlagnahmen bei Presseunternehmen, AfP 1995, S. 378; *Dunkhase,* Das Pressegeheimnis, Berlin 1998; *Fischer,* Strafgesetzbuch mit Nebengesetzen, 67. Auflage München 2020; *Göhler,* Ordnungswidrigkeitengesetz, 17. Auflage München 2017; *Gola/Klug/Reif,* Datenschutz- und presserechtliche Bewertung der „Vorratsdatenspeicherung", NJW 2007, S. 2599; *Himmelsbach,* Der Schutz des Medieninformanten im Zivilprozess, München 1998; *Ignor/Sättele,* Plädoyer für die Stärkung der Pressefreiheit im Strafrecht, ZRP 2011, S. 69; *Jung,* Durchsuchung und Beschlagnahme in Medienangelegenheiten, AfP 1995, S. 375; *Karlsruher Kommentar* zum Ordnungswidrigkeitengesetz, 5. Auflage München 2018; *Karlsruher Kommentar* zur Strafprozessordnung, 8. Auflage München 2019; *Kohlhaas,* Das Zeugnisverweigerungsrecht des Journalisten, in: Festschrift Löffler, München 1980, S. 143; *Kugelmann,* Die Vertraulichkeit journalistischer Kommunikation und das BVerfG, NJW 2003, S. 1777; *Kunert,* Erweitertes Zeugnisverweigerungsrecht der Medienmitarbeiter, NStZ 2002, S. 169; *Löffler,* Presserecht, 6. Auflage München 2015; *ders.,* Lücken und Mängel im neuen Zeugnisverweigerungs- und Beschlagnahmerecht von Presse und Rundfunk, NJW 1978, S. 913; *Löwe/Rosenberg,* Die Strafprozessordnung und das Gerichtsverfassungsgesetz, 25. Auflage Berlin 2004; *Mensching,* Das Zeugnisverweigerungsrecht der Medien, Bonn 2000; *Meyer-Goßner/Schmitt,* Strafprozessordnung, 63. Auflage München 2020; *Pöppelmann/Jehmlich,* Zum Schutz der beruflichen Kommunikation von Journalisten, AfP 2003, S. 218; *Rose,* Grenzen der journalistischen Recherche im Strafrecht und Strafverfahrensrecht, Frankfurt am Main 2001; *Rotsch,* Der Schutz der journalistischen Recherche im Strafprozess, Frankfurt am Main 2000; *Schönke/Schröder,* Strafgesetzbuch, 30. Auflage München 2019; *Shirvani,* Präventiv-polizeiliche Datenerhebung und der Schutz besonderer Vertrauensverhältnisse, ZG 2011, S. 45; *Soehring/Hoene,* Presserecht, 6. Auflage Köln 2019; *Spindler/Schuster,* Recht der elektronischen Medien, 4. Auflage München 2019; *Thomas/Putzo,* Zivilprozessordnung, 41. Auflage München 2020; Zöller, Zivilprozessordnung, 33. Auflage Köln 2020.

Vorbemerkung

1 1. Der 6. Abschnitt behandelt die Sicherung der Pressefreiheit im *Verfahrensrecht.* Das materielle Presserecht, wie etwa das Recht auf freie Kritik öffentlicher Missstände, findet im strittigen Einzelfall im *gerichtlichen Verfahren* seine Anerkennung, Begrenzung oder Ablehnung. Zwischen dem Rechthaben und dem Rechtbehalten steht der *Prozess,* in dem die Beteiligten um die Durchsetzung ihrer Rechte und Ansprüche ringen. Wie das Bundesverfassungsgericht in mehreren Entscheidungen festgestellt hat, wirkt das *Grundrecht der Pressefreiheit* (Art. 5 Abs. 1 GG) auch auf das Verfahrensrecht ein, um die Realisierung begründeter presserechtlicher Ansprüche zu gewährleisten (stRspr BVerfGE 20, 162 ff. – Spiegel; 36, 193 (204); 38, 105; 64, 108; 77, 65; zuletzt BVerfG NJW 2007, 1117 – Cicero; NJW 2011, 1859; zum Quellenschutz aus Art. 10 EMRK vgl. EGMR MR 1996, 123 – Goodwin/Vereinigtes Königreich; NJOZ 2018, 1945 – Becker/Norwegen). Der Gesetzgeber hat der Presse gewisse *prozessuale Privilegien* eingeräumt, die sich aus dem Wesen der Presse ergeben und der Erfüllung ihrer öffentlichen Aufgabe dienen. Entsprechend der Entwicklungen im Medienbereich wurden diese auf „elektronische Presse" ausgedehnt (vgl. Spindler/Schuster/*Mann/Smid,* Presserecht, Rn. 107 ff.).

2 2. a) Das wichtigste prozessuale Privileg der Presse ist das *publizistische Zeugnisverweigerungsrecht* der im Pressebereich Tätigen (§ 53 StPO, §§ 383 ff. ZPO). Es schützt die Mitarbeiter der Presse davor, ihre unentbehrlichen Informationsquellen durch die Pflicht zu umfassender Aussage vor Gericht preisgeben zu müssen, und dient so der Sicherung der Pressefreiheit (näheres → Kap. 30 Rn. 3 ff.).

b) Von besonderer Bedeutung für die Presse sind auch die prozessualen Schutzrechte, die sie auf dem Gebiet der *Beschlagnahme und Durchsuchung* genießt. Dies gilt einerseits für ein – das Zeugnisverweigerungsrecht ergänzendes – *Verbot* von Beschlagnahme- und Durchsuchungsmaßnahmen im Pressebereich, die der Sicherstellung von Schriftstücken zwecks Feststellung der Presse-Informanten dienen (näheres → Kap. 30 Rn. 43 ff.). Weitreichende Privilegien besitzt die Presse aber auch auf dem Gebiet der *Presse-Beschlagnahme* im eigentlichen Sinn, dh bei der Beschlagnahme der *Gesamtauflage* eines Druckwerks, die für den Verlag meist mit erheblicher Geschäftsschädigung verbunden ist (näheres Kap. 31).

c) Die prozessuale Benachteiligung, der die Presse früher dadurch ausgesetzt war, dass sie wegen ihrer weiten Verbreitung im In- und Ausland an einem beliebigen, zum Teil weit entfernten Verbreitungsort angeklagt werden konnte (sog. *fliegender Gerichtsstand der Presse*), wurde bereits im Jahr 1902 durch Anfügung des Absatzes 2 von § 7 StPO aufgehoben, allerdings in jüngster Zeit durch europäisches Recht wiederum aufgeweicht (näheres → Kap. 32 Rn. 1 und 7).

d) Schon die deutschen Landespressegesetze weichen zum Teil nicht unerheblich voneinander ab. Erst recht aber gilt dies für inländisches und ausländisches Presserecht. Die zunehmende überregionale und internationale Verbreitung von Presseerzeugnissen führt daher zu der praktisch bedeutsamen Frage, welches Presserecht im konkreten Fall Anwendung findet. Der Klärung dieses Problems dient das *interlokale bzw. internationale Kollisionsrecht* (näheres → Kap. 33 Rn. 1 ff.).

30. Kapitel. Das Zeugnisverweigerungsrecht der Presse

I. Bedeutung der Regelung. Geschütztes Rechtsgut

1. Das den Mitarbeitern der Presse kraft Gesetzes (§§ 53, 97 StPO, §§ 383 ff. ZPO) zustehende 3
Zeugnisverweigerungsrecht ist für die Funktionsfähigkeit der Presse von entscheidender Bedeutung. Die Presse kann die ihr obliegende *öffentliche Aufgabe* der Information sowie der Kontrolle und Kritik von Staat, Wirtschaft und Gesellschaft (vgl. → Kap. 3 Rn. 1 ff.) nur erfüllen, wenn sie ihre unentbehrlichen Informationsquellen geheim halten darf (stRspr BVerfGE 20, 162 ff. – Spiegel). Der Informantenschutz dient der Gewährleistung einer von staatlicher Beeinflussung und Einschüchterung freien Berichterstattung und damit dem Erhalt der Institution einer freien Presse (zuletzt BVerfG NJW 2011, 1859 (1862)). Die Pressefreiheit schützt vor dem Eindringen des Staates in die Vertraulichkeit der Redaktionsarbeit und in die Vertrauenssphäre zwischen den Medien und ihren Informanten (vgl. BVerfG NJW 2007, 1117 (1118)). Könnten die im Pressebereich Tätigen bei ihrer Zeugenvernehmung vor Gericht durch den sog. *„Zeugniszwang“* (Geld- und Haftstrafen; § 70 StPO, § 390 ZPO) genötigt werden, ihr wichtigstes Berufsgeheimnis, dh den Namen ihrer Informanten oder den Inhalt der ihnen anvertrauten Mitteilungen preiszugeben, dann würde zwangsläufig der für eine wirksame Pressetätigkeit notwendige Informationszufluss versiegen. Eingriffe in den Quellenschutz bedeuten daher erhebliche Einschüchterungseffekte gegenüber freier Berichterstattung (vgl. BVerfG NJW 2007, 1117 (1121); 2005, 965; 2003, 1787 (1793); *Fiedler* ZUM 2010, 18 (23)).

2. Nur schrittweise gelang es der Presse, sich in einem langwierigen, zähen Ringen den Schutz 4
ihres *Berufsgeheimnisses* auch vor Gericht zu erkämpfen (vgl. → Rn. 7 ff.).

Während die zivil- und strafrechtlichen Normen früher den gleichen Wortlaut hatten, unterscheiden sich die beiden Materien heute: Während in zivilrechtlicher Hinsicht nur der Mitarbeiter an einem *periodischen* Druckwerk geschützt ist (§ 383 Abs. 1 Nr. 5 ZPO), schränkt § 53 Abs. 1 S. 1 Nr. 5 StPO den Kreis der Druckwerke nicht ein, sondern schließt seit 2002 auch die „elektronische Presse“ mit ein und dehnt in § 53 Abs. 2 StPO das Zeugnisverweigerungsrecht auf selbstbearbeitetes Material und eigene berufsbezogene Wahrnehmungen aus (vgl. Karlsruher Kommentar zur StPO/*Bader* StPO § 53 Rn. 27; *Soehring/Hoene* Rn. 8.2 ff.). Dies ist insofern problematisch, als dass strafrechtliche Verbesserungen nur eingeschränkt wirken, wenn sie nicht zivilrechtlich unterstützt werden (vgl. *Schweizer* ZUM 2001, 446 ff. (447)). Denn auch durch den wirtschaftlichen Druck eines Zivilprozesses bzw. die Verurteilung kann ein Presseunternehmen gefährdet werden, wenn es sich nicht auf prozessuale Schutzrechte berufen kann (allg. zum zivilprozessualen Zeugnisverweigerungsrecht: Himmelsbach S. 7 ff.).

5 3. *Geschütztes Rechtsgut* ist beim publizistischen Zeugnisverweigerungsrecht die *Pressefreiheit* selbst (Art. 5 Abs. 1 GG). Zutreffend hat das Bundesverfassungsgericht (vgl. BVerfGE 10, 118 (121)) schon 1959 festgestellt, dass das Grundrecht des Art. 5 nicht nur die *Verbreitung* von Nachrichten und Meinungen gewährleistet, sondern auch die *Beschaffung* von Informationen. Ohne die Zuerkennung des Zeugnisverweigerungsrechts wäre die Verfassungsgarantie der freien Informationsbeschaffung wirkungslos. Ein Presse-Informant, der bei Vermittlung vertraulicher Informationen die Preisgabe seines Namens zu fürchten hätte, würde dieses Risiko kaum eingehen.

a) Die besondere Bedeutung des publizistischen Zeugnisverweigerungsrechts für die Funktionsfähigkeit einer freien Presse wird seitens der höchstrichterlichen Rechtsprechung auch dadurch anerkannt, dass dieses unentbehrliche Schweigerecht der Presse in besonderen Fällen *unmittelbar aus Art. 5 GG* hergeleitet werden kann (vgl. BVerfGE 20, 162 (213) – Spiegel; 25, 296 (305); 36, 193 (211); *Löffler* NJW 1978, 915). Obwohl sich diese Entscheidungen auf die Rechtslage vor 1975 bezogen, hat das Bundesverfassungsgericht auch danach ausdrücklich an der Auffassung festgehalten, bei § 53 Abs. 1 Nr. 5 StPO handele es sich nicht um eine abschließende Regelung. In besonders gelagerten Fällen könne sich deshalb direkt aus Art. 5 Abs. 1 S. 2 GG ein *weitergehendes* Zeugnisverweigerungsrecht ergeben, das auch in der gesetzlichen Regelung nicht berücksichtigte Medienangehörige umfasst (vgl. BVerfGE 64, 108 (116); 77, 65; *Soehring/Hoene* Rn. 8.14; dagegen ausdrücklich *Fezer* JZ 1983, 795; zur aktuellen Entwicklung → Rn. 18). Es handelt sich beim Zeugnisverweigerungsrecht um die gesetzliche Ausprägung der den ungehinderten Informationsfluss sichernden institutionellen Pressefreiheit (vgl. BVerfGE 20, 162 – Spiegel; NJW 2003, 1787; 2011, 1859 (1862); Löffler/*Achenbach* LPG § 23 Rn. 25; *Soehring/Hoene* Rn. 8.14).

b) *Kollidiert* die Sicherung der freien Informationsbeschaffung mit den Erfordernissen des Verfahrensrechts (Zeugniszwang, Beschlagnahme von Pressematerial und Durchsuchung von Presseräumen), so kommt gerade hier dem Verfassungsgrundsatz der *Verhältnismäßigkeit* (vgl. BVerfGE 20, 162; 77, 65) und der *Vermutung zugunsten der Freiheit* („in dubio pro libertate" – stRspr BVerfGE 7, 198 (208)) erhöhte Bedeutung zu. So wäre es zB nicht gerechtfertigt, in einer Rechtssache von geringer Bedeutung schwerwiegende prozessuale Eingriffe in den Freiheitsbereich der Presse vorzunehmen (vgl. LG Trier AfP 1988, 86).

6 4. In Rechtsprechung und Literatur fand sich früher häufig die verfehlte Argumentation, das publizistische Zeugnisverweigerungsrecht diene dem Schutz des Vertrauensverhältnisses zwischen dem Redakteur und seinen Informanten und entfalle deshalb dort, wo es sich um das vom *Redakteur selbst erarbeitete* Material handele. Dieses Problem hat sich durch die Gesetzesnovelle von 2002 erledigt, vgl. → Rn. 18.

II. Die historische Entwicklung des Zeugnisverweigerungsrechts

7 1. Das publizistische Zeugnisverweigerungsrecht gehört als Ganzes und in seinen Einzelheiten zu einer besonders schwierigen und umstrittenen Rechtsmaterie. Um die heute geltende Regelung voll zu verstehen und richtig zu bewerten, ist ein Rückblick auf den *Jahrhunderte währenden Kampf* geboten, in dem sich die Presse das Recht auf Wahrung der Vertraulichkeit ihrer Informationsquellen erstritt (ausführlich zur geschichtlichen Entwicklung vgl. Löffler/*Achenbach* LPG § 23 Rn. 8 ff.; *Dunkhase* S. 17 ff.; knapper *Greitemann* NStZ 2002, 572 ff.; *Himmelsbach* S. 7 ff.).

8 a) Die dank der Erfindung Gutenbergs (um 1450) in den folgenden Jahrzehnten aufgekommene Massenpresse übte an den Missständen der Zeit öffentlich Kritik und wurde zum publizistischen Träger der neuen Ideen des Humanismus und der Reformation. Die besondere Gefährlichkeit des jungen Mediums sahen die autoritären Gewalten in der *Anonymität* der Presseveröffentlichungen, durch die eine Verfolgung der Verfasser und Informanten erheblich erschwert, ja unmöglich gemacht wurde. Neben der Verpflichtung zum Abdruck einer Herkunftsangabe (Impressum) war es vor allem der „Zeugniszwang", mit dessen Hilfe der Staat den Schutzwall der publizistischen Anonymität zu durchbrechen suchte. So sah schon die *Reichspolizeiordnung* von 1548 die Folterung von Druckern, Verbreitern und Besitzern von Schriften zwecks Feststellung ihrer Verfasser vor. Als in der Epoche der Aufklärung (um 1740) die Folter als legales Zwangsmittel der Justiz entfiel, ging der Staat dazu über, zur Feststellung der Verfasser und

Informanten ein Verfahren gegen „Unbekannt" einzuleiten. Der als Zeuge geladene Verleger oder Redakteur setzte sich empfindlichen Geld- und Haftstrafen aus, wenn er den Gewährsmann oder Verfasser verschwieg.

b) Der Schutz des „Redaktionsgeheimnisses" setzte sich zuerst in *England,* dem klassischen Land der Pressefreiheit, durch. Dort konnte sich die Presse mit Erfolg auf das historische Beispiel der berühmten *„Junius-Briefe"* berufen, die Sir Philip Francis 1769 veröffentlicht hatte. Unter diesem Pseudonym war es Sir Philip möglich gewesen, schwere Missstände in der Verwaltung, die ihm als hohem Beamten bekannt geworden waren, öffentlich und mit Erfolg anzuprangern. 9

c) In *Deutschland* scheiterten am Misstrauen des Staates alle Versuche, das publizistische Zeugnisverweigerungsrecht im Reichspreßgesetz von 1874 oder in der Reichsstrafprozessordnung von 1877 zu verankern (vgl. *Dunkhase* S. 22 ff.; Löffler/*Achenbach* LPG § 23 Rn. 9). Erst die *Weimarer Republik* erkannte in der Novelle zu § 53 StPO vom 27.12.1926 (RGBl. I S. 527) ein stark eingeschränktes publizistisches Zeugnisverweigerungsrecht an, das nur einem Teil der Presseangehörigen zustand. Auch die 1953 erfolgte Erweiterung des Zeugnisverweigerungsrechts durch das 3. Strafrechtsänderungsgesetz vom 4.8.1953 (BGBl. I S. 753) brachte der Presse noch keine Gleichstellung mit den in § 53 StPO hinsichtlich ihres Berufsgeheimnisses voll geschützten Berufen der Geistlichen, der Ärzte und Apotheker, der Rechtsanwälte und Steuerberater sowie der Parlamentarier (zu dieser Regelung und zur Entwicklung in der Weimarer Zeit insgesamt Dunkhase S. 29 ff.; zu den Mängeln der Regelung *Löffler* NJW 1958, 1217). Ein Grund für diese Zurückhaltung ist darin zu sehen, dass Zeugnisverweigerungsrechte stets das staatliche Interesse an Strafverfolgung tangieren, da sie die Möglichkeiten der Wahrheitsfindung einschränken (vgl. *Schulz/Korte* AfP 2000, 530). 10

2. Wenn es der Presse trotzdem in der Folge gelang, die generelle Anerkennung der Wahrung ihres Berufsgeheimnisses durchzusetzen, so war dies ein besonderer Erfolg der strikten Einhaltung des publizistischen *Standesverständnis.* Es gehörte von jeher zum nobile officium des Publizisten, seinen Gewährsmann auch unter dem Druck von Haft- und Geldstrafen keinesfalls preiszugeben. Vorbild war hier der Verleger der „Frankfurter Zeitung", Leopold Sonnemann, der 1875 mit vier seiner Redakteure monatelang in Zwangshaft ging, ohne seinen Informanten preiszugeben (vgl. *Dunkhase* S. 19 f.; Löffler/*Achenbach* LPG § 23 Rn. 9). Heute dokumentiert Ziffer 5 des *Pressekodex des Deutschen Presserates* (in der Fassung vom 22.3.2017) dieses Standesverständnis, nach dem jede in der Presse tätige Person das Berufsgeheimnis wahrt, vom Zeugnisverweigerungsrecht Gebrauch macht und Informanten nicht ohne deren ausdrückliche Zustimmung preisgibt. 11

3. Da der Bundesgesetzgeber bis 1975 nicht bereit war (zu den einzelnen Reformvorhaben vgl. Dunkhase S. 54 ff.), dem Drängen der Presse nach einem modernen Zeugnisverweigerungsrecht stattzugeben, ergriffen die *Länder* die Initiative. In den zwischen 1964 und 1966 entstandenen neuen *Landespressegesetzen* wurde das Zeugnisverweigerungsrecht von Presse und Rundfunk in umfassender und befriedigender Weise geregelt (vgl. *Dunkhase* S. 56 ff.; Löffler/*Achenbach* LPG § 23 Rn. 14 ff.). Bezüglich der Gesetzgebungskompetenz der Länder zur Regelung des Zeugnisverweigerungsrechts berief man sich auf den Parallelfall der presserechtlichen Verjährung. Hier hatte das Bundesverfassungsgericht (BVerfGE 7, 29) die Kompetenz des Landesgesetzgebers bejaht, weil es sich um eine spezifisch presserechtliche Regelung handele. Das konnte man durchaus auch für das publizistische Zeugnisverweigerungsrecht geltend machen. 12

4. In mehreren, 1973 und 1974 ergangenen Entscheidungen (BVerfGE 36, 193; 36, 314; 38, 103; vgl. Löffler/*Achenbach* LPG § 23 Rn. 17; *Dunkhase* S. 70; *Soehring/Hoene* Rn. 8.12) verneinte das *Bundesverfassungsgericht* die Kompetenz des Landesgesetzgebers auf dem Gebiet des bundesrechtlich geregelten Zeugnisverweigerungsrechts. Dieses habe zwar Sachbezug sowohl zum Presserecht wie zum Verfahrensrecht, doch überwiege wesensmäßig und herkömmlich der letztere Sachbezug. Als Bestandteil des Verfahrensrechts unterliege das Zeugnisverweigerungsrecht der sog. konkurrierenden *Gesetzgebungskompetenz des Bundes* (Art. 74 Ziff. 1 GG). Der Bundesgesetzgeber habe in § 53 Abs. 1 StPO bereits eine Vollregelung getroffen, so dass für eine landesrechtliche Regelung in Verfahren nach Bundesrecht kein Raum bleibe (vgl. auch *Lecheler/Germelmann* Jura 2001, 781 (784 f.)). 13

5. Obwohl das Bundesverfassungsgericht die alleinige Kompetenz des Bundesgesetzgebers für das publizistische Zeugnisverweigerungsrecht bei Verfahren nach Bundesrecht bejaht hatte, 14

schied eine Rückkehr zu der überholten Fassung des § 53 StPO von 1953 nach allgemeiner Ansicht aus. Auch das Bundesverfassungsgericht hatte bereits im Spiegel-Urteil (BVerfGE 20, 162) deutlich zum Ausdruck gebracht, dass die alte Fassung des § 53 StPO dem Erfordernis der in Art. 5 GG verbürgten Pressefreiheit nicht gerecht wurde. Schon im September 1974 legte deshalb die Bundesregierung den Entwurf eines „Gesetzes über das Zeugnisverweigerungsrecht der Mitarbeiter von Presse und Rundfunk" (BT-Drs. 7/2539) vor, der vom Bundestag am 21.2.1975 angenommen, nach Anrufung des Vermittlungsausschusses durch den Bundesrat am 19.7.1975 nahezu unverändert bestätigt wurde und am 1.8.1975 in Kraft trat (Gesetz vom 25.7.1975, BGBl. I S. 1973; zur Entstehungsgeschichte vgl. Löffler/*Achenbach* LPG § 23 Rn. 18; *Dunkhase* S. 72 ff.).

III. Vor- und Nachteile der geltenden Regelung des Zeugnisverweigerungsrechts

15 1. Die Neuregelung der publizistischen Zeugnisverweigerung vom 25.7.1975 (BGBl. I S. 1973) führte zu einer Rechtsvereinheitlichung, denn die Vorschrift findet außer im Straf- und Zivilprozess jetzt auch in anderen bundesrechtlichen Prozessverfahren entsprechende Anwendung (vgl. → Rn. 41, 42). Diese Vereinheitlichung wurde später wieder aufgehoben (vgl. → Rn. 4). Die das publizistische Zeugnisverweigerungsrecht ergänzende und absichernde Regelung der *Beschlagnahme von Redaktionsmaterial und der Durchsuchung* im Pressebereich erhielt eine generalisierende Fassung (vgl. → Rn. 43 ff.).

2. Zugleich mit der Neufassung des Zeugnisverweigerungsrechts nahm der Bundesgesetzgeber auch die bundesgesetzliche Regelung der gegenüber der Sicherstellung von Redaktionsmaterial wesensverschiedenen Beschlagnahme der *Gesamtauflage* eines Druckwerks vor (§ 111m und § 111n StPO). Seine diesbezügliche Gesetzgebungskompetenz steht heute nicht mehr im Streit (vgl. *Soehring/Hoene* Rn. 8.12, sowie dazu → Kap. 31 Rn. 3 ff.).

16 3. Zu den Vorteilen der bundesrechtlichen Neuregelung von 1975 gehört auch die Beseitigung des bereits von den Landespressegesetzen aufgehobenen sinnwidrigen sog. *„privilegium miserabile"* von Presse und Rundfunk. Nach dieser inzwischen überholten Regelung wurde das publizistische Zeugnisverweigerungsrecht nur bei *strafbaren* Presseveröffentlichungen gewährt, nicht jedoch bei korrekten, der Wahrheit entsprechenden Publikationen. Denn gerade in den letzteren Fällen wollten die Behörden den Informanten ermitteln, der sie durch einen zutreffenden Bericht bloßgestellt hatte (vgl. *Löffler* NJW 1958, 1215). Mit Recht beseitigt wurde auch die sog. *Garantenhaftung:* Danach sollte das publizistische Zeugnisverweigerungsrecht nur zum Zug kommen, wenn bei der Zeitung oder Zeitschrift ein Redakteur vorhanden war, der für die strittige Veröffentlichung haftete und statt des unbekannten Informanten bestraft werden konnte (vgl. Löffler/*Achenbach* LPG § 23 Rn. 20).

17 4. Das publizistische Zeugnisverweigerungsrecht beschränkt sich auf Grund der Neuregelung von 1975 nicht nur auf die Frage nach der *Person* des Gewährsmanns, sondern bezieht auch den *Inhalt* der Mitteilung in den Schutz des Berufsgeheimnisses ein. Der Kreis der privilegierten Presseangehörigen wird in der Neufassung auf die Personen erweitert, die bereits bei der *Vorbereitung* eines periodischen Druckwerks (Informationsbeschaffung) mitgewirkt haben (vgl. Karlsruher Kommentar zur StPO/*Bader* StPO § 53 Rn. 32 ff.).

18 5. Gegenüber den landesrechtlichen Vorschriften zum publizistischen Zeugnisverweigerungsrecht brachte die Neufassung des § 53 Abs. 1 Nr. 5 StPO auch *Einschränkungen* mit sich. Zur Zeugnisverweigerung sind nur die *berufsmäßigen* Mitarbeiter der Presse berechtigt (vgl. → Rn. 24 ff.). Unter Ausschluss des Anzeigenteils genoss nur der *redaktionelle Teil* der periodischen Presse Schutz (vgl. → Rn. 35). Durch den Tatbestand der *„Strafverstrickung"* wurde der Kreis der zeugnisverweigerungsberechtigten Personen gegenüber der bisherigen landesrechtlichen Regelung zusätzlich eingeschränkt (vgl. → Rn. 50).

Das Gesetz vom 15.2.2002 (BGBl. I S. 682) fasste § 53 StPO neu und erweiterte dessen Anwendungsbereich dabei in dreifacher Hinsicht (vgl. Karlsruher Kommentar zur StPO/*Bader* StPO § 53 Rn. 27; ausführlich und kritisch *Kunert* NStZ 2002, 169 ff.; kritisch auch *Schulz/Korte* AfP 2000, 530; NJW 2000, Heft 7 S. XLV). Der Journalist bzw. Medienmitarbeiter muss nun nicht mehr an einem periodischen Druckwerke mitarbeiten (vgl. → Rn. 25). Auch gilt nunmehr das Zeugnisverweigerungsrecht für selbst erarbeitetes Material (vgl. → Rn. 34). Insofern wurden frühere *Einschränkungen* der prozessualen Rechte wieder aufgehoben. Im Übrigen wurde das Zeugnisverweigerungsrecht auch auf solche Personen erweitert, die an *der Unterrichtung oder Meinungsbildung dienenden Informations- oder Kommunikationsdiensten* mitwirken und steht damit auch den Mitarbeitern der elektronischen Presse zu (vgl. *Soehring/Hoene* Rn. 8.3). In allen drei Fällen muss es sich aber nach wie vor um eine *berufsmäßige* Mitwirkung handeln.

Nach wie vor nicht berechtigt zur Zeugnisverweigerung sind *Forscher,* wenn sie nicht zugleich publizistisch tätig werden (für eine diesbezügliche Erweiterung *Greitemann* NStZ 2002, 572 ff.).

IV. Der zur Zeugnisverweigerung berechtigte Personenkreis

1. Aus dem Titel der Gesetzes-Novellierung von 1975 (vgl. → Rn. 14): „Gesetz über das Zeugnisverweigerungsrecht der *Mitarbeiter* von Presse und Rundfunk" ergab sich der Wille des Gesetzgebers, den Kreis der privilegierten Personen – im Gegensatz zu früheren Gesetzesregelungen mit einzeln aufgeführten Funktionsträgern wie Verleger, Redakteur usw – nunmehr weit zu ziehen. Heute steht das prozessuale Zeugnisverweigerungsrecht in der erweiterten Fassung des § 53 Abs. 1 Nr. 5 StPO allen Personen zu, „die bei der Vorbereitung, Herstellung und Verbreitung von Druckwerken, Rundfunksendungen, Filmberichten oder der Unterrichtung oder Meinungsbildung dienenden Informations- und Kommunikationsdiensten berufsmäßig mitwirken oder mitgewirkt haben". **19**

2. Der für die Befreiung vom Zeugniszwang maßgebliche Begriff des *Mitwirkens* umfasst jede Tätigkeit, die der Vorbereitung, Herstellung oder Verbreitung eines Druckwerks dient. Dabei kommt es nicht darauf an, ob der Presse-Angehörige gerade bei der *strittigen* Presseveröffentlichung mitgewirkt hat. Die Formulierung des Gesetzes: „Mitwirken oder mitgewirkt haben" bringt zum Ausdruck, dass das Zeugnisverweigerungsrecht (und damit auch das Beschlagnahme- und Durchsuchungsverbot) mit der Beendigung der Pressetätigkeit des Publizisten nicht erlischt, sondern dass das aus dieser (ehemaligen) Tätigkeit resultierende Privileg fortdauert (vgl. Karlsruher Kommentar zur StPO/*Bader* StPO § 53 Rn. 33 f.). **20**

3. Zu den nach dem Maßstab der Mitwirkung privilegierten Personen gehören bei der Presse insbesondere: **21**

a) die im *redaktionellen* und *kaufmännischen* Bereich Tätigen wie Verleger, Herausgeber, Journalisten, aber auch die Mitarbeiter im Bereich des Anzeigenteils, in der Buchhaltung und der Werbung, wenn es um Beiträge zum redaktionellen Teil geht (vgl. Karlsruher Kommentar zur StPO/*Bader* StPO § 53 Rn. 31 ff.; weitergehend BVerfG BVerfGE 64, 108, mit zutreffender. Anm. *Fezer* JZ 1983, 795 (797), da es in Sonderfällen auch Anzeigen eine meinungsbildende Funktion zukommt und es dann geboten sein kann, ein Zeugnisverweigerungsrecht unmittelbar aus dem Grundrecht der Pressefreiheit herzuleiten). Privilegiert ist aber auch der *technische* Bereich einschließlich der am Bildschirm, an Geräten und Maschinen tätigen Personen.

b) Zum Kreis der Mitwirkenden gehören auch die im *Pressearchiv* Tätigen, da ohne sie eine zuverlässige Presseberichterstattung kaum möglich ist (vgl. *Löffler,* Der Verfassungsauftrag, S. 27/28). **22**

Privilegiert sind auch der *Verlagsjustitiar* und seine Mitarbeiter (vgl. LG Hamburg AfP 1984, 172). Der globale Begriff „Mitwirkung" umfasst auch alle *Hilfspersonen* der in der Presse Tätigen. Das Gleiche gilt für Redaktionsvolontäre, Telefonisten sowie für das Produktionspersonal. Es genügt, dass die betreffenden Personen die Möglichkeit haben, auf Grund ihrer Tätigkeit von der Person des Informanten oder dem Inhalt der Mitteilung Kenntnis zu erlangen (*Löwe/Rosenberg* StPO § 53 Rn. 51; Karlsruher Kommentar zur StPO/*Bader* StPO § 53 Rn. 32 ff.).

c) Die ein Zeugnisverweigerungsrecht verleihende *Pressetätigkeit* umfasst nach dem Wortlaut des § 53 Abs. 1 Nr. 5 StPO sowohl die Mitwirkung bei der Vorbereitung wie bei der Herstellung und beim Vertrieb eines periodischen Druckwerks. Die Erwähnung der *Vorbereitung* in der 1975 erfolgten Neufassung des § 53 StPO bringt zum Ausdruck, dass auch die bei der Informationsbeschaffung mitwirkenden Presse-Angehörigen, insbesondere die Rechercheure und die Informanten selbst zur Zeugnisverweigerung befugt sind einschließlich der Wort- und Bildberichterstatter (vgl. Löwe/Rosenberg StPO § 53 Rn. 50 ff.; Karlsruher Kommentar zur StPO/*Bader* StPO § 53 Rn. 33 f.). Eine wesentliche Mitwirkung bei der Informationsbeschaf- **23** fung kommt auch den Korrespondenzbüros und Nachrichten-Agenturen zu (vgl. Löffler/*Achenbach* LPG § 23 Rn. 33).

Zur *Herstellung* eines Druckwerks gehören die äußere (technische) sowie die inhaltliche (geistige) und sprachliche Gestaltung des redaktionellen Teils eines Druckwerks (vgl. *Greitemann* NStZ 2002, 572 ff.). Mitwirkende bei der *Verbreitung* des Druckwerks sind ua die Austräger sowie die in der Expedition des Blattes tätigen Personen einschließlich der Inhaber von Kiosken, Buchhandlungen, Lesezirkeln und Mietbüchereien (Karlsruher Kommentar zur StPO/*Bader* StPO § 53 Rn. 33).

24 4. *Berufsmäßig* vollzieht sich eine Tätigkeit dann, wenn sie in der Absicht geschieht, daraus durch wiederholte Ausübung eine dauernde oder doch wiederkehrende Beschäftigung zu machen. Eine bloß gelegentliche Tätigkeit genügt allerdings nicht (vgl. Meyer-Goßner/Schmitt/*Schmitt* StPO § 53 Rn. 31). Da nur die *Absicht* der Wiederholung maßgebend ist, kann dennoch schon eine einzige Handlung im Sinne der Mitwirkung für das Merkmal der Berufsmäßigkeit genügen (vgl. BGHSt 7, 129; Karlsruher Kommentar zur StPO/*Bader* StPO § 53 Rn. 31). Die Berufsmäßigkeit der Mitwirkung erfordert nicht, dass sie gewerbsmäßig, dh in der Absicht der Gewinnerzielung oder entgeltlich erfolgt (RegE BT-Drs. 7/2539, 10; BGHSt 1, 383; *Greitemann* NStZ 2002, 572 ff.). Ob man als freier oder angestellter Journalist mitwirkt, ob die Mitwirkung haupt- oder nebenberuflich geschieht, ist für die Zubilligung des Zeugnisverweigerungsrechts gleichfalls ohne rechtliche Bedeutung (vgl. BGH NJW 1999, 2051 f.; Meyer-Goßner/Schmitt/*Schmitt* StPO § 53 Rn. 31; Karlsruher Kommentar zur StPO/*Bader* StPO § 53 Rn. 31). Auch bei Verfassern und Einsendern von Presseartikeln, die sich in der Absicht der *regelmäßigen* Stellungnahme zu Fragen der Zeit öffentlich in der Presse äußern, wie auch bei Informanten, die mit dem Willen zu wiederholter Materiallieferung tätig sind, ist das privilegierende Moment der Berufsmäßigkeit gegeben. Das Erfordernis einer berufsmäßigen Mitwirkung ist rechtspolitisch heute nicht mehr umstritten (vgl. Löffler/*Achenbach* LPG § 23 Rn. 38 f.; *Soehring/Hoene* Rn. 8.17).

25 5. Die Unterscheidung zwischen periodischer und sonstiger Presse ist durch die Neuregelung des § 53 Abs. 1 Nr. 5 StPO aufgehoben worden (vgl. → Rn. 18).

Die Differenzierung war allein historischer Natur und sachlich nicht zu rechtfertigen (zust. *Kunert* NStZ 2002, 169 ff.). Somit fallen nunmehr zB auch Plakate in den sachlichen Schutzbereich (vgl. Karlsruher Kommentar zur StPO/*Bader* StPO § 53 Rn. 28).

V. Der Umfang des Zeugnisverweigerungsrechts

26 1. Seit der 1975 erfolgten Neuordnung erfasst das Aussageverweigerungsrecht der Presse-Angehörigen sowohl die *Person* von Verfassern und Informanten wie auch den *Inhalt* von Mitteilungen, die der Presse zugehen. Durch diesen gesetzlich gewährten Schutz der publizistischen *Anonymität* wird es Vertretern von Politik, Verwaltung und Wirtschaft wesentlich erschwert, erfolgreich nach Personen zu suchen, die bei lichtscheuen Vorgängen nicht dichtgehalten, sondern „aus der Schule geplaudert haben“.

27 Was die Aussageverweigerung zur *Person* des Verfassers oder Informanten betrifft, so umfasst sie nicht nur Namen und Adresse des Informanten selbst, sondern auch alle sonstigen Angaben, die zur Aufdeckung der Anonymität von Verfasser oder Gewährsmann dienen könnten (vgl. BGHSt 36, 298; Löffler/*Achenbach* LPG § 23 Rn. 45). Solche *Umgehungsfragen* des Gerichts oder des Staatsanwalts brauchen nicht beantwortet zu werden (vgl. BGHSt 28, 240 (246); NJW 1990, 525; *Soehring/Hoene* Rn. 8.22). Ein Journalist muss auch nicht die Frage beantworten, ob er selbst Verfasser des strittigen Artikels sei (vgl. LG Heilbronn AfP 1984, 119; Meyer-Goßner/Schmitt/*Schmitt* StPO § 53 Rn. 35). Folgende Personengruppen genießen den Schutz der Anonymität:

28 a) Der Name der *Verfasser* von Beiträgen oder Unterlagen darf verschwiegen werden. Das Redaktionsgeheimnis umfasst auch die Identität der Mitarbeiter sowie die Vertraulichkeit redaktioneller Arbeitsabläufe (vgl. BVerfG NJW 2011, 1859 (1860)). Als Verfasser gilt im Sinne des Presserechts der geistige Urheber eines Presse-Beitrags. Dabei bleibt es rechtlich gleich, ob er diesen Beitrag selbst niederschreibt oder von einem Dritten nach seinen Weisungen niederschreiben lässt (vgl. Meyer-Goßner/Schmitt/*Schmitt* StPO § 53 Rn. 35). Haben mehrere bei der

Abfassung eines Presse-Beitrags geistig zusammengewirkt, so sind sie alle Verfasser (Mitverfasser). Ihre Namen dürfen verschwiegen werden (vgl. LG Hamburg AfP 1984, 172). Verfasser von Beiträgen, deren Namen verschwiegen werden dürfen, können sowohl Angestellte des Presseverlages wie außen stehende Dritte sein (vgl. LG Hamburg AfP 1984, 172; LG Heilbronn AfP 1984, 119). Soweit ein Verfasser seinerseits bei der Presse berufsmäßig mitwirkt, ist er in doppelter Hinsicht begünstigt: sein Name darf vor Gericht verschwiegen werden; er selbst darf andere Verfasser verschweigen (vgl. Karlsruher Kommentar zur StPO/*Bader* StPO § 53 Rn. 37).

b) Als zweite Personengruppe, die den Schutz der Anonymität genießt, nennt das Gesetz 29 *Einsender* von Beiträgen und Unterlagen. Der globale Ausdruck „Einsender" umfasst alle Personen, die der Presse *von anderen verfasste* Beiträge oder Unterlagen übermitteln, ohne dass es sich um veröffentlichungsreife Publikationen handeln müsste (vgl. Meyer-Goßner/Schmitt/*Schmitt* StPO § 53 Rn. 36). Der Einsender gehört deshalb nicht in die Kategorie der Verfasser. Es kommt auch nicht auf die alsbaldige Veröffentlichung der übermittelten Unterlagen an (vgl. BGHSt 28, 240 (251); Karlsruher Kommentar zur StPO/*Bader* StPO § 53 Rn. 38). Die Beiträge der Einsender bilden deshalb häufig das Hintergrundmaterial von redaktionellen Veröffentlichungen. Unter die Rubrik der Einsender fallen auch die *Leserbriefe,* die als Beiträge für den redaktionellen Teil der Zeitung anzusehen sind (vgl. KG Berlin NJW 1984, 1133).

c) Als dritte Gruppe der Personen, über welche die Presse die Auskunft verweigern darf, nennt 30 § 53 StPO den *sonstigen Informanten* (früher: Gewährsmann). Wie der Einsender, so liefert auch der Informant keinen gestalteten Beitrag, sondern das Rohmaterial, das er in seinem Beobachtungsbereich (Wirtschaft, Sport, Verwaltung, Schule, Ortsgemeinde usw) gesammelt hat. Der „Beitrag" des Informanten kann schriftlich oder mündlich (telefonisch), durch Bild oder sonstige Darstellung erfolgen (vgl. Karlsruher Kommentar zur StPO/*Bader* StPO § 53 Rn. 39). Als „Beitrag" des Informanten ist es auch anzusehen, wenn dieser dem Journalisten gezielte Informationen über ein bevorstehendes publizistisch wichtiges Ereignis zukommen lässt, so dass der Journalist an Ort und Stelle zur angegebenen Zeit eigene Feststellungen treffen kann (vgl. LG Heilbronn AfP 1984, 119). Ein Beitrag des Informanten liegt auch dort vor, wo der Journalist den Informanten aufsucht und befragt (vgl. *Soehring/Hoene* Rn. 8.23).

Soweit der Gewährsmann selbst berufsmäßig für die Presse tätig ist, steht ihm hinsichtlich seiner Informanten gleichfalls das Zeugnisverweigerungsrecht des § 53 StPO zu. Das Zeugnisverweigerungsrecht greift aber nicht, wenn der Presseangehörige seinen Gewährsmann in einem Artikel namentlich benannt und zitiert hat und nunmehr darüber befragt wird, ob der Informant die wiedergegebenen Angaben tatsächlich gemacht hat. Denn in diesem Falle besteht kein besonderes schützenswertes Vertrauensverhältnis zwischen dem Pressevertreter und dem Gewährsmann (vgl. BVerfG NJW 2002, 592 f.; OLG Dresden AfP 2002, 229 f. zu § 383 Abs. 1 ZPO; *Soehring/Hoene* Rn. 8.23). Dies gilt allerdings nicht für den Fall der bloßen Behauptung eines Staatsanwalts, der Redakteur habe ihm gegenüber unter Verzicht auf sein Zeugnisverweigerungsrecht den Namen des Informanten genannt (vgl. OLG Dresden NStZ-RR 1997, 238).

3. Seit der Neufassung von 1975 bezieht sich das Zeugnisverweigerungsrecht der Presse nicht 31 nur auf die Person des Mitteilenden, sondern auch auf den *Inhalt* der Mitteilung selbst, wie dies auch bei den anderen, hinsichtlich ihrer Aussage privilegierten Berufsgruppen (Geistliche, Ärzte, Anwälte, Steuerberater, Parlamentarier) der Fall ist. Nach dem Wortlaut des § 53 Abs. 1 Nr. 5 StPO erstreckt sich seit 2002 das „inhaltliche" Zeugnisverweigerungsrecht der Presse-Angehörigen auch auf „die ihnen im Hinblick auf ihre Tätigkeit gemachten Mitteilungen, über deren Inhalt sowie über den Inhalt selbst erarbeiteter Materialien und den Gegenstand berufsbezogener Wahrnehmungen". Aus dem Text des Gesetzes ergibt sich:

a) Der Begriff *„Mitteilung"* ist entsprechend dem Zweck der Bestimmung (Schutz des Grund- 32 rechts der Informationsfreiheit) *weit auszulegen* (vgl. BGHSt 28, 240 ff.; LG Heilbronn AfP 1984, 119; Löffler/*Achenbach* LPG § 23 Rn. 52). Zu den geschützten Mitteilungen gehören auch die ihnen beigefügten *Materialien* und Unterlagen (Meyer-Goßner/Schmitt/*Schmitt* StPO § 53 Rn. 33).

b) Mit der 1975 erfolgten gesetzlichen Anerkennung des „inhaltlichen" Zeugnisverweige- 33 rungsrechts der Presse sind jedoch *erhebliche Beschränkungen* der publizistischen Aussageverweigerung verbunden. So besteht eine wesentliche Einschränkung des „inhaltlichen" Zeugnisverweigerungsrechts darin, dass die der Presse zugehenden Mitteilungen den Schutz des § 53 StPO nur dann genießen, wenn sie den Pressemitarbeitern gerade *„im Hinblick auf ihre Tätigkeit"* übermittelt werden.

33a (1) Mit dieser einschränkenden Regelung entfällt der Schutz der Anonymität für alle Mitteilungen, die dem Presse-Angehörigen ohne Bezug auf seine publizistische Stellung zugehen – etwa weil der Mitteilende gar nicht weiß, dass der Mitteilungsempfänger bei der Presse tätig ist. Die gesetzliche Einschränkung verkennt das Wesen der publizistischen Informationseinholung: Ihr Erfolg hängt häufig davon ab, dass sie vom Journalisten und Reporter *unauffällig* oder „incognito" vorgenommen wird (vgl. Löffler/*Achenbach* LPG § 23 Rn. 56).

33b (2) Dagegen ist es für den „inhaltlichen" Schutz einlaufender Presse-Informationen rechtlich ohne Bedeutung, ob sie zur Veröffentlichung kommen oder lediglich als internes Hintergrundmaterial Verwendung finden. Auch das sog. *„Schreibtischmaterial"* genießt den vollen Schutz des § 53 StPO (vgl. BGHSt 28, 240 (251); OLG Bremen JZ 1977, 444; Löffler/*Achenbach* LPG § 23 Rn. 58; Karlsruher Kommentar zur StPO/*Bader* StPO § 53 Rn. 43).

33c (3) Das Zeugnisverweigerungsrecht der Presse erstreckt sich auch auf Material, das ihr zugeleitet wird, nachdem es auf *illegale Weise* ans Licht kam: Der „Öffentlichkeitswert" einer solchen Mitteilung kann den „Missstand" der unzulässigen Beschaffung weit überwiegen (vgl. Studienkreis für Presserecht und Pressefreiheit, NJW 1976, 1079; → Kap. 39 Rn. 17). Doch entfällt bei illegal beschafftem Material insoweit das „ergänzende" Beschlagnahme- und Durchsuchungsverbot (vgl. → Rn. 51 sowie Löffler/*Achenbach* LPG § 23 Rn. 114 ff.).

33d (4) Einer ausdrücklichen wörtlichen Mitteilung bedarf es nicht; erfasst werden auch solche Umstände, die ein Informant dem Redakteur anlässlich der Verabredung oder Durchführung eines Interviews zu beobachten ermöglicht hat (vgl. BGH NJW 1990, 525; Karlsruher Kommentar zur StPO/*Bader* StPO § 53 Rn. 40).

33e (5) Nach der Rechtsprechung des Bundesgerichtshofs (vgl. BGH NJW 1999, 2051 f.) entfallen die publizistische Anonymität und damit das Zeugnisverweigerungsrecht regelmäßig dann, wenn in dem Pressebeitrag über die Mitteilungen des Informanten hinaus auch dessen Identität offen gelegt wird und die Informationen ihrem Inhalt nach, etwa auf Grund früherer Presseveröffentlichungen, bereits bekannt sind (hierzu auch → Rn. 30).

34 c) Nach den Änderungen durch das Gesetz vom 15.2.2002 (BGBl. I S. 682) bezieht sich das Zeugnisverweigerungsrecht auch auf *selbst erarbeitetes Material und berufsbezogene Wahrnehmungen* (vgl. Karlsruher Kommentar zur StPO/*Bader* StPO § 53 Rn. 27 und 44a; Löffler/*Achenbach* LPG § 23 Rn. 60 ff.).

Diese Änderung wurde teilweise als zu weitgehend empfunden (vgl. *Kunert* NStZ 2002, 169 ff.; Karlsruher Kommentar zur StPO/*Bader* StPO § 53 Rn. 44a). Gleichwohl trägt diese Vorschrift zur Vermeidung sachwidriger Durchsuchungs- und Beschlagnahmeaktionen bei und ist deshalb im Ergebnis geboten.

35 d) Einen *Rückschritt* brachte die Neuregelung von 1975 durch den Ausschluss des *Anzeigenteils* der Presse vom Schutz des „inhaltlichen" Zeugnisverweigerungsrechts (vgl. *Löffler* NJW 1978, 915; Löffler/*Achenbach* LPG § 23 Rn. 76 ff.; *Soehring/Hoene* Rn. 8.31 ff.). Nach § 53 Abs. 1 Nr. 5 S. 3 StPO gilt das Verweigerungsrecht nur „soweit es sich um Beiträge … für den redaktionellen Teil oder redaktionell aufbereitete Informations- und Kommunikationsdienste handelt". Der § 53 StPO beschränkt das Zeugnisverweigerungsrecht hinsichtlich des Inhalts der Mitteilung nicht hinsichtlich der Personen auf die für den redaktionellen Teil des Druckwerks bestimmten Beiträge und Unterlagen, wie zB Leserbriefe (vgl. KG Berlin NJW 1984, 1133). Ebenso wenig wird das zum Anzeigenteil gehörige Chiffregeheimnis der Presse geschützt (vgl. BVerfG AfP 1983, 385; 1975, 95; vgl. auch FG Baden-Württemberg AfP 1986, 261, zu § 93 AO). Ein Zeugnisverweigerungsrecht wird allerdings auch für Beiträge zum Anzeigenteil unmittelbar aus Art. 5 Abs. 1 GG hergeleitet, wenn der Anzeige eine gleiche oder zumindest ähnliche Funktion wie Beiträgen des redaktionellen Teils beispielsweise mit einem Beitrag zu öffentlichen Meinungsbildung zukommt (vgl. BVerfGE 64, 108; Rath-Glawatz/Engels/Dietrich/*Rath-Glawatz* Rn. P 447).

Während die Mehrzahl der Landespressegesetze den Presseangehörigen das Recht der Zeugnisverweigerung auch hinsichtlich des Anzeigenteils zubilligte, erscheint die heutige Regelung als Rückschritt (kritisch auch *Kohlhaas* FS Löffler, 150; *Löffler* NJW 1978, 915; AfP 1975, 730

(732)). Wie das Bundesverfassungsgericht (vgl. BVerfGE 21, 271 – Südkurier-Urteil) überzeugend dargelegt hat, erfüllt gerade der Anzeigenteil (Wohnungsmarkt, Stellenmarkt usw) einen wesentlichen Teil der Informationsaufgabe der Presse.

Auch beim Anzeigenteil spielt das Vertrauensverhältnis zwischen Inserenten und Presse eine wichtige Rolle (Ehevermittlung, Stellenmarkt). Der Einwand, es bestehe kein Anlass, eventuellen betrügerischen Inserenten Schutz zu gewähren, kann nicht überzeugen. Der minimale Anteil von Inseraten, die möglicherweise betrügerischen Machenschaften dienen, darf nicht für die rechtliche Behandlung der großen Masse seriöser, für das Geschäfts- und Wirtschaftsleben bedeutsamer Anzeigen maßgeblich sein. In den Ländern, in denen sich bis 1974 das Zeugnisverweigerungsrecht auch auf den Anzeigenteil erstreckte, hatten sich keine nachteiligen Auswirkungen bemerkbar gemacht. Trotz dieser Bedenken verurteilte der BFH eine regionale Tageszeitung zur regelmäßigen Auskunft über die Identität von Anzeigenauftraggebern gegenüber der Steuerfahndung (vgl. BFH AfP 2016, 568).

VI. Die Zeugnisverweigerung als freie Ermessensentscheidung der Presse

1. Den Presseangehörigen steht es in jedem Einzelfall grundsätzlich frei, ob sie von ihrem Zeugnisverweigerungsrecht Gebrauch machen wollen. Ihr Aussageverweigerungsrecht hängt nicht davon ab, ob sie sich ihren Gewährsleuten gegenüber zur Geheimhaltung verpflichtet haben. Im Gegensatz zu den unter Geheimhaltungspflicht stehenden Berufen der Ärzte, Anwälte und Steuerberater (§ 203 StGB) besteht für die Presse hinsichtlich ihrer Informanten zwar ein *Schweigerecht, aber keine Schweigepflicht,* von der moralischen Pflicht des *Standesverständnisses* einmal abgesehen (vgl. → Rn. 11). Denn das Recht der Zeugnisverweigerung dient in erster Linie dem Schutz der Presse und nicht dem Interesse der Gewährsleute. Die Mitarbeiter der Presse sind befugt, von ihrem Zeugnisverweigerungsrecht *keinen* oder nur *teilweisen* Gebrauch zu machen (vgl. Karlsruher Kommentar zur StPO/*Bader* StPO § 53 Rn. 7). Zum Wesen des Zeugnisverweigerungsrechts gehört es, dass die zunächst erklärte Aussagebereitschaft jederzeit mit der Wirkung *widerrufen* werden kann, dass eine bereits gemachte Aussage keine prozessuale Verwendung finden darf, sofern der Widerruf noch während der Hauptverhandlung erfolgt (§ 252 StPO; vgl. BGH NJW 1968, 58; OLG Dresden NStZ 1997, 238; BayObLG NJW 1983, 1132). 36

2. Dass es sich beim Zeugnisverweigerungsrecht um ein speziell der Presse gewährtes Schutzrecht handelt, ergibt sich auch aus der gesetzlichen Regelung solcher Fälle, bei denen die Presse-Mitarbeiter seitens des Informanten von ihrem Zeugnisverweigerungsrecht ausdrücklich *entbunden* werden. Trotzdem behalten sie ihr volles Aussageverweigerungsrecht und entscheiden nach freiem Ermessen, ob sie davon Gebrauch machen wollen. Die Presse-Angehörigen sind insoweit günstiger gestellt als die anderen zur Zeugnisverweigerung berechtigten Berufe wie Ärzte, Anwälte usw, die ihr Zeugnisverweigerungsrecht verlieren, wenn sie davon entbunden werden (§ 53 Abs. 2 S. 1 StPO). Diese Begünstigung der Presse gilt im straf- und zivilprozessualen Verfahren (§ 385 Abs. 2 ZPO) sowie in den Verfahren, die auf die Regelung in der StPO bzw. ZPO Bezug nehmen (vgl. → Rn. 41, 42). 37

3. Eine ausdrückliche Pflicht des Richters oder des Staatsanwalts, den Zeugen über sein Recht zur Aussageverweigerung zu *belehren,* besteht nicht (vgl. BGH NJW 1991, 2844 (2846)). Das Gericht darf davon ausgehen, dass der Zeuge seine Berufsrechte und -pflichten kennt (vgl. BGH NStZ-RR 2010, 178; Karlsruher Kommentar zur StPO/*Bader* StPO § 53 Rn. 4). Die Belehrung von Zeugen über ihr Zeugnisverweigerungsrecht gehört allerdings zur prozessualen *Fürsorgepflicht* von Richter und Staatsanwalt, wenn die Unkenntnis offensichtlich ist (vgl. BGH MDR 1980, 815; OLG Dresden NStZ-RR 1997, 238). Dies dürfte insbesondere bei Hilfspersonen der Presse der Fall sein. Das Zeugnisverweigerungsrecht befreit den Zeugen nicht von der Pflicht, *vor Gericht zu erscheinen* und sein Recht zur Verweigerung der Aussage geltend zu machen, über das der Richter bzw. der vernehmende Staatsanwalt entscheidet (s. jedoch OLG Köln NJW 1975, 2074). Das Zeugnisverweigerungsrecht bleibt dem Redakteur jedenfalls erhalten, wenn nicht sicher feststellbar ist, dass er im Gespräch mit der Staatsanwaltschaft bewusst auf sein Zeugnisverweigerungsrecht verzichtet hat (vgl. OLG Dresden NStZ 1997, 238 f.). Anders verhält es sich im Zivilprozess (vgl. § 386 Abs. 3 ZPO). – Im Gegensatz zum Geistlichen, Rechtsanwalt und Arzt macht sich der Presse-Angehörige allerdings strafbar, wenn er von der 38

Planung einer schweren Straftat Kenntnis erhält und nicht alsbald seiner gesetzlichen Anzeigepflicht (§§ 138/139 StGB) nachkommt. Auf sein Zeugnisverweigerungsrecht kann er sich hier nicht berufen (vgl. Löffler/*Achenbach* LPG § 23 Rn. 88).

38a 4. Nach Auffassung des BGH (vgl. BGH NJW 1999, 2051; BGHSt 28, 240 (246)) und des BVerfG (vgl. BVerfG NStZ 1982, 253) kann sich auf das Zeugnisverweigerungsrecht nicht mehr berufen, wer der Behörde freiwillig die Art der Informationsquelle genannt und ihr Einblick in das Nachrichtenmaterial gewährt hat, ohne aber den Namen des Informanten zu nennen (zustimmend Meyer-Goßner/Schmitt/*Schmitt* StPO § 53 Rn. 34; Karlsruher Kommentar zur StPO/*Bader* StPO § 53 Rn. 35). Dagegen wird zutreffend eingewandt, dass es Ausnahmekonstellationen geben kann, die es erforderlich machen, die Anonymität auch auf die Lebensumstände des Informanten zu erstrecken (vgl. *Soehring/Hoene* Rn. 8.23).

38b 5. Das Zeugnisverweigerungsrecht ist nach § 53 Abs. 2 S. 2 StPO in Bezug auf selbst erarbeiteter Materialien und entsprechende Wahrnehmungen bezüglich bestimmter Straftaten ausgeschlossen. Zu diesen Straftaten gehören alle Verbrechen (vgl. § 12 StGB), sowie Staats-, Friedens- und Sexualdelikte. Auch im Falle des Verdachtes der Geldwäsche ist das Zeugnisverweigerungsrecht ausgeschlossen. Ist allerdings nur ein Vergehen Gegenstand der Untersuchung, so ist das Zeugnisverweigerungsrecht nur ausgeschlossen, wenn die Aufklärung auf andere Weise unmöglich oder wesentlich erschwert ist (Subsidiaritätsklausel). Diese Klausel ist nicht unproblematisch. So kann das Gericht zu „Zwischenbeweiswürdigungen" gezwungen sein, um zu ermitteln, inwiefern die Zeugenaussage wirklich erforderlich ist. Auch für den Zeugen selbst, der den Stand der Ermittlungen in dem Verfahren nicht kennt, birgt sie Probleme. Er kann nämlich in der Regel nicht entscheiden, ob seine Aussage tatsächlich unverzichtbar ist.

VII. Der Anwendungsbereich des publizistischen Zeugnisverweigerungsrechts

39 1. Das Zeugnisverweigerungsrecht der Presse-Angehörigen im *Strafprozess* (§ 53 Abs. 1 Nr. 5 StPO) erstreckt sich auch auf die polizeiliche und staatsanwaltschaftliche Vernehmung (§ 161a StPO). Darüber hinaus wird § 53 StPO durch die generelle Bestimmung des § 55 StPO ergänzt, wonach jedem Zeugen ein Recht auf *Aussageverweigerung* hinsichtlich solcher Fragen zusteht, deren Beantwortung ihn oder einen nahen Angehörigen (§ 52 Abs. 1 StPO) der Gefahr aussetzen würde, wegen einer Straftat oder einer Ordnungswidrigkeit selbst verfolgt zu werden. Dieses Recht aus § 55 StPO ist nicht auf den Personenkreis beschränkt, dem das Zeugnisverweigerungsrecht gemäß § 53 StPO zusteht, denn § 55 StPO dient nicht dem Schutz der Presse und ihrer Informationsquellen, sondern ist Ausfluss des allgemeinen rechtsstaatlichen Grundsatzes, dass niemand gezwungen werden kann, gegen sich selbst auszusagen (vgl. BVerfGE 38, 105). Für die – berufsmäßig oder nicht berufsmäßig – bei der Presse Mitwirkenden kommt § 55 StPO vor allem dann zum Zug, wenn ein Fall der *illegalen Informationsbeschaffung* gegeben ist (vgl. Studienkreis für Presserecht und Pressefreiheit, NJW 1976, 1079).

40 2. Das Ziel der 1975 durchgeführten bundesrechtlichen Reform des Zeugnisverweigerungsrechts der Presse war nicht zuletzt die Rechtsvereinheitlichung auf diesem wichtigen Sektor (vgl. → Rn. 15). So enthielt zunächst auch das *Zivilprozessrecht* in § 383 Abs. 1 Nr. 5 ZPO ein pressespezifisches Zeugnisverweigerungsrecht, das wörtlich mit § 53 Abs. 1 Nr. 5 StPO übereinstimmte. Zu den jetzigen Unterschieden vgl. → Rn. 18. Es gelten hier die oben (→ Rn. 19 ff.) zu § 53 StPO gegebenen Erläuterungen. Ergänzt wird das zivilprozessuale Zeugnisverweigerungsrecht der Presse-Angehörigen durch die generelle, jedem Zeugen zugutekommende Bestimmung des § 383 Abs. 1 Nr. 6 ZPO betr. „*anvertraute* Tatsachen" sowie hinsichtlich aller Fragen, deren Beantwortung den Zeugen oder einen nahen Angehörigen der Verfolgung wegen einer Straftat oder Ordnungswidrigkeit aussetzen würde (§ 384 Nr. 2 ZPO; dazu OLG Celle NJW-RR 1991, 62). Schließlich kann jeder Zeuge im Zivilprozess die Aussage bei Fragen verweigern, deren Beantwortung die Offenbarung eines Gewerbegeheimnisses beinhalten würde (§ 384 Nr. 3 ZPO; vgl. dazu OLG Stuttgart WRP 1977, 127; *Stürner* JZ 1985, 453; *Stadler* NJW 1989, 1202).

41 3. Das Zeugnisverweigerungsrecht der Presse gilt gemäß § 84 Abs. 1 FGO iVm § 102 Abs. 1 Nr. 4 AO auch für das *finanzgerichtliche Verfahren,* und zwar im gleichen Umfang wie in § 53

Abs. 1 S. 1 Nr. 5 StPO bzw. § 383 Abs. 1 Nr. 5 ZPO. Das Zeugnisverweigerungsrecht erstreckt sich auch hier nicht auf den Anzeigenteil (aA Rath-Glawatz/Engels/Dietrich/*Rath-Glawatz* Rn. P 449). Ein *Chiffre-Geheimniss* der Presse wird nicht anerkannt (vgl. → Rn. 35; *Löffler/Faut* BB 1974, 193). Auch bleibt die Bestimmung des § 160 Abgabenordnung weiterhin unberührt: Verweigert ein Presse-Angehöriger (zB der Verleger) im finanzgerichtlichen Verfahren die Aussage über einen Mitarbeiter des Verlags, so steht ihm zwar das Zeugnisverweigerungsrecht zu, doch hat seine Aussageverweigerung zur Folge, dass der Verleger die für diesen Mitarbeiter gemachten Betriebsaufwendungen steuerlich nicht absetzen kann. Dadurch soll verhindert werden, dass ein Journalist die Angabe von Zahlungsempfängern, von denen er Informationen gegen Geld erlangt hat, im Hinblick auf sein Zeugnisverweigerungsrecht ablehnt (vgl. Klein/Brockmeyer AO § 102 Rn. 3). Auch die Journalisten selbst können bei der Absetzung von Bewirtungskosten in ihrer Steuererklärung nicht unter Berufung auf das Pressegeheimnis die Angabe der Teilnehmer und des konkreten Anlasses der Bewirtung verweigern (vgl. BFH NJW 1998, 1973 f.). Der Journalist oder sein Verleger tragen somit das steuerliche Risiko der Aussageverweigerung. Das liegt daran, dass § 160 AO auch dazu dient, Dritte steuerlich zu überwachen. Die praktische Bedeutung dieser zumindest fragwürdigen Vorschrift ist jedoch äußerst gering (vgl. Klein/Rüsken AO § 160 Rn. 26).

4. Das pressespezifische Zeugnisverweigerungsrecht des § 383 Abs. 1 Nr. 5 ZPO (vgl. **42**
→ Rn. 40) gilt kraft Verweisung auch für das Verfahren vor den *Arbeitsgerichten* (§ 46 ArbGG), vor den *Verwaltungsgerichten* (§ 98 VwGO), den *Sozialgerichten* (§ 118 Abs. 1 SGG) und für den Bereich der *Freiwilligen Gerichtsbarkeit* (§ 15 Abs. 1 FGG). Das strafprozessuale Zeugnisverweigerungsrecht der Presse (§ 53 Abs. 1 S. 1 Nr. 5 StPO) gilt auch im *Bußgeld-* und *Disziplinarverfahren* (§ 46 OWiG), ferner im *Ehrengerichtsverfahren* der Rechtsanwälte und im Verfahren der *parlamentarischen* Untersuchungsausschüsse (Art. 44 Abs. 2 S. 1 GG, § 22 PUAG).

5. Auch die in Umsetzung der Richtlinie 2014/41/EU vom 3. April 2014 zur Europäischen **42a**
Ermittlungsanordnung in Strafsachen (ABl. L 130 vom 1.5.2014, S. 1) durch das Vierte Gesetz zur Änderung des Gesetzes über die internationale Rechtshilfe in Strafsachen vom 5. Januar 2017 (BGBl. I, S. 31) in das IRG eingefügten §§ 91a ff. IRG zur Europäischen Ermittlungsanordnung regeln in § 91b Abs. 1 Nr. 2 IRG, dass die Leistung der Rechtshilfe nicht zulässig ist, soweit Zeugnis- oder Auskunftsverweigerungsrechte insbesondere nach §§ 52, 53 oder 55 StPO entgegenstehen.

VIII. Das die Zeugnisverweigerung ergänzende Beschlagnahme- und Durchsuchungsverbot in Bezug auf das Redaktionsmaterial (§§ 97, 98 und 103 StPO)

1. Der den Presse-Angehörigen gem. § 53 StPO durch Anerkennung ihres Zeugnisverweige- **43**
rungsrechts gewährte Schutz ihrer Informationsquellen könnte jederzeit *umgangen* werden, wenn die Strafverfolgungsbehörde das Recht hätte, die Person des Gewährsmanns und den Inhalt seiner Informationen statt mit Hilfe des Zeugniszwangs im Wege der Durchsuchung von Presseverlagen und der Beschlagnahme des dortigen *Redaktionsmaterials* zu ermitteln. Deshalb verbietet § 97 Abs. 5 StPO grundsätzlich die *Beschlagnahme* von Schriftstücken, Ton-, Bild- und Datenträgern, Abbildungen und anderen Darstellungen, die sich im Gewahrsam der nach § 53 Abs. 1 S. 1 Nr. 5 StPO zur Zeugnisverweigerung berechtigten *Personen* befinden, soweit deren Zeugnisverweigerungsrecht reicht (vgl. dazu Bott S. 155 ff.; Rose S. 149 ff.; Rotsch S. 79 ff.). Dasselbe gilt für die im Gewahrsam der *Redaktion,* des *Verlages,* der *Druckerei* oder der Rundfunkanstalt befindlichen Schriftstücke und sonstigen Darstellungen (vgl. dazu ausführlich *Kunert* NStZ 2002, 169 ff. (173 f.)).

Das hier behandelte Beschlagnahme- und Durchsuchungsverbot der §§ 97 ff. StPO bezieht sich auf die in §§ 94 ff. geregelte Sicherung von *Beweisunterlagen* für ein späteres Strafverfahren. Dabei genügt die Sicherstellung von einzelnen *wenigen* Exemplaren eines Druckwerks (vgl. OLG Frankfurt a. M. NJW 1973, 2074, lässt zwei Exemplare genügen). Diese Beschlagnahme *einzelner* Belegstücke eines Druckwerks ist presserechtlich streng zu unterscheiden von der wesensverschiedenen Beschlagnahme der *Gesamtauflage* einer Zeitung oder Zeitschrift (vgl. hierzu → Kap. 31 Rn. 1 ff.).

Damit verbleiben den Strafverfolgungsbehörden aber alle Mittel zur Ermittlung von Informanten, bei denen sie nicht auf im Gewahrsam eines Zeugnisverweigerungsberechtigten stehende Unterlagen zurückgreifen müssen. Als besonders effektiv hat sich hier in letzter Zeit die Erhebung der Verbindungsdaten von Telefongesprächen bei Telekommunikationsunternehmen erwiesen (*Jacob* DuD 1998, 67, fordert deshalb eine entsprechende Ausdehnung des Beschlagnahmeverbots, weil auf diese Weise die Wertentscheidungen der §§ 53, 97 StPO unterlaufen würden).

44 2. Soweit zur Verhinderung einer *Umgehung* des Zeugnisverweigerungsrechts die Beschlagnahme von Schriftstücken und anderen Unterlagen als möglichen Beweismitteln verboten ist, gilt nach anerkannter Rechtsprechung in gleichem Umfang und unter den gleichen Voraussetzungen auch die *Durchsuchung* von Personen, Räumen und Sachen nach § 103 StPO als unzulässig (vgl. BVerfGE 20, 162; *Kunert* MDR 1975, 885 (889)). Zu beachten ist dabei der durch das Gesetz zur Stärkung der Pressefreiheit im Straf- und Strafprozessrecht vom 25.6.2012 (BGBl. I S. 1374) eingefügte neue § 353b Abs. 3a StGB, der Medienangehörige im Sinne von § 53 Abs. 1 S. 1 Nr. 5 StPO von einer Strafbarkeit wegen Beihilfe zur Verletzung eines Dienstgeheimnisses frei stellt, wenn die Beihilfehandlung sich auf die Entgegennahme, Auswertung oder Veröffentlichung des Geheimnisses beschränkt. Diesbezügliche Materialien sind nunmehr vor der Beschlagnahme geschützt (vgl. Karlsruher Kommentar zur StPO/*Greven* StPO § 97 Rn. 40; → Kap. 58 Rn. 1).

45 3. Über den Rahmen der §§ 97 und 103 StPO hinaus können im Einzelfall sowohl Beschlagnahme wie Durchsuchung im Bereich der Presse in unmittelbarer Anwendung des Prinzips der *Pressefreiheit* (vgl. → Rn. 5; BVerfGE 15, 77 und 223) und des Verfassungsgrundsatzes der *Verhältnismäßigkeit* (vgl. BVerfGE 20, 162 – Spiegel; 44, 353; 77, 65; *Kunert* MDR 1975, 885 (890)) unzulässig sein. Denn das Grundrecht des Art. 5 Abs. 1 S. 2 GG wirkt auch auf das Prozessrecht ein, insbesondere bei prozessualen Maßnahmen gegen die Presse (vgl. → Rn. 1). Deshalb ist eine Beschlagnahme oder eine Durchsuchung im Medienbereich wegen der Schwere des Eingriffs nur aus dringendem Anlass erlaubt und bedarf sorgfältiger *richterlicher Abwägung* (vgl. BVerfGE 20, 162; 32, 373 (381); 77, 65; BVerfG NJW 2005, 965 (966); LG Bremen AfP 1997, 563 f.: Karlsruher Kommentar/*Greven* StPO § 97 Rn. 40).

46 4. Soweit ein Beschlagnahmeverbot besteht, greift auch ein *Beweisverbot:* Material, das entgegen einem Beschlagnahmeverbot beschlagnahmt wurde, darf im Prozess nicht als Beweismittel verwertet werden, solange die Voraussetzungen des Beschlagnahmeverbots fortbestehen (vgl. BGHSt 18, 227; 25, 168; Karlsruher Kommentar zur StPO/*Greven* StPO § 97 Rn. 9).

46a 5. Durch das Beschlagnahmeverbot des § 97 Abs. 5 StPO geschützt sind alle Schriftstücke sowie *Darstellungen jeder Art* (vgl. → Kap. 49 Rn. 2), aus denen sich *Schlüsse* auf die Person des Gewährsmanns oder den Inhalt seiner Informationen ziehen lassen (vgl. BVerfGE 25, 296). Schriftstücke sind schriftlich fixierte, verkörperte Gedankenäußerungen, die ein Absender einem Empfänger zukommen lässt oder zukommen lassen will, damit dieser vom Inhalt der Gedankenerklärung Kenntnis nimmt (vgl. Meyer-Goßner/Schmitt/*Schmitt* StPO § 97 Rn. 28, 31). Der Oberbegriff „Darstellung“ erfordert dagegen nicht in jedem Falle eine Verkörperung eines gedanklichen Inhalts. Das grundsätzliche *Umgehungsverbot* erstreckt sich auch auf alle sog. *Umgehungsfragen* seitens des Gerichts und der Staatsanwaltschaft zwecks Ermittlung des Gewährsmanns (vgl. → Rn. 28; Löffler/*Achenbach* LPG § 23 Rn. 103 f.).

47 6. Das Beschlagnahme- und Durchsuchungsverbot kommt nur hinsichtlich solcher Schriftstücke oder Darstellungen in Frage, die sich im *Gewahrsam* der zeugnisverweigerungsberechtigten Presse-Angehörigen oder im Gewahrsam der Redaktion, des Verlags oder der Druckerei befinden, mit der die Presse-Mitarbeiter in Verbindung stehen.

a) *Gewahrsam* bedeutet – im Gegensatz zur *rechtlichen* Herrschaft über eine Sache im Sinn des Eigentums oder des Besitzes – die rein *faktische Herrschaft* einer Person über eine Sache, die von einem *generellen Herrschaftswillen* getragen ist. Dies ist nach der natürlichen Auffassung des täglichen Lebens zu beurteilen (vgl. BGHSt 22, 182; 16, 273; Meyer-Goßner/Schmitt/*Schmitt* StPO § 97 Rn. 11 ff.; Löffler/*Achenbach* LPG § 23 Rn. 106). An Unterlagen und Schriftstücken, die sich auf dem Postweg bei der Post befinden, hat weder der Absender noch der Adressat Gewahrsam (vgl. Meyer-Goßner/Schmitt/*Schmitt* StPO § 97 Rn. 11). Sie können daher beschlagnahmt werden. Ein Verlag hat aber Gewahrsam an den Druckwerken, die in seinen Fahrzeugen expediert werden.

Der Wohnungsinhaber behält auch bei Reisen den Gewahrsam an seiner Wohnung und den darin befindlichen Sachen (vgl. BGHSt 16, 271). Gewahrsam hat der Journalist nicht nur an Schriftstücken, die er bei sich führt, sondern auch an den Unterlagen, die er im geparkten Auto zurücklässt (vgl. Meyer-Goßner/Schmitt/*Schmitt* StPO § 97 Rn. 16; BGH GA 1962, 78). Der Presse-Angehörige behält den Gewahrsam an Unterlagen, die er seinem Sekretariat zur Bearbeitung übergibt (vgl. Löffler/*Achenbach* LPG § 23 Rn. 106).

b) Das Beschlagnahmeverbot kommt auch dort zum Zug, wo der Journalist nur sog. *Mitgewahrsam* hat, denn ein Alleingewahrsam ist für das schützende Eingreifen des § 97 StPO nicht erforderlich (vgl. BGHSt 19, 374; Löffler/*Achenbach* LPG § 23 Rn. 107). Deshalb sind auch Schriftstücke geschützt, die der Journalist in einem Bankschließfach verwahrt, das vom Journalisten nur gemeinsam mit einem Bankangestellten geöffnet werden kann. **48**

c) Mit der *freiwilligen Aufgabe* des Gewahrsams (der Publizist verleiht das kritische Manuskript) endet das Beschlagnahme- und Durchsuchungsverbot (vgl. Löwe/Rosenberg StPO § 97 Rn. 136; Löffler/*Achenbach* LPG § 23 Rn. 109). Ob auch ein *unfreiwilliger Verlust* des Gewahrsams zum Ende des Schutzes aus § 97 StPO führt, ist umstritten. Nach dem Sinn und Zweck der Norm tritt dadurch nur eine Lockerung, aber kein Verlust des Gewahrsams ein, so dass das Beschlagnahmeverbot fortdauert (ebenso Löffler/*Achenbach* LPG § 23 Rn. 110; aA Meyer-Goßner/Schmitt/*Schmitt* StPO § 97 Rn. 13; Karlsruher Kommentar zur StPO/*Greven* StPO § 97 Rn. 8). **48a**

d) Für die Beschlagnahmefreiheit reicht es seit 1975 nach § 97 Abs. 5 S. 1 StPO aus, dass sich die Schriftstücke oder anderweitigen Unterlagen im Gewahrsam der *Redaktion,* des *Verlags* oder der *Druckerei* von Druckwerken befinden, wenn sie dort auf Veranlassung eines dazu *befugten Mitarbeiters* aufbewahrt werden (vgl. Löwe/Rosenberg StPO § 97 Rn. 136; Karlsruher Kommentar zur StPO/*Greven* StPO § 97 Rn. 34). Es kommt also nicht darauf an, ob dem jeweiligen Gewahrsamsträger im Einzelfall ein Zeugnisverweigerungsrecht zusteht oder nicht. Der Grund für diesen verstärkten Schutz, der nicht so sehr auf die Personen sondern auf die *Räumlichkeiten* abstellt, ist die außerordentliche Beeinträchtigung des Gesamtbetriebs, die eine Durchsuchung und Beschlagnahme in Presseunternehmen erfahrungsgemäß mit sich bringt (vgl. BVerfGE 20, 162; Löffler, Der Verfassungsauftrag, S. 63 ff., 81). Das eigene Büro eines freien Mitarbeiters gehört nach Auffassung der wohl herrschenden Meinung (vgl. BGH NStZ 1999, 260; Karlsruher Kommentar zur StPO/*Greven* StPO § 97 Rn. 14) nicht zu den von § 97 Abs. 5 S. 1 StPO geschützten Räumen. Da ein berufsmäßig tätiger freier Mitarbeiter allerdings über ein eigenes Zeugnisverweigerungsrecht verfügt, ist die Beschlagnahme der bei ihm befindlichen Materialien aus diesem Grund gemäß § 97 Abs. 5 S. 1 StPO verboten (vgl. Löffler/*Achenbach* LPG § 23 Rn. 111). **49**

7. Eine die Presse besonders belastende *wesentliche Einschränkung* des Beschlagnahme- und Durchsuchungsverbots im Bereich des Zeugnisverweigerungsrechts bedeutet die in der Neufassung des § 97 Abs. 5 S. 2 StPO vorgeschriebene Anwendung des § 97 Abs. 2 S. 3 StPO. Danach sind bei *„strafverstrickten"* Personen oder Schriftstücken bzw. Darstellungen trotz eines möglicherweise bestehenden Zeugnisverweigerungsrechts der Presse sowohl die Durchsuchung wie auch die Beschlagnahme zulässig. Dieser Fall der „Strafverstrickung" ist nach § 97 Abs. 2 S. 3 StPO gegeben, wenn die zur Verweigerung des Zeugnisses Berechtigten einer *Teilnahme* oder einer Begünstigung, Strafvereitelung oder Hehlerei *verdächtig* sind oder wenn es sich um *Gegenstände* handelt, die durch eine *Straftat* hervorgebracht oder zur Begehung einer Straftat gebraucht oder bestimmt sind oder die aus einer Straftat herrühren. **50**

a) Das Beschlagnahme- und Durchsuchungsverbot entfällt schon dann, wenn bei einer zeugnisverweigerungsberechtigten *Person* der *„einfache Verdacht"* der Teilnahme an dem verfolgten Delikt bzw. der Begünstigung, Hehlerei oder Strafvereitelung gegeben ist (vgl. Bott S. 165). Der Verdacht muss aber auf *Tatsachen* beruhen und bereits bei Anordnung der Beschlagnahme bestehen (vgl. OLG Koblenz StV 1985, 8). Bloße *Vermutungen* genügen insoweit nicht. Je schwerwiegender der Eingriff ist, desto stärker muss der Verdacht bei der Beschlagnahmeanordnung konkretisiert sein (vgl. Meyer-Goßner/Schmitt/*Schmitt* StPO § 97 Rn. 20; *Löwe/Rosenberg* StPO § 97 Rn. 137; Löffler/*Achenbach* LPG § 23 Rn. 114 ff.). Da in vielen Fällen, insbesondere bei Veröffentlichungen strafbaren Inhalts (sog. Presse-Inhaltsdelikte, zB Beleidigung) beim Journalisten kraft seiner Verantwortung für den Inhalt des Druckwerks der Verdacht der *Teilnahme* **51** zwangsläufig gegeben ist, kann die Bestimmung des § 97 Abs. 2 S. 3 StPO zu einer bedenklichen Beschränkung des Zeugnisverweigerungsrechts der Presse führen (vgl. *Löffler* NJW 1963, 897; Löffler/*Achenbach* LPG § 23 Rn. 114 ff.). Aus diesem Grund hat eine Abwägung zwischen dem sich auf die konkrete Tat beziehenden Verfolgungsinteresse und der Presse- und Rundfunkfreiheit zu erfolgen. Insbesondere bei der Aufdeckung von staatlichen Missständen ist eine restriktive Anwendung dieser Bestimmung geboten. Hinzu kommt, dass eine Durchsuchung und Beschlagnahme nach § 97 Abs. 5 S. 2 StPO nur dann zulässig ist, wenn sie unter Berücksichtigung der Grundrechte aus Art. 5 Abs. 1 S. 2 GG nicht außer Verhältnis zur Bedeutung der Sache steht und die Erforschung des Sachverhalts auf andere Weise aussichtslos oder wesentlich erschwert wäre (vgl. BVerfG NJW 2011, 1863; 2007, 1117 – Cicero; Karlsruher Kommentar zur StPO/*Greven* StPO § 97 Rn. 40; Löffler/*Achenbach* LPG § 23 Rn. 117 ff. und 129). Zu beachten ist ferner, dass der Gesetzgeber 2002 das Beschlagnahmeverbot auf Resultate von Eigenrecherchen sowie 2012 die Entgegennahme, Auswertung oder Veröffentlichung von Dienstgeheimnissen straflos gestellt hat (vgl. Karlsruher Kommentar zur StPO/*Greven* StPO § 97 Rn. 40; Löffler/*Achenbach* LPG § 23 Rn. 117 ff., → Kap. 58 Rn. 1). Soweit ein Pressemitarbeiter selbst in den Verdacht eines strafbaren Verhaltens gerät, kommt zu seinen Gunsten zwar § 55 StPO zum Zug, der in Verdachtsfällen ein besonderes Auskunftsverweigerungsrecht gewährt (vgl. → Rn. 39). Das Auskunftsverweigerungsrecht aus § 55 StPO wird jedoch nicht durch das Beschlagnahmeverbot nach § 97 Abs. 5 StPO ergänzt (vgl. → Rn. 53).

52 Neben dem Verdacht der Teilnahme am verfolgten Delikt beseitigt auch der Verdacht folgender Straftaten beim zeugnisverweigerungsberechtigten Publizisten das absichernde Beschlagnahme- und Durchsuchungsverbot: Die *Begünstigung,* dh die Hilfe, die dem Täter nach Begehung eines Delikts in der Absicht geleistet wird, ihm die Vorteile der Tat zu sichern (vgl. § 257 StGB). Das Gleiche gilt bei dem Verdacht, dass der Zeugnisverweigerungsberechtigte zugunsten eines anderen eine sog. *Strafvereitelung* (§ 258 StGB) begangen oder sich einer *Hehlerei* (§ 259 StGB) schuldig gemacht habe, wobei das Delikt des § 259 StGB eine auf eigenen oder fremden Vorteil gerichtete Bereicherungsabsicht voraussetzt (vgl. Löffler/*Achenbach* LPG § 23 Rn. 123).

53 Besteht gegen den Zeugnisverweigerungsberechtigten nicht nur der Verdacht der Strafverstrickung, sondern ist er durch die Einleitung eines gegen ihn gerichteten Ermittlungsverfahrens selbst *Beschuldigter* geworden (vgl. BGH GSSt. 10, 8), so entfällt damit sein Zeugnisverweigerungsrecht (vgl. BVerfGE 20, 162 (218); Meyer-Goßner/Schmitt/*Schmitt* StPO § 97 Rn. 4; Löffler/*Achenbach* LPG § 23 Rn. 122 f.; *Kunert* MDR 1975, 885 (889)). Als Beschuldigter hat der Presse-Angehörige zwar das Recht, jede Aussage zu verweigern (§ 136 StPO), doch kommt auch hier das Beschlagnahme- und Durchsuchungsverbot des § 97 Abs. 5 StPO nicht zum Zug. § 53 StPO findet nur auf *Zeugen* Anwendung (vgl. Karlsruher Kommentar zur StPO/*Greven* StPO § 97 Rn. 8).

54 b) Außerdem entfällt das zugunsten der Presse-Mitarbeiter nach § 97 Abs. 5 StPO an sich bestehende Beschlagnahme- und Durchsuchungsverbot in allen Fällen, in denen es sich um die Sicherstellung *„strafverstrickter" Schriftstücke* und Darstellungen handelt. „Strafverstrickt" sind nach § 97 Abs. 2 S. 3 StPO die durch eine Straftat *hervorgebrachten* Gegenstände. Dazu gehören nicht die Druckwerke, bei denen die strafbare Handlung im Verbreiten besteht. Nur in den Fällen, in denen schon die Herstellung von Druckwerken als solche unter Strafe gestellt ist (zB bei harter Pornographie, § 184 Abs. 3 Nr. 3 StGB), gilt die Schrift als „durch eine Straftat hervorbracht". Gleichgestellt sind Schriften, die „zur Begehung einer Straftat *gebraucht oder bestimmt*" sind. Da die Presse-Inhaltsdelikte (zB Beschimpfen von religiösen Bekenntnissen, § 166 StGB) durch Verbreitung von Schriften begangen werden, ist hier die Schrift zur Begehung der Straftat gebraucht und bestimmt und kann trotz Vorliegens des Zeugnisverweigerungsrechts als potenzielles Beweismaterial beschlagnahmt werden. Gleiches gilt schließlich auch für Schriftstücke und andere Darstellungen, „die aus einer Straftat *herrühren*". Damit entfällt das Beschlagnahme- und Durchsuchungsverbot überall dort, wo die Informationsbeschaffung auf illegale Weise, insbesondere unter Verletzung gesetzlicher Geheimhaltungsvorschriften erfolgt (vgl. → Rn. 33c; *Löwe/Rosenberg* StPO § 97 Rn. 138; Löffler/*Achenbach* LPG § 23 Rn. 125 ff.).

55 8. Soweit trotz Bestehens eines Zeugnisverweigerungsrechts die Beschlagnahme und Durchsuchung zulässig ist, müssen nicht nur die *besonderen* Voraussetzungen des § 97 Abs. 2 S. 3 StPO

(Strafverstrickung von Personen und Gegenständen) vorliegen, sondern auch die sonstigen *generellen Voraussetzungen* der strafprozessualen Beschlagnahme (§§ 94 ff. StPO; vgl. Löffler/*Achenbach* LPG § 23 Rn. 137). Dabei kann es sich im Bereich der Zeugnisverweigerung bzw. des sie absichernden Beschlagnahme- und Durchsuchungsverbots naturgemäß nur um eine Beschlagnahme zur *Sicherstellung von Beweismitteln* gemäß § 94 StPO handeln, nicht um die Beschlagnahme zwecks späterer Einziehung und Unbrauchbarmachung (§§ 111b, c, e, f, m und n StPO; dazu Karlsruher Kommentar zur StPO/*Greven* StPO § 94 Rn. 1).

Aus der generellen Bestimmung des § 94 StPO ergibt sich, dass im Rahmen der Beweissicherung nur solche Schriftstücke und sonstige Unterlagen beschlagnahmt werden dürfen, die als Beweismittel für das Verfahren auch wirklich von *Bedeutung* sein können. Stehen andere Beweismittel zur Verfügung, bei denen es keiner Beschlagnahme bedarf, so ist unter dem Gesichtspunkt des Grundsatzes der Verhältnismäßigkeit (vgl. → Kap. 31 Rn. 22) zu prüfen, ob eine Beschlagnahme noch vertretbar ist (vgl. Karlsruher Kommentar zur StPO/*Greven* StPO § 94 Rn. 13 f.). Bei der Beschlagnahme zu Beweiszwecken wird in der Regel die Sicherstellung schon von zwei Exemplaren des Druckwerks oder einer sonstigen Darstellung genügen (vgl. OLG Frankfurt a. M. NJW 1973, 2074; Karlsruher Kommentar zur StPO/*Greven* StPO § 94 Rn. 13 und 18; Löffler/*Achenbach* LPG § 19 Rn. 7, LPG § 23 Rn. 137; *Seetzen* NJW 1976, 497 (499)). Liegen die Voraussetzungen der §§ 94 und 97 Abs. 2 S. 3 StPO vor, so *muss* die Beschlagnahme angeordnet werden. Insofern gilt das *Legalitätsprinzip* (vgl. Karlsruher Kommentar zur StPO/*Greven* StPO § 94 Rn. 12). **56**

9. Zur Anordnung der Beschlagnahme zu Zwecken der Beweissicherung gemäß §§ 94 ff. StPO ist nach § 98 StPO grundsätzlich nur der *Richter* befugt, bei Gefahr im Verzug auch die *Staatsanwaltschaft* einschließlich ihrer Hilfsbeamten. Wer Hilfsbeamter ist, ergibt sich gemäß § 152 GVG nach Landesverordnungen. **57**

10. Die Sondervorschrift des § 98 Abs. 1 S. 2 StPO bestimmt, dass eine Beschlagnahme nach § 97 Abs. 5 S. 2 StPO *in den Räumen* einer *Redaktion,* eines *Verlages,* einer *Druckerei* oder einer *Rundfunkanstalt* nur durch den Richter angeordnet werden darf. Nach dem Zweck des besonderen Richtervorbehalts gilt die Regelung des § 98 Abs. 1 S. 2 StPO entsprechend für die *Durchsuchung* solcher Räume und schließt deshalb selbst bei Gefahr im Verzug eine Notfall-Kompetenz der Staatsanwaltschaft aus (vgl. BGH NJW 1999, 2052 f.). **58**

Die Vorschrift gilt nicht, wenn der Presseangehörige selbst Beschuldigter ist, aus anderen Gründen kein Zeugnisverweigerungsrecht gem. § 53 Abs. 1 Nr. 5 StPO besteht oder die Beschlagnahme außerhalb der genannten Räumlichkeiten stattfinden soll (vgl. Karlsruher Kommentar zur StPO/*Greven* StPO § 98 Rn. 9; *Kunert* MDR 1975, 885 (887, 891)).

Nicht zu den geschützten Räumen gehört nach bisheriger Auffassung das gegenüber der Redaktion räumlich und sachlich getrennte Büro eines freien journalistischen Mitarbeiters. Insoweit bleibt es deshalb bei Gefahr im Verzug bei der allgemeinen Notfall-Kompetenz der Staatsanwaltschaft und ihrer Hilfsbeamten (vgl. BGH AfP 1999, 269; kritisch Löffler/*Achenbach* § 23 Rn. 133), sofern der freie Mitarbeiter nicht ein eigenes Zeugnisverweigerungsrecht und damit verbunden ein Beschlagnahmeverbot geltend machen kann (→ Rn. 49).

11. Auch die besonderen Beschränkungen, denen die *Postbeschlagnahme* (§§ 99–101 StPO) unterliegt, kommen in vollem Umfang der Presse zugute. Voraussetzung jeder Postbeschlagnahme ist es, dass ein Verfahren gegen einen *Beschuldigten* läuft (vgl. BGHSt 23, 329 (331)). Die Öffnung der beschlagnahmten Postsendungen steht nur dem Richter zu (§ 100 Abs. 3 StPO), kann von diesem aber der Staatsanwaltschaft übertragen werden, § 100 Abs. 3 S. 2 StPO. **59**

12. Strittig ist, ob die Presse ihr Zeugnisverweigerungsrecht verliert, wenn sie von sich aus sog. *Bekennerbriefe* veröffentlicht, in denen sich gewisse Gruppen (zB Terroristen) bestimmter Straftaten berühmen, um die Öffentlichkeit auf ihre Ziele hinzuweisen. Die herrschende Meinung (vgl. BVerfG AfP 1982, 100; BGH NJW 1996, 532 f.; 1978, 1212; Meyer-Goßner/Schmitt/*Schmitt* StPO § 53 Rn. 33; Löffler/*Achenbach* LPG § 23 Rn. 134; *Soehring/Hoene* Rn. 8.36) verneint hier zutreffend ein Zeugnisverweigerungsrecht, da es in solchen Fällen an einem schutzwürdigen Vertrauensverhältnis zwischen Presse und Gewährsmann fehle (zur Zulässigkeit der Beschlagnahme von Bekennerschreiben vgl. BVerfG NJW 2001, 507). Das Zeugnisverweigerungsrecht dient nur dem Schutze der Presse, so wie sie vom Grundgesetze verstanden wird. Dieses Schutzbedürfnis entfällt bei „pressefremden“ Vorgängen. Dazu ist der Fall zu zählen, dass sich die Presse **60**

zum Sprachrohr von Straftätern macht. Ganz abgesehen davon sind die *Bekenner*briefe auf Veröffentlichung ausgerichtet. Die Informationsfreiheit wird davon nicht berührt, da Bekennerbriefe nicht allgemein zugänglich sind (vgl. Art. 5 Abs. 1 S. 1 GG).

31. Kapitel. Pressebeschlagnahme (Auflagen-Beschlagnahme), Durchsuchung und Abhörmaßnahmen

I. Zweck und Bedeutung der pressespezifischen Beschlagnahmeregelung

1 1. Die Presse hat sich von jeher in ihrer freien Entfaltung am stärksten durch die Beschlagnahme ihrer Druckwerke und ihres Redaktionsmaterials bedroht gesehen (vgl. BVerfGE 59, 95; 42, 212 (219); 20, 162 (186)). Presse, die von der *Aktualität* lebt, wird von jeder noch so kurzen Beschlagnahme ihrer Produkte wirtschaftlich schwer getroffen. Kommt die Auflage nicht alsbald nach Fertigstellung zum Verkauf, so wird sie oft schon nach wenigen Stunden zur wertlosen Makulatur (vgl. *Löffler* NJW 1952, 997). In gleicher Weise wird durch die Beschlagnahme von Presseerzeugnissen auch das Informationsinteresse der Öffentlichkeit beeinträchtigt. Wäre die Presse dem allgemeinen Beschlagnahmerecht unterworfen, so wären Meinungsäußerungs- und Informationsfreiheit wie auch die wirtschaftlichen Grundlagen der Presse in unerträglicher Weise gefährdet (vgl. Meyer-Goßner/Schmitt/*Köhler* StPO § 111q Rn. 5; Karlsruher Kommentar zur StPO/*Spillecke* StPO § 111q Rn. 5). Zum Schutz der Pressefreiheit haben deshalb *Bundes- und Landesgesetzgeber* auf dem Gebiet der Beschlagnahme und Durchsuchung im Pressebereich *Sonderregelungen* mit dem Ziel erlassen, der Presse die möglichst ungestörte Erfüllung ihrer öffentlichen Aufgabe der ständigen Berichterstattung zu ermöglichen. Dieser Sonderschutz gilt für die periodische und die nichtperiodische Presse (vgl. jedoch → Rn. 10a).

1a Die Vorschriften zur Beschlagnahme wurden als Teil des Regelungsteils der StPO über die vorläufige Sicherstellung von Gegenständen zur Sicherung der Einziehung und Unbrauchbarmachung gemäß der §§ 73 ff. StGB durch das Gesetz zur Reform der strafrechtlichen Vermögensabschöpfung vom 13.4.2017 (BGBl. I S. 872) neu gefasst und strukturiert. An Stelle der bisherigen §§ 111m und 111n StPO regelt nunmehr § 111q StPO die Beschlagnahme von Schriften und Vorrichtungen, ohne dass damit eine inhaltliche Veränderung der bisherigen Vorschriften verbunden ist (vgl. BT-Drs. 18/9525, 86).

2 2. a) Zu diesen weitreichenden Schutzmaßnahmen zugunsten einer funktionsfähigen Presse gehört vor allem das *Verbot* der *sicherheitspolizeilichen* Beschlagnahme von Druckwerken. Während die Verwaltung (Polizei) nach den Polizeigesetzen der Länder jederzeit zur Abwendung akuter Gefahren sowie zur Verhütung drohender Straftaten in geschützte Rechte auch durch Beschlagnahme von Gegenständen eingreifen kann, ist die Pressefreiheit „polizeifest" (vgl. Löffler/*Cornils* LPG § 1 Rn. 27 ff.; Löffler/*Achenbach* LPG Vor §§ 13 ff. Rn. 46 f., § 18 Rn. 56; vgl. auch *Gornig* JuS 1999, 1167). Der Grundsatz der Polizeifestigkeit des Presserechts verbietet die Anordnung eines polizei- oder ordnungsbehördlichen Verbreitungsverbots für Presseerzeugnisse (vgl. OVG Frankfurt (Oder) NJW 1997, 1387 f.). Das Sicherstellungsverbot gilt nur für *Druckerzeugnisse*. Belichtete Filme sind kein Presseerzeugnis. Es besteht diesbezüglich also keine Polizeifestigkeit. Somit ist die noch vor Ort stattfindende Sicherstellung von Fotografien, die im Rahmen einer Polizeiaktion angefertigt wurden, prinzipiell zulässig (vgl. OVG Saarlouis AfP 2002, 545 (549)). Die pauschale Untersagung der bloßen Anfertigung von Fotografien ist dagegen rechtswidrig (vgl. BVerwG AfP 2012, 411 (412 ff.)).

2a b) Die Beschlagnahmeanordnung ist im Pressebereich grundsätzlich dem unabhängigen *Richter* vorbehalten (vgl. § 111q Abs. 4 S. 1 StPO). Bereits in der Beschlagnahmeanordnung sind gemäß § 111q Abs. 2 S. 1 StPO die *Teile des Druckwerks* von der Beschlagnahme auszuschließen, die nichts Strafbares enthalten, sofern sie wie bei Zeitungsbeilagen oder Loseblattwerken abtrennbar sind. Entsprechendes gilt für digital gespeicherte Daten im Internet (vgl. Karlsruher Kommentar zur StPO/*Spiellecke* StPO § 111q Rn. 6; Meyer-Goßner/Schmitt/*Köhler* StPO Vor § 111b Rn. 1, und StPO § 111q Rn. 7). Wegen weiterer (beschränkender) Schutzmaßnahmen zugunsten der Presse → Rn. 15, 22 ff., 33.

3. Die Beschlagnahme von *Redaktionsunterlagen zu Beweiszwecken* ist zudem unzulässig, soweit den betroffenen Pressemitarbeitern ein Zeugnisverweigerungsrecht bezüglich ihrer Informationsquellen zusteht (Näheres → Kap. 30 Rn. 43 ff.). **2b**

II. Die Doppelregelung der pressespezifischen Beschlagnahme durch Bund und Länder

1. Beschlagnahme und Durchsuchung im Pressebereich umfassen je nach dem Zweck, den sie verfolgen, *zwei wesensverschiedene Zwangsmaßnahmen:* Auf der einen Seite die Sicherstellung von *Beweismitteln,* insbesondere von Redaktionsmaterial, meist für ein beabsichtigtes Strafverfahren gemäß §§ 94 ff. StPO (vgl. → Kap. 30 Rn. 43 ff.); zum anderen die Beschlagnahme der *Auflage* eines Druckwerkes wegen seines *strafbaren Inhalts* (zB pornographische Schriften) zwecks späterer Einziehung und Vernichtung. Der grundlegende Unterschied beider Zwangsmaßnahmen geht schon daraus hervor, dass bei der Sicherstellung von Beweismitteln wenige (schon zwei!) Exemplare des Druckwerks genügen (vgl. → Kap. 30 Rn. 43), während die Beschlagnahme von Druckwerken wegen ihres strafbaren Inhalts ebenso wie die anschließende Vernichtung zwangsläufig die *gesamte Auflage* erfasst. **3**

2. Das Bundesverfassungsgericht hat in mehreren, 1973 und 1974 ergangenen Entscheidungen (vgl. BVerfGE 38, 103; 36, 193 und 313) die *Kompetenz des Landesgesetzgebers* für die Regelung des *Zeugnisverweigerungsrechts* – einschließlich des ergänzenden, das Beweismaterial betreffenden Beschlagnahme- und Durchsuchungsverbots – für Prozessverfahren nach Bundesrecht verneint und die diesbezüglichen Vorschriften insoweit für ungültig erklärt (vgl. → Kap. 30 Rn. 13). Der in diesem Rahmen nunmehr zuständige Bundesgesetzgeber hat sich anlässlich der Neuregelung der Materie im „Gesetz über das Zeugnisverweigerungsrecht der Mitarbeiter von Presse und Rundfunk" vom 25.7.1975 (BGBl. I S. 1973 ff.; vgl. → Kap. 30 Rn. 14) nicht auf das publizistische Zeugnisverweigerungsrecht beschränkt, sondern gleichzeitig auch die wesensverschiedene *Beschlagnahme der Gesamtauflage* von Druckwerken durch Einfügen der §§ 111m und 111n StPO aF geregelt. **4**

3. Die dadurch bedingte jeweils erschöpfende *Doppelregelung* der Auflagen-Beschlagnahme von Druckwerken durch Bund (§§ 111q, 111n StPO) und Länder ist mit der auf klare Abgrenzung bedachten Zuständigkeitsverteilung der Verfassung nicht vereinbar (Art. 70 Abs. 2 GG; vgl. BVerfGE 36, 193 (202 f.)). Es gilt ausschließlich die *bundesrechtliche* Regelung (vgl. Löffler/*Achenbach* LPG § 23 Rn. 5; *Soehring/Hoene* Rn. 8.12). **5**

a) Die Gesetzgebungskompetenz steht nach der Verfassung (Art. 70 Abs. 1 GG) grundsätzlich den *Ländern* zu, soweit nicht das Grundgesetz bestimmte Materien ausdrücklich dem Bundesgesetzgeber zuweist. Die den Bund zum Erlass von Rahmenvorschriften im Pressebereich ermächtigende Vorschrift des Art. 75 Abs. 1 S. 1 Ziff. 2 GG) wurde durch Gesetz vom 26.8.2006 (BGBl. I S. 2034) aufgehoben. Im Bereich der *„Materie Presserecht"* steht daher den Ländern die Gesetzgebungskompetenz zu. **6**

b) Das Bundesverfassungsgericht hat bezüglich des publizistischen Zeugnisverweigerungsrechts (einschließlich des ergänzenden Beschlagnahmeverbots für Redaktionsmaterial) verneint, dass diese zur *„Materie Presserecht"* gehören, und entschieden, dass das Zeugnisverweigerungsrecht der Pressemitarbeiter zur *„Materie Verfahrensrecht"* gehört, für die nach Art. 74 Abs. 1 Ziff. 1 GG der Bund zuständig ist. Über die Gesetzgebungskompetenz bei der Auflagen-Beschlagnahme von Druckwerken hat das BVerfG bisher noch nicht ausdrücklich entschieden. Da die Auflagen-Beschlagnahme zum Zweck der *Sicherstellung* erfolgt, liegt der Zuordnung zur *„Materie Verfahrensrecht"* auf der Hand (vgl. Maunz/Dürig/*Maunz* GG Art. 74 Rn. 80; Karlsruher Kommentar zur StPO/*Spillecke* StPO § 111q Rn. 2; Meyer-Goßner/Schmitt/*Köhler* StPO § 111q Rn. 2. **7**

c) Die *Gegenauffassung* argumentierte insbesondere mit der *traditionellen,* aber eben überholten *Zuordnung* der Auflagen-Beschlagnahme zum Presserecht (vgl. *Groß* ZUM 1997, 861 (863 f.)). Schon das preußische „Gesetz über die Presse" von 1851 habe eine Sonderregelung für die Beschlagnahme der Auflage eines Druckwerks getroffen. Dem habe sich das Reichspressegesetz von 1874 angeschlossen, auch wenn die Anwendbarkeit strafprozessualer Vorschriften hier nicht so konsequent ausgeschlossen worden sei wie dort. Jedenfalls aber hätten die Vorschriften zur **8**

Beschlagnahme der Auflage eines Druckwerks einen wesentlichen Teil des Gesetzes (§§ 23–29 RPG) ausgemacht.

9 4. Die *landesrechtlichen Regelungen* zur Presse-Beschlagnahme sind durch das Inkrafttreten der §§ 111m und 111n StPO und deren Neufassung in § 111q StPO jedenfalls *gegenstandslos* geworden (vgl. Karlsruher Kommentar zur StPO/*Spillecke* StPO § 111q Rn. 2 mwN). Die Landesgesetzgeber in Hamburg, Hessen, Niedersachsen, Schleswig-Holstein und Nordrhein-Westfalen haben deshalb die ursprünglich bestehenden Beschlagnahme-Bestimmungen ihrer Landespressegesetze aufgehoben (§§ 12 bzw. 13 ff. LPG). Brandenburg, Sachsen, Sachsen-Anhalt und Thüringen hatten bereits bei Erlass ihrer Landespressegesetze keine Vorschriften zur Beschlagnahme eingefügt. Eine interessante Ausnahme bildet insoweit das Land Mecklenburg-Vorpommern. Unter ausdrücklichem Hinweis auf die *offene Rechtslage* hat der Gesetzgeber dort in den §§ 12–18 LPG eine erschöpfende Regelung der Auflagen-Beschlagnahme getroffen. So sei jedenfalls eine rechtswirksame Eingriffsgrundlage gegeben.

9a 5. Zu beachten ist ferner das *europäische* Strafprozessrecht. Die Richtlinie über die Europäische Ermittlungsanordnung in Strafsachen von 2014 (vgl. ABl. L 130, S. 1) wurde 2017 durch die neuen §§ 91a–91j IRG umgesetzt (BGBl. I S. 31). § 91b Abs. 1 Nr. 2a IRG regelt allerdings ausdrücklich, dass eine Rechtshilfe-Leistung nicht zulässig ist, soweit Zeugnis- oder Auskunftsverweigerungsrechte, insbesondere nach den §§ 52, 53 oder 55 StPO oder hierauf Bezug nehmende Vorschriften entgegenstehen. § 91b Abs. 3 IRG dehnt zudem den *ordre public*-Grundsatz zur Berechtigung der Verweigerung von Rechtshilfe in § 73 IRG auf den Fall aus, dass berechtigte Gründe für die Annahme bestehen, dass die Erledigung des Rechtshilfe-Ersuchens mit Art. 6 AEUV und der Europäischen Grundrechte-Charta unvereinbar sind (vgl. *Brahms/Gut* NStZ 2017, 388 (391)). Die in Deutschland für die Presse bestehenden Sonderregelungen bleiben also auch im europäischen Kontext unangetastet.

III. Die Anordnung der Pressebeschlagnahme (§ 111q StPO)

10 1. Die in § 111q Abs. 4 S. 1 StPO geregelte *Anordnung* der Beschlagnahme von *periodischen Druckwerken* (§ 7 Abs. 4 LPG; Zeitungen und Zeitschriften) und ihnen durch § 74d StGB iVm § 11 Abs. 3 StGB gleichgestellten Gegenständen wie Schriften, Ton- und Bildträger, Abbildugnen und Darstellungen sowie Datenträger (vgl. *Fischer* StGB § 74d Rn. 2) darf grundsätzlich nur vom *unabhängigen Richter* getroffen werden, nicht dagegen von der weisungsgebundenen Staatsanwaltschaft oder Polizei. Die Regelung entspricht einer Hauptforderung der auf Sicherung ihrer Freiheit bedachten Presse, um die sie über ein Jahrhundert mit Nachdruck und Zähigkeit gerungen hatte (vgl. Löffler/*Achenbach* LPG Vor §§ 13 ff. Rn. 13 ff.).

10a 2. Der Grundsatz der ausschließlich richterlichen Beschlagnahme wird für andere als periodische Druckwerke (zB für Bücher, Broschüren oder Plakate) von § 111q Abs. 4 S. 2 StPO durchbrochen, falls *Gefahr im Verzug* ist. Gefahr im Verzug liegt vor, wenn die richterliche Anordnung nicht eingeholt werden kann, ohne dass der Zweck der Maßnahme gefährdet wird (vgl. Meyer-Goßner/Schmitt/*Köhler* StPO § 98 Rn. 6). In diesem Fall ist auch die Staatsanwaltschaft zur Beschlagnahmeanordnung, in keinem Fall aber deren Ermittlungspersonen berechtigt (vgl. Meyer-Goßner/Schmitt/*Köhler* StPO § 111q Rn. 3).

10b a) Die *Möglichkeit* einer *Beschlagnahmeanordnung durch den Staatsanwalt* wird damit begründet, dass Druckwerke mit strafbarem Inhalt rasch sichergestellt werden müssten, um ihre Verbreitung zu verhindern. Nur die Staatsanwaltschaft verfüge über das hier notwendige Instrumentarium. Diese Argumentation überzeugt im Zeitalter der elektronischen Kommunikation nicht. Durch die Einrichtung eines *richterlichen Bereitschaftsdienstes* kann ein schneller Zugriff der Justiz hinreichend gewährleistet werden (vgl. *Groß* AfP 1976, 14 (16)).

10c b) Auch die vorläufige Sicherstellung von Druckwerken bedeutet einen schweren Eingriff in die Pressefreiheit. Sie bedarf daher der umgehenden *richterlichen Bestätigung.* Wird die Beschlagnahmeanordnung der Staatsanwaltschaft nicht *binnen drei Tagen* vom Richter bestätigt, so tritt sie außer Kraft (§ 111q Abs. 4 S. 3 StPO). Die Drei-Tages-Frist beginnt mit dem Tag der Anordnung. Der Tag der Anordnung zählt gemäß § 42 StPO nicht mit. § 43 Abs. 2 StPO gilt auch hier (vgl. Karlsruher Kommentar zur StPO/*Spillecke* StPO § 111q Rn. 12; Meyer-Goßner/Schmitt/*Köhler* StPO § 111q Rn. 14). Im Übrigen muss auch eine vom Staatsanwalt veranlasste

Beschlagnahme *schriftlich* erlassen und gem. § 111q Abs. 4 S. 4 StPO begründet werden (vgl. Meyer-Goßner/Schmitt/*Köhler* StPO § 111q Rn. 13).

3. Das sog. *richterliche Beschlagnahme-Monopol* im Bereich der periodischen Presse bedeutet **11** nicht, dass der Richter eine Pressebeschlagnahme *von Amts wegen* anordnen darf. Die Ermittlungen, ob ein strafbarer Sachverhalt gegeben ist, obliegen der *Staatsanwaltschaft,* die nach § 162 Abs. 1 StPO entsprechende Anträge auf Beschlagnahme und Durchsuchung bei Gericht zu stellen hat (vgl. Meyer-Goßner/Schmitt/*Köhler* StPO § 98 Rn. 4; LG Kaiserslautern NStZ 1981, 438). Nur bei Gefahr im Verzug kann der Richter nach § 165 StPO ohne Antrag des Staatsanwalts tätig werden, wenn ein Staatsanwalt nicht erreichbar ist (vgl. Karlsruher Kommentar zur StPO/*Griesbaum* StPO § 165 Rn. 1 ff.; LG Frankfurt a. M. NJW 1968, 118; *Groß* AfP 1976, 14 (17)). Wird die Beschlagnahme erst nach Erhebung der Anklage erwogen, so ist in diesem Prozessabschnitt der *Richter* „Herr des Verfahrens" und kann von Amts wegen die Beschlagnahme anordnen, hat aber zuvor den Staatsanwalt zu hören (§ 33 Abs. 2 StPO).

a) Nach § 34 StPO ist der die Beschlagnahme anordnende Beschluss des Richters *mit Gründen* **11a** zu versehen, da es sich um eine anfechtbare Entscheidung handelt. Die Anordnung der Beschlagnahme kann mit der Beschwerde (§§ 304, 305 StPO) angefochten werden. Der in Abwesenheit des Betroffenen ergehende Beschlagnahmebeschluss ist ihm nach § 35 Abs. 2 StPO durch *Zustellung* bekannt zu machen. Die Zustellung ist eine formstrenge Übersendung des Schriftstücks (vgl. §§ 37–41 StPO; Meyer-Goßner/Schmitt/*Schmitt* StPO § 35 Rn. 10). Eine Nichtanhörung des Betroffenen vor der Beschlagnahme ist keine Verletzung des rechtlichen Gehörs (Art. 103 Abs. 1 GG; vgl. BVerfGE 9, 99, für den Fall des Haftbefehls).

b) *Sachlich zuständig* zur Anordnung der Beschlagnahme von Druckwerken und sonstigen **11b** Schriften iSd § 74d StGB ist das Amtsgericht (§ 162 StPO). In Staatsschutzsachen kann auch der Ermittlungsrichter des OLG oder des BGH die Beschlagnahme anordnen (§ 169 StPO).

c) *Örtlich zuständig* für die Anordnung der Beschlagnahme ist das Amtsgericht, in dessen Bezirk **11c** die Beschlagnahme vorzunehmen ist (§ 162 Abs. 1 S. 1 StPO). Dies bedeutet, dass die Beschlagnahme überall dort vorgenommen werden kann, wo sich einzelne zur Verbreitung oder Vervielfältigung bestimmte oder sonst beschlagnahmefähige Exemplare des beanstandeten Druckwerks befinden (vgl. Löffler/*Achenbach* LPG § 13 Rn. 23). Daher kann sich die Staatsanwaltschaft bei einem weit verbreiteten Druckwerk für ihren Beschlagnahmeantrag dasjenige Amtsgericht aussuchen, bei dem sie die beste Aussicht auf Erfolg sieht. Auf dem Gebiet des Beschlagnahmerechts gilt sonach bedauerlicherweise der viel kritisierte und bereits 1902 grundsätzlich beseitigte fliegende Gerichtsstand der Presse noch fort und ermöglicht bei weit verbreiteten Presse-Organen widersprechende Gerichtsentscheidungen (vgl. Löffler/*Achenbach* LPG § 13 Rn. 24; vgl. iÜ → Kap. 32 Rn. 2). Immerhin ist seit Inkrafttreten der StPO-Vorschriften über die Auflagen-Beschlagnahme im gesamten Bundesgebiet eine einheitliche Rechtsgrundlage für die Anordnung gegeben.

d) Für die *Durchführung* der Beschlagnahmeanordnung ist die Staatsanwaltschaft als strafprozessuale Vollstreckungsbehörde zuständig (§ 36 Abs. 2 StPO). Sie bedient sich dabei ihrer **11d** Ermittlungspersonen oder anderer Polizeibeamter (vgl. Meyer-Goßner/Schmitt/*Köhler* StPO § 111q Rn. 16; Löffler/*Achenbach* LPG § 13 Rn. 27).

4. Bezüglich der *räumlichen Wirkung* einer Beschlagnahmeanordnung gilt Folgendes: **12**

a) Gemäß § 160 GVG kann die Beschlagnahmeanordnung eines Amtsgerichts in ganz Deutschland vollstreckt werden (vgl. OLG Karlsruhe NJW 1969, 1546; Löffler/*Achenbach* LPG § 13 Rn. 25). Im Blick auf die unmittelbare bundesweite Wirkung richterlicher Beschlagnahmeanordnungen haben die Vollzugsbehörden die in einem anderen Bundesland angeordnete Beschlagnahme auch dann zu vollstrecken, wenn kein Amtshilfeersuchen vorliegt (vgl. Meyer-Goßner/Schmitt/*Schmitt* GVG § 160 Rn. 3).

b) Das Gleiche gilt für die Beschlagnahme von Druckwerken durch die *Staatsanwaltschaft* bei **13** Gefahr im Verzug (vgl. Meyer-Goßner/Schmitt/*Köhler* StPO § 111q Rn. 15; GVG § 143 Rn. 1; § 160 Rn. 1).

5. Eine Beschlagnahme ist nach § 111q StPO aufzuheben ist, wenn nicht binnen zwei **13a** Monaten die öffentliche Klage (§ 170 StPO) erhoben oder die selbstständige Einziehung (§ 111q Abs. 5 S. 1 StPO) beantragt ist. Die Frist kann auf Antrag der Staatsanwaltschaft vor Fristablauf zweimal um zwei Monate verlängert werden (vgl. Karlsruher Kommentar zur StPO/*Spillecke,*

StPO § 111q Rn. 15; Meyer-Goßner/Schmitt/*Köhler* StPO § 111q Rn. 20; aA LG Freiburg NJW 2001, 313f., zu der Frage, ob der Verlängerungsantrag noch in innerhalb der Frist bei Gericht eingehen muss).

IV. Die inhaltlichen Voraussetzungen der Pressebeschlagnahme

Neben der *formellen* Hürde der zwingend erforderlichen richterlichen Anordnung einer Beschlagnahme im Bereich der periodischen Presse verlangt § 111q Abs. 1 StPO zum Schutz der Pressefreiheit die Erfüllung weiterer *materieller* Voraussetzungen, die bei einer Presse-Beschlagnahme erfüllt sein müssen:

14 Wichtigste materielle Beschlagnahmevoraussetzung ist bei Druckwerken das Erfordernis einer *hohen Wahrscheinlichkeit* der späteren endgültigen *Einziehung* der Schrift.

15 1. Die allgemeinen rechtlichen Voraussetzungen der *Einziehung* von Gegenständen sind in §§ 74–76a StGB aufgeführt. Die richterliche Maßnahme der Einziehung kann sowohl als *Strafe* wie als *Sicherungsmaßnahme* verhängt werden (vgl. Fischer StGB § 74 Rn. 3; § 74b Rn. 2). Nach § 74 Abs. 1 StGB darf ein Gegenstand (Druckwerk) nur eingezogen werden, wenn er durch eine *vorsätzliche* Straftat *„hervorgebracht"* wurde (so zB der verbotene Druck pornographischer Schriften) oder zur Begehung oder Vorbereitung einer Straftat *gebraucht* wurde oder *bestimmt* war (zB ein Druckwerk, mittels dessen eine Erpressung durchgeführt werden sollte). Voraussetzung der Einziehung ist weiter, dass die „strafverstrickten" Gegenstände dem *Täter oder Teilnehmer* gehören oder zustehen (vgl. Fischer StGB § 74 Rn. 19). Diese Voraussetzung entfällt bei der Sicherungseinziehung nach § 74b StGB, bei der es sich um Gegenstände handelt, die nach ihrer Art und den Umständen die *Allgemeinheit gefährden* oder bei denen die Gefahr besteht, dass sie der *Begehung rechtswidriger Taten* dienen werden (§ 74b Abs. 1 StGB). Bei der Sicherungseinziehung bedarf es keines schuldhaften Handelns des Täters oder Teilnehmers. Es genügt nach § 74b Abs. 1 StPO die *Rechtswidrigkeit* der Tat.

16 2. Für die Einziehung von *Schriften,* darunter nach § 11 Abs. 3 StGB neben Vorprodukten, Ton- und Bildträger, permanente und nicht permanente Speichermedien sowie Abbildungen (vgl. Fischer StGB § 11 Rn. 33ff.) hat der Gesetzgeber im Blick auf die potenzielle Gefährlichkeit ihres geistigen Inhalts in § 74d StGB eine Sonderregelung getroffen. Sie bezieht sich jedoch nur auf einen Teil der in Frage kommenden Pressedelikte, nämlich auf die sog. *Presse-Inhaltsdelikte* (vgl. Löffler/*Achenbach* LPG § 13 Rn. 37; → Kap. 17 Rn. 7ff.). Bei allen anderen Pressedelikten, so zB den Presseordnungsdelikten, kommen die oben (→ Rn. 15) dargestellten generellen Einziehungsvoraussetzungen zum Zug.

16a Unter Presse-Inhaltsdelikten versteht man solche Pressevergehen, bei denen die strafbare Handlung gerade durch den *geistigen Inhalt* des Druckwerks verwirklicht wird (zB Beleidigung, Volksverhetzung). Der maßgebliche Unterschied zur generellen Einziehung besteht vor allem darin, dass bei Presse-Inhaltsdelikten die Einziehung nicht dem richterlichen Ermessen überlassen bleibt (wie bei der generellen Einziehung), sondern angesichts des gefährlichen geistigen Inhalts *zwingend* vorgeschrieben ist, sofern die Voraussetzungen der Sonderregelung des § 74d StGB vorliegen. Deshalb erstreckt sich hier die Einziehung des Druckwerks in der Regel auf die *gesamte Auflage* (vgl. *Fischer* StGB § 74d Rn. 8). Nicht erfasst von der Einziehung werden *die* Exemplare eines Druckwerks, die bereits in die Hände der *Leser* gelangt sind.

17 Unverzichtbare Voraussetzung jeder Einziehung von Druckwerken und Schriften im Rahmen der Sonderregelung des § 74d StGB ist es, dass mindestens *ein* Exemplar des Druckwerks „durch eine vorsätzlich rechtswidrige Tat *verbreitet* oder zur Verbreitung bestimmt worden ist" (§ 74d Abs. 1 StGB; vgl. → Rn. 18). *Schuldhaftes* Handeln des Täters ist nicht erforderlich (vgl. Fischer StGB § 74d Rn. 3ff.). Die Verbreitung pornographischer Schriften durch ein schuldunfähiges Kind (unter 14 Jahren) kann ausreichen, die Einziehung auszulösen, die bei Presse-Inhaltsdelikten grundsätzlich Sicherungscharakter hat (vgl. Löffler/*Achenbach* LPG § 13 Rn. 56).

18 Soweit das Recht der Einziehung von Druckwerken deren Verbreitung oder Bestimmung zur Verbreitung voraussetzt (vgl. → Rn. 17), kommt der *presserechtliche Verbreitungsbegriff* zum Zug (vgl. → Kap. 1 Rn. 23ff.; Löffler/*Cornils* Einl. Rn. 114ff.). Für ihn ist wesentlich, dass das Druckwerk in *körperlicher Form* Dritten gegenüber zugänglich gemacht wird, sei es durch Zusenden der Schrift oder ihr öffentliches Auslegen oder Ausstellen. Wird lediglich der *Inhalt* eines Druckwerks verbreitet, etwa durch Zitieren bei einem Vortrag, dann liegt keine presserechtliche Verbreitung vor (vgl. BGHSt 18, 63; *Fischer* StGB § 74d Rn. 4). Andererseits ist die Kenntnisnahme des Inhalts der Druckschrift für den Tatbestand der Verbreitung nicht erforderlich. Es genügt die durch Zugänglichmachen gebotene Möglichkeit. Die Morgenzeitung, die in den Briefkästen steckt, ist presserechtlich auch dann verbreitet, wenn sie vom Abonnenten noch nicht gelesen wurde.

3. Die rechtlich komplizierte Regelung der Einziehung hat schwierige Rechtsfragen auf- **19**
geworfen, zu denen vor allem das Problem der *Verjährung der Straftat* und ihre Auswirkung auf die Einziehungsmöglichkeit gehört. Die Frage ist gerade für Pressedelikte mit der hier Platz greifenden kurzen Verjährung (§ 24 LPG) von besonderer Bedeutung. Zwar schließt die Verjährung einer Straftat *grundsätzlich* Nebenstrafen und Nebenfolgen einschließlich von Maßnahmen der Sicherung, wie zB die Einziehung, aus. Diesem Grundsatz, wie er in § 78 Abs. 1 StGB in Verbindung mit § 11 Abs. 1 Nr. 8 StGB normiert ist, geht jedoch nach dem ausdrücklichen Wortlaut des § 78 Abs. 1 S. 2 StGB die *Spezialregelung* des § 76a Abs. 2 S. 2 StGB vor, die eine Sicherungseinziehung, Einziehung von Schriften und deren Unbrauchbarmachung auch dann zulässt, wenn der Verfolgung des Täters die Verjährung der Tat entgegensteht (vgl. BGH AfP 1983, 342; MDR 1983, 330 (331); vgl. dazu auch *Franke/Puhr-Westerheide* AfP 1983, 444).

4. Vielfach hängt die Möglichkeit der Einziehung von der Stellung eines *Strafantrags* des **20**
Verletzten ab (zB bei Beleidigung von Politikern nach § 188 StGB in Verbindung mit § 194 StGB) oder von der Erteilung einer *Ermächtigung* von Seiten des Betroffenen (so etwa bei Verunglimpfung des Bundespräsidenten nach § 90 StGB). In diesen Fällen ist die Anordnung der Beschlagnahme von Druckwerken nur zulässig, wenn bestimmte tatsächliche Anhaltspunkte dafür vorliegen, dass der fehlende Strafantrag nachgeholt oder das behördliche Strafverlangen noch gestellt werden (vgl. Meyer-Goßner/Schmitt/*Köhler* StPO § 111b Rn. 7). Nach § 76a Abs. 1 S. 3 StGB sind *Einziehung* oder *Unbrauchbarmachung* jedoch *unzulässig,* wenn Antrag, Ermächtigung oder Strafverlangen fehlen (vgl. *Fischer* StGB § 76a Rn. 7).

Unter „Antrag" wird allgemein der *Strafantrag* iSd § 77 StGB verstanden. Die Frist zur Stellung **21**
des Antrags beträgt drei Monate und beginnt mit dem Ablauf des Tages, an dem der Antragsberechtigte von der Tat und der Person des Täters Kenntnis erlangt hat (§ 77b StGB). Ist die Frist verstrichen, so kann eine Beschlagnahme nicht mehr durchgeführt werden. Im Gegensatz zum Strafantrag ist die *Ermächtigung* (§ 77e StGB) an eine Frist gebunden und kann bis zum Eintritt der Verjährung erklärt werden (vgl. *Fischer* StGB § 77e Rn. 5). Strafantrag und Ermächtigung können bis zum rechtskräftigen Abschluss des Strafverfahrens zurückgenommen, dann aber nicht nochmals gestellt werden (§§ 77d, e StGB).

V. Die Beschränkung der Presse-Beschlagnahme durch den Grundsatz der Verhältnismäßigkeit

1. Der Verfassungsgrundsatz der *Verhältnismäßigkeit,* der auch als „Verbot des Übermaßes" **22**
bezeichnet wird, ist ein Kernsatz des öffentlichen Rechts, der überall dort zum Zug kommt, wo es sich um behördliche Eingriffe in geschützte Rechtspositionen, insbesondere in Grundrechte, handelt (vgl. BVerfGE 15, 78; 20, 162; 59, 95; BVerwGE 5, 50). Aus dem Verbot des Übermaßes ergeben sich für die Zulässigkeit eines Eingriffs in ein Grundrecht wie der Pressefreiheit, drei Erfordernisse: Die Eingriffsmaßnahme muss geeignet sein, den angestrebten Zweck zu erfüllen (Eignung). Sie muss notwendig sein (Erforderlichkeit). Vor allem aber muss die Schwere des Eingriffs in einem *vertretbaren Verhältnis* zur Bedeutung der Sache stehen (Verhältnismäßigkeit im engeren Sinne oder Proportionalität). Eine besondere Bedeutung kommt dem Übermaßverbot bei einer *Presse-Beschlagnahme* zu, weil diese Maßnahme zu den schwersten Eingriffen in das verfassungsrechtlich geschützte Grundrecht der Pressefreiheit gehört (vgl. dazu auch BVerfGE 71, 206 (213), zur Verfassungsmäßigkeit von § 353d Nr. 3 StGB). In § 111q Abs. 1 StPO hat der Gesetzgeber das umfassende Prinzip des Übermaßverbotes für die Beschlagnahme von Druckwerken ausdrücklich konkretisiert. Danach ist eine Beschlagnahme unzulässig, wenn ihre *nachteiligen Folgen,* insbesondere die *Gefährdung* des *öffentlichen Interesses* an *unverzögerter Verbreitung* des Druckwerkes, offenbar außer Verhältnis zur Bedeutung der Sache stehen. Es wird hier also vom Richter eine besonders sorgfältige Interessenabwägung verlangt.

23 2. Grundfall der Verhältnismäßigkeitsprüfung im Rahmen des § 111q Abs. 1 StPO ist also eine *Abwägung* zwischen den *nachteiligen Folgen* der *Beschlagnahme* für diejenigen, die davon betroffen sind, und der *Bedeutung der Sache.* Dabei sind in erster Linie die Nachteile der verzögerten Informationsverbreitung zu berücksichtigen, die durch eine Presse-Beschlagnahme eintreten. Des Weiteren ist zu berücksichtigen, dass die Beschlagnahme und der dadurch bedingte Einnahmeverlust für das Presseunternehmen ruinöse Folgen haben können. Neben den Verlegern können auch die durch die Maßnahme betroffenen Händler und Inserenten wirtschaftlich gefährdet werden. Dies ist ebenso zu beachten wie die Nachteile, die dadurch entstehen, dass die Beschlagnahme die Reputation des Verlages im In- und Ausland beeinträchtigt (vgl. Karlsruher Kommentar zur StPO/*Spillecke,* StPO § 111q Rn. 5; Meyer-Goßner/Schmitt/*Köhler* StPO § 111q Rn. 5; Löffler/*Achenbach* LPG § 13 Rn. 97 ff.).

24 3. Der vom Richter ausdrücklich nach § 111q Abs. 1 StPO besonders zu berücksichtigende Nachteile ist die Gefährdung des *öffentlichen Interesses* an *unverzögerter Verbreitung* des Druckwerks. Die Presse (einschließlich aller journalistisch-redaktionell gestalteter Telemedien-Angebote) ist neben dem Rundfunk die wichtigste Informationsquelle des Staatsbürgers. Nur ein umfassend und rechtzeitig unterrichteter Bürger kann seine politischen, beruflichen und privaten Obliegenheiten ordnungsgemäß erfüllen.

25 a) § 111q Abs. 1 StPO stellt nach seinem Wortlaut ab auf die „unverzögerte Verbreitung". Das geschützte Informationsinteresse des Publikums bezieht sich somit auf den *gesamten Inhalt* der von der Beschlagnahme bedrohten Schrift, nicht nur auf *den* Teil des Textes, der die Beschlagnahme veranlassen könnte (vgl. LG Hamburg AfP 1971, 168; Meyer-Goßner/Schmitt/*Köhler* StPO § 111q Rn. 5). Auch der *Anzeigenteil* der Presse hat einen hohen Informationswert, speziell der Stellenmarkt und die Wohnungsanzeigen (vgl. BVerfGE 21, 271 = NJW 1967, 976).

26 b) Umstritten ist, ob es eine Rolle spielt, wenn sich im Falle der Beschlagnahme des Druckwerks die Öffentlichkeit aus anderen Quellen, etwa aus anderen Zeitungen oder aus *Funk und Fernsehen* informieren kann. Zum Teil wird die Ansicht vertreten (vgl. *Reh/Groß* § 13 Anm. 2), dass unter solchen Umständen eine Gefährdung des öffentlichen Informationsinteresses nicht vorliege. Gegen diese Meinung spricht, dass die spezifische Funktion der Presse nicht ohne weiteres von anderen Medien übernommen werden kann und sich der Leser daher auch keineswegs bei Wegfall der Presse automatisch in vollem Umfang eines anderen Mediums bedient (vgl. *Noelle-Neumann,* „Die Zeitung" 1976, Nr. 7/8). Die ganz überwiegende Meinung geht daher zu Recht davon aus, dass es gleichgültig ist, ob die Unterrichtung der Öffentlichkeit durch andere Quellen gewährleistet ist (vgl. Karlsruher Kommentar zur StPO/*Spillecke* StPO § 111q Rn. 5; Meyer-Goßner/Schmitt/*Köhler* StPO § 111q Rn. 5).

27 c) Ebenso wenig kann der Ansicht gefolgt werden, dass das *Informationsinteresse* der Öffentlichkeit ein *„legitimes"* sein müsse und nicht nur auf „Neugier" beruhen dürfe (vgl. *Rebmann/Ott/Storz* LPG § 13 Rn. 14). Diese Auffassung verkennt, dass gerade das Moment der Neugier stimulierend für die Aufnahme wichtiger Informationen und Meinungen ist. Die Publizistik sieht in der Berücksichtigung der Neugier des Rezipienten eine besonders wirksame Methode zur Verbesserung der Massenmedien. Ohne Neugier gäbe es keinen wissenschaftlichen, insbesondere keinen medizinischen Fortschritt. Die Neugier als Antrieb des menschlichen Forschens hat höchsten Stellenwert. Nach der herrschenden Meinung kommt es daher zu Recht auf die Motivation des Informationsinteresses nicht an (vgl. Meyer-Goßner/Schmitt/*Köhler* StPO § 111q Rn. 5).

28 d) Bei der in § 111q Abs. 1 StPO angeordneten Güterabwägung ist zu beachten, dass das Gesetz auf das Interesse des Publikums an *„unverzögerter* Information" abstellt. In der Regel wird diese Voraussetzung bei allen periodischen Druckwerken vorliegen, da die *Aktualität* gerade eines der entscheidenden Funktionsmerkmale von Zeitung und Zeitschrift ist (vgl. Noelle-Neumann/Schulz/Wilke, Publizistik/Massenkommunikation, S. 501 ff., 542). Diese Feststellung gilt grundsätzlich für alle Teile der Publikation, insbesondere auch für die *Unterhaltung.* Ihr kommt gegenüber den anderen Veröffentlichungen unter publizistischem Aspekt kein geringerer, sondern ein für die Informations- und Meinungsbildung spezifischer Stellenwert zu (vgl. → Kap. 3 Rn. 19 ff.; Löffler/*Steffen* LPG § 6 Rn. 45 ff.). Deswegen hat der Leser grundsätzlich auch hier einen Anspruch auf Aktualität. Nur in Einzelfällen, in denen der Inhalt der Publikation keinerlei Bezug zu Gegenwartsfragen hat, kann ausnahmsweise das Interesse an unverzögerter Information entfallen (vgl. Löwe/Rosenberg/*Johann* StPO § 111m aF Rn. 12).

4. Das vom Richter zu berücksichtigende *Gegeninteresse* gegenüber den zu befürchtenden nachteiligen Folgen einer Beschlagnahme ist die *„Bedeutung der Sache"*, um die es sich handelt. Fällt sie etwa gleichermaßen ins Gewicht wie die Nachteile der Beschlagnahme, so ist die Anordnung zulässig (vgl. Löwe/Rosenberg/*Johann* StPO § 111m aF Rn. 14). Ein *offensichtliches Missverhältnis* liegt dagegen vor, wenn nach der Lebenserfahrung für jeden Sachkundigen *ohne Beweiserhebung* oder weitere Ermittlungen erkennbar ist, dass die nachteiligen Folgen der Beschlagnahme die Bedeutung der Sache *überwiegen* (vgl. Karlsruher Kommentar zur StPO/*Spillecke* StPO § 111q Rn. 5; Meyer-Goßner/Schmitt/*Köhler* StPO § 111q Rn. 4; Löffler/*Achenbach* LPG § 13 Rn. 111 f.). 29

5. Daraus folgt, dass bei Taten, die das öffentliche Interesse erheblich tangieren, wie etwa bei Hoch- oder Landesverrat, die Anordnung der Beschlagnahme auch dann zulässig sein kann, wenn sie schwerwiegende nachteilige Folgen hat. Dagegen rechtfertigen Straftaten, die sich gegen Einzelpersonen richten (zB Beleidigung, § 185 StGB), eine Presse-Beschlagnahme im Allgemeinen nicht (vgl. Meyer-Goßner/Schmitt/*Köhler* StPO § 111q Rn. 6; Karlsruher Kommentar zur StPO/*Spillecke* StPO § 111q Rn. 5; Löffler/*Achenbach* LPG § 13 Rn. 107). Das Individualinteresse geht unter dem Gesichtspunkt der Bedeutung der Sache dem Schutz der Informationsfreiheit nur in Ausnahmefällen vor, wie etwa dann, wenn durch die Verbreitung einer wahrheitswidrigen, diffamierenden Schrift der drohende Ruin eines Unternehmens oder die nicht wieder gutzumachende Bloßstellung einer angesehenen Persönlichkeit zu befürchten ist (vgl. Löffler/*Achenbach* LPG § 13 Rn. 107). 30

VI. Der Umfang der Beschlagnahme (die erfassten Gegenstände)

Der das Presse-Beschlagnahmerecht beherrschende Grundsatz der Verhältnismäßigkeit (vgl. → Rn. 22) wirkt sich nach § 111q Abs. 2 StPO auch *einschränkend* auf den *Umfang* der von der Beschlagnahme erfassten Gegenstände aus. Eingriffsmaßnahmen in das Grundrecht der Pressefreiheit dürfen auch hier nicht weiter gehen, als es notwendig ist (Grundsatz der „Erforderlichkeit" – → Rn. 22). 31

1. Diesem Prinzip entsprechend beschränkt § 111q Abs. 2 S. 1 StPO die Beschlagnahme auf diejenigen *Teile* der Druckschrift, darunter auch digital gespeicherte Daten im Internet, die etwas Strafbares enthalten. Andere Teile bleiben von der Beschlagnahme verschont, vorausgesetzt, dass sich der straffreie Teil des Druckwerks technisch abtrennen lässt. Dabei spielt es keine Rolle, ob der nach erfolgter Trennung verbleibende Teil des Druckwerks noch eine in sich geschlossene Druckschrift bildet (vgl. Meyer-Goßner/Schmitt/*Köhler* StPO § 111q Rn. 7; Karlsruher Kommentar zur StPO/*Spillecke* StPO § 111q Rn. 6; Löffler/*Achenbach* LPG § 14 Rn. 31). Da die Bestimmung den Betroffenen begünstigen will (vgl. OLG Düsseldorf NJW 1967, 1142 (1143)), darf die Regelung sinngemäß nur dort zur Anwendung kommen, wo sie zu einer Verbesserung und nicht zu einer Verböserung führt (vgl. Meyer-Goßner/Schmitt/*Köhler* StPO § 111q Rn. 7; Löffler/*Achenbach* LPG § 14 Rn. 32). Unzulässig wäre es deshalb, aus einem beschlagnahmten Buch die nicht beanstandeten Seiten herauszureißen, denn das Werk wäre im Falle einer späteren Freigabe wertlos geworden. Das Recht der Abtrennung nicht beanstandeter Teile ist auch dort gegeben, wo zu dieser Abtrennung Maschinen oder Werkzeuge benötigt werden (so mit Recht Karlsruher Kommentar zur StPO/*Spillecke* StPO § 111q Rn. 6). Zu beachten ist, dass die Beschränkung der Beschlagnahme auf den „strafbaren" Teil nicht nur für die richterliche Beschlagnahme-Anordnung gilt, sondern auch für die durch die Staatsanwaltschaft bei Gefahr im Verzug (vgl. → Rn. 10a ff.). 32

2. § 111q Abs. 4 S. 4 StPO schreibt zwingend vor, dass in der Beschlagnahme-Anordnung die *einzelnen Stellen der Schrift,* die zur Beschlagnahme Anlass geben, *genau zu bezeichnen* sowie nach herrschender Meinung unter Benennung der verletzten Strafvorschrift sowie der die Beschlagnahme stützenden Vorschriften der StPO anzugeben sind. Ein Verstoß dagegen berührt die Wirksamkeit der Beschlagnahmeanordnung jedoch nicht (vgl. Meyer-Goßner/Schmitt/*Köhler* StPO § 111q Rn. 10; Karlsruher Kommentar zur StPO/*Spillecke* StPO § 111q Rn. 9). Die Bestimmung dient ebenfalls dem Schutz der Pressefreiheit, da sie die Behörde zur *sorgfältigen Überprüfung* ihrer Eingriffsmaßnahmen anhält und dem Betroffenen die Möglichkeit einer eventuellen Beschwerde erleichtert. 33

Die Einhaltung der Bezeichnungsvorschrift ist für den Betroffenen jedoch schon deshalb von besonderer Bedeutung, weil er andernfalls nicht wissen könnte, welche Texte er freiwillig herausnehmen sollte, um sein Druckwerk der Beschlagnahme zu entziehen (vgl. § 111q Abs. 4 StPO sowie → Rn. 36).

34 3. Von der Beschlagnahme werden nur die beschlagnahmefähigen Exemplare erfasst. Dabei handelt es sich um die Schriften, die sich im Besitz von Presseangehörigen (Verfasser, Verleger, Drucker usw) befinden oder öffentlich ausgelegt sind und deshalb später auch gem. § 74d StGB *eingezogen werden können.* Befindet sich dagegen ein Exemplar bereits in den Händen des Letztverbrauchers (Lesers), so wird es von der Beschlagnahme nicht erfasst, da insoweit eine Einziehung nicht in Betracht kommt (vgl. Löffler/*Achenbach* LPG § 14 Rn. 11 ff.).

35 4. Nach § 111q Abs. 2 S. 2 StPO kann die Beschlagnahme in der Anordnung noch weiter beschränkt werden. Die Bestimmung gibt dem Richter in einem *weit gespannten Ermessensrahmen* die Möglichkeit, den Kreis beschlagnahmefähiger Druckwerke weiter einzuschränken. So kann der Richter zB Archivexemplare oder auch solche Teile des Druckwerks von der Beschlagnahme ausschließen, die zwar Strafbares enthalten, das jedoch nicht gravierend ist. Eine weitere Einschränkung nach richterlichem Ermessen käme etwa in Betracht, wenn eine nur örtlich bekannte Person beleidigt wird. Dann wäre der Zweck der Beschlagnahme auch dadurch erreicht, dass sie auf *den* Bereich begrenzt würde, in dem die Leserschaft dem Vorgang eine besondere Aufmerksamkeit schenkt. Gegen die Verbreitung der übrigen Teilauflage in einem anderen Gebiet, in dem die Straftat kein besonderes Interesse findet, ist in diesem Fall nichts einzuwenden (vgl. Meyer-Goßner/Schmitt/*Köhler* StPO § 111q Rn. 8; Karlsruher Kommentar zur StPO/*Spiellecke* StPO § 111q Rn. 6; Löffler/*Achenbach* LPG § 14 Rn. 25).

36 5. § 111q Abs. 3 StPO räumt dem Betroffenen zudem die Möglichkeit ein, eine Beschlagnahme dadurch *selbst abzuwenden,* dass er *den* Teil der Schrift oder der Internetseiten, der zu der Beschlagnahme Anlass gibt, von der Vervielfältigung oder Verbreitung *ausschließt.* Betroffener im Sinne dieser Vorschrift ist jeder, der Eigentum oder Besitz an den beanstandeten Schriften hat und durch die Beschlagnahme einen Rechtsverlust befürchten muss. Der Betroffene kann nach freiem Ermessen sowohl die Beschlagnahmeanordnung als auch ihren Vollzug abwenden (vgl. Löffler/*Achenbach* LPG § 14 Rn. 14 ff.; Meyer-Goßner/Schmitt/*Köhler* StPO § 111q Rn. 9; Karlsruher Kommentar zur StPO/*Spillecke* StPO § 111q Rn. 8).

Doch kann der Betroffene im Fall einer drohenden Beschlagnahmeanordnung die Maßnahme nur dadurch abwenden, dass er bei allen Exemplaren der beanstandeten Schrift die anstößigen Stellen von der Vervielfältigung oder der Verbreitung unverzüglich ausnimmt bzw. den Zugriff auf den elektronisch verfügbaren Datenbestand beschränkt oder die Internetseiten ganz löscht und der Staatsanwaltschaft bzw. dem Gericht die Wirksamkeit dieser Vorbeugemaßnahme nachweist. Die bereits im Verkehr befindlichen Druckwerke unterliegen der Beschlagnahme solange, als nicht die Händler oder sonstigen Verbreiter ihrerseits von ihrem Abwendungsrecht gemäß § 111q Abs. 3 StPO Gebrauch machen.

Die Abwendung der Beschlagnahme setzt voraus, dass der Betroffene einen entsprechenden Antrag stellt und diesen mit den von ihm durchgeführten Maßnahmen begründet (vgl. Meyer-Goßner/Schmitt/*Köhler* StPO § 111q Rn. 9; aA Löffler/*Achenbach* LPG § 14 Rn. 38, der einen Antrag für nicht erforderlich ansieht, da dieser von § 111q StPO nicht verlangt werde). Machen die Maßnahmen des Betroffenen die Beschlagnahmeanordnung oder deren Vollziehung entbehrlich, so wird die Anordnung aufgehoben (vgl. Meyer-Goßner/Schmitt/*Köhler* StPO § 111q Rn. 9; Karlsruher Kommentar zur StPO/*Spillecke* StPO § 111q Rn. 8; Löffler/*Achenbach* LPG § 14 Rn. 38).

VII. Kein strafprozessuales Verbot der Verbreitung und des Wiederabdrucks

37 1. Eine die Verbreitung des Druckwerks sowie den Wiederabdruck während der Beschlagnahme unter Strafandrohung verbietende Vorschrift ist nicht in die StPO aufgenommen worden. Die entsprechenden *landesrechtlichen Regelungen* sind wegen des Vorrangs der bundesgesetzlichen Regelung der Rechtsmaterie (vgl. → Rn. 9) *gegenstandslos,* auch wenn sie noch nicht aufgehoben wurden. Eine auf *strafverfahrensrechtliche* Bestimmungen gestützte Beschlagnahme hat daher *kein Verbreitungs- und Wiederabdruckverbot* zur Folge (vgl. KG Berlin JR 1984, 249; Meyer-Goßner/

Schmitt/*Köhler* StPO § 111q Rn. 2; Karlsruher Kommentar zur StPO/*Spillecke* StPO § 111q Rn. 2; aA Löffler/*Achenbach* LPG § 15 Rn. 2, der die Vorschrift nicht als Verfahrens-, sondern als genuines Presserecht ansieht).

Der *Bundesgesetzgeber* ist davon ausgegangen, dass die Verbreitung eines beschlagnahmten Druckwerks ohnehin regelmäßig gegen das Strafgesetz verstößt. Dieser Auffassung zufolge ist ein besonderes Abdruck- und Verbreitungsverbot während der Beschlagnahme nur in den Fällen von Bedeutung, in denen sich nachträglich herausstellt, dass das Druckwerk der Einziehung doch nicht unterliegt. Dann wäre es aber geradezu bedenklich, die unter Verletzung der Beschlagnahme erfolgte Verbreitung unter Strafe zu stellen (vgl. Löwe/Rosenberg/*Johann* StPO § 111m aF Rn. 4).

2. Anwendung finden im Übrigen die *strafrechtlichen Bestimmungen* zum Schutz behördlicher **38** Beschlagnahme-Maßnahmen (§§ 133, 136 StGB). Diese Strafbestimmungen kommen zum Zug bei der Zerstörung oder Entwendung von Gegenständen, die sich entweder bereits im amtlichen Gewahrsam befinden (sog. *Verwahrungsbruch* iSd § 133 StGB) oder bei denen die Behörde durch Pfändungs- und Beschlagnahme-Maßnahmen wenigstens ein öffentlich-rechtliches Gewaltverhältnis begründet hat (sog. *Verstrickungsbruch* iSd § 136 StGB). Die Strafbarkeit der Taten erfordert *Vorsatz.* Bedingter Vorsatz genügt (vgl. Fischer StGB § 133 Rn. 12 und § 136 Rn. 12).

VIII. Aufhebung der Beschlagnahme

1. Die pressespezifische Beschlagnahme der Gesamtauflage eines Druckwerks bedeutet nicht nur **39** eine erhebliche Vermögensschädigung des betroffenen Verlegers, sondern auch einen schweren Eingriff in das Grundrecht der Bürger auf Informationsfreiheit. Je länger eine Auflagen-Beschlagnahme dauert, desto nachteiliger wirken sich die Folgen aus. Deshalb enthält § 111q Abs. 5 StPO eine Reihe prozessualer Bestimmungen, die der *Beschleunigung* des Beschlagnahmeverfahrens dienen und einer *Prozessverschleppung* vorbeugen sollen.

2. Eine Prozessverschleppung würde drohen, wenn sich die Staatsanwaltschaft darauf beschrän- **40** ken würde, für die von ihr nach § 111q Abs. 4 S. 2 StPO angeordnete Beschlagnahme der Gesamtauflage einer Schrift die richterliche Bestätigung zu erwirken, um dann das Verfahren auf sich beruhen zu lassen. Deshalb bestimmt § 111q Abs. 5 S. 1 StPO, dass die Beschlagnahme aufzuheben ist, wenn seitens der Staatsanwaltschaft nicht *binnen zwei Monaten* die öffentliche Klage gegen den oder die Beschuldigten erhoben oder die *selbständige Einziehung* beantragt wird. Die Beschlagnahme endet nicht automatisch mit Fristablauf. Es bedarf eines förmlichen Aufhebungsbeschlusses, zu dessen alsbaldigem Erlass das Gericht nach Fristablauf verpflichtet ist (vgl. Meyer-Goßner/Schmitt/*Köhler* StPO § 111q Rn. 18; Karlsruher Kommentar zur StPO/*Spillecke* StPO § 111q Rn. 18).

3. Die in § 111q Abs. 5 S. 1 StPO vorgesehene Verfahrensbeschleunigung wird den vitalen **41** Interessen der Presse und dem Informationsbedürfnis der Öffentlichkeit nur bei äußerst restriktiver Handhabung gerecht. Schon die Frist von zwei Monaten ist reichlich lang bemessen. Darüber hinaus kann diese Frist vom zuständigen Gericht (vgl. → Rn. 11b f.) auf Antrag der Staatsanwaltschaft nach § 111q Abs. 5 S. 2 und 3 StPO bis zu zweimal jeweils um zwei Monate *verlängert* werden. Allerdings ist dem zwingend vor Ablauf der Frist zu stellenden Antrag nur stattzugeben, wenn die Zwei-Monats-Frist *wegen des besonderen Umfangs der Ermittlungen* nicht ausreicht. Dazu gehören keine rechtlichen Schwierigkeiten, wohl aber tatsächlich zeitaufwändige Ermittlungen aufgrund des Umfangs der Sache. Bloße tatsächliche Aufklärungsschwierigkeiten wie beispielsweise bei Ermittlungen im Ausland sind dagegen schon begrifflich keine Frage des Umfangs der Ermittlungen (vgl. Meyer-Goßner/Schmitt/*Köhler* StPO § 111q Rn. 20; aA bezüglich der Bewertung besonderer tatsächlicher Schwierigkeiten Karlsruher Kommentar zur StPO/*Spillecke* StPO § 111q Rn. 16; Löffler/*Achenbach* LPG § 16 Rn. 20). Die Entscheidung kann mit der Beschwerde angefochten werden (vgl. Karlsruher Kommentar zur StPO/*Spillecke* StPO § 111q Rn. 20).

4. Ergeben die Ermittlungen der Staatsanwaltschaft *vor* Erhebung der öffentlichen Klage oder **42** der Beantragung der selbständigen Einziehung, dass die Beschlagnahmeanordnung nicht begründet ist, so hat sie bei Gericht deren Aufhebung zu beantragen. Das Gericht ist in diesem Stadium

des Verfahrens nach § 111q Abs. 5 S. 5 StPO verpflichtet, dem *Antrag der Staatsanwaltschaft* alsbald stattzugeben. Die Staatsanwaltschaft ist in entsprechender Anwendung des § 120 Abs. 3 S. 1 StPO berechtigt, die beschlagnahmten Gegenstände alsbald freizugeben (vgl. Meyer-Goßner/Schmitt/*Köhler* StPO § 111q Rn. 24; Karlsruher Kommentar zur StPO/*Spillecke* StPO § 111q Rn. 21).

IX. Entschädigung in Geld für fehlerhafte Beschlagnahme

43 1. Anders als die Landespressegesetze enthält die StPO *keine besondere Vorschrift,* nach der für die *unrechtmäßige* Beschlagnahme von Druckwerken eine *Entschädigung* bestimmt wird. Dennoch stehen denjenigen, die von einer unzulässigen Beschlagnahme betroffen sind, Entschädigungsansprüche zu. Dies entspricht dem Gebot der Rechtsstaatlichkeit und der Billigkeit (vgl. *Koch* JR 1959, 293 ff.). Schon allein die Tatsache, dass ein Entschädigungsanspruch in Betracht kommt, wirkt gegenüber einer Beschlagnahmeanordnung als Mahnung zur genauen Prüfung aller gesetzlichen Voraussetzungen. Im *Strafrecht* sieht das „Gesetz über die Entschädigung für Strafverfolgungsmaßnahmen" (StrEG) vom 8.3.1971 (BGBl. I S. 157; zuletzt geändert durch Gesetz zur Reform der strafrechtlichen Vermögensabschöpfung vom 13.4.2017 (BGBl. I S. 872; vgl. → Rn. 1a) die Entschädigung für zu Unrecht erlittene Verfolgungsmaßnahmen aus der Staatskasse vor. Die *Entschädigungspflicht* für die *unzulässige Auflagen-Beschlagnahme* ergibt sich aus der allgemeinen Bestimmung des § 2 Abs. 2 Ziff. 4 StrEG (vgl. Meyer-Goßner/Schmitt/*Schmitt* StrEG § 2 Rn. 7). Diese Vorschrift greift trotz ihrer Subsidiarität gegenüber anderen Entschädigungsnormen, weil die Normen der Landespressegesetze durch die bundesrechtliche Neuregelung der Auflagen-Beschlagnahme gegenstandslos geworden ist (vgl. Löffler/*Achenbach* LPG § 17 Rn. 2 ff.). *Ersatzansprüche aus Amtshaftung* (Art. 34 GG, § 839 BGB) bleiben jedoch *unberührt* (vgl. Meyer-Goßner/Schmitt/*Schmitt* StrEG Vorbemerkungen Rn. 3; vgl. dazu → Rn. 51).

44 2. Der Entschädigungsanspruch des § 2 Abs. 2 Ziff. 4 StrEG ist an die Erfüllung folgender *Voraussetzungen* gebunden:

45 a) Die Auflagenbeschlagnahme muss bereits *vollzogen* worden sein. Die bloße Beschlagnahmeanordnung kann den Entschädigungsanspruch noch nicht begründen (vgl. Meyer-Goßner/Schmitt/*Schmitt* StrEG § 2 Rn. 7). Eine Entschädigung kommt dagegen auch in Betracht, wenn der Betroffene der Beschlagnahme nicht widersprochen (vgl. LG Memmingen NJW 1977, 347) oder die fraglichen Gegenstände freiwillig herausgegeben hat, um der bevorstehenden Beschlagnahme zuvorzukommen (vgl. BGH NJW 1975, 347 (348)). Dies gilt auch für den Fall, dass der Betroffene die Beschlagnahme gem. § 111q Abs. 3 StPO abgewendet hat (vgl. → Rn. 36; ebenso Löffler/*Achenbach* LPG § 17 Rn. 20).

46 b) Der Entschädigungsanspruch entsteht nur, wenn der von der Beschlagnahme Betroffene *freigesprochen* oder das *Verfahren* gegen ihn *eingestellt* wird bzw. wenn das Gericht die Eröffnung des Hauptverfahrens gegen ihn ablehnt (§ 2 Abs. 1 StrEG). Der Anspruch besteht auch, wenn bereits die Staatsanwaltschaft das Verfahren einstellt (§ 9 Abs. 1 S. 1 StrEG). Die Entschädigung ist jedoch gem. § 5 Abs. 1 Ziff. 4 StrEG ausgeschlossen, wenn die *Einziehung* der beschlagnahmten Druckwerke angeordnet worden ist. Diese Einschränkung ist erforderlich, weil die Einziehung auch im selbständigen Verfahren und damit ohne Verurteilung zu einer Strafe angeordnet werden kann (§ 76a StGB, §§ 440 und 442 StPO; vgl. Meyer-Goßner/Schmitt/*Schmitt* StrEG § 5 Rn. 5).

47 3. Durch eine Presse-Beschlagnahme wird in der Regel ein *größerer Kreis von Personen* unmittelbar oder mittelbar beeinträchtigt. Das sind etwa Verleger, Drucker, Grossisten, Einzelhändler und Autoren, aber auch Abonnenten und Inserenten. Das StrEG hält den Kreis der Betroffenen, die einen Entschädigungsanspruch geltend machen können, jedoch sehr eng. *Entschädigungsberechtigt* können *nur* der in einem Strafverfahren *Beschuldigte, Angeschuldigte* oder *Angeklagte* sein (vgl. KG Berlin NJW 1978, 2406). Wer darüber hinaus durch Strafverfolgungsmaßnahmen einen Schaden erlitten hat, wird nicht nach dem StrEG entschädigt. Insbesondere *Einziehungsbeteiligte* müssen ihre Ansprüche daher im *Zivilrechtsweg* geltend machen (vgl. LG Freiburg NJW 1990, 399; Meyer-Goßner/Schmitt/*Schmitt* StrEG Vorbemerkungen Rn. 2; Löffler/*Achenbach* LPG § 17 Rn. 37; nachstehend dazu → Rn. 51 ff.).

4. Die *Höhe der Entschädigung* beschränkt sich nach § 7 Abs. 1 Hs. 1 StrEG auf den durch die Beschlagnahme verursachten *„Vermögensschaden"*. Der Entschädigungsanspruch ist nicht identisch mit dem Anspruch auf Schadensersatz im Sinne der §§ 249 ff. BGB. Er umfasst insbesondere – außer bei Freiheitsentziehungen – keinen Ausgleich für den erlittenen immateriellen Schaden (vgl. Meyer-Goßner/Schmitt/*Schmitt* StrEG § 7 Rn. 8), geht jedoch im Übrigen auf vollen Wertausgleich (vgl. Meyer-Goßner/Schmitt/*Schmitt* StrEG § 7 Rn. 1 ff.). Daher ist auch die Einbuße voll auszugleichen, die dadurch entsteht, dass die Auflage wegen der Beschlagnahme nicht verkauft werden kann. Der zu ersetzende Vermögensschaden umfasst grundsätzlich auch den *entgangenen Gewinn* (vgl. Meyer-Goßner/Schmitt/*Schmitt* StrEG § 7 Rn. 3). Bei der Tagespresse gehört hierzu vor allem der Ausfall an Anzeigeneinnahmen. Zu ersetzen ist der Vermögensschaden, der durch den fehlerhaften Eingriff der Behörde *verursacht* wurde. Auf ein *Verschulden* der Justiz kommt es nicht an. Ein Mitverschulden des Anspruchsberechtigten ist zu berücksichtigen (vgl. BGH NJW 1988, 1141; Meyer-Goßner/Schmitt/*Schmitt* StrEG § 5 Rn. 7 ff.). 48

5. *Entschädigungspflichtig* ist das *Land,* bei dessen Gericht das Strafverfahren im ersten Rechtszug anhängig war (§ 15 Abs. 1 StrEG). 49

6. Über die *Verpflichtung zur Entschädigung* entscheidet das *Gericht* in dem Urteil oder dem Beschluss, der das Verfahren abschließt, *von Amts wegen* (§ 8 Abs. 1 S. 1 StrEG). Bei Einstellung des Verfahrens durch die Staatsanwaltschaft entscheidet das Amtsgericht an deren Sitz (§ 9 Abs. 1 S. 1 StrEG); in diesem Fall ist ein *Antrag* des Beschuldigten erforderlich (§ 9 Abs. 1 S. 3 StrEG). Hat das nach den genannten Vorschriften zuständige Gericht die Entschädigungspflicht der Staatskasse dem Grunde nach festgestellt, so muss der Berechtigte seinen Anspruch *innerhalb* von *sechs Monaten* bei der *Staatsanwaltschaft* geltend machen, die die Ermittlungen im ersten Rechtszug geführt hat (§ 10 Abs. 1 S. 1 StrEG). Die Frist beginnt mit der Zustellung einer entsprechenden Belehrung (§ 10 Abs. 1 S. 4 StrEG). Jedoch gilt gem. § 12 StrEG eine *absolute Ausschlussfrist* von einem Jahr. Über den Antrag entscheidet die Landesjustizverwaltung (§ 10 Abs. 2 S. 1 StrEG). 50

7. a) Neben den Ansprüchen aus § 2 Abs. 2 Ziff. 4 StrEG können dem durch eine fehlerhafte Presse-Beschlagnahme Geschädigten auch *Entschädigungsansprüche* aus *allgemeinen Rechtsvorschriften* zustehen. Hat die Behörde bei der Beschlagnahme-Anordnung schuldhaft und rechtswidrig gehandelt, so kommt ein *Amtshaftungsanspruch* gemäß Art. 34 GG/§ 839 BGB in Betracht. Die Ansprüche aus § 2 Abs. 2 Ziff. 4 StrEG und Art. 34 GG/§ 839 BGB haben verschiedene Rechtsgrundlagen. Sie sind nicht deckungsgleich und können selbständig nebeneinander geltend gemacht werden (vgl. → Rn. 43). 51

b) Darüber hinaus kann gerade bei beschlagnahmten Gegenständen (Druckwerken) ein *Schadensersatzanspruch* aus *öffentlich-rechtlicher Verwahrung* in Betracht kommen (§ 688 BGB). Ein öffentlich-rechtliches Verwahrungsverhältnis entsteht immer dann, wenn eine Behörde in Erfüllung ihrer amtlichen Aufgabe Gegenstände in Gewahrsam nimmt (vgl. BGHZ 3, 162; 5, 299). Während der öffentlich-rechtlichen Verwahrung eines beschlagnahmten Druckwerks hat die Behörde entsprechende Sorgfaltspflichten zu beachten, deren Verletzung Schadensersatzansprüche auslöst (vgl. BGHZ 5, 299). 52

c) Für die Schadensersatzansprüche aus Amtspflichtverletzung gemäß Art. 34 GG iVm § 839 BGB und aus öffentlich-rechtlichem Verwahrungsverhältnis gelten die allgemeinen Verfahrensvorschriften und nicht die besonderen Bestimmungen des StrEG. Insbesondere finden für diese Ansprüche die Ausschlussfristen der §§ 10 und 12 StrEG keine Anwendung. Es gelten vielmehr die *Verjährungsfristen* des *bürgerlichen Rechts,* die bei Schadensersatzansprüchen aus Amtspflichtverletzung gemäß § 195 BGB drei Jahre und bei Ansprüchen aus öffentlich-rechtlichem Verwahrungsvertrag nach dem Rechtsgedanken des § 195 BGB nunmehr ebenfalls drei Jahre betragen. Beide Ansprüche sind nach Grund und Höhe vor den ordentlichen Gerichten geltend zu machen. Die Ansprüche aus Amtshaftung und öffentlich-rechtlicher Verwahrung sind insbesondere für diejenigen von einer Presse-Beschlagnahme Betroffenen bedeutsam, gegen die nicht selbst ermittelt wird und die daher keine Ansprüche aus dem StrEG haben (vgl. → Rn. 47). 53

X. Die Durchsuchung im Pressebereich

54 1. Mit der Beschlagnahme kann im Pressebereich eine *Durchsuchung* von Redaktionsräumen, aber auch von Presseangehörigen Hand in Hand gehen. Die Durchsuchung ist eine in der StPO (§§ 102–111) geregelte, die Beschlagnahme teils vorbereitende, teils ergänzende behördliche Eingriffsmaßnahme, die der *Auffindung von Gegenständen* oder von Personen dient. Sie hat im Verhältnis zur Beschlagnahme *akzessorischen* Charakter, dh sie teilt grundsätzlich das rechtliche Schicksal der Beschlagnahme. Die Grenzen der Beschlagnahme sind auch die Grenzen der Durchsuchung (vgl. BVerfGE 20, 162 – Spiegel).

55 2. Im *Pressebereich* spielen zwei Arten von Durchsuchungen eine wichtige Rolle: Soweit die Durchsuchung die Sicherstellung von *Beweismaterial* als Grundlage für einen späteren Strafprozess bezweckt, unterliegt sie weitgehenden Beschränkungen, damit eine Umgehung des den Presse-Angehörigen zustehenden *Zeugnisverweigerungsrechts* unterbunden wird (vgl. → Kap. 30 Rn. 43 ff.). Unzulässig ist somit eine Durchsuchung, die alleine auf die Ermittlung eines Informanten gerichtet ist (vgl. BVerfG NJW 2007, 1117 (1120) – Cicero; Bott S. 262 ff.; OLG Dresden NJW 2007, 3511 (3512); vgl. → Kap. 58 Rn. 1). Ist jedoch das Ziel der Durchsuchung die Auffindung von *Druckwerken strafbaren Inhalts,* so dient sie der Vorbereitung bzw. Ergänzung der pressespezifischen Auflagen-Beschlagnahme.

56 3. a) Da die Zwangsmaßnahme der Durchsuchung gerade im Pressebereich einen schweren Eingriff in das Grundrecht der Pressefreiheit bedeutet, bleibt sie, auch bei Gefahr im Verzug, der *richterlichen Anordnung* vorbehalten, wenn es sich um die Durchsuchung von Räumen einer Redaktion, eines Verlages, einer Druckerei oder einer Rundfunkanstalt handelt. Die richterliche Bestätigung einer Durchsuchungsanordnung der Staatsanwaltschaft oder ihrer Ermittlungspersonen ist insoweit ausgeschlossen (§ 105 Abs. 1 iVm § 98 Abs. 1 S. 2 StPO; Meyer-Goßner/Schmitt/*Köhler* StPO § 105 Rn. 2b; Löffler/*Achenbach* LPG Vor §§ 13 ff. Rn. 32; auch → Kap. 30 Rn. 58). Der 2012 in das StGB eingefügte § 353b Abs. 3a StGB stellt Medienangehörige im Sinne von § 53 Abs. 1 S. 1 Nr. 5 StPO von einer Strafbarkeit wegen Beihilfe zur Verletzung eines Dienstgeheimnisses frei, wenn die Beihilfehandlung sich auf die Entgegennahme, Auswertung oder Veröffentlichung des Geheimnisses beschränkt. Im Anschluss an die bei der sog. „Cicero-Affäre" gemachten Erfahrungen sollten in Zukunft strafprozessuale Maßnahmen gegen Medienangehörige wie Durchsuchungs- und Telekommunikationsüberwachungen unterbleiben, wenn sie allein auf den Verdacht einer Beihilfe zum Geheimnisverrat durch Veröffentlichung gestützt sind (vgl. → Kap. 58 Rn. 1).

Zu unterscheiden von der Frage, wer die Durchsuchung anordnet, ist, wer sie *beantragen* darf. Dies ist im Regelfall die Staatsanwaltschaft (§ 162 Abs. 1 StPO). Darüber hinaus dürfen aber auch andere Behörden Anträge auf Ermittlungsmaßnahmen stellen. Zu nennen sind zB das Bundeskartellamt (vgl. → Kap. 87 Rn. 3) und die Europäische Kommission (vgl. AG Bonn NStZ 2003, 688; *Toepel* NStZ 2003, 631, der insbesondere der Frage nachgeht, inwiefern deutsche Gerichte befugt sind, die Anträge der Kommission auf ihre Rechtmäßigkeit hin zu überprüfen).

b) Auch bei Durchsuchungen ist stets der Grundsatz der Verhältnismäßigkeit zu beachten (vgl. LG Bremen NJW 1981, 592). Die Durchsuchungsanordnung bedarf der *Schriftlichkeit,* doch reicht bei Gefahr im Verzug die mündliche bzw. fernmündliche Anordnung des Richters aus (vgl. BGHSt 28, 57 (59); Löffler/*Achenbach* LPG Vor § 13 ff. Rn. 32). Es ist zulässig und üblich, die Durchsuchungsanordnung mit der Beschlagnahmeanordnung zu verbinden (vgl. Meyer-Goßner/Schmitt/*Köhler* StPO § 105 Rn. 7).

57 4. Damit gewährleistet ist, dass auch die Durchführung einer an sich zulässigen Durchsuchung mit der Verfassung und den Vorschriften der Strafprozessordnung in Einklang steht, muss die Anordnung *genügend bestimmt* sein. Der Richter hat die Pflicht, durch eine geeignete Formulierung des Durchsuchungsbeschlusses sicherzustellen, dass der Eingriff in Grundrechte kontrollierbar bleibt (vgl. LG Lüneburg JZ 1984, 343). Sofern eine genaue Bezeichnung des Beweismaterials, auf das sich die Durchsuchung richtet, nicht möglich ist, muss wenigstens annähernd oder in Form beispielhafter Angaben klargestellt werden, auf was sich die Durchsuchung erstrecken soll. Ein Durchsuchungsbefehl, der keinerlei tatsächliche Angaben über den Inhalt des Tatvorwurfs enthält, und der zudem weder die Art noch den Inhalt der Beweismittel, denen die Durch-

suchung gilt, erkennen lässt, ist mit rechtsstaatlichen Anforderungen nicht in Einklang zu bringen und daher unwirksam (vgl. BVerfG NStZ 2002, 212 (213); NJW 1994, 3281 f.; 1992, 551 f.; BVerfGE 42, 212 (221)). Während der Durchsuchung darf der Inhaber der zu durchsuchenden Räume der Amtshandlung beiwohnen (vgl. § 106 StPO). Nach der Durchsuchung ist dem Betroffenen auf Verlangen eine Bescheinigung über den Zweck und das Ergebnis der Durchsuchung sowie ggf. ein Beschlagnahmeverzeichnis auszustellen (vgl. § 107 StPO).

5. Eine Durchsuchung, die der Beschlagnahme bestimmter Gegenstände (zB beanstandeter **58** Druckwerke) dient, ist nur zulässig, wenn hinreichende Erfolgsaussicht besteht, dh wenn bereits *konkrete Tatsachen* vorliegen, aus denen zu schließen ist, dass sich die gesuchten Gegenstände auch wirklich in den zu durchsuchenden Räumen befinden (§ 103 Abs. 1 S. 1 StPO; vgl. BGHSt 28, 57 (59)). Doch genügt bei dem verdächtigen Täter oder Teilnehmer einer strafbaren Handlung (zB Verbreitung pornographischer Schriften) bereits die *Vermutung,* dass die Durchsuchung Erfolg haben werde (§ 102 StPO). Gegen unzulässige Durchsuchungs-Anordnungen ist die Beschwerde gegeben (§§ 304 ff. StPO; dazu *Fezer* Jura 1982, 18 (21)). Diese kann auch noch nach Vollzug der Durchsuchung gem. § 98 Abs. 2 S. 2 StPO analog eingelegt werden (vgl. BVerfG NJW 1998, 2131; BGH NStZ 2000, 46; *Brosius-Gersdorf* AfP 1998, 25). Dies gilt besonders im Falle tiefgreifender Grundrechtseingriffe, denn in diesen Fällen entfällt das Rechtsschutzbedürfnis nicht schon mit der Erledigung des Eingriffes (vgl. BVerfG NJW 2007, 1117 (1120 f.); AfP 2008, 172 (174), auch für den Fall der Telekommunikationsüberwachung).

XI. Abhörmaßnahmen und Überwachung der Telekommunikation

1. Im Gegensatz zu „offenen" Ermittlungsmaßnahmen wie Durchsuchung und Beschlagnahme **59** stehen den Strafverfolgungsbehörden auch *„verdeckte" Mittel* zur Verfügung (vgl. hierzu Rotsch S. 155 ff., 181 ff.; Rose S. 156 ff.). Diese hauptsächlich elektronischen Maßnahmen (wie etwa die Telefonkommunikationsüberwachung gem. § 100a StPO oder die Akustische Wohnraumüberwachung zum Abhören und Aufzeichnen des nichtöffentlich gesprochenen Wortes mittels technischer Mittel gem. § 100c StPO) zeichnen sich in der Regel dadurch aus, dass sie ohne Wissen des Betroffenen erfolgen. Sie werden in zunehmendem Maße zur Strafverfolgung angewandt, was teils begrüßt, teils als problematisch erachtet wird (vgl. *Gola/Klug* NJW 2003, 2420 (2425)).

2. *Abhörmaßnahmen* („Lauschangriff"; vgl. hierzu BVerfG NJW 2004, 999; *Haas* NJW 2004, **60** 3082) sind gem. § 100c Abs. 1 Nr. 1 StPO zulässig, wenn der Betroffene im Verdacht steht, eine in § 100a StPO genannte Straftat begangen zu haben, sowie die weiteren Voraussetzungen des § 100c Abs. 1 Nr. 2–4 StPO erfüllt sind. Hierzu gehören unter anderem die Staatsschutzdelikte (vgl. Kap. 50), Geld- und Wertpapierfälschung, die Verbreitung kinderpornographischen Materials (vgl. → Kap. 59 Rn. 13b), Delikte gegen die persönliche Freiheit, Kapitalverbrechen, Hehlerei und Geldwäsche. Die Maßnahmen dürfen sich nur gegen denjenigen richten, der der oben bezeichneten Taten beschuldigt wird. In Wohnungen Dritter darf nur unter besonderen Voraussetzungen abgehört werden (vgl. dazu im Einzelnen § 100c Abs. 2 StPO).

Bedingung für die vom Richter – in besonderen Fällen auch von der Staatsanwaltschaft – anzuordnenden (vgl. § 100e Abs. 1 StPO) Ermittlungshandlung ist stets, dass die Erforschung des Sachverhalts auf andere Weise zumindest wesentlich schwieriger wäre (vgl. Rotsch S. 181 ff.).

Noch tiefer in die Rechte des Betroffenen greift die akustische Überwachung *von Wohnungen* ein (vgl. dazu im Einzelnen Rotsch S. 194 ff.). Aus diesem Grunde findet sich in § 100c StPO eine eigene Regelung für das Abhören und Aufzeichnen des in Wohnungen nichtöffentlich gesprochenen Wortes. Diese schränkt die Zulässigkeit noch stärker ein, indem nur besonders schwere Straftaten zur Rechtfertigung genügen (zu den dennoch bestehenden Bedenken hinsichtlich der Verfassungsmäßigkeit vgl. BVerfG NJW 2004, 999 (1010 f.)). Zudem ist lediglich eine bestimmte Strafkammer des Landgerichtes (Staatsschutzkammer, vgl. § 74a GVG) zur Anordnung befugt (§ 100e Abs. 2 StPO). Schließlich bestimmt § 100d Abs. 5 StPO, dass die Wohnungsüberwachung von gem. § 53 Abs. 1 StPO zur Zeugnisverweigerung Berechtigten, zu denen auch Presseangehörige zählen, unzulässig ist. Das Abhören dieser Personen im Übrigen (§ 100c Abs. 2 StPO) und das Verwerten daraus gewonnener Erkenntnisse (§ 100d Abs. 5 S. 2

StPO) ist allerdings – bei Vorliegen der normierten Voraussetzungen – erlaubt. Der unantastbare Kernbereich privater Lebensgestaltung ist zu respektieren ist (vgl. BVerfG NJW 2004, 999 (1002)). Nach § 100d Abs. 1 StPO darf das nichtöffentlich gesprochene Wort in Wohnungen nicht abgehört werden, wenn dieses dem Kernbereich der privaten Lebensgestaltung zuzurechnen sei und es keinen unmittelbaren Bezug zu Straftaten aufweise. So gehört zum Beispiel das Gespräch mit einem Seelsorger, nicht aber eine Aussprache mit einem Presseangehörigen zum unantastbaren Kernbereich (vgl. BVerfG NJW 2004, 999 (1004)). Liegen tatsächliche Anhaltspunkte für die Annahme vor, dass im Rahmen einer Wohnraumüberwachung allein Erkenntnisse aus diesem Bereich erlangt werden, ist die Maßnahme nach § 100d Abs. 1 StPO unzulässig. Erkenntnisse aus dem Kernbereich privater Lebensgestaltung dürfen nach § 100d Abs. 2 S. 1 StPO nicht verwertet werden. Erfolgte Aufzeichnungen über solche Erkenntnisse sind nach § 100d Abs. 2 S. 2 StPO unverzüglich zu löschen. Beides ist gemäß § 100d Abs. 2 S. 3 StPO zu dokumentieren.

61 3. a) Weitere Mittel der elektronischen Überwachung sind die Überwachung und Aufzeichnung der *Telekommunikation* sowie die *Online-Durchsuchung* (§§ 100a, 100b StPO). Sie sind nur zulässig, wenn der Betreffende im Verdacht steht, eine der in §§ 100a Abs. 2 bzw. 100b Abs. 2 StPO aufgeführten Taten begangen zu haben oder sie zu begehen versucht.

Des Weiteren muss sie *unentbehrlich* sein. Das ist der Fall, wenn der Sachverhalt anderenfalls gar nicht oder nur wesentlich erschwert aufgeklärt werden könnte (Subsidiaritätsgrundsatz). Die Überwachung und Aufzeichnung der Telekommunikation sowie die Online-Durchsuchung darf nur auf Grund einer Anordnung durch einen Richter erfolgen. Ist allerdings Gefahr im Verzuge, so ist hierzu auch die Staatsanwaltschaft befugt, § 100e Abs. 1 StPO. Die Anordnung muss schriftlich erteilt werden und inhaltlich bestimmt sein, § 100e Abs. 2. Die Telekommunikationsüberwachung ist gemäß § 100e Abs. 1 StPO ist auf drei Monate mit Verlängerungsmöglichkeit um jeweils nicht mehr als drei Monate beschränkt. Die Online-Durchsuchung sowie die Akustische Wohnraumüberwachung sind nach § 100e Abs. 2 StPO auf einen Monat mit Verlängerungsmöglichkeit um jeweils nicht mehr als einen Monat beschränkt (allgemein zu den Bedingungen der Telefonüberwachung BGH NStZ 2003, 499; Rotsch S. 155 ff.).

62 Unter dem Begriff *„Telekommunikation"* ist der technische Vorgang des Aussendens, Übermittelns und Empfangens von Nachrichten jeglicher Art in der Form von Zeichen, Sprache, Bildern oder Tönen mittels technischer Einrichtungen oder Systeme, die als Nachrichten identifizierbare elektromagnetische oder optische Signale senden, übertragen, vermitteln, empfangen, steuern oder kontrollieren können, zu verstehen (vgl. Meyer-Goßner/Schmitt/*Köhler* StPO § 100a Rn. 6). Hierunter fallen zunächst gewöhnliche *Telefongespräche.* Ebenfalls gem. § 100a StPO zulässig ist die Verwertung von Raumgesprächen, die dadurch ermöglicht werden, dass der Beschuldigte eine von ihm hergestellte Telekommunikationsverbindung nicht ordnungsgemäß beendete und diese damit ohne sein Wissen fortbesteht (vgl. BGH NStZ 2003, 668). Weiter unterliegt der Zugriff auf beim Provider *in Mailboxen gespeicherten E-Mails* sowie die Internet-Telefonie ebenfalls den Regelungen der § 100a StPO, da es sich hierbei um eine Überwachung des Fernmeldeverkehrs handelt. Dagegen können nach § 94 StPO die auf dem Mailserver des Providers gespeicherten Mails sichergestellt und beschlagnahmt werden (vgl. Meyer-Goßner/Schmitt/*Köhler* StPO § 100a Rn. 6b ff.; Karlsruher Kommentar zur StPO/*Bruns* StPO § 100a Rn. 4 ff.).

63 b) Einen weiteren Eingriff in das Fernmeldegeheimnis (Art. 10 GG) stellt das *Erfassen der Verkehrsdaten* von Telekommunikationsvorgängen dar. Denn Art. 10 GG schützt nicht nur den Kommunikationsinhalt, sondern auch die näheren Umstände der Kommunikation selbst („wer telefoniert mit wem wann von welchem Ort aus?"). Die Zulässigkeit solcher Maßnahmen bestimmt sich nach § 100g StPO (vor dem 1.1.2002 ausschließlich nach § 12 FAG). Mit dem Gesetz zur Einführung einer Speicherpflicht und einer Höchstspeicherfrist für Verkehrsdaten vom 10.12.2015 (BGBl. I S. 2218) wurde § 100g StPO neu gefasst. Nach dem neuen § 100g Abs. 4 StPO ist nunmehr die Erhebung von Verkehrsdaten, die sich gegen eine zur Zeugnisverweigerung nach § 53 Abs. 1 S. 1 Nr. 1–5 StPO berechtigte Person richtet und die voraussichtliche Erkenntnisse erbringen würde, über die diese das Zeugnis verweigern dürfte, unzulässig. Dennoch erlangte Erkenntnisse dürfen nicht verwendet werden. Aufzeichnungen hierüber sind zu löschen. Beide Tatsachen sind aktenkundig zu machen. Damit dürfte den Anforderungen des

Grundrechts der Pressefreiheit diesbezüglich ausreichend Genüge getan worden sein (vgl. Meyer-Goßner/Schmitt/*Köhler* StPO § 100g Rn. 40 ff.; *Soehring/Hoene* Rn. 8.7).

c) Den eben dargestellten Maßnahmen ist gemeinsam, dass sie nur zulässig sind, wenn gegen- **64**
über dem Betroffenen der Verdacht besteht, dass er eine Straftat begangen hat. Es handelt sich somit um *repressive* (ahndende) Maßnahmen. Hiervon zu unterscheiden sind Handlungen, die der Verhütung von Straftaten dienen, sog. *präventive* Maßnahmen. Diese obliegen nicht der Staatsanwaltschaft, sondern den Polizeibehörden. So hat das Bundeskriminalamt gemäß § 5 BKAG die Aufgabe der Abwehr von Gefahren des internationalen Terrorismus und dafür unter anderem Befugnisse zum Eingriff in die Unverletzlichkeit der Wohnung (§ 46h BKAG), zum verdeckten Eingriff in informationstechnische Systeme (§ 49k BKAG), zur Erhebung von Telekommunikationsverkehrsdaten und Nutzungsdaten (§ 52 BKAG), zur Durchsuchung von Personen und Sachen (§§ 58, 61 BKAG), zur Identifizierung und Lokalisierung von Mobilfunkkarten und -endgeräten (§ 53 BKAG) sowie zur Elektronischen Aufenthaltsüberwachung (§ 56 BKAG). Im Kontext des Inkrafttretens der DSGVO wurde durch das Gesetz zur Neustrukturierung des BKAG vom 1.6.2017 (BGBl. I S. 1354) mit Wirkung ab dem 25.5.2018 mit dem neuen § 41 Abs. 3 BKAG auch eine § 100g Abs. 4 StPO entsprechende Bereichsausnahme für Medienangehörige eingefügt (vgl. *Soehring/Hoene* Rn. 8.8).

4. Eine weitere kommunikationsbezogene verdeckte Maßnahme ist die verdeckte Ermittlung **65**
im Internet. Ihre Zulässigkeit bestimmt sich nach § 110d StPO und spielt vor allem im Zusammenhang mit Ermittlungen zur Verfolgung der Kinderpornographie im Internet eine Rolle (vgl. → Kap. 59 Rn. 10a f.; *Soiné* NStZ 2003, 225).

32. Kapitel. Der Gerichtsstand für Presse und Rundfunk im Straf- und Zivilprozess und bei der Gegendarstellung

I. Der Gerichtsstand im Strafprozess (§ 7 StPO)

1. Da die Presse, insbesondere die „elektronische Presse" nach § 19 Abs. 1 MStV (vgl. Spindler/ **1**
Schuster/*Smid* RStV § 54 Rn. 6) bei ihrer meist großen Reichweite häufig die nationalen Grenzen zu überschreiten pflegt, kommt der Frage besondere Bedeutung zu, welches Gericht *örtlich zuständig* ist, wenn es sich um ein die Presse betreffendes Strafverfahren handelt. Die praktische Bedeutung des Problems ergibt sich aus der Tatsache, dass nicht alle Gerichte der Tätigkeit der Presse mit dem gleichen Verständnis begegnen.

2. Generell ist nach § 7 Abs. 1 StPO für Strafverfahren „der Gerichtsstand bei *dem* Gericht **2**
begründet, in dessen Bezirk die Straftat begangen ist". Begangen ist eine Straftat nach § 9 Abs. 1 StGB an jedem Ort, an dem der Täter *gehandelt* hat oder an dem der zum Tatbestand (zB Verleumdung) gehörende *Erfolg* (Ehrverletzung) eingetreten ist. Die daraus resultierende Benachteiligung der Presse liegt bei dieser Regelung auf der Hand: Bei einer weit verbreiteten Zeitung oder Zeitschrift sowie allen Telemedien mit journalistisch-redaktionell gestalteten Angeboten gemäß § 19 Abs. 1 MStV könnte sich die Staatsanwaltschaft jeweils *das* Gericht heraussuchen, bei dem sie sich für ihre Anklage Erfolg versprechen darf. Da solche Methoden schon im deutschen Kaiserreich praktiziert wurden, gelang es der Presse bereits 1902, die Beseitigung dieses misslichen *„fliegenden Gerichtsstandes"* durch Einfügung eines ihren Belangen Rechnung tragenden § 7 Abs. 2 StPO durchzusetzen (vgl. Löffler/*Kühl* LPG Vor §§ 20 ff. Rn. 15).

3. Nach dem *Gerichtsstand-Privileg* des § 7 Abs. 2 StPO tritt für die Presse an die Stelle **3**
zahlreicher möglicher „Tatorte" der *Erscheinungsort* des beanstandeten Druckwerks sowie für den Rundfunk nach nunmehr herrschender Meinung zutreffend der Ausstrahlungsort. Als Erscheinungsort ist der Ort anzusehen, wo die Druckschrift nach dem Willen des Druckers, Herausgebers oder Verlegers an die Öffentlichkeit gelangt (vgl. BGHSt 13, 257). Vergleichbares gilt aus den für den Anbieter journalistisch-redaktionell gestalteter Telemedien (vgl. LG Landshut NStZ-RR 1999, 367 f.; AG Würzburg NStZ 1990, 199 ff. mAnm *Kusch;* Löffler/*Kühl* LPG Vor §§ 20 ff. Rn. 16 f.; Karlsruher Kommentar zur StPO/*Scheuten* StPO § 7 Rn. 8; Meyer-Goßner/Schmitt/*Schmitt* StPO § 7 Rn. 7; Götting/Schertz/Seitz/*Krause/Himmelreich* § 23 Rn. 10). Doch kommt dieses Privileg nach der ausdrücklichen Bestimmung des § 7 Abs. 2

StPO nur bei den sog. *Presse-Inhaltsdelikten* zum Zug. Bei ihnen beruht der Gesetzesverstoß auf dem *Inhalt* des veröffentlichten oder verbreiteten Druckwerks bzw. dem geistigen Inhalt der Sendung oder des Telemedienangebots (vgl. Löffler/*Kühl* LPG Vor §§ 20 ff. Rn. 16 f.). Der Gerichtsstand des Erscheinungsorts findet keine Anwendung, wenn sich für die Druckschrift kein Erscheinungsort feststellen lässt (vgl. BGH NStZ 1997, 447). In diesem Fall bleibt es bei der Geltung des allgemeinen Gerichtsstands des Tatorts nach § 7 Abs. 1 StPO (vgl. BGH NJW 1997, 2828; Karlsruher Kommentar zur StPO/*Scheuten* StPO § 7 Rn. 46 Meyer-Goßner/Schmitt/*Schmitt* StPO § 7 Rn. 7). Wird eine Rundfunksendung an mehreren Orten ausgestrahlt, ist der der Sitz der Verwaltung der sendenden Rundfunkanstalt der Ausstrahlungsort (vgl. AG Würzburg NStZ 1990, 199 ff. mAnm *Kusch;* Löffler/*Kühl* LPG Vor §§ 20 ff. Rn. 17).

4 4. Das Privileg des § 7 Abs. 2 StPO gilt nur für Druckwerke, die im *Inland* erschienen sind (vgl. BGHSt 5, 364). § 7 Abs. 2 StPO beseitigt den fliegenden Gerichtsstand auch nur hinsichtlich der strafverfolgten *Personen*. Bei den Presse-Erzeugnissen selbst, dh bei den Druckwerken gilt der fliegende Gerichtsstand nach wie vor: Sie können nicht nur am Erscheinungsort, sondern an jedem Verbreitungsort *beschlagnahmt* werden (vgl. Karlsruher Kommentar zur StPO/*Scheuten* StPO § 7 Rn. 4; Meyer-Goßner/Schmitt/*Schmitt* StPO § 7 Rn. 7; vgl. → Kap. 31 Rn. 11c). Verbreitungsort ist dabei jeder Ort, an dem das Druckwerk einem größeren Personenkreis gegenständlich zugänglich gemacht wird (vgl. *Groß* AfP 1998, 358 (364 f.)). Bei weit verbreiteten Presse-Organen ist die *Gefahr widersprechender Entscheidungen* gegeben. Trotz intensiver Bemühungen der Presse ist es bisher nicht gelungen, diesen bedauerlichen presserechtlichen Missstand zu beheben (vgl. Löffler/*Achenbach* LPG § 13 Rn. 24).

5 5. Da § 7 Abs. 2 StPO ausschließlich den Zweck verfolgt, die Benachteiligung der Presse durch den fliegenden Gerichtsstand zu verhindern, werden die sonstigen, auf anderen Kriterien beruhenden Gerichtsstände, wie zB der Wohnsitz des Angeschuldigten (§ 8 StPO) dadurch nicht berührt (vgl. *Groß* AfP 1998, 358 (364)).

6 6. Für eine Privatklage wegen Beleidigung nach den §§ 185–187a, 189 StGB ist nach § 7 Abs. 2 S. 2 StPO zusätzlich auch das Gericht des Wohnsitzes der beleidigten Person zuständig, wenn die Druckschrift in dessen Bezirk verbreitet worden bzw. die Rundfunksendung oder das journalistisch-redaktionell gestaltete Telemedienangebot empfangbar ist. Sofern die Privatklage dort erhoben wurde, ist sie bei Übernahme durch die Staatsanwaltschaft nach § 377 Abs. 2 StPO auch an diesem Gericht fortzusetzen (vgl. Karlsruher Kommentar zur StPO/*Scheuten* StPO § 7 Rn. 9; Meyer-Goßner/Schmitt/*Schmitt* StPO § 7 Rn. 11).

II. Der Gerichtsstand im Zivilprozess

7 Im Zivilprozess findet das strafrechtliche Gerichtsstand-Privileg der Presse mit der Konzentration auf den Erscheinungsort der Druckschrift (§ 7 Abs. 2 S. 1 StPO) keine Anwendung. Soweit es sich um Ansprüche von und gegen Presseverlage aus *zivilrechtlichen Verträgen* handelt, gelten die allgemeinen Gerichtsstands-Bestimmungen (§§ 12 ff. ZPO). Für Klagen aus *unerlaubter Handlung* ist nach § 32 ZPO das Gericht zuständig, in dessen Bezirk die Handlung begangen wurde. Der Verletzte kann den Täter also nicht nur an dessen Wohnsitz (§ 13 ZPO) bzw. seiner gewerblichen Niederlassung (§§ 17, 21 ZPO) belangen, sondern auch überall dort, wo die unerlaubte Handlung begangen wurde (Gerichtsstand des *Begehungsorts*). Bei unerlaubten Handlungen der Presse (zB Kreditgefährdung gemäß § 824 BGB) sind demnach alle Gerichte erster Instanz örtlich zuständig, in deren Bezirk das Druckwerk erschien oder Exemplare der Druckschrift mit dem beanstandeten Inhalt bestimmungsgemäss verbreitet worden sind bzw. die Rundfunksendung unter normalen Bedingungen empfangen wurde (vgl. BGH GRUR 1971, 153; NJW 1977, 1590; *Soehring/Hoene* Rn. 30.25 ff.; Wenzel/*Burkhardt* Kap. 12 Rn. 120 ff.; Zöller/*Schultzky* ZPO § 32 Rn. 20.13; Jürgens NJW 2020, 1846). Dies gilt auch für Online-Veröffentlichungen allerdings mit der einschränkenden Maßgabe, dass die bloße Abrufbarkeit der Onlineveröffentlichung zur Begründung eines Begehungsortes iSd § 32 ZPO nicht ausreicht. Hinzukommen muss vielmehr, dass die als rechtsverletzend beanstandete Onlineveröffentlichung einen deutlichen Bezug zu dem Ort des angerufenen Gerichts aufweist, eine Persönlichkeitsrechtsverletzung nach den Umständen des konkreten Falls also tatsächlich bereits eingetreten sein kann oder noch eintreten kann. Dafür sind nach den Umständen des konkreten Falls Anhaltspunkte

dafür erforderlich, dass eine Persönlichkeitsrechtsverletzung durch die Onlineveröffentlichung gerade an dem betreffenden Gerichtsort eintreten würde (vgl. OLG Frankfurt a. M. AfP 2011, 278 (280 f.); AG Frankfurt a. M. ZUM-RD 2012, 165 f.; MMR 2009, 490 ff.; LG Krefeld ZUM-RD 2007, 599; AG Tempelhof-Kreuzberg BeckRS 2012, 18507; *Soehring/Hoene* Rn. 30.26 Wenzel/*Burkhardt* Kap. 12. Rn. 123).

Ab dem 1.1.2021 sind nach dem Gesetz zur Regelung der Wertgrenze für die Nichtzulassungsbeschwerde in Zivilsachen, zum Ausbau der Spezialisierung bei den Gerichten sowie zur Änderung weiterer prozessrechtlicher Vorschriften v. 12.12.2019 (BGBl. I S. 2633) bei den Landgerichten und Oberlandesgerichten gemäß §§ 72a Abs. 2, 119a Abs. 2 GVG nF Spezialspruchkörper für Veröffentlichungsstreitigkeiten einzurichten. Veröffentlichungsstreitigkeiten sind Streitigkeiten aus Veröffentlichungen durch Druckerzeugnisse, Bild- und Tonträger jeder Art, insbesondere Presse, Rundfunk, Film und Fernsehen. Dazu gehören presserechtliche Gegendarstellungsansprüche sowie Ansprüche aus Vereinbarungen im presserechtlichen Kontext wie zB Honoraransprüche (vgl. *Fölsch* NJW 2020, 801 (802); *Jürgens* NJW 2020, 1846 (1847 f.)). **7a**

Für über das Internet verbreitete Meldungen aus Ländern der Europäischen Union richtet sich die internationale und örtliche Zuständigkeit deutscher Gerichte nach Art. 7 Nr. 2 EuGVVO (auch Brüssel Ia-VO genannt; vgl. Thomas/Putzo/*Hüßstege* EuGVVO Vorb. Rn. 1). Nach Art. 7 Nr. 2 EuGVVO kann eine Person, die ihren Wohnsitz im Hoheitsgebiet eines Mitgliedsstaats hat, in einem anderen Mitgliedstaat verklagt werden, wenn eine unerlaubte Handlung oder eine Handlung, die einer unerlaubten Handlung gleichgestellt ist, vor dem Gericht des Ortes, an dem das schädigende Ereignis eingetreten ist oder einzutreten droht. Zur Prüfung der internationalen Zuständigkeit ist die schlüssige Darlegung erforderlich, dass eine unerlaubte Handlung vorliegt und im Inland begangen wurde. Es muss stets ein ursächlicher Zusammenhang zwischen der behaupteten Persönlichkeitsrechtsverletzung und dem zugrunde liegenden Ereignis feststellbar sein (vgl. Thomas/Putzo/*Hüßstege* EuGVVO Art. 7 Rn. 16). Die bloße Behauptung einer Betroffenheit durch einen über das Internet in einer anderen Sprache verbreiteten Zeitungsbeitrag ohne konkrete Darlegung der Umstände der Kenntnisnahme und der tatsächlichen Wahrnehmung des Beitrags reicht dafür nicht aus (vgl. BerufungsG Warschau NJ 2020, 29 (30)). **7b**

Die internationale Zuständigkeit der deutschen Gerichte zur Entscheidung über Klagen wegen Persönlichkeitsrechtsverletzungen durch im Internet abrufbare Veröffentlichungen aus dem außereuropäischen Ausland besteht, wenn ein objektiv deutlicher Inlandsbezug der beanstandeten Internetinhalte besteht. Voraussetzung dafür ist, dass die Interessenkollision zwischen Persönlichkeitsrecht und Berichterstattungsfreiheit im Inland tatsächlich eingetreten sein kann oder eintreten kann. Es müssen konkrete Umstände dafür vorliegen, dass die Inhalte im Inland abgerufen werden und die Persönlichkeitsrechtsverletzung im Inland eintritt (vgl. BGH NJW 2010, 1752 – New York Times; LG Berlin ZUM-RD 2011, 412 ff.). Zu diesen gehören vor allem der mutmaßliche Adressatenkreis der Internetveröffentlichung, der sich insbesondere in der verwendeten Sprache und der Auswahl der veröffentlichten Inhalte zeigt (vgl. BGH AfP 2011, 265 (267); *Soehring/Hoene* Rn. 30.29 f.). **7c**

III. Der Gerichtsstand im Recht der Gegendarstellung

Bezüglich des Abdrucks einer Gegendarstellung können Presse, Rundfunk sowie journalistisch-redaktionell gestaltete Telemedien gerichtlich nur im sog. *allgemeinen Gerichtsstand* belangt werden kann. In Betracht kommt hier sowohl der Sitz des Medienunternehmens (§ 17 ZPO) wie auch der Wohnsitz (§ 13 ZPO) der zum Abdruck einer ordnungsgemäßen Gegendarstellung nach § 11 LPG Verpflichteten: des Verlegers und des verantwortlichen Redakteurs (vgl. Löffler/*Sedelmeier* LPG § 11 Rn. 192 ff.; *Seitz* S. 214 ff.; siehe Kap. 28 Rn. 4 f.). Der besondere Gerichtsstand der unerlaubten Handlung (§ 32 ZPO) kommt im Recht der Gegendarstellung nicht in Betracht (vgl. *Seitz* S. 19). **8**

33. Kapitel. Interlokales und internationales Kollisionsrecht

1 Die Verbreitung von Presse-Erzeugnissen erfolgt in der Regel über lokale und häufig auch über nationale Grenzen hinweg. Deshalb taucht angesichts der Verschiedenheit des Presserechts sowohl innerhalb der Bundesrepublik wie im Verhältnis zum Ausland nicht selten die Frage auf, welches Recht der Richter bei grenzüberschreitenden Pressefällen anzuwenden hat. Zur Lösung dieses Problems sind die Normen des interlokalen und des internationalen Kollisionsrechts heranzuziehen.

I. Interlokales Kollisionsrecht

2 1. Da auf dem Gebiet der Bundesrepublik 16 verschiedene Landespressegesetze gelten, spielt das interlokale Kollisionsrecht gerade hier eine wichtige Rolle. Dabei handelt es sich nicht um die oben (Kap. 32) erörterte Frage, welches örtliche Gericht für die Erledigung eines bestimmten Pressefalls zuständig ist, sondern um das Problem, welches von mehreren in Betracht kommenden Landespressegesetzen vom örtlich zuständigen Richter angewendet werden muss, wenn etwa bei einem Pressedelikt das Recht des Gerichtsorts (Stuttgart), des Tatorts (München) und des Erscheinungsorts (Hamburg) auseinander fallen. Im Gegensatz zur eingehenden gesetzlichen Regelung des internationalen Kollisionsrechts (vgl. → Rn. 4 ff.) fehlt eine solche beim interlokalen Kollisionsrecht. Es gelten die allgemeinen strafrechtlichen Grundsätze, ergänzt durch Gewohnheitsrecht, wobei das interlokale Kollisionsrecht seine eigenen Regeln entwickelt hat (vgl. BGHSt 7, 53 (55); *Fischer* StGB Vor §§ 3–7 Rn. 24 ff.).

3 2. Maßgebend ist im interlokalen Kollisionsrecht nach herrschender Meinung das Recht des *Tatorts* (vgl. BGHSt 7, 53 (55); 27, 5 ff.; Fischer StGB Vor §§ 3–7 Rn. 25). Darauf, ob das fragliche Pressedelikt am Gerichtsort (meist der Erscheinungsort, vgl. § 7 Abs. 2 StPO; → Kap. 32 Rn. 3) strafbar ist, kommt es nicht an. Soweit es um Landesrecht geht, ist jedoch das mildere Recht des Gerichtsortes maßgebend (vgl. *Fischer* StGB Vor §§ 3–7 Rn. 25; aA Schönke/Schröder/*Eser/Weißer* StGB Vor §§ 3–9 Rn. 78; differenziert Löffler/*Kühl* LPG Vor §§ 20 ff. Rn. 21, der das mildere Strafgesetz dann berücksichtigen will, wenn sich das strafbare Verhalten in seinem Geltungsbereich „maßgeblich abgespielt hat"). Kommen bei einer weiten Verbreitung von Medien-Erzeugnissen im Einzelfall mehrere Tatorte in Frage, soll nach herrschender Auffassung die strengste Rechtsordnung, gegen die verstoßen wurde, Anwendung finden (vgl. BGH NJW 1975, 1610; Schönke/Schröder/*Eser/Weißer* StGB Vor §§ 3–9 Rn. 78; *Fischer* StGB Vor §§ 3–7 Rn. 26). Das Tatortprinzip ist auch bei *Ordnungswidrigkeiten* maßgebend (vgl. Göhler/*Gürtler* OWiG § 5 Rn. 13). Eine Besonderheit gilt hinsichtlich der *Verjährung* von Presse-Straftaten (§ 24 LPG). Folgt man der Auffassung, dass es sich hier um ein prozessuales Verfahrenshindernis handelt, kommt das am Gerichtsort geltende Verjährungsrecht zum Zug. Geht man hingegen davon aus, dass die Verjährung den Strafanspruch erlöschen lässt, ist auch das Tatortrecht zu berücksichtigen (vgl. dazu *Fischer* StGB Vor §§ 3–7 Rn. 27; Löffler/*Kühl* LPG Vor §§ 20 ff. Rn. 21).

II. Internationales Kollisionsrecht

4 1. Auch hier erhebt sich angesichts der grenzüberschreitenden Medienverbreitung nicht selten das Problem, welches Recht zur Anwendung kommt, wenn etwa Tatort Zürich und Gerichtsort München ist. Das internationale Kollisionsrecht ist in den §§ 3–7 StGB detailliert gesetzlich geregelt. Nach § 3 StGB gilt das sog. *Territorialitätsprinzip,* wonach das deutsche Strafrecht grundsätzlich nur auf die im *Inland* begangenen Straftaten Anwendung findet. Dabei ist es gleichgültig, ob es sich bei den Tätern um In- oder Ausländer handelt.

5 2. Die dem Territorialitätsprinzip entsprechende Beschränkung des deutschen Strafrechts auf Inlands-Straftaten kennt zwei für die hier angesprochene Thematik wichtige *Ausnahmebereiche:*

6 a) Nach § 5 StGB erstreckt sich das deutsche Strafrecht auch auf solche im Ausland begangenen Delikte, bei denen wichtige inländische Rechtsgüter verletzt werden. Dazu gehören ua die

Landesverratsdelikte einschließlich des – für die Presse in Frage kommenden – Delikts des Offenbarens von Staatsgeheimnissen (§ 95 StGB), ferner der Friedens- und Hochverrat (§§ 80–83 StGB), die Gefährdung des demokratischen Rechtsstaats in den in § 5 StGB bezeichneten Fällen, aber auch die Verletzung von Betriebs- oder Geschäftsgeheimnissen und die politische Verdächtigung deutscher Bürger (vgl. BGH JZ 1984, 946 ff.; Löffler/*Kühl* LPG Vor §§ 20 ff. Rn. 27).

b) Eine weitere Ausnahme vom Territorialitätsprinzip enthält § 6 StGB, der im Interesse international geschützter Rechtsgüter das sog. *Weltrechtsprinzip* statuiert. Dazu gehören ua das Verbot der Verbreitung pornographischer Schriften im Sinn der (§§ 184a Abs. 1, 184b Abs. 1 und 2, 184c Abs. 1 und 2 StGB (vgl. → Kap. 59 Rn. 14 ff.) und der Subventionsbetrug (§ 264 StGB). In diesen Fällen erstreckt sich das deutsche Strafrecht auch auf die im Ausland begangenen Delikte. 7

3. Auf dem Gebiet des *Zivilrechts* sind die Normen des *deutschen* Internationalen Privatrechts (IPR) für die Frage maßgeblich, ob im konkreten Fall deutsches oder ausländisches Recht Anwendung findet (Art. 3–46 EGBGB; vgl. Palandt/*Thorn* EGBGB Einl. vor Art. 3). Hinsichtlich des *Deliktsstatus,* nach dem auch Ansprüche aus der Verletzung des *allgemeinen Persönlichkeitsrechts* zu beurteilen sind (vgl. OLG Oldenburg NJW 1989, 400), ist die gesetzliche Regelung jedoch lückenhaft. Art. 40 EGBGB enthält eigentlich nur eine Begrenzung der deliktischen Haftung deutscher Staatsangehöriger bei im Ausland begangenen unerlaubten Handlungen. Die Vorschrift trägt damit unausgesprochen dem allgemeinen Grundsatz Rechnung, wonach sich die Rechtsfolgen eines Delikts aus dem *Recht des Tatorts* ergeben (vgl. Palandt/*Thorn* EGBGB Art. 40 Rn. 1). Tatort sind dabei sowohl der *Handlungsort* als auch der Ort, an dem der tatbestandliche Erfolg eintritt *(Erfolgsort)* (vgl. Palandt/*Thorn* EGBGB Art. 40 Rn. 4). Liegen diese Orte in unterschiedlichen Staaten (Distanzdelikt), so entscheidet nach Art. 40 Abs. 1 S. 1 EGBGB primär das Recht des Handlungsorts, an welchem die für den Eintritt der Rechtsgutsverletzung maßgebende Ursache gesetzt wurde (vgl. Palandt/*Thorn* EGBGB Art. 40 Rn. 4). Nach Art. 40 Abs. 2 S. 2 EGBGB kann der Verletzte bei grenzüberschreitenden Delikten an Stelle des Rechts des Handlungsorts auch die Anwendung des Rechts des Erfolgsorts verlangen. Dieses Recht kann nach Art. 40 Abs. 1 S. 3 EGBGB nur bis zum Ende des frühen ersten Termins oder dem Ende des schriftlichen Vorverfahrens ausgeübt werden (vgl. Palandt/*Thorn* EGBGB Art. 40 Rn. 5). Bei Mediendelikten ist regelmäßig der Erscheinungsort bzw. Ausstrahlungsort der Handlungsort. Für den Erfolgsort ist bei journalistisch-redaktionellen Telemedien ein über die bloße Abrufbarkeit hinausgehender Inlandsbezug erforderlich, der eine Persönlichkeitsverletzung nahelegt (vgl. Palandt/*Thorn* EGBGB Art. 40 Rn. 10 mwN). 8

In den Ländern der Europäischen Union richtet sich der Gerichtsstand nach Art. 7 Nr. 2 EuGVVO (Brüssel Ia-VO). Nach Art. 68 EuGVVO tritt die EuGVVO vollumfänglich an Stelle des EuGVÜ vor. Die zeitliche Geltung der EuGVVO bestimmt sich nach Art. 66, die sachliche nach Art. 1 und die räumliche nach Art. 2 S. 2 AEUV (vgl. zu Art. 7 Nr. 2 EuGVVO → Kap. 32 Rn. 7b).

4. Im Hinblick auf die sich mehrenden staatsübergreifenden Delikte (sog. Multi-Staats-Fälle) stellte sich zunehmend die Frage nach einer *EU-einheitlichen* Regelung. Denn die einzelnen Rechtsordnungen der Mitgliedsstaaten unterscheiden sich nicht nur durch ihre jeweiligen Regelungen zum IPR, sondern auch hinsichtlich der Rechtsfolgen, wenn einmal die Anwendbarkeit des betreffenden nationalen Rechts auf Grund des IPR bejaht wurde. Hieraus resultiert eine nicht zu unterschätzende Rechtsunsicherheit. 9

Aus diesem Grund regelt die Rom II-VO (Verordnung EG Nr. 864/2007 des Europäischen Parlaments und des Rates vom 11.7.2007) das auf außervertragliche Schuldverhältnisse anzuwendende Recht. Nach Art. 4 Abs. 1 Rom II-VO ist in Fällen unerlaubter Handlung nunmehr alleine die Rechtsordnung des Staates anzuwenden ist, in dem der Schaden eingetreten ist. Auf den Handlungsort hingegen kommt es nicht mehr an (vgl. Spindler/Schuster/*Bach* Rom II Art. 4 Rn. 1; ferner *Schmittmann* AfP 2003, 121 ff.). Gemäß Art. 1 Abs. 2 g) Rom II-VO sind allerdings außervertragliche Schuldverhältnisse aus der Verletzung der Privatsphäre oder der Persönlichkeitsrechte einschließlich der Verleumdung vom Anwendungsbereich der Rom II-Verordnung ausgenommen. Diese folgen kollisionsrechtlich unverändert Art. 40–42 EGBGB (vgl. Spindler/Schuster/*Bach* EGBGB Art. 40 Rn. 1 ff.).

10 Trotzdem ergangene Gerichtsentscheidungen anderer Mitgliedsstaaten der Europäischen Union sind bei Verstößen gegen das Grundrecht der Meinungsfreiheit wegen des damit verbundenen Verstoßes gegen den deutschen *ordre public* in Deutschland nicht vollstreckbar (vgl. BGH AfP 2018, 407 ff. = NJ 2018, 510 Ls.).

7. Abschnitt. Die innere Verfassung der Presse – Das Arbeitsverhältnis

Literatur:

Ascheid/Preis/Schmidt (Hrsg.), Kündigungsrecht, 5. Auflage München 2017; Etzel et al., KR. Gemeinschaftskommentar zum Kündigungsschutzrecht und zu sonstigen kündigungsschutzrechtlichen Vorschriften, 11. Auflage Köln 2016; *Fitting/Engels/Schmidt/Trebinger/Linsenmaier,* Betriebsverfassungsgesetz, 30. Auflage München 2020; *Frey,* Der Tendenzschutz im Betriebsverfassungsgesetz 1972, Heidelberg 1974; *Hanau,* Pressefreiheit und paritätische Mitbestimmung, Berlin 1975; *Hess/Worzalla/Glock/Nicolai/Rose/Huke,* Betriebsverfassungsgesetz, 9. Auflage Köln 2014; *Kresse,* Tendenzschutz bei Konzernverflechtung, Frankfurt 1982; *Kübler,* Gutachten D zum 49. DJT in: Verhandlungen des 49. DJT, Bd. 1, München 1972; *Lerche,* Verfassungsrechtliche Aspekte der „inneren Pressefreiheit", Berlin 1974; *Löffler,* Presserecht, 6. Auflage München 2015, BT ArbR; *Mallmann,* Referat zum 49. DJT, in: Verhandlungen des 49. DJT, Teil N, München 1972; *Müller-Glöge/Preis/Schmidt* (Hrsg.), Erfurter Kommentar zum Arbeitsrecht, 21. Auflage München 2021; *Noelle-Neumann,* Umfragen zur inneren Pressefreiheit, Düsseldorf 1977; *Paschke/Berlit/* Meyer/Kröner, Hamburger Kommentar. Gesamtes Medienrecht, 4. Auflage Baden-Baden 2021; *Richardi/* Thüsing, Betriebsverfassungsgesetz, 12. Auflage München 2010; *Rüthers,* Tarifmacht und Mitbestimmung in der Presse, Berlin 1975; *Schaffeld/Hörle,* Das Arbeitsrecht der Presse, 2. Auflage Köln 2007; *Soehring,* Die Entwicklung des Presse- und Äußerungsrechts, NJW 1997, S. 360 ff.; *Schaub,* Arbeitsrechtshandbuch, 18. Auflage München 2019; Wiedemann, Tarifvertragsgesetz, 8. Auflage München 2019.

34. Kapitel. Das Arbeitsverhältnis und seine Parteien

I. Die Bedeutung des Arbeitsrechts für die Presse

1. Das moderne Pressewesen stellt sich als ein vielschichtiger Organismus dar, dessen Funktionen, insbesondere in seinen vier Hauptbestandteilen – Verlag, Druckerei, Redaktion, Online-Medien – auf der Mitarbeit zahlreicher unselbstständiger Arbeitskräfte beruht. Aus diesem Grund spielt das Arbeitsrecht in der täglichen Praxis der Presse eine wichtige Rolle. 1

Am zweckmäßigsten lässt sich das *Arbeitsrecht* als die Summe der Rechtsregeln definieren, die sich mit der von Arbeitnehmern in *abhängiger Tätigkeit* geleisteten Arbeit beschäftigen. Demzufolge gehören zum weiten und stark zersplitterten Komplex des Arbeitsrechts diejenigen Rechtsnormen, welche mit Arbeitsverhältnissen zusammenhängende Rechtsprobleme behandeln. Dazu kommen freilich auch solche Rechtsnormen, die unmittelbar auch die Arbeitsverhältnisse von freien Mitarbeitern betreffen.

2. Im Bereich der gedruckten Presse sowie der journalistisch-redaktionell gestalteten Telemedien liegt die eigentliche Problematik in dem besonderen *Spannungsverhältnis,* das zwischen den sozial- und arbeitsrechtlichen Bindungen des Verlegers einerseits und den durch das Grundgesetz gewährleisteten besonderen Rechten der Presse andererseits liegt. 2

a) Die durch Art. 5 GG garantierte Unabhängigkeit der Presse hat für die Funktionsfähigkeit eines demokratischen Staatswesens konstitutive Bedeutung (vgl. BVerfGE 20, 162 (174) – Spiegel). Sie ergibt sich aus der verfassungsmäßigen Aufgabe der Presse, durch eine freie Publizitätsentscheidung den öffentlichen Meinungsmarkt herzustellen (vgl. Ricker, Freiheit und Aufgabe der Presse; näheres unter → Kap. 3 Rn. 19 ff.). Aus diesem Grund besitzt die Presse in der Bundesrepublik Deutschland ein besonders hohes Maß an Freiheit. Die Pressefreiheit beinhaltet einen verfassungsrechtlich garantierten Abwehranspruch gegen störende Eingriffe jeglicher Art (zB in den Gewerbebetrieb), die geeignet sind, eine freie Publizitätsentscheidung zu gefährden, sowie eine Verpflichtung des Staats, überall, wo der Geltungsbereich einer Norm die Presse berührt, dem Postulat ihrer Freiheit Rechnung zu tragen (Garantie des *Institut „Freie Presse"*) (vgl. Löffler/*Dörner/Grund* BT ArbR Rn. 7; ErfK/*Schmidt* GG Art. 5 Rn. 44 ff.; näheres → Kap. 6 Rn. 2 ff.). 3

b) Der Zweck des Arbeitsrechts besteht hingegen überwiegend darin, den Arbeitnehmer (Redakteur, Verlagsangestellten, Drucker, Mediengestalter) zu schützen. Denn es ist nicht nur 4 soziologisch ein Unterschied, ob man als freiberuflich Tätiger selbständig arbeitet oder wie der überwiegende Teil der Erwerbstätigen seinen Lebensunterhalt nach den Weisungen eines anderen verdient. Auch aus wirtschaftlicher Sicht darf dem Arbeitnehmer aus seiner abhängigen Tätigkeit kein unangemessener Nachteil erwachsen.

5 3. Die sich aus der Pressefreiheit und den *bindenden* und zuweilen *einschränkenden Normen* des Arbeitsrechts ergebenden Spannungen treten in allen Bereichen dieses Rechtsgebiets mehr oder weniger in Erscheinung. Sie lassen sich wie folgt unterscheiden (vgl. Löffler/*Dörner/Grund* BT ArbR Rn. 2 ff.; *Schaub* ArbR-HdB/*Linck* § 2 Rn. 1 ff.): Die Rechtsnormen, die das Verhältnis Arbeitgeber zu Arbeitnehmer regeln, also das *Vertrags- und Arbeitsverhältnisrecht;* die Vorschriften, die der Staat im öffentlichen Interesse zum Schutz des Arbeitnehmers erlassen hat und die als *Arbeitsschutz* oder *Arbeitnehmerschutz* bezeichnet werden; die Rechtsnormen, die das Verhältnis der Koalitionen (Verbände) betreffen und ihre Rechtsetzungsbefugnis regeln, im Wesentlichen also das *Tarif- und Streikrecht;* schließlich als letzter großer Bereich die *Betriebs- und Unternehmensverfassung* und das arbeitsgerichtliche Verfahrensrecht.

II. Das Arbeitsverhältnis

6 1. Das *Arbeitsverhältnis* ist nach herrschender Auffassung (vgl. Schaub ArbR-HdB/*Vogelsang* § 8 Rn. 6 ff.) ein Rechtsverhältnis, das durch Abschluss eines *Arbeitsvertrages* begründet wird. Durch den Arbeitsvertrag wird der Arbeitnehmer gemäß dem 2017 in das BGB eingefügten § 611a S. 1 und 2 BGB (BGBl. I S. 258) im Dienst eines anderen zur Leistung weisungsgebundener, fremdbestimmter Arbeit in persönlicher Abhängigkeit verpflichtet. Das Weisungsrecht kann Inhalt, Durchführung, Zeit und Ort der Tätigkeit betreffen. Weisungsgebunden ist nach § 611a S. 3 BGB, wer nicht im Wesentlichen frei seine Tätigkeit gestalten und seine Arbeitszeit bestimmen kann. Nach § 611a S. 4 BGB hängt der Grad der persönlichen Abhängigkeit dabei auch von der Eigenart der jeweiligen Tätigkeit ab. Für die Feststellung, ob ein Arbeitsvertrag vorliegt, bedarf es einer Gesamtbetrachtung aller Umstände (§ 611a S. 5 BGB). Zeigt die tatsächliche Durchführung des Vertragsverhältnisses, dass es sich um ein Arbeitsverhältnis handelt, kommt es auf die Bezeichnung des Vertrags nicht an (§ 611a S. 6 BGB). Die Bestimmung fasst die bereits in § 611 BGB geregelten und von der Rechtsprechung herausgearbeiteten wesentlichen Merkmale des Arbeitsvertrags zusammen (vgl. Palandt/*Weidenkaff* BGB § 611a Rn. 1; BAG BB 1975, 1388; NZA 1991, 856 (857); 1996, 33 (36)). Als spezieller *Unterfall des Dienstvertrages* (§ 611 BGB) finden auf ihn die allgemeinen Bestimmungen des BGB Anwendung, soweit sich diese auf *gegenseitige* Verträge beziehen (vgl. Palandt/*Weidenkaff* BGB Einf. v. § 611 Rn. 4).

7 a) Allgemein kommt ein Arbeitsverhältnis durch *Abschluss eines Arbeitsvertrages* zustande, durch welchen sich der Arbeitnehmer (zB der Redakteur) zur *persönlichen* und somit *nicht übertragbaren* Dienstleistung (§ 613 S. 1 BGB) verpflichtet und auf Grund dessen er den *Weisungen* seines Arbeitgebers (Verleger) im Hinblick auf Ort, Zeit und Art der Arbeitsleistung folgen muss (zum verlegerischen Direktionsrecht vgl. → Kap. 35 Rn. 27). Kennzeichnend für ein Arbeitsverhältnis ist die *persönliche Abhängigkeit* des Arbeitnehmers, die durch das Weisungsrecht des Arbeitgebers und durch die Einbindung *(Eingliederung)* in die betriebliche Organisation begründet wird (vgl. § 611a BGB; BAG NZA 2000, 1102 (1106), zum arbeitsrechtlichen Status eines Rundfunkmitarbeiters), wobei zumeist mit der persönlichen die wirtschaftliche Abhängigkeit, also das Angewiesensein auf das Gehalt als einzige oder wesentliche finanzielle Lebensgrundlage, einhergeht. Die persönliche Abhängigkeit unterscheidet den Arbeitnehmer vom *freien Mitarbeiter,* während die wirtschaftliche Abhängigkeit besonderes Merkmal der *arbeitnehmerähnlichen Person* ist (vgl. → Rn. 10 ff., 24 ff.). Zum Ausgleich für diese Abhängigkeit verdient und braucht der Arbeitnehmer Schutz. Der Gesetzgeber hat daher im BGB die Vertragsfreiheit zugunsten der Arbeitnehmer eingeschränkt.

So hat der Arbeitgeber neben anderen die Vorschriften des Arbeitszeitgesetzes (ArbZG) vom 6.6.1994 (BGBl. I S. 1170, zuletzt geändert durch Art. 8, 11 Sozialschutz-Paket vom 27.3.2020 (BGBl. I S. 575); zur eingeschränkten Geltung des ArbZG vgl. *Weberling* AfP 2007, 320; → Kap. 35 Rn. 18 f.), das Teilzeit- und Befristungsgesetz (TzBfG) vom 21.12.2000 (BGBl. I S. 1966), zuletzt geändert durch Art. 10 Drittes BürokratieentlastungsG vom 22.11.2019 (BGBl. I S. 1746), das Mutterschutzgesetz (MuSchG) in der Fassung der Bekanntmachung vom

20.6.2002 (BGBl. I S. 2318), zuletzt geändert durch Art. 57 Abs. 8 G zur Regelung des Sozialen Entschädigungsrechts vom 12.12.2019 (BGBl. I S. 2652), das Jugendarbeitsschutzgesetz (JArbSchG) vom 12.4.1976 (BGBl. I S. 965), zuletzt geändert durch Art. 3 G zur Modernisierung und Stärkung der beruflichen Bildung vom 12.12.2019 (BGBl. I S. 2522) sowie das Gesetz zur Regelung eines allgemeinen Mindestlohnes (Mindestlohngesetz – MiLoG) vom 11.8.2014 (BGBl. I S. 1348, zuletzt geändert durch Art. 14 G gegen illegale Beschäftigung und Sozialleistungsmissbrauch vom 11.7.2019 (BGBl. I S. 1066) einzuhalten. Daneben schützen den Arbeitnehmer die Tarifverträge und Betriebsvereinbarungen aus dem Bereich des kollektiven Arbeitsrechts.

2. Parteien des Arbeitsvertrages sind der *Arbeitgeber* und der *Arbeitnehmer.* 8

a) *Arbeitgeber* im Sinne des Arbeitsrechts ist, wer einen Arbeitnehmer beschäftigt. Sofern Träger des Anspruchs auf Arbeitsleistung und Träger der obersten Weisungsbefugnis zwei verschiedene Personen sind, was bei juristischen Personen der Fall ist, ist Arbeitgeber die juristische Person als Träger des Anspruchs auf die Arbeitsleistung.

b) Nach der herrschenden Meinung (vgl. BAG NZA 1998, 368 (369); 2000, 385 (387); 2002, 787 (789); *Schaub* ArbR-HdB/*Vogelsang* § 8 Rn. 6) ist *Arbeitnehmer,* wer auf Grund eines privatrechtlichen Vertrages oder eines ihm gleichgestellten Rechtsverhältnisses im Dienst eines anderen zur Arbeit verpflichtet ist. Damit ist freilich das ins Blickfeld des Sozialversicherungsrechts geratene Problem der „Scheinselbstständigkeit“ derjenigen Personen nicht geklärt, die zwar nicht vertraglich zur Arbeit verpflichtet sind, aber als von deren Dienstgeber persönlich oder zumindest wirtschaftlich abhängig anzusehen und deshalb als Arbeitnehmer (→ Rn. 12 ff.) bzw. als arbeitnehmerähnliche Person (→ Rn. 24 ff.) einzuordnen sind (vgl. BAG NZA 1998, 368 (369)).

Leitende Angestellte gehören zwar zu den Angestellten, nehmen aber innerhalb dieser Gruppe 9 eine *Sonderstellung* ein (vgl. Schaub ArbR-HdB/*Vogelsang* § 13 Rn. 1 ff.). Sie unterscheiden sich von den sonstigen Angestellten dadurch, dass ihnen *Arbeitgeberteilfunktionen* übertragen sind. Leitender Angestellter ist, wer entweder bedeutende Arbeitgeberfunktionen ausübt oder besonders hoch qualifizierte und verantwortungsvolle Arbeit leistet (vgl. ErfK/*Koch* BetrVG § 5 Rn. 17 ff.). § 5 Abs. 3 S. 2 BetrVG definiert den „leitenden Angestellten“ wie folgt:

„Leitender Angestellter ist, wer nach Arbeitsvertrag und Stellung im Unternehmen oder im Betrieb 1. zur selbständigen Einstellung und Entlassung von im Betrieb oder in Betriebsabteilung beschäftigten Arbeitnehmern berechtigt ist oder 2. Generalvollmacht oder Prokura hat und die Prokura auch im Verhältnis zum Arbeitgeber nicht unbedeutend ist oder 3. regelmäßig sonstige Aufgaben wahrnimmt, die für den Bestand und die Entwicklung des Unternehmens oder eines Betriebs von Bedeutung sind und deren Erfüllung besondere Erfahrung und Kenntnisse voraussetzt, wenn er dabei weder Entscheidungen im Wesentlichen frei von Weisungen trifft oder sie maßgeblich beeinflusst; dies kann auch bei Vorgaben insbesondere auf Grund von Rechtsvorschriften, Plänen oder Richtlinien sowie bei Zusammenarbeit mit anderen leitenden Angestellten gegeben sein.“

Im Bereich der Presse werden der Chefredakteur, der stellvertretende Chefredakteur und oft auch Ressortleiter als leitende Angestellte eingeordnet.

Dies ist für einen Chefredakteur nicht zuletzt auch wegen dessen presserechtlicher Verantwortung als „verantwortlicher Redakteur“ iSd Pressegesetzes sowie für seine Stellvertreter ohne Weiteres zu bejahen, insbesondere wenn er zudem zur selbständigen Einstellung und Entlassung von Redakteuren berechtigt (vgl. LAG Düsseldorf 17.3.1993 – 12 TaBV 221/93, nv).

Beim Ressortleiter hängt dies von der konkreten Organisationsform, Kompetenzverteilung und seinen Einflussmöglichkeiten ab. Dies ist dann der Fall, wenn der Ressortleiter mit den ihm unterstellten Redakteuren zu einem erheblichen Teil zum Gelingen des Produkts beitragen (vgl. LAG Düsseldorf 17.11.1994 – 5 TaBV 43/94, nv; LAG Sachsen-Anhalt AfP 2004, 163; Schaffeld/Hörle/*Schaffeld* A Rn. 76 f.; so wohl auch BAG BeckRS 1994, 30747996).

Für leitende Angestellte gelten die Vorschriften des ArbZG nicht (§ 18 Abs. 1 Ziff. 1 ArbZG iVm § 5 Abs. 3 BetrVG). Sie sind keine Arbeitnehmer im Sinne des Betriebsverfassungsgesetzes (§ 5 BetrVG), können nur auf Arbeitgeberseite als ehrenamtliche Richter bei den Arbeits- und Sozialgerichten tätig sein (§ 22 Abs. 2 Nr. 2; § 37 Abs. 2, § 43 Abs. 3 ArbGG; § 16 Abs. 4 Ziff. 4 SozGG) und unterliegen besonderen Vorschriften nach dem MitbestimmungsG. Sofern sie zur selbständigen Einstellung oder Entlassung von Arbeitnehmern berechtigt sind, kann ihr Arbeitsverhältnis im Kündigungsschutzprozess auf nicht zu begründenden Antrag des Arbeitgebers gegen Zahlung einer Abfindung aufgelöst werden (§ 14 Abs. 2 KSchG).

III. Die freien Mitarbeiter

10 1. Im Bereich des Medienwesens trifft man häufig auf so genannte *„freie Mitarbeiter"*. Zum einen ist der Tätigkeitsbereich mancher Publizisten – etwa im kulturellen oder naturwissenschaftlichen Bereich – so speziell, dass schon aus redaktionellen Gründen eine fortwährende Beschäftigung nicht möglich ist. Umgekehrt bietet die freie Mitarbeit für *mehrere* Zeitungen, Zeitschriften und Online-Medien für diese Publizisten ein größeres Feld zur Verbreitung der von ihnen vertretenen Disziplinen (vgl. Paschke/Berlit/Meyer/Kröner/*Binder* 67. Abschnitt Rn. 121 f.).

11 2. Die arbeitsrechtliche Stellung als freier Mitarbeiter ergibt sich nicht allein schon daraus, dass dieser – selbst bei gegenseitigem Einverständnis – als freier Mitarbeiter deklariert wird. Eine solche Bezeichnung hat höchstens eine gewisse Indizwirkung. Ein festes Arbeitsverhältnis kann nach einhelliger Ansicht bereits auf Grund der *praktischen Durchführung* und *Gestaltung* von Vertragsbeziehungen begründet werden, ohne dass diese Beziehungen als Arbeitsverhältnis bezeichnet werden müssen (vgl. → Rn. 6; BAG NZA 1998, 368 (369); Schaffeld/Hörle/*Schaffeld* A Rn. 27).

12 a) Über die rechtliche Einordnung als *Arbeitsverhältnis* oder als *freies Mitarbeiterverhältnis* entscheidet vorrangig der Geschäftsinhalt und nicht die von den Parteien – vielleicht auch übereinstimmend – gewünschte Rechtsfolge (zB Dienstvertrag ohne Kündigungsschutz) oder eine Bezeichnung, die dem tatsächlichen Geschäftsinhalt nicht entspricht. Der Geschäftsinhalt ergibt sich aus den (schriftlichen) Vereinbarungen und der praktischen Durchführung der Vertragsbeziehungen (vgl. → Rn. 6; Schaffeld/Hörle/*Schaffeld* A Rn. 32).

13 b) Entscheidendes Kriterium für die Abgrenzung des Arbeitsverhältnisses von dem Rechtsverhältnis des freien Mitarbeiters ist der *Grad der persönlichen Abhängigkeit* (vgl. → Rn. 6; BAG NZA 2000, 1102 (1106)).

Grundsätzlich ergibt sich nach § 611a BGB die persönliche Abhängigkeit des Arbeitnehmers aus einer sachlich gebotenen persönlichen und fachlichen Weisungsabhängigkeit vom Arbeitgeber und der sachlich gebotenen Eingliederung des Arbeitnehmers in den Betriebsablauf. Dabei sind die besonderen Umstände des Einzelfalls und die Eigenart der jeweiligen Tätigkeit zu berücksichtigen (vgl. BAG AfP 1992, 394 (395); NZA 1995, 622 (625)).

14 Die Eigenart der nicht vorgegebenen, sondern Eigeninitiative voraussetzenden journalistischen Tätigkeit führt hierbei zu Abgrenzungsproblemen, da sich Weisungsabhängigkeit und Eingliederung in den Arbeitsprozess selbst bei den fest angestellten Redakteuren unterschiedlich darstellen und deshalb die Grenzen zu einer unabhängigen, weisungsfreien Tätigkeit eines freien Mitarbeiters nicht klar zu ziehen sind (vgl. BAG AfP 1992, 394 (395); Schaffeld/Hörle/*Schaffeld* A Rn. 35 ff.).

Deshalb ist es im Medienbereich regelmäßig nicht möglich, wie in anderen Berufen – unter Berücksichtigung der Verkehrsanschauung – auf eine Vergleichbarkeit der Tätigkeit des freien Mitarbeiters mit der eines Arbeitnehmers abzustellen und aus einer etwaigen Gleichbehandlung beider Personen auf ein Arbeitsverhältnis zu schließen (vgl. BAG DB 1973, 1804; 1976, 299 (300); 1976, 392; 1976, 2310 (2312); AP BGB § 611 Abhängigkeit Nr. 43; NZA 1994, 169 (171)).

15 c) Gerade im Pressebereich stellen die *freien Mitarbeiter* ihre Beiträge (Reportagen, Artikel, Bildmaterial) weitgehend unabhängig vom organisatorischen Apparat und den übrigen Redaktionsmitgliedern der Zeitung her. Sie sind größtenteils nicht darauf angewiesen, persönliche Arbeit innerhalb einer fremdbestimmten Organisation zu leisten. Die Abhängigkeit der Mitarbeiter von *Apparat* und *Team* ist zwar für die in den Rundfunkanstalten beschäftigten Mitarbeiter ein typisches Abgrenzungsmerkmal, jedenfalls soweit sie dabei Weisungen des Arbeitgebers unterliegen (vgl. BAG AfP 1992, 395 (401)), aber nicht für die Mitarbeiter der Zeitungen. Allerdings ist auch ein programmgestaltender Rundfunkmitarbeiter nicht deshalb Arbeitnehmer, weil er zur Herstellung seines Beitrags auf technische Einrichtungen und Personal der Rund-

funkanstalt angewiesen ist und aus diesem Grunde in Dispositions- und Raumbelegungspläne aufgenommen wird (vgl. BAG NZA 2000, 1102).

Da diese oft nicht in den organisatorischen Betriebsablauf der Zeitung *eingegliedert* sind, kann die persönliche Abhängigkeit nicht nach Äußerlichkeiten beurteilt werden, die etwa zufallsbedingt sind oder die der Verleger kraft seiner Organisationsgewalt beliebig verändern kann, wie zB eigener Schreibtisch in der Redaktion, eigenes Postfach, Aufnahme in das Telefonverzeichnis oder Führung von Personalakten (vgl. BAG DB 1977, 2459 (2460)). In diesem Zusammenhang kommt es auch nicht darauf an, dass sich der Mitarbeiter an die allgemeinen Grundsätze der betrieblichen Ordnung (zB Rauchverbot bzw. kein Essen am Arbeitsplatz) halten muss (vgl. BAG NZA 2001, 551 (553)).

d) Selbst wenn der Mitarbeiter nicht in die Redaktion eingegliedert ist, kann sich aber seine **16**
persönliche Abhängigkeit daraus ergeben, dass er seine *Tätigkeit* und *Arbeitszeit* im Wesentlichen nicht frei gestalten kann. Insofern enthält § 84 Abs. 1 S. 2 HGB ein typisches Abgrenzungsmerkmal, das auch im Pressebereich entsprechend anzuwenden ist (vgl. BAG BB 1978, 760 (761); AP BGB § 611 Abhängigkeit Nr. 28; DB 1981, 2500; NZA 1998, 1336 (1341); 1998, 705 (707); 2001, 551 (553)). Die neuere Rechtsprechung stellt – wohl zu Recht auf Grund der sich technisch und räumlich veränderten Arbeitsbedingungen – überwiegend auf diese zeitliche Dispositionsbefugnis des Arbeitgebers ab. Ein Mitarbeiter ist nicht mehr frei, sondern abhängig, wenn über seine Arbeitszeit durch mündliche oder schriftliche Anweisungen des Arbeitgebers (zB Dienst- oder Einsatzpläne) verfügt wird (vgl. Paschke/Berlit/Meyer/Kröner/*Binder* 67. Abschnitt Rn. 149).

Die *persönliche* Abhängigkeit zeigt sich grundsätzlich darin, dass der Mitarbeiter Anweisungen **17**
hinsichtlich *Zeit, Dauer, Ort* und *Inhalt* bzw. *Durchführung* der geschuldeten Dienstleistungen beachten muss (vgl. BAG NZA 1999, 374 (377); 1998, 1275 (1277)).

aa) Es spricht für eine *fachliche* Weisungsabhängigkeit und damit für seine Arbeitnehmereigenschaft, wenn der Journalist seine Beiträge nicht eigenverantwortlich gestalten kann, sondern ihr Inhalt vom Verleger oder der Redaktion weitgehend vorbestimmt wird (vgl. BAG AfP 1992, 394 (395)). Da aber von Journalisten Eigeninitiative und schöpferische Fähigkeiten erwartet werden (vgl. BAG BB 1978, 760 (761)), muss allein fehlende *fachliche* Weisungsgebundenheit nicht gegen die Arbeitnehmereigenschaft sprechen (vgl. BAG BB 1974, 838; DB 1976, 299 (300); 1976, 2310 (2312); AP BGB § 611 Abhängigkeit Nr. 34; NJW 1984, 1985 (1990)).

bb) Allein die *örtliche* Weisungsgebundenheit des Mitarbeiters lässt nicht den Schluss auf eine persönliche Abhängigkeit und damit auf die Arbeitnehmereigenschaft zu. Das gilt besonders für die vielen ständigen *freien* Mitarbeiter in Randgemeinden des Verbreitungsgebietes einer Zeitung, über die nicht von Außenredakteuren bzw. Redakteuren aus der Zentralredaktion berichtet wird. Selbst wenn der Mitarbeiter täglich an verschiedenen Orten Veranstaltungstermine wahrnehmen muss, ergibt sich daraus noch nicht zwangsläufig eine derartige persönliche Abhängigkeit, die auf seine Arbeitnehmereigenschaft schließen lässt (vgl. BAG AfP 1992, 394 (395); LAG Rheinland-Pfalz BeckRS 2007, 45720).

cc) Hinzukommen muss vor allem die *zeitliche* Weisungsgebundenheit des Mitarbeiters, die ihn daran hindert, frei über die Arbeitszeit zu disponieren, zB weil ihm *ständig kurzfristig* Terminaufträge erteilt werden (vgl. BAG AP BGB § 611 Abhängigkeit Nr. 35; DB 1981, 2500; NZA 1995, 622 (625)) oder auch sonst von ihm *ständige Dienstbereitschaft* erwartet und geleistet wird (vgl. BAG AfP 1977, 360 (361); BeckRS 1983, 04916). Sie muss dazu führen, dass zwischen Erteilung des Auftrags und dem Ablieferungstermin praktisch keine zeitliche Dispositionsmöglichkeit mehr besteht, also die regelmäßige Arbeitszeit gerade ausreicht, um den Beitrag journalistisch fertig zu stellen (vgl. BAG AfP 1981, 303 (304); BB 1978, 761 (762)). Im Einzelfall spricht für ein *Arbeitsverhältnis,* dass der Arbeitgeber innerhalb eines bestimmten zeitlichen Rahmens über die Arbeitsleistung des Mitarbeiters verfügen kann (vgl. BAG AfP 1992, 394 (395); AP BGB § 611 Arbeitsverhältnis Nr. 36; AfP 1992, 398 (399)). Indizien für eine Pflicht zur ständigen Dienstbereitschaft ergeben sich auch daraus, dass der Mitarbeiter nach verlegerseits verbindlichen Einsatzplänen eingesetzt wird bzw. nicht anderweitig tätig werden darf (vgl. BAG AfP 1981, 303 (304)) oder seine Urlaubsdispositionen nach der Redaktion richten muss (vgl. BAG NJW 1967, 1982). Umgekehrt spricht gegen ein Arbeitsverhältnis, wenn der Mitarbeiter den wesentlichen Teil seiner Aufgaben in *selbst* bestimmter Arbeitszeit und an einem selbst gewählten Ort verrichtet (vgl. BAG NZA 1991, 933 (935); LAG Rheinland-Pfalz BeckRS 2007, 45720), etwa selbst über die Dienstbereitschaft entscheiden kann (vgl. BAG NZA 2001, 551 (553)). Dies gilt auch für den pauschal bezahlten *Fotoreporter,* der der Zeitung monatlich eine lediglich konkret vereinbarte Anzahl von Bildern zu liefern hat (vgl. BAG NZA 1992, 835 (837); zur Frage der tarifvertraglichen Einordnung vgl. → Kap. 35 Rn. 8). Hier handelt es sich zumeist um ein freies Mitarbeiterverhältnis oder unter den weiteren Voraussetzungen einer wirtschaftlichen Abhängigkeit von seinem Arbeitgeber um eine *arbeitnehmerähnliche Person* (vgl. → Rn. 24 ff.).

18 e) Sprechen die Umstände für eine *persönliche* Abhängigkeit des ständigen freien Mitarbeiters, kann er vor dem Arbeitsgericht auf *Feststellung klagen,* dass zwischen ihm und dem Verlag ein *Arbeitsverhältnis* besteht (sog. „Status-Feststellungsklageklage"; vgl. Paschke/Berlit/Meyer/Kröner/*Binder* 67. Abschnitt Rn. 192 ff.; *Boss* NZS 2010, 483 (485 ff.)).

19 aa) Im Gegensatz zu den sonstigen arbeitsrechtlichen Feststellungsklagen müssen die Gerichte im Medienbereich bei der Auslegung und Anwendung des Arbeitsrechts die sich aus Art. 5 GG ergebenden besonderen verfassungsrechtlichen Anforderungen berücksichtigen (vgl. BVerfG NZA 2000, 264 (265); 1993, 741 (743); 1995, 622 (625); AP BGB § 611 Nr. 36 – Arbeitsverhältnis), sofern die Festanstellung eines unmittelbar tätigen Pressemitarbeiters – „Tendenzträgers" – im Streit ist. Wie das BVerfG zu verschiedenen „Status"-Klagen im Bereich des öffentlich-rechtlichen Rundfunks feststellte, erstreckt sich die Rundfunkfreiheit auch auf das Recht der bestehenden Rundfunkanstalten, der ihrem Auftrag entsprechenden Vielfalt der zu vermittelnden Programminhalte auch bei der Auswahl, Einstellung und Beschäftigung der Rundfunkmitarbeiter Rechnung zu tragen (vgl. BVerfG NZA 2000, 264 (265); NJW 1982, 1447 (1451); AfP 1992, 394 (398); AP BGB § 611 Arbeitsverhältnis Nr. 36; NJW 1984, 1985 (1990)). Gleiches gilt für die privaten Rundfunkveranstalter, deren Programmfreiheit sich wegen der auf einen Grundstandard abgesenkten Vielfaltsanforderungen der Tendenzfreiheit annähert, und im Pressebereich für die Tendenzfreiheit des Verlegers (vgl. BAG AP BetrVG 1972 § 118 Nr. 51; AP BetrVG 1972 § 118 Nr. 46; AP BetrVG 1972 § 101 Nr. 11; AP BetrVG 1972 § 101 Nr. 10).

20 bb) Rundfunk und Presse werden in ihrer meinungsbildenden Funktion vor jeglicher fremden Einflussnahme durch Art. 5 GG verfassungsrechtlich geschützt (vgl. BVerfG AfP 2000, 82 (83 f.); NJW 1982, 1447 (1448)). *Der Unterschied* zwischen der *Rundfunkfreiheit* in ihrer Ausgestaltung als Programmfreiheit und der *Pressefreiheit* bzw. Tendenzfreiheit besteht in dem Gebot der Wiedergabe der Meinungsvielfalt und der umfassenden Information (vgl. BVerfG NJW 1982, 1447 (1448)), also in der *Verpflichtung* der Rundfunkanstalten, mit der Einstellung und Beschäftigung geeigneter Mitarbeiter Programmvielfalt zu schaffen. Dagegen gibt die *Tendenzfreiheit* dem Verleger das *Recht,* die zur Verwirklichung der Tendenz geeigneten Mitarbeiter einzustellen und zu beschäftigen (vgl. auch → Kap. 38 Rn. 22). Gebotene Vielfalt im Rundfunk bzw. beabsichtigte Tendenz des Verlegers können nicht verordnet werden, sondern nur durch solche Mitarbeiter verwirklicht werden, die Aktivität, Lebendigkeit, Einfallsreichtum, Sachlichkeit, Fairness und Fachwissen in ihre Arbeit einbringen (vgl. BVerfG NJW 1982, 1447 (1448); Paschke/Berlit/Meyer/Kröner/*Binder* 67. Abschnitt Rn. 82 ff.).

Wenn neue Informationsbedürfnisse entstehen, während andere zurücktreten, wenn das Interesse des Publikums sich neuen Gegenständen zu und von anderen abwendet, besteht das *Recht* des Verlegers, diesen Bedürfnissen mit dem Einsatz von für die jeweilige Aufgabe qualifizierten Mitarbeitern gerecht zu werden und zwar ohne fremde Beeinflussung (vgl. *Rüthers* AfP 1980, 2 (3)). Die Pressefreiheit gibt dem Verleger also nicht nur das Recht zur Entscheidung darüber, ob die Mitarbeiter *fest angestellt* werden, sondern auch darüber, ob ihre Beschäftigung aus redaktionellen Gründen *befristet* auf eine gewisse Dauer oder auf ein bestimmtes Projekt zu beschränken ist und wie oft ein Mitarbeiter benötigt wird (vgl. BAG AP BetrVG 1972 § 118 Nr. 51; AP BetrVG 1972 § 118 Nr. 46; AP BetrVG 1972 § 101 Nr. 11; AP BetrVG 1972 § 101 Nr. 10).

21 cc) Dieses von Art. 5 GG umfasste *Recht zur Personalentscheidung* wird zwar durch „allgemeine Gesetze" gemäß Art. 5 Abs. 2 GG beschränkt, also ua durch die Vorschriften über den Dienstvertrag (§§ 611 ff. BGB) und die Bestimmungen des Arbeitsrechts (vgl. BAG AP BGB § 611 Arbeitsverhältnis Nr. 36). Die damit sich ergebenden Grenzen des Art. 5 Abs. 1 GG sind aber ihrerseits aus der Erkenntnis der Bedeutung dieses Grundrechts auszulegen und so in ihrer das

Grundrecht beschränkenden Wirkung selbst wieder einzuschränken (vgl. BVerfG NJW 1997, 386 (388); 1983, 1181 (1182); 1958, 257 – Lüth). Die Einschränkung des Art. 5 Abs. 1 GG durch die verfassungsrechtlich legitimierte Gewährung *arbeitsrechtlichen Bestandsschutzes* muss deshalb *geeignet* und *erforderlich* sein, der *sozialen Schutzbedürftigkeit* der Mitarbeiter Rechnung zu tragen und gegenüber den Einbußen für die Pressefreiheit angemessen sein. Erwähnt sei nur der mögliche Informationsverlust für die Rezipienten (vgl. BVerfG NJW 1982, 1447 (1449)).

dd) Nach der gegebenen Rechtslage ist es den Arbeitsgerichten nicht verwehrt, auf Grund **22** ihrer für den Medienbereich entwickelten arbeitsrechtlichen Kriterien das Vorliegen eines *Arbeitsverhältnisses* festzustellen (vgl. BAG AfP 1992, 398 (399)).

Anschließend ist aber zu prüfen, ob der Mitarbeiter von vornherein nur für eine bestimmte Dauer beschäftigt, das Arbeitsverhältnis also *befristet* sein sollte. So kann beispielsweise ein voraussichtlich nur *vorübergehender Arbeitsausfall* oder eine *Aufgabe von begrenzter Dauer* (zB Urlaubs- oder Krankheitsvertretung, vgl. § 14 Abs. 1 S. 2 Nr. 3 TzBfG) einen sachlichen Grund für eine Befristung darstellen (vgl. ErfK/*Müller-Glöge* TzBfG § 14 Rn. 23 ff.), was sich schon früher aus allgemeinen arbeitsrechtlichen Grundsätzen ergab (vgl. BAG NJW 1961, 798)).

Aber auch ohne sachlichen Grund ist gemäß § 14 Abs. 2 TzBfG eine Befristung des Arbeitsvertrages bis zur Dauer von bis zu zwei Jahren möglich. Wird dieser Zeitrahmen nicht überschritten, so kann ein derart kalendermäßig befristeter Arbeitsvertrag höchstens dreimal verlängert werden (vgl. *Schaub* ArbR-HdB/*Koch* § 39 Rn. 7 ff.; Löffler/*Dörner/Grund* BT ArbR Rn. 59 ff.). Ebenfalls keines sachlichen Grundes bedarf die kalendermäßige Befristung eines Arbeitsvertrags nach § 14 Abs. 2a und 3 TzBfG, wenn sich das Unternehmen in den ersten vier Jahren seiner Gründung befindet oder der Arbeitnehmer bei Beginn des befristeten Arbeitsverhältnisses bereits das 52. Lebensjahr vollendet hat. Bei Ersterem ist eine kalendermäßige Befristung von bis zu vier Jahren nach Gründung, bei Letzterem bis zu fünf Jahren nach Gründung möglich (vgl. Löffler/*Dörner/Grund* BT ArbR Rn. 63 ff.).

ee) Neben diesen *allgemeinen* Befristungsgründen können sich aus der Pressefreiheit zusätzliche **23** *tendenzbedingte Gründe* für eine Sachgrundbefristung des Arbeitsverhältnisses gemäß § 14 Abs. 1 S. 2 TzBfG ergeben. Ein solcher sachlicher Befristungsgrund ist die *Eigenart der Arbeitsleistung* gemäß § 14 Abs. 1 S. 2, Nr. 4 TzBfG (der sog. „Verschleißtatbestand“, vgl. ErfK/*Müller-Glöge* TzBfG § 14 Rn. 44 ff.). Das Bundesverfassungsgericht und das Bundesarbeitsgericht haben eine Befristungsmöglichkeit aufgrund der Eigenart der Arbeitsleistung bei Beschäftigungsverhältnissen mit programmgestaltenden Mitarbeitern wie Moderatoren, Kommentatoren oder Regisseuren mehrfach bejaht, da es Rundfunkfreiheit erfordere, die Rundfunkanstalten frei von fremdem Einfluss über die Auswahl, Einstellung und Beschäftigung sog. „programmgestaltender Mitarbeiter“ entscheiden zu lassen (vgl. BVerfG NZA 2000, 653 (656); NJW 1982, 1447 (1451); NZA 1993, 354 (357); 2007, 321 (324); Paschke/Berlit/Meyer/Kröner/*Binder* 67. Abschnitt Rn. 82 ff.). Ist in der Folgezeit die Befristung des Arbeitsvertrags eines programmgestaltenden Mitarbeiters mit einer Rundfunkanstalt auf ihre Wirksamkeit zu überprüfen, so bedarf es einer einzelfallbezogenen Abwägung zwischen dem Bestandsschutz des Arbeitnehmers und den bei Bejahung des Bestandsschutzes zu erwartenden Auswirkungen auf die Rundfunkfreiheit. Dabei sind die Belange der Rundfunkanstalt und des Arbeitnehmers im Einzelfall abzuwägen, wobei den Rundfunkanstalten die zur Erfüllung ihres Programmauftrags notwendige Freiheit und Flexibilität nicht genommen werden darf. Bei dieser Abwägung ist vor allem zu berücksichtigen, mit welcher Intensität der betroffene Mitarbeiter auf das Programm der Rundfunk- und Fernsehanstalten Einfluss nehmen kann und wie groß die Gefahr bei Bejahung eines unbefristeten Arbeitsverhältnisses ist, dass die Rundfunkanstalt nicht mehr den Erfordernissen eines vielfältigen Programms und den sich künftig ändernden Informationsbedürfnissen und Publikumsinteressen gerecht werden kann. Dabei kann eine lang andauernde Beschäftigung ein Indiz dafür sein, dass bei einer Rundfunkanstalt kein Bedürfnis nach einem personellen Wechsel besteht (vgl. BAG NZA 2007, 147 (149)).

Diese Befristungsmöglichkeit besteht jedoch nicht für Tendenzträger in Presseunternehmen (vgl. Löffler/*Dörner/Grund* BT ArbR Rn. 68; Ascheid/*Backhaus* TzBfG § 14 Rn. 309; ErfK/*Schmidt* GG Art. 5 Rn. 78; aA ErfK/*Müller-Glöge* TzBfG § 14 Rn. 46a; LAG München AfP 1991, 560). Zum einen müssen Rundfunkanstalten im Gegensatz zur Presse den Rundfunkauftrag realisieren und damit verschiedene Tendenzen in gleichwertiger Vielfalt zur Geltung bringen, was bei einem Presseunternehmen gerade nicht der Fall ist (vgl. ErfK/*Schmidt* GG Art. 5 Rn. 78; Paschke/Berlit/Meyer/Kröner/*Binder* 67. Abschnitt Rn. 112). Zum anderen ist es Verlegern unbenommen, ihre Tendenzträger gemäß § 14 Abs. 2, 2a und 3 TzBfG zu befristen, so dass es eines unmittelbaren Rückgriffs auf § 14 Abs. 1 S. 2 Nr. 4 TzBfG ohnehin nicht bedarf.

24 3. Selbst dann, wenn der freie Mitarbeiter persönlich unabhängig vom Dienstberechtigten ist, kann er wegen seiner *wirtschaftlichen* Unselbstständigkeit (vgl. § 5 Abs. 1 S. 2 ArbGG) in einer ähnlichen Abhängigkeit wie ein Arbeitnehmer stehen und deshalb als *arbeitnehmerähnliche Person* anzusehen sein. Dies setzt voraus, dass der *wirtschaftlich abhängige* Mitarbeiter eine einem Arbeitnehmer vergleichbare soziale Stellung hat und deshalb *sozial schutzbedürftig* ist (vgl. § 12a TVG; BAG NZA 1991, 239; NJW 1967, 1982).

25 a) Wirtschaftliche Abhängigkeit bedeutet, dass der freie Mitarbeiter in seiner unternehmerischen Bewegungsfreiheit am Markt dadurch eingeschränkt ist, dass er seine Dienst- oder Werkleistungen einem einzigen Verlag (oder einigen wenigen Verlagen) erbringt, von dem er nach der Höhe der Vergütung, Art und Dauer der Tätigkeit abhängig ist (vgl. *Schaub* ArbR-HdB/*Vogelsang* § 10 Rn. 1 ff.).

Bei der arbeitnehmerähnlichen Person tritt die *wirtschaftliche Unselbstständigkeit* an die Stelle des das Arbeitsverhältnis kennzeichnenden Merkmals der persönlichen Abhängigkeit, also der organisatorischen Eingliederung und Weisungsgebundenheit. Deshalb wird auch von *arbeitnehmerähnlichen Selbstständigen* gesprochen (vgl. § 2 Nr. 9 SGB VI; *Keller* NZS 2001, 188 (194)). Die wirtschaftliche Unselbstständigkeit muss im Verhältnis der Parteien des Beschäftigungsverhältnisses zueinander gegeben sein. Denn mit dem Begriff der arbeitnehmerähnlichen Person ist es nicht gänzlich unvereinbar, dass auch Tätigkeiten für andere Auftraggeber vorliegen. Dabei ist allerdings Voraussetzung, dass die Beschäftigung für einen der Auftraggeber *überwiegt* (vgl. § 12a Abs. 1 S. 1a TVG; BAG NZA 1991, 402 (403); DB 1969, 1420).

26 Bei einem freien Journalisten ist die wirtschaftliche Abhängigkeit von einem Auftraggeber bereits dann gegeben, wenn ihm von diesem mindestens ein Drittel seiner Gesamteinkünfte aus Erwerbstätigkeit zustehen (§ 12a Abs. 3 TVG; vgl. → Kap. 35 Rn. 45 ff.).

Mit dieser Privilegierung wurde das bisher wesentliche Kriterium, nämlich die Abhängigkeit von *einem* Auftraggeber und das Ausgerichtetsein der Rechtsfolgen auf ein einzelnes Beschäftigungsverhältnis, aufgegeben. Theoretisch kann ein freier Journalist, der bei drei verschiedenen Auftraggebern Verdienstmöglichkeiten besitzt, als arbeitnehmerähnliche Person gelten (vgl. Wiedemann/*Wank* TVG § 12a Rn. 70). Der *Tarifvertrag für arbeitnehmerähnliche freie Journalisten an Tageszeitungen* kommt allerdings nur zur Anwendung, wenn beide Seiten tarifgebunden sind und der freie Journalist für Text- und Bildbeiträge für einen Verlag oder Verlagskonzern nach § 18 AktG in dem letzten halben Jahr durchschnittlich ein Drittel seiner Gesamteinkünfte aus Erwerbstätigkeit bezogen hat (vgl. § 3 Nr. 2 TV; auch → Kap. 35 Rn. 45 ff.).

27 b) Einem Arbeitnehmer ähnlich *sozial schutzbedürftig* ist der Dienstverpflichtete, dessen Abhängigkeit nach der Verkehrsanschauung (vgl. BAG AP BGB § 611 Arbeitnehmerähnlichkeit Nr. 12) ein solches Ausmaß erreicht, wie es in der Regel nur in einem Arbeitsverhältnis vorkommt, was den gesamten Umständen des Einzelfalls entnommen werden muss (vgl. BAG DB 1963, 345; NJW 1967, 1982; DB 1978, 596; 1978, 1035 (1038); AP BGB § 611 Arbeitnehmerähnlichkeit Nr. 12). Insbesondere muss der freie Mitarbeiter auf die Einkünfte aus journalistischer Tätigkeit zur Sicherung seiner wirtschaftlichen Existenz angewiesen sein (vgl. BAG DB 1969, 1420; NZA 1995, 823; LAG Mecklenburg-Vorpommern BeckRS 1997, 15205). In der Regel fallen deshalb die *nebenberuflichen* freien Journalisten nicht unter die arbeitnehmerähnlichen Personen, deren Einkommen bereits durch deren Hauptberuf gesichert ist (vgl. BAG AP BGB § 611 Arbeitnehmerähnlichkeit Nr. 12).

28 c) Grundsätzlich sind auf die arbeitnehmerähnlichen Personen die Vorschriften des Arbeitsrechts *nicht allgemein* anwendbar (vgl. BAG BB 2007, 2298 (3200)). Die besondere Schutzbedürftigkeit dieser den Arbeitnehmern sozial vergleichbaren Personen rechtfertigt es aber, einzelne Vorschriften des Arbeitsrechts *entsprechend* anzuwenden (vgl. ErfK/*Koch* ArbGG § 5 Rn. 5; ErfK/*Preis* BGB § 611a Rn. 83).

So hat der als arbeitnehmerähnliche Person angesehene ständige freie Mitarbeiter einen Mindesturlaubsanspruch (§§ 1–3 BUrlG; vgl. Löffler/*Dörner*/*Grund* BT ArbR Rn. 48) und einen Anspruch auf Erteilung eines Arbeitszeugnisses gegenüber dem Dienstberechtigten. Die Kündigungsvorschriften der §§ 620 ff. BGB kommen ebenso in Betracht, zumindest muss die Beendigung der dauernden Zusammenarbeit von beiden Parteien angemessene Zeit vorher angekündigt werden („Schon-/Auslauffrist“, vgl. BAG NJW 1967, 1982; DB 1971, 1625; 1975, 844). Sofern die arbeitnehmerähnliche Person auf Grund eines – wenn auch nur geringfügigen – Dienstvertrages tätig wird, verliert sie gemäß § 616 BGB bei vorübergehender Arbeitsverhinderung (zB Krankheit) nicht den Anspruch auf Vergütung. Nicht anwendbar sind die allgemeinen Kündigungsschutzbestimmungen des Kündigungsschutzgesetzes. Nach § 12a TVG können Tarifverträge durch die zuständigen Koalitionen auch für arbeitnehmerähnliche Personen geschlossen werden (vgl. Löffler/*Dörner/Grund* BT ArbR Rn. 48). Aufgrund dieser Ermächtigung wurde der Tarifvertrag für arbeitnehmerähnliche Journalisten an Tageszeitungen in der Fassung vom 2.7.2018, rückwirkend gültig seit dem 1.1.2018, geschlossen (→ Rn. 26; vgl. → Kap. 35 Rn. 45 ff.).

4. Die *echten freien Mitarbeiter* im Bereich der Presse, also jene Selbstständigen, deren Tätigkeit keinem Arbeitsverhältnis gleichsteht, und die auch nicht zu den arbeitnehmerähnlichen Personen zählen, unterliegen nicht den einschlägigen Tarifverträgen (Manteltarifvertrag, Gehaltstarifvertrag, Altersversorgungstarifvertrag), da hierfür keine gesetzlichen Bestimmungen vorhanden sind. Die gesetzliche Abstufung geht somit nach dem BAG von einem dreigliedrigen System von Arbeitnehmern, arbeitnehmerähnlichen Personen und Selbständigen (freien Mitarbeitern) aus (vgl. BAG NZA 2001, 551 (553)). Die Ausgestaltung des Dienstverhältnisses der freien Mitarbeiter unterliegt der freien Vereinbarung. 29

Klagt ein freier Mitarbeiter zunächst auf Festanstellung, nimmt die Klage jedoch während des Verfahrens zurück, kann ihm später eine erneute Klage verwehrt sein. Das BAG sieht es als treuwidrig und damit als unzulässig an, wenn der freie Mitarbeiter später nochmals mit der Begründung klagt, er sei durchgehend Arbeitnehmer gewesen und deshalb tariflich unkündbar (vgl. BAG NZA 2000, 106 (107)). Widersprüchlich verhält sich ein Mitarbeiter auch, wenn er zunächst eine Festanstellung ausdrücklich abgelehnt hat, später aber die Feststellung seines Arbeitnehmerstatus begehrt (vgl. BAG NZA 1997, 818; Paschke/Berlit/Meyer/Kröner/*Binder* 67. Abschnitt Rn. 205 ff.).

35. Kapitel. Tarifverträge

I. Der Tarifvertrag

1. Im Bereich des klassischen Pressewesens werden die Arbeitsverhältnisse derzeit im Wesentlichen noch durch *Tarifverträge* zwischen Gewerkschaften und Arbeitgeberverbänden geregelt. 1

Viele Redakteure an Tageszeitungen und Zeitschriften sind im Deutschen Journalisten Verband eV (DJV) organisiert oder gehören der dju (Deutsche Journalistinnen- und Journalisten-Union) als Journalistenorganisation innerhalb des DGB an, die eine Berufsgruppe innerhalb der Fachgruppe Medien in der Vereinten Dienstleistungsgewerkschaft (ver.di) ist. Viele Medienunternehmen gehören dem Bundesverband Digitalpublisher und Zeitungsverleger eV (BDZV), oder dem Verband Deutscher Zeitschriftenverleger eV (VDZ) an (vgl. Schaffeld/Hörle/*Schaffeld* D Rn. 13 f.).

a) Ein Tarifvertrag ist ein zwischen einem oder mehreren Arbeitgebern oder Arbeitgeberverbänden und einer oder mehreren Gewerkschaften geschlossener schriftlicher Vertrag von arbeitsrechtlichen Pflichten *(schuldrechtlicher oder obligatorischer Teil)* und zur Festsetzung von Rechtsnormen über Inhalt, Abschluss und Beendigung von Arbeitsverhältnissen sowie zur Regelung betrieblicher und betriebsverfassungsrechtlicher Fragen (vgl. Schaub ArbR-HdB/*Treber* § 197 Rn. 1). Maßgebend ist das Tarifvertragsgesetz (TVG) vom 25.8.1969 (BGBl. I S. 1323), zuletzt geändert durch Art. 4f QualifizierungschancenG vom 18.12.2018 (BGBl. I S. 2651) in Verbindung mit der Verordnung zur Durchführung des TVG vom 16.1.1989 in der Fassung vom 25.11.2003. 2

b) *Tariffähig,* dh befugt, Partei eines Tarifvertrags zu sein, sind nach § 2 TVG alle Verbände, die die Merkmale einer Koalition (→ Kap. 36 Rn. 1) erfüllen (vgl. BAG NZA 2011, 289 (292 ff.)). 3

4 c) Die *Regelzuständigkeit* der Tarifvertragsparteien bezieht sich ausschließlich auf die „Wahrung und Förderung der Arbeits- und Wirtschaftsbedingungen" (vgl. Art. 9 Abs. 3 GG). Damit sind dem Wirkungskreis der Koalitionen bzw. der Verbände Grenzen gezogen, die sich aus dem Verfassungsrecht ergeben. Dies ist vor allem im Hinblick auf die „innere Pressefreiheit" relevant (→ Kap. 38 Rn. 3 ff.).

5 2. Im Hinblick auf den *Inhalt* des Tarifvertrages regeln die *obligatorischen Bestimmungen* die Rechte und Pflichten zwischen den Vertragsparteien. Obligatorischer Natur ist die sog. *Selbstpflicht* der Tarifvertragsparteien, den Tarifvertrag zu erfüllen (vgl. ErfK/*Franzen* TVG § 1 Rn. 80).

Als Selbst- oder Erfüllungspflicht kommt insbesondere die *Friedenspflicht* in Betracht. Danach sind die Tarifvertragsparteien verpflichtet, zur Wahrung des Arbeitsfriedens während der Dauer des Tarifvertrages Arbeitskampfmaßnahmen zu unterlassen. Neben den Selbst- oder Erfüllungspflichten haben die Tarifvertragsparteien auch sog. *Einwirkungspflichten*. Dabei unterscheidet man (vgl. ErfK/*Franzen* TVG § 1 Rn. 81 ff.) die *Innehaltungs-* und die *Durchführungspflicht*. Aus der Innehaltungspflicht folgt, dass die Tarifvertragsparteien mit verbandsrechtlich zulässigen Mitteln dafür sorgen müssen, dass die Verbandsmitglieder sich tarifmäßig verhalten, insbesondere keine unzulässigen Arbeitskampfmaßnahmen wie etwa einen wilden Streik (vgl. → Kap. 36 Rn. 16) ergreifen. Die Durchführungspflicht verpflichtet die Tarifvertragsparteien darüber zu wachen, dass ihre Mitglieder auch tatsächlich die normativen Bestimmungen des Tarifvertrages durchführen.

6 3. Die *normativen Bestimmungen* bilden den eigentlichen Inhalt des Tarifvertrages. Sie betreffen nicht die Beziehungen der Tarifvertragsparteien untereinander, sondern regeln die einzelnen Arbeitsverhältnisse der Verbandsmitglieder (vgl. ErfK/*Franzen* TVG § 1 Rn. 38). Oft findet man in den Arbeitsverträgen nicht tarifgebundener Vertragspartner eine statische oder dynamische Bezugnahme auf die jeweiligen Tarifverträge. Die arbeitsvertraglichen Ansprüche der nicht Tarifgebundenen richten sich dann dennoch in Art und Umfang nach dem in Bezug genommenen Tarifvertrag und dessen Bestimmungen, ggf. in der jeweils aktuell geltenden Fassung.

Tarifverträge enthalten zB Vereinbarungen über Gehaltshöhe, Urlaubsdauer, Arbeitszeit, Lohn- bzw. Gehaltszuschläge. Die normativen Bestimmungen sind Gesetz im materiellen Sinne und stellen objektives, grundsätzlich zwingendes Recht dar.

II. Die Tarifverträge für fest angestellte Redakteure an Tageszeitungen

7 1. Zwischen dem BDZV und den Tarifverbänden der Journalisten wurde zuletzt am 24.4.2014 ein *Manteltarifvertrag für Redakteure an Tageszeitungen* (MTV) geschlossen, der rückwirkend vom 1.1.2014 an gilt und mehrfach verlängert worden ist.

Ergänzende Bestimmungen enthalten die dazugehörigen Anschlussverträge (Tarifvertrag über die Abwendung sozialer Härten bei Maßnahmen von Kooperation und Konzentration von Tageszeitungen vom 10.9.1968 als Anhang des MTV; Gehaltstarifvertrag für Redakteure an Tageszeitungen vom 2.7.2018 (→ Rn. 40); Tarifvertrag über die Altersversorgung für Redakteure an Tageszeitungen vom 15.12.1997, allgemeinverbindlich mit Ausnahme der Länder Thüringen und Sachsen (→ Rn. 43); Tarifvertrag über die Altersversorgung für Redakteure mit dem Schwerpunkt Online-, Audio- und Audiovisueller Berichterstattung an Tageszeitungen vom 17.12.2018; Tarifvertrag über das Redaktionsvolontariat an Tageszeitungen (Wort, Bild, Online oder audiovisuell) und/oder unternehmensrechtlich verbundenen Redaktionsgesellschaften vom 13.12.2016; Tarifvertrag über Einführung und Anwendung rechnergesteuerter Textsysteme (von 1978, der nur in den alten Bundesländern gilt); Tarifvertrag über vermögenswirksame Leistungen für Redakteure und Redaktionsvolontäre an Tageszeitungen vom 13.4.1972).

8 a) Der *Geltungsbereich* des MTV erstreckt sich gemäß § 1 Nr. I MTV derzeit *räumlich* auf das gesamte Bundesgebiet. Zur Geltung in den Ländern ist es stets erforderlich, dass die Landesverbände des BDZV einen Tarifabschluss des Bundesverbandes BDZV akzeptieren, da der BDZV als abschließende Koalition den MTV nicht aus eigenem Recht, sondern aus abgeleiteten Recht abschließt. Gleiches gilt für den VDZ (vgl. Schaffeld/Hörle/*Schaffeld* B Rn. 34; vgl. → Kap. 36 Rn. 1).

Fachlich gilt er für alle Verlage, die Tageszeitungen herausgeben und *persönlich* für alle hauptberuflich an Tageszeitungen fest angestellten Redakteure sowie Volontäre, sofern für diese nichts anderes bestimmt ist (vgl. § 1 Nr. I MTV; BAG NJW 1982, 302; zu der Frage, welcher Tarifvertrag bei einer Mischtätigkeit anzuwenden ist, vgl. ArbG Aachen AfP 2000, 202; Schaffeld/Hörle/*Schaffeld* B Rn. 35). Eingeschlossen sind auch die im Ausland für inländische Verlage tätigen Redakteure (vgl. § 1 Nr. I MTV). Den Status eines (Bild-)Redakteurs erfüllt derjenige Fotograf, der mit seinen Bildbeiträgen zur Berichterstattung in der Zeitung beiträgt und dadurch nicht nur bei der Anfertigung der Bilder, sondern auch an der Erstellung des redaktionellen Teils kreativ mitwirkt (vgl. ArbG Aachen AfP 2000, 202). Davon ist üblicherweise auszugehen, wenn der Pressefotograf in die redaktionelle Arbeit einbezogen wird, etwa durch die inhaltliche Mitwirkung an Redaktionskonferenzen oder durch die Beteiligung an sonstigen redaktionellen Entscheidungen (vgl. BAG AfP 2003, 565 (566)). Als Redakteur gilt nach § 1 Nr. II MTV, wer kreativ an der Erstellung des redaktionellen Teils von Tageszeitungen regelmäßig in der Weise mitwirkt, dass er (1.) Wort-, Bildmaterial oder Audio-/Audio-Video-Material sammelt, sichtet, ordnet, dieses auswählt und veröffentlichungsreif bearbeitet und/oder (2.) mit eigenen Wort-Bildbeiträgen und/oder oder Audio-/Audio-Video zur Berichterstattung und Kommentierung in der Zeitung beiträgt, und/oder (3.) die redaktionell-technische Ausgestaltung (insbesondere Anordnung und Umbruch) des Textteils in gedruckter oder in elektronischer Form besorgt und/oder (4.) diese Tätigkeiten koordiniert.

b) Nach § 2 Nr. 1 MTV haben Verlag und Redakteur Anspruch auf einen schriftlichen **9**
Anstellungsvertrag. Dies gilt auch für spätere Vertragsänderungen.

Bei der Anstellung sind der Zeitpunkt des Vertragsbeginns festzulegen, die Gehaltsgruppe, das Gehalt und die anzurechnenden Berufsjahre bei Eintritt, das Tarifgehalt und etwaige Zulagen (Leistungs-, Funktions- und übertarifliche Zulage), die Verpflichtung des Redakteurs auf die Innehaltung von Richtlinien für die grundsätzliche Haltung der Zeitung, das Arbeitsgebiet des Redakteurs und die Art und Weise der Erstattung etwaiger Dienstauslagen (§ 2 Nr. 2 MTV). Die Verpflichtung des Redakteurs kann nach § 2 Nr. 3 MTV durch schriftliche Vereinbarung auf mehrere oder andere Verlagswerke desselben Verlags und Tätigkeiten erweitert werden.

aa) Dem Redakteur muss als Arbeitsentgelt ein *festes Gehalt* (Grundgehalt) gezahlt werden (§ 3 **10**
Nr. 1 MTV).

Ferner ist der Verlag verpflichtet, dem Redakteur jene Auslagen zu ersetzen, die dieser ausschließlich im Interesse und für Zwecke des Verlags macht (Auslagenersatz), soweit er dem Verlag die steuerlich erforderlichen Nachweise liefert. Den Ersatz der Kosten für Unterkunft, Verpflegung, Bewirtung und die Benutzung des eigenen Pkws für Dienstfahrten bestimmen die jeweiligen Vertragsrichtlinien (§ 3 Nr. 2 MTV). Auch die Anschaffungskosten einer vom Verlag für erforderlich gehaltenen Kameraausrüstung werden dem Redakteur erstattet (vgl. § 3 Nr. 3 MTV).

bb) Gemäß § 4 MTV haben die Redakteure Anspruch auf eine spätestens am 31.12. eines **11**
jeden Jahres fällige tarifliche *Jahresleistung* (13. Gehalt) in Höhe von derzeit 82,5 % des jeweiligen tariflichen Monatsgehalts (vgl. § 4 Abs. 1 MTV).

Im Falle des Eintritts und/oder Ausscheidens im Laufe des Fälligkeitsjahres sowie bei Teilzeitbeschäftigung wird die Jahresleistung entsprechend gekürzt (vgl. § 4 Nr. 2, 5 MTV). Für die Zeiten unbezahlter Arbeitsbefreiung wird die Jahresleistung gemäß § 4 Nr. 3 MTV entsprechend gekürzt (Krankheit länger als 6 Wochen, Wehr- und Wehrersatzdienst, Elternzeit, Streikteilnahme, unbezahlter Sonderurlaub oder unbezahlte Pflegezeit gemäß § 3 PflegeZG). Eine Kürzung während der Entgeltfortzahlungspflicht (Mutterschutz, § 11 ff. MuSchG, Feiertage, § 2 Abs. 1 EFZG, Urlaub, § 1 BUrlG, Betriebsratstätigkeit, § 37 Abs. 2 BetrVG, Krankheit im Entgeltfortzahlungszeitraum, §§ 3, 4 EFZG) sowie arbeitgeberseitiger Freistellung (§§ 615 S. 1, 326 Abs. 2 BGB) scheidet dagegen aus.

cc) Die Fortzahlung der Bezüge im Krankheitsfall und die Leistungspflichten des Verlages im **12**
Falle des Todes eines Redakteurs an die Hinterbliebenen bzw. Unterhaltsberechtigten regeln die §§ 5 und 6 MTV.

dd) Die regelmäßige wöchentliche Arbeitszeit des Redakteurs beträgt nach § 7 Nr. 1 MTV **13**
36,5 Stunden. Der *Zeitausgleich* für zusätzliche Arbeitsstunden erfolgt durch *Verrechnung* mit der Arbeitszeit durch Zuweisung von Freizeit, die auch stundenweise erfolgen kann, möglichst

innerhalb der folgenden zwei Wochen. Danach erfolgt der Ausgleich im Rahmen der betrieblichen Möglichkeiten vorrangig in vollen Tagen, wenn der Anspruch des Redakteurs 7,3 Stunden und mehr beträgt. Nach Ablauf der folgenden zwei Kalendermonate hat eine finanzielle Abgeltung zu erfolgen, die für jede geleistete Stunde 1/122 des vereinbarten Monatsgehalts beträgt (vgl. § 7 Nr. 1 Abs. 2 MTV).

14 Der Redakteur ist für eine Überschreitung der tariflichen Stundenzahl und dafür, dass ein Freizeitausgleich in den folgenden zwei Monaten nicht möglich war, nachweispflichtig (vgl. ArbG Mainz AfP 1997, 584 (585)). Die von den Verlagen zur Verfügung gestellten Formulare zur Erfassung der täglichen Arbeitszeit muss der Redakteur nicht benutzen. Er kann sich auch anderer Beweismittel bedienen.

15 Der Redakteur arbeitet an fünf Tagen in der Woche (§ 7 Nr. 2 MTV). Die freien Tage sind nach Absprache mit dem zuständigen Vorgesetzten unter Abwägung der persönlichen Belange des Redakteurs zu nehmen. Dreimal im Monat sind zwei freie Tage zusammenhängend zu gewähren. Für Sportredakteure gilt eine Sonderregelung (§ 7 Nr. 2a MTV). Die konkrete Festsetzung der Arbeitszeiten der Redakteure zur Sicherung der Tendenzverwirklichung unterliegt nicht der Mitbestimmung des Betriebsrates (vgl. BAG AfP 2000, 82 (83 f.); NZA 1992, 705 (707); dazu auch → Kap. 37 Rn. 29).

16 Freie Tage bedeuten Ruhezeit (§ 5 ArbZG). Eine vom Verleger vorgeschriebene *Dienstbereitschaft* (vgl. BAG NZA 2001, 449 (450)) gehört nicht zur Ruhezeit, sondern ist Arbeitszeit. Trotz der Beeinträchtigung der individuellen Gestaltung der Freizeit und des damit verfolgten Erholungszwecks gilt dagegen die *Rufbereitschaft* nicht als Arbeitszeit, sofern es nicht zu einem Arbeitseinsatz kommt (vgl. Schaub ArbR-HdB/*Vogelsang* § 156 Rn. 21; EuGH NZA 2000, 1227).

17 Arbeitet der Redakteur an einem *Sonn- oder Feiertag* weisungsgemäß mehr als 4 Stunden, so erhält er einen *Zuschlag* in Höhe von 76,70 EUR (Volontäre: 51,10 EUR; vgl. § 8 Nr. 1 MTV).

Dieser Anspruch kann nicht dadurch vereitelt werden, dass lediglich zB regelmäßig drei Stunden Sonn- oder Feiertagsarbeit angeordnet werden. Eine etwaige pauschalierte Abgeltung der Zuschläge ist im Rahmen der Gehaltsvereinbarung auszuweisen (vgl. § 8 Nr. 2 MTV).

18 Neben den tarifvertraglichen Vorschriften, die die Arbeitszeit betreffen, finden die Bestimmungen des ArbZG Anwendung. Die regelmäßige werktägliche Höchstarbeitszeit beträgt nach § 3 S. 1 ArbZG acht Stunden und kann gemäß § 3 Abs. 2 ArbZG ohne bestimmte Anlässe auf bis zu zehn Stunden verlängert werden, wenn innerhalb von sechs Kalendermonaten (ca. 26 Wochen) oder innerhalb von 24 Wochen im Durchschnitt acht Stunden werktäglich nicht überschritten werden. Davon mögliche Abweichungen in einem Tarifvertrag oder aufgrund eines Tarifvertrags regeln § 7 ArbZG (vgl. Schaub ArbR-HdB/*Vogelsang* § 156 Rn. 24 ff.).

19 Die tägliche Arbeitszeit eines Redakteurs beginnt grundsätzlich mit seiner Arbeitsbereitschaft an dem ihm zugewiesenen oder dem allgemein üblichen Arbeitsplatz. Die Arbeitsleistung und damit der Arbeitsbeginn kann auch außerhalb des Betriebs liegen, wenn der Arbeitgeber damit einverstanden ist oder sich dies aus der Natur der Sache ergibt. Die Arbeitszeit endet grundsätzlich mit dem Verlassen des Arbeitsplatzes. Das Ende seiner Arbeitszeit kann ein Redakteur dann selbst bestimmen, wenn er von seinem Arbeitgeber nicht auf die Einhaltung einer im Voraus festgelegten Arbeitszeit verpflichtet ist. Er hat dabei aber die betrieblichen Erfordernisse zu beachten und sich an seinem Arbeitsplatz so lange arbeitsbereit zu halten, wie zu erwarten steht, dass innerhalb seines Aufgabenbereiches von ihm noch Tätigkeiten angefordert bzw. erwartet werden (vgl. *Berger-Delhey* AfP 1989, 721 (723); vgl. auch → Kap. 37 Rn. 29 f.).

19a Fraglich ist, unter welchen Voraussetzungen ein Redakteur nach Verlassen seines Arbeitsplatzes für eine Tätigkeit in seinem privaten Lebensbereich Vergütung beanspruchen kann. Vergütungsrechtlich relevant ist eine Tätigkeit, die im privaten Bereich stattfindet, wenn sie einen unmittelbaren Bezug auf die dem Redakteur zugewiesenen oder vertraglich ausbedungenen Arbeitsverpflichtungen hat, wie etwa die Abfassung eines Artikels. Sofern eine Betätigung nicht eindeutig dem beruflichen Bereich zuzuordnen ist, gehört sie in den privaten Lebensbereich und vermag keine Vergütungsansprüche auszulösen. So kann der Besuch von Sportveranstaltungen durch einen Sportredakteur dann nicht auf die Arbeitszeit angerechnet werden, wenn hierfür kein spezieller Auftrag vorliegt. Nimmt er dagegen an der Sportveranstaltung für seine Zeitung teil, so hat der Redakteur nach pflichtgemäßem Ermessen zu beurteilen, wie lange seine Anwesenheit bei der Veranstaltung erforderlich ist. Insoweit ist der Redakteur gegenüber seinem Arbeitgeber darlegungspflichtig.

ee) Der *Urlaubsanspruch* des Redakteurs beträgt nach § 9 Nr. 2b) MTV 30 Urlaubstage. Redakteure, deren Arbeitsverhältnis mit dem Verlag vor dem 30.6.2014 begonnen hat, haben dagegen noch einen nach dem Lebensalter gestaffelten Urlaubsanspruch zwischen 30 und 34 Urlaubstagen (§ 9 Nr. 2a) MTV). Urlaubstage sind nach § 9 Nr. 3 MTV alle Arbeitstage, wobei die Urlaubswoche mit fünf Urlaubstagen anzusetzen ist und gesetzliche Feiertage nicht als Urlaubstage gelten. Der Anspruch auf den vollen Jahresurlaub entsteht nach einer sechsmonatigen Wartezeit (§ 4 BurlG, § 9 Nr. 6 MTV; zur Bestimmung der Wartezeit vgl. *Schaub* ArbR-HdB/*Linck* § 104 Rn. 25 ff.). Zusätzlich besteht ein mehrtägiger über die Regelung des § 616 BGB hinausgehender Anspruch auf bezahlte *Freistellung* zB bei Umzug, Heirat, Niederkunft der Ehefrau und Todesfällen in der Familie (vgl. § 9 Nr. 10 MTV). Unter engen Voraussetzungen haben die Redakteure in den Ländern Berlin, Brandenburg, Bremen, Hamburg, Hessen, Mecklenburg-Vorpommern, Niedersachsen, Rheinland-Pfalz, Saarland, Sachsen-Anhalt, Schleswig-Holstein und Nordrhein-Westfalen zusätzlich einen als verfassungsgemäß bestätigten (vgl. BVerfG NJW 1988, 1899 (1902)) Anspruch auf *bezahlten Bildungsurlaub* (vgl. *Schaub* ArbR-HdB/*Linck* § 105 Rn. 2 ff.). 20

Das ergänzend anwendbare BUrlG gilt auch für arbeitnehmerähnliche Personen (§ 2 BUrlG). Daher haben auch *ständige freie Mitarbeiter,* soweit sie zur Gruppe der arbeitnehmerähnlichen Personen gehören (vgl. → Kap. 34 Rn. 24), Anspruch auf bezahlten Erholungsurlaub. Wenn sie – wie häufig – für mehrere Verlage tätig sind, haben sie jedoch nur gegen diejenigen einen Anspruch, von denen sie wirtschaftlich abhängig sind (vgl. BAG NJW 1973, 1994 (1995); vgl. → Kap. 34 Rn. 24). Aufgrund seiner persönlichen Unabhängigkeit darf der Mitarbeiter auch während des Urlaubs weiterhin für andere Verlage tätig sein (vgl. Schaub ArbR-HdB/*Linck* § 104 Rn. 138 ff.). 21

Alle Redakteure erhalten nach § 10 MTV ein *Urlaubsgeld* in Höhe von 67,5 % ihres Effektivgehalts, also ihrem Bruttogehalt einschließlich übertariflicher Zulagen und Leistungszulagen (§ 10 Nr. 2a) MTV; für Volontäre gilt nach § 10 Nr. 2b) MTV deren effektives Monatsentgelt). Wer im Laufe des Kalenderjahres eintritt oder ausscheidet, erhält für jeden Monat Verlagszugehörigkeit ein Zwölftel des Urlaubsgeldes (§ 10 Nr. 1c) MTV). 22

Da der Urlaub der Erholung dienen soll, ist es dem Redakteur untersagt, während des Urlaubs eine dem *Urlaubszweck widersprechende Erwerbstätigkeit* auszuüben (§ 9 Abs. 1 MTV; vgl. § 8 BUrlG; BAG NJW 1973, 1995 (1996)).

c) Nach § 2 Nr. 2c MTV muss der Verleger den Redakteur bei der Anstellung auf die *Einhaltung von Richtlinien* für die *grundsätzliche Haltung* der Zeitung verpflichten. 23

Aus der dem Grundrecht der Pressefreiheit folgt, dass der Verleger die grundsätzliche publizistische Haltung sowie den Charakter und die Erscheinungsform der Zeitung bestimmt (vgl. BVerfG NJW 1980, 1093 (1094)). Der Redakteur ist seinerseits zur *vertrauensvollen Zusammenarbeit* mit dem Verleger verpflichtet und hat bei seiner Arbeit das Gesamtinteresse des Verlages und die festgelegten Richtlinien zu beachten. Die Festlegung bietet dem Redakteur einen wertvollen *Gewissens- und Gesinnungsschutz.* § 14 Nr. 1 MTV gibt dem Redakteur das Recht, innerhalb eines Monats nach Kenntnis der Änderung der grundsätzlichen Haltung der Zeitung durch den Verleger, die ihm nicht zumutbar ist, seine Tätigkeit aufzugeben. Dabei behält er den Anspruch auf Fortzahlung der vertraglichen Vergütung bis zum Ablauf der Kündigungsfrist, mindestens jedoch für sechs Monate. § 615 BGB, also die Anrechnung anderweitig erzielte Einkünfte des Redakteurs, findet dabei Anwendung (§ 14 Nr. 1 S. 2 und 3 MTV). Umgekehrt muss der Redakteur mit einer Kündigung rechnen, wenn er gegen die Tendenz-Richtlinien seiner Zeitung verstößt (vgl. LAG Sachsen-Anhalt NZA-RR 2003, 244 (245)). 24

Im Falle einer Veräußerung des Verlagsunternehmens oder eines Betriebsteils gilt § 613a BGB Anwendung (§ 15 Nr. 1 MTV). Danach tritt der neue Inhaber des Betriebes oder Betriebsteils in die Rechte und Pflichten aus den im Zeitpunkt des Übergangs bestehenden Arbeitsverhältnissen ein (vgl. → Kap. 37 Rn. 43 f.). Der Arbeitnehmer kann dem Übergang des Arbeitsverhältnisses innerhalb eines Monats nach Bekanntgabe widersprechen (vgl. § 613a Abs. 6 BGB). Diese Regelung gilt entsprechend bei der Veräußerung eines Verlagsobjektes und bei der Veräußerung 25 von Teilauflagen, für die der Redakteur ausschließlich oder überwiegend tätig ist (vgl. § 15 Nr. 2 MTV).

26 d) Der Anstellungsvertrag enthält gemäß dem MTV als *Pflichten des Redakteurs nicht zuletzt* die *Dienstleistungspflicht* (vgl. → Rn. 9).

aa) Sie ist das Korrelat zur Entlohnungspflicht des Verlegers. Der Redakteur hat seine Arbeitsleistung grundsätzlich *in Person* zu erbringen (§ 613 S. 1 BGB). Nur mit ausdrücklicher Einwilligung des Verlegers kann er Hilfspersonen hinzuziehen oder sich vertreten lassen

Der Redakteur hat dem Verleger nicht seine ganze Arbeitskraft zur Verfügung zu stellen, sondern nur im Rahmen der gesetzlichen, tariflichen, vertraglichen oder betrieblichen Arbeitszeit. Er ist daher *befugt,* eine Nebentätigkeit auszuüben, die aber nach § 12 Nr. 1 MTV die berechtigten Interessen des Verlages nicht beeinträchtigen darf, also zB nicht die Arbeitskraft des Redakteurs verringert. Eine journalistische oder redaktionelle Nebentätigkeit ist, falls es sich nicht um gelegentliche Einzelfälle handelt, dem Verlag mitzuteilen (vgl. § 12 Nr. 2 S. 1 MTV). Die Ausübung einer regelmäßigen journalistischen oder redaktionellen Nebentätigkeit bedarf der *ausdrücklichen Einwilligung* des Verlages (§ 12 Nr. 2 S. 2 MTV). Ohne Einwilligung darf der Redakteur auch die Nachrichten und Unterlagen, die ihm bei seiner Tätigkeit für den Verlag bekannt geworden sind, nicht anderweitig verarbeiten, verwerten oder weitergeben (§ 12 Nr. 3 MTV; siehe hierzu insgesamt Paschke/Berlit/Meyer/Kröner/*Binder* 67. Abschnitt Rn. 64 ff.).

27 bb) Dem verlegerischen Direktionsrecht und der damit verbundenen Weisungsbefugnis (vgl. zur Konkretisierung der journalistischen Arbeitsverpflichtung auch → Kap. 38 Rn. 18 ff.) entspricht die *Gehorsamspflicht* des Redakteurs. Die Gehorsamspflicht richtet sich im Einzelnen nach dem Umfang des *Direktionsrechts.* Das Direktionsrecht des Verlegers erstreckt sich auf die Bestimmung und Ausführung der Arbeit und auf das Verhalten des Redakteurs im Betrieb oder Unternehmen, denn dem Verleger steht verfassungsrechtlich die Organisation der Binnenstruktur seines Presseunternehmens zu (vgl. → Kap. 38 Rn. 18). Hinsichtlich der Gestaltung des Stoffes und der Arbeit ist der Verleger daher befugt, dem Redakteur *Anweisungen* zu erteilen, die dieser zu beachten und zu erfüllen hat. Folgt der Redakteur den erteilten Anweisungen nicht, so kann er schadensersatzpflichtig uU auch gekündigt werden. Die Weisungen des Verlegers dürfen jedoch nicht *im Widerspruch* zu der vereinbarten und festgelegten grundsätzlichen Haltung der Zeitung stehen, andernfalls steht dem Redakteur das Leistungsverweigerungs- und Kündigungsrecht gemäß § 14 Nr. 1 MTV zu (vgl. → Rn. 24; zur Frage, ob das Direktionsrecht des Verlegers die Eigenverantwortlichkeit und die Rechtsstellung des Redakteurs tangiert, vgl. → Kap. 38 Rn. 19 ff.).

28 cc) Weiterhin obliegt dem Redakteur eine *Treuepflicht* gegenüber dem Verleger als eine auf Treu und Glauben (§ 242 BGB) begründete Nebenpflicht aus dem Arbeitsvertrag. Die Verpflichtungen der Vertragsparteien beschränken sich nicht auf einen gegenseitigen Leistungsaustausch (Arbeit gegen Geld), sondern umfassen wechselseitige *Obhuts-, Rücksichts- und Informationspflichten,* die früher auf Seiten des Arbeitgebers als *Fürsorgepflichten* und auf Seiten des Arbeitnehmers als *Treuepflichten* bzw. nunmehr als Nebenpflichten bezeichnet werden (vgl. Schaub ArbR-HdB/*Linck* § 53 Rn. 1 ff.; Löffler/*Dörner/Grund* BT ArbR Rn. 96). Darunter wird allgemein die Pflicht verstanden, auf die Belange des Arbeitgebers Rücksicht zu nehmen. Der Redakteur hat daher nach besten Kräften die Interessen des Verlegers zu fördern und Schaden von ihm abzuwenden. (zur Haftungsbeschränkung des Redakteurs je nach Grad seines Verschuldens → Kap. 41 Rn. 22.) Das bedeutet allerdings nicht, dass der Redakteur gehindert ist, seine Interessen mit rechtlich zulässigen Mitteln zu verfolgen. Beispielsweise kann er unter Androhung der Kündigung um eine Gehaltserhöhung nachsuchen (vgl. Schaub ArbR-HdB/*Linck* § 53 Rn. 5).

29 Aus der Treuepflicht gegenüber dem Verleger folgt eine *Einschränkung* des Grundrechts der *Meinungsfreiheit* für Redakteure (vgl. Schaub ArbR-HdB/*Linck* § 53 Rn. 10; *Bolwin* AfP 1987, 472 (474)). Die Freiheit der Meinungsäußerung besteht nicht schrankenlos, sondern findet ihre Grenze in den allgemeinen Gesetzen, zu denen auch die anerkannten Grundsätze des Arbeitsrechts gehören (vgl. BAG NJW 1983, 1220 (1221)).

Danach darf der Arbeitnehmer durch sein Verhalten nicht den Arbeitsablauf oder den Betriebsfrieden gefährden, beeinträchtigen oder gar stören, zB durch politische Agitation (vgl. BAG NJW 1978, 239 (240)). Wenn das *außerdienstliche* Verhalten auf das Arbeitsverhältnis zurückwirken kann, darf der Arbeitgeber grundsätzlich auch an die private Lebensführung gesteigerte Anforderungen stellen (vgl. Schaub ArbR-HdB/*Linck* § 53 Rn. 10). Darüber hinaus treffen in Presseverlagen als Tendenzbetrieben, in denen die Beschränkung der Meinungsfreiheit weiter geht als in anderen Unternehmen, die Redakteure als Tendenzträger gesteigerte Loyalitätspflichten im *außerdienstlichen Bereich,* sofern die Glaubwürdigkeit der Zeitung hinsichtlich ihrer publizistischen Haltung tangiert wird. Der Umfang dieser Loyalitätspflicht, die von der Pflicht zur aktiven Tendenzförderung bis zum Gebot der Zurückhaltung und Neutralität (zB bei politischen Äußerungen in der Öffentlichkeit) reichen kann, richtet sich nach der Funktion des Redakteurs und danach, ob und inwieweit der Redakteur mit der Zeitung/dem Verlag identifiziert wird und deshalb durch sein Verhalten die Glaubwürdigkeit der Zeitung beeinträchtigt werden kann (vgl. LAG Sachsen-Anhalt NZA-RR 2003, 244; BAG AfP 1983, 476 (479); Löffler/*Dörner*/*Grund* BT ArbR Rn. 96; Paschke/Berlit/Meyer/Kröner/*Binder* 67. Abschnitt Rn. 58 f.; ErfK/*Schmidt* GG Art. 5 Rn. 75 ff.). Ein redaktionelles Medium kann nur überzeugen, wenn der Redakteur ihre grundsätzliche publizistische Haltung akzeptiert. Dies gilt vor allem auch dann, wenn dieser auf Grund seiner gesellschaftlichen Stellung und/oder beruflichen Kompetenz besondere Autorität bei seinem außerdienstlichen Verhalten in Anspruch nehmen kann (vgl. Paschke/Berlit/Meyer/Kröner/*Binder* 67. Abschnitt Rn. 66.) und deshalb die Gefahr besteht, dass seine Äußerungen in der Öffentlichkeit mit der politischen Grundhaltung des Verlages gleichgesetzt werden (vgl. BAG NZA 2003, 166 (169)). Eine Einschränkung der Meinungsfreiheit des Redakteurs außerhalb des Dienstes folgt auch aus dem Gesichtspunkt, dass er durch den Anstellungsvertrag und seine Verpflichtung auf die grundsätzliche Haltung der Zeitung in eine solche Beschränkung eingewilligt hat (zur Vertraulichkeit der Redaktionsarbeit und Weitergabe von Informationen an die Öffentlichkeit, vgl. BVerfG NJW 1984, 1741 (1745)).

e) Das Arbeitsverhältnis endet nach § 13 Nr. 6 S. 1 MTV spätestens drei Monate nach Ablauf **30** des Monats, in dem der Redakteur die ungekürzte Regelaltersrente beziehen kann. Sollten aus Gründen, die nicht in der Person des Redakteurs liegen, die Voraussetzungen für die ungekürzte Regelaltersrente nicht vorliegen, müssen auf Verlangen des Redakteurs Anschlussverträge bis zu einer Dauer von höchstens zwei Jahren geschlossen werden, wenn damit die Voraussetzungen für den Bezug der ungekürzten Regelaltersrente erfüllt werden (§ 13 Nr. 6 S. 2 MTV).

Vorher endet das Arbeitsverhältnis durch *Kündigung* oder durch einverständlichen gegenseiti- **31** gen *Aufhebungsvertrag.* Rechtsquellen des Kündigungsrechts sind das BGB (§§ 620–628), der Manteltarifvertrag (§§ 14 ff.) und das Kündigungsschutzgesetz von 25.8.1969 (KSchG BGBl. I S. 1317).

Die Kündigung ist eine einseitige, empfangsbedürftige Willenserklärung, die zwingend in Schriftform zu erfolgen hat (§ 623 BGB). Das Arbeitsrecht unterscheidet zwischen *ordentlicher und außerordentlicher Kündigung.* Der Unterschied besteht darin, dass die ordentliche Kündigung unter Einhaltung der vertraglichen, tariflichen oder gesetzlichen Kündigungsfrist erfolgt, während die außerordentliche Kündigung grundsätzlich fristlos erklärt wird.

aa) Für die *außerordentliche Kündigung* gilt § 626 BGB. Danach kann von jedem Vertragsteil **32** das Dienstverhältnis ohne Einhaltung einer Kündigungsfrist gekündigt werden, wenn ein *wichtiger Grund* vorliegt. Dessen Mitteilung ist nicht Voraussetzung für die *Wirksamkeit* der Kündigung (vgl. Schaub ArbR-HdB/*Linck* § 127 Rn. 15). Allerdings hat der Gekündigte nach § 626 Abs. 2 S. 3 BGB einen mündlich oder schriftlich zu stellenden Anspruch auf unverzügliche Mitteilung des Kündigungsgrundes, damit er eine gerichtliche Anfechtung prüfen kann. Ein solcher Grund ist dann gegeben, wenn eine Vertragsverletzung so erheblich ist, dass dem Kündigenden die Fortsetzung des Vertragsverhältnisses bis zum Ablauf der Frist einer ordentlichen Kündigung nicht zugemutet werden kann. Es müssen jedoch die Interessen des Gekündigten Berücksichtigung finden (vgl. BAG NZA 2006, 1033 (1035)). Nach den Grundsätzen der Verhältnismäßigkeit muss sie die unabweislich letzte Maßnahme darstellen *(„ultima ratio“).* Der Arbeitgeber hat daher vorher zu prüfen, ob eine Weiterbeschäftigung überhaupt oder bis zum Ablauf der Kündigungsfristen zu geänderten Bedingungen möglich ist (vgl. BAG NJW 2009, 105 (106)). Zu beachten ist auch, dass bei Kündigungsgründen aus dem Leistungsbereich in der Regel vorher *abgemahnt* werden muss (vgl. BAG NZA-RR 2007, 571 (578)).

Der MTV benennt als Beispiel eines wichtigen Grundes „grobe Verstöße gegen die verein- **33** barten Richtlinien“ (§ 13 Nr. 4 MTV). Von der Rechtsprechung wurde etwa in folgenden

Fällen ein wichtiger Grund angenommen: grobe Beleidigung (vgl. BAG NZA 2006, 917 (923)) oder beharrliche Arbeitsverweigerung (vgl. BAG NZA 1997, 487 (488)). *Außerdienstliches Verhalten* rechtfertigt eine außerordentliche Kündigung nur dann, wenn dieses direkt oder indirekt sehr nachteilig auf das Dienstverhältnis zurückwirkt (vgl. BAG NJW 1985, 507 (508 f.)). Danach kann ein wichtiger Grund etwa dann vorliegen, wenn ein Redakteur sich außerdienstlich entgegen der Tendenz seiner Zeitung verhält und dadurch das Arbeitsverhältnis nicht nur geringfügig tangiert wird (vgl. BAG BeckRS 1980, 02852). Eine vorherige Abmahnung ist aber dann nicht entbehrlich, wenn bei einem einmaligen Vorfall nicht auszuschließen ist, dass der Tendenzverstoß auf einer zwar eklatanten, aber doch versehentlichen Fehleinschätzung beruht (vgl. LAG Sachsen-Anhalt NZA-RR 2003, 244).

34 bb) Die Kündigungsfrist bei der *ordentlichen Kündigung* beträgt für beide Vertragsparteien mindestens sechs Wochen zum Ende eines Kalendervierteljahres (§ 13 Nr. 1 MTV; vgl. dagegen für nicht tarifgebundene Unternehmen § 622 Abs. 1 BGB).

Die Kündigungsfrist verlängert sich für dienstältere Redakteure nach der Anzahl der Verlagsdienstjahre (vgl. § 13 Nr. 1 MTV; zur Anrechnung von Dienstjahren in anderen Verlagen bzw. der Zeiten eines Berufsverbotes während des SED-Regimes s. § 13 Nr. 2 u. 3 MTV; zur Anrechnung von Ausbildungszeiten vgl. EuGH NJW 2010, 427 (429 f.)). Die tarifvertraglich verlängerten Kündigungsfristen in § 13 Nr. 1 MTV sind auch von dem Redakteur einzuhalten, was bei einem beabsichtigten Verlagswechsel von Nachteil sein kann.

35 Da § 14 MTV *nicht* für *Redaktionsvolontäre* gilt (§ 13 Nr. 8 MTV), richtet sich deren Kündigung nach § 4 des nicht in Hessen und den ostdeutschen Ländern geltenden Tarifvertrages über das Redaktionsvolontariat an Tageszeitungen und/oder unternehmensrechtlich verbundenen Redaktionsgesellschaften (TV Redaktionsvolontariat Tageszeitungen): Während der dreimonatigen Probezeit ist eine Kündigung jederzeit von beiden Seiten mit einer Frist von einem Monat zum Monatsende möglich. Nach der Probezeit ist beiderseits eine außerordentliche Kündigung möglich. Nur der Volontär kann aber unter Einhaltung einer Frist von einem Monat zum Monatsende ordentlich kündigen (siehe hierzu auch § 22 Abs. 2 S. 2 BBiG). Die Kündigung muss nach § 4 Nr. 3 TV Redaktionsvolontariat Tageszeitungen schriftlich und bei einer außerordentlichen Kündigung nach der Probezeit unter Angabe der Kündigungsgründe erfolgen.

36 Die Kündigung von *Redakteuren,* die auch nach § 13 Nr. 5 S. 1 MTV der Schriftform bedarf, ist ohne Begründung wirksam. Der Redakteur kann aber die unverzügliche Angabe des Grundes verlangen (vgl. § 13 Nr. 5 S. 2 MTV). Sofern der Kündigungsschutz nach den §§ 1 Abs. 1, 23 ff. KSchG eingreift, müssen auf Arbeitgeberseite Gründe vorliegen, die eine *Sozialwidrigkeit* der Kündigung ausschließen (vgl. § 1 KSchG).

37 cc) Die im Betriebsverfassungsgesetz (§ 102 BetrVG) für jede Kündigung (ordentliche und außerordentliche) vorgeschriebene vorherige *Anhörung des Betriebsrats* besteht grundsätzlich auch bei der Kündigung von Redakteuren (→ Kap. 37 Rn. 33 ff.).

38 dd) Hält ein Redakteur, der dem allgemeinen Kündigungsschutz unterliegt, die Kündigung für sozialwidrig, so muss er innerhalb einer *Ausschlussfrist* von drei Wochen nach Zugang der Kündigung beim zuständigen Arbeitsgericht *Klage* mit dem Antrag auf Feststellung erheben, dass die Kündigung das Anstellungsverhältnis mit dem Verlag nicht aufgelöst hat (§ 4 KSchG).

Von erheblicher Bedeutung ist für den Redakteur die höchstrichterlich noch nicht entschiedene Frage, ob er bis zum rechtskräftigen Abschluss des Rechtsstreits *weiterbeschäftigt* werden muss, wenn der Betriebsrat der Kündigung gemäß § 102 Abs. 3 BetrVG widersprochen hat. Ein solcher Weiterbeschäftigungsanspruch ist jedoch nur dann zu bejahen, wenn die Kündigung ausschließlich auf tendenzfreien Gründen beruht und der Betriebsrat seinen Widerspruch nicht auf Gründe stützt, die die Tendenzverwirklichung verhindern (vgl. BAG NZA 2004, 501 ff.; ArbG Gera 9.1.2006 – 3 Ga 24/05, nv; Weberling/Wallraf/Deters/*Grund* S. 193 f., 197). Gleiches gilt für den allgemeinen Weiterbeschäftigungsanspruch, der eine Weiterbeschäftigung erst nach einem stattgebenden Urteil vorsieht. Wurde die Kündigung hier aus tendenzbedingten Gründen ausgesprochen, scheidet auch dieser aus (vgl. Weberling/Wallraf/Deters/*Grund* S. 199 ff.).

38a f) Die umfangreichste Regelung enthält der Manteltarifvertrag hinsichtlich des *Urheberrechts.* Der Redakteur räumt dem Verlag das ausschließliche, zeitlich, räumlich und inhaltlich unbeschränkte Recht ein, Urheberrechte und verwandte Schutzrechte im Sinne des Urhebergesetzes, die er in Erfüllung seiner vertraglichen Pflichten aus dem Arbeitsverhältnis erworben hat, vom Zeitpunkt der Rechtsentstehung an zu nutzen (§ 17 Nr. 1 MTV) bzw. durch Übertragung der Nutzungsrecht auf Dritte nutzen zu lassen (vgl. § 17 Nr. 3 MTV). Davon unberührt bleiben dem Redakteur vorbehalten die von urheberrechtlichen Verwertungsgesellschaften wahrgenommenen Zweitverwertungsrechte (§ 17 Nr. 1 Abs. 3 MTV) sowie das Urheberpersönlichkeitsrecht (§ 17 Nr. 2 MTV) und damit insbesondere das Recht des Redakteurs, Entstellungen, andere Beeinträchtigungen oder Nutzungen zu verbieten, die seine berechtigten Interessen an seinen Beiträgen gefährden können (zum Urheberrecht → Kap. 62 Rn. 17 ff.).

Weitere Vorschriften betreffen das *Nutzungsrecht* des Redakteurs nach Beendigung seines Arbeitsverhältnisses an seinen Wortbeiträgen ein Jahr nach deren Erscheinen sowie der dauerhafte Verbleib der Rechte an den Bildbeiträgen beim Verlag (§ 17 Nr. 4 MTV), das Rückrufrecht des Redakteurs bei Nichtausübung des Nutzungsrechts durch den Verlag (§ 17 Nr. 5 MTV) und die Vergütung bei weitergehenden Nutzungen (§ 17 Nr. 6 MTV) außerhalb der Objekte einschließlich ihrer digitalen Ausgaben, für die Redakteur aufgrund seines Arbeitsvertrags (§ 17 Nr. 1 Abs. 1 MTV) tätig ist (§ 17 Nr. 6 MTV).

g) § 18 MTV verkürzt die gesetzlichen Verjährungsfristen für die *Geltendmachung von Ansprüchen* aus dem Arbeitsverhältnis. Ansprüche sind innerhalb von drei Monaten nach Fälligkeit bei der anderen Vertragspartei geltend zu machen. Nach fristgerechter schriftlicher Ablehnung müssen sie innerhalb eines halben Jahres vor *Gericht* gebracht werden (vgl. § 18 Nr. 1, 2 MTV). Zur Begutachtung von Streitfällen, ob ein Arbeitnehmer unter den Tarifvertrag fällt, also Redakteur im Sinne von § 1 MTV ist, ist nach § 18 Nr. 4 MTV und § 7 Nr. 3 Gehaltstarifvertrag für Redakteure an Tageszeitungen (GTV) ein *Schlichtungsverfahren* vorgesehen. Für die Begutachtung von Streitfällen wird danach eine mit jeweils mit vier Vertretern der Berufsverbände der Verleger und Journalisten besetzte Schiedsgutachterstelle tätig. Diese ersetzt aber nicht die Zuständigkeit der Arbeitsgerichte gemäß §§ 2 und 101 ArbGG. **39**

2. Die tariflichen Vergütungen der fest angestellten Redakteure an Tageszeitungen sind im seit 1.1.2018 gültigen *Gehaltstarifvertrag für Redakteure an Tageszeitungen* (GTV) vom 2.7.2018 und den Durchführungsbestimmungen in der ab 1.1.2019 gültigen Fassung geregelt. **40**

a) Der *Geltungsbereich* entspricht dem des MTV (→ Rn. 8).

b) *Tarifgruppen* (§ 2 GTV) bilden seitdem Volontäre *(Tarifgruppe 1),* Redakteure ohne Regelqualifikation im ersten bis dritten Berufsjahr *(Tarifgruppe 2a),* Redakteure mit Regelqualifikation im ersten bis 15. Berufsjahr (*Tarifgruppe 2*b) mit der Maßgabe, dass der Einstieg in die Berufsjahresstufen nach dem 4. Berufsjahr erfolgt, soweit der Redakteur eine vom Verlag rechtzeitig vorgegebene redaktionsspezifische Qualifikationsmaßnahme spätestens im letzten Jahr vor dem Einstieg absolviert hat, Redakteure mit besonderer Funktionszuweisung *(Tarifgruppe 3)* sowie Redakteure mit Leitungsfunktionen *(Tarifgruppe 4)* Die Tarifgruppe 5 betrifft Gehälter nach freier Vereinbarung, die angemessen über den Gehaltssätzen der Tarifgruppe 4 des GTV liegen müssen. Übergangsregelungen regeln die Wahrung der bisherigen Besitzstände sowie den Übergang in die neuen Tarifgruppen (§ 2 GTV). Die konkrete Einstufung beurteilt sich gemäß § 3 GTV nach der Anzahl der Berufsjahre. Weiterhin enthält der Gehaltstarifvertrag diverse *Besitzstandsklauseln* bzw. *Bestandsklauseln,* wonach bei Abschluss des Vertrages gezahlte höhere Gehälter weitergezahlt werden müssen (§ 8 GTV)). Bei Streitigkeiten über den persönlichen Geltungsbereich des GTV kann eine Schiedsgutachterstelle angerufen werden (§ 7 GTV Nr. 3, vgl. → Rn. 39).

3. Anhang zum MTV für Redakteure an Tageszeitungen ist gemäß § 16 MTV unverändert der *Tarifvertrag über die Abwendung sozialer Härten bei Maßnahmen von Kooperation und Konzentration von Tageszeitungen* (TV Abwendung sozialer Härten) vom 10.9.1968. Er gilt nicht für Volontäre (§ 16 S. 1 MTV). Voraussetzung für die Anwendung des Anhangs ist nach dessen § 1 der Wegfall einer redaktionellen Einheit oder eines Ressorts durch ein Zusammenwirken von Verlagen bzw. beim Handeln eines Verlags auf Veranlassung eines anderen Verlags und deren damit verbundener Ersatz durch gemeinsam hergestellte redaktionelle Teile der Zeitung oder Fremdbezug von einem anderen Verlag bzw. einen Zusammenschluss von Verlagen. Kein Wegfall einer redaktionellen Einheit oder eines Ressorts ist die bloße Verminderung ihrer personellen Besetzung beispielsweise zur Kosteneinsparung. Redakteure, die aufgrund einer solchen Maßnahme gekündigt werden, haben Anspruch auf eine *Übergangshilfe* (§ 5 TV Abwendung sozialer Härten) sowie **41**

auf *Ausfallleistungen* zur Sicherung der Altersversorgung (§§ 7 ff. TV Abwendung sozialer Härten), sofern er im Zeitpunkt der Kündigung das 55. Lebensjahr vollendet hatte.

Nach § 6 TV Abwendung sozialer Härten entfällt der Anspruch auf Übergangshilfe jedoch, wenn der Redakteur Kündigungsschutzklage nach den §§ 4 ff. KSchG erhebt, es sei denn, er stützt die Klage alleine darauf, dass die Kündigung auf einem Auswahlfehler iSd § 1 Abs. 3 KSchG beruht.

42 4. Der nur in den westdeutschen Ländern und Berlin seit dem 1.1.1972 geltende *Tarifvertrag über vermögenswirksame Leistungen für Redakteure und Redaktionsvolontäre an Tageszeitungen* vom 13.4.1972 verpflichtet Arbeitgeber zur Erbringung der nach dem Gesetz zur Förderung der Vermögensbildung der Arbeitnehmer vom 27.6.1970 vorgesehenen vermögenswirksamen Leistungen an alle länger als sechs Monate bei ihnen beschäftigten Redakteure und Volontäre.

43 5. Regelungen zur Altersversorgung enthalten der seit dem 1.1.1999 für das Bundesgebiet mit Ausnahme der Länder Sachsen-Anhalt und Thüringen allgemeinverbindliche *Tarifvertrag über die Altersversorgung für Redakteure an Tageszeitungen* (TV Altersversorgung Redakteure) vom 15.12.1997 sowie der seit dem 1.7.2018 in Kraft getretene *Tarifvertrag über die Altersversorgung für Redakteure mit dem Schwerpunkt Online-, Audio- und Audiovisueller Berichterstattung an Tageszeitungen* (TV Altersversorgung Online-Redakteure) vom 17.12.2018.

Nach § 2 TV Altersversorgung Redakteure sind die Verleger von Tageszeitungen verpflichtet, alle Redakteure über das *Versorgungswerk der Presse GmbH* zu versichern und die Versicherungsbeiträge an das Versorgungswerk abzuführen. Für einen Redakteur besteht Versicherungspflicht bis zur Vollendung des 65. Lebensjahres (§§ 2 Abs. 2, 4 TV Altersversorgung Redakteure). Bezieht er bereits früher Altersruhegeld aus der gesetzlichen Rentenversicherung, kann er gleichzeitig auch diese Zusatzversorgung vorzeitig in Anspruch nehmen. Der Tarifvertrag gilt nicht für Volontäre (§ 1 Abs. 2).

44 Die Versicherungspflicht beginnt für den Redakteur, sofern er ein Berufsjahr zurückgelegt oder das 25. Lebensjahr vollendet hat, mit dem vereinbarten Tag des Dienstantritts (§§ 3, 4 TV Altersversorgung Redakteure). Während der Probezeit bleibt ein Redakteur bis zu drei Monaten versicherungsfrei, sofern er nicht schon vorher obligatorisch versichert war, und diese Versicherung weiter besteht. Im Einzelfall können Redakteure ganz oder teilweise von der Versicherungspflicht befreit werden, wenn sie anderweitig gleichwertig versichert sind (§ 3 Abs. 3 TV Altersversorgung Redakteure) oder ein entsprechender Versicherungsschutz nicht erforderlich erscheint. Die Grundsätze für die Befreiung bestimmt dabei der Verwaltungsrat des Versorgungswerkes. Bemessungsgrundlage für die Versicherungsbeiträge ist das jeweilige Monatsgehalt des Redakteurs, soweit dieses die Beitragsbemessungsgrenze des Versorgungswerks nicht überschreitet (§ 10 Abs. 1 TV Altersversorgung Redakteure). Die Beitragsbemessungsgrenze des Versorgungswerks liegt um 200 EUR über der jeweils geltenden Beitragsbemessungsgrenze der Angestelltenversicherung (§ 18 Abs. 1 SGB IV iVm Anlage 2 zu SGB VI). Für in der gesetzlichen Rentenversicherung versicherungspflichtige Redakteure beträgt der Beitrag 7,5 % der jeweiligen Bemessungsgrundlage (§ 11 Abs. 1 Nr. 1 TV Altersversorgung Redakteure). Geschuldet wird der Beitrag vom Verlag zu $^2/_3$ und vom Redakteur zu $^1/_3$ (§ 11 Abs. 2 TV Altersversorgung Redakteure). Der Verlag hat das Recht und die Pflicht den Beitragsanteil des Redakteurs von dessen jeweiligem Monatsgehalt einzubehalten und an das Versorgungswerk abzuführen (§ 13 TV Altersversorgung Redakteure).

44a Nach §§ 2 Abs. 1, 3 Abs. 2 TV Altersversorgung Online-Redakteure ist der Verlag verpflichtet, bei ihm mit dem Schwerpunkt Online, Audio- und Audiovisuelle Berichterstattung beschäftigte Redakteure mit mehr als einem Berufsjahr oder nach deren vollendeten 25. Lebensjahr im Wege der Direktversicherung über das Versorgungswerk der Presse GmbH bei deren Vertragsgesellschaften zu versichern und die Beiträge an das Versorgungswerk abzuführen. Für Online-Redakteure, die zum 1.1.2019 bereits beim Verlag beschäftigt waren und nach dem TV Altersversorgung Redakteure versichert sind, gilt die Versicherungspflicht gemäß § 2 Abs. 1 TV Altersversorgung Online-Redakteure nicht. Deren Versicherung gemäß dem TV Altersversorgung Redakteure wird fortgeführt.

III. Der Tarifvertrag für arbeitnehmerähnliche freie Journalisten an Tageszeitungen

1. Für arbeitnehmerähnlich bei Tageszeitungen tätige hauptberufliche freie Journalisten gilt der seit dem 1.1.2018 gültige *Tarifvertrag für arbeitnehmerähnliche freie Journalisten an Tageszeitungen* (TV arbeitnehmerähnliche freie Journalisten) vom 2.7.2018. **45**

Nach § 2 TV arbeitnehmerähnliche freie Journalisten sind nur freie Journalisten, die ihre Einkünfte aus Erwerbs- und Berufstätigkeit *überwiegend* aus journalistischer Tätigkeit beziehen, *hauptberufliche* freie Journalisten, wenn ihre regelmäßigen Einkünfte aus ihrer freiberuflichen journalistischen Tätigkeit 750 DM und mehr betragen.

Als arbeitnehmerähnlicher freier Journalist im Sinne des TV arbeitnehmerähnliche freie Journalisten gilt nach § 3 TV arbeitnehmerähnliche freie Journalisten nur, wer wirtschaftlich abhängig ist, also für Text- und Bildbeiträge für *einen* Verlag oder Konzern (vgl. § 18 AktG) im Durchschnitt der letzten sechs Monate mindestens ein Drittel des Entgelts erzielt, das ihm für seine Erwerbstätigkeit insgesamt zusteht (§ 3 Abs. 2 TV arbeitnehmerähnliche freie Journalisten). **46**

Außerdem muss er vergleichbar einem Arbeitnehmer sozial *schutzbedürftig,* also auf die Einkünfte aus journalistischer Tätigkeit zur Sicherung seiner wirtschaftlichen Existenz angewiesen sein (§ 3 Abs. 3 TV arbeitnehmerähnliche freie Journalisten; vgl. BAG NJW 1991, 1629 (1630)). Die dem Verlag geschuldeten Leistungen muss er persönlich und im Wesentlichen ohne Mitarbeit von Dritten erbringen (§ 3 Abs. 1b TV arbeitnehmerähnliche freie Journalisten). Dritte sind nicht Partner oder Bürogemeinschaften, ferner nicht Sekretärinnen oder Ehefrauen, die Hilfsdienste, also keine journalistische Arbeit, leisten (Protokollnotiz zu § 3 TV arbeitnehmerähnliche freie Journalisten).

2. Wesentlicher Bestandteil des TV arbeitnehmerähnliche freie Journalisten sind die Regelungen zur Berechnung der Honorare für Text- und Bildbeiträge in §§ 6, 7 TV arbeitnehmerähnliche freie Journalisten. **47**

Maßstab hierfür ist der gedruckte Umfang (Anzahl der Druckzeilen) des Beitrages und die Höhe der Auflage (§ 5 TV arbeitnehmerähnliche freie Journalisten). Je nach Art des Beitrags (Nachrichten, Reportagen usw) werden tabellarisch Honorarsätze erfasst (§ 6 TV arbeitnehmerähnliche freie Journalisten). Das Gleiche gilt für Bildbeiträge (§ 7 TV arbeitnehmerähnliche freie Journalisten). Die Höhe der Vergütungen hängt schließlich davon ab, ob es sich um ein Erstdruckrecht oder Zweitdruckrecht handelt. Honorare für Kommentare, Leitartikel, Interviews, fachliche und wissenschaftliche Aufsätze, Kunst-Kritiken, Essays und Alleinveröffentlichungsrechte unterliegen der freien Vereinbarung, müssen aber angemessen über den Sätzen der Tabelle liegen. Als Mindesthonorar ist das Honorar für 20 Zeilen des Erstdruckrechts zu zahlen (§ 6 TV arbeitnehmerähnliche freie Journalisten).

3. Nach § 8 TV arbeitnehmerähnliche freie Journalisten kann statt der Beitragshonorare gemäß §§ 6 und 7 TV arbeitnehmerähnliche freie Journalisten die Zahlung einer monatlichen Pauschale vereinbart werden. Der Abschluss sog. *Pauschalistenvereinbarung* ist nach dem TV arbeitnehmerähnliche freie Journalisten also ausdrücklich erlaubt. § 9 TV arbeitnehmerähnliche freie Journalisten regelt den Ersatz von Auslagen bei bestellten Beiträgen. Die §§ 10, 11 TV arbeitnehmerähnliche freie Journalisten konkretisieren die Pflichten des Journalisten und des Verlags bei Einreichung von Beiträgen: Danach bestimmt der Journalist über das Angebot zur Alleinveröffentlichung oder zum Erst- bzw. Zweitdruck des Beitrags und garantiert das alleinige Verfügungsrecht über die eingesandten Bilder. Die sich daraus für den Verlag ergebenden Nutzungsrechte regelt § 13 TV arbeitnehmerähnliche freie Journalisten unter Bezugnahme auf §§ 38 Abs. 3 S. 2, 36 Abs. 3 S. 1 UrhG. Im Zweifel erhält der Verlag nur das Recht zur einmaligen Veröffentlichung des Beitrags in den Ausgaben, für die er angenommen wurde (§ 13 Nr. 4 TV arbeitnehmerähnliche freie Journalisten). **48**

Ein Beitrag ist stets zu honorieren, wenn ein Auftrag vorlag oder wenn er zur Veröffentlichung angenommen wird. Wird ein Beitrag nicht innerhalb von zwei Monaten nach Ablieferung veröffentlicht, so kann der Journalist eine einmonatige Nachfrist setzen und dann kündigen, wenn keine Veröffentlichung vorliegt. Er kann dann den Beitrag anderweitig verwerten, sein Honoraranspruch bleibt jedoch bestehen (§ 11 Abs. 4 TV arbeitnehmerähnliche freie Journalisten). Sonderregelungen gelten für Bilder, die vom Verlag nur zur Sichtung ihrer Verwendbarkeit angefordert worden sind (§ 11 Abs. 5 TV arbeitnehmerähnliche freie Journalisten), und für solche, die zu Archivierungszwecken angekauft werden (§ 13 Abs. 5 TV arbeitnehmerähnliche freie Journalisten).

49 4. § 15 TV arbeitnehmerähnliche freie Journalisten regelt die Beendigung der Zusammenarbeit.

Diese kann nach einer mindestens sechsmonatigen ständigen Zusammenarbeit nur mit einer Frist von grundsätzlich einem Monat schriftlich erfolgen. Sie verlängert sich bei einer zehn- bzw. zwanzigjährigen ununterbrochenen Kooperation auf 3 bzw. 6 Monate. Das Vertragsverhältnis von Pauschalisten kann beiderseits mit einer Frist von 6 Wochen bzw. bei einer längeren Zusammenarbeit mit einer Frist drei bzw. sechs Monaten zum Ende des Kalendervierteljahrs schriftlich gekündigt werden. Rechtsansprüche hat die *arbeitnehmerähnliche Person* gem. § 12a Abs. 3 TVG iVm § 5 ArbGG vor den Arbeitsgerichten und nicht vor den Zivilgerichten geltend zu machen.

49a 5. Traditionell haben die Landesverbände des BDZV ihrem Bundesverband kein Mandat zur Verhandlung von Tarifverträgen für Angestellte an Zeitungsverlagen übertragen, sondern führen diese Verhandlungen eigenständig. Die Tarifverträge für Angestellte an Zeitungsverlagen sind deshalb von Bundesland zu Bundesland unterschiedlich.

IV. Die Tarifverträge für hauptberuflich fest angestellte Redakteure an Zeitschriftenverlagen

50 Auch zwischen dem Verband Deutscher Zeitschriftenverleger eV als Vertreter der ihm angeschlossenen Landesverbände auf Arbeitgeberseite und dem Deutschen Journalisten Verband eV (DJV) sowie der dju (Deutsche Journalistinnen- und Journalisten-Union) in ver.di auf Arbeitnehmerseite wurden umfassende Tarifwerke abgeschlossen, darunter ein mit Wirkung vom 1.1.2010 geltender Manteltarifvertrag für Redakteure an Zeitschriften (MTV Redakteure an Zeitschriften) vom 4.11.2011, ein seit dem 1.5.2018 geltender Gehaltstarifvertrag für Redakteure an Zeitschriften (GTV Redakteure an Zeitschriften) vom 6.6.2018, ein seit dem 1.7.2017 gültiger Tarifvertrag über die Altersversorgung für Redakteure an Zeitschriften (TV Altersversorgung für Redakteure an Zeitschriften) vom 24.8.2016, ein seit dem 1.4.2009 in Kraft befindlicher Tarifvertrag zur Beschäftigungssicherung für Redakteure an Zeitschriften (TV Beschäftigungssicherung) vom 20.3.2009 sowie ein seit dem 13.4.1991 für allgemeinverbindlich erklärter Tarifvertrag über das Redaktionsvolontariat an Zeitschriften (TV Redaktionsvolontariat Zeitschriften) vom 20.9.1990.

51 1. Der MTV Redakteure an Zeitschriften regelt die Anstellungsverhältnisse zwischen den Verlegern von Zeitschriften und den hauptberuflich fest angestellten Wort- und Bildredakteuren (§ 1 MTV Redakteure an Zeitschriften). Von branchenspezifischen Unterschieden abgesehen decken sich die Bestimmungen dieses Vertrages weitgehend mit den Normen des MTV Redakteure an Tageszeitungen (vgl. → Rn. 7 ff.).

Der Anspruch der Redakteure und Volontäre auf vermögenswirksame Leistungen ist jedoch anders als im Zeitungsbereich nicht in einem besonderen Tarifvertrag geregelt, sondern in § 5 MTV Redakteure an Zeitschriften (→ Rn. 42).

52 2. An Stelle der bei den Tageszeitungen geltenden Tarifwerke zur Regelung der traditionellen pressespezifischen Altersversorgung regelt der allerdings nicht für allgemeinverbindlich erklärte TV Altersversorgung für Redakteure an Zeitschriften seit 2017 einheitlich die Altersversorgung für Redakteure an Zeitschriften mit zahlreichen Übergangsvorschriften bezüglich der bis zu diesem Zeitpunkt geltenden Tarifregelungen.

53 3. Der TV Beschäftigungssicherung eröffnet den Betriebsparteien die Möglichkeit, zur Beschäftigungssicherung abweichende Regelungen bezüglich der tariflichen Jahresleistung, zur Verkürzung der wöchentlichen Arbeitszeit bei entsprechender Gehaltsreduzierung sowie zur Kürzung des Urlaubsgeldes zu treffen. Während der Laufzeit dieser Betriebsvereinbarung sind betriebsbedingte Kündigungen grundsätzlich auszuschließen.

54 4. Auch bei den Zeitschriftenverlagen haben die Landesverbände des VDZ ihrem Dachverband kein Mandat zur Verhandlung von Tarifverträgen für Angestellte an Zeitschriftenverlagen

übertragen, sondern führen diese Verhandlungen eigenständig. Auch die Tarifverträge für Angestellte an Zeitschriftenverlagen weisen deshalb von Bundesland zu Bundesland Unterschiede auf.

36. Kapitel. Koalitionsrecht und Arbeitskampf

I. Grundlagen des Koalitions- und Arbeitskampfrechts

Aus der Bedeutung der Medien für die Existenz einer freiheitlichen demokratischen Gesellschaft folgen einige Besonderheiten im Koalitions- und Arbeitskampfrecht. Denn die Medien haben einen Anspruch darauf, dass ihre unabhängige Tätigkeit nicht von Einflüssen oder Pressionen Dritter beeinträchtigt wird. Andererseits haben Arbeitnehmer in den Medien das Recht, ihre soziale und wirtschaftliche Lage zu verbessern.

1. Koalitionen sind *Vereinigungen* von Arbeitnehmern oder Arbeitgebern zur *Wahrung und Förderung der Arbeits- und Wirtschaftsbedingungen* (vgl. ErfK/*Linsenmaier* GG Art. 9 Rn. 21 ff.). **1**

Die Koalition muss von sozialen Gegenspielern und von Dritten (Staat, Parteien, Kirchen) unabhängig sein *(Koalitionsreinheit)*. Sie muss grundsätzlich eine überbetriebliche Organisation aufweisen und auf eine gewisse Dauer angelegt sein. Die Bereitschaft zum Abschluss von Tarifverträgen *(Tarifwilligkeit)* gehört nach hM zur wesensmäßigen Voraussetzung einer Koalition (vgl. BAG NZA 2011, 289 (292 ff.)).

Tariffähige Koalitionen sind im Bereich der Presse auf Arbeitgeberseite derzeit der Bundesverband Digitalpublisher und Zeitungsverleger eV (BDZV) und der Verband Deutscher Zeitschriftenverleger eV (VDZ) sowie die diesen angeschlossenen Landesverbande und auf Arbeitnehmerseite der Deutschen Journalisten Verband eV (DJV) sowie die diesem angeschlossenen Landesverbände und die Vereinte Dienstleistungsgewerkschaft – ver.di, Fachbereich Medien, Kunst und Industrie (vgl. → Kap. 35 Rn. 1 und 50; Schaffeld/Hörle/*Schaffeld* D Rn. 13 f.).

a) Das Recht „für jedermann" (auch für Ausländer), Vereinigungen zur Wahrung und Förderung der Arbeits- und Wirtschaftsbedingungen zu bilden, ist durch das Grundgesetz in Art. 9 Abs. 3 GG garantiert (vgl. BVerfG NJW 1991, 2549; ErfK/*Linsenmaier* GG Art. 9 Rn. 27). **2**

b) Im Arbeitsrecht haben Koalitionen im Rahmen ihrer Zweckbestimmung der Förderung der Arbeits- und Wirtschaftsbedingungen im Rahmen der Betriebs- und Unternehmensverfassung mitzuwirken sowie vor allem Tarifverträgen abzuschließen (vgl. Schaub ArbR-HdB/*Treber* § 188 Rn. 9). Dabei haben die Koalitionen in den Grenzen der ihnen zukommenden Tarifautonomie einen weiten Spielraum, der sich einmal auf den Inhalt der tarifvertraglichen Beziehungen aber auch auf ihr Zustandekommen auswirkt. Um den Abschluss von Tarifverträgen zu erzwingen, können die Koalitionen *Arbeitskämpfe* durchführen. Allgemein wird unter „Arbeitskampf" eine von der Arbeitgeber- oder Arbeitnehmerseite zur Erreichung bestimmter Ziele mittels kollektiver Störungen der Arbeitsbeziehungen bewirkte Druckausübung verstanden (vgl. Schaub ArbR-HdB/*Treber* § 191 Rn. 6). **3**

2. Zentrales und notwendiges Instrument der von Art. 9 Abs. 3 GG geschützten Tarifautonomie, also der Regelung des von staatlichen Rechtssetzung ausgesparten Arbeitslebens vorrangig durch Tarifverträge ist der *Arbeitskampf.* Ohne dieses Instrument ist weder das Zustandekommen noch die inhaltliche Sachgerechtigkeit tariflicher Regelungen gewährleistet. Der Arbeitskampf ist in unserem freiheitlichen Tarifvertragssystem als *ultima ratio* zum Ausgleich sonst nicht lösbarer tariflicher Interessenkonflikte notwendig. Die Freiheit, Arbeitskämpfe durchzuführen, genießt grundrechtlichen Schutz und zwar als *Ausfluss* der in Art. 9 Abs. 3 GG geschützten Koalitionsfreiheit (vgl. BAG NJW 1971, 1668; ErfK/*Linsenmaier* GG Art. 9 Rn. 99 f.; Schaub ArbR-HdB/*Treber* § 191 Rn. 2; Löffler/*Dörner/Grund* BT ArbR Rn. 408; → Rn. 9a). **4**

3. *Mittel* des Arbeitskampfes sind der *Streik,* die *Aussperrung* und die *Betriebsbesetzung* und *-blockade.*

a) Unter *Streik* wird die von einer größeren Anzahl von Arbeitnehmern planmäßig und gemeinschaftlich durchgeführte Verletzung arbeitsvertraglicher Pflichten zur Erreichung eines gemeinschaftlichen Zwecks verstanden (vgl. Schaub ArbR-HdB/*Treber* § 192 Rn. 8). **5**

Aus der Funktion des Arbeitskampfes folgt, dass sich ein Streik auf ein *tarifvertraglich regelbares Ziel richten muss. Politische Streiks* wie auch Streiks zur Durchsetzung tariflich unzulässiger Normen oder übertariflicher Leistungen sind aus der Koalitionsfreiheit nicht zu rechtfertigen (vgl. Löffler/*Dörner/Grund* BT ArbR Rn. 422; ErfK/*Linsenmaier* GG Art. 9 Rn. 119). Deshalb waren zB die Arbeitsniederlegungen, zu denen die IG Metall Anfang 1986 im Zusammenhang mit dem Gesetzentwurf der Bundesregierung zur Novellierung des Arbeitsförderungsgesetzes (§ 116 AFG) aufgerufen hat, rechtswidrig (vgl. LAG Rheinland-Pfalz NZA 1986, 264 (265 f.); LAG München NJW 1980, 957 (959)). Ein politisches Streikrecht kann nur unter den Voraussetzungen des Art. 2 Abs. 1 GG und den dort vorgenommenen weiten Beschränkungen oder im Widerstandsfall unter den Voraussetzungen des Art. 20 Abs. 4 GG zulässig sein (vgl. ErfK/*Linsenmaier* GG Art. 9 Rn. 119). Politische Streiks gegen Pressebetriebe sind daher schon vom Ansatz her *ungerechtfertigt* (vgl. ErfK/*Schmidt* GG Art. 5 Rn. 86). Rechtswidrig ist auch ein Streik, mit dem die Verstärkung oder Erweiterung von Mitbestimmungsrechten des Betriebsrates oder die Einrichtung von Redaktionsausschüssen erreicht werden soll, da es sich hier nicht um ein tarifvertraglich regelbares Ziel handelt (→ Kap. 38 Rn. 3 ff.).

6 aa) Je nach Umfang unterscheidet man den *Generalstreik,* bei dem alle Arbeitnehmer die Arbeit niederlegen, und den *Voll-* oder *Flächenstreik,* bei dem alle Arbeitnehmer eines bestimmten Wirtschaftszweiges (zB der Druckindustrie) oder eines bestimmten Tarifgebietes in den Ausstand treten. Aus kampfstrategischen Gründen, zB zur Reduzierung der zu zahlenden Streikgelder bzw. zur Durchbrechung der Solidarität des Kampfgegners, werden immer häufiger sog. *Teil-* oder *Schwerpunktstreiks* durchgeführt, bei denen nur die Arbeitnehmer einzelner Betriebe oder einzelner Abteilungen, denen eine Schlüsselposition im Betrieb/Unternehmen zukommt, streiken (vgl. ErfK/*Linsenmaier* GG Art. 9 Rn. 162). Wenn dort zu jeweils verschiedenen Zeiten und mit unterschiedlich kurzer Dauer die Arbeit niedergelegt wird, spricht man von Wellenstreiks (vgl. BAG NZA 1998, 896 (898); Schaub ArbR-HdB/*Treber* § 191 Rn. 8; zu den Folgerungen gerade bei Zeitungsverlagen → Rn. 22).

7 bb) Unter *Warnstreik* wird eine zunächst nur vorübergehende Arbeitskampfmaßnahme verstanden (vgl. ErfK/*Linsenmaier* GG Art. 9 Rn. 163; → Rn. 23). Das BAG sieht diese kurzzeitigen gewerkschaftlichen Streiks nach Ablauf der Friedenspflicht, aber *vor* Beendigung der Tarif- und Schlichtungsverhandlungen als rechtmäßige Kampfmaßnahme an, wenn durch sie ein *„milder Druck"* auf die Arbeitgeberseite ausgeübt wird (vgl. BAG DB 1985, 1697 (1698), unter Aufgabe der ständigen Rechtsprechung zum Grundsatz der „ultima ratio"; NJW 1989, 57 (59)). Dies gilt gerade für die gewerkschaftliche Kampftaktik der *„neuen Beweglichkeit",* bei der im Rahmen einer zentral geplanten Kampfstrategie viele verstreute „Warnstreiks" gegen wechselnde Unternehmen in einem rollierenden System *während der Dauer der Tarifverhandlungen* organisiert werden (vgl. BAG NJW 1985, 85 (88)). Mit dieser Taktik sollen die Arbeitgeber verunsichert und zum Nachgeben veranlasst werden.

8 cc) Das Tarifgebiet, also der räumliche Geltungsbereich eines Tarifvertrages, ist in der Regel als angemessene Grenze des Kampfgebietes anzusehen. Deshalb sah ein Teil der Literatur und die überwiegende Instanzrechtsprechung einen Streik bei einem Unternehmen außerhalb des Geltungsbereichs des Tarifvertrags zur Unterstützung von Streikenden innerhalb des Tarifgebietes (*„Solidaritäts-„* oder *„Sympathiestreik"*) grundsätzlich als unzulässig an (vgl. Mann/Smid/*Weberling* S. 328 ff.). Das Bundesarbeitsgericht hat dies unter Aufgabe der bisherigen Rechtsprechung verneint. Nach Ansicht des Bundesarbeitsgerichts sind Sympathiestreiks nicht allein deshalb unzulässig, weil der Bekämpfte die Streikforderung nicht erfüllen kann. Da der Druck sowohl wirtschaftlicher, als auch psychologischer Natur sein kann, soll ein Unterstützungsstreik nicht generell ungeeignet sein, den Druck auf den sozialen Gegenspieler zu verstärken und den Hauptarbeitskampf zu beeinflussen. Ein Unterstützungsstreik ist danach lediglich dann unzulässig, wenn er zur Förderung der mit dem Hauptarbeitskampf verfolgten Ziele offensichtlich ungeeignet oder offensichtlich nicht erforderlich oder unangemessen ist (vgl. BAG NZA 2007, 1055 (1059)).

9 b) Der Arbeitgeber kann auf derartige Teilstreiks durch eine sog. *Abwehraussperrung* reagieren (vgl. BVerfG NJW 1991, 2549 (2551)). *Aussperrung* ist die planmäßige Ausschließung einer Mehrzahl von Arbeitnehmern von der Arbeit unter Verweigerung der Lohnzahlung durch die Arbeitgeber als Mittel der kollektiven Druckausübung zur Erreichung *(Angriffsaussperrung)* oder zur Abwehr *(Abwehraussperrung)* eines Tarifziels (ErfK/*Linsenmaier* GG Art. 9 Rn. 236). Die

Entscheidung zur Aussperrung muss der Arbeitnehmerseite hinreichend deutlich zum Ausdruck gebracht werden, damit sie die Kampfmaßnahmen erkennen und gegebenenfalls reagieren kann (vgl. BAG NJW 1996, 1428 (1429)). Wird der Arbeitskampf dabei um einen Firmentarif geführt, so ist es allein Sache des einzelnen Arbeitgebers, über die Aussperrung (formlos) zu entscheiden (vgl. BAG NJW 1993, 218). Soweit es um einen Verbandstarifvertrag geht, liegt die Entscheidung über den Aufruf zur Aussperrung bei der Arbeitgeberkoalition, die darüber ordnungsgemäß beschließen muss (vgl. BAG NJW 1996, 1844 (1845)).

Grundlage der *Aussperrungsbefugnis* ist die Tarifautonomie, die in ihrem Kernbereich durch Art. 9 Abs. 3 GG gewährleistet und in den Einzelheiten durch das Tarifvertragsgesetz vom 9.4.1949 (in der Fassung der Bekanntmachung vom 25.8.1969 (BGBl. I S. 1323), zuletzt geändert durch Art. 4f QualifizierungschancenG vom 18.12.2018 (BGBl. I S. 2651) – TVG) geregelt wird. Da das Grundgesetz in Art. 9 Abs. 3 S. 3 Arbeitskämpfe, wozu nach allgemeinem Sprachgebrauch Streiks und Aussperrungen gehören, sogar im Notstandsfall garantiert, sind Aussperrungen auch im Normalfall verfassungsrechtlich gewährleistet. Das BAG hat die Zulässigkeit der Aussperrung bejaht, da anderenfalls nicht gewährleistet wäre, dass es im Rahmen der Tarifautonomie durch Verhandlungen und notfalls durch Ausübung von Druck und Gegendruck zum Abschluss von Tarifverträgen und damit zu einer kollektiven Regelung von Arbeitsbedingungen kommt (vgl. BAG NJW 1980, 1653). Eine Besonderheit bestand insofern für Hessen, als nach Art. 29 der Hess. Landesverfassung Aussperrungen rechtswidrig sind. Nach Ansicht des Hessischen Landesarbeitsgerichts stellt aber Art. 29 Hess. LV kein allgemeines Grundrecht dar. Deshalb hat es die Aussperrung von Arbeitnehmern während eines Arbeitskampfes für zulässig erklärt (vgl. LAG Hessen LAGE GG Art. 9 Arbeitskampf Nr. 28), was das BAG bestätigt hat (vgl. BAG NZA 1988, 775 (778)). **9a**

aa) Nach der Rechtsprechung des BAG sind Aussperrungen als Arbeitskampfmaßnahme der Arbeitgeber als *„ultima ratio"* und unter Beachtung des *Grundsatzes der Verhältnismäßigkeit* zulässig. Aus diesem Grund sieht das BAG die *Angriffsaussperrung* nur ausnahmsweise als legitimiert an (vgl. BAG NJW 1971, 1668; ErfK/*Linsenmaier* GG Art. 9 Rn. 246 f.). **10**

bb) *Abwehraussperrungen* sind die einzige in Betracht kommende Maßnahme der Arbeitgeber, um sich gegen rechtmäßige Streiks zur Wehr zu setzen und die Kampfparität wiederherzustellen (vgl. BVerfG NJW 1991, 2549 (2550)). Ihre Zulässigkeit hängt von der von dem BAG geforderten „Verhältnismäßigkeit" ab (vgl. BAG NJW 1980, 1653; ErfK/*Linsenmaier* GG Art. 9 Rn. 239 ff.). **11**

Besondere Bedeutung hat die Abwehraussperrung bei der *Kampftaktik der neuen Beweglichkeit* der Gewerkschaften erlangt, bei der die Arbeitnehmerseite durch eng begrenzte Teilstreiks ein Verhandlungsübergewicht erzielt (vgl. Schaub ArbR-HdB/*Treber* § 194 Rn. 25)). **12**

Diesbezüglich hat das BAG in seinen Entscheidungen vom 10.6.1980 eine Arithmetik als Indiz für die Zulässigkeit der Abwehraussperrung, die sog. *„Aussperrungs-Arithmetik"* (vgl. BAG NJW 1980, 1642; 1980, 1653; 1980, 1653 (1654); ErfK/*Linsenmaier* GG Art. 9 Rn. 242 f.) entwickelt (vgl.). Ob die Aussperrung dabei zur Erreichung der *Kampfparität* geeignet, erforderlich und auch nicht übermäßig ist, kann nicht pauschal, sondern nur unter Berücksichtigung der konkreten tatsächlichen, durch die Struktur der Unternehmen und ihr Konkurrenzverhältnis bestimmten Verhältnisse festgestellt werden.

Maßgebend ist dabei der Umfang des Angriffsstreiks und die Anzahl der am Arbeitskampf Teilnehmenden: Daraus lässt sich in groben Zügen ein Quotenschema für die Verhältnismäßigkeit der Aussperrung ableiten: (1) Wenn durch den Streikbeschluss weniger als 25 % der Arbeitnehmer des Tarifgebiets zur Arbeitsniederlegung aufgefordert werden, handelt es sich um einen eng geführten Teilstreik, bei dem eine starke Belastung für die Solidarität der Arbeitgeber und damit eine Verschiebung des Kräftegleichgewichts anzunehmen ist. Hier muss die Arbeitgeberseite den Kampfrahmen auf bis zu 25 % der betroffenen Arbeitnehmer erweitern können. (2) Werden mehr als 25 % der Arbeitnehmer zum Streik aufgerufen, ist das Bedürfnis der Arbeitgeber entsprechend geringer, die Aussperrung wird nur noch bis zum Erreichen von 50 % der damit insgesamt von Arbeitskampf betroffenen Arbeitnehmer als zulässig angesehen. (3) Ist die Hälfte oder mehr der Arbeitnehmer des Tarifgebiets zum Streik aufgerufen, scheidet eine Störung der Kampfparität aus. Für die Arbeitgeberseite besteht keine Aussperrungsmöglichkeit mehr (vgl. ErfK/*Linsenmaier* GG Art. 9 Rn. 241; Schaub ArbR-HdB/*Treber* § 193 Rn. 4 f.).

13 Das Schrifttum reagierte überwiegend negativ auf das pauschale System der Aussperrungsquoten und wies auf die unbeantworteten Fragen hin (vgl. *Hanau* AfP 1980, 126; *Konzen/Scholz* DB 1898, 1593; *Mayer-Maly* Anm. AP GG Art. 9 Arbeitskampf Nr. 66).

Das BAG hat seine Rechtsprechung daher in der Folgezeit punktuell präzisiert und in bestimmten Fällen trotz der vorgegebenen Quoten Unverhältnismäßigkeiten attestiert (vgl. BAG NJW 1985, 2548 (2550); 1993, 218 (220)).

14 cc) Weiterhin entschied das BAG, dass eine Aussperrung, die *gezielt* nur *Mitglieder* einer streikenden *Gewerkschaft* erfasst, nicht organisierte Arbeitnehmer jedoch verschont, eine gegen die positive Koalitionsfreiheit gerichtete Maßnahme und daher gem. Art. 9 Abs. 3 GG *rechtswidrig* ist. Für die Differenzierung bestehe kein sachlicher Grund. Nichtorganisierte Arbeitnehmer sind potenzielle Kampfbeteiligte; sie können sich einem Streik anschließen und infolge dessen auch ausgesperrt werden (vgl. BAG NJW 1980, 1653 (1654)).

14a c) Weiteres zulässiges Arbeitskampfmittel auf Arbeitgeberseite ist die Streikbruchprämie. Danach ist ein bestreikter Arbeitgeber grundsätzlich berechtigt, dem auf ihn durch einen Streik ausgeübten Druck mit der Zahlung einer Streikbruchprämie zu begegnen (vgl. BAG NJW 2019, 538).

15 d) *Betriebsbesetzungen und -blockaden* sind hingegen unabhängig von den Motiven der Besetzer prinzipiell unzulässig (vgl. BAG NJW 1989, 61 (62); Löffler/*Dörner/Grund* BT ArbR Rn. 442; Schaub ArbR-HdB/*Treber* § 192 Rn. 52; differenziert ErfK/*Linsenmaier* GG Art. 9 Rn. 277 ff.).

16 4. Bei der Durchführung eines Arbeitskampfes sind die Kampfmaßnahmen nur solange rechtmäßig, als sie nicht auf die wirtschaftliche Vernichtung des Gegners abstellen, sondern dazu beitragen, den gestörten Arbeitsfrieden wieder herzustellen (vgl. BAG NJW 1971, 1668 (1669); ErfK/*Linsenmaier* GG Art. 9 Rn. 131).

Bei der Auslösung eines Arbeitskampfes ist darauf zu achten, dass nicht gegen eine tarifvertraglich bestehende *Friedenspflicht* verstoßen wird. Eine Streikmaßnahme ist auch nur dann legal, wenn sie gegen den Tarifpartner als den sozialen Gegenspieler gerichtet ist (vgl. ErfK/*Linsenmaier* GG Art. 9 Rn. 66 ff.). So ist beispielsweise die Einbeziehung eines privatwirtschaftlich geführten Zeitungsunternehmens in einen Streik, der gegen ein der öffentlichen Hand gehörendes Elektrizitätswerk geführt wird, schon aus formellen Gründen rechtswidrig (vgl. *Löffler* AfP 1975, 784 (785)). Eine rechtswidrige Arbeitskampfmaßnahme ist vor allem der *„wilde Streik"*. Nach hM ist ein wilder Streik eine von der zuständigen Koalition (Gewerkschaft) weder von vornherein gebilligte noch nachträglich genehmigte und übernommene Arbeitsniederlegung (vgl. *BAG* NJW 1970, 486; Schaub ArbR-HdB/*Treber* § 192 Rn. 26). Die Teilnahme an einem rechtswidrigen Streik ist nach der Rechtsprechung ein *Arbeitsvertragsbruch* (vgl. BAG NJW 1979, 236 (237)). Eine besondere Problematik stellt die *spontane Arbeitsniederlegung* (spontaner wilder Arbeitskampf) dar. Nach hM kann die Gewerkschaft einen spontanen Streik übernehmen. Die Übernahme hat dann rückwirkende rechtfertigende Wirkung (vgl. BAG NJW 1996, 1844 (1845); 1964, 887; ErfK/*Linsenmaier* GG Art. 9 Rn. 123). Auf einen rechtswidrigen Streik kann der Arbeitgeber durch kollektivrechtliche Aussperrung oder individuell durch Kündigung reagieren (vgl. BAG NJW 1984, 1371 (1373); 1971, 1668 (1669); Löffler/*Dörner/Grund* BT ArbR Rn. 426). Daneben kommen für die bestreikten Unternehmen wie auch deren Tarifverband gemäß Art. 9 Abs. 3 GG iVm § 1004 BGB Unterlassungsansprüche (vgl. BAG NJW 1985, 85 (87 ff.)) und bei Verschulden Schadensersatzansprüche wegen unerlaubter Handlung in Betracht (vgl. BAG NJW 1985, 2545 (2547)). Nach herrschender Meinung stellt der rechtswidrige Streik einen unzulässigen und in aller Regel schuldhaften Eingriff in den eingerichteten und ausgeübten Gewerbebetrieb dar, so dass gemäß § 823 Abs. 1 BGB ein Schadensersatzanspruch besteht. Für Delikte der *Streikleiter* haftet die streikführende Gewerkschaft nach § 31 BGB, für die der Streikposten nach § 831 BGB (vgl. BAG NJW 1989, 63; Löffler/*Dörner/Grund* BT ArbR Rn. 426 ff.).

II. Arbeitskämpfe im Bereich der Presse

17 1. Die *Zulässigkeit* von *Arbeitskampfmaßnahmen* im Bereich der Presse ist aus verfassungsrechtlichen Überlegungen *umstritten* (vgl. hierzu im Einzelnen „Studienkreis für Presserecht und Pressefreiheit", AfP 1977, 272 f.; 1983, 452 ff.; *Konzen* AfP 1984, 1 ff.; *Plander* ZUM 1985, 66 ff.;

Brox/Rüthers Rn. 96; Löffler/*Dörner/Grund* BT ArbR Rn. 446). Das eigentliche Problem ist in dem Spannungsverhältnis zwischen der für eine freiheitliche und soziale Wirtschaftsordnung notwendigen Arbeitskampffreiheit einerseits und der Pressefreiheit sowie der Informationsfreiheit des Lesers andererseits zu sehen. In den Mittelpunkt des Bewusstseins rückte dieses Problem angesichts der Arbeitskämpfe in der Druckindustrie in den Jahren 1973, 1976, 1978 und 1984. Das aus Art. 9 Abs. 3 GG abgeleitete subjektive Recht der Parteien in der Druckindustrie, Arbeitskampfmaßnahmen zur Wahrung und Förderung der Arbeits- und Wirtschaftsbeziehungen zu ergreifen, führte infolge dieser Arbeitskämpfe zu einer streik- und aussperrungsbedingten *Informationsverknappung.* Ferner kam es zu *Zensurakten* („weiße Flecken") von nichtjournalistischen Mitarbeitern in einigen Zeitungsbetrieben wegen Artikeln, die das Verhalten der Drucker im Arbeitskampf kritisierten. Weiterhin wurde versucht, die *Auslieferung* von sog. *„Notzeitungen"* zu vereiteln. Dies verstößt wegen der Vermischung von Arbeits- und Meinungskampf gegen Art. 5 Abs. 1 S. 2 GG (vgl. *Reuter* ZfA 1990, 556 f.; Löffler/*Dörner/Grund* BT ArbR Rn. 452; ErfK/*Schmidt* GG Art. 5 Rn. 86).

2. Die in Art. 5 Abs. 1 S. 1 GG ausgestaltete Informationsfreiheit garantiert jedermann, sich **18** ungehindert aus allgemein zugänglichen Quellen zu informieren (vgl. BVerfG NJW 1991, 2549 (2550)). Dieses Recht setzt notwendigerweise einen ununterbrochenen Informationsstrom voraus. Dieser ist jedoch dann gestört, wenn bei einem Lohnstreik die gesamte Presse der Bundesrepublik oder eines größeren Gebiets am Erscheinen gehindert wird. Das Bundesverfassungsgericht hat in Anerkennung der besonderen Bedeutung eines ausreichenden Informationsangebots für das Funktionieren der repräsentativen Demokratie seit seinem „Spiegel"-Urteil (vgl. BVerfGE 20, 162) herausgestellt, dass eine freie, regelmäßig erscheinende politische Presse unentbehrlich ist. Die Presse steht als ständiges Verbindungs- und Kontrollorgan zwischen dem Volk und seinen gewählten Vertretern. Gerade die ständige Diskussion, die die Presse als permanenter Informationsmittler in Gang hält, ist als Charakteristikum für die Freiheit und Offenheit des politischen Prozesses in dieser Staatsform unverzichtbar (vgl. BVerfGE, 20, 162 (174)).

a) Ein Ausweichen auf den Rundfunk, also auf Hörfunk und Fernsehen, vermag die **19** streikbedingte Informationseinschränkung nicht zu kompensieren (vgl. Löffler/*Dörner/Grund* BT ArbR Rn. 449). Denn die Massenmedien werden unterschiedlich genutzt werden. Während der *Rundfunk* eher beiläufig und oftmals nur bei anderen Tätigkeiten im Beruf oder in der Freizeit konsumiert wird, dient die *Zeitungslektüre* der ausgiebigen und intensiven Informationsaufnahme. Dass die Tageszeitung durch nichts zu ersetzen ist, zeigt sich bereits an der trotz zunehmender Programmangebote im Rundfunk sowie wachsender Online-Angebote weiterhin hohen Gesamtauflage der Tageszeitungen in Deutschland.

b) Vor allem *im lokalen Bereich* ist die Tagespresse nicht durch das Fernsehen oder den Hörfunk **20** austauschbar. Dabei ist zu berücksichtigen, dass seit langem weit mehr als die *Hälfte* aller Kreise und kreisfreien Städte Ein-Zeitungs-Gebiete sind, und eine bestreikte Lokalzeitung deshalb nicht durch eine andere Lokalzeitung kompensiert werden kann (vgl. Berichte des BKartA v. 25.6.1981, BT-Drs. 9/565, 93). Gerade hier müssen die Grundsätze herangezogen werden, die das Bundesverfassungsgericht im „Spiegel"-Urteil für die politische Willensbildung aufgestellt hat. Besonders das kommunale Geschehen tangiert die Interessen der Leser in ganz unmittelbarer Weise, so dass ein ununterbrochener Informationsstrom kommunaler Berichterstattung erforderlich ist. Die Lokalpresse ist wegen ihrer *sozialkommunikativen Funktion* unersetzbar (vgl. Padrutt S. 3).

3. Neben der Beeinträchtigung der Informationsfreiheit des Lesers stellt sich weiterhin die **21** Frage, ob eine nach der Rechtsprechung des BAG generell unzulässige Blockade (vgl. → Rn. 16) gerade von Zeitungsverlagen nicht außerdem auch den grundrechtlich garantierten *Schutz der Pressefreiheit* beeinträchtigt. Die Presse hat eine besondere verfassungsrechtliche Position um der Erfüllung ihrer öffentlichen Aufgabe willen (vgl. BVerfGE 20, 162 – Spiegel; Ricker, Freiheit und Aufgabe der Presse, S. 29). Sie erfüllt diese Aufgabe, indem sie Öffentlichkeit im Sinne von Allgemeinzugänglichkeit herstellt. Dies bedeutet, dass der transindividuelle Kommunikations- und Meinungsbildungsprozess in Gang gesetzt und somit ein öffentlicher Meinungsmarkt hergestellt wird (vgl. *Ricker,* Die öffentliche Aufgabe der Presse, S. 30; auch → Kap. 3 Rn. 19 ff.). Eine streikbedingte Ausschaltung der für den normalen Meinungskampf relevanten oder der

gesamten Tagespresse ist deshalb unzulässig (vgl. ErfK/*Schmidt* GG Art. 5 Rn. 84; Löffler/*Dörner/Grund* BT ArbR Rn. 450).

22 4. a) Unter diesen Aspekten könnte der Schluss nahe liegen, das in Art. 9 Abs. 3 GG geschützte Recht zur Durchführung von Arbeitskämpfen sei im Bereich der Presse durch die in Art. 5 GG verbürgten Freiheiten ausgeschlossen. Eine solche Auffassung würde aber die *Güterabwägung,* die bei einem Konflikt zwischen Grundrechten gerade auch im Privatrechtsverkehr bei der Ausfüllung der zivilrechtlichen Generalklauseln (vgl. → Kap. 10 Rn. 7) vorzunehmen ist, nicht ausreichend berücksichtigen. Sie würde außer Acht lassen, dass der Streik ein wesentlicher Bestandteil der verfassungsrechtlich abgesicherten Tarifautonomie ist, der ein im öffentlichen Interesse liegender Zweck zukommt (vgl. BVerfG NJW 1970, 1635). Darüber hinaus spricht aber auch der Umstand, dass die Presse ihr Grundrecht in privatwirtschaftlicher Form wahrnimmt, dagegen, sie von den typisch privatwirtschaftlichen und arbeitsrechtlichen Lohnfindungsprozessen grundsätzlich auszunehmen (vgl. ErfK/*Linsenmaier* Art. 9 Rn. 72, 77; *Rüthers* AfP 1977, 314 f.). Sachgerechter wäre es daher, bei der Lösung des besonderen Spannungsverhältnisses zwischen der Arbeitskampffreiheit einerseits und der Pressefreiheit sowie der Informationsfreiheit andererseits die Grundsätze über den *Schutz lebenswichtiger Betriebe* analog anzuwenden (vgl. *Hernekamp* BB 1976, 1332 f.). Für Bedienstete, die mit *lebenswichtigen* Aufgaben der Daseinsvorsorge betraut sind, wird von der herrschenden Meinung nur ein eingeschränktes Streikrecht angenommen (vgl. Isele S. 219 ff.; Schaub ArbR-HdB/*Treber* § 192 Rn. 41 f. mwN).

Dass dieser Schutz in erster Linie der Sicherung physischer Bedürfnisse dient, schliesst in Anbetracht der fundamentalen Bedeutung einer freien Presse für das Funktionieren der Demokratie nicht aus, ihn auch auf geistige Bedürfnisse zu erstrecken. Dies bedeutet, dass auch bei der Bestreikung von Pressebetrieben eine Versorgung für den Leser mit sog. *Notzeitungen* einzurichten ist (vgl. *Hernekamp* BB 1976, 1329 (1331); *Weiss* AuR 1984, 97 (103); aA *Rüthers* AfP 1977, 305 (328 f.); Brox/Rüthers Rn. 96; Löffler/*Dörner/Grund* BT ArbR Rn. 448). Zur Einrichtung und Unterhaltung eines solchen Notdienstes sind beide Parteien des Arbeitskampfes gemeinsam verpflichtet. Die Verlage haben daher ausreichende redaktionelle Bedingungen herzustellen, während die Arbeitnehmerseite Personal in ausreichender Zahl zur Verfügung stellen muss. Die publizistischen Kompetenzen bei der Notzeitung sind grundsätzlich unverändert. Der Arbeitskampf führt schon generell zu einer erheblichen Einschränkung der Kommunikationsfreiheit, so dass das durch die Notzeitungen aufrecht erhaltene und essentielle Minimum unberührt bleiben muss.

22a Das BAG hatte hierüber bisher nicht zu entscheiden, da entweder eine Notmannschaft oder ein vorsorglich beauftragtes Fremdunternehmen zur Verfügung stand. Das BAG hat jedoch bezüglich des sog. *Wellenstreiks* anerkannt, dass die Entscheidung des Verlegers für die Herausgabe einer Notausgabe eine zulässige Abwehrmaßnahme darstelle. Deshalb tragen die wegen des geringen Arbeitsanfalles nunmehr unbeschäftigten Arbeitnehmer das Beschäftigungs- und Lohnrisiko selbst dann, wenn der Streik vor Druckbeginn endet (vgl. BAG NJW 1998, 3732 (3733); *Etzel* NJW 1999, 2933). Daher können sie für die ausgefallene Arbeitszeit auch keine Vergütung verlangen. Das Gleiche gilt aber auch in dem Fall, dass der Verleger während einer unbefristeten Arbeitsniederlegung zu Beginn der Nachtschicht mit Hilfe einer Ersatzmannschaft eine Notausgabe drucken lässt. Auch dann müssen die streikenden Arbeitnehmer das Beschäftigungs- und Lohnrisiko tragen, wenn der Streik während der Schicht beendet wird, sie aber nicht mehr von dem Verleger zur Arbeit herangezogen werden, da dieser für den Rest der Schicht weiterhin von erneuten Arbeitsniederlegungen ausgehen muss und daher zu Recht weiterhin die Ersatzmannschaft einsetzt (vgl. BAG NZA 1999, 550 (552); LAG Bremen AfP 2013, 534 (535 ff.)). Wegen des besonderen zeitlichen Entscheidungsdrucks und der Probleme der Zusammenstellung einer Notmannschaft aus der eigenen Belegschaft überzeugt allerdings die Auffassung des BAG nicht, wonach bei einer in Erwartung künftiger Streikmaßnahmen vorsorglichen Beauftragung von Fremdunternehmen den Verleger das Beschäftigungs- und Lohnrisiko unter dem Gesichtspunkt des Annahmeverzugs trifft, wenn der erwartete Streikaufruf letztlich dann doch ausbleibt. Dies gilt nach der Rechtsprechung BAG selbst dann, wenn der Arbeitgeber zuvor bereits von überraschenden Streiks betroffen war (vgl. BAG NZA 1999, 552 (554)). Sofern der Verleger in der emotionsgeladenen Phase eines Streiks auf den Versuch einer Zusammenstellung einer Notmannschaft verzichtet und stattdessen ein anderes Unternehmen beauftragt, kann es ihm nicht zum Nachteil gereichen, wenn entgegen der bisherigen Erfahrung ein überraschender Streik doch ausbleibt (vgl. *Etzel* NJW 1999, 2933. Auch in diesem Fall muss die aktuelle Entscheidung zu Gunsten der Beauftragung eines Drittunternehmens vom Schutz der Pressefreiheit umfasst sein.

b) Nach dem „ultima ratio"-Grundsatz sind Streiks als Druckmittel gegen den Tarifpartner *vor* Beendigung der Tarif- und Schlichtungsverhandlungen unzulässig (→ Rn. 7). Dagegen sieht das BAG *kurzfristige* Streiks nach Ablauf der Friedenspflicht als zulässig an, sofern durch sie ein „milder Druck" auf den Verhandlungspartner ausgeübt wird (vgl. BAG NJW 1985, 85 (87)). Im *Pressebereich* können diese so genannten *„Warnstreiks"* nur zulässig sein, wenn zumindest die Herstellung einer Notzeitung sichergestellt ist. Denn wenn durch einen Warnstreik die Ausgabe einer Tageszeitung ersatzlos verhindert würde, könnte nicht mehr von einem „milden Druck" gesprochen werden. In diesem Fall läge auch nach den Kriterien des BAG ein unzulässiger Streik vor (vgl. *Rüthers* NJW 1984, 201 (206)). 23

c) Da der Geltungsbereich der Tarifverträge im *Pressebereich* mit Ausnahme der Tarifverträge für die Verlagsangestellten das *gesamte* Bundesgebiet umfasst, war ein Sympathiestreik in einem Zeitungsunternehmen begrifflich nur dann denkbar, wenn nicht Druck auf die Verleger als den eigenen Tarifpartnern, sondern auf andere Arbeitgeber als Partner eines *fremden* Tarifvertrags bzw. auf Arbeitgeber ohne Tarifbindung ausgeübt werden sollte. Diese Problematik hat ihre Brisanz nach Aufgabe der bisherigen Rechtsprechung zur Unzulässigkeit von Sympathiestreik durch das Bundesarbeitsgericht ihre praktische Relevanz weitgehend verloren (vgl. BAG NZA 2007, 1055 (1059)). 24

Dagegen ergibt sich die Unzulässigkeit von Sympathiestreiks unverändert aus pressespezifischen Gründen. Die Zulässigkeit von Arbeitskämpfen im Bereich der Presse ergibt sich aus ihrer privatwirtschaftlichen und privatrechtlichen Organisationsform und der damit verbundenen, durch die Tarifautonomie garantierten Arbeitskampffreiheit (→ Rn. 22). Dieser durch Art. 9 Abs. 3 GG geschützten Arbeitskampfgarantie kann in dem Spannungsverhältnis zu der ebenfalls verfassungsrechtlich verbürgten Pressefreiheit (Art. 5 Abs. 1 S. 2 GG) im Rahmen einer Güterabwägung nur insoweit unter Umständen ein Vorrang eingeräumt werden, als es um die eigenen tariflichen Ziele der die Presseangehörigen vertretenen Koalitionspartner geht. Sympathiearbeitskämpfe zur Unterstützung tariflicher Zielsetzungen, um die *außerhalb* der Presse in einem *branchenfremden Hauptarbeitskampf* gerungen wird, sind nicht mehr durch die private Struktur der Presse bedingt und deshalb für die Presse nicht existenz- oder funktionsnotwendig (vgl. *Rüthers* NJW 1984, 201 (207)). Sie sind auch weder geeignet, noch erforderlich im Sinne des Verhältnismäßigkeitsgrundsatze. Der bei der Güterabwägung zu berücksichtigende Vorrang der Pressefreiheit sowie der Informationsfreiheit spricht deshalb gegen die Zulässigkeit von Sympathiestreiks im Pressebereich (vgl. Mann/Smid/*Weberling* S. 328, 339 ff.; Löffler/*Dörner/Grund* BT ArbR Rn. 456). 25

d) Die besondere Situation der Presse muss nicht nur hinsichtlich der Fragen der Zulässigkeit von Streikmaßnahmen berücksichtigt werden. Auch das Arbeitskampfmittel *„Aussperrung"* muss pressespezifisch beurteilt werden, was vom BAG in seiner Entscheidung vom 10.6.1980, bei der es um die Rechtmäßigkeit von Aussperrungen bei den Arbeitskämpfen in der Druckindustrie 1978 ging, übersehen wurde (→ Rn. 10). Die grundsätzliche Kritik an den vom BAG in dieser Entscheidung erstmals zur Konkretisierung des *Verhältnismäßigkeitsgrundsatzes* angewandten starren Aussperrungsquoten (→ Rn. 11 f.), die entgegen der Prämisse der Kampfparität für die Arbeitgeber zusätzliche kampfbedingte Wettbewerbsverzerrungen und daraus entstehende Solidaritätskonflikte bewirken können, war angesichts der besonderen Macht- und Wettbewerbsverhältnisse im Pressebereich um so eher gerechtfertigt (vgl. *Rüthers* NJW 1984, 201; *Hanau* AfP 1980, 126 (131 ff.)). 26

Wie die letzten Arbeitskämpfe in der Druckindustrie zeigten, werden neben Druckereien vorwiegend Verlagsunternehmen bestreikt, die nur wenige Publikationen – in der Regel nur eine Tageszeitung – herausgeben. Der streikbedingte, nicht nachholbare Produktionsausfall der Zeitung bedeutet für sie ein größeres Wirtschaftsrisiko als der Produktionsausfall für Unternehmen anderer Branchen, da dort vor anstehenden Arbeitskämpfen auf Vorrat produziert oder der Produktionsausfall nachgeholt werden kann, wodurch die streikbedingten Einbußen zumindest teilweise ausgeglichen werden. Daneben aktualisieren sich bei Arbeitskämpfen die lebhaften

Wettbewerbsverhältnisse auf den (über)regionalen und lokalen Pressemärkten. So kann gerade auf einem lokalen Pressemarkt die Bestreikung der einen Zeitung zu einem Wettbewerbsvorteil der Konkurrenzzeitung führen, allein weil sich diese aus wirtschaftlichen Gründen keine Aussperrung leisten kann. Bei einer derartigen Wettbewerbslage können die Aussperrungsmaßnahmen nur anhand des Grundsatzes der Verhältnismäßigkeit beurteilt werden, wobei die bezeichnete faktische Ausgangslage speziell im Pressebereich zu berücksichtigen ist. Zu Recht ist deshalb das BAG in seiner jüngeren Rechtsprechung von den starren Quoten abgerückt (→ Rn. 12), da sich damit zusätzliche Wettbewerbsverzerrungen und Solidaritätskonflikte auf der Arbeitgeberseite vermeiden lassen (vgl. dazu *Rüthers* NJW 1984, 201 (204); *Konzen* AfP 1984, 1 (9)) und damit erst eine *Kampfparität* zwischen Arbeitnehmer- und Arbeitgeberseite herbeigeführt wird.

27 Auch soweit das BAG feststellt, dass es für die Verhältnismäßigkeit von Aussperrungsmaßnahmen allein auf den Aussperrungs*beschluss* des Arbeitgeberverbandes und nicht auf seine tatsächliche Befolgung durch die Verbandsmitglieder ankomme, kann dem BAG für den Bereich der Presse nicht zugestimmt werden (→ Rn. 13). Wenn gerade eine heterogene Verbandsstruktur wie im Druckbereich mit zahlreichen Klein- und Mittelbetrieben – ua aus den bereits angeführten wirtschaftlichen Gründen – von vornherein nur eine äußerst geringe Resonanz auf einen Aussperrungsbeschluss erwarten lässt, muss sich die Prüfung der Verhältnismäßigkeit einer Aussperrung an der *tatsächlichen* Befolgung dieser Arbeitskampfmaßnahmen ausrichten (vgl. *Rüthers* NJW 1984, 201 (205); *Hanau* AfP 1980, 126 (131 ff.); „Studienkreis für Presserecht und Pressefreiheit", AfP 1983, 452 ff.).

28 5. a) Als weiteres Rechtsproblem im Bereich des Arbeitskampfrechts der Presse ist auch der Versuch von nichtjournalistischen Mitarbeitern anzusehen, von innen Zugriff auf die Pressefreiheit zu nehmen, indem sie sich weigern, Beiträge abzudrucken, deren Inhalte nicht ihren Vorstellungen entsprechen *(„weiße Flecken")*. Eine freie von der öffentlichen Gewalt unabhängige und keiner Zensur unterworfene Presse ist ein Wesenselement des freiheitlichen Staates (vgl. BVerfGE 20, 162 – Spiegel). Die Träger der Pressefreiheit sind daher gegenüber Angriffen von außen und innen zu sichern. Dieser Schutzanspruch besteht insbesondere auch gegenüber Eingriffen wirtschaftlicher Machtgruppen auf die Gestaltung und Verbreitung von Presseerzeugnissen (vgl. auch BVerfG NJW 1969, 1161). Dies folgt vor allem aus der Erkenntnis, dass es faktisch keinen Unterschied bedeutet, ob der Staat oder gesellschaftliche Gruppen in die grundrechtlich geschützte Sphäre der Presse eindringen (vgl. *Rüthers* AfP 1977, 305 (325)). Gerade aus diesem Grund ist die Geltung der Grundrechte von der Rechtsordnung auch im Hinblick auf den Privatrechtsverkehr anerkannt, wobei im konkreten Fall der Einfluss des Grundrechts über den Tatbestand des § 240 StGB (Nötigung) zur Anwendung kommt. Träger des Grundrechts der Pressefreiheit sind die Verleger und die Redakteure. Sie erfüllen in Zusammenarbeit die öffentliche Aufgabe der Presse, die in der Herstellung und Gewährleistung des Meinungsmarktes besteht (vgl. *Ricker,* Die öffentliche Aufgabe der Presse, S. 31). Grundsätzlich nicht zu den Trägern der Pressefreiheit gehören die Beschäftigten des büromäßigen, kaufmännischen und technischen Betriebs. Ihre Arbeit unterscheidet sich nicht von der Tätigkeit der anderen, außerhalb des Pressewesens tätigen Arbeitnehmer, so dass es eines spezifischen Grundes ermangelt, die Pressefreiheit auch auf sie auszudehnen. Eine freie Presse setzt voraus, dass die Sicherung der Pressefreiheit das Recht der Verleger und Redakteure einschließt, ihre Meinung in *jeder geeigneten Form* frei und ungehindert publizieren zu können. Dies ist nur dann gewährleistet, wenn *jede Art* von *direkter oder indirekter Zensur* unterbleibt.

29 b) Aus diesen Gründen hat auch der Deutsche Presserat in seiner Resolution zum Druckerstreik 1976 die Eingriffe technischer Mitarbeiter in die Herstellung von Zeitungen, soweit dadurch die Veröffentlichung einzelner Meinungsäußerungen bzw. Informationen verhindert wurde, als eine bedrohliche in die Presse- und Informationsfreiheit eingreifende Tendenz verurteilt. Die Presse- und Informationsfreiheit würde im Nerv getroffen, wenn journalistische Entscheidungen der Verleger und der Redakteure von Druckern zensiert werden könnten bzw. der Inhalt von Beiträgen ins Gegenteil verkehrt werden dürfte. Die nicht-journalistischen Mitarbeiter sind damit nicht schutzlos gestellt. Ihnen steht wie jedermann das Recht zur Gegendarstellung zu (vgl. ErfK/*Schmidt* GG Art. 5 Rn. 86).

37. Kapitel. Betriebsverfassung (Tendenzschutz) und Unternehmensmitbestimmung

I. Grundlagen des Betriebsverfassungsrechts

1. Das Betriebsverfassungsgesetz (BetrVG) in der Fassung der Bekanntmachung vom 25.9.2001 (BGBl. I S. 2518), zuletzt geändert durch Art. 4e QualifizierungschancenG vom 18.12.2018 (BGBl. I S. 2651) regelt die Zusammenarbeit zwischen Arbeitgebern und Arbeitnehmern im Betrieb. Der Gesetzgeber bezweckt damit den *Schutz des Arbeitnehmers* vor einseitigen Maßnahmen des Arbeitgebers und einer *Beteiligung der Arbeitnehmerschaft* als Betroffene an dessen Entscheidungen (vgl. Bericht der Mitbestimmungskommission in BT-Drs. VI/334, 65). *Die Eigentumsgarantie* sowie die *Freiheit der wirtschaftlichen Betätigung,* die die verfassungsmäßigen Grundlagen unternehmerischen Handelns bilden, werden dadurch in dem im Grundgesetz eingeräumten Umfang *begrenzt.* Diese Rechte des Arbeitgebers aus Art. 14 und Art. 2 GG werden durch die Erfordernisse des *Sozialstaatsprinzips* des Art. 20 GG unter Berücksichtigung der Vorbehalte des Art. 14 Abs. 1 S. 2 GG und des Art. 2 Abs. 2 GG modifiziert. Vor diesem Hintergrund sind unter dem Betriebsverfassungsrecht alle diejenigen Normen zu verstehen, die sich mit den Rechten der im Betrieb verbundenen Arbeitnehmer und mit ihrer Stellung gegenüber dem Arbeitgeber befassen (vgl. Schaub ArbR-HdB/*Koch* § 210 Rn. 1 ff.; Fitting BetrVG § 1 Rn. 1, 233; Löffler/*Dörner/Grund* BT ArbR Rn. 30). **1**

2. Die Interessen der Arbeitnehmer werden in erster Linie vom *Betriebsrat* wahrgenommen, dem die Betriebsverfassung weitgehende *Beteiligungsrechte* einräumt.

a) Der *Betriebsrat* ist das von Arbeitnehmern eines Betriebes gemäß § 1 Abs. 1 BetrVG gewählte Organ, das im Rahmen des Betriebsverfassungsrechts als Partner des Arbeitgebers in Zusammenwirken mit den im Betrieb vertretenen Gewerkschaften und Arbeitgeberverbänden die Rechte der Arbeitnehmer vertritt (vgl. BAG AP GG Art. 9 Nr. 3; AP KSchG § 13 Nr. 15; Fitting BetrVG § 1 Rn. 285 ff.; ErfK/*Koch* BetrVG § 1 Rn. 17 f.). **2**

b) *Beteiligungsrechte* sind dem Betriebsrat in sozialen, personellen und wirtschaftlichen Angelegenheiten eingeräumt, die er nach § 2 Abs. 1 BetrVG in vertrauensvoller Zusammenarbeit mit dem Arbeitgeber zm Wohle der Arbeitnehmer und des Betriebs wahrzunehmen hat (vgl. ErfK/*Koch* BetrVG § 2 Rn. 1). Dabei unterscheidet das Betriebsverfassungsgesetz verschiedene Stufen der Beteiligung (vgl. „Vierter Teil. Mitwirkung und Mitbestimmung der Arbeitnehmer", §§ 74 ff. BetrVG). **3**

Die schwächste Form der Beteiligung im Rahmen der personellen Mitbestimmung ist das Unterrichtungsrecht des Betriebsrats, etwa bei Einstellungen und personellen Veränderungen leitender Angestellter (vgl. BAG DB 1975, 223; Fitting BetrVG § 105 Rn. 4). Als echtes (erzwingbares) Mitbestimmungsrecht ausgestaltet ist dagegen die Beteiligung des Betriebsrates in sozialen Angelegenheiten im Rahmen bestehender gesetzlicher und tariflicher Bestimmungen (§ 87 BetrVG) sowie bei personellen Einzelmaßnahmen (§§ 99 ff. BetrVG). So kann der Betriebsrat Einstellungen, Eingruppierungen, Umgruppierungen und Versetzungen aus den in § 99 Abs. 2 BetrVG abschließend aufgezählten Gründen seine Zustimmung verweigern. Will der Arbeitgeber seine Maßnahme gleichwohl aufrechterhalten, so muss er beim Arbeitsgericht die Ersetzung der Zustimmung des Betriebsrats (§ 99 Abs. 4 BetrVG) beantragen (vgl. BAG NZA 1995, 484 (488); 1986, 490 (492)). Ein Widerspruchsrecht hat der Betriebsrat auch bei einer außerordentlichen Kündigung von Mitgliedern des Betriebsrats und der Jugend- und Auszubildendenvertretung (vgl. Fitting § 103 Rn. 24 ff.). Bei sonstigen außerordentlichen und bei allen ordentlichen Kündigungen ist die Beteiligung des Betriebsrats gemäß § 102 BetrVG auf ein zur Wirksamkeit der Kündigung allerdings zwingend erforderliches *Anhörungs-* und unter bestimmten Voraussetzungen auf ein die Wirksamkeit der Maßnahme nicht aufschiebendes *Widerspruchsrecht* beschränkt (vgl. BAG NZA 1997, 656 (658)).

3. *Medienunternehmen* haben nach § 118 Abs. 1 S. 1 Ziff. 2 BetrVG eine *Sonderstellung.* § 118 Abs. 1 S. 1 Ziff. 2 und S. 2 BetrVG schränken die Mitwirkungs- und Mitbestimmungsrechte des Betriebsrates in *Unternehmen und Betrieben,* die *unmittelbar und überwiegend* Zwecken der *Berichterstattung oder Meinungsäußerung gemäß Art. 5 Abs. 1 S. 2 GG dienen,* ein (zum missglückten **4**

Wortlaut der Regelung vgl. Richardi/Thüsing BetrVG § 118 Rn. 77). Der *Tendenzschutz,* unter dem diese *Tendenzunternehmen* stehen (vgl. Löffler/*Dörner/Grund* BT ArbR Rn. 339; *Bauer/Lingemann* NZA 1995, 813 (818); *Berger-Delhey* NZA 1992, 441 (444) umfasst auf Grund des Verweises auf die umfassende verfassungsrechtliche Freiheitsgarantie neben Zeitungen und Zeitschriften einschließlich ihrer elektronischen Ausgaben sowie der darin enthaltenden Werbeanzeigen auch alle Erzeugnisse der Buchdruckerpresse, also etwa auch Flugblätter, ferner die klassischen elektronischen Medien (privatrechtlicher) Hörfunk, Fernsehen und Videotext sowie entsprechend der Medienentwicklung auch alle journalistisch-redaktionell gestaltete Telemedien gemäß §§ 2 Abs. 1 S. 3, 19 Abs. 1 MStV (vgl. Fitting BetrVG § 118 Rn. 23 ff.; Paschke/Berlit/Meyer/Kröner/*Binder* 67. Abschnitt Rn. 9 ff.); ErfK/*Kania* BetrVG § 118 Rn. 15). Das Betriebsverfassungsgesetz findet danach generell keine Anwendung, soweit die Eigenart des Unternehmens oder des Betriebes dem entgegensteht. Die Vorschriften über die Bildung und die Tätigkeit von Wirtschaftsausschüssen gemäß §§ 106–110 BetrVG gelten nicht. Die §§ 111–113 BetrVG, welche die Beteiligungsrechte des Betriebsrates bei Betriebsänderungen betreffen, nur insoweit, als sie den Ausgleich und die Milderung wirtschaftlicher Nachteile für die Arbeitnehmer durch Betriebsänderungen regeln (→ Rn. 44).

5 a) Ausgehend von dem Text des § 81 BetrVG 1952 hat das Bundesarbeitsgericht zu der früheren Rechtslage als Zweck der Norm den Schutz der in dieser Vorschrift enthaltenen geistig-ideellen Ziele, denen ein Tendenzunternehmen dienen musste, erkannt (vgl. BAG NJW 1970, 1763 (1764)). Dabei hat es einen Grundrechtsbezug ausdrücklich verneint, da die genannten Ziele enger seien als der Geltungsbereich der Grundrechte. Nach der herrschenden Auffassung in der Literatur (vgl. Richardi/Thüsing BetrVG § 118 Rn. 14, 17 ff.; ErfK/*Kania* BetrVG § 118 Rn. 1; *Rüthers* AfP 1980, 2 (3 ff.); Fitting BetrVG § 118 Rn. 2 f.; *Mayer-Maly* AfP 1972, 194 (195)) sowie der Rechtsprechung des BAG (vgl. BAG NJW 1975, 1907 (1908); 1976, 727; DB 1979, 2184 (2185); NJW 1982, 124 (125); DB 1984, 995; NZA 1990, 402 (406)) geht § 118 BetrVG dagegen eindeutig vom *Grundrechtsbezug* als Zielvorstellung der Norm aus. Dies ergibt sich zum einen schon aus dem Wortlaut der Vorschrift, der das Grundrecht ausdrücklich erwähnt. Zum anderen folgt dieses Ergebnis aber auch aus der Berücksichtigung der Interessen, die hinter der Norm stehen. Danach liegt die Rechtfertigung für die Privilegierung der Medienunternehmen durch § 118 BetrVG in der vom Bundesverfassungsgericht zu Recht unterstrichenen besonderen Bedeutung der Presse für das Funktionieren eines demokratischen Staatswesens und der daraus folgenden verfassungsrechtlichen Garantie der Institution der freien privatwirtschaftlichen Presse (vgl. BVerfGE 20, 162 (175 f.) – Spiegel). Die Presse erfüllt ihre der individuellen und öffentlichen Meinungsbildung dienende öffentliche Aufgabe, wenn sie frei und unabhängig Allgemeinzugänglichkeit herstellt. Hierbei geht es nicht nur um die Verpflichtung des Staates, die Presse weder mittelbar noch unmittelbar zu reglementieren und zu steuern (vgl. BVerfGE 12, 205 (264)). Vielmehr ist nach der Rechtsprechung des Bundesverfassungsgerichts auch die Unabhängigkeit von Presseorganen gegenüber jeglichen fremden Einflüssen und Eingriffen, vor allem auch *wirtschaftlicher Machtgruppen,* zu schützen (vgl. BVerfG NJW 1980, 1093 (1095); 1969, 1161). Hierfür hat der Staat im Rahmen der ihm obliegenden institutionellen Garantie der Pressefreiheit zu sorgen (vgl. BVerfGE 20, 162 (175 f.) – Spiegel). Dieser Verpflichtung ist er durch Schaffung der für die Presse geltenden Ausnahmeregelung nachgekommen. Durch sie wird verhindert, dass die Tätigkeit der Presse durch Organe des Betriebsverfassungsgesetzes beeinflusst wird (vgl. BVerfG AfP 2000, 82 (83); NJW 1980, 1093 (1095)).

5a Dies ist gerechtfertigt, da der Betriebsrat *alle Arbeitnehmer* im Betrieb zu repräsentieren hat, also gerade auch diejenigen, die nicht an der inhaltlichen Gestaltung des Presseorgans beteiligt sind, die aber zahlenmäßig gegenüber den für die redaktionelle Arbeit Verantwortlichen überlegen sind, also etwa die Drucker. Bei uneingeschränkten Befugnissen des Betriebsrates in Presseunternehmen entstünde eine nicht unerhebliche Möglichkeit zur Einflussnahme von Mitarbeitern ohne redaktionelle Funktion auf den Inhalt der Zeitung. Die verfassungsmäßig gewollte Unabhängigkeit der Redaktion und das allein von publizistischen Kriterien bestimmte Erscheinen des Mediums würden hierdurch gefährdet. Daran ändert nichts, dass die nichtpublizistisch tätigen Mitarbeiter auch eine starke *ideelle Beziehung* zu der von ihnen hergestellten Zeitung zu empfinden vermögen. *Funktional* sind sie aber auf die technische Herstellung des Presseorgans beschränkt und deswegen auch nur insoweit von dem spezifischen Verfassungsschutz erfasst. An der hier entscheidenden *publizistischen Funktion* nehmen sie dagegen gerade nicht teil (vgl. BVerfG NJW 1980, 1093 (1095); Richardi/Thüsing, BetrVG, BetrVG § 118 Rn. 19). Vielmehr bleibt es ihnen überlassen, den inhaltlichen Zielen der von ihnen hergestellten Zeitung zu folgen oder nicht. Sie sind daher nicht anders einzuordnen als jeder andere auch, der an den Privilegien des Art. 5 GG nicht teilhat. Dies bedeutet aber, dass die nach dem Betriebsverfassungsgesetz gebildeten Repräsentationsorgane aller Betriebsangehörigen durch die Garantenstellung des Gesetzgebers für ein unabhängiges Pressewesen in ihrer Tätigkeit *begrenzt* werden müssen (vgl. BVerfG AfP 2000, 86 (87)).

Die verfassungsrechtlichen Grundlagen sowie den Rahmen des Tendenzschutzes hat das **5b** BVerfG in mehreren Entscheidungen bezüglich der Mitbestimmungsrechte des Betriebsrats bei der Festlegung bzw. der Verteilung der Arbeitszeiten in einer Zeitungsredaktion (vgl. BVerfG AfP 2000, 82 ff.), von Rundfunkredakteuren eines privaten regionalen Rundfunksenders (vgl. BVerfG NJW 2000, 1711) sowie von Verlagsmitarbeitern eines Presseunternehmens (vgl. BVerfG ZUM-RD 2000, 108) wie folgt definiert:

„Das Grundrecht der Pressefreiheit umfaßt die Freiheit, die Tendenz einer Zeitung festzulegen, bei- **5c** *zubehalten, zu ändern und diese Tendenz zu verwirklichen; dies ist eine Grundbedingung freier Presse, wie sie durch Art. 5 Abs. 1 Satz 2 GG gewährleistet wird. Dem Staat sind deshalb nicht nur unmittelbare Eingriffe, vor allem in Gestalt eigener Einflußnahme auf die Tendenz von Zeitungen, verwehrt; er darf auch nicht durch rechtliche Regelungen die Presse fremden – nicht-staatlichen – Einflüssen unterwerfen oder öffnen, die mit dem durch Art. 5 Abs. 1 Satz 2 GG begründeten Postulat unvereinbar wären, der Freiheit der Presse Rechnung zu tragen (vgl. BVerfGE 52, 283 <296>).*

Demgemäß steht auch dem Betriebsrat unter verfassungsrechtlichen Aspekten ein Einfluß auf die Tendenz der Zeitung nicht zu. Ein solcher Einfluß wäre ein „fremder“; seine Begründung würde zu einer Einschränkung der Pressefreiheit des Verlegers führen. Eine solche Einschränkung erlaubt § 118 Abs. 1 Satz 1 BetrVG aber nicht. Denn diese Vorschrift beschränkt die Pressefreiheit nicht, vielmehr schirmt sie sie gerade – im Rahmen der Reichweite der Norm – vor einer Beeinträchtigung durch betriebliche Mitbestimmungsrechte ab (vgl. BVerfGE 46, 73 <95>). Die Anwendung von Mitbestimmungsrechten ist, soweit durch sie die Pressefreiheit eingeschränkt würde, durch § 118 Abs. 1 Satz 1 BetrVG ausgeschlossen. § 118 Abs. 1 Satz 1 BetrVG ist mithin keine grundrechtsbegrenzende, sondern eine grundrechtsausgestaltende Regelung, bei deren Auslegung und Anwendung es nicht auf das Gewicht der durch die in Frage stehenden Mitbestimmungsrechte geschützten Belange der Arbeitnehmer ankommt. Soweit für die Auslegung grundrechtsgestaltender Regelungen auch das Sozialstaatsprinzip heranzuziehen ist, darf dies nicht in eine Beschränkung des Grundrechts auf Pressefreiheit umschlagen (vgl. BVerfGE 52, 283 <296 ff.>).

c) Diesen verfassungsrechtlichen Anforderungen genügt die Entscheidung des Bundesarbeitsgerichts. Die **5d** *ihr zugrunde liegende Auslegung des § 118 Abs. 1 Satz 1 BetrVG eröffnet dem Betriebsrat nicht einen mit Art. 5 Abs. 1 Satz 2 GG unvereinbaren Einfluß auf die Tendenz der Zeitung.*

Das Bundesarbeitsgericht geht im Ansatz davon aus, daß Beteiligungsrechte des Betriebsrats nur dann ausgeschlossen sind, wenn es sich um eine tendenzbezogene Maßnahme handelt und die geistig-ideelle Zielsetzung des Unternehmens und deren Verwirklichung durch die Beteiligung des Betriebsrats verhindert oder jedenfalls ernstlich beeinträchtigt werden kann. Hiergegen hat die Beschwerdeführerin keine Bedenken erhoben. Ihre Einwände gehen vielmehr dahin, daß die Ausübung eines Mitbestimmungsrechts bei tendenzbezogenen Maßnahmen stets zu einer erheblichen Beeinträchtigung der Tendenzverwirklichung und damit zu einem Verstoß gegen Art. 5 Abs. 1 Satz 2 GG führe. Dem kann nicht gefolgt werden.

Mitbestimmungsrechte sind von Verfassungs wegen ausgeschlossen, soweit durch sie die von der Pressefreiheit geschützte Tendenzentscheidung eingeschränkt würde (vgl. BVerfGE 52, 283 <299>). An der Durchführung dieser verlegerischen Entscheidung darf der Arbeitgeber nicht durch die Ausübung eines betrieblichen Beteiligungsrechts gehindert werden (vgl. BVerfGE 52, 283 <300>). Deshalb hat das Bundesverfassungsgericht eine Stellungnahme des Betriebsrats zu tendenzbezogenen Kündigungsgründen als mit § 118 Abs. 1 Satz 1 BetrVG unvereinbar angesehen. Sie schaffe die Gefahr einer „tendenzbezogenen Auseinandersetzung“ zwischen Arbeitgeber und Betriebsrat und in ihrer Folge einen Verlust oder eine Beschränkung der Entscheidungsfreiheit über die Tendenz einer Zeitung (vgl. BVerfGE 52, 283 <301 f.>). Eine solche Gefahr ist jedoch nicht schon generell gegeben, wenn es sich um eine Maßnahme mit Bezug zu einer Tendenzentscheidung handelt. Allein die Beziehung zwischen Maßnahme und Tendenzentscheidung besagt noch nichts darüber, ob mit einer Einflußnahme auf die Ausgestaltung der Maßnahme eine Einschränkung der Verwirklichung der Tendenzentscheidung einhergeht. Vielmehr hängt dies im

Einzelfall von der jeweiligen Maßnahme und deren konkreten Auswirkungen für die Tendenzverwirklichung ab.

5e *Diese verfassungsrechtlichen Anforderungen beachtet das Bundesarbeitsgericht, indem es zwischen Arbeitszeitentscheidungen, die sich auf den wertneutralen Arbeitsablauf beziehen und deshalb der Mitbestimmung unterliegen, und mitbestimmungsfreien Entscheidungen, die die geistig-ideelle Zielsetzung des Unternehmens betreffen, unterscheidet. Auf den gegen diese Differenzierung vereinzelt erhobenen Einwand, in Presseunternehmen könne generell nicht zwischen rein arbeitsorganisatorischen und tendenzbezogenen Arbeitszeitmaßnahmen unterschieden werden (vgl. Dütz, AfP 1988, S. 193 <201 ff.>; Berger-Delhey, NZA 1992, S. 441 <444>), kommt es verfassungsrechtlich nicht an. Insoweit ist allein maßgebend, ob die im Einzelfall konkret in Rede stehende Arbeitszeitentscheidung die Tendenzverwirklichung des Arbeitgebers betrifft. Dies ist der Fall, wenn die Zeitentscheidung auf die Erscheinungsweise, die Aktualität oder die inhaltliche Ausgestaltung der Zeitung oder Zeitschrift ausgerichtet ist. Hierzu gehören etwa die Festlegung und Verlegung von Erscheinungsterminen, die Bestimmung des Redaktionsschlusses, die Entscheidung über die regelmäßige Wochenarbeit und deren Umfang in einer Zeitungsredaktion sowie die Einführung und der zeitliche Umfang von Redaktionskonferenzen (vgl. Weiss/Weyand, ArbuR 1990, S. 33 <42>). Die Beteiligung des Betriebsrats an einer solchen Entscheidung eröffnete ihm einen die Pressefreiheit beschränkenden Einfluß auf die Tendenz. Geht es hingegen um Arbeitsentscheidungen, die aus anderen als Tendenzgründen getroffen werden, etwa zu dem Zweck, den Einsatz der Redakteure dem technisch-organisatorischen Herstellungsprozeß anzupassen oder die Art der Arbeitsteilung zu regeln, führt eine Beteiligung des Betriebsrats hieran nicht zu einer Einflußmöglichkeit auf die Tendenz (vgl. Plander, ArbuR 1991, S. 353 <356>).*

5f *Das Bundesarbeitsgericht ist in der angegriffenen Entscheidung davon ausgegangen, daß die Verteilung der Wochenarbeitsstunden auf die einzelnen Wochentage in der vom Betriebsrat geltend gemachten Weise die Tendenzverwirklichung der Beschwerdeführerin nicht berühre, weil eine Beeinträchtigung der geistig-ideellen Zielsetzung ausscheide. Es hat dabei maßgeblich darauf abgehoben, daß der Betriebsrat kein Mitbestimmungsrecht für die Festlegung des Arbeitsbeginns und -endes der Redakteure in Anspruch nehme. Der Arbeitgeber behalte auf diese Weise die Möglichkeit, allein den Redaktionsschluß und alle anderen Maßnahmen zu bestimmen, die zur Tendenzverwirklichung erforderlich seien. Hierzu gehöre insbesondere die Möglichkeit, einseitig ohne Mitbestimmung des Betriebsrats zu entscheiden, daß etwa der Beitrag eines Redakteurs noch fertigzustellen sei oder Recherchen bis zu einem bestimmten Zeitpunkt einzuholen seien.*

Damit hat das Bundesarbeitsgericht in verfassungsrechtlich nicht zu beanstandender Weise das Mitbestimmungsrecht auf eine nicht der Tendenzverwirklichung dienende Entscheidung beschränkt. Es ist nichts dafür ersichtlich, daß die hier in Rede stehende generelle Verteilung der Arbeitszeit der Redakteure auf die einzelnen Arbeitstage unmittelbare Auswirkungen auf die Aktualität und Qualität der Berichterstattung der Beschwerdeführerin hat. Soweit die Beschwerdeführerin geltend macht, die vom Betriebsrat verlangte und vom Bundesarbeitsgericht als mitbestimmungspflichtig erachtete Arbeitszeitregelung nehme ihr die Möglichkeit des Einsatzes ihrer Redakteure nach den aktuellen und für die Gestaltung und den Inhalt ihrer Zeitschrift grundlegenden Notwendigkeiten, verkennt sie, daß das Bundesarbeitsgericht solche Entscheidungen gerade nicht einem Mitbestimmungsrecht unterworfen hat. Vielmehr hat es ausdrücklich alle Maßnahmen für mitbestimmungsfrei gehalten, die zur Tendenzverwirklichung erforderlich sind. Dazu gehören namentlich auf ein bestimmtes Thema oder bestimmte Redakteure aus Gründen der Aktualität oder Qualität der Berichterstattung bezogene Arbeitszeitentscheidungen. Damit bleibt dem Arbeitgeber die Befugnis zu konkreten Einzelanweisungen, um die von der Tendenzautonomie erfaßte inhaltliche und formale Gestaltung einzelner Themen zu gewährleisten. Gerade die Freiheit der Entscheidung über den jeweiligen Einsatz eines Redakteurs und die Zuweisung konkreter Aufgaben an ihn gehören nach der Rechtsprechung des Bundesarbeitsgerichts zur Verwirklichung und Verfolgung der Tendenz (vgl. BAGE 56, 71 <77> = AP Nr. 10 zu § 101 BetrVG 1972). Anhaltspunkte dafür, daß das Bundesarbeitsgericht hiervon mit der vorliegend angegriffenen Entscheidung abgewichen sein könnte, sind nicht ersichtlich.

5g *Schließlich ist die Beschwerdeführerin auch nicht daran gehindert, aus Gründen der Aktualität und Qualität der Berichterstattung vorübergehend generell die betriebsübliche Arbeitszeit der Redakteure zu verändern. Soweit dementsprechende Zeitvorgaben der Tendenzverwirklichung dienen, etwa die umfassende und aktuelle Berichterstattung über ein Großereignis gewährleisten sollen, bleiben diese auch nach der Auffassung, die der angegriffenen Entscheidung des Bundesarbeitsgerichts zugrunde liegt, mitbestimmungsfrei.*“ (vgl. BVerfG 15.12.1999 – 1 BvR 694/90 Rn. 14 ff., AfP 2000, 82 ff.).

b) Der Gesetzgeber hat diese Aufgabe also dadurch gelöst, dass er durch die Tendenzschutzbestimmung des § 118 Abs. 1 S. 1 Ziff. 2 und S. 2 BetrVG einen *umfassenden Schutz* der Pressefreiheit *gegen* die Beeinträchtigung der Presse durch *betriebliche Mitbestimmungsrechte* schuf (vgl. → Rn. 5c ff.; BVerfG NJW 1980, 1093 (1095); BAG NZA 1992, 512 (515); *Rüthers* AfP 1980, 2 (3 ff.); *Löwisch* BB 1983, 913; Fitting BetrVG § 118 Rn. 2 f.). Die Vorschrift ist kein *Ausfluss einer Güterabwägung* zwischen der *Pressefreiheit* und dem *Sozialstaatsprinzip,* sondern sie schließt alle diejenigen Normen des BetrVG von der Anwendung in Presseunternehmen aus, durch die die Pressefreiheit eingeschränkt würde. Diesem Zweck der Vorschrift kommt damit bei der Frage nach der Geltung des BetrVG im Pressebereich im Einzelfall eine wesentliche Funktion zu. 6

Da es sich bei § 118 Abs. 1 BetrVG um eine grundrechtsausgestaltende Regelung im Sinne von Art. 5 Abs. 1 GG und nicht um eine begrenzende Norm im Sinne von Art. 5 Abs. 2 GG handelt (vgl. BVerfG NJW 2000, 1711 (1712)), spielen das Sozialstaatsprinzip und Grundrechte der Arbeitnehmer in ihrer Bedeutung für die Auslegung grundrechtsbezogener Regelungen (vgl. BVerfG NJW 1979, 1400 (1401)) insoweit keine Rolle. Wo eine begrenzende Norm fehlt, kann es auf das „Gebot einer Auslegung im Lichte des eingeschränkten Grundrechts, also auf eine verhältnismäßige Zuordnung des durch das Grundrecht geschützten Rechtsgutes und des durch die beschränkende Norm geschützten Gutes, nicht ankommen. Gewiss ist das Sozialstaatsprinzip auch für die Auslegung grundrechtsausgestaltender Regelungen heranzuziehen. Nur darf eine solche Regelung – bei aller Unsicherheit der Grenzziehung – nicht in eine *Beschränkung* des Grundrechts umschlagen" (vgl. BVerfG NJW 2000, 1711 (1712)). Dies bedeutet, dass die Beteiligungsrechte des Betriebsrates aus sozialen Gründen als *Informationsrechte* ausgelegt werden können, wenn es etwa um *tendenzbezogene personelle Einzelmaßnahmen* des Verlegers geht (zB Einstellung, Versetzung oder Kündigung von Redakteuren als Tendenzträgern (→ Rn. 35), da hierdurch die Tendenzautonomie nicht beschränkt wird (vgl. BVerfG NJW 1980, 1093 (1095)).

c) Andererseits ist aber darauf zu achten, dass der besondere *Schutz der Pressefreiheit nur so weit gehen* darf, wie es für die ungehinderte Pressetätigkeit *notwendig* ist. Jenseits dieser Grenze ist auch ein Presseunternehmen nicht anders zu behandeln wie jedes andere Unternehmen. Dieser Grundsatz ergibt sich ebenfalls aus § 118 Abs. 1 S. 1 Ziff. 2 BetrVG. Denn diese Vorschrift privilegiert das Presseunternehmen nur soweit, wie die Eigenart des Unternehmens und damit seine publizistische Funktion dies bedingt. Die Privilegierung hängt mit Ausnahme der generell ausgeschlossenen §§ 106–110 BetrVG damit von der jeweiligen getroffenen Maßnahme und ihrer konkreten Verwirklichung ab. Diese beiden Grundsätze des Tendenzschutzes führen zu den von dem Gesetzgeber gewollten differenzierten Lösungen. Sie sind daher im Einzelfall gleichgewichtig heranzuziehen (vgl. BVerfG NJW 2000, 1711 (1712); Löffler/*Dörner/Grund* BT ArbR Rn. 347). 7

II. Der Tendenzbetrieb

1. Das BetrVG gilt für Betriebe, also „organisatorische Einheiten, innerhalb derer ein Arbeitgeber allein oder mit seinen Arbeitnehmern mit Hilfe von technischen und immateriellen Mitteln bestimmte arbeitstechnische Zwecke fortgesetzt verfolgt" (vgl. Fitting BetrVG § 1 Rn. 93 mwN zur ständigen Rechtsprechung des BAG und zur herrschenden Meinung in der Literatur; ErfK/*Koch* BetrVG § 1 Rn. 8). Der arbeitstechnische Zweck eines Betriebs gilt als solcher wertneutral. Eine Tendenz, also eine inhaltliche Ausrichtung kann lediglich ein Unternehmen haben, das sich zur Umsetzung dieser Tendenz dieser Betriebe als arbeitsorganisatorischer Einheiten bedient. Zur Klarstellung regelt deshalb § 118 Abs. 1 S. 1 BetrVG die Anwendbarkeit des BetrVG auf Unternehmen und Betriebe. In Unternehmen mit mehreren Betrieben erstreckt sich deshalb die Tendenz des Unternehmens nicht automatisch auf alle Betriebe. Es ist daher für jeden Betrieb gesondert zu prüfen, ob er zur Umsetzung der vom Unternehmen vorgegebenen Tendenz eingesetzt wird. 8

Die Rechte des Betriebsrats in wirtschaftlichen Angelegenheiten nach §§ 106–110 BetrVG, die durch § 118 BetrVG völlig verdrängt werden, beziehen sich auf das ausschließlich einen Tendenzzweck verfolgende Unternehmen (vgl. Fitting BetrVG § 118 Rn. 5) und nicht auf die 9 möglicherweise unterschiedliche arbeitstechnische Zwecke verfolgende Betriebe des Unternehmens (vgl. BAG NZA 1994, 69 (71)).

10 In *sozialen* und *personellen Angelegenheiten* kann das Mitbestimmungsrecht in verschiedenen Betrieben eines Unternehmens auch verschieden ausfallen. In diesem Bereich ist der Umfang des Ausschlusses bzw. der Begrenzung der Mitwirkungs- und Mitbestimmungsrechte des Betriebsrates von der Feststellung abhängig, inwieweit ein Betrieb unmittelbar und überwiegend der Verwirklichung der Berichterstattung oder Meinungsäußerung dient (BAG NZA 1994, 329 (330)). Dementsprechend fällt auch ein Tendenzgemeinschaftsbetrieb, der von Tendenzunternehmen und anderen Unternehmen gebildet wird, in den Geltungsbereich des § 118 Abs. 1 S. 1 Nr. 2 BetrVG, wenn er unternehmensübergreifend unmittelbar und überwiegend den Zielsetzungen des § 118 Abs. 1 BetrVG dient (vgl. ErfK/*Kania* BetrVG § 118 Rn. 5; Fitting BetrVG § 118 Rn. 7). So ist kein Wirtschaftsauschuss gemäß § 106 Abs. 1 S. 1 BetrVG zu bilden, wenn ein Tendenzunternehmen mit mehr als 100 ständig beschäftigten Arbeitnehmern und ein tendenzfreies Unternehmen mit weniger als 100 Mitarbeitern einen Gemeinschaftsbetrieb bilden und die an dem Gemeinschaftsbetrieb beteiligten Unternehmen in den Gemeinschaftsbetrieb überwiegend tendenzgeschützte Zwecke verfolgen. In diesem Fall besteht auch kein Anspruch auf Anhörung und Unterrichtung nach Art. 4 Abs. 2a) und b) RL 2002/14/EG (vgl. BAG, NJW 2020, 598 (599 ff.).

11 2. a) § 118 Abs. 1 Ziff. 2 BetrVG ist weiterhin begrenzt auf Unternehmen und Betriebe, die unmittelbar und überwiegend *Zwecken der Berichterstattung oder Meinungsäußerung dienen.* Unternehmen bzw. Betriebe dienen insbesondere der Berichterstattung oder Meinungsäußerung, wenn sie Zeitungen oder Zeitschriften einschließlich ihrer elektronischen Ausgaben sowie der darin enthaltenden Werbeanzeigen herausgeben (vgl. BAG NZA 2004, 741 (743)) oder die klassischen elektronischen Medien (privatrechtlicher) Hörfunk, Fernsehen und Videotext sowie entsprechend der Medienentwicklung auch alle journalistisch-redaktionell gestaltete Telemedien gemäß §§ 2 Abs. 1 S. 3, 19 MStV verbreiten (vgl. → Rn. 4).

12 b) Wie bereits dargestellt (vgl. → Rn. 5 ff.), sieht das BAG im Anschluss an die Rechtsprechung des BVerfG den Zweck des § 118 Abs. 1 S. 1 Ziff. 2 BetrVG in einer Abschirmung der Pressefreiheit vor *jeglicher fremden Einflussnahme.* Damit schien das Gericht einer qualitativen Einschränkung des Tendenzschutzes durch wertende Momente zu widersprechen. Allerdings stellt das Gericht fest, dass der Tendenzschutz nur geboten ist, soweit die *geistig-ideellen* Vorstellungen des Unternehmens durch Maßnahmen des Betriebsrates so ernsthaft beeinflusst oder beeinträchtigt werden können, dass Grundrechte verletzt werden können. Damit tendierte das BAG zu einer restriktiven Auffassung über den Tendenzschutz, da das wertende Kriterium auch hier die zentrale Rolle für die Zuerkennung oder Verneinung des Tendenzschutzes spielt (vgl. BAG NZA 1990, 693 (696); BB 1979, 1555 (1556)).

13 c) Eine Einschränkung durch *wertbezogene Faktoren* ist § 118 Abs. 1 S. 1 Ziff. 2 BetrVG aber fremd. Zweck der Vorschrift ist es nach der Rechtsprechung des BVerfG gerade, der Pressefreiheit einen besonderen Schutz zukommen zu lassen (vgl. BVerfG AfP 2000, 82 (83), → Rn. 5c ff.; NJW 1980, 1093 (1095); *Richardi/Thüsing* BetrVG § 118 Rn. 17 f.). Eine Einschränkung oder restriktive Interpretation dieses Schutzes widerspricht dem Sinn und Zweck der Bestimmung. Aus der Absicherung der *Pressefreiheit* durch § 118 BetrVG folgt gerade, dass diese *unteilbar für alle Publikationen* gleich welcher Richtung zu gelten hat (vgl. BAG AfP 1989, 687 (688); Kresse S. 71 f.). Die Grenzen der Pressefreiheit bestimmen sich ausschließlich nach Art. 5 Abs. 2 GG. Danach findet das Grundrecht seine *Schranken* in den *allgemeinen Gesetzen,* dh solchen Vorschriften, die keine Sonderbestimmungen gegen die Presse enthalten (vgl. → Kap. 11 Rn. 3 ff.). Verbleibt eine Publikation innerhalb dieser Schranken, so ist sie von der Verfassungsgarantie erfasst und damit auch von der sie konkretisierenden Schutzvorschrift des § 118 Abs. 1 S. 1 Ziff. 2 BetrVG. Auf die Zielsetzung, die das Presseunternehmen bei seiner publizistischen Tätigkeit dabei verfolgt, kommt es deshalb nicht an (vgl. BVerfG NJW 1980, 1093 (1095)). Dies gilt vor allem für die wirtschaftliche Absicht der Gewinnerzielung (vgl. ErfK/*Kania* BetrVG § 118 Rn. 2; Richardi/Thüsing BetrVG § 118 Rn. 13, 16, 41). Zu Recht weist das BAG darauf hin, dass grundsätzlich alle Presseunternehmen darauf angelegt seien, Einnahmen und damit auch Gewinne zu erwirtschaften. Solange dieser Zweck nicht ausschließlich oder überwiegend (→ Rn. 22) verfolgt werde, sei er deshalb ohne Bedeutung (vgl. BAG NJW 1988, 371 (372); *Fitting* BetrVG § 118 Rn. 10 f.).

Die Vertreter einer restriktiven Interpretation des § 118 Abs. 1 Ziff. 2 BetrVG verkennen, dass ein *grundlegender Unterschied* zwischen der jetzt geltenden und der früheren Regelung des Tendenzschutzes im BetrVG 1952 besteht. Wie bereits dargelegt (→ Rn. 5), kannte der Vorläufer des § 118 BetrVG keine besondere Erwähnung der durch Art. 5 GG geschützten Publikationen. Diese wurden mit anderen Wirtschaftszweigen nur dann von Beteiligungsrechten des Betriebsrates ausgenommen, wenn sie den in der Ausnahmevorschrift des § 81 BetrVG 1952 genannten besonderen Bestimmungen wie etwa politischer, konfessioneller und wissenschaftlicher Art entsprachen (vgl. zum alten Rechtszustand besonders BAG NJW 1970, 1763). Indem § 118 Abs. 1 Ziff. 2 BetrVG diese Einschränkung nicht mehr enthält, hat der Gesetzgeber folgerichtig den Grundrechtsbezug zum Tendenzschutz herausgestellt und damit denjenigen eine Absage erteilt, die über die Schranken des Art. 5 Abs. 2 GG hinaus die Pressefreiheit durch eine wertende Interpretation begrenzen wollen (so auch BAG AfP 1987, 726 (727)). Dagegen stellt das BAG später (vgl. BAG NZA 1990, 240 (242)) wieder auf den „geistig-ideellen Zweck" ab, sieht diesen aber durch den Zweck der Berichterstattung und Meinungsäußerung verwirklicht.

Die Voraussetzungen des § 118 Abs. 1 Ziff. 2 BetrVG – „Zwecken der Berichterstattung oder der Meinungsäußerung zu dienen" – werden daher von allen Tages- und Wochenzeitungen, von Werkzeitungen und Vereinspublikationen, von Fachzeitschriften, von der periodischen Unterhaltungspresse, von Buchvorlagen oder -clubs mit breitem belletristischen Programm (vgl. BAG NZA 1990, 240), Presseagenturen (vgl. *Richardi/Thüsing* BetrVG § 118 Rn. 88) sowie von den klassischen elektronischen Medien (privatrechtlicher) Hörfunk (vgl. BAG NZA 1994, 329), Fernsehen und Videotext und entsprechend der Medienentwicklung auch alle journalistisch-redaktionell gestaltete Telemedien gemäß §§ 2 Abs. 1 S. 3, 19 MStV (→ Rn. 4) erfüllt.

d) Vor dem Hintergrund der Auseinandersetzung um die dogmatische Interpretation des **14**
Art. 118 Abs. 1 Ziff. 2 BetrVG wurde vertreten, dass *Anzeigenblätter* völlig wertfreie Druckerzeugnisse darstellen und ihnen daher der Tendenzschutz nicht zukommen könne. Der Inhalt dieser Publikationen erfülle nicht die Voraussetzungen, die unter den im Gesetz aufgeführten Zwecken sinnvollerweise verstanden werden können (vgl. *Frey* S. 36; differenzierend *Richardi/Thüsing* BetrVG § 118 Rn. 86). Unter Heranziehung des dargestellten *Schutzzwecks* der Vorschrift spricht gegen diese Auffassung der Geltungsbereich des Art. 5 GG. Nach der Rechtsprechung des Bundesverfassungsgerichts umfasst das Grundrecht der Pressefreiheit auch das Anzeigenwesen. Zwar äußert der Verleger eines Anzeigenblattes in der Regel keine eigene Meinung, wenn man nicht schon in der Möglichkeit, Anzeigen nach Belieben abzulehnen, eine Meinungsäußerung durch Stoffauswahl erblickt (vgl. Richardi/Thüsing BetrVG § 118 Rn. 86). Dies verlangt das Grundrecht der Pressefreiheit aber auch nicht. Die Pressefreiheit beschränkt sich nicht darauf, Presseorgane vor Eingriffen in die Verbreitung ihrer eigenen Meinung zu schützen. In weitem Umfang gibt die Presse reine Nachrichten wieder und enthält sich dabei jeder Wertung. Diese Form ihrer Tätigkeit stellt die verfassungsmäßig geschützte und demzufolge in § 118 BetrVG erwähnte Berichterstattung dar (vgl. *Löffler* AfP 1978, 167). Nach der Rechtsprechung des Bundesverfassungsgerichts sind auch *Anzeigen als Nachrichten* zu werten (vgl. auch → Kap. 47 sowie BVerfG NJW 1967, 974 – Südkurier). Die entgegengesetzte Auffassung zeigt, dass sie die Konsequenz aus der neuen Formulierung des § 118 Abs. 1 Ziff. 2 BetrVG nicht zu ziehen vermag und sie jedenfalls bei der Beurteilung praktischer Folgen die geistig-ideellen Zielvorstellungen, die den § 81 BetrVG 1952 beherrschten, noch immer heranzieht. Dies erstaunt umso mehr, als gerade die wichtige Funktion der Anzeige für die wirtschaftliche und politische Entwicklung auch im Rahmen einer wertgebundenen Interpretation des Tendenzschutzes eigentlich positiv berücksichtigt werden müsste. In Anbetracht des Umstands, dass Anzeigenblätter zunehmend, wenn auch in geringem Umfang redaktionelle Teile enthalten, wird heute nicht mehr ernsthaft bezweifelt, dass auch Anzeigenblätter vom Geltungsbereich des § 118 Abs. 1 S. 1 Nr. 2 BetrVG umfasst sind (vgl. BAG NZA 2010, 902; ZAW S. 278 ff.; Riechert/Nimmerjahn MiLoG § 24 Rn. 62, zur Begründung der Einbeziehung von Anzeigenblättern in die Übergangsregelung des § 24 Abs. 2 S. 3 MiLoG; siehe ferner BAG NZA 1994, 329, wonach ein privater lokaler Radiosender auch dann überwiegend Zwecken der Berichterstattung und Meinungsäußerung dient, wenn das Programm neben 10 % Wortbeiträgen und 50 % moderierten Musikbeiträgen auch 40 % Musiksendungen enthält, für die – überwiegend in der Nachtzeit – die Mitarbeiter der Technik verantwortlich sind).

15 3. Nach § 118 Abs. 1 Ziff. 2 BetrVG muss das Unternehmen bzw. der Betrieb zudem *unmittelbar und überwiegend* Zwecken der Berichterstattung oder Meinungsäußerung *dienen,* wenn es den Tendenzschutz in Anspruch nehmen will. Sowohl das Kriterium „unmittelbar" wie auch der Begriff „überwiegend" zielen auf eine *Begrenzung* der Sonderstellung der Pressebetriebe im Betriebsverfassungsrecht ab. Damit soll der *Ausnahmecharakter* des § 118 BetrVG betont werden (vgl. BT-Drs. 6/2729, 17). *„Unmittelbar"* drückt das Näheverhältnis als tragendem Grund der Sonderstellung aus (vgl. ErfK/*Kania* BetrVG § 118 Rn. 6; *Mayer-Maly* BB 1973, 762 (764)). *Der Betriebszweck selbst* muss auf die Verfolgung der geschützten Tendenz ausgerichtet sein und nicht nur nach seiner wirtschaftlichen Tätigkeit geeignet erscheinen, den eigentlichen Tendenzbetrieb zu unterstützen (vgl. BAG DB 1976, 151 (152); LAG Köln NZA-RR 1999, 194 (195); *Fitting* BetrVG § 118 Rn. 12). An einem unmittelbaren Dienst für einen qualifizierten Zweck fehlt es allerdings dann, wenn erst die Tätigkeit eines weiteren Betriebes bzw. Unternehmens zur „Tendenzverwirklichung" führt. So kommt beispielsweise die auf rein technische Leistung und wirtschaftlichen Nutzen zielende Papierfabrik nicht in den Genuss der Privilegien des § 118 BetrVG.

16 Einen Sonderfall bilden im Zusammenhang mit der Unmittelbarkeitsfrage die *Lohndruckereien* (dazu ausführlich Richardi/Thüsing BetrVG § 118 Rn. 91 ff.). Im Gegensatz zu einer einem Verlagsunternehmen als eigenem Betrieb(steil) angegliederten Druckerei, mit deren Hilfe überwiegend die Verlagsobjekte hergestellt werden, erledigt eine *Lohndruckerei* weitgehend *Fremd*aufträge (vgl. BAG DB 1976, 151 (152), im Anschluss an BAG NJW 1970, 1008). Dabei wird aber nicht immer begrifflich unterschieden, ob die Lohndruckerei als *Betrieb* zu einem Verlagsunternehmen gehört oder selbst ein rechtlich selbstständiges *Lohndruckunternehmen* ist, das mit – uU konzernrechtlich verbundenen – Verlagsunternehmen Verträge zum Druck von deren Pressepublikationen abschließt und mit ihrer Drucktätigkeit eigene Umsätze tätigt (vgl. BAG NZA 1994, 69 (71)).

17 Wenn damit die äußere Stellung im Produktionsprozess gemeint ist, würde man Lohndruckereien wegen fehlender Unmittelbarkeit nicht in den Tendenzschutz einbeziehen können (so *Frey* S. 43 ff.). Diese Auffassung wird auch vom Bundesarbeitsgericht vertreten, das für die Verneinung des Tendenzschutzes als entscheidend ansieht, dass die Lohndruckerei *selbst* keinen Einfluss auf die Auswahl und die Gestaltung der mit dem Druckerzeugnis verfolgten Tendenz nehmen kann. Die vertraglichen Bindungen der Lohndruckerei zum Presseunternehmen rechtfertigen den Tendenzschutz allein nicht, da sonst jeder Zulieferer für ein Tendenzunternehmen am Tendenzschutz teilnehmen könnte (vgl. *Fitting* BetrVG § 118 Rn. 27; ErfK/*Kania* BetrVG § 118 Rn. 16; beide mit Verweis auf BAG NJW 1982, 125).

18 Nur wenn die Lohndruckerei selbst Einfluss auf die Tendenzverwirklichung des Verlagsunternehmens nehmen kann oder wenn sie betrieben wird, um die wirtschaftliche Existenz des Verlagsunternehmens zu ermöglichen oder zu sichern, könne nach Ansicht des BAG der Tendenzschutz zur Anwendung kommen. Sonst bezieht das BAG ein rechtlich selbstständiges Lohndruckunternehmen nicht in den Tendenzschutz ein, auch wenn es ausschließlich Zeitungen oder Zeitschriften eines (konzernrechtlich) verbundenen Presseunternehmens druckt (vgl. BAG NJW 1982, 125 (127), Fortführung von BAG DB 1976, 151 (152), im Anschluss an BAG NJW 1970, 1008; ErfK/*Kania* BetrVG § 118 Rn. 16).

19 Nach anderer Ansicht (vgl. *Mayer-Maly* BB 1973, 762 (763); kritisch ErfK/*Kania* BetrVG § 118 Rn. 16) ist für das Unmittelbarkeitserfordernis hingegen auch nach der neuen Regelung das *Näheverhältnis* zum Presseunternehmen ausschlaggebend, so dass die Lohndruckerei dem Tendenzschutz unterfällt. Dagegen könnten nur solche Betriebe keine Sonderstellung beanspruchen, die nur *entfernt* mit der Tendenzverwirklichung dh der Berichterstattung oder Meinungsäußerung zu tun haben (etwa Papierfabriken, Schriftgießereien und Maschinenlieferanten). Für diese Auffassung spricht, dass der Druck einer Zeitung von der Zuliefertätigkeit anderer Betriebe für die Presse wesentlich verschieden ist. Bei einer Gleichstellung der Lohndruckereien mit Buchbindereien und Transportunternehmen (so Frey S. 45) wird verkannt, dass zwischen Druck und Tendenzverwirklichung eine wesentlich engere Verflechtung als mit anderen Betriebsarten besteht. Diese Ansicht wird auch durch den Druckerstreik des Jahres 1976 bestätigt, bei dem die Drucker etwa durch die Erzwingung der „weißen Flecken" sehr deutlich zeigten, dass ihr Einfluss auf die Presse viel vehementer sein kann als der anderer Zulieferfirmen (vgl. *Mayer-Maly* Anm. zu BAG DB 1976, 151 (152); *Löffler* AfP 1978, 165 (167)).

Für die Richtigkeit der Auffassung sprechen vor diesem tatsächlichen Hintergrund aber auch *rechtsdogmatische Überlegungen.* § 118 Abs. 1 Ziff. 2 BetrVG hat den Grundrechtsbezug zur Pressefreiheit ausdrücklich hergestellt und diejenigen Wirtschaftszweige unter den Tendenzschutz gestellt, die der Verwirklichung der Funktion der Presse durch Meinungsbildung und Berichterstattung unmittelbar dienen. Das Merkmal der unmittelbaren Finalität ist aber ausreichend weit zu ziehen, denn nur so kann erreicht werden, dass Meinungsbildung und Berichterstattung wirklich unabhängig erfolgen können.

Dies entspricht auch der Rechtsprechung des Bundesverfassungsgerichts, die redaktionelle Hilfstätigkeiten, die unmittelbar der Herstellung von Presseerzeugnissen dienen oder sonst typischerweise pressebezogen sind, wie etwa den Vertrieb, nicht nur als Dienst an der Presse, sondern sogar im Rahmen ihrer Funktion als *originären Bestandteil* der Pressefreiheit ansieht (vgl. BVerfG NJW 1984, 1101 (1102)). Selbst wenn für die Tätigkeit von Lohndruckereien nicht Art. 5 GG in Anspruch genommen wird, so ist diese jedenfalls unter Berücksichtigung der Rechtsprechung des Bundesverfassungsgerichts als unmittelbar für die Pressetätigkeit dienend anzusehen. Andernfalls wäre die Funktion der Presse als *Massenmedium* nicht hinreichend berücksichtigt. Für die Einbeziehung der Lohndruckereien spricht zudem noch ein weiterer Aspekt: Gerade wegen ihres Näheverhältnisses und der damit verbundenen Einflussmöglichkeit auf den Inhalt des Presseerzeugnisses unterliegen die Druckereien auch der Haftung als Verbreiter der Pressepublikation. Auch dies unterstreicht den Grundrechtsbezug ihrer Tätigkeit zur Pressefreiheit (vgl. → Kap. 13 Rn. 17 f.). Für dieses Verständnis spricht auch, dass das BVerfG klargestellt hat, dass sich die der Herstellung zeitlich und produktionstechnisch *nach*gelagerte Verbreitung einer Zeitung auf deren inhaltliche Gestaltung nicht mehr auswirkt und der Tendenzschutz daher nicht auf ein Konzernunternehmen zu erstrecken ist, dessen ausschließliche Aufgabe in der Zeitungszustellung besteht (vgl. BVerfG AfP 2003, 424 (425 f.)).

4. a) Neben dem Kriterium der Unmittelbarkeit hat der Gesetzgeber als weitere Voraussetzung **20**
für die Einschränkung des Betriebsverfassungsrechts in einem Presseunternehmen gemäß § 118 Abs. 1 Ziff. 2 BetrVG das Merkmal *„überwiegend"* in die Tendenzschutzbestimmung aufgenommen. Sofern ein Unternehmen oder ein Betrieb entweder ganz oder überhaupt nicht Zwecken der Berichterstattung oder der Meinungsäußerung dient, entstehen keine Abgrenzungsschwierigkeiten. Diese treten nur bei so genannten *Mischbetrieben* oder *Mischunternehmen* auf, bei denen sowohl tendenzbestimmte als auch tendenzfreie Aufgaben verfolgt werden. Sie führten schon in der Vergangenheit zu lebhaften Kontroversen (vgl. *Mayer-Maly* BB 1983, 913 (915); *Ihlefeld* AuR 1975, 234 (237); Löffler/*Dörner/Grund* BT ArbR Rn. 346; ErfK/*Kania* BetrVG § 118 Rn. 7).

Die von der früher hM vertretene *„Geprägetheorie"* stellte darauf ab, ob die Verfolgung des geschützten Zweckes (Tendenz) die ursprüngliche Aufgabe des Gesamtbetriebes darstellt, also dem Gesamtbetrieb das *„Gepräge"* gibt (vgl. *Richardi/Thüsing* BetrVG § 118 Rn. 29, 35). Diese Auffassung vertrat auch das BAG in seinem Beschluss vom 29.5.1970 (vgl. BAG NJW 1970, 1763). Nach einer anderen Ansicht, der sog. *„Tendenzsplittertheorie"*, sollte der Tendenzschutz immer schon dann eingreifen, wenn es in einem Betrieb oder Unternehmen überhaupt zur Verfolgung einer in § 81 BetrVG 1952 genannten Zielsetzung kam (vgl. „Studienkreis für Presserecht und Pressefreiheit", NJW 1967, 1015 (1016)). Diese Theorie führt ohne große Abgrenzungsschwierigkeiten zu relativ eindeutigen Ergebnissen (vgl. *Mayer-Maly* BB 1973, 761 (763)).

b) In Anbetracht des Begriffs *„Überwiegen"* in § 118 BetrVG hat die zur Vorgängernorm **21**
entwickelte *„Tendenzsplittertheorie"* keinen Bestand mehr (vgl. Frey S. 48; *Mayer-Maly* BB 1973, 761 (763); *Richardi/Thüsing* BetrVG § 118 Rn. 33). Umstritten war, ob der Gesetzgeber mit diesem Merkmal auch die *Geprägetheorie* verworfen hat (verneinend *Richardi/Thüsing* BetrVG § 118 Rn. 34 f.; OLG Hamburg NJW 1980, 1803; *Mayer-Maly* BB 1983, 913 (915); *Birk* JZ 1973, 753 (756)). In der Literatur wird überwiegend die Ansicht vertreten, dass mit den Merkmalen „unmittelbar" und „überwiegend" die Geprägetheorie generell keine Anwendung mehr finden kann. „Überwiegend" könne in einer parlamentarisch-demokratischen Rechtsordnung nichts anderes bedeuten, als über 50 %. Daraus folge die Feststellung, dass zwar Minderheitliches eine Tätigkeit prägen könne, dass jedoch das quantitativ-numerisch Überwiegende maßgebend sei (vgl. *Frey* S. 47; *Fitting* BetrVG § 118 Rn. 14; *Ihlefeld* AuR 1975, 234 (237 f.)). Das BAG hat aufgrund der Einfügung des Begriffs „überwiegend" in § 118 Abs. 1 BetrVG die von

ihm zur alten Rechtslage des BetrVG 1952 vertretene *Geprägetheorie* (vgl. BAG DB 1976, 151 (152)) aufgegeben. Nach der neueren Rechtsprechung des BAG erfordert das Wort „überwiegend" eine „quantitativ numerische" Bewertung. Es beziehe sich auf eine messbare Größe und bezeichne eine Teilgröße, die mehr als die Hälfte der Gesamtgröße ausmache. In erster Linie ist dabei insbesondere bei personalintensiven Unternehmen auf ein Überwiegen der Gesamtarbeitszeit aller zur Tendenzverwirklichung eingesetzten Arbeitnehmer, also nicht nur der Tendenzträger abzustellen (vgl. (vgl. BAG NZA 1990, 402 (405 f.); 1991, 513 (515); 1994, 329 (330); ErfK/*Kania* BetrVG § 118 Rn. 7; Löffler/*Dörner/Grund* BT ArbR Rn. 346; *Bauer/ Lingemann* NZA 1995, 813 (814 f.); *Frey* S. 46 f.; *Wedde* DB 1994, 730 (733); aA Hanau S. 97; *Richardi/Thüsing* BetrVG § 118 Rn. 33 und 35).

Nicht entschieden hat das BAG allerdings bisher, ob die quantitative Methode nunmehr *allein* anzuwenden ist, oder ob qualitative und quantitative Momente *zusammen* für die Entscheidung herangezogen werden müssen, um sachgerechte Ergebnisse für die Frage zu erhalten, ob die Tendenz in einem Unternehmen überwiegt oder nicht (offen gelassen in BAG DB 1976, 584 (585); NZA 1990, 240 (241); 1990, 901 (903); anders: Löffler/*Dörner/Grund* BT ArbR Rn. 346). Die überwiegenden Gründe sprechen für eine *Kombination* beider Elemente. Eine ausschließliche Orientierung am quantitativen Übergewicht würde gerade in Grenzfällen zu unbefriedigenden Lösungen führen: Schon bei minimalen Umsatzveränderungen der einzelnen Sparten etwa würde sich die betriebsverfassungsrechtliche Lage ändern, der Tendenzschutz also wirksam werden oder nicht (vgl. Richardi/Thüsing BetrVG § 118 Rn. 34 f.). Da diese Änderungen zeitlich in kurzer Abfolge immer wieder neu auftreten könnten, wäre die *Rechtssicherheit* erheblich gefährdet. Eine zusammenfassende Betrachtungsweise beider Elemente würde dagegen die für die Entscheidung nach § 118 BetrVG sicherlich notwendigen quantitativen Faktoren wie Umsatz, Ertrag und Belegschaftsaufteilung einbeziehen und damit dem Gesetzeszweck besser Rechnung tragen, das mit dem Merkmal des „Überwiegens" einer *Ausuferung* des Tendenzschutzes vorbeugen soll. Gleichzeitig bringt die Heranziehung qualitativer Faktoren in den dargestellten Problemfällen aber dauerhafte und haltbare Ergebnisse (vgl. Hess/Worzalla/Glock/ Nicolai/Rose/Huke/*Hess* BetrVG § 118 Rn. 13 ff.; ebenso LAG Rheinland-Pfalz 20.12.2005 – 5 TaBV 54/05 Rn. 18 f., BeckRS 2006, 40988; 27.3.2007 – 3 Ta BV 2/07, juris Rn. 16).

22 c) Eine weitere Frage, die im Zusammenhang mit dem Kriterium „überwiegend" diskutiert wurde, war, ob das *wirtschaftliche Erwerbsstreben* des Verlegers mit dem Tendenzschutz *unvereinbar* ist. Das BAG hatte in seiner Rechtsprechung zu § 81 BetrVG 1952 zunächst den Tendenzschutz für ein Unternehmen abgelehnt, wenn dessen Gewinnstreben im Vordergrund stehe (vgl. BAG NJW 1967, 81; BB 1969, 93; DB 1968, 2224). Später vertrat das Gericht dann in Übereinstimmung mit dem überwiegenden Standpunkt in der Literatur (vgl. *Dietz* NJW 1967, 81 (86); *Mayer-Maly* BB 1983, 913 (915)) die Ansicht, dass es nicht auf die Motivation des Verlegers ankomme, sondern auf die *objektiv feststellbare Verfolgung* der in § 81 BetrVG 1952 niedergelegten Zwecke (vgl. BAG NJW 1970, 1763). Diese Auffassung hat das BAG auch zu § 118 BetrVG beibehalten, weil es auf die grundsätzlich anzunehmende Gewinnerzielungsabsicht nicht ankomme (vgl. BAG DB 1976, 297 (298), im Anschluss an BAG NJW 1970, 1763; NZA 1998, 97 (99); 1990, 240 (241); 1988, 370 (372)). Bei der Auslegung des Merkmals „überwiegend" kommt es deshalb ausschließlich auf die Art des Unternehmens an. Diese Auslegung ergibt nach der hier vertretenen Auffassung von dem Zweck des Tendenzschutzes zwingend: Der Zweck des Tendenzschutzes ist der Schutz der Pressefreiheit. Das Grundrecht der Pressefreiheit umfasst aber nicht nur die publizistische Tätigkeit, sondern gerade auch deren Verwirklichung in einer freien privatrechtlichen Wirtschaftsform (vgl. BVerfGE 20, 162 (175 f.) – Spiegel), zu deren Merkmalen auch die Gewinnerzielung gehört. Eine Negierung dieses Merkmals bei der Erfassung der Voraussetzungen des Tendenzschutzes stünde somit im dogmatischen Widerspruch zu dem Sinn des § 118 BetrVG und würde darüber hinaus auch die Rechtsfolgen der Norm in der Praxis illusorisch machen, da in allen Presseunternehmen die Absicht und Notwendigkeit zur Gewinnerzielung zur Gewährleistung der unternehmerischen Unabhängigkeit besteht (vgl. BAG NZA 1994, 329 (330) mwN; *Fitting* BetrVG § 118 Rn. 10.

III. Die Tendenzschutzklauseln des § 118 BetrVG

Das BetrVG findet gemäß § 118 Abs. 1 S. 1 Ziff. 2 BetrVG keine Anwendung, soweit *die Eigenart des Unternehmens oder des Betriebes* einer Anwendung der Mitwirkungs- und Mitbestimmungsrechte *entgegensteht.* **23**

1. Grundsätzlich sind die in den §§ 1–3 BetrVG enthaltenen *Grundsatzbestimmungen* auch bei Tendenzbetrieben voll anwendbar. Im Hinblick auf § 2 BetrVG gilt, dass die Pflicht zum Zusammenwirken von Arbeitgeber und Arbeitnehmer unter besonderer Berücksichtigung des Tendenzzweckes zu erfolgen hat. Dies bedeutet, dass alles unterlassen werden muss, was dem Schutzbereich der Pressefreiheit entgegenstünde. Daher kann die Betätigung der Gewerkschaft gemäß § 2 Abs. 2 BetrVG im Betrieb dann eingeschränkt werden, wenn der Tendenzcharakter des Betriebes dies erfordert (vgl. BAG NJW 1979, 1844 (1847); *Fitting* BetrVG § 118 Rn. 31; *Richardi/Thüsing* BetrVG § 118 Rn. 117, 131 ff.). Die *Begrenzung der Regelungsbefugnis durch Tarifverträge* findet volle Anwendung und erhält darüber hinaus noch eine zusätzliche Komponente dadurch, dass die Vereinbarungen auch inhaltlich nicht dem Tendenzschutz widersprechen dürfen. Damit sind insbesondere *Redaktionsvertretungen* kollektivvertraglich ausgeschlossen (vgl. im Einzelnen → Kap. 38 Rn. 3 ff.). **24**

Hinsichtlich der in § 3 Abs. 1 Nr. 3 BetrVG eröffneten Gestaltungsmöglichkeit, durch Tarifvertrag andere Arbeitnehmervertretungsstrukturen zu bestimmen, soweit dies insbesondere aufgrund der Betriebs-, Unternehmens- oder Konzernorganisation oder aufgrund anderer Formen der Zusammenarbeit von Unternehmen einer wirksamen und zweckmäßigen Interessenvertretung der Arbeitnehmer dient, ist zudem zu beachten, dass die Organisation der Betriebsverfassung dadurch nicht gänzlich in die Disposition der Tarifvertragsparteien gestellt worden ist. Erforderlich ist vielmehr, dass die vereinbarte Struktur zur Vertretung der Arbeitnehmerinteressen „besser geeignet" ist als die gesetzliche (vgl. BAG NZA 2013, 738). **24a**

2. Alle Vorschriften, die sich mit der *Abgrenzung des Betriebes, der Organisation der Belegschaft* und des *Betriebsrates* befassen (§§ 7–73 BetrVG) haben allgemeinen Charakter und berühren den Tendenzschutz nicht (vgl. *Richardi/Thüsing* BetrVG § 118 Rn. 131; *Richter* DB 1991, 2661 (2664); *Fitting* BetrVG § 118 Rn. 31; BAG NZA 1992, 315 (317)). **25**

3. Bei den *allgemeinen Vorschriften* über die *Mitwirkung und Mitbestimmung* der Arbeitnehmer (§§ 74–80 BetrVG) ergeben sich eine Reihe von tendenzschutzbedingten Einschränkungen im Hinblick auf den in § 75 BetrVG enthaltenen *Gleichbehandlungsgrundsatz.* Die publizistische Haltung der Presse darf dadurch nicht tangiert werden. Ein Presseunternehmen kann insbesondere erwarten, dass diejenigen Mitarbeiter, die auf den Inhalt der Publikation Einfluss nehmen können, mit dessen publizistischer Position übereinstimmen (vgl. ErfK/*Kania* BetrVG § 118 Rn. 22). **26**

Solange der Betriebsrat bei der Durchführung seiner allgemeinen Aufgaben gemäß § 80 BetrVG die freie Entscheidung des Verlegers hinsichtlich der Tendenzverwirklichung nicht berührt, hat er ein Recht auf *umfassende Unterrichtung* durch den Verleger, sofern dies seine betriebsverfassungsrechtlichen Aufgaben erfordern (vgl. BAG NZA 2019, 475). Da er auch mit der Überwachung der Arbeitsverhältnisse der Tendenzträger beauftragt ist, ist dem Betriebsrat *Einblick* in die *Bruttogehaltslisten* der (über)tariflich bezahlten Redakteure zu gewähren (vgl. BAG NZA 2007, 1121 (1123); NJW 1982, 125 (127); DB 1979, 2183 (2184); *Fitting* BetrVG § 118 Rn. 31), da der Einblick allein noch keine Mitentscheidung bedeutet. Mögliche Unruhen und Spannungen stehen dem nicht entgegen, da der Betriebsrat zur Vertraulichkeit seiner Informationen verpflichtet ist. **27**

4. Die in den §§ 81–86 BetrVG geregelten *Befugnisse des Arbeitnehmers,* die dem Schutz seiner Stellung am Arbeitsplatz dienen, finden grundsätzlich unbeschränkt Anwendung, da durch sie der Tendenzschutz nicht tangiert wird (vgl. *Mayer-Maly* AfP 1972, 194 (195); *Richardi/Thüsing* BetrVG § 118 Rn. 175 ff.). Keine Einschränkung ergibt sich insbesondere bei den in § 82 BetrVG genannten Unterrichtungs-, Anhörungs- und Erörterungsrechten bei denjenigen, die unmittelbar an der inhaltlichen Gestaltung der Publikation beteiligt sind *(Tendenzträger).* Einerseits kann die Ausübung dieser „betrieblichen Angelegenheiten" durch einen einzelnen Arbeitnehmer kaum die Tendenz des Presseunternehmens ernsthaft tangieren, andererseits handelt es sich bei diesen Rechten des Arbeitnehmers um originäre Aspekte seiner Selbstverwirklichung **28**

am Arbeitsplatz. Vor diesem Hintergrund ist dem Tendenzträger auch unbeschränkt Einblick in seine Personalakten zu geben (vgl. *Frey* S. 65). Eine Ausnahme besteht lediglich hinsichtlich des Beschwerderechts (§§ 84–86 BetrVG), wenn die Beschwerde eine tendenzbedingte Maßnahme betrifft.

29 5. Auch die Mitbestimmung des Betriebsrates in *sozialen Angelegenheiten* (§§ 87–90 BetrVG) wird durch den Tendenzschutz regelmäßig nicht berührt, da es sich hier um eine weitgehend *wertneutrale* Gestaltung von Rechten des Arbeitnehmers handelt (vgl. *Fitting* BetrVG § 118 Rn. 32; differenzierend *Richardi/Thüsing* BetrVG § 118 Rn. 142f.).

29a a) Ausnahmsweise beschränkt der Tendenzschutz aber auch hier die Mitbestimmungsrechte des Betriebsrats, etwa bei der Frage der *Änderung* der *betriebsüblichen Arbeitszeit* (Überstunden, Arbeitszeitverteilung – vgl. § 87 Abs. 1 Ziff. 2 BetrVG), sofern es nicht allein darum geht, den Einsatz der Redakteure dem technisch-organisatorischen Ablauf des Herstellungsprozesses der Zeitung anzupassen, sondern gerade die *Aktualität* der *Berichterstattung* als tendenzbedingter Grund eine Rolle spielt (vgl. BVerfG AfP 2000, 86 (87); BAG NZA 1992, 512; 1990, 693 (696)). Dementsprechend hatte bereits der Erste Senat des Bundesarbeitsgerichts mit Beschluss vom 22.5.1979 entschieden, dass aus der Tatsache, dass Redakteure eines Zeitschriftenverlages sogenannte Tendenzträger seien, nicht unmittelbar folge, dass jede ihre Arbeitszeit betreffende Anordnung des Arbeitgebers eine tendenzbezogene und deshalb mitbestimmungsfreie Maßnahme sei. Gehe es nur darum, den Einsatz der Redakteure den technisch organisatorischen Ablauf des Herstellungsprozesses der Zeitschrift anzupassen, ohne dass dabei besondere tendenzbedingte Gründe, wie etwa die Aktualität der Berichterstattung, eine Rolle spielen, müsse wegen der Eigenart des Presseunternehmens das Mitbestimmungsrecht des Betriebsrats nicht zurücktreten (vgl. BAG DB 1979, 2184 (2185)). Folgerichtig hat das Bundesarbeitsgericht daher in einer Entscheidung aus dem Jahre 1992 ein Mitbestimmungsrecht des Betriebsrats zum Abschluss einer Betriebsvereinbarung hinsichtlich der Dauer und Lage der täglichen Arbeitszeit sowie Verteilung auf einzelne Wochentage einschließlich Gleitzeitregelung bejaht, wenn sichergestellt ist, dass die Arbeitszeitregelung auch zukünftigen Tendenzentscheidungen nicht entgegensteht (vgl. BAG NZA 1992, 512 (515)).

29b Ist jedoch im Pressebereich die Tendenzverwirklichung aufgrund der Aktualität oder die inhaltliche Ausgestaltung der Berichterstattung betroffen, kann sich das Mitbestimmungsrecht des Betriebsrats hinsichtlich der Festlegung der Arbeitszeit gemäß § 87 Abs. 1 Nr. 2 und Nr. 3 BetrVG dementsprechend reduzieren (vgl. BAG NZA 1992, 705 (707)). Nach der Rechtsprechung des Bundesverfassungsgerichts sind etwa die Festlegung und Verlegung von Erscheinungsterminen, die Bestimmung des Redaktionsschlusses, die Entscheidung über die regelmäßige Wochenarbeit und deren Umfang in einer Zeitungsredaktion, die Einführung und der zeitliche Umfang von Redaktionskonferenzen sowie der konkrete Einsatz von Redakteuren und die Zeitvorgaben zur Berichterstattung über ein Großereignis mitbestimmungsfrei (vgl. BVerfG AfP 2000, 82 (83f.); → Rn. 5c ff.).

29c Das ArbZG findet auf Redakteure nur eingeschränkt Anwendung (vgl. *Weberling* AfP 2007, 320 (323)). Unabhängig davon ist die Einführung von *Arbeitszeit-* und *Tätigkeitsberichten* zur täglichen Erfassung der jeweils verrichteten Tätigkeiten und der dafür benötigten Zeit nicht vom Anwendungsbereich des § 87 Abs. 1 Nr. 1 BetrVG erfasst und somit mitbestimmungsfrei, wenn das Ausfüllen dazu dient, lediglich den Nachweis des tariflichen Anspruchs auf Überstundenvergütung zu erleichtern, jedoch das Ausfüllung und die Einreichung der Formulare keine Pflicht ist (vgl. BAG DB 1981, 1092 (1093); bestätigt durch BAG DB 1982, 383 (385)).

29d Auch Dienstreise- und Kostenerstattungsordnungen sind mitbestimmungsfrei. Gleiches gilt für die Gewährung zusätzlicher Entgelte, mit denen besondere Leistungen bei der Tendenzverwirklichung honoriert oder hierzu motiviert werden soll (vgl. BAG NZA 1990, 575 (577); 1984, 167 (169)).

29e Mitbestimmungsfrei sind auch Vereinbarungen zwischen Verlag und Redaktion über sog. „Ethikregeln", nach denen insbesondere den Wirtschaftsredakteuren untersagt ist, Aktien von solchen Unternehmen zu besitzen, über die öfters berichtet wird. Das BAG bewertet dies als Sicherung der von dem Tendenzschutz umfassten publizistischen Unabhängigkeit. Der Mitbestimmung unterliegt hier lediglich die Form der Erfassungsformulare, auf denen die Redakteure ihre Erklärungen zu einem etwaigen Aktienbesitz abzugeben haben (vgl. BAG NZA 2003, 166 (167ff.)).

b) *Welche Tätigkeit* der Redakteure als (vergütungsrelevante) Arbeitszeit anzurechnen ist (zB Reisezeit bei auswärtigen Terminen) ist keine Frage der betrieblichen Lohngestaltung (vgl. § 87 Abs. 1 Ziff. 10 BetrVG) und deshalb mitbestimmungsfrei. Nach Ansicht des BAG muss jeweils *ausgelegt* werden, ob der Zeitaufwand als Arbeitszeit (vgl. § 2 ArbZG) anzusehen ist. Diese Rechtsfrage steht nicht zur Disposition der Betriebspartner (vgl. BAG DB 1981, 1092 (1093), bestätigt durch BAG DB 1982, 383 (385)). Hierbei ist insbesondere der ua gesundheitliche Schutzzweck des ArbZG zu berücksichtigen, der sich in Mindestruhezeiten zeigt, die etwa im MTV für Redakteure verwirklicht wurden. Nach dem ArbZG anzurechnende Zeiten sind nicht automatisch vergütungspflichtige Arbeitszeiten. Dienstreisezeiten zählen grundsätzlich nicht zur gesetzlichen Arbeitszeit (vgl. ErfK/*Wank* ArbZG § 2 Rn. 17). 30

6. Die Beteiligungsrechte des Betriebsrates bei der *Gestaltung von Arbeitsplatz, Arbeitsablauf* und *Arbeitsumgebung* (§§ 90–91 BetrVG) sind ebenfalls vom Tendenzschutz regelmäßig nicht betroffen (vgl. *Richardi/Thüsing* BetrVG § 118 Rn. 150). Hierbei handelt es sich um arbeitstechnische oder arbeitswissenschaftliche Fragen und in der Regel nicht um Angelegenheiten, welche die Tendenzverwirklichung tangieren (vgl. Fitting BetrVG § 118 Rn. 32). Die Beteiligungsrechte des Betriebsrats bei der Gestaltung des Arbeitsplatzes, Arbeitsablaufes und der Arbeitsumgebung gemäß § 90 BetrVG beschränken sich jedoch auf eine reine Unterrichtungspflicht, wenn die betreffende Maßnahme ausnahmsweise Auswirkungen auf die Tendenz des Mediums hat. Die ist beispielsweise dann der Fall, wenn neue redaktionelle Arbeitsabläufe in Verbindung mit der Einrichtung eines „Newsdesks“ oder „Produktionsdesks“ eingeführt werden, also redaktionelle Arbeitseinheiten auch in ihrer räumlichen Struktur so verändert werden, dass bei ständiger Verfolgung der Nachrichtenentwicklung die Themenplanung und in diesem Zusammenhang auch der Einsatz der verfügbaren redaktionellen Kapazitäten ressort- und medienübergreifend zentral gesteuert werden. Dem Betriebsrat steht diesbezüglich auch kein Unterlassungsanspruch zur Untersagung der Durchführung der Maßnahme gemäß § 90 BetrVG zu, da die Unterrichtungs- und Beratungsrechte gemäß § 90 BetrVG keine zwingenden Mitbestimmungsrechte des Betriebsrat nach § 87 BetrVG darstellen (vgl. *Weberling* AfP 2005, 139 (142)). 31

7. Ihr Hauptanwendungsfeld hat die Eigenartsklausel des § 118 Abs. 1 BetrVG im Bereich der *Mitwirkungsrechte des Betriebsrates bei personellen Einzelmaßnahmen* (§§ 92–105 BetrVG). Dabei besteht Einigkeit darüber, dass die Beteiligungsrechte nur beschränkt anwendbar sein können. Meinungsverschiedenheiten bestehen hinsichtlich des Umfangs der Einschränkung. Dabei lassen sich im Einzelnen die folgenden Ansichten unterscheiden: 32

a) *Die überholte Tendenzträgertheorie* (vgl. *Weber* NJW 1973, 1953 (1958)) besagte, dass Mitbestimmungsrechte bei personellen Maßnahmen ausscheiden, sofern sie sich auf tendenztragende Arbeitnehmer (Tendenzträger) beziehen. 33

b) *Die uneingeschränkte Maßnahmetheorie* (vgl. *Dütz* BB 1975, 1261 (1268)) stellt auf die konkrete Einzelmaßnahme ab. Danach steht die Eigenart eines Unternehmens oder Betriebes den Beteiligungsrechten des Betriebsrates entgegen, wenn die jeweilige Maßnahme einen konkreten Tendenzbezug hat. Die *eingeschränkte Maßnahmentheorie* stellt nicht nur auf den Tendenzbezug der Maßnahme, sondern auch darauf ab, aus welchen Gründen der Betriebsrat etwa bei einer Einstellung seine Zustimmung verweigert oder bei einer Kündigung nach § 102 Abs. 3 BetrVG widerspricht. Danach kann etwa die Zustimmung dann verweigert werden, wenn die Einstellung des Tendenzträgers gegen ein gesetzliches Verbot, zB § 10 AFG, oder gegen eine tarifvertragliche Besetzungsregelung verstößt (vgl. *Eisemann* RdA 1977, 346 (349); *Hanau* BB 1973, 901 (903 ff.)). 34

c) Die *Anhörungstheorie* (vgl. Richardi/Thüsing BetrVG § 118 Rn. 122) lässt hingegen die personelle Mitbestimmung auch bei tendenzbezogenen Maßnahmen bestehen, und zwar im Unterschied zur *eingeschränkten Maßnahmetheorie* auch in Bezug auf die tendenzbezogenen Teile einer Maßnahme. Bei *tendenzbezogenen Maßnahmen* sollen sich die Beteiligungsrechte des Betriebsrates aber auf die *bloße Anhörung bzw. Information des Betriebsrates* beschränken, da diese die Entscheidungsfreiheit des Unternehmers weder bei Einstellungen und Versetzungen, noch bei Kündigungen im Gegensatz zu den insoweit entfallenden Beratungspflichten und Widerspruchsrechten nicht beeinträchtigt (aA *Mayer-Maly* AfP 1979, 376). 35

d) Das BAG vertritt in ständiger Rechtsprechung seit 1975 (vgl. BAG NJW 1975, 1907 (1908); 1976, 727 (729)) die Anhörungstheorie. Danach steht § 118 Abs. 1 BetrVG der umfas- 36 senden Information und *Anhörung* des Betriebsrates auch dann nicht entgegen, wenn die Kündigung eines Tendenzträgers aus *tendenzbedingten* Gründen erfolgt. Gegen die tendenzbedingten Motive der beabsichtigten Kündigung soll der Betriebsrat aber nur insoweit Bedenken erheben können, als tendenzfreie, insbesondere soziale Gründe in Betracht kommen. Das gilt auch bei der beabsichtigten Kündigung eines Betriebsrats aus Tendenzgründen. § 103 BetrVG gilt insoweit nicht (vgl. BAG NZA 2004, 501 (504 f.)). Nach Ansicht des Bundesarbeitsgerichts hat diese Anhörung des Betriebsrats nach § 102 Abs. 1 BetrVG nicht zur Folge, dass die Tendenz gefährdet würde, da der Betriebsrat nicht auf Inhalt und Ausgestaltung des Presseorgans Einfluss nehmen könnte. Die Alleinentscheidung des Arbeitgebers sei nicht dadurch in Frage gestellt, dass er dem Betriebsrat nicht nur die tendenzfreien, sondern auch die tendenzbedingten Kündigungsgründe vollständig mitteilen muss. § 118 BetrVG diene nicht der Geheimhaltung tendenzbedingter Motive für personelle Maßnahmen. Diese Auslegung des § 118 Abs. 1 S. 1 BetrVG durch das BAG hat das BVerfG als mit Art. 5 Abs. 1 S. 2 vereinbar und damit als verfassungsgemäß bestätigt (vgl. BVerfG AfP 1980, 33 (35)). Mangels Widerspruchsrecht des Betriebsrats entfällt zudem die Verpflichtung zur Weiterbeschäftigung des Tendenzträgers nach § 102 Abs. 5 BetrVG (vgl. LAG Hessen 2.6.2006 – 10 SaGa 565/06, juris Rn. 29 f.; ErfK/*Kania* BetrVG § 118 Rn. 26; *Fitting* BetrVG § 118 Rn. 38).

37 e) Die Frage, ob die personelle Mitbestimmung des Betriebsrates der Eigenart in Tendenzbetrieben entgegensteht, wird von der Rechtsprechung mit Hilfe der Anhörungstheorie gelöst, wenn es sich um eine tendenzbedingte Maßnahme handelt, die einen Tendenzträger betrifft. Handelt es sich dagegen nicht um eine tendenzbedingte Maßnahme, etwa um die Kündigung eines Redakteurs allein aus wirtschaftlichen Gesichtspunkten, etwa wegen einer Betriebseinschränkung oder Rationalisierung, so ist kein Raum für den Tendenzschutz gegeben. Der Betriebsrat kann seine Rechte aus § 102 Abs. 2 BetrVG in vollem Umfang wahrnehmen, etwa der Kündigung wegen mangelnder *sozialer* Auswahl widersprechen (vgl. BAG NJW 1976, 727 (729)).

37a Nicht nur bei der Kündigung, sondern auch bei *anderen personellen Einzelmaßnahmen* gem. § 99 BetrVG wie Einstellungen und Versetzungen werden die Mitbestimmungsrechte des Betriebsrats gem. §§ 98 Abs. 3 und 4, 99 Abs. 1, 102 BetrVG aufgrund des Tendenzschutzes gem. § 118 Abs. 1 S. 1 Ziff. 2 BetrVG auf bloße Informations- und Anhörungsrechte reduziert, welche die tendenzbezogene Entscheidungs- und Handlungsfreiheit des Arbeitgebers nicht einschränken. Ist die Anhörung dagegen unterblieben, kann der Betriebsrat nach § 101 S. 1 BetrVG die Aufhebung der personellen Maßnahme verlangen (vgl. BAG NJW 1988, 370 (372); ErfK/*Kania* BetrVG § 118 Rn. 25). Aus der Anhörungstheorie folgt auch, dass der Arbeitgeber gegenüber dem Betriebsrat *Auskunft* über *sämtliche Bewerber* geben und deren *Bewerbungsunterlagen* vorlegen muss, auch wenn er sie bei der Einstellung nicht berücksichtigen will (vgl. BAG DB 1982, 129 (130); 1976, 584 (585)).

38 f) Die Rechtsprechung geht zu Recht davon aus, dass die *Verwirklichung* der *Tendenz* einer Zeitung von der Gestaltung der einzelnen Beiträge durch die jeweiligen Redakteure abhängt und durch deren Vorverständnis mitbestimmt und beeinflusst wird. Allein durch Anweisungen und Richtlinien des Verlegers lässt sich die von ihm gewollte Tendenz nicht herbeiführen und sicherstellen. Vielmehr hängt sie von den Kenntnissen und Erfahrungen des Redakteurs, von seinem Engagement bei einzelnen Themen und der Fähigkeit ab, auch in der sprachlichen Form der Eigenart der Zeitung zu entsprechen. Dies setzt außerdem voraus, dass sich der Redakteur innerlich mit der Tendenz des Verlegers identifiziert und sie seinerseits kreativ verstärkt und umsetzt. Bei der Entscheidung des Verlegers bzw. des von ihm eingesetzten Chefredakteurs über die Einstellung oder auch Umsetzung und Versetzung eines Redakteurs oder dessen beruflicher Weiterqualifizierung spielt deshalb neben den fachlichen Fähigkeiten die geistig-politische Grundhaltung des Redakteurs eine wesentliche Rolle. Aus diesem Grund wird bei Einstellungen, Versetzungen oder der Auswahl zu Berufsbildungsmaßnahmen von Redakteuren vermutet, dass diese aus tendenzbedingten Gründen erfolgen (vgl. BAG AfP 2006, 465 (466 f.); NZA 1988, 99 (101); NJW 1976, 727 (729)). Das gilt auch für Anzeigenredakteure, wenn sie durch eigene Veröffentlichungen oder die Auswahl und das Redigieren von Beiträgen und Texten Dritter unmittelbar auf die Tendenzverwirklichung Einfluss nehmen (vgl. BAG AfP 2010, 614 (616 f.)).

Darauf, ob die Verfolgung der Tendenz in gleicher Weise möglich wäre, wenn die geplante personelle Maßnahme unterbliebe oder eine andere personelle Maßnahme vorgenommen würde, kommt es somit nicht an. Zu Recht sieht das BAG insoweit auch als unerheblich an, ob der Verleger die Tendenz seiner Zeitung zuvor generell und auf Dauer oder *schriftlich* festgelegt hat. Die Freiheit zur Tendenzbestimmung umfasst auch das Recht, die Tendenz zu ändern und neu zu bestimmen. § 118 Abs. 1 S. 1 BetrVG schützt daher nicht nur die Verfolgung einer einmal auf Dauer festgelegten Tendenz etwa im Sinne einer bestimmten weltanschaulichen Richtung vor einer Einflussnahme des Betriebsrates, sondern jede Tendenzverfolgung, also jede Entscheidung im Hinblick auf die inhaltliche und sprachliche Gestaltung der Zeitung (vgl. BAG AfP 2010, 614 (616 f.)).

g) Zu den personellen Maßnahmen im Sinne von § 99 Abs. 1 BetrVG gehören neben Ein- **39**
stellung und Versetzung auch *Eingruppierung* und Umgruppierung in die maßgebliche Vergütungsgruppe des Tarifvertrags (GTV; → Kap. 35 Rn. 40). Bei der Eingruppierung steht dem Betriebsrat ein Mitbestimmungsrecht in Form eines Mitbeurteilungsrechts zu, auch wenn es um die tarifliche Eingruppierung eines *Tendenzträgers* geht, da im Gegensatz zur (zustimmungsfreien) Einstellung von Tendenzträgern die tendenzbezogene Handlungs- und Entscheidungsfreiheit des Arbeitgebers bei der Eingruppierung nicht tangiert wird. Ist sie ohne Zustimmung des Betriebsrats erfolgt, so kann dieser nicht die Rückgängigmachung der personellen Maßnahme fordern (vgl. § 101 BetrVG), wohl aber die ordnungsgemäße Einholung der Zustimmung hierzu und im Falle ihrer Verweigerung die Einleitung des Zustimmungsersetzungsverfahrens durch den Arbeitgeber (vgl. BAG DB 1983, 2313 (2314); 1984, 995; ErfK/*Kania* BetrVG § 118 Rn. 25; Löffler/*Dörner*/*Grund* BT ArbR Rn. 365 ff.).

Kein Fall der Eingruppierung im Sinne der § 99 Abs. 1 BetrVG ist dagegen die *Mitteilung* des Arbeitgebers, dass Ressortleiter, Chefs vom Dienst oder (stellvertretende) Chefredakteure keiner tariflichen Gehaltsgruppe zuzuordnen sind und frei vereinbarte Gehälter beziehen (vgl. BAG DB 1984, 995). Der Betriebsrat kann deshalb nicht darüber mitbestimmen, ob die außertarifliche Bezahlung seiner Ansicht nach gerechtfertigt ist oder nicht.

h) Die Grundsätze der Anhörungstheorie gelten auch für die übrigen Teile des fünften **40**
Abschnitts *„Personelle Angelegenheiten"* des BetrVG (§§ 92–105 BetrVG) erfassten Betriebsverfassungsrechte, da die Interessenlage dort nicht anders ist: Dies gilt vor allem für die in den §§ 92–95 BetrVG geregelten Mitbestimmungsrechte des Betriebsrates in *allgemeinen personellen Angelegenheiten,* da es sich hier um entscheidende Vorstadien für konkrete Einzelmaßnahmen handelt.

So kann zB der Betriebsrat gemäß § 93 BetrVG verlangen, dass *innerbetriebliche Stellenausschreibungen* auch für die Einstellung von Tendenzträgern erfolgen (vgl. BAG AfP 1979, 371 (374); DB 1979, 1608 (1610) mAnm *Kraft; Mayer-Maly* AfP 1981, 242 (243); ErfK/*Kania* BetrVG § 118 Rn. 24; Richardi/Thüsing BetrVG § 118 Rn. 154; Fitting BetrVG § 118 Rn. 33). Denn dadurch wird einerseits die Tendenzfreiheit des Verlegers zumindest nicht ernsthaft beeinträchtigt, da er auch einen anderen externen Bewerber einstellen kann, ohne dies begründen zu müssen (vgl. BAG DB 1979, 1608 (1610)). Andererseits ergibt sich dadurch mehr Chancengleichheit im Betrieb und eine Verbesserung des Arbeitsfriedens. Da einer förmlichen Betriebsvereinbarung über Stellenausschreibungen Verhandlungen vorausgehen, die tendenzbestimmte Auseinandersetzungen und damit indirekte Pressionen als möglich erscheinen lassen, muss der Arbeitgeber tendenzbestimmte Klauseln in der Vereinbarung einseitig bestimmen können (vgl. auch *Mayer-Maly* AfP 1979, 372 (373)).

i) Das Gleiche gilt auch für die Durchführung von Maßnahmen der *beruflichen Bildung* gemäß **41**
§§ 96 ff. BetrVG, getroffen werden. Handelt es sich hierbei ausschließlich um Programme für Tendenzträger, so ist nach den Grundsätzen des Bundesarbeitsgerichts der Arbeitgeber nur verpflichtet, die Vorstellungen des Betriebsrates hierzu anzuhören (vgl. BAG AfP 2006, 465 (466 f.)). Ein Mitbestimmungsrecht hat der Betriebsrat wegen der Reichweite solcher spezifischer Bildungsmaßnahmen für die Tendenz des Presseunternehmens dagegen nicht (vgl. BAG NZA 2010, 902 (905 f.); *Richardi/Thüsing* BetrVG § 118 Rn. 159). Dabei spielt es keine Rolle, ob es sich um *Ausbildungs-* oder *Fortbildungsprogramme* für Volontäre oder für Redakteure handelt, da auch Redaktionsvolontäre Tendenzträger sind (vgl. BAG AP BetrVG 1972 § 118 Nr. 21; *Hanau* AfP 1982, 1 (2 f.); *Kühle* AfP 1978, 190 (191); aA Frey S. 71).

42 8. In Anerkennung des Umstandes, dass der publizistische und der wirtschaftliche Aspekt gemeinsam die Voraussetzung für die Tendenzverwirklichung bilden (vgl. BVerfGE 20, 162 (175 f.) – Spiegel), hat der Gesetzgeber in § 118 Abs. 1 S. 2 BetrVG die Anwendung der Vorschriften über die *Bildung und die Tätigkeit von Wirtschaftsausschüssen* gemäß §§ 106–110 BetrVG in Presseunternehmen ausgeschlossen. In Presseunternehmen muss deshalb weder ein Wirtschaftsausschuss gebildet werden, noch sind die Arbeitnehmer über die wirtschaftliche Lage und Entwicklung des Unternehmens zu unterrichten (vgl. BAG NZA 1990, 240 (242)). Unabhängig davon ist jedoch auch der Arbeitgeber eines Tendenzbetriebs nach der ständigen Rechtsprechung des Bundesarbeitsgerichts gemäß § 43 Abs. 2 BetrVG verpflichtet, mindestens einmal im Kalenderjahr in einer Betriebsversammlung ua auch über die wirtschaftliche Lage und Entwicklung des Betriebes zu berichten (vgl. BAG DB 1977, 961).

42a Nach § 118 Abs. 1 Satz BetrVG finden bei *Betriebsänderungen* die §§ 111–113 BetrVG in Presseunternehmen nur insoweit Anwendung, als sie den Ausgleich oder die Milderung wirtschaftlicher Nachteile für die Arbeitnehmer regeln. Das bedeutet nach der Rechtsprechung des Bundesarbeitsgerichts, dass der Tendenzarbeitgeber den Betriebsrat vor seiner endgültigen Entscheidung weder über die Motive seiner Entscheidung informieren muss, noch versuchen muss, mit dem Betriebsrat vor der Durchführung der Maßnahme einen Ausgleich der unterschiedlichen Interessen *(Interessenausgleich)* zu erzielen. Eine diesbezüglich vom Betriebsrat beantragte Einsetzung einer Einigungsstelle ist zurückzuweisen, da sie offensichtlich unzuständig ist (vgl. LAG Niedersachsen BB 2003, 1337 f., unter Aufgabe von LAG Niedersachsen DB 1993, 2540). Der Betriebsrat hat keinen Anspruch auf die Unterstützung durch einen Sachverständigen nach § 111 S. 2 BetrVG (vgl. LAG Rheinland-Pfalz AfP 2005, 575 (576)). Er kann geplante Maßnahmen als solche nicht verhindern (vgl. BAG NZA 2004, 741 (742 f.)). Im Hinblick auf den eingeschränkten Anwendungsbefehl des § 118 Abs. 1 S. 2 BetrVG hat der Tendenzarbeitgeber allerdings die Pflicht, den Betriebsrat so rechtzeitig und umfassend über die geplante Maßnahme unterrichten, dass der Betriebsrat in der Lage ist, vor der Umsetzung der geplanten Maßnahme eigene Vorstellung zum Ausgleich oder zur Milderung wirtschaftlicher Nachteile der betroffenen Arbeitnehmer zu entwickeln und mit dem Arbeitgeber zu beraten. Das bedeutet, dass dem Betriebsrat vor der Durchführung der Betriebsänderung zumindest ausreichende Basisinformationen zur Verfügung stehen müssen, die ihn in die Lage versetzen, mit dem Arbeitgeber über einen Sozialplan zu verhandeln, und der Arbeitgeber mit ihm Beratungen aufgenommen hat, zumindest aber ernsthaft angeboten hat (vgl. BAG NZA 2004, 741 (742 f.); 1999, 328 (330 f.); 1990, 240 (242); NJW 1983, 1870 (1871)). Kommt der Tendenzarbeitgeber diesen Pflichten nicht nach, haben die von der Betriebsänderung betroffenen Arbeitnehmer gegen ihn einen Nachteilsausgleichsanspruch nach § 113 BetrVG (vgl. BAG NZA 2004, 741 (742); dies gilt auch in Tenden-Gemeisnchaftsbetrieben, siehe oben Rn. 10). Unabhängig davon hat auch der Tendenzarbeitgeber die Konsultationspflichten nach § 17 Abs. 2 KSchG zu beachten. Ein Verstoß dagegen führt allerdings nicht zu einer analogen Anwendung des § 113 Abs. 3 BetrVG (vgl. BAG NZA 2004, 741 (743 f.)).

43 9. Im Falle eines *Betriebsübergangs* ist die Frage zu erörtern, wie sich dieser beim Tendenzbetrieb auswirkt. Nach § 613a Abs. 1 BGB tritt beim rechtsgeschäftlichen Übergang eines Betriebes der Erwerber automatisch in die Rechte und Pflichten aus den im Zeitpunkt des Übergangs bestehenden Arbeitsverhältnissen ein. Die Anwendung dieser Regelung bei einem Tendenzbetrieb war umstritten, insbesondere unter Berücksichtigung des Falles, dass durch die Betriebsnachfolge die Richtung des Presseorgans geändert werden soll, etwa wenn ein konservativ eingestellter Zeitungsverleger eine politisch links orientierte Zeitung aufkauft. Bei Anwendung des § 613a BGB würden die Arbeitsverhältnisse weiter bestehen und der Presseunternehmer wäre auf die Kündigungsvorschriften angewiesen, wenn er einen Tendenzträger entlassen will, wobei die Befugnisse des Betriebsrates gemäß § 118 BetrVG auf ein Anhörungsrecht reduziert wären (→ Rn. 26 ff.). Würde § 613a BGB dagegen nicht angewendet, so würden die Arbeitsverhältnisse gegenüber dem Betriebsnachfolger nicht weiter bestehen. Gegen eine Anwendung des § 613a bei Tendenzunternehmen wurde geltend gemacht, dass die Vorschrift über § 122 BetrVG überhaupt erst in das BGB aufgenommen sei. Daraus wurde geschlossen, dass die Eigenartsklausel des § 118 Abs. 1 S. 1 BetrVG über § 122 BetrVG auch auf § 613a BGB angewendet werden müsse, so dass die Arbeitsverhältnisse dann nicht weiter bestehen könnten, wenn sich ihre Fortsetzung überhaupt nicht mit

der Eigenart des erwerbenden Presseunternehmers vereinbaren lässt (vgl. *Mayer-Maly* BB 1973, 761 (769)). Für eine uneingeschränkte Anwendung des § 613a BGB wurde dagegen vorgetragen, dass § 118 Abs. 1 BetrVG nur betriebsverfassungsrechtliche Beteiligungsrechte, also etwa die Mitwirkungsbefugnisse des Betriebsrates beträfe, nicht dagegen eine Vorschrift aus dem BGB beschränken könne (vgl. Neumann-Duesberg NJW 1973, 268 (269)). Entscheidend ist das Motiv des Gesetzgebers zur Einfügung der Regelung über die Rechte und Pflichten beim Betriebsübergang in das BGB. Der Gesetzgeber hatte die Absicht, eine allgemeine unabhängig vom Betriebsverfassungsgesetz geltende Norm zu schaffen. Dass er die Änderungsentscheidung in der Vorschrift des § 122 BetrVG niederlegte, belegt, dass das BetrVG 1972 für ihn nur der Anlass war, das BGB zu ergänzen. Damit hat er sowohl hinsichtlich des Adressatenkreises als auch bezüglich des Geltungsumfangs eine *Bestandsschutz-Regelung* für alle Arbeitsverhältnisse beim Betriebsübergang geschaffen. Die Einschränkungen des § 118 BetrVG finden daher auf § 613a BGB keine Anwendung (vgl. BAG BB 1976, 270 (271)). Für dieses Ergebnis spricht auch, dass der Redakteur andernfalls bei einer Betriebsnachfolge schutzlos wäre. Dies wird angesichts der Tatsache deutlich, dass sogar in Fällen einer Stilllegung eines Pressebetriebs wenigstens ein Sozialplan zur Abwendung wirtschaftlicher Nachteile ausgehandelt werden muss (vgl. §§ 118 Abs. 1 S. 2, 111 S. 2 Ziff. 1 BetrVG; auch → Rn. 42a). Warum im Falle einer Betriebsnachfolge keine angemessene Berücksichtigung der Interessen des Redakteurs erfolgen soll, erschließt sich nicht. Diese wird durch § 613a BGB gewährleistet. Die Arbeitsverhältnisse bleiben zunächst bestehen. Diese Annahme steht auch im Einklang mit der vom BVerfG getroffenen Feststellung, wonach der Betriebsübergang allein noch keine prinzipielle Einschränkung der Programmgestaltungsfreiheit bzw. der geschützten Tendenz auf Seiten des Erwerbers darstellt (vgl. BVerfG NZA 2000, 1049 (1051)). Der neue Arbeitgeber kann aber unter den erleichterten Voraussetzungen des zur Gewährleistung der Pressefreiheit bestehenden § 118 BetrVG das Arbeitsverhältnis kündigen (vgl. BAG DB 1976, 152 (154)). Dieses Kündigungsrecht ist auch nicht durch § 613 Abs. 4 S. 1 BGB ausgeschlossen. Nach § 613 Abs. 4 S. 2 BGB ist nur die Kündigung wegen des Betriebsübergangs, nicht aber aus anderen Gründen unwirksam. Ob in diesen Fällen die Voraussetzungen einer (Änderungs-) Kündigung stets erfüllt sind, hat das BVerfG offengelassen.

Bei der Veräußerung eines *Verlagsobjektes* (zB einer von mehreren Zeitungen) oder einer Teilauflage einer Tageszeitung, für die ein Redakteur ausschließlich oder überwiegend tätig ist, gilt § 613a BGB entsprechend (vgl. § 15 Ziff. 2 MTV Redakteure an Tageszeitungen; → Kap. 35 Rn. 25). **44**

IV. Unternehmensmitbestimmung im Bereich der Presse

1. Unter Unternehmensmitbestimmung wird allgemein die *Teilhabe* der Arbeitnehmer an den *wirtschaftlichen (unternehmerischen) Entscheidungen* in einem Unternehmen verstanden (vgl. Wlotzke/Wißmann/Koberski/Kleinsorge/*Wißmann* Vorb. Rn. 1). Diesbezügliche Regelungen enthält das Gesetz über die Mitbestimmung der Arbeitnehmer (Mitbestimmungsgesetz – MitbestG) vom 4.5.1976 (BGBl. I S. 1153), zuletzt geändert durch Art. 7 G für die gleichberechtigte Teilhabe von Frauen und Männern an Führungspositionen in der Privatwirtschaft und im öffentlichen Dienst vom 24.4.2015 (BGBl. I S. 642). **45**

Dieses Gesetz gilt für Unternehmen mit eigener Rechtspersönlichkeit (zB Aktiengesellschaft, Kommanditgesellschaft auf Aktien, GmbH usw), sofern sie mehr als 2000 Arbeitnehmer beschäftigen (vgl. § 1 MitbestG). Damit ist die Grenze der unternehmerischen Mitbestimmung nicht nur durch die Rechtsform des Unternehmens, sondern auch durch die Anzahl der Arbeitnehmer bestimmt. In Unternehmen, welche die genannten Voraussetzungen erfüllen, nehmen die Arbeitnehmer an den unternehmerischen Planungen und Entscheidungen teil, indem sie ihre Vertreter in die Aufsichtsräte der Unternehmen wählen und entsenden. Der Aufsichtsrat muss, je nach Anzahl der beschäftigten Arbeitnehmer aus zwölf, sechzehn oder zwanzig Mitgliedern bestehen (vgl. § 7 Abs. 1 MitbestG). Davon sind jeweils die Hälfte Vertreter der Anteilseigner und der Arbeitnehmer *(Parität)*. Unter den Aufsichtsratsmitgliedern der Arbeitnehmer müssen sich jeweils auch Vertreter der Gewerkschaft befinden (vgl. § 7 Abs. 2 MitbestG). Aufgabe des Aufsichtsrates ist es, die Unternehmensleitung auszuwählen, sie zu kontrollieren und teilweise an deren Maßnahmen mitzuwirken (vgl. § 25 MitbestG). **46**

Sofern es bei einer Entscheidung des paritätisch besetzten Aufsichtsrates zu einer *Pattsituation* kommt, entscheidet letztlich der *Aufsichtsratsvorsitzende* mit einer zweiten Stimme (§ 29 Abs. 2 MitbestG). Der Aufsichtsratsvorsitzende dürfte in aller Regel der Anteilseignerseite zuzurechnen sein (vgl. § 27 MitbestG).

47 2. Die Anwendung des Mitbestimmungsgesetzes auf Presseunternehmen würde in die durch Art. 5 Abs. 1 S. 2 GG gewährleistete Pressefreiheit eingreifen. Die Rechte des Inhabers eines Presseunternehmens, etwa auf Festsetzung der Grundhaltung einer Zeitung, auf Bestellung und Abberufung der Geschäftsführung, auf Freiheit in der wirtschaftlichen Disposition über das Presseunternehmen, sind Ausprägungen der Pressefreiheit. Der Gesetzgeber ist aber verpflichtet, überall, wo der Geltungsbereich einer Norm die Presse tangieren könnte, dem Postulat ihrer Freiheit Rechnung zu tragen (vgl. BVerfGE 20, 162 (175 f.) – Spiegel).

Der Gesetzgeber hat dieser verfassungsrechtlich geforderten Grundrechtskonkretisierung (vgl. Maunz/Dürig Art. 5 Rn. 44, Art. 9 Rn. 360) durch § 1 Abs. 4 Nr. 2 MitbestG insoweit entsprochen, als diejenigen Unternehmen, die unmittelbar und überwiegend Zwecken der Berichterstattung und der Meinungsäußerung dienen, und auf die Art. 5 Abs. 1 S. 2 GG anzuwenden ist, privilegiert werden und aus dem Geltungsbereich der unternehmerischen Mitbestimmung herausfallen (vgl. Ausschussbericht, BT-Drs. 7/4845). Die Voraussetzungen des § 1 Abs. 4 MitbestG entsprechen daher denen des § 118 BetrVG (vgl. *Schaub/Koch-Koch*, Mitbestimmung (Unternehmensmitbestimmung), II. 1.). Insoweit wird auf seine Erläuterung verwiesen (vgl. → Rn. 8 ff. Wlotzke/Wißmann/Koberski/Kleinsorge/*Koberski* MitbestG § 1 Rn. 45 f.).

48 Sofern es sich um *ein* selbstständiges (Misch-)unternehmen handelt, kommt es also auch bei der wirtschaftlichen Mitbestimmung darauf an, ob überwiegend tendenzbestimmte Aufgaben erfüllt werden und dem Unternehmen sein Gepräge geben (→ Rn. 16 ff.). In einem *Konzern,* also einer Zusammenfassung von mehreren unter einheitlicher Leitung stehenden Unternehmen (vgl. § 18 AktG) wird differenziert, soweit auch tendenzfreie Unternehmen beteiligt sind (Mischkonzern): Unstreitig findet auf die Tendenzunternehmen weder das MitbestG noch § 106 BetrVG Anwendung. Bei dem *Leitungsunternehmen,* das den maßgeblichen Einfluss auf die wichtigen Entscheidungen der abhängigen (Tendenz-)Unternehmen ausübt (vgl. *Kunze* FS Ballerstedt, S. 91), ist wie bei einem Mischunternehmen darauf abzustellen, ob der Konzern insgesamt überwiegend tendenzbestimmte Aufgaben wahrnimmt (vgl. *Mayer-Maly* FS Möhring, S. 255; BAG AfP 1982, 54 (57); ähnlich auch OLG Hamburg NJW 1980, 1803; → Rn. 21). Nach Ansicht des BAG gilt dies nicht im umgekehrten Fall. Auch in einem Tendenzkonzern unterliegen die vom leitenden Tendenzunternehmen *abhängigen tendenzfreien Unternehmen* der Mitbestimmung nach § 1 Abs. 1 MitbestG, da es sowohl für die Mitbestimmungsrechte der Arbeitnehmer als auch für die Beteiligungsrechte des Betriebsrats (vgl. § 106 BetrVG) allein auf die rechtliche Organisationsform des jeweiligen Unternehmens ankomme (vgl. BAG AfP 1982, 56 f.). Nach anderer Ansicht ist in diesem Fall das MitbestG auf das abhängige Unternehmen nicht anwendbar, da durch die wirtschaftliche Abhängigkeit das Konzernunternehmen *faktisch* auf eine Betriebsstufe herabsinke, in der es keine wirtschaftlichen Entscheidungen mehr zu treffen habe (vgl. *Kunze* FS Ballerstedt, S. 91). Demnach kommt es wie bei Mischunternehmen (→ Rn. 20 f.) allein auf das tendenzbestimmte *Gesamtgepräge* an.

3. Nach § 1 Abs. 2 Nr. 2b) Drittelbeteiligungsgesetz (DrittelbG) findet das DrittelbG keine Anwendung auf Unternehmen, die unmittelbar und überwiegend Zwecken der Berichterstattung oder Meinungsäußerung dienen, auf die Artikel 5 Abs. 1 Satz 2 des Grundgesetzes anzuwenden ist (vgl. Schaub/Koch/*Koch,* Mitbestimmung (Unternehmensmitbestimmung), III.). Ebenso findet das Gesetz über die Beteiligung der Arbeitnehmer in einer Europäischen Gesellschaft (SE-BeteiligungsG – SEBG) vom 22.12.2004 (BGBl. I S. 3675) nach § 39 SEBG auf Tendenzunternehmen in § 118 Abs. 1 S. 1 BetrVG entsprechender Weise nur eingeschränkt Anwendung (vgl. Schaub/Koch/*Koch,* Mitbestimmung (Unternehmensmitbestimmung), V.; Münchener Handbuch ArbR/*Grau* § 357 Rn. 237 ff.).

38. Kapitel. Rechtliche Grenzen der Mitbestimmung in Presseunternehmen

Ein Schwerpunkt der medienpolitischen Diskussionen der letzten Jahrzehnte war die Frage nach einer *Veränderung* der bis heute bestehenden *Binnenstruktur* der Presseunternehmen auch vor dem Hintergrund entsprechender gesetzlicher Regelungen in Brandenburg (vgl. § 4 LPG) und der Entwicklung im Bereich des privaten Rundfunks. Auch wenn dieses Thema unverändert mehr rituell auf der Tagesordnung insbesondere der Mediengewerkschaften steht, hat es in der medienpolitischen Diskussion keine praktische Relevanz mehr. Ausweislich des Medien- und Kommunikationsberichts der Bundesregierung 2018 (vgl. BT-Drs. 19/6970) gehören zu den medienpolitischen Leitlinien und Perspektiven der Bundesregierung die Unterstützung des von den Ländern eingeleiteten dringend notwendigen Reformprozess zu Struktur und Auftrag des öffentlich-rechtlichen Rundfunks. Die Bundesregierung setzt sich dabei unverändert für einen starken, qualitativ hochwertigen und vielfältigen öffentlich-rechtlichen Rundfunk ein. Weitere Themen in Anbetracht der Medienkonvergenz und des veränderten Nutzungsverhalten sind die Schaffung eines Medieninnovationsfonds zur Stärkung journalistisch-redaktioneller Inhalte außerhalb des derzeitigen öffentlich-rechtlichen Rundfunksystems sowie die Schaffung eines flexiblen Regulierungsrahmens für eine zeitgemäße Medienordnung, welcher der Digitalisierung und der veränderten Mediennutzung Rechnung trägt, in unabdingbarer Zusammenarbeit zwischen Bund und Ländern (vgl. BT-Drs. 19/6970, 23 ff.). **1**

Der Bundestag setzte im Anschluss daran neben der Zukunft öffentlich-rechtlicher Medienangebote als weitere Schwerpunkte für die die künftige medienpolitische Agenda den Umgang mit Hassrede, Cyber-Mobbing und „Fake News" sowie die Regulierung von neuen „Gatekeepern"/Intermediären (vgl. BT-Drs. 19/14402, 3 ff.). **1a**

Mit der Vielfaltsicherung von Telemedien befasste sich auch die 123. Tagung des Studienkreises für Presserecht und Pressefreiheit am 22./23.6.2018 in Erfurt. Themen waren die Grundzüge des neuen Medienstaatsvertrags der Länder, Regulierungsparameter für Plattformbetreiber sowie Funktionsweisen und Auswirkungen von Algorithmen (vgl. AfP 2018, 397 ff., sowie die hierzu abgedruckten Beiträge von *Cornils* AfP 2018, 377 ff., und *Lischka* AfP 2018, 388 ff.). **1b**

Auf der Ministerpräsidentenkonferenz der Länder am 5.12.2019 wurde der neue Medienstaatsvertrag verabschiedet (vgl. BR-Drs. 170/20), der am 7.11.2020 in Kraft trat (GVBl. s. 450, 451, BayRS 02-33-S). **1c**

Soweit nachfolgend die zur Veränderung der Binnenstruktur der Presseunternehmen gemachten Vorschlägen wiedergegeben und bewertet werden, erfolgt dies nicht zu dokumentarischen Zwecken, sondern in der Erwartung, dass zahlreiche Argumente und Debatten im Zuge der Entwicklung der neuen Medienordnung wieder auf die Agenda der Diskussion kommen werden und es deshalb sinnvoll ist, der Genese zu kennen: **1d**

Vgl. Armbruster, Bachof, Rupp ua, „Entwurf eines Gesetzes zum Schutz freier Meinungsbildung", 1972; Medienpapier der CDU/CSU in UiD-Dokumentation, 23/1973; Entschließung des außerordentlichen Parteitags der SPD 1971, in: „Massenmedien", Herausgeber: Parteivorstand der SPD; Beschlüsse des 24. Ordentlichen Bundesparteitags der F. D. P. 1973 in: Wiesbadener Leitlinien liberaler Medienpolitik, Herausgeber: Bundesgeschäftsstelle der F. D. P.; „Massenmedien, Material zur Diskussion" hrsg. von Bundesvorstand der Jungsozialisten, Bonn 1971; Synopse medienpolitischer Forderungen in „Der Journalist" 10/73, 56 ff.; Vorschlag des DJV für ein Presserechtsrahmengesetz in „Der Journalist" 4/81, 41 ff., 6/82, 41 ff.; Modell-Entwurf des DJV für ein Landespressegesetz in „Der Journalist" 8/82, 35 ff. (38); Grundsatzprogramm des DJV in „Der Journalist" 6/82, 43; Beschlüsse und Entschließungen der dju-Bundeskonferenz in „Die Feder" 12/79 und 1/83; Beschlüsse des 11. Gewerkschaftstags der IG Druck und Papier, in „Druck und Papier" 23/1977, 26; Bundesverband Deutscher Zeitungsverleger, Argumentensammlung, Bonn, oJ; Entwurf für ein Presserechtsrahmengesetz des Bundesministeriums des Innern vom 25.7.1974 (s. dazu *Gehrhardt* AfP 1977, 217 und AfP 1979, 300); Entwurf zur Änderung des Hess. Pressegesetzes der SPD-Fraktion, LT-Drs. 7/3667; Ent- **1e** wurf für ein Hess. Pressegesetz der AG Publizistik im DGB, Juni 1982; Entwurf für ein Pressegesetz in Rheinland-Pfalz der IG Druck und Papier, 1981, in: „Die Feder" 1/82, 19f.; Gesetzentwurf der FDP-Fraktion, 1982, LT-Drs. 9/1965, Vorlage 9/757; Entwurf für eine Neufassung des Pressegesetzes Rheinland-Pfalz der SPD-Fraktion, 1984, LT-Drs. 10/584 und dazu Pressemitteilung der CDU-Fraktion 55/84; Entwurf für ein Pressegesetz in Baden-Württemberg der SPD-Fraktion vom 20.10.1983 (vgl. den Bericht über die Anhörung im BW Landtag, in AfP 1987, 392f.); Entwurf für ein Pressegesetz in Nordrhein-Westfalen der dju vom 3.3.1982; Pressegesetz des Landes Brandenburg vom 13.5.1993, GVBl. S. 162; Hohe Erwartungen des DJV an die Bundesregierung in AfP 2002, 498.

1f Dabei können im Wesentlichen *zwei Komplexe* unterschieden werden: Zum einen geht es um die Eliminierung des Unterschieds der Mitbestimmung in der Presse gegenüber anderen Unternehmen, also um die *Beseitigung des Tendenzschutzes* in § 118 BetrVG, was vor allem zur Stärkung der Kompetenzen des Betriebsrates führen würde (vgl. die Forderungen der dju in „Die Feder" 12/79, 3; des DJV in „Der Journalist" 6/82, 4; der IG Medien in „Die Feder" 5/1995, 13 und Pressemitteilung der AG Publizistik im DGB, April 1996, Nr. 12; Hohe Erwartungen des DJV an die Bundesregierung, AfP 2002, 498).

Zum andern geht es um eine Neuordnung der Kompetenzen zwischen Verleger und Redakteur, insbesondere um die *publizistische Mitbestimmung,* die die Entscheidungsbefugnis über den Inhalt des Presseorgans betrifft, und um die *personelle Mitbestimmung,* die die Kompetenzverteilung für die Berufung und Entlassung von Redaktionsmitgliedern angeht. Die Entscheidungskompetenzen sollen zugunsten von *Redaktionsausschüssen* der Redakteure verändert und in *Redaktionsstatuten* niedergelegt werden (vgl. die abgedruckten Redaktionsstatuten bei *Kau,* Mitbestimmung in Presseunternehmen, S. 68ff., 252ff.; s. auch BAG NZA 2002, 397 (401); LAG Hamburg AfP 1979, 420). Diese Forderungen werden unter dem Stichwort der *„inneren Pressefreiheit"* erhoben (vgl. → Rn. 11ff.; *Richardi/Thüsing* BetrVG § 118 Rn. 235ff.).

2 Sowohl bei den Forderungen nach Beseitigung des Tendenzschutzes als auch der Schaffung von Redaktionsstatuten werden unterschiedliche juristische Wege zu ihrer Verwirklichung vorgeschlagen. Zum einen wird das *arbeitsrechtliche Instrumentarium* herangezogen, um vor allem durch *Tarifverträge* zu einer Veränderung der gegenwärtigen Rechtslage zu kommen. Zum andern wird angestrebt, dass der Gesetzgeber die Binnenstruktur der Presse verändert. Hiervon ausgehend hat die Analyse und Bewertung der medienpolitischen Forderungen sowohl *arbeitsrechtliche* als auch *presserechtliche Aspekte* zu berücksichtigen. Dabei soll die Möglichkeit einer Änderung durch Tarifvertrag, die vor allem die arbeitsrechtliche Problematik enthält, hier nur zusammenfassend in einem Überblick dargestellt werden, während die Aufmerksamkeit bei den Veränderungsvorschlägen in erster Linie den Möglichkeiten des Gesetzgebers und damit überwiegend verfassungsrechtlichen Problemen gelten soll.

I. Regelungen durch Tarifvertrag

3 1. Die Ausweitung der Mitbestimmung in Presseunternehmen mit Hilfe des arbeitsrechtlichen Instrumentariums bietet *zwei Wege:* Einmal eine *tarifvertragliche Vereinbarung* zwischen den Tarifvertragsparteien oder eine *individualrechtliche Vereinbarung* zwischen dem Verleger und seinen Betriebsangehörigen.

Der letztere Fall kann arbeitsrechtlich als unproblematisch bezeichnet werden. Grundsätzlich steht es dem Verleger im Rahmen seiner *Privatautonomie* frei, dem Betriebsrat mehr Auskünfte oder Mitwirkungsrecht einzuräumen, als dies nach § 118 BetrVG vorgesehen ist. Das Gleiche gilt für schuldrechtliche Verpflichtungen des Verlegers gegenüber seinen Redakteuren, die publizistische und personelle Mitbestimmung zu deren Gunsten zu erweitern (vgl. *Rüthers,* Tarifmacht und Mitbestimmung in der Presse, S. 49ff.; *Hanau* BB 1973, 901 (908); *Schwerdtner* JR 1972, 357 (360); *Frey* AuR 1972, 161 (163); *Dütz* AfP 1980, 17 (19); Löffler/*Dörner/Grund* BT ArbR Rn. 397ff.). Der Nachteil eines solchen Weges liegt aber in seiner begrenzten Wirkung: Die schuldrechtliche Vereinbarung wirkt nur zwischen denjenigen, die sie abgeschlossen haben. Im Gegensatz zum Tarifvertrag ergeben sich keine normativen Wirkungen (vgl. *Rüthers,* Tarifmacht und Mitbestimmung in der Presse, S. 49). Darüber hinaus ist aber auch eine dauerhafte Bindung insbesondere des Verlegers an eine solche Vereinbarung keineswegs garantiert, da ihm stets das Recht zur Kündigung aus wichtigem Grund verbleibt (vgl. *Hanau* BB 1973, 901 (908); kritisch BAG NZA 2002, 397).

2. Der effektivere Weg, die Mitbestimmung in Presseunternehmen zu erweitern, liegt somit in der zuerst skizzierten Möglichkeit, einen Tarifvertrag abzuschließen. Der Tarifvertrag hat zwingende Wirkung für die Mitglieder der Tarifvertragsparteien (vgl. § 4 Abs. 1 TVG) und kann darüber hinaus in gewissen Fällen für allgemein verbindlich erklärt werden (vgl. § 5 TVG). Damit kommt dem Tarifvertrag in seinen Rechtsfolgen eine mit einem Gesetz vergleichbare Wirkung zu (vgl. ErfK/*Franzen* TVG § 4 Rn. 1). Ausgehend von dem weitreichenden Geltungsbereich des Tarifvertrages stand diese arbeitsrechtlich begründete Problemlösung im Vordergrund der kommunikationspolitischen Diskussion und ist, wenn auch nur vereinzelt, schon beschritten worden (vgl. die Ende Juli 1976 abgeschlossenen Tarifverträge „über die Mitbestimmung des Betriebsrats" und „über die Zusammenarbeit von Verlegern und Redakteuren in den Redaktionen" in den SPD-eigenen Druck- und Verlagsunternehmen; Wortlaut in „SPD-Betriebspolitik", Informationen und Dokumente, 9/1976, und bei Kau, Mitbestimmung in Presseunternehmen, S. 119 ff., 318 ff.). Äußerst *umstritten* ist jedoch, ob dies *arbeitsrechtlich zulässig* ist: 4

3. Das Problemfeld ist zunächst von der *Regelungsbefugnis der Tarifparteien* ausgehend zu erörtern, wie sie sich gemäß Art. 9 Abs. 3 GG darstellt (vgl. *Rüthers,* Tarifmacht und Mitbestimmung in der Presse, S. 10 ff.). Das Grundrecht der Koalitionsfreiheit garantiert danach den Einfluss der Koalitionen auf die Gestaltung der Löhne und Arbeitsbedingungen und das Recht, zu diesem Zweck Gesamtvereinbarungen zu schließen (vgl. BVerfG NJW 1954, 1881 (1882)). Damit ist zwar die *Tarifautonomie* durch das Grundgesetz institutionell garantiert, zum anderen aber auch der *Wirkungsbereich* auf die „Förderung der Arbeits- und Wirtschaftsbedingungen" gemäß Art. 9 Abs. 3 GG beschränkt, dh auf die Regelung arbeits- und sozialrechtlicher Materien (vgl. BVerfG NJW 1964, 1267). Fragen, die sich hierauf nicht beziehen, können daher tariflich nicht geregelt werden (vgl. *Biedenkopf,* Verhandl. 46. DJT, Bd. I, S. 97, 56). 5

a) Damit ergibt sich aber ein erstes Problem für die tarifvertragliche Abänderung der publizistischen und personellen Kompetenzverteilung in den Redaktionen unter dem Stichwort *„innere Pressefreiheit"*. Sieht man als Grund hierfür die *„Optimierung der Kommunikationsprozesse"* (vgl. Kübler, Gutachten D zum 49. DJT, Verhandl. 49. DJT, Bd. I, D 51 ff.) und die Verbesserung der Meinungsvielfalt in der Presse (vgl. auch *Bethge* AfP 1989, 525 (526); *Ory* AfP 1988, 336 (337)), so handelt es sich nicht mehr um eine Angelegenheit der Wahrung und Förderung der Arbeits- und Wirtschaftsbedingungen, sondern um ein *„aliud"* (vgl. *Rüthers* DB 1972, 1471 (1474)), also um ein „Sonderrecht der Presse". Diese Ansicht (vgl. *Lerche* JZ 1972, 468 (472); *Ihlefeld* AfP 1973, 516 (517); Hans Schneider, Verfassungsrechtliche Grenzen, S. 38 ff.; *Ehmke* FS Arndt, S. 77 ff. und 106 ff.; aA *Rupp* in Armbruster/Bachof/Rupp ua, „Entwurf eines Gesetzes zum Schutz freier Meinungsbildung", 1972, S. 40) führt dann aber zu dem Ergebnis, dass sie nicht Gegenstand eines Tarifvertrages sein kann (vgl. *Rüthers,* Tarifmacht und Mitbestimmung in der Presse, S. 26; *Hanau* BB 1973, 901 (908); *Ory* AfP 1988, 336 (337)). 6

Demgegenüber wird eingewendet, die Befugnis zur Regelung der angeschnittenen Frage ergebe sich aus dem Subsidiaritätsprinzip, dem Grundsatz der sozialen Autonomie und der „Sachnähe" der Tarifparteien zu diesem Bereich (so *Ihlefeld* AfP 1973, 516 (517)).

Hiergegen spricht aber, dass sowohl das Subsidiaritätsprinzip als auch die soziale Autonomie Werte sind, die im Rahmen der geltenden Rechtsordnung einen nur auszufüllenden Charakter haben. Sie sind nicht geeignet, zwingendes Recht abzuändern. Hierfür ist vielmehr der Gesetzgeber selbst zuständig. Was das Argument der „Sachnähe" angeht, ist festzuhalten, dass es sich hierbei um Angelegenheiten handeln muss, deren Nähe gerade zum Regelungsfeld des Tarifvertragsrechts besteht (vgl. *Rüthers,* Tarifmacht und Mitbestimmung in der Presse, S. 27 f.). Dies ist aber im Hinblick auf den angeführten Zweck der Redaktionsstatute nicht der Fall.

b) Demgegenüber versucht *Rüthers* (Tarifmacht und Mitbestimmung in der Presse, S. 28 ff.) eine Lösung des Problems dadurch, dass er die redaktionelle Mitbestimmung als „Sonderarbeitsrecht der Presse" auffasst und damit bestreitet, dass die Ausweitung der Mitbestimmung in der Redaktion ein „aliud" gegenüber einer Verbesserung der Arbeits- und Wirtschaftsbedingungen sei. Ausgehend von der privatwirtschaftlichen Unternehmensstruktur der Presse hält er den Arbeitnehmerstatus des Redakteurs für unbestreitbar und meint, dass das Problem der Mitbestimmung in Presseunternehmen daher nur im Rahmen des geltenden Arbeitsrechts gelöst 7 werden könne. Zuzustimmen ist der Feststellung, dass auch in Presseunternehmen arbeitsrechtliche Fragen eine wichtige Rolle spielen. Zu fragen ist aber, wie bei Problemen etwa der redaktionellen Mitbestimmung, die von *Rüthers* richtig erkannte „Gemengelage" zwischen Arbeits- und Presserecht zutreffend gewertet wird, dh welchem Aspekt der *Vorrang* einzuräumen ist. Dies ist nur dadurch sachgerecht zu beantworten, dass auf den *Zweck* der beabsichtigten Regelung eingegangen wird. Nur so kann begründet werden, warum den Redakteuren gegenüber vergleichbaren Berufsgruppen in anderen Unternehmen eine *bevorzugte Rolle* zugewiesen werden soll. Diese Ansicht wird auch durch das Bundesverfassungsgericht bestätigt, das zugleich auch eine Antwort auf den Vorrang des Presserechts gibt, wenn es formuliert: „Die in gewisser Hinsicht bevorzugte Stellung der Presse-Angehörigen ist ihnen um ihrer Aufgabe willen und nur im Rahmen dieser Aufgabe eingeräumt. Es handelt sich nicht um persönliche Privilegien" (vgl. BVerfGE 20, 162 (175 f.) – Spiegel; Ricker, Die öffentliche Aufgabe der Presse, S. 8 ff.; LAG Baden-Württemberg AfP 1988, 391 (396)). Eine Kompetenzveränderung in der Redaktion ist deshalb kein arbeitsrechtliches, sondern ein presserechtliches Problem und daher einer tarifvertraglichen Vereinbarung verschlossen (so auch *Dütz* AfP 1989, 605 (606)).

8 4. Doch selbst wenn man diese Ansicht nicht teilt, ergäben sich für eine tarifvertragliche Regelung *Probleme* auf Grund des *Betriebsverfassungsgesetzes.* Diese bestehen sowohl für die Forderung nach einer Beseitigung des § 118 BetrVG als auch bei einer Veränderung der publizistischen und personellen Kompetenzen zugunsten der Redaktion im Rahmen der „inneren Pressefreiheit".

Tarifverträge über Fragen des Betriebsverfassungsrechts haben sich in den in § 3 BetrVG aufgestellten Grenzen zu halten (vgl. *Rüthers,* Tarifmacht und Mitbestimmung in der Presse, S. 39 ff.). Danach besteht ein *numerus clausus* für die *Regelungsinhalte.* Eine Möglichkeit für eine Beseitigung des § 118 BetrVG ist darin nicht vorgesehen. Auch die Bildung von Redaktionsausschüssen stößt auf Schwierigkeiten. Wohl ist Nach § 3 Abs. 1 Nr. 1 BetrVG ist zwar die Bildung von zusätzlichen Arbeitnehmervertretungen möglich. Doch unterscheiden sich diese grundlegend von den vorgeschlagenen Redaktionsausschüssen. Diese sollen bereits nach dem Wortlaut des Gesetzes im Verhältnis zu dem Betriebsrat und der Arbeitnehmerschaft tätig werden, während die Aufgaben der Redaktionsausschüsse gerade gegenüber dem Verleger bestehen (vgl. *Mayer-Maly* BB 1973, 761 (767); kritisch zur Bildung gesonderter Arbeitnehmervertretungen in Tendenzbetrieben *Galperin/Löwisch* Bd. II BetrVG § 118 Rn. 56 f.). Damit wäre aber die Redaktionsvertretung ein Konkurrenzorgan zum Betriebsrat, was der Struktur des Betriebsverfassungsgesetzes widerspräche (vgl. *Mayer-Maly* BB 1973, 761 (767); aA *Scholz,* Pressefreiheit und Arbeitsverfassung, S. 75.).

9 Das Betriebsverfassungsgesetz trifft für die *Organisation* der Betriebsverfassung eine *abschließende Regelung.* Hierin ist mit ein Grund zu sehen, dass ein tarifvertraglicher Verzicht des Verlegers auf den Tendenzschutz des § 118 BetrVG und die Abgabe von publizistischen und personellen Kompetenzen nicht möglich erscheint und somit der Grundsatz „volenti non fit iniuria" hier keine Anwendung finden kann (so aber *Hanau* BB 1973, 901 (908); *Schwerdtner* JR 1972, 357 (360)); *Ihlefeld* AfP 1973, 516). Der Gesetzgeber hat die Regelung des Tendenzschutzes, der die Pressefreiheit vor einer Beeinträchtigung durch betriebliche Mitbestimmungsrechte abschirmt (vgl. BVerfG NJW 1980, 1093 (1095)), in die einheitliche Organisation der Betriebsverfassung gestellt, die er mit dem Betriebsverfassungsgesetz schaffen wollte (vgl. *Rüthers,* Tarifmacht und Mitbestimmung in der Presse, S. 48; *Mayer-Maly* AfP 1977, 209). Abweichende Regelungen durch Tarifvertrag hat er nur in Ausnahmefällen zugelassen (zB in §§ 38, 47, 55, 86 BetrVG) und darüber hinaus hierfür die Zustimmung der obersten Arbeitsbehörde des Landes- bzw. des Bundesministeriums für Arbeits- und Sozialordnung verlangt (vgl. *Mayer-Maly* AfP 1977, 209). Damit macht das Gesetz aber deutlich, dass die *Einheitlichkeit der Betriebsverfassung* nicht durch Tarifverträge, die durch ihre normative Kraft eine weitreichende Wirkung entfalten, gefährdet werden soll. Hierbei handelt es sich unter dem Aspekt der Rechtssicherheit und Rechtseinheit um ein wichtiges Rechtsgut, das nur durch eine entsprechende Begrenzung der Tariffreiheit geschützt werden kann. Zu Recht kritisiert *Richardi* (Richardi/Thüsing BetrVG § 3 Rn. 8 ff.) den mit dem BetrVerfReformG vom 23.7.2001 (BGBl. I S. 1852) verbundenen Paradigmenwechsel, der zu stärkerer Tarifdispositivität des Betriebsverfassungsrechts geführt hat, als verfassungsrechtlich nicht unproblematisch.

5. Zusammenfassend ist daher festzuhalten, dass eine Änderung des § 118 BetrVG und eine Veränderung der personellen und publizistischen Kompetenzen in der Redaktion im Wege eines Tarifvertrages nicht in Betracht kommen kann. Abgesehen von einer einzelvertraglichen Regelungsmöglichkeit, die jedoch wenig Attraktivität besitzt, kommt eine Veränderung der Binnenstruktur der Presse nur im Wege eines *Gesetzes* in Betracht. Hierbei ist der Gesetzgeber jedoch nicht völlig frei, sondern hat wegen der verfassungsrechtlich verbürgten Pressefreiheit die presserechtlichen Spezifika zu beachten. **10**

II. Regelungen durch Gesetz

1. Vorschläge für eine Veränderung der Binnenstruktur der Presse durch den Gesetzgeber sind in zahlreichen Varianten vorgelegt worden (→ Rn. 1d). Im Mittelpunkt der kommunikationspolitischen Diskussion stehen auch hier eine Regelung der „inneren Pressefreiheit" sowie die Beseitigung des Tendenzschutzes. **11**

a) Bei der Diskussion um die innere Pressefreiheit sind vor allem die Fragen der *publizistischen* und der *personellen Mitbestimmung* kontrovers.

Bei der publizistischen Mitbestimmung geht es um die Frage, in welchem Maße die Redaktion bzw. die von ihr zu bildenden Redaktionsausschüsse oder Redaktionsräte an der inhaltlichen Gestaltung des Presseorgans zu beteiligen sind. Hierbei werden allgemein drei *Entscheidungsbereiche* unterschieden: Die *Grundsatzkompetenz,* welche die Festlegung der grundsätzlichen Haltung des Presseorgans betrifft, die *Richtlinienkompetenz,* welche die Entscheidung neu auftretender Fragen von grundsätzlicher, über die Tagesaktualität hinausgehender Bedeutung betrifft, und die *Detailkompetenz* zur Entscheidung tagesaktueller publizistischer Fragen.

Bei dem Problem der *personellen Mitbestimmung* geht die Diskussion um die Frage eines Mitwirkungsrechts der Redaktion bei der Anstellung und der Entlassung von Redakteuren, insbesondere des Chefredakteurs.

b) Die kommunikationspolitischen Forderungen umfassen ein breites Spektrum denkbarer Lösungen: **12**

Im Bereich der publizistischen Mitbestimmung konzentriert sich das Interesse auf die Frage, *wem* die *Richtlinienkompetenz* gebührt. Die Grundsatzkompetenz wird von der überwiegenden Ansicht dem Verleger zugesprochen, wobei jedoch eine Ansicht die Änderung der publizistischen Haltung an die Zustimmung der Redaktion knüpft. Die Detailkompetenz soll dagegen den Redakteuren zustehen, mit der Einschränkung, dass in den Fällen, in denen die Entscheidung des Redakteurs zu der Gefahr zivilrechtlicher Ansprüche oder strafrechtlicher Sanktionen gegen die Zeitung führen würde, dem Verleger ein Vetorecht zusteht. Bei der Frage der Richtlinienkompetenz ist kontrovers, ob diese ebenfalls dem Verleger oder dem Chefredakteur zustehen soll.

Bei der Frage der personellen Mitbestimmung steht die *Anstellung oder Abberufung des Chefredakteurs* im Vordergrund. Die unterschiedlichen Ansichten lassen sich einmal in diejenigen zusammenfassen, die die Kompetenz hierfür ausschließlich dem Verleger einräumen, wobei teilweise jedoch auch ein Anhörungsrecht der Redaktion vorgeschlagen wird, und in diejenigen, die die Anstellung und die Abberufung von der Zustimmung der Redaktion abhängig machen oder aber jedenfalls diese bei der Abberufung verlangen. Ähnliche Forderungen werden auch im Hinblick auf die Anstellung oder Entlassung des übrigen Redaktionspersonals erhoben.

2. Die presserechtliche Untersuchung der dargestellten medienpolitischen Forderungen hat sich an ihrer *verfassungsrechtlichen Zulässigkeit* zu orientieren. Dabei ist insbesondere ihre Vereinbarkeit mit Art. 5 Abs. 1 S. 2 GG zu untersuchen (vgl. *Ory* AfP 1988, 336 (339); *Bethge* AfP 1989, 525 (527); *Kull* AfP 1989, 652 (655)). **13**

a) Im Hinblick auf das Grundrecht der Pressefreiheit könnte eine gesetzliche Regelung schon dann problematisch sein, wenn in der Verfassungsvorschrift ausschließlich ein individuelles, staatsgerichtetes *Abwehrrecht* gesehen wird, das als status negativus einen Freiraum gegenüber einer staatlichen Regelung für die Presse herstellt (vgl. *Kull* DÖV 1968, 861 (865); AfP 1970, 906 (909, 911); *Bethge* AfP 1980, 13 (14f.); Scholz, Pressefreiheit und Arbeitsverfassung, S. 94). Dieser Auffassung ist insoweit zuzustimmen, als die Ausübung des Grundrechts frei von staatlichem Einfluss oder gar Bevormundung nicht nur der historischen Entwicklung dieses Rechts **14** entspricht, sondern auch gegenwärtig einen zentralen und unverzichtbaren Verfassungswert darstellt. Diese Ansicht vernachlässigt jedoch, dass die Grundrechte darüber hinaus eine *objektive Wertordnung* bilden, die als verfassungsrechtliche Grundentscheidung für alle Bereiche des Rechts gilt. Damit werden die Grundrechte keineswegs nivelliert, sondern es wird ihre Bedeutung für das gesamte staatliche Handeln unabhängig von der subjektiven Berechtigung Einzelner hervorgehoben. Der Staat ist deshalb nach der Rechtsprechung des Bundesverfassungsgerichts verpflichtet, der Pressefreiheit überall in der Rechtsordnung Rechnung zu tragen (vgl. BVerfGE 20, 162 (175 f.) – Spiegel). Ihm obliegt eine *institutionelle Garantie* für ein freies Pressewesen (vgl. BVerfGE 10, 118 (124); vgl. auch → Kap. 9 Rn. 6 ff.). Damit wird hinreichend deutlich, dass dieser objektivrechtliche Aspekt der Pressefreiheit nicht, wie die individualrechtliche Auffassung folgert, als Hintertür für eine staatliche Bevormundung der Presse angesehen werden kann (vgl. Ricker, Die öffentliche Aufgabe der Presse, S. 12 ff.). Die staatliche Verpflichtung zum Schutz des Pressewesens soll vielmehr die freie Entfaltung des Verlegers und des Redakteurs im Interesse einer sachgerechten Ausübung der Funktion der Pressefreiheit, die der freien Meinungsbildung zu dienen hat, gewährleisten.

15 b) Abgesehen von den dargestellten dogmatischen Bedenken wird von den Vertretern der individualrechtlichen Sicht weiter ausgeführt, der institutionelle Schutz sei nirgendwo konkretisiert. Damit würde aber die Regelung der Binnenstruktur der Presse nach dieser Auffassung in die Gefahr geraten, eine politische Geschmacksfrage zu werden, deren Antworten dann willkürlich ausfallen müssten.

Dieser Ansicht muss entgegengehalten werden, dass die institutionelle Garantie dann fassbar wird, wenn nach ihrer *causa* gefragt wird. Sie ist mit der Rechtsprechung des Bundesverfassungsgerichts in der Erfüllung der *öffentlichen Aufgabe* zu sehen. Denn die besonderen Privilegien der Presse sind nicht um ihrer selbst willen von der Verfassung festgelegt. Die Presse nimmt ihre öffentliche Aufgabe wahr, wenn sie Allgemeinzugänglichkeit in Freiheit von staatlicher Beeinflussung herstellt, indem sich in ihr die öffentliche Meinung artikuliert und sie so dem Bürger eine Entscheidungshilfe bietet (vgl. BVerfGE 20, 162 (175 f.) – Spiegel; → Kap. 3 Rn. 19 ff.).

Hinsichtlich der Staatsfreiheit hat das Bundesverfassungsgericht festgestellt, dass die Presse ihre öffentliche Aufgabe nach „privatwirtschaftlichen Grundsätzen" und in „privatwirtschaftlichen Organisationsformen" erfüllt (vgl. BVerfGE 20, 162 (175 f.) – Spiegel). Hierbei handelt es sich, wie bereits der Textzusammenhang, vor allem aber auch andere Urteile des Gerichts zeigen (vgl. insbesondere BVerfGE 12, 205 (260) – 1. Rundfunkurteil) nicht um eine bloß deskriptive Feststellung, sondern um eine Wertung, die als Teil einer ständigen Rechtsprechung zur Konkretisierung des Art. 5 GG anzusehen ist. Vor diesem Hintergrund ergeben sich wesentliche Aspekte für eine verfassungsmäßige Klärung der „inneren Pressefreiheit".

16 3. Zunächst könnte es nur Aufgabe einer gesetzgeberischen Regelung sein, im Rahmen der privatwirtschaftlichen Arbeitsweise und der privatwirtschaftlichen Organisationsform einen Ausgleich zwischen den im Pressewesen Tätigen im Interesse der Erfüllung ihrer öffentlichen Aufgabe zu schaffen. Dabei hat der Gesetzgeber jedoch die Grenzen der institutionellen Garantie zu beachten. Nach der Rechtsprechung des Bundesverfassungsgerichts darf keine Regelung getroffen werden, durch die die Presse „unmittelbar oder mittelbar reglementiert" würde (vgl. BVerfGE 20, 162 (175 f.) – Spiegel). Alle Forderungen, die auf eine *„Demokratisierung" der Presse* hinauslaufen (vgl. Ridder, Die öffentliche Aufgabe der Presse im System des modernen Verfassungsrechts, S. 18; *Ziegler* AfP 1970, 913 (914)), sprengen diesen Rahmen und sind daher nicht verfassungsgemäß. Vielmehr kann der Gesetzgeber nur diejenigen Schranken konkretisieren, die von der Rechtsordnung allgemein aufgestellt sind, insbesondere das *Verbot missbräuchlicher Rechtsausübung* (vgl. *Ricker* AfP 1975, 846 (847); ebenso wohl auch Lerche, Verfassungsrechtliche Aspekte der „inneren Pressefreiheit", S. 84, der von einer „notrechtsähnlichen Kompetenz" des Staates spricht).

Aus diesem Grund muss jedweder Ausgleich zwischen Verleger und Redakteur im Interesse ihrer öffentlichen Aufgabe die *sachgerechte Funktionsausübung* zum Maßstab haben.

17 4. Hiervon ausgehend ist festzuhalten, dass die Presseunternehmen nach der Rechtsprechung des Bundesverfassungsgerichts in einer „geistigen und wirtschaftlichen Konkurrenz" untereinander stehen sollen (vgl. BVerfGE 20, 162 (175 f.) – Spiegel). Diese Funktion kann die Presse aber nur dann sachgerecht erfüllen, wenn die *Grundhaltung* der einzelnen Presseorgane *klar bestimmt* ist und ihre publizistische Aussage ständig auf sie ausgerichtet bleibt. Darüber hinaus ist aber die Einheitlichkeit des publizistischen Erscheinungsbildes auch eine essentielle Voraussetzung für die Existenz einer Zeitung, denn der Leser erwartet von ihr im Allgemeinen eine Verstärkung seiner eigenen Einstellung durch die Presse und ist daher nicht bereit, eine auf mangelhafter Führung beruhende wechselhafte Tendenz in der Zeitung hinzunehmen.

5. Die Entscheidung, wem die für die Wahrung der publizistischen Einheitlichkeit notwendige Leitungsbefugnis im Pressewesen zukommt, hat sich an der aufgezeigten verfassungsrechtlichen Ausgangsposition zu orientieren. Aufgrund der privatwirtschaftlichen Arbeitsweise und Organisationsform der Presse ist sie dem *Verleger* zuzusprechen. Dabei bezieht sie sich nicht nur auf wirtschaftlich bestimmte Entscheidungen, sondern gerade auch auf publizistische. Dem Verleger als einem Träger der Pressefreiheit kommt mehr zu als die bloße „Pressegewerbefreiheit" (so aber Mallmann, Referat zum 49. DJT, Verhandl. 49. DJT. Bd. II. N 20 f.). Im Hinblick auf die für die Zeitung existentiell notwendige und von den Lesern erwartete Wahrung der publizistischen Einheitlichkeit hat er vielmehr eine wichtige *Integrationsfunktion* (vgl. *Ricker* AfP 1975, 846 (847); *Dovifat/Wilke* Bd. I S. 68, 70). Dies folgt auch aus der Feststellung des Bundesverfassungsgerichts, das die privatwirtschaftliche Rechtsform und Arbeitsweise an die Erfüllung der öffentlichen Aufgabe knüpft und sich damit nicht nur aus dem Eigentum des Verlegers am Presseunternehmen, sondern auch aus der Pressefreiheit selbst herleitet. Dieses Ergebnis wird auch durch empirische Untersuchungen bestätigt. Danach hat es sich gezeigt, dass das Klima in der Redaktion positiver ist, insbesondere aber das Vertrauen der Redakteure in die Person des Verlegers wächst, wenn er an der publizistischen Arbeit integrierend mitwirkt (vgl. *Noelle-Neumann,* Umfragen zur inneren Pressefreiheit, S. 44 ff., 53 f.; *Noelle-Neumann/Schulz* DÖV 1972, 546 (547 ff.)). 18

6. Andererseits kann dieser Standpunkt von der wirtschaftlichen und publizistischen Integrationsfunktion des Verlegers aber *keine grenzenlose Verlegerfreiheit* bedeuten. Vielmehr wird die Position des Verlegers von der Funktionsfähigkeit des Presseerzeugnisses bestimmt. Diese wird maßgeblich auch durch die *Redakteure* garantiert, die deswegen ebenfalls Träger der Pressefreiheit sind und nicht bloß Verrichtungsgehilfen des Verlegers (vgl. *Maunz/Dürig* Art. 5 I, II Anm. 161; *Bethge* AfP 1980, 13 (14 ff.); *Rüthers* AfP 1980, 2 (3), mit Verweis auf BVerfG NJW 1980, 1093 (1095)). Dem Redakteur muss deswegen ein bestimmtes Maß an *Unabhängigkeit* und *geistiger Eigenständigkeit* zustehen (vgl. LAG München AfP 1989, 776 (777)). Dies bedeutet einmal, dass die Rechte des Redakteurs nicht bloß auf einen Gesinnungsschutz beschränkt sein können (vgl. § 14 MTV Redakteure an Tageszeitungen; → Kap. 35 Rn. 6). Zum anderen ergibt sich aber hieraus auch die Verpflichtung des Verlegers, mit dem Redakteur zu kooperieren (vgl. zur vertrauensvollen Kooperation auch unter sozialen Gesichtspunkten *Oppenberg* FS Binkowski, 1988, S. 26). Nur so ist die Tätigkeit des Redakteurs als eines *Mitgestalters* der Zeitung oder Zeitschrift hinreichend berücksichtigt. 19

7. Aus diesen Grundsätzen folgt für die Abgrenzung der Verlegerposition und des Verlangens der Redaktion nach publizistischer und personeller Mitbestimmung und damit für die Zulässigkeit einer gesetzlichen Regelung der inneren Pressefreiheit konkret:

a) Die *Grundsatzkompetenz,* die die Festlegung und Änderung der grundsätzlichen Haltung des Presseerzeugnisses betrifft, muss dem *Verleger* zustehen. Die *Richtlinienkompetenz,* die die Entscheidung neu auftretender Fragen mit Bedeutung über die Tagesaktualität hinaus betrifft, muss ebenfalls im Streitfall bei dem Verleger verbleiben (vgl. *Lerche,* Verfassungsrechtliche Aspekte der „inneren Pressefreiheit", S. 53 ff.). 20

Bei einer Beschränkung des Verlegers ausschließlich auf die Wahrnehmung der Grundsatzkompetenz würde er nur die Einhaltung des notwendigerweise weit gefassten publizistischen Rahmens überwachen können, hätte aber keinerlei Einfluss auf die sich gerade bei wichtigen Zeitfragen zu bewährende Richtung der Zeitung oder Zeitschrift. Dass diese Regelung nicht befriedigend wäre, zeigt auch die Praxis in den Presseunternehmen. Empirische Untersuchungen haben ergeben, dass die Redakteure in den nur selten beobachteten Streitfällen die Wahrnehmung der Richtlinienkompetenz durch den Verleger nachdrücklich befürworten (vgl. *Noelle-Neumann,* Öffentlichkeit als Bedrohung, S. 103 f.). Aus der besonderen Verantwortung des Verlegers kann andererseits nicht geschlossen werden, dass er diese in völliger Ungebundenheit von der Redaktion wahrnehmen dürfte. Vielmehr hat der Verleger die Pflicht, der Redaktion eine weitgehende Selbstständigkeit einzuräumen. Er hat vor allem mit dem Chefredakteur als deren Koordinator eine Einigung zu suchen. Den Redakteuren steht sowohl bei Entscheidungen über Probleme, die mit der grundsätzlichen Haltung der Zeitung zusammenhängen, als auch bei Fragen, die die Richtlinienkompetenz betreffen, ein umfassendes *Informations- und Anhörungsrecht* zu. Sollte der Verleger, wie es in der Praxis häufig geschieht (vgl. *Noelle-Neumann,* Öffentlichkeit als Bedrohung, S. 106 ff.; Umfragen zur Inneren Pressefreiheit, S. 59, 66), seine publizistische Leitungsbefugnis auf den Chefredakteur übertragen haben, so ist sicherzustellen, dass der Anhörungs- und Informationsanspruch auch diesem gegenüber effektiv geltend gemacht werden kann. Diese Bindungen des Verlegers folgen einerseits aus der Pressefreiheit der Redaktionsmitglieder und andererseits aus der Funktion des Verlegers selbst, welche die Integration der publizistischen Tätigkeit zum Gegenstand hat. Dies ist aber etwas anderes als die bloße Erteilung von Weisungen.

21 b) Innerhalb des durch die Grundsatz- und Richtlinienkompetenz gezogenen Rahmens steht die *Detailkompetenz,* welche die Entscheidung tagesaktueller publizistischer Fragen betrifft, dem jeweils zuständigen Mitglied der *Redaktion* zu (vgl. ebenso *Lerche,* Verfassungsrechtliche Aspekte der „inneren Pressefreiheit", S. 63; Entwurf eines Presserechtsrahmengesetz, dargestellt bei *Scholz,* Pressefreiheit und Arbeitsverfassung, S. 55 ff.). Eine Ausnahme von dieser Kompetenzverteilung besteht nur dann, wenn die Entscheidung des Redakteurs zu *unzumutbaren Nachteilen* für die Zeitung führen würde, insbesondere dann, wenn sich der Verleger oder Chefredakteur zivilrechtlichen oder strafrechtlichen Sanktionen und/oder einschneidenden finanziellen Risiken ausgesetzt sähe (vgl. *Mallmann,* Referat zum 49. DJT, Verhandl. 49. DJT. Bd. II. N 31; vgl. zu diesem Aspekt als Grund einer mitbestimmungsfreien Tendenzautonomie des Verlegers *Reske/Berger-Delhey* AfP 1990, 107 (109); *Ory* AfP 1991, 692 (693)). In solchen Fällen droht ein Eingriff in das Presseunternehmen selbst. Nach den vom Bundesverfassungsgericht bestätigten Grundsätzen über dessen privatwirtschaftliche Struktur und Arbeitsweise trägt der Verleger auf Grund seiner Leitungsbefugnis auch die Verantwortung für die Existenz der Zeitung und deren Sicherung.

Daraus folgt, dass dem Verleger ein uneingeschränktes Informationsrecht über die redaktionelle Arbeit eingeräumt sein muss, mit dem die Verpflichtung der Redaktion korrespondiert, diesen in riskanten Fällen von sich aus darauf aufmerksam zu machen. Hat der Verleger danach begründeten Anlass zu der Annahme, dass seiner Zeitung oder Zeitschrift Schaden droht, so kann er auch in der im Übrigen geschützten Sphäre der Redaktion und somit auch in redaktionellen Detailfragen Einzelweisungen erteilen.

22 c) Der Verleger muss unter Wahrung des Informations- und Anhörungsrechts der Redaktion den *Chefredakteur* in eigener Verantwortung *ernennen* und *entlassen* können (vgl. *Mallmann,* Referat zum 49. DJT, Verhandl. 49. DJT. Bd. II. N 33; *Lerche,* Verfassungsrechtliche Aspekte der „inneren Pressefreiheit", S. 114; aA *Kübler,* Gutachten D zum 49. DJT, Verhandl. 49. DJT, Bd. I, D 98). Gleiches gilt für die Einstellung und Entlassung der übrigen Redaktionsmitglieder.

Es handelt sich hierbei um wichtige unternehmerische aber auch publizistische Entscheidungen. Gerade weil den Redaktionsmitgliedern in der Detailkompetenz eine zentrale Funktion bei der publizistischen Arbeit zukommt, muss gesichert sein, dass ihre Tätigkeit ohne Reibungsverluste auf die publizistische Linie der Zeitung ausgerichtet bleibt. Dies ist aber nur dann gewährleistet, wenn der Verleger entsprechende Personalentscheidungen treffen kann. Bei dem Chefredakteur kommt hinzu, dass dieser Manager und Koordinator des Pressebetriebs ist. Ihm steht eine weite Entscheidungs- und Führungsbefugnis zu (vgl. *Noelle-Neumann,* Öffentlichkeit als Bedrohung, S. 107 ff.; Umfragen zur Inneren Pressefreiheit, S. 66, 86). Damit würde er zum einen in die Lage versetzt, die Kompetenzen des Verlegers von sich aus zu überspielen, wenn dieser nicht, ohne an Mitbestimmungsrechte von Redaktionsvertretungen gebunden zu sein, den Chefredakteur einstellen und auch entlassen kann. Zum anderen könnte der Chefredakteur auch in ein Abhängigkeitsverhältnis zur Redaktion geraten, wenn sie über seine Existenz mitbestimmen könnte. Bei dieser Sachlage könnte der Verleger in der Wahrnehmung seiner besonderen Verantwortung für die Publikation aber gerade dann behindert werden, wenn es zu einem unüberbrückbaren publizistischen Konflikt zwischen der Redaktion und ihm käme. In diesem im Hinblick auf eine gesetzliche Regelung entscheidenden Konfliktfall käme es vor allem mit auf den Chefredakteur an, die Beschlüsse des Verlegers zu realisieren. Aufgrund dieser

Stellung wäre er aber in der Lage, mit Rücksicht auf die für seine Stellung wichtige Redaktionsvertretung die Entscheidungen des Verlegers zu verwässern oder sogar zu torpedieren. Damit würde aber die funktionsgerechte Kompetenzabgrenzung in der Presse nicht mehr gewährleistet sein.

8. Zusammenfassend ist deshalb festzuhalten, dass der Gesetzgeber bei der Einleitung von Gesetzesinitiativen verfassungsrechtlich verpflichtet ist, nur solche Regelungen anzugehen, welche die Funktionen der Träger der Pressefreiheit im Interesse der öffentlichen Aufgabe der Presse sichern. Dies wird nur dann möglich sein, wenn der Gesetzgeber die Rechtstatsachen hinreichend berücksichtigt. Der Umstand, dass die Redakteure gegenwärtig auch ohne gesetzliche Regelung mit großer Mehrheit bekundet haben, dass sie sich bei ihrer Arbeit frei genug fühlen (vgl. *Noelle-Neumann,* Öffentlichkeit als Bedrohung, S. 99 ff.; Umfragen zur Inneren Pressefreiheit, S. 63; *Dovifat/Wilke* Bd. I S. 68), bestätigt die dargelegten engen Grenzen, in denen sich Pläne des Gesetzgebers zu halten hätten. **23**

9. Die *Streichung des § 118 BetrVG* durch den Gesetzgeber, wodurch die Tendenzunternehmen ihre Sonderstellung verlören, wird seit mehr als 40 Jahren vor allem von Gewerkschaftsseite verlangt (vgl. etwa die Beschlüsse der IG Medien in Informationen-Recht v. 2.4.2000, S. 11 f.; des 11. Gewerkschaftstags der IG Druck und Papier, in „Druck und Papier" 23/1977, S. 26, die Beschlüsse der dju-Bundeskonferenz 1979 in „Die Feder" 12/79, S. 3, das Grundsatzprogramm des DJV in „Der Journalist" 6/82, S. 43). Zur Begründung wird darauf verwiesen, dass die Vorschrift die Redakteure in Tendenzunternehmen zu Arbeitnehmern „zweiter Klasse" degradiere und einseitig dem Schutz des Gewinnstrebens der Verleger diene (vgl. *Kau,* Mitbestimmung in Presseunternehmen, S. 130). **24**

a) Wie bereits dargelegt wurde (vgl. → Kap. 37 Rn. 5 ff.) hat der Gesetzgeber mit dem § 118 BetrVG einen umfassenden Schutz der Pressefreiheit vor einer Beeinträchtigung durch betriebliche Mitbestimmungsrechte geschaffen (vgl. BVerfG NJW 1980, 1093 (1095)). Denn es besteht eine Verpflichtung des Staates, sich nicht nur jeder Reglementierung der Presse zu enthalten, sondern auch jeglichen fremden Einfluss, vor allem den Eingriff wirtschaftlicher Machtgruppen zu verhindern. Hierzu sind alle diejenigen zu zählen, die keine Funktionen für die inhaltliche Gestaltung der Zeitung oder Zeitschrift besitzen, also auch die nicht redaktionell tätigen Mitarbeiter im Presseunternehmen selbst. Da die Betriebsverfassung aber Regelungen für alle Betriebsangehörigen trifft, mussten durch § 118 BetrVG Vorkehrungen geschaffen werden, um die Unabhängigkeit der Redaktion zu wahren. **25**

b) § 118 BetrVG ist auch keine deutsche Besonderheit. In Anbetracht der in der Europäischen Menschenrechtskonvention (EMRK) für ganz Europa garantierten Grundfreiheiten bestehen in zahlreichen europäischen Ländern individual- und kollektivarbeitsrechtliche Sonderregelungen, welche diese Grundfreiheiten vor unangemessenen Beeinträchtigungen schützen sollen (vgl. *Plum* AfP 2011, 227 ff.). **25a**

In *Finnland* regelt § 4 Abs. 2 des Gesetzes zur betrieblichen Zusammenarbeit, daß dieses Gesetz auf Betriebe, die eine gemeinnützige Gesellschaft, eine künstlerische Vereinigung, eine wissenschaftliche Gesellschaft, eine religiöse Gemeinschaft oder eine andere konfessionelle Organisation sind oder deren Zweck hauptsächlich industrie-, arbeits-, allgemeinpolitisch oder humanitär ist, insoweit nicht anwendbar ist, als es um Entscheidungen oder deren Vorbereitung geht, welche den Zweck der Gesellschaft oder konfessionelle oder andere ähnliche Ziele betreffen (vgl. *Plum* AfP 2011, 227 (228)).

Das *französische Arbeitsrecht* kennt zwar keinen Tendenzschutz in Bezug auf die kollektivarbeitsrechtliche Mitbestimmung. Allerdings dürfen unternehmensinterne Regelungen gem. Art. L 1321-3 Nr. 2 Code du travail grundsätzlich keine Beschränkungen des Rechts der Person und der individuellen und kollektiven Freiheiten vorsehen, die nicht aufgrund der Natur der zu erbringenden Arbeit gerechtfertigt sind und in einem angemessenen Verhältnis zum angestrebten Zweck stehen. Gem. Art. L 1321-3 Nr. 3 Code du travail dürfen sie ferner keine Bestimmungen enthalten, die Arbeitnehmer ungeachtet ihrer beruflichen Fähigkeiten wegen bestimmter Merkmale, darunter Moralvorstellungen, politische Ansichten, gewerkschaftliche Aktivitäten oder religiösen Überzeugungen diskriminieren (vgl. *Plum* AfP 2011, 227 (229)).

In *Italien* gelten für „organizzazioni di tendenza" ebenfalls Sonderregelungen. Sofern sie nicht gewinnorientiert arbeiten, räumt ihnen Art. 4 Abs. 1 S. 2 L. n. 108/1990 ein Sonderrecht bei der Einstellung und Kündigung von Arbeitnehmern ein. Art. 3 Abs. 3 und 5 der Verordnung zu Umsetzung der RL 2000/78/EG räumen grundsätzlich Ausnahmen vom Verbot der Ungleichbehandlung für religiöse Einrichtungen sowie für Medienunternehmen in Bezug auf religiöse und inhaltliche Überzeugungen ihrer Beschäftigten ein (vgl. *Plum* AfP 2011, 227 (229 f.)).

Die *österreichischen Regelungen* zum Tendenzschutz in den §§ 132 und 133 des Arbeitsverfassungsgesetz entsprechen in der Grundtendenz den deutschen Tendenzschutzbestimmungen.

Einschränkungen der in *Schweden* grundsätzlich Arbeitnehmern und Gewerkschaften eingeräumten Mitbestimmungsrechte sieht das Gesetz über die Mitbestimmung im Arbeitsleben vor, soweit diese Einfluss auf das Ziel und die Ausrichtung eines religiösen, wissenschaftlichen oder künstlerischen Unternehmens bzw. die genossenschaftliche, koalitionspolitische, politische oder sonstige meinungsbildende Bestimmung des Unternehmen haben kann (vgl. *Plum* AfP 2011, 227 (230)).

Spanien kennt zwar keine kollektivarbeitsrechtlichen Sonderbestimmungen für Tendenzunternehmen, wohl aber die in Literatur und Rechtsprechung übereinstimmend entwickelte Pflicht zur Tendenzloyalität der Beschäftigten von Tendenzunternehmen, also deren Pflicht, sich dienstlich und außerdienstlich nicht offen oder erkennbar gegen die Tendenz ihres Arbeitgebers zu wenden (vgl. *Plum* AfP 2011, 227 (230 f.)).

Großbritannien kennt ebenfalls keine kollektivarbeitsrechtlichen Tendenzschutzbestimmungen. Arbeitgebern mit religiösen oder weltanschaulichen Ausrichtungen bzw. für Religionsgemeinschaften wurden aber Ausnahmen vom Verbot der Ungleichbehandlung wegen der Religion oder der Weltanschauung oder der sexuellen Ausrichtung eingeräumt (vgl. *Plum* AfP 2011, 227 (231)).

26 c) Vor diesem verfassungsrechtlichen Hintergrund (vgl. auch → Kap. 37 Rn. 6) ist der *Tendenzschutz* grundsätzlich *zu bejahen*. Das Argument, Redakteure würden hiermit zu „Arbeitnehmern zweiter Klasse", ist nicht stichhaltig. Es trifft zwar zu, dass sie insbesondere bei (seltenen) tendenzbedingten Kündigungen nicht den gesamten Schutz in Anspruch nehmen können, der den übrigen Arbeitnehmern im Betrieb zusteht, da der Betriebsrat hier nur ein Anhörungs-, nicht aber ein Widerspruchsrecht besitzt (vgl. → Kap. 37 Rn. 16). Andererseits haben Redakteure als Träger der Pressefreiheit aber um der Erfüllung ihrer öffentlichen Aufgabe willen eine besondere Stellung (vgl. BVerfGE 20, 162 (175 f.) – Spiegel). Aus dieser können die Presseangehörigen eine Reihe von Privilegien ableiten (vgl. → Kap. 35 Rn. 24).

27 Umgekehrt müssen sie sich aber auch Beschränkungen gefallen lassen, wenn dies die Funktionsfähigkeit der Presse erfordert. Diese Beschränkungen betreffen nicht nur Redakteure, sondern ebenso auch den Verleger. Beschränkungen der Rechte der Redakteure wären nur dann nicht hinzunehmen, wenn sie nicht der Funktion der Presse dienten. Dies wäre etwa dann der Fall, wenn sie, wie behauptet wird, nur dem Gewinnstreben des Verlegers nützten. Dies trifft jedoch nicht zu. Die Unabhängigkeit des Verlegers gerade auch bei Personalentscheidungen wird, wie bereits dargelegt (→ Rn. 18, 22), deswegen gewährt, weil er eine wichtige Integrationsaufgabe innerhalb des Presseunternehmens besitzt, die er unabhängig von Einflüssen Dritter wahrnehmen können muss. Gleichzeitig wird diese Funktion nicht dadurch tangiert, dass der Verleger seinen Mitarbeitern *Informationen erteilt* und sie *anhört*. Dies gilt, wie im Fall der tendenzbedingten Kündigung eines Redakteurs bereits vom BAG entschieden wurde, auch gegenüber dem Betriebsrat (vgl. → Kap. 37 Rn. 36). Dieser ist Träger wesentlicher sozialer Interessen, die nicht generell hinter die Pressefreiheit zurücktreten. Anzeichen, dass durch Information und Konsultation des Betriebsrats die freie Entscheidung des Verlegers verhindert würde, sind nicht ernstlich erkennbar (aA *Dütz* BB 1975, 1261 (1263)). In jedem Fall hätte der Verleger aber die Möglichkeit, sich im Hinblick auf die Verpflichtung des Betriebsrats zur vertrauensvollen, dh gesetzmäßigen Zusammenarbeit in einer solchen Situation zur Wehr zu setzen.

8. Abschnitt. Die Pflichten der Presse. Das Standesrecht. Der Deutsche Presserat

Literatur:

Binder/Vesting, Beck´scher Kommentar zum Rundfunkrecht 4. Auflage München 2018; *Deutscher Presserat,* Jährliche Tätigkeitsberichte (Jahrbücher) seit 1956, Bonn; *ders.,* Publizistische Grundsätze (Pressekodex), Bonn 2017; *ders.,* Datenschutz in Redaktionen, Bonn 2003; *Faller,* Die öffentliche Aufgabe von Presse und Rundfunk, AfP 1981, 430 ff.; *Fischer/Breuer/Wolter,* Die Presseräte der Welt, Bonn-Bad Godesberg 1976; *Götting/Schertz/Seitz,* Handbuch Persönlichkeitsrecht. Presse- und Medienrecht, 2. Auflage, München 2019; *Gostomzyk,* Zur Ausgestaltung des rechtlichen Gehörs im Verfahren vor dem Beschwerdeausschuss des Deutsches Presserates, UFITA 2005, 775 ff.; *Koziol/Seethaler/Thiede,* Medienpolitik und Recht. Media Governance, Wahrhaftigkeitspflicht und sachgerechte Haftung, Wien 2010; *Koziol/Seethaler/Thiede,* Medienpolitik und Recht II. Presserat, WikiLeaks und Redaktionsgeheimnis, Wien 2013 *Kübler,* „Medienwirkung und Medienverantwortung" mit Beiträgen von Hoffmann-Riem, Kohl und Lüscher, Überlegungen und Dokumente zum Lebach-Urteil des Bundesverfassungsgerichts, Baden-Baden 1975; *ders.,* Kommunikation und Verantwortung (Konstanzer Universitätsreden), Konstanz 1973; *Löffler,* Presserecht, 6. Auflage, München 2015; *Löffler/Hèbarre,* Form und Funktion der Presse-Selbstkontrolle in weltweiter Sicht, München 1968; *Paschke/Berlit/Meyer/Kröner,* Hamburger Kommentar Gesamtes Medienrecht, 4. Auflage Baden-Baden 2021; *Schlüter,* Verdachtsberichterstattung, München 2011; *Soehring/Hoene,* Presserecht, 6. Aufl. Köln 2019; *Spindler/Schuster,* Recht der elektronischen Medien, 4. Auflage, München 2019; Weiland, Presseselbstkontrolle im europäischen Rechtsvergleich, Konstanz, 2001; *Wenzel,* Das Recht der Wort- und Bildberichterstattung, 6. Aufl. Köln 2018.

39. Kapitel. Die Rechtspflichten der Presse

I. Übersicht

1. Grundsätzlich unterliegen die Presseangehörigen bei ihrer beruflichen Tätigkeit denselben Rechtspflichten wie alle anderen Staatsbürger. Sie haben die Normen des öffentlichen Rechts (Strafrecht, Steuerrecht, Arbeitsrecht, Postrecht usw) ebenso zu beachten wie die dem Schutz des Einzelnen dienenden Bestimmungen des Privatrechts, insbesondere des Wettbewerbsrechts und des bürgerlichen Rechts. 1

Wie bei anderen Berufen, die wichtige öffentliche Funktionen ausüben – so bei Beamten, Ärzten und Anwälten – ergeben sich auch bei der Pressetätigkeit aus deren Besonderheit spezielle Rechte und Pflichten, die das Berufsrecht der Presse im engeren Sinn bilden. Die Presse nimmt in unserer Gesellschaftsordnung in doppelter Hinsicht eine besondere rechtliche Stellung ein: Ihr haben Gesetz (§ 3 LPG) und Verfassung (Art. 5 GG) die wichtige *öffentliche Aufgabe* der Information der Staatsbürger sowie der Kontrolle und Kritik des politischen, kulturellen und wirtschaftlichen Geschehens übertragen und ihr zu diesem Zweck unerlässliche Schutzrechte (Privilegien) eingeräumt wie zB den Schutz des Redaktionsgeheimnisses (vgl. → Kap. 10 Rn. 1 ff.). Dass mit diesen vermehrten Rechten erhöhte Pflichten verbunden sind, ist anerkanntes Recht (vgl. BVerfGE 12, 113 ff.; 20, 162 ff.). Eine zweite Besonderheit der Presse liegt in dem starken Einfluss, den sie auf die *öffentliche Meinung* ausübt (vgl. BVerfGE 20, 162 ff. (205 ff.); BGHZ 3, 285; 39, 129). Ein Missbrauch dieser geistigen Macht kann für die Allgemeinheit wie für den einzelnen Bürger, der in das kritische Scheinwerferlicht der Presse gerät, schwerwiegende Folgen haben. Daher legen Gesetz (§ 6 LPG; Bayern und Berlin Art. bzw. § 3 LPG; Mecklenburg-Vorpommern, Sachsen, Sachsen-Anhalt, Schleswig-Holstein und Thüringen § 5 LPG, Rheinland-Pfalz § 7 LMG) und Rechtsprechung der Presse bei Ausübung ihrer publizistischen Tätigkeit besondere Sorgfaltspflichten auf (vgl. → Rn. 6 ff.). 2

2. Bei den der Presse im Blick auf ihre öffentliche Aufgabe und ihre weite Wirkung obliegenden besonderen beruflichen Pflichten ist zwischen den moralisch wirkenden *Standespflichten* und den zwingenden Rechtspflichten zu unterscheiden. Eindeutige berufliche *Rechtspflichten* sind zB die Veröffentlichung des Impressums (§ 8 LPG; Hessen und Sachsen § 6 LPG; Bayern, Berlin, Mecklenburg-Vorpommern, Sachsen-Anhalt, Schleswig-Holstein und Thürin- 3

gen Art. bzw. § 7 LPG; Rheinland-Pfalz § 9 LMG), die persönlichen Anforderungen an den verantwortlichen Redakteur (§ 9 LPG; Hessen und Sachsen § 7 LPG; Bayern, Berlin, Mecklenburg-Vorpommern, Sachsen-Anhalt, Schleswig-Holstein Art. bzw. § 8 LPG; Brandenburg und Rheinland-Pfalz § 10 LPG/LMG), die Kennzeichnung von Anzeigen als nicht zum redaktionellen Teil gehörig (§ 10 LPG; Hessen § 8 LPG; Bayern, Berlin, Mecklenburg-Vorpommern, Sachsen, Sachsen-Anhalt und Schleswig-Holstein Art. bzw. § § 9 LPG; Brandenburg § 11 LPG; Rheinland-Pfalz und Saarland § 13 LMG) und die Ablieferung von Pflichtexemplaren an Bibliotheken (Hessen § 9 LPG; Mecklenburg-Vorpommern, Sachsen und Sachsen-Anhalt § 11 LPG; Brandenburg § 13 LPG; Rheinland-Pfalz und Saarland § 14 LMG), die jetzt teilweise in eigenen Gesetzen geregelt ist (zB Pflichtexemplargesetz Nordrhein-Westfalen v. 29.1.2013, GV. NRW. S. 31; Bayern: Pflichtstückegesetz v. 6.8.1986, GVBl. S. 216; vgl. → Kap. 12 Rn. 1 f.).

Eine strafrechtliche Sonderhaftung für die Verletzung beruflicher Pflichten im Pressebereich enthält § 20 LPG (Hessen, Sachsen und Sachsen-Anhalt § 12 LPG; Brandenburg und Schleswig-Holstein § 14 LPG; Berlin, Hamburg und Mecklenburg-Vorpommern § 19 LPG; Nordrhein-Westfalen § 21 LPG; Rheinland-Pfalz § 35 LMG; Saarland § 63 LMG; keine Strafbestimmungen in Bayern und Thüringen). Nach dieser pressespezifischen Strafbestimmung wird bei periodischen Druckwerken (Zeitungen und Zeitschriften) der *verantwortliche Redakteur* mit Freiheitsstrafe bis zu einem Jahr oder mit Geldstrafe bestraft, wenn er vorsätzlich oder fahrlässig seine Verpflichtung verletzt, Druckwerke von strafbarem Inhalt freizuhalten (vgl. *Schumann* AfP 2019, 384; → Kap. 48 Rn. 4). Obwohl die Landespressegesetze ausschließlich die *strafrechtliche* Haftung des verantwortlichen Redakteurs regeln, haben diese Vorschriften auch für das Deliktsrecht des Bürgerlichen Gesetzbuchs erhebliche Bedeutung. Der verantwortliche Redakteur, der den Verleger bei der Inhaltskontrolle allgemein entlasten soll, hat dafür Sorge zu tragen, dass unzulässige Übergriffe in den Persönlichkeitsbereich Dritter möglichst verhindert werden (vgl. BGH NJW 1977, 626). Er *haftet* daher jedenfalls auch *zivilrechtlich,* wenn er die Befugnis hat, über Inhalt und Gestaltung des Zeitungsteils zu entscheiden, der den unzulässigen Eingriff enthält (vgl. KG Berlin AfP 1991, 639). Außerdem trifft ihn grundsätzlich die deliktsrechtliche Verantwortlichkeit, wenn die Berichterstattung rechtswidrig einen Straftatbestand verwirklicht (vgl. OLG Köln AfP 1991, 757 (758)). Bei nicht periodischen Druckwerken (zB Buch), bei denen pressegesetzlich kein verantwortlicher Redakteur zu bestellen ist, wird dagegen der Verleger bestraft, wenn er vorsätzlich oder fahrlässig seine *Aufsichtspflicht* verletzt und infolgedessen durch dieses Druckwerk eine strafbare Handlung (zB öffentliche Verleumdung) begangen wird (vgl. Löffler/*Steffen* LPG § 6 Rn. 223; Löffler/*Kühl* LPG § 20 Rn. 131 ff.; *Schumann* AfP 2019, 384 (389 ff.)).

4 Da das Presserecht einen *„Standeszwang"* ausdrücklich ablehnt (vgl. → Kap. 40 Rn. 5), haben die Standesregeln der Presse (vgl. → Kap. 40 Rn. 6 ff.) trotz ihrer praktischen Bedeutung nur moralische Verbindlichkeit. Anders als in früheren Entscheidungen (vgl. OLG Köln AfP 1987, 602; OLG Düsseldorf AfP 1988, 354) gehen die Gerichte bei der Prüfung der Frage, was im Einzelfall die publizistische Sorgfaltspflicht erfordert, in der Regel nicht von der von den zuständigen Gremien des Deutschen Presserats festgeschriebenen und publizierten Standesauffassung (vgl. OLG Rostock AfP 2017, 71 (74)), sondern von der gefestigten Rechtsprechung zu den landespresserechtlichen Bestimmungen aus (anders wohl für die vom Deutschen Werberat aufgestellten Verhaltensregeln KG Berlin AfP 1992, 298).

5 3. Zwar beinhaltet die öffentliche Aufgabe der Presse, wie sie in § 3 LPG normiert ist, dass die Presse zur Information beiträgt und Kritik übt. Hieraus erwächst ihr jedoch keine Rechtspflicht zur Beschränkung auf informierende oder kritische Beiträge (vgl. Ricker, Freiheit und Aufgabe der Presse, S. 21 ff., 24 f.). Dasselbe gilt für den in § 1 LPG aufgestellten Grundsatz: „Die Presse dient der freiheitlichen demokratischen Grundordnung." Hier handelt es sich nur um die ausdrückliche gesetzliche Feststellung, dass die Tätigkeit der freien Presse generell dem öffentlichen Interesse dient, weshalb sie auch den Schutz der Wahrnehmung berechtigter Interessen (§ 193 StGB) genießt. Wollte man aus der Anerkennung der Funktion der Presse als Erfüllung einer öffentlichen Aufgabe Rechtspflichten für sie herleiten, so wäre die Gefahr nicht von der Hand zu weisen, dass der Staat versuchen würde, damit eine Inpflichtnahme der Presse für seine Zwecke zu begründen (vgl. „Studienkreis für Presserecht und Pressefreiheit", NJW 1965, 9575 f.; *Faller* AfP 1981, 437; vgl. → Kap. 3 Rn. 10 ff.).

II. Die besonderen Sorgfaltspflichten der Presse. Allgemeines

1. Auch wenn aus der Übertragung einer öffentlichen Aufgabe keine erzwingbaren Rechts- **6**
pflichten der Presse hergeleitet werden können, bringt die Wahrnehmung dieser Funktion nach allgemeiner Rechtsauffassung (vgl. BVerfGE 12, 113; BGHZ 31, 308) eine erhöhte Verantwortung mit sich, insbesondere im Blick auf die außerordentliche Breiten- und Tiefenwirkung moderner Massenmedien (vgl. BGH NJW-RR 2001, 567; *Soehring/Hoene* Rn. 2.1). Das Bundesverfassungsgericht stellt dazu in seiner grundlegenden „Schmid"-Entscheidung (BVerfGE 12, 113 (130)) fest:

„Wenn die Presse von ihrem Recht, die Öffentlichkeit zu unterrichten, Gebrauch macht, ist sie zur wahrheitsgemäßen Berichterstattung verpflichtet. Die Erfüllung dieser Wahrheitspflicht wird nach gesicherter Rechtsprechung schon um des Ehrenschutzes des Betroffenen willen gefordert Sie ist zugleich in der Bedeutung der öffentlichen Meinungsbildung im Gesamtorganismus einer freiheitlichen Demokratie begründet. Nur dann, wenn der Leser – im Rahmen des Möglichen – zutreffend unterrichtet wird, kann sich die öffentliche Meinung richtig bilden."

Dieser Rechtslage hat auch der Gesetzgeber entsprochen und in § 6 LPG (Bayern und Berlin Art. bzw. § 3 LPG; Mecklenburg-Vorpommern, Sachsen, Sachsen-Anhalt, Schleswig-Holstein und Thüringen § 5 LPG, Rheinland-Pfalz § 7 LMG) eine spezifische *„Sorgfaltspflicht der Presse"* statuiert, die im Wesentlichen in der Pflicht zur Prüfung der Richtigkeit der von ihr verbreiteten Tatsachen besteht (Näheres zur sog. Wahrheitspflicht → Rn. 11 ff.). Handelt es sich um Meinungsäußerungen bzw. Werturteile, so beschränkt sich die Sorgfaltspflicht auf die Beachtung der persönlichen Ehre, dh vor allem auf den Ausschluss unzulässiger Schmähkritik (vgl. dazu → Kap. 42 Rn. 30 ff.; zur Abgrenzung von Tatsachenbehauptung und Meinungsäußerung → Kap. 42 Rn. 23 ff.).

2. Was Inhalt und Umfang der publizistischen Sorgfaltspflicht anlangt, so stellt § 6 LPG nicht **7**
auf die berufsübliche, sondern auf die „nach den Umständen *gebotene*" Sorgfalt ab. Dies deckt sich mit der Sorgfaltspflicht des bürgerlichen Rechts (§ 276 BGB „erforderliche Sorgfalt"; Löffler/*Steffen* LPG § 6 Rn. 15, 35; Wenzel/*Burkhardt* Kap. 6 Rn. 117; *Peters* NJW 1997, 1335). Auf berufsübliche Gleichgültigkeit oder eine allgemein praktizierte Nachlässigkeit kann sich die Presse nicht berufen (vgl. Wenzel/*Burkhardt* Kap. 6 Rn. 117). Grundsätzlich ist ein strenger Maßstab anzulegen (vgl. BGH NJW 1966, 1617 (1619); Wenzel/*Burkhardt* Kap. 6 Rn. 118).

Andererseits muss eine *Überspannung* der publizistischen Sorgfaltspflicht vermieden werden. Es ist nur eine pressemäßige Sorgfalt gefordert (vgl. dazu Löffler/*Steffen* LPG § 6 Rn. 164; Wenzel/*Burkhardt* Kap. 6 Rn. 119). Angesichts der besonderen Umstände, unter denen die Pressearbeit stattfindet (Zeitdruck, Fülle der Informationen, Angewiesensein auf fremde Quellen; vgl. OLG Köln AfP 1975, 920), würde eine Verpflichtung der Presse auf die objektive Wahrheit zu einer Einschränkung oder gar völligen Lähmung der Pressetätigkeit führen (vgl. BVerfG NJW 1980, 2073; BGH NJW 1977, 1288 f.) und damit die Erfüllung der öffentlichen Aufgabe in Frage stellen (vgl. *Löffler* NJW 1965, 943, *Soehring/Hoene* Rn. 12 ff.). Die vom Bundesverfassungsgericht (BVerfGE 12, 130) hervorgehobenen zwei Aspekte der Wahrheitspflicht, die verantwortungsbewusste Bildung der öffentlichen Meinung und der Schutz der Rechte Dritter, zwingen zu einer differenzierten rechtlichen Beurteilung: Nötig ist stets eine Güterabwägung zwischen der Pressefreiheit und den Rechten Dritter, aus der sich der Sorgfaltsmaßstab im Einzelfall ergibt (vgl. BGH GRUR 1969, 147 ff.; → Rn. 20 ff.).

Die elektronische Presse, also Telemedien mit journalistisch-redaktionell gestalteten Ange- **7a**
boten, in denen insbesondere vollständig oder teilweise Inhalte periodischer Druckerzeugnisse in Text und Bild wiedergegeben werden, hat nach § 1 Abs. 4 TMG iVm § 19 Abs. 1 S. 3 MStV gleichermaßen den anerkannten journalistischen Grundsätzen zu entsprechen und Nachrichten vor ihrer Verbreitung mit der nach den Umständen gebotenen Sorgfalt auf Inhalt, Herkunft und Wahrheit zu prüfen (vgl. Spindler/Schuster/*Smid* RStV § 54 Rn. 6 ff.; Binder/Vesting/*Held* RStV § 54 Rn. 64; *Soehring/Hoene* Rn. 2.8 ff.).

Die Presse genügt ihren Sorgfaltspflichten, wenn sie ihre publizistische Tätigkeit im Hinblick **8**
auf Inhalt, Wahrheit und Herkunft der Nachrichten mit den ihr zu Gebote stehenden Mitteln im Rahmen des *Zumutbaren* überprüft (vgl. BVerfG NJW-RR 2000, 1209 (1211); Wenzel/*Burkhardt*

Kap. 20 Rn. 119 ff.). Bei der Bemessung dieser *Prüfungspflicht* muss berücksichtigt werden, dass die Presse nicht über die weitreichenden Möglichkeiten der Wahrheitsfindung verfügt wie zB die Justiz (vgl. OLG Nürnberg ZUM 1998, 849 f.; OLG Köln AfP 1975, 920). Deshalb muss das *objektive und ernstliche Bemühen* um wahrheitsgemäße Darstellung ausreichen (vgl. *Soehring/Hoene* Rn. 16 f.). Nach zutreffender Ansicht ist die Presse nur zur *Wahrhaftigkeit* verpflichtet; sie hat keine Rechtspflicht zur (objektiven) Wahrheit, aus der der Staat allzu leicht Pressionen gegen missliebige Zeitungen herleiten könnte (vgl. „Studienkreis für Presserecht und Pressefreiheit", NJW 1965, 957; *Koziol* in Koziol/Seethaler/Thiede (2010) S. 89). Diese Feststellung gilt unbeschadet des Umstandes, dass die Wahrheitspflicht eine grundlegende Standespflicht der Presse ist (vgl. → Kap. 40 Rn. 7).

9 Für die elektronische wie gedruckte Publizistik gilt kein starrer, sondern ein *gleitender* Sorgfaltsmaßstab, bei dem es auf die Umstände des Einzelfalls ankommt (vgl. OLG Stuttgart AfP 1971, 104; Wenzel/*Burkhardt* Kap. 6 Rn. 117 ff.; *Peters* NJW 1997, 1336; Löffler/*Steffen* LPG § 6 Rn. 163; *Soehring/Hoene* Rn. 17 ff.; Paschke/Berlit/Meyer/Kröner/*Weyhe* 37. Abschnitt Rn. 18; Spindler/Schuster/*Smid* RStV § 54 Rn. 10 f.; Binder/Vesting/*Held* RStV § 54 Rn. 64). Je schwerer der Eingriff in fremde Rechte ist, der von einer Publikation ausgeht, um so höhere Anforderungen sind an die publizistische Sorgfaltspflicht zu stellen (vgl. BVerfGE 54, 208 ff.; BGH AfP 1988, 35; OLG Dresden, NJ 2020, 353; *Soehring/Hoene* Rn. 2.18 ff.; Paschke/Berlit/Meyer/Kröner/*Weyhe* 37. Abschnitt Rn. 18; Spindler/Schuster/*Smid* RStV § 54 Rn. 19; *Prinz/Peters* Rn. 277). Erhöhte Sorgfalt ist zB geboten, wenn der Vorwurf des Mordes öffentlich (im Fernsehen) geäußert wird (vgl. OLG Stuttgart AfP 1971, 104); geringere Nachprüfungspflichten sind anzunehmen, wenn aus Gründen des aktuellen Informationsinteresses ein Bedürfnis nach sofortigem Abdruck der Nachricht besteht (vgl. *Soehring/Hoene* Rn. 23 f.). Einer Wochen- oder Monatszeitschrift kann dagegen eine sorgfältigere Prüfung eher zugemutet werden als einer Tageszeitung (vgl. BGH GRUR 1979, 147; Wenzel/*Burkhardt* Kap. 6 Rn. 123). Für alle Presseangehörigen kommt eine verschärfte Haftung zum Zuge, wenn brisante Themen behandelt oder sog. „heiße Eisen" angefasst werden (vgl. BVerfGE 54, 208 (220); BGHZ 24, 200; 39, 124; OLG Stuttgart AfP 1975, 55; Löffler/*Steffen* LPG § 6 Rn. 166; *Soehring/Hoene* Rn. 2.19).

10 3. Die Folgen einer *Verletzung* der publizistischen Sorgfaltspflicht bestehen vor allem darin, dass sich die Presse nicht auf den ihr eingeräumten besonderen Rechtsschutz aus Art. 5 GG (Pressefreiheit) bzw. § 193 StGB (Wahrnehmung berechtigter Interessen) berufen kann (Näheres → Kap. 42 Rn. 64 ff.). Wurde die erforderliche pressemäßige Sorgfalt nicht beachtet, so haften die Presseangehörigen für ihr rechtswidriges und damit schuldhaftes Verhalten in vollem Umfang zivil- und strafrechtlich (vgl. BGHZ 31, 303 (308)). Leichtfertig aufgestellte Falschbehauptungen können neben Ansprüchen des Betroffenen auf Unterlassung und Berichtigung/Widerruf auch Schadensersatzansprüche auslösen (→ Kap. 44 Rn. 35 ff.).

III. Die einzelnen Sorgfaltspflichten der Presse

11 § 6 LPG (Bayern und Berlin Art. bzw. § 3 LPG; Mecklenburg-Vorpommern, Sachsen, Sachsen-Anhalt, Schleswig-Holstein und Thüringen § 5 LPG, Rheinland-Pfalz § 7 LMG)) erwähnt als Sorgfaltspflicht zunächst nur die Prüfung von Nachrichten auf ihre Wahrheit, Inhalt und Herkunft. Daneben gibt es aber weitere Sorgfaltspflichten, insbesondere diejenige zur Sachlichkeit und zur Güterabwägung (vgl. → Rn. 18 f., 20 ff.).

1. Zentrale Sorgfaltspflicht der Presse ist die bereits erwähnte (→ Rn. 6 ff.) *Wahrheitspflicht*. Im Einzelnen ist zu Inhalt und Umfang der Wahrheitspflicht der Presse zu bemerken:

12 a) Nach § 6 LPG genügt die Presse ihrer Wahrheitspflicht, wenn sie alle Nachrichten *vor* ihrer Verbreitung auf ihre Wahrheit, Inhalt und Herkunft *überprüft*. Anknüpfungspunkt ist stets ein Mindestbestand an Beweistatsachen (vgl. Löffler/*Steffen* LPG § 6 Rn. 175 f.; Paschke/Berlit/Meyer/Kröner/*Weyhe* 37. Abschnitt Rn. 22; *Lehr* AfP 2013, 7 (10)). Deshalb sind jedenfalls bei zweifelhaften Sachverhalten bzw. Quellen *Rückfragen* beim Betroffenen erforderlich (vgl. BGH AfP 1988, 35; RGZ 148, 154 (162); Löffler/*Steffen* LPG § 6 Rn. 170; Schlüter S. 100 ff.). Ihm ist Gelegenheit zur Stellungnahme zu geben (vgl. BGH GRUR 1966, 157; LG Oldenburg AfP 1987, 723; *Soehring/Hoene* Rn. 2.33 ff.; Schlüter S. 100 ff.; *Lehr* AfP 2013, 7 (10)). Anders ist es

lediglich, wenn Rückfragen im konkreten Fall keine Aufklärung versprechen würden (vgl. OLG Köln NJW 1963, 1634 (1635 f.); *Soehring/Hoene* Rn. 2.36; *Schlüter* S. 101) oder wenn die Möglichkeit besteht, dass eine ausdrückliche Nachfrage die Fluchtgefahr des Beschuldigten zB im Fall von Wirtschaftskriminalität begründen könnte (vgl. Ricker, Unternehmensschutz und Pressefreiheit, S. 121; *Soehring/Hoene* Rn. 2.36). Taktische Überlegungen allein rechtfertigen aber keine Unterlassung der grundsätzlich gebotenen Pflicht zur Anhörung des Betroffenen (vgl. *Soehring/Hoene* Rn. 2.37). Es reicht aus, wenn die Nachricht *im Kern richtig* ist; auf die Unrichtigkeit unwesentlicher Einzelheiten kommt es nicht an (vgl. BGH NJW 1962, 32 (33 f.); Löffler/*Steffen* LPG § 6 Rn. 171; *Soehring/Hoene* § 2 Rn. 2.17).

b) Die Unrichtigkeit der Darstellung kann sich auch aus ihrer *Unvollständigkeit* ergeben, indem **13** wesentliche Momente ausgelassen wurden, wodurch sich ein verzerrtes Bild der Wirklichkeit ergibt (vgl. BVerfGE 12, 113; BGH NJW 1972, 431; 1960, 478; OLG München NJW-RR 1996, 1495; OLG Hamburg NJW-RR 1994, 1177; *Lehr* AfP 2013, 7 (11 f.); *Prinz/Peters* Rn. 279). Dasselbe gilt für Übertreibungen (vgl. BGH NJW 1974, 1762). Die Presse ist nicht verpflichtet, dem Leser für ein von ihr veröffentlichtes Werturteil jeweils die zu Grunde liegenden Vorgänge und Tatsachen bekannt zu geben (vgl. BGH AfP 1974, 115). Die Pflicht zur Vollständigkeit der Berichterstattung besteht insbesondere dann, wenn ein starkes Informationsinteresse der Öffentlichkeit gegeben ist (vgl. Wenzel/*Burkhardt* Kap. 6 Rn. 139 ff., Rn. 6.139 ff.). Stellt die Presse Ermittlungen über einen Vorgang an, so dürfen sich diese nicht nur auf die negativen Tatsachen und Umstände beschränken (vgl. BGH NJW 1966, 1213; *Schlüter* S. 99 f.; *Lehr* AfP 2013, 7 (11 f.)).

c) Maßgebend für die Richtigkeit einer Darstellung ist nicht die subjektive Meinung des **14** Publizisten, sondern der *objektive Eindruck,* den ein unbefangener Durchschnittsleser von der Veröffentlichung gewinnen muss (vgl. BGH NJW 1982, 1805; 1981, 1089; *Wenzel* AfP 1978, 143 ff.; Löffler/*Steffen* LPG § 6 Rn. 172).

d) Insbesondere bei der Wirtschaftsberichterstattung müssen alle verfügbaren Informationen **15** beachtet werden, wobei zu prüfen ist, ob die Erkenntnisquellen zuverlässig und umfassend sind (vgl. BGH NJW 1966, 2011). Auf die Richtigkeit zuverlässige Informationsquellen („privilegierte Quellen") wie *amtliche Pressemitteilungen* der Behörden (vgl. LG Hamburg AfP 1988, 80) oder polizeiliche Meldungen (vgl. EGMR 7.2.2012 – 39954/08, Axel Springer AG/Deutschland; BVerfG 9.3.2010 – 1 BvR 1891/05, ZUM 2010, 961 (964 f.); OLG Braunschweig AfP 1975, 913; LG Hamburg NJW 1980, 842) darf sich die Presse dagegen in der Regel verlassen (vgl. Wenzel/*Burkhardt* Kap. 6 Rn. 136; *Soehring/Hoene* Rn. 2.32). Ein gesteigertes Vertrauen darf die Presse auch Verlautbarungen des Bundesbeauftragten für die Unterlagen des Staatssicherheitsdienstes der DDR entgegenbringen (vgl. BGH AfP 2013, 57). Gleiches gilt für Meldungen von als zuverlässig bekannten *Nachrichtenagenturen* (Agenturprivileg), sofern die Mitteilung selbst keine Widersprüche und Ungereimtheiten enthält (vgl. LG München AfP 1975, 758; LG Hamburg AfP 1990, 332; Wenzel/*Burkhardt* Kap. 6 Rn. 135; *Soehring/Hoene* Rn. 2.2921). Unabhängig davon verbleibt bei der Presse die Prüfung und Entscheidung über die persönlichkeitsrechtliche Zulässigkeit der Veröffentlichung (vgl. KG Berlin AfP 2011, 383 (384 f.); AG Mitte 2.5.2011 – 20 C 377/10, nv; *Schlüter* S. 95). Dies gilt insbesondere für Zulässigkeit der Veröffentlichung von Bildern, auf die sich das Agenturprivileg nicht erstreckt (vgl. *Soehring/Hoene* Rn. 2.30 f.). Auch darf die Presse grundsätzlich von der Richtigkeit der eigenen Angaben des von einer Veröffentlichung Betroffenen ausgehen (vgl. BGHZ 31, 308). Dagegen bedürfen *Auskünfte Dritter* einer sorgfältigen Überprüfung (vgl. BGHSt 18, 182). Dies gilt auch für die Übernahme fremder Presseberichte in das eigene Organ (vgl. BGH NJW 1963, 904; *Prinz/Peters* Rn. 280; *Soehring/Hoene* Rn. 2.26 f.) oder von Vorveröffentlichung in ein Internetforum (vgl. *Soehring/Hoene* Rn. 2.26). Auch wenn es sich um bereits bekannte Vorgänge bzw. Darstellungen handelt, denen der Betroffene nicht widersprochen hat, ist die Übernahme in der Regel nicht ohne weiteres zulässig (vgl. BVerfG AfP 1992, 53 (56 f.); OLG Köln AfP 1991, 427 (428); KG Berlin AfP 1992, 302 (308 f.); Wenzel/*Burkhardt* Kap. 6 Rn. 131). Gleiches gilt angesichts ihrer nur eingeschränkten Validität für Informationen in freien Web-Lexika wie Wikipedia, auch wenn Web-Werkzeuge wie Wiki-Watch (abrufbar unter www.wiki-watch.de, abgerufen am 11.4.2020) zur Qualitätskontrolle verwendet werden. Werden persönlichkeitsverletzende Äußerungen Dritter wiedergegeben, so ist die gedruckte wie die elektronische Presse von der Haftung nur frei, wenn an der Mitteilung ein öffentliches Informationsinteresse bestand, die Äußerung korrekt wiedergegeben wurde *und* eine ausdrückliche und ernsthafte Distanzierung vorliegt (vgl. BGH NJW 1997, 1148 (1149); 1996, 1131 (1132 f.); 1970, 187; KG Berlin AfP 2001, 65; OLG Düsseldorf AfP 1990, 303 (304 f.); OLG Hamburg AfP 1983, 412; LG Offenburg AfP 2013, 429; Spindler/Schuster/*Smid* RStV § 54 Rn. 12), die für den Leser erkennen lässt, dass die Presse mit der Äußerung nichts zu tun haben will. Ein öffentliches Interesse an der Weitergabe von Informationen aus der Privatsphäre Dritter sowie von Gerüchten, Schmähkritiken und strafbaren Äußerungen besteht nur ausnahmsweise (vgl. Ricker, Unternehmensschutz und Pressefreiheit, S. 122; KG Berlin AfP 2001, 65). Auch bei *Interviews* kommt es darauf an, ob der Interviewer sich die Äußerungen des Befragten zu eigen machte oder nicht (vgl. OLG Hamburg AfP 1983, 412 ff.; OLG Karlsruhe AfP 1987, 616). Davon ist beim Abdruck einer Presseschau oder eines klassisch in Frage und Antwort gegliederten Interviews grundsätzlich auszugehen (vgl. BVerfG NJW-RR 2010, 470 (472 f.); BGH NJW 2010, 760 (761 f.)). Von *wissenschaftlichen Veröffentlichungen* auch von Bundesbehörden, die in der Presse erscheinen, wird erwartet, dass sie auf einem verantwortungsbewussten, umfassenden Quellenstudium beruhen (vgl. BGH NJ 2019, 453; NJW 1966, 647).

Die Sorgfaltspflichten gelten grundsätzlich auch für den *Anzeigenteil* (vgl. BGH AfP 1990, 202 (203); OLG Frankfurt a. M. AfP 1987, 424). Allerdings kann hier nicht die Überprüfung jeder einzelnen Annonce verlangt werden; insofern kommt nur ein *reduzierter Sorgfaltsmaßstab* in Betracht. Verlage haften bei Fremdanzeigen nur bei offensichtlichen, eindeutigen und schwerwiegenden Verstößen (vgl. BGH WRP 2001, 531 (533); AfP 1998, 624 (625); NJW 1992, 3093 (3094); *Rath-Glawatz/Engels/Dietrich* S. 201 ff.).

16 e) Besonders brisant ist die Wiedergabe von *Zitaten*. In der „Böll/Walden"-Entscheidung (vgl. BVerfG NJW 1980, 2072) hat das Bundesverfassungsgericht klargestellt, dass Zitate *stets richtig* wiedergegeben werden müssen, dh insbesondere nicht durch Weglassungen verfälscht werden dürfen. Das Gebot zutreffenden Zitierens belastet die Pressetätigkeit auch nicht übermäßig, so dass im Allgemeinen für fehlerhafte Zitate jede Rechtfertigung fehlt (vgl. Löffler/*Steffen* LPG § 6 Rn. 200; Spindler/Schuster/*Smid* RStV § 54 Rn. 6 ff.). Wenn der Zitierende eine mehrdeutige Äußerung interpretiert, so ist dies deutlich zu machen; die Interpretation darf jedenfalls nicht als Zitat ausgegeben werden (→ Kap. 42 Rn. 28).

17 f) Auch *illegal beschaffte oder erlangte Informationen* sind vom Schutz der Meinungsfreiheit umfasst und dürfen veröffentlicht werden, wenn angesichts des besonderen Öffentlichkeitsinteresses das eingesetzte Mittel der illegalen Informationsbeschaffung in Bezug auf die Bedeutung der Information für die Öffentlichkeit in den Hintergrund tritt (vgl. BVerfG NJW 1984, 1741 (1743); BGH AfP 2018, 222; Löffler/*Steffen* LPG § 6 Rn. 53; hierzu → Kap. 42 Rn. 19 ff.).

18 2. Die Pflicht zur *Sachlichkeit* der Darstellung wird vom Standesrecht der Presse mit gutem Grund betont (vgl. → Kap. 40 Rn. 9). Sie ist auch als Rechtspflicht zu beachten. Ist die fragliche Veröffentlichung durch unsachliche Momente wie Konkurrenzneid, persönliche Gegnerschaft oder Sensationsgier negativ beeinflusst, so entfällt für die Presse die Berufung auf den Schutz der Pressefreiheit bzw. der Wahrnehmung berechtigter Interessen. Die Pflicht zur Sachlichkeit darf jedoch bei der Presse nicht zur Leisetreterei führen. Wo Mängel im öffentlichen Leben in Erscheinung treten, ist die Presse zu scharfer Kritik berechtigt und verpflichtet (vgl. BVerfG AfP 1982, 215; BGHZ 36, 77). Dasselbe gilt, wenn es sich um gegenseitige harte Auseinandersetzungen in der Öffentlichkeit handelt (vgl. BVerfGE 12, 113; BGH NJW 1971, 1655; OLG München AfP 1977, 282; vgl. aber BVerfG NJW 1976, 1680). Es besteht eine Vermutung für die Zulässigkeit der freien Rede (vgl. BVerfG AfP 1992, 53 (55); 1992, 132; 1991, 387; siehe dazu auch BVerfG NJW 2006, 207 ff. („IM-Sekretär" Stolpe), und MMR 2008, 327 ff. mAnm *Holznagel,* zur Verpflichtung und Möglichkeit einer einfachen Klarstellung bei mehrdeutigen Meinungsäußerungen).

19 Bei der erbitterten öffentlichen Auseinandersetzung zweier Presseorgane vertrat der BGH (BGHZ 45, 296) die Auffassung, dass der Presse eine scharfe, ja schonungslose und polemische Kritik zugebilligt werden müsse. Erst eine „böswillige oder gehässige Schmähkritik" überschreite die zulässige Grenze (vgl. Wenzel/*Burkhardt* Kap. 6 Rn. 8; Löffler/*Steffen* LPG § 6 Rn. 189 ff.). Eine solche *Schmähkritik* ist dann anzunehmen, wenn es dem Kritiker nicht mehr um die Auseinandersetzung in der Sache, sondern um die persönliche Diffamierung des Gegners geht

(vgl. BVerfG AfP 1990, 192 (194); OLG Hamburg AfP 1990, 135 (136); NJW 1992, 2035). Nach § 193 StGB entfällt der Schutz der Wahrnehmung berechtigter Interessen, wenn das Vorhandensein einer Beleidigung aus der Form der Äußerung oder aus den konkreten Umständen hervorgeht (vgl. BGH AfP 1978, 33). Auch die Höllenfeuer-Entscheidung verlangt die „Sachbezogenheit" einer polemischen Kritik. Die Pflicht zur Sachlichkeit ist insbesondere bei der Veröffentlichung vergleichender *Warentests* auch nach dem liberaleren neuen UWG weiterhin geboten (vgl. BGH NJW 1976, 620).

Die erheblichen wirtschaftlichen Folgen der Testberichterstattung für die Anbieter verlangen ebenso ein an Sachkunde orientiertes faires Testverfahren mit sachlichen Schlussfolgerungen wie der Zweck einer zuverlässigen Verbraucheraufklärung. Vergleichende Warentests müssen neutral, objektiv sowie fachkundig erfolgen und die Ergebnisse zumindest vertretbar sein. Bloße Verbraucherbefragungen sind keine Tests (vgl. BGH AfP 1987, 505; NJW 1997, 2593; Löffler/*Steffen* LPG § 6 Rn. 147; Wenzel/*Burkhardt/Peifer* Kap. 10 Rn. 73 ff.; *Nieschalk* NJ 2018, 269; hierzu → Kap. 42 Rn. 38 ff.; → Kap. 75 Rn. 20 ff.).

§ 19 Abs. 2 MStV verpflichtet alle, nicht nur journalistisch-redaktionell gestaltete Telemedien dazu, bei der Wiedergabe von Meinungsumfragen anzugeben, ob diese repräsentativ sind. Der Empfänger der Information soll dadurch in die Lage versetzt werden, selbständig zu beurteilen, welche Bedeutung diese Information für seine Meinungsbildung hat (vgl. zur Vorgängernorm Spindler/Schuster/*Smid* RStV § 54 Rn. 14 ff.).

3. Die Pflicht zur *Güterabwägung* ist vor allem vom Bundesverfassungsgericht in der grund- **20**
legenden Lüth-Entscheidung (BVerfGE 7, 198) betont worden. Dem Grundrecht der Pressefreiheit steht auf gleicher Ebene das allgemeine Persönlichkeitsrecht und das damit verbundene Recht auf persönliche Ehre gegenüber (vgl. BVerfG NJW 1999, 1324; BVerfGE 35, 202 ff. (219 ff.); *Seyfahrt* NJW 1999, 1289 ff.; Löffler/*Steffen* LPG § 6 Rn. 41; Prinz/Peters Rn. 277). Die Abwägung zwischen den im Einzelfall kollidierenden Rechtsgütern ist nicht nur im Prozess vom Richter vorzunehmen, sondern vor allem von den Presseangehörigen selbst, wenn zu erkennen ist, dass eine vorgesehene Veröffentlichung in die Rechte Dritter eingreift (vgl. BGH NJW 1996, 1131 (1133 f.)).

a) Bei jeder Güterabwägung, die vor einer die Rechte Dritter berührenden Presseveröffent- **21**
lichung seitens des Publizisten vorzunehmen ist, muss zunächst geprüft werden, ob der *„Öffentlichkeitswert"* der Mitteilung gegeben ist. Dies ist im Allgemeinen der Fall, wenn die Mitteilungen über einzelpersönliche Bezüge hinausgehen und eine Thematik von gesellschaftlicher oder wirtschaftlicher Relevanz ansprechen (vgl. BGH NJW 1966, 1617; Wenzel/*Burkhardt* Kap. 6 Rn. 151 ff.). Vorgänge aus dem öffentlichen oder privaten Bereich, deren Publizierung verletzend wirken kann, dürfen nur dann vor dem Forum der Öffentlichkeit behandelt werden, wenn auf Seiten des Publikums ein berechtigtes Informationsinteresse gegeben ist. Dies gilt insbesondere für Nachrichten aus der Privat- und Intimsphäre. Sie dürfen grundsätzlich nicht publiziert werden (vgl. BGHZ 73, 120; 25, 200; OLG Hamburg AfP 1971, 107; Wenzel/*Burkhardt* Kap. 6 Rn. 151; Löffler/*Steffen* LPG § 6 Rn. 45 ff.; Näheres → Kap. 42 Rn. 6 ff. auch zur diesbezüglichen Rechtsprechung des EGMR). Fehlt hier – was nicht selten der Fall ist – ein ausreichendes öffentliches Informationsinteresse, dann scheidet der Rechtfertigungsgrund der Wahrnehmung berechtigter Interessen aus (vgl. Ricker, Unternehmensschutz und Pressefreiheit, S. 116 mwN; Prinz/Peters Rn. 284). Die Lebensführung Prominenter ist wegen ihrer Leitbild- und Orientierungsfunktion für eigene Lebensentwürfe einer Berichterstattung allerdings nicht entzogen (vgl. BVerfG AfP 2008, 163 (166 ff.)).

Auch wenn das öffentliche Informationsinteresse an einer Mitteilung zu bejahen ist, hat der **22**
Journalist in *jedem Einzelfall abzuwägen,* ob das Informationsinteresse der Öffentlichkeit oder wegen der dem Betroffenen durch die Veröffentlichung möglicherweise drohende Schaden dessen Persönlichkeitsinteresse überwiegt (vgl. Wenzel/*Burkhardt* Kap. 6 Rn. 151 f.). Überwiegt der zu befürchtende Schaden (zB Bericht über den ausnahmsweisen Kunstfehler eines renommierten Arztes), so hat die Veröffentlichung trotz des Geschehens in der Sozialsphäre zu unterbleiben. Ist ein hohes öffentliches Informationsinteresse gegeben, dürfen ausnahmsweise auch Vorgänge aus der Privatsphäre, grundsätzlich allerdings nicht aus der Intimsphäre wiedergegeben werden (vgl. Löffler/*Steffen* LPG § 6 Rn. 63 ff.). Bei Vorliegen konkreter Anhaltspunkte kann auch ein bloßer Verdacht geäußert (vgl. BGH NJW 1964, 1471; 1977, 1288; → Rn. 12),

ausnahmsweise sogar ein Gerücht mitgeteilt werden (vgl. OLG Dresden NJ 2020, 353; OLG München AfP 1975, 57; EGMR AfP 2017, 212 f.). Wer bewusst und gewollt im Rampenlicht der Öffentlichkeit steht, muss sich eine scharfe Kritik seines Handelns gefallen lassen (vgl. BGH NJW 1981, 2117).

23 b) Zu den häufigsten Fällen einer notwendigen Güterabwägung im Pressebereich gehört die Frage, ob *Name oder Bild* einer Person ohne deren Einwilligung veröffentlicht werden dürfen. Name und Bild genießen sowohl auf Grund einschlägiger Spezialbestimmungen (§ 12 BGB, §§ 22, 23 KUG; → Kap. 43 Rn. 1 ff.) sowie auf Grund des allgemeinen Persönlichkeitsrechts nach § 823 BGB (→ Kap. 42 Rn. 1 ff.) umfassenden Schutz (vgl. Wenzel/*Burkhardt* Kap. 10 Rn. 53). Die Verpflichtung zur Güterabwägung besteht auch bei Eingriffen in das *Recht am eingerichteten und ausgeübten Gewerbebetrieb* (vgl. → Kap. 42 Rn. 54 ff.). Es ist also vor jeder Veröffentlichung zu prüfen, ob ein ausreichendes, die berührten Interessen überwiegendes öffentliches Informationsbedürfnis besteht; dazu muss die Publikation einen Beitrag zur Meinungsbildung in einer die Öffentlichkeit wesentlich berührenden Frage erbringen (vgl. BVerfGE 42, 163 (170); Löffler/*Steffen* LPG § 6 Rn. 56 ff.; Paschke/Berlit/Meyer/Kröner/*Weyhe* 37. Abschnitt Rn. 35 ff.). Für die Rechtsverletzung reicht es aus, wenn der in einer Presseveröffentlichung nur andeutungsweise Bezeichnete in seinem engeren Bekanntenkreis identifiziert werden kann (vgl. BVerfGE 35, 202; NJW 2004, 3619; BGH NJW 1979, 2205; OLG Hamburg AfP 2020, 225; AfP 1987, 701 ff.). Das öffentliche Interesse an der Namensnennung überwiegt grundsätzlich das Anonymitätsinteresse der betroffenen Person, wenn die Namensnennung im Rahmen einer wahrheitsgetreu berichteten Begebenheit von öffentlichen Interesse aus der Sozialsphäre erfolgt und die benannte Person dadurch nicht herabwürdigend an den „Pranger" gestellt wird (vgl. BVerfG AfP 2010, 465; 2010, 145 (147); Löffler/*Steffen* LPG § 6 Rn. 70). Dazu gehört nicht zuletzt die Berichterstattung in Wort und Bild über die Tätigkeit einer Person als Inoffizieller Mitarbeiter (IM) des früheren Ministeriums für Staatssicherheit der ehemaligen DDR (vgl. BVerfG NJW 2000, 2413 (2414 ff.); OLG München AfP 2011, 275; Weberling (2009) S. 23 f.). Das Ergebnis der zu treffenden Abwägung kann für Bild- und Textveröffentlichungen unterschiedlich ausfallen (vgl. BVerfG AfP 2010, 562). Ein überwiegendes öffentliches Interesse besteht nicht zuletzt bei wahrheitsgetreuen Berichten über Eskalationen in einer über längere Zeit bewusst nach außen inszenierten Paarbeziehung (vgl. KG Berlin AfP 2010, 385). Dagegen gilt es als besonders schwere, in der Regel einen Anspruch auf Geldentschädigung (dazu → Kap. 44 Rn. 35 ff.) auslösende Rechtsverletzung, wenn Name oder Bild einer Persönlichkeit ohne ihren Willen zu Werbezwecken verwendet werden (vgl. BGH AfP 1987, 602; 1985, 1109; GRUR 1980, 261; BGHZ 35, 363).

24 Besondere Zurückhaltung ist auch dort geboten, wo Personen *gegen ihren Willen* ins Scheinwerferlicht der Öffentlichkeit geraten, insbesondere als *Beschuldigte, Zeugen oder Opfer* in Strafprozessen. Bei einer aktuellen Berichterstattung überwiegt grundsätzlich das Informationsinteresse der Öffentlichkeit (vgl. OLG Hamburg AfP 1991, 537 (538)). Eine Namensnennung ist auch in Fällen leichteren Kriminalität zulässig, wenn es sich um in der Öffentlichkeit bekannte Personen handelt (vgl. BGH AfP 2006, 62 (63 ff.); Löffler/*Steffen* LPG § 6 Rn. 208). Dagegen überwiegt mit einem zunehmenden zeitlichen Abstand zur Tat das Anonymitätsinteresse des Straftäters wieder Informationsinteresse der Öffentlichkeit (vgl. BVerfGE 35, 202 – Lebach; OLG Hamburg AfP 1991, 537 (538)). Eine einmal zulässige Berichterstattung kann dagegen in Online-Archiven weiter für Recherchen vorgehalten werden (vgl. BVerfG AfP 2020, 302; K&R 2020, 600; 2020, 432; BGH AfP 2010, 261; 2010, 162; 2010, 77). Offen ist lediglich die Frage, ob un wenn ja inwieweit Medienunternehmer verpflichtet sind, die Auffindbarkeit von Beiträgen in ihrem Online-Archivs über externe Suchmaschinen zu erschweren (vgl. BVerfG AfP 2020, 35 – Recht auf Vergessen I; K&R 2020, 59 – Recht auf Vergessen II). Nach den rechtlich nicht bindenden Leitsätzen des Deutschen Presserats ist in Kriminalfällen Namensnennung und Abbildung der Beteiligten dagegen nur dann gerechtfertigt, wenn es sich um schwere Straftaten handelt. Liegt lediglich Tatverdacht vor, so kann nur das Interesse an der Rechtspflege oder an der Verbrechensaufklärung die Publizierung von Namen bzw. Bild (vgl. § 24 KUG) rechtfertigen (Näheres → Kap. 42 Rn. 13; → Kap. 43 Rn. 24; sowie Löffler/*Steffen* LPG § 6 Rn. 207).

IV. Offenlegung der Inhaber- und Beteiligungsverhältnisse. Mitwirkung bei der Presse-Statistik

1. Um die erforderliche Transparenz des bundesdeutschen Pressewesens, insbesondere im Blick auf die fortschreitende Verflechtung und Konzentration (vgl. Feser S. 192 ff.), auch für die Zukunft sicherzustellen, obliegt den Verlegern von Zeitungen und Zeitschriften in *Bayern* (Art. 8 Abs. 3 LPG), Berlin (§ 7a LPG), *Brandenburg* (§ 9 LPG), *Hessen* (§ 5 Abs. 2 LPG), *Mecklenburg-Vorpommern* (§ 7 Abs. 4 LPG), *Rheinland-Pfalz* (§ 9 Abs. 4 LMG), *Schleswig-Holstein* (§ 7 Abs. 4 LPG), sowie *Sachsen* und *Thüringen* (jeweils § 8 LPG) die Verpflichtung, in regelmäßigen Zeitabständen in ihrem Presseorgan die Inhaber- und Beteiligungsverhältnisse des Verlagsunternehmens bekannt zu geben (Näheres → Kap. 13 Rn. 15; Löffler/*Lehr* LPG § 8 Rn. 136 ff.; *v. Münch* AfP 1969, 845). 25

2. Nach dem „Gesetz über eine Pressestatistik" vom 1.4.1975 (BGBl. I S. 777) waren alle Unternehmen, die Zeitungen oder Zeitschriften verlegen, bis 1996 verpflichtet, dem *Statistischen Bundesamt* alljährlich Auskunft über ihre maßgeblichen betrieblichen und wirtschaftlichen Daten zu erteilen (vgl. AfP 1996, 266). Die Bundesregierung wollte auf diese Weise ein verlässliches Bild des strukturellen Wandels und der wirtschaftlichen Entwicklung der Presse gewinnen. Nach der Wiedervereinigung wurde die Erhebung zunächst ausgesetzt, das Gesetz später 1997 endgültig mit der Konsequenz aufgehoben (BGBl. 1997 I S. 3159), dass der Allgemeinheit heute keine verlässliche Datengrundlage über die Printbranche und deren wirtschaftliche Entwicklung mehr zur Verfügung steht. 26

40. Kapitel. Das Standesrecht der Presse. Der Deutsche Presserat

I. Das Standesrecht der Presse

1. Ein lebendiges, wirkungsvolles Standesrecht kann für alle Berufe, die wie Ärzte, Anwälte und Publizisten eine wichtige öffentliche Aufgabe erfüllen, von besonderer *Bedeutung* sein. Voraussetzung dafür ist, dass eine Standesethik besser und umfassender als staatliche Ordnungsvorschriften der vielseitigen Verantwortung gerecht werden kann, die ein der Öffentlichkeit verpflichteter Beruf mit sich bringt. 1

Der *Begriff „Standesrecht der Presse"* umfasst im weiteren Sinne nicht nur alle Vorschriften der staatlichen Rechtsordnung, die das Verhalten der in der Presse Tätigen regeln, wie zB die Pflicht zur Veröffentlichung einer ordnungsmäßigen Gegendarstellung, sondern auch die geschriebenen und ungeschriebenen Standesgrundsätze, deren Einhaltung von einem verantwortungsbewussten Publizisten, von wem auch immer, erwartet wird. Die Gesamtheit dieser nicht auf staatlichem Recht beruhenden publizistischen Standesregeln bildet das Standesrecht der Presse im engeren Sinn (vgl. *Löffler* AfP 1971, 16 ff.; Götting/Schertz/Seitz/*Tillmanns* § 5 Rn. 50). 2

2. Nach insbesondere von Verbandsrepräsentanten vertretener Auffassung besteht an der Einhaltung der standesrechtlichen Vorschriften auf Seiten der Presseangehörigen selbst ein dringliches Interesse. Von der Beachtung des Standesrechts in der täglichen Praxis soll ganz wesentlich das Ansehen abhängen, das der Publizist in der Gesellschaft genießt. Darüber hinaus dienen die Standesregeln der Presse dem Zweck, die ideellen und materiellen Interessen des Berufsstandes zu wahren und den Berufsangehörigen die Erfüllung ihrer Aufgaben zu erleichtern. Deshalb soll es zu den vordringlichen Obliegenheiten der Berufsorganisationen der Presse gehören, die Einhaltung der Standesregeln zu überwachen. Standeskontrolle soll Staatskontrolle überflüssig machen – diese These weist das publizistische Standesrecht als wichtige Sicherung der Pressefreiheit aus. 3

Denn die im Rahmen des Standesrechts praktizierte Selbstkontrolle der Presse kann auch dort wirksam zu werden, wo staatliche Maßnahmen nicht Platz greifen können: bei Verstößen der Presseangehörigen gegen die Regeln des Anstands und des guten Geschmacks. Derartige Entgleisungen können dem Ansehen der Presse in der Öffentlichkeit besonders abträglich sein, wie zB die Publikation von Verbrechermemoiren in der illustrierten Presse (vgl. *Löffler,* Bd. I, 3. Aufl., § 1 Rn. 49; *Berka* in Koziol/Seethaler/Thiede (2010) S. 60). 4

II. Das Verbot des Standeszwangs

5 Die von den Berufsorganisationen der Presse ausgeübte Selbstkontrolle bringt jedoch Gefahren mit sich, wenn sie aus sachfremden, insbesondere politischen Gründen zur Beeinträchtigung der Pressefreiheit missbraucht wird. Gerade wegen der während der Herrschaft des Nationalsozialismus gemachten bitteren Erfahrungen des Missbrauchs der berufsständischen Organisation wie der Reichspressekammer (vgl. → Kap. 4 Rn. 22 ff.) mit der im Ergebnis völligen Beseitigung der Pressefreiheit verbieten die heute geltenden Landespressegesetze in ihren §§ 1 übereinstimmend „Berufsorganisationen der Presse mit Zwangsmitgliedschaft und eine mit hoheitlicher Gewalt ausgestattete Standesgerichtsbarkeit" (vgl. Löffler/*Cornils* LPG § 1 Rn. 38 f.; § 3 im LMG Saarland; keine entsprechende Regelung im LMG Rheinland-Pfalz und im LPG Hessen). Es wird die Auffassung vertreten, dass dieses als historisch bedingte Reaktion verständliche absolute Verbot einer obligatorischen Berufsordnung im Ergebnis zu weit gehe, da die bewährten Berufskammern der Anwälte, Notare und Ärzte die politische Freiheit ihrer Mitglieder grundsätzlich nicht beeinträchtigen würden (differenziert hierzu Löffler/*Cornils* LPG § 1 Rn. 39). Diese These ist in Anbetracht der Tatsache unhaltbar, dass gerade die Anwalts-, Ärzte- und Notarkammern und ihre Standesgerichtsbarkeit vom Bundesverfassungsgericht und Bundesgerichtshof in zahlreichen Entscheidungen seit den achtziger Jahren des vergangenen Jahrhunderts gezwungen werden mussten, von völlig antiquierten Standesvorstellungen und deren zwangsweiser Durchsetzung gegenüber Rechtsanwälten, Notaren, Steuerberatern und Ärzten Abstand zu nehmen und beispielsweise zu akzeptieren, dass Rechtsanwälte unabhängige Organe der Rechtspflege sind, die den Rechtsanwaltskammern nicht untergeordnet sind (vgl. BVerfG NJW 1988, 191; AnwBl 1993, 34; NJW 2000, 3413; 2008, 2424; BGH NJW 2003, 504 (www.rechtsanwealte-notar.de); 662 ZUM 2003, 302 (www.presserecht.de); GRUR-RR 2011, 7).

Einigkeit besteht jedenfalls darüber, dass Berufsorganisationen auf freiwilliger Basis keinerlei rechtlichen Bedenken begegnen (vgl. OLG Hamburg AfP 1960, 151). Dazu gehören die traditionellen Berufsverbände der Verleger und Journalisten wie der „Bundesverband Digitalpublisher und Zeitungsverleger e. V.", der „Verband Deutscher Zeitschriftenverleger e. V.", der „Deutsche Journalistenverband e. V." Berlin und die „dju Deutsche Journalisten Union in der Vereinten Dienstleistungsgewerkschaft ver.di" sowie (relativ) neue Verbände wie die Fotografenvereinigung „freelens", die Redakteursvereinigung „freischreiber" und der „Verband Deutscher Lokalzeitungen e. V." Ihre „Vereinsgewalt" beschränkt sich auf freiwillige Mitglieder, die sich dieser Bindung jederzeit durch Austritt aus dem Verein entziehen können. Auch der um die Beachtung des publizistischen Standesrechts besonders bemühte Deutsche Presserat (vgl. → Rn. 14 ff.) übt mit Rücksicht auf diese Rechtslage keine Sanktionsgewalt aus, sondern wirkt nur als eine etwaige Missstände im Pressewesen rügende moralische Instanz (vgl. *Ricker* AfP 1976, 158; *Soehring/Hoene* Rn. 33.3 f.). Wenn die betroffene Publikation nicht zum freiwilligen Abdruck der Rüge bereit ist, bestehen seitens des Deutschen Presserats keine Möglichkeiten zur rechtlich zwangsweisen Durchsetzung (vgl. *Weyand/Wassink* Deutscher Presserat Jahrbuch 2003, 45 f.; *Soehring/Hoene* Rn. 33.4; *Berka* in Koziol/Seethaler/Thiede (2010) S. 60).

III. Die einzelnen Standesregeln

6 1. In enger Zusammenarbeit mit den traditionellen (freiwilligen) Berufsverbänden der Verleger und Journalisten (vgl. → Rn. 5) hat der Deutsche Presserat 1973 einen *„Pressekodex"* ausgearbeitet, der die allgemein anerkannten Standesregeln der Presse enthalten soll (vgl. ua Deutscher Presserat Jahrbuch 2011, S. 134–157). Die darin derzeit 16 *publizistischen Grundsätze* in der Fassung vom 22.3.2017, die durch laufend erweiterte *Richtlinien* konkretisiert und aktualisiert werden, lassen sich wie folgt zusammenfassen:

7 a) Die „Achtung vor der Wahrheit", die „Wahrung der Menschenwürde" und die *„wahrhaftige Unterrichtung* der Öffentlichkeit" werden als „oberste Gebote der Presse" bezeichnet (Ziff. 1). Dazu gehören die plurale Unterrichtung der Öffentlichkeit, die nicht durch versuchte Informationsmonopole behindert werden darf, auch in Wahlkampfzeiten und die Kennzeichnung von Pressemitteilungen (Richtlinien 1.1 ff.). Im Anschluss daran folgt die Sorgfaltspflicht des Publizisten, Nachrichten und Informationen vor ihrer Veröffentlichung auf ihren Wahrheitsgehalt zu

prüfen, Verfälschungen und Entstellungen zu unterlassen, Gerüchte und Vermutungen als solche erkennbar zu machen und „symbolische Photos" deutlich von dokumentarischen Bildern abzuheben (Ziff. 2). Diese Grundsätze gehen allerdings nicht über die Regelungen in den deutschen Landespressegesetzen hinaus, welche die Verantwortlichen der Presse zur Einhaltung der „pressemäßigen Sorgfalt" verpflichten (vgl. → Kap. 39 Rn. 6), ergänzen aber für die Printpresse Informationspflichten bei Meinungsumfragen (Richtlinie 2.1), die § 19 Abs. 2 MStV für journalistisch-redaktionell gestaltete Telemedienangebote als gesetzliche Verpflichtung enthält (vgl. → Kap. 39 Rn. 19). Zudem soll die Presse darauf achten, dass Nutzerbeiträge den Pressekodex einhalten (Richtlinie 2.7).

Nachrichten und Behauptungen, die sich nachträglich als falsch erwiesen haben, sind von dem betreffenden Publikationsorgan selbst in angemessener Weise für den Leser erkennbarer Weise richtig zu stellen und zu dokumentieren (Ziff. 3). Auch dieser publizistische Grundsatz hat in der neueren Rechtsprechung Einzug gehalten, da die freiwillige Veröffentlichung einer Richtigstellung oder – bei einer mehrdeutigen Aussage – einer Klarstellung auch nach vorheriger anwaltlicher Aufforderung jedenfalls die für die Durchsetzung eines Unterlassungsanspruchs erforderliche Wiederholungsgefahr entfallen lässt (vgl. KG Berlin 22.12.2008 – 10 U 117/08, nv; AfP 2010, 85; OLG Dresden AfP 2011, 189; LG Hamburg AfP 2010, 613; ferner → Kap. 44 Rn. 9 f.).

b) Die *Unabhängigkeit* des Publizisten ist für die sachgerechte Erfüllung seiner öffentlichen Aufgabe unerlässlich. Redaktionelle Veröffentlichungen dürfen nicht durch private oder geschäftliche Interessen Dritter, auch nicht durch solche der Inserenten, beeinflusst werden (Ziff. 7). Die Annahme von Vorteilen und Geschenken, die die Entscheidungsfreiheit von Verlag und Redaktion beeinträchtigen können, gilt deshalb als standeswidrig, ebenso die Unterdrückung von Nachrichten (Ziff. 15). Auch insoweit gilt nach den Vorschriften der Landespressegesetze, dass der Verlag verpflichtet ist, eine Veröffentlichung als „Anzeige" zu kennzeichnen, wenn er dafür ein Entgelt oder einen anderen geldwerten Vorteil erhalten, gefordert oder sich hat versprechen lassen, sofern die Veröffentlichung nicht schon durch ihre Anordnung und Gestaltung als Anzeige zu erkennen ist (vgl. Löffler/*Sedelmeier* LPG § 10 Rn. 2). Besondere Bedeutung als Rechtsquelle für die Gerichte zur Auslegung von § 10 LPG zur Abwehr unlauterer redaktioneller Werbung haben allerdings nicht der Pressekodex, sondern die ZAW-Richtlinien für redaktionelle Hinweise und redaktionell gestaltete Anzeigen (vgl. Löffler/*Sedelmeier* LPG § 10 Rn. 46 ff.; → Kap. 78 Rn. 2). 8

c) Bei der Beschaffung von personenbezogenen Daten, Nachrichten, Informationsmaterial und Bildern dürfen keine unlauteren Methoden angewandt werden (Ziff. 4). Die Informanten der Presse dürfen ohne ihre ausdrückliche Zustimmung auch im Gerichtsverfahren nicht preisgegeben werden, die Wahrung des Berufsgeheimnisses ist demzufolge eine der obersten Standespflichten (Ziff. 6). Die bei einem Informations- oder Hintergrundgespräch vereinbarte Vertraulichkeit ist grundsätzlich zu wahren (Ziff. 5). Auf eine „unangemessene sensationelle Darstellung" von Gewalt und Brutalität soll verzichtet werden, vor allem zum Schutz der Jugend (Ziff. 11). Bei Berichten über medizinische Themen ist eine „unangemessen sensationelle Darstellung zu vermeiden, die unbegründete Befürchtungen oder Hoffnungen beim Leser erwecken könnte" (Ziff. 14). Auch das Zeugnisverweigerungsrecht von Journalisten ist gesetzlich verankert. Das Strafrecht gilt generell auch für Journalisten. Die Frage, was im konkreten Einzelfall jeweils eine „unangemessene sensationelle Darstellung" ist, dürfte allerdings in erster Linie eine Frage des persönlichen Geschmacks sein. Einen presseethischen Standeskonsens wird man hier vergeblich suchen. 9

d) Zu den besonders zu beachtenden Standespflichten der Presse gehört die Achtung der Persönlichkeit, ihres *Privatlebens und ihrer Intimsphäre.* Eine Erörterung solcher Sachverhalte in der Presse ist deshalb im Einzelfall nur zulässig, soweit hier öffentliche Interessen berührt werden. Dabei ist jedoch stets zu prüfen, ob Persönlichkeitsrechte Unbeteiligter verletzt werden (Ziff. 8). Diese Abwägung muss die Presse schon aufgrund der Bestimmungen zur „pressemäßigen Sorgfalt" in jedem Einzelfall vor einer Veröffentlichung vornehmen (vgl. → Kap. 39 Rn. 6). Das Ergebnis dieser Abwägung kann unterschiedlich ausfallen. Ein Indiz für ein im konkreten Einzelfall überwiegendes öffentliches Interesse kann eine übereinstimmende Berichterstattung in der gesamten „seriösen" Tagespresse sein (vgl. BGH AfP 2006, 62 (64)). 10

Unbegründete Beschuldigungen zu veröffentlichen „widerspricht journalistischem Anstand" (Ziff. 9). Die Berichterstattung über schwebende Gerichtsverfahren muss frei von Vorurteilen erfolgen; jede einseitige oder präjudizierende Stellungnahme ist zu vermeiden; ein Verdächtiger darf nicht als Schuldiger hingestellt werden; bei Straftaten Jugendlicher sollen Namensnennung und Bildveröffentlichung möglichst unterbleiben. Über Entscheidungen der Gerichte darf nicht vor der offiziellen Verkündung berichtet werden, sofern nicht schwerwiegende Gründe einen früheren Bericht rechtfertigen (Ziff. 13). Diese Pflicht zur Abwägung mit unterschiedlichem Ergebnis folgt für die Presse ebenfalls bereits aus der „pressemäßigen Sorgfalt", darunter insbesondere die von der Rechtsprechung entwickelten Grundsätze zur Zulässigkeit einer Verdachtsberichterstattung (vgl. → Kap. 39 Rn. 6; *Schlüter*).

11 e) Die Verpflichtung des Publizisten zur *Toleranz* verbietet die Diskriminierung einer Person wegen ihres Geschlechts oder wegen ihrer „Zugehörigkeit zu einer rassischen, ethnischen, religiösen, sozialen oder nationalen Gruppe" (Ziff. 12). Mit der Verantwortung der Presse sind Veröffentlichungen nicht zu vereinbaren, „die das sittliche oder religiöse Empfinden einer Personengruppe nach Form und Inhalt wesentlich verletzen können" (Ziff. 10). Die gesetzlichen Grenzen einer Berichterstattung sind entgegenstehende im Einzelfall überwiegende Persönlichkeitsrechte des Einzelnen sowie das Strafrecht. Ob es darüberhinaus wirklich weiterer presseethischer Standards nicht zuletzt zur Erhaltung des Ansehens der Presse wie des Pressekodexes bedarf, sollte zumindest hinterfragt werden. Dies wird in besonderer Weise in der kontroversen Diskussion über die Bedeutung und das Verständnis der Ziff. 12 und der dazugehörigen Richtlinie 12.1 des Pressekodex im Anschluss an die Krawalle in die Kölner Silvesternacht 2015/2016 deutlich (vgl. Deutscher Presserat, Jahresbericht 2017, S. 7 ff., und die in diesem Kontext verfassten Praxis-Leitsätze; Götting/Schertz/Seitz/*Tillmanns* § 5 Rn. 43). Denn die Verpflichtung zur Abwägung zwischen einer wahrgemäßen vollständigen Berichterstattung aufgrund eines nunmehr „begründeten öffentlichen Interesses" statt bisher einem „begründeten Sachbezug" und einem Weglassen identifizierender Merkmale der Täter mutmaßlicher Straftaten wegen der möglichen diskriminierenden Wirkung zu Lasten von Minderheiten, obliegt unverändert stets dem verantwortlichen Redakteur und kann von diesem nicht unter Bezug auf den Regelungen des Pressekodex unterlassen werden.

12 2. Ein Vergleich der Standesrechtskodifikation des Deutschen Presserats mit den Standesauffassungen der Presse anderer Länder belegt, dass die beruflichen Normen trotz sprachlicher und geographischer Unterschiede weltweit im Wesentlichen die gleichen sind. Angesichts der Bedeutung der Massenmedien für die erfolgreiche Lösung der heute die Menschheit als Ganzes bedrohenden Probleme (Bevölkerungsexplosion, Hunger in der Welt, Erschöpfung der Energiequellen, Klimawandel, Friedensbedrohung etc) gibt es schon seit längerem Bemühungen um eine *internationale Kodifizierung* des publizistischen Standesrechts. So forderte etwa – freilich bisher ohne Erfolg – das Europäische Parlament die EU-Kommission auf, dafür zu sorgen, dass die repräsentativen Journalisten- und Verlegerverbände einen Europäischen Medienkodex ausarbeiten (vgl. *Kull* AfP 1993, 430 (435)). Ob es für die in vielen Ländern – auch Europas – hart um ihre Freiheit und Unabhängigkeit ringenden Publizisten wirklich eine Hilfe wäre, sich auf einen internationalen Ehrenkodex berufen zu können, der in den großen Kulturstaaten Geltung besitzt, ist allerdings fraglich (kritisch insoweit auch *Kull,* aaO). Die tatsächlichen Arbeitsbedingungen sind zu unterschiedlich, die organisatorischen Verbindungen trotz aller Internationalisierung nur wenig grenzüberschreitend (vgl. *Kull,* aaO). Dies gilt nicht zuletzt vor dem Hintergrund, dass der Respekt der Entscheidungsgremien der Europäischen Union vor der Souveränität des Souveräns gegenüber Staatsapparaten einschließlich der Europäischen Union noch erheblich steigerungsfähig ist. Gleiches gilt auch für das Verständnis der Rolle freier unabhängiger Medien nicht zuletzt als „öffentliche Wachhunde" (vgl. EGMR 27.11.2007 – 20 477/05 – Tillack; *Krause* Deutscher Presserat 2006, 73 ff.; *Müller-Terpitz* K&R Beihefter 1/2011, 9).

13 3. Im Pressekodex des Deutschen Presserats wird eingangs betont, dass die dort aufgestellten Grundsätze die Berufsethik der Presse konkretisieren (vgl. zum Berufsethos der Journalisten EGMR NJW 2000, 1015). Dieser Hinweis ändert nichts an der Tatsache, dass die Gerichte bei der Prüfung der Frage, was der im Beruf erforderlichen Sorgfaltspflicht entspricht, entgegen anderslautenden Auffassungen in der Literatur und früherer Entscheidungen (vgl. OLG Düsseldorf AfP 1988, 354; OLG Köln AfP 1987, 602) heute in der Regel auf mutmaßliche Standes-

auffassungen keinen Bezug nehmen (vgl. OLG Rostock AfP 2017, 71 (74)), diesen daher in der Rechtspraxis nur eine marginale rechtliche Bedeutung zukommt. Das Standesrecht ist heute von rechtlicher Relevanz, wenn es nicht nur um die Sicherung der Interessen der Standesgenossen geht, sondern um die Wahrung von Standesprinzipien, die zugleich im öffentlichen Interesse liegen (vgl. BGH BB 1977, 212; insoweit wohl auch Götting/Schertz/Seitz/*Tillmanns* § 5 Rn. 75 f.) und sich deshalb in den Bestimmungen der Landespressegesetze wiederfinden (vgl. *Weberling* in Koziol/Seethaler/Thiede (2013) S. 59 f.).

IV. Der Deutsche Presserat

1. Im Medienbereich der Bundesrepublik sind die bekanntesten und einflussreichsten *Selbstkontroll-Einrichtungen* die 1949 gegründete „Freiwillige Selbstkontrolle der Filmwirtschaft" (FSK) mit Sitz in Wiesbaden und der am 20.11.1956 in Bonn nach dem Vorbild des Britischen Presserats ins Leben gerufene heute in Berlin ansässige *Deutsche Presserat* (vgl. *Weyand* Deutscher Presserat Jahrbuch 2011, 125; Götting/Schertz/Seitz/*Tillmanns* § 5 Rn. 17 ff.; Paschke/Berlit/Meyer/Kröner/*Held* 74. Abschnitt Rn. 2). Die 1966 gegründete „Selbstkontrolle Illustrierter Zeitschriften" (SIZ) löste sich bereits 1971 auf Grund innerer Schwierigkeiten wieder auf (vgl. *Stammler* AfP 1971, 144). Während bei der FSK Vertreter des Staates und des öffentlichen Lebens mitwirken (vgl. Löffler, Selbstkontrolle von Presse, Funk und Film, S. 55 ff.), setzt sich der Deutsche Presserat ausschließlich aus Angehörigen der Presse zusammen. 14

2. Der *Deutsche Presserat* ist ein *Gremium* des „Trägervereins des Deutschen Presserats e. V." mit Sitz in Berlin. Nach der *Satzung* dieses Trägervereins (abrufbar https://www.presserat.de/downloads.html Satzung, abgerufen: 13.4.2020) hat der Presserat 28 Mitglieder. Seine Trägerorganisationen Bundesverband Deutscher Zeitungsverleger eV, Verband Deutscher Zeitschriftenverleger eV, Deutscher Journalisten-Verband eV sowie Deutsche Journalistinnen- und Journalisten Union (dju) in der Vereinten Dienstleistungsgewerkschaft ver.di entsenden auf die Dauer von zwei Jahre jeweils sieben Mitglieder, wobei Wiederbenennungen zulässig sind (vgl. *Weyand* Deutscher Presserat Jahrbuch 2011, 125). Die Tätigkeit der an Weisungen nicht gebundenen, gleichberechtigten Mitglieder ist ehrenamtlich (§ 7). Als seine selbst gestellte Aufgabe bezeichnet der „Trägerverein des Deutschen Presserats" den Schutz der Pressefreiheit und die Wahrung des Ansehens der deutschen Presse (§ 1). Zu seinen in der Satzung aufgeführten Aufgaben gehört insbesondere die Bekämpfung von Missständen im Pressewesen sowie die Prüfung von Beschwerden über einzelne Presseorgane (§ 9). Darüber hinaus gibt der Presserat generelle Richtlinien und Empfehlungen für die publizistische Arbeit und macht der Regierung, Gesetzgebung und Öffentlichkeit gegenüber Vorschläge in allen wichtigen Pressefragen, so etwa auch hinsichtlich der Strukturveränderung der bundesdeutschen Presse (Pressekonzentration; vgl. *Weyand/Wassink* Deutscher Presserat Jahrbuch 2003, 46 f.). 15

Der Presserat wird nach außen durch den von dem auf Vorschlag der Mitgliederversammlung von seinem Plenum (§ 8) auf zwei Jahre gewählten Sprecher bzw. seinem Stellvertreter vertreten (§ 8). Der Presserat arbeitet mit qualifizierten Mehrheiten. Zur Beschlussfähigkeit ist die Anwesenheit von drei Fünfteln seiner Mitglieder erforderlich. Darüber hinaus bedürfen alle seine Beschlüsse einer Mehrheit von zwei Dritteln der Anwesenden (§ 4 der Geschäftsordnung, abrufbar: https://www.presserat.de/aufgaben-organisation.html?file=files/presserat/dokumente/download/Satzung_ StandSep.2015_web.pdf, abgerufen: 14.10.2020). Die Sitzungen des Presserats sind grundsätzlich nicht öffentlich (§ 6 Abs. 2 Geschäftsordnung). 16

3. Die dem Presserat obliegende Aufstellung *„Allgemeiner Verhaltensrichtlinien"* hat im „Pressekodex" von 1973 in der heute geltenden Fassung vom 22.3.2017 (Deutscher Presserat Jahrbericht 2017, 2011, S. 7 ff.) seinen Niederschlag (vgl. → Rn. 6 ff.) gefunden. Diese Publizistischen Grundsätze konkretisieren die Berufsethik der Presse (Präambel). Darüber hinaus hat der Presserat im Laufe seiner Tätigkeit eine Vielzahl von Empfehlungen für die praktische Arbeit gegeben, die als *„Richtlinien für die publizistische Arbeit"* zusammengefasst wurden und den „Pressekodex" ergänzen (vgl. Deutscher Presserat Jahrbuch 2011, 126; Götting/Schertz/Seitz/*Tillmanns* § 5 Rn. 38 ff.). Von allgemeiner Bedeutung sind ua die Empfehlungen zur Behandlung von Leserbriefen, zur Recherchetätigkeit und zur Kennzeichnung redaktionell gestalteter Anzeigen. 17

Die umstrittene Rolle einiger Journalisten beim sog. „Gladbecker Geiseldrama" war Anlass für eine Aktualisierung der „Richtlinien für die publizistische Arbeit" (Richtlinie 11.2; vgl. Deutscher Presserat Jahrbuch 2011, S. 109 und 151). Danach lässt sich die Presse nicht zum Werkzeug von Verbrechern machen und unternimmt auch keine eigenmächtigen Vermittlungsversuche zwischen Verbrechern und Polizei. Interviews mit Tätern während des Tatgeschehens darf es nicht geben. Ausgelöst durch die wachsende Bereitschaft zu „Amigo-Verhalten" unter Journalisten überarbeitete der Presserat die Richtlinie 15.1 des Pressekodex, wonach die Berichterstattung durch Geschenke, Rabatte oder Einladungen nicht beeinflusst werden darf (vgl. Deutscher Presserat Jahrbuch 2003, S. 315).

Die Diskussionen über die Berichterstattung der Kölner Silvesterkrawalle 2015/2016 und das Verständnis der Richtlinie 12.1 des Pressekodex führte zur Modifikation der Richtlinie 12.1 und die Erarbeitung von Praxis-Leitsätzen (→ Rn. 11; Götting/Schertz/Seitz/*Tillmanns* § 5 Rn. 43).

18 4. Im Zentrum der Tätigkeit des Deutschen Presserats steht die Bearbeitung von *Beschwerden* gegen einzelne Zeitungen, Zeitschriften und Pressedienste sowie deren Verleger, Herausgeber oder Redakteure. Solche Beschwerden können von jedermann beim Presserat eingebracht werden (§ 1 der Beschwerdeordnung; vgl. https://www.presserat.de/beschwerde.html?step=1&file=files/presserat/dokumente/beschwerde/Beschwerdeordnung_2016.pdf – letzter Abruf 13. April 2020.). Über die Beschwerden entscheiden zwei vom Plenum des Presserats aus seiner Mitte gewählte Beschwerdeausschüsse mit je acht Mitgliedern, die paritätisch mit jeweils vier journalistisch und verlegerisch tätigen Mitgliedern besetzt sind (vgl. § 11 Abs. 2 der Satzung; *Weyand* Deutscher Presserat Jahrbuch 2011, S. 125 ff.; *Hauss* AfP 1980, 180 ff.; Löffler/*Löffler* BT StandesR Rn. 7). Die besondere Bedeutung dieser Ausschüsse für die Wahrung des Standesrechts der Presse wird unterstrichen durch das „Gesetz zur Gewährleistung der Unabhängigkeit des vom Deutschen Presserat eingesetzten Beschwerde-Ausschusses" vom 18.8.1976 (BGBl. I S. 2215), das für die Tätigkeit der Ausschüsse einen jährlichen Bundeszuschuss vorsieht. Sofern der Deutsche Presserat nicht offensichtlich unzuständig ist, kann der Vorsitzende der Beschwerde-Ausschüsse offensichtlich unbegründete Beschwerden von sich aus zurückweisen (§§ 5, 7 Beschwerdeordnung). Die von der Beschwerde Betroffenen sind über die Einleitung des Verfahrens zu unterrichten; sie bekommen die Gelegenheit, gegenüber dem Beschwerde-Ausschuss innerhalb von drei Wochen nach Absendung zur Beschwerde Stellung zu nehmen (§ 6 Abs. 1 Beschwerdeordnung).

19 Jeder Beschwerdeausschuss fasst seine Beschlüsse in vertraulicher Beratung mit der einfachen Mehrheit der Stimmen der anwesenden Mitglieder (§ 13 Abs. 2 Beschwerdeordnung). Eine Ladung der Beschwerdeparteien ist theoretisch möglich (§ 8 Abs. 2 Beschwerdeordnung). Einen rechtlichen Beistand können die Beschwerdeparteien dazu nicht hinzuziehen (vgl. *Gostomzyk* UFITA 2005, 775 (782 f.)). Auf Verlangen von zwei Ausschussmitgliedern ist eine Beschwerde an das Plenum des Presserates abzugeben (§ 3 Abs. 2 Beschwerdeordnung). Bei begründeten Beschwerden kann der Presserat einen *Hinweis,* eine *Missbilligung* oder eine *Rüge* aussprechen (§ 10 der Beschwerdeordnung). Maßgeblich für die Entscheidung sind ua die Schwere des Verstoßes sowie seine Folgen für die Betroffenen (§ 11). Dabei sieht es der Presserat als publizistische Standespflicht an, dass die öffentliche Rüge von der gesamten Presse, insbesondere von dem gerügten Presseorgan selbst publiziert wird (Ziff. 16 Pressekodex). Eine gesetzliche Abdruckverpflichtung lehnt er jedoch unter Hinweis auf Art. 5 Abs. 1 S. 2 GG ab (vgl. Deutscher Presserat, AfP 1990, 292; *Soehring/Hoene* Rn. 33.3). Ein Rechtsmittel gegen die Entscheidungen des Presserats ist nicht vorgesehen. Der Beschwerdegegner hat auch kein Einsichtsrecht in das über den wesentlichen Verlauf der Verhandlung anzufertigende Protokoll (§§ 10, 12 Abs. 7, 14 Beschwerdeordnung). Die theoretisch mögliche Wiederaufnahme des Verfahrens (§ 16 Beschwerdeordnung) spielt praktisch keine Rolle. Diese Verfahrensdefizite werden ebenso wie die mangels objektiv festgelegter Kriterien intransparente Auswahl der Mitglieder des Presserats als unangemessen in Anbetracht der Bedeutung des Grundrechts der Pressefreiheit kritisiert (vgl. kritisch dazu *Gostomzyk* UFITA 2005, 775 (797 f.); *Jarren* in Koziol/Seethaler/Thiede (2010) S. 25, 40; *Weberling* in Koziol/Seethaler/Thiede (2013) S. 63 f.). Gingen 2010 beim Presserat 1661 Beschwerden ein, stieg die Zahl der Beschwerden 2019 auf 2.175, die zu 34 öffentlichen Rügen, 67 Missbilligungen sowie 96 Hinweisen führten (vgl. Deutscher Presserat Jahresbericht 2019, S. 6 ff.). Der weitere Anstieg der Beschwerden folgt aus der

Erweiterung der Zuständigkeit des Presserats auf Online-Medien seit dem 1.1.2009 (vgl. auch Löffler/*Löffler* BT StandesR Rn. 14).

19a Im Anschluss an die Novellierung des alten BDSG 2001 übernahm der Presserat seit 2002 die Organisation der Selbstregulierung des Redaktionsdatenschutzes in der Presse. Dafür erweiterte er den Pressekodex um datenschutzrechtliche spezifische Bestimmungen und richtete er einen weiteren Beschwerdeausschuss für den Redaktionsdatenschutz ein, dessen sechs Mitglieder sich aus fünf Mitgliedern des Presserats und einem vom Bundesverband der Anzeigenblattverleger zu benennenden Mitglied zusammensetzen (§ 11 Abs. 3 Satzung; vgl. *Weyand* Deutscher Presserat Jahrbuch 2011, S. 126; Deutscher Presserat, 5. Bericht zum Redaktionsdatenschutz 2014; Götting/Schertz/Seitz/*Tillmanns* § 5 Rn. 109).

19b Nicht zuletzt die allgemein anerkannte Arbeit dieses Beschwerdeausschusses Redaktionsdatenschutz führte dazu, dass die Landesgesetzgeber bei der Umsetzung des Medienprivilegs in Art. 85 DSGVO nach § 57 Abs. 1 S. 6 und Abs. 2 S. 5 RStV nunmehr gemäß § 23 MStV Unternehmen, Hilfs- und Beteiligungsunternehmen der Presse von der Geltung des Haftung und Sanktionen regelnden Kapitel VIII der DSGVO sowie von Auskunfts- und Berichtigungsansprüchen ausnahmen, sofern sie der Selbstregulierung durch den Pressekodex und der Beschwerdeordnung des Deutschen Presserates unterliegen (vgl. Spindler/Schuster/*Brings-Wiesen* RStV § 57 Rn. 7; *Soehring/Hoene* Rn. 1.27 und 1.29). An dieser Vorgehensweise wird kritisiert, dass Art. 85 Abs. 1 und 2 DSGVO damit nicht ausreichend umgesetzt worden seien (Simitis/Hornung/Spieker/*Dix* DSGVO Art. 85 Rn. 12; Kühling/Buchner/*Buchner/Tinnefeld* DSGVO Art. 85 Rn. 32; Binder/Vesting/*Herb* RStV § 57 Rn. 37a; differenziert Spindler/Schuster/*Brings-Wiesen* RStV § 57 Rn. 8). Diese Kritik verkennt allerdings, dass Art. 85 Abs. 1 DSGVO keine Aussage darüber enthält, dass die Umsetzung des Medienprivilegs in Art. 85 Abs. 1 DSGVO mit einer gesetzlichen Regelung vorzunehmen ist (vgl. *Nettesheim* AfP 2019, 473 (477 f.)). Zudem verpflichtet die DSGVO die Mitgliedsstaaten nicht dazu, unabhängige Aufsichtsbehörden für die Datenverarbeitung ua zu journalistischen Zwecken zu schaffen (vgl. *Soehring/Hoene* Rn. 1.27). Verfassungsrechtlich problematisch ist allerdings die Einführung einer Behördenaufsicht in § 109 MStV bzw. einer von der zuständigen Landesmedienanstalt anzuerkennenden Einrichtung der Freiwilligen Selbstkontrolle in § 19 Abs. 3–8 MStV für alle nicht der „elektronischen Presse" zuzurechnenden journalistisch-redaktionell gestalteten Telemedien angeboten gemäß § 19 Abs. 1 S. 2 MStV (Paschke/Berlit/Mayer/Kröner/*Held* 74. Abschnitt Rn. 1 f.). Ob eine weite Auslegung des § 19 Abs. 1 S. 1 MStV und eine restriktive Auslegung des § 19 Abs. 1 S. 2 MStV verhindern kann, dass journalistisch-redaktionell gestaltete Telemedienangebote nach § 19 Abs. 1 S. 2 MStV ihre verfassungsmäßige öffentliche Aufgabe erfüllen können, ist fraglich. § 19 Abs. 1 S. 2 MStV und die daran anknüpfenden Bestimmungen des MStV sollten daher bei nächster Gelegenheit gestrichen werden (vgl. Lent ZUM 2020, 593).

20 5. Die kurz nach der Gründung des Presserats 1959 vom „Stern" gegen die Tätigkeit des Presserats geltend gemachten grundsätzlichen Einwendungen sind vom OLG Hamburg mit Recht als unbegründet zurückgewiesen worden (vgl. *Löffler* AfP 1960, 151). Die Tätigkeit des Presserats ist durch das Grundrecht der Vereinigungsfreiheit (Art. 9 GG) sowie der Meinungsfreiheit (Art. 5 GG) voll gedeckt. Ein Verstoß gegen das Zensurverbot (Art. 5 Abs. 1 S. 3 GG) entfällt, da dieses sich nach hM (BVerfGE 33, 52 ff.) auf die staatliche Vorzensur bezieht. Die vom Presserat als einem Privatverein in einem internen Verfahren verhängten Rügen sind auch kein Eingriff in das staatliche Rechtsprechungsmonopol des Art. 92 GG (vgl. *Ulmer* AfP 1975, 836 f.). Die von ihm verhängten Sanktionen enthalten keine Tatsachenbehauptungen, sondern stellen bloße, vom Art. 5 Abs. 1 GG gedeckte Meinungsäußerungen dar (vgl. OLG Frankfurt a. M. AfP 2008, 413; OLG Köln AfP 2006, 374; Löffler/*Löffler* BT StandesR Rn. 23). Doch kann der Presserat dem öffentlich Gerügten auf Unterlassung, Berichtigung und Schadensersatz haften, sofern sich das Verdikt im Einzelfall als unerlaubte Handlung im Sinne der §§ 823 ff. BGB, insbesondere als unberechtigte und schuldhafte Kreditgefährdung, erweisen sollte (Näheres s. *Ulmer* AfP 1975, 838 ff.).

21 Die Rechtsgrundlage des auf Freiwilligkeit und Sanktionslosigkeit basierenden Deutschen Presserats ist heute nicht mehr bestritten (vgl. *Hauss* AfP 1980, 179 ff.; von Münch Art. 5 Rn. 25). Dennoch empfahl der 58. Deutsche Juristentag, die Pflicht zur Veröffentlichung von

Rügen des Presserats gesetzlich festzuschreiben (vgl. AfP 1990, 292). Der Gesetzgeber ist dem in Anbetracht der Vorgaben des GG nicht gefolgt (vgl. *Soehring/Hoene* Rn. 33.4; Löffler/*Löffler* BT StandesR Rn. 20). Aufgrund seiner faktischen Machtstellung folgt allerdings eine Selbstverpflichtung für den Presserat zur Gewährleistung größtmöglicher Transparenz und eines Beschwerdeverfahrens, das rechtsstaatlichen Kriterien genügt (vgl. *Gostomzyk* UFITA 2005, 775 (797 f.)), da ansonsten die für seine Tätigkeit zwingend erforderliche allgemeine Akzeptanz seiner Arbeit gefährdet sein dürfte (vgl. *Jarren* in Koziol/Seethaler/*Thiede* (2010) S. 35 ff.; *Soehring* (1999) S. 241 f.).

9. Abschnitt. Die zivilrechtliche Haftung der Presse für rechtswidrige Veröffentlichungen. Der Schutz des Persönlichkeitsrechts und des Rechts am Unternehmen

Literatur:

Damm/Rehbock, Widerruf, Unterlassung und Schadensersatz in den Medien, 3. Auflage München 2008; *Dietrich,* Der Bundesgerichtshof und das sog. abgestufte Schutzkonzept im Rahmen der §§ 22 und 23 Abs. 1 Nr. 1 KUG, Berlin 2020; *Götting/Schertz/Seitz,* Handbuch Persönlichkeitsrecht, 2. Auflage München 2019; *Groß,* Presserecht, 3. Auflage Heidelberg 1999; *Helle,* Besondere Persönlichkeitsrechte im Privatrecht, Tübingen 1991; *Kühling/Buchner,* Datenschutz-Grundverordnung. Bundesdatenschutzgesetz, 2. Auflage 2018, München; *Löffler,* Presserecht, 6. Auflage München 2015; *Märten,* Die Vielfalt des Persönlichkeitsschutzes, Baden-Baden 2015; *Paschke/Berlit/Meyer/Kröner,* Hamburger Kommentar Gesamtes Medienrecht, 4. Auflage Baden-Baden 2021; *Prinz/Peters,* Medienrecht, München 1999; *Ricker,* Unternehmensschutz und Pressefreiheit, Heidelberg 1989; *Simitis/Hornung/Spiecker,* Datenschutzrecht, DSGVO mit BDSG, Baden-Baden 2019; *Soehring/Hoene,* Presserecht, 6. Auflage Köln 2019; *Weberling/Bergann,* Pressefreiheit und Datenschutzrecht, AfP 2018, 205; *dies.,* Aktuelle Fragen der Umsetzung des Medienprivilegs der DSGVO; *Wenzel,* Das Recht der Wort- und Bildberichterstattung, 6. Auflage Köln 2018.

41. Kapitel. Die zivilrechtliche Haftung der Presse. Die unerlaubte Handlung

I. Die für die Haftung der Presse maßgeblichen Rechtsnormen

Die Haftung der Presse für Form und Inhalt ihrer Publikationen beruht auf wenig übersichtlichen, weit zerstreuten rechtlichen Regelungen, bei denen infolge des Fehlens einer einheitlichen Gesetzesordnung das Richterrecht dominiert (vgl. Damm/Rehbock Rn. 19 f.; *Ricker* NJW 1990, 2098 ff.; *Schwerdtner* JZ 1990, 769 ff.). Diese Situation wird durch die Konvergenz der Medien und die rasanten Veränderungen auf dem Medienmarkt und in der Mediennutzung mangels gesetzlicher Regelungen noch verstärkt (vgl. *Elsaß* K&R 2016, 652 ff.; Götting/Schertz/Seitz S. V) Soweit die Presse bei ihrer publizistischen Tätigkeit gegen die *öffentliche Ordnung* verstößt (zB Preisgabe von Staatsgeheimnissen oder Nichtbeachtung der Impressumsvorschriften), kommen in erster Linie die Bestimmungen des Strafrechts (vgl. Abschn. 11) und der Landespressegesetze (vgl. → Kap. 17 Rn. 39) zur Anwendung, daneben aber auch andere einschlägige Vorschriften des öffentlichen Rechts (Arbeitsrecht, Jugendschutzrecht usw). 1

Kommt die Presse bei ihrer informierenden und kritisierenden Tätigkeit mit den *Rechten Dritter,* seien es einzelne Bürger, Verbände oder Gesellschaften, in Konflikt, so greifen die Bestimmungen des *Privatrechts* zum Schutz der Bürger gegen „unerlaubte Handlungen" ein (vgl. OLG Karlsruhe AfP 1998, 72). Die hier einschlägigen Vorschriften (va §§ 823 ff., 1004 BGB) dienen insbesondere dem Schutz der Persönlichkeit, der Ehre, des Unternehmensrechts und des geschäftlichen Ansehens (vgl. → Rn. 5). Es handelt sich um Rechtsgüter, die zugleich in weitem Umfang den Schutz des Strafrechts genießen (§§ 185–205 StGB). 2

Es erhöht die Kompliziertheit der Materie, dass in fast allen Fällen einer Haftung der Presse für unerlaubte Handlungen das *Grundgesetz* eingreift, das sowohl die Pressefreiheit (Art. 5 GG) als auch das mit ihr im Einzelfall kollidierende Persönlichkeitsrecht (Art. 1, 2 GG) und das Recht am Unternehmen (Art. 12, 14 GG) verfassungsrechtlich schützt. Der Bezeichnung als Unternehmensrecht bzw. Unternehmenspersönlichkeitsrecht (vgl. AG Münster AfP 1994, 64; Paschke/Berlit/Meyer/Kröner/*Kröner* 31. Abschnitt Rn. 13 f.; Götting/Schertz/Seitz/*Gounalakis* § 24 Rn. 39 ff.; Wenzel/*Burkhardt/Peifer* Kap. 5 Rn. 128 ff.; Löffler/*Steffen* LPG § 6 Rn. 139) bzw. als Recht am eingerichteten und ausgeübten Gewerbebetrieb (vgl. BVerfG NJW 1989, 382; BGH GRUR 2011, 157) kommt keine unterschiedliche Bedeutung zu (vgl. Prinz/Peters Rn. 187). Vor allem die *Rechtsprechung* hat die maßgeblichen Grundsätze ausgeformt und so das uneinheitlich geregelte Gebiet der zivilrechtlichen Haftung fortentwickelt (vgl. → Kap. 44 3

Rn. 16 ff.). Bei Eingriffen in den Persönlichkeits- oder Unternehmensschutz wird die Rechtswidrigkeit durch die Erfüllung des Eingriffstatbestands *nicht indiziert* (für das Persönlichkeitsrecht vgl. BGH AfP 2010, 74; BGHZ 24, 72; 36, 77; OLG Hamburg ZUM 1992, 146; Damm/Rehbock Rn. 18; für das Recht am eingerichteten und ausgeübten Gewerbebetrieb BVerfG NJW 1997, 2669; 1991, 2339; BGHZ 45, 296). Die Feststellung der Rechtswidrigkeit setzt vielmehr deren positive Bejahung im Rahmen einer Bewertung der kollidierenden Rechtsgüter unter Berücksichtigung der konkreten Fallkonstellation voraus. Tragendes Prinzip ist somit das der *Güter- und Interessenabwägung im Einzelfall* (vgl. BVerfG NJW 2006, 208; 1992, 2074; BGH AfP 2010, 74; BGHZ 45, 296). Die Güterabwägung im Einzelfall ist auch vernünftig. Denn die möglichen Fallkonstellationen sind zu unterschiedlich, als dass detailliert normierte Entscheidungsmechanismen sachgerecht wären (vgl. *Ricker* NJW 1990, 2100). Nur eine die besonderen Maßstäbe des Einzelfalls berücksichtigende Abwägung führt zu einer angemessenen Lösung. Durch ein solches Gebot zur Einzelfallabwägung wird jedoch die Herausbildung von Fallgruppen nicht ausgeschlossen. Erst diese machen die Beschränkungen, die der Presse durch das Allgemeine Persönlichkeitsrecht auferlegt werden, in gewissem Umfang kalkulier- und handhabbar (vgl. *Soehring/Hoene* Rn. 13.24 ff. mwN).

4 Abweichend vom *Strafrecht,* das die Presse wegen der potentiellen Gefährlichkeit einer Massenverbreitung strafbarer Druckwerke einer pressespezifischen Sonderhaftung unterwirft (vgl. → Kap. 17 Rn. 3), richtet sich die Haftung der Presseangehörigen im Zivilrecht nach den für jedermann geltenden allgemeinen Bestimmungen des bürgerlichen Rechts (vgl. BGHZ 3, 275; vgl. → Rn. 19 ff.). Doch stimmen Straf- und Zivilrecht darin überein, dass sich die Haftung der Presse auf den *gesamten* Inhalt der Druckschrift erstreckt einschließlich des Anzeigenteils, der Leserbriefe, der Prospekte und Beilagen (vgl. → Rn. 14 ff.).

II. Freie Wahl zwischen zivil- und strafrechtlichem Vorgehen

5 Wer sich durch eine Presseäußerung in seinen Rechten beeinträchtigt sieht, hat die *Wahl,* ob er zum Schutz seiner Interessen den Strafrechtsweg oder den Zivilrechtsweg oder beide Verfahren zugleich einschlagen will. In der Praxis hat sich bei Presseverstößen gegen die Rechte Dritter der Schwerpunkt der Auseinandersetzung vom strafrechtlichen auf den *zivilrechtlichen Sektor verlagert.* Dies dürfte damit zusammenhängen, dass die Beleidigungsdelikte grundsätzlich nur auf Strafantrag und zumeist im Privatklageverfahren verfolgt werden (vgl. § 194 StGB; § 374 Abs. 1 Nr. 2 StPO; vgl. hierzu näher → Kap. 53 Rn. 45 ff.). Hinzu kommt, dass die Strafbarkeit der §§ 185 ff. StGB bei Medienveröffentlichung regelmäßig nach § 193 StGB wegen der Wahrnehmung berechtigter Interessen durch die Medien entfällt (vgl. OLG Rostock NJ 2016, 431 (432 f.); → Kap. 53 Rn. 29 ff.).

Der Zivilrechtsweg hingegen bietet dem Verletzten den Vorteil, den Schädiger auf *Ersatz des materiellen* (→ Kap. 44 Rn. 36 ff.) und gegebenenfalls des *immateriellen Schadens* (Geldentschädigung für Persönlichkeitsrechtsverletzung, → Kap. 44 Rn. 43 ff.) in Anspruch nehmen zu können. Zudem können dem Betroffenen bei einer Verletzung des Rechts am eigenen Bild oder bei einer unbefugten Verwendung des Namens zu Werbezwecken bereicherungsrechtliche (§ 812 Abs. 1 S. 1 Alt. 2 BGB; vgl. BGH AfP 2006, 560; NJW 1992, 2084 f.; *Schertz/Reich* AfP 2010, 1 ff.; → Kap. 44 Rn. 50a) und deliktsrechtliche Ansprüche (§ 823 Abs. 1 BGB, §§ 22, 23 KUG) in Form einer angemessenen (fiktiven) *Lizenzgebühr* zustehen.

Ergänzend geben die Landespressegesetze dem durch eine Presseveröffentlichung Betroffenen den Anspruch auf Abdruck einer *Gegendarstellung* (vgl. Abschn. 5).

Vor allem kann der Verletzte auf *Unterlassung der ihn beeinträchtigenden Äußerung* (vgl. → Kap. 44 Rn. 1a ff.) und auf deren Widerruf bzw. *Berichtigung* (vgl. → Kap. 44 Rn. 16 ff.) klagen.

Die *gerichtliche Durchsetzung* einer Gegendarstellung erfolgt gleichfalls im Zivilrechtsweg. Auf diese finden im Unterschied zur Geltendmachung der anderen Ansprüche immer die Vorschriften über das Verfahren auf Erlass einer einstweiligen Verfügung Anwendung (§ 11 Abs. 4 S. 3 LPG; vgl. → Kap. 28 Rn. 9 ff.). Der Verletzte kann auch beim Unterlassungsanspruch eine einstweilige Verfügung (§§ 935 ff. ZPO) erwirken, um durch eine schnelle gerichtliche Entscheidung weiter drohende Nachteile zu verhindern oder doch wesentlich zu mindern (vgl. auch → Kap. 44 Rn. 15).

Das strafrechtliche Vorgehen des durch Beleidigung oder Kreditschädigung Verletzten gegen den Schädiger setzt ein vorsätzliches Handeln des Schädigers voraus (§§ 15, 185 ff. StGB). Dagegen haftet der Schädiger im Zivilrecht schon bei Fahrlässigkeit auf Schadensersatz (§ 823 Abs. 1 BGB, vgl. → Rn. 12). Bei zivilrechtlichen Ansprüchen auf Unterlassung und Widerruf bzw. Berichtigung genügt darüber hinaus bereits die objektive Rechtswidrigkeit der Äußerung, ohne dass ein subjektives *Verschulden* gegeben sein muss (vgl. auch → Kap. 44 Rn. 1a ff., 16 ff.; zu den Besonderheiten beim Widerruf und der äußerungsrechtlichen Folgenbeseitigung vgl. → Kap. 44 Rn. 28 ff.). **6**

III. Die unerlaubte Handlung, Rechtswidrigkeit, Verursachung und Verschulden

1. Unter einer *unerlaubten Handlung* versteht man den rechtswidrigen Eingriff in geschützte Rechte Dritter. Medienveröffentlichungen können vor allem zu einer Verletzung des Allgemeinen Persönlichkeitsrechts und des Rechts am eingerichteten und ausgeübten Gewerbebetrieb/Unternehmensrecht führen (vgl. → Kap. 42 Rn. 1 ff., 46 ff.). Eingriffe in diese Rechte unterscheiden sich von der Verletzung vertraglicher Verpflichtungen durch ihren „deliktischen" Charakter, liegen also unabhängig von vertraglichen Vereinbarungen zwischen den Beteiligten vor. Allerdings kann die Verletzung vertraglicher Verpflichtungen zugleich eine unerlaubte Handlung sein (Beispiel: der Arzt beeinträchtigt die Gesundheit durch einen Kunstfehler) und dem Verletzten Ansprüche aus beiden Rechtsgebieten verschaffen (vgl. BGH NJW 1970, 1963; BGHZ 17, 191; *Meyer* ZUM 1997, 26 ff.). **7**

Neben der generellen Regelung des Deliktsrechts in den §§ 823–853 BGB finden sich auch in anderen speziellen Gesetzen (zB UWG, UrhG) Bestimmungen über unerlaubte Handlungen (vgl. → Kap. 74 Rn. 2 ff.; → Kap. 65 Rn. 3 ff.).

2. Stets erfordert der Tatbestand der *unerlaubten Handlung* die *Rechtswidrigkeit* des Eingriffs in fremde Rechte. Der Tatbestand kann auch durch ein Unterlassen erfüllt werden, sofern eine Pflicht zum Handeln besteht. Eine solche ist im Bereich der Presse freilich kaum vorstellbar. Regelmäßig – aber nicht immer (→ Kap. 42 Rn. 3) – wird durch die Tatbestandsmäßigkeit des Eingriffs dessen Rechtswidrigkeit indiziert. Dennoch ist nicht jeder Eingriff in einen fremden Rechtskreis rechtswidrig. Es gibt zahlreiche *Rechtfertigungsgründe,* die die Rechtswidrigkeit des Eingriffs ausschließen: **8**

a) Für die Presse, die auf Grund ihrer informierenden und kritisierenden Tätigkeit zwangsläufig mit den geschützten Rechten Dritter, insbesondere deren Ehre, Ansehen und Kredit in Kollision gerät, ist das in Art. 5 Abs. 1 GG garantierte Grundrecht der *Pressefreiheit* von entscheidender Bedeutung. Bei Äußerungen, die sich im Rahmen des Art. 5 Abs. 1 GG halten, entfällt die Rechtswidrigkeit und damit der Tatbestand der unerlaubten Handlung (vgl. BVerfG AfP 2005, 545; BVerfGE 25, 264; BGHZ 45, 296; 31, 302; NJW 1987, 225; *Hufen* JuS 1986, 193).

b) Seine konkrete, auf die öffentliche Berichterstattung und Kritik bezogene Ausprägung hat das Grundrecht der Pressefreiheit in dem – im Straf- und Zivilrecht analog angewendeten – Rechtfertigungsgrund der *„Wahrnehmung berechtigter Interessen"* gemäß § 193 StGB gefunden (vgl. BVerfG NJW 2006, 208; AfP 2005, 545; BGH NJW 1996, 1133; AfP 1994, 297; OLG Rostock NJ 2016, 431 (432 f.); OLG Saarbrücken NJW 1997, 1377; LG Berlin AfP 1994, 324; auch → Kap. 53 Rn. 29 ff.). § 3 LPG stellt ausdrücklich fest, dass die Presse eine öffentliche Aufgabe erfüllt, wenn sie in Angelegenheiten von öffentlichem Interesse Nachrichten beschafft und verbreitet, Stellung nimmt, Kritik übt oder auf andere Weise an der Meinungsbildung mitwirkt (vgl. Anhang Gesetzestexte, § 3 LPG; → Kap. 3 Rn. 4 ff.; → Kap. 39 Rn. 5). **9**

c) Maßgeblich für die *Rechtmäßigkeit* objektiv rechtsverletzender Pressetätigkeit sind zwei Momente: Die Befriedigung eines ernsthaften *Informationsinteresses* der Öffentlichkeit. Dieses ist gegeben bei Themen, die über individuelle Bezüge hinausgehen und eine Thematik von Relevanz für das Gemeinschaftsleben ansprechen (vgl. BVerfG NJW 2000, 2413 (2415); 1997, 2670; AfP 1994, 286; NJW 1993, 2925; 1993, 1846; BGH NJW 1966, 1617; OLG Hamburg ZUM 1992, 146; OLG München AfP 1991, 534; OLG Frankfurt a. M. AfP 1990, 229; LG Köln AfP 1992, 83; Löffler/*Cornils* LPG § 3 Rn. 34). Wird hingegen ein bloßes Unterhaltungs- oder **10**

Sensationsinteresse befriedigt, ist die Rechtswidrigkeit eher gegeben (vgl. EGMR NJW 2004, 2647 ff.; BVerfG NJW 2008, 1796; 2006, 3407; BGH NJW 2009, 1504; BeckRS 2007, 6634 mwN; kritisch *Ladeur* ZUM 2000, 879 ff.; OLG München AfP 1990, 215). Dennoch ist auch den so genannten Unterhaltungsmedien der Rechtfertigungsgrund der Wahrnehmung berechtigter Interessen nicht vollkommen verwehrt (*Soehring/Hoene* Rn. 15.11 f.). Denn auch sie genießen den Schutz von Art. 5 Abs. 1 GG (vgl. BVerfG NJW 2008, 1794; BGH NJW 2008, 3136; *Heintschel von Heinegg* AfP-Sonderheft 2007, 47). Es kommt letztlich immer auf den Einzelfall an.

Hinzukommen muss die Erfüllung der *journalistischen Sorgfaltspflicht.* Die Medien sind verpflichtet, vor der Veröffentlichung von Tatsachenbehauptungen diese mit der nach den Umständen gebotenen Sorgfalt auf ihre Richtigkeit hin zu überprüfen (vgl. BGH NJW 1996, 1333; LG Berlin ZUM-RD 2009, 401; → Kap. 39 Rn. 7 ff.). So besteht zum Beispiel bei Berichten über ehrenrührige Vorgänge eine gesteigerte Recherchepflicht (vgl. BGH NJW 1996, 1134; AfP 1988, 35; OLG Dresden, NJ 2020, 353; OLG Hamburg AfP 1997, 478; 1996, 154; 1995, 522; LG Berlin AfP 1994, 324; zur journalistischen Sorgfaltspflicht im Detail vgl. BVerfG NJW 1992, 1439; 1983, 1415; AfP 1994, 297; NJW 1993, 931; DB 1987, 2639; OLG Köln NJW 1987, 2682; → Kap. 39 Rn. 6 ff.).

Beide Voraussetzungen entsprechen weitgehend den Anforderungen, die der EGMR an die Zulässigkeit von Presseberichterstattungen stellt. Nach der Rechtsprechung des EGMR kommt es ebenfalls darauf an, dass die Presse ein Thema behandelt, in dem Informationen und Ideen über eine Frage des öffentlichen Interesses vermittelt. Für die Zulässigkeit einer Berichterstattung ist es nicht unbedingt erforderlich, dass die verbreiteten Informationen wahr sind. Es reicht unter Umständen aus, dass der Presseangehörige gutgläubig war und der üblichen journalistischen Pflicht gefolgt ist, tatsächliche Behauptungen zu prüfen. Diese Pflicht verlangt in der Regel, sich auf hinreichend genaue und vertrauenswürdige Tatsachen zu stützen, die als verhältnismäßig zu Art und Gewicht ihrer Behauptung angesehen werden können. Je schwerwiegender dabei die Behauptung ist, umso solider muss die tatsächliche Ausgangslage sein (vgl. EGMR NJW 2006, 1649 – Pedersen u. Baadsgaard/Dänemark).

Sind beide Voraussetzungen zu bejahen, kann sich die Presse auf den Rechtfertigungsgrund der Wahrnehmung berechtigter Interessen aus Art. 5 GG, konkret ausgeprägt in § 193 StGB, berufen (vgl. OLG Karlsruhe VersR 1989, 65; → Kap. 53 Rn. 35 ff.).

Von Bedeutung ist dieser Rechtfertigungsgrund in erster Linie bei der Verbreitung falscher Tatsachenbehauptungen. Unrichtige Tatsachenbehauptungen dienen nicht der Meinungsbildung (vgl. BVerfG DVBl 1992, 143; BGH NJW 1974, 1470; OLG Saarbrücken NJW 1997, 1377; LG Berlin ZUM-RD 2009, 399; → Kap. 42 Rn. 22 ff.), so dass es für die Verbreitung unwahrer Tatsachen eigentlich keinen Rechtfertigungsgrund gibt (vgl. BVerfG AfP 2005, 547). Die Presse trüge damit grundsätzlich das Risiko, für jede von ihr verbreitete falsche Information zivil- und strafrechtlich zu haften. Dadurch würde jedoch die *aktuelle* Verbreitung von Informationen unangemessen beeinträchtigt. Das Haftungsrisiko wird deshalb durch den Rechtfertigungsgrund der Wahrnehmung berechtigter Interessen zugunsten der Presse verschoben.

Dieser Rechtfertigungsgrund ist jedoch nur auf Tatsachenbehauptungen anwendbar, deren Unwahrheit zum Zeitpunkt ihrer Verbreitung nicht positiv bekannt ist (vgl. BGH NJW 1987, 2225). Stellt sich die Unwahrheit heraus, besteht an der *Aufrechterhaltung* und *Wiederholung* der betreffenden unwahren Information kein berechtigtes Interesse mehr. Der Rechtfertigungsgrund wird in diesem Fall Ansprüchen auf *Widerruf bzw. Berichtigung* und der *Unterlassung* in der Regel nicht entgegengehalten werden können (vgl. BGH GRUR 1974, 438; OLG Koblenz AfP 1992, 365; OLG München NVwZ 1987, 357; → Kap. 44 Rn. 3, 28). Die eingetretene rechtswidrige *Störung* ist unabhängig von der Beachtung oder Nichtbeachtung der journalistischen Sorgfaltspflicht bei drohender Wiederholung zu unterlassen bzw. zu beseitigen, sofern die Unwahrheit der in Rede stehenden Behauptung feststeht. Der Rechtfertigungsgrund ist dagegen von Bedeutung für einen *Schadensersatzanspruch* wegen Tatsachenbehauptungen, deren Unrichtigkeit sich nachträglich herausgestellt hat (vgl. → Kap. 44 Rn. 35 ff.). Gerade in diesen Fällen greift § 193 StGB iVm Art. 5 Abs. 1 GG ein, wenn er als Rechtfertigungsgrund einen Sinn haben soll. Denn es Bedarf im Allgemeinen keiner Rechtfertigung, wenn die Äußerung wahr ist. Der Rechtfertigungsgrund der Wahrnehmung berechtigter Interessen nimmt dem Äußernden das Risiko ab, dass eine Behauptung, die unter Beachtung der Regeln journalistischer Sorgfalt überprüft und verbreitet wurde, sich nach der Veröffentlichung als unrichtig erweist und er deshalb zivilrechtlich auf Schadensersatz in Anspruch genommen werden kann (vgl. dazu Wenzel/*Burkhardt* Kap. 6 Rn. 32). Ein Schadensersatzanspruch des von der Äußerung Betroffenen ist hier also zumindest hinsichtlich der erstmaligen Verbreitung ausgeschlossen, sofern ein öffentliches Informationsinteresse bestand und die journalistische Sorgfaltspflicht gewahrt wurde (vgl. Ricker, Unternehmensschutz und Pressefreiheit, S. 117; → Kap. 42 Rn. 66 ff.).

d) Die *Abwehransprüche* des Verletzten (Unterlassung, Widerruf bzw. Berichtigung; vgl. Kap. 44) werden bereits bei Vorliegen eines rechtswidrigen Eingriffs ausgelöst. Demgegenüber erfordert der Anspruch auf *Schadensersatz* zusätzlich den Nachweis eines *Verschuldens* des Schädigers. Diese Unterscheidung hat jedoch im Allgemeinen nur geringe praktische Bedeutung. Denn im Bereich der Presseveröffentlichungen sind Verschulden und Rechtswidrigkeit eng miteinander verknüpft (vgl. BGH GRUR 1976, 268 ff.; Löffler/*Steffen* LPG § 6 Rn. 234 ff., Wenzel/*Burkhardt* Kap. 6 Rn. 97 ff.; Rhode, Publizistische Sorgfalt und redaktionelle Rechtspflichten, S. 20). Dies folgt aus der Konstruktion des Rechtfertigungsgrundes der Wahrnehmung berechtigter Interessen. Er setzt voraus, dass der Äußernde die ihm obliegenden Sorgfaltsanforderungen erfüllt hat. Hat der Journalist weder vorsätzlich noch fahrlässig gegen die Sorgfaltspflicht verstoßen, ist sein Verhalten schuldlos und damit zugleich rechtfertigungsfähig (vgl. → Kap. 42 Rn. 68). Dagegen ist die Nichtbeachtung der journalistischen Sorgfaltspflicht (Recherchepflicht) nicht nur rechtswidrig, sondern auch schuldhaft und daher zum Schadensersatz verpflichtend (vgl. BGH AfP 1988, 35; NJW 1985, 1623; 1962, 33; LG Hamburg AfP 2007, 152; Löffler/*Steffen* LPG § 6 Rn. 304; *Prinz/Peters* Rn. 263). **11**

3. Im Zivilrecht umfasst das Verschulden Vorsatz und Fahrlässigkeit (§ 276 BGB). *Vorsatz* ist gegeben, wenn das Wissen und Wollen aller die Rechtswidrigkeit begründenden Tatbestandsmerkmale vorliegt, zB bezüglich der Unwahrheit der verbreiteten verletzenden Behauptung. Der Handelnde muss den rechtswidrigen Erfolg zumindest billigend in Kauf genommen haben (vgl. → Kap. 42 Rn. 50, 68). Das bewusste und unbegründete Hinwegsetzen über die Richtlinien des *Deutschen Presserats* zur redaktionellen Berichterstattung (vgl. → Kap. 40 Rn. 6 ff.) kann sogar als grob schuldhaft bewertet werden (vgl. OLG Köln AfP 1987, 603; 1987, 708; LG Lübeck AfP 1987, 721) und kann auch wettbewerbsrechtliche Folgen haben (vgl. *Rhode,* Publizistische Sorgfalt und redaktionelle Rechtspflichten, S. 10 f.). **12**

Fahrlässigkeit ist die Außerachtlassung der „im Verkehr *erforderlichen* Sorgfalt". Das kann mehr als die im Verkehr *„übliche"* Sorgfalt sein (vgl. bereits die Protokolle der Kommission für die zweite Lesung des Entwurfes des Bürgerlichen Gesetzbuches, Band II, S. 604, in denen darauf hingewiesen wird, dass eine laxe Verkehrspraxis nicht zur Herabsenkung der Haftungsmaßstäbe führen dürfe). Auch § 6 LPG stellt auf die nach den Umständen „gebotene" Sorgfalt ab (vgl. BGH NJW 1965, 1374; → Kap. 39 Rn. 6 ff.; Anhang Gesetztexte § 6 LPG). Insoweit besteht zwischen § 276 BGB und § 6 LPG kein Unterschied. Die presserechtlichen Sorgfaltspflichten mildern den zivilrechtlichen Pflichtenkatalog weder ab noch verschärfen sie ihn. (vgl. Löffler/*Steffen* LPG § 6 Rn. 15, 35; *Prinz/Peters* Rn. 275 mit Fn. 6).

4. Zur Durchsetzung des Schadensersatzanspruchs muss dem Schädiger außer der Rechtswidrigkeit des Eingriffs und seinem Verschulden auch die *Verursachung,* dh der Kausalzusammenhang zwischen der unerlaubten Handlung und dem eingetretenen Schaden nachgewiesen werden. Im Zivilrecht gilt das Prinzip des sog. adäquaten Kausalzusammenhangs (vgl. BGH NJW 2005, 1421; 1995, 127; BAG NJW 2009, 254 f.; MüKoBGB/*Oetker* BGB § 249 Rn. 109 ff. mwN in Rn. 1114). Adäquat ist eine Bedingung dann, wenn das Ereignis im Allgemeinen und nicht nur unter besonders eigenartigen, unwahrscheinlichen und nach dem gewöhnlichen Verlauf der Dinge außer Betracht zu lassenden Umständen geeignet ist, einen Erfolg der fraglichen Art herbeizuführen (vgl. BGH NJW 2005, 1421; Palandt/*Grüneberg* BGB Vorb. v. § 249 Rn. 26 ff.; Wenzel/*Burkhardt* Kap. 14 Rn. 34; *Prinz/Peters* Rn. 718). Auf den Schaden muss sich der Vorsatz nicht beziehen, weshalb den Geschädigten insoweit keine Beweislast trifft (vgl. BAG NJW 2003, 377). Bringt die Presse eine Falschmeldung über den angeblichen finanziellen Ruin eines angesehenen Architekten, so ist dessen Nervenzusammenbruch eine adäquate, bei Verschulden des Presseorgans demnach zum Schadensersatz verpflichtende Folge (vgl. RGZ 148, 162). So hat auch das OLG Frankfurt a. M. (AfP 1975, 865) bei einer peinlichen Namensverwechslung im **13**

Anzeigenteil der Zeitung den dadurch beim Betroffenen ausgelösten Schock als adäquate Folge der Verwechslung betrachtet. Falls der Anspruchssteller den Schaden nicht konkret beziffern kann, etwa weil er den gesamten Geschäfts- und Umsatzrückgang noch nicht kennt, kann die Schadenshöhe nach § 287 ZPO von dem Gericht in freier richterlicher Schätzung ermittelt werden. Insoweit kann für die Begründung der Schadenshöhe eine überwiegende Wahrscheinlichkeit ausreichen (vgl. BVerfG NJW 2001, 1639; BGH NJW 1972, 1515; OLG Frankfurt a. M. ZUM 1992, 361: Honorarausfall durch Patientenrückgang bei einem Arzt; Löffler/*Steffen* LPG § 6 Rn. 308; Wenzel/*Burkhardt* Kap. 14 Rn. 27 f.). Falls die Schadenshöhe überhaupt noch nicht absehbar ist, kann unter bestimmten Voraussetzungen (→ Kap. 44 Rn. 50) zunächst auf Feststellung der Schadensersatzverpflichtung dem Grunde nach geklagt werden (vgl. BGH NJW 1994, 2614; GRUR 1981, 80; Damm/Rehbock Rn. 1023 f.).

IV. Der Umfang der zivilrechtlichen Haftung der Presse

14 1. Die Presse haftet zivil- und strafrechtlich für den *gesamten Inhalt* der Druckschrift einschließlich – allerdings nur eingeschränkt – des Anzeigenteils (BGH NJW 1992, 3093; AfP 1990, 202; OLG Frankfurt a. M. AfP 1997, 547; 1990, 44; KG Berlin AfP 1990, 312; OLG Hamm AfP 1984, 160; vgl. Löffler/*Steffen* LPG § 6 Rn. 167 mwN zu den eingeschränkten Prüfungspflichten bei Anzeigen und Werbung). Für *Prospekte und Beilagen* haftet die Presse ebenfalls nur eingeschränkt (vgl. Rath-Glawatz/Engels/Dietrich/*Rath-Glawatz* P Rn. 125).

Für den *Anzeigenteil* fordert die Rechtsprechung jedoch nicht das gleiche Maß an sorgfältiger Prüfung wie bei Verlautbarungen im redaktionellen Teil (vgl. BGH NJW 1972, 1658; OLG Frankfurt a. M. AfP 2009, 262; KG Berlin AfP 2005, 187); Rath-Glawatz/Engels/Dietrich/*Rath-Glawatz* P Rn. 320 mwN zur hM in der Rspr. in Fn. 3125. In der Praxis ist es dem Zeitungs- und Zeitschriftenverleger nicht zuzumuten, stets persönlich den gesamten Inhalt des Anzeigenteils vor dessen Erscheinen zu prüfen (vgl. BGHZ 3, 275). Da Anzeigenaufträge oft kurzfristig eingehen und dann eine rasche Entscheidung verlangen, ist auch das Einschalten eines Rechtsanwalts zur rechtlichen Überprüfung nicht zumutbar (vgl. BGH AfP 1990, 202). Deshalb beschränkt sich eine Prüfungspflicht des Verlegers auf Fälle *leicht erkennbarer, schwerer Beeinträchtigungen* (vgl. BGH AfP 2006, 243; NJW 1999, 1961; NJW-RR 1994, 874; GRUR 1993, 54; OLG Frankfurt a. M. AfP 2009, 262; Löffler/*Löffler* BT Anz, Rn. 205 f.; Rath-Glawatz/Engels/Dietrich/*Rath-Glawatz* P Rn. 320; *Prinz/Peters* Rn. 41), wie dies zB bei Todesanzeigen oder Anzeigen hinsichtlich einer Geschäftsaufgabe der Fall sein kann (vgl. BGH GRUR 1972, 723; *Hoth* GRUR 1972, 724). Dieser Ansicht ist uneingeschränkt zuzustimmen, da es sich für den Leser erkennbar um Fremdäußerungen handelt und die Grenze zwischen Anstößigkeit und Rechtswidrigkeit manchmal nur schwer zu ziehen ist. Dies zeigt zB die kontroverse Rechtsprechung zur Benetton-Bildwerbung mit HIV-Infizierten, Kinderarbeit und ölverschmierten Enten (vgl. BVerfG AfP 2003, 149; 2001, 49; *Schuppert* AfP 2003, 113 ff.). Eine Überprüfung wird allenfalls zu erwarten sein, wenn die Anzeige einen ungewöhnlichen Text enthält (vgl. LG Saarbrücken NJW 1978, 2395). Gleiches kann für eine Anzeige gelten, die für das Presseerzeugnis unüblich ist (vgl. OLG Frankfurt a. M. AfP 1987, 424). Keine verschärfte Prüfungspflicht besteht bei Anzeigen, welche die Volksgesundheit betreffen (vgl. BGH AfP 1994, 140). Dies gilt etwa bei einem Verstoß gegen die NährwertkennzeichnungsVO durch die Werbung für Schlankheitsmittel (vgl. BGH AfP 2006, 242 ff.; LG Heilbronn AfP 2003, 81). Ebenso wenig erhöht sich die Prüfungspflicht nur deshalb, weil es sich bei dem Anzeigenkunden um ein Unternehmen mit Sitz im Ausland handelt (vgl. BGH GRUR 1993, 53; NJW 1992, 3093; Prinz/Peters Rn. 41) oder der Inserent nicht namentlich genannt wird (vgl. BGH AfP 1992, 249; LG Heilbronn AfP 2003, 81). Zu eigenen Ermittlungen ist die Presse regelmäßig nicht verpflichtet (vgl. Löffler/*Löffler* BT Anz, Rn. 206).

Auch *wettbewerbsrechtlich* haftet die Presse nur für offenkundige Verstöße im Anzeigenteil (vgl. BGH NJW 1999, 1961; GRUR 1995, 595; 1994, 454; OLG Frankfurt a. M. AfP 2009, 262; OLG Hamburg AfP 2003, 515; ZUM 2003, 2; Köhler/Bornkamm/Feddersen/*Köhler* UWG § 9 Rn. 2.3; *Rath-Glawatz* AfP 2006, 223 f.; *Knöpfel* JZ 1990, 1082 f.). An der Offenkundigkeit fehlt es bei Geschäftsanzeigen, die unzulässigerweise als private Kleinanzeigen „getarnt" sind (vgl. OLG Hamm AfP 1984, 160 f.). Die notwendige, aber unterlassene Überprüfung kann zu einer

Haftung nach dem UWG führen, wobei das Presseprivileg gemäß § 9 S. 2 UWG die Schadensersatzhaftung verantwortlicher Personen periodischer Druckschriften auf alle Fälle der *vorsätzlichen* Zuwiderhandlung gegen §§ 3, 7 UWG beschränkt (vgl. Köhler/Bornkamm/Feddersen/*Köhler* UWG § 9 Rn. 2.11; → Kap. 81 Rn. 4). § 9 S. 2 UWG ist auf sonstige Medien, die periodische Informationen übermitteln (Rundfunk, journalistisch-redaktionelle Telemedien gemäß § 19 Abs. 1 S. 1 u. 2 MStV) anwendbar, soweit sie den Schutz des Art. 5 Abs. 1 S. 2 GG genießen (Köhler/Bornkamm/Feddersen/*Köhler* UWG § 9 Rn. 2.12). Andere Ansprüche (Unterlassungs- und Beseitigungsansprüche) werden durch das Haftungsprivileg dagegen nicht ausgeschlossen (vgl. → Kap. 81 Rn. 7 ff.).

Nach § 8 Abs. 2 S. 4 LPG (vgl. → Kap. 13 Rn. 36) ist im Impressum ein Verantwortlicher für den Anzeigenteil zu benennen, für den die Vorschriften über den verantwortlichen Redakteur entsprechend gelten (vgl. *Hecker* AfP 1993, 717; zur zivilrechtlichen Haftung des „Verantwortlichen für den Anzeigenteil" → Rn. 22; → Kap. 13 Rn. 37; BGH NJW 1977, 626). Für die Veröffentlichung einer wettbewerbswidrigen Anzeige haftet der Verleger nur, wenn es sich um einen groben offensichtlichen Wettbewerbsverstoß handelt. Eine persönliche Überprüfungspflicht trifft den Verleger nur in absoluten Ausnahmefällen, wenn es sich um eine Anzeige handelt, bei der die Verletzung von Rechten Dritter zu befürchten ist (vgl. BGH AfP 1973, 379; OLG Oldenburg WRP 1976, 398; Löffler/*Steffen* LPG § 6 Rn. 277 mwN). Dies gilt vor allem für sog. „heiße Eisen" (vgl. → Rn. 26 sowie zum Recht am eigenen Bild Kap. 43 und auch → Kap. 44 Rn. 42).

2. Sofern eine Berichterstattung *Äußerungen Dritter* zum Gegenstand hat, ist zu differenzieren. **15**
Die Presse hat sich diese vor allem dann *zu eigen gemacht,* wenn die fremde Äußerung in die eigene Darstellung „eingeflochten" wird und damit gleichsam zum Bestandteil des Gedankengangs der Presse wird oder wenn im Rahmen eines Interviews der Fragende zugleich Äußerungen tätigt, neben denen die Äußerungen des Befragten nicht mehr als Antworten auf offene Fragen wirken, sondern als Bestätigung der Aussagen des Fragenden (vgl. BGH AfP 2010, 72 f. mwN). Möglich ist aber auch eine bloße *Verbreitung.* Ein Verbreiten ist gegeben, wenn der Mitteilende die fremde Meinung oder Tatsachenbehauptung sich weder zu eigen macht noch sie in eigene Stellungnahme einbindet (vgl. BGH AfP 2010, 73), sondern lediglich als fremde Aussage darstellt.

Sowohl das *Zu-Eigen-*Machen als auch das bloße Verbreiten einer fremden Äußerung sind Bestandteile des durch Art. 5 Abs. 1 GG geschützten Kommunikationsprozesses. Es ist Teil des meinungsbildenden Diskussionsprozesses, sich und andere auch über Stellungnahmen Dritter zu informieren, etwa weil der Verbreitende sie für begrüßenswert hält, weil er ihr ablehnend gegenübersteht oder weil er sie aus sich heraus für bemerkenswert erachtet (vgl. BVerfG NJW-RR 2010, 470; Wenzel/*Burkhardt/Peifer* Kap. 10 Rn. 209).

Die *Verbreitung* unwahrer Tatsachenbehauptungen Dritter ist nur dann zulässig, wenn sich die **16**
Presse von der Äußerung des Dritten ausreichend *distanziert.* Dies gilt in gleicher Weise auch für die Anbieter von Telemedien (vgl. Löffler/*Steffen* LPG § 6 Rn. 229a und 281a; OLG Saarbrücken NJW-RR 675).

Der Leser muss erkennen, dass sich die Presse den Inhalt der Äußerung nicht *zu eigen* macht. Für den Leser muss deutlich werden, dass sich die Presse nicht hinter die Aussage stellen will (vgl. BVerfG AfP 2004, 49; LG Stuttgart ZUM 2001, 85; LG Frankfurt a. M. AfP 2008, 643; *Soehring/Hoene* Rn. 16.5; Götting/Schertz/Seitz/*Stollwerck/Wegner* § 26 Rn. 14). Dies kann durch eine wörtliche Wiedergabe unter Angabe der konkreten Quelle erfolgen (vgl. LG Frankfurt a. M. AfP 2008, 643) oder durch die Gegenüberstellung unterschiedlicher Stimmen. Das bloße Setzen von Anführungszeichen kann, muss aber nicht ausreichen (vgl. BGH NJW 2000, 658; 1997, 1149; LG Stuttgart NJW-RR 2001, 835; Wenzel/*Burkhardt/Peifer* Kap. 10 Rn. 211). Nach dem LG Oldenburg (AfP 1995, 679) muss der Äußernde genannt werden. Auch kann sich bereits aus der äußeren Form der Veröffentlichung ergeben, dass sich die Presse die veröffentlichte Äußerung des Dritten nicht zu eigen macht und sich damit hinreichend distanziert. Nach Rechtsprechung des BGH gilt dies zB für in Frage und Antwort gegliederte Interviews (vgl. BGH AfP 2010, 73 mwN). Beim Abdruck von Interviews anderer Gestaltung entfällt die Zurechnung nur dann, wenn sich die Presse die wiedergegebenen Auffassungen ersichtlich nicht zu eigen gemacht hat (vgl. OLG Hamburg AfP 2006, 565 mwN; für Rundfunkinterviews vgl. BGH AfP 1975, 75 ff.; OLG Karlsruhe AfP 2002, 44; 1987, 616; Wenzel/*Burkhardt* Kap. 4 Rn. 102 ff.; *Prinz/Peters* Rn. 38). Die distanzlose Wiedergabe von Drittäußerungen oder der bloße Abdruck eines eine Person identifizierenden Beitrag mit einem Hinweis im Impressum, dass die Inhalte der Artikel nicht zwangsläufig die Meinung der Redaktion widerspiegeln, reicht dafür nicht aus (vgl. LG Offenburg AfP 2013, 429 ff.; OLG Frankfurt a. M. K&R 2016, 190 ff.). Umgekehrt ist die kommentarlose Einstellung von Dokumenten Dritter in das Online-Archiv einer Zeitung kein Zu-Eigen-Machen (vgl. OLG Köln K&R 2014, 43 ff.). Der Nutzer macht sich einen von ihm in einem sozialen Netzwerk geteilten Beitrag erst dann zu eigen, wenn er die Weiterverbreitung mit einer positiven Bewertung verbindet (OLG Dresden, AfP 2017, 257).

Dagegen genügt die Einkleidung in eine Frage, die bloße Benutzung des Konjunktivs oder die Verwendung von unkonkreten Formulierungen wie „Wie aus sicherer Quelle zu erfahren war…" in der Regel nicht, um eine ausreichende Distanzierung zu schaffen. Eine Billigung der Fremdäußerung „zwischen den Zeilen" kann bereits genügen, um ein Zu-Eigen-Machen zu bejahen (vgl. LG Frankfurt a. M. AfP 2008, 643). Werden Interviewpassagen in Form von Überschriften hervorgehoben, ohne als Zitate des Gesprächspartners kenntlich zu sein, so hat der Durchschnittsleser den Eindruck, die Redaktion billige diese Äußerungen. Die Presse hat sich dann die Äußerungen zu Eigen gemacht und haftet deshalb hierfür in vollem Umfang wie der Interviewpartner. (vgl. BGH AfP 1986, 242; OLG Hamburg AfP 1983, 412; Wenzel/*Burkhardt/Peifer* Kap. 10 Rn. 211).

16a Die Distanzierung von der Äußerung Dritter alleine genügt jedoch nicht, um eine etwaige Verbreiterhaftung auszuschließen; mit ihr wird nur der Eindruck beseitigt, bei der fraglichen Aussage handele es sich um eine *eigene* der Presse (vgl. BGH NJW 1986, 2504; *Mensching* AfP 2009, 442). Um die Zulässigkeit der Verbreitungshandlung bejahen zu können, muss zum einen an der Mitteilung einer von dritter Seite aufgestellten Äußerung ein *Informationsinteresse* bestehen. Zudem muss die Presse ihren *Sorgfaltspflichten* nachgekommen sein (→ Rn. 10).

Ein *Informationsinteresse* kann zB dann bestehen, dass sich eine bestimmte Persönlichkeit in der fraglichen Weise geäußert hat (vgl. LG Frankfurt a. M. AfP 2008, 644). Kein Informationsinteresse besteht an der Wiedergabe bloßer Gerüchte aus zweifelhaften Quellen (vgl. BGH NJW 1997, 1148; 1976, 1198; OLG Düsseldorf NJW 1978, 705; LG Berlin AfP 2003, 174; 1990, 59; Wenzel/*Burkhardt* Kap. 10 Rn. 160; *Prinz/Peters* Rn. 39) oder der Weitergabe von Angaben aus der Privat- und Intimsphäre, ebenso bei Schmähkritiken oder strafbaren Äußerungen (vgl. BGH NJW 1976, 1198; OLG Düsseldorf NJW 1978, 705; OLG Köln AfP 1976, 185).

Vor der Verbreitung haben die Presse, Rundfunk und journalistisch-redaktionell gestaltete Telemedien ihren *Sorgfaltspflichten* nachzukommen (*Soehring/Hoene* Rn. 2.1 ff.). Sie haben Nachrichten und Behauptungen auf ihren Wahrheitsgehalt hin zu überprüfen (vgl. BGH AfP 2010, 73 mwN; → Rn. 10). Diese Pflichten sind zwar weitergehend als die, die Privaten obliegen. Umgekehrt dürfen die Sorgfaltspflichten auch nicht überspannt werden, um den von Art. 5 Abs. 1 GG geschützten freien Kommunikationsprozess nicht einzuschnüren (vgl. BVerfG NJW-RR 2010, 471 f. mwN; BGH NJW-RR 2017, 98 (103)).

Die Anforderungen an die Distanzierung, das Informationsinteresse und die Prüfpflicht richten sich nach den Umständen des Einzelfalles, insbesondere nach der Schwere der Beeinträchtigung (vgl. BGH GRUR 1969, 147 ff.; KG Berlin AfP 2001, 65; LG Offenburg AfP 2013, 429 ff.; zu einzelnen Kriterien zur Bemessung der Prüfpflichten vgl. *Mensching* AfP 2009, 443 f.). Das OLG Zweibrücken (AfP 1980, 209) verlangt zusätzlich, dass der Angegriffene ebenfalls in dem Bericht zu Wort kommen muss (vgl. Wenzel/*Burkhardt/Peifer* Kap. 10 Rn. 209).

17 *Zitate* Dritter müssen immer richtig wiedergegeben werden; bei unrichtigen Zitaten entfällt im Allgemeinen die Rechtfertigung. Zudem kommt in diesem Falle nicht nur eine Haftung gegenüber dem Betroffenen, sondern auch gegenüber dem (falsch) Zitierten in Betracht (vgl. *Soehring/Hoene* Rn. 16.97). Sofern eigene Deutungen einer fremden Äußerung, die mehrere Interpretationen zulässt, durch die Presse erfolgen, sind diese als solche kenntlich zu machen (vgl. BVerfG AfP 2005, 544; NJW 1980, 2072; OLG Frankfurt a. M. AfP 2020, 223; OLG Saarbrücken AfP 1985, 134; *Soehring/Hoene* Rn. 14.16 ff.). Die Weitergabe von Gesprächsinhalten ist unzulässig, wenn diese ausdrücklich als vertraulich behandelt wurden (vgl. BGH AfP 1987, 508).

Die Haftung für *Leserbriefe* richtet sich nach den gleichen Kriterien wie bei sonstigen Äußerungen Dritter. Grundsätzlich haftet die Presse auch für die Inhalte von Leserbriefen (vgl. *Soehring/Hoene* Rn. 16.43; Wenzel/*Burkhardt/Peifer* Kap. 10 Rn. 212; Prinz/Peters Rn. 40). Ihre Haftung entfällt nur, wenn ein Informationsinteresse gegeben ist und eine hinreichende Distanzierung seitens der Presse erfolgte (vgl. BGH NJW 1986, 2505; OLG Celle AfP 2002, 508; LG Oldenburg AfP 1987, 537). Das Informationsinteresse fehlt in der Regel bei Gerüchten, beleidigenden bzw. kreditschädigenden Äußerungen oder Schmähkritik. Hier hat die Presse eine Überprüfungspflicht und muss gegebenenfalls auf den Abdruck ganz verzichten (vgl. BGH NJW 1986, 2503; *Mensching* AfP 2009, 442; Wenzel/*Burkhardt/Peifer* Kap. 10 Rn. 212). Die Distanzierung ist ausreichend, wenn bei Leserbriefspalten ein allgemeiner Hinweis gegeben wird, sie spiegelten nicht die Meinung der Redaktion wider, da diese Spalten bekanntermaßen stets Äußerungen Dritter enthalten (vgl. *Soehring/Hoene* Rn. 16.43; → Kap. 39 Rn. 15). Beim Abdruck eines fingierten Leserbriefs, der sich mit einem Konkurrenzverlag auseinandersetzt, kommt dies naturgemäß nicht in Frage (vgl. OLG Koblenz AfP 2013, 509 ff.). Wie auch sonst bei der Wiedergabe von Drittäußerungen scheiden bei ausreichendem Informationsinteresse und Distanzierung Ansprüche auf Schadensersatz und Berichtigung gegenüber der Presse aus. Trotz ihrer (Störer-)Haftung als Verbreiter rechtswidriger Äußerungen Dritter dürfte nicht einmal ein Unterlassungsanspruch gegen das Presseorgan durchgreifen, da anders als bei sonstiger redaktioneller Berichterstattung bei Leserbriefen zu Recht eine nochmalige Veröffentlichung und damit Wiederholungsgefahr nicht vermutet wird (vgl. BGH NJW 1986, 2503; Wenzel/*Burkhardt/Peifer* Kap. 10 Rn. 212). Sie müsste deshalb von dem Betroffenen nachgewiesen bzw. im einstweiligen Verfügungsverfahren glaubhaft gemacht werden, was kaum in Betracht kommen dürfte. **17a**

Ebenso besteht bei Leserbriefen wie bei anderen Drittäußerungen im Falle fehlender Distanzierung statt des Berichtigungsanspruchs in Form des Widerrufs ein Anspruch gegen die Presse, von der verbreiteten Darstellung abzurücken (vgl. BGH NJW 1976, 1198; → Kap. 44 Rn. 26 f.). Der *Distanzierungsanspruch* entfällt aber, wenn sich die Presse zwischenzeitlich von der Erstmitteilung distanziert hat (vgl. OLG Köln AfP 1976, 185; → Kap. 44 Rn. 26), etwa von sich aus eine Berichtigung publiziert hat. **18**

V. Die Haftung der einzelnen Presseangehörigen

1. Bei einem Eingriff der Presse, darunter auch Rundfunk und journalistisch-redaktionell gestaltete Telemedien, in die Rechte Dritter sind in aller Regel auf Seiten der Presse mehrere Personen beteiligt (Verleger, Herausgeber, Redakteure, Drucker usw). Je nach dem Maß ihrer Mitwirkung haften die Beteiligten als Täter, Mittäter, Anstifter oder Gehilfen. Bei *mittelbarer Täterschaft* durch einen rechtmäßig handelnden Dritten ist auf den die Handlung veranlassenden Täter abzustellen (vgl. OLG Frankfurt a. M. ZUM 1987, 293; *Soehring/Hoene* Rn. 28.10). Da sämtliche an einer unerlaubten Handlung Beteiligten nach außen, dh dem Verletzten gegenüber, voll als *Gesamtschuldner* haften (§ 840 Abs. 1 BGB; vgl. BGH AfP 1986, 242; OLG Frankfurt a. M. WRP 1987, 324), kommt das unterschiedliche Maß der Beteiligung des Einzelnen vor allem für den internen Ausgleich der zum Schadensersatz Herangezogenen in Betracht (§ 426 BGB). Hat sich zB der Geschädigte an den Verleger gehalten, ist aber der Redakteur allein der Schadensstifter, so kann der Verleger von ihm im Innenverhältnis grundsätzlich die Erstattung des vollen Schadens verlangen. Allerdings kann die Erstattungspflicht durch die rechtlichen Rahmenbedingungen des Innenverhältnisses modifiziert werden. So ist die Haftung beispielsweise von Arbeitnehmern gegenüber ihrem Arbeitgeber beschränkt (ständige Rechtsprechung seit BAG NZA 1994, 1083 ff.; hierzu → Rn. 22a). **19**

2. Die zivilrechtliche Haftung der Presseangehörigen unterscheidet sich nach ihrer Stellung im jeweiligen Medium. **20**

Die Haftung des *Informanten* beruht auf der Erwägung, dass gerade der Informant durch die Informationsmitteilung (meist als Anstifter) die Verletzungshandlung veranlasst habe (vgl. BGH NJW 1983, 1460; 1968, 1419; 1967, 675; BGHZ 50, 1; OLG München WRP 1992, 53; Löffler/*Steffen* LPG § 6 Rn. 229; Wenzel/*Gamer/Peifer* Kap. 13 Rn. 77; *Prinz/Peters* Rn. 318). Da die Presse, Rundfunk und journalistisch gestaltete Telemedien die Identität ihrer Informanten regelmäßig nicht offenbaren werden (vgl. → Kap. 30 Rn. 2ff.), ist diese Haftung eher theoretischer Natur. Ein Informant würde auch nur für eine „adäquate" Verursachung haften (→ Rn. 13; BGH NJW 1980, 996; 1974, 105; 1973, 1460; BAG NJW 2003, 377; *Ricker*, Unternehmensschutz und Pressefreiheit, S. 147). Überlässt der Informant die Abfassung des Berichts völlig dem Redakteur und muss der Informant auf Grund seiner einseitigen Information mit einem scharf formulierten Angriff rechnen, so hat er, sofern seine Identität von der Presse entgegen den ihr obliegenden Pflichten offenbart werden sollte, dafür einzustehen (vgl. BGH NJW 1964, 1181; OLG Stuttgart NJW-RR 1991, 1515; LG München WRP 1977, 73). Dies gilt allerdings nur, soweit es um unwahre Tatsachenbehauptungen oder um Werturteile geht, die auch dem Redakteur nicht erlaubt sind (vgl. OLG Stuttgart NJW-RR 1991, 1515). Der Informant hat dagegen nicht für die verletzende Form, in die seine Information durch den Redakteur erst gebracht worden ist (Löffler/*Steffen* LPG § 6 Rn. 280 mwN) und nicht für Werturteile des Redakteurs einzustehen, die ihm unrichtigerweise in dem Pressebericht zugeschrieben werden und als solche wettbewerbswidrig und damit unzulässig wären (vgl. OLG Stuttgart NJW-RR 1991, 1515). Wie der Informant, so haftet auch der *Einsender* bzw. der *Verfasser* einer Pressenotiz für deren Richtigkeit (vgl. BGHZ 50, 1; OLG Frankfurt a. M. AfP 1972, 112; *Lunk* GRUR 1991, 656ff.). Die Haftung trifft auch denjenigen, der erlaubt hat, dass ein Dritter unter seinem Namen schreibt (vgl. OLG Köln NJW 1987, 1435).

21 3. *Drucker, Setzer* und andere *„technische Verbreiter"* (zB Grossisten) kommen in der Regel nur als Gehilfen einer unerlaubten Handlung in Frage, sofern sie überhaupt mitverantwortlich gemacht werden können (vgl. KG Berlin AfP 1987, 427). Eine Prüfungspflicht wird man ihnen nur dort aufbürden können, wo von vornherein Anlass zu Bedenken bestand. Anders ist die Rechtslage, wenn sie nicht auf Schadensersatz, wohl aber auf *Unterlassung* der Herstellung bzw. Verbreitung einer Druckschrift in Anspruch genommen werden. Hier kommt es nicht auf ein Verschulden, sondern nur auf die Mitwirkung bei einer objektiv widerrechtlichen Veröffentlichung an (vgl. BGH NJW 1976, 799f.; OLG München AfP 2001, 140; LG Düsseldorf ZUM 2002, 392; *Ricker*, Unternehmensschutz und Pressefreiheit, S. 147f.; Wenzel/*Burkhardt-Peifer* Kap. 10 Rn. 221; zur Haftung des *Bibliothekars* und des *Importeurs* als „Störer" bei der Verbreitung verletzender Publikationen vgl. BGH WRP 1976, 240; *Wenzel* NJW 1973, 603). Diese besteht aber nicht schon darin, dass in irgendeiner Form an der Verbreitung mitgewirkt wird; erforderlich ist vielmehr, dass der „technische Verbreiter" zugleich auch eine eigene Prüfungspflicht verletzt und eine rechtliche Möglichkeit zur Verhinderung der Störung hat (vgl. LG Berlin AfP 2009, 77 mwN; Löffler/*Steffen* LPG § 6 Rn. 281; *Soehring/Hoene* Rn. 28.16).

22 4. Der *Redakteur* haftet als Täter, wenn er den verletzenden Artikel selbst verfasste. Hat er ihn nur redigiert, so liegt Mittäterschaft mit dem Verfasser vor (vgl. OLG Köln GRUR 1967, 319; Wenzel/*Burkhardt* Kap. 12 Rn. 63; Löffler/*Steffen* LPG § 6 Rn. 279; zur strafrechtlichen Haftung vgl. *Pöppelmann/Jemlich* AfP 2003, 218ff.; → Kap. 49 Rn. 16ff.).

a) Der *Chefredakteur* haftet, wenn er entweder persönlich mitgewirkt hat (vgl. OLG Brandenburg NJW 1999, 3340, für Leiterin der Lokalredaktion; *Groß* AfP 2005, 151) oder wenn er die notwendige Überwachung pflichtwidrig unterlassen hat (vgl. Wenzel/*Burkhardt* Kap. 12 Rn. 67). Der Chefredakteur hat besondere Überwachungspflichten hinsichtlich des Personals. Grundsätzlich muss er die Artikel vor der Veröffentlichung sichten (vgl. BGH NJW 1968, 1419; OLG Köln AfP 1985, 295; 1971, 89). Ist allerdings ein Verantwortlicher Redakteur bestellt worden, haftet der Chefredakteur grundsätzlich *nicht* neben diesem, solange es sich um die gewöhnliche Redaktionsarbeit handelt, die der Verantwortliche Redakteur zu überwachen hat (vgl. BGH GRUR 1979, 423; OLG Düsseldorf AfP 1980, 54; vgl. auch *Mathy* S. 213; *Groß* DVP 1993, 95). Die bloße Nennung im Impressum führt hingegen als solches nicht zu einer Haftung des Chefredakteurs.

b) Der *Verantwortliche Redakteur* haftet nicht nur strafrechtlich (einschließlich für die von anderen Autoren namentlich gekennzeichneten Beiträge, vgl. LG Berlin AfP 1992, 86), sondern kann auch zivilrechtlich im Rahmen der Überwachungspflicht für sein Ressort haften. Diese Pflicht wird entscheidend durch die redaktionelle Aufgabe festgelegt, mit der der Redakteur betraut ist. Er ist derjenige, der eine inhaltliche Überprüfung von Publikationen vornehmen und nach außen verantworten soll, so dass ihn auch eine deliktsrechtliche Verantwortlichkeit trifft (vgl. BGH NJW 1977, 627; LG Köln AfP 1991, 757; Wenzel/*Burkhardt* Kap. 12 Rn. 66;

Soehring/Hoene Rn. 28.13; *Prinz/Peters* Rn. 312; Löffler/*Steffen* LPG § 6 Rn. 226). Wenn er sich über die zum Schutze Dritter erlassenen Vorschriften, die ihm geläufig sein müssen, hinwegsetzt, ist dies grob schuldhaft (vgl. OLG Köln AfP 1987, 603). Allerdings ergibt sich die zivilrechtliche Haftung nicht alleine daraus, dass der Verantwortliche Redakteur im *Impressum* genannt wird. Vielmehr muss das Bestehen und die Verletzung der Überwachungspflicht im Einzelfall konkret nachgewiesen werden (vgl. OLG Frankfurt a. M. ZUM 1992, 366; OLG Celle AfP 1992, 295; KG Berlin AfP 1991, 639; Wenzel/*Burkhardt* Kap. 12 Rn. 66; Löffler/*Steffen* LPG § 6 Rn. 226; *Prinz/Peters* Rn. 313). Etwas anderes gilt nur hinsichtlich der Gegendarstellungen. Hier haften die Verantwortlichen Redakteure aufgrund der ausdrücklichen Anordnung in den Landespressegesetzen (vgl. Wenzel/*Gamer/Peifer* Kap. 13 Rn. 78).

c) Die früher nur für gefahrgeneigte Arbeiten geltenden Grundsätze über die Beschränkung der Arbeitnehmerhaftung gelten nunmehr in allen Fällen, in denen ein Arbeitnehmer bei betrieblich veranlassten Arbeiten Schäden verursacht (ständige Rechtsprechung seit BGH NJW 1994, 856 ff.; vgl. BAG NJW 2003, 377; NZA 2003, 37; 2002, 612; *Pallasch* RdA 2013, 338). Bei normaler Fahrlässigkeit trifft ihn daher nur eine anteilige Haftung, während der Verlag bei einfachem Verschulden den Schaden ganz zu tragen und den Mitarbeiter von Schadensersatzansprüchen vollständig freizustellen hat. Den Arbeitnehmer haftet in diesem Falle nicht (vgl. BAG NJW 2003, 379; NZA 1993, 547 *Schwab* NZA-RR 2006, 450). Danach haftet der Redakteur für die finanziellen Folgen eines Rechtsverstoßes in der Regel in vollem Umfang nur bei einem grob fahrlässigen oder sogar vorsätzlichen Verhalten (vgl. BAG NJW 1990, 468), wobei auch im Falle grober Fahrlässigkeit Haftungsbegrenzungen denkbar sind (vgl. BAG NZA 2002, 612). Bei größeren Schadenssummen kann die Haftung der Arbeitnehmer aus Billigkeitsgründen auf mehrere Monatsgehälter beschränkt sein, sofern nicht ohnehin eine tarifvertragliche Haftungsbeschränkung Anwendung findet. Auf die Haftungsbeschränkung im Innenverhältnis zum Arbeitgeber (Verleger) kann sich der Redakteur gegenüber Dritten ausnahmsweise nicht berufen, wenn dieser zahlungsunfähig geworden oder insolvent geworden ist (vgl. BGH WiB 1994, 248 mAnm *Boemke*). **22a**

d) Der *Herausgeber,* dessen Funktion nicht gesetzlich definiert ist, haftet in gleicher Weise wie der Chefredakteur oder Verantwortliche Redakteur nur, wenn er seine inhaltlichen Kontrollpflichten subjektiv vorwerfbar verletzt (vgl. BGH MDR 1981, 40; LG Stuttgart AfP 1983, 294; *Ricker* FS Oppenberg, S. 49 ff.; → Kap. 13 Rn. 19; → Kap. 34 Rn. 9). Neben einer Haftung wegen einer eigenen Mitwirkung an dem Artikel kommt eine Haftung außerdem in Betracht, wenn der Herausgeber ganz allgemein als „Herr der Zeitung" anzusehen ist (vgl. OLG Celle AfP 1992, 295; Wenzel/*Burkhardt* Kap. 12 Rn. 67; Löffler/*Steffen* LPG § 6 Rn. 224 u. 278). Dies ist im Einzelfall darzulegen, da die Haftung nicht automatisch aus der Herausgeberstellung folgt (vgl. EMRK AfP 2017, 402 ff.; OLG Celle AfP 1992, 295; *Soehring/Hoene* Rn. 28.8 f.; vgl. zur hier geltenden Fiktionshaftung → Rn. 29).

5. Die Haftung des *Verlegers* (Medienunternehmens) ist rechtlich und praktisch von besonderer Bedeutung, da der Geschädigte in der Regel versuchen wird, sich an den Verleger als den vermutlich kapitalkräftigsten unter den Pressebeteiligten zu halten (vgl. *Löffler* NJW 1957, 1149). **23**

a) Hat der Verleger bei der beanstandeten Veröffentlichung selbst *mitgewirkt* (er hat zB die Veröffentlichung angeregt oder sie ist mit seinem Wissen und Willen erschienen), so haftet er je nach dem konkreten Maß seiner Beteiligung als Anstifter, Mittäter oder Gehilfe (vgl. auch BGHZ 39, 124 ff. (129); NJW 1974, 1371; OLG München ZUM 2001, 253; AfP 1990, 137). **24**

b) Ist die beanstandete Publikation ohne Wissen des Verlegers erfolgt, so kommt seine Schadenshaftung unter dem Gesichtspunkt eigenen Verschuldens durch pflichtwidrige Verletzung der ihm obliegenden *Organisationspflicht* in Betracht. Diese Organisationspflicht bezieht sich sowohl auf die Überprüfung des Publikationsstoffes als auch auf die Auswahl, Überwachung und Unterweisung des Personals (vgl. OLG Brandenburg NJW 1999, 3340; Löffler/*Steffen* LPG § 6 Rn. 221 ff.). Die Pflicht zur sorgfältigen Personalauswahl verletzt der Verleger etwa dann, wenn er einen Redakteur einstellt, der bereits mehrere Ehrverletzungen begangen hat (vgl. OLG München AfP 1990, 222). Was die Haftung für den *Publikationsstoff* angeht, so ist der Verleger grundsätzlich gehalten, durch zwingende Instruktion und sonstige Schutzmaßnahmen die Veröffentlichung von rechtswidrigen Inhalten zu verhindern (vgl. BGH NJW 1972, 1658; OLG Köln AfP 1991, 757; OLG Saarbrücken NJW 1978, 2395). **25**

Die Rechtsprechung legt dem Verleger nichtperiodischer Druckschriften, insbesondere dem *Buchverleger,* eine strengere Prüfungspflicht auf als dem Verleger von Zeitungen und Zeitschriften. Der Buchverleger muss grundsätzlich den Inhalt seiner Publikationen zuvor selbst prüfen, darf sich aber der Hilfe verlässlicher Mitarbeiter bedienen (vgl. BGHZ 14, 177). In kritischen Fällen muss er sich die Entscheidung selbst vorbehalten und sich gegebenenfalls an der „Quelle" durch Rückfragen von der Richtigkeit der Darstellung überzeugen, jedenfalls auch seinen Mitarbeitern diese Rückfragen zur Pflicht machen (vgl. OLG München NJW 1975, 1129). Von der *Haftung für Druckfehler,* die in der Praxis zu Schädigungen Dritter führen können (Druckfehler in einem medizinischen Nachschlagewerk), darf sich der Verleger dadurch befreien, dass er die Korrekturarbeit dem Verfasser des Werkes überträgt. Diese im Verlagswesen übliche Regelung liegt im Rahmen der im Verkehr erforderlichen Sorgfaltspflicht (vgl. BGH NJW 1970, 1963).

26 Der *Zeitungs-* und *Zeitschriftenverleger* ist zumeist nicht in der Lage und im Allgemeinen auch nicht verpflichtet, den Inhalt der Druckschrift vor ihrem Erscheinen persönlich zu prüfen (vgl. BGHZ 3, 275; NJW 1957, 1149). Er darf die ihm obliegenden Pflichten daher delegieren. Anders wäre es nur dann, wenn den Umständen nach mit der verletzenden Wirkung einer Veröffentlichung zu rechnen ist (vgl. BGHZ 14, 178; OLG Hamburg AfP 1970, 94; *Löffler* NJW 1957, 1149; Löffler/*Steffen* LPG § 6 Rn. 223). Insofern müssen auch hier „heiße Eisen" persönlich überprüft werden; das gilt auch für Boulevardzeitungen (vgl. OLG Hamburg AfP 1970, 94; → Rn. 14 u. → Kap. 13 Rn. 18a).

27 c) Was die Überwachungspflicht des Verlegers hinsichtlich des im Verlag beschäftigten *Personals* betrifft, so greift hier die sog. „Geschäftsherrenhaftung" des § 831 BGB ein (vgl. Löffler/*Steffen* LPG § 6 Rn. 222). Danach besteht im Interesse des Publikums eine gesetzliche Vermutung dahingehend, dass es der Geschäftsinhaber an der Auswahl bzw. Überwachung seines Personals, der sog. „Verrichtungsgehilfen", habe fehlen lassen, wenn durch deren Tätigkeit Dritten Schaden entsteht. Der Geschäftsherr hat aber die Möglichkeit, diese Vermutung zu widerlegen. Gelingt ihm dieser *Exkulpationsbeweis* nicht, so haftet er unabhängig davon, ob das Personal im Einzelfall schuldhaft gehandelt hat oder nicht (vgl. OLG München AfP 2001, 136). Zugleich entfällt auch seine Berufung auf die Wahrnehmung berechtigter Interessen (§ 193 StGB; vgl. BGH NJW 1953, 1722). Verrichtungsgehilfen können nicht nur festangestellte Mitarbeiter, sondern auch freie Mitarbeiter sein (vgl. BGH NJW-RR 1998, 252).

28 Die verlegerische Überwachungspflicht ist in Bezug auf das Personal eine dreifache: Dem Verleger obliegt die sorgfältige *Auswahl* aller Kräfte, die mit der Bearbeitung des Publikationsstoffes beauftragt sind (→ Rn. 25). Auch hat er die Pflicht zur laufenden *Überwachung* dieser Mitarbeiter. Darüber hinaus legt die Rechtsprechung dem Verleger eine weitgehende *Instruktionspflicht* auf (vgl. → Rn. 25; BGHZ 14, 177; NJW 1978, 2395). Dazu gehören auch rechtliche Unterweisungen, wie sich im Einzelfall zur Meidung eventueller Regressforderungen die Mitarbeiter verhalten sollen. Dies gilt etwa für Anzeigen, die erheblich in Rechte Dritter eingreifen können (etwa Anzeigen über Familienverhältnisse, Verlöbnisse, Bekanntschaften oder Geschäftsaufgaben) oder für die Frage der Einwilligung in Bildveröffentlichungen (vgl. BGH NJW 1972, 1658; OLG Saarbrücken NJW 1978, 2395; LG Köln AfP 1991, 757; Löffler/*Steffen* LPG § 6 Rn. 221).

Der Verleger haftet nicht, wenn auf Seiten der Mitarbeiter eine Kompetenzüberschreitung vorliegt, diese also nicht mehr in Ausführung der ihnen übertragenen Verrichtung handeln (vgl. BGH NJW-RR 1998, 252; NJW 1968, 392).

Nur im *Wettbewerbsrecht* haftet der Geschäftsinhaber bei wettbewerbswidrigem Verhalten seiner Angestellten und Beauftragten ohne die Entlastungsmöglichkeit des § 831 BGB auf Unterlassung (§ 8 Abs. 2 UWG nF; BGH GRUR 1959, 38 ff.; vgl. → Kap. 78 Rn. 4; zum Haftungsprivileg für Redakteure und Verleger in § 9 S. 2 UWG → Rn. 14).

29 d) Da sich der Verleger mit Hilfe des Exkulpationsbeweises in aller Regel einer Schadenshaftung entziehen kann und weil bei einem schuldhaft handelnden Verlagsangestellten im Allgemeinen nichts zu holen ist, geht der Geschädigte häufig leer aus. Um dieser unbefriedigenden Regelung entgegenzuwirken, hat die Rechtsprechung des BGH eine Haftung des Geschäftsinhabers für *betriebliche Organisationsmängel* statuiert (vgl. BGH NJW 1986, 982; MDR 1981, 40; NJW 1980, 2810; 1966, 1857; 1965, 685; 1952, 660).

Danach ist es als Organisationsmangel anzusehen, wenn der Geschäftsinhaber in kritischen Fällen, in denen eine Schädigung Dritter droht, nicht selbst entscheidet oder wenigstens dafür Sorge trägt, dass ein solcher Fall – insbesondere bei größeren Verlagen – von einem gesetzlichen Vertretungsorgan des Unternehmens (zB dem Geschäftsführer einer GmbH) entschieden wird. Überprüft der Verleger nicht selbst die Inhalte, so muss er dem verantwortlichen Dritten die Organstellung gemäß §§ 30, 31 BGB mit der Folge einräumen, dass er für dessen Verschulden ohne Entlastungsmöglichkeit einzustehen hat (vgl. OLG München AfP 2001, 136; OLG Düsseldorf AfP 1989, 549; *Prinz/Peters* Rn. 293). Geschieht dies nicht, weil zB einer Person ohne Organstellung die Prüfung übertragen wird, so ist bereits dieses Verhalten als Organisationsverschulden zu bewerten (vgl. Damm/Rehbock Rn. 687). Wird die Prüfung jedoch einem Organ übertragen, so kommt, anders als bei Verrichtungsgehilfen, eine Exkulpation des Verlegers nicht in Betracht, da eine solche hinsichtlich der Organe nicht möglich ist (vgl. § 31 BGB; BGH NJW 1963, 485). Dieser Grundsatz der sog. *Organhaftung* gilt nicht nur für juristische Personen, sondern in analoger Anwendung auch bei sonstigen Gesellschaftsformen (vgl. BGH NJW 1952, 538; OLG Hamburg AfP 1970, 94).

e) Unabhängig von einem etwaigen eigenen Verschulden (durch positive Mitwirkung oder **30** pflichtwidrige Unterlassung) ist der Verleger als *„Herr des Presseunternehmens"* (vgl. BGH NJW 1974, 1371; *Prinz/Peters* Rn. 311) verpflichtet, widerrechtliche Eingriffe zu unterlassen bzw. störende Beeinträchtigungen zu beseitigen. Für Ansprüche auf Unterlassung, Beseitigung und Widerruf bzw. Berichtigung ist der Verleger bzw. das Medienunternehmen bei rechtswidrigen Eingriffen stets passiv legitimiert (vgl. BGH NJW 1987, 2226; AfP 1986, 248; NJW 1974, 1762; BGHZ 14, 163; OLG München AfP 1990, 137; LG Köln AfP 1991, 757; *Soehring/Hoene* Rn. 28.1 ff.; Wenzel/*Burkhardt* Kap. 12 Rn. 64).

42. Kapitel. Die zivilrechtlichen Schranken der Wortberichterstattung

I. Der Schutz des Persönlichkeitsrechts

1. Allgemeine Grundlagen

Seinem Wortlaut nach schützt § 823 Abs. 1 BGB fünf absolute Rechtsgüter: Leben, Körper, **1** Gesundheit, Freiheit und Eigentum. Die Rechtsprechung (grundlegend BVerfG NJW 1997, 2670; 2006, 3409; 1993, 1463; BVerfGE 68, 231; 54, 148; 34, 281; BGH AfP 2009, 399; NJW 1996, 1129; 1996, 985; BGHZ 95, 212 f.; 13, 334 ff.; BAG NJW 2009, 254) und die herrschende Meinung (vgl. Helle, Besondere Persönlichkeitsrechte, S. 6 ff.; *Nipperdey* UFITA Bd. 30, S. 7 f.; Löffler/*Steffen* LPG § 6 Rn. 56 ff.; MüKoBGB/*Rixecker* BGB Anhang zu § 12 Rn. 1 ff.; *Soehring/Hoene* Rn. 12.69 ff.; Palandt/*Sprau* BGB § 823 Rn. 83 ff.; Wenzel/*Burkhardt/Peifer* Kap. 5 Rn. 2 ff.; *Seyfarth* NJW 1999, 1287 ff.) leiten aus Art. 1 Abs. 1 und Art. 2 Abs. 1 GG (Schutz der Menschenwürde und der freien Entfaltung der Persönlichkeit) das *allgemeine Persönlichkeitsrecht* ab und billigen ihm zivilrechtlichen Schutz im Rahmen des § 823 Abs. 1 BGB zu.

Das seit der *Leserbrief*-Entscheidung des BGH (BGHZ 13, 334 ff. = NJW 1954, 1404 ff.) höchstrichterlich anerkannte Persönlichkeitsrecht ist ein einheitliches und umfassendes subjektives Recht auf Achtung und freie Entfaltung der Persönlichkeit. Dabei repräsentiert die Menschenwürde aus Art. 1 Abs. 1 GG eher das *passive,* die Entfaltungsfreiheit aus Art. 2 Abs. 1 GG das *aktive* Schutzmoment (vgl. Helle S. 71 ff.; BGHZ 106, 229; 26, 349; Palandt/*Sprau* BGB § 823 Rn. 86). Beide Ausprägungen stehen jedem Menschen ohne weiteres zu.

Der *Schutzumfang* des allgemeinen Persönlichkeitsrechts ist weit und nicht abschließend fest- **2** gelegt (vgl. BVerfG AfP 2007, 444; NJW 1993, 1463; BGHZ 24, 72). Es fungiert vielmehr als „Rahmen-„ oder „Quellrecht" für weitere konkretisierende Ausgestaltungen (BGHZ 24, 78; NJW 1987, 2667; Löffler/*Steffen* LPG § 6 Rn. 73 ff.; MüKoBGB/*Rixecker* BGB Anhang zu § 12 Rn. 3 ff.; kritisch *Tiedemann* DÖV 2003, 74 ff.). Damit werden die bereits anerkannten besonderen Persönlichkeitsrechte wie etwa der Namensschutz (§ 12 BGB), das Urheberrecht, das Recht am eigenen Bild (§§ 22 ff. KUG) oder auf personenbezogenen Datenschutz auf eine breitere verfassungsrechtliche Basis gestellt und zugleich Raum für weitere Ausformungen des Persönlichkeitsschutzes geschaffen. Anerkannte Schutzgüter des verfassungsrechtlichen Allgemeinen Persönlichkeitsrechts sind Sphären der Persönlichkeit (→ Rn. 6b ff.), die persönliche Ehre (vgl. → Kap. 42 Rn. 30 ff., und Kap. 53), das Recht am eigenen Bild (vgl. Kap. 43) und am gesprochenen Wort (→ Rn. 20), das Recht Strafgefangener auf Resozialisierung (→ Rn. 15), das Recht, nicht falsch zitiert zu werden (→ Rn. 28; → Kap. 44 Rn. 42), das Recht auf informationelle Selbstbestimmung (→ Rn. 39 ff.) sowie das Recht auf Darstellung der eigenen Person in der Öffentlichkeit (vgl. *Born* AfP 2005, 111).

2a Das Recht auf Darstellung der eigenen Person umfasst auch das Lebensbild des Einzelnen in der Öffentlichkeit und damit den sozialen Geltungsanspruch (BVerfG AfP 1998, 388; NJW 1998, 1383; 1991, 91). Dem Betroffenen steht kein Recht zu, in der Öffentlichkeit so dargestellt zu werden, wie es seinem Selbstbildnis entspricht oder ihm genehm ist (vgl. BVerfG K&R 2020, 600 (601 f.); AfP 2010, 146; BGH AfP 2006, 61 mwN).; Das Persönlichkeitsrecht schützt ihn aber vor entstellenden und verfälschenden Darstellungen sowie solchen, welche die Persönlichkeitsentfaltung erheblich beeinträchtigen können (vgl. BVerfG AfP 2008, 56 f. mwN; BGH AfP 2009, 399). Eine solche Beeinträchtigung kann nicht nur durch die Schilderung falscher, sondern auch durch die Schilderung *wahrer* Tatsachen erfolgen (→ Rn. 6 ff.). Durch das Allgemeine Persönlichkeitsrecht werden darüber hinaus nicht nur ideelle, sondern in zunehmendem Maße auch kommerzielle Interessen des Betroffenen geschützt, etwa bei der werbemäßigen Vermarktung seiner Person. Die neuere Rechtsprechung erkennt ausdrücklich ein „wirtschaftliches Persönlichkeitsrecht" als schutzfähiges Rechtsgut iSd § 823 Abs. 1 BGB an (vgl. BVerfG AfP 2006, 453; BGH NJW 2007, 690; ZUM 2000, 589; *Alexander* AfP 2008, 556 ff.; → Rn. 5a). Dieses kann durch das Auftreten des *Doppelgängers* eines „Prominenten" in der Werbung oder bei Veranstaltungen verletzt sein (vgl. LG Düsseldorf AfP 2002, 64; LG Köln ZUM 2001, 180 f.; *Pietzko* AfP 1988, 209 ff.). Gleiches gilt für die ungenehmigte Werbung mit dem Namen eines „Prominenten" (vgl. BGHZ 81, 77 f.; NJW 1981, 2402; LG Düsseldorf AfP 2003, 77; 2002, 64) oder die unbefugte kommerzielle Nutzung eines Bildnisses (vgl. BGH NJW 2007, 690; Kap. 43 zur Bildberichterstattung im Einzelnen).

3 Die tatbestandliche Offenheit des Persönlichkeitsrechts und der Umstand, dass der Schutz der freien Entfaltung des einen automatisch die Freiheit eines anderen einschränkt, führen allerdings zu der Notwendigkeit, den Schutzumfang zu begrenzen. Im Allgemeinen geschieht dies dadurch, dass – anders als bei Verletzung der übrigen Rechte des § 823 Abs. 1 BGB – bei dem generalklauselartigen allgemeinen Persönlichkeitsrecht die *Rechtswidrigkeit* nicht schon durch die Verwirklichung des Eingriffstatbestandes indiziert wird, sondern im Einzelfall durch Güter- und Interessenabwägung begründet werden muss (vgl. BVerfG NJW 1987, 2670; 1973, 1227 f.; BGH AfP 2009, 399 mwN; BAG NJW 2010, 104 (106); KG Berlin AfP 2006, 75; Palandt/*Sprau* BGB § 823 Rn. 95; Wenzel/*Burkhardt/Peifer* Kap. 5 Rn. 13; *Prinz/Peters* Rn. 51; Damm/Rehbock Rn. 18). Oft werden dabei die in Art. 5 Abs. 1 GG normierten Kommunikationsgrundrechte der Medien einerseits und andererseits das Allgemeine Persönlichkeitsrecht des von der Berichterstattung Betroffenen gegeneinander abzuwägen sein (vgl. MüKoBGB/*Rixecker* BGB Anhang zu § 12 Rn. 17). Ebenfalls zu berücksichtigen bei dieser Abwägung sind die Gewährleistungen der Europäischen Menschenrechtskonvention (vgl. BGH AfP 2010, 163 mwN; Wenzel/*Burkhardt/Peifer* Kap. 5 Rn. 8; → Kap. 43 Rn. 1a und 15 ff.). Der Eingriff in das Allgemeine Persönlichkeitsrecht ist dann rechtswidrig, wenn das Schutzinteresse des Betroffenen die schutzwürdigen Belange der anderen Seite überwiegt (vgl. BGH AfP 2010, 163 mwN).

Um jedoch insoweit Unbestimmtheiten auf der Tatbestandsebene und Abgrenzungsschwierigkeiten zwischen Tatbestand und Rechtswidrigkeit zu vermeiden, ist es erforderlich, die Generalklausel durch Herausbildung *typischer Tatbestände* zu konkretisieren, deren Verwirklichung regelmäßig rechtswidrig ist (vgl. Wenzel/*Burkhardt/Peifer* Kap. 5 Rn. 16 ff.; *Ladeur* AfP 2009, 447), sofern nicht der Schädigende auf Rechtfertigungsgründe (zB die Grundrechte aus Art. 5 Abs. 1 GG und auf § 193 StGB) verweisen kann (vgl. BGH NJW 1987, 2667).

4 *Träger* des Allgemeinen Persönlichkeitsrechts sind natürliche Personen (zur Erkennbarkeit des Betroffenen einer Persönlichkeitsverletzung vgl. BVerfG NJW 2004, 3619; OLG Köln AfP 2014, 463 ff.). Doch können auch juristische Personen im Rahmen ihrer Zwecksetzung und Funktionen, zB als Arbeitgeber oder als am Wirtschaftsleben Beteiligte (vgl. BVerfG NJW 2002, 3622; 1994, 1784; BGH AfP 2009, 138; NJW 2006, 602; OLG Köln NJW 1992, 2641; KG

Berlin AfP 2006, 75; OLG München AfP 2007, 229; *Soehring/Hoene* Rn. 12.73 ff.; Quante, Das allgemeine Persönlichkeitsrecht, S. 67 ff.; *Born* AfP 2005, 110 ff.) den Persönlichkeitsschutz geltend machen. Auch Handelsgesellschaften, Vereinigungen anderer Art ohne eigene Rechtspersönlichkeit (Gewerkschaften) oder Angehörige der traditionellen freien Berufe der Anwalt- oder Ärzteschaft können Schutz für ihren Gesellschaftszweck bzw. ihre Tätigkeit in Anspruch nehmen (BGHZ 78, 24; OLG Köln NJW 1992, 264; OLG Stuttgart NJW 1976, 628; vgl. *Soehring/Hoene* Rn. 12.74; *Klippel* JZ 1988, 625). Ebenso steht einer politischen Partei das Allgemeine Persönlichkeitsrecht zu (vgl. OLG München ZUM 1997, 60; OLG Köln NJW 1987, 1415; Wenzel/*Burkhardt/Peifer* Kap. 5 Rn. 127.

Mit dem *Tode* einer natürlichen Person endet ihre Existenz als handelnde Persönlichkeit, so **5** dass die Handlungs- und Entfaltungsfreiheit aus Art. 2 GG nicht mehr zum Tragen kommt (vgl. BGH NJW 2007, 685). Deshalb erlischt zwar das Persönlichkeitsrecht in seiner *aktiven* Ausprägung gemäß Art. 2 GG mit dem Tode. Die Menschenwürde aus Art. 1 Abs. 1 GG besteht jedoch auch über den Tod hinaus, so dass das Andenken an den Verstorbenen und sein *Lebensbild* – allerdings bei fortschreitender Zeit mit abnehmender Intensität – geschützt bleibt (vgl. BVerfGE 82, 272 f.; NJW 1971, 1645; BGH NJW 2007, 685; AfP 2006, 68; OLG München AfP 2001, 69; LG Düsseldorf ZUM 2002, 391; *Helle* AfP 2010, 532 f.; *Schack* JZ 2019, 864). Eine Dauer des postmortalen Persönlichkeitsschutzes lässt sich dabei nicht präzise bestimmen, sie hängt von den Umständen des Einzelfalls ab (vgl. BGH NJW 1990, 1988; OLG Frankfurt a. M. AfP 2009, 614). Sie dürfte jedoch in entsprechender Anwendung von § 22 Abs. 3 KUG zehn Jahre betragen (vgl. im Einzelnen *Soehring/Hoene* Rn. 13.17 ff. mwN; *Schack* JZ 2019, 864 (872)).

Gegenüber *grob* verletzenden Entstellungen des Lebensbildes haben die Angehörigen des Verstorbenen, die insofern dessen Rechte wahrnehmen können, einen *Unterlassungs- und Berichtigungsanspruch* (vgl. BGH AfP 2006, 68; ZUM 2000, 183; KG AfP 1998, 71; OLG Bremen AfP 1994, 145 f.; OLG Köln AfP 2018, 438 ff.; K&R 2018, 266 ff.; Palandt/*Sprau* BGB § 823 Rn. 89 f. mwN; krit. *Schwerdtner* JuS 1978, 289 ff.). Ebenso wie im Falle der unzulässigen postmortalen Bildveröffentlichung dürften nur die nächsten Angehörigen (Ehegatte, Kinder, Lebenspartner bzw. Eltern) anspruchsberechtigt sein (vgl. § 22 S. 4 KUG; OLG Bremen AfP 1994, 146; LG Düsseldorf ZUM 2002, 392; → Kap. 44 Rn. 43b).

Kein Anspruch auf Geldentschädigung (vgl. Palandt/*Sprau* BGB § 823 Rn. 89; *Soehring/Hoene* **5a** Rn. 13.15), aber ein Schadensersatzanspruch kann den Nachkommen zustehen, wenn in die von der Rechtsprechung anerkannten *wirtschaftlichen Bestandteile* des Lebensbildes eingegriffen wird, die ebenfalls über den Tod hinaus wirksam und vererbbar sind (vgl. BVerfG NJW 2006, 3410; BGH NJW 2006, 607; 2000, 2201; *Jung* AfP 2005, 317 ff.; *Schubert* AfP 2007, 20 ff.). Merkmalen der Persönlichkeit (→ Kap. 44 Rn. 50a) kann ein beträchtlicher wirtschaftlicher Wert zukommen, der im Allgemeinen auf der Bekanntheit und dem Ansehen der Person in der Öffentlichkeit – meist durch besondere Leistungen etwa auf sportlichem oder künstlerischem Gebiet erworben – beruht. Die bekannte Persönlichkeit kann ihr damit verbundenes Image wirtschaftlich verwerten, indem sie Dritten gegen Entgelt gestattet, ihre Persönlichkeitsmerkmale in der Werbung einzusetzen. Eine unerlaubte Verwertung dieser Persönlichkeitsmerkmale kann daher in erster Linie kommerzielle und nur zweitrangig ideelle Interessen der Betroffenen beeinträchtigen (vgl. BGH NJW 2000, 2197; Einzelheiten → Kap. 44 Rn. 50a). Allerdings muss die Geltendmachung durch Nachkommen dem ausdrücklichen oder mutmaßlichen Willen des Verstorbenen entsprechen (vgl. BGH NJW 2012, 1728 (1729 f.); Palandt/*Sprau* BGB § 823 Rn. 90). Die Schutzdauer dieser vermögensrechtlichen Komponenten des Allgemeinen Persönlichkeitsrechts beträgt in entsprechender Anwendung von § 22 S. 3 KUG zehn Jahre (vgl. BGH NJW 2007, 684 ff. mAnm *Wanckel*).

2. *Eingriff durch wahre Tatsachenbehauptungen*

Unwahre Tatsachenbehauptungen (→ Rn. 22 ff.) wirken sich in der Regel nachteilig auf das Anse- **6** hen des Betroffenen in der Öffentlichkeit und seinen sozialen Geltungsanspruch aus und greifen damit in sein Persönlichkeitsrecht ein. Das Persönlichkeitsrecht eines Betroffenen kann aber auch durch die Verbreitung von *wahren Tatsachen* beeinträchtigt werde.

So kann die zutreffende Mitteilung, dass ein hochrangiger verheirateter Politiker ein Verhältnis unterhalte, seine Glaubwürdigkeit in Frage stellen, die zutreffende Mitteilung, dass ein Sportler gedopt sei, seine Karriere beenden sowie die zutreffende Mitteilung, dass eine bekannte Sängerin HIV-infiziert sei und sich wegen ungeschützten Geschlechtsverkehrs einem strafgerichtlichen Verfahren ausgesetzt sehe, eine doppelte Prangerwirkung haben (vgl. KG Berlin AfP 2009, 418 f.). Dies bedarf allerdings sorgfältiger Abwägung, da die Äußerung wahrer Tatsachen, zumal solcher aus dem Bereich der Sozialsphäre, regelmäßig hingenommen werden muss (vgl. BVerfG K&R 2020, 600 (601 f.); NJW 2016, 3362; 2010, 1587 ff.; BGH AfP 2016, 248 (251 ff.)).

Die widerstreitenden Rechtssphären Pressefreiheit und Allgemeines Persönlichkeitsrecht sind daher in jedem Einzelfall im Rahmen einer Abwägung auszugleichen. Dabei können generalisierende Leitlinien behilflich sein.

6a Das Recht der Wortberichterstattung weist insofern Parallelen zu dem Recht der *Bildberichterstattung* auf, welches in den letzten Jahren aufgrund der Rechtsprechung des EGMR Wandlungen unterworfen war (vgl. → Kap. 43 Rn. 10 ff.). Auch bei der Bildberichterstattung sind die widerstreitenden Rechte des Betroffenen und der Presse gegeneinander abzuwägen. Umgekehrt unterscheiden sich die beiden Formen der Berichterstattung bereits konzeptionell: Während die Bildberichterstattung ohne Einwilligung des betroffenen Abgebildeten grundsätzlich nicht erfolgen darf (§ 22 Abs. 1 S. 1 KUG) und lediglich im Ausnahmefall auch ohne dessen Einwilligung zulässig ist (vgl. §§ 23 f. KUG), ist das Regel-Ausnahme-Verhältnis bei der Wortberichterstattung umgekehrt. Aufgrund des Grundsatzes der freien Berichterstattung darf eine Wortberichterstattung nur aufgrund einer Abwägung im Einzelfall zugunsten des Betroffenen eingeschränkt werden. Die Rechtsprechung zur Bildberichterstattung ist nicht auf die Wortberichterstattung übertragbar. Dass hinsichtlich einer bestimmten Information eine Bildberichterstattung unzulässig ist, bedeutet daher nicht, dass auch eine entsprechende Wortberichterstattung rechtswidrig ist (vgl. BGH NJW 2011, 744 ff.).

6b Die „Leitlinien" für die erforderliche Abwägung bei der Wortberichterstattung orientieren sich an den so genannten „Sphären". Denn das Leben des Einzelnen findet in unterschiedlichen *Sphären* statt: Teils in der Öffentlichkeit, teils im privaten oder intimen Bereich. Das Recht auf Schutz der Individualität und Persönlichkeit des Einzelnen gegenüber dem Staat und im privaten Rechtsverkehr ist in diesen Sphären unterschiedlich stark ausgeprägt. Es ist im Grundsatz umso stärker, je mehr es sich um eine Angelegenheit aus dem engeren Schutzkreis der individuellen Lebensgestaltung handelt (vgl. BGH ZUM 1988, 33). Bei möglichen Verletzungen des Persönlichkeitsrechts ist deshalb stets zu untersuchen, welcher Sphäre der berichtete Vorgang, Sachverhalt oder Wertungsgegenstand zuzurechnen ist. Diese sind nicht im Sinne einer schematischen Stufenordnung zu verstehen, sondern als Anhaltspunkt für die Intensität der Beeinträchtigung des Persönlichkeitsrechts (vgl. BVerfG NJW 2008, 42; MüKoBGB/*Rixecker* BGB Anhang zu § 12 Rn. 14).

In der Rechtsprechung wird zwischen folgenden Sphären unterschieden (vgl. BGH NJW 2009, 2888 (2891 f.)): die Sozialsphäre, die Privatsphäre (→ Rn. 8 ff.) sowie die Geheimsphäre (vgl. → Rn. 16b) bzw. die Intimsphäre (vgl. → Rn. 17 ff.). In der Literatur werden teilweise auch andere Terminologien verwendet (vgl. MüKoBGB/*Rixecker* BGB Anhang zu § 12 Rn. 14).

7 a) Die *Sozialsphäre* (vgl. *Soehring/Hoene* Rn. 19.85; Wenzel/*Burkhardt/Peifer* Kap. 5 Rn. 65; Paschke/Berlit/Meyer/Kröner/*Kröner* 31. Abschnitt Rn. 41 ff.; Prinz/Peters Rn. 75 ff.; teilweise auch Öffentlichkeitssphäre genannt: Löffler/*Steffen* LPG § 6 Rn. 70; differenzierend Damm/Rehbock Rn. 96 ff.; teilweise auch zwischen Sozial- und Öffentlichkeitssphäre unterschieden: vgl. *Kübler* AfP-Sonderheft 2007, 9), beschreibt den Bereich des menschlichen Lebens in oder vor einer eingeschränkten oder unbeschränkten Öffentlichkeit außerhalb der Privat- oder der Intimsphäre. In dieser Sphäre entfaltet sich das Individuum in besonderer Weise in Beziehung zur sozialen Gemeinschaft. Personenbezogene Daten stellen einen Teil der sozialen Realität dar, der nicht alleine dem Betroffenen zugeordnet werden kann (vgl. BGH NJW 2009, 2888 (2891)). Der Persönlichkeitsschutz ist hier daher am schwächsten ausgeprägt. Die Mitteilung wahrer Tatsachen aus der Sozialsphäre eines Menschen, muss von diesem regelmäßig hingenommen werden (vgl. BVerfG K&R 2020, 600 (601 f.); GRUR 2020, 74 (87)). Nur dann, wenn die Veröffentlichung in einer Weise erfolgt, die zu einer völlig unverhältnismäßigen Stigmatisierung oder Prangerwirkung führt, kann sie ausnahmsweise ungerechtfertigt sein. Dies ist insbesondere bei Berichten über die ohnehin in der Öffentlichkeit stattfindende berufliche Tätigkeit eines

Menschen oder einem besonderen öffentlichen Interesse an dem berichteten Sachverhalt regelmäßig nicht der Fall (vgl. BVerfG ZUM-RD 2011, 147; GRUR 2015, 293; 2010, 544; BGH NJW-RR 2007, 619).

Die *berufliche Tätigkeit* eines Menschen findet regelmäßig in der Sozialsphäre statt (vgl. BVerfG NJW 2016, 3362; BGH NJW-RR 2007, 620; KG Berlin AfP 2007, 490): so zB das Wirken als Politiker oder Rechtsanwalt (vgl. OLG Hamburg GRUR 1978, 325; KG AfP 2007, 490). Ein Arzt muss es hinnehmen, dass sein Name und seine Einteilung zum Notfalldienst veröffentlicht wird (vgl. BGH ZUM 1992, 39 f.). Die Wiedergabe des Inhalts eines Anwaltsschreiben oder Zitate aus einem Anwaltsschriftsatz in der Textberichterstattung ist zulässig (vgl. BVerfG GRUR 2010, 544; BGH AfP 2020, 149; K&R 2020, 200). Der Vorstandsvorsitzende eines Unternehmens darf auf einem Plakat als Verantwortlicher für die FCKW-Produktion angegeben werden (vgl. BVerfG AfP 1999, 254; BGH AfP 1993, 738; OLG Hamburg AfP 1993, 756; LG Hamburg AfP 1994, 321; *Soehring/Hoene* Rn. 19.86; Wenzel/*Burkhardt/Peifer* Kap. 5 Rn. 71 f.). Zulässig ist auch die Beurteilung beruflicher Leistungen durch die Öffentlichkeit in *Internetplattformen* und -foren. Anders als bei Warentests (→ Rn. 56 ff.) erfolgt hier keine Bewertung durch neutrale, objektive und sachkundige Tester, sondern gegebenenfalls durch anonyme Dritte. Sofern sich die Bewertung auf die berufliche Tätigkeit bezieht, überwiegt regelmäßig das öffentliche Informationsinteresse das Recht des Beurteilten auf informationelle Selbstbestimmung (vgl. BGH NJW 2016, 3362; 2009, 2888 ff. – spickmich.de; *Gounalakis/Klein* NJW 2010, 566 ff.; *Kaiser* NVwZ 2009, 1474 ff.). Auch die *gesellschaftliche Stellung* ist regelmäßig der Sozialsphäre zuzurechnen: zB die Position in einem Verein oder auf Grund eines besonderen Ereignisses, etwa der Verleihung eines Verdienstordens, als Lebensretter oder „Kavalier der Straße" (vgl. BVerfG NJW 1997, 2669 f.; BGH AfP 1995, 404 (407); NJW 1981, 1367; 1981, 1091 ff.; OLG Hamburg AfP 1995, 665; OLG München AfP 1997, 638; OLG Frankfurt a. M. AfP 1990, 228; LG Berlin NJW 1997, 1155; LG Köln AfP 1994, 168; LG München I AfP 2011, 288; Ricker, Unternehmensschutz und Pressefreiheit, S. 37 f.) sowie der Berichterstattung über die Wohnverhältnisse des Betroffenen vgl. KG Berlin AfP 2008, 399 ff.; 2008, 396 ff.; LG Köln AfP 2010, 198 ff.; AG Charlottenburg AfP 2009, 91 f.; *Mielke/Mielke* AfP 2010, 446 f. **7a**

Findet der dargestellte Sachverhalt oder Umstand in dieser der Öffentlichkeit zugewandten Sozialsphäre statt und besteht an ihm ein Informationsinteresse (vgl. EGMR ZUM 2018, 179; NJW 2004, 2647 ff.; BVerfG AfP 2012, 37; *Ettig* K&R 2017, 154 ff.), darf grundsätzlich berichtet werden, solange keine unwahren Tatsachenbehauptungen, ehrverletzenden Äußerungen oder Schmähkritik vorliegen (vgl. hierzu → Rn. 22 ff. und → Rn. 30 ff.). Der Betroffene hat diese zulässige Berichterstattung auch dann hinzunehmen, wenn sie für ihn nachteilig ist (vgl. Löffler/*Steffen* LPG § 6 Rn. 70). Etwas anderes kann ausnahmsweise dann gelten, wenn der Betroffene als Angehöriger einer Gruppe gezielt herausgegriffen wird, um ein von allen Angehörigen dieser Gruppe gezeigtes Verhalten zu kritisieren. Durch eine solche gleichsam „personalisierende Anprangerung" kann das Persönlichkeitsrecht des Betroffenen verletzt werden (vgl. BVerfG AfP 2010, 147). **7b**

Das Allgemeine Persönlichkeitsrecht umfasst auch das Bestimmungsrecht des Einzelnen hinsichtlich seiner Selbstdarstellung gegenüber Dritten bzw. der Öffentlichkeit. Ein Mensch hat aber keinen Anspruch darauf, öffentlich nur so dargestellt zu werden, wie er es selbst möchte (vgl. BVerfG K&R 2020, 600 (601 f.); GRUR 2010, 544 (545); BGH AfP 2006, 61 mwN). Das Persönlichkeitsrecht schützt aber gegenüber entstellenden und verfälschenden sowie gegenüber solchen Darstellungen, die die Persönlichkeitsentfaltung erheblich beeinträchtigen können und in Bezug auf das öffentliche Interesse an der Darstellung unverhältnismäßig sind (vgl. BVerfG ZUM-RD 2011, 147; AfP 2008, 56 f. mwN; BGH ZUM 1992, 39; BAG NJW 1990, 2272; → Rn. 2 u. → Rn. 28; → Kap. 43 Rn. 1b).

Bei *unbekannten Personen* ist stets auf die öffentliche Bedeutung des Ereignisses abzustellen. Denn auch bislang unbekannte Personen können im Zusammenhang mit bestimmten Geschehnissen ein Informationsinteresse der Öffentlichkeit erregen, das einen Medienbericht rechtfertigt (vgl. OLG Frankfurt a. M. NJW 1987, 1087; OLG Hamburg AfP 1982, 177; LG Berlin AfP 1997, 938 f.; *Damm/Rehbock* Rn. 229; zur Bildberichterstattung → Kap. 43 Rn. 42).

b) Unter *Privatsphäre* ist der häusliche, familiäre Kreis oder sonstige, üblicherweise dem öffentlichen Einblick entzogene bzw. von der Öffentlichkeit deutlich abgeschiedene Bereich eines **8**

Menschen zu verstehen (vgl. Löffler/*Steffen* LPG § 6 Rn. 68 ff.; *Soehring/Hoene* Rn. 19,.23 ff.; Wenzel/*Burkhardt/Peifer* Kap. 5 Rn. 54 ff.; Paschke/Berlit/Meyer/Kröner/*Kröner* 31. Abschnitt Rn. 30 ff.; *Ricker* NJW 1990, 2098). Die Privatsphäre umfasst diejenigen Angelegenheiten, die auf Grund ihres *Informationsinhalts typischerweise als „privat"* eingestuft werden, weil ihre öffentliche Erörterung oder Zurschaustellung als unschicklich gilt, ihr Bekanntwerden als peinlich empfunden wird oder nachteilige Reaktionen der Umwelt auslöst (vgl. BVerfG AfP 2000, 78; LG Berlin AfP 2009, 174). Im Zusammenhang mit der Rechtsentwicklung zur Bildberichterstattung (→ Kap. 43 Rn. 15 ff.) erstreckt sich der Schutz auch auf einen *räumlichen bzw. situativen Bereich in der Öffentlichkeit,* in dem der Einzelne zu sich kommen, sich entspannen oder auch gehen lassen kann (vgl. BVerfG NJW 2008, 1794; AfP 2000, 78; LG Berlin AfP 2009, 174; → Kap. 43 Rn. 53 f.). Sofern keine ausdrückliche Einwilligung des Betroffenen vorliegt, sind Veröffentlichungen aus dieser Sphäre grundsätzlich *unzulässig.*

8a Allerdings darf auch die Privatsphäre Gegenstand der Berichterstattung sein, wenn ein *überwiegendes öffentliches Informationsinteresse* an der Mitteilung privater Angelegenheiten vorliegt (→ Rn. 10 f.) und der Betroffene eine „Person des öffentlichen Lebens" (→ Rn. 9) ist. Handelt es sich um eine *„Privatperson",* so ist eine Berichterstattung nur ausnahmsweise zulässig. Es muss durch eine umfassende Güterabwägung unter Berücksichtigung aller Umstände ermittelt werden, ob dem Veröffentlichungsinteresse der Presse der Vorrang einzuräumen ist (vgl. BVerfG MMR 2009, 683; NJW 1997, 2669 f.; BGH NJW 1996, 1129 f.; 1995, 861; OLG Hamburg ZUM 1992, 251; OLG Karlsruhe AfP 2006, 172). Dabei sind die soziale Position des Betroffenen, die Intensität des Eindringens in dessen Privatsphäre und das besondere öffentliche Interesse an dem Ereignis zu berücksichtigen (vgl. BVerfG MMR 2009, 683; OLG Hamburg NJW-RR 1999, 1550; Wenzel/*Burkhardt/Peifer* Kap. 5 Rn. 61 f.; *Soehring/Hoene* Rn. 19.24 ff.). Ebenso kommt es darauf an, ob und inwieweit eine Information in dem Gebiet, in dem der Betroffene lebt, bereits rechtmäßig verbreitet wurde und deshalb dort und möglicherweise darüber hinaus bereits bekannt ist (vgl. EGMR NJW 1999, 1318; BVerfG NJW 2017, 466; 2000, 2190; BGH NJW 1999, 2893).

8b Besonderheiten gelten für den Persönlichkeitsschutz von *Kindern,* der nicht nur aus dem elterlichen Erziehungsrecht nach Art. 6 Abs. 1 GG, sondern auch aus dem eigenen Recht des Kindes auf ungehinderte Entfaltung seiner Persönlichkeit im Sinne von Art. 2 Abs. 1 GG iVm Art. 1 Abs. 1 GG folgt (vgl. BVerfG NJW 2003, 3262; 2000, 1021). Der Schutzumfang ist hier vom Schutzzweck her unter Berücksichtigung der Entwicklungsphasen des Kindes zu bestimmen. Dabei ist zu berücksichtigen, dass die Persönlichkeitsentfaltung der Kinder durch eine auf sie bezogene Berichterstattung in den Medien empfindlicher gestört wird als diejenige von Erwachsenen. Deshalb sind sie in thematischer und räumlicher Hinsicht umfassender als erwachsene Personen in ihrem Recht geschützt, sich frei von öffentlicher Beobachtung fühlen und entfalten zu können (vgl. BVerfG AfP 2005, 460; NJW 2003, 3262; BGH NJW 2009, 3031). Eine Beeinträchtigung kann nicht nur dann vorliegen, wenn das Kind selbst die Einwirkungen bemerkt, sondern schon dann, wenn Dritte persönlichkeitsbezogene Informationen verbreiten und dies dazu führen kann, dass dem Kind in Zukunft nicht unbefangen begegnet wird oder dass es sich speziellen Verhaltenserwartungen ausgesetzt sieht (vgl. BVerfG AfP 2005, 460; NJW 2003, 3263; siehe aber auch BVerfG NJW 2017, 466, für den Fall einer nicht beanstandeten Erwähnung in zwei Jahre zurück liegenden Veröffentlichungen).

8c *Ehegatten oder Begleiter* von „Prominenten" genießen in der Regel ebenfalls einen höheren Schutz als ihre jeweiligen bekannten Partner. Auch wenn eine Berichterstattung über letztere aufgrund eines überwiegenden Öffentlichkeitsinteresses zulässig ist, bedeutet dies nicht automatisch, dass dies im selben Umfang für eine identifizierende Berichterstattung in Ansehung des (in der Regel unbekannten) Ehegatten oder Begleiters gilt. Ist dieser bisher nicht öffentlich in Erscheinung getreten, wird an seiner Biografie vielmehr nur ein geringes Informationsinteresse bestehen, was im Rahmen der Abwägung zu berücksichtigen ist (OLG Hamburg, AfP 2020, 225; LG Berlin AfP 2010, 292). Etwas anderes gilt, wenn der Begleiter öffentlich vorgestellt wurde oder die Beziehung zu dessen Person für die Beurteilung des Prominenten selber von Bedeutung ist (vgl. BGH AfP 2012, 53; KG AfP 2010, 376; OLG Hamburg AfP 2016, 546; zur Bildberichterstattung über diese Personen → Kap. 43 Rn. 42.

9 Die Beurteilung der Eigenschaft als *„Politiker", „sonstige im öffentlichen Leben oder im Blickpunkt der Öffentlichkeit stehende Personen"* (Person des öffentlichen Lebens) sowie *„Privatpersonen"* richtet sich nach den zu §§ 22 ff. KUG entwickelten Grundsätzen für den Bildnisschutz („abgestuftes Schutzkonzept"; dazu → Kap. 43 Rn. 18 ff.). Es kommt darauf an, ob eine Person auf Grund ihrer Stellung oder ihrer Aktivitäten in der Öffentlichkeit, etwa durch künstlerische, politische oder sportliche Leistungen, oder auch durch strafbares Handeln, ständig oder vorübergehend im Blickpunkt zumindest eines Teils der Öffentlichkeit steht oder stand (vgl. BVerfG NJW 1997, 2670; bejaht auch für ein nebenberufliches Mitglied einer kleineren Gemeinde: OLG Dresden, NJ 2020, 353). Zu dem damit begrifflich vorausgesetzten öffentlichen Informationsinteresse (vgl. BVerfG AfP 1998, 52) muss ein spezielles Interesse an der Mitteilung aus der Privatsphäre hinzukommen (vgl. BVerfG NJW 2000, 2193).

Das *Informationsinteresse* ist *objektiv* zu beurteilen; es richtet sich einerseits nach der Stellung der **10** beteiligten Personen, andererseits nach der Art der Nachricht. So ist gerade bei Politikern auch über deren öffentliches Wirken nach ihrer Abwahl oder ihrem Amtsende hinaus von Interesse, wie sie sich im privaten Bereich verhalten, da damit deren politische Glaubwürdigkeit beurteilt werden kann (vgl. BGH NJW 2018, 1820; AfP 2009, 392; NJW 2008, 3134; KG Berlin AfP 2008, 392; siehe auch LG Hamburg BeckRS 2010, 19547). Ebenso kann zB an der ansonsten unbedeutenden Mitteilung, eine Person sei wegen Trunkenheitsfahrt vorübergehend festgenommen worden, ein Informationsinteresse bestehen, wenn es sich um eine Person des öffentlichen Lebens, etwa den Polizeipräsidenten, handelt (vgl. KG Berlin NJW 2004, 3637). Die Öffentlichkeit geht es etwas an, ob exponierte Ordnungshüter selbst in Straftatverdacht kommen. Es dürfen dann *Sachverhalt* und *Name* genannt werden (vgl. OLG Celle NJW-RR 2001, 337). Bei bislang unbekannten Personen ist die Namensnennung als Beteiligte an einem Vorgang (zB einem häuslichen Unfall) grundsätzlich unzulässig, es sei denn, dass gerade an ihrer Identifizierung ein wirkliches Informationsinteresse besteht. Dies würde voraussetzen, dass gerade die Identifizierung des Beteiligten einen Beitrag zur Belehrung und nicht nur zur bloßen Unterhaltung der Leser erbringt (vgl. aber OLG Köln AfP 1978, 148), was bei Unbekannten selten der Fall sein dürfte (vgl. BVerfG AfP 1998, 386).

Das Informationsinteresse überwiegt umso weniger das Interesse am Schutz der Privatsphäre je **11** mehr die fragliche Berichterstattung zur Befriedigung reiner Unterhaltungsinteressen, wie bloßer Neugier und Sensationslust der Leserschaft bzw. zur Verbreitung von *Klatsch* und *Tratsch* dient (vgl. BVerfG NJW 2008, 1796; 2006, 3407 [„Die Sächsin. Eine ganz besondere Frau"]; BGH NJW 2009, 1504; ZUM 2007, 470; → Kap. 41 Rn. 10; KG Berlin AfP 2019, 454; OLG Köln AfP 2018, 55). Auch die unterhaltende Berichterstattung genießt zwar verfassungsrechtlichen Schutz (vgl. BVerfG NJW 2008, 1794; BGH NJW 2008, 3136; *Heintschel von Heinegg* AfP-Sonderheft 2007, 47). Dieser ist aber im Rahmen der Abwägung tendenziell als untergeordnet zu berücksichtigen.

Berichte über Heirats- oder Scheidungsabsichten (vgl. BGH AfP 2017, 310; NJW 1995, 861; OLG Hamburg NJW-RR 1999, 1701; LG Berlin AfP 2009, 174), Familienzerwürfnisse, Altersunterschiede zwischen Ehepartnern (LG Bielefeld MDR 1975, 54 f.), Urlaubsverhalten (vgl. KG Berlin AfP 2019, 454; siehe aber hierzu auch BVerfG NJW 2012, 756 zur zulässigen Berichterstattung über den Urlaubsort Prominenter) oder (vermeintliche) Liebesbeziehungen (vgl. BGH AfP 2017, 310; LG Köln AfP 2017, 540) unterliegen auch bei „Prominenten" der Diskretion (vgl. OLG Hamburg NJW 1970, 1325; Prinz/Peters Rn. 70), es sei denn, der Genannte stellt sein intaktes Familienleben öffentlich werbend heraus oder hat zuvor selbst intensive Einblicke in seine eheliche Beziehung gewährt (vgl. BGH NJW 1964, 1471; OLG Hamburg AfP 2020, 156; OLG Frankfurt a. M. NJW-RR 2000, 474; OLG Köln AfP 1982, 181; OLG Stuttgart AfP 1981, 362; LG Köln AfP 2012, 583; Prinz/Peters Rn. 83).

Der Schutz der Privatsphäre kann ebenso *entfallen,* wenn sich jemand damit einverstanden **11a** zeigt, dass bestimmte, gewöhnlich als privat geltende Angelegenheiten öffentlich gemacht werden (vgl. BVerfG NJW 2006, 3408; KG Berlin AfP 2008, 393), indem er hierüber etwa Exklusiv-Verträge mit der Presse abschließt (vgl. BVerfG NJW 2000, 1023) oder über seinen Rechtsanwalt öffentlich Stellung nehmen lässt (vgl. LG Berlin NJW-RR 2003, 552). Denn wer den strikt persönlichen Bereich verlässt und mit Privatem bewusst in die Öffentlichkeit tritt, hat die entsprechenden Folgen der Publizität hinzunehmen (vgl. KG Berlin AfP 2013, 60; *Kübler* AfP-Sonderheft 2007, 9; allgemein zu Einwilligungen in die Berichterstattung über die engeren Sphären *Heintschel von Heinegg* AfP-Sonderheft 2007, 46 f.; *Klass* AfP 2005, 507 ff.; Wenzel/

Burkhardt/Peifer Kap. 5 Rn. 60; → Kap. 43 Rn. 52). Umgekehrt kann das Verhalten des Betroffenen seine Rechtsposition auch *stärken.* Dies ist der Fall, wenn er konsequent zum Ausdruck bringt, sein Privatleben vor den Blicken der Öffentlichkeit verschlossen halten zu wollen (vgl. *Heintschel von Heinegg* AfP-Sonderheft 2007, 47).

Bei „Stars" der Unterhaltungsbranche, die oftmals mit ihrem Privatleben die Öffentlichkeit vor allem in der sog. „Regenbogenpresse" suchen, entfällt nach Ansicht des OLG Köln (AfP 1982, 181) und des OLG Stuttgart (AfP 1981, 362) weitestgehend der Schutz des § 823 BGB (in der Tendenz ähnlich: OLG München AfP 1990, 214 f.). Denn wer seine ganze Persönlichkeit, seine Intimsphäre sowie private Gewohnheiten aus Publizitätsgründen der Öffentlichkeit kundtue und damit eine großzügige Selbstdefinition seines Persönlichkeitsrechts erkennen lasse, könne nicht allein deshalb in diesem Recht beeinträchtigt sein, weil die Presse hierüber berichte. Dabei stellt das OLG Köln auf das Zusammenwirken von „Unterhaltungsstars" und der sog. „Regenbogenpresse" ab. Diese Personengruppe sei auf Grund dieser „Symbiose" bereit, negative Begleiterscheinungen dieser Berichterstattung hinzunehmen (vgl. OLG Stuttgart AfP 1981, 362). Diese Ansicht hat sich in dieser Absolutheit nicht durchgesetzt (vgl. LG Karlsruhe ZUM-RD 2020, 80; KG Berlin AfP 2013, 60; kritisch auch dazu *Tofall* AfP 2014, 399), kann aber Konsequenzen für den Anspruch auf Geldentschädigung wegen Persönlichkeitsverletzung haben, da dieser eine schwerwiegende Beeinträchtigung voraussetzt (vgl. → Kap. 44 Rn. 44 ff.).

12 Die Offenlegung des *Religionsbekenntnisses* ist grundsätzlich unzulässig (vgl. BVerfG AfP 1998, 51; NJW 1997, 2670; aA wohl OLG Karlsruhe AfP 2006, 172). Allerdings kann bei einer Zugehörigkeit oder der Unterstützung einer für ihr aggressives Vorgehen bekannten Gruppe wie die *Scientology Church* oder das *Universelle Leben* das öffentliche Interesse wegen der möglichen Auswirkungen auf das Umfeld des Mitglieds dessen allgemeines Persönlichkeitsrecht überwiegen (vgl. BVerfG NJW 2002, 3458; OLG Bamberg NJOZ 2005, 1475; OLG Frankfurt a. M. NJW 1995, 878; VGH München BeckRS 2006, 20731; VG Köln NJOZ 2005, 700; LG Baden-Baden AfP 1994, 59; Wenzel/*Burkhardt/Peifer* Kap. 5 Rn. 58 f.; *Soehring/Hoene* Rn. 19.37 f.).

12a Die *Vermögensverhältnisse,* sofern sie nicht aufgrund der beruflichen oder gesellschaftlichen Funktion ohnehin bekannt sind, gehören ebenfalls zur Privatsphäre, vor allem die Vermögenslosigkeit oder die Abgabe der eidesstattlichen Versicherung hierüber (vgl. *Soehring/Hoene* Rn. 19.41). Kein ausreichendes Veröffentlichungsinteresse besteht dann, wenn darüber nur zur Befriedigung von Neugier und Schadenfreude berichtet werden soll, etwa hinsichtlich des Trägers eines bekannten Namens aus dem Hochadel (vgl. OLG Hamburg AfP 1992, 376; Wenzel/*Burkhardt/Peifer* Kap. 5 Rn. 56). Hingegen besteht etwa bei einem bundesweit bekannt gewordenen Investor und Bauunternehmer ein überwiegendes Interesse der Öffentlichkeit, über dessen Vermögensverfall alsbald zu erfahren. Ebenso ist die Bekanntgabe des Gehalts eines Fußballspielers der Bundesliga zulässig (vgl. OLG Celle AfP 1997, 819), nicht jedoch bei einem Profifußballspieler der Oberliga (AG Mitte AfP 1996, 188).

12b Die *Wiedergabe von Gesprächsinhalten,* die ausdrücklich *vertraulich* behandelt werden sollen, ist grundsätzlich verboten. Dabei ist nicht der Inhalt des Gesprächs entscheidend, sondern das Maß der Vertraulichkeit (vgl. BGH AfP 1987, 508). Die Veröffentlichung von aufgezeichneten oder mitgehörten Telefongesprächen von Spitzenpolitikern ist nur bei einem überragenden Informationsbedürfnis zulässig (vgl. BGH NJW 1979, 649; BAG NJW 1998, 1331; Wenzel/*Burkhardt/Peifer* Kap. 5 Rn. 57; § 201 Abs. 2 S. 1 Nr. 2 StGB; → Rn. 20 und → Kap. 54 Rn. 1 ff.). Ebenso untersagt ist in der Regel die Veröffentlichung der Privatanschrift eines Showstars in einem Nachschlagewerk für Autogrammwünsche (vgl. LG Hamburg AfP 1996, 185).

13 Ebenfalls in die Privatsphäre fällt der Umstand, dass der Betroffene in ein *Strafverfahren* involviert ist (vgl. *Trüg* NJW 2011, 1043). Sowohl für Tatverdächtigte respektive Verurteilte, als auch für Zeugen und Tatopfer wirkt die Erwähnung des Namens oder anderer identifizierender Merkmale (Wohngegend, Beruf, Familienangehörige, vgl. OLG Hamburg AfP 2007, 228) im Zusammenhang mit Straftaten in aller Regel beeinträchtigend. Andererseits gehören Straftaten zum Zeitgeschehen, dessen Vermittlung Aufgabe der Presse ist (vgl. OLG Hamburg AfP 2006, 257). Die Verletzung der Rechtsordnung und die Beeinträchtigung individueller Rechtsgüter, die Sympathie mit den Opfern, die Furcht vor Wiederholungen solcher Straftaten und das Bestreben, dem vorzubeugen, begründen das anzuerkennende öffentliche Interesse an näherer

Information über Tat und Täter. Dies gilt insbesondere dann, wenn es sich um ein Aufsehen erregendes Verbrechen handelt (vgl. BVerfG NJW 2009, 3358). Wer den Rechtsfrieden bricht, muss das durch ihn selbst erregte öffentliche Interesse dulden (vgl. BGH AfP 2010, 164). Erforderlich ist daher auch in den hier zu erörternden Fällen eine Abwägung zwischen den widerstreitenden Interessen (vgl. BGH AfP 2010, 163 ff.). Im Rahmen dieser Abwägung ist bezüglich der verschiedenen Stadien des Strafverfahrens zu unterscheiden. Die Berichterstattung über den Verdacht einer Straftat ist im Rahmen der Abwägung anders zu bewerten als die über die Verurteilung des Betroffenen oder eine vielleicht Jahre zurückliegende Tat (zB anlässlich der Freilassung des Täters einer spektakulären Tat). Im Rahmen dieser Abwägung ist zudem von Bedeutung, ob das in Frage stehende Strafverfahren bereits einer größeren Öffentlichkeit bekannt ist. In diesen Fällen dürfte die Intensität des Eingriffs in das Persönlichkeitsrecht als geringer zu bewerten sein (vgl. BVerfG AfP 2010, 368).

Grundsätzlich ist die namentliche Benennung von *Tatverdächtigen* nur unter bestimmten **13a**
kumulativen Voraussetzungen zulässig (vgl. BGH NJW 2000, 1036 f.; LG Berlin AfP 2008, 217; *Schlüter* AfP 2009, 557):

Zunächst muss ein *Mindestbestand an Beweistatsachen* gegeben sein, die für den Wahrheitsgehalt der Information sprechen und ihr damit erst „Öffentlichkeitswert" verleihen. Dabei sind die Anforderungen umso höher anzusetzen, je schwerer und nachhaltiger das Ansehen des Betroffenen durch die Veröffentlichung beeinträchtigt wird. Hierbei darf Verlautbarungen amtlicher Stellen (zB der Staatsanwaltschaft) ein gesteigertes Vertrauen entgegengebracht werden (vgl. BVerfG AfP 2010, 368; OLG Brandenburg AfP 2020, 413; → Kap. 39 Rn. 12).

Die Tat, derer der Betroffene verdächtigt wird, muss von *besonderer Bedeutung* sein. Dies kann etwa der Fall sein bei Schwerstkriminalität (vgl. OLG Hamburg AfP 2006, 257), bei intensivem Verdacht, also bei Vorliegen erheblicher den Tatverdacht begründender Umstände, und bei erheblichem Aufsehen, das die etwaige Tat des Beschuldigten, insbesondere bei Amtsträgern (vgl. BGH NJW 2000, 1036), für sich oder im Zusammenhang mit anderen Vorgängen erregt hat (vgl. BGH ZUM 2000, 397 ff. (399 ff.); OLG Hamm NJW 2000, 1279; Prinz/Peters Rn. 107; nach BGH AfP 2006, 62; OLG Braunschweig Nds. Rpfl. 2004, 344; weitere Beispiele bei *Schlüter* AfP 2009, 558 f.). Es kann auch leichte Kriminalität ausreichen, was von der Art der Tat und der Berührung der Öffentlichkeit abhängt. Dies gilt zB für Personen, die anlässlich allgemein interessierender Vorgänge in die Rolle einer „Person des öffentlichen Lebens" (vgl. → Kap. 43 Rn. 16, 22 ff.) gelangt sind. So ist zB die Namensnennung eines Tatverdächtigen zulässig, der sich wegen des Verdachts der Bildung einer kriminellen Vereinigung, illegalen Glücksspiels und der Steuerhinterziehung in Untersuchungshaft befindet (vgl. OLG Frankfurt a. M. AfP 1990, 229; OLG Bamberg AfP 1995, 522; OLG Hamburg AfP 1994, 232; *Schlüter* AfP 2009, 559) oder eines Finanzvorstands der DSD AG („Grüner Punkt" – vgl. LG Berlin AfP 2008, 217), oder eines Angehörigen des deutschen Hochadels, der wegen eines erheblichen Verkehrsverstoßes belangt wird (vgl. BGH AfP 2006, 62). Hingegen ist die Nennung des angeklagten Rechtsanwalts, dem ein Vergehen der Strafvereitelung (§ 258 StGB) zur Last gelegt wird, unzulässig (OLG München NJW-RR 2003, 111), wohl aber die namentliche Nennung eines „TV-Kommissars", der wegen Kokainbesitzes verhaftet wurde (EGMR NJW 2012, 1058).

Bei der Bezeichnung von Tatverdächtigen als Täter oder Beteiligte ist sorgfältig darauf zu achten, dass der jeweilige Erkenntnisstand des Ermittlungsverfahrens zutreffend und ausgewogen wiedergegeben wird; ein Verdacht darf nicht als Gewissheit dargestellt, *entlastende Umstände* müssen genannt werden (vgl. BGH NJW 2000, 1037).

Die Medien müssen den rechtsstaatlichen *Grundsatz der Unschuldsvermutung* aus Art. 1 und 20 GG, Art. 6 EMRK respektieren (vgl. BVerfG NJW 2009, 3358; LG Oldenburg AfP 1987, 720; *Trüg* NJW 2011, 1041; *Hoecht* AfP 2009, 343); Vorverurteilungen sind zu vermeiden. Der Betroffene darf nicht als bereits überführt dargestellt werden (vgl. OLG Brandenburg NJW 1995, 888; KG Berlin AfP 1992, 302; OLG Köln AfP 1987, 707 f.). Er darf deshalb grundsätzlich nicht als Täter, sondern nur als „Verdächtiger" oder „mutmaßlicher Täter" bezeichnet werden (vgl. BGH AfP 1994, 143 f.; OLG München AfP 1997, 637). Wenn der Täter noch nicht rechtskräftig verurteilt wurde, weil er etwa gegen das erstinstanzliche Urteil Revision eingelegt hat, muss dies entsprechend deutlich gemacht werden (vgl. BVerfG NJW-RR 1999, 1254, BGH NJW 1972, 431, BGHZ 31, 308 (311)).

Außerdem ist vor der Veröffentlichung regelmäßig eine Stellungnahme des Betroffenen einzuholen (vgl. BGH NJW 2000, 1037 mwN; → Kap. 39 Rn. 12).

Sind diese Voraussetzungen erfüllt, kommt im Rahmen der gebotenen Abwägung zwischen dem Eingriff in das Persönlichkeitsrecht des Betroffenen und dem Informationsinteresse der Öffentlichkeit regelmäßig dem Informationsinteresse Vorrang zu. Stellt sich in einem solchen Fall später die Unwahrheit der Äußerung heraus, so ist diese als im Äußerungszeitpunkt rechtmäßig anzusehen, so dass mangels rechtswidriger Erstbegehung weder ein Unterlassungsanspruch (vgl. BGH NJW 1987, 2225), noch ein Widerruf oder Schadensersatz (vgl. hierzu Kap. 44) in Betracht kommen (BGH NJW 2000, 1037 mwN).

14 *Tatopfer* verdienen besonderen Schutz und dürfen daher ohne ihre Einwilligung selbst dann nicht namentlich genannt werden, wenn es sich um eine Gewalttat handelt (vgl. KG Berlin AfP 2011, 269; OLG Hamburg AfP 1975, 649; OLG Stuttgart AfP 1983, 294; Prinz/Peters Rn. 854). Auch Angehörige eines Verbrechensopfers dürfen nicht genannt werden (vgl. LG Köln AfP 1991, 747; Prinz/Peters Rn. 854). Jedoch kann sich ein Angehöriger des Täters nicht gegen dessen Namensnennung wehren, auch wenn er dadurch identifiziert wird (vgl. BVerfG AfP 1998, 386; OLG Karlsruhe AfP 2002, 44). *Zeugen* einer Straftat dürfen nicht mehr identifiziert werden, wenn der zeitgeschichtliche Bezug zur Tat fehlt, was in der Rechtsprechung bereits ein halbes Jahr nach Abschluss des Strafverfahrens angenommen wird (vgl. BGH NJW 1965, 2149; OLG Karlsruhe AfP 1989, 558; *Prinz/Peters* Rn. 855).

15 *Nach der Verurteilung* eines Straftäters umfasst das Informationsinteresse der Öffentlichkeit unverändert die Tat und ihre Hintergründe. Das Gewicht des öffentlichen Interesses nimmt allerdings im Laufe der Zeit ab und nimmt das allgemeine Persönlichkeitsrecht des Täters auf im Hinblick auf sein Resozialisierungsinteresse an Gewicht zu. Allerdings kann er nicht verlangen, dass sich die Medien überhaupt nicht mehr mit ihm und seiner Tat beschäftigen (vgl. BVerfG K&R 2020, 600; MMR 2009, 683 (684 f.); NJW 2009, 3358; 1973, 1226 ff. – Lebach; KG Berlin AfP 2007, 377). Deshalb erfordert die namentliche Erwähnung von Straftätern erhebliche Zeit nach der Tat eine Abwägung zwischen der grundrechtlich geschützten Freiheit der Berichterstattung (Art. 5 Abs. 1 GG) und den ebenfalls grundrechtlich geschützten Interessen aus dem Persönlichkeitsrecht (Art. 2 Abs. 1, 1 Abs. 1 GG; vgl. BVerfG NJW 2000, 1859). Dementsprechend kann ein kurzer Bericht in der Zeitung anlässlich der Entlassung des Täters einer spektakulären Tat zulässig sein, während eine ausführliche Fernsehberichterstattung unzulässig ist (vgl. BGH AfP 2010, 164; LG Hamburg AfP 2013, 70).

15a Dem *Resozialisierungsinteresse* einer Person ist dann der Vorzug einzuräumen, wenn drei Jahre nach ihrer eigenen Verurteilung ein weiterer Tatbeteiligter gefasst wird (vgl. OLG Hamm AfP 1988, 258). Hat der Täter die *Strafe verbüßt,* so ist die Nennung des Namens nur in berechtigten *Ausnahmefällen* zulässig (OLG München AfP 1981, 361). Der Bericht über ein vor 20 Jahren verübtes spektakuläres Delikt ist zulässig, wenn sich der Betroffene erneut in Untersuchungshaft befindet (vgl. KG Berlin AfP 1992, 302). Keine Namensnennung darf dagegen erfolgen, wenn der Täter nach der Strafverbüßung in eine psychiatrische Klinik eingewiesen wird (vgl. OLG Hamburg AfP 1991, 537). Über die Namensänderung eines ehemaligen Mitglieds der RAF darf ebenfalls nicht berichtet werden (vgl. OLG Hamburg AfP 2010, 271; *Gromann* AfP 2010, 226). Vorstrafen dürfen grundsätzlich nicht genannt werden, wenn sie im Bundeszentralregister getilgt sind (vgl. § 51 Abs. 1 BZRG; BVerfG AfP 1993, 479; OLG Köln AfP 1975, 866; LG Köln AfP 1992, 83). Eine Ausnahme, die ein überwiegendes öffentliches Interesse rechtfertig, liegt vor, wenn sich ein Politiker mit entsprechender Vergangenheit zur Wahl stellt. Gleiches gilt bei einem neuen aktuellen Anlass, der sich auf eine vor vielen Jahren begangene Straftat bezieht, etwa wenn das Lösegeld aus einer spektakulären Erpressung auftaucht (vgl. BVerfG AfP 1993, 479; KG Berlin AfP 1992, 302; OLG Hamburg ZUM 1992, 145). Hingegen darf das Opfer einer Vergewaltigung sich öffentlich hierzu bekennen, auch wenn dadurch der Täter namentlich bekannt wird (vgl. BVerfG AfP 1998, 386).

15b Die Rechtmäßigkeit des Vorhaltens früher veröffentlichter Beiträge in Online-Archiven der Medien war über viele Jahre umstritten (vgl. EGMR AfP 2019, 31; K&R 2013, 570 Ls.; BGH K&R 2019, 388; 2016, 336; AfP 2019, 236; 2013, 50 ff. und 54 ff.; NJW-RR 2016, 31; 2011, 172; *Schumacher* K&R 2014, 381), wurde aber nunmehr vom BVerfG (vgl. BVerfG K&R 2020, 51 ff. – Recht auf Vergessen I; K&R 2020, 59 ff. – Recht auf Vergessen II; zu den verfassungsprozessualen Folgerungen: Scheffczyk NVwZ 2020, 977) ausdrücklich bejaht. Nach dem BVerfG hat eine Person zwar einen Anspruch darauf, nicht unbegrenzt mit früheren Handlungen, Positionen und Äußerungen konfrontiert zu werden. Das Zurücktreten vergangener Sachverhalte eröffnet dem Einzelnen die Chance zum Neubeginn in Freiheit. Zur Zeitlichkeit in Freiheit gehört die Möglichkeit des Vergessens. *„Aus dem allgemeinen Persönlichkeitsrecht folgt aber kein Anspruch, alle personenbezogenen Informationen, die im Rahmen von Kommunikationsprozessen ausgetauscht wurden, aus dem Internet entfernen zu lassen. Insbesondere gibt es kein Recht, öffentlich zugängliche Informationen nach freier Entscheidung und allein eigenen Vorstellungen zu filtern und auf die Aspekte zu begrenzen, die Betroffene für relevant oder dem eigenen Persönlichkeitsbild angemessen halten"*. Für den Grundrechtsausgleich zwischen einem Presseverlag, der seine Berichte in einem Onlinearchiv bereitstellt, und dem durch die Berichte Betroffenen ist außerdem zu berücksichtigen, wieweit der Verlag zum Schutz des Betroffenen die Erschließung und Verbreitung der alten Berichte im Internet- insbesondere deren Auffindbarkeit durch Suchmaschinen bei namensbezogenen Suchabfragen – tatsächlich verhindern kann (vgl. BVerfG K&R 2020, 51 f.). Die grundsätzliche Zulässigkeit von Online-Archiven der Medienhäuser steht daher nicht mehr im Streit (vgl. BVerfG AfP 2020, 218 ff. und 302 ff.; K&R 2020, 600, welche die Grundsatzentscheidungen weiter konkretisieren).

Keine Prangerwirkung hat regelmäßig eine Namensnennung im Zusammenhang mit Berichten über Vorgänge aus der *NS- bzw. SED-Zeit* haben. NS-„Größen" mit Führungspositionen dürfen auch wenn sie heute zurückgezogen leben, mit ihrer damaligen Funktion und ihrer *heutigen Position* namentlich erwähnt werden (vgl. BGH NJW 1966, 2353; LG Berlin NJW 1996, 1143). Gleiches gilt heute auch für SED-„Größen". Auch bezüglich Personen, die in der NS-bzw. SED-Zeit *nur im Zusammenhang mit bestimmten Ereignissen oder Vorgängen Bedeutung erlangt haben,* kann ein öffentlichen Interesse insbesondere im Kontext der Aufarbeitung der Vergangenheit des NS- und des SED-Regimes bestehen. Das berechtigte Interesse an der Berichterstattung gerade über die Untaten der nationalsozialistischen Gewaltherrschaft bzw. des SED-Regimes ist gegen das Privatinteresse des Betroffenen im Hinblick auf die eher untergeordnete geschichtliche Bedeutung besonders *abzuwägen* (vgl. OLG Frankfurt a. M. AfP 1980, 52 f.). Diese Abwägung wird bei allen Fällen von öffentlichem Interesse, vor allem an der bisher nicht abgeschlossenen Aufarbeitung einzelner Bereiche des früheren Unrechtsregimes, dazu führen, dass die Erwähnung des Ereignisses und die Namensnennung noch lebender Beteiligter zulässig ist. Das gilt insbesondere dann, wenn es um Personen geht, deren heutige Stellung so exponiert ist, dass für deren Beurteilung ihre Vergangenheit von Bedeutung ist. So durfte die NS-Vergangenheit eines bekannten Fernseh-Showmasters erwähnt werden, wobei zu berücksichtigen war, dass Fernsehdarsteller oftmals Leitbilder sind (LG München AfP 1971, 103). **16**

Sachlich zutreffende Berichte über historische Vorgänge sind grundsätzlich unter namentlicher Nennung der verantwortlichen Akteure zulässig (vgl. BVerfG NJW 2000, 2413 (2415). Verlautbarungen des Bundesbeauftragten für die Stasi-Unterlagen darf die Presse dabei ein gesteigertes Vertrauen entgegenbringen (vgl. BGH K&R 2012, 260). Die Wahl einer personalisierten Darstellung und der damit regelmäßig verbundenen Wirkungssteigerung ist Teil der grundrechtlich geschützten Meinungsfreiheit des Äußernden (vgl. BVerfG ZUM-RD 2011, 147; KG Berlin NJW-RR 2010, 1567 ff.; OLG München AfP 2011, 275 ff.; LG Dresden AfP 2010, 293 ff.; *Soehring/Hoene* Rn. 19.42; *Weberling* (2009) S. 19 ff.; *Ladeur* AfP 2009, 449 f.; *Starke* AfP 2008, 354 ff.). Selbst über eine nicht final belegte, allerdings gravierende Begebenheit („Doping in der DDR") kann unter Namensnennung berichtet werden, sofern alle bestehenden Recherchemöglichkeiten ausgeschöpft wurden und die verbleibende Unsicherheit hinsichtlich der angenommenen Begebenheit deutlich gemacht wird (vgl. BVerfG NJW 2016, 330). Denn *„es ist nicht die Aufgabe staatlicher Gerichte, einen Schlussstrich unter eine Diskussion zu ziehen oder eine Debatte für beendet zu erklären"* (vgl. BVerfG NJW 2000, 2413 (2415)). **16a**

Der *räumliche Bereich* der Privatsphäre umfasste ursprünglich den häuslichen Kreis, also die eigene Wohnung oder das eigene Haus (vgl. BVerfG AfP 2000, 78; BVerfGE 27, 6; *Soehring/Hoene* Rn. 19.24; *Ricker* NJW 1990, 2098). Heute erstreckt sich die Privatsphäre auch auf den öffentlichen Bereich, wenn sich dort jemand bewusst zurückgezogen von öffentlicher Einsichtnahme aufhält (vgl. BVerfG AfP 2000, 78 f.; BGH AfP 2021, 32; Paschke/Berlit/Meyer/Kröner/*Kröner* 31. Abschnitt Rn. 40; Löffler/*Steffen* LPG § 6 Rn. 68; → Kap. 43 Rn. 54). **16b**

16c c) Vom Schutzbereich der als besonders abgeschlossenen Bereich der Privatsphäre verstandenen Geheimsphäre erfasst sind „sensitive Daten" (vgl. BGH AfP 2009, 404), also zB schriftliche Äußerungen, die vertraulichen Charakter aufweisen, persönliche Briefe, Tagebuchaufzeichnungen und Tonbandaufzeichnungen (*Damm/Rehbock* Rn. 121). Anders als bei der Intimsphäre sind Eingriffe in diese Sphäre zulässig, wenn an der Verbreitung der entsprechenden Information ein das Persönlichkeitsrecht des Betroffenen überwiegendes berechtigtes Informationsinteresse der Öffentlichkeit besteht (vgl. *Soehring/Hoene* Rn. 19.20 ff.; *Damm/Rehbock* Rn. 121 ff.).

17 d) Der Schutzkreis der *Intimsphäre* umfasst den unantastbaren innersten Lebensbereich des Menschen (vgl. OLG Karlsruhe AfP 2006, 172). In ihn fallen die innere Gefühls- und Gedankenwelt, der (äußerlich nicht wahrnehmbare) Gesundheitszustand und Vorgänge aus dem sexuellen Bereich (vgl. *Ricker* NJW 1990, 2098; Wenzel/*Burkhardt/Peifer* Kap. 5 Rn. 47 f.). Die Abgrenzung zur Privatsphäre kann teilweise schwierig sein (vgl. Damm/Rehbock Rn. 127), da diese Themenfelder unter Umständen auch der Privatsphäre zuzuordnen sein können. Die Intimsphäre ist absolut geschützt (vgl. BVerfG AfP 2007, 445; NJW 2000, 2189; *Stender-Vorwachs/Theißen* AfP 2006, 514; aA *Heintschel von Heinegg* AfP-Sonderheft 2007, 46). Insoweit herrscht ein *grundsätzliches Verbot* ungenehmigter Veröffentlichungen (vgl. BVerfG NJW 1973, 891 f.; BGH ZUM 1992, 39; NJW 1991, 1522 f.; OLG München AfP 2001, 135; OLG Hamburg AfP 1991, 533; *Prinz/Peters* Rn. 54). Falls der Betroffene in diesem Bereich mit einer Berichterstattung einverstanden sein sollte, muss sich die Einwilligung auf die Aufdeckung seiner Identität erstrecken und grundsätzlich ausdrücklich und nicht nur konkludent erklärt werden (vgl. OLG München AfP 2001, 136; Wenzel/*Burkhardt/Peifer* Kap. 5 Rn. 51; *Soehring/Hoene* Rn. 19.14).

17a Der Bereich *sexueller Begegnung* unterliegt überwiegend dem nur den Partnern vorbehaltenen Geheimnisschutz (vgl. BVerfG NJW 2008, 42; AfP 2007, 445; BGH AfP 1988, 34 f.; BGHSt 11, 71). Hierzu zählt auch die sexuelle Orientierung als solche sowie die sexuellen Neigungen. Die Intimsphäre ist ebenfalls dann berührt, wenn in der Presse über ein spezielles Gerichtsverfahren berichtet wird, in dem sexuelle Vorgänge erörtert werden (vgl. BGH AfP 1988, 30). Allerdings ist nicht jede Mitteilung mit Bezug zum Sexualbereich der Intimsphäre zuzurechnen (vgl. BVerfG MMR 2009, 683). Es kommt darauf an, in welchem Umfang und Kontext Details zur Sprache gebracht werden (vgl. OLG Karlsruhe AfP 2006, 172; LG Berlin AfP 2003, 174). So berührt die bloße Mitteilung außerehelicher Beziehungen zu einer (vgl. BGH GRUR 1999, 1034) oder zu mehreren Frauen (vgl. BGH NJW 1964, 1471) oder des Dreierverkehrs (vgl. BGH NJW 1965, 2149) nicht notwendig die Intimsphäre, sondern kann der Privatsphäre zuzuordnen sein. Gleiches gilt für die Mitteilung der Scheidungsabsicht, grundsätzlich jedoch nicht für deren Gründe (vgl. BVerfG NJW 2000, 2189; BGH NJW 1999, 2893) bzw. die Einwilligung des Ehebruchs (vgl. BGH GRUR 1999, 1035; Wenzel/*Burkhardt/Peifer* Kap. 5 Rn. 49; Löffler/*Steffen* LPG § 6 Rn. 66 und 214). Ebenso tangiert die Behauptung, von sexueller Triebhaftigkeit beherrscht zu sein, die Intimsphäre des Betroffenen (vgl. LG Berlin AfP 1997, 735). Entscheidend für die Zuordnung zu einer Sphäre ist auch, ob und wie sich ein Verhalten sozial auswirkt (vgl. OLG Hamburg ZUM 1992, 251). Die bloße Nachfrage nach sexuellen Aktivitäten und Vorlieben zielt zwar auf die Intimsphäre ab, verletzt diese aber nicht, sondern beeinträchtigt allenfalls das freilich gleichfalls schützenswerte Schamgefühl und das Recht, „in Ruhe gelassen zu werden" (vgl. BGH NJW 1996, 1128; 1989, 902; OLG Frankfurt a. M. NJW-RR 2000, 976; Wenzel/*Burkhardt/Peifer* Kap. 5 Rn. 48 f.). Wenn aus dem sexuellen Umgang einer Person ein Kind hervorgegangen ist, berührt dieser Umstand die Belange der Gemeinschaft und fällt somit nur in die Privatsphäre (vgl. OLG Karlsruhe AfP 2006, 172; OLG Hamburg ZUM 1992, 251; aA *Prinz/Peters* Rn. 55). Die Intimsphäre ist allerdings betroffen, wenn der Zeugungsakt näher beschrieben wird (vgl. OLG Karlsruhe AfP 2006, 172). Wer seine Intimsphäre öffentlich (eventuell sogar zu Vermarktungszwecken) ausbreitet, kann sich gegenüber einer entsprechenden Veröffentlichung nicht mehr auf den Geheimnisschutz berufen (vgl. OLG Hamburg AfP 1974, 128; Löffler/*Steffen* LPG § 6 Rn. 67; *Soehring/Hoene* Rn. 19.14 und 19.19; *Damm/Rehbock* Rn. 128; Wenzel/*Burkhardt/Peifer* Kap. 5 Rn. 51; aA *Prinz/Peters* Rn. 58). Damit ist allerdings keine allgemeine Erlaubnis zum Eindringen in die Intimsphäre verbunden.

18 Zur Intimsphäre können auch *Gesundheitsfragen* gehören (vgl. BGH NJW 1981, 1366; Wenzel/*Burkhardt/Peifer* Kap. 5 Rn. 48; *Heintschel von Heinegg* AfP-Sonderheft 2007, 45 mwN).

Inwieweit personenbezogene Veröffentlichungen über Krankheiten im Einzelfall auch ohne Einwilligung des Betroffenen zulässig sind, hängt davon ab, welche Einzelheiten mitgeteilt werden (vgl. Ricker, Unternehmensschutz und Pressefreiheit, S. 44). Sachliche Berichte, etwa über die Art der Leiden und ihre konkreten Auswirkungen (vgl. BGH NJW 1984, 1471; 1965, 2148; BayObLG JZ 1980, 580; OLG Schleswig MDR 1980, 564; OLG Hamburg UFITA 71 (1978), 278; *Damm/Rehbock* Rn. 127; Wenzel/*Burkhardt/Peifer* Kap. 5 Rn. 48; *Soehring/Hoene* Rn. 19.17; *Prinz/Peters* Rn. 70 Fn. 148) oder über Erkrankungen unter Verzicht auf unnötige (zB sensationsbetonte, Ekel oder Mitleid erregende) Details betreffen nicht den Intimbereich, sondern gehören der Privatsphäre an (vgl. BVerfGE 32, 379 f.; BGH AfP 1996, 137; *Prinz/Peters* Rn. 59). Hier ist also bei Politikern und eventuell auch bei Personen des öffentlichen Lebens bei gleichzeitigem Vorliegen eines öffentlichen Informationsinteresses eine Berichterstattung zulässig (vgl. BGH ZUM-RD 2017, 257; AfP 2012, 551). Eine spektakuläre Operation (Nierenverpflanzung) allein macht den Betreffenden allerdings noch nicht zur Person des öffentlichen Lebens. Eine namentliche Erwähnung hat hier zu unterbleiben, weil sie entbehrlich ist. Denn das Ereignis steht im Vordergrund, nicht die Person oder ihre Lebensumstände (vgl. OLG Oldenburg AfP 1983, 401). Ohne Anonymisierung dürfen deshalb keine Einzelheiten aus der Intimsphäre berichtet werden. Eine angebliche Einwilligung des Betroffenen in die Berichterstattung muss sich deshalb ausdrücklich und nicht nur konkludent auf die Aufdeckung seiner Anonymität beziehen (vgl. BGH NJW 1988, 1894; OLG München AfP 2001, 136; *Soehring/Hoene* Rn. 9.19). Der Intimsphäre zuzurechnen sein dürfte hingegen der Umstand der HIV-Infektion (vgl. Wenzel/*Burkhardt/Peifer* Kap. 5 Rn. 48; *Trüg* NJW 2011, 1042; aA KG Berlin AfP 2009, 418).

3a. Zivilrechtliche Schranken der Recherche und Verbreitung

Sowohl die Beschaffung (zB §§ 201 Abs. 1 Nr. 1, 201a, 202 Abs. 1 StGB aber zB auch §§ 123, **19** 242 und 263 StGB) als auch die Verwendung respektive Verbreitung (zB §§ 201 Abs. 1 Nr. 2, 353d StGB, § 44 StUG) bestimmter Informationen können gegen Vorschriften des Strafrechts verstoßen. In diesen Fällen können Presse, Rundfunk und journalistisch-redaktionell gestaltete Telemedien strafrechtlich zur Verantwortung gezogen werden (vgl. dazu Kap. 54).

Die zivilrechtliche Haftung der Medien hängt von der Einhaltung der ihnen obliegenden **20** besonderen Sorgfaltspflichten in allen Bereichen ihrer Tätigkeit ab (vgl. hierzu → Kap. 39 Rn. 6 ff.).

3b. Verwendung der Unterlagen des Staatssicherheitsdienstes der ehemaligen Deutschen Demokratischen Republik durch die Presse

Für die Verwendung von Stasi-Unterlagen durch die Presse und andere Medien gelten nach § 34 **21** Stasi-Unterlagengesetz (StUG; BGBl. 1991 I S. 2272 zuletzt geändert durch das Neunte Gesetz zur Änderung des Stasi-Unterlagen-Gesetzes vom 15.11.2019 (BGBl. I S. 1564); vgl. auch → Kap. 20 Rn. 15 f., und → Kap. 54 Rn. 42 ff.) die §§ 32, 32a, 33 StUG entsprechend (vgl. *Rein,* Zugang zu Stasi-Unterlagen und Persönlichkeitsrecht, S. 195 ff.). § 33 StUG regelt das Verfahren für die Einsicht in Unterlagen und ihre Herausgabe. Danach hat die Einsichtnahme in den Diensträumen des Bundesbeauftragten zu erfolgen. Dabei kann sie auf Duplikate beschränkt werden. Der Bundesbeauftragte kann auf Antrag bei Vorliegen der Voraussetzungen für eine Einsichtnahme auch Duplikate der Unterlagen herausgeben (§ 33 Abs. 3 StUG). Nach § 42 Abs. 1 StUG sind Einsichtnahme und Überlassung von Duplikaten auch für die Medien kostenpflichtig (vgl. Geiger/Klinghardt/*Rapp-Lücke* StUG § 42 Rn. 4 ff.).

§ 32 Abs. 1 StUG regelt den Zugang zu den Stasi-Unterlagen. Nach § 32 Abs. 1 Nr. 1 und 2 StUG werden Unterlagen ohne personenbezogene Daten und anonymisierte Unterlagen zur Verfügung gestellt werden. Nach § 32 Abs. 1 Nr. 3 und 4 StUG werden Unterlagen mit personenbezogenen Informationen von Mitarbeitern des Staatssicherheitsdienstes sowie von Personen der Zeitgeschichte (etwa ein bekanntes RAF-Mitglied, vgl. OLG Frankfurt a. M. AfP 1996, 177), Inhaber politischer Funktionen (etwa einen bekannten Bundestagsabgeordneten und Fraktionsvorsitzenden, vgl. BVerwG NJW 2002, 1815; OLG Hamburg NJW 1999, 3343; OLG

Frankfurt a. M. AfP 1996, 177; VG Berlin AfP 2002, 76) oder Amtsträger in Ausübung ihres Amtes zur Verfügung gestellt, soweit es sich um Informationen handelt, die ihre zeitgeschichtliche Rolle, Funktion oder Amtsausübung betreffen Nach § 32 Abs. 1 Nr. 5 S. 2 StUG dürfen Unterlagen mit personenbezogenen Informationen nur zur Verfügung gestellt werden, soweit durch deren Verwendung keine *überwiegenden schutzwürdigen Interessen* der genannten Personen beeinträchtigt werden. Bei dieser Abwägung ist nach § 32 Abs. 1 Nr. 5 S. 3 StUG insbesondere zu berücksichtigen, ob die Informationserhebung erkennbar auf einer Menschenrechtsverletzung beruht. Informationen, die Mitarbeiter und Begünstigte gesammelt haben sind dabei grundsätzlich nicht schutzwürdig (vgl. Geiger/Klinghardt/*Rapp-Lücke* StUG § 32 Rn. 37). Mitarbeiter des Staatssicherheitsdienstes sind nach § 6 Abs. 4 StUG hauptamtliche und inoffizielle Mitarbeiter des Staatssicherheitsdienstes. Mitarbeitern gleichgestellt sind nach § 6 Abs. 5 StUG diesen gegenüber rechtlich oder faktisch weisungsbefugte Personen sowie inoffizielle Mitarbeiter des Arbeitsgebiets 1 der Kriminalpolizei der Volkspolizei. Unterlagen mit personenbezogenen Unterlagen werden zudem nach § 32 Abs. 1 Nr. 5 S. 1 StUG bei Vorliegen einer konkreten Einwilligung der betreffenden Personen zur Verfügung gestellt.

Die Zulässigkeit einer *Veröffentlichung* der Täter- bzw. Opferdaten bestimmt sich nach § 32 Abs. 3 StUG (vgl. hierzu auch → Rn. 16 f.). Zur Strafbarkeit der Veröffentlichung geschützter Originalunterlagen nach § 44 StUG vgl. → Kap. 54 Rn. 45 ff.).

4. Eingriff durch unwahre Tatsachenbehauptungen

22 Eine Verletzung des Persönlichkeitsrechts ist in der Regel dann gegeben, wenn unwahre Tatsachenbehauptungen über den Betroffenen aufgestellt werden. An der Weiterverbreitung (offensichtlich) unrichtiger Informationen besteht kein anerkennenswertes Interesse. Sie nehmen am Grundrechtsschutz des Art. 5 Abs. 1 S. 1 GG nicht teil (vgl. BVerfG AfP 2005, 173; NJW 2000, 2413). Der Betroffene braucht sie also grundsätzlich nicht hinzunehmen. Etwas anderes kann in den Fällen gelten, in denen die an der Richtigkeit der verbreiteten Tatsachenbehauptung von großem öffentlichen Interesse verbleibenden Zweifel mitgeteilt werden (vgl. BVerfG NJW 2016, 3360) oder sich eine Information erst nachträglich als unwahr herausstellt (vgl. BGH NJW 1987, 225). Im zweiten Fall kommt eine Rechtfertigung der Erstveröffentlichung durch die Wahrnehmung berechtigter Interessen in Betracht (vgl. BVerfG NJW 2003, 1857; im Detail → Kap. 41 Rn. 9 f.).

23 Voraussetzung der Annahme einer unwahren Tatsachenbehauptung ist die Prüfung, ob die fragliche Äußerung überhaupt die Behauptung einer Tatsache (vgl. BVerfG NJW 2000, 2413 (2414)) oder eine Meinungsäußerung bzw. ein Werturteil darstellt und ob diese Tatsache tatsächlich unwahr ist.

Nicht zuletzt bestehen Gegendarstellungs- und Widerrufs- bzw. Berichtigungsansprüche nur gegenüber Tatsachenbehauptungen nicht aber gegenüber Meinungsäußerungen oder Werturteilen (vgl. Kap. 44). Auch die § 824 BGB (→ Rn. 45 ff.) und § 186 StGB (vgl. → Kap. 53 Rn. 13 ff.) beziehen sich ausschließlich auf Tatsachenbehauptungen.

23a a) Um eine Tatsachenbehauptung handelt es sich, wenn die Äußerung einen vergangenen oder gegenwärtigen Zustand betrifft, dessen Wahrheit oder Unwahrheit objektiv durch Augenschein, Parteivernehmung, Sachverständige, Zeugen, Urkunden oder richterlichen Erfahrungssatz bewiesen werden kann (vgl. BVerfG AfP 1994, 126; 2005, 72 (145); NJW-RR 1994, 1242; BGH ZUM 2018, 527 (531); LG Köln AfP 2014, 170 (171); *Soehring/Hoene* Rn. 14.4; Wenzel/*Burkhardt* Kap. 4 Rn. 43). Eine Meinung ist demgegenüber geprägt durch die Elemente der *Stellungnahme, des Meinens und Dafürhaltens* (vgl. EGMR AfP 2014, 239 (241); BVerfG NJW 2000, 2413 (2414); AfP 1994, 126; BVerfGE 61, 8; 33, 14; 7, 210; BGH ZUM 2018, 527 (531); LG Köln AfP 2014, 170 (171); *Soehring/Hoene* Rn. 14.12 f.). In deren Mittelpunkt steht nicht der – objektivierbare – Wahrheitsanspruch, sondern die subjektive Wertung des Äußernden (vgl. BGH ZUM 2018, 527 (531); AfP 2005, 70). Der Begriff der Meinungsäußerung ist grundsätzlich *weit* zu verstehen.

23b Bei *gemischten Äußerungen,* also *Ausführungen, die Tatsachen und Werturteile enthalten,* ist auf den „unbefangenen Durchschnittsrezipienten" bzw. das „unvoreingenommene und verständige Publikum" (vgl. hierzu im Einzelnen → Rn. 25b) abzustellen (vgl. BVerfG NJW 2006, 207; 1995,

3305; BGH ZUM 2018, 527 (529); NJW 2007, 687; AfP 1988, 27; OLG München AfP 2005, 560; OLG Saarbrücken AfP 2010, 493; LG Köln AfP 2014, 170 (171); krit. zu der Figur des „unbefangenen Durchschnittslesers" Damm/Rehbock Rn. 366).

Bei der Ermittlung des Durchschnittslesers ist der typische Leserkreis der fraglichen Publikation zu berücksichtigen. So kann von einem Leser einer wissenschaftlichen oder politischen Zeitschrift ein differenzierteres Verständnis und eine größere Aufmerksamkeit verlangt werden als von einem Leser eines „Boulevardblattes" (vgl. *Soehring/Hoene* Rn. 14.6).

Lassen sich beide Elemente nicht trennen, so ist auf das *prägende Element* der Äußerung abzustellen: tritt der tatsächliche Gehalt gegenüber der Wertung in den Hintergrund, so handelt es sich nicht um Tatsachenbehauptungen, sondern insgesamt um eine Meinungsäußerung in der Form eines Werturteils mit Tatsachenkern (vgl. BVerfG NJW 2003, 1109; BGH ZUM 2018, 527; AfP 2010, 73 mwN; BGH NJW-RR 1994, 1242; OLG Frankfurt a. M. AfP 2009, 163; *Soehring/Hoene* Rn. 14.21; vgl. zu substanzarmen Pauschaläußerungen → Rn. 24).

Eine Tatsachenbehauptung wird jedoch nicht durch die Verwendung belangloser Einschübe zur Meinungsäußerung. So führt der bloße Zusatz einzelner Worte wie „offenbar", „ich meine, dass …" oder „soviel ich weiss" zu Tatsachenbehauptungen nicht dazu, dass letztere nunmehr als Meinungsäußerungen zu qualifizieren wären (vgl. BGH NJW 2008, 2264 mwN; Wenzel/*Burkhardt* Kap. 4 Rn. 43).

Ist eine Meinungsäußerung jedoch zu bejahen, bleibt ein substanzarmes tatsächliches Element **23c**
unbeachtlich (vgl. LG Köln AfP 2014, 170). Der Grundrechtsschutz darf umgekehrt nicht dadurch verkürzt werden, dass ein tatsächliches Element aus dem Zusammenhang gerissen und isoliert betrachtet wird, wenn die Äußerung nach ihrem Gesamtzusammenhang in den Schutzbereich des Grundrechts auf freie Meinungsäußerung fallen kann (vgl. BGH AfP 2010, 72 (73 f.); Wenzel/*Burkhardt* Kap. 4 Rn. 53).

Die beanstandete Äußerung muss stets in ihrem *Kontext* innerhalb des Textes gewürdigt werden (vgl. KG Berlin NJW-RR 1999, 1547). Dies gilt zum einen hinsichtlich der Frage, ob die betreffende Äußerung als Meinungsäußerung oder als Tatsachenmitteilung einzuordnen ist. Eine solche Würdigung hat aber auch in Ansehung des Aussagegehalts der Äußerung als solches zu erfolgen. Für diese Würdigung ist weder die subjektive Absicht des sich Äußernden noch das subjektive Verständnis des von der Äußerung Betroffenen maßgeblich, sondern der Sinn, den die Äußerung nach dem Verständnis eines unvoreingenommenen und verständigen Durchschnittspublikums hat (vgl. BVerfG NJW 2003, 278; 2003, 1109; BGH ZUM 2018, 527; AfP 2009, 138; 2008, 299; 2005, 73 mwN; OLG Karlsruhe AfP 2001, 337; LG Köln AfP 2014, 170; *Soehring/Hoene* Rn. 14.10).

Bei mehreren Möglichkeiten des Verständnisses des objektiven Sinns einer Äußerung darf das Gericht sich grundsätzlich nicht für die zur Verurteilung führende Auslegung entscheiden, ohne die anderen zulässigen überzeugend ausgeschlossen zu haben (vgl. BVerfG AfP 2008, 60; 2006, 353; BGH AfP 1992, 140). Bei mehreren möglichen Deutungen des Inhalts einer Äußerung ist prinzipiell diejenige der straf- und zivilrechtlichen Beurteilung zugrunde zu legen, die dem Äußernden günstiger ist, weil sie den Betroffenen weniger beeinträchtigt (vgl. BGHZ 139, 95 ff. (104); NJW 1998, 3048; OLG Karlsruhe AfP 2002, 44; LG Berlin AfP 2001, 246). Dieser Grundsatz gilt seit der „Stolpe-Entscheidung" des BVerfG (AfP 2005, 544 ff.) *nicht* in den Fällen, in denen der Betroffene *Unterlassungsansprüche* gegen zukünftige verletzende Meinungsäußerungen (vgl. BVerfG AfP 2006, 353) oder Tatsachenäußerungen (vgl. BVerfG AfP 2005, 546) geltend macht. Hier sei im Rahmen der rechtlichen Zuordnung von Meinungsfreiheit und Persönlichkeitsschutz zu berücksichtigen, dass der Äußernde die Möglichkeit habe, sich in Zukunft eindeutig auszudrücken und damit zugleich klarzustellen, welcher Inhalt seiner Äußerung der rechtlichen Prüfung zugrunde zu legen sei (vgl. BVerfG AfP 2008, 60). Sei der sich Äußernde nicht bereit, der Aussage einen eindeutigen Inhalt zu geben, bestehe kein verfassungsrechtlich tragfähiger Grund, von einer Verurteilung zum Unterlassen nur deshalb abzusehen, weil die Äußerung mehrere Deutungsvarianten zulasse, darunter auch solche, die zu keiner oder nur einer geringeren Persönlichkeitsverletzung führen. Dem Äußernden stehe es frei, sich in Zukunft eindeutig zu äußern und – wenn eine persönlichkeitsverletzende Deutungsvariante nicht dem von ihm beabsichtigten Sinn entspricht – klarzustellen, wie er seine Aussage versteht (vgl. OLG FRankfurt a. M. AfP 2020, 223; kritisch *Soehring/Hoene* Rn. 14.16 ff. mwN). In keinem Fall aber muss das Gericht auf entfernte, weder durch den Wortlaut noch die für den Rezipienten erkennbaren Umstände der Äußerung gestützte Alternativen eingehen. Auch fern liegende Deutungsmöglichkeiten sind auszuscheiden (vgl. BVerfG AfP 2008, 60; 2005, 545; LG Köln AfP 2014, 170). Zudem kann das äußernde Medium eine Verurteilung zur Unterlassung der entsprechend gedeuteten Äußerung vermeiden, in dem es sein Verständnis der Äußerung in einer von ihr veröffentlichen Klarstellung gegenüber dem Betroffenen verdeutlich und damit die Wiederholungsgefahr entfallen lässt (vgl. BVerfG AfP 2008, 58 (60 Rn. 33); KG Berlin NJW-RR 2010, 1424; OLG Dresden AfP 2011, 189; *Mann* AfP 2011, 326 (327 ff.); Wenzel/*Burkhardt* Kap. 12 Rn. 14a ff.).

Bei der Feststellung des Äußerungsgehalts kann auf die Überschrift allein abgestellt werden, wenn die Information nur einen flüchtigen Leser voraussetzt (vgl. OLG München AfP 1981, 297; LG Bonn AfP 1992, 386) und die Schlagzeile eine vollständige Aussage enthält (vgl. KG Berlin NJW-RR 1999, 1547; OLG München ZUM 1994, 37; OLG Karlsruhe ZUM 1994, 40; OLG Hamburg AfP 1988, 247; 1986, 137; LG Bonn AfP 1992, 386; Damm/Rehbock Rn. 371; Wenzel/*Burkhardt* Kap. 4 Rn. 36; *Prinz/Peters* Rn. 14, 286). Überschrift, Unterüberschrift und Vorspann sind dagegen heranzuziehen, wenn die Überschrift allein substanzarm ist und die Art der Information dem Leser die weitere Lektüre der auch drucktechnisch gleichwertigen Bestandteile nahe legt (vgl. KG Berlin NJW-RR 1999, 1547; LG Köln AfP 1988, 378). Bei Bildunterschriften ist jedoch nicht auf den flüchtigen Eindruck des (potentiellen) Lesers in der Verkaufssituation, sondern auf das Verständnis des Lesers bei der Lektüre des Presseerzeugnisses abzustellen (vgl. BGH AfP 2009, 486; KG Berlin NJW-RR 1999, 1547).

23d Trotz der beschriebenen Differenzierungskriterien kommt es in Einzelfällen zu Abgrenzungsschwierigkeiten. So brauchen Tatsachenbehauptungen nicht ausdrücklich aufgestellt zu werden. Auch eine Kundgabe „zwischen den Zeilen“ kann in die Rechte Dritter eingreifen. Solche *verdeckten Behauptungen* dürfen jedoch nur zurückhaltend angenommen werden (vgl. OLG Düsseldorf AfP 2014, 70 ff.; LG Düsseldorf AfP 2007, 59; LG Köln AfP 2014, 170). Sie können nur dann als aufgestellt bzw. verbreitet angesehen werden, wenn sich eine im Zusammenspiel der offenen Aussagen enthaltene zusätzliche Aussage dem Leser als unabweisbare Schlussfolgerung aufdrängen muss (vgl. BVerfG AfP 2008, 60). Sie muss ihm also so nahe gelegt werden, dass er nur die berichtete Schlussfolgerung für möglich hält (vgl. BGH ZUM 2000, 320; NJW-RR 1994, 1244; OLG Dresden ZUM 2017, 931; OLG München NJW-RR 2000, 1066; LG Hamburg AfP 2011, 394). Wenn dem Leser Tatsachen mitgeteilt werden, aus denen er erkennbar *eigene Schlussfolgerungen* ziehen soll, dürfen hierbei keine wesentlichen Tatsachen verschwiegen werden. Werden solche Fakten verschwiegen, ist die Mitteilung wahrer Tatsachen insgesamt wie eine unwahre zu behandeln. Dies gilt vor allem dann, wenn sie dem Vorgang ein anderes Gewicht geben könnten (vgl. BVerfGE 12, 130; BGH NJW 2006, 603; 2004, 600; 2000, 637; OLG Köln AfP 2006, 368; Löffler/*Sedelmeier* LPG § 11 Rn. 110; *Seitz* 6. Kap. Rn. 13 f.; *Retka* AfP 2018, 196; vgl. auch Damm/Rehbock Rn. 587).

23e *Echte,* also offene Fragen, bei denen der Fragesatz auf Antwort gerichtet und für verschiedene Antworten offen ist, fallen wie Werturteile in der Regel in den Schutzbereich des Art. 5 Abs. 1 S. 1 GG (vgl. BVerfG AfP 2018, 219; 1992, 51; *Soehring/Hoene* Rn. 14.34). Derartig offene Fragen können jedoch das Persönlichkeitsrecht des von der Frage Betroffenen dann verletzen, wenn es für die konkrete Frage keinerlei Anhaltspunkte gibt (vgl. OLG Hamburg AfP 1995, 518; *Soehring/Hoene* Rn. 14.34).

Demgegenüber sind *rhetorische Fragen,* bei denen der Fragende den Zweck seiner Äußerung bereits mit der Stellung der Frage erreicht hat und bei denen keine Antwort erwartet wird, als verschleierte Tatsachenbehauptungen zu bewerten (vgl. BVerfG AfP 1992, 52; OLG Karlsruhe AfP 2016, 164; *Prinz/Peters* Rn. 15), so dass sich deren Zulässigkeit nach den diesbezüglichen Maßstäben richtet.

24 Bei *substanzarmen Pauschaläußerungen* ist zu unterscheiden. Überwiegt bei ihnen die subjektive Wertung, sind sie *Werturteile,* wenn ihnen konkretisierende, nachprüfbare Informationen fehlen (vgl. BGH AfP 2008, 299; KG Berlin AfP 2010, 272; *Soehring/Hoene* Rn. 14.23 f.). Darunter fallen etwa die pauschale subjektive Bewertung des geschäftlichen Verhaltens des Betroffenen (vgl. BGH AfP 2008, 299), der Vorwurf, jemand diffamiere, fälsche, beleidige etc (vgl. OLG München AfP 1984, 169), der pauschale Vorwurf nicht artgerechter Tierhaltung (vgl. OLG

Nürnberg NJW-RR 2002, 1471) oder ein solcher der Datenmanipulation (vgl. OLG Köln AfP 2003, 267).

Es gibt hingegen auch substanzarme Äußerungen, bei denen nicht das Element des Meinens und Dafürhaltens überwiegt, sondern bei denen der unbefangene Leser den Eindruck gewinnt, der Urheber der Äußerung könne deren Richtigkeit belegen. Solche Äußerungen sind in diesem Fall als *allgemeine Tatsachenbehauptungen* einzuordnen (vgl. BVerfG NJW 2012, 1643; BGH AfP 2008, 299; OLG Saarbrücken AfP 2010, 493 (494); OLG Köln AfP 1984, 116 f.).

Äußerungen eines *Verdachts* oder einer *Möglichkeit* sind grundsätzlich Tatsachenbehauptungen, **25** nicht Meinungsäußerungen (vgl. BGH NJW 2000, 657; DB 1974, 1429; OLG Frankfurt a. M. ZUM 1992, 361; differenziert OLG Köln BeckRS 2018, 16334; zu den Anforderungen bei der Verdachtsberichterstattung → Rn. 13 f.). Dagegen ist die Mitteilung unstreitiger Tatsachen und daraus gezogener Schlussfolgerungen ein Werturteil (vgl. OLG Köln BeckRS 2018, 16334; *Soehring/Hoene* Rn. 14.35; Wenzel/*Burkhardt* Kap. 4 Rn. 60). Aussagen über das künftige Verhalten Dritter sind in der Regel als Wahrscheinlichkeitsurteile Werturteile (vgl. OLG München AfP 1992, 258). Etwas anderes gilt jedoch, wenn berichtet wird, jemand werde nach seinem Handlungsplan ein früheres Verhalten in bestimmter Weise fortsetzen oder habe für ein Verhalten ein spezielles Motiv. Hierbei handelt es sich um die Behauptung einer sog. *inneren Tatsache* (vgl. BVerfG AfP 2004, 47; VerfGH Bayern AfP 1994, 217; OLG Köln AfP 1984, 56; *Soehring/Hoene* Rn. 14.8; *Prinz/Peters* Rn. 12). Letztere sind – wenn bisweilen auch nur theoretisch – grundsätzlich dem Beweis zugänglich und damit Tatsachenbehauptungen. Kritische Mitteilungen über angebliche Motivationen oder Beweggründe einer Person sind dagegen Meinungsäußerungen des Äußernden (vgl. OLG Dresden ZUM-RD 2018, 482; *Soehring/Hoene* Rn. 14.9).

Wird ein Vorgang als *(straf)rechtlich relevanter Tatbestand eingestuft,* so liegt darin in der Regel **25a** eine subjektive Wertung. Sie ist damit als Rechtsauffassung eine Meinungsäußerung (vgl. BGH AfP 2009, 139; 2005, 72; BVerfG AfP 2006, 353; *Soehring/Hoene* Rn. 14.38). Wird diese jedoch als solche nicht kenntlich gemacht, sondern stattdessen in die Vorstellung *konkreter,* dem Beweis zugänglicher *Vorgänge* eingekleidet, so liegt eine Tatsachenmitteilung vor (vgl. BGH AfP 2005, 72; NJW-RR 1999, 1251; OLG Celle AfP 2002, 508). Die Bezeichnung einer Person als „Stasi-Helfer" ist als Tatsachenbehauptung zu bewerten (vgl. OLG Hamburg DtZ 1992, 223; BVerfG AfP 2005, 546). Gleiches gilt für die Bezeichnung „Schwarzbau", solange die gerichtlich angegriffene Baugenehmigung nicht aufgehoben und damit weiterhin wirksam ist. Die Äußerung, rund um ein Unternehmen der chemischen Industrie hätten die Menschen Angst, Opfer eines neuen Umweltskandals zu werden, ist hinsichtlich des Teils „Umweltskandal" als Meinungsäußerung zu bewerten (vgl. BGH DB 1987, 2639). Der Vorwurf, ein Verlag arbeite bei einem bei ihm erschienenen zeitgeschichtlichen Buch mit Geschichtsfälschung, stellt ein Werturteil dar (vgl. OLG Köln AfP 1987, 696). Gleiches gilt für den Vorwurf, an einer Universität seien illegale Forschungen an Behinderten vorgenommen worden (vgl. LG Stuttgart NJW-RR 2001, 834; *Soehring/Hoene* Rn. 14.38 ff.).

Bei der Einordnung der Äußerungen kommt es nach der Rechtsprechung des BGH auf das **25b** Verständnis bzw. den Eindruck des „unbefangenen Durchschnittslesers" an, bei dem eine fachspezifische Vertrautheit und eine kritische Aufnahme nicht vorausgesetzt werden kann. Dementsprechend wird auf den „unbefangenen" oder „unkritischen" Durchschnittsleser abgestellt, wobei dessen Verständnis von dem Gericht selbst festgestellt wird (stRspr, vgl. BVerfG NJW 2003, 1855; NJW-RR 2017, 98; BGH AfP 1994, 300; NJW 1987, 2225 (2226); NJW 1987, 1399; OLG Saarbrücken AfP 2010, 494; OLG Karlsruhe AfP 2006, 266; OLG Köln BeckRS 2018, 16334; → Rn. 23b).

Ob es den Durchschnittsleser gibt, zu dem sich die erkennenden Richter regelmäßig zählen gibt, ist fraglich (vgl. BVerfG AfP 1992, 53 (55 ff.)). Diese Rechtsprechung ist nicht unwidersprochen geblieben. So hat *Schweizer* erstmals den Topos des „Durchschnittslesers" im Äußerungsrecht als ungeeignetes Kriterium nachgewiesen. Nach seiner Auffassung widerspricht die Vorgabe eines „Durchschnittslesers" der pluralistischen Wirklichkeit. Die Leser verstünden die Äußerungen oftmals nicht in demselben Sinne. Aufgrund dieser unterschiedlichen Deutung könne es gedanklich bereits nicht den „durchschnittlichen Leser" als arithmetisches Mittel geben, weshalb der Begriff rechtlich unerheblich sei. Vielmehr komme es auf die Tatfrage an, ob ein erheblicher Teil der Leser eine Äußerung in einem bestimmten Sinne auffasse. Entgegen der bisherigen Rechtsprechung könne demnach grundsätzlich der einzelne Richter nicht mit der zum Vollbeweis erforderlichen Gewissheit selbst feststellen, wie viele Leser den Inhalt einer bestimmten Äußerung in dem einen oder in einem anderen Sinne verstehen. Deshalb müsste diese tatsächliche Frage durch repräsentative empirische Umfragen geklärt werden (vgl. *Schweizer* S. VII f. und S. 67; AfP 1997, 931; *Born* ZIP 1998, 517 ff.; Senn media LEX, 150 ff.; *Robert G. Schweizer* FS Robert Schweizer, S. 310).

Bestätigt wird diese Auffassung durch Parallelen im Wettbewerbsrecht. Die Rechtsprechung hat seit langem anerkannt, dass es zur Feststellung, ob eine Angabe iSd § 3 UWG aF geeignet war, den Verkehr irrezuführen, nicht auf den Durchschnittsverbraucher, sondern auf das Verständnis eines nicht unerheblichen Teils der angesprochenen Verkehrskreise ankommt und deshalb die Auskunft eines Meinungsforschungsinstituts einzuholen ist (vgl. BGHZ 21, 182 ff. (195); GRUR 1957, 285; 1990, 1053; 1991, 680; 1992, 66; 1992, 70; 1993, 920 ff.; vgl. auch EuGH GRUR Int. 1998, 795; einschränkend Köhler/Bornkamm/Feddersen/*Bornkamm/Feddersen* UWG § 5 Rn. 3.1, der auf den hohen Aufwand eines solchen Vorgehens hinweist; *Robert G. Schweizer* FS Robert Schweizer, S. 308; vgl. auch Noelle-Neumann/Schramm, Umfrageforschung in der Rechtspraxis, 1961; Robert Schweizer in „Der Syndikus" 1999, 8. Ausg., S. 44; 3. Ausg., S. 37; für eine Verobjektivierung bei der Feststellung des Vorliegens solcher Rechtsbegriffe auch Kloepfer HBdStR Band 2 § 35 Rn. 34; vgl. → Kap. 77 Rn. 3).

Vereinzelt haben Gerichte demoskopische Gutachten, die von den Prozessparteien vorgelegt wurden, auch auf dem Gebiet des Medienrechts als rechtlich relevant erkannt, etwa bei der Frage, ob eine Publikation hinreichend als Anzeige zu erkennen war (vgl. OLG Hamburg KR 1999, 328; OLG München AfP 1997, 930 ff. mit Anm. *Schweizer,* 931 ff.; vgl. auch *Gröning* WRP 1993, 685 ff.). In einem anderen äußerungsrechtlichen Fall hat das BVerfG festgestellt, dass die in dem Prozess vorgelegte Meinungsumfrage zu berücksichtigen ist (vgl. BVerfG NJW 1993, 1461; AfP 2008, 297 (301); Wenzel/*Burkhardt* Kap. 4 Rn. 38 und 94; *Robert Schweizer* AfP 1997, 931 mwN in Fn. 2). Allerdings stellt sich immer die Frage, ob eine Meinungsumfrage den Gesamtzusammenhang zutreffend einbezogen hat und deshalb substantiell zur Aufklärung beitragen kann (vgl. BVerfG AfP 2008, 297 (301); Wenzel/*Burkhardt* Kap. 4 Rn. 94). Für die Praxis wird die Einführung von privaten Meinungsumfragen in das Verfahren deshalb die Ausnahme bleiben.

26 b) Der *Schutz* gegen bewusst falsche Tatsachenbehauptungen ist umfassend angelegt. Da eine unrichtige Information nicht der Meinungsbildung dient, sind bei erwiesener Unwahrheit *Unterlassungs-* und Widerrufs- bzw. *Berichtigungsansprüche* gegeben (vgl. → Kap. 44 Rn. 1a, 16).

Schadensersatzansprüche haben allerdings zur Voraussetzung, dass weder ein öffentliches Interesse an der Thematik bestand, der Verbreiter schuldhaft handelte und sich nicht auf den Rechtfertigungsgrund der Wahrnehmung berechtigter Interessen berufen kann (dazu → Kap. 41 Rn. 10 f.).

27 c) Ob eine Tatsachenbehauptung *falsch oder richtig* ist, wird im Allgemeinen in zwei Schritten geprüft (vgl. BGH DB 1974, 1430; GRUR 1970, 370):

Zunächst ist zu klären, wie der Durchschnittsleser das Gesagte aufgenommen hat. Anschließend ist das Gesagte in seinem dann sich so ergebenden Sinngehalt daraufhin zu überprüfen, ob es den Tatsachen entspricht oder nicht. Insoweit kann sich die Unwahrheit auch durch das Weglassen wesentlicher Momente ergeben, wenn dadurch ein irreführender und damit falscher Eindruck erweckt wird (→ Rn. 23b).

28 Auch durch die *unrichtige Wiedergabe von Zitaten* kann das Allgemeine Persönlichkeitsrecht verletzt werden. Eine Unrichtigkeit kann sich aus einer unrichtigen, verfälschten oder entstellten Darstellung ergeben. Der Zitierte kann verlangen, dass das, was er gesagt hat, richtig wiedergegeben wird. Allerdings kann er sich nicht dagegen wehren, wenn ein in seinem Kontext richtig wiedergegebenes Zitat von dem Rezipienten nicht in Sinne des Zitierten gedeutet wird (vgl. BVerfG AfP 2008, 57 f.; BVerfGE 54, 27, *Soehring/Hoene* Rn. 16.96 f.; Wenzel/*Burkhardt* Kap. 4 Rn. 32).

Zitate sind eine besonders scharfe Waffe im Meinungskampf, da ihnen die besondere Überzeugungs- und Beweiskraft des Faktums zukommt. Der Äußernde wird im Rahmen einer kritischen Auseinandersetzung mit der Äußerung quasi als Zeuge gegen sich selbst ins Feld geführt (vgl. BVerfGE 54, 217 f.; Wenzel/*Burkhardt* Kap. 4 Rn. 33). Die Rechtsprechung stellt daher hohe Anforderungen an Authentizität und Genauigkeit von Zitaten (vgl. OLG Brandenburg AfP 2007, 568; *Soehring/Hoene* Rn. 16.97).

Das *Unterstellen nicht getaner Äußerungen* ist bereits als solches stets unzulässig, denn es beeinträchtigt den vom Einzelnen selbst definierten *sozialen Geltungsanspruch* (vgl. BVerfG AfP 1980, 150 f.; BVerfGE 34, 269 (282 f.); OLG Hamburg AfP 1985, 216). Dies gilt nicht nur für „angedichtete" Äußerungen, deren Unterschieben das Persönlichkeitsrecht deswegen verletzt, weil sie aus dem Privat- oder Intimbereich stammen (vgl. BVerfGE 34, 282), sondern auch für angebliche öffentliche Äußerungen (vgl. BVerfG NJW 1993, 2925; 1980, 2072; 1980, 2070). Werden jemandem Äußerungen in den Mund gelegt, die er nicht getan hat, so kommt es nur auf die *Selbstdefinition* des Betroffenen an. Das Bild, das sich andere, vor allem der Durchschnittsleser, von ihm gemacht haben oder machen können, ist ebenso unerheblich wie die Frage, ob sich die angebliche Äußerung mit den sonstigen, tatsächlich geäußerten Ansichten des Betroffenen vereinbaren ließe oder nicht (vgl. BVerfG NJW 1980, 2071; OLG Celle AfP 2002, 507).

Werden Äußerungen eines anderen in den Medien wiedergegeben, so kommt es für die Frage, ob das Zitat richtig oder unrichtig ist, nicht auf das Verständnis an, dass der Durchschnittsleser von dem ursprünglichem Text haben konnte, sondern allein auf die materielle Richtigkeit des Zitats (vgl. BVerfG NJW 1980, 2072; OLG Brandenburg AfP 2007, 568). Ein solches Zitat kann insbesondere dadurch verfälscht werden, dass nur Teile der Äußerung wiedergegeben werden, der Zusammenhang, in dem die Äußerung gemacht wurde, nicht zutreffend dargestellt wird oder das fremdsprachige Zitat fehlerhaft übersetzt wird (vgl. *Soehring/Hoene* Rn. 16.96 f.).

Will sich die Presse mit einer mehrdeutigen Äußerung kritisch auseinandersetzen, so muss sie bei einer Wiedergabe der Aussage diese genauso abdrucken, wie sie gemacht wurde; sie darf die Äußerung hingegen nicht so „zitieren", wie sie sie versteht (vgl. OLG Köln AfP 2009, 604).

d) Hinsichtlich des Verständnisses von Begriffen durch den Durchschnittsleser ist die Bezeich- **29**
nung als „Krimineller" bei einer Person unzulässig, deren Haftstrafen seit längerer Zeit verbüßt sind (vgl. OLG Köln AfP 1971, 170), die Bezeichnung als „Lehrlingsausbeuter", wenn der Firmeninhaber Lehrlinge nur in wenigen Ausnahmefällen kurzzeitig berufsfremd einsetzte (vgl. LG Essen JZ 1972, 89), die Auflistung verschiedener Schriftsteller-Pseudonyme mit dem Zusatz „alias", da der Eindruck der Verschleierung strafbarer Handlungen entsteht (vgl. OLG Köln AfP 1971, 170) sowie die Aufstellung unwahrer Tatsachenbehauptungen in einem *„Schlüsselroman"*, wenn der Durchschnittsleser die mit der fiktional dargestellten Figur gemeinte tatsächlich existierende bzw. zwischenzeitlich verstorbene Person unzweideutig erkennen kann. Zu beachten ist dabei, dass an die Erkennbarkeit der realen Person hohe Anforderungen zu stellen sind. Die Kunstfreiheit erfordert es nämlich, zunächst einmal von der Fiktionalität des Textes auszugehen (vgl. BVerfG AfP 2007, 446 – Esra; OLG München AfP 2009, 140; *Ladeur* AfP 2008, 30 ff.; *Neumeyer* AfP 2007, 509 ff.).

e) Steht die Unwahrheit der behaupteten Tatsache fest, so ist des Weiteren festzustellen, ob **29a**
der Betroffene *hierdurch beeinträchtigt* wurde. Denn nicht jede unwahre Äußerung verletzt per se das Persönlichkeitsrecht. Vielmehr muss stets eine nachteilhafte Auswirkung auf das Persönlichkeitsbild des Betroffenen vorliegen (vgl. BVerfG AfP 2008, 56 f.; BGH AfP 2006, 61). Dies ist jedenfalls bei „wertneutralen Falschbehauptungen" nicht der Fall (vgl. OLG Köln ZUM-RD 2006, 78; LG Heilbronn AfP 2018, 78). Sofern dies nicht aufgrund allgemein anerkannter Kriterien (zB in Fällen einer Verächtlichmachung oder einer Herabwürdigung in der öffentlichen Meinung) zu bejahen ist, obliegt es dem Betroffenen, darzulegen, inwiefern sein Persönlichkeitsrecht durch die fragliche Äußerung verletzt wurde (vgl. BVerfG AfP 2008, 57 mwN). Dies ist zB nicht der Fall, wenn über den Betroffenen berichtet wurde, er habe ein Interview gegenüber dem „Stern" gegeben, obwohl dies gegenüber dpa der Fall war (vgl. BGH AfP 2006, 61; BVerfG AfP 2008, 55 ff.) oder er habe auf einer Vernissage bei Jil Sander Werbung gemacht, obwohl es sich um eine Vernissage von Jil Sander handelte (vgl. OLG Köln AfP 2005, 288) oder er selbst sei Aktionär eines Unternehmens, obwohl er lediglich als Geschäftsführer einer Gesellschaft, die Aktionärin des fraglichen Unternehmens ist, auf der Hauptversammlung aufgetreten ist (vgl. LG Köln AfP 2007, 382).

5. Eingriff durch Schmähkritik

30 a) Auch durch *grob herabsetzende Werturteile,* die die Schwelle zur Schmähkritik überschreiten, eine Formalbeleidigung sind oder die Menschenwürde verletzen, wird das allgemeine Persönlichkeitsrecht in nicht hinnehmbarer Weise verletzt (vgl. BVerfG AfP 2005, 546). Grundsätzlich hat stets eine Güterabwägung zwischen der Meinungsfreiheit und dem Persönlichkeitsrecht zu erfolgen, um feststellen zu können, ob die Meinungsäußerung die Schwelle zur Schmähkritik, Formalbeleidigung oder Verletzung der Menschenwürde überschreitet (vgl. BVerfG AfP 2006, 349 (353); 2005, 546; BGH AfP 2009, 139). Dabei ist ua relevant, ob der Betroffene direkt angegriffen (vgl. BVerfG AfP 1992, 132) oder in den Kernbereich der Funktion bzw. der Aufgabe einer juristischen Person eingegriffen wird (vgl. LG Köln AfP 2003, 82). Sofern eine Meinungsäußerung vorliegt, besteht jedenfalls bei öffentlichkeitsrelevanten Themen eine Vermutung für die Zulässigkeit der freien Rede als Wesenselement des Meinungsaustausches in einer offenen Gesellschaft (vgl. BVerfG AfP 2006, 349 (353); NJW 1999, 2262; BVerfGE 7, 198 (212); EGMR AfP 2014, 239 (241); BGH AfP 2008, 302; 2007, 47; OLG Braunschweig MMR 2001, 164; *Soehring/Hoene* Rn. 14.44). Dieses Recht ist grundsätzlich nicht beschränkt. Meinungen genießen umfassenden Schutz, ohne dass es dabei die Bewertung als „richtig" oder „falsch", „gut" oder „wertlos" ankommt (vgl. BVerfG NJW 2001, 3613; AfP 1994, 126; OLG Saarbrücken AfP 2010, 493; *Soehring/Hoene* Rn. 14.14; *Prinz/Peters* Rn. 91).

30a Form und Inhalt von Meinungsäußerungen sind in weitestem Umfang frei. Zur grundrechtlich geschützten Selbstbestimmung des Äußernden gehört auch die *Form* (vgl. BVerfG AfP 1992, 132; NJW 1980, 2069). Dabei sind schärfere Mittel erlaubt, wenn es um Fragen von öffentlichem Interesse geht, als etwa im Privatbereich (vgl. BVerfG AfP 2003, 45; 1993, 564; 1990, 192; BGH NJW 1980, 1685; OLG Köln AfP 2009, 158) oder bei der Verfolgung privater, namentlich wirtschaftlicher Ziele (vgl. BVerfG NJW 1993, 1846; AfP 1982, 216). Auch polemische oder verletzende Formulierungen fallen unter den Schutzbereich des Art. 5 Abs. 1 S. 1 GG (vgl. BVerfG NJW 2009, 749; AfP 2006, 351; *Soehring/Hoene* Rn. 14.43 ff.).

31 Die Presse darf einseitig gefärbte Stellungnahmen und beißende Kritik verbreiten, auch dann, wenn die Kritik objektiv verfehlt, geschmacklos oder banal ist (vgl. BVerfG AfP 2014, 133; 2003, 45; OLG Dresden AfP 2013, 333; OLG Düsseldorf AfP 1982, 235). Im Einzelfall müssen Schärfen und Übersteigerungen oder ein Gebrauch der Meinungsfreiheit in Kauf genommen werden, der zur sachgerechten Meinungsbildung nichts beitragen kann (vgl. BVerfG AfP 1992, 58; 1992, 53; NJW 1982, 2655; AfP 1982, 164; NJW 1980, 2069; BVerfGE 30, 336 ff. (347)). In krassen Fällen darf die Presse ihr Anliegen deutlich und unmissverständlich auch gegenüber anderen Pressevertretern zum Ausdruck bringen (vgl. BGH NJW 2017, 482; OLG Karlsruhe AfP 2004, 452; KG Berlin AfP 1984, 217; OLG Frankfurt a. M. AfP 1980, 50).

31a Nicht erforderlich ist es, dass die Presse die *Tatsachen mitteilt,* die für den Nachvollzug der Wertung seitens des Lesers notwendig sind (vgl. BVerfG AfP 1992, 132; NJW 1976, 1680). Unabhängig davon kann sie aber in einem etwaigen späteren Rechtsstreit mit dem von der Berichterstattung Betroffenen eine Substantiierungspflicht treffen (vgl. → Kap. 44 Rn. 12). Zulässig ist demnach die Bezeichnung der Funktionäre eines Sportverbandes als „Dreierbande" (vgl. LG Stuttgart AfP 1981, 868) oder eines Vermieters, der zu Sanierungszwecken kündigt, als „Wohnungshai" mit „Wolfscharakter" (vgl. OLG Köln AfP 1983, 404). Ebenso zulässig sind die Bezeichnungen „Schreibtischtäter" für Werner Höfer (vgl. LG Köln AfP 1988, 376), „Nazi-Sekte" für die Deutsche Unitarier Religionsgesellschaft (vgl. OLG Hamburg AfP 1992, 165), „rechte bis rechtsradikale frauenfeindliche Lebensschützerorganisation" für eine Vereinigung von Abtreibungsgegnern (vgl. OLG Karlsruhe AfP 1992, 263), „Kanaille" oder „Schuft" ohne sachlichen Zusammenhang für einen Dritten (vgl. OLG Hamburg AfP 1990, 135), „Krimineller" für jemanden, gegen den die Anklage wegen Betrugs zugelassen wurde (vgl. KG Berlin AfP 2010, 499), „Sexual-Gangster" für einen wegen sexuellem Missbrauchs vor einigen Jahren verurteilten Sporttrainer (vgl. OLG Dresden AfP 2011, 365). Die Bezeichnung eines Kommunalpolitikers als „stadtbekannten Versager" im Zusammenhang mit Kritik an dessen politischer Arbeit ist von der Meinungsfreiheit gedeckt, auch wenn der Betroffene hinsichtlich der konkreten kritisierten Maßnahme nur am Rande zuständig war (vgl. LG Halle AfP 1995, 421), ebenso die Bezeichnung eines anderen Kommunalpolitikers als „Dummschwätzer" als Reaktion auf vorherige Angriffe durch den Beleidigten (BVerfG NJW 2009, 750) sowie gleichermaßen die Aussage „sollte lieber einen Arzt aufsuchen als sich im Dolchstoß zu üben" über einen Wahlbewerber bei einer Kommunalwahl (vgl. BVerfG NJW 2001, 3613). Ebenfalls zulässig ist die Bezeichnung „Soldaten sind Mörder" auf einem Aufkleber, da Rechtsbegriffe nicht ohne weiteres im fachlich-technischen Sinne, sondern auch im abgeschwächt-umgangssprachlichen Sinne verstanden werden dürfen (vgl. BVerfG AfP 2006, 353; vgl. aber umgekehrt BVerfG AfP 2006, 551 f., in der die Umgangssprache eine stärker beeinträchtigende Wirkung hat als die Verwendung desselben Begriffes im fachlich-technischen Sinne). Hinzu kommt, dass der Gesamtzusammenhang eine pazifistische Meinung verdeutlichen sollte (vgl. BVerfG AfP 1994, 286). Zulässig ist schließlich etwa die Bezeichnung eines rechtskräftig verurteilten Mörders als „Sexkeller-Monster" oder „Sex-Monster" (vgl. LG Berlin AfP 1999, 524) oder eines Fußballspielers in Zusammenhang mit dessen schlechten Leistungen als „Abkassierer" (vgl. OLG Celle AfP 1997, 819).

Als *unzulässig* ist hingegen die Bezeichnung eines Journalisten als „Berufsdesinformant", als „Mitglied der journalistischen Totenkopfdivision Joseph Goebbels" und als „Drecksau" eingestuft worden, auch wenn es sich um eine Gegenattacke gegenüber kritisch eingestellten Zeitungsjournalisten handelte (vgl. OLG München AfP 1997, 828). Gleiches gilt für die öffentliche Bezeichnung eines Rechtsanwalts als „arglistiger Täuscher", „uneinsichtiger dummer Tölpel", „Lügner" und „Prozessbetrüger" (vgl. OLG Saarbrücken NJW 2003, 763) oder die Titulierung „Zigeunerjude" gegenüber einem Vertreter des Zentralrats der Juden in Deutschland (vgl. BayObLG AfP 2002, 221).

Die Grenze zur unzulässigen *Schmähkritik* ist überschritten, wenn das abwertende Urteil zur **32** bloßen Verächtlichmachung des Gegners herabsinkt, die jeden sachlichen Bezug zu dem Standpunkt vermissen lässt, den der Kritiker vertritt, und damit kein adäquates Mittel des Meinungskampfes mehr ist (vgl. BVerfG NJW 2020, 2622 mAnm *Gostomzyk*; AfP 2006, 351; 2003, 45; BGH AfP 1987, 599; OLG Karlsruhe AfP 2002, 343; OLG Braunschweig MMR 2001, 164; OLG Köln NJW-RR 2009, 698; OLG Düsseldorf AfP 1982, 235). Es erfolgt nicht mehr die Auseinandersetzung in der Sache, sondern die Diffamierung der Person (bzw. des Andenkens Verstorbener, vgl. BVerfG AfP 1993, 476) steht im Vordergrund (vgl. BVerfG NJW-RR 2000, 1712; BGH AfP 2009, 139 mwN; OLG Celle AfP 2002, 507; OLG München ZUM 1997, 61; OLG Saarbrücken AfP 2010, 494; OLG Köln NJW-RR 2009, 698; *Ladeur* JZ 2020, 943). Darunter fällt auch eine Äußerung, die der Form nach zur (Formal-)Beleidigung ausartet (vgl. BVerfG NJW 1982, 2655; Wenzel/*Burkhardt/Peifer* Kap. 5 Rn. 232). Die Qualifikation einer ehrenrührigen Aussage als Schmähkritik erfordert regelmäßig die Berücksichtigung von Anlass und Kontext der Äußerung; sie ist ausnahmsweise aber ohne Weiteres zu bejahen, wenn zB beleidigende Schimpfwörter aus der Fäkalsprache verwendet werden (vgl. BVerfG NJW 2009, 750; anders dagegen LG Berlin K&R 2019, 747, mit zurecht kritischem Kommentar von *Höch* K&R 2019, 680). Der Begriff der Schmähkritik ist im Interesse der Meinungsfreiheit ansonsten eng auszulegen (vgl. BVerfG NJW 2005, 3274; NJW-RR 2000, 1712; BGH AfP 2009, 139; OLG Köln NJW-RR 2009, 698; OLG Saarbrücken AfP 2010, 494; OLG Frankfurt a. M. AfP 2010, 482). Bei mehrdeutigen Äußerungen kann die zur Verurteilung führende Bedeutung nur dann zugrunde gelegt werden, wenn vorher die anderen möglichen Deutungen mit schlüssigen Gründen ausgeschlossen worden sind (vgl. BVerfG AfP 2015, 331).

b) Diese Besonderheiten gelten vor allem, aber nicht nur im *politischen Meinungskampf* (vgl. **33** BVerfG AfP 2009, 363; 1982, 217; NJW 1980, 2069; BVerfGE 12, 113 (131); EGMR NJW 2004, 2655; BGH AfP 1993, 737; OLG München ZUM 1997, 61; AfP 1992, 258; *Soehring/Hoene* Rn. 14.44 f.), da in der öffentlichen Auseinandersetzung auch polemische Kritik hingenommen werden muss, weil ansonsten die Gefahr einer Lähmung oder Verengung des Meinungsbildungsprozesses droht (vgl. BVerfG AfP 2009, 363 mwN). Gibt der Angegriffene Anlass zu einem abwertenden Urteil, hat er schwerwiegende Vorwürfe erhoben oder diese durch sein Auftreten herausgefordert, so besteht das *Recht zum Gegenschlag* (vgl. BGHZ 45, 269) auch mit scharfen, nicht im Einzelnen begründeten, ggf. auch abwertenden Vorwürfen (vgl. BVerfG NJW 2009, 750; OLG Braunschweig MMR 2001, 164; AfP 2000, 590). Dieses Recht ist nicht beschränkt auf Fälle, in denen der Betroffene den ersten Angriff geführt hat. Es kommt vielmehr darauf an, ob und in welchem Maße sich der Betroffene den Bedingungen des Meinungskampfes unterworfen und sich damit partiell seines Persönlichkeitsschutzes begeben hat (vgl. BVerfG

NJW 1984, 1746; AfP 1982, 217; NJW 1980, 2069; BVerfGE 12, 113 (131); BayObLG AfP 1991, 420). Dabei ist eine Auslegung, die an die Zulässigkeit öffentlicher Kritik in politischen Auseinandersetzungen überhöhte Anforderungen stellt, mit dem Grundgesetz nicht vereinbar (vgl. BVerfG AfP 1990, 192). So darf etwa die Zulässigkeit einer kritischen Äußerung über Maßnahmen der öffentlichen Gewalt nicht danach beurteilt werden, ob diese rechtmäßig oder rechtswidrig waren. Dies folgt aus der zugrunde liegenden Bedeutung der Meinungsfreiheit als Voraussetzung eines freien und offenen politischen Prozesses (vgl. BVerfG AfP 1992, 132; OLG München AfP 1992, 258) zu den Grenzen (vgl. BVerfG NJW 2000, 2414; OLG Braunschweig MMR 2001, 164).

Nach Ansicht des BVerwG (NJW 1984, 2591) können auch Regierungen das Recht zum Gegenschlag geltend machen, da die politische Kontroverse zu ihren verfassungsmäßigen Rechten gehört. Art. 5 GG braucht nicht herangezogen zu werden.

34 Gerade im *Wahlkampf* ist parteipolitische Polemik als typisches Mittel des Meinungskampfes erlaubt, auch wenn dabei allgemeine, überzeichnete oder substanzlose Formulierungen gebraucht werden (vgl. BVerfG NJW 2001, 2959; 1983, 1415; AfP 1982, 246, für den Ausspruch, die „CSU sei die NPD Europas"; BGH AfP 1984, 29). Denn die politischen Parteien nehmen bei der Vorbereitung von Wahlen eine öffentliche Aufgabe wahr. Diese verträgt prinzipiell keine inhaltlichen Reglementierungen.

34a Weitere Bereiche, in denen die Abwägung zwischen Meinungsfreiheit und Persönlichkeitsschutz von besonderer Bedeutung ist, sind *wirtschafts- oder gesellschaftskritische Äußerungen* und Äußerungen zur Durchsetzung sonstiger weltanschaulicher Anliegen, wie etwa zu den Themen *„Umweltschutz"* oder *„Abtreibung"* (vgl. BVerfG AfP 2006, 550 ff.; 2006, 349 ff.; BGH AfP 2008, 297 ff.; *Soehring/Hoene* Rn. 20.10 ff.mwN; zu *wettbewerbsrechtlichen* Fragen bei Meinungsäußerungen vgl. → Kap. 75 Rn. 7 f.).

35 d) Besonderheiten bei der Prüfung von Persönlichkeitsverletzungen durch Meinungsäußerungen gelten im Hinblick auf *Karikaturen* sowie *Satiren*. Diese sind das Ergebnis einer freien schöpferischen Gestaltung, in der der Künstler seine Eindrücke, Erfahrungen, Phantasien und Erlebnisse durch das Medium einer bestimmten Formensprache unmittelbar zur Anschauung bringt. Es handelt sich damit um Darstellungen, die der Kunstfreiheit nach Art. 5 Abs. 3 S. 1 GG unterliegen (vgl. zum Kunstbegriff BVerfG AfP 2007, 443 mwN; AfP 1991, 379; BGH AfP 2005, 466; OLG Hamburg AfP 1987, 702). Diese ist im Verhältnis zur Meinungsfreiheit das speziellere Grundrecht (BVerfGE 30, 173 ff. (200); AfP 1987, 677; v. *Mangoldt/Klein/Starck* GG Art. 5 Rn. 312). Gleiches kann für die *Satire* gelten, die ebenso wie die Karikatur Kunst sein kann, aber nicht muss (zur Frage der Ausdehnung des Kunstbegriffs auf eine Satire vgl. OLG Hamburg AfP 2018, 335; *Soehring/Hoene* Rn. 20.32; Wenzel/*Burkhardt* Kap. 4 Rn. 40a). Das beiden Stilformen wesenseigene Merkmal, mit Verfremdungen, Verzerrungen und Übertreibungen zu arbeiten, kann ohne weiteres auch ein Mittel der einfachen Meinungsäußerung sein (vgl. BVerfG AfP 2002, 418). Anders als bei anderen Äußerungsformen ist der Satire jedoch wesenseigen, dass das Element der Verfremdung für den Rezipienten erkennbar ist (vgl. BVerfG NJW 2005, 3273; OLG Hamburg AfP 2008, 82). Für das Moment Kunst dürfte entscheidend sein, dass die geschilderten Elemente die Darstellung „prägen". Zum Beispiel ist bei der Verwendung einer wahren Geschichte als Romanvorlage Kunst anzunehmen, wenn sie so umgestaltet wird, dass alle Einzelheiten zueinander in Beziehung stehen und zufällige Einzelheiten eliminiert bzw. neue Geschehensabläufe logisch in den Sachverhalt eingebaut werden (vgl. OLG Hamm ZUM 2002, 390; OLG Stuttgart AfP 1988, 374).

36 Auch wenn der Kunstfreiheit – anders als der Meinungsfreiheit – keine ausdrücklichen *Grenzen* gesetzt sind, so hat auch dieses Grundrecht verfassungsimmanente Schranken, wie etwa die Menschenwürde und das Grundrecht auf freie Entfaltung der Persönlichkeit (vgl. BVerfG AfP 2007, 444; OLG Hamburg AfP 2007, 146; ZUM 2007, 479 (481); OLG München AfP 2013, 154). Eine Niveaukontrolle findet im Rahmen dieser Abgrenzung nicht statt, so dass auf Qualität, Niveau oder Geschmack nicht abgestellt werden darf (vgl. BGH NJW 2004, 597; OLG Hamm NJW-RR 2004, 919; KG Berlin AfP 2007, 570). Maßgeblich für die Entscheidung, ob durch ein Kunstwerk das Persönlichkeitsrecht verletzt wird, sind jedoch seine Wirkungen im außerkünstlerischen Sozialbereich sowie kunstspezifische Gesichtspunkte (vgl. BVerfG AfP 2007, 445). Im Übrigen kommt es auf die Umstände des Einzelfalls an (vgl. BVerfG AfP 2007, 445).

Hinsichtlich ihrer Zulässigkeit ist bei Satiren und Karikaturen zwischen dem Aussagekern und dessen satirischer bzw. karikativer Einkleidung zu differenzieren (vgl. BVerfG NJW 1998, 1386; 1992, 2073; AfP 1987, 678; BGH NJW 2000, 1036; RGSt 62, 183 ff.). Zunächst ist zu prüfen, ob der Aussagekern eine Tatsachenbehauptung enthält. Das dürfte dann der Fall sein, wenn dieser in einer Weise konkretisiert ist, dass der Durchschnittsleser von einem realistischen Inhalt der Satire ausgeht. Der Betroffene kann hiergegen vorgehen, wenn der Aussagekern eine unwahre Tatsachenbehauptung enthält (→ Rn. 23 ff.). Denn es ist auch unter dem Mantel der Kunst unzulässig, unwahre Tatsachenbehauptungen aufzustellen (*Soehring/Hoene* Rn. 20.37). Wenn dagegen der Aussagekern so allgemein gehalten ist, dass er an einen konkreten tatsächlichen Umstand nicht anknüpft, oder wenn dessen fiktionaler Charakter von dem Durchschnittsrezipienten ohne weiteres erkannt wird, kann allenfalls eine Meinungsäußerung vorliegen, deren Zulässigkeit sich nach den hierfür geltenden allgemeinen Kriterien richtet (→ Rn. 23a ff., BGH NJW 2000, 1036; OLG Hamm ZUM 2002, 389).

Ist der Aussagekern nicht zu beanstanden oder liegt überhaupt keiner vor, so kommt es allein auf die Darstellungsform an, insbesondere ob diese die Grenze zur unzulässigen Schmähkritik überschreitet (vgl. BVerfG AfP 2002, 418; NJW 2001, 3613; KG Berlin AfP 2007, 570; OLG München AfP 2013, 154; OLG Stuttgart AfP 2020, 405). Hierbei ist zu berücksichtigen, dass scharfe Kritik gerade etwa im politischen Meinungskampf zulässig ist, wenn Anlass zu dem abwertenden Urteil gegeben wurde. Dieser liegt dann vor, wenn der Betroffene sich dem politischen Meinungskampf unterwirft (vgl. BVerfG AfP 1982, 217; NJW 1980, 2069; BVerfGE 12, 113 ff.; BGH AfP 1993, 737; BayObLG AfP 1991, 420; LG München AfP 1997, 831). Die karikierte Person wird die Satire dann umso mehr hinzunehmen haben, als diese durch ihre Übertreibung eine besonders pointierte Darstellungsform im Interesse der Meinungs- und Willensbildung darstellt. Außerdem ist festzuhalten, dass es zum Wesen der Satire gehört, mit Übertreibungen und grotesken Verzerrungen zu arbeiten. Daher kommt der Satire und der Karikatur die Kunstfreiheit nach Art. 5 Abs. 3 S. 1 GG zugute. Ihr ist mithin ein größeres Maß an Gestaltungsfreiraum zugestanden (vgl. BVerfG NJW 1998, 1386 f.; AfP 1992, 133 ff.; BGH NJW 2004, 597; BayObLG AfP 1991, 420; KG Berlin AfP 2007, 570; restriktiver OLG Hamburg AfP 2018, 335; *Soehring/Hoene* Rn. 20.37; *von Becker* NJW 2001, 583; Erhardt S. 114; *Froelich* AfP 2016, 312). Auf dieser Grundlage kann die Darstellungsform nicht anstößig sein, wenn nach den Umständen damit gerechnet werden durfte, dass sie als Ausdruck *sozialadäquater Ironisierung* verstanden wird (vgl. OLG Hamburg MDR 1967, 946; *Würtenberger* NJW 1982, 612). Sie dürfte jedoch dann nicht mehr gegeben sein, wenn die Satire ausschließlich zur bloßen Verächtlichmachung und damit zur Schmähkritik eingesetzt wird. Auch die Menschenwürde setzt der Satire eine absolute Schranke, so dass die Möglichkeit eines Güterausgleichs nicht besteht (vgl. BVerfG AfP 1987, 678; BVerfGE 67, 213 ff.; KG Berlin AfP 2004, 371; OLG Hamburg AfP 2018, 335; 2004, 375; OLG München AfP 2013, 154; *von Becker* K&R 2003, 161; *Schmoldt* K&R 2001, 522; vgl. auch Fischer StGB § 193 Rn. 38). Dies ist insbesondere dann anzunehmen, wenn Gegenstände aus der Intimsphäre in einer vulgären Form und Ausdrucksweise karikiert werden. Gerade die Darstellung sexueller Verhaltensweisen, die zum schutzwürdigen Kern des Intimlebens gehören, entkleidet den Betroffenen seiner Würde als Mensch (vgl. KG Berlin AfP 2007, 570; OLG München AfP 2013, 154; OLG Hamm NJW-RR 2004, 922). Bei Eingriffen in diesen durch Art. 1 Abs. 1 geschützten Kern menschlicher Ehre liegt immer, auch bei im Kreuzfeuer öffentlichen Kritik stehender Personen, wie etwa Politikern, eine gravierende Beeinträchtigung des Persönlichkeitsrechtes vor, die auch durch die Freiheit künstlerischer Betätigung nicht mehr gedeckt ist (vgl. BVerfG AfP 1987, 678; BVerfGE 67, 213 ff.; OLG Hamburg AfP 2004, 375; BayObLG ZUM 1998, 502 (505) mwN; LG Köln ZUM 2003, 325; *Soehring/Hoene* Rn. 20.38).

Kunst und *Pornographie* schließen sich nicht generell aus (vgl. → Kap. 59 Rn. 4 und 9a mwN). **37**
Der *Jugendschutz* ist ein von der Verfassung geschütztes wichtiges Gemeinschaftsgut, so dass eine Güterabwägung im Einzelfall stattfinden muss (vgl. → Kap. 60 Rn. 11 ff. mwN). Kunstkritik ist nicht schon deshalb Kunst, auch wenn spezifische Stilmittel verwendet werden. Anders ist es jedoch bei einer eigenständigen künstlerischen Form, etwa bei einer Satire (vgl. BVerfG AfP 1993, 476).

e) Übt die Presse öffentliche *Kritik an konkurrierenden Presseorganen* durch negative Bewertung **38**
ihrer redaktionellen Leistungen, so ist auch dies grundsätzlich von Art. 5 Abs. 1 GG gedeckt,

solange bei dieser Pressefehde die Absicht im Vordergrund steht, die weltanschauliche, politische, wirtschaftliche oder kulturelle Auseinandersetzung in der Öffentlichkeit zu fördern, was grundsätzlich unterstellt wird (vgl. BGH GRUR 1966, 693 – Höllenfeuer; *Soehring/Hoene* Rn. 22.38). Äußerungen von Medien über andere Medien sind danach im Regelfall keine geschäftliche Handlung gemäß § 2 Abs. 1 Nr. 1 UWG. Nur im Ausnahmefall ist die Zulässigkeit der wechselseitigen kritischen redaktionellen Äußerungen auch an den Maßstäben des Wettbewerbsrechts zu messen.

6. Der Datenschutz

39 a) Seit dem 25.5.2018 ist die neue Datenschutz-Grundverordnung (DSGVO) der Europäischen Union (Verordnung (EU) 2016/679 vom 27.4.2016 (ABl. 2016 L 119, S. 1) – DSGVO) in Kraft. Sie gilt in allen Mitgliedstaaten der Europäischen Union unmittelbar und ersetzt das bisher in Deutschland geltenden BDSG in der Fassung vom 14.1.2003 (BGBl. I S. 66). Die DSGVO enthält keine medienspezifischen Regelungen. Art. 85 Abs. 1 und 2 DSGVO verpflichten die Mitgliedsstaaten der Europäischen Union, durch Rechtsvorschriften das Recht auf den Schutz personenbezogener Daten gemäß der DSGVO mit dem Recht auf freie Meinungsäußerung und Informationsfreiheit einschließlich der Verarbeitung zu journalistischen Zwecken in Einklang zu bringen (sog. Medienprivileg; vgl. Simitis/Hornung/Spieker/*Dix* DSGVO Art. 85 Rn. 9; *Nettesheim* AfP 2019, 473 (474)). Das ebenfalls am 25.5.2018 in Kraft getretene neue BDSG regelt in Deutschland die den nationalen Gesetzgebern im Rahmen der Grundsätze der DSGVO von der DSGVO eingeräumten Spielräume. Es enthält mangels Regelungskompetenz des Bundes aber keine medienspezifischen Regelungen. Dagegen haben die Länder die Vorgaben des Art. 85 DSGVO im 21. Rundfunkänderungsstaatsvertrag und in ihren Presse- bzw. Mediengesetzen sowie ihren Landesdatenschutzgesetzen mittlerweile vollständig umgesetzt (vgl. *Weberling/Bergann* AfP 2018, 205, und AfP 2019, 293, jeweils mwN; *Lauber-Rönsberg* AfP 2019, 373 (378); *Soehring/Hoene* Rn. 1.27).

40 b) Art. 85 DSGVO lautet wörtlich

„*(1) Die Mitgliedstaaten bringen durch Rechtsvorschriften das Recht auf den Schutz personenbezogener Daten gemäß dieser Verordnung mit dem Recht auf freie Meinungsäußerung und Informationsfreiheit, einschließlich der Verarbeitung zu journalistischen Zwecken und zu wissenschaftlichen, künstlerischen oder literarischen Zwecken, in Einklang.*

(2) Für die Verarbeitung, die zu journalistischen Zwecken oder zu wissenschaftlichen, künstlerischen oder literarischen Zwecken erfolgt, sehen die Mitgliedstaaten Abweichungen oder Ausnahmen von Kapitel II (Grundsätze), Kapitel III (Rechte der betroffenen Person), Kapitel IV (Verantwortlicher und Auftragsverarbeiter), Kapitel V (Übermittlung personenbezogener Daten an Drittländer oder an internationale Organisationen), Kapitel VI (Unabhängige Aufsichtsbehörden), Kapitel VII (Zusammenarbeit und Kohärenz) und Kapitel IX (Vorschriften für besondere Verarbeitungssituationen) vor, wenn dies erforderlich ist, um das Recht auf Schutz der personenbezogenen Daten mit der Freiheit der Meinungsäußerung und der Informationsfreiheit in Einklang zu bringen.

(3) Jeder Mitgliedstaat teilt der Kommission die Rechtsvorschriften, die er aufgrund von Absatz 2 erlassen hat, sowie unverzüglich alle späteren Änderungsgesetze oder Änderungen dieser Vorschriften mit.“

Art. 85 DSGVO entspricht weitgehend der Vorgängernorm Art. 9 der Datenschutzrichtlinie 95/46/EG (vgl. Kühling/Buchner/*Buchner/Tinnefeld* DSGVO Art. 85 Rn. 2). Kritische Stimmen möchten Art. 85 Abs. 2 DSGVO wie die Vorgängernorm jedoch nicht als allgemeines „Medienprivileg“ oder zumindest nicht als „*allgemeines* Meinungsprivileg“ verstanden wissen. sondern plädieren dafür, dass es „im Einzelfall zu einer ergebnisoffenen Abwägung zwischen Datenschutz und Kommunikationsfreiheit kommt.“. Ein grundsätzliches Medienprivileg würde dem grundsätzlichen Interessenskonflikt und dem jeweils besonders hohen Schutzgut Rechtsstaat bzw. Demokratie nicht gerecht werden (vgl. Kühling/Buchner/*Buchner/Tinnefeld* DSGVO Art. 85 Rn. 2 u. 27 jeweils mwN; *Albrecht/Janson* CR 2016, 500 (502)). Diese Stimmen verkennen die gerade für die freiheitliche Demokratie grundlegende Bedeutung der Presse- und Informationsfreiheit, die auch nach Inkrafttreten der DSGVO eine zentrale Stellung hat und zugunsten von datenschutzrechtlichen Vorschriften weder ausgehebelt noch in die Bedeutungslosigkeit verdrängt werden darf. Der europäische Gesetzgeber hat zur Tragweite der Datenverarbeitung zu journalistischen Zwecken im Erwägungsgrund (ErwG) 153 Satz 7 der DSGVO ausdrücklich festgestellt: „*Um der Bedeutung des Rechts auf freie Meinungsäußerung in einer demokratischen Gesellschaft Rechnung zu tragen,* ***müssen*** *Begriffe wie Journalismus, die sich auf diese Freiheit beziehen, weit ausgelegt werden.*" Neben Art. 85 DSGVO verweist auch Art. 17 Abs. 3a) DSGVO auf die Bedeutung der Meinungs- und Informationsfreiheit, ohne dass es zu einer Abwägung mit dem Datenschutzrecht der betroffenen Person ankäme. Art. 17 DSGVO regelt das Recht auf Löschung, das sog. „Recht auf Vergessenwerden". Nach Art. 17 Abs. 3a) DSGVO gilt dies aber (ausnahmslos) nicht, wenn die Verarbeitung zur Ausübung des Rechts auf freie Meinungsäußerung und Information erforderlich ist. Da die Meinungs- und Informationsfreiheit die essenzielle Grundlage der Demokratie bildet und nicht aus Gründen des Datenschutzrechts ausgehebelt werden soll (vgl. Kühling/Buchner/*Herbst* DSGVO Art. 17 Rn. 71; BVerfGE 7, 198 (208)), überwiegt im Konflikt zwischen dem Recht auf den Schutz personenbezogener Daten und der Meinungs- und Informationsfreiheit in der Fallkonstellation eines Löschungsanspruchs nach Art. 17 Abs. 3a) DSGVO die Meinungs- und Informationsfreiheit (hierzu → Rn. 44a).

c) Die deutschen Landesgesetzgeber haben das in der DSGVO verbürgte Medienprivileg in den §§ 12, 23 MStV sowie den Landesmedien- und Landespressegesetzen und den Landesdatenschutzgesetzen umgesetzt und Presseunternehmen dem Medienprivileg entsprechend bei der Datenverarbeitung zu journalistisch-redaktionellen Zwecken von den meisten datenschutzrechtlichen Pflichten und der Aufsicht durch Datenschutzbehörden freigestellt (vgl. zum strafrechtlichen Datenschutz → Kap. 54 Rn. 36 ff.). **41**

aa) § 12 MStV und § 23 MStV unterscheiden sich nur im Hinblick auf den Normadressaten. **41a**
§ 12 MStV regelt die Datenverarbeitung zu journalistischen Zwecken durch die in der ARD zusammengefassten Landesrundfunkanstalten, das ZDF, das Deutschlandradio oder private Rundfunkveranstalter. § 23 MStV enthält nunmehr ein umfassenden Medienprivileg für alle Telemedien des Rundfunks und der Presse. Nach §§ 12, 23 MStV sind die Vorschriften der DSGVO bei der Datenverarbeitung zu journalistischen Zwecken weitgehend nicht anwendbar. Die mit der Datenverarbeitung zu journalistischen Zwecken befassten Personen dürfen die Daten nicht zu anderen Zwecken verarbeiten und sind auf das Datengeheimnis zu verpflichten. Auf die Datenverarbeitung zu journalistischen Zwecken finden iÜ außer den Kap. I (Allgemeine Bestimmungen), VIII (Rechtsbehelfe, Haftung und Sanktionen), X (Delegierte Rechtsakte und Durchführungsrechtsakte) und XI (Schlussbestimmungen) der DSGVO nur die Art. 5 Abs. 1f) iVm Abs. 2, Art. 24 und Art. 32 DSGVO Anwendung.

Nach Art. 5 Abs. 1f) DSGVO muss durch technische und organisatorische Maßnahmen eine angemessene Sicherheit der personenbezogenen Daten gewährleistet werden. Dafür ist nach Art. 5 Abs. 2 DSGVO der Verantwortliche zuständig, der die Einhaltung von Art. 5 Abs. 1f) DSGVO auch nachweisen können muss. Verantwortlicher ist gem. Art. 4 Nr. 7 DSGVO die natürliche oder juristische Person, die allein oder gemeinsam mit anderen über die Zwecke und Mittel der Verarbeitung von personenbezogenen Daten entscheidet. Art. 24 DSGVO regelt die Pflicht des für die Verarbeitung Verantwortlichen zur Vornahme von technischen und organisatorischen Maßnahmen sowie das Erbringen eines Nachweises, dass die Datenverarbeitung im Rahmen der Vorschriften der DSGVO erfolgt. Art. 32 Abs. 1 DSGVO begründet die Pflicht des Verantwortlichen sowie des Auftragsverarbeiters zur Gewährleistung eines angemessenen Schutzniveaus der Datenverarbeitung durch geeignete technische und organisatorische Maßnahmen.

Die Haftungsbestimmungen der Art. 82 und 83 DSGVO gelten mit der Maßgabe, dass nur für eine Verletzung des Datengeheimnisses gem. Sätze 1–3 sowie für unzureichende Maßnahmen nach Art. 5 Abs. 1f), Art. 24 und 32 DSGVO gehaftet wird.

§ 12 MStV und § 23 MStV unterscheiden sich allerdings maßgeblich bzgl. der Kontrollaufsicht. Gegenüber dem öffentlich-rechtlichen, dem privaten Rundfunk und den Telemedien wird die datenschutzrechtliche Aufsicht über den Rundfunk wie bisher „auf Ebene des Landesrechts geregelt werden, um den Ländern die Wahlmöglichkeit zu bewahren, entweder einen eigenen ‚Rundfunkbeauftragten für den Datenschutz' für jede Anstalt zu bestellen, der sowohl die journalistische Tätigkeit als auch die Verwaltungstätigkeit (Mitarbeiterdaten, Daten der Beitrags- **41b** zahler) überwacht (einheitliche Aufsicht, derzeit praktiziert u. a. auch beim NDR) oder dem Rundfunkbeauftragten für den Datenschutz nur die Aufsicht über den journalistischen Bereich zuzuweisen, während die Verwaltungstätigkeit vom Landesdatenschutzbeauftragten überwacht wird (geteilte Aufsicht, derzeit praktiziert in Hessen, Bremen, Berlin und Brandenburg)." (vgl. Schleswig-Holstein, LT-Drs. 19/406, 4 f.). Dagegen findet gem. § 23 Abs. 1 S. 6 und 7 MStV Kap. VIII (Rechtsbehelfe, Haftung, Sanktionen) für diese Unternehmen keine Anwendung, wenn diese der Selbstregulierung durch den Pressekodex und der Beschwerdeordnung des Deutschen Presserats unterliegen (vgl. zur Vorgängerbestimmung Spindler/Schuster/*Brings-Wiesen* RStV § 57 Rn. 2 ff.).

41c § 23 Abs. 1 MStV regelt die Aufsicht über die Datenverarbeitung durch Anbieter von Telemedien. Nach § 23 Abs. 1 S. 6 u. 7 MStV besteht für Unternehmen, Hilfs- und Beteiligungsunternehmen der Presse keine Datenschutzaufsicht, soweit sie sich zur freiwilligen Selbstkontrolle durch den Pressekodex und die Beschwerdeordnung des Deutschen Presserates verpflichtet haben (vgl. zur Vorgängerbestimmung Spindler/Schuster/*Volkmann* RStV § 59 Rn. 22 ff.).

41d bb) Vergleichbare Regelungen für die gedruckte Presse enthalten die Landespresse- bzw. mediengesetze sowie die Landesdatenschutzgesetze (siehe beispielhaft Anhang Gesetzestexte, § 12 LPG Baden-Württemberg).

In Anlehnung an den MStV finden nach § 12 LPG Baden-Württemberg für die Datenverarbeitung zu journalistischen Zwecken von den Kap. II (Grundsätze) bis VII (Zusammenarbeit und Kohärenz) und IX (Vorschriften für besondere Verarbeitungssituationen) der DSGVO nur Art. 5 Abs. 1f) in Verbindung mit Abs. 2, Art. 24 und Art. 32 DSGVO Anwendung. Art. 82 DSGVO gilt mit der Maßgabe, dass nur für unzureichende Maßnahmen nach Artikel 5 Abs. 1f) iVm Abs. 2, Art. 24 und 32 DSGVO sowie § 83 BDSG gehaftet wird. Außerdem gilt § 83 BDSG im Hinblick auf Schadensersatz und Entschädigung nur für eine Verletzung des Datengeheimnisses nach § 12 Abs. 1 LPG Baden-Württemberg.

§ 12 LPG Baden-Württemberg regelt die Aufsicht der gedruckten Presse iSd freiwilligen Selbstverpflichtung nicht explizit (ähnlich § 10 LPG Hessen; anders dagegen § 12 Abs. 4 LPG Nordrhein-Westfalen, § 12a Abs. 2 LMG Rheinland-Pfalz, § 11a Abs. 4 LMG Saarland), da der Schutzbereich der Pressefreiheit grundsätzlich weit ist und von der Informationsbeschaffung über die Informationsbearbeitung bis hin zur Informationsverbreitung reicht (vgl. Baden-Württemberg, LT-Drs. 16/3555, 12). Zur Erfüllung ihres verfassungsrechtlichen Auftrags zur individuellen und öffentlichen Meinungsbildung sei die Presse auf die Verwendung personenbezogener Daten angewiesen, so dass journalistische Arbeit mit der Pflicht zur Einholung einer Einwilligung der betroffenen Person vor einer Datenverarbeitung nicht möglich wäre. Entsprechend solle das Medienprivileg verhindern, dass das Datenschutzrecht einer freien journalistischen Arbeit entgegensteht (vgl. Baden-Württemberg, LT-Drs. 16/3555, 13). In der Frage der Betroffenenrechte und der staatlichen Aufsichtsbehörde seien Bundes- und Landesgesetzgeber von einem „Vorrang der Interessen der Presse ausgegangen" (vgl. Baden-Württemberg, LT-Drs. 16/3555, 14).

42 cc) Auch das KUG ist jedenfalls im journalistischen Bereich auch nach Inkrafttreten der DSGVO anwendbar. Das OLG Köln (K&R 2018, 501 ff.) hat bereits im Juni 2018 festgestellt, dass die DSGVO die Anwendung des KUG im journalistischen Bereich nicht ausschließt (vgl. hierzu nunmehr auch BGH GRUR-RS 2020, 23990; LG Frankfurt a. M. K&R 2018, 733 ff. mAnm *Jonas; Weberling/Bergann* AfP 2019, 293 (294 f.)). Denn Art. 85 Abs. 2 DSGVO ist als Öffnungsklausel konzipiert, die sowohl neue Gesetze erlaubt, als auch bestehende Regelungen erfasst, soweit sie sich einfügen (vgl. *Lauber-Rönsberg* AfP 2019, 373 (378 ff.); *Nettesheim* AfP 2019, 473 (479); Wenzel/*von Strobl-Albeg* Kap. 9 Rn. 4; *Soehring/Hoene* Rn. 21.1). Denn nach ErwG 4 Satz 3 DSGVO steht die DSGVO im Einklang mit den Grundrechten und namentlich mit dem Recht der Meinungsäußerung und Informationsfreiheit (vgl. *Lauber-Rönsberg/Hartlaub* NJW 2018, 1057 (1060); *Weberling/Bergann* AfP 2018, 205 (208) m. Fn. 20: § 19 Landesdatenschutzgesetz Berlin (BlnDSG) stellt ausdrücklich klar, dass Datenverarbeitung in Ausübung des Rechts auf freie Meinungsäußerung und Informationsfreiheit zu journalistischen, künstlerischen oder literarischen Zwecken aufgrund von §§ 22, 23 KUG vom Medienprivileg der DSGVO umfasst ist).

Gem. § 22 S. 1 KUG bedarf die Verbreitung oder öffentliche Zurschaustellung von Bildnissen einer (ausdrücklichen oder konkludenten) Einwilligung des Abgebildeten. § 23 Abs. 1 KUG sowie § 24 KUG sehen Ausnahmen von der erforderlichen Einwilligung des Abgebildeten vor, welche die DSGVO in dieser Form nicht kennt. Eine einmal gegebene Einwilligung ist zudem grundsätzlich – abgesehen vom Vorliegen eines wichtigen Grund – unwiderruflich (vgl. Schricker/Loewenheim/*Götting* KUG § 22 Rn. 40 f.). **42a**

Über den Anwendungsbereich von Art. 85 DSGVO hinaus, dh jenseits der Datenverarbeitung zu journalistischen, wissenschaftlichen, künstlerischen oder literarischen Zwecken, wird das KUG jedoch durch die DSGVO überlagert, so dass sich die Rechtmäßigkeit von Veröffentlichung und Herstellung der Personenbildnissen insoweit nach den Bestimmungen der DSGVO richtet (vgl. *Weberling/Bergann* AfP 2019, 293 (295)). So ist das Herstellen und Vervielfältigen von Bildnissen zumindest außerhalb der Vorbereitung einer Veröffentlichung datenschutzrechtlich als eine Verarbeitung personenbezogener Daten zu qualifizieren und nicht vom Anwendungsbereich des KUG umfasst (vgl. *Kahl/Piltz* K&R 2018, 289 (292); *Sundermann* K&R 2018, 438 (440)). In diesem Fall ist die Datenerhebung iSd Anfertigung von Fotoaufnahmen an Art. 6 Abs. 1f) DSGVO zu messen, also als eine zur Wahrung der berechtigten Interessen des Fotografen erforderliche Verarbeitung zu qualifizieren, sofern keine Grundrechte oder Grundfreiheiten der betroffenen Person überwiegen (vgl. LG Frankfurt a. M. K&R 2018, 733 ff.). Fotoaufnahmen zu journalistischen Zwecken iSv Art. 85 Abs. 2 DSGVO zur Verwirklichung der Pressefreiheit gem. Art. 11 GRC und Art. 10 EMRK sind dagegen stets durch Art. 6 Abs. 1f) DSGVO gerechtfertigt, sofern dem keine überwiegenden Interessen des Abgebildeten entgegenstehen (vgl. OLG Köln K&R 2018, 501 (503)). **42b**

dd) Die datenschutzrechtliche Verantwortlichkeit freier Journalisten und Fotografen und der damit verbundene Umfang der technischen und organisatorischen Maßnahmen, die zur Gewährleistung der Datensicherheit erforderlich sind, richtet sich nach der konkreten Gestaltung und Durchführung der Zusammenarbeit. **43**

Freie Journalisten und freie Fotografen sind von den Presseunternehmen auf die Einhaltung des Redaktionsgeheimnisses zu verpflichten. Sie arbeiten weisungsunabhängig und sind in ihrem jeweils eigenen Tätigkeitsbereich selbständig ständig für die Einhaltung der technischen und organisatorischen Maßnahmen zur Sicherung des Redaktionsgeheimnisses verantwortlich und müssen gem. Art. 5 Abs. 2 DSGVO den Nachweis der Datensicherheit gem. Art. 5 Abs. 1f) DSGVO erbringen. Dies betrifft auch die Einwilligung der betroffenen Personen in die konkrete Datenverarbeitung. Von freien Mitarbeitern sollte zudem die Anfertigung einer kurzen Aktennotiz über die Umstände der Kenntnisnahme und konkludenten Einwilligung zur Bildveröffentlichung der fotografierten Person oder das Einholen einer schriftlichen Einwilligung verlangt werden, sofern nicht die Ausnahmebestimmungen der §§ 23 Abs. 1, 24 KUG eingreifen, um späteren Darlegungs- und Beweisproblemen vorzubeugen. **43a**

Von freien Journalisten sind *(journalistische) Mitarbeiter* zu unterscheiden, die bei der Ausübung ihrer Tätigkeit im Hinblick auf die Zuteilung von Aufträgen sowie der Art und Weise der Ausführung der Aufträge vom Presseunternehmen angewiesen werden, also bei der Durchführung ihrer konkreten Tätigkeit nicht weisungsfrei und deshalb in keinem freien Dienstverhältnis zum Presseunternehmen stehen. Der weisungsgebundene, also nicht frei tätige (journalistische) Mitarbeiter muss nicht selbstverantwortlich für die Gewährleistung der technischen und organisatorischen Maßnahmen eintreten, da er kein Verantwortlicher iSv Art. 4 Nr. 7 DSGVO ist. Verantwortlicher gem. Art. 4 Nr. 7 DSGVO ist das Presseunternehmen. Dieses ist verpflichtet, seine weisungsgebundenen (journalistischen) Mitarbeiter über die Grundsätze des Redaktionsdatenschutzes zu informieren und mit diesen Verpflichtungserklärungen über das Redaktionsgeheimnis/Datengeheimnis abzuschließen sowie – soweit bei redaktionellen Tätigkeiten überhaupt erforderlich – diese zu verpflichten, die Einwilligungen der betroffenen Personen in die konkrete Datenverarbeitung einzuholen. **43b**

Ob ein freier Journalist, der regelmäßig oder nur gelegentlich, nebenberuflich oder als Ortsberichterstatter bzw. Bürgerjournalist tätig ist, den Grundsätzen des Redaktionsdatenschutzes iSd Landespressegesetze unterfällt, ist noch nicht abschließend geklärt. Grundsätzlich findet Kap. VIII der DSGVO (Rechtsbehelfe, Haftung, Sanktionen) auf Unternehmen und Hilfsunternehmen der Presse dann keine Anwendung, wenn sie sich dem Pressekodex sowie der Beschwerdeord- **43c** nung des Deutschen Presserats unterworfen haben (→ Rn. 43 f.). Für Pressesprecher oder Menschen, die nur gelegentlich journalistisch als *Bürgerjournalist* oder als Blogger tätig sind, dürfte dagegen das Medienprivileg der DSGVO auch bei der gebotenen weiten Auslegung des Begriffs Journalismus im ErwG 153 Satz 7 der DSGVO nicht gelten (vgl. *Kahl/Piltz* K&R 2018, 289 (292)). Bürgerjournalisten, Ortsberichterstatter und Blogger sind vom Geltungsbereich der Landespressegesetze nicht umfasst. Sie sind nicht zur Einhaltung der pressemäßigen Sorgfalt gemäß § 6 LPG verpflichtet und müssen gem. § 11 LPG, § 20 MStV keine Gegendarstellungen von Personen abdrucken, die von Tatsachenbehauptungen, die sie aufgestellt haben, betroffen sind. Sie können sich mangels nicht vorhandener redaktioneller Infrastruktur auch nicht der Satzung des Deutschen Presserates unterwerfen. Nach § 10 Abs. 1 der Satzung des Deutschen Presserats können sich lediglich Presseunternehmen, die periodische Druckwerke herausgeben oder Telemedien mit journalistisch-redaktionellen Inhalten betreiben, dem Pressekodex verpflichten (vgl. *Kahl/Piltz* K&R 2018, 289 (293)).

44 ff) Teil des Medienprivilegs in der DSGVO ist auch Art. 17 Abs. 3a) und d) DSGVO, der zugunsten der Presse und der im öffentlichen Interesse liegenden Archivzwecke Ausnahmen vom Recht auf Löschung beinhaltet. Diese Regelungen sind außerordentlich praxisrelevant, da seit dem 25.5.2018 viele Bürger gegenüber Presseunternehmen ein Recht auf Löschung als das sog. Recht auf Vergessenwerden gem. Art. 17 Abs. 1a), b), c) oder d) DSGVO geltend machen. In vielen Fällen verlangen die Bürger die Löschung aller Online-Artikel sowie aller Artikel im Archiv der Presseunternehmen, in denen ihr Name genannt wird. Diesem Löschungsbegehren steht den Ausnahmetatbestand des Art. 17 Abs. 3a) DSGVO entgegen. Gem. Art. 17 Abs. 3a) DSGVO gilt der Löschungsanspruch gem. Art. 17 Abs. 1 DSGVO nicht, soweit die *Datenverarbeitung zur Ausübung des Rechts auf freie Meinungsäußerung und Information erforderlich* ist. Diese Ausnahme vom Recht auf Vergessenwerden soll verhindern, dass das Recht auf freie Meinungsäußerung und Informationsfreiheit als Grundlage der demokratischen Gesellschaft im Namen des Datenschutzrechts unterlaufen wird. Im Unterschied zu den deutschen Landespresse- und Landesmediengesetzen gilt diese Ausnahme nach Art. 17 Abs. 3a) DSGVO auch für Blogger sowie in sozialen Medien und ist nicht auf den Anwendungsbereich des professionellen Journalismus begrenzt (vgl. Kühling/Buchner/*Herbst* DSGVO Art. 17 Rn. 71 f.; *Weberling/Bergann* AfP 2019, 293 (297)).

44a Als Ausnahme zum Löschungsanspruch gem. Art. 17 Abs. 1b) oder c) DSGVO gelten auch die im öffentlichen Interesse liegenden *Archivzwecke* des Presseunternehmens gemäß Art. 17 Abs. 3d) DSGVO. Die Datenverarbeitung auf der Grundlage von Art. 89 Abs. 1 DSGVO ist auch gegenüber Löschungsansprüchen betroffener Personen privilegiert. Dies ist jedoch nur unter der Voraussetzung der Fall, dass die in Art. 89 Abs. 1 DSGVO geeigneten Garantien für die Rechte und Freiheiten der betroffenen Personen eingehalten werden (vgl. Kühling/Buchner/*Herbst* DSGVO Art. 17 Rn. 81). Mit den Garantien soll gem. Art. 89 Abs. 1 S. 2 DSGVO sichergestellt werden, dass technische und organisatorische Maßnahmen zur Gewährleistung des Grundsatzes der Datenminimierung bestehen. Insbesondere die im öffentlichen Interesse liegenden Archivzwecke sind entscheidend, womit nach ErwG 158 Satz 2 der DSGVO *„Aufzeichnungen von bleibendem Wert für das allgemeine öffentliche Interesse zu erwerben, zu erhalten, zu bewerten, aufzubereiten, zu beschreiben, mitzuteilen, zu fördern, zu verbreiten sowie Zugang dazu bereitzustellen“* gemeint sind. Dem Schutz der Archive trägt auch der ErwG 153 Satz 3 der DSGVO Rechnung, nach dem das Medienprivileg aus Art. 85 Abs. 2 DSGVO bezüglich der Datenverarbeitung zu journalistischen, wissenschaftlichen, künstlerischen oder literarischen Zwecken *„insbesondere für die Verarbeitung personenbezogener Daten im audiovisuellen Bereich sowie in Nachrichten- und Pressearchiven gelten“* soll.

Einem Wunsch auf Löschung der personenbezogenen Daten der betroffenen Person sollte im Interesse der Vollständigkeit der nach Art. 17 Abs. 3d) DSGVO geschützten Pressearchive nicht entsprochen werden. Der betroffenen Person steht jedoch gegenüber der Versagung ihres Rechts auf Löschung das Recht auf Beschwerde bei der zuständigen Aufsichtsbehörde gem. Art. 77 Abs. 1 DSGVO zu (vgl. *Weberling/Bergann* AfP 2019, 293 (297); auch → Rn. 15b).

II. Der Eingriff in das Gewerbe- und Unternehmensrecht

Die deliktsrechtlichen Vorschriften des BGB (§§ 823 ff.) schützen das Recht am Unternehmen insbesondere im Rahmen der Kreditgefährdung gemäß § 824 BGB (→ Rn. 45 ff.) und über das Recht am eingerichteten und ausgeübten Gewerbebetrieb als anerkanntes sonstiges Recht im Sinne von § 823 Abs. 1 BGB (→ Rn. 52 ff.). Daneben kommt auch der Schutz nach § 826 BGB gegen vorsätzliche sittenwidrige Schädigungen des Gewerbebetriebes in Betracht (dazu → Rn. 60 ff.). **44b**

1. Der Eingriff durch Kreditgefährdung; § 824 BGB

a) Vor allem im Bereich der Wirtschaftsberichterstattung kann eine unzutreffende nachteilige Berichterstattung gravierende Folgen für das Unternehmen, über das berichtet wird, haben (vgl. *Ladeur* AfP 2009, 447; *Born* AfP 2005, 113). Als Anspruchsgrundlage für etwaige Schadensersatzansprüche kommt in diesen Fällen auch § 824 BGB in Betracht. Diese Norm schützt die wirtschaftliche Wertschätzung von Unternehmen (vgl. BGH NJW 2006, 839; OLG Hamburg AfP 2007, 484; nur eingeschränkt Staatsunternehmen, da ihre Existenz durch sie betreffende unwahre Tatsachenbehauptungen kaum ernstlich in Gefahr geraten kann, vgl. BGH NJW 1984, 1607) und Personen (vgl. OLG Dresden AfP 1998, 410) gegen Beeinträchtigungen, die durch die Verbreitung unwahrer Kredit schädigender Tatsachenbehauptungen entstehen (vgl. BGH NJW 1998, 1224; AfP 1989, 456; 1986, 47; 1984, 103; OLG Karlsruhe NJW-RR 2003, 177; OLG Frankfurt a. M. BB 1985, 294). Es wird das wirtschaftliche und berufliche Fortkommen und der Ruf von Unternehmen bzw. Personen gewährleistet (vgl. *Damm/Rehbock* Rn. 458; Helle S. 66 ff.). § 824 BGB ist *lex specialis* zum Recht am eingerichteten und ausgeübten Gewerbebetrieb (vgl. BGH NJW 2006, 839; AfP 1998, 400; Palandt/*Sprau* BGB § 824 Rn. 1; Prinz/Peters Rn. 195; → Rn. 52 ff.). Im Vergleich zum Strafrecht (vgl. § 186 StGB, → Kap. 53 Rn. 13 ff.) weitet § 824 BGB den zivilrechtlichen Schutzes gegenüber unwahren Tatsachenbehauptungen erheblich aus, da sie auch *fahrlässige* Kreditgefährdungen erfasst (vgl. BGH NJW 1963, 1872; Palandt/*Sprau* BGB § 824 Rn. 1; Prinz/Peters Rn. 153) und der Kreditgefährdung sonstige Nachteile für Erwerb und Fortkommen gleichstellt (vgl. RGZ 148, 159; Wenzel/*Burkhardt/Peifer* Kap. 5 Rn. 239 f.). Wegen der erheblichen Haftungsverschärfung gegenüber § 823 Abs. 2 BGB iVm §§ 186, 187 StGB begrenzt die Rechtsprechung mögliche Schadensersatzansprüche auf den von der unwahren Tatsachenbehauptung *unmittelbar* Betroffenen (vgl. BGH NJW 1992, 1312; GRUR 1989, 223; OLG München AfP 1983, 278; Prinz/Peters Rn. 154; Damm/Rehbock Rn. 461; → Rn. 51). Dies ist etwa der Galerist, wenn behauptet wird, bestimmte Gemälde in seiner Galerie seien gefälscht, da hiervon der Ruf des Galeristen unmittelbar betroffen ist (vgl. KG Berlin AfP 1994, 220; *Damm/Rehbock* Rn. 467). **45**

b) § 824 Abs. 1 BGB setzt voraus, dass eine unwahre Tatsache behauptet oder eine solche Behauptung verbreitet wird. Gegen Meinungsäußerungen (zur Abgrenzung → Rn. 23 ff.) und wahre Tatsachenäußerungen schützt die Vorschrift nicht (vgl. BGHZ 166, 100; OLG Dresden K&R 2015, 590; *Prinz/Peters* Rn. 159). Die *Tatsachenbehauptung* (zum Begriff und zur Abgrenzung → Rn. 23a ff.) muss einem Dritten (also nicht nur dem Betroffenen) gegenüber aufgestellt worden sein, also etwa Kredit-, Auftrag- oder Arbeitgebern bzw. Abnehmern, Lieferanten oder sonstigen Geschäftspartnern gegenüber (vgl. RGZ 101, 338; Ricker, Unternehmensschutz, 1989, S. 53) als Gegenstand eigener Überzeugung geäußert worden sein, gleichgültig auf wessen Veranlassung hin (vgl. BGH NJW 1995, 864; GRUR 1974, 105; Wenzel/*Burkhardt/Peifer* Kap. 5 Rn. 252; *Prinz/Peters* Rn. 163). **46**

Verbreiten von Tatsachenbehauptungen ist die Weitergabe einer von dritter Seite aufgestellten Behauptung als eine dem Verbreiter fremde Überzeugung (vgl. BGH JZ 1958, 438; Wenzel/*Burkhardt/Peifer* Kap. 5 Rn. 253 f.). Der Verbreiter haftet nur dann nicht für die Unrichtigkeit, wenn er sich in ausreichender Form von der Äußerung *distanziert* hat *und* an der Mitteilung ein *öffentliches Interesse* bestand (vgl. BGH NJW 1997, 1149; 1996, 1132; 1993, 526; OLG Frankfurt a. M. AfP 1996, 178; OLG Dresden K&R 2015, 590; *Prinz/Peters* Rn. 35, 163; Damm/Rehbock Rn. 462), was in der Regel bei Gerüchten aus zweifelhafter Quelle oder Angaben jedenfalls aus der Intimsphäre zu verneinen ist (vgl. BGH NJW 1976, 1198; OLG Düsseldorf **47**

NJW 1978, 705; Ricker, Unternehmensschutz, S. 38 ff., 55, S. 121 f.; *Damm/Rehbock* Rn. 462; vgl. → Kap. 41 Rn. 16).

48 c) Die Behauptung muss unwahr sein, also mit dem objektiven Sachverhalt nicht übereinstimmen (vgl. OLG Karlsruhe NJW 2005, 2400; Wenzel/*Burkhardt/Peifer* Kap. 5 Rn. 249). Maßgeblich ist dabei der Zeitpunkt, zu dem die Verbreitung stattfand; nachträgliche Veränderungen der tatsächlichen Verhältnisse sind unerheblich (vgl. BGH ArchPR 1968, 55). Die Unwahrheit kann sich auch aus der Unvollständigkeit, Einseitigkeit sowie durch Übertreibung und Verzerrung der Darstellung ergeben (vgl. BGH NJW 1961, 1914; DB 1959, 276; Palandt/*Sprau* BGB § 824 Rn. 7). Bei gleichzeitiger Verbreitung wahrer und unwahrer Behauptungen kommt es darauf an, ob der Kern der Darstellung in ein falsches Licht gerückt wird (vgl. BGH AfP 1987, 598; Palandt/*Sprau* BGB § 824 Rn. 7). Unwesentliche Übertreibungen reichen nicht aus, etwa wenn von der Flugannullierung statt 40 tatsächlich nur 30 Personen betroffen sind (vgl. BGH NJW 1985, 1621; Wenzel/*Burkhardt/Peifer* Kap. 5 Rn. 249).

49 d) Die unwahre Behauptung muss *geeignet sein,* den Kredit, also die wirtschaftlichen Interessen eines anderen zu gefährden oder sonstige Nachteile für dessen Erwerb oder Fortkommen zu begründen. Die Eignung zur bloßen Beeinträchtigung des wirtschaftlichen Rufes reicht dabei aus (§ 824 BGB spricht von „gefährden"). Die Äußerung muss also nicht zu tatsächlichen Nachteilen geführt haben (vgl. BGH AfP 1989, 456; DB 1974, 1430; Wenzel/*Burkhardt/Peifer* Kap. 5 Rn. 256 f.; Palandt/*Sprau* BGB § 824 Rn. 8; Helle S. 63 ff.; *Prinz/Peters* Rn. 164).

50 e) Verlangt der Betroffene *Schadensersatz* aus § 824 Abs. 1 BGB, so ist neben der Unwahrheit auch *Verschulden* des Verletzers erforderlich. Kannte dieser die Unwahrheit, so fällt ihm *Vorsatz* zur Last. Bei der ruinösen Wirkung, die insbesondere die öffentliche Kreditgefährdung für den Betroffenen haben kann, tritt die Verpflichtung zum Schadensersatz nach der ausdrücklichen Bestimmung des § 824 Abs. 1 BGB aber auch schon bei *fahrlässiger Kreditgefährdung ein* (vgl. Palandt/*Sprau* BGB § 824 Rn. 10 f.). Fahrlässigkeit bedeutet, dass die im Verkehr erforderliche Sorgfalt außer Acht gelassen wird (§ 276 S. 2 BGB). Handelt es sich um einen Fall fahrlässiger Unkenntnis der Unwahrheit, so entfällt gemäß § 824 Abs. 2 BGB der Schadensersatzanspruch, wenn an der Mitteilung ein berechtigtes Interesse (des Mitteilenden oder des Mitteilungsempfängers) besteht und wenn darüber hinaus der Mitteilende sorgfältig geprüft hat, ob die Behauptung wahr ist oder nicht und ob sie durch ein berechtigtes öffentliches Interesse gerechtfertigt ist (vgl. BGH AfP 1987, 598; NJW 1986, 981 ff.; OLG Düsseldorf AfP 1985, 38 f.; Palandt/*Sprau* BGB § 824 Rn. 9; *Prinz/Peters* Rn. 167; Wenzel/*Burkhardt/Peifer* Kap. 5 Rn. 274 ff.). Ob ein berechtigtes Interesse vorlag, ist im Rahmen einer Güter- und Pflichtenabwägung zu prüfen (vgl. BGHZ 31, 308; Palandt/*Sprau* BGB § 824 Rn. 9). Steht die Unwahrheit fest, so besteht an der *Aufrechterhaltung* der Falschbehauptung schlechthin kein berechtigtes Interesse (vgl. BVerfG NJW 1998, 3049; BGH AfP 1986, 333 mwN; OLG Stuttgart AfP 1987, 607; *Ricker,* Unternehmensschutz, S. 58, 126 ff., 143 ff.). § 193 StGB findet keine entsprechende Anwendung (vgl. Wenzel/*Burkhardt/Peifer* Kap. 5 Rn. 278).

51 f) Angesichts der strengen Haftung, die schon bei fahrlässiger Verfehlung zur Schadensersatzpflicht führt, hat der BGH den § 824 BGB entgegen seinem Wortlaut (vgl. BGH NJW 1963, 1871) dahin eingeschränkt, dass nur der von einer unwahren Tatsachenbehauptung *unmittelbar Betroffene* Schadensersatzansprüche geltend machen kann (→ Rn. 45). Eine direkte, insbesondere namentliche Bezugnahme des Verletzers auf den Betroffenen wird nicht gefordert. Es genügt, wenn die verbreitete Tatsachenbehauptung in enger Beziehung zu den Verhältnissen, der Betätigung oder den gewerblichen Leistungen des Geschädigten stehe (vgl. BGH AfP 1989, 456; 1987, 504; NJW 1978, 2151; 1966, 2010; OLG München AfP 1983, 297). Es reicht aus, wenn sich die Behauptung nur auf ein einzelnes Produkt bezieht (vgl. OLG Hamburg AfP 1988, 348). Die bloße Kritik an einem System, nach dem der Kläger seine Waren herstellt bzw. Leistungen anbietet, reicht nicht aus (vgl. BGH NJW 1963, 1873; OLG Köln AfP 1984, 236); etwa an der Käfighaltung von Legehennen durch einen Verbraucherschutzverband, wenn dabei einzelne Geflügelhalter nicht namentlich oder sonst wie identifizierbar angegriffen werden (vgl. OLG Frankfurt a. M. BB 1985, 294), ebenso wenig die Auseinandersetzung mit allgemeinen Erscheinungen, die nicht auch den wirtschaftlichen Individualbereich des Klägers zum Gegenstand haben (vgl. OLG München AfP 1983, 279). *Aktiv legitimiert* sind demnach vor allem Hersteller (vgl. BGH GRUR 1975, 89), Inhaber eines Alleinvertriebs- oder Zeichenrechts (vgl. BGH

NJW 1970, 187) oder Importeure, soweit sie unmittelbar selbst angegriffen werden (vgl. BGH GRUR 1968, 314 ff.) und nicht bloß an den Einnahmen eines anderen (des Angegriffenen) beteiligt sind (vgl. BGH GRUR 1968, 314 ff.; 1967, 542; Helle S. 63 ff.). Den an dem Vertrieb beteiligten Groß- und Einzelhändlern stehen daher keine Schadensersatzansprüche nach § 824 BGB zu (vgl. BGH AfP 1989, 457; *Damm/Rehbock* Rn. 468).

Die *Anspruchsverpflichtung* richtet sich nach den allgemein geltenden Regeln für Unterlassungs-, Berichtigungs- und Schadensersatzansprüche (vgl. Kap. 44).

2. Der Eingriff in den eingerichteten und ausgeübten Gewerbebetrieb

a) Zu den sonstigen Rechten des § 823 Abs. 1 BGB gehört das seit langem von der Recht- 52
sprechung (vgl. BGH GRUR 2009, 981; JuS 1992, 790; NJW 1983, 2193; BGHZ 45, 307; RGZ 135, 40) anerkannte Recht am eingerichteten und ausgeübten Gewerbebetrieb (Recht am Unternehmen, vgl. Wenzel/*Burkhardt/Peifer* Kap. 5 Rn. 128 ff.; Ahrens S. 35). Es umfasst alles, was den Wert des Unternehmens in seiner Gesamtheit ausmacht, dh vor allem Namen, Firma, Bestand, Erscheinungsform, Betriebsmittel, etwa die Betriebsräume, Produkte, Kundenstamm, Geschäftsideen oder *Know how* und *good will* (vgl. BGHZ 45, 307; 3, 270; Prinz/Peters Rn. 199; Palandt/*Sprau* BGB § 823 Rn. 137) wie etwa gewerbliche Schutzrechte des Unternehmens (vgl. BGH NJW 1983, 2195; DB 1971, 571) oder zB den Zeitungstitel (vgl. OLG Köln AfP 1992, 267).

Um der damit entstehenden Gefahr einer uferlosen Ausdehnung des Gewerbeschutzes und einer Nivellierung spezialgesetzlicher Vorschriften entgegenzuwirken, wird der Anspruchsgrundlage des § 823 Abs. 1 BGB nur *lückenfüllende Funktion* zugestanden (vgl. BGH AfP 1998, 400; Palandt/*Sprau* BGB § 823 Rn. 137). Er ist somit lediglich ein Auffangtatbestand für diejenigen Schutzgüter, die nicht spezialgesetzlich gegen Beeinträchtigungen abgesichert sind. So sind Beeinträchtigungen innerhalb des Wettbewerbs allein nach den dafür geltenden Regeln, zB den wettbewerbsrechtlichen (vgl. BGHZ 43, 361) oder markenrechtlichen (vgl. BGH GRUR 2009, 874) Sondervorschriften, zu behandeln. Andererseits ist gerade in Fällen geschäftsschädigender Kritik oftmals kein spezialgesetzlicher Schutz gegeben (vgl. *Koreng* GRUR 2010, 1066). So werden gerade Medienhäuser regelmäßig mit „anwaltlichen Informationsschreiben“ konfrontiert, in denen die anwaltliche Sicht einer möglichen Berichterstattung über den eigenen Mandanten mitgeteilt und angekündigt wird, rechtliche Schritte gegen die Berichterstattung einzuleiten. Enthält ein solches Schreiben keine konkreten Informationen, die dem Empfänger die Beurteilung erlauben, ob tatsächlich Persönlichkeitsrechte verletzt werden, wird durch ein solches Schreiben unrechtmäßig in die unternehmerische Entscheidungsfreiheit als Bestandteil des Rechts am eingerichteten und ausgeübten Gewerbebetrieb eingegriffen (vgl. BGH AfP 2019, 40; *von Pentz* AfP 2020, 93 (106 f.)). § 824 Abs. 1 BGB greift bei Schmähkritik an einem Unternehmen nicht ein, da er nur Tatsachenbehauptungen, nicht aber Meinungsäußerungen erfasst (vgl. BGH JuS 1992, 790; NJW 1976, 622; OLG Dresden K&R 2015, 590; OLG München WRP 1996, 542; → Rn. 45 ff.). Ähnlich liegt es bei wahrheitsgemäßer Berichterstattung, die einen Eingriff in betriebliche Geheimnisbereiche darstellt, ohne dass aber eine der Spezialvorschriften (§ 826 BGB, §§ 6 ff. GeschGehG) eingreift. Auch hier versagt § 824 BGB, so dass die Lückenausfüllung durch den Auffangtatbestand des Rechts am eingerichteten und ausgeübten Gewerbebetrieb nach § 823 Abs. 1 BGB für einen effektiven Rechtsschutz nötig ist (vgl. OLG München ZUM-RD 2009, 344). Dies zeigt sich vor allem dann, wenn die betriebliche Vertraulichkeit aus allgemeinen Grundsätzen heraus (zB der Pressefreiheit) besonderen Schutz verlangt (vgl. BVerfG NJW 1984, 1743 f.). Dies gilt zB auch für kundenbezogene Tatsachenbehauptungen über die Kreditwürdigkeit eines Unternehmens in einem Interview mit einem Bankvorstand, die diesem nur auf Grund der Geschäftsbeziehung mit dem Kunden bekannt sind (vgl. BGH AfP 2006, 150 ff.). § 823 Abs. 1 BGB kann aber auch zum Zuge kommen, wenn Firmennamen und Zeichen für eine satirisch verfremdete „Anti-Werbung“ („Marlboro-Mordoro“) verwendet werden. Zeichenschutz gemäß § 3 MarkenG und Namensschutz nach § 12 BGB versagen hier, da die Bezeichnung nicht zur Irreführung des Verkehrs über die Herkunft einer Ware oder zur Identitätsverwirrung benutzt wird (vgl. BGH NJW 1985, 1649; 1984, 1956). Lückenfüllende Funktion hat das Recht am Gewerbebetrieb aus § 823 Abs. 1 BGB auch bei *Streik-* oder *Blockadeaufrufen,* die weder unter § 826 noch unter § 824

BGB fallen. § 826 scheidet aus, wenn die besonderen subjektiven Voraussetzungen der vorsätzlichen sittenwidrigen Schädigung fehlen. Finden Streik- oder Blockadeaufrufe im Rahmen von Bürgerprotestaktionen oder Arbeitskämpfen statt, so entfällt auch § 824 BGB (vgl. BGH AfP 1985, 114; 1984, 103 f.; Palandt/*Sprau* BGB § 823 Rn. 139). Denn die Störungen des Unternehmensbereiches, die durch solche Aktionen entstehen, wirken sich nicht über dessen Beziehungen zu seinen Geschäftspartnern (Kunden, Lieferanten, Kredit- oder Auftraggeber) aus, sondern nur über Außenstehende, die Druck auf das Unternehmen ausüben wollen (etwa indem Bürger durch Einsprüche etc ein Bauprojekt behindern wollen).

53 b) Wie bei § 824 BGB muss der Anspruchsteller bei § 823 Abs. 1 BGB unmittelbar geschädigt sein (vgl. OLG Karlsruhe GRUR-RR 2010, 49). Damit soll einer uferlosen Ausdehnung des Schadensersatzanspruchs des Unternehmers vorgebeugt werden. Der Eingriff muss stets *betriebsbezogen* sein (stRspr seit BGHZ 29, 65; GRUR 2009, 981; NJW-RR 2005, 1177; Palandt/*Sprau* BGB § 823 Rn. 139; Prinz/Peters Rn. 200). Dieses Merkmal ist erfüllt, wenn die schädigende Handlung unmittelbar gegen den Betrieb als solchen und damit gegen den betrieblichen Organismus oder die unternehmerische Entscheidungsfreiheit gerichtet ist und nicht vom Gewerbebetrieb ohne weiteres ablösbare Rechte bzw. Rechtsgüter betrifft (vgl. BGH GRUR 2009, 981; BGHZ 86, 156 f.; OLG Brandenburg NJW 1999, 3340; LG Chemnitz AfP 2005, 80), zB bei Beeinträchtigungen, die die Grundlagen des Betriebs bedrohen, den Funktionszusammenhang der Betriebsmittel auf längere Zeit aufheben oder die Tätigkeit des Inhabers als solche in Frage stellen (vgl. BGH NJW-RR 2005, 1177). Dies kann der Fall sein bei unwahren Behauptungen über ein oder Schmähkritik gegenüber einem Unternehmen (vgl. BGH AfP 2002, 169). Betriebsbezogen ist ebenso zB ein Aufruf zum Mietzahlungsboykott bzw. zur Ablehnung von Werbeaufträgen eines Scientology-Verlags gegenüber Werbefirmen (vgl. OLG München AfP 2002, 235) oder etwa eine unter Verletzung des Hausrechts bzw. der geschützten Vertraulichkeitssphäre des Unternehmers recherchierte Reportage (vgl. BGH AfP 1998, 400), deren Veröffentlichung rechtswidrig war (→ Rn. 54).

An der Betriebsbezogenheit im äußerungsrechtlichen Deliktsbereich würde es hingegen zB fehlen, wenn in *genereller* Weise über Waren und Dienstleistungen als solches und nicht über einen bestimmten Hersteller oÄ nachteilig berichtet wird (zB über Lebensmittel-Skandale oder Beratungsmängel im Finanzdienstleistungsbereich; vgl. *Born* AfP 2005, 116). An der Betriebsbezogenheit fehlt es auch, wenn über einen Fahnenhersteller in der Presse berichtet wird, er sei einer Sekte beigetreten, woraufhin er von Kirchen und christlichen Parteien keine Aufträge mehr erhält. Hier ist das Persönlichkeitsrecht (Privatsphäre) des Fahnenherstellers betroffen, nicht aber die Wertschätzung seines Unternehmens oder seiner Produkte (vgl. OLG Köln AfP 1985, 231). Ebenso wenig liegt ein unmittelbar betriebsbezogener Eingriff vor, wenn eine Boutiquebesitzerin als arrogant, elitär und Männer hassend dargestellt wird und sie daraufhin keine Betriebskredite mehr erhält (vgl. OLG Köln ZUM 1993, 34; LG München AfP 1991, 648). Die unmittelbare Betriebsbezogenheit für den Einzelnen fehlt auch bei einer *Branchenkritik,* die ein Durchschnittsurteil abgibt und sich nicht erkennbar auf bestimmte Mitglieder der Berufs- oder Branchengruppe bezieht (vgl. OLG Köln NJW 1985, 1613; OLG Hamburg AfP 1984, 222 f.). Ebenso wenig unmittelbar betriebsbezogen sind Äußerungen über ein Produkt, die nicht einem bestimmten Unternehmer zugeordnet werden können, etwa die Aussage, Zucker sei ein Schadstoff (vgl. OLG Hamburg NJW 1988, 3211).

Zur Konkretisierung der wenig griffigen Formel von der Betriebsbezogenheit des Eingriffs können auf von der Rechtsprechung herausgearbeitete *Fallgruppen* zurückgegriffen werden (vgl. zur Branchenkritik → Rn. 55, zur Testberichterstattung → Rn. 56 ff., zum Boykottaufruf → Rn. 60a ff.).

54 c) Wie bei Eingriffen in das Persönlichkeitsrecht (→ Rn. 1 ff.) ist auch bei Eingriffen in den Gewerbebetrieb zB durch kritisierende Wirtschaftsberichterstattung die *Rechtswidrigkeit* gesondert zu prüfen. Sie wird durch den Eingriff nicht indiziert (vgl. BGH NJW-RR 2006, 833), sondern setzt voraus, dass nach Feststellung der Bedeutung und des Ausmaßes der betroffenen Verfassungsgüter die Zweck-Mittel-Relation zu beanstanden ist, weil der Zweck und die Art und Weise des Vorgehens zu missbilligen ist (vgl. BGH AfP 1989, 104; BGHZ 45, 296 (307) – Höllenfeuer). Dies ist durch eine Interessen- und Güterabwägung zu ermitteln (vgl. BGH NJW 1998, 2143; Wenzel/*Burkhardt/Peifer* Kap. 5 Rn. 148 ff.).

Gewerbeschädigende Publikationen außerhalb des Wettbewerbs (zur Abgrenzung zwischen wettbewerblicher und journalistischer Tätigkeit von Presseangehörigen → Rn. 56) können, sofern nicht ein Fall des § 824 BGB (unwahre Tatsachenbehauptungen) oder des § 826 (sittenwidrige Schädigung) gegeben ist, nach § 823 Abs. 1 rechtswidrig sein, wenn sie in den geschützten Kernbereich des Unternehmens eingreifen. Anders als das Persönlichkeitsrecht kennt das Unternehmensrecht keine Aufteilung in die unterschiedlichen Sphären (vgl. hierzu → Rn. 6b ff.). Allerdings ist anerkannt, dass es eine besonders geschützte *Vertraulichkeitssphäre* gibt (vgl. OLG München ZUM-RD 2009, 344), die etwa die Geschäftsgeheimnisse umfasst, nicht jedoch bloße Betriebsinterna (vgl. BVerfG NJW 1984, 1741 – Wallraf; *Ricker,* Unternehmensschutz, S. 34). Grundsätzlich zulässig ist die Veröffentlichung wahrer gewerbeschädigender Aussagen (vgl. BVerfG AfP 1982, 164; BGH AfP 2002, 169), sofern nicht zu Wettbewerbszwecken gehandelt wird (vgl. BGH AfP 1981, 270). Demgemäß ist die Aufdeckung wirtschaftlicher Missstände gerechtfertigt, da daran im Allgemeinen ein öffentliches Interesse besteht (vgl. BVerfG AfP 1982, 164; BGH GRUR 1969, 304; zur Zulässigkeit marktbezogener Informationen staatlicher Stellen, insbesondere der Bundesregierung, vgl. BVerfG AfP 2002, 498). Im Rahmen der Wirtschaftsberichterstattung können auch Personen, etwa Geschäftsleute oder Unternehmer (vgl. BGH NJW 1962, 33; OLG Bamberg AfP 1995, 521), und Firmennamen genannt werden (vgl. BGH GRUR 1969, 624), solange die Werbekraft des Namens nicht unsachlich ausgenutzt wird (vgl. BGH AfP 1984, 151). Auch dürfen kritische Stimmen aus der Wissenschaft zu Produkten oder Methoden gebracht werden (vgl. BGH GRUR 1969, 304; OLG Hamburg AfP 1986, 62; 1984, 111 f.; zur Testberichterstattung → Rn. 56 ff.). Die Verbreitung wahrer Tatsachenbehauptungen kann rechtswidrig sein, wenn die pressemäßige Sorgfalt verletzt wurde (vgl. hierzu → Kap. 39 Rn. 6 ff.). **55**

Nicht nur durch Verletzung der besonders geschützten Vertraulichkeitssphäre und durch unwahre Tatsachenbehauptung sowie durch unrechtmäßig verbreitete, illegal erlangte Informationen, kann in den Gewerbebetrieb eingegriffen werden, sondern unter engen Voraussetzungen auch durch eine *Schmähkritik,* bei der es nicht mehr um die sachliche Auseinandersetzung, sondern um die bloße Verächtlichmachung des Unternehmens geht (vgl. BGH K&R 2015, 196; NJW 1987, 2227; DB 1980, 2509; NJW 1966, 1617; OLG München ZUM-RD 2009, 344; OLG Köln ZUM 2006, 931; Wenzel/*Burkhardt/Peifer* Kap. 5 Rn. 153; → Rn. 30 ff.). Darüber hinaus können Äußerungen dann unzulässig sein, wenn sie *zu Wettbewerbszwecken* und nicht zu Informationszwecken erfolgen (vgl. BVerfG AfP 1982, 164; BGH AfP 1981, 270; GRUR 1969, 304); Rechtsfolgen können sich in diesen Fällen zB aus dem UWG ergeben. Allerdings ist bei einer publizistischen Behandlung von Wirtschaftsfragen stets eine Wahrnehmung von Informationsinteressen zu vermuten, wenn der Beitrag insbesondere der Information und Meinungsbildung seiner potentiellen Rezipienten dient (vgl. *Soehring/Hoene* Rn. 22.4; Wenzel/*Burkhardt/Peifer* Kap. 5 Rn. 166; → Kap. 76 Rn. 11). Auch *satirische Äußerungen* über Waren und Dienstleistungen sind nicht gestattet, wenn sie keinen sachlichen Bezug zu den Produkten etc haben, wie zB bei der Verballhornung von BMW („Bums mal wieder") oder der Firmenbezeichnung VMF („Vögeln macht frei"; vgl. LG München NJW-RR 2001, 561). Anderes gilt jedoch bei „Mordoro" als Anspielung auf die Gesundheitsgefährdung durch Marlboro-Zigaretten, bei „BILD Dir keine Meinung" (vgl. OLG Hamburg NJW-RR 1999, 1060) bzw. von „Fick for fun" als ironische Verfremdung der Zeitschrift „Fit for fun", da sie redaktionell die Promiskuität gutheiße (vgl. OLG Hamburg AfP 1999, 287; vgl. auch OLG München WRP 1969, 521; OLG Frankfurt a. M. AfP 1990, 228; → Rn. 35; → Kap. 43 Rn. 55; → Kap. 53 Rn. 11; → Kap. 63 Rn. 22). **55a**

3. Testberichterstattung als Eingriff in den Gewerbebetrieb

Das Recht am eingerichteten und ausgeübten Gewerbebetrieb gemäß § 823 Abs. 1 BGB kann auch durch eine Textberichterstattung verletzt werden, sofern diese nicht dem UWG unterfällt. Letzteres ist nur dann der Fall, wenn die Berichterstattung eine Wettbewerbshandlung darstellt und nicht in Wahrnehmung der Informationsinteressen erfolgt (vgl. → Kap. 75 Rn. 11 ff.; *Soehring/Hoene* Rn. 22.3 ff.). Als Testberichterstattung kommen vor allem die Berichte über vergleichende Warentests (zB der „Stiftung Warentest" oder von „Öko-Test") in Betracht, die in **56**

Zeitungen und Zeitschriften veröffentlicht werden. Aber auch andere kritische Presseberichte über Qualitätsprüfungen von Waren oder Dienstleistungen, etwa Beurteilungen in einem „Restaurantführer" (vgl. OLG Koblenz AfP 1984, 219 ff.; OLG Düsseldorf AfP 1984, 52) oder Finanzdienstleistungen (OLG Frankfurt a. M. GRUR 2003, 86) fallen hierunter. Da sie das Verbraucherverhalten nachhaltig beeinflussen, können sie einen erheblichen Eingriff in den Gewerbebetrieb darstellen, wenn Produkte oder Dienstleistungen negativ beurteilt werden. Entsprechend hoch kann das Haftungspotential der Presse im Falle der unzulässigen Berichterstattung sein.

57 Allerdings gehört es zur öffentlichen Aufgabe der Presse, den Verbraucher über wirtschaftliche Angelegenheiten und auch über wettbewerbliche Sachverhalte zu unterrichten. Da die Medien mit den Unternehmen bzw. deren Produkte, über die sie berichten, regelmäßig in keinem Wettbewerbsverhältnis stehen, scheidet eine Beurteilung der Berichte unter wettbewerbsrechtlichen Gesichtspunkten aus (vgl. *Soehring/Hoene* Rn. 22.3 f.; → Kap. 76 Rn. 11). Die Presse wäre an einer freien Berichterstattung und damit an ihrer meinungsbildenden Funktion gehindert, wenn sie sich bei der Bewertung zurückhalten müsste. Hinzu kommt die volkswirtschaftliche Funktion von Warentests für Markttransparenz und Verbraucheraufklärung (vgl. BGH NJW 1989, 1923; Palandt/*Sprau* BGB § 823 Rn. 140 f.). Hinsichtlich der Berichterstattung der Presse kommt es nicht auf deren objektive Richtigkeit an, sondern auf das ernsthafte Bemühen um Richtigkeit bzw. objektive Berichterstattung (vgl. → Kap. 39 Rn. 7 ff.). Sowohl die Art des Vorgehens bei der Prüfung als auch die aus der Untersuchung gezogenen Schlüsse müssen vertretbar, dh diskutabel erscheinen (vgl. BGH AfP 1997, 912; 1987, 504; NJW 1976, 620; OLG München AfP 2015, 47 (49 ff.)). Die Privilegierung entfällt bei der Veröffentlichung eines Testberichts, wenn in ihm unter Verstoß gegen § 824 Abs. 1 BGB unwahre Tatsachen behauptet werden, oder es sich bei der Testaussage um eine Schmähkritik oder bewusste Fehlurteile und Verzerrungen handelt, mit denen rechtswidrig in den durch § 823 Abs. 1 BGB geschützten eingerichteten und ausgeübten Gewerbebetrieb eingegriffen wird (vgl. BGH AfP 1997, 909; 1997, 912; NJW 1987, 1082; BGHZ 65, 328 ff.; OLG München AfP 2015, 47 ff.).

58 Nach der Rechtsprechung des BGH muss ein vergleichender Warentest neutral, objektiv sowie sachkundig erfolgen. Die Ergebnisse müssen zumindest vertretbar sein (vgl. BGH NJW 1997, 2593; 1989, 1923; 1997, 620; OLG München AfP 2015, 47; Paschke/Berlit/Meyer/Kröner/*Vendt* 36. Abschnitt Rn. 10; → Kap. 76 Rn. 14 ff.). Davon zu unterscheiden sind die Bewertungen des Tests und der Testergebnisse. Sie sind grundsätzlich Meinungsäußerungen, welche die Presse zum Gegenstand ihrer Berichterstattung und eigenen Bewertung machen kann. (vgl. OLG München AfP 2015, 47 ff.; *Soehring/Hoene* Rn. 22.4 ff.).

59 Die *journalistische* Darstellung der Testergebnisse darf auch scharfe und schonungslose Kritik enthalten, wenn Waren schwere Mängel aufweisen (vgl. BGH GRUR 1957, 362). Die Grenze ist nur dann überschritten, wenn die Schlüsse sachlich nicht mehr vertretbar, sondern indiskutabel sind (vgl. BGH AfP 1997, 2594; NJW 1989, 1923; AfP 1987, 504; BGHZ 65, 325; *Prinz/Peters* Rn. 208). Mangelnde Zeit oder Sachkunde entschuldigt nicht. Gegebenenfalls muss die eigene Durchführung und Überwachung des Tests durch einen Fachmann erfolgen (vgl. BGH NJW 1978, 210; OLG Köln AfP 1995, 499; OLG München AfP 1986, 76; *Prinz/Peters* Rn. 215).

Da die Presse in den hier dargestellten Fällen mangels Vorliegens einer geschäftlichen Handlung nach den allgemeinen zivilrechtlichen Vorschriften, nicht aber nach dem UWG haftet (Recht am eingerichteten und ausgeübten Gewerbebetrieb gemäß § 823 Abs. 1 BGB → Rn. 56), kommen im Falle einer unzulässigen Testberichterstattung als *Rechtsfolgen* eine Haftung nach § 823 BGB auf Schadensersatz und Unterlassung in Betracht, sofern eine unvertretbare Bewertung oder Schmähkritik vorliegt (vgl. OLG München AfP 2015, 47). Ist eine Berichterstattung über gewerbliche Produkte oder Dienstleistungen mittels unwahrer Tatsachenbehauptung erfolgt, kommt eine Haftung nach § 824 BGB in Betracht (vgl. BGH NJW 1989, 981; *Born* AfP 2005, 115; zu Rügen durch den Deutschen Presserat wegen sorgfaltswidriger Testberichterstattung vgl. LG Frankfurt a. M. ZUM 2007, 663).

III. Die vorsätzliche sittenwidrige Schädigung; § 826 BGB

Wer durch eine an sich zulässige Handlung einem anderen in einer gegen die guten Sitten verstoßende Weise vorsätzlich Schaden zufügt, hat ihm diesen nach § 826 BGB zu ersetzen. Vorsätzliche sittenwidrige Schädigungen iSd § 826 BGB sind Verhaltensweisen, die gegen „die Wertvorstellungen aller billig und gerecht Denkenden verstoßen" (vgl. RG RGZ 80, 221; BGH GRUR 2009, 874; BGHZ 69, 297; Palandt/*Sprau* BGB § 826 Rn. 4; Löffler/*Steffen* LPG § 6 Rn. 241; Wenzel/*Burkhardt/Peifer* Kap. 5 Rn. 279), was eine besondere Verwerflichkeit erfordert (vgl. BGH NJW 2004, 2670, Palandt/*Sprau* BGB § 826 Rn. 4). Sie müssen vorsätzlich begangen sein und die Schädigung eines anderen insofern bezwecken, als dessen Schädigung zumindest billigend in Kauf genommen wird (vgl. RG RGZ 140, 397; BGH NJW 2001, 3189). § 826 BGB stellt auf den Handlungsunwert ab, während es für § 823 auf den Erfolgsunwert eines Eingriffs ankommt. Nach allgemeiner Auffassung ist das Merkmal der Sittenwidrigkeit nicht statisch, sondern dynamisch zu verstehen. Maßgebend ist die jeweilige Anschauung der Allgemeinheit bzw. die des betroffenen Lebenskreises. Es ist weder ein in manchen Kreisen uU gegebener laxer Maßstab, noch ein besonders verfeinerter, sondern ein durchschnittlicher Maßstab anzulegen (vgl. BGHZ 10, 232; NJW 1960, 1853). Ein Verstoß gegen standesrechtliche Grundsätze ist nicht automatisch sittenwidrig (vgl. Wenzel/*Burkhardt/Peifer* Kap. 5 Rn. 280 f.). Die Feststellung einer sittenwidrigen Handlung im konkreten Einzelfall setzt eine Güter- und Interessenabwägung voraus, bei der die besondere Bedeutung der Pressefreiheit hinreichend berücksichtigt werden muss. Ansprüche müssen deshalb im konkreten Einzelfall daraufhin überprüft werden, ob die Eingriffe in die Presse geeignet, erforderlich und zumutbar sind (vgl. BVerfGE 62, 230; NJW 1984, 1743 f.; BGH NJW 1981, 1090; *Prinz/Wanckel* EWiR 1998, 171; *Prinz/Peters* Rn. 177). 60

Soweit es um Äußerungen im persönlichkeitsrechtlichen – also nicht-geschäftlichen – Bereich geht, ist § 826 BGB neben § 823 BGB selten anzuwenden. § 826 BGB kommt in Betracht, wenn die Zweck-Mittel-Relation anstößig ist (vgl. BVerfG NJW 1984, 1743; *Heinz* AfP 1992, 237), was wegen der hier betroffenen Grundrechte der Meinungs- und Pressefreiheit in Art. 5 Abs. 1 GG im Rahmen einer Güterabwägung festzustellen ist. Dabei kommt es auf die Bedeutung des eingeschränkten Grundrechts für seinen Träger im konkreten Fall sowie auf das Ausmaß der ihm zugemuteten Beeinträchtigung einerseits und die Bedeutung des geschützten Rechtsguts (Persönlichkeitsrecht) und die Schwere seiner Beeinträchtigung durch die Grundrechtsausübung andererseits relevant an (vgl. BVerfGE 95, 37; 62, 230; *Prinz/Peters* Rn. 177). § 826 BGB kommt ebenso in Betracht, wenn Veröffentlichungen zu dem Zweck erfolgen, Druck auf den Betroffenen auszuüben (zu Boykottaufrufen → Rn. 60 ff.) oder wenn ständige öffentliche Attacken geführt werden, um missliebige Kontrahenten zu diskreditieren („bekannt unseriös"; vgl. BVerfG AfP 1982, 216; Ricker, Unternehmensschutz und Pressefreiheit, S. 63 f.).

Dagegen kommt eine vorsätzliche sittenwidrige Schädigung im Bereich des Gewerberechts beim Bruch zugesicherter Vertraulichkeit (vgl. BGH NJW 1984, 2669; *Prinz/Peters* Rn. 180), bei bewusst öffentlich diskreditierenden Tatsachen aus dem privaten Lebensbereich, bei Missbrauch eines formalen Rechts (vgl. BGH MDR 1959, 637; *Damm/Rehbock* Rn. 478), bei ständiger Kritik an demselben Unternehmen ohne jeglichen Anlass (vgl. Wenzel/*Burkhardt/Peifer* Kap. 5 Rn. 287) und bei wahren aber irreführenden Äußerungen (etwa über eine Bank) mit erheblichem Schadenspotential (vgl. LG Hamburg ZIP 1997, 1409; Damm/Rehbock Rn. 479, die diesen Fall aber als „theoretisch" bezeichnen) in Betracht.

Den Tatbestand des § 826 BGB erfüllt im Bereich von Internet und Telekommunikation beispielsweise das Domain-Grabbing, also das Registrieren von Internet-Domains ohne eigene Interessen in der Absicht, dem Namensinhaber die Nutzung unmöglich zu machen (vgl. Palandt/*Sprau* BGB § 826 Rn. 46).

Eine weitere Fallgruppe sind wirtschaftliche *Boykottaufrufe* in der Presse (vgl. dazu BVerfG AfP 1983, 267 ff.; *Soehring/Hoene* Rn. 22.51). Ein solcher Boykottaufruf ist grundsätzlich nur unter engen Voraussetzungen zulässig (vgl. zu den Einzelheiten → Kap. 75 Rn. 17 ff. 61

Die Zulässigkeit von Boykottaufrufen setzt voraus, dass der *Boykottierer* in Verfolgung seiner legitimen Ziele das Maß der notwendigen und angemessenen Beeinträchtigung des *Boykottierten* nicht überschreitet (vgl. BVerfG AfP 1983, 269; BVerfGE 7, 198 (215)). Zur Durchsetzung des

Boykotts ist der Boykottierer grundsätzlich auf den Versuch geistiger Einflussnahme und Überzeugung beschränkt (BVerfG AfP 1983, 269; BVerfGE 25, 266 f.).

62 Für Medien gilt allerdings der Grundsatz, dass sie bei Befassung mit wirtschaftlichen Sachverhalten in der Regel nicht geschäftlich handeln, wobei sie allerdings stets die jeweils betroffenen Rechtsgüter abzuwägen haben (vgl. BVerfG NJW 1989, 381; → Kap. 39 Rn. 20 ff.). Wenn sie allerdings auf der Basis unwahrer Tatsachenbehauptungen zum Boykott aufrufen, dann ist dieser Boykottaufruf regelmäßig unzulässig (vgl. OLG München AfP 2015, 47 ff.; OLG Hamm GRURPrax 2012, 382; *Soehring/Hoene* Rn. 22.51).

63 Unabhängig von der Sittenwidrigkeit ist der *Vorsatz* zu prüfen. Er muss nicht die Bewertung der Handlung als sittenwidrig umfassen, aber die die Sittenwidrigkeit begründenden Umstände oder sich ihnen bewusst verschließen (vgl. BGH WM 1962, 579; Palandt/*Sprau* BGB § 826 Rn. 8 ff.; *Prinz/Peters* Rn. 178; *Prinz/Wanckel* EWiR 1998, 171). Fahrlässigkeit, auch grobe, reicht nicht aus (vgl. BGH NJW 1962, 1766).

IV. Rechtswidrigkeit und Verschulden

1. Keine Indizierung der Rechtswidrigkeit

64 Anders als bei Eingriffen in Eigentum, Gesundheit, Leben oder andere absolute Rechtsgüter des § 823 BGB wird bei einer Verletzung des Persönlichkeitsrechts oder des Rechts am eingerichteten und ausgeübten Gewerbebetrieb als offene Haftungstatbestände die Rechtswidrigkeit *nicht* bereits durch den Eingriffstatbestand *indiziert* (für das Persönlichkeitsrecht vgl. BGH AfP 2009, 399 mwN; BAG NJW 2010, 106; für das Recht am Gewerbebetrieb vgl. BGHZ 45, 296; Palandt/*Sprau* § 823 Rn. 137 ff.). Es bedarf vielmehr einer *Güter- und Interessenabwägung* zwischen den Belangen des Schädigers und des Betroffenen, bei der die Umstände des konkreten Einzelfalls Berücksichtigung finden müssen. Ist der Schädiger ein Presseorgan, muss der durch Art. 5 Abs. 1 S. 2 GG gewährte grundrechtliche Schutz der Pressefreiheit in einer Güterabwägung erfolgen. Die persönlichkeits- bzw. gewerbeschützenden Normen der §§ 823 ff. BGB sind nach der *Lüth-Formel* (vgl. BVerfGE 7, 208 f.) mit Rücksicht auf die wertsetzende Bedeutung der Grundrechte auszulegen und ggf. einzuschränken (zu den Einzelheiten → Kap. 11 Rn. 16).

Eine Güterabwägung erfordern auch die dem Bildnisschutz dienenden Normen der §§ 22, 23 KUG (vgl. → Kap. 43 Rn. 9, 15 ff., 21) und das wettbewerbsrechtliche Unlauterkeitsurteil bei gewerbeschädigender Presseberichterstattung (vgl. → Rn. 52 ff.).

2. Der Rechtfertigungsgrund der Wahrnehmung berechtigter Interessen

65 Von zentraler Bedeutung für die Pressetätigkeit ist der Rechtfertigungsgrund der *Wahrnehmung berechtigter Interessen* (vgl. → Kap. 41 Rn. 10 f. und Kap. 53 Rn. 35 ff.). Dieser im Strafrecht (§ 193 StGB) positiv gesetzlich geregelte Rechtfertigungsgrund ist von der Rechtsprechung und hM (vgl. BVerfG NJW 2006, 208; BGH GRUR 1999, 189; OLG Brandenburg NJW 1995, 888; OLG Karlsruhe AfP 2007, 163; OLG Saarbrücken AfP 2010, 83; Löffler/*Steffen* LPG § 6 Rn. 99; Wenzel/*Burkhardt* Kap. 6 Rn. 27 ff.; *Prinz/Peters* Rn. 254) auf die gesamte Rechtsordnung ausgedehnt worden. Er kommt insbesondere der Presse zu, soweit sie im Rahmen von Art. 5 Abs. 1 und 2 GG informiert, Stellung nimmt und Kritik übt, also ihre *öffentliche Aufgabe* erfüllt (vgl. BVerfGE 54, 129; 50, 239).

66 Die Berufung auf diesen allgemeinen Rechtfertigungsgrund ist aber nur möglich, wenn *zwei Voraussetzungen* erfüllt sind: Es muss an der konkreten Mitteilung ein *öffentliches Interesse* bestehen (vgl. BGH GRUR 1999, 189; Damm/Rehbock Rn. 653). Dieses ist gegeben, wenn die Mitteilungen „über einzelpersönliche Bezüge hinausgehen und eine Thematik von großer Tragweite für das Gemeinschaftsleben ansprechen" (vgl. BGH NJW 1966, 1617; BGHZ 68, 311; 50, 4; 24, 200 f.; Löffler/*Steffen* LPG § 6 Rn. 99, 45 ff.; Wenzel/*Burkhardt* Kap. 6 Rn. 65; Prinz/Peters Rn. 256, 257). Das bedeutet nicht, dass bei Fachfragen, die nur eine kleinere Gruppe interessieren, das öffentliche Interesse fehlen würde. Vielmehr erfüllt auch die Fachpresse eine wichtige öffentliche Aufgabe. Demgegenüber *fehlt* das öffentliche Interesse umso eher, je mehr es der Presse nur oder ganz überwiegend um die Befriedigung von bloßen Unterhaltungs- oder

Sensationsinteressen geht (vgl. BVerfGE 34, 269; BGH NJW 1966, 1130; Prinz/Peters Rn. 256; Wenzel/*Burkhardt* Kap. 6 Rn. 64).

Zum anderen muss die *journalistische Sorgfaltspflicht* gewahrt worden sein. Die Presse muss ihrer Pflicht zur Wahrhaftigkeit bzw. zur Güterabwägung nachgekommen sein (vgl. zu den Einzelheiten → Kap. 39 Rn. 6 ff.)). **67**

3. Das Verschulden

Für die Ansprüche auf Unterlassung und Berichtigung (→ Kap. 44 Rn. 1 ff. bzw. 16 ff.) reicht es aus, wenn die Rechtswidrigkeit, also die Verletzung eines geschützten Rechtsguts durch die Presseäußerung feststeht. Für diese quasi-negatorischen Ansprüche kommt es auf kein Verschulden an. Der Anspruch auf Ersatz des materiellen oder immateriellen Schadens ist dagegen vom Nachweis eines Verschuldens des Schädigers abhängig (vgl. → Kap. 44 Rn. 35 ff., 43 ff.). *Verschulden* liegt gemäß § 276 BGB dann vor, wenn der Eingriff vorsätzlich oder fahrlässig erfolgte. *Vorsatz* ist gegeben, wenn Wissen und Wollen des Täters alle die Rechtswidrigkeit begründenden Tatbestandsmerkmale umfasste. Er muss den rechtswidrigen Erfolg dabei zumindest billigend in Kauf genommen haben (*bedingter Vorsatz;* vgl. BGHZ 7, 313; Damm/Rehbock Rn. 655). *Fahrlässigkeit* bedeutet im Zivilrecht die Außerachtlassung der im Verkehr erforderlichen Sorgfalt, deren Grad hier anders als im Strafrecht objektiv zu bestimmen ist (vgl. BGH NJW 2001, 1787; Palandt/*Sprau* BGB § 823 Rn. 126). Ein Verschulden liegt bereits im Außerachtlassen der publizistischen Sorgfalt (vgl. Prinz/Peters Rn. 715). **68**

Da die Beachtung der für die Presse geltenden Sorgfaltsanforderungen (→ Kap. 39 Rn. 6 ff.) bereits die Rechtswidrigkeit beseitigt, sind hier Rechtswidrigkeit und Verschulden *eng miteinander verknüpft:* Kommt es zu Presseäußerungen mit Eingriffscharakter, ohne dass vorsätzlich oder fahrlässig gegen die Regeln der journalistischen Sorgfalt (insbesondere die Wahrhaftigkeitspflicht und die Güterabwägungspflicht) verstoßen wurde, so ist das Verhalten der Presse nicht nur schuldlos, sondern zugleich wegen der Wahrnehmung berechtigter Interessen nicht rechtswidrig (Wenzel/*Burkhardt* Kap. 6 Rn. 97 ff.).

43. Kapitel. Die zivilrechtlichen Schranken der Bildberichterstattung

I. Die rechtlichen Rahmenbedingungen der Bildberichterstattung

Für die Bildberichterstattung der Presse bestehen ebenfalls zivilrechtliche Schranken. Bei Verstößen kommt eine zivilrechtliche (und strafrechtliche) Haftung in Betracht, darunter insbesondere Schadensersatzansprüchen des Betroffenen (→ Kap. 44 Rn. 35 ff.) sowie, in erster Linie Unterlassungsansprüche des von Abgebildeten (→ Kap. 44 Rn. 1a ff.) gegen eine (erneute) Veröffentlichung einer Fotografie sowie in seltenen Ausnahmefällen bereits gegen deren Herstellung (vgl. *Soehring/Hoene* Rn. 30.1 ff.; Damm/Rehbock Rn. 796; Wenzel/*Burkhardt* Kap. 12 Rn. 1 ff.). **1**

Grundlage eines solchen Anspruchs ist § 1004 Abs. 1 S. 2 BGB (analog) in Verbindung mit *„sonstigen Rechten"* des Betroffenen, im konkreten Falle der Veröffentlichung eines Bildnisses entgegen den Bestimmungen der §§ 22, 23 KUG sowie im Falle der Herstellung eines Bildnisses entgegen § 201a StGB (→ Kap. 54 Rn. 24a ff.) oder des Allgemeine Persönlichkeitsrechts aus Art. 2 Abs. 1, 1 Abs. 1 GG (vgl. → Kap. 42 Rn. 1 ff.). Alle Normen schützen das Persönlichkeitsrecht des Abgebildeten und beschränken die Freiheit der Presse zur Berichterstattung.

In der presserechtlichen Praxis überwiegen Rechtsstreitigkeiten wegen der unbefugten *Veröffentlichung* von Bildnissen. Zentraler Streitgegenstand ist § 23 Abs. 1 Nr. 1 KUG (→ Rn. 9 ff.) als Ausnahmevorschrift zu dem Grundsatz in § 22 KUG, dass die Veröffentlichung von Bildnissen von Personen ohne deren Einwilligung unzulässig ist. Sie erweitert damit die Möglichkeiten der Berichterstattung durch die Presse (zur Fortgeltung des KUG als Regelung gem. Art. 85 Abs. 2 DSGVO → Kap. 42 Rn. 42 ff.).

II. Das Recht am eigenen Bild; § 22 KUG

1a Der Schutz des allgemeinen Persönlichkeitsrechts umfasst auch die von einer Person angefertigten und verbreiteten Abbildungen. Das in diesem Zusammenhang durch die §§ 22–24 KUG geschützte *Recht am eigenen Bild* gewährleistet das Recht des Abgebildeten, selbst zu bestimmen, ob und in welcher Weise er der Öffentlichkeit im Bild präsentiert wird (vgl. BGH GRUR 2005, 75; Wenzel/*von Strobl-Albeg/Peifer* Kap. 8 Rn. 1; Löffler/*Steffen* LPG § 6 Rn. 119; *Prinz/Peters* Rn. 781; *von Pentz* AfP 2016, 101 (105) mwN zur höchstrichterlichen Rechtsprechung in Fn. 57). Die Regelung des Rechts am eigenen Bild im KUG lag nahe, da der Hersteller des Bildnisses an diesem bei schöpferischer Werkqualität ein Urheberrecht, zumindest aber ein ebenfalls durch das Urheberrecht geschütztes Leistungsschutzrecht besitzt und die daraus folgenden Nutzungsrechte, wie etwa zur öffentlichen Verbreitung, durch das Recht am eigenen Bild eingeschränkt werden (vgl. Loewenheim/*Schertz* § 18 Rn. 1; *Osiander* S. 13; v. *Gamm,* Persönlichkeits- und Ehrverletzungen durch Massenmedien, S. 45; *Walter* S. 4 ff.; *Bappert* AfP 1954, 1 ff.; *Bewier* S. 11 ff.; *Dumont* S. 7 ff.; v. *Collenberg* S. 46; *Mesic* S. 16 ff.). Daneben unterliegt das Recht am eigenen Bild bei Presseveröffentlichungen auch Beschränkungen aus Art. 5 Abs. 1 GG, wobei nach der Rechtsprechung des BVerfG bei der Bildberichterstattung anders als bei der Wortberichterstattung nicht das Grundrecht der Meinungsfreiheit, sondern unmittelbar die Pressefreiheit zum Zuge kommt, wodurch sich freilich verfassungsrechtlich kein Unterschied ergibt (vgl. BVerfG NJW 2003, 3262; 2000, 1021; OLG Köln AfP 2018, 55).

Dem strafrechtlichen Schutz des Rechts am eigenen Bild dient § 201a StGB (vgl. → Kap. 54 Rn. 24a ff.).

1. *Das Schutzobjekt*

2 Schutzobjekt des Rechts am eigenen Bild gem. §§ 22 ff. KUG ist nur das *Bildnis* einer Person, dh die Erkennbarkeit der Person in einer Abbildung (vgl. BGHZ 26, 349; OLG Hamburg AfP 1993, 590 ff.; Loewenheim/*Schertz* § 18 Rn. 5). Nicht durch §§ 22 ff. KUG geschützt ist das Persönlichkeitsbild. Dieses durch die Wort- oder Bildberichterstattung verletzt und löst die Abwehrrechte im Rahmen des Namens-, Ehren- oder des allgemeinen Persönlichkeitsschutzes aus (vgl. → Kap. 42 Rn. 1 ff.).

Unter einem Bild bzw. Bildnis ist die Darstellung einer oder mehrerer Personen zu verstehen, die die äußere Erscheinung des Abgebildeten in einer für Dritte *erkennbaren* Weise wiedergibt. Der Begriff des Bildnisses kann sich daher in zahlreichen Erscheinungsformen manifestieren (vgl. *Dietrich* ZUM 2008, 285; Loewenheim/*Schertz* § 18 Rn. 5 ff.; Wenzel/*von Strobl-Albeg* Kap. 7 Rn. 11 und 16 ff.; Löffler/*Steffen* LPG § 6 Rn. 122). So kann nicht nur die photographische Aufnahme einer Person hierunter zu verstehen sein, sondern auch ihre Abbildung durch Zeichnung, Malerei oder satirische Nachbildung (vgl. BGH GRUR 1996, 195; OLG München AfP 1997, 560; OLG Hamburg AfP 1983, 283; LG Köln AfP 1987, 150; LG Stuttgart AfP 1987, 701 f.; 1983, 292; LG Baden-Baden AfP 1971, 138; Prinz/Peters Rn. 825; Rehbinder Rn. 857). Gleiches gilt für das (werbemäßige) Auftreten eines Doppelgängers (str., vgl. Wenzel/*von Strobl-Albeg* Kap. 7 Rn. 25; Loewenheim/*Schertz* § 18 Rn. 6; LG Düsseldorf AfP 2002, 64; LG Köln ZUM 2001, 180 f.), die Nachbildung einer bekannten Filmszene (vgl. BGH NJW-RR 2000, 1356), die Abbildung des Portraits auf einer Gedenkmünze (vgl. BVerfG ZUM 2001, 232) oder die Veröffentlichung eines Schattenrisses (vgl. LG Berlin NJW-RR 2000, 555). Kein Bildnis ist ein Bildfragment, das nicht eine Person oder jedenfalls ihre charakteristischen Merkmale wiedergibt, sondern lediglich ein geistiges Erinnerungsbild einer bestimmten Person beim Betrachter hervorruft (vgl. OLG Karlsruhe, GRUR 2004, 1058).

3 Ausweislich seines Wortlauts umfasst der Schutzumfang des Rechts am eigenen Bild gemäß §§ 22, 23 KUG das *Verbreiten* und *öffentliche zur Schau stellen,* also die Veröffentlichung, nicht aber das Herstellen von Abbildungen (vgl. OLG Köln BeckRS 2018, 19145). Eine nicht genehmigte und damit rechtswidrige *Bildaufnahme* kann aber nach § 201a StGB strafbar gestellt sein (vgl. *Wendt* AfP 2004, 181 ff.; *Kühl* AfP 2004, 190 ff.). Ein Verbreiten liegt vor, wenn das Original oder Vervielfältigungsstücke in der Art weitergegeben werden, dass das Risiko der nicht mehr zu kontrollierenden Kenntnisnahme entsteht (vgl. Wandtke/Bullinger KUG § 22 Rn. 8).

Ein gewerbsmäßiges Handeln ist für ein Verbreiten nicht erforderlich (vgl. Rehbinder Rn. 858). Die gleichsam medieninterne Weitergabe einer Bildauswahl von einer Bildagentur an eine Zeitschriftenredaktion zur Prüfung der Bebilderung eines geplanten Artikels ist dagegen noch keine Verbreitung iSd § 22 KUG (vgl. BGH GRUR 2011, 266). Insgesamt ist der Begriff des Verbreitens iSd § 22 KUG wesentlich umfassender als der urheberrechtliche Verbreitungsbegriff (Schricker/Loewenheim/*Götting* KUG § 22 Rn. 36). Das Bild wird dann öffentlich zur Schau gestellt, wenn es einem ausgedehnten, weder individuell noch der Anzahl nach beschränktem Personenkreis zugänglich gemacht wird (vgl. RG RGSt 45, 243; LG Oldenburg AfP 1991, 652).

§ 22 KUG ist lex specialis für den Bildnisschutz. Das Allgemeine Persönlichkeitsrecht gemäß **3a** § 823 Abs. 1 Alt. 6 BGB iVm Art. 2 Abs. 1, 1 Abs. 1 GG greift aber ein, wenn es um das bloße Fotografieren bzw. das Herstellen des Bildnisses geht (vgl. BGH ZUM 1995, 720; NJW 1977, 2076; 1966, 2354; OLG Karlsruhe AfP 1999, 489 für den Fall eines Wachkomapatienten auf dem Krankenlager; Löffler/*Steffen* LPG § 6 Rn. 119, 123; *Prinz/Peters* Rn. 782, 809; Loewenheim/*Schertz* § 18 Rn. 2; Schricker/Loewenheim/*Götting* KUG § 22 Rn. 5; *von Pentz* AfP 2016, 101 (106 f.)), sofern nicht § 201a StGB eingreift. Ob die Privat- oder Intimsphäre (vgl. → Kap. 42 Rn. 6 ff.) tangiert wurde, die nach § 823 BGB geschützt sind, hängt vom Einzelfall ab (vgl. BGHZ 24, 209; OLG München AfP 1995, 659; OLG Schleswig JZ 1979, 816). Es kommt auf eine allgemeine Abwägung mit dem Persönlichkeitsrecht an (vgl. Schricker/Loewenheim/*Götting* KUG § 22 Rn. 35; Wenzel/*von Strobl-Albeg* Kap. 7 Rn. 28). Dabei ergibt sich jedoch kein wesentlicher Unterschied zur Bildverbreitung, da sich die Zulässigkeit der Bildaufnahme weitgehend nach denselben Maßstäben wie nach dem KUG beurteilt (vgl. OLG Hamburg AfP 1991, 437; LG Oldenburg AfP 1991, 652). Die Anfertigung eines Bildnisses lediglich zu Beweiszwecken ist in der Regel rechtmäßig (vgl. LG Oldenburg AfP 1991, 652; aA OLG Hamm NJW-RR 1988, 426).

Voraussetzung für das Entstehen des Abwehranspruches ist, dass der Betroffene als Person **4** *erkennbar* ist (vgl. OLG Hamburg AfP 1993, 590; OLG Stuttgart NJW-RR 1992, 536; OLG München AfP 1983, 276; Loewenheim/*Schertz* § 18 Rn. 5 ff.; Wenzel/*von Strobl-Albeg* Kap. 7 Rn. 11 und 16 ff.; Löffler/*Steffen* LPG § 6 Rn. 122), wobei durch die Rechtsprechung keine hohen Anforderungen an die Erkennbarkeit gestellt werden (vgl. Wenzel/*von Strobl-Albeg* Kap. 7 Rn. 20 ff. mwN; Schricker/Loewenheim/*Götting* KUG § 22 Rn. 16 ff.). So müssen nicht unbedingt die Gesichtszüge zu sehen sein (vgl. Mesic S. 47). Es reicht aus, wenn andere Merkmale (typische Körperhaltung, Frisur oÄ) oder der beigefügte Text auf die Person hindeuten (vgl. BGH JuS 1992, 789; NJW 1979, 2205 mwN; OLG München AfP 2001, 136; OLG Hamburg NJW-RR 1993, 923; LG München AfP 1997, 554). Das Recht am eigenen Bild wird also schon dann verletzt, wenn der Abgebildete begründeten Anlass zu der Annahme hat, er könnte auf der Abbildung identifiziert werden (vgl. BGH NJW 1979, 2205 mwN). Dies kann auch bei einem Bildnis eines Doppelgängers eines Prominenten der Fall sein (vgl. *Wandtke/Bullinger* KUG § 22 Rn. 7; Wenzel/*von Strobl-Albeg* Kap. 7 Rn. 23) oder bei einer Fotomontage (→ Rn. 49). Ein Beweis dafür, dass der Betroffene tatsächlich erkannt wurde, ist nicht nötig (vgl. BGH NJW 1971, 700; OLG Hamburg AfP 1993, 591; OLG Frankfurt a. M. AfP 1986, 140; OLG München AfP 1982, 231; LG Frankfurt a. M. AfP 2007, 379).

Bei der Beurteilung der Erkennbarkeit ist nicht erforderlich, dass auch der flüchtige Durch- **5** schnittsleser oder -betrachter den Abgebildeten erkennen kann. Vielmehr reicht die Erkennbarkeit für einen mehr oder weniger großen Bekanntenkreis aus, zB für die Mitglieder der Fußballmannschaft, in der der Abgebildete spielt (vgl. BGH NJW 1979, 2205; OLG Karlsruhe AfP 2002, 45; OLG Hamburg AfP 1993, 590; OLG Stuttgart NJW-RR 1992, 536; OLG Hamburg AfP 1987, 703; OLG Frankfurt a. M. AfP 1986, 140; OLG München AfP 1982, 230; LG Stuttgart AfP 1983, 292). Andernfalls hätten nur Prominente, deren Bildnis bekannt genug ist, einen Schutzanspruch. Es handelt sich bei §§ 22, 23 KUG aber um einen Ausfluss des Allgemeinen Persönlichkeitsrechts.

Um eine Identifizierung und damit Abwehransprüche des Betroffenen zu verhindern, werden Pressefotos üblicherweise *unkenntlich* gemacht. Ein dunkler Balken vor der Augenpartie oder eine Verpixelung nur des Gesichts reichen jedoch nicht immer zur Anonymisierung aus (vgl. OLG Hamburg AfP 1993, 590 f.; 1987, 703; OLG Karlsruhe NJW 1980, 1701; Wenzel/*von Strobl-Albeg* Kap. 7 Rn. 429; Schricker/Loewenheim/*Götting* KUG § 22 Rn. 18). Es kommt vielmehr auf den Einzelfall an. So ist eine solche Verfremdung unzureichend, wenn der Abgebildete wegen der immer noch sichtbaren Gesichtszüge, wegen einer ungewöhnlichen Narbe oder einer auffälligen Tätowierung oder auf Grund von Statur, Körperhaltung oder Kleidung identifiziert werden kann (vgl. OLG Karlsruhe AfP 2002, 45; OLG Hamburg AfP 1987, 703; OLG München AfP 1983, 276 ff.; LG Frankfurt a. M. AfP 2007, 380; OVG Saarlouis AfP 2002, 548; VGH Mannheim NVwZ 2001, 1292). Gesteigerte Anforderungen an die Verfremdung stellen sich bei Bild-/Wortbeiträgen, wenn diese zusätzliche Identifikationsmerkmale des Abgebildeten enthalten, etwa die Initialen (vgl. BGH NJW 1965, 2148; GRUR 1962, 211; OLG Hamburg AfP 1993, 590 ff.; Osiander S. 24 ff.; Mesic S. 33 f.). Eine Erkennbarkeit, die sich alleine aus den begleitenden Umständen, die neben oder außerhalb des Bildnisses liegen, ergibt, genügt (vgl. BGH GRUR 1979, 733).

Eine visuelle Erkennbarkeit liegt jedoch dann nicht mehr vor, wenn zwar der Begleittext wie auch die Abbildung, zB eines besonderen Rennwagens oder Sportflugzeuges, auf den Fahrer hinweisen, dieser jedoch auf Grund seiner nur millimetergroßen Darstellung kaum noch wahrnehmbar ist (vgl. BGH AfP 1979, 345; aA OLG Nürnberg GRUR 1973, 40).

Ist der Abgebildete nicht identifizierbar, so liegt kein Bildnis im Sinne des KUG vor. Denkbar sind aber Ansprüche des Abgebildeten aufgrund einer Verletzung des Allgemeinen Persönlichkeitsrechts, da auch durch die Veröffentlichung eines „anonymen" Bildes das Selbstbestimmungsrecht des Abgebildeten verletzt werden kann (vgl. BGH NJW 1974, 1948 f.).

2. Die Einwilligung in die Verbreitung

6 Die nach § 22 KUG erforderliche Einwilligung in die Verbreitung bzw. Zurschaustellung der Abbildung kann ausdrücklich oder stillschweigend (etwa durch Zulassung des Hochzeitsfotographen oder gewolltem Posieren gegenüber einer erkennbar für die Presse fotografierenden Person) erteilt werden (vgl. BGH GRUR 1968, 654; OLG München AfP 2001, 136; LG Frankfurt a. M. K&R 2018, 733; *Frömming/Peters* NJW 1996, 958 ff.; Loewenheim/*Schertz* § 18 Rn. 16; Löffler/*Steffen* LPG § 6 Rn. 14; *von Pentz* AfP 2016, 101 (105); Herrmann § 25 Rn. 68 ff.; *Hesse* FS Hertin, S. 697).

Gerade in den Fällen, in denen sich die Presse auf eine konkludente Einwilligung berufen will, kommt es auf das Verhalten des Betroffenen und die Begleitumstände an. Wer sich zB einem Fernsehinterview stellt, legt ein Verhalten an den Tag, das ein objektiver Erklärungsempfänger als Einwilligung verstehen würde. Anders verhält es sich, wenn der Befragte seitens des Journalisten überrumpelt wird und sich zB, ohne sich vor seiner Befragung gedanklich vorbereiten zu können, in einer Rechtfertigungslage sieht. Schwierig zu beurteilen sind die Fälle, in denen der Betroffene gegen dieses Vorgehen der Presse keine Einwände erhebt (vgl. *Wandtke/Bullinger* KUG § 22 Rn. 15 mwN; KG Berlin; AfP 2018, 254; OLG Hamburg AfP 2012, 166, zur Bewertung von öffentlichen Auftritten von Personen des öffentlichen Interesses und so genannten „Home Stories" und der damit eventuell verbundenen ausdrücklichen oder konkludenten *Preisgabe der Privatsphäre* der Betroffenen → Rn. 52).

Nach mittlerweile überwiegender Auffassung in Literatur und Rechtsprechung handelt es sich bei dieser Einwilligung um eine *rechtsgeschäftliche Willenserklärung* im Sinne der §§ 116 ff. BGB (vgl. BGH K&R 2016, 122 (125); OLG München AfP 2001, 136; OLG Stuttgart AfP 1983, 397; OLG München AfP 1983, 276; OLG Hamburg AfP 1981, 357; *Frömming/Peters* NJW 1996, 958; *Helle* AfP 1985, 93 (96); *Soehring/Hoene* Rn. 19.44; zum Streitstand Schricker/Loewenheim/*Götting* KUG § 22 Rn. 39 ff.; differenziert Löffler/*Steffen* LPG § 6 Rn. 124). Denn die Erlaubnis für die Aufnahme und die Veröffentlichung des Bildes ist keine bloße Willensbetätigung, sondern eine rechtlich verbindliche Willenserklärung. Sie unterliegt den für Rechtsgeschäfte geltenden Vorschriften, wie etwa denjenigen über die Anfechtung bei Willensmängeln (vgl. §§ 119 ff. BGB) und ist anders als eine reine Tathandlung (Realakt) nicht jederzeit frei rücknehmbar (vgl. OLG Hamburg ZUM 1995, 637 ff.; AfP 1995, 508; OLG München AfP 1989, 571; *Frömming/Peters* NJW 1996, 959; → Rn. 8). Auch der BGH verlangt beispielsweise bei minderjährigen Abgebildeten zusätzlich die Einwilligung des gesetzlichen Vertreters und begründet dies mit der nur beschränkten Geschäftsfähigkeit (vgl. BGH GRUR 2005, 75).

Dies ist auch aus Gründen der Rechtssicherheit erwünscht. Ansonsten wäre es beispielsweise dem Abgebildeten möglich, seine Einwilligung nach Belieben zu widerrufen, um hernach die Presse auf Unterlassung der Veröffentlichung des Bildnisses in Anspruch zu nehmen.

Die rechtsgeschäftliche Einwilligung beider Eltern ist, auch wenn sie getrennt leben und gemeinsam sorgeberechtigt sind, grundsätzlich erforderlich, wenn Bilder minderjähriger Personen verbreitet werden sollen (vgl. BGH GRUR 2005, 75; OLG Frankfurt a. M. NJW 1987, 1087; OLG Oldenburg ZUM 2018, 802; Schricker/Loewenheim/*Götting* KUG § 22 Rn. 42). Das verfassungsrechtlich verbürgte Erziehungsrecht der Eltern nach Art. 6 Abs. 2 GG würde unterminiert, wenn geschäftsunfähige Kinder oder Jugendliche allein darüber entscheiden könnten, ob Bildveröffentlichungen von ihnen in der Presse erscheinen dürfen (zum Elternrecht vgl. BVerfG NJW 2000, 1023). Der Rechtsprechung des BGH ist jedoch Recht zu geben, dass bei einer Einwilligung der Eltern zusätzlich noch auf das eigene Einverständnis der Kinder abzustellen ist (vgl. BGH GRUR 2005, 75; Mesic S. 45). Davon zu trennen ist eine etwaige rechtsgeschäftliche Vereinbarung über ein Honorar für die Bildveröffentlichung. Bei derartigen vertraglichen Absprachen reicht die Erklärung des gesetzlichen Vertreters aus (vgl. BGH NJW 1974, 1947; Osiander S. 33; *Scholtissek* WRP 1992, 614). Ist eine Minderjährige zwischenzeitlich erwachsen, bedarf eine erneute Veröffentlichung des Fotos 19 Jahre nach der Erstveröffentlichung ihrer eigenen Einwilligung (vgl. LG Frankfurt a. M. AfP 2019, 548).

Die *Reichweite* einer Einwilligung gem. § 22 S. 1 KUG ist durch Auslegung nach den **6a** Umständen des Einzelfalls zu ermitteln (vgl. BGH K&R 2016, 122 (125); GRUR 2005, 75; NJW 1979, 2203; OLG Hamburg AfP 1995, 508; 1987, 704; *von Pentz* AfP 2016, 101 (105); Schricker/Loewenheim/*Götting* KUG § 22 Rn. 43 f.). Sie hängt wesentlich von der Art der Veröffentlichung ab, die den unmittelbaren Anstoß für ihre Erteilung gegeben hat. Ihr darüber hinaus Bedeutung auch für spätere Veröffentlichungen eines anderen Zuschnitts beizulegen, ist in aller Regel nur auf Grund eines dahingehenden besonderen Interesses des Betroffenen oder entsprechender Anhaltspunkte möglich (vgl. BGH GRUR 2005, 75 mwN). Die Zustimmung zur Veröffentlichung gilt somit immer nur im Rahmen des vertraglich vereinbarten konkreten Zwecks (vgl. BGH K&R 2016, 122 (125); OLG München AfP 2001, 136; OLG Hamburg ZUM 1995, 637; AfP 1995, 508 ff.; AG Charlottenburg NJW-RR 1999, 1546; *Frömming/Peters* NJW 1996, 959; Prinz/Peters Rn. 837) respektive im Rahmen dessen, worauf sich die konkludent erklärte Einwilligung bezieht. Wird die Abbildung später erneut verwendet, so kommt es darauf an, welcher Art die Veröffentlichung war, auf die sich die Einwilligung ursprünglich bezog (vgl. BGH NJW 1979, 2203; LG München I AfP 2012, 290). So berechtigt die Einwilligung in die Bildveröffentlichung im Rahmen des redaktionellen Teils insbesondere nicht zur Verwendung zu Werbezwecken (vgl. BVerfG NJW 2000, 1026; BGH NJW 1956, 1554; OLG Hamburg AfP 1981, 357; LG Hamburg AfP 1995, 527; LG Köln AfP 1982, 50; LG München UFITA 1978, 342 ff.; *Prinz/Peters* Rn. 837).

Wie die Reichweite der Einwilligung im Einzelfall zu ermitteln ist, kann an folgenden **7** *Beispielen* verdeutlicht werden: Auch wenn eine Schauspielerin in Filmrollen schon unbekleidet aufgetreten ist und die Veröffentlichung künstlerischer Aktfotos erlaubt hat, so liegt darin keine Einwilligung zur Veröffentlichung heimlich gemachter Fotos, die sie in ihrem Privatbereich nackt zeigen. Diese Fotos haben keinen künstlerischen Charakter, so dass sich die im Zusammenhang mit einem Kunstwerk (Aktfoto, Film) gegebene Einwilligung nicht auf Fotos aus der *Privatsphäre* erstreckt (vgl. OLG Hamburg AfP 1982, 41). Die Veröffentlichung des Nacktfotos einer Sängerin auf der Titelseite einer Illustrierten ohne deren Genehmigung ist auch dann nicht gerechtfertigt, wenn dieses bereits früher in einem anderen Zusammenhang („Body-Painting-Aktion") mit deren Einwilligung veröffentlicht worden war (vgl. LG Hamburg AfP 1995, 526; vgl. auch BGH NJW 1985, 1617 f.; OLG Frankfurt a. M. NJW 2000, 594; LG Berlin AfP 1999, 191). Die Einwilligung in die Aufnahme einer Nacktszene bei einer Theateraufführung deckt nicht die Veröffentlichung in mehreren Tageszeitungen (vgl. LG Saarbrücken NJW-RR 2000, 1571). Die Genehmigung der Verwendung eines für eine Modebeilage gefertigten Bildes der Betroffenen in Unterwäsche deckt allenfalls eine weitere Veröffentlichung im Rahmen der Berichterstattung für Mode und keinesfalls in einem sexuell anzüglichen oder sonst demütigenden Zusammenhang (vgl. KG Berlin NJW-RR 1999, 1703). Ebenso unzulässig ist die vereinbarungswidrige vorzeitige Veröffentlichung von Nacktfotos eines Schauspielers in einer Tageszeitung zur Bewerbung der Fotostrecke in einer anderen Zeitschrift („Crosspromotion", vgl. LG Berlin ZUM 2002, 929). Die pauschale Einwilligung einer Person zur Veröffentlichung ihres Fotos in einer Zeitschrift im Zusammenhang mit einem erotischen Text kann nicht in dem Sinne ausgelegt werden, dass dieses ohne weiteres mit einem anderen, pornographischen Begleittext erscheinen darf (vgl. OLG Hamburg AfP 1995, 508; *Prinz/Peters* Rn. 837; Löffler/*Steffen* LPG § 6 Rn. 127). Die Einwilligung in Fotos zu *Unterrichtszwecken* erstreckt sich nicht auf die sieben Jahre später erfolgende Fernsehveröffentlichung eines Nacktfotos (vgl. BGH NJW 1985, 1617 (1618 f.)). Die Einwilligung eines Häftlings für ein Buch über Strafvollzug deckt nicht seine Abbildung in einem Artikel über AIDS (vgl. OLG Hamburg AfP 1987, 703 f.). Die Einwilligung in die Verwendung eines Fotos für eine Berichterstattung zu einer Demonstration erstreckt sich nicht auf Berichterstattung über polizeiliche Ermittlung gegen die abgebildete Person (vgl. OLG Dresden AfP 2019, 358). Die Einwilligung in Filmaufnahmen mit Dokumentationscharakter rechtfertigt keine Verwendung der Aufnahmen für Bearbeitungen, die nur das Ziel der Verspottung haben (vgl. LG Berlin K&R 2012, 689). Das Hochladen von Fotos auf Facebook ist keine Einwilligung in die Verwendung des Fotos in einem anderen Zusammenhang in einer Printveröffentlichung (vgl. LG Hamburg AfP 2017, 458; OLG München K&R 2016, 424). Dagegen ist die Verwendung eines öffentlich zugänglichen Profilbilds in einem sozialen Netzwerk als Beleg und Erörterungsgrundlage eines Artikels zulässig (vgl. LG München I K&R 2016, 205). Die Verbreitung von Filmaufnahmen im Internet wird von Einwilligung in Filmaufnahmen und deren Verbreitung umfasst (vgl. OLG Frankfurt a. M. K&R 2011, 410).

Unzulässig ist die Verwendung einer Abbildung zu *Werbezwecken* ohne eine hierauf bezogene Einwilligung (vgl. BGH NJW 1981, 2402; BGHZ 35, 363; 20, 343; LG Hamburg AfP 1995, 527). Ob sie vorliegt, ist besonders sorgfältig zu prüfen (vgl. BGH NJW 1992, 2084). Die Beauftragung eines Fotographen für Porträtaufnahmen stellt keine Einwilligung in die uneingeschränkte kommerzielle Verbreitung der Bilder dar (vgl. OLG Hamburg AfP 1999, 488). Der Erwerb der veröffentlichten Fotos von einer Agentur entbindet nicht von einer ausdrücklichen Nachfrage nach der Einwilligung und ihrem Umfang (vgl. BGH WRP 1992, 632; KG Berlin NJW-RR 1999, 1705; OLG München AfP 1979, 227; AG Kaufbeuren AfP 1988, 277). Vor allem mit der Verwendung seines Bildnisses zur Wahlkampfwerbung politischer Parteien muss sich der Betroffene ausdrücklich einverstanden erklären (vgl. BGH GRUR 1980, 259 ff.). Dieser besonderen Zustimmung muss sich die jeweilige Partei selbst vergewissern (vgl. OLG Düsseldorf AfP 1984, 229). Sie haftet deshalb auch, wenn sie eine ansonsten zuverlässige Werbeagentur beauftragt, und diese ein Fotomodell wählt, das in der gegnerischen Partei ist (vgl. BGH GRUR 1980, 259).

8 Der freie, grundlose *Widerruf* der Einwilligung ist grundsätzlich nicht möglich, sondern nur *ex nunc* und auch dann im Anschluss an § 242 BGB nur im Falle eines wichtigen Grunds zulässig (vgl. *Wandtke/Bullinger* KUG § 22 Rn. 19; Schricker/Loewenheim/*Götting* KUG § 22 Rn. 40 ff.; Loewenheim/*Schertz* § 18 Rn. 18.).

In der Regel ist ein Widerruf nur möglich, wenn die weitere Veröffentlichung des Bildnisses des Betroffenen dessen Persönlichkeitsrecht verletzen würde (vgl. OLG München AfP 1987, 571; LG Düsseldorf K&R 2011, 283; LG Köln AfP 1996, 187; AG Charlottenburg AfP 2002, 172; *Frömming/Peters* NJW 1996, 959). So kann eine ehemalige Prostituierte die Einwilligung zur Veröffentlichung von Fotos aus dem Milieu widerrufen, wenn sie dort nicht mehr tätig ist (vgl. *Helle* S. 100). Hingegen wurde allein in dem Wunsch einer Schauspielerin, nur noch seriöse Rollen anzunehmen, kein ausreichender Grund gesehen, um die zwei Jahre zuvor erteilte unbeschränkte Einwilligung zur Veröffentlichung von Aktbildern zu widerrufen (vgl. OLG München AfP 1989, 571; vgl. auch BGH K&R 2016, 102 (105); OLG Frankfurt a. M. K&R 2011, 410; LG Köln AfP 1996, 187).

8a Im Fall eines wirksamen Widerrufs stellt sich die Frage, ob als Rechtsfolge eine Verpflichtung zum *Schadensersatz* oder jedenfalls zum *Ersatz des Vertrauensschadens* in analoger Anwendung von § 122 BGB besteht (vgl. LG Bielefeld NJW-RR 2008, 716; AG Charlottenburg AfP 2002, 172; Schricker/Loewenheim/*Götting* KUG § 22 Rn. 41). Sie ist für die Presse deshalb relevant, da für die Anfertigung oder den Erwerb der Bilder oftmals erhebliche Geldsummen an den Betroffenen oder an Dritte (zB an eine Bildagentur) bezahlt wurden oder für die Aufnahmen umfangreiche Kosten angefallen sind. Eine andere Auffassung erkennt deshalb einen Anspruch auf Zahlung einer angemessenen Entschädigung in analoger Anwendung des § 42 Abs. 3 UrhG an, der eine solche in dem vergleichbaren Fall eines Widerrufs eines urheberrechtlichen Nutzungsrechts bei *gewandelter Überzeugung* bestimmt (vgl. *Wandtke/Bullinger* KUG § 22 Rn. 20; *Frömming/Peters* NJW 1996, 959). Hiergegen wird vereinzelt eingewendet, dass das Recht am eigenen Bild als Ausformung des durch Art. 2 Abs. 1 und 1 Abs. 1 GG geschützten Persönlichkeitsrechts dessen kontinuierliche Verfügbarkeit und somit auch ein jederzeitiges freies Widerrufsrecht beinhalte. Demgemäß dürfe die Ausübung dieses Selbstbestimmungsrechts auch nicht durch drohende finanzielle Folgen erschwert werden, so dass in den Fällen eines Widerrufs der Einwilligung eine Ersatzpflicht des Widerrufenden nur hinsichtlich des Vertrauensschadens analog § 122 BGB, nicht aber die Zahlung einer Entschädigung in Betracht komme (vgl. AG Charlottenburg AfP 2002, 172; Schricker/Loewenheim/*Götting* KUG § 22 Rn. 41).

Die *Beweislast* für Erteilung und Umfang der Einwilligung liegt beim Verletzer, also demjenigen, der das Bildnis veröffentlicht (vgl. OLG Düsseldorf UFITA 64, 328; *Scholtissek* WRP 1992, 612 f.). Die Beweislast liegt jedoch wiederum bei dem Betroffenen, wenn er einen Widerruf seiner Einwilligung geltend macht oder sich darauf beruft, seine Einwilligung sei nur unter bestimmten Voraussetzungen erteilt worden (vgl. Wandtke/Bullinger KUG § 22 Rn. 18). **8b**

III. Ausnahmen vom Erfordernis der Einwilligung – Bildnisse aus dem Bereich der Zeitgeschichte; §§ 23 Abs. 1 Nr. 1 KUG

Die §§ 23 und 24 KUG regeln, wann es einer Zustimmung des Betroffenen für die Verbreitung bzw. Zurschaustellung seines Bildnisses nicht bedarf. In den dort genannten Fällen geht das Gesetz von der *Zulässigkeit der Herstellung und der Veröffentlichung* der Abbildung aus. Eine Verbreitung bzw. Zurschaustellung hat nach § 23 Abs. 2 KUG dennoch zu unterbleiben, wenn durch sie ein berechtigtes Interesse des Abgebildeten verletzt wird (→ Rn. 38 f.). Nötig ist stets eine Interessenabwägung zwischen seinen Belangen und denen des § 23 Abs. 1 Nr. 1–4 KUG. Dabei liegt die *Darlegungs- und Beweislast* für die Voraussetzungen des § 23 Abs. 2 KUG beim Abgebildeten (vgl. *Dreier/Schulze* KUG § 23 Rn. 25). Für § 24 KUG findet § 23 Abs. 2 KUG keine Anwendung (→ Rn. 36 f.). **9**

Von *besonderer Bedeutung* für die Praxis der Medien ist die von § 23 Abs. 1 Nr. 1 KUG erlaubte Verbreitung bzw. Zurschaustellung von Bildnissen aus dem Bereich der Zeitgeschichte. Nach dieser Bestimmung ist die Verbreitung der Bildnisse von Personen des öffentlichen Lebens, darunter insbesondere Politiker und „Prominente" auch ohne deren Einwilligung zulässig. **10**

Die bis zur Jahrtausendwende bei § 23 Abs. 1 Nr. 1 KUG gebräuchliche Ausdifferenzierung und Unterscheidung zwischen *absoluten* und *relativen Personen der Zeitgeschichte* ist aufgrund diverser Urteile des EGMR, des BVerfG und des BGH überholt und kein Gegenstand der rechtlichen Beurteilung des § 23 Abs. 1 Nr. 1 KUG mehr (vgl. Wenzel/*von Strobl-Albeg/Peifer* Kap. 8 Rn. 4 ff. Löffler/*Steffen* LPG § 6 Rn. 130a; Loewenheim/*Schertz* § 18 Rn. 23 ff.; Schricker/Loewenheim/*Götting* KUG § 23 Rn. 23 ff.; *Dietrich* S. 33). **11**

Der EGMR hatte diese Rechtsfiguren 2004 als untauglich mit den Garantien des Art. 8 EMRK bewertet (vgl. EGMR NJW 2004, 2647 – Hannover/Deutschland I). **12**

Der EMRK kommt im nationalen Recht der Rang von einfachem Bundesrecht zu. Ungeachtet dessen dienen ihre Gewährleistungen und die Rechtsprechung des EGMR auf der Ebene des Verfassungsrechts als Auslegungshilfen für die Bestimmung von Inhalt und Reichweite von Grundrechten, sofern dies nicht zu einer – von der Konvention selbst nicht gewollten – Einschränkung oder Minderung des Grundrechtsschutzes nach dem GG führt (vgl. BVerfG NJW 2008, 1795; *Stender-Vorwachs/Theißen* AfP 2006, 514; zu dem sich aus den verschiedenen Grundpositionen des GG und der EMRK ergebenden Spannungsfeld vgl. auch *Peifer* GRUR 2008, 548; allgemein zu den völkerrechtlichen Konsequenzen von Urteilen des EGMR *Starck* JZ 2006, 78 f.). **12a**

In späteren Entscheidungen hat der EGMR auf seine „Caroline"-Entscheidung Bezug genommen und seine Rechtsprechung hinsichtlich der Abwägung zwischen Art. 8 und Art. 10 EMRK präzisiert (vgl. EGMR NJW-RR 2008, 2018 – Pfeifer/Österreich; 16.11.2004 – 53678/00, Rn. 37 ff. – Karhuvaara u. Iltalehti/Finnland). **12b**

13 Das daraufhin von der deutschen Rechtsprechung entwickelte abgestufte Schutzkonzept wurde schließlich vom EGMR ausdrücklich als mit den Garantien der EMRK konform beurteilt (vgl. EGMR AfP 2013, 500 – Hannover/Deutschland III; kritisch dazu Dietrich AfP 2013, 277; Dietrich S. 46).

14 a) In seinen dem EGMR-Urteil von 2004 nachfolgenden Entscheidungen hat das BVerfG seine bisherige Rechtsprechung zur Zulässigkeit der Bildberichterstattung ergänzt und hierbei insbesondere Erwägungen zur EMRK und Rechtsprechung des EGMR einfließen lassen (vgl. BVerfG NJW 2008, 1795; 2006, 3408). Im Übrigen verwieis das BVerfG immer wieder darauf, dass die Auslegung und Anwendung der widerstreitenden Rechte und Schrankenregelungen des KUG vor allem den Fachgerichten obliege (vgl. BVerfG NJW 2008, 1795).

15 Mit Entscheidung des BVerfG vom 26.2.2008 (NJW 2008, 1793; hierzu kritisch *Starck* JZ 2008, 634f.; *Klass* ZUM 2008, 432), wurde der Rechtsstreit von Caroline von Hannover und Ernst-August von Hannover an den BGH zurückverwiesen. Der BGH wies daraufhin die Revision von Caroline von Hannover und Ernst August von Hannover zurück. Die dagegen erneut erhobene Verfassungsbeschwerde wurde vom BVerfG nicht angenommen. Beide Klageparteien riefen daraufhin wieder den EGMR an, der die Beschwerde nunmehr mit Urteil vom 19.9.2013 zurückwies, in dem er die vom BVerfG und BGH entwickelten Grundsätze unter Berücksichtigung des nationalen Gerichten zustehenden Beurteilungsspielraums nunmehr akzeptierte (vgl. EGMR AfP 2013, 500ff.).

16 b) In Reaktion auf die Entscheidung des EGMR beurteilt der BGH nunmehr die Zulässigkeit von Bildveröffentlichungen durch die Presse nach dem *„abgestuften Schutzkonzept“* der §§ 22, 23 KUG (vgl. BGH GRUR 2009, 585; *Märten* S. 402ff.; kritisch Schricker/Loewenheim/*Götting* KUG § 23 Rn. 80aff.22, der bemängelt, dass die neue Rechtsprechungslinie den Bildnisschutz eher geschwächt habe; *Dietrich* S. 39ff.).

17 Nach diesem Konzept ist zunächst zu prüfen, ob überhaupt ein Bildnis im Sinne des KUG vorliegt. Ist dies der Fall, ist für dessen Veröffentlichung prinzipiell die Einwilligung des Abgebildeten erforderlich (§ 22 KUG). Liegt diese nicht vor, so kommt eine Veröffentlichung dennoch in Betracht, wenn es sich hierbei um ein Bildnis der Zeitgeschichte handelt (§ 23 Abs. 1 Nr. 1 KUG). Würden durch diese ohne Einwilligung erfolgt Veröffentlichung berechtigte Interessen des Abgebildeten verletzt, so ist unter Heranziehung des § 23 Abs. 2 KUG zwischen dem Persönlichkeitsrecht und dem öffentlichen Interesse an einer Veröffentlichung abzuwägen. In diese Abwägung sind insbesondere die Rolle des Betroffenen in der Öffentlichkeit, der Sachbezug zu einem zeitgeschichtlichen Ereignis bzw. der reine Unterhaltungswert des Beitrags sowie das mediale Vorverhalten des Betroffenen einzubeziehen (vgl. BGH GRUR 2013, 1065; AfP 2012, 53; 2010, 162; GRUR 2009, 86; *von Pentz* AfP 2016, 101 (106); Schricker/Loewenheim/*Götting* KUG § 23 Rn. 80; Wenzel/*von Strobl-Albeg/Peifer* Kap. 8 Rn. 14ff.). Bei dieser Abwägung ist zu berücksichtigen, dass es zum Kern der Pressefreiheit gehört, dass die Presse nach eigenen publizistischen Kriterien entscheidet, was von öffentlichen Interesse ist und ob und wie ein Presseerzeugnis bebildert wird (vgl. BVerfG AfP 2008, 163 (166f.); BGH AfP 2015, 337; OLG Karlsruhe AfP 2015, 55; Wenzel/*von Strobl-Albeg* Kap. 8 Rn. 2; *von Pentz* AfP 2016, 101, 106). Eine gerichtliche Prüfung des Bedürfnisses der Bebilderung findet nicht statt (vgl. BGH AfP 2019, 333 Rn. 10; *von Pentz* AfP 2020, 93 (104)).

18 Das Konzept lehnt sich eng an den Gesetzeswortlaut des KUG an, so dass mit ihm *keine grundlegende Änderung* in der deutschen Rechtslage verbunden ist (vgl. *Götting* GRUR 2007, 530; Schricker/Loewenheim/*Götting* KUG § 23 Rn. 22; *Schulze/Dreier* KUG § 23 Rn. 3). Dennoch ergeben sich im Vergleich zur alten Rechtslage einige *Unterschiede:*

19 Ein wesentlicher Unterschied besteht darin, dass nunmehr verstärkt auf den zeitgeschichtlichen Zusammenhang des fraglichen Bildnisses und das damit verbundene Informationsinteresse abgestellt wird und nicht mehr nur auf die abgebildete Person und ihren Status als „Person der Zeitgeschichte“ (vgl. *Peifer* GRUR 2008, 548; → Rn. 11). Allerdings ist das erforderliche Informationsinteresse weit zu verstehen, so dass von ihm auch unterhaltende Beiträge über das Alltags- und Privatleben von „Prominenten“ umfasst sein können.

20 c) Von zentraler Bedeutung ist, ob die Bildberichterstattung ein *Ereignis zeitgeschichtlicher Bedeutung* zum Gegenstand hat. Hiervon zu unterscheiden sind rein private Handlungen von „Prominenten“ (vgl. *Bartnik* AfP 2004, 493; *Grabenwarter* AfP 2004, 311). Der nur unzureichen-

de Schutz vor Berichterstattung gerade dieses Lebensbereichs wurde durch den EGMR kritisiert. Der Schutz der Privatsphäre wurde durch das „abgestufte Schutzkonzept“ nunmehr präzisiert und das Recht zur Berichterstattung damit konkretisiert (vgl. im Einzelnen → Rn. 41, 53 f.).

Der Begriff der Zeitgeschichte darf nach Auffassung der Rechtsprechung nicht zu eng verstanden werden (vgl. BGH AfP 2012, 53 (56); GRUR 2009, 86). Er umfasst nicht nur Vorgänge von historisch-politischer Bedeutung, sondern ganz allgemein das Zeitgeschehen, also alle Fragen von allgemeinem gesellschaftlichem Interesse, und wird mithin vom Interesse der Öffentlichkeit bestimmt (vgl. BGH NJW 2008, 3135). Diese Weite des Begriffes des „Ereignisses zeitgeschichtlicher Bedeutung“ ist vor allem dem Umstand geschuldet, dass die Presse in den gesetzlichen Grenzen einen *ausreichenden Spielraum* besitze, innerhalb dessen sie *nach ihren publizistischen Kriterien entscheiden könne,* was öffentliches Interesse beansprucht (vgl. BVerfG GRUR 2008, 540 mAnm *Peifer;* BVerfGE 101, 392; BGH AfP 2015, 337; GRUR 2007, 525 mwN; ZUM 2007, 470; OLG Karlsruhe AfP 2015, 55; Wenzel/*von Strobl-Albeg* Kap. 8 Rn. 2; *von Pentz* AfP 2016, 101 (106); kritisch *Götting* GRUR 2007, 531).

Die Vorgänge der Zeitgeschichte müssen von der Öffentlichkeit beachtet werden und Aufmerksamkeit finden (vgl. LG Hamburg AfP 1999, 523). Sie müssen aber nicht notwendig von überregionaler Bedeutung sein. Lokale Relevanz reicht bei einer örtlichen Zeitung aus (vgl. *Engels/Schulz* AfP 1992, 576; BGH NJW 2007, 619 (621)). Die zeitgeschichtliche Bedeutung darf nicht erst durch die Bildveröffentlichung selbst entstehen. Sie muss schon vorher existieren. **20a**

Auch Vorgänge von allgemeinem gesellschaftlichen Interesse wie sittenwidrige Mindestlöhne oder die Vergabe von Kinderarbeit in der Dritten Welt gehören zur „Zeitgeschichte“. Dementsprechend sind Filmaufnahmen gegen den Willen eines sich den Medien bisher verweigernden Geschäftsführer eines bundesweit tätigen Unternehmens zulässig, auch wenn ihn die Kameraleute dafür in der Lobby eines Hotels überraschen. Betritt der Geschäftsführer die Hotellobby, um zu einer Sitzung im Rahmen eines privaten Engagements zu gelangen, ist diese noch Teil der Öffentlichkeit (vgl. LG Hamburg AfP 2011, 83). Gleiches gilt für Fotos von einem Prominente fotografierenden Journalisten, wobei bei der Abwägung des Informationsinteresses der Öffentlichkeit die ihrerseits von Art. 5 Abs. 1 S. 2 GG geschützte Recherchetätigkeit des Journalisten einzubeziehen ist (vgl. LG Köln AfP 2012, 188). Die Veröffentlichung von Bildern einer Beteiligten an den Krawallen während des G-20-Gipfels 2017 in Hamburg in einer überregionalen Zeitung war wegen des erheblichen Informationswerts für die Öffentlichkeit zulässig (vgl. BGH, Urteil vom 29.9.2020 – VI ZR 449/19). Auch ein verwaltungsgerichtliches Verfahren, das die rechtswidrige, wenn auch nicht strafbare Untervermietung von Wohnraum an sog. Medizintouristen zum Gegenstand hat, kann die Anfertigung und Verwendung von Fotos der am Verfahren beteiligten, bisher nicht bekannten Person rechtfertigen (vgl. BGH AfP 2020, 137). Ebenso ist die Bildberichterstattung über einen bekannten Comedian mit Bildern ohne dessen rollentypische Verkleidung zulässig, wenn er in ein Gerichtsverfahren von öffentlichem Interesse involviert war (vgl. LG Berlin AfP 2018, 180).

Aus diesem weiten Verständnis des Ereignisses der Zeitgeschichte resultiert nach Auffassung der Rechtsprechung von BVerfG und BGH, dass auch eine Bildberichterstattung rein *unterhaltender Natur* dem öffentlichen Meinungsbildungsprozess dienen und somit ein Ereignis von zeitgeschichtlicher Bedeutung zum Gegenstand haben kann (vgl. BGH NJW 2008, 3136). Die Berichterstattung ist also nicht auf die öffentliche Funktion des Betroffenen beschränkt, sondern kann sich auch auf das Privat- oder Alltagsleben (→ Rn. 41) beziehen. Denn unter Umständen könne gerade diese Form der Berichterstattung Realitätsbilder vermitteln (vgl. BVerfG GRUR 2008, 542; kritisch *Starck* JZ 2008, 635) und eine öffentliche Debatte nachhaltiger anregen und beeinflussen als beispielsweise eine rein sachbezogene Information (vgl. BGH ZUM 2007, 470 mwN). Allerdings seien an eine solche Berichterstattung besondere Anforderungen hinsichtlich ihrer Zulässigkeit zu stellen. **20b**

Auch wenn der Presse ein Entscheidungsspielraum hinsichtlich des Informationswerts zusteht (→ Rn. 20), ist eine *Abwägung mit der geschützten Privatsphäre* derjenigen erforderlich, über die sie berichten will (vgl. BGH ZUM 2007, 470). Wo das Persönlichkeitsrecht des Abgebildeten der Berichterstattung dabei konkret Grenzen setzt, lässt sich nur unter Berücksichtigung der jeweiligen Umstände des Einzelfalls entscheiden (statt vieler BGH NJW 2008, 3135 mwN). Als Leitlinie für die Abwägung kann die Bedeutung der konkreten Berichterstattung für die Mei- **21** nungsbildung gelten (vgl. EGMR NJW 2004, 2649 mwN). Je größer der Informationswert für die Öffentlichkeit ist, desto mehr muss das Schutzinteresse desjenigen, über den informiert wird, hinter den Informationsbelangen der Öffentlichkeit zurücktreten. Umgekehrt nimmt die Bedeutung des Schutzes der Persönlichkeit zu, je geringer der Informationswert für die Allgemeinheit ist (vgl. BGH ZUM 2007, 470; BGHZ 131, 342 f. mwN). Dies ist bei einem reinen Unterhaltungsinteresse, das lediglich der Befriedigung der Neugier dient, anzunehmen (vgl. BVerfG GRUR 2008, 543).

22 Bei der Abwägung zu berücksichtigen sind zudem die soziale Rolle des Betroffenen (→ Rn. 23 ff.) und die Umstände, unter denen das Bildnis angefertigt wurde. Insbesondere heimliche oder überrumpelnde Aufnahmen beeinträchtigen das Persönlichkeitsrecht schwer. Gleiches gilt für den Fall der beharrlichen Nachstellung (vgl. BVerfG ZUM 2008, 427 f., zustimmend *Klass* ZUM 2008, 434; BGH AfP 2015, 337; → Rn. 39). Ob die Betroffene selbst einen berechtigten Anlass für die Berichterstattung gegeben hat, ist dagegen unmaßgeblich (vgl. BGH AfP 2019, 333; *von Pentz* AfP 2020, 93 (104)).

23 d) Hinsichtlich der *im Blickpunkt der Öffentlichkeit stehenden Personen* (vgl. *Bartnik* AfP 2004, 492) gilt der Grundsatz, dass eine (unterhaltende) Berichterstattung aus dem Privatleben hinter dem Schutz der Persönlichkeit des von der Berichterstattung Betroffenen zurückstehen muss, nur eingeschränkt. Denn je nach Lage des Falles kann für den Informationswert einer Berichterstattung auch der Bekanntheitsgrad des Betroffenen insofern von Bedeutung sein, als dass auch im Zusammenhang mit unterhaltender Berichterstattung aus dem Privatleben ein zeitgeschichtliches Ereignis zu bejahen und insofern die Berichterstattung doch zulässig ist (vgl. BGH ZUM 2007, 470; Wenzel/*Strobl-Albeg*/*Peifer* Kap. 8 Rn. 18; Löffler/*Steffen* LPG § 6 Rn. 136b).

24 Bei *Privatpersonen* hingegen ist dies im Regelfall anders. Werden diese ohne ihr Zutun oder ihre Beteiligung in eine Bildberichterstattung über Prominente einbezogen, sind sie kein Teil der Zeitgeschichte, so dass die Veröffentlichung eines Bildes von ihnen zu unterbleiben hat (vgl. BGH AfP 2015, 337).

25 e) Das Selbstbestimmungsrecht der Presse umfasst zwar das Recht, selbst zu entscheiden, was von öffentlichem Interesse sein könnte. Ob diese *Bewertung* sich im *Rahmen des der Presse obliegenden Beurteilungsspielraums* bewegte, entscheiden im Fall eines Rechtsstreits die Gerichte (vgl. BVerfG NJW 2008, 1796; BGH GRUR 2009, 87).

26 f) Da es für die Zulässigkeit einer ohne Einwilligung des Betroffenen erfolgenden Veröffentlichung eines Bildnisses maßgeblich auf dessen Informationswert ankommt, darf eine etwaige *begleitende Wortberichterstattung* nicht unberücksichtigt bleiben (vgl. BVerfG NJW 2008, 1796 f.; BGH ZUM 2007, 470; GRUR 2007, 526). Sie darf jedoch nicht nur reine „Alibifunktion" haben (vgl. BGH NJW 2009, 1503; OLG Köln AfP 2018, 55; krit. *Peifer* GRUR 2008, 548 f.; krit. *Starck* JZ 2008, 635).

27 So ist zum Beispiel die Veröffentlichung eines Bildnisses, das eine Person des öffentlichen Lebens im Skiurlaub zeigt, unzulässig, wenn in der begleitenden Wortberichterstattung auf ein gesellschaftliches Ereignis im Heimatstaat des Betreffenden eingegangen wird, da kein Zusammenhang besteht (vgl. BGH GRUR 2007, 530). Die Veröffentlichung eines vergleichbaren Bildnisses – auch hier befindet sich der Betroffene im Skiurlaub – kann jedoch dann zulässig sein, wenn der Vater des Betroffenen, der regierender Fürst eines europäischen Staates ist, schwer erkrankt ist und hierauf in der begleitenden Wortberichterstattung eingegangen wird (vgl. BGH GRUR 2007, 530). Ebenso können Fotos, welche die erwachsene Tochter einer Prominenten beim Besuch einer Vernissage zeigen, Fotos über ein zeitgeschichtliches Ereignis sein und deshalb als kontextbezogene Fotos zulässig sein (vgl. BGH AfP 2012, 45; hierzu auch OLG Frankfurt a. M. AfP 2020, 416, zur kontextgerechten Verwendung eines Fotos von einer Sport-Galaparty in Monaco 2005 in einem Zeitschriftenbericht von 2018; Dietrich S. 159 f.).

IV. Weitere Ausnahmen vom Erfordernis der Einwilligung; §§ 23, 24 KUG

1. Personen als Beiwerk; § 23 Abs. 1 Nr. 2 KUG

28 § 23 Abs. 1 Nr. 2 KUG gestattet die Verbreitung von Bildern, auf denen die Personen nur als Beiwerk neben einer Landschaft oder sonstigen Örtlichkeiten erscheinen, wenn die abgebildete Person nicht in ihrer Individualität erkennbar ist, sondern dem übrigen Bildnisinhalt in solchem

Maße *untergeordnet* erscheint, dass die konkrete Person auch weggelassen werden könnte, ohne den Charakter und Aussagegegenstand des Bildes zu ändern (vgl. OLG Oldenburg GRUR 1989, 345; OLG Karlsruhe GRUR 1989, 824; Wenzel/*von Strobl-Albeg* Kap. 8 Rn. 70f.; *Prinz/Peters* Rn. 871; Schricker/Loewenheim/*Götting* KUG § 23 Rn. 81). Da es sich um eine Ausnahmevorschrift von § 22 KUG handelt, muss die Person an sich identifizierbar, hier jedoch quasi beiläufig abgebildet sein. Ausschlaggebend ist dabei der *Gesamteindruck* des Bildes (vgl. BGH NJW 1979, 2206; OLG Frankfurt a. M. AfP 1984, 115; OLG Düsseldorf GRUR 1970, 618; LG Oldenburg GRUR 1986, 465; *Damm/Rehbock* Rn. 248; Wenzel/*von Strobl-Albeg* Kap. 8 Rn. 7; Helle S. 164; *Prinz/Peters* Rn. 871): Hebt es die einzelne Person so hervor, dass sogleich der Blick auf sie fällt, dann ist sie nicht mehr bloßes Beiwerk im Sinne von § 23 Abs. 1 Nr. 2 KUG, sondern prägender Bestandteil des Bildes. Die Ausnahmevorschrift des § 23 Abs. 1 Nr. 2 KUG greift dann nicht ein (vgl. Wenzel/*von Strobl-Albeg* Kap. 8 Rn. 72). Gleiches gilt für eine zufällig neben der prominenten Person abgebildeten Person, sofern sie mit der Anfertigung und Verbreitung des Bildes nicht konkludent einverstanden war (vgl. BGH AfP 2015, 337; Schricker/Loewenheim/*Götting* KUG § 23 Rn. 83).

Beispiele sind eine Frau in einer Schalterhalle (vgl. LG Köln MDR 1965, 658), die Abbildung einer Wandergruppe vor einem Gebirgspanorama (vgl. OLG Frankfurt a. M. GRUR 1986, 615) sowie die Abbildung einer Sonnenbadenden am Strand (vgl. OLG Oldenburg GRUR 1989, 345).

Der Charakter als Beiwerk entfällt aber nicht schon dann, wenn das Foto ohne die Abbildung der Person keine Ausstrahlungskraft mehr hätte. Dies gilt auch für Werbefotos (OLG Frankfurt a. M. AfP 1984, 115).

§ 23 Abs. 1 Nr. 2 KUG spricht von „Bildern", nicht von „Bildnissen". Durch diese Norm ist **28a**
daher nicht gedeckt, aus einem Landschaftsbild das Bildnis einer Person auszuschneiden und als vergrößerten Ausschnitt zu veröffentlichen. Denn das Ergebnis dieser Bildbearbeitung wäre kein Bild, sondern ein Bildnis iSd § 22 KUG (vgl. Schricker/Loewenheim/*Götting* KUG § 23 Rn. 82).

2. Bilder von Versammlungen; § 23 Abs. 1 Nr. 3 KUG

Die gleichen Grundsätze wie für die Abbildung von Personen als Beiwerk gelten nach § 23 **29**
Abs. 1 Nr. 3 KUG auch für Bilder von Versammlungen. Die Abbildung ist demnach stets auch ohne Einwilligung zulässig, wenn sie nach dem objektiven Gesamteindruck die *Menschenansammlung* als solche zum Gegenstand hat (vgl. LG Köln AfP 1994, 246), so etwa das Gedränge beim Schlussverkauf, bei Staatsbesuchen oder Sportveranstaltungen sowie Bilder von Demonstrationen. Schwerpunkt ist also die Darstellung des Geschehens, nicht aber die der Individuen (vgl. Schricker/Loewenheim/*Götting* KUG § 23 Rn. 84; Wenzel/*von Strobl-Albeg* Kap. 8 Rn. 76).

Teilweise wird vertreten, dass in allen Fällen Voraussetzung sei, dass die beteiligten Personen den übereinstimmenden Willen haben, etwas gemeinsam zu tun (vgl. Wandtke/Bullinger KUG § 23 Rn. 29). Nach dieser Auffassung wäre die Veröffentlichung eines Bildes eines Sportplatzes, auf dem sich viele Sportler befinden, zulässig, wenn es sich um ein Sportfest mit vielen Teilnehmern handelt, aber unzulässig, wenn es sich um Individualsportler handelt, die lediglich einzeln trainieren.

Weitere Voraussetzung ist, dass die Versammlung in der Öffentlichkeit stattfindet. Dies kann **30**
bei *Trauerfeierlichkeiten* fraglich sein (vgl. Schricker/Loewenheim/*Götting* KUG § 23 Rn. 99; Wenzel/*von Strobl-Albeg* Kap. 8 Rn. 80).

Nach einer Ansicht handelt es sich nicht um eine Versammlung iSd § 23 Abs. 1 Nr. 3 KUG, wenn sie im Familien- und Freundeskreis stattfinden, da insoweit keine Öffentlichkeit bestehe (vgl. LG Köln NJW 1992, 448; Prinz/Peters Rn. 872) und es sich somit um eine Privatangelegenheit der Familie handele (vgl. Damm/Rehbock Rn. 253). Dem kann insofern zugestimmt werden, als dass es sich bei einer Versammlung im Sinne des Gesetzes um eine öffentliche Veranstaltung handeln muss (vgl. Wenzel/*von Strobl-Albeg* Kap. 8 Rn. 80; Löffler/*Steffen* LPG § 6 Rn. 138). Damit ist aber nicht jede Feier im Familien- und Freundeskreis der Öffentlichkeit entzogen. Vielmehr finden Trauerfeiern in aller Regel in einem Bereich statt, der allgemein zugänglich ist. Dann ist der Ausnahmetatbestand des § 23 Abs. 1 Nr. 3 KUG einschlägig. Bei solchen Anlässen wird allerdings regelmäßig das berechtigte Interesse des Abgelichteten nach § 23 Abs. 2 KUG überwiegen (vgl. Wenzel/*von Strobl-Albeg* Kap. 8 Rn. 80; ebenso wohl auch Löffler/*Steffen* LPG § 6 Rn. 138, der Beerdigungen im Familien-, Freundes- und Nachbarkreis nicht der Öffentlichkeit zurechnet; Helle S. 166 f.; Wandtke/Bullinger KUG § 23 Rn. 30). Dies hat vor allem Auswirkungen auf repräsentative Aufnahmen, bei denen einzelne Personen besonders hervorgehoben sind. Danach sind die Interessen der Teilnehmer, die in besonderer Weise Schmerz und Trauer tragen, gegenüber dem Veröffentlichungsinteresse vorrangig, sofern kein besonderes Interesse der Öffentlichkeit an den Umständen der Beerdigung besteht (vgl. OLG Hamburg AfP 2017, 442; Schricker/Loewenheim/*Götting* KUG § 23 Rn. 99). Bei anderen Familienfeiern, wie etwa Geburtstagen und Hochzeiten, gilt diese Güterabwägung mangels eines besonderen Interesses der Abgebildeten nicht, soweit sie sich in der Öffentlichkeit abspielen (vgl. BGH ZUM-RD 2012, 130).

31 Spezielle Probleme ergeben sich bei den sog. *repräsentativen Aufnahmen* (vgl. *Damm/Rehbock* Rn. 251; Wandtke/Bullinger KUG § 23 Rn. 31). Dies sind solche, bei denen einzelne Personen als charakteristisch und beispielhaft für die Ansammlung herausgegriffen werden, etwa um die Stimmung bei einem bestimmten Ereignis öffentlichen Interesses (Fastnachtszug, Fußballspiel, Demonstration) zu verdeutlichen. Hier darf die Einzelperson als Repräsentant abgebildet werden, wenn so ein Gesamteindruck von der Versammlung vermittelt wird (vgl. LG Stuttgart AfP 1989, 765 f.; differenzierend *Damm/Rehbock* Rn. 251). Nach anderer Auffassung (vgl. *Prinz/Peters* Rn. 818; Schricker/Loewenheim/*Götting* KUG § 23 Rn. 90 ff.) sind repräsentative Aufnahmen nicht gestattet, weil der Zweck des Ausnahmetatbestandes insoweit verfehlt werde. Es gehe um das Geschehen und nicht um die einzelne Person. Diese Auffassung ist deswegen zu eng, weil gerade in den Printmedien die Aufnahme der Totalen mangels Deutlichkeit des Geschehens keinen Eindruck bei dem Leser erzeugen kann. Ähnlich dürfte es beim Fernsehen sein, wo es dramaturgisch keinen Sinn macht, ausschließlich die Totale für den Zuschauer wiederzugeben, um ihm einen hinreichenden Eindruck des Geschehens zu vermitteln.

32 Das gilt im Prinzip auch für *„Polizisten im Einsatz"* (vgl. hierzu Schricker/Loewenheim/*Götting* KUG § 23 Rn. 95).

33 Bilder von *spektakulären Polizeieinsätzen,* auf denen einzelne Beamte erkennbar sind, dürfen veröffentlicht werden, wenn diese Beamten repräsentative Funktion für das Geschehen haben und wenn nicht § 23 Abs. 2 KUG eingreift, also der Beamte ein berechtigtes Interesse an dem Unterbleiben der Veröffentlichung hat. Ein solches *berechtigtes Interesse* des abgebildeten Polizisten, dass der Veröffentlichung (nicht der Herstellung) entgegensteht, liegt insbesondere dann vor, wenn der Beamte annehmen darf, dass er durch die fotographische Identifikation erheblichen Repressalien oder Gefahren etwa seitens der Demonstrationsteilnehmer ausgesetzt wäre (vgl. VG Aachen AfP 2020, 271 (272 f.)). Keine Schwierigkeiten ergeben sich insofern bei der Abbildung von Polizisten mit repräsentativer Funktion bei anderen Anlässen, zB Staatsbesuchen, Sportveranstaltungen und dergleichen. Da hier im Allgemeinen keine Gefahren oder Nachteile für die Polizeibeamten zu befürchten sind, kann die Veröffentlichung regelmäßig auch ohne Zustimmung stattfinden. Ein *Notwehrrecht* gegenüber Bildreportern steht Polizeibeamten nur zu, wenn die Aufnahme offensichtlich rechtswidrig angefertigt wird (vgl. OVG Saarlouis AfP 2002, 545; VG Karlsruhe NJW 1980, 1708). Die Rechtswidrigkeit ist aber im Hinblick auf die öffentliche Aufgabe der Presse restriktiv zu beurteilen (vgl. Studienkreis für Presserecht und Pressefreiheit in NJW 1983, 1303). Ein generelles Fotografierverbot bei Polizeieinsätzen ist stets rechtswidrig (vgl. BVerwG AfP 2012, 411; VGH Mannheim ZUM-RD 2012, 130).

34 Stets zulässig sind Abbildungen von Polizisten im Einsatz, wenn diese Personen des öffentlichen Lebens sind (zB der Polizeipräsident) oder wenn es sich um Exzesse, insbesondere Straftaten während des Polizeieinsatzes handelt vgl. (OVG Saarlouis AfP 2002, 545 (548); *Soehring/Hoene* Rn. 21.49c).

3. Bildnisse im höheren Interesse der Kunst; § 23 Abs. 1 Nr. 4 KUG

35 § 23 Abs. 1 Nr. 4 KUG gestattet die Veröffentlichung von Bildnissen, sofern dies einem höheren Interesse der Kunst dient. Gemälde, Kunstfotografien oder plastische Darstellungen einer Person können also veröffentlicht oder zur Schau gestellt werden. Das Verfolgen *wirt-*

schaftlicher Ziele, wie etwa bei Werbeaufnahmen, schadet nur, wenn es das einzige Motiv für die Erstellung des Bildnisses darstellt. Ein gleichzeitiges Verfolgen künstlerischer und wirtschaftlicher Ziele hingegen führt nicht zur Unanwendbarkeit dieser Norm (Schricker/Loewenheim/*Götting* KUG § 23 Rn. 102). Die Arbeit darf nicht auf Bestellung angefertigt worden sein (vgl. Wenzel/*von Strobl-Albeg* Kap. 8 Rn. 87).

Diese Ausnahme vom Bildnisschutz ist analog auf Veröffentlichungen zu wissenschaftlichen Zwecken anzuwenden (vgl. LG Hannover ZUM 2000, 970; Wenzel/*von Strobl-Albeg* Kap. 8 Rn. 91; *Wandtke/Bullinger* KUG § 23 Rn. 33; Schricker/Loewenheim/*Götting* KUG § 23 Rn. 104), also zB auf Krankenbilder in medizinischen oder juristischen Zeitschriften. Allerdings sind auch hierbei die berechtigten Interessen des Betroffenen im Rahmen des § 23 Abs. 2 KUG zu wahren, dh insbesondere diskriminierende Abbildungen zu vermeiden.

4. *Ausnahmen im öffentlichen Interesse; § 24 KUG*

Ohne Einwilligung des Abgebildeten dürfen Bildnisse auch dann vervielfältigt und veröffentlicht werden, wenn dies aus Gründen der Rechtspflege oder der öffentlichen Sicherheit geschieht, etwa zur Fahndung nach einem Vermissten oder einem Straftäter (vgl. Dumont S. 52; Prinz/Peters Rn. 883). Es handelt sich bei dieser Norm um eine öffentlich-rechtliche Bestimmung polizeirechtlichen Charakters. § 24 KUG bewertet insoweit das Interesse an der Aufklärung und Verhinderung von Straftaten höher als dasjenige des Täters oder Tatverdächtigen am Schutz des eigenen Bildes (vgl. (vgl. *Dietrich* ZUM 2008, 283; Schricker/Loewenheim/*Götting* KUG § 24 Rn. 2; Wenzel/*von Strobl-Albeg* Kap. 8 Rn. 153). Allerdings müssen eine *schwere Straftat* und ein hinreichend *gesicherter Tatverdacht* gegeben sein (vgl. BGH NJW 1975, 2075; OLG Frankfurt a. M. AfP 1990, 229 ff.; OLG Hamm NJW 1982, 458; Wenzel/*von Strobl-Albeg* Kap. 8 Rn. 154), daneben die Voraussetzungen des § 131 StPO für die Publikation eines Steckbriefes (str., vgl. LG Hamburg UFITA 64, 351; *Prinz/Peters* Rn. 883; aA Wandtke/Bullinger KUG § 24 Rn. 2). Abgebildete dürfen nicht vor ihrer Verurteilung als Täter bezeichnet werden (vgl. OLG Düsseldorf AfP 1980, 54; → Kap. 42 Rn. 13 ff.). 36

Die Ausnahmevorschrift des § 24 KUG betrifft zwar zunächst nur die Strafverfolgungsbehörden. Sie kann aber auch für die *Massenmedien* herangezogen werden, zumindest bei öffentlichen Fahndungen in Abstimmung mit den Behörden (vgl. *Helle* S. 208 f.; Schricker/Gerstenberg/*Götting* KUG § 24 Rn. 5; *Prinz/Peters* Rn. 883). Nach aA genügt keine bloße Abstimmung, vielmehr sei ein ausdrückliches Ersuchen um Fahndungshilfe seitens der Behörde erforderlich (vgl. *Damm/Rehbock* Rn. 309; *Wandtke/Bullinger* KUG § 24 Rn. 3; LG Köln AfP 2004, 460). So dürfen zB in Fernsehsendungen wie etwa „Aktenzeichen XY" Fahndungsfotos von dringend Tatverdächtigen veröffentlicht werden, wenn es sich um schwerwiegende Straftaten von überregionalem Interesse handelt und die sonstigen polizeilichen Ermittlungsmöglichkeiten ausgeschöpft sind (vgl. OLG Frankfurt a. M. NJW 1971, 47 ff. (49)). Dagegen dürfen die Medien ohne Absprache mit den Ermittlungsbehörden keine Fotos von dem – potentiellen – Straftäter anfertigen und veröffentlichen. § 24 KUG privilegiert die Tätigkeit der Behörden für Zwecke der Rechtspflege und der öffentlichen Sicherheit. Medien sind deshalb nicht berechtigt, ohne entsprechendes Ersuchen einer Behörde eigene Fahndungsmaßnahmen mit selbst hergestellten Fotos durchzuführen (vgl. Wenzel/*von Strobl-Albeg* Kap. 8 Rn. 155; *Damm/Rehbock* Rn. 309; *Wandtke/Bullinger* KUG § 24 Rn. 3; Loewenheim/*Schertz* § 18 Rn. 64; Schricker/Loewenheim/*Götting* KUG § 24 Rn. 5). Die Abbildung von Straftätern allein zur Befriedigung des Sensationsinteresses ist jedenfalls ein schwerwiegender Eingriff in das Persönlichkeitsrecht, das regelmäßig zum Schadensersatz verpflichtet (vgl. OLG Frankfurt a. M. JZ 1971, 331; *Neumann-Duesberg* JZ 1971, 305 ff.). § 24 KUG gestattet neben der Veröffentlichung auch die *Anfertigung* von Abbildungen durch Polizisten (vgl. BGH NJW 1975, 2075). 37

V. Das entgegenstehende berechtigte Interesse des Abgebildeten; § 23 Abs. 2 KUG

§ 23 Abs. 2 KUG stellt die „letzte Stufe" des abgestuften Schutzkonzeptes dar. Eine trotz fehlender Einwilligung des Abgebildeten gemäß § 23 Abs. 1 KUG gerechtfertigte Bildveröffent- 38 lichung kann nach § 23 Abs. 2 KUG ausnahmsweise im Ergebnis doch unzulässig sein, wenn durch sie ein besonderes Interesse des Abgebildeten beeinträchtigt wird.

Auch hierbei handelt es sich um keine absolute Schranke der Bildberichterstattung. Auch im Falle des § 23 Abs. 2 KUG ist eine umfassende am Einzelfall orientierte *Güterabwägung* zwischen den Interessen des Abgebildeten und dem Informationsinteresse der Öffentlichkeit vorzunehmen (vgl. BGH NJW 2007, 690; Wenzel/*von Strobl-Albeg/Peifer* Kap. 8 Rn. 94; Rehbinder Rn. 862; ausführlich zu einzelnen Fallgruppen *Wandtke/Bullinger* KUG § 23 Rn. 34 ff.). Im Hinblick darauf, dass eine solche Abwägung aber bereits im Rahmen des § 23 Abs. 1 Nr. 1 KUG durchzuführen ist, kommt § 23 Abs. 2 KUG nur eine „Auffangfunktion" zu (vgl. Schricker/Loewenheim/*Götting* KUG § 23 Rn. 111).

39 § 23 Abs. 2 KUG dürfte vor allem dann zum Tragen kommen, wenn dem fraglichen Bildnis ein Informationswert zwar zukommt, aber aufgrund des Inhalts oder der Art und Weise der Darstellung das Interesse des Abgebildeten an einer Nichtveröffentlichung überwiegt. Ein besonderes Interesse des Abgebildeten iSd § 23 Abs. 2 KUG kann daher anzunehmen sein, wenn der betreffenden Abbildung ein eigenständiger Verletzungseffekt zum Nachteil des Abgebildeten zukommt (vgl. BGH GRUR 2007, 526). Dies können Bildnisse mit negativer Tendenz zu Lasten des Abgebildeten sein oder Bildnisse, die den Abgebildeten gefährden (vgl. *Dreier/Schulze* KUG § 23 Rn. 26).

Ein weiterer Anwendungsfall für § 23 Abs. 2 KUG können Berichterstattungen über *Krankheiten* sein (s. zu den Ausnahmen → Rn. 46).

So vermag ein öffentliches Interesse an der Aufklärung über die Gefahren des Alkoholmissbrauchs die Abbildung einer Person des öffentlichen Lebens auch mit hohem Bekanntheitsgrad in der Regel nicht zu rechtfertigen, da der Gesundheitszustand zu den privaten Vorgängen gehört, die „einfach nichts in der Öffentlichkeit zu suchen haben" (vgl. BGH GRUR 2009, 88).

Nach § 23 Abs. 2 KUG unzulässig sein können insbesondere Bildnisse, die den Betroffenen in der *Intimsphäre* zeigen (vgl. Wenzel/*von Strobl-Albeg* Kap. 8 Rn. 95; Schricker/Loewenheim/*Götting* KUG § 23 Rn. 112). Hinzu kommt hier auch die Art und Weise der Anfertigung des Bildnisses (Beschattung oder Überrumpelung des Abgebildeten, Anfertigung heimlicher Aufnahmen; vgl. BVerfG ZUM 2008, 427 f.; *Klass* ZUM 2008, 434; *Grabenwarter* AfP 2004, 313).

So urteilte der BGH im Falle einer bekannten Moderatorin, dass das Eingehen einer neuen Beziehung durch sie als zeitgeschichtliches Ereignis anzusehen sei und damit eine Bildberichterstattung gemäß § 23 Abs. 1 Nr. 1 zulässig sei. Dies gelte jedoch nicht hinsichtlich der konkret veröffentlichten Fotos, die die Abgebildete in erkennbar privaten Situationen zeigten (vgl. BGH NJW 2009, 1503). Auch die bloße Teilnahme an einer öffentlichen Fernsehpreisverleihung rechtfertigt nicht die Veröffentlichung eines Fotos, dass den aufgrund eines Missgeschicks sichtbar gewordenen Intimbereich einer Schauspielerin zeigt (vgl. LG München AfP 2016, 368).

VI. Einzelfälle

40 a) *Adelsangehörige:* Die Illustrierung eines Berichts mit Fotos von der Teilnahme eines elfjährigen Kindes einer europaweit bekannten Adelsfamilie an einer öffentlichen Eiskunstlaufveranstaltung ist zulässig, da durch sie die berechtigten Interessen des Kindes nicht beeinträchtigt werden. Es ist nicht ersichtlich, dass die Fotos die kindgerechte Entwicklung des Kindes stören könnten (vgl. BGH AfP 2018, 54; 2013, 399; siehe hierzu auch EGMR AfP 2016, 413 – „Paris Match"/Frankreich; BGH GRUR 2010, 173, der deswegen generelle Unterlassungsverbote verneint).

41 b) *Alltagsleben:* Die Berichterstattung über das Alltagsleben von Personen des öffentlichen Lebens bei gleichzeitiger Veröffentlichung eines Bildnisses ist nicht per se ausgeschlossen. Dies ist damit zu begründen, dass solchen Personen aufgrund ihrer herausgehobenen Stellung eine Leitbild- oder Kontrastfunktion zukommen und diese als Orientierung für eigene Lebensentwürfe des Rezipienten der Berichterstattung dienen kann. Letzterer wird im Regelfall eine solche herausgehobene Stellung wie die Person des öffentlichen Lebens nicht bekleiden. Daher wäre es – so die Auffassung der deutschen Rechtsprechung – zu eng, eine Berichterstattung hinsichtlich des Privatlebens nur insoweit zuzulassen, als dieses im Gegensatz zu gerade der öffentlichen Selbstdarstellung der Person in ihrer gesellschaftlichen Funktion steht; daher müsse eine Berichterstattung auch über das Alltagsleben dieser Personen prinzipiell möglich sein (vgl. BVerfG NJW

2008, 1796 [Prinzessin Caroline – Urlaub in St. Moritz]; BGH GRUR 2009, 87 [Prinz Ernst August – Bauchspeicheldrüsenentzündung]). Voraussetzung hierfür ist aber, dass die Veröffentlichung der Meinungsbildung zu Fragen von allgemeinem Interesse dienen kann. Maßgeblich ist in diesem Zusammenhang vor allem die begleitende Wortberichterstattung; diese muss im Zusammenhang mit dem Bildnis stehen (vgl. EGMR AfP 2015, 137 – Lillo-Stenberg und Saether/Norwegen; BVerfG ZUM-RD 2010, 657).

Eine Berichterstattung über das Alltagsleben kann beispielsweise hinsichtlich eines Politikers von Interesse sein, wenn dieser aus seinem Amt ausscheidet. Die Öffentlichkeit kann in diesen Fällen ein Interesse daran haben, zu erfahren, wie sich der Betreffende nach Verlust seines Amtes verhält (vgl. BGH GRUR 2018, 549 [früherer Bundespräsident Christian Wulff im Supermarkt]; NJW 2009, 3031 [Hauskauf von Joschka Fischer]; NJW 2008, 3136 [Heide Simonis – Einkaufsbummel nach Abwahl]).

In der Regel unzulässig ist die Berichterstattung über das Alltagsleben von Kindern (vgl. BVerfG NJW 2000, 2191; OLG Köln AfP 2019, 242).

c) *Begleiter* respektive Lebensgefährten *von Personen des öffentlichen Lebens:* Bildberichterstattungen über Personen, die mit eventuell verheirateten Personen des öffentlichen Lebens eine Liebesbeziehung unterhalten sind zulässig, solange das aktuelle Informationsinteresse der Öffentlichkeit besteht, etwa an der Ehekrise des verheirateten „Prominenten". Jedoch müssen die betreffenden Lichtbilder einen unmittelbaren Zusammenhang mit der durch den Abgebildeten eingenommenen Rolle aufweisen. Unzulässig wäre also die Veröffentlichung solcher Lichtbilder, die einen über diese Thematik hinausreichenden Aufschluss über das Privatleben des Betreffenden eröffnen (vgl. BGH AfP 2012, 53; KG Berlin AfP 2013, 60). **42**

Gegen die Annahme eines Informationsinteresses der Öffentlichkeit kann sprechen, dass sich der Begleiter respektive Lebensgefährte stets gegen eine Berichterstattung über sein Privatleben gewandt hat, auch der Partner – die Person des öffentlichen Lebens – keine Bilder aus seiner Privatsphäre verbreiten ließ und die zu den Bildern veröffentlichten Texte nur einen geringen Informationswert aufwiesen (vgl. BGH GRUR 2007, 902 [Lebensgefährtin von Herbert Grönemeyer]).

Umgekehrt ist die Zulässigkeit einer Berichterstattung im Regelfall zu bejahen, wenn sich der Begleiter respektive Lebensgefährte selbst an die Presse gewandt hat und Tatsachen über sich preisgibt (vgl. BVerfG NJW 2006, 3408; BGH NJW 2005, 594 (595) [„Rivalin" von Uschi Glas]).

Das bloße (räumliche) Zusammensein mit einem „Prominenten" ohne nähere Beziehung reicht dagegen keinesfalls aus, um ein öffentliches Interesse bejahen zu können (vgl. BGH AfP 2015, 337; OLG Hamburg AfP 1991, 626).

d) *Diffamierende Bildnisse:* Unzulässig sind Bilder von Personen des öffentlichen Lebens, die zur Diffamierung oder Bloßstellung des Abgebildeten führen (vgl. OLG Celle NJW 1979, 57). Dies gilt etwa für die nicht erkennbare und nicht angezeigte Fotomontage des Kopfes eines Prominenten auf den nackten (Ober-) Körper eines Dritten (vgl. LG Berlin AfP 2002, 250). Grund hierfür ist, dass ein Bezug zur Zeitgeschichte fehlt und damit § 23 Abs. 1 Nr. 1 KUG keine Anwendung finden kann. **43**

e) Personen von *historischer Bedeutung:* Hinsichtlich noch lebender Personen, die in der Vergangenheit Personen des öffentlichen Lebens waren, bestehen nach Aufgabe der Rechtsfiguren der „relativen" und „absoluten Personen der Zeitgeschichte" keine Besonderheiten (vgl. die Ausführungen zu § 23 Abs. 1 Nr. 1 KUG → Rn. 9 ff.), **44**

f) *Kinder respektive Abkömmlinge von Personen des öffentlichen Lebens:* Grundsätzlich bedürfen Kinder eines besonderen Schutzes, da sie sich – anders als Erwachsene – zu eigenverantwortlichen Personen erst noch entwickeln müssen (vgl. BVerfG AfP 2007, 444). Diese Entwicklung kann durch eine Medienberichterstattung mit ihrer einhergehenden Publizität empfindlich gestört werden (vgl. BVerfG NJW 2000, 1023 [Kinder von Prinzessin Caroline]), selbst wenn diese wohlwollend geprägt ist (vgl. BVerfG AfP 2005, 460 [„Stolzer Blick" von Charlotte Casiraghi]). Dieses Schutzbedürfnis von Kindern wirkt sich sowohl auf den Schutz der Privatsphäre der Kinder selbst, als auch den der Eltern aus. Da es in erster Linie den Eltern obliegt, ihre Kinder bei dieser Entwicklung zu begleiten, ist die elterliche Zuwendung gegenüber ihren Kindern selbst vom Schutzbereich der Art. 2 Abs. 1, 1 Abs. 1 GG erfasst und wird durch Art. 6 **45**

GG verstärkt (vgl. BGH AfP 2018, 410). Wie sich die Verstärkung des Persönlichkeitsschutzes durch Art. 6 GG im Einzelnen auswirkt, lässt sich nicht generell und abstrakt bestimmen (vgl. BVerfG NJW 2000, 1023). Auch hier kommt es auf den Einzelfall an.

Das Recht des Kindes auf Entwicklung zur Persönlichkeit umfasst dabei nicht nur die Privatsphäre, sondern auch den öffentlichen Raum. Denn zur Entwicklung der Persönlichkeit gehört es ebenso, sich in der Öffentlichkeit bewegen zu lernen (vgl. OLG Köln AfP 2019, 242). Allerdings kann es an einem Schutzbedürfnis des Kindes fehlen, wenn sich dieses bewusst und/oder im Einverständnis seiner Eltern in die erkennbar medienbegleitete Öffentlichkeit begibt. Dies kann der Fall sein, wenn es – zB zusammen mit seinen prominenten Eltern – an gesellschaftlichen Ereignissen teilnimmt (vgl. BVerfG NJW 2000, 2191 [Sohn von Prinzessin Caroline]; siehe hierzu auch BGH AfP 2013, 399; EGMR AfP 2016, 413 – „Paris Match"/Frankreich; BGH GRUR 2010, 173; → Rn. 40). Anderes kindgemäßes Verhalten (wie zB Einkaufen, Spazierengehen) jedoch ist in der Regel auch dann geschützt, wenn es im öffentlichen Raum stattfindet (vgl. BVerfG NJW 2000, 2191).

46 g) *Krankheit*, Schmerz, Trauer, Wut sind auch bei Personen des öffentlichen Lebens in der Regel der Privatsphäre zuzurechnen, so dass über sie mangels des Vorliegens eines öffentlichen Interesses ohne Einwilligung des Betroffenen regelmäßig nicht mit Bild berichtet werden darf (vgl. BGH GRUR 2009, 88 [Prinz Ernst August – Bauchspeicheldrüsenentzündung]; OLG Köln AfP 2013, 503). Etwas anderes gilt hinsichtlich wichtiger Politiker, Wirtschaftsführer oder Staatsoberhäupter (vgl. BGH GRUR 2009, 88), da die Öffentlichkeit ein Interesse daran hat, zu erfahren, ob diese Personen durch die Krankheit in der Ausübung ihrer gesellschaftlich wichtigen Funktion beeinträchtigt werden.

Selbst wenn – etwa aufgrund der begleitenden Wortberichterstattung – ausnahmsweise ein öffentliches Interesse hinsichtlich einer Bildberichterstattung zu bejahen ist, ist im Einzelfall zu prüfen, ob die berechtigten Interessen des Abgebildeten nicht gem. § 23 Abs. 2 KUG einer Verbreitung des Bildnisses entgegenstehen (vgl. BGH GRUR 2009, 88). Insoweit kann es zulässig sein, über die Beerdigung einer prominenten Persönlichkeit mit Bildern zu berichten (vgl. OLG Frankfurt a. M. AfP 2020, 403; OLG Hamburg AfP 2017, 442) oder eben nicht (vgl. BGH AfP 2021, 32; LG Frankfurt (Oder) AfP 2013, 438).

47 h) *Liebesbeziehung:* Das Eingehen einer neuen Liebesbeziehung kann im Hinblick auf die Bekanntheit des Betreffenden als Ereignis der Zeitgeschichte anzusehen sein.

Ein öffentliches Interesse an der Berichterstattung kann aber fehlen, wenn der Betroffene beispielsweise eine außereheliche Beziehung diskret führt. Umgekehrt kann ein öffentliches Interesse zu bejahen sein, wenn der Betroffene oder sein Partner selbst an die Öffentlichkeit herantreten (→ Rn. 42).

Dies bedeutet nicht, dass die Verbreitung entsprechender Bildnisse automatisch zulässig wäre. Einer solchen können immer die berechtigten Interessen des Abgebildeten entgegenstehen (§ 23 Abs. 2 KUG). Ob dies der Fall ist, ist im Einzelfall zu prüfen (vgl. BGH NJW 2009, 1503 [Sabine Christiansen – „verliebt in Paris"]).

48 i) *Opfer von Schicksalsschlägen:* Personen, die sich nicht aufgrund eigener Leistung, sondern aufgrund erlittener dramatischer oder spektakulärer Schicksalsschläge aus der Bevölkerung hervorheben (etwa, weil sie Opfer einer Aufsehen erregenden Straftat geworden sind oder weil sie an seltenen Krankheiten leiden), gehören in der Regel nicht zu den Personen des öffentlichen Lebens (vgl. *Soehring/Hoene* Rn. 21.42 mwN; Wenzel/*von Strobl-Albeg/Peifer* Kap. 8 Rn. 133).

49 j) *Fotomontagen:* Maßgebliche Aufgabe der Presse ist es, Informationen zu verbreiten. Dies gilt jedoch nur für solche, die wahr sind, beziehungsweise welche die Presse für wahr halten darf. Durch unwahre Informationen kann eine zutreffende Meinungsbildung nicht stattfinden, so dass sie im Blickwinkel der Meinungsfreiheit kein schützenswertes Gut sind (vgl. BVerfG NJW 2005, 3273 [Ron Sommer]). Die Presse kann sich daher nicht auf ihre verfassungsrechtlich abgesicherte Stellung berufen, wenn sie bewusst falsche Informationen verbreitet. Dies gilt insbesondere dann, wenn die Unwahrheit der Information für den Rezipienten nicht erkennbar ist. Gerade im Zusammenhang mit Fotografien ist dies von Bedeutung, da diese Authentizität suggerieren und der Betrachter von der Richtigkeit der ihm zur Kenntnis gebrachten Information ausgeht. Es ist daher in der Regel unzulässig, Fotografien über das reproduktionstechnisch erforderliche Maß hinaus zu verändern (vgl. BVerfG NJW 2005, 3273; ebenso bereits die

Vorinstanz: BGH ZUM 2004, 125: eine Streckung des Bildnisses um 5 % wurde bereits als unzulässig erachtet).

k) *Preisgabe der Privatsphäre:* Bei der Abwägung der widerstreitenden Interessen ist auch zu berücksichtigen, inwiefern der Abgebildete schützenswert ist respektive auf den Schutz seiner Privatsphäre vertrauen darf. So kann sich derjenige, der private Tatsachen in der Öffentlichkeit selbst preisgegeben hat (etwa im Rahmen so genannter „Home Stories“ oder im Rahmen öffentlicher Auftritte unter bewusster Einbeziehung der Presse), hinsichtlich dieser nicht auf ein Recht zur Privatheit berufen (vgl. BVerfG NJW 2006, 3408 [„Rivalin“ von Uschi Glas]; BGH GRUR 2009, 88). Die Erwartung, dass die Umwelt einschließlich der Presse den privaten Bereich des Abgebildeten nur begrenzt oder nicht zur Kenntnis nimmt, muss somit situationsübergreifend und konsistent zum Ausdruck gebracht werden, um sich insofern auf den Schutz der Privatsphäre berufen zu können (vgl. BVerfG NJW 2006, 3408). **50**

l) Berichterstattung über häuslichen *Privatbereich:* Der häusliche Privatbereich stellt anerkanntermaßen eine besonders geschützte Sphäre („Kernbereich der Privatsphäre“) dar (vgl. BVerfG NJW 2000, 1022), in die ohne die Einwilligung des Abgebildeten nur ausnahmsweise eingegriffen werden darf (vgl. BGH in NJW 1996, 1129 [Prinzessin Caroline] mwN). Dieser Schutz erstreckt sich dabei nicht nur auf Bildnisse, die unter das KUG fallen – also solche von Personen –, sondern unter Umständen auch auf Fotografien des räumlichen Privatbereichs selbst (vgl. zu den Einzelheiten BGH NJW 2009, 3030 [Haus von Joschka Fischer]). **51**

m) Berichterstattung über außerhäuslichen *Privatbereich:* Würde das Persönlichkeitsrecht nur den häuslichen Privatbereich schützen, wäre die ungehinderte Entfaltung der Persönlichkeit des „Prominenten“ maßgeblich beschränkt. Sie könnte nämlich per se nicht im öffentlichen Raum erfolgen. Das Grundrecht aus Art. 2 Abs. 1, 1 Abs. 1 GG schützt aber nicht nur den Rückzugsbereich im häuslichen, sondern auch im außerhäuslichen Bereich. Auch außerhalb der eigenen vier Wände muss der Einzelne die Möglichkeit haben, zu sich selbst zu kommen und Entspannung zu finden (vgl. BVerfG NJW 2008, 1794 [Prinzessin Caroline]). Eine andere Auslegung wäre mit dem Recht auf Achtung des Privat- und Familienlebens nach Art. 8 Abs. 1 EMRK nicht vereinbar, da das Privatleben auch eine soziale Dimension aufweist. Jede Person – auch eine in der Öffentlichkeit bekannte – muss dementsprechend eine „berechtigte Erwartung“ auf Schutz und Achtung ihres Privatlebens haben, selbst wenn sie sich in der Öffentlichkeit bewegt (vgl. EGMR NJW 2004, 2650). Diese berechtigte Erwartung ist zu bejahen, wenn der Betroffene nach den Umständen, unter denen die fragliche Aufnahme gefertigt wurde, typischerweise annehmen durfte, nicht in den Medien abgebildet zu werden (vgl. BVerfG NJW 2008, 1797).Personen des öffentlichen Lebens haben demnach auch dann ein Recht auf Privatheit, wenn sie sich in Momenten der Entspannung oder Sich-Gehen-Lassens außerhalb der Einbindung in die Pflichten des Berufs und des Alltags befinden. Hierbei ist nicht ausschlaggebend, ob der Betroffene gewärtigen muss, unter Beobachtung der Medien zu stehen (vgl. BGH NJW 2009, 1503 [Sabine Christiansen – „verliebt in Paris“]). **52**

n) *Satire:* Satirische Bildveröffentlichungen mit Bezug zur Zeitgeschichte sind nach § 23 Abs. 1 Nr. 1 KUG zulässig, soweit der Aussagekern nicht unwahr ist und die Veröffentlichung keine Schmähkritik darstellt (vgl. BGH NJW 2007, 689; OLG Dresden K&R 2018, 656; KG AfP 2007, 570 [Heide Simonis – Dschungel-TV?]; OLG Karlsruhe AfP 1982, 48; Wenzel/*von Strobl-Albeg/Peifer* Kap. 8 Rn. 147; *Hermann* K&R 2018, 693; → Kap. 42 Rn. 30 ff. und 35). **53**

Anders als dies bei reinen Fotomontagen der Fall sein kann, ist bei einer satirischen Darstellung die Verfremdung des Bildnisses im Regelfall für den Rezipienten erkennbar.

Zu beachten ist, dass satirische Darstellungen nicht nur unter den Schutz der Meinungsfreiheit fallen, sondern auch den Grundrechtsschutz der Kunstfreiheit erlangen können (vgl. BGHZ 84, 243). Dies ist aber nicht zwangsläufig der Fall (vgl. BVerfG AfP 1998, 53; zu den Grenzen siehe LG München I AfP 2013, 350). **54**

o) *Straftaten:* Da auch negative Leistungen für die Öffentlichkeit von Interesse sein können, darf eine Bildberichterstattung (vgl. zur Wortberichterstattung → Kap. 42 Rn. 13 f.) über verurteilte Täter oder Angeklagte schwerer Straftaten nicht von vorneherein ausgeschlossen werden. Maßgeblich für die Zulässigkeit der Berichterstattung ist auch hier eine Abwägung, bei der insbesondere zu berücksichtigen ist, dass eine Berichterstattung über eine Straftat unter Namensnennung, Abbildung oder Darstellung des Täters eine erhebliche Beeinträchtigung des Persön- **55** lichkeitsrechts des Täters darstellen kann. Das gilt insbesondere bei einer Bildberichterstattung von Personen in der Untersuchungshaft (vgl. EGMR AfP 2019, 31). Umgekehrt ist zu berücksichtigen, dass jemand, der den Rechtsfrieden bricht und durch diese Tat Rechtsgüter verletzt, grundsätzlich dulden muss, dass das von ihm selbst durch seine Tat hervorgerufene Interesse der Öffentlichkeit an Information befriedigt wird (vgl. BGH GRUR 2009, 153 [Karsten Speck – offener Vollzug]). Dies kann insbesondere aufgrund Besonderheiten in der Person des Täters (etwa aufgrund seiner Bekanntheit) oder des Tathergangs der Fall sein (vgl. BVerfG NJW 2006, 2835 [Prinz Ernst August – Verkehrsverstoß in Frankreich]; BGH AfP 2020, 488 [Bildberichterstattung über Ausschreitungen bei G20-Gipfel]; OLG Celle NJW-RR 2001, 336; OLG Brandenburg NJW 1995, 886 ff. (888); OLG Frankfurt a. M. AfP 1990, 229; Wenzel/*von Strobl-Albeg/Peifer* Kap. 8 Rn. 131; Schricker/Loewenheim/*Götting* KUG § 23 Rn. 33 f.).

56 Nach der rechtskräftigen Verurteilung sind die Grundsätze des „Lebach"-Urteils (vgl. BVerfGE 35, 202 ff. (222); vgl. auch BVerfG NJW 2000, 2156) anzuwenden. Das heißt vor allem, dass das Informationsinteresse der Öffentlichkeit bei Straftätern grundsätzlich zeitlich begrenzt ist und deshalb mit zunehmendem Abstand von der Tat ebenfalls abnimmt, andererseits das Resozialisierungsinteresse und damit das Persönlichkeitsrecht des Täters zunehmende Bedeutung gewinnt (vgl. BVerfG NJW 2006, 2835). Deshalb ist eine Berichterstattung regelmäßig unzulässig, wenn die Entlassung nahe bevorsteht (vgl. BVerfGE 35, 222). Gleiches kann aber auch dann gelten, wenn die Verurteilung länger zurückliegt und für die Berichterstattung kein aktueller Anlass besteht (vgl. OLG Hamburg AfP 1994, 232). Das allgemeine Persönlichkeitsrecht vermittelt Straftätern allerdings auch nach Verbüßung ihrer Strafhaft keinen Anspruch darauf, in der Öffentlichkeit nicht mehr mit ihrer Tat konfrontiert zu werden (vgl. BVerfG NJW 2000, 1859; 2000, 2413 [Auslegung einer Liste mit Namen von inoffiziellen Mitarbeitern des MfS]).

57 p) *Urlaubs-Berichterstattung:* Auch bei Personen des öffentlichen Lebens ist der Urlaub grundsätzlich der Privatsphäre zuzurechnen. Selbst bei einem weiten Verständnis des Informationsinteresses der Öffentlichkeit (→ Rn. 20) zählt der Urlaub auch von „Prominenten" nicht zum Bereich der Zeitgeschichte. Etwas anderes kann ausnahmsweise dann gelten, wenn der Urlaub des Betroffenen im engen Zusammenhang mit einem anderen zeitgeschichtlichen Ereignis steht, wie etwa der schweren Erkrankung des Vaters des Betroffenen, der zugleich regierendes Staatsoberhaupt ist (vgl. BGH GRUR 2007, 523 (526) [Prinz Ernst August – Urlaub in St. Moritz]; GRUR 2007, 527 (529) [Prinzessin Caroline – Urlaub in St. Moritz])).

Ausnahmsweise zulässiger Gegenstand einer Bildberichterstattung kann der Urlaub auch dann sein, wenn durch sie respektive die sie begleitende Wortberichterstattung allgemein auf „veränderte Verhaltensweisen einer kleinen Schicht von reichen Prominenten" hingewiesen wird, da diese Entwicklung in einer demokratischen Gesellschaft Anlass zu einer die Allgemeinheit interessierenden Sachdebatte geben kann (vgl. BGH NJW 2008, 3142 [Prinzessin Caroline – Ferienvilla in Kenia]). Dies gilt jedoch nicht, wenn das in Frage stehende Bildnis eine vollkommen belanglose Situation wiedergibt, hinsichtlich derer eine solche Orientierungsfunktion nicht angenommen werden kann (vgl. BGH NJW 2008, 3141 [Sabine Christiansen – Urlaub auf Mallorca]).

58 q) Auftritte auf öffentlichen *Veranstaltungen:* Treten Personen des öffentlichen Lebens auf öffentlichen Veranstaltungen auf, so kann unter Umständen eine (konkludente) Einwilligung in die Bildberichterstattung angenommen werden (→ Rn. 6 ff.). Darüber hinaus kommt aber auch eine Rechtfertigung der Veröffentlichung des Bildnisses gemäß § 23 Abs. 1 Nr. 1 KUG in Betracht. Hierzu ist allerdings erforderlich, dass die Veröffentlichung der Meinungsbildung zu Fragen von allgemeinem Interesse dienen kann. So ist die Veröffentlichung eines Bildnisses, das den Betroffenen auf einer AIDS-Gala zeigt, zulässig, wenn in der begleitenden Wortberichterstattung auf dieses Ereignis oder den gesellschaftlichen Umgang mit AIDS eingegangen wird, nicht jedoch, wenn in dem Text ausschließlich über den Betroffenen selbst berichtet wird (vgl. BVerfG NJW 2011, 740 [Charlotte Casiraghi – Auftritt auf AIDS-Gala]).

Treten Kinder von Personen des öffentlichen Lebens bewusst in der Öffentlichkeit auf (etwa bei gesellschaftlichen Ereignissen), so kann der ansonsten erhöhte Schutz dieser Personengruppe gemindert sein (vgl. BVerfG NJW 2000, 2191 [Sohn von Prinzessin Caroline]; näheres → Rn. 45).

59 r) Verwendung von Bildnissen zu *Werbezwecken:* Grundsätzlich ist die Nutzung eines Bildnisses alleine zu Werbezwecken ohne Einwilligung des Abgebildeten durch § 23 Abs. 1 Nr. 1 KUG

nicht zu rechtfertigen, da dies nicht zur Wahrnehmung des Informationsinteresses der Öffentlichkeit dient, sondern den eigenen wirtschaftlichen Interessen des Werbenden dient (vgl. BGH AfP 1997, 476; NJW 1996, 594; Loewenheim/*Schertz* § 18 Rn. 56). Ob eine unzulässige Verwendung für Werbung vorliegt, ist hingegen im Einzelfall zu entscheiden. Dabei sind die Grundsätze über das Verständnis von Äußerungen sinngemäß auf das Verständnis von Abbildungen zu übertragen (vgl. BVerfG NJW 2000, 1026). Es kommt also auch hier auf den Empfängerhorizont an. Eine redaktionelle Berichterstattung über den Betroffenen schließt Werbung regelmäßig aus (vgl. BGH ZUM 2002, 643; OLG Frankfurt a. M. ZIP 1987, 132 f.), sofern keine Schleichwerbung betrieben wird (vgl. Wenzel/*von Strobl-Albeg/Peifer* Kap. 8 Rn. 135 ff.). Gleiches gilt für Werbeanzeigen, die Fotos von Personen des öffentlichen Lebens mit satririsch-spöttischen Anspielungen verwenden (vgl. BVerfG K&R 2020, 370 [Mitarbeiter des Monats]).

So kann das zeitgeschichtliche Interesse überwiegen zB bei dem Einband eines Buches über **59a**
eine Sportart mit dem Konterfei eines Spitzensportlers (vgl. OLG Frankfurt a. M. AfP 1988, 63), wenn über dessen besondere Spieltechnik berichtet wird. Das Gleiche gilt für die Verwendung des Bildnisses einer bekannten Künstlerin für ein Musical über ihr Leben. Hier ist der sachliche Zweck gegeben, der vor allem durch den Wirkbereich der Kunstfreiheit ausgefüllt wird. Das Gleiche gilt für Merchandising-Artikel, die in unmittelbarem Zusammenhang mit dem Musical stehen (vgl. KG Berlin AfP 1997, 728). Ebenso wenig fällt unter eine unerlaubte Werbung die Abbildung eines bekannten Schauspielers auf der Titelseite einer Kundenzeitschrift etwa einer Drogerie-Kette, wenn es sich hierbei um ein zur redaktionellen Verwendung zugelassenes Standfoto aus einer aktuellen Fernsehserie handelt, dem Bildabdruck im Inneren des Blattes ein kurzer, freilich inhaltsarmer Artikel folgt und die Abbildung des Prominenten nach dem Eindruck des Lesers wie verkehrsüblich und seiner Erwartungshaltung entsprechend lediglich als Blickfang dient (vgl. BVerfG NJW 2000, 1026 f.; BGH AfP 1995, 496 ff.; OLG München AfP 1998, 409). Ebenso zulässig ist die Verwendung des Fotos etwa einer Schauspielerin in einer Werbeanzeige für eine Zeitschrift, wenn dieses zwar in thematischem Zusammenhang mit der bebilderten Kurzbiografie anlässlich der Verfilmung ihres Lebens in der aktuellen Ausgabe der Zeitschrift steht, es sich dort aber dann nicht wiederfindet (vgl. LG München ZUM 2001, 351). Als unzulässig wurde jedoch die Abbildung eines berühmten Sportlers in der Werbung für eine geplante Zeitung angesehen, wenn diese zwar später erschienen ist, aber ohne den angekündigten Artikel über den Abgebildeten (vgl. LG München I ZUM 2003, 416; aA OLG Köln AfP 2011, 574, das die Veröffentlichung nach § 23 Abs. 1 Nr. 1 KUG gerechtfertigt ansieht). Die Unzulässigkeit von Bildveröffentlichungen zum Zwecke der Werbung ist etwa auch bei der Darstellung von Fußballern als Fernseh-Reklame (vgl. BGH NJW 1979, 2205), der Verwendung eines Fotos der deutschen Fußballnationalmannschaft von 1954 für eine Autowerbung (vgl. LG München I ZUM 2003, 418), bei der Verbreitung von Studioaufnahmen einer bekannten Popgruppe auf einem Jahreskalender (vgl. OLG Hamburg AfP 1999, 486), bei der zeichnerischen Darstellung eines Tagesschau-Sprechers für die Werbung für ein Möbelhaus (vgl. OLG Hamburg AfP 1983, 282) sowie beim Auftritt eines Prominenten-Doubles, sofern eine Verwechslungsgefahr vorliegt, anzunehmen. Im zuletzt genannten Fall muss ein nicht unbeachtlicher Teil des angesprochenen Publikums die Überzeugung gewinnen, der „Prominente" selbst werbe für das beworbene Produkt (vgl. OLG Köln AfP 2015, 347; OLG Karlsruhe AfP 1996, 282).

VII. Die Sachfotografie

Die Bildberichterstattung mit Sachfotografien unterliegt mangels Abbildung einer Person nicht **59b**
dem KUG. Die Anfertigung der Fotografie eines Gegenstandes, etwa eines neuen Autos („Erlkönig"), eines Hauses oder einer Gartenanlage ist prinzipiell erlaubt, wenn hierfür das befriedete Besitztum nicht betreten wird (vgl. BGH NJW 1989, 2251; 1966, 543; LG Waldshut-Tiengen NZM 1999, 1547; LG Hamburg AfP 1994, 161; Wenzel/*von Strobl-Albeg* Kap. 7 Rn. 210 ff.). Andernfalls geht das Hausrecht des Eigentümers bzw. Repräsentanten (Pächter, Mieter) vor, sein Grundstück vor jeder Einwirkung ausschließen zu können (vgl. BGH NJW 1975, 778; OLG München AfP 1988, 46; *Prinz/Peters* Rn. 887). Dieser kann deshalb das Betreten seines Besitztums davon abhängig machen, dass Fotoaufnahmen nur unter bestimmten Voraussetzungen gefertigt werden dürfen, wie etwa der Entrichtung eines Entgelts (vgl. LG

Potsdam ZUM 2009, 432; *Prinz/Peters* Rn. 887) bzw. deren ausschließlich privaten und nicht kommerziellen Verwendung (vgl. BGH NJW 1975, 778; *Prinz/Peters* Rn. 887). Verstöße gegen diese Bedingungen des Berechtigten stellen zwar keine Straftat nach § 33 KUG dar, können aber als Hausfriedensbruch (§ 123 StGB) etc strafbar sein.

Besonderheiten gelten bei Aufnahmen militärischer Anlagen und Luftbildaufnahmen. Unzulässig und strafbewehrt nach § 109g StGB kann die Aufnahme und Verbreitung von Lichtbildern militärischer Anlagen etc sein. Ebenso rechtswidrig war die Aufnahme und Verbreitung von Fotoaufnahmen ziviler Objekte aus der Luft nach § 29 LuftVG, wenn hierzu nicht die (gebührenpflichtige) Einwilligung der zuständigen Aufsichtsbehörde eingeholt wurde (vgl. die mittlerweile aufgehobene Ordnungswidrigkeitsvorschrift in § 61 LuftVG; → Kap. 51 Rn. 7).

VIII. Die Strafvorschrift des § 33 KUG

60 Das *Veröffentlichen* oder *Verbreiten* von Bildnissen entgegen den Vorschriften der §§ 22, 23 KUG, dh ohne Einwilligung oder ohne dass einer der Ausnahmetatbestände des § 23 Abs. 1 KUG oder des § 24 KUG vorliegt, kann mit Geldstrafe oder Freiheitsstrafe bis zu einem Jahr geahndet werden (§ 33 Abs. 1 KUG), was einen entsprechenden Strafantrag des Betroffenen voraussetzt (vgl. § 33 Abs. 2 KUG).

61 Diese Bestimmungen gelten nur für das Veröffentlichen, nicht aber für das Herstellen von Bildnissen. Dies ist in der Regel als bloße Vorbereitungshandlung straflos (vgl. OLG Celle NJW 1979, 57). Die Aufnahme des Betroffenen in dessen Privatsphäre kann jedoch nach § 201a StGB strafbar sein (vgl. *Wendt* AfP 2004, 181 ff.; *Köhl* AfP 2004, 190 ff.; → Rn. 3 und → Kap. 54 Rn. 16a ff.). Auf der inneren Tatseite ist *Vorsatz* erforderlich (vgl. OLG Celle NJW 1979, 57). Fahrlässigkeit, also etwa ungenügende Beaufsichtigung einer Werbeagentur, begründet keine Strafbarkeit nach § 33 KUG. Allerdings ist bezüglich der Feststellung einer Verletzung der §§ 22, 23 KUG der Bedeutung der von der Schrankenregelung berührten Grundrechtspositionen Rechnung zu tragen. Die unverpixelte Weitergabe eines Bilds an eine presserechtlich verantwortlich und daher zur Prüfung der widerstreitenden Grundrechtspositionen verpflichteten Redaktion ist deshalb grundsätzlich zulässig (vgl. BVerfG NJW 2020, 2531 (2533 Rn. 18)).

Die Tat ist Antragsdelikt, § 33 Abs. 2 KUG. Die Strafverfolgung verjährt grundsätzlich drei Jahre nach der letzten Veröffentlichungshandlung, § 48 KUG. Hat die Veröffentlichung in einem Presseorgan stattgefunden, so handelt es sich um ein Presseinhaltsdelikt, das der kurzen presserechtlichen Verjährung unterliegt (vgl. Löffler/*Kühl* LPG § 24 Rn. 29 ff.; *Soehring/Hoene* Rn. 26.24 f.).

44. Kapitel. Die zivilrechtlichen Ansprüche von Betroffenen

1 Verletzt die Presse im Rahmen ihrer Tätigkeit Rechte Dritter, stehen diesen vorzugsweise zivilrechtliche Ansprüche gegen die Presse zu. Diese Ansprüche können sich auf zukünftiges (passives) Unterlassen der Rechtsverletzung (→ Rn. 1a ff.), auf eine (aktive) Äußerung der Presse zur aktiven Beseitigung der Rechtsverletzung (→ Rn. 16 ff.) sowie auf Ersatz des bereits entstandenen materiellen Schadens (→ Rn. 35 ff.) und im Falle einer besonders schwerwiegenden Persönlichkeitsrechtsverletzung auf Zahlung einer Geldentschädigung zum Ausgleich bzw. zur Milderung des entstandenen Rufschadens (→ Rn. 43 ff.) richten.

I. Der Unterlassungsanspruch

1a Greift die Wort- oder Bildberichterstattung eines Mediums in eines der gemäß §§ 823 ff. BGB, Art. 2 Abs. 1, 1 Abs. 1 GG bzw. §§ 22, 23 KUG geschützten Rechte einer natürlichen oder juristischen Person ein, kann sich die Person dagegen mit dem von der Rechtsprechung in entsprechender Anwendung der §§ 823 Abs. 1 und 2, 1004 BGB iVm dem jeweiligen geschützten Rechtsgut zur Abwehr künftiger Rechtsverletzungen entwickelten *Unterlassungsanspruch* zur Wehr setzen (vgl. BVerfG ZUM-RD 2006, 1; BGH AfP 2010, 163; NJW 1984, 1886; 1954,

1404; Löffler/*Steffen* LPG § 6 Rn. 260; *Soehring/Hoene* Rn. 30.1; Wenzel/*Burkhardt* Kap. 12 Rn. 1; Paschke/Berlit/Meyer/Kröner/*Meyer* 40. Abschnitt Rn. 1; Prinz/Peters Rn. 303). Der Unterlassungsanspruch besteht – anders als die Ansprüche auf Gegendarstellung und Widerruf bzw. Berichtigung – nicht nur gegenüber unwahren und wahren, aber rechtsverletzenden Tatsachenbehauptungen, sondern ausnahmsweise auch gegenüber *Meinungsäußerungen* (vgl. BGH NJW 1982, 2246; 1974, 1710; OLG Hamburg ZUM 1992, 145; *Damm/Rehbock* Rn. 799 f.), sofern diese eine Schmähkritik (→ Kap. 42 Rn. 30 ff.) darstellen. Denn eine Beeinträchtigung der nach §§ 823 ff. BGB geschützten Rechtsgüter ist durch grob ehrverletzende Werturteile ebenso möglich ist wie durch unwahre Tatsachenbehauptungen.

Der *Umfang* des Unterlassungsanspruchs ist begrenzt auf die konkrete Verletzungsform (vgl. OLG Hamburg AfP 2008, 527; Damm/Rehbock Rn. 187). Dementsprechend muss der Unterlassungsantrag bezüglich des geforderten gerichtlichen Verbots präzise formuliert sein (vgl. BGH NJW 2019, 1142; KG Berlin AfP 2006, 477 mAnm *Neben,* 533; AfP 2006, 479; LG Berlin ZUM-RD 2012, 403; Damm/Rehbock Rn. 817). Ein auf die konkrete Verletzungsform beschränktes gerichtliches Unterlassungsgebot erstreckt sich nicht nur auf die wortgleiche Wiederholung der Tatsachenbehauptung, sondern auch auf die Verbreitung von nur marginal veränderten, im Kern aber gleichen Mitteilungen (sog. „Kerngleichheit"; vgl. BGH AfP 2009, 406; LG Köln BeckRS 2015, 16646; 2012, 24663). 2

Ein in die Zukunft gerichteter Unterlassungsanspruch besteht grundsätzlich nicht, wenn die falsche Tatsachenbehauptung auf Grund hinreichend ausgeübter Sorgfalt und damit in Wahrnehmung berechtigter Interessen erfolgte (vgl. → Kap. 42 Rn. 65 ff.), sich also im Zeitpunkt ihrer Veröffentlichung als gerechtfertigt, aber zwischenzeitlich als unwahr erwiesen hat. Denn bei hinreichend ausgeübter Sorgfalt und deshalb bei einer im Zeitpunkt der Äußerung berechtigterweise aufgestellten Tatsachenbehauptung entfällt die tatsächliche Vermutung für das Vorliegen einer Wiederholungsgefahr (vgl. BVerfG NJW-RR 2000, 1211; AfP 1999, 161; BGH NJW 1996, 2505; 1987, 2225; Löffler/*Steffen* LPG § 6 Rn. 263; *Soehring/Hoene* Rn. 30.13; Wenzel/*Burkhardt* Kap. 12 Rn. 9). Nur wenn das Medium in der mündlichen Verhandlung zum Ausdruck bringt, dass es eine erneute Veröffentlichung oder sonstige Wiederholung der unwahren Behauptung beabsichtige, kann ein Unterlassungsanspruch ausnahmsweise berechtigt sein (vgl. BVerfG NJW-RR 2000, 1211; AfP 1999, 161; GRUR 1992, 405; 1990, 679; 1988, 313; 1987, 126; NJW 1987, 2225; OLG Düsseldorf AfP 1990, 303 Wenzel/*Burkhardt* Kap. 12 Rn. 9; *Damm/Rehbock* Rn. 809). 3

Kosten fallen Medien bei einer vor diesem Hintergrund erfolgten unberechtigten außergerichtlichen Abmahnung mangels rechtswidrigem Verhaltens nicht zur Last.

Gleiches gilt für den Fall der Verbreitung von *Äußerungen Dritter,* die in das Persönlichkeitsrecht des Betroffenen eingreifen, an deren Verbreitung jedoch ein öffentliches Interesse bestand *und* von deren Inhalt sich das Presseorgan erkennbar und damit ausreichend distanziert hatte (vgl. → Kap. 41 Rn. 15 f.): Hier wäre der Unterlassungsanspruch ebenfalls grundsätzlich gegeben, mangels rechtswidriger Erstbegehung aber keine Wiederholungsgefahr zu vermuten (zur Wiederholungsgefahr → Rn. 5). Da es keinen absoluten Schutz vor Unwahrheiten in der Berichterstattung über eine Person gibt, hat der Betroffene auch gegen die Verbreitung wertneutraler, falscher Tatsachenbehauptungen, in denen nichts Negatives über ihn ausgesagt wird, keinen Unterlassungsanspruch, wohl aber ggf. einen Gegendarstellungsanspruch (vgl. OLG Köln ZUM-RD 2006, 78; OLG Dresden AfP 2014, 96; LG Hamburg AfP 2015, 69; LG Heilbronn AfP 2018, 78). 4

Weitere materielle Anspruchsvoraussetzung neben der rechtswidrigen Verletzung eines geschützten Rechtsguts ist das Vorliegen einer *Wiederholungsgefahr.* Es muss vom Anspruchsteller im einstweiligen Verfügungsverfahren glaubhaft gemacht bzw. im Klageverfahren bewiesen werden, dass eine erneute Beeinträchtigung ernsthaft zu befürchten ist (vgl. BVerfG NJW-RR 2000, 1209; BGH NJW 2005, 595; 1995, 132; OLG Nürnberg AfP 2007, 128; Wenzel/*Burkhardt* Kap. 12 Rn. 7). Ein bereits erfolgter rechtswidriger Eingriff in ein Rechtsgut indiziert das Vorliegen der Wiederholungsgefahr (vgl. BVerfG NJW-RR 2000, 1211; BGH NJW 1998, 1392; 1987, 2227; KG Berlin AfP 2005, 79; LG Hamburg AfP 2010, 194; Wenzel/*Burkhardt* Kap. 12 Rn. 8; Löffler/*Steffen* LPG § 6 Rn. 264; *Damm/Rehbock* Rn. 808; *Soehring/Hoene* Rn. 30.8 ff.). Diese Vermutung kann in der Regel nur durch Abgabe einer strafbewehrten *Unterlassungserklärung* aus- 5 geräumt werden (→ Rn. 6 und 11). Anders als im normalen Zivilprozess hat der Äußernde aufgrund der über § 823 Abs. 2 BGB in das Zivilrecht transformierten Beweislastregel des § 186 StGB die Beweislast für die Richtigkeit der von ihm verbreiteten Äußerungen, sofern er sich nicht seinerseits auf die Wahrnehmung berechtigter Interessen berufen kann (vgl. OLG Köln BeckRS 2018, 19145; LG Trier BeckRS 2016, 20458; Löffler/*Steffen* LPG § 6 Rn. 273; *Damm/Rehbock* Rn. 826 u. 828 f.; → Rn. 12 f.). Aus diesem Grund hat der *Äußernde* auch die Darlegungslast dafür, dass die Gefahr einer Wiederholung der unzulässigen Äußerung nicht besteht (vgl. BGH AfP 1994, 139; OLG Köln AfP 1990, 51; OLG München AfP 1990, 137; LG Köln AfP 1997, 835; Löffler/*Steffen* LPG § 6 Rn. 266 f.; Wenzel/*Burkhardt* Kap. 12 Rn. 9).

Die Wiederholungsgefahr entfällt dagegen, wenn der Betroffene, über den identifizierend mit Wort- und Bildbeiträgen berichtet wurde, wegen der Straftat rechtskräftig verurteilt wurde, die Unschuldsvermutung also nicht mehr gilt, oder der Betroffene sich in einer öffentlichen Verhandlung entsprechend eingelassen hatte (vgl. BVerfG MMR 2009, 683; BGH AfP 2020, 143; K&R 2019, 645; GRUR 2013, 965; *von Pentz* AfP 2020, 93 (99 f.)). Die Wiederholungsgefahr entfällt auch, wenn die Presse freiwillig eine Richtigstellung oder einen Widerruf veröffentlicht hat, auch wenn der Betroffene die Presse dazu vorher aufgefordert hatte (vgl. KG Berlin NJW-RR 2010, 1424; OLG Dresden AfP 2011, 189; LG Köln AfP 2010, 606; Löffler/*Steffen* LPG § 6 Rn. 268). Gleiches gilt beim üblicherweise nur einmaligen Abdruck eines Leserbriefs oder einer Buchbesprechung (vgl. OLG Köln AfP 1976, 185; Damm/Rehbock Rn. 808; Löffler/*Steffen* LPG § 6 Rn. 266). Eine Wiederholungsgefahr ist auch dann zu verneinen, wenn der Äußernde eine mehrdeutige Äußerung im Sinne der „Stolpe"-Entscheidung des BVerfG (vgl. AfP 2006, 41) klargestellt hat (vgl. LG Hamburg AfP 2010, 614; → Kap. 42 Rn. 23c).

5a Der Unterlassungsanspruch kann nur ausnahmsweise *vorbeugend* bei einer konkret nachgewiesenen *Erstbegehungsgefahr* im einstweiligen Verfügungsverfahren geltend gemacht werden. Voraussetzung ist allerdings, dass der Anspruchsteller die unmittelbar drohende Gefährdung glaubhaft macht (vgl. LG München I AfP 2018, 89; LG Köln AfP 2003, 174; LG Frankfurt a. M. AfP 1991, 545). Denn anders als für die Wiederholungsgefahr streitet für die Erstbegehungsgefahr gerade keine Vermutung (vgl. OLG Koblenz AfP 2008, 214). Die bloße Möglichkeit, dass ein Bericht mit belastendem Inhalt veröffentlicht werden könnte, reicht nicht aus, selbst wenn die Recherchen des Journalisten darauf hindeuten. Auch die behauptete rechtswidrige Beschaffung der Informationen allein genügt ohne konkrete Darlegung des zur Veröffentlichung anstehenden Inhalts nicht für eine Untersagung (vgl. BGH GRUR-RS 2021, 8861; OLG Frankfurt a. M. AfP 2003, 63; OLG Hamburg AfP 2000, 188; 1990, 129; OLG Stuttgart NJOZ 2017, 1424; LG Köln AfP 2003, 174; *Soehring/Hoene* Rn. 30.17 ff.; Wenzel/*Burkhardt* Kap. 12 Rn. 33 ff.; *Senft* NJW 1980, 369 f.).

Ein vorbeugender Unterlassungsanspruch gegen Bildveröffentlichungen ist im Regelfall zu verneinen, da es für deren Zulässigkeit einer Abwägung zwischen dem Informationsinteresse der Öffentlichkeit und dem Interesse des Abgebildeten an dem Schutz seines Persönlichkeitsrechts im Einzelfall bedarf. Eine solche Abwägung kann aber im Hinblick auf Bilder mit zum Beispiel unbekannten oder kontextneutralen Inhalts im Vorhinein gar nicht vorgenommen werden (vgl. BGH AfP 2009, 407; NJOZ 2008, 4785; AfP 2008, 187; KG Berlin AfP 2010, 385). Da das reine Anfertigen von Lichtbildern noch nicht unter §§ 22 f. KUG fällt, liegt selbst dann keine Erstbegehungsgefahr vor, wenn man einen Veröffentlichungswillen bei einem freiberuflichen Fotografen oder Paparazzi vermuten kann (vgl. OLG Köln BeckRS 2018, 19145).

Ein vorbeugender Unterlassungsanspruch gegen eine Anzeigenschaltung ist nur dann im Hinblick auf die Erstbegehungsgefahr zu bejahen, wenn die Verantwortlichen des Presseorgans trotz ausführlicher Rechtsbelehrung ausdrücklich auf ihrer Ansicht beharren, der Anzeigentext sei nicht rechtswidrig (vgl. OLG Frankfurt a. M. AfP 1997, 549; WRP 1985, 82).

6 Der auf Unterlassung in Anspruch Genommene kann die Wiederholungsgefahr in der Regel im Anschluss an eine Abmahnung (→ Rn. 9 f.) außergerichtlich im Regelfall nur durch die Abgabe einer strafbewehrten uneingeschränkten, bedingungslosen und unwiderruflichen *Unterlassungserklärung* ausräumen (vgl. BGH AfP 1994, 139; KG Berlin AfP 2005, 79; LG Köln AfP 2010, 408 *Soehring/Hoene* Rn. 30.14). Nimmt der Verletzte diese Erklärung an, kommt dadurch ein Vertrag gem. § 311 Abs. 1 BGB zustande (vgl. BGH NJW-RR 2006, 1478; AfP 2004, 432; *Soehring/Hoene* Rn. 30.22). Wird die Erklärung vom Verletzten nicht angenommen, so kann

dessen Rechtsschutzbedürfnis an einer Unterlassungsklage entfallen (vgl. BGH GRUR 1964, 82; 1967, 375), sofern die angebotene Unterwerfungserklärung dem Unterlassungsanspruch entspricht (vgl. BGH GRUR 1997, 380; OLG Hamburg AfP 2010, 585; OLG Karlsruhe AfP 2009, 272; Paschke/Berlit/Meyer/Kröner/*Meyer* 40. Abschnitt Rn. 18; Prinz/Peters Rn. 341, 344). In der Unterlassungserklärung muss die Unterlassungspflicht durch ein angemessenes Vertragsstrafeversprechen für den Fall der Zuwiderhandlung gesichert sein (vgl. BGH NJW-RR 1996, 555 – Wegfall der Wiederholungsgefahr II; zu den Möglichkeiten einer nach billigem Ermessen vom Gläubiger oder einem Dritten festzusetzenden Vertragsstrafe von üblicherweise 5.001 EUR (Mindeststreitwert Landgericht) oder darüber vgl. BGH GRUR 1990, 1052; NJW 1985, 191; *Prinz/Peters* Rn. 341), die an den Gegner zu zahlen ist (vgl. BGH GRUR 1990, 1051 f.). Die Höhe der Vertragsstrafe bemisst sich nach der Schwere der Beeinträchtigung. Eine unangemessen hohe Vertragsstrafe kann vom Gericht herabgesetzt werden (vgl. BGH NJW 1998, 1147; 1984, 919). Schließlich kann verlangt werden, dass der Gegner sich zur Übernahme der Anwaltskosten des Betroffenen bereit erklärt (zu den weiteren Pflichten des Gegners vgl. OLG Düsseldorf AfP 1985, 123). Bei einer Zuwiderhandlung gegenüber der vertraglich eingegangenen Unterlassungsverpflichtung kann der Betroffene sowohl die Vertragsstrafe einklagen (vgl. BGH NJW 1998, 3342; 1998, 1146; Prinz/Peters Rn. 353) als auch seinen Unterlassungsanspruch gerichtlich durchsetzen (vgl. BGH NJW 1998, 1144; OLG Köln AfP 1987, 436; zum Unterlassungsantrag vgl. BGH NJW 1998, 604; NJW-RR 1992, 1068). Ein Verstoß liegt nicht nur dann vor, wenn der Verwarnte wörtlich dasselbe erklärt, sondern auch bei einer sinngemäßen, im Kern gleichen Wiederholung (→ Rn. 2).

Im Falle der Annahme der Unterlassungsverpflichtungserklärung durch den Betroffenen ist der **6a** Gegner verpflichtet, seine Unterlassungsverpflichtung umzusetzen, indem er den streitgegenständlichen Beitrag aus der Mediathek entfernt und durch Einwirkung auf Suchmaschinen dafür Sorge trägt, dass der Beitrag nicht weiter aus dem Cache der Suchmaschinen abgerufen werden kann (vgl. BGH AfP 2018, 512. Angehörige einer Redaktionsgemeinschaft müssen die anderen an der Redaktionsgemeinschaft beteiligten Unternehmen auf die Unterlassungsverpflichtung bzw. den Unterlassungstitel im Falle einer gerichtlichen Auseinandersetzung hinweisen (vgl. LG Hamburg AfP 2015, 469). Die gleiche Verpflichtung betrifft den Produzenten des Fensterprogramms eines Privatsenders gegenüber dem dieses Programm ausstrahlenden Privatsender (vgl. LG Köln AfP 2016, 87). Ohne besondere Hinweise in der Unterlassungserklärung ist der Erklärende allerdings nicht zur Einwirkung auf RSS-Feed-Abonnenten verpflichtet, ein vor Abschluss des Unterlassungsvertrags bezogenes Bild nicht weiter zu veröffentlichen (vgl. BGH AfP 2015, 33).

Anspruchsberechtigt ist derjenige, der durch eine Äußerung unmittelbar und individuell in seinen **7** Rechten berührt ist (vgl. BGH NJW 1980, 1791; Damm/Rehbock Rn. 815). Dieser Anspruch ist nicht abtretbar (vgl. BGHZ 23, 270; NJW 1981, 1094; zur eingeschränkten Möglichkeit einer Geltendmachung des postmortalen Persönlichkeitsrechts Verstorbener durch Angehörige vgl. → Kap. 42 Rn. 5). Unmittelbar betroffen ist nicht nur, wer namentlich erwähnt wird, sondern auch derjenige, gegen den die Aussage objektiv gerichtet ist. Das ist zB der Mann, dessen Ehefrau durch die Bezeichnung als „Dirne" in ihrer Geschlechtsehre verletzt wird, nicht aber dann, wenn zB das Unternehmen der Ehefrau angegriffen wird. Eltern Minderjähriger sind nur betroffen, wenn der Vorwurf einer Vernachlässigung von Erziehungspflichten erhoben wird (vgl. BGH GRUR 1969, 42 ff.). Durch die Bezeichnung eines Kollektivs kann zwar auch das einzelne Mitglied des Kollektivs in seinen Rechten verletzt sein, dafür darf das fragliche Kollektiv jedoch keine unüberschaubar große Gruppe sein (vgl. OLG Karlsruhe AfP 2007, 247). Art. 5 Abs. 1 S. 2 GG gebietet es, den Kreis der von einer Berichterstattung in eigenen Rechten betroffenen Personen eng zu ziehen (vgl. OLG Hamburg AfP 2008, 633), um eine uferlose Haftung der Presse zu vermeiden. Auch ein Verein, eine Stiftung oder eine sonstige Personenvereinigung kann anspruchsberechtigt sein (vgl. BGH NJW-RR 2017, 98; NJW 1981, 675; 1971, 1655). Prinzipiell partizipieren an dem Schutz des Persönlichkeitsrechts auch juristische Personen (vgl. Art. 19 Abs. 3 GG) und die Personengesellschaften des Handelsrechts (vgl. BGH GRUR 1981, 83; NJW 1975, 1883; Löffler/*Steffen* LPG § 6 Rn. 275). Deshalb haben sie im Rahmen ihres Wesens und der ihnen gesetzlich zugewiesenen Funktionen Anspruch auf Persönlichkeitsschutz (vgl. BGH NJW 1980, 1090; 1975, 1882; *Soehring/Hoene* Rn. 13.24 ff.). Unmittelbar ist die

Gesellschaft auch dann betroffen, wenn die Tätigkeit von Mitarbeitern angegriffen wird und damit auch die Gesellschaft identifiziert wird (vgl. BGH GRUR 1980, 1092; Prinz/Peters Rn. 307). Wird nur die Landtagsfraktion angegriffen, sind ihre einzelnen Mitglieder nicht anspruchsberechtigt (OLG München AfP 1990, 315). Auch juristische Personen des öffentlichen Rechts und die Bundesrepublik Deutschland können den zivilrechtlichen Ehrschutz in Anspruch nehmen, soweit ihr Ruf in der Öffentlichkeit in unzulässiger Weise herabgesetzt wird (vgl. BGH AfP 2008, 384; KG Berlin AfP 2010, 85). Bei Kritik an der Amtsführung eines Beamten kann die ihm vorgesetzte Körperschaft oder Anstalt öffentlichen Rechts unmittelbar betroffen sein, sofern der Vorwurf an dem einzelnen Beamten in seiner Stoßrichtung gegen die Behörde an sich zielt (vgl. BGH AfP 1983, 270; VGH Mannheim NJW 1997, 754; OLG Saarbrücken NJW-RR 2014, 675). Auch politische Parteien können auf Grund ihres Ehrenschutzes zu einem Unterlassungsanspruch berechtigt sein (vgl. OLG München AfP 1996, 391). Aktiv legitimiert sind der Bundesverband und die Landesverbände (vgl. § 3 ParteiG; Wenzel/*Burkhardt* Kap. 12 Rn. 73).

7a Sind von einer Äußerung *mehrere Personen betroffen,* so hat grundsätzlich jede von ihnen einen Abwehranspruch. Allerdings entfällt die Wiederholungsgefahr, wenn einer der Betroffenen einen endgültigen Unterlassungstitel erwirkt hat (vgl. *Soehring/Hoene* Rn. 30.14; Wenzel/*Burkhardt* Kap. 12 Rn. 57 mwN). Die Wiederholungsgefahr bezüglich des Betroffenen entfällt auch, wenn der Verletzer bereits gegenüber einem von der streitgegenständlichen Wortberichterstattung gleichermaßen betroffenen Dritten eine strafbewehrte Unterlassungserklärung abgegeben hat (vgl. BGH NJW 2019, 1142).

Bei Äußerungen eines Hoheitsträgers folgt der Unterlassungsanspruch unmittelbar aus dem verletzten Grundrecht des Betroffenen (Persönlichkeitsrecht, Unternehmensrecht), der im Verwaltungsrechtsweg geltend zu machen ist (vgl. BVerfGE 82, 76 f.; VGH Mannheim AfP 1998, 106; NJW 1986, 2116).

8 Auf der Seite der *Anspruchsverpflichteten* sind neben dem Urheber der unzulässigen Äußerung, dh zum Beispiel dem Autor des Presseartikels, stets auch der Verleger und Chefredakteur im Rahmen der allgemeinen Grundsätze passivlegitimiert (vgl. OLG Celle AfP 1992, 295; OLG München AfP 1990, 138; LG Köln AfP 1994, 167; Wenzel/*Burkhardt* Kap. 12 Rn. 58 ff. und 60 f.; *Groß* AfP 2005, 151; *Soehring/Hoene* Rn. 28.5 ff.; *Soehring* NJW 1994, 21 mwN; → Kap. 41 Rn. 19 ff.). Für den Verleger ergibt sich dies aus seiner Stellung als „Herr des Presseunternehmens“ (vgl. BGH NJW 1987, 2225; 1986, 2504; 1974, 1371; OLG München AfP 1990, 137; LG Köln AfP 1991, 757; *Prinz/Peters* Rn. 311). Die Anspruchsverpflichtung gilt für alle Redaktionen des Verlags (vgl. BGH NJW 1998, 1145; NJW-RR 1994, 872; OLG Hamburg NJW-RR 1999, 341; OLG München AfP 1990, 137; OLG Köln AfP 1973, 479; Wenzel/*Burkhardt* Kap. 12 Rn. 64; aA OLG München AfP 1983, 276; OLG Hamburg AfP 1975, 111 f.).

Der *Herausgeber* ist ebenfalls anspruchsverpflichtet, wenn er an dem streitbefangenen Artikel selbst mitgewirkt hat, wenn er diesen vor dessen Erscheinen überprüft und genehmigt hat oder wenn ihm aus anderen Gründen Pflichtverletzungen vorzuwerfen sind, etwa die fehlerhafte Überwachung von Mitarbeitern, sofern ihm eine entsprechende Stellung eingeräumt wurde. Hierfür ist der Anspruchsteller darlegungs- und beweispflichtig (vgl. BGH NJW 1982, 2246; OLG Celle AfP 1992, 295; OLG München AfP 1990, 315; *Soehring/Hoene* Rn. 28.8 f.; Wenzel/*Burkhardt* Kap. 12 Rn. 65; Prinz/Peters Rn. 314). Daneben kommt der *Chefredakteur* als Unterlassungsschuldner dann in Betracht, wenn ihn eine konkrete Verantwortung trifft, etwa weil er den Artikel redigiert oder genehmigt hat (vgl. BGH AfP 1979, 307; OLG Frankfurt a. M. ZUM 1992, 366; OLG Düsseldorf AfP 1988, 154 f.; LG Köln AfP 1994, 167; Wenzel/*Burkhardt* Kap. 12 Rn. 67; *Soehring* NJW 1994, 21 mwN; Prinz/Peters Rn. 313). Ausnahmsweise ist für den Unterlassungsanspruch nur der Äußernde passivlegitimiert, wenn eine unzulässige Mitteilung verbreitet wurde, an der aber ein besonderes öffentliches Interesse besteht und von der sich die Presse deutlich distanziert hat (vgl. BGH NJW 1970, 187).

Ein Unterlassungstitel gegen einen angestellten Redakteur verpflichtet diesen nicht, gegen dritte Stellen vorzugehen, um eine weitere Verbreitung des streitgegenständlichen Beitrags zu verhindern (vgl. OLG Hamburg AfP 2015, 260).

8a Diensteanbieter von Telemedien sind nach § 7 Abs. 1 TMG für eigene Informationen, die sie zur Nutzung bereithalten, nach den allgemeinen Gesetzen verantwortlich. Dagegen sind Diensteanbieter im Sinne der §§ 8–10 TMG, also Zugangsvermittler („Access-Provider") gemäß § 8 TMG, Zwischenspeicherer („Cache" oder „Proxy-Server") gemäß § 9 TMG sowie Informationsspeicherer („Host-Provider") gemäß § 10 TMG lediglich verpflichtet, Informationen unverzüglich zu sperren, wenn ihnen Rechtsverletzungen bekanntgeworden sind (§§ 7 Abs. 3, 9 S. 1 Nr. 5 und 10 S. 1 Nr. 2 TMG; vgl. Spindler/Schuster/*Hoffmann/Volkmann* §§ 7 ff. TMG; *Soehring/Hoene* Rn. 26.15; Wenzel/*Burkhardt* Kap. 12 Rn. 69a).

Für die Durchsetzung des Unterlassungsanspruches ist es in der Regel empfehlenswert, den Gegner vor einer Inanspruchnahme der Gerichte *abzumahnen* (vgl. KG Berlin AfP 2010, 171; *Soehring/Hoene* Rn. 30.21 ff.; Wenzel/*Burkhardt* Kap. 12 Rn. 106). 9

Zwar handelt es sich bei der Abmahnung um keine Prozessvoraussetzung. Unterlässt der Betroffene diese jedoch, so kann das Gericht ihm die *Verfahrenskosten* dann aufbürden, wenn der Beklagte den Unterlassungsanspruch sofort anerkennt oder sofort eine strafbewehrte Unterlassungserklärung abgibt, der Kläger in der Sache also obsiegt (§ 93 ZPO; OLG Köln AfP 1995, 506; 1993, 590; LG Köln AfP 2018, 87; *Prinz/Peters* Rn. 362). Diese Regelung ist nicht auf das Wettbewerbsrecht beschränkt (vgl. BGH NJW 1979, 2041; OLG Köln AfP 1995, 506; OLG Düsseldorf AfP 1982, 44; LG Oldenburg AfP 1987, 725; LG Bremen NJW 1970, 867). Dem Fehlen einer Abmahnung gleichzusetzen sein kann eine unangemessen kurze Fristsetzung zur Abgabe der Unterlassungserklärung. Gibt der Verletzer innerhalb dieser zu kurzen Frist keine Unterlassungserklärung ab, gibt er damit noch nicht zwingend Anlass zur Klage (vgl. LG Hamburg AfP 2010, 284). Der Kläger trägt in diesem Fall das Kostenrisiko gemäß § 93 ZPO. Eine Frist zur Abgabe einer Unterlassungserklärung von vier Tagen ab Zuleitung an eine im Impressum angegebene Kontaktadresse ist angemessen (vgl. LG Berlin AfP 2011, 197). Ein Erstattungsanspruch auf die vorgerichtlichen Rechtsanwaltskosten steht dem Betroffenen allerdings nur zu, wenn er im Innenverhältnis zur Zahlung der in Rechnung gestellten Kosten verpflichtet ist (vgl. BGH K&R 2019, 342).

Entbehrlich ist die Abmahnung nur bei *besonderen Umständen*. Dazu zählen die berechtigte Annahme des Antragstellers, dass eine Abmahnung das Verhalten des Abgemahnten nicht beeinflussen werde (vgl. LG Berlin AfP 2011, 79; LG Hamburg AfP 2007, 159 mwN). Dies ist etwa bei einer vorsätzlichen Verbreitung von Falschmeldungen über den Antragsteller (vgl. OLG Düsseldorf AfP 1982, 44) oder einem so gravierenden Verhalten des Antragsgegners der Fall, dass bei vernünftiger Betrachtung eine außergerichtliche Klärung von vornherein aussichtslos erscheint (vgl. OLG Karlsruhe WRP 1986, 166), der Äußernde also bereits auf telefonische Anfrage des Betroffenen erklärt, keinesfalls eine Unterlassungserklärung abzugeben (vgl. OLG Köln AfP 1995, 507), bei grober Verletzung der journalistischen Sorgfaltspflichten (vgl. OLG Köln AfP 1990, 51; 1985, 62; LG Oldenburg AfP 1987, 726; Prinz/Peters Rn. 363), wenn trotz Unterwerfungserklärung erneut die thematisch gleiche oder ähnliche Behauptung aufgestellt wird (vgl. OLG Köln AfP 1995, 506), im Falle offensichtlicher Schmähkritik (vgl. OLG Köln AfP 1985, 62; LG Oldenburg AfP 1987, 726; *Prinz/Peters* Rn. 363) oder die Eilbedürftigkeit ausnahmsweise so groß ist, dass aus Zeitgründen eine vorherige Abmahnung unmöglich ist (OLG Düsseldorf AfP 1982, 44; *Damm/Rehbock* Rn. 819; *Soehring/Hoene* Rn. 30.21; Prinz/Peters Rn. 363). Sofern eine einstweilige Verfügung ohne vorherige mündliche Verhandlung ergeht, das Gericht dem Antragsteller vor Erlass der Verfügung bezüglich seines Antrags Hinweise gibt, ist es zur Wahrung der prozessualen Waffengleichheit verpflichtet, dem Antragsgegner Gelegenheit zur Stellungnahme zu geben (vgl. BVerfG AfP 2020, 311; AfP 2020, 394; NJW 2018, 3634; → Kap. 28 Rn. 13). 10

Gibt der Verletzer die Unterlassungserklärung mit einem *ausreichenden Vertragsstrafeversprechen* ab, so ist die materielle Anspruchsvoraussetzung der *Wiederholungsgefahr* im Allgemeinen *beseitigt* (vgl. BGH GRUR 1997, 380; 1996, 291; AfP 1994, 139; *Prinz/Peters* Rn. 337). Dem Anspruchsgegner ist es insoweit jedoch nicht verwehrt, einen *Vorbehalt* wegen der Berichterstattung für den Fall *neuer Ereignisse* ausdrücklich zu erklären (vgl. LG Potsdam AfP 1997, 942). Denn eine wahrheitsgemäße und gegebenenfalls auch den Grundsätzen lauteren Wettbewerbs entsprechende Berichterstattung steht der Presse immer frei (vgl. BGH AfP 1984, 33), sofern hierdurch nicht das Persönlichkeitsrecht des Betroffenen verletzt wird (→ Kap. 42 Rn. 6 ff.). 11

Für die *Beweislast* gilt der übliche Grundsatz, dass der Unterlassungskläger die anspruchsbegründenden Tatsachen darlegen und beweisen muss, also hier vor allem die Unwahrheit der 12 beanstandeten Tatsachenbehauptung (vgl. BGH NJW 1991, 1052; OLG Karlsruhe AfP 2006, 163; *Prinz/Peters* Rn. 375). Handelt es sich aber um substanzarme Tatsachenbehauptungen, so können diese ausnahmsweise – zugunsten des Verletzten – ohne Rücksicht auf dessen Beweislast als unrichtig angesehen werden, wenn ihr Urheber – der Verletzer – sie im Rechtsstreit nicht näher substantiiert, obwohl ihm dies möglich sein müsste (vgl. BVerfG NJW-RR 2000, 1211; BGH NJW 1975, 1883; 1974, 1710; OLG Hamburg AfP 1982, 41; Prinz/Peters Rn. 378 Damm/Rehbock Rn. 826). Grund für diese *Ausnahme* ist, dass andernfalls der beweispflichtige Kläger gezwungen wäre, für alle erdenklichen Fälle ohne konkreten Anhaltspunkt Beweis anzutreten, was ihm aber weder möglich noch zumutbar ist. Wird zB einer politischen Partei vorgeworfen, sie lege ihren Mitgliedern und Anhängern den Abbruch von Berufsausbildung oder Studium nahe, so muss diese Aussage im Prozess zumindest substantiiert werden (vgl. OLG Köln AfP 1984, 118). Die Substantiierungslast führt aber nicht dazu, dass die Presse gezwungen wäre, unter Bruch zugesagten Informantenschutzes ihren Informanten zu nennen (vgl. LG Köln AfP 2007, 153; *Soehring/Hoene* Rn. 30.48).

13 Eine *Umkehr der Beweislast* zu Lasten des Beklagten findet statt, wenn Unterlassung unwahrer ehrkränkender Äußerungen gemäß §§ 186 ff. StGB iVm § 823 Abs. 2 BGB begehrt wird. Hier hat der Kläger nur darzulegen und zu beweisen, dass der Beklagte die Äußerung getan hat, die den Vorwurf der Ehrkränkung begründet. Im Strafprozess muss der Angeklagte gemäß § 186 StGB die Wahrheit seiner Tatsachenbehauptung darlegen und beweisen. Das Gleiche gilt für den Äußernden im Zivilprozess. Aufgrund der über § 823 Abs. 2 BGB in das Zivilrecht transformierten Beweislastregel des § 186 StGB hat er die Beweislast für die Richtigkeit der von ihm verbreiteten Äußerungen, sofern er sich nicht seinerseits auf die Wahrnehmung berechtigter Interessen berufen kann (vgl. BVerfG AfP 2005, 546; BGH NJW 1996, 1131; 1994, 2614; OLG Köln BeckRS 2018, 19145; OLG Saarbrücken AfP 2010, 83; OLG Karlsruhe AfP 2006, 163; LG Trier BeckRS 2016, 20458; Löffler/*Steffen* LPG § 6 Rn. 273; *Soehring/Hoene* Rn. 30.48 f.; *Damm/Rehbock* Rn. 826 u. 828 f.). Die Presse trägt damit das Risiko, dass sie den Wahrheitsbeweis der ehrenrührigen Äußerung nicht führen kann.

14 Können sich Presse, Rundfunk und journalistisch-redaktionell gestaltete Telemedien dagegen auf die *Wahrnehmung berechtigter Interessen* berufen und insbesondere die Einhaltung der pressemäßigen Sorgfalt als Voraussetzung dafür belegen (vgl. BGH AfP 1987, 598; NJW 1996, 1131; 1987, 2225; OLG Düsseldorf AfP 1990, 303; OLG Hamburg AfP 1982, 36), muss sich die Presse einer Äußerung nicht enthalten, weil sie diese nicht mit den ihr zur Verfügung stehenden Mitteln zur Gewissheit des Richters beweisen kann (vgl. BGH AfP 1987, 598; → Kap. 39 Rn. 6 ff.). In diesem Fall trägt der Kläger wiederum die Beweislast für die Unwahrheit der Behauptung, die in Wahrnehmung berechtigter Interessen aufgestellt worden war (vgl. BGH NJW 1987, 2225; 1985, 1622; AfP 1985, 117; NJW 1974, 1710; OLG Hamburg AfP 1982, 36; OLG Frankfurt a. M. AfP 1980, 50; OLG Köln BeckRS 2018, 191454; OLG Stuttgart AfP 1977, 278; *Soehring/Hoene* Rn. 30.49; *Damm/Rehbock* Rn. 828; *Prinz/Peters* Rn. 381).

14a Bei einer *„Gegenschlags-Äußerung"* (üble Nachrede gegen üble Nachrede) bleibt es bei der üblichen Beweislastregel. Der Kläger trägt in diesem Fall die Beweislast (vgl. OLG Köln AfP 1991, 438; *Grimm* NJW 1995, 1702). Das Gleiche gilt für den Fall, dass eine in der Berichterstattung aufgestellte Behauptung nicht geeignet ist, den Betroffenen verächtlich zu machen oder in der öffentlichen Meinung herabzuwürdigen (vgl. OLG Hamburg AfP 2020, 156).

15 Das Unterlassungsbegehren kann im Eilverfahren mit der *einstweiligen Verfügung* durchgesetzt werden. Für dieses Verfahren, das nur zu einer vorläufigen Regelung führt, gilt zum Schutz des Antragsgegners nach hM eine *besondere Beweislastregelung:* Der betroffene Antragsteller muss hier stets alle Tatsachen glaubhaft machen, die seinen Anspruch begründen, also auch die Unwahrheit der streitigen Behauptung (vgl. OLG Jena OLG NL 2001, 29; KG Berlin AfP 1994, 220; OLG Düsseldorf GRUR 1959, 550; LG Stuttgart GRUR 1962, 526). Die Beweislastumkehr (→ Rn. 13) kommt damit in diesem Verfahrensteil nicht zum Tragen. Für die Glaubhaftmachung gilt ein geringeres Beweismaß und ein erleichtertes Beweisverfahren. Eidesstattliche Versicherungen Dritter oder des Antragsstellers reichen aus. Er kann sich auch aller anderen Beweismittel bedienen, die im Hauptsacheverfahren statthaft sind, wie Urkunden oder das Angebot präsenter Zeugen in der mündlichen Verhandlung (§§ 294 Abs. 1, 377 ff. ZPO; vgl. Baumbach/Lauterbach/Hartmann/Anders/Gehle/*Nober* ZPO § 294 Rn. 1 ff.; OLG Celle NJW-RR 1987,

448; OLG Frankfurt a. M. ZUM 2001, 323; OLG Nürnberg MDR 1977, 849). Problematisch ist die Beweislastregelung, wenn in dem einstweiligen Verfügungsverfahren eine mündliche Verhandlung stattfindet. Auch hier wird überwiegend die Glaubhaftmachung des Anspruchs und des Verfügungsgrunds durch den Kläger verlangt (vgl. Baumbach/Lauterbach/Hartmann/Anders/Gehle/*Becker* ZPO § 920 Rn. 11; OLG Düsseldorf FamRZ 1980, 158; *Prinz/Peters* Rn. 400). Es besteht jedoch im Äußerungsrecht kein Grund, von den allgemeinen Beweislastregeln des Hauptsacheverfahrens abzuweichen (vgl. OLG Brandenburg NJW-RR 2002, 1269; OLG Stuttgart WRP 1991, 269; OLG Frankfurt a. M. NJW-RR 1991, 175; OLG Karlsruhe GRUR 1987, 847; Wenzel/*Burkhardt* Kap. 12 Rn. 145).

Im einstweiligen Verfügungsverfahren muss neben der Wiederholungsgefahr (→ Rn. 5 f.) auch **15a** der erforderliche *Verfügungsgrund* gegeben sein. Dessen Vorliegen ist im Rahmen einer Interessenabwägung unter Berücksichtigung des Verhältnismäßigkeitsgrundsatzes zu prüfen (vgl. OLG Koblenz BeckRS 2013, 200061; OLG Hamburg AfP 2010, 585; OLG Düsseldorf AfP 2010, 182; OLG Nürnberg AfP 2007, 128). Ein Verfügungsgrund fehlt in der Regel, wenn der Antragsteller trotz ursprünglich bestehenden Regelungsbedürfnisses lange zugewartet hat, bevor er die einstweilige Verfügung beantragt (vgl. OLG Dresden ZUM-RD 2020, 123; LG Köln AfP 2009, 80).

Erwirkt der Antragsteller eine einstweilige Verfügung und vollzieht diese durch ordnungs- **15b** gemäße Zustellung binnen eines Monats an den Antragsgegner (§§ 935, 936 iVm 928, 929 ZPO), so hat er damit nur einen *vorläufigen* Titel erlangt, dem vom Antragsgegner, ohne dass dieser an Fristen gebunden ist, durch Einlegung eines Widerspruchs (§ 924 ZPO) oder durch Aufforderung zur Erhebung der Hauptsacheklage (§ 926 ZPO) begegnet werden kann. Um Klarheit zu bekommen, kann der Antragsteller den Antragsgegner mittels eines ein Monat nach Erlass der einstweiligen Verfügung kostenpflichtigen *Abschlussschreibens* aufzufordern, die einstweilige Unterlassungsverfügung als endgültige Regelung anzuerkennen und auf seine Rechte auf Widerspruch (§ 924 ZPO) und Aufhebung wegen veränderter Umstände (§ 927 ZPO) zu verzichten (vgl. LG Berlin AfP 2013, 526; Wenzel/*Burkhardt* Kap. 12 Rn. 148a f.).

Ein *Anspruch auf Veröffentlichung* eines Unterlassungsurteils oder einer freiwillig abgegebenen **15c** Unterlassungsverpflichtung kann bei der Verbreitung rufschädigender Tatsachenbehauptungen oder Werturteile gegeben sein, wenn die Äußerung öffentlich erfolgte und die Publikation der Unterwerfungserklärung bzw. des Urteilstenors zur Beseitigung der noch andauernden Folgen der Äußerung für das Ansehen des Verletzten erforderlich ist (vgl. BGH NJW 1987, 1400; OLG Koblenz AfP 1992, 365 f.; *Flechsig/Hertel/Vahrenhold* NJW 1994, 2241 mwN; Wenzel/*Gamer/Peifer* Kap. 13 Rn. 154 ff.). Eine Automatik zwischen Unterlassungsanspruch und Veröffentlichungsbefugnis gibt es jedoch nicht. Sie besteht in der Regel nur im Falle einer rufschädigenden Schmähkritik, die ihrerseits in einem Presseorgan publiziert worden ist (vgl. Damm/Rehbock Rn. 834). In diesem Fall ist erforderlich, dass die Veröffentlichung der Unterlassungserklärung bzw. des Unterlassungsurteils den Adressatenkreis der Erstmitteilung gezielt erreicht (vgl. BGH AfP 1987, 412; BGHZ 99, 134; *Prinz/Peters* Rn. 440). Der Anspruch auf Unterlassung bzw. auf Veröffentlichung verjährt in drei Jahren (§ 195 BGB; → Rn. 51). Sachlich zuständig sind grundsätzlich die Zivilgerichte (→ Rn. 52). Die örtliche Zuständigkeit der Gerichte ergibt sich nach den Vorschriften der ZPO bzw. Art. 7 Nr. 2 EuGVVO (auch Brüssel Ia-VO genannt; vgl. → Kap. 32 Rn. 7).

Im Falle einer *strafrechtlichen Verurteilung* des Äußernden kann dessen Verurteilung zudem auf Antrag des Verletzten oder eines sonst zum Strafantrag Berechtigten öffentlich bekanntgemacht werden, sofern dies gerichtlich angeordnet wird (§ 200 StGB).

II. Der Anspruch auf Widerruf/Berichtigung

1. Aus den §§ 823 und 1004 BGB und dem hiervon erfassten Persönlichkeits- und Unter- **16** nehmensrecht als „sonstiges Recht" iSd § 823 Abs. 1 BGB hat die Rechtsprechung einen *Berichtigungsanspruch* (vgl. BVerfG NJW 2018, 2784; BVerfGE 82, 272 ff. (280); NJW 1998, 1381; *Soehring/Hoene* Rn. 31.1 ff.; Wenzel/*Gamer/Peifer* Kap. 13 Rn. 7 ff.; Löffler/*Steffen* LPG § 6 Rn. 283) entwickelt, der demjenigen zusteht, über den unwahre Tatsachenbehauptungen verbreitet worden sind, und der gegenüber den Medien geltend gemacht werden kann (vgl.

BVerfG NJW 1998, 1381 (1383)). Rechtsdogmatisch handelt es sich um einen Folgenbeseitigungsanspruch, mit dem die aus einer Störquelle – die angegriffene Presseveröffentlichung – herrührenden, belastenden Folgen beseitigt werden sollen (vgl. *Prinz/Peters* Rn. 673). Er ist vom Gegendarstellungsanspruch (vgl. Abschnitt 5) sowie vom Unterlassungsanspruch (→ Rn. 1a ff.) zu unterscheiden. Er hat damit auch einen anderen Streitgegenstand (vgl. BGH AfP 2008, 382).

Der Anspruch bezieht sich im Bereich der Medien ausschließlich auf erwiesen unwahre Tatsachenbehauptung. Meinungsäußerungen können kein Gegenstand eines Berichtigungsanspruchs sein (→ Rn. 19). Zudem muss ein deliktsrechtlich geschütztes Rechtsgut des Betroffenen, also in der Regel das Allgemeine Persönlichkeitsrecht oder das Unternehmensrecht (→ Kap. 42 Rn. 1 ff., 44 ff.), durch die unwahre Tatsachenbehauptung *fortwirkend* beeinträchtigt sein.

Ebensowenig wie es einen Rechtfertigungsgrund gibt, an Behauptungen festzuhalten, deren Unwahrheit sich herausgestellt hat, ist kein rechtfertigender Grund erkennbar, derartige Behauptungen unberichtigt zu lassen, wenn sie die Rechte Dritter fortwirkend beeinträchtigen (vgl. BVerfG NJW 1998, 1383). Die Verpflichtung der Medien zur Veröffentlichung einer Erklärung, mit der sie sich im Ergebnis selbst ins Unrecht setzen, greift schwerwiegend in das Grundrecht der Pressefreiheit ein (vgl. BVerfG K&R 2017, 481; LG Hamburg AfP 2010, 610). Mittels einer stets erforderlichen Einzelfallabwägung der betroffenen Rechtsgüter (vgl. BVerfG NJW 1998, 1383) und dem Grundsatz der Verhältnismäßigkeit wird die Intensität dieses Eingriffs jedoch so abgemildert, dass die Pressefreiheit im Ergebnis nicht unangemessen zugunsten des Persönlichkeitsschutzes eingeschränkt wird, auch wenn der Berichtigungsanspruch verschuldensunabhängig ausgestaltet ist (vgl. BVerfG NJW 1998, 1383).

Tatbestandsvoraussetzungen und Rechtsfolgen der zivilrechtlichen Grundlagen des Berichtigungsanspruchs werden jeweils grundrechtskonform konkretisiert. Die Rechtsprechung erkennt deshalb unterschiedliche *Abstufungen des Berichtigungsanspruches* an (vgl. *Fricke* AfP 2009, 553): Hierzu gehört zunächst der förmliche *Widerruf* (→ Rn. 17 ff.), der im Falle von Unwahrheiten Anwendung findet. Bei der lediglich teilweise falschen Darstellung von Sachverhalten dürfte in der Regel lediglich die *Richtigstellung* oder die *Ergänzung der Presseveröffentlichung* verhältnismäßig sein. Liegt keine eigene Tatsachenbehauptung der Presse vor, sondern wurde lediglich eine Tatsachenäußerung Dritter mit Eingriffscharakter verbreitet, kann im äußersten Fall nur eine *Distanzierung* verlangt werden (vgl. BVerfG K&R 2018, 482; *Soehring/Hoene* Rn. 31.11 ff.; Wenzel/*Gamer/Peifer* Kap. 13 Rn. 98 ff.; *Damm/Rehbock* Rn. 843; Löffler/*Steffen* LPG § 6 Rn. 291 ff. jeweils mwN; *Prinz/Peters* Rn. 688 ff.).

17 2. Der *Widerruf* soll die durch eine als *falsch bewiesene Tatsachenbehauptung* geschaffene Quelle fortwährender Rufbeeinträchtigung beseitigen (vgl. BGH AfP 2008, 382; NJW-RR 1992, 936; OLG Hamburg AfP 1988, 353). Voraussetzungen eines Widerrufsanspruches sind das Vorliegen einer rechtswidrigen falschen Tatsachenbehauptung und die andauernde erhebliche Rechtsbeeinträchtigung (vgl. BVerfG NJW-RR 2000, 1210; BGH AfP 1987, 503; Löffler/*Steffen* LPG § 6 Rn. 285 ff.; Wenzel/*Gamer/Peifer* Kap. 13 Rn. 98 f.) sowie eine Abwägung im Einzelfall. Ein Verschulden des Verletzers ist hingegen nicht erforderlich (vgl. BGHZ 14, 173; *Fricke* AfP 2009, 553).

18 Der Widerrufsanspruch ist grundsätzlich nicht vermögensrechtlicher Art (vgl. BGH NJW 1983, 2572; GRUR 1969, 147; Baumbach/Lauterbach/Hartmann/Andres/Gehle/*Becker* Grdz. § 1 Rn. 13; Wenzel/*Gamer/Peifer* Kap. 13 Rn. 16). Wird geltend gemacht, dass mit dem Widerruf ausnahmsweise auch wesentliche materielle Belange verfolgt werden, so bedarf dies im Einzelfall besonderer Darlegung und ggf. des Beweises durch den Anspruchsteller (vgl. BVerfG NJW 1970, 652). Die Unterscheidung nach der (nicht)vermögensrechtlichen Art des Anspruchs hat aber keine Bedeutung mehr für die erstinstanzliche Zuständigkeit der Amts- oder Landgerichte, die allein von der Streitwertgrenze von 5.001 EUR abhängt (vgl. § 23 Ziff. 1 GVG; → Rn. 54).

19 3. *Nur Tatsachenbehauptungen sind widerrufsfähig,* aber keine Meinungsäußerungen (vgl. BGH AfP 2008, 383; NJW 1994, 2616; OLG Karlsruhe AfP 1998, 74; Wenzel/*Gamer/Peifer* Kap. 13 Rn. 19 f.; Paschke/Berlit/Meyer/Kröner/*Meyer* 41. Abschnitt Rn. 2; Prinz/Peters Rn. 676). Denn die Freiheit der Meinungsäußerung und Meinungsbildung, die in Art. 5 Abs. 1 GG grundrechtlich geschützt wird, setzt einen offenen Meinungsaustausch voraus, der sich in Rede

und Gegenrede vollzieht (vgl. BVerfGE 20, 174 f. – Spiegel; BVerfGE 12, 113, 125; NJW 1992, 1439). Dieses Grundrecht verbietet es, mit staatlichen Mitteln die Aufgabe einer bestimmten Meinung zu erzwingen (vgl. BGH NJW 2008, 2263). Meinungen und Werturteile sind auch nicht verifizierbar, so dass sich der Widerrufsanspruch aus §§ 823, 1004 BGB (analog) auf Tatsachenbehauptungen beschränken muss (zur Abgrenzung von Tatsachenbehauptung und Meinungsäußerung vgl. → Kap. 42 Rn. 23 ff.).

Die Tatsachenbehauptung muss zudem *erwiesenermaßen unwahr* sein (vgl. BGH AfP 2008, 383; NJW 1995, 863; Löffler/*Steffen* LPG § 6 Rn. 285; *Soehring/Hoene* Rn. 31.6). Der Widerrufsanspruch ist bei wahren bzw. richtigen Tatsachenbehauptungen ausgeschlossen. Denn niemand kann zur Äußerung der (potentiellen) Unwahrheit gezwungen werden. Denkbar ist bei richtigen Tatsachenbehauptungen daher in Ausnahmefällen allenfalls ein Anspruch auf Unterlassung (→ Rn. 1a ff.) oder auf Geldentschädigung für eine schwerwiegende Persönlichkeitsrechtsverletzung (vgl. Wenzel/*Gamer/Peifer* Kap. 13 Rn. 23; → Kap. 42 Rn. 6 ff.; → Rn. 43 ff.). Ein Widerrufsanspruch ist auch hinsichtlich Tatsachenbehauptungen ausgeschlossen, die noch nicht als unrichtig bewiesen sind, da niemand dazu verpflichtet werden kann, etwas möglicherweise Wahres als unrichtig zu bezeichnen. Die *Darlegungs- und Beweislast* für die Unrichtigkeit der Tatsachenbehauptung liegt bei demjenigen, der den Widerruf begehrt (vgl. BGH AfP 2008, 383 mwN; NJW 1976, 1198; Wenzel/*Gamer/Peifer* Kap. 13 Rn. 26; *Damm/Rehbock* Rn. 903), die Beweisregel des § 186 StGB findet daher keine Anwendung. Allerdings kann den beklagten Verletzer eine erweiterte (sekundäre) Darlegungslast treffen (vgl. BGH NJW 2008, 2262 (2264)), damit dem Verletzten die Führung des ihm obliegenden Beweises überhaupt möglich ist. **20**

Wenngleich der Widerruf bislang praktisch fast nur im Zusammenhang mit Wortveröffentlichungen problematisiert wurde, kann er – wie die Gegendarstellung – durchaus auch gegenüber Bildveröffentlichungen zum Tragen kommen, so zB bei Fotomontagen oÄ (vgl. Wenzel/*Gamer/Peifer* Kap. 13 Rn. 63). **20a**

4. Der Widerruf muss *notwendig und geeignet* sein, die *fortwirkende Beeinträchtigung* der geschützten Rechtsgüter zu beseitigen bzw. den *Ruf wiederherzustellen* (vgl. BVerfG NJW 1998, 1383; OLG Hamburg AfP 1995, 516; LG Hamburg AfP 2010, 610). Die *Notwendigkeit* eines Widerrufs ist auf Grund einer *Güterabwägung* zwischen dem Interesse des Betroffenen an der Beseitigung der Rufbeeinträchtigung durch die falsche Äußerung und dem Interesse des Mitteilenden, seine einmal geäußerte Behauptung nicht zurücknehmen zu müssen, zu beurteilen (vgl. BVerfG NJW 1998, 1383; BGH NJW-RR 1992, 937; OLG Karlsruhe AfP 2014, 76 (78 f.); OLG Köln AfP 1972, 225; LG Hamburg AfP 2007, 274). Es kommt also maßgeblich auf die Schwere des zu Unrecht erhobenen Vorwurfs und dessen Folgen an (vgl. *Fricke* AfP 2009, 553). Die Notwendigkeit entfällt, wenn der Tatsachenkern der Äußerung stimmt (etwa wenn behauptet wird, ein „Prominenter" sei mit 2,0 ‰ Auto gefahren, in Wirklichkeit waren es nur 1,9 ‰), sowie bei Äußerungen, die im engsten Familienkreis oder nur gegenüber dem Betroffenen oder wenigen Zuhörern erfolgt sind und deshalb auch diesen gegenüber direkt zurückgenommen werden können, wobei in diesem Fall ein Widerrufsanspruch unmittelbar gegenüber dem Äußernden bestehen kann (vgl. BGH NJW 1984, 1104; AfP 1984, 34; OLG Hamm NJW 1971, 1854). Auch Äußerungen, die eine Ansehensminderung von bloß geringem Gewicht hervorrufen, vermögen einen Widerrufsanspruch nicht zu begründen (vgl. OLG Hamburg AfP 2006, 77; LG Hamburg AfP 2010, 610; Wenzel/*Gamer/Peifer* Kap. 13 Rn. 38 f.; Löffler/*Steffen* LPG § 6 Rn. 290). Bei Mitteilungen im Rahmen eines Gerichtsverfahrens schließt der auch in Zivilprozessen geltende Grundsatz der Wahrnehmung berechtigter Interessen gem. Art. 5 GG iVm § 193 StGB den Widerruf aus (vgl. OLG Düsseldorf AfP 1985, 139). **21**

Zur Folgenbeseitigung geeignet ist der Widerruf nur, wenn die *Beeinträchtigung noch andauert* (vgl. BGH NJW 1995, 862; GRUR 1994, 915 (918); NJW 1987, 398; OLG Düsseldorf AfP 1997, 712; Prinz/Peters Rn. 683; Löffler/*Steffen* LPG § 6 Rn. 288). Dies wird widerleglich vermutet (vgl. BGH AfP 1984, 34; GRUR 1969, 236 ff.; LG Nürnberg AfP 1983, 420 f.; OVG Koblenz AfP 1992, 93). Eine Äußerung kann durch Zeitablauf aber auch in Vergessenheit geraten (vgl. Löffler/*Steffen* LPG § 6 Rn. 290; *Fricke* AfP 2009, 554). Dies hängt vom konkreten Einzelfall ab und kann nach mehr als zweieinhalb bis drei Jahren (vgl. BGH NJW 1995, 863; GRUR 1957, 94; OLG Koblenz AfP 2014, 76), nach Ablauf eines Jahres (vgl. LG Hamburg AfP 2007, 274) oder bereits neun Monate (vgl. OLG Hamburg AfP 1971, 105) nach Erscheinen der **22**

Erstmitteilung der Fall sein (vgl. BGH NJW 2004, 1034; Wenzel/*Gamer/Peifer* Kap. 13 Rn. 58; *Prinz/Peters* Rn. 683). Diese Einschränkung gilt unabhängig von einer Verwirkung bzw. Verjährung des Anspruchs (→ Rn. 51). Der Widerrufsanspruch *entfällt* auch dann, wenn der Betroffene zu dem mitgeteilten Geschehen keine Beziehung mehr hat (vgl. OLG München AfP 1974, 119; Wenzel/*Gamer/Peifer* Kap. 13 Rn. 59).

Der Anspruch entfällt, wenn der *Verletzer* bereits freiwillig einen Widerruf in unzweifelhafter Form und vor einem der Erstmitteilung entsprechenden Empfängerkreis abgegeben hat (vgl. OLG Hamburg AfP 1970, 968; Paschke/Berlit/Meyer/Kröner/*Meyer* 41. Abschnitt Rn. 6; hierzu auch → Rn. 5). Nicht ausreichend ist jedoch die Abgabe einer strafbewehrten Unterlassungserklärung des Verletzers, sofern diese nicht veröffentlicht wurde (vgl. BGH NJW 1987, 401; *Prinz/Peters* Rn. 684; → Rn. 15c). Auch eigene Erklärungen des *Betroffenen* berühren die Widerrufsverpflichtung des Verletzers grundsätzlich nicht (vgl. BGH AfP 2008, 385; Wenzel/*Gamer/Peifer* Kap. 13 Rn. 55). Das gilt auch für den Fall, dass eine Gegendarstellung abgedruckt wurde (vgl. BGH NJW 1995, 861; OLG Hamburg AfP 1995, 516; *Prinz/Peters* Rn. 684). Denn solche Erklärungen können vom Publikum als Schutzbehauptungen gewertet werden (vgl. LG Nürnberg AfP 1983, 420 f.), so dass sie für eine effektive Beseitigung der Störung ungeeignet sind.

23 5. *Anspruchsberechtigt* ist nur derjenige, der in einem seiner absoluten Rechte (Persönlichkeitsrecht, Eigentum, Gewerbebetrieb) *unmittelbar verletzt* ist. Diese Voraussetzung trifft auf den zu, der im Mittelpunkt der Veröffentlichung steht oder der sonst erkennbar Ziel der Mitteilung ist. Sind mehrere Personen betroffen, kann der Verpflichtete den Widerruf hinsichtlich aller Betroffenen erklären (vgl. Wenzel/*Gamer/Peifer* Kap. 13 Rn. 64; Löffler/*Steffen* LPG § 6 Rn. 298; Paschke/Berlit/Meyer/Kröner/*Meyer* 41. Abschnitt Rn. 8: *Prinz/Peters* Rn. 703; zur Aktivlegitimation einer Handelsgesellschaft vgl. OLG Hamburg AfP 1971, 35). Aber auch ein Dritter kann betroffen sein, wenn seine eigenen (persönlichen, wirtschaftlichen) Verhältnisse erkennbar thematisch in den Bericht einbezogen wurden. Nur mittelbar Betroffene wie zB der Bruder eines namentlich genannten Täters, der sich und seine Familie umgebracht hat, haben dagegen keinen Anspruch (vgl. BGH NJW 1980, 1791; *Prinz/Peters* Rn. 703; Wenzel/*Gamer/Peifer* Kap. 13 Rn. 64). Art. 5 Abs. 1 S. 2 GG verbietet es, den Kreis von einer Berichterstattung in eigenen Rechten betroffener Personen zu weit zu ziehen (vgl. OLG Hamburg AfP 2008, 633). Juristische Personen des öffentlichen Rechts und Behörden können deshalb nur anspruchsberechtigt sein, wenn Äußerungen ihr Ansehen in grober, ihre Handlungsfähigkeit beeinträchtigende Weise herabsetzen (vgl. BGH AfP 2008, 381 (384); *Damm/Rehbock* Rn. 886 f.; Paschke/Berlit/Meyer/Kröner/*Meyer* 41. Abschnitt Rn. 8).

24 *Anspruchsverpflichtet* sind grundsätzlich der Verleger bzw. der Verlag, die Sendeanstalt, der Verantwortliche des journalistisch-redaktionellen Telemedienangebots sowie der namentlich zeichnende Verfasser des Beitrags, sofern sie sich nicht von der Äußerung in der notwendigen Art und Weise distanziert haben (vgl. BGH GRUR 1969, 147 f.; LG München AfP 1972, 278 f.; Löffler/*Steffen* LPG § 6 Rn. 299 ff.; *Damm/Rehbock* Rn. 888 f.; Paschke/Berlit/Meyer/Kröner/*Meyer* 41. Abschnitt Rn. 9; Prinz/Peters Rn. 126; Wenzel/*Gamer/Peifer* Kap. 13 Rn. 66 ff.; → Rn. 27). Der Verleger als „Herr der Zeitung" hat insoweit grundsätzlich *keine Exkulpationsmöglichkeit* gemäß § 831 BGB, da es nicht um Handlungsunwert und Verschulden geht, sondern um die Beseitigung der fortdauernden Störquelle und damit des (rechtswidrigen) Erfolges (vgl. Wenzel/*Gamer/Peifer* Kap. 13 Rn. 69). *Hoheitliche Äußerungen* des Staates können nach Art. 2 Abs. 1, Art. 20 Abs. 3 GG iVm § 1004 BGB analog zum Widerruf verpflichten, wenn durch eine unwahre Tatsachenbehauptung in das Persönlichkeits- bzw. Unternehmensrecht eingegriffen wurde (vgl. BVerwGE 82, 76 f.; VGH Mannheim AfP 1998, 106; NJW 1996, 2116; OVG Koblenz AfP 1992, 93).

25 6. Für die *Form* des Widerrufs gelten folgende Maßstäbe: Grundsätzlich ist die *schonendste Formulierung* zu wählen. Der Widerruf darf nicht zur Demütigung führen (vgl. BVerfG NJW 1998, 1383; 1970, 651; BGH GRUR 1969, 555; OLG Karlsruhe AfP 2014, 76; Wenzel/*Gamer/Peifer* Kap. 13 Rn. 91 f.; *Groß* AfP 2005, 150).

Andererseits muss der Widerruf vollständig und effektiv sein. Er darf somit keine erneute Irreführung des Lesers verursachen, etwa durch Hinzufügen eines Redaktionsschwanzes (vgl. LG Berlin AfP 2009, 527), sonst ist er zur Beseitigung der Beeinträchtigung ungeeignet (vgl.

Wenzel/*Gamer/Peifer* Kap. 13 Rn. 98 f.; *Damm/Rehbock* Rn. 890; Paschke/Berlit/Meyer/Kröner/*Meyer* 41. Abschnitt Rn. 10). Es gilt wie im Gegendarstellungsrecht das „Prinzip der Waffengleichheit", Da die durch die Verbreitung unwahrer Tatsachenbehauptungen geschaffene öffentliche Beeinträchtigung bekanntermaßen weiterwirkt, solange die Behauptung nicht in gleicher Weise richtig gestellt ist, hat die Berichtigung möglichst in entsprechender Weise wie die falsche Erstmitteilung zu erfolgen (vgl. BGH NJW 1995, 864; Löffler/*Steffen* LPG § 6 Rn. 294; *Prinz/Peters* Rn. 699; Wenzel/*Gamer/Peifer* Kap. 13 Rn. 132; Paschke/Berlit/Meyer/Kröner/*Meyer* 41. Abschnitt Rn. 14; differenziert *Damm/Rehbock* Rn. 915; aA OLG Düsseldorf AfP 1997, 711; → Rn. 32).

Der *Klageantrag* muss den begehrten Widerruf dem Wortlaut nach nebst konkreter Platzierungsanordnung enthalten. Das Gericht kann aber gemäß § 139 ZPO auf geeignete Formulierungen hinwirken (vgl. BGHZ 31, 308 f.; *Damm/Rehbock* Rn. 915; *Fricke* AfP 2009, 553). **25a**

7. Eine andere Form der Berichtigung ist der Anspruch auf *Distanzierung* von bloß verbreiteten, Persönlichkeitsrechte verletzenden Äußerungen Dritter (vgl. → Kap. 41 Rn. 15 ff.). Die Voraussetzungen des Anspruchs auf Distanzierung entsprechen denen des Widerrufs (→ Rn. 16 ff.) mit der Besonderheit, dass die Presse als bloßer Verbreiter der Fremdaussage diese nicht zu widerrufen, sondern sich von ihr zu distanzieren hat. Der Distanzierungsanspruch ist allerdings nur dann gegeben und erforderlich, wenn das Presseorgan von der Drittbehauptung bereits bei seiner Veröffentlichung nicht oder nicht hinreichend erkennbar abgerückt ist (vgl. OLG Köln AfP 1976, 185). Ob die Presse bereits in der Erstveröffentlichung von der fremden Äußerung deutlich abgerückt war (vgl. BGH NJW 1976, 1198; BGHZ 66, 189; Damm/Rehbock Rn. 895) oder eine nachträgliche Distanzierung erforderlich ist, hängt vom Einzelfall ab. Die bloße Weitergabe der Stellungnahme eines Dritten ohne Kommentierung oder Verzerrungen, lässt die Notwendigkeit einer nachträglichen Distanzierung regelmäßig entfallen, da für den Leser erkennbar ist, dass sich die Presse die fremden Äußerungen nicht zu eigen macht (vgl. → Rn. 4; → Kap. 41 Rn. 15 ff.). Bei Leserbriefspalten, beim Abdruck von Leitartikeln bekannter Literaten, Wissenschaftler etc sind grundsätzlich geringere Anforderungen zu stellen als beim sonstigen redaktionellen Teil, insbesondere bei eigenen Kommentaren der Redaktion. Denn in jenen Spalten, vor allem wenn die Leitartikler namentlich genannt oder im Bild gezeigt werden, erwartet der Leser für gewöhnlich Äußerungen der Gastschreiber, die nicht immer die eigene Meinung der Redaktion widerspiegeln. Anders ist dies bei der Weitergabe von Agenturmeldungen (vgl. BVerfG K&R 2017, 481; Damm/Rehbock Rn. 895; Löffler/*Steffen* LPG § 6 Rn. 301; Paschke/Berlit/Meyer/Kröner/*Meyer* 41. Abschnitt Rn. 12; *Prinz/Peters* Rn. 40; Wenzel/*Gamer/Peifer* Kap. 13 Rn. 119 f.). **26**

Kein Anspruch auf *Distanzierung* von den zitierten Äußerungen Dritter besteht regelmäßig, wenn ein *öffentliches Informationsinteresse* gerade an der Wiedergabe der Fremdäußerungen bestand (vgl. → Kap. 41 Rn. 15 ff.). Unabhängig von einem etwaigen Distanzierungsanspruch gegenüber dem Presseorgan als Verbreiter kommt gegen den zitierten Dritten selbst eine Widerrufsforderung in Betracht. Falls dieser eine Widerrufserklärung abgibt, kann der Betroffene von dem Presseorgan statt der Distanzierung auch den Abdruck der Widerrufserklärung verlangen (vgl. Wenzel/*Peifer/Gamer* Kap. 13 Rn. 119). **27**

8. Eine weitere Variante des Anspruchs auf Berichtigung ist die *Richtigstellung,* auch als eingeschränkter Widerruf bezeichnet. Für die Richtigstellung gelten dieselben Voraussetzungen wie für den Widerruf (→ Rn. 16 ff.). Allerdings ist die Presse zu einer Richtigstellung verpflichtet, wenn die ursprünglich aufgestellte Tatsachenbehauptung zwischenzeitlich bewiesenermaßen unwahr geworden ist, jedoch im Zeitpunkt ihrer Publikation nicht rechtswidrig war, da die erforderlichen journalistischen Sorgfaltspflichten hinreichend beachtet wurden, etwa weil das Presseorgan nach den damals zur Verfügung stehenden Erkenntnisquellen von der Richtigkeit der aufgestellten Behauptung ausgehen durfte. Das Gleiche gilt auch dann, wenn eine ehrverletzende Äußerung ursprünglich in sonstiger Weise in Wahrnehmung berechtigter Interessen getätigt wurde, etwa in einem Gerichts- oder Verwaltungsverfahren (vgl. BVerfG NJW 2004, 355), und nach dem Wegfall des berechtigten Interesses und nach Feststellung der Unwahrheit weiterhin ehrbeeinträchtigende Wirkungen zu befürchten sind (vgl. BVerfG NJW 2004, 355; BGH NJW 1972, 431; 1966, 647; Löffler/*Steffen* LPG § 6 Rn. 287; Wenzel/*Gamer/Peifer* Kap. 13 Rn. 100 ff.). Tatsachenbehauptungen mit Meinungsbezug partizipieren an dem Grund- **28**

rechtsschutz des Art. 5 Abs. 1 GG, auch wenn sie sich später als unwahr herausstellen (vgl. BVerfG NJW 2004, 355; 1999, 1322). Die Aufrechterhaltung und Weiterverbreitung solcher Tatsachenäußerungen sind jedoch unter dem Blickwinkel der Meinungsfreiheit kein schützenswertes Gut, sobald die Unwahrheit feststeht (vgl. BVerfG NJW 2004, 355; 1983, 1415). Ein quasi selbst bezichtigender („rückwirkender") Widerruf wäre in diesem Fall für die Presse nicht zumutbar, da nicht hinreichend deutlich würde, dass die Verbreitung der Tatsachenbehauptung zum Veröffentlichungszeitpunkt gerade nicht rechtswidrig war. Die Verpflichtung zur bloßen Richtigstellung ergibt sich aus dem Zweck des Berichtigungsanspruches, der der Beseitigung einer fortwirkenden Störung, dh des rechtswidrigen Erfolges der Handlung (Falschbehauptung), dient (vgl. BGH AfP 1994, 309; Damm/Rehbock Rn. 893; Prinz/Peters Rn. 673; Löffler/*Steffen* LPG § 6 Rn. 287). Dafür kommt es nicht auf die frühere, bei Veröffentlichung der Behauptung gegebene Situation an, sondern auf diejenige zum Zeitpunkt der letzten mündlichen Verhandlung. Sobald feststeht, dass eine Aussage unrichtig bzw. unwahr ist, entfällt nicht nur der Rechtfertigungsgrund für ihre Wiederholung, sondern es beginnt auch die Beseitigungspflicht (vgl. BVerfG NJW 2004, 355; 1997, 2589; BGH NJW 1958, 1043; *Damm/Rehbock* Rn. 873; *Prinz/Peters* Rn. 681; krit. *Soehring/Hoene* Rn. 31.12 ff.). Insofern wirkt es sich aus, dass es für die Berichtigung und damit auch für die Richtigstellung als Folgenbeseitigungsanspruch nicht auf den so genannten Handlungsunwert, dh die fehlende Berechtigung zur Veröffentlichung ankommt, sondern auf den zu missbilligenden Erfolg einer (fortdauernden) Beeinträchtigung durch die Nachwirkungen der unwahren Berichterstattung als Störquelle. Anders als etwa beim Schadensersatzanspruch, der bei Wahrnehmung berechtigter Interessen entfällt, haben hier die Interessen des Betroffenen an der Beseitigung im Rahmen der erforderlichen Güterabwägung ein größeres Gewicht (vgl. BGH AfP 1986, 334; NJW 1960, 672). Ein förmlicher Widerruf wäre vor allem in Hinblick auf eine unzulässige Demütigung des Presseorgans unangemessen, da dieses sich zunächst nicht pflichtwidrig, sondern gerechtfertigt verhalten hat.

Eine *Richtigstellung* kann als interessengerechter Ausgleich auch dann gefordert werden, wenn eine Äußerung nicht insgesamt, sondern nur in einem Teilaspekt unwahr ist (vgl. BVerfG NJW 1998, 1383; BGH NJW 1982, 2248). Dies wäre etwa dann der Fall, wenn der Bericht über die finanzielle Schieflage eines Unternehmens tendenziell richtig ist, aber die in diesem Zusammenhang mitgeteilte Kündigung von Krediten durch Banken nicht zutrifft. Gleiches gilt, wenn die aufgestellten Behauptungen für sich gesehen zutreffen und lediglich im Gesamtzusammenhang für den Leser ein unrichtiger Eindruck vermittelt wird (vgl. BGH AfP 1987, 503; BGHZ 31, 318). Dies wäre etwa dann der Fall, wenn die Vorwürfe der Nutzung von Insider-Informationen zwar richtig sind, der Gesamteindruck eines strafrechtlich relevanten Verhaltens jedoch nicht zutrifft, da erst auf Grund einer späteren Gesetzesänderung das angegriffene Verhalten unter Strafe gestellt wurde. In diesen Fällen ist ein förmlicher Widerruf jedenfalls unverhältnismäßig, da die angegriffene Behauptung im Wesentlichen bzw. nach den einzelnen getroffenen Aussagen wahr ist (vgl. BGH AfP 1987, 503; NJW 1984, 1103; 1982, 2246; BGHZ 68, 389; 31, 318 ff.; vgl. Löffler/*Steffen* LPG § 6 Rn. 291; *Damm/Rehbock* Rn. 891; Wenzel/*Gamer/Peifer* Kap. 13 Rn. 102 ff.).

29 Die Verpflichtung zum Abdruck einer Richtigstellung ist gleichwohl kein Automatismus. Denn der Anspruch auf Beseitigung einer fortwirkenden Beeinträchtigung muss sich in den Grenzen des Notwendigen und Zumutbaren halten. Unter Berücksichtigung der beiderseits betroffenen Grundrechtspositionen ist die schonendste Maßnahme zur Beseitigung zu wählen. Das kann eine auf die konkrete Aussage bezogene Klarstellung oder Richtigstellung sein oder auch ein bloßer redaktioneller Nachtrag zur Berichterstattung (vgl. BVerfG NJW 2018, 2784; AfP 1997, 619; BGH K&R 2015, 111 (116); OLG Karlsruhe AfP 2014, 76; ZUM-RD 2003, 249; Prinz/Peters Rn. 681).

30 9. Als weitere Modifikation der Berichtigung hat die Rechtsprechung deshalb einen äußerungsrechtlichen Folgenbeseitigungsanspruch in Form eines Anspruchs auf *Ergänzung bzw. Nachtrag* einer Presseveröffentlichung entwickelt (vgl. BVerfG NJW 2018, 2784; AfP 1997, 619; BGH K&R 2015, 111 (116); BGHZ 57, 333; NJW 1972, 431; Prinz/Peters Rn. 694; Wenzel/*Gamer/Peifer* Kap. 13 Rn. 113 ff.). Insoweit gelten dieselben Voraussetzungen wie beim Widerruf (→ Rn. 16 ff.), jedoch mit dem Unterschied, dass die Pressemitteilung im Zeitpunkt ihrer Veröffentlichung keine unwahre Behauptung enthielt. Anders als bei der *Richtigstellung* lag zunächst auch kein durch die Wahrnehmung berechtigter Interessen gerechtfertigter Eingriff in das Persönlichkeitsrecht des Betroffenen vor und war die Äußerung auch nicht in einem Teilaspekt unwahr oder erweckte einen unrichtigen Eindruck, der richtig zu stellen wäre (→ Rn. 28). Der Anspruch auf Nachtrag oder Ergänzung entsteht erst, wenn die frühere Berichterstattung auf Grund neuer Tatsachen unvollständig und damit unwahr geworden ist. Da durch einen solchen Anspruch in die Freiheit der Presse, selbst zu entscheiden, worüber sie berichten will (vgl. BVerfG NJW 2008, 1793 Rn. 67; BVerfGE 101, 392; BGH GRUR 2007, 525 mwN), eingegriffen wird, wird ein so beschaffener Anspruch dem Verletzten nur ausnahmsweise gewährt (vgl. BVerfG K&R 2018, 482; *Soehring/Hoene* Rn. 31.16; Wenzel/*Gamer/Peifer* Kap. 13 Rn. 115 ff.), etwa in Fällen der Berichterstattung über den Verdacht einer Straftat oder ebenso über eine Verurteilung, wenn jedoch gegebenenfalls auch Jahre später, das Verfahren letztlich eingestellt bzw. der Betroffene auf Grund der eingelegten Rechtsmittel freigesprochen worden ist (vgl. BVerfG AfP 1997, 619; BGH K&R 2015, 417; BGHZ 57, 327 ff.; 333; NJW 1972, 431; OLG München AfP 1979, 639; Löffler/*Steffen* LPG § 6 Rn. 294).

10. Die prozessuale *Durchsetzung* des Berichtigungsanspruchs hat grundsätzlich im Haupt- **31** sacheverfahren zu erfolgen. Eine *vorläufige Berichtigung* im Wege des einstweiligen Verfügungsverfahrens ist ausgeschlossen (vgl. OLG Bremen AfP 1979, 355; OLG Köln AfP 1981, 358; OLG Hamm AfP 1979, 355; LG Dresden AfP 2009, 274; *Fricke* AfP 2009, 553; *Groß* AfP 2005, 152; *Ricker* NJW 1990, 2097 f.; Damm/Rehbock Rn. 900; *Soehring/Hoene* Rn. 31.27; Löffler/*Steffen* LPG § 6 Rn. 302; *Prinz/Peters* Rn. 707; Wenzel/*Gamer/Peifer* Kap. 13 Rn. 143 f.; Paschke/Berlit/Meyer/Kröner/*Meyer* 41. Abschnitt Rn. 16). Eine einstweilige Verfügung ist grundsätzlich nur zur Sicherung, nicht aber zur Erfüllung von Ansprüchen möglich. Dies wäre jedoch bei einer Verurteilung zur Berichtigung der Fall. Voraussetzung des Berichtigungsanspruchs ist außerdem, dass die angegriffene Behauptung nachweislich unwahr ist (vgl. BVerfG NJW 1998, 1338; *Grimm* NJW 1995, 1702). Die im einstweiligen Verfügungsverfahren geforderte Glaubhaftmachung (→ Rn. 15) reicht dafür nicht aus (vgl. *Prinz/Peters* Rn. 707).

11. Die *Berichtigung* ist grundsätzlich gegenüber den Empfängern der Erstmitteilung zu erklä- **32** ren. Wurde die unwahren Behauptungen in der Presse oder in sonstiger Weise in der Öffentlichkeit verbreitet, muss sich der Betroffene nicht auf eine lediglich zur Verbreitung in seinem Bekanntenkreis abgegebene Erklärung verweisen lassen. Die Berichtigung hat vielmehr nach dem „Prinzip der Waffengleichheit" (→ Rn. 25) in möglichst entsprechender Weise zu erfolgen wie die zu berichtigende Erstmitteilung. Die Veröffentlichung der Berichtigung hat also im gleichen Publikationsorgan und in einer Weise zu erfolgen, dass sie beim Rezipienten die gleiche Aufmerksamkeit findet wie die Erstmitteilung (vgl. BGH AfP 2008, 385; OLG Hamburg AfP 2007, 490; *Fricke* AfP 2009, 553). Die Berichtigung ist deshalb in gleichwertiger Form zu *veröffentlichen,* dh in der gleichen Zeitung bzw. Zeitungsausgabe, an gleichwertiger Stelle (vgl. BGH GRUR 1968, 262), in gleicher Aufmachung (vgl. OLG Hamburg AfP 1970, 968) und damit gegebenenfalls auch auf der Titelseite unter derselben Schlagzeile, solange die Funktion der Titelseite zur Mitteilung anderer redaktioneller Mitteilungen und Hinweise auf den Heftinhalt nicht unverhältnismäßig beeinträchtigt wird (vgl. BVerfG NJW 1998, 1384; BGH NJW 1985, 861; GRUR 1968, 263; OLG Hamburg AfP 1995, 516; 1970, 968; *Soehring/Hoene* Rn. 31.31 ff.; Wenzel/*Gamer/Peifer* Kap. 13 Rn. 132). Insoweit gilt das Gleiche wie bei der Gegendarstellung (vgl. → Kap. 27 Rn. 2). Das Rechtsschutzbedürfnis für die Berichtigung entfällt nicht allein deshalb, weil bereits eine Gegendarstellung auf der Titelseite abgedruckt wurde, da es sich hierbei um eine bloße Erklärung des Betroffenen selbst handelt (vgl. BVerfG NJW 1998, 1384; BGH AfP 1995, 411; OLG Hamburg AfP 1995, 515). Das Rechtsschutzbedürfnis entfällt aber, wenn die Presse die unwahre Tatsachenbehauptung freiwillig widerrufen oder eine entsprechende Richtigstellung veröffentlicht hat. Ein redaktioneller Hinweis zur Richtigkeit der Gegendarstellung reicht dafür aus (vgl. LG Hamburg AfP 2011, 80; *Soehring/Hoene* Rn. 31.23, → Rn. 22).

Der Betroffene kann statt eines Abdrucks in der Presse die Erklärung der Berichtigung nur an sich selbst verlangen, etwa weil die Erstmitteilung nur einem kleineren Kreis bekannt geworden ist. In diesem Fall ist nur zur Berichtigung, nicht auch zur Veröffentlichung zu verurteilen (vgl. OLG Düsseldorf MDR 1971, 661). Nach hM kann von dem Verpflichteten verlangt werden, die Berichtigung selbst abzugeben (vgl. BGH NJW 1962, 1431), wozu er nach § 888 ZPO angehalten werden kann (vgl. BVerfGE 28, 9; BGHZ 68, 336; 37, 189; OLG Zweibrücken NJW 1991, 304; *Damm/Rehbock* Rn. 906; Wenzel/*Gamer/Peifer* Kap. 13 Rn. 126 ff.; *Prinz/Peters* Rn. 712; Löffler/*Steffen* LPG § 6 Rn. 302).

33 12. Ist eine Behörde Urheber der unrichtigen Erstmitteilung, ist für die prozessuale Durchsetzung des Berichtigungsanspruchs der Verwaltungsrechtsweg eröffnet (vgl. BGH GRUR 1978, 448; VG Bremen NJW 1978, 1650; VG München BeckRS 2017, 141281; → Rn. 24), etwa bei Äußerungen eines Bürgermeisters über eine Glaubensgemeinschaft (vgl. VerfGH Bayern NVwZ 1998, 391; OLG Düsseldorf NJW 1998, 1567).

34 Die Beweislast liegt grundsätzlich beim Kläger (vgl. BGH AfP 2008, 383; NJW 1962, 1439; GRUR 1957, 93; Löffler/*Steffen* LPG § 6 Rn. 296; *Prinz/Peters* Rn. 679, → Rn. 20). Eine Ausnahme gilt für den Fall, dass die Unrichtigkeit zwar nicht erwiesen ist, für die Wahrheit aber ebenfalls durchgreifenden Anhaltspunkte zu erkennen sind. Dann kann eine *Richtigstellung* oder *Klarstellung* in Betracht kommen (vgl. BVerfG AfP 2016; 530; BGH NJW 1984, 1103; 1970, 1077; *Damm/Rehbock* Rn. 904; Prinz/Peters Rn. 679).

Der Berichtigungsanspruch *verjährt* in drei Jahren (§§ 195, 199 Abs. 1 BGB; Wenzel/*Gamer/Peifer* Kap. 13 Rn. 150 ff.; *Damm/Rehbock* Rn. 907; Löffler/*Steffen* LPG § 6 Rn. 297; → Rn. 51). Zu beachten ist aber, dass der Aktualitätsbezug schon vorher verloren gegangen sein kann, so dass einem Anspruch auf Berichtigung schon vor Ablauf der Verjährungsfrist das Rechtsschutzbedürfnis fehlt (→ Rn. 22).

III. Der Anspruch auf Schadensersatz

35 Von erheblicher praktischer Bedeutung für die Arbeit der Medien kann der zu leistende Ersatz von Schäden sein, die durch eine unwahre (→ Kap. 42 Rn. 22 ff.) oder persönlichkeitsrechtsverletzende wahre Wortberichterstattung (→ Kap. 42 Rn. 6 ff.) sowie durch eine unzulässige Bildveröffentlichung (s. o. Kap. 43) entstehen können. Dabei ist zwischen *materiellen* und *immateriellen* Schäden zu unterscheiden. Die Schadensersatzansprüche gegen Medien richtet sich grundsätzlich nach den allgemeinen Bestimmungen des BGB (vgl. Paschke/Berlit/Meyer/Kröner/*Wanckel* 42. Abschnitt Rn. 4).

36 1. Ein *materieller Schaden* ist die Vermögenseinbuße, die durch die Erfüllung des haftungsbegründenden Tatbestandes (Eingriff in das Persönlichkeitsrecht oder in den Gewerbebetrieb) verursacht wird. Erhebliche Vermögensnachteile können insbesondere durch Eingriffe in den Gewerbebetrieb entstehen, etwa durch falsche Tatsachenbehauptungen, unzulässige Testberichterstattungen (→ Kap. 42 Rn. 56 ff.) oder Boykottaufrufe (→ Kap. 42 Rn. 60a ff.).

37 a) Als Schaden kommen *unmittelbare Schäden* in Betracht, dh die nachteilige Änderung, die am verletzten Recht oder Rechtsgut selbst entstanden ist (vgl. Palandt/*Grüneberg* BGB Vorb. v. § 249 Rn. 15). Ein Schaden besteht gemäß § 252 BGB aber auch in dem durch den Eingriff *entgangenen Gewinn,* dh der Differenz zwischen dem hypothetischen, bei gewöhnlichem Verlauf der Dinge zu erwartenden und dem tatsächlich erzielten Gewinn (vgl. BGH NJW 1997, 1150; 1994, 2357; BGHZ 99, 196; 75, 368; 27, 183; OLG Frankfurt a. M. ZUM 1992, 366; Wenzel/*Burkhardt* Kap. 14 Rn. 25; Prinz/Peters Rn. 716). Die etwa anhand der Umsatzzahlen nachgewiesenen Gewinneinbußen auf Grund einer unwahren oder sonst wie unzulässigen Berichterstattung können deshalb von Unternehmern, Gewerbetreibenden und Selbstständigen als Schaden geltend gemacht werden (vgl. BVerfG ZUM 2004, 917; BGH NJW 1963, 485; OLG Frankfurt a. M. ZUM 1992, 366; LG Hamburg ZUM-RD 1998, 166; Wenzel/*Burkhardt* Kap. 14 Rn. 26 ff.; *Damm/Rehbock* Rn. 926 f.; Prinz/Peters Rn. 716). Entsprechend berechnet sich der Schaden aber auch bei Arbeitnehmern, die wegen eines rechtswidrigen Presseberichts einer Höhergruppierung und damit eines Mehrverdienstes verlustig gehen oder gekündigt werden (vgl. BGH NJW 1997, 1150; *Prinz/Peters* Rn. 716). Die *Schadensberechnung* selbst erfolgt im Regelfall mit Hilfe der Differenzhypothese (vgl. MüKoBGB/*Oetker* BGB § 249 Rn. 18 f.; zur Berechnungsmethode der Feststellung einer fiktiven Lizenzgebühr → Rn. 50a f.).

38 b) Weitere Voraussetzung für das Entstehen der Schadensersatzpflicht ist die *Kausalität.* Zwischen dem Eingriff und dem Schaden muss also ein ursächlicher Zusammenhang bestehen. Dabei gilt nach der herrschenden (vgl. BGH NJW 2005, 1421; 1995, 127; BAG NJW 2009, 254 f.; MüKoBGB/*Oetker* BGB § 249 Rn. 109 ff. mwN) Adäquanztheorie, dass eine Bedin-

gung dann ursächlich für den Erfolg ist, wenn das Ereignis im Allgemeinen und nicht nur unter besonders eigenartigen, unwahrscheinlichen und nach dem gewöhnlichen Verlauf der Dinge außer Betracht zu lassenden Umständen geeignet ist, einen Erfolg der fraglichen Art herbeizuführen (vgl. BGH NJW 2005, 1421; Löffler/*Steffen* LPG § 6 Rn. 310 und 248 f.; Wenzel/*Burkhardt* Kap. 14 Rn. 33 f.). Diese Voraussetzung ist beispielsweise dann erfüllt, wenn ein Autor seinen Artikel oder ein Fotograf sein Bild an die Zeitungsredaktion weitergibt (vgl. OLG Frankfurt a. M. AfP 1972, 111; OLG Köln AfP 1972, 277). Da es dem gewöhnlichen Verlauf der Dinge entspricht, dass der Artikel bzw. das Bild veröffentlicht werden, haften beide. Die Schadensersatzpflicht setzt neben der haftungsbegründenden auch eine haftungsausfüllende Kausalität voraus. Diese liegt dann vor, wenn der geltend gemachte Schaden im inneren Zusammenhang mit der von dem Schädiger verursachten Rechtsgutsverletzung steht und zu dieser eine nicht nur bloß zufällige äußere Verbindung aufweist (vgl. BVerfG AfP 2001, 122; Palandt/*Grüneberg* BGB Vorb. v. § 249 Rn. 24 ff.). Der Anspruchsteller ist für Schaden und Kausalität beweispflichtig.

c) Darüber hinaus kann der Verletzte auch Ersatz notwendiger Aufwendungen zur Schadens- **39**
minderung oder Beseitigung der Störung verlangen (vgl. BGH NJW 1976, 1200; OLG Köln AfP 1993, 34; *Prinz/Peters* Rn. 716, 734; Wenzel/*Burkhardt* Kap. 14 Rn. 37; MüKoBGB/*Oetker* BGB § 249 Rn. 180 ff.). Dazu gehören unter anderem alle für die Geltendmachung und Durchsetzung des Schadensersatzanspruches entstehenden Kosten (vgl. BGHZ 30, 154; OLG Saarbrücken NJW 1997, 1379; Palandt/*Grüneberg* BGB § 249 Rn. 56; *Prinz/Peters* Rn. 716, 736), sofern sie notwendig sind. Zur Kostenübernahme der Anwaltsgebühren ist der Verletzer regelmäßig dann verpflichtet, wenn und soweit die Einschaltung eines Rechtsanwaltes aus der maßgeblichen Sicht des Geschädigten mit Rücksicht auf seine spezielle Situation zur Wahrnehmung seiner Rechte erforderlich und zweckmäßig war (sog. „subjektbezogene Schadensbetrachtung", vgl. BGH AfP 2009, 397; BGHZ 127, 351; KG Berlin AfP 2010, 171; LG Hamburg AfP 2010, 187; vgl. Palandt/Grüneberg BGB § 249 Rn. 57), wovon bei der Geltendmachung von Ansprüchen in dem nicht unkomplizierten Bereich des Medienrechts regelmäßig auszugehen sein dürfte (vgl. Prinz/Peters Rn. 736; Wenzel/*Burkhardt* Kap. 14 Rn. 40).

Zu trennen von der Frage der Erforderlichkeit der Einschaltung eines Rechtsanwalts als solches **39a**
ist die Erforderlichkeit der einzelnen durch die Mandatierung entstandenen Kostenpositionen (wie zB Abmahnkosten und die Abschlussgebühr, vgl. hierzu KG Berlin AfP 2010, 171 ff.; allgemein zu Fragen der Kostenerstattung im Presseprozessrecht *Engels/Stulz-Herrnstadt/Sievers* AfP 2009, 313). Die Erforderlichkeit der Mandatierung eines Rechtsanwalts kann in einfach gelagerten Fällen zu verneinen sein (vgl. KG Berlin AfP 2010, 273), wenn der Verletzte über ausreichend eigene Sachkunde verfügt oder der Geschädigte davon ausgehen durfte, dass der Schädiger seiner Ersatzpflicht ohne Weiteres nachkommen wird (vgl. LG Berlin AfP 2010, 607). Erstattungsfähig können außerdem die Kosten für Recherchen zum Nachweis der Unrichtigkeit der Tatsachenbehauptung sein (vgl. OLG München AfP 1990, 45).

Bezüglich der erstattungsfähigen Anwaltskosten ist zu beachten, dass trotz des Auftrags mehre- **39b**
rer Personen gegen eine unzulässige Presseberichterstattung vorzugehen, nur eine abrechenbare Angelegenheit vorliegen kann (vgl. BGH ZUM-RD 2011, 219). Das Gleiche kann gelten, wenn der Anwalt verschiedene voneinander abweichende Anspruchsgrundlagen auch gegen verschiedene Schädiger mit inhaltlich übereinstimmenden Folgeberichterstattungen prüfen muss (vgl. BGH GRUR 2019, 763; NJW-RR 2010, 426; LG Berlin BeckRS 2019, 32123; 2010, 10739). Der Geschädigte hat bezüglich der vorgerichtlichen Rechtsanwaltskosten nur dann gegenüber dem Verletzer einen Erstattungsanspruch, wenn er im Innenverhältnis zur Zahlung der in Rechnung gestellten Kosten verpflichtet ist (vgl. BGH GRUR 2019, 763).

Als notwendige Aufwendungen kommen auch Inserate in der Publikation des Schädigers in **40**
Betracht (vgl. BGH GRUR 1979, 894; 1978, 187). Das Inserat muss sich allerdings auf die Richtigstellung der Erstmitteilung beschränken. Eine zusätzliche Werbung ist nicht statthaft (vgl. BGH NJW 1978, 211 f.; *Prinz/Peters* Rn. 734; Wenzel/*Burkhardt* Kap. 14 Rn. 44 f.; *Soehring/Hoene* Rn. 32.21).

Inserate in anderen Presseorganen sind gewöhnlich nicht als erforderliche Aufwendungen zu **40a**
betrachten. Nach der Rechtsprechung des BGH sind nur solche Maßnahmen erstattungsfähig, die ein vernünftiger wirtschaftlich denkender Mensch nach den Umständen des Falls zur

Beseitigung der Störung bzw. zur Schadensverhütung nicht nur als zweckmäßig, sondern auch als erforderlich ansehen würde (vgl. BGH NJW 1990, 2061 f. mwN; NJW 1976, 1200; *Damm/Rehbock* Rn. 939). Die besondere Belastung des Verantwortlichen mit den Anzeigenkosten kommt deshalb nur ausnahmsweise in Betracht, wenn eine Gegendarstellung und/oder Berichtigung im Blatt des Störers nicht möglich ist (vgl. BGH AfP 1990, 202; NJW 1979, 2197; 1978, 201). Hierzu gehören etwa diejenigen Fälle, dass der Störer den Abdruck der Gegendarstellung ablehnt und sich das Gegendarstellungsverfahren hinzieht (vgl. BGHZ 66, 196; Löffler/*Steffen* LPG § 6 Rn. 319) oder ein ungewöhnlich hoher Schaden droht (vgl. BGH AfP 1990, 205; NJW 1986, 981; 1979, 2197; 1979, 1041; BGHZ 70, 2; *Prinz/Peters* Rn. 734; Löffler/*Steffen* LPG § 6 Rn. 319), dem durch die Gegendarstellung nicht so effektiv begegnet werden kann wie durch eine solche Insertion (vgl. BGH NJW 1986, 982; Löffler/*Steffen* LPG § 6 Rn. 319). Eine weitere Ausnahme gilt bei nicht periodischen Publikationen oder bei Meldungen in Presseagenturen, bei denen der Verletzte nicht weiß, welche Zeitung die Falschmeldung brachte (vgl. BGH GRUR 1979, 864). Erforderlich ist hier im Rahmen des allgemeinen Grundsatzes der Schadensminderungspflicht jedenfalls, dass der Geschädigte den Störer vorher warnt, damit dieser gegebenenfalls eigene, wirtschaftlichere Maßnahmen ergreifen kann (vgl. *Damm/Rehbock* Rn. 940; Wenzel/*Burkhardt* Kap. 14 Rn. 50; aA *Soehring/Hoene* Rn. 32.20). Die Kosten für die Anzeigen müssen auch im Verhältnis zur Größe und Schwere des Schadens stehen (vgl. BGH AfP 1986, 47). Andernfalls muss sich der Geschädigte Abstriche an seinem Anspruch auf Aufwendungsersatz nach § 254 Abs. 2 BGB gefallen lassen (vgl. BGH NJW 1978, 201; Löffler/*Steffen* LPG § 6 Rn. 319; Wenzel/*Burkhardt* Kap. 14 Rn. 47 ff.).

41 d) *Anspruchsberechtigt* ist nur der *unmittelbar Geschädigte* (vgl. BGH NJW 2006, 608; 1993, 931; 1992, 1313; *Damm/Rehbock* Rn. 944; Prinz/Peters Rn. 144, 720; Löffler/*Steffen* LPG § 6 Rn. 324; Palandt/*Sprau* BGB § 823 Rn. 74; Wenzel/*Burkhardt* Kap. 14 Rn. 52).

So haben zB bei Ehrverletzungen Familienangehörige des Betroffenen grundsätzlich keinen eigenen Ersatzanspruch (vgl. BGH GRUR 1974, 800; 1974, 795). Wenn die Presse über einen Familienvater, der seine Familie und sich selbst getötet hat, unzulässig unter vollständiger Namensnennung berichtet hat, kann der Bruder des Täters nicht deshalb Schadensersatz verlangen, weil er sich durch die Angabe des Familiennamens in seinem Persönlichkeitsrecht verletzt fühlt (vgl. BGH NJW 1980, 1790). Wenn jedoch die eigenen persönlichen Verhältnisse der Angehörigen des Täters oder Opfers in den Bericht einbezogen werden, kann ein Bericht über einen Straftäter und dessen Tat je nach Art und Inhalt der Darstellung durchaus auch deren Persönlichkeitsrecht unmittelbar verletzen (vgl. BGH NJW 2006, 608). Anspruchsberechtigt ist auch der Alleingesellschafter einer juristischen Person, wenn sich die Stoßrichtung einer kreditschädigenden Äußerung für den Leser erkennbar auch gegen ihn richtet (vgl. BGH NJW 1954, 72; Löffler/*Steffen* LPG § 6 Rn. 324). Bei geschäftsschädigenden Äußerungen über einen Betrieb stehen dessen Mitarbeitern jedoch keine eigenen Ersatzansprüche zu (vgl. BGH NJW 1980, 1790).

42 *Anspruchsverpflichtete* sind neben dem Autor einerseits der Verleger und der Herausgeber, falls dieser allgemein als „Herr der Zeitung" anzusehen ist, was im Einzelfall darzulegen ist (vgl. BGHZ 99, 136; NJW 1954, 1684; OLG Celle AfP 1992, 295; Wenzel/*Burkhardt* Kap. 14 Rn. 60; *Prinz/Peters* Rn. 722, 726; Löffler/*Steffen* LPG § 6 Rn. 326; *Damm/Rehbock* Rn. 945; zur Haftung des Verlegers vgl. → Kap. 41 Rn. 23 ff., und des Herausgebers → Kap. 41 Rn. 22), daneben der Chefredakteur und der verantwortliche Redakteur, soweit diese Einfluss auf den Inhalt nehmen konnten (zur Überwachungspflicht vgl. BGH NJW 1977, 627; KG Berlin AfP 1991, 639; OLG Köln NJW-RR 2000, 470; LG Berlin AfP 1992, 86; LG Köln AfP 1991, 757; zur Haftung des Chefredakteurs und des verantwortlichen Redakteurs vgl. → Kap. 41 Rn. 22). Anders als bei Unterlassung und Berichtigung haftet der Verleger nicht ausnahmslos, sondern nur bei eigenem Mitwirken oder – wenn er den Verlag selbst führt – für alle *Organisationsmängel.* Der Verleger ist gehalten, durch zwingende Instruktionen und sonstige Schutzmaßnahmen die Veröffentlichung von Falschmeldungen zu verhindern (vgl. BGH NJW 1972, 1658; OLG Köln AfP 1991, 757; OLG Saarbrücken NJW 1978, 2395), was gerade bei „heißen Eisen" eine eigene Überprüfung oder eine Überprüfung durch beauftragte Dritte mit Organstellung gemäß §§ 30, 31 BGB voraussetzt (vgl. BGH AfP 1997, 911; NJW 1986, 982; OLG Saarbrücken NJW 1978, 2395; *Prinz/Peters* Rn. 724; Löffler/*Steffen* LPG § 6 Rn. 326 und 223). Kommt er dieser Pflicht

nicht nach, haftet der Verleger aus eigenem Verschulden, ohne dass ihm eine Entlastungsmöglichkeit nach § 831 BGB eröffnet ist (vgl. BGH AfP 1997, 911; NJW 1986, 982; *Prinz/Peters* Rn. 724; Wenzel/*Burkhardt* Kap. 14 Rn. 60). Handelt es sich bei dem Verlag um eine *juristische Person,* so haftet diese gem. §§ 30, 31 BGB für die verfassungsmäßig berufenen Vertreter und zwar auch hier in erster Linie wegen mangelhafter Organisation durch diese Personen (zu Einzelheiten → Kap. 41 Rn. 19 ff.). Hierzu gehört etwa der Fall, dass der Verleger die Überprüfung einem Redakteur ohne Organstellung überträgt (vgl. BGH NJW 1978, 210; 1963, 902; *Prinz/Peters* Rn. 724). Der Verlag kann sich nicht dadurch exkulpieren, indem er für die Überprüfung ausschließlich einen externen Rechtsanwalt beauftragt, da dieser keine Organstellung innehat (vgl. BGH NJW 1980, 2810; *Prinz/Peters* Rn. 724). Zu beachten ist die Exkulpationsmöglichkeit nach § 831 Abs. 1 S. 2 BGB für Gehilfen (Angestellte). Danach tritt keine Ersatzpflicht ein, wenn der Geschäftsherr bei der Auswahl der bestellten Person die im Verkehr erforderliche Sorgfalt beobachtet hat oder wenn der Schaden auch bei Anwendung dieser Sorgfalt entstanden wäre (zur Haftung für Organisationsmängel → Kap. 41 Rn. 27 ff.).

Im Falle von das Persönlichkeitsrecht verletzenden Zitaten kommt darüber hinaus auch eine Haftung des Zitierten in Betracht.

2. Der *Ersatz immateriellen Schadens,* die Geldentschädigung bei Verletzungen des Persönlich- **43**
keitsrechts, wurde von der Rechtsprechung nicht mehr auf eine Analogie von § 847 BGB aF, sondern unmittelbar auf § 823 BGB iVm Art. 1 Abs. 1 und 2 Abs. 1 GG gestützt. Der Gesetzgeber folgte dieser Beurteilung und erstreckte § 253 Abs. 2 BGB daher nicht auf das Allgemeine Persönlichkeitsrecht. Anspruchsgrundlage für immateriellen Schadensersatz aufgrund einer Verletzung des Allgemeinen Persönlichkeitsrechts ist daher unverändert § 823 BGB iVm Art. 1 Abs. 1 und 2 Abs. 1 GG und nicht § 253 Abs. 2 BGB (vgl. BGH NJW 2014, 2029 Rn. 40; Palandt/*Sprau* BGB § 253 Rn. 10; MüKoBGB/*Oetker* BGB § 253 Rn. 27; Wenzel/*Burkhardt* Kap. 14 Rn. 83 ff. und 99). Mit dem Ausgleich immaterieller Schäden wird der Drittwirkung der Grundrechte aus Art. 1 und Art. 2 GG und dem sich daraus ergebenden Schutzauftrag des Staates zugunsten des Persönlichkeitsrechts auch im Schadensersatzrecht Rechnung getragen (vgl. BVerfG NJW 2000, 2187; BGH NJW 2006, 606; 1996, 985; OLG Karlsruhe AfP 2004, 440; *Damm/Rehbock* Rn. 947 f.; *Prinz/Peters* Rn. 907, 740).

Die Geldentschädigung ist vom Schmerzensgeld zu unterscheiden (vgl. BGH AfP 2005, 241), **43a**
da sie zum Teil andere *Funktionen* erfüllen soll. Im Vordergrund steht der Gesichtspunkt der Genugtuung für den Verletzten (vgl. BGH NJW 2006, 606; AfP 2005, 66; NJW 1997, 1150; *Damm/Rehbock* Rn. 948; *Prinz/Peters* Rn. 742; *Körner* NJW 2000, 241; v. Holleben S. 29; *Fornasier/Frey* AfP 2009, 111). Daneben dient sie auch der Spezial- und Generalprävention bei hartnäckigen und vorsätzlichen Verletzungen des Persönlichkeitsrechts (vgl. BGH AfP 2005, 67; NJW 1997, 1150; 1996, 985; OLG München AfP 2001, 137; OLG Koblenz NJW 1997, 1376; OLG Hamburg NJW 1996, 2872; *Neumeyer* AfP 2009, 466; *Democh* AfP 2002, 375 ff.; *Körner* NJW 2000, 245; *Seitz* NJW 1996, 2848; *Steffen* NJW 1997, 11; *Damm/Rehbock* Rn. 948; *Prinz/Peters* Rn. 743; *Gounalakis* AfP 1998, 10; *Stürmer* AfP 1998, 1 ff.). Dies zeigt sich vor allem in der Höhe der Geldentschädigung (→ Rn. 50), bei der gerade in Fällen ehrverletzender Sensationsberichte die aus der damit verbundenen erhöhten Verkaufsauflage des Presseorgans resultierende Gewinnsteigerung mitberücksichtigt wird (vgl. BGH AfP 2005, 67; NJW 1996, 985; *Steffen* NJW 1997, 11; *Damm/Rehbock* Rn. 948; *Prinz/Peters* Rn. 767; *Beuthien/Schmölz* S. 44 f.). Dies gilt insbesondere dann, wenn das Verhalten der Presse ausdrücklich als „rücksichtslos" (vgl. OLG Hamburg AfP 2009, 512) oder „besonders hartnäckig" (vgl. BGH AfP 2005, 67) zu bezeichnen ist. Dritte Funktion der Geldentschädigung ist die Ausgleichsfunktion (vgl. *Fornasier/Frey* AfP 2009, 111 mwN; BGH NJW 2006, 607). Die gerichtliche Zubilligung einer Geldentschädigung ist jedoch *keine strafrechtliche Sanktion* (vgl. BVerfG NJW 1973, 1226; BGH AfP 2005, 66; *Neumeyer* AfP 2009, 466).

Der Anspruch auf Geldentschädigung wegen einer Persönlichkeitsverletzung steht nur leben- **43b**
den natürlichen Personen oder Personenmehrheiten, aber keinen juristischen Personen zu (vgl. *Damm/Rehbock* Rn. 1007 ff.; Löffler/*Steffen* LPG § 6 Rn. 344; Wenzel/*Burkhard* Kap. 14 Rn. 137).

Werden Ansprüche für die Verletzung von Persönlichkeitsrechten *Verstorbener* geltend gemacht, so ist zu differenzieren. Bei einer Verletzung des postmortalen Persönlichkeitsrechts besteht seitens der Wahrnehmungsberechtigten kein Anspruch auf Geldentschädigung, da Verstorbene durch die Zahlung einer Geldentschädigung keine Genugtuung mehr erfahren können (BGH NJW 2006, 606 f.). Mangels Vererblichkeit ebenfalls nicht möglich (*Damm/Rehbock* Rn. 1012 f.) ist die hiervon zu unterscheidende Geltendmachung eines bereits zu Lebzeiten des Erblassers entstandenen Geldentschädigungsanspruchs durch diesen Personenkreis (vgl. BGH AfP 2017, 421; 2012, 260; OLG Köln GRUR-RS 2018, 17910; LG Düsseldorf AfP 2015, 270). Ausnahmsweise kann jedoch auf Grund der schamlosen Darstellung des Getöteten in der Presse ein hiervon unabhängiger *eigener* Anspruch der nächsten Angehörigen auf Geldentschädigung bestehen (vgl. BGH NJW 2006, 607; OLG Dresden AfP 2012, 168; OLG Düsseldorf AfP 2000, 574).

Zu unterscheiden von soeben dargestellten Geldentschädigungsansprüchen sind Ansprüche wegen Verletzung der vermögenswerten Bestandteile des Allgemeinen Persönlichkeitsrechts (vgl. BGH AfP 2006, 69; zum Verhältnis dieser beiden Ansprüche zueinander vgl. *Neumeyer* AfP 2009, 465 ff.; *Fornasier/Frey* AfP 2009, 114 f.). Diese sind vererblich (vgl. BGH NJW 2006, 607; 2000, 2198; → Kap. 42 Rn. 5 f.; zum Verhältnis vom Anspruch auf Geldentschädigung zu Ansprüchen auf materiellen Schadensersatz vgl. *Neumeyer* AfP 2009, 465 ff.; *Fornasier/Frey* AfP 2009, 114 f.).

43c Voraussetzung für einen Anspruch auf Zahlung einer Geldentschädigung ist, dass ein schwerwiegender Eingriff in das Persönlichkeitsrecht des Betroffenen vorliegt (→ Rn. 44 f.), ein Verschulden des Verletzers zu bejahen ist (→ Rn. 46) und die hierdurch geschaffene Beeinträchtigung in anderer Weise nicht befriedigend ausgeglichen werden kann (→ Rn. 47 ff.).

Die Geldentschädigung ist – anders als zum Beispiel der Berichtigungsanspruch (→ Rn. 16 ff.) – an keine besondere *Form der Berichterstattung bzw. Äußerungsform* gebunden. Voraussetzung ist lediglich eine *schwere Verletzung des Persönlichkeitsrechts*. Daher können rechtsverletzende wahre und unwahre Tatsachenbehauptungen, aber auch rechtsverletzende Meinungsäußerungen sowie rechtswidrige Bildveröffentlichungen (vgl. BGH AfP 2005, 65 ff.) zu einer Schadensersatzpflicht des Äußernden führen.

44 a) Erforderlich ist eine *schwere Persönlichkeitsverletzung*. Der Eingriff muss nach den Umständen des Einzelfalls, vor allem unter Berücksichtigung von Art und Gewicht der Beeinträchtigung, dem Grad des Verschuldens sowie nach Anlass und Beweggrund des Handelns des Verletzers als schwer zu bewerten sein (vgl. BGH AfP 2010, 76; 2006, 69; NJW 1996, 986; OLG Jena AfP 2010, 278; OLG Karlsruhe AfP 2002, 46; NJW 2000, 1577; OLG Koblenz NJW-RR 2000, 1356; OLG Saarbrücken AfP 2010, 84; *Damm/Rehbock* Rn. 958; *Prinz/Peters* Rn. 744; Löffler/*Steffen* LPG § 6 Rn. 335 ff.; Wenzel/*Burkhardt* Kap. 14 Rn. 102 ff.; *Soehring/Hoene* Rn. 32.44 ff.; Paschke/Berlit/Meyer/Kröner/*Wanckel* 43. Abschnitt Rn. 5 ff.). Dabei kann unter Umständen schon das Vorliegen eines einzigen der genannten Umstände eine hinreichende Schwere des Eingriffs begründen (vgl. LG Berlin AfP 2009, 275). Letztere kann sich nicht nur daraus ergeben, dass eine einzelne Äußerung besonders rechtsverletzend ist, sondern auch aus einer Wiederholung gleichartiger Verletzungen, die für sich genommen nicht als schwerwiegend zu bezeichnen wären (vgl. BGH AfP 1996, 138; OLG Hamburg AfP 2008, 411; OLG Köln BeckRS 2016, 16931).

Art und Gewicht der Beeinträchtigung können sich unter Umständen danach bestimmen, welche Sphäre des Allgemeinen Persönlichkeitsrechts verletzt wurde: Verletzungen der Intimsphäre wiegen in der Regel schwerer als die der beruflichen Sphäre ().

Bei der Bewertung von Anlass und Beweggrund der Rechtsverletzung können die mit der Veröffentlichung *verfolgten Ziele* ins Gewicht fallen. Dient die Veröffentlichung hauptsächlich eigenen wirtschaftlichen Zwecken des Verletzers so spricht dies eher für eine schwere Persönlichkeitsrechtsverletzung. Anders verhält es sich, wenn die Berichterstattung auch der Information des Publikums diente (vgl. LG Nürnberg-Fürth AfP 2007, 498; OLG Karlsruhe AfP 2006, 264).

Ebenfalls zu berücksichtigen ist die *Schwere des Verschuldens* (→ Rn. 46).

44a Bei einem Eingriff in die *Intimsphäre* wird – jedenfalls im Bereich der Berichterstattung (zu künstlerischen Presseerzeugnissen → Rn. 45a) – regelmäßig eine schwere Persönlichkeitsverletzung vorliegen (vgl. BGH NJW 1995, 864; AfP 1988, 35; NJW 1961, 2059; OLG München AfP 2001, 137; 1990, 46; OLG Koblenz AfP 1989, 752; *Heuchemer* AfP 2010, 223).

Dies kann der Fall sei bei der Veröffentlichung von Nacktaufnahmen (vgl. OLG Karlsruhe NJW-RR 1994, 95; OLG Hamburg ZUM 1986, 352; OLG Frankfurt a. M. AfP 1987, 527; *Damm/Rehbock* Rn. 960; *Prinz/Peters* Rn. 746, 908; *Soehring/Hoene* Rn. 32.44). Die Veröffentlichung von Nacktfotos ohne Einwilligung stellt auch dann eine schwere Persönlichkeitsverletzung dar, wenn diese zuvor mit Einwilligung des Betroffenen in einer anderen Zeitschrift abgedruckt wurden (vgl. *Damm/Rehbock* Rn. 960; *Prinz/Peters* Rn. 908; Helle S. 221; aA AG Hamburg AfP 1991, 658; zum Schutzbereich der Intimsphäre vgl. → Kap. 42 Rn. 17 ff.). Gleiches gilt für die nicht genehmigte Bildveröffentlichung in einer „Kontaktanzeige" (vgl. AG Nürnberg NJW-RR 2001, 1293). Erfolgt eine Entblößung aufgrund eines Missgeschicks des Abgebildeten, so ist die Veröffentlichung des Bildnisses ebenfalls rechtswidrig. Eine Geldentschädigung ist dem Betroffenen dann nicht zuzusprechen, wenn ihm die Entblößung aufgrund einer unzweckmäßigen Kleidungswahl zuzurechnen ist (vgl. LG Hamburg AfP 2006, 198). Eine Berichterstattung über die frühere Mitwirkung in pornographischen Filmen kann eine schwere Verletzung des Persönlichkeitsrechts darstellen, wenn gleichzeitig Spekulationen über das gegenwärtige Liebesleben des Betroffenen angestellt werden sollen (vgl. LG Hamburg AfP 2008, 533). Ergibt sich bezüglich der Richtigkeit einer Berichterstattung aus der Intimsphäre allerdings eine „non-liquet-Situation" und ist der Leserkreis bereits durch Berichterstattungen anderer Medien vorinformiert, entfällt der Anspruch auf eine Geldentschädigung (vgl. LG Chemnitz, NJ 2020, 304).

Die *berufliche Sphäre* (vgl. → Kap. 42 Rn. 7) ist – anders als die Intim- und Privatsphäre – durch **44b** das Persönlichkeitsrecht weniger stark geschützt. Hier hat der Betroffene Kritik grundsätzlich hinzunehmen, sofern sie keine Schmähkritik darstellt und keine soziale Ausgrenzung, Stigmatisierung oder Prangerwirkung erzeugt (vgl. BGH AfP 2009, 401 [Rn. 31] – spickmich.de; OLG Jena AfP 2010, 279; zur Prangerwirkung vgl. → Kap. 42 Rn. 7 und 16; BVerfG AfP 2006, 552).

Auch Verletzungen der *Privatsphäre* können die erforderliche Eingriffsintensität aufweisen. **44c** Dies kann vor allem dann zu bejahen sein, wenn es sich um wiederholte, hartnäckige und nachhaltige (vgl. LG Berlin AfP 2010, 601) oder voyeuristische (vgl. LG Berlin AfP 2015, 569; LG Hamburg AfP 2008, 104) Verletzungen oder um Gerüchte (vgl. *Soehring/Hoene* Rn. 32.45) handelt.

Dies ist der Fall bei der Veröffentlichung eines heimlich angefertigten Fotos, das den Betroffenen in einer seelischen Ausnahmesituation zeigt (vgl. LG Berlin AfP 2010, 601), der Wiedergabe von „schmutzigen" Details aus einem Ehescheidungsverfahren (vgl. OLG Hamburg AfP 2008, 411) oder einer detaillierten Schilderung der Hochzeit eines bekannten Fernsehmoderators, die unter Ausschluss der Öffentlichkeit stattfand (vgl. LG Hamburg AfP 2009, 103 f.). Eine nicht den Kern der Persönlichkeit eines Menschen berührende Berichterstattung über einen die Privatsphäre berührenden Umstand, der zu boshaften Bemerkungen im beruflichen Umfeld des Betroffenen führt, rechtfertigt dagegen über einen Unterlassungsanspruch hinaus keinen Geldentschädigungsanspruch (vgl. KG Berlin AfP 2018, 152).

Nicht nur eine Verletzung der genannten Sphären, sondern auch abfällige Äußerungen über das *äußere Erscheinungsbild* können einen Geldentschädigungsanspruch des Betroffenen auslösen (vgl. OLG Köln BeckRS 2014, 120946; LG Hannover AfP 2006, 196).

Auch bei *unwahren Behauptungen* kann eine schwere Verletzung des Persönlichkeitsrechts vorliegen, wenn sie das Persönlichkeitsbild wesentlich beschädigen oder geeignet sind, den Ruf des Betroffenen ernstlich zu beeinträchtigen (vgl. OLG Saarbrücken AfP 2010, 84).

Dies kann etwa zu bejahen sein, wenn eine Verhaftete vorschnell und zu Unrecht als Täterin eines Terroristenmordes bezeichnet wird (vgl. OLG Düsseldorf AfP 1980, 54). Eine schwere Persönlichkeitsverletzung wurde etwa ebenso in dem Fall bejaht, dass ein Schlagersänger fälschlich und sogar zweimal als Vater des Kindes einer Ermordeten bezeichnet wurde (vgl. OLG München AfP 1990, 45). Gleiches gilt aber auch bei erfundenen Interviews (vgl. BVerfG NJW 1973, 1223; BGH NJW 1995, 861 (864) – Caroline von Monaco) und bei der Unterschiebung unwahrer Zitate (vgl. BGH NJW 1982, 637; *Steffen* NJW 1997, 11), da solche Äußerungen von den Lesern als besonders glaubhaft angesehen und die Verletzten somit als Zeuge gegen sich selbst angeführt werden (vgl. Prinz/Peters Rn. 748). Genauso schwerwiegend ist die Verletzung, wenn jemand fälschlicherweise Straftaten nachgesagt werden (vgl. BGH ZUM 1986, 147; OLG Koblenz NJW-RR 2000, 1356: angebliche Kündigung wegen Unterschlagung; OLG Brandenburg NJW 1995, 88; LG Hamburg AfP 1994, 164; *Damm/Rehbock* Rn. 964) und gegebenenfalls auch die unwahre Behauptung, jemand vernachlässige seine geschäftlichen oder dienstlichen Verpflichtungen (vgl. *Prinz/Peters* Rn. 749). Gleiches gilt bei der wenn auch verdeckten Behauptung, die Abgebildete habe ein intimes Verhältnis zu einem verheirateten Politiker (vgl. OLG Köln NJW-RR 2000, 470).

Die nötige schwere Verletzung des Persönlichkeitsrechts ist hingegen *nicht* gegeben, wenn der streitige Bericht im Wesentlichen wahr ist; so etwa wenn berichtet wird, ein Strafgefangener sei „ausgebrochen", während er in Wirklichkeit von einem Kurzurlaub nicht zurückkehrte (vgl. LG München I AfP 1972, 276; LG Bonn AfP 1976, 140). Ebenso zulässig war der Bericht über den in öffentlicher Verhandlung erhobenen Vorwurf gegenüber einem angeklagten Rechtsanwalt, „Verträge wie im Bordell" zu schließen (vgl. OLG München AfP 1999, 506). Die schwere Beeinträchtigung fehlt auch, wenn die Adressaten der Erstmitteilung die Unwahrheit kennen (etwa bei der Behauptung, ein katholischer Bischof sei verheiratet). Es kommt stets auf den Einzelfall an.

45 Dies gilt auch für den Fall einer Verletzung durch eine *abträgliche Ausdrucksform,* also durch *Schmähkritik* (vgl. → Kap. 42 Rn. 30 ff.) oder Beleidigungen. Diese bedeuten nicht zwangsläufig eine schwere Persönlichkeitsverletzung (vgl. BGH VersR 1975, 333; *Prinz/Peters* Rn. 750; *Soehring/Hoene* Rn. 32.46), sondern nur dann, wenn die von dem Äußernden beabsichtigte persönliche Herabsetzung des anderen sich in der besonders verachtenden Ausdrucksform manifestiert, wie etwa bei der Bezeichnung einer Fernsehansagerin als „ausgemolkene Ziege", bei deren Anblick den Zuschauern „die Milch sauer" werde (vgl. BGH NJW 1963, 902), bei der Titulierung eines Stadtoberhaupts als „allergrößte Pfeife" (vgl. LG Oldenburg AfP 1995, 680; *Prinz/Peters* Rn. 750), bei der wiederholten Bezeichnung als „schwule Sau" (vgl. LG Köln ZUM 2003, 325) oder die Bezeichnung eines Bundestagspolitikers als „Puff-Politiker" (vgl. KG Berlin AfP 2008, 408; LG Berlin AfP 2007, 64). Generell sind bei Meinungsäußerungen strenge Anforderungen an den Ersatzanspruch zu stellen, da finanzielle Risiken die Bereitschaft einschränken, am Meinungskampf teilzunehmen (vgl. BVerfG NJW 1980, 2069). Deshalb entfiel ein Geldentschädigungsanspruch bei der Bezeichnung eines mehrfachen Straftäters als „Doktorand der Knastologie" (vgl. LG Nürnberg AfP 1972, 84) oder bei der Kennzeichnung einer Fußballmannschaft als „Ganoven-Mannschaft" (vgl. LG Nürnberg AfP 1971, 113). Bei der Beurteilung ist auch das Recht auf *Gegenschlag* zu berücksichtigen (vgl. BGH DB 1970, 153). Von einer unzulässigen Schmähkritik stets abzugrenzen sind auch *satirische* Äußerungen (vgl. OLG Frankfurt a. M. AfP 2008, 611; → Kap. 42 Rn. 35 f.).

45a Anders als im Bereich der Berichterstattung (→ Rn. 44 f.) kann bei Presseerzeugnissen, die durch die *Kunstfreiheit* (Art. 5 Abs. 3 S. 1 GG) geschützt sind, selbst im Falle schwerer Eingriffe in die Intimsphäre des Betroffenen die Zubilligung einer Geldentschädigung abzulehnen sein. Zu begründen ist dies mit der hohen Bedeutung der Kunstfreiheit, die im Rahmen der gebotenen Abwägung (→ Rn. 44 f.) hinreichend zu berücksichtigen ist (vgl. BGH AfP 2010, 77; OLG Dresden GRUR-RR 2010, 396: Nacktdarstellung einer Oberbürgermeisterin auf einem Gemälde; *Fornasier/Frey* AfP 2009, 112).

46 b) Unabdingbare weitere Voraussetzung für einen Entschädigungsanspruch ist ein *schweres Verschulden* des Verletzers (vgl. BGH NJW 1971, 700; OLG München NJW 1997, 64; OLG Karlsruhe AfP 2006, 263; *Fornasier/Frey* AfP 2009, 110 mwN; *Soehring/Hoene* Rn. 32.54). Das ergibt sich schon aus der Genugtuungsfunktion des Geldentschädigungsanspruch. Denn das unabweisbare Bedürfnis nach einem finanziellen Ausgleich als *ultima ratio* ist erst dann gegeben, wenn ein besonders schwerwiegendes Fehlverhalten vorliegt. Grobe Fahrlässigkeit genügt dabei allerdings (vgl. OLG München AfP 2009, 140; *Damm/Rehbock* Rn. 984 f.; *Soehring/Hoene* Rn. 32.55 f.; Löffler/*Steffen* LPG § 6 Rn. 338).

Der Schweregrad des Verschuldens wird nicht selten wesentliches Indiz für die *Schwere der Persönlichkeitsverletzung* (→ Rn. 44 f.) sein (vgl. OLG Köln NJW-RR 2000, 471 f.; OLG Koblenz NJW 1997, 1376; LG Berlin AfP 2010, 601; *Soehring/Hoene* Rn. 32.56; *Prinz/Peters* Rn. 755; Löffler/*Steffen* LPG § 6 Rn. 336). Von einem schweren Verschulden kann bei einem groben Verstoß gegen die journalistischen Sorgfaltspflichten ausgegangen werden (vgl. OLG München AfP 1990, 45; *Soehring/Hoene* Rn. 32.56). Umgekehrt ist ein Schadensersatzanspruch bereits dann ausgeschlossen, wenn die Presse ihre Sorgfaltspflichten beachtet hatte (vgl. LG Chemnitz NJ 2020, 304) und sich zudem später die Unwahrheit der inkriminierten Äußerung herausstellt. Im letzteren

Fall war die Aussage im Äußerungszeitpunkt sogar rechtmäßig und damit nicht als zur Geldentschädigung verpflichtend anzusehen (vgl. BVerfG NJW-RR 2000, 1210). Es fehlt ebenso an der erforderlichen Schwere der Persönlichkeitsrechtsverletzung, wenn die unwahre Tatsachenbehauptung nur in einer Regionalausgabe einer Zeitschrift enthalten ist und zudem eine Deutung zulässt, die mit der tatsächlichen Situation übereinstimmt (vgl. OLG Karlsruhe NJW-RR 1999, 103).

c) Weiter ist der Anspruch auf Geldentschädigung bei einer Verletzung des Allgemeinen Persönlichkeitsrechts *subsidiär,* kommt also nur in Betracht, wenn keine andere zumutbare Ausgleichsmöglichkeit für die Beeinträchtigung besteht (vgl. BGH AfP 2010, 76; NJW 1996, 986; 1995, 864; AfP 1989, 672; OLG Jena AfP 2010, 278; OLG Karlsruhe AfP 2006, 263; OLG Hamm NJW-RR 2000, 1148; OLG Köln NJW-RR 2000, 470; Damm/Rehbock Rn. 988 ff.; Prinz/Peters Rn. 758; Paschle/Berlit/Meyer/*Wanckel* 43. Abschnitt Rn. 53 ff.; *Soehring/Hoene* Rn. 32.57 ff.; *Fornasier/Frey* AfP 2009, 110; *Steffen* NJW 1997, 10). **47**

Liegt eine im Voraus angekündigte freiwillige *Berichtigungserklärung* der Presse vor, so kann hierdurch auch bei einer frei erfundenen Presseveröffentlichung über die angeblich bevorstehende Hochzeit eines Prominenten eine Geldentschädigung ausgeschlossen sein (vgl. BGH NJW 1995, 864; OLG Hamburg NJW-RR 1999, 1701; OLG Köln NJW-RR 2000, 472; Löffler/*Steffen* LPG § 6 Rn. 338). Eine ordnungsgemäße Berichtigung unwahrer Tatsachenbehauptungen kann den Geldentschädigungsanspruch ebenfalls ausschließen (vgl. BGH NJW 1996, 1135; 1970, 1077; *Damm/Rehbock* Rn. 989). Ein Anspruch kann auch dann ausgeschlossen sein, wenn der Verletzte es versäumt hat, eine an sich mögliche Berichtigung zeitnah zu verlangen (vgl. OLG Karlsruhe NJW 2000, 1577; OLG München AfP 1999, 506; OLG Köln AfP 1982, 182; OLG Stuttgart AfP 1981, 362; LG Berlin AfP 2008, 321; LG Darmstadt ZUM-RD 2019, 103). Anders zu bewerten ist der Fall, dass bei einer Berichtigung nicht gewährleistet wäre, dass sie die Adressaten der Erstveröffentlichung im Großen und Ganzen erreicht, wie etwa bei einem nicht periodischen Druckwerk (vgl. BGH NJW 1970, 1078; OLG Köln NJW-RR 2000, 471; OLG Hamburg AfP 1994, 42; *Prinz/Peters* Rn. 760).

Umgekehrt kann trotz erfolgter Berichtigung ein Geldentschädigungsanspruch verbleiben, wenn ein sich gegen die Grundlagen der Persönlichkeit richtender schwerwiegender Eingriff vorliegt (vgl. BGH NJW 1995, 864; AfP 1988, 35; OLG Köln NJW-RR 2000, 470) oder wenn der Betroffene die Berichtigung gerichtlich durchsetzen muss und seine Rechte erst nach langer Zeit erlangen kann, so dass der Widerruf aufgrund Zeitablaufs faktisch wirkungslos geworden ist (vgl. BGH NJW 1995, 864; NJW-RR 1988, 733; GRUR 1969, 147; OLG München AfP 1990, 45; Löffler/*Steffen* LPG § 6 Rn. 338). Er kann dann eine Geldentschädigung für die in der Vergangenheit erlittene Unbill erhalten (vgl. BGH NJW 1970, 1077; OLG Düsseldorf AfP 1981, 292; OLG Hamburg AfP 1987, 703 (705)). Das Bedürfnis für eine Geldentschädigung kann auch dann gegeben sein, wenn die Berichtigung nicht möglich oder nicht angemessen wirksam ist bzw. wäre, um die Beeinträchtigung zu beseitigen (vgl. BGH GRUR 1970, 370 ff.). Dies gilt gerade bei unerlaubten Bildveröffentlichungen, die in der Regel keine unwahren Tatsachenbehauptungen enthalten (vgl. BGH NJW 1996, 986; OLG Köln NJW-RR 2000, 471; LG Berlin AfP 2010, 601; *Prinz/Peters* Rn. 906).

Der Umstand, dass der Betroffene eine *Gegendarstellung* erwirkt bzw. zu fordern *unterlassen* hat, ist allein kein Grund, deswegen den Anspruch auf Geldentschädigung zu versagen, sofern die übrigen Voraussetzungen dafür vorliegen (vgl. OLG Köln NJW-RR 2000, 471; OLG Karlsruhe NJW-RR 1995, 479; OLG Hamburg NJW-RR 1994, 1177; OLG Koblenz AfP 1989, 754; LG München ZUM 1998, 577; *Prinz/Peters* Rn. 759). Das Unterlassen eines Gegendarstellungsbegehrens lässt allerdings Schlüsse auf das Gewicht des Genugtuungsbedürfnisses zu, weil der Kläger damit zu erkennen gibt, dass er dem Angriff nur geringe Bedeutung beimisst (vgl. Wenzel/*Burkhardt* Kap. 14 Rn. 130). Insofern ist die Frage des Gegendarstellungsbegehrens allein zumindest für die Höhe der Geldentschädigung von Bedeutung (vgl. BGH NJW 1979, 1041). Wenn der Betroffene zudem kein Unterlassungsbegehren und keinen Anspruch auf Abdruck eines Widerrufs bzw. einer Richtigstellung geltend macht, belegt der Betroffene durch sein eigenes Verhalten, dass die Persönlichkeitsrechtsverletzung ersichtlich nicht so schwerwiegend ist, dass ihm an der Wiederherstellung seines Rufes gelegen ist (vgl. OLG Hamburg BeckRS 2009, 19790; OLG Jena BeckRS 2009, 23868; OLG Saarbrücken ZUM-RD 2011, 689; LG **48**

Berlin AfP 2008, 320 (321); LG Frankfurt (Oder) 13.1.2005 – 15 S 40/04; LG Hamburg ZUM-RD 2012, 603; *Soehring/Hoene* Rn. 32.60 f.; *Damm/Rehbock* Rn. 989 ff.).

49 Nach Auffassung des BGH kann ein erwirkter *Unterlassungstitel* den Anspruch auf Geldentschädigung beeinflussen oder unter Umständen sogar ausschließen (vgl. BGH AfP 2010, 76; OLG Hamm NJW-RR 2000, 1147 (1148); LG Berlin AfP 2009, 276; LG München I AfP 1991, 648).

50 d) In *prozessualer* Hinsicht kann die Höhe der Forderung in das Ermessen des Gerichts gestellt werden. Es sind also unbezifferte Klageanträge zulässig (vgl. LG Hannover AfP 2006, 193 (194); *Damm/Rehbock* Rn. 1021). Der Kläger muss allerdings die tatsächlichen Voraussetzungen für die Höhe des Betrages darlegen (vgl. BGH NJW 1974, 1551; 1970, 281) und substantiieren, dass und inwiefern gerade die beanstandete Veröffentlichung zu schwerwiegenden Persönlichkeitsrechtsverletzung geführt hat (vgl. OLG Karlsruhe AfP 2002, 46).

Für die *Höhe des Entschädigungsbetrages* sind nach der Rechtsprechung des BGH (vgl. NJW 1996, 985; 1995, 861 ff.) zahlreiche Faktoren von Bedeutung (vgl. *Prinz* NJW 1996, 954): Die Bedeutung und Tragweite des Eingriffs für die Person des Betroffenen, dessen psychischer und physischer Zustand nach dem Eingriff und das Ausmaß der Belastung seines Ansehens. Weiteres Kriterium ist der Grad der Verbreitung des Presseorgans (vgl. OLG Hamburg AfP 2009, 597) und dessen Auflage. Eine Geldentschädigung ist wegen einer Persönlichkeitsrechtsverletzung durch eine Internetveröffentlichung nicht generell höher oder niedriger zu bemessen als eine Entschädigung wegen eines Print-Artikels (vgl. BGH NJW 2014, 2029). Zu berücksichtigen sind auch Nachhaltigkeit und Fortdauer der Interessenverkürzung. Von Bedeutung sind zudem Anlass und Beweggrund des Schädigers sowie der Grad des Verschuldens (vgl. OLG Köln NJW-RR 2000, 472; *Prinz/Peters* Rn. 755; *Soehring/Hoene* Rn. 32.68 ff.; Wenzel/*Burkhardt* Kap. 14 Rn. 142 ff.).

Insoweit kann auch die erwartete Auflagen- und Gewinnsteigerung relevant werden, wenn sie Anlass war, sich über das Persönlichkeitsrecht des Betroffenen vorsätzlich oder sogar rücksichtslos hinwegzusetzen (vgl. OLG Hamburg AfP 2009, 512; OLG Karlsruhe AfP 2002, 46; OLG Köln NJW-RR 2000, 472). Zwar soll die Geldentschädigung den zusätzlichen Gewinn seitens des Verletzers nicht abschöpfen, jedoch eine ernst zu nehmende Hemmschwelle für ihn darstellen (vgl. BGH AfP 2006, 241; 2005, 67; NJW 1996, 894 f.; OLG Hamburg AfP 2009, 512; Löffler/*Steffen* LPG § 6 Rn. 341). Auch die wirtschaftliche Leistungsfähigkeit des Verletzers kann für die Bemessung der Entschädigung von Bedeutung sein (vgl. BGH AfP 2005, 67). Ebenso zu berücksichtigen sein kann die Solvenz des Geschädigten (vgl. *Prinz* NJW 1996, 954). Die Zahlungs(un)fähigkeit des Schädigers wirkt dagegen nicht haftungsbegrenzend (vgl. OLG Hamburg AfP 2009, 512). Andererseits darf die Pressefreiheit auch nicht wegen möglicherweise drohender übermäßiger Geldentschädigungen im Vorfeld unverhältnismäßig beeinträchtigt werden (vgl. BVerfGE 34, 285; OLG Hamburg AfP 2008, 413; Damm/Rehbock Rn. 1004; Löffler/*Steffen* LPG § 6 Rn. 341). Unter Berücksichtigung der Gewinnerzielung als zusätzlichen Bemessungsfaktor erscheinen Beträge von ca. 15.000 EUR (vgl. OLG München NJW-RR 1996, 1365); ca. 25.000 EUR (vgl. OLG Hamburg NJW-RR 1996, 90); 37.500 EUR (vgl. LG Ansbach NJW-RR 1997, 979), 90.000 EUR (vgl. OLG Hamburg NJW 1996, 2871) oder 215.000 Euro (vgl. OLG Köln BeckRS 2016, 16931) durchaus gerechtfertigt (vgl. *Damm/Rehbock* Rn. 1005 f.; *Prinz/Peters* Rn. 768; Löffler/*Steffen* LPG § 6 Rn. 341; Paschke/Berlit/Meyer/Kröner/*Wanckel* 43. Abschnitt Rn. 60 f.; Wenzel/*Burkhardt* Kap. 14 Rn. 149 ff. jeweils mwN). Beträge jenseits der 50.000 EUR sind verhältnismäßig selten: So wurden einer Minderjährigen 70.000 EUR zuerkannt, nachdem sie in einer Fernsehsendung aufgrund ihres Namens mit der Pornobranche in Zusammenhang gebracht wurde (vgl. OLG Hamm GRUR 2004, 970 ff.). Sechsstellige Beträge werden dem Verletzten nur in Ausnahmefällen zugesprochen, wie dies etwa bei wiederholten, rücksichtslosen Verletzungshandlungen der Fall sein kann (vgl. OLG Hamburg AfP 2009, 512, das eine Geldentschädigung in Höhe von 400.000 EUR zuerkannte; hierzu *Neumeyer* AfP 2009, 465 ff.).

50a Die *Beweislastverteilung* entspricht derjenigen beim Unterlassungsanspruch (→ Rn. 12 ff.). Der Kläger trägt die Beweislast für die Unrichtigkeit der angegriffenen Behauptung bzw. für die Umstände, die einen schweren Eingriff begründen (vgl. OLG Saarbrücken AfP 2010, 84). Erfüllt die Äußerung den Tatbestand der üblen Nachrede gemäß § 186 StGB, kehrt sich die Beweislast um. Der Verletzer muss dann die Richtigkeit der Tatsachenbehauptung beweisen. Wurde die Behauptung dagegen in *Wahrnehmung berechtigter Interessen* aufgestellt, so liegt die Beweislast wiederum beim Verletzten (vgl. BGH NJW 1987, 2226; 1985, 1622; AfP 1985, 117; OLG Frankfurt a. M. AfP 1980, 50; *Prinz/Peters* Rn. 715; *Soehring/Hoene* Rn. 32.9a). Kann er beweisen, dass die journalistische Sorgfaltspflicht missachtet wurde, so ist der Schadensersatzanspruch bei Vorliegen der übrigen Voraussetzungen gegeben. Gelingt der Beweis nicht, so scheidet der Anspruch auf Geldentschädigung mangels rechtswidriger Verletzung des Persönlichkeitsrechts aus (vgl. BGH NJW 1996, 1133; 1987, 2227; 1985, 1622; Prinz/Peters Rn. 715; Löffler/*Steffen* LPG § 6 Rn. 342, 321, 304).

Oft wird es dem Kläger mangels näherer Kenntnis, etwa der Verbreitung des Presseorgans (zB **50b** Auflage der streitbefangenen Ausgabe), nicht sofort gelingen, die Schadenshöhe bzw. geforderte Geldentschädigung zu konkretisieren. In diesem Fall besteht die Möglichkeit, die Verpflichtung zum Schadensersatz bzw. zur Geldentschädigung dem Grunde nach feststellen zu lassen (vgl. *Prinz/Peters* Rn. 717) und/oder Auskunftserteilung gem. § 242 BGB über den Umfang des Rechtseingriffes zu verlangen (vgl. OLG Hamburg AfP 1993, 582; *Soehring/Hoene* Rn. 32.85 f.; Wenzel/*Burkhardt* Kap. 15 Rn. 7 ff.). Daneben kann auch ein unbezifferter Antrag auf Geldentschädigung mit einem Mindestbetrag („nicht unter … EUR") gestellt werden, der im Falle der Berufung noch erhöht werden kann (vgl. BGH NJW 2002, 3769 f.).

IV. Die vermögensrechtlichen Bestandteile des Allgemeinen Persönlichkeitsrechts

Verletzt die Presse Persönlichkeitsrechte, kann sie auch verpflichtet sein, dem Geschädigten eine **50c** fiktive Lizenzgebühr zu zahlen. Grundlage eines entsprechenden Zahlungsverlangens des Betroffenen kann ein deliktsrechtlicher (§ 823 Abs. 1 BGB, § 823 Abs. 2 BGB iVm §§ 22, 23 Abs. 2 KUG; → Rn. 35 ff.) oder ein bereicherungsrechtlicher Anspruch (§ 812 Abs. 1 S. 1 Alt. 2 BGB) sein (vgl. BGH AfP 2010, 238 – Der strauchelnde Liebling; → Rn. 50d).

Das zivilrechtliche Allgemeine Persönlichkeitsrecht umfasst – anders als das verfassungsrechtliche Persönlichkeitsrecht – nicht nur ideelle, sondern auch *vermögenswerte Positionen* (vgl. BVerfG AfP 2009, 250; BGH NJW 2006, 607; 2000, 2197; vgl. → Kap. 42 Rn. 5a). Zu diesen Positionen zählt die Entscheidungsbefugnis des Einzelnen, ob und wie er seine Persönlichkeit wirtschaftlich verwerten möchte (vgl. BGH NJW 2000, 2197). Eine wirtschaftliche Nutzung von beispielsweise der Beliebtheit oder der Bekanntheit eines „Prominenten" (etwa zu Werbezwecken, vgl. BVerfG AfP 2009, 250; BGH AfP 2009, 488, aber auch zu nicht gewerblichen Zwecken, vgl. *Fornasier/Frey* AfP 2009, 113; siehe auch *Ettig* K&R 2016, 12; *Alexander* AfP 2008, 557) ohne dessen Einwilligung kann daher *rechtswidrig* in dessen Persönlichkeitsrecht *eingreifen* und zu einem deliktsrechtlichen Schadensersatzanspruch führen.

Ein Eingriff kann bei der Nutzung kennzeichnender Persönlichkeitsmerkmale vorliegen. Hierunter fallen im Wesentlichen Bilder (vgl. BGH AfP 2010, 238; GRUR 1987, 129), der Name (vgl. BGHZ 81, 77 f.), der Sprachstil (vgl. OLG Hamburg AfP 1989, 761) und das Image (vgl. *Neumeyer* AfP 2009, 467; *Beuthien* NJW 2003, 1221).

Voraussetzung für den deliktsrechtlichen Anspruch ist anders als beim Anspruch auf Geldentschädigung (→ Rn. 44 ff.) keine besonders schwere Persönlichkeitsrechtsverletzung. Für die Bejahung des Anspruchs genügt *fahrlässiges Handeln* (vgl. BGH AfP 2009, 488; OLG München AfP 2007, 241).

Aufgrund des Charakters des Allgemeine Persönlichkeitsrecht als Rahmenrecht (vgl. → Kap. 41 Rn. 3), ist allerdings eine Güterabwägung vorzunehmen, um die für einen Schadensersatzanspruch erforderliche *Rechtswidrigkeit* des Eingriffs ausdrücklich bejahen zu können (vgl. *Neumeyer* AfP 2009, 467).

Im Falle der Verwendung von Bildnissen prominenter Personen ohne deren Einwilligung *zu Werbezwecken* ist vor allem darauf abzustellen, ob durch die Verbreitung desselben ein Informationsinteresse der Allgemeinheit befriedigt und ein Beitrag zur öffentlichen Meinungsbildung geleistet wird (vgl. Kap. 43). In diesen Fällen ist eine Verbreitung des Bildnisses auch ohne Einwilligung des Abgebildeten zulässig, so dass kein rechtswidriger Eingriff in das Allgemeine Persönlichkeitsrecht des Betroffenen vorliegt. Grundsätzlich fehlt ein solches Informationsinteresse bei reinen Werbeanzeigen, wenn sie ausschließlich den wirtschaftlichen Interessen des mit der Abbildung Werbenden dienen (vgl. BVerfG AfP 2009, 487; BGHZ 169, 345; OLG München AfP 2007, 238). Weist die Werbeanzeige jedoch neben der Werbebotschaft zugleich einen Informationsgehalt für die Allgemeinheit auf, ist eine Schadensersatzpflicht ausgeschlossen (vgl. BGHZ 169, 345; *Alexander* AfP 2008, 556). Der Annahme eines Informationsgehalts der Werbung steht dabei nicht entgegen, dass sich die betreffende werbende Äußerung in unterhaltender oder satirischer Art mit einem in der Öffentlichkeit diskutierten Ereignis auseinandersetzt (vgl. BVerfG K&R 2020, 370 – Mitarbeiter des Monats; BGH AfP 2008, 598; 2008, 600). Insofern stellt eine bloße Aufmerksamkeitswerbung bei gleichzeitig vorliegendem Informationsinteresse keinen rechtswidrigen Eingriff des Werbenden dar (vgl. BGH AfP 2010, 239). Zulässig ist daher die Nutzung von Bildnissen zu Werbezwecken auf dem Titelbild eines Presseerzeugnisses, wenn letzteres eine zulässige Berichterstattung über die abgebildete Person enthält (vgl. BGH NJW-RR 1995, 790), die Bildunterschrift auf dem Titelblatt selbst eine die Abbildung rechtfertigende Berichterstattung darstellt (vgl. BGH GRUR 2009, 1087) oder die Werbung mit dem Bildnis dazu dient, die Öffentlichkeit über die Gestaltung und die Thematik einer neuen Zeitung zu informieren (vgl. BGH AfP 2010, 240). Wird der Werbewert des Betroffenen jedoch über eine solche Aufmerksamkeitswerbung hinaus genutzt, also zB der Eindruck erweckt, der Abgebildete identifiziere sich mit dem Produkt oder empfehle es (vgl. BGHZ 169, 347), oder kommt es zu einem gedanklichen Imagetransfer vom Abgebildeten zu dem beworbenen Produkt seitens des Rezipienten (vgl. BGH AfP 2010, 239), so dürfte sich regelmäßig das Allgemeine Persönlichkeitsrecht des Abgebildeten mit der Folge durchsetzen, dass ihm ein Schadensersatz zuzusprechen ist.

Die *Höhe des Schadensersatzes* kann in drei verschiedenen Weisen berechnet werden (vgl. *Wandtke/Bullinger* KUG § 22 Rn. 27; *Alexander* AfP 2008, 564). Durch die Darlegung des tatsächlich erlittenen Schadens (→ Rn. 36 ff.), die Feststellung des Gewinns, den der Verletzer durch seine deliktische Handlung erzielt hat, wenn die fragliche Berichterstattung der Presse erfunden oder falsch ist, da in diesen Fällen die beiden anderen Methoden mangels eines „Marktes für Lügen" (vgl. *Neumeyer* AfP 2009, 469) versagen dürften, oder die *Lizenzanalogie* (vgl. *Soehring/Hoene* Rn. 32.23; kritisch hierzu *Ehmann* AfP 2007, 84, jeweils mwN). Der Geschädigte kann auf diesem Wege das Entgelt verlangen, das üblicherweise für die einvernehmliche „Nutzung" des Persönlichkeitsrechts zu zahlen gewesen wäre. Die Höhe des Betrages kann vom Gericht nach freier Überzeugung gem. § 287 ZPO festgesetzt werden, sofern ihm hinreichende tatsächliche Anhaltspunkte zur Verfügung stehen (vgl. BVerfG AfP 2009, 251; BGH NJW 1992, 2084; OLG München AfP 2007, 241).

Die angemessene fiktive Lizenzgebühr hat das Gericht festzusetzen, wobei alle Umstände des konkreten Falls zu berücksichtigen sind. Zu berücksichtigen sind zB der Bekanntheitsgrad des Abgebildeten (vgl. OLG Hamburg AfP 2010, 591), der Sympathie-/Imagewert des Betroffenen (vgl. BVerfG AfP 2009, 251) sowie die Auflagenstärke und die Verbreitung des Periodikums. Weiterhin kommt es auf die Art und Gestaltung, etwa der Anzeige, sowie die Werbewirkung der Bildveröffentlichung an (vgl. BVerfG AfP 2009, 251; BGH NJW 1992, 2084; OLG München AfP 2007, 241; Schricker/Loewenheim/*Götting* KUG §§ 33–50 Rn. 10 ff.).

Eine fiktive Lizenzgebühr ist aber in den Fällen ausgeschlossen, in denen die Parteien nach der Verkehrssitte vernünftiger Vertragspartner für die Autorisierung der konkret angegriffenen Veröffentlichung keine Honorarzahlung vereinbart hätten (vgl. LG Hamburg AfP 2008, 103), wenn der Betroffene üblicherweise gar keine Vergütung erhält, etwa bei der Ablichtung eines anonymen Herrn, wie er seiner Frau höflich in den Mantel hilft (AG Leipzig AfP 1991, 659) oder der Ablichtung eines Fotomodells im Rahmen einer Alltagstätigkeit, soweit keine werblichen Intentionen verfolgt werden (vgl. AG Hamburg AfP 1995, 528). Gleiches gilt – im Gegensatz zu werbenden – für publizistische Nutzungshandlungen, durch die rechtswidrig in das Allgemeine Persönlichkeitsrecht eingegriffen wird. Auch in diesen Fällen werde nach allgemeiner Auffassung keine Lizenzgebühr zwischen Schädiger und Geschädigtem vereinbart (vgl. LG Hamburg AfP 2010, 196; LG Potsdam BeckRS 2014, 16331; allgemein zu etwaigen Ansprüchen auf Lizenzgebühren bei der publizistischen Nutzung von Persönlichkeitsrechten *Schertz/Reich* AfP 2010, 1; *Seitz* AfP 2010, 127). Eventuell kommen in diesen Fällen einer Rechtsverletzung aber Schadensersatz nach den beiden anderen Berechnungsmethoden oder eine Geldentschädigung (→ Rn. 43 ff.) in Betracht.

Neben den deliktsrechtlichen sind auch *bereicherungsrechtliche Ansprüche* aus § 812 Abs. 1 S. 1 Alt. 2 BGB denkbar (vgl. BGH AfP 2008, 599; NJW 1992, 2085), auf die ein Verlangen nach einer fiktiven Lizenzgebühr gestützt werden kann. **50d**

Die wirtschaftliche Komponente des Persönlichkeitsrechts (und damit die Entscheidungsfreiheit über das Ob und Wie seiner Nutzung) wird alleine seinem Träger zugewiesen. Eine Nutzung durch einen Dritten stellt damit einen *Eingriff* im Sinne des Bereicherungsrechts dar, die „auf Kosten" (§ 812 Abs. 1 S. 1 Alt. 2 BGB) des Berechtigten erfolgt.

Das ohne rechtlichen Grund Erlangte – die Nutzungsmöglichkeit der Persönlichkeitsmerkmale (zB ein Bildnis) – kann der Schuldner (Verletzer) nicht in natura herausgeben, so dass er gemäß § 818 Abs. 2 BGB *Wertersatz* zu leisten hat (vgl. Wandtke/Bullinger KUG § 22 Rn. 26). Dieser richtet ebenfalls nach der fiktiven Lizenzgebühr in Höhe der angemessenen Vergütung, die im Falle eines Vertragsabschlusses zu den üblichen Bedingungen zu zahlen gewesen wäre (vgl. BVerfG AfP 2009, 251 mwN; → Rn. 50c).

Auf ein *Verschulden* des Verletzers kommt es bei § 812 BGB nicht an, da es sich nicht um einen Schadensersatz- sondern um einen Bereicherungsanspruch handelt (vgl. BGH NJW 1992, 2085).

V. Die Verjährung

Ansprüche aus unerlaubter Handlung verjähren gemäß §§ 195, 199 BGB binnen drei Jahren. Der Fristablauf beginnt mit dem Ende des Kalenderjahres, in dem der Gläubiger von den den Anspruch begründenden Umständen und der Person des Schuldners Kenntnis erlangt oder ohne grobe Fahrlässigkeit erlangen müsste (vgl. Wenzel/*Gamer/Peifer* Kap. 13 Rn. 150 ff.; *Damm/Rehbock* Rn. 907; Löffler/*Steffen* LPG § 6 Rn. 297). Die Verjährung tritt jedoch auch ohne Kenntnis des Geschädigten spätestens dreißig Jahre nach dem schädigenden Ereignis bzw. zehn Jahre nach Entstehung des Anspruchs ein (vgl. § 199 Abs. 3 BGB). Diese Regelung gilt für den Schadensersatzanspruch aus §§ 823, 824 BGB sowie für den Unterlassungsanspruch aus §§ 823, 1004 analog BGB. Sie gilt entsprechend für die Berichtigungsansprüche, insbesondere den Widerrufsanspruch (vgl. Wenzel/*Gamer/Peifer* Kap. 13 Rn. 149 ff.). Wird allerdings der deliktische Anspruch auf Verletzungen des Wettbewerbsrechts gestützt, so ist die kurze Verjährungsfrist von sechs Monaten gemäß § 11 UWG zu beachten (vgl. Wenzel/*Gamer/Peifer* Kap. 13 Rn. 153; → Kap. 78 Rn. 12). Eine Hemmung des Fristenlaufes ist durch Klageerhebung möglich (§ 204 Abs. 1 Nr. 1 BGB). Seit der Reform des Schuldrechts kommt Anträgen auf einstweiligen Rechtsschutz ebenfalls eine hemmende Wirkung zu (§ 204 Abs. 1 Nr. 9 BGB; vgl. Löffler/*Steffen* LPG § 6 Rn. 274 und 323. **51**

Darlegungs- und beweisbelastet für die Voraussetzungen der Verjährung ist der Schuldner (vgl. OLG Hamburg AfP 2009, 513).

VI. Die Zuständigkeit der Gerichte

1. *Sachlich* zuständig sind grundsätzlich die Zivilgerichte. Die im Deliktsrecht der §§ 823 ff. BGB wurzelnden Schadensersatz-, Unterlassungs- und Berichtigungsansprüche gegenüber Medienäußerungen, Äußerungen von Regierungsmitgliedern oder Beamten sowie Presseerklärungen öffentlich-rechtlicher Krankenkassen sind bürgerlich-rechtlicher Natur (vgl. BGH NJW 2003, 1192; 1976, 1198; BVerwG NJW 1994, 2500; OLG Koblenz GRUR 1973, 42; *Soehring/Hoene* Rn. 30.24). **52**

Wegen der gebotenen Sachnähe der Fachgerichte für die strafprozessnahen Fragestellungen bejaht die Rechtsprechung jedenfalls für laufende Ermittlungsverfahren der Staatsanwaltschaft gleichfalls den Zivilrechtsweg (vgl. OLG Stuttgart NJW 2001, 3797; OVG Münster NJW 2001, 3803; OLG Karlsruhe NJW 1995, 899; OLG Hamm NStZ 1995, 412).

Behördliche Verlautbarungen erfolgen dagegen als Ausprägung hoheitlicher Tätigkeiten. Sie sind daher auf dem Verwaltungsrechtsweg zu verfolgen (vgl. BVerwG NJW 1992, 62; 1989, 412; OLG Düsseldorf AfP 1980, 47; Löffler/*Steffen* LPG § 6 Rn. 282; *Soehring/Hoene* Rn. 30.24; aA OVG Münster NJW 1995, 1629).

53 2. Die örtliche Zuständigkeit der Gerichte ergibt sich nach den Vorschriften der ZPO bzw. Art. 7 Nr. 2 EuGVVO (auch Brüssel Ia-VO genannt; vgl. → Kap. 32 Rn. 7 f.).

Im Falle staatsübergreifender Rechtsverletzungen regelt die Rom II-VO innerhalb der Staaten der Europäischen Union das auf außervertragliche Schuldverhältnisse anzuwendende Recht. Ansonsten gelten entsprechend gemäß Art. 40 EGBGB die Bestimmungen des IPR (vgl. → Kap. 33 Rn. 8 f.).

54 3. Die *erstinstanzliche* Zuständigkeit des Amts- oder Landgerichts richtet sich gem. §§ 23, 71 GVG nach dem Streitwert: sofern dieser den Wert von 5.000 EUR nicht übersteigt, sind die Amtsgerichte zuständig.

10. Abschnitt. Das pressespezifische Vertragsrecht

Literatur:

Biedermann, Der Kontrahierungszwang im Anzeigenwesen, Frankfurt/Main 1987; *Dense,* Die rechtliche Problematik der Anzeigenblätter, Diss., Münster 1974; *Holzgraefe/Thomale,* Die »Werbeblocker II«-Entscheidung des BGH – Eine verfassungsrechtliche Würdigung, ZUM 2019, 887 ff.; *Ipsen,* Presse-Grosso im Verfassungsrahmen, Berlin 1980; *Kogon,* Information oder Herrschen die Souffleure, Hamburg 1964; *Schiwy/Schütz/Dörr,* Medienrecht, 5. Aufl., Köln 2010; *Löffler,* Presserecht, 6. Aufl. München 2015; *Palandt,* BGB, 80. Auflage München 2021; *Rath-Glawatz/Engels/Dietrich,* Das Recht der Anzeige, 3. Auflage 2006 Köln; *Söder,* Störerhaftung des Pressegroßhandels für Persönlichkeitsrechtsverletzungen in Druckwerken, in *Weberling/Wallraf/Deters,* Im Zweifel für die Pressefreiheit, Baden-Baden 2008; *Wenzel,* Rechtsprobleme des Presse-Grosso, AfP 1979, S. 380 ff.

45. Kapitel. Zeitungskauf und Abonnement

I. Die Rechtsnatur des Vertrages

Der auf den Erwerb einer Zeitschriften- oder Zeitungsnummer gerichtete Vertrag ist ein (Sach-) Kaufvertrag iSd § 433 Abs. 1 S. 1 BGB. In der Regel erfolgt dies durch einen sog. *Handkauf* einer einzelnen Ausgabe zwischen dem Einzelhändler als Verkäufer und dem Leser als Käufer. Es handelt sich hier um ein typisches Bargeschäft des täglichen Lebens, bei dem die (rechtlich zu trennende) schuldrechtliche Verpflichtung und sachenrechtliche Erfüllung durch Übereignung innerhalb eines tatsächlichen Aktes vollzogen werden. 1

Ebenfalls um einen Kaufvertrag handelt es sich bei dem *Abonnementvertrag* zwischen dem Leser (als Käufer) und dem Zeitungsverleger (als Verkäufer). Er begründet ein kaufrechtliches Dauerschuldverhältnis (vgl. OLG Karlsruhe NJW 1991, 2913; zur Vertragsdauer vgl. → Kap. 46 Rn. 10). Vertragsgegenstand ist die *Zeitungsausgabe* als vom Verleger in eigener Verantwortung fertig gestellte *Ware* zum Zwecke des Erwerbs, nicht die *Herstellung* der Zeitung im Sinne einer Wertschöpfung für den Besteller. Die hiernach bestehende Entscheidungsfreiheit des Verlegers, in welchem Umfang und in welcher Form er außer Nachrichten und Kommentaren auch Werbung in seine Zeitung aufnimmt, hat zur Folge, dass ein Anspruch des Abonnenten, ihm die Zeitung ohne Werbebeilagen zuzustellen, nicht besteht (vgl. OLG Brandenburg GRUR-Prax 2015, 384 OLG Karlsruhe NJW 1991, 2913; OLG Koblenz NJOZ 2013, 929; zur unerwünschten Briefkastenwerbung vgl. → Kap. 74 Rn. 36). In Sonderfällen, zB bei Anlageempfehlungen in einem Börseninformationsdienst, kann der Abonnementvertrag auch Elemente eines Geschäftsbesorgungsvertrages (§ 675 BGB) annehmen (vgl. BGH NJW 1978, 997 ff.). 2

Da der Verleger idR ein Handelsgewerbe betreibt und damit gemäß § 1 HGB *Kaufmann* ist, stellt sich der (beim Zeitungs- und Zeitschriftenabonnement übliche) Bezug direkt vom Verleger als ein (idR einseitiges) Handelsgeschäft (§§ 343, 345 HGB) mit der Folge dar, dass die speziellen Vorschriften über den Handelskauf (§§ 373 ff. HGB) zu beachten sind. 3

Besondere Bedeutung für den bei Zeitungen oder Zeitschriften üblichen Abschluss eines Abonnementvertrages haben die Regelungen für Ratenlieferungsverträge zwischen Verbraucher und Unternehmer in § 505 BGB, die auf Grund der Vorgaben einer EU-Verbraucherschutzrichtlinie im Rahmen der Schuldrechtsmodernisierung in das BGB aufgenommen wurden. 4

Allgemeine Voraussetzung für das bei Ratenlieferungsverträgen gewährte Widerrufsrecht binnen zwei Wochen ist jedoch, dass es sich bei dem Abonnenten um einen Verbraucher handelt.

Die Frist beginnt gem. § 356 Abs. 2 S. 1 BGB mit dem Zeitpunkt, zudem dem Besteller eine deutlich gestaltete Belehrung über sein Widerrufsrecht mitgeteilt worden ist. Diese muss Namen und Anschrift des Widerrufsempfängers enthalten. Außerdem muss sie auf den Fristbeginn und auch darauf hinweisen, dass der Widerruf keiner Begründung bedarf und in Textform und innerhalb von zwei Wochen zu erklären ist und zur Fristwahrung die rechtzeitige Absendung genügt (§§ 355 Abs. 2 S. 1 iVm 356 Abs. 1 S. 2 BGB).

Das Widerrufsrecht erlischt spätestens sechs Monate nach Vertragsschluss. Dies gilt jedoch nicht, wenn der Verbraucher nicht ordnungsgemäß über sein Widerrufsrecht belehrt worden ist (§ 356 Abs. 3 S. 1 u. 3 BGB).

Dieselben Vorschriften über das gesetzliche Widerrufsrecht in § 355 BGB gelten auch dann, wenn das Abonnement an der Haustüre oder am Arbeitsplatz geworben wurde (vgl. § 367 BGB). Die spezifischen Voraussetzung für den Widerruf bei Haustürgeschäften, die einen Mindestwert von 30,00 EUR vorsieht (vgl. § 367 Abs. 1 S. 2 Ziff. 2 BGB), ist bei Zeitungs- oder Zeitschriftenabonnements regelmäßig erfüllt.

II. Vertragspflichten und Gewährleistung

5 Wesentliche vertragliche Pflichten aus dem Kaufvertrag sind für den Käufer die Zahlung des Kaufpreises und die Abnahme der gekauften Sache (§ 433 Abs. 2 BGB), für den Verkäufer die Übergabe der Sache und die Verschaffung des Eigentums (§ 433 Abs. 1 S. 1 BGB) frei von Rechten Dritter (*Rechtsmängelhaftung,* § 433 Abs. 1 S. 2, § 435 BGB). Im Rahmen eines Abonnementvertrages schuldet der Verlag hierzu lediglich die Zustellung einer Zeitung bis an die Grundstücksgrenze und nicht bis zur Haustür des Abonnenten (vgl. AG Hanau NJW 1989, 398). Erfüllt der Verkäufer seine Pflichten nicht, so kann der Käufer Schadensersatz wegen Nichterfüllung verlangen oder vom Vertrag zurücktreten (§§ 323, 325 BGB; dazu → Rn. 10 ff.).

Der Verleger schuldet die jeweilige Zeitungs- bzw. Zeitschriftausgabe als eine von ihm in Eigenverantwortung fertiggestellter Ware. Allein er hat zu entscheiden in welchem Umfang und Inhalt er Nachrichten, Kommentare und Bilder aufnimmt. Der Abonnent hat nur Anspruch auf Belieferung mit dem Presseprodukt in der Form, wie der Verleger sie bestimmt. (vgl. OLG Karlsruhe AfP 1991, 647 ff.)

6 1. Daneben hat der Verkäufer dafür einzustehen, dass die Sache im Zeitpunkt des Gefahrenübergangs frei von Sachmängeln ist. Sie muss deshalb der vereinbarten Beschaffenheit entsprechen (§ 434 Abs. 1 S. 1 BGB). Soweit die Beschaffenheit nicht vereinbart wurde, ist die Sache mangelfrei, wenn sie sich für die nach dem Vertrag vorausgesetzte Verwendung eignet (§ 434 Abs. 1 S. 2 Ziff. 1 BGB) oder sich für die gewöhnliche Verwendung eignet und eine Beschaffenheit aufweist, die bei Sachen der gleichen Art üblich ist und die der Käufer nach der Art der Sache erwarten kann (§ 434 Abs. 1 S. 2 Ziff. 2 BGB). Bei einem Sachmangel kann der Käufer nach §§ 437, 439 Nacherfüllung verlangen oder den Kaufpreis mindern (§§ 437 ff., 441 BGB). Daneben kann auch ein Schadenersatzanspruch wegen Nichterfüllung in Frage kommen (§§ 437, 440, 280 ff., 311a BGB).

7 Ob ein Sachmangel vorliegt, richtet sich somit zunächst nach den individuellen Vereinbarungen der Vertragsparteien über die Beschaffenheit der Ware („subjektiver Fehlerbegriff"). Fehlt es an einer Vereinbarung, kommt es auf die nach dem Vertrag vorausgesetzte oder gewöhnliche Verwendung an („objektiver Fehlerbegriff"). Da eine Vereinbarung über die fehlerlose Beschaffenheit grundsätzlich nicht getroffen wird, kommt es in der Regel auf den objektiven Fehlerbegriff an.

Danach liegt mangels vertraglich vorausgesetzter Verwendungsfähigkeit ein Sachmangel vor, wenn das gelieferte Zeitungsexemplar erheblich verschmutzt oder infolge mangelhaften Drucks teilweise unleserlich ist. Dagegen besteht hinsichtlich der inhaltlichen Richtigkeit der Zeitung keine vertragliche Gewährleistungspflicht. Das Risiko unzutreffender Nachrichten liegt in der Natur der Sache und führt nach dem übereinstimmenden Willen der Vertragspartner nicht zu einer fehlerhaften Beschaffenheit der Ware „Zeitung" (hinsichtlich falscher Informationen über die Marktlage im Gebrauchtwagenhandel vgl. BGH NJW 1965, 36 ff.; ferner BGH NJW 1957, 1149, mAnm *Löffler;* vgl. BGH NJW 1958, 138; *Foerste* NJW 1991, 1433). Falsche Informationen (zB Kredit schädigende Tatsachenbehauptungen) können daher lediglich zu der gesetzlichen Haftung gemäß §§ 823 ff. BGB gegenüber dem Betroffenen selbst führen (vgl. Kap. 42; BGH NJW 1970, 1963).

Eine Haftung des Verlegers für die inhaltliche Richtigkeit der vertriebenen Zeitung kommt in aller Regel nicht in Frage. Denn seine Gewährleistungspflicht gemäß §§ 434 ff. BGB bezieht sich nur auf die körperliche Beschaffenheit und eine daraufbezogene Fehlerlosigkeit wie zB fehlerhaftes Papier, schlechte Druckqualität, Freiheit von Rechten Dritter (vgl. *Soehring/Hoene* Rn. 23.9; BGHZ 70, 356).

In Ausnahmefällen denkbar ist jedoch eine Haftung des Verlegers für den Inhalt (zB für Anlageempfehlungen in einem Börseninformationsdienst) nach Maßgabe der §§ 280 ff. BGB, wenn der Verlag mit Abschluss des Abonnementvertrages eine besonders qualifizierte entgeltliche Beratung versprochen hat (vgl. BGH NJW 1978, 997 ff.; Wenzel/*Burkhardt/Peifer* Kap. 10 Rn. 261; aA *Schröder* NJW 1980, 2279). Die Sorgfaltspflichten dürfen allerdings nicht überspannt werden. Gleiches gilt für eine Haftung des Verlegers für Druckfehler, wobei aber zu differenzieren ist. Eine Vereinbarung über die fehlerlose Beschaffenheit wird grundsätzlich nicht getroffen, so dass es auf den objektiven Fehlerbegriff ankommt. Bei üblichen für den Leser erkennbaren Schreibfehlern entfällt nicht die Eignung der Zeitung zur Informationsgewinnung als gewöhnliche Verwendung. Im Presse- und Verlagswesen sind solche Schreibfehler nicht zu vermeiden, was von dem Käufer auch nicht anders erwartet werden kann (vgl. § 434 Abs. 1 S. 2 Ziff. 2 BGB; Wenzel/*Burkhardt/Peifer* Kap. 10 Rn. 258a). Eine Haftung des Verlegers, auch des Herausgebers und Autors, für solche einfachen Druckfehler besteht nicht (vgl. BGH NJW 1973, 843; 1965, 36; BGB; Wenzel/*Burkhardt/Peifer* Kap. 10 Rn. 262). Eine Anwendung des Produkthaftungsgesetzes bei inhaltlichen Fehlern, die trotz Beachtung der von § 6 LPG vorausgesetzten pressemäßigen Sorgfaltsanforderungen aufgetreten sind, würde hingegen die Pressefreiheit unzulässig beschränken. Wenn die Anforderungen an die pressegemäße Sorgfalt beachtet worden sind, liegt schon kein Fehler iSd § 3 ProdHaftG vor.

Zu den (auch stillschweigend) *zugesicherten Eigenschaften als vertraglich vereinbarte Beschaffenheit,* 8
für deren Vorliegen der Verleger einzustehen hat, gehören die charakteristischen Merkmale der Zeitung hinsichtlich des von ihr fachlich behandelten Themengebietes (zB Sportzeitung). Allerdings setzt der Begriff der „Eigenschaft" voraus, dass es sich um ein Merkmal handelt, dass der Sache mit einer gewissen Dauer anhaftet und infolge seiner Beschaffenheit Einfluss auf die Brauchbarkeit der Sache hat. Entgegen der noch in der Vorauflage vertretenden Ansicht handelt es sich bei der bisherigen politischen, wirtschaftlichen oder religiösen Tendenz des Presseerzeugnisses nicht um eine zugesicherte Eigenschaft, so dass ein Wechsel dieser Tendenz nicht zu Gewährleistungsansprüchen führt.

Die Gewährleistungspflicht des Verlegers für Sachmängel kann durch vertragliche Verein- 9
barung mit dem Abonnenten ausgeschlossen oder geändert werden (zB Beschränkung auf Nachbezug innerhalb 12 Stunden). Ein solcher Haftungsausschluss ist jedoch nichtig, soweit er sich auf arglistig verschwiegene Mängel oder zugesicherte Eigenschaften bezieht (§ 444 BGB). In der Praxis üblich ist der Haftungsausschluss „bei Streik oder sonstigen Fällen höherer Gewalt". Ein pauschaler Haftungsausschluss für den Inhalt des Druckwerks im Impressum („Inhalt ohne Gewähr") ist zumindest für Fälle grober Fahrlässigkeit unwirksam (vgl. BGH NJW 1978, 997 ff.).

Soll die Haftung nicht durch einzelvertragliche Vereinbarung, sondern durch „allgemeine Geschäftsbedingungen" (AGB) beschränkt werden, so sind für deren Wirksamkeit die §§ 305 ff. BGB zu beachten. Danach kann zB die Haftung für grobe Fahrlässigkeit und Vorsatz nicht ausgeschlossen werden (§ 309 Ziff. 7b BGB).

2. Für die Vertragsparteien besteht eine Haftung für Störungen bei der Erfüllung der gegen- 10
seitigen Vertragspflichten (sog. *Leistungsstörungen*), für den Käufer insbesondere im Fall des Zahlungsverzuges, für den Verkäufer im Fall des Lieferungsverzuges und der Unmöglichkeit der Leistung. Voraussetzungen und Rechtsfolgen sind in den § 376 HGB, §§ 320–327 BGB geregelt. Hinsichtlich des Annahmeverzuges des Käufers (etwa weil der Abonnent die Annahme der gelieferten Periodika verweigert) und des daraus folgenden Gefahrenübergangs sind die §§ 293 ff. BGB maßgebend.

a) Schuldnerverzug: Ist danach der Käufer bzw. der Verkäufer im (Zahlungs- bzw. Lieferungs- 11
)Verzug (zu vertretende Nichtleistung trotz Fälligkeit und Mahnung § 286 BGB), so kann der andere zunächst seine Leistung zurückhalten (§ 320 BGB) und dem Vertragspartner eine angemessene Frist setzen mit der (nicht mehr zwingend vorgesehenen) Erklärung, dass er die Annahme der Leistung nach Ablauf dieser Frist ablehne (§ 323 Abs. 1 BGB). Verstreicht diese Nachfrist ergebnislos, kann der andere vom Vertrag zurücktreten oder Schadensersatz wegen Nichterfüllung verlangen. Erfüllt der Vertragspartner noch, so hat der andere Anspruch auf Ersatz eines eventuellen Verspätungsschadens (§ 325 BGB).

12 Daneben kommen auch die Vorschriften zur Anwendung, die für derartige Fallgestaltungen mit einem besonderen Interesse an rechtzeitiger Erfüllung vorgesehen sind: Da die Leistungszeit durch den Ausgabetag der jeweiligen Nummer nach dem Kalender bestimmt ist, kommt der Verkäufer ohne Mahnung allein dadurch in *Verzug,* dass er (schuldhaft) nicht zu dem vertraglich festgelegten Zeitpunkt liefert (§ 286 Abs. 2 Nr. 1 BGB). Auch die für die Verzugsfolgen des § 323 BGB vorausgesetzte Setzung einer *Nachfrist entfällt* hier, da die nachträgliche Erfüllung für den anderen Vertragsteil idR kein Interesse hat (Lieferung am nächsten Tag; vgl. Palandt/*Grüneberg* BGB § 323 Rn. 22). Der Käufer der Tageszeitung hat somit nach Ablauf des Ausgabetages die Rechte aus § 323 BGB. Eine Ablehnungsandrohung ist nicht erforderlich.

13 Weitere Besonderheiten sind dann zu beachten, wenn es sich um einen Abonnementvertrag zwischen Käufer und Verleger handelt. Da der Verkäufer (Verleger) idR ein Handelsgewerbe betreibt und damit Kaufmann gemäß § 1 HGB ist, finden die Vorschriften über den (einseitigen) Handelskauf (§§ 373 ff. HGB) Anwendung (→ Rn. 3). Wegen der fest bestimmten Lieferzeit einer Tageszeitung liegen die Voraussetzungen eines Fixhandelskaufs vor (§ 376 HGB). Unabhängig von einem Verzugsverschulden hat der Abonnent dann die Rechte zum Rücktritt bzw. auf Schadensersatz wegen Nichterfüllung, *ohne* dass es noch einer *Ablehnungserklärung* bedarf. Eine Erklärung des Käufers ist nur dann erforderlich, wenn er weiterhin auf *Erfüllung* besteht (§ 376 Abs. 1 S. 2 HGB).

14 Beim Abonnement stellt sich die weitere Frage, ob der Abonnent diese Rechte lediglich hinsichtlich der verspäteten Zeitungsnummer hat oder auch vom gesamten Bezugsvertrag zurücktreten oder Schadensersatz wegen Nichterfüllung verlangen kann. Grundsätzlich bezieht sich die Verzugshaftung bei einem solchen *Sukzessivlieferungsvertrag* (vgl. Palandt/*Grüneberg* BGB Überbl. v. § 311 Rn. 28) auf die *einzelne* Leistung (Palandt/*Grüneberg* BGB Überbl. v. § 311 Rn. 34). Wird durch die Säumnis jedoch der gesamte Vertragszweck in Frage gestellt und ist dem anderen Teil die Fortsetzung des Vertragsverhältnisses nach Treu und Glauben nicht mehr zuzumuten, so kann bezüglich des noch nicht abgewickelten Gesamtvertrages Rücktritt oder Schadensersatz verlangt werden (vgl. Palandt/*Grüneberg* BGB § 314 Rn. 11). Bei einem Zeitungslieferungsvertrag werden diese Voraussetzungen idR nur bei häufiger (zB zweimal pro Monat bei Tageszeitungen) Lieferungsverzögerung oder -ausfall vorliegen.

15 b) Im Unterschied zu den Fällen des Verzuges ist in denjenigen der sog. *Unmöglichkeit* der Schuldner zur Erbringung seiner Leistung nicht im Stande. Dabei sind unterschiedliche Konstellationen möglich und zwar die objektive und die subjektive (= Unvermögen) Unmöglichkeit, je nachdem, ob die Leistung generell oder nur dem Schuldner unmöglich ist. Während der auf eine (zum Vertragszeitpunkt) bereits (objektive) unmögliche Leistung gerichtete Vertrag gemäß § 311a BGB danach zu beurteilen ist, ob der Schuldner dies zurechenbar bei Vertragsschluss wusste (die Zeitschrift war schon vor der Bestellung eingestellt), richtet sich in den übrigen Fällen die Haftung der Vertragspartner nach § 275 BGB, hinsichtlich der Gläubigerrechte nach §§ 275 Abs. 4, 280, 283–285, 311a und 326 BGB. Dabei ist für das Kaufrecht bedeutsam, dass anfängliche und nachträgliche Unmöglichkeit einander gleichstellt sind (vgl. Palandt/*Grüneberg* BGB § 275 Rn. 4). Für seine *Zahlungsfähigkeit* hat der Käufer in jedem Falle einzustehen. Das Gleiche gilt hinsichtlich der Lieferfähigkeit für den Verkäufer von Gattungssachen (zB Zeitung), solange die Leistung aus der Gattung noch möglich ist (§ 279 BGB). Im Übrigen wird die Frage, ob der andere Teil noch leisten muss, danach entschieden, *ob* bzw. *welcher* der Vertragspartner die Unmöglichkeit zu vertreten (vgl. § 286 BGB) hat. Die jeweiligen Rechtsfolgen ergeben sich aus den §§ 323 ff. BGB.

Werden die gegenseitigen Rechte und Pflichten im Falle des Verzuges bzw. der Unmöglichkeit der Leistung durch *Allgemeine Geschäftsbedingungen* von der gesetzlichen Regelung abweichend vereinbart, so sind auch hier die Vorschriften des AGB-Rechts (vgl. → Rn. 9) zu beachten.

46. Kapitel. Das Recht der Grossisten und Einzelhändler

Soweit der Verleger seine Zeitungen oder Zeitschriften nicht direkt an die Leser im Wege des Straßenverkaufs oder an die Abonnenten durch Boten bzw. die Post absetzt, bedient er sich des Großhändlers, der dann die Druckschriften seinerseits in seinem Grossistenbezirk an die Einzelhändler weiterveräußert (vgl. *Kloepfer* AfP 2010, 120 ff.). **1**

Der Großteil der Presseprodukte findet seinen Weg in den Einzelhandel über die derzeit (31.12.2019) 31 Presse-Grosso-Unternehmen in ganz Deutschland (vgl. https://www.presse-grosso.de/fileadmin/user_upload/Presse-Grosso_in_Zahlen/Branche_Presse-Grosso_in_Zahlen_2019.pdf - letzter Abruf 16.10.2020). Die jeweiligen Vertriebsgebiete sind grundsätzlich Alleinvertretungsgebiete, dh der Grossist vertreibt in seinem Vertriebsgebiet sämtlich dort verkäuflichen Zeitungen und Zeitschriften exklusiv. Er ist damit Gebietsmonopolist. Ausnahmen bestehen in Berlin und Hamburg, mit jeweils zwei Grossisten. Hier besteht wiederum eine Objekttrennung. Die Verlage haben den Grossisten die Produkte zugewiesen, die sie jeweils exklusiv vertreiben. Ein Wettbewerb besteht wegen dieser Objekttrennung auch in diesen Vertriebsgebieten nicht. Hintergrund für dieses Gebietsmonopol ist der Umstand, für über den Einzelhandel die „Überallerhältlichkeit" (Ubiquität) der Presseprodukte sicherzustellen. (vgl. Schiwy/Schütz/Dörr S. 601 f.) Andernfalls wäre zudem eine Abrechnung mit mehreren Grossisten, die ihr Remissionsrecht ausüben, nicht oder nur unter wirtschaftlich unverhältnismäßig hohem Aufwand möglich.

I. Das Pressevertriebssystem

Das Pressevertriebssystem ist durch zentrale Verhandlungen (§ 30 Abs. 2a GWB) und Gebietsmonopole (§ 20 GWB) gekennzeichnet. Damit will der Gesetzgeber Diskriminierungen der Verlage beim Zugang zum Vertrieb ebenso zuverlässig ausschließen und zudem gewährleisten, dass Presseprodukte überall erhältlich sind. **1a**

1. Gebietsmonopole

Das durch die Gebietsmonopole der Grossisten geprägte Vertriebssystem hat zur Folge, dass die Verlage keinen Anlass haben, im Hinblick auf bessere Konditionen bei einem Wettbewerber in System zu wechseln. Andererseits haben, auch die Grossisten bei nach § 30 Abs. 1 GWB einheitlichen Preisen und Konditionen kaum Interesse daran, außerhalb ihres Vertriebssystem tätig zu werden. **1b**

2. Zentrales Verhandlungsmandat

Mit § 30 Abs. 2a GWB schuf der Gesetzgeber ein jeweiliges zentrales Verhandlungsmandat für Branchenvereinbarungen zwischen den Zeitschriften- bzw. Zeitungsverleger auf der einen Seite und dem Grossistenverband auf der anderen Seite. Derartige Branchenvereinbarungen sind gemäß Art. 106 Abs. 2 AEUV in Verbindung mit Art. 101 AEUV vom Kartellverbot freigestellt. Beim Zeitungs- und Zeitschriftenvertrieb handelt es sich um Dienstleistungen von allgemeinem wirtschaftlichem Interesse mit marktbezogenen Tätigkeiten, die im Interesse der Allgemeinheit erbracht und daher von den Mitgliedstaaten mit besonderen Gemeinwohlverpflichtungen verbunden werden (vgl. BGH NJW 2016, 1652). Die Vorschrift des § 30 Abs. 2a GWB stellt einen staatlichen Hoheitsakt iSd Art. 106 AEUV dar, der den flächendeckenden und diskriminierungsfreien Vertrieb von Zeitungs- und Zeitschriftensortimenten als gemeinwirtschaftliche Aufgabe der Presse-Grossisten definiert, die auch dann zu erfüllen ist, wenn dies im Einzelfall wirtschaftlich unrentabel ist (vgl. BGH NJW 2016, 1652 Rn. 30). **1c**

Solche Branchenvereinbarungen unterliegen nur noch der Missbrauchsaufsicht des Bundeskartellamts (vgl. § 30 Abs. 3 S. 2 GWB). Sie müssen, um unter die Freistellung zu fallen, den flächendeckenden und diskriminierungsfreien Vertrieb von Zeitungs- und Zeitschriftenangeboten über den Großhandel und dessen Voraussetzungen und Vergütungen sowie die dadurch abgegoltenen Leistungen regeln (vgl. § 30 Abs. 3 S. 2 GWB).

Das zentrale Verhandlungsmandat soll bundesweit einheitliche Preise und Konditionen im Vertriebssystem des Presse-Grosso gewährleisten. Zentrale Verhandlungen hindern die einzelnen Grossisten daran, an ihren jeweiligen tatsächlichen Kosten orientierte, nach Gebieten differenzierte Preise beim Vertrieb desselben Zeitschriftentitels anzuwenden, und tragen damit dazu bei, dass Presseprodukte im gesamten Bundesgebiet zu gleichen Konditionen erhältlich sind. Bei einer räumlichen Preisdifferenzierung wäre zu befürchten, dass gerade wirtschaftlich schwächere Verlage den Vertrieb von Zeitungs- und Zeitschriftentiteln mit kleinerer Auflage auf Ballungsgebiete mit hoher Verkaufsstellendichte oder umsatzstarke Standorte beschränken, weil für sie die weitere Belieferung ländlicher und umsatzschwacher Regionen wegen erhöhter Vertriebskosten unwirtschaftlich wäre. Wegen der bundeseinheitlichen Preisbindung für ihre Zeitungen und Zeitschriften hätten diese Verlage keine Möglichkeit, regional höhere Vertriebskosten durch höhere Preise in der entsprechenden Region auszugleichen. Die Verlage würden zunehmend gezwungen zu prüfen, an welchen Verkaufsstellen sich für sie der Vertrieb welcher Titel lohnt. Ergebe sich daraus ein räumlich differenziertes Presseangebot, bestände faktisch auch keine flächendeckende Neutralität des Pressevertriebs mehr. Es würden nicht mehr alle Presseerzeugnisse flächendeckend angeboten (vgl. Ausschussbericht, BT-Drs. 17/11053, 25; Immenga/Mestmäcker/*Emmerich* GWB § 30 Rn. 154).

1d Umgekehrt könnten einzelne marktstarke Verlage signifikant bessere Konditionen durchsetzen als kleinere Verlage, wo durch diese aus dem Angebot der Grossisten partiell verdrängt oder massiv beeinträchtigt würden (vgl. *Kühling* ZUM 2013, 18 (24 f.); aA Immenga/Mestmäcker/*Emmerich* GWB § 30 Rn. 166). Marktstarke Verlage könnten erheblich bessere Konditionen insbesondere für ihre wirtschaftlich bedeutsamsten Titelkategorien erzielen, dh vor allem für Titel mit hohen Auflagen und hohen Umsätzen. Das hätte zur Folge, dass kleinere Verlage, insbesondere mit Titeln aus kleineren Auflagen- und Umsatzkategorien, an den Rand gedrängt werden. Letztlich wäre die Diskriminierungsfreiheit und Neutralität dann ebenso gefährdet wie die Sicherung der Überallerhältlichkeit eines entsprechend vielfältigen Angebots (vgl. *Kühling* ZUM 2013, 18).

Verlage und Pressegrossisten sowie deren Verbände sind allerdings nach § 30 Abs. 2a GWB nicht verpflichtet, Branchenvereinbarungen abzuschließen, die den diskriminierungsfreien und flächendeckenden Vertrieb von Zeitungen und Zeitschriften durch die Pressegrossisten gewährleisten. Ausreichend ist vielmehr, dass solange solche Branchenvereinbarungen abgeschlossen werden, der Gesetzgeber die Presseverlage und Presse-Grossisten sowie ihre Vereinigungen damit betraut hat, den flächendeckenden und diskriminierungsfreien Vertrieb von Zeitungen und Zeitschriften im stationären Einzelhandel sicherzustellen und damit unabhängig von den Kosten jede Zeitungs- und Zeitschriftenverkaufsstelle zu beliefern, die darum nachsucht. Solange die Voraussetzungen für diese Betrauung weiter vorliegen, sind die Verlage, Grossisten und ihre Vereinigungen auch grundsätzlich verpflichtet, die Dienstleistung des Pressevertriebs an den stationären Einzelhandel unter Berücksichtigung der vom Gesetzgeber festgelegten gemeinwirtschaftlichen Verpflichtungen auf dem Markt anzubieten. (vgl. BGH NJW 2016, 1652)

Diese Gebietsmonopole und das zentrale Verhandlungsmandat finden ihre Rechtfertigung in Art. 5 Abs. 1 Grundgesetz. Eine vielfältige und möglichst umfassend vertriebene Presse ist von grundlegender Bedeutung für die durch Art. 5 Abs. 1 Grundgesetz geschützte freie Meinungsbildung. Das durch zentrale Verhandlungen und Gebietsmonopole geprägte Vertriebssystem für Zeitschriften und Zeitungen schließt Diskriminierungen der Verlage beim Zugang zum Vertrieb aus und sichert, dass Presseprodukte überall erhältlich sind (vgl. BGH NJW 2016, 1652 Rn. 53 ff. – Zentrales Verhandlungsmandat). Gerade neue finanzschwache oder minderheitenorientierte Presseunternehmen sind zum Aufbau eines eigenen Vertriebsnetzes in der Regel außerstande und auf dem Vertrieb durch die Presse angewiesen, um ihr Publikum zu erreichen (vgl. BVerfGE 77, 346 (355)). Wären zentrale Verhandlungen unzulässig, müsste jeder Verlag über die Handelsspannen dezentral verhandeln oder einen nationalen Vertrieb zwischenschalten.

II. Der Grossist

Der Grossist ist selbstständiger Gewerbetreibender. Er bezieht die zur Versorgung der von ihm belieferten Einzelhändler benötigten Druckschriften bei dem Verleger und vertreibt diese im eigenen Namen und Rechnung der Verlage an die Abnehmer in seinem Bezirk. 2

Der Verleger und der Grossist sind nach § 1 oder §§ 2, 6 HGB *Kaufmann,* so dass Handelsrecht anzuwenden ist. Da der Grossist ständig mit Geschäften betraut ist, die er im eigenen Namen, aber wegen des Remissionsrechts (vgl. → Rn. 3a) auf Risiko des jeweiligen Verlages tätigt, ist er analog einem *Kommissionsagenten* (Kommissionär) des Verlages nach § 384 HGB (vgl. *Hopt* HGB § 378 Rn. 3; OLG Karlsruhe WRP 1980, 636; *Hahn* AfP 1992, 116 (117); *Börner* S. 16 ff.; aA *Ipsen* S. 69) zu behandeln.

Wegen seines Gebietsmonopols (§ 20 GWB) und der Parallelität seiner Verträge mit den Verlagen ist der Grossist verpflichtet, die Interessen *aller* seiner Kommittenten (Verlage) gleichmäßig zu wahren (sog. *Neutralitätspflicht* des Grossisten; vgl. *Kloepfer* AfP 2010, 120 ff., Klammer S. 64; Immenga/Mestmäcker/*Emmerich* GWB § 30 Rn. 48 f.). Die Neutralitätspflicht resultiert aus § 20 GWB. Sie ist zum einen gerade für die kleineren und mittleren Presseverlage wirtschaftlich von enormer Wichtigkeit. Zum anderen gewährleistet dieses Prinzip gerade die Vielfaltsförderung und Vielfaltserhaltung im Presse und Meinungsmarkt. (vgl. hierzu auch BGH NJW 2016, 1652 Rn. 30 ff. – Zentrales Verhandlungsmandat). Die Pflicht zu Neutralität beinhaltet die Produkte aller Verlage zu diskriminierungsfreien Bedingungen in das Sortiment aufzunehmen. Vor allem darf diese Entscheidung nicht vom Inhalt des jeweiligen Presseprodukts abhängig gemacht werden. Damit korreliert der Anspruch des Verlegers gegen den Pressegrossisten, dass seine Produkte in das Sortiment des Grossisten aufgenommen werden (vgl. *Kloepfer* AfP 2010, 120 ff.). Vor dem Hintergrund dieser Neutralitätspflicht gab es Bedenken gegen die Einführung einer sogenannten Mindestumsatzregelungen. Die Regelung sah zu Gunsten von Grossisten einen Vergütungszuschlag für solche Titel vor, die einen bestimmten durchschnittlichen Mindestumsatz pro belieferten Einzelhändler nicht erreichen. Dementsprechend wurde für kleinere umsatzschwächere Titel der Vertrieb teurer. Das Bundeskartellamt äußerte hier die Bedenken, dass dieses Vergütungssystem Verlage benachteiligen könnte, die überwiegend umsatzschwache bzw. Nischentitel vertreiben. Höhere Vertriebskosten treffen diese Verlage unabhängig davon, ob sie versuchten, die Auflage an die jeweilige Nachfrage anzupassen. Diese Benachteiligung widersprach nach Ansicht des Bundeskartellamts der Intention des Gesetzgebers, wonach als Ausnahme eine Monopolisierung zwischen sämtlichen Wettbewerbern sowohl auf Grosso- als auch auf Verlagsseite im Interesse eines diskriminierungsfreien Presse-Vertriebs gestattet werde.

Primär ist der Grossist verpflichtet, die ihm vom Verleger überlassenen Druckschriften zu vertreiben, damit der Verleger diese verbreiten kann. Daneben bestehen für den Grossisten umfangreiche Nebenpflichten, wie die Verteilung von Werbematerial, die ständige Kundenbetreuung, die Kontrolle der Verpflichtung des Einzelhandels zur Einhaltung des gebundenen Endverkaufspreises und die Einhaltung des Erstverkaufstages usw. Sein Risiko liegt in den Vertriebs- und Lagerkosten sowie in dem Aufwand für die Remissionsabwicklung (vgl. *Kloepfer/Kutzschbach* AfP 1999, 1).

Früher umstritten war die Frage der Belieferungsansprüche von Verlagen und Grossisten. 3
Jedoch ist auch ein uU preisbindendes oder marktstarkes Unternehmen wie ein Presseverlag durch § 20 Abs. 2 GWB grundsätzlich nicht gehindert, sein Absatzsystem nach eigenem Ermessen so zu gestalten, wie es dies für wirtschaftlich richtig und sinnvoll hält. wenn Verlage nicht alle Listen beliefern. Wegen der im Grossosystem herrschenden Gebietsmonopole stehen nämlich die unterschiedlichen Grossisten nicht im Wettbewerb zueinander. Damit wirkt sich eine Besserstellung der weiterhin belieferten Grossisten nicht nachteilig auf die Wettbewerbsstellung des nicht belieferten Grossisten aus, so dass dieser auch kein schutzwürdiges Interesse an der Beseitigung der unterschiedlichen Behandlung herleiten mit dem Ergebnis kann, dass diesem auch kein Belieferungsanspruch zusteht. Daher scheiden solche Ansprüche grundsätzlich aus (vgl. BGH NJW 2012, 773; WRP 1998, 783; GRUR 1979, 177 ff.; OLG Karlsruhe WRP 1980, 635 ff.; siehe auch BGHZ 38, 90 (102) – Grote-Revers; BGH WuW/E 2535 (2540) – Lüsterbehangsteine).

3a Wesensbestimmend für das vertragliche Verhältnis Verlag – Grossist sind zwei Komponenten: das *Remissionsrecht* des Grossisten und das *Dispositionsrecht* des Verlages. Das Remissionsrecht, dh das Recht, die nicht verkauften Exemplare einer Zeitung oder Zeitschrift gegen Preisgutschrift dem Verlag zurückzugeben (vgl. → Kap. 69 Rn. 1 ff.), dient in besonderem Maße der Pressevielfalt und damit der Informationsfreiheit (vgl. OLG Karlsruhe WRP 1980, 636). Denn es verlagert das Absatzrisiko auf den Verlag und ermöglicht es so dem Groß- und Einzelhandel, ohne wirtschaftliche Nachteile ein vielfältiges Sortiment zu führen. Das auf dem Remissionsrecht basierende Vertriebssystem bedingt, dass in einem bestimmten Gebiet fast ausschließlich *ein* Grossist die Einzelhändler mit sämtlichen Erzeugnissen eines Verlags beliefert (sog. *Exklusivgrossisten mit Gebietsabgrenzung;* hierzu → Kap. 69 Rn. 1). Das vermeidet die Nachteile der Mehrfachbelieferung der Einzelhändler („Durcheinandergrossieren") wie erhöhte Remissionsquoten und Vertriebskosten, die dann zwangsläufig entstehen, wenn mehrere Grossisten im gleichen Gebiet tätig sind. In einem Vertriebssystem mit Exklusivgrossisten ist der Verleger durch den erleichterten Überblick über die Zahl der zurückgegebenen Exemplare weitaus besser in der Lage, Auflagenhöhe, und -verteilung optimal zu steuern und Remissionen zurückzuverfolgen. Zudem verpflichtet § 20 GWB den Grossisten innerhalb seines Gebietsmonopols Diskriminierungen zu unterlassen (vgl. OLG Karlsruhe WRP 1980, 637; OLG Frankfurt a. M. AfP 1987, 624; → Kap. 89 Rn. 4 f.).

3b Damit korrespondiert spiegelbildlich ein weitreichendes **Dispositionsrecht** des Verlages über das vom Grossisten zu übernehmende Sortiment und zwar, hinsichtlich *Titel und Mengen* der Presseerzeugnisse alleine zu entscheiden (vgl. *Kloepfer/Kutzschbach* AfP 1999, 1). Dieses Recht folgt bereits aus § 384 Abs. 1 Hs. 2 HGB, da der Grossist Kommissionsagent des Verlages ist (vgl. *Hopt* HGB § 378 Rn. 3). Dies ergibt sich aber auch aus dem Grundrecht der Pressefreiheit gemäß Art. 5 Abs. 1 GG, die das Recht des Verlegers beinhaltet, den *Vertrieb* sachgerecht zu organisieren (vgl. BVerfGE 77, 346 (355); *Ipsen* S. 61 ff.; *Wenzel* AfP 1979, 382). Zwar bedeutet die Inhaberschaft des Dispositionsrechts beim Verlag eine erhebliche Einschränkung der Handlungsfreiheit des Grossisten, der dadurch in seiner natürlichen Befugnis, zu bestimmen, welche Ware er bezieht, eingeschränkt wird. Dieser Eingriff in seine unternehmerische Entscheidungsbefugnis wird aber dadurch ausgeglichen, dass ihm auch das unternehmerische Risiko für eine Fehldisposition durch sein Remissionsrecht abgenommen wird. Die Einschränkung, der er unterworfen ist, wirkt sich daher nicht wesentlich zu seinem Nachteil aus. Er ist zwar stärker in die Vertriebsorganisation des Verlages eingebunden, dafür genießt er aber umgekehrt durch das Remissionsrecht einen weitreichenden Schutz gegen die unternehmerischen Risiken. Die Einschränkung, der er unterworfen ist, erweist sich danach infolge des Schutzes, der ihm auf der anderen Seite zuteilwird, nicht als unbillig (vgl. BGH AfP 1982, 113).

3c Lange umstritten war die Frage, ob die Grossisten derart in die Herstellung und Verbreitung von Presseerzeugnissen eingegliedert sind, dass der Schutz der Pressefreiheit sich auch auf deren Tätigkeit erstreckt. Das Bundesverfassungsgericht hat hierzu (BVerfGE 77, 346 (355) = NJW 1988, 1833) entschieden, dass im Interesse eines freiheitlichen Pressewesens der Schutz des Art. 5 Abs. 1 GG sich dann ausweiten kann, wenn und insoweit eine selbständig ausgeübte, nicht die Herstellung von Presseerzeugnissen betreffende Hilfstätigkeit typischerweise pressebezogen ist, in enger organisatorischer Bindung an die Presse erfolgt, für das Funktionieren einer freien Presse notwendig ist und wenn sich die staatliche Regulierung dieser Tätigkeit zugleich einschränkend auf die Meinungsverbreitung auswirkt. In derartigen Konstellationen fällt der Grossist unter den Schutzbereich des Art. 5 Abs. 1 GG. Hier handelt der Grossist als verlängerter Arm der Verlage, so dass sich der Schutz vor staatlichen Eingriffen auch auf ihn beziehen muss. Art. 5 Abs. 1 GG schützt aber in erster Linie den Verleger, an dem der „Handel" (vgl. BVerfGE 77, 346 (354)) und damit der Grossist nur akzessorisch zu der originären Verbürgung freier Kommunikation durch die Presse teilnimmt (vgl. BVerfGE 77, 354; Löffler/*Burkhardt* (5. A.) BT VertriebsR Rn. 9; OLG Schleswig BeckRS 2010, 2834). Die Entscheidung über die Art des Vertriebswegs bleibt daher den Verlagen überlassen (vgl. *Hahn* AfP 1992, 116 (119); Ipsen S. 48; ders. WRP 1988, 1 ff.; Bonner Kommentar GG Art. 5 Rn. 358; OLG Schleswig BeckRS 2010, 2834). Folglich kann der Grossist gegenüber den Verlagen keine Rechte aus Art. 5 Abs. 1 GG herleiten.

4 Die Gewährung des Grundrechtsschutzes für Grossisten rechtfertigt sich nach dieser Entscheidung daraus, dass die Presseunternehmen für den Verkauf ihrer Erzeugnisse auf die Grossis-

ten derart angewiesen sind, dass eine gesetzliche Regelung ihrer Tätigkeit, die eine inhaltliche Kontrolle und gegebenenfalls die Nichtauslieferung von Presseerzeugnissen verlangt, auch Auswirkungen auf die Meinungsverbreitung durch die Presse insgesamt haben kann. Auf Kritik gestoßen ist jedoch, dass das Bundesverfassungsgericht in diesem Urteil erstmals und ohne nähere Begründung erklärte, der Schutzbereich des Art. 5 Abs. 1 S. 2 GG erstrecke sich hier nur „ausnahmsweise" auf eine presseexterne Hilfstätigkeit, während „in der Regel" nur die in ein Presseunternehmen eingegliederten Personen geschützt seien. Das Presse-Grosso sei unter Berücksichtigung der Tradition, die es in Deutschland erlangt habe, und seiner Bedeutung als Garant der Pressevielfalt ebenso wie andere sogenannte presseredaktionelle Hilfsunternehmen grundsätzlich vor staatlichen Eingriffen dem Schutz der Pressefreiheit zu unterstellen (vgl. Bonner Komm. GG Art. 5 Rn. 408; *Jarass/Pieroth* GG Art. 5 Rn. 23; *Dreier* GG Art. 5 Rn. 74; v. *Münch/Kunig* GG Art. 5 Rn. 33; Bullinger HdbStR VI § 142 Rn. 15 Fn. 38; Alternativkomm. GG Art. 5 Rn. 132; *Kloepfer/Kutzschbach* AfP 1999, 3). Zu weit geht die Ansicht Kaisers (S. 87 f.), der aus der Erstreckung des Grundrechtsschutzes der Pressefreiheit auf die Grossisten einen Bestandsschutz zugunsten der Institution des Presse-Grosso ableiten will.

Ein Verlagsunternehmen hat *keine Belieferungspflicht* gegenüber neu auftretenden Grossisten, **5**
die mit den Monopolgrossisten in Wettbewerb treten wollen. Ein wettbewerbsrechtlicher Belieferungsanspruch des *„newcomer"* gegenüber marktstarken oder marktbeherrschenden Verlagen ist mit der Rechtsprechung und hM zu verneinen. Den Verlagen kann nicht zugemutet werden, ihr Vertriebssystem ihrer Erzeugnisse zu ändern, nur um einem neu hinzukommenden Großhandelsunternehmen den Zugang zum Markt zu eröffnen (vgl. OLG Karlsruhe WRP 1980, 636; OLG Schleswig BeckRS 2010, 2834; OLG Celle AfP 2010, 178 ff.).

Fraglich ist bereits, ob ein Unternehmen, das den Zeitungs- und Zeitschriftengroßhandel in Wettbewerb mit anderen (bestehenden) Großhändlern betreiben will, ein dem alleinigen Gebietsgrossisten *gleichartiges Unternehmen* ist (ablehnend Börner S. 37 ff.). Problematisch ist auch, ob das historisch gewachsene und fast lückenlose Großhandelssystem alleiniger Gebietsgrossisten ein für den „newcomer" *üblicherweise zugänglicher Geschäftsverkehr* ist (abl. OLG Karlsruhe WRP 1977, 656 ff.; aA Roggen S. 180; BGH GRUR 1979, 177 ff., wonach dieses Merkmal jedenfalls noch nicht an der vorliegenden Einigung zwischen Verlagen und Grossisten auf dieses System scheitert; vgl. hierzu auch → Kap. 89 Rn. 5 f.).

Jedenfalls aber besteht für die ausschließliche Belieferung eines Monopolgrossisten und damit **6**
für die Beibehaltung des etablierten Vertriebssystems ein *sachlich gerechtfertigter Grund* (vgl. OLG Hamburg BB 1996, 832; OLG Karlsruhe WRP 1980, 636; *Roggen* S. 206). Auch die dem Diskriminierungsverbot des GWB (vgl. → Kap. 89 Rn. 4 f.) unterliegenden Unternehmen sind grundsätzlich frei, ihr Absatzsystem so zu gestalten, wie sie es für richtig und wirtschaftlich sinnvoll halten (vgl. OLG Schleswig BeckRS 2010, 2834; BGH GRUR 1979, 177 (179)). Das derzeitige System, dh das Remissionsrecht verbunden mit der Dispositionsbefugnis des Verlages, und die daraus resultierende Beschränkung auf alleinige Gebietsgrossisten ist wirtschaftlich sinnvoll, effektiv und sachgerecht. Insgesamt gewährleistet es die Vielfalt im Pressewesen (vgl. OLG Hamburg BB 1996, 832 f.; OLG Karlsruhe WRP 1980, 636; *Kaiser* S. 83; → Kap. 89 Rn. 4 f.). Ein Belieferungsanspruch würde dieses System aufbrechen.

Eine andere Frage ist es, inwieweit der Grossist gegenüber den Verlegern zur Aufnahme ihrer **7**
Erzeugnisse in den Vertrieb verpflichtet ist (vgl. *Löffler* „Der Neue Vertrieb" 1971, 1122 ff.; *Wenzel* AfP 1979, 384 ff.; Kaiser S. 98): Ein Monopolgrossist hat eine wettbewerbsrechtliche *Kontrahierungspflicht* hinsichtlich Titel und Mengen der Druckerzeugnisse (vgl. LG Köln AfP 1984, 173; Bonner Kommentar GG Art. 5 Rn. 359). Dies folgt bereits aus dem Dispositionsrecht des Verlegers (vgl. → Rn. 3). Gleiches gilt nach richtiger Ansicht (vgl. *Wenzel* AfP 1979, 386; aA Kaiser S. 61) für die mit der sog. Objekttrennung (mehrere Grossisten führen jeweils einen Teil der Presseerzeugnisse, die der andere nicht führt) arbeitenden Grossisten.

Eine weitere Besonderheit des Vertrages zwischen Verleger und Grossist liegt schließlich in **8**
dem jedem Vertragspartner zustehenden Recht der *„Kontinuation"*, wonach bei jeder Neulieferung die jeweilige Bezugsmenge neu festgesetzt werden kann (vgl. *Kuner,* „Der neue Vertrieb" 1967, 878 ff.).

III. Der Einzelhändler

9 Der Vertrieb der Zeitungen und Zeitschriften an die Leser erfolgt durch den Einzelhandel (Kiosk, Buchhandlung; zum Verkauf durch Selbstbedienungskästen vgl. KG Berlin AfP 1994, 53; OLG Karlsruhe BB 1972, 240). Der Einzelhändler verkauft im eigenen Namen auf Rechnung des Grossisten die Zeitungen und Zeitschriften an den Endverbraucher. Mit dem Verleger steht er regelmäßig in keiner Vertragsbeziehung. Auch dem Einzelhändler steht das Recht zur *Remission* an den Grossisten als direktem Vertragspartner zu. Dementsprechend ist aber auch der Einzelhändler dem (vertraglichen) *Dispositionsrecht* des Grossisten unterworfen (vgl. BGH GRUR 1982, 187 ff.; *Wenzel* AfP 1979, 387 ff.). Der Einzelhändler hat gemäß § 20 GWB einen kartellrechtlichen Belieferungsanspruch gegenüber den Grossisten (vgl. OLG Frankfurt a. M. AfP 1987, 624; OLG Karlsruhe WRP 1980, 637; *Wenzel* AfP 1979, 386), nicht aber gegenüber den Verlagen. Die Lieferungsverweigerung (vgl. BVerfG NJW 1969, 1161 – Blinkfüer; NJW 1958, 257 – Lüth) eines Verlages hat unter anderem dann einen sachlich gerechtfertigten Grund, wenn durch die teilweise Direktbelieferung von Einzelhändlern eine konkrete Gefahr für den Fortbestand des Grosso-Systems entstünde, an dem der Verlag ein berechtigtes Interesse hat (vgl. BKartA WRP 1979, 582). Anders wäre es dann, wenn der Zeitungsverlag Bahnhofsbuchhändler direkt beliefert. Diese sind wettbewerbsrechtlich gleichartig mit sonstigen stationären Einzelhändlern mit Presseverkauf, die in diesem Fall einen Belieferungsanspruch hätten (vgl. BGH WRP 1998, 783).

Ein *Buchverlag* ist auch kartellrechtlich nicht verpflichtet, einen Händler zu beliefern, der sich weigert, die zulässige Preisbindung für Verlagserzeugnisse einzuhalten, indem er sie durch Umgehungskonstruktionen unterläuft (vgl. BGH GRUR 1979, 493 ff.; zur Frage, wann dem Einzelhändler ausnahmsweise ein Festhalten an der Preisbindung nicht mehr zumutbar ist, vgl. OLG Frankfurt a. M. AfP 1985, 219; zur wettbewerbsrechtlichen Zulässigkeit der Lieferung von Freiexemplaren an Einzelhändler vgl. LG Essen AfP 1969, 90).

IV. Die Vertragsdauer

10 Problematisch ist zuweilen die Frage der *Vertragsdauer* eines Zeitungsbezugsvertrages, sei es der des Grossisten, des Einzelhändlers oder derjenige eines Abonnenten. Ist eine bestimmte Vertragsdauer nicht vereinbart (zur Frage der Zulässigkeit von Laufzeitregelungen in Allgemeinen Geschäftsbedingungen, vgl. § 309 Ziff. 9 BGB) und fehlen vertragliche Vereinbarungen über die Kündigung eines solchen *Dauerschuldverhältnisses,* so muss der Zeitpunkt der Beendigung im Streitfall anhand der gesetzlichen Vorschriften festgestellt werden. Da der Kauf vom Gesetz jedoch als typisches Einzelgeschäft gesehen und behandelt wird, fehlen spezielle Regelungen wie etwa im Mietrecht. Vielmehr muss im Wege der Vertragsauslegung auf die allgemeinen Grundsätze von Treu und Glauben (§§ 157, 242 BGB) zurückgegriffen werden, um der besonderen Interessenlage der Vertragspartner eines Dauerbezugsvertrages Rechnung zu tragen. Aus der Abwägung der beteiligten Interessen unter diesem Gesichtspunkt ergibt sich, dass das Vertragsverhältnis nur unter Einhaltung einer angemessenen Kündigungsfrist gekündigt werden kann und die Parteien einer erhöhten Schutz- und Treuepflicht unterliegen. Wird dieses verstärkte Vertrauensverhältnis erheblich gestört, so besteht andererseits das Recht, aus wichtigem Grunde die Vertragsbeziehungen sofort zu lösen (vgl. BGH NJW 1967, 1662; BB 1962, 497). Unwirksam sind wegen der mit ihnen verbundenen unangemessenen Benachteiligung gemäß § 307 Abs. 2 BGB Bestimmungen in Allgemeinen Geschäftsbedingungen von Zeitschriften-Abonnementverträgen, nach denen bei Lieferstörungen infolge höherer Gewalt das außerordentliche Kündigungsrecht des Kunden ausgeschlossen wird oder nach denen „angemessene Erhöhungen des Abonnementspreises, die entsprechend einer Erhöhung des gebundenen Einzel-Verkaufspreises erfolgen", nicht von dem Vertrag entbinden (vgl. BGH AfP 1986, 230). Mit § 307 Abs. 1 BGB vereinbar ist dagegen die in einem Bestellschein verwendete Formularklausel, nach der die Bestellung zunächst für einen Zeitraum von zwei Jahren erfolgt, die Kündigungsfrist drei Monate beträgt und sich das Abonnement mangels fristgerechter Kündigung um ein Jahr verlängert (vgl. BGH AfP 1987, 512; vgl. auch Palandt/*Grüneberg* BGB § 307 Rn. 38).

Der Vertrag zwischen Verleger und Grossist ist ein – gewöhnlich unbefristeter – Kommissionsagenturvertrag (§ 384 Abs. 1 HGB). Das damit begründete *Dauerschuldverhältnis* kann von beiden Seiten gekündigt werden (vgl. *Börner* S. 63 f.; *Hahn* AfP 1992, 116 (120); aA wohl Kaiser S. 82 f.). 11

Die *Kündigungsfristen für Verlage und Grossisten* ergeben sich aus § 89 Abs. 1 HGB (vgl. OLG Schleswig BeckRS 2010, 2834; OLG Celle AfP 2010, 178 ff.). 12

Dabei ist zu beachten, dass der Grossist besonders schutzwürdig ist, da er nach Vertragsbeendigung nicht auf Konkurrenzprodukte umschalten oder das Gebiet wechseln kann (vgl. Börner S. 65). Das Wettbewerbsrecht engt das Recht der Verlage, einem Grossisten zu kündigen, nicht weiter ein. Denn der Verlag, der das wirtschaftliche Vertriebsrisiko trägt (→ Rn. 3), ist bei Vorliegen eines ausreichenden Grundes nicht gehindert, die Verbindung mit dem Grossisten nach angemessener Frist zu lösen (siehe hierzu OLG Schleswig BeckRS 2010, 2834; OLG Celle AfP 2010, 178 ff.).

Die grundrechtlichen Erfordernisse der *Pressefreiheit* und *-vielfalt* verlangen ebenso wenig, das zivilrechtliche Kündigungsrecht der Verlage einzuschränken (so aber Kaiser S. 63 f.). Die Pressefreiheit schützt das verlegerische Recht, eine effektive und wirtschaftlich sinnvolle Vertriebsorganisation (zB mit Monopolgrossisten und umfassendem Remissionsrecht) zu wählen. Sie begründet jedoch *keine Verpflichtung* gegenüber den Grossisten, ein bestimmtes System beizubehalten und stets nur an den alleinigen Gebietsgrossisten zu liefern (vgl. OLG Schleswig BeckRS 2010, 2834; OLG Hamburg GRUR 2002, 388; *Börner* S. 80; *Ipsen* S. 41 ff., 77 f.; *Hahn* AfP 1992, 116 (120); → Rn. 4). 13

Dem Grossisten steht nach der Beendigung des Vertragsverhältnisses ein *Ausgleichsanspruch* gegenüber dem Verlag zu. Das ergibt sich aus § 89b HGB, der hier *analog* anzuwenden ist, da der Grossist in gleichem Maße schutzbedürftig ist wie ein Handelsvertreter oder Eigenhändler (vgl. BGHZ 68, 340; *Hopt* HGB §§ 89b Rn. 4, 84 Rn. 19).

V. Die Preisbindung nach § 30 GWB

Nach deutschem Recht ist die vertikale Preisbindung für Zeitungen und Zeitschriften unter den Voraussetzungen des § 30 GWB zulässig. § 30 GWB gilt auch für Produkte, die Zeitungen oder Zeitschriften reproduzieren oder substituieren und bei Würdigung der Gesamtumstände als überwiegend verlagstypisch anzusehen sind sowie für kombinierte Produkte, bei denen eine Zeitung oder eine Zeitschrift im Vordergrund steht. 14

Nach herrschender Meinung wird vertreten, dass Online-Ausgaben von Zeitungen und Zeitschriften jedenfalls dann als preisbindungsfähig angesehen werden könnten, wenn diese auch gedruckt erscheinen (vgl. Loewenheim/Meessen/Riesenkampff/Kersting/Meyer-Lindemann/*Nordemann*, Kartellrecht, GWB § 30 Rn. 16; Wallenfels/Russ/*Franzen* GWB § 30 Rn. 4). § 30 Abs. 1 S. 2 GWB ist als offen für neueste technische Entwicklungen auszulegen und erfasst daher auch CD-ROM Produkte, wenn diese über den traditionellen Buchhandel vertrieben und herkömmliche Verlagserzeugnisse substituieren würden (vgl. BGH BeckRS 2010, 2834).

Zu beachten ist jedenfalls, dass eine Bejahung der Anwendbarkeit des § 30 GWB und der Preisbindungsfähigkeit für E-Papers mit den Konsequenzen des § 30 Abs. 3 GWB verbunden wäre. Für die Wirksamkeit einer Preisbindungsvereinbarung ist danach erforderlich, dass diese nicht missbräuchlich iSd § 30 Abs. 3 Nr. 1 GWB gehandhabt wird und dass sie nicht zu einer Verteuerung der gebundenen Waren bzw. einer Erzeugungs- oder Absatzbeschränkung iSd § 30 Abs. 3 Nr. 2 GWB führt.

Insbesondere ist darauf zu achten, dass die Preisbindung für alle Vertreiber gleichmäßig angewandt und auch vom Verleger selbst nicht unterschritten wird. Das bindende Unternehmen ist nämlich selbst an die Preisbindung gebunden, die es den nach § 30 GWB gebundenen Vertriebspartnern auferlegt; es unterliegt dem Diskriminierungsverbot des § 20 GWB. Ob darüber hinaus eine Einheitlichkeit zwischen den digitalen Produkten und den jeweiligen Print-Produkten erforderlich ist, ist nicht eindeutig zu beantworten. Es erscheint jedoch insbesondere vor den geringeren Kosten vertretbar einen deutlichen Abschlag für die digitalen Produkte vorzunehmen. Nach den Leitlinien der Europäischen Kommission für vertikale Beschränkungen (vgl. Leitlinien für vertikale Beschränkungen, 2010/C 130/6, Rn. 12 ff.; 18.) fallen Vertikalbeschränkungen nicht unter das Kartellverbot, sofern die Voraussetzungen des sogenannten „Handelsvertreterprivilegs" erfüllt sind. Ein Handelsvertreter ist eine juristische oder natürliche Person, die im Auftrag und auf Weisung eines anderen entweder im eigenen oder in fremdem Namen Verträge aushandelt oder schließt, die den An- bzw. Verkauf von Waren/Dienstleistungen des Auftraggebers zum Inhalt haben. Entscheidend ist hierbei, dass das finanzielle oder geschäftliche Risiko des Handelsvertreters bezüglich der ihm vom Auftraggeber übertragenen Tätigkeiten beim Auftraggeber liegen und dass Auftraggeber und Handelsvertreter vor diesem Hintergrund als wirtschaftliche Einheit anzusehen sind.

VI. Die Haftung des Grossisten und Einzelhändlers

15 Für Persönlichkeits- oder Urheberrechtsverletzungen in den Presseprodukten kommt zwar in erster Linie der Autor als Urheber und der Verlag, der die Veröffentlichung vornimmt, in Frage. Daneben geraten aber auch die Grossisten in den Blickpunkt vermeintlicher Anspruchsinhaber (vgl. LG Berlin K&R 2009, 130 ff. mAnm *Söder;* LG Hamburg BeckRS 2011, 08 718).

Selbst wenn man unter Urheberrechtsaspekten annimmt, dass Grossisten und Einzelhändler die objektiven Tatbestandsmerkmale des § 17 Abs. 1 UrhG und damit die Verbreitungshandlung verwirklichen, kommt es jedoch nicht alleine auf das Erfüllen objektiver Tatbestandsmerkmale an. Es muss vielmehr eine objektive Tatherrschaft hinzukommen. Im Gegensatz zu den Verlagen ist es für Grossisten und Einzelhändler bei der Vielzahl der angebotenen Zeitungen und Zeitschriften praktisch unmöglich, deren Inhalte auf Urheber- und Persönlichkeitsrechtsverletzungen zu überprüfen. Damit fehlt ihnen die Möglichkeit, solche Verletzungen zu verhindern, und damit auch die Tatherrschaft. Wer nur wie Grossisten und Einzelhändler durch Einsatz organisatorischer oder technischer Mittel an der von einem anderen vorgenommenen Rechtsverletzung beteiligt war, muss demgemäß, wenn er in Anspruch genommen wird, einwenden können, dass er im konkreten Fall nicht gegen eine Pflicht zur Prüfung auf mögliche Rechtsverletzungen verstoßen hat. So muss er insbesondere geltend machen können, dass ihm eine solche Prüfung nach den Umständen überhaupt nicht oder nur eingeschränkt zumutbar war (vgl. BGH GRUR 1999, 418; LG Berlin K&R 2009, 130 ff.; LG Hamburg BeckRS 2011, 08 718; siehe hierzu auch OLG Düsseldorf ZUM-RD 2009, 279 (281)). Diese wertende Betrachtung ist notwendig da, Grossisten und Einzelhändler auf die Rechtmäßigkeit der Inhalte der von Ihnen angebotenen bzw. verbreiteten Inhalte keinen Einfluss haben. Hierzu fehlt ihnen die notwendige Steuerungs- und Kontrollmöglichkeit.

Diese Ergebnis ist insbesondere vor dem Hintergrund des Art. 5. Abs. 1 S. 2 GG geboten. Andernfalls wären Grossisten und Einzelhändler uneingeschränkten, von der möglichen Kenntnis einer Rechtsverletzung unabhängigen kostenintensiven Unterlassungsverpflichtungen unterworfen. Um ihr Risiko zu minimieren müssten sie vorher alle Presseprodukte umfangreich auf urheber- und presserechtliche Rechtsverletzungen überprüfen. Dies wäre nicht nur praktisch unmöglich (vgl. LG Berlin K&R 2009, 130 ff.) und würde eine Überspannung der ihnen betreffenden Verkehrs- und Prüfungspflichten bedeuten. Vor den Hintergrund der Pressefreiheit wäre dies untragbar, weil Grossisten und Einzelhändler in vielen Fällen zulässige Äußerungen als gefährlich einstufen würden und ihre Verbreitung behindern würden (vgl. Söder S. 278 ff.).

Eine Haftung von Grossisten und Einzelhändlern kommt allerdings in Frage, soweit diese Prüfungspflichten verletzen. Diese besteht jedoch erst dann, wenn ihnen hinreichend konkrete Anhaltspunkte bekannt werden, die den Schluss auf eine deutlich erkennbare Rechtsverletzung nahe legen (zB bei abgegebenen Unterlassungserklärungen des Verlages; vgl. hierzu Söder S. 282).

47. Kapitel. Das Anzeigenwesen

I. Die rechtliche Bedeutung des Anzeigenwesens

1. Die geschichtliche Entstehung des Anzeigenwesens fällt wegen seiner engen Verflechtung mit der Entwicklung der Wirtschaft in das Ende des 17. Jahrhunderts. In dieser Epoche des nationalen Merkantilismus wurden erstmals Anzeigen aus dem Handelsstand und dem Dienstleistungsgewerbe als Mittel des Wettbewerbes genutzt. Aber auch vielfältige Gelegenheitsinserate bildeten allmählich einen wichtigen Teil der Zeitungen. Durch das Inseratenverbot (in Preußen durch Kabinettsorder vom 6.1.1727) in der ersten Hälfte des 18. Jahrhunderts wurde diese Entwicklung wieder eingeschränkt. Statt dessen erlangten die staatseigenen Zeitungen das Anzeigenmonopol (vgl. *Munzinger* S. 33 ff.). Mit diesem sog. Intelligenz (= Einsichtnahme)zwang, dem alsbald ein weitreichender Bezugszwang dieser Blätter folgte, war dem absolutistischen Staat ein wirksames Publikationsmittel für seine zentralisierte Verwaltung in die Hand gegeben (vgl. *Schottenloher/Binkowski* Bd. II S. 84). Zugleich war damit eine staatlich gelenkte Förderung von Handel und Gewerbe eingerichtet (vgl. *Groth,* Die Zeitung, Bd. III, S. 171 ff.). 1

Mit Beginn des 19. Jahrhunderts setzte eine vom Intelligenzzwang abkehrende Entwicklung zugunsten der freien Presse ein, die schließlich mit der Aufhebung des Anzeigenmonopols (in Preußen am 1.1.1850) endete. Mit dem beginnenden wirtschaftlichen Liberalismus war damit die Grundlage für ein schnelles Aufblühen des Anzeigengeschäfts bereitet. Gegründet auf das veränderte ökonomische Bewusstsein wurde die Werbung mehr und mehr als ein bedeutender Wirtschaftsfaktor in dem entstehenden Konkurrenzprinzip erkannt, was alsbald die Generalanzeiger als neue Zeitungstypen ins Leben rief (vgl. *Reumann* „Publizistik" 1968, 227 ff.; *Wilke* S. 136 f.). Aber auch Auswüchse und Missstände kamen bedingt durch das starke kommerzielle Interesse der Verleger auf. So wurde häufig der redaktionelle Teil der Zeitung, sei es aus Gewinnsucht der Verantwortlichen oder auf Grund des Einflusses mächtiger Großinserenten, für mehr oder weniger versteckte Werbung genutzt (vgl. *Groth* Bd. III S. 305). Mit Beginn des 1. Weltkrieges brach diese Blütezeit des Anzeigenwesens jäh ab. Erst der wirtschaftliche Aufstieg in der Mitte der Zwanziger Jahre verlieh auch der Anzeigenwirtschaft wieder Auftrieb, der jedoch durch die Depression der Jahre 1929 bis 1931 unterbrochen wurde. Mit der Unterwerfung der Anzeigen unter die staatliche Kontrolle in der nationalsozialistischen Zeit (Gesetz über die Wirtschaftswerbung vom 12.12.1933) trat ein weiterer Stillstand des Inseratenwesens ein.

Die Neubelebung des Anzeigenwesens nach dem Zweiten Weltkrieg entsprach naturgemäß wieder der gesamtwirtschaftlichen Entwicklung. In einem steten Aufwärtstrend erreichte in der Mitte der sechziger Jahre der Anzeigenteil bei den Abonnementszeitungen ca. 40 % des Gesamtumfanges; 66 % der Gesamteinnahmen stammten aus dem Anzeigengeschäft. Bei den Straßenverkaufszeitungen waren es etwa 45 % der erzielten Gewinne, die den Inseraten zu verdanken waren (vgl. Ricker, Anzeigenwesen und Pressefreiheit, S. 15 mwN). Diese Anteile gelten heute nur noch differenziert, da insbesondere die national und regional verbreiteten Zeitungen teilweise erhebliche Einbußen im Anzeigengeschäft, vor allem bei Stellenanzeigen auf Grund der konkurrierenden Anzeigen im Internet hinnehmen mussten (vgl. *Schneider* BDZV-Jahrbuch 2002, 48).

2. Die rechtliche Bedeutung des Anzeigenwesens ergibt sich aus seinem Beitrag zur Erfüllung der öffentlichen Aufgabe der Presse. Versteht man unter dem Begriff der öffentlichen Aufgabe der Presse die Schaffung von Öffentlichkeit im Sinne einer Allgemeinzugänglichkeit durch die Herstellung eines öffentlichen Meinungsmarktes, die Übermittlung von Informationen aus allen Lebensbereichen und die Konstituierung eines politischen Forums für die Willensbildung des Volkes (vgl. → Kap. 3 Rn. 19 ff.), so folgt daraus, dass die Anzeige ein bedeutender Faktor bei der Erfüllung der öffentlichen Aufgabe der Presse ist. Anzeigen sind deswegen unter verschiedenen Aspekten grundrechtlich geschützt: Sie sichern die wirtschaftliche Grundlage der Presse und enthalten ihrerseits geschützte Nachrichten und Meinungen (vgl. *Holzgraefe/Thomale* ZUM 2019, 887 (890)). 2

Nach Rechtsprechung des Bundesverfassungsgerichts stellen Anzeigen genauso wie redaktionelle Inhalte Nachrichten da (vgl. BVerfGE 21, 271 (279) – Südkurier). Durch die zB im 3

Wahlkampf notwendige argumentative Auseinandersetzung mit politischen Anzeigen und die damit verbundene Erläuterung des parteipolitischen Programms wird die Entwicklung eines aktiven politischen Bewusstseins des Bürgers durch die in den Anzeigen enthaltenden Nachrichten gefördert. Durch das Inserat ist jedem der Zugang zum öffentlichen Meinungsmarkt eröffnet. Die Vielzahl der Anzeigen selbst bilden einen gewichtigen Teil dieses Kommunikationszentrums „Presse“. Unabhängig von der Qualität ihres Beitrages haben die Annoncen einen informations-, meinungs- und bildungsfördernden Einfluss auf den Leser hinsichtlich des jeweiligen Sachgebietes. So werden wirtschaftliche oder gesellschaftliche Verhältnisse, Veränderungen oder Tendenzen – Angebot und Nachfrage auf dem Stellenmarkt oder Stagnation bzw. Ausweitung der Werbung für bestimmte Wirtschaftszweige usw – dem aufmerksamen Leser durch den Anzeigenteil erkennbar. Auch wenn die Presse keine eigene Meinung in den von ihr verbreiteten Fremdanzeigen verbreitet, ist dies grundsätzlich rechtlich nicht von Bedeutung. Denn auch in ihrem redaktionellen Teil verbreitet die Presse in weitem Umfang Nachrichten von Agenturen Behörden oder Unternehmen, ohne eigene Stellungnahmen wiederzugeben.

4 Es kommt aber in der Praxis auch vielfach vor, dass der Anzeigenkunde seine eigene Meinung verbreiten will. So verbreiten zum einen politische Parteien wirtschaftliche und kulturelle Vereinigungen Anzeigen, mit denen sie nicht nur informieren, sondern auch ihren Standpunkt der Allgemeinheit gegenüber vertreten wollen. Soweit Meinungsäußerungen Dritter in einem Medienorgan veröffentlicht werden, schließt die Pressefreiheit diese in den Schutz mit ein. In dem Umfang wie ein Medienunternehmen die Verbreitung von Meinungen gestattet ist, kann es selbst auch solche Dritter verbreiten (vgl. BVerfGE 102, 347 (359) – Schock Benetton-Werbung). Dies gilt selbst dann, wenn der Werbetreibende reine Imagewerbung verfolgt, auf weiterführende Kommentare verzichtet oder nur ein Firmenlogo abbildet. Auch wenn hier der Eindruck entsteht, dass es dem Werbetreibenden nicht um Meinungskundgabe geht, sondern sich ins Gespräch bringen will, ist dies vom Schutz der Pressefreiheit umfasst. Eine rechtliche Trennung zwischen kommerzieller Werbung und nichtkommerzielle öffentlicher Meinungsäußerung kommt nicht in Betracht (vgl. BVerfGE 102, 347 – Benetton-Werbung I; 107, 275– Schockwerbung II; *Ladeur* ZUM 2007, 111.)

5 Damit kann das Anzeigenwesen auf grundsätzlich allen Sachgebieten als wichtiges Funktionselement der Presse zur Erfüllung ihrer öffentlichen Aufgabe angesehen werden (vgl. Ricker, Anzeigenwesen und Pressefreiheit, S. 22 ff.; *Kloepfer/Kutzschbach* AfP 1999, 1 f.; *Holzgraefe/Thomale* ZUM 2019, 887 (890)).

6 3. Aus dieser Feststellung, dass durch das Anzeigenwesen die öffentliche Aufgabe der Presse miterfüllt wird, ergibt sich, dass die *Pressefreiheit* auch den *Anzeigenteil umfasst.* Das Bundesverfassungsgericht hat dabei in erster Linie auf die Wirkung der Anzeige als *Nachricht* und ihrer *Weiterleitung* durch die Presse als deren *typische Aufgabe* ähnlich der Vermittlung redaktioneller Nachrichten abgestellt (vgl. BVerfGE 21, 271 (279)). In späteren Entscheidungen hat das Gericht den Schutz der Pressefreiheit auch für die Meinungsbildungsfunktion der Anzeigen herausgearbeitet (vgl. BVerfGE 102, 347 – Benetton-Werbung; 107, 275 – Schockwerbung II; *Ladeur* ZUM 2007, 111; *Holzgraefe/Thomale* ZUM 2019, 887 (890)). Damit besteht verfassungsrechtlich auch kein grundlegender Unterschied zwischen dem Schutz redaktioneller und werbende Inhalte einer Publikation durch die Pressefreiheit. Beides wird gleichermaßen geschützt.

II. Der Anzeigenvertrag

7 1. Nach seiner *rechtlichen Natur* ist der Anzeigenvertrag ein *Werkvertrag* iSd §§ 631 ff. BGB (hM; vgl. OLG München GRURPrax 2010, 66; OLG Saarbrücken BeckRS 2005, 450; Palandt/*Sprau* BGB Einf. v. § 631 Rn. 21; zur Zwischenschaltung einer Anzeigenvermittlung → Rn. 29 ff.).

Der Inserent (= Besteller), der sich mit seiner Anzeige, also einer eigenen, nicht von der Redaktion ausgehenden Mitteilung an den Leserkreis der Druckschrift wenden will, bedient sich der druck- und vertriebstechnischen Möglichkeiten des Verlegers (= Unternehmer). Gegenstand des Vertrages ist die Herstellung der Anzeige und ihr Erscheinen, nicht aber der Werbeerfolg oder das Erreichen einer gewissen Auflagenhöhe (vgl. BGH JZ 1965, 680 ff.). Damit beschränkt sich die Pflicht des Mediums darauf, die Anzeige herzustellen und zu veröffentlichen. Für diese vom Verleger geschuldete Leistung muss der Inserent die vereinbarte Vergütung zahlen, die in der Regel aus einer Preisliste vorab ersichtlich ist (zur Preislistentreue vgl. BGH NJW 1994, 1224 f.; OLG Hamburg NJW-RR 2001, 282; OLG München AfP 1992, 367; LG Hamburg AfP 1997, 652; 1995, 690; → Kap. 81 Rn. 7). Überhaupt liegen meist die wesentlichen Vertragspunkte in Form Allgemeiner Insertionsbedingungen bereits vorher fest.

Neben den wesentlichen Vertragspunkten können die Parteien spezielle Vereinbarungen über die Aufmachung, Schrifttyp, Platzierung, Zeitpunkt des Erscheinens der Anzeige usw treffen. Geht eine Anzeigenbestellung beim Verleger ein, so bedarf es grundsätzlich keiner *ausdrücklichen* Annahme dieses Vertragsangebotes (vgl. § 151 BGB). Eine Annahme kann auch konkludent mit dem Abdruck der Anzeige erfolgen. Will der Verleger umgekehrt die Bestellung nicht annehmen, so wird er aus dem Gesichtspunkt vorvertraglicher Pflichten den auf die Veröffentlichung vertrauenden Inserenten hiervon benachrichtigen müssen. Dies wird immer dann der Fall sein, wenn es sich um offensichtliche Rechtsverstöße handelt, da dann der Verleger zur Ablehnung der Anzeige verpflichtet ist. Dieser ist jedoch nicht gehalten, sich zur Vermeidung einer wettbewerbsrechtlichen Inanspruchnahme in schwierige Rechtsfragen ausländischen Rechts einzuarbeiten (vgl. BGH NJW 1999, 1960 f.; OLG Hamburg WRP 2001, 218; OLG München WRP 1997, 332). 8

2. Verleger und Inserent haben für die *Erfüllung* ihrer Vertragspflichten gemäß §§ 276, 286, 325 ff. BGB (insbesondere für Unmöglichkeit und Verzug) einzustehen. Ein zusätzliches, vom Verschulden unabhängiges Rücktrittsrecht des Anzeigen-Bestellers vom Vertrag bei verspäteter Herstellung wird von § 636 BGB gewährt. Hinsichtlich der Leistungs- bzw. Vergütungsgefahr im Falle einer unausführbar gewordenen Bestellung (zB Beschlagnahme der Ausgabe) enthalten die §§ 634 Nr. 4, 636 iVm § 311a BGB spezielle Regelungen (vgl. im einzelnen Palandt/*Sprau* BGB § 634 Rn. 6). 9

Im Rahmen der *Sachmängelhaftung* im Werkvertragsrecht hat der Unternehmer für wertmindernde Beschaffenheit bzw. zugesicherte Eigenschaften des Werkes (= Anzeige) zu haften, §§ 634 ff. BGB. Liegen Mängel im Sinne der Vorschriften vor (zB nicht lediglich unbedeutende Druckfehler, falsche Adressenangaben usw) so kann der Besteller den Vertrag rückgängig machen (Wandlung) oder die Vergütung herabsetzen (Minderung; zur Minderung bei Abweichungen von der im Druckauftrag vereinbarten Gestaltung der Anzeige vgl. OLG Düsseldorf NJW-RR 1992, 822). Grundsätzlich muss der Besteller jedoch zunächst die Beseitigung des Mangels innerhalb einer angemessenen Frist verlangen, verbunden mit der Erklärung, dass er danach die Beseitigung ablehne (§ 634 Abs. 3 BGB). Da Fehler regelmäßig erst nach dem Erscheinen erkennbar werden, ist diese sog. *Nachbesserung* durch den Abdruck einer Berichtigung und, wenn dies zur Mangelbehebung nicht genügt, durch den Neuabdruck der Anzeige vorzunehmen. Kann eine Nachbesserung in dieser Weise den geschuldeten Erfolg nicht mehr herbeiführen (zB Anzeige einer Veranstaltung, die inzwischen stattgefunden hat), so ist diese als unmöglich iSd § 634 Abs. 4 BGB anzusehen. Es bedarf dann keiner Fristsetzung mehr (vgl. § 636 BGB). Die noch erforderliche Mängelanzeige und Ablehnungserklärung kann innerhalb des Wandlungs- bzw. Minderungsbegehrens erfolgen. 10

Liegen die Voraussetzungen für Wandlung oder Minderung vor und hat darüber hinaus der Unternehmer gemäß §§ 280, 281 BGB schuldhaft den Mangel herbeigeführt, so kann der Besteller Schadensersatz wegen Nichterfüllung verlangen (§ 634 Abs. 4 BGB). 11

Die Haftung des Verlegers kann durch einzelvertragliche Vereinbarung eingeschränkt oder ausgeschlossen werden. Diese ist jedoch nichtig, wenn dieser einen Mangel arglistig verschweigt (§ 636 BGB). 12

Bei einer Haftungsbegrenzung durch *Allgemeine Geschäftsbedingungen* sind die Vorschriften des § 309 Ziff. 8 BGB (vgl. → Kap. 45 Rn. 9) zu beachten, die eine überraschende und unangemessene Verkürzung der Rechte des anderen Vertragspartners verhindern (vgl. hierzu *Heyer* AfP 1988, 131).

Die im Werkvertragsrecht bestehende *Abnahmepflicht* des Bestellers (§ 640 Abs. 1 BGB) entfällt beim Anzeigenvertrag wegen des anders gelagerten Vertragsverhältnisses. An deren Stelle tritt hinsichtlich der an die Abnahme geknüpften Rechtsfolgen (Verjährungsbeginn, Fälligkeit der Vergütung und Gefahrenübergang) die Vollendung des Werkes (§ 646 BGB). 13

Die Frage, ob *kritische Berichte* über Inserenten bzw. ihre Produkte im redaktionellen Teil eine Verletzung *nebenvertraglicher* Pflichten aus dem Anzeigenvertrag darstellen, ist mit Rücksicht auf 14 die öffentliche Aufgabe der Presse (vgl. → Kap. 3 Rn. 1 ff.) zu beurteilen: Die Presse handelt, wenn sie in Angelegenheiten von öffentlichem Interesse berichtet, in Wahrnehmung *berechtigter Interessen* und damit nicht rechtswidrig im Sinne von § 276 Abs. 1 BGB (vgl. *Löffler* BB 1978, 923 f.). Demnach steht dem Inserenten kein Schadensersatzanspruch nach § 280 BGB zu. Auch ein Beseitigungsanspruch (Widerruf der kritischen Äußerung) lässt sich nicht aus dem Anzeigenvertrag herleiten.

Andererseits sind die Verlage verpflichtet, auf die Interessen der Inserenten Rücksicht zu nehmen, soweit dies nicht mit der Erfüllung der öffentlichen Aufgabe der Presse kollidiert. Das ergibt sich aus der notwendigen *Abwägung* zwischen der Pressefreiheit und den vertraglichen Bindungen der Presse (s. *Löffler* BB 1978, 924). Veröffentlicht zum Beispiel ein Verlag am gleichen Tag zu der Anzeige eines Inserenten sogenannte Gegenanzeigen von Konkurrenten mit offensichtlich geschäftsschädigendem Inhalt, so war das dem Erstinserenten geschuldete Werk – der Abdruck der Anzeige – mangelhaft iSd § 635 Abs. 1 BGB (vgl. OLG Hamm AfP 1986, 52). Die Maßstäbe sind hier aber sehr hoch anzusetzen. Letztendlich werden solche Fallkonstellationen die Ausnahme bleiben.

15 3. Bis zur Vollendung des Werkes, also bis zum Erscheinen der Anzeige in der Zeitung, kann der Besteller den Vertrag jederzeit *kündigen* (§ 640 BGB), dh *für die Zukunft* aufheben. Allerdings ist dann der Verleger berechtigt, die vereinbarte Vergütung zu verlangen. Er muss sich jedoch seine ersparten Aufwendungen oder ersatzweise seine Gewinnmöglichkeiten anrechnen lassen (§ 638 BGB). Wird also eine Anzeigenbestellung storniert und kann der Verleger den frei gewordenen Anzeigenraum zu gleichen Bedingungen für einen anderen Inserenten verwenden, so muss der Erstbesteller lediglich die durch die Stornierung veranlassten Mehraufwendungen vergüten.

Bei Anzeigen-Wiederholungsaufträgen ist eine Vertragsverlängerungsklausel um jeweils ein Jahr für den Fall der Nichtkündigung des Vertrages wirksam, wenn sie auf der Vertragsvorderseite abgedruckt und bei der Vertragsunterzeichnung zur Kenntnis genommen wurde (vgl. OLG Frankfurt a. M. AfP 1991, 635). Als überraschende Klausel iSd § 309 Ziff. 6a BGB ist dieselbe Klausel jedoch, wenn sie nur in den rückseitig abgedruckten und in Bezug genommenen AGB enthalten ist, auch im Geschäftsverkehr mit gewerblichen Inserenten unwirksam (vgl. BGH AfP 1989, 662; LG Stuttgart WRP 1996, 113).

16 4. Ein Anzeigenvertrag kann wegen Verstoßes gegen ein gesetzliches Verbot, zB Tabakwerbeverbot § 19 TabakerzG (vgl. zum Tabakwerbeverbot BGH GRUR 2011, 631) nichtig sein (§ 134 BGB; vgl. BGH AfP 1992, 251; OLG Hamburg MDR 1985, 319; OLG Frankfurt a. M. AfP 1985, 40 (41)). Es ist dem Inserenten in diesem Fall grundsätzlich nicht verwehrt, sich gegenüber dem Zahlungsanspruch auf die Nichtigkeit des Vertrages zu berufen. Ein Anspruch gem. §§ 812 Abs. 1 S. 1 Alt. 1 iVm § 818 BGB scheitert an § 817 S. 2 BGB, wonach eine Rückforderung des Empfangenen ausgeschlossen ist, wenn dem Leistenden gleichfalls ein Verstoß gegen ein gesetzliches Verbot zur Last fällt (vgl. BGH NJW 1992, 2557).

III. Kontrahierungszwang bei Anzeigenbestellung?

17 In Anbetracht der enormen Mitteilungsintensität vor allem im politischen und wirtschaftlichen Bereich, die eine Zeitungsanzeige infolge ihrer weiten Verbreitung hat, und des hierauf beruhenden Insertionsbedürfnisses einzelner oder von Gruppen stellt sich die Frage, ob unter bestimmten Voraussetzungen der Verleger eine Anzeigenbestellung ausführen *muss* (Kontrahierungszwang), obgleich bestimmte Interessen des Verlegers oder seine abweichende Meinung dem widersprechen. Zu denken ist dabei an Anzeigen politischer Parteien, die der Grundeinstellung der betreffenden Zeitung entgegenstehen, oder gewerbliche Anzeigen, deren Zwecksetzung der Verleger missbilligt.

18 Für den Kontrahierungszwang kommen allgemein *zwei zivilrechtliche Anspruchsgrundlagen* in Betracht. Zum einen kann sich ein Anspruch aus dem kartellrechtlichen Diskriminierungsverbot iVm § 249 BGB, zum andern auf Grund des Verbots sittenwidriger Schädigung nach §§ 826, 249 BGB ergeben. Diese Vorschriften setzen nach der Rechtsprechung und herrschenden Meinung (vgl. OLG Stuttgart AfP 1997, 923; KG Berlin AfP 1991, 442; LG München I NJW-RR 2001, 87; *Erman* BGB § 826 Rn. 56) eine *Monopolstellung* oder jedenfalls eine marktstarke

Stellung des Unternehmens voraus. Sie kann im Pressewesen allenfalls bei Regional- und Heimatzeitungen gegeben sein (vgl. LG München I NJW-RR 2001, 87). Gleiches kann auch für Spezialzeitschriften, etwa für produktbezogene Magazine, zB eine Uhrenzeitschrift, gelten (vgl. OLG Stuttgart AfP 1997, 923). Trotz der Existenz anderer Werbeträger (zB Anschlagtafeln, Handzettel oder Werbeprospekte, Online-Angebote) können diese Presseorgane wegen ihrer spezifischen Werbefunktion unverändert noch eine Alleinstellung besitzen (vgl. Ricker, Anzeigenwesen und Pressefreiheit, S. 60; aA AG Konstanz AfP 1968, 810; zur kartellrechtlichen Abgrenzung unterschiedlicher Werbemärkte je nach Art des Werbemediums vgl. → Kap. 85 Rn. 8). Als materielle Voraussetzung verlangt die kartellrechtliche Anspruchsgrundlage weiter, dass die Abschlussverweigerung eine unbillige Behinderung oder unsachliche Ungleichbehandlung darstellt, während § 826 BGB die Sittenwidrigkeit der Abschlussverweigerung voraussetzt (vgl. Palandt/*Sprau* BGB § 826 Rn. 2). Anspruchsberechtigt nach dem GWB sind nur Unternehmen, während § 826 BGB auch für Privatpersonen und nichtgewerbliche Inserenten gilt (vgl. BGH MDR 1967, 985; LG Passau AfP 1982, 118 f.; *Schiwy/Schütz/Dörr* S. 2 f.; *Ricker,* Anzeigenwesen und Pressefreiheit, S. 61, 65). Das GWB und § 826 BGB sind nebeneinander anwendbar (vgl. BGH NJW 1976, 804; Palandt/*Sprau* BGB § 826 Rn. 48).

Danach wurde früher von einem Teil der Literatur ein Kontrahierungszwang für den *Bereich des Presserechts* bejaht (vgl. ua *Rehbinder* S. 63, *Scheer* S. 258, *Kilian* AfP 1980, 47 ff. (72), und *Herdemerten* AfP 1968, 768 ff., ohne jedoch auf die oben genannten materiellen Voraussetzungen einer Ablehnung abzustellen. Ausreichend sei bereits die *Monopolstellung* eines Unternehmens. Begründet wird dies mit einer quasi öffentlich-rechtlichen Verantwortlichkeit der Presse bzw. mit ihrer öffentlichen Aufgabe (s. auch LG Braunschweig NJW 1975, 782; *Schulte* NJW 1976, 1210). Noch weiter geht *Lange* (AfP 1973, 507 ff.), der sogar unabhängig von einer Monopolstellung aus der Chancengleichheit der Parteien (abgeleitet aus Art. 21 und 38 GG) *für Wahlanzeigen* eine Gleichbehandlungspflicht des Verlegers ableitet, die zu einem Kontrahierungszwang führt, sofern Wahlanzeigen vom Verleger nicht generell abgelehnt werden 19

Eine derartige öffentlich-rechtliche Bindung der Presse besteht jedoch nicht. Das einzelne Presseerzeugnis dient der Bildung eines öffentlichen Meinungsmarktes, zu dem es durch Meinungsäußerungen und Nachrichtenvermittlung *Beiträge* erbringt. Dies leistet auch der Anzeigenteil. Eine wesentliche Voraussetzung der umfassenden publizistischen Funktion ist die prinzipielle Unabhängigkeit der Presse, die auch nicht mittelbar beschränkt werden darf (vgl. *Schiwy/Schütz/Dörr* S. 2). Deshalb erstreckt sich der Schutz des Art. 5 GG auch auf den Anzeigenteil. 20

Vor diesem Hintergrund stellt sich die Frage, ob nicht die Presse generell vom Kontrahierungszwang auszunehmen ist, die bei der Überprüfung der *materiellen Anspruchsvoraussetzungen* vorzunehmende *Güterabwägung* (vgl. → Kap. 11 Rn. 16) also grundsätzlich zum *Vorrang der Pressefreiheit* führt. Für diese Annahme spricht die Rechtsprechung des Bundesverfassungsgerichts, die einer Zeitung das Recht ausdrücklich zusprach, eine politische Wahlanzeige abzulehnen (vgl. BVerfG NJW 1976, 1627; BVerfGE 42, 53 ff. (62)): Die Presse sei im Wettbewerb um den Wähler nicht zur Neutralität verpflichtet. Insoweit wird der zivilrechtliche Grundsatz der Privatautonomie im Anzeigenwesen durch das Grundrecht der Pressefreiheit zusätzlich verstärkt (vgl. *Schiwy/Schütz/Dörr* S. 2). Diese Wertung ist aber nicht auf den Sektor der Wahlanzeigen zu beschränken (vgl. so aber OLG Schleswig NJW 1977, 1886). Ganz allgemein stellt vielmehr das Gericht zur Begründung seiner Entscheidung fest, dass die von privater Hand betriebene Presse bei der Auswahl und Verbreitung von Nachrichten und Meinungen frei sei.

Ein Kontrahierungszwang besteht also trotz Monopolstellung einer Zeitung grundsätzlich nicht für Inserate politischen Inhalts (vgl. OLG Karlsruhe NJW 1988, 341; 1976, 1209; LG Nürnberg-Fürth AfP 1984, 174 f.; AG Rendsburg NJW 1996, 1004; Staudinger BGB § 826 Rn. 439; aA *Groß* JR 1995, 490). Zu Recht verneinten daher das LG Leipzig und LG Passau (LG Leipzig AfP 2004, 577 f.; LG Passau AfP 1982, 118 ff. (119)) die Kontrahierungspflicht einer Regionalzeitung gegenüber einem privaten Anzeigenkunden, weil dieser mit der Anzeige Kritik an gesellschaftlichen Verhältnissen üben wollte. Auch ist es nicht unbillig im Sinne des GWB, den Abdruck einer Anzeige zu verweigern, die andere Inserenten zu einer Werbepause aufruft, da man von einem Presseorgan nicht verlangen kann, dass es sein eigenes Anzeigengeschäft gefährdet (vgl. LG Dortmund AfP 1982, 120 f.). Deshalb ist es gleichfalls nicht diskriminierend, wenn der Verlag Anzeigen eines Konkurrenten ablehnt, der darin für seine in einer Datenbank 21 gespeicherten Verkaufsangebote von Kraftfahrzeugen werben will (vgl. KG Berlin NJW 1984, 1123; MüKoBGB/*Wagner* BGB § 826 Rn. 168). Ebensowenig ist der Verleger verpflichtet, die Anzeige einer ihm unseriös erscheinenden Ehevermittlung abzudrucken (vgl. OLG Stuttgart AfP 1997, 924; OLG Stuttgart WuW/E OLG 3560; zu einer „Etablissement-Anzeige“ vgl. LG Oldenburg AfP 1985, 69). Auch bei einer Familienanzeige ergibt sich schließlich für ein Monopolblatt kein Kontrahierungszwang aus §§ 826, 249 BGB, wenn von diesem für die Ablehnung einer bestimmten, vom Inserenten so gewollten Form sachliche, für einen Dritten nachvollziehbare Gründe angeführt werden (vgl. OLG Karlsruhe NJW 1988, 341, zum Abdruck einer Geburtsanzeige in Gedichtform).

IV. Das Anzeigenblatt

22 Die außerordentliche Bedeutung der Anzeige im gewerblichen, gesellschaftlichen und politischen Leben für die Inserenten einerseits und – daraus folgend – die an diesen Wirtschaftszweig geknüpften Gewinnerwartungen andererseits haben eine Vielzahl von sog. Anzeigenblättern entstehen lassen. Deren Anteil an den Netto-Werbeeinnahmen aller erfassbaren Werbeträger betrug laut Angaben des Zentralverbands der Deutschen Werbewirtschaft im Jahr 2019, 6,24 %, wobei sich die durchschnittliche Gesamtreichweite bei den Lesern pro Ausgabe in 2017 auf 68,9 % belief (BVDA-Studie Anzeigenblatt Qualität 2017).

23 Unter Anzeigenblättern sind zu verstehen: „Periodisch erscheinende Werbedrucksachen, die unentgeltlich und unbestellt allen Haushalten eines begrenzten Bezirks zugestellt werden und neben einem gestreuten Annoncenteil redaktionelle – im Wesentlichen ortsbezogene – Beiträge enthalten“ (so die Definition bei *Dense* S. 173).

Kennzeichnendes Merkmal ist damit in erster Linie die Unentgeltlichkeit, also die allein aus den Anzeigeneinnahmen mögliche Finanzierung und Gewinnerzielung, und die untergeordnete Rolle des redaktionellen Teiles. Von ihnen zu unterscheiden sind die unentgeltlich verteilten „Anzeigenblätter ohne redaktionellen Teil“ (vgl. auch Rath-Glawatz/Engels/Dietrich/*Rath-Glawatz* P Rn. 278).

Hierbei handelt es sich zumeist um sog. *Offertenblätter,* die allein als Vermittler von Werbung fungieren, keine redaktionellen Beiträge enthalten und damit, wie in der Aufmachung überhaupt, nicht dem Erscheinungsbild einer Zeitung entsprechen. Solche Blätter werden seit etwa 1980 teilweise auch gegen Entgelt vertrieben (zB „Das Inserat“) und bieten dafür den Abdruck privater Kleinanzeigen für Inserenten kostenlos an (vgl. → Kap. 81 Rn. 28).

24 Mit ihrem Aufkommen Anfang der fünfziger Jahre haben die Anzeigenblätter eine Reihe von Rechtsfragen aufgeworfen.

1. Die Frage, inwieweit der verfassungsrechtliche Schutz des Art. 5 Abs. 1 S. 2 GG auch für Anzeigenblätter gilt, ist mit der grundsätzlichen Anerkennung der Anzeige als für die Erfüllung der öffentlichen Aufgabe der Presse bedeutsam beantwortet worden (vgl. BVerfG NJW 1967, 976 ff. – Südkurier; → Rn. 3). Somit werden nicht nur dem Anzeigenteil von Zeitungen, sondern auch Anzeigenblättern die aus der Pressefreiheit fließenden individuellen wie institutionellen Rechte gewährt.

25 2. Mit dieser Feststellung ist allerdings für die Zulässigkeit von Anzeigenblättern im Hinblick auf das *Wettbewerbsrecht,* einer weiteren für die Praxis außerordentlich wichtigen Frage, noch nichts gesagt, denn das Gesetz gegen unlauteren Wettbewerb (UWG) könnte als „allgemeines Gesetz“ iSd Art. 5 Abs. 2 GG als Grundrechtsschranke Anzeigenblätter in ihrer gegenwärtigen Erscheinungsform als rechtswidrig ausschließen. Die höchstrichterliche Rechtsprechung zu dieser Problematik hat mittlerweile weitgehend anerkannte Kriterien für die wettbewerbsrechtliche Beurteilung erarbeitet: Ein Anzeigenblatt verstößt dann gegen § 1 UWG, wenn es inhaltlich und in der äußeren Aufmachung *Ähnlichkeit* mit einer Tageszeitung aufweist und infolge des Konkurrenzdruckes die regionale *Tagespresse konkret* in ihrem Bestand *gefährdet* (vgl. BGH GRUR 1992, 191; OLG Karlsruhe WRP 1996, 118 ff. (120); Köhler/Bornkamm/Feddersen/*Köhler* UWG § 4 Rn. 5.22). Ist darüber hinaus das kostenlose Anzeigenblatt infolge umfassender redaktioneller Information (auch bezüglich des überregionalen Geschehens) in der Lage, eine Tageszeitung sogar *vollwertig* zu *ersetzen,* so verstößt es in jedem Fall gegen die Wettbewerbsvorschriften, *unabhängig davon,* ob die Tagespresse konkret in ihrem Bestand gefährdet wird oder nicht

(aA OLG Karlsruhe WRP 1996, 118 f. (120); vgl. zur hier früher geltenden, allerdings längst überholten „Drittelregelung“ → Kap. 81 Rn. 20; zur historischen Entwicklung der Rechtsprechung und den näheren Einzelheiten → Kap. 81 Rn. 16 ff.).

Einige Anzeigenblätter bieten die *kostenlose* Veröffentlichung *privater Kleinanzeigen* an. Dies ist wettbewerbsrechtlich zulässig, solange nicht eine Bestandsgefährdung der konkurrierenden Tagespresse konkret nachgewiesen ist (vgl. OLG Karlsruhe AfP 1988, 255; auch → Kap. 81 Rn. 28). Die *Darlegungs- und Beweislast* liegen bei dem, der sich auf die Gefährdung beruft (vgl. OLG Köln AfP 1984, 44 ff.; OLG Düsseldorf AfP 1976, 49 ff.). 26

Offertenblätter ohne redaktionellen Teil können, unabhängig davon, ob sie entgeltlich oder kostenlos vertrieben werden (→ Rn. 23), weniger gegen Vorschriften des UWG verstoßen. Diese reinen Werbeträger stehen zwar partiell in einem Wettbewerbsverhältnis zu den Tageszeitungen, dürften jedoch noch weniger als Anzeigenblätter eine (nachweisbare) Bestandsgefährdung der Tagespresse mit sich bringen (vgl. → Kap. 81 Rn. 17; s. auch Dense S. 147; zur Frage, wann ein Anzeigenblatt, das von einer bereits am Markt beteiligten Tageszeitung herausgegeben wird, als sog. leistungsfremdes Werbemittel im Verhältnis zu anderen Tageszeitungen wettbewerbswidrig gemäß § 3 UWG ist, vgl. BGH AfP 1977, 293 mit Anm. *Vieregge* AfP 1977, 393, zu § 1 UWG aF, Köhler/Bornkamnm/Feddersen/*Köhler* UWG § 4 Rn. 5.27 sowie → Kap. 81 Rn. 22). 27

Zu der Frage unzulässiger Eigenwerbung von Anzeigenblättern durch Hinweis auf ihre Auflagenstärke vgl. → Kap. 76 Rn. 15 ff. Zum Anspruch auf Unterlassung des Einwurfs von Anzeigenblättern in den Hausbriefkasten vgl. OLG Nürnberg AfP 1972, 233; im Einzelnen → Kap. 75 Rn. 36; zum Streit um die Zulässigkeit der Verteilung von Anzeigenblättern am Sonntag s. BGH GewArch 1988, 94; VGH Kassel AfP 1993, 682; hierzu im Einzelnen → Kap. 75 Rn. 54; Zur fristlosen Kündigung eines Vertrages, mit dem ein Unternehmer die Verteilung eines Anzeigenblattes übernommen hat, vgl. OLG Frankfurt a. M. NJW-RR 1988, 945. 28

V. Die Anzeigenvermittlung

Vielfach wendet sich der Inserent nicht direkt an den Verleger, sondern beauftragt mit der Bestellung und Abwicklung seiner Anzeigenvorhaben einen Werbemittler (Werbe- bzw. Annoncenagentur; vgl. hierzu Klosterfelde S. 163 ff.; OLG München AfP 1985, 132). Da dieser Werbemittler im Gegensatz zum Anzeigenvertreter (s. diesbezüglich *Schröder* DB 1970, 1625 ff.) nicht als Stellvertreter des Inserenten, sondern im eigenen Namen dem Verleger gegenüber auftritt, besteht ein *doppeltes Vertragsverhältnis:* Inserent/Werbemittler einerseits; Werbemittler/Verleger andererseits. 29

Das Verhältnis zwischen Inserenten und Werbemittler stellt sich dabei als *Geschäftsbesorgungsvertrag* iSd § 675 BGB dar. Vertragsgegenstand ist die Durchführung einer Geschäftsbesorgung. Je nachdem, was vertraglich vereinbart ist, hat die Agentur für den Werbetreibenden die Werbemaßnahmen vorzubereiten, zu planen, zu erstellen und durchzuführen. (vgl. Rath-Glawatz/Engels/Dietrich/*Rath-Glawatz* P 1. Teil Rn. 429 ff.). Ferner hat sie für den Kunden alle am Markt realisierbaren Vorteile zu erzielen, die im Rahmen der gemeinsamen Geschäftsbeziehung erzielbar sind und diese in voller Höhe an den Kunden weiterzuleiten (vgl. OLG München GRUR-Prax 2010, 66). Dies gilt nicht nur für die rein kundenbezogenen, sondern grundsätzlich auch die agenturbezogenen Rabatte und Vorteile, soweit sie dem Kunden zuzurechnen sind. Mediaagenturen, die einerseits mit den Werbekunden Verträge abschließen, begründen ein spezielles Treueverhältnis gegenüber den Werbekunden. Inhalt der Treuepflicht ist insbesondere, dass sie unter den gleich geeigneten Angeboten das günstigste für den Werbekunden wählten und außerdem so mit den Vermarktern verhandelten, dass ein möglichst günstiger Preis für die Werbekunden vereinbart werden würde. Dafür erhalten sein eine Vergütung von den die Werbekunden. (vgl. *Omlor* AfP 2019, 206 ff.). 30

Soweit die Mediaagenturen – ohne ihre Werbekunden zu informieren – Verträge mit den Vermarktern abschließen, die ihnen spezielle Rabatte gewähren, verlassen sie ihre Treuepflicht gegenüber den Kunden. Somit besteht in diesen Fällen die Gefahr, den Tatbestand der Untreue zu verwirklichen. Auf Seiten der Vermarkter besteht die Gefahr der Begehung einer Beihilfe zur

Untreue. Letzteren ist daher zu empfehlen, in den Verträgen mit den Mediaagenturen darauf hinzuweisen, dass Rabatte den Werbekunden ggf. offenzulegen sind (sog. Tranzparanzklausel).

Bei der Tätigkeit der Agenturen handelt es sich um eine selbständige Tätigkeit wirtschaftlicher Art. Mittler und Agenturen sind ihren Kunden gegenüber zu objektivem Verhalten verpflichtet. Sie haben bei der Auswahl diejenigen Verlagserzeugnisse vorzuschlagen, die für die vorgesehene Anzeige des Werbungtreibenden am geeignetsten erscheinen. Dagegen ist es ihnen verwehrt, dem Kunden ein Verlagserzeugnis nur aus dem Grunde vorzuschlagen, weil der betreffende Verleger einen besonders hohen Vergütungssatz gewährt. Diese Verpflichtung zur Wahrung der Interessen der Werbungtreibenden beruht jedoch nicht auf einer treuhänderischen Stellung der Werbungsagenturen und -vermittler, sondern auf dem Vertrage mit ihren Kunden (vgl. BGHZ 53, 393).

Im Wesentlichen kommen dabei die Vorschriften über das Auftragsverhältnis zur Anwendung (Geschäftsbesorgung ist ein Werkvertrag, vgl. BGH AfP 1973, 129; OLG Düsseldorf MDR 1972, 688; Rath-Glawatz/Engels/Dietrich/*Rath-Glawatz* P Rn. 363). Für seine Tätigkeit erhält der Werbemittler die vereinbarte Vergütung („Provision") von dem Inserenten (zum Einfluss der §§ 309 ff. BGB auf die im Anzeigengeschäft üblichen allgemeinen Geschäftsbedingungen → Rn. 7).

31 Das Vertragsverhältnis zwischen Werbemittler und Verleger ist als Werkvertrag iSd §§ 631 ff. BGB zu qualifizieren (→ Rn. 7). Im Unterschied zur Direktbestellung ist nicht der Inserent selbst der Besteller, sondern die Agentur, die im eigenen Namen, meist auch für eigene Rechnung, den Vertrag mit dem Verleger abschließt (vgl. OLG München NJOZ 2010, 1621; AfP 1985, 132; OLG Saarbrücken OLGR Saarbrücken 2004, 359 f.; OLG Hamburg OLGR Hamburg 1998, 370 f.; Rath-Glawatz/Engels/Dietrich/*Rath-Glawatz* P Rn. 367). Der Umstand, dass Verlage in den Verträgen verlangen, dass die Auftraggeber zu nennen sind und ggf. eine entsprechender Mandatsnachweis vorzulegen ist, ändert daran nichts (vgl. *Kolonko,* Gesamtes Medienrecht, Kap. 56 Rn. 30; BGHZ 53, 393). Es ist davon auszugehen, dass die von den Werbungstreibenden beauftragten Werbeagenturen als Besteller von Anzeigen in Erscheinung treten und dass nach der Branchenübung Anzeigenverträge von den Agenturen grundsätzlich im eigenen Namen abgeschlossen werden. Dies entspricht der besonderen Interessenlage der Werbeagenturen und Verlage im Hinblick auf die sogenannte AE-Provision. Soweit die Werbeagentur ausnahmsweise nicht selbst Vertragspartei werden, muß sie das bei Abschluß des Anzeigenvertrages ausdrücklich klarstellen (vgl. OLG Hamburg OLGR Hamburg 1998, 370 f.).

32 Vielfach zahlen die Verlage den Agenturen Provisionen. Unabhängig davon, dass Agenturen in erster Linie vertraglich ihren Kunden, den Werbetreibenden, gegenüber zu sachgerechter Beratung verpflichtet sind, haben die Verleger auch ein begründetes eigenes wirtschaftliches Interesse daran, dass Agenturen die Werbungtreibenden objektiv beraten, dh den Besonderheiten des jeweiligen Betriebes und dem Zweck der beabsichtigten Werbung gerecht werden (vgl. Lamsdorff/Skora S. 132 Rn. 180; Rath-Glawatz/Engels/Dietrich/*Rath-Glawatz* P Rn. 433 f.). Ein Anspruch der Agenturen gegenüber dem Verlag besteht aber insoweit nur dann, wenn die Agenturprovision zusammen mit den Anzeigenabschlüssen vereinbart wurde und es tatsächlich zur Durchführung der Werbemaßnahme kommt. Ein Verbot, die AE-Provision an den Werbekunden weiterzugeben, dürfte gegen die Gruppenfreistellungsverordnung verstoßen, wenn die Agenturen wie oben beschrieben im eigenen Namen und auf eigene Rechnung handeln und insoweit das überwiegende geschäftliche und finanzielle Risiko tragen. Gemäß Tz. 48 Satz 2 der Leitlinien für vertikale Beschränkungen (ABl. 2000 C 291, S. 1) wäre eine solches Provisionsweitergabeverbot eine Kernbeschränkung gemäß Art. 4a) GVO und würde damit gegen europäisches Kartellrecht, namentlich Artikel 101 Absatz 1 AEUV verstoßen.

33 Der Werbemittler, der mit dem Anzeigenauftrag einen vom Inserenten als redaktionellen Beitrag verfassten Bericht über sein Unternehmen, wie etwa die Neueröffnung, an die Redaktion des Zeitungsverlags weiterleitet, haftet als Störer für die Veröffentlichung einer in dem redaktionellen Beitrag getarnten Werbung (vgl. BGH AfP 1994, 136). Der Werbemittler haftet ebenso als Störer bei offensichtlicher Wettbewerbswidrigkeit der Anzeige, sofern er auf deren Inhalt Einfluss nehmen konnte (vgl. LG Hamburg AfP 1999, 176).

VI. Haftung für den Anzeigeninhalt

Für den Inhalt von *Eigenanzeigen* haftet die Presse grundsätzlich wie für andere eigene Inhalte nach den allgemeinen Regeln. Hier sind insbesondere Verstöße gegen das Wettbewerbsrecht denkbar. Eine geschäftliche Handlung iSd § 2 Abs. 1 Nr. 1 UW ist hier regelmäßig anzunehmen. **34**

Etwas anderes gilt für die Frage der Haftung für die Veröffentlichung fremder Anzeigen. Zwar ist grundsätzlich von der uneingeschränkten Verantwortlichkeit der Presse für das gesamte Produkt auszugehen. Die insoweit gebotene verfassungskonforme Auslegung hat dabei aber zu berücksichtigen, dass die Presse unter Zeitdruck steht und dass eine umgehende Überprüfung sämtlicher Anzeigen auf Gesetzesverstöße die Arbeit der Presse unzumutbar erschweren würde. Die Anforderungen an das Ausmaß der Prüfung dürfen deshalb entsprechend den praktischen Notwendigkeiten des Pressewesens nicht überspannt werden. Andererseits findet die Pressefreiheit aber ihre Schranken in den Vorschriften der allgemeinen Gesetze (Art. 5 Abs. 2 GG). Die Presse hat daher grundsätzlich auch die gesetzlichen Regelungen zu beachten. Bei der Anzeigenwerbung ist es der Presse in der Regel zumutbar, ihre Prüfungspflicht zumindest auf offensichtliche Verstöße zu erstrecken. Die Verantwortlichen wären überfordert, wenn sie jeweils eine eingehende wettbewerbsrechtliche Überprüfung vornehmen müssten (vgl. BGH GRUR 1990, 1012 – Pressehaftung; BGH GRUR 1973, 203 (204) – Badische Rundschau). **35**

Presseunternehmen haften für die Veröffentlichung von Werbeanzeigen Dritter wettbewerbsrechtlich als Störer, wenn sie gegen ihre Pflicht zur Prüfung verstoßen haben, ob die Veröffentlichung der Anzeige gesetzliche Vorschriften verletzt. Für die Veröffentlichung fremder Anzeigen hat die Rechtsprechung jedoch eine Haftungsprivilegierung entwickelt (vgl. BGH NJW-RR 2006, 1044 – Schlank-Kapseln). Denn die zuvor genannte Prüfungspflicht beschränkt sich angesichts der von Art. 5 Abs. 1 GG geschützten Pressefreiheit auf grobe und eindeutige, unschwer erkennbare Wettbewerbsverstöße (vgl. BGH NJW 2002, 1200 – H. I. V. POSITIVE II, mwN; BGH NJW-RR 2006, 1044). Dies hat seinen Grund darin, dass an die Prüfung der Veröffentlichung von Inseraten vor dem Hintergrund einer raschen Entscheidung keine unzumutbaren Anforderungen gestellt werden dürfen. Für die erforderliche Beurteilung der Frage der Rechtswidrigkeit eines Werbetextes bedarf es regelmäßig näheren juristischen Wissens und in gewissem Umfang auch fachlicher Kenntnisse, die sich Verleger oder Anzeigenredakteure regelmäßig erst verschaffen müssten. Derartige Nachforschungen nach Eingang des Anzeigenauftrags können nicht verlangt werden. (vgl. BGH NJW-RR 1994, 874 – Schlankheitswerbung). Die gebotene Überprüfung auf grobe Verstöße kann im Einzelfall – bei Zweifelhaftigkeit – zu einer Rückfragepflicht bei der Rechtsabteilung führen, wenn so außergewöhnliche Umstände einen Verstoß nahelegen. Die Gesetzeswidrigkeit des Anzeigeninhalts muss sich der Anzeigenabteilung geradezu aufdrängen. Abzustellen ist folglich auf den juristischen Laien. Ob ein Unternehmen über eine eigene Rechtsabteilung verfügt, ist unbeachtlich, denn maßgeblich ist die Erkennbarkeit der Rechtsverletzung für die Anzeigenabteilung (vgl. Raue/Hegemann/*Lehment,* MAH Urheber- und Medienrecht, § 28 Rn. 120). **36**

Im digitalen Anzeigengeschäft, dh insbesondere bei der Werbevermarktung von Webseiten etc, gilt insbesondere § 10 TMG, wenn Anzeigen von den Werbekunden automatisch und ohne vorherige Prüfung durch den Verlag eingestellt werden können. Die für Host-Provider entwickelten Haftungsgrundsätze gelten insoweit auch für die Presse. Das Medienunternehmen ist in diesem Zusammenhang nicht verpflichtet, die in das Netz gestellten Beiträge vor der Veröffentlichung auf eventuelle Rechtsverletzungen zu überprüfen. Ein Tätigwerden des Medienunternehmens ist nur veranlasst, wenn ein Hinweis so konkret gefasst ist, dass der Rechtsverstoß unschwer – dh ohne eingehende rechtliche und tatsächliche Überprüfung – bejaht werden kann. Dabei hängt das Ausmaß des insoweit zu verlangenden Prüfungsaufwands von den Umständen des Einzelfalls, insbesondere vom Gewicht der behaupteten Rechtsverletzungen auf der einen und den Erkenntnismöglichkeiten des Medienunternehmens auf der anderen Seite, ab. **37**

Regelmäßig ist zunächst die Beanstandung an den Werbetreibenden zur Stellungnahme weiterzuleiten. Bleibt eine Stellungnahme innerhalb einer nach den Umständen angemessenen Frist aus, ist von der Berechtigung der Beanstandung auszugehen und die beanstandete Anzeige zu löschen. Stellt der Werbetreibenden die Berechtigung der Beanstandung substanziert in Abrede **38** und ergeben sich deshalb berechtigte Zweifel, ist das Medienunternehmen grundsätzlich gehalten, dem Anzeigenden dies mitzuteilen und gegebenenfalls Nachweise zu verlangen, aus denen sich die behauptete Rechtsverletzung ergibt. Bleibt eine Stellungnahme aus oder legt er gegebenenfalls erforderliche Nachweise nicht vor, ist eine weitere Prüfung nicht erforderlich. Ergibt sich aus der Stellungnahme des Betroffenen oder den vorgelegten Belegen auch unter Berücksichtigung einer etwaigen Äußerung des Werbetreibenden eine rechtswidrige Verletzung des Persönlichkeitsrechts, ist der beanstandete Eintrag zu löschen (vgl. BGH GRUR 2012, 311 (313)).

VII. Adblocker-Problematik

39 1) Webseiten im Internet bestehen aus einer Vielzahl von Bild und Textdateien, von unterschiedlichen Quellen (Servern) stammen können. Dabei wird Werbung meist von sogenannten Adservern ausgespielt, also einer vom Content Server des Webseitenbetreibers getrennten Quelle. Die von den Webseitenbetreibern erstellte Programmierung sorgt dann dafür, dass die Inhalte beim Aufruf einer Webseite dem Nutzer gegenüber in der gewohnten Form als einheitliches Produkt angezeigt werden. Adblocker funktionieren auf Basis einer umfangreichen Filterliste. Diese wird fortlaufend ergänzt. Sie besteht zum überwiegenden Teil aus den zu blockierenden Links zu den Servern der Webseitenanbieter, die bei den jeweiligen Webseiten für die Werbemittelausspielung verantwortlich sind. Bei dem Aufruf einer Webseite unter Verwendung eines Werbeblockers verhindert dieser, dass werbebezogene Inhalte dem Nutzer angezeigt werden. Dies führt zum Problem für den Webseitenbetreiber, weil dieser nur für angezeigte Werbeanzeigen eine Vergütung erhält. Adblocker können kostenlos im Internet heruntergeladen werden und werden dann direkt in dem jeweiligen Browser installiert. Webseitenbetreiber, Werbenetzwerke und Werbekunden können sich gegen Geldzahlung von der Blockade freikaufen (Whitelisten). Diese sollen dann nur noch „akzeptable Werbung" ausspielen. Welche Kriterien diese erfüllen soll, wird vom Anbieter des Werbeblockers bestimmt.

40 2) Werbeblocker haben zahlreiche Oberlandesgerichte beschäftigt (vgl. OLG Köln GRUR 2016, 1082 ff.; OLG Hamburg GRUR-RS 2018, 6040; OLG München ZUM-RD 2018, 133.). Auch der Bundesgerichtshof hat sich bisher zweimal – wettbewerbsrechtlich und später noch einmal kartellrechtlich – mit Adblockern beschäftigt (vgl. BGH ZUM 2018, 881 Rn. 35 – Werbeblocker II Wettbewerbsrecht; BGH ZUM 2019, 936 – Werbeblocker III Kartellrecht). Bisher sind die Rechtsstreitigkeiten überwiegend auf Basis des Wettbewerbsrechts geführt worden. Diese haben vorläufig in der Werbeblocker II-Entscheidung des Bundesgerichtshofs ihr Ende gefunden. Maßgebliche Norm war dabei § 4 Nr. 4 UWG, wonach wettbewerbswidrig handelt, wer Mitbewerber unlauter behindert. Unlauter behindert derjenige Wettbewerber, der in Schädigungsabsicht handelt, unmittelbare auf das Produkt des Wettbewerbes einwirkt oder die übermäßig der Möglichkeiten des anderen Wettbewerbers, seine Leistungen am Markt angemessen zu platzieren, beeinträchtigt. (vgl. BGH ZUM 2018, 881 – Werbeblocker II; OLG Köln GRUR 2016, 1082 – Adblocker; BGH GRUR 2001, 1061 – Mitwohnzentrale). Ein Handeln in Schädigungsabsicht hat der BGH verneint, da Werbeblocker die Funktionsfähigkeit einer Internetseite voraussetzen, was einer Schädigungsabsicht widersprechen würde. Zudem böten die Anbieter die Möglichkeit, sich von der Werbemittelblockade frei zu kaufen. Eben diese Freischaltung gegen Geldzahlung belege das der Blockade zugrunde liegende eigenwirtschaftliche Interesse (vgl. BGH ZUM 2018, 881 Rn. 26 – Werbeblocker II). Eine unlautere unmittelbare Einwirkung lehnte der BGH ab, da Installation und Einsatz erst aufgrund einer autonomen Entscheidung des Internet-Nutzers geschehen, so dass von einer Unmittelbarkeit keine Rede sein könne (BGH ZUM 2018, 881 Rn. 30 – Werbeblocker II). Auch Medienunternehmen müssten sich den Herausforderungen des Marktes stellen. Medienanbieter hätten keinen Anspruch darauf, dass der Nutzer die Werbung zur Kenntnis nehme. Zudem könnten sie sich zur Abwehr der wettbewerblichen Beeinträchtigungen eigener wettbewerblicher Mittel bedienen, indem sie beispielsweise Bezahlangebote einführen oder den Abruf ihres Internetangebots durch Nutzer von Werbeblöcken verhindern (BGH ZUM 2018, 881 Rn. 39 – Werbeblocker II).

41 3) Die Argumentation des Bundesgerichtshofs überzeugt wettbewerbsrechtlich und auch verfassungsrechtlich nicht. Die Blockadelisten der Adblocker Programme bestehen zu einem sehr

großen Teil aus Listen von Internetlinks, die direkt auf die Angebote der Nachrichtenwebseiten verweisen. Allein vor diesem Hintergrund erscheint es fragwürdig, welche Tatbestandsvoraussetzungen noch erfüllt sein müssen, um wettbewerbsrechtlich unmittelbar zu behindern. Zudem ist nicht zufriedenstellend, dass der BGH legitimiert, dass jemand der das Angebot eines Wettbewerbers zumindest teilweise blockiert, nicht mehr unmittelbar behindert, wenn er sich die Befreiung von seiner Blockade gegen Geldzahlung abkaufen lässt. Konsequent weiter gedacht, würde diese Argumentation auch mafiöse Geschäftsmodelle wie Schutzgelderpressung rechtfertigen. Indem der BGH alleine darauf abstellt, dass eine unmittelbare Behinderung daran scheitert, dass die Nutzer den Werbeblocker installieren, vergisst er, die eigentliche geschäftliche Handlung – geschäftsmäßige Blockade der Werbemittel – zu prüfen. Dieser Fehler zieht sich durch weite Teile der Entscheidung, wenn die Richter später einzig darauf abstellen, welche Selbstverteidigungsmöglichkeiten den Medienunternehmen möglicherweise zur Verfügung stünden. Tatsächlich folgt aus einer aus Art. 19 Abs. 4 GG und Art. 20 Abs. 3 GG abgeleiteten Gewähr effektiven Rechtsschutzes, dass Rechtssubjekte nicht auf Selbsthilfe verwiesen werden dürfen (vgl. *Glöckner* ZUM 2018, 844 (853)). Ein Verweis auf die autonome Entscheidung des Nutzers über den Einsatz eines Adblockers, überzeugt ebenfalls nicht, da die Programme alleine zu dem Zweck angeboten werden, beim Aufbau von Internetseiten, die Werbung zu unterdrücken. Verwendet der Nutzer die Software zu diesem Zwecke, verwirklicht sich dadurch der von dem Anbieter angestrebte Erfolg. Nach ständiger Rechtsprechung des Bundesverfassungsgerichts beinhalten Werbeanzeigen in Nachrichtenangeboten zudem von der Pressefreiheit geschützte Nachrichten- und Meinungskundgaben (vgl. BVerfGE 21, 271 (278 f.) – Südkurier; 64, 108 (114) – Chiffreanzeigen; 102, 347 (362 ff.) – Schock Benetton-Werbung I; *Holzgraefe/Thomale* ZUM 2019, 887 (890); Mangoldt/Klein/Starck/*Starck/Paulus* GG Art. 5 Rn. 40; Münch/Kunig/*Wendt* GG Art. 5 Rn. 32). Im Rahmen der Grundrechtskollision zwischen dem Webseitenanbieter und dem Betreiber von Werbeblockern geht es um die Frage, ob letztere werbliche Inhalte auf Webseiten blockieren und damit deren Anzeige verhindern dürfen. Dies ist eine von der Kenntnisnahme der Inhalte durch die Nutzer zu trennende Frage. Andernfalls würden zwei unterschiedliche Aspekte, die „Veröffentlichung" und die „Wahrnehmung" unzulässig miteinander vermengt werden. Erst wenn Inhalte veröffentlicht worden sind, stellt sich die Frage, welche davon der Nutzer wahrnehmen will und welche nicht. Eine Blockade von (Werbe-)Inhalten führt insbesondere zu einer rechtswidrigen »privaten Zensur«, wenn die Freigabe nur gegen Geldzahlung und redaktioneller Kontrolle erfolgt (vgl. zur verfassungsrechtlichen Dimension *Holzgraefe/Thomale* ZUM 2019, 887; aA *di Fabio* MMR-Beilage 2016, 1 (7)).

VIII. Das Ausspielen von Werbung unter Verwendung von Cookies aus der Sicht des Datenschutzrechts

Beim Besuch von Webseiten werden durch den Webseitenbetreiber Cookies auf der Festplatte des Nutzers abgespeichert. Beim erneuten Besuch der Webseite können Cookies den Webseitenbetreibern helfen, die Nutzer wiederzuerkennen. Sie machen unter anderem auch personalisierte Werbung möglich. **42**

Wer eine Webseite besucht, wird regelmäßig Fällen mit einem Hinweis-Banner zur Cookie-Nutzung konfrontiert. Je nach Webseite bestanden Unterschiede, in die Art der Nutzung von Cookies einzuwilligen: Auf manchen Seiten erfolgte sie automatisch etwa durch ein voreingestelltes Häkchen in einem dafür vorgesehenen Kästchen. Auf anderen Webseiten muss der Besucher aktiv in die Nutzung von Cookies einwilligen, etwa in dem er ein Häkchen setzt. Cookies lassen selbst nicht zwangsläufig einen Rückschluss auf die (bürgerliche) Identität eines bestimmten Nutzers zu. Ein Personenbezug ist deshalb nur möglich, wenn eine Identifizierung über die Verknüpfung mit anderen personenbezogenen Daten, wie etwa einer (personenbezogenen) IP-Adresse, einer Zugangskennung oder E-Mailadresse etc, möglich ist (vgl. *Hoeren/Sieber/Holznagel,* MMR-HdB, Teil 16.2 Datenschutz im Internet, Rn. 117). **43**

Im Gegensatz zu der Mehrzahl der EU-Mitgliedstaaten, die Art. 5 Abs. 3 ePrivacy-Richtlinie (RL 2002/58/EG) meist wortgleich übernommen haben, hat der deutsche Gesetzgeber einen Sonderweg eingeschlagen. Im Gegensatz zur Richtlinie ist nach § 15 Abs. 3 TMG die Verarbeitung von Nutzungsdaten auch ohne Einwilligung möglich, wenn darüber informiert wor- **44** den ist, die Daten pseudonymisiert werden und der Nutzer die Möglichkeit hat, der Verarbeitung zu widersprechen. Nachdem die DSGVO in Kraft getreten ist, entbrannte in Deutschland ein heftiger juristischer Streit (vgl. *Sesing* MMR 2019, 347 mwN), ob diese Vorschrift des TMG weiter gelten konnte. Art. 6 Abs. 1 f.) DSGVO sieht ebenfalls vor, dass eine Verarbeitung auch ohne Einwilligung erlaubt ist, soweit sie zur Wahrung der berechtigten Interessen des Verantwortlichen oder eines Dritten erforderlich ist, und nicht die Interessen oder Grundrechte der betroffenen Person, die den Schutz personenbezogener Daten erfordern, überwiegen.

45 Ob und wie das Setzen von Cookies einer Einwilligung bedarf, entschied der EuGH auf Vorlage des BGH (vgl. EuGH MMR 2019, 732 – Planet 49) in der Weise, dass nach der ePrivacy-Richtlinie keine wirksame Einwilligung vorliegt, wenn der Einsatz von Cookies durch ein voreingestelltes Ankreuzkästchen erlaubt wird, dass der Nutzer zur Verweigerung seiner Einwilligung abwählen muss (sog. Opt-out).

46 Nach Art. 2h.) ePrivacy-Richtlinie sei eine Einwilligung jede Willensbekundung, die ohne Zwang, für den konkreten Fall und in Kenntnis der Sachlage erfolgt und mit der die betroffene Person akzeptiert, dass personenbezogene Daten, die sie betreffen, verarbeitet werden. Demnach müsse die Willensbekundung der betroffenen Person durch ein aktives Tun erfolgen und könne nicht durch ein passives Verhalten ersetzt werden. Insbesondere könne, wie in dem zu entscheidenden Fall, eine Einwilligung nicht durch ein voreingestelltes Ankreuz-Kästchen erteilt werden (Opt-out). Ferner führt der EuGH aus, dass Stillschweigen, bereits angekreuzte Kästchen oder Untätigkeit keine wirksame Einwilligung darstellen. Dabei komme es nicht darauf an ob es sich bei den im Endgerät des Nutzers von einer Website gespeicherten oder abgerufenen Informationen um personenbezogene Daten handelt oder nicht.

47 Die Entscheidung des europäischen Gerichtshofs kann nicht so verstanden werden, dass jedes Mal, wenn ein Webseitenbetreiber Cookies nutzen möchte, eine aktive Einwilligung des Nutzers benötigt. Eine derartige extensive Auslegung würde dem klaren Wortlaut des (ohnehin nicht unmittelbar geltenden) Art. 5 Abs. 3 S. 2 ePrivacy-Richtlinie widersprechen. Demnach ist die Nutzung von Cookies erlaubt, soweit dies für die Nutzung einer Webseite erforderlich ist. Immer dann, wenn ohne einen Cookie die Seite nicht fehlerfrei aufgerufen werden kann, dh beispielsweise Bestandteile nicht funktionieren, Fehler auftreten oder einzelne Inhalte nicht angezeigt werden, ist das ein Indiz dafür, dass der jeweilige Cookie unbedingt erforderlich ist, und damit keine Einwilligung vom Nutzer eingeholt werden muss.

48 Der EuGH sich nicht dazu geäußert, ob der deutsche Gesetzgeber die Art. 5 Abs. 3 der Richtlinie in § 15 Abs. 3 TMG europarechtskonform umgesetzt hat. In seiner daraufhin ergangenen Entscheidung (vgl. BGH Urt. v. 28.5.2020 – I ZR 7/16, NJW 2020, 2540 – Cookie-Einwilligung II) hat der BGH festgestellt, dass für den Einsatz von Cookies zur Erstellung von Nutzerprofilen für Zwecke der Werbung oder Marktforschung die Einwilligung des Nutzers erforderlich ist. Die deutsche Vorschrift sei dahingehend richtlinienkonform auszulegen, dass der Diensteanbieter Cookies für die genannten Zwecke nicht einsetzen dürfe, wenn die Einwilligung des Nutzers mittels eines voreingestellten Ankreuz-Kästchens eingeholt wird, das der Nutzer zur Verweigerung seiner Einwilligung abwählen muss. Einer richtlinienkonformen Auslegung stünde nicht entgegen, dass der deutsche Gesetzgeber bisher keinen formellen Umsetzungsakt vorgenommen hat. Denn es sei davon auszugehen, dass der Gesetzgeber die bestehende Rechtslage in Deutschland für richtlinienkonform erachtete. Zudem sei mit dem Wortlaut des § 15 Abs. 3 S. 1 TMG eine entsprechende richtlinienkonforme Auslegung noch vereinbar. Der BGH deutete dabei – gegen den expliziten Wortlaut – eine fehlende aktive ausdrückliche Einwilligung in einen „Widerspruch" i. S. d. des § 15 Abs. 3 TMG um (krit *Spindler* NJW 2020; 2513 ff.; *Baumgartner/Hansch* ZD 2020, 435 ff.; *Erhard* ZD 2020 (467) 470 ff.).

In der Praxis bedeutet dies, dass eine Einwilligung für Cookies zur Erstellung von Nutzungsprofilen für Zwecke der Werbung oder Marktforschung nicht mehr nur mit „OK" zu wenig spezifischen Angaben eingeholt werden darf. Eine rechtswirksame Einwilligung bedarf eines gewissen Detaillierungsgrades in den Nutzerinformationen mit genauen Angaben, zu welchen Zwecken die Cookies genutzt werden sollen. Demgegenüber bleiben allerdings betriebsnotwendige Vorgänge vom Einwilligungserfordernis ausgenommen, wenn also die Seite ohne entsprechende Cookies nicht fehlerfrei aufgerufen werden kann. § 15 Abs. 3 TMG bleibt danach weiterhin parallel zu den Bestimmungen der DSGVO anwendbar, da beide Vorschriften unterschiedliche Schutzgegenstände regeln. Der auf die e-Privacy Richtlinie zurückgehende § 15 Abs. 3 TMG umfasst auch den Schutz von nicht-personenbezogenen Informationen. Dagegen beschränkt sich die DSGVO auf den Schutz personenbezogener Daten.

11. Abschnitt. Presse und Strafrecht

Literatur:

Fischer, Strafgesetzbuch mit Nebengesetzen, 67. Auflage, München 2020; Karlsruher Kommentar zur Strafprozessordnung, 8. Auflage, München 2019; Karlsruher Kommentar zum Gesetz über Ordnungswidrigkeiten, 5. Auflage München 2018; *Kloepfer,* Das Stasi-Unterlagen-Gesetz und die Pressefreiheit, Berlin 1993; *Kühling/Buchner,* Datenschutz-Grundverordnung. Bundesdatenschutzgesetz, 2. Auflage, München 2018; *Leipziger Kommentar* zum Strafgesetzbuch, 12. Auflage, §§ 80–109k, Berlin, 2007; §§ 110–145d, Berlin 2009; §§ 146–210, Berlin 2010; §§ 223–263a (11. Auflage) Berlin 2005; §§ 266, 266a, b, 11. Auflage, 2005, 284–287, 12. Auflage, 2008, Berlin; Löffler, Presserecht, 6. Auflage, München 2015 *Meyer-Goßner,* Strafprozessordnung, Kurzkommentar, 54. Auflage München 2011; Münchener Kommentar zum Strafgesetzbuch, 3. Auflage München 2019; *Rudolphi/Wolter,* Systematischer Kommentar zum Strafgesetzbuch, Loseblattsammlung, 127. Ergänzungslieferung Stand 4/2011, Neuwied; *Schönke/Schröder,* Strafgesetzbuch, Kommentar, 30. Auflage, München, 2019; *Simitis,* Das Stasi-Unterlagen-Gesetz – Einübung in die Zensur?, NJW 1995, S. 639; *Simitis/Hornung/Spiecker,* Datenschutzrecht, DSGVO mit BDSG, Baden-Baden 2019; *Soehring/Hoene,* Presserecht, 6. Auflage, Köln 2019; *Stoltenberg,* Stasi-Unterlagen-Gesetz, Kommentar, Baden-Baden 1992; *Tinnefeld/Ehmann,* Einführung in das Datenschutzrecht, 4. Auflage, München 2004; *Weberling,* Stasi-Unterlagen-Gesetz, Kommentar, Köln 1993; *Weberling/Bergann,* Pressefreiheit und Datenschutzrecht, AfP 2018, 205; *dies.,* Aktuelle Fragen der Umsetzung des Medienprivilegs der DSGVO, AfP 2019, 293; *Wessels/Beulke,* Strafrecht Allgemeiner Teil, 40. Auflage, Heidelberg 2010; *Wessels/Hettinger,* Strafrecht Besonderer Teil/1, 34. Auflage, Heidelberg 2010, *Wessels/Hillenkamp,* Strafrecht Besonderer Teil/2, 33. Auflage, Heidelberg 2010.

48. Kapitel. Grundlagen

I. Die Bedeutung des Strafrechts für die Presse

1 Die Presse ist Medium und Motor gesellschaftlicher Verständigung und politischer Kontrolle schlechthin (vgl. § 3 LPG; BVerfGE 20, 96 ff. (98, 99, 174 ff.) – Spiegel-Urteil). Zugleich ist die Presse auch die Plattform für den „Markt der Meinungen" (vgl. BGH NJW 1970, 187), die zum meinungsbildenden Kommunikationsprozess gehört (vgl. BVerfG AfP 2009, 480). In diesen Funktionen kann die Presse auch mit den Bestimmungen des Strafrechts in Konflikt geraten.

Grundsätzlich gelten für die Presseangehörigen die gleichen strafrechtlichen Vorschriften, denen alle Staatsbürger unterworfen sind (vgl. § 20 Abs. 1 LPG).

2 Der Schwerpunkt der für die Presse relevanten Bestimmungen liegt daher im Strafgesetzbuch (StGB) von 1871 in der Neufassung vom 13.11.1998 (BGBl. I S. 3322). Häufig kollidieren die Meinungsäußerungs- und die Pressefreiheit mit dem Ehr- und Symbolschutz der §§ 90 ff. StGB und denjenigen Vorschriften, welche dem Schutz des persönlichen Lebens- und Geheimbereiches (§§ 201–204 StGB) und der Willensfreiheit des Einzelnen (§ 240 StGB) dienen. Demgegenüber erhält der individuelle Ehrschutz der §§ 185 ff. StGB vornehmlich Bedeutung für die Zivilgerichte (vgl. → Kap. 41 Rn. 5 f.).

3 Neben diesen Vorschriften sind im Bereich des Pressestrafrechts, dh der Gesamtheit aller Strafbestimmungen, die sich gegen die Presseangehörigen hinsichtlich ihrer beruflichen Tätigkeit richten oder Straftaten betreffen, die mittels eines Druckwerks begangen wurden, insbesondere die Bestimmungen betreffend pornographische und Gewalt verherrlichende Medien bedeutsam. Zu nennen sind hierbei §§ 131, 184 StGB und das „Jugendschutzgesetz" (JuSchG), insbes. dessen 3. Abschnitt (vgl. Kap. 60).

4 In den Landespressegesetzen schließlich befinden sich Straf- und Ordnungswidrigkeitstatbestände mit dem Zweck, die Einhaltung spezifischer Pressepflichten zu gewährleisten (vgl. → Kap. 17 Rn. 1 ff.).

Ein pressespezifisches Sonderdelikt stellt § 20 Abs. 2 LPG unter Strafe: Die Bestimmung richtet sich gegen den *verantwortlichen Redakteur* einer periodischen Druckschrift sowie gegen den *Verleger* eines sonstigen (nichtperiodischen) Druckwerkes, sofern sie vorsätzlich oder fahrlässig ihre Berufspflicht verletzen, für die strafrechtliche Reinheit der Druckschrift zu sorgen. Die Haftung des § 21 Abs. 2 LPG greift zu Lasten der Haftenden nur ein, wenn infolge ihres pflichtwidrigen Verhaltens entweder ein Presse-Inhaltsdelikt begangen wird (vgl. → Rn. 8) oder durch das Druckwerk der Tatbestand einer sonstigen strafbaren Handlung verwirklicht wird. Das Delikt der Berufspflichtverletzung iSd § 20 Abs. 2 LPG hat *subsidiären Charakter* und kommt nur zum Zug, wenn die Haftenden nicht schon nach den allgemeinen Strafgesetzen als Täter oder Teilnehmer zu bestrafen sind (vgl. Löffler/*Kühl* LPG § 20 Rn. 150 ff.; *Schumann* AfP 2019, 384 ff.). Dies ist insbesondere dann der Fall, wenn wegen des Zusammenwirkens vieler Kräfte beim Zustandekommen eines Druckwerkes ein Täter nicht zu ermitteln ist (vgl. BGHSt 36, 366).

Strafbewehrte Verstöße etwa gegen die Gewerbeordnung oder das Wettbewerbs- und Kartell- **5**
recht betreffen demgegenüber die Pflichten der Presse als Wirtschaftsunternehmen.

II. Privilegierende Normen im Bereich des Pressestrafrechts

Da die Presseangehörigen bei Ausübung ihres Berufes vom Grundrecht der Pressefreiheit (Art. 5 **6**
Abs. 1 S. 2 GG) Gebrauch machen, können sie sich bei einer Kollision mit den Normen des materiellen Strafrechts und des Strafverfahrensrechts auf diesen Grundrechtsschutz berufen (vgl. → Kap. 10 Rn. 2, 10 ff.).

Im Interesse des demokratischen Rechtsstaats an der Unterrichtungs- und Kontrollfunktion der Presse konkretisiert sich dieser Schutz des Art. 5 GG in einer Reihe von *Schutzrechten* der Presse, um ihr die Durchführung dieser öffentlichen Aufgabe zu ermöglichen.

Hierzu gehören die Sozialadäquanzklauseln der §§ 86 Abs. 3, 131 Abs. 3 StGB und im **7**
Rahmen der Beleidigungstatbestände der Rechtfertigungsgrund der Wahrnehmung berechtigter Interessen gemäß § 193 StGB (vgl. → Kap. 53 Rn. 29 ff.). Auf dem Gebiet des Verfahrensrechts schließen sich die Sondervorschriften der Beschlagnahme von Presseerzeugnissen und der Durchsuchung nach den §§ 102 ff., 111q StPO, das Zeugnisverweigerungsrecht nach § 53 Abs. 1 S. 1 Nr. 5 StPO und die verkürzte Verjährungsfrist nach § 24 LPG an. Im Hinblick auf die zahlreichen Verbreitungsorte eines Druckwerks wird gemäß § 7 Abs. 2 StPO grundsätzlich auf den Gerichtsstand des Erscheinungsortes abgestellt. Erscheinungsort einer Druckschrift ist – auch entgegen der Angabe im Impressum – dort, wo sie mit Willen des Verfügungsberechtigten die Stätte der ihre Verbreitung vorbereitenden Handlungen verlässt (vgl. BGH NJW 1989, 1991). Das Erscheinen steht am Beginn der Verbreitung. Das ist in der Regel der Verlagsort. Fallen Verlags- und „Ausgabeort" auseinander, wird der Verlagsort als Erscheinungsort anzusehen sein (vgl. OLG Frankfurt a. M. AfP 1981, 464).

III. Presse-Inhaltsdelikte. Presse-Ordnungsdelikte. Ordnungswidrigkeiten

1. Das Pressestrafrecht umfasst zwei grundsätzlich verschiedene Arten von Pressedelikten: die **8**
Presse-Inhaltsdelikte und die Presse-Ordnungsdelikte. Die Unterscheidung ist wegen der divergierenden Rechtsfolgen von erheblicher Bedeutung. Als *Presse-Inhaltsdelikte* bezeichnet man solche Gesetzesverstöße, bei denen die strafbare Handlung gerade durch den Inhalt der Druckschrift, dh durch ihre geistige Wirksamkeit, realisiert wird (zB die Verbreitung beleidigender, pornographischer oder volksverhetzender Schriften). An dem Charakter einer solchen Tat als Presse-Inhaltsdelikt ändert sich auch nichts dadurch, dass Umstände, von denen die Strafbarkeit nach dem in Betracht kommenden Tatbestand sonst noch abhängig ist (zB die Nichterweislichkeit der behaupteten Tatsache im Falle der üblen Nachrede gemäß § 186 StGB) außerhalb des Inhalts des Druckwerks gegeben sind (sog. weiter Begriff des Presse-Inhaltsdelikts, vgl. BGHSt 27, 353; BayObLG MDR 1980, 73; *Groß* AfP 1998, 359 f.).

2. Die zweite Gruppe der Pressedelikte bilden die sog. *Presse-Ordnungsdelikte.* Hier handelt es **9**
sich um vorsätzliche Verstöße gegen wichtige, in den Landespressegesetzen enthaltene Ordnungsvorschriften. Wer zB als Verleger eine Person unter Nichtbeachtung der in § 9 LPG gestellten Anforderungen zum verantwortlichen Redakteur bestellt, begeht ein Presse-Ordnungsdelikt, das mit Freiheitsstrafe bis zu einem Jahr oder mit Geldstrafe geahndet werden kann (§ 21 Ziff. 1 LPG, vgl. *Weisser* AfP 2013, 98 (100 f.); → Kap. 17 Rn. 5 ff.).

3. Während die Presse-Inhaltsdelikte und die Presse-Ordnungsdelikte echtes kriminelles Straf- **10**
recht sind, auf das die allgemeinen Strafgesetze Anwendung finden (vgl. Löffler/*Kühl* LPG § 21

Rn. 20) werden geringere Verstöße gegen die in den Landespressegesetzen enthaltenen Ordnungsvorschriften als bloße – lediglich mit einer Geldbuße belegte – *Ordnungswidrigkeiten* geahndet. Solche leichten Verstöße wie zB die Nichtbeachtung der Impressumsvorschriften (§ 22 Abs. 1 Ziff. 1 LPG) fallen nicht in den Bereich des Strafrechts, sondern sind „Verwaltungsunrecht", das nach dem „Gesetz über Ordnungswidrigkeiten" in der Neufassung vom 19.2.1987 (BGBl. I S. 602) geahndet wird (vgl. BVerfG NJW 1977, 293; ferner → Kap. 17 Rn. 6 ff.).

IV. Allgemeiner und Besonderer Teil des Strafgesetzbuches (StGB)

11 Für die Presse sind beide Teile des StGB der „Allgemeine Teil" (§§ 1–79b) und der „Besondere Teil" (§§ 80–358) von Bedeutung. Der *„Allgemeine Teil"* enthält wichtige Bestimmungen wie die Einziehung und Unbrauchbarmachung von Schriften (§ 74d), das Berufsverbot (§ 70), die Straflosigkeit parlamentarischer Berichte (§ 37), außerdem aber auch die für die meisten Pressedelikte wichtigen generellen Bestimmungen über vorsätzliches und fahrlässiges Handeln (§ 15), über Versuch und Vollendung einer Straftat (§§ 22–24) wie auch über Täterschaft und Teilnahme (§§ 25 ff.), zumal an einer Pressestraftat meist mehrere Personen beteiligt sind.

12 Der *Besondere Teil* enthält das „politische Strafrecht", das Beleidigungsrecht sowie zahlreiche, dem Schutz des Staates, der Sittenordnung, des persönlichen Lebens- und Geheimbereichs und anderer Rechtsgüter dienende Strafvorschriften.

Der wesentliche Inhalt der für die Presse wichtigen Bestimmungen des Allgemeinen und des Besonderen Teils des StGB soll im Folgenden dargestellt werden.

V. Strafrechtliche Bestimmungen außerhalb des StGB

13 Für die Tätigkeit des Presseangehörigen sind aber nicht nur die Regelungen des StGB, sondern auch strafbewehrte Verbote anderer Gesetze von Bedeutung.

1. Vor allem für Wirtschaftsjournalisten von Bedeutung sind die Vorschriften der §§ 14, 38 *Wertpapierhandelsgesetz* (WpHG vom 9.9.1998 – BGBl. I S. 2708, vgl. zu dieser Problematik auch *Smid* AfP 2002, 13; *Ohler* AfP 2010, 101; *Möllers* AfP 2010, 105). Sie stellen sog. Insidergeschäfte unter Strafe, wobei eine Freiheitsstrafe bis zu fünf Jahren oder Geldstrafe verhängt werden kann. Ein Insidergeschäft ist der Kauf oder Verkauf von bestimmten Wertpapieren über die Börse auf Grund von Informationen, die nicht öffentlich bekannt sind und geeignet sind, den Kurs des betroffenen Wertpapiers erheblich zu beeinflussen (vgl. *Smid* AfP 2002, 13; vgl. auch §§ 1, 12, 13, 14 WpHG). Eine solche nicht öffentlich bekannte Information kann die Tatsache sein, dass ein (bekannter) Wirtschaftsjournalist zu einem bestimmten Zeitpunkt eine bestimmte Kauf- oder Verkaufsempfehlung publiziert. Da das Publikum hierauf in der Regel reagiert, ist dieser Umstand – der nur dem Journalisten bekannt ist und daher eine Insidertatsache ist – auch zur Kursbeeinflussung geeignet. Dementsprechend ist es ihm verboten, vor der Veröffentlichung seiner eigenen Empfehlung oder Analyse die entsprechenden Wertpapiere zu kaufen oder zu verkaufen (sog. scalping; vgl. hierzu *Mennicke* S. 55 f.; *Vogel* NStZ 2004, 252 ff.; zu Auslandstaten mit Auswirkungen im Inland, wie sie etwa bei Meldungen von Auslandskorrespondenten an die inländische Redaktion denkbar sind, vgl. *Nitsch* S. 240 ff.; zur Eigenschaft von Journalisten als Insider allgemein *Assmann/Schneider* WpHG § 14 Rn. 24a f.; zum arbeitsrechtlichen Verbot solcher Aktiengeschäfte s. u. „Ethikregeln", → Kap. 37 Rn. 29).

14 2. Gemäß *§ 16 Abs. 1 UWG* ist es strafbar, in der Absicht, den Anschein eines besonders günstigen Angebots hervorzurufen, in öffentlichen Bekanntmachungen oder in Mitteilungen, welche für einen größeren Kreis von Personen bestimmt sind, durch unwahre Angaben irreführend zu werben (vgl. → Kap. 81 Rn. 18).

15 3. An Stelle von ursprünglich im UWG (§§ 17, 18 und 19 UWG aF) geregelten strafrechtlichen Folgen eines Geheimnisverrat (vormals §§ 17, 18 und 19 UWG alte Fassung) werden seit dem 26.4.2019 Geschäftsgeheimnisse vor unerlaubter Erlangung, Nutzung und Offenlegung durch das Gesetz zum Schutz von Geschäftsgeheimnissen (GeschGehG) geschützt (Art. 1 G v. 18.4.2019, BGBl. I S. 466), mit dem die Geheimnisschutzrichtlinie RL 2016/943/EU v. 8.6.2016 (ABl. L 157, S. 1) in nationales Recht umgesetzt wurde. Nach § 1 Abs. 3 Nr. 2

GeschGehG berührt das Gesetz nicht die Ausübung des Rechts der freien Meinungsäußerung und der Informationsfreiheit nach der EU-Grundrechte-Charta, einschließlich der Achtung der Freiheit und der Pluralität der Medien. Diese Bestimmung hat im Anschluss an den ErwG 19 der Geheimnisschutz-RL keinen konkreten Regelungsinhalt, sondern lediglich interpretationsleitenden Charakter (vgl. Köhler/Bornkamm/Feddersen/*Alexander* GeschGehG § 1 Rn. 36 ff.). Dagegen erlaubt § 5 Nr. 1 GeschGehG als Ausnahmeregelung zu den Handlungsverboten in § 4 GeschGehG ausdrücklich die Erlangung, Nutzung oder Offenlegung eines Geschäftsgeheimnisses zum Schutz eines berechtigten Interesses insbesondere zur Ausübung des Rechts der freien Meinungsäußerung und der Informationsfreiheit, einschließlich der Achtung der Freiheit und der Pluralität der Medien (vgl. Köhler/Bornkamm/Feddersen/*Alexander* GeschGehG § 5 Rn. 13 ff.). Nach § 23 Abs. 6 GeschGehG sind zudem Beihilfehandlungen zur Verletzung von Geschäftsgeheimnissen einer in § 53 Abs. 1 S. 1 Nr. 5 StPO genannten Person nicht rechtswidrig, wenn diese sich auf die Entgegennahme, Auswertung oder Veröffentlichung des Geschäftsgeheimnisses beschränken. Diese § 353b Abs. 3a StGB entsprechende Regelung stellt klar, dass normales journalistisches Handeln keine Strafbarkeit wegen Beihilfe begründet. § 23 Abs. 6 GeschGehG findet unabhängig von § 5 GeschGehG Anwendung und gilt gemäß § 53 Abs. 1 S. 1 Nr. 5 StPO für Personen, die bei der Vorbereitung, Herstellung und Verbreitung von Druckwerken, Rundfunksendungen, Filmberichten oder der Unterrichtung oder Meinungsbildung dienenden Informations- und Kommunikationsdiensten berufsmäßig mitwirken oder mitgewirkt haben (vgl. Köhler/Bornkamm/Feddersen/*Alexander* GeschGehG § 23 Rn. 90 f.).

4. Weitere Strafbestimmungen finden sich unter anderem im *Jugendschutzgesetz* (JuSchG, vgl. Kap. 60), seit Inkrafttreten der DSGVO eingeschränkt im *Bundesdatenschutzgesetz* (BDSG, vgl. → Kap. 54 Rn. 39 f.) und im *Stasi-Unterlagengesetz* (StUG, vgl. → Kap. 54 Rn. 45 f.). **16**

49. Kapitel. Die für die Presse wichtigen Bestimmungen des Allgemeinen Teils des StGB

I. Geltungsbereich des deutschen Strafrechts (§§ 3–7, 9 StGB)

Während § 3 das deutsche Strafrecht für alle Taten, die auf deutschem Boden begangen werden, für anwendbar erklärt (Territorialitätsprinzip), stellt § 5 auf das betroffene Rechtsgut ab (Schutzprinzip). § 5, der im Wesentlichen deutsche Interessen betrifft, wird durch § 6 erweitert. Nach dieser Norm gilt deutsches Strafrecht auch für im Ausland begangene Taten gegen bestimmte international geschützte Rechtsgüter. **1**

§ 7 StGB schließlich statuiert das Personalitätsprinzip. In Absatz 1 das passive, in Absatz 2 (teilweise) das aktive.

Maßgeblich für die Bestimmung des Tatortes ist § 9 StGB. Nach dieser Vorschrift sind Tatorte die Orte des Handelns (bzw. Unterlassens) und die des Erfolgseintritts bzw. des geplanten Erfolgseintritts.

Insbesondere die neuen Medien (Internet, weltweites Satelliten-Fernsehen) stellen diesbezüglich ein kaum zu handhabendes Problem dar, denn ihre (in Deutschland uU strafbaren) Inhalte sind in der ganzen Welt empfangbar, in vielen Ländern uU straflos. Eine globale Ausdehnung des deutschen Strafrechts erscheint jedoch unzweckmäßig, unverhältnismäßig und undurchsetzbar. So kann es nicht sein, dass deutsches Strafrecht ausländische verfassungsmäßige Rechte zB der Meinungs- und Kunstfreiheit bei Pornographie und nationalsozialistischer Verherrlichung sanktioniert und sich umgekehrt Deutsche im Ausland für in Deutschland Erlaubtes strafrechtlich verantworten müssen. **1a**

Insgesamt ist strittig, wie das Problem zu lösen ist (vgl. *Hilgendorf* NStZ 2000, 518; *Kudlich* JURA 2001, 305; *Sieber* ZRP 2001, 97; *Fischer* StGB § 9 Rn. 5–8b; Schönke/Schröder/*Eser/Weißer* StGB § 9 Rn. 7–8; in strafprozessualer Hinsicht vgl. *Zöller* GA 2000, 563).

Der Bundesgerichtshof hat in seinem Urteil vom 12.12.2000 (BGHSt 46, 212; dazu kritisch *Gercke* ZUM 2002, 283 ff.) § 9 StGB im Falle von „Internet-Straftaten" für anwendbar erklärt. Es handelte sich dabei um eine „Auschwitzlüge" eines Australiers, die dieser über das Internet verbreitet hatte. Nach der Auffassung des BGH sei die erstinstanzliche Verurteilung nach § 130

StGB nicht rechtsfehlerhaft, da der Erfolg der Tat, die Störung des Friedens, auch in Deutschland eingetreten sei. Allerdings sei zusätzlich ein völkerrechtlich legitimierender Anknüpfungspunkt erforderlich, der im Falle des § 130 StGB aber gegeben sei. Nach dem BGH (BGHSt 46, 212 (225)) gelten diese Grundsätze auch für die Beleidigung und das Verunglimpfen des Andenkens Verstorbener.

II. Gleichstellung von Schriften mit Ton- und Bildträgern, Datenspeichern, Abbildungen und Darstellungen (§ 11 Abs. 3 StGB)

2 1. Der § 11 Abs. 3 StGB stellt für zahlreiche Strafbestimmungen, die für die Presse von Bedeutung sind (so §§ 74d, 80a, 86, 86a, 90, 90a, 90b, 103, 111, 131, 140, 165, 166, 184, 186, 187, 188, 200, 219a StGB), den dort lediglich aufgeführten Schriften auch Ton- und Bildträger, Datenspeicher, Abbildungen und andere Darstellungen gleich. Diese der Vereinfachung des Textes der einzelnen Strafbestimmungen dienende Gleichstellung tritt aber nur dort ein, wo die betreffende Strafbestimmung ausdrücklich auf § 11 Abs. 3 StGB verweist.

2a 2. *„Darstellung"* ist der umfassende Oberbegriff und umfasst „jedes körperliche Gebilde, das sinnlich wahrnehmbar, einen gedanklichen Inhalt ausdrückt" (vgl. *Fischer* StGB § 11 Rn. 33). Das Erfordernis einer dauerhaften Verkörperung führt dazu, dass weder Live-„Darstellungen" noch Live-Übertragungen von Ereignissen im Fernsehen, Hörfunk oder Internet unter den Begriff der Darstellung iSd § 11 Abs. 3 StGB fallen (vgl. Schönke/Schröder/*Hecker* StGB § 11 Rn. 72; SK StGB § 11 Rn. 63). *Schriften* sind Zeichen, die einen geistigen Sinngehalt verkörpern und die zugleich bestimmt und geeignet sind, ihn dem menschlichen Verständnis zu vermitteln (vgl. BGHSt 13, 375). Unerheblich ist es, ob das Verständnis des Inhalts der Schrift durch das Gehör, das Gesicht, den Tastsinn (Blindenschrift) oder durch andere Sinne vermittelt wird (vgl. RG RGSt 47, 224). *Tonträger* enthalten technisch gespeicherte Tonfolgen, die durch Hilfsmittel für das Ohr wahrnehmbar gemacht werden; hierzu gehören vor allem Schallplatten, Tonbänder und CD oder DVD (vgl. Schönke/Schröder/*Hecker* StGB § 11 Rn. 75). *Bildträger* machen analog oder digital gespeicherte Bilder oder Bildfolgen durch Hilfsmittel für das Auge wahrnehmbar (Schönke/Schröder/*Hecker* StGB § 11 Rn. 76; *Fischer* StGB § 11 Rn. 35). Darunter fallen Datenträger (vgl. OLG Stuttgart NStZ 1992, 38), wie Magnetplatten, -bänder, -kassetten, aber auch Disketten, DVDs etc (zu elektronischen Speichern vgl. → Kap. 59 Rn. 8b f.). Erfasst werden auch Kombinationen von Bild- und Tonträgern wie zB Videobänder und Filmwerke (vgl. LG Duisburg NStZ 1987, 367 f.). *Abbildungen* liegen vor, wenn ein der materiellen oder geistigen Welt angehöriger Vorgang mit den Mitteln des Bildes wiedergegeben wird, so vor allem Fotos, Dias und Filme. Datenspeicher sind sowohl permanente Speichermedien für die elektronische, elektromagnetische, optische, chemische oder sonstige Aufzeichnung von Daten, die gedankliche Inhalte verkörpern, auch wenn sie nur unter Zuhilfenahme technischer Geräte, gleich welcher Art wahrnehmbar werden, als auch nur vorübergehend bereitgehaltene Inhalte in Arbeitsspeichern von Rechner jeder Art (vgl. BGH NJW 2001, 3558; Schönke/Schröder/*Hecker* StGB § 11 Rn. 77; *Fischer* StGB § 11 Rn. 36).

3. Keine Rolle mehr spielt der Schriftenbegriff im *Jugendschutzgesetz* (JuSchG). Der dortige zentrale Begriff ist das Medium, namentlich das Trägermedium gemäß § 1 Abs. 2 JuSchG (vgl. → Kap. 60 Rn. 4 ff.).

2b Die Bundesregierung beabsichtigt, den Schriftenbegriff auch in § 11 Abs. 3 StGB zu einem Inhaltsbegriff fortzuentwickeln, da die Verbreitung strafbarer Inhalte nicht mehr vorrangig über papierene Trägermedien erfolge, sondern digital über moderne Informations- und Kommunikationstechnik, insbesondere über das Internet. § 11 Abs. 3 StGB soll künftig lauten: „(3) Inhalte im Sinne der Vorschriften, die auf diesen Absatz verweisen, sind solche, die in Schriften, auf Ton- oder Bildträgern, in Datenspeichern, Abbildungen oder anderen Verkörperungen enthalten sind oder auch unabhängig von einer Speicherung mittels Informations- oder Kommunikationstechnik übertragen werden." (vgl. BR-Drs. 167/20; BR-Plenarprotokoll 989 v. 15.5.2020, S 126 f.).

III. Vorsätzliches und fahrlässiges Handeln (§ 15 StGB)

Nach § 15 StGB ist nur das vorsätzliche Handeln strafbar, sofern nicht die betreffende Strafbestimmung auch fahrlässiges Handeln ausdrücklich mit Strafe bedroht. Was unter Vorsatz und Fahrlässigkeit im Bereich des Strafrechts zu verstehen ist, sagt das Gesetz nicht, sondern überlässt die Begriffsbestimmung der Rechtsprechung und Strafrechtswissenschaft. 3

Danach ist (unbewusste) *Fahrlässigkeit* (in der Regel nur für die Presse-Ordnungsdelikte ausreichend) die Außerachtlassung der Sorgfalt, zu der der Täter nach den Umständen (objektiver Maßstab) und nach seinen persönlichen Verhältnissen und Fähigkeiten (subjektiver Maßstab) verpflichtet ist (vgl. BGHSt 12, 75). 4

Vorsätzlich hingegen handelt, wer wissentlich und willentlich den Tatbestand einer strafbaren Handlung verwirklicht (sog. unbedingter oder direkter Vorsatz). 5

Ausreichend iSd § 15 StGB ist in der Regel (nicht aber zB bei § 187 StGB) jedoch auch der sog. *bedingte Vorsatz* (auch Eventualvorsatz genannt). Dieser ist von der bewussten Fahrlässigkeit abzugrenzen, die eine ausdrückliche Strafdrohung erfordert. Nach der gängigen Formulierung des BGH (BGHSt 36, 9) soll die Annahme des bedingten Vorsatzes neben dem Wissen des Täters um die Möglichkeit einer tatbestandsverwirklichenden Handlung voraussetzen, dass er den damit verbundenen tatbestandlichen Erfolg billigend in Kauf genommen oder sich um des erstrebten Zieles willen damit abgefunden hat. Ist der Täter mit dem tatbestandlichen Handlungserfolg nicht einverstanden, sondern vertraut ernsthaft auf den Nichteintritt, so liegt lediglich bewusste Fahrlässigkeit vor (vgl. BGHSt 36, 10 f. mwN). Ein Indiz für das Vorliegen von bewusster Fahrlässigkeit ist, wenn dem Täter der Erfolg höchst unerwünscht und dessen Eintritt relativ unwahrscheinlich war. 6

Einige Tatbestände fordern darüber hinaus *Absicht* hinsichtlich des Erfolges der Tathandlung (zB § 89 StGB). Absicht bedeutet, dass der tatbestandsmäßige Handlungserfolg, selbst wenn dessen Eintritt nicht erforderlich ist (sog. überschießende Innentendenz wie zum Beispiel die Zueignungsabsicht beim Diebstahl), zielgerichtet im Sinne eines „Daraufankommens" angestrebt wird (vgl. BGHSt 18, 151). 7

IV. Vorbereitung, Versuch, Vollendung (§§ 22–24 StGB)

1. Je nach der „Handlungsreife" einer Straftat sind Vorbereitung, Versuch und Vollendung rechtlich zu unterscheiden. Eine Straftat ist vollendet, wenn ihre sämtlichen Tatbestandsmerkmale erfüllt sind (vgl. BGHSt 24, 178). Verlangt die fragliche Strafvorschrift den Eintritt eines bestimmten Erfolgs (zB die konkrete Gefährdung der Sicherheit der Bundesrepublik Deutschland bei § 109g StGB), so muss auch dieses Tatbestandsmerkmal erfüllt sein. 8

2. Nach § 22 StGB begeht den *Versuch* einer Straftat, wer – nach seiner Vorstellung von der Tat – zur Verwirklichung des Tatbestands unmittelbar ansetzt. Hieraus folgt, dass strafrechtlich nur eine vorsätzliche Tat versucht werden kann, wobei grundsätzlich bedingter Vorsatz genügt (vgl. BGHSt 22, 332). Einen fahrlässigen Versuch gibt es nicht. Der Versuch eines Verbrechens ist stets strafbar, auch wenn die einzelne Gesetzesvorschrift dies nicht ausdrücklich zum Ausdruck bringt, der Versuch eines Vergehens nur dann, wenn es das Gesetz ausdrücklich bestimmt (§ 23 Abs. 1 StGB). Der Versuch kann milder bestraft werden als die vollendete Tat (§ 23 Abs. 2 iVm § 49 Abs. 1 StGB). *Vorbereitung* ist die vor dem Versuchsstadium liegende, auf die Strafhandlung hinzielende Tätigkeit. Sie ist nur dann strafbar, wenn dies vom Gesetz ausdrücklich bestimmt wird (so zB beim sog. „Friedensverrat" nach § 80 StGB oder im Falle des § 30 StGB). 9

V. Täterschaft und Teilnahme (§§ 25–31 StGB)

Die arbeitsteilige Produktion einer gedruckten oder elektronischen Zeitung führt zu der Frage, welcher daran Beteiligte Täter und welcher lediglich Teilnehmer ist. 10

Richtigerweise kann als *Täter* iSd § 25 Abs. 1 Alt. 1 nur gelten, wer zugleich die Tat als eigene will und Tatherrschaft besitzt, dh das Ob der Tat und deren Durchführung mitbeherrscht (stRspr, vgl. Fischer StGB Vor § 25 Rn. 2, 3; Schönke/Schröder/*Heine/Weißer* StGB Vor §§ 25 ff. Rn. 57, 65). Unter Berücksichtigung des Umfangs der Tatbeteiligung und des Interesses am Taterfolg wird auf Grund aller von der Vorstellung der Beteiligten umfassten Umstände die Frage der Täterschaft in wertender Betrachtung beurteilt (stRspr, vgl. BGHSt 36, 363 (367)).

11 *Mittäterschaft* iSd § 25 Abs. 2 StGB setzt voraus, dass eine gemeinschaftliche Tatausführung auf Grund eines vorangegangenen gemeinsamen Tatentschlusses vorliegt. Gibt beispielsweise jemand im Voraus sein Einverständnis dazu, dass sein Name im Impressum einer inkriminierten Schrift verwendet wird, so ist er nur dann als Mittäter strafbar, wenn zum Zeitpunkt der Herausgabe neben diesem objektiven Tatbeitrag noch ein gemeinschaftlicher Tatentschluss, dh ein bewusstes und gewolltes Zusammenwirken mit den anderen Beteiligten bestand (vgl. OLG Köln JR 1980, 422).

12 Der *mittelbare Täter* wird gemäß § 25 Abs. 1 Alt. 2 StGB dem Alleintäter gleichgestellt. Mittelbarer Täter ist, wer die Tat durch einen anderen begeht, dh die Tatbestandsmerkmale nicht selbst erfüllt, sondern sich eines sog. Tatmittlers bedient, der weder Täter noch Teilnehmer an der Straftat ist. Dies ist zumeist dann der Fall, wenn der Tatmittler selbst schuldunfähig ist (§ 20 StGB), nicht vorsätzlich oder aber rechtmäßig handelt (vgl. die in Betracht kommenden Fallgruppen bei *Fischer* StGB § 25 Rn. 3ff.). So ist mittelbarer Täter einer Freiheitsberaubung (§ 239 StGB), wer einen Polizeibeamten durch Täuschung veranlasst, einen Unschuldigen festzunehmen (vgl. BGHSt 3, 4).

Täter eines eigenhändigen Deliktes (§§ 173, 179; §§ 153ff. StGB) oder Sonderdeliktes (§§ 203 Abs. 1, 331ff. StGB) kann nur sein, wer die Handlung unmittelbar eigenhändig ausführt oder die besondere Subjektseigenschaft aufweist. Andere an der Tat Beteiligte können nur Teilnehmer sein (vgl. zB *Behm* AfP 2000, 421, zur Strafbarkeit nach § 353b StGB).

13 *Anstifter* ist, wer vorsätzlich einen anderen zu dessen vorsätzlich begangener, rechtswidrigen Straftat bestimmt hat (§ 26 StGB). Da er den fremden Tatentschluss vorsätzlich herbeiführt und dadurch zur Tat beiträgt, wird seine Strafe nach dem Strafrahmen der Haupttat festgesetzt (vgl. BGHSt 9, 370). Insgesamt ist der Strafgrund der Teilnahme aber strittig.

14 Strafgrund der *Beihilfe* ist dagegen das Fördern des durch den Täter begangenen tatbestandlichen Unrechts. Sein Vorsatz muss das Zustandekommen der ausreichend konkretisierten Haupttat umfassen, doch braucht die fördernde Handlung nicht zur Tatausführung selbst geleistet werden, sondern es genügt bereits die Hilfe bei einer nur vorbereitenden Handlung (vgl. BGHSt 16, 12).

15 Beihilfe zur Beihilfe und Anstiftung zur Beihilfe werden wie auch Beihilfe zur Anstiftung einheitlich als Beihilfe zur Haupttat behandelt (vgl. OLG Hamburg JR 1953, 27; Schönke/Schröder/*Heine/Weißer* StGB § 27 Rn. 25, „Kettenbeihilfe").

16 Was die rechtliche Beurteilung der einzelnen Tatbestände der verschiedenen an einer strafbaren Presseveröffentlichung beteiligten Personen betrifft, so ergibt sich hier folgendes:

a) *Verfasser und Einsender* eines strafbaren Beitrags, zB eines verleumderischen Presseangriffs, sind in der Regel Täter, und zwar Mittäter in Gemeinschaft mit dem Verleger, Herausgeber oder Redakteur, der die Verleumdung öffentlich verbreitet (§ 25 Abs. 2 iVm § 187 StGB), obwohl ihnen bekannt ist, dass der Beitrag verleumderisch ist. Mittelbare Täterschaft des Verfassers würde dann vorliegen, wenn die öffentliche Verbreitung des verleumderischen Artikels durch einen Drucker als Tatmittler erfolgen würde, der den verleumderischen Charakter des Artikels nicht erkennt.

17 b) Der *Redakteur,* der einen strafbaren Beitrag, den er selbst verfasst hat, zur Veröffentlichung gibt, ist Täter. Stammt der Artikel aus fremder Feder, so ist der die Veröffentlichung veranlassende Redakteur im Zweifel in Gemeinschaft mit dem Verfasser Mittäter (vgl. Löffler/*Kühl* LPG § 20 Rn. 83; siehe aber BGH NJW 1997, 2250ff., wonach insoweit nach allgemeinen strafrechtlichen Grundsätzen zu entscheiden ist).

18 c) *Verleger und Herausgeber,* die die Veröffentlichung eines strafbaren Beitrags zulassen, gelten als Gehilfen (vgl. Löffler/*Kühl* LPG § 20 Rn. 89ff.; *Soehring/Hoene* Rn. 26.6). Haben sie jedoch die Veröffentlichung nicht nur geduldet, sondern selbst veranlasst, so sind sie Täter (Mittäter; vgl. BGHSt 36, 363). Verletzt der Verleger eines nicht periodischen Druckwerks fahrlässig seine Aufsichtspflicht, dann wird er gemäß § 20 Abs. 2 LPG wegen Berufspflichtverletzung mit einer Geldbuße belangt.

19 d) Der *Drucker* haftet, sofern er den Inhalt der Schrift überhaupt kennt, in der Regel als Gehilfe (vgl. BGH FuR 1980, 317; Löffler/*Kühl* LPG § 20 Rn. 92). Weitergehend § 12 Abs. 2 LPG

Hessen, wonach von dem Drucker, der gegen den schriftlichen Widerspruch des verantwortlichen Redakteurs eines periodischen Druckwerks das Druckwerk veröffentlicht, vermutet wird, dass er die Veröffentlichung als eigene Äußerung gewollt hat. Nach Art. 12 Abs. 2 LPG Bayern kann sich ein Drucker auch wegen fahrlässiger Veröffentlichung strafbar machen, wenn er bei Mitwirkung am Erscheinen einer Druckschrift strafbaren Inhalts nicht die Anwendung pflichtgemäßer Sorgfalt nachweist. Auch *Verbreiter* des Druckwerks (zB Grossisten, Einzelhändler) haften regelmäßig als Gehilfen. Keine Haftung trifft sie jedoch, wenn ihre Handlung erst nach dem ersten Erscheinen des Druckwerks ansetzt, da für sie zu diesem Zeitpunkt keine Verantwortung für den Inhalt der bereits erschienenen Druckschrift begründet werden kann (vgl. BGHSt 36, 56). Zudem wird aber auch der *Informant* einer strafbaren Pressemitteilung in der Regel Gehilfe sein, sofern er nicht im Einzelfall als vorsätzlich handelnder Anstifter tätig wird (§ 26 StGB; zur zivilrechtlichen Haftung des Informanten → Kap. 41 Rn. 20). Auch ist eine mittelbare Täterschaft denkbar, zB wenn über die Wahrheit der Mitteilung getäuscht wird, vgl. § 187 StGB.

e) Die Verantwortlichkeiten für die elektronische Presse regeln die §§ 7–10 TMG. Diensteanbieter sind nach § 7 Abs. 1 TMG für eigene Informationen, die sie zur Nutzung bereithalten, nach den allgemeinen Gesetzen verantwortlich. Diensteanbieter im Sinne der §§ 8–10 TMG, also Zugangsvermittler („Access-Provider“) gemäß § 8 TMG, Zwischenspeicherer („Cache“ oder „Proxy-Server“) gemäß § 9 TMG sowie Informationsspeicherer („Host-Provider“) gemäß § 10 TMG sind nach § 7 Abs. 2 TMG nicht verpflichtet, die von ihnen übermittelten oder gespeicherten Informationen zu überwachen oder nach Umständen zu forschen, die auf eine rechtswidrige Tätigkeit hinweisen. Allerdings müssen sie Informationen unverzüglich sperren, wenn ihnen Rechtsverletzungen bekanntgeworden sind (§§ 7 Abs. 3, 9 S. 1 Nr. 5 und 10 S. 1 Nr. 2 TMG); vgl. Spindler/Schuster/*Hoffmann*/*Volkmann* §§ 7 ff. TMG; *Soehring*/*Hoene* Rn. 26.15. **19a**

VI. Notwehr (§ 32 StGB)

Die Notwehr (§ 32 StGB) ist ein Erlaubnissatz, der tatbestandsmäßiges Handeln straflos werden lässt. Neben dem Eigentum, der körperlichen Integrität, der Ehre und weiteren Rechtsgütern ist auch das allgemeine Persönlichkeitsrecht notwehrfähig. **19b**

Zur Abwehr eines rechtswidrigen Angriffs auf das allgemeine Persönlichkeitsrecht darf das Maß an Gewalt aufgewandt werden, das geeignet ist, den Angriff sofort zu beenden (vgl. *Fischer* StGB § 32 Rn. 28 ff.). Eine Verhältnismäßigkeitsprüfung muss nicht vorgenommen werden. Es gilt der Satz: Das Recht braucht dem Unrecht nicht zu weichen. Eine Einschränkung erfährt diese Regel nur bei so genannten Bagatellangriffen (vgl. Schönke/Schröder/*Perron*/*Eisele* StGB § 32 Rn. 50, *Fischer* StGB § 32 Rn. 39).

Wird jemand nach vorausgegangener mehrfacher Ablehnung eines Fernsehinterviews mit versteckter Kamera in seinem Garten gefilmt, obwohl der den Gegenstand der beabsichtigten Berichterstattung bildende Vorfall zwei Jahre zurückliegt, soll er in Notwehr handeln, wenn er versucht, die Kamera oder den Film an sich zu bringen (vgl. LG Hamburg ZUM 1996, 430 – zivilrechtliche Entscheidung).

VII. Die Privilegierung der Parlamentsberichterstattung (§ 37 StGB)

1. Abgeordnete des Bundestags oder der Gesetzgebungsorgane eines Landes dürfen „zu keiner Zeit“ wegen einer Äußerung in dieser Körperschaft oder in einem ihrer Ausschüsse zur Verantwortung gezogen werden – ausgenommen bei verleumderischen Beleidigungen (§§ 36, 187 StGB). Diese sog. *Indemnität* gilt auch für die *Parlamentsberichterstattung.* Nach Art. 42 Abs. 3 GG bzw. § 37 StGB bleiben wahrheitsgetreue Berichte über die öffentlichen Sitzungen der in § 36 StGB bezeichneten Körperschaften oder ihrer Ausschüsse von jeder strafrechtlichen Verantwortlichkeit frei. Dieses sog. Parlamentsprivileg bedeutet für jeden an der Parlamentsberichterstattung Beteiligten einen sachlichen, auch Dritten zugutekommenden und damit eine strafbare Teilnahme ausschließenden Strafausschließungsgrund (vgl. Schönke/Schröder/*Perron* StGB § 37 Rn. 1; *Fischer* StGB § 37 Rn. 1; nach aA stellt es einen zeitlich unbegrenzten Rechtfertigungs- **20**

grund dar, vgl. OLG Braunschweig NJW 1953, 516), während die sog. Immunität des Parlamentariers nur ein auf die Dauer des Mandats begrenztes Prozesshindernis bildet (Art. 46 Abs. 2 GG).

21 2. Allerdings genießen nur *wahrheitsgetreue Berichte* über öffentliche Sitzungen das Parlamentsprivileg. Dies bedeutet jedoch weder, dass ein wörtlicher Bericht erforderlich ist, noch, dass mindestens zu einem Punkt der Tagesordnung ein Gesamtbericht vorliegen muss (so aber Fischer StGB § 37 Rn. 3). Vielmehr muss auch die zutreffende Wiedergabe einzelner Reden oder Vorgänge aus einer längeren Debatte durch § 37 StGB geschützt sein, solange der Bericht in der Sache alles Wesentliche wiedergibt und nicht durch Außerachtlassen einzelner Punkte inhaltlich von der Wirklichkeit abweicht (vgl. Schönke/Schröder/*Perron* StGB § 37 Rn. 5; SK StGB § 37 Rn. 2; vgl. insoweit auch zum Ausschluss einer Gegendarstellung → Kap. 26 Rn. 15).

VIII. Berufsverbot für Presseangehörige? (§ 70 StGB)

22 Nach § 70 StGB kann das Gericht im Rahmen der Aburteilung einer Straftat, die unter Missbrauch des Berufes oder Gewerbes oder unter grober Verletzung der Berufspflichten begangen wurde, dem Täter die Berufsausübung auf die Dauer von einem bis zu fünf Jahren, in gravierenden Fällen für immer verbieten. Der Täter handelt dann unter Missbrauch seines Berufes oder Gewerbes, wenn er die ihm gerade durch Beruf oder Gewerbe gegebenen Möglichkeiten bewusst und planmäßig zu Straftaten nutzt (vgl. BGH NJW 1968, 1730; 1989, 3232).

23 Nicht streng davon abzugrenzen ist die Alternative, dass die rechtswidrige Tat unter grober Verletzung der mit dem Beruf oder Gewerbe verbundenen Pflichten begangen worden ist. Sie erfordert die gröbliche Zuwiderhandlung gegen berufsspezifische, aber auch allgemeine Pflichten, die aus der Berufs- oder Gewerbstätigkeit erwachsen (vgl. *Fischer* StGB § 70 Rn. 4). Im Unterschied zu der ersten Alternative reichen jedoch auch fahrlässige Pflichtverletzungen – soweit unter Strafe gestellt – aus (vgl. Schönke/Schröder/*Kinzig* StGB § 70 Rn. 7). Eine schwerwiegende Pflichtverletzung gegen presseethische Bestimmungen wie den Pressekodex oder Richtlinien für die redaktionelle Arbeit genügt dafür allerdings nicht, da diese im Unrechtsgehalt dem planmäßigen Ausnutzen des Berufs zu Straftaten nicht gleichkommt.

24 Voraussetzung eines Berufsverbots ist außerdem die erkennbare Gefahr, dass der Täter bei weiterer Ausübung des Berufes erneut erhebliche rechtswidrige Taten der bereits ausgeführten Art begehen würde. Als Grundlage für diese Prognose dient eine Gesamtwürdigung von Art und Schwere der begangenen Tat sowie der Persönlichkeit des Täters. Gefahr bedeutet in diesem Zusammenhang eine auf Tatsachen gegründete Wahrscheinlichkeit.

25 Das richterliche Ermessen („kann... verbieten") kann etwa wegen Unzumutbarkeit des Berufswechsels, der nicht besonders hohen Wahrscheinlichkeit künftiger gewichtiger Taten oder Umstände in der Person des Täters zu dessen Gunsten ausgeübt werden (vgl. BGH NStZ 1981, 392; *Fischer* StGB § 70 Rn. 9).

26 Umstritten ist, ob die Verhängung eines Berufsverbotes durch den Strafrichter mit dem *Entscheidungsmonopol des BVerfG* nach Art. 18 GG zu vereinbaren ist, wenn das Berufsverbot auf ein verfassungsfeindliches Verhalten des Verlegers oder Journalisten erfolgt. Unbedenklich ist diese Maßnahme bei Verstößen gegen Strafvorschriften außerhalb des Staatsschutzbereichs, da Art. 18 GG nur den Kampf gegen die freiheitlich demokratische Grundordnung umfasst. Probleme ergeben sich jedoch, wenn eine Pressebetätigung als politische Meinungsäußerung zu qualifizieren ist. Nach Auffassung des BGH steht Art. 18 GG der strafrichterlichen Verhängung nicht entgegen, da der verfassungsfeindliche Täter nicht gegenüber dem nicht politischen Täter privilegiert werden solle (vgl. BGHSt 17, 38 ff. (41)). Das BVerfG hat das Verhältnis zwischen Art. 18 GG und § 70 StGB zwar offengelassen, aber festgestellt, dass ein strafrechtliches Berufsverbot gegen Presseangehörige wegen politischer Delikte jedenfalls dann nicht Art. 18 GG widerspreche, wenn die strafbare Handlung in einem Verstoß gegen ein Parteienverbot nach Art. 21 Abs. 2 GG bestehe. Unabhängig ist bei einem derartigen Eingriff in die Meinungsfreiheit hier in besonderer Weise das Gebot der Verhältnismäßigkeit zu beachten (vgl. Schönke/Schröder/*Kinzig* StGB § 70 Rn. 16 ff. mwN; *Fischer* StGB § 70 Rn. 2).

IX. Einziehung von Schriften und Unbrauchbarmachung

1. Die §§ 74–76a StGB, die das Recht der Einziehung und Unbrauchbarmachung von Gegenständen des Strafverfahrens regeln, spielen im Presserecht eine wichtige Rolle. Durch die im Strafurteil auszusprechende Einziehung wird *endgültig* über das Schicksal der beanstandeten Schriften entschieden, wobei der Begriff „Schriften" im Recht der Einziehung im weiten Sinn des § 11 Abs. 3 StGB zu verstehen ist (vgl. → Rn. 2 ff.). 27

2. Innerhalb des allgemeinen Rechts der Einziehung enthält § 74d StGB eine *Spezialvorschrift* für die Einziehung von *Schriften* und die Unbrauchbarmachung der Herstellungsmaterialien. Die Vorschrift beschränkt sich allerdings auf sog. *Inhaltsdelikte,* dh auf solche Straftaten, bei denen es hinsichtlich der Strafbarkeit auf den Inhalt der Druckschrift ankommt (§§ 80a, 86, 86a, 90, 90a, 90b, 111, 130, 131, 140, 186, 188, 189, 219a StGB, nicht aber zB auf das Fehlen eines Impressums, vgl. *Fischer* StGB § 74d Rn. 7a mwN). Da dies aber für den weitaus größten Teil aller Pressedelikte zutrifft, ist § 74d StGB die zentrale Einziehungsbestimmung für die Presse. § 74d StGB erweitert den Begriff der von ihm erfassten „Inhaltsdelikte" über den begrifflichen Rahmen der „Presse-Inhaltsdelikte" hinaus. Während ein Presse-Inhaltsdelikt nur vorliegt, wenn die Ausführungshandlung der Verbreitung gegeben ist, genügt es für die Anwendung des § 74d StGB, wenn die Schrift zur Verbreitung lediglich bestimmt ist (§ 74d Abs. 1 StGB). 28

Die Inhaltsdelikte des § 74 StGB umfassen sowohl die Schriften, bei denen der strafbare Inhalt im Falle der vorsätzlichen Verbreitung den Tatbestand der strafbaren Handlung bereits erfüllt (so zB § 184 Abs. 1 Ziff. 8 StGB) wie auch solche Schriften, bei denen zur Verbreitung noch weitere Tatumstände hinzutreten müssen, um den Deliktstatbestand zu verwirklichen (§ 74d Abs. 3 StGB) Dem Verbreiten einer Schrift steht es gleich, wenn wenigstens *ein* Exemplar durch Ausstellen, Anschlagen, Vorführen etc der Öffentlichkeit zugänglich gemacht wird (§ 74d Abs. 4 StGB). 29

3. Während die allgemeine *Einziehung* gem. § 74 StGB nur die mit der konkreten Straftat zusammenhängenden Gegenstände erfasst, erstreckt sich die Einziehung von Schriften wegen ihrer potentiellen Gefährlichkeit gem. § 74d auf die *gesamte Auflage* der Schrift (vgl. OLG Düsseldorf AfP 1992, 280 f.). Doch werden aus praktischen Gründen die bereits ins Leserpublikum gelangten Exemplare von der Einziehung ausgenommen (§ 74d Abs. 2 StGB). Die vermutete Gefährlichkeit der Schrift führt zu einer weiteren Verschärfung: Während nach allgemeinem Einziehungsrecht die Einziehung selbst wie auch die Unbrauchbarmachung in das Ermessen des Richters gestellt werden (§ 74 StGB „können... eingezogen werden"), sind diese Maßnahmen bei *Schriften zwingend* vorgeschrieben (Fischer StGB § 74d Rn. 11, StGB § 92b Rn. 4). 30

Gleichwohl stehen diese Folgen unter dem Grundsatz der Verhältnismäßigkeit nach §§ 74b Abs. 2 und 3 iVm § 74d StGB (vgl. *Fischer* StGB § 74d Rn. 14). So muss das Gericht, wenn sich dies als weniger einschneidende Maßnahme darstellt, unter Vorbehalt der Einziehung die Unbrauchbarmachung (§ 74b Abs. 2 Nr. 1 StGB) oder die Beseitigung bestimmter Einrichtungen oder Kennzeichen anweisen (§ 74b Abs. 2 Nr. 2 StGB; zB die Schwärzung des Hakenkreuzes auf einer Schallplattenhülle, vgl. BGHSt 23, 79). Ferner hat sich das Gericht gemäß § 74d Abs. 5 StGB in Verbindung mit § 74b Abs. 3 StGB bei nur teilweise strafrechtlicher Relevanz der Schrift auf die Anordnung zu beschränken, nur diese Teile der Schrift und der Herstellungsvorrichtung unbrauchbar zu machen (vgl. BGHSt 19, 63 (76)).

Nach dem Bundesgerichtshof (BGHSt 23, 269) ist entgegen dem Wortlaut des § 74d Abs. 5 StGB, der nur auf § 74b Abs. 2 und 3 StGB verweist, auch § 74b Abs. 1 StGB anzuwenden, da für alle staatlichen Eingriffe in Grundrechte, hier Art. 5 GG, der allgemeine rechtsstaatliche Grundsatz der *Verhältnismäßigkeit* zwischen Mittel und Zweck gilt. Darüber hinaus soll im Rahmen der Verhältnismäßigkeitsprüfung berücksichtigt werden, ob der Einziehung ein berechtigtes Informationsbedürfnis des Bürgers entgegensteht, da das Grundrecht auf Informationsfreiheit auch die schlichte Entgegennahme von Informationen umfasst (vgl. BVerfGE 15, 288 (295); BGHSt 23, 208 (211)).

4. Soweit es sich bei Pressedelikten nicht um Inhaltsdelikte im Sinne der Spezialbestimmung für Schriften (§ 74d StGB) handelt, kommt das *allgemeine Einziehungsrecht* gemäß §§ 74–76a StGB zum Zug. Hierher gehören die sog. Presse-Ordnungsdelikte (vgl. → Kap. 48 Rn. 9) wie 31

auch Verstöße gegen das Urheberrecht (zB unerlaubter Nachdruck) oder das Markengesetz (§ 147). Die Einziehung im Sinn des § 74 StGB steht im Ermessen des Richters und ist grundsätzlich nur zulässig, wenn die einzuziehenden Gegenstände im Zeitpunkt der richterlichen Entscheidung dem Täter oder Teilnehmer gehören. Gehören sie einem tatunbeteiligten Dritten, so können sie nur eingezogen werden, wenn die Gegenstände eine Gefahr für die Allgemeinheit bilden oder die Dritten im Blick auf die Straftat selbst verwerflich gehandelt haben (§§ 74 Abs. 2, 74a StGB). Die Einziehung gemäß § 74 StGB setzt eine vorsätzliche Straftat voraus und beschränkt sich auf die Gegenstände, die durch die Straftat hervorgebracht oder zu ihrer Begehung gebraucht oder bestimmt wurden. Auch im allgemeinen Einziehungsrecht hat das Gericht die verfassungsrechtlichen Grundsätze zu beachten (§ 74b StGB; vgl. OLG Schleswig StV 1989, 156).

Der Richter kann statt der Einziehung die Unbrauchbarmachung als eine weniger einschneidende Maßnahme anordnen (§ 74b StGB); denn unbrauchbar gemachte Gegenstände (zB Drucksätze) können vom Besitzer häufig noch anderweitig Verwendung finden, während bei der Einziehung das Eigentum an den betreffenden Sachen oder Rechten mit der Rechtskraft der Entscheidung auf den Staat übergeht (§ 74e StGB).

X. Die kurze Verjährung von Presseverstößen

32 1. Das StGB regelt in den §§ 78–79b StGB die Verjährung von Straftaten. Danach beträgt die *reguläre strafrechtliche Verjährungsfrist* bei Verbrechen (mit Ausnahme des Mordes) je nach der Schwere 5 bis 30 Jahre, bei Vergehen 3 bis 5 Jahre (§ 78 StGB). Bei Ordnungswidrigkeiten beträgt die Verjährungsfrist 6 Monate bis 3 Jahre (§ 31 OWiG). Demgegenüber verjähren *Presseverstöße* nach § 24 LPG in wesentlich kürzerer Frist, und zwar bei Presseverbrechen bereits nach einem Jahr, bei Pressevergehen und bei Presse-Ordnungswidrigkeiten schon nach 6 Monaten.

33 Noch weiter gehen Art. 15 des bayerischen, § 14 des sächsischen und § 13 des hessischen Landespressegesetzes, wonach die Verjährungsfrist bei Presseverbrechen und Pressevergehen einheitlich nur 6 Monate beträgt. In Schleswig-Holstein gilt nach § 17 Abs. 4 LPG die allgemeine strafrechtliche Verjährung, wenn das Druckwerk, durch dessen Veröffentlichung die Straftat begangen wird, entweder nicht das nach § 7 LPG erforderliche Impressum enthält oder nicht zu den periodischen Druckwerken zählt. In Rheinland-Pfalz gilt diese Regelung gemäß § 37 Abs. 4 LMG für alle Druckwerke, die nicht den Impressumsvorschriften genügen.

In Baden-Württemberg, Berlin, Brandenburg, Hamburg, Hessen, Mecklenburg-Vorpommern, Niedersachsen, Nordrhein-Westfalen, Rheinland-Pfalz, Sachsen-Anhalt und Schleswig-Holstein unterliegen einzelne Delikte, zu denen in allen genannten Bundesländern die §§ 131 und 184 StGB, in einigen von ihnen auch die §§ 86, 86a, 129a und 130 StGB und in Baden-Württemberg noch weitere Verbrechen gehören, der allgemeinen Verjährung (im Einzelnen vgl. → Kap. 17 Rn. 61). Während Bayern eine Verjährungsfrist von 3 Monaten bei Presse-Ordnungswidrigkeiten vorsieht (Art. 14 Abs. 2 LPG Bayern), wird sie in Rheinland-Pfalz (§ 37 Abs. 2 LMG) auf 6 Monate festgelegt.

34 2. Die kurze Verjährungsfrist bei Presseverstößen erscheint als eine wesentliche Begünstigung der Presse. Es handelt sich allerdings um eine zwangsläufige Folge aus der Eigenart der Pressedelikte. Deren Besonderheit liegt einerseits in ihrer jedermann erkennbaren Offenheit, so dass sie von den Behörden alsbald geahndet werden können (vgl. BGHSt 25, 34; *Löffler* NJW 1960, 2349). Andererseits findet die presserechtliche Ausnahmeregelung ihre Begründung darin, dass sich Pressedelikte erfahrungsgemäß über einen langen Zeitraum, nämlich die gesamte Zeit des Absatzes eines Presseerzeugnisses erstrecken. Da nach allgemeinen strafrechtlichen Grundsätzen die Verjährung erst mit Beendigung des letzten Aktes einer strafbaren Handlung beginnt (§ 78a StGB), würde sich bei Anwendung dieses Prinzips auf Presseverstöße die Verjährungsfrist hier erheblich verlängern. Die kurze Verjährung für Presseverstöße soll somit in Wirklichkeit eine Benachteiligung verhindern, die sich für die Presse auf Grund des lang dauernden Absatzes ihrer Erzeugnisse ergeben würde (vgl. BGHSt 33, 274; 25, 347; *Soehring/Hoene* Rn. 26.24). Hinzu kommt das Interesse sowohl der Presse wie der Allgemeinheit an einer alsbaldigen Klärung, ob eine Verbreitung von Presseerzeugnissen den Strafgesetzen zuwiderläuft (vgl. BGHSt 27, 18).

3. Nach Sinn und Wortlaut des § 24 LPG gelten die kurzen Presseverjährungsfristen sowohl für alle Presse-Inhaltsdelikte (vgl. → Rn. 28) wie auch für die sonst in den Landespressegesetzen mit Strafe bedrohten Pressedelikte und für alle Presse-Ordnungswidrigkeiten (vgl. BGH NJW 1978, 1985 f.; BayObLG AfP 1995, 653; OLG Düsseldorf NJW 1982, 2614; JZ 1974, 137). Angesichts der Beeinträchtigungen der Pressefreiheit durch staatsanwaltliche Ermittlungen scheidet eine enge Auslegung des Begriffs „Presse-Inhaltsdelikt" im Verjährungsrecht aus. Maßgeblich ist allein die Deliktsbegehung „mittels eines Druckwerks" (vgl. *Mitsch* AfP 2011, 544). 35

Ist die Verbreitung des Inhalts jedoch grundsätzlich erlaubt und nur auf Grund zusätzlicher Umstände wie Zeit, Ort und Art des Verbreitens, Verbreitung in einem bestimmten Abnehmerkreis oder auch auf Grund besonders vorausgesetzter Absicht (so bei § 90b StGB) mit Strafe bedroht, so bleibt es bei der regulären Verjährungsfrist des § 78 StGB, da ein Presseinhaltsdelikt dann nicht vorliegt (vgl. *Groß* AfP 1998, 360; vgl. i. ü. → Kap. 17 Rn. 7), so bei einem Vergehen nach § 89 StGB (vgl. BGHSt 27, 353 (354); MDR 1978, 503; s. auch OLG Hamm NStZ 1989, 578; OLG München MDR 1989, 180) oder bei Verbreitung jugendgefährdender Trägermedien nach § 15 Abs. 2, §§ 15 Abs. 1 und 27 JuSchG (vgl. BGHSt 26, 40). Das Presseverjährungsprivileg kommt der periodischen und der nichtperiodischen Presse gleichermaßen zugute, gilt aber nicht für harmlose Druckwerke iSd § 7 Abs. 3 LPG (vgl. BGH AfP 1995, 415 f.). Es gilt zudem nur für die Verjährung der Strafverfolgung (§ 78 StGB), nicht für die Verjährung der Strafvollstreckung (§ 79 StGB). Auch beschränkt sich das Verjährungsprivileg der Presse auf die Regelung der Dauer und des Beginns der Verjährung. In jeder anderen Hinsicht (zB Unterbrechung und Ruhen der Verjährung sowie die genaue Berechnung der Verjährungsfristen) gelten die Bestimmungen des allgemeinen Strafrechts (§§ 78–79b StGB; vgl. → Rn. 41 und OLG Düsseldorf AfP 1973, 158; OLG Celle NStZ 1985, 218).

4. Für die gesetzliche Regelung der kurzen „Presseverjährung" ist die Kompetenz des *Landesgesetzgebers* höchstrichterlich anerkannt; denn sie gehört nach ihrer Eigenart und der geschichtlichen Entwicklung zur Materie „Presserecht" (vgl. BVerfGE 7, 29 ff.). Mit Eintritt der Verjährung, die ein formales Verfahrenshindernis bildet (vgl. BGHSt 8, 269), ist jede weitere Strafverfolgung ausgeschlossen. Ein bereits begonnenes Verfahren ist *einzustellen.* Die Verjährung der Straftat schließt auch die Verhängung von sog. Nebenstrafen und Nebenfolgen wie auch Maßregeln des Berufsverbots und der Einziehung (vgl. → Rn. 27) aus. Dies gilt jedoch nur, soweit diese Maßnahmen strafähnlichen Charakter haben. Dienen sie der Sicherung der Allgemeinheit vor künftiger Gefährdung wie zB die Unbrauchbarmachung (vgl. → Rn. 31), so werden sie von der Einstellung des Strafverfahrens nicht berührt. Einziehung und Unbrauchbarmachung können in solchen Fällen im sog. objektiven Verfahren (§ 76a StGB) selbstständig durchgeführt werden (vgl. BGH JR 1983, 291; OLG Hamm JR 1983, 295; OLG Frankfurt a. M. NJW 1983, 1208). 36

5. Neben der wesentlichen Verkürzung der Verjährungsfristen (vgl. → Rn. 32) besteht das Privileg der Presse vor allem in der Bestimmung des § 24 Abs. 3 S. 1 LPG, wonach der *Beginn der Verjährungsfrist* bereits mit der ersten Veröffentlichung bzw. ersten Verbreitung des Druckwerks einsetzt und nicht erst mit der Beendigung des Absatzes von Büchern, Zeitungen und Zeitschriften, der sich, insbesondere bei Nachbestellungen einzelner Druckschriften, um Jahre hinausziehen kann (vgl. BGH AfP 1985, 202; KG Berlin JR 1990, 125). Damit weicht die presserechtliche Verjährung wesentlich von der allgemeinen strafrechtlichen Verjährungsregelung nach § 78 StGB ab (vgl. → Kap. 17 Rn. 53). 37

Da ein wesentlicher Grund für die kurze presserechtliche Verjährungsfrist darin zu suchen ist, dass ein Pressedelikt bereits mit der ersten Veröffentlichung des Druckwerks offen zu Tage liegt, würde eine heimliche Ausgabe einiger weniger Exemplare mit dem Ziel, die kurze Verjährungsfrist in Lauf zu setzen, um nach deren Ablauf die gesamte Auflage straflos verbreiten zu können, als sog. „Scheinveröffentlichung" den Beginn der Verjährungsfrist nicht auslösen (vgl. BGHSt 25, 355). Auch das bloße Vorrätighalten einer Schrift bzw. Trägermediums (vgl. § 15 Abs. 1 Nr. 7 Var. 4 JuSchG) setzt den Lauf der Verjährungsfrist noch nicht in Gang (vgl. BayObLG MDR 1975, 419, zum GjS). Wird eine Druckschrift in Teilen veröffentlicht (zB Fortsetzungsroman, Loseblattsammlung, Veröffentlichung einer Anzeigenserie) oder wird eine Druckschrift neu aufgelegt, so beginnt die Verjährung mit dem Beginn der Veröffentlichung jedes Teilaktes aufs Neue (§ 25 Abs. 3 S. 2 LPG; vgl. auch BGH AfP 1985, 202). Diese Regelung gilt auch dann, wenn die einzelnen Teile rechtlich gesehen eine einheitliche sog. „fortgesetzte Handlung" 38 bilden (vgl. BGHSt 27, 18 ff.). Im Falle eines zwischenzeitlich aufgegebenen, dann erneut gefassten Tatentschlusses beginnt die Verjährung mit dem ersten auf dem neuen Tatentschluss beruhenden Verbreitungsakt (vgl. BGHSt 33, 273 ff. mAnm *Bottke* JR 1987, 167; zur Neuauflage eines Druckwerks vgl. → Kap. 17 Rn. 54).

39 Die kurze Verjährungsfrist läuft gesondert für jeden an der Verbreitung Beteiligten. Sie gilt für Vorbereitungshandlungen des Verbreiters und für den Gehilfen, wenn diese Handlungen mit dem späteren Verbreiten eine Tat bilden, denn andernfalls würde hier eine Anwendung des § 78a StGB (Verjährungsbeginn mit dem Eintritt des tatbestandlichen Erfolgs) zum Nachteil der Presse den Lauf der Verjährungsfrist erst in Gang setzen, wenn bereits der gesamte Absatzprozess des Druckwerks abgeschlossen wäre (vgl. BGH NStZ 1982, 25; *Groß* AfP 1998, 363).

Für die §§ 15 Abs. 1, Abs. 2 Nr. 5, 27 JuSchG soll dagegen weiter § 78 StGB gelten (vgl. BGHSt 26, 45, zu §§ 3, 6 Nr. 3, 21 GjS). Dies ist insofern inkonsequent, als § 15 Abs. 1 JuSchG ebenfalls das Verbreiten regelt und die rasche, der Rechtsklarheit dienende Verfolgung gerade dann möglich ist, wenn ein Trägermedium auf dem Index steht (§ 15 Abs. 1 JuSchG) oder „offensichtlich geeignet" ist, die Entwicklung von Jugendlichen und Kindern schwer zu gefährden (§ 15 Abs. 2 Nr. 5 JuSchG).

40 § 78c StGB führt abschließend Verfolgungshandlungen des Richters, Staatsanwaltes und der Polizei auf, die die Verfolgungsverjährung unterbrechen (vgl. allgemein zur Verjährungsunterbrechung bei Pressedelikten OLG Celle NStZ 1985, 218). Diese Unterbrechungshandlungen müssen sich wegen einer bestimmten Tat gegen eine bestimmte Person als Beschuldigten richten und bestimmt und geeignet sein, der Verfolgung der den Gegenstand des Verfahrens bildenden Tat zu dienen (vgl. BGHSt 16, 196). Nicht erforderlich ist dabei die namentliche Bekanntheit des Beschuldigten. Er muss lediglich individualisierbar sein (vgl. OLG Karlsruhe wistra 1987, 228). Die gegen einen Täter gerichtete Unterbrechung der Verjährung wirkt selbst dann nicht gegen einen anderen, wenn sie zugleich der Sachverhaltsaufklärung in Richtung gegen den anderen dienen soll (vgl. OLG Karlsruhe JR 1987, 436; aA SK StGB § 78c Rn. 6).

Gemäß § 78c Abs. 3 S. 2 StGB endet die Strafverfolgung von Presseverstößen spätestens nach 3 Jahren. Hierdurch wird dem inneren Grund der kurzen Verjährungsfrist (vgl. → Rn. 34) erneut Rechnung getragen.

XI. Strafantrag und Ermächtigung zur Strafverfolgung (§§ 77–77e StGB)

41 Die Verfolgung der bei Recherche und Publikation durch Presseangehörige begangenen Straftaten hängt in vielen Fällen von der Stellung des Strafantrages ab (vgl. zB §§ 123 Abs. 2, 145a S. 2, 194, 205, 303c StGB). In anderen Fällen wird die Tat nur auf Ermächtigung verfolgt (vgl. §§ 90 Abs. 4, 90b Abs. 2, 97 Abs. 3, 104a, 194 Abs. 4, 353a Abs. 2 und 353b Abs. 4 StGB), so dass nach § 77e StGB die §§ 77 und 77d StGB entsprechend Anwendung finden.

Der Strafantrag ist seinem Wesen nach Prozessvoraussetzung, also weder Tatbestandsmerkmal noch Bedingung der Strafbarkeit (*Fischer* StGB Vor § 77 Rn. 4 mwN). Antragsberechtigter Verletzter kann auch eine juristische Person sein. Der Inhalt des Antrags muss nur erkennbar zum Ausdruck bringen, dass wegen einer bestimmten Handlung strafrechtlich eingeschritten werden soll. Es genügt also auch die Privatklageerhebung (§ 374 StPO), die Strafanzeige oder der Anschluss als Nebenkläger. Die Person, die verfolgt werden soll, braucht nicht angegeben zu werden, so dass die Anonymität eines Autors unbeachtlich ist.

42 Mit Stellung des Strafantrages kann die Staatsanwaltschaft die Verfolgung aufnehmen, jedoch muss der Antrag binnen drei Monaten (§ 77b StGB) nach Kenntnis der Tatbestandsverwirklichung erfolgt sein. Kenntnis ist Wissen von Tatsachen, die den Schluss auf wesentliche Tatumstände und den Täter zulassen (vgl. Schönke/Schröder/*Bosch* StGB § 77b Rn. 10). Läuft die Antragsfrist ab, gibt es keine Wiedereinsetzung. Wird der Antrag zurückgenommen, ist dies unwiderruflich.

Die StPO regelt Fragen des Strafantrags in den §§ 127 Abs. 3, 130, 158, 206a, 260 Abs. 3, 374 Abs. 2, 395 Abs. 2, 470 StPO.

50. Kapitel. Das Staatsschutzrecht (§§ 80–101a StGB)

I. Allgemeine Übersicht

1. Der Besondere Teil des StGB behandelt in den beiden ersten Abschnitten das sog. *Staatsschutzrecht,* auch als „politisches Strafrecht“ bezeichnet. Die hier behandelten Strafvorschriften über Friedensverrat (§ 80a StGB), Hochverrat (§§ 81–83a StGB), Gefährdung des demokratischen Rechtsstaats (§§ 84–92b StGB), Landesverrat und Gefährdung der äußeren Sicherheit (§§ 93–101a StGB) dienen dem Bestand, der äußeren und inneren Sicherheit des Staates sowie seiner verfassungsmäßigen Ordnung (vgl. SK StGB Vor § 80 Rn. 2). 1

2. Die Bundesrepublik hatte im Zeichen des „Kalten Krieges mit dem Ostblock“ vor allem im 1. Strafrechtsänderungsgesetz vom 30.8.1951 (BGBl. I S. 739) eine übertrieben scharfe und perfektionistische Neuregelung des politischen Strafrechts vorgenommen, die zu einer erheblichen Beeinträchtigung der Pressefreiheit führte und nicht zuletzt die spektakuläre Spiegel-Affäre des Jahres 1962 auslöste (vgl. Löffler, Der Verfassungsauftrag der Presse – Modellfall Spiegel). Die wachsende und begründete Kritik an der Hypertrophie des politischen Strafrechts (vgl. *Maihofer* JZ 1966, 813) führte 1968 durch das 8. Strafrechtsänderungsgesetz vom 25.6.1968 (BGBl. I S. 741) zu einer notwendigen Korrektur. Auch wurde durch das 8. Strafrechtsänderungsgesetz der Verfolgungszwang im Wege der Neufassung der §§ 153b, c, d und e StPO erheblich gelockert. 2

3. Zur Aburteilung der Staatsschutzdelikte wurde auf Grund des 1. Strafrechtsänderungsgesetzes von 1951 durch Einfügung des § 74a GVG in das Gerichtsverfassungsgesetz für die weniger schweren Delikte eine besondere Strafkammer bei einem LG als Staatsschutzkammer für jeden Oberlandesgerichtsbezirk eingerichtet. Für die schwereren Fälle eines Staatsschutzdelikts ist nach § 120 GVG das Oberlandesgericht zuständig, in dessen Bezirk die Landesregierung ihren Sitz hat. 3

Die Gerichtsbarkeit wird vom Bund ausgeübt (Art. 96 Abs. 5 GG) und der Generalbundesanwalt übt das Amt des Staatsanwalts aus.

II. Der Friedensverrat (§ 80a StGB)

1. Die Verfassung bekennt sich in Art. 26 GG zur Ablehnung eines Krieges als eines möglichen Mittels der Politik und fordert, dass Frieden störende Handlungen unter Strafe gestellt werden. Der Gesetzgeber ist diesem Verfassungsauftrag 1968 nachgekommen, indem er die Vorbereitung eines Angriffskrieges und die Aufstachelung ursprünglich zum Angriffskrieg als „Friedensverrat“ unter Strafe stellte (§§ 80, 80a StGB). 4

2. § 80 StGB wurde mit Wirkung vom 1.1.2017 durch das Gesetz zur Änderung des Völkerstrafgesetzbuchs vom 22.12.2016 (BGBl. I S. 3150) aufgehoben. Sein modifizierter Inhalt befindet sich nunmehr in § 13 VStGB (vgl. Schönke/Schröder/*Sternberg-Lieben* § 80 StGB; Fischer StGB Vor §§ 80–101a Rn. 1). 5

3. In seiner durch das Gesetz zur Änderung des Völkerstrafgesetzbuchs vom 22.12.2016 (BGBl. I S. 3150) modifizierten Fassung wird nach § 80a StGB nunmehr das *Aufstacheln zum Verbrechen der Aggression* mit Freiheitsstrafe von drei Monaten bis zu fünf Jahren bestraft (vgl. Schönke/Schröder/*Sternberg-Lieben* § 80a StGB). Der äußere Tatbestand erfordert das Aufstacheln Dritter zur Aggression iSv § 13 Abs. 1 VStGB im räumlichen Geltungsbereich des StGB (§§ 3–7), sei es öffentlich, in einer Versammlung oder durch Verbreiten von *Schriften* (§ 11 Abs. 3 StGB). 6

Für das Verbreiten einer Schrift genügt, dass diese einer einzelnen Person mit dem Ziel zugänglich gemacht wird, sie an einen größeren Kreis weiterzugeben (Fischer StGB § 74a Rn. 4). Öffentlich bedeutet die Möglichkeit der Kenntnisnahme durch unbestimmt viele Personen, die persönlich nicht miteinander bekannt sind. Das Aufstacheln besteht in einem gesteigerten, auf die Gefühle des Adressaten gemünzten propagandistischen Handeln (vgl. LG Köln NStZ 1981, 261; *Fischer* StGB § 80a Rn. 4).

7 Erforderlich ist in Anlehnung an § 13 Abs. 1 VStGB eine Aggressionshandlung, die ihrer Art, Schwere und ihres Umfang nach eine offenkundige Verletzung der VN-Charta darstellt (vgl. Schönke/Schröder/*Sternberg-Lieben* StGB § 80a Rn. 8; *Fischer* StGB § 80a Rn. 2a f.).

III. Der Hochverrat (§§ 81–83a StGB)

8 1. Beim Hochverrat handelt es sich um einen *gewaltsamen Angriff* auf die staatliche Ordnung. Die einschlägigen Strafbestimmungen dienen der inneren Sicherheit der Bundesrepublik und ihrer Länder. Der *Hochverrat gegen den Bund* wird nach § 81 StGB mit lebenslanger Freiheitsstrafe oder mit Freiheitsstrafe nicht unter zehn Jahren bestraft, in minder schweren Fällen mit Freiheitsstrafe von einem bis zu zehn Jahren. Täter ist, wer es unternimmt, mit Gewalt oder durch Drohung mit Gewalt den Bestand der Bundesrepublik Deutschland zu beeinträchtigen oder die auf dem Grundgesetz beruhende verfassungsmäßige Ordnung zu ändern.

9 Nach der Legaldefinition des § 92 Abs. 1 StGB beeinträchtigt den *„Bestand der Bundesrepublik"*, wer ihre Freiheit von fremder Botmäßigkeit aufhebt, dh ihre Staatshoheit zugunsten eines anderen Staates schmälern will oder wer ihre staatliche Einheit beseitigt, oder ein zu ihr gehörendes Gebiet abtrennt. Als geschütztes Rechtsgut kommt beim Hochverrat auch die auf dem Grundgesetz beruhende *verfassungsmäßige Ordnung* in Betracht, vgl. § 81 StGB Abs. 1 Nr. 2 StGB. Unter diesem Begriff ist nicht (wie zB in §§ 85, 86, 89 StGB) die dem Grundgesetz zugrundeliegende Staatsidee einer freiheitlichen, rechtsstaatlichen Demokratie zu verstehen, sondern vielmehr die auf diesen Verfassungsgrundsätzen beruhende konkrete Staatsordnung, wie sie in den verfassungsmäßigen Organen und Einrichtungen Gestalt gewonnen hat (vgl. Schönke/Schröder/*Sternberg-Lieben* StGB § 81 Rn. 7; LK StGB § 81 Rn. 6 ff.). Geschützt sind danach verfassungsmäßige Einrichtungen wie zB Volksvertretung und Regierung (vgl. BGHSt 6, 338).

10 Das Unternehmen muss auf eine *Änderung* der bestehenden Ordnung gerichtet sein, (bloße Störungen scheiden also aus, diese fallen aber evtl. unter §§ 105, 106 StGB), wobei unerheblich ist, ob die angestrebte Situation mit den Grundsätzen der freiheitlichen Demokratie in Widerspruch steht (vgl. SK StGB § 81 Rn. 15 mwN).

11 Der Begriff des Unternehmens erfasst Versuch und Vollendung (§ 11 Abs. 1 Nr. 6 StGB). Es gilt daher die gesonderte Rücktrittsvorschrift des § 83a StGB.

12 Tatmittel sind Gewalt oder Drohung mit Gewalt. Gewalt bedeutet hier im Hinblick auf die geschützten Rechtsgüter – Bestand der Bundesrepublik Deutschland und ihrer verfassungsmäßigen Ordnung – die Entfaltung körperlich wirkenden Zwanges mit dem Ziel, den Widerstand der staatlichen Ordnungsorgane zu brechen (vgl. BGHSt 6, 340). Entscheidend ist dabei die von der Aktion ausgehende Zwangswirkung auf die Willensfreiheit der verantwortlichen Organe (zB Massenstreik, LK StGB § 81 Rn. 15).

13 2. *Hochverrat gegen ein Land* iSd § 82 StGB begeht, wer es unternimmt, mit Gewalt oder durch Drohung mit Gewalt das Gebiet eines Landes ganz oder teilweise einem anderen Land einzuverleiben bzw. einen Teil eines Landes von diesem abzutrennen oder die verfassungsmäßige Ordnung eines Landes zu ändern. Der § 82 StGB wendet sich gegen gewaltsame separatistische Bestrebungen innerhalb der Bundesrepublik.

14 3. Für den Schutz des Staates gegen Hochverrat ist es charakteristisch, dass letzterer schon im Vorstadium bekämpft wird. Deshalb stellen §§ 81 und 82 StGB den Versuch der Vollendung gleich („wer es unternimmt").

Darüber hinaus wird die dem Versuch vorangehende *Vorbereitung des Hochverrats* in § 83 StGB als selbstständiges Delikt bestraft.

15 Die Vorbereitung erfasst auch eine nur mittelbar fördernde Tätigkeit (Vorbereitung der Vorbereitung) im Sinne eines wertneutralen Handelns, das nur objektiv geeignet sein muss, den Hochverrat zu fördern (vgl. Fischer StGB § 83 Rn. 3). Dabei kommt jedoch dem Merkmal der Bestimmtheit des vorbereitenden hochverräterischen Unternehmens besondere Bedeutung zu. Es muss ein *konkreter Umsturzplan* in seinen wesentlichen Grundzügen bestehen. Er muss einen gewissen Gefährlichkeitsgrad beinhalten, was idR nur beim Zusammenwirken mehrerer und geplantem Einsatz Erfolg versprechender Mittel in Betracht kommt (Schönke/Schröder/*Sternberg-Lieben* StGB § 83 Rn. 8; LK StGB § 83 Rn. 8 und 9). Auch die geistige und seelische Beeinflussung der Bevölkerung, insbesondere durch *Schriften* (Flugblätter, Plakate usw) kann in

Verbindung mit einem bestimmten Unternehmen ein solches als Vorbereitungshandlung geeignetes Mittel darstellen (Fischer StGB § 83 Rn. 4).

Die bloße „Erziehung in revolutionärem Geist" wird jedoch mangels Konkretheit und Gefährlichkeit von § 83 StGB nicht erfasst (vgl. Schönke/Schröder/*Sternberg-Lieben* StGB § 83 Rn. 6).

Unter kriminalpolitischen Gesichtspunkten kann dem Täter gem. § 83a StGB Strafbefreiung **16** bzw. Strafmilderung gewährt werden, wenn er von seinem Unternehmen zurücktritt und sich ernsthaft um die Abwendung der Gefahr bemüht („tätige Reue").

IV. Die Gefährdung des demokratischen Rechtsstaates (§§ 84–92b und 129, 129b StGB)

Während sich die Bestimmungen über den Hochverrat gegen einen gewaltsamen Angriff auf die **17** innere Sicherheit des Staates richten, handelt es sich bei der „Gefährdung des demokratischen Rechtsstaats" um die Abwehr *gewaltloser Angriffe* auf die Verfassung und Sicherheit der Bundesrepublik. Die freiheitliche Grundordnung kann durch die Methoden des „Unterwanderns" bzw. „Infiltrierens" oder des allmählichen Übergangs zu autoritären Regierungsformen uU mehr gefährdet werden als durch einen gewaltsamen Umsturzversuch. Unter Strafe gestellt sind folgende Deliktsgruppen:

1. Die sog. Organisationsdelikte (§§ 84–86a und 129, 129b StGB)

Hier handelt es sich um den Schutz des Staates gegenüber verfassungsfeindlichen Organisationen **18** (Parteien, Vereine) und deren Betätigung. Für die *Presse* sind diese Vorschriften aus doppeltem Grund von Interesse: die verbotene Aufrechterhaltung oder Unterstützung einer verfassungswidrigen Organisation kann im Wege einer Zeitungsbelieferung erfolgen (vgl. BGHSt 10, 16). Darüber hinaus stellt § 86 StGB die Herstellung, Verbreitung usw von Propagandamaterial solcher verfassungswidriger Organisationen ausdrücklich unter Strafe (vgl. → Rn. 23 ff.).

Bei den Organisationsdelikten ist die verfassungs- und vereinsrechtliche Seite mit zu berück- **19** sichtigen. Art. 9 GG, der das *Grundrecht der Vereinigungsfreiheit* postuliert, stellt in Abs. 2 fest, dass Vereine, deren Zweck oder Tätigkeit den Strafgesetzen zuwiderlaufen oder die sich gegen die verfassungsmäßige Ordnung oder den Gedanken der Völkerverständigung richten, verboten sind. Während der Ausspruch der Verwirkung der Vereinigungsfreiheit nach Art. 18 GG Sache des Bundesverfassungsgerichtes ist, obliegt das konkrete Verbot von Vereinen nach § 3 VereinsG vom 5.8.1964 (BGBl. I S. 593 – zuletzt geändert durch Gesetz vom 21.12.2007 (BGBl. I S. 3198), der obersten Landesbehörde bzw. dem Bundesminister des Innern. Abweichend von Vereinen steht bei *politischen Parteien* die Entscheidung über ihre Verfassungswidrigkeit ausschließlich dem Bundesverfassungsgericht zu (Art. 21 Abs. 2 GG).

Die Vorschrift des § 129 StGB ist im Wesentlichen auf rein kriminelle Vereinigungen, aber auch auf politisch-kriminelle Untergrundorganisationen anwendbar, die nach der Legaldefinition in § 129 Abs. 2 StGB ein auf längere Dauer angelegter, von einer Festlegung von Rollen der Mitglieder, der Kontinuität der Mitgliedschaft und der Ausprägung der Struktur unabhängiger organisierter Zusammenschluss von mehr als zwei Personen zur Verfolgung eines übergeordneten gemeinsamen Interesses sind (vgl. Schönke/Schröder/*Sternberg-Lieben/Schittenhelm* StGB § 129 Rn. 4a). Auf politische Parteien, die das Bundesverfassungsgericht nicht für verfassungswidrig erklärt hat, findet § 129 StGB keine Anwendung (§ 129 Abs. 3 Nr. 1 StGB).

Zu den Organisationsdelikten gehören folgende Tatbestände:

a) *Fortführung einer verfassungswidrigen Organisation* nach den §§ 84, 85 StGB. Nach § 84 Abs. 1 **20** StGB wird bestraft, wer als „Rädelsführer oder Hintermann" im räumlichen Geltungsbereich des Gesetzes den organischen Zusammenhalt einer vom Bundesverfassungsgericht für verfassungswidrig erklärten Partei oder deren verbotener Ersatzorganisation aufrechterhält. § 85 betrifft Ersatzorganisationen von verbotenen Parteien, die nicht schon unter § 84 Abs. 1 Nr. 2 (§ 33 Abs. 2 ParteienG) fallen und Vereinigungen bezüglich derer die Verwaltungsbehörden (§ 8 Abs. 2 VereinsG; § 33 Abs. 3 ParteienG; §§ 3, 14 Abs. 1, 15 Abs. 1, 18 S. 2, 20 Abs. 1 Nr. 4 VereinsG) entscheiden.

20a Aufrechterhalten des organisatorischen Zusammenhalts bedeutet die Bestandserhaltung oder Erneuerung mindestens eines Teils des organisatorischen Apparates. Zur Erneuerung ist der Aufbau einer Fünfergruppe ausreichend (vgl. BGHSt 20, 74).

21 Rädelsführer oder Hintermann kann auch ein Verleger sein, der zu diesem Zweck seinen *Druckschriftenverteilerapparat* einsetzt (vgl. BGHSt 10, 16). Solche Druckschriften brauchen keinen verfassungswidrigen Inhalt zu haben (vgl. BGH NJW 1976, 575). Täter des Delikts nach § 84 Abs. 2 StGB ist auch, wer sich in einer verbotenen Partei oder Ersatzorganisation als Mitglied betätigt oder ihren organisatorischen Zusammenhalt auf sonstige Weise unterstützt. In diesem Falle ist aber das Strafmaß niedriger und die Versuchsstrafbarkeit entfällt.

22 Mitglied ist, wer seinen Willen dem der Organisation mit deren Einverständnis unterordnet und fortdauernd für sie tätig sein soll oder will (vgl. Fischer StGB § 84 Rn. 4 mwN). Das öffentliche Eintreten für die ideologischen Ziele einer verbotenen Partei gilt nicht als Unterstützung des organisatorischen Zusammenhalts und ist durch das Grundrecht der Meinungsäußerungsfreiheit (Art. 5 GG) geschützt (vgl. BVerfGE 25, 44; BGHSt 19, 57).

23 b) *Verbreiten von Propagandamitteln verfassungswidriger Organisationen (§ 86 StGB).* Nach § 86 Abs. 1 StGB wird bestraft, wer Propagandamittel verfassungswidriger Organisationen im räumlichen Geltungsbereich des StGB (§§ 3 ff. StGB) verbreitet oder zur Verbreitung innerhalb dieses Bereichs herstellt, vorrätig hält oder in diesen Bereich einführt.

24 Gem. § 86 Abs. 2 StGB gelten als Propagandamittel im Sinne des Gesetzes nur solche Schriften (vgl. → Kap. 49 Rn. 2), deren Inhalt gegen die freiheitliche demokratische Grundordnung oder den Gedanken der Völkerverständigung gerichtet ist. Propagandamittel sind nur solche Schriften, die eine ausgesprochene politische Tendenz enthalten.

Bloße Schlagworte und Parolen wie „Weg mit dieser Regierung – Wählt KPD" erfüllen den Tatbestand des § 86 StGB nicht. Auch Dokumentationsschriften – so zB über den Marxismus – dürfen mit Propagandamitteln iSd § 86 nicht gleichgesetzt werden (vgl. BGHSt 19, 249). Andererseits kommt es auf Motive und Tendenzen der an dem Herstellungs- und Verbreitungsprozess Beteiligten selbst nicht an (vgl. BGH NStZ 1982, 25).

25 Schließlich erfordert der Tatbestand des § 86 StGB, dass die Propagandamittel zu ganz bestimmten in § 86 Abs. 1 Ziff. 1–4 StGB aufgeführten Zwecken Verwendung finden, nämlich als Propagandamittel einer nach §§ 84 und 85 StGB verbotenen Partei, Vereinigung oder Ersatzorganisation zur Fortsetzung von Bestrebungen einer ehemaligen nationalsozialistischen Organisation. Propagandamittel sind also nur solche Gegenstände, die von oder im Einverständnis mit der verbotenen Vereinigung verfasst, hergestellt, vervielfältigt oder verbreitet werden müssen (vgl. Schönke/Schröder/*Sternberg-Lieben* § 86 Rn. 7 ff.; LK StGB § 86 Rn. 3; *Fischer* StGB § 86 Rn. 6).

Es ist zu beachten, dass während des Nationalsozialismus entstandene Reden oft nicht unter den Begriff des Abs. 2 fallen, da zum damaligen Zeitpunkt die von § 86 StGB geschützte Wertordnung noch nicht bestand (vgl. *Bartels/Kollorz* NStZ 2002, 297). Anders verhält es sich freilich, wenn das Propagandamittel mit einem Aktualisierungsakt verbunden ist.

26 c) *Verwendung von Kennzeichen verfassungswidriger Organisationen (§ 86a StGB).* Nach § 86a StGB wird mit Freiheitsstrafe bis zu 3 Jahren oder mit Geldstrafe bestraft, wer im räumlichen Geltungsbereich des StGB (§§ 3 ff.) Kennzeichen einer in § 86 Abs. 1 StGB aufgeführten verbotenen Partei, Vereinigung oder Ersatzorganisation öffentlich, in einer Versammlung oder in von ihm verbreiteten Schriften (vgl. → Kap. 49 Rn. 2) verwendet oder in diesem Bereich verbreitet.

27 Kennzeichen iSd § 86a StGB sind, wie beispielhaft in Abs. 2 aufgeführt, alle sicht- und hörbaren Symbole, deren sich die verbotenen Organisationen bedienen oder bedient haben. Das Strafrecht schützt also nicht nur politische Symbole (§§ 90 ff. StGB), sondern bekämpft flankierend die Symbolik staats- und verfassungsfeindlicher Organisationen. Die innere Berechtigung liegt darin begründet, dass die zunächst harmlose Verwendung verbotener Kennzeichen den Boden bereitet für ein Erstarken der verbotenen Organisationen und damit für die Gefährdung des öffentlichen Friedens (vgl. BGHSt 25, 30 ff. (32, 33); OLG Hamm NStZ-RR 2004, 12; BayObLG NJW 1988, 2902). Den in § 86a Abs. 2 S. 1 StGB genannten Kennzeichen stehen solche gleich, die ihnen zum Verwechseln ähnlich sind. Maßgeblich hinsichtlich der Frage, ob eine solche Verwechslungsgefahr besteht, ist die Sicht eines nicht besonders sachkundigen

Beobachters, der das Objekt zufällig und flüchtig wahrnimmt, ohne sich intensiv mit ihm zu beschäftigen (vgl. OLG Hamm NStZ-RR 2004, 12 ff. (13) mwN).

Verwenden bedeutet jeden Gebrauch, der das Kennzeichen optisch (Schrift, Film) oder akustisch (Tonband, Schallplatte) wahrnehmbar macht (vgl. BGHSt 23, 267; *Fischer* StGB § 86a Rn. 14). Zu den verfassungswidrigen Kennzeichen kann uU das Porträt Hitlers (hinsichtlich anderer NSDAP-Größen vgl. *Bartels/Kollorz* NStZ 2002, 297 – Rudolf Heß) ebenso gehören wie das mittels Schallplatten reproduzierbare Horst-Wessel-Lied oder die im NS-Staat übliche Grußform „Mit deutschem Gruß" (vgl. BGHSt 27, 1 ff.). Unter § 86a StGB fällt auch das Feilbieten von „Souvenirs" (vgl. BGHSt 25, 30), jedoch nicht die ironische Verwendung des Hitlergrußes (vgl. OLG Oldenburg NJW 1986, 1295). Wissenschaftliche Dokumentationen, Theaterstücke („Des Teufels General" von Zuckmayer) und Filme wie auch sonstige Schriften (vgl. → Kap. 49 Rn. 2), die den Schutzzweck des § 86a StGB offensichtlich nicht verletzen, sind zulässig (vgl. BGHSt 25, 30 (128, 133); Fischer StGB § 86a Rn. 5). **28**

Für die *öffentliche* Verwendung des Kennzeichens ist nicht die Öffentlichkeit des Verwendungsortes entscheidend, sondern der Personenkreis, für den die Verwendung des Kennzeichens wahrnehmbar ist (vgl. OLG Celle NStZ 1994, 440). Dafür reicht es aus, wenn bei unbestimmt vielen Personen die Möglichkeit der Wahrnehmung bestand (vgl. OLG Koblenz MDR 1977, 334; *Fischer* StGB § 86a Rn. 15).

Die *Sozialadäquanzklausel* der §§ 86 Abs. 3 und 86a Abs. 3 StGB gilt entweder als Tatbestandsausschluss oder als Rechtfertigungsgrund gegenüber den Delikten der §§ 86 Abs. 1 und 2 und 86a Abs. 1 StGB (vgl. Schönke/Schröder/*Sternberg-Lieben* § 86 Rn. 17; LK StGB § 86 Rn. 36). Danach liegt ein strafbarer Tatbestand nicht vor, „wenn das Propagandamittel oder die Handlung der staatsbürgerlichen Aufklärung, der Abwehr verfassungswidriger Bestrebungen, der Kunst oder der Wissenschaft, der Forschung oder der Berichterstattung über Vorgänge des Zeitgeschehens oder der Geschichte oder ähnlichen Zwecken dient." **29**

Sozialadäquat soll der antiquarische Handel mit NS-Literatur (vgl. BGHSt 29, 84) oder der polemische Vergleich von Hakenkreuzplakaten mit Staeck-Graphiken (vgl. OLG Hamm NJW 1982, 1656) sein, nicht dagegen das kommerzielle Feilbieten, unabhängig davon, ob die Kennzeichen gleichzeitig Propagandamittel sind (vgl. BGHSt 28, 397; NJW 1979, 1555; BGHSt 25, 30). Bei der Frage, ob im Einzelfall diese Sozialadäquanzklausel eingreift, kommt es maßgeblich auf die der Herstellung bzw. Verbreitung usw der fraglichen Schrift zugrunde liegende *Tendenz* an. Bezweckt sie, den angesprochenen Personen eine staatsbürgerlich erwünschte Aufklärung zu geben oder verfolgt sie wissenschaftliche oder künstlerische Ziele, dann entfällt von vornherein der von § 86 Abs. 1 StGB bekämpfte verfassungsfeindliche Propagandazweck. So fallen satirische Darstellungen, deren Gegenstand Kennzeichen einer ehemaligen nationalsozialistischen Organisation sind, unter die Kunstfreiheit, auch wenn mit der Darstellung Aufsehen erregt und der Absatz gefördert werden soll (vgl. BVerfG NJW 1990, 2541). Anders wäre es, wenn die Berufung auf staatsbürgerliche Aufklärung sowie wissenschaftliche und künstlerische Bestrebungen nur ein Vorwand wäre, um unter diesem Deckmantel in Wahrheit verfassungsfeindliche Ziele zu verfolgen (vgl. BVerfG NJW 1988, 325; BGHSt 43, 41). So kann sich eine vom Bundesverfassungsgericht für verfassungswidrig erklärte Partei nicht auf das Privileg der staatsbürgerlichen Aufklärung berufen (vgl. BGHSt 23, 226). Der ausdrückliche Hinweis des § 86 Abs. 3 StGB auf die rechtlich geschützten Zwecke der staatsbürgerlichen Information, der Kunst und der Wissenschaft verpflichtet den Richter besonders, in allen Pressestrafsachen stets die verfassungsrechtlich geschützte Informationsfreiheit (Art. 5 Abs. 1 GG) wie auch die Freiheit von Kunst und Wissenschaft (Art. 5 Abs. 3 GG) zu berücksichtigen.

Die Berufung auf Art. 5 GG verhindert auch eine einseitige Handhabung des sog. *Verbringungsverbotegesetzes* (G. zur Überwachung strafrechtlicher und anderer Verbringungsverbote vom 24.5.1961, BGBl. I S. 607, zuletzt geändert durch Art. 2 des Gesetzes vom 14.12.2001, BGBl. I S. 3714), durch das die Zollbehörden ermächtigt werden, ausländisches Propagandamaterial zu überprüfen und sicherzustellen (vgl. BVerfGE 33, 52 ff.). **30**

d) *Bildung einer kriminellen (§ 129 StGB) oder terroristischen (§ 129a StGB) Vereinigung* (vgl. → Rn. 19). § 129 StGB bedroht die Gründung einer kriminellen Vereinigung sowie die Beteiligung als Mitglied oder ihre Unterstützung bzw. das Werben für sie mit Freiheitsstrafe bis zu fünf Jahren oder mit Geldstrafe. § 129a StGB verlangt darüber hinaus, dass sich Zweck oder Tätigkeit **31** auf die dort aufgeführten Straftaten beziehen (als Qualifizierung des § 129 StGB [Freiheitsstrafe von einem Jahr bis zu zehn Jahren]).

Mit diesen beiden Organisationsdelikten wird eine Strafbarkeit bereits weit im Vorfeld der Vorbereitung von Straftaten erfasst. Sie sollen die besondere Gefährlichkeit krimineller und politisch krimineller Vereinigungen bekämpfen, die aus Dauer und Schwere der bezweckten oder begangenen Straftaten und aus dem *Organisationsgrad* der Gruppierung resultiert (vgl. BGHSt 28, 116; 29, 105 f.; 31, 207; NStZ 1995, 341; OLG Düsseldorf NJW 1994, 399). Die bloße Bandentätigkeit (zur Unterscheidung von Bande und Vereinigung vgl. *Fischer* StGB § 129 Rn. 24; BGHSt 31, 202) genügt also nicht (vgl. BGH NStZ 1992, 1518; 1982, 68).

Die Unterscheidung zwischen Rädelsführern, Hintermännern und Mitläufern (Abs. 4 und 5) kennzeichnet eine *Organisation* der in den §§ 84 ff. StGB typisierten Art (vgl. § 84 Abs. 1 und 4 StGB).

Als Gründer einer solchen Vereinigung werden alle mit Gründungswillen am Neubildungsvorgang Beteiligten, also nicht nur die führend Mitwirkenden (Rädelsführer und Hintermänner) angesehen (vgl. Schönke/Schröder/*Sternberg-Lieben/Schittenhelm* StGB § 129 Rn. 12a). Das Sichbeteiligen als Mitglied erfordert keine dauerhafte Eigenbetätigung (vgl. BVerfGE 56, 33). Es reicht eine auf Dauer gerichtete, wenn auch vorerst einmalige Teilnahme am Verbandsleben aus (vgl. BGHSt 29, 122 f.).

Werben bedeutet jede offene oder versteckte, auf die Gewinnung von Mitgliedern oder auf das Herbeiführen der Gründung einer kriminellen oder terroristischen Vereinigung gerichtete Propagandatätigkeit durch ein Nichtmitglied der Vereinigung (zB Verteilen von Flugblättern; vgl. Schönke/Schröder/*Sternberg-Lieben/Schittenhelm* StGB § 129 Rn. 14 ff.). Unterstützung ist dagegen ist alles, was für die Vereinigung irgendwie vorteilhaft ist und deren Mitglieder im Zusammenwirken bestärkt (vgl. BGH NJW 1988, 1678; BGHSt 29, 101; Schönke/Schröder/*Sternberg-Lieben/Schittenhelm* StGB § 129 Rn. 15 f.). Sie ist die zur Täterschaft verselbstständigte Beihilfe (hM, vgl. statt vieler: Lackner/*Kühl* StGB § 129 Rn. 6).

32 Die Tatbestandsmerkmale des Unterstützens und Werbens iSd § 129a Abs. 3 StGB haben in der neueren Rechtsprechung des BGH eine einschränkende Auslegung erfahren. Es wird danach vorausgesetzt, dass im Hinblick auf den organisatorischen Charakter des § 129a StGB auch die Unterstützungshandlung darauf abzielen muss, den organisatorischen Zusammenhalt der terroristischen Vereinigung zu fördern (vgl. BGHSt 33, 18; NStZ 1987, 551; 1989, 333).

33 In den Fällen des Unterstützens genügt bedingter Vorsatz (vgl. BGHSt 29, 109), in den Fällen des Werbens jedoch – entgegen der früher in Rechtsprechung und Literatur vertretenen Linie – nicht, so dass der Täter auf eine Unterstützung der Vereinigung hinzielen muss (vgl. BGH NJW 1988, 1679; s. auch *Rebmann* NStZ 1989, 97 ff. (100)).

34 Während das Unterstützen ebenso wie das Sichbeteiligen als Mitglied nur in der Form der Täterschaft begehbar ist (erfolgreiche selbstständige Beihilfe), ist Beihilfe (vgl. → Kap. 49 Rn. 14) zum Gründen und zum Werben möglich (s. LK StGB § 129 Rn. 159; zB bloße Mitwirkung bei der drucktechnischen Herstellung einer Schrift, BGH NJW 1982, 63).

Der Versuch ist nur für den Fall des Gründens einer kriminellen Vereinigung (§ 129 Abs. 3 StGB) strafbar. Strafbar ist auch der Versuch der Gründung einer terroristischen Vereinigung oder die Beteiligung an ihr, §§ 129a Abs. 1, 12, 23 Abs. 1 StGB.

2. *Angriffe auf die Bundesrepublik und deren Länder, Hoheitszeichen, Verfassungs- und Sicherheitsorgane (§§ 88–92b StGB)*

35 a) *Verfassungsfeindliche Sabotage (§ 88 StGB) und Schutz der Bundeswehr (§ 89 StGB).* § 88 StGB erfasst die Ausführung einzelner Sabotageakte, die entweder vom Rädelsführer oder Hintermann einer Gruppe oder auch als Einzelexzesse begangen werden. Da der Begriff der Störhandlung nicht solche Handlungen einbezieht, die lediglich das Ansehen schmälernden Charakter haben (bezüglich der Dienststellen oder sie leitenden Personen) oder interne Vorgänge offenlegen, ist das Delikt des § 88 StGB mittels Presseäußerungen in der Regel nicht begehbar (vgl. BGH AfP 1978, 94; BGHSt 27, 310).

36 § 89 StGB schützt die Bundeswehr und andere öffentliche Sicherheitsorgane wie Bundespolizei, Polizei, Verfassungsschutzämter und Nachrichtendienste gegen zersetzende Einwirkung.

Nicht geschützt sind jedoch einrückende Rekruten vor ihrem Dienstantritt (vgl. BGH NJW 1989, 1363 f.). Anders verhält es sich freilich, wenn der Rekrut das empfangene Propagandamaterial an andere Soldaten weitergeben soll. Täter ist, wer auf diese Sicherheitsorgane „planmäßig" einwirkt, um deren pflichtmäßige Bereitschaft zum Schutze der Sicherheit der Bundesrepublik Deutschland oder der verfassungsmäßigen Ordnung zu untergraben, und sich dadurch absichtlich für Bestrebungen gegen den Bestand oder die Sicherheit der Bundesrepublik Deutschland oder gegen Verfassungsgrundsätze einsetzt.

Als Einwirkungsmittel kann zB eine „Druckschrift" in Frage kommen (vgl. dazu LK StGB § 89 Rn. 3, 4). Bei der Frage nach ihrer Eignung als Einwirkungsmittel muss ihr gesamter Inhalt ausgeschöpft werden, wobei sogar andere Erkenntnismittel, die außerhalb der Druckschrift liegen, herangezogen werden können (s. BGH NStZ 1988, 215). Die „Druckschrift" muss ihren Adressaten zwar erreichen, er braucht sie aber nicht zur Kenntnis zu nehmen (vgl. BGHSt 6, 64), da es auf einen zersetzenden Erfolg der Einwirkung nicht ankommt (vgl. BGHSt 19, 344). Jedoch genügt es nicht, wenn der Täter nur ein pflichtwidriges Verhalten im Einzelfall erstrebt, vielmehr betrifft die „pflichtgemäße Bereitschaft" das eigengesetzliche Funktionieren des jeweiligen Sicherheitsorgans. Auch zeigt die erforderliche Planmäßigkeit, dass einzelne Äußerungen des Unwillens den Tatbestand nicht erfüllen können (vgl. LK StGB § 89 Rn. 6).

Aufgrund der innerdienstlichen Zugriffsmöglichkeiten auf die Kommunikationskanäle des Sicherheitsorgans wird die Presseäußerung allein, auch wenn sie Diskussionen und Unruhen hervorruft, ohnehin nicht ausreichen können. Hinzukommen muss vielmehr ein infiltrierendes Überwinden dieser innerorganisatorischen Widerstände, über das dann durchaus auch Presseäußerungen iSd § 89 StGB untergrabend wirken können (vgl. BGH NStZ 1981, 300).

Die innere Tatseite erfordert die absichtliche (vgl. → Kap. 49 Rn. 7) Einwirkung in doppelter **37**
Hinsicht – einerseits die Einsatzbereitschaft des Sicherheitsorgans zu überwinden und andererseits verfassungsfeindliche Bestrebungen zu unterstützen (s. BGH NStZ 1988, 215).

b) *Verunglimpfung des Bundespräsidenten (§ 90 StGB).* Nach § 90 StGB wird bestraft, wer den **38**
Bundespräsidenten öffentlich, in einer Versammlung oder durch Verbreiten von Schriften (vgl. → Kap. 49 Rn. 2) verunglimpft. Die Strafe ist Freiheitsstrafe von sechs Monaten bis zu fünf Jahren, wenn die Tat eine Verleumdung im Sinn von § 187 StGB ist (vgl. → Kap. 53 Rn. 21 ff.). Die gleiche Strafe droht, wenn sich der Täter durch die Tat absichtlich für Bestrebungen gegen den Bestand der Bundesrepublik (vgl. → Rn. 9) oder gegen Verfassungsgrundsätze (vgl. → Rn. 47) einsetzt. In minder schweren Fällen kann das Gericht die Strafe nach seinem Ermessen mildern, jedoch nicht im Falle des § 188 StGB (üble Nachrede und Verleumdung gegen Personen des politischen Lebens; vgl. → Kap. 53 Rn. 24 f.). Die Tat wird nur mit Ermächtigung des Bundespräsidenten verfolgt (§ 90 Abs. 4 StGB). Die Vorschrift schützt sowohl Person als auch Amt des Bundespräsidenten.

Verunglimpfen ist eine nach Inhalt, Form oder Begleitumständen schwere Ehrkränkung im **39**
Sinne der §§ 185 ff. StGB (vgl. BGHSt 16, 338). Geringe Entgleisungen sind nicht geeignet, das Staatsoberhaupt iSd § 90 StGB zu treffen, für sie genügt der allgemeine gesetzliche Ehrenschutz (§§ 185 ff. StGB, vgl. Kap. 53).

Soweit das Verunglimpfen durch eine Tatsachenbehauptung (vgl. → Kap. 53 Rn. 5) erfolgt, ist der Wahrheitsbeweis des § 186 StGB (vgl. → Kap. 53 Rn. 19) zulässig (vgl. Schönke/Schröder/*Sternberg-Lieben* StGB § 90 Rn. 2). § 90 StGB verdrängt die §§ 185 ff. StGB bis auf § 190 StGB (Wahrheitsbeweis durch Strafurteil, vgl. → Kap. 53 Rn. 27), § 192, § 200 StGB und die Wahrnehmung berechtigter Interessen nach § 193 StGB (vgl. → Kap. 53 Rn. 29 ff.).

c) *Verunglimpfung des Staates und seiner Symbole (§ 90a StGB).* Nach § 90a StGB wird bestraft, **40**
wer öffentlich (vgl. → Rn. 8), in einer Versammlung oder durch Verbreiten von Schriften (vgl. → Kap. 49 Rn. 2) die Bundesrepublik oder eines ihrer Länder oder ihre verfassungsmäßige Ordnung (vgl. → Rn. 11) beschimpft oder böswillig verächtlich macht. Ebenso wird bestraft, wer die Hoheitssymbole der Bundesrepublik oder eines ihrer Länder (Flagge, Farben, Wappen oder Hymne) verunglimpft. Zur Deutschlandhymne als Hoheitssymbol gehört lediglich deren dritte Strophe, so dass nur diese verunglimpft werden kann (BVerfGE 81, 309). Nach § 90a Abs. 2 StGB wird bestraft, wer eine öffentlich gezeigte Flagge oder ein von einer Behörde öffentlich angebrachtes Hoheitszeichen der Bundesrepublik oder eines ihrer Länder entfernt, zerstört, beschädigt, unbrauchbar oder unkenntlich macht oder beschimpfenden Unfug daran

verübt. Die Strafe wird verschärft, wenn sich der Täter durch die Tat absichtlich für Bestrebungen gegen den Bestand der Bundesrepublik (vgl. → Rn. 9) oder gegen Verfassungsgrundsätze (vgl. → Rn. 47) einsetzt.

Mit dieser praktisch bedeutsamen Staatsschutz- und Äußerungsnorm werden die Bundesrepublik und ihre Länder nicht als Staaten schlechthin, sondern in ihrer konkreten Gestalt als *freiheitlich repräsentative Demokratie* geschützt (vgl. BGHSt 6, 324; LK StGB § 90a Rn. 1). Der Schutz umfasst also gerade das Ansehen, das aus der Lebendigkeit, Stabilität und Legitimität des demokratischen Prozesses auf dem Boden der Verfassung erwächst (vgl. *Schroeder* JR 1979, 90; kritisch zum Ansehensschutz: *Roggemann* JZ 1992, 934 ff., der eine verfassungskonforme Einschränkung der §§ 90a und 90b StGB befürwortet; kritisch auch *Soehring/Hoene* Rn. 12.25, die für den Bereich der Wortberichterstattung – zu Recht – eine restriktive Auslegung der Bestimmung fordern). § 90a Abs. 1 Nr. 2 StGB schützt die Symbole der Bundesrepublik Deutschland, weil sie für Leben und Bestand der staatlichen Gemeinschaft einen hohen Rang haben (vgl. *Würtenberger* NJW 1983, 1146). Allerdings genießen staatliche Symbole nur insoweit verfassungsrechtlichen Schutz, als sie im jeweiligen Kontext versinnbildlichen, was die Bundesrepublik Deutschland grundlegend trägt. Zudem darf der Symbolschutz nicht zur Immunisierung des Staates gegen Kritik und selbst gegen Ablehnung führen (vgl. BVerfG NJW 2009, 908). Entsprechend schützt § 90a Abs. 2 StGB die Verkörperung dieser Symbole. Hoheitszeichen der Bundesrepublik oder ihrer Länder sind alle diejenigen Zeichen, die die Staatsgewalt öffentlich und „autoritativ" zum Ausdruck bringen sollen (zB Staatswappen an Amtsgebäuden und Grenzpfählen, wobei der Bundesadler nicht mit dem in § 90a Abs. 1 Nr. 2 StGB aufgeführten Wappen identisch ist – OLG Frankfurt a. M. NJW 1991, 117). Das Hoheitszeichen kann auch von privater Hand angebracht sein (zB an einer Dienstmütze).

41 *Beschimpfen* ist eine nach Inhalt und Form besonders verletzende Äußerung der Missachtung (vgl. BGH NStZ 2000, 643; BGHSt 7, 110). Das besonders Verletzende kann entweder äußerlich in der Rohheit des Ausdrucks oder inhaltlich in dem Vorwurf eines schimpflichen Verhaltens oder Zustandes liegen (vgl. BGH ebd.; LG Frankfurt a. M. NJW 1982, 658 f.). Kein Beschimpfen iSd § 90a StGB ist eine harte politische Kritik beispielsweise an den gesellschaftlichen Zuständen in der Bundesrepublik, selbst wenn sie offenkundig unberechtigt und unsachlich ist (vgl. BGH NStZ 2000, 643; BGHSt 16, 338; 19, 317; OLG Celle StV 1983, 284 f.). Die Grenze ist aber dort zu ziehen, wo die Äußerung die Bundesrepublik als freiheitlich repräsentative Demokratie herabwürdigt (vgl. → Rn. 42; OLG Hamm NJW 1977, 1932). Auch hier ist wegen Art. 5 Abs. 1 S. 1 GG bei mehreren möglichen Deutungen einer Äußerung aber die für den Äußernden günstige zugrundezulegen (vgl. BVerfG NJW 2001, 596; ZUM 1998, 932 ff.; vgl. auch → Kap. 53 Rn. 8). Der Tatrichter darf sich also nicht auf die zur Verurteilung führende Deutung festlegen, sondern muss die betreffende Erklärung unter Berücksichtigung der Vorgaben des Bundesverfassungsgerichts zur wertsetzenden Bedeutung der Meinungsfreiheit auslegen. Kriterien für diese Auslegung sind der Wortlaut, der sprachliche Kontext der Äußerung sowie die für den Zuhörer erkennbaren Begleitumstände (vgl. BGH NStZ 2002, 592 f.). Bleibt die Äußerung mehrdeutig, darf das Gericht der Entscheidung nicht die zur Verurteilung führende Äußerung zugrunde legen, ehe es alle anderen Deutungen mit tragfähigen Gründen ausgeschlossen hat (vgl. BVerfG AfP 2010, 142). In den Fällen von Karikatur und Satire führt die Kunstfreiheit (Art. 5 Abs. 3 GG) in der Regel dazu, dass ein *Beschimpfen* nicht angenommen werden kann (vgl. *Soehring/Hoene* Rn. 12.27). Sollte dies doch der Fall sein, muss also die Meinungs- oder Kunstfreiheit hinter dem Rechtsgut des Schutzes des Staates zurücktreten, so sind die Freiheitsrechte – erneut – bei der Strafzumessung zu berücksichtigen (vgl. BGH NStZ 2003, 145).

42 *Böswilliges Verächtlichmachen* bedeutet mehr als Beschimpfen und umfasst Tatsachenbehauptungen wie auch Werturteile (vgl. → Kap. 53 Rn. 5). Mit einer solchen Äußerung muss die Bundesrepublik Deutschland bzw. ihre verfassungsmäßige Ordnung als der Achtung der Staatsbürger unwert oder unwürdig dargestellt werden (vgl. BGH NStZ 2003, 145; zB die Bezeichnung eines Landes als „Unrechtsstaat", vgl. BGHSt 7, 110; die Darstellung des Bundeskanzlers in der Gestalt Hitlers, vgl. Fischer StGB § 90a Rn. 5).

Entscheidend für die Abgrenzung zur zulässigen, auch scharfen, überzogenen oder polemischen Kritik ist die zutreffende Erfassung des Sinns der Äußerung. Maßgeblich ist die Sicht eines unvoreingenommenen und verständigen Durchschnittsrezipienten (vgl. BVerfG NJW 2009, 908). Da das Merkmal der Böswilligkeit der Eingrenzung des Tatbestandes dient und der Schutzzweck des § 90a StGB nicht darin besteht, den Stil der politischen Kommunikation qua Strafdrohung zu formen, ist die Böswilligkeit restriktiv auszulegen; es ist zu beachten, dass Art. 5 Abs. 1 GG aus dem besonderen Schutzbedürfnis der Machtkritik erwachsen ist und darin unverändert seine Bedeutung findet (vgl. BVerfG NJW 2009, 908). In öffentlichen Angelegenheiten gilt ohnehin die Vermutung zu Gunsten der freien Rede. Zudem sind Bürger gesetzlich nicht verpflichtet, die Wertsetzungen der Verfassung persönlich zu teilen. Die Erwartung des Grundgesetzes, dass die Bürger die allgemeinen Werte der Verfassung akzeptieren und verwirklichen, bewirkt keinen Zwang zur Werteloyalität. Folglich darf eine Äußerung auch grundlegende Wertungen der Verfassung in Frage stellen oder die Änderung tragender Prinzipien fordern. Auch die eine Systemkritik einschließende Polemik kann von Art. 5 Abs. 1 GG geschützt sein (vgl. BVerfG, NJW 2009, 908). Die Schwelle zur Rechtsgutverletzung im Falle des § 90a Abs. 1 Nr. 1 StGB ist erst dann überschritten, wenn aufgrund der konkreten Art und Weise einer Meinungsäußerung der Staat dermaßen verunglimpft wird, dass diese Verunglimpfung – zumindest mittelbar – geeignet erscheint, den Bestand der Bundesrepublik Deutschland, die Funktionsfähigkeit der staatlichen Einrichtungen oder die Friedlichkeit in der Bundesrepublik Deutschland zu gefährden (BVerfG ZUM 2012, 322). Das wäre etwa dann der Fall, wenn der Bundesrepublik Deutschland jegliche Legitimation abgesprochen und dazu aufgerufen würde, sie zu ersetzen (vgl. BVerfG, ZUM 2012, 322; BGH NStZ 2003, 145). Böswilligkeit kann nur dann angenommen werden, wenn der Täter in bewusst feindlicher, gehässiger Gesinnung handelt (vgl. BGHSt 19, 311; darüber hinausgehend *Schroeder* JR 1979, 92).

Ein Verunglimpfen (vgl. → Rn. *41*) der Symbole besteht zB im Tragen einer Plakette, die den **43** „Hessenlöwen" mit einem blutigen Schlagstock zeigt (vgl. BVerfG NJW 1985, 263; zur Verunglimpfung der Bundesflagge vgl. BGH AfP 1985, 208; zur Verunglimpfung der Deutschlandhymne vgl. BVerfGE 81, 298). Beschimpfender Unfug an dem verkörperten Symbol ist verübt mit einer Kundgabe der Missachtung in roher Form wie zB das Anspeien des Wappens oder Umsägen eines beflaggten Mastes (vgl. Fischer StGB § 90a Rn. 10); eine Fotocollage, die einen Männertorso darstellt, der auf eine während einer Gelöbnisfeier der Bundeswehr von mehreren Soldaten ausgebreitet gehaltene Bundesflagge uriniert, kann jedoch vom Grundrecht der Kunstfreiheit (Art. 5 Abs. 3 S. 1 GG) gedeckt sein (vgl. BVerfGE 81, 278 (294 ff.)).

Umstritten ist die strafrechtliche Verantwortlichkeit für die Verbreitung fremder Äußerungen. **44** Die Verantwortlichkeit des Verbreiters fremder Schriften setzt voraus, dass – wenn auch nur zwischen den Zeilen – erkennbar ist, ob er sich die fremde missachtende Äußerung selbst zueigen gemacht hat. Nur dann hat er durch die Weiterverbreitung selbst iSd § 90a StGB gehandelt (vgl. OLG Düsseldorf NJW 1980, 71; OLG Köln NJW 1979, 1562).

d) *Verfassungsfeindliche Verunglimpfung von Verfassungsorganen (§ 90b StGB).* Nach § 90b StGB **45** wird mit Freiheitsstrafe von drei Monaten bis zu fünf Jahren bestraft, wer öffentlich (vgl. → Rn. 6), in einer Versammlung oder durch Verbreitung von Schriften (vgl. → Kap. 49 Rn. 2) die Regierung, ein Gesetzgebungsorgan oder das Verfassungsgericht des Bundes oder eines Landes oder eines ihrer Mitglieder in dieser Eigenschaft in einer das Ansehen des Staates gefährdenden Weise in verfassungsfeindlicher Absicht verunglimpft (vgl. → Rn. 39). Die Tat wird gemäß § 90b Abs. 2 StGB nur mit Ermächtigung des betroffenen Verfassungsorgans oder seines Mitglieds verfolgt.

§ 90b StGB koppelt zwingend (vgl. die bloßen Strafschärfungen nach den §§ 90 Abs. 3 und **46** 90a Abs. 3 StGB) den Schutz des von Organen repräsentierten und symbolisierten Ansehens des demokratischen Staates mit dem Schutz vor Umsturzbewegungen bzw. verfassungsfeindlichen Bestrebungen. Der Einsatz für diese Bestrebungen braucht nicht allein aus der Schrift hervorzugehen, sondern kann sich aus dem Inhalt und sonstigen beweiskräftig festgestellten Umständen ergeben (vgl. OLG Düsseldorf NJW 1980, 603 f.; noch weitergehend BGHSt 29, 160 – braucht nicht einmal aus der Schrift hervorzugehen).

e) Neben den Verfassungsorganen kommt auch den *Verfassungsgrundsätzen* der Bundesrepublik **47** Strafrechtsschutz zu (vgl. §§ 89, 90, 90a und 90b StGB). Der § 92 Abs. 2 StGB zählt die geschützten Verfassungsgrundsätze wie folgt auf: Das Recht auf demokratische Willensbildung (Volkssouveränität; vgl. Ziff. 1), der Grundsatz der Gewaltenteilung (Ziff. 2), die Freiheit der parlamentarischen Opposition (Ziff. 3), die parlamentarische Kontrolle über die Regierung (Ziff. 4), die Unabhängigkeit der Gerichte (Ziff. 5) und das Prinzip des Rechtsstaats (Ausschluss jeder Gewalt- und Willkürherrschaft, Ziff. 6).

48 Bei den Straftaten nach den §§ 80a–90b StGB kann das Gericht auf Grund der Spezialbestimmung des § 92b StGB von einer gegenüber § 74 StGB erweiterten Einziehungsmöglichkeit Gebrauch machen.

V. Der Landesverrat und die Gefährdung der äußeren Sicherheit des Staates (§§ 93–101a StGB)

49 1. Bis zur 1968 erfolgten Liberalisierung des Staatsschutzrechts (vgl. → Rn. 2) unterschied das Recht des Landesverrats im Prinzip nicht zwischen dem in schimpflicher Absicht handelnden Landesverräter und dem in sachgerechter Absicht handelnden *Publizisten,* der in Erfüllung seiner öffentlichen Aufgabe der Kontrolle und Kritik ein Staatsgeheimnis offenbarte.

Heute erfordert der Landesverrat (§ 94 StGB) die Absicht des Täters, die Bundesrepublik zu benachteiligen oder eine fremde Macht zu begünstigen. Etwas anderes gilt nur im Falle des § 94 Abs. 1 Nr. 1 StGB: hier genügt auch bedingter Vorsatz. Der *Publizist,* der ohne diese Absicht ein Staatsgeheimnis bekanntmacht, wird nach § 95 StGB wegen „Offenbarens von Staatsgeheimnissen" und nicht wegen Landesverrats bestraft. Damit gehört der in sich widersprüchliche Begriff des „publizistischen Landesverrats" der Vergangenheit an.

50 Während die Bestimmungen über den Hochverrat und die Gefährdung des demokratischen Rechtsstaates die innere Ordnung der Bundesrepublik betreffen, dienen die Vorschriften über den Landesverrat der *äußeren Sicherheit* des Staates. Dabei ist unter „äußerer Sicherheit der Bundesrepublik" ihre Fähigkeit zu verstehen, sich gegen Angriffe und Störungen von außen zur Wehr zu setzen (vgl. BGH NJW 1971, 441; LK StGB § 93 Rn. 13 mwN).

51 2. Der zentrale Begriff für alle Verrats- und Offenbarungsdelikte ist der Begriff des *Staatsgeheimnisses,* der in § 93 StGB legal definiert wird. Danach sind Staatsgeheimnisse Tatsachen, Gegenstände oder Erkenntnisse, die nur einem begrenzten Personenkreis zugänglich sind und die vor einer fremden Macht geheim gehalten werden müssen, um die Gefahr eines schweren Nachteils für die äußere Sicherheit der Bundesrepublik abzuwenden (vgl. BGH NJW 1971, 715).

52 Der § 93 StGB geht vom *materiellen Geheimnisbegriff* aus, bei dem es maßgeblich auf die objektive Geheimhaltungsbedürftigkeit eines Gegenstandes, einer Tatsache oder einer Erkenntnis ankommt, worüber allein der Richter nach den sachlichen Gegebenheiten zur Zeit der Tat entscheidet. Im Gegensatz dazu steht der *formelle Geheimnisbegriff,* bei dem es auf die subjektive Auffassung der interessierten Behörde oder den Stempel „Geheim" ankommt (vgl. Schönke/Schröder/*Sternberg-Lieben* StGB § 93 Rn. 5 mwN). Allerdings können formelle Kriterien Indizien für die Bestimmung eines materiellen Geheimnisses von Bedeutung sein.

53 Der materielle Geheimnisbegriff des § 93 StGB findet im Recht betr. den Landesverrat und die Gefährdung der äußeren Sicherheit beim Landesverrat selbst (§ 94 StGB) sowie bei der sog. Ausspähung (§ 96 Abs. 1 StGB) und der Spionagetätigkeit (§ 98 StGB) Anwendung. Bei anderen Bestimmungen dieses Abschnitts, so bei § 95 StGB (Offenbarung eines Staatsgeheimnisses), § 96 Abs. 2 StGB (Auskundschaftung) und § 97 StGB (Preisgabe eines Staatsgeheimnisses) kommt der *faktische Geheimnisbegriff* zur Geltung, der davon ausgeht, dass ein materielles Staatsgeheimnis iSd § 93 StGB vorliegt, jedoch zusätzlich erfordert, dass dieses Geheimnis von einer amtlichen Stelle oder auf deren Veranlassung auch faktisch geheim gehalten wird und die Behörde alles hierzu Erforderliche veranlasst hat.

54 3. Zu den *Geheimobjekten* (Tatsachen, Gegenstände und Erkenntnisse) gehören insbesondere auch *Schriften,* Druckwerke, Dokumente, Zeichnungen und Modelle. Der Begriff „Tatsachen" umfasst auch Nachrichten in verkörperter oder unkörperlicher Form, sofern sie sich auf die geschützten Geheimnisobjekte beziehen. Zum Geheimnisbegriff des § 93 StGB gehört es, dass das Geheimnis nur einem begrenzten Personenkreis zugänglich ist. Somit erfüllt die seitens der Presse vorgenommene Zusammenstellung von Tatsachen, die im Inland durch Publikationen bereits allgemein bekannt gemacht wurden, nicht den Tatbestand des Offenbarens von Staatsgeheimnissen (vgl. SK StGB § 93 Rn. 16 mwN). In diesem Fall wird mit Recht die für die

Presse besonders gefährliche „*Mosaiktheorie*" abgelehnt, die dem aus bekannten Erkenntnissen neu geschaffenen Gesamtbild Geheimnischarakter verleiht (vgl. Schönke/Schröder/*Sternberg-Lieben* StGB § 93 Rn. 11 f.; SK StGB § 93 Rn. 15). Entgegen dem Willen des Gesetzgebers findet die Mosaiktheorie jedoch weiterhin Geltung, wenn aus allgemein zugänglichen Tatsachen durch systematische und mühsame sachkundige Arbeit (im Gegensatz zur bloßen Zusammenstellung) eine *neue* Erkenntnis gewonnen wird, die anders als die offenen Tatsachen nur einem begrenzten und qualifizierten Personenkreis zugänglich ist (vgl. Schönke/Schröder/*Sternberg-Lieben* StGB § 93 Rn. 12; *Fischer* StGB § 93 Rn. 4; *Lackner* StGB § 93 Rn. 2; LK § 93 Rn. 5).

Die Bestimmung des qualifizierten Personenkreises erfolgt jedoch nach einem strengen Maßstab. So reicht es zur Bejahung einer geheim zu haltenden Tatsache oder Erkenntnis nicht aus, dass jeder normale Bürger oder durchschnittliche Akademiker in der Lage ist, sie aus allgemein zugänglichen Quellen zu erschließen. Um als Objekt eines Staatsgeheimnisses kategorisiert zu werden, muss es sich um Erkenntnisse handeln, die nur von wenigen Spezialisten – unter Einsatz ihrer besonderen technischen oder geistigen Mittel – gewonnen werden können (statt vieler nur SK StGB § 93 Rn. 17; Schönke/Schröder/*Sternberg-Lieben* StGB § 93 Rn. 13 mwN). Nur bei einer so strengen Bestimmung des Personenkreises gelingt es, den Anwendungsbereich der Mosaiktheorie weitgehend einzuschränken und ihn mit den Grundrechten des Art. 5 Abs. 1 GG in Einklang zu bringen.

4. § 93 Abs. 2 StGB löst die früher umstrittene Frage, ob die Offenbarung sog. „*illegaler* **55**
Staatsgeheimnisse" nur gerechtfertigt sein sollte oder ob es in diesem Fall bereits am Tatbestandsmerkmal „Staatsgeheimnis" fehle, zugunsten der zweiten Lösung (sog. Tatbestandslösung). So hatte das Reichsgericht zur Zeit der Weimarer Republik den Publizisten Ossietzky wegen Landesverrats verurteilt, weil er mit Recht die von Deutschland entgegen den eingegangenen völkerrechtlichen Verpflichtungen heimlich durchgeführte illegale Aufrüstung der „Schwarzen Reichswehr" öffentlich kritisierte. Nunmehr stellt § 93 Abs. 2 StGB klar, dass Tatsachen, die gegen die freiheitliche demokratische Grundordnung verstoßen oder die den zwischenstaatlich vereinbarten Rüstungsbeschränkungen – unter Geheimhaltung gegenüber den Vertragspartnern – widersprechen, schon begrifflich keine Staatsgeheimnisse sind, deren Offenbarung strafbar sein könnte. Im Fall Ossietzky wurde die Wiederaufnahme des Verfahrens, die von seiner Tochter zum Zwecke seiner juristischen Rehabilitation begehrt wurde, vom BGH durch Beschluss vom 3.12.1992 abgelehnt (vgl. BGH MDR 1993, 167; s. auch *Heiliger* 1991, 498).

5. Der Landesverrat (§ 94 StGB)

Der § 94 StGB ist die einschlägige Bestimmung für das Verbrechen des Landesverrats. Täter ist, **56**
wer ein Staatsgeheimnis (vgl. → Rn. 51) einer fremden Macht oder einem ihrer Mittelsmänner mitteilt oder sonst an einen Unbefugten gelangen lässt oder öffentlich bekannt macht und dadurch die konkrete Gefahr eines schweren Nachteils für die äußere Sicherheit der Bundesrepublik Deutschland (vgl. → Rn. 50) herbeiführt. Landesverrat liegt jedoch nur dann vor, wenn der Täter in der Absicht handelt, die Bundesrepublik Deutschland zu benachteiligen oder eine fremde Macht zu begünstigen.

Ein Täter, dem es nur auf einen Geldgewinn ankommt und der seine Mitteilungen veröffent- **57**
licht, ist nur nach § 95 StGB zu bestrafen (vgl. *Fischer* StGB § 94 Rn. 5; aA LK StGB § 94 Rn. 7), da ihm ansonsten die böse Absicht fehlt.

6. Offenbaren von Staatsgeheimnissen (§ 95 StGB)

§ 95 regelt den früheren sog. „publizistischen Landesverrat" in den Fällen, in denen § 94 StGB **58**
mangels landesverräterischer Absicht scheitert.

Täter des Offenbarungsdelikts im Sinn des § 95 StGB ist, wer ein Staatsgeheimnis (vgl. → Rn. 51), das von einer amtlichen Stelle oder auf deren Veranlassung geheim gehalten wird, an einen Unbefugten gelangen lässt oder öffentlich bekannt macht und dadurch die Gefahr eines schweren Nachteils für die äußere Sicherheit der Bundesrepublik herbeiführt (vgl. → Rn. 50). Bei nur fahrlässiger Gefährdung greift § 97 StGB ein (vgl. → Rn. 63).

§ 95 StGB schränkt im Interesse der Publizistik den materiellen Geheimnisbegriff des § 93 StGB ein. Zwar muss auch bei § 95 StGB ein materielles Geheimnis im Sinn des § 93 StGB vorliegen. Doch muss hinzukommen, dass dieses Geheimnis von einer amtlichen Stelle oder auf deren Veranlassung auch tatsächlich geheim gehalten wird (sog. „faktisches" Geheimnis; vgl. → Rn. 53).

Amtlich sind die Stellen, die einen fest umrissenen Kreis staatlicher Aufgaben erfüllen, gleich ob sie gesetzgebenden Organen, der vollziehenden Gewalt oder der Rechtsprechung angehören (vgl. *Fischer* StGB § 95 Rn. 2).

59 *Das Gelangenlassen an einen Unbefugten* kann durch aktives Tun oder durch Unterlassen (offenes Liegenlassen eines Aktenstücks) erfolgen. Unbefugt ist jeder, demgegenüber der Täter kein Offenbarungsrecht hat. Eine generelle Befugnis zur Kenntnisnahme von Staatsgeheimnissen steht weder der Presse noch den Mitgliedern politischer Parteien zu. Sie kann jedoch vereinzelt im deutschen oder internationalen Recht begründet sein (vgl. statt vieler: Schönke/Schröder/*Sternberg-Lieben* StGB § 94 Rn. 10). Unter „öffentlichem Bekanntmachen" ist jede Tätigkeit zu verstehen, durch welche die Öffentlichkeit, dh unbestimmt welche und wie viele Personen, die Möglichkeit der Kenntnisnahme erhält. Ein *schwerer Nachteil* für die äußere Sicherheit der Bundesrepublik (vgl. → Rn. *50*) liegt dann vor, wenn er sich für deren äußere Machtposition gravierend negativ auswirkt (vgl. BGHSt 24, 72). Beispiele sind Repressalien oder Isolierversuche des fremden Staates, nicht dagegen außenpolitische Verstimmungen.

60 Die Frage der Rechtfertigung stellt sich, wenn der Täter (zB ein Presseangehöriger) Geheimnisse offenbart, um illegale Zustände aufzudecken und deren Beseitigung zu erreichen. Insofern ist sein Handeln nicht schlechthin durch die Meinungs- und Pressefreiheit gerechtfertigt. Ein übergesetzlicher Rechtfertigungsgrund kann sich jedoch aus Grundsätzen der Güterabwägung zwischen den Erfordernissen des Staatsschutzes und dem Grundrecht der Informationsfreiheit (Art. 5 GG) ergeben (vgl. Schönke/Schröder/*Sternberg-Lieben* StGB § 95 Rn. 14 ff.; zurückhaltend LK StGB § 93 Rn. 33). Der Presse kommt dabei keine Sonderstellung zu. Ihre Interessen sind durch die „Wechselwirkung" zwischen Pressefreiheit und allgemeinen Gesetzen ausreichend gewahrt (vgl. Schönke/Schröder/*Sternberg-Lieben* StGB § 95 Rn. 19).

7. Auskundschaften von Staatsgeheimnissen (§ 96 StGB)

61 § 96 StGB stellt die zu den §§ 94 (§ 96 Abs. 1) und 95 (§ 96 Abs. 2 StGB) vorbereitenden Handlungen der „Auskundschaftung von Staatsgeheimnissen" selbstständig unter Strafe und tritt zurück, sobald eines der beiden Delikte auch nur versucht wurde (vgl. BGHSt 6, 390; zum Versuch vgl. → Kap. 49 Rn. 9).

62 Der Tatbestand des „Verschaffens" erfordert eine aktive Tätigkeit, die nicht gegeben ist, wenn jemand ohne sein Zutun von einem Staatsgeheimnis Kenntnis erhält. Zum Zeitpunkt der Verschaffung muss zugleich Verratsabsicht bestehen. Der Geheimnisbegriff richtet sich nach dem Zweck der Recherche – Begehung des § 96 StGB (§ 96 Abs. 1) oder des § 95 StGB (§ 96 Abs. 2).

8. Das „Fahrlässigkeitsdelikt" der Preisgabe von Staatsgeheimnissen (§ 97 StGB)

63 Die Besonderheit der „Preisgabe von Staatsgeheimnissen" im Sinn des § 97 StGB besteht darin, dass der Täter zwar bei der Offenbarung eines Staatsgeheimnisses durchaus vorsätzlich handelt, dass ihm aber hinsichtlich der Herbeiführung der Gefahr eines schweren Nachteils für die äußere Sicherheit der Bundesrepublik Deutschland (vgl. → Rn. 50) lediglich *Fahrlässigkeit* (vgl. → Kap. 49 Rn. 4) zur Last fällt. Auch dem § 97 StGB liegt der Begriff des „faktischen" Staatsgeheimnisses (vgl. → Rn. 53) zugrunde. Einen besonderen Tatbestand regelt § 97 Abs. 2 StGB: danach wird wegen „leichtfertiger Preisgabe von Staatsgeheimnissen" mit einer milderen Strafe bedroht, wer grob fahrlässig ein Staatsgeheimnis, das ihm kraft seines Amtes, seiner Dienststellung oder eines ihm von einer amtlichen Stelle erteilten Auftrags zugänglich war, an einen Unbefugten gelangen lässt und dadurch fahrlässig die äußere Sicherheit der Bundesrepublik gefährdet (vgl. → Rn. 50). Die Tat wird nur mit Ermächtigung der Bundesregierung verfolgt (§ 97 Abs. 3 StGB).

9. Beschränkter Schutz bei Verrat eines „illegalen" Geheimnisses (§ 97a StGB)

64 Nach § 97a StGB wird wie ein Landesverräter (§ 94 StGB) bestraft, wer ein „illegales" Geheimnis (vgl. → Rn. 55) einer fremden Macht unter Ausschluss der Öffentlichkeit verrät und dadurch die äußere Sicherheit der Bundesrepublik Deutschland gefährdet (vgl. → Rn. 50). Der Täter (zB ein Agent oder Spion) kann sich nicht, wie der das illegale Geheimnis öffentlich kritisierende Publizist, auf die Illegalität des Geheimnisobjekts berufen (vgl. → Rn. 55), weil er mit seinem Verhalten die Tatsache zugleich der öffentlichen Diskussion entzieht und die eigene Regierung im Glauben lässt, die Angelegenheit sei noch geheim (vgl. Schönke/Schröder/*Sternberg-Lieben* StGB § 97a Rn. 1).

10. Irrtum über die Illegalität eines Geheimnisses (§ 97b StGB)
Um zu verhindern, dass schutzwürdige legale Staatsgeheimnisse deshalb preisgegeben werden, weil der Täter irrig auf Grund eines Tatbestands- oder Verbotsirrtums annimmt, es handle sich um ein nicht schutzwürdiges illegales Geheimnis (vgl. → Rn. 55), schränkt § 97b StGB die normalerweise in Betracht kommende Straffreiheit bzw. Strafmilderung (Fahrlässigkeitsstrafe, vgl. § 16 Abs. 1 S. 2 StGB) erheblich ein und lässt die Berufung auf den Irrtum nur dort zu, wo der Täter alles Erforderliche zur Vermeidung eines Irrtums getan hat. Nach § 97b Abs. 1 S. 2 StGB ist die *„Flucht in die Öffentlichkeit“* in der Regel kein angemessenes Mittel der Abhilfe, wenn der Täter nicht zuvor ein Mitglied des Bundestags – und ein Beamter nicht zunächst einen Dienstvorgesetzten – um Abhilfe angerufen hat. **65**

11. Verräterische Agententätigkeit (§§ 98–100 StGB)
Der § 98 StGB behandelt die landesverräterische, der § 99 StGB die geheimdienstliche Agententätigkeit zugunsten einer fremden Macht. Einen erschwerten Fall bedroht § 100 StGB mit verschärfter Strafe, falls es sich um eine Agententätigkeit zwecks Kriegsanzettelung gegen die Bundesrepublik handelt. **66**

12. Landesverräterische Fälschung (§ 100a StGB)
Werden gefälschte oder verfälschte Gegenstände (zB ein falsches Geheimprotokoll), unwahre Nachrichten (zB die Regierung plane einen Vertragsbruch) oder unwahre Behauptungen tatsächlicher Art (zB über angebliche nukleare Angriffspläne der Regierung) öffentlich bekannt gemacht, kann dies je nach Gegenstand der Täuschung zu erheblichen zwischenstaatlichen Konflikten führen (vgl. BGHSt 10, 172; „Staatsverleumdung“). Daher wird als Täter bestraft, wer wider besseres Wissen gefälschte oder verfälschte Gegenstände bzw. Nachrichten darüber oder unwahre Behauptungen tatsächlicher Art, die im Fall ihrer Echtheit oder Wahrheit für die äußere Sicherheit oder die Beziehungen der Bundesrepublik Deutschland zu einer fremden Macht von Bedeutung wären, an einen anderen gelangen lässt oder öffentlich bekannt macht. Dabei muss er in der Absicht handeln, einer fremden Macht vorzutäuschen, dass es sich um echte Gegenstände oder um Tatsachen handle und dadurch die äußere Sicherheit der Bundesrepublik (vgl. → Rn. 50) gefährdet. Werturteile hingegen werden von der Vorschrift nicht erfasst. **67**

13. Nebenfolgen und Einziehung (§§ 101, 101a StGB)
Bei Aburteilung von Straftaten aus dem Bereich des Landesverrats und der Gefährdung der äußeren Sicherheit (§§ 93–100a StGB) kann das Gericht neben einer Freiheitsstrafe von mindestens sechs Monaten wegen einer vorsätzlichen Straftat nach pflichtgemäßem Ermessen gemäß § 101 StGB Nebenfolgen anordnen (wie zB die Aberkennung der Fähigkeit zur Bekleidung öffentlicher Ämter) oder die Einziehung der in § 101a StGB aufgeführten Gegenstände aussprechen. **68**

51. Kapitel. Straftaten gegen die Landesverteidigung (§§ 109 ff. StGB)

Der in der Vorauflage an dieser Stelle noch erörterte § 103 StGB, der abweichend vom generellen Beleidigungsrecht (§§ 185 ff. StGB; vgl. → Kap. 53 Rn. 1 ff.) den Sonderfall der Beleidigung ausländischer Staatspersonen unter Strafe stellte, ist mit Wirkung von 1.1.2018 aufgehoben worden (vgl. Schönke/Schröder/*Eser* StGB Vor §§ 102–104a Rn. 1). **1**

Der 5. Abschnitt des Besonderen Teils des StGB (§§ 109–109k StGB) dient vor allem dem Schutz der Bundeswehr und regelt die Strafbarkeit von Nichtsoldaten. Das hier nicht behandelte Wehrstrafgesetz (WStG) gilt nur für Verfehlungen von Soldaten. Der Schutz erstreckt sich auch auf die in der Bundesrepublik stationierten Truppen der Nato-Staaten (Art. 7 des 4. Strafrechtsänderungsgesetzes vom 11.6.1957, BGBl. I S. 597). **2**

I. Störpropaganda gegen die Bundeswehr (§ 109d StGB)

Nach § 109d wird mit Freiheitsstrafe bis zu fünf Jahren oder mit Geldstrafe bestraft, wer in der Absicht, die Bundeswehr in der Erfüllung ihrer Aufgabe der Landesverteidigung zu behindern, wider besseres Wissen unwahre oder gröblich entstellte Tatsachenbehauptungen zum Zwecke **3** ihrer Verbreitung aufstellt, oder solche Behauptungen in Kenntnis ihrer Unwahrheit verbreitet. Für das Verbreiten reicht im Unterschied zu § 186 StGB aber nur eine Weitergabe, die, wenn sie auch nur einem einzelnen gegenüber geschieht, mit dem Willen erfolgen muss, die Behauptung einem größeren Personenkreis zugänglich zu machen (vgl. *Fischer* StGB § 109d Rn. 3).

4 Die Handlung braucht nicht öffentlich begangen zu werden. Nur Tatsachenbehauptungen, keine Werturteile erfüllen den Tatbestand des § 109d StGB (vgl. *Fischer* StGB § 109d Rn. 4).

II. Sicherheitsgefährdender Nachrichtendienst (§ 109f StGB)

5 Während es sich bei §§ 98–100 StGB um den staatsgefährdenden Nachrichtendienst handelt, betrifft § 109f den militärischen Nachrichtendienst. Die Norm soll den Gefahren einer Ausforschung von Landesverteidigungsangelegenheiten bereits im Vorfeld begegnen, indem sie das Sammeln von Nachrichten über Angelegenheiten der Landesverteidigung oder das Betreiben eines Nachrichtendienstes, der Angelegenheiten der Landesverteidigung zum Gegenstand hat, unter Strafe stellt (vgl. BGH MDR 1980, 454). Sie kann typischerweise nicht von Journalisten verwirklicht werden, da der Täter das Ziel haben muss, seine Tätigkeit im Interesse einer verbotenen Vereinigung, einer außerhalb der Bundesrepublik ansässigen Vereinigung, einer Partei oder Dienststelle auszuführen und diesen Stellen eine Auswertung der Nachrichten zu ermöglichen. Eine Verwertung in der eigenen Redaktion unterfällt nicht dieser tatbestandlichen Voraussetzung. Gleiches gilt für das Sammeln von Hintergrundinformationen sowie das bloße Recherchieren ohne konkrete Veröffentlichungsabsicht. § 109f Abs. 1 S. 2 StGB schließt „eine zur Unterrichtung der Öffentlichkeit im Rahmen der üblichen Presse- oder Funkberichterstattung ausgeübte Tätigkeit" ausdrücklich aus (vgl. *Fischer* StGB § 109f Rn. 5; kritisch Schönke/Schröder/*Eser* StGB § 109f Rn. 6 f.).

III. Sicherheitsgefährdende Abbildungen und Luftbildaufnahmen (§ 109g StGB)

§ 109g behandelt in Abs. 1 und 2 verschiedene Tatbestände:

6 1. Absatz 1 betrifft das Anfertigen einer *Abbildung oder Beschreibung* von Wehrmitteln, militärischen Anlagen, Einrichtungen und Vorgängen wie auch das *Gelangenlassen* solcher Abbildungen an einen anderen (§ 109g Abs. 1 StGB).

Die hier gegen jede informative Darstellung geschützten Einrichtungen und Anlagen müssen unmittelbar dem Zwecke der Bundeswehr dienen oder deren Verfügungsgewalt unterworfen sein, also nicht die der Rüstung dienenden Anlagen der gewerblichen Wirtschaft oder Energieversorgung (vgl. Fischer StGB § 109g Rn. 2).

7 2. Zum zweiten Tatbestand des § 109g StGB gehört sowohl das von einem Luftfahrzeug aus erfolgte Anfertigen von *Luftbildaufnahmen* eines Gebiets oder Gegenstands im räumlichen Bereich der Bundesrepublik Deutschland wie auch das Gelangenlassen einer solchen Aufnahme (oder einer danach hergestellten Abbildung) an einen anderen (§ 109g Abs. 2 StGB). Die früher flankierende Vorschrift des § 61 LuftVG, welche einen Ordnungswidrigkeitstatbestand darstellte, ist ersatzlos entfallen. Der Begriff „Luftfahrzeug" umfasst alle für eine Bewegung im Luftraum bestimmten, bemannten und unbemannten Flugkörper wie Frei- und Fesselballone, Flugzeuge, Fallschirme, Drachen, Raketen, Drohnen usw.

8 Beide Tatbestände erfordern eine mit der Darstellung verbundene konkrete Gefahr für die Sicherheit der Bundesrepublik oder die Schlagkraft der Truppe. Eine solche liegt – im Gegensatz zur abstrakten Gefahr – dann vor, wenn nach der spezifischen militärischen Erfahrung oder der allgemeinen Lebenserfahrung ein Schaden wahrscheinlicher ist als dessen Ausbleiben (vgl. BGHSt 8, 31; 11, 164; 13, 70).

9 Darüber hinaus wird verlangt, dass der Täter diese konkrete Gefahr wissentlich (Abs. 1) herbeiführt. Mithin ist direkter Vorsatz erforderlich. Im Fall des Abs. 4 genügen allerdings bedingter Vorsatz oder auch grobe Fahrlässigkeit.

52. Kapitel. Öffentliche Aufforderung zu Straftaten (§ 111 StGB). Straftaten gegen die öffentliche Ordnung (§§ 123–140 StGB). Falsche Verdächtigung (§ 164 StGB). Beschimpfung von Religionsgesellschaften (§ 166 StGB)

Aus dem 6., 7., 10. und 11. Abschnitt des Besonderen Teils des StGB werden die für die Tätigkeit der Presse bedeutsamen Strafvorschriften erläutert.

I. Öffentliche Aufforderung zur Begehung von Straftaten (§ 111 StGB)

1 Aus dem 6. Abschnitt (Widerstand gegen die Staatsgewalt, (§§ 111–121 StGB) ist der § 111 StGB für die Tätigkeit der Presse von Bedeutung. Nach § 111 Abs. 1 StGB wird wie ein Anstifter (§ 26 StGB; vgl. → Kap. 49 Rn. 13) bestraft, wer öffentlich in einer Versammlung oder durch Verbreiten von *Schriften* (vgl. → Kap. 49 Rn. 2) zu einer von einem anderen begangenen oder versuchten rechtswidrigen Tat aufgefordert hat. Bleibt die Aufforderung ohne Erfolg, so kann nach § 111 Abs. 2 StGB eine Freiheitsstrafe bis zu fünf Jahren oder Geldstrafe verhängt werden. Die Aufforderung zu bloßen Ordnungswidrigkeiten genügt zur Erfüllung des Tatbestands des § 111 StGB nicht, stellt aber gem. § 116 OWiG selbst eine Ordnungswidrigkeit dar (vgl. KK-OWiG/*Rogall,* OWiG § 116 Rn. 1).

2 Strafbare Handlung ist das *Auffordern* zu einer rechtswidrigen Tat. Aufforderung setzt die erkennbare willentliche Einwirkung auf andere voraus, mit dem Ziel, in ihnen den Entschluss hervorzurufen, strafbare Handlungen zu begehen (vgl. LG Koblenz NJW 1988, 1609). Die Aufforderung kann auch durch schlüssige Handlung oder in versteckter Form erfolgen, so zB durch den Hinweis in der Presse, die verbotene Demonstration finde trotzdem statt, die Arbeiterschaft nehme geschlossen daran teil (vgl. *Fischer* StGB § 111 Rn. 4; LK StGB § 111 Rn. 17). Umgekehrt genügt das bloße Befürworten einer Tat nicht (eventuell aber Strafbarkeit nach § 140 StGB).

3 *Verbreitet* wird eine Schrift, die zu einer strafbaren Tat auffordert, nicht dadurch, dass sie nur bestimmten Personen (zB den Redakteuren einer Zeitung) inhaltlich zugeleitet wird, sondern durch Weitergabe ihrer Substanz mit dem Ziel, sie einem größeren Personenkreis zugänglich zu machen (vgl. OLG Frankfurt a. M. StV 1990, 209 f. mwN). Die Veröffentlichung einer fremden Äußerung, die eine Aufforderung zu einer rechtswidrigen Tat enthält, erfüllt nur dann den Tatbestand des § 111 StGB, wenn der Verbreiter sie durch eine eigene Mitteilung oder durch die Art und Weise der Wiedergabe erkennbar zu seiner eigenen Erklärung macht (vgl. OLG Frankfurt a. M. NJW 1983, 1207; LK StGB § 130 Rn. 37).

Wird lediglich eine fremde Äußerung veröffentlicht, die eine Aufforderung nach § 111 StGB enthält, greift § 111 StGB nur ein, wenn der Veröffentlichende sie sich unmissverständlich sich zu eigen macht. Die nichtwörtliche Wiedergabe einer Pressemitteilung reicht dafür nicht aus (vgl. Fischer StGB § 111 Rn. 4 mwN). Nach Art. 12 Abs. 2 LPG Bayern wird allerdings der verantwortliche Redakteur, Verleger, Drucker oder Verbreiter, der am Erscheinen eines Druckwerks strafbaren Inhalts mitgewirkt hat, wenn er nicht schon nach Art. 12 Abs. 1 LPG Bayern als Täter oder Teilnehmer zu bestrafen ist, wegen fahrlässiger Veröffentlichung mit Freiheitsstrafe bis zu einem Jahr oder mit Geldstrafe bestraft, sofern er nicht die pflichtgemäße Sorgfalt angewandt hat.

4 Die Aufforderung ist *öffentlich,* wenn sie „von unbestimmt vielen, nicht durch persönliche Beziehungen verbundenen Personen wahrgenommen werden kann" (vgl. Fischer StGB § 111 Rn. 11). So zB, wenn der Täter eine Erklärung, die öffentlich zu Straftaten (§ 111 StGB) oder zu Ordnungswidrigkeiten (§ 116 OWiG) auffordert, in Gestalt einer Anzeige veröffentlichen lässt (vgl. OLG Karlsruhe NJW 1988, 1604) oder dies im Rahmen eines Internet-Chats mit mehr als zehn Teilnehmer erfolgt (vgl. Schönke/Schröder/*Eser* StGB § 111 Rn. 10). Werden nur einzelne bestimmte Personen öffentlich aufgefordert kommt Anstiftung in Betracht (vgl. *Fischer* StGB § 111 Rn. 11).

5 Der Täter muss nach § 111 StGB zu einem konkreten Delikt auffordern, wobei es genügt, dass die Art der Handlung angegeben wird (zB „Zündet die Kaufhäuser an!", vgl. RG RGSt 65, 202;

BGH MDR 1982, 508; *Herzberg* JuS 1987, 618). So erfüllt etwa der Aufruf zum Entfernen der Kennziffern auf Volkszählungsbögen den Tatbestand des § 111 StGB, weil in dieser Handlung eine strafbare Sachbeschädigung nach § 303 StGB läge (s. OLG Köln NJW 1988, 1102; OLG Stuttgart NJW 1989, 1939; OLG Celle NJW 1988, 1101).

Zur wiederholten Aufforderung zu Straftaten in Druckschriften und der dadurch möglichen Strafbarkeit nach § 129 StGB vgl. OLG Düsseldorf NStZ 1998, 249; zum Aufrufen zur Fahnenflucht in einer Zeitungsanzeige vgl. AG Tiergarten NStZ 2000, 652 f. mwN, und AG Tiergarten NStZ 2000, 651 f. (dazu *Busse* NStZ 2000, 631 ff.).

II. Straftaten gegen die öffentliche Ordnung (§§ 123–145d StGB)

1. Hausfriedensbruch (§§ 123, 124 StGB)

6 § 123 StGB, der das Hausrecht an Wohnungen, Geschäftsräumen oder sonstigen abgeschlossenen Räumen schützt, bedroht denjenigen, der in solche Räume widerrechtlich eindringt oder sich auf die Aufforderung des Berechtigten nicht entfernt, mit Freiheitsstrafe bis zu einem Jahr oder mit Geldstrafe. Geschützt sind auch öffentliche Dienst- und Verkehrsräume wie Behördenräume, Schulen, Eisenbahnabteile und sogar Telefonzellen, wenn sie abgeschlossen, dh durch Hindernisse gegen beliebiges Betreten gesichert sind.

7 Hausrechtsinhaber ist, wem die Befugnis, über den Zugang oder Aufenthalt in den geschützten Räumen zu bestimmen, zusteht. Bei *öffentlichen Versammlungen* übt gemäß § 7 Abs. 4 VersammlG deren Leiter das Hausrecht aus. Nach § 6 Abs. 2 VersammlG können *Pressevertreter* von der Teilnahme an einer öffentlichen Versammlung in geschlossenen Räumen nicht ausgeschlossen werden. Sie haben lediglich die Pflicht, sich gegenüber dem Versammlungsleiter durch ihren Presseausweis als Pressevertreter auszuweisen. Damit entfällt bei ihnen die zum Tatbestand des Hausfriedensbruchs gehörige Widerrechtlichkeit des Verweilens in solchen „fremden Räumen".

8 Darüber hinaus lässt sich aus Art. 5 GG allerdings keine Legitimation des Pressevertreters ableiten, *gegen den Willen,* dh ohne Einverständnis des jeweiligen Hausrechtsinhabers in eine durch § 123 StGB geschützte Räumlichkeit einzudringen bzw. trotz Aufforderung, sich zu entfernen, darin zu verweilen. Dies gilt auch für Räumlichkeiten der öffentlichen Hand. Sie fallen zwar nicht unter Art. 13 GG (Unverletzlichkeit der Wohnung). Daraus ergibt sich aber noch nicht, dass das Hausrecht durch die Presse- und Informationsfreiheit zurückgedrängt wird. Das Recht von Behörden und öffentlich-rechtlichen Anstalten, kraft des Hausrechts Betretungsverbote zu erlassen, wird durch die Zweckbestimmung des betreffenden Raumes begrenzt (zB ist das Recht der Allgemeinheit, Verhandlungen beizuwohnen durch das Hausrecht der Justizverwaltung eingeschränkt). Dem Hausrecht wird hingegen größeres Gewicht gegenüber dem Informationsanspruch der Öffentlichkeit eingeräumt (vgl. LK StGB § 124 Rn. 20; so auch im Fall des früheren schleswig-holsteinischen Ministerpräsidenten Barschel, dessen Leiche im Oktober 1987 in einem Genfer Hotel unter Verletzung des Hausfriedens und der Privatsphäre des Verstorbenen von einem Journalisten entdeckt und fotografiert wurde (s. hierzu Bericht in AfP 1990, 292; *Puttfarcken* ZUM 1988, 133 ff.). Beim Eindringen von Journalisten in öffentliche Dienstgebäude kommt allerdings eine mutmaßliche Einwilligung als Rechtfertigungsgrund in Betracht (vgl. Schönke/Schröder/*Sternberg-Lieben/Schittenhelm* StGB § 123 Rn. 33).

9 § 124 StGB *(Schwerer Hausfriedensbruch)* stellt einen qualifizierten Fall des § 123 StGB dar und wird dementsprechend höher, nämlich mit Freiheitsstrafe bis zu zwei Jahren oder mit Geldstrafe, bestraft. Er schützt neben dem Hausrecht die öffentliche Sicherheit, die durch das in gewalttätiger Absicht erfolgende Eindringen einer Menschenmenge in die geschützten Räumlichkeiten bedroht ist. Als Teilnehmer der Zusammenrottung sind Journalisten, die sich auf das beschränken, was zur Ausübung ihres Berufes notwendig ist, nicht anzusehen (vgl. BVerfGE 10, 121; 20, 176). Hinsichtlich des Eindringens fehlt Ihnen regelmäßig die gewalttätige Absicht. Sie können aber nach § 123 StGB bestraft werden, selbst wenn sich der Zweck der journalistischen Präsenz in der Berichterstattung erschöpft.

2. Volksverhetzung (§ 130 StGB)

Nach § 130 Abs. 1 StGB wird mit Freiheitsstrafe von drei Monaten bis zu fünf Jahren bestraft, wer zum Hass gegen eine nationale, rassische, religiöse oder durch ihre ethnische Herkunft bestimmte Gruppe, gegen Teile der Bevölkerung oder gegen einen Einzelnen aufstachelt oder zu Gewalt- oder Willkürmaßnahmen gegen diese Bevölkerungskreise auffordert oder die Menschenwürde anderer dadurch angreift, dass er eine vorbezeichnete Gruppe, Teile der Bevölkerung oder einen Einzelnen wegen seiner Zugehörigkeit zu einer vorbezeichneten Gruppe beschimpft, böswillig verächtlich macht oder verleumdet. 10

Geschütztes Rechtsgut ist der *öffentliche Friede,* dh der Zustand allgemeiner Rechtssicherheit und das Bewusstsein der Bevölkerung, in Ruhe und Frieden zu leben (vgl. LK StGB § 126 Rn. 2). Der Einzelne soll vor dem mit der Volksverhetzung einhergehenden psychischen Klima geschützt werden (vgl. BGHSt 34, 331). 11

Der Tatbestand verlangt nur noch im Falle von § 130 Abs. 1 Nr. 2 StGB einen Angriff auf die Menschenwürde, dh den unverzichtbaren und unableitbaren Persönlichkeitskern (vgl. BGHSt 36, 83 ff. (90); OLG Frankfurt a. M. NJW 1989, 1367). Dieser besteht darin, dass dem einzelnen ein Lebensrecht als gleichwertige Persönlichkeit in der staatlichen Gemeinschaft zugebilligt wird und er nicht als minderwertiges Wesen behandelt wird. Eine bloße Ehrverletzung oder Angriff auf die Persönlichkeit reicht insoweit also nicht aus (vgl. BVerfG NJW 2008, 2907; BGH NJW 1994, 1421; zur einschlägigen nationalsozialistischen Propaganda vgl. BGH NStZ 1981, 258; NJW 1979, 1992; OLG Hamburg MDR 1981, 71; OLG Köln NJW 1981, 1281; AfP 1981, 196; zu diffamierenden Äußerungen in der Presse vgl. BVerfG NJW 2001, 61). Für die nun in § 130 Abs. 1 Nr. 1 genannten Handlungen wurde dagegen bewusst auf diese Voraussetzung verzichtet, nachdem sich hier bei der Anwendung Probleme ergeben hatten (vgl. Schönke/Schröder/*Sternberg-Lieben/Schittenhelm* StGB § 130 Rn. 1a). 12

Bei § 130 Abs. 1 Nr. 2 hat die Tathandlung eine *doppelte Angriffsrichtung:* Einerseits die nationale, rassische, religiöse und ethnische Gruppe sowie Teile der Bevölkerung und Einzelne, andererseits die Menschenwürde. Der Tatbestand setzt nicht voraus, dass die angegriffenen Kreise von dem Angriff Kenntnis erlangen (vgl. OLG Koblenz MDR 1977, 334; für die Zuschrift an eine Redaktion vgl. BGH NJW 1979, 1992). 13

Aufstacheln zum Hass bedeutet eine gesteigerte Einwirkung auf Sinne und Leidenschaften, um eine feindselige Haltung gegen den betreffenden Bevölkerungsteil zu erzeugen oder zu steigern (vgl. BGHSt 21, 371; BayObLG NJW 1990, 2479 f.). Die bloße Ablehnung hingegen genügt nicht (zB Schilder an Lokalen mit Zutrittsverboten für bestimmte Personengruppen). Kein Aufstacheln zum Hass ist eine sachliche Berichterstattung über wahre Tatsachen, auch wenn sie geeignet sein kann, ein feindseliges Klima gegen die Angehörigen bestimmter Gruppen zu schaffen oder zu verstärken (zB Bericht über den Ausländeranteil bei der organisierten Kriminalität; vgl. Schönke/Schröder/*Sternberg-Lieben/Schittenhelm* StGB § 130 Rn. 5a; *Fischer* StGB § 130 Rn. 8; BVerfG NStZ 2003, 655; VG Regensburg NJW 1994, 2040). 14

Zu *Gewalt- und Willkürmaßnahmen* gegen einen Bevölkerungsteil *fordert auf,* wer erkennbar ernsthaft den Willen äußert, einen anderen zu Maßnahmen zu veranlassen, die im Widerspruch zu den Grundsätzen von Gerechtigkeit und Menschlichkeit stehen (vgl. LK StGB § 130 Rn. 44). Hierzu gehört zum Beispiel die Aufforderung, den Mitgliedern des betroffenen Bevölkerungsteils Schaden an Leib und Leben zuzufügen, ihnen die Freiheit zu nehmen oder sie in ihrer beruflichen oder wirtschaftlichen Stellung empfindlich zu beeinträchtigen (vgl. zur Definition § 234a StGB). 15

(Zum „Beschimpfen" vgl. → Kap. 50 Rn. 41; zur „böswilligen" *„Verächtlichmachung"* vgl. → Kap. 50 Rn. 42; zur „Verleumdung" vgl. → Kap. 53 Rn. 21 ff. und 2).

Der Begriff *Teile der Bevölkerung* umfasst jede durch ein Unterscheidungsmerkmal abgrenzbare Personenmehrheit von sozialer Bedeutung (vgl. BGH GA 1974, 391) wie beispielsweise die Arbeiter, Bauern, Gastarbeiter, Farbige oder die Soldaten (nicht dagegen die Bundeswehr als Einrichtung, hierzu OLG Frankfurt a. M. NJW 1989, 1369). Vgl. zu den verschiedenen Teilen der Bevölkerung auch die Merkmale des § 6 VStGB. In der nunmehr geltenden Fassung vom 22.3.2011 (BGBl. I S. 418) stellt § 130 StGB auch Angriffe gegen bestimmte Gruppen oder gegen Einzelpersonen wegen ihrer Zugehörigkeit zu einer Gruppe unter Strafe. Die Neufassung der Vorschrift in Umsetzung europäischer Vorgaben hat in erster Linie 16 klarstellenden Charakter und folgt der bisherigen Rechtsprechung (vgl. *Hellmann/Gärtner* NJW 2011, 961).

17 Zur *Eignung,* den öffentlichen Frieden zu stören, genügt es, dass berechtigte Gründe für die Befürchtung vorliegen, der Angriff werde das Vertrauen in die öffentliche Rechtssicherheit erschüttern (sog. „abstraktes Gefährdungsdelikt" – vgl. BGH NJW 1978, 58; BGHSt 16, 49). Eine Handlung gegenüber einem Einzelnen kann genügen, wenn nach den konkreten Umständen damit zu rechnen ist, dass der Angriff einer breiteren Öffentlichkeit bekannt wird (vgl. BGHSt 34, 331).

Da die Norm des § 130 Abs. 1 Nr. 1 StGB keinen Angriff auf die Menschenwürde voraussetzt, ist bei entsprechenden Äußerungen eine Abwägung mit der Meinungsfreiheit gemäß Art. 5 Abs. 1 S. 1 GG durchzuführen. Die Möglichkeit der Abwägung entfällt bei nach § 130 Abs. 1 Nr. 2 StGB strafbaren Angriffen auf die Menschenwürde, da die Menschenwürde im Verhältnis zur Meinungsfreiheit nicht abwägungsfähig ist (vgl. BVerfG NJW 1995, 3303; 2001, 61; Fischer StGB § 130 Rn. 12c)). Allerdings ist die Menschenwürde nicht schon dann angegriffen, wenn durch eine Äußerung die Ehre oder das allgemeine Persönlichkeitsrecht eines anderen tangiert wird. Die Menschenwürde ist erst dann tangiert, wenn der angegriffenen Person das Lebensrecht als gleichwertige Persönlichkeit in der staatlichen Gemeinschaft abgesprochen, die Person als minderwertiges Wesen behandelt wird. Der Angriff muss sich also gegen den die menschliche Würde ausmachenden Kern der Persönlichkeit richten (vgl. BVerfG NJW 2008, 2907; BGH NJW 1994, 1421). Auch auf der Ebene der Normauslegung haben die Gerichte den die Belange der Meinungsfreiheit verdrängenden Effekt des Angriffs auf die Menschenwürde zu beachten. Die Feststellung eines solchen Angriffs durch die Strafgerichte bedarf einer sorgfältigen Begründung, insbesondere der konkretisierenden Darstellung der Erwägungen und der hierbei eingestellten erheblichen Umstände in einer der verfassungsgerichtlichen Überprüfung zugänglichen Weise (vgl. BVerfG NJW 2008, 2907; AfP 2010, 142).

17a Mit § 130 Abs. 2 StGB, der an die Stelle des früheren § 131 Abs. 1 Alt. 1 StGB (Aufstachelung zum Rassenhass) getreten ist, wurde – zugleich unter Verweisung auf die in Abs. 1 genannten Gruppen – ein allgemeiner Anti-Diskriminierungstatbestand geschaffen. Davon erfasst werden Schriften, „die zum Hass gegen eine vorbezeichnete Gruppe, Teile der Bevölkerung oder gegen einen Einzelnen wegen seiner Zugehörigkeit zu einer vorbezeichneten Gruppe oder einem Teil der Bevölkerung aufstacheln, zu Gewalt- oder Willkürmaßnahmen gegen sie auffordern oder ihre Menschenwürde dadurch angreifen, dass sie beschimpft, böswillig verächtlich gemacht oder verleumdet werden". Die Tathandlungen umfassen verschiedene Formen der Herstellung, Verbreitung, Überlassung, Anpreisung solcher Schriften, ebenso die Verbreitung von Darbietungen des in Abs. 1 bezeichneten Inhalts durch Rundfunk, Medien- oder Teledienste (vgl. zum Aufstacheln zum Hass → Rn. 14; zur Aufforderung zu Gewalt- oder Willkürmaßnahmen → Rn. 15; vgl. ferner Schönke/Schröder/*Sternberg-Lieben/Schittenhelm* StGB § 130 Rn. 12 ff.; zur Strafbarkeit rechtsextremer Parolen vgl. *Kargl* JURA 2001, 176).

17b Nach Abs. 3 macht sich strafbar, „wer eine unter der Herrschaft des Nationalsozialismus begangene Handlung der in § 6 Abs. 1 des Völkerstrafgesetzbuches bezeichneten Art", also einen Völkermord, „in einer Weise, die geeignet ist, den öffentlichen Frieden zu stören, öffentlich oder in einer Versammlung billigt, leugnet oder verharmlost". Kritisch an dieser Vorschrift erscheint ihre mangelnde tatbestandliche Bestimmtheit und ihre Vereinbarkeit mit Art. 5 GG (vgl. *Huster* NJW 1996, 487 ff.; iÜ zu den einzelnen Tatbestandsmerkmalen und zur Kritik an der Vorschrift Schönke/Schröder/*Sternberg-Lieben/Schittenhelm* StGB § 130 Rn. 16 ff., mwN). Der Bundesgerichtshof freilich teilt diese Bedenken nicht (vgl. BGHSt 46, 40; *Fischer* StGB § 130 Rn. 23).

Nach Abs. 4 wird bestraft, wer öffentlich oder in einer Versammlung den öffentlichen Frieden in einer die Würde der Opfer verletzenden Weise dadurch stört, dass er die nationalsozialistische Gewalt- und Willkürherrschaft billigt, verherrlicht oder rechtfertigt. In erster Linie verfolgt die Vorschrift das Ziel, den öffentlichen Frieden zu schützen, dessen vollendete Störung sie voraussetzt. Es handelt sich um ein Erfolgsdelikt (vgl. *Fischer* StGB § 130 Rn. 33). Die Vorschrift verfolgt, verfassungskonform ausgelegt, nicht den Schutz der Bürger vor subjektiver Beunruhigung durch die Konfrontation mit provokanten Meinungen und Ideologien. Diese gehört zum ständigen Meinungskampf und zum freiheitlichen Staat. Mit der Verfassung vereinbar ist das Gesetzesziel der Gewährleistung der Friedlichkeit, des Schutzes vor Äußerungen, die ihrem

Inhalt nach den Übergang zu Aggression oder Rechtsbruch markieren, die bei den Angesprochenen Bereitschaft zum Handeln auslösen oder Hemmschwellen herabsetzen oder Dritte unmittelbar einschüchtern. Das BVerfG sieht § 130 Abs. 4 StGB auch als nichtallgemeines Gesetz als vereinbar mit Art. 5 Abs. 1 und 2 GG an (BVerfG NJW 2010, 47).

Die Tathandlungen der Billigung, Verherrlichung und Rechtfertigung der nationalsozialistischen Gewalt- und Willkürherrschaft liegen nicht bereits vor, wenn der Nationalsozialismus als Ideologie verharmlost oder gutgeheißen oder die Geschichte dieses Zeitabschnitts anstößig oder falsch interpretiert wird. Es bedarf vielmehr der „Gutheißung der historisch real gewordenen Gewalt- und Willkürherrschaft unter dem Nationalsozialismus". Diese Billigung kann auch dann vorliegen, wenn eine historische Person, etwa Rudolf Heß, in einer Art und Weise glorifizierend geehrt wird, die sie als Symbolfigur für die nationalsozialistische Gewalt- und Willkürherrschaft als solche stehen lässt. Für die Auslegung des § 130 Abs. 4 StGB gelten die von der Rechtsprechung des Bundesverfassungsgerichts zu Art. 5 Abs. 1 S. 1 GG entwickelten Deutungsregeln, insbesondere auch jene zur Auslegung mehrdeutiger Äußerungen (vgl. BVerfG NJW 2010, 47).

Diese die Meinungsfreiheit einschränkende Vorschrift ist kein allgemeines Gesetz iSd Art. 5 Abs. 2 Alt. 1 GG; ebenso wenig kann sie, als Sonderrecht, auf Art. 5 Abs. 2 Alt. 3 GG gestützt werden. Art. 5 GG erlaubt jedoch im Bezug auf das menschenverachtende nationalsozialistische Regime auch Eingriffe durch Vorschriften, die nicht den Anforderungen an ein allgemeines Gesetz entsprechen (vgl. BVerfG NJW 2010, 47).

Nach § 130 Abs. 5 StGB gilt § 130 Abs. 2 StGB auch für Schriften mit den in den Absätzen 3 und 4 bezeichneten Inhalten sowie die Zugänglichmachung durch Rundfunk und Telemedien (vgl. *Fischer* StGB § 130 Rn. 442 f.).

3. Gewaltdarstellung (§ 131 StGB)

a) § 131 StGB will den potentiellen Gefahren entgegenwirken, die im Blick auf die häufige **18**
Darstellung von Gewalttätigkeit in den *Massenmedien,* insbesondere im Fernsehen und auf dem Videokassetten- und DVD-Markt, befürchtet werden. Ob und in welchem Umfang diese Gefahr tatsächlich besteht, ist strittig und mangels ausreichender wissenschaftlicher Untersuchungen nicht mit Sicherheit festzustellen. Eine Gefährdung der Gesellschaft, insbesondere der Jugend, durch häufige Darstellung der Gewalt in den Medien ist aber auch nicht auszuschließen (vgl. hierzu *Erdemir* ZUM 2000, 699; *von Hartlieb,* „Gewaltdarstellung in Massenmedien", UFITA 1980, 101; *Hodel,* „Kannibalismus im Wohnzimmer?", Kriminalistik 1986, 354; *Kunczik,* „Gewalt und Medien", S. 273 ff.). Geschütztes Rechtsgut ist auch hier der öffentliche Frieden (vgl. Schönke/Schröder/*Sternberg-Lieben/Schittenheln* StGB § 131 Rn. 1 mwN).

b) Nach § 131 Abs. 1 StGB wird mit Freiheitsstrafe bis zu einem Jahr oder mit Geldstrafe **19**
bestraft, wer durch *Schriften* und ihnen gleichgestellte Gegenstände, einschließlich *Filmwerke* (vgl. → Kap. 49 Rn. 2 f.) oder durch den *Rundfunk oder Telemedien* Darstellungen verbreitet, die „grausame oder sonst unmenschliche Gewalttätigkeiten gegen Menschen oder menschenähnliche Wesen in einer Art schildern, die eine Verherrlichung oder Verharmlosung solcher Gewalttätigkeiten ausdrückt oder die das Grausame oder Unmenschliche des Vorgangs in einer die Menschenwürde verletzenden Weise darstellt". Wie das *Verbreiten* von Schriften werden auch weitere Vorbereitungs- und Ergänzungshandlungen unter Strafe gestellt (das öffentliche Zugänglichmachen nach § 131 Abs. 1 Nr. 2 StGB; das Herstellen, Beziehen, Liefern, Vorrätighalten usw nach § 131 Abs. 1 Nr. 3 StGB).

§ 131 Abs. 1 Nr. 1a) und 2a) StGB enthält noch die weitere Begehungsform des Anbietens, Überlassens oder Zugänglichmachens solcher Schriften im Sinne von § 11 Abs. 3 StGB an eine Person unter achtzehn Jahren (näheres Ehlers „Film und Recht" 1977, 736).

c) Infolge seiner missglückten Fassung und durch die Häufung von Tatbestandsmerkmalen **20**
erweist sich § 131 StGB in der Praxis als nur schwer handhabbar (vgl. Schönke/Schröder/*Sternberg-Lieben/Schittenhelm* StGB § 131 Rn. 2; *Fischer* StGB § 131 Rn. 1; vgl. auch *Lackner/Kühl* StGB § 131 Anm. 1; zu den einzelnen Merkmalen auch *Erdemir* ZUM 2000, 699 ff.). Der im Vordergrund stehende Tatbestand der *Gewaltdarstellung* in Schriften und im Rundfunk sowie Tele- und Mediendiensten erfordert die Schilderung von Gewalttätigkeiten *gegen* Menschen,

gleichgültig, ob es sich um illegale oder legale Gewalt (Hinrichtung eines Mörders) handelt. Es kommt nicht darauf an, ob die Gewalttätigkeiten realistisch oder frei erfunden sind. Auch rein fiktive Darstellungen von Gewalt können unter § 131 Abs. 1 StGB fallen (vgl. BGH NStZ 2000, 307). Die Streitfrage, ob auch die Gewalt gegen menschen*ähnliche* Wesen (zB Zombies) von § 131 StGB erfasst wird, ist durch die Gesetzesänderung vom 27.12.2003 (BGBl. I S. 3007 ff.) dahingehend geklärt worden, dass nunmehr menschenähnliche Wesen den Menschen gleichgestellt sind. Zuvor war dies aus verfassungsrechtlichen Gründen überwiegend abgelehnt worden, da das Analogieverbot (Art. 103 Abs. 2 GG, § 1 StGB) einer Erweiterung des § 131 StGB alter Fassung über den Wortlaut hinaus entgegenstand.

Umgekehrt müssen die Gewalttätigkeiten nicht *durch* Menschen begangen werden (vgl. LG Meiningen NStZ 2000, 307). Ferner nicht erfasst sind Grausamkeiten gegen Tiere. Der Begriff der „Schilderung" beinhaltet optische und akustische Wahrnehmungen.

21 Die Schilderung von Gewalttätigkeiten gegen Menschen erfüllt jedoch nur dann den Tatbestand des § 131 StGB, wenn sie „grausam oder sonst unmenschlich" ist. Da die Menschheitsgeschichte überreich an Grausamkeiten ist, werden die Meinungen über das, was „unmenschlich" ist, weit auseinander gehen. Einen vorbildlichen Maßstab für richtiges menschliches Verhalten bietet die Charta der Menschenrechte der Vereinten Nationen. „Grausam" ist eine Schilderung, die in einem normalen Betrachter oder Hörer Schrecken, Widerwillen und Abscheu hervorruft.

22 Mit der Schilderung einer unmenschlichen Gewalttätigkeit ist der Tatbestand des § 131 StGB noch nicht erfüllt. Hinzukommen muss, dass gerade durch diese Schilderung eine *Verherrlichung* oder Verharmlosung solcher Gewalttätigkeiten ausgedrückt wird. Verherrlichung der Gewalt bedeutet, dass ihre Anwendung als etwas Imponierendes, Heldenhaftes dargestellt wird. *Verharmlosung* der Gewalt liegt dort vor, wo die Gewaltanwendung als die übliche und gegebene Form der Lösung menschlicher Konflikte erscheint (s. *Fischer* StGB § 131 Rn. 10).

Die dritte Variante („Verletzung der Menschenwürde") ist erfüllt, wenn die Gewaltdarstellung der Selbstzweck ist. Dies ist der Fall wenn sie um ihrer selbst Willen, also unter Ausklammerung aller sonstigen menschlichen Bezüge und ohne jede sozial sinnhafte Motivation das geschundene Fleisch in anreisserischer Weise in den Vordergrund rückt. Die Funktion des Menschen muss also auf die des Objektes der grundlosen Gewalt und Vernichtung reduziert werden (kritisch *Erdemir* ZUM 2000, 699 ff. (706)).

23 d) Durch das sog. „Berichterstatterprivileg" in § 131 Abs. 2 StGB ist der Tatbestand des § 131 Abs. 1 StGB ausgeschlossen, wenn die Handlung der Berichterstattung über Vorgänge des Zeitgeschehens oder der Geschichte dient (vgl. Schönke/Schröder/*Sternberg-Lieben/Schittenhelm* StGB § 131 Rn. 15/16; *Fischer* StGB § 131 Rn. 15 f.). Hier kommt es maßgeblich auf die Tendenz der Darstellung an: bezweckt sie, dem Betrachter ein Bild der Wirklichkeit von einst und jetzt zu geben, so fällt auch eine „unmenschliche" Schilderung von Gewalttätigkeit – wie etwa eine mittelalterliche Hexenfolterung und Verbrennung – nicht unter § 131 StGB (im Einzelnen zur „Berichterstattungsklausel" *Schulz/Korte* ZUM 2002, 719 ff. (723)). Anders wäre es, wenn die historische Darstellung nur einen Vorwand bilden würde, um die Sensationsgier der Betrachter zu befriedigen (vgl. *Fischer* StGB § 131 Rn. 16).

24 e) Gleichermaßen ausgeschlossen ist der Tatbestand des § 131 Abs. 1 S. 1 Nr. 1b) und 2a) StGB durch das sog. „Erzieherprivileg" in § 131 Abs. 3 StGB. Danach sind die Bestimmungen nicht anzuwenden, wenn die zur Personensorge berechtigte Person handelt, sofern er dabei nicht seine Erziehungspflicht gröblich verletzt (vgl. *Fischer* StGB § 131 Rn. 17 f.; Schönke/Schröder/*Sternberg-Lieben/Schittenhelm* StGB § 131 Rn. 15/16. Durch die immer stärker zu beobachtende Verbreitung fremdenfeindlicher oder rassistischer Inhalte durch das Internet stellt sich zunehmend die Frage nach einer *internationalen* Verfolgung solcher Handlungen. Ein erster Schritt auf europäischer Ebene war hier die Cybercrime-Convention vom 8.11.2001 (vgl. dazu *Dörr/Zorn* NJW 2003, 3020 ff. (3023); vgl. auch → Kap. 59 Rn. 10a; vgl. zur Entwicklung in den Vereinigten Staaten *Kübler* AöR 2000, 109 ff.). In die gleiche Richtung zielt das Netzwerkdurchsetzungsgesetz (NetzDG) vom 1.9.2017 (BGBl. I S. 3352; vgl. hierzu Spindler/Schmitz/*Liesching* NetzDG § 1 Rn. 2 f.; krit. *Müller-Franken* AfP 2018, 1; *Peifer* AfP 2018, 14).

4. Die Nichtanzeige geplanter Straftaten (§§ 138, 139 StGB)

a) Das mit Freiheitsstrafe bis zu fünf Jahren oder mit Geldstrafe – bei grober Fahrlässigkeit 25
(Leichtfertigkeit) mit Freiheitsstrafe bis zu 1 Jahr oder mit Geldstrafe – bedrohte Delikt der Nichtanzeige geplanter Straftaten (zuletzt geändert durch Gesetz vom 22.12.2016 [BGBl. I S. 3150]) ist für die Presse von besonderer Bedeutung. Denn die Presse erhält durch ihren engen Kontakt mit allen Kreisen der Bevölkerung nicht selten frühzeitig von geplanten Straftaten Kenntnis. Auf ihr Zeugnisverweigerungsrecht (§ 53 StPO) kann sich die Presse im Falle des § 138 StGB nicht berufen. Insoweit ist § 139 StGB abschließend. Nur Geistliche sind ausnahmslos von der Anzeigepflicht befreit (§ 139 Abs. 2 StGB). Dasselbe gilt – unter besonderen Voraussetzungen – für Angehörige des potentiellen Täters sowie für Rechtsanwälte, Verteidiger, Psychotherapeuten und Ärzte sowie deren berufsmäßigen Gehilfen hinsichtlich des ihnen beruflich Anvertrauten, sofern sie sich *ernsthaft bemühen, die Tat zu verhindern.* Für Presseangehörige kommt aber uU ein entschuldigender Notstand (§ 35 StGB) in Betracht, insbesondereim Falle einer erheblichen eigenen Gefährdung bei einer rechtzeitigen Anzeige (vgl. Fischer StGB § 138 Rn. 15; Schönke/Schröder/*Sterberg-Lieben* StGB § 138 Rn. 24; *Schomberg/Korte* ZRP 1990, 417).

b) Bei den der Anzeigepflicht unterliegenden *Straftaten* handelt es sich entsprechend der 26
Aufzählung in § 138 Abs. 1 Ziff. 1–8 StGB um gravierende und gemeingefährliche Delikte wie Mord, Totschlag, Völkermord, Hoch- und Landesverrat, Menschenhandel, Raub und räuberische Erpressung, Geld- oder Wertpapierfälschung ua. Die Anzeigepflicht besteht nur für denjenigen, der von dem Vorhaben solcher Verbrechen glaubhafte Kenntnis erlangt hat. Bloße Gerüchte genügen nicht. Die Pflicht zur Anzeige entsteht frühestens mit der Existenz eines ernstlichen Tatplans und dauert bis zur Tatbeendigung fort, solange der Erfolg oder Teile von ihm noch abwendbar sind (vgl. Lackner StGB § 138 Rn. 4). Der Anzeigepflichtige hat die Wahl, entweder rechtzeitig die Behörde oder den Bedrohten zu unterrichten oder die Tat anders als durch Anzeige zu verhindern (§ 139 Abs. 4 StGB). Die Form der Anzeige ist beliebig. Sie muss nur geeignet sein, die Tat durch die Behörden verhindern zu lassen.

5. Belohnung und Billigung von Straftaten (§ 140 StGB)

Nach § 140 StGB wird mit Freiheitsstrafe bis zu drei Jahren oder mit Geldstrafe bestraft, wer die 27
in § 138 Abs. 1 Ziff. 1–4, § 126 Abs. 1, § 176 Abs. 3, § 176a und § 176b, § 177, § 178 oder § 179 Abs. 3, 5 und 6 StGB näher bezeichneten Straftaten, nachdem sie begangen oder ein strafbarer Versuch dazu unternommen wurde, belohnt oder sie öffentlich, in einer Versammlung oder durch Verbreitung von *Schriften* (vgl. → Kap. 49 Rn. 2) billigt. Eine Tat iSd § 140 StGB wird von demjenigen gebilligt, der seine Zustimmung dazu gibt, dass die Tat begangen worden ist und sich damit moralisch hinter den Täter stellt (vgl. BGHSt 22, 282; OLG Braunschweig NJW 1978, 2045; s. auch BGH MDR 1990, 643). Entscheidend ist das Verständnis des unbefangenen Durchschnittslesers (vgl. BGH NJW 1961, 1364). Auch die Billigung eigener Straftaten fällt unter § 140 StGB (vgl. BGH NJW 1978, 58; krit. LK StGB § 140 Rn. 26). Das bloße Verbreiten billigender Erklärungen genügt dafür ebenso wenig, auch wenn sich der Verbreiter von der Straftat nicht distanziert, wie ein Verbreiten, das zumindest ansatzweise eine Auseinandersetzung mit der Bezugstat enthält (vgl. Schönke/Schröder/*Sternberg-Lieben* StGB § 140 Rn. 5 mwN; *Fischer* StGB § 140 Rn. 7). Die *Billigung* erfüllt nur dann den Tatbestand des § 140 StGB, wenn sie in einer Weise erfolgt, die geeignet ist, den öffentlichen Frieden zu stören (vgl. → Rn. 17b; *Fischer* StGB § 140 Rn. 8).

Die Billigung von Taten, die weit zurückliegen und nur noch von historischem Interesse sind (zB die Ermordung Caesars), fällt mangels Eignung, den öffentlichen Frieden zu stören, nicht unter § 140 StGB. Vorgänge der jüngeren Zeitgeschichte, wie zB die nationalsozialistischen Gewaltverbrechen, sind jedoch aktuell genug, so dass ihre Billigung oder gar Leugnung geeignet ist, den öffentlichen Frieden zu stören (vgl. BGH NJW 1978, 58 f. (59); LK StGB § 140 Rn. 32 und 33 mwN; siehe hierzu auch § 194 Abs. 2 StGB, vgl. → Kap. 53 Rn. 45).

III. Falsche Verdächtigung (§§ 164, 165 StGB)

28 1. Da es zur Aufgabe der Presse gehört, öffentlich Missstände in Staat, Wirtschaft und Gesellschaft zu kritisieren, kann der *Publizist* auch mit der Strafbestimmung des § 164 StGB in Konflikt kommen. Danach wird mit Freiheitsstrafe bis zu fünf Jahren oder mit Geldstrafe bestraft, wer einen anderen bei einer amtlichen Stelle oder öffentlich einer rechtswidrigen Tat oder der Verletzung einer Dienstpflicht wider besseres Wissen in der Absicht verdächtigt, ein behördliches Verfahren oder andere behördliche Maßnahmen gegen ihn herbeizuführen oder fortdauern zu lassen (§ 164 Abs. 1 StGB). Ebenso wird bestraft, wer in gleicher Absicht bei einer amtlichen Stelle oder öffentlich über einen anderen wider besseres Wissen eine sonstige Tatsachenbehauptung aufstellt, die geeignet ist, ein behördliches Verfahren oder andere behördliche Maßnahmen gegen ihn herbeizuführen oder fortdauern zu lassen (§ 164 Abs. 2 StGB). Sofern die falsche Verdächtigung öffentlich oder durch Verbreitung von *Schriften* (vgl. → Kap. 49 Rn. 2) erfolgte, kann der Verletzte bzw. dessen Angehörige verlangen, dass das Strafurteil öffentlich bekannt gemacht wird (§ 165 StGB).

29 2. „Verdächtigen" bedeutet das Wecken, Umlenken oder Bestärken eines Verdachts (vgl. BGHSt 14, 246; *Langer* GA 1987, 289 ff. (298)), auch durch das Verschweigen von Tatsachen (vgl. OLG Brandenburg NJW 1997, 141 f.). Die Verdächtigung muss sich auf eine strafbare oder disziplinarisch zu ahndende Handlung beziehen und im wesentlichen Kern ihrer Behauptung falsch sein. Wer aus einer richtigen Tatsachenbehauptung falsche rechtliche Schlüsse zieht, verstößt nicht gegen § 164 StGB. Der angebliche Täter muss in jedem Fall individuell kenntlich gemacht werden. Bloße Werturteile reichen für § 164 Abs. 2 StGB nicht (vgl. *Fischer* StGB § 164 Rn. 3).

In allen Fällen muss der Täter positive Kenntnis der Unwahrheit seiner Verdächtigung haben; bedingter Vorsatz genügt insoweit dementsprechend nicht (vgl. Schönke/Schröder/*Bosch/Schittenhelm* StGB § 164 Rn. 30; *Fischer* StGB § 164 Rn. 12 f.).

IV. Beschimpfung von Bekenntnissen, Religionsgesellschaften und Weltanschauungsvereinigungen (§ 166 StGB)

30 1. Die Vorschrift des § 166 StGB, die ursprünglich das Verbot der „Ärgernis gebenden Gotteslästerung" zum Inhalt hatte, ist 1969 neu gefasst und den Gegebenheiten der heutigen pluralistischen Gesellschaft angepasst worden. Geschütztes Rechtsgut ist der religiöse Frieden im Sinne gegenseitiger Toleranz und damit der öffentliche Frieden. Nach § 166 StGB wird mit Freiheitsstrafe bis zu drei Jahren oder mit Geldstrafe bestraft, wer öffentlich oder durch Verbreiten von *Schriften* (vgl. → Kap. 49 Rn. 2) den *Inhalt* des religiösen oder weltanschaulichen Bekenntnisses anderer in einer Weise *beschimpft,* die geeignet ist, den öffentlichen Frieden zu stören (§ 166 Abs. 1 StGB). Den gleichen Schutz wie das Bekenntnis anderer genießen nach § 166 Abs. 2 StGB die im Inland bestehenden Kirchen sowie andere Religionsgesellschaften und Weltanschauungsvereinigungen sowie deren Einrichtungen und Gebräuche.

31 2. *Beschimpfen* ist eine nach Inhalt oder Form besonders verletzende, rohe Kundgabe der Missachtung (vgl. OLG Karlsruhe NStZ 1986, 363 ff.). So zB die Bezeichnung der christlichen Kirche als eine der größten Verbrecherorganisationen der Welt (vgl. OLG Celle NJW 1986, 1275). Kein Beschimpfen wurde in einer satirischen Verfremdung der Eucharistie gesehen (vgl. OLG Karlsruhe NStZ 1986, 364). § 166 StGB stellt nur das öffentliche oder durch *Schriften* erfolgende Beschimpfen unter Strafe. Da zwar das „Beschimpfen" (vgl. → Kap. 50 Rn. 41), nicht aber die kritische Auseinandersetzung mit religiösen Bekenntnissen und Gebräuchen mit Strafe bedroht ist, wird die Freiheit der Meinungsäußerung (Art. 5 Abs. 1 GG) sowie die Freiheit von Kunst und Wissenschaft (Art. 5 Abs. 3 GG) nicht beeinträchtigt (vgl. BVerfGE 12, 55; VG Köln AfP 1995, 532; LG Bochum NJW 1989, 727; OVG Berlin-Brandenburg NJW 2012, 3116 – „Zeigen von Mohammed-Karikaturen"). Nicht erfasst werden auch Ablehnung oder Verspotten, da letzteres nicht verächtlich, sondern lächerlich macht.

Bei dieser Abwägung ist zu beachten, dass § 166 StGB *selbst Grundrechte schützt,* die verschiedenen betroffenen Positionen also nicht einseitig bewertet werden dürfen.

Ob ein Beschimpfen vorliegt, ist nach dem objektiven Urteil eines auf Wahrung der religiösen und weltanschaulichen Toleranz bedachten Rezipienten zu entscheiden. Dieser muss in der Äußerung eine so schwerwiegende Verletzung des Toleranzgebotes sehen, dass sie ihm zur Störung des öffentlichen Friedens geeignet erscheint (vgl. OLG Celle NJW 1986, 1275; *Schönke/Schröder/Bosch/Schittenhelm* StGB § 166 Rn. 9). Bei Kunstwerken ist dies an Hand ihres objektiven Sinngehalts zu entscheiden, wie er sich bei Würdigung aller Umstände für einen künstlerisch interessierten, nicht vorgebildeten Menschen ergibt (SK StGB § 166 Rn. 13). Das gilt auch für Karikaturen und Satiren (vgl. OGL Karlsruhe NStZ 1986, 364; OLG Köln NJW 1982, 657). Verbleiben Zweifel, ist zugunsten der Kunstfreiheit zu entscheiden.

53. Kapitel. Der strafrechtliche Schutz der Ehre gegen Beleidigung (§§ 185–200 StGB)

I. Allgemeines

Die Funktion der Presse: Organ der öffentlichen Information und Kritik sowie Plattform des „Marktes der Meinungen" zu sein, führt oft zwangsläufig zu (rechtmäßigen oder rechtswidrigen) Eingriffen in strafrechtlich geschützte Güter Dritter. So sind Kollisionen des Publizisten mit dem Beleidigungsrecht, das dem Schutz der Ehre dient, vielfach unvermeidlich. In der Praxis ist das Beleidigungsrecht der *Kern des Presse-Strafrechts.* Die Presse könnte ihrer „öffentlichen Aufgabe" kaum gerecht werden, wenn sie bei ihrer Tätigkeit nicht den Schutz des Art. 5 GG (Grundrechte der Meinungsäußerungs- und der Pressefreiheit) genießen würde. Deshalb ist es die Pflicht des Richters, im Einzelfall durch Abwägung der hier kollidierenden Rechtsgüter der Meinungsäußerungs- und der Pressefreiheit einerseits und des Ehrenschutzes andererseits, die richtige Entscheidung zu finden (vgl. BVerfGE 24, 278). Denn auch die Ehre genießt wegen ihres Bezuges zur Menschenwürde und der Persönlichkeit gemäß Art. 1 und 2 GG Grundrechtsschutz (vgl. zum Persönlichkeitsrechtsschutz allgemein → Kap. 42 Rn. 1 ff.). Art. 5 Abs. 2 GG stellt ausdrücklich fest, dass die Meinungsäußerungs- und die Pressefreiheit ihre Schranke in dem Recht der persönlichen Ehre finden. Die *Einschränkung* durch Art. 5 Abs. 2 GG ist jedoch ihrerseits im Licht der besonderen Bedeutung der Pressefreiheit zu sehen und gleichfalls im Sinne der richterlichen Abwägungspflicht zu verstehen (vgl. BVerfGE 7, 198; 71, 206; 74, 297; vgl. → Kap. 10 Rn. 21). Im Rahmen des Beleidigungsrechts stellt § 193 StGB *(Wahrnehmung berechtigter Interessen)* die für die Presse wichtigste Ausprägung des Grundgedankens von Art. 5 Abs. 1 und 2 GG dar (vgl. BVerfGE 42, 143 (152); BGHSt 12, 287 (293); s. auch EuGH NJW 1987, 2145; vgl. → Rn. 29 ff.). Bereits bei der Auslegung kritischer Meinungsäußerungen hat das Gericht das Grundrecht des Art. 5 GG zu berücksichtigen (vgl. BVerfGE 43, 130; vgl. auch → Rn. 8a). 1

§ 186 und § 187 StGB definieren den Angriff auf die Ehre als Verächtlichmachung oder Herabwürdigung in der öffentlichen Meinung. Geschütztes Rechtsgut der Ehrdelikte ist sowohl die dem Menschen als Träger geistiger und sittlicher Werte zukommende sog. *innere Ehre,* als auch sein guter Ruf in der Gesellschaft, seine *äußere Ehre* (vgl. BGHSt GSSt. 11, 67 (69); 16, 63; BayObLG BayObLGSt 86, 92; ausführlich zu den verschiedenen Ehrbegriffen Schößler, Anerkennung und Beleidigung, S. 21 ff.). Während mit der inneren Ehre die dem Menschen von Geburt an zuteil gewordene immanente Personenwürde iSd Art. 1 GG geschützt wird, umfasst die äußere Ehre den sozialen Geltungs- und Achtungsanspruch, der Voraussetzung dafür ist, dass der Mensch sich in der Gemeinschaft behaupten und entfalten kann. Daraus folgt, dass das Opfer eines Ehrdeliktes bereits in seiner allgemein ethisch-moralischen Qualität als Mensch angegriffen sein kann (zB durch die Titulierung „Schafskopf"). Geschützt sind alle natürlichen Personen (zu den juristischen Personen vgl. → Rn. 3; wegen der Beleidigung Verstorbener → Rn. 26). Die Wertungsgesichtspunkte einer Ehrverletzung umfassen jedoch auch jene Eigenschaften und Fähigkeiten der Person, wie sie zur Erfüllung der Aufgaben und Erwartungen im jeweiligen sozialen Wirkungskreis gesellschaftlich vorausgesetzt werden (zB an einen Politiker gerichtete Aufforderung, er möge einen Nervenarzt konsultieren; Bezeichnung eines Arztes als „Pfuscher"). 2

Um ein Phänomen der modernen Medienwelt handelt es sich bei der so genannten „Unterhaltungsöffentlichkeit". Kennzeichnend für diese ist, dass von Ehrangriffen Betroffene (vor allem Pop- oder Fernsehstars und ähnliche Prominente) ein Interesse an diesen haben können. Zum einen kann dadurch der Aufmerksamkeitswert steigen. Zum anderen kann der Angriff in das selbst gepflegte „bad image" passen. Als Beispiele für Foren der Unterhaltungsöffentlichkeit sind Talkshows und Autobiografien („Nichts als die Wahrheit", „Ungelogen", „Hinter den Kulissen") zu nennen (vgl. zum Ganzen *Ladeur* NJW 2004, 393 ff.).

Ob eine Kundgabe ehrverletzend ist, bestimmt sich nach den konkreten Umständen des Einzelfalls sowie den Anschauungen der beteiligten Kreise (vgl. OLG Düsseldorf JR 1990, 345; SK StGB § 185 Rn. 9). Maßgeblich ist dabei weder die Absicht des Äußernden noch das Verständnis des Betroffenen, sondern das eines verständigen Dritten in der konkreten Situation (s. LG Berlin AfP 2001, 245 [zivilrechtl. Entsch.]; OLG Düsseldorf JR 1990, 345 mit Anm. *Laubenthal* JR 1990, 127). Es kommt daher darauf an, wer was zu wem sagt und unter welchen Umständen dies geschieht (vgl. Wessels/Hettinger BT 1 Rn. 510 mit Hinweis auf KG Berlin JR 1984, 165). Unzulässig ist es, lediglich auf den Wortlaut der beanstandeten Erklärung abzustellen und die weiteren Begleitumstände der Äußerung auszublenden (vgl. OLG Frankfurt a. M. NJW 2003, 77; vgl. auch → Rn. 8 f.; BayObLG BayObLGSt 2002, 24).

3 Da die Ehre auch den Anspruch auf soziale Achtung umfasst, können auch *Personengesamtheiten* wie zB juristische Personen, Vereine, Verbände, Gesellschaften und politische Körperschaften beleidigt werden. Für die Ehrfähigkeit von Behörden, Kirchen und Gesetzgebungsorganen folgt dies bereits aus § 194 Abs. 3 und 4 StGB.

Voraussetzung für die *Beleidigungsfähigkeit* eines Kollektivs ist jedoch, dass die Personengesamtheit eine rechtlich anerkannte gesellschaftliche (auch wirtschaftliche) Aufgabe erfüllt und einen einheitlichen Willen bilden kann (vgl. BGHSt 6, 191, zur GmbH). Die Rechtsprechung dehnt unter Zugrundelegung dieser Voraussetzungen den Schutz sehr weit aus, und bezieht zB die Bundeswehr (vgl. BGHSt 36, 83; OLG Frankfurt a. M. NJW 1989, 1367), die politischen Parteien und deren Untergliederungen (vgl. OLG Düsseldorf MDR 1979, 692) und gemeinnützige Wohnungsgenossenschaften (vgl. BayObLG NStZ 1983, 126) ein (kritisch zum ausgedehnten Schutzbereich *Brackert* JA 1991, 192 f.). Nicht vom Schutzbereich erfasst sind dagegen zB „die deutschen Frauen", weil sie nicht organisiert sind (vgl. LG Hamburg NJW 1980, 56; vgl. auch LG Darmstadt NStE § 185 Nr. 16 – Altweibersommer).

Ebenfalls nicht beleidigungsfähig ist die Familie als Kollektiv (vgl. BGH JZ 1951, 520; Schönke/Schröder/*Eisele/Schittenhelm* StGB Vor §§ 185 ff. Rn. 4; *Fischer* StGB Vor §§ 185–200 Rn. 11a). Sie ist gerade kein körperschaftlich organisiertes Gebilde, das von den Familienmitgliedern selbst abstrahierbar wäre. Vielmehr ist das Ansehen, der Ruf dieser Gruppe wesentlich mitbestimmt von Ansehen und Ruf ihrer konkreten Mitglieder. Daher kann derjenige, der ein Kind beleidigt, mit seiner diffamierenden Äußerung (Hurenkind) zugleich die Ehre der Eltern verletzen (vgl. BGHSt 16, 62). Auch können Handlungen gegenüber dem einen Ehegatten, insbesondere auf sexuellem Gebiet, eine Beleidigung des anderen Ehegatten darstellen, so zB die Berühmung, man habe mit dem anderen Eheteil Ehebruch getrieben, auch wenn diese Tat heute nicht mehr strafbar ist (vgl. BGH NJW 1952, 476; AfP 1969, 82; OLG Zweibrücken NJW 1971, 1225; allgemein zur Sexualbeleidigung vgl. *Schönke/Schröder/Eisele/Schittenhelm* StGB § 185 Rn. 4). Nur die Einzelpersönlichkeit ist geschützt (vgl. BayObLG BayObLGE 86, 92).

4 Nicht zu verwechseln mit der Beleidigung von Personengesamtheiten ist die *Beleidigung eines Einzelnen unter einer Kollektivbezeichnung.* Während es im erstgenannten Fall (vgl. → Rn. 3) um die Ehre einer Gruppe selbst (Kollektivehre) geht, handelt es sich hier um den Angriff auf die Individualehre (Beamter A in B-Stadt) durch Gebrauch einer Sammel- oder Kollektivbezeichnung („die Beamten in B-Stadt sind korrupt").

Voraussetzung eines persönlichen Betroffenseins durch eine Kollektivbeleidigung ist stets, dass es sich bei der in ihrer Ehre angegriffenen Gruppe um eine nach äußeren Kennzeichen abgrenzbare Personenmehrheit handelt, die zudem einen verhältnismäßig kleinen, überschaubaren Kreis darstellt (vgl. BGHSt 19, 235 (238); BayObLG NJW 1990, 1742; OLG Frankfurt a. M. NJW 1989, 1367). Dies hat die Rechtsprechung bei der Kollektivbeleidigung „der Juden" (vgl. BGHSt 16, 57), „der aktiven Soldaten der Bundeswehr" (vgl. BGHSt 36, 83; vgl. aber BVerfG AfP 1996, 50 (53 f.), wo Kritik gegenüber der Bestrafung von herabsetzenden Äußerungen unter einer Sammelbezeichnung anklingt, diese jedoch nicht als Verstoß gegen Art. 5 Abs. 1 GG angesehen wird; vgl. auch → Rn. 8a) sowie der „Polizei" bejaht, wenn erkennbar nur die bei einem bestimmten Einsatz beteiligten Beamten gemeint sind (BayObLG NJW 1990, 921 mAnm *Seibert* StV 1990, 212); dagegen verneint hinsichtlich der „Polizei" im Ganzen (vgl. OLG Düsseldorf NJW 1981, 1522; BayObLG NJW 1990, 1742) und „aller aktiv an der Entnazifizierung beteiligten Personen" (vgl. BGHSt 2, 38). Lautet die diffamierende Behauptung bei einer Familie dahin: „Die ganze Sippe sind Verbrecher", so ist jedes einzelne Mitglied der Familie als beleidigt anzusehen. Der Täter braucht bei einer Kollektivbeleidigung den einzelnen Angehörigen der Gruppe nicht zu kennen. Doch genügt es, wenn der Beleidiger weiß und in seinen Willen aufnimmt, dass seine Äußerung auf alle Angehörigen der Gruppe bezogen werden kann (vgl. BGHSt 14, 48; 19, 235). Berichtet die Presse: „In den Skandal sind zwei Minister der Landesregierung verwickelt", sollen alle Mitglieder dieser Regierung betroffen sein (vgl. BGHSt 18, 182).

Zur Beleidigung eines Einzelnen unter einer Kollektivbezeichnung kann nach der Lage des Einzelfalles auch noch eine Beleidigung des Kollektivs (vgl. → Rn. 3) hinzutreten (vgl. BGHSt 14, 48 [Beleidigung einer Fraktion als solcher; 19, 235] Beleidigung der einzelnen Fraktionsmitglieder), wobei freilich auch noch das Kollektiv, vertreten durch ihr Organ, Strafantrag stellen muss (§ 194 StGB). Ein anderer Fall liegt vor, wenn der Täter zwar eine Kollektivbezeichnung wählt, doch erkennbar nur eine bestimmte Person meint. Hier ist nur diese eine erkennbar betroffene Person beleidigt worden (vgl. *Schönke/Schröder/Eisele/Schittenhelm* StGB Vor §§ 185 ff. Rn. 5 ff.).

II. Die Systematik der Beleidigungsdelikte

Ausgehend von den §§ 186 und 187 StGB, können die Beleidigungsdelikte zunächst in zwei Sparten untergliedert werden: Die §§ 186 und 187 StGB erfassen ihrem Wortlaut nach die Ehrverletzung mittels *Tatsachenbehauptung* oder *-verbreitung*. Der Grundtatbestand des § 185 StGB betrifft demgegenüber den Ehrangriff durch die Kundgabe abfälliger *Werturteile*. Daneben soll § 185 StGB auch anwendbar sein, wenn die Behauptung ehrenrühriger *Tatsachen* lediglich *gegenüber dem Verletzten* selbst erfolgt (vgl. Fischer StGB § 185 Rn. 5). Letzteres erklärt sich zum einen daraus, dass die Tatsachenbehauptung nach den §§ 186 und 187 StGB *in Beziehung auf einen anderen* erfolgen muss. Zum anderen ist der höhere Strafrahmen der §§ 186 und 187 StGB gerade dadurch begründet, dass die Behauptung nach außen dringt, unkontrolliert auf die Außenwelt übergreift und dadurch unübersehbare Nachteile für die soziale Existenz des Beleidigten mit sich bringen kann. 5

Von weichenstellender Bedeutung ist die zutreffende Erfassung des Sinngehalts der Äußerung (vgl. BVerfGE 43, 130 (136); 93, 266 (295); 94, 1 (9); vgl. ferner unten Rn. 7). Dazu gehört die strikte Unterscheidung zwischen Tatsachenbehauptungen und Werturteilen. Denn die Reichweite des einer Äußerung zukommenden Schutzes ist je nach Einordnung unterschiedlich. Während Werturteile (Meinungen) den Schutz der Meinungsfreiheit genießen, ohne dass es auf deren Begründetheit, Werthaltigkeit oder Nichtigkeit ankäme und diesen Schutz auch dann nicht verlieren, wenn sie scharf und überzogen geäußert werden (vgl. BVerfG NJW 2010, 2193), kann es bei Tatsachenbehauptungen entscheidend darauf ankommen, ob diese wahr oder unwahr sind. Außerhalb des Schutzbereichs des Art. 5 Abs. 1 S. 1 GG liegen bewusst unwahre Tatsachenbehauptungen und solche, deren Unwahrheit bereits im Zeitpunkt der Äußerung feststand. Alle übrigen Tatsachenbehauptungen mit Meinungsbezug genießen den Grundrechtsschutz, auch wenn sie sich später als unwahr herausstellen.

Entscheidend für die Abgrenzung, die im Wesentlichen eine Sache tatrichterlicher Würdigung ist (vgl. OLG Frankfurt a. M. NJW 1989, 1367 mwN), ist im Falle der Verbindung von Tatsachenbehauptungen und Werturteilen, ob das ehrverletzende Werturteil durch behauptete Tatsachen substantiiert wird, dh ob es zu bestimmten Geschehnissen in äußerlich erkennbarer Weise in Bezug gesetzt ist. Ist eine Äußerung umgekehrt derart substanzarm, dass sich ihr die Behauptung wenigstens *einer* Tatsache nicht entnehmen lässt, tritt der tatsächliche Gehalt hinter das Element des Meinens zurück (vgl. BVerfG NJW-RR 2001, 411).

Tatsache im Sinne der §§ 186 und 187 StGB ist, was dem Wahrheitsbeweis zugänglich ist (vgl. BVerfG NJW 2003, 1855 mwN; BGH NJW 1998, 3047 f.; 1994, 2614 f.; 1993, 1486 f.;

BGHZ 45, 304; BGHSt 12, 287; OLG Köln AfP 1992, 293 f.; LG Stuttgart BeckRS 2016, 10677). Hierzu gehören jedoch nicht nur sinnlich wahrnehmbare Sachverhalte, sondern auch *innere Vorgänge* (zB die Motive einer Straftat), sobald sie zu äußeren Vorgängen in Beziehung treten (vgl. BGHSt 12, 291). Wo Wahrheit oder Unwahrheit einer Äußerung sich letztlich menschlicher Beweisführung entzieht, weil sie allein Sache der persönlichen (zB politischen) Überzeugung ist oder weil es sich um einen wissenschaftlich noch nicht beweisbaren Standpunkt handelt (vgl. OLG Frankfurt a. M. NJW 1989, 1367; OLG Hamm AfP 1984, 110 ff.), ist grundsätzlich ein Werturteil und damit § 185 StGB gegeben. Sind in einer Äußerung Tatsachenbehauptungen und Werturteile miteinander verbunden, so ist das Element entscheidend, das für den objektiven Empfänger erkennbar dominiert (vgl. BVerfGE 85, 1 (15 f.); 61, 1; NJW 1991, 1529; BGH ZUM 1995, 136 f.; NJW 1994, 2615; AfP 1988, 27; LG Stuttgart ZUM 2001, 86 [zivilrechtl. Entsch.]; VGH München NVwZ 1986, 327). So stehen zB bei politischen, substanzarmen Äußerungen Wertungen stets im Vordergrund (vgl. OLG Saarbrücken NJW-RR 1993, 730 f.; BayObLG NStZ 1983, 126 f.; OLG München AfP 1984, 169). Als ehrverletzendes Werturteil wurden in der Rechtsprechung angesehen: „Du alter Nazi" (vgl. OLG Düsseldorf NJW 1970, 905; vgl. aber auch OLG Hamburg NJW-RR 2000, 1292 [„brauner Multifunktionär"], durch BVerfG NJW-RR 2000, 1712, bestätigt); die Bezeichnung eines anderen als „Altkommunist im Geiste des Massenmörders Stalin" (vgl. AG Weinheim NJW 1994, 1543 f.); die Bezeichnung eines Polizeibeamten als „Bulle" (vgl. BayObLG JR 1989, 72; vgl. aber auch KG Berlin BeckRS 2014, 11207) oder als „Scheißbulle" (vgl. OLG Oldenburg JR 1990, 127; nicht aber die Bezeichnung einer Radarmessung als Wegelagerei, vgl. OLG Düsseldorf NJW 2003, 3721); „der Kanzler bereitet aus Profitgier den Krieg vor und will die deutsche Jugend als Kanonenfutter missbrauchen" (vgl. BGHSt 6, 357).

Zur Abgrenzung zwischen Tatsachenbehauptung und Werturteil vgl. i. ü. etwa allg. *Hilgendorf*, Tatsachenaussagen und Werturteile im Strafrecht; *Rühl* AfP 2000, 17 ff.; sowie → Kap. 42 Rn. 22 ff.

Die in § 186 StGB unter Strafe gestellte *üble Nachrede* betrifft die Behauptung ehrenrühriger Tatsachen über den Verletzten, also nicht diesem, sondern Dritten gegenüber. Die wider besseres Wissen erfolgte Ehrabschneidung wird nach § 187 StGB als *Verleumdung* geahndet. Die Verunglimpfung *Verstorbener* behandelt § 189 StGB. Eine Qualifizierung der Tatbestände der üblen Nachrede sowie der Verleumdung stellt der § 188 StGB in Bezug auf Personen des politischen Lebens dar. Weiterhin sind gewisse gravierende Beleidigungen mit eindeutigem politischen Gewicht wie zB die Verunglimpfung des Bundespräsidenten (§ 90 StGB) oder des Staates und seiner Symbole (§ 90a StGB) im Rahmen des Staatsschutzrechtes unter Strafe gestellt (vgl. → Kap. 50 Rn. 38 ff.).

6 Die Beleidigung ist in allen ihren Arten – soweit sie durch Verbreiten von Druckschriften erfolgt – ein Presse-Inhaltsdelikt (vgl. → Kap. 48 Rn. 8). Es gilt die kurze presserechtliche Verjährungsfrist (vgl. → Kap. 49 Rn. 32 ff.).

III. Die Beleidigung (§ 185 StGB)

7 1. Nach § 185 StGB wird der Täter einer Beleidigung mit Freiheitsstrafe bis zu einem Jahr und bei Beleidigungen mittels Tätlichkeiten (zB Ohrfeigen; dazu → Rn. 12a) mit Freiheitsstrafe bis zu zwei Jahren bestraft. Statt der Freiheitsstrafe kann in beiden Fällen auf Geldstrafe erkannt werden.

8 Begrifflich hat sich für die Beleidigung die Formel von der vorsätzlichen Kundgabe der Missachtung oder Nichtachtung eingebürgert (vgl. BGHSt 16, 63; stRspr). Im Hinblick auf das eingangs skizzierte Rechtsgut (vgl. → Rn. 2) ist die Formulierung als Kundgabe von Missachtung durch die Verletzung der Ehre im Sinn des sittlichen, personalen und sozialen Achtungs- und Geltungsanspruches hilfreicher. Angesichts der Gemeinschaftsbezogenheit der Ehre ist die Frage, ob eine Kundgabe den Wert des von ihr Angesprochenen herabsetzt, grundsätzlich entsprechend dem Verständnis des unbefangenen Dritten zu interpretieren (vgl. BGHSt 19, 237; OLG Düsseldorf NJW 1989, 3030 mAnm *Laubenthal* JR 1990, 127; ebenso auf den unvoreingenommenen Betrachter einer künstlerischen Darbietung abstellend BVerfG NJW 1985, 261). Der Wortlaut der fraglichen Kundgabe darf nie isoliert betrachtet werden,

sondern immer nur im Zusammenhang aller konkreten Umstände (soziales Umfeld von Täter und Opfer, Sprachgebrauch des Verkehrskreises, Alter etc; vgl. BVerfG NJW 2020, 2622 [bejaht für Verurteilung wegen Beleidigung von Justizpersonen] mAnm Gostomzyk; NJW 2020, 2629 [bejaht für Verurteilung wegen Beleidigung einer Amtsperson]; NJW 2020, 2631 [verneint für Verurteilung wegen Beleidigung von Politikern]; NJW 2020, 2636 [verneint für Verurteilung wegen Beleidigung einer Amtsperson]; hierzu auch Ladeur JZ 2020, 943; ferner OLG Düsseldorf JR 1990, 345; BayObLG NVwZ-RR 1994, 65 f.; OLG Naumburg GRUR-RR 2020, 180).

So kann die Ortsüblichkeit bestimmter Redewendungen oder die Anschauungsweise der beteiligten Kreise dazu führen, dass die fragliche Äußerung nicht ernst genommen werden kann und daher als persönliche Kränkung ausscheidet (zB der Zuruf „Du Flasche" auf dem Fußballfeld, vgl. OLG Celle Nds. Rpfl. 1977, 88; ferner das heutige „Du-Phänomen", das je nach Einzelfall als Beleidigung anzusehen ist oder nicht, siehe hierzu OLG Düsseldorf JR 1990, 345 mit Anm. *Keller*). Schließlich kann die Bezeichnung eines Menschen als „geb. Mörder" in einer satirischen Einkleidung vom Schutz der Meinungsfreiheit gedeckt und damit als nicht beleidigend einzustufen sein, siehe BVerfG AfP 1990, 133.

Auch bloße Unhöflichkeiten, Taktlosigkeiten und üble Scherze stellen in der Regel keine Ehrverletzung dar, lassen sie doch weniger die Ehre des Angesprochenen in Frage stellen als vielmehr eine negative Bewertung der Person des Äußernden zu (Sozialadäquanz). Danach bleiben als ehrverletzende Werturteile der Vorwurf elementar menschlich-personaler Unzulänglichkeit (zB „Faschist", vgl. OLG Hamm NJW 1982, 659), die berufliche Abqualifizierung (Bezeichnung von Offizieren als „Wehrsklavenhalter", LG Kaiserslautern NJW 1989, 1369; Bezeichnung des Staatsschutzdezernats einer Polizeidirektion als „Stasi", BGH NJW 1998, 3047; AG Weinheim NJW 1994, 1544, und LG Mannheim NStZ-RR 1996, 360) und der Vorwurf strafbarer oder unmoralischer Verhaltensweise (vgl. BGHSt 18, 182: Pressebehauptung, ein Minister sei Kunde eines Callgirl-Ringes), zusammenfassend also Äußerungen, die geeignet sind, die Entfaltungs- und Wirkungsmöglichkeiten des Betroffenen zu beeinträchtigen.

Schon bei der Auslegung der Äußerung muss der Bedeutung der Meinungsfreiheit Rechnung getragen werden, wie das Bundesverfassungsgericht zu der Bezeichnung von Soldaten als (potentielle) Mörder entschieden hat (vgl. BVerfG NJW 1994, 2943 f., und AfP 1996, 50 (52 ff.); vgl. auch BVerfG NStZ 2003, 655 f.). Nach diesen Entscheidungen kann eine solche Äußerung ihren Umständen nach auch als plakative Kennzeichnung radikaler pazifistischer Wertvorstellungen zu verstehen sein, ohne dass dadurch der sittliche Geltungswert des einzelnen Soldaten herabgesetzt würde. Ziehe das Gericht diese Auslegungsmöglichkeit nicht in Betracht und verwerfe sie nicht mit schlüssigen Erwägungen, verstoße es gegen Art. 5 Abs. 1 GG (zu der heftigen Diskussion um diese Entscheidungen vgl. *Scholz* AfP 1996, 323; *Otto* NStZ 1996, 127 f.; *Sendler* NJW 1993, 2157 f.; *Schwabe* AfP 2003, 120 f.; *Fischer* StGB § 193 Rn. 23; vgl. auch → Kap. 42 Rn. 34a. Vgl. zur Beleidigung von Soldaten als Mörder auch KG Berlin NJW 2003, 685 ff., das daneben eine Volksverhetzung gem. § 130 Abs. 1 Nr. 2 StGB prüft, iE aber ablehnt). **8a**

2. Die *Kundgabe* der Missachtung oder Nichtachtung kann durch schriftliche oder bildliche Darstellung (vgl. BVerfGE 75, 369 (377), m. Bespr. *Würkner* NStZ 1988, 317 – Karikatur; BayObLG NJW 1957, 1607; vgl. zu entstellenden Photomontagen *Zentai* ZUM 2003, 363 ff.), ferner durch Worte und Gesten wie zB Tippen an die Stirn (vgl. OLG Düsseldorf NJW 1960, 1072; vgl. aber auch OLG Düsseldorf NJW 1996, 2245), aber auch durch Tätlichkeiten (Anspucken, sexuelle Berührung; BGHSt 35, 76; NStZ 1987, 21) erfolgen. **9**

a) Die Kundgabe der Missachtung bzw. Nichtachtung muss zur *Kenntnisnahme* anderer *bestimmt* sein, sei es des Betroffenen oder auch Dritter. Daher sind Äußerungen wie Tagebuchnotizen, die nur durch Zufall oder Fahrlässigkeit zur Kenntnis Dritter gelangen, keine Beleidigung (vgl. BayObLG JZ 1951, 786). **10**

b) Eine ausdrückliche Benennung des Betroffenen ist nicht erforderlich. Es genügt, wenn der namentlich nicht genannte Angegriffene identifiziert werden kann, so bei der Beleidigung eines – der Person nach zunächst unbekannten – Verfassers eines Zeitungsartikels (vgl. BGH NJW 1956, 679). In der Weitergabe eines fremden diffamierenden Schriftstücks kann eine Beleidigung liegen, wenn der Weitergebende sich den beleidigenden Inhalt zu Eigen macht (vgl. BGHSt 9, **11**

17). Auch der Bericht über eine bereits begangene Beleidigung (etwa in einer Prozessschilderung) kann eine erneute eigene Beleidigung des Berichtenden sein, wenn er – im Gewande der wiedergebenden Darstellung – selbst beleidigt (vgl. RG RGSt 46, 357).

Bei *Satiren* und *Karikaturen* ist zwischen dem Aussagekern und dessen satirischer bzw. karikativer Einkleidung zu differenzieren (vgl. BVerfG NJW 1998, 1386; AfP 1987, 678; RG RGSt 62, 183 ff.). Zunächst ist zu prüfen, ob der Aussagekern eine Tatsachenbehauptung enthält. Dies kann in zwei Fällen angenommen werden: Zum einen kann der Durchschnittsempfänger zu der Annahme gelangen, dass der persiflierte Betroffene tatsächlich die ihm unterstellte Handlung ausgeführt hat. Eine solche Möglichkeit besteht vor allen Dingen in den Funkmedien, besonders im Hörfunk. In diesem Fall täuscht sich der Durchschnittsrezipient bereits über die Identität des Betroffenen. Darüber hinaus stellt der Aussagekern dann eine Tatsachenbehauptung dar, wenn diese in einer Weise konkretisiert wird, dass der Durchschnittsrezipient von einem tatsächlich geschehenen Inhalt der Satire ausgeht. In beiden Fällen kommt der Straftatbestand des § 185 StGB nicht in Betracht, sondern ausschließlich derjenige der §§ 186, 187 oder 188 StGB.

Ist dagegen der Aussagekern so gehalten, dass er an einen konkreten tatsächlichen Umstand nicht anknüpft oder erkennt der Durchschnittsrezipient ohne weiteres dessen fiktionalen Charakter, kann hierin eine Kundgabe von Missachtung bestehen, die zur Verwirklichung des Tatbestandes des § 185 StGB führt.

Darüber hinaus ist die Strafvorschrift verwirklicht, wenn die Einkleidung einen ehrverletzenden Charakter hat; in diesem Falle ist allerdings zu berücksichtigen, dass scharfe Kritik generell, ganz besonders aber im politischen Meinungskampf zulässig ist, ebenso aber auch, wenn Anlass zu dem abwertenden Urteil gegeben wurde. Dies gilt insbesondere, wenn der Betroffene sich dem politischen Meinungskampf unterwirft (vgl. BVerfG AfP 1982, 217; NJW 1980, 2069; BVerfGE 12, 113 ff. (131); BGH AfP 1993, 737; BayObLG AfP 1991, 420; LG München AfP 1997, 831). Die karikierte Person wird die Satire dann umso mehr hinzunehmen haben, als diese durch ihre Übertreibung eine besonders pointierte Darstellungsform im Interesse der Meinungs- und Willensbildung darstellt. Darüber hinaus ist festzuhalten, dass es zum Wesen der Karikatur und Satire gehört, mit Übertreibungen und grotesken Verzerrungen zu arbeiten, wobei es auch um Lacheffekte bei den Rezipienten gehen kann (vgl. BVerfG AfP 1998, 53; 1991, 379; 1987, 678; BGH NJW 2000, 1039; OLG Hamburg AfP 1987, 702; 2018, 335; LG Hamburg AfP 1994, 65; → Kap. 42 Rn. 35; → Kap. 43 Rn. 16; → Kap. 59 Rn. 3 f., 8 ff.; → Kap. 60 Rn. 12 f.). Von daher kommt der Satire und Karikatur die Kunstfreiheit nach Art. 5 Abs. 3 GG unmittelbar zugute. Ihr ist mithin ein größeres Maß an Gestaltungsfreiheit zugestanden (vgl. BVerfG NJW 1998, 1386 f.; AfP 1992, 133 ff.; BVerfGE 75, 369; BayObLG NVwZ-RR 1994, 65 f.; Schönke/Schröder/*Eisele/Schittenhelm* StGB § 185 Rn. 8a; eingehend Erhardt S. 114). Auf dieser Grundlage ist eine tatbestandsmäßige Beleidigung dann nicht gegeben, wenn nach den Umständen damit gerechnet werden durfte, die Darstellung wird als Ausdruck sozialadäquater Ironisierung verstanden (vgl. OLG Hamburg MDR 1967, 146; AG Frankfurt a. M. StV 1981, 630; *Würtenberger* NJW 1982, 610 ff. (612)).

Eine sozialadäquate Ironisierung dürfte dann nicht mehr gegeben sein, wenn die Satire oder Karikatur ausschließlich zur Schmähung eingesetzt wird (vgl. *Fischer* StGB § 193 Rn. 18, 35; vgl. zum Begriff der Schmähkritik auch → Kap. 42 Rn. 32). Auch ist eine absolute Schranke für Karikatur und Satire durch die Menschenwürde gesetzt, so dass die Möglichkeit einer Güterabwägung nicht besteht. Dies ist insbesondere dann anzunehmen, wenn Gegenstände aus der Intimsphäre in einer vulgären Darstellungsform und Ausdrucksweise karikiert werden. Gerade die Darstellung sexueller Verhaltensweisen, die zum schutzwürdigen Kern des Intimlebens gehören, entkleidet den Betroffenen seiner Würde als Mensch (vgl. aber auch OLG Frankfurt a. M. NJW-RR 2003, 553 f., zum Fall der Darstellung eines Mannes als Homosexueller [zivilrechtl. Entsch.]). Bei Eingriffen in diesen durch Art. 1 Abs. 1 GG geschützten Kern menschlicher Ehre liegt immer, auch bei im Kreuzfeuer öffentlicher Kritik stehender Personen, wie etwa Politikern, eine schwerwiegende Beeinträchtigung des Persönlichkeitsrechts vor, die auch durch die Freiheit künstlerischer Betätigung nicht mehr gedeckt ist (vgl. BVerfG AfP 1987, 678; BVerfGE 67, 213 ff. (228); BayObLG ZUM 1998, 502 (505) mwN).

c) Täter des § 185 StGB ist nur, wer eine eigene Nicht- oder Missachtung zum Ausdruck bringt; die bloße Weitergabe beleidigender Äußerungen anderer Personen führt nicht zur

Strafbarkeit nach § 185 StGB (vgl. OLG Köln NJW 1996, 2878 f.; Schönke/Schröder/*Eisele/Schittenhelm* § 185 Rn. 17).

d) Einer besonderen Beleidigungsabsicht bedarf es nicht (vgl. BGH NStZ 1992, 34; BayObLG AfP 2002, 221 ff. (223); ZUM 1998, 504). Es genügt vielmehr bedingter Vorsatz bezüglich des objektiven Tatbestandes. Ausreichend ist deshalb das Bewusstsein, dass die Äußerung nach ihrem objektiven Erklärungswert einen beleidigenden Inhalt hat (vgl. Schönke/Schröder/*Eisele/Schittenhelm* § 185 Rn. 14).

3. Auch die Beleidigung kann durch Unterlassen verwirklicht werden (vgl. AG Köln NJW 1996, 2878). Dabei ist zwischen einer konkludenten Äußerung durch Schweigen (zB der ehrverletzenden Weglassung von Höflichkeitsformen bei der Anrede) und untätiges Gelangen-Lassen (zB von Tagebuchaufzeichnungen an Dritte) zu unterscheiden. Nur für die zweite Variante bedarf es einer *Garantenstellung* des Täters nach § 13 StGB (vgl. Schönke/Schröder/*Eisele/Schittenhelm* § 185 Rn. 12; *Fischer* StGB § 185 Rn. 7). **11a**

4. Die *Rechtswidrigkeit* der Handlung entfällt, soweit der Wahrheitsbeweis zugelassen und geführt wird (§ 192 StGB; vgl. → Rn. 27) oder der Täter in Wahrnehmung berechtigter Interessen handelt (§ 193 StGB; vgl. → Rn. 29 ff.). **12**

5. Eine *Tätlichkeit* iSd § 185 aE StGB liegt vor, wenn der Beleidigende auf den anderen unmittelbar körperlich einwirkt; auch ein fehlgehender, den Körper nicht berührender Angriff wird vom Schutzzweck der Vorschrift erfasst (Lackner/*Kühl* StGB § 185 Rn. 13). Aufgrund dieses Erfordernisses wird im Bereich der Presse diese Qualifikation nur selten erfüllt sein. **12a**

IV. Die üble Nachrede (§ 186 StGB)

1. Die üble Nachrede wird mit Freiheitsstrafe bis zu einem Jahr und – wenn die Tat öffentlich oder durch Verbreiten von *Schriften* (vgl. → Kap. 49 Rn. 2a) erfolgte – mit Freiheitsstrafe bis zu zwei Jahren bestraft. In beiden Fällen kann anstelle der Freiheitsstrafe eine Geldstrafe verhängt werden. Täter der üblen Nachrede ist, wer in Beziehung auf einen anderen eine Tatsache behauptet oder verbreitet, die denselben verächtlich zu machen oder in der öffentlichen Meinung herabzuwürdigen geeignet ist, sofern diese Tatsache nicht erweislich wahr ist. Dabei hat der Täter die Wahrheit seiner Aussage zu beweisen. **13**

2. Die Tathandlung besteht im Behaupten oder Verbreiten von ehrenrührigen Tatsachen (zur Abgrenzung zum Werturteil nach § 185 StGB vgl. → Rn. 5). **14**

a) *Behaupten* bedeutet, etwas als nach eigener Überzeugung wahr hinstellen (vgl. Fischer StGB § 186 Rn. 8; Schönke/Schröder/*Eisele/Schittenhelm* StGB § 186 Rn. 7). Das Behaupten kann in versteckter Form, etwa in Form einer rhetorischen Frage oder „zwischen den Zeilen" erfolgen. Dabei kommt es stets auf den objektiven Sinn der Äußerung an (vgl. OLG Köln NJW 1962, 1121). Auch in der Weitergabe einer fremden Mitteilung liegt eine eigene Behauptung, wenn sich der Äußernde damit identifiziert (vgl. OLG Köln NJW 1983, 1634). Bei der Annahme von (strafbaren) ehrenrührigen Behauptungen „zwischen den Zeilen" ist größte Zurückhaltung geboten (vgl. BVerfGE 43, 130; BGHZ 78, 9). Auf eine im Zusammenspiel der offenen Aussagen verdeckt enthaltene zusätzliche Aussage darf eine Verurteilung nur gestützt werden, wenn sich die verdeckte Aussage dem Rezipienten als unabweisliche Schlussfolgerung aufdrängt. Eine entsprechende Feststellung muss besonders sorgfältig begründet werden. Das Gericht muss die Umstände benennen, aus denen sich ein solches über den Wortlaut der Äußerung hinausgehendes Verständnis ergibt. Mangelt es an einer solchen Darlegung, liegt ein Verstoß gegen Art. 5 Abs. 1 S. 1 GG vor (vgl. BVerfG NJW 2010, 193).

b) Der Begriff des *Verbreitens* wird in § 186 StGB in einem doppelten Sinn verwendet, je nach dem, ob die ehrenrührige Tatsache mündlich oder durch eine Druckschrift verbreitet wird. Die nichtpressemäßige, in der Regel mündliche Verbreitung bedeutet das Weitergeben einer Tatsachenbehauptung an andere, wobei als Empfänger der Mitteilung eine einzige Person genügt (statt vieler *Lackner* StGB § 186 Rn. 5). Unerheblich ist es, ob dem Empfänger die mitgeteilte Tatsache bereits bekannt war. Denn nach dem Schutzzweck der Norm als abstraktem Gefährdungsdelikt genügt es, wenn der Empfänger in seinem Glauben bestärkt wird (vgl. Schönke/Schröder/*Eisele/Schittenhelm* StGB § 186 Rn. 7; *Fischer* StGB § 186 Rn. 9). Bei der Verbreitung einer diffamierenden Tatsachenbehauptung durch *Schriften* (vgl. → Kap. 49 Rn. 2a) gehört zum Begriff der Ver- **15** breitung das körperliche Zugänglichmachen eines Exemplars der Schrift an Dritte. Eine solche liegt im Bereich der Presse nicht vor, wenn die Schrift lediglich innerhalb der Redaktion oder des Verlages, einschließlich auswärtiger Niederlassungen, Korrespondentenbüros etc weitergegeben wird. Im Gegensatz zum Behaupten bedeutet Verbreiten das Weitergeben einer Mitteilung nicht als Gegenstand eigener Erkenntnis oder Überzeugung, sondern als die Weitergabe einer fremden Äußerung (vgl. *Fischer* StGB § 186 Rn. 9; Lackner StGB § 186 Rn. 5; SK StGB § 186 Rn. 15 mwN). Auch die Verbreitung einer als „Gerücht" bezeichneten Mitteilung kann den Tatbestand der üblen Nachrede erfüllen (vgl. BGHSt 18, 182), es sei denn, dass sich der Verbreitende von der Mitteilung eindeutig distanziert (vgl. KG Berlin ZUM-RD 2004, 234) oder ihr ernstlich entgegentritt und öffentliches Interesse an der Verbreitung besteht (vgl. SK StGB § 186 Rn. 15, mit Nachweisen auch zur Gegenauffassung, die auch bei einer Distanzierung den Tatbestand des § 186 StGB erfüllt sieht, aber auf anderem Wege zur Straflosigkeit gelangt; vgl. zur Verbreitung eines Gerüchtes auch OLG Frankfurt a. M. NJW-RR 2003, 37 ff.). Allerdings wäre die Annahme einer generellen Obliegenheit des Äußernden, insbesondere im Bereich der Presse, sich von dem Inhalt der als solches wiedergegebenen Äußerungen von Dritten besonders zu distanzieren, mit Art. 10 Abs. 1 EMRK und der diesbezüglichen Rechtsprechung des EGMR nicht vereinbar (vgl. EGMR 29.3.2001 – 388432/97 Rn. 64 – Thoma/Luxemburg; 30.3.2004 – 53984/00 Rn. 37 ff. – Radio France/Frankreich; 14.12.2006 – 76918/01 Rn. 33 ff. – Verlagsgruppe News GmbH/Österreich). Die Medien müssen die Wahrheit ihrer Berichterstattung nicht gewährleisten. Sie müssen sich gemäß § 6 LPG mit „pressemäßiger Sorgfalt", also mit den ihnen zur Verfügung stehenden Mitteln um die Wahrheit bemühen (vgl. *Soehring/Hoene*, Rn. 2.12; → Kap. 39 Rn. 8 f.). Nach dem Schutzzweck greift § 186 StGB auch dann nicht ein, wenn der Äußernde Tatsachen verbreitet, die der Betroffene selbst mitgeteilt hat (SK StGB § 186 Rn. 15).

16 3. Die Tatsachenbehauptung muss *in Beziehung auf einen anderen* (nämlich den Beleidigten) erfolgen, dh der Beleidigte und der Empfänger der Mitteilung dürfen nicht personengleich sein. Sofern eine Beleidigung durch Tatsachenbehauptung ausschließlich gegenüber dem Beleidigten selbst erfolgt, ist daher nicht § 186 StGB, sondern der allgemeine Ehrverletzungstatbestand des § 185 StGB einschlägig (vgl. Schönke/Schröder/*Eisele/Schittenhelm* StGB § 186 Rn. 9; *Fischer* StGB § 186 Rn. 10).

17 4. *Ehrenrührig* iSd § 186 StGB sind Tatsachen, die geeignet sind, den Betroffenen verächtlich zu machen oder in der öffentlichen Meinung herabzuwürdigen. Dabei genügt die Eignung; der Nachweis des Erfolgs der Diffamierung ist nicht erforderlich (abstraktes Gefährdungsdelikt, vgl. dazu Schönke/Schröder/*Eisele/Schittenhelm* StGB § 186 Rn. 1; abzulehnen ist die dortige Auffassung, wonach auch das Aufstellen ehrenrühriger Behauptungen unter § 186 StGB fallen soll, die sich nachträglich als wahr erweisen; denn solche Behauptungen sind gerade erweislich wahr). Die Eignung zur Herabwürdigung fehlt, wenn der Rezipient der Äußerung deren Unwahrheit sofort erkennt (*Fischer* StGB § 186 Rn. 5; Schönke/Schröder/*Eisele/Schittenhelm* StGB § 186 Rn. 5), etwa wenn die inkriminierte Äußerung zusammen mit ihrer Berichtigung verbreitet wird. Wegen des Begriffs „Verächtlichmachen" s. § 90a StGB (vgl. → Kap. 50 Rn. 42).

18 5. Der innere Tatbestand des § 186 StGB erfordert *Vorsatz*, doch genügt bedingter Vorsatz (vgl. → Kap. 49 Rn. 6). Der Täter muss daher zumindest billigend in Kauf nehmen, dass die behauptete oder verbreitete Tatsache geeignet ist, einen anderen zu diffamieren, ferner dass die Äußerung an eine dritte Person gelangt (vgl. Schönke/Schröder/*Eisele/Schittenhelm* StGB § 186 Rn. 11).

19 6. Der Tatbestand des § 186 StGB erfordert, dass die behauptete ehrenrührige Tatsache *nicht erweislich wahr* ist. Der Täter trägt somit das volle *Beweisrisiko* (vgl. Schönke/Schröder/*Eisele/Schittenhelm* StGB § 186 Rn. 16; Lackner StGB § 186 Rn. 7a). Das ist vor allem für die Presse folgenschwer, weil es zu ihrem Wesen gehört, täglich Meldungen aus der ganzen Welt über Dritte zu publizieren, wobei häufig „schon aus zeitlichen und technischen Gründen" die Überprüfung der Richtigkeit einer Meldung kaum möglich ist. Daher ist der Rechtfertigungsgrund der Wahrnehmung berechtigter Interessen (§ 193 StGB) für Redaktionsmitglieder von besonderer Bedeutung (vgl. → Rn. 29 ff.). Das Beweisrisiko des Täters bedeutet, dass das Scheitern des Nachweises der Richtigkeit der Mitteilung in jedem Fall zu seinen Lasten geht, zB wenn der Hauptzeuge die Aussage verweigert oder stirbt. Der Wahrheitsbeweis ist bereits geführt, wenn die Behauptung im Kern richtig ist (vgl. BGHSt 18, 182).

Im Gegensatz zur Verleumdung (§ 187 StGB vgl. → Rn. 21 ff.) muss der Täter die Unwahrheit nicht in seinen Tatvorsatz aufgenommen haben (vgl. Schönke/Schröder/*Eisele/Schittenhelm* StGB § 186 Rn. 11; Lackner StGB § 186 Rn. 10), da diese nicht Tatbestandsmerkmal, sondern objektive Bedingung der Strafbarkeit ist.

Ist der Wahrheitsbeweis erfolgreich geführt, so kommt nach § 192 StGB gleichwohl noch eine **20** Beleidigung hinsichtlich der Form der Behauptung/Verbreitung der wahren Tatsachen in Betracht (sog. Formalbeleidigung nach § 185 StGB; dazu vgl. → Rn. 28). Im umgekehrten Fall, dass nämlich der Wahrheitsbeweis nicht gelingt, kann der Täter gegebenenfalls gemäß § 193 StGB ausnahmsweise befugt sein, auch eine nicht erweislich wahre Tatsache zu behaupten oder zu verbreiten (vgl. → Rn. 29 ff.).

7. Qualifiziert wird die üble Nachrede begangen, wenn sie öffentlich oder durch Verbreitung **20a** von Schriften (§ 11 Abs. 3 StGB; vgl. → Kap. 49 Rn. 2 f.) begangen wird.

Die üble Nachrede ist *öffentlich,* wenn sie unabhängig von der Öffentlichkeit des Orts von einem größeren, nach Zahl und Individualität unbestimmten oder nicht durch nähere Beziehungen verbundenen Personenkreis wahrgenommen werden kann. Wie viele dieser Personen die Äußerung tatsächlich zur Kenntnis genommen haben, ist unerheblich. Die konkrete Möglichkeit zur Wahrnehmung reicht aus (vgl. Schönke/Schröder/*Eisele/Schittenhelm* StGB § 186 Rn. 19; Fischer StGB § 186 Rn. 16). Äußerungen in Rundfunk und Fernsehen sind dementsprechend stets öffentlich. Gleiches gilt bei einer Verbreitung im Internet, sofern der Zugang für eine unkontrollierbare Vielzahl von Personen möglich ist (vgl. *Fischer* StGB § 186 Rn. 18 f.).

V. Die Verleumdung (§ 187 StGB)

1. Der Tatbestand des § 187 StGB entspricht dem des § 186 StGB mit dem Unterschied, dass **21** der Täter bei § 187 StGB *wider besseres Wissen* eine *unwahre Tatsache* über einen anderen behauptet oder verbreitet haben muss. Während der Täter bei der üblen Nachrede bereits dann bestraft wird, wenn er die Wahrheit der Tatsache nicht belegen kann, wird der Täter wegen Verleumdung nur bestraft, wenn ein doppelter Nachweis erbracht ist: einmal, dass die behauptete oder verbreitete Tatsache unwahr ist und zum andern, dass der Täter sichere Kenntnis von der Unwahrheit hatte („wider besseres Wissen"). Bedingter Vorsatz reicht hier nicht aus, ebenso wenig Zweifel des Täters an der Richtigkeit der behaupteten Tatsache (Schönke/Schröder/*Eisele/Schittenhelm* StGB § 187 Rn. 5).

2. Da die Verleumdung eine besonders üble Gesinnung offenbart, trifft den Täter eine verschärfte Strafe. Angedroht ist Freiheitsstrafe bis zu zwei Jahren oder Geldstrafe und – wenn die Tat öffentlich (vgl. → Kap. 53 Rn. 20a), in einer Versammlung, also einem nicht nur zufälligen Beisammensein einer größeren Zahl von Personen zu einem gemeinsamen Zweck (vgl. Schönke/Schröder/*Sternberg-Lieben* StGB § 90 Rn. 5), oder durch Verbreiten von *Schriften* (vgl. → Kap. 49 Rn. 2 f.) begangen wurde – Freiheitsstrafe bis zu fünf Jahren oder Geldstrafe. **22**

3. Ein Sonderfall der Verleumdung ist die wider besseres Wissen erfolgende *Kreditgefährdung.* **23** Damit wird dem Umstand Rechnung getragen, dass der „Kredit" eines Menschen Bestandteil seines sozialen Ansehens ist. Sie kann sich für den Betroffenen uU existenzvernichtend auswirken.

Die herrschende Meinung (statt vieler LK StGB § 187 Rn. 3 mwN) begreift den Tatbestand der Kreditgefährdung nicht als Ehr-, sondern als Vermögensgefährdungsdelikt, dh es muss sich bei der behaupteten/verbreiteten Tatsache nicht notwendig um eine ehrenrührige Tatsache bezüglich einer natürlichen Person handeln. Vielmehr kann das Vertrauen in die wirtschaftliche Potenz einer natürlichen wie juristischen Person auch durch ehrneutrale Tatsachen (zB die Behauptung, dem Unternehmer seien wichtige Aufträge gekündigt worden) gefährdet werden (vgl. Schönke/Schröder/*Eisele/Schittenhelm* StGB § 187 Rn. 1 und 4).

VI. Üble Nachrede und Verleumdung gegenüber Personen des politischen Lebens (§ 188 StGB)

1. § 188 StGB (früher § 187a StGB) ist für die politische Presse, die sich vorwiegend mit **24** Persönlichkeiten des öffentlichen Lebens beschäftigt, von besonderer Wichtigkeit (zur Verfas-

sungsmäßigkeit des § 187a StGB vgl. BVerfGE 4, 352). Den verstärkten Schutz genießt nach dem Wortlaut des § 188 StGB „eine im politischen Leben des Volkes stehende Person". Begründet ist der erhöhte Schutz darin, dass eine solche Person der Öffentlichkeit besonders preisgegeben und damit Ehrverletzungen in erhöhtem Maße ausgesetzt ist (vgl. Schönke/Schröder/*Eisele/Schittenhelm* StGB § 188 Rn. 2). Da der Gesetzeswortlaut das Schutzobjekt relativ unbestimmt lässt und dadurch die Gefahr einer Ausuferung besteht, sind die Grenzen des geschützten Personenkreises eng zu ziehen (vgl. BayObLGSt 89, 51). Verstärkter Ehrenschutz wird demnach nur denen gewährt, die sich „für eine gewisse Dauer mit den grundsätzlichen, den Staat, seine Verfassung, Gesetzgebung oder Verwaltung unmittelbar berührenden Angelegenheiten befassen und auf Grund der ausgeübten Funktion das praktische Leben maßgeblich beeinflussen" (vgl. BayObLG BayObLG NJW 1982, 2511). Schutz erfahren zB Abgeordnete des Bundestags und der Landtage der Länder (vgl. BGH NJW 1952, 194; hierzu auch OLG Düsseldorf NJW 1983, 1211), – nicht aber Kommunalpolitiker (vgl. BayObLG BayObLGSt 1982, 56) und ebenso wenig ausländische Politiker (Schönke/Schröder/*Eisele/Schittenhelm* StGB § 188 Rn. 3; *Fischer* StGB § 188 Rn. 2) –, ferner die führenden Persönlichkeiten der politischen Parteien und der großen Verbände, aber auch Richter, deren Entscheidungen auf das politische Leben Einfluss haben (vgl. BGHSt 4, 338) sowie einflussreiche Publizisten (aA *Fischer* StGB § 188 Rn. 2; zutreffend kritisch zu der Vorschrift auch *Soehring/Hoene* Rn. 12.33 f.; dadurch würden ausgerechnet diejenigen unter besonderen strafrechtlichen Schutz gestellt, deren Kontrolle und kritische Begleitung die ureigenste und von Verfassungs wegen gewährleistete Aufgabe der Medien sei).

25 2. Der Tatbestand des § 188 StGB ist jedoch nur dann gegeben, wenn die üble Nachrede bzw. die Verleumdung der geschützten Person öffentlich (vgl. → Kap. 53 Rn. 20a), in einer Versammlung (vgl. → Kap. 53 Rn. 22) oder durch *Verbreiten von Schriften* (vgl. → Kap. 49 Rn. 2a) erfolgt und die Tat geeignet ist, das öffentliche Wirken des Betroffenen erheblich zu erschweren. Außerdem muss die Tat aus Beweggründen begangen sein, die mit der Stellung des Beleidigten im öffentlichen Leben zusammenhängen (vgl. OLG Düsseldorf NJW 1983, 1211). Handelt es sich bei der Beleidigung der im politischen Leben stehenden Person um eine üble Nachrede (§ 186 StGB), so ist eine Freiheitsstrafe von drei Monaten bis fünf Jahren angedroht, bei einer Verleumdung erstreckt sich das Strafmaß von sechs Monaten bis zu fünf Jahren.

VII. Verunglimpfung des Andenkens Verstorbener (§ 189 StGB)

26 Nach § 189 StGB wird die Verunglimpfung des Andenkens Verstorbener mit Freiheitsstrafe bis zu zwei Jahren oder mit Geldstrafe bestraft. Für die Presse wird der § 189 StGB vor allem dann bedeutsam, wenn sie sich kritisch mit Vorgängen der Vergangenheit auseinandersetzt. Nach deutschem Strafrecht kommt für Verstorbene kein Ehrenschutz in Betracht, da nur Lebende Ehrträger sein können (vgl. Schönke/Schröder/*Eisele/Schittenhelm* StGB § 189 Rn. 1, iVm StGB Vor §§ 185 ff. Rn. 2). Geschützt ist bei Verstorbenen der allgemeine Achtungsanspruch, der dem Menschen kraft seines Personseins zusteht, sowie der sittliche, personale und soziale Geltungswert, den die Person durch ihre eigene Lebensleistung erworben hat, die beide in eingeschränkter Form fortbestehen (vgl. BVerfG NJW 2001, 2957 (2959); AfP 2008, 161 (162)). Das Pietätsempfinden der Angehörigen wird durch § 189 StGB lediglich mit geschützt (vgl. Schönke/Schröder/*Eisele/Schittenhelm* StGB § 189 Rn. 1; Fischer StGB § 189 Rn. 2).

Das Verunglimpfen des Andenkens Verstorbener kann durch eine Verleumdung (§ 187 StGB) immer, durch eine üble Nachrede (§ 186 StGB) nur von einigem Gewicht und durch eine einfache Beleidigung (§ 185 StGB) nur unter gravierenden Begleitumständen erfolgen (*Fischer* § 189 Rn. 3 mwN). Bei Verunglimpfung eines Toten ist die Führung des Wahrheitsbeweises möglich (vgl. Schönke/Schröder/*Eisele/Schittenhelm* StGB § 189 Rn. 4; zum Begriff der Verunglimpfung s. § 90 StGB vgl. 50. Kap. Rn. 39). Der § 189 StGB findet auch Anwendung, wenn Verstorbene durch eine Kollektivbezeichnung [„Auschwitzlüge"] verunglimpft werden, deren Gemeinsamkeit sich aus den Umständen ihres Versterbens ergibt (vgl. BGH NStZ 1994, 390 (391); *Fischer* StGB § 189 Rn. 3). Es ist zumindest bedingter Vorsatz erforderlich, der sich auch darauf beziehen muss, dass die betroffene Person verstorben ist (vgl. *Fischer* StGB § 189 Rn. 4).Zur Stellung des Strafantrags in den Fällen des § 189 StGB siehe § 194 Abs. 2 StGB.

VIII. Die Führung des Wahrheitsbeweises (§§ 190, 192 StGB)

1. In Beleidigungsprozessen spielt die Führung des Wahrheitsbeweises oft eine ausschlaggebende Rolle. Der Wahrheitsbeweis kann vom Täter in allen Fällen der §§ 186, 187, 188 und 189 StGB geführt werden, ja auch bei einer dem Betroffenen gegenüber ausgesprochenen Beleidigung im Sinn des § 185 StGB, soweit diese durch das Äußern einer Tatsachenbehauptung erfolgt sein soll. Um zu verhindern, dass in einem Beleidigungsverfahren durch Antritt des Wahrheitsbeweises ein bereits früher rechtskräftig abgeschlossenes Strafverfahren (zB wegen Betrugs) erneut aufgerollt wird, bestimmt die *gesetzliche Beweisregel* des § 190 StGB, dass im Falle der Beleidigung durch den Vorwurf einer strafbaren Handlung der Wahrheitsbeweis als erbracht bzw. widerlegt anzusehen ist, je nachdem, ob der Betroffene wegen dieser Handlung rechtskräftig verurteilt oder freigesprochen wurde (vgl. BGH AfP 1985, 204). Die freie richterliche Beweiswürdigung (§ 261 StPO) wird hier durch eine gesetzliche Beweisregel eingeschränkt. Der § 190 StGB setzt eine rechtskräftige Sachentscheidung voraus. Ist das Verfahren wegen Verjährung, wegen fehlendem Strafantrag usw eingestellt worden, so kommt § 190 StGB nicht zur Anwendung (Schönke/Schröder/*Eisele/Schittenhelm* StGB § 190 Rn. 4). 27

2. Die Behauptung oder Verbreitung einer wahren Tatsache schließt zwar grundsätzlich die Strafbarkeit der Handlung aus. Dies gilt aber nach § 192 StGB nicht in den Fällen einer sog. Formalbeleidigung, in denen sich die Beleidigung aus der Form der Behauptung oder aus den Umständen ergibt, unter denen sie erfolgt. § 192 StGB verbietet, in besonders herabsetzender Weise über einen anderen die Wahrheit zu sagen (vgl. *Fischer* StGB § 192 Rn. 2; OLG Rostock NJ 2016, 431 (433); OLG Naumburg GRUR-RR 2020, 180 Rn. 37). 28

Keine Formalbeleidigung ist dagegen der sog. Publikationsexzess, also die Publikation einer wahren ehrenrührigen Tatsache, an der kein öffentliches Interesse besteht (str., vgl. Schönke/Schröder/*Eisele/Schittenhelm* StGB § 192 Rn. 1 mwN), die durchaus eine Verletzung des allgemeinen Persönlichkeitsrechts darstellen kann. Denn es fehlt in diesem Fall die für die Bestrafung des Täters wegen einer formbedingten Beleidigung erforderliche Absicht der Beleidigung durch die Form oder die ehrverletzenden Umstände der Mitteilung der Behauptung (vgl. *Fischer* StGB § 192 Rn. 4). Das Vorliegen einer Formalbeleidigung ist erst zu prüfen, wenn der Wahrheitsbeweis tatsächlich erbracht ist (vgl. Schönke/Schröder/*Eisele/Schittenhelm* StGB § 192 Rn. 3; Fischer StGB § 192 Rn. 3).

IX. Die Wahrnehmung berechtigter Interessen (§ 193 StGB)

1. Die für die Meinungsäußerungs- und Pressefreiheit zentrale Bestimmung des Beleidigungsrechts ist § 193 StGB. Macht sich der Publizist in Erfüllung seiner „öffentlichen Aufgabe" der Information und Kritik (vgl. § 3 der Landespressegesetze) eines Ehrdeliktes schuldig, so entfällt die Rechtswidrigkeit (vgl. BGHSt 18, 184) und damit die Strafbarkeit seiner Tat, wenn er in Wahrnehmung berechtigter Interessen iSd § 193 StGB gehandelt hat. Dass der Presse bei ihrer Tätigkeit grundsätzlich der Schutz des § 193 StGB zukommt, wird nicht nur in einigen Landespressegesetzen (Art. 3 Abs. 3 LPG Bayern, § 3 Abs. 3 LPG Berlin, § 3 LPG Brandenburg) ausdrücklich festgestellt, sondern auch von den Gerichten in gefestigter Rechtsprechung anerkannt (vgl. BVerfGE 12, 113; BGHSt 12, 287; BGHZ 45, 296; OLG Düsseldorf NJW 1992, 1336). Zusammen mit Art. 5 GG bildet § 193 StGB die Magna Charta der Presse, denn er gilt als praktische Ausprägung des Grundrechts der Meinungs- und Pressefreiheit auf dem Gebiet des Beleidigungsrechts (vgl. BVerfGE 42, 152; BGH NJW 1959, 636; 1965, 1476; Fischer StGB § 193 Rn. 17 mwN). 29

Der § 193 StGB dient dem sachgerechten Ausgleich bei den in der Praxis unvermeidlichen Kollisionen zwischen dem Ehrenschutz einerseits und der Meinungsäußerungs- und Pressefreiheit bzw. gegebenenfalls der Kunstfreiheit (bei Meinungsäußerungen, die zB wegen ihres satirischen Charakters möglicherweise als Kunst anzusehen sind; dann ist Art. 5 Abs. 3 GG das spezielle Grundrecht: vgl. BVerfG AfP 1993, 476 f.; BVerfGE 30, 191 f.; *Leibholz/Rinck/Hesselberger* Art. 5 Rn. 1041) andererseits. Die dem Richter obliegende Pflicht zur Abwägung (vgl. → Kap. 10 Rn. 21) besteht auch bei Anwendung des § 193 StGB. Die Abwägung kann auch zum Zurücktreten der Kunstfreiheit führen, wenn diese mit anderen Verfassungsgütern kollidiert, etwa dem Jugend- und Ehrenschutz (vgl. BVerwG AfP 1997, 570; 1993, 601 f.; 1993, 603). Das Prinzip der Wahrnehmung berechtigter Interessen beschränkt sich im Übrigen nicht auf das Strafrecht, sondern hat als allgemeiner Grundsatz für die gesamte Rechtsordnung Gültigkeit (vgl. BGHZ 3, 281).

30 2. Nach dem *Wortlaut* des § 193 StGB entfällt die Rechtswidrigkeit, wenn es sich um „tadelnde Urteile über wissenschaftliche, künstlerische oder gewerbliche Leistungen, desgleichen Äußerungen, welche zur Ausführung oder Verteidigung von Rechten oder zur *Wahrnehmung berechtigter Interessen* gemacht werden, sowie Vorhaltungen und Rügen der Vorgesetzten gegen ihre Untergebenen, dienstliche Anzeigen oder Urteile von Seiten eines Beamten und *ähnliche Fälle*" handelt. Solche Handlungen sind nach § 193 StGB „nur insoweit strafbar, als das Vorhandensein einer Beleidigung aus der Form der Äußerung oder aus den Umständen, unter welchen sie geschah, hervorgeht."

31 3. Die Anwendung des § 193 StGB setzt das Vorliegen des Tatbestands eines Ehrdeliktes nach der inneren und äußeren Tatseite voraus (vgl. BayObLG ZUM 1998, 502 f.; OLG Frankfurt a. M. NJW 1989, 1367; siehe auch *Graul* NStZ 1991, 457 ff.), bei der es nur noch um die Frage der *Rechtswidrigkeit* geht. Fehlt es schon am Tatbestand des Ehrdeliktes – etwa weil der Wahrheitsbeweis erbracht ist – so kommt § 193 StGB nicht zum Zug (vgl. BGHSt 11, 273). Deshalb liegt die Hauptbedeutung des § 193 StGB für die Presse auf dem Gebiet der Nachrichtenverbreitung (Tatsachenbehauptungen). Hier ist es der Presse aus technischen und zeitlichen Gründen (ständiges Arbeiten unter Zeitdruck) nicht immer möglich, alle eingehenden Meldungen vor ihrer Publizierung auf ihren Wahrheitsgehalt zu überprüfen. Erweist sich nun eine Mitteilung als falsch, so greift hier zugunsten der Presse der Schutz des § 193 StGB ein, sofern die Presse bei ihrer Berichterstattung nicht leichtfertig gehandelt hat (vgl. BVerfGE 12, 130). Zum Umfang der Prüfungspflicht vgl. → Rn. 37 ff.

32 4. Das Vorliegen der Voraussetzungen des § 193 StGB hat der Richter von Amts wegen zu prüfen. Dabei hat er sorgfältig die kollidierenden Rechtsgüter – Ehrenschutz einerseits und Pressefreiheit bzw. Meinungsfreiheit andererseits – abzuwägen (vgl. BVerfG AfP 2003, 538). Stehen sich beide Rechtsgüter gleichwertig gegenüber, so gilt der Grundsatz „in dubio pro libertate" (vgl. BVerfG NJW 1999, 2263; 1995, 3305; 2017, 1460; BVerfGE 7, 198 ff.). Die richterliche Entscheidung unterliegt der Nachprüfung durch das Revisionsgericht (vgl. RG RGSt 15, 15).

Der Anwendungsbereich des § 193 StGB erstreckt sich sowohl auf die Beleidigung (§ 185 Abs. 1 StGB) als auch auf die üble Nachrede (§§ 186, 188 StGB; *Fischer* StGB § 193 Rn. 3). Ausgenommen hiervon ist jedoch die Formalbeleidigung gemäß § 192 StGB (vgl. → Rn. 28; Schönke/Schröder/*Eisele/Schittenhelm* StGB § 193 Rn. 2; KG Berlin JR 1988, 522). Ebenfalls unanwendbar ist § 193 bei den §§ 187 und 189 StGB. Denn die Verfolgung eines berechtigten Zweckes ist unvereinbar mit der Verleumdung und der Verunglimpfung. Lediglich in Sonderfällen hat die Rechtsprechung anders entschieden, zB zugunsten eines Angeklagten, der andere verleumdet, indem er Tatsachen leugnet (vgl. BGH NStZ 1995, 78; NJW 1952, 194). Hierbei handelt es sich jedoch eigentlich um einen Notstandsfall, der nicht nach § 193 StGB, sondern nach § 34 StGB zu beurteilen ist (vgl. SK StGB § 187 Rn. 6; Schönke/Schröder/*Eisele/Schittenhelm* StGB § 193 Rn. 2).

Beim Delikt der publizistischen Berufspflichtverletzung (§ 20 LPG) hingegen können sich Verleger und verantwortlicher Redakteur auf die Schutznorm des § 193 berufen (vgl. OLG Hamburg NJW 1954, 197).

5. Die einzelnen Rechtfertigungsgründe des § 193 StGB

33 a) Der über 100 Jahre alte § 193 StGB führt in seinem Text (vgl. → Rn. 30) eine Reihe einst zeitgemäßer Einzelfälle berechtigter Kritik auf, erweitert aber die Bestimmung zum *Generalprinzip* durch die Ausdehnung auf „Äußerungen, welche... zur Wahrnehmung berechtigter Interessen gemacht werden" und schließt ganz allgemein „ähnliche Fälle" ein. So stellt die Rechtsprechung zutreffend den in § 193 StGB aufgeführten tadelnden Urteilen über wissenschaftliche, künstlerische und gewerbliche Leistungen die Kritik an den Leistungen der freien Berufe, der Sportler und der Politiker gleich. Zu den einer zulässigen Kritik unterliegenden Leistungen gehört auch die Tätigkeit der Verwaltung und der Gerichte (vgl. Schönke/Schröder/*Eisele/Schittenhelm* StGB § 193 Rn. 5; siehe auch BVerfG NJW 1961, 819; BGH GRUR 1966, 693;

zur Wahrnehmung berechtigter Interessen in einem Leserbrief vgl. OLG Düsseldorf NJW 1992, 1336; vgl. daneben BVerfG NJW 2019, 200, zur Kritik an der Verhandlungsführung eines Richters). Auch sind die Staatsorgane ihrerseits, trotz ihrer Pflicht zur Sachlichkeit, berechtigt, die Ziele und die Tätigkeit auch nicht verbotener Parteien negativ zu beurteilen (vgl. BVerfG NJW 1976, 38).

b) Unter den Schutz des § 193 StGB fallen auch Strafanzeigen (vgl. OLG Köln NJW 1997, 1247 f.; BayObLG NJW 1954, 1011) sowie Petitionen an das Parlament (vgl. OLG Düsseldorf NJW 1972, 650). Denn § 193 StGB erwähnt ausdrücklich „Äußerungen... zur *Verteidigung von Rechten*" (vgl. hierzu *Walter* JZ 1986, 618). Gedacht ist hier in erster Linie an Prozessparteien oder deren Anwälte, die zur Verteidigung ihrer Position die Gegenseite angreifen (siehe zB BGH StV 1987, 533; KG Berlin JR 1988, 522). Krasses Beispiel – allerdings zivilrechtlich – LG Köln NJW-RR 2002, 688 (Homosexualität als Gendefekt, Bezeichnung als Arschloch). Auch Zeugenaussagen, die die Ehre eines Dritten verletzen, sind durch § 193 StGB geschützt (vgl. BGH MDR 1953, 147; OLG Hamm NJW 1992, 1329, mwN; OLG Düsseldorf NJW 1987, 3268). 34

6. Die Wahrnehmung berechtigter Interessen

Da das Institut der (die Rechtswidrigkeit ausschließenden) Wahrnehmung berechtigter Interessen im gegebenen Fall einen Eingriff in fremde Rechtsgüter (Ehre, Persönlichkeitsrechte) gestattet, hat die Rechtsordnung die Anwendung des § 193 StGB an eine Reihe von Voraussetzungen geknüpft: 35

a) Nur *berechtigte* Interessen sind schutzwürdig. Interessen, die gegen das Recht oder die guten Sitten verstoßen, genießen keinen Schutz (vgl. Schönke/Schröder/*Eisele/Schittenhelm* StGB § 193 Rn. 9), so zB das Interesse, den persönlichen Gegner durch Aufdeckung seines Privatlebens unmöglich zu machen (BGH NJW 1963, 665) oder die eigene wirtschaftliche Lage zu verbessern (vgl. die Beispiele bei *Fischer* StGB § 193 Rn. 11–14). Dass solche Erwägungen mitwirken, schließt jedoch an sich das Eingreifen des § 193 StGB nicht aus (vgl. OLG Düsseldorf NJW 1972, 650). Anders wäre zu entscheiden, wenn es sich um das bedenkliche Privatleben eines hohen Beamten handeln würde und ein öffentliches Interesse an der Klärung wegen der Gefahr bestünde, dass wichtige öffentliche Ämter mit dazu ungeeigneten Personen besetzt bleiben (vgl. BGHSt 18, 182 Verdacht der Inanspruchnahme von Prostituierten). Allein das Sensationsbedürfnis, Neugier und Gefallen am Klatsch der Leserschaft (vgl. BGHSt 18, 182) oder das Interesse des Verlegers an der Verbesserung seiner finanziellen Lage (vgl. RG RGSt 38, 251) sind für sich allein betrachtet noch kein „berechtigtes" Interesse, das den Eingriff in fremde Rechte deckt. Die Tätigkeit von Auskunfteien genießt nur dann das Privileg des § 193 StGB, wenn die Informationen tatsächlich dem Schutz der Geschäftskunden dienen (vgl. BGH GRUR 1956, 212). 36

b) Bei *leichtfertig* aufgestellten oder verbreiteten unwahren Tatsachenbehauptungen liegt keine Wahrnehmung berechtigter Interessen vor (vgl. BGHSt 14, 48; OLG Celle NJW 1988, 354). Unter Leichtfertigkeit ist dabei grobe Fahrlässigkeit zu verstehen (dazu OLG Hamburg MDR 1980, 953). 37

Von den Veröffentlichungen der modernen Massenmedien geht eine „unberechenbare und tief greifende Wirkung" aus (vgl. BGHZ 3, 285; 39, 129). Deshalb trifft die Presse hinsichtlich ihrer Berichterstattung eine erhöhte Verantwortung (vgl. BVerfGE 12, 113; BGHZ 31, 308); die Sorgfaltspflichten der Medien sind demnach strenger als für Privatleute (vgl. BVerfG NJW 2003, 1855). Sie sind daher bei ihrer Berichterstattung zu besonderer Sorgfalt verpflichtet. Dabei sind an die Erfüllung der Sorgfaltspflicht aber nicht die Maßstäbe einer gerichtlichen Wahrheitsfindung anzulegen (vgl. AG Mainz AfP 1993, 787); es besteht auch keine Verpflichtung, bestimmten (zB behördlichen) Auskünften Glauben zu schenken (vgl. AG Mainz AfP 1993, 788). Umgekehrt dürfen sich Medien auf Auskünfte dieser Institutionen verlassen (vgl. BVerfG AfP 2010, 365; LG Berlin AfP 2008, 530; *Soehring/Hoene* Rn. 2.32c; *Informanten* aus den Reihen der Polizei jedoch kommt nur ein geringerer Stellenwert zu, OLG Dresden NJW 2004, 1181). Insbesondere dürfen die Sorgfaltsanforderungen nicht so bemessen werden, dass dadurch die Freiheit der Meinungsäußerung beeinträchtigt wird (vgl. BVerfG NJW 1980, 2072; BGH NJW 1998, 3047) oder die Berichterstattung auf Grund von Überprüfungspflichten nicht mehr aktuell sein kann. Die Sorgfaltspflicht der Presse ist umso mehr zu beachten, je einschneidender sich die Publikation auf den Betroffenen auswirkt (vgl. BGH AfP 1988, 35; NJW 1965, 1374; AG Mainz AfP 1993, 788; *Soehring/Hoene* Rn. 2.20; zu den Sorgfaltspflichten vgl. → Kap. 39 Rn. 6 ff.). Vor der Veröffentlichung ehrenrühriger Behauptungen ist dem Betroffenen Gelegenheit zur Stellungnahme zu geben (vgl. BGH AfP 1988, 35; OLG Hamburg AfP 1997, 478, zur zivilrechtlichen Haftung; *Soehring/Hoene* Rn. 2.19), insbesondere im Falle der Namensnennung im Zusammenhang mit einer Verdachtsäußerung (vgl. OLG Stuttgart NJW 1972, 2321; OLG Rostock NJ 2016, 431 (432); *Soehring/Hoene* Rn. 2.33). – Dies gilt jedoch nicht ausnahmslos (vgl. OLG Hamburg ZUM 1996, 312 f.; *Soehring/Hoene* Rn. 2.36; vgl. auch → Kap. 39 Rn. 12).

38 c) § 193 StGB setzt voraus, dass der Angriff auf die fremde Ehre den Verhältnismäßigkeitsgrundsatz nicht unbeachtet lässt. Die beleidigende Äußerung muss also zur Wahrnehmung des verfolgten Interesses geeignet, erforderlich und verhältnismäßig im engeren Sinne sein (vgl. LG Kaiserslautern NJW 1989, 1370). Auf dem Boden des § 193 StGB gilt das Prinzip der Verhältnismäßigkeit von Mittel und Zweck (vgl. BGH MDR 1953, 401). Doch kann von dem Äußernden im allgemeinen und speziell von der Presse nicht verlangt werden, das „schonendste Mittel" zur Anwendung zu bringen. Insbesondere bei Äußerungen im politischen Meinungskampf und im Rahmen von Auseinandersetzungen über die Allgemeinheit wesentlich berührende Fragen ist in der Rechtsprechung anerkannt, dass der straffreie Bereich weiter zu fassen ist (vgl. BVerfGE 66, 116; NJW 1984, 1741 ff.; BGHSt 36, 85; BayObLG MDR 1994, 81 f.; 1991, 273), so dass übertreibende Wertungen sowie scharfe und polemisierende Worte zur Kennzeichnung des politischen Gegners zulässig sein können. Gegenüber einer Person, die sich durch ihre Äußerungen oder ihr Verhalten selbst zum Gegenstand des öffentlichen Interesses gemacht hat, sind somit stärkere Äußerungen zulässig als gegenüber demjenigen, bei dem dies nicht der Fall ist (vgl. BVerfGE 54, 129 (138); NVwZ 2016, 761; OLG Frankfurt a. M. JR 1996, 251; Schönke/Schröder/*Eisele/Schittenhelm* StGB § 193 Rn. 16 mwN). Auch die Reizüberflutung der Bevölkerung ist zu berücksichtigen und kann zur Zulässigkeit starker Formulierungen führen (vgl. BVerfGE 24, 286; LG Berlin NJW 1997, 1371 f.). Die Grenze dessen, was an Ehrverletzung im Hinblick auf Art. 5 Abs. 1 GG hingenommen werden muss, endet aber bei der böswilligen Schmähkritik. Äußerungen, bei denen nicht die Auseinandersetzung in der Sache, sondern die Diffamierung einer Person im Vordergrund steht, sind nicht gerechtfertigt (vgl. BVerfG AfP 2003, 538, mit dem Hinweis darauf, dass im Hinblick auf den Schutz der Meinungsfreiheit der Begriff der Schmähung eng auszulegen sei; ferner BVerfGE 82, 236 mwN; NJW 2019, 2600; BGHSt 36, 85; BayObLG MDR 1991, 273). In der öffentlichen Auseinandersetzung kann darüber hinaus auch ein Gegenschlag, der herabsetzende Äußerungen beinhaltet, durch § 193 StGB gerechtfertigt sein, wenn er sich als adäquate Reaktion auf die von der Gegenseite aufgestellten Behauptungen darstellt und nicht unverhältnismäßig ist (vgl. BVerfGE 12, 132; BGHSt 36, 83; KG Berlin JR 1990, 124; BayObLG AfP 2002, 221 ff. (223 f.); AG Weinheim NJW 1994, 1543 f.; vgl. auch EGMR NJW 1987, 2143; Schönke/Schröder/*Eisele/Schittenhelm* StGB § 193 Rn. 16 mwN; vgl. iÜ → Kap. 42 Rn. 30 ff.).

39 Da die Presse im Rahmen des § 193 StGB das Prinzip der Verhältnismäßigkeit von Mittel und Zweck zu beachten hat, hat sie vor jeder Veröffentlichung, die in fremde Rechte eingreift, zu prüfen, ob für die beabsichtigte Mitteilung ein ausreichender *Öffentlichkeitswert* gegeben ist. Dies gilt insbesondere für Vorgänge aus dem Privat-, Familien- und Intimbereich (vgl. BGHSt 18, 182 – Callgirl-Urteil; *Soehring/Hoene* Rn. 2.20; vgl. auch die zivilrechtl. Entsch. des LG Berlin AfP 2003, 174 ff. (175)). Bei der Prüfung des Vorliegens eines Öffentlichkeitswertes ist allerdings davon auszugehen, dass es zunächst vom Selbstbestimmungsrecht des Äußernden, insbesondere auch der Presse als Träger der Meinungsfreiheit umfasst ist, frei zu entscheiden, welcher der Gegenstand der Berichterstattung sein soll. Es ist also nicht Sache der Gerichte zu entscheiden, ob ein bestimmtes Thema überhaupt berichtenswert ist (vgl. BVerwG AfP 2015, 80). Die Meinungsfreiheit steht nicht unter einem allgemeinen Vorbehalt des öffentlichen Interesses. Besteht ein solches, erhöht es das in der Abwägung mit dem allgemeinen Persönlichkeitsrecht einzustellende Gewicht des Grundrechts des Art. 5 Abs. 1 S. 1 GG (vgl. BVerfG AfP 2010, 365; *Weberling* AfP 2020, 20 (21)). Vor diesem Hintergrund ist auch die schwierige Frage zu entscheiden, ob der Name oder das Bild des Betroffenen veröffentlicht werden dürfen (vgl. BVerfGE 35, 220; siehe aber auch OLG Köln NJW 1987, 2682; Näheres → Kap. 42 Rn. 6 ff.,

66 und → Kap. 43 Rn. 12 ff.). Bei Berichten über wichtige Prozesse darf die Presse Zeugenaussagen auch dann öffentlich wiedergeben, wenn Dritte dadurch belastet werden (vgl. OLG München AfP 1977, 401).

Keinen Schutz nach § 193 StGB erfährt ein Presseorgan jedoch dann, wenn während eines Ermittlungsverfahrens, obwohl nur unzureichende Verdachtsgründe vorliegen, fest behauptet wird, der mit vollem Namen genannte Beschuldigte habe eine schwere Straftat begangen (vgl. OLG Köln NJW 1987, 2682; *Soehring/Hoene* Rn. 2.19). Zu unterscheiden ist also immer die Darstellung eines Tatverdachtes und des korrespondierenden Ermittlungsverfahrens einerseits und andererseits die Behauptung, der Betreffende habe die Tat wirklich begangen. Daneben sind im Rahmen der Verdachtsberichterstattung nicht durch § 193 StGB gedeckt: die einseitige Darstellung, das Darstellen eines Verdachtes als bereits feststehende Tatsache, sowie das Verschweigen entlastender Umstände (vgl. zu den Grenzen der Verdachtsberichterstattung: BGH NJW 2000, 1036; OLG Dresden NJW 2004, 1181 ff. – zivilrechtl. Entsch.; *Soehring/Hoene* Rn. 2.19 ff.).

Auch ohne hinreichende Verdachtsgründe ist eine Berichterstattung über die Erstattung der Strafanzeige und die zugrunde liegenden Vorwürfe aber dann zulässig, wenn sie von einem Informationsbedürfnis der Bevölkerung getragen wird (str.; OLG Düsseldorf AfP 1995, 500 f.; vgl. → Kap. 42 Rn. 6 ff.; s. aber auch LG München AfP 2003, 464, das stets einen „Mindestbestand an Beweistatsachen“ fordert. Nach der zuletzt genannten Auffassung reicht der alleinige Umstand, dass ein Ermittlungsverfahren eingeleitet wurde, nicht aus). Zum Problem der Vorverurteilung vgl. Soehring, Vorverurteilung durch die Presse, 1999.

d) Des Weiteren erfordert der Rechtsschutz aus § 193 StGB, dass die beleidigende Äußerung 40
gerade zum Zweck der Wahrung berechtigter Interessen gemacht wird (Fischer StGB § 193 Rn. 42). Eine Beleidigung, die in Wahrheit nur „bei Gelegenheit“ einer anderweitigen Wahrnehmung berechtigter Interessen erfolgt, ist nicht geschützt. Bei Äußerungen, die aus Rachsucht, Konkurrenzneid oder Sensationsgier gemacht werden, entfällt das Privileg des § 193 StGB (vgl. BGHSt 18, 182), es sei denn, der Täter handelt daneben auch in Wahrnehmung allgemeiner öffentlicher Interessen (Motivbündel; BGH NStZ 1987, 554; *Tenckhoff* JuS 1989, 202).

e) Die früher von der Rechtsprechung (siehe LK/*Hilgendorf* StGB § 193 Rn. 19 und 20 41
mwN) vertretene These, dass die Wahrnehmung berechtigter Interessen durch einen dazu *persönlich Legitimierten* erfolgen müsse, kann im heutigen demokratischen Rechtsstaat nicht mehr als gültig anerkannt werden. Die Legitimation der *Presse* zur Wahrnehmung der berechtigten Interessen der Allgemeinheit und des Einzelnen ist von Gesetz und Rechtsprechung anerkannt und gilt für die gesamte, nicht nur die politische Presse (vgl. BVerfGE 12, 116). Der Begriff „Presse“ ist weit und formal auszulegen. Jedes Presseorgan, gleich welcher publizistischen Ausrichtung, genießt den vollen Schutz des § 193 StGB, sofern dessen Voraussetzungen im gegebenen Fall erfüllt sind. Dazu wird man auch den Blogger zu zählen haben, der bei seiner publizistischen Arbeit die Sorgfaltspflichten der Presse beachtet (vgl. *Weberling/Bergann* AfP 2019, 293 (296 f.); *Weberling* AfP 2020, 20 (21)). Auch der *einzelne Staatsbürger* nimmt berechtigte Interessen wahr, wenn er an Missständen in Staat, Gesellschaft und Wirtschaft scharfe Kritik übt, oder sich an öffentlichen Auseinandersetzungen über gemeinschaftswichtige Themen beteiligt (vgl. BVerfGE 12, 113; BGHZ 45, 296; OLG Frankfurt a. M. NJW 1989, 1368). Soweit der Staatsbürger Kritik an der Presse übt und sich im Rahmen des § 193 StGB äußert, muss sich auch die Presse selbst diese Kritik gefallen lassen. Die öffentliche Missbilligung, die der *Deutsche Presserat* aus gegebenem Anlass einzelnen Presseorganen gegenüber zum Ausdruck bringt, ist gleichfalls durch § 193 StGB gedeckt (vgl. Kap. 40 Rn. 20).

7. Kein Schutz durch § 193 StGB bei „Form-Exzessen“

Wie in § 193 StGB ausdrücklich bestimmt ist, entfällt der Rechtsschutz insoweit, als sich die 42
Beleidigung aus der Form der Äußerung oder den begleitenden Umständen ergibt. Wer berechtigte Interessen wahrnehmen will, braucht sich keiner anstößigen Form zu bedienen (vgl. BGHZ 39, 124 – Fernsehansagerin-Urteil). Beim Form-Exzess hat der Richter anzugeben, welche Ausdrücke der Täter sonst hätte benützen können, um sein Anliegen zum Ausdruck zu bringen (s. auch OLG Frankfurt a. M. NJW 1977, 1353 – Wertungsexzess). Ein Formexzess liegt aber nur vor, wenn es sich um eine reine Herabsetzung des Betroffenen handelt und kein sachlicher Bezug zu dessen kritisierten Handlung vorliegt (vgl. BVerfG NJW 2017, 1460; 2019, 2600).

8. Tatbestands- und Verbotsirrtum

43 a) Auf dem Boden des § 193 StGB spielt der Irrtum des Täters eine erhebliche Rolle. Nimmt der Täter bei seinem Vorgehen irrig einen Sachverhalt für gegeben an, der, wenn er zuträfe, den Rechtfertigungsgrund des § 193 StGB ergeben würde (der kritisierende Publizist nimmt infolge einer Namensverwechslung an, der Bewerber um ein öffentliches Amt sei früher Funktionär der KPD gewesen), so gelten die allgemeinen Regeln über den Irrtum über das Vorliegen eines Rechtfertigungsgrundes, so dass der Täter straffrei bleibt (vgl. BGHSt 3, 12; Schönke/Schröder/*Eisele/Schittenhelm* StGB § 193 Rn. 24). Das Gleiche gilt, wenn der Täter irrig „die Flucht in die Öffentlichkeit" als ein angemessenes Mittel zum richtigen Zweck ansieht (vgl. BGH NJW 1966, 1227 – Fall Pätsch). Gleiches gilt bei fahrlässigem Handeln. Da fahrlässiges Handeln nicht strafbar ist, führt auch eine leichtfertige Verletzung der Prüfungspflichten nicht zur Strafbarkeit der Handlung (vgl. Schönke/Schröder/*Eisele/Schittenhelm* StGB § 193 Rn. 24).

44 b) Irrt dagegen der Täter über den Inhalt oder den Umfang des Rechtfertigungsgrundes des § 193 StGB (hält er zB irrig ein von der Sittenordnung nicht gebilligtes Interesse für ein „berechtigtes"), so liegt ein *Verbotsirrtum* iSd § 17 StGB vor (vgl. BGHSt 2, 204). Bei einem unvermeidbaren Verbotsirrtum bleibt der Täter straffrei; war der Irrtum vermeidbar, besteht die Möglichkeit einer Strafmilderung. *Vermeidbar* ist ein Irrtum, wenn das Vorhaben dem Täter unter Berücksichtigung seiner Fähigkeiten und Kenntnisse hätte Anlass geben müssen, über dessen mögliche Rechtswidrigkeit nachzudenken oder sich zu erkundigen, und er auf diesem Wege zur Unrechtseinsicht gekommen wäre (vgl. BayObLG NJW 1989, 1744 f.; insoweit restriktiv OLG Hamm NJW 1982, 659: der Beleidigende könne sich nicht schon deshalb auf einen Verbotsirrtum berufen, nur weil es seine (Rechts)Auffassung stützende Urteile anderer Gerichte gebe. Zur Vermeidbarkeit des Verbotsirrtums insgesamt Schönke/Schröder/*Sternberg-Lieben/Schuster* StGB § 17 Rn. 13–22b).

X. Die Regelung des Strafantrags (§ 194 StGB)

45 1. Sämtliche Arten der Beleidigung einschließlich der Verunglimpfung des Andenkens eines Verstorbenen (§ 189 StGB) setzen hinsichtlich ihrer Strafverfolgung einen ordnungsmäßigen und rechtzeitig gestellten *Strafantrag* voraus – ausgenommen die Sonderfälle der Angehörigen einer unter der nationalsozialistischen oder anderen Gewalt- und Willkürherrschaft verfolgten Gruppe (§ 194 Abs. 1 S. 2 und Abs. 2 S. 2 StGB), die der Verfolgung allerdings widersprechen können. Mit dem Verzicht auf das Antragserfordernis soll eine erleichterte Strafverfolgung bei Delikten gem. §§ 185 ff. StGB ermöglicht werden, die es insbesondere „erlaubt, dem Leugnen des unter der Herrschaft des Nationalsozialismus oder einer anderen Gewalt- oder Willkürherrschaft. begangenen Unrechts strafrechtlich zu begegnen" (vgl. BT-Drs. 10/3242, 8; Schönke/Schröder/*Eisele/Schittenhelm* StGB § 194 Rn. 1). In Anbetracht des neu gefassten und ergänzten § 130 StGB (vgl. → Kap. 52 Rn. 10 ff.) wird der kriminalpolitische Sinn dieser Bestimmung mit guten Argumenten in Frage gestellt (vgl. Schönke/Schröder/*Eisele/Schittenhelm* StGB § 194 Rn. 1 mwN).

Soweit die Beleidigung ein Antragsdelikt ist, wird sie im Wege der *Privatklage* verfolgt (§ 374 Abs. 1 Nr. 2 StPO). Doch kann die Staatsanwaltschaft auch in Beleidigungssachen die öffentliche Klage erheben, wenn dies im öffentlichen Interesse liegt.

46 2. Der Strafantrag ist kein Tatbestandsmerkmal, sondern eine Prozessvoraussetzung (vgl. BGHSt 6, 155). Das Strafantragsrecht ist in §§ 77–77e StGB generell geregelt und wird hinsichtlich des Beleidigungsrechts durch die Spezialbestimmung des § 194 StGB ergänzt. *Antragsberechtigt* ist grundsätzlich der Verletzte. Eine Sonderregelung ist im Falle des Verunglimpfens des Andenkens Verstorbener (Antragsrecht der Angehörigen) vorgesehen (§ 194 Abs. 2 StGB), ebenso bei Beleidigung von *Amtsträgern* (§ 194 Abs. 3 StGB) und *politischen Körperschaften* (§ 194 Abs. 4 StGB). Sind mehrere Personen antragsberechtigt, so kann jeder den Strafantrag selbstständig stellen (§ 77 Abs. 4 StGB).

47 3. Die *Strafantragsfrist* beträgt drei Monate (§ 77b StGB). Die Frist beginnt mit dem Ablauf des Tages, an dem der zum Strafantrag Berechtigte von der Tat und der Person des Täters Kenntnis erlangt hat. Kenntnis der Tat bedeutet die Kenntnis des objektiven und subjektiven Tatbestands der Handlung (Schönke/Schröder/*Bosch* StGB § 77b Rn. 6 mwN). Kenntnis des Täters erfor-

dert, dass der Antragsberechtigte diesen im Antrag individualisieren kann. Die Kenntnis seines Namens ist nicht erforderlich. Ein bloßer Verdacht gegen eine bestimmte Person ist keine Kenntnis iSd § 77b StGB (vgl. *Lackner* StGB § 77b Rn. 4).

4. Die *Form* des Strafantrags und den richtigen Adressaten bestimmt § 158 StPO. Um rechtswirksam zu sein, muss der Strafantrag schriftlich oder zu Protokoll bei der Staatsanwaltschaft oder bei Gericht gestellt werden, bei anderen Behörden ausschließlich in schriftlicher Form. Die Schriftform verlangt die Unterschrift der Antragsteller (vgl. KG Berlin NStZ 1990, 144; aA OLG Hamm MDR 1990, 847). Zuständige Gerichte sind die Amtsgerichte oder ein mit der Angelegenheit bereits befasstes Gericht höherer Instanz (vgl. Meyer-Goßner/Schmitt/*Schmitt* StPO § 158 Rn. 7). Eine Vertretung bei der Antragstellung durch einen Bevollmächtigten ist hinsichtlich der Abgabe der Erklärung unbeschränkt zulässig (vgl. BGH NStZ 1982, 508), eine Vertretung bei der Willensbildung nur in vermögensrechtlichen Angelegenheiten. **48**

5. Der *Inhalt* des Strafantrags erfordert eine Willensäußerung des Berechtigten, dass er eine bestimmte Tat strafrechtlich verfolgt wissen will (vgl. BGH NJW 1991, 370 mwN). Die zutreffende rechtliche Bezeichnung der Straftat ist nicht erforderlich (vgl. BGHSt 6, 156). Grundsätzlich erfasst der Strafantrag die gesamte Tat. Sind an der Tat mehrere Personen beteiligt oder sind mehrere Personen antragsberechtigt, so läuft die Antragsfrist für und gegen jeden gesondert (§ 77b Abs. 3 StGB). Doch kann der Antragsberechtigte seinen Strafantrag auf bestimmte Tatbeteiligte oder einzelne abtrennbare Teile eines Vorgangs beschränken, so zB auf einzelne Passagen eines Zeitungsartikels (BayObLG AfP 1972, 160). – Bis zum rechtskräftigen Abschluss des Strafverfahrens kann der Strafantrag jederzeit zurückgenommen werden (§ 77d Abs. 1 S. 2 StGB). **49**

6. Unabhängig davon, ob der Strafantrag rechtzeitig gestellt wurde, läuft bei Beleidigungen, die durch die Presse begangen werden, die kurze *Verjährungsfrist* von sechs Monaten (§ 24 Abs. 1 S. 1 LPG; vgl. → Kap. 49 Rn. 32 ff.). **50**

XI. Kompensation wechselseitiger Beleidigungen (§ 199 StGB)

Nach § 199 StGB kann der Richter bei wechselseitig begangenen Beleidigungen nach pflichtgemäßem Ermessen beide Beleidiger oder einen von ihnen für *straffrei* erklären. Das Gesetz geht hier von dem Gedanken aus, dass derjenige, der eine Beleidigung sofort erwidert, regelmäßig im Affekt handelt und dass der Beleidiger durch die Erwiderung bereits eine Strafe erhalten hat (vgl. Schönke/Schröder/*Eisele/Schittenhelm* StGB § 199 Rn. 1; *Tenckhoff* JuS 1989, 202 jeweils mwN). **51**

Die Beleidigung muss als „wechselseitige" grundsätzlich zwischen denselben Personen erfolgt sein, doch kommt sie auch in Betracht, wenn eine Beleidigung erwidert wird, die einer nahe stehenden Person (zB Ehefrau, Kinder) zugefügt wurde (vgl. Fischer StGB § 199 Rn. 5 mwN). Eine wechselseitige Beleidigung liegt nach § 199 StGB nur dann vor, wenn sie *„auf der Stelle"* erwidert wird. Eine Erwiderung auf der Stelle ist nicht nur zeitlich, sondern auch psychologisch zu sehen (vgl. *Fischer* StGB § 199 Rn. 6; *Tenckhoff* JuS 1989, 203) und erfordert, dass sie zu einer Zeit erfolgt, in der die Erregung über die vorausgegangene Beleidigung noch anhält. Eine wechselseitige Beleidigung iSd § 199 StGB kann deshalb auch durch Beleidigungen in der *Presse* erfolgen (vgl. *Fischer* StGB § 199 Rn. 6 mwN).

XII. Öffentliche Bekanntmachung der Verurteilung (§ 200 StGB)

1. Bei öffentlich oder durch *Schriften* (→ Kap. 49 Rn. 2a) begangenen Beleidigungen hat das Gericht auf Antrag des Verletzten (oder des sonst zum Strafantrag Berechtigten; vgl. → Rn. 46) die *öffentliche Bekanntmachung* des wegen dieser Beleidigung ergangenen Strafurteils anzuordnen. Der Zweck der Vorschrift ist, als strafähnliche Nebenfolge, dem Beleidigten Genugtuung zu verschaffen (statt vieler: *Lackner* StGB § 200 Rn. 1). Die Anordnung der Urteilsbekanntmachung ist Pflicht des Gerichts, sofern die Voraussetzungen des § 200 StGB gegeben sind. Die Bestimmung umfasst alle Fälle des Beleidigungsrechts, doch darf sie gegenüber Jugendlichen nicht angeordnet werden (§ 6 Abs. 1 S. 2 JGG). § 200 StGB kommt nur zum Zug, wenn das Strafurteil gerade wegen der fraglichen Beleidigung ergangen ist (*Fischer* StGB § 200 Rn. 2). Wird **52**

ein verantwortlicher *Redakteur* wegen Berufspflichtverletzung gemäß § 20 LPG bestraft, so ist für die Anwendung des § 200 StGB selbst dann kein Raum, wenn diese im Zusammenhang mit einer Beleidigung geschah (Löffler/*Kühl* LPG § 20 Rn. 154).

53 2. Die *Art der Bekanntmachung* hat das Gericht im Urteil näher zu bestimmen (§ 200 Abs. 2 StGB). Ist die Beleidigung durch Veröffentlichung in einer Zeitung oder Zeitschrift erfolgt, so muss die Bekanntmachung des Urteils gleichfalls in einer Zeitung oder Zeitschrift erfolgen und zwar, wenn möglich, in der gleichen, in der die Beleidigung enthalten war (vgl. *Fischer* StGB § 200 Rn. 5). Dies gilt entsprechend für den *Rundfunk,* wenn die Beleidigung durch Ausstrahlung im Rundfunk erfolgt war (§ 200 Abs. 2 S. 2 letzter Halbsatz StGB; vgl. Fischer StGB § 200 Rn. 6).

54 Die Einzelheiten der Urteilsbekanntmachung im Rahmen des § 200 StGB festzulegen, ist Sache des richterlichen Ermessens. Es können auch andere Zeitungen oder Zeitschriften als die, in denen die Beleidigung erschien, zur Veröffentlichung herangezogen werden (vgl. OLG Stuttgart NJW 1972, 2320). Doch darf die Auswahl der Presseorgane nicht dem Verletzten überlassen werden (vgl. OLG Hamm AfP 1974, 163). Das Gericht kann die Bekanntmachung auf den Urteilstenor beschränken, aber auch die Mitveröffentlichung der Urteilsbegründung anordnen (vgl. RG RGSt 20, 1). Der Anspruch auf Urteilsveröffentlichung ist ein höchstpersönlicher Anspruch (vgl. BGHSt 25, 133). Bei einer Mehrheit von Tätern und Verletzten ist deshalb die Bekanntmachungsanordnung genau zu differenzieren (vgl. OLG Hamm NJW 1974, 466). Auch kann und soll das Gericht anordnen, in welchem Teil eines Presseorgans und in welcher Schriftgröße die Bekanntmachung zu erfolgen hat.

55 3. Sobald die Bekanntmachungsanordnung dem Verletzten (von Amts wegen) zugestellt worden ist (§ 463c StPO), hat dieser oder der an seiner Stelle Strafantragsberechtigte (vgl. → Rn. 46) binnen eines Monats bei der Vollstreckungsbehörde den *Antrag auf Vollzug* der Anordnung zu stellen (§ 463c Abs. 2 StPO). Wird die Frist versäumt, dann wird die Bekanntmachungsanordnung hinfällig. Kommt bei Fällen der Bekanntmachung durch Presse oder Rundfunk der verantwortliche Redakteur oder der für die Programmgestaltung beim Rundfunk Verantwortliche der Verpflichtung zur Veröffentlichung nicht nach, so kann das Gericht, das die Bekanntmachung angeordnet hat, auf Antrag der Vollstreckungsbehörde eine Zwangshaft bis zu sechs Wochen oder die Zahlung eines Zwangsgeldes (bis zu 25.000 EUR) anordnen, wobei die Anordnung des Zwangsgeldes wiederholt erfolgen kann (§ 463c Abs. 3 StPO).

54. Kapitel. Verletzung des persönlichen Lebens- und Geheimbereiches (§§ 201–206 StGB). Der strafrechtliche Datenschutz

I. Allgemeine Übersicht. Bedeutung für die Presse

1 1. Zur verfassungsrechtlich geschützten Aufgabe der Presse gehört nicht nur das Verbreiten, sondern auch das nicht weniger wichtige Beschaffen von Informationen (vgl. BVerfGE 10, 121). Hierbei kann es zu Kollisionen mit den im 15. Abschnitt aufgeführten §§ 201–206 StGB kommen, die dem Schutz des „persönlichen Lebens- und Geheimnisbereichs" dienen und der gesteigerten Sensibilität für den Schutz der Privat- und Intimsphäre des Einzelnen in einer hochmodernen und -technisierten Gesellschaft Rechnung tragen (zum zivilrechtlichen Schutz der Privatsphäre vgl. → Kap. 42 Rn. 1 ff.). Der elementare Grundgedanke bei der Entstehung dieser Normen war, dass eine von Art. 1 und 2 GG garantierte Persönlichkeitsentfaltung nur dann möglich ist, wenn dem einzelnen hierfür ein freier Raum vor dem Staat, der Gemeinschaft sowie den Mitmenschen gewährt wird (vgl. Regierungsentwurf in BT-Drs. 7/550, 235). Ergänzung findet der Schutz des Lebens- und Geheimbereichs im Datenschutz (vgl. → Rn. 30 ff.).

2 Da sowohl die Pressefreiheit (Art. 5 Abs. 1 GG) wie das Recht des einzelnen auf freie Entfaltung seiner Persönlichkeit (vgl. Art. 1 und 2 GG) *Verfassungsrang* haben, hat der Richter in Fällen der Kollision beider Rechtsgüter eine sorgfältige Abwägung vorzunehmen (vgl. BVerfG NJW 1973, 891).

3 2. Während § 201 StGB die Vertraulichkeit des nichtöffentlich gesprochenen *Wortes* schützt, stellen § 201a StGB die Verletzung des höchstpersönlichen Lebensbereich durch Bildaufnah-

men und § 202 StGB die Verletzung des *Briefgeheimnisses* sowie die unbefugte Einsichtnahme in sonstige geheim gehaltene *Schriftstücke* (zB Briefe, Tagebücher, Abrechnungen usw) und Abbildungen (Abs. 3) unter Strafe. Darüber hinaus schützen §§ 202a und 202b StGB gegen das Ausspähen und Abfangen von Daten. Die §§ 203 und 204 StGB betreffen die unbefugte Preisgabe von Privatgeheimnissen bzw. deren wirtschaftliche Verwertung durch Amtsträger oder Angehörige besonderer Berufsgruppen, die in Abs. 1 und 2 besonders aufgeführt werden (zB Ärzte, Anwälte, Wirtschaftsprüfer, Sozialpädagogen usw). Damit soll ein umfassender Schutz des einzelnen vor Indiskretionen der mit seinen Angelegenheiten befassten staatlichen Organe und ihnen gleichgestellter Personen erreicht werden. Soweit es sich bei den §§ 201–204 StGB um Delikte handelt, die nur auf Antrag des Betroffenen verfolgt werden, regelt § 205 StGB das Strafantragsrecht. Während das *Staatsgeheimnis* durch die Strafbestimmungen der §§ 93 ff. StGB geschützt wird (vgl. → Kap. 50 Rn. 51 ff.) und § 353b StGB der Sicherung des *Amtsgeheimnisses* dient (Kap. 58), bezwecken die §§ 201–204 StGB in erster Linie den Schutz des *persönlichen Geheimbereichs*. Doch sind Überschneidungen möglich. § 206 StGB schützt zudem das individuelle Interesse an der Geheimhaltung des Inhalts und der näheren Umstände des Postverkehrs und der Telekommunikation (vgl. Schönke/Schröder/*Eisele* § 206 StGB).

II. Die Verletzung der Vertraulichkeit des Wortes (§ 201 StGB)

1. Nach § 201 StGB wird mit Freiheitsstrafe bis zu drei Jahren oder mit Geldstrafe bedroht, wer vorsätzlich und unbefugt die Vertraulichkeit des *nichtöffentlich gesprochenen Wortes* eines anderen verletzt. 4

§ 201 StGB schützt das aus dem allgemeinen Persönlichkeitsrecht folgende Recht des Einzelnen auf die Wahrung der Unbefangenheit des gesprochenen Worts, insbesondere das Vertrauen auf die Flüchtigkeit des Wortes und die Freiheit von Überwachung (vgl. BVerfG NJW 2002, 3619; Schönke/Schröder/*Eisele* StGB § 201 Rn. 2; *Fischer* StGB § 201 Rn. 2). § 201 StGB schützt jedoch nicht vor Indiskretion als solcher und vor optischer Überwachung.

2. Nach § 201 Abs. 1 Nr. 1 StGB ist strafbar, wer *unbefugt* das *nichtöffentlich gesprochene Wort* eines anderen auf einen *Tonträger* (vgl. → Kap. 49 Rn. 2) aufnimmt. 5

Geschützt ist das *gesprochene Wort,* gleichgültig ob es privater, beruflicher bzw. dienstlicher Natur ist (vgl. OLG Jena NStZ 1995, 503; OLG Karlsruhe NJW 1979, 1513), ob es sich um eine eigene oder fremde Gedankenerklärung (zB das Vorlesen einer Zeitung; Schönke/Schröder/*Eisele* StGB § 201 Rn. 5), um eine Unterhaltung mit Dritten oder um ein Selbstgespräch handelt. Auch das Telefongespräch genießt nach herrschender Ansicht den Schutz des § 201 StGB (vgl. BVerfG NJW 2002, 3619; OLG Karlsruhe NJW 1979, 1513). Ebenso von § 201 StGB erfasst werden Tonaufzeichnungen im Rahmen von Kameraaufnahmen (vgl. LG Köln AfP 2004, 459, zum Filmen einer Verhaftung mit versteckter Kamera; vgl. auch LG München I ZUM 2004, 681). Auf den Inhalt der gesprochenen Äußerung kommt es nicht an; maßgeblich ist allein, dass dessen Flüchtigkeit gewährleistet ist. Da lediglich das *gesprochene* Wort durch die Vorschrift erfasst ist, findet sie auf „live"-Äußerungen, die mittels Dateneingaben getätigt werden (etwa „live-chat" im Internet) keine Anwendung (vgl. Schönke/Schröder/*Eisele* StGB § 201 Rn. 5). Auf das Recht am gesprochenen Wort kann sich auch eine juristische Person des Privatrechts berufen (vgl. BVerfG NJW 2002, 3619). 6

Die Nichtöffentlichkeit ist gegeben, wenn die Worte in einem kleineren, durch persönliche Beziehungen verbundenen Personenkreis gesprochen werden (vgl. OLG Nürnberg NJW 1995, 974; vgl. → Kap. 1 Rn. 30 ff.). 7

Nicht unter § 201 StGB fallen zunächst Äußerungen, die nach dem Willen des Sprechers an die Öffentlichkeit gerichtet sind wie zB ein Rundfunkgespräch, das nicht gesendet wird. Ferner heimliche Mitschnitte von Beiträgen in öffentlichen Versammlungen mit einem Taschendiktiergerät sowie der Mitschnitt eines Notrufs 110 (siehe *Kramer* NJW 1990, 1761). Umgekehrt ist das Vernehmungsgespräch mit einem Beschuldigten nicht bereits deswegen als „öffentlich" anzusehen, weil die Möglichkeit besteht, dass es in einer späteren Verhandlung durch Verlesung des Vernehmungsprotokolls an die Öffentlichkeit dringt (vgl. OLG Frankfurt a. M. NJW 1977, 1547). Neben dem Willen des Sprechers ist für die Frage der Nichtöffentlichkeit auch die

Eigenart der Unterredung von Bedeutung. So sind Äußerungen, die zwar nicht an die Öffentlichkeit gerichtet sind, aber faktisch von Dritten ohne große Anstrengung mitgehört werden können, nicht geschützt (vgl. OLG Celle MDR 1977, 597. Beispiel: das laute Reden in einer überfüllten Gastwirtschaft; vgl. *Fischer* StGB § 201 Rn. 4). Erfolgt die Tonaufnahme in Kenntnis des Sprechenden, so wird § 201 StGB ebenfalls nicht verletzt, da er seine Wortwahl darauf einstellen kann und demnach nicht mehr unbefangen ist (vgl. AG Hamburg NJW 1984, 2111). Bei Gesprächen mehrerer Personen kommt es darauf an, ob der Teilnehmer- bzw. Zuhörerkreis begrenzt oder für beliebige Dritte offen ist. So ist auch das in einer Versammlung Gesprochene nichtöffentlich, wenn besondere Vorkehrungen zum Ausschluss der Öffentlichkeit getroffen worden sind (zB Eingangskontrollen; vgl. OLG Nürnberg NJW 1995, 974 f.). Handelt es sich um eine nichtöffentliche Versammlung, so ändert daran auch die Gegenwart von Pressevertretern nichts, selbst wenn diese die Äußerungen schriftlich veröffentlichen (Schönke/Schröder/*Eisele* StGB § 201 Rn. 8). Denn in diesem Falle ist das *gesprochene* Wort nichtöffentlich, dessen Inhalt aber öffentlich. Äußerungen in einer kraft Gesetzes öffentlichen Verhandlung (zB in einer öffentlichen Gerichtsverhandlung) sind ein öffentlich gesprochenes Wort; § 201 StGB ist hierbei ausgeschlossen, auch wenn § 169 S. 2 GVG derartige Aufnahmen untersagt (Schönke/Schröder/*Eisele* StGB § 201 Rn. 10).

8 Öffentlich – und damit nicht geschützt – ist der mit einem gewöhnlichen Rundfunkgerät abhörbare Polizei- und Taxifunk, selbst wenn er auf einer Sonderfrequenz eingerichtet ist (vgl. OLG Karlsruhe NJW 1970, 394; *Baumeister* ZUM 2000, 114; Fischer § 201 Rn. 4).

9 *Aufgenommen* ist das gesprochene Wort, wenn eine akustische Wiedergabe möglich ist. Bei misslungener Aufnahme kommt daher nur ein nach § 201 Abs. 4 StGB strafbarer Versuch (vgl. → Kap. 49 Rn. 9) in Betracht (SK StGB § 201 Rn. 7). § 201 Abs. 1 Nr. 1 StGB erfasst nur die im Augenblick des Sprechens angefertigten Aufnahmen; denn nur die in diesem Augenblick gemachte Aufnahme kann das Vertrauen des Sprechers auf die Vergänglichkeit seiner Worte verletzen (Schönke/Schröder/*Eisele* StGB § 201 Rn. 12).

10 3. § 201 Abs. 1 Nr. 2 StGB erfasst das *Gebrauchmachen* einer nach § 201 Abs. 1 Nr. 1 StGB *unbefugt* hergestellten Aufnahme oder das *Zugänglichmachen* für einen Dritten. *Gebrauchmachen* bedeutet hier insbesondere das Vorspielen vor sich selbst oder Dritten, ebenso die Herstellung von Kopien Schönke/Schröder/*Eisele* StGB § 201 Rn. 17; SK StGB § 201 Rn. 19); demgegenüber stellt die Berichterstattung über den Inhalt der Aufnahme keinen Gebrauch derselben dar (Schönke/Schröder/*Eisele* StGB § 201 Rn. 17).

11 *Zugänglich gemacht* für einen Dritten ist die Aufnahme, wenn ihm der Zugriff auf die unbefugt hergestellte Aufnahme ermöglicht wird (*Fischer* StGB § 201 Rn. 6).

12 4. Strafbar nach § 201 Abs. 2 S. 1 Nr. 1 StGB ist das mittels eines *Abhörgerätes* seitens des Täters erfolgende unbefugte *Abhören* des nicht *zu seiner Kenntnis* bestimmten nichtöffentlich gesprochenen Wortes eines anderen. Abhörgeräte sind technische Einrichtungen jeder Art, die das gesprochene Wort über dessen normalen Klangbereich hinaus durch Verstärkung oder Übertragung unmittelbar wahrnehmbar machen (vgl. Schönke/Schröder/*Eisele* StGB § 201 Rn. 19). Das gilt auch für eine Mithöreinrichtung, mit Hilfe derer ein Telefongespräch von einem Dritten unbefugt mitverfolgt werden kann (vgl. BVerfG NJW 2002, 3619; Schönke/Schröder/*Eisele* StGB § 201 Rn. 19; *Fischer* StGB § 201 Rn. 7). Ob es sich beim Abhörgerät um eine erlaubte oder nicht erlaubte technische Einrichtung handelt, ist dafür unerheblich (aA Fischer StGB § 201 Rn. 7). Auch ein beim Betroffenen verstecktes legales Mobiltelefon ist ein Abhörgerät.

13 Das Abgehörte darf nicht *zur Kenntnis* des Abhörenden *bestimmt* sein (vgl. Fischer StGB § 201 Rn. 7b; Schönke/Schröder/*Eisele* StGB § 201 Rn. 19, 21a). Ist dies der Fall, scheidet der Abhörende als Täter aus. Hierbei wird die Sozialüblichkeit der Nutzung verbreiteter und gegebenenfalls auch vom Sprecher selbst genutzter technischer Vorrichtungen zu berücksichtigen sein (zB Lautsprecher, Konferenzschaltung, Freisprechvorrichtung in einem Kraftfahrzeug). In solchen Fällen wird sich der Sprecher nicht auf die Vertraulichkeit verlassen können (Fischer StGB § 201 Rn. 7b). Etwas anderes gilt, wenn dem Gesprächsteilnehmer suggeriert wird, das Gespräch werde nicht von einem Dritten verfolgt oder – wie bei Spaß-Telefonaten in der Öffentlichkeit wiedergegeben (vgl. BVerfG NJW 2002, 3619; Schönke/Schröder/*Eisele* StGB § 201 Rn. 31; *Fischer* StGB § 201 Rn. 7b).

5. § 201 Abs. 2 S. 2 StGB stellt die *öffentliche Mitteilung* des unbefugt mit einem Abhörgerät abgehörten oder unbefugt auf einem Tonträger aufgenommenen *nichtöffentlich gesprochenen Wortes* nur dann unter Strafe, wenn sie geeignet ist, berechtigte Interessen eines anderen zu beeinträchtigen sog. Bagatellklausel, vgl. Schönke/Schröder/*Eisele* StGB § 201 Rn. 27; *Fischer* StGB § 201 Rn. 12). § 201 Abs. 2 S. 3 StGB konkretisiert einen aus Art. 5 Abs. 1 GG abgeleiteten Rechtfertigungsgrund, wonach die Tat nach § 201 Abs. 2 S. 1 Nr. 2 StGB nicht rechtswidrig ist, wenn die öffentliche Mitteilung zur Wahrnehmung überragender öffentlicher Interessen gemacht wird (vgl. BVerfGE 66, 139 – Wallraf; *Fischer* StGB § 201 Rn. 13). **13a**

Tathandlung des § 201 Abs. 2 S. 1 Nr. 2 StGB ist das öffentliche Mitteilen des unbefugt Abgehörten oder Aufgenommenen, sei es im Wortlaut oder seinem wesentlichen Inhalt nach, wobei Täter sowohl der Abhörende oder Aufnehmende als auch ein Dritter sein können (vgl. Schönke/Schröder/*Eisele* StGB § 201 Rn. 24). Die Mitteilung ist *öffentlich,* wenn ihr Inhalt von unbestimmt vielen und unbestimmt welchen Personen zur Kenntnis genommen werden kann; nicht erforderlich ist, dass dies tatsächlich erfolgt (Schönke/Schröder/*Eisele* StGB § 201 Rn. 26).

Den Tatbestand einschränkend (str., vgl. LK StGB § 201 Rn. 25) wirkt die *Bagatellklausel* (§ 201 Abs. 2 S. 2 StGB), die das öffentliche Mitteilen nach S. 1 nur unter Strafe stellt, wenn es geeignet ist, berechtigte Interessen eines anderen zu beeinträchtigen. Unerheblich ist die Art des Interesses (privates, öffentliches oder ideelles Interesse), solange es schutzwürdig ist (s. Schönke/Schröder/*Eisele* StGB § 201 Rn. 27). Darunter fallen zB Geheimnisse im materiellen Sinne oder Gesprächsinhalte, die den Verletzten in der Öffentlichkeit bloßstellen würden (vgl. BT-Drs. 11/6714, 4). Offensichtlich belanglose Äußerungen, zB über das Wetter, sind nicht geschützt (vgl. BT-Drs. 11/7414, 4). **13b**

Neben den allgemeinen Rechtfertigungsgründen wirkt § 201 Abs. 2 S. 3 StGB rechtfertigend, wonach die Veröffentlichung rechtswidrig erlangter Informationen ausnahmsweise dann zulässig ist, wenn sie zur Wahrnehmung überragender öffentlicher Interessen gemacht wird. Dabei muss eine Abwägung der Interessen der Öffentlichkeit an Unterrichtung mit den schutzwürdigen Belangen des Betroffenen erfolgen (vgl. BT-Drs. 11/7414, 4), wobei die Abwägung zugunsten der Öffentlichkeit ausfallen wird, wenn es sich um „Missstände von erheblichem Gewicht" handelt, an deren Aufdeckung ein „überragendes öffentliches Interesse" besteht (vgl. BVerfGE 66, 139 – Wallraf). In der Regel wird dies der Fall sein, wenn es um die Aufdeckung von Katalogstraftaten nach § 129a Abs. 1 oder § 138 Abs. 1 StGB geht, aber zB auch bei schwerwiegenden Verstößen gegen das Außenwirtschaftsgesetz (s. BT-Drs. 11/7414, 5). Eine Rechtfertigung der Tat nach § 201 StGB kommt auch bei heimlichen Filmaufnahmen in Betracht, wenn hierdurch eine Straftat aufgeklärt werden kann, etwa durch spätere Ausstrahlung im Fernsehen („Aktenzeichen XY") oder Abdruck in Zeitungen (vgl. LG Köln AfP 2004, 459 f.). Die bloße Weitergabe von durch strafbares Abhören erlangter belangloser Informationen ist danach stets straflos (vgl. *Soehring/Hoene* Rn. 10.13). **13c**

Der Rechtfertigungsgrund des § 201 Abs. 2 S. 3 StGB gilt nur für Tathandlungen nach S. 1 Nr. 2 und erlangt erst Bedeutung, wenn es nicht um die Abwendung einer Gefahr iSd § 34 StGB geht (Schönke/Schröder/*Eisele* StGB § 201 Rn. 33a).

6. Mit verschärfter Strafe (Freiheitsstrafe bis zu fünf Jahren oder Geldstrafe) bedroht § 201 Abs. 3 StGB denjenigen, der als *Amtsträger* oder als für den öffentlichen Dienst besonders Verpflichteter eine der Verletzungshandlungen des § 201 Abs. 1 und 2 StGB begeht. Derartige Delikte werden als sog. Offizialdelikte von Amts wegen verfolgt, während die Verletzungshandlungen gemäß § 201 Abs. 1 und 2 StGB nur bei Vorliegen eines *Strafantrags* des Verletzten verfolgt werden (§ 205 StGB). **14**

7. In allen Fällen der §§ 201–204, 206 StGB liegt eine rechtswidrige und somit strafbare Handlung nur vor, wenn der Täter *unbefugt* handelt. Die Befugnis kann sich aus der stillschweigend oder ausdrücklich erteilten Einwilligung des Betroffenen ergeben (siehe *Kramer* NJW 1990, 1761 (1762)). Aus der Kenntnis des Sprechenden von der Aufnahme kann eine Einwilligung dann nicht hergeleitet werden, wenn sie ersichtlich gegen seinen Willen angefertigt wird (vgl. OLG Jena NStZ 1995, 502; Fischer StGB § 201 Rn. 10 mwN). Die Befugnis kann auch auf einer gesetzlichen Regelung beruhen wie zB auf dem „Gesetz zur Beschränkung des Brief-, Post- und Fernmeldegeheimnisses (Artikel 10-Gesetz – G 10) vom 26.6. Seite 1254, ber. S. BGBl. Jahr 2001 I Seite 2298, 2017 S. BGBl. I S. 1254; zuletzt geändert durch Art. 38 Elfte **15**

ZuständigkeitsanpassungsVO vom 19.6.2020 (BGBl. I S. 1328), das in Verbindung mit den Ausführungsgesetzen der Länder ua die Telefonüberwachung gestattet.

In Frage kommen auch generelle Rechtfertigungsgründe wie die Notwehr (§ 32 StGB, zB bei Erpressung) oder der sog. übergesetzliche Notstand (§ 34 StGB; vgl. OLG Frankfurt a. M. NJW 1979, 1172), gerade sofern Handlungen nach § 201 Abs. 1 Nr. 1, Abs. 2 Nr. 1 StGB der Informationsbeschaffung für Presse und Rundfunk dienen. Allerdings deckt die Pressefreiheit (Art. 5 Abs. 1 GG) nicht per se das rechtswidrige Beschaffen von Informationen (vgl. BVerfGE 66, 139; Schönke/Schröder/*Eisele* StGB § 201 Rn. 31c; siehe auch *Jung* JuS 1991, 169). Dagegen ist Veröffentlichung rechtswidrig beschaffter oder erlangter Informationen stets vom Schutz der Meinungsfreiheit (Art. 5 Abs. 1 GG) im Rahmen der Schranken des Grundrechts umfasst (vgl. BVerfGE 66, 139). Auch im Scheidungs- und im Strafverfahren hat die Rechtsprechung in begrenztem Umfang Abhörmaßnahmen für zulässig erklärt (vgl. BVerfGE 34, 247; BGHZ 27, 284; *Gropp* StV 1989, 222). Das Aufnehmen eines gesprochenen Wortes auf Tonband kann bei geschäftlichen Gesprächen kaufmännischer Gepflogenheit entsprechen und zulässig sein (vgl. BVerfGE 34, 238; siehe hierzu aber auch BVerfG NJW 2002, 3619).

16 In allen Fällen des § 201 StGB ist gemäß Abs. 4 bereits der *Versuch* strafbar (vgl. → Kap. 49 Rn. 9). Er beginnt mit der Inbetriebnahme von Abhör- und Aufzeichnungsgeräten (vgl. Schönke/Schröder/*Eisele* StGB § 201 Rn. 36; Fischer StGB § 201 Rn. 16). Die hergestellten Tonträger und die zum Abhören benutzten Abhörgeräte können *eingezogen* werden (§ 201 Abs. 5 StGB; vgl. → Kap. 49 Rn. 27 ff.; Schönke/Schröder/*Eisele* StGB § 201 Rn. 39).

III. Verletzung des höchstpersönlichen Lebensbereiches durch Bildaufnahmen (§ 201a StGB)

16a 1. Bereits längere Zeit wurde teilweise vertreten, dass der strafrechtliche Schutz der Privatsphäre durch §§ 202–204 StGB nicht ausreichend ist. Dies gelte insbesondere in Ansehung des eigenen Bildnisses, das im Gegensatz zum Recht am eigenen Wort (vgl. § 201 StGB) keinen Schutz durch die §§ 201 ff. StGB erfahre (vgl. BT-Drs. 15/2995, 5). Auch § 33 KUG schützt nicht vor der unbefugten Herstellung von Bildnissen, sondern nur vor bestimmten Verbreitungs- und Veröffentlichungshandlungen. § 33 KUG bleibt neben § 201a StGB anwendbar (vgl. Kap. 43 Rn. 60 f.).

16b 2. Durch die zunehmende Technisierung und Miniaturisierung der bildaufnehmenden Geräte (Handys mit Kamera, web-cams) sah sich auch der Gesetzgeber gehalten, gegen die unbefugte optische Ausspähung vorzugehen und die eben skizzierte Strafbarkeitslücke zu schließen (zu den verschiedenen Gesetzesinitiativen vgl. Schönke/Schröder/*Eisele* StGB § 201a Rn. 1; *Fischer* StGB § 201a Rn. 1; vgl. auch *Kühl* AfP 2004, 190 ff. (192 f.); *Wendt* AfP 2004, 181 ff.; *Borgmann* NJW 2004, 2133; *Flechsig* ZUM 2004, 605 ff.; allgemein zum Persönlichkeitsschutz *Ernst* NJW 2004, 1277 ff.). Am 29.4.2004 wurde schließlich der Gesetzentwurf auf BT-Drs. 15/2466 in der Fassung des Buchstaben a der Beschlussempfehlung auf BT-Drs. 15/2995 angenommen. Im Kontext der Umsetzung europäischer Vorgaben zum Sexualstrafrecht wurde § 201a StGB 2015 durch das Art. 1 Nr. 18 des 49. Strafrechtsänderungsgesetzes vom 21.1.2015 (BGBl. I S. 10) noch einmal modifiziert und erweitert (vgl. BT-Drs. 18/2601 und 18/3202; zur beabsichtigten Änderungen insbesondere der Erweiterung des Geltungsbereichs von § 201a StGB s. unten Rn. 16j).

16c 3. Hinsichtlich des Begriffes *„höchstpersönlicher Lebensbereich“* (vgl. hierzu *Kühl* AfP 2004, 190 ff. (195 f.), der diesen Terminus als den „neuralgischen Punkt“ der Vorschrift bezeichnet; ebenso kritisch *Borgmann* NJW 2004, 2133 ff.; differenziert Schönke/Schröder/*Eisele* StGB § 201a Rn. 3) wird auf den in der zivilrechtlichen Judikatur näher ausgeformten Begriff der Intimsphäre verwiesen. Hierzu gehören vor allem die Bereiche Sexualität, Krankheit und Tod (vgl. BR-Drs. 164/1/03, 7; vgl. auch BT-Drs. 15/2466, 4 f.; kritisch hierzu die Gemeinsame Stellungnahme von ARD, BDZV, Deutscher Presserat, dju, DJV, VDZ, VPRT und ZDF vom 6.2.2004, S. 5). Der Gesetzgeber wollte mit dem Begriff den unantastbaren Kernbereich privater Lebensführung auch aus dem Bereich der Familie, zu dem Sexualität, Krankheit und Tod zählen, umschreiben und den Strafschutz auf den letzten Rückzugsraum des Einzelnen beschränken (vgl. BT-Drs. 15/2466, 5). Zu beachten ist in diesem Zusammenhang, dass der bereits verstorbene Abgelichtete nicht durch § 201a StGB geschützt wird. Denn bei dem Tatopfer muss es sich immer um eine *lebende Person* handeln (krit. hierzu *Kühl* AfP 2004, 195).

Unter einem *Herstellen von Bildaufnahmen* sind sämtliche Handlungen zu verstehen, mit denen das Bild auf einem Bild- oder Datenträger abgespeichert wird (vgl. BR-Drs. 164/1/03, 7; vgl. hierzu *Kühl* AfP 2004, 194 f.). Hierunter fallen also sowohl althergebrachte Belichtungsvorgänge von Filmen als auch Speichervorgänge auf digitalen Trägermedien. Eine Form des *Übertragens* ist zB das Herstellen einer Echtzeitübertragung durch spy-cams; hierbei erfolgt in der Regel – im Gegensatz zur Aufnahme – keine Speicherung des persönlichkeitsrechtsverletzenden Materials. Allerdings sind bei dieser Variante Verbreitung und Vervielfachung einfacher. Nicht von § 201a StGB erfasst wird das bloße *Beobachten* anderer Personen, ebenso wenig die Mitteilung der beobachteten Vorgänge. **16d**

Geschützt wird der Betroffene nur, wenn er sich in bestimmten Räumen befindet, dem so genannten *„letzten Rückzugsbereich"* (vgl. BT-Drs. 15/2466, 5; vgl. hierzu *Kühl* AfP 2004, 194). Dieser muss kein umschlossener Raum sein. Auch ein durch hohe Hecken vor Einblicken geschützter Garten kann hierunter fallen (vgl. BT-Drs. 15/2466, 5; BR-Drs. 164/1/03, 8; kritisch hierzu die oben bezeichnete Gemeinsame Stellungnahme (Rn. 16c, S. 6): Der Anwendungsbereich des Straftatbestandes sei nicht hinreichend bestimmt). Denn für die Bestimmung dieses Tatbestandsmerkmals ist nicht der Schutz gegen ein körperliches, sondern der gegen ein unkörperliches Eindringen (Sichtschutz) maßgeblich. Nicht zu dem geschützten Bereich gehören Räume, die zumindest einer beschränkten Öffentlichkeit zugänglich sind, wie etwa Geschäfts- oder Diensträume. **16e**

Das Merkmal *„unbefugt"* ist wie im Falle der §§ 201–203 StGB zu verstehen (vgl. BT-Drs. 15/2466, 5), also als Merkmal der Rechtswidrigkeit (Kühl, AfP 2004, 196). Die dazu ergangene Rechtsprechung kann folglich herangezogen werden (vgl. → Rn. 15). Dabei ist zu beachten, dass der rechtfertigende Grund, dh die befugte Bildaufnahme dann anzunehmen ist, wenn im Rahmen einer Güterabwägung der Medienfreiheit der Vorrang einzuräumen ist (vgl. BVerfGE 5, 198 (205 ff.)). Selbst wenn man die Auffassung verträte, der Gesetzgeber habe den Tatbestand selbst hinreichend im Hinblick auf die Grundrechtsposition der Presse gewürdigt, so ist doch festzustellen, dass jedes einfache Gesetz unter dem Regime der Verfassung und damit auch der Medienfreiheit steht. Dafür spricht gerade auch, dass das Merkmal des höchstpersönlichen Lebensbereiches vom Gesetzgeber nicht hinreichend bestimmt gefasst ist, so dass grundrechtskonforme Ergebnisse nur dann erzielt werden können, wenn auf der anderen Seite auch die damit in Kollision stehende Pressefreiheit im Einzelfall zur Geltung kommen kann (vgl. BVerfGE 5, 198 (208 ff.)). **16f**

Kein Rechtfertigungsgrund im Rahmen des § 201a StGB ist die Wahrnehmung berechtigter Interessen (§ 193 StGB), die insbesondere eine Rolle für die Presse spielt. Dieser Umstand wird teilweise als problematisch erachtet, da dadurch eine unzulässige Verkürzung der Pressefreiheit vorliege (vgl. hierzu – ablehnend – *Kühl* AfP 2004, 196 f., der darauf hinweist, dass Art. 5 GG durch den Strafrichter ohnehin anzuwenden sei). Allerdings bietet der § 193 StGB heute jedenfalls eine Orientierungsgröße für die nach § 201a StGB Abs. 4 StGB zu treffende Abwägung, zumal der Gesetzgeber von den in der Novellierung 2015 ursprünglich als Rechtfertigung verlangten „überragenden öffentlichen Interessen" (vgl. BT-Drs. 18/2601, 39) Abstand genommen hat (vgl. Schönke/Schröder/*Eisele* StGB § 201a Rn. 53). **16g**

Bezüglich der ursprünglichen Fassung der Norm wurde die Frage ihrer *Verfassungsmäßigkeit,* insbesondere hinsichtlich der Kommunikationsfreiheiten diskutiert (allgemein hierzu *Wendt* AfP 2004, 181 ff. (183 ff.)) Teilweise wurde deren Verletzung durch § 201a Abs. 1 StGB verneint, aber ein Eingriff durch § 201a Abs. 2 und 3 StGB bejaht, im Ergebnis aber mit Vorbehalten (vgl. Wendt, AfP 2004, 190) die Verfassungsmäßigkeit bestätigt. Diese Diskussion dürfte sich jedenfalls seit der Novellierung des § 201a StGB 2015 und dem diesbezüglich auch hier vertretenen Verständnis der Bestimmung erübrigt haben. **16h**

Nicht unproblematisch an § 201a StGB ist nach hier vertretener Auffassung, dass sich der Gesetzgeber – offenbar in Eile ob der zunehmenden Technisierung und der damit verbundenen Gefahren (vgl. → Rn. 16b) – nicht der Folgen der Norm für die Arbeit der Presse bewusst war, sondern nur spy-cams und Handy-Kameras im Auge hatte. Es stellt sich daher die Frage, ob der Gesetzgeber tatsächlich ursprünglich eine ausreichende Grundrechtsabwägung – gerade auch im

Hinblick auf Art. 5 GG – vorgenommen hat. Mangels einer gesetzlichen Rechtfertigungsnorm war deshalb eine einschränkende Auslegung der Strafnorm durch die Gerichte geboten.

Diese Bedenken haben sich durch die Novellierung des § 201a StGB mit der Einfügung des Abs. 4 jedenfalls weitestgehend erübrigt (vgl. Schönke/Schröder/*Eisele* StGB § 201a Rn. 53). Beispielhaft ist bezüglich der von § 201a Abs. 4 StGB nicht umfassten Strafbestimmung in § 201a Abs. 1 Nr. 1 StGB auf die einschränkende Auslegung des Tatbestandsmerkmals des Verbreitens von Bildnissen iSd § 22 KUG im Lichte der Pressefreiheit durch den Bundesgerichtshof hinzuweisen (vgl. BGH NJW 2011, 755 – Jahrhundert-Mörder).

Unter einem *„Gebrauchen"* im Sinne des Absatzes 2 ist vor allem das Sichtbarmachen zu verstehen. Außerdem fallen das Speichern, Archivieren oder Kopieren hierunter (vgl. BT-Drs. 15/2466, 5). Einem *Dritten zugänglich gemacht* wird die Aufnahme insbesondere beim Abspielen eines Filmes oder dem Vorzeigen einer Fotografie bzw. der körperlichen Übergabe (vgl. BR-Drs. 164/1/03, 9), also dann, wenn der Täter einer oder mehreren Personen den Zugriff auf das Bild oder die Kenntnisnahme vom Gegenstand des Bildes ermöglicht (vgl. BT-Drs. 15/2466, 5). Die Aufnahme muss in beiden Fällen durch eine Tat nach Absatz 1 unbefugt hergestellt worden sein.

Nach *Absatz 3* macht sich strafbar, wer eine zunächst befugt hergestellte Aufnahme unbefugt verwendet und dadurch den höchstpersönlichen Lebensbereich des Abgebildeten verletzt. Maßgeblich ist hier also nicht die Befugnis zur Aufnahme, sondern die Befugnis zur weiteren Verwendung (teilweise kritisch *Kühl,* AfP 2004, 195).

16i 4. Zur Verwirklichung des Tatbestandes ist *Vorsatz* erforderlich; eine fahrlässige Begehung ist nicht strafbar (vgl. § 15 StGB). Probleme ergeben sich aber im „Grenzbereich" zwischen Vorsatz und Fahrlässigkeit beim bedingten Vorsatz, dem dolus eventualis (vgl. hierzu → Kap. 49 Rn. 6). Während für die Strafbarkeit wegen unbefugten Zugänglichmachens zunächst befugt hergestellter Bildaufnahmen (§ 201a Abs. 3 StGB) direkter Vorsatz des Täters erforderlich ist („wissentlich"), gilt dies für die Strafbarkeit nach Absatz 1 und 2 nicht. Dort genügt daher auch ein bedingter Vorsatz. Redakteure trifft damit eine Prüfungspflicht bezüglich der Fotografien, um sich nicht der Strafbarkeit wegen der Veröffentlichung unbefugter Bildaufnahmen nach Abs. 2 auszusetzen (vgl. dazu NJW-Redaktion NJW 2003, Heft 44 S. VI; Mitteilung AfP 2003, 259 f.). Dadurch entstehen Konflikte mit Art. 5 Abs. 1 S. 2 GG (sehr kritisch daher die Gemeinsame Stellungnahme (Rn. 16c) [zum Bundesratsentwurf BR-Drs. 164/1/03]; aA F. D. P.-Fraktion in BT-Drs. 15/2995, 6).

Die Tat ist gemäß § 205 Abs. 1 StGB *Antragsdelikt,* dh, sie wird nur auf Verlangen des Verletzten verfolgt.

16j Der Gesetzgeber beabsichtigt, den nach § 201a Absatz 1 StGB geschützten Personenkreis durch Einfügung einer neuen Nr. 3 auf verstorbene Personen auszudehnen. Durch Einfügung einer neuen Nr. 4 soll durch § 201a StGB auch das Herstellen und das Übertragen einer Bildaufnahme von bestimmten gegen Anblick geschützten Körperteilen erfasst werden. Auch das Gebrauchen und Zugänglichmachen von solchen Bildaufnahmen gegenüber Dritten soll erfasst werden. Zudem soll ein neuer § 184k StGB die Verletzung des Intimbereichs durch Bildaufnahmen unter Strafe stellen, sofern diese Handlungen nicht in Wahrnehmung überwiegender berechtigter Interessen erfolgen, also der Kunst oder der Wissenschaft, der Forschung oder der Lehre, der Berichterstattung über Vorgänge des Zeitgeschehens oder der Geschichte oder ähnlichen Zwecken dienen (§ 184k Abs. 3 StGB neu; vgl. BT-Ds. 19/20668).

IV. Verletzung des Geheimnisses von Briefen und anderen geheim gehaltenen Gegenständen (§ 202 StGB)

17 1. Nach § 202 Abs. 1 StGB wird, sofern die Tat nicht bereits in § 206 StGB mit Strafe bedroht ist (vgl. → Rn. 29a ff.), mit Freiheitsstrafe bis zu einem Jahr oder mit Geldstrafe bestraft, wer ein verschlossenes *Schriftstück,* das nicht zu seiner Kenntnis bestimmt ist, unbefugt öffnet (§ 202 Abs. 1 Nr. 1 StGB). Dem verbotenen *Öffnen* steht es gleich, wenn sich der Täter vom *Inhalt* eines solchen Schriftstücks – ohne Öffnung des Verschlusses – unter Anwendung technischer Mittel Kenntnis verschafft (§ 202 Abs. 1 Nr. 2 StGB). Darüber hinaus erfasst § 202 Abs. 2 StGB den Fall, dass sich ein solches Schriftstück, das selbst nicht verschlossen ist, zwecks Geheimhaltung in einem *geschlossenen Behältnis* befindet. Als Täter wird bestraft, wer ein solches Behältnis mit dem Vorsatz öffnet, sich Kenntnis vom Inhalt des Schriftstücks zu verschaffen und auf diese Weise auch wirklich Kenntnis nimmt. Eignet sich der Täter den Brief nach dessen unbefugter Öffnung an, so kommt Tateinheit mit Unterschlagung in Frage (vgl. BGH NJW 1977, 590).

§ 202 StGB schützt nicht nur das Briefgeheimnis (Art. 10 GG), das sich dem Begriff nach nur **18** auf einen Nachrichtenverkehr zwischen Personen bezieht (vgl. BVerfGE 67, 171), oder die Unversehrtheit des Verschlusses. Vielmehr gewährleistet § 202 StGB eine private, geschäftliche oder behördliche Vertraulichkeitssphäre in Gestalt eines formalen Geheimbereich, der vom Berechtigten durch den nach außen erkennbaren, tatsächlich wirksamen Verschluss einer schriftlichen Äußerung festgelegt wird (vgl. Fischer StGB § 202 Rn. 2; Schönke/Schröder/*Eisele* StGB § 202 Rn. 2).

2. Tatobjekt sind in erster Linie *Schriftstücke,* dh beschriftete oder bedruckte Gegenstände aus **19** Papier oder anderen Stoffen, die eine Gedankenäußerung enthalten. Der Inhalt selbst braucht kein Geheimnis zu sein. In Frage kommen vor allem Briefe, aber auch Tagebücher, Notizen, Abrechnungen, Pläne, Skizzen usw.

Da der Verschluss gerade dazu dienen muss, die Kenntnisnahme vom gedanklichen Inhalt des Schriftstücks zu verhindern, fallen jedoch zB verschlossene Umschläge, die lediglich Werbezettel, Geld, Zeitungen oder andere Mitteilungen allgemeiner Art enthalten, nicht unter § 202 StGB, es sei denn, es ergibt sich aus den Umständen (zB Aufschrift „persönlich") ein der Kenntnisnahme entgegenstehendes Interesse vgl. (Schönke/Schröder/*Eisele* StGB § 202 Rn. 4).

Abbildungen stellt Abs. 3 den Schriftstücken nach Abs. 1 und 2 gleich. Abbildungen sind optisch wahrnehmbare Wiedergaben eines Vorbilds, das seinerseits weder real existent noch optisch wahrnehmbar sein muss (SK StGB § 202 Rn. 9).

Verschlossen ist ein Schriftstück, wenn die Kenntnisnahme durch einen mit dem Schriftstück **20** unmittelbar verbundenen Verschluss erschwert ist (zB zugeklebter Umschlag oder verschlossenes Tagebuch). Ob ein Verschluss vorliegt, ist nach den Anschauungen des täglichen Lebens zu beurteilen. Das Zusammenfalten, Umschnüren, Sichern (von Musterbeuteln) durch Beutelklammern reicht nicht aus (vgl. Fischer StGB § 202 Rn. 5). Kein Verschluss ist die inhaltliche Verschlüsselung der Gedankenerklärung (vgl. Schönke/Schröder/*Eisele* StGB § 202 Rn. 7).

3. Das ohne Öffnen erfolgte *Kenntnisverschaffen unter Anwendung technischer Mittel* (spezifisch **21** technische Hilfsmittel, nicht das bloße Halten gegen das natürliche Licht) ist nach § 202 Abs. 1 Nr. 2 StGB nur dann strafbar, wenn bereits ein Teil des Inhalts gelesen wurde, während § 202 Abs. 1 Nr. 1 StGB das bloße *Öffnen* ohne tatsächlich erfolgte Kenntnisnahme ausreichen lässt (Schönke/Schröder/*Eisele* StGB § 202 Rn. 9, 10/11).

4. Als geschütztes *Behältnis* iSd § 202 Abs. 2 StGB kommen auch verschließbare Aktentaschen **22** oder eine verschlossene Schublade in Betracht, nicht jedoch ein verschlossenes Auto oder verschlossene Räume, da letztere von Menschen betreten werden können (vgl. Fischer StGB § 202 Rn. 6).

Wie bei § 202 Abs. 1 Nr. 2 StGB muss sich auch hier der Täter von zumindest einem Teil des Inhalts Kenntnis verschafft haben. Der auf Kenntnisnahme gerichtete Vorsatz muss bereits beim Öffnen des Behältnisses gefasst sein (= zielgerichtetes Handeln; vgl. *Fischer* StGB § 202 Rn. 10).

5. *Täter* des § 202 StGB kann keine Person sein, für deren Kenntnis der Inhalt des Schriftstücks **23** *bestimmt* ist. Die Eigentumsverhältnisse spielen keine Rolle, vielmehr trifft die Bestimmung nur denjenigen, der das Recht am Inhalt hat (nicht nur das Recht zum Öffnen des Behältnisses, § 202 Abs. 2 StGB). Bei einem Brief ist das der Absender und ab Zugang der Adressat. Nach Eingang in dem Bereich des Adressaten bestimmt allein dieser, wer den Brief für ihn öffnen darf. Der „persönlich"-Vermerk des Absenders bindet den Adressaten nicht. Entscheidend ist vielmehr dessen Zuständigkeitsregelung (Schönke/Schröder/*Eisele* StGB § 202 Rn. 8). Bei anderen Schriftstücken und diesen gleichgestellten Gegenständen (vgl. → Rn. 19) trifft die Bestimmung derjenige, der den Verschluss angebracht oder einen entsprechenden Auftrag erteilt hat (vgl. LK StGB § 202 Rn. 24; *Fischer* StGB § 202 Rn. 7).

6. Zum Begriff „unbefugt" → Rn. 15. Die Tat wird nur auf Antrag verfolgt (§ 205 StGB). **24**

V. Das Ausspähen und Abfangen von Daten (§§ 202a, 202b 202c StGB)

24a 1. § 202a StGB bedroht denjenigen mit Freiheitsstrafe bis zu drei Jahren oder mit Geldstrafe, der sich oder einem anderen unbefugt Zugang zu Daten, die nicht für ihn bestimmt und die gegen unberechtigten Zugang besonders gesichert sind, unter Überwindung der Zugangssicherung verschafft.

Der Datenbegriff ist in § 202a Abs. 2 StGB gesetzlich definiert. Diese Legaldefinition gilt bei ausdrücklicher Verweisung (zB §§ 202b, 202c, 202d, 274 Abs. 1 Nr. 2, 303a Abs. 1, 303b Abs. 1 iVm §§ 303a, 303b Abs. 1 Nr. 2 StGB) auch für andere Bestimmungen. Ansonsten (zB § 263a StGB) ist vom allgemeinen Datenbegriff auszugehen (vgl. Schönke/Schröder/*Eisele* StGB § 202a Rn. 2). *Daten* iSd § 202a Abs. 1 StGB sind gemäß § 201a Abs. 2 StGB nur solche, die elektronisch, magnetisch oder sonst nicht unmittelbar wahrnehmbar gespeichert sind oder übermittelt werden. Nicht für den Täter bestimmt sind die Daten, die ihm nach dem Willen des Berechtigten im Zeitpunkt der Tathandlung nicht zur Verfügung stehen sollen (vgl. *Fischer* StGB § 202a Rn. 7a). Wurden die Daten demgegenüber dem anderen zugänglich gemacht, ist die zweckwidrige Verwendung nicht tatbestandsmäßig. § 202a StGB findet dann keine Anwendung (Schönke/Schröder/*Eisele* StGB § 202a Rn. 6). Bei Daten, die gegen unberechtigten Zugang *besonders gesichert* sind, wurden Vorkehrungen (wie zB Passwörter, Kopierschutz, Datenverschlüsselungen, Firewalls usw, aber auch mechanische Schließeinrichtungen; vgl. Fischer StGB § 202a Rn. 9 f. mwN) speziell zu dem Zweck getroffen, den unbefugten Zugriff zu verhindern oder zu erschweren (vgl. *Fischer* StGB § 202a Rn. 8). Ist die Aufhebung des Schutzes allerdings ohne weiteres möglich, liegt eine besondere Sicherung nicht vor. Denn eine solche setzt einen „nicht unerheblichen zeitlichen oder technischen Aufwand" zu ihrer Überwindung voraus (vgl. BT-Drs. 16/3656, 10). Eine Überwindung des Schutzes iSd § 202a StGB ist auch nicht gegeben, wenn zB das Passwort durch das Opfer bei einem sog. Phishing selbst preisgegeben worden ist (Schönke/Schröder/*Eisele* StGB § 202a Rn. 6).

Tathandlung ist, dass der Täter sich oder einem anderen unter Überwindung der Zugangssicherung Zugang zu Daten im Sinne eines elektronischen Hausfriedensbruchs verschafft (vgl. *Gröseling/Höfinger* MMR 2007, 549 (551)). Damit ist nunmehr auch das bloße Eindringen in ein Computersystem („Hacking") sowie der Einsatz von Trojanern, Sniffern oder Backdoor-Programmen vom Straftatbestand erfasst. Das Betrachten und die Kenntnisnahme der Daten sind nicht mehr erforderlich (Schönke/Schröder/*Eisele* StGB § 202a Rn. 18 f.). Ebenso tatbestandsmäßig ist die Verschaffung von Daten (anders als im Rahmen des § 202 StGB) dadurch, dass der Täter den Datenträger in seine oder des Dritten *Verfügungsgewalt* bringt oder die Daten *auf einem Datenträger fixiert* (statt vieler Schönke/Schröder/*Eisele* StGB § 202a Rn. 10 mwN; s. auch BT-Drs. 10/5058, 29 – „körperliches Verschaffen").

Für den subjektiven Tatbestand genügt bedingter Vorsatz. Irrt der Täter darüber, dass die Daten nicht für ihn bestimmt sind, handelt er nicht vorsätzlich (vgl. *Fischer* StGB § 202a Rn. 13). Zum Merkmal *„unbefugt"*, das auch hier nur allgemeines Deliktsmerkmal der Rechtswidrigkeit ist, → Rn. 15. Die Strafverfolgung setzt einen *Antrag* (§ 205 StGB) voraus.

24b 2. § 202b StGB bedroht denjenigen mit Freiheitsstrafe bis zu zwei Jahren oder mit Geldstrafe, der sich oder einem anderen – unbefugt – unter Anwendung von technischen Mitteln nicht für ihn bestimmte Daten gemäß § 202a Abs. 2 StGB aus einer nichtöffentlichen Datenübermittlung oder aus der elektromagnetischen Abstrahlung einer Datenverarbeitungsanlage verschafft.

Tatobjekt sind Daten (§ 202a Abs. 2 StGB), die nicht für den Täter bestimmt sind und aus einer nicht-öffentlichen Datenübermittlung oder elektromagnetischen Abstrahlung einer Datenverarbeitungsanlage stammen. Die Daten müssen nicht besonders geschützt, etwa verschlüsselt sein (vgl. *Fischer* StGB § 202b Rn. 3; Schönke/Schröder/*Eisele* StGB § 202b Rn. 3 ff.). Erfasst sind alle Arten der nichtöffentlichen Übertragung, drahtgebunden oder drahtlos, etwa Telefon, Telefax, E-Mail in öffentlichen oder privaten Netzwerken (Internet, Intranet, LAN, VPN-Übermittlung). Die Datenübermittlung selbst muss nichtöffentlich sein; auf den Inhalt der übermittelten Daten kommt es nicht an (vgl. *Fischer* StGB § 202b Rn. 3 f.; LK StGB § 202b Rn. 9).

Tathandlung ist das Sich-Verschaffen der Daten unter Anwendung technischer Mittel. Verschaffen ist Erwerb an Verfügungsmacht über die Daten. Die bloße Möglichkeit des Zugriffs genügt nicht. Die Umleitung der Daten auf einen Rechner des Täters, das Speichern in dem Arbeitsspeicher zur Darstellung auf einem Monitor sind Formen des Sich-Verschaffens von Daten (vgl. *Fischer* StGB § 202b Rn. 5). Das bloße Eindringen in das fremde Netz („Hacking") ist von § 202b StGB nicht erfasst (vgl. Fischer StGB § 202b Rn. 5; LK StGB § 202b Rn. 14; SK StGB § 202b Rn. 4 ff.). Der Täter muss unbefugt handeln (allgemeine Rechtswidrigkeit). § 202b erfordert Vorsatz, bedingter Vorsatz genügt. Nimmt der Täter irrig tatsächliche Umstände an, die eine Befugnis begründen, entfällt der Vorsatz (vgl. *Fischer* StGB § 202b Rn. 8; LK StGB § 202b Rn. 18).

§ 202b StGB kommt zur Anwendung, wenn die konkrete Tathandlung nicht anderen Strafvorschriften mit höherer Strafdrohung unterfällt (Subsidiaritätsklausel). Das können § 201 oder § 202a StGB sein (vgl. Schönke/Schröder/*Eisele* StGB § 202b Rn. 12; *Fischer* StGB § 202b Rn. 10; LK StGB § 202b Rn. 21).

Die Tat wird auf Antrag verfolgt, es sei denn es liegt ein besonderes öffentliches Strafverfolgungsinteresse vor (§ 205 Abs. 1 StGB).

3. § 202c StGB stellt bestimmte Vorbereitungshandlungen zu den Straftaten nach §§ 202a, **24c** 202b StGB unter Strafe (Freiheitsstrafe bis zu zwei Jahren oder Geldstrafe), die der Gesetzgeber als besonders gefährlich ansieht. § 202c StGB ist als abstraktes Gefährdungsdelikt definiert (vgl. Schönke/Schröder/*Eisele* StGB § 202c Rn. 2; *Fischer* StGB § 202c Rn. 2). Die Vorverlagerung der Strafbarkeit in Verbindung mit einer erheblichen Unbestimmtheit der Tatbestandsmerkmale wurde als rechtsstaatlich problematisch angesehen (vgl. LK StGB § 202c Rn. 4). Diesbezügliche Verfassungsbeschwerden wurden allerdings mangels unmittelbarer Betroffenheit vom BVerfG nicht zur Entscheidung angenommen (vgl. Fischer StGB § 202c Rn. 2 mwN).

Tathandlung ist das Herstellen, Verschaffen, Verkaufen, Überlassen, Verbreiten oder sonstiges Zugänglichmachen der in der Strafnorm aufgezählten Tatgegenstände. Im Gegensatz zu § 202b StGB setzen die Tathandlungen des § 202c StGB nicht den Einsatz technischer Mittel voraus. Auch eine schriftliche oder mündliche Mitteilung kann ein Verschaffen darstellen (vgl. LK StGB § 202c Rn. 22).

Tatgegenstände sind:

- Passwörter oder sonstige Sicherungscodes, die den Zugang zu Daten iSd § 202a Abs. 2 StGB ermöglichen;
- Computerprogramme, deren „Zweck" das Ausspähen oder Abfangen von Daten im Sinne der §§ 202a Abs. 1, 202b StGB ist.

Welche Computerprogramme über die objektive Eignung hinaus diesen „Zweck" erfüllen, ist umstritten (vgl. LK/*Hilgendorf* StGB § 202c Rn. 1 ff.). Die (notwendige) Eingrenzung des Tatbestands gelingt erst über das subjektive Merkmal, das die Vorbereitung einer Straftat nach § 202a oder § 202b StGB umfasst (vgl. Schönke/Schröder/*Eisele* StGB § 202c Rn. 4; SK StGB § 202c Rn. 6; *Fischer* StGB § 202c Rn. 4 f.).

§ 202c StGB setzt Vorsatz voraus, wobei nach überwiegender Ansicht (vgl. Schönke/Schröder/*Eisele* StGB § 202c Rn. 6; Fischer StGB § 202c Rn. 8) bedingter Vorsatz genügt. Damit ist der Gesetzgeber über das umgesetzte Europarats-Übereinkommen über Computerkriminalität vom 1.7.2004 hinausgegangen (vgl. Schönke/Schröder/*Eisele* StGB § 202c Rn. 6; kritisch: LK StGB § 202c Rn. 21, 27).

VI. Die Verletzung bzw. Verwertung von Privatgeheimnissen (§§ 203 und 204 StGB)

1. Nach § 203 Abs. 2 S. 1 Ziff. 1–6 StGB wird mit Freiheitsstrafe bis zu einem Jahr oder mit **25** Geldstrafe bestraft, wer als *Amtsträger* oder als andere amtsnahe Person ein ihm anvertrautes fremdes Geheimnis, namentlich ein zum persönlichen Lebensbereich gehörendes Geheimnis oder ein Betriebs- oder Geschäftsgeheimnis *unbefugt offenbart*. Dem anvertrauten Geheimnis steht ein Geheimnis gleich, das ihm in seiner Eigenschaft als Amtsträger „sonst bekannt geworden ist", dh gerade nicht anvertraut wurde (zB schutzwürdige Informationen auf Grund der Indiskretion eines Dritten; vgl. Fischer StGB § 203 Rn. 12; Schönke/Schröder/*Eisele* StGB § 203 Rn. 15). Was ihm als Privatmann (zB am Stammtisch oder im Urlaub) bekannt geworden ist, fällt nicht unter den Schutz des § 203 StGB, da der Bezug zur Berufsausübung fehlt (vgl. LK StGB § 203

Rn. 35). Die Pflicht zur Geheimniswahrung endet nicht durch den Tod des Geschützten (§ 203 StGB, Abs. 4 Nr. 3, Abs. 5 StGB; vgl. *Fischer* StGB § 203 Rn. 9; zum Verhältnis von § 203 Abs. 2 StGB zu § 353b Abs. 1 StGB vgl. *Behm* AfP 2004, 85 ff.).

26 Bedeutung erlangt § 203 StGB unter anderem bei von Behörden einberufenen Pressekonferenzen, vor allem durch Gerichte und Staatsanwaltschaften. Äußern sich diese zu persönlichen Lebensverhältnissen des Beschuldigten bzw. Angeklagten, haben sie hierbei die öffentlichen Interessen und das individuelle Interesse des Betroffenen an seiner Privatsphäre abzuwägen (vgl. OLG Koblenz NJW-RR 2004, 691 f.). Allerdings ist es Behörden untersagt, einen Informationsanspruch nach den Landespressegesetzen unter Hinweis auf Strafvorschriften – wie etwa § 203 StGB – *pauschal und grundsätzlich* abzulehnen. Eine solche Interpretation wäre nicht mit dem grundgesetzlich verankerten Informationsanspruch der Presse zu vereinbaren (vgl. OLG Koblenz NJW-RR 691; → Kap. 20 Rn. 7 ff.).

27 2. Die gleiche Strafdrohung richtet sich in umfassender Weise auch gegen die Angehörigen der in § 203 Abs. 1 Ziff. 1–7 StGB aufgeführten sozialverpflichteten Berufsgruppen wie zB Ärzte und andere Heilberufe, ferner Berufspsychologen, Rechtspflege- und Wirtschaftsberatungsberufe, außerdem staatlich anerkannte Sozialpädagogen und Sozialarbeiter, Ehe-, Erziehungs- und Jugendberater, Mitglieder oder Beauftragte einer Beratungsstelle nach §§ 3, 8 Schwangerschaftskonfliktgesetz (SchwKG) sowie Mitarbeiter bei privaten Kranken-, Unfall- und Lebensversicherungen.

28 Durch das Gesetz zur Neuregelung des Schutzes von Geheimnissen bei der Mitwirkung Dritter an der Berufsausübung schweigepflichtiger Personen (BGBl. I S. 3618) wurde 2017 in § 203 Abs. 3 StGB klargestellt, dass die Weitergabe von Geheimnissen an interne und externe Hilfspersonen straflos bleibt (vgl. Schönke/Schröder/*Eisele* StGB § 203 Rn. 2, 24 ff.).

29 3. Geschütztes Rechtsgut ist in erster Linie das *Individualinteresse* an der Geheimhaltung bestimmter Tatsachen. Mittelbar gewährleistet § 203 StGB auch das *allgemeine Vertrauen* in die Verschwiegenheit der Angehörigen bestimmter Berufe, der Verwaltung usw, ohne welches diese ihre im Interesse der Allgemeinheit liegenden Aufgaben nur unvollkommen erfüllen könnten (vgl. BGH NJW 1968, 2290; Schönke/Schröder/*Eisele* StGB § 203 Rn. 3, mwN; *Fischer* StGB § 203 Rn. 3; krit. LK StGB § 203 Rn. 14).

30 4. *Geheimnis* im Sinn des § 203 StGB ist eine Tatsache, die nur dem Geschützten allein oder einem begrenzten Personenkreis bekannt ist. Auch muss der Geschützte an der Geheimhaltung ein sachlich begründetes und verständliches Interesse haben (Schönke/Schröder/*Eisele* StGB § 203 Rn. 5 ff. mwN). Bei der von § 203 Abs. 2 StGB erfassten Personengruppe (Amtsträger und ihnen Gleichgestellte) umfasst der Geheimnisbegriff auch Einzelangaben über persönliche und sachliche Verhältnisse eines andern, die für Aufgaben der öffentlichen Verwaltung erfasst wurden wie zB Statistiken (§ 203 Abs. 2 S. 2 StGB).

31 5. Handelt der Täter bei Verletzung von Privatgeheimnissen im Sinn des § 203 StGB gegen Entgelt oder in der Absicht, sich oder einen anderen zu bereichern oder einen anderen zu schädigen, so ist die Strafe Freiheitsstrafe bis zu zwei Jahren oder Geldstrafe (§ 203 Abs. 6 StGB, vgl. Schönke/Schröder/*Eisele* StGB § 203 Rn. 112).

32 6. Die gleiche Strafe droht nach § 204 StGB dem Täter, der ein Geheimnis, zu dessen vertraulicher Behandlung er nach § 203 StGB verpflichtet ist, unbefugt zur Gewinnerzielung verwertet. Unter einem Verwerten ist dabei das wirtschaftliche Ausnutzen zum Zwecke der Gewinnerzielung zu verstehen; ein Offenbaren ist nicht erforderlich. Zum Begriff „unbefugt" → Rn. 15. Die Delikte der §§ 203 und 204 StGB werden nur verfolgt, wenn der Betroffene Strafantrag stellt (§ 205 StGB).

VII. Verletzung des Post- und Fernmeldegeheimnisses (§ 206 StGB)

33 Im Kontext der Umstrukturierung des Post- und Fernmeldewesens, deren Dienstleistungen nach Art. 87f Abs. 2 GG nunmehr privatwirtschaftlich zu erbringen sind, wurde der bisherige § 354 StGB durch Art. 2 Nr. 6 des Begleitgesetzes zum Telekommunikationsgesetz vom 17.12.1997 (BGBl. I S. 3108) neugefasst als § 206 StGB in das StGB eingefügt (vgl. BT-Drs. 13/8776, 18 f.; Schönke/Schröder/*Eisele* StGB § 206 Rn. 2). Seit der Privatisierung des Post- und Fernmeldewesens haben zahlreiche Medienunternehmen das Leistungsspektrum ihrer Zustellorganisationen

um Post-Dienstleistungen aller Art erweitert, so dass diese Vorschrift auch im Medienbereich Bedeutung erlangt hat.

Nach § 206 Abs. 1 StGB wird mit Freiheitsstrafe bis zu fünf Jahren oder mit Geldstrafe bestraft, wer unbefugt einer anderen Person eine Mitteilung über Tatsachen macht, die dem Post- und Fernmeldegeheimnis unterliegen und die ihm als Inhaber oder Beschäftigtem eines Unternehmens bekanntgeworden sind, das geschäftsmäßig Post- oder Telekommunikationsdienstleistungen erbringt. Nach § 206 Abs. 2 StGB wird ebenso bestraft, wer als Inhaber oder Beschäftigter eines in Abs. 1 genannten Unternehmens unbefugt dem Unternehmen zur Übermittlung anvertraute Sendungen öffnet oder sich von ihrem Inhalt ohne Öffnung des Verschlusses unter Anwendung technischer Mittel Kenntnis verschafft, diese Sendungen unterdrückt oder die vorgenannten Handlungen unterstützt. **34**

Die Absätze 1 und 2 gelten nach § 206 Abs. 3 StGB auch für Personen, welche die Aufsicht über eine Unternehmen gemäß Abs. 1 wahrnehmen, von einem Unternehmen gemäß Abs. 1 mit dem Erbringen von Post- und Telekommunikationsdiensten oder mit der Herstellung oder dem Betrieb einer einem solchen Unternehmen dienenden Anlage bzw. Arbeiten daran betraut sind.

Nach § 206 Abs. 5 StGB unterliegen dem Postgeheimnis die näheren Umstände des Postverkehrs sowie der Inhalt von Postsendungen und dem Fernmeldegeheimnis der Inhalt der Telekommunikation und ihre näheren Umstände, insbesondere die Tatsache, ob jemand an einem Telekommunikationsvorgang beteiligt war, sowie die näheren Umstände erfolgloser Verbindungsversuche.

Geschütztes Rechtsgut ist das individuelle Interesse an der Geheimhaltung des Inhalts und der näheren Umstände des Postverkehrs und der Telekommunikation (vgl. *Fischer* StGB § 206 Rn. 2). **35**

Tathandlung ist in § 206 Abs. 1 StGB die unbefugte Mitteilung von Tatsachen an eine andere Person, die dem Post- und Fernmeldegeheimnis gemäß § 206 Abs. 5 StGB unterliegen. Die Mitteilung von Werturteilen mit Tatsachenelementen reicht aus (vgl. Schönke/Schröder/*Eisele* StGB § 206 Rn. 3 ff.).

§ 206 Abs. 2 StGB verwirklicht, wer unbefugt einem Post- oder Telekommunikationsdienstleistungsunternehmen anvertraute Sendungen öffnet bzw. sich von ihrem Inhalt durch technische Mittel Kenntnis verschafft, diesem Unternehmen anvertraute Sendungen unterdrückt oder die vorgenannten Handlungen fördert (zur Öffnung und Kenntnisverschaffung mit technischen Mitteln → Rn. 20 f.). Unterdrückt wird eine Sendung, wenn sie dem ordnungsgemäßen Postverkehr entzogen wird. Ein nur vorübergehendes Entziehen genügt (vgl. Schönke/Schröder/*Eisele* StGB § 206 Rn. 20a).

Zur Verwirklichung von § 206 StGB ist Vorsatz erforderlich, wobei bedingter Vorsatz ausreicht (vgl. *Fischer* StGB § 206 Rn. 18). Mögliche Irrtümer bezüglich der Geltung und Reichweite des § 206 StGB (vgl. Schönke/Schröder/*Eisele* StGB § 206 Rn. 37) lassen sich in der Praxis durch ordnungsgemäße schriftliche Belehrungen der Beschäftigten über die Verpflichtung zur Einhaltung des Postgeheimnisses begegnen.

Im Gegensatz zu den §§ 201–204 StGB ist § 206 StGB ein Offizialdelikt (vgl. Schönke/Schröder/*Eisele* StGB § 206 Rn. 1).

VIII. Der strafrechtliche Datenschutz

1. An Stelle des bisher in Deutschland geltenden BDSG in der Fassung vom 14.1.2003 (BGBl. I S. 66) gilt seit dem 25.5.2018 in allen Mitgliedstaaten der Europäischen Union unmittelbar die Datenschutz-Grundverordnung (Verordnung (EU) 2016/679 vom 27.4.2016 (ABl. 2016 L 119, S. 1) – DSGVO). Das ebenfalls am 25.5.2018 in Kraft getretene neue BDSG regelt in Deutschland die den nationalen Gesetzgebern im Rahmen der Grundsätze der DSGVO von der DSGVO eingeräumten Spielräume. **36**

2. Nach Art. 82 DSGVO hat jede Person, der wegen eines Verstoßes gegen die DSGVO ein materieller oder immaterieller Schaden entstanden ist, Anspruch auf Schadenersatz gegen den verantwortlichen oder gegen den Auftragsverarbeiter. Art. 83 DSGVO regelt für den Fall von Verstößen Verhängung von *in jedem Einzelfall wirksamen, verhältnismäßigen und abschreckenden Geldbußen*. **37**

3. Art. 84 Abs. 1 DSGVO verpflichtet die Mitgliedstaaten dazu, Vorschriften über andere wirksame Sanktionen insbesondere für Verstöße gegen die DSGVO, die keiner Geldbuße gemäß Art. 83 DSGVO unterliegen, festzulegen. Nur die Mitgliedstaaten können entsprechend der Kompetenzverteilung zwischen Europäischer Union und ihren Mitgliedstaaten Datenschutzverstöße über administrative Sanktionen wie Geldbußen gemäß Art. 83 DSGVO hinaus strafrechtlich ahnden (vgl. Simitis/Hornung/Spieker/*Boehm* DSGVO Art. 84 Rn. 1 und 5; Kühling/Buchner/*Bergt* BDSG § 42 Rn. 1 und 7). Aus diesem Grund enthält das BDSG in § 42 BDSG Strafvorschriften, für die als Teil des Nebenstrafrecht der Allgemeine Teil des StGB (vgl. Kap. 49) gilt (vgl. Kühling/Buchner/*Bergt* BDSG § 42 Rn. 2).

38 4. Nach § 42 Abs. 1 BDSG wird mit Freiheitsstrafe bis zu drei Jahren oder mit Geldstrafe bestraft, wer, ohne berechtigt zu sein, wissentlich nicht allgemein zugängliche personenbezogene Daten einer großen Zahl von Personen einem Dritten übermittelt oder auf andere Weise zugänglich macht und hierbei gewerbsmäßig handelt. Gegenstand der Tat müssen personenbezogene Daten jeder Art gemäß Art. 4 Nr. 1 DSGVO sein (vgl. Kühling/Buchner/*Bergt* BDSG § 42 Rn. 4). Mangels vergleichbarem Regelungsgehalt ist dieser Begriff nicht mit dem Verständnis dieses Begriffs in den meisten anderen Normen (vgl. Kühling/Buchner/*Bergt* BDSG § 42 Rn. 5), sondern nur mit seinem Verständnis in § 263 Abs. 3 S. 2 Nr. 2 StGB zu vergleichen, da nur diese Norm nicht an der Gesundheit einer großen Zahl von Personen anknüpft (vgl. Kühling/Buchner/*Bergt* BDSG § 42 Rn. 6). Das Vorliegen einer großen Zahl betroffener Personen dürfte deshalb bei einer zweistelligen Personenzahl angenommen werden können (vgl. OLG Frankfurt a. M. NJW 2011, 398 (404); BGH. NStZ-RR 2011, 373; Kühling/Buchner/*Bergt* BDSG § 42 Rn. 6 f.).

Nicht allgemein zugänglich sind Daten, wenn sie nicht von jedermann zur Kenntnis genommen werden können. Eine bloße Entgeltpflichtigkeit des Zugangs reicht dafür nicht aus (vgl. Kühling/Buchner/*Bergt* BDSG § 42 Rn. 8 ff.). Eine Übermittlung liegt vor, wenn die Daten den Herrschaftsbereich des Verantwortlichen verlassen haben und in den Herrschaftsbereich des Empfängers gelangt sind. Für ein Zugänglichmachen auf andere Art und Weise reicht es aus, wenn der Täter die Daten in der Weise zugänglich macht, dass ein potentieller Empfänger Kenntnis vom Informationsgehalt der Daten erlangen kann (vgl. Kühling/Buchner/*Bergt* BDSG § 42 Rn. 21). Bereits die Befugnis zur Bearbeitung lässt den objektiven Tatbestand entfallen (Kühling/Buchner/*Bergt* BDSG § 42 Rn. 23). Gewerbsmäßig handelt, wer sich aus wiederholter Begehung eine nicht nur vorübergehende, nicht ganz unerhebliche Einnahmequelle verschaffen will (stRspr, vgl. BGH BeckRS 2008, 20654; Kühling/Buchner/*Bergt* BDSG § 42 Rn. 27).

Zur Verwirklichung des Tatbestands des § 42 Abs. 1 BDSG ist direkter Vorsatz („wissentlich"). Geht der Täter irrtümlich vom Vorliegen einer datenschutzrechtlichen Erlaubnisnorm aus, kann er wegen Tatbestandsirrtum gemäß § 16 Abs. 1 S. 1 StGB nicht bestraft werden (Kühling/Buchner/*Bergt* BDSG § 42 Rn. 25 f.).

39 Nach § 42 Abs. 2 BDSG wird mit Freiheitsstrafe bis zu zwei Jahren oder mit Geldstrafe bestraft, wer nicht allgemein zugängliche personenbezogene Daten ohne Berechtigung verarbeitet oder durch unrichtige Angaben erschleicht und dabei gegen Entgelt oder in der Absicht handelt, sich oder einen anderen zu bereichern oder einen anderen zu schädigen. Als Tathandlung genügen sämtliche unwahren Angaben über Tatsachen oder Umstände, aus denen sich die Berechtigung ergeben kann, die Daten dem Täter offenzulegen, oder die unabhängig von der Frage der Berechtigung zu einer tatsächlichen Offenlegung führen (Kühling/Buchner/*Bergt* BDSG § 42 Rn. 35). Entgelt ist gemäß § 11 Abs. 1 Nr. 9 StGB jede in einem Vermögensvorteil bestehende Gegenleistung. Zur Verwirklichung des Tatbestands reicht bedingter Vorsatz aus. Für die Bereicherungsabsicht ist direkter Vorsatz erforderlich (Kühling/Buchner/*Bergt* BDSG § 42 Rn. 42 und 47).

40 Beide Straftatbestände des § 42 BDSG bedürfen nach § 42 Abs. 3 BDSG eines Strafantrags. Antragsberechtigt sind nur die betroffene Person, deren personenbezogene Daten Gegenstand der Tat sind, der Bundesbeauftragte für den Datenschutz sowie die Aufsichtsbehörde. Der Strafantrag ist innerhalb von drei Monaten ab dem Tag zustellen, an dem der jeweilige Antragsbefugte von der Tat und der Person des Täters Kenntnis erlangt hat (vgl. (Kühling/Buchner/*Bergt* BDSG § 42 Rn. 57 ff.)

41 5. Art. 85 Abs. 1 und 2 DSGVO verpflichtet die Mitgliedstaaten der Europäischen Union allerdings, durch Rechtsvorschriften das Recht auf den Schutz personenbezogener Daten mit

dem Recht auf freie Meinungsäußerung und Informationsfreiheit einschließlich der der Verarbeitung zu journalistischen Zwecken in Einklang zu bringen (vgl. Simitis/Hornung/Spieker/*Dix* DSGVO Art. 85 Rn. 9; *Nettesheim* AfP 2019, 473 (474)). Dafür legt der Erwägungsgrund 153 Satz 7 zur DSGVO fest: „Um der Bedeutung des Rechts auf freie Meinungsäußerung in einer demokratischen Gesellschaft Rechnung zu tragen, müssen Begriffe wie Journalismus, die sich auf diese Freiheit beziehen, weit ausgelegt werden." (vgl. Simitis/Hornung/Spieker/*Dix* DSGVO Art. 85 Rn. 14; Kühling/Buchner/*Buchner/Tinnefeld* DSGVO Art. 85 Rn. 17).

Mangels Regelungskompetenz des Bundes beinhaltet das neue BDSG zwar keine medienspezifischen Regelungen. Demgegenüber haben aber die Länder das Medienprivileg in Art. 85 Abs. 1 und 2 DSGVO im 21. Rundfunkänderungsstaatsvertrag und in ihren Landespresse- bzw. mediengesetzen sowie ihre Landesdatenschutzgesetzen umgesetzt (vgl. *Weberling/Bergann* AfP 2018, 205, und AfP 2019, 293, jeweils mwN; *Lauber-Rönsberg* AfP 2019, 373 (378); *Soehring/Hoene* Rn. 1.27).

Nach § 23 Abs. 1 MStV dürfen Personen in Unternehmen und Hilfsunternehmen der Presse als Anbieter von Telemedien, die personenbezogene Daten zu journalistischen Zwecken verarbeiten, diese Daten nicht zu anderen Zwecken verarbeiten und sind auf das Datengeheimnis zu verpflichten. Ansonsten gelten lediglich die Art. 5 Abs. 1f) iVm Abs. 2 (Technisch-Organisatorische Maßnahmen (TOM) zur Datensicherheit), 24 (Pflicht des Verantwortlichen zur Vornahme der TOM), 32 (Pflicht zur Gewährleistung eines angemessenen Schutzniveaus) sowie 82 und 83 DSGVO (Haftungsbestimmungen), soweit Art. 5 Abs. 1f) iVm Abs. 2 DSGVO unzureichend umgesetzt worden ist. Eine Datenschutzaufsicht über diese Unternehmen findet nicht statt, wenn diese der Selbstregulierung durch den Pressekodex und der Beschwerdeordnung des Deutschen Presserats unterliegen (vgl. zur Vorgängernorm Spindler/Schuster/*Brings-Wiesen* RStV § 57 Rn. 2 ff.). Vergleichbare Regelungen für die gedruckte Presse enthalten die Landespresse- bzw. mediengesetze sowie die Landesdatenschutzgesetze (siehe beispielhaft Kap. 90, § 12 LPG Baden-Württemberg).

Wie schon vor Inkrafttreten der DSGVO (vgl. *Weberling/Bergann* AfP 2018, 205) ist die Anwendbarkeit des Datenschutzrechts auf die Pressetätigkeit im journalistisch-redaktionellen und literarischen Bereich weitgehend und die Datenschutzaufsicht über die genannte Pressetätigkeit durch die Datenschutzbeauftragten der Länder vollständig ausgeschlossen. Konkret erforderlich waren und sind unverändert ausreichende technische und organisatorische Maßnahmen zum Schutz der im journalistisch-literarischen Bereich befindlichen Daten vor fremden Zugriff sowie die Belehrung und Verpflichtung aller journalistisch tätigen Beschäftigten auf das Datengeheimnis („Redaktionsgeheimnis"). Aufgrund der Auslegungsvorschrift im ErwG 153 Satz der DSGVO sind „journalistische Zwecke" weit auszulegen und umfassen alle zu moderner Redaktionsarbeit gehörenden Tätigkeiten entsprechend dem weiten Verständnis der „Freiheit der Meinungsäußerung" gemäß Art. 10 EMRK (vgl. Simitis/Hornung/Spieker/*Dix* DSGVO Art. 85 Rn. 14 ff.). Unabhängig davon ist eine Datenverarbeitung von Unternehmen und Hilfsunternehmen der Presse immer gerechtfertigt, wenn sie auf einer der in Art. 6 Abs. 1 DSGVO genannten Rechtfertigungsgrundlagen geschieht. Um dies auch zu einem späteren Zeitpunkt belegen zu können, sollten insbesondere dafür eingeholte oder ausdrücklich bzw. konkludent erteilte Einwilligungen konsequent dokumentiert werden (vgl. *Weberling/Bergann* AfP 2019, 293 (295 f.)).

IX. Das Gesetz über die Unterlagen des Staatssicherheitsdienstes der ehemaligen Deutschen Demokratischen Republik (Stasi-Unterlagen-Gesetz, StUG)

1. Der umfangreiche Bestand der unter Verstoß gegen Menschen- und Persönlichkeitsrechte **42**
durch Bespitzelung zusammengetragenen Unterlagen des Ministeriums für Staatssicherheit der ehemaligen DDR und seiner Vorläufer- und Nachfolgeorganisationen *(Stasi-Unterlagen)* warf für den gesamtdeutschen Gesetzgeber die Frage des Umgangs mit diesen Daten auf. Mit dem Stasi-Unterlagen-Gesetz (StUG) vom 20.12.1991 (BGBl. I S. 2272 ff.), zuletzt geändert durch das Gesetz vom 15.11.2019 (BGBl. I S. 1564), hat sich der Gesetzgeber aus zahlreichen Gründen für eine weitgehende Nutzung und Öffnung der Stasi-Akten entschieden. Bezweckt ist damit zum

einen, den Opfern Zugang zu den Unterlagen zu *Aufklärungszwecken* zu verschaffen und sie vor weiteren Verletzungen ihres Persönlichkeitsrechts durch den missbräuchlichen Umgang mit ihren Daten zu bewahren (§ 1 Nr. 1 und 2 StUG), und zum anderen die historische, politische und juristische *Aufarbeitung und Aufklärung der Vergangenheit* zu gewährleisten (§ 1 Nr. 3 StUG).

42a Nachdem die rechtspolitische Diskussion um das Gesetz etwas abgeebbt war, gewann das Gesetz auf Grund der „Kohl-Entscheidungen" des BVerwG (NJW 2002, 1815 und NJW 2004, 2462 ff.) neue Brisanz (vgl. zu dem ersten Urteil *Kirste* JuS 2003, 336; *Kleine-Cosack* NJW 2002, 350; zu dem zweiten Urteil kritisch *Arndt* NJW 2004, 3157 ff.; *von Heinegg* AfP 2004, 505 ff.).

In der ersten Entscheidung gewährte das BVerwG dem Kläger den Unterlassungsanspruch aus §§ 4 Abs. 1, 1 Abs. 1, 5 Abs. 1 StUG. Die Interessen der Öffentlichkeit (vgl. §§ 32 [Verwendung der Daten zur Forschung] und 34 [Verwendung von Unterlagen durch die Presse] StUG) hätten demgegenüber zurückzutreten. Dies gelte selbst für Informationen, die nicht dem privaten Bereich zuzuordnen sind, sondern das öffentliche Wirken Kohls betreffen. Das Recht auf informationelle Selbstbestimmung setze sich demnach im Rahmen einer Güterabwägung gegen das öffentliche Interesse an der Aufarbeitung der Tätigkeit der Stasi (vgl. § 1 Abs. 1 StUG) durch. Begründet wurde dies im Wesentlichen damit, dass es der Presse nicht auf die Tätigkeit der Stasi selbst ankomme, sondern vielmehr auf die durch deren Ausspähung gewonnenen Erkenntnisse. Dies sei aber nicht Zweck des StUG (vgl. BVerwG NJW 2002, 1817, zustimmend *Kleine-Cosack,* NJW 2002, 359; krit. *Kirste,* JuS 2003, 3157 ff.). In der zweiten „Kohl-Entscheidung" (NJW 2004, 2462 ff.) führte das BVerwG aus, dass bei einer Herausgabe durch die Behörde des BStU und Verwendung von Stasi-Unterlagen hinsichtlich des Empfängers der Informationen zu unterscheiden sei (krit. hierzu *Arndt* NJW 2004, 3157 ff. (3159); *von Heinegg* AfP 2004, 505 ff.). Während Daten zu *Forschungszwecken* unter bestimmten Umständen preisgegeben werden dürften, scheide eine Zurverfügungstellung *an die Presse* „grundsätzlich" aus, da dies für den Betroffenen unzumutbar sei (vgl. *BVerwG* NJW 2004, 2462). Grund für diese Unterscheidung sei, dass das Wirken der Presse im Gegensatz zur Forschung auf Veröffentlichung ausgelegt sei. Hierbei sei eine wirksame Kontrolle der Verbreitung der personenbezogenen Daten nicht möglich. Hierdurch werde das Recht auf informationelle Selbstbestimmung des Betroffenen über Gebühr beeinträchtigt (vgl. BVerwG NJW 2004, 2462 ff. (2467 f.)). Dies beruhe darauf, dass die betreffenden persönlichen Informationen oft auf rechtsstaatswidrige Weise unter Verletzung der räumlichen Privatsphäre und des Rechts am gesprochenen Wort bzw. durch Spionage gewonnen wurden. Lediglich solche Daten, die die Stasi aus allgemein zugänglichen Quellen erlangte, könnten unter Umständen zwecks Publikation durch die Presse zur Verfügung gestellt werden. Dies sei vor allem bei Personen der Zeitgeschichte der Fall. Allerdings habe eine Abwägung der gegenüberstehenden Interessen im Einzelfall zu erfolgen. Diese vom Gesetzestext nicht gedeckte Ungleichbehandlung der Medien wurden zwischenzeitlich vom Gesetzgeber wieder korrigiert (vgl. *Weberling* (2009) S. 25).

43 Der Anwendungsbereich des Gesetzes erstreckt sich gemäß § 6 StUG auf Informationsträger aller Art, beschränkt sich also nicht auf Unterlagen mit personenbezogenen Daten. Stasi-Unterlagen sind nach § 6 Abs. 1 Nr. 1 StUG alle Informationsträger, soweit sie beim Staatssicherheitsdienst oder beim Arbeitsgebiet 1 der Kripo der Volkspolizei entstanden, in deren Besitz gelangt oder ihnen zur Verwendung überlassen worden sind. Nach einer Gesetzesänderung 1994 (BGBl. I S. 1748) unterfallen auch Kopien, Abschriften und sonstige Duplikate von derartigen Unterlagen, die nicht in diesem Rahmen, sondern zB heimlich von Mitarbeitern der Staatssicherheit oder von dritten Personen hergestellt wurden, der in § 7 Abs. 1, 3 StUG normierten Pflicht zur Anzeige ihres Besitzes an den Bundesbeauftragten.

44 Das Material wird gemäß § 2 Abs. 1 StUG durch den *Bundesbeauftragten* für die Unterlagen des Staatssicherheitsdienstes der ehemaligen DDR (BStU) erfasst, verwahrt, verwaltet und nach Maßgabe dieses Gesetzes verwendet. Das Stasi-Unterlagengesetz ist ein *abschließendes Spezialgesetz* gegenüber allen anderen, die Übermittlung personenbezogener Daten regelnden Gesetze, soweit Daten und Informationen aus den Stasi-Unterlagen betroffen sind (§ 43 StUG; Weberling (1993) StUG § 43 Rn. 1 f.; s. auch den nichtamtlichen Leitsatz des OVG Berlin RDV 1992, 182).

45 2. In § 44 StUG ist eine besonders für die Presse relevante Strafvorschrift normiert. Es wird demnach mit Freiheitsstrafe bis zu drei Jahren oder mit Geldstrafe bestraft, wer von dem Stasi-Unterlagen-Gesetz geschützte Originalunterlagen oder Duplikate mit personenbezogenen Informationen über Betroffene oder Dritte ohne ihre Einwilligung ganz oder in wesentlichen Teilen im Wortlaut öffentlich mitteilt.

Strafbar ist nach dem insoweit eindeutigen Gesetzeswortlaut nur die *authentische Veröffentlichung* **46** von Stasi-Unterlagen. Wenn also Texte unter auch nur geringfügiger Veränderung des Originaltextes veröffentlicht oder inhaltsgetreu unter Verwendung anderer Worte wiedergegeben werden, scheidet eine Strafbarkeit nach § 44 StUG aus (s. *Weberling* (1993) StUG § 44 Rn. 1 ff.; *Gounalakis/Vollmann* AfP 1992, 36 ff. (38); *Eberle* DtZ 1992, 263 ff. (264); *Kloepfer* (1993) S. 84; *Stoltenberg* DtZ 1992, 72; zur vergleichbaren Problematik in § 353d Nr. 3 StGB, dem der § 44 StUG nachgebildet ist, vgl. → Kap. 58 Rn. 3 ff.). Strafbarkeitsvoraussetzung ist ferner, dass die Unterlage *„ganz oder in wesentlichen Teilen"* öffentlich mitgeteilt wird. Die Abgrenzung „wesentlicher" von „unwesentlichen" Teilen ist unter Berücksichtigung des Gesetzeszweckes, dem Opferschutz, nach Analysierung des gesamten informativen Inhalts der fraglichen Stasi-Unterlage vorzunehmen. Je tiefer durch die Wiedergabe in das Persönlichkeitsrecht eingegriffen wird, desto eher wird das Merkmal „wesentlich" zu bejahen sein (vgl. *Weberling* (1993) StUG § 44 Rn. 3 f.; *Stoltenberg,* Kommentar, § 44 Rn. 8; Näheres auch bei *Kloepfer* (1993) S. 83 f.).

Bestraft wird nach § 44 StUG nur, sofern eine *Veröffentlichung* erfolgt (vgl. *Weberling* (1993) StUG § 44 Rn. 4 f.; krit. *Stoltenberg* DtZ 1992, 65 ff. (72), der hierin einen Wertungswiderspruch zum damals geltenden Datenschutzgesetz sah). Hat der Betroffene oder Dritte in eine Veröffentlichung eingewilligt und damit auf den Schutz des § 44 StUG verzichtet, entfällt eine Bestrafung.

Hinsichtlich dieser Norm wurde die Auffassung vertreten, dass sie mit Art. 5 Abs. 1 GG **47** unvereinbar sei, weil bei Vorliegen der Voraussetzungen pauschal zugunsten des Persönlichkeitsrechts Betroffener oder Dritter entschieden werde (vgl. MdB Otto in StenBer, 57. Sitzung, S. 4723; *Gounalakis-Vollmann* DtZ 1992, 77 f.; *dieselben* AfP 1992, 40). Erforderlich sei es aber je nach Einzelfall zu differenzieren. Insbesondere hinsichtlich Stasi-Unterlagen von sog. Personen der Zeitgeschichte könne eine Fallkonstellation nicht ausgeschlossen werden, bei der dem Informationsinteresse der Öffentlichkeit höherem Gewicht zuzumessen wäre. Da § 44 StUG auch in solchen Fällen eine Bestrafung vorsehe, sei die Vorschrift nicht mit dem Grundrecht der Pressefreiheit zu vereinbaren (vgl. *Gounalakis/Vollmann* DtZ 1992, 78; *Kloepfer* (1993) 82 f.). Eine andere Auffassung (vgl. *Stoltenberg* (1992) StUG § 44 Rn. 13) bejaht hingegen unter Berufung auf die Entscheidung des BVerfG zu § 353d Nr. 3 StGB (BVerfGE 71, 206 (213)) die Verfassungsmäßigkeit der Vorschrift. Durch die Entscheidung sei zum Ausdruck gebracht, dass der Gesetzgeber unter bestimmten Voraussetzungen dem Persönlichkeitsrecht Betroffener generellen Vorrang vor der Pressefreiheit einräumen dürfe. Das Problem wird insoweit relativiert, als „nur" die Wiedergabe im Wortlaut, nicht aber die des Inhalts verboten ist. Die Pressefreiheit werde also teilweise eingeschränkt. Der Hinweis auf die Entscheidung des BVerfG zu § 353d Nr. 3 StGB überzeugt nicht. Denn § 353d Nr. 3 StGB verfolgt nicht in erster Linie, schon gar nicht das alleinige Ziel, das allgemeine Persönlichkeitsrecht des Betroffenen zu schützen. Vielmehr soll dort zunächst die Unbefangenheit des mit der Sache (noch nicht befassten) Gerichts, aber auch der Zeugen, vor der (dazu noch: selektiven) Veröffentlichung von wesentlichen Bestandteilen der Ermittlungsakte vor deren Verlesung im Verfahren geschützt werden. In diesem Zusammenhang kann es tatsächlich darauf ankommen, dass zum Schutz der Unbefangenheit der Mitglieder des Gerichts und sonstiger Verfahrensbeteiligter das Recht auf (wahrheitsgemäße) wörtliche Mitteilung von Akteninhalten hinter den Anspruch auf ein faires Verfahren zurücktreten muss. Eine solche Konstellation liegt den Regelungen des StUG aber gerade nicht zugrunde. Hinzu kommt, dass § 353d Nr. 3 StGB eine zeitliche Schranke enthält. Nach Erörterung der entsprechenden Schriftstücke in der Hauptverhandlung bzw. nach Abschluss des Verfahrens ist auch die öffentliche Mitteilung ihres Wortlauts zulässig. – Nach zutreffender Auffassung (vgl. OLG Frankfurt a. M. AfP 1996, 177) sind Stasi-Unterlagen nicht mehr geschützt iSd § 44 StUG, wenn deren Veröffentlichung nach § 32 Abs. 3 zulässig ist (vgl. Weberling (2009) S. 21 f.; siehe zu § 32 Abs. 3 Nr. 2 auch BVerfG NJW 2000, 2413). Bei der danach erforderlichen Abwägung zwischen dem Persönlichkeitsinteresse der betroffenen Person und dem Informationsinteresse der Öffentlichkeit hängt das Gewicht des erstgenannten vom Grad der Wahrscheinlichkeit der Wahrheit oder Unwahrheit der Information ab (vgl. OLG Frankfurt a. M. AfP 1996, 177).

48 3. Für die Presse ferner von Bedeutung ist § 45 StUG, der mit einer Geldbuße bis zu 250.000 EUR bedroht, wer der Pflicht gemäß § 7 Abs. 3 StUG, der Bundesbeauftragten den Besitz von Stasi-Unterlagen *anzuzeigen,* nicht nachkommt. Diese Pflicht besteht nur, falls das Vorhandensein von Stasi-Unterlagen *bekannt* ist. Geforscht werden muss nach solchen Unterlagen nicht (s. Begr. des RegEntw in BT-Drs. 12/1093, 22; *Gounalakis/Vollmann* AfP 1992, 36ff.). Ebenso nach § 45 StUG bußgeldbewehrt ist es, dem BStU Originalunterlagen, einschließlich Kopien und sonstiger Duplikate, nicht auf Verlangen herauszugeben oder zur Anfertigung von Kopien zu überlassen. Diese Pflicht besteht jedoch nur, sofern die Unterlagen nicht im Eigentum der Presse stehen (§ 9 Abs. 1 StUG; vgl. *Weberling* (1993) StUG § 9 Rn. 4). Der Eigentumsnachweis obliegt jedoch der Presse, welcher aber vielfach an § 935 BGB (kein gutgläubiger Eigentumserwerb an abhanden gekommenen Sachen) scheitern wird, weil die Unterlagen dem Staatssicherheitsdienst in der Regel deliktisch entwendet wurden (vgl. *Weberling* (1993) StUG § 9 Rn. 1 u. 4; *Gounalakis-Vollmann* AfP 1992, 37).

49 Die Pflicht, nicht im Eigentum der Presse stehende Unterlagen des Staatssicherheitsdienstes nebst Kopien und Duplikaten herauszugeben, dient dem Zweck, die *vollständige Erfassung und Zusammenführung* der Stasi-Unterlagen beim Bundesbeauftragten zu sichern (vgl. *Weberling* (1993) StUG § 9 Rn. 5; s. auch zum Stasi-Unterlagen-Gesetz *Schmidt* RDV 1991, 174ff.) und deren unbefugte Verwendung durch die Besitzer im Interesse der Opfer zu verhindern.

55. Kapitel. Nötigung und Erpressung (§§ 240, 253 StGB)

I. Allgemeines. Bedeutung für die Presse

1 1. Nötigung und Erpressung sind Straftaten gegen die Freiheit der Willensentschließung und Willensbetätigung. Während jedoch Ziel der Nötigung (§ 240 StGB) irgendeine *Handlung, Duldung oder Unterlassung* des Opfers sein kann, will der Erpresser einen anderen zu einem speziell *vermögensschädigenden* Verhalten nötigen. Der Tatbestand der Erpressung (§ 253 StGB) erfordert daher zusätzlich die Absicht der Bereicherung.

2 2. In der publizistischen Praxis sind Fälle der Nötigung bzw. Erpressung eher selten. Dabei muss zwischen zwei durchaus verschiedenen Tatbeständen unterschieden werden: Man versteht unter *Pressenötigung* in erster Linie die Ausübung von Willenszwang, zB durch die Androhung, man werde den Vorgang in der Presse zur Veröffentlichung bringen („Wenn das Essen in der Kantine nicht besser wird, bringen wir das in die Zeitung"). Bei dieser sog. „*aktiven* Pressenötigung" ist die Presseveröffentlichung das Mittel der Druckausübung (vgl. → Rn. 10). Im Gegensatz dazu ist bei der *passiven* Pressenötigung die Presse selbst das Opfer der Druckausübung (Drohung eines Interessenverbandes mit Anzeigensperre, falls die Zeitung an den Machenschaften des Verbandes weiterhin Kritik üben werde; vgl. → Rn. 11). Beide Sachverhalte, die aktive und die passive Pressenötigung, können unter den Tatbestand des § 240 StGB fallen.

II. Die Nötigung (§ 240 StGB)

3 1. Nach § 240 StGB wird mit Freiheitsstrafe bis zu drei Jahren oder mit Geldstrafe – in besonders schweren Fällen mit Freiheitsstrafe von sechs Monaten bis zu fünf Jahren – bestraft, wer einen anderen rechtswidrig mit Gewalt oder durch Drohung mit einem empfindlichen Übel zu einer Handlung, Duldung oder Unterlassung nötigt. Der Versuch (vgl. → Kap. 49 Rn. 9) ist gleichfalls strafbar (§ 240 Abs. 3 StGB).

4 2. Genau besehen geht es bei allen gegen Gesundheit, Eigentum, Vermögen und Ehre gerichteten Delikten zugleich auch um den Freiheitsschutz. So wird durch den eigenmächtigen Eingriff in die körperliche Integrität eines anderen oder durch Entziehung fremden Eigentums zugleich in die Dispositionsfreiheit des Opfers eingegriffen. Von diesen Freiheitsbeeinträchtigungen unterscheidet sich § 240 StGB jedoch insofern, als hier die *Freiheit der Willensentschließung* (Dispositionsfreiheit) und der *Willensbetätigung* (Handlungsfreiheit) das primäre Schutzgut bilden (vgl. BVerfGE 73, 237).

3. Als Nötigungsmittel kommen alternativ Gewalt oder Drohung mit einem empfindlichen Übel in Betracht. 5

a) Für die *Gewaltalternative, welche* die gegenwärtige Zufügung einer Beeinträchtigung unter Strafe stellt, genügt der physisch vermittelte Zwang zur Überwindung eines geleisteten oder erwarteten Widerstands (vgl. Fischer StGB § 240 Rn. 8 mwN; vgl. aber → Rn. 8 zur Sitzblockadeentscheidung des Bundesverfassungsgerichts; vgl. auch BVerfG NJW 2002, 1031, kritisch dazu *Sinn* NJW 2002, 1024).

Erscheinungsformen der Gewalt sind zum einen die *vis absoluta,* die die Willensentschließung oder -betätigung des Genötigten völlig unmöglich macht, zum anderen die beeinflussende willensbeugende Gewalt, die sog. *vis compulsiva,* die den Opferwillen mittels (zumeist psychischen Drucks) in eine bestimmte Richtung lenkt. Zu den letzteren Fällen der lediglich psychisch beeinflussenden Gewalt gehört der *Sitzstreik,* durch den zB ein Zeitungsverlag an der Auslieferung verhindert wird (str. seit BVerfGE, 73, 206 vgl. OLG Stuttgart NJW 1969, 1543 f.; Schönke/Schröder/*Eisele* StGB Vorb. §§ 234 ff. Rn. 10 ff., StGB § 240 Rn. 5; vgl. auch BGHSt 35, 270 ff.).

b) Die *Drohung mit einem empfindlichen Übel* ist das Inaussichtstellen eines Nachteils, der geeignet ist, das Opfer nachdrücklich zu beeinflussen und auf dessen Eintritt der Drohende Einfluss hat oder zu haben vorgibt (vgl. Fischer StGB § 240 Rn. 31; Schönke/Schröder/*Eisele* StGB Vorb. §§ 234 ff. Rn. 31). Von der vis compulsiva unterscheidet sich die Drohung dadurch, dass bei letzterer ein Übel nur in Aussicht gestellt wird, dessen Verwirklichung von der Reaktion des Opfers abhängig gemacht wird und die Beeinflussung rein psychisch ist, während bei ersterer ein Übel bereits zugefügt wird. Die Drohung mit einer bloßen Unannehmlichkeit genügt nicht. Sowohl in der Drohung mit einer wahren *Presseveröffentlichung,* als auch in der mit der Weitergabe unrichtiger Behauptungen an Presseorgane kann, je nach den Umständen des einzelnen Falls, eine strafbare Nötigung liegen (vgl. BGH NStZ 1992, 278, OLG Hamm NJW 1957, 1081; OLG Bremen NJW 1957, 151). Erforderlich ist, dass der Bedrohte die Drohung ernst nimmt (vgl. BGHSt 16, 387). 6

4. Der Nötigungserfolg besteht in einer *Handlung, Duldung* oder *Unterlassung* des Opfers wie zB die Herausgabe von Unterlagen, Verzicht auf Gegenwehr oder auf Strafanzeige. 7

Das abgenötigte Verhalten muss jedoch kausal auf dem Tatmittel Gewalt oder Drohung beruhen, was zB im Sitzstreik-Fall jedenfalls nicht der Fall gewesen wäre, wenn die Fahrer aus Solidarität mit den Demonstranten freiwillig die Auslieferung verweigert hätten.

5. Aufgrund der sozialen Bedingtheit und Verflochtenheit des Rechtsguts Freiheit kann dessen Schutz kein absoluter, sondern mit Rücksicht auf kollidierende Interessen anderer immer nur ein relativer sein. Das StGB trägt der im Generaltatbestand der Nötigung liegenden Gefahr der Ausuferung der Strafbarkeit mit dem relativierenden Kollektiv des § 240 Abs. 2 StGB Rechnung: Danach ist die Nötigung nur strafbar, wenn sie *rechtswidrig* ist, wobei jedoch vorrangig allgemeine Rechtfertigungsgründe zu prüfen sind, die die Rechtswidrigkeit ausschließen können (vgl. *Fischer* StGB § 240 Rn. 39; Schönke/Schröder/*Eisele* StGB § 240 Rn. 33), denn nach allgemeinen Rechtfertigungsgründen gerechtfertigtes Handeln kann nie verwerflich sein. Die Rechtswidrigkeit einer Nötigung bestimmt sich danach, ob „die Anwendung der Gewalt oder die Androhung des Übels zu dem angestrebten Zweck als *verwerflich* anzusehen ist" (§ 240 Abs. 2 StGB). Verwerflich bedeutet einen erhöhten Grad sozialer Missbilligung (vgl. BVerfG NJW 1992, 2688 f.; BGHSt 19, 268; OLG Köln NJW 1986, 2443). Die Verwerflichkeit der Handlung kann sich aus dem mit der Nötigung verfolgten *Zweck* oder dem angewandten *Nötigungsmittel* oder aus dem Missverhältnis von Zweck und Mittel ergeben (vgl. BGHSt 17, 331), wobei es auf die Lage des Einzelfalls ankommt (vgl. OLG Schleswig SchlHA 1987, 105). Maßgeblich ist also eine Gesamtabwägung (vgl. BVerfG NJW 2002, 1034). Kann der Beweggrund des Täters für sein Handeln also nicht festgestellt und daher Zweck und Mittel nicht in Relation gesetzt werden, so scheidet eine Verurteilung wegen Nötigung aus (vgl. BayObLG NJW 1989, 1621 f.; Schönke/Schröder/*Eisele* StGB § 240 Rn. 17). Die Rechtsprechung hat die Verwerflichkeit der Nötigung bei einem zur Verhinderung der *Zeitungsauslieferung* veranstalteten Sitzstreik mit der Begründung bejaht, dass hier die Presse gezwungen werde, auf die Ausübung ihres Grundrechts der Informationsfreiheit zu verzichten (vgl. OLG Stuttgart NJW 1969, 1543). Dasselbe gilt für eine Blockade durch Barrikaden (vgl. OLG Celle NJW 1970, 206). *Sitzstreiks,* 8

Verkehrsblockaden und Demonstrationen mit allgemein-politischer Zielsetzung, in deren Verlauf Beeinträchtigungen der Bewegungs- und Handlungsfreiheit Dritter erfolgen, dürfen nach der Zweiten Sitzblockadeentscheidung des Bundesverfassungsgerichts (BVerfGE 91, 1), in der die Auslegung des § 240 StGB im Sinne des weiten Gewaltbegriffs als Verstoß gegen Art. 103 Abs. 2 GG angesehen wurde, nicht als Nötigung bestraft werden. Im Schrifttum ist diese Entscheidung überwiegend auf Kritik gestoßen (vgl. *Küper* JuS 1996, 786; die umfangreichen Nachweise bei *Fischer* StGB § 240 Rn. 14 ff.).

Bereits vor dieser Entscheidung hatte das BVerfG Verkehrsbehinderungen und Zwangseinwirkungen als von Art. 8 GG gedeckt erklärt, soweit sie sozialadäquate Nebenfolge von rechtmäßigen Demonstrationen und durch zumutbare Auflagen nicht zu vermeiden seien; als von Art. 5 und 8 GG nicht gedeckt hatte das Gericht aber absichtlich herbeigeführte Behinderungen Dritter angesehen, die darauf abzielten, die Aufmerksamkeit für das Demonstrationsanliegen zu erhöhen (vgl. BVerfGE 73, 206 (250)).

Unstreitig ist heute, dass die Anwendung von Gewalt noch nicht die Rechtswidrigkeit der Handlung indiziert (BVerfG NJW 1992, 2688 f.; BGHSt 34, 77; Schönke/Schröder/*Eisele* StGB § 240 Rn. 16). Anders verhält es sich freilich, wenn schon die Gewaltanwendung selbst strafbares Unrecht darstellt. Auch insoweit kommt es vielmehr auf die Umstände des einzelnen Falls ein, so dass zB Geringfügigkeit (vgl. LG Münster StV 1987, 442; BayObLG NJW 1990, 59) und Wahrnehmung berechtigter Interessen (vgl. → Kap. 53 Rn. 29 ff.; aA in dieser Allgemeinheit *Fischer* StGB § 240 Rn. 39) einer Strafbarkeit entgegenstehen können.

9 6. Der Tatbestand der Nötigung erfordert *vorsätzliches* Handeln des Täters, doch genügt bedingter Vorsatz. Zum Vorsatz gehört auch die Kenntnis der Umstände, die das Vorgehen des Täters als verwerflich erscheinen lassen, jedoch nicht das Bewusstsein der Rechtswidrigkeit (vgl. *Fischer* StGB § 240 Rn. 53 ff.). Nimmt der Täter irrtümlich an, sein Vorgehen sei nicht verwerflich, so liegt ein sog. Verbotsirrtum vor, der gem. § 17 StGB die Schuld ausschließt, sofern er unvermeidbar ist. Der Verbotsirrtum eines *Journalisten* kann unvermeidbar sein, wenn ihm ein Jurist erklärt hat, sein Verhalten sei unbedenklich (vgl. LG Berlin AfP 1992, 86).

10 7. Sowohl die aktive wie die passive Pressenötigung (vgl. → Rn. 2) wie auch die früher selbstständig geregelte *Beamtennötigung* fallen heute unter den Tatbestand des § 240 StGB. Bei der *aktiven Pressenötigung* wird auf den Genötigten Zwang ausgeübt mit der Drohung, man bringe sein Verhalten in die Presse. Der Ausspruch einer solchen Drohung erfolgt häufig auch gegenüber Amtsträgern, um sie zu einem Tun oder Unterlassen zu zwingen.

Eine Nötigungshandlung ist dann jedoch davon abhängig, ob die angedrohte Presseveröffentlichung ein Übel iSv § 240 StGB darstellt und der gesamte Vorgang als verwerflich zu betrachten ist. Hier ist zu unterscheiden: Soll ein pflichtwidriges Verhalten des Beamten (Unterlassen einer begründeten Strafanzeige) erzielt werden, so ist die Rechtswidrigkeit (Verwerflichkeit) der Nötigung zu bejahen. Droht der Täter bei einer unrechtmäßigen Diensthandlung, den Fall in die Zeitung zu bringen, so entfällt die Rechtswidrigkeit (vgl. *Fischer* StGB § 240 Rn. 52); anders aber, wenn eine entstellte Darstellung angedroht wird (vgl. OLG Celle NJW 1957, 1847). Ebenso wenig verwerflich ist die allgemeine Drohung, einen „Skandal" öffentlich zu machen oder „die Presse einzuschalten", um eine rechtlich gebotene Handlung zu erzwingen (vgl. BVerfG NJW 1993, 1519).

11 Bei der *passiven Pressenötigung* (Drohung mit Anzeigenboykott) ist die Presse selbst das Opfer der Nötigung. Dabei ist es gleichgültig, zu welcher Handlung, Duldung oder Unterlassung die Presse gezwungen wird. Auch der Zwang zu wahrheitsgemäßer Publikation kann eine rechtswidrige (verwerfliche) Handlung sein, weil sie die – speziell durch das Grundrecht des Art. 5 Abs. 1 GG gesicherte – alleinige Entschließungsfreiheit der Presse über den Inhalt ihrer Publikationen verletzt. In der Drohung, der Zeitung die *Anzeigenaufträge* zu entziehen, ist in der Regel das In-Aussichtstellen eines empfindlichen Übels zu erblicken. Dasselbe gilt für das Bestreben, durch *Bestreikung* oder *Boykottierung* der Zeitung auf deren Inhalt Einfluss zu gewinnen, sofern hier Mittel und Zweck nicht in einem adäquaten Verhältnis stehen (vgl. Schönke/Schröder/*Eisele* StGB § 240 Rn. 25; *Soehring/Hoene* Rn. 22.53).

III. Die Erpressung (§ 253 StGB)

Eine Erpressung begeht, wer den Tatbestand der Nötigung (vgl. oben II) in der Absicht erfüllt, sich oder einen Dritten zu Unrecht zu bereichern und durch sein Vorgehen dem Vermögen des Genötigten oder eines anderen Nachteil zufügt. Die gegenüber der Nötigung verschärfte Strafandrohung beinhaltet Freiheitsstrafe bis zu fünf Jahren oder Geldstrafe, in besonders schweren Fällen Freiheitsstrafe nicht unter einem Jahr. Der Versuch ist strafbar. **12**

Geschütztes Rechtsgut ist bei § 253 StGB einerseits die persönliche Willensfreiheit, andererseits das wirtschaftliche Vermögen. Sowohl die aktive wie die passive Pressenötigung (vgl. → Rn. 2) können sich zur Erpressung ausweiten. Dies liegt bei der passiven Pressenötigung durch Anzeigenboykott (vgl. → Rn. 11) durchaus im Rahmen der gegebenen Möglichkeiten. **13**

56. Kapitel. Betrug und Vorenthalten und Veruntreuen von Arbeitsentgelt (§ 263 und § 266a StGB)

I. Allgemeines. Bedeutung für die Presse

Das Delikt des Betrugs, das im Strafrecht wegen seiner Häufigkeit eine große Rolle spielt, ist für die wirtschaftliche Seite der Pressetätigkeit von erheblicher Bedeutung. So können zB Werber für Zeitungen und Zeitschriften durch Irreführung der Umworbenen, und die Presseverlage selbst durch unrichtige Angaben über die Auflagenhöhe mit § 263 StGB in Kollision kommen. Vielfach treten Betrugsfälle im Pressewesen auch dadurch in Erscheinung, dass betrügerische Anzeigen aufgegeben werden, deren strafbarer Charakter nicht erkennbar ist. **1**

Seit Inkrafttreten der Neufassung von § 7 Abs. 1 SGB IV im Wege der Regelungen zur sog. Scheinselbstständigkeit 1999 und verstärkt durch das Inkrafttreten des MiLoG 2015 hat § 266a StGB, nach dem das Vorenthalten und Veruntreuen von Arbeitsentgelt bestraft wird, insbesondere bezüglich der Beschäftigung freier Mitarbeiter sowie im Bereich der Logistik an Bedeutung gewonnen. **2**

II. Der Betrug (§ 263 StGB)

1. Wegen Betrugs wird mit Freiheitsstrafe bis zu fünf Jahren oder mit Geldstrafe – in besonders schweren Fällen mit Freiheitsstrafe von einem bis zu zehn Jahren – bestraft „wer in der Absicht, sich oder einem Dritten einen rechtswidrigen Vermögensvorteil zu verschaffen, das Vermögen eines anderen dadurch beschädigt, dass er durch Vorspiegelung falscher oder durch Entstellung oder Unterdrückung wahrer Tatsachen einen Irrtum erregt oder unterhält." Der Versuch ist nach § 263 Abs. 2 StGB strafbar. **3**

2. Geschütztes Rechtsgut ist das Vermögen. Der Tatbestand besteht aus vier Vorgängen, die in kausaler Verbindung festzustellen sind: **4**

a) Die *Täuschungshandlung* besteht im Vorspiegeln falscher oder Entstellen bzw. Unterdrücken wahrer Tatsachen (zB falsche Angaben über die Höhe der Auflage gegenüber einem Inserenten). Auch Motive, Absichten und Gefühle sind als sog. innere Tatsachen geeignet, vorgespiegelt zu werden (zB das angebliche Vorhandensein bestimmter Kenntnisse beim Täter).

b) Als Folge der Täuschung muss beim Opfer ein *Irrtum erregt* oder *unterhalten* worden sein, wobei die Täuschungshandlung eine, jedoch nicht die alleinige Ursache des Irrtums sein muss (zB die werbende Firma erwartet eine umfassende Verbreitung ihres Werbeslogans). Eigene Dummheit oder Leichtgläubigkeit des Getäuschten schließen somit den Betrug nicht aus (vgl. BGHSt 11, 66; vgl. dazu auch LK StGB vor § 263 Rn. 34–40). **5**

c) Der Irrtum muss das Opfer zu einer *Vermögensverfügung* veranlasst haben (zB Erteilung eines größeren Annoncenauftrags). Ausreichend ist jedes tatsächliche Verhalten des Getäuschten, das sich *unmittelbar vermögensmindernd* auswirkt (vgl. BGHSt 14, 170). Dabei ist es an dieser Stelle bedeutungslos, ob die Minderung durch eine gleichwertige Leistung kompensiert wird (vgl. BGHSt 31, 178). **6**

7 d) Die Vermögensverfügung muss zu einem *Vermögensschaden* beim Opfer (zB der Werbeerfolg bleibt weit hinter dem Werbeaufwand zurück, vgl. BGHSt 6, 116) führen. Für die Ermittlung eines Vermögensschadens ist festzustellen, ob es einen Unterschied zwischen dem Wert des Vermögens des Getäuschten vor und nach der Verfügung gibt (vgl. BGHSt 30, 388; BayObLG NJW 1994, 208). So mag bei Gleichwertigkeit von Leistung und Gegenleistung (zB Anzeigenauftrag und entsprechender Werbeerfolg trotz falscher Angaben über die Auflagenhöhe) ein Vermögensschaden entfallen, es sei denn, der Getäuschte kann die Gegenleistung, in zumutbarer Weise nicht verwenden (zB ein *Zeitschriftenwerber* veranlasst eine Hausfrau durch Vorspiegelung falscher Tatsachen, eine für sie völlig unbrauchbare Zeitschrift zu bestellen, selbst wenn diese „ihr Geld wert" ist [persönlicher Schadenseinschlag], BGHSt 23, 300; vgl. auch OLG Düsseldorf StV 1995, 592; OLG Hamm NStZ 1992, 593; *Fischer* StGB § 263 Rn. 146–154). Bei täuschungsbedingtem Abschluss eines Vertrages liegt der Schaden sogar bereits in der Übernahme der vertraglichen Verpflichtung durch den Getäuschten. So liegt im Zeitschriftenwerber-Fall selbst dann eine Vermögensschädigung im Sinn des § 263 StGB vor, wenn sich der Verlag auf Grund der erfolgten Reklamation bereit erklärt, den Bestellvertrag alsbald zu stornieren; denn bei einem derartigen Fall des sog. „Eingehungsbetrugs" sei die Vermögenssituation des Getäuschten schon auf Grund der Unterzeichnung des Bestellvertrags, derart gefährdet, dass diese Gefährdung wirtschaftlich gesehen einer Vermögensschädigung gleichkomme. Es ist nämlich nicht sicher, ob man die Vermögensbelastung auch wirklich durch eine Kündigung wieder beseitigen kann.

Selbst die Einräumung eines jederzeitigen Rückgaberechtes schließt einen Vermögensschaden nicht aus, wenn die Getäuschten ein wirksames Produkt, nicht jedoch die Möglichkeit zurückzutreten erwerben wollten (vgl. BGHSt 34, 199 ff. (202)). Hingegen scheidet zumindest vollendeter Betrug dann aus, wenn sich der getäuschte Vertragspartner ein Rücktrittsrecht vorbehalten hat (vgl. OLG Köln MDR 1975, 244), der Getäuschte es in der Hand hat, ob er die Vermögensminderung eintritt (vgl. BGH NStZ 1995, 232) oder sonst gegen einen Schadenseintritt absichern ließ (vgl. *Fischer* StGB § 263 Rn. 174 mwN).

8 e) Neben dem Vorsatz ist für die innere Tatseite die *Absicht* des Täters erforderlich, *sich oder einem anderen* einen Vermögensvorteil zu verschaffen (zur Absicht vgl. → Kap. 49 Rn. 7). Dieser angestrebte Vermögensvorteil ist das Gegenstück des Vermögensschadens, dh des einen Nachteil muss des anderen Vorteil sein, die sog. „Stoffgleichheit" (vgl. BGHSt 6, 116). An einer solchen Absicht fehlt es dann, wenn die Vorteilserlangung nur eine notwendige, dem Täter höchst unerwünschte Nebenfolge eines von ihm erstrebten anderen Erfolges ist (vgl. BayObLG JZ 1994, 584; OLG Köln NJW 1987, 2095).

9 3. Um eine Irreführung hinsichtlich der *Auflagenhöhe* nach Möglichkeit zu unterbinden, wurde schon 1949 unter Beteiligung der Presse und der Werbewirtschaft auf freiwilliger Basis die (seit 1955 in der Rechtsform eines Vereins bestehende) IVW („Informationsgemeinschaft zur Feststellung der Verbreitung von Werbeträgern") ins Leben gerufen, die eine regelmäßige Auflagenkontrolle bei allen angeschlossenen Presseverlagen durchführt und das Ergebnis veröffentlicht. Werden in der Presse *betrügerische Anzeigen* aufgegeben, so kommt es darauf an, ob der im Verlagshaus für den Anzeigenteil Verantwortliche (§ 8 LPG) den betrügerischen Charakter der Annonce erkennen konnte. War das nicht möglich, so ist der Anzeigenleiter lediglich Tatmittler (Werkzeug) und macht sich nicht strafbar (vgl. BGHSt 10, 307; vgl. → Kap. 49 Rn. 12). Liegt auf Seiten des Verlags Fahrlässigkeit vor, dann kommt eine Berufspflichtverletzung im Sinn des § 21 Abs. 2 LPG in Betracht (vgl. → Kap. 48 Rn. 4).

III. Vorenthalten und Veruntreuen von Arbeitsentgelt (§ 266a StGB)

10 Nach § 266a StGB wird mit Freiheitsstrafe bis zu fünf Jahren oder mit Geldstrafe bestraft, wer als Arbeitgeber der Einzugsstelle Beiträge des Arbeitsnehmers zur Sozialversicherung einschließlich der Arbeitsförderung, unabhängig davon, ob Arbeitsentgelt gezahlt wird, vorenthält.

Der objektive Tatbestand des § 266a Abs. 1 und 2 StGB setzt das Vorenthalten von (Pflicht-)Beiträgen des Arbeitnehmers zur Sozialversicherung einschließlich der Arbeitsförderung durch den Arbeitgeber bzw. die ihm nach § 266a Abs. 5 StGB gleichgestellten Personen voraus.

Arbeitgeber ist, wer – gewissermaßen spiegelbildlich zum Arbeitnehmerbegriff – als Dienstberechtigter (§§ 611 ff. BGB) auf Grund eines privatrechtlichen Vertrages von einem anderen – dem Arbeitnehmer – die Erbringung von Arbeitsleistungen in persönlicher Abhängigkeit zu fordern berechtigt und ihm im Gegenzug zur Lohnzahlung verpflichtet ist. Arbeitnehmer ist nur derjenige Mitarbeiter, der nicht im Wesentlichen frei seine Tätigkeit gestalten und seine Arbeitszeit bestimmen kann (vgl. BAG BeckRS 2007, 44359; BGH NStZ 2015, 648). Gemäß § 7 Abs. 1 SGB IV ist Beschäftigung die nichtselbstständige Arbeit, insbesondere in einem Arbeitsverhältnis. Ausgangspunkt einer Beschäftigung ist die Tätigkeit nach Weisungen sowie die Eingliederung in die Arbeitsorganisation des Weisungsgebers. Arbeitnehmer ist demnach, wer auf Grund eines privatrechtlichen Vertrags im Dienste eines anderen zur Leistung weisungsgebundener, fremdbestimmter Arbeit in persönlicher Abhängigkeit verpflichtet ist. Das Weisungsrecht kann Inhalt, Durchführung, Zeit, Dauer und Ort der Tätigkeit betreffen. Ob eine Person Arbeitgeber oder Auftraggeber ist, beurteilt sich danach, ob der Beschäftigte in den fremden Betrieb eingegliedert ist und dabei einem Zeit, Dauer, Ort und Art der Ausführung umfassenden Weisungsrecht des Arbeitgebers unterliegt. Demgegenüber ist eine selbstständige Tätigkeit vornehmlich durch das eigene Unternehmerrisiko, das Vorhandensein einer eigenen Betriebsstätte, die Verfügungsmöglichkeit über die eigene Arbeitskraft sowie die im Wesentlichen frei gestaltete Tätigkeit und Arbeitszeit gekennzeichnet. Ob jemand abhängig beschäftigt oder selbstständig tätig ist, hängt davon ab, welche Merkmale überwiegen (vgl. BSG BeckRS 2005, 42507). Maßgebend ist das Gesamtbild der Arbeitsleistung (vgl. BSG NZS 2007, 648). Das Gesamtbild bestimmt sich nach den tatsächlichen Verhältnissen. Die in die sozialversicherungsrechtlichen Bestimmungen hineinzulesenden Tatbestandsmerkmale sind nicht in verfassungsrechtlicher bedenklicher Weise unbestimmt, soweit sie an das Vorliegen einer Beschäftigung anknüpfen (vgl. BVerfG NZS 1996, 522; *Zieglmeier* in Kasseler Kommentar Sozialversicherungsrecht, SGB IV § 7 Rn. 2; LG Frankfurt (Oder) NJ 2020, 223 (224 f.)).

Sofern der zur Beitragspflicht Herangezogene sich bezüglich der Gewichtung der einzelnen Tatbestandsmerkmale falsche Vorstellungen gemacht hat, liegt allerdings regelmäßig ein den subjektiven Tatbestand ausschließender Tatbestandsirrtum nach § 16 Abs. 1 S. 1 StGB vor. Auf der subjektiven Tatseite ist für alle Varianten des § 266a StGB zumindest bedingter Vorsatz notwendig. Wer nur weiß, dass er keine Arbeitnehmerbeiträge abführt, hat noch nicht erkannt, dass er diese durch sein Unterlassen auch „vorenthält", hinzukommen muss die Kenntnis um die bestehende Rechtspflicht. Damit liegt für den Fall des fehlenden Vorsatzes bezüglich der Rechtspflicht, Beiträge abzuführen, schon kein Vorsatz vor (vgl. BGH NJW 2019, 3532; Schönke/Schröder/*Perron* StGB § 266a Rn. 17).

Bei dem Arbeitnehmerbegriff handelt es sich um ein normatives Tatbestandsmerkmal, da seine Auslegung einen Rückgriff auf arbeits- und sozialrechtliche Wertungen erfordert. Unter Zugrundelegung der allgemeinen Vorsatz- und Irrtumsregeln ist es erforderlich, dass der Täter nicht nur das tatsächliche Geschehen richtig erfasst, sondern auch die außerstrafrechtlichen Vorfragen arbeits- und sozialrechtlicher Natur jedenfalls im Wege einer Parallelwertung in der Laiensphäre zutreffend beantwortet, mithin Kenntnis des entsprechenden Bedeutungsgehalts der Arbeitgebereigenschaft hat. Jedermann muss voraussehen können, welches Verhalten verboten und mit Strafe bedroht ist (vgl. BVerfG NJW 2010, 3209; LG Frankfurt (Oder) NJ 2020, 223 (224 f.)).

57. Kapitel. Preisausschreiben. Ausspielung. Lotterie. Glücksspiel (§§ 284, 285, 286, 287 StGB)

I. Allgemeine Übersicht. Bedeutung für die Presse

1. Für die Presse sind die Bestimmungen über verbotenes Glücksspiel (§ 284 StGB) sowie unerlaubte Lotterie und Ausspielung (§ 287 StGB) aus doppeltem Grund von Bedeutung: Auf der einen Seite bedienen sich die Veranstalter von Glückspielen, Lotterien, Totoveranstaltungen, Preisausschreiben usw der Presse, um sich über den Inserateteil an das Publikum zu wenden. Liegt hier seitens der Veranstalter ein Gesetzesverstoß vor, so kann die Presse wegen Gehilfen- 1

schaft haftbar gemacht werden (vgl. LK StGB § 287 Rn. 25). In diesem Fall sind allerdings die Grundsätze heranzuziehen, welche die Rechtsprechung zur Einschränkung der zivilrechtlichen Haftung der Presse entwickelt hat (vgl. Köhler/Bornkamm/Feddersen/*Köhler* UWG § 9 Rn. 2.11 f.). War dem Verlag danach eine Überprüfung der Anzeige nicht zuletzt in Anbetracht der kontroversen höchstrichterlichen Rechtsprechung (vgl. → Rn. 2a) nicht zumutbar, kann dem verantwortlichen Anzeigenredakteur oder Verleger auch kein fahrlässiges Handeln vorgeworfen werden (vgl. Köhler/Bornkamm/Feddersen/*Köhler* UWG § 9 Rn. 2.12), so dass eine Strafbarkeit mangels zumindest erforderlichem bedingten Vorsatz grundsätzlich entfällt (vgl. Schönke/Schröder/*Heine/Hecker* StGB § 284 Rn. 31, § 285 Rn. 4, § 287 Rn. 17).

Veranstaltet aber die Presse ihrerseits selbst ein Preisausschreiben oder eine Abonnentenlotterie, so kann sie wegen verbotenen Glücksspiels belangt werden (vgl. RG JW 1903, 37). Neben den strafrechtlichen Bestimmungen kommen bei Preisausschreiben, Lotterien und Ausspielungen auch die Bestimmungen des UWG in Betracht.

2 2. Der umfassende Oberbegriff ist das *Glücksspiel* (§ 284 StGB). Beim Glücksspiel entscheidet vor allem der Zufall über Gewinn und Verlust (vgl. OLG Hamburg NJW-RR 2003, 760). Bekanntes Beispiel hierfür sind Sport-/Oddsetwetten. Zwar kann der Spieler seine Gewinnchancen bei dieser Form der Wette durch eine gute Kenntnis der beteiligten Kontrahenten (wie etwa Fußballmannschaften) erhöhen, doch überwiegt letzten Endes ein wesentlicher Unsicherheitsfaktor (vgl. zu Oddsetwetten allg. *Janz* NJW 2003, 1694 ff.; vgl. auch BGH DVBl 2003, 669 ff.; OLG Hamburg NJW-RR 2003, 760; BayObLG NJW 2004, 1057; § 3 Abs. 1 GlüStV 2012). Beim Geschicklichkeitsspiel hingegen hat der Spieler durch Einsatz seiner Fähigkeiten die Möglichkeit, auf das Spielergebnis einzuwirken (vgl. BGH NStZ 2018, 335; Fischer StGB § 284 Rn. 2 ff.; Schönke/Schröder/*Heine/Hecker* StGB § 284 Rn. 6 f.). Lotterie und Ausspielung (§ 287 StGB) sind Sonderformen des Glücksspiels (vgl. BGH MMR 2011, 334). Während aber bei der unerlaubten Lotterie bzw. Ausspielung nur die Veranstalter selbst bestraft werden, erstreckt sich die Strafdrohung beim unerlaubten Glücksspiel neben den Veranstaltern auch auf die Spieler (§ 285 StGB). Während die Spieler mit einer geringeren Strafe davonkommen, beträgt das Strafmaß für Veranstalter von ungenehmigten Glücksspielen, Lotterien und Ausspielungen einheitlich Freiheitsstrafe bis zu zwei Jahren oder Geldstrafe. Lotterie und Ausspielung unterscheiden sich nur darin, dass bei der Lotterie der Gewinn in Geld besteht, bei der Ausspielung in sonstigen Gegenständen (vgl. Schönke/Schröder/*Heine/Hecker* StGB § 287 Rn. 7). Strafbar ist bereits das Werben für ungenehmigte Glücksspiele, Lotterien und Ausspielungen (vgl. zur insoweit praktisch ausgeschlossenen Strafbarkeit der Presse → Rn. 1).

2a Das BVerfG hat mit seinem Sportwetten-Urteil vom 28.3.2006 (vgl. BVerfG MMR 2006, 298 ff. – Sportwetten) auch unter Bezug auf den damals geltenden Lotteriestaatsvertrag entschieden, dass das damals in Bayern errichtete staatliche Wettmonopol wegen des damit verbundenen unverhältnismäßigen Eingriffs in die Berufsfreiheit gegen Art. 12 GG verstoße und zudem eine nicht gerechtfertigte Beschränkung der Niederlassungsfreiheit und des freien Dienstleistungsverkehrs nach Art. 49 und 56 AEUV darstelle (vgl. BVerfG MMR 2006, 298 (300 f.)). Die damalige Rechtslage in Nordrhein-Westfalen beurteilte das BVerfG genauso (vgl. BVerfG BeckRS 2009, 42184 Rn. 16). Mit dem am 1.7.2012 in Kraft getretenen neuen Glücksspielstaatsvertrag 2012 gelten im jeweiligen Umfang der Länderkompetenzen nunmehr neue Regulierungsvorgaben für Lotterien, Sportwetten, Casino- und Automatenspiele (vgl. Schönke/Schröder/*Heine/Hecker* StGB § 284 Rn. 24). Der EuGH wies 2016 gleichwohl darauf hin, dass § 284 StGB wegen des Anwendungsvorrangs des primären Unionsrechts auf grenzüberschreitende Sachverhaltes nicht anwendbar ist (vgl. EuGH NVwZ 2016, 369 – Ince/Deutschland; Schönke/Schröder/*Heine/Hecker* StGB § 284 Rn. 2).

2b Nach § 11 Abs. 1 MStV sind Gewinnspielsendungen und Gewinnspiele unter den dort genannten Voraussetzungen (ua Transparenz, Verbot der Irreführung, Jugendschutz, maximales Teilnehmerentgelt von 0,50 Euro) zulässig. Nach § 22 Abs. 3 MStV findet § 8a RStV entsprechend Anwendung für Gewinnspiele in vergleichbaren, an die Allgemeinheit gerichteten Telemedien. Danach ist in Telemedien insbesondere die Entgelthöhe auf 0,50 Euro begrenzt. Allerdings erlauben die besonderen Möglichkeiten im Internet im Gegensatz zum Rundfunk höhere Einsätze oder deren Kumulierung (vgl. zur Vorgängerbestimmung Binder/Vesting/*Müller* RStV § 8a Rn. 41a).

Es besteht ein einheitlicher Glücksspielbegriff. Dementsprechend liegt bei Telefongewinnspielen gemäß § 11 MStV im Rundfunk oder vergleichbaren Telemedien kein Glücksspiel nach § 3 Abs. 1 GlüStV vor. Es existiert deshalb kein Verbot gemäß § 4 Abs. 1 S. 2 GlüStV (vgl. Binder/Vesting/*Müller* RStV § 8a Rn. 131 ff.) mit der Folge, dass § 284 StGB und der GlüStV auf nach § 11 MStV zulässige Gewinnspielsendungen bzw. Gewinnspiele im Rundfunk und in vergleichbaren Telemedien nicht anwendbar sind (vgl. zur Vorgängerbestimmung Spindler/Schuster/*Brings-Wiesen* RStV § 8a Rn. 33; Binder/Vesting/*Müller* RStV § 8a Rn. 121 ff.).

II. Die unerlaubte Ausspielung (§ 287 StGB)

1. Von der Presse veranstaltete oder in der Presse veröffentlichte *Preisausschreiben und Preisrätsel* 3
können unter den Begriff der öffentlichen Ausspielung des § 287 StGB fallen (vgl. RG RGSt 36, 124 f.); zur Rechtmäßigkeit von Preisausschreiben vgl. aber auch → Rn. 8, 11.

Täter ist, wer ohne behördliche Erlaubnis eine öffentliche Ausspielung beweglicher oder unbeweglicher Sachen veranstaltet (§ 287 Abs. 1 StGB) oder für eine solche wirbt (§ 287 Abs. 2 StGB). Wird die Erlaubnis unter gewissen Bedingungen erteilt, so liegt auch bei deren Nichteinhaltung ein Verstoß gegen § 287 Abs. 1 StGB vor (vgl. BGHSt 8, 289; Schönke/Schröder/*Heine/Hecker* StGB § 287 Rn. 14).

2. Das Gesetz enthält keine Definition der Lotterie und der Ausspielung. Eine Lotterie liegt 4
vor, wenn einer Mehrzahl von Personen die Möglichkeit eröffnet wird, gegen Leistung eines Einsatzes auf der Grundlage bestimmter Regeln („Spielplan", „Lotterieplan"), einen Gewinn zu erlangen, wobei der Gewinn vom Zufall abhängig sein muss. Handelt es sich hierbei um einen Geldgewinn, dann liegt eine Lotterie vor. Wenn statt Geld Sachgewinne zu erlangen sind, handelt es sich um eine Ausspielung (vgl. Fischer StGB § 287 Rn. 2 f.; § 3 Abs. 3 GlüStV). Bei der Ausspielung können statt Sachen auch andere geldwerte Vorteile die Gewinne sein (vgl. RG RGSt 64, 219; Schönke/Schröder/*Heine/Hecker* StGB § 287 Rn. 7). Auch bei der Ausspielung muss ein „Spielplan" mit einem (offenen oder verdeckten) Einsatz vorliegen (vgl. *Fischer* StGB § 287 Rn. 3).

3. Nur die *öffentlich* durchgeführte Ausspielung bedarf der behördlichen Erlaubnis. Dabei 5
kommt es nicht auf die Öffentlichkeit des Ortes an, vielmehr darauf, ob die Beteiligung nicht nur einem begrenzten, fest geschlossenen Personenkreis, sondern der Allgemeinheit, dh dem Publikum als Ganzem offen steht. Im Gegensatz zum öffentlichen Glücksspiel ist eine Lotterie oder Ausspielung innerhalb geschlossener Gesellschaften oder Vereine mangels einer § 284 Abs. 2 StGB vergleichbaren Gleichstellungsklausel nicht strafbar (vgl. Schönke/Schröder/*Heine/Hecker* § 287 StGB). Der *Abonnentenstamm* einer Zeitung ist kein begrenzter Personenkreis, sondern stellt „Öffentlichkeit" iSd § 287 StGB dar, da zwischen den Abonnenten keine persönliche Beziehung besteht (vgl. *Schild* NStZ 1982, 446 (449)).

4. Die Tathandlung ist das ohne die erforderliche Behördenerlaubnis (§ 4 Abs. 1 S. 1 GlüStV 6
2012) erfolgende *Veranstalten* einer öffentlichen Ausspielung. Veranstalter ist derjenige, der in organisatorisch verantwortlicher Weise den äußeren Rahmen für Glücksspielmöglichkeiten schafft, also insbesondere Räumlichkeiten und Ausstattung bereitstellt und den Spielplan entwirft (vgl. Fischer StGB § 287 Rn. 11; *Janz* NJW 2003, 1694 ff. (1696)). Dem Veranstalten gleichgestellt sind das Anbieten des Abschlusses von entsprechenden Spielverträgen und das Annehmen von auf den Abschluss solcher Verträge gerichteten Angeboten. Die bloße Ankündigung einer Ausspielung hingegen ist noch keine Veranstaltung. Erforderlich ist, dass die Möglichkeit der Beteiligung gewährt ist (vgl. *Fischer* StGB § 287 Rn. 12 (RG RGSt 9, 202). Das Veranstalten beginnt erst, wenn ein der Ausspielung zu Grunde liegender, für alle Teilnehmer verbindlicher *Spielplan* dem Publikum bekannt gemacht wird (vgl. Schönke/Schröder/*Heine/Hecker* StGB § 287 Rn. 3; *Fischer* StGB § 287 Rn. 12.

Nach § 287 Abs. 2 StGB wird auch die Werbung für eine öffentliche Lotterie oder Ausspielung bestraft. Ebenso wie die bloße Teilnahme ist dagegen die Vermittlung von Spielbeteiligungen kein Veranstalten und daher nicht § 287 Abs. 1 StGB strafbar (vgl. *Fischer* StGB § 287 Rn. 11), auch wenn § 4 Abs. 1 S. 2 GlüStV 2012 eine Erlaubnispflicht auch für die Vermittlung enthält (vgl. *Fischer* StGB § 287 Rn. 11).

7 5. Für die Ausspielung ist ein schon vorher bestimmter fester *Einsatz* erforderlich, der vom Teilnehmer der Ausspielung aufzubringen ist und nicht von dessen eigenem Ermessen abhängen darf. Der Einsatz kann in offener oder versteckter Form geleistet werden. (vgl. Schönke/Schröder/*Heine/Hecker* StGB § 287 Rn. 7; BGHSt 3, 103). Der Einsatz kann auch darin bestehen, dass die Beteiligung an einer Ausspielung (Preisrätsel) vom Abonnieren einer Zeitung oder dem Kauf von Zeitungsexemplaren abhängig gemacht wird (vgl. OLG Düsseldorf NJW 1958, 760).

8 Wird vom Teilnehmer der Ausspielung kein bzw. nur ein unerheblicher Einsatz wie das Porto für eine Antwortkarte verlangt und trägt der Veranstalter die Kosten selbst, etwa weil es ihm nur um den Erwerb neuer Adressen von Buchfreunden oder um die Werbung neuer Kunden geht, so liegt eine zulässige sog. Schein- oder *Gratisausspielung* vor, die keiner behördlichen Genehmigung bedarf (vgl. Schönke/Schröder/*Heine/Hecker* StGB § 287 Rn. 4; Fischer StGB § 287 Rn. 7).

9 Zum Begriff der Ausspielung gehört außerdem, dass der dem Teilnehmer in Aussicht gestellte *Gewinn* einen nicht unbedeutenden Vermögenswert darstellen muss (vgl. Schönke/Schröder/*Heine/Hecker* StGB § 287 Rn. 7). Das OLG Hamm hat – allerdings im Jahr 1957 – Geldbeträge von 1 DM für „nicht unbedeutend" erklärt (vgl. JMBl. NRW 1957, 250).

10 6. Wesentlich für den Tatbestand der Ausspielung ist es, dass über die *Zuteilung des Gewinns* an die Teilnehmer der *Zufall* entscheidet und nicht die Fähigkeit, Geschicklichkeit und Aufmerksamkeit des Teilnehmers (vgl. BGHSt 2, 140 (276)). Dabei kommt es auf die Fähigkeiten und Kenntnisse eines Durchschnittsteilnehmers an (vgl. BVerwGE 2, 111; NJW 1955, 1451). Die normale Zufallsentscheidung, die Losziehung, braucht nicht die Einzige zu sein. Eine Zufallsentscheidung liegt auch dann vor, wenn die Verteilung des Gewinns dem Ermessen des Veranstalters überlassen bleibt (vgl. RG RGSt 37, 440), oder wenn für den hundertsten Besteller der Zeitung Prämien ausgesetzt werden. Der Zufall ist auch dann maßgebend, wenn zwar jeder Teilnehmer der Ausspielung einen Gewinn erhält, dessen Art und Höhe jedoch bis zum Schluss der Ausspielung ungewiss bleibt, etwa weil dies von der Zahl der Teilnehmer und der eingehenden richtigen Lösungen abhängt. Preisrätsel, bei denen der Gewinn für die Erbringung einer nicht völlig unbeachtlichen Denkleistung ausgelobt, fallen dagegen nicht unter § 287 StGB (vgl. Schönke/Schröder/*Heine/Hecker* StGB § 287 Rn. 5; MüKoStGB/*Hohmann* StGB § 287 Rn. 15 f.; *Fischer* StGB § 287 Rn. 8).

11 7. Von der Presse veranstaltete oder in der Presse veröffentlichte *Preisausschreiben und Preisrätsel* sind dann – auch ohne behördliche Erlaubnis – zulässig, wenn entweder auf einen offenen oder versteckten *Einsatz* der Teilnehmer verzichtet wird (vgl. → Rn. 8) oder der ausgesetzte *Gewinn* unbedeutend ist (vgl. → Rn. 9) oder die Preisausschreiben oder Preisrätsel so gestaltet sind, dass nicht der *Zufall,* sondern die Kenntnisse und Fähigkeiten des Teilnehmers für die Zuteilung des Gewinns maßgebend sind (vgl. → Rn. 10).

8. § 287 StGB setzt Vorsatz voraus, wobei bedingter Vorsatz ausreicht (vgl. *Fischer* StGB § 287 Rn. 14).

III. Unerlaubte Lotterie und unerlaubtes Glücksspiel (§§ 287 Abs. 1 und 284 StGB)

12 1. Der Tatbestand der öffentlich veranstalteten unerlaubten Lotterie (§ 287 Abs. 1 StGB) erfordert sämtliche Tatbestandsmerkmale der unerlaubten öffentlichen Ausspielung (vgl. oben II) und unterscheidet sich von der Ausspielung nur dadurch, dass der Gewinn nicht in Sachen, sondern in *Geld* besteht (vgl. § 3 Abs. 3 GlüStV 2012). Sollten bei einem in der Presse veröffentlichten Preisrätsel oder Preisausschreiben Geldgewinne zur Verteilung kommen, so ist ein solches Spiel ohne behördliche Erlaubnis zulässig, wenn entweder der Geldgewinn unbedeutend ist oder auf einen Einsatz der Teilnehmer verzichtet wird („Gratisausspielung") oder die Zuteilung des Gewinns nicht vom Zufall abhängig ist. In den beiden letzten Fällen scheidet die Annahme einer Lotterie von vornherein aus (vgl. MüKoStGB/*Hohmann* StGB § 287 Rn. 12; Schönke/Schröder/*Heine/Hecker* StGB § 287 Rn. 4 f.).

13 2. Der Tatbestand des unerlaubten öffentlichen *Glücksspiels* (§ 284 StGB) deckt sich im Wesentlichen mit dem Tatbestand der Ausspielung und der Lotterie, doch stellen die beiden letzteren Tatbestände Sonderformen dar. Auch ist beim Glücksspiel ein fester Spielplan (vgl.

→ Rn. 6) nicht zwingend erforderlich (vgl. MüKoStGB/*Hohmann* StGB § 284 Rn. 9). Wegen unerlaubten Glücksspiels wird nach § 284 StGB bestraft, wer ohne behördliche Erlaubnis öffentlich ein Glücksspiel veranstaltet oder hält oder die Einrichtungen hierzu bereitstellt. Bei den Einrichtungen handelt es sich speziell um Spieltische, Spielkarten, Roulette usw. Wird zur Durchführung eines Glücksspiels die Post oder die Presse benutzt (Postwurfsendung, Zeitungsbeilage usw), stellen diese keine „Einrichtungen" iSd § 284 StGB bereit, da ihrer Tätigkeit die Bestimmung zur Durchführung des Glücksspiels fehlt (vgl. MüKoStGB/*Hohmann* StGB § 284 Rn. 27).

Wie bei § 287 StGB (§ 286 aF) ist seit Inkrafttreten des 6. StrÄG am 1.4.1998 auch bei § 284 StGB die Werbung für das Glücksspiel strafbar (§ 284 Abs. 4 StGB). Keine strafbare Werbung liegt aber vor, wenn in einem Presseerzeugnis über ein Glücksspielunternehmen positiv berichtet und auf die Homepage des betreffenden Unternehmens durch Setzen eines Hyperlinks verwiesen wird (vgl. BGH NJW 2004, 2158 ff.).

3. Nach § 286 S. 1 StGB werden in den Fällen der §§ 284 und 285 StGB die Spieleinrichtun- **14**
gen (vgl. → Rn. 13) und das auf dem Spieltisch oder in der Bank vorgefundene Geld eingezogen, sofern sie dem Täter bzw. Teilnehmer zum Zeitpunkt der Entscheidung gehören. Andernfalls ist die Einziehung nach § 286 S. 2 StGB in das pflichtgemäße Ermessen des Gerichts gestellt (vgl. Schönke/Schröder/*Heine/Hecker* StGB § 286 Rn. 5).

58. Kapitel. Straftaten im Amte (§§ 331–358 StGB)

I. Allgemeines. Bedeutung für die Presse

Die meisten Delikte des letzten (30.) Abschnitts des StGB können als sog. echte oder *eigentliche* **1**
Amtsdelikte nur von Amtsträgern oder für den öffentlichen Dienst besonders verpflichteten Personen begangen werden, so insbesondere die Verletzung des Dienstgeheimnisses im Sinn des § 353b StGB sowie des Steuergeheimnisses (§ 355 StGB), während Staatsgeheimnisse durch das Staatsschutzrecht, §§ 93 ff. StGB (vgl. Kap. 50) und Privatgeheimnisse durch §§ 201 ff. (vgl. Kap. 54) Schutz genießen.

Von besonderer Bedeutung ist für Medienangehörige lediglich der durch das G zur Stärkung der Pressefreiheit im Straf- und Strafprozessrecht vom 25.6.2012 (BGBl. I S. 1374) als Rechtfertigungsgrund eingefügte neue § 353b Abs. 3a StGB, der Medienangehörige im Sinne von § 53 Abs. 1 S. 1 Nr. 5 StPO von einer Strafbarkeit wegen Beihilfe zur Verletzung eines Dienstgeheimnisses freistellt, wenn die Beihilfehandlung sich auf die Entgegennahme, Auswertung oder Veröffentlichung des Geheimnisses beschränkt. Im Anschluss an die bei der sog. „Cicero-Affäre" gemachten Erfahrungen sollen in Zukunft strafprozessuale Maßnahmen gegen Medienangehörige wie Durchsuchungs- und Telekommunikationsüberwachungen unterbleiben, wenn sie allein auf den Verdacht einer Beihilfe zum Geheimnisverrat durch Veröffentlichung gestützt sind (vgl. BVerfG NJW 2007, 1117 – Cicero; OLG Brandenburg AfP 2006, 484; LG Potsdam AfP 2006, 200; Fischer StGB § 353b Rn. 29; krit. Schönke/Schröder/*Perron/Hecker* StGB § 353b Rn. 21b). Medienangehörige gemäß § 53 Abs. 1 S. 1 StPO sind alle Personen, die bei der Vorbereitung, Herstellung und Verbreitung von Druckwerken, Rundfunksendungen, Filmberichten oder der Unterrichtung oder Meinungsbildung dienenden Informations- und Kommunikationsdiensten berufsmäßig mitwirken oder mitgewirkt haben (vgl. Karlsruher Kommentar zur K-StPO/*Bader* StPO § 53 Rn. 27 ff.; vgl. zur vergleichbaren Bestimmung in § 23 Abs. 6 GeschGehG → Kap. 48 Rn. 15).

Entgegen der Überschrift („Straftaten im Amte") behandelt der 30. Abschnitt aber auch **2**
Delikte, die Nichtangehörige des öffentlichen Dienstes betreffen. Dazu gehören unter anderem die gegen gesetzliche oder richterliche Verbotsbestimmungen verstoßende *Gerichtsberichterstattung* (§ 353d StGB).

Zu beachten ist, dass in allen Fällen der Täter nach den allgemeinen Grundsätzen gerechtfertigt sein kann; so kommt insbesondere § 34 StGB in Betracht, bei § 353d StGB allerdings nur, sofern die wörtliche Mitteilung ausnahmsweise das erforderliche Mittel ist (vgl. Schönke/Schröder/*Perron/Hecker* StGB § 353d Rn. 58; BVerfG NJW 1986, 1239 (1241)).

II. Verbotene Mitteilungen über Gerichtsverhandlungen (§ 353d StGB)

1. Veröffentlichung amtlicher Schriftstücke (§ 353d Nr. 3 StGB)

3 a) Nach § 353d Nr. 3 StGB ist derjenige strafbar, der die Anklageschrift oder andere amtliche Schriftstücke eines Straf-, Bußgeld- oder Disziplinarverfahrens ganz oder in wesentlichen Teilen im Wortlaut öffentlich mitteilt, bevor sie in öffentlicher Verhandlung erörtert worden sind oder das Verfahren abgeschlossen ist (vgl. dazu *Schulz* S. 19 ff., 55 ff.).

4 b) Nach der Neufassung dieser Vorschrift handelt es sich bei § 353d StGB um ein allgemeines Gesetz im Sinne des Schrankenvorbehalts der Pressefreiheit gemäß Art. 5 Abs. 2 GG (vgl. → Kap. 11 Rn. 3 f.), weil die Vorschrift dem Schutz anderer, ohne Rücksicht auf bestimmte Meinungen zu schützender Rechtsgüter dient (vgl. BVerfG NJW 1986, 1239). Der vom Gesetzgeber verfolgte Zweck richtet sich nicht gegen die Ausübung der durch die Pressefreiheit gewährleisteten Tätigkeiten. Das Publikationsverbot dient vielmehr dazu, die Unbefangenheit der an den genannten Verfahren Beteiligten, insbesondere der Laienrichter und Zeugen zu schützen. Es soll verhindert werden, die amtlichen Schriftstücke durch vorzeitige Bekanntgabe zur Beeinflussung Verfahrensbeteiligter zu missbrauchen (vgl. BT-Drs. 7/550, 283; BVerfG NJW 1986, 1239 f.; Schönke/Schröder/*Perron/Hecker* StGB § 353d Rn. 40).

§ 353d Nr. 3 StGB enthält kein generelles Schweigegebot für die Presse in Bezug auf den Inhalt der Anklageschrift und der sonstigen amtlichen Schriftstücke, sondern untersagt nur die unmittelbare vollständige oder auszugsweise wörtliche Wiedergabe. Das BVerfG hat die Verfassungsmäßigkeit dieser Vorschrift – in den definierten Grenzen – ausdrücklich bestätigt. Gerade weil die zur Prüfung gestellte Vorschrift nur die *wörtliche* Wiedergabe des Inhalts verbietet, werden die durch Art. 5 Abs. 1 GG gewährleisteten Freiheiten nur in geringem Ausmaß beschränkt, denn die Presse wird durch die Vorschrift gerade nicht daran gehindert, die Inhalte der betroffenen Schriftstücke öffentlich mitzuteilen, soweit diese Mitteilung nicht im Wortlaut erfolgt. Daher ist die Vorschrift – trotz des begrenzten Schutzes der Rechtsgüter des § 353d Nr. 3 StGB – verfassungsgemäß (vgl. BVerfG NJW 1986, 1239 ff.; zust. Anm. *Hoffmann-Riem* JZ 1986, 494; *Fischer* StGB § 353d Rn. 9; Schönke/Schröder/*Perron/Hecker* StGB § 353d Rn. 49; *Bottke* NStZ 1987, 314).

5 c) Das Publikationsverbot gilt für *Straf-, Bußgeld- und Disziplinarverfahren.* Schriftstücke anderer Verfahren (zB Ehrengerichtsverfahren gegen Rechtsanwälte und Ärzte) fallen nicht darunter. Strafverfahren sind alle nach den Regeln der StPO wegen des Verdachts einer strafbaren Handlung eingeleitete Verfahren, gleich welcher Art (Jugendstrafverfahren, Steuerstrafverfahren, Privatklage- und Sicherungsverfahren). Der Begriff Bußgeldverfahren bestimmt sich nach den §§ 35 ff. OWiG. Diese werden von der Verwaltungsbehörde zur Ahndung von Ordnungswidrigkeiten betrieben. Disziplinarverfahren sind die in den Disziplinarordnungen der Länder und des Bundes vorgesehenen Verfahren zur Verfolgung dienstlicher Verfehlungen von Beamten (nach dem Bundesdisziplinargesetz), Richtern (§ 63 DRiG) und Soldaten (nach der Wehrdisziplinarordnung) (vgl. Schönke/Schröder/*Perron/Hecker* StGB § 353d Rn. 42).

6 d) Die vom Publikationsverbot erfassten Schriftstücke sind durch Schriftzeichen verkörperte Erklärungen, nicht nur solche amtlichen Ursprungs, sondern auch Urkunden privater Verfasser, die für Zwecke des Strafverfahrens in dienstliche Verwahrung genommen wurden. Soweit Schriftstücke erst mit Eingang bei Gericht, Staatsanwaltschaft usw zu amtlichen werden (also nicht von ihnen selbst gefertigt wurden), erfüllt die vorherige Veröffentlichung den Tatbestand nicht. Sind sie es aber geworden, so macht es nach dem Zweck der Vorschrift keinen Unterschied, ob eine Veröffentlichung auf dem konkret zu den amtlichen Akten gelangten Exemplar beruht, oder sich auf Abschriften, Durchschriften oder ähnliches stützt (vgl. OLG Hamburg NStZ 1990, 283; MüKoStGB/*Puschke* StGB § 353d Rn. 29 f.; Schönke/Schröder/*Perron/Hecker* StGB § 353d Rn. 12 f. und 43; *Fischer* StGB § 353d Rn. 6). Die Veröffentlichung von Bildern aus den Prozessakten erüllt den Tatbestand nicht, sofern sie keinen Bericht über die Verhandlung darstellt (vgl. MüKoStGB/*Puschke* StGB § 353d Rn. 28; Schönke/Schröder/*Perron/Hecker* StGB § 353d Rn. 41).

7 e) § 353d Nr. 3 StGB betrifft nur die unmittelbare vollständige oder auszugsweise Wiedergabe (§ 353d Nr. 3 StGB „*ganz oder in wesentlichen Teilen im Wortlaut... mitteilt*“).

Da der Gesetzestext *„im Wortlaut"* eindeutig ist, entfällt dieses Merkmal bei mehr als nur geringfügigen textlichen Veränderungen. Keine Wortlaut-Wiedergabe ist die Mitteilung des wesentlichen Inhalts mit anderen Worten (vgl. OLG Hamburg NStZ 1990, 284; MüKoStGB/ *Puschke* StGB § 353d Rn. 32; *Fischer* StGB § 353d Rn. 9, aA schon geringfügige Änderungen reichen aus: Schönke/Schröder/*Perron/Hecker* StGB § 353d Rn. 49). Auch Zitate aus dem Zusammenhang gerissener Wörter und Passagen erfüllen den Tatbestand nicht (vgl. Schönke/ Schröder/*Perron/Hecker* StGB § 353d Rn. 50; Fischer StGB § 353d Rn. 9).

Eine auszugsweise Veröffentlichung liegt vor, wenn sie gerade den wesentlichen Teil des Verfahrensgegenstandes betrifft. Die Wiedergabe muss aus sich heraus verständlich sein und selbstständig den Anlass und die Grundlage einer öffentlichen Diskussion über das Verfahren darstellen können (vgl. Schönke/Schröder/*Perron/Hecker* StGB § 353d Rn. 47; Fischer StGB § 353d Rn. 9).

Die bloße Mitteilung des Anklagesatzes (§ 200 Abs. 1 S. 1 StPO) aus einer insgesamt fünfhundert Seiten umfassenden Anklageschrift ist danach zulässig (vgl. OLG Hamm NJW 1977, 967; aA Fischer StGB § 353d Rn. 10a), nicht jedoch der Anklagesatz zusammen mit den wesentlichen Ermittlungsergebnissen oder zB die in einem Vernehmungsprotokoll enthaltenen Zeugenaussagen (vgl. Schönke/Schröder/*Perron/Hecker* StGB § 353d Rn. 48).

f) Verboten ist die *öffentliche* Mitteilung (vgl. → Kap. 52 Rn. 4; zu den Anforderungen an die 8
Öffentlichkeit der Mitteilung und zur Möglichkeit einer Rechtfertigung durch die prozessuale Waffengleichheit s. auch AG Weinheim NJW 1994, 1544 f.; dazu *Wilhelm* NJW 1994, 1521 f.) *mit dem Beginn des Verfahrens,* dh ab der Einleitung von Ermittlungen durch die dazu berufene Behörde. Das Publikationsverbot des § 353d Nr. 3 StGB endet, wenn das amtliche Schriftstück *in öffentlicher Verhandlung erörtert* worden ist, oder das *Verfahren abgeschlossen wurde.*

Für das Merkmal der Erörterung reicht es aus, dass der Inhalt des Schriftstücks – sei es wörtlich oder sinngemäß – in der Verhandlung mitgeteilt worden ist (vgl. Lackner StGB § 353d Rn. 4). Eine Bezugnahme auf das Schriftstück ist nicht nötig. Werden nur Teile eines Schriftstückes mitgeteilt, wird es auch nur insoweit von dem Veröffentlichungsverbot frei (vgl. Schönke/ Schröder/*Perron/Hecker* StGB § 353d Rn. 55).

Sofern sie nicht in öffentlicher Verhandlung erörtert werden, ist die öffentliche Mitteilung amtlicher Schriftstücke erst mit *Abschluss des Verfahrens* zulässig. Umstritten ist, ob unter Abschluss erst die rechtskräftige Beendigung, also unter Umständen das Durchlaufen des gerichtlichen Instanzenzuges, zu verstehen ist (so OLG Köln JR 1980, 473; vgl. auch Lackner StGB § 353d Rn. 4; Fischer StGB § 353d Rn. 9). Das würde zu dem Ergebnis führen, dass auch in Fachzeitschriften und Entscheidungssammlungen die schriftlichen Begründungen zuvor ergangener Entscheidungen bis zum Revisionsurteil nicht veröffentlicht werden dürfen. Das widerspricht dem Informationsbedürfnis des Fachpublikums sowie der publizistischen Praxis (vgl. auch OVG Bremen NJW 1989, 926; zur (zulässigen) Veröffentlichung von Gerichtsentscheidungen in Fachzeitschriften LK, 10. Aufl., StGB § 353d Rn. 62) und würde vor allem die Kontrollaufgabe der Presse unzulässig einschränken (vgl. BVerfG NJW 1986, 1239 (1241)).

Unter Abschluss des Verfahrens iSd Nr. 3 ist deshalb der Abschluss der Verfahrensinstanz zu verstehen (vgl. Schönke/Schröder/*Perron/Hecker* StGB § 353d Rn. 57; vgl. auch *Bottke* NStZ 1987, 314 (317)). Der Abschluss des Verfahrens kann statt durch Urteil auch durch dessen Einstellung erfolgen.

2. Sonstige Vorschriften über die Gerichtsberichterstattung

§ 353d Nr. 1 und 2 StGB verhindern unter bestimmten Voraussetzungen auch die berichtende 9
und kommentierende Wiedergabe des Prozessverlaufs.

a) Nach Nr. 1 macht sich strafbar, wer *entgegen einem gesetzlichen Verbot* über eine Gerichtsverhandlung, bei der die Öffentlichkeit ausgeschlossen war, oder über den Inhalt eines die Sache betreffenden amtlichen Schriftstücks öffentlich (vgl. → Kap. 52 Rn. 4) eine Mitteilung macht.

Ein derartiges gesetzliches Verbot existiert nur in Gestalt des § 174 Abs. 2 GVG. Er bestimmt, dass, soweit die Öffentlichkeit wegen Gefährdung der Staatssicherheit ausgeschlossen ist, Presse, Rundfunk und Fernsehen keine Berichte über die Verhandlung und den Inhalt eines die Sache betreffenden amtlichen Schriftstücks veröffentlichen dürfen. Unter Presse,

Rundfunk und Fernsehen sind im Sinne des weitgefassten Pressebegriffs nach § 7 LPG (→ Kap. 12 Rn. 15 ff.) alle Massenmedien, also alle körperlosen und körperhaften zur Verbreitung bestimmten Massenvervielfältigungen zu verstehen (vgl. Schönke/Schröder/*Perron/Hecker* StGB § 353d Rn. 8; Karlsruher Kommentar zur K-StPO/*Diemer* GVG § 174 Rn. 5; Löffler/*Lehr* LPG § 7 Rn. 3 f.

b) Schutzgut ist die *Staatssicherheit.* Es soll die Publikation und Erörterung solcher Sachverhalte verhindern, deren Bekanntwerden in der Öffentlichkeit geeignet ist, wesentliche Belange der inneren und äußeren Sicherheit zu beeinträchtigen (vgl. Schönke/Schröder/*Perron/Hecker* StGB § 353d Rn. 3). Dagegen wird die Rechtspflege von § 353d Nr. 1 StGB nicht geschützt, so dass die Vorschrift dann nicht zur Anwendung kommt, wenn die Öffentlichkeit zu Unrecht ausgeschlossen wurde (vgl. Schönke/Schröder/*Perron/Hecker* StGB § 353 Rn. 4; *Fischer* StGB § 353d Rn. 3).

c) Voraussetzung ist ein zuvor vom Gericht verkündeter und mit Begründung versehener Beschluss über den Ausschluss der Öffentlichkeit (§ 174 Abs. 1 S. 3 GVG). Die Strafvorschrift richtet sich nur an die Massenmedien im Sinne des weitgefassten Pressebegriffs (vgl. Schönke/Schröder/*Perron/Hecker* StGB § 353d Rn. 8). Täter kann also nur sein, wer bei den genannten Medien tätig ist (also nicht der Verfasser eines Leserbriefs oder der Interviewpartner einer Hörfunk- oder Fernsehsendung bzw. eines Telemedienangebots). Auch der Verfasser eines Flugblattes kommt als Täter in Betracht (vgl. Schönke/Schröder/*Perron/Hecker* StGB § 353d Rn. 8). Erhält der Berichterstatter seine Informationen durch einen Zuhörer, so kann er, sofern er von Ausschluss der Öffentlichkeit wusste, als Täter, der Zuhörer als Gehilfe bestraft werden (vgl. LK StGB § 353d Rn. 9).

d) Entgegen dem weit gefassten Wortlaut genügt als Mitteilung über die Gerichtsverhandlung nicht jeder Bericht. Erforderlich ist vielmehr, dass gerade über Tatsachen berichtet wird, wegen derer die Öffentlichkeit ausgeschlossen wurde (vgl. Schönke/Schröder/*Perron/Hecker* StGB § 353d Rn. 10). Amtliche Schriftstücke im Gesetzessinne sind nur solche Unterlagen, die den Sachverhalt betreffen, in dem eine mögliche Gefährdung der Staatssicherheit gesehen werden kann (vgl. Schönke/Schröder/*Perron/Hecker* StGB § 353d Rn. 13; zu weit Fischer StGB § 353d Rn. 36. Unerheblich ist, ob die Veröffentlichung tatsächlich auch geeignet ist, die Staatssicherheit zu gefährden (vgl. RG RGSt 38, 303). Dagegen ist der Tatbestand nicht erfüllt, wenn die Veröffentlichung ein illegales Staatsgeheimnis gemäß § 93 Abs. 2 StGB betrifft oder das Staatsgeheimnis zum Zeitpunkt der Veröffentlichung bereits öffentlich bekannt oder zugänglich ist (vgl. Schönke/Schröder/*Perron/Hecker* StGB § 353d Rn. 18).

10 e) Nach § 353d Nr. 2 StGB macht sich strafbar, wer entgegen einer *vom Gericht auf Grund eines Gesetzes auferlegten Schweigepflicht* Tatsachen unbefugt offenbart, die durch eine nichtöffentliche Gerichtsverhandlung oder durch ein die Sache betreffendes amtliches Schriftstück zu seiner Kenntnis gelangt sind. Als gesetzliche Grundlage kommt nur § 174 Abs. 3 GVG in Betracht.

Nach § 174 Abs. 3 GVG kann das Gericht, nachdem zuvor bereits die Öffentlichkeit wegen Gefährdung der Staatssicherheit oder aus den in den §§ 171b und 172 Nr. 2 und 3 GVG bezeichneten Gründen ausgeschlossen worden ist, den anwesenden Personen die Geheimhaltung von Tatsachen, die durch die Verhandlung oder durch ein die Sache betreffendes amtliches Schriftstück zu ihrer Kenntnis gelangen, zur Pflicht machen.

Der Tatbestand des § 353d Nr. 2 StGB ist im Vergleich zu § 353d Nr. 1 StGB einerseits weiter, da die Gründe für den Ausschluss der Öffentlichkeit von der Verhandlung umfassender sind. Andererseits ist die Auferlegung einer Schweigepflicht durch einen entsprechenden Gerichtsbeschluss erforderlich, der seinerseits wiederum den vorherigen Ausschluss der Öffentlichkeit aus den genannten Gründen durch gesonderten Beschluss voraussetzt (vgl. Schönke/Schröder/*Perron/Hecker* StGB § 353d Rn. 24; *Fischer* StGB § 353d Rn. 7 f.).

Taugliche Täter von § 353d Nr. 2 StGB sind die durch einen Schweigebefehl Verpflichteten. Das sind die im Gerichtssaal nach Ausschluss der Öffentlichkeit Verbliebenen. Im Gegensatz zu Nr. 1 handelt es sich danach um kein Sonderdelikt für Presse, Rundfunk und Fernsehen. Gegenstand der Schweigepflicht sind die in dem Schweigebefehl bezeichneten Tatsachen, diese müssen mit dem Ausschluss der Öffentlichkeit in Zusammenhang stehen (vgl. Schönke/Schröder/*Perron/Hecker* StGB § 353d Rn. 28; Karlsruher Kommentar zur K-StPO/*Diemer* GVG § 174 Rn. 6).

Für die Begehungsweise der Tat gelten die Grundsätze zu § 353d Nr. 1 StGB entsprechend. Die Tathandlungen (einerseits „offenbaren", andererseits „öffentlich mitteilen") sind identisch. Die Abweichung im Wortlaut erklärt sich aus dem bei Nr. 1 engeren, auf Vertreter der Massenmedien beschränkten Täterkreis.

12. Abschnitt. Pornographische Schriften und jugendgefährdende Träger- und Telemedien

Literatur:

Binder/Vesting, Beck'scher Kommentar zum Rundfunkrecht, 4. Auflage, München 2018; *Fischer,* Strafgesetzbuch mit Nebengesetze, 67. Auflage, München 2020; *Göhler,* Gesetz über Ordnungswidrigkeiten, 17. Auflage, München 2017; v. *Hartlieb,* Handbuch des Film-, Fernseh- und Videorechts, 4. Auflage, München 2004; *Löffler,* Presserecht, 6. Auflage, München 2015; *Paschke/Berlit/Meyer/Kröner,* Hamburger Kommentar Gesamtes Medienrecht, 4. Auflage, Baden-Baden 2021; Karlsruher Kommentar zum Gesetz über Ordnungswidrigkeiten, 5. Auflage, München 2018; *Roßnagel,* Beck'scher Kommentar zum Recht der Telemediendienste, München 2013; *Scheuerle/Mayen,* TKG, 3. Auflage, München 2018; *Schönke/Schröder,* Strafgesetzbuch, Kommentar, 30. Auflage, München 2019; *Scholz/Liesching,* Jugendschutz, 5. Auflage, München 2011; *Spindler/Schuster,* Recht der elektronischen Medien, 4. Auflage, München 2019; *Vlachopoulos,* Kunstfreiheit und Jugendschutz, Berlin 1996.

59. Kapitel. Verbreitung pornographischer Schriften (§ 184 StGB)

I. Allgemeiner Überblick

1 1. Für Presse, Rundfunk, Film und Telemedien sind die Strafbestimmungen hinsichtlich der Pornographie und des Jugendschutzes von besonderer Bedeutung. Maßgeblich sind insbesondere das StGB (vgl. → Rn. 8 ff.), das OWiG (vgl. → Rn. 6 ff.) sowie das Jugendschutzgesetz (JuSchG) und der Jugendmedienschutz-Staatsvertrag (JMStV) (siehe Kap. 60).

Mit dem In-Kraft-Treten des JuSchG ist die bisherige gemeinsame Ausrichtung von Jugendschutz und allgemeinem Strafrecht auf den Begriff der „Schrift" entfallen. Das JuSchG unterscheidet nunmehr zwischen Telemedien und Trägermedien (vgl. → Kap. 60 Rn. 5). Das StGB hingegen hält nach wie vor am althergebrachten, aber erweiterten (vgl. → Rn. 8b) Schriften-Begriff fest (siehe hierzu aber Kap. 49 Rn. 2b).

2 2. Die vom Gesetzgeber im Zuge der Strafrechtsreform zwecks klarer, systematischer Abgrenzung angestrebte Trennung zwischen dem Jugendschutz im Rahmen des JuSchG einerseits und dem Erwachsenenschutz des § 184 StGB andererseits hat sich letztlich nicht verwirklichen lassen. So ist § 184 Abs. 1 Nr. 3a StGB zB (fast wörtlich) inhaltgleich mit dem § 15 Abs. 1 Nr. 4 JuSchG (in Verbindung mit §§ 15 Abs. 2, Nr. 1, 27 Abs. 1 Nr. 1 JuSchG), was bedeutet, dass überflüssigerweise derselbe Unwertsachverhalt in verschiedenen Gesetzen mit derselben Strafe bedroht wird. Weiterhin bestehen auch Ungereimtheiten, wenn etwa in § 184 StGB nur die vorsätzliche Tatbegehung, in § 27 Abs. 3 Nr. 1 JuSchG dagegen auch das fahrlässige Handeln unter Strafe gestellt wird. Da sich auch die einzelnen Tatbestände des § 184 StGB selbst vielfach überschneiden, ist das Verständnis der Gesamtregelung erheblich erschwert (vgl. zu den Konkurrenzen → Rn. 26).

3 3. Der Publizist, der mit den hier einschlägigen Bestimmungen in Konflikt kommt, kann sich zunächst auf *freiheitssichernde Rechte,* namentlich die Grundrechte der Presse-, Rundfunk- und Filmfreiheit des Art. 5 Abs. 1 GG sowie auf die Freiheit von Wissenschaft und Kunst, Art. 5 Abs. 3 (zur Kunstfreiheit → Kap. 6 Rn. 8; → Kap. 42 Rn. 35; → Kap. 43 Rn. 16; → Kap. 53 Rn. 11; → Kap. 60 Rn. 12 f.; → Kap. 63 Rn. 22; vgl. auch → Rn. 8 ff. und 12 ff.) berufen.

Diese Abwehrrechte sind deshalb stets im Zusammenhang mit einem nachfolgend näher erläuterten strafrechtlichen Vorwurf gegenüber dem Presseangehörigen zu beachten. So kann es sein, dass bei zutreffender Berücksichtigung der Kunstfreiheit schon der Tatbestand der Pornographie (§ 184 StGB) zu verneinen ist (vgl. → Rn. 9a). Auf Rechtfertigungsgründe oder einen Entschuldigungsgrund (vgl. → Rn. 24) kommt es dann nicht mehr an.

Das *Abwehrrecht* der Medienfreiheit des Art. 5 Abs. 1 GG findet jedoch seine *Schranken* unter anderem in den „allgemeinen Gesetzen" und den „gesetzlichen Bestimmungen zum Schutze der Jugend" (Art. 5 Abs. 2 GG). Diese Schranken gelten nicht als absolute, sondern nur als relative, dh nur insoweit, als sie ihrerseits der besonderen Bedeutung der Informationsfreiheit im freiheitlichen Rechtsstaat Rechnung tragen (vgl. BVerfGE 7, 198 ff. – Lüth; vgl. → Kap. 10 Rn. 21).

Die Freiheit von Kunst und Wissenschaft (Art. 5 Abs. 3 GG) unterliegt zwar nicht der 4
Schranke des Art. 5 Abs. 2 GG. Das Bundesverfassungsgericht hat jedoch in seiner Esra-(NJW 2008, 39 ff.) und Mephisto-Entscheidung (BVerfGE 30, 173 ff. (193) = NJW 1971, 1645 ff.) zutreffend festgestellt, dass die Freiheit der Kunst nicht schrankenlos gewährt wird. Die Kunstfreiheit, die in der Wertordnung des Grundgesetzes vor allem der nach Art. 1 Abs. 1 GG zu respektierenden Würde des Menschen zuzuordnen ist, kann vielmehr in anderen Verfassungsbestimmungen, insbesondere dem allgemeinen Persönlichkeitsrecht (Art. 2 Abs. 1, 1 Abs. 1 GG) seine Schranken finden. Diese anderen Verfassungsbestimmungen müssen jedoch ihrerseits wieder im Lichte des Art. 5 Abs. 3 S. 1 GG ausgelegt werden, so dass ein verhältnismäßiger Ausgleich der gegenläufigen, aber gleichermaßen verfassungsrechtlich geschützten Interessen erzielt werden kann („Grundsatz der praktischen Konkordanz"; vgl. BVerfGE 77, 240 ff. (253); 81, 278 ff. (292): NJW 1971, 1645 (1646 f.) – Mephisto; Löffler/*Altenhain,* BT JSchutz, JuSchG § 18 Rn. 65 ff. und zu den dabei zu berücksichtigenden Kunstbegriffen Rn. 70 ff.; *Fischer* StGB § 184 Rn. 8). Diese „Abwägung ist kein Vorgang, in dem die widerstreitenden Verfassungsgüter nach Zuweisung eines quasinumerischen Rangplatzes auf einer Kunst- und Jugendgefährdungsskala unmittelbar verglichen oder gegeneinander „verrechnet" werden können. Bei richtiger Betrachtung setzt die Abwägung voraus, dass die Elemente, die im konkreten Fall den künstlerischen Wert ausmachen, aufgeschlüsselt und auf diejenigen Elemente bezogen werden, die die Jugendgefährdung begründen" (vgl. OVG Münster BeckRS 2001, 160481, Rn. 16).

4. Für den *Film*bereich von Bedeutung sind insbesondere §§ 11, 12 und 14 JuSchG. Nach 5
§ 11 Abs. 1 JuSchG bedürfen Filme, die bei öffentlichen Filmveranstaltungen in Anwesenheit von Kindern und Jugendlichen vorgeführt werden sollen, der Freigabe durch die oberste Landesbehörde oder einer Organisation der Freiwilligen Selbstkontrolle. Wird einem dieser Kontrollorgane ein Film vorgelegt, so trifft dieses eine Klassifizierung der in § 14 Abs. 2 JuSchG vorgeschriebenen Kennzeichnungen, wie zB „Freigegeben ohne Altersbeschränkung" oder „Freigegeben ab 6 Jahren" etc. Die Kriterien für die Freigabe bestimmen sich gemäß § 14 Abs. 1 JuSchG danach, ob die Filme, Spiele und Spielprogramme geeignet sind, die Entwicklung von Minderjährigen oder deren Erziehung zu einer eigenverantwortlichen und gemeinschaftsfähigen Persönlichkeit zu beeinträchtigen (vgl. Näheres bei Scholz/Liesching JuSchG § 14 Rn. 2 ff.). Wer es also entgegen § 11 JuSchG Kindern oder Jugendlichen gestattet, bei der öffentlichen Vorführung eines für sie nicht freigegebenen Filmes anwesend zu sein, handelt ordnungswidrig (§ 28 Abs. 1 Nr. 14 JuSchG).

§ 12 JuSchG ermöglicht zudem die Kontrolle von Programmen auf DVDs, Videokassetten und vergleichbaren Bildträgern sowie Computerspielen im Vorfeld des Strafrechts. Nach § 12 Abs. 3 JuSchG dürfen bespielte Bildträger (vgl. Abs. 1) Kindern und Jugendlichen in der Öffentlichkeit nur zugänglich gemacht werden, wenn sie von der obersten Landesbehörde oder einer Organisation der Freiwilligen Selbstkontrolle für ihre Altersstufe freigegeben und gekennzeichnet worden sind.

5. Weitere relevante Vorschriften sind im *Gesetz über Ordnungswidrigkeiten* (OWiG) enthalten. 6

a) Nach § 119 OWiG können grob anstößige oder öffentlich belästigende Handlungen im sexuellen Bereich mit Geldbuße geahndet werden. § 119 Abs. 1 OWiG erfasst dabei mehrere Fallgruppen: Zunächst die Fälle, in denen Gelegenheiten zu sexuellen Handlungen entweder öffentlich in belästigender Weise (Abs. 1 Nr. 1) oder in grob anstößiger Weise durch Verbreiten von Schriften oder öffentliches Zugänglichmachen von Datenspeichern (Abs. 1 Nr. 2) angeboten, angekündigt, angepriesen oder Erklärungen solchen Inhalts bekannt gegeben werden. Ordnungswidrig handelt gemäß Abs. 2 auch, wer in der in Abs. 1 bezeichneten Weise Mittel oder Gegenstände, die dem sexuellen Gebrauch dienen, anbietet, ankündigt oder anpreist, sowie nach Abs. 3, wer öffentlich die in § 119 Abs. 1 Nr. 2 OWiG genannten Medien an Orten ausstellt, vorführt oder sonst zugänglich macht, an denen das grob anstößig wirkt.

Die Ordnungswidrigkeit kann dabei gemäß § 119 Abs. 4 OWiG in den Fällen des Abs. 1 Nr. 1 mit einer Geldbuße von bis zu 1.000 EUR, in den übrigen Fällen mit einer Geldbuße bis zu 10.000 EUR geahndet werden. Bezweckt wird mit der Vorschrift der Schutz der Mehrheit der Bevölkerung (insbesondere der Jugend) vor ungewollter Konfrontation mit sexuellen Handlungen, Darstellungen oder Gegenständen, die bei der Mehrheit der Bevölkerung „tief verwurzelte Empfindungen" verletzen (vgl. Göhler/*Gürtler* OWiG § 119 Rn. 2). Da eine solche Verletzung jedoch nur schwerlich nachweisbar sein dürfte, wurde § 119 als abstraktes Gefährdungsdelikt ausgeformt. Das bedeutet, dass zur Bejahung einer Ordnungswidrigkeit nach § 119 OWiG eine Person weder konkret belästigt worden sein noch Anstoß genommen haben muss. Es reicht vielmehr die Geeignetheit der Handlung aus, belästigende oder anstößige Wirkung zu entfalten (vgl. Göhler/*Gürtler* OWiG § 119 Rn. 2).

7 b) Nach § 120 OWiG handelt ordnungswidrig, wer einem durch Rechtsverordnung erlassenen Verbot zuwiderhandelt, der Prostitution an bestimmten Orten überhaupt oder zu bestimmten Tageszeiten nachzugehen. In der seit dem 1.7.2017 geltenden Fassung werden nach § 120 Abs. 1 OWiG Verstöße gegen sog. „Sperrbezirksverordnungen" geahndet, welche die Allgemeinheit, insbesondere Jugendliche vor den mit der Prostitution verbundenen Verfahren und Gefahren schützen sollen (vgl. KK-OWiG/*Kurz* OWiG § 120 Rn. 4 ff.; Göhler/*Gürtler* OWiG § 120 Rn. 1 f.).

Das ursprünglich in § 120 Abs. 1 Nr. 2 OWiG aF geregelte Werbeverbot für Prostitution ist nunmehr in § 32 Abs. 3 S. 1 ProstSchG neue geregelt, nach dem es verboten ist, durch die Verbreitung von Schriften und anderen Medien Gelegenheit zu sexuellen Dienstleistungen in bestimmter Art und Weise anzubieten (vgl. KK-OWiG/*Kurz* OWiG § 120 Rn. 21). Dem Verbreiten von Medien ist nach § 32 Abs. 3 S. 2 ProstSchG das öffentliche Ausstellen, Anschlagen, Vorführen oder das sonstige öffentliche Zugänglichmachen gleichgestellt.

7a c) Hinsichtlich der Verfolgung von Ordnungswidrigkeiten gilt gemäß § 47 Abs. 1 OWiG das Opportunitätsprinzip. Das bedeutet, dass die Verfolgungsbehörde nicht stets verpflichtet ist, ein Bußgeldverfahren einzuleiten und durchzuführen, sondern hierüber nach pflichtgemäßem Ermessen entscheiden muss (vgl. Göhler/*Gürtler* OWiG § 120 Rn. 16; OLG Braunschweig NStZ 2003, 95). § 119 Abs. 3 OWiG ist gegenüber § 184 StGB und § 27 JuSchG subsidiär (vgl. KK-OWiG/*Kurz* OWiG § 119 Rn. 38 Göhler/*Gürtler* OWiG § 119 Rn. 32). § 119 Abs. 1 Nr. 2 OWiG ist jedoch gegenüber § 120 Abs. 1 Nr. 2 OWiG vorrangig (Göhler/*Gürtler* OWiG § 120 Rn. 15).

II. Pornographische Schriften (§ 184 StGB)

8 1. § 184 StGB stellt bestimmte Handlungen im Umgang mit einfacher Pornographie (vgl. dazu → Rn. 10), die §§ 184a und 184b StGB die Verbreitung bzw. den Erwerb und Besitz harter Pornographie (vgl. zu diesem Begriff → Rn. 13) unter Strafe. In allen Fällen muss es sich um Schriften handeln (vgl. dazu → Rn. 9).

a) Nach § 184 StGB wird mit Freiheitsstrafe bis zu einem Jahr oder mit Geldstrafe bestraft, wer pornographische (vgl. → Rn. 9–12) Schriften (vgl. → Rn. 8b) anderen Personen unter achtzehn Jahren zugänglich macht (vgl. § 184 Abs. 1 Nr. 1 und 2 StGB), außerhalb von Geschäftsräumen oder im Versandhandel einem anderen – also auch Erwachsenen – anbietet (Nr. 3), in Minderjährigen zugänglichen Ladengeschäften vermietet (Nr. 3a), es unternimmt, sie im Wege des Versandhandels einzuführen (Nr. 4), in der Öffentlichkeit an einem Jugendlichen zugänglichen Ort anpreist (Nr. 6) oder in einer öffentlichen Filmvorführung gegen Entgelt aufführt (Nr. 7). Genauso wird bestraft, wer diesbezügliche Vorbereitungshandlungen (etwa in Form des Herstellens oder Lieferns) trifft, um eine der genannten Handlungen zu begehen (Nr. 8), oder pornographische Schriften ins Ausland zum Zwecke der Verbreitung oder öffentlichen Zugänglichmachung unter Verstoß gegen die dort geltenden Strafvorschriften ausführt (Nr. 9).

8a b) Der eben skizzierte Tatbestand hat in den letzten Jahrzehnten eine umfangreiche Wandlung erlebt. Sie zeichnet sich durch die *Abkehr* von einer überholten, allzu engen Geschlechtsmoral aus, was in § 184 StGB dadurch zum Ausdruck kommt, dass der überkommene Begriff der „unzüchtigen" Schriften durch „pornographische" Schriften ersetzt wurde. Zudem ist nur noch die in §§ 184a und 184b StGB näher umrissene sog. *„harte Pornographie"* als solche verboten. Die „einfache" Pornographie hingegen ist nur dann strafbar, wenn eine der in § 184 Abs. 1 Nr. 1–9 StGB aufgeführten erschwerenden Tathandlungen (in der Regel im Zusammenhang mit Minderjährigen oder ein „Aufdrängen" von Pornographie gegenüber hieran Uninteressierten) hinzukommt.

Mit der Umsetzung der Richtlinie 2011/93/EU zur Bekämpfung unter anderem der Kinderpornographie im 49. StÄG vom 21.1.2015 (BGBl. I S. 10) wurden allerdings zur Bekämpfung der Kinderpornographie, deren Verbreitung durch das Internet begünstigt wird (vgl. *Miller/Schmittmann* AfP 2004, 422 ff.), die §§ 184b–184e StGB deutlich verschärft (vgl. Schönke/Schröder/*Eisele* StGB § 184 Rn. 3a).

2. Von besonderer Bedeutung ist das Tatbestandsmerkmal *„Schrift"*. Nur Handlungen in Zusammenhang mit diesem sind in den §§ 184 ff. StGB mit Strafe bedroht. Rundfunk und Telemedien sind die Zugänglichmachung pornographischer Inhalte gemäß den §§ 184–184c StGB nach § 184d Abs. 1 S. 1 StGB untersagt. Nach § 184d Abs. 1 S. 2 StGB findet § 184 Abs. 1 S. 1 StGB auf die Verbreitung mittels Telemedien keine Anwendung, wenn durch technische oder sonstige Vorkehrungen sichergestellt ist, dass der pornographische Inhalt Personen unter achtzehn Jahren nicht zugänglich ist (kritisch zu dieser faktischen Auffangregelung zu den §§ 184–184c StGB Schönke/Schröder/*Eisele* StGB § 184d Rn. 4). **8b**

a) Der Begriff der Schrift ist auch hier im weiten Sinn des § 11 Abs. 3 StGB zu verstehen und umfasst persönliche Niederschriften wie Briefe oder Tagebuchblätter, Druckwerke wie Bücher, Zeitungen, Zeitschriften, aber auch Ton- und Bildträger, Datenspeicher sowie Abbildungen und Darstellungen aller Art, insbesondere *Filme,* Filmkassetten und Fotos (→ Kap. 49 Rn. 2a). Er setzt aber eine stoffliche Verkörperung des geistigen Inhalts voraus; somit fallen die akustischen und optischen Ausstrahlungen des *Rundfunks* nicht darunter. Pornographische Darbietungen durch den Rundfunk einschließlich des privaten Amateurfunks sowie Telemedien werden durch § 184d StGB unter Strafe gestellt. Da § 184 Abs. 1 StGB nur die durch „Schriften" erfolgende pornographische Darstellung erfasst, fallen *„live-Darstellungen"* nicht unter den Tatbestand des § 184 Abs. 1 StGB, wohl fällt aber „Live-Streaming" unter den Tatbestand des § 184d StGB (vgl. Schönke/Schröder/*Eisele* StGB § 184d Rn. 6).

b) Nach § 11 Abs. 3 StGB sind unter „Schriften" in diesem Sinne auch Ton- und Bildträger sowie Datenspeicher zu verstehen. Derjenige, der eine gezielt gesuchte Internetseite kinderpornografischen Inhalts öffnet und diesen Inhalt auf dem Bildschirm betrachtet, macht sich wegen Besitzverschaffung kinderpornografischer Schriften gemäß § 184b Abs. 3 StGB strafbar, weil er diese bewusst inne hat und ein tatsächliches Herrschaftsverhältnis über sie ausübt (vgl. Schönke/Schröder/*Eisele* StGB § 184b Rn. 35 f.; OLG Schleswig NStZ-RR 2007, 41 ff.). **8c**

3. a) Was unter *Pornographie* zu verstehen ist, hat der Gesetzgeber nicht definiert, sondern dieses Wissenschaft und Rechtsprechung überlassen und damit der Berücksichtigung der künftigen Entwicklung der Sexualmoral Raum gegeben. Pornographie liegt nach der Rechtsprechung des Bundesgerichtshofs und der Oberlandesgerichte vor, wenn eine Darstellung unter Ausklammerung aller sonstigen menschlichen Bezüge sexuelle Vorgänge in grob aufdringlicher Weise in den Vordergrund rückt und ihre Gesamttendenz ausschließlich oder überwiegend auf die Erregung eines sexuellen Reizes abzielt (vgl. BGHSt 37, 55 (66); 32, 40 (44 ff.); NStZ-RR 2015, 74; KG Berlin NStZ 2009, 446; ebenso BVerwG NJW 2002, 2966; Schönke/Schröder/*Eisele* StGB § 184 Rn. 8). **9**

Kennzeichnend für eine pornographische Darstellung ist eine „Reizwirkungs- oder Stimulierungstendenz" (vgl. *Erdemir* MMR 2003, 628 (631); *Ostendorf* MschrKrim 2001, 372 (377)). Die Darstellung muss nach ihrem objektiven Gesamteindruck eine Aufreizung des Sexualtriebs bezwecken. Das Hervorrufen einer derartigen Stimulation ist seit jeher die typische Funktion von Pornographie und deshalb ein wichtiges Element, um zu bestimmen, welche Darstellungen unter den Pornographiebegriff fallen. Allerdings ist dieses Kriterium allein nicht ausreichend, da sonst auch nicht strafwürdige Darstellungen vom Anwendungsbereich des § 184 Abs. 1 StGB erfasst würden, die sich beispielsweise auf Andeutungen beschränken und gerade dadurch die Fantasie des Betrachters anzuregen versuchen (vgl. KG Berlin NStZ 2009, 446 ff. mwN). Hinzukommen muss deshalb als weiteres Kriterium die sog. „Apersonalität des Geschlechtspartners" (vgl. *Erdemir* MMR 2003, 628 (631)). Die Darstellung muss mit anderen Worten durch eine Verabsolutierung sexuellen Lustgewinns unter gleichzeitiger Entmenschlichung der Sexualität geprägt sein. Pornographie ist danach anzunehmen, wenn der Mensch im Rahmen der Darstellung zum bloßen, auswechselbaren Objekt sexueller Begierde degradiert wird (vgl. Schönke/Schröder/*Eisele* StGB § 184 Rn. 8 f.; MüKoStGB/*Hörnle* StGB § 184 Rn. 20 ff.; jeweils mwN). In der damit verbundenen Überbewertung von Sexualität und ihrer vollständigen Loslösung von individuellen und emotionalen Begleitumständen liegt die besondere Gefahr für Kinder und Jugendliche, die sich noch in ihrer sexuellen Entwicklung befinden (vgl. *Erdemir* MMR 2003, 628 (631)). Neben diese beiden inhaltlichen Kriterien tritt als formales Merkmal hinzu, dass die pornographische Darstellung typischerweise vergröbernd, aufdringlich, übersteigert, „anreißerisch" oder plump-vordergründig sein muss (vgl. BGHSt 23, 40 (44 ff.)). Jedoch allein die Darstellung des nackten Körpers einschließlich der Genitalien sowie auch sexueller Vorgänge einschließlich des Geschlechtsverkehrs ist nicht per se als pornographisch zu qualifizieren (vgl. OLG Frankfurt a. M. NJW 1987, 454; *Erdemir* MMR 2003, 628 (631 ff.)). Dies gilt insbesondere auch für bildliche Darstellungen. Erforderlich ist vielmehr stets eine Würdigung der jeweiligen Darstellung in ihrem Gesamtzusammenhang (vgl. KG Berlin NStZ 2009, 446 ff.; *Erdemir* MMR 2003, 628 (634)). Die Grenze zur Pornographie ist erst überschritten, wenn der organisch-physiologische Aspekt der Sexualität in grob aufdringlicher Weise in den Vordergrund gerückt wird (vgl. KG Berlin NStZ 2009, 446 ff. mwN; OLG Frankfurt a. M. NJW 1987, 454 f.).

Pornographie verabsolutiert also den sexuellen Lustgewinn und entmenschlicht die Sexualität. Dabei ist die objektive Tendenz der Darstellung entscheidend, auf die subjektive Tendenz des Verfassers kommt es nicht an (vgl. Schönke/Schröder/*Eisele* StGB § 184 Rn. 8; Fischer StGB § 184 Rn. 7b).

Für die eben beschriebene Wertung und Abwägung sind Anhaltspunkte erforderlich. Indizien für das Vorliegen eines pornographischen Werkes können sein: das Aneinanderreihen sexueller Handlungen, die durch keinerlei (nachvollziehbare – vgl. dazu VG München ZUM 2003, 160 ff. (164)) Rahmenhandlung verbunden werden; die sexuelle Betätigung ohne die Darstellung eines dahinter stehenden Gefühls oder Zuneigung der Beteiligten zueinander; Austauschbarkeit und Anonymität der Sexualpartner; das Gesamtbild von unerschöpflicher Potenz und unermüdlicher Hingabebereitschaft sowie der Prozentsatz des sexuellen Inhalts (vgl. VG München ZUM 2003, 160 ff. (164); hinsichtlich der zuletzt genannten Kriterien krit. *Ladeur* AfP 2001, 471 ff. (473)). Nach teilweise vertretener Auffassung muss zwischen Kinderpornographie und Erwachsenenpornographie unterschieden werden; so kann die Darstellung eines nackten Kindes in einer bestimmten Pose als pornographisch zu bewerten sein, während dies bei einer Abbildung eines Erwachsenen in der selben Stellung nicht der Fall ist (vgl. *Baier* ZUM 2004, 39 ff. (40) mwN).

9a b) Maßgeblich für die Beurteilung einer Schrift als pornographisch und die dementsprechende Frage einer Bestrafung ist auch die *Berücksichtigung der Grundrechte* (vgl. → Rn. 3 f.), namentlich der Kunstfreiheit. Nach heutigem Verständnis kann sich auch der Urheber pornographischer Kunst auf Art. 5 Abs. 3 GG berufen. Er kann dann gerechtfertigt handeln und somit straflos sein. Dies ist der Fall, wenn man im Rahmen einer Abwägung zwischen Grundrechten des Täters einerseits und Grundrechten anderer und sonstigen Verfassungsprinzipien andererseits ein Überwiegen der Belange des Täters feststellen kann (vgl. Schönke/Schröder/*Eisele* StGB § 184 Rn. 11 f.; *Fischer* StGB § 184 Rn. 8). Voraussetzung hierfür ist aber, dass das zu untersuchende Werk unter den Kunstbegriff fällt; ein *rein* pornographisches Werk wird nicht vom Schutzbereich von Art. 5 Abs. 3 GG erfasst. Die in den §§ 184 ff. StGB genannten Tathandlungen sind demgemäß strafbar.

Dieses skizzierte Verhältnis von Kunst und Pornographie in Form eines „Nebeneinanders" ist Folge der zunehmend offeneren Bewertung erotisch-sexueller Themata.

Der Durchbruch in der Rechtsprechung erfolgte 1969 im sog. Fanny-Hill-Urteil (vgl. BGHSt 23, 40), in dem dargelegt wurde, dass es nicht die Aufgabe des Strafrechts sei, Maßstäbe für die Geschlechtsmoral der *Erwachsenen* festzulegen (so auch OLG Hamburg NJW 1976, 985). Der BGH kam hierbei zu dem Ergebnis, dass es sich bei dem Roman „Die Memoiren der Fanny Hill" zwar um ein Werk der erotischen Literatur, nicht jedoch um eine „unzüchtige Schrift" handele. Diese Rechtsprechung entsprach der damals herrschenden Auffassung, dass Pornographie und *Kunst* einander ausschließende Begriffe seien („Exklusivitätsthese"; vgl. *Frenzel* AfP 2002, 191 (193)).

Heute hat sich die Rechtsprechung von dieser allzu starren These abgekehrt und vertritt die Auffassung, dass Kunst und Pornographie einander begrifflich jedenfalls nicht ausschließen (vgl. BVerwG BVerwGE 77, 75 ff. – Der stählerne Traum; BGHSt 37, 55 ff. – Opus Pistorum; BVerfGE 83, 130 ff. – Mutzenbacher-Beschluss; *Bergmann* JuS 1992, 916; *Gusy* JZ 1991, 470; *Frenzel* AfP 2002, 191; aA *Ladeur* AfP 2001, 471 ff. (473)). Da als Kunst jegliche der traditionellen Erscheinungsformen, wie etwa ein Gedicht, Gemälde, Roman und Satire (vgl. hierzu → Kap. 42 Rn. 35; → Kap. 43 Rn. 16; → Kap. 53 Rn. 11; → Kap. 63 Rn. 22) gilt, muss auch die verzerrende oder unrealistische Darstellung geschlechtlicher Vorgänge die Einordnung eines Werkes unter den Kunstbegriff (vgl. hierzu BVerfGE 67, 213 ff. (224 ff.)) nicht ausschließen, da gerade die in der Übersteigerung und Verzerrung bestehende Darstellung ein Mittel künstlerischer Gestaltung sein kann (vgl. BGHSt 37, 60; zur Kunstfreiheit ferner → Kap. 6 Rn. 8; → Kap. 59 Rn. 3 f. und 12 f.; → Kap. 60 Rn. 12 f.). Dem Strafgesetz kommt jedoch hinsichtlich der Darstellung sexueller Vorgänge die Sorge wie auch die Verpflichtung um den Schutz der Jugend zu (vgl. OLG Düsseldorf NJW 1974, 1474; Schönke/Schröder/*Eisele* StGB § 184 Rn. 12; Fischer StGB § 184 Rn. 8). Eine andere Ausrichtung hat jedoch § 184 Nr. 6 StGB, der die Gesellschaft vor groben Belästigungen auf sexuellem Gebiet zu schützen will (vgl. Schönke/Schröder/*Eisele* StGB § 184 Rn. 5; *Fischer* StGB § 184 Rn. 17). Der Jugendschutz ist als Rechtsgut mit Verfassungsrang (auf Grund von Art. 6 Abs. 2 S. 1 und Art. 1 iVm Art. 2 Abs. 1 GG) im Bereich der Schrankenproblematik (→ Rn. 4) zu berücksichtigen, dh bei der Frage, ob die Kunstfreiheit bei einer Kollision mit gleichrangigen Verfassungsgütern diesen zu weichen hat (vgl. BVerfGE 67, 213). Insoweit ist eine Abwägung im Einzelfall notwendig, bei der dem Verhältnismäßigkeitsgrundsatz besondere Bedeutung zukommt (vgl. BVerfGE 83, 130 ff.; SK StGB § 184 Rn. 6; BVerwG DVBl 2002, 976 ff. (981); vgl. auch → Kap. 10 Rn. 20; vgl. zum Verhältnis von Kunst zu Jugendschutz allgemein und deren Abwägung *Frenzel* AfP 2002, 191 ff. (194)). Generelle Maßstäbe hat die Rechtsprechung nicht entwickelt. Die Vorgabe einer ins Einzelne gehenden Würdigung des Inhalts der Schrift (BGHSt 37, 64) kann jedenfalls keine Niveaukontrolle bedeuten, da eine solche unzulässig wäre (vgl. BVerfGE 83, 130 f.; 81, 291). Entscheidend ist letztlich, ob der jeweiligen Schrift ein Mindestmaß an künstlerischem Niveau abgesprochen oder ob sie nicht allein als schlicht oder „hart" pornographisch, sondern als „offensichtlich schwer jugendgefährdend" (vgl. BVerfGE 77, 83) angesehen werden muss.

c) Diese Wertung trägt dem tiefgreifenden Wandel Rechnung, der sich zugunsten einer **9b** natürlichen und freieren Beurteilung sexueller Vorgänge in den letzten Jahrzehnten vollzogen hat. Nicht unbeteiligt an dieser Entwicklung ist aber auch die allgemeine (erotische) Reizüberflutung (vgl. *Ladeur* AfP 2001, 471 ff. (474); BGHSt 37, 55 ff. (65)).

d) Liegen diese speziellen Merkmale bei einer Schrift vor, so kann dennoch nicht eindeutig auf **10** ihren pornographischen Charakter geschlossen werden. Da sich nach dem heutigen Verständnis Kunst und Pornographie nicht mehr ausschließen (vgl. → Rn. 9), können in Einzelfällen auch aufdringlich, verzerrend und unrealistisch in Schriften dargestellte geschlechtliche Vorgänge insgesamt als Kunstwerk qualifiziert werden, obwohl an sich die Bewertungskriterien für deren Einordnung als Pornographie vorliegen. Es gibt insofern keine Entweder-Oder-Betrachtung mehr. Überschneidungen sind zumindest in Grenzbereichen möglich (vgl. BGHSt 37, 55 ff. (60)).

Einigkeit besteht jedoch darüber, dass Darstellungen des nackten menschlichen Körpers oder die Schilderung sexueller Vorgänge, ohne dass spezielle Merkmale (wie zB Hervorhebung von Geschlechtsmerkmalen) vorliegen, nicht unter die Strafbestimmung des § 184 StGB fallen (vgl. BGHSt 5, 346; 23, 40; OLG Frankfurt a. M. NJW 1987, 454; VG Hamburg ZUM-RD 2001, 295, zu der Frage, welche Kriterien für den Pornographiebegriff des Hamburgischen Mediengesetzes maßgebend sind). Umgekehrt ist nicht nur pornographisch, was auch echt wirkt. So können zum Beispiel auch Druckwerke der Comic-Literatur unter den Begriff der pornographischen Schrift fallen (vgl. BGH NStZ 2000, 307).

e) Eine weitere wesentliche (zumindest mittelbare) Rolle für den Pornographiebegriff spielt **10a** das Internet. Es begünstigt auch solche Verbreitungshandlungen, die über Ländergrenzen hinaus Auswirkungen haben. Die Verbreitung pornographischer Schriften wird verein- und vervielfacht. Durch den zunehmenden elektronischen Verkehr kommt es immer häufiger zu grenzüberschreitenden Kontakten: Anbieter und Nutzer sowie die für die Übertragung erforderlichen technischen Stellen befinden sich oft in verschiedenen Staaten. Probleme ergeben sich hieraus dann, wenn in den berührten Rechtsordnungen ein unterschiedliches Verständnis von „Pornographie" gegeben ist (vgl. *Fischer* StGB § 184 Rn. 23).

Im Zuge dieser „Internationalisierung" des Phänomens „Pornographie", nimmt daher das **10b** Bedürfnis nach einem *internationalen* einheitlichen Pornographiebegriff zu. Dies gilt umso mehr, als dass bestimmte Formen von Pornographie – insbesondere im Zusammenhang mit Kindern – wirkungsvoller bekämpft werden sollen.

Im Anschluss an die Definition der „Kinderpornografie“ in Art. 2c) der Richtlinie 2011/93/EU vom 13.12.2011 (ABl. 2011 L 335, S. 1) wurde durch das 49. StÄG vom 21.1.2015 (BGBl. I S. 10) die Legaldefinition der kinderpornographischen Schriften in § 184b Abs. 1 Nr. 1 StGB richtlinienkonform erweitert und präzisiert. Nach § 184b Abs. 1 Nr. 1 StGB ist eine kinderpornographische Schrift nunmehr eine pornographische Schrift gemäß § 11 Abs. 3 StGB, die (Nr. 1) sexuelle Handlungen von, an oder vor einer Person unter vierzehn Jahren (Kind), (Nr. 2) die Wiedergabe eines ganz oder teilweise unbekleideten Kindes in unnatürlich geschlechtsbetonter Körperhaltung oder (Nr. 3) die sexuell aufreizende Wiedergabe der unbekleideten Genitalien oder des unbekleideten Gesäß eines Kindes zum Gegenstand hat (vgl. Schönke/Schröder/*Eisele* StGB § 184b Rn. 4 ff.; Fischer StGB § 184b Rn. 3 ff.).

11 f) *Keine* Pornographie liegt bei *wissenschaftlichen* Werken (vgl. → Rn. 4) vor, wenn sie zwar für sich betrachtet pornographisches Bildmaterial enthalten, dieses jedoch durch einen illustrierenden Text dem pornographischen Bereich enthoben wird (vgl. Schönke/Schröder/*Eisele* StGB § 184 Rn. 10; Löffler/*Altenhain,* BT JSchutz, § 18 JuSchG, Rn. 83 f.). Dies gilt nicht, sofern es sich um pseudowissenschaftliche Tarnungen handelt (vgl. OLG Stuttgart NJW 1969, 1799). Derselbe Maßstab gilt auch für eine als kulturgeschichtliche Forschung deklarierte Neuauflage pornographischer Schriften der Vergangenheit (vgl. *Leiss* NJW 1971, 1201).

12 4. Ob einzelne pornographische *Teile eines Gesamtwerks* (Film) dem Ganzen den Charakter verbotener Pornographie geben, obliegt der richterlichen Beurteilung des Einzelfalls, wobei der *Gesamteindruck* des Werkes maßgebend ist (vgl. BGH UFITA 75, 313). Der Gesamteindruck kann einerseits die anstößigen Teile in einer Weise *„überdecken“*, die das ganze Werk unbeanstandet lässt. Vereinzelte pornographische Anzeigen machen eine im Übrigen einwandfreie Zeitung oder Zeitschrift nicht zur verbotenen pornographischen Schrift (vgl. BGH FamRZ 1954, 49). Andererseits kann dem Verleger die Möglichkeit der Eliminierung der beanstandeten Stellen eingeräumt werden, so dass das Gesamtwerk unbeanstandet bleibt. Denn auch hier hat der Richter den Verfassungsgrundsatz des Übermaßverbotes zu beachten (vgl. BGH UFITA 75, 313).

13 5. Hinsichtlich der *Tathandlungen* der §§ 184 ff. StGB unterscheidet das Gesetz zwischen „einfacher“ und sog. „harter“ Pornographie. Harte Pornographie ist immer verboten, nicht nur bestimmte Handlungen. Einfache Pornographie hingegen ist im Prinzip erlaubt, sofern nicht bestimmte Verhaltensweisen seitens des Täters vorliegen (vgl. dazu im Einzelnen → Rn. 15 ff.).

a) Die schlechthin und verschärft strafbare *harte Pornographie* liegt nach §§ 184a, 184b und 184c StGB dann vor, wenn der Täter Schriften und ihnen gleichgestellte Darstellungen (iSd § 11 Abs. 3 StGB) verbreitet, die außer ihrem pornographischen Charakter zusätzliche Gewalttätigkeiten (vgl. → Kap. 60 Rn. 9), den sexuellen Missbrauch von Kindern, sexuelle Handlungen von Menschen mit toten oder lebendigen Tieren (Sodomie) oder jugendpornographische Handlungen zum Gegenstand haben. Beim sexuellen Missbrauch von Kindern und beim Verkehr von Menschen mit Tieren ergibt sich der pornographische Charakter schon aus dem Gegenstand der Darstellung.

13a b) *„Gewalttätigkeit“* im Sinne von § 184a StGB liegt bei der Entfaltung physischer Kraft gegen Menschen vor (vgl. BGH NJW 1980, 66; OLG Köln NJW 1981, 1458), wenn sie zB im Rahmen sadomasochistischer Handlungen einvernehmlich erfolgt (vgl. BGH NStZ 2000, 307 (309)) oder ein fiktives Geschehen wiedergibt (vgl. Schönke/Schröder/*Eisele* StGB § 184a Rn. 3 f.).

13b c) Geschütztes Rechtsgut bei *§ 184b StGB („Verbreitung, Erwerb und Besitz kinderpornographischer Schriften)“* ist wie bei §§ 184 und 184a StGB der Kinder- und Jugendschutz, vor allem aber der Schutz von Kindern, die Darsteller in kinderpornographischen Schriften sind und dabei sexuell missbraucht werden. Der Markt für kinderpornographische Produkte soll durch die umfassenden Verbreitungs- und Besitzverschaffungsverbote ausgetrocknet werden (vgl. Schönke/Schröder/*Eisele* StGB § 184b Rn. 2; → Rn. 10b).

14 d) Strafbar ist weiter das *Verbreiten, Herstellen sowie der Besitz* harter Pornographie (§§ 184a Abs. 1, 184b Abs. 1, 184a Abs. 1 StGB). Darunter ist die Verbreitung, Herstellung sowie der Besitz einer körperlichen, gegenständlichen Schrift (hierunter fallen auch DVDs oder mit

betreffenden Daten bespielte Disketten) an eine nicht mehr individualisierbare Vielzahl anderer Personen zu verstehen (vgl. Schönke/Schröder/*Eisele* StGB § 184b Rn. 19 ff.). Ein Verbreiten im Internet liegt dann vor, wenn die Datei auf dem Rechner des Internetnutzers – sei es im (flüchtigen) Arbeitsspeicher oder auf einem (permanenten) Speichermedium – angekommen ist. Dabei ist es unerheblich, ob dieser die Möglichkeit des Zugriffs auf die Daten genutzt oder ob der Anbieter die Daten übermittelt hat (vgl. BGHSt 47, 55; *Fischer* StGB § 184 Rn. 34) (vgl. im Einzelnen → Rn. 14b f.).

e) Eine weitere Strafschärfung enthält § 184b Abs. 2 StGB für den Fall, dass kinderpornographische Schriften ein tatsächliches Geschehen wiedergeben *und* der Täter gewerbsmäßig oder als Mitglied einer Bande handelt, die sich zur fortgesetzten Begehung solcher Taten verbunden hat. **14a**

f) Schließlich stellt § 184b Abs. 3 StGB durch das 49. StÄG (vgl. BGBl. I S. 10) verschärft bereits den Besitz und das *Unternehmen* (vgl. § 11 Abs. 1 Nr. 6 StGB) *einer Besitzverschaffung* für sich oder einen Dritten bei kinderpornographischen Schriften unter Strafe, wenn sie ein tatsächliches oder wirklichkeitsnahes Geschehen wiedergeben. **14b**

Insbesondere bei der zuletzt genannten Tathandlung spielt das Medium Internet eine maßgebliche Rolle. Umstritten ist, ob schon das „bloße" Betrachten – also das Aufrufen der Inhalte ohne nachfolgende Speicherung – solchen Materials unter § 184b Abs. 3 StGB fällt. Damit zusammen hängt die Frage, was in diesem Kontext unter einem Verbreiten (vgl. → Rn. 14) zu verstehen ist. Das zuerst genannte Problem bezieht sich auf die Strafbarkeit des Konsumenten, das zweite auf die des Lieferanten, also desjenigen, der die Inhalte in das Internet eingestellt hat. **14c**

Nach dem allgemeinen Verständnis (vgl. *Fischer* StGB § 74d Rn. 4 ff.; vgl. auch → Rn. 14) setzt ein *Verbreiten* gewöhnlich das Zugänglichmachen einer Schrift, die eine körperliche Substanz aufweist, voraus. Der Bundesgerichtshof modifizierte diese Auslegung im Zusammenhang mit der Verbreitung von Kinderpornographie im Internet. Ein Verbreiten im Internet liegt danach bereits vor, wenn die Datei auf dem Rechner des Internetnutzers angekommen ist. Nach Ansicht des BGH ist es dabei unerheblich, ob der Internetnutzer die Möglichkeit des Zugriffs auf die Daten genutzt oder ein Anbieter die Daten übermittelt hat. Ein Zugänglichmachen im Internet liegt bereits vor, wenn eine Datei zum Lesezugriff ins Internet gestellt und dem Internetnutzer so die Möglichkeit des Zugriffs auf die Datei ermöglicht wird (vgl. BGH MMR 2001, 676; LG Karlsruhe MMR 2009, 418).

Diese Auffassung des BGH ist auf Kritik gestoßen (vgl. Fischer StGB § 184b Rn. 34 mwN), im Ergebnis aber zutreffend. Der Konsument macht sich schon durch das „bloße" Betrachten kinderpornographischen Materials nach § 184b Abs. 3 StGB strafbar. Für den verbotenen Besitz kinderpornografischen Materials reicht es aus, wenn das Material gezielt aufgerufen, in den Arbeitsspeicher geladen und am Bildschirm betrachtet wird, ohne dass es durch eine bewusste Speicherung perpetuiert wird. Zumindest mit der (automatisch erfolgenden Speicherung) solcher Dateien im Cache-Speicher des Computers erlangt der Computer-Nutzer Besitz iSd § 184b Abs. 3 StGB. Nichts anderes ergibt sich selbst dann, wenn die Speicherung noch am selben Tag manuell wieder gelöscht worden ist. Denn das Sichverschaffen von Besitz iSv § 184b Abs. 3 StGB ist bereits mit der automatischen Speicherung im Cache-Speicher vollendet. Für die damit gegebene objektive Strafbarkeit ist es nach dieser Vorschrift ohne Belang, ob die Speicherung durch spätere manuelle oder systembedingt automatisch erfolgende Löschung des Cache-Speichers wieder rückgängig gemacht wird (vgl. BGH NStZ 2007, 95; OLG Hamburg StV 2009, 469 ff.; vgl. Schönke/Schröder/*Eisele* § 184b Rn. 40 f.; Fischer StGB § 184b Rn. 34 ff.).

Einem Internetnutzer, der beim bloßen „Surfen" im Internet auf ein kinderpornographisches Angebot stößt und diese sogleich aus dem Arbeitsspeicher löscht, fehlt jedenfalls der Wille zum Besitz (vgl. Schönke/Schröder/*Eisele* § 184b Rn. 41). Allerdings ist zu beachten, dass es oft auf Grund rein technischer Gegebenheiten beim bloßen Ansehen nicht bleiben wird. Dies liegt daran, dass die aufgerufenen Daten zB in caches oder swap-files als Temporärdateien abgespeichert und damit – unabhängig vom Willen des Computer-Nutzers – auf der Festplatte abgelegt werden. *Dieser* Sachverhalt erfüllt dann aber *unstreitig* den objektiven Tatbestand des § 184b Abs. 3 StGB.

Grundsätzlich wird jeder Anbieter einer Homepage bereits durch das Einrichten eines Links aktiv. Aufgrund der netzartigen Struktur des Internet ist jeder einzelne Link im Sinne der **14d** conditio-sine-qua-non-Formel kausal für die Verbreitung krimineller Inhalte, auch wenn diese erst über eine Kette von Links anderer Anbieter erreichbar sind. Strafbar macht sich der Betreiber einer Homepage allerdings erst durch das gezielte Setzen eines Links zu einer Internetseite mit kinderpornografischem Inhalt, den er sich damit nach den allgemeinen Bestimmungen (nicht nach §§ 7–10 TMG) *zu eigen macht* (vgl. BGH NJW 2008, 1882; LG Karlsruhe MMR 2009, 418; Spindler/Schuster/*Hoffmann/Volkmann* TMG Vor §§ 7 ff. Rn. 39).

14e Nach § 184b Abs. 5 StGB wird nach § 184b Abs. 1 Nr. 2 und Abs. 3 StGB nicht bestraft, wenn die entsprechenden Handlungen ausschließlich der rechtmäßigen Erfüllung von beruflichen Pflichten dienen. Dazu zählen auch Recherchen von Journalisten, die einer konkreten durch andere Quellen nicht hinreichend aufgeklärten Frage im Zusammenhang mit Kontext von Kinderpornograhie nachgehen (vgl. MüKoStGB/*Hörnke* StGB § 184b Rn. 47; Schönke/Schröder/*Eisele* StGB § 184b Rn. 45).

15 6. Der Umgang mit *einfacher Pornographie* (zum Begriff der harten Pornographie vgl. → Rn. 13) ist, abgesehen von den Bestimmungen des JuSchG (vgl. Kap. 60), nur dann strafbar, wenn eine der in § 184 Abs. 1 Nr. 1–9 StGB aufgeführten erschwerenden Tathandlungen vorliegt.

15a a) Nach § 184 Abs. 1 Nr. 1 StGB ist das Anbieten, Überlassen oder Zugänglichmachen einer pornographischen Schrift (§ 11 Abs. 3 StGB) an eine Person unter achtzehn Jahren strafbar. Allerdings findet diese Bestimmung nach § 184 Abs. 2 S. 1 StGB keine Anwendung auf Personensorgeberechtigte, sofern diese dadurch nicht ihre Erziehungspflichten beispielsweise durch die Verfolgung sexueller Eigeninteressen gröblich verletzen (sog. „Erzieherprivileg“, vgl. Schönke/Schröder/*Eisele* StGB § 184 Rn. 20 f.) genanntes Erziehungsprivileg, § 184 Abs. 2 StGB).

15b b) Nach Nr. 2 wird das *öffentliche Zugänglichmachen* an einem Personen unter achtzehn Jahren zugänglichen Ort insbesondere durch Ausstellen, Anschlagen und Vorführen dem Verbreiten gleichgestellt. Für ein Zugänglichmachen reicht es aus, dass die Schrift in den potentiellen Wahrnehmungsbereich des Jugendlichen gelangt (vgl. OLG Celle MDR 1985, 693; zum Zugänglichmachen durch Ausstrahlung verschlüsselter Filme vgl. BVerwG AfP 2002, 257 ff.; VG München ZUM 2003, 160 ff.). Ein Zugänglichmachen liegt bereits dann vor, wenn eine Datei zum Lesezugriff ins Internet gestellt wird. Hierfür reicht die bloße Zugriffsmöglichkeit aus. Nicht erforderlich ist, dass auch ein Zugriff des Internetnutzers erfolgt. Das unterscheidet das Zugänglichmachen vom Verbreiten, bei dem der Nutzer die heruntergeladene Datei vervielfältigen und weitergeben kann (vgl. BGH MMR 2001, 676; NJW 2001, 624 (626); Schönke/Schröder/*Eisele* StGB § 184 Rn. 23 ff.; *Fischer* StGB § 184 Rn. 34a).

15c c) § 184 Abs. 1 Nr. 3 StGB stellt standortunabhängige Formen *(„außerhalb von Geschäftsräumen“)* des gewerbsmäßigen Vertriebs pornographischer Schriften, bei denen keine zuverlässige Alterskontrolle garantiert ist, unter Strafe. Die Bestimmung ist restriktiv auszulegen. Die Durchführung einer zuverlässigen Alterskontrolle als effektiver Barriere zwischen pornographischen Inhalten und Jugendlichem schließt eine Verwirklichung des Tatbestands aus (zu den Anforderungen einer zuverlässigen Alterskontrolle vgl. BGH NJW 2008, 1882 (1884 ff.); LG Düsseldorf ZUM 2004, 480). Eine allgemeine Verschlüsselung eines pornographischen Fernsehfilms genügt dafür nicht (vgl. BVerwG AfP 2002, 257). Gleiches gilt für einen Vertrieb an Orten, die Jugendlichen tatsächlich nicht zugänglich sind. Auch der Zeitschriftenhandel in einem Warenhaus findet nicht außerhalb eines Geschäftsraumes statt (vgl. Schönke/Schröder/*Eisele* StGB § 184 Rn. 28 ff.).

15d d) Nach § 184 Abs. 1 Nr. 3a StGB ist das Anbieten oder Überlassen pornographischer Schriften „im Wege gewerblicher Vermietung oder vergleichbarer gewerblicher Gewährung des Gebrauchs“ außerhalb von Ladengeschäften (vgl. zum Begriff des „Ladengeschäftes“ BGH NJW 2003, 2838 ff. (2839); 1988, 272 f.), „die Personen unter 18 Jahren nicht zugänglich sind und von ihnen nicht eingesehen werden können“, unter Strafe gestellt. Mit § 184 Abs. 1 Nr. 3a StGB wird ein generelles Vertriebsverbot für pornographische Schriften aufrechterhalten. Ausnahmen sind nur über die Vertriebsform zugelassen (vgl. BT-Drs. 10/2546, 23 ff.). Videothekare, die sich für die Aufnahme pornographischer und indizierter Filme in ihr Angebot entscheiden, dürfen dies nur in einer Spezialvideothek tun (zur erforderlichen räumlichen und organisatorischen Selbstständigkeit des Geschäftslokals vgl. *Fischer* StGB § 184 Rn. 14 mwN), die für Personen unter 18 Jahren weder zugänglich noch von ihnen einsehbar sein dürfen (zu den Begriffen „zugänglich“ bzw. „einsehbar“ vgl. → Rn. 16). Mischformen wie das shop-inthe-shop-System, dh das Anbieten pornographischer oder indizierter Schriften in einem Teil eines Geschäftslokals, der von dem übrigen Geschäftsbereich nicht zumindest durch eine „effektive Barriere", sondern nur durch einen Vorhang oder eine Wand getrennt ist, sind *nicht* gestattet (vgl. *Fischer* StGB § 184 Rn. 14).

Unter einem Ladengeschäft ist nicht zwingend ein Raum zu verstehen, in dem Personal zur Überwachung des Kundenverkehrs vorhanden ist. Die Vermietung pornographischer Filme ist daher auch in *Automatenvideotheken* möglich. Voraussetzung für den erlaubten Betrieb einer Automatenvideothek ist aber, dass als Mindeststandard Sichtblenden umfangreiche technische Sicherungen eingerichtet werden, welche die Ausleihe pornographischer DVDs durch Minderjährige gleichermaßen wirkungsvoll verhindern (vgl. BGH NJW 2003, 2838 ff.).

e) Ein spezielles *Werbeverbot* zum Schutz der Jugend enthält § 184 Abs. 1 Nr. 5 StGB. Danach 16 ist das öffentliche Ankündigen und Anpreisen pornographischer Schriften an einem Ort strafbar, der Personen *unter 18 Jahren* zugänglich ist oder von ihnen eingesehen werden kann, oder deren Angebot oder Bewerbung durch das Verbreiten von Schriften außerhalb des Geschäftsverkehrs mit dem einschlägigen Handel.

Das Anbieten oder Bewerben erfolgt öffentlich, wenn es von einem größeren, individuell nicht feststehenden oder jedenfalls nicht durch persönliche Beziehungen verbundenen Personenkreis wahrgenommen werden kann. Werbung für pornographische Erzeugnisse auf öffentlichen Plätzen, entsprechende Schaufensterreklame sowie Werbung im Fernsehen, Rundfunk oder Internet fällt daher stets unter diese Bestimmung (vgl. Schönke/Schröder/*Eisele* StGB § 284 Rn. 47). Für Personen unter 18 Jahren zugänglich ist jeder Ort, der von ihnen ohne Überwindung rechtlicher oder tatsächlicher Hindernisse betreten werden kann (vgl. Schönke/Schröder/*Eisele* StGB § 184 Rn. 39). Als Hindernis reicht die Anbringung einer Tafel mit der Aufschrift „Jugendliche unter 18 Jahren haben keinen Zutritt" deshalb nicht aus, wenn die Kontrolle über die Beachtung dieses Verbots nicht gewährleistet ist (vgl. BGH NJW 1988, 272). Einsehbar ist ein Ort, wenn die abstrakte Möglichkeit besteht, die jeweilige pornographische Darstellung ohne Zuhilfenahme besonderer Hilfsmittel (zB Ferngläser) zu erkennen (vgl. OLG Stuttgart MDR 1987, 1047).

Unter Werbung außerhalb des Geschäftsverkehrs mit dem einschlägigen Handel ist vor allem Werbung für pornographische Schriften durch Zeitungsanzeigen, Verteilen und Auslegen von Reklameschriften zum Mitnehmen oder Postwurfsendungen gegenüber Privatleuten zu verstehen (vgl. Schönke/Schröder/*Eisele* StGB § 184 Rn. 49 f., der eine Strafbarkeit von Werbung gegenüber dem nicht einschlägigen Geschäftsverkehr praktisch ausschließt).

Das Werbeverbot soll verhindern, dass Personen unter 18 Jahren für pornographisches Material 17 interessiert und auf mögliche Bezugsquellen aufmerksam gemacht werden. So stellt sich die Frage nach der Strafbarkeit, wenn etwa in Zeitungsanzeigen für pornographisches Material (zB für Sexfilme) geworben wird. Hier kann die Tatsache, dass für pornographisches Material geworben wird, zwar Kriterium für eine mögliche Bestrafung sein (vgl. OLG Karlsruhe NJW 1984, 1975), reicht aber für sich allein nicht aus. Entscheidend ist vielmehr, wie der durchschnittlich interessierte und informierte Betrachter die Werbung versteht (vgl. BGH NJW 1987, 449 f.; *Fischer* StGB § 184 Rn. 16; Schönke/Schröder/*Eisele* StGB § 184 Rn. 46). Dieser muss den Eindruck, dass in der betreffenden Anzeige für pornographisches Material geworben wird, der Anzeige selbst entnehmen können. Aus dem Umfeld darf er keine Schlüsse über eine an sich unverfängliche Anzeige ziehen (vgl. BGH NJW 1989, 409). Sog. neutrale Werbung für „einfache" Pornographie, also Werbung, deren Aussagegehalt nicht erkennen lässt, dass sie sich auf pornographisches Material bezieht, ist daher straflos (vgl. OLG Frankfurt a. M. NJW 1987, 454; Schönke/Schröder/*Eisele* StGB § 184 Rn. 46). Strafbar ist nur die offene Werbung für Pornographie, die deutlich auf ihren Inhalt hinweist. Diese Rechtsprechung verschafft dem gesellschaftlichen Wandel Geltung, mehr Toleranz gegenüber geschlechtsbezogener Werbung aufzubringen (vgl. *Cramer* AfP 1989, 616). Sie schafft aber auch einen Ausgleich zwischen dem Informationswunsch Erwachsener an einfacher Pornographie sowie dem Interesse der mit solchem Material handelnden Geschäftsleute einerseits und dem Jugendschutz sowie dem Anspruch des Einzelnen, nicht ungewollt mit Pornographie konfrontiert zu werden, andererseits (vgl. OLG Frankfurt a. M. NJW 1987, 454 f.). Zur Werbung für indizierte Schriften entgegen dem Verbot gemäß § 27 Abs. 1 Nr. 1 iVm § 15 Abs. 1 JuSchG vgl. → Kap. 60 Rn. 22 ff., 40 ff.

18 f) Wegen der unerwünschten Art der Verbreitung wird nach § 184 Abs. 1 Nr. 6 StGB außerdem bestraft, wer pornographische Schriften einem anderen *unaufgefordert* zugehen lässt. Eine nachträgliche Einwilligung genügt dabei nicht (vgl. Schönke/Schröder/*Eisele* StGB § 184 Rn. 53).

19 g) Die Vorführung pornographischer Filme in gewöhnlichen Filmtheatern verbietet § 184 Abs. 1 Nr. 7 StGB. Danach wird bestraft, wer pornographische Schriften in einer *öffentlichen Filmvorführung* gegen ein *Entgelt* zeigt, das ganz oder überwiegend *gerade für die Vorführung* zu entrichten ist (vgl. OLG Stuttgart NJW 1981, 999). Die Vorschrift wurde eingeführt, weil § 11 JuSchG (vgl. → Rn. 5) als nicht ausreichend erachtet wurde, um die wirksame Alterskontrolle von Jugendlichen bei der Vorführung von nicht freigegebenen Filmen zu gewährleisten (vgl. BVerfGE 47, 119). Deshalb wird ergänzend die Vorführung pornographischer Filme unter Strafe gestellt, soweit das erhobene Entgelt (§ 11 Abs. 1 Nr. 9 StGB) die Gegenleistung für die Vorführung darstellt, nicht aber auch zB größtenteils konsumierte Getränke beinhaltet (vgl. zu den dabei auftretenden Abgrenzungsproblemen Schönke/Schröder/*Eisele* StGB § 184 Rn. 59). Öffentlich ist die Veranstaltung, wenn sie von jedermann besucht werden kann, auch wenn sie nach außen als Klubveranstaltung getarnt wird (vgl. OLG Hamm NJW 1973, 817; KG Berlin NStZ 1985, 220). Keine öffentliche Filmvorführung sind das Starten eines pornographischen Films mittels Telemedien im Video-on-Demand-Verfahren, pornographische Filmvorführungen im Privatkreis oder in einem geschlossenen Klub sowie Live-Darstellungen (vgl. → Rn. 1). Auch der Gastwirt, der zur Umsatzsteigerung ohne Preisaufschlag pornographische Filme zeigt, bleibt straflos (vgl. MüKoStGB/*Hörnle* StGB § 184 Rn. 67; OLG Koblenz MDR 1978, 776). Dagegen ist eine öffentliche Vorführung zu bejahen, wenn mittels Rundfunk über Netz oder Satellit Filme gezeigt werden, die eine unbestimmte Zahl von Personen gleichzeitig sehen können. Allerdings tritt § 184 Abs. 1 Nr. 7 StGB in diesem Fall hinter die seit dem 49. StÄG vom 21.1.2015 (BGBl. I S. 10) für Filmvorführungen in Rundfunk und Telemedien speziellere Bestimmung des § 184d StGB zurück. Auf die Entgeltfrage kommt es nicht an (vgl. MüKoStGB/*Hörnle* StGB § 184 Rn. 67).

20 h) Der § 184 Abs. 1 Nr. 8 StGB stellt auch die *Vorbereitung* späterer Verbreitung pornographischer Schriften unter Strafe wie deren Herstellung, Lieferung, das Beziehen oder Vorrätighalten, wenn dies in der Absicht erfolgt, diese Schriften in einer in Nr. 1–7 unter Strafe gestellten Weise zu verwenden oder einem anderen eine solche Verwendung zu ermöglichen (vgl. BGHSt 29, 68).

21 i) Schließlich erfassen § 184 Abs. 1 Nr. 4 und 9 StGB auch die Hauptarten der *Ein- und Ausfuhr* von pornographischen Schriften. Bestraft wird jeweils schon das „Unternehmen", also gleichermaßen die versuchte sowie die vollendete Tat (§ 11 Abs. 1 Nr. 6 StGB).

22 § 184 Abs. 1 Nr. 4 StGB stellt das Einführen pornographischer Schriften im Wege des *Versandhandels* unter Strafe. Einfuhr ist jedes Verbringen über die Grenze. Nur der das pornographische Produkt einführende Versandhändler, nicht aber der Besteller macht sich strafbar (vgl. OLG Hamm ZUM-RD 2001, 90).

Täter nach § 184 Abs. 1 Nr. 9 StGB ist, wer pornographische Schriften in der Absicht *ausführt,* sie im Ausland unter Verstoß gegen die dort geltenden Strafvorschriften zu verbreiten oder öffentlich zugänglich zu machen oder eine solche Verwendung zu ermöglichen. Zur Ausfuhr, also dem Verbringen über die Grenzen der Bundesrepublik Deutschland gehört auch die *Durchfuhr* (vgl. OLG Schleswig NJW 1971, 2319; Schönke/Schröder/*Eisele* StGB § 184 Rn. 67), Die Vorschrift bildet keine abschließende Regelung wegen der Verbreitung von Pornographie im Ausland, sondern schafft nur einen zusätzlichen Tatbestand über die vorherigen Nummern hinaus (s. OLG Karlsruhe NJW 1987, 1957; die Verfassungsmäßigkeit dieser Norm ist fraglich, vgl. Fischer StGB § 184 Rn. 22).

23 7. a) Wie sich aus dem Katalog der verschiedenen Tathandlungen ergibt, verfolgen § 184 StGB sowie die nachfolgenden Bestimmungen der §§ 184a ff. StGB verschiedene *Schutzzwecke:* Neben der Sicherung der Jugenderziehung und dem Schutze vor mittelbarer Förderung des sexuellen Missbrauchs von Kindern dient er dem Schutz des Einzelnen vor unerwünschter Belästigung durch Pornographie. § 184 Abs. 1 Nr. 9 StGB wurde aus außenpolitischen Gründen für notwendig erachtet, um Konflikten mit dem Ausland vorzubeugen (vgl. LK StGB § 184 Rn. 1; zu letzterem Rechtsgut krit. *Fischer* StGB § 184 Rn. 2).

b) Hinsichtlich des subjektiven Tatbestands ist *Vorsatz* erforderlich, wobei bedingter Vorsatz genügt, soweit nicht in einzelnen Tatbeständen eine besondere Absicht („um zu“) verlangt wird (vgl. Schönke/Schröder/*Eisele* StGB § 184 Rn. 68). Der Vorsatz muss alle Umstände umfassen, aus denen sich die Beurteilung der Schrift als pornographisch ergibt. Für den Vorsatz nicht erforderlich ist allerdings, dass der Täter diese selbst als pornographisch einschätzt. Dies kann als Subsumptionsirrtum aber zu einem Verbotsirrtum führen (vgl. *Fischer* StGB § 184 Rn. 42; Schönke/Schröder/*Eisele* StGB § 184 Rn. 68; BGH NJW 1988, 272 f.; 1989, 409 f.). **24**

Ein Verbotsirrtum ist dann unvermeidbar und wirkt strafausschließend, wenn der Täter trotz der ihm nach den Umständen des Falles, seiner Persönlichkeit sowie seines Lebens- und Berufskreises zuzumutenden Anspannung des Gewissens die Einsicht in das Unrechtmäßige seines Handelns nicht zu gewinnen vermochte (vgl. BGH NStZ 2000, 307 ff. (309)). Wird durch die Einholung von Rechtsrat bei einer sachkundigen, unvoreingenommenen und mit der Auskunfterteilung keinerlei Eigeninteresse verfolgenden Person die eigene Meinung des Täters bestätigt, so ist der Verbotsirrtum in der Regel unvermeidbar. Allerdings kann man auf den Rat eines Rechtsanwalts nicht uneingeschränkt vertrauen. Dessen (falsche) Auskunft kann den Vorwurf der Strafbarkeit nur dann beseitigen, wenn sie – aus Sicht des Anfragenden – nach eingehender, sorgfältiger Prüfung erfolgt und von der notwendigen Sachkenntnis getragen ist. Ein „nach Wunsch“ des Täters und in dessen Sinne verfasstes, nicht objektives Rechtsgutachten hingegen genügt dazu nicht („Feigenblattfunktion“; vgl. dazu BGH NStZ 2000, 307 ff. (309)).

c) Werden pornographische Schriften über moderne Kommunikationsmedien verbreitet, sind für Diensteanbieter von Telemedien, die besonderen Haftungsbeschränkungen der §§ 7 ff. TMG zu beachten (vgl. → Kap. 49 Rn. 19a). Nach dem Willen des Gesetzgebers (vgl. BT-Drs. 13/7385, 16) sollen diese den Betrieb und die Benutzung der modernen Kommunikationsmittel vor unkalkulierbaren Haftungs- und Strafbarkeitsrisiken freistellen und dadurch die internationale Wettbewerbsfähigkeit der Bundesrepublik Deutschland sichern (vgl. Schönke/Schröder/*Eisele* StGB § 184 Rn. 70, 73 ff.). Privilegierte Telemediendienste sind alle Informations- und Kommunikationsdienste, die nicht ausschließlich Telekommunikationsdienste oder Rundfunk sind, also beispielsweise die elektronische Presse, Online-Angebote von Waren und/oder Dienstleistungen mit unmittelbarer Bestellmöglichkeit. Video auf Abruf (VoD), Online-Dienste, die Instrumente zur Datensuche, zum Zugang zu Daten oder zur Datenabfrage bereitstellen, darunter Internet-Suchmaschinen, sowie zB Werbe-Mails, also die kommerzielle Verbreitung von Informationen mit elektronischer Post (vgl. BT-Drs. 16/3078, 13 f.). Telekommunikationsdienste gemäß § 3 Nr. 25 TKG, die ausschließlich in der Übertragung von Signalen über Telekommunikationsnetze bestehen, darunter auch die Internet-Telefonie (VoIP), aber keine Abruf- und Verteildienste, werden durch das TKG geregelt (vgl. BT-Drs. 16/3078, 13; Spindler/Schuster/*Ricke* TKG § 3 Rn. 51; Scheurle/Mayen/*Lünenbürger/Stamm* TKG § 3 Rn. 72 ff.; Schönke/Schröder/*Eisele* StGB § 284 Rn. 73). Zum Rundfunk gehören neben dem herkömmlichen Funk und Fernsehen auch Live-Streaming sowie Web-Casting, also die ausschließliche Übertragung herkömmlicher Rundfunkprogramme über das Internet (vgl. BT-Drs. 16/3078, 13; Binder/Vesting/*Schulz* RStV § 2 Rn. 66; Schönke/Schröder/*Eisele* StGB § 184 Rn. 73). **24a**

d) Einziehung *und Unbrauchbarmachung* richten sich nach §§ 74 ff. StGB (vgl. → Kap. 49 Rn. 27 ff.). Doch kommt die für Schriften anzuwendende Spezialvorschrift des § 74d StGB nur für die sog. „Inhaltsdelikte“ in Frage, dh für Fälle, in denen die betreffende Schrift zur *Verbreitung bestimmt* ist (hinsichtlich der Beschlagnahme harter Pornographie s. LG Duisburg NStZ 1987, 367). Da der Begriff „Verbreitung“ einer Schrift das Zugänglichmachen an einen größeren Personenkreis erfordert (vgl. BGHSt 5, 385), sind nicht alle Fälle des § 184 Abs. 1 StGB „Inhaltsdelikte“, so zB nicht Nr. 1. **24b**

e) Der kurzen *presserechtlichen Verjährung* des § 24 LPG (vgl. → Kap. 49 Rn. 32 ff.) unterliegen nur die Tathandlungen der §§ 184 ff. StGB, die Presseinhaltsdelikte sind. Dazu zählen zB §§ 184 Abs. 1 Nr. 5 Alt. 2; 184a Nr. 1 und 2 und 184b Abs. 1 Nr. 1 und 2 StGB, da die Strafbarkeit entscheidend in dem verkörperten Inhalt der Schriften begründet ist und nicht in den Umständen ihrer Verbreitung (vgl. *Fischer* StGB § 184 Rn. 45). Dies ist nicht der Fall zB beim Herstellen kinderpornographischer Schriften nach § 184b Abs. 1 Nr. 3 StGB, bei einer gewerbs- oder bandenmäßigen Begehung nach § 184b Abs. 2 StGB sowie § 184a Nr. 3 StGB, soweit es nicht zu der beabsichtigten Verbreitung gekommen ist (vgl. *Fischer* StGB § 184 Rn. 45). Es kann **25** aber bei der Werbung für Pornographie gegeben sein (vgl. BGH NJW 1977, 1695; OLG Stuttgart in Delp E 63, § 43, S. 1). Das Kopieren von Videofilmen mittels zweier Videorecorder ist keine „Herstellung in einem zur Massenherstellung geeigneten Vervielfältigungsverfahren" im Sinne der Pressegesetze und unterfällt deshalb nicht der kurzen Verjährung (vgl. BGH NStZ 2000, 28; *Fischer* StGB § 184 Rn. 45).

26 f) Die Tathandlungen des § 184 StGB und des JuSchG überschneiden sich vielfach. Hinsichtlich des Verhältnisses der beiden Bestimmungen ist vom Gesetzeszweck auszugehen. Es war die erkennbare Absicht des Gesetzgebers, den Jugendschutz durch Aufnahme einschlägiger Strafbestimmungen in den §§ 184 ff. StGB zu verstärken. Diese Strafbestimmungen haben demzufolge *Vorrang* gegenüber den inhaltsgleichen Vorschriften des JuSchG. Bestimmungen des JuSchG finden nur dort Anwendung, wo sie über den Tatbestände der §§ 184 ff. StGB hinausgehen (vgl. Schönke/Schröder/*Eisele* StGB § 184 Rn. 92).

60. Kapitel. Jugendgefährdende Träger- und Telemedien

I. Vorbemerkung

1 1. Zu den vom Grundgesetz geschützten Verfassungsgütern gehört der Schutz von Kindern und Jugendlichen vor sittlicher Gefährdung sowie das Recht Jugendlicher auf eine ungestörte Persönlichkeitsentwicklung. Beides genießt aus der Menschenwürde Jugendlicher und ihrem Grundrecht auf freie Entfaltung ihrer Persönlichkeit nach Art. 2 Abs. 1 iVm Art. 1 Abs. 1 GG folgend sowie aufgrund des in Art. 6 Abs. 2 S. 1 GG verbrieften elterlichen Erziehungsrechts Verfassungsrang. Letzeres umfasst unter anderem die Befugnis, die Lektüre der Kinder zu bestimmen (vgl. BVerfG NJW 1991, 1471 f. – Josefine Mutzenbacher mwN; Löffler/*Altenhain* BT JSchutz Rn. 14 ff.; Binder/Vesting/*Schulz/Held* JMStV § 1 Rn. 31 ff.; *Stettner* ZUM 2003, 425 (427)). Der Ausgleich mit anderen Grundrechten, insbesondere den Grundrechten Erwachsener sowie der Presse- und Rundfunkfreiheit erfolgt durch den Gesetzgeber sowie die Rechtsprechung im Wege der praktischen Konkordanz (vgl. → Kap. 59 Rn. 4 f.).

1a Zunächst regelten das Gesetz über jugendgefährdende Schriften und Medieninhalte (GjSM) sowie das Gesetz über den Schutz von Kindern und Jugendlichen in der Öffentlichkeit (JÖSchG) den Schutz vor jugendgefährdenden Medieninhalten sowie vor ihnen in der Öffentlichkeit durch Alkohol und Tabakerzeugnisse, Spielhallen und Gaststätten sowie Filmvorführungen, Videokassetten und anderen Bildträgern drohenden Gefahren (vgl. Löffler/*Altenhain* BT JSchutz Einleitung Rn. 1). Daneben enthielten der RStV sowie der Mediendienstestaatsvertrag (MDStV) Regelungen zum Jugendmedienschutz (vgl. Binder/Vesting/*Schulz/Held* JMStV § 1 Rn. 4). Die Zersplitterung der Regelungen zum Jugendschutz erwies sich in Anbetracht der gesellschaftlichen Entwicklungen als untauglich. Bund und Länder entwickelten daraufhin das JuSchG sowie den JMStV als aufeinander bezogene Gesetzwerke. Das JuSchG wurde am 23.7.2002 verkündet (BGBl. I S. 2730) und trat gemeinsam mit dem JMStV am 1.4.2003 in Kraft (vgl. Löffler/*Altenhain* BT JSchutz Rn. 7 f.; Binder/Vesting/*Schulz/Held* JMStV § 1 Rn. 1 ff., 18). Regelungen eines Jugendangebots des öffentlichen-rechtlichen Rundfunks enthält nunmehr auch § 33 MStV.

1b Die Gesetzgebungskompetenz des Bundes für den Jugendschutz auch im Bereich des Rundfunks und der Telemedien ergibt sich aus Art. 74 Abs. 1 Nr. 7 GG. Nur soweit der Bund seine diesbezügliche Regelungskompetenz nicht wahrnimmt, haben die Länder die Regelungskompetenz. So bleiben gemäß § 16 JuSchG Regelungen zu Telemedien, die in die Liste jugendgefährdender Medien aufgenommen worden sind, dem Landesrecht vorbehalten. Allerdings beanspruchen die Länder die Regelungskompetenz für den Rundfunk und rundfunkähnliche Informations- und Kommunikationsdienste. Der Jugendschutz im eigentlichen Sinne ist davon allerdings nur am Rande berührt. Das JuSchG geht dem JMStV jedenfalls vor, soweit es keine elektronisch verbreiteten Angebote von Trägermedien umfasst, die unter den verfassungsrechtlichen Rundfunkbegriff fallen, und das JuSchG selber keine entsprechende Regelung enthält. Regelungen für das Zusammenwirken von JuSchG und JMStV finden sich in den §§ 18 Abs. 6

und 8, 21 Abs. 6 und 24 Abs. 5 JuSchG (vgl. Binder/Vesting/*Schulz* JMStV § 2 Rn. 2 ff.; Löffler/*Altenhain* BT JSchutz Rn. 10 ff.).

Während das JuSchG im Wesentlichen auf dem Listenprinzip beruht, nach dem alle von der Bundesprüfstelle für jugendgefährdende Medien (BPjM) in die Liste jugendgefährdender Medien aufgenommenen (also indizierten) Medien Jugendlichen und Kindern (vgl. § 1 Abs. 1 Nr. 1 und Nr. 2 JuSchG) nicht zugänglich gemacht werden dürfen, basiert der JMStV auf dem Konzept der regulierten Selbstregulierung (vgl. Binder/Vesting/*Schulz/Held* JMStV § 1 Rn. 21 ff.; Spindler/Schuster/*Erdemir* JMStV § 1 Rn. 1; *Bornemann* NJW 2003, 787 (790 f.)). **1c**

2. Das JuSchG schränkt ebenso wie der JMStV Art. 5 Abs. 1 GG ein. Diese Beschränkung ist durch Art. 5 Abs. 2 GG, der ausdrücklich Einschränkungen „zum Schutze der Jugend" zulässt, verfassungsrechtlich gedeckt (vgl. BVerfG NJW 1994, 1781 (1783); BVerfGE 77, 346; 11, 234 [jeweils zum GjS]). Doch ist stets zu beachten, dass die Bestimmungen des JuSchG als Ausnahme vom Verfassungsprinzip der Informations-, Kunst- und Wissenschaftsfreiheit (Art. 5 GG) eng auszulegen sind. Insbesondere darf die Beschränkung der Informationsfreiheit der Erwachsenen im Rahmen des Jugendschutzes nicht über das unerlässliche Maß hinausgehen (vgl. BVerwGE 39, 201). Das verfassungsrechtliche *„Verbot des Übermaßes"* ist hier besonders zu beachten (vgl. BVerfGE 30, 336; *Sieber* JZ 1996, 495; Löffler/*Altenhain* BT JSchutz Rn. 21 f.; Binder/Vesting/*Schulz/Held* JMStV § 1 Rn. 35 ff.; allgemein zu den verfassungsrechtlichen Vorgaben für den Jugend-Medienschutz Dörr/Cole S. 19 ff.; zum Verhältnis von Medienfreiheit und Jugendschutz auch *Ladeur* ZUM 2004, 1 ff.). **2**

Eine Indizierung (§ 18 Abs. 1 JuSchG) stellt allerdings keine verfassungswidrige Vorzensur dar, sondern schränkt nach dem Erscheinen des Mediums lediglich deren Adressatenkreis ein (vgl. Löffler/*Altenhain* BT JSchutz Rn. 23 mwN; Binder/Vesting/*Schulz/Held* JMStV § 1 Rn. 38). **2a**

3. Das JuSchG enthält in Abschnitt 3 das materielle Recht, in Abschnitt 4 das Verfahren vor der Bundesprüfstelle für jugendgefährdende Medien (Bundesprüfstelle (BPjM) – vgl. hierzu → Rn. 33 ff.) sowie in Abschnitt 5 schließlich eine Verordnungsermächtigung für die Bundesregierung, Näheres in Ansehung der BPjM zu regeln (vgl. hierzu → Rn. 33 ff.). Der JMStV enthält nach allgemeinen Vorschriften im Abschnitt 1 nicht zuletzt zur Bestellung von Jugendschutzbeauftragte (§ 7 JMStV), Vorschriften für den Rundfunk im Abschnitt 2 und für Telemedien im Abschnitt 3 sowie Vorschriften zum Konzept der regulierten Selbstregulierung und dessen Umsetzung mit Ausnahme des öffentlich-rechtlichen Rundfunks in den Abschnitten 4, 5 und 6. **3**

II. Der Begriff der jugendgefährdenden Medien (§ 18 Abs. 1, § 15 Abs. 2 JuSchG)

Regelungsgegenstand des nach § 15 JuSchG beschränkten Adressatenkreis sind die jugendgefährdenden Trägermedien. **4**

Jugendgefährdende Medien sind nach § 18 Abs. 1 JuSchG von der BPjM in eine Liste jugendgefährdender Medien aufzunehmenden „Träger- und Telemedien, die geeignet sind, die Entwicklung von Kindern oder Jugendlichen oder ihre Erziehung zu einer eigenverantwortlichen und gemeinschaftlichen Persönlichkeit zu gefährden." Dazu zählen vor allem unsittliche, verrohend wirkende, zu Gewalttätigkeit, Verbrechen oder Rassenhass anreizende Medien sowie Medien, in denen Gewalthandlungen wie Mord- und Metzelszenen selbstzweckhaft und detailliert dargestellt werden oder Selbstjustiz als einzig bewährtes Mittel zur Durchsetzung der vermeintlichen Gerechtigkeit nahegelegt wird.

1. Die Unterscheidung zwischen körperlichen „Trägermedien" gemäß § 1 Abs. 2 JuSchG und nicht-körperlichen „Telemedien" gemäß § 1 Abs. 3 JuSchG ist für deren weitere rechtliche Behandlung von Bedeutung. Das JuSchG reguliert weitgehend nur den konkreten Umgang mit jugendgefährdenden Trägermedien (vgl. Spindler/Schuster/*Erdemir* JMStV § 1 Rn. 3), während dies bezüglich der Telemedien weitgehend durch den JMStV erfolgt (vgl. §§ 18 Abs. 6, 16 und 12 Abs. 2 S. 3 JuSchG; Löffler/*Altenhain,* BT JSchutz, JuSchG § 1 Rn. 13). **5**

a) *Trägermedien* sind „Medien mit Texten, Bildern oder Tönen auf gegenständlichen Trägern, die zur Weitergabe geeignet, zur unmittelbaren Wahrnehmung bestimmt oder in einem Vorführ- **5a** oder Spielgerät eingebaut sind" (§ 1 Abs. 2 S. 1 JuSchG). Allen drei Varianten des Trägermediumsbegriffs nach Satz 1 ist gemeinsam, dass es sich um eine Verkörperung von Informationen handelt. Die Gleichstellung der gegenständlichen Verbreitung mit der elektronischen Verbreitung in § 1 Abs. 2 S. 2 JuSchG weitet die Definition des Trägermediums nicht aus (vgl. BT-Drs. 14/9013, 18; Löffler/*Altenhain,* BT JSchutz, JuSchG § 1 Rn. 36).

„Zur Weitergabe geeignet" sind solche gegenständliche Medienträger, die beweglich sind oder ohne nennenswerten Aufwand aus einem übergeordneten Medienbetriebssystem ausgebaut und an eine andere Person tatsächlich übergeben werden können (vgl. Löffler/*Altenhain* BT JSchutz § 1 Rn. 26; *Liesching* NJW 2002, 3281 ff. (3283)). Darunter fallen viele Informationsträger, die früher dem Begriff der „Schrift" entsprachen, also auch *mobile* Datenträger wie etwa DVDs, CD-ROMs, memory-sticks, Wechselplatten und Disketten.

Die Variante des *„zur unmittelbaren Wahrnehmung bestimmten"* Trägermediums spielt keine größere Rolle, da es sich hierbei oft auch um solche handelt, die zur Weitergabe geeignet sind (Bücher, Flugblätter, Zeitungen, Zeitschriften). Nicht zur Weitergabe geeignet, aber unmittelbar wahrnehmbar, sind hingegen großformatige Plakate (Bsp.: Kinoplakat, Litfasssäulenanschlag). *Nicht* unter diese Variante fallen alle digitalen (CDs, DVDs) und analogen (Schallplatten, Kassetten) Datenträger, da sie nicht unmittelbar wahrnehmbar sind; sie werden aber von der ersten Variante erfasst (vgl. Löffler/*Altenhain* BT JSchutz § 1 Rn. 27).

„Vorführ- und Spielgeräte" im Sinne der dritten Variante sind vor allem bestimmte Spielkonsolen und Bildschirmgeräte (vgl. Löffler/*Altenhain* BT JSchutz § 1 Rn. 28; *Liesching* NJW 2002, 3281 ff. (3283)).

5b Allen Trägermedien ist gemein, dass es sich um die *Verkörperung* eines geistigen Inhalts, also einen körperlichen Gegenstand handelt. Daher erfasst der Begriff weder Live-Sendungen und Live-Darstellungen noch optische und akustische Projektionen bzw. Vorträge.

§ 1 Abs. 2 S. 2 JuSchG stellt ausdrücklich klar, dass Rundfunksendungen gemäß § 2 RStV (nunmehr § 2 MStV) nicht unter den Begriff des Trägermediums fallen. In die Liste der jugendgefährdenden (Träger)Medien können also nur solche Filme aufgenommen werden, die auch zur Verbreitung außerhalb des Fernsehens in Form eines Trägermediums bestimmt sind (vgl. BVerwG NJW 1990, 3287). Ebenfalls nicht unter den Begriff des Trägermediums fallen audiovisuelle Mediendienste auf Abruf gemäß § 2 S. 1 Nr. 6 TMG (vgl. Spindler/Schuster/*Ricke* TMG § 2 Rn. 18).

§ 1 Abs. 2 S. 2 JuSchG stellt das elektronische Verbreiten von Trägermedien dem körperlichen Verbreiten eines Trägermediums gleich. Der als Anlage (attachment) zu einer e-mail versendete Datenträger-Inhalt ist ebenfalls ein Trägermedium, obwohl er selbst unkörperlich ist. Gleiches gilt für die Übertragung von Faxen, auch wenn kein Ausdruck erfolgt (vgl. BT-Drs. 14/9013, 18).

Plakate, Prospekte und Inserate mit jugendgefährdendem Inhalt hingegen werden ohne weiteres vom Trägermedienbegriff des § 1 Abs. 2 S. 1 JuSchG erfasst. Soweit sie jedoch einwandfrei sind und lediglich auf jugendgefährdende Medien hinweisen oder Bezug nehmen, ist § 15 Abs. 1 Nr. 6 JuSchG zu beachten (vgl. → Rn. 23).

5c b) *Telemedien* sind Medien, die nach dem Telemediengesetz übermittelt oder zugänglich gemacht werden (§ 1 Abs. 3 S. 1 JuSchG). Telemedien ist ein aus den ursprünglichen Begriffen „Teledienste" und „Mediendienste" gebildeter Oberbegriff für elektronische Informations- und Kommunikationsdienste (vgl. BT-Drs. 14/9013, 18). Gem. § 1 Abs. 1 S. 1 TMG sind unter Telemedien alle elektronischen Informations- und Kommunikationsdienste zu verstehen, soweit sie nicht Telekommunikationsdienste nach § 3 Nr. 24 TKG sind, die ganz in der Übertragung von Signalen über Telekommunikationsnetze bestehen, oder telekommunikationsgestützte Dienste nach § 3 Nr. 25 TKG oder Rundfunk nach Satz 1 und 2 sind (vgl. BT-Drs. 16/3078, 13). Fernseh- und Radiotext sowie Teleshoppingkanäle sind ebenfalls Telemedien (vgl. BT-Drs. 16/3078, 13; *Thomale* AfP 2009, 105 ff.).

Darunter fallen also alle Informationen (Texte, Zeichen, Bilder oder Töne) die im online-Bereich mit Ausnahme des Rundfunks übermittelt werden. Dabei spielt es keine Rolle, ob das Datenangebot an die Allgemeinheit (etwa in Form einer web-page), an einen bestimmten Nutzerkreis (etwa im Rahmen eines Forums) oder an eine Einzelperson (zB eine e-mail) gerichtet ist. Unter den Begriff des Telemediums fallen daher zum Beispiel auch das Teleshopping, der internet-download von Computerspielen sowie der Videotext (vgl. BT-Drs. 16/3078, 13 f.; *Liesching* NJW 2002, 3281 ff. (3283 f.)).

2. Das betreffende Trägermedium muss jugendgefährdend sein. **6**

a) *Geschütztes Rechtsgut* ist beim JuSchG die ungestörte geistig-sittliche Entwicklung von heranwachsenden Jugendlichen. Ausgangspunkt des Gesetzes ist dabei die Annahme, dass massenmediale Inhalte einen bildenden Einfluss auf das Denken und Handeln heranwachsender Menschen nehmen. Ob diese Annahme vollständig zutrifft, ist weder nachweisbar noch erheblich. Denn dem Gesetzgeber steht eine – gerichtlich nur eingeschränkt überprüfbare – Einschätzungsprärogative zu. Ihm obliegen daher die Einschätzung einer Gefahr und die Auswahl der Mittel, um dieser zu begegnen (vgl. BVerfG NJW 1991, 1471 ff.; Löffler/*Altenhain* BT JSchutz Einl. Rn. 38 f.; Paschke/Berlit/Meyer/Kröner/*Liesching* 83. Abschnitt Rn. 9 f.; Leibholz GG Art. 5 Rn. 941; *Erdemir* ZUM 2000, 699 ff. (701); *Schulz/Korte* ZUM 2002, 719 ff. (721); kritisch zur Wirksamkeit des Jugendschutzes *Frenzel* AfP 2002, 191 ff. (194 f.)).

Im Rahmen dieser Einschätzungsprärogative kommt es im Wesentlichen darauf an, wie bedeutsam das geschützte Rechtsgut ist. Je größer dessen Bedeutung ist, desto geringer sind die Anforderungen an den tatsächlichen Nachweis seiner Beeinträchtigung durch bestimmte Verhaltensweisen. Das bedeutet, dass der Gesetzgeber nur dann unverhältnismäßig handelt, wenn nachgewiesen wird, dass zwischen zB pornographischen Schriften und einer negativen Entwicklung von Jugendlichen *kein* Zusammenhang besteht. Dem ist aber nicht so (vgl. BVerwG DVBl 2002, 976 (981)).

Daneben obliegt es ihm, auf die Veränderung der Anschauungen und die allgemeine technische Entwicklung und den damit einhergehenden Änderungen der Gefährdung von Heranwachsenden zu reagieren. Allerdings sind dabei stets die beeinträchtigten Grundrechte – insbesondere aus Art. 5 GG – zu beachten (vgl. → Rn. 11 ff.).

Trägermedien, die geeignet sind, diese Entwicklung zu gefährden, sind gemäß § 18 JuSchG in eine Liste aufzunehmen. Gefährdung gemäß § 18 Abs. 1 S. 1 JuSchG verlangt keine konkrete oder gar nachweisbare Wirkung im Einzelfall. Eine Gefährdung ist vielmehr schon dann zu bejahen, wenn eine nicht zu vernachlässigende Wahrscheinlichkeit angenommen werden darf, dass überhaupt Kinder und/oder Jugendliche durch die dargestellten Inhalte beeinflusst werden können (vgl. BVerwGE 39, 197; Paschke/Berlit/Meyer/Kröner/*Liesching* 83. Abschnitt Rn. 11; Vlachopoulos S. 197; krit. Löffler/*Altenhain,* BT JSchutz, JuSchG § 18 Rn. 7 f.).

Kind im Sinn des JuSchG ist, wer noch nicht vierzehn, Jugendlicher, wer noch nicht achtzehn Jahre ist (§ 1 Abs. 1 Nr. 1 und 2 JuSchG).

b) Nach herrschender Meinung gilt die widerlegliche Vermutung, dass ein Medium gemäß **6a**
§ 18 Abs. 1 S. 2 JuSchG wegen seines Inhalts oder seiner Wirkung jugendgefährdend ist (vgl. BVerwGE 23, 112; 25, 318). Nach § 18 Abs. 1 S. 2 JuSchG zählen dazu unsittliche, verrohend wirkende, zu Gewalttätigkeit, Verbrechen oder Rassenhass anreizende Medien sowie Medien, in denen Gewalthandlungen selbstzweckhaft und detailliert dargestellt werden oder Selbstjustiz als einzig bewährtes Mittel zur Durchsetzung der vermeintlichen Gerechtigkeit nahe gelegt wird. Darüber hinaus können nach der Spruchpraxis der BPjM, die die Billigung der Rechtsprechung gefunden hat, auch Medien jugendgefährdend sein, die geeignet sind, Kinder und Jugendliche sozialethisch zu desorientieren. Eine „sittliche Jugendgefährdung" liegt vor, wenn der in aller Regel in seiner Entwicklung begriffene und damit noch beeinflussbare Minderjährige, aufgrund der Lektüre eines Trägermediums der Gefahr einer Fehlentwicklung dahingegend ausgesetzt wird, dass das Medium Verwirrung in die ihm bislang vermittelten, gemeinhin anerkannten Werte der staatlichen und gesellschaftlichen Ordnung bringt. Hierzu zählen beispielsweise Medien, die die nationalsozialistische Ideologie verharmlosen, aufwerten oder rehabilitieren, weil sie hiermit Rassenhass, Kriegslüsternheit und Demokratiefeindlichkeit wecken können (vgl. BVerfG NJW 1994, 1781 ff.; VG Köln ZJJ 2010, 209 f.; BGHSt 23, 115; Löffler/*Altenhain,* BT JSchutz, JuSchG § 18 Rn. 14 ff.; Paschke/Berlit/Meyer/Kröner/*Lieschning* 83. Abschnitt Rn. 12; *Scholz/Liesching* JuSchG § 18 Rn. 9).

Zu berücksichtigen ist aber stets, dass der Jugendschutz nur der Abwehr von *Fehl*entwicklungen dient. Das bedeutet, dass es nicht Zweck des JuSchG ist, das gegenwärtige, tatsächliche „Elend der Welt" fernzuhalten. Auch dürfen selbst extreme, stark beeinflussende Eindrücke nicht vorenthalten werden, wenn sie beispielsweise der Stärkung der Kritikfähigkeit dienen.

Denn letzteres ist durchaus im Sinne einer *positiven* Entwicklung (vgl. *Schulz/Kort* ZUM 2002, 719 ff.).

Die Entscheidung, ob und wann eine „sittliche Jugendgefährdung" vorliegt, erfolgt gemäß § 18 Abs. 1 S. 2 JuSchG im Einzelfall durch die BPjM. Hinsichtlich des geschützten Personenkreises ist nicht nur auf die normale Durchschnittsveranlagung (vgl. BVerwG DÖV 1967, 457) von Jugendlichen abzustellen, sondern es ist auch der *„gefährdungsgeneigte Jugendliche"* zu berücksichtigen (vgl. BVerwGE 39, 197; nach Vlachopoulos S. 54, ist dem Jugendschutz bei einer Abwägung mit den Grundrechten aus Art. 5 Abs. 1 GG aber ein geringeres Gewicht zuzuerkennen, wenn nur gefährdungsgeneigte Jugendliche negativ beeinflusst werden können). Ausgenommen sind lediglich Extremfälle.

7 c) Festgestellt wird die Jugendgefährdung durch die BPjM in einem speziell auf das betreffende Objekt bezogenen Verfahren. Das Bundesverwaltungsgericht hatte der BPjM zunächst einen der Nachprüfung durch das Berufungsgericht teilweise entzogenen Beurteilungsspielraum zugestanden. Die gerichtliche Nachprüfung sollte sich also lediglich darauf erstrecken, ob die BPjM von einem zutreffenden und vollständig ermittelten Sachverhalt ausgegangen ist, ob sie die Grenzen ihres Beurteilungsspielraums eingehalten, die richtigen Wertmaßstäbe angewendet sowie die formellen Voraussetzungen eingehalten hat (BVerwGE 39, 197). Nur eine eingeschränkte Prüfung sollte dagegen erfahren, ob die BPjM den Sachverhalt zu Recht als jugendgefährdend bewertet hat (BVerwGE 72, 197 ff.; NJW 1987, 1429 f.). Diese Rechtsprechung konnte nach der Mutzenbacher-Entscheidung des Bundesverfassungsgerichts (vgl. BVerfGE 83, 130 ff. – Mutzenbacher-Beschluss → Kap. 59 Rn. 9a), in der dieses einen Beurteilungsspielraum der BPjM bei der Abwägung zwischen Kunstfreiheit und Jugendschutz verneint hatte, nicht mehr aufrechterhalten werden. Gleichwohl hat das Bundesverwaltungsgericht nur sukzessive vom Bestehen eines der gerichtlichen Nachprüfung entzogenen Bereichs Abstand genommen. Zwischenzeitlich hatte es diesen auf den eigentlichen Abwägungsvorgang beschränkt (sogenannter „Entscheidungsvorrang" der BPjM), während die der Abwägung vorausgehende Entscheidungsvorbereitung, zu der die Feststellung einer Jugendgefährdung, die Beurteilung des Trägermediums als Kunstwerk und die konkrete Gewichtung der Rechtsgüter gehören, der vollen gerichtlichen Nachprüfung unterlagen. Dabei sollten die diesbezüglichen Erwägungen der BPjM aber als sachverständige Aussagen behandelt werden (vgl. BVerwG NJW 2020, 785; ZUM 1997, 942 ff.; BVerwGE 91, 211 (215 ff.); Paschke/Berlit/Meyer/Kröner/*Liesching* 83. Abschnitt Rn. 14). Begründet wird die Einschränkung nun nicht mehr mit einer besonderen Fachkunde, sondern mit dem gesellschaftlich-pluralistischen Charakter der BPjM (BVerwGE 91, 217; kritisch zur Rechtsprechung von BVerfG und BVerwG etwa Vlachopoulos S. 264 ff., wonach der Unterscheidung zwischen der Ermittlung der Abwägungsgrundlagen und dem eigentlichen Abwägungsvorgang die sachliche Rechtfertigung fehlt).

8 d) Zu den in § 18 Abs. 1 S. 2 JuSchG beispielhaft aufgezählten Medien zählen in erster Linie *„unsittliche Medien"*. Der hergebrachte Begriff der „Unsittlichkeit" bezieht sich – auch nach dem Sprachgebrauch – eindeutig auf den sexuellen Bereich. Die Ausdehnung auf den „sozialethischen Bereich" (vgl. BVerwG DÖV 1967, 456) erscheint nicht gerechtfertigt. Da der Begriff der „Unsittlichkeit" auf der dem Wandel unterworfenen Gesellschaftsmoral beruht, muss die weitgehende Liberalisierung auch im Jugendschutzrecht Berücksichtigung finden. Daraus folgt, dass ein erheblicher Verstoß gegen das Scham- und Sittlichkeitsgefühl vorliegen muss (vgl. BVerwGE 25, 320; BGHSt 37, 65). Die untere Schwelle der Unsittlichkeit ist also nicht bereits durch das Abbilden schlichter Nacktaufnahmen, sondern erst bei dem Hinzutreten weiterer Merkmale (zB das besondere Betonen und Hervorheben von Geschlechtsteilen), erreicht (vgl. *Scholz/Liesching* JuSchG § 18 Rn. 13). Die obere Schwelle folgt aus der Tatsache, dass pornographische Schriften (vgl. → Kap. 59 Rn. 13 f) bereits zu den „schwer jugendgefährdenden" Schriften im Sinne von § 18 Abs. 2 Nr. 2, 4 JuSchG gehören. Demnach erfasst der Begriff der „unsittlichen Trägermedien" iSd § 18 JuSchG auch solche, die unterhalb der Reizschwelle der Pornographie liegen.

9 Mit Recht stellt das JuSchG den unsittlichen Medien solche Darstellungen gleich, die zu *Gewalttätigkeit* (vgl. → Kap. 52 Rn. 19; zur Gewaltverherrlichung und -verharmlosung siehe auch *Erdemir* ZUM 2000, 699 ff.) oder zu Verbrechen anreizen oder verrohend wirken (vgl. OVG Münster UFITA 48, 341; Löffler/*Altenhain,* BT JSchutz, JuSchG § 18 Rn. 20 ff.). Solche

Medien können dem Minderjährigen den Eindruck vermitteln, dass Gewaltanwendung und Faustrecht übliche und legitime Mittel zur Konfliktbewältigung sind (vgl. Ausschussbericht in BT-Drs. 10/2546, 2) und zur Nachahmung anzuregen vermögen.

So wirken Gewaltdarstellungen vor allem dann verrohend, wenn Gewalt in großem Stil und in epischer Breite geschildert wird, Gewalt als vorrangiges Konfliktlösungsmittel propagiert wird, Gewalt im Dienste einer guten Sache als selbstverständlich dargestellt wird, Selbstjustiz propagiert wird oder Mord- und Metzelszenen selbstzweckhaft und detailliert geschildert werden (vgl. Löffler/*Altenhain,* BT JSchutz, JuSchG § 18 Rn. 30 ff.).

Gleichgestellt sind auch Trägermedien, die zum *Rassenhass* anreizen (§ 131 StGB; vgl. → Kap. 52 Rn. 18 ff.), wobei besonders an antisemitische und ausländerfeindliche Trägermedien zu denken ist.

Zum Rassenhass stachelt ein Medium an, wenn Menschen wegen ihrer Zugehörigkeit zu einer anderen Rasse, Nation, Glaubensgemeinschaft oÄ als minderwertig und verächtlich dargestellt oder diskriminiert werden (vgl. Löffler/*Altenhain,* BT JSchutz, JuSchG § 18 Rn. 28).

2. Das JuSchG unterscheidet je nach der *Schwere der Jugendgefährdung* drei Kategorien: Von den Fällen des § 18 Abs. 1, denen ein gewisses Gewicht an Gefährdung zukommen muss, sind die in § 18 Abs. 4 JuSchG erwähnten *„Fälle von geringer Bedeutung"* zu unterscheiden (vgl. Paschke/Berlit/Meyer/Kröner/*Liesching* 83. Abschnitt Rn. 18). Bei ihnen kann davon abgesehen werden, das Trägermedium in die Liste aufzunehmen, das heißt die BPjM entscheidet nach ihrem Ermessen. Das Moment der geringen Bedeutung eines Falles kann sich sowohl aus dem nicht schwerwiegenden Inhalt des Trägermediums ergeben wie auch aus der Art und dem Umfang der Verbreitung. Ein Fall von geringer Bedeutung ist insbesondere dort zu bejahen, wo ein Trägermedium (zB Illustrierte) vom Markt verschwunden und ihr Wiedererscheinen nicht zu befürchten ist, aber auch dann, wenn Vorkehrungen zur Vermeidung einer Jugendgefährdung getroffen worden sind (vgl. BVerwG NJW 1987, 1434; BVerwGE 39, 197; zutreffend verstanden als Ausprägung des Verhältnismäßigkeitsprinzips Löffler/*Altenhain,* BT JSchutz, JuSchG § 18 Rn. 92 ff.). 10

Eine dritte Kategorie sind die in § 15 Abs. 2 JuSchG aufgeführten *schwer jugendgefährdenden* Trägermedien (vgl. → Rn. 27). Sie unterliegen automatisch den Vertriebs- und Werbeverboten des JuSchG, ohne dass es einer vorherigen Aufnahme in die Liste bedarf (vgl. Löffler/*Altenhain,* BT JSchutz, JuSchG § 15 Rn. 53 ff.).

III. Die Sicherung der Meinungs- und Informationsfreiheit sowie der Freiheit von Kunst und Wissenschaft (§ 18 Abs. 3 JuSchG)

1. Zum Schutz der verfassungsrechtlich gesicherten Grundrechte, insbesondere des Art. 5 GG, darf ein Medium nach § 18 Abs. 3 Nr. 1 JuSchG nicht „allein wegen seines *politischen, sozialen, religiösen oder weltanschaulichen Inhalts*" indiziert, also in die nach § 18 Abs. 2 JuSchG zu führende Liste aufgenommen. Diese Bestimmung konkretisiert das Zensurverbot gemäß Art. 5 Abs. 1 S. 3 GG. Diese wörtlich schon im GjS enthaltene sog. *Tendenzschutzklausel* stellt klar, dass der Jugendmedienschutz nicht zur Zensur politischer und sonstiger Medien missbraucht werden darf, sondern ein Medium nur dann indiziert werden darf, wenn es als solches insgesamt jugendgefährdend ist (vgl. BVerwG NJW 2020, 785; 1994, 1781; 1987, 1431; Löffler/*Altenhain,* BT JSchutz, JuSchG § 18 Rn. 62 f.; Paschke/Berlit/Meyer/Kröner/*Liesching* 83. Abschnitt Rn. 15). 11

2. Eine Indizierung ist ferner ausgeschlossen, wenn das Trägermedium „der *Kunst* oder der Wissenschaft, der Forschung oder der Lehre dient" (§ 18 Abs. 3 Nr. 2 JuSchG). Wann ein Trägermedium der Kunst dient, so dass das so begründete Interesse den Jugendschutzbelangen vorgeht, war zunächst umstritten (s. die Rechtsprechungsübersicht zu Kunst und Jugendschutz bei Karpen/Hofer JZ 1992, 1060 ff.; ferner *Scholz/Liesching* JuSchG § 18 Rn. 36 ff.). Während zunächst nach dem BVerwG *„Kunstschutz vor Jugendschutz"* ging (vgl. BVerwG NJW 1966, 2374), räumte es einige Jahre später einer Abwägung im Einzelfall den Vorrang ein (vgl. BVerwG NJW 1972, 596). So sollte für die Gewährung des Schutzes des § 18 Abs. 3 Nr. 2 JuSchG nur „ein bestimmtes Maß an künstlerischem Niveau" genügen, das im Einzelfall Jugendschutzbelangen vorgehen konnte. Diese Rechtsprechung wurde in einer späteren Entscheidung 12

des Bundesverwaltungsgerichts (vgl. BVerwGE 77, 75 ff. (81 f.)) aufgegeben, wobei klargestellt wurde, dass der Kunstvorbehalt des § 1 Abs. 2 Ziff. 2 GjS in Reichweite und Schranken identisch mit dem des Art. 5 Abs. 3 S. 1 GG ist. Danach sollten *„schlicht"* jugendgefährdende, künstlerische Trägermedien nicht der Indizierung nach § 18 Abs. 1 JuSchG unterliegen, wenn sie dem Kunstbegriff des Art. 5 Abs. 3 S. 1 GG entsprachen, so dass für diese Fälle wieder der Grundsatz „Kunstschutz geht vor Jugendschutz" galt. *„Schwer"* jugendgefährdende Trägermedien iSd § 15 Abs. 2 JuSchG hingegen waren nach dieser Entscheidung, selbst wenn sie Kunst darstellten, per se der Indizierung zugänglich. In solchen Fällen hatte also die Kunstfreiheit dem Jugendschutz zu weichen. Durch das Bundesverfassungsgericht (BVerfGE 83, 130 ff. – Mutzenbacher-Beschluss) wurden jedoch neue Maßstäbe gesetzt. Das Gericht geht mit dem BGH (BGHSt 27, 55 (57)) davon aus, dass Kunst und Pornographie sich *nicht* ausschließen. Ferner kommt es im Wege einer verfassungskonformen Auslegung zu dem Schluss, dass der Kunstvorbehalt nicht nur für Indizierungen auf der Grundlage des § 18 Abs. 1 JuSchG gilt, sondern auch die in § 15 Abs. 2 JuSchG genannten schwer jugendgefährdenden Trägermedien ergreift. Dies führt jedoch sowohl bei der Indizierung von *schlicht jugendgefährdenden* als auch von *schwer jugendgefährdenden* Werken nicht zu einem generellen Vorrang der Kunst, sondern verpflichtet zu einer Abwägung im Einzelfall (vgl. BVerfGE 83, 130 ff. (143); s. auch BVerwG NJW 1993, 1490 f.; OVG Münster MMR 2016, 140; Löffler/*Altenhain,* BT JSchutz, JuSchG § 18 Rn. 65 ff.; Paschke/Berlit/Meyer/Kröner/*Liesching* 83. Abschnitt Rn. 16). Jeder Indizierung eines als Kunstwerk anzusehenden Trägermediums muss also eine Abwägung mit der Kunstfreiheit vorausgehen. Dabei hat eine werkgerechte Interpretation des Kunstwerkes die Grundlage zu sein (vgl. zur American-Psycho-Entscheidung des OVG Münster: *Frenzel* AfP 2002, 191 ff.; vgl. hierzu auch → Kap. 59 Rn. 4, 9a; im Übrigen zur Kunstfreiheit → Kap. 42 Rn. 35; → Kap. 43 Rn. 23; → Kap. 53 Rn. 11; → Kap. 63 Rn. 22).

13 Der Einstufung als Kunstwerk dienen folgende Kriterien, wobei Kern der Kunstfreiheit nicht länger die Orientierung an Zwecken, Werten oder Idealen, sondern ihre kommunikativ-schöpferische Funktion ist (s. auch *Geis* NVwZ 1992, 26): Ein Trägermedium wird als Kunstwerk anerkannt, wenn darin eine „freie, schöpferische Gestaltung zum Ausdruck kommt, in der Eindrücke, Erfahrungen, Erlebnisse des Künstlers durch das Medium einer bestimmten Formensprache zu unmittelbarer Anschauung gebracht" werden (vgl. BVerfG AfP 1998, 53; NJW 1992, 2074; BVerfGE 67, 213; 83, 138). Es dürfen dabei weder Stil, Niveau noch Inhalt des Trägermediums als Kriterien zur Bewertung der Kunsteigenschaft herangezogen werden. Freilich kann die Einschätzung eines Mediums als „wertvoll" oder ähnliches als Indiz für das Vorliegen eines Kunstwerkes gewertet werden. Diese Gesichtspunkte können darüber hinaus bei der Abwägung, ob die Kunstfreiheit konkurrierenden Rechtsgütern von Verfassungsrang (wie zB dem Jugendschutz) zu weichen hat, eine Rolle spielen (vgl. BVerfGE 83, 139). Maßgeblich für die Anerkennung eines Mediums als Kunst ist dabei die Auffassung des für Kunstfragen aufgeschlossenen, reifen und lebenserfahrenen Menschen (vgl. ausführlich Löffler/*Altenhain,* BT JSchutz, JuSchG § 18 Rn. 73 ff.).

Die von der BPjM vorzunehmende Abwägung zwischen Kunstfreiheit und Jugendschutz setzt eine umfassende Ermittlung der für beide Güter sprechenden Belange voraus. Dazu gehört in der Regel auch eine Anhörung der Personen, die an der Herstellung des Werks schöpferisch oder unternehmerisch mitgewirkt haben (vgl. BVerwG NJW 2020, 785; ZUM 1998, 950 f.; vgl. auch § 21 Abs. 7 JuSchG, wonach Urheber und wirtschaftlich Berechtigte des Mediums im Verlaufe des Verfahrens anzuhören sind). Der genaue Umfang der Prüfungspflicht hängt dabei aber von den Umständen des Einzelfalls und insbesondere auch davon ab, ob eines der beiden Güter erkennbar überwiegt oder ob diese sich nach vorläufiger Betrachtung in ungefährem Gleichgewicht befinden (vgl. BVerwG ZUM 1998, 951 f.).

14 Auch für *Wissenschaft, Forschung und Lehre* gelten die im Rahmen der Kunstfreiheit dargelegten Grundsätze. Nach der Rechtsprechung des BVerfG ist Wissenschaft alles, was nach Inhalt und Form als ernsthafter Versuch zur Ermittlung der Wahrheit anzusehen ist (vgl. BVerfGE 47, 367). Demnach genießen pseudowissenschaftliche Trägermedien, bei denen die wissenschaftsähnliche Aufmachung nur ein Vorwand ist, keinen Schutz nach § 18 Abs. 3 Nr. 2 JuSchG (vgl. BVerfG NJW 1994, 1781 f.; BVerwG NJW 1987, 1431). Ob populär-wissenschaftliche Darstellungen zur Wissenschaft gehören, ist strittig, doch zu bejahen, denn die weite Verbreitung wissenschaft-

licher Erkenntnisse gehört in der auf umfassende Information angewiesenen modernen Industriegesellschaft zur Freiheit der Wissenschaft.

3. Schließlich ist eine Indizierung auch dann ausgeschlossen, wenn das Trägermedium „*im öffentlichen Interesse* liegt" (§ 18 Abs. 3 Nr. 3 JuSchG). Öffentliche Interessen sind insbesondere die Volksgesundheit, die Verbrechensbekämpfung und -aufklärung sowie die staatsbürgerliche Aufklärung. Zudem kommen Abwehr verfassungswidriger Bestrebungen und die Berichterstattung über Vorgänge des Zeitgeschehens (vgl. § 86 Abs. 3 StGB) in Betracht (vgl. BVerwG NJW 1967, 1483; BVerwGE 27, 21 (28); Löffler/*Altenhain,* BT JSchutz, JuSchG § 18 Rn. 86; Paschke/Berlit/Meyer/Kröner/*Liesching* 83. Abschnitt Rn. 16). Bezüglich der Abwägungsentscheidung gelten die zu § 18 Abs. 3 Nr. 1 und 2 JuSchG genannten Grundsätze (anders Löffler/*Altenhain,* BT JSchutz, JuSchG § 18 Rn. 87, der ein erhebliches Überwiegen des öffentlichen Interesses fordert). Etwas anderes gilt nur dann, wenn die *Art* der Darstellung zu beanstanden ist. **15**

IV. Die Aufnahme in die Liste. Das Problem der Überdeckung und der Teilindizierung

1. Kommt die BPjM zur Überzeugung, dass ein Trägermedium jugendgefährdenden Charakter besitzt, so muss sie dieses auf die Liste der jugendgefährdenden Medien setzen und im Bundesanzeiger bekannt machen (§ 24 Abs. 3 JuSchG). **16**

Diese Überzeugung ist nicht erforderlich, wenn ein Gericht in einer rechtskräftigen Entscheidung festgestellt hat, dass ein Trägermedium einen Inhalt aufweist, der in den §§ 86, 130, 130a, 131, 184, 184a, 184b, oder 184c StGB beschrieben ist. In diesen Fällen *ist* das Medium – ohne weitere Prüfung – in die Liste aufzunehmen (§ 18 Abs. 5 JuSchG). Ein rechtskräftiger Strafbefehl oder ein Beschluss im selbständigen Verfahren reicht aus, sofern in der Entscheidung festgestellt wird, dass ein eindeutig bestimmtes Medium Inhalte der in § 18 Abs. 5 JuSchG aufgeführten strafrechtlichen Bestimmungen hat (vgl. Löffler/*Altenhain,* BT JSchutz, JuSchG § 18 Rn. 99; Paschke/Berlit/Meyer/Kröner/*Liesching* 83. Abschnitt Rn. 19).

Erst mit der Bekanntmachung der Indizierung im Bundesanzeiger treten die Abgabe-, Vertriebs- und Werbebeschränkungen des JuSchG in Kraft (§ 15 JuSchG), sofern es sich nicht um schwer jugendgefährdende Medien (vgl. → Rn. 4, 27 ff.) oder um Trägermedien handelt, die mit bereits indizierten identisch sind (§ 15 Abs. 3 JuSchG).

Die Feststellung der Inhaltsgleichheit wird im Regelfall durch den Vorsitzenden der BPjM oder seinen Stellvertreter getroffen. In Zweifelsfällen wird eine Entscheidung des 3er-Gremiums herbeigeführt. Maßgeblich für die Inhaltsgleichheit ist alleine eine formale Prüfung anhand eines Textvergleiches zwischen indiziertem und potentiell inhaltsgleichem Trägermedium.

2. Nach ständiger, bereits vom Reichsgericht (RGSt 23, 390) vertretenen Auffassung ist für die Beurteilung eines Trägermediums der *Gesamteindruck* maßgebend. Sind nur einzelne Stellen eines Trägermediums anstößig, so ist dessen *Überdeckung* durch den im Übrigen einwandfreien Inhalt der Darstellung möglich (vgl. BVerwGE 27, 21). Auch die insoweit vielfach missverstandene Entscheidung des Bundesverwaltungsgerichts vom 16.12.1971 (BVerwGE 39, 197) hält am Grundsatz der Überdeckung fest und bejaht ihn uneingeschränkt bei Büchern, die einzelne anstößige Stellen enthalten. Bei einer Illustrierten, die einen Fortsetzungsroman veröffentliche, könne sich der Verlag nicht darauf berufen, dass der Inhalt der späteren Fortsetzungsfolgen einwandfrei sei. Dass eine einzelne Illustriertennummer ein selbstständiges, für sich zu beurteilendes Trägermedium darstellt, entspricht ständiger Rechtsprechung (vgl. RG RGSt 29, 164). Missverständlich wirkte hier vor allem der Urteilstenor der Bundesverwaltungsgerichts-Entscheidung vom 16.12.1971 (BVerwGE 39, 197). **17**

Die gleiche Bundesverwaltungsgerichts-Entscheidung hat (abweichend von BVerwGE 27, 21) die *Teilindizierung* eines Trägermediums für unzulässig erklärt (ebenso BVerwGE 39, 197 (209); 39, 214 (215); NJW 1987, 1436). Das entspricht auch der heutigen Rechtslage. Das JuSchG spricht in § 18 Abs. 1 JuSchG von einer Aufnahme von Medien, nicht Teilmedien in eine Liste. Auch bei Trägermedien scheidet dementsprechend eine Indizierung einzelner Dateien aus (vgl. VG Köln NJOZ 2006, 3565 (3574); Löffler/*Altenhain,* BT JSchutz, JuSchG § 18 Rn. 56 f.). **18**

18a 3. Nach § 18 Abs. 6 JuSchG sind Telemedien in die Liste aufzunehmen, wenn die zentrale Aufsichtsstelle der Länder für den Jugendmedienschutz die Aufnahme in die Liste beantragt hat, sofern der Antrag nicht offensichtlich unbegründet oder im Hinblick auf die Spruchpraxis der BPjM unvertretbar ist. Zentrale Aufsichtsstelle der Länder für den Jugendmedienschutz ist nach § 14 Abs. 2 JMStV die Kommission für Jugendmedienschutz (KJM), zu deren Kompetenzen nach § 16 S. 2 Nr. 8 JMStV die Anträge bei der BPjM gehören. In Anlehnung an § 21 Abs. 3 JuSchG entscheidet der Vorsitzende der BPjM allein über die offensichtliche Unbegründetheit von Anträgen oder dessen Unvertretbarkeit im Hinblick auf die Spruchpraxis der BPjM (vgl. Löffler/*Altenhain,* BT JSchutz, JuSchG § 18 Rn. 104 ff.; Paschke/Berlit/Meyer/Kröner/*Liesching* 83. Abschnitt Rn. 20; Binder/Vesting/*Held/Schulz* JMStV § 14 Rn. 38 ff.; Spindler/Schuster/*Erdemir* JMStV § 14 Rn. 9).

18b Die KJM wird gemäß § 18 JMStV durch die von den obersten Landesjugendbehörden eingerichtete und an die KJM organisatorisch angebundene Stelle Jugendschutz aller Länder („jugendschutz.net") unterstützt vgl. Spindler/Schuster/*Erdemir* JMStV § 1 Rn. 8). Aufgabe von jugendschutz.net ist insbesondere die Überprüfung von Telemedien-Angeboten (§ 18 Abs. 3 S. 1 JMStV). Bei möglichen Verstößen gegen Bestimmungen des JMStV weist jugendschutz.net gemäß § 18 Abs. 4 JMStV) den Anbieter darauf hin und informiert die KJM. Ist der Anbieter Mitglied einer anerkannten Einrichtung der Freiwilligen Selbstkontrolle, erfolgt der Hinweis zunächst an diese Einrichtung. Die anerkannte Einrichtung der Freiwilligen Selbstkontrolle, hat innerhalb einer Woche ein Verfahren einzuleiten und dies jugendschutz.net mitzuteilen. Bleibt die Einrichtung untätig, informiert jugendschutz.net die KJM.

18c 4. § 18 Abs. 7 S. 1 JuSchG sieht die *obligatorische Streichung* eines Mediums aus der Liste vor, wenn die Voraussetzungen für die Aufnahme nicht mehr vorliegen (vgl. auch §§ 23 Abs. 4, 21 Abs. 5 Nr. 2 JuSchG) Dies ist insbesondere dann anzunehmen, wenn aufgrund eines nachhaltigen Wertewandels oder neuer Erkenntnisse aus der Medienwirkungsforschung ausgeschlossen werden kann, dass die jeweiligen Medieninhalte jugendgefährdend sind (vgl. Paschke/Berlit/Meyer/Kröner/*Liesching* 83. Abschnitt Rn. 21). Nach § 18 Abs. 7 S. 2 JuSchG verliert die Aufnahme in die Liste nach 25 Jahren ihre Wirkung. Daneben ist eine Listenstreichung *auf Antrag* des Urhebers, des Inhabers der Nutzungsrechte oder des Anbieters möglich (vergleiche § 21 Abs. 5 JuSchG). Schließlich ist das Medium aus der Liste zu streichen, wenn das Verwaltungsgericht eine Indizierung rechtskräftig aufhebt.

18d 5. § 18 Abs. 8 JuSchG korrespondiert mit § 14 JuSchG. Hat eine oberste Landesbehörde oder eine Organisation der freiwilligen Selbstkontrolle einem Film oder einem Spiel eine Alterskennzeichnung (für Telemedien siehe § 5 JMStV) gegeben, ist eine Aufnahme in die Liste jugendgefährdender Medien gemäß § 18 Abs. 1 JuSchG ausgeschlossen. Ein in die Liste gemäß § 18 Abs. 1 JuSchG aufgenommenes Medium erhält dagegen nach § 14 JuSchG keine Alterskennzeichnung. Telemedien, die nach Ansicht der KJM die Voraussetzungen zur Aufnahme in die Liste nicht erfüllen, dürfen von der BPjM nicht in die Liste aufgenommen werden, selbst wenn diese eine andere Einschätzung hat (vgl. Paschke/Berlit/Meyer/Kröner/*Liesching* 83. Abschnitt Rn. 4 f. und 22).

V. Besonderheiten des Jugendschutzes bei Telemedien

18e Verantworten Medienhäuser Telemedien wie einen Facebook-Auftritt, gelten für diese gleichermaßen die Bestimmungen des JMStV.

1. Nach § 5 Abs. 1 S. 1 JMStV haben Anbieter, die Telemedienangebote verbreiten oder zugänglich machen, die geeignet sind, die Entwicklung von Kindern oder Jugendlichen zu einer eigenverantwortlichen und gemeinschaftsfähigen Persönlichkeit zu beeinträchtigen, dafür Sorge zu tragen, dass Kinder oder Jugendliche der betroffenen Altersstufen sie üblicherweise nicht wahrnehmen. Anbieter von Telemedienangeboten sind demnach alle juristischen oder natürlichen Personen, die entweder nach § 1 Abs. 3 JuSchG eigene oder fremde Inhalte bereithalten oder gemäß § 2 S. 1 Nr. 1 TMG Diensteanbieter die den Zugang zur Nutzung vermitteln (vgl. Binder/Vesting/*Held/Schulz* JMStV § 3 Rn. 28). Angebote sind nach § 3 Abs. 1 Nr. 1 JMStV Sendungen oder Inhalte von Telemedien. Inhalte sind entwicklungsbeeinträchtigend, wenn sie in ihrer Wirkung die Entwicklung junger Menschen zu gemeinschaftsfähigen und verantwor-

tungsvollen Mitgliedern der Gesellschaft nachteilig beeinträchtigen können. Der Nachweis einer tatsächlichen Beeinträchtigung ist nicht notwendig (vgl. Binder/Vesting/*Geidner* JMStV § 5 Rn. 5; Spindler/Schuster/*Erdemir* JMStV § 5 Rn. 28).

Nach § 5 Abs. 3 S. 1 JMStV kann der Anbieter eines entwicklungsbeeinträchtigenden Angebots seiner Verpflichtung aus § 5 Abs. 1 S. 1 JMStV nachkommen, indem er entweder durch

- technische oder sonstige Mittel die Wahrnehmung des Angebots durch Kinder und Jugendliche der betroffenen Altersstufe unmöglich macht oder wesentlich erschwert oder das Angebot mit einer Alterskennzeichnung versieht, die von einem Jugendschutzprogrammen nach § 11 Abs. 1 und 2 JMStV ausgelesen werden kann, oder
- die Zeit, in der die Angebote verbreitet oder zugänglich gemacht werden, so wählt, dass Kinder oder Jugendliche der betroffenen Altersstufe üblicherweise die Angebote nicht wahrnehmen.

Bezüglich der technischen oder sonstigen Mittel zur Erschwerung der Zugänglichmachung genügt die Unterbindung der *üblichen Wahrnehmung*. Welches Mittel der Anbieter wählt, steht ihm frei (vgl. Roßnagel/*Altenhain* JMStV § 5 Rn. 18). Verschlüsselungen oder Vorsperrungen kommen als geeignete Mittel in Betracht. Ebenso kann der Nachweis des Alters sowie die Kostenpflichtigkeit des Angebots die gesetzlichen Anforderungen erfüllen (vgl. Binder/Vesting/*Geidner* JMStV § 5 Rn. 17).

Altersnachweise und Kostenpflicht widersprechen allerdings den Facebook-Nutzungsbedingungen und sind im Rahmen des Geschäftsmodells von Facebook nicht praktikabel. Die Nutzung von Facebook ist für jedermann kostenlos und mit der Vollendung des 13. Lebensjahres möglich. Die Sichtbarkeit der Beiträge lässt sich derzeit lediglich auf Nutzerkreise (öffentlich, nur für Nutzer, nur für Freunde, nur für bestimmte Personen etc) beschränken. Der manuelle Ausschluss von Kindern und Jugendlichen anhand der Nutzerprofile ist als eine Form der Nutzungsbeschränkung nicht praktikabel, da Facebook schon von Dreizehnjährigen benutzt werden kann und somit Kinder und Jugendliche dieses Alters in die genannten Nutzerkreise fallen können. Eine öffentliche Seite in eine geschlossene Gruppe umzuwandeln ist weder zweck- noch verhältnismäßig, da man jedes einzelne Nutzerprofil auf das Alter überprüfen und anhand dieser Information annehmen oder ablehnen müsste. Geburtsdaten sowie Alter sind keine Angaben, die bei Facebook für Dritte sichtbar gemacht werden müssen.

Eine Alterskennzeichnung der Inhalte, welche von einem geeigneten Jugendschutzprogramm ausgelesen werden kann, käme nur in Frage, sofern sich die Software bei Facebook anwenden lässt. Dabei steht es dem Anbieter frei, die Alterserkennung selbst vorzunehmen, sofern die Anforderungen des § 11 Abs. 1 S. 2 JMStV erfüllt werden, oder auf ein Selbstklassifizierungssystem einer anerkannten Einrichtung der Freiwilligen Selbstkontrolle zurückzugreifen (vgl. Binder/Vesting/*Geidner* § 5 JMStV).

Eine Sendezeitbeschränkung kommt bei den gebräuchlichen Telemedienangeboten von Medienhäusern nicht in Betracht.

2. Gemäß § 7 Abs. 1 S. 2 JMStV sind geschäftsmäßige Anbieter von allgemein zugäng- **18f**
lichen Telemedien, die entwicklungsbeeinträchtigende Inhalte enthalten, verpflichtet, einen Jugendschutzbeauftragten zu bestellen. Ein Anbieter handelt geschäftsmäßig, wenn er nicht nur gelegentlich gegen Entgelt oder auf Basis einer anderweitigen Finanzierung tätig ist. Allgemein zugänglich ist das Angebot, wenn es nicht der Individualkommunikation dient, sondern einem unbestimmten und für den Anbieter nicht überschaubaren Nutzerkreis zugänglich ist. Auf den Umfang entwicklungsbeeinträchtigender Angebote oder jugendgefährdender Inhalte im Telemedienangebot kommt es dabei nicht an. Nur wenn das Telemedienangebot keine derartigen Inhalte enthält, ist der Anbieter von der Pflicht zur Bestellung befreit (vgl. Binder/Vesting/*Kaspar* JMStV § 7 Rn. 7; Paschke/Berlit/Meyer/Kröner/*Liesching* 82. Abschnitt Rn. 21 ff.; Roßnagel/*Altenhain* JMStV § 7 Rn. 6 f.; Spindler/Schuster/*Erdemir* JMStV § 7 Rn. 5 ff.). Die Aufgaben des Jugendschutzbeauftragten, die an ihn gestellten Anforderungen sowie seine Stellung, insbesondere weisungsfreie Aufgabenwahrnehmung, sind in § 7 Abs. 3 und 4 JMStV geregelt.

Nach § 7 Abs. 2 JMStV können Anbieter von Telemedien mit weniger als 50 Mitarbeitern oder nachweislich weniger als zehn Millionen Zugriffen im Monatsdurchschnitt eines Jahres sowie Veranstalter, die kein bundesweit verbreitetes Fernsehen veranstalten, auf die Bestellung verzichten, wenn sie sich einer Einrichtung der Freiwilligen Selbstkontrolle anschließen und diese zur Wahrnehmung der Aufgaben des Jugendschutzbeauftragten verpflichten (vgl. Paschke/Berlit/Meyer/Kröner/*Liesching* 82. Abschnitt Rn. 25).

Die Einrichtungen der Freiwilligen Selbstkontrolle, ihre Zuständigkeit und Tätigkeit sowie die Aufsicht über diese Einrichtungen sind in den §§ 19 ff. JMStV geregelt.

VI. Umfang und Inhalt des Verbots des Zugänglichmachens, des Vertriebs und der Werbung (§ 15 JuSchG)

19 Mit der Bekanntmachung der Listenaufnahme im Bundesanzeiger (§ 24 Abs. 3 JuSchG) unterliegt das indizierte Trägermedium hinsichtlich seiner Verbreitung einer Reihe weitreichender *bundes*gesetzlicher Beschränkungen. Die Rechtsfolgen der Indizierung von Telemedien regelt dagegen nach § 16 JuSchG das *Landes*recht. Bezüglich der Abgrenzung zwischen Träger- und Telemedien gilt im Zweifelsfall die „negative Abgrenzungsformel", nach der Trägermedium ist, wer kein Telemedium ist (vgl. Paschke/Berlit/Meyer/Kröner/*Liesching* 79. Abschnitt Rn. 20 f.; Löffler/*Altenhain,* BT JSchutz, JuSchG § 1 Rn. 32; Spindler/Schuster/*Ricke* TMG § 1 Rn. 13). Zu den unzulässigen Telemedien-Angeboten vgl. § 4 JMStV.

1. Nach § 15 Abs. 1 Nr. 1 JuSchG darf ein indiziertes Trägermedium einem *Kind oder einem Jugendlichen* weder *angeboten* noch *überlassen* oder *sonst zugänglich gemacht werden.*

Nach § 15 Abs. 1 Nr. 2 JuSchG dürfen indizierte Medien an keinen *Orten, die Kindern oder Jugendlichen zugänglich sind oder von ihnen eingesehen werden können,* ausgestellt, angeschlagen, vorgeführt oder sonst zugänglich gemacht werden.

Dies gilt nach § 15 Abs. 1 Nr. 4 JuSchG auch für den Fall *„gewerblicher Vermietung oder vergleichbarer gewerblicher Gewährung des Gebrauchs"* in Ladengeschäften, sofern diese „Kindern und Jugendlichen nicht zugänglich sind und von ihnen nicht eingesehen werden können". Das Ladengeschäft muss sich dabei als eine räumliche und organisatorische Einheit darstellen (vgl. LG Hamburg NJW 1989, 1046), dessen Zugang von der Straße oder einer sonstigen allgemeinen Verkehrsfläche eröffnet sein muss (vgl. BGH NJW 1988, 272; VGH Mannheim NJW 1987, 1445; BayObLG NJW 1986, 1701). Eine Ortsgebundenheit wird nicht verlangt, so dass unter den Begriff des Ladengeschäfts zB auch ein mobiler Filmverleihwagen fällt (vgl. OLG Hamm NStZ 1988, 415; zur – prinzipiell zulässigen – gewerblichen Vermietung jugendgefährdender DVDs und Videos mittels Automaten vgl. OVG Münster ZUM 2002, 574 f.; vgl. ferner → Kap. 59 Rn. 18).

Ein indiziertes Trägermedium darf auch nicht durch elektronische Informations- und Kommunikationsdienste verbreitet, bereitgehalten oder sonst zugänglich gemacht werden, da das gegenständliche Verbreiten oder Überlassen iSd § 15 JuSchG gemäß § 1 Abs. 2 S. 2 JuSchG dem elektronischen Verbreiten usw gleichgestellt ist.

Das Verbot deckt sich im Hinblick auf Schriften mit der Vorschrift des § 184 Abs. 1 Ziff. 1, 2 und 3a StGB, wobei die Strafbestimmung Vorrang hat (vgl. → Kap. 59 Rn. 13 ff.). Die Zuwiderhandlung gegen § 15 JuSchG kann vorsätzlich oder fahrlässig erfolgen (§ 27 JuSchG; vgl. → Rn. 40).

Wer entgegen § 15 JuSchG einem Jugendlichen ein indiziertes Werk (hier: ein Horror-Video) überlässt, kann für die von dem Jugendlichen später nach dem Vorbild der Horrorfigur begangene Gewalttat als Täter eines Fahrlässigkeitsdelikts verantwortlich sein (vgl. BayObLG NJW 1998, 3580 [zu § 3 GjS]).

20 2. Der § 15 Abs. 1 Nr. 3 JuSchG schränkt den *Vertrieb* indizierter Trägermedien außerhalb fester Geschäftsräume (zB in Buchhandlungen) in weitestem Umfang ein, und zwar auch gegenüber Erwachsenen.

a) So wird in § 15 Abs. 1 Nr. 3 JuSchG insbesondere der Vertrieb einschließlich der Einfuhr (Nr. 5) von indizierten Trägermedien im Wege des *Versandhandels* schlechthin untersagt. Dies beruht auf der Befürchtung, dass der Versender anders als der Buchhändler im Laden nicht mit Sicherheit feststellen könne, dass der Adressat ein Erwachsener sei („Anonymitätsrisiko", vgl. BVerfGE 30, 331 (349); *Liesching* NJW 2002, 3281 ff. (3284)). *Was* unter dem Begriff des Versandhandels zu verstehen ist, definiert § 1 Abs. 4 JuSchG. Danach ist Versandhandel jede Vertriebsform von Medien ohne persönlichen Kontakt zwischen den Vertragsparteien (zum Beispiel online-shopping, Internet-Auktionen oder der Katalogversand-Handel). Zu beachten ist aber, dass ein persönlicher Kontakt im Sinne des Gesetzes durch bestimmte Maßnahmen (sog. Altersverifikationssysteme – AVS) auch ohne tatsächlichen Kontakt hergestellt werden kann. Zu diesem Zwecke werden zB Dritte (wie etwa der Postmitarbeiter beim PostIdent-Verfahren) zur Altersprüfung eingeschaltet (zu den Anforderungen beim online-shopping vergleiche *Liesching* NJW 2002, 3281 ff. (3284)). Eine Vorkehrung zur Sicherstellung des ausschließlichen Erwachsenenversandhandels ist aber nur dann gegeben, wenn die Art und Weise der Übersendung gewährleistet, dass die Warensendung dem volljährigen Kunden, an den sie adressiert ist, persönlich ausgehändigt wird. Die Einschaltung des ungenügenden Alters-Verifikationssystems „über 18.de" genügt hierbei nicht (vgl. BGH NJW 2008, 1882 (1884 ff.); KG Berlin AfP 2004, 481), ebenso wenig wie die Übersendung per Brief; die Versendung per „Einschreiben eigenhändig" hingegen erfüllt die Anforderungen und ist damit zulässig (vgl. OLG München NJW 2004, 3344 ff.; krit. hierzu *Liesching* NJW 2004, 3303 f.).

Werden auf einer Internet-Verkaufplattform, die wie ein Auktionshauses betrieben wird, Bildträger mit jugendgefährdendem Inhalt angeboten, verstößt der Plattformbetreiber nicht gegen das Jugendschutzgesetz, da er selbst dieses Material den geschützten Personen weder anbietet, noch überlässt oder ihnen zugänglich macht. Dementsprechend können diese wie vergleichbare Dritte, die ohne Wettbewerbsförderungsabsicht und ohne Verschulden an dem Wettbewerbsverstoß eines Anderen beteiligt sind, nur dann als Störer in Anspruch genommen werden, wenn ihnen eine Überprüfung ihrer Kunden zuzumuten war und sie ihrer Prüfungspflicht nicht nachgekommen sind. Der Betreiber einer Internet-Versteigerungsplattform ist weder gesetzlich verpflichtet, Sicherheitseinrichtungen für Altersverifikationen zu schaffen, noch ist ihm dies möglich und zumutbar. Er haftet daher nicht als Störer für Verstöße seiner Kunden gegen Vorschriften des Jugendschutzes (vgl. OLG Brandenburg MMR 2006, 617 f.).

Verstöße gegen das Verbot des Versandhandels (§ 12 Abs. 3 Nr. 2 JuSchG) sind im Übrigen wettbewerbswidrig iSd §§ 3, 4 Nr. 11 UWG (vgl. dazu BGH NJW 2008, 758).

b) Das Verbreitungsverbot gilt auch für den Vertrieb in *Kiosken* oder anderen Verkaufsstellen, die der Kunde nicht zu betreten pflegt (Abs. 1 Nr. 3) sowie für gewerbliche *Leihbüchereien* und Lesezirkel wie auch für den (ambulanten) Einzelhandel *„außerhalb* von Geschäftsräumen". Dem Vertrieb des Trägermediums steht das Verbreiten oder Verleihen oder ein diesem Zweck dienendes Vorrätighalten gleich (§ 15 Abs. 1 Nr. 7 JuSchG).

Den *Verlegern und Grossisten* untersagt § 15 Abs. 1 Nr. 1 Var. 3 JuSchG ausdrücklich, indizierte **21**
Medien iSv § 24 Abs. 3 JuSchG (vgl. → Rn. 27) an die in Abs. 1 aufgeführten Personen und Stellen (Versandhandel, Kioske, Leihbüchereien etc) zu liefern (vgl. BVerfG NStZ 1988, 412 (413) [zu §§ 6 Nr. 3 iVm 4 Abs. 2, 21 GjS]). Zulässig bleibt insoweit nur die Belieferung von Groß- oder Einzelhändlern, die mit Trägermedien in für Kinder und Jugendliche nicht zugänglichen oder nicht einsehbaren Geschäftsräumen handeln.

Nach § 15 Abs. 6 JuSchG haben Verleger, Zwischenhändler und Importeure, soweit sie zulässigerweise liefern, „ihre Abnehmer auf die Vertriebsbeschränkungen hinzuweisen". Verletzen sie diese Pflicht vorsätzlich oder fahrlässig, so handeln sie gemäß § 28 Abs. 1 Nr. 20 JuSchG ordnungswidrig. Die Ordnungswidrigkeit kann mit einer Geldbuße bis zu 50.000,00 EUR geahndet werden (vgl. → Rn. 43).

3. Ein weitgehendes *Werbeverbot* enthält § 15 Abs. 5 JuSchG. § 15 Abs. 5 JuSchG untersagt **22**
werbende Hinweise auf ein anhängiges oder erledigtes *Indizierungsverfahren,* da ein solcher Hinweis geeignet wäre, die Neugier zu steigern. In die gleiche Richtung zielt das Verbot des Abdruckens der Liste (§ 15 Abs. 4 JuSchG). Das Hinweisverbot beschränkt sich auf die Verwendung zu geschäftlicher Werbung und erstreckt sich nicht auf anderweitige Hinweise, zB im Freundeskreis. Nach § 24 Abs. 3 S. 2 JuSchG ist von der Bekanntmachung der Aufnahme in die Liste abzusehen, wenn diese „der Wahrung des Jugendschutzes schaden würde", was mit der Aufteilung der Liste in einen öffentlichen und einen nichtöffentlichen Abschnitt verbunden ist (vgl. § 18 Abs. 2 JuSchG; hierzu auch *Frenzel* AfP 2002, 191 ff. (192)).

Nach § 15 Abs. 1 Nr. 6 JuSchG darf ein indiziertes Trägermedium weder öffentlich noch **23**
durch Verbreiten von Medien angeboten, angekündigt oder angepriesen werden. Die drei Handlungsalternativen des „Anbietens, Ankündigens oder Anpreisens" sind dabei unter den Begriff des Werbens zusammengefasst und müssen darauf gerichtet sein, das wohlwollende Interesse des Publikums an Gegenständen der Werbung zu wecken oder zu fördern (vgl. BGHSt

34, 218 ff. [zum GjS]). Unter einem Anpreisen sind die lobende oder empfehlende Erwähnung und Beschreibung, die Hervorhebung von Vorzügen, die Anerkennung günstiger Wirkungen, die rühmende Darstellung sowie die Beimessung hohen Wertes zu verstehen (vgl. OLG Hamburg NStZ 2007, 487). In der Literatur (Wolters/SK-*Horn* StGB § 184 Rn. 47; LK/*Laufhütte* StGB § 184 Rn. 34) wird demgegenüber zwar vertreten, dass das Merkmal des Anpreisens zusätzlich einen Hinweis auf mögliche Bezugsquellen oder die Absicht erfordert, das beworbene Medium irgendwann zumindest einem Empfänger der Erklärung zugänglich zu machen. Bereits nach dem Wortlaut der Norm ist aber der werbende Hinweis auf das jugendgefährdende Medium als solcher für die Strafbarkeit ausreichend. Nur bei dieser Auslegung hat das Anpreisen gegenüber den übrigen Tatbestandsalternativen des Anbietens und des Ankündigens einen eigenständigen Anwendungsbereich. (vgl. OLG Hamburg NStZ 2007, 487; Schönke/Schröder/*Eisele* StGB § 184 Rn. 46; MüKoStGB/*Hörnle* StGB § 184 Rn. 56).

Wird jedoch Kritik geübt, so ist ein tatbestandsmäßiges „Werben" regelmäßig auszuschließen, es sei denn es wird unter dem Deckmantel der Ablehnung ein Werbeziel verfolgt (vgl. BGHSt 34, 220, vgl. zum Verhältnis von Werbeverbot zu Berichterstattung auch *Engels/Stulz-Herrnstadt* AfP 2003, 97 ff. (103 f.)).

Ebenfalls nicht unter das Anpreisen dürften das Mitteilen von Systemvoraussetzungen eines Computerspiels und spieltechnische Hinweise fallen. Denn diese redaktionellen Beiträge enthalten keine inhaltliche Bewertung bzw. richten sich nur an solche Spieler, die das Spiel bereits besitzen (vgl. *Engels/Stulz-Herrnstadt* AfP 2003, 97 ff. (103)). Unzulässig ist aber stets die Nennung der Bezugsquelle eines indizierten Mediums.

Das „Anbieten" erfasst jedes Feilbieten, jede Kundgebung unter Angabe einer möglichen Bezugsquelle von Trägermedien, „Ankündigen" jede Kundgebung, durch die auf die Gelegenheit zum Bezug indizierter Trägermedien aufmerksam gemacht wird (vgl. BGHSt 34, 94 ff. (98)). Ein tatbestandsmäßiges Anpreisen liegt bereits dann vor, wenn indizierte Trägermedien lobend oder empfehlend erwähnt werden (vgl. *Scholz/Liesching* JuSchG § 15 Rn. 19). Die Werbung für indizierte Trägermedien ist gemäß § 15 Abs. 1 Nr. 6 JuSchG jedoch nicht generell untersagt, sondern nur soweit sie öffentlich oder durch Verbreiten von Medien erfolgt. *Öffentlich* ist dabei eine Werbung, wenn die indizierten Trägermedien von unbestimmt vielen, nicht durch persönliche Beziehungen verbundenen Personen wahrgenommen werden können (vgl. *Walter* NStZ 1990, 524). Eine Verbreitung von Trägermedien liegt vor, wenn eine oder mehrere von ihnen an einen anderen oder mehrere andere weitergegeben werden mit dem Ziel, sie dadurch einem größeren Personenkreis zugänglich zu machen (BGHSt 19, 63 ff. (71)). Erforderlich ist dabei die körperliche Weitergabe des Trägermediums. Das bloße Vorlesen seines Inhalts ist keine Verbreitung (BGHSt 18, 63). Das Werbeverbot des JuSchG ist – anders als das Werbeverbot in § 184 StGB (vgl. → Kap. 59 Rn. 16) – umfassend insoweit, als es auch die so genannte „gegenstandsneutrale Werbung" für unzulässig erklärt (vgl. BVerwG NJW 1977, 411; BGHSt 33, 1; BVerfG NJW 1986, 1241 [jeweils zum GjS]). Gegenstandsneutral ist Werbung, die weder selbst jugendgefährdend ist, noch auf den jugendgefährdenden Inhalt des betreffenden Objekts hinweist (vgl. *Scholz/Liesching* JuSchG § 15 Rn. 20; zB die Aufnahme indizierter Trägermedien ohne besonderen Hinweis in das Verkehrssortiment des Einzelhandels). Begründet wird die Unzulässigkeit dieser Werbeform im Rahmen des § 15 Abs. 1 Nr. 6 JuSchG damit, dass „auch eine neutrale Werbung Jugendliche auf das Vorhandensein indizierter Erzeugnisse mit jugendgefährdendem Inhalt aufmerksam macht und die Zahl derjenigen Jugendlichen, die sich mit Erfolg um die Begegnung mit diesen Erzeugnissen bemühen, vergrößert". Im Übrigen verbessere sie die Absatzmöglichkeiten (vgl. BVerfG NJW 1986 1241 (1242), m. Verweis auf BVerwG NJW 1977, 1411, und BGHSt 33, 1 (3)).

24 Von dem umfassenden Werbeverbot des § 15 Abs. 1 Nr. 6 JuSchG, dessen Verfassungsmäßigkeit bestätigt wurde (vgl. BVerwG DVBl 1977, 501; NJW 1977, 1411; aA Vlachopoulos S. 64 ff. [jeweils zum GjS]), gibt es eine wichtige *Ausnahme.* Das Werbeverbot erstreckt sich nicht auf den Geschäftsverkehr mit dem *„einschlägigen Handel".* Dies gilt insbesondere für den Geschäftsverkehr zwischen Verlegern, Grossisten und Sortimentern, da anzunehmen ist, dass der fachinterne Verkehr Kindern und Jugendlichen nicht zugänglich ist. Deshalb erstreckt sich die Ausnahmeregelung auch auf die schwer jugendgefährdenden Trägermedien des § 15 Abs. 2 JuSchG. Diese Werbefreiheit des § 15 Abs. 1 Nr. 6 JuSchG gilt nicht nur für Prospekte, sondern auch für die Veröffentlichung von Anzeigen in den Fachblättern des Buch-, Zeitungs- und Zeitschriftenhandels. Davon unberührt bleibt freilich eine Strafbarkeit dieses Verhaltens nach den in § 15 Abs. 2 Nr. 1 JuSchG genannten Normen des *StGB*.

Außerdem gilt das Verbot nur für „Orte, die Kindern oder Jugendlichen zugänglich sind *oder* von ihnen eingesehen werden können" (§ 15 Abs. 1 Nr. 6 JuSchG). Solche Örtlichkeiten sind zum Beispiel nicht die sog. Sex-Shops. **25**

4. Neu sind die Vertriebsbeschränkungen für periodische Druckschriften, denen Bildträger (vgl. zu diesem Begriff die Legaldefinition in § 12 Abs. 1 JuSchG) beigefügt sind, welche Film- oder Spielprogramme enthalten (vgl. dazu ausführlich *Engels/Stulz-Herrnstadt* AfP 2003, 97 ff.). **26**

Zu unterscheiden sind dabei folgende Varianten: Verbund von periodischen Druckschriften mit *Vollversionen* von Computerspielen beziehungsweise Spielfilmen, Verbund von periodischen Druckschriften mit *Auszügen* von Computerspielen beziehungsweise Spielfilmen sowie Bildträger mit Informations- bzw. Lehrprogrammen.

Im ersten Falle gelten die allgemeinen Alterskennzeichnungs- und Freigabevorschriften des § 12 Abs. 1–3 JuSchG (für Telemedien vgl. § 5 JMStV), das heißt, dass bei einem beiliegenden indizierten Bildträger die Beschränkungen des § 12 Abs. 3 JuSchG auch für den Presseartikel selbst gelten.

Im zweiten Falle darf die periodische Druckschrift nach § 12 Abs. 5 S. 1 JuSchG vertrieben werden, wenn sie mit einem Hinweis des Anbieters versehen ist, der deutlich macht, dass eine Organisation der Freiwilligen Selbstkontrolle festgestellt hat, dass diese Auszüge keine Jugendbeeinträchtigungen enthalten (für Telemedien vgl. § 5 JMStV; zur Selbstkontrolle im Medienrecht allgemein vgl. Spindler/Schuster/*Erdemir* JMStV § 1 Rn. 37 ff.; Binder/Vesting/*Schulz/Held* JMStV § 1 Rn. 21 ff.; Paschke/Berlit/Meyer/Kröner/*Liesching* 84. Abschnitt Rn. 7 ff.; *Puppis* in Koziol/Seethaler/Thiede (2013) S. 15 ff.; *Calliess* AfP 2002, 465 ff.).

Im letzten Falle bestehen keine Alterskennzeichnungspflicht und Vertriebsbeschränkungen. Voraussetzung dafür ist aber immer, dass das betreffende Medium als Info- oder Lehrprogramm gekennzeichnet ist. Fehlt die Kennzeichnung, so darf der Datenträger Minderjährigen nicht zugänglich gemacht werden (§ 12 Abs. 3 Hs. 1 Alt. 1 JuSchG).

VII. Schwer jugendgefährdende Trägermedien (§ 15 Abs. 2 JuSchG)

1. Gemäß § 15 Abs. 2 JuSchG unterliegen die schwer jugendgefährdenden Trägermedien den Vertriebs-, Weitergabe und Werbebeschränkungen (§ 15 Abs. 1 JuSchG) *automatisch,* ohne dass es ihrer vorherigen Aufnahme in die Liste jugendgefährdender Schriften und ihrer Bekanntmachung im Bundesanzeiger bedarf. **27**

a) Dazu gehören die *„Schriften" des § 131 StGB* (vgl. → Kap. 52 Rn. 19) wie auch die *„pornographischen Schriften" der §§ 184–184c StGB* – ohne Unterschied, ob es sich um einfache oder „harte" Pornographie handelt – und „sonstige Trägermedien, die offensichtlich geeignet sind, Kinder oder Jugendliche schwer zu gefährden".

b) Das JuSchG erweiterte diese – aus dem GjSM stammenden – Gruppen um kriegsverherrlichende Medien. *Kriegsverherrlichend* sind *Medien,* die den Krieg als „qualifiziert positiv, anziehend, reizvoll, als romantisches Abenteuer, als wertvoll, oder aber auch nur als eine hervorragende, auf keinem anderen Gebiet zu erreichende Bewährungsprobe für männliche Tugenden und heldische Fähigkeiten, als eine einzigartige Möglichkeit, Anerkennung, Ruhm oder Auszeichnung zu gewinnen", erscheinen lassen (vgl. Entscheidung der Bundesprüfstelle RdJ 1960, 253). Eine weitere Form der Kriegsverherrlichung ist auch seine die Wirklichkeit verzerrende Verharmlosung (vgl. BVerfG UFITA 53, 341; 52, 266 (279 und 290)), also zB eine solche, die das NS-Regime und damit verbunden dessen totalitäre NS-Ideologie „durch Geschichtsklitterung aufzuwerten und zu rehabilitieren sucht und bei jugendlichen Lesern eine entsprechende Fehlorientierung" (vgl. BVerwG NJW 1987, 1431 ff.) auszulösen vermag. Die Leugnung der deutschen Schuld am Ausbruch des Zweiten Weltkriegs und die Darstellung der Judenvernichtung als Folge eines von anderen verursachten Kriegs reicht dafür aber nicht aus (vgl. BVerfGE 90, 1 (19 ff.)).

c) Daneben fallen unter die schwer jugendgefährdenden Medien solche, die das menschliche Leiden in den Vordergrund rücken. Diese Definition ist insofern problematisch, als sie zu eng ist.

Fiktionale Darstellungen werden von ihr nicht erfasst (vgl. *Liesching* NJW 2002, 3281 ff. (3286) mwN).

Für den jugendlichen Betrachter dürfte es aber gleichgültig sein, ob er den wirklichen Tod einer Person (etwa im Rahmen einer Dokumentation) oder aber den einer lediglich erdichteten (etwa im Zusammenhang mit einem Film oder Computerspiel) verfolgt (aA *Schulz/Korte* ZUM 2002, 719 ff. (726), nach denen Kinder auf realitätsnahe Gewalt besonders ablehnend reagieren). Im Gegenteil dürften sich fiktionale Handlungen etwa bei Computerspielen als wesentlich schädlicher erweisen, wenn der Betrachter – wie häufig – Einflussmöglichkeiten auf dieses Geschehen hat.

d) Ebenfalls erfasst werden Trägermedien, die – quasi als Vorstufe zur Kinderpornographie – Kinder und Jugendliche in unnatürlicher, geschlechtsbetonter Körperhaltung darstellen (§ 15 Abs. 2 Nr. 4 JuSchG). Damit dürfen bestimmte erotische Inhalte, die unterhalb der Schwelle zur Pornographie liegen, Heranwachsenden nicht zugänglich gemacht werden.

27a 2. Durch den Wegfall des Indizierungszwangs bei schwer jugendgefährdenden Trägermedien wird der Jugendschutz erheblich gestärkt, da es des ansonsten vorangehenden, durchaus langwierigen Indizierungsverfahren nach den §§ 18 ff. JuSchG nicht bedarf. § 15 Abs. 2 JuSchG ermöglicht ein sofortiges Einschreiten, wobei der Presse eine besondere Verantwortung zukommt. Anders als nach einem durchgeführten Indizierungsverfahren, das die Presse einer eigenen Inhaltsprüfung enthebt, haben Verleger, Grossisten und Sortimenter einschließlich Kioskinhabern und ambulantem Handel darüber zu entscheiden, ob ein Trägermedium den Tatbestand des § 15 Abs. 2 JuSchG erfüllt. Allen am Herstellungs- und Verteilungsprozess unmittelbar Beteiligten obliegt die Pflicht zur Prüfung des von ihnen vertriebenen oder feilgebotenen Schrifttums auf seine Ungefährlichkeit für die Jugend. Verhindert werden kann dadurch, dass ein jugendgefährdendes Trägermedium den Einzelhändler erreicht, was der Gefahr vorbeugt, dass das Trägermedium auf dem regulären Vertriebsweg in die Hände Jugendlicher gelangt (vgl. BVerfGE 77, 346 (356)).

28 Die Bestimmung des § 15 Abs. 2 Nr. 5 JuSchG wurde vom Bundesverfassungsgericht für verfassungsgemäß erklärt (vgl. BVerfGE 77, 346 (356 ff.) = NJW 1988, 1833 ff., zur damals gleichlautenden Fassung des § 6 Ziff. 3 GjS). Die Einbeziehung der Pressegrossisten in die Prüfungspflicht lege ihnen keine unerfüllbare Pflicht auf. Sie stelle sich auch als geeignetes Mittel zur Überprüfung eines Trägermediums auf seine Eignung zur schweren Jugendgefährdung dar, denn der am Inhalt eines Trägermediums in der Regel uninteressierte Grossist gewährleiste einen hohen Objektivitätsgrad. Insbesondere wird durch das Merkmal der *„Offensichtlichkeit"* zum Ausdruck gebracht, dass keine detaillierte Kontrolle der Publikation verlangt wird. „Offensichtlich" bedeutet nämlich, dass die Gefährdung jedem Unbefangenen erkennbar sein muss (vgl. BVerfGE 11, 234) und sich aus dem Gesamteindruck der Zeitschrift oder aus besonders ins Auge springenden Einzelheiten ergibt (vgl. BVerfGE 77, 346 (358)).

29 Wird der schwer jugendgefährdende Charakter des Trägermediums verkannt, was bei der Fülle erotischer Reizliteratur leicht vorkommen kann, so machen sich die Presseangehörigen sich angesichts der ihnen obliegenden strengen Prüfungspflicht (vgl. BGHSt 37, 66 – das Einholen sachkundigen Rates ist eventuell erforderlich; OLG Hamburg AfP 1973, 162; anders LG Mannheim AfP 1981, 156 [alle zum GjS]) unmittelbar strafbar. Hierbei ist zu beachten, dass nach § 27 Abs. 3 Nr. 1 iVm § 27 Abs. 1 Nr. 1 JuSchG auch fahrlässige Verstöße strafbar sind (vgl. Löffler/*Altenhain,* BT JSchutz, JuSchG § 27 Rn. 25 f.). Nur bei jugendlichen Herausgebern einer Schülerzeitung wurde ein milderer Maßstab angelegt (vgl. OLG Köln NJW 1971, 255).

Zur Anwendung des Kunstprivilegs des § 18 Abs. 3 Nr. 2 JuSchG auch auf die schwer jugendgefährdenden Trägermedien nach § 15 Abs. 2 JuSchG, obwohl diese Vorschrift nicht mit einem Kunstvorbehalt versehen ist, vgl. → Rn. 12 f. Auch auf die Geltung des Kunstprivilegs erstreckt sich damit die vorgenannte Prüfungspflicht.

VIII. Die Dauerindizierung periodischer Medien (§ 22 JuSchG)

30 1. Gemäß § 22 Abs. 1 JuSchG kann ein periodisches Trägermedium auf die Dauer von drei bis zwölf Monaten in die Liste aufgenommen werden, wenn innerhalb von zwölf Monaten mehr als zwei seiner Ausgaben in die Liste aufgenommen worden sind (zum Begriff *„periodische Druck-*

schriften" als Hauptfall des periodischen Trägermediums → Kap. 1 Rn. 16). Die nunmehr mögliche Anordnung der Dauerindizierung steht im pflichtgemäßen *Ermessen* der BPjM („kann"), so dass hier eine Interessenabwägung zu erfolgen hat (vgl. OVG Münster AfP 1970, 148).

2. § 22 Abs. 1 JuSchG stellt eine für die periodische Presse überaus gefährliche Bestimmung **31** dar, die zur Existenzvernichtung führen kann. Die Dauerindizierung erstreckt sich nicht nur auf die beanstandeten einzelnen Ausgaben oder Nummern, sondern auf das Presseobjekt als solches. Bezweckt wird damit, die Verleger und Herausgeber periodischer Trägermedien zur jugendfreundlichen Gestaltung ihrer Produkte zu veranlassen (vgl. *Scholz/Liesching* JuSchG § 22 Rn. 1).

3. Von der Möglichkeit der Dauerindizierung sind *Tageszeitungen* und *politische Zeitschriften* **32** schlechthin befreit (nach § 22 Abs. 2 S. 2 JuSchG). Tageszeitungen sind Publikationen, die idR an jedem Werktag, mindestens jedoch zweimal in der Woche erscheinen und einen aktuellen politischen Teil besitzen. Sonntagsausgaben von Tageszeitungen sind gleichermaßen Tageszeitungen (vgl. *Noelle-Neumann/Schulz/Wilke,* Publizistik/Massenkommunikation, S. 424; Löffler/*Altenhain,* BT JSchutz, JuSchG § 22 Rn. 16). Der Begriff der politischen Zeitschrift wurde gesetzlich nicht bestimmt. In der Demokratie ist der Begriff des „Politischen" weit auszulegen und betrifft „die Beschäftigung mit den öffentlichen Angelegenheiten". Zu beachten ist, dass der Presse heute die öffentliche Aufgabe der Information, der Kritik und der Meinungsbildung zukommt (§ 3 LPG). Wirkt die Zeitschrift bei der Erfüllung dieser öffentlichen Funktion der Presse mit, dann trägt sie zur politischen Willensbildung bei und gehört zur politischen Presse.

4. Mit § 22 Abs. 2 JuSchG wurde die Option der Dauerindizierung auch auf Telemedien **32a** erstreckt, da sich das Indizierungsverfahren bei Telemedien häufig als zu schwerfällig erwiesen hatte und weil Telemedien zu schnellen Änderungen unterliegen. Auch große Veränderungen des Telemedium ändern nichts an der Identität des Telemediums, solange es sich ausweislich der identischen IP-Adresse oder Internet-Domain um das gleiche Telemedium handelt (vgl. Löffler/*Altenhain,* BT JSchutz, JuSchG § 22 Rn. 19 f.). Gemäß § 22 Abs. 2 S. 2 JuSchG gilt die Ausnahme für Tageszeitungen und politische Zeitschriften entsprechend. Dazu zählen nicht nur die Online-Ausgaben von Tageszeitungen und politische Zeitschriften, sondern auch die Angebote von anderen Telemedien, die sich überwiegend mit politischen Themen beschäftigten (vgl. Löffler/*Altenhain,* BT JSchutz, JuSchG § 22 Rn. 22).

IX. Zusammensetzung und Kompetenz der Bundesprüfstelle (§§ 17–19 JuSchG)

1. Neben den §§ 17–19 JuSchG ist vor allem die Durchführungsverordnung zum Jugendschutzgesetz vom 12.9.2003 (BGBl. I S. 1791) für das Verfahren vor der Bundesprüfstelle maßgeblich. **33**

Die für die Aufnahme in die Liste zuständige *Bundesprüfstelle für jugendgefährdende Medien* (BPjM – früher BPS) hat ihren Sitz in Bonn (§ 1 DVO JuSchG).

Ihre Aufgaben sind das Unterwerfen jugendgefährdender Medien unter strafbewehrte Verbote (vgl. §§ 18, 15, 21 JuSchG), die Förderung wertorientierter Medienerziehung, die Förderung der Selbstkontrolle von Gewerbetreibenden sowie die Sensibilisierung der Öffentlichkeit für Probleme des Jugendschutzes.

Der Vorsitzende der BPjM wird ebenso wie ein Teil der Beisitzer vom Bundesministerium für **33a** Familie, Senioren, Frauen und Jugend ernannt, wobei letztere gemäß § 19 Abs. 2 JuSchG von den Kreisen der Kunst und der Literatur, des Buchhandels und der Verlegerschaft, der Kirchen, der Jugendverbände, der Jugendwohlfahrt und der Lehrerschaft vorgeschlagen werden. Das Vorschlags- und Besetzungsverfahren ist in den §§ 19 und 20 JuSchG geregelt.

Da sich das Indizierungsverfahren sich unmittelbar auf die Kunstfreiheit auswirkt und dem Interesse an einer möglichst umfassenden Ermittlung aller bei der Indizierungsentscheidung zu beachtenden Gesichtspunkte dient, ist der Gesetzgeber verpflichtet, die Verfahrensvorschriften hinsichtlich der Zusammensetzung der BPjM rechtsförmlich festzulegen (vgl. BVerfGE 83, 130 (149, 152 f.)).

Die Mitglieder der BPjM sind an Weisungen nicht gebunden (§ 19 Abs. 4 JuSchG).

2. Die BPjM wird in der Regel auf *Antrag* tätig. Antragsberechtigt sind gemäß § 21 Abs. 2 **34** JuSchG unter anderem die obersten Jugendbehörden der Länder, die Landesjugendämter und

das Bundesministerium für Familie, Senioren, Frauen und Jugend. Die Voraussetzungen für das Tätigwerden *von Amts wegen* regelt § 21 Abs. 4 JuSchG. Dies ist vor allem der Fall, wenn eine nicht *antrags*berechtigte Behörde es *anregt*.

Die BPjM entscheidet in der Besetzung von zwölf Mitgliedern, wobei sich das Gremium aus dem Vorsitzenden, drei Beisitzern der Länder und je einem Beisitzer aus den oben genannten acht Kreisen (Kunst, Literatur etc) zusammensetzt. Bleiben zur Sitzung einberufene Beisitzer aus, so ist das Gremium auch in der Besetzung von mindestens neun Mitgliedern beschlussfähig, sofern dem verkleinerten Gremium mindestens 2 Beisitzer aus den Kreisen der Kunst, der Literatur, des Buchhandels oder der Verlegerschaft angehören (§ 19 Abs. 5 S. 2 JuSchG). Nicht ordnungsgemäß besetzt ist die BPjM, wenn ein Beisitzer zwar erscheint, sich jedoch nicht in der Lage sieht, an der Entscheidungsfindung mitzuwirken, weil ihm die erforderlichen Unterlagen vor der Sitzung nicht zugesandt wurden (vgl. BVerwG NJW 1989, 412 [zum GjS]). An der Entscheidung der BPjM darf auch ein Beisitzer mitwirken, der von dem Land ernannt wurde, das den Indizierungsantrag gestellt hat (vgl. BVerfG NJW 1977, 1411).

34a 3. Nach § 18 Abs. 8 JuSchG fällt die Indizierung von Filmen, die von der Landesbehörde oder einer Organisation der Freiwilligen Selbstkontrolle freigegeben wurden, nicht in den Kompetenzbereich der BPjM (vgl. → Rn. 18d). Alle anderen Filme hingegen sind auf jeden Fall einer Indizierung durch die BPjM zugänglich. Die Indizierung nach dem JuSchG kann dabei weiter gehende Vertriebs- und Werbeverbote (§ 15 JuSchG) oder ein totales Werbeverbot beinhalten (vgl. *Scholz* JÖSchG § 11 Anm. 8).

Ebenfalls nicht in den Kompetenzbereich fallen Rundfunksendungen und bereits gekennzeichnete Computerspiele. Daneben gehören auch die Beschlagnahme und die Einziehung von Medien nicht zum Tätigkeitsbereich der BPjM. Sie sind Aufgabe der Strafverfolgungsbehörden.

X. Das Verfahren vor der Bundesprüfstelle (BPjM). Der Verwaltungsrechtsweg (§§ 19, 21–25 JuSchG)

35 1. Der Beschluss der BPjM, ein Trägermedium in die Liste aufzunehmen, bedarf einer Mehrheit von zwei Dritteln, mindestens aber von sieben der an der Entscheidung mitwirkenden Mitglieder der BPjM (§ 19 Abs. 6 JuSchG). Vor der Entscheidung ist, soweit möglich, dem Verleger und dem Verfasser des Trägermediums Gelegenheit zur Äußerung zu geben (§ 21 Abs. 7 JuSchG).

Die Ladung zum Verhandlungstermin muss den *Beteiligten* (vgl. § 4 DVO) zwei Wochen vor der Verhandlung zugehen. Gleichzeitig ist dem Verleger und dem Verfasser ein Abdruck der Antragsschrift beizufügen (§ 5 Abs. 2 S. 4 DVO). Die Mitglieder der BPjM (Vorsitzender und Beisitzer) können wegen Befangenheit abgelehnt werden (§ 6 DVO). Die mündliche Verhandlung ist nicht öffentlich. Die Beteiligten haben ein Recht auf Anwesenheit; sie können sich durch schriftlich bevollmächtigte Personen vertreten lassen (§ 7 DVO). Die anwesenden Beteiligten oder ihre Vertreter sind zu hören. Die Entscheidung wird im Anschluss an die geheime Beratung und Abstimmung verkündet (§ 9 DVO). Die schriftlich begründete Entscheidung ist den Beteiligten binnen zweier Wochen zuzustellen (§ 21 Abs. 8 JuSchG, § 9 Abs. 2 DVO).

36 2. Um zu verhindern, dass ein beanstandetes Trägermedium in der Zeit vor der formellen Verhandlung und Entscheidung der BPjM kurzfristig in großem Umfang vertrieben wird, ermächtigt § 23 Abs. 5 JuSchG die BPjM bei Bestehen einer solchen Gefahr zur *vorläufigen Aufnahme* in die Liste im vereinfachten Verfahren gemäß § 23 JuSchG. Zur Gefahr der massiven Verbreitung muss hinzukommen, dass die endgültige Anordnung der Aufnahme in die Liste „offensichtlich zu erwarten ist." Die vorläufige Anordnung wird von einem Dreiergremium, dem der Vorsitzende angehört, beschlossen und bedarf der Einstimmigkeit. Die vorläufige Anordnung tritt einen Monat, bei Fristverlängerung spätestens zwei Monate, nach ihrer Bekanntmachung außer Kraft, andernfalls mit der Bekanntmachung der endgültigen Entscheidung. Das Bundesverfassungsgericht hat die Verfassungsmäßigkeit dieses Verfahrens bestätigt (vgl. BVerfGE 36, 193 (203); AfP 1971, 158), wobei es das Erfordernis einer Anhörung des Verlegers oder Verfassers des Trägermediums verneinte. Das VG Köln hingegen sieht die BPjM auch in den Fällen der vorläufigen Anordnung zur Anhörung gemäß § 21 Abs. 7 JuSchG verpflichtet, sofern sie „möglich" ist (VG Köln NJW 1989, 417 [zum GjS]). Diese Norm sei, soweit sie die Anhörungspflicht auf das „Mögliche" beschränke, im Lichte moderner Kommunikationstechniken, wie zB Telefax und e-mail, auszulegen. Erfolge die Anhörung mit Hilfe solcher Mittel, könne der Zweck der Vorschrift des § 23 JuSchG, der BPjM eine rasche Beschlussfassung zu eröffnen, um die kurzfristige Verbreitung jugendgefährdender Trägermedien in großem Umfang zu verhindern, erreicht werden. Nach § 23 Abs. 6 JuSchG ist die vorläufige Anordnung mit der abschließenden Entscheidung der BPjM, spätestens aber nach Ablauf eines Monats aus der Liste zu streichen.

Nicht zu verwechseln mit der vorläufigen Listen-Aufnahme ist die (endgültige) Aufnahme **37** eines Trägermediums in die Liste im Weg des *vereinfachten Verfahrens* (§ 23 JuSchG, § 10 DVO). Es handelt sich um klare und einfache Fälle, bei denen die Voraussetzungen der Indizierung offenbar gegeben sind. Die Anordnung bedarf eines einstimmigen Beschlusses des Dreiergremiums. Gegen diese Entscheidung können die Betroffenen eine Entscheidung im regulären Verfahren beantragen (§ 25 Abs. 4 S. 2 Hs. 2 JuSchG).

3. Die Liste wird vom Vorsitzenden der BPjM geführt (§ 24 JuSchG). Stellt ein Gericht **38** rechtskräftig fest, dass ein Trägermedium pornographisch ist oder den in § 131 StGB (vgl. → Kap. 52 Rn. 18) bezeichneten Inhalt hat, nimmt der Vorsitzende die Schrift ohne besonderen Antrag in die Liste auf, doch sind die Betroffenen vorher zu hören (§ 18 Abs. 5 JuSchG). Entsprechendes gilt, wenn der Vorsitzende feststellt, dass ein Trägermedium (zB eine Neuauflage) ganz oder im Wesentlichen *inhaltsgleich* mit einem bereits in die Liste aufgenommenen Trägermedium ist (§ 21 Abs. 5 Nr. 1 JuSchG). Die Feststellung des Vorsitzenden über die Identität der Trägermedien unterliegt in vollem Umfang der verwaltungsgerichtlichen Nachprüfung (vgl. OVG Münster NJW 1973, 385; siehe auch VG Köln NJW 1989, 418 [jeweils zum GjS]).

4. Gegen eine für sie negative Entscheidung der BPjM können die Betroffenen unmittelbar **39** die *verwaltungsgerichtliche Klage* erheben (vgl. § 25 Abs. 1 und 2 JuSchG; zur Frage des Rechtsschutzes gegen Indizierungsentscheidungen der BPjM vgl. *Wente* ZUM 1991, 561 ff.). Die Klagefrist beträgt einen Monat, gerechnet von der Zustellung der Entscheidung der BPjM an den Betroffenen (§ 74 VwGO). Zuständig ist bei Entscheidungen der BPjM das Verwaltungsgericht Köln. Gegen dessen Urteil ist die Berufung an das Oberverwaltungsgericht Münster möglich, das bei negativer Entscheidung die Revision des Betroffenen an das Bundesverwaltungsgericht zulassen kann. Die Erhebung der Klage im Verwaltungsrechtsweg hat keine aufschiebende Wirkung (§ 25 Abs. 4 S. 1 JuSchG). Das Trägermedium bleibt in der Liste. Doch können die Verwaltungsgerichte auf Antrag die aufschiebende Wirkung anordnen (wegen des Streitwerts solcher Verfahren s. OVG Münster AfP 1972, 167).

XI. Die Strafvorschriften (§ 27 JuSchG, § 23 JMStV)

1. *Vorsätzliche* Zuwiderhandlungen gegen die Abgabe-, Vertriebs- und Werbeverbote des § 15 **40** JuSchG werden mit Freiheitsstrafe bis zu einem Jahr oder mit Geldstrafe bestraft (nach *Hoffmann* ZUM 1996, 483 ff., ist das Strafgericht an die Indexierungsentscheidung aber nicht gebunden).

Ein verbotenes Anpreisen im Sinne von §§ 27, 15 JuSchG kann vorliegen, wenn durch die BPjM indizierte internet-pages auf der eigenen Seite zusammengestellt werden und auf die Indizierung hingewiesen wird (vgl. AG Hamburg-Bergedorf NStZ-RR 2001, 27).

Die gleiche Strafe trifft den, der die Liste zum Zweck der geschäftlichen Werbung abdruckt oder veröffentlicht. Handelt der Täter *fahrlässig,* so ist die Strafe Freiheitsstrafe bis zu sechs Monaten oder Geldstrafe bis zu 180 Tagessätzen (§§ 27 Abs. 3 JuSchG, 40 StGB).

2. Ein Straftatbestand entfällt, wenn das Trägermedium dem Kind oder Jugendlichen von **41** einem *Personensorgeberechtigten* (zB den Eltern) zugänglich gemacht wird (§ 27 Abs. 4 JuSchG). Diese Privilegierung im Hinblick auf Art. 6 GG gilt nicht, wenn der Sorgeberechtigte seine ihm – ebenfalls nach Art. 6 GG obliegende – Erziehungspflicht dadurch *gröblich* verletzt (§ 27 Abs. 4 S. 2 JuSchG).

3. Nach § 23 JMStV wird gleichermaßen mit Freiheitsstrafe bis zu einem Jahr oder mit Geldstrafe bestraft, wer entgegen § 4 Abs. 2 S. 1 Nr. und S. 2 JMStV Angebote verbreitet oder zugänglich macht, die offensichtlich geeignet sind, die Entwicklung von Kindern und Jugendlichen oder ihre Erziehung zu einer eigenverantwortlichen und gemeinschaftsfähigen Persönlichkeit unter Berücksichtigung der besonderen Wirkungsform des Verbreitungsmediums zu gefähr-

den. Handelt der Täter fahrlässig, ist die Freiheitsstrafe bis zu sechs Monate oder die Geldstrafe bis zu 180 Tagessätze. § 23 JMStV gilt für alle im Inland begangenen Straftaten. § 23 JMStV ist ein abstraktes Gefährdungsdelikt (vgl. Spindler/Schuster/*Erdemir* JMStV § 23 Rn. 5; Binder/Vesting/*Schulz/Held* JMStV §§ 23/24 Rn. 8).

42 4. Zur Frage der *Verjährung* der in § 27 JuSchG aufgeführten Straftaten enthalten weder das JuSchG noch der JMStV Sonderbestimmungen. Es gelten deshalb die allgemeinen Bestimmungen des StGB zur Strafverjährung (§ 78 StGB), sofern nicht, wie zB bei Zuwiderhandlungen gegen das Vertriebsverbot des § 15 JuSchG, die kurze presserechtliche Verjährung des § 24 LPG Platz greift (vgl. → Kap. 49 Rn. 32 ff.; BGH NJW 1975, 1039; OLG Stuttgart AfP 1975, 109).

XII. Ordnungswidriges Handeln (§ 28 JuSchG, § 24 JMStV)

43 Wer vorsätzlich oder fahrlässig gegen die Hinweisverpflichtung oder Kennzeichnungspflichten verstößt, handelt ordnungswidrig und kann mit einer Geldbuße bis zu 50.000,– EUR belegt werden (vgl. → Rn. 21). Für den Presseangehörigen ist dabei insbesondere § 28 Abs. 1 Nr. 20 JuSchG von Bedeutung, nach welchem derjenige ordnungswidrig handelt, wer nicht auf die Vertriebsbeschränkungen des § 15 JuSchG hinweist, obwohl er dazu verpflichtet wäre.

Die in § 4 Abs. 2 S. 1 Nr. 1 und S. 2 JMStV enthaltenen Verbreitungsverbote stellen größtenteils auch Straftatbestände nach dem StGB dar (vgl. → Kap. 59 Rn. 13 ff. und 15 ff.). Nach § 24 Abs. 1 Nr. 2 und 3 JMStV sind sie trotzdem zugleich auch Ordnungswidrigkeiten. Nach § 21 Abs. 1 S. 1 OWiG wird zwar nur das Strafgesetz angewendet, wenn eine Handlung gleichzeitig Straftat und Ordnungswidrigkeit ist. Wird allerdings keine Strafe verhängt, kann die Tat jedoch nach § 21 Abs. 2 OWiG als Ordnungswidrigkeit geahndet werden. § 24 Abs. 1 JMStV erfasst im Gegensatz zu einigen Straftatbeständen zudem auch die fahrlässige Begehung (vgl. Binder/Vesting/*Schulz/Held* JMStV §§ 23/24 Rn. 5; KK-OWiG/*Mitsch* OWiG § 21 Rn. 2 f. und 19 f.; Göhler/*Gürtler* OWiG § 21 Rn. 1 und 23 ff.).

13. Abschnitt. Presse und Urheberrecht

Literatur:

Loewenheim, Handbuch des Urheberrechts, 2. Auflage, München 2010; *Fromm/Nordemann,* Urheberrecht, 12. Auflage, Stuttgart 2018; *Rehbinder,* Urheberrecht, 16. Auflage, München 2010; *Löffler,* Presserecht, 6. Auflage, München 2015; *Möhring/Nicolini,* Urheberrecht, 4. Auflage, München 2018; *Schricker/Loewenheim,* Urheberrecht, 6. Auflage, München 2020; *Schwartmann,* Praxishandbuch Medien-, IT- und Urheberrecht, 2. Auflage, München 2011; *Weberling,* Medienrechtliche Bedingungen und Grenzen des Roboterjournalismus, NJW 2018, 735; Raue/Hegemann, Münchener Anwaltshandbuch Urheber- und Medienrecht, München 2011.

61. Kapitel. Wesen und Entwicklung des Urheberrechts. Die nationalen und internationalen Rechtsquellen

I. Der Schutz des geistigen Eigentums

Das Urheberrecht als Element *geistigen Eigentums* sichert dem Werkschöpfer das ausschließliche Eigentumsrecht an den von ihm geschaffenen Werken der *Literatur,* der *Wissenschaft* und der *Kunst.* Sein Urheberrecht schützt ihn gegen Entwendung, Missbrauch und die Verletzung seiner geistigen Schöpfungen. Das geistige Eigentum wird nicht nur durch das *Urheberrechtsgesetz* (UrhG) und andere einfache Gesetze (va PatentG, DesignG), sondern auch durch die *Verfassung* gewährleistet (Art. 14 GG). Nach der Rechtsprechung des Bundesverfassungsgerichts (vgl. BVerfGE 49, 382ff.; 31, 229ff.; 31, 275ff.; GRUR 2001, 151; 2010, 416; NJW 2011, 288 (290)) ist das Werk des Urhebers und die darin verkörperte Leistung in vermögensrechtlicher Hinsicht als Eigentum im Sinn des Art. 14 GG anzusehen (vgl. Schwartmann/*Russ* Kap. 26 Rn. 2). 1

Fragen des Urheberrechts sind das *tägliche Brot der Presse.* Herausgeber und Redakteure, die den Publikationsstoff für die nächste Nummer ihrer Zeitung oder Zeitschrift erstellen, zusammenstellen und aufbereiten („redigieren"), erschaffen durch Bilder, Beiträge, Berichte, Interviews, Bewegtbilder und Grafiken eigene urheberrechtlich geschützte Werke und begegnen fremden Urheberrechten, die sie zu respektieren haben. 2

II. Die Entwicklung des Urheberrechts. Das geltende deutsche Urheberrecht

1. Der Verdienst, dem schöpferischen menschlichen Geist zur vollen Anerkennung verholfen zu haben, gebührt der Renaissance und der Aufklärung. Während in der Antike und im Mittelalter die geistige Schöpfung der Denker und Dichter als göttlicher Gnadenakt galt, wurde sich der Künstler der *Renaissance* der eigenen schöpferischen Leistung bewusst. Die Erfindung der Buchdruckerkunst um 1450 und das dadurch aufkommende Massenvervielfältigungsverfahren ließen das Buchdruckgewerbe aufblühen. Der Staat, der die wirtschaftliche Bedeutung des neuen Gewerbezweigs rasch erkannte, gewährte gegen entsprechende Gebühren durch Erteilung von *Druckprivilegien* Rechtsschutz gegen unerlaubten Nachdruck. Doch kam dieser Schutz hauptsächlich dem Drucker bzw. Verleger und nur in Ausnahmefällen dem Autor zugute (vgl. Loewenheim/*Loewenheim/Vogel* § 2 Rn. 2ff.). 3

2. Den entscheidenden Fortschritt brachte die *Aufklärung.* Sie hat die Idee des geistigen Eigentums zuerst erfasst und rechtlich begründet. Mit der praktischen Verwirklichung des Urheberrechts ging auch hier, wie bei der Beseitigung der Zensur, die englische Welt voran: Ein Gesetz von 1709 gewährte dem Autor das ausschließliche Recht der Drucklegung seines Werkes. 4

3. Im Zuge der *Reichsgründung* von 1870 wurde auch in Deutschland der Schutz des literarischen und künstlerischen Eigentums durch Gesetze von 1870 und 1876 reichseinheitlich geregelt und die vorangegangene landesrechtliche Regelung (so 1837 in Preußen) abgelöst. Der fortschreitenden technischen Entwicklung suchte man zu Beginn des 20. Jahrhunderts durch zwei 5

grundlegende Gesetze Rechnung zu tragen, die bis zum 31.12.1965 in Kraft blieben: Die literarischen Werke erhielten Schutz durch das *Literatur-Urhebergesetz (LUG)* vom 19.6.1901 (RGBl. S. 227) und die Werke der bildenden Künste und der Fotografie durch das *Kunst-Urhebergesetz (KUG)* vom 9.1.1907 (RGBl. S. 7; zu dessen heute noch gültigen Regelungen, die den Schutz von Bildnissen betreffen, vgl. Kap. 43 und → Kap. 63 Rn. 34 ff.; zur Geschichte des Urheberrechts eingehend Schricker/Loewenheim/*Vogel* Einl. Rn. 108 ff.; Loewenheim/*Loewenheim/Vogel* § 2 Rn. 1 ff.).

6 4. Die ständig fortschreitende technische Entwicklung auf dem Gebiet der Kommunikation, insbesondere das Aufkommen von Rundfunk und Film ließen die Urheberrechtsgesetze der Jahre 1901 bzw. 1907 mehr und mehr als veraltet erscheinen. Nach langer Vorarbeit trat am 1.1.1966 das *Gesetz über das Urheberrecht und verwandte Schutzrechte (Urheberrechtsgesetz)* vom 9.9.1965 (BGBl. I S. 1273) in Kraft, das erstmals in der Geschichte des deutschen Urheberrechts eine erschöpfende Regelung der gesamten Materie enthielt. Das UrhG von 1965 erstreckt sich auf die Werke der Literatur und der Wissenschaft, der Musik und der Tanzkunst, aber auch auf die bildende Kunst sowie die Baukunst. Geregelt wird außerdem das Urheberrecht auf dem Gebiet der Fotografie, des Films, des Hörfunks und des Fernsehens sowie der Tonträger. Eine eingehende Regelung fanden auch die Leistungsschutzrechte, insbesondere die Rechte der ausübenden Künstler sowie wichtige Gebiete des Urhebervertragsrechts. Ergänzt wurde das UrhG durch das gleichzeitig in Kraft getretene *Wahrnehmungsgesetz* vom 9.9.1965 (BGBl. I S. 1294), das die Rechte der *Verwertungsgesellschaften* regelt.

7 5. Der technische Fortschritt machte immer wieder *Gesetzesänderungen* notwendig. Durch die Novelle vom 24.6.1985 (BGBl. I S. 1137) wurden Computerprogramme den geschützten Sprachwerken des § 2 Abs. 1 Nr. 1 UrhG gleichgestellt. Für die *öffentliche Wiedergabe* geschützter Werke wurde grundsätzlich eine angemessene *Vergütungspflicht* eingeführt (§ 52 UrhG). Das Recht der *Aufnahme auf Tonträgern* sowie das *Fotokopier- bzw. Geräteabgabenrecht* (§§ 53 f., 54 UrhG) wurden neu geregelt. Es wurde eine umfassende Vergütungspflicht eingeführt, der nicht nur Hersteller und Importeure, sondern auch Großbetreiber von Fotokopieranlagen (Bibliotheken) unterliegen. Die Schlechterstellung der künstlerischen Fotografie gegenüber anderen Werken wurde Mitte der 90er Jahre in Umsetzung von europarechtlichen Harmonisierungsvorgaben beseitigt (vgl. *Nordemann/Mielke* ZUM 1996, 214 ff.). Auf gleicher Basis wurden zusätzliche Regelungen für Computerprogramme (§§ 69a ff. UrhG) und Datenbanken (§§ 4, 87a ff. UrhG) geschaffen. Außerdem wurden die Regelungen über die Vergütungspflichten für Vervielfältigungen im Wege der Ablichtung bzw. Aufzeichnung auf Bild- und Tonträger neu gefasst. Gleiches gilt für Schutzrechte bei Vermiet- und Verleihrechten und beim Kabel- und Satellitenrundfunk (vgl. Löffler/*Berger* BT UrhR Rn. 8 mwN). In den Jahren 2002 und 2003 hat der Gesetzgeber die vertragliche *Stellung der Urheber und ausübenden Künstler gestärkt* (§§ 32, 32a, 73 ff. UrhG), gleichzeitig aber auch das öffentliche Zugänglichmachen neu gefasst und ein Regelwerk für technische Schutzmaßnahmen eingeführt. Mit dem am 1.1.2008 in Kraft getretenen Zweiten Gesetz zur Regelung des Urhebergesetzes in der Informationsgesellschaft vom 26.10.2007 (BGBl. I S. 2513) wurde die Privatkopie durch Einführung einer Pauschalabgabe für Geräteproduzenten reformiert. Zudem gestattete der Gesetzgeber durch Streichung des früheren § 31 Abs. 4 UrhG, vertragliche Verpflichtungen über die Verwertung urheberrechtlich geschützter Werke über bei Vertragsschluss unbekannten Nutzungsarten einzugehen (vgl. hierzu BVerfG ZUM 2010, 235 ff.). Zu den wichtigsten Neuerungen des Gesetzes zur Verbesserung der Durchsetzung der Rechte des geistigen Eigentums vom 7.7.2008 zählte die Ausweitung der Urhebervermutung in § 10 UrhG, eine Ausweitung des Auskunftsanspruchs gemäß § 101 UrhG, die Schaffung eines Anspruchs auf Vorlage und Besichtigung zur Sicherung von Beweismitteln gemäß § 101a UrhG sowie eines in § 101b UrhG geregelten Anspruchs auf Zugang zur Vorbereitung von Schadensersatzansprüchen (vgl. dazu insgesamt *Czychowski* GRUR-RR 2008, 265 ff.; Loewenheim/*Loewenheim/Vogel* § 2 Rn. 16 ff.). Durch das Gesetz zur verbesserten Durchsetzung des Anspruchs der Urheber und ausübenden Künstler auf angemessene Vergütung und zur Regelung von Fragen der Verlegerbeteiligung vom 20.12.2016 (BGBl. I S. 2037) wurde eine Modifikation des Urhebervertragsrechts sowie eine Verlegerbeteiligung am Aufkommen der Urheber aus der Geräte- und Speichermedienvergütung festgeschrieben. Am 1.9.2017 wurde das Gesetz zur Angleichung des Urheberrechts an die aktuellen Erfordernisse der Wissensgesell-

schaft verabschiedet (BGBl. I S. 3346). Nach heftigen Auseinandersetzungen über die Einführung eines Presseverlegerleistungsschutzrechts, die Verlegerbeteiligung am Vergütungsaufkommen der Urheber aus gesetzlichen Vergütungsansprüchen und über bestimmte Nutzungen geschützter Inhalte durch Online-Dienste wurde am 26.3.2019 die Richtlinie (EU) 2019/790 des Europäischen Parlaments und des Rates vom 17.4.2019 über das Urheberrecht und die verwandten Schutzrechte im digitalen Binnenmarkt und zur Änderung der Richtlinien 96/9/EG und 2001/29/EG (DSM-RL nach der englischen Kurzform Directive on Copyright in the Digital Single Market) verabschiedet. Am 17.5.2019 wurde die Richtlinie (EU) 2019/789 des Europäischen Parlaments und des Rates vom 17.4.2019 mit Vorschriften für die Ausübung von Urheberrechten und verwandten Schutzrechten in Bezug auf bestimmte Online-Übertragungen von Sendeunternehmen und die Weiterverbreitung von Fernseh- und Hörfunkprogrammen und zur Änderung der Richtlinie 93/83/EWG des Rates veröffentlicht (Schricker/Loewenheim/*Vogel* Einl. UrhG Rn. 149 f.). Die DSM-RL muss bis zum 7.6.2021 in nationales Recht umgesetzt werden. Die Bundesregierung hat dafür am 12.2.2021 ein beschleunigt durchzuführendes Gesetzgebungsverfahren für ein Gesetz zur Anpassung des Urheberrechts an die Erfordernisse des digitalen Binnenmarkts eingeleitet (vgl. Vorblatt BR-Drs. 142/21).

III. Das internationale Urheberrecht

1. Zu den Quellen des geltenden Urheberrechts gehört auf Grund der geistigen Verflechtung der Kulturwelt auch das *internationale Urheberrecht,* das den Urhebern Rechtsschutz über die Grenzen des eigenen Landes hinaus gewährt. Die Bundesrepublik Deutschland ist wie die große Mehrheit aller Staaten Vertragspartner der einschlägigen völkerrechtlichen Abkommen. **8**

2. Das Fundament des internationalen Urheberrechts bildet die *Berner Union.* Sie ist ein *Staatenverband* mit eigener Rechtspersönlichkeit, zu dem sich erstmals 1886 eine Reihe von Staaten im Wege eines mehrseitigen völkerrechtlichen Vertrags zusammenschloss, um dem geistigen Eigentum der Urheber über die nationalen Grenzen hinaus Schutz zu gewähren. Auf den Revisionskonferenzen von Berlin (1908), Rom (1928), Brüssel (1948), Stockholm (1967) und Paris (1971) wurde der internationale Rechtsschutz der „Berner Union" ständig verbessert. Für alle 178 Mitgliedstaaten der Berner Union (Stand am 11.2.2020; vgl. http://www.wipo.int/treaties/en/ShowResults.jsp?lang= en&treaty_id=15, zuletzt abgerufen am 21.4.2020, gilt die sogenannte *„Revidierte Berner Übereinkunft"* (RBÜ), die zuletzt auf der Pariser Revisionskonferenz (1971) überarbeitet, von der Bundesrepublik durch Gesetz vom 17.8.1973 (BGBl. II S. 1096) ratifiziert worden und am 10.10.1974 in Kraft getreten ist. Eine zusätzliche Bedeutung erhielt die RBÜ durch das *TRIPS-Übereinkommen,* welches als Teilübereinkommen des WTO-Vertrages seit 1.1.1995 (BGBl. II S. 1730) gilt und seine Vertragsstaaten durch Einbeziehung der in der RBÜ enthaltenen Mindestrechte zur Einhaltung eines hohen urheberrechtlichen Schutzniveaus verpflichtet. Die Standards der RBÜ werden durch diesen im TRIPS-Abkommen gewählten „Bern-plus"-Ansatz damit praktisch zur Bedingung einer Teilnahme am Welthandel gemacht (vgl. *Katzenberger* GRUR Int. 1994, 447; *Dünnwald* ZUM 1996, 725). **9**

3. Der WIPO-Urheberrechtsvertrag *(WIPO Copyright Treaty, WCT)* ist ein 1996 von der Weltorganisation für geistiges Eigentum (WIPO) verabschiedetes Sonderabkommen iSd Art. 20 der RBÜ. Er bildet den Rahmen für die Anpassung der nationalen Urheberrechtsgesetze an die Anforderungen digitaler Netzmedien. Dieses internationale Übereinkommen trat am 6.3.2002 in Kraft und gilt in 107 Staaten (Stand: 15.9.2020). Die Umsetzung des WCT erfolgte auf europäischer Ebene durch die Informationsgesellschaftsrichtlinie 2001/29/EG vom 22.5.2001, die durch das Gesetz zur Regelung des Urheberrechts in der Informationsgesellschaft vom 13.9.2003 (vgl. *Dreier* ZUM 2002, 28) in deutsches Recht umgesetzt wurde. **10**

4. Um dem Urheber internationalen Rechtsschutz zu gewähren, enthalten sowohl die RBÜ (Art. 5) als auch das *TRIPS-Abkommen* (Art. 3) und das *WCT* (Art. 2) das Prinzip der *Inländerbehandlung.* Danach genießen Urheber, die einem der Mitgliedsländer angehören, in allen anderen Mitgliedsländern den gleichen Urheberrechtsschutz wie deren eigene Staatsangehörige. Außerdem werden den Angehörigen von Mitgliedsländern der Berner Union, des *TRIPS* und des *WCT* in allen Mitgliedstaaten Mindestrechte garantiert wie zB der Schutz von Übersetzungen und Fotografien sowie eine gewisse Mindestdauer der Schutzrechte. Ferner normieren die **11**

Staatsverträge eine Mindestschutzdauer und die Entbehrlichkeit von Formalien für die Begründung des Urheberrechtsschutzes.

12 5. Unter den internationalen Abkommen zum Schutz der Leistungsschutzrechte, an denen die Bundesrepublik beteiligt ist, kommt dem *Rom-Abkommen* vom 26.10.1961 (BGBl. 1965 II S. 1243; 1966 II S. 1473) besondere Bedeutung zu. Das Abkommen dient dem Schutz der *ausübenden Künstler,* der Hersteller von *Tonträgern* und der *Sende-Unternehmen,* denen Mindestrechte garantiert werden. Durch die Sicherung dieser *Leistungsschutzrechte* (vgl. → Kap. 64 Rn. 1 ff.) will jedoch das Rom-Abkommen den auf diesem Gebiet bereits bestehenden inländischen Urheberrechtsschutz nicht beeinträchtigen. Ähnlich wie die RBÜ geht das Rom-Abkommen vom Prinzip der Inländerbehandlung aus. *Leistungsschutzrechte des Filmproduzenten* werden vom Rom-Abkommen nicht erfasst.

13 6. Für den Bereich der Leistungsschutzrechte für ausübende Künstler und Tonträgerhersteller hat im Rahmen der WIPO der *WIPO Performances and Phonograms Treaty (WPPT)* den internationalen Schutz dieser Schutzrechte zum Gegenstand. Der *WPPT* trat am 20.5.2002 in Kraft und gilt derzeit für 94 Staaten (Stand: Dezember 2014). Neben der Normierung eines Inländergleichbehandlungsgrundsatzes sieht der WPPT gewisse Mindestrechte vor, insbesondere ausschließliche Rechte der Verbreitung, Vermietung und der öffentlichen Zugänglichmachung. Ferner normiert der Staatsvertrag den Schutz der Rechte mittels technischer Maßnahmen und enthält Bestimmungen zu Rechteverwaltungsinformationen. Von besonderer Bedeutung sind ferner die im WPPT enthaltenen Regelungen zu den Persönlichkeitsrechten der ausübenden Künstler. Durch das Gesetz zur Regelung des Urheberrechts in der Informationsgesellschaft vom 23.9.2003 wurde das Urheberrechtsgesetz an diese Anforderungen angepasst und im Zuge dessen insbesondere das Recht der ausübenden Künstler neu gestaltet (vgl. §§ 73 ff. UrhG).

14 7. Die ehemalige DDR hatte sich ein eigenes Urheberrecht (vom 13.9.1965) gegeben, das – wie das UrhG – am 1.1.1966 in Kraft trat (GBl. 1965 S. 209). Das Urheberrechtsgesetz der DDR umfasste auch die Regelung der Leistungsschutzrechte, den Schutz von Bildnissen, Briefen und Tagebüchern, den Titelschutz und das gesamte Urhebervertragsrecht. Diesbezüglich wurden *Vertragsmuster* entwickelt, vor allem für Mindest- und Höchsthonorare, die für allgemein verbindlich erklärt werden konnten. Die Schutzfrist betrug 50 Jahre ab dem Tod des Autors.

Das gesamte Urheberrecht der DDR wurde gemäß Art. 8, 11 des *Einigungsvertrages* (BGBl. 1990 II S. 885) mit Wirkung vom 3.10.1990 aufgehoben und durch das Urheberrecht der Bundesrepublik Deutschland ersetzt. Nach den hierzu erlassenen Überleitungsvorschriften gelten auch für die Frage des Bestehens und des Umfangs von Urheber- und Leistungsschutzrechten aller Werke und Leistungen der Vergangenheit, sowie der Dauer von vor der Wiedervereinigung übertragenen Nutzungsrechten in den neuen Bundesländern nunmehr die Regelungen des UrhG. Ein Vertrauensschutz, die nach dem Recht der DDR gemeinfreien Werke nutzen zu können, bestand lediglich für Nutzungshandlungen, die bis zum 1.7.1990 eingeleitet waren. Der nach dem Recht der DDR unter den „Schutz der Nation" gestellte literarische Nachlass bedeutender Künstler kann weiter durch die Deutsche Akademie der Künste verwaltet werden, wenn die Rechtsnachfolger der betreffenden Schriftsteller damit einverstanden sind, was tatsächlich der Fall war (vgl. Rehbinder S. 21; zur Fortgeltung der völkerrechtlichen Verträge der DDR auf dem Gebiet des Urheberrechts vgl. *Haupt* ZUM 1992, 285; BGH NJW 1993, 259).

15 8. Das Europäische Gemeinschaftsrecht hat auf das deutsche Urheberrecht in vielfältiger Weise eingewirkt. Seit Beginn der 1990er Jahre sind knapp ein Dutzend Richtlinien zur Urheberrechtsharmonisierung erlassen und in deutsches Recht umgesetzt worden, darunter ua die Richtlinie über den Rechtsschutz von Computerprogrammen (91/250/EWG v. 14.5.1991), die Richtlinie zum Vermiet- und Verleihrecht (92/100/EWG v. 19.11.1992), die Richtlinie betreffend Satellitenrundfunk und Kabelverbreitung (93/83/EWG v. 27.9.1993), die Richtlinie 2006/116/EG vom 12.12.2006 über die Schutzdauer des Urheberrechts und bestimmter verwandter Schutzrechte, die Richtlinie über den rechtlichen Schutz von Datenbanken (96/9/EG v. 11.3.1996), die Richtlinie über den elektronischen Geschäftsverkehr (2000/31/EG v. 8.6.2000), die Richtlinie zur Harmonisierung bestimmter Aspekte des Urheberrechts und der verwandten Schutzrechte in der Informationsgesellschaft (2001/29/EG v. 22.5.2001) sowie die Richtlinie über das Folgerecht des Urhebers (2001/84/EG v. 27.9.2001) (siehe dazu ausführlich Loewenheim/*v. Lewinski* § 54). Die Richtlinie 2004/48/EG des Europäischen Parlaments und des Rates vom 29.4.2004 zur Durchsetzung der Rechte des geistigen Eigentums (ABl. L 157, S. 45) normiert die Rechtsfolgen bei Schutzrechtsverletzungen und erweitert den Bestand an Verletzungsfolgen. Mit der Richtlinie 2007/65/EG des Europäischen Parlaments und des Rates vom 11.12.2007 wurde die Herstellung und Verbreitung von Fernsehprogrammen harmonisiert (vgl. im einzelnen *Leitgeb* ZUM 2006, 837 ff.). Der deutsche Gesetzgeber hat das europäische Sekundärrecht umgesetzt, so dass ein grundsätzlich möglicher Rückgriff auf diese Richtlinien nur im Einzelfall bei einer etwaigen Schlecht- oder Falschumsetzung in Betracht kommt (vgl. Raue/Hegemann/*Albin* § 5 Rn. 31).

62. Kapitel. Die urheberrechtlich geschützten Werke. Der Urheber und seine Rechte

I. Die urheberrechtlich geschützten Werke

1 1. Grundsätzlich genießen alle individuellen geistigen Schöpfungen auf dem Gebiet der *Literatur, Wissenschaft und Kunst* vollen Urheberrechtsschutz (§ 1 UrhG). Im Hinblick auf die in ständigem Fluss befindliche technische und wissenschaftliche Entwicklung zählt das Gesetz (§ 2 UrhG) die geschützten Werkarten nicht erschöpfend, sondern nur *beispielhaft* („insbesondere") auf und lässt damit einer künftigen Ausdehnung des Schutzes auf neue Werkformen freien Raum (zu den einzelnen Werkarten – Sprachwerke, Schriftwerke, Lichtbildwerke, Filmwerke, Fernsehwerke, Bearbeitungen – → Rn. 7 ff.).

2 2. Das Gesetz fordert nach der Legaldefinition des § 2 Abs. 2 UrhG für den Begriff des (geschützten) *Werkes* eine *„persönliche geistige Schöpfung"*. Ein Werk muss das Ergebnis individuellen geistigen Schaffens sein (vgl. BGHZ 9, 268; NJW-RR 2002, 1568 (1569); EuGH K&R 2009, 707 (708)). Auch wenn eine bloße Wiedergabe etwas bereits Geschaffenen keinesfalls ausreichen wird, muss es sich hierbei jedoch auch nicht um etwas objektiv völlig Neues handeln (vgl. BGH GRUR 1985, 1046). Vielmehr reicht die subjektive Neuheit aus Sicht des Urhebers aus (vgl. KG Berlin GRUR-RR 2002, 49 (50)). Die schöpferische Individualität der Leistung kann sich entweder aus dem *Inhalt* oder aus der *Form* des Werkes oder aus der besonderen Verbindung von Form und Inhalt ergeben. Das Werk entsteht durch den *Realakt der Schöpfung.* Der Rechtsschutz tritt abweichend vom Patent- oder Markenrecht ohne Erfüllung von Formalitäten sofort ein. Ob ein Werk das erforderliche Mindestmaß einer geistig-schöpferischen Leistung, die sogenannte *Gestaltungshöhe,* erreicht, bestimmt sich nach dem Gesamteindruck der konkreten Ausführung im Vergleich zu vorbestehenden Gestaltungen (vgl. OLG Brandenburg GRUR-RR 2010, 273; im Einzelnen Fromm/Nordemann/*A. Nordemann* UrhG § 2 Rn. 30 ff. mwN). Der Werkbegriff setzt kein ganzes oder fertiges Werk voraus. Auch *Werkteile* und *Werkentwürfe* sind schutzfähig (vgl. LG München I AfP 2007, 156, für Zeitungsartikel; OLG Köln GRUR-RR 2010, 143 (144), für Interviewäußerungen). Auf die wissenschaftliche, künstlerische oder moralische Qualität des Werkes kommt es nicht an.

3 a) Wo die individuelle, schöpferische Leistung fehlt und eine vorwiegend *mechanische* Tätigkeit entfaltet wird, wie etwa beim Zusammenstellen von Warenverzeichnissen, Flugplänen, Theaterzetteln und ähnlichen Verzeichnissen, entfällt der Werkcharakter und damit der Urheberrechtsschutz. Doch ist die Grenze fließend. Hat der Urheber bei der Sichtung und Anordnung des Stoffes eine eigene geistige Tätigkeit entfaltet, dann bejaht die Rechtsprechung seit langem den Werkcharakter im Sinne der so genannten „kleinen Münze" des Urheberrechts. Unter diesem Begriff versteht man diejenigen Gestaltungen, die ein absolutes Minimum an Gestaltungshöhe besitzen. Anerkannt wurde dies bei der Aufstellung bestimmter Spielregeln (vgl. BGH UFITA 36, 229), bei Sammlungen von Kochrezepten, Werbetexten, thematischen Veranstaltungskalendern und einfachen musikalischen Potpourris oder gar Klingeltöne für Mobiltelefone (vgl. BGH NJW 2009, 774; GRUR 1995, 581; NJW 1992, 689; GRUR 1991, 533). Durch den über europarechtliche Vorgaben eingeführten Schutz von Computerprogrammen (§ 69a UrhG) und Datenbanken (§§ 4, 87a UrhG) hat mittlerweile auch der Gesetzgeber das Prinzip der „kleinen Münze" anerkannt und bietet urheberrechtlichen Schutz in Fällen geringer Gestaltungshöhe. *Plakate* (vgl. LG München UFITA 57, 339), *Zeitungsinserate* (vgl. RG RGZ

127, 206 ff.), einfache Gedichte und Boulevardtheaterstücke (vgl. Loewenheim/*A. Nordemann* UrhG § 9 Rn. 19) können ebenfalls schutzfähige Werke iSd § 2 Abs. 2 UrhG sein. Dasselbe gilt für die bei Gericht eingereichten *Anwaltsschriftsätze,* wenn sie den Rang einer individuellen schöpferischen Leistung haben (vgl. BGH GRUR 1986, 739 (741); OLG Düsseldorf NJW 1989, 1162; OLG München NJW 2008, 768; OLG Brandenburg GRUR-RR 2010, 273, zur Schutzfähigkeit eines Mustervertrags). Dies kann bei der Gerichtsberichterstattung relevant werden.

4 b) Bei *wissenschaftlichen Werken* ergibt sich eine Besonderheit. Die freie Entwicklung der Wissenschaft macht es notwendig, dass am wissenschaftlichen *Inhalt* eines Werkes kein Ausschließlichkeitsrecht bestehen kann. Mit gutem Grund gewährt deshalb der BGH bei Werken der Wissenschaft nur bei schöpferischer Art der *Darstellung* urheberrechtlichen Schutz des Werkes (vgl. BGH GRUR 1981, 352). Doch kann eine wissenschaftliche Arbeit auch im Hinblick auf das Sichten und Sammeln des Stoffes Urheberschutz genießen (vgl. BGH GRUR 1986, 739; 1980, 230; OLG München AfP 2008, 79 (80)).

5 c) Weil es an der geistigen Leistung des schöpferischen *Menschen* fehlt, bringt die mechanische Tätigkeit des *Computers* kein urheberrechtliches Werk hervor (vgl. Löffler/*Berger* BT UrhR Rn. 23). Dagegen kann die Leistung des Programmierers urheberrechtlichen Schutz erlangen. Voraussetzung ist, dass es sich bei der Erarbeitung der Software um eine persönliche geistige Schöpfung handelt, § 2 Abs. 1 Ziff. 1, §§ 69a ff. UrhG.

5a Für den Bereich des Journalismus entwickeln zahlreiche Unternehmen Computerprogramme, die anhand von vorher präzise festgelegten Parametern auf der Basis von eingegebenen Daten Textmeldungen produzieren, sog. „Journalismusroboter". Inhalt, Art, Ausrichtung, Sprache und Zielsetzung der computergenerierten Meldung resultieren allerdings ausschließlich auf der Basis der vom Programmersteller und/oder -nutzer vorgegebenen Parametern bzw. deren maschineller Fortentwicklung durch maschinell registriertes Nutzerverhalten sowie der damit verbundenen Fortentwicklung auf der Basis als erfolgreich erkannter Textmuster und aus den vom Programmnutzer eingegebenen oder aus dem Internet zusammengetragenen Informationen. Tritt demnach an die Stelle der menschlichen Kreativität die mechanische Tätigkeit einer Maschine oder eines Computers entsteht dabei kein urheberrechtliches Werk. Produkte von Journalismusrobotern sind demnach keine urheberrechtlich geschützten Werke. Ein Medienunternehmen kann für aus diesen Produkten zusammengestellte Online-Angebote auch kein Leistungsschutzrecht gem. § 87f Abs. 1 UrhG beanspruchen, da das Leistungsschutzrecht gem. § 87f Abs. 2 S. 1 UrhG nur ein aus journalistischen Beiträgen zusammengestelltes Online-Angebot schützt und keine Zusammenstellung computergenerierter Produkte (vgl. *Weberling* NJW 2018, 735 ff. (738) jeweils mwN).

6 d) Als Werk geschützt wird nur das *Ergebnis* des geistigen Schaffens, nicht dagegen die Arbeitsmethode, die aufgewandte Mühe (vgl. OLG Hamburg ZUM 1997, 1931) oder die Verfahrenstechnik (BGHZ 18, 175, vgl. im Einzelnen *Oechsler* GRUR 2009, 1101 ff.). Auch die *reine Idee* ist nicht schutzfähig, solange sie sich nicht in sinnlich wahrnehmbarer Weise verkörpert hat, da abstrakte Gedanken prinzipiell im Interesse der Allgemeinheit frei bleiben müssen (vgl. BGH GRUR 2011, 134; 2003, 876 (878); OLG Köln GRUR-RR 2010, 147 (148) – siehe in diesem Zusammenhang auch § 69a Abs. 2 S. 2 UrhG, welcher dies bezüglich der Grundlagen von Computerprogrammen ausdrücklich bestimmt). Auch Entdeckungen und wissenschaftliche Erkenntnisse sind keine Schöpfungen iSd § 2 UrhG.

7 3. Die *einzelnen geschützten Werkarten* aus dem Gesamtbereich der Literatur, Wissenschaft und Kunst (§ 1 UrhG) werden vom Gesetz (§ 2 UrhG) bei ihrer beispielhaften Aufzählung nach dem jeweiligen *Ausdrucksmittel* gegliedert. Ausdrucksmittel für geistige Schöpfungen sind in erster Linie die – mündlich und schriftlich – gestalteten *„Sprachwerke"*, bildnerische und plastische Kunstschöpfungen einschließlich der Werke der Baukunst, *Fotografien* und *Filmwerke,* aber auch Werke der Musik, der Pantomime und des Tanzes. Im Einzelnen führt das Gesetz (§§ 2–4 UrhG) an geschützten Werkarten beispielhaft die folgenden auf:

8 a) *Sprachwerke (Schriftwerke, Reden und Computerprogramme).* Unter Sprachwerken versteht das Gesetz (§ 2 Abs. 1 Ziff. 1 UrhG) zum einen Werke der schriftlich gestalteten Sprache, zum anderen aber auch Reden und Vorträge als mündliche Erscheinungsform.

9 (1) Zu den *Schriftwerken* gehören literarische und wissenschaftliche Schöpfungen aller Art wie Romane, Novellen, Aufsätze, Gedichte, Filmdrehbücher usw. Journalistische Arbeiten wie Be-

richte, Kommentare und Interviews sind regelmäßig urheberrechtlich geschützt. Die vielfältigen Möglichkeiten, ein Thema darzustellen, die fast unerschöpfliche Vielzahl der Ausdrucksmöglichkeiten führen dazu, dass ein journalistischer Artikel nahezu unvermeidlich die Individualprägung seines Autors erhält. Dies gilt nicht nur für Beiträge, in die die eigene Meinung des Autors einfließt, sondern auch für die reine Berichterstattung, da die Darstellung regelmäßig durch die individuelle Gedankenformung und -führung des Verfassers geprägt sein wird. Selbst soweit das nicht der Fall ist, kann sich eine individuelle Prägung immer noch aus der besonders geistvollen Form der Sammlung, Einteilung und Anordnung des dargebotenen Stoffs ergeben. Eine Grenze der Schutzfähigkeit ist erst dort zu ziehen, wo es sich um kurze Artikel rein tatsächlichen Inhalts handelt, etwa um kurze Meldungen oder Informationen (vgl. KG Berlin GRUR-RR 2004, 228 (230); Fromm/Nordemann/*A. Nordemann* UrhG § 2 Rn. 121; Schricker/Loewenheim/*Loewenheim/Leistner* UrhG § 2 Rn. 142). Auch *Werbesprüche* können in seltenen Fällen bei individueller geistiger Leistung hiernach ebenso Urheberrechtsschutz genießen (vgl. BGH GRUR 1997, 460 f.; 1966, 691; OLG Frankfurt a. M. AfP 1987, 423; LG München I ZUM 2001, 722) wie Spiel- und Gewinnpläne von Spielautomaten (vgl. OLG Düsseldorf GRUR 1990, 263) und Bedienungsanleitungen für technische Geräte (vgl. BGH NJW 1992, 689). *Nachrichten und Tagesneuigkeiten* als solche stellen keine persönlichen geistigen Schöpfungen dar und können urheberrechtlich daher nicht monopolisiert werden (vgl. OLG Hamburg GRUR 1978, 307). Die *Art und Weise der Darstellung* von Nachrichten und Tagesneuigkeiten kann allerdings wiederum urheberrechtlich schutzfähig sein (die Benutzung ist nach § 49 Abs. 2 UrhG unter bestimmten Umständen jedoch frei). Das gilt ebenso bei recherchierten Reportagen, die ebenfalls nur in ihrer Art und Weise der Darstellung ein solches Schutzrecht begründen können, während der tatsächliche Inhalt mangels *eigenschöpferischen Gehalts* gemeinfrei bleibt (vgl. LG Frankfurt a. M. ZUM 1994, 438). Der *Titel einer Druckschrift* kann Urheberrechtsschutz genießen, sofern er eine individuelle geistige Schöpfung darstellt. Die Kürze des Titels wird dem allerdings regelmäßig entgegenstehen (vgl. BGH NJW 1989, 391). Hier kommt allerdings ein Schutz als Werktitel nach § 5 Abs. 3 MarkenG in Betracht, da sich der kennzeichenrechtliche Werkbegriff vom urheberrechtlichen Werkbegriff unterscheidet. Voraussetzung für den kennzeichenrechtlichen Schutz ist insbesondere die hinreichende Unterscheidungskraft des Titels.

(2) *Reden und Vorträge* rechnen dann zu den geschützten Sprachwerken (§ 2 Abs. 1 Ziff. 1 **10**
UrhG), wenn sie im Sinne einer schöpferischen Leistung gestaltet sind, was beim lockeren Gespräch des Alltags nicht der Fall ist. Schriftliche Fixierung ist nicht erforderlich. Auch ein *Interview* ist in der Regel ein individuell gestaltetes Sprachwerk (vgl. LG Hamburg UFITA 54, 324). Urheber ist auch der die Formulierung des Interviews Gestaltende (vgl. OLG Köln GRUR-RR 2010, 143 für Spontanäußerungen im Rahmen eines Interviews). Bei einem echten Zwiegespräch spricht die Vermutung für Miturheberschaft zwischen Interviewer und Interviewtem (vgl. hierzu im Einzelnen *Brauneck/Schwarz* AfP 2008, 14 ff.).

(3) Ausdrücklich erwähnt werden nach § 2 Abs. 1 Ziff. 1 UrhG die Computerprogramme. Darin zeigt sich, dass Sprachwerke auch in Kunstsprachen, dh einer *Programmiersprache,* verfasst werden können (vgl. Löffler/*Berger* BT-UrhR Rn. 30). Geschützt werden sowohl der Objekt- als auch der lediglich maschinenlesbare Quellcode.

b) *Lichtbildwerke.* Fotografien von schöpferischer Gestaltungskraft gehören als Lichtbildwerke **11**
ebenfalls zu den geschützten Werken (§ 2 Abs. 1 Ziff. 5 UrhG). Liegt jedoch eine eigenschöpferische Leistung des Lichtbildners nicht vor (wie zB regelmäßig bei Passbildern), so entfällt der Schutz aus § 2 UrhG. Doch greift hier § 72 UrhG ein, wonach solche bloßen *Lichtbilder* durch ein Leistungsschutzrecht geschützt werden. Dieses Leistungsschutzrecht ist mit dem Urheberrecht weitgehend inhaltsgleich, so dass eine Abgrenzung zwischen kreativem Lichtbildwerk und bloßem Lichtbild zumeist unterbleiben kann. Bedeutend ist der Unterschied zwischen Lichtbildwerk und Lichtbild allerdings für die Schutzfrist. Im Unterschied zu den Lichtbildwerken, die die volle Schutzfrist von 70 Jahren genießen (§ 64 UrhG), kommt bei einfachen Lichtbildern gemäß § 72 Abs. 3 UrhG die Schutzdauer von 50 Jahren ab Erscheinen bzw. erster öffentlicher Wiedergabe bzw. (wenn unveröffentlicht) ab Herstellung des Lichtbilds zum Zuge (vgl. OLG Hamburg AfP 1999, 182; vgl. → Kap. 63 Rn. 3). Bei Fotografien von Kunstwerken sind das Urheberrecht des Schöpfers des Kunstwerks und das des Fotografen parallel zu beachten (vgl. *Schlingloff* AfP 1992, 112). Lichtbilder, die lediglich Reproduktionen anderer Lichtbilder oder

ähnlich hergestellter Erzeugnisse sind, genießen ihrerseits keinen Lichtbildschutz gemäß § 72 UrhG, da es hier am Mindestmaß einer persönlichen geistigen Leistung fehlt (vgl. BGH AfP 1990, 30 (34); vgl. zu Kopien von Lichtbildern ebenso OLG Köln ZUM 1987, 93, sowie BGH ZUM-RD 2001, 322 (325), für die technische Reproduktion einer urheberrechtlich nicht geschützten Grafik).

12 c) *Film- und Fernsehwerke* sind gleichfalls als selbständige Werkarten urheberrechtlich geschützt. Nach dem Wortlaut des § 2 Abs. 1 Ziff. 6 UrhG genießen diesen Schutz „Filmwerke einschließlich der Werke, die ähnlich wie Filmwerke geschaffen werden". Damit zählen zu den Filmwerken insbesondere auch Computerspiele (vgl. Schricker/Loewenheim/*Loewenheim/Leistner* UrhG § 2 Rn. 217). Nicht eigenschöpferisch und daher keine urheberrechtlich geschützten Filmwerke sind zB aber Nachrichtensendungen und Sportübertragungen. Die Aufzeichnung von Sportereignissen unterfällt aber dem leistungsschutzrechtlichen *Laufbildschutz* der §§ 94, 95 UrhG. In Abgrenzung dazu steht nach der Rechtsprechung des BGH zur Vermarktung von Sportveranstaltungen durch die Einräumung der Befugnis zur Fernsehübertragung dem Veranstalter einer Sportveranstaltung anders als dem Veranstalter der Darbietung eines ausübenden Künstlers (§ 81 UrhG) seinerseits kein solches Leistungsschutzrecht zu (vgl. BGH AfP 2011, 253 (255); BGHZ 110, 371 (383)). Leistungsschutzberechtigte hinsichtlich des Filmmaterials sind somit allein die Laufbildproduzenten (Medienhäuser, Videojournalisten) selbst (vgl. Fromm/Nordemann/*J. B. Nordeman* UrhG § 95 Rn. 24).

13 d) Für die Presse von besonderer Wichtigkeit ist der Schutz, den *„Darstellungen wissenschaftlicher oder technischer Art"* wie Zeichnungen, Pläne, Karten, Skizzen, Tabellen und plastische Darstellungen genießen (§ 2 Abs. 1 Ziff. 7 UrhG; vgl. BGH NJW 1964, 2153; OLG Stuttgart GRUR 2008, 1084; zur Schutzfähigkeit von Stadtplänen vgl. OLG Frankfurt a. M. GRUR 1988, 816). Voraussetzung ist auch hier, dass im konkreten Fall eine persönliche geistige Leistung vorliegt (vgl. BGH NJW 1992, 689; DB 1991, 1723; OLG Karlsruhe K&R 2010, 414 (415)). Da der Spielraum für eine individuelle Darstellungsweise bei derartigen Darstellungen durch ihren praktischen Zweck eingeengt ist, dürfen die Anforderungen an eine eigenschöpferische Formgestaltung hier nicht zu hoch angesetzt werden (vgl. BGH NJW 1988, 337 f.; GRUR 1987, 360 f.). Will eine Zeitung ihren Lesern den Vorgang der Atomspaltung verständlich machen, so muss sie bei Abdruck eines ihr zugänglich gewordenen Schaubildes davon ausgehen, dass dieses Bild als „wissenschaftliche Darstellung" geschützt ist.

14 e) Aus dem Bereich des *Kunstschaffens* führt das UrhG neben den Werken der Musik (§ 2 Abs. 1 Ziff. 2 UrhG), der Pantomime und der Tanzkunst (§ 2 Abs. 1 Ziff. 3 UrhG) die vom Journalisten zu respektierenden Werke der *bildenden Künste* einschließlich der Werke der *Baukunst* und der *angewandten Kunst* auf. Ein „Happening" kann nach § 2 UrhG schutzwürdig sein (vgl. BGH NJW 1985, 1633). Der Urheberrechtsschutz erstreckt sich auch auf die *Entwürfe* solcher Werke (§ 2 Abs. 1 Ziff. 4; vgl. OLG Frankfurt a. M. GRUR-RR 2007, 307, zu den Bauplänen eines Mehrfamilienhauses; OLG Hamburg ZUM-RD 2007, 59; zum Schutz verfremdeter Fotografien als Werke der bildenden Kunst vgl. OLG Koblenz AfP 1988, 46). Eine Zeitung oder Zeitschrift, die Abbildungen aus diesem Bereich einschließlich etwaiger Entwürfe veröffentlichen oder im Internet öffentlich zugänglich machen will, muss sich zuvor über die Frage des Urheberrechts vergewissern (vgl. BGH GRUR 1974, 740). Zu den geschützten Werkarten gehören auch Bühnenbilder (vgl. BGH GRUR 1986, 458) und die Schöpfungen des *Kunstgewerbes* wie zB Modeschöpfungen (BGHZ 16, 4). Bei Werken der angewandten Kunst war früher die Schutzuntergrenze höher angesetzt worden. Diese Rechtsprechung hat der BGH in der Geburtstagszug-Entscheidung unter Verweis darauf, dass nach der Neufassung des DesignG zwischen Urheberrecht und Designrecht kein Stufenverhältnis in dem Sinne mehr bestehe, dass das Designrecht der Unterbau eines wesensgleichen Urheberrechts sei, aufgegeben (vgl. BGH GRUR 2014, 175; Schricker/Loewenheim/*Loewenheim/Leistner* UrhG § 2 Rn. 184). Zur angewandten Kunst zählen auch einem Gebrauchszweck dienende grafische Gestaltungen, wie Webseiten und Benutzeroberflächen bei Computerprogrammen, Werbegrafiken und Zeitschriftenlayouts (vgl. Schricker/Loewenheim/*Loewenheim/Leistner* UrhG § 2 Rn. 203 f. mwN).

15 f) Urheberrechtsschutz genießen nach § 3 UrhG nicht nur Originalwerke, sondern auch *Bearbeitungen* bereits vorhandener Werke, sofern auf Seiten des Bearbeiters eine persönliche geistige Schöpfung vorliegt (vgl. BGH GRUR 1968, 152; OLG München GRUR-RR 2008,

37 (39)). Ein Hauptfall der Bearbeitung, der vom Gesetz hervorgehoben wird, ist die *Übersetzung* eines Werkes in eine andere Sprache (§ 3 S. 1 UrhG). Wo es sich lediglich um eine mechanische, routinemäßige Übersetzung – etwa eines Reiseprospekts – handelt, entsteht für den Übersetzer aber kein eigenes Urheberrecht (§ 3 S. 2 UrhG; vgl. zur Branchenübung der pauschalen Rechteübertragung durch Übersetzer von Comic-Heften, KG Berlin ZUM 2002, 291). Beispiele für schutzfähige Bearbeitungen sind auch Wiedergaben in anderen Kunstformen, so auch die *Umwandlung* eines Romans in ein *Drama* oder einen *Film* (vgl. Schricker/Loewenheim/*Loewenheim* UrhG § 3 Rn. 30 ff.).

Da der Bearbeitung ein Originalwerk zugrunde liegt, benötigt der Bearbeiter zur Veröffentlichung oder Verwertung seiner Bearbeitung die Einwilligung des Urhebers des Originalwerks oder dessen Erben, solange deren Rechtsschutz besteht (§§ 23, 30 UrhG). Bei der *Verfilmung* bedarf bereits das Herstellen einer Bearbeitung der Zustimmung der Rechtsschutzinhaber des Originalwerks. Demzufolge besteht bei einer Bearbeitung ein doppeltes Urheberrecht: einerseits das Urheberrecht des Bearbeiters, das dieser nach ihm erteilter Einwilligung des Urhebers frei verwerten kann, und andererseits das Recht des Autors des Originalwerks, über die Befugnis zur Bearbeitung zu verfügen und sie – eventuell unter Auflagen – einem Dritten einzuräumen. Keine Bearbeitung ist die *„freie Benutzung"* eines Werkes (vgl. → Kap. 63 Rn. 21 f.). Sie bedarf keiner Einwilligung des Urhebers.

Als Bearbeitungen iSd § 3 UrhG können auch nichtamtlich verfasste Leitsätze gerichtlicher Entscheidungen wie selbständige Werke geschützt sein. Dagegen unterliegen Leitsätze, die von einem Mitglied des Spruchkörpers mit dessen Billigung formuliert und der Öffentlichkeit zugänglich gemacht wurden, der Regelung des § 5 Abs. 1 UrhG, nach der amtliche Werke vom Urheberrechtsschutz ausgeschlossen sind (vgl. BVerfG ZUM 1998, 926; BGH AfP 2006, 463; GRUR 1992, 382; OLG Stuttgart GRUR-RR 2010, 371; s. auch → Kap. 63 Rn. 16).

g) Als persönliche geistige Schöpfungen genießen auch die *Sammelwerke und Datenbankwerke* 16
den Schutz des Urheberrechts (§ 4 UrhG). Unter Sammelwerken versteht man *Sammlungen* von Beiträgen verschiedener Autoren aus dem Bereich der Wissenschaft, Literatur und Kunst, deren Zusammenfassung zu einem eigenständigen Werk – wie zB einem Konversationslexikon – eine originäre geistige Schöpfung im Sinn der Auslese und Anordnung darstellt. Urheber ist hier der Schöpfer des Sammelwerkes, in der Regel dessen Herausgeber. Das Urheberrecht der jeweiligen Autoren der Beiträge bleibt allerdings dadurch unberührt. Unter Datenbankwerken versteht man Datenbanken, bei denen die Auswahl oder Anordnung der in ihr enthaltenen Elemente auf einer schöpferischen Leistung beruht. Als Unterfall der Sammelwerke muss das Datenbankwerk eine Sammlung von Werken, Daten oder anderen unabhängigen Elementen sein, deren Zusammenstellung zudem eine persönliche geistige Schöpfung darstellt (vgl. BGH NJW 2008, 755; *Flechsig* ZUM 1997, 580). Datenbanken, die eine solche schöpferische Leistung nicht aufweisen, sind im Hinblick auf die in sie getätigten Investitionen durch das Leistungsschutzrecht gem. §§ 87a ff. UrhG geschützt (vgl. BGH GRUR-RR 2010, 232).

II. Urheber, Miturheber, Gehilfen. Verschiedene Formen des Zusammenwirkens

1. § 7 UrhG stellt lapidar fest: „*Urheber* ist der Schöpfer des Werkes". Zu bestimmen ist, wem in 17
der arbeitsteiligen Kulturwelt an einem geschützten Werk die (alleinige) Urheberschaft oder nur die Miturheberschaft bzw. die Gehilfenstellung zukommt.

a) Da es sich bei der schöpferischen Leistung als der Grundlage des Urheberrechts um ein Tätigwerden handelt, entsteht das Urheberrecht durch diesen faktischen Realakt ohne Erfüllung juristischer Formalitäten unmittelbar in der *Person des Schöpfers* des Werkes. Geschäftsfähigkeit ist dabei nicht erforderlich, daher erwirbt auch ein Minderjähriger durch den Akt der Schöpfung das volle Urheberrecht (vgl. BGH GRUR 1995, 47; 1994, 39; OLG Köln AfP 1988, 265).

b) Das Urheberrecht entsteht in der Person des Schöpfers des Werkes auch dann, wenn dieser 18
das Werk im Rahmen eines *Dienst- oder Arbeitsverhältnisses* für die Zwecke des Dienstherrn geschaffen hat. Beim Redakteur, der entsprechend den Anweisungen des Verlegers einen Zeitungsartikel schreibt, entsteht das Urheberrecht in seiner Person. Zumeist finden sich über die im Rahmen von Arbeits- und Dienstverhältnissen entstehenden Nutzungsrechte Voraus-

verfügungen in Arbeits- und Tarifverträgen (vgl. Schricker/Loewenheim/*Rojahn/Frank* UrhG § 43 Rn. 45 ff.). Unabhängig davon ergibt sich meist bereits aus dem besonderen Charakter des Arbeitsverhältnisses oder aus dem Dienstvertrag, dass der Angestellte verpflichtet ist, die *materielle* Verwertung des von ihm während des Arbeitsverhältnisses geschaffenen Urheberrechts dem Arbeitgeber zu überlassen (§ 43 UrhG; BGHZ 33, 20 ff.; vgl. auch *Grobys/Foerstl* NZA 2002, 1015 ff.; *Wandtke* GRUR 1992, 139; *Dressel* GRUR 1989, 319; *Hesse* AfP 1987, 562; zur Verwertung von früheren Werken des Arbeitnehmers vgl. BGH NJW 1986, 1045). Diese im Arbeitsrecht entwickelten Grundsätze hat der BGH (NJW 1974, 904 ff.) auf ähnliche, im Abhängigkeitsverhältnis geschaffene Werke übertragen. Nach Ansicht des BGH gehen die materiellen Nutzungsrechte am Werk in der Regel spätestens mit der Übergabe des Werkes an den Dienstherrn stillschweigend auf diesen über. Will der im Abhängigkeitsverhältnis tätige Schöpfer diesen Übergang der Nutzungsrechte ausschließen, so muss er sich diese Rechte ausdrücklich vorbehalten (zur stillschweigenden Einräumung von Nutzungsrechten auf den Arbeitgeber vgl. Schricker/Loewenheim/*Rojahn/Frank* UrhG § 43 Rn. 51 ff.). § 43 UrhG gilt grundsätzlich nicht für freie Mitarbeiter. Der Begriff des Dienstverhältnisses bezieht sich nicht auf zivilvertragliche Dienstverträge, sondern auf Bedienstete im öffentlichen Dienst. Für freie Mitarbeiter gilt daher die stillschweigende Rechteeinräumung nach § 43 UrhG nicht. Streitig ist allerdings, ob eine entsprechende Heranziehung des § 43 UrhG in Betracht kommen kann, wenn es sich um sog. arbeitnehmerähnliche Personen handelt, also Freischaffende, die jedoch wirtschaftlich von ihrem Auftraggeber abhängig sind (vgl. Schricker/Loewenheim/*Rojahn/Frank* UrhG § 43 Rn. 16 ff.; *v. Olenhusen* GRUR 2002, 11).

19 2. Wirken bei der Schaffung eines Werkes *mehrere Personen* zusammen, so liegt ein *Kombinationswerk* vor, das urheberrechtlich unterschiedliche Rechtsformen annehmen kann.

20 a) *Miturheberschaft* ist nach § 8 UrhG dort gegeben, wo sich die Anteile der mitwirkenden Autoren am gemeinsamen Werk nicht getrennt verwerten lassen, vielmehr zu einem *untrennbaren Ganzen* zusammenfließen. So besteht zB zwischen dem Komponisten und dem Textdichter, die gemeinsam eine Operette schaffen, Miturheberschaft (vgl. BGH GRUR 1985, 129; 2009, 1046; 1994, 40; *v. Becker* ZUM 2002, 581; zur Miturheberschaft zwischen Interviewer und Interviewtem → Rn. 10).

Miturheberschaft ist unter diesen Umständen auch zwischen Arbeitgeber und Arbeitnehmer bei einem gemeinsam geschaffenen Arbeitsergebnis möglich (vgl. BGH WRP 1978, 123). Für Miturheber sind die rechtlichen Bestimmungen der *Gesamthandsgemeinschaft* maßgebend (§ 8 Abs. 2 UrhG in Verbindung mit §§ 718 ff. BGB; vgl. OLG Düsseldorf K&R 2009, 194). Danach ist die Veröffentlichung und Verwertung des gemeinsamen Werkes nur mit Zustimmung aller Miturheber zulässig. Dasselbe gilt für etwaige Änderungen des gemeinsamen Werkes. Zu empfehlen ist, dass sich die Miturheber möglichst schon vor Fertigstellung des Werkes über die Verteilung der Erträge aus seiner Verwertung einigen. Fehlt eine solche Vereinbarung, so gebühren nach § 8 Abs. 3 UrhG die Erträge den Miturhebern „nach dem Umfang ihrer Mitwirkung an der Schöpfung des Werkes" – eine Regelung, die wegen ihrer Unbestimmtheit kaum zur Streitvermeidung beiträgt (vgl. BGH WPR 1978, 123), so dass dann von den Gerichten der Schöpfungsbeitrag anhand von Anhaltspunkten nach Billigkeit geschätzt werden muss (vgl. Fromm/Nordemann/*Wirtz* UrhG § 8 Rn. 27). Im Streitfall ist hiernach nicht auf die Qualität der unterschiedlichen Beiträge, sondern nur auf deren Quantität abzustellen. Im Zweifel nimmt die Rechtsprechung gleiche Anteile an (vgl. Schricker/Loewenheim/*Loewenheim/Peifer* UrhG § 8 Rn. 19; Fromm/Nordemann/*Wirtz* UrhG § 8 Rn. 27).

21 b) Bei der Produktion literarischer Werke, insbesondere von Memoiren, mit Hilfe eines *Ghostwriters* kommt es hinsichtlich der rechtlichen Beurteilung auf die Art der Zusammenarbeit zwischen dem Auftraggeber und seinem Ghostwriter an (vgl. OLG Frankfurt a. M. NJW 2010, 780 ff., zu den Grenzen der Vertragsautonomie). Liegt ein *beiderseitiges,* intensives Zusammenwirken vor – der Auftraggeber bestimmt den Aufbau des Werkes bzw. diktiert wichtige Passagen – dann liegt *Miturheberschaft* vor (vgl. KG Berlin WRP 1977, 188). Beruht das Werk im Wesentlichen auf der Arbeit des Ghostwriters, so ist dieser alleiniger Urheber (vgl. Löffler/*Berger* BT-UrhR Rn. 74). Nach der mit dem Auftraggeber regelmäßig getroffenen Vereinbarung gestattet der Ghostwriter diesem jedoch dann die Veröffentlichung, Bearbeitung und sonstige Nutzung des Werkes unter Verwendung der Autorenbezeichnung des Auftraggebers. Zugleich

verpflichtet sich der Ghostwriter bezüglich seiner Urheberschaft an dem Werk zur Verschwiegenheit, was – abhängig von der konkreten Abrede – nicht sittenwidrig ist (vgl. OLG Frankfurt a. M. NJW 2010, 781 f.). Dabei können den Ghostwriter weitere besondere Rücksichtnahmepflichten treffen. Etwa kann ein an den Memoiren einer Person mitwirkender Ghostwriter aufgrund einer konkludenten Geheimhaltungsabrede zur Verschwiegenheit verpflichtet sein, wenn ihm nach dem Inhalt seines mit dem Verlag geschlossenen Vertrags keinerlei Entscheidungskompetenz, sondern nur eine „dienende" Stellung im Rahmen des Memoiren-Projekts zukommt (vgl. OLG Köln AfP 2015, 430 (432)). Auch das Filmwerk entsteht grundsätzlich in Miturheberschaft der Filmurheber. Zu solchen Filmurhebern gehören die kreativ Tätigen, deren Leistung sich konkret auf das Filmwerk bezieht und einer vom Film gesonderten Verwertung nicht zugänglich ist, also insbesondere Regisseur, Kameramann, Cutter, Kostüm- und Maskenbildner, Filmarchitekten etc (vgl. BGH NJW 2002, 3549; OLG Köln GRUR-RR 2006, 338).

c) Keine Miturheberschaft ist die in § 9 UrhG geregelte *„Werkverbindung"*. Bei ihr lassen sich – 22
im Gegensatz zur Miturheberschaft – die einzelnen Beiträge jederzeit wieder trennen und als selbständige Werke gesondert verwerten. Eine solche Werkverbindung besteht nach der Rechtsprechung (vgl. OLG Hamburg UFITA 44, 21 ff.) zB bei der Verbindung von Sprachwerken mit Illustrationen (vgl. hierzu Fromm/Nordemann/*Wirtz* UrhG § 9 Rn. 2). Dasselbe gilt regelmäßig auch für Zeitungen und Zeitschriften, Kunstbände oder Bücher mit Illustrationen. Bei der Werkverbindung kann jeder Beteiligte vom Mitbeteiligten die Zustimmung zur Veröffentlichung, Verwertung und Änderung des verbundenen Werkes verlangen, sofern dies dem Mitbeteiligten nach Treu und Glauben zumutbar ist. Die beteiligten Urheber begründen durch die Werkverbindung eine Verwertungsgemeinschaft in der Rechtsform der Gesellschaft bürgerlichen Rechts (§§ 705 ff. BGB; vgl. Schricker/Loewenheim/*Loewenheim/Peifer* UrhG § 9 Rn. 9 ff.; *Seibt/Wiechmann* GRUR 1995, 564; BGH GRUR 1982, 744; LG Hamburg ZUM-RD 2010, 331 ff.).

d) An einer Miturheberschaft iSd § 8 UrhG fehlt es auch beim *Sammelwerk* (§ 4 UrhG; vgl. 23
→ Rn. 16). Die in ein Sammelwerk (Festschrift, Enzyklopädie, Schulbuch, Zeitschrift etc) aufgenommenen Beiträge können in der Regel getrennt verwertet werden. Sammelwerke unterscheiden sich von Werkverbindungen iSd § 9 UrhG dadurch, dass die Verwertung nicht gemeinschaftlich erfolgt, sondern durch eine Person, die die Nutzungsrechte erwirbt und die Verwertung für alle Urheber übernimmt. Typische Fälle von Sammelwerken sind insbesondere die einzelnen Nummern von *Zeitungen und Zeitschriften,* die periodischen Sammelwerke (§ 41 VerlG; → Kap. 68 Rn. 1 ff.), die sich meist aus zahlreichen Einzelbeiträgen verschiedener Autoren zusammensetzen (vgl. Schricker/Loewenheim/*Leistner* UrhG § 4 Rn. 28; OLG Hamm GRUR-RR 2008, 276). Jedoch kann auch die Zusammenstellung von Beiträgen oder Informationen eines Autors eine von diesem geschaffene Sammlung iSd § 4 UrhG darstellen (vgl. Schricker/Loewenheim/*Leistner* UrhG § 4 Rn. 34 ff.). Beim Sammelwerk ist zu unterscheiden zwischen dem Urheberrecht an den einzelnen Beiträgen der Sammlung, das den Zulieferern der Beiträge zusteht, und dem Urheberrecht am Sammelwerk als Ganzem, das dem Schöpfer des Sammelwerks aufgrund seiner Auswahl oder Anordnung, in der seine eigenschöpferische Leistung liegt, zukommt. Das ist in der Regel der *Herausgeber* (vgl. OLG Hamm GRUR-RR 2008, 277). Sein Recht wird nach § 4 UrhG als selbständiges Urheberrecht geschützt, „unbeschadet des Urheberrechts an den aufgenommenen Werken" (Beiträgen). Der Herausgeber müsste demnach, wollte er die Nutzungsrechte an einem Sammelwerk (Zeitschrift) insgesamt auf einen Dritten übertragen, dazu im Prinzip die Zustimmung aller Beiträger einholen. Das UrhG (§ 34 Abs. 2 UrhG) befreit ihn aus praktischen Gründen von diesem Erfordernis. Doch bedarf der Herausgeber zur gesonderten Übertragung der Rechte an einem einzelnen Sammelwerksbeitrag an Dritte stets der Zustimmung des betreffenden Zulieferers des Beitrages. Auch die Verwertung der Beiträge eines Sammelwerkes wird durch das UrhG (§ 38 UrhG) erleichtert. Hat der Urheber des Beitrages die Aufnahme seines Werkes in das Sammelwerk gestattet, so erwirbt der Verleger oder Herausgeber im Zweifel ein ausschließliches Nutzungsrecht zur Vervielfältigung und Verbreitung. Bei Zeitungen erwirbt der Verleger allerdings im Zweifel nur ein einfaches Nutzungsrecht, wenn nichts anderes vereinbart ist. Dennoch enthebt die Rechtseinräumungsvermutung des § 38 UrhG den Verleger von der Verpflichtung, bei jeder Verwertungshandlung eine Vielzahl von Autoren um deren Einwilligung zu fragen (vgl. *Gaertner* AfP 1999, 143; Loewenheim/*Nordemann-Schiffel* § 67 Rn. 17 ff.).

24 3. Keine Urheber oder Miturheber sind die bloßen *Gehilfen,* die bei der Schöpfung eines Werkes mitwirken. Der Gehilfe führt fremde Gedanken aus und nimmt keinen selbständigen Einfluss auf die Gestaltung des *Werkes* (vgl. OLG Köln FuR 1983, 348). Ein *Wissenschaftler,* der sich das Sachregister seines Lehrbuchs von einem Assistenten erstellen lässt, ist alleiniger Urheber des *Werkes.* Dem bei dieser Art Werkschöpfung mitwirkenden Gehilfen stehen keine urheberrechtlichen Ansprüche zu, auch nicht der Anspruch auf *Namensnennung.* Ein Wissenschaftler, der einen *Forschungsbeitrag* erbracht hat, wird bei der Veröffentlichung der Forschungsergebnisse nicht automatisch zum Mitautor, da wissenschaftliche Forschungsergebnisse als solche keinen Urheberrechtsschutz genießen, sondern allenfalls deren konkrete Gestaltung und Darstellung (vl. Fromm/Nordeman/*A. Nordemann* UrhG § 2 Rn. 43). Wer lediglich die *Anregung* zur Werkschöpfung eines anderen gibt, wird dadurch noch nicht zum Miturheber und steht rechtlich dem Gehilfen gleich (vgl. OLG München GRUR 1956, 432). Ein schöpferischer Beitrag liegt hingegen vor, wenn Mitarbeiter in eigenständiger wissenschaftlicher Arbeit urheberrechtsschutzfähiges Material für den Hochschullehrer schaffen (vgl. OLG Karlsruhe GRUR 1988, 540; *Heermann* GRUR 1999, 468), etwa wenn ihnen die Ausarbeitung ganzer Kapitel von Veröffentlichungen überlassen wird oder ein druckreifes Manuskript nach Notizen und einer Gliederung erstellt wird. In diesem Fall liegt Miturheberschaft vor, die einen Anteil an den Verwertungsrechten und das Recht der Urheberbenennung gem. § 13 UrhG begründet (vgl. Schricker/Loewenheim/*Loewenheim/Peifer* UrhG § 8 Rn. 10 ff.; zum Ausschluss des Rechts der Urhebernennung kraft Branchenübung vgl. OLG München AfP 2011, 191). Bei angestellten Urhebern wird vielfach ein stillschweigendes Einverständnis mit der Unterlassung der Urhebernennung anzunehmen sein (vgl. Schricker/Loewenheim/*Peukert* UrhG § 13 Rn. 32).

25 4. Die Feststellung der *Urheberschaft bei Fernseh- und Filmwerken* begegnet angesichts der Vielzahl der Herstellungsbeteiligten besonderen Schwierigkeiten. Der Produzent erwirbt zu diesem Zweck von den einzelnen Herstellungsbeteiligten umfassend die Rechte kraft eines *Filmmitwirkungsvertrages.* Auch § 89 UrhG enthebt den Produzenten generell von der Verpflichtung, im Falle der Verwertung des Filmwerks alle Beteiligten um deren Erlaubnis zu fragen.

26 5. Um Zweifel über die Person des Urhebers zu beheben, stellt das Gesetz (§ 10 UrhG) gewisse *Urheberschaftsvermutungen* auf. So wird – jederzeit widerlegbar – vermutet, dass derjenige Urheber eines Werkes ist, der auf den Vervielfältigungsstücken als solcher angegeben ist (vgl. hierzu BGH GRUR 1994, 40; 1991, 457 f.; OLG Koblenz AfP 1988, 46; OLG München AfP 1988, 363; *Riesenhuber* GRUR 2003, 187; zur weitergehenden Regelung des Art. 15 Abs. 1 RBÜ und Art. 5 Enforcement-RL vgl. Fromm/Nordemann/*A. Nordemann* UrhG § 10 Rn. 1, 9 f.). Das Gesetz stellt darauf ab, wer in den Werkstücken „in der üblichen Weise als Urheber bezeichnet ist". So erfolgt zB die Urheberbenennung bei Büchern in der Regel auf der Titelseite, bei Schallplatten auf der Umhüllung. Dabei genügt die Angabe des *Pseudonyms,* das zur Aufrechterhaltung der Urheberschaftsvermutung nicht gelüftet werden muss. Bei einem *anonymen* Werk wird vermutet, dass der Herausgeber bzw. der Verleger zur Geltendmachung der Urheberrechte befugt ist (§ 10 Abs. 2 UrhG; vgl. Schricker/Loewenheim/*Loewenheim/Peifer* § 10 Rn. 12 ff.).

26a Die Urheberschaftsvermutung wird auch durch technische Schutzmaßnahmen flankiert. § 95c UrhG gewährt dem Rechtsinhaber Schutz bezüglich der zur Rechtewahrnehmung erforderlichen Informationen. Dies betrifft etwa die Metadaten – also EXIF, IPTC oder XMP – von digitalen Bilddateien. Metadaten ermöglichen es Fotografen ihre Bilder mit ua Informationen zum Namen des Urhebers, seiner Adresse und Homepage sowie dem Copyright-Status zu versehen. Von Rechtsinhabern stammende Informationen für die Rechtewahrnehmung dürfen nicht entfernt oder verändert werden, wenn irgendeine der betreffenden Informationen an einem Vervielfältigungsstück eines Werkes oder eines sonstigen Schutzgegenstandes angebracht ist (vgl. OLG Köln GRUR-RR 2017, 212 ff.; LG Hamburg BeckRS 2016, 19944).

III. Die einzelnen Rechte des Urhebers

27 1. Die Bedeutung des Urheberrechts wird von der *Verfassung* selbst anerkannt, indem sie dem geistig Schaffenden und seinen Werken in Art. 1, 2, 5 und 14 GG Grundrechtsschutz garantiert. In diesem Rahmen gewährt auch das geltende Urheberrecht einen umfassenden Schutz, der sich

auf die ideellen und materiellen Interessen des Werkschöpfers erstreckt. § 11 UrhG stellt als Ausdruck der dem deutschen Urheberrecht zugrundeliegenden monistischen Theorie fest: „Das Urheberrecht schützt den Urheber in seinen geistigen und persönlichen Beziehungen zum Werk und in der Nutzung des Werkes. Es dient zugleich der Sicherung einer *angemessenen Vergütung* für die Nutzung des Werkes".

2. Die *ideellen Interessen* des Urhebers sind durch die Anerkennung des *Urheberpersönlichkeitsrechtes* gesichert (vgl. insbesondere zur historischen Entwicklung dieses Rechts: Schricker/Loewenheim/*Peukert* UrhG Vor §§ 12 ff. Rn. 3 ff.). Ausfluss dieses Rechts sind nach dem UrhG: 28

a) Das so genannte *Veröffentlichungsrecht* (§ 12 UrhG). Es gibt dem Werkschöpfer die ausschließliche Befugnis, darüber zu bestimmen, ob, wann und in welcher Form sein Werk der Öffentlichkeit zugänglich gemacht werden soll (vgl. BGHZ 15, 249; OLG Frankfurt a. M. ZUM 1994, 246). Den urheberrechtlichen Begriff der Veröffentlichung definiert § 6 Abs. 1 UrhG: „Ein Werk ist veröffentlicht, wenn es mit Zustimmung des Berechtigten der Öffentlichkeit zugänglich gemacht worden ist." Solange weder das Werk selbst noch sein wesentlicher Inhalt oder eine Beschreibung des Werks mit Zustimmung des Autors veröffentlicht wurden, bleibt dem Urheber auch das Recht vorbehalten, als erster den Inhalt seines Werkes oder dessen Beschreibung der Öffentlichkeit mitzuteilen (§ 12 Abs. 2 UrhG). § 12 UrhG beschränkt sich insofern auf das Recht zur Erstveröffentlichung des Werkes (vgl. Fromm/Nordemann/*Dustmann* UrhG § 12 Rn. 9). Da dieses Recht gemäß § 30 UrhG auf die Erben übergeht (vgl. hierzu Fromm/Nordemann/*J. B. Nordemann* UrhG § 30 Rn. 8), können sie unter Umständen etwa wertvolle Werke des Autors zum möglichen Nachteil des Kulturlebens der Öffentlichkeit vorenthalten. 29

b) Der Anspruch auf *Anerkennung der Urheberschaft* am Werk ist ein weiterer Ausfluss des Urheberpersönlichkeitsrechts (§ 13 UrhG). Die Bestimmung dient der Wahrung der Urheberehre. Der Autor kann bestimmen, ob das Werk unter seinem bürgerlichen Namen oder unter einem Pseudonym erscheint. Er kann verlangen, dass diese Bezeichnung an den einzelnen Werkstücken angebracht wird (zur Darlegungs- und Beweislast vgl. OLG Köln AfP 1991, 430). Der Verleger darf nur mit Zustimmung des Autors Änderungen an der Urheberbezeichnung vornehmen, sofern der Verlagsvertrag nicht eine anderweitige Regelung vorsieht. Der Anspruch auf die Urheberbenennung gemäß § 13 UrhG steht auch *Miturhebern* und Bearbeitern des Werkes zu (vgl. → Rn. 15; OLG Karlsruhe GRUR 1984, 812). Wer bei einem wissenschaftlichen Werk mitgearbeitet hat, verliert das Benennungsrecht nicht, wenn er nach Erbringung seiner Leistung aus dem Team ausscheidet (vgl. BGH UFITA 83, 195; *Katzenberger* GRUR 1984, 319 ff.). Das Urheberbenennungsrecht steht, soweit nichts anderes vereinbart wurde, grundsätzlich auch angestellten oder freien Mitarbeitern von Presseorganen zu (vgl. BGH GRUR 1995, 672; LG München AfP 1994, 239). Ein Verzicht des Lichtbildners auf die Urheberbezeichnung ist möglich, in manchen Betrieben bzw. ganzen Branchen (zB in der Werbung) sogar üblich. Allerdings ist bei Branchenüblichkeiten zu prüfen, ob sich darin nicht lediglich das soziale Ungleichgewicht zu Lasten individueller Urheber niedergeschlagen hat (vgl. Schricker/Loewenheim/*Peukert* UrhG § 13 Rn. 26 ff., 37). Die Verletzung des Urheberbenennungsrechts begründet einen eigenen Schadensersatzanspruch. Die Höhe dieses Schadensersatzes, der zum Ausgleich eines für die fehlende Urhebernennung verursachten Vermögensschadens geschuldet ist, kann in Form eines einhundertprozentigen Zuschlags auf die (fiktive) Lizenzgebühr bemessen werden, die für die jeweilige Nutzung zu zahlen ist (stRspr vgl. zuletzt BGH GRUR 2019, 292 – Foto eines Sportwagens). 30

c) Der Urheber kann schließlich, solange sein Urheberrechtsschutz währt, jede *Entstellung* oder sonstige Beeinträchtigung seines Werkes untersagen, sofern dadurch seine persönlichen und geistigen Belange gefährdet werden (§ 14 UrhG; zur Einschränkung dieses Rechts bei Filmproduktionen s. § 93 Abs. 1 UrhG; vgl. hierzu OLG München GRUR 1986, 460; LG Hamburg AfP 2010, 610 (612)). Das Gesetz erfordert hier eine Interessenabwägung zwischen den Belangen des Urhebers und den Rechten Dritter. Entstellende Änderungen durch „redigieren" seines Werkes muss der Urheber nicht hinnehmen (vgl. LG Hamburg AfP 2010, 610 (612)). Dem Eigentümer eines Gebäudes kann dagegen nicht verwehrt werden, einen notwendig gewordenen Umbau vorzunehmen, auch wenn dadurch die vom Urheber vorgenommene künstlerische Ausgestaltung zerstört wird (vgl. OLG Stuttgart GRUR-RR 2011, 56; OLG Hamm BB 1984, 31

562; LG München NJW 1983, 1205). Auch darf der Inhaber eines Nutzungsrechts solche Änderungen am Werk vornehmen, zu denen der Urheber nach Treu und Glauben seine Zustimmung nicht verweigern kann (§ 39 Abs. 2 UrhG). Dies kann auch für die Werkänderung im Zusammenhang mit der *Rechtschreibreform* gelten (vgl. *Hartmann/Quasten* AfP 2002, 304).

32 3. Die *materiellen Interessen* des Urhebers werden in §§ 15–27 UrhG umfassend geschützt. Das Urheberrecht geht von dem Grundsatz aus, dass der Urheber überall dort am Ertrag zu beteiligen ist, wo aus seinem Werk Nutzen gezogen wird (vgl. BGHZ 13, 115 ff.). Im Vordergrund der materiellen Interessenwahrung stehen die *Verwertungsrechte* (§§ 15–24 UrhG). Sie werden ergänzt durch eine Reihe wichtiger *sonstiger Rechte* (§§ 25–27 UrhG), zu denen vor allem das Recht des *Zugangs* zum Werkstück (§ 25 UrhG), das *Folgerecht* bei Werken der bildenden Kunst (§ 26 UrhG) und die *Vermiet- und Verleihvergütungsrechte* (§ 27 UrhG – vgl. → Rn. 47) zählen.

33 4. Das an der Spitze der materiellen Interessen stehende *Verwertungsrecht* des Urhebers ist ein *absolutes, ausschließliches Recht,* das ihm die Verwertungsmöglichkeit sowohl der heute schon existierenden wie auch der *künftig* neu entstehenden Verwertungsrechte vorbehält. Um nicht bei neuen technischen Verwertungsformen jeweils das Gesetz ändern zu müssen, führt § 15 UrhG die einzelnen Verwertungsarten nur als Regelbeispiele auf. Unter Berücksichtigung der modernen Kommunikationstechnik teilt das UrhG die in Frage kommenden, dem Urheber vorbehaltenen *Verwertungsarten* in solche der körperlichen und der unkörperlichen Verwertungsform ein (§ 15 Abs. 1 bzw. Abs. 2 UrhG). Die dem Urheber vorbehaltene grundsätzliche Ausschließlichkeit seiner Verwertungsrechte wird jedoch im Interesse der *Allgemeinheit* in wichtigen *Ausnahmefällen* (§§ 44a–63a UrhG) durchbrochen, so zB bei der Vervielfältigung zum *privaten oder sonst eigenen Gebrauch* (§ 53 UrhG; Näheres → Kap. 63 Rn. 23 ff.).

5. Körperliche Verwertungsarten

34 Als körperliche Verwertungsarten, die dem Urheber zustehen, führt § 15 Abs. 1 UrhG das Vervielfältigungsrecht, das Verbreitungsrecht und das Ausstellungsrecht auf:

35 a) *Vervielfältigungsrecht.* Es gibt dem Urheber nach § 16 Abs. 1 UrhG das ausschließliche Recht, „Vervielfältigungsstücke des Werkes herzustellen, gleichviel ob vorübergehend oder dauerhaft, in welchem Verfahren und in welcher Zahl". Die Herstellung eines einzigen Vervielfältigungsstücks kann eine Verletzung des Urheberrechts im Sinn des § 16 Abs. 1 UrhG sein. Rechtlich unerheblich ist es, in welcher Weise die körperliche Vervielfältigung erfolgt – sei es durch Maschinen (Druck), mit der Hand (Abpausen), durch Fotografie oder Scannen (vgl. Löffler/*Berger* BT UrhR Rn. 94). Texte, Bilder oder Musikwerke, die in einem Computer eingespeichert und wiedergegeben werden, sind gleichfalls Vervielfältigungen (vgl. zum eigenständigen Regelwerk der Computerprogramme und zu den Einzelproblemen der Vervielfältigung im digitalen Zeitalter: Schricker/Loewenheim/*Loewenheim* UrhG § 16 Rn. 5, 16 ff. mwN; 69a ff.). Insofern ist jedoch die Schranke des § 44a UrhG zu beachten, wonach vorübergehende Vervielfältigungshandlungen zulässig sind, die flüchtig oder begleitend sind und einen integralen und wesentlichen Teil eines technischen Verfahrens darstellen und deren alleiniger Zweck es ist, eine Übertragung in einem Netz zwischen Dritten durch einen Vermittler oder eine rechtmäßige Nutzung eines Werkes zu ermöglichen, wenn diese Vervielfältigungen keine eigenständige wirtschaftliche Bedeutung haben (so beim Browsen oder Abspeichern im Cache, nicht jedoch der Download auf einer Computerfestplatte (vgl. Schricker/Loewenheim/*Loewenheim* UrhG § 44a Rn. 7). Körperliche Vervielfältigung ist ferner die Fixierung des Werkes durch Übertragung auf Bild- und Tonträger (Schallplatten, CDs, DVDs, mobile Trägermedien, Computerfestplatten), wie § 16 Abs. 2 UrhG ausdrücklich feststellt. Auch die Herstellung des Drucksatzes und eines Negatives des Werkes ist bereits eine Vervielfältigung (vgl. BGH GRUR 1982, 102).

36 b) *Verbreitungsrecht.* Das dem Urheber vorbehaltene Verbreitungsrecht ist nach der Legaldefinition des § 17 Abs. 1 UrhG das Recht, „das Original oder Vervielfältigungsstücke des Werkes der Öffentlichkeit anzubieten oder in Verkehr zu bringen".

37 (1) Wie im Presserecht, so gilt auch im Urheberrecht der an das Original oder ein Vervielfältigungsstück gebundene Begriff der körperhaften Verbreitung (vgl. Löffler/*Berger* BT UrhR Rn. 95; Schricker/Loewenheim/*Loewenheim* UrhG § 17 Rn. 6). Die Bloße Wiedergaben des *Inhalts* des Werkes in „unkörperlicher" Form, etwa durch Vorlesen im Vortragssaal oder im Wege einer Rundfunksendung, sind keine körperliche Verbreitung iSd § 17 UrhG,

sondern sind als eigenständige Verwertungsarten geschützt (vgl. §§ 19, 20 UrhG). Das zum Begriff der Verbreitung gehörige *Angebot an die Öffentlichkeit* ist gegeben, wenn das Original oder Vervielfältigungsstücke jedermann zum Erwerb offeriert werden, sei es in einer Buchhandlung, auf Ausstellungen oder durch Inserate oder Prospekte (vgl. BGH NJW 2009, 2960 (2961)). Ein *Inverkehrbringen* liegt vor, wenn das Original oder Vervielfältigungsstücke durch Verkauf, Verleih oder Vermietung an fremde Personen gelangen, die nicht zum Bekannten- und Freundeskreis des Autors oder Herstellers gehören (vgl. Schricker/Loewenheim/*Loewenheim* UrhG § 17 Rn. 17 ff.).

(2) Das Verbreitungsrecht des Autors *erschöpft* sich und endet bei *den* Werkstücken, die mit seiner *Zustimmung* im Gebiet der EU oder des EWR im Wege der Veräußerung in den Verkehr gebracht werden (§ 17 Abs. 2 UrhG). Diese Regelung entspricht den Erfordernissen des geschäftlichen Verkehrs. Wer im Laden ein Buch kauft, will nicht mit einem Verbreitungsvorbehalt des Autors konfrontiert werden, etwa dahin, dass dieses Buch nach erfolgter Lektüre nicht an ein Antiquariat veräußert werden dürfe. Die weitere Verbreitung kann nach dem berechtigten Inverkehrbringen nicht mehr untersagt werden (vgl. BGH K&R 2010, 581 (583)). Ein Inverkehrbringen von Werkstücken in einem Staat der EU oder des EWR führt zur Erschöpfung im gesamten Bereich der EU und des EWR (vgl. Schricker/Loewenheim/*Loewenheim* UrhG § 17 Rn. 58). Von der Erschöpfung grundsätzlich ausgenommen ist die Vermietung, dh die zeitlich begrenzte unmittelbar oder mittelbar Erwerbszwecken dienende Gebrauchsüberlassung (vgl. § 17 Abs. 2 und 3 UrhG; vgl. Schricker/Loewenheim/*Loewenheim* UrhG § 17 Rn. 59 ff.). Eine Vergabe des Verbreitungsrechts durch den Urheber kann grundsätzlich räumlich beschränkt erfolgen (zur Verfügung über Nutzungsrechte s. auch Kap. 65). **38**

c) *Ausstellungsrecht.* Das dem Urheber in § 18 UrhG ausdrücklich vorbehaltene Ausstellungsrecht ergibt sich bereits aus seinem Erstveröffentlichungsrecht (§ 12 UrhG, vgl. → Rn. 29). Die Bestimmung des § 18 UrhG dient der Klarstellung (vgl. Fromm/Nordemann/*Dustmann* UrhG § 18 Rn. 2). **39**

6. Unkörperliche Verwertungsarten

Dem Autor steht auch das ausschließliche Recht der unkörperlichen Wiedergabe seines Werkes zu. Doch ist seinen Interessen ausreichend gedient, wenn ihm die *öffentliche Form* der unkörperlichen Wiedergabe vorbehalten bleibt. Die nicht-öffentliche unkörperliche Wiedergabe des Werkes (zB Vorlesen im privaten Kreis) ist frei. **40**

a) *Öffentliche unkörperliche Werk-Wiedergabe allgemein. Öffentlich* ist die Wiedergabe eines Werkes nach der Gesetzesdefinition des § 15 Abs. 3 UrhG dann, „wenn sie für eine Mehrzahl von Mitgliedern der Öffentlichkeit bestimmt ist. Zur Öffentlichkeit gehört jeder, der nicht mit demjenigen, der das Werk verwertet, oder mit den anderen Personen, denen das Werk in unkörperlicher Form wahrnehmbar oder zugänglich gemacht wird, durch persönliche Beziehungen verbunden ist." Eine solche persönliche Verbundenheit ist im Verwandten-, Bekannten- und Freundeskreis gegeben. Dagegen liegt „Öffentlichkeit" iSd § 15 Abs. 3 UrhG nach der Rechtsprechung vor bei Versammlungen von Vereinen (vgl. RGSt 21, 254), bei Betriebsveranstaltungen (vgl. BGHZ 17, 376), im Aufenthaltsraum eines Sportheims (vgl. BGH GRUR 1961, 99), eines Altersheimes oder Krankenhauses (vgl. BGH GRUR 1996, 876; 1983, 563; AfP 1975, 760), eines Kurheims und Sanatoriums (vgl. BGH NJW 1972, 1273) sowie eines Jugendwohnheims (vgl. BGH UFITA 73, 286). Für die Annahme einer „Mehrzahl" können dabei jeweils wenige Personen ausreichen (vgl. BGH NJW 2009, 3511 (3515)). Öffentlich ist auch die Wiedergabe geschützter Werke in Lehrveranstaltungen einer Hochschule (vgl. OLG Koblenz NJW-RR 1987, 699), in den Gemeinschaftsräumen der Zoll- und Finanzschulen von Bund und Ländern (vgl. BGH NJW 1984, 1108) und der Justizvollzugsanstalten (vgl. BGH NJW 1984, 2884). Zur Annahme der Öffentlichkeit einer Werk-Wiedergabe ist nicht erforderlich, dass sämtliche Personen gleichzeitig erreicht werden oder sich gemeinsam in einem Raum befinden (dazu ausführlich Schricker/Loewenheim/*v. Ungern-Sternberg* UrhG § 15 Rn. 70 ff.). **41**

b) *Vortrags-, Aufführungs- und Vorführungsrecht.* Das Recht des Autors zur unkörperlichen öffentlichen Wiedergabe seines Werkes umfasst nach § 19 UrhG zunächst das *Vortragsrecht.* Es ist die Befugnis des Autors, ein Sprachwerk (vgl. → Rn. 8 ff.) öffentlich zu Gehör zu bringen, sofern dies durch „persönliche Darbietung" erfolgt. Die Wiedergabe mittels Bild- und Tonträgers oder in einer Rundfunksendung ist danach kein „Vortrag" im Sinn des § 19 Abs. 1 UrhG. Das **42**

Aufführungsrecht (§ 19 Abs. 2 UrhG) betrifft Musik- oder Bühnenaufführungen. Inhalt des *Vorführungsrechts* ist es, Werke der bildenden Künste, Lichtbild- und Filmwerke sowie Darstellungen wissenschaftlicher oder technischer Art durch technische Einrichtungen öffentlich wahrnehmbar zu machen (§ 19 Abs. 4 UrhG).

43 c) *Das Senderecht, das Recht der öffentlichen Zugänglichmachung und die Zweitverwertungsrechte.* Ein besonders wichtiges, ausschließlich dem Urheber vorbehaltenes Recht der unkörperlichen öffentlichen Wiedergabe ist das Senderecht, dh die Befugnis, ein Werk durch Funk, wie Ton- oder Fernsehrundfunk, Satellitenrundfunk (vgl. hierzu auch § 20a UrhG), Kabelfunk oder ähnliche technische Mittel der Öffentlichkeit zugänglich zu machen (§ 20 UrhG). Das Senderecht gestattet die funkmäßige Verbreitung aller in § 2 Abs. 1 UrhG aufgeführten Werke (vgl. → Rn. 8–16). Das Senderecht des Urhebers ist bei Einsatz von *Gemeinschaftsantennen* tangiert, wenn die Anlage eine eigene sendetechnische Aktivität entwickelt wie etwa durch Sende-Verstärkung oder Verbesserung des Empfangs (vgl. Fromm/Nordemann/*Dustmann* UrhG § 20 Rn. 19). Hier ist grundsätzlich ein jeweils gesonderter Erwerb des Senderechts erforderlich (vgl. BGH GRUR 1988, 211; 1981, 413). Mit Einfügung von § 20b UrhG (BGBl. 1998 I S. 902) hat sich diese Problematik allerdings im Bereich der Kabelweitersendung entschärft: Abs. 2 stellt einen unabdingbaren Vergütungsanspruch fest, die Geltendmachung der Rechte erfolgt über die Verwertungsgesellschaften (vgl. Schricker/Loewenheim/*v. Ungern-Sternberg* UrhG § 20b Rn. 8 ff., 40 ff.). Ergänzt wird das Senderecht des Autors durch das ihm gleichfalls vorbehaltene Recht der *Wiedergabe empfangener Funksendungen* an Dritte durch Ton- oder Bildübertragung (§ 22 UrhG). So hat es der BGH (vgl. GRUR 1962, 201 ff.; s. auch BGH UFITA 53, 277) für erlaubnispflichtig erklärt, wenn ein Hotelier Radiomusik durch eine Lautsprecheranlage auf die Zimmer seiner Gäste weiterleitet. Anders ist die Rechtslage, wenn etwa Hotelgäste diese Radiomusik auf ihren Zimmern durch jeweils eigene Empfänger hören, da es hier an einer gemeinsamen Wahrnehmung der Sendung mangelt (vgl. Fromm/Nordemann/*Dustmann* UrhG § 22 Rn. 9). In ähnlicher Weise bleibt dem Urheber das Recht der öffentlichen Wiedergabe seines Werkes durch *Bild- und Tonträger* vorbehalten (§ 21 UrhG). Doch beschränkt sich dieses Recht auf die Wiedergabe von Vorträgen und Aufführungen des Werks.

43a Im Gesetz zur Anpassung des Urheberrechts an die DSM-RL (UrhR-AnpassungsG) wird das Recht zur Kabelweitersendung (§ 20b UrhG) entsprechend der Weiterentwicklung der digitalen Technologien zur Weitersendung von Radio- und Hörfunkprogrammen technologieneutral als Recht der Weitersendung ausgestaltet. Die Rechte können mit Ausnahme von Erstsendungen über das Internet nur von Verwertungsgesellschaften wahrgenommen werden (vgl. RegE BR-Drs. 142/21 S. 3, 53 u. 76 ff.).

43b d) § 19a UrhG gewährt dem Urheber ein besonders im Zusammenhang mit dem Internet bedeutsames ausschließliches Recht im Hinblick auf die öffentliche Zugänglichmachung. Das Recht der öffentlichen Zugänglichmachung ist das Recht, das Werk drahtgebunden oder drahtlos der Öffentlichkeit in einer Weise zugänglich zu machen, dass es Mitgliedern der Öffentlichkeit von Orten zu Zeiten ihrer Wahl zugänglich ist (vgl. BGH NJW 2009, 3511 (3514)). Anders als das Senderecht, das eine Übertragung an eine kumulative Öffentlichkeit erfordert, dh eine Wahrnehmbarkeit durch eine Mehrheit von Mitgliedern der Öffentlichkeit, erfolgt die Wahrnehmbarmachung des Werkinhalts im Rahmen des § 19a UrhG sukzessive, nämlich auf individuellen Abruf. Das Recht der öffentlichen Zugänglichmachung ist vor allem im Bereich der öffentlichen Up- bzw. Download-Angebote tangiert, soweit es dem einzelnen Nutzer freisteht, unabhängig von Ort und Zeit vom Inhalt des Werkes Kenntnis zu nehmen (vgl. statt vieler LG Hamburg ZUM 2009, 863).

7. *Das Bearbeitungsrecht*

44 Das alleinige Recht des Autors zur Verwertung seines Werkes – sei es in körperlicher oder unkörperlicher Form – erstreckt sich auch auf etwaige *Bearbeitungen* oder Umgestaltungen des Werkes wie die *Übersetzung* in eine fremde Sprache oder die *Verfilmung* zB eines Romans (§ 23 UrhG). Eine Umgestaltung sonstiger Art stellt zB die Anfertigung sogenannter Thumbnails, also verkleinerter und in der Pixelanzahl reduzierter Miniaturansichten des Originalwerks etwa zur Verwendung in Bildersuchmaschinen dar. In allen diesen Fällen bedarf der Bearbeiter der Genehmigung des Autors, die jedoch auch stillschweigend erteilt werden kann (vgl. BGH GRUR 2010, 628; 1986, 458). Soweit die Bearbeitung eines Werkes (zB eine Übersetzung) ihrerseits eine individuelle geistige Schöpfung darstellt, genießt sie gleichfalls Urheberrechtsschutz – unbeschadet des Urheberrechts am Originalwerk (§ 3 UrhG; vgl. → Rn. 15; zur Abgrenzung der Bearbeitung von der freien Benutzung vgl. → Kap. 63 Rn. 21).

Im UrhR-AnpassungsG wird die bisherige Schutzbereichsbegrenzung in § 24 UrhG in § 23 Abs. 1 S. 2 UrhG nF eingefügt, nach der keine Bearbeitung oder Umgestaltung vorliegt, wenn das neu geschaffene Werk einen hinreichenden Abstand zum benutzten Werk wahrt (vgl. RegE BR-Drs. 142/21, S. 4, 54 u. 81 ff.). **44a**

8. Sonstige Rechte des Urhebers

Das UrhG führt in den §§ 25, 26 und 27 UrhG noch eine Gruppe *sonstiger Rechte des Urhebers* auf, bei denen sowohl ideelle wie materielle Interessen des Autors relevant sind. **45**

a) So sichert § 25 UrhG dem Urheber, auch wenn er sein Werk veräußert hat, das Recht des jederzeitigen *Zugangs zum Werk.* Das Zugangsrecht erstreckt sich auf das Original und die Vervielfältigungsstücke. Das Zugangsrecht steht jedem *Miturheber* einzeln zu (vgl. OLG Düsseldorf GRUR 1969, 550). Eine Herausgabepflicht obliegt dem jeweiligen Besitzer des Werkes nicht (§ 25 Abs. 2 UrhG). Die Bewilligung des Zugangsrechts erfordert nach § 25 Abs. 1 UrhG eine Güter- und Interessenabwägung: Der Zugang muss für den Urheber zwecks Herstellung von Vervielfältigungsstücken oder einer Bearbeitung erforderlich sein. Es dürfen keine berechtigten Interessen des Besitzers entgegenstehen (vgl. LG Hamburg ZUM 2006, 27; Schricker/Loewenheim/*Vogel* UrhG § 25 Rn. 16 ff.).

b) Dem *bildenden Künstler* räumt § 26 UrhG ein *Folgerecht* ein, dh einen gestaffelten Anteilssatz am Erlös, den später ein Kunsthändler oder Versteigerer bei der Weiterveräußerung des Werkes erzielt. Der Urheber kann auf seinen Anteil im Voraus nicht *verzichten.* Dem Urheber steht zur Durchsetzung seines Anspruchs ein *Auskunftsrecht* gegenüber dem Kunsthändler oder Versteigerer zu, das nur durch eine *Verwertungsgesellschaft* (vgl. → Kap. 64 Rn. 4 ff.) geltend gemacht werden kann. **46**

c) Für die Autoren von Druckwerken ist die Vermiet- und Verleihtantieme (§ 27 UrhG) von besonderer Bedeutung. Werden Vervielfältigungsstücke eines Werkes (zB Bücher, Zeitschriften, Tonträger, Bild-/Tonträger) mit Zustimmung des Urhebers gewerbsmäßig vermietet oder erfolgt die Ausleihung durch eine der Öffentlichkeit zugängliche Einrichtung (zB öffentliche Bibliothek), dann hat der Verleiher bzw. Vermieter dem Urheber des Werkes eine „angemessene Vergütung“ zu zahlen. Der Vergütungsanspruch kann nur durch eine Verwertungsgesellschaft geltend gemacht werden (vgl. → Kap. 64 Rn. 4 ff.; insbesondere zum Verhältnis zu § 17 UrhG siehe Schricker/Loewenheim/*Loewenheim* UrhG § 27 Rn. 8). Die heftig umstrittene Frage, ob das *Auslegen von Zeitungen* und Zeitschriften in den Wartezimmern von Ärzten sowie Angehörigen anderer freier Berufe, Friseuren usw die Verleihgebühr des § 27 UrhG auslöse, hat der BGH (vgl. NJW 1985, 435 (437)) zu Recht verneint. Hierdurch entstehen dem Urheber nämlich keine potenziellen Einnahmeausfälle, während im Gegenteil durch die nur kurzfristige Einsicht in die Publikation während der Wartezeit ein Kaufinteresse des Kunden geweckt werden kann (zur Verfassungsmäßigkeit dieser Auslegung vgl. BVerfG AfP 1988, 11). **47**

d) Für das Verhältnis zwischen Urheber und Verleger ist der sog. *Fairnessparagraf* (§ 32a UrhG) von Bedeutung (vgl. OLG München AfP 2011, 191 (193)). Diese Vorschrift ist Ausdruck des urheberrechtlichen Grundsatzes, dass der Urheber an den Erträgen seines Werkes angemessen zu beteiligen ist. Die ursprüngliche Fassung des „Bestsellerparagrafen“ (§ 36 UrhG aF) stellte hohe Anforderungen auf. Erforderlich war ein „grobes Missverhältnis“ zwischen Honorar und Ertrag. Hinzu kam, dass die Rechtsprechung verlangte, das Missverhältnis müsse „unerwartet“ entstanden sein (so noch BGH GRUR 2002, 153). Der Anspruch aus § 32a Abs. 1 UrhG erfordert heute dagegen lediglich ein auffälliges Missverhältnis zwischen den erzielten Vorteilen und Erträgen aus der Nutzung des Werkes (auf Seiten des Verwerters) und der vereinbarten Gegenleistung (auf Seiten des Urhebers). Ein auffälliges Missverhältnis soll vorliegen, wenn die (fiktive) angemessene Gegenleistung (Vergütung) von der tatsächlich vereinbarten um 100 % abweicht (kritisch hierzu Nordemann, Das neue Urhebervertragsrecht, § 32a Rn. 7; *Schricker* GRUR 2002, 737 ff.). Die Beurteilung erfolgt unter Berücksichtigung der gesamten Beziehungen des Urhebers zu dem Verwerter (vgl. hierzu KG Berlin ZUM 2010, 346 ff.; OLG München GRUR-RR 2010, 416 ff.). Maßgeblich ist nicht der erzielte Gewinn, sondern der Brutto-Erlös. **48**

63. Kapitel. Die Schranken des Urheberrechts

I. Die Sozialbindung des geistigen Eigentums. Die begrenzte Dauer des Urheberrechts

1 1. Auch das geistige Eigentum ist, ähnlich wie das Sacheigentum, *sozialgebunden* (vgl. Art. 14 Abs. 2 GG). Das Eigentum ist nicht schrankenlos gewährt. Es findet seine Grenzen am Recht Dritter und ist zugleich dem allgemeinen Wohl verpflichtet (vgl. BVerfG NJW 1985, 2633; 1980, 985; BVerfGE 18, 131; 37, 140; BGHZ 23, 30). So bemüht sich auch das Urheberrecht um einen gerechten Ausgleich zwischen den Interessen des Urhebers und den Bedürfnissen der Allgemeinheit. Im Einzelnen ist es Sache des Gesetzgebers, im Rahmen der inhaltlichen Ausprägung des Urheberrechts nach Art. 14 Abs. 1 S. 2 GG sachgerechte Maßstäbe festzulegen, die eine der Natur und der sozialen Bedeutung des Rechts entsprechende Nutzung und angemessene Verwertung sicherstellen (vgl. BVerfG GRUR 2011, 223). Während die Rechte des Urhebers global und umfassend formuliert sind, werden deshalb die das Urheberrecht eingrenzenden Schranken im UrhG einzeln und erschöpfend aufgezählt.

2 2. Die wohl wichtigste Schranke des Urheberrechts ist seine *zeitliche Begrenzung*. Im Gegensatz zum Sacheigentum, insbesondere auch zum Eigentum am Manuskript, das dem Verfasser zusteht (vgl. BGH GRUR 1969, 551), erlischt das geistige Eigentum nach Ablauf der gesetzlichen Frist. Das Werk wird gemeinfrei und kann von jedermann verwertet werden. Die allgemeine kulturelle Entwicklung soll nicht durch ein ewiges Urheberrecht belastet werden.

a) Die *Schutzdauer von 70 Jahren* (§ 64 UrhG) beginnt mit dem Ablauf des Kalenderjahres, in dem der Urheber *verstorben* ist (§ 69 UrhG). Bei *Miturheberschaft* am Werk (vgl. → Kap. 62 Rn. 19 ff.) ist der Tod des längstlebenden Miturhebers maßgebend (§ 65 Abs. 1 UrhG). Bei anonymen und pseudonymen Werken wird die Schutzfrist von der *Veröffentlichung* an gerechnet (§ 66 UrhG; zur Schutzfristberechnung bei vor Inkrafttreten des UrhG erschienenen anonymen Werken vgl. OLG München ZUM 1990, 95).

3 b) Eine *verkürzte Schutzfrist* von 50 Jahren besteht in der Regel für die *Leistungsschutzrechte* („Verwandte Schutzrechte") im Sinn der §§ 70–87h, 94, 95 UrhG (vgl. → Kap. 64 Rn. 1 ff. vgl. Richtlinie 93/98/EWG des Rates vom 29.10.1993 zur Harmonisierung der Schutzdauer des Urheberrechts und bestimmter verwandter Schutzrechte; umgesetzt durch das 3. Urheberrechtsänderungsgesetz vom 23.6.1995 (BGBl. I S. 842)). Die Frist läuft hier grundsätzlich von der jeweils erstmaligen Verwertung, sonst von der Herstellung der schutzfähigen Leistung an. Die Schutzfrist beträgt zwischen 15 und 50 Jahre.

II. Beschränkung zugunsten der allgemeinen Informationsfreiheit

4 Für eine funktionierende demokratische Gesellschaft ist die als Grundrecht (Art. 5 GG) geschützte *Informationsfreiheit* der Bürger von besonderer Bedeutung (vgl. BVerfGE 20, 162 ff. – Spiegel; 57, 259). Der berechtigte Anspruch der Allgemeinheit auf umfassende Information über das kulturelle und politische Geschehen führt zu einer notwendigen Einschränkung des Ausschließlichkeitsrechts des Urhebers an seinem Geisteswerk (vgl. *Löffler* NJW 1980, 201 ff.). Der Grundsatz der Informationsfreiheit wirkt sich im Urheberrecht auf folgenden Gebieten aus:

1. Öffentliche Reden und Vorträge

5 Hier besteht nach § 48 UrhG im Interesse der Unterrichtung des Publikums weitgehende Wiedergabefreiheit.

6 a) In vollem Umfang wiedergabefrei sind *Parlaments- oder Gerichtsreden*. Es sind Reden und Vorträge, die bei *öffentlichen Verhandlungen* vor staatlichen, kommunalen oder kirchlichen Organen gehalten werden (§ 48 Abs. 1 Ziff. 2 UrhG). Unzulässig ist es jedoch, eine Sammlung solcher Reden zu vervielfältigen oder zu verbreiten, die überwiegend Reden *desselben Autors* enthält (§ 48 Abs. 2 UrhG). Dieses Recht ist dem Urheber vorbehalten. Aus § 48 Abs. 1 Ziff. 2 UrhG lässt sich auch kein Anspruch auf journalistische Tonbandmitschnitte, zB in Kommunal-

parlamenten ableiten (vgl. BVerwG NJW 1991, 118; *Wilhelmi* AfP 1992, 221 (224); vgl. dagegen OLG Celle AfP 1986, 57).

b) Eine begrenzte Wiedergabefreiheit besteht bei Reden und Vorträgen *in öffentlichen Versammlungen oder im Rundfunk,* sofern sie sich mit *Tagesfragen* befassen (§ 48 Abs. 1 Ziff. 1 UrhG). Hier sind jedoch zur Wiedergabe nur solche Zeitungen, Zeitschriften und andere Informationsblätter befugt, „die im Wesentlichen den Tagesinteressen Rechnung tragen", dh sich der aktuellen Berichterstattung widmen. Ohne einen Aktualitätsbezug ist den Medien ein wörtlicher Abdruck der Rede versagt (vgl. *Beater* AfP 2005, 227 (230)). Neben dieser in verkörperter Form, dh durch Druckschriften erfolgenden Weiterverbreitung solcher Reden und Vorträge ist auch die (öffentliche) Wiedergabe in nichtkörperlicher Form, etwa durch den Rundfunk oder über das Internet, frei (§ 48 Abs. 1 Ziff. 1 UrhG). **7**

2. Bild- und Tonberichterstattung über Tagesereignisse

§ 50 UrhG gestattet den Massenmedien *Funk* und *Film* sowie der *aktuellen Presse* (dh „Zeitungen und Zeitschriften, die im Wesentlichen den Tagesinteressen Rechnung tragen") generell in einem durch den Zweck der Berichterstattung gebotenen Umfang (vgl. BGH AfP 1985, 119; OLG Hamburg AfP 1983, 405) die öffentliche Wiedergabe, Vervielfältigung und Verbreitung von Werken, die im Verlauf der Vorgänge, über die berichtet wird, für den Betrachter wahrnehmbar werden. Die Rechtsprechung neigte zu einer eher engen Auslegung der Ton- und Bildberichterstattung über Tagesereignisse (vgl. BGH GRUR 1994, 802; NJW 2008, 2345; vgl. hierzu Schricker/Loewenheim/*Vogel* UrhG § 50 Rn. 9 ff.). So soll der Abdruck von Werken der bildenden Kunst in einer Programmzeitschrift auch dann nicht nach § 50 UrhG gestattet sein, wenn eine Sendung über das Leben des Künstlers angekündigt wird (vgl. LG Berlin ZUM 1989, 473). Jedoch nahm der BGH in einer Auseinandersetzung prominenter Eheleute die Privilegierung an, gestattete sogar die Veröffentlichung eines als Beleg für den Vorwurf der Züchtigung gebrauchten Lichtbilds (vgl. BGH NJW 2002, 3473). Auch darf ein Reporter vor oder nach der Ausstellung das Hauptwerk in aller Ruhe und mit entsprechender Beleuchtung aufnehmen (vgl. BGH GRUR 1983, 25 ff.). Einer Zeitung ist hiernach zB auch gestattet, ein Werbeplakat für ein Stadtfest als Deckblatt für eine aus Anlass des Festes erscheinende Sonderbeilage abzudrucken (vgl. LG Oldenburg AfP 1988, 84). Zeitliche Schranken der Berichterstattung ergeben sich durch die Bindung an „Tagesereignisse". Berichte über Ereignisse, die viele Wochen zurückliegen, sind durch Art. 50 UrhG grundsätzlich ebenso wenig gedeckt wie Jahresübersichten, Rückblicke etc (vgl. LG Hamburg AfP 1988, 381). Auch die Online-Berichterstattung über Kunstaustellungen, bei denen Werke ausgestellter Künstler wahrnehmbar werden, sind auch dann am Merkmal der Tagesaktualität zu messen, wenn der bebilderte Artikel in das Online-Archiv eingestellt und dort weiter vorgehalten wird (vgl. BGH AfP 2011, 247; *Engels/Kleinschmidt* AfP 2011, 240 f.). Etwas anderes kann jedoch dann gelten, wenn seit dem Ereignis zwar bereits ein längerer Zeitraum vergangen ist, aber dieses als Gegenstand erneuter Auseinandersetzungen in der Öffentlichkeit wieder aktuell wird (vgl. OLG Stuttgart AfP 1986, 71). Ob auch eine umfassende Wiedergabe urheberrechtlich geschützter Werke vom Privileg der Berichterstattung über Tagesereignisse gemäß § 50 UrhG umfasst ist, hängt nach der Rechtsprechung des BGH auch unter Berücksichtigung von Art. 5 RL 2001/29/EG davon ab, ob sie verhältnismäßig ist. Wenn sie verhältnismäßig ist, dann ist auch ein Eingriff in das Erstveröffentlichungsrecht nach § 12 UrhG gerechtfertigt (vgl. BGH K&R 2020, 621 - Reformistischer Aufbruch II; K&R 2020, 625 – Afghanistan Papiere II; vgl. zu den vorangehenden Vorabentscheidungen des EuGH: EuGH AfP 2019, 416, und AfP 2019, 424; *Oechsler* NJW 2020, 3206). **8**

3. Entnahme von Nachrichten und Kommentaren aus Presse und Funk

a) Von besonderer Bedeutung für die umfassende Unterrichtung der Allgemeinheit ist das publizistische *Entnahmerecht,* dem Presse- und Rundfunkpublikationen ihrerseits unterliegen (§ 49 UrhG). Hintergrund dieser Regelung ist die Förderung des meinungsbildungsrelevanten Informationsflusses, eine Übernahme zu Werbezwecken ist daher von § 49 UrhG nicht gedeckt. Je nach dem *Inhalt* der Publikation besteht ein weites oder ein beschränktes Entnahmerecht. Die **9** von Presse und vom Rundfunk verbreiteten „vermischten *Nachrichten* tatsächlichen Inhalts und von Tagesneuigkeiten" dürfen *unbegrenzt und unentgeltlich* wiedergegeben bzw. nachgedruckt werden (§ 49 Abs. 2 UrhG). Eine Quellenangabe ist nicht erforderlich. Die Wiedergabefreiheit erstreckt sich jedoch nicht auf *Bildberichte* über Tagesereignisse. Besonders geformte und gestaltete Publikationen, insbesondere *Reportagen* und *Interviews,* sind keine wiedergabefreien „Nachrichten".

10 b) Einem *begrenzten* publizistischen Entnahmerecht unterliegen solche *Kommentare und Artikel* des Rundfunks bzw. der aktuellen Tagespresse, die sich mit politischen, wirtschaftlichen oder religiösen *Tagesfragen* befassen (§ 49 Abs. 1 UrhG). Darunter sind nur Zeitungen und andere – lediglich Tagesinteressen dienende – Informationsblätter zu verstehen (zur Einbeziehung von Wochenzeitungen und Publikumszeitschriften vgl. BGH AfP 2005, 356 (358); Schricker/Loewenheim/*Melichar/Stieper* UrhG § 49 Rn. 108; *Fischer* ZUM 1995, 117; Löffler/*Berger* BT UrhR Rn. 154). Das *Recht der Entnahme* selbst steht ebenfalls wiederum nur dem Rundfunk, Zeitungen und aktuellen Tagesinteressen dienenden Informationsblättern zu, die eine unkörperliche öffentliche Wiedergabe durchführen (§ 15 Abs. 2 UrhG). Für die Wiedergabe bzw. den Nachdruck ist dem Urheber eine angemessene *Vergütung* zu bezahlen, die jedoch entfällt, wenn es sich um kurze Auszüge aus mehreren Kommentaren oder Artikeln in Form einer Übersicht handelt (*Pressespiegel;* vgl. hierzu *Wild* AfP 1989, 701). Gegenüber der zur Geltendmachung des Vergütungsanspruchs befugten Verwertungsgesellschaft WORT ist ein Herausgeber von Pressespiegeln grundsätzlich verpflichtet, über die Namen der Autoren, die die abgedruckten Artikel verfasst haben, Auskunft zu erteilen (zur Funktion der VG WORT vgl. → Kap. 64 Rn. 4 ff.). Sind diese Namen jedoch nicht in den im Pressespiegel verwendeten Artikeln aufgeführt, trifft den Herausgeber insoweit keine Ermittlungspflicht (vgl. OLG München ZUM 1991, 371; OLG Düsseldorf ZUM 1990, 527). Im Nachdruck muss jedoch stets die *Quelle,* aus der entnommen wird, angegeben werden. Presse und Rundfunk haben die Möglichkeit, ihre Kommentare und Artikel gegen eine unerwünschte Entnahme durch einen ausdrücklichen *Vorbehalt* zu schützen, zB „Nachdruck auch auszugsweise verboten". Derartige Vorbehalte sind jedoch äußerst selten. Keine nach § 49 UrhG zustimmungsfreie Vervielfältigung liegt vor, wenn ein Informationsdienst fast ausschließlich aus anderen Blättern entnommene tagesaktuelle Artikel und kaum eigene Beiträge enthält. Die planmäßige Auswertung anderer Publikationen ist in einem solchen Fall wettbewerbswidrig (vgl. LG Düsseldorf AfP 1988, 93; zur Fallgruppe des „systematischen Ausnutzens fremder Leistung" vgl. → Kap. 75 Rn. 49). Auch *elektronische Pressespiegel* (im Inter- oder Intranet, aber auch auf CD-ROM) können dem Grunde nach auch unter die Schranke des § 49 UrhG fallen (vgl. BGH GRUR 2002, 963; vgl. auch *Berger/Degenhart* AfP 2002, 557; *Hoeren* GRUR 2002, 1022; vgl. Fromm/Nordemann/*Nordemann/Schiffel* UrhG § 49 Rn. 10). Voraussetzung dafür ist jedoch die Einhaltung bestimmter Voraussetzungen, insbesondere, dass die Suchfunktion beschränkt wird, die Übermittlung also in Form einer grafischen Datei erfolgt und der Kreis der Bezieher überschaubar sein muss (vgl. KG Berlin AfP 2004, 278). Vor allem betriebs- und behördeninterne elektronische Pressespiegel werden daher von dem Privileg des § 49 UrhG erfasst. Wahrnehmungsberechtigt in Bezug auf den Vergütungsanspruch ist auch hier im Prinzip die VG Wort. Zwecks vereinfachter Abwicklung haben die Verlage mit der PMG Presse-Monitor GmbH (PMG) einen eigenen elektronischen Zugriffsdienst geschaffen und die PMG berechtigt, die erforderlichen Lizenzen für sämtliche Artikel über die PMG Pressedatenbank zu vergeben. Mit dieser Lizenzierung werden die Ansprüche der Verlage abgegolten. Zudem haben die VG WORT und die PMG eine Kooperationsvereinbarung geschlossen, durch die die gesetzlichen Vergütungsansprüche der Autoren gem. § 49 UrhG erfüllt werden. Soweit elektronische Pressespiegel außerhalb des Anwendungsbereichs des § 49 UrhG hergestellt werden, ist somit grundsätzlich die PMG für die Lizenzierung zuständig.

III. Beschränkung zugunsten der Erziehung und der kulturellen Entwicklung

11 Im Interesse der Religionspflege, Bildung und Erziehung muss sich der Urheber gleichfalls Beschränkungen gefallen lassen.

1. Bei Sammlungen, die ausschließlich für den *religiösen Gebrauch* bestimmt sind, können aus geschützten Werken Entnahmen von geringem Umfang ohne Zustimmung des Autors gemacht

werden (§ 46 UrhG). Doch ist der in Anspruch genommene Autor rechtzeitig vorher, dh zwei Wochen vor Beginn der Vervielfältigung, zu informieren. Auch steht ihm eine *„angemessene Vergütung"* zu. Entspricht der Text der vorgesehenen Entnahme nicht mehr der Überzeugung des Autors, dann kann er die Entnahme untersagen (§ 46 Abs. 5 UrhG).

2. *Schulfunksendungen* dürfen in begrenztem Umfang zu Unterrichtszwecken mitgeschnitten **12** werden (§ 47 UrhG). Dieses Recht steht nur Schulen, Einrichtungen der Lehrerbildung und Lehrerfortbildung sowie Erziehungsheimen der Jugendfürsorge zu. Das Mitschneiden beschränkt sich auf die Herstellung einzelner Vervielfältigungsstücke von Werken, die innerhalb einer Schulfunksendung gesendet werden, im Wege der Übertragung auf Bild- oder Tonträger. Die Übertragung ist *vergütungsfrei,* doch bestimmt § 47 Abs. 2 S. 2 UrhG, dass dem Urheber eine angemessene Vergütung zu zahlen ist, wenn die im Rahmen des § 47 UrhG hergestellten Ton- oder Bildträger nicht spätestens bis zum Ende des auf die Übertragung der Schulfunksendung folgenden Schuljahres gelöscht werden (vgl. Schricker/Loewenheim/*Melichar/Stieper* UrhG § 47 Rn. 20 ff.).

3. Die *öffentliche Wiedergabe* geschützter Werke ist im Interesse des kulturellen Lebens unter **13** den in § 52 UrhG normierten Voraussetzungen gegeben: Die Wiedergabe darf keinem Erwerbszweck des Veranstalters dienen, es darf kein Eintrittsgeld erhoben werden, und keiner der ausübenden Künstler (§ 73 UrhG) darf im Falle einer Aufführung oder eines Vortrags eine besondere Vergütung erhalten. Doch ist in allen Fällen dem Autor des Werkes eine angemessene Vergütung zu bezahlen, auch bei der Wiedergabe des Werkes bei einem Gottesdienst oder einer kirchlichen Feier (vgl. § 52 Abs. 2 UrhG). Von der *Vergütung befreit* sind nur Veranstaltungen der Jugend- und Sozialhilfe, der Alten- und Wohlfahrtspflege und der Gefangenenbetreuung, sofern die Veranstaltungen nur einem abgegrenzten Kreis von Personen zugänglich sind (vgl. Fromm/Nordemann/*Dustmann* UrhG § 52 Rn. 26). Von der Schranke des § 52 UrhG ausgenommen sind bühnenmäßige Darstellungen, öffentliche Zugänglichmachungen und Funksendungen eines Werkes sowie öffentliche Vorführungen eines Filmwerks, die allesamt dem Einwilligungsvorbehalt des Urhebers unterliegen (§ 52 Abs. 3 UrhG). Damit kommt dieser Schrankenbestimmung kaum praktische Bedeutung zu (vgl. Fromm/Nordemann/*Dustmann* UrhG § 52 Rn. 2).

4. *Werke,* die sich bleibend an öffentlichen Wegen, Straßen oder Plätzen befinden, wie Bau- **14** werke, Brunnen, Denkmale usw dürfen aufgrund der sog. *Panoramafreiheit* ohne Zustimmung des Autors durch Lichtbild oder Film, aber auch mit Mitteln der Malerei oder Grafik vervielfältigt, verbreitet und öffentlich wiedergegeben werden (§ 59 UrhG; vgl. BGH NJW 2002, 2394; 2011, 749; zum Fehlen zivilrechtlicher Abwehransprüche vgl. BGH NJW 1989, 2251; OLG Düsseldorf AfP 1991, 424). Hat ein Künstler die Lebensdauer seines Werkes von vornherein beschränkt, wird es sich in der Regel nicht um ein „bleibend an einem öffentlichen Platz" befindliches Werk handeln (vgl. LG Berlin NJW 1996, 2380; *Müller-Katzenburg* NJW 1996, 2341; *Pfennig* ZUM 1996, 558; aA *Weberling* AfP 1996, 34 f.; *Pöppelmann* ZUM 1996, 293; *Griesbeck* NJW 1997, 1133). Aus den aufgeführten Abbildungsmitteln ergibt sich, dass nur flächige, nicht aber plastische Wiedergaben erlaubt sind. Bei Bauwerken erstreckt sich dieses Recht nur auf die äußere Ansicht, so dass ein Anspruch auf Betreten des Grundstücks zum Zweck des Fotografierens nicht besteht (vgl. Fromm/Nordemann/*Czychowski* UrhG § 59 Rn. 7; BGH ZUM 2011, 333). Das Innere von Bauwerken ist gegen die öffentliche Wiedergabe geschützt (vgl. BGH GRUR 1975, 500). Eine Zweckbegrenzung sieht § 59 UrhG nicht vor. Die Wiedergabe kann auch gewerblichen Zwecken dienen wie zB der Herstellung von Postkarten oder der Gestaltung von Warenzeichen (vgl. BGH NJW 2011, 749; OLG Düsseldorf AfP 1991, 424; OLG Bremen NJW 1987, 1420; auch → Kap. 43 Rn. 23).

IV. Die Beschränkung zugunsten der öffentlichen Ordnung und der Rechtspflege

Der Staat hat ein Interesse daran, dass seine Gesetze, Erlasse, Verwaltungs- und Gerichtsent- **15** scheidungen sowie sonstige *amtliche Werke* der Öffentlichkeit zur Kenntnis gebracht werden. Ihre Wiedergabe ist demzufolge frei. Sie genießen keinen Urheberrechtsschutz (§ 5 UrhG; zum Begriff der amtlichen Werke vgl. BGH NJW 2006, 3644 f.; ZUM 1993, 23; KG Berlin GRUR 1988, 450; → Kap. 62 Rn. 15; zur Zitierung privater Werke in amtlichen Werken siehe LG Köln GRUR-RR 2011, 4 (5 f.)).

16 Im Interesse der *Rechtspflege* sind dem Recht des Urhebers gleichfalls Schranken gesetzt. Zur Verwendung im Prozess dürfen nach § 45 Abs. 1 UrhG einzelne Vervielfältigungsstücke geschützter Werke hergestellt werden. Gerichte und Behörden sind berechtigt, zum Zweck der Rechtspflege und der öffentlichen Sicherheit Bildnisse (zB Steckbriefe) herzustellen und zu verbreiten (§ 45 Abs. 2 und 3 UrhG).

V. Die Beschränkung zugunsten der Wissenschaft. Die Zitierfreiheit

17 1. Für die literarische und wissenschaftliche Arbeit ist der Leserschaft gegenüber der exakte Nachweis durch Beleg und Dokumentation unerlässlich. Dem trägt § 51 UrhG durch das Prinzip der *Zitierfreiheit* Rechnung, die sich der Urheber gefallen lassen muss. Das Gesetz unterscheidet zwischen Großzitat (§ 51 S. 2 Ziff. 1), Kleinzitat (§ 51 S. 2 Ziff. 2) und Musikzitat (§ 51 S. 2 Ziff. 3). Für die Presse sind Groß- und Kleinzitat, die umfangmäßig und rechtlich erheblich divergieren, von wesentlicher Bedeutung (vgl. *Löffler* NJW 1980, 201 ff.; Schricker/Loewenheim/*Spindler* UrhG § 51 Rn. 10 ff.). Zitate können als Wort- oder Bildzitate verwendet werden (zur Abbildung eines Lichtbilds in einem als Pressefoto verwendeten anderen Lichtbild vgl. KG Berlin AfP 2011, 268 (269)).

18 2. Unter *Großzitat* versteht das UrhG (§ 51 S. 2 Ziff. 1) die Übernahme eines fremden, bereits erschienenen *ganzen* Werks (Gedicht, Bild, Aufsatz, Abhandlung) in eine andere Publikation. Da hier ein außerordentlicher Eingriff in ein fremdes Urheberrecht vorliegt, ist eine solche Entnahme nur zulässig, sofern sie in ein selbständiges *wissenschaftliches* Werk übernommen wird, und zur Erläuterung des Inhalts und als Beleg dient (vgl. zu diesen gesetzlichen Voraussetzungen BGH GRUR 1973, 216 ff.; KG Berlin UFITA 63, 221 ff.). Am Einzelfall und differenziert ist die Frage zu beurteilen, ob in eine selbständige wissenschaftliche Arbeit nur einzelne oder zahlenmäßig viele ganze Werke eines fremden Urhebers aufgenommen werden dürfen (vgl. BGHZ 50, 147 ff.; OLG München ZUM 1989, 529). Werden nur Werke eines Urhebers zitiert, ist der Gefährdung seiner Interessen dadurch zu begegnen, dass nur einige wenige Werke zitiert werden können. Je weitreichender die eigene Publikation ist, desto mehr Werke dürfen aufgenommen werden (vgl. Schricker/Loewenheim/*Spindler* UrhG § 51 Rn. 73). Hier ist insbesondere an Kunstenzyklopädien oder an einen „Sammelband zur deutschen Literatur" zu denken.

19 3. Wesentlich freier ist die Stellung des Zitierenden beim *Kleinzitat* (§ 51 S. 2 Ziff. 2 UrhG). Weil hier nicht ganze Werke, sondern nur einzelne „Stellen" aus geschützten und bereits veröffentlichten Werken entnommen werden, muss auf Seiten des Entlehners kein wissenschaftliches Werk vorliegen. Es genügt die Aufnahme in ein *selbständiges Sprachwerk,* zB in einen Zeitungs- oder Zeitschriftenaufsatz. Die herrschende Meinung dehnt das Zitatrecht aber auch auf andere Werkkategorien aus, insbesondere auf Filmwerke (vgl. LG Köln ZUM-RD 2009, 472). Ein Zitat ist jedoch nur zulässig, wenn es als Beleg für eigene Erörterungen des Zitierenden erscheint und nicht in einer nur äußerlich zusammenhängenden Weise in den Text des Zitierenden eingefügt ist (vgl. BGH AfP 1986, 41; zum Zitatzweck s. auch Schricker/Loewenheim/*Spindler* UrhG § 51 Rn. 27 ff.). In besonderen Ausnahmefällen, so bei einem begründeten Informationsinteresse der Öffentlichkeit (vgl. *Löffler* NJW 1964, 2277), kann auch die Zitierung umfangreicherer Textstellen oder kleiner „ganzer Werke" wie zB einer politischen Karikatur, oder von Lichtbildwerken (Bildzitat) durch § 51 S. 2 Ziff. 2 UrhG gedeckt sein (vgl. BGH AfP 1986, 41; KG Berlin UFITA 54, 296 ff.). Das LG Frankfurt a. M. (UFITA 94, 338) sah in der Wiedergabe einer Anti-Atom-Plakette im Rahmen einer Zeitungsanzeige ein durch die Zitierfreiheit gedecktes Bildzitat. In die gleiche Richtung ging ein Urteil des LG München I (FuR 1984, 475), das der Rundfunksendung „Monitor" das Recht zuerkannte, aus dem Werbeprospekt eines Industrieunternehmens ein dort verwandtes Foto als Bildzitat einzublenden (zur Wiedergabe des Ausschnitts eines Werbefilms in derselben Magazinsendung vgl. OLG Frankfurt a. M. AfP 1989, 553). Die Zitierung des gesamten Liedtextes von Lili Marleen (5 Strophen) ist jedoch durch das Zitierrecht des § 51 UrhG nicht gedeckt (vgl. BGH AfP 1985, 119; zur entsprechenden Anwendung von § 51 S. 2 Ziff. 2 UrhG auf Zitate in Filmwerken vgl. BGH AfP 1987, 491; Fromm/Nordemann/*Dustmann* UrhG § 51 Rn. 42).

20 4. Die in § 51 S. 1 UrhG genannten Verwertungshandlungen sind nur insoweit zulässig, als sie zum Zweck des Zitats vorgenommen werden (vgl. BGH NJW 2010, 2731 (2734); LG Düssel-

dorf GRUR-RR 2011, 203 (205 f.)). Dieser Zitatzweck erfordert, eine innere Verbindung zwischen der zitierten Stelle und den eigenen Gedanken des Zitierenden herzustellen (vgl. BGH NJW 2008, 2346 (2349); KG Berlin AfP 2011, 268 (269)). Dem Interesse des Urhebers, der sich die Entnahme des Zitats gefallen lassen muss, dient die Verpflichtung, die § 63 UrhG dem Zitierenden beim Groß- und beim Kleinzitat auferlegt: die deutliche *Quellenangabe.* Dies bedeutet die Angabe des Urhebers und der zitierten Stelle (etwa Buchtitel, Erscheinungsort und -zeit, Seitenzahl, bei Webseiten die URL sowie das Abrufdatum), so dass eine Nachprüfung des Zitats möglich ist (vgl. Schricker/Loewenheim/*Spindler* UrhG § 63 Rn. 13 f.). Eine weitere Schutzvorschrift zugunsten des Urhebers ist das grundsätzliche *Änderungsverbot* (§ 62 UrhG) bei Entlehnungen, das nur wenige eng auszulegende Ausnahmen zulässt (§ 62 Abs. 2–4 UrhG). Über § 62 Abs. 1 S. 2 UrhG kommt § 39 UrhG zur Anwendung, dessen Abs. 2 Änderungen des Werkes und seines Titels erlaubt, zu denen der Urheber seine Einwilligung nach Treu und Glauben nicht versagen kann.

Im UrhR-AnpassungsG erlaubt künftig § 51a UrhG nF an Stelle des im Anschluss an die **20a** Rechtsprechung des EuGH erfolgte Streichung des § 24 UrhG aF die Bezugnahme auf ein urheberrechtlich geschütztes Werk zum Zwecke der Karikatur, Parodie und des Pastiches. Erforderlich ist entsprechend § 51 Abs. 1 S. 1 UrhG, dass die Nutzung in ihrem Umfang durch den besonderen Zweck gerechtfertigt ist (vgl. RegE BR-Drs. 142/21, S. 8, 54 u. 95 ff.; siehe Kap. 62 Rn. 44a und nachfolgend Rn. 21 f.).

VI. Die Beschränkung zugunsten der „freien Benutzung" eines Werkes durch Dritte

1. Geschützte Werke dürfen im Interesse des kulturellen menschlichen Fortschritts *frei,* dh ohne **21** Zustimmung des Autors *benutzt* werden, wenn durch die Benutzung ein selbständiges eigenschöpferisches Werk geschaffen wird und das benutzte Werk im Wesentlichen nur als *Anregung* dient (§ 24 UrhG). Die „freie Benutzung" stimmt mit der *„Bearbeitung"* eines Werkes durch Dritte (vgl. → Kap. 62 Rn. 15) insoweit überein, als beide Werkformen von einem fremden geschützten Werk ausgehen und durch eigenschöpferische Leistung zu einem neuen geschützten Werk gelangen. Während aber bei der Bearbeitung das neue Werk die Wesenszüge des Originalwerks beibehält, „verblassen" sie bei der freien Benutzung, die deshalb – anders als die Bearbeitung – keiner Einwilligung des Schöpfers des Originalwerks bedarf (vgl. BGH AfP 2011, 62 (65 ff.); GRUR 1994, 191). So hat zB Thomas Mann in seinem „Felix Krull" zwar eine Episode aus einer Novelle Kafkas übernommen, aber so eigenschöpferisch gestaltet, dass die Individualität des benutzten Werkes verblasste (vgl. KG Berlin UFITA 25, 239). Die Rechtsprechung legt an das Vorliegen einer „freien Benutzung" mit Recht strenge Maßstäbe an: da die gesamte Menschheitsgeschichte und das gesamte geistige Erbe – soweit es nicht aus jüngster Zeit stammt – wie auch das Reich der Phantasie dem freien Schaffen offen stehen, liegt für den Autor keine Notwendigkeit vor, sich geschützter Werke zu bedienen (vgl. BGH GRUR 1994, 191; 1994, 206; Schricker/Loewenheim/*Loewenheim* UrhG § 24 Rn. 13 mwN; zu den Grenzen der freien Benutzung von Pressetexten vgl. *Schmid-Petersen* AfP 2011, 119). Bei Übertragung eines geschützten Werkes in eine andere Kunstform kann manchmal eine „freie Benutzung" vorliegen, so zB bei Anfertigung eines Gemäldes nach einem Foto. Anders ist es, wenn ein Werk (Roman) *verfilmt* oder *dramatisiert* wird; hier liegt im Zweifel nur eine Bearbeitung vor (vgl. KG Berlin UFITA 25, 249).

2. Bei *Parodien oder Satiren* auf geschützte Werke legte die deutsche Rechtsprechung seit jeher **22** den durch die antithematische Behandlung eines Werks geprägten Maßstab des „Verblassens der Wesenszüge des Originals" an (vgl. BGH GRUR 2008, 693 (695); NJW 1993, 2620; OLG München ZUM 1992, 252). Hierbei ist allerdings eine sichtbare Anlehnung an das Original unerlässlich, um dem Parodie- oder Satirezweck gerecht zu werden. Bedeutender für die Frage, ob eine freie Benutzung anzunehmen ist, war daher der *eigenschöpferische Gehalt* der Parodie oder Satire selbst. Unter dieser Maßgabe konnten auch weitgehendere Übernahmen von geschützten Werken nach § 24 UrhG zulässig sein. Dagegen hat der EuGH in Anwendung von Art. 5 Abs. 3 lit. k der InfoSoc-RL entschieden, dass es sich bei der Parodie um einen autonomen Begriff des Unionsrechts handele, der im gesamten Gebiet der Union einheitlich auszulegen sei (vgl. EuGH

GRUR 2014, 972): Danach bestehen die wesentlichen Merkmale der Parodie darin, zum einen an ein bestehendes Werk zu erinnern, gleichzeitig aber ihm gegenüber wahrnehmbare Unterschiede aufzuweisen, und zum anderen einen Ausdruck von Humor oder eine Verspottung darzustellen. Der Begriff „Parodie" im Sinne dieser Bestimmung hängt nicht von den Voraussetzungen ab, dass die Parodie einen eigenen ursprünglichen Charakter hat, der nicht nur darin besteht, gegenüber dem parodierten ursprünglichen Werk wahrnehmbare Unterschiede aufzuweisen, dass sie vernünftigerweise einer anderen Person als dem Urheber des ursprünglichen Werkes zugeschrieben werden kann, dass sie das ursprüngliche Werk selbst betrifft oder dass sie das parodierte Werk angibt. Des Weiteren muss bei der Anwendung der Ausnahme für Parodien im Sinne von Art. 5 Abs. 3 k) der InfoSoc-RL in einem konkreten Fall ein angemessener Ausgleich zwischen zum einen den Interessen und Rechten der in den Art. 2 und 3 der Richtlinie genannten Personen auf der einen und der freien Meinungsäußerung des Nutzers eines geschützten Werkes, der sich auf die Ausnahme für Parodien im Sinne dieses Art. 5 Abs. 3k) beruft, auf der anderen Seite gewahrt werden (vgl. EuGH GRUR 2014, 972).

22a Nachdem der EuGH 2019 enschieden hat, das § 24 UrhG mit dem Unionsrecht nicht vereinbar ist (vgl. EuGH, Urteil vom 29.7.2019 – C-476/17 Rs. Pelham [Metall auf Metall III], wird § 24 UrhG durch das UrhR-AnpassungsG gestrichen und der rechtliche Gehalt der Vorschrift in § 23 Abs. 1 S. 2 UrhG nF sowie in § 51a UrhG nF geregelt (vgl. RegE BR-Drs. 142/21, S. 5, 54 u. 83; Kap. 62 Rn. 44a und oben Rn. 20a).

VII. Beschränkung durch die dem eigenen Gebrauch dienenden Vervielfältigungen, Fotokopien und Tonbandüberspielung

23 1. Eines der schwierigsten und umstrittensten Probleme des Urheberrechts ist der in §§ 53, 54 UrhG geregelte Interessenausgleich zwischen dem Anliegen der Allgemeinheit am *eigenen Gebrauch* geschützter Werke im Wege der Vervielfältigung (zB durch Fotokopieren) sowie den Interessen der Urheber und der einschlägigen Industrie. §§ 53, 54, 54a–h UrhG dienen dem Ziel, dem Urheber einen stärkeren Schutz und einen weiterreichenden Vergütungsanspruch zu gewähren. Dabei legt § 53 UrhG fest, in welchem *Umfang* geschützte Werke ohne Zustimmung des Urhebers zum eigenen Gebrauch vervielfältigt werden dürfen, während §§ 54, 54a–h UrhG die *Vergütungspflicht* der Hersteller von Geräten und Speichermedien festlegen, wobei auch die Großbetreiber von Fotokopieranlagen und alle Einrichtungen, in denen Kopiergeräte gegen Entgelt bereitgehalten werden, herangezogen werden.

24 2. Bei der privilegierten Vervielfältigung zum *eigenen Gebrauch* unterscheidet das UrhG folgende Unterfälle:

a) Die Vervielfältigung zum *privaten Gebrauch* (§ 53 Abs. 1 UrhG). Sie ist zulässig, wenn sie sich auf den privaten Bedarf des Vervielfältigers, dh weder zu unmittelbaren noch zu mittelbaren Erwerbszwecken, und eine eventuelle Weitergabe von einzelnen Vervielfältigungsstücken an den durch ein persönliches Band verbundenen Freundes- und Bekanntenkreis beschränkt (vgl. Schricker/Loewenheim/*Loewenheim/Stieper* UrhG § 53 Rn. 23; BGH NJW 2009, 3511 (3513)). Erlaubt ist sowohl die analoge wie auch die digitale Kopie (vgl. BVerfG NJW 2011, 288 (290); K&R 2009, 795 (796)). Eine *offensichtlich rechtswidrige Vorlage* darf zur Vervielfältigung allerdings nicht verwendet werden. Unzulässig ist stets die Weitergabe an Dritte oder die öffentliche Wiedergabe von Vervielfältigungsstücken (vgl. aber BGH ZUM 1999, 566). Die Aufnahme öffentlicher Vorträge, Aufführungen und Vorführungen geschützter Werke auf *Bild- oder Tonträgern* ist – auch im Bereich des privaten Gebrauchs – von der Einwilligung des Berechtigten abhängig (§ 53 Abs. 7 UrhG). Bei nichtöffentlichen Vorträgen steht einer Tonbandaufnahme das Persönlichkeitsrecht des Dozenten entgegen und bedarf seiner Zustimmung (vgl. BGHZ 27, 284; zur Strafbarkeit gem. § 201 StGB vgl. → Kap. 54 Rn. 4 ff.).

25 b) Ein weiterer Unterfall des eigenen Gebrauchs ist die Vervielfältigung geschützter Werke zum eigenen *wissenschaftlichen* Gebrauch. Hier dürfen Vervielfältigungsstücke auch an Institutsangehörige weitergegeben werden. Zulässig ist auch die Herstellung von Vervielfältigungsstücken zur Aufnahme in ein *eigenes Archiv.* Doch muss hier ein eigenes Werkstück (zB ein eigenes Buch) als Vorlage benutzt werden (§ 53 Abs. 2 Ziff. 2 UrhG; siehe dazu BGH GRUR 1997, 459 (462)).

c) Auch zur eigenen *Information über Tagesfragen* dürfen Vervielfältigungsstücke hergestellt werden, wenn es sich um ein durch Funk gesendetes Werk handelt (§ 53 Abs. 2 S. 1 Ziff. 3 UrhG). Ein privilegierter eigener Gebrauch, der auch Mitarbeitern zu Gute kommt, liegt vor, wenn die Vervielfältigung *kleine Teile* eines erschienenen Werkes oder einzelne *Zeitungs- und Zeitschriftenbeiträge* (Aufsätze, Gedichte, Fotos, Bilder etc) betrifft, vorausgesetzt, das Werk ist seit mindestens zwei Jahren vergriffen (§ 53 Abs. 2 S. 1 Ziff. 4 UrhG). Teilweise wird das Recht zur Vervielfältigung zum sonstigen eigenen Gebrauch dadurch begrenzt, dass nur eine Vervielfältigung auf Papier oder in analoger Form oder zu einer nicht gewerblichen Nutzung gestattet ist (§ 53 Abs. 2 S. 2 UrhG). 26

d) Das Vervielfältigungsrecht für Unterrichts- und Prüfungszwecke nach § 53 Abs. 3 UrhG aF ist im Hinblick auf die neue Schranke für Nutzungen für Unterricht und Lehre in § 60a UrhG aufgehoben worden. 27

3. Die *Vergütungspflicht* auf dem Gebiet des dem eigenen Gebrauch dienenden Vervielfältigens, insbesondere durch Tonbandüberspielung und Fotokopieren (vgl. → Rn. 23 ff.) wird durch §§ 54, 54a–h UrhG geregelt. Vergütungspflichtig sind grundsätzlich alle Geräte, mit denen sich Vervielfältigungen herstellen lassen (vgl. Schricker/Loewenheim/*Loewenheim/Stieper* UrhG § 54 Rn. 9). Die Ansprüche können nur über eine Verwertungsgesellschaft geltend gemacht werden (§ 54h Abs. 2 UrhG). In §§ 23 ff. VGG ist geregelt, wie die zu zahlenden Vergütungen festgelegt und verteilt werden. Neben dem Hersteller haftet der Importeur solcher Geräte oder Speichermedien als Gesamtschuldner (§ 54b UrhG). 28

a) Bei der Übertragung von einem *Speichermedium* auf ein anderes oder bei der Aufnahme von Funksendungen auf Speichermedien trifft nach § 54 Abs. 1 UrhG die *Hersteller* der Übertragungsgeräte (CD-Brenner, MP3-Aufnahmegeräte etc) sowie der Speichermedien (CDs, Festplatten, USB-Stick) die Pflicht zu einer „angemessenen" Urhebervergütung (vgl. Fromm/Nordemann/*Wirtz* UrhG § 54 Rn. 10). 29

b) *„Betreiber von Ablichtungsgeräten"* (Fotokopierer etc) wie öffentliche Bibliotheken, Schulen, Hochschulen sowie sonstige Bildungseinrichtungen und gewerbliche Betreiber von Ablichtungsgeräten haften dem Urheber gegenüber für eine angemessene Vergütung (§ 54c Abs. 1 UrhG). Bei Letzteren besteht die Vergütungspflicht unabhängig davon, ob die Bereitstellung von Kopiergeräten als bloßer Kundenservice erfolgt und lediglich ein Nebengeschäft darstellt (vgl. OLG Nürnberg NJW 1991, 2778). Die Höhe der Vergütung bemisst sich nach Art und Umfang des Geräts (§ 54c Abs. 2 UrhG). 30

c) Neben dem Vergütungsanspruch steht dem Urheber ein der Feststellung seiner Vergütung dienender *Auskunftsanspruch* gegenüber Herstellern und den Betreibern von Geräten gemäß § 54f UrhG zu. Kommen diese ihrer Auskunftspflicht nicht in vollem Umfang oder unrichtig nach, kann von ihnen nach § 54f Abs. 3 UrhG der doppelte Vergütungssatz gefordert werden. Der Auskunftsanspruch kann ebenso wie der Vergütungsanspruch nur durch eine *Verwertungsgesellschaft* (vgl. dazu → Kap. 64 Rn. 4 ff.) geltend gemacht werden (§ 54h UrhG). 31

VIII. Beschränkung durch das Persönlichkeitsrecht Dritter

Das geistige Eigentum des Urhebers findet eine wichtige Schranke im *Recht der Persönlichkeit Dritter,* das nach Art. 1 Abs. 1 iVm Art. 2 Abs. 1 GG ebenso Verfassungsrang genießt wie das Urheberrecht. Kollidieren zwei Grundrechte, so müssen sich Gesetz und Gericht im Einzelfall um einen sachgemäßen Ausgleich bemühen (vgl. BVerfGE 54, 208 ff.). Gesetz und Rechtsprechung des Urheberrechts haben sich vor allem mit folgenden Kollisionsfällen befasst: 32

1. Bei Erstellung und Verwertung seines Werkes hat der Autor den Persönlichkeitsschutz zu beachten, der den Verfassern von *Briefen* und *Tagebüchern* zusteht (vgl. BGHZ 15, 255). Geschützt ist auch das Recht an der *eigenen Stimme;* dies gilt vor allem für Rundfunkübertragungen (vgl. BGH JZ 1957, 515). 33

2. Lässt sich eine Person *abbilden,* so erwirbt sie zwar an ihrem Bildnis das Sacheigentum, das geistige Eigentum verbleibt jedoch dem Urheber des Bildes – bei einem *Lichtbildwerk* dem *Fotografen,* bei einer Grafik oder einem Gemälde dem *Künstler* (§ 2 Abs. 1 UrhG). Doch erfährt das Urheberrecht des Bildherstellers zugunsten des Sacheigentümers eine wichtige Einschränkung. Dieser darf von dem Lichtbildwerk Fotos in beliebiger Zahl herstellen und verbreiten, 34

sofern dies unentgeltlich und nicht zu Erwerbszwecken geschieht (§ 60 Abs. 1 S. 1 UrhG). Von Gemälden und Grafiken dürfen jedoch nur *Fotos* hergestellt und verbreitet werden. Die gleichen Rechte wie dem Abgebildeten stehen auch demjenigen zu, der durch *Bestellung* eines Bildes dessen Sacheigentümer geworden ist (§ 60 Abs. 1 S. 2 UrhG). Das Eigentumsrecht an den Negativen von Fotos verbleibt jedoch, soweit keine abweichenden vertraglichen Vereinbarungen getroffen wurden, beim Berufsfotografen, da sich auch aus § 60 UrhG kein Herausgabeanspruch des Bestellers ableiten lässt (vgl. LG Wuppertal GRUR 1989, 54). Da eine Vervielfältigung von Lichtbildern auch ohne Negative möglich ist, kann sich der fotografische Urheber nur dadurch, dass er die Rechte aus § 60 UrhG vertraglich ausschließt, insbesondere für den Fall einer späteren gewerblichen Verwertung des Fotos durch den Besteller eine angemessene Vergütung sichern (vgl. die entsprechende Empfehlung in Fromm/Nordemann/*A. Nordemann* UrhG § 60 Rn. 2; zur Beschränkung des Urheberrechts durch das Recht am eigenen Bild gem. §§ 22, 23 UrhG vgl. Kap. 43). Die Vorschrift des § 60 UrhG schützt nur natürliche Personen, nicht eine juristische Person (vgl. OLG Köln AfP 2004, 272 ff.; Schricker/Loewenheim/*Vogel* UrhG § 60 Rn. 23).

64. Kapitel. Verwandte Schutzrechte (so genannte Leistungsschutzrechte). Die Verwertungsgesellschaften

I. Die so genannten Leistungsschutzrechte

1 1. Obwohl manche wichtigen Leistungen im kulturellen Bereich keine persönlichen geistigen Schöpfungen sind und somit keine geschützten Werke iSd § 2 Abs. 2 UrhG darstellen, erscheinen sie doch wegen ihrer allgemeinen Bedeutung oder wegen der in ihnen verkörperten, der schöpferischen Leistung des Urhebers ähnlichen Leistung als schutzwürdig. Deshalb erhalten sie als sogenannte *„Verwandte Schutzrechte"* oder *„Leistungsschutzrechte"* einen in §§ 70–87h, 94, 95 UrhG normierten besonderen Schutz.

2 2. Diesen Leistungsschutz genießen zB die Herausgeber *wissenschaftlicher Ausgaben* urheberrechtlich nicht geschützter Werke (§ 70 UrhG; vgl. BGH NJW 1975, 2064; zur Abgrenzung bei Werkqualität literarischer Ausgaben vgl. KG Berlin GRUR 1991, 596) oder so genannter *nachgelassener,* dh erst nach Erlöschen des Urheberrechts erschienener Werke (§ 71 UrhG). Ein anerkanntes Leistungsschutzrecht genießen die Lichtbildner (*Fotografen* § 72 UrhG; vgl. hierzu → Kap. 62 Rn. 11), sowie die *ausübenden Künstler,* insbesondere Schauspieler, Sänger, Musiker, Dirigenten (Karajan als Beethoven-Interpret). Doch steht den ausübenden Künstlern nur eine begrenzte Zahl von Nutzungsrechten zu (vgl. §§ 77, 78 UrhG). Als „verwandte Schutzrechte" werden auch die kulturellen Leistungen der Theater- und Konzertveranstalter (§ 81 UrhG), der Tonträgerhersteller (§§ 85, 86 UrhG), der *Sendeunternehmen* (§ 87 UrhG; vgl. insbesondere zu § 87 Abs. 3 UrhG BVerfG AfP 1988, 128), der Datenbankhersteller (§§ 87a ff. UrhG), der *Filmproduzenten* (§ 94 UrhG) und der Hersteller von Laufbildern (Bildfolgen und Bild- und Tonfolgen, die nicht als Filmwerke geschützt sind, § 95 UrhG) geschützt. Leistungsschutz genießt hier der „Hersteller" (zum Herstellerbegriff s. BGH NJW 1985, 1637).

3 3. Kein Leistungsschutzrecht genießen *Nachrichten* tatsächlichen Inhalts und Tagesneuigkeiten (§ 49 Abs. 2 UrhG). Diese sind vom urheberrechtlichen Schutz aber nur dann ausgeschlossen, wenn sie nicht durch erläuternde Kommentierungen oder sonstige Ergänzungen Werkcharakter erhalten. *Bildberichte* und *Reportagen* sind ohnehin auf Grund ihrer besonderen Gestaltung geschützt (vgl. Löffler/*Berger* BT UrhR Rn. 35). Die Vorschrift des § 49 Abs. 2 UrhG hat daher kaum praktische Bedeutung (Fromm/Nordemann/*Nordemann-Schiffel* UrhG § 49 Rn. 13). Auch bei nicht geschützten Nachrichten kann sich, wenngleich in engen Grenzen, aus dem Wettbewerbsrecht ein Schutzanspruch ergeben.

3a Durch das in den §§ 87f–87h UrhG verankerte Leistungsschutzrecht sollte den Presseverlagen das ausschließliche Recht eingeräumt werden, Presseerzeugnisse zu gewerblichen Zwecken öffentlich zugänglich zu machen, es sei denn, es handelt sich um einzelne Wörter oder kleinste Textausschnitte. Das Leistungsschutzrecht wurde durch das Achte Gesetz zur Änderung des Urheberrechtsgesetzes vom 7.5.2013 mit Wirkung zum 1.8.2013 eingeführt. Hintergrund des

Leistungsschutzrecht für Presseverleger sollte Presseverleger davor schützen, dass andere Nutzer in der digitalen Welt für die eigene Wertschöpfung systematisch auf die verlegerische Leistung zugreifen (vgl. Fromm/Nordemann/*Czychowski*/*J. B. Nordemann* UrhG § 87f Rn. 5). Ursprünglich sollten dazu bereits kleine Ausschnitte aus Zeitungsartikeln für ein Jahr ab Veröffentlichung gesetzlich geschützt sein. Diese sog. Snippets sind in der Regel kürzer als drei Sätze und werden häufig im Internet in Suchergebnissen zusammen mit dem Titel und der URL angezeigt. Den Verlagen sollte das ausschließliche Recht eingeräumt werden, Presseerzeugnisse oder Teile hiervon zu gewerblichen Zwecken im Internet öffentlich zugänglich zu machen. Die Anzeige von Snippets in Suchergebnissen wäre daraufhin nicht mehr zulässig gewesen. Am 27.2.2013 änderte der Rechtsausschuss des Deutschen Bundestages den Gesetzentwurf in entscheidenden Punkten: Suchmaschinen sollen „einzelne Wörter und kleinste Textausschnitte" nutzen dürfen, ohne den Verlagen Vergütungen zahlen zu müssen. Als Begründung wurde angegeben, dass andernfalls das Grundrecht auf Information eingeschränkt worden wäre (vgl. Möhring/Nicolini/*Graef* UrhG § 87f Rn. 4). Verwiesen wurde auch darauf, dass der BGH 2011 entschieden hatte, dass Google „Thumbnails" genannte Vorschaubilder in Suchergebnissen zeigen darf (vgl. BGH GRUR 2012, 602). 2019 kippte jedoch der EuGH das deutsche Gesetz aus formellen Gründen, weil es bei der EU-Kommission nicht angemeldet (notifiziert) worden war (vgl. EuGH GRUR 2019, 1188). Im Zusammenhang mit der Umsetzung der DSM-RL und im Anschluss an das in Art. 15 DSM-RL eingeführte unionsrechtliche Leistungsschutzrecht der Presseverleger regelt das UrhR-AnpassungsG das Leistunsschutzrecht der Presseverleger nunmehr europarechtskonform neu in den §§ 87f ff. UrhG nF. § 87f UrhG nF regelt die Begriffe der Presseveröffentlichung, des Presseverlegers sowie des Dienstes in der Informationsgesellschaft. Nach § 87g UrhG nF hat der Presseverleger das ausschließliche Recht, seine Presseveröffentlichung im Ganzen oder in Teilen für die kommerzielle Online-Nutzung durch Anbieter von Diensten der Informationsgesellschaft öffentlich zugänglich zu machen und zu vervielfältigen. Dies darf nach § 87h UrhG nF nicht zum Nachteil des Urhebers erfolgen, dessen Werk oder Schutzgegenstand in der Presseveröffentlichung enthalten ist, und der nach § 87k UrhG nF an den Einnahmen des Presseverlegers aus der Nutzung seiner Rechte gemäß § 87g UrhG nF angemessen zu beteiligen ist. Die Rechte des Presseverlegers erlöschen nach § 87j UrhG nF zwei Jahre nach der erstmaligen Veröffentlichung der Presseveröffentlichung (vgl. RegE BR-Drs. 142/21, S. 14 ff., 47 f., 54 u. 122 ff.).

II. Die Verwertungsgesellschaften

1. Die in der technisierten Welt unentbehrlich gewordenen Vermittler und Helfer der Urheber 4 bei der Verwertung und Erlössicherung ihrer Urheberrechte sind neben den Verlegern die so genannten *Verwertungsgesellschaften* (VG), von denen die „GEMA", die „VG WORT", die VG Bild-Kunst und die Gesellschaft zur Verwertung der Urheber- und Leistungsschutzrechte von Sendeunternehmen und Presseverlegern (VG Media) für Presseunternehmen die bedeutendsten sind. Den meisten Urhebern ist es schon aus praktischen Gründen nicht möglich, festzustellen, wo überall in der Welt aus ihrem Werk materieller Nutzen gezogen wird. Auch für die Verwerter fremder Rechte (Leihbibliotheken) ist es vorteilhaft, wenn sie es nur mit einer Verwertungsgesellschaft statt mit einer Vielzahl von Autoren zu tun haben.

2. Bei der besonderen Bedeutung, die den Verwertungsgesellschaften zukommt, hat der 5 Gesetzgeber ihre Rechte und Pflichten im so genannten *„Verwertungsgesellschaftengesetz"* (Gesetz über die Wahrnehmung von Urheberrechten und verwandten Schutzrechten durch Verwertungsgesellschaften – Verwertungsgesellschaftengesetz (VGG) vom 24.5.2016, BGBl. I S. 1190 ff.) geregelt. Das VGG regelt die Wahrnehmung von Urheberrechten und verwandten Schutzrechten durch Verwertungsgesellschaften, abhängige und unabhängige Verwertungseinrichtungen. Es löste zum 1.6.2016 das Urheberrechtswahrnehmungsgesetz ab. Danach kann jede von ihren Mitgliedern (§ 7 VGG) gehaltene oder von ihren Mitgliedern beherrschte, nicht auf Gewinnerzielung ausgerichtete Organisation die Tätigkeit einer Verwertungsgesellschaft ausüben, bedarf aber dazu einer behördlichen Erlaubnis gem. § 77 Abs. 1 VGG. Erfüllt eine Gesellschaft die gesetzlichen Voraussetzungen, so *muss* sie als Verwertungsgesellschaft zugelassen werden, auch wenn auf dem fraglichen Gebiet (zB Musik) bereits eine Verwertungsgesellschaft erfolgreich tätig ist. In der Praxis nehmen die großen Verwertungsgesellschaften in ihrem

Bereich auf nationaler Ebene eine „faktische“ Monopolstellung ein, und zwar nicht nur im Verhältnis zu den Nutzern, sondern auch gegenüber den Rechtsinhabern, die auf die Tätigkeit der Verwertungsgesellschaften angewiesen sind (vgl. Fromm/Nordemann/*A. Nordemann* Einl. UrhG Rn. 72). Alle großen Verwertungsgesellschaften sind – zumindest in Europa – mit ihren Schwestergesellschaften durch Gegenseitigkeitsverträge verbunden, wodurch sie Nutzungsrechte international lizenzieren können (vgl. Fromm/Nordemann/*A. Nordemann* Einl. UrhG Rn. 72j). Die internationale Koordination und grenzüberschreitendende Rechtsdurchsetzung erfolgt über internationale Dachverbände, etwa die Confédération Internationale des Sociétés d'Auteurs et Compositeurs (CISAC). Hierdurch werden nationale Verwertungsgesellschaften ermächtigt, die Rechte ausländischer Werkschöpfer wahrzunehmen. Aufsichtsbehörde der Verwertungsgesellschaften ist gem. § 75 VGG das Deutsche Patent- und Markenamt. Auf dem Gebiet der Musikrechte ist die GEMA (Berlin, München) führend, auf dem Gebiet der Literatur ist die „VG WORT“ (München) tätig. Die Interessen der ausübenden Künstler vertritt die „Gesellschaft zur Verwertung von Leistungsschutzrechten“ (GVL) in Hamburg. Insgesamt verfügen derzeit insgesamt 13 Verwertungsgesellschaften die Erlaubnis zum Geschäftsbetrieb. Die Autoren schließen mit den Verwertungsgesellschaften so genannte „Berechtigungs- bzw. Wahrnehmungsverträge“ ab und bevollmächtigen sie mit der Vertretung ihrer Interessen (vgl. Fromm/Nordemann/*J. B. Nordemann* UrhG Vor 31 ff. Rn. 323; Loewenheim/*Melichar* UrhG § 47 Rn. 15 ff.).

6 3. Für die Bildagenturen, Bildjournalisten, Fotografen und Grafikdesigner ist die 1968 gegründete VG Bild-Kunst in Bonn tätig. Die Rechte der Wortautoren, insbesondere der Journalisten und Verleger, nimmt die 1958 gegründete VG WORT wahr. Sie fusionierte 1978 mit der VG Wissenschaft, die bis dahin die Rechte der Autoren wissenschaftlicher und fachlicher Werke geltend gemacht hatte. Die VG Media vertritt treuhänderisch Urheber- und Leistungsschutzrechte von über 180 deutschen und internationalen privaten Fernseh- und Hörfunksendeunternehmen sowie von rund 200 digitalen verlegerischen Angeboten. Da das Urheberrechtsgesetz in einer Reihe von Fällen (so zB bei der Fotokopiergeräte-Abgabe der §§ 54 ff. UrhG) die Geltendmachung des Vergütungsanspruchs den Verwertungsgesellschaften überträgt (§ 63a UrhG), unterliegen diese den Autoren gegenüber einem Aufnahme- bzw. Wahrnehmungszwang. Sie dürfen einen Beitrittswilligen nicht abweisen und müssen dessen Rechte zu angemessenen Bedingungen wahrnehmen (§ 9 VGG; zu den der Rechtewahrnehmung entgegenstehenden objektiven Gründen gem. § 9 S. 1 Ziff. 2 VGG vgl. Schricker/Loewenheim/*Reinbothe* VGG § 6 Rn. 9). Gem. § 13 VGG regelt die Verwertungsgesellschaft in der Satzung, im Gesellschaftsvertrag oder in sonstigen Gründungsbestimmungen (Statut), dass Berechtigte und Einrichtungen, die Rechtsinhaber vertreten, als Mitglieder aufzunehmen sind, wenn sie die Bedingungen für die Mitgliedschaft erfüllen. Die Bedingungen müssen objektiv, transparent und nichtdiskriminierend sein und sind im Statut zu regeln. Gem. § 34 VGG ist die Verwertungsgesellschaft verpflichtet, aufgrund der von ihr wahrgenommenen Rechte jedermann auf Verlangen zu angemessenen Bedingungen Nutzungsrechte einzuräumen. Die Bedingungen müssen insbesondere objektiv und nichtdiskriminierend sein und eine angemessene Vergütung vorsehen. Nicht unproblematisch sind die Wahrnehmungsverträge der VG WORT unter AGB-rechtlichen Gesichtspunkten (vgl. *Hoeren* AfP 2001, 8), zumal die Sicherung der angemessenen Vergütung in § 11 S. 2 UrhG nunmehr zum gesetzlichen Leitbild iSd § 307 BGB erklärt wurde (zur Klauselkontrolle von Vereinbarungen mit der GEMA vgl. BGH NJW 2009, 774 (778); K&R 2010, 663 (665)).

65. Kapitel. Vererbung und Verfügung im Urheberrecht. Rechtsfolgen bei Verletzung des Urheberrechts. Zwangsvollstreckung im Urheberrecht

I. Vererbung und Verfügung im Urheberrecht

1 1. Anders als beim Sacheigentum ist beim geistigen Eigentum der *freie Rechtsverkehr* beschränkt. Das Urheberrecht selbst ist infolge seines höchstpersönlichen Charakters weder in seinem ideellen noch in seinem materiellen Gehalt übertragbar oder verzichtbar. Es ist *unveräußerlich*. Dagegen ist die *Vererbung* an die gesetzlichen oder durch Verfügung von Todes wegen eingesetzten Erben unbeschränkt möglich (§§ 28 Abs. 1, 29 Abs. 1 UrhG). Die Erben treten grund-

sätzlich in persönlichkeitsrechtlicher und in materieller Hinsicht in die volle Rechtsstellung des Erblassers ein (vgl. hierzu Schricker/Loewenheim-*Ohly* UrhG § 28, Rn. 6 ff.). Auch kann der Urheber jederzeit die materielle Auswertung seiner Rechte einem Dritten überlassen (§ 29 Abs. 2 UrhG), sei es als einfaches oder als ausschließliches *Nutzungsrecht* (§ 31 UrhG). Das Nutzungsrecht kann dem Dritten räumlich, zeitlich oder inhaltlich beschränkt eingeräumt werden (§ 31 Abs. 1 S. 2 UrhG; vgl. OLG München, GRUR-RR 2011, 1 (3)). Die Übertragung kann ausdrücklich oder konkludent durch schlüssiges Handeln erfolgen (vgl. BGH, NJW 2010, 2731 (2734)). Es kann *einem* Dritten geschlossen oder mehreren Dritten (z. B. Verlag, Theater, Rundfunkanstalt) je nach der Nutzungsart aufgeteilt *übertragen* werden (vgl. Fromm/Nordemann/*J. B. Nordemann* UrhG § 31, Rn. 9). Das Nähere regeln die §§ 31–44 UrhG.

2. Bei der Auslegung solcher Nutzungsüberlassungsverträge ist nach der ausdrücklichen Bestimmung des § 31 Abs. 5 UrhG im Zweifel auf den Zweck abzustellen, den die Vertragsparteien erstreben. Nach dem Vertragszweck bestimmt sich, in welchem Umfang das Nutzungsrecht als eingeräumt anzusehen ist. Der *Übertragungszweckgedanke* ist in § 31 Abs. 5 UrhG kodifiziert. Das Nutzungsrecht weist dabei die Tendenz auf, beim Urheber zu verbleiben, um dem Werkschöpfer eine umfassende wirtschaftliche Auswertung zu ermöglichen. Der BGH spricht deshalb von einem das Urheberrecht beherrschenden und dem Urheberschutz dienenden Gedanken (vgl. BGH, NJW-RR 2011, 186 (187)). Bei der Vertragsauslegung kann auch das Verhältnis der erbrachten Leistungen aus der Sicht der jeweiligen Branchenübung als Kriterium heranzuziehen sein (vgl. BGH, GRUR 1986, 885, mAnm Hertin). Es ist im Zweifel davon auszugehen, dass ein Urheber nicht mehr Rechte einräumen wollte, als es der Vertragszweck erfordert (vgl. BGH, NJW 2010, 2354 (2355); AfP 1985, 108; zur Schadensersatzpflicht bei mehrfacher Übertragung desselben Nutzungsrechts vgl. BGH, ZUM 1993, 184). Die Nutzungsrechtsüberlassung hat dabei dinglichen Charakter, so dass auch die an dingliche Verfügungen zu stellenden Anforderungen an die Bestimmtheit der Rechtsübertragung zu beachten sind (vgl. BGH, NJW-RR 2011, 186 (189)). Eine pauschale vertragliche Einräumung „aller Nutzungsrechte" ist unwirksam. Nur die einzeln bezeichneten Rechte gehen auf den Lizenznehmer über (vgl. BGH, AfP 1992, 74; s. auch KG Berlin, GRUR 1991, 596). Eine vertragliche Übertragung aller bekannten, detailliert aufgeführten Nutzungsrechte („Total Buy-Out") ist allerdings zulässig (vgl. BGH, NJW 2010, 771 – Talking to Addison; KG Berlin, AfP 2010, 388; OLG Hamm, BeckRS 2011, 139693; aA OLG Hamburg, AfP 2011, 385; OLG München, AfP 2011, 379). Die lange Zeit umstrittene Frage, ob die vertragliche Übertragung aller bekannten, detailliert aufgeführten Nutzungsrechte auch durch AGB wirksam erfolgen kann, hat sich seit der Entscheidung des BGH (GRUR 2012, 1031 ff. – Honorarbedingungen für freie Journalisten) für die Praxis erledigt (vgl. Schricker/Loewenheim-*Ohly* UrhG Vor §§ 31 ff., Rn. 48 f.). § 31 Abs. 5 UrhG steht dem nicht entgegen, da die Vorschrift als Auslegungsregel keine Leitbild-, sondern lediglich eine Ersatzfunktion haben soll. Der Umfang der übertragenen Rechte richtet sich nach dem konkreten Vertragszweck. Der Inhaltskontrolle gem. § 307 BGB ist aber ein abstrakt-genereller Maßstab zugrunde zu legen. Ein Vertrag über die Einräumung von Nutzungsrechten für noch nicht bekannte Nutzungsarten bedarf zu seiner Wirksamkeit gem. § 31a Abs. 1 S. 1 UrhG der Schriftform. **2**

3. § 32 UrhG gibt dem Urheber für die Einräumung von Nutzungsrechten und die Erlaubnis zur Werknutzung einen Anspruch auf *angemessene Vergütung*. Nach § 32 Abs. 2 S. 1 UrhG ist eine nach gemeinsamen Vergütungsregeln (§ 36 UrhG) ermittelte Vergütung angemessen. Gemeinsame Vergütungsregeln werden von repräsentativen Vereinigungen der Urheber und der Verwerterseite zur Bestimmung der Angemessenheit von Vergütungen aufgestellt. Nach dem UrhR-AnpassungsG wird der mögliche Regelungsbereich Gemeinsamer Vergütungsregeln auf die §§ 32a, 32c, 32d, 32e sowie 87k Abs. 1 UrhG nF ausgedehnt (vgl. RegE BR-Drs. 142/21, S. 7 u. 90). Diese gemeinsamen Vergütungsregeln gehen den tarifvertraglichen Bestimmungen nach. Von der Angemessenheit der Vergütung dürfte nicht nur dann auszugehen sein, wenn die vertragliche Abrede ausdrücklich auf die gemeinsame Vergütungsregelung Bezug nimmt, sondern auch dann, wenn die vereinbarte Vergütung mindestens dem entspricht, was in der gemeinsamen Vergütungsregelung für vergleichbare Fälle vorgesehen ist. Für die indizielle Heranziehung von Vergütungsregeln im Rahmen der nach § 32 Abs. 2 Satz 2 UrhG vorzunehmenden **2a**

Einzelfallabwägung ist es nicht erforderlich, dass sämtliche Voraussetzungen für die Anwendungen der Vergütungsregelung erfüllt sind. Ausreichend ist vielmehr eine vergleichbare Interessenlage. Eventuell für die Frage der Angemessenheitsprüfung bestehenden Unterschieden ist im Einzelfall durch eine modifizierte Anwendung der Vergütungsregelung Rechnung zu tragen (vgl. BGH, NJW 2017, 819 – GVR Tageszeitungen III). Im Kontext der Umsetzung der DSM-RL durch das UrhR-AnpassungsG stellt § 32 Abs. 2 S. 2 UrhG nF nunmehr klar, dass eine pauschale Vergütung eine angemessene Beteiligung des Urhebers am voraussichtlichen Gesamtertrag der Nutzung gewährleisten und durch die Besonderheiten der Branchen gerechtfertigt sein muss (vgl. RegE BR-Drs. 142/21, S. 5, 48 f. u. 83 f.).

2b a) Ein Beispiel für Gemeinsame Vergütungsregeln (zu den in einzelnen Branchen vorhandenen Vergütungsregeln vgl. Fromm/Nordemann-Czychowski UrhG § 32, Rn. 59 ff.) sind die nach sechsjährigen Verhandlungen zwischen der Deutsche Journalistinnen- und Journalisten-Union (dju) in ver.di, dem Deutsche Journalisten-Verband (DJV) und dem Bundesverband Deutscher Zeitungsverleger (BDZV) am 1.2.2010 für die westdeutschen Länder mit Ausnahme von Hessen in Kraft getretenen gemeinsamen Vergütungsregeln für hauptberufliche Freie Journalisten an Tageszeitungen (vgl. Weberling, AfP 2011, 134 ff.). Soweit eine vereinbarte Vergütung nicht angemessen ist oder keinerlei Vereinbarung besteht, kann der Urheber von seinem Vertragspartner die Einwilligung in die Änderung des Vertrages verlangen, durch die ihm die angemessene Vergütung gewährt wird. Eine Vereinbarung, die zum Nachteil des Urhebers davon abweicht, kann gegen den Urheber nicht geltend gemacht werden. Auch Umgehungen dieser Bestimmungen sind nicht möglich. Die Vergütung ist angemessen, wenn sie der redlichen Branchenübung entspricht, d. h. wenn sie im Zeitpunkt des Vertragsschlusses dem entspricht, was im Geschäftsverkehr nach Art und Umfang der eingeräumten Nutzungsmöglichkeit, insbesondere nach Dauer und Zeitpunkt der Nutzung, unter Berücksichtigung aller Umstände üblicher- und redlicherweise zu leisten ist (vgl. BGH, ZUM-RD 2011, 212; ZUM-RD 2010, 16; NJW 2006, 615 (616) – Pressefotos; OLG Brandenburg, K&R 2009, 271, 272; GRUR-RR 2009, 413 f.; Fromm/Nordemann/*Czychowski* UrhG § 32, Rn. 111; zur *Frankfurter Honorarliste* mit der abweichenden Branchenübung in den neuen Ländern vgl. Weberling, AfP 2011, 134 ff.). Das bedeutet, dass die Vergütung umso höher sein dürfte, je länger die Rechte eingeräumt werden. Auch ist für eine umfangreiche Einräumung von Rechten an den Lizenznehmer mehr an Vergütung zu entrichten als bei Lizenzierung lediglich einzelner Rechte. Soweit keine angemessene Vergütung bezahlt wird, hat der Urheber einen Anspruch auf Anpassung des Vertrages. Das bedeutet, dass er für die Vergangenheit Nachzahlung der angemessenen Vergütung verlangen kann und für die Zukunft Anpassung des Vertrages in der Form, dass eine angemessene Vergütung als vereinbart gilt. Gem. § 32 Abs. 4 UrhG hat der Urheber jedoch keinen Anspruch aus § 32 Abs. 1 S. 3 UrhG, wenn die Vergütung für die Nutzung seiner Werke tarifvertraglich bestimmt ist (vgl. *Grzeszick,* AfP 2002, 383).

Seit März 2017 befinden sich die Gemeinsamen Vergütungsregeln für hauptberufliche Freie Journalisten an Tageszeitungen in gekündigtem Zustand. Der BDZV als auf Verwerterseite aufstellende Partei hat die Gemeinsamen Vergütungsregeln wegen des durch das „Gesetz zur verbesserten Durchsetzung des Anspruchs der Urheber und ausübenden Künstler auf angemessene Vergütung" vom 23.12.2016 (BT-Drucksache 18/10637) neu eingeführten Verbandsklagerecht für Urheberverbände zur Durchsetzung vereinbarter Vergütungsregelungen gem. § 36b UrhG gekündigt und sich von den in den Gemeinsamen Vergütungsregeln aufgestellten Honoraren distanziert, da die danach geschuldeten Honorare mit Blick auf den unbestreitbaren Auflagenschwund der Zeitungsverlagswirtschaft (vgl. https://www.bdzv.de/maerkte-und-daten/marktdaten/artikel/detail/zur-wirtschaftlichen-lage-der-zeitungen-in-deutschland-2017/) von den Zeitungsverlagen schlechterdings nicht mehr erwirtschaftet werden könnten. Die Gemeinsamen Vergütungsregeln können deshalb nach Ansicht des BDZV keine Grundlage für einen Anspruch auf angemessene Vergütung mehr bilden (https://www.bdzv.de/recht-sozialpolitik/verguetungsregelungen/gemeinsame-verguetungsregelungen-wort/). Demgegenüber ist den Vergütungsregeln nach Ansicht des DJV weiterhin Indizwirkung zuzumessen, um die Angemessenheit einer Vergütung festzustellen (vgl. https://www.djv.de/startseite/service/news-kalender/detail/article/verguetungsregeln-gekuendigt-darf-jetzt-endlich-wieder-unangemessen-bezahlt-werden.html; dazu auch Schricker/Loewenheim-*Haedicke/Peifer* UrhG § 36, Rn. 99).

b) Zur richterlichen Schadensschätzung gem. § 287 ZPO für Lichtbilder eines professionellen Fotografen können die Bildhonorar-Tabellen der Mittelstandsgemeinschaft Fotomarketing (MFM-Tabellen) herangezogen werden. Bei der Festsetzung einer angemessenen Lizenz ist es naheliegend, branchenübliche Vergütungssätze und Tarife als Maßstab heranzuziehen, wenn sich in dem entsprechenden Zeitraum eine solche Übung herausgebildet hatte (vgl. BGH, GRUR 2006, 136 – Pressefotos; OLG Brandenburg, GRUR-RR 2009, 413). Die Bildhonorar-Tabellen der Mittelstandsgemeinschaft Fotomarketing (MFM-Tabelle) werden regelmäßig als in der Branche der Bildagenturen und freien Berufsfotografen übliche Regelung der Lizenzsätze für die gewerbliche Nutzung von Lichtbildern angesehen (vgl. OLG Köln, BeckRS 2016, 2287; OLG Düsseldorf, GRUR-RR 2006, 393 – Informationsbroschüre). Keine Anwendung findet die MFM-Tabelle bei der Bemessung des Lizenzschadensersatzes nicht professioneller Marktteilnehmer (vgl. BGH K&R 2019, 110). **2c**

3. Neben dem Anspruch auf angemessene Vergütung gibt § 32a UrhG als sogenannter Fairnessparagraf einen verbesserten Anspruch auf Beteiligung des Urhebers bei *Bestsellerfällen*. Geraten Leistung und Gegenleistung in ein auffälliges Missverhältnis zu Ungunsten des Urhebers, so ist der Vertragspartner auf Verlangen des Urhebers verpflichtet, in eine Änderung des Vertrages einzuwilligen, durch die dem Urheber eine den Umständen nach weitere angemessene Beteiligung zukommt. Dem Urheber steht ein Auskunftsanspruch zur Seite, um das Vorliegen eines solchen Missverhältnisses zu prüfen (vgl. OLG München, AfP 2011, 191 (193)). Auf die Vorhersehbarkeit des Bestsellerfalles kommt es hingegen nicht mehr an. Auch dieser Anspruch richtet sich grundsätzlich gegen den Vertragspartner. § 32a Abs. 2 UrhG sieht jedoch an dessen Stelle einen Anspruch gegen einen nachgelagerten Verwerter vor, wenn sich das auffällige Missverhältnis aus den Erträgen oder Vorteilen dieses Verwerters ergibt. Die Haftung des Vertragspartners entfällt damit. Auch auf die weitere angemessene Beteiligung kann der Urheber nicht im Voraus verzichten. Ein Anspruch des Urhebers scheidet allerdings dann aus, wenn die Vergütung nach einer gemeinsamen Vergütungsregel iSd § 36 UrhG oder tarifvertraglich bestimmt worden ist und dort ausdrücklich eine weitere angemessene Beteiligung für den Bestsellerfall vorgesehen ist. Dies dürfte jedoch regelmäßig eine Erlösbeteiligung oder zumindest eine erfolgsabhängige Festvergütung voraussetzen. **2d**

In ihren Art. 18 ff. führt die DSM-RL erstmals urhebervertragsrechtliche Regelungen auf Ebene der Europäischen Union ein. Diese Regelungen orientieren sich weitgehend an den §§ 32 ff. UrhG zum Urhebervertragsrecht. Über den Schutzstandard der DSM-RL hinausgehende Bestimmungen der §§ 32 ff. UrhG können unverändert bleiben, da die diesbezüglichen Bestimmungen der DSM-RL lediglich eine Mindestharmonisierung bezwecken. Das UrhR-AnpassungsG modifiziert die §§ 32 ff. UrhG, die über § 79 Abs. 2a UrhG auch für ausübende Künstler gelten, deshalb nur punktuell (vgl. RegE BR-Drs. 142/21, S. 5 ff., 48 ff. u. 83 ff.). **2e**

So senkt § 32a UrhG nF die Schwelle für die Nachvergütung des Kreativen. Entsprechend Art. 20 DSM-RL steht dem Kreativen der Vertrangsanpassungsanspruch künftig schon dann zu, wenn sich die mit ihm ursprünglich vereinbarte Vergütung als unverhältnismäßig niedrig im Verhältnis zum Verwertungserfolg seines Vertragspartners bzw. Dritter in der weiteren Lizenzkette erweist. Über die §§ 32 und 32a UrhG hinaus finden nach § 32b UrhG nF nunmehr auch die § 32d und 32e UrhG sowie die neuen Mediations- und Konfliktregelungsbestimmung in §§ 32f UrhG nF international zwingend Anwendung (vgl. RegE BR-Drs. 142/21, S. 5 f., 49 f. u. 85). Das bisherige Auskunftsrecht des Urhebers in § 32d UrhG wird in eine Unterrichtungspflicht des Vertragspartners verändert (§ 32d UrhG nF). Bei der außergerichtlichen und gerichtlichen Geltendmachung seiner Rechte kann sich der Urheber nach Maßgabe des § 32g UrhG nF künftig auch durch Vereinigungen von Urhebern vertreten lassen, die allerdings anders als bei der Aufstellung gemeinsamer Vergütungsregeln (§ 36 Abs. 2 UrhG) nicht repräsentativ sein müssen, Letztere können künftig den neuen Unterlassungsanspruch gegen Werknutzer nach § 36d UrhG nF geltend machen, wenn diese in mehreren gleich oder ähnlich gelagerten Fällen Auskünfte nach §§ 32d UrhG nF oder 32e UrhG nF nicht erteilen (vgl. RegE BR-Drs. 142/21, S. 5 ff., 49 f. u. 85 ff.).

Entsprechend Art. 22 DSM-RL können nach § 41 UrhG nF Urheber künftig wählen, ob sie ausschließliche Nutzungsrechte im Falle einer nicht oder unzureichend erfolgten Ausübung vom

Rechteinhaber insgesamt oder nur dessen Ausschließlichkeit zurückrufen (vgl. RegE BR-Drs. 142/21, S. 7 f., 50 u. 92 f.).

II. Rechtsfolgen bei Verletzung geschützter Rechte. Zwangsvollstreckung im Urheberrecht

3 1. Das Urheberrecht gewährt dem Inhaber geschützter Rechte einen umfassenden zivil- und *strafrechtlichen* Schutz. Im Vordergrund steht in der juristischen Praxis der Zivilrechtsschutz. Die Anspruchsgrundlage gibt das UrhG in § 97 UrhG selbst. Gemäß § 102a UrhG schließt dies aber Ansprüche aus anderen gesetzlichen Vorschriften wie §§ 812 ff., 687 Abs. 2 BGB nicht aus (vgl. Schricker/Loewenheim/Wimmers UrhG § 102a, Rn. 2 ff.; zu den zivilrechtlichen Anspruchsgrundlagen s. Kap. 44). Unter Umständen kann sich der Anspruch auch gegen nur mittelbare Beteiligte richten, so z. B. gegen Presseunternehmer oder Buchhändler, die ihre Prüfungspflichten verletzt haben (vgl. BGH, GRUR 1998, 418; LG Berlin, NJW 2009, 787). Neben dem Beseitigungs- und Unterlassungsanspruch in § 97 Abs. 1 UrhG gewährt § 97 Abs. 2 UrhG den *Schadensersatzanspruch.* Seinen Schaden kann der Verletzte auf dreifache Weise berechnen: Er kann entweder den ihm selbst konkret erwachsenen Schaden zugrunde legen oder statt dessen eine angemessene Lizenzgebühr verlangen oder die Herausgabe des Gewinns fordern, den der Verletzer auf Grund seines Eingriffs erzielt hat (§ 97 Abs. 2 UrhG; zur Berechnung einer angemessenen Lizenzgebühr vgl. Fromm/Nordemann/J. B. Nordemann UrhG § 97, Rn. 86 ff.; siehe oben Rn. 2c). Darüber hinaus können im Verletzungsfall die Urheber selbst sowie die Verfasser wissenschaftlicher Ausgaben, die Lichtbildner und ausübenden Künstler neben dem Ersatz des materiellen Schadens auch Ersatz für immateriellen Schaden verlangen, „wenn und soweit dies der Billigkeit entspricht" (§ 97 Abs. 2 S. 4 UrhG). Bei der Berechnung dieses „Schmerzensgeldanspruchs", der nur bei schwerwiegenden und nachhaltigen Eingriffen in das Urheberpersönlichkeitsrecht in Betracht kommt, sind unter anderem der künstlerische Rang des Verletzten, der Grad des Verschuldens des Verletzers, aber auch die Genugtuungsfunktion des Anspruchs zu berücksichtigen (vgl. Schricker/Loewenheim/Wimmers UrhG § 97, Rn. 301 ff.). Zur Feststellung der Höhe seines Schadens steht dem Verletzten der Anspruch auf *Auskunftserteilung* und Rechnungslegung zu. Wegen eines materiellen Schadens ist zur Rechtsverfolgung neben dem Urheber auch ein Lizenznehmer berechtigt (vgl. Fromm/Nordemann/J. B. Nordemann UrhG § 97, Rn. 9 und 132 ff.). Hat dieser seinerseits Unterlizenzen vergeben, kann er ein eigenes schutzwürdiges Interesse aus einer Beeinträchtigung seines Anspruchs auf Lizenzgebühren ableiten (vgl. BGH, GRUR 1999, 984).

3a Neben den Anspruch auf Ersatz der angemessenen üblichen Lizenzgebühr kann der Schadensersatzanspruch wegen der Verletzung des Rechts auf Anerkennung der Urheberschaft treten. Die Höhe dieses Schadensersatzes, der zum Ausgleich eines für die fehlende Urhebernennung verursachten Vermögensschadens geschuldet ist, kann in Form eines einhundertprozentigen Zuschlags auf die (fiktive) Lizenzgebühr bemessen werden, die für die jeweilige Nutzung zu zahlen ist (ständ. Rspr. vgl. zuletzt BGH, GRUR 2019, 292 – Foto eines Sportwagens).

4 2. Als wichtige Schutzmaßnahme sieht das Urheberrechtsgesetz in § 96 UrhG ein *Verwertungsverbot* vor: Rechtswidrig hergestellte Vervielfältigungsstücke dürfen weder verbreitet noch zur öffentlichen Wiedergabe benutzt werden. Darüber hinaus gewähren die §§ 98 und 99 UrhG den einschneidenden Anspruch auf *Vernichtung* der widerrechtlich hergestellten Vervielfältigungsstücke und der dafür bestimmten Herstellungseinrichtungen (Formen, Platten, Matrizen usw.). Durch das Gesetz zur Regelung des Urheberrechts in der Informationsgesellschaft ist ferner der *Schutz technischer Maßnahmen* normiert worden (§§ 95a ff. UrhG). Danach dürfen wirksame Maßnahmen zum Schutz urheberrechtlich geschützter Werke ohne Zustimmung des Rechtsinhaber nicht umgangen werden, soweit dem Handelnden bekannt ist oder bekannt sein musste, dass die Umgehung erfolgt, um den Zugang zu einem solchen Werk zu ermöglichen. Unter *technische Schutzmaßnahmen* sind vor allem die diversen *Kopierschutzmechanismen* insbesondere auf digitalen Ton- und Bild-/Tonträgern zu fassen. Verboten ist auch die Herstellung und der Vertrieb von Vorrichtungen, Erzeugnissen und Bestandteilen, die der Umgehung technischer Schutzmaßnahmen dienen. Bestimmte eng gefasste Ausnahmen von dem Verbot der Umgehung technischer Schutzmaßnahmen sind in § 95b UrhG normiert. Das Recht der Privatvervielfältigung i. S. d. § 53 UrhG berechtigt – trotz der damit verbundenen faktischen Aushebelung der vom Gesetzgeber gewollten Schranken des Urheberrechts – jedenfalls nicht zu einem solchen Außerkraftsetzen wirksamer Schutzmaßnahmen (vgl. Schricker/Loewenheim-*Götting* UrhG Vor §§ 95a ff., Rn. 17 ff.).

3. Der urheberrechtliche *Strafrechtsschutz* ist in §§ 106 bis 111a UrhG erschöpfend geregelt. **5**
Nicht mehr per se strafbar ist das *Plagiat,* d. h. die rechtswidrige Anmaßung fremder Urheberschaft, insbesondere durch Unterlassung der Quellenangabe. Der Schutz des Urhebers gegen die unerlaubte Vervielfältigung geschützter Werke und deren rechtswidriger Verbreitung (§§ 106, 108, 108a UrhG) ist für den Fall des *gewerbsmäßigen* Handelns des Täters erheblich verschärft. Die angedrohte Freiheitsstrafe beträgt bis zu fünf Jahre. Gewerbsmäßig handelt, wer sich aus wiederholter Tatbegehung eine Einnahmequelle von einigem Umfang verschaffen möchte, wobei eine gewisse Intensität des Gewinnstrebens gegeben sein muss (BGH BGHZ 1, 383; 29, 189). Relevanz hatten diese Umstände in der Plagiatsaffären unter Beteiligung exponierter Politiker, etwa Karl-Theodor zu Guttenberg, im Zusammenhang mit ihren Dissertationen, in denen staatsanwaltschaftliche Ermittlungsverfahren eingeleitet wurden. § 109 UrhG nimmt bei den Verstößen gegen die §§ 106 bis 108 UrhG und des § 108b UrhG vom Erfordernis eines *Strafantrags* insoweit Abstand, als die Staatsanwaltschaft ein Vorgehen von Amts wegen im Hinblick auf das besondere öffentliche Interesse an einer Strafverfolgung für geboten hält. Sofern die Staatsanwaltschaft nicht in der Lage ist, selbst festzustellen, ob Urheberrechtsschutz besteht, kann sie zur Klärung dieser Vorfrage auf den Zivilrechtsweg verweisen (§ 154d StPO).

Insbesondere durch die technische Entwicklung, die zu einem erheblichen Anstieg der Zahl **6**
von Raubkopien geführt hat, hat die praktische Bedeutung des Urheberstrafrechts ständig zugenommen. Durch das *Produktpiraterie-Gesetz* von 1990 sind neben weiteren Verschärfungen des Strafrechts auch einige Erleichterungen zur Bekämpfung von Urheberrechtsverletzungen in das UrhG eingefügt worden. So ist ein Versuch der Verstöße gegen die §§ 106 bis 108a UrhG strafbar (vgl. die jeweiligen 2. Absätze). Eine Einziehung von Gegenständen, auf die sich eine urheberrechtliche Straftat bezieht, ist nach § 110 UrhG möglich. Gemäß § 111b UrhG sind auch die Zollbehörden berechtigt, bei offensichtlichen Rechtsverletzungen auf Antrag und gegen Sicherheitsleistung des Verletzten bei der Ein- oder Ausfuhr Vervielfältigungsstücke zu beschlagnahmen. Gegenüber Rechtsverletzern kann der Verletzte nach § 101a UrhG unverzügliche Auskunft über die Herkunft und den Vertriebsweg von Vervielfältigungsstücken einfordern. Dieser Anspruch kann bei offensichtlichen Rechtsverletzungen auch im Wege der einstweiligen Verfügung geltend gemacht werden (§ 101a Abs. 3 UrhG).

4. Wegen ihres persönlichkeitsrechtlichen Gehalts ist die *Zwangsvollstreckung* in Urheberrechte **7**
beschränkt (vgl. §§ 112–119 UrhG). Soweit keine Beschränkung vorliegt, finden die allgemeinen Vorschriften der ZPO Anwendung (§ 112 UrhG iVm §§ 803 ff. ZPO; vgl. Schricker/Loewenheim-*Wimmers* UrhG § 112, Rn. 9 ff.).

14. Abschnitt. Presse und Verlagsrecht

Literatur:

Schricker, Verlagsrecht, 3. Auflage, München 2001; *Bappert/Wagner,* Rechtsfragen des Buchhandels, 2. Auflage, Frankfurt 1958; *Beck,* Der Lizenzvertrag im Verlagswesen, München 1961; *Börner,* Der Vertrag zwischen Verlag und Pressegrossisten, Berlin 1981; *Brandi-Dohrn,* Der urheberrechtliche Optionsvertrag, München 1967; *Delp,* Der Verlagsvertrag, 7. Auflage, München 2001 einschließlich Nachtrag zur Reform des Urhebervertragsrechts, München 2002; *ders.,* Kleines Praktikum für Urheber- und Verlagsrecht, 4. Auflage, Stuttgart 2000; *Haberstumpf/Hintermeier,* Einführung in das Verlagsrecht, Darmstadt 1985; *Rehbinder,* Urheberrecht, 16. Auflage, München 2010; *Immenga/Mestmäcker,* Kartellrecht, 7. Auflage, München 1994; *Küstner/v. Manteuffel,* Handbuch des gesamten Außendienstrechts, Bd. I, 5. Auflage, Heidelberg 1988; *Leiss,* Verlagsgesetz, Kommentar, Berlin 1973; *Löffler,* Presserecht, 6. Auflage, München 2015; *Ulmer,* Urheber- und Verlagsrecht, 3. Auflage, Berlin 1980; *Fromm/Nordemann,* Urheberrecht, Kommentar, 12. Auflage, Stuttgart 2018; *Rojahn,* Der Arbeitnehmerurheber in Presse, Funk und Fernsehen, München 1978; *Wallenfels/Russ,* Preisbindungsgesetz, 7. Auflage, München 2017; *Loewenheim,* Handbuch des Urheberrechts, 2. Auflage, München 2010.

66. Kapitel. Das Verlagsrecht

I. Bedeutung. Geschichtliche Entwicklung. Begriff

1 1. Schriftsteller, Dichter und sonstige Autoren sind in der Regel weder gewillt noch technisch und finanziell in der Lage, ihre Geisteswerke (Romane, Bücher, Zeitungsaufsätze, Kompositionen) durch Drucklegung und Verbreitung selbst auszuwerten. Hier greift in sinnvoller Ergänzung die Tätigkeit des *Verlegers* als Mittler und Helfer zwischen Urheber und Rezipienten ein, der dem Autor das wirtschaftliche Risiko der Werk-Verwertung abnimmt.

2 2. Seit der Antike war der Verleger der kaufmännische Unternehmer, der dem Verfasser eines schöngeistigen oder wissenschaftlichen Werkes die meist beträchtlichen Mittel für dessen Vervielfältigung und Verbreitung *„vorlegte".* Der reiche, blühende Buchhandel des Altertums basierte auf der Tätigkeit großer Vervielfältigungsbetriebe, von denen bei gleichzeitigem Diktieren an zahlreiche Schreiber – meist Sklaven – Auflagen bis zu 1.000 Exemplaren hergestellt werden konnten. Heute ist „Verleger" kein eindeutiger Begriff. Der *presserechtliche* Verlegerbegriff deckt sich nicht mit der verlagsrechtlichen Bezeichnung. Verleger im presserechtlichen Sinn ist der Inhaber eines Verlagsunternehmens, der das Erscheinen und Verbreiten von Druckwerken bewirkt. Der verlagsrechtliche Verlegerbegriff meint dagegen den Partner eines Verlagsvertrags, der berechtigt und verpflichtet ist, ein ihm vom Autor überlassenes Werk der Literatur oder Tonkunst auf eigene Rechnung zu vervielfältigen und zu verbreiten (vgl. Löffler/*Berger* BT UrhR, Rn. 201; OLG Düsseldorf AfP 1988, 160).

3 Das „Verlegen" als älteste und wichtigste Verwertungsform eines Geisteswerkes nahm durch die um 1450 erfolgte Erfindung der *Buchdruckerkunst* und das dadurch ermöglichte technisierte Massenvervielfältigungsverfahren einen ständig wachsenden Aufschwung. Das Verlagsgewerbe mit den großen Zeitungsverlagen an der Spitze wurde zu einem bedeutsamen geistigen und wirtschaftlichen Faktor der Neuzeit. Aber erst zu Beginn des 20. Jahrhunderts erfolgte – gleichzeitig mit dem Inkrafttreten des Literatur-Urhebergesetzes – auch die umfassende gesetzliche Regelung des Verlagsrechts durch das *„Gesetz über das Verlagsrecht"* vom 19.6.1901 (RGBl. S. 217; zur Geschichte des Verlagsrechts siehe *Schricker* Einl. 18 ff.; *Haberstumpf/Hintermeier* § 2).

4 3. Das *Verlagsgesetz,* das aus der Praxis des Verlagsgewerbes herausgewachsen ist und von der Standesvertretung der Buchhändler und Verleger mit erarbeitet wurde, hat sich im Lauf seiner langen Geschichte bewährt und wenig Anlass zur Kritik gegeben. Im Verlaufe seines über 100-Jährigen Bestands hat nicht zuletzt auch deshalb keine grundlegende Reform stattgefunden. Das am 1.1.1966 in Kraft getretene neue Urheberrechtsgesetz (vgl. → Kap. 61 Rn. 6), dessen Ziel die Modernisierung und Vereinheitlichung des gesamten Rechts am Geistesgut war, hat nur wenige Bestimmungen des Verlagsgesetzes aufgehoben. Die Änderung betraf vor allem die Zeitungs- und Zeitschriftenbeiträge (vgl. → Kap. 68 Rn. 1 ff.). Durch das zum 1.7.2002 in Kraft

getretene Gesetz zur Stärkung der vertraglichen Stellung von Urhebern und ausübenden Künstlern ist der die Übertragbarkeit der Verlegerrechte regelnde § 28 VerlG aufgehoben worden. Der damalige Regelungsgehalt der Norm war mit § 34 UrhG nF (Übertragung von Nutzungsrechten) weitgehend deckungsgleich (dazu → Rn. 16 ff.).

Soweit die Bestimmungen des Verlagsgesetzes und des Urheberrechtsgesetzes divergieren, geht 5 grundsätzlich das Verlagsgesetz als Spezialgesetz vor (vgl. LG Köln GRUR-RR 2007, 195 (197)). Dabei ist jedoch zu beachten, dass das 65 Jahre jüngere und seitdem mehrfach ergänzte Urheberrechtsgesetz die Rechtsauffassung der Gegenwart stärker zum Ausdruck bringt als das weit ältere Verlagsgesetz. So müssten die Regelungen des Verlagsvertrages demzufolge den jüngst mehrfach geänderten §§ 31 ff. UrhG vorgehen. Besagte urheberrechtliche Regelungen enthalten jedoch Mechanismen, die zum Schutz des Urhebers zwingend zu beachten sind. Es kommt daher auf die Umstände des Einzelfalles an, welchem dieser beiden Gesichtspunkte jeweils Vorrang einzuräumen ist (vgl. auch *Schricker* GRUR Int. 1983, 446 ff.).

4. Der *Begriff „Verlagsrecht"* kann je nach seinem Inhalt und Sachzusammenhang verschiedenes 6 bedeuten. Im Steuer- und Wirtschaftsrecht wird häufig das *Eigentumsrecht an einem Verlag* als einem wirtschaftlichen Unternehmen oder an einem Unternehmensteil (Fachabteilung) bzw. das Eigentum an einem bestimmten Verlagsobjekt (zB Zeitschrift) als „Verlagsrecht" bezeichnet. Das führt leicht zu Missverständnissen. Es empfiehlt sich deshalb, den Begriff „Verlagsrecht" auf seine engere *urheberrechtliche Bedeutung* zu beschränken. Dabei ist zwischen dem Verlagsrecht im objektiven und im subjektiven Sinn zu unterscheiden (vgl. Löffler/*Berger* BT UrhR Rn. 201).

Das urheberrechtliche Verlagsrecht im *objektiven Sinn* ist die rechtliche Ordnung der Verlags- 7 verhältnisse auf dem Gebiet der Literatur und Musik. Sie beruht auf der Spezialregelung des Verlagsgesetzes und den allgemeinen Normen des Urheberrechts. Daneben kommt dem verlegerischen Gewohnheitsrecht und der verlegerischen Verkehrsauffassung als weiterer Rechtsquelle eine erhebliche Bedeutung zu (vgl. BGH FuR 1975, 206 ff.). Zwischen den Verbänden der Verleger und der Buchhändler, den Verwertungsgesellschaften (wie der GEMA; vgl. Löffler/*Berger* BT UrhR Rn. 243 f.; Kap. 64, Rn. 4 ff.) und der Industrie wurden Verbandsabkommen getroffen und Formblätter für Verlagsverträge (sog. Normalverlagsverträge) vereinbart, die in der Verlagspraxis eine maßgebliche Rolle spielen (siehe *Delp* Verlagsvertrag S. 47 ff.).

Mit Hilfe einer festen Verbandsordnung gelang es den interessierten Verlagskreisen, das System des *festen Ladenpreises* einzuführen, das bisher immer wieder die Anerkennung des Kartellrechts gefunden hat (vgl. § 30 GWB; BGH NJW 1997, 1911). Die Kommission der Europäischen Union hatte allerdings eine Untersuchung eingeleitet, welche der Preisbindung im grenzüberschreitenden Verkehr zwischen Deutschland und Österreich praktisch ein Ende setzte. Der EuGH stufte die Importregelung der österreichischen Buchpreisbindung wegen Behinderung des freien Warenverkehrs zudem als Verstoß gegen das EU-Gemeinschaftsrecht an (vgl. EuGH AfP 2009, 241 ff.). Es gelang im Rahmen der Verhandlungen allerdings, die nationale deutsche Preisbindung beizubehalten. Gesichert wurde die nationale Buchpreisbindung durch das seit dem 1.10.2002 in Kraft getretene *Buchpreisbindungsgesetz* (BGBl. I S. 3448), zuletzt geändert durch Art. 1 des Zweiten Gesetzes zur Änderung des Buchpreisbindungsgesetzes vom 31. Juli 2016 (BGBl. I S. 1937)), das die bisherige privatrechtliche Regelung im Rahmen des sog. „Sammelreverses" ersetzte und das System der Preisbindung erstmals einer expliziten Gesetzesregelung unterwarf (vgl. Kap. 67, Rn. 36).

Unter Verlagsrecht im *subjektiven Sinn* wird das dem Verleger zustehende Nutzungsrecht an einem ihm vom Autor „in Verlag" gegebenen Werk der Literatur oder Musik verstanden.

II. Das Verlagsrecht des Verlegers

1. Damit der Verleger seiner Aufgabe der Betreuung und Auswertung eines ihm anvertrauten 8 Werkes wirksam nachkommen kann, räumt ihm das Verlagsgesetz das *„ausschließliche Recht zur Vervielfältigung und Verbreitung des Werkes"* ein (Legaldefinition des „Verlagsrechts" in § 8 VerlG). Es handelt sich um ein auf der Verfügung des Autors bzw. eines sonstigen „Verlagsgebers" beruhendes, aus dem Urheberrecht abgeleitetes absolutes – dh gegenüber jedem Dritten, auch gegenüber dem Verfasser selbst wirkendes – Recht auf ungestörte Vervielfältigung und Verbreitung des Werkes (vgl. BGH GRUR 1959, 331 ff.). Der Verlagsvertrag erfordert jedoch nicht

zwingend die Verschaffung eines Verlagsrechts oder sonstiger Nutzungsrechte. Da es sich um eine vertraglich abdingbare Regelung handelt, handelt es sich auch bei einer lediglich schuldrechtlichen Befugnis zur Vervielfältigung und Verbreitung eines Werkes auf eigene Rechnung um einen Verlagsvertrag (vgl. BGH NJW 2011, 775 (776)). Maßgeblich ist die Auslegung des Verlagsvertrages. Dabei beschränkt das Verlagsgesetz (§ 1) die gesetzliche Regelung auf Werke der *Literatur und der Musik* (Tonkunst). Der Verlag von Werken der bildenden Kunst (Gemälde, Plastiken, Bauwerke ua) bleibt der freien Parteivereinbarung überlassen (zur Rechtsstellung der Kunstverlage siehe Delp Verlagsvertrag S. 35; Hubmann, Urheber- und Verlagsrecht, § 51).

9 2. Das Entstehen eines Verlagsrechts ist an zwei Voraussetzungen gebunden. Zum einen muss ein gültiger Verlagsvertrag vorliegen, durch den der Autor das wirtschaftliche Nutzungsrecht an seinem Werk auf den Verleger überträgt. Daneben verlangt § 9 Abs. 1 VerlG die Ablieferung des Manuskripts an den Verleger. Aus § 9 Abs. 1 VerlG ergibt sich außerdem, dass das Verlagsrecht mit dem Ende des Vertragsverhältnisses kraft Gesetzes erlischt, ohne dass es einer Rückübertragung an den Autor bedarf. Diesem wächst das volle Nutzungsrecht ohne weiteres wieder zu (vgl. Löffler/*Berger* BT UrhR Rn. 217 f.). Das *Abstraktionsprinzip,* das die schuldrechtliche Verpflichtung strikt vom Verfügungsgeschäft trennt, greift im Verlagsrecht also nicht (vgl. Schricker VerlG § 9 Rn. 3 f.).

10 3. Die Vorschrift des § 9 VerlG, wonach der Verleger das Verlagsrecht erst mit der Ablieferung des Manuskripts erwirbt, belastet ihn mit einem erheblichen Risiko. Er läuft Gefahr, dass ein Konkurrenzverlag den Autor durch ein günstigeres Angebot veranlasst, das Manuskript an ihn abzuliefern, wodurch der Konkurrent das Verlagsrecht erwirbt. Der Erstverleger hat das Nachsehen und ist auf schuldrechtliche Ansprüche beschränkt. Da auch § 9 VerlG kein zwingendes Recht darstellt, empfiehlt sich die abweichende Parteivereinbarung. Da sowohl vollendete als künftige Werke Vertragsgegenstand sein können (§ 11 VerlG), kann das Verlagsrecht schon vor Manuskriptablieferung – entsprechend dem Umfang der Erstellung – auf den Verleger übergehen.

11 4. Der *Inhalt* des Verlagsrechts umfasst entsprechend dem Urheberrecht eine positive und eine negative Seite, dh Verwertungsrechte und Abwehrrechte.

a) Die positiven *Verwertungsbefugnisse* des Verlegers bestimmen sich nach dem Verlagsgesetz. Sie können durch den Verlagsvertrag erweitert oder eingeschränkt werden. Im Vordergrund steht das Recht des Verlegers zur Nutzung des Werkes durch Vervielfältigung und Verbreitung. Doch ist dieses Recht mangels anderweitiger Absprache an die vom Verfasser gegebene Form des Werks gebunden. Änderungen, Übersetzungen und sonstige Bearbeitungen sind dem Verleger grundsätzlich nicht gestattet (§ 2 Abs. 2 VerlG).

12 Auch die *Vertriebsart* kann der Verleger nicht einseitig ändern. So ergibt sich aus seinem Recht zur Veranstaltung einer Volksausgabe noch nicht die Befugnis zum Vertrieb des Werks in einer Buchgemeinschaft (vgl. BGH GRUR 1959, 200 ff.). Angesichts dieser dem Verleger im Verlagsgesetz gezogenen engen Grenzen ist in der Praxis die Erweiterung seiner Rechte durch Parteivereinbarung die Regel.

13 Das Verlagsrecht erstreckt sich im Zweifel auf das In- und Ausland. Doch sind räumliche Beschränkungen zulässig und vielfach üblich. Nach dem Gesetz (§ 5 Abs. 1 VerlG) ist der Verleger nur zu *einer* Auflage berechtigt. Doch lässt sich der Verleger in der Regel vertraglich das Verlagsrecht für alle Auflagen einräumen.

14 b) Der *Umfang der Rechtseinräumung* im Hinblick auf die Nutzungsrechte, Nebenrechte und Vergütungsrechte des Autors (Bibliothekstantieme, Kopiervergütung) ist durch zwingende Vorschriften des Urhebervertragsrechts (§§ 31 ff. UrhG) begrenzt. Für die Auslegung von Verlagsverträgen ist die *Zweckübertragungsregel* anzuwenden. Dh, dass nach § 31 Abs. 5 UrhG im Zweifel die Rechtseinräumung auf die Nutzungsarten beschränkt ist, die zur Erreichung des Vertragszwecks erforderlich sind (vgl. Schricker VerlG § 8 Rn. 5a ff.; BGH GRUR 1984, 529). Sittenwidrig gem. § 138 BGB ist ein Verlagsvertrag, der den Urheber durch dauernden Ausschluss von der Einwirkung auf die Verwertung „urheberrechtlich entmündigt" (vgl. BGH GRUR 1983, 438; OLG Karlsruhe ZUM-RD 2007, 76). Dagegen verstößt ein Vertrag, durch den sämtliche Verlagsrechte an einem Werk für die Dauer des gesetzlichen Urheberrechts übertragen werden, nicht schon an sich gegen § 138 BGB. Dies gilt auch für den Fall, dass eine entsprechende Vereinbarung Bestandteil der Allgemeinen Geschäftsbedingungen des Verlages ist (vgl. OLG Celle NJW 1987, 1423; OLG Hamburg NJW 2003, 834).

Bei *formularmäßigen Verlagsverträgen* ist zunächst entsprechend der Zweckübertragungsregel zu ermitteln, welche Nutzungs- und sonstigen Rechte dem Verlag eingeräumt wurden; in seinem dann anzunehmenden Inhalt ist der Vertrag an den Vorschriften über Allgemeine Geschäftsbedingungen gemäß §§ 305 ff. BGB zu werten (vgl. Schricker VerlG § 5 Rn. 8, noch unter Verweis auf das AGB-Gesetz (AGBG); Rehbinder § 46 Rn. 325; OLG München ZUM 2008, 875). Unklar war, welchen Einfluss die Vorschriften über formularmäßige Klauseln auf die Bewertung haben: Der BGH entschied, dass mangels einer gesetzlichen Regelung des Urhebervertragsrechts „nahezu unbeschränkte Vertragsfreiheit" bestehe (vgl. BGH GRUR 1984, 45; zur weiteren Entwicklung der Rechtsprechung sowie zur möglichen vertraglichen Übertragung aller bekannten Nutzungsarten vgl. Kap. 65, Rn. 2 f.).

c) Die negativen *Abwehrrechte* stehen dem Verleger insoweit zu, als es zum Schutz seines Verlagsrechts erforderlich ist (§ 9 Abs. 2 VerlG). Der Verleger kann hier aus eigenem Recht gegen jeden Störer, auch den Verfasser, direkt vorgehen. Einer Zustimmung oder Mitwirkung des Verfassers bedarf er nicht. Neben Schadensersatz-, Unterlassungs- und Bereicherungsansprüchen hat der Verleger das Recht Strafantrag gegen den Verletzer zu stellen und die Vernichtung der rechtswidrig hergestellten Exemplare zu beantragen. Hinzu kommen die Ansprüche des Verlegers aus seinem (absoluten) Recht am eingerichteten und ausgeübten Gewerbebetrieb gemäß § 823 Abs. 1 BGB (vgl. BGH GRUR 1959, 331 ff.) und möglicherweise Ansprüche nach dem Wettbewerbsrecht. 15

5. Die *Übertragung des Verlagsrechts* ist – im Gegensatz zum unübertragbaren Urheberrecht – grundsätzlich zulässig (früher § 28 VerlG, nach dessen Aufhebung zum 1.7.2002 nur noch § 34 UrhG). Doch beschränkt sich die freie Übertragbarkeit auf den Übergang von Verlagsrechten im Rahmen der Veräußerung des Gesamtverlags oder einer Verlagsabteilung. Für diesen Fall bestimmt § 34 Abs. 3 UrhG, dass der Urheber das *Nutzungsrecht zurückrufen* kann, wenn ihm die Ausübung durch den Erwerber nach Treu und Glauben nicht zuzumuten ist. Will der Verleger das Verlagsrecht an einem einzelnen Werk auf einen anderen übertragen, so ist die Zustimmung des Verfassers erforderlich, die freilich nur aus wichtigem Grund (zB abweichende politische oder religiöse Tendenz) verweigert werden darf (vgl. *Koch-Sembdner* AfP 2004, 211 ff.). 16

6. Im Gegensatz zur vollen, unbeschränkten Übertragung des Verlagsrechts spielt in der Praxis die *begrenzte* Übertragung des Verlagsrechts auf einen Dritten eine große Rolle. Sie ist die rechtliche Grundlage für die Veranstaltung einer sog. *Lizenzausgabe.* 17

Hier veräußert der Verleger nicht sein volles Verlagsrecht, sondern räumt dem Lizenzverleger lediglich das (begrenzte) Recht zur Veranstaltung einer bestimmten Sonderausgabe (etwa Taschenbuchausgabe, Buchgemeinschaftsausgabe) gegen Entrichtung einer Lizenzgebühr ein. Für derartige Verträge gilt ebenfalls das Verlagsgesetz (§ 48 VerlG). Durch einen solchen *Subverlagsvertrag* kann dem Subverleger ein einfaches Nutzungsrecht übertragen werden (vgl. BGH GRUR 1968, 152; Loewenheim/*Czychowski* § 65 Rn. 42 ff.). In der heutigen Praxis handelt es sich jedoch meist um ausschließliche Sub-Lizenzen. Mangels abweichender Vereinbarung bedarf der Verleger zur Vergabe solcher Nutzungsrechte (Lizenzausgaben) der Zustimmung des Autors (§ 35 UrhG; vgl. BGHZ 15, 209 ff.; zur Bedeutung der Unterscheidung beim Verlegerwechsel OLG München ZUM 1995, 890 f.). Diese Zustimmung wird dem Verleger in der Regel – was zulässig ist – im Rahmen des Verlagsvertrages vorab erteilt. Auch bei nachträglicher Weiterveräußerung des Verlagsrechts durch den Verlagsrechtsinhaber bleibt die einem anderen vom Verleger eingeräumte Taschenbuchlizenz grundsätzlich bestehen (vgl. BGH GRUR 1986, 91).

7. Soweit das Verlagsrecht übertragbar ist, wird es von der Insolvenz des Verlegers erfasst und unterliegt als Vermögensrecht der Verwaltung des Insolvenzverwalters (vgl. Smid InsO § 35 Rn. 9). Sofern mit der Vervielfältigung noch nicht begonnen wurde, dh mit der Herstellung des Satzes, der Druckstöcke etc, hat jedoch der Autor ein Rücktrittsrecht (§ 36 Abs. 3 VerlG). Der Rücktritt muss gegenüber dem Insolvenzverwalter erklärt werden und löst den Vertrag rückwirkend auf (vgl. *Schricker* VerlG § 36 Rn. 6 ff., 8). Ein frei veräußerliches Verlagsrecht darf vom Verleger nach herrschender Meinung an einen Gläubiger *verpfändet* werden. Bei einer Zwangsvollstreckung in die Verlegerrechte *(Pfändung)* gilt der Grundsatz, dass die Rechtsstellung des Urhebers durch die Pfändung nicht beeinträchtigt werden darf (vgl. *Hubmann* § 61 III). 18

8. Die *Vererblichkeit* des Verlagsrechts ist allgemein anerkannt. Es gilt insoweit § 34 UrhG. Es ist danach davon auszugehen, dass dem Verleger dessen Rechtsnachfolger gleichstellt ist. § 34 19

UrhG, der die Übertragung von Nutzungsrechten grundsätzlich von der Zustimmung des Urhebers abhängig macht, gilt für die Rechtsnachfolge von Todes wegen nicht (vgl. Loewenheim/*J. B. Nordemann* § 28 Rn. 2; Schricker VerlG § 28 Rn. 40). Da die Rechte des Verlegers vermögensrechtlicher Natur sind, gehen sie ohne besonderen Übertragungsakt auf die Erben über. Durch Testament oder Erbvertrag kann der Verleger den Übergang seines Verlagsunternehmens oder einzelner Verlagsobjekte wie auch die Erbnachfolge hinsichtlich des Verlagsrechts an einzelnen Werken frei regeln, ohne dass hierfür die Zustimmung des Verfassers notwendig wäre (allgemein für Urheberrechtsverträge Schricker/Loewenheim/*Ohly,* Urheberrecht, UrhG § 34 Rn. 19 f.; für die bisherige verlagsrechtliche Regelung Schricker VerlG § 28 Rn. 39 ff.).

67. Kapitel. Der Verlagsvertrag

I. Wesen. Form. Gegenstand

1 1. Die Entstehung des Verlagsrechts ist ein zweigliedriger Vorgang: Erste Voraussetzung ist ein rechtsgültiger Verlagsvertrag, der die Einräumung des Verlagsrechts durch den Berechtigten enthält. Auf diesen Akt finden die zivilrechtlichen Regeln über die Abtretung (§§ 413, 398 BGB) Anwendung (vgl. *Schricker* VerlG § 9 Rn. 3). Weiterhin ist die Ablieferung des Manuskripts Voraussetzung; dieser Realakt kann vor oder nach der rechtsgeschäftlichen Einigung erfolgen (*Schricker* § 9 Rn. 3, 5). Erst wenn beide Voraussetzungen erfüllt sind, entsteht gemäß § 9 Abs. 1 VerlG das Verlagsrecht.

Der die Rechte und Pflichten von Autor und Verleger regelnde Verlagsvertrag steht im Mittelpunkt des Verlagsgesetzes. Da jedoch das Verlagsgesetz seinerseits – abgesehen von der zwingenden Regelung des § 36 VerlG betreffend die Verlegerinsolvenz und des § 39 Abs. 1 VerlG betreffend den Verlagsvertrag über gemeinfreie Werke – *dispositiven Charakter* hat, können die Vertragspartner auch abweichende Bestimmungen treffen, wie dies ganz allgemein der Verlagspraxis entspricht. Um festzustellen, was zwischen den Vertragspartnern rechtens ist, muss somit zunächst auf den konkreten Inhalt des Verlagsvertrags abgestellt werden. Nur soweit Lücken vorhanden sind, greifen ergänzend die Bestimmungen des Verlagsgesetzes und die im Verlagswesen besonders wichtige Verkehrssitte ein (vgl. BGH FuR 1975, 206 ff.).

2 2. Seinem Wesen nach ist der Verlagsvertrag ein gegenseitiger schuldrechtlicher Vertrag *besonderer Art,* der sich unter keinem der üblichen schuldrechtlichen Vertragstypen eingliedern lässt (vgl. BGH NJW 1960, 2145; RG RGZ 74, 361; Rehbinder § 48 Rn. 662). Er kann Elemente des Dienst-, Werk-, Kauf- oder Pachtvertrags enthalten, ist aber auch mit Elementen des Gesellschaftsvertrags gemischt, da beide Partner, Autor und Verleger, ein gemeinsames Interesse an einem guten Absatz des Werkes haben (vgl. BGH NJW 1998, 405 ff.). Dies gilt besonders dann, wenn der Verfasser am Reingewinn des Werks beteiligt ist. Ein solcher Fall des „partiarischen Verlagsvertrags" (Gewinnbeteiligungsvertrags) liegt allerdings noch nicht vor, wenn der Verfasser – was üblich ist – einen bestimmten Prozentsatz vom Ladenverkaufspreis des Werks erhält (vgl. RG RGZ 140, 264).

Der Verlagsvertrag ist im Übrigen auch dann privatrechtlicher Natur, wenn der Vertrag in Erfüllung einer öffentlichen Aufgabe geschlossen wird und die gewerbliche Nutzung des Werkes (topographische Karten) durch Landesgesetz unter einen Erlaubnisvorbehalt gestellt ist (vgl. BGH NJW 1988, 337).

3 3. Das rechtliche *Charakteristikum* des Verlagsvertrags ist die Verpflichtung des Verlegers zur Vervielfältigung und Verbreitung des Werks auf eigene Rechnung. § 1 VerlG bringt diese Verpflichtung klar zum Ausdruck:

„Durch den Verlagsvertrag über ein Werk der Literatur oder der Tonkunst wird der Verfasser verpflichtet, dem Verleger das Werk zur Vervielfältigung und Verbreitung für eigene Rechnung zu überlassen. Der Verleger ist verpflichtet, das Werk zu vervielfältigen und zu verbreiten".

4 Daneben ist die Vervielfältigungs- und Verbreitungsverpflichtung auch in § 14 VerlG normiert Die typische Tätigkeit des Verlegers auf eigene Rechnung und Risiko ist auch dort gegeben, wo sich der Autor mit einem gewissen Druckkostenzuschuss beteiligt oder wo die

Höhe des Verfasserhonorars vom Absatz des Werks abhängt. Dagegen liegt *kein Verlagsvertrag* vor, wenn die Verpflichtung des Verlegers zur Vervielfältigung und Verbreitung auf eigene Rechnung fehlt, wie:

a) beim *Selbstverlag.* Hier nimmt der Autor die Vervielfältigung und Verbreitung seines Werks auf seine Rechnung vor. So hat der junge Goethe sein berühmtes Erstlingswerk „Werthers Leiden" auf eigene Rechnung drucken lassen und selbst versandt. 5

b) Auch beim *Kommissionsverlag* liegt mangels eines verlegerischen Risikos kein Verlagsvertrag im Rechtssinn vor. Das finanzielle Risiko trägt der Verfasser, für den der Verleger die Vervielfältigung und Verbreitung gegen Kostenerstattung und entsprechende Vergütung übernimmt. Auf ihn sind die §§ 383 ff. HGB anzuwenden (vgl. *Schricker* VerlG § 1 Rn. 74; *Rehbinder* § 48 Rn. 663). 6

c) Kein Verlagsvertrag ist ferner der sogenannte *Bestellvertrag* (§ 47 Abs. 1 VerlG; vgl. zur Abgrenzung BGH NJW 2005, 596). Hier bestellt der Verleger beim Autor ein Werk, dessen Inhalt einschließlich der Art und Weise der Stoffbehandlung dem Verfasser vom Besteller (Verleger) nach einem bestimmten Plan genau vorgeschrieben wird. Ein Hauptfall dieser abhängigen Verfassertätigkeit ist die dem Autor vom Verlag übertragene Bearbeitung von klassischen Werken (zB für den Jugend- oder Schulgebrauch). Auf den „Bestellvertrag" finden nicht die Bestimmungen des Verlagsvertrags, sondern die des Werkvertrags (§§ 631 ff. BGB) Anwendung. Beim Bestellvertrag ist der Verleger nicht auf eine Auflage beschränkt; § 5 Abs. 1 VerlG greift nicht ein (vgl. BGH GRUR 1984, 528 f.). Der Autor behält aber den Anspruch auf die vereinbarte Vergütung auch dann, wenn der Verleger das bestellte Werk nicht vervielfältigt und verbreitet, wozu er beim Bestellvertrag nicht verpflichtet ist. 7

Diese werkvertragliche Regelung gilt auch für die Tätigkeit der freien Mitarbeiter von *Tageszeitungen.* Der § 11 Abs. 3 des Tarifvertrags für arbeitnehmerähnliche freie Journalisten an Tageszeitungen vom 1.1.2018 (vgl. → Kap. 35 Rn. 45 ff.) besagt: „Für einen Auftrag, der dem freien Journalisten von der Redaktion erteilt wurde, ist das Honorar auch dann zu zahlen, wenn der Beitrag termin- und auftragsgemäß abgeliefert, aber nicht veröffentlicht worden ist". 8

Als „Bestellvertrag" gilt die Mitarbeit an Enzyklopädien, wie auch die Mitarbeit an einem sog. Sammelwerk (vgl. § 47 Abs. 2 VerlG; → Kap. 62 Rn. 16).

4. Der Verlagsvertrag unterliegt keinem *Formzwang.* Er kann schriftlich, mündlich, aber auch stillschweigend – durch schlüssige Handlungen – zustande kommen (vgl. BGH GRUR 1998, 680 ff.). Die letztere Form ist bei der Annahme von Beiträgen für Zeitungen und Zeitschriften sogar die übliche (Einsenden des Beitrags und dessen Abdruck); in der Verlagspraxis hat sich für den Abschluss von Verlagsverträgen die Benutzung ausgearbeiteter Formulare allgemein durchgesetzt (vgl. *Rehbinder* § 48 Rn. 664). 9

5. *Gegenstand* des Verlagsvertrags können nur Werke der *Literatur* und *Musik* sein (§ 1 VerlG). Zu den Werken der Literatur gehören vor allem die schöngeistigen und wissenschaftlichen Werke, ferner Vorträge und Reden sowie Beiträge für Zeitungen und Zeitschriften (§§ 41 ff. VerlG; vgl. → Kap. 68 Rn. 3). 10

Das Verlagsgesetz gilt demgegenüber nicht für Werke der bildenden Kunst und der Fotografie, sofern es sich nicht um Abbildungen (Zeichnungen, Fotografien) handelt, die einem Schriftwerk als Zubehör beigegeben sind. 11

Gegenstand des Verlagsvertrags sind nicht nur fertige Werke, sondern sehr häufig auch *künftige,* erst zu erstellende Werke (§ 11 Abs. 2 VerlG; § 40 UrhG). Der Verlagsvertrag über ein künftiges Werk bindet Verfasser und Verleger endgültig (vgl. BGHZ 9, 237). Er bedarf gem. § 40 Abs. 1 S. 1 UrhG entgegen der (→ Rn. 9) grundsätzlich festgestellten Formfreiheit der Schriftform, sofern sein Inhalt nur der Gattung nach oder überhaupt nicht näher bestimmt ist. Bei der Anfertigung des Werkverzeichnisses eines Malers ist von einem bestimmten künftigen Werk auszugehen, da Beschaffenheit und Aussehen hinreichend feststehen (vgl. OLG Frankfurt a. M. GRUR 1991, 601). 12

Davon abweichend beinhaltet der sogenannte *Options-* oder *Vorrechtsvertrag* nur eine dem Autor obliegende Anbietungspflicht dem Verleger gegenüber. Der Verleger bleibt hier in seiner Entscheidung frei, ob er über das ihm angebotene Werk einen Verlagsvertrag abschließen will oder nicht (vgl. BGHZ 22, 347 ff.). 13

II. Die Pflichten des Verfassers beim Verlagsvertrag

14 1. Der Abschluss des Verlagsvertrags begründet für Verleger und Autor beiderseitige Rechte und Pflichten. Wenn § 1 VerlG in diesem Zusammenhang von den Pflichten des *„Verfassers"* spricht, so gelten diese Pflichten auch für den Rechtsnachfolger sowie für andere „In-Verlag-Geber" wie etwa die sogenannten Leistungsschutzberechtigten (zB die Herausgeber urheberrechtlich nicht geschützter Werke) und für sonstige Dritte (§ 48 VerlG).

15 2. Die drei *Hauptpflichten* des Verfassers sind die Manuskript-Ablieferungspflicht, die Rechtsverschaffungs- und die sogenannte Enthaltungspflicht.

a) Der Verfasser ist verpflichtet, sein Werk dem Verleger zwecks Vervielfältigung und Verbreitung zu überlassen (§ 1 VerlG). Zu diesem Zweck hat er dem Verleger das *Manuskript* in einem für die Vervielfältigung geeigneten Zustand, dh druckreif, abzuliefern (§ 10 VerlG).

Hinsichtlich des Ablieferungstermins ist die sonstige berufliche Inanspruchnahme des Verfassers (Politiker, Arzt, Anwalt) zu berücksichtigen (§ 11 Abs. 2 VerlG). Das Werk muss bei der Ablieferung von „vertragsgemäßer Beschaffenheit" sein (§ 31 VerlG; vgl. Löffler/*Berger* BT UrhR Rn. 209). Es muss äußerlich lesbar und dem Inhalt nach abgeschlossen sein. Der Inhalt darf keine Verstöße gegen das Gesetz oder die guten Sitten enthalten, so dass dessen Abdruck dem Verleger unzumutbar wäre. Der Verleger kann bestimmte Eigenschaften des Werkes („auf dem neuesten Stand der Wissenschaft") ausdrücklich zum Vertragsinhalt machen (vgl. BGH NJW 1960, 2144 f.).

16 b) Der Verfasser ist weiter verpflichtet, dem Verleger das Verlagsrecht im Sinne des ausschließlichen Rechts zur Vervielfältigung und Verbreitung dadurch zu *verschaffen,* dass er etwaige rechtliche Hindernisse (zB die noch ausstehende Zustimmung eines Mitarbeiters) beseitigt (§ 8 VerlG). Insoweit trifft ihn eine Gewährleistungspflicht; sie entfällt, wenn es sich um ein urheberrechtlich nicht geschütztes Werk handelt (§ 39 VerlG).

17 c) Schließlich trifft den Verfasser gemäß § 2 Abs. 1 VerlG die sog. *Enthaltungspflicht.* Da er dem Verleger das ausschließliche, wirtschaftliche Nutzungsrecht am Werk einzuräumen hat, folgt daraus, dass er sich auch selbst jeder Vervielfältigung und Verbreitung des Werks zu enthalten hat, und zwar im gleichen Umfang wie ein Dritter (§ 2 Abs. 1 VerlG; KG Berlin ZUM 1997, 398; OLG München ZUM 2007, 751). Wegen § 31 Abs. 3 UrhG hat auch diese Norm insofern jedoch nur noch deklaratorischen Charakter (vgl. LG Hamburg NJW 2007, 3215 (3216)).

Auch wenn im Verlagsvertrag ein Wettbewerbsverbot nicht ausdrücklich vereinbart wurde, kann der Verfasser in der Regel nach umstrittener Auffassung seine Treuepflicht verletzen, wenn er während der Dauer des Verlagsvertrags über den gleichen Gegenstand in einem anderen Verlag ein Werk erscheinen lässt, das sich an den gleichen Abnehmerkreis wendet und geeignet ist, dem früheren Werk ernsthafte Konkurrenz zu machen (vgl. BGH NJW 1973, 802 ff.; Schricker VerlG § 2 Rn. 8).

18 Doch macht das Gesetz (§ 2 Abs. 2 VerlG) zugunsten des Verfassers eine Reihe wichtiger Ausnahmen. Er behält das Recht der Übersetzung und Umarbeitung. Auch verbleibt dem Verfasser das Aufführungs- und Senderecht, das Recht der Verfilmung usw. In der Praxis sind jedoch gerade auf dem Gebiet der Enthaltungspflicht des Verfassers abweichende Parteivereinbarungen besonders häufig. Eine übermäßige Beschränkung der Schaffensfreiheit eines Autors kann aber wegen Sittenverstoßes nichtig sein (vgl. RG RGZ 119, 413 ff.; OLG München ZUM 2007, 751, zur Frage der Unzulässigkeit eines als allgemeiner Geschäftsbedingung vereinbarten Wettbewerbsverbots; → Kap. 66 Rn. 14).

III. Die Pflichten des Verlegers beim Verlagsvertrag

19 1. Aus dem Verlagsvertrag ergeben sich für den Verleger eine Reihe von Pflichten, insbesondere die dem Autor wichtige Pflicht der Honorarzahlung. Nach dem Verlagsgesetz ist jedoch die rechtliche Hauptpflicht des Verlegers die *Vervielfältigung und Verbreitung* des Werkes. Sie ist im Grunde für den Verfasser noch bedeutsamer als der finanzielle Ertrag des Werks. Fehlt diese verlegerische Hauptverpflichtung, so finden die Bestimmungen des Verlagsgesetzes allenfalls analoge Anwendung.

a) Eine *Vervielfältigung* im verlagsrechtlichen Sinn liegt nur vor, wenn das Werk körperlich in einem oder mehreren Werkstücken wiedergegeben wird. Unter Berufung auf die Verkehrsauffassung engt der BGH (FuR 1975, 207 ff.) den verlagsrechtlichen Vervielfältigungsbegriff noch weiter dahin ein, dass die Vervielfältigung im Druckverfahren oder in einem ähnlichen Verfahren (Fotokopien, Klischees) erfolgen müsse. Digitale Vervielfältigungen, wie auch die Übertragung auf Bild- und Tonträger fallen danach nicht unter den Vervielfältigungsbegriff des Verlagsrechts (vgl. OLG Düsseldorf ZUM-RD 2007, 465). 20

b) Auch der Begriff der *Verbreitung* beschränkt sich auf die Weitergabe körperlicher Werkstücke § 14 spricht deutlich von Abzügen. Der Verleger hat das Werk in „zweckentsprechender und üblicher Weise" zu verbreiten (§ 14 VerlG). Dem Verleger kommt es zu, die Form und die Ausstattung des Werkes zu bestimmen. Das Gesetz legt ihm auch die Sorge für die *Korrektur* des Satzes auf (§ 20 VerlG). Doch ist in der Verlagspraxis die – meist vereinbarte – Korrekturpflicht des Verfassers üblich. Solange es technisch möglich ist, darf der Verfasser vor Fertigstellung des Werkes noch Änderungen des Drucksatzes vornehmen, doch hat er die dadurch erwachsenden Kosten zu tragen, soweit seine Änderungen die normalen Korrekturkosten – in der Praxis 10% der gesamten Satzkosten – überschreiten. 21

Zur zweckentsprechenden Verbreitung des Werks durch den Verleger gehört auch eine der Üblichkeit entsprechende Werbung, insbesondere durch Anzeigen in den Fachblättern.

2. Die Zahlung des vereinbarten *Autorenhonorars* ist eine Pflicht des Verlegers, an der jeder Verfasser besonders interessiert ist (§ 22 VerlG). Ist ein Honorar nicht vereinbart, so muss ein solches doch bezahlt werden, sofern es den Umständen nach erwartet werden durfte. Bei Beiträgen für Zeitungen und Zeitschriften gilt die Honorierung als üblich. Fehlt eine Vereinbarung über die Höhe des Honorars, so ist eine „angemessene Vergütung in Geld" als vereinbart anzusehen (§ 22 Abs. 2 VerlG). 22

Was in diesem Sinne als „angemessen" anzusehen ist, ist nach § 32 UrhG zu beurteilen. Danach hat der Urheber nun gegen den Inhaber von Nutzungsrechten einen gesetzlichen Anspruch auf *„angemessene Vergütung"*. Im Visier des Gesetzgebers waren dabei insbesondere die häufig auch mittels Allgemeiner Geschäftsbedingungen vereinbarte Pauschalhonorierung und die sog. unverändert grundsätzlich zulässigen Buy-outs, nach denen gegen einmalige Vergütung sämtliche Rechte an den Verwerter übertragen wurden (vgl. BGH GRUR 2012, 1031 – Honorarbedingungen Freie Journalisten mAnm *Soppe;* ferner zu *Buy-Out*-Klauseln in Honorarbedingungen für Journalisten *Castendyk* AfP 2010, 434; KG Berlin AfP 2010, 388; → Kap. 65 Rn. 2 f.).

Sofern die vertragliche Vergütung nicht angemessen ist, hat der Urheber einen Anspruch gegen den Verlag auf Einwilligung in die Anpassung des Vertrages *(Vertragsänderungsanspruch)* (siehe Delp Verlagsvertrag Nachtrag S. 7 f.; BGH ZUM-RD 2010, 16).

Die Ermittlung der Angemessenheit kann auf zwei Weisen geschehen. Entweder es bestehen gemeinsame Vergütungsregeln; sofern nach diesen neu ins Urheberrecht eingeführten Regeln vergütet wird, wird die Angemessenheit gesetzlich vermutet. Existieren keine gemeinsamen Vergütungsregeln, dann ist die Vergütung „angemessen", wenn sie im Zeitpunkt des Vertragsschlusses dem entspricht, was „üblicher- und redlicherweise" zu leisten ist Nach § 36 UrhG sollen Urheberverbände mit Verwerterverbänden oder auch mit einzelnen Verwertern gemeinsame Vergütungsregeln aufstellen. Es zeichnet sich ab, dass für jede Kategorie von Urhebern (Autoren, Übersetzer, Photographen, Komponisten etc) eigene Vergütungsregeln nach verschiedenen Kriterien (im Buchbereich zB nach Genre, Ausgabe, Ausstattung, Seitenzahl, Auflage etc) aufgestellt werden. Bereits seit dem 1.7.2005 in Kraft sind etwa die „Gemeinsamen Vergütungsregeln für Autoren belletristischer Werke in deutscher Sprache" in Kraft getreten. Am 1.6.2014 trat der überarbeitete Manteltarifvertrag für Redakteurinnen und Redakteure an Tageszeitungen in Kraft. Die am 1.2.2010 in Kraft getretenen Gemeinsame Vergütungsregeln für freie hauptberufliche Journalistinnen und Journalisten an Tageszeitungen" (GVR) sind vom BDZV zum 1.3.2017 wieder gekündigt worden (vgl. Kap. 65 Rn. 2b).

Bei ausbleibender Einigung kann gem. § 36 Abs. 2 UrhG ein Verfahren vor einer Schlichtungsstelle eingeleitet werden, die dann einen Einigungsvorschlag unterbreiten soll. Möglich ist aber auch, dass es entweder wegen fraglicher Aktiv- bzw. Passivlegitimation zum Streit kommt, oder ob man sich überhaupt auf einen solche Schlichtungsversuch einlassen muss (vgl. BGH NJW-RR 2011, 1343). Wird der Einigungsvorschlag von einer Seite nicht angenommen, ist das

Aufstellen gemeinsamer Vergütungsregeln gescheitert. Jeder Urheber kann bzw. muss dann ohne Berufung auf gemeinsame Vergütungsregeln seinen Anspruch auf „angemessene Vergütung" nach dem Maßstab der Üblichkeit und Redlichkeit geltend machen. Es ist aber wahrscheinlich, dass die Gerichte den Einigungsvorschlag der Schlichtungsstelle dann wiederum als Anhaltspunkt für eine angemessene Vergütung wählen werden.

23 Für die Honorarvergütung haben sich in der Praxis verschiedene *Formen* eingebürgert: Weit verbreitet ist die Berechnung des Honorars nach einem Prozentsatz (zB 10%) vom Ladenverkaufspreis des Werks (vgl. Löffler/*Berger* BT UrhR Rn. 215). Vielfach wird auch eine fixe Summe als Honorar vereinbart. Im Pressewesen ist das sog. Zeilenhonorar verbreitet. Dem entspricht bei Büchern das Druckbogenhonorar. Während die prozentuale Beteiligung in der Regel den Anforderungen des § 32 UrhG genügen dürfte, werden sich insbesondere diese pauschalen Vergütungsmodelle an der Neuregelung des § 32 UrhG messen lassen müssen. Eine andere Möglichkeit ist, dass eine „Mindesthonorargarantie" im Verlagsvertrag festgelegt wird (vgl. OLG Frankfurt a. M. AfP 1992, 157). Wird der Verfasser am Reingewinn beteiligt, so liegt ein sogenannter partiarischer Verlagsvertrag vor (→ Rn. 2). Abweichend von § 23 S. 2 VerlG, wonach die Vergütung fällig ist, sobald das Werk vervielfältigt ist, wird häufig ein Honorarvorschuss vereinbart. Dabei gilt der Grundsatz, dass dem Autor, falls eine Rückzahlbarkeit nicht vereinbart ist, nach Treu und Glauben der Vorschuss verbleibt, auch wenn das Abrechnungsergebnis den Vorschussbetrag nicht erreicht (vgl. OLG Karlsruhe AfP 1986, 76).

24 3. Zu den sonstigen Pflichten des Verlegers gehört es, dem Verfasser *Freiexemplare* zu überlassen. Diese Verpflichtung gilt nicht bei Veröffentlichungen in Zeitungen (§ 46 Abs. 1 VerlG). Bei Werken der Literatur für je 100 hergestellte Exemplare ein Freiexemplar, jedoch mindestens 5 und höchstens 15 Exemplare (§ 25 VerlG) sowie Exemplare zum *Vorzugspreis* (§ 26 VerlG). Schließlich hat der Verleger nach erfolgter Vervielfältigung das *Manuskript* an den Verfasser zurückzugeben (§ 27 VerlG; vgl. *von Olenhusen* ZUM 2001, 1058; BGH NJW 1999, 1967; 1969, 1383; OLG München FuR 1983, 345 ff.).

25 Da das Verhältnis zwischen Autor und Verleger als „Dauerschuldverhältnis" in besonderem Maß auf Treu und Glauben beruht, ist in der Rechtsprechung auch von einer *Betreuungspflicht* des Verlegers gegenüber dem Werk des Autors die Rede (vgl. BGH GRUR 1974, 791; 1970, 40 ff.).

26 4. Gültigkeit im Verlagsbereich hat auch der § 32a UrhG. Diese Vorschrift ist Ausdruck des urheberrechtlichen Grundsatzes, dass der Urheber an den Erträgnissen seines Werkes angemessen zu beteiligen ist. Der Anspruch nach § 32a Abs. 1 UrhG erfordert ein auffälliges Missverhältnis zwischen den erzielten Vorteilen und Erträgen aus der Nutzung des Werkes (auf Seiten des Verwerters) und der vereinbarten Gegenleistung (auf Seiten des Urhebers). Mit „Erträgen" sind dabei Erlöse gemeint, nicht etwa Gewinne. Unter Vorteilen sind alle geldwerten Vorteile zu verstehen, die der Verwerter aus der Nutzung des Werkes erhält. Die Beurteilung erfolgt unter Berücksichtigung der gesamten Beziehungen des Urhebers zu dem Verwerter. Berücksichtigt werden muss also auch ein besonderer Aufwand auf Seiten des Verwerters, der sich nicht in vertragsmäßigen Zahlungen widerspiegelt. Auf die Unerwartetheit des Missverhältnisses kommt es nicht mehr an. Ist im Rahmen der Vergütungsregeln eine weitere Beteiligung nach § 32a UrhG vorgesehen, kann der Urheber darüber hinaus keinen weiteren Beteiligungsanspruch geltend machen (§ 32a Abs. 4 UrhG). Die Ansprüche auf angemessene Vergütung und auf weitere Beteiligung nach §§ 32, 32a UrhG sind unverzichtbar, unveräußerlich und unpfändbar und werden ggf. nach § 894 ZPO vollstreckt (vgl. Kap. 65 Rn. 2d; zu den Problemen bei Lizenzketten vgl. *Reinhard/Distelkötter* ZUM 2003, 269 ff.).

IV. Die Beendigung des Verlagsvertrags

27 1. Endet der Verlagsvertrag, so erlischt das Verlagsrecht des Verlegers ohne weiteres. Einer Rückübertragung auf den Verfasser bedarf es nicht. Das Recht des Verlegers zur Verbreitung der noch nicht abgesetzten Exemplare entfällt (§ 29 Abs. 3 VerlG; LG München I ZUM-RD 2007, 208).

28 2. Ein auf Zeit eingegangener Verlagsvertrag endet durch *Zeitablauf*. Ist der Vertrag auf eine bestimmte Zeit von Auflagen oder Exemplaren ausgerichtet, so endet er, sobald die vereinbarten

Auflagen oder Exemplare vergriffen sind (vgl. BGH GRUR 1960, 636). Erstreckt sich der Vertrag auf sämtliche Auflagen, so findet er sein Ende mit dem Ablauf der urheberrechtlichen Schutzfrist.

3. Der *Tod* des Verfassers oder der Untergang des Werks (zB Verlust beim Versand) führt wegen *Unmöglichkeit* der Vertragserfüllung mangels anderweitiger Parteiabsprache gleichfalls zur Beendigung des Verlagsvertrags (§§ 33, 34 VerlG). **29**

4. Da der Verlagsvertrag ein besonderes Vertrauensverhältnis zwischen Autor und Verleger voraussetzt, gibt das Verlagsgesetz beiden Parteien ein erweitertes *Rücktritts- und Kündigungsrecht*. **30**

a) *Rücktrittsgründe* sind auf Seiten des *Verfassers* die Nichtveranstaltung einer neuen Auflage (§ 17 VerlG; vgl. OLG Celle NJW 1987, 1423; OLG München ZUM 2008, 154), ferner die Verlegerinsolvenz, wenn vor Eröffnung des Verfahrens mit der Vervielfältigung noch nicht begonnen worden ist (§ 36 Abs. 3 VerlG), wie auch die nicht vertragsgemäße Vervielfältigung und Verbreitung (§ 32 VerlG; vgl. OLG München UFITA 70, 302 ff.), sowie der in § 35 VerlG behandelte Eintritt veränderter Umstände (vgl. OLG Frankfurt a. M. GRUR 1991, 601; LG München I GRUR 1987, 911). Das Rücktrittsrecht nach § 35 VerlG setzt voraus, dass ein wichtiger Grund vorliegt. Ein solcher ist anzunehmen, wenn ein gedeihliches Zusammenarbeiten der Parteien nicht mehr möglich und eine Fortsetzung des Vertrages infolgedessen unzumutbar ist (vgl. BGH GRUR 1982, 41). Dem Autor steht außerdem das Recht des „Rückrufs" seines Werkes wegen gewandelter Überzeugung (§ 42 UrhG) oder Nichtausübung (§ 41 UrhG) zu. Der *Verleger* hat ein Rücktrittsrecht, wenn das Werk vom Autor nicht rechtzeitig abgeliefert wird (§ 30 VerlG) (zur Frage der Verwirkung des Rücktrittsrechts wegen Untätigkeit über mehrere Jahre vgl. OLG München ZUM 2001, 1002 ff.) oder wenn es nicht von vertragsgemäßer Beschaffenheit ist (§ 31 VerlG; vgl. OLG München GRUR-RR 2008, 236).

Denkbar ist auch ein Rücktrittsrecht des Verlegers wegen des Inhalts des Buchmanuskripts, etwa wegen rechtswidriger Aussagen. Beruft sich der Verleger auf die vertragswidrige Beschaffenheit des Manuskripts, so hat er dem Autor zuvor eine angemessene *Nachfrist* für Änderungen zu setzen. Darüber hinaus ist der Rücktritt wegen inhaltlicher Mängel unwirksam, wenn sich der Autor im Hinblick auf die langjährige Beziehung zwischen den Parteien zur Nachbesserung des beanstandeten Werkes bereit erklärt hat (vgl. OLG München ZUM 1992, 147). Unterlässt er die Nachfristsetzung, so besteht das Rücktrittsrecht nicht (vgl. BGH GRUR 1979, 396; *Dietz* UFITA 87, 55). Hat der Verleger den Rücktritt erklärt, so ist der Autor im Rahmen der Schadensminderungspflicht berechtigt, mit einem anderen Verlag einen Verlagsvertrag abzuschließen (vgl. BGH GRUR 1979, 396). **31**

b) Während der Rücktritt das Vertragsverhältnis rückwirkend auflöst, beendet die *Kündigung* den Verlagsvertrag mit Wirkung für die Zukunft. Da das Vertragsverhältnis ein auf gegenseitigem Vertrauen beruhendes *Dauerschuldverhältnis* darstellt, können beide Partner bei Erschütterung dieses Vertrauens den Vertrag fristlos kündigen (vgl. BGH GRUR 1974, 789 ff.; BGHZ 15, 209; OLG München NJW-RR 2000, 722 ff.; ZUM 1995, 723 f.; OLG Frankfurt a. M. GRUR 1991, 601; OLG Celle ZUM 1986, 213; OLG Köln AfP 1986, 247). Eine Kündigung aus wichtigem Grund muss innerhalb einer angemessenen, gesetzlich nicht definierten Frist erfolgen (vgl. BGH NJW 2002, 596 (599)). § 626 Abs. 2 BGB gilt nicht entsprechend als starre Regelfrist (vgl. BGH NJW 2011, 1438). Der Verleger hat ein besonderes Kündigungsrecht für den Fall, dass der Zweck entfällt, dem das Werk dienen sollte (§ 18 VerlG; wenn zB das Fest, zu dem die Festschrift erscheinen soll, abgesagt wird). Der Honoraranspruch des Verfassers bleibt hier jedoch unberührt. **32**

V. Die Besonderheiten des Verlagsvertrags: Die Auflage. Der feste Ladenpreis

1. Im Verlagsverhältnis spielt die *Auflage* des Werkes eine maßgebliche Rolle. Unter einer Auflage versteht das Verlagsgesetz (§ 5) die Zahl der Exemplare („Abzüge"), die in *einem* Druckvorgang auf einmal hergestellt werden. Da jedoch der moderne Verleger zur Verringerung seines Risikos dazu übergegangen ist, eine Auflage nach Bedarf in Etappen herzustellen, bedeutet „Auflage" nach heute herrschender Rechtsauffassung die Zahl der Exemplare, zu deren Herstellung der Verleger entsprechend dem Verlagsvertrag bei einer Auflage verpflichtet ist. **33**

34 Fehlt es an einer Parteivereinbarung, so ist unter einer Auflage nach § 5 Abs. 2 VerlG die Zahl von 1.000 Exemplaren zu verstehen. Die Zahl der Auflagen wird in der Regel im Verlagsvertrag festgelegt. Mangels einer Vereinbarung ist der Verleger nur zu *einer* Auflage berechtigt (§ 5 Abs. 1 VerlG). Vor der Veranstaltung einer Neuauflage muss der Verleger dem Verfasser die Möglichkeit geben, Änderungen am Werk vorzunehmen (§ 12 VerlG).

35 Von der Auflage zu unterscheiden ist die *Ausgabe* eines Werkes, unter der die besondere äußere Aufmachung einschließlich der Ausstattung zu verstehen ist (Jubiläumsausgabe, Taschenbuchausgabe, Lizenzausgabe usw).

36 2. Eine weitere Besonderheit des Verlagsvertrags ist der vormals durch Verbandsabkommen (Sammelrevers), seit Ende 2002 durch das Buchpreisbindungsgesetz abgesicherte *feste Ladenpreis,* der im Hinblick auf die kulturelle Bedeutung des Literaturschaffens auch im Kartellgesetz Anerkennung gefunden hat (siehe näher Wallenfels/Russ BuchPrG § 1 Rn. 1 ff.). Die Buchpreisbindung wurde wegen einer laufenden Untersuchung der Europäischen Kommission kritisch betrachtet. Diese hatte sich der Sache angenommen, als die grenzüberschreitende Buchpreisbindung zwischen Deutschland und Österreich zur Freistellung nach Art. 85 Abs. 3 EGV bevorstand und zudem eine österreichische Buchkette dagegen Beschwerde einlegte (ABl. 1996 C 54, S. 2). Im Rahmen der Verhandlungen mit der Kommission wurde der Preisbindung im grenzüberschreitenden Verkehr praktisch ein Ende gesetzt, um dafür die nationale deutsche Preisbindung zu erhalten (vgl. *Huppertz* GRUR 1998, 988 ff.; *Bunte* NJW 1997, 3127 ff.; → Kap. 84 Rn. 4 mwN). Allerdings hatte die deutsche Buchbranche eine sog. Reimportklausel im Rahmen des überarbeiteten „Sammelrevers 2000" durchgesetzt, wonach Reimporte mit dem alleinigen Zweck, die nationale Preisbindung zu unterlaufen, unzulässig seien. An dieser Klausel flammte der Streit mit dem österreichischen Buchhändler *Libro AG* erneut auf. *Libro* hatte deutschen Endkunden Bücher via Internet unter dem Ladenpreis angeboten. Die deutschen Verlage hatten daraufhin die Belieferung des Buchhändlers verweigert. Dieses Recht nahmen die Verlage unter Berufung auf die Reimportklausel des Sammelreverses für sich in Anspruch. Nachdem die EU-Kommission, die Reimportregelung zugunsten der *Libro AG* liberaler auslegend, bereits ein förmliches Verfahren eingeleitet hatte, kam es zu einer Einigung.

Um künftig keine weitere Angriffsfläche zu bieten, entschloss sich der deutsche Gesetzgeber auf Anregung weiter Teile der Buchbranche, die Preisbindung durch ein Gesetz statt durch vertragliche Sammelrevers zu sichern. So kam es schließlich in Abstimmung mit der EU-Kommission zu der nun gültigen gesetzlichen Regelung. Das zum 1.10.2002 in Kraft getretene, zuletzt durch Art. 1 Zweites G zur Änd. des BuchpreisbindungsG vom 31.7.2016 (BGBl. I S. 1937) geänderte Gesetz über die Preisbindung für Bücher (Buchpreisbindungsgesetz – BuchPrG; BGBl. I S. 3448) schreibt die Preisbindung für Buchverkäufe in der Bundesrepublik Deutschland nun zwingend vor. Um die europarechtliche Unbedenklichkeit sicherzustellen ist zwar auch eine Preisbindung von Reimporten vorgeschrieben (§ 5 Abs. 1 BuchPrG). Allerdings können Verleger oder Importeuer unter bestimmten Voraussetzungen unterscheidliche Preise festsetzen (§ 5 Abs. 3–5 BuchPrG).

Nicht durch das *BuchpreisbindungsG* geregelt ist die Frage der Zulässigkeit von Preisänderungen im Verhältnis zum Vertragspartner. Insbesondere bei ladenpreisabhängigen Vergütungssystemen (zB Absatzhonorar auf Basis des Netto-Ladenpreises) kann dies relevant werden. Dieser Komplex ist im Verlagsgesetz geregelt. Im Verhältnis zum Vertragspartner ist es nach § 21 VerlG grundsätzlich Aufgabe und Recht des Verlegers, bei jeder Auflage eines Werkes den Ladenpreis einschließlich der Rabattsätze zu bestimmen. An den einmal festgesetzten Preis ist der Verleger insofern im Verhältnis zum Rechtegeber gebunden, als er zur *Erhöhung* des Ladenpreises der Zustimmung des Verfassers bedarf (§ 21 VerlG). Will der Verleger jedoch den Ladenpreis ermäßigen, so kommt es auf die Zustimmung des Verfassers nicht an (dazu differenziert LG München I ZUM 2001, 79 ff.). Das Gleiche gilt, wenn das Autorenhonorar sich nach dem „Ladenpreis" richtet und der Verleger dem einen verbilligten Subskriptionspreis zugrunde legt (vgl. LG Flensburg NJW-RR 1986, 1058). Ist die Auflage eines Werkes unverkäuflich geworden, was der Verleger zu beweisen hat, so ist er berechtigt, die Auflage zu verramschen. Liegen die Voraussetzungen der *Verramschung* nicht vor, so haftet der Verleger auf Schadensersatz (vgl. OLG Hamburg GRUR 1974, 413 ff.; *Dietz* UFITA 87, 59 f.). Das BuchPrG beschränkt das Recht zur

Aufhebung des Ladenpreises in zeitlicher Hinsicht, da nach dem Erscheinen der jeweiligen Ausgabe eine Aufhebung des Ladenpreises frühestens 18 Monate möglich ist (§ 8 BuchPrG; zur *Preisbindung bei Schulbüchern* BGH ZUM 2003, 773).

68. Kapitel. Das Recht der Zeitungs- und Zeitschriftenbeiträge

I. Der Sinn der Sonderregelung: Die Interessenlage der Beteiligten

1. Von besonderer Bedeutung für die Pressebeteiligten ist die Regelung, die das Verlagsgesetz (§§ 41–46 VerlG) für den Fall vorsieht, dass der Autor sein Werk (Bericht, Aufsatz, Abhandlung usw) einer Zeitung, Zeitschrift oder einem ähnlichen periodischen „Sammelwerk“ (zu diesem Begriff → Kap. 62 Rn. 16) zur Veröffentlichung überlässt. Der Zweck der gesetzlichen Sonderregelung ergibt sich aus der *Interessenlage* der Beteiligten. Beide Partner eines solchen Verlagsverhältnisses wollen hinsichtlich derartiger Beiträge gegenüber dem normalen Verlagsrecht eine größere Freiheit genießen. Der Verfasser ist häufig bestrebt, seinen Beitrag in mehreren Publikationen unterzubringen. Der Verleger dagegen möchte über einen größeren Vorrat von Beiträgen für den Bedarfsfall verfügen, ohne im Blick auf die wechselnde Aktualität der Themen verpflichtet zu sein, einen eingesandten Beitrag zu einem bestimmten Zeitpunkt oder überhaupt zu publizieren. Da bei dieser Interessenlage die Vervielfältigungs- und Verbreitungspflicht des Verlegers entfällt, liegt kein echter Verlagsvertrag vor (vgl. Rehbinder § 51 Rn. 723 f.). Es gelten die Sonderbestimmungen der §§ 41–46 VerlG in Verbindung mit dem hier einschlägigen § 38 UrhG, sofern die Parteien nichts Abweichendes vereinbaren. 1

Diese Sonderregelung des VerlG für eingesandte Beiträge findet auch beim *Rundfunk* Anwendung. Die aktuelle Rundfunksendung stellt wie die Zeitung ein periodisches Sammelwerk dar (vgl. OLG Hamburg GRUR 1952, 486). Die einschlägigen Bestimmungen des Verlagsrechts (§§ 41 ff. VerlG) werden für die *Tagespresse* ergänzt durch den Tarifvertrag für arbeitnehmerähnliche freie Journalisten an Tageszeitungen vom 1.1.2018. Er betrifft die hauptberuflich freien Journalisten, die für Tageszeitungen auf Grund von Dienst- oder Werkverträgen tätig sind (vgl. → Kap. 35 Rn. 45 ff.). 2

2. Als *Beiträge* für periodische Sammelwerke (Zeitungen, Zeitschriften ua) kommen alle Werke der Literatur wie Kurzberichte, Gedichte, Abhandlungen, Reportagen usw in Betracht. Zu den „Beiträgen“ gehören auch Werke der bildenden Kunst (Skizzen, Zeichnungen) sowie Fotografien. Sie können zwar nicht Gegenstand eines Verlagsvertrags sein (§ 1 VerlG; → Kap. 67 Rn. 10), wohl aber können solche Beiträge einer Zeitung oder Zeitschrift auf Grund besonderer Vereinbarung zur einfachen (→ Rn. 5) oder ausschließlichen Nutzung überlassen werden (§§ 31, 38 UrhG; vgl. dazu § 13 Ziff. 1–3 Tarifvertrag arbeitnehmerähnliche freie Journalisten an Tageszeitungen). Keine Anwendung findet das VerlG auf *Inserate* (vgl. *Schricker* VerlG § 41 Rn. 2) und auf *Leserbriefe,* da Leserbriefe nicht zum Zwecke der Veröffentlichung mit anderen Beiträgen in einer Zeitung oder Zeitschrift angenommen werden. 3

Während für normale Verlagsverträge zwar kein Formzwang besteht, die schriftliche Abfassung jedoch der Üblichkeit entspricht, wird über Zeitungs- und Zeitschriftenbeiträge in der Regel *kein schriftlicher Vertrag* geschlossen. Die unverlangte Einsendung eines Beitrags stellt rechtlich gesehen ein Angebot des Autors an den Verlag zum Abschluss eines Verlagsvertrags dar. Erst wenn der Verleger den Beitrag annimmt, was meist stillschweigend durch dessen Abdruck erfolgt, kommt der Verlagsvertrag zustande. 4

In der Praxis lässt der Verleger den unverlangt eingesandten Beitrag häufig liegen, um abzuwarten, ob er ihn bei Gelegenheit gebrauchen kann. Das bedeutet noch keine Annahme des Beitrags. Der Verleger darf aber den Beitrag nicht unbefristet stehen lassen. Nach § 11 Nr. 1 TV arbeitnehmerähnliche freie Journalisten an Tageszeitungen vom 1.1.2018 (vgl. → Rn. 2) hat er sich in den dort vorgesehenen Fällen binnen 4 Wochen zu entscheiden. Lehnt er dem Verfasser gegenüber nicht ausdrücklich ab, so wird er ihm honorarpflichtig. Über den Ankauf angebotener aktueller Bilder muss er sich nach dem Tarifvertrag sogar schon bei Vorlage der Bilder unverzüglich schlüssig werden (vgl. → Kap. 35 Rn. 48).

II. Die freiere Verfügung von Autor und Verleger

5 1. Die wesentlich größere Verfügungsfreiheit des *Verfassers,* der einen *Zeitungsbeitrag* einsendet, kommt in § 38 UrhG zum Ausdruck, der an die Stelle des § 42 VerlG getreten ist.

a) Grundsätzlich verbleibt das Verfügungsrecht über Zeitungsbeiträge beim Verfasser. Nach der gesetzlichen Vermutung des § 38 Abs. 3 UrhG erwirbt der Zeitungsverleger gewöhnlich nur ein einfaches Nutzungsrecht gemäß § 31 Abs. 2 UrhG. Der Verfasser kann somit den Zeitungsbeitrag gleichzeitig mehreren Zeitungen anbieten.

Hat die zuerst angegangene Zeitung den Beitrag angenommen, so ist der Verfasser dessen ungeachtet berechtigt, den Artikel – noch vor seiner Veröffentlichung in der ersten Zeitung – in anderen Presseorganen zu publizieren, sofern nicht die gleiche Leserschaft angesprochen wird.

6 b) Ergibt sich aus dem Verlagsvertrag oder aus den Umständen (zB Höhe des Honorars oder ständige Mitarbeit bei einer bestimmten Zeitung), dass dem Verleger an dem fraglichen Zeitungsbeitrag das *ausschließliche Nutzungsrecht* zustehen soll, so hat auch hier der Verfasser nach § 38 Abs. 3 S. 2 UrhG eine freiere Stellung. Dem zuerst angegangenen Verleger steht nur das Recht der Erstveröffentlichung zu. Der Verleger ist lediglich dagegen gesichert, dass der gleiche Beitrag vorher oder zur selben Zeit in einem anderen Presseorgan erscheint. Nach der Erstveröffentlichung ist der Verfasser in der weiteren Verwendung seines Beitrags frei. Für einen der Zeitung angebotenen *Bildbeitrag* gelten grundsätzlich die gleichen Bestimmungen wie beim Wortbeitrag (§ 38 Abs. 3 UrhG; vgl. Löffler/*Berger* BT UrhR Rn. 238).

7 c) Bei *Zeitschriftenbeiträgen* und sonstigen Beiträgen zu Sammelwerken geht die Verfügungsfreiheit des Verfassers nicht so weit wie bei Zeitungsbeiträgen. Der Verleger erwirbt im Zweifel stets das ausschließliche Nutzungsrecht am Zeitschriftenbeitrag (§ 38 Abs. 1 und 2 UrhG), und der Verfasser darf ihn – im Gegensatz zum Zeitungsbeitrag – erst nach Ablauf eines Jahres seit der Publikation anderweitig veröffentlichen (§ 38 Abs. 1 S. 2 UrhG).

8 Weitergehende Beschränkungen der Verfügungsfreiheit des Verfassers enthält der seit dem 1.1.2010 wirksame § 12 Manteltarifvertrag für Redakteure an Zeitschriften vom 4.11.2011. Danach räumt der Redakteur dem Verleger das ausschließliche, räumlich, zeitlich und inhaltlich unbeschränkte Nutzungsrecht an den im Rahmen des Arbeitsvertrages erstellten Werken ein (krit. dazu Rojahn S. 43 ff.). Eine Zusatzvergütung kam nur unter besonderen Umständen in Betracht (§ 12 Nr. 7 MTV Redakteure an Zeitschriften).

9 2. Auch der *Verleger* hat, abweichend vom normalen Verlagsvertrag, bei Zeitungs- und Zeitschriftenbeiträgen eine freiere Stellung.

a) Für den Verleger entfällt – auch nach Annahme eines Zeitungs- oder Zeitschriftenbeitrags – in jedem Fall die für den normalen Verlagsvertrag wesentliche *Pflicht* zur Vervielfältigung und Verbreitung. Doch bleibt seine Verpflichtung, einen einmal angenommenen Zeitungs- oder Zeitschriftenbeitrag zu honorieren, voll bestehen (§ 45 Abs. 1 VerlG). Eine Publikationspflicht erwächst dem Verleger nur, wenn er dem Verfasser für das Erscheinen seines Beitrags einen bestimmten Zeitpunkt genannt hat (zB die Ausgabe einer Zeitung oder ein bestimmtes Heft einer Zeitschrift; vgl. Ulmer E. S. 481).

10 b) Von der Verpflichtung zur Lieferung von *Freiexemplaren* ist der Verleger bei Zeitungsbeiträgen schlechthin befreit (§ 46 Abs. 1 VerlG). Handelt es sich um Beiträge für Zeitschriften oder sonstige Sammelwerke, so ist der Verleger berechtigt, den Verfassern statt Freiexemplaren lediglich *Sonderabzüge* (nicht Sonderdrucke) zur Verfügung zu stellen (§ 25 Abs. 3 VerlG).

Was die Überlassung von Exemplaren zum *Vorzugspreis* betrifft, so entfällt eine solche Verpflichtung des Verlegers jedenfalls bei Zeitungsbeiträgen. Die herrschende Meinung dehnt die einschlägige Bestimmung (§ 46 Abs. 2 VerlG) wegen gleicher Interessenlage auch auf Beiträge für Zeitschriften und sonstige Sammelwerke aus (vgl. *Schricker* VerlG § 46 Rn. 4). Für den Verleger von Sammelwerken (Zeitungen, Zeitschriften usw) fällt auch die im Verlagsgesetz (§ 5) vorgesehene Begrenzung seines Nutzungsrechts auf eine *Auflage* von nur 1.000 Exemplaren weg (§ 43 VerlG).

11 c) Schließlich steht dem Verleger bei Zeitungs- und Zeitschriftenbeiträgen ein weitgehendes *Änderungsrecht* zu. An anonym erscheinenden Beiträgen darf der Verleger die „üblichen" Änderungen vornehmen (§ 44 VerlG). Das Recht der Änderung geht bei Zeitungsbeiträgen weiter als bei Zeitschriftenbeiträgen. Ein großzügiges Änderungsrecht gilt bei der illustrierten Presse als

allgemein üblich (vgl. OLG Köln GRUR 1953, 499). Erscheint jedoch der Beitrag unter dem Namen des Verfassers, so darf der Verleger Änderungen nur im Rahmen von Treu und Glauben vornehmen (§ 39 Abs. 2 UrhG). Keinesfalls darf die Tendenz des Beitrags verändert oder entstellt werden (vgl. BGH GRUR 1954, 80; LG Hamburg AfP 2010, 610).

Auch ist es dem Verleger nicht gestattet, den ihm gelieferten Beitrag in einem anderen als dem vom Verfasser vorgesehenen Organ zu publizieren. Wer einen Beitrag für eine literarische Zeitschrift einsendet, gestattet damit noch nicht die Verwendung für eine im gleichen Verlag erscheinende Illustrierte.

69. Kapitel. Der Buch-, Zeitungs- und Zeitschriftenhandel. Grossisten und Verlagsvertreter

I. Bedeutung des Verlagshandels. Das Remissionsrecht

1. Verlagserzeugnisse erreichen den Leser über folgende Vertriebswege: Der *Buchhandel* bedient 1
sich häufig des Zwischenbuchhandels, sog. Barsortimenter, wird aber auch von den Verlagen unmittelbar beliefert. Möglich sind ebenfalls Verlagsdirektlieferungen an den Endkunden, die vom Buchhandel aber ungern gesehen sind, und der Absatz im Rahmen von Buchgemeinschaften. *Periodische Presseerzeugnisse* werden über den Zeitungs- und Zeitschriftengroßhandel (kurz Presse-Grosso), den Bahnhofsbuchhandel, Abonnements und Lesezirkel vertrieben. Abonnements werden entweder von den Verlagen selbst oder vom sog. werbenden Buch- und Zeitschriftenhandel abgewickelt. Das Presse-Grosso System wurde zwischenzeitlich durch die Kündigung von Belieferungsverträgen durch einzelne Verlage in Frage gestellt, steht aber nunmehr in seinen Grundzügen gesetzlich abgesichert nicht mehr in Frage (vgl. → Kap. 46 Rn. 1, und Kap. 89 Rn. 4 f.). Die derzeit (Mai 2020) 40 Presse-Grossisten verfügen in dem ihnen zugewiesenen Belieferungsgebiet grundsätzlich über ein Alleinauslieferungsrecht, welches durch prinzipiell zulässige verlagsseitige Kündigungen zunehmend in Frage gestellt wird (vgl. BGH AfP 2011, 569).

Vor allem der moderne Pressegroßhandel sorgt für die rechtzeitige, umfassende und kostengünstige Belieferung mit den gewünschten Büchern, Zeitungen und Zeitschriften. Über ihn werden die Mehrheit aller verkauften Zeitungen und Zeitschriften vertrieben (vgl. Börner, Der Vertrag zwischen Verlag und Pressegrossisten, 1981, S. 11; Löffler/*Burkhardt* (5. A.) BT VertriebsR Rn. 6 ff.). Die umfangreiche Buchlagerhaltung der Grossisten ermöglicht es den Einzelhändlern, ihren Betrieb durch niedrigere Lagerhaltung kostengünstiger zu gestalten.

Nach der Wiedervereinigung einigten sich die westdeutschen Verlage mit dem Bundeskartell- 2
amt, den Presse-Grosso-Vertrieb in den Bundesländern Brandenburg, Mecklenburg-Vorpommern, Sachsen, Sachsen-Anhalt und Thüringen in der Form eines Mischsystems von Gebietsgrossisten mit und ohne Verlagsbeteiligung auszugestalten (vgl. AfP 1990, 292; zur Situation in der Endphase der DDR vgl. *Spiller/Koppehele* AfP 1990, 169).

Die begrenzte Beteiligung der Verlage am Presse-Grosso in Ostdeutschland ist mit § 1 Abs. 1 GWB vereinbar. Die besonderen Umstände in diesen fünf Bundesländern im Zeitraum unmittelbar nach der Wiedervereinigung, die durch erhebliche Aufbauinvestitionen und eine schwierige Markt- und Absatzstruktur gekennzeichnet waren, rechtfertigen den Verzicht auf einen ausschließlich mittelständisch organisierten Grosso-Vertrieb (vgl. *Hahn* AfP 1992, 122; *Kloepfer/Kutzschbach* AfP 1999, 1 ff.).

2. Charakteristisch für das Presse-Grosso ist – neben der Preisbindung, der Alleinauslieferung 3
durch einen Grossisten und dem Dispositionsrecht der Verlage (→ Kap. 46 Rn. 2 ff., und Kap. 89 Rn. 4 f.) – vor allem das *Remissionsrecht,* das sowohl der Einzelhändler gegenüber dem Grossisten als auch der Grossist gegenüber den Verlagen haben: Der Einzelhändler kann bezogene, aber nicht verkaufte Presseerzeugnisse an den Grossisten zurückgeben. Der Grossist wiederum schickt die ihm vom Einzelhandel zurückgegebenen unverkauften Exemplare an den Verleger gegen Gutschrift des Stückpreises zurück. Das Remissionsrecht ist der kartellrechtliche Ausgleich zur Preisbindung, indem es das wirtschaftliche Risiko des Verkaufs von Zeitungen und Zeitschriften beim Verleger belässt (vgl. Gersdorf/Paal/*Hennemann* GWB § 30 Rn. 3;

→ Kap. 89 Rn. 4). Dieses mehrstufige Remissionsrecht, das sich besonders im Zeitungs- und Zeitschriftenhandel bewährt hat, prägt die Rechtsverhältnisse im Presse-Verlagshandel entscheidend (vgl. Gersdorf/Paal/*Hennemann* GWB § 30 Rn. 3).

II. Der Grossist

4 Der Grossist kauft die Druckschriften vom Verleger im eigenen Namen und auf eigene Rechnung und veräußert sie in derselben Weise an die Einzelhändler weiter. Der Grossist ist deshalb *Eigenhändler* und nicht Handelsvertreter des Verlages im Sinne von §§ 84 ff. HGB. Das Remissionsrecht des Grossisten führt jedoch dazu, dass er zwar auf *eigene Rechnung,* jedoch auf *fremdes Risiko* handelt. Wegen dieser besonderen, im Interesse einer umfassenden Versorgung mit Presseerzeugnissen liegenden Risikoverteilung sind auf den Grossisten die Vorschriften über den *Kommissionsagenten* (§ 384 HGB) – zumindest analog – anzuwenden (vgl. *Börner* S. 18 ff.; → Kap. 46 Rn. 2 ff.; zu den kartellrechtlichen Belieferungspflichten von Monopolgrossisten vgl. → Kap. 89 Rn. 4 f.). Nach Beendigung des Vertrages kann dem Grossisten gegenüber dem Verlag, der den von diesem erworbenen Kundenstamm weiter beliefern kann, ein *Ausgleichsanspruch* entsprechend § 89b HGB zustehen, sofern der Grossist im Rahmen der Absatzorganisation des Verlages im Wesentlichen gleiche Funktionen hatte wie ein Handelsvertreter (vgl. *Börner* S. 66 f.).

III. Der Verlagsvertreter

5 1. Als *Verlagsvertreter* werden die Personen bezeichnet, die für einen oder mehrere Verlage oder, was meist der Fall ist, für Unternehmen des sog. werbenden Buch- und Zeitschriftenhandels (WBZ) Abonnenten werben (zur Einweisung im Wege schriftlicher Freundschaftswerbung geworbener Abonnements vgl. LG Hamburg AfP 1985, 152). Beim Verlagsvertreter ist zwischen dem freien und dem *fest angestellten* Vertreter zu unterscheiden. Der Letztere ist arbeitsrechtlich ein Angestellter, der bei seinem Verlag sozialversichert ist. Ihm steht kein Ausgleichsanspruch nach § 89b HGB zu.

6 2. Demgegenüber ist der *freie Verlagsvertreter* (Handelsvertreter) ein selbstständiger Gewerbetreibender, der seine Tätigkeit unter eigener Firma ausübt. Sein Entgelt ist üblicherweise die Provision, die eine Erfolgsvergütung darstellt. Provisionspflichtig sind nicht nur die vom Verlagsvertreter selbst getätigten Bestellungen, sondern auch alle – ohne seine Mitwirkung erfolgenden – Nachbestellungen eines von ihm früher geworbenen Kunden (§ 87 Abs. 1 HGB).

7 Nach der zwingenden Vorschrift des § 87a HGB behält der Handelsvertreter seinen Provisionsanspruch auch dann, wenn das von ihm herbeigeführte Geschäft auf Grund von Umständen, die der Verlag zu vertreten hat, nicht ausgeführt wird. Einem Verlag, für den der Verlagsvertreter Zeitschriften-Abonnenten geworben hat, ist es jedoch in der Regel nicht zuzumuten, gegen zahlungsunwillige Abonnenten angesichts des geringen Werts solcher einzelner Verträge gerichtlich vorzugehen. Der Ausfall geht hier zu Lasten des Handelsvertreters (vgl. BGH BB 1971, 1430).

8 Was den *Ausgleichsanspruch* betrifft, der dem freien Verlagsvertreter bei Beendigung seines Vertragsverhältnisses gemäß § 89b HGB zusteht, so wird von Seiten der Verlage zum Teil die Auffassung vertreten, dass bei der Eigenart der „Handelsware Druckschrift" die gesetzlichen Voraussetzungen des § 89b HGB hier nur in Ausnahmefällen gegeben seien. Die Frage ist umstritten (vgl. hierzu Küstner/Manteuffel Rn. 226 ff.; *Küstner* BB 1972, 1300 ff.). Jedenfalls entfällt der Ausgleichsanspruch dann, wenn der Verlagsvertreter für die Anbahnung einer neuen Geschäftsverbindung bereits ein volles Entgelt erhalten hat, wie dies beim Abonnentenwerber im Zeitungs- und Zeitschriftenwesen der Fall ist.

15. Abschnitt. Kennzeichen- und Titelrecht der Presse

Literatur:

Beier, Das Recht der Domainnamen, München 2004; *Fezer,* Markenrecht, 4. Auflage, München 2009; *Köhler/Bornkamm/Feddersen,* Gesetz gegen den unlauteren Wettbewerb, 38. Auflage, München 2020; *Lange,* Marken- und Kennzeichenrecht, 2. Auflage, München 2012; *Löffler,* Presserecht, 6. Auflage, München 2015; *Oelschlägel,* Zur markenrechtlichen Schutzmöglichkeit von Druckschriftentiteln, GRUR 1998, S. 981 ff.; *Palandt,* Bürgerliches Gesetzbuch, 80. Auflage, München 2021; *Ströbele/Hacker,* Markengesetz, 8. Auflage, Köln 2006.

70. Kapitel. Bedeutung und Funktion des Kennzeichenrechts

1. Die Werbekraft und die Einprägsamkeit geschäftlicher Bezeichnungen sind für die Presse von großer Bedeutung. Verlagsnamen wie „Brockhaus", „Reclam", „Rowohlt" und „Aufbau-Verlag" oder Buchtitel wie „Der Untergang des Abendlandes" und „Vom Winde verweht" sind weithin bekannt. Eingeführte und allgemein bekannte Zeitungs- und Zeitschriftentitel wie „Bild", „Welt", „Spiegel", „Stern" oder „Zeit" sind Kennzeichen von hoher Werbewirksamkeit und verkörpern in ihrer wirtschaftlichen Bedeutung Millionenwerte. 1

2. Das Wesen der im Rechtsleben zur Anwendung kommenden Kennzeichen ist die *Hinweisfunktion.* Kennzeichen sind Namen von unternehmerischen Leistungen (vgl. Fezer MarkenG § 1 Rn. 9). Sie dienen der Individualisierung eines bestimmten Rechtsträgers, wie dies beim *Namen* einer Person oder Personenvereinigung und bei der *Firma* eines Unternehmens der Fall ist. Sie können aber auch als Marken der Kennzeichnung von Waren dienen mit dem Hinweis auf den Geschäftsbetrieb, aus dem sie stammen („Corsa" von Opel, „Persil" von Henkel). Sinn und Zweck solcher Hinweise ist es, den Verkehr auf den guten Ruf eines Unternehmens und die Qualität seiner Erzeugnisse aufmerksam zu machen. Zugleich soll die eigene Marke die Gefahr der Verwechslung mit den Waren anderer ausschließen. So wird es der Konkurrenz erschwert, durch die schmarotzerische Anlehnung an eine angesehene Firma oder deren Erzeugnisse fremden Ruf auszubeuten. 2

3. Die *gesetzliche Regelung* des Kennzeichenrechts verteilt sich auf verschiedene Rechtsbereiche. Hierzu zählen das Namensrecht (§ 12 BGB), das Firmenrecht (§§ 17 ff., 30, 37 HGB), das Markenrecht (§§ 1, 3, 5 MarkenG), sowie ferner das Urheberrecht (§ 2 UrhG). Zum Bereich des Titelschutzes im weiteren Sinne gehört außerdem der lauterkeitsrechtliche Nachahmungsschutz (§ 4 UWG, vgl. Köhler/Bornkamm/Feddersen/*Köhler* UWG § 4 Rn. 3.9 ff.). Die ineinander greifenden Bestimmungen des Kennzeichenrechts sind für die Tätigkeit der Presse, insbesondere für den Schutz ihrer Titelrechte, von großer praktischer Bedeutung. Die rechtlichen Voraussetzungen für die Anwendung der einzelnen Bestimmungen sind jeweils verschieden. Sie werden in der Folge im Einzelnen behandelt. 3

Die geschäftlichen Kennzeichen lassen sich nach ihrer Funktion unterscheiden in *Unternehmensbezeichnungen* (Firma, Firmenschlagwort, Unternehmenskennzeichen) und *Waren-/Dienstleistungsbezeichnungen* (Marken). Von ihrem Entstehungstatbestand her lässt sich eine Einteilung vornehmen in *förmliche Rechte* (Marken, §§ 1, 3, 4 Nr. 1 MarkenG; Firma, §§ 17 ff., 30, 37 HGB), deren Entstehung auf der *Eintragung* beruht, *sachliche Rechte* wie das Namensrecht (§ 12 BGB), die nicht eingetragene Marke (§§ 1, 3, 4 Nr. 2 MarkenG) sowie die geschäftlichen Bezeichnungen (§§ 1, 5 MarkenG). Die Entstehung sachlicher Rechte beruht auf *Benutzung oder Verkehrsgeltung.* 4

Der Konkurrenzklausel des § 2 MarkenG ist zu entnehmen, dass das MarkenG keine abschließende Regelung des Kennzeichenschutzes darstellt. Es gilt der Grundsatz der Normenkonkurrenz im Kennzeichenrecht, dh die kennzeichenrechtlichen Tatbestände des MarkenG, des BGB und des UWG sind autonom parallel nebeneinander anzuwenden (vgl. Fezer MarkenG § 2 Rn. 1, 26 ff.). Entscheidend für die Anwendbarkeit der in Betracht kommenden Schutznormen ist nach umstrittener, aber wohl zutreffender Ansicht, ob die Bezeichnung im Einzelfall in

Kennzeichnungsfunktion (namensmäßig, markenmäßig etc) verwendet wurde (zum Meinungsstand vgl. Fezer MarkenG § 2 Rn. 27 ff.; zum Verhältnis des markenrechtlichen Werktitelschutzes zu anderen Schutzmöglichkeiten vgl. Löffler/*Löffler* BT Titelschutz Rn. 195 ff.). Dies ergibt sich daraus, wie die Bezeichnung im konkreten Fall gebraucht wird. Wird zB in der Kopfzeile eines Berichts, in dem eine Gewerkschaftszeitung die „Bild"-Zeitung kritisiert, deren Titelemblem verwendet, so scheiden kennzeichenrechtliche Unterlassungsansprüche aus. Denn das Emblem wurde nicht so verwendet, dass die Leser meinen könnten, sie hätten die „Bild"-Zeitung vor sich (vgl. BGH AfP 1999, 481; GRUR 1979, 564 (567) – Metall-Zeitung).

71. Kapitel. Kennzeichenrechtliche Schutzgüter

I. Der Schutz des Namens (§ 12 BGB)

1 1. Einen umfassenden Kennzeichenschutz gewährt das Namensrecht des § 12 BGB. Geschützt wird zunächst der bürgerliche Name von natürlichen Personen (einschließlich des Pseudonyms) und von Personenvereinigungen im gesamten privaten und geschäftlichen Bereich. § 12 BGB schützt daneben aber auch Namen und Firma von Einzelkaufleuten und Handelsgesellschaften (vgl. BGHZ 14, 155; Palandt/*Ellenberger* BGB § 12 Rn. 9), sowie Körperschaften (vgl. BGH AfP 2002, 433 ff. – Stadtwappen; zum Namensrecht einer Universität vgl. OLG Karlsruhe GRUR 1986, 479). Der Namensschutz erstreckt sich darüber hinaus auf Abkürzungen und Schlagworte sowie besondere Geschäftsbezeichnungen einschließlich Druckschriftentitel, sofern die genannten Zeichen („Spiegel", „Bild") eindeutig auf einen bestimmten Namensträger hinweisen (vgl. BGH NJW-RR 1988, 553 (554); BGHZ 43, 245 (252)), sowie Domains, sofern die Internet-Adresse mit dem Namen identisch oder aus ihm abgeleitet ist (vgl. BGH AfP 2014, 261 ff. – sr.de; Palandt/*Ellenberger* BGB § 12 Rn. 14). Namensfunktion erfüllt eine Bezeichnung dann, wenn sie geeignet ist, eine Person oder ein Unternehmen mit sprachlichen Mitteln unterscheidungskräftig zu bezeichnen, aussprechbar ist und auf die beteiligten Verkehrskreise „wie ein Name wirkt" (vgl. Palandt/*Ellenberger* BGB § 12 Rn. 10 f.). Im Bereich der Presse ist zB denkbar, dass dem Titel einer Lokalausgabe Namensfunktion zukommt (vgl. OLG Rostock 19.1.2011 – 2 U 10/10).

2 2. Die Schutznorm des § 12 BGB ist in der Praxis von besonderer Wichtigkeit, weil sie den privaten und den geschäftlichen Bereich umfasst, weder ein Handeln im Geschäftsverkehr noch ein Wettbewerbsverhältnis der Beteiligten voraussetzt und grundsätzlich auf den Nachweis der Verkehrsgeltung verzichtet. Letzteres gilt jedoch nur, wenn die Bezeichnung die für einen Namen erforderliche Unterscheidungskraft aufweist, an die wegen des Freihaltungsbedürfnisses strenge Anforderungen zu stellen sind (vgl. BGH NJW-RR 1989, 808; Palandt/*Ellenberger* BGB § 12 Rn. 12). Dagegen entfällt für den Betroffenen der Nachweis der Verwechslungsgefahr. Stattdessen genügt jedes rechtlich beachtliche Interesse am Namensschutz (vgl. BGHZ 43, 255; Palandt/*Ellenberger* BGB § 12 Rn. 28; zur ausnahmsweisen Unzulässigkeit der Verwendung des eigenen Namens vgl. OLG Köln AfP 1986, 350; *Pietzko* AfP 1988, 209 (212)). Doch kann sich aus der Abwägung mit Informationsfreiheit und der Pressefreiheit nach Art. 5 GG eine Einschränkung ergeben (vgl. zB OLG Frankfurt a. M. AfP 2000, 189 ff.; OLG Hamburg AfP 2000, 382 (383 ff.)).

In dem Fall „Metall-Zeitung" (→ Kap. 70 Rn. 4) konnte deshalb die „Bild"-Zeitung nicht namensrechtlich gegen die Verwendung ihres Titelemblems in einer Gewerkschaftszeitung vorgehen, da die Nennung ihres Namens und der Gebrauch des Bildzeichens mit Rücksicht auf das Grundrecht der Pressefreiheit befugterweise geschah. Denn sie förderte die Übersichtlichkeit der dargebotenen Pressebeiträge für den Leser (vgl. BGH GRUR 1979, 564 (566); OLG Frankfurt a. M. AfP 2000, 189 ff.; OLG Köln AfP 2000, 581 ff.).

II. Der Schutz der Firma (§§ 17 ff., 30, 37 HGB)

3 Der Schutz der Firma als Handelsname eines Kaufmanns oder eines kaufmännischen Unternehmens beruht im Rahmen des Handelsrechts (§§ 8, 17, 30, 37 HGB) auf förmlichem Recht, denn er

setzt die Eintragung der Firma ins Handelsregister voraus (§ 29 HGB). Der Schutz der Firma nach Handelsrecht ist räumlich auf den Ort des Registereintrags beschränkt (§ 30 Abs. 1 HGB). Die praktische Bedeutung des handelsrechtlichen Firmenschutzes ist gering, da er auch sachlich eingegrenzt ist (§§ 18 ff. HGB) und in der Rechtswirklichkeit von den Schutzmöglichkeiten der § 12 BGB, §§ 5, 15 MarkenG überlagert wird (vgl. Löffler/*Löffler* BT Titelschutz Rn. 213; zu im Verlagsgeschäft verwendeten Firmenbezeichnungen vgl. OLG Hamm AfP 1992, 265).

III. Der Schutz nach dem Markenrecht

4 Der *Marken- und Titelschutz* ist im MarkenG geregelt. Der Begriff der geschützten Marke erfasst alle Zeichen, insbesondere Wörter, die geeignet sind, Waren und Dienstleistungen eines Unternehmens von denjenigen anderer Unternehmen zu unterscheiden (§ 3 MarkenG). Für den Schutz geschäftlicher Kennzeichen gilt § 5 MarkenG. Vor Inkrafttreten des MarkenG am 1.1.1995 angemeldete oder eingetragene oder durch Benutzung im geschäftlichen Verkehr geschützte Zeitungs- und Zeitschriftentitel sind nach § 152 MarkenG automatisch als Marken im Sinne des MarkenG anzusehen.

1. Die Schutzfähigkeit von Werktiteln als Marke

5 a) Die wertvollen Titel von Druckschriften, insbesondere von Zeitungen und Zeitschriften („Spiegel", „Bunte", „Zeit" ua), können – entsprechende abstrakte Schutzfähigkeit vorausgesetzt – als Marke eingetragen werden.

Als Marken sind nach § 3 Abs. 1 MarkenG alle Zeichen schutzfähig, die zur betrieblichen Herkunftskennzeichnung geeignet sind. Darunter fallen Personennamen, Abbildungen, Buchstaben, Zahlen, Hörzeichen, dreidimensionale Gestaltungen einschließlich der Form einer Ware sowie sonstige Aufmachungen einschließlich Farben und Farbzusammenstellungen (vgl. dazu BGH AfP 2015, 241 ff.; EuGH MarkenR 2003, 227 ff.). Dabei gilt der Grundsatz der rechtlichen Gleichbehandlung von Warenmarke und Dienstleistungsmarke (vgl. Fezer MarkenG § 3 Rn. 26). Eintragungsfähig sind Marken als reine Wortzeichen, als bloße Bildzeichen, aber auch als eine Kombination von Wort- und Bildzeichen. Schutzfähig sind auch Zahlen und Buchstabenkombinationen, die nicht als Wort aussprechbar sind, wie „FAZ" oder „NJW" (vgl. BGH GRUR 2001, 344 ff.; Löffler/*Löffler* BT Titelschutz Rn. 21).

6 Unter den weiten Begriff der Marke iSd § 3 MarkenG fällt auch die Ausstattung (vgl. OLG Frankfurt a. M. AfP 1986, 144). Für die Presse ist der Schutz der Ausstattung von erheblicher Bedeutung. Dadurch erlangt die äußere Aufmachung von Druckschriften (Bucheinband, Einteilung der Druckzeilen, Aufmachung einer Titelseite) und die besondere Gestaltung des Titels selbst auch rechtlichen Schutz (vgl. BGH GRUR 1974, 661 – St. Pauli-Nachrichten).

7 b) Der Markenschutz kann durch Eintragung eines Zeichens als Marke in das vom Deutschen Patent- und Markenamt geführte Register (§ 4 Nr. 1 MarkenG, → Rn. 8), durch Benutzung des Zeichens und Erwerb einer bestimmten Verkehrsgeltung (§ 4 Nr. 2 MarkenG, → Rn. 11) und durch die so genannte notorische Bekanntheit einer Marke (§ 4 Nr. 3 MarkenG) erlangt werden. Nachfolgend soll allein auf die ersten beiden Möglichkeiten eingegangen werden. Der Schutz über das Konzept der notorisch bekannten Marke wird im Pressewesen kaum einschlägig sein. Damit sind nämlich Bezeichnungen gemeint, die im Inland nicht im geschäftlichen Verkehr genutzt werden (vgl. *Sack* GRUR 1995, 81 (90 ff.); aA *Ströbele/Hacker* MarkenG § 4 Rn. 83, 88), aber dennoch offenkundig und allbekannt sind (zB „Exxon", „Vauxhall").

8 (1) Materielle Voraussetzung für die Entstehung des Markenschutzes im Wege der Eintragung beim Deutschen Patent- und Markenamt ist die Eignung zur einwandfreien Kennzeichnung der Ware und damit die ausreichende Unterscheidungskraft. Dies ergibt sich aus der Hinweisfunktion der Marke.

9 Die Anforderungen an die Unterscheidungskraft sind als eher niedrig anzusehen, weil das absolute Schutzhindernis des § 8 Abs. 2 Nr. 1 MarkenG nur beim Fehlen „jeglicher" Unterscheidungskraft anzunehmen ist (zur Unterscheidungskraft vgl. *Fezer* MarkenG § 8 Rn. 36 ff.; BGH AfP 2000, 487). Die Druckschriftentitel müssen insofern lediglich geeignet sein, auf die Herkunft des Erzeugnisses aus einem bestimmten Verlag hinzuweisen.

Eine dem Kennzeichen von Hause aus fehlende Unterscheidungskraft („Bild", „Welt", „Zeit") kann durch die besondere bildliche oder sonstige Ausgestaltung unterscheidungskräftig werden (vgl. OLG Hamburg NJW-RR 1998, 554 – ARD-1). Dabei gibt es Kennzeichen, die so eigentümlich und individuell gestaltet sind, dass sie schon von Natur aus über die erforderliche Unterscheidungskraft verfügen. Musterbeispiele sind der Buchtitel „Der Struwwelpeter" (vgl. OLG Dresden MuW 1926, 56) sowie die Zeitschriftentitel „Quick" (vgl. BGHZ 28, 320), „Spiegel" (vgl. BGHZ 21, 85 (88)) und „hobby" (vgl. BGH GRUR 1961, 234).

10 Ein weiteres absolutes Eintragungshindernis neben der mangelnden Unterscheidungskraft, welches im Bereich der Presse von Bedeutung ist, ergibt sich aus § 8 Abs. 2 Nr. 2 MarkenG. Besteht der Titel lediglich aus beschreibenden Angaben, Gattungsbezeichnungen, Beschaffenheits- oder Ortsangaben, so kann er nicht eingetragen werden. Hintergrund dieser Regelung ist das Freihaltebedürfnis bestimmter Bezeichnungen im Verkehr (vgl. BPatG NJWE-WettbR 1998, 154 – Aviation Week & Space Technology; Löffler/*Löffler* BT Titelschutz Rn. 186; *Raßmann* GRUR 1999, 384 ff.). Bezeichnungen wie „Illustrierte Zeitung" (vgl. RG RGZ 90, 183) oder „Sonntagsblatt" (vgl. OLG Oldenburg GRUR 1987, 127; LG München I AfP 1986, 255) gelten als von vornherein nicht schutzfähig. Anderes kann aber bei zusammengesetzten Bezeichnungen gelten, auch wenn sie aus sprachüblichen oder beschreibenden Angaben bestehen (zB BGH AfP 1992, 247 ff. – Berliner Morgenpost; BGH GRUR 1963, 378 – Deutsche Zeitung; RG JW 1933, 2648 – Deutsche Funk-Illustrierte; BPatG NJW-RR 1998, 622 – Luftfahrt Woche & Weltraum Technologie; zur Hinzufügung eines Eigennamens vgl. OLG Hamburg AfP 1987, 443).

Ist der Titel ua nicht ausreichend unterscheidungskräftig oder besteht er lediglich aus beschreibenden Angaben, Gattungsbezeichnungen, Beschaffenheits- oder Ortsangaben, so kann die Marke allerdings dennoch eingetragen werden, wenn sich das Zeichen im Verkehr durchgesetzt hat (§ 8 Abs. 3 MarkenG). An die Verkehrsdurchsetzung sind strenge Anforderungen zu stellen (vgl. *Fezer* MarkenG § 8 Rn. 681 ff.; Löffler/*Löffler* BT Titelschutz Rn. 59). Es ist von einem geschätzten Mindestwert von über 50 % der beteiligten Verkehrskreise auszugehen. Bei schlicht die Beschaffenheit beschreibenden Bezeichnungen wird man eine noch höhere Durchdringung verlangen müssen (vgl. BGH GRUR 1990, 681 (683) – Schwarzer Krauser). Zu beachten ist weiterhin, dass sich die Durchsetzung in den beteiligten Verkehrskreisen auf das gesamte Bundesgebiet beziehen muss, weil durch die Eintragung sodann ein einheitlicher Schutz entsteht.

11 (2) Die Verkehrsgeltung des § 4 Nr. 2 MarkenG ist von der bereits angesprochenen Verkehrsdurchsetzung des § 8 Abs. 3 MarkenG zu unterscheiden. Während die Verkehrsdurchsetzung zur Eintragungsfähigkeit eines eigentlich davon ausgeschlossenen Zeichens führt, konstituiert die Verkehrsgeltung einen Schutz der Marke, ohne dass es einer Eintragung in die Register des Deutschen Patent- und Markenamtes bedarf. Die Tatbestände des § 8 Abs. 3 MarkenG sind bei der Auslegung des § 4 Nr. 2 MarkenG allerdings zu berücksichtigen (vgl. *Fezer* MarkenG § 8 Rn. 730).

Der Begriff der Verkehrsgeltung in § 4 Nr. 2 MarkenG setzt voraus, dass ein Zeichen von einem nicht unbeträchtlichen Teil der beteiligten Verkehrskreise als Kennzeichen für die betriebliche Herkunft einer Ware oder Dienstleistung angesehen wird. Bei einem von sich aus unterscheidungskräftigen Zeichen kann eine geringe Verkehrsgeltung ausreichen. Bei Zeichen, die nur aus Beschaffenheits- oder Herkunftsbezeichnungen bestehen („Frankfurter Rundschau", „Hamburger Abendblatt"), muss von einer höheren Verkehrsgeltung ausgegangen werden (vgl. Löffler/*Löffler* BT Titelschutz Rn. 150). Es ist aber zu beachten, dass die Anforderungen an die Verkehrsgeltung geringer sind, als an die Verkehrsdurchsetzung gemäß § 8 Nr. 3 MarkenG. Denn nicht eingetragene, aber über § 4 Nr. 2 MarkenG geschützte Marken können sich auch auf bestimmte Regionen beschränken. Dies ist für regionale Zeitungen, die allein in ihrem jeweiligen Verbreitungsgebiet einen hohen Bekanntheitsgrad haben, von praktischer Bedeutung.

12 c) Das Markenrecht verzichtet bei der Anmeldung von Marken auf das Vorhandensein eines Geschäftsbetriebs. Durch den nach dem MarkenG bestehenden Benutzungszwang wird aber eine „Verstopfung" des Markenregisters und eine missbräuchliche Blockade von Marken verhindert (vgl. zum Benutzungszwang als markenrechtliches Grundprinzip *Fezer* MarkenG Vorb. §§ 25, 26 Rn. 1).

2. Die Schutzfähigkeit von Werktiteln als geschäftliche Bezeichnung

Unternehmenskennzeichen und Werktitel können neben dem beschriebenen Markenschutz auch als geschäftliche Bezeichnung iSd § 5 Abs. 1 MarkenG geschützt sein. Während der Schutz im Pressewesen über die Gruppe der Unternehmenskennzeichen iSd § 5 Abs. 2 MarkenG nur selten einschlägig ist, ist die Gruppe von Werktiteln iSd § 5 Abs. 3 MarkenG von besonderer Bedeutung. Unter Werktitel versteht man nach der Legaldefinition des § 5 Abs. 3 MarkenG „Namen oder besondere Bezeichnungen von Druckschriften, Filmwerken, Tonwerken, Bühnenwerken oder sonstigen vergleichbaren Werken". **13**

a) Titelschutz wird neben Zeitungs-, Zeitschriften- und Buchtiteln auch Titeln von Bühnenwerken, Kino- und Fernsehfilmen (vgl. BGHZ 26, 52 (60) – Sherlock Holmes), Spielen (vgl. BGH NJW 1993, 1465 – Zappel-Fisch), Film- und Fernsehserien (vgl. BVerfG GRUR 1999, 232 ff.; BGH GRUR 1977, 543 (545) – Der 7. Sinn; BPatG GRUR 1998, 145 – Klassentreffen) und Rundfunksendungen zuerkannt (vgl. BGH AfP 1993, 650 (652) – Radio Stuttgart; BGH GRUR 1982, 431 (432) – POINT; OLG Frankfurt a. M. AfP 1991, 752 – Hessen-Report). Gleiches gilt für Unter- und Nebentitel von Presseveröffentlichungen, sowie die Titel von Druckschriftenreihen, Beilagen und Supplements (vgl. BGH NJW 1989, 391 (392 f.) – Verschenktexte I; BPatG NJW 1998, 1402; OLG Hamburg AfP 1998, 411; OLG Köln NJW-RR 1997, 803 – PC-Welt; LG Köln AfP 1990, 330; Löffler/*Löffler* BT Titelschutz Rn. 24; *Oelschlägel* GRUR 1998, 981 ff.; *Teplitzky* AfP 1997, 450 (451)) sowie Computer-Software (vgl. Löffler/*Löffler* BT Titelschutz Rn. 28), welche dem Schutz des „vergleichbaren Werkes" iSd § 5 Abs. 3 MarkenG zuzuordnen sind. Der Bezeichnung einer Kolumne, die seit vielen Jahren zu einem bestimmten Themengebiet in einer Publikation erscheint, kommt Titelschutz zu. Der Kolumnentitel wird dann zur geschäftlichen Bezeichnung der darunter erscheinenden redaktionellen Beiträge. Hinsichtlich der Verwechselungsfähigkeit eines Kolumnentitels kommt es nach dem BGH nicht auf die Verwechslungsfähigkeit des Trägerprodukts, sondern auf die Verwechslungsfähigkeit der Kolumne selbst an (vgl. BGH AfP 2012, 554 (557)). Ebenso wie Computerprogramme auf herkömmlichen stationären oder mobilen Computern beinhaltet eine auf mobilen Kommunikationsgeräten installierte App eine schutzfähige immaterielle Leistung, die als Gegenstand des Rechts- und Geschäftsverkehrs nach der Verkehrsanschauung bezeichnungsfähig ist. Internetseiten kommen grundsätzlich ebenfalls als titelschutzfähige Werke in Betracht, wenn ihr Inhalt selbst eine für die Annahme eines Werkes hinreichende geistige Leistung beinhaltet, der Verkehr in ihrem Namen ein Zeichen zur Unterscheidung von anderen Internetseiten und nicht nur eine Adressbezeichnung sieht und die Internetseite weitgehend fertiggestellt ist (vgl. BGH AfP 2016, 435 (436)). Die Annahme eines einheitlichen Werktitelrechts für Druckerzeugnisse und über das Internet zugängliche journalistische oder literarische Angebote setzt voraus, dass der Verkehr die Angebote als einheitliches Produkt mit unterschiedlichen Vertriebswegen, nicht hingegen lediglich als miteinander verwandte, aber nach Inhalt und Erscheinungsbild eigenständige Angebote ansieht (vgl. BGH AfP 2016, 532 ff.). **14**

b) Voraussetzung für die Schutzfähigkeit eines Werktitels nach § 5 Abs. 1 MarkenG ist, dass er namensmäßige Unterscheidungsfunktion besitzt: Er muss dazu geeignet und bestimmt sein, das Werk von anderen Werken zu unterscheiden (vgl. BGH NJW 1993, 852 (853) – Guldenburg; BGHZ 26, 52 (61) – Sherlock Holmes; *Teplitzky* AfP 1997, 450 (451 f.)). **15**

Die Anforderungen an den Grad der Unterscheidungskraft sind bei Werktiteln grundsätzlich anders zu bestimmen als bei eingetragenen Marken oder Unternehmenskennzeichen (Löffler/*Löffler* BT Titelschutz Rn. 38). Im Titelschutz wird der Unterscheidungskraft bereits durch geringere Anforderungen genüge getan. Auch bekannte Bezeichnungen, insbesondere Worte der Umgangssprache, können die notwendige Unterscheidungskraft besitzen, wenn sie als Titel für eine Zeitung oder Zeitschrift, ein Buch oder einen Film ungewöhnlich sind (vgl. OLG Hamburg AfP 1998, 64 – MAX; OLG Hamburg AfP 1989, 677 – Meine Masche) oder in einem übertragenen Sinne gebraucht und verstanden werden (vgl. BGHZ 21, 85 (89) – Spiegel; LG Köln AfP 1990, 330 (331)). Dies wirkt sich insbesondere im Zeitungswesen aus: Die Verkehrsauffassung billigt dort nämlich auch solchen Titeln Unterscheidungskraft zu, welche bei anderen Druckschriften zu verwehren wäre. Hier kann man Titel nennen, die aus reinen Gattungsbezeichnungen bestehen oder aus Herkunftsangaben zusammengesetzt sind oder inhaltsbezogene Aussagen enthalten (vgl. BGH NJW-RR 2010, 462 – Eifel-Zeitung; BGH GRUR 1997, 661

(662) – B. Z./Berliner Zeitung; BGH NJW-RR 1992, 1128 – Berliner Morgenpost). Diese Rechtsprechung findet auch auf Zeitschriftentitel Anwendung (vgl. BGH GRUR 1980, 247 (248) – Capital Service; OLG Köln AfP 1995, 661 – Sports Life; OLG Köln GRUR 1989, 690 – High Tech; LG Kiel AfP 1994, 330 (331) – Tango; LG Köln AfP 1990, 330 – Karriere). Auch titelmäßig verwendeten Abkürzungen, die nicht als Wort ausgesprochen werden können (zB „BZ", „JZ", „NJW"), ist die Titelschutzfähigkeit nach zutreffender Ansicht im Hinblick auf die Einheitlichkeit des Kennzeichenrechts nicht abzusprechen (vgl. BGH GRUR 2001, 344 (345); Löffler/*Löffler* BT Titelschutz Rn. 55).

16 Fehlt einem Titel die Namensfunktion oder die natürliche Unterscheidungskraft, kann diese durch die Erlangung von Verkehrsgeltung ersetzt werden (vgl. BGH GRUR 1963, 378 – Deutsche Zeitung). Dies gilt insbesondere für die Abkürzungen von Zeichen, die in der Regel erst auf Grund ihrer Durchsetzung im Verkehr eine ausreichende Unterscheidungskraft erlangen (vgl. BGH GRUR 1968, 259 – NZ für „Nürnberger Zeitung"). Bei einem gattungsbezogenen Titelbestandteil kann eine solche Verkehrsgeltung nur angenommen werden, wenn dieser eine erhebliche Bekanntheit erlangt hat (vgl. BGH AfP 1992, 247 – Morgenpost).

17 c) Schutzfähig sind grundsätzlich nur Titel, die mit einem bereits existierenden Werk verknüpft sind (vgl. Löffler/*Löffler* BT Titelschutz Rn. 62 ff.). Der Titelschutz beginnt mit der tatsächlichen Benutzung des Titels im Verkehr, sofern der Titel von Natur aus unterscheidungskräftig ist, bei fehlender Unterscheidungskraft mit der Erlangung von Verkehrsgeltung (vgl. BGH ZUM 1998, 258 ff.; GRUR 1989, 760 (761) – Titelschutzanzeige; BGHZ 21, 85 (95) – Der Spiegel; OLG Hamburg AfP 1997, 714). Bei Zeitungen und Zeitschriften genügt bereits das Erscheinen einer sog. Nullnummer, die lediglich in beschränktem Ausmaß verbreitet wird (vgl. OLG Hamburg AfP 1997, 815 ff.). Formelle Schutzvoraussetzungen sind nicht zu erfüllen.

18 Für den Beginn des Titelschutzes genügt nach hM auch die öffentliche Ankündigung eines Werkes in branchenüblicher Weise durch eine so genannte Titelschutzanzeige in einem branchenüblichen Publikationsorgan (vgl. BGH AfP 2010, 583 (586); *Heim* AfP 2004, 19 ff.; *Wirth* AfP 2002, 303 f.; vgl. die Übersicht von branchenüblichen Publikationsorganen bei Löffler/*Löffler* BT Titelschutz Rn. 80). Diese öffentliche Ankündigung eines Titels – etwa im „Titelschutzanzeiger", im „Börsenblatt des Deutschen Buchhandels", in der Fachzeitschrift „w & v" (werben und verkaufen) oder in einer anderen Fachzeitschrift der Medienbranche (vgl. OLG München NJOZ 2003, 1023 (1028); KG Berlin WRP 1992, 105; *Teplitzky* AfP 1997, 450 (452 f.)) – hat aber nur dann Rechtswirkung, wenn der Titel nach angemessener Zeit (bei Zeitschriften beispielsweise in der Regel sechs Monate, vgl. hierzu OLG Hamburg AfP 2002, 59; 1997, 815) tatsächlich in Gebrauch genommen und ständig benutzt wird sowie hinreichend bestimmt ist (vgl. BGH AfP 1989, 664 – Titelschutzanzeige; OLG Köln NJW-RR 1997, 803 (804); AfP 1991, 440; 1989, 673; zur Sittenwidrigkeit einer solchen Anmeldung, zB bei Ausnutzung von Insiderwissen vgl. OLG München AfP 1990, 47; GRUR 1989, 356; zum Schwachpunkt des Systems der Titelschutzanzeige wegen der unüberschaubaren Zahl „branchenüblicher Publikationsorgane" vgl. Löffler/*Löffler* BT Titelschutz Rn. 81). Vorbereitungshandlungen mit Außenwirkung, die auf den Beginn einer dauernden wirtschaftlichen Betätigung schließen lassen, werden als eine Inbenutzungsnahme zur Entstehung des Werktitels anerkannt (vgl. OLG Hamburg NJW-RR 1994, 1131 – Optionsschein Magazin, GRUR 1986, 555 – St. Pauli Nachrichten; *Fezer* MarkenG § 15 Rn. 315; aA *Bosten/Prinz* AfP 1991, 361 ff.). Titelschutz kann schon für eine Werkkonzeption bestehen, wenn die Planung des Werkes hinreichend konkretisiert ist. Die ernsthafte Projektion des Werkes, die etwa mit dem Abschluss von Verträgen sowie der zeitlichen Projektierung der Produktion verbunden ist, ist als eine der Entstehung des Werktitelschutzes genügende Werkexistenz anzuerkennen. Es handelt sich nicht nur um interne Vorbereitungshandlungen, sondern um externe Vorbereitungsmaßnahmen im Projektions- und Produktionsumfeld eines Unternehmens, ohne dass eine öffentliche Ankündigung im Sinne einer prioritätswahrenden Titelschutzanzeige, die den Unternehmensinteressen widersprechen kann, geboten ist (vgl. Fezer MarkenG § 15 Rn. 316). Werden gleich mehrere unterschiedliche Titel, von denen tatsächlich nur einer benutzt werden soll, in einer Titelschutzanzeige aufgenommen, entfällt die Schutzwirkung nur dann, wenn dieses Vorgehen eine unzumutbare Behinderung der Mitbewerber in der Wahl ihrer eigenen Titel zur Folge hätte (vgl. BGH GRUR 1991, 331; AfP 1989, 664; *Oelschlägel* AfP 1999, 117 ff.).

19 d) Der Titelschutz endet mit der endgültigen Aufgabe des Titels, zB mit der Einstellung der Zeitung (vgl. BGH GRUR 1959, 45 (48) – Deutsche Illustrierte; OLG Köln NJW-RR 1997, 803 (804)). Eine vorübergehende Nichtbenutzung des Titels schadet nicht, solange die Absicht und die Möglichkeit der Weiterbenutzung des Titels nachweisbar vorliegt (vgl. BGH BB 1968, 686 ff. – Textilzeitung; zur Nichtbenutzung auf Grund einer einstweiligen Verfügung vgl. BGH GRUR 1991, 331 f.).

IV. Der Schutz auf Grund des Urheberrechts (§ 2 UrhG)

20 Grundsätzlich denkbar ist ferner, dass dem Titel einer Druckschrift urheberrechtlicher Schutz als Sprachwerk iSd § 2 Abs. 1 Nr. 1 UrhG zukommt, wenn es sich bei dem Titel um eine individuelle *geistige Schöpfung* handelt (vgl. BGH GRUR 1977, 543 (544); BGHZ 26, 53 (60); Fromm/Nordemann/*A. Nordemann* UrhG § 2 Rn. 53) Diese Voraussetzung erfüllen die regelmäßig aus nur einem oder mehreren Schlagworten zusammengesetzten, kurzen Druckschriftentitel aber nur in seltenen Fällen. Je kürzer der Text ist, umso höhere Anforderungen sind an die Originalität zu stellen, um noch eine eigenschöpferische Prägung annehmen zu können, da einfache Redewendungen der Alltagssprache für den allgemeinen Gebrauch freizuhalten sind. Bejaht wurde der Urheberrechtsschutz bislang vereinzelt für originelle Buch- und Filmtitel (vgl. OLG Köln GRUR 1962, 534 (535) – Der Mensch lebt nicht vom Lohn allein; Löffler/*Löffler* BT Titelschutz Rn. 211), verneint für den Untertitel „Wenn das Haus nasse Füße hat" eines Buches (vgl. OLG Köln AfP 2016, 548 f.). Die praktische Bedeutung des urheberrechtlichen Titelschutzes ist daher gering (vgl. Löffler/*Löffler* BT Titelschutz Rn. 211; auch → Kap. 64 Rn. 3).

V. Internet-Domain-Namen

21 1. Das Kennzeichenrecht ist auch für die elektronische Presse von zentraler Bedeutung, da der Verkehr daran gewöhnt ist, dass das Internetangebot einer Zeitung oder Zeitschrift auf einer Internethomepage über eine Domain mit dem Namen des jeweiligen Titels als Second-Level-Domain (das ist der Text vor dem „dot", also zB „www.titel.com") aufgerufen werden kann. Die Registrierung einer *Domain* ist einfach und preisgünstig. Es muss lediglich ein Interprovider mit der Registrierung bei der jeweiligen Domain-Vergabestelle (für de-Domains etwa die DENIC e. G.) beauftragt werden. In der Praxis sind die allermeisten bekannten Buchstabenfolgen bereits als Domainnamen registriert und die Presse sieht sich mit Nichtberechtigten konfrontiert, deren Interessen lediglich am Weiterverkauf des registrierten und nicht als Adresse einer mit Inhalten versehenen Internetseite verwendeten Domainnamens bestehen (vgl. BGH AfP 2014, 261 (264) – sr.de).

22 2. Die Verwendung einer Domain mit dem Namen eines Presseproduktes kann eine *Kennzeichenverletzung* begründen (vgl. OLG München AfP 1998, 517; OLG Frankfurt a. M. CR 2001, 620 ff.). Insoweit gelten die allgemeinen kennzeichenrechtlichen Grundsätze der Verwechslungsgefahr. Eine Rechtsverletzung ist letztlich aber nur dann gegeben, wenn sich die Waren/Dienstleistungen bzw. Werke, für die das jeweilige Kennzeichen geschützt ist und der Gegenstand der Homepage, die über die fragliche Domain aufgerufen werden kann, ähneln oder der Verkehr Zusammenhänge vermutet (für die Annahme der Verwechslungsgefahr kommt es nicht darauf an, welche Branchennähe die fragliche Domain zu dem Titel des Presseerzeugnisses hat, wenn es sich bei dem Titel um eine bekannte geschäftliche Bezeichnung handelt, vgl. LG München I MMR 2003, 677 (678)). Einen solchen Zusammenhang dürfte der Verkehr angesichts der seit Jahren üblichen elektronischen Verbreitung von Presseangeboten im Bereich von Zeitungstiteln indes stets vermuten, was bei fehlenden prioritätsälteren Namens- oder sonstigen Kennzeichenrechten einen Anspruch auf Einwilligung in die Löschung auslöst (vgl. BGH AfP 2014, 261 ff. – sr.de).

23 Durch die Benutzung eines *Domainnamens* kann eine geschäftliche Bezeichnung erworben werden, wenn der Verkehr in der als *Domainnamen* gewählten Bezeichnung bei einem Unternehmenskennzeichen einen Herkunftshinweis und bei einem Werktitel ein Zeichen zur Unterscheidung eines Werks von einem anderen und nicht nur eine Adressbezeichnung sieht (vgl.

BGH NJW-RR 2010, 462; OLG Rostock 19.1.2011 – 2 U 10/10). Seiner Rechtsnatur nach ist der Domainname ein *Recht sui generis* und zwar ein sonstiges Recht iSd § 823 Abs. 1 BGB (Fezer Einl. G MarkenG Rn. 15, 21; aA Palandt/*Sprau* BGB § 823 Rn. 15). Ein *Domainname,* der originäre Kennzeichnungskraft aufweist, kann daher seinerseits gegenüber jüngeren Kennzeichenrechten ein eigenes Recht verleihen und bei Erlangung von Verkehrsgeltung eigenständige namensrechtliche Ansprüche auslösen (vgl. *Beier* Rn. 456). Der Inhaber einer Domain kann also vom Inhaber eines jüngeren Titels ggf. auch Unterlassung verlangen. Ein Anspruch besteht dann bei Vorliegen der allgemeinen Voraussetzungen der Verwechslungsgefahr (vgl. *Rohnke* NJW 2003, 2203 (2207 f.)).

72. Kapitel. Kennzeichenrechtliche Ansprüche

1 1. Weil die Rechte an Kennzeichen wertvolle immaterielle Vermögensbestandteile von Presseunternehmen sind, besteht ein erhebliches Interesse daran, sie bei Kennzeichenkollisionen zu schützen sowie sie gegebenenfalls auf andere übertragen zu können. Nicht übertragbar ist seiner Natur nach das am Rechtsträger haftende *Namensrecht* (vgl. BGH NJW 1993, 918 (919)). Gleiches gilt für das urheberrechtliche Werk: Nicht das Urheberrecht kann übertragen werden, sondern es können lediglich Nutzungsrechte eingeräumt werden. Die *Firma* kann nur zusammen mit dem Handelsgeschäft übertragen werden (§ 23 HGB). *Markenrechte* dürfen nach § 27 MarkenG ganz oder teilweise übertragen werden. Dabei kommt es nicht darauf an, ob der zugrunde liegende Geschäftsbetrieb mit übergehen soll oder nicht. Ferner enthält § 30 MarkenG eine Regelung zur Einräumung einer Markenlizenz. Bezüglich der *Titelschutzrechte* gilt Folgendes: Der Werktitel ist an das Werk gebunden, daher kann der Werktitel nicht ohne das Werk übertragen werden. Eine Übertragung des Titels als Kennzeichen kann nur zusammen mit der Übertragung der Rechte am Werk erfolgen. Bei einer Übertragung ohne das Werk fehlt dem Titel der Bezeichnungsgegenstand. Ein Titel, der im Zeitpunkt der Übertragung jedoch nichts bezeichnet, verliert seinen Kennzeichenschutz. Auch bei Zeitschriftentiteln bezieht sich die Unterscheidungsfunktion nur auf die Veranstaltung der Zeitschrift in ihrer konkreten inhaltlichen Konzeption als geistiges Werk. Eine Lösung dieses Zusammenhangs durch Einzelübertragung des Titels würde die Bezeichnungsfunktion bei diesen Werken zerstören (vgl. *Lange,* Marken- und Kennzeichenrecht, Rn. 2342). Eine isolierte dingliche Lizenz an einem Titel kommt wegen der Akzessorietät von Werk und Bezeichnung nicht in Betracht (vgl. *Lange,* Marken- und Kennzeichenrecht, Rn. 2345). In der Praxis kann der Titelinhaber jedoch auf die Durchsetzung seiner Rechte an seinem Titel durch einen schuldrechtlichen Gestattungsvertrag über die Benutzung des Titels verzichten, indem er gegenüber dem jetzigen Benutzer auf die Durchsetzung von Unterlassungsansprüchen verzichtet.

2 2. Bei der Kollision von Kennzeichenrechten kommen Unterlassungs-, Beseitigungs-, Auskunfts- und Schadensersatzansprüche des Berechtigten in Betracht. Stoßen zwei Kennzeichen zusammen, geht das zeitlich ältere Recht vor. Dieses *Prioritätsprinzip,* welches das gesamte Kennzeichenrecht beherrscht, erfordert eine Ermittlung des Zeitrangs kollidierender Rechte (vgl. BGHZ 24, 238; GRUR 1957, 550 – tabu II). Die für die Priorität maßgebliche Zeitberechnung setzt voraus, dass das Kennzeichen unverändert benutzt wurde. Ausschlaggebend ist in einem Rechtsstreit um ein Kennzeichenrecht allein die relativ bessere Berechtigung, so dass unerheblich ist, ob ein Dritter eine identische Bezeichnung bereits früher verwendet hat (vgl. OLG Karlsruhe AfP 1986, 246).

Der Inhaber eines älteren Kennzeichens kann nicht nur gegen jüngere identische, sondern auch gegen jüngere ähnliche Zeichen vorgehen, wenn Verwechslungsgefahr besteht. Zu diesem Rechtsbegriff existiert eine umfangreiche Rechtsprechung (vgl. BGH GRUR 2000, 504 – Facts; GRUR 2000, 70 – Szene; OLG Frankfurt a. M. NJW-RR 1997, 492).

3 Was den *räumlichen Umfang* des Rechtsschutzes betrifft, so beschränkt sich das *Firmenrecht* des HGB auf den gleichen Ort (→ Kap. 71 Rn. 3). Das Recht aus einer geschäftlichen Bezeichnung ist auf das *Tätigkeitsgebiet des jeweiligen Betriebes* beschränkt. Dabei ist dem Kennzeicheninhaber

aber ein *Ausdehnungsrecht* für sein Unternehmen zuzubilligen (vgl. OLG München AfP 1988, 242; LG München I AfP 1988, 273).

Das *Markenrecht* erstreckt sich auf das gesamte Bundesgebiet oder ins Ausland, soweit für das jeweilige Land eine Erstreckung erfolgt ist. Dasselbe gilt bei nicht ortsgebundenen Betrieben in der Regel für die geschäftliche Bezeichnung iSd § 5 MarkenG, sofern diese nicht nur auf Verkehrsgeltung beruht (zur Abwägung der Interessen regional und überregional tätiger Konkurrenten vgl. BGH GRUR 1991, 155 f. – Rialto). Ebenso wie der Schutz einer Marke besteht auch der Schutz für einen Werktitel grundsätzlich im gesamten Bundesgebiet. Wird ein Werktitel indes ausschließlich ortsgebunden verwendet, beschränkt sich auch der räumliche Schutzbereich entsprechend (vgl. OLG Hamburg AfP 1999, 492 (494)). Zu berücksichtigen ist je nach Art des Werktitels zudem eine sog. „natürliche künftige Ausdehnungstendenz" (vgl. Löffler/*Löffler* BT Titelschutz Rn. 111) Das Namens- und sonstige Kennzeichenrecht ist geschützt, soweit das berechtigte Interesse bzw. die Verkehrsgeltung reichen.

3. Der Verletzte hat den verschuldensunabhängigen Anspruch auf Unterlassung gem. § 14 **4**
Abs. 5 MarkenG und darüber hinaus den Beseitigungs- bzw. Löschungsanspruch (vgl. §§ 48 ff. MarkenG). Wer durch die Benutzung eines Kennzeichens das stärkere Kennzeichen eines befugten Kennzeicheninhabers verletzt, haftet bei Verschulden zudem auf *Schadensersatz,* wobei die Rechtsprechung jedem, der ein Kennzeichen neu benutzt, eine weitgehende Erkundigungspflicht auferlegt (vgl. BGH NJW 1960, 628; Löffler/*Löffler* BT Titelschutz Rn. 242). Die Berechnung des Schadens kann seitens des Verletzten auf dreifache Weise erfolgen: er kann den ihm konkret entstandenen Schaden zugrunde legen oder stattdessen eine angemessene Lizenzgebühr oder Herausgabe des vom Verletzer auf Grund der Verletzung erzielten Gewinns verlangen (vgl. BGH GRUR 1973, 375; zum Umfang des Auskunftsanspruchs zum Zweck der Schadensschätzung vgl. BGH AfP 1991, 405). Erfolgt durch die Titelrechtsverletzung zugleich eine Diskreditierung des Rechtsinhabers, kann eine Erhöhung des auf der Grundlage der Lizenzberechnung ermittelten Ersatzanspruchs gerechtfertigt sein (vgl. LG München I AfP 1987, 634). Der Schadensersatzanspruch umfasst bei allen drei Berechnungsarten auch den durch die widerrechtliche Nutzung entstandenen sog. Markverwirrungsschaden (vgl. Löffler/*Löffler* BT Titelschutz Rn. 250). Nach den Grundsätzen der ungerechtfertigten Bereicherung ist der Verletzer verpflichtet, dem Verletzten auch ohne Verschulden das durch die Rechtsverletzung Erlangte herauszugeben. Nach § 140 MarkenG besteht eine ausschließliche Zuständigkeit der Landgerichte für Kennzeichenstreitsachen (vgl. dazu *Fezer* NJW 1997, 2915 ff.).

16. Abschnitt. Presse und Wettbewerbsrecht. Kostenlose Presseerzeugnisse

Literatur:

Gloy/Loschelder/Erdmann, Handbuch des Wettbewerbsrechts, 5. Auflage, München 2019; *Piper/Ohly/Sosnitza,* Gesetz gegen den Unlauteren Wettbewerb, 7. Auflage, München 2016; *Gröning,* Heilmittelwerberecht, Kommentar, Loseblattsammlung 5. Lfg. 2015; *Köhler/Bornkamm/Feddersen,* Gesetz gegen den unlauteren Wettbewerb, 37. Auflage, München 2019; *Löffler,* Presserecht, 6. Auflage, München 2015; Götting/*Nordemann,* UWG 3. Auflage, Baden-Baden 2016; *Ahrens,* Der Wettbewerbsprozess, 8. Auflage, Köln 2017; *Berneke/Schüttpelz,* Die einstweilige Verfügung in Wettbewerbssachen, 4. Auflage, München 2018; *Wenzel,* Das Recht der Wort- und Bildberichterstattung, Handbuch des Äußerungsrechts, 6. Auflage, Köln 2018; *Berlit,* Wettbewerbsrecht, 10. Auflage, München 2017; *von Danwitz,* Der Gratisvertrieb anzeigenfinanzierter Tageszeitungen im Wettbewerb der Presseorgane, Baden-Baden 2002.

73. Kapitel. Bedeutung des Wettbewerbsrechts für die Presse. Allgemeines

I. Die zweifache Bedeutung für die Presse

1 Das Wettbewerbsrecht ist für die Presse in doppelter Hinsicht von besonderer Bedeutung. Als wirtschaftliche Unternehmen stehen die Presseverlage selbst in ständigem geschäftlichem *Konkurrenzkampf* mit anderen Verlagen. Außerdem aber ist die Presse in gedruckter wie digitaler Form – vor Funk und Film – der wichtigste *Werbeträger* für die gesamte Wirtschaft, die ihren Konkurrenzkampf in weitem Umfang in Presseveröffentlichungen austrägt (vgl. zur Verteilung des Werbeaufkommens das Jahrbuch des Zentralverbandes der Deutschen Werbewirtschaft (ZAW), Werbung in Deutschland 2019). Da die an der Herstellung einer Zeitung oder Zeitschrift Beteiligten für deren Inhalt einschließlich des Inseratenteils die zivil- und strafrechtliche Haftung tragen (vgl. → Kap. 42 Rn. 1 ff.; → Kap. 39 Rn. 15), ist die Presse nicht nur in eigener Sache, sondern auch in ihrer Funktion als Werbemedium der Inserenten am Wettbewerbsrecht unmittelbar interessiert.

II. Begriff und Schutzfunktion des Wettbewerbsrechts

2 Unter *Wettbewerbsrecht* versteht man die Summe der Vorschriften, die den Wettbewerb im geschäftlichen Verkehr regeln. Im Mittelpunkt steht das „Gesetz gegen den unlauteren Wettbewerb" (UWG) vom 3.7.2004, neugefasst durch Bekanntmachung vom 18.4.2019 (BGBl. I S. 466) mit Wirkung v. 26.4.2019. Um eine sprachliche Abgrenzung zum Kartellrecht, das ebenfalls als Recht des Wettbewerbs/Wettbewerbsrecht bezeichnet wird, zu erreichen, wird der hier behandelte Bereich auch als Lauterkeitsrecht bezeichnet. Weitere wichtige wettbewerbsrechtliche Vorschriften finden sich in anderen Gesetzen wie zB im Kartellgesetz („Gesetz gegen Wettbewerbsbeschränkungen"), aber auch im BGB, HGB, MarkenG und im Urheberrechtsgesetz. Die in den Landespressegesetzen enthaltenen Vorschriften über die Gleichbehandlung der Presseverlage bei der Belieferung mit amtlichen Bekanntmachungen (§ 4 Abs. 4 LPG; vgl. → Kap. 21 Rn. 3) und die Pflicht zur Kennzeichnung entgeltlicher Veröffentlichungen als „Anzeigen" (§ 10 LPG; vgl. → Kap. 14 Rn. 1 ff.) sind Marktverhaltensregeln und haben damit ebenfalls wettbewerbsrechtlichen Charakter. Mit der presserechtlichen Impressumspflicht wird hingegen lediglich die Sicherung zivilrechtlicher Ansprüche und die strafrechtliche Verfolgung von Pressedelikten gesichert, nicht aber das Verhalten der Marktteilnehmer untereinander, so dass eine Verletzung nicht ohne weiteres wettbewerbswidrig ist (vgl. BGH NJW 1990, 1991).

3 Dem Wettbewerbsrecht kommt eine dreifache *Schutzfunktion* zu. Ursprünglich diente es dem Schutz der *Gewerbetreibenden* gegen unlautere Wettbewerbsmethoden der Konkurrenz. Daneben trat immer stärker das *Interesse der Allgemeinheit* an einem unverfälschten Wettbewerb. Zudem

bezwecken heute die Wettbewerbsbestimmungen vor allem auch den Schutz der *Verbraucher*. Der Gesetzgeber hatte diese (erweiterte) Funktion des Wettbewerbsrechts ua durch die Zuerkennung der Klagebefugnis an die Verbraucherverbände (mittlerweile geregelt in § 8 Abs. 3 UWG) zum Ausdruck gebracht. Allerdings ist das UWG nicht als Schutzgesetz iSd § 823 Abs. 2 BGB anerkannt und gewährt dem Verbraucher keine individuellen Schadensersatz- oder Vertragsauflösungsansprüche (vgl. Ohly/Sosnitza/*Sosnitza* UWG § 1 Rn. 11). Dies wird sich zukünftig aufgrund europäischer Vorgaben möglicherweise ändern. Die 2019 im Rahmen des sogenannten „New Deals for Consumer" (Vorschlag der Kommission zu einer „Neugestaltung der Rahmenbedingungen für die Verbraucher" v. 11.4.2018 (COM(2018) 183 final)) von der europäischen Union novellierte Richtlinie über unlautere Geschäftsbedingungen (2005/29/EG) sieht die Einführung von individuellen Rechtsansprüchen von Verbrauchern bei Schäden durch unlautere Geschäftspraktiken vor (vgl. Köhler/Bornkamm/Feddersen/*Köhler* Einleitung Rn. 3.70c; *Dröge* WRP 2019, 160. Ob diese Rechtsbehelfe im UWG oder im deutschen Recht systemisch passender im BGB verankert werden, bleibt der nationalen Umsetzung überlassen. Der nationale Umsetzungsprozess wird in Deutschland voraussichtlich im Laufe des Jahres 2020 beginnen.

Bereits mit der ersten Novellierung des UWG 2008 zur Umsetzung der Richtlinie über unlautere Geschäftsbedingungen (2005/29/EG) ist der wirtschaftliche Verbraucherschutz noch einmal verstärkt worden. Das UWG enthält seitdem mit § 3 Abs. 2 und 3 UWG Regelungen, die nur im Verhältnis Unternehmer – Verbraucher (B2C) gelten.

§ 1 UWG stellt die Schutzzwecktrias bestehend aus Mitbewerber, Marktgegenseite (Verbraucher wie alle andere Marktteilnehmer) sowie den freien Wettbewerb dem Gesetz – einer Präambel gleich – voran. Die Regelung des § 1 UWG gibt dem Richter einen verlässlichen und bindenden Maßstab für die Auslegung und Fortbildung des UWG (vgl. Köhler/Bornkamm/Feddersen/*Köhler* UWG § 1 Rn. 6).

Bereits mit der Novelle 2004 hat der Begriff *Unlauterkeit* in § 1 UWG den früher verwandten Begriff der guten Sitten abgelöst. Ein Grund hierfür war laut Gesetzesbegründung, dass „der Maßstab der guten Sitten antiquiert wirke, weil er den Wettbewerber unnötig mit dem Makel der Unsittlichkeit belaste" (Amtl. Begr., BT-Drs. 15/1487, 13). Durch die Verwendung des Begriffs der Unlauterkeit werde zudem die Kompatibilität mit dem Gemeinschaftsrecht verbessert, welches den Begriff in vielen Vorschriften verwendet (aA *Sack* BB 2003, 1073).

III. Die geschäftliche Handlung

Mit der Umsetzung der UGP-Richtlinie (2005/29/EG) hat das UWG auch eine Erweiterung 4
des gegenständlichen Anwendungsbereichs erfahren. Über das Verhalten im Wettbewerb hinaus ist nun alles unternehmerische Verhalten gegenüber Verbrauchern und Marktteilnehmern vor, während und nach einem Vertragsschluss erfasst. Dementsprechend musste der Zentralbegriff des alten UWG, die Wettbewerbshandlung, in den weitergehenden Begriff der geschäftliche Handlung umgeändert werden (vgl. Köhler/Bornkamm/Feddersen/*Köhler* UWG § 2 Rn. 6).

Der Begriff der geschäftlichen Handlung ist nunmehr der zentrale Begriff des UWG. Er dient dazu, den Anwendungsbereich des Wettbewerbsrechts gegenüber dem allgemeinen Deliktsrecht (§§ 823 ff. BGB) abzugrenzen (vgl. Köhler/Bornkamm/Feddersen/*Köhler* UWG § 2 Rn. 3). Die Anwendung des Wettbewerbsrechts setzt daher voraus, dass eine *geschäftliche Handlung* vorliegt. Dementsprechend ist bei der Beurteilung der Frage, ob ein Verhalten lauter oder unlauter ist, vorab die Frage zu klären, ob überhaupt eine marktbezogene geschäftliche Tätigkeit gegeben ist. Die geschäftliche Handlung wird in § 2 Abs. 1 Nr. 1 UWG gesetzlich definiert:

Geschäftliche Handlung bedeutet „jedes Verhalten einer Person zugunsten des eigenen oder eines fremden Unternehmens vor, bei oder nach einem Geschäftsabschluss, das mit der Förderung des Absatzes oder des Bezugs von Waren oder Dienstleistungen oder mit dem Abschluss oder der Durchführung eines Vertrags über Waren oder Dienstleistungen objektiv zusammenhängt; als Waren gelten auch Grundstücke, als Dienstleistungen auch Rechte und Verpflichtungen."

Der Begriff umfasst nicht nur die eigene Absatzförderung, sondern auch das Verhalten (positives Tun wie Unterlassen) von Personen, die den Wettbewerb eines fremden Unternehmens objektiv fördern sowie Handlungen im Nachfragewettbewerb. Eine subjektive Wettbewerbsförderungsabsicht ist im Gegensatz zur Regelung des UWG 2004 nicht mehr notwendig, ausreichend ist der objektive Zusammenhang des Verhaltens mit der Förderung des Absatzes oder des Bezuges von Waren oder Dienstleistungen (vgl.Ohly/Sosnitza/*Sosnitza* UWG § 2 Rn. 5).

5 1. Erfasst wird jede Tätigkeit, die einem eigenen oder fremden Geschäftszweck dient (vgl. OLG Stuttgart WRP 1996, 945 (948)). Den Gegensatz dazu bilden rein amtliche, betriebsinterne oder rein private Tätigkeiten (vgl. BGHZ 19, 299). So stellt die Auflagenmeldung eines Zeitschriftenverlages an die IVW eine geschäftliche Handlung dar (vgl. LG Hamburg GRUR-RR 2009, 355) während Rundschreiben einer berufsständischen Kammer über aktuelle Gerichtsurteile keine geschäftliche Handlung darstellen, weil sie nicht in den Wettbewerb eingreifen (vgl. OLG Brandenburg GRUR 2008, 356).

Der Begriff der geschäftlichen Handlung ist zwar weit auszulegen und umfasst zB auch ärztliche, künstlerische und wissenschaftliche Tätigkeiten sowie die Verwertung urheberrechtlicher Befugnisse (vgl. BGHZ 26, 58). Bei Presseveröffentlichungen ist eine wirtschaftliche Tätigkeit aber nur zu bejahen, wenn die wettbewerbsfördernde Wirkung nicht nur Nebenfolge ist (vgl. Piper/Ohly/*Sosnitza* UWG § 2 Rn. 36). Nicht jedoch, wenn ein redaktioneller Beitrag der reinen Information und Meinungsbildung der Leser dient (vgl. Amtl. Begr. zum UWG 2008. BT-Drs. 16/10145, 21, vgl. auch BGH GRUR 2006, 875). Leserbriefzuschriften können als Handlung im Geschäftsverkehr einzuordnen sein (vgl. OLG Koblenz GRUR 1989, 121; KG Berlin AfP 2010, 480). Auch ein Eintrag auf Wikipedia kann eine geschäftliche Handlung darstellen, wenn sie objektiv geeignet ist, eigene oder fremde Geschäfte zu fördern (OLG München MMR 2012, 234. Ebenso muss bei Äußerungen von Wissenschaftlern, Meinungsforschern, Publizisten und Politikern im Rahmen eines Zeitungsinterviews oder einer auf den Inhalt des Interviews im Einzelfall abgestellt werden (vgl. OLG Düsseldorf NJW-RR 1999, 770). Das Anzeigengeschäft der Presse ist grundsätzlich eine typische geschäftliche Handlung mit Fremdförderungscharakter (vgl. Köhler/Bornkamm/Feddersen/*Köhler* UWG § 2 Rn. 68). Die Anonymität der Befragten gewährleistende Werbereichweite- und Marktforschung hat keinen objektiven Zusammenhang zum Warenabsatz, so dass keine geschäftliche Handlung vorliegt (vgl. Amtl. Begr. BT-Drs. 16/10145, 21; umfassend *Schweitzer* ZUM 2010, 400).

Die öffentliche Hand kann sich auf der einen Seite bei einer Tätigkeit am Markt nicht durch die Wahl der Rechtsform dem Anwendungsbereich des UWG entziehen (vgl. BGH GRUR 2003, 77; GRUR 2009, 606; wobei in beiden Fällen im Ergebnis keine unlauteres Verhalten der Gemeinde erkannt wird). Auf der anderen Seite ist das Lauterkeitsrecht nicht auf rein hoheitliches Handeln anwendbar (vgl. BGH NJW 2006, 1804). Die Herausgabe eines kommunalen Amtsblatts in der Aufmachung eines kostenlosen Presseproduktes ist eine geschäftliche Handlung im Sinne des UWG und wegen des grundrechtlich verankerten Grundsatz der Staatsferne der Presse unzulässig (vgl. BGH GRUR 2019, 189). Auch gesetzliche Krankenkassen unterfallen dem persönlichen Anwendungsbereich der UGP-Richtlinie und damit dem UWG (vgl. EuGH NJW 2014, 288). Ausführlich zur Abgrenzung der hoheitliche Tätigkeit und der geschäftliche Handlung nach UWG: *Guillard,* Die Tätigkeiten der öffentlichen Hand als geschäftliche Handlung im UWG, GRUR 2018, 791.

6 2. Damit ein Verhalten objektive Auswirkungen auf den Absatz oder die Nachfrage von Produkten oder Dienstleistungen haben kann, muss eine Wechselbeziehung zwischen den Vorteilen, die der Handelnde für seine eigene oder für fremde wirtschaftliche Betätigung anstrebt, und den Nachteilen für einen anderen Gewerbetreibenden bestehen (vgl. BGH GRUR 1997, 907; KG Berlin NJW 1995, 1099; Köhler/Bornkamm/Feddersen/*Köhler* Einl. UWG Rn. 1.9). Wesentlich ist dabei die Gleichheit des Kundenkreises. So besteht zwischen Anzeigenblättern mit redaktionellem Teil und Tageszeitungen im Blick auf Leser und Inserenten ein Wettbewerbsverhältnis (vgl. BGH NJW 1956, 588; 1985, 1624). Dasselbe gilt für Presse und Rundfunk als Werbeträger (vgl. OLG München NJW 1958, 1298). Eine Tageszeitung und eine Werbeagentur stehen auf dem Anzeigenmarkt im Wettbewerb (vgl. OLG Frankfurt a. M. AfP 1986, 58 f.; OLG Hamm GRUR 1979, 168). Zwischen einem Zeitungs- und einem Buchverlag besteht allerdings auch dann kein Wettbewerbsverhältnis, wenn sich die Zeitung in einem kritischen Artikel mit einer Veröffentlichung des Buchverlags befasst (vgl. OLG München NJW-RR 1996, 811). Eine Publikumszeitschrift steht in keinem Wettbewerbsverhältnis zu einem Rechtsanwalt, selbst wenn

darin Rechtsfragen erörtert werden. Dies kann aber der Fall sein, wenn in Medien individuelle Rechtfragen beantwortet werden (vgl. BVerfG NJW 2004, 1855 (1857); 2002, 2880; für Fernsehsendung mit Anrufmöglichkeit vgl. Wenzel/*von Strobl-Albeg* Rn. 5.303; vgl. auch → Kap. 74 Rn. 14).

Geschäftliche Handlungen sind aber auch dort möglich, wo die Presse nicht in Konkurrenz zu anderen Medien oder Werbeträgern steht, sondern durch ihre Veröffentlichungen auf den zwischen anderen Gewerbetreibenden bestehenden Wettbewerb *in fremdem Interesse* einwirkt, zB durch redaktionelle Beiträge, die über eine bloße Information und Meinungsbildung der Leser hinausgehend, in einer Weise über gewerbliche Leistungen Dritter berichten, die objektiv deren Absatzförderung dient (vgl. BGH NJW 1956, 339; 1998, 1144; GRUR 1997, 912; 1997, 914; speziell zur lauterkeitsrechtlichen Haftung der Presse für Rankings vgl. *Lettl* GRUR 2007, 936, kritisch zur Bezeichnung einer redaktionellen Verbraucherbefragung als „Test" *Nieschalk* NJ 2018, 269). **7**

Auch Blogeinträge und Veröffentlichungen in sozialen Medien wie Instagram, Pinterest, Twitter und weitere, stellen geschäftliche Handlungen dar, wenn sie objektiv den Absatz eines eigenen oder fremden Unternehmens fördern (vgl. KG Berlin MMR 2019, 175; LG Karlsruhe GRUR-RR 2019, 328). Ob ein Entgelt für den Einsatz des Influencers geleistet wurde, ist für die Einordnung als geschäftliche Handlung unerheblich. Von einer Entgeltleistung hängt allerdings ab, wie der Influencer seinen Beitrag kennzeichnen muss (vgl. hierzu Kap. 78). **7a**

Die Bereitstellung von Software, die als Add-On für Webbrowser Werbung auf Internetseiten unterdrückt, so dass der Besucher der Seite keine Werbung angezeigt bekommt (sogenannte „Werbeblocker" oder „Adblocker"), stellt eine geschäftliche Handlung jedenfalls dann dar, wenn zumindest eine Version Software entgeltlich vertrieben wird (vgl. BGH GRUR 2018, 1251). Auch wenn keine kostenpflichtige Version der Software angeboten wird, sondern beispielsweise über die erhobenen Nutzerdaten „über Eck" finanziert wird (*Alexander* NJW 2018, 3620 (3621)) liegt eine geschäftliche Handlung vor. Für das Bestehen eines Wettbewerbsverhältnisses reicht es aus Sicht des BGH, dass sich sowohl die Anbieter der Werbeblocker-Software wie auch die Anbieter von werbefinanzierten redaktionellen Inhalten an dieselben Endverbraucherkreise wenden (vgl. BGH NJW 2018, 3640 Rn. 18, dies hält *Köhler* GRUR 2019, 123, für zu weit gehend; siehe hierzu Kap. 47 Rn. 39 ff.). **7b**

3. Die früher tatbestandlich erforderliche Absicht der Wettbewerbsförderung ist mit der Umsetzung der UGP-Richtline (2005/29/EG) in das UWG (Novelle 2008) als Voraussetzung für eine geschäftliche Handlung im Sinne des Gesetzes entfallen. Ausreichend ist nunmehr, dass ein Verhalten objektiv geeignet ist, eigenen oder fremden Wettbewerb zu fördern. Die bloße Absicht reicht also nicht aus, wenn es sich nur um eine Wunschvorstellung handelt, gleichzeitig ist der Wille zur Wettbewerbsförderung keine Voraussetzung mehr. Das Verhalten muss objektiv geeignet sein, Absatz oder Bezug des eigenen oder fremden Unternehmens zu fördern. Ob das Verhalten im Ergebnis von Erfolg gekrönt ist, ist für das Vorliegen einer geschäftlichen Handlung unerheblich (vgl. Köhler/Bornkamm/Feddersen/*Köhler* UWG § 2 Rn. 37). **8**

Presseberichterstattung genießt umfassenden Schutz des deutschen (Art. 5 GG) wie europäischen Verfassungsrechts (Art. 6 EUV iVm Art. 11 Abs. 2 der Charta der Grundrechte der Europäischen Union). Das Recht zur freien Meinungsäußerung ist deshalb auch bei der Anwendung des Lauterkeitsrechts zu beachten (vgl. BVerfG NJW 2002, 1187). Im früheren UWG, das noch auf das Erfordernis der Wettbewerbsabsicht (vgl. Vorauflage → Kap. 73 Rn. 8) abstellte, wurde deshalb bei Presseberichterstattung ein Handeln mit Wettbewerbsabsicht nicht vermutet. Sie musste vielmehr im Einzelfall unter Berücksichtigung aller relevanten Umstände beurteilt werden (vgl. BGH NJW 1997, 1304 (1305); GRUR 1986, 898; NJW 2002, 2882). Ergab die wertende Gesamtbetrachtung, dass die Wahrnehmung der Meinungs- und Pressefreiheit im Vordergrund stand, so war die Wettbewerbsabsicht auch dann nicht anzunehmen, wenn – wie bei Wirtschaftsberichten meistens der Fall – nebenbei wettbewerbliche Motive vorhanden waren (vgl. BGH NJW-RR 1998, 831 (832); AfP 1997, 800; NJW 2004, 2158; 2001, 603). Die Absicht, eigenen oder fremden Wettbewerb zu fördern, musste also eine größere als nur notwendig begleitende Rolle gespielt haben (vgl. BGH NJW 2002, 2882). Dabei war zu beachten, dass gerade eine polemische Auseinandersetzung mit dem Gegenstand der Berichterstattung, auch wenn sie mit unsachlicher Schärfe **9** geführt wurde, keine Wettbewerbsabsicht indizierte (vgl. OLG Düsseldorf NJW-RR 1999, 770 (773); OLG Köln GRUR 1999, 93 (Leitsatz); NJW-RR 1997, 786 (787); LG Köln AfP 1997, 831. Auch wenn die subjektive Komponente als Tatbestandsmerkmal der geschäftlichen Handlung weggefallen ist, kann die geschilderte Differenzierung zwischen Unterrichtung und Meinungsbildung der Leser auf der einen Seite und gezieltem Eingriff in den Wettbewerb auf der anderen Seite auch für die Identifizierung, ob eine Presseäußerung geeignet ist, objektiv den Absatz oder die Nachfrage eines eigenen oder fremden Unternehmens zu fördern, herangezogen werden. Es ist davon auszugehen, dass unter Berücksichtigung der konstituierenden Rolle von Art. 5 GG für das demokratische Gemeinwesen, die geschilderte Differenzierung auch für das jetzige UWG gilt. Unterrichtung und Meinungsbildung über gewerbliche Verhältnisse gehört zur Erfüllung der öffentlichen Aufgabe der Presse (vgl. hierzu → Kap. 3 Rn. 19 ff.). Derartige Berichte sind stets objektiv geeignet, den Wettbewerb zu beeinflussen. Da sie jedoch zugleich einen durch Art. 5 GG geschützten Beitrag zur Meinungsbildung darstellen, ist bei der Annahme, es liege eine geschäftliche Handlung vor, Zurückhaltung geboten (vgl. Ohly/Sosnitza/*Sosnitza* UWG § 2 Rn. 40; Köhler/Bornkamm/Feddersen/*Köhler* UWG § 2 Rn. 67; sowie zum alten UWG BGH NJW 1990, 3199; OLG Hamm AfP 1992, 379). Ein abwertender Testbericht in einem Restaurantführer mag zwar objektiv geeignet sein, den Wettbewerb der Konkurrenten zum Nachteil der Betroffenen zu fördern. Kritische Äußerungen sind einer redaktionellen Berichterstattung aber immanent. Ein faktisches Verbot kritischer Berichterstattung im wirtschaftlichen Bereich wäre ein nicht zu rechtfertigender Eingriff in die verfassungsrechtlich geschützte Pressefreiheit. Allein die Kritik an einem Unternehmen, seinen Produkten oder Dienstleitungen in einer redaktionellen Äußerung führt deshalb noch nicht zur Einordnung als geschäftliche Handlung (vgl. Ohly/Sosnitza/*Sosnitza* UWG § 2 Rn. 40). Hierzu müssen weitere Faktoren hinzukommen, die objektiv geeignet sind, den Absatz oder die Nachfrage eines Unternehmens zu fördern (vgl. BGH GRUR 2016, 710; OLG Frankfurt a. M. GRUR-RR 2016, 14).

Ein Indiz hierfür kann es sein, wenn der Verfasser oder das hinter ihm stehende Medienunternehmen ein überwiegendes eigenes wirtschaftliches Interesse an einer Beeinflussung des Wettbewerbs hat, sei es wegen eigener wirtschaftliche Aktivitäten (vgl. BGH GRUR 1986, 812) oder aufgrund der Zahlung eines Entgeltes für den redaktionellen Beitrag (vgl. Köhler/Bornkamm/Feddersen/*Köhler* UWG § 2 Rn. 67). Letzteres führt freilich direkt zur Unlauterkeit nach § 3 Abs. 3 UWG in Verbindung mit Nr. 11 der schwarzen Liste bzw. zu einem Verstoß gegen das Verbot der Schleichwerbung (vgl. → Kap. 8 Rn ff.).

10 4. Auch bei Veröffentlichungen, die sich gegen den Konkurrenten eines Presseorgans richten, muss bei der Anwendung des Lauterkeitsrechts das Meinungsäußerungsrecht im Kampf um die Meinungen beachtet werde. Die Rechtsprechung hat in Urteilen zum alten UWG eine Zulässigkeit kritischer redaktioneller Äußerungen gegen Konkurrenten aus anderen Medienhäusern bejaht, solange kommerzielle Interessen nicht derart in den Vordergrund traten, dass die Äußerung ihren objektiven Charakter als Beitrag zu einer die Öffentlichkeit interessierenden Frage verlor (vgl. LG München I AfP 1997, 828). Hingegen waren pauschale Abwertungen des Gegners kein Beitrag zum Meinungskampf, sondern typisch für die Absicht, die Vorzüge der eigenen publizistischen Leistung herauszustellen (vgl. BGH AfP 1982, 107; OLG Frankfurt a. M. AfP 1992, 297; OLG Hamm AfP 1991, 530; OLG Köln WRP 1986, 169). Dagegen handelte ein Presseorgan nicht ohne weiteres zu Wettbewerbszwecken, wenn es einen Leserbrief veröffentlicht, der nur beiläufig zu Lasten eines Konkurrenten lobt oder diesen in seiner Geschäftsehre angreift (vgl. LG Hannover AfP 1988, 165). Nach der Rechtsprechung zum UWG aF fehlte es schließlich an der Wettbewerbsabsicht, wenn ein Verlag aus politischen Gründen die Händler aufforderte, den Vertrieb eines bestimmten Presseerzeugnisses einzustellen (vgl. BGH NJW 1964, 29) oder wenn er sich mit einem anderen Verleger auf gesellschaftlich-politischem Gebiet auseinandersetzte (vgl. BGH NJW 1965, 1476). Diese Abwägungen zwischen grundrechtlich geschützter Äußerungsfreiheit und Lauterkeitsrecht sind durch den Wegfall des Kriteriums der Wettbewerbsförderungsabsicht nicht obsolet geworden, sie sind im Gegenteil weiterhin geboten, um eine verfassungsrechtlich angemessene Einordnung von redaktionellen Äußerungen vorzunehmen. Eine abweichende Rechtsprechung zum jetzigen UWG ist diesbezüglich nicht zu erwarten und bislang auch nicht eingetreten.

5. *Gegenstand* des Wettbewerbs sind Waren und gewerbliche Leistungen. Einmalige künstlerische oder geistige Leistungen (Gemälde, Buchmanuskripte) sind keine *Ware,* wohl aber die Vervielfältigungen solcher Werke. Deshalb umfasst der Begriff „Ware" im Sinne des Wettbewerbsrechts *Druckschriften* aller Art, insbesondere Zeitungen und Zeitschriften. Zu den gewerblichen Leistungen, die Gegenstand des Wettbewerbs sein können, gehört die Tätigkeit der Presse (Herstellung und Vertrieb von Druckwerken). 11

6. Die UWG-Novelle von 2008 hat den Anwendungsbereich des Gesetzes von Handlungen vor Vertragsschluss auf alle geschäftlichen Handlungen eines Unternehmens vor, während und nach Vertragsschluss erweitert.

74. Kapitel. Grundsatz der Freiheit des Wettbewerbs. Generalklauseln und Werbeverbote

I. Das Prinzip der Wettbewerbsfreiheit im UWG

Liegt eine geschäftliche Handlung im Rechtssinn vor (vgl. → Kap. 73 Rn. 4 ff.), so erhebt sich im Wettbewerbsstreit die Kernfrage, ob sie als rechtmäßig (erlaubt) oder rechtswidrig (unerlaubt) anzusehen ist. Grundsätzlich geht unsere Rechtsordnung von der Freiheit des Wettbewerbs in der Überzeugung aus, dass sie für ein gesundes Wirtschaftsleben förderlich ist. Erfolgt der Konkurrenzkampf mit fairen Mitteln, so ist es ohne weiteres zulässig, zu Lasten des Mitbewerbers in dessen Kundenkreis einzubrechen (vgl. BGH GRUR 1952, 584). 1

Die Schwelle für die Unlauterkeit einer geschäftlichen Handlung legen die beiden Generalklauseln des § 3 Abs. 1 und 2 UWG sowie die Spezialtatbestände der §§ 3a–7 UWG fest. Seit der Implementierung der europarechtlichen Vorgaben ist die alte Generalklausel in drei zueinander in einem Stufenverhältnis stehende Unlauterkeitstatbestände aufgefächert worden. Entsprechend der Verlagerung hin zum Verbraucherschutz, die mit der Umsetzung der Richtlinie über unlautere Geschäftspraktiken (2005/29/EG, UGP-Richtlinie) einhergegangen ist, legen die Absätze 3 und 2 des § 3 UWG fest, wann geschäftliche Handlungen gegenüber Verbrauchern unlauter sind. Im Anhang zu § 3 Abs. 3 UWG ist eine Liste von geschäftlichen Handlungen aufgeführt, die gegenüber Verbrauchern ohne Wertungsmöglichkeit unlauter sind. Erst der als Auffangklausel zu prüfende Absatz 1 gilt auch im Verhältnis zu anderen Marktteilnehmern und Mitbewerbern. Da der Verbraucher als besonders schutzbedürftig betrachtet wird, gelten ihm gegenüber deutlich strengere Verhaltenspflichten. Es bietet sich deshalb an, nach der Prüfung, ob eine geschäftliche Handlung vorliegt, als nächstes zu prüfen, ob sie gegenüber Verbrauchern erfolgt ist. Verbraucher ist nach § 13 BGB, auf den § 2 Abs. 2 UWG verweist „jede natürliche Person, die ein Rechtsgeschäft zu einem Zweck abschließt, der weder ihrer gewerblichen noch ihrer selbstständigen beruflichen Tätigkeit zugerechnet werden kann".

II. Unerlaubter Wettbewerb

1. Nicht zulässiger Wettbewerb liegt vor, wenn folgende Tatbestände gegeben sind:

a) Voraussetzung ist zunächst, dass eine in § 2 Nr. 1 UWG definierte *geschäftliche Handlung* vorliegt. Dieses Tatbestandsmerkmal grenzt das Wettbewerbsrecht vom allgemeinen Deliktsrecht ab (vgl. → Kap. 73 Rn. 4 ff.). Liegt keine geschäftliche Handlung vor, stellt sich die Frage nach der Unlauterkeit des Verhaltens im Sinne der Unlauterkeitsgeneralklauseln des § 3 Abs. 1 und 2 UWG, der Unlauterkeitstatbestände der § 3 Abs. 3 in Verbindung mit der schwarzen Liste sowie der §§ 3a–7 UWG nicht weiter. Gegenstand des UWG als Wettbewerbsgesetz ist nicht das allgemeine Handeln eines Unternehmers im geschäftlichen Verkehr, sondern nur das Verhalten, das objektiv mit der Absatzförderung oder dem Nachfragewettbewerb zusammenhängt, vor, bei und nach einem Geschäftsabschluss (vgl. Ohly/Sosnitza/*Sosnitza* UWG § 2 Rn. 10). Beispiele für unlauteres nachvertragliches Verhalten gegenüber Verbrauchern zeigen zum Beispiel Nr. 8 (fremdsprachiger Kundendienst) und Nr. 27 (Behinderung der Geltendmachung versicherungsvertraglicher Ansprüche) der schwarzen Liste. 2

3 Die Lauterkeit des Wettbewerbs wird nicht um ihrer selbst willen geschützt, sondern nur insoweit geschützte Interesse der anderen Marktteilnehmer oder des Wettbewerbes als solches geschädigt werden. Die geschäftliche Handlung muss einen gewissen Marktbezug aufweisen (Köhler/Bornkamm/Feddersen/*Köhler* UWG § 2 Rn. 35).

4 Mit der UWG-Reform 2015, die eine verbesserte und wortlautgenauere Umsetzung der UGP-Richtlinie zum Ziel hatte, wurde eine neue Struktur eingeführt, die sowohl Änderungen in der Nummerierung der Unlauterkeitstatbestände wie auch im Wortlaut der einzelnen Bestimmungen betrifft (umfassend zur UWG-Reform 2015: *Köhler* NJW 2016, 593). Die bisherige Generalklausel des § 3 UWG enthält nun im ersten Absatz eine Generalklausel als Auffangtatbestand: „Unlautere geschäftliche Handlungen sind unzulässig.". Für geschäftliche Handlungen gegenüber Verbrauchern, die von der UGP-Richtlinie erfasst sind, handelt es sich hierbei um eine reine Rechtsfolgenregelung, Diese geschäftlichen Handlungen gegenüber Verbrauchern sind allein an den verbraucherschützenden Tatbeständen der §§ 3 Abs. 2 und 3, 4a, 5, und 5a UWG zu messen. Soweit allerdings Handlungen nicht von diesen Unlauterkeitstatbeständen erfasst sind, kann die Generalklausel des § 3 Abs. 1 UWG weiterhin herangezogen werden, beispielsweise bei geschäftlichen Handlungen, die die Menschenwürde verletzen oder bei Handlungen der öffentlichen Hand (vgl. *Köhler* NJW 2016, 593; Ohly/Sosnitza/*Sosnitza* UWG § 3 Rn. 45 f.). Für geschäftliche Handlungen gegenüber Mitbewerbern und sonstigen Marktteilnehmern, die keine Verbraucher sind, fungiert die Generalklausel des § 3 Abs. 1 UWG als Auffangtatbestand (vgl. Ohly/Sosnitza/*Sosnitza* UWG § 3 Rn. 47). Die wesentlichen Unlauterkeitstatbestände für Handlungen gegenüber Mitbewerbern sind in § 4 UWG aufgeführt.

5 Insgesamt hat die Generalklausel des § 3 Abs. 1 UWG an Bedeutung verloren, die konkreten Unlauterkeitstatbestände der §§ 3a–6 UWG regeln die Unlauterkeit abschließend. Insbesondere ist das Kriterium der „Spürbarkeit" nicht mehr in § 3 Abs. 1 UWG enthalten, sondern in den jeweiligen Unlauterkeitstatbeständen festgeschrieben (zu den einzelnen Unlauterkeitstatbeständen und ihren Voraussetzungen Kap. 75 ff.).

6 Eine an Verbraucher gerichtete geschäftliche Handlung ist entsprechend der Verbrauchergeneralklausel nach § 3 Abs. 2 UWG unlauter, wenn sie nicht der unternehmerischen Sorgfalt entspricht. Der Begriff der unternehmerischen Sorgfalt ist in § 2 Abs. 1 Nr. 7 UWG legaldefiniert. Zudem muss eine wesentliche Beeinträchtigung der Entscheidungsfreiheit des Verbrauchers vorliegen. Beurteilungsmaßstab ist nach § 3 Abs. 4 UWG der durchschnittliche Verbraucher, bzw. wenn eine Handlung an eine abgrenzbare Gruppe von Verbrauchern gerichtet war, das durchschnittliche Mitglied dieser Gruppe. Dies entspricht dem vom BGH nach der nahezu gleichlautenden ständigen Rechtsprechung des EuGH entwickelten Verbraucherleitbild vom „durchschnittlich informierten, situationsadäquat aufmerksamen und verständigen Verbraucher" (vgl. Ohly/Sosnitza/*Sosnitza* UWG § 3 Rn. 93, sowie zum Verbraucherleitbild allgemein § 2 Rn. 117). Damit eine Eingrenzung auf das durchschnittliche Mitglied einer Gruppe erfolgt, muss die geschäftliche Handlung tatsächlich vorhersehbar nur das geschäftliche Verhalten dieser Gruppe beeinflussen (Ohly/Sosnitza/*Sosnitza* UWG § 3 Rn. 95,), zum Beispiel darf eine Werbung, die zwar auch Kinder interessiert aber an die ganze Familie gerichtet ist, nicht nur aus der Perspektive der Kinder gemessen werden (vgl. BGH GRUR 2014, 686).

Eine geschäftliche Handlung ist dann an Verbraucher gerichtet, wenn sie unmittelbar mit der Förderung des Absatzes, dem Verkauf oder der Lieferung eines Produkts oder einer Dienstleistung an Verbraucher zusammenhängen (vgl. EuGH GRUR 2013, 1245; Ohly/Sosnitza/*Sosnitza* UWG § 3 Rn. 71). Auch wenn eine geschäftliche Handlung nicht an Verbraucher gerichtet ist, beispielsweise weil es sich um eine Werbung im B2B-Verhältnis handelt, kann sie Verbraucher dennoch erreichen, beispielsweise weil sie in einem Medium erscheint, das auch von Verbrauchern gelesen wird oder diesen zugänglich ist (vgl. Ohly/Sosnitza/*Sosnitza* UWG § 3 Rn. 73; Köhler/Bornkamm/Feddersen/*Köhler* UWG § 3 Rn. 3.15).

§ 3 Abs. 3 UWG verweist auf die sogenannte „schwarze Liste" von geschäftlichen Handlungen, die ohne jegliche Wertungsmöglichkeit gegenüber Verbrauchern unzulässig sind. Die Liste ist abschließend und in ganz Europa inhaltlich einheitlich, da auch sie auf die UGP-Richtlinie zurückgeht. Bei Verstößen gegen einen Tatbestand der „schwarzen Liste" erfolgt keine Relevanzprüfung. Das bedeutet, dass es unerheblich ist, ob Verbraucher tatsächlich durch die Handlung in ihrer Entscheidungsfähigkeit beeinträchtigt wurden (vgl. *Oechsler* GRUR 2019, 136; einschränkend Ohly/Sosnitza/*Sosnitza* Anhang (zu § 3 Abs. 3) Rn. 3).

Der Deutsche Presserat hat wiederholt zu Fragen des Wettbewerbs im Pressewesen Stellung genommen und die Standesauffassung der Verleger und Journalisten präzisiert (vgl. auch Praxisleitfaden des Deutschen Presserates zu Ziffer 7 des Pressekodex (Trennung von Werbung und Redaktion); vgl. auch → Kap. 40 Rn. 6 ff.). Verstöße gegen freiwillige Branchenregeln können ein Indiz für das Vorliegen einer unlauteren geschäftlichen Handlung sein, erübrigen aber nicht die Prüfung im jeweiligen Einzelfall (vgl. Köhler/Bornkamm/Feddersen/*Köhler* UWG § 2 Rn. 115–116). Da sie gerade keine rechtlichen Regelungen darstellen, dürfen sie solchen auch nicht gleichgestellt werden. **7**

Unter dem Dach des Zentralverbandes der deutschen Werbewirtschaft eV (ZAW) haben 1972 die dort zusammengeschlossenen Organisationen der werbenden Firmen, Medien, Agenturen, Werbeberufe und Forschung den Deutschen Werberat gegründet. Dieser überwacht die freiwilligen Verhaltensregeln der Branche zur kommerziellen Kommunikation (vgl. www.werberat.de). Branchen- und Medien- übergreifend gelten die „Grundregeln zur kommerziellen Kommunikation“. Für einige sensible Bereiche wurden weitergehende Leitlinien entwickelt, hierzu zählen insbesondere die Verhaltensregeln über die kommerzielle Kommunikation für alkoholhaltige Getränke sowie für Lebensmittel.

Die Verhaltensregeln des Deutschen Werberats sind Verhaltenskodices iSd § 2 Abs. 1 Nr. 5 UWG. Ein Verstoß gegen die selbstdisziplinären Regelungen stellt nach § 5 Abs. 1 S. 2 Nr. 6 UWG eine unlautere Irreführung dar, wenn der Unternehmer bei der geschäftlichen Handlung auf eine Bindung an die Verhaltensregeln hinweist. Entsprechend stellt ein Verstoß gegen selbstdisziplinäre Branchenregeln deshalb aber nicht automatisch auch eine unlautere Wettbewerbshandlung dar. Sowohl der europäische Gesetzgeber in der UGP-Richtlinie wie auch die nationale Umsetzung in der UWG-Novelle 2008 haben auf eine Gleichsetzung der freiwilligen Verhaltensregeln der Wirtschaft mit gesetzlichen Regelungen bewusst verzichtet und die Unlauterkeit eines Verstoßes erst dann angenommen, wenn der Werbende aktiv auf die Bindung an einen Verhaltenskodex hinweist.

2. Unter den unerlaubten Wettbewerbshandlungen nimmt die *irreführende Werbung* einen breiten Raum ein. Mit der UWG-Novelle 2008 wurde zusätzlich zum § 5 UWG (irreführende Werbung) eine eigenständige Vorschrift zum Irreführen durch Unterlassen eingeführt (§ 5a UWG). Verboten sind damit nicht nur alle werblichen Angaben geschäftlicher Art, die zu Wettbewerbszwecken im geschäftlichen Verkehr gemacht werden und geeignet sind, einen nicht unerheblichen Teil der betroffenen Verkehrskreise über das Angebot irrezuführen und Fehlvorstellungen von maßgeblicher Bedeutung für den Kaufentschluss hervorzurufen (vgl. Gesetzesbegründung zum UWG 2004, mit dem § 5 UWG eingeführt wurde, BT-Drs. 15/1487, 19), sondern auch beredtes Schweigen in Fällen, in denen den Unternehmer eine Aufklärungspflicht trifft, wie in § 5a Abs. 2 UWG normiert (vgl. Gesetzesbegründung zum UWG 2008, BT-Drs. 16/10145). **8**

Wettbewerbswidrig können auch Verstöße gegen Vorschriften des Presserechts sein: Die fehlende Unterscheidbarkeit von Text- und Anzeigenteil ist gesetzes- sowie standeswidrig und irreführend, so dass gegen redaktionelle Werbung regelmäßig ein Unterlassungsanspruch gegeben ist (zur Schleichwerbung und redaktionell getarnten Werbeformen vgl. → Kap. 78 Rn. 1 f.). Mit der presserechtlichen Impressumspflicht wird hingegen lediglich die Sicherung zivilrechtlicher Ansprüche und die strafrechtliche Verfolgung von Pressedelikten gesichert, nicht aber das Verhalten der Marktteilnehmer untereinander, so dass eine Verletzung nicht ohne weiteres wettbewerbswidrig ist sondern nur, wenn sich hierdurch ein wettbewerblicher Vorsprung gegenüber dem gesetzestreuen Mitbewerber ergibt (vgl. BGH NJW 1990, 1991). Bei Onlineveröffentlichung hingegen wurden fehlende oder falsche Angaben im Impressum als irreführend im Sinne des UWG betrachtet (vgl. BGH AfP 2006, 557; OLG Hamm MMR 2008, 469). Diese unterschiedliche Wertung dürfte darauf zurückzuführen sein, dass Angaben im Internet deutlich schwerer zurückzuverfolgen sind als bei Printprodukten. Entsprechend regelt die in § 5 TMG verankerte Impressumspflicht für Telemedien ebenso wie die weiteren sich aus § 5f TMG ergebenden Pflichten, auch das Marktverhalten der Wettbewerber untereinander. **9**

10 3. Unerlaubte Wettbewerbshandlungen sind schließlich auch Verstöße gegen *Sondertatbestände* des Wettbewerbsrechts, die gleichfalls ein unlauteres Verhalten darstellen. Es genügt die Zuwiderhandlung.

a) Zu diesen Sondertatbeständen gehörten früher die Vorschriften betreffend die Veranstaltung unzulässiger Sonderveranstaltungen und Räumungsverkäufe (§§ 7 und 8 UWG aF), des Rabattgesetzes sowie der Zugabeverordnung. Im Zuge der längst überfälligen Liberalisierung wurden diese jedoch mit Gesetz vom 23.7.2001 (BGBl. 2001 I S. 1663) sowie vollends mit der UWG-Novelle 2004 abgeschafft. Von Bedeutung ist jedoch weiterhin das Kartellrecht, sodass ein Verstoß gegen Normen des GWB auch unlauter sein kann (siehe BGH GRUR 2008, 810).

11 b) Auch das *Heilmittelwerbegesetz* („Gesetz über die Werbung auf dem Gebiet des Heilwesens" vom 11.7.1965 (HWG), BGBl. 1978 I S. 1677 idFv 19.10.1994, BGBl. 1994 I S. 3068, zuletzt geändert durch Gesetz vom 9.8.2019, BGBl. 2019 I S. 1202), das dem Schutz der Volksgesundheit dient (vgl. BGH GRUR 2009, 984 Rn. 17), enthält eine Reihe von Werbebeschränkungen und -verboten (§§ 3–13 HWG). 2012 ist das HWG im Wesentlichen aufgrund des Urteils des EuGH vom 8.11.2007 in der Rechtssache „Gintec" liberalisiert worden. Das höchste europäische Gericht hatte in diesem Urteil festgestellt, dass mit der Richtlinie zu einem Gemeinschaftskodex für Arzneimittel (2001/83/EG) eine vollständige Harmonisierung im Bereich der Arzneimittelwerbung erfolgt ist. Soweit deshalb Werbebeschränkungen des damaligen HWG über die Richtlinie hinausgingen, waren sie europarechtswidrig (vgl. EuGH GRUR 2008, 267, *Karle/Weidner* PharmR 2010, 391).

Allerdings hat die Reform an der Grundausrichtung des HWG wenig geändert. Anders als die Vorgaben des UWG, die dem Schutz eines fairen Wettbewerbs und damit auch einer informierten, eigenständigen Verbraucherentscheidung dienen, schützt das HWG weiterhin die Gesundheitsinteressen der Allgemeinheit, aber auch des Einzelnen. Die im Vergleich zum UWG vielfach strengeren oder spezifischeren Vorgaben werden auch dadurch gerechtfertigt, dass der kranke oder um seine Gesundheit besorgte Verbraucher in diesem Bereich weniger kritisch agiert als in seinem sonstigen Verhalten im Markt. Zudem fehlt ihm regelmäßig das Fachwissen, um medizinische Informationen zu hinterfragen und gegebenenfalls als werbliche Übertreibung einzuordnen (vgl. Köhler/Bornkamm/Feddersen/*Köhler* UWG § 3a Rn. 1.218).

Entsprechend ist die Werbung für verschreibungspflichtige Arzneimittel außerhalb von Fachkreisen weiterhin grundsätzlich verboten (§ 10 HWG). § 10 Abs. 2 HWG erstreckt dieses Verbot zudem auch auf nicht verschreibungspflichtige Schlafmittel, Stimmungsaufheller sowie auf Arzneimittel, die zur Notfallkontrazeption zugelassen sind („Pille danach"). Eine reine Imagewerbung eines Arzneimittelherstellers ist allerdings zulässig, auch wenn das werbende Unternehmen verschreibungspflichtige Arzneimittel herstellt (vgl. BGH NJW 1992, 2967). Publikumswerbung für ein verschreibungspflichtiges Arzneimittel kann durch Artikel 5 Abs. 1 S. 1 GG gerechtfertigt sein, wenn die wirksame Ausübung des Rechts auf freie Meinungsäußerung die Nennung des Arzneimittels erfordert (vgl. BGH GRUR 2009, 984). Für die Frage, ob die zu beurteilende Werbung (verbotene) Absatz- oder (erlaubte) Imagewerbung ist, kommt es maßgeblich darauf an, ob nach ihrem Gesamterscheinungsbild die Darstellung des Unternehmens oder aber die Anpreisung bestimmter oder zumindest individualisierbarer Produkte im Vordergrund steht (BGH GRUR 2017, 641). Das bloße Veröffentlichen einer Packungsbeilage für ein verschreibungspflichtiges Medikament unterfällt nach § 1 Nr. 8 HWG nicht dem HWG. Auch hier hat der Gesetzgeber eine bestehende Rechtsprechung des EuGH mit der Novelle 2012 ins Gesetz aufgenommen (vgl. zur früheren Rechtsprechung EuGH EuZW 2011, 481).

Für alle nicht bereits von § 10 Abs. 2 HWG erfassten nicht verschreibungspflichtige, so genannte OTC (over the counter)-Produkte, erlaubt § 11 HWG Öffentlichkeitswerbung, sieht aber auch nach der Novelle 2012 weiter Beschränkungen vor (vgl. *Reese* WRP 2013, 283). Sinn und Zweck des § 11 HWG ist es, das Laienpublikum vor einer unsachlichen Beeinflussung durch Werbeaussagen oder die Art der Ansprache zu schützen (vgl. BGH NJW 1998, 1796; 1998, 1797 (1798)). Die Norm ist lex specialis zu § 5 UWG (vgl. *Stebner* PharmR 2011, 126). Seit der Novelle 2012 ist Werbung mit der Wiedergabe von Krankheitsgeschichten (§ 11 Abs. 1 Nr. 3 HWG) oder der Darstellung von Krankheiten und Wirkungen (§ 11 Abs. 1 Nr. 5 HWG) grundsätzlich zulässig, sie darf nur nicht in missbräuchlicher oder abstoßender Weise erfolgen. Wann diese Vorgaben erfüllt sind, wird sich durch Einzelfallrechtsprechung im Laufe der Zeit entwickeln (vgl. zur Werbung für Schönheitschirurgie mit Vorher/Nachher-Bildern OLG Koblenz GRUR-RR 2017, 32). Das bis 2012 im HWG festgeschriebene Verbot der Öffentlichkeitswerbung für Arzneimittel mit Gutachten, Zeugnissen, wissenschaftlichen oder fachlichen Veröffentlichungen wurde ebenso gestrichen wie das Verbot des Zeigens von Personen in Berufskleidung oder bei Ausübung eines Heilberufs. Zugleich wurde das Verbot der Werbung mit medizinischem Fachpersonal gelockert: Nunmehr sind lediglich Angaben und Darstellungen verboten, die sich auf eine Empfehlung von Wissenschaftlern oder bekannten Personen beziehen (§ 11 Abs. 1 Nr. 2 HWG). Werbung für Arzneimittel gegenüber Kindern unter 13 Jahren ist nach § 11 Abs. 1 Nr. 12 HWG weiterhin verboten.

Auch redaktionelle Beiträge können eine unzulässige Heilmittelwerbung darstellen, wenn das Heilmittel oder Heilverfahren ohne sachlichen Grund Erwähnung findet oder übermäßig herausgestellt oder pauschal gelobt wird. Ist dies nicht der Fall, sondern steht die sachliche Unterrichtung im Vordergrund und erscheint eine unvermeidlich damit verbundene Werbewirkung nur als Nebenfolge, muss diese im Interesse der allgemeinen Informationsfreiheit der Presse hingenommen werden (vgl. BGH NJW 1990, 1529).

Werbung für Arzneimittel ist stets mit *Pflichtangaben* zu versehen (vgl. § 4 HWG). Dies sind insbesondere Angaben über Zusammensetzung, Anwendung, Nebenwirkungen und Gegenanzeigen des Medikaments (kritisch zur Verfassungsmäßigkeit dieser Pflichtangaben in Presseanzeigen *Ricker* PhR 1992, 334 ff.). Die Pflichtangaben können entfallen bei der Erinnerungswerbung, die sich auf Namens- bzw. Firmenangaben und Mengenangaben beschränkt (§ 4 Abs. 6 HWG – zB „Klosterfrau Melissengeist, 155 ml × DM“; vgl. BGH NJW 1982, 2605 (2606 f.)). Erfolgt die Werbung über ein audio-visuelles Medium, so ist statt der sonst geforderten Information nach § 4 Abs. 5 HWG der Text zu verlesen: „Zu Risiken und Nebenwirkungen lesen sie die Packungsbeilage und fragen sie ihren Arzt oder Apotheker“. Sachangaben zu den Heilmitteln sind von sonstigen Werbeaussagen deutlich zu trennen (§ 4 Abs. 4 HWG; vgl. OLG Düsseldorf GRUR 1982, 622).

c) Werbebeschränkungen, bei denen es auf die Unlauterkeit der Handlung nicht ankommt, **12** enthalten ua § 3 *Ladenschlussgesetz* in der Fassung der Bekanntmachung vom 2.6.2003 (BGBl. I S. 744), zuletzt geändert durch Verordnung vom 31.8.2015 (BGBl. 2015 I S. 1474; vgl. BGH NJW 1984, 872; 1972, 1469) sowie die baurechtlichen und verkehrsrechtlichen Bestimmungen über die sogenannte *Außenwerbung* (vgl. OLG Frankfurt a. M. GRUR-RR 2004, 56).

d) Werbeverbote für die gedruckte wie digitale Presse, aber auch für Rundfunk und alle **13** weiteren Telemedien sieht das Tabakerzeugnisgesetz (TabakerzG) vom 4.4.2016 (BGBl. 2016 I S. 569, zuletzt geändert durch Gesetz G v. 29.4.2019, BGBl. 2019 I S. 514) vor. Mit ihm wurde die so genannte EU-Tabakwerberichtlinie (2003/33/EG) nahezu 1: 1 in nationales Recht umgesetzt. Es verbietet die Bewerbung von Tabakerzeugnissen im Hörfunk, in der Presse oder in anderen gedruckten Veröffentlichungen, sowie das Sponsoring in § 19 TabakerzG sowie die Bewerbung von Tabakerzeugnissen in audiovisuellen Mediendiensten in § 20 TabakerzG. Hiervon ist auch die reine Imagewerbung eingeschlossen, soweit ein Produktbezug gegeben ist (vgl. BGH AfP 2011, 256). Ausgenommen vom generellen Printwerbeverbot sind Publikationen, die ausschließlich für im Tabakhandel tätige Personen bestimmt sind, sowie solche Veröffentlichungen, die außerhalb der Europäischen Union gedruckt und herausgegeben werden und nicht hauptsächlich für den EU-Markt bestimmt sind (§ 19 Abs. 2 Nr. 1 und 2 TabakerzG), Absatz 3 erweitert diese Ausnahme des Totalwerbeverbots auf Werbung in Diensten der Informationsgesellschaft. Werbung auf der Internetseite eines Tabakherstellers ist beispielsweise Werbung auf einem Dienst der Informationsgesellschaft (vgl. BGH GRUR 2017, 1273; im konkreten Fall lag allerdings kein Ausnahmetatbestand vor). Eine noch im Vorgängergesetz enthaltene Ausnahme für Presseerzeugnisse, die „in ihrem redaktionellen Inhalt weit überwiegend Tabakerzeugnisse oder ihrer Verwendung dienende Produkte betreffen“ und die sich an einen an diesen Themen interessierten Leserkreis richten (§ 21a Abs. 3 S. 2 Nr. 3 Vorläufiges Tabakgesetz (VTabakG)) wurde im TabakerzG gestrichen. Darüber hinaus ist Herstellern und Verkäufern von Tabakerzeugnissen das Sponsoring von Veranstaltungen mit grenzüberschreitender Wirkung untersagt. Verblieben ist die Möglichkeit der Plakatwerbung sowie die Werbung im Kino (nach 18:00 Uhr). Es gibt aber Bestrebungen in der aktuell regierenden großen Koalition auch diese Werbemöglichkeiten zu verbieten und damit erstmalig die kommerzielle Kommunikation für ein legales Produkt komplett zu verbieten. Dies stellt eine ordnungspolitisch äußerst fragwürdige Abschaltung der Kommunikationsmöglichkeiten der Branche dar.

Soweit noch Werbemöglichkeiten gegeben sind, gelten die inhaltlichen Beschränkungen des § 21 TabakerzG. So ist es nicht erlaubt, zu suggerieren, Tabakrauch wäre gesundheitlich unbedenklich oder könnte die Leistungsfähigkeit steigern (§ 21 Abs. 1 Nr. 1 TabakerzG). Ebenso sind Werbemaßnahmen, die besonders geeignet sind Jugendliche anzusprechen (§ 21 Abs. 1 Nr. 2 TabakerzG) oder die das Inhalieren des Tabakrauches als nachahmenswert erscheinen lassen (§ 21 Abs. 1 Nr. 3 TabakerzG), nicht gestattet. Beim Verbot der Bezeichnung von Tabak als naturrein (§ 21 Abs. 1 Nr. 2 TabakerzG), kommt es nicht auf eine tatsächliche Irreführung der Verbraucher an (vgl. BGH GRUR 2011, 633). Über die gesetzlichen Regeln hinaus sieht der Werbekodex des Deutschen Zigarettenverbandes weitere Selbstbeschränkungen beispielsweise im Hinblick auf die Darstellung und das Alter der in der Werbung gezeigten Personen vor (Kodex abrufbar unter www.zigarettenverband.de).

Das umfangreiche Tabakwerbeverbot geht auf jahrzehntelange Bemühungen der Europäischen Kommission zurück. Die dem vorläufigen Tabakgesetz zugrundeliegende Tabakwerbe-Richtlinie-II (RL 2003/33/EG) war der zweite Anlauf der EU, eine entsprechende Regelung in den Mitgliedstaaten zu implementieren. Die Vorgängerrichtlinie 98/43/EG war vom EuGH mit Hinweis auf einen Verstoß gegen Ermächtigungsregeln aufgehoben worden (vgl. EuGH NJW 2000, 3701; *Marwitz* K&R 2004, 209 (213); *Görlitz* EuZW 2003, 485 f.; *Schwarze* ZUM 2002, 89).

Seit dem Inkrafttreten des Vertrages von Lissabon am 1.12.2009 kann die EU nach Art. 168 Abs. 5 AEUV gemeinschaftsrechtliche Regeln erlassen, die unmittelbar den Schutz der Gesundheit der Bevölkerung vor Tabakkonsum und Alkoholmissbrauch zum Ziel haben. Ob hierunter auch Werbebeschränkungen oder Werbeverbote für Alkohol und Tabak fallen, ist zweifelhaft, da ein Werbeverbot jedenfalls keinen unmittelbaren Gesundheitsschutz der Bevölkerung entfaltet und auch eine mittelbare Auswirkung eines Werbeverbots auf den Konsum von Alkohol zumindest umstritten ist (vgl. DAK-Studie 2009 Jugendliche und Alkoholwerbung, abrufbar unter www.dak.de, Pressemappen). Insoweit bleibt es bei dem eingeschränkten Werbeverbot für Tabakerzeugnisse gemäß der RL 2003/33/EG (hierzu Calliess/Ruffert/*Kahl* AEUV Art. 114 Rn. 26).

14 e) Auch Verstöße gegen das Rechtsdienstleistungsgesetz (RDG) vom 2.12.2007 (BGBl. 2007 I S. 2840), zuletzt geändert durch Gesetz vom 12.5.2017 (BGBl. 2017 I S. 1121) können zu einer unlauteren geschäftlichen Handlung und mithin zu einem Verstoß gegen das Wettbewerbsrecht führen, Zentrale Norm des RDG ist § 3, wonach die selbstständige Erbringung außergerichtlicher Rechtsdienstleistungen nur in dem Umfang zulässig ist, in dem sie durch das RDG oder auf Grund anderer Gesetze erlaubt wird. Es handelt sich mithin um ein Verbot mit Erlaubnisvorbehalt. Da die Vorschriften des RDG Marktverhaltensregeln sind (Köhler/Bornkamm/Feddersen/*Köhler* UWG § 3a Rn. 1.116 ff.), ist das Anbieten von Rechtsdienstleistungen ohne Erlaubnis unlauter im Sinne des UWG. Bedeutsam für redaktionelle Berichterstattung zu rechtlichen Fragestellungen ist § 2 Abs. 3 Nr. 5 RDG, in dem die Rechtsprechung zum bis Ende 2007 maßgeblichen Rechtsberatungsgesetz normiert worden ist. Danach stellt „die an die Allgemeinheit gerichtete Darstellung und Erörterung von Rechtsfragen und Rechtsfällen in den Medien“ keine Rechtsdienstleistung im Sinne des Gesetzes dar und bedarf nicht der Erlaubnispflicht. Allerdings gehen redaktionelle Aktivitäten, bei denen angeboten wird, Leser könnten individuelle Rechtsfragen einsenden, die dann auf ihre rechtliche Begründetheit geprüft würden, über eine an die Allgemeinheit gerichtete Information hinaus und stellen dementsprechend eine erlaubnispflichtige Dienstleistung dar (vgl. Köhler/Bornkamm/Feddersen/*Köhler* UWG § 3a Rn. 1.125).

75. Kapitel. Unlauterer Wettbewerb unter Mitbewerbern (§§ 3a, 4 UWG)

I. Vorbemerkung

Im 75. bis 80. Kapitel werden die einzelnen Unlauterkeitstatbestände des Gesetzes gegen den unlauteren Wettbewerb (UWG) näher erläutert. Der begrenzte Rahmen eines Handbuchs erlaubt keine erschöpfende Darstellung aller für die Presse relevanten Fälle des unlauteren Wettbewerbs, weswegen eine Konzentration auf die in der Pressepraxis oft vorkommenden Sachverhalte geboten ist. Dabei ist zu beachten, dass die Vorgaben des UWG für den Wettbewerb unter Mitbewerbern regelmäßig nicht nur für den Inhalt des Presseorgans bedeutsam sind, sondern auch für das eigene Verhalten der Presseverlage im geschäftlichen Wettbewerb mit anderen Medien. Aus beiden Blickwinkeln werden die Unlauterkeitstatbestände des UWG in den folgenden Kapiteln dargestellt. 1

Entsprechend der neuen Struktur des UWG seit der Novelle 2015 werden in diesem Kapitel die für die Presse relevanten Unlauterkeitstatbestände unter Wettbewerbern behandelt. Die weiteren Unlauterkeitstatbestände folgen im 76. bis 80. Kapitel.

II. Vorsprungsverschaffung

Als Vorsprungsverschaffung durch Rechtsbruch bezeichnet man die bewusste und planmäßige Ausnutzung eigener Rechtsverstöße zur Erlangung von Wettbewerbsvorteilen. Danach handelt gem. § 3a UWG unlauter, wer einer gesetzlichen Vorschrift zuwiderhandelt, die auch dazu bestimmt ist, im Interesse der Marktteilnehmer das Marktverhalten zu regeln. Die Norm ist in der UWG-Novelle 2015 aus dem Beispielskatalog des § 4 UWG in einen eigenständigen Regelungstatbestand übergeführt worden (Köhler/Bornkamm/Feddersen/*Köhler* UWG § 3a Rn. 1.5). Da die Spürbarkeitsklausel in der früheren Generalklausel mit der gleichen Novelle weggefallen ist, wurde der Rechtsbruchtatbestand des § 3a UWG um eine Spürbarkeitsschwelle ergänzt (vgl. zu den neuen Generalklauseln des UWG Kap. 74 Rn. 4 ff.). Der Verstoß gegen die gesetzliche Vorgabe muss also die Interessen der anderen Marktteilnehmer, Mitbewerber, Verbraucher oder anderer Marktteilnehmer, spürbar beeinträchtigen, um als unlauter eingeordnet zu werden. Mithin ist entscheidend, dass die geschäftliche Handlung von einem gewissen Gewicht für das Wettbewerbsgeschehen und die Interessen der geschützten Personenkreise sein muss (vgl. für die im Grundsatz auch für die Spürbarkeitsschwelle des § 3a UWG geltenden Ausführungen zur früheren Spürbarkeitsschwelle der Generalklausel BGH GRUR 1965, 443). Durch das Spürbarkeitserfordernis soll die Verfolgung von Bagatellfällen, die den Wettbewerb nicht beeinflussen, ausgeschlossen werden. 2

Unter einer spürbaren Beeinträchtigung versteht man die Wirkungen wettbewerbswidrigen Verhaltens auf das Marktgeschehen. Die Feststellung, ob eine unlautere geschäftliche Handlung geeignet ist, den Wettbewerb spürbar zu beeinträchtigen, setzt deshalb eine nach objektiven Momenten unter Berücksichtigung aller Umstände des Einzelfalls zu treffende Wertung voraus. In diese Wertung sind neben der Art und Schwere des Verstoßes die zu erwartenden Auswirkungen auf den Wettbewerb sowie der Schutzzweck des Wettbewerbsrechts einzubeziehen. Es kommt nicht darauf an, ob tatsächlich eine spürbare Beeinträchtigung erfolgt ist. Tatbestandsbegründend ist es bereits, wenn die objektive Wahrscheinlichkeit für eine Beeinträchtigung besteht. Eine spürbare Beeinträchtigung kann demnach auch bei Verstößen mit nur geringen Auswirkungen für den Marktteilnehmer im Einzelfall vorliegen, wenn durch das Verhalten eine Vielzahl von Marktteilnehmern betroffen ist bzw. eine nicht unerhebliche Nachahmungsgefahr besteht (vgl. Ohly/Sosnitza/*Ohly* UWG § 3a Rn. 30a ff.).

Gesetzliche Vorschrift bedeutet zunächst jede rechtliche Regelung, die in Deutschland Geltung besitzt, damit auch Regelungen des europäischen Gemeinschaftsrechts (vgl. *Köhler* GRUR 2004, 381). Ob eine Rechtsvorschrift den Zweck hat, auch das Marktverhalten zu regeln, ist durch Auslegung zu ermitteln, wobei zu beachten ist, dass die Regelung des Marktverhaltens nicht der einzige Zweck des jeweiligen Gesetzes sein muss (vgl. BGH NJW 1996, 2577; 1985, 1623 (1624)). 3

Auch der Verstoß gegen nicht gesetzlich geregelte Standespflichten, die Wettbewerbsregeln der Verlegerverbände BDZV und VDZ sowie des ZAW und der IVW (vgl. → Kap. 74 Rn. 7) stellt ebenso wie ein Verstoß gegen die Verhaltensregeln des Deutschen Werberats keinen Vorsprung durch Rechtsbruch iSd § 3a UWG dar: Es handelt sich hier gerade nicht um gesetzliche Regelungen (vgl. BGH NJW 2006, 2627). Reine Marktzugangsregeln sind ebenfalls nicht von § 3a UWG erfasst, da sie nicht den Wettbewerb selbst regeln, sondern Personen zu ihrem eigenen Schutz oder dem Schutze der Allgemeinheit den Zugang zum Markt verwehren (vgl. Köhler/Bornkamm/Feddersen/*Köhler* UWG § 3a Rn. 1.76).

4 Gesetzliche Werbebeschränkungen und -verbote stellen in der Regel eine Marktverhaltensregel dar (vgl. Ohly/Sosnitza/*Ohly* UWG § 3a Rn. 66). So erfüllt beispielsweise ein Verstoß gegen die Werbeverbote des § 5 Glücksspielstaatsvertrages (Staatsvertrag zum Glücksspielwesen in Deutschland vom 15.12.2011 (GVBl. 2012 S. 318 (319, 392), BayRS 02–30-I) auch den Tatbestand des § 3a UWG (vgl. BGH GRUR 2011, 440; OLG Koblenz GRUR-RR 2010, 16). Gleiches gilt für Verstöße gegen das Heilmittelwerbegesetz (vgl. BGH NJW-RR 2010, 397, sowie zu den einzelnen Vorgaben des HWG Kap. 74 Rn. 11 ff.) ebenso wie für die Verstöße gegen die berufsspezifischen gesetzlichen Werberegeln (vgl. zur Anwaltswerbung BGH NJW 2005, 1644).

Auch die Preisregeln der Preisangabenverordnung (PAngV) sind typische Marktverhaltensregeln, die unter § 3a UWG fallen, wenn sie das Interesse der Verbraucher spürbar beeinflussen (Ohly/Sosnitza/*Ohly* UWG § 3a Rn. 73).

5 Die kostenlose Verteilung von Anzeigenblättern an Sonntagen durch Arbeitnehmer oder in einem arbeitnehmerähnlichen Verhältnis stehende Person ohne Sondergenehmigung verstieß nach Ansicht des BGH (NJW 1988, 2243) gegen § 105b Abs. 2 GewO und § 1 UWG aF, da die Beschäftigung der Zeitungsausträger am Sonntag darauf abziele, sich einen ungerechtfertigten Vorsprung vor den gesetzestreuen Mitbewerbern auf dem Arbeitsmarkt zu verschaffen, die ihren Inserenten nicht die Verteilung eines Werbeträgers am Sonntag anbieten. Dieser Aspekt ist durch die Neuregelung des gesamten Arbeitszeitrechts obsolet geworden. Zeitgleich mit dem Inkrafttreten des Arbeitszeitgesetz am 1.7.1994 sind die nicht mehr zeitgemäßen Vorschriften der §§ 105a ff. GewO aus dem Jahre 1891 aufgehoben worden. Nunmehr gelten die Höchstgrenzen für die Arbeitszeit auch einschließlich der Sonn- und Feiertagsbeschäftigung, die gemäß Arbeitszeitschutzgesetz (ArbZG) in weitem Umfang erlaubt ist. Das ArbZG wird nach seiner Liberalisierung inzwischen als Arbeitnehmerschutzgesetz verstanden, nicht mehr als Marktverhaltensregel (vgl. Ohly/Sosnitza/*Ohly* UWG § 3a Rn. 74), im Gegensatz zu den landesrechtlichen Vorschriften über den Ladenschluss, die auch die Regelung des Marktverhaltens zum Ziel haben. Soweit durch einen Verstoß gegen diese landesrechtlichen Vorgaben zu Ladenöffnungszeiten auch Verbraucherinteressen beeinflusst werden, kann eine unlautere geschäftliche Handlung nach § 3a UWG vorliegen (vgl. OLG Hamm GRUR-RR 13, 297).

III. Geschäftsehrverletzung

6 Sofern Veröffentlichungen der Presse als geschäftliche Handlung anzusehen sind (vgl. → Kap. 73 Rn. 4 ff.), kann sich die Unlauterkeit aus dem Aspekt der Geschäftsehrverletzung, also der Herabsetzung eines Mitbewerbers, ergeben. Ehrverletzende Äußerungen können als Herabsetzung oder Anschwärzung unzulässig sein. Beide Gruppen von Geschäftsehrverletzung sind als Beispiele für unlautere Handlungen gegenüber dem Mitbewerber in den Katalog des § 4 UWG aufgenommen. § 4 Nr. 1 UWG bezieht sich im Wesentlichen auf (schmähende) Meinungsäußerungen, § 4 Nr. 2 UWG auf (unwahre) Tatsachenbehauptungen.

1. Herabsetzung

7 Grundsätzlich ist in einer freien Marktwirtschaft sachliche Kritik an Mitbewerbern zulässig. Lediglich wenn eine Äußerung nur der Verunglimpfung und Herabwürdigung des Mitbewerbers dient, ist diese unlauter. Indem das Ansehen des Mitbewerbers geschädigt wird, kann auch der Wettbewerb verfälscht werden. Die Hauptfälle des § 4 Nr. 1 UWG sind Fälle der Schmähkritik, in denen der Mitbewerber pauschal und ohne erkennbaren sachlichen Bezug abgewertet wird

(amtliche Begründung BT-Drs. 15/1487, 18). Da hier Meinungsäußerungen negative gesetzliche Folgen auslösen können, ist bei der Beurteilung einer kritischen Äußerung immer das Grundrecht aus Art. 5 GG besonders zu beachten (BGH GRUR 2012, 74).

Auch wahre Aussagen können unlauter sein, wenn sie geschäftsschädigend sind und kein *sachlich berechtigtes Informationsinteresse* der angesprochenen Verkehrskreise im Hinblick auf eine Nachfrageentscheidung besteht (vgl. Köhler/Bornkamm/Feddersen/*Köhler* UWG § 4 Rn. 1.21). So verstößt es gegen das UWG, wenn der Verlag einer Tageszeitung, der mit einer Werbeagentur darüber streitet, ob er Anzeigenaufträge der Agentur annehmen muss, gegenüber Kunden der Agentur ohne Hinweis auf den Streit behauptet, die Agentur könne keine Anzeigen mehr in der Zeitung veröffentlichen (vgl. OLG Stuttgart NJW-RR 1997, 108).

2. *Anschwärzung*

Anschwärzung (§ 4 Nr. 2 UWG) ist die zu Wettbewerbszwecken erfolgende Behauptung oder Verbreitung nicht erweislich wahrer geschäfts- bzw. kreditschädigender Tatsachen (vgl. OLG Düsseldorf AfP 1985, 124) über ein fremdes Unternehmen, über die Person des Inhabers oder Leiters wie auch über seine Waren und Leistungen (vgl. OLG Frankfurt a. M. AfP 1986, 58, zur Anschwärzung eines Werbeagenten durch ein Verlagsunternehmen). Zwischen den beteiligten Unternehmen muss ein konkretes Wettbewerbsverhältnis, also zumindest eine wechselseitige Abhängigkeit im Absatz, gegeben sein. Dabei braucht der angeschwärzte Konkurrent nicht namentlich bezeichnet sein, es genügt vielmehr, dass die Bezeichnung erkennbar ihn betrifft (Köhler/Bornkamm/Feddersen/*Köhler* UWG § 4 Rn. 2.12). **8**

Ein Behaupten iSd § 4 Nr. 2 UWG liegt vor, wenn eine Aussage als wahr hingestellt oder sich zu Eigen gemacht wird. Zu Eigen wird sich eine Aussage gemacht, in dem der Eindruck erweckt wird, für die Aussage werde die Verantwortung übernommen oder man identifiziere sich mit ihr (vgl. BGH GRUR 2015, 1129; GRUR 2010, 616). Verbreitet wird eine Aussage grundsätzlich bereits, wenn eine fremde Aussage Dritten zugänglich gemacht wird, was beispielsweise bei einem Hotelbewertungsportal der Fall ist (vgl. BGH GRUR 2015, 1129). Unter dem Gesichtspunkt der nach Art. 5 GG geschützten Pressefreiheit wäre es aber zu weitgehend jede Tatsachenverbreitung in redaktionellen Texten als Verbreitung iSd § 4 Nr. 2 UWG einzuordnen (vgl. Ohly/Sosnitza/*Ohly* UWG § 4 Rn. 2/14 ff.). Hier muss zumindest ein Element hinzutreten, dass die von Dritten geäußerte Behauptung vom Verbreitenden als zutreffend gesehen wird. Allein die Darstellung verschiedener Tatsachenbehauptungen zur Dokumentation eines Meinungstandes kann hierfür nicht ausreichend sein (ebenso Ohly/Sosnitza/*Ohly* UWG § 4 Rn. 2/14).

Erweist sich die diffamierende Behauptung als zutreffend, so entfällt zwar der Tatbestand des § 4 Nr. 2 UWG. Es kann aber der Tatbestand des § 4 Nr. 1 UWG gegeben sein. *Werturteile,* die zu Zwecken des Wettbewerbs geäußert werden, erfasst diese Norm; früher waren sie allein nach § 1 UWG aF zu beurteilen (vgl. OLG Hamburg NJW 1996, 1002). **9**

IV. Unlautere Produktnachahmung

Wettbewerbswidrig handelt, wer eine Nachahmung eines Produktes oder einer Dienstleistung anbietet und dabei die in § 4 Nr. 3 UWG aufgeführten Unlauterkeitstatbestände erfüllt. Bezüglich des Schutzes von Leistungsergebnissen besteht ein ergänzender lauterkeitsrechtlicher Anspruch neben den markenrechtlichen Ansprüchen, da letztere lediglich die Kennzeichen schützen, nicht aber die innovative Leistung als solche (vgl. BGH GRUR 2008, 793 Rn. 26d; ausführlich zum Verhältnis UWG, Markenrecht, Geschmacksmusterrecht *Köhler* GRUR 2009, 445). Die unmittelbare Übernahme einer Leistung eines Dritten ist nach Ansicht des BGH keine Nachahmung und fällt deshalb nicht unter § 4 Nr. 3 UWG (zum Fall der Internetübertragung von Amateurfußballspielen vgl. BGH NJW 2011, 1811). **10**

Der wettbewerbsrechtliche Leistungsschutz schützt nicht generell vor Nachahmung, sondern nur vor unlauteren Rückgriffen auf fremde Leistungen (vgl. BGH NJW 2011, 1811; GRUR 2007, 339 Rn. 24). Würde das UWG die bloße Nachahmung eines fremden Produktes oder einer Dienstleistung als unlauter einordnen, würde der Innovationswettbewerb gehemmt, schließlich ist die Wettbewerbsfreiheit Funktionsbedingung der Marktwirtschaft. Unternehmer orientieren sich natürlicherweise – und auch im Interesse der Verbraucher – an Angeboten, die bereits erfolgreich auf dem Markt sind (Ohly/Sosnitza/*Ohly* UWG § 4 Rn. 3/2). Schutzziel ist, innovative Leistungen des Unternehmers vor unlauterer Ausnutzung zu schützen. Unlauter wird eine Produktnachahmung nach § 4 Nr. 3a UWG, wenn eine vermeidbare Täuschung des Kunden über die betriebliche Herkunft herbeigeführt wird. § 4 Nr. 3b UWG erfasst die Fälle der Rufausbeutung und der Rufbeeinträchtigung, während § 4 Nr. 3c UWG die Fälle erfasst, bei der die Erstellung der Nachahmung bereits unlauter war, weil Kenntnisse oder Unterlagen unredlich erlangt wurden.

Der Schutz der Kunden vor Irreführung über Produktnachahmungen ist in den § 5 Abs. 2 sowie § 5 Abs. 1 S. 2 Nr. 1 UWG geregelt (siehe Kap. 77). Auch der Spezialfall der irreführenden vergleichenden Werbung des § 6 Abs. 2 Nr. 3 und Nr. 6 UWG betrifft Produktnachahmungen. Hier ist aber wiederum der Schutz des Unternehmers vor Ausnutzung seiner Leistung Schutzzweck der Norm (vgl. *Köhler* GRUR 2009, 445 (449); zur vergleichenden Werbung siehe Kap. 76).

11 Bei urheberrechtlich geschützten Werken wurde früher kein ergänzender lauterkeitsrechtlicher Nachahmungsschutz anerkannt, da der urheberrechtliche Schutz nach § 2 Abs. 1 Nr. 4 UrhG als insoweit umfassend eingeordnet wurde (vgl. BGH NJW 1999, 1964; Köhler/Bornkamm/Feddersen/*Köhler* UWG § 4 Rn. 3.7). Nach der neueren Rechtsprechung kann eine unerlaubte Handlung nach § 4 Nr. 3 UWG auch vorliegen, wenn eine Nachahmungstat nicht die Anforderungen an eine Urheberechtsverletzung erfüllt, beispielsweise weil das nachgemachte Objekt keine individuell geprägte geistige Schöpfung darstellt. Dann müssen aber Umstände außerhalb der Sondertatbestände des UrhG hinzutreten, die eine Unlauterkeit begründen (vgl. Köhler/Bornkamm/Feddersen/*Köhler* UWG § 4 Rn. 3.7). Die Momente der Unlauterkeit können in der Art und Weise der Nachahmung liegen, aber auch in der damit verbundenen Behinderung, Rufausbeutung oder der Täuschung des Verkehrs (vgl. BGH NJW 1999, 1964). Zum Beispiel kann die unmittelbare Übernahme oder das identische Nachmachen sonderrechtlich nicht geschützter fremder Leistungen unlauter sein, wenn die Leistung eine gewisse Eigenart hat und die Nachahmung ohne sachlich anzuerkennenden Grund erfolgt (vgl. OLG Hamm WRP 1994, 46, zum Abkupfern von Anzeigentexten; die wettbewerbliche Eigenart des Programmschemas einer Fernsehzeitschrift verneint LG Hamburg AfP 1993, 672; zur Nachahmung eines Werbespruchs vgl. BGH ZUM 1997, 556 ff.; *Sosnitza* ZUM 1998, 631 (637)). Deshalb ist der fotomechanische Nachdruck eines gemeinfreien, seit mehreren Jahren vergriffenen Werkes zulässig, wenn ein allgemeines Interesse der Fachwelt an dem Neudruck besteht (vgl. BGH GRUR 1969, 186 (189)). Die Übernahme von Gesetzestexten von einer CD-Rom sieht das OLG München dann nicht als wettbewerbswidrig an, wenn weder über die betriebliche Herkunft des Produktes getäuscht wird, noch falsche Qualitätsvorstellungen erzeugt werden (vgl. OLG München NJW 1997, 1931; siehe hierzu auch *Nordemann/Czychowski* NJW 1998, 1603 (1605)).

Unzulässig ist hingegen die identische Übernahme fremder Werbeprospekte auf fotomechanischem Wege (vgl. OLG Hamburg GRUR 1972, 430; siehe auch OLG Koblenz GRUR 1988, 142 (144) zur Verwendung der von einem Wettbewerber entwickelten Sende-Skizze). Unter dem Gesichtspunkt der unlauteren Annäherung an fremde Kennzeichen ist die Ausnutzung des guten Rufs eines fremden Verlagsprodukts für das eigene Verlagsprodukt auch dann wettbewerbswidrig, wenn die teilweise Übereinstimmung der Zeichen keine Verwechslungsgefahr zur Folge hat (vgl. OLG Hamburg AfP 1998, 640 (642)). Ebenfalls kann die Verwendung einer fremden Kennzeichnung für ein völlig andersartiges Produkt wettbewerbswidrig sein, wenn deren Bekanntheit und guter Ruf für die andersartige Ware verwendbar ist (vgl. LG Köln AfP 1998, 526). So kann die Benennung eines Autors mit einem Zeitschriftentitel („Focus") eine wettbewerbswidrige Rufausnutzung darstellen. Denn der gute Ruf, den die Zeitschrift aus Verbrauchersicht besitzt, etwa in Bezug auf Schnelligkeit, Präzision und Seriosität, kann durch die Übernahme des Namens übertragen werden (vgl. LG Köln AfP 1998, 526).

Voraussetzung für ergänzenden wettbewerbsrechtlichen Leistungsschutz ist jedoch, dass der Inhaber der Kennzeichnung auch außerhalb des Verwechslungsbereichs eine aus Rechtsgründen schützenswerte Rechtsposition innehat (vgl. BGH NJW 1993, 852 (855); diese Rspr. im Hinblick auf die Rundfunkfreiheit bestätigend: BVerfG NJW 1999, 709 ff.).

Die weitgehende Übernahme von Gedanken und Inhalten eines Sachbuches im Rahmen eines achtseitigen Skriptes und die Verbreitung im Internet kann neben der urheberrechtlichen Verletzung auch eine unlautere Behinderung iSd § 4 Nr. 4 UWG darstellen. Denn zum einen entsteht hierdurch die Gefahr der Verhinderung des Vertriebs des Buches, zum anderen werden die Werbe- und Vertriebsaufwendungen des Buchherausgebers ausgebeutet (vgl. OLG Frankfurt a. M. AfP 1998, 417). **12**

Hingegen stellt es ohne Hinzutreten besonderer, die Wettbewerbswidrigkeit begründender Umstände, kein unzulässiges Ausnutzen fremder Leistung dar, wenn ein Immobilienmakler den Chiffredienst einer Tageszeitung, über den Angebote an den Inserenten weitergeleitet werden können, zur Übermittlung allgemeiner Werbung ohne Bezug zur Anzeige einsetzt (vgl. BGH AfP 1989, 731, aA OLG München NJW-RR 1987, 1133).

In der früheren Rechtsprechung wurde im Hinblick auf Datenbanken ein wettbewerbsrechtliches Leistungsschutzrecht zuerkannt (vgl. BGH GRUR 2009, 923). Dies dürfte inzwischen seit der Einführung des sui-generis-Schutzrechts des § 87a ff. UrhG überholt sein, da nun kein Bedarf mehr für einen ergänzenden Leistungsschutz nach UWG besteht (vgl. Ohly/Sosnitza/*Ohly* UWG § 4 Rn. 3/43).

V. Weitere Formen der Ausbeutung von Mitbewerbern, gezielte Behinderung

Das Ausbeuten von Mitbewerbern kann über das unlautere Nachmachen fremder Produkte auch andere Bereiche des fremden Unternehmens betreffen: Auch das Abspenstigmachen von Mitarbeitern und Kunden kann eine Form der Ausbeutung des Unternehmens eines Mitbewerbers darstellen. Sie kann unter den Tatbestand der gezielten Behinderung von Mitbewerbern nach § 4 Nr. 4 UWG fallen. Von Hause aus ist dieses „Ausspannen" nicht unlauter, denn es entspricht dem Wesen des freien Wettbewerbs (vgl. BGH GRUR 2002, 548 (549)). Dies gilt auch dann, wenn die Abwerbung bewusst und planmäßig erfolgt (vgl. BGH NJW 1986, 2053; Köhler/Bornkamm/Feddersen/*Köhler* UWG § 4 Rn. 4.103 ff.). Erst das Hinzutreten besonderer, die Unlauterkeit begründender Umstände kann das Ausspannen von Kunden und Mitarbeitern zu einem Wettbewerbsverstoß werden lassen. **13**

a) Das Ausspannen fremder *Betriebsangehöriger* kann durch die angewandten Mittel oder den erstrebten Erfolg unlauteren Charakter erhalten. So ist das Ausspannen durch Verleitung zum Vertragsbruch grundsätzlich unlauter (vgl. BGH GRUR 1999, 367; NJW 1961, 1308), allerdings nicht das bloße Ausnutzen des Vertragsbruches (vgl. BGH GRUR 2007, 800). Die Rechtsprechung hält die bloße Anwerbung fremder Beschäftigter – ohne deren Verleitung zum Vertragsbruch – grundsätzlich für zulässig (vgl. BGH GRUR 2006, 426; NJW 2004, 2080; Köhler/Bornkamm/Feddersen/*Köhler* UWG § 4 Rn. 4.103 ff.). Ein Anruf am Arbeitsplatz zur ersten Kontaktaufnahme ist für zulässig erachtet worden (vgl. BGH GRUR 2006, 426; NJW 2004, 2080). Planmäßiges Ausspannen von fremden Beschäftigten ist nur dort unlauter, wo dies zu einer geplanten ernsthaften Beeinträchtigung des Geschäftsbetriebs des Konkurrenten führt (vgl. BGH GRUR 1966, 263 (266); OLG Brandenburg WRP 2007, 1368).

b) Das Ausspannen von *Kunden* ist auch in planmäßiger Form nicht unlauter (vgl. BGH GRUR 2002, 548; NJW 1986, 2053). Hier müssen besondere, verschärfende Momente wie eine Verleitung zum Vertragsbruch oder die Anschwärzung des Mitbewerbers beim Kunden hinzutreten. Früher wurde es als wettbewerbswidrig eingeordnet, wenn ein Verlag den Beziehern von Fachzeitschriften bei der Kündigung gegenüber einem anderen Verlag durch Vorlage von bereits gefertigten Kündigungsschreiben Dritter, Adressierung und Absendung dieser dann übernommenen Kündigungsschreiben hilft (vgl. OLG Nürnberg NJW-RR 1991, 233). Dies dürfte für das alleinige Vorbereiten und Vorlegen eines Kündigungsschreibens inzwischen überholt sein, wenn nicht weitere unlautere Umstände hinzutreten (vgl. BGH GRUR 2005, 603; Ohly/Sosnitza/*Ohly* UWG § 4 Rn. 4.54). **14**

Verbreitet ein Mitbewerber unter Kunden seines Konkurrenten die unrichtige Mitteilung, für Abonnenten einer Zeitschrift bestehe wegen des Verlustes des Status als Verbandszeitschrift keine Annahme- und Zahlungsverpflichtung mehr, so liegt ein wettbewerbswidriges Ausspannen vor. Die Sittenwidrigkeit ergibt sich hierbei aus den Gesichtspunkten der Irreführung sowie des

Verleitens zum Vertragsbruch (vgl. OLG Stuttgart AfP 1998, 321 (323)). Nicht unlauter ist hingegen die Versendung eines Rundschreibens, in welchem Redaktionsmitglieder einer Zeitschrift ihr Ausscheiden mitteilen und zugleich auf eine von ihnen geplante neue Zeitschrift hinweisen (vgl. OLG Hamburg ZUM 1998, 1038). Ebenso verneint hat der BGH ein unlauteres Abfangen von Kunden durch Schaffung einer Domain im Internet, die Bezug auf die Leistungserbringung eines anderen Unternehmens im Domainnamen genommen hat (vgl. BGH NJW 2001, 3262, zu www.mitwohnzentrale.de). Ein unlauteres Abwerben liegt nur vor, wenn der Werbende sich gewissermaßen zwischen die Kunden und den Mitarbeiter stellt, nicht aber wenn er den Kunden des Mitbewerbers Angebote macht (vgl. Köhler/Bornkamm/Feddersen/*Köhler* UWG § 4 Rn. 4.103 ff.).

15 3. Weiterhin kann auch das *Ausnutzen des Vertragsbruchs* eines anderen unlauter iSd UWG sein. Anders als ein aktives *Verleiten zum Vertragsbruch* ist das bloße Ausnutzen nur dann wettbewerbswidrig, wenn hierzu besondere Umstände hinzutreten (vgl. BGH GRUR 2007, 800; KG Berlin NJWE-WettbR 1998, 269; 270; Köhler/Bornkamm/Feddersen/*Köhler* UWG § 4 Rn. 4.109). Ein solcher Umstand der Sittenwidrigkeit kann darin liegen, dass ein Presseorgan in Kenntnis der von einer Person eingegangenen Verpflichtung zur exklusiven Information eines Konkurrenten seinerseits ein Exklusivinterview führt und veröffentlicht (vgl. OLG Hamburg NJWE-WettbR 1999, 54). Denn obgleich die Kenntnis vom Bestehen einer anderweitigen Bindung nicht für einen Wettbewerbsverstoß ausreicht, ist die Missachtung einer *Ausschließlichkeitsbindung* grundsätzlich als negativ zu bewerten (vgl. OLG Hamburg NJWE-WettbR 1999, 54 (56); zu Exklusivverträgen auch → Kap. 7 Rn. 5).

Ebenso handelt ein Zeitungsherausgeber wettbewerbswidrig, welcher einen Verstoß der staatlichen Verwaltung gegen den Grundsatz der Gleichbehandlung von Presseorganen ausnutzt (vgl. KG Berlin NJW 1998, 3573). Verschafft eine Behörde (hier: Senatsverwaltung) einem Verlag die Möglichkeit, den Mietspiegel einer Stadt „exklusiv" als Zeitungsbeilage herauszubringen, so stärkt sie dessen Situation im Wettbewerb in unzulässiger Weise. Nutzt der Verlag einen solchen Verstoß gegen den Gleichbehandlungsgrundsatz, so ist diese Beteiligung an der rechtswidrigen Handlungsweise wettbewerbswidrig (vgl. KG Berlin NJW 1998, 3573).

16 4. Der Begriff *Behinderungswettbewerb* umfasst alle Wettbewerbshandlungen, die sich gegen die freie wirtschaftliche Betätigung von Mitbewerbern richten. Sie sind zulässig, soweit sie sich im Rahmen des lauteren Wettbewerbs halten, was vor allem dort zu bejahen ist, wo es um die Abwehr fremder Eingriffe geht, so zB bei der Vereinbarung mit dem Hausbesitzer, an die Konkurrenz keine Räumlichkeiten zu vermieten. Unter dem Gesichtspunkt der wettbewerbswidrigen Behinderung ist es jedoch einem Presseerzeugnis untersagt, Urteile mit vollem Wortlaut einschließlich Namen und Anschriften der Parteien bekannt zu machen, wenn die Veröffentlichung die unterlegene Partei in ihrem geschäftlichen Betrieb zu schädigen geeignet ist und wenn hierdurch die Wettbewerbsposition der obsiegenden Partei gestärkt werden soll (vgl. OLG Hamm MMR 2008, 750, OLG Karlsruhe WRP 1989, 40).

VI. Der Behinderungswettbewerb. Der Boykott

17 1. Der Boykottaufruf ist eine gezielte Behinderung des betroffenen Mitbewerbers im Wettbewerb. Unter Boykott versteht man den organisierten Ausschluss des Boykottierten vom Geschäftsverkehr durch eine Boykottaufforderung seitens des Boykottierers an die Boykotthelfer (Adressaten). Wesentlich für den Tatbestand des Boykotts ist die Dreizahl der Beteiligten: Boykottierer (Verrufer), Boykotthelfer (Adressaten) und Boykottierter (vgl. BGH NJW 1956, 341; 1984, 60; 1984, 62; Köhler/Bornkamm/Feddersen/*Köhler* UWG § 4 Rn. 4.119 ff.).

Im Einzelnen gilt für die Zulässigkeit von Boykottmaßnahmen:

18 a) Der Boykott verstößt als Wettbewerbsmaßnahme grundsätzlich gegen die Lauterkeit des Wettbewerbs, denn der Boykottierer versucht hierbei, durch Absperrung des Mitbewerbers vom Markt einen Vorteil zu erlangen. Anstatt durch Leistung zu überzeugen, verhindert er den Leistungsvergleich. Er ist das Musterbeispiel einer gezielten Behinderung. Mit Recht hat der BGH (AfP 1960, 137) in dem Versuch eines Filmtheaterverbandes, durch Anzeigensperre die negative Filmkritik einer Tageszeitung zu unterbinden, einen Verstoß gegen § 1 UWG aF erblickt. Sendet der Verleger eines Anzeigenblattes seinen Lesern einen für deren Briefkästen

vorgesehenen Aufkleber zu, der dazu auffordert, keinerlei Werbung außer dem Anzeigenblatt des Verlegers einzuwerfen, so stellt dies ebenfalls einen unzulässigen Boykottaufruf bzw. eine gezielte Behinderung dar (vgl. OLG Brandenburg AfP 2016, 79; OLG Stuttgart NJWE-WettbR 1999, 97).

b) Je nach der Art des Boykotts und den Umständen des Einzelfalles kommen neben den **19** Bestimmungen des Wettbewerbsrechts auch die Vorschriften des *Kartellrechts* (§ 21 GWB) und des *bürgerlichen Rechts* (§§ 823, 826 BGB) zum Zug. Eine Sperre, bei der es an der Dreizahl der Beteiligten fehlt, ist kein Boykott (vgl. BGH GRUR 1960, 505, Ohly/Sosnitza/*Ohly* UWG § 4.10 Rn. 4/89). Hier liegt eine Liefer- oder Bezugssperre vor, eine nur boykottähnliche Handlung, die zwar auch eine gezielte Behinderung iSd § 4 Nr. 4 UWG darstellen kann, die aber möglicherweise eher gerechtfertigt werden kann (vgl. Ohly/Sosnitza/*Ohly* UWG § 4.10 Rn. 4/89). Insbesondere im Hinblick auf den Pressevertrieb stellen sich bei Liefer- bzw. Bezugssperren aber Fragen nach der kartellrechtlichen Zulässigkeit (hierzu → Kap. 85 Rn. 21).

c) Ausnahmsweise gilt der Boykott dort als zulässig, wo er als *Abwehrmaßnahme* gegen einen **20** rechtswidrigen Angriff erforderlich erscheint (vgl. Köhler/Bornkamm/Feddersen/*Köhler* UWG § 4 Rn. 4.125). So wurde die Zulässigkeit des Boykotts gegenüber Versuchen bejaht, das von den Verbänden des Buchhandels geschützte System des festen Ladenpreises zu durchbrechen (vgl. BGH GRUR 1959, 244) In der Regel wird ein Boykott jedoch nicht das schonendste Mittel sein und über das hinausgehen, was zur Wahrnehmung berechtigter Interessen unbedingt geboten ist. Außerdem dürfen wiederum keine Dritten instrumentalisiert werden, um den Boykott wirksam werden zu lassen (vgl. hierzu BGH GRUR 1984, 461 (463); Köhler/Bornkamm/Feddersen/*Köhler* UWG § 4 Rn. 4.125).

d) Umstritten ist die vor allem für die Presse bedeutsame Frage, ob ein Boykott aus *ideologischen* **21** Gründen zulässig ist. Eine Boykottaufforderung ist auch eine kommerzielle Meinungsäußerung und vom Grundrecht der Meinungs- und Pressefreiheit erfasst. Auch das Verbot zum Boykottaufruf nach § 4 Nr. 4 UWG ist demnach eine Einschränkung von Art. 5 Abs. 1 GG, die in einer individuellen Interessenabwägung gerechtfertigt sein muss. Für zulässige Boykottaufrufe hat das Bundesverfassungsgericht in einer Entscheidung zum Aufruf der Tageszeitung taz gegenüber der Neuen Heimat die Mietzahlungen zu sperren (vgl. BVerfG NJW 1989, 381 [zu BGH NJW 1985, 1620]) drei Voraussetzungen aufgestellt: Zunächst darf der Boykottaufruf nicht eigenen wirtschaftlichen Interessen, sondern muss einer *Angelegenheit von öffentlicher Bedeutung dienen.* Der Aufrufende muss also aus Sorge um politische, wirtschaftliche, soziale oder kulturelle Belange der Allgemeinheit handeln. Indiz hierfür ist auch, ob die Aufforderung in einer Weise geäußert wird, die geeignet ist, auf die öffentliche Meinung einzuwirken oder ob der Boykottaufruf nur einer kleinen Fachöffentlichkeit bekannt wird (vgl. Köhler/Bornkamm/Feddersen/*Köhler* UWG § 4 Rn. 4.123). Weiterhin müssen Ziel des Boykottaufrufes und wirtschaftliche Folgen für den Boykottierten verhältnismäßig sein. Hier spielt auch das Vorverhalten des Betroffenen eine Rolle in der Abwägung. Schließlich muss sich der Boykottaufruf auf Mittel beschränken, die den geistigen Kampf der Meinungen gewährleisten und darf nicht allein im Ausüben wirtschaftlichen Drucks bestehen, der die Entscheidungsfreiheit faktisch unterdrückt.

2. Auch wenn die Presse selbst zum Boykott gegenüber anderen Presseunternehmen oder **22** gegen Medienkonkurrenten aufruft, ist in die Beurteilung der Unlauterkeit des Boykottaufrufs das Grundrecht des Art. 5 Abs. 1 GG einzubeziehen. Auch die Aufforderung, eigene Gegner vom Geschäftsverkehr abzusperren, kann eine von der Pressefreiheit geschützte Form der Meinungsäußerung sein (vgl. BVerfG NJW 1983, 1182; BGH GRUR 1980, 242 f.). Die Abwägung muss ebenfalls im konkreten Einzelfall erfolgen.

a) Die Aufforderung eines Presseorgans zum kollektiven Vertragsbruch ist von der Meinungs- **23** und Pressefreiheit nicht gedeckt (vgl. BGH NJW 1985, 1620). Ein Politiker, der die Inserenten eines Anzeigenblatts schriftlich auffordert, ihr Anzeigenverhalten angesichts der redaktionellen Linie dieses Blatts zu überdenken, handelt rechtswidrig, wenn er gleichzeitig ankündigt, seine politischen Freunde und er selbst würden bei den Inserenten nicht mehr kaufen, wenn diese ihre Insertionspraxis nicht änderten (vgl. OLG Düsseldorf AfP 1985, 214; *Kübler* AfP 1973, 405).

Dagegen hat das LG Köln es für zulässig erachtet, dass eine Konzertagentur einer anderen dringend angeraten hatte, eine rechtsradikale Popgruppe nicht auftreten zu lassen (vgl. LG Köln GRUR 1994, 741).

24 b) Ein Branchenmagazin, das Einzelhändler zu einer „Denkzettelaktion" gegenüber Herstellern aufrief, die Großmärkten hohe Rabatte gewähren, wurde zur Unterlassung verurteilt. Denn der Boykott diente primär den Wettbewerbsinteressen der Einzelhändler und war mit unzulässigem wirtschaftlichem Druck auf die Hersteller verbunden (vgl. BGH GRUR 1980, 242 f., bestätigt durch BVerfG NJW 1983, 1181 f.). Da bereits mittelbarer Druck ausreicht, wurde schon die in redaktioneller Berichterstattung enthaltene konkrete Aufforderung, billiger einzukaufen, verbunden mit dem Nachweis billigerer Bezugsmöglichkeiten, als unlauter eingestuft (vgl. OLG Frankfurt a. M. AfP 1982, 228).

76. Kapitel. Vergleichende Werbung. Warentests (§ 6 UWG)

I. Die vergleichende Werbung

1 Jeder Werbetreibende ist bestrebt, sein Angebot gegenüber anderen Anbietern abzugrenzen und die Vorzüge seiner Produkte oder Dienstleistungen hervorzuheben. Insbesondere bei Marktneuheiten ist die Motivation hoch, Vergleiche zu eingeführten Angeboten zu ziehen. *Vergleichende Werbung* hat ihre Berechtigung deshalb insbesondere im Leistungswettbewerb, wenn sie zu einer besseren Information der Verbraucher beiträgt. Sie ist grundsätzlich in der Lage, eine Lücke im Informationsfluss zu füllen (vgl. *Funke* WM 1997, 1472 (1473)). Dennoch wurde die *vergleichende Werbung,* bei der die eigene Ware oder Leistung dem Angebot eines oder mehrerer bestimmter Mitbewerber gegenübergestellt wird, lange Zeit als grundsätzlich unlauter angesehen und war bis zum Erlass der EG-Richtlinie zur vergleichenden Werbung (97/55/EG) grundsätzlich unzulässig (vgl. zur Historie Köhler/Bornkamm/Feddersen/*Köhler* UWG § 6 Rn. 1 ff.).

2 1. Dabei ging die Rechtsprechung früher von der Annahme aus, dass niemand in eigener Sache die erforderliche Objektivität der Beurteilung besitzt und sich ein Urteil über andere anmaßen dürfe. Nur in wenigen, klar abgegrenzten Ausnahmefällen wurde die vergleichende Werbung als zulässig anerkannt (vgl. Ohly/Sosnitza/*Ohly* UWG § 6 Rn. 4). In engen Grenzen durften vergleichenden Angaben gemacht werden, zwingend war auf die Wahrheit der Aussagen zu achten. Aber selbst wenn dies gesichert war, musste ein hinreichender Anlass für den Vergleich bestehen (vgl. BGH GRUR 1996, 983; 1997, 304; *Gloy/Bruhn* GRUR 1998, 226 (229)). Dies galt gleichermaßen für den so genannten Abwehrvergleich, welcher der Abwehr eines Angriffs durch einen Mitbewerber diente, sowie für den notwendigen Vergleich. Dieser war für den Werbetreibenden erforderlich, um den Fortschritt seines Leistungsangebotes gegenüber dem bisherigen Markt darzustellen. Auch das Bedürfnis nach sachgemäßer Aufklärung (vgl. BGH GRUR 1976, 375 (376)) und ein ausdrückliches Auskunftsverlangen des Kunden konnten hinreichende Anlässe darstellen. War schließlich ein hinreichender Anlass zu einer vergleichenden Werbung gegeben, so durfte der Werbende als dritte Hürde zudem nicht die Grenze des Erforderlichen überschreiten (vgl. BGH NJW-RR 1997, 425; *Plassmann* GRUR 1996, 377). Die strenge Haltung der Rechtsprechung wurde mit den Jahren leicht gelockert. Die Stimmen – welche einen Übergang vom Verbots- zum Missbrauchssystem forderten – gewannen zunehmend an Gewicht (vgl. Ohly/Sosnitza/*Ohly* UWG § 6 Rn. 4).

3 2. Die Richtlinie 97/55/EG des Europäischen Parlamentes und des Rates vom 6.10.1997 zur Änderung der Richtlinie 84/450/EWG über irreführende Werbung zwecks Einbeziehung der vergleichenden Werbung (ABl. 1997 L 290, S. 18; siehe auch GRUR 1998, 117 ff.) machte schließlich eine gesetzliche Regelung zur Zulässigkeit vergleichender Werbung notwendig. Einen Spielraum für nach deutscher Rechtsprechung gebotene Sonderregeln ließ diese Richtlinie nicht zu. Obwohl für die Umsetzung der Richtlinie eine Frist von 30 Monaten vorgesehen war, nahm die Rechtsprechung das Signal an und wartete nicht das Handeln des Gesetzgebers ab. Vielmehr nutzte der BGH in der grundlegenden Entscheidung vom 5.2.1998 (BGH NJW 1998, 2208) die Gelegenheit, mit der bisherigen Linie zu brechen und § 1 UWG aF richtlinienkonform auszulegen (siehe auch BGH NJW 1998, 3561; 1999, 948). Mit dem Gesetz zur vergleichenden Werbung vom 1.9.2000 (BGBl. 2000 I S. 1374) wurde § 2 UWG aF geschaffen, der mit der Novelle 2004 mehr oder weniger unverändert in § 6 UWG übernommen wurde. Bei der Umsetzung der UGP-Richtlinie in der Novelle 2008 wurde der Wortlaut des § 6

geringfügig verändert sowie die Sonderregelung für Vergleiche mit Sonderangeboten ersatzlos gestrichen (vgl. Köhler/Bornkamm/Feddersen/*Köhler* UWG § 6 Rn. 8). Seit der UWG Novelle 2015 muss aufgrund des Wegfalls des Spürbarkeitselements in Artikel § 3 Abs. 1 UWG (vgl. Kap. 75 Rn. 2) keine spürbare Beeinträchtigung von Mitbewerbern, Verbrauchern und sonstigen Marktteilnehmern durch einen Verstoß gegen die Vorgaben des § 6 UWG zur vergleichenden Werbung mehr geprüft werden (Köhler/Bornkamm/Feddersen/*Köhler* UWG § 6 Rn. 8). Weitere Änderungen zu den Vorgaben für lautere vergleichende Werbung wurden in der Novelle 2015 nicht vorgenommen.

3. Der Begriff der vergleichenden Werbung ergibt sich aus der Legaldefinition des § 6 Abs. 1 **4**
UWG. Es wird diejenige Werbung darunter verstanden, *„die unmittelbar oder mittelbar einen Mitbewerber oder die von einem Mitbewerber angebotenen Waren oder Dienstleistungen erkennbar macht".* Die Definition erfasst damit alle Fallgruppen der kritisierenden, ablehnenden und persönlichen vergleichenden Werbung (vgl. Erwägungsgrund 6 der Richtlinie 97/55/EG, RegBegründung, WRP 2000, 555 (559)). Nicht erforderlich ist es, den Mitbewerber ausdrücklich zu benennen Es genügt, dass ein nicht unerheblicher Teil der angesprochenen Verkehrskreise auf Grund besonderer Umstände den oder die vom Vergleich betroffenen Mitbewerber oder deren Produkte eindeutig erkennen kann (vgl. EuGH GRUR 2007, 511; Ohly/Sosnitza/*Ohly* UWG § 6 Rn. 31

Werbung von Presseverlagen mit Leseranalysen im Kampf um Anzeigenkunden stellt regelmäßig einen Fall vergleichender Werbung dar (vgl. OLG Frankfurt a. M. AfP 2006, 166) und muss auch unter dem Gesichtspunkt der vergleichenden Werbung untersucht werden. Gleichwohl dürfte eine unlautere Werbung mit Leseranalysen eher den Bereich Irreführung betreffen (hierzu Kap. 77).

Der Tatbestand einer vergleichenden Werbung kann auch erfüllt sein, wenn der Vergleich *auch* subjektive Wertungen enthält, sich also nicht primär auf nachprüfbare objektive Eigenschaften bezieht (vgl. *Berlit* BB 2000, 1305 (1307)). Bedeutsam ist allerdings, dass die *Werbeaussage zum Ziel* hat, *Alternativen aufzuzeigen* und damit die Kaufentscheidung zu beeinflussen (vgl. BGH GRUR 2002, 75; OLG Stuttgart NJW-RR 1999, 266 (267)). Dies soll zum einen die Fälle der Rufschädigung und schlichten Anschwärzung als auch die Anlehnung an den Ruf Dritter von der Privilegierung des § 6 UWG heraushalten. Die Zulässigkeit solcher Wettbewerbshandlungen bemisst sich nach den allgemeinen Regelungen, insbesondere § 4 Nr. 1 bzw. 2 UWG (ausführlich dazu Ohly/Sosnitza/*Ohly* UWG § 6 Rn. 17 f.).

4. Als unlauter ist eine vergleichende Werbung zu bezeichnen, wenn mindestens eines der in **5**
§ 6 Abs. 2 UWG. niedergelegten Verbotsmerkmale einschlägig ist (vgl. Ohly/Sosnitza/*Ohly* UWG § 6 Rn. 39). Diese beziehen sich auf den Vergleich als solchen. Die *irreführende* vergleichende Werbung ist dagegen nicht in § 6 Abs. 2 UWG geregelt, sondern gehört zu den Tatbeständen der irreführenden Werbung, die in § 5 Abs. 2 und Abs. 3 Alt. 1 UWG erfasst werden (siehe zu irreführende Werbung Kap. 77). Nach § 6 Abs. 2 Nr. 1 UWG muss sich ein Vergleich – um zulässig zu sein – auf *Waren und Dienstleitungen für den gleichen Bedarf bzw. dieselbe Zweckbestimmung* beziehen. Eine Ausnahme über den Wortlaut hinaus kann bei funktionsidentischen Produkten gemacht werden, wenn sich die Waren für den Verbraucher als ein Substitut darstellen (vgl. EuGH GRUR 2007, 511; BGH GRUR 1999, 501 (502); ablehnend für Taxi – Mietwagen OLG Köln GRUR-RR 2019, 30; Ohly/Sosnitza/*Ohly* UWG § 6 Rn. 43).

Gemäß § 6 Abs. 2 Nr. 2 UWG kommt es außerdem darauf an, ob sich der Vergleich objektiv auf eine oder mehrere *wesentliche, relevante, nachprüfbare und typische Eigenschaften oder den Preis* bezieht (zu Preisvergleichen siehe BGH NJW 1998, 3561, zur Gleichwertigkeit von Produkten OLG Frankfurt a. M. WRP 2017, 96). Damit soll eine Irreführung der Verbraucher verhindert werden, was freilich nicht dazu zu führen hat, dass der Verbraucher selbst jeden Vergleich nachvollziehen können muss. Es kommt nach der gesetzlichen Begründung darauf an, dass der Vergleich eines Nachweises zugänglich ist (vgl. Amtl. Begr., BT-Drs. 14/2559, 11).

Im Tatbestand des § 6 Abs. 2 Nr. 3 UWG geht es sodann um den Schutz vor Verwechslungen als Folge der vergleichenden Werbung. Die Norm zieht dabei die Kennzeichen der Wettbewerber mit ein, über die nicht getäuscht werden darf. Der Begriff des Kennzeichens wurde aus § 1 MarkenG übernommen und umfasst Marken, geschäftliche Bezeichnungen und geographische Herkunftsangaben (vgl. Ohly/Sosnitza/*Ohly* UWG § 6 Rn. 58). Die Verwendung einer fremden Marke in einer nach § 6 Abs. 2 UWG zulässigen vergleichenden Werbung begründet keine Markenrechtsverletzung (vgl. OLG Brandenburg GRUR-Prax 2011, 279 Ls.).

6 Des Weiteren ist vergleichende Werbung dann unlauter, wenn es zu einer *Rufausbeutung und Rufbeeinträchtigung im Zusammenhang mit markenrechtlichen Kennzeichen* des Wettbewerbers kommt (§ 6 Abs. 2 Nr. 4 UWG). Bei diesem Tatbestand müssen über die bloße Nennung des Kennzeichens hinaus, weitergehende Umstände hinzutreten, die den Ruf des Kennzeichens des Mitbewerbers in unangemessener Weise beeinträchtigen (vgl. BGH GRUR 2019, 632; 2015, 1136; 2007, 896; 2004, 607 (611); 1999, 501). Der Werbende darf auf das fremde Kennzeichnen in für den Vergleich geeigneter, erforderlicher und angemessener Weise Bezug nehmen, um auf den Bestimmungszweck des beworbenen Produkts hinzuweisen (BGH GRUR 2019, 631; BGH GRUR 2015, 1136, vgl. auch Ohly/Sosnitza/*Ohly* UWG § 6 Rn. 63).

7 Verboten ist nach § 6 Abs. 2 Nr. 5 UWG vergleichende Werbung, wenn der Vergleich die Waren, Dienstleistungen, Tätigkeiten oder persönlichen oder geschäftlichen Verhältnisse eines Mitbewerbers herabsetzt oder verunglimpft. Da auch jeder kritische Vergleich den Mitbewerber negativ darstellt und damit beinahe jede vergleichende Werbung unzulässig wäre, müssen über den Werbevergleich hinaus Umstände hinzutreten, die den Vergleich in unangemessener Weise abfällig, abwertend oder unsachlich erscheinen lassen, allein die Verwendung von Ironie zu Lasten des Wettbewerbers ist hierfür nicht ausreichend (vgl. BGH GRUR 2019, 631; 2002, 72 (73)). Herabsetzen iSd § 6 Abs. 2 Nr. 5 UWG bedeutet deshalb ein Mindern der Wertschätzung in den Augen der Werbeadressaten (vgl. Ohly/Sosnitza/*Ohly* UWG § 6 Rn. 66; Köhler/Bornkamm/Feddersen/*Köhler* UWG § 6 Rn. 166). Die Verunglimpfung ist hierzu eine Steigerungsform, die keine eigenständige Bedeutung hat (vgl. Ohly/Sosnitza/*Ohly* UWG § 6 Rn. 66; Köhler/Bornkamm/Feddersen/*Köhler* UWG § 6 Rn. 166).

8 Bei humorvoller vergleichender Werbung muss ähnlich wie im Äußerungsrecht die Kernaussage herausgeschält werden. Ist diese nicht herabsetzend, liegt kein Verstoß gegen § 6 Abs. 2 Nr. 5 UWG vor, so der BGH hinsichtlich des Spots der Tageszeitung taz „Gib mal Zeitung", der sich eines humoristischen Vergleichs mit der Bildzeitung bedient (vgl. BGH GRUR 2010, 161, vgl. umfassend zur vergleichenden Werbung mit Humor *Freytag* GRUR-Prax 2009, 1). Der lauterkeitsrechtlich zulässige Humor ist nicht auf feine Ironie und leisen Humor beschränkt, er darf auch laut und krawallig sein solange er den Wettbewerber nicht dem Spott oder der Lächerlichkeit preisgibt (vgl. BGH GRUR 2019, 631). Zudem muss deutlich werden, dass es sich um eine überzeichnete humorvolle Darstellung handelt und nicht als wörtliche Aussage und damit tatsächliche Abwertung vom Zuschauer aufgefasst werden (vgl. BGH GRUR 2019, 631).

Auch bei nicht humoristischer vergleichender Werbung muss über den kritischen Werbevergleich hinaus ein abwertendes Element hinzutreten, um unlauter zu sein (vgl. BGH GRUR 2019, 644).

9 Ein letzter Tatbestand, nach dem eine vergleichende Werbung als unlauter zu bezeichnen ist, ergibt sich schließlich aus § 6 Abs. 2 Nr. 6 UWG. Im Rahmen der Werbung darf nicht mit Imitation oder Nachahmung von Kennzeichen der Wettbewerber auf deren Waren und Dienstleistungen Bezug genommen werden. Der Tatbestand ist restriktiv auszulegen, um zu verhindern, dass den Verbrauchern wertvolle Informationen im Hinblick auf die Vergleichbarkeit von Produkten vorenthalten werden (vgl. BGH GRUR 2008, 628 [Rn. 25]). Entsprechend muss es sich um eine erkennbare Darstellung der beworbenen Produkte als Imitation oder Nachahmung handeln. Ist eine Transferleistung des Kunden nötig, um die Nachahmung zu erkennen, ist der Tatbestand des § 6 Abs. 2 Nr. 6 UWG nicht erfüllt (vgl. *Köhler* GRUR-RR 2008, 145 (151)).

10 5. Fehlen die Voraussetzungen der §§ 6 Abs. 1 und 2 UWG, so kann eine Werbemaßnahme mit allgemeinen vergleichenden Elementen, die keinen bestimmbaren Mitbewerber betreffen auch aus anderen Gründen unzulässig sein (vgl. BGH GRUR 2002, 982.).

a) Die Regelungen des § 6 Abs. 2 UWG stellen für die Bewertung von vergleichender Werbung eine abschließende Regelung dar. Aus § 3 UWG dürfen daher weder strengere noch mildere Maßstäbe hergeleitet werden (vgl. Köhler/Bornkamm/Feddersen/*Köhler* UWG § 6 Rn. 13). Enthält die Werbung jedoch keinen Vergleich iSd § 6 UWG, weil der Vergleich so allgemein gehalten ist, dass es an einer Gegenüberstellung fehlt, ist § 3 UWG unmittelbar als Beurteilungsmaßstab heranzuziehen. Es sind aber dennoch die Wertungen des § 6 Abs. 2 UWG zu beachten, die nicht überschritten werden dürfen (vgl. OLG Saarbrücken GRUR-RR 2008, 312).

b) Im Hinblick auf *Äußerungen in der Presse* gilt Folgendes: Die Unterrichtung der Verbraucher über wirtschaftliche Angelegenheiten und damit über wettbewerbliche Sachverhalte gehört zu ihrer öffentlichen Aufgabe (vgl. BGH NJW 1964, 1181; GRUR 1966, 635). *Kritische Berichterstattung und kritische Leistungsvergleiche* insbesondere zum Zwecke der Verbraucherinformation gehören zum Wettbewerb und müssen von Unternehmen hingenommen werden, soweit sie in Form sachlicher Kritik veröffentlicht werden (vgl. BGH NJW 1998, 2141; Köhler/Bornkamm/Feddersen/*Köhler* Einl. UWG Rn. 7.30). Sofern durch die Äußerung einzelne Wettbewerber in ihrer Geschäftsehre angegriffen werden, sind Pressefreiheit und Wettbewerberschutz durch verfassungskonforme Auslegung des Merkmals der Unlauterkeit zum Ausgleich zu bringen (vgl. BGH NJW 1968, 1419, OLG Frankfurt a. M. NJW 1990, 2002). Zwar ist bei wettbewerbsbezogenen Äußerungen der Rahmen zulässiger vergleichender Kritik im Allgemeinen enger zu ziehen als außerhalb des Wettbewerbs (vgl. BGH NJW 1963, 1871). Der Bereich zulässiger Kritik ist jedoch umso weiter, je stärker das Aufklärungsinteresse der Verbraucher in den Vordergrund tritt (vgl. Köhler/Bornkamm/Feddersen/*Köhler* Einl. UWG Rn. 7.30). **11**

c) Ob ein *ernsthaftes Informationsinteresse* bejaht werden kann, hängt vom Gegenstand der Information ab. Unrichtige Tatsachen sind nie schützenswert. Als zulässig erkannt wurde die Mitteilung über unlautere Geschäftspraktiken eines Wettbewerbers (vgl. BGH NJW 1968, 1419) oder über Missstände in einem Gewerbezweig, vor denen die Allgemeinheit gewarnt werden soll (vgl. BVerfG NJW 1982, 2655; *Beater* ZUM 2005, 602 (605)). Dabei rechtfertigt das Informationsinteresse auch konkrete Angaben (zB Namen) zu den kritisierten Sachverhalten (vgl. OLG Düsseldorf AfP 1987, 418) oder die Wiedergabe kritischer Wertungen Dritter (vgl. BGH GRUR 1969, 624 (627)). Kein öffentliches Interesse besteht dagegen an Mitteilungen, deren Bedeutung sich auf die individuelle Auseinandersetzung zweier Wettbewerber beschränkt (vgl. OLG Frankfurt a. M. GRUR 1982, 739; BGH AfP 1985, 29 (30 f.)). **11a**

d) Sofern kein hinreichender Anlass vorliegt, ist es unzulässig, zu Wettbewerbszwecken auf persönliche Verhältnisse eines Mitbewerbers hinzuweisen (*persönliche vergleichende Werbung;* vgl. Köhler/Bornkamm/Feddersen/*Köhler* UWG § 6 Rn. 180), etwa durch die Mitteilung „ist vorbestraft", „hat schon Konkurs gemacht", „Ausländer", auch wenn die Tatsachen wahr sind. **12**

e) *Werturteile* unterliegen als Meinungsäußerungen ebenfalls immer dem Grundrechtsschutz aus Art. 5 GG. Es spricht insoweit eine Vermutung für die freie Rede (vgl. *Ullmann* GRUR 1996, 948 (951)). Werturteile, die zu Wettbewerbszwecken abgegeben werden und darauf abzielen, den Wettbewerber zu diffamieren, haben jedoch keinen Informations- oder Meinungsbildungseffekt (vgl. BVerfG NJW 1992, 1153). Hier überwiegt daher das Schutzinteresse der Wettbewerber und führt zur Unzulässigkeit der Äußerung (vgl. OLG Köln WRP 1986, 169). Entscheidend ist auch hier die Abwägung im Einzelfall, ob das abgegebene Werturteil vom Grundrecht der Meinungsäußerungs- und Pressefreiheit (Art. 5 Abs. 1 GG) gedeckt ist (vgl. Köhler/Bornkamm/Feddersen/*Köhler* Einl. UWG Rn. 729). **13**

II. Veröffentlichung von Warentests

Ein Sonderfall kritischer vergleichender Beurteilung von Waren oder Leistungen ist der Warentest. Er kann in einem Einzeltest oder in einem mehrere Waren vergleichenden Test bestehen. Zweck eines Warentests ist es, die Verbraucher über Eigenschaften und Preiswürdigkeit der angebotenen Waren zu informieren (vgl. Köhler/Bornkamm/Feddersen/*Köhler* UWG § 6 Rn. 195 f.). Ein Warentest erfordert einen gewissen methodischen Aufwand sowie Neutralität und Sachkunde des Testenden, um ein objektives Ergebnis zu erzielen. Eine bloße Kundenbefragung stellt keinen Warentest dar (vgl. *Nieschalk* NJ 2018, 269). Die Veröffentlichung von Warentests ist zulässig, wenn die dem Bericht zugrunde liegenden Untersuchungen neutral, objektiv und sachkundig und im Bemühen um objektive Richtigkeit vorgenommen worden sind (vgl. BGH NJW 1989, 1932). Das Ergebnis muss jedoch vertretbar sein. Nicht hinzunehmen ist die Behauptung unwahrer Tatsachen (vgl. BGH AfP 1997, 912; 1987, 505) beziehungsweise eine verkürzte Darstellung, die zu einer Irreführung der Verbraucher führt (zu irreführenden Werbung mit Warentests siehe Kap. 77). Dem Tester steht aber ein Ermessensspielraum hinsichtlich der Art seiner Prüfungsmethoden zu (vgl. BGH NJW 1976, 620 (622); zu den Anforderungen an Warentests im redaktionellen Bereich → Kap. 42 Rn. 58 ff.). **14**

15 Die 1964 von der Bundesregierung ins Leben gerufene „Stiftung Warentest" hat satzungsgemäß die Aufgabe, die Öffentlichkeit über objektivierbare Merkmale des Nutz- und Gebrauchswertes von Waren und Leistungen zu unterrichten. Sie veröffentlicht die Ergebnisse dieser Untersuchungen in der durch sie herausgegebenen Zeitschrift „test" bzw. „FINANZtest". Ferner veröffentlicht sie in regelmäßigen Abständen einen Testkompass, der eine zusammenfassende Ergebnisübersicht enthält und zum Nachdruck freigegeben ist (vgl. zu den Anforderungen an diese verkürzende Darstellung der Testergebnisse BGH NJW 1987, 2222 (2224)). Seit 1.7.2013 verlangt die Stiftung Warentest für die Nutzung ihres Logos in der Werbung den Abschluss eines Lizenzvertrags (vgl. *Wieddekind* GRUR-Prax 2013, 440; alle Informationen zum Lizenzsystem abrufbar unter www.ral-logolizenz.de). Für den Verbraucher sind Warentests besonders bei hochwertigen Spezialprodukten von großem Interesse und haben für den Absatz von Unternehmen einen beträchtlichen Einfluss. Weil sie die Markttransparenz und damit den Leistungswettbewerb fördern, liegen solche Tests im Allgemeininteresse (vgl. Ohly/Sosnitza/*Ohly* UWG § 6 Rn. 78; Köhler/Bornkamm/Feddersen/*Köhler* UWG § 6 Rn. 195 f.).

16 Für die Veranstalter neutraler Warentests ist die redaktionelle Berichterstattung über die Testergebnisse in aller Regel keine geschäftliche Handlung (vgl. Ohly/Sosnitza/*Ohly* UWG § 6 Rn. 75). Zwar fördert die Verbreitung von Testergebnissen den Wettbewerb der Hersteller günstig beurteilter Waren. Es fehlt jedoch bei der Veröffentlichung der Ergebnisse durch die Presse am objektiven Zusammenhang mit dem Absatz von Waren und Dienstleistungen (vgl. OLG Frankfurt a. M. GRUR-RR 2007, 16 (17)), so dass sich der Veranstalter eines Warentest an den §§ 823 ff. BGB messen lassen muss (vgl. *Koppe/Zagouras* GRUR 2005, 1011). Etwas anderes gilt für die Werbung mit Testergebnissen durch ein Unternehmen. Hier liegt eine geschäftliche Handlung iSd § 2 Abs. 1 Nr. 1 UWG vor. Die Werbung mit dem Testergebnis ist an § 6 UWG zu messen (vgl. Köhler/Bornkamm/Feddersen/*Köhler* UWG § 6 Rn. 210).

17 Eine unlautere geschäftliche Handlung liegt nur vor, wenn die Veröffentlichung des Warentests zu Wettbewerbszwecken, insbesondere zu *Werbezwecken* erfolgt. Dies kann in zwei Fällen anzunehmen sein: Einmal, wenn der in dem veröffentlichten Warentest enthaltene Waren- oder Leistungsvergleich eine unlautere *Herabsetzung* bestimmter Gewerbetreibende enthält und damit eine unzulässige vergleichende Werbung darstellt (dazu → Rn. 7 ff.). Zum anderen greift das UWG ein, wenn der Test oder die Testergebnisse *von Gewerbetreibenden* in ihrer Werbung verwendet werden (→ Rn. 18). Eine Berichterstattung, die sich auf einen Warentest bezieht, gilt ihrem Inhalt nach im Zweifel als Bewertung und nicht als Tatsachenbehauptung. Auch hier ist immer die nach Art. 5 GG geschützte Pressefreiheit zu beachten (vgl. BGH NJW 1976, 620). Die Publikation ist mithin den allgemeinen Schranken wertender Darstellung unterworfen. Die Medien benötigen einen angemessenen Spielraum hinsichtlich der angewandten Untersuchungsmethoden und der entsprechenden Ergebnisse. Eine ordnungsgemäße Recherche kann eine Erstveröffentlichung rechtfertigen, stellt sich das Ergebnis aber objektiv als falsch heraus, ist ein Verbot der Weiterveröffentlichung angemessen, um die Interessen der betroffenen Unternehmen zu schützen (vgl. BGH NJW 1997, 2593).

III. Werbung mit Warentests und Testergebnissen im Anzeigenteil

18 1. Auch die Werbung mit Warentests kann eine *vergleichende Werbung* sein. Dabei ist zunächst zu fragen, ob tatsächlich eine vergleichende Bezugnahme auf Mitbewerber vorliegt.

Daran fehlt es zB, wenn der Werbende lediglich Eigenschaften seiner eigenen Ware anpreist oder auf einen veröffentlichten Warentest hinweist, der von einem als neutral anzusehenden Testinstitut in einem sachgerechten und objektiven Verfahren veranstaltet wurde (vgl. OLG Stuttgart NJW-RR 1988, 234; Köhler/Bornkamm/Feddersen/*Köhler* UWG § 6 Rn. 210). Sofern aber die Testwerbung gezielt auf Waren oder Leistungen bestimmter anderer Mitbewerber Bezug nimmt, zB durch Namensnennung, müssen die Voraussetzungen von § 6 UWG erfüllt sein. Insbesondere darf die Werbung nicht irreführend sein und den Mitbewerber nicht sittenwidrig herabsetzen (→ Rn. 5). Einer Werbung mit falschen oder unvollständigen Angaben fehlt der Informationsgehalt, so dass das Aufklärungsinteresse der Verbraucher als hinreichender Anlass entfällt. Wird der Mitbewerber bzw. sein Produkt erkenntlich gemacht, kann die Werbung aufgrund der fehlenden Nachprüfbarkeit nach § 6 Abs. 2 Nr. 2 UWG unlauter sein.

Fehlt es an der Erkennbarkeit der Mitbewerber, können falsche oder unzureichende Angaben den Warentests nach § 3 Abs. 1 UWG unzulässig machen (vgl. Ohly/Sosnitza/*Ohly* UWG § 6 Rn. 78). Eine solche Werbung ist in der Regel zugleich irreführend und daher auch nach § 5 UWG unzulässig (vgl. BGH NJW 2005, 3287; zur rechtlichen Behandlung eines unvollständigen Testberichts siehe *Messer* GRUR 1996, 647).

2. Die Zulässigkeit einer Werbung mit Testergebnissen hängt weiter davon ab, dass die dem Bericht zugrunde liegenden Untersuchungen neutral, objektiv und sachkundig durchgeführt worden sind. Des Weiteren müssen sowohl die Vorgehensweisen als auch die aus der Prüfung gezogenen Schlüsse vertretbar sein (vgl. BGH AfP 1997, 913). Die Bewertung muss richtig wiedergegeben sein und darf keine falschen Vorstellungen über den Rang des getesteten Produkts innerhalb der Testgruppe entstehen lassen. Anderenfalls läge ein Verstoß gegen das Irreführungsverbot vor. Der Werbende muss die Fundstelle der Untersuchung angeben. Für vergleichende Werbung folgt dies aus § 6 Abs. 2 Nr. 2, im Übrigen aus § 3 Abs. 1 UWG unmittelbar (vgl. BGH GRUR 1991, 679; OLG Hamburg WRP 2008, 557; Ohly/Sosnitza/*Ohly* UWG § 6 Rn. 78). Eine nicht lesbare Fundstelle ist einer gänzlich nicht vorhandenen Fundstelle gleichzusetzen (vgl. KG Berlin GRUR-Prax 2011, 126; OLG Stuttgart BeckRS 2011, 14105; OLG Celle GRUR-RR 2011, 278). Auf die Anforderungen an die Lesbarkeit der Fundstelle lassen sich die Grundsätze übertragen, die die höchstrichterliche Rechtsprechung zur Lesbarkeit der Pflichtangaben im Rahmen der Heilmittelwerbung aufgestellt hat, im Regelfall mindestens 6-Punkt-Schrift (Leitsatz KG Berlin in GRUR-Prax 2011, 126). Zur Veröffentlichung der Fundstelle gehört es auch, erkennbar zu machen, wessen Untersuchungen dem Ergebnis zugrunde liegen (vgl. OLG München ZUM 1997, 140). Dies begründet sich darauf, dass der Verkehr Forschungen von unabhängigen Personen oder Institutionen anders einschätzt, als solche des Werbenden selbst oder in seinem Auftrag arbeitender Gutachter (vgl. Ohly/Sosnitza/*Ohly* UWG § 6 Rn. 76f.). Die Stiftung Warentest hat zum 1.7.2019 ein Lizenzsystem für die Werbung mit ihren Testergebnisse eingeführt. Informationen zum Lizenzsystem und den Anforderungen an die Lizenznehmer finden sich auf der Webseite www.ral-logolizenz.de. **19**

77. Kapitel. Irreführende Werbung (§§ 5, 5a UWG)

I. Allgemeines

1. Zu den obersten Grundsätzen des Werberechts gehört die *Wahrheit und Klarheit* der Werbung. **1**
Der seit 1969 in diesem Zusammenhang wesentliche § 3 UWG aF untersagte irreführende Angaben, die „im geschäftlichen Verkehr zu Zwecken des Wettbewerbs über geschäftliche Verhältnisse, insbesondere über die Beschaffenheit, den Ursprung, die Herstellungsart oder die Preisbemessung einzelner Waren oder gewerblicher Leistungen oder des gesamten Angebots, über Preislisten, über die Art des Bezugs oder die Bezugsquelle von Waren, über den Besitz von Auszeichnungen, über den Anlass oder den Zweck des Verkaufs oder über die Menge der Vorräte" gemacht wurden. Gleichzeitig enthielt § 5 UWG aF eine Regelung für wettbewerbswidrige bildliche Darstellungen.

Mit der Umsetzung der UGP-Richtlinie (2005/29/EG) wurden beide Aspekte in § 5 UWG zusammengeführt. Zudem erfasst das Irreführungsverbot seit der Novelle des UWG im Jahr 2008 nicht nur unwahre Angaben in der Werbung sondern auch andere irreführende geschäftliche Handlungen (vgl. Ohly/Sosnitza/*Sosnitza* UWG § 5 Rn. 6). Die irreführende Werbung bleibt aber weiterhin der Hauptanwendungsbereich des § 5 UWG. Verboten sind alle Angaben geschäftlicher Art, die zu Wettbewerbszwecken im geschäftlichen Verkehr gemacht werden und geeignet sind, einen nicht unerheblichen Teil der betroffenen Verkehrskreise über das Angebot irrezuführen und Fehlvorstellungen von maßgeblicher Bedeutung für den Kaufentschluss hervorzurufen. Zudem wurde mit der Novelle 2008 für das Irreführen durch Unterlassen in § 5a UWG eine eigenständige Norm eingeführt, um die Vorgaben der UGP-Richtlinie (2005/29/EG) vollständig in das deutsche Recht umzusetzen (vgl. Köhler/Bornkamm/Feddersen/*Bornkamm/Feddersen* UWG § 5 Rn. 0.6; Ohly/Sosnitza/*Sosnitza* UWG § 5 Rn. 6). Mit der UWG-Novelle 2015 wurde § 5a UWG nochmals überarbeitet und eine passgenauere Umsetzung der

UGP-Richtlinie erreicht. Änderungen in der Rechtspraxis sind nicht zu erwarten (vgl. Ohly/Sosnitza/*Sosnitza* UWG § 5 Rn. 8; Köhler/Bornkamm/Feddersen/*Bornkamm/Feddersen* UWG § 5 Rn. 0.7).

2 2. Das Verbot der irreführenden Werbung schützt nicht nur den Kunden vor Übervorteilung, sondern will auch im *Interesse der Mitbewerber* verhindern, dass ein Konkurrent das kauflustige Publikum mit unrichtigen Angaben in sein Geschäft lockt, mag er auch nachher die Kunden reell und einwandfrei bedienen (vgl. BGH GRUR 1970, 425; 1961, 361; Köhler/Bornkamm/Feddersen/*Bornkamm/Feddersen* UWG § 5 Rn. 0.8). Die Reichweite eines Irreführungsverbotes hängt in erster Linie von dem seiner Interpretation zu Grunde gelegten Verbraucherleitbild ab. Der Anwendungsbereich ist umso größer, je stärker die Schutzbedürftigkeit von Minderheiten gegen – auch entfernte – Irreführungsgefahren betont wird. Er ist umso geringer, je mehr auf den Verständnishorizont durchschnittlicher oder gar informierter Verbraucher abgestellt wird. In seiner neueren Rechtsprechung geht der BGH mittlerweile ebenso wie der EuGH vom Leitbild eines durchschnittlichen informierten und verständigen Verbrauchers aus, der das Werbeverhalten mit einer der Situation angemessenen Aufmerksamkeit verfolgt (vgl. BGH WRP 2000, 517; NJW 2001, 3262; GRUR 2016, 521; vgl. umfassend zur Entwicklung des neueren nationalen Verbraucherleitbildes Köhler/Bornkamm/Feddersen/*Bornkamm/Feddersen* UWG § 5 Rn. 0.71–0.74). Da das vom EuGH entwickelte Leitbild des aufgeklärten Verbrauchers in der UGP-Richtlinie (2005/29/EG) Eingang in die europäische Gesetzgebung gefunden hat und § 5 UWG als Umsetzung europäischen Sekundärrechts richtlinienkonform ausgelegt werden muss, ist das Leitbild des aufgeklärten Verbrauchers zu Grunde zu legen.

§ 5 Abs. 1 S. 1 UWG stellt grundlegend fest, dass eine irreführende geschäftliche Handlung unlauter ist, wenn die Irreführung geeignet ist, einen Verbraucher oder anderen Marktteilnehmer zu einer geschäftlichen Entscheidung zu veranlassen, die er ohne diese Irreführung nicht getroffen hätte. § 5 Abs. 1 S. 2 Nr. 1–7 UWG enthält eine Aufzählung von Umständen, die das zentrale Tatbestandmerkmal „irreführend" konkretisieren (vgl. *Wiring* NJW 2010, 580). Erfasst sind Fälle der Irreführung über wesentliche Merkmale der Ware oder Dienstleistung, des Verkaufsanlasses, des Preises (einschließlich der Berechnungsmethode) und der Person oder der Rechte des Unternehmers. Außerdem irreführende Aussagen oder Symbole im Zusammenhang mit Sponsoring, worunter die gezielte Förderung von Personen, Organisationen oder Veranstaltungen durch Geld-, Sach- oder Dienstleistungen zum Zwecke der Eigenwerbung verstanden wird (vgl. zum Sponsoring Ohly/Sosnitza/*Sosnitza* UWG § 5 Rn. 697 ff.). Auch irreführende Angaben über die Zulassung des Unternehmens oder der Waren bzw. Dienstleistungen, die Notwendigkeit einer Leistung, die Einhaltung eines Verhaltenskodex auf dessen Verpflichtung hingewiesen wird sowie Rechte des Verbrauchers insbesondere auf Grund von Garantieversprechen oder Gewährleistungsrechten sind explizit erfasst.

3 3. Für den Tatbestand des § 5 UWG reicht die *bloße Gefahr* der Irreführung aus. Der Nachweis einer tatsächlich eingetretenen Täuschung ist nicht erforderlich (vgl. bereits BGH GRUR 1955, 409). Notwendig ist aber die konkrete Gefahr einer Irreführung, eine bloße abstrakte Gefährdung reicht nicht aus (vgl. Ohly/Sosnitza/*Sosnitza* UWG § 5 Rn. 12). Selbst bei objektiv richtigen Angaben kann eine Werbung irreführend sein, wenn sie geeignet ist, einen nicht unerheblichen Teil der betroffenen Verkehrskreise in die Irre zu führen (vgl. BGH GRUR 2004, 244 (245)). So kann etwa eine Werbung mit dem Zeichen „GS", welches für „geprüfte Sicherheit" steht, irreführend sein, wenn die Genehmigung zur Führung des Zeichens zu Unrecht erteilt wurde (vgl. BGH WRP 1998, 294). Wer mit mehrdeutigen Angaben wirbt, muss stets die ungünstigste Auslegung, die der Vorstellung eines nicht völlig unerheblichen Teils der Umworbenen entspricht, gegen sich gelten lassen (vgl. BGH GRUR 1982, 563). Ob eine Aussage irreführend ist, entscheidet sich jedoch stets nach dem Gesamteindruck, den sie bei den umworbenen Verkehrskreisen erweckt. Maßstab für die Beurteilung ist der Durchschnittsverbraucher nach § 3 Abs. 4 S. 1 UWG. Hierbei handelt es sich nach der Gesetzesbegründung des UWG 2008 um den *informierten, verständigen und angemessen aufmerksamen Durchschnittsverbraucher* (Begr. RegE UWG 2008, BT-Drs. 16/10145, 22).

Einzelne Äußerungen dürfen nicht aus dem Zusammenhang ihrer Gesamtdarstellung gerissen werden (vgl. BGH GRUR 1996, 983; 1968, 382 (385)). Nach ständiger Rechtsprechung des BGH richtet sich der Irreführungstatbestand bereits gegen ein Anlocken durch Irreführung ohne das es tatsächlich zu einer geschäftlichen Entscheidung der Marktgegenseite kommt (vgl. BGH NJWE-WettbR 2000, 232; NJW 1988, 2954). Unter diesem Gesichtspunkt ist auch eine Zeitungsanzeige, mit der unter der Rubrik „Stellenangebote" für kommerzielle Fortbildungsveranstaltungen geworben wird, unzulässig (vgl. BGH NJW 1991, 3029 (3030)).

4. Angaben iSd § 5 UWG sind Tatsachenbehauptungen, also inhaltlich nachprüfbare Aus- **4**
sagen über geschäftliche Verhältnisse (vgl. Ohly/Sosnitza/*Sosnitza* UWG § 5 Rn. 84 ff.). Werturteile (Meinungsäußerungen), deren Wahrheitsgehalt nicht der objektiven Nachprüfbarkeit zugänglich ist, sind dagegen keine Angaben iSd § 5 UWG (vgl. Ohly/Sosnitza/*Sosnitza* UWG § 5 Rn. 86). Die Abgrenzung zwischen Werturteilen und Meinungsäußerungen im Lauterkeitsrecht entspricht den Grundsätzen, die im Äußerungsrecht entwickelt wurden (→ Kap. 42 Rn. 22).

Wirbt eine Zeitschrift mit der Aussage „Die neue Übersichtlichkeit" so liegt eine Irreführung vor, wenn sich die Aufmachung nicht grundlegend von den anderen am Markt befindlichen Programmzeitschriften unterscheidet, die Aussage ist mithin eine irreführende (Tatsachen-) Angabe (vgl. LG Hamburg AfP 1993, 662). Ein Verlag, der für einen Roman von Karl May mit der Frage „Kennen Sie … den?" wirbt, erweckt den falschen Eindruck, es handele sich hierbei um ein bisher nicht veröffentlichtes Werk (vgl. OLG München NJW 1998, 1412). Findet Werbung auf dem *Gesundheitssektor* (Lebensmittel, Medikamente etc) statt, so ist ein besonders strenger Maßstab an die Irreführungsgefahr anzulegen (vgl. BGH NJW 1998, 822). Hierzu tendiert die Rechtsprechung auch bei der Werbung mit der Umweltfreundlichkeit von Produkten (sogenanntes „green-washing", vgl. *Remo Klinger* ZUR 2014, 321) und so genanntem „social sponsoring" (vgl. BGH GRUR 1997, 666; Köhler/Bornkamm/Feddersen/*Bornkamm/Feddersen* UWG § 5 Rn. 2.180 ff.; ausführlich zu den lauterkeitsrechtlichen Vorgaben bei der Werbung mit einem Klimaschutzlabel *Roller* ZUR 2014, 211).

5. Mit der Novelle 2008 wurde für die Irreführung durch Unterlassen eine eigene Norm **5**
geschaffen, die in der Novelle 2015 nochmals erweitert wurde, § 5a UWG. Ebenso wie irreführende Angaben eine unlautere Geschäftshandlung darstellen, ist auch ein Täuschen durch beredtes Schweigen verboten. Wird eine Ware zum Beispiel üblicherweise in einer gewissen Ausstattung geliefert, handelt es sich um eine Irreführung, wenn kein Hinweis erfolgt, dass die Ware die Merkmale nicht aufweist (vgl. OLG Köln WRP 2019, 1063; Köhler/Bornkamm/Feddersen/*Bornkamm/Feddersen* UWG § 5 Rn. 1.47 f.). Eine Aufklärungspflicht besteht also in Fällen, in denen das Unterlassen eines Hinweises so wesentlich wäre, dass die wirtschaftliche Entscheidungsfähigkeit der Käufer beeinträchtigt würde (vgl. BGH GRUR 2016, 1076; 2002, 979; 2000, 76 (77)). Zum Schutz der Verbraucher vor einer Irreführung müssen in diesen Fällen auch negative Eigenschaften des Angebots offenbart werden (vgl. BGH GRUR 2000, 616 (618); Ohly/Sosnitza/*Sosnitza* UWG § 5a Rn. 8). Wesentlich sind nach § 5a Abs. 4 UWG gegenüber Verbrauchern außerdem alle Informationen, die das sekundäre Gemeinschaftsrecht in Bezug auf kommerzielle Kommunikation vorsieht. Dies sind zunächst die in Anhang 2 zur UGP-Richtlinie aufgeführten Richtlinien und Verordnungen wie auch sämtliche nach der UGP-Richtlinie verabschiedeten Rechtsakte der EU für diesen Bereich.

Für konkrete Kaufangebote gegenüber Verbrauchern sind in § 5 Abs. 3 Nr. 1–5 UWG ausdrückliche Informationspflichten aufgezählt. Eine konkrete Aufforderung zum Kauf liegt vor, wenn ein durchschnittlicher Verbraucher nach den Informationen aus der Werbung in der Lage ist, sich zum Erwerb einer Ware zu entschließen ohne weitere Informationen einholen zu müssen (vgl. Ohly/Sosnitza/*Sosnitza* UWG § 5a Rn. 23). Das ist bei jeder Preiswerbung der Fall, in der die Produkte so spezifiziert sind, dass keine weiteren Angaben notwendig sind, um das Geschäft abzuschließen. Bei reiner Image- oder Erinnerungswerbung gelten die Informationspflichten des § 5a Abs. 3 UWG entsprechend nicht (vgl. Köhler/Bornkamm/Feddersen/*Köhler* UWG § 5a Rn. 4.20).

Mit dem in der Novelle 2015 neu eingeführten § 5a Abs. 5 UWG muss nunmehr bei der Beurteilung, ob eine wesentliche Information vorenthalten wurde auch die spezifische (Platz-) Beschränkung des genutzten Medium einbezogen werden (Köhler/Bornkamm/Feddersen/*Köhler* UWG § 5a Rn. 6.1 ff.). Wenn die Informationen zwar nicht in der Werbemaßnahme aber in einem anderen, für den Verbraucher leicht verfügbaren Medium zu finden sind und auf dieses Medium verwiesen wird. Hierbei handelt es sich um eine Kodifizierung der Vorgaben des Art. 7

Abs. 3 UGP-RL sowie der hierzu ergangenen Rechtsprechung des EuGH (vgl. EuGH GRUR 2017, 535).

Auch beim ebenfalls mit der Novelle 2015 eingeführten § 5a Abs. 6 UWG handelt es sich um eine Umsetzung der europäischen Vorgaben, nämlich Artikel 7 Abs. 2 UGP-RL. Bei geschäftlichen Handlungen muss der kommerzielle Zweck kenntlich gemacht werden, wenn er sich nicht unmittelbar aus den Umständen ergibt und das Nichtkenntlichmachen dazu geeignet ist, Verbraucher zu einer geschäftlichen Entscheidung zu veranlassen, die sie bei Kenntnis des kommerziellen Zwecks nicht getroffen hätten. Dieses Verbot von Schleichwerbung ist aber natürlich nicht erst mit der Novelle 2015 in das UWG übernommen worden, sondern war bislang in § 4 Nr. 3 UWG normiert (vgl. Ohly/Sosnitza/*Sosnitza* UWG § 5a Rn. 88).

Im Unterschied zur Regelung des früheren UWG gilt § 5a UWG nur gegenüber Verbrauchern. Freilich ist die Schleichwerbung gegenüber anderen Marktteilnehmern auch nach der UWG Novelle 2019 unlauter. Sie verstößt regelmäßig gegen § 5 UWG, indem über den wahren Charakter eines redaktionellen Beitrages getäuscht wird, wenn sein kommerzieller Zweck nicht offen gelegt wird (vgl. Ohly/Sosnitza/*Sosnitza* UWG § 5 Rn. 171; zur Schleichwerbung siehe Kap. 78).

II. Irreführung über die betriebliche Herkunft. Füllanzeigen

6 1. Angaben über die betriebliche Herkunft einer Ware oder Dienstleistung können dann von § 5 UWG erfasst sein, wenn sie über die betriebliche Herkunft irreführen und zugleich eine irreführende Angabe über die geschäftlichen Verhältnisse (etwa die Bedeutung des Unternehmens oder die Beschaffenheit der Ware) vorliegt (vgl. Köhler/Bornkamm/Feddersen/*Bornkamm/Feddersen* UWG § 5 Rn. 2.259-2.264). Des Weiteren muss der Verkehr mit der unter einer betrieblichen Herkunftsbezeichnung vertriebenen Ware eine besondere Gütevorstellung verbinden (vgl. BGH NJW 1997, 2379; GRUR 1966, 267). In diesem Sinne irreführend können etwa Angaben über Größe und Charakter eines Unternehmens sein. Unabhängig von der urheberrechtlichen Problematik ist die Übernahme fremder Nachrichten in das eigene Blatt unstatthaft, wenn der Eindruck erweckt wird, es handle sich um Eigenberichte. Die Bezeichnung „Weltblatt" erfordert weite Verbreitung im Ausland und eine anerkannte internationale Stellung. Der Zusatz „deutsch" ist solchen Zeitungen vorbehalten, die in allen Regionen Deutschlands annähernd gleichmäßig verbreitet sind und einen darauf zugeschnittenen Inhalt aufweisen. Die Bezeichnung eines gegen Entgelt abgegebenen reinen Anzeigenblattes ohne publizistisch relevanten Inhalt als „Zeitung" kann unter den Irreführungstatbestand fallen (vgl. OLG Köln AfP 1999, 86). Wird allerdings ein Anzeigenblatt, das auch redaktionelle Inhalte enthält, als „Zeitung" bezeichne, handelt es sich nach neuerer Rechtsprechung nicht um eine Irreführung (OLG Köln GRUR-RR 2013, 334). Aufgrund des steigen Wandels des Medienmarkts und insbesondere der neuen digitalen Publikationen verbindet der durchschnittliche Verbraucher mit der Bezeichnung nicht mehr nur ein Periodikum mit einem maßgeblichen redaktionellen Teil (vgl. OLG Köln GRUR-RR 2013, 334; zur Frage der Zulässigkeit von kostenlosen Presseangeboten unter dem Gesichtspunkt der Marktbehinderung siehe Kap. 80 sowie ausführlich Köhler/Bornkamm/Feddersen/*Köhler* UWG § 4 Rn. 5.20 ff.).

Zeitungen und Zeitschriften sind meist an der Angabe eines hohen *Alters* interessiert, um mit dem Hinweis auf Tradition und Bewährung das Vertrauen des Publikums zu gewinnen. Diese Altersangaben müssen richtig sein. Ein Unternehmen darf sein Alter bis zu dem Zeitpunkt zurückführen, seitdem es in seiner wesentlichen wirtschaftlichen Struktur besteht (vgl. BGH GRUR 1960, 563).

7 2. Von einer Heimat- oder Lokalzeitung darf nur sprechen, wer am Ort selbst eine Lokalredaktion unterhält (vgl. RG RGZ 93, 198). Eine Tageszeitung mit Lokalausgabe liegt nur dann vor, wenn das Presseerzeugnis umfassend und kontinuierlich über das örtliche Geschehen in all seinen Erscheinungsformen berichtet (vgl. OLG Düsseldorf ZUM 1996, 339). Nach Auffassung des KG Berlin (WRP 1977, 187) verstieß es gegen § 3 UWG aF, wenn ein Verleger ein populärwissenschaftliches Werk unter dem Namen eines bekannten Heilpraktikers als Verfasser publizierte, obwohl das Buch von einem Ghostwriter geschrieben wurde. Denn hierbei wird über die Herkunft des Werkes getäuscht, wobei der vorgegebenen Herkunft eine bestimmte

Gütevorstellung zugeordnet wird. Eine Irreführung über die Bezugsart kann im Missbrauch von *Chiffre-Anzeigen* liegen (vgl. Ohly/Sosnitza/*Sosnitza* UWG § 5 Rn. 666). Es ist wettbewerbswidrig, wenn ein Geschäftsmann Waren oder Leistungen unter Chiffre anbietet, da das Publikum bei Chiffre-Anzeigen Angebote aus Privathand erwartet (vgl. LG Stuttgart NJW 1969, 1257). Der Zusatz „gew." allein genügt nicht zur Klarstellung, wenn die Kleinanzeige eines Gewerbetreibenden im Übrigen den Eindruck einer Privatanzeige erweckt (vgl. BGH GRUR 1987, 748; OLG Stuttgart WRP 1990, 847; Köhler/Bornkamm/Feddersen/*Bornkamm/Feddersen* UWG § 5 Rn. 4.192).

Wird der gewerbliche Charakter eines Angebots aber für den durchschnittlichen Betrachter deutlich, muss die Firmenangabe oder die Art des Gewerbes aus der Anzeige nicht hervorgehen (vgl. BGH GRUR 1993, 760, zu Immobilienanzeigen). Auch erwecken Partnerschaftsanzeigen, in denen der Vornahme einer Person mit Altersangaben abgedruckt ist, auch dann nicht den falschen Eindruck, es handele sich um private und keine gewerbliche Anzeige, wenn der Fließtext in der Ichform gehalten ist. Denn die Vorstellung des Lesers solcher Anzeigen ist davon geprägt, dass die Ichform auch bei gewerblichen Anzeigen durchaus üblich ist (vgl. OLG Hamburg NJWE-WettbR 1998, 274; OLG Nürnberg NJW-RR 2018, 1390; OLG Hamm BeckRS 2015, 5103). Allerdings reicht es nach dem OLG Stuttgart (BeckRS 1998, 04046) nicht aus, wenn lediglich durch die Übermittlung der Rechtsform des Partnerschaftsinstituts in der Anzeige auf den gewerblichen Charakter der Anzeige hingewiesen wird. Letztlich muss die Betrachtung des Einzelfalls entscheiden, ob eine Täuschung des Lesers vorliegt.

3. Wettbewerbswidrig ist die Veröffentlichung so genannter Füllanzeigen, die von der Zeitung 8
selbst ohne Inseratenauftrag kostenlos eingerückt oder wiederholt werden, soweit hierdurch der Eindruck eines größeren Anzeigenvolumens erweckt und damit im Vergleich zum Wettbewerber über die Leistungsfähigkeit des Mediums im Anzeigenbereich getäuscht wird (vgl. Köhler/Bornkamm/Feddersen/*Bornkamm/Feddersen* UWG § 5 Rn. 2.176; BGH NJW 1997, 1370; OLG Frankfurt a. M. GRUR 1988, 847; *Kübler* AfP 1988, 309 (311). Dadurch wird beim Publikum der falsche Eindruck erweckt, die betreffenden Firmen hätten sich zur Schaltung von Werbung in größerem Ausmaß entschlossen (vgl. BGH AfP 1997, 632). Wurde jedoch nur in einem Einzelfall eine kleinere Anzeige nicht auf Grund eines Auftrages, sondern ausnahmsweise ohne Auftrag und Bezahlung abgedruckt, so kann nach diesen Einzelfallumständen nicht von einer irreführenden Wirkung gesprochen werden (vgl. BGH AfP 1997, 632).

III. Irreführung durch Spitzen- oder Alleinstellungswerbung

Die von einem Werbungtreibenden über den Umfang und die Leistung seines Betriebes 9
gebrauchten Superlative („meistgelesene Heimatzeitung") können eine Irreführung des Verkehrs enthalten. So kann beispielsweise die Verwendung eines Superlativs ein Anzeichen für eine behauptete Alleinstellung sein (vgl. Köhler/Bornkamm/Feddersen/*Bornkamm/Feddersen* UWG § 5 Rn. 1.138), die, wenn sie unzutreffend aber vom Adressaten als zutreffend wahrgenommen wird, irreführend und damit unlauter ist. Die Rechtsprechung geht davon aus, dass Superlative wie „größte", „älteste" etc vom Publikum als Tatsachenbehauptung ernst genommen werden (vgl. BGH GRUR 1998, 951; NJW 1996, 2161). Dabei kann sich die Behauptung einer Spitzenstellung auch sinngemäß ohne die Verwendung eines Superlativs ergeben (vgl. BGH NJW 1998, 3349; 1984, 174) ebenso wie allein die Verwendung eines Superlativs nicht notwendigerweise eine Alleinstellungswerbung ist. Die Bewerbung des Immobilienteils einer Zeitung mit „beste Auswahl, beste Lage, beste Übersicht" nutzt zwar Superlative, aber ohne diese ins Verhältnis zu Mitbewerbern zu setzen, weswegen keine Alleinstellungsbehauptung, allerdings ein Hinweis auf besonders gute Qualität vorliegt (vgl. KG Berlin GRUR 1999, 1021). Wirbt ein Unternehmer mit seiner *Spitzenstellung* auf dem angesprochenen Markt, muss er sie nachweisen (vgl. hierzu BGH GRUR 1971, 365; OLG Hamburg AfP 2002, 337), wobei ein ausreichender und länger anhaltender Abstand zum nächstfolgenden (zweitgrößten) Mitbewerber gegeben sein muss (vgl. BGH NJW 1998, 3349; 1968, 1088; KG Berlin AfP 1998, 315; zur Werbebehauptung konkurrenzloser Preisgünstigkeit siehe auch OLG Saarbrücken WRP 1989, 830). Denn zulässig, weil nicht täuschend, ist eine Alleinstellungsbehauptung immer dann, wenn sie wahr ist (vgl. Köhler/Bornkamm/Feddersen/*Bornkamm/Feddersen* UWG

§ 5 Rn. 1.151 ff.). Des Weiteren muss der Vorsprung die Aussicht auf eine gewisse Stetigkeit bieten (vgl. OLG Hamm NJW-RR 2013, 1517; BGH NJW 1998, 3349; 1996, 2161).

Die Bezeichnung „führende Tageszeitung" setzt überragende Stellung hinsichtlich Leistung, Umfang und Ansehen voraus. Wer sich als „größte Zeitung" oder „auflagenstärkster Werbeträger" einer Region bezeichnet, muss die Mitbewerber durch redaktionelle Leistung bzw. hinsichtlich der Höhe der Auflage deutlich übertreffen (vgl. BGH NJW 1968, 1088; OLG Hamm GRUR 1990, 135; 1980, 1077 ff.; OLG Düsseldorf 18.1.2001 – 2 U 74/00). Die Eigenwerbung einer regionalen Zeitung mit „die Zeitung" ist jedenfalls dann als unzulässige Alleinstellungsbehauptung anzusehen, wenn diese Zeitung mit einer Konkurrentin einen heftigen, auch redaktionell ausgetragenen Kampf um die Leserschaft führt (vgl. OLG Hamm AfP 1990, 137). Bewirbt eine Zeitung ihren Anzeigenteil für Gewerbeimmobilien als „das schnellste Suchgerät" so stellt dies eine Spitzenstellungsbehauptung dar (vgl. KG Berlin AfP 1998, 314).

Die Betitelung einer Programmzeitschrift mit „TV more" enthält außer einer Namensfunktion auch eine Angabe iSd § 5 Abs. 1 S. 2 Nr. 1 UWG über den Inhalt der Zeitschrift. Der Verkehr folgert aus einer solchen Benennung, dass das entsprechende Produkt eine gewisse Mehrleistung im Vergleich zur Konkurrenz bietet. Nach einer Entscheidung des OLG Hamburg sollte allein ein Mehr an bestimmten Leistungen (etwa Reportage, Magazin oder Dokumentation) für eine solche Alleinstellungsberühmung nicht ausreichen (vgl. OLG Hamburg AfP 1995, 663).

Berühmt sich eine Zeitung der Alleinstellung für das „Segment der überregionalen meinungsbildenden Zeitungen", so ist dies nicht irreführend, wenn Zeitschriften oder andere Massenpublikationen, die jedoch dieses Segment nicht betreffen, höhere Auflagen als die beworbene Zeitung haben (vgl. OLG Hamburg AfP 1999, 79).

Trotz Verwendung eines Superlativs im Rahmen eines Werbeslogans liegt dann keine unzulässige Alleinstellungsbehauptung vor, wenn das Publikum dies als nicht ernst gemeinte Übertreibung im Rahmen eines Wortspiels erkennt (vgl. OLG Frankfurt a. M. NJW-RR 1999, 770.) Auch ist die Verwendung einer *geographischen Bezeichnung* im Namen eines Medienunternehmens („tv.berlin") allein nicht geeignet, den Eindruck einer Alleinstellung zu erwecken. Vielmehr kommt es hier auf die Umstände des Einzelfalls an. Dabei ist zu beachten, dass gerade im Medienbereich die Verwendung solcher Bezeichnungen seit langem üblich ist. Insofern ist dem Verkehr auch bewusst, dass ein derartiger Namensträger nicht zwangsläufig der größte Anbieter auf dem Markt ist (vgl. KG Berlin AfP 1999, 281). Keine Alleinstellungs- oder Superlativwerbung ist weiterhin die Behauptung, eine Zeitung sei „stark im lokalen Markt" (vgl. OLG Hamm AfP 1980, 211). Konkurrieren allerdings in einem Gebiet bekanntermaßen mehrere Presseorgane, so sind derartige Werbeaussagen regelmäßig als Auflagenvergleich anzusehen (vgl. BGH AfP 1983, 393), dessen Zulässigkeit sich nach den Regeln über die vergleichende Werbung richtet (vgl. → Kap. 76 Rn. 10 f.). Die Verwendung eines geographischen Hinweises in Verbindung mit einem bestimmten Artikel („Die Große Deutsche Tages- und Wirtschaftszeitung") legt nicht den Schluss nahe, die so beworbene Zeitung stelle in Deutschland die Zeitung schlechthin dar. Je größer der Markt ist, auf welchen sich eine Werbeaussage bezieht, umso weniger kann aus der Verwendung eines bestimmten Artikels in Verbindung mit einem nicht gesteigerten Eigenschaftswort geschlossen werden, es werde eine Spitzenstellung beansprucht (vgl. BGH NJW 1998, 3349). Die Behauptung „Europas größtes People-Magazin" wurde vom OLG Hamburg als nicht irreführend eingestuft, weil dem durchschnittlichen Verbraucher sowie Werbekunden klar sei, dass nationale deutschsprachige Zeitschriften keine europaweite Bedeutung in dem Sinne haben, dass sie von nicht deutschsprechenden Europäern gelesen würden, sondern sich die Auflage und Bedeutung im Wesentlichen über den nationalen Raum definieren vgl. (OLG Hamburg GRUR-RR 2006, 170).

10 Wo es sich um ein reines, objektiv nicht nachprüfbares Werturteil handelt (die „beliebteste" Kinderzeitschrift), liegt keine unzulässige Superlativreklame vor (vgl. BGH GRUR 2002, 182; 1965, 363). Die Bezeichnung „unabhängige Tageszeitung" ist dort irreführend, wo eine starke wirtschaftliche oder ideologische Bindung an eine Partei oder Gruppe oder einen wirtschaftlichen Interessenverband besteht (vgl. BGH NJW 1968, 1088). Die Eigenwerbung einer örtlichen Tageszeitung mit dem Satz „Für 80 % aller Leser einer Lokalzeitung in X ist jeden Tag die Y-Zeitung die beste Zeitung", wobei sie sich auf die IVW-Verbreitungsanalyse stützt, ist irreführend. Denn dem Publikum wird hierbei nicht klar, welchen Inhalt die IVW-Verbreitungsanalyse hat. Es ist davon auszugehen, dass zumindest ein Teil des Publikums diese Angabe dahingehend versteht, dass für achtzig Prozent aller Leser, die gleichzeitig Abonnenten sind, die Y-Zeitung die beste Zeitung sei. Andererseits könnte diese Angabe auch so aufgefasst werden, dass es sich bei den achtzig Prozent um den Anteil an verkauften Exemplaren von Lokalzeitungen in X handelt. Ein weiterer Teil der Leserschaft könnte wiederum annehmen, es handele sich um einen Vergleich der Leser pro Exemplar verkaufter Zeitungen. Da zwangsläufig nur eine dieser drei Möglichkeiten richtig sein kann, verstößt diese Werbung gegen § 5 UWG (vgl. OLG Hamm AfP 1985, 126; ausführlich zur irreführenden Verwendung von IVW-Zahlen bei der Bewerbung von Pressemedien, *Mayer* WRP 2010, 984).

IV. Irreführung über den Preis

Der Preis einer Ware oder Leistung ist für die Kaufentscheidung von überragender Bedeutung. **11** Insofern kann er als das zentrale Instrument des Wettbewerbs bezeichnet werden). Entsprechend ist eine Manipulierung bei der Kommunikation des Preises einer Ware gegenüber dem Kunden ein besonders häufiger Wettbewerbsverstoß. So gilt es als wettbewerbsfremd, beim Vertrieb eines teuren Werkes (mehrbändige Sittengeschichte) einen auffallend billigen Preis durch Sperrdruck hervorzuheben, während das dazu gehörige Wort „Monatsrate" infolge Kleindruck fast verschwindet. In diesen Fällen der „Blickfangwerbung" (vgl. dazu umfassend Köhler/Bornkamm/Feddersen/*Bornkamm/Feddersen* UWG § 5 Rn. 1.85 ff.) müssen Einschränkungen für den situationsadäquat aufmerksamen Werbeadressaten „auf den ersten Blick" erkennbar sein.

Zu weitgehend wäre es, wenn die Beigabe einer Wochenendillustrierten zu einer Zeitung nicht als „gratis" bezeichnet werden dürfte, wenn die Kosten der Beilage von vornherein in den Verkaufspreis der Zeitung einkalkuliert wurde (so aber OLG Stuttgart NJW 1954, 925). In der Konsequenz wären Zugaben dann nie erlaubt, da jeder wirtschaftlich denkende Unternehmer diese in der einen oder anderen Form in seine Preise einbeziehen muss (vgl.Köhler/Bornkamm/Feddersen/*Bornkamm/Feddersen* UWG § 5 Rn. 3.164). Dies ist auch dem mündigen Verbraucher bewusst, wenn man das Verbraucherleitbild des BGH und EuGH zugrunde legt, das auch zur Abschaffung der Zugabeverordnung geführt hat. Mit der Zuagbeverordnung wurden Werbezugaben bis Mitte 2001 stark eingeschränkt. Mit der europaweiten Harmonisierung des Lauterkeitsrechts durch die UGP-Richtlinie wurde die Zugabeverordung aufgehoben (vgl. Köhler/Bornkamm/Feddersen/*Bornkamm/Feddersen* UWG § 5 Rn. 3.27).

Wird ein nach § 30 GWB preisgebundenes Verlagserzeugnis (das sind nur noch Zeitungen und Zeitschriften, weil für Bücher das BuchpreisbindungsG gilt) einmal zum festen Ladenpreis, ein anderes Mal zu einem niedrigerem Preis angeboten, liegt darin nicht ohne weiteres ein Verstoß gegen das Irreführungsgebot vgl. (Köhler/Bornkamm/Feddersen/*Bornkamm/Feddersen* UWG § 5 Rn. 3.171).

Gemäß § 1 Abs. 1 PreisangabenVO idF vom 18.10.2002, zuletzt geändert durch Art. 5 Drittes G zur Änd. reiserechtlicher Vorschriften vom 17.7.2017 (BGBl. I S. 2394) sind in der Werbung stets *Endpreise* anzugeben. Die Angabe in einer Werbeanzeige „Privatanzeigen 3,– Euro pro Zeile inkl. MWSt." ist jedoch dann nicht irreführend, wenn sich die Anzeige sowohl an private als auch an gewerbliche Anzeigenkunden richtet und Anzeigenpreise für beide Kundengruppen enthält (vgl. LG Berlin GRUR 1989, 130). Hingegen täuscht ein Telefonbuchverlag, der mit der Aussage wirbt, Einträge in seine Bücher seien günstiger als sämtliche anderen Angebote, dann über den Preis, wenn diese Behauptung nicht für (erweiterte) Standardeinträge, sondern nur für Werbeeinträge gilt (vgl. OLG Stuttgart NJWE-WettbR 1996, 107).

V. Irreführende Anlehnung an fremde Autorität

Die Berufung des Werbenden auf eine angeblich vorhandene, in Wirklichkeit *fehlende Autorität,* **12** ist als irreführende Werbung nach § 5 UWG anzusehen. Wer beispielsweise als „städtischer Theateranzeiger" oder „Universitätsverlag" firmiert, muss mit der betreffenden Stadt oder Universität in enger geschäftlicher Beziehung stehen (vgl. Köhler/Bornkamm/Feddersen/*Bornkamm/Feddersen* UWG § 5 Rn. 4.98). Die Verwendung des Firmenbestandteils Bundes- ist irreführend, wenn die Bundesrepublik Deutschland nicht zumindest Mehrheitsgesellschafter ist (vgl. BGH GRUR 2007, 1079). Bezeichnungen wie Amtsblatt, Börsenorgan oder die Berufung auf behördliche Empfehlungen oder *wissenschaftliche Gutachten* sind nur zulässig, wenn sie nachweisbar richtig sind und mit dem Inhalt der Werbeangaben übereinstimmen (vgl. OLG Köln WRP 1961, 94). Begründet ist dies darin, dass der angesprochene Verkehr einer solchen fachlichen Empfehlung ein besonderes Vertrauen entgegenbringt. Dieses wird etwa dann enttäuscht, wenn eine Qualitätsprüfung überhaupt nicht stattfand.

13 Auch darf bei der Verwendung *bestellter* wissenschaftlicher Gutachter zu Werbezwecken nicht der Eindruck einer unabhängig zustande gekommenen Beurteilung erweckt werden. Wird ein Produkt mit Dank- oder Empfehlungsschreiben Dritter beworben, so müssen diese tatsächlich vorliegen und dürfen nicht erkauft sein (vgl. Köhler/Bornkamm/Feddersen/*Bornkamm/Feddersen* UWG § 5 Rn. 1.165 ff.; zur Werbung mit Testergebnissen → Kap. 76 Rn. 22 f.).

14 Die Tarnung einer Werbeaussage als angeblich neutrale redaktionelle Aussage stellt neben dem Tatbestand der Schleichwerbung eine irreführende Anlehnung an fremde Autorität dar (vgl. BGH WRP 1967, 363; zur Schleichwerbung siehe Kap. 78).

VI. Irreführung über die Höhe der Auflage. Irreführung über Rezipienten oder Anzeigenkunden

15 1. Der Hauptfall der Irreführung über die Beschaffenheit eines Presseproduktes ist der sogenannte *Auflagenschwindel,* dh die irreführende Angabe einer höheren Auflage, als sie der Wirklichkeit entspricht. Je höher die Auflage, desto größer ist das Interesse der Inserenten und Käufer, desto höher steigen die Einnahmen aus Anzeigen- und Vertriebserlösen (vgl. LG München GRUR 1955, 594). Wird mit falschen Angaben zur Auflagenhöhe geworben wird dementsprechend über eine Beschaffenheitsangabe iSd § 5 Abs. 1 S. 2 Nr. 1 UWG irregeführt. Der Auflagenschwindel wird dadurch erleichtert, dass der Begriff Auflage vieldeutig ist und jeweils durchaus Verschiedenes bedeuten kann. Unter *Druckauflage* versteht man die Gesamtzahl aller Exemplare einer Zeitungsnummer. Ihre Höhe wird allein vom Verlag bestimmt und umfasst sowohl die abgesetzten wie die nicht abgesetzten Exemplare. Demgegenüber umfasst die *verbreitete Auflage* alle tatsächlich abgesetzten Exemplare. Da die verbreitete Auflage auch alle unentgeltlich verteilten Exemplare (Werbe-Exemplare) umfasst, ist die verbreitete Auflage kein verlässlicher Maßstab für die Beliebtheit, das Ansehen und die Leistungsfähigkeit einer Zeitung. Auch die so genannte *Leserauflage* gibt keinen sicheren Anhaltspunkt, denn hier wird geschätzt, wie viele Leser eine Zeitung oder Zeitschrift insgesamt (beim Arzt, im Familienkreis, in der Gaststätte usw) vermutlich findet. In der Angabe einer Tageszeitung „Gesamtauflage über 80 000 Exemplare" sieht jedenfalls ein erheblicher Teil der Adressaten einen Hinweis auf die verkaufte Auflage (vgl. OLG Hamm AfP 1983, 175 f. mAnm Borck). Ist die verkaufte Auflage wesentlich niedriger, so ist diese Angabe irreführend. Nach OLG Hamm (WRP 1991, 328) verstieß die Werbung mit dem Begriff „Auflage" gegen § 3 UWG aF, wenn die hierzu angegebene verbreitete Auflage ca. 5 % höher ist, als die verkaufte Auflage. Da die verkaufte Auflage wichtiger Maßstab der Beliebtheit einer Tageszeitung ist, kann diese irreführende Angabe den Kaufentschluss beeinflussen. Um eine Irreführung zu vermeiden muss klar gemacht werden, auf welche Art von Auflage sich die werblichen Angaben beziehen.

16 Um die eindeutige Feststellung der Auflagenhöhe (verkaufte Auflage) bemüht sich seit 1949 die von Presse und Werbewirtschaft gemeinsam ins Leben gerufene IVW („Informationsgemeinschaft zur Feststellung der Verbreitung von Werbeträgern"; www.ivw.de), die Auflagemeldungen der Presseverlage ständig kontrolliert und das Ergebnis in vierteljährlichen Berichten veröffentlicht. Die Satzung der IVW enthält Richtlinien darüber, wie die Auflagenhöhen zu berechnen und anzugeben sind (vgl. www.ivw.de; zur Beweiskraft der in der IVW-Liste veröffentlichten Auflagenmeldungen vgl. LG Berlin AfP 1992, 391). Die Auflagenmeldung eines Medienunternehmens an die IVW stellt eine geschäftliche Handlung im Sinne des UWG dar (vgl. LG Hamburg GRUR-RR 2009, 35.). Entsprechend sind unlautere Handlungen bei der Auflagenmeldung auch ein Wettbewerbsverstoß, der von einem Mitbewerber verfolgt werden kann (vgl. *Mayer* WRP 2010, 984). Hinsichtlich der Werbung mit den Auflagenzahlen hat die IVW Richtlinien erlassen, die für die Mitglieder der IVW, deren Auflage geprüft wird, verbindlich sind. Die aktuell gültigen „Richtlinien für die werbliche Kommunikation mit IVW-Hinweisen" sind vom Mai 2012 und auf der Seite www.ivw.de abrufbar.

2. Es gilt als wettbewerbswidrig, bei der Werbung die Spitzenauflage einzelner Tage (zB der Samstagsausgabe) anzugeben und den Eindruck zu erwecken, als sei dies die Durchschnittsauflage (vgl. Köhler/Bornkamm/Feddersen/*Bornkamm/Feddersen* UWG § 5 Rn. 2.170). Dagegen ist es zulässig, bei Zeitungszusammenschlüssen mit der *Gesamtauflage* auch dort zu werben, wo die einzelnen Ausgaben verschiedene Titel führen (Lokalausgaben) und zum Teil in rechtlich selbstständigen Verlagen erscheinen (vgl. BGH GRUR 1968, 433). Eine Eigenwerbung mit den Worten „Gesamtausgabe" und „Gesamtauflage" ist jedoch dann irreführend, wenn die verschiedenen Blätter nicht einen gemeinsamen Mantel und inhaltliche Gemeinsamkeiten aufweisen (vgl. OLG Hamm AfP 1992, 288). 17

3. Besondere Irreführungsgefahren birgt der oft vorkommende Auflagenvergleich. Um Irreführungen zu vermeiden ist hier stets auf Vollständigkeit in der Darstellung zu achten (vgl. LG München AfP 1994, 240 (242); Rath-Glawatz/Engels/Dietrich/*Rath-Glawatz* Rn. 186). Den Werbespruch „Überall X-Blatt" versteht das Publikum relativ, dh als Behauptung einer im Verhältnis zum Konkurrenzblatt gleichen oder gar überlegenen Verbreitung (vgl. BGH AfP 1983, 393 f.), die dann auch tatsächlich gegeben sein muss. Das LG Bayreuth entschied, dass der durch die Formulierung „auflagenstärkster Werbeträger" angestrebte Vergleich dann irreführend sei, wenn damit die Auflage eines wöchentlich erscheinenden Anzeigenblattes mit der einer werktäglich erscheinenden Kaufzeitung verglichen werde (vgl. LG Bayreuth AfP 1981, 469 f.; OLG München GRUR 1990, 287). 18

4. Doch auch wenn nicht über die Auflage selbst, sondern über die Bekanntheit oder die Struktur und Akzeptanz der Leserschaft irreführende Angaben gemacht werden, kann § 5 UWG verletzt sein. Denn auch solche Daten sind geeignet, die Entscheidung, Anzeigen zu schalten, in wettbewerblich relevanter Weise zu beeinflussen (vgl. OLG Köln AfP 1996, 287). So lässt etwa die Mitgliederzahl einer Buchgemeinschaft Schlüsse auf die Leistungsfähigkeit des Unternehmens zu und muss daher objektiv richtig angegeben werden. Bei der Verwendung von *Leserumfragen* und *Leseranalysen* ist darauf zu achten, dass diese jedenfalls dann nicht als repräsentativ bezeichnet werden dürfen, wenn sich nur 11 % der Leserschaft daran beteiligen. Wer in der Werbung den Anschein erweckt, die dort angegebenen Nutzerzahlen für sein Blatt durch eine Nutzeranalyse gewonnen zu haben, ohne dass hinter den Berechnungen eine analytische Durchdringung steht, führt potentielle Inserenten in die Irre (vgl. LG Kiel AfP 1983, 419 f.; vgl. zur Werbung mit Leseranalysen auch → Kap. 76 Rn. 30 ff.). 19

VII. Werbung der Presse mit Leseranalysen, Leserstrukturanalysen, Tausenderpreisen und Auflagenzahlen

Presseverlage stehen miteinander in Konkurrenz um Anzeigenkunden. Wenn sie zur Darlegung der Werbekraft ihrer Erzeugnisse Reichweitenerhebungen, Leseranalysen bzw. Leserstrukturanalysen veröffentlichen, die so genannten Tausenderpreise oder ihre Auflagenzahlen angeben, so kann darin eine Irreführung oder eine unzulässige vergleichende Bezugnahme auf Mitbewerber liegen. Aufgrund der Bedeutung von entsprechenden Analysen einerseits und der möglichen Nutzung andererseits sich durch unlauteres Verhalten Vorteile zu verschaffen, hat die Dachorganisation der Werbewirtschaft in Deutschland, der Zentralverband der Deutschen Werbewirtschaft (ZAW) mit dem ZAW-Rahmenschema Standards für die Konzeption, Durchführung und Dokumentation von Werbeträgeranalysen gesetzt. Werbeträgeranalysen nach dem ZAW-Rahmenschema können das ZAW-Transparenzsiegel verwenden, um die Konformität mit den Standards des Rahmenschemas belastbar zu kommunizieren. Das mit der Siegelerteilung verbundene Transparenzverfahren macht es nachprüfbar, ob eine Untersuchung die Standards beachtet. Umfassende Informationen unter www.rahmenschema.de. 20

1. In *Leseranalysen* wird ermittelt, wie viele Leser und welche Lesergruppen verschiedene Presseorgane erreichen. Eine reine Reichweitenerhebung reicht – im Gegensatz zur Auflagenkontrolle – hierfür nicht aus, entscheidend ist, eine Erhebung über die Personen, die das Printprodukt tatsächlich lesen (vgl. Köhler/Bornkamm/Feddersen/*Bornkamm/Feddersen* UWG § 5 Rn. 2.168 ff.). Isoliert betrachtet sind die ermittelten Daten nicht aussagekräftig, sondern 21

werden es erst durch den Vergleich mit Konkurrenzorganen. Die Veröffentlichung von Leseranalysen und Reichweitenvergleichen im Wettbewerb stellt daher regelmäßig einen Fall vergleichender Werbung dar. Daher muss sich diese Werbung sowohl im Hinblick auf die Erhebungsmethode wie auch die Veröffentlichungsart an den Vorgaben zur vergleichenden Werbung nach § 6 UWG (Kap. 76) wie auch zur irreführenden Werbung nach § 5 UWG messen lassen. Zu beachten ist, dass die Veröffentlichung von Leseranalysen regelmäßig zum Zweck der Anzeigenkundengewinnung erfolgt und sich an ein sachkundiges Publikum richtet (vgl. OLG München GRUR-RR 2003, 189; Köhler/Bornkamm/Feddersen/*Bornkamm/Feddersen* UWG § 5 Rn. 2.168ff.).

22 Eine wichtige Zulässigkeitsvoraussetzung ist daher auch hier, dass die Angaben zutreffen und die Leseranalyse methodisch einwandfrei ist (vgl. OLG Hamburg WRP 1990, 350; LG Köln GRUR 1990, 296; zur Werbung mit dem Leser-pro-Exemplar-Wert vgl. OLG Hamm AfP 1988, 151). Denn nur dann ergibt sich ein zutreffendes Gesamtbild. Grundsätzlich können für die Anforderungen an eine Leseranalyse die für zulässige Warentests anerkannten Kriterien für eine objektive sozialwissenschaftliche Untersuchung herangezogen werden. Eine Leserschaftsanalyse kann im Einzelfall auch nach mehreren Jahren noch zur aktuellen Behauptung über die Reichweite des eigenen Blattes herangezogen werden, solange keine Umstände ersichtlich sind, die für eine Umschichtung der Leserschaft sprechen oder der ermittelte Multiplikator ungewöhnlich wäre (vgl. LG Bonn AfP 1992, 173). Allerdings ist hierbei im sich rasch veränderten Medienumfeld Vorsicht geboten (vgl. OLG München MMR 2003, 533 (534)). Durch die Werbung eines Anzeigenblattes mit der Behauptung, es bestehe eine „enge Leserbindung“ und das Blatt könne eine „hohe Lesedauer“ für sich in Anspruch nehmen, wird noch nicht der Eindruck erweckt, diese Feststellungen beruhten auf einer Leseranalyse und das Blatt finde eine Akzeptanz vergleichbar einer Tageszeitung (vgl. KG Berlin AfP 1989, 546). Dabei ist es grundsätzlich zulässig, bei der Angabe der „verkauften Auflage“ gleichzeitig darin enthaltene Mitgliederstücke anzugeben. Denn es kann nicht davon ausgegangen werden, dass Mitgliederexemplare mit geringerer Aufmerksamkeit gelesen werden als frei gekaufte oder abonnierte Zeitschriften (KG Berlin AfP 1996, 283). Jedoch ist es irreführend, die Reichweitendaten eines Trägerobjektes in der Werbung für ein Supplement zu verwenden, wenn hierdurch der unrichtige Eindruck erweckt wird, das Supplement habe eine entsprechende Reichweite (vgl. LG Hamburg AfP 1997, 935). Wirbt eine Zeitschrift aufgrund einer Reichweitenerhebung gegenüber dem allgemeinen Publikum, Marktführer zu sein, so muss sie darauf hinweisen, dass die verkaufte Auflage hinter dem Mitbewerber zurückliegt, um eine Irreführung der Verbraucher zu vermeiden (vgl. BGH AfP 2004, 54). Wird eine Gratiszeitung im Auflagenvergleich mit Zeitungen, die verkauft werden, beworben, muss auf die Gratisverteilung hingewiesen werden (vgl. OLG Köln NJOZ 2007, 1638).

23 2. Die auch bei Leseranalysen vorhandene Gefahr der Irreführung besteht in besonderem Maße bei so genannten *Leserstrukturanalysen.* Sie befassen sich ausschließlich mit den Lesern eines Blattes. Werden in eine solche Befragung der Abonnenten einer Zeitschrift auch Fragen nach Bekanntheit und Nutzungsintensität von Konkurrenzzeitschrift einbezogen, so ist die spätere Veröffentlichung der Befragung zu Werbezwecken ein Fall *vergleichender Werbung.* Da nur die eigenen Abonnenten befragt werden, ergeben sich zwangsläufig Verzerrungen hinsichtlich der Nutzung anderer Blätter: Das eigene Blatt wird am häufigsten genannt. Ohne einen deutlichen klarstellenden Hinweis auf die Gruppe der Befragten ist daher die Werbung mit Leserstrukturanalysen unzulässig (vgl. BGH GRUR 1981, 748).

24 3. Die *Tausenderpreise* bezeichnen die Kosten einer Werbeeinschaltung, bezogen auf 1000 angesprochene Adressaten (Leser, Hörer, Zuschauer). Für die Zulässigkeit einer Werbung der Presse mit Tausenderpreisen gelten die Maßgaben der vergleichenden Werbung entsprechend (zur vergleichenden Werbung → Rn. 10ff.). Die Werbung mit Tausenderpreisen ist zulässig, wenn sie auf einer anerkannten Methode der Tausenderpreisberechnung beruht und die Angaben eindeutig sind (vgl. OLG Oldenburg WRP 1980, 99f.; *Bork* WRP 1990, 385). Wird einem potentiellen Inserenten auf dessen Wunsch hin eine Gegenüberstellung von Tausenderpreisen konkurrierende Zeitungen ausgehändigt, so ist dies selbst dann nicht wettbewerbswidrig, wenn der Interessent eine falsche Vorstellung von der Vergleichbarkeit der Preise unterschiedlich strukturierter Zeitungen hat (vgl. OLG Hamm AfP 1988, 149).

78. Kapitel. Schleichwerbung, redaktionelle Werbung. Praktische Abgrenzung

I. Schleichwerbung. Redaktionelle Werbung

1. Das Nichtkenntlichmachen des kommerziellen Zwecks einer geschäftlichen Handlung ist grundsätzlich unlauter. Es widerspricht dem Wahrheitsgrundsatz des Lauterkeitsrechts den werblich-kommerziellen Charakter eigener oder fremder Aktivitäten zu verschleiern (vgl. BGH GRUR 95, 744). Bis zur UWG-Novelle 2015 enthielt das UWG deshalb den Tatbestand des § 4 Nr. 3 UWG mit einem generellen Verbot der verdeckten Werbung. Da es sich hierbei letztlich um ein Irreführen des Verbrauchers handelt, da dieser schließlich glaubt, einen nichtkommerziellen Beitrag vor sich zu haben, wurde das Verschleiern der kommerziellen Absichten in den Irreführungsregeln in einem eigenständigen Unterabsatz der Vorgaben zur Irreführung durch Unterlassen in § 5a Abs. 6 UWG verankert (vgl. Ohly/Sosnitza/*Sosnitza* UWG § 5a Rn. 88 ff.). 1

Auch die Nr. 11 des Anhangs zu § 3 Abs. 3 UWG verbietet ohne jede Wertungsmöglichkeit als Information getarnte Werbung gegenüber Verbrauchern, wenn der redaktionelle Inhalt vom Unternehmen finanziert wurde.

Die sogenannte Schleichwerbung ist im Recht der elektronischen Medien ebenfalls bereits seit vielen Jahren verboten (siehe § 7 Abs. 3 S. 1, 7 S. 1 und § 58 RStV in der Fassung der Bekanntmachung vom 27.7.2001 (GVBl. S. 502 (503), BayRS 02–16-S), zuletzt durch Art. 1 des Abkommens vom 8.12.2016 (GVBl. 2017 S. 86) geändert, sowie § 6 Abs. 1 und 2 TMG vom 26.2.2007 (BGBl. 2007 I S. 179), zuletzt geändert durch Art. 11 G gegen illegale Beschäftigung und Sozialleistungsmissbrauch vom 11.7.2019 (BGBl. 2019 I S. 1066). Seit in Krafttreten des 13. Rundfunkänderungsstaatsvertrages am 1.4.2010 sind Produktplatzierungen im Fernsehen nicht mehr generell verboten, sondern in bestimmten Formaten Produktplatzierungen (Definition in § 2 Abs. 2 Nr. 11 S. 1 RStV) erlaubt, wenn eine hinreichende Kennzeichnung erfolgt (§ 7 Abs. 7 S. 3 und 4 RStV). Durch die Kennzeichnungsvorgaben soll gewährleistet werden, dass der Zuschauer über die Tatsache der bezahlten Präsentation eines Produkts oder einer Dienstleistung informiert wird und den kommerziellen Charakter der Platzierung richtig einordnen kann. Vergleichbare Erlaubnisse für Produktplatzierungen in der Presse bestehen nicht.

Von § 5a Abs. 6 UWG UWG wird über die Schleichwerbung hinaus die Tarnung jeglicher Wettbewerbshandlungen erfasst. Hierzu zählt beispielsweise die Gewinnung von Adressen unter Verschweigen der kommerziellen Absicht (vgl. Ohly/Sosnitza/*Sosnitza* UWG § 5a Rn. 153) und das Vortäuschen eines Privatangebots (Ohly/Sosnitza/*Sosnitza* UWG § 5a Rn. 155)).

Eine Werbemaßnahme ist dann unlauter im Sinne des UWG, wenn sie so getarnt wird, dass der Werbecharakter für den Umworbenen nicht erkennbar ist (vgl. Köhler/Bornkamm/Feddersen/*Köhler* UWG § 5a Rn. 7.37 ff.; Ohly/Sosnitza/*Sosnitza* UWG § 5a Rn. 99). Die Tarnung einer Werbemaßnahme läuft nicht nur dem wettbewerbsrechtlichen Wahrheitsgrundsatz zuwider, sie stellt auch eine Missachtung des allgemeinen Persönlichkeitsrechts dar. Denn sie beeinflusst den Angesprochenen und beeinträchtigt somit seine Entwicklungsfreiheit (vgl. BGH NJW 1995, 3177; *Henning-Bodewig* GRUR 1996, 321 (325)). Kann der Adressat hingegen erkennen, dass es sich um Werbung handelt, so wird er nicht unzulässig in seiner Persönlichkeitssphäre angetastet. Denn auf Grund dieser Erkenntnis ist er in der Lage, eigene Entscheidungen zu treffen (vgl. BGH NJW 1995, 3177). Im Bereich der Presse verstößt jede Schleichwerbung zugleich gegen das Prinzip der strengen Trennung von redaktionellem und werbendem Teil in der Zeitungs- und Zeitschriftenpresse (vgl. § 10 LPG). Diese Vorschrift gilt als notwendige Abwehrmaßnahme gegenüber Gefahren, die sich aus der privatwirtschaftlichen Struktur der Presse ergeben, aufgrund derer zwar nicht der Staat Einfluss auf redaktionelle Inhalte nehmen kann, aber nichtstaatliche Gruppen oder Unternehmen versuchen könnten, Medienberichterstattung verdeckt für ihre Zwecke einzusetzen (vgl. Löffler/*Sedelmeier* LPG § 10 Rn. 3). Im Vergleich zu den Landespressegesetzen (LPG) bietet jedoch das UWG einen weiter reichenden Schutz, da jede Form der getarnten Werbung erfasst wird während § 10 LPG zum einen nur für periodische Presse gilt und zum anderen nur entgeltliche verlegerische Leistungen erfasst (vgl. Kap. 14).

2 2. Von erheblicher praktischer Bedeutung sind Wettbewerbsverstöße durch redaktionell aufgemachte Werbung, dh redaktionell gestaltete *Anzeigen* bzw. *redaktionelle Hinweise* (*Lorenz* WRP 2008, 1494, *Braun* WRP 1983, 600 ff., vgl. zur Problematik im Internet *Lindloff/Fromm* MMR 2011, 359; zu neueren Werbeformen wie native advertising und den Einsatz von Influencern im Folgenden unter → Rn. 7 ff.).

Neben § 5a Abs. 6 UWG gilt es hier gegenüber Verbrauchern das Verbot ohne Wertungsmöglichkeit des Nr. 11 des Anhangs zu § 3 Abs. 3 UWG („als Information getarnte Werbung") zu beachten, wonach „der vom Unternehmer finanzierte Einsatz redaktioneller Inhalte zu Zwecken der Verkaufsförderung, ohne dass sich dieser Zusammenhang aus dem Inhalt oder aus der Art der optischen oder akustischen Darstellung eindeutig ergibt" verboten ist. Dieses Verbot der „schwarzen Liste" setzt zwingend voraus, dass der Unternehmer ein Entgelt für die getarnte Werbung geleistet hat. Hierfür ist kein direkter Geldfluss notwendig. Es reicht als Gegenleistung auch die Aufgabe von Anzeigen (Ohly/Sosnitza/*Sosnitza* UWG Anhang zu § 3 Rn. 33, Köhler/Bornkamm/Feddersen/*Köhler* UWG Anhang zu § 3 II Rn. 11.4). Kann ein Kläger die Entgeltlichkeit nicht beweisen, bleibt immer noch ein Rückgriff auf § 5a Abs. 6 UWG, der nicht auf eine Gegenleistung abstellt (vgl. Ohly/Sosnitza/*Sosnitza* UWG Anhang zu § 3 Rn. 33). Das Gebot der Trennung von redaktionellen Angeboten und Werbung gilt grundsätzlich auch für kostenlose Zeitschriften und Magazine (vgl. OLG Karlsruhe MDR 2010, 514).

Eine gekennzeichnete Anzeige macht dem Leser deutlich, dass hier eine werbliche Aussage des Inserenten gegen Entgelt von der Presse transportiert wird. Hingegen erfüllt ein redaktioneller Beitrag die publizistische Informationsaufgabe der Presse und untersteht dem Schutz des Art. 5 Abs. 1 S. 2 GG, so dass auch in Fällen der getarnten Werbung eine Abwägung der Grundrechte geboten ist (vgl. BVerfG NJW 2003, 277).

Eine als redaktionelle und damit angeblich neutrale Aussage des Presseorgans getarnte Werbung verstößt gegen den Grundsatz der eindeutigen Unterscheidbarkeit von Text- und Anzeigenteil (§ 10 LPG; vgl. → Kap. 14 Rn. 1 ff.) und ist deshalb wettbewerbswidrig (vgl. BGH NJW 1981, 2573; OLG Köln AfP 1992, 272; OLG München NJOZ 2010, 1135; OLG Karlsruhe AfP 1989, 462: insoweit sogar höhere Anforderungen als § 10 LPG). Dieser dem Grundrecht der Informationsfreiheit dienende Grundsatz ist ein bestimmendes Element des Presserechts. Die Erscheinungsformen redaktioneller Werbung entsprechen im Wesentlichen den im 14. Kapitel (→ Rn. 4 ff.) genannten kennzeichnungspflichtigen Sachverhalten.

II. Praktische Abgrenzung

3 1. *Redaktionell gestaltete Anzeigen* sind bezahlte Anzeigen, die wie redaktionelle Beiträge aufgemacht und nicht deutlich als Anzeige kenntlich gemacht sind. Sie täuschen die Adressaten über Charakter und Herkunft der Äußerung sowie über die Nachrichtenwürdigkeit des Ereignisses (vgl. BGH GRUR 1994, 441; OLG Hamm AfP 1992, 256; OLG München AfP 1991, 628; 1983, 284 f.). Denn der Leser eines Presseproduktes geht grundsätzlich davon aus, dass der redaktionelle Teil die Meinung der Redaktion und nicht die subjektive Anpreisung seiner Leistung durch einen Gewerbetreibenden enthält (vgl. Köhler/Bornkamm/Feddersen/*Köhler* UWG § 5a Rn. 7.37).

Demnach misst er der Berichterstattung einer neutralen Redaktion größere Bedeutung bei. Er steht ihr unkritischer gegenüber (vgl. BGH GRUR 1994, 441; *Köhler* WRP 1998, 349 (354); Löffler/*Sedelmeier* LPG § 10 Rn. 3). Die unterlassene Kennzeichnung als Anzeige ist nur dann nicht wettbewerbswidrig, wenn sich aus dem Gesamtzusammenhang (Inhalt, räumliche Platzierung oÄ) auch für den flüchtigen Durchschnittsleser auf den ersten Blick ohne Zweifel ergibt, dass bezahlte Werbung vorliegt (vgl. BGH GRUR 2013, 644; BGH AfP 2011, 60, OLG München ZUM 1998, 844; OLG Hamburg AfP 1988, 245; OLG Hamm NJW 1986, 1270). Unzulässige Schleichwerbung kann auch dann vorliegen, wenn sich Anzeige und Bericht auf räumlich weit getrennten Seiten befinden. Hierbei genügt es, wenn der erforderliche enge Zusammenhang anderweitig hergestellt wird, etwa durch Text und Abbildung (vgl. OLG München AfP 1997, 601). Ist ein Beitrag mit „Promotion" gekennzeichnet, so reicht dies nicht aus, einen Anzeigencharakter genügend zu verdeutlichen (vgl. OLG Düsseldorf WRP 2011, 127). Redaktionelle Werbung kann selbst bei Eigenwerbung für die Zeitung gegeben sein, zB wenn über eine Leserreise in einem redaktionellen Beitrag berichtet wird (vgl. OLG Düsseldorf AfP 1988, 354).

2. *Redaktionelle Hinweise* und *Koppelungsbeiträge* sind werblich unterstützende Hinweise im redaktionellen Teil der Druckschrift. Auf Entgeltlichkeit kommt es nicht an (vgl. BGH GRUR 1994, 441, OLG Frankfurt a. M. AfP 1988, 59; OLG Düsseldorf NJW-RR 1986, 1432). Koppelungsbeiträge sind redaktionelle Hinweise auf ein in derselben Publikation inserierendes Unternehmen. Typische Merkmale beider Erscheinungsformen sind Namens- und Preisangaben in Verbindung mit lobender Hervorhebung gewerblicher Leistungen ohne ausreichenden Anlass für eine Berichterstattung (vgl. Ohly/Sosnitza/*Sosnitza* UWG § 5a Rn. 122 ff.; OLG Hamm NJW-RR 1988, 230). Wann eine derartige Berichterstattung im Sinne der von der Presse zu erfüllenden Informationsaufgabe noch als sachlich gerechtfertigt erscheint, ist auf Grund einer Gesamtwürdigung von Anlass und Inhalt des jeweiligen Berichts im konkreten Einzelfall festzustellen (vgl. BGH GRUR 1998, 947; NJW 1994, 1536; OLG Hamburg WRP 2011, 268; OLG Düsseldorf NJW-RR 1992, 677; OLG Hamburg ZUM 1991, 142). Das OLG Naumburg hält die Werbung für Koppelungsbeiträge nicht für per se unlauter, sondern stellt darauf ab, ob sich eine Irreführungsgefahr für den Verbraucher tatsächlich verwirklicht (vgl. OLG Naumburg NJOZ 2011, 1202). 4

Die bloße Nennung eines unter vielen Produkten stellt noch nicht zwangsläufig eine besondere Herausstellung dar (vgl. BGH AfP 1997, 632). Es besteht keine wettbewerbsrechtlich begründete generelle Verpflichtung der Presse, in redaktionellen Beiträgen übernommene Produktinformationen des Herstellers als solche zu kennzeichnen (vgl. BGH GRUR 1993, 565). Steht die sachliche Unterrichtung der Leser im Vordergrund und stellt sich die hiermit verbundene Werbewirkung als eine Nebenfolge dar, so ist das Gebot der Trennung von Werbung und redaktionellem Teil nicht verletzt (vgl. OLG Hamburg AfP 1997, 813; 1997, 806). Selbst dann, wenn ein redaktioneller Beitrag, der sich auf ein bestimmtes Unternehmen bezieht, von diesem Unternehmen selbst verfasst wurde, begründet dies für sich allein noch keine wettbewerbsrechtliche Unzulässigkeit wegen getarnter Werbung (vgl. BGH NJW 1994, 1536). Je nach Lage des Einzelfalles kann ein solcher Beitrag aber wettbewerbswidrig sein (vgl. BGH NJW-RR 1998, 833). Zulässig kann eine Verlagsbeilage in Form eines „Specials" anlässlich eines Firmenjubiläums sein. Auch wenn die journalistische Berichterstattung hierin durchweg positiv ausfällt, muss die Grenze zur getarnten Werbung noch nicht überschritten sein (vgl. OLG Hamburg AfP 1998, 406). Auch eine sogenannte „Flappe" (halbseitiges Vorschlagblatt auf der Titelseite einer Printpublikation), die auf der Vorderseite lediglich eine Aussage, die für sich bezogen keinen werblichen Effekt hatte, und erst durch die deutlich werbliche Rückseite für den Verbraucher als Werbung verstanden werden konnte, wurde für zulässig erachtet (vgl. BGH GRUR 2011, 163).

Redaktionelle Beiträge, in denen die sachliche Unterrichtung der Leser nicht im Vordergrund steht, sind aus mehreren Gründen wettbewerbswidrig (vgl. BGH GRUR 1996, 292; 1994, 819 f.; 1993, 561 f.). Sie verstoßen gegen die Standesauffassung der Presse. Sie täuschen den Verkehr, da die Beteiligten bei redaktionellen Beiträgen von unabhängiger Berichterstattung ausgehen, und dienen schließlich dem unlauteren Anlocken von Anzeigenkunden, welche sich werbliche Vorzüge durch die redaktionellen Hinweise erhoffen (vgl. dazu OLG Hamm AfP 1990, 134; 1980, 224; *Fuchs* GRUR 1988, 736 ff.).

Berichtet ein Publikationsorgan unter namentlicher Nennung von den „besten Ärzten Deutschlands" oder den „besten Anwälten Deutschlands", so liegt eine sittenwidrige getarnte Werbung vor, wenn dem Artikel keine aussagekräftigen, sachlichen und überprüfbaren Beurteilungskriterien zugrunde liegen (vgl. BGH NJW 1997, 2679; 1997, 2681). Jedoch ist es im Hinblick auf das Grundrecht der Pressefreiheit zulässig, in einem redaktionellen Artikel über Ärzte, Personen namentlich aufzuführen, die sich auf bestimmten Gebieten der Medizin besonders spezialisiert haben. Allerdings darf dies nicht in einer übermäßig werbenden Form geschehen (vgl. LG München AfP 1998, 332). Das Gleiche gilt für eine Darstellung von Rang und Namen der größten deutschen Wirtschaftskanzleien (vgl. BVerfG NJW 2003, 277). Allerdings hat das BVerfG klar auf die Bedeutung der Meinungsfreiheit in solchen Fällen hingewiesen und fordert eine Abwägung unter Berücksichtigung des wertenden Charakters der Ranglisten (vgl. BVerfG NJW 2003, 277; vgl. umfassend zur lauterkeitsrechtlichen Haftung der Presse für Rankings *Lettl* GRUR 2007, 936).

Indiz für einen unzulässigen Beitrag kann es sein, wenn eine Ware oder Dienstleistung ohne sachlichen Grund pauschal gelobt wird (vgl. Köhler/Bornkamm/Feddersen/*Köhler* UWG § 4 Rn. 3.27). Ist die Werbewirkung jedoch nur Nebenfolge einer sachlichen Unterrichtung, ist dies im Interesse der Informationsfreiheit hinzunehmen (vgl. BGH GRUR 1993, 565 f.; NJW 1990, 1529; OLG Dresden WRP 1995, 38). Entnimmt ein Zeitungsverlag den Inhalt eines redaktionellen Beitrags im Wesentlichen dem Beipackzettel des Produkts, für das er getarnt wirbt, so ergibt sich hieraus noch keine Mitverantwortung des Produzenten (vgl. BGH NJW 1994, 1536).

5 3. Unlauter handelt in diesen Fällen das Presseunternehmen, das die Werbung mit dem redaktionellen Teil vermengt. Gewinnspiele im redaktionellen Bereich können eine verschleierte Werbung darstellen, wenn der werbliche Charakter des Gewinnspiels nicht auf den ersten Blick deutlich wird (vgl. BGH GRUR 2013, 644). Anzeichen für einen werblichen Charakter kann beispielsweise die umfassende Beschreibung der ausgelobten Gewinne sein.

Veranstaltet ein Rundfunksender ein Gewinnspiel in Kooperation mit einem Zeitungsverlag, so kann dies auch dem Verlag wettbewerbsrechtlich zugerechnet werden. Verstößt der Sender gegen das Gebot der Trennung von Programm und Werbung, so genügt für eine Haftung des Verlages, dass der Verstoß im bewussten und gewollten Zusammenwirken der Vertragspartner begangen wurde (vgl. KG Berlin AfP 1998, 311 (312)). Unter Umständen setzen sich aber auch die werbenden Unternehmen Unterlassungsansprüchen aus (vgl. hierzu *Ahrens* GRUR 1995, 307 (316); *Jahn/Pirrwitz* WRP 1990, 302 ff.; *Sosnitza* ZUM 1998, 631 (640)). Der BGH entschied, dass eine Kaffeerösterei die Versendung druckfertiger PR-Artikel an Zeitschriften zu unterlassen habe, wenn sie den Verlagen auch Insertionsaufträge erteilt (vgl. BGH AfP 1981, 458 f.; zur Formulierung des Klageantrags gegen einen werbenden Zeitungstext vgl. OLG Hamm WRP 1988, 182).

Grundsätzlich ist ein Unternehmen aber nicht verpflichtet, sämtliche über sich in Presseorganen (in welchen es gleichzeitig inseriert) erscheinenden Berichte vor deren Veröffentlichung zu überprüfen (vgl. Köhler/Bornkamm/Feddersen/*Köhler* UWG § 5a Rn. 7.63). Eine Eigenverantwortung des werbenden Unternehmens ist hingegen dann gegeben, wenn es nach den Umständen des Falles damit rechnen musste, dass die von ihm verbreitete Information in einer wettbewerbsrechtlich unzulässigen Weise erscheinen würde (vgl. BGH GRUR 1994, 819; Köhler/Bornkamm/Feddersen/*Köhler* UWG § 5a Rn. 7.63). Allein das Überlassen von sachlich gehaltener und nicht täuschender Information begründet noch keine Haftung (vgl. BGH BB 1996, 10). Jedoch liegt dann eine Verantwortlichkeit des Herstellers vor, wenn dieser seine Produkte im Rahmen von Produktionsinformationen unrichtig darstellt (vgl. BGH AfP 1997, 524). Hat ein Wirtschaftsunternehmen einem Zeitschriftenverlag ein Interview gegeben, und muss es somit damit rechnen, dass eines seiner Produkte in einem redaktionellen Beitrag genannt wird, so braucht es jedoch nicht ohne weiteres davon ausgehen, dass die Nennung in unzulässiger Weise erfolgt (vgl. BGH AfP 1997, 632; Köhler/Bornkamm/Feddersen/*Köhler* UWG § 5a Rn. 7.64; vgl. zu diesen Fragen auch → Kap. 78 Rn. 4 ff.).

6 4. Unzulässig ist auch die Werbung mit *bezahlten Gutachten,* welche die Werbeaussage mit dem Deckmantel wissenschaftlicher Neutralität und Objektivität umgeben (vgl. BGH GRUR 1961, 189 ff. (191); Köhler/Bornkamm/Feddersen/*Köhler* UWG § 5a Rn. 7.34). Gleiches gilt für Werbung mit scheinbar privaten Aussagen in Verbraucherforen, Leserbriefen oder Blogs (vgl. *Schirmbacher* K&R 2009, 433 (436)).

5. Das Trennungsgebot kann jedoch zweckbezogen eingeschränkt werden, wenn nicht der engere, redaktionelle Bereich inklusive Meinungen, Berichte und Leitartikel vorliegt, sondern es sich um einen redaktionell gestalteten Bereich im weiteren Sinne handelt. Dient die Publikation primär der spielerischen Unterhaltung, etwa durch die Eröffnung von Gewinnchancen durch Preisrätsel, so kann grundsätzlich ein weiter Maßstab angewendet werden (vgl. BGH GRUR 1994, 821 f.; 1994, 823 f.; *Ahrens* GRUR 1995, 307 (309)). Insofern ist die Abbildung eines Gewinns für ein Preisrätsel samt wiederholter Nennung des Produktnamens dann zulässig, wenn darauf hingewiesen wurde, dass der Hersteller den Gewinn unentgeltlich zur Verfügung stellt (vgl. BGH NJW 1996, 3276). Mithin ist auch die mehrfache Benennung des Produktes und seines Herstellers gestattet, sofern keine übermäßige werbliche Herausstellung stattfindet (vgl. BGH NJW 1996, 3278).

III. Native advertising, Influencer und weitere neuartige Formen der kommerziellen Kommunikation

Mit dem Aufkommen neuer digitaler Medien haben sich neuartige Werbeformate entwickelt und werden sich zukünftig weitere Werbeformen entwickeln, mit denen insbesondere Nutzer von digitalen Medien in ihrem Umfeld angesprochen werden. Aus lauterkeitsrechtlicher Sicht ist hier insbesondere auf den Trennungsgrundsatz zu achten, der selbstverständlich medienübergreifend auch im Internet ohne Ausnahme gilt. Das UWG ist medienneutral und damit geeignet, lauterkeitsrechtliche Verstöße auch bei der Verwendung neuartiger Werbeformen angemessen zu ahnden. Neue Rechtsetzung ist hierfür nicht notwendig. 7

Bei den neuartigen Werbeformen wie Native Advertising oder dem Einsatz von Influencern handelt es sich grundsätzlich um zulässige kommerzielle Kommunikation soweit die Vorgaben des UWG beachtet werden. Native Advertising ist eine Sammelbezeichnung für kommerzielle Kommunikation, die in das jeweilige editorale Medienumfeld eingebettet ist. Direkt übersetzt bedeutet „native advertising „ schlicht „gebürtige Werbung", also Werbung, die in das jeweilige Medium natürlich integriert ist. Native Advertising ist auch entstanden, weil Internetnutzer die ins Internet übertragenen klassischen Werbeformen, wie Popup Banner und ähnliches als penetrant und störend empfunden haben (vgl. *Wiebe/Kreutz* WRP 2015, 1053) aber auch weil klassische Werbeformen im Internet bei der Verwendung von Ablocken nicht zur Zielgruppe gelangen (zu Adblockern → Kap. 73 Rn. 7). Daraufhin wurden Werbeformen entwickelt, die sich stärker in das Medium integrieren lassen. Beispiele finden sich bei der Werbung innerhalb von Suchmaschinen, Internetforen oder sozialen Medien. Ebenso kontextbezogene Aufzählungen („die 10 aktivsten Wellnesshotels in Deutschland" und ähnliches). Auch virales Marketing, also das Produzieren eines Spots, der ausschließlich in sozialen Medien hochgeladen wird, damit die Nutzer ihn selbstständig verbreiten, ist Native Advertising (eine umfassende Darstellung findet sich bei *Wiebe/Kreutz* WRP 2015, 1053 und 1179).

Letztlich ist auch das Einsetzen eines Influencers zu kommerziellen Zwecken eine Unterform des Native Advertisings. Auch hier wird die Werbung in das Umfeld des verwendeten sozialen Mediums eingebettet. Bei Influencern handelt es sich um mehr oder weniger bekannte Persönlichkeiten, die Präsenzen auf sozialen Medien betreiben, die sie regelmäßig mit Nachrichten („Posts") befüllen, die von einer größeren Zahl von Abonnenten („Followern") gelesen werden. Da Influencer nicht immer nur werbliche Äußerungen abgeben, ist zunächst zu prüfen, ob eine Äußerung oder Verlinkung auf eine andere Webseite in einem Post eine geschäftliche Handlung im Sinne des UWG darstellt. Ab einer gewissen Zahl von Followern wird regelmäßig angenommen, dass der Betrieb des Influencer-Profils selbst eine unternehmerische Handlung darstellt, so dass jegliche Posts eine geschäftliche Handlung in Bezug auf die eigene Internetpräsenz darstellen (vgl. zuletzt OLG Frankfurt a. M. GRUR 2020, 208; zur Frage der geschäftlichen Handlung bei Influencern → Kap. 73 Rn. 7 ff.). 8

Ist ein Post als geschäftliche Handlung einzuordnen, wird der Anwendungsbereich des § 5a Abs. 6 UWG eröffnet (vgl. Köhler/Bornkamm/Feddersen/*Köhler* UWG § 5a Rn. 7.80a). Damit muss der werbliche Charakter des Posts unmissverständlich deutlich werden. Im Gegensatz zu der Bezeichnung „Anzeige" im Printbereich hat sich für Influencer in Deutschland noch keine einheitliche Bezeichnung herausgebildet, so dass grundsätzlich verschiedene Texthinweise wie „Werbung", „Anzeige", „bezahltes Post" möglich sind, solange sie auf den ersten Blick erkennbar sind. Einen umfangreichen Leitfaden zur Kennzeichnung von Werbung auf Instagram hat die Zentrale zur Bekämpfung unlauteren Wettbewerbs herausgegeben, Der Leitfaden, der regelmäßig aktualisiert wird, ist auf der Webseite www.wettbewerbszentrale.de abrufbar. 9

Auch das reine Setzen eines Links, der mittelbar oder unmittelbar auf eine Webseite eines Händlers oder Herstellers verweist, ist regelmäßig als geschäftliche Handlung einzuordnen, die gekennzeichnet werden muss (vgl. Köhler/Bornkamm/Feddersen/*Köhler* UWG § 5a Rn. 7.80a). Ob ein Post eines Influencers geeignet ist, die Kaufentscheidung des Followers zu beeinflussen ist, wie im Lauterkeitsrecht üblich, immer am Einzelfall zu beurteilen, dürfte aber regelmäßig zu bejahen sein (vgl. Köhler/Bornkamm/Feddersen/*Köhler* UWG § 5a Rn. 7.80a; KG Berlin NJ 2019, 161 mAnm *Christian von Strobel-Albeg*). Soweit sich ein Influencer an Minderjährige richtet und damit die Voraussetzungen des § 3 Abs. 4 S. 2 UWG gegeben sind, muss eine Kenntlichmachung des kommerziellen Zwecks besonders deutlich werden (vgl. Köhler/Bornkamm/Feddersen/*Köhler* UWG § 5a Rn. 7.80b; Ohly/Sosnitza/*Sosnitza* UWG § 5a Rn. 134).

79. Kapitel. Aggressive und belästigende Werbung (§ 4a und § 7 UWG)

I. Einleitung

1 Manchmal werden Verbraucher nicht umworben, um eine geschäftliche Entscheidung zu treffen, sondern von Unternehmen aggressiv bedrängt. Auch in diesen Fällen schützt das Lauterkeitsrecht Verbraucher und andere Marktteilnehmer vor Entscheidungen, die sie ohne der unlauteren Geschäftspraxis ausgesetzt gewesen zu sein, nicht getroffen hätten (§ 4a UWG). Schutzzweck der Norm ist die Entscheidungsfreiheit der Angesprochenen. (vgl. Köhler/Bornkamm/Feddersen/*Köhler* UWG § 4a Rn. 1.2; Ohly/Sosnitza/*Sosnitza* UWG § 4a Rn. 2).

Zusätzlich zum Verbot der aggressiven Werbung untersagt das UWG zudem belästigende Werbung gegenüber allen Marktteilnehmern unabhängig davon, ob die Belästigung zu einer geschäftlichen Entscheidung des Belästigenden geführt hat oder nicht (§ 7 UWG). Hier wird nicht die Entscheidungsfreiheit geschützt, sondern Beeinträchtigungen der privaten und beruflichen Sphäre von Marktteilnehmern verhindert (vgl. Ohly/Sosnitza/*Ohly* UWG § 7 Rn. 1).

II. Aggressive Werbung § 4a UWG und Nr. 25–30 der schwarzen Liste

2 Mit der UWG-Novelle 2015 wurden die Vorgaben der UGP-Richtlinie zu aggressiven Geschäftspraktiken umfassender umgesetzt, als dies vorher der Fall war. Vor der Novelle wurde die unangemessene Beeinflussung von Verbrauchern sowie das Ausnutzen von Angst oder Unerfahrenheit von Verbrauchern in den § 4 Nr. 1 und Nr. 2 UWG aF erfasst. Mit einer richtlinienkonformen Auslegung sollte eine Umsetzung der Vorgaben der UGP-Richtlinie sichergestellt werden. Dies wurde von der Europäischen Kommission als nicht ausreichend erachtet, so dass sich der deutsche Gesetzgeber zu einer Novellierung und der Einführung eine eigenständigen Verbotsnorm für aggressive Werbung enschied (vgl. Köhler/Bornkamm/Feddersen/*Köhler* UWG § 4a Rn. 1.1 f.; umfassend zur Entstehung des § 4a UWG *Scherer* GRUR 2016, 233). Die Vorgaben des § 4a UWG gelten, wie die früheren § 4 Nr. 1 und 2 UWG, sowohl bei geschäftlichen Handlungen gegenüber Verbrauchern wie auch anderen Marktteilnehmern. Materielle Rechtsänderungen sind mit der Novelle 2015 im Bereich der aggressiven Werbung nicht verbunden (vgl. Ohly/Sosnitza/*Sosnitza* UWG § 4a Rn. 3).

3 Bei den Nr. 25–30 der schwarzen Liste handelt es sich um spezifische Tatbestände aggressiver Geschäftspraktiken, die ohne Wertungsmöglichkeit unlauter sind. Nr. 25 verbietet es, dem Verbraucher zu suggerieren, er dürfe eine Räumlichkeit nicht ohne Vertragsabschluss verlassen. Nach Nr. 26 der schwarzen Liste ist es immer unlauter, wenn ein Unternehmer den Verbraucher in dessen Wohnung aufsucht und sich weigert, diese zu verlassen bzw. die Aufforderung ihn nicht mehr dort aufzusuchen ignoriert. Nr. 27 betrifft ausschließlich Versicherungsverträge. Wenn hier die Rechtsdurchsetzung vereitelt wird, ist dies stets unlauter. Nach Nr. 28 ist ein direkt an Kinder gerichteter Kaufappel unlauter. Nr. 29 verbietet die Aufforderung unbestellte Waren zu bezahlen und Nr. 30 das Mitleid des Verbrauchers auszunutzen, indem ein Verlust des Arbeitsplatzes des Unternehmers behauptet wird, wenn eine Ware oder Dienstleistung nicht erworben wird.

4 § 4a UWG schützt den Entscheidungsprozess der Markteilnehmer. (Ohly/Sosnitza/*Sosnitza* UWG § 4a Rn. 2). Entsprechend muss eine aggressive Geschäftspraktik nach § 4a Abs. 1 S. 2 UWG geeignet sein, die Entscheidungsfindung des Betroffenen erheblich zu beeinflussen. Entscheidend ist, dass die unzulässige Beeinflussung nach § 4a UWG die Fähigkeit des Verbrauchers oder anderen Marktteilnehmers, die Vor- und Nachteile seiner Entscheidung zu erkennen und gegeneinander abzuwägen, einschränkt (Köhler/Bornkamm/Feddersen/*Köhler* UWG § 4a Rn. 1.66). Eine reine Belästigung der Angesprochenen ist nicht ausreichend um den Tatbestand

des § 4a UWg zu erfüllen, wobei in den Fällen reiner Belästigung ein Verstoß gegen § 7 UWG vorliegen kann (ausführlich zu unlauteren Belästigungen → Rn. 8 ff.).

§ 4a UWG unterscheidet drei Formen der aggressiven geschäftlichen Handlung: Belästigung, Nötigung und die unzulässige Beeinflussung (*Scherer* GRUR 2016, 233; Köhler/Bornkamm/Feddersen/*Köhler* UWG § 4a Rn. 1.28 ff.). Für den Bereich der Presse ist insbesondere die unzulässige Beeinflussung, die auch durch werbliche Aktivitäten erfolgen kann, von Interesse. Im Gegensatz zur Nötigung und Belästigung erfolgt eine unzulässige Beeinflussung nicht durch Anwendung oder Androhung physischer Gewalt oder anderer Übel, sondern durch eine nicht mehr akzeptable Druckausübung im weiteren Sinn (vgl. Ohly/Sosnitza/*Sosnitza* UWG § 4a Rn. 36). Auch Verkaufsförderungsmaßnahmen, können eine unzulässige Beeinflussung iSd § 4a UWG darstellen, wenn es sich um Angebote handelt, bei denen die Rationalität der Entscheidung des Käufers aufgrund der Anlockwirkung in den Hintergrund tritt (ausführlich zu Verkaufsförderungsmaßnahmen und Wertreklame Kap. 80)

Es kann ebenfalls ein Fall der unzulässigen Beeinflussung sein, wenn mit sogenannter gefühlsbetonter Werbung, insbesondere auf das Mitgefühl oder das Angstgefühl der Kunden spekuliert und dieses gezielt ausgenutzt wird. Das ist nach § 4a UWG unzulässig, sobald eine Angst geschürt wird, die geeignet ist, die Rationalität der Nachfrageentscheidung des Verbrauchers aufzuheben und dieser nicht mehr zu verstandesgemäßer Kontrolle seiner wirtschaftlichen Entschließung imstande ist (vgl. Ohly/Sosnitza/*Sosnitza* UWG § 4a Rn. 178). Denn ein solches Vorgehen widerspricht dem Leitbild des Leistungswettbewerbs (vgl. BGH NJW 1995, 1964). So erscheint die Werbung, die versucht, unter Steigerung der Inflationsangst zum Erfolg zu kommen, als unlauter (vgl. OLG Frankfurt a. M. WRP 1975, 363); ebenso eine Brillenwerbung, die Angst vor dem Wegfall von Zuschüsse schürt (vgl. *KG* Berlin WRP 2004, 130). Wird bei einer Werbesendung für ein Unternehmensberatungshandbuch auf dem Umschlag im Zusammenhang mit angeblich wirtschaftlich gescheiterten Unternehmen die Frage „Sind Sie der nächste?" an den Adressaten gerichtet, so stellt dies eine unzulässige Angstwerbung dar. Durch Einschüchterung des Empfängers soll dieser dazu veranlasst werden, das so beworbene Produkt zu erstehen (vgl. OLG Köln NJWE-WettbR 1997, 222). 5

Gefühlsbetonte Werbung ist auch solche, die an das soziale Mitleid der Kunden appelliert (vgl. BGH GRUR 1968, 44; AfP 1976, 173). Machen Zeitschriftenwerber unwahre Angaben über ihre persönlichen Lebensverhältnisse, indem sie sich zB als ehemalige Betäubungsmittelabhängige ausgeben, oder täuschen sie die zu werbenden Kunden über die beabsichtigte Verwendung ihres Verdienstes aus der Zeitschriftenwerbung, ist eine wettbewerbswidrige Werbung regelmäßig gegeben (vgl. BGH AfP 1990, 295; BayObLG AfP 1991, 418). Unzulässig ist ferner der zielgerichtete und planmäßige Einsatz Schwerstsprachbehinderter in der Zeitschriftenwerbung im Haus-zu-Haus-Geschäft, die sich nur durch das Vorzeigen einer Schrifttafel verständlich machen können (vgl. OLG Hamburg NJW 1986, 2714). Das Werben mit eigenem sozialen Engagements *ohne* inhaltlichen Bezug zum beworbenen Angebot ist lauterkeitsrechtlich grundsätzlich zulässig (vgl. BGH GRUR 2007, 247 [Rn. 19]; GRUR 2007, 251). Die Entscheidungsfreiheit des mündigen Verbrauchers wird durch das werbliche Versprechen des Unternehmens, sich für jedes gekaufte Produkt sozial zu engagieren, nicht in einem Maße beeinflusst, dass dieser nicht mehr in der Lage ist eine eigenständige Entscheidung zu treffen. (vgl. OLG Hamburg GRUR-RR 2003, 51; Ohly/Sosnitza/*Sosnitza* UWG § 4a Rn. 111).

Ein Unterfall gefühlsbetonter Werbung ist die so genannte *„Schockwerbung"* (vgl. *Wassermeyer* GRUR 2002, 126; *Hartwig* WRP 1997, 825; *Henning-Bodewig* GRUR 1997, 180). Die Erregung von starken Emotionen wie Mitleid oder Schrecken um werbliche Aufmerksamkeit zu erreichen, wurde grundsätzlich als unlauter angesehen, wenn kein Zusammenhang zwischen dem beworbenen Produkt und dem gezeigten Motiv vorlag (vgl. *Henning-Bodewig* GRUR 1997, 180). Diese Rechtsprechung hat sich nach der Jahrtausendwende gewandelt: Anlass war eine Anzeigenkampagne des Textilherstellers Benetton. Die Kampagne enthielt unter anderem die Darstellung von menschlichen Körperteilen mit einem Stempelaufdruck „H. I. V. POSITIVE", Bilder von ölverschmierten Vögeln oder schwer arbeitenden Kleinkindern. Die Urteile des Bundesverfassungsgerichts, mit denen das Urteil des BGH, in dem die Motive der Kampagne für unlauter erklärt wurden, aufhob, haben zu einem Wandel in der Rechtsprechung zur Schockwerbung geführt (vgl. BVerfG GRUR 2001, 170; 2003, 442): Wirtschaftswerbung ist ebenso von der verfassungs- 6 rechtlich geschützten Meinungsfreiheit geschützt wie andere Presseveröffentlichungen und Meinungsäußerungen. Das UWG kann das von Art. 5 Abs. 1 GG geschützte Grundrecht nur einschränken, soweit der vom UWG geschützte Leistungswettbewerb von der Meinungsäußerung beeinträchtigt wird (vgl. BVerfG GRUR 2001, 170). Der Wettbewerb ist aber nicht gefährdet, wenn neben den angebotsspezifischen Informationen beispielsweise auch gesellschaftskritische Themen durch die Werbung adressiert werden, soweit dies nicht in einem Ausmaß geschieht, dass die Entscheidungsfreiheit des Angesprochenen erheblich beeinträchtigt. Dies wäre nur der Fall, wenn der Angesprochene beispielsweise aufgrund des Schocks über ein Werbemotiv keine selbstbestimmte Entscheidung mehr über den Erwerb des damit beworbenen Produkts treffen könnte.

7 Werbemotive, die über das gesellschaftlich anerkannte hinausgehen, mögen zwar keine Rechtsverletzung darstellen. Denkbar ist allerdings ein Verstoß gegen die Vorgaben der Werbeselbstregulierung. Der Deutsche Werberat sorgt mit seinen Verhaltensregeln dafür, dass über gesetzliche Vorgaben hinaus allgemein anerkannte Grundwerte der Gesellschaft wie Anstand, Moral und soziale Verantwortung in der Werbung beachtet werden. Denkbar ist in den Fällen der Schockwerbung ein Verstoß gegen die Grundregeln des Deutschen Werberates zur kommerziellen Kommunikation. Danach hat kommerzielle Kommunikation die allgemein anerkannten Grundwerte der Gesellschaft und die dort vorherrschenden Vorstellungen von Anstand und Moral zu beachten. Sie muss stets von Fairness im Wettbewerb und Verantwortung gegenüber der Gesellschaft getragen sein. Insbesondere darf Werbung das Vertrauen der Verbraucher nicht missbrauchen und mangelnde Erfahrung oder fehlendes Wissen nicht ausnutzen, Kindern und Jugendlichen weder körperlichen noch seelischen Schaden zufügen, keine Form der Diskriminierung anregen oder stillschweigend dulden, die auf Rasse, Abstammung, Religion, Geschlecht, Alter, Behinderung oder sexuelle Orientierung bzw. die Reduzierung auf ein sexuelles Objekt abzielt, keine Form gewalttätigen, aggressiven oder unsozialen Verhaltens anregen oder stillschweigend dulden, keine Angst erzeugen oder Unglück und Leid instrumentalisieren sowie keine die Sicherheit der Verbraucher gefährdenden Verhaltensweisen anregen oder stillschweigend dulden. Umfassende Informationen über die Selbstkontrolleinrichtung sowie die Verhaltensregeln und Erläuterungen hierzu finden sich unter www.werberat.de.

III. Die Belästigung gemäß § 7 UWG

8 Bei den in der Praxis besonders häufigen Fällen der Belästigung oder eines Anreißens, ist es die Aufdringlichkeit der Werbung und die damit verbundene Belästigung der Allgemeinheit, die dieser Form des Wettbewerbs den Charakter der Unlauterkeit geben. Bereits mit der Novelle 2008 wurde die belästigende Werbung mit § 7 UWG als eigenständiger Tatbestand von den Generalklauseln des § 3 UWG abgekoppelt. Die Regelung des § 7 UWG bezweckt den Schutz der Verbraucher und sonstigen Marktteilnehmer vor einer Beeinträchtigung ihrer privaten und beruflichen Sphäre. Ein Schutz vor unangemessener unsachlicher Beeinflussung der Nachfrageentscheidung des Verbrauchers ist dagegen nicht im Normzweck enthalten. Entsprechend stellt der Regierungsentwurf zum UWG 2004, mit dem § 7 UWG eingeführt wurde, nur auf die Belästigung ab (Amtl. Begr. BT-Drs. 15/1487, 21). Dies wird auch durch die systematische Trennung der belästigenden Werbung von Geschäftshandlungen, die unangemessenen Druck auf die Entscheidungsfreiheit auf die Marktgegenseite ausüben, belegt. Diese Unlauterkeitstatbestände sind von § 4a UWG erfasst (vgl. auch Ohly/Sosnitza/*Ohly* UWG § 7 Rn. 1,). Bei der Beurteilung dieser Wettbewerbsfälle ist der besondere Schutz zu berücksichtigen, den die menschliche Persönlichkeit und ihre Würde im Wertsystem des Grundgesetzes genießen (vgl. *Krüger-Nieland* GRUR 1974, 561). Um einen Nachahmungseffekt zu verhindern, beurteilt der BGH sogar solche Fälle der Belästigung als wettbewerbswidrig, welche im Einzelfall gerade noch hingenommen werden könnten. Hierdurch soll einer Verwilderung des Wettbewerbs vorgebeugt werden (vgl. BGH GRUR 2000, 235; NJW 1980, 1690 f.; 1975, 689).

9 1. Unlauter kann die *Werbung im Todesfall* sein. Das gilt zB für die eigenmächtige, ohne Zustimmung der Betroffenen erfolgte Veröffentlichung von Todesanzeigen oder „Todestafeln" im Anzeigenteil einer Tageszeitung (vgl. LG Stuttgart GRUR 1954, 126). Werbung für ein Bestattungsunternehmen ist zulässig, wenn sie taktvoll ist und die Intimsphäre der Umworbenen

nicht verletzt (vgl. OLG Zweibrücken WRP 1996, 951 (954)). Zulässig ist nach Ansicht des LG Hamburg (WRP 1982, 362) die unaufgeforderte Zusendung einer Werbedrucksache für Verkauf und Bearbeitung von Grabmalen zwei Wochen nach dem Trauerfall. Es ist allerdings auf die Besonderheiten des § 7 Abs. 2 UWG (siehe unten) Rücksicht zu nehmen.

2. Die *unverlangte Zusendung* von personalisierten Werbebriefen wie nicht personalisierten Werbepostwurfsendungen liegt generell im Rahmen der sozialadäquaten, vom Empfänger hinzunehmenden Belästigung. Doch ist die Zusendung von Werbesendungen trotz Einspruchs des Empfängers, der bei nicht personalisierten Postwurfsendungen auch mittels eines entsprechenden Briefkastenaufklebers erhoben werden kann, wettbewerbswidrig (vgl. Köhler/Bornkamm/Feddersen/*Köhler,* UWG, UWG § 7 Rn. 113–116; Ohly/Sosnitza/*Ohly* UWG § 7 Rn. 32–33). Da nach § 7 Abs. 2 Nr. 1 UWG nur die hartnäckige Ansprache als unlauter eingeordnet wird, ist ein einmaliger Ausreißer (Übersehen des Sperrvermerks durch den Verteiler der Postwurfsendung) unproblematisch (vgl. Köhler/Bornkamm/Feddersen/*Köhler* UWG § 7 Rn. 113). Die Reichweite des Sperrvermerkes ist durch Auslegung zu ermitteln. Der Sperrvermerk „Keine Werbung" erfasst nach dem BGH nur reine Werbeprospekte aber keine kostenlosen werbefinanzierten Anzeigenblätter (vgl. BGH GRUR-RR 2012, 495). Wenn der Verbraucher diese nicht wünscht, muss er dies auf dem Sperrvermerk kennzeichnen (vgl. Ohly/Sosnitza/*Ohly* UWG § 7 Rn. 38 ff.). Keinesfalls betrifft ein Sperrvermerk auf dem Briefkasten Werbebeilagen in abonnierten Zeitungen. Hier kann dem Austräger nicht zugemutet werden, diese zu entfernen (vgl. Ohly/Sosnitza/*Ohly* UWG § 7 Rn. 39). 10

Bei personalisierten Werbesendungen muss der Einspruch gegenüber dem Werbetreibenden erhoben werden, da der Briefzusteller bei personalisierten Werbesendungen nicht erkennen kann, dass es sich um ungewollte Werbung handelt (vgl. Ohly/Sosnitza/*Ohly* UWG § 7 Rn. 38 ff.). Der Deutsche Dialogmarketingverband (DDV) führt eine so genannte Robinsonliste für Briefpost, in der Verbraucher ihren Einspruch gegen personalisierte Werbepost zentral dokumentieren können (www.ddv.de).

Werbung durch unerbetene Telefonanrufe stellt einen unzulässigen Eingriff in die Individualsphäre dar und ist daher wettbewerbswidrig (vor der gesetzlichen Normierung im UWG 2004 ständige Rechtsprechung zu § 1 UWG aF, vgl. nur BGH GRUR 1994, 380). Diese Grundsätze der Rechtsprechung hat der Gesetzgeber durch Schaffung eines eigenen Paragraphen im UWG unterstrichen. § 7 UWG nimmt in Abs. 1 ein generalklauselartiges Belästigungsverbot auf, welches durch eine nicht abschließende Aufzählung von vier Fallgruppen in Abs. 2 konkretisiert wird. 11

Nutzt ein Zeitungsverlag einen – zunächst nicht zu beanstandenden – Anruf zu Marktforschungszwecken (Markt- und Sozialforschung in anonymisierter Form stellt keine geschäftliche Handlung im Sinne des UWG dar, vgl. → Kap. 73 Rn. 5) dazu aus, ein zweites Telefongespräch bezüglich eines erhofften Geschäftsabschlusses werbend vorzubereiten, so lag nach der Rechtsprechung ein Verstoß gegen § 1 UWG aF vor (vgl. OLG München AfP 1997, 481). In der Fallgruppe Nummer 2 von § 7 Abs. 2 UWG hat der Gesetzgeber diesbezüglich eine noch schärfere Präzisierung vorgenommen. Nach der so genannten Opt-In-Lösung gilt, dass gegenüber Privatpersonen die Werbung durch *unerbetene telefonische Anrufe* grundsätzlich als wettbewerbswidrig erachtet wird, es sei denn, dass der Angerufene zuvor ausdrücklich seine Einwilligung erklärt hat, zu Werbezwecken angerufen zu werden (vgl. Köhler/Bornkamm/Feddersen/*Köhler* UWG § 7 Rn. 125–126a). Die Einschränkung der Telefonwerbung gegenüber Privatpersonen wird damit gerechtfertigt, dass mit einem Anruf ein erheblicher Eingriff in die Individualsphäre des Anschlussinhabers verbunden sei. Dieser werde veranlasst, das Gespräch zunächst anzunehmen und wegen der Ungewissheit über den Zweck des Anrufs meist genötigt, sich auf das Gespräch einzulassen, zB eine Werbung zur Kenntnis zu nehmen, bevor er sich entscheiden könne, ob er das Gespräch fortsetzen wolle oder nicht. Gerade weil sich der Anschlussinhaber gegen das Eindringen in seine Privatsphäre nicht von vornherein wehren kann, sei schon das Anrufen als solches als Belästigung anstößig. Die Einwilligung muss ausdrücklich erfolgen, eine konkludente Einwilligung ist nicht zulässig (vgl. Ohly/Sosnitza/*Ohly* UWG § 7 Rn. 50). Formerfordernisse an die Einwilligung bestehen nicht, so dass sie auch mündlich erteilt werden kann (vgl. Ohly/Sosnitza/*Ohly* UWG § 7 Rn. 50). Für das Vorliegen einer Einwilligung ist der Unternehmer beweispflichtig (vgl. BGH GRUR 2000, 818 (819)). Bei mündlichen Einwilligun- 12 gen kann eine Beweissicherung durch sogenannte „voice files" erfolgen, in denen die mündliche Einwilligung, die beispielsweise bei Gelegenheit einer telefonischen Warenbestellung durch den Kunden eingeholt werden können, erfolgt. Die Einwilligung zur Telefonwerbung kann in AGBs eingeholt werden. Allerdings muss eine formularmäßige Einwilligung immer im Einzelfall auf eine unangemessene Benachteiligung der Verbraucher untersucht werden (vgl. BGH GRUR 2000, 818; OLG Köln GRUR-RR 2008; 316, vgl. auch *Jankowski* GRUR 2010, 495).

13 Auch im gewerblichen Bereich oder bei der Ausübung eines selbstständigen Berufes sind telefonische Anrufe zu Werbezwecken nicht ohne Weiteres hinzunehmen, da sie mit Blick auf die Störung der beruflichen Tätigkeit ebenfalls als belästigend empfunden werden können. Anders als beim Verbraucher kann die Interessenlage hier jedoch anders sein, wenn der Anruf im konkreten Interessenbereich des Angerufenen liegt. Daher wird in Übereinstimmung mit der bisherigen Rechtsprechung die Telefonwerbung auch bei einem nur vermuteten Einverständnis als zulässig erachtet (siehe auch Amtl. Begr. zur Novelle 2004, BT-Drs. 15/1487, 21). Hierfür muss aufgrund der konkreten Umstände ein sachliches Interesse des Angerufenen von Anrufer vermutet werden können (vgl. BGH GRUR 2004, 520; 1995, 220 (221)).

14 Das unverlangte Zusenden von Werbematerial an einen privaten E-Mail Anschluss oder eine SMS-Werbung ist grundsätzlich nach § 7 Abs. 2 Nr. 3 UWG auch ohne ausdrücklich entgegenstehende Erklärung wettbewerbswidrig. Allerdings ist der Ausnahmetatbestand des § 7 Abs. 3 UWG zu beachten, nach dem unter bestimmten Umständen die Werbung mittels elektronischer Post auch ohne Einwilligung des Empfängers zulässig ist.

15 Die grundsätzliche Zulässigkeit von *Hausbesuchen* ohne vorherige Kontaktaufnahme ist in Rechtsprechung und Literatur umstritten. Die Rechtsprechung sieht dabei diese Vertriebsmethode als zulässig an, sofern sich nicht aus besonderen Umständen eine sittenwidrige Belästigung ergibt (vgl. BGH GRUR 1994, 380). Solche Umstände können in der Hartnäckigkeit des Vertreterauftretens sowie auf der Seite des Angesprochenen liegen (vgl. ausführlich Köhler/Bornkamm/Feddersen/*Köhler* UWG § 7 Rn. 53–59. Eine unzumutbare Belästigung stellen unerbetene Hausbesuche dar, wenn der Werber ein erkennbares Verbot des Wohnungseigentümers missachtet oder der Hausbesuch ein Rechtsbruch iSd § 3a UWG darstellt (vgl. Köhler/Bornkamm/Feddersen/*Köhler* UWG § 7 Rn. 42 ff.). Hat der Vertreter seinen Besuch schriftlich angekündigt, so handelt er nicht wettbewerbswidrig, wenn der Angeschriebene mittels einer der Besuchsanmeldung beigefügten frankierten Rückantwortkarte den Besuch verhindern kann (vgl. BGH GRUR 1994, 818 f.).

16 Die Zusendung *unbestellter Waren* gilt dagegen grundsätzlich als unlauter, weil sie den Empfänger in die Zwangslage versetzt, die Ware entweder zurückzuschicken oder aufzubewahren (vgl. BGH NJW 1976, 1977; GRUR 1966, 47). Entsprechend ist die Aufforderung zur sofortigen oder späteren Bezahlung, Rücksendung oder Verwahrung unbestellter Waren nach Ziffer 29 der schwarzen Liste zu § 3 Abs. 2 UWG ohne Wertungsmöglichkeit untersagt (vgl. Köhler/Bornkamm/Feddersen/*Köhler* UWG § 7 Rn. 82). Eine unbestellte Ware liegt auch dann vor, wenn nach Vereinigung zweier Zeitschriften zu einem neuen Druckwerk die Abonnenten eines der Vorgängerprodukte ohne deren ausdrückliche Zustimmung zu dem weit teureren neuen Abonnement „übergeleitet" werden (vgl. OLG Köln AfP 1997, 824).

17 Zulässig ist die Zusendung von Anforderungskarten für zwei Probehefte einer Zeitschrift mit dem deutlichen Hinweis, dass die Anforderung als Bestellung gilt, wenn nicht in angemessener Frist gekündigt wird (vgl. OLG Düsseldorf DB 1979, 225). Dagegen verstößt gegen das UWG, wer Personen, die ein Zeitschriftenabonnement gekündigt haben, ohne deren Einverständnis anruft, um in Erfahrung zu bringen, aus welchen Gründen gekündigt wurde und/oder diese im Rahmen einer „Nachbearbeitung gekündigter Abonnementverträge" zu bewegen versucht, das bestehende Vertragsverhältnis fortzuführen oder Geschäftsbeziehungen wieder aufzunehmen. Bei den sogenannten „Kündigungsrückgewinneranrufen" liegt bei jetziger Rechtslage eine werbliche telefonische Ansprache ohne vorherige Einwilligung vor (vgl. OLG Koblenz AfP 1991, 451). Auch eine Kundenzufriedenheitsumfrage wurde als Werbung eingestuft (vgl. OLG Dresden GRUR-RR 2016, 462). Ein Verlag, der außer dem Einsenden eines Reservierungstickets mit der Anforderung eines kostenlos angebotenen Überraschungspakets auch Ergänzungslieferungen von Sammelkarten zur Ansicht zusendet und dafür Bezahlung oder Rückgabe binnen zehn Tagen verlangt, ohne auf dem Reservierungsticket auch für den flüchtigen Leser

unübersehbar auf die Zuwendung der Ergänzungslieferungen hingewiesen zu haben, handelt wettbewerbswidrig (vgl. OLG Köln GRUR-RR 2002, 236; OLG Stuttgart NJWE-WettbR 1996, 38). Weiterhin ist auch die Zusendung einer Auftragsbestätigung sowie einer Rechnung wettbewerbswidrig, wenn zuvor kein entsprechender Auftrag erteilt wurde. Dies gilt auch dann, wenn dem Adressaten ein Widerrufsrecht eingeräumt wird (vgl. OLG Stuttgart NJW-RR 1998, 184; LG Nürnberg-Fürth WRP 2019, 1229).

80. Kapitel. Preiswettbewerb. Kostenlose Angebote. Rabatte, Zugaben und Gewinnspiele

I. Übersicht

1 Ein Hauptmittel des Wettbewerbskampfes ist die *Preisgestaltung,* durch die ein Wirtschaftsunternehmen seine Marktposition zu verbessern sucht. Hier drohen dem Mitbewerber und der Allgemeinheit besondere Gefahren, sei es, dass ein Konkurrent durch *Preisschleudern* den Markt verwirrt oder ein Unternehmen durch Ausnutzung einer Monopolstellung überhöhte Preise durchsetzt. Daneben gibt es eine Reihe weiterer, rechtlich bedenklicher Maßnahmen des Preiskampfes. Auf die wettbewerbswidrige Irreführung über den Preis wurde bereits oben hingewiesen (vgl. → Kap. 77 Rn. 11). Das Kartellrecht gibt in § 20 Abs. 1, 2 und 4 GWB die Möglichkeit, gegen eine missbräuchliche Preisgestaltung vorzugehen, doch gilt dieses nur bei Marktmacht ausübenden Unternehmen (hierzu → Kap. 85 Rn. 9; → Kap. 88 Rn. 3). Im Falle der *Preistreiberei* greift außerdem die Spezialbestimmung des § 4 des Wirtschaftsstrafgesetzes in der Fassung vom 3.6.1975 (BGBl. 1975 I S. 1313, zuletzt geändert durch Gesetz vom 21.12.2019 (BGBl. 2019 I S. 2911) ein.

2 Da das im Wettbewerbskampf besonders häufig eingesetzte Mittel der *Preisunterbietung* durch die oben erwähnten Bestimmungen nur teilweise erfasst wird, soll es im Folgenden generell behandelt werden. Dabei ist zwischen der Preisunterbietung (einschließlich Preisschleuderei) einerseits und dem Verschenken von Waren und Leistungen andererseits im Blick auf die divergierenden rechtlichen Gesichtspunkte zu unterscheiden.

Rabatte, Zugaben und Werbegewinnspiele werden ebenfalls im Wettbewerb um den Kunden eingesetzt. Diese Verkaufsmaßnahmen sind grundsätzlich zulässig, müssen aber den lauterkeitsrechtlichen Anforderungen insbesondere im Hinblick auf die Transparenz genügen (vgl. → Rn. 26).

II. Die Preisunterbietung

3 Grundsätzlich ist das Wettbewerbsmittel der *Preisunterbietung* rechtlich nicht zu beanstanden, sondern im Interesse der freien Marktwirtschaft und aus sozialen Gründen sogar erwünscht (vgl. BGH NJW 1964, 2247; 1973, 1608; Köhler/Bornkamm/Feddersen/*Köhler* UWG § 4 Rn. 4.185). Es können aber Umstände hinzutreten, die eine Preisunterbietung unlauter werden lassen, weil sie eine gezielte Behinderung eines Mitbewerbers nach § 4 Nr. 4 UWG darstellen: Hierzu gehören die Fälle der Preisunterbietung in Verdrängungsabsicht, die Preisunterbietung unter Einsatz unlauterer Mittel, die Preisunterbindung durch Rechts- oder Vertragsbruch und die Markenschädigung durch Preisunterbietung (vgl. Köhler/Bornkamm/Feddersen/*Köhler* UWG § 4 Rn. 4.188).

4 1. Der Grundsatz, dass eine Preisunterbietung erst bei Hinzutreten erschwerender Umstände als wettbewerbswidrig anzusehen ist, gilt auch für die sogenannte *Preisschleuderei,* worunter in erster Linie der Verkauf unter Selbstkosten zu verstehen ist (vgl. BGH NJW 1990, 2468; OLG Hamburg NJW 1997, 2888; OLG Naumburg WRP 1997, 222 (226); hierzu im Einzelnen Köhler/Bornkamm/Feddersen/*Köhler* UWG § 4 Rn. 4.189 f.). Insbesondere bei einem zeitlich begrenzten Unterbieten müssen für eine Wettbewerbswidrigkeit des Vorgehens besondere Unlauterkeitsmomente vorliegen (vgl. BGH GRUR 2009, 416, OLG Hamburg WRP 1997, 212 f.). Die Rechtswidrigkeit kann sich hier aus dem verfolgten *Zweck* ergeben: erfolgt die Preisunterbietung in der Absicht, den Konkurrenten vom Markt zu verdrängen (sogenannter

Verdrängungs- bzw. Vernichtungswettbewerb) und besteht die Gefahr der Realisierung dieses Zwecks auch objektiv, so liegt ein Verstoß gegen das UWG vor (vgl. BGH WRP 2018, 932, Köhler/Bornkamm/Feddersen/*Köhler* UWG § 4 Rn. 4.191; Ohly/Sosnitza/*Ohly* UWG § 4 Rn. 94; zur Herausgabe eines „Abwehranzeigenblattes", dessen Anzeigenpreise niedriger sind als diejenigen des Konkurrenzblattes BGH GRUR 1985, 881; NJW 1986, 1877; OLG Düsseldorf AfP 1985, 199).

Ein nicht kostendeckender Anzeigenpreis, der eine konkrete Behinderung eines Mitbewerbers zur Folge hat, kann selbst dann als wettbewerbswidriger Kampfpreis zu beanstanden sein, wenn er zur Abwehr eines ruinösen Preiswettbewerbs eines Dritten eingesetzt wird (vgl. BGH NJW 1990, 2468). Die Wettbewerbswidrigkeit der Preisunterbietung kann sich auch aus ihrer *Auswirkung* ergeben, wenn sie zu einer schädlichen Marktverwirrung führt (vgl. BGH GRUR 1990, 371). Hierfür muss der jeweilige Markt individuell beurteilt werden. Auf dem Markt der Zeitungsverlage wäre eine gravierende Beeinträchtigung der Marktsituation wohl zu bejahen, wenn die durch Art. 5 GG geschützte Pressevielfalt ernstlich beeinträchtigt würde (vgl. *Ulmer* AfP 1975, 870 ff. (876)).

5 2. Da der Kaufmann in der Gestaltung seiner Preise grundsätzlich frei ist (vgl. BGH NJW 1964, 2247), darf er eine *Preisspaltung* vornehmen und zB seine Ware im Grenzgebiet, wo er in hartem Konkurrenzkampf steht, billiger auf den Markt bringen als in seinem Kerngebiet. Erst das Hinzutreten von erschwerenden Momenten, wie sie oben (→ Rn. 4) beispielhaft erwähnt wurden, kann eine solche Preisspaltung bzw. „Mischkalkulation" wettbewerbswidrig machen.

6 3. Rechtswidrig ist die Unterbietung *gebundener Preise, wenn ein Wettbewerbsvorteil gegenüber den preisgebundenen Händlern entsteht* (vgl. *Bunte* LMK 2006, 189 (309)). Das Kartellgesetz (vgl. → Kap. 84 Rn. 4 ff.) erlaubt bei Verlagserzeugnissen die vertikale Preisbindung (§ 30 GWB). Ersetzt ein neuartiges Produkt, etwa eine CD-ROM, ein herkömmliches Verlagsprodukt, so ist auch hierauf die Preisbindung nach § 16 GWB anwendbar (vgl. BGH NJW 1997, 1911, ausführlich zur Frage der Preisbindung für elektronische Verlagsprodukte *Fezer* NJW 1997, 2150). Ein Wirtschaftsunternehmen (zB Kaufhaus), das einen preisgebundenen Buchhändler zum Vertragsbruch verleitet, handelt wettbewerbswidrig. Allerdings hat der BGH es für zulässig erachtet, dass ein Verlag seine Zeitschrift, die er einer zulässigen Preisbindung unterworfen hat, in einem Probeabonnement deutlich günstiger verkauft und damit gegen die VDZ-Wettbewerbsregeln verstößt (vgl. BGH GRUR 2006, 773). Auch das OLG Düsseldorf hält das Verkaufen von Abonnements unter dem gebundenen Verlagspreis durch einen nichtgebundenen Verkäufer für nicht grundsätzlich unlauter, wenn nicht weitere Umstände hinzukommen, die die Unlauterkeit begründen (vgl. OLG Düsseldorf GRUR-Prax 2013, 143).

III. Die Gratisverteilung von Presseerzeugnissen

7 1. In einigen Bereichen ist die Presse dazu übergegangen, ihre Erzeugnisse kostenlos anzubieten. Dieses verlegerische Verhalten kann den Absatz der entgeltlich vertriebenen Presseerzeugnisse, mit denen die gratis Verteilten im Wettbewerb stehen, empfindlich beeinträchtigen. Wie die Gratisverteilung aus dem Gesichtspunkt des UWG zu beurteilen ist, ist problematisch (vgl. *Gesellensetter* GRUR 2001, 707; *Ikas* WRP 1997, 392 ff.). Es gelten folgende Grundsätze:

Das UWG dient nicht nur dem Schutz von Individualinteressen der Wettbewerber, sondern bezweckt auch den Erhalt eines funktionsfähigen Wettbewerbs auf dem Pressesektor, der im allgemeinen Interesse liegt. Als allgemeines Gesetz iSd Art. 5 Abs. 2 GG schränkt das UWG die aus der Pressefreiheit hergeleiteten verlegerischen Handlungsfreiheiten ein (vgl. BVerfGE 62, 230; BGH NJW 1969, 744; → Kap. 47 Rn. 25). Allerdings gibt auch das UWG keine Rechtsbehelfe gegen Wettbewerbsmaßnahmen, die nicht den Bestand der Presse gefährden, sondern lediglich zu Ertragsminderungen führen. Es ist daher stets mit Blick auf die Pressefreiheit im Einzelfall zu ermitteln, ob die Gratisverteilung von Presseerzeugnissen, dh Tageszeitungen, Fachzeitschriften oder Anzeigenblättern, unlauter ist.

8 2. Die Gratisverteilung von *Tageszeitungen,* die ansonsten oder jedenfalls in Zukunft auf Dauer entgeltlich vertrieben werden sollen, ist aus dem Gesichtspunkt der Marktverstopfung bedenklich, wenn sie nicht lediglich vorübergehend zu dem Zweck geschieht, dem Leser das Kennenlernen zu ermöglichen (vgl. Köhler/Bornkamm/Feddersen/*Köhler* UWG § 4 Rn. 5.29; OLG

Hamburg GRUR 1988, 135). Erfolgt die kostenlose Belieferung länger, als zu diesem Erprobungszweck nötig, so führt sie dazu, dass der Leistungswettbewerb auf dem Lesermarkt durch *Marktverstopfung* ausgeschaltet wird. Der publizistische Leistungswettbewerb der Presseorgane ist jedoch ein wesentliches Merkmal der privatwirtschaftlich verfassten freien Presse (BVerfG NJW 1966, 1603; vgl. auch OLG Hamburg AfP 1986, 133, zur langfristigen probeweisen Verteilung einer Kundenzeitschrift).

Zulässig ist die Abgabe von Freiexemplaren über einen Zeitraum von ca. zwei Wochen (vgl. dazu Nr. 3. der Wettbewerbsregeln des BDZV vom 17.9.2007, abrufbar → Rn. 21; KG Berlin AfP 2001, 80; nach OLG Koblenz NJW-RR 1988, 422, gilt dies auch für die flächendeckende unentgeltliche Verteilung einer neuerschienenen regionalen Tageszeitung für je zwei Wochen). Bei einem Monatsheft wird das Verteilen von drei aufeinander folgenden Exemplaren im Rahmen einer Eröffnungswerbung als zulässig erachtet (vgl. OLG Hamburg NJWE-WettbR 1998, 172 (173); so auch die VDZ-Wettbewerbsregeln, beim Bundeskartellamt am 1.4.2004 eingetragen, abrufbar unter https://www.vdz.de/print-digital/regelwerke-print-digital/vdz-wettbewerbsregeln/). Bei einer neuen Wochenzeitung ist die kostenfreie Lieferung von vier Ausgaben zu Erprobungszwecken nicht zu beanstanden (vgl. OLG Hamburg AfP 1993, 656). Des Weiteren widerspricht es nicht der Lauterkeit des Wettbewerbs, wenn ein Verlag im Rahmen der Einführung einer neuen Zeitschrift dem Handel Vorteile gewährt. So hat es das OLG Köln als zulässig erachtet, dass ein Zeitschriftenverlag seinen Einzelhändlern den vollen Verkaufspreis der Erstausgabe ohne jegliche Abzüge überlässt. Die Gefahr einer unlauteren Einflussnahme auf den Handel besteht hier insbesondere dann nicht, wenn diese Zuwendung nicht an bestimmte Aufgaben bezüglich der Präsentation des Produktes geknüpft ist (vgl. OLG Köln AfP 1998, 316; hierzu auch *Gloy* GRUR 1996, 585 (590 ff.)). Keine kostenlose Verteilung von Presseerzeugnissen stellt die Beigabe des Lokalteils einer anderen Zeitung ohne Preisaufschlag dar. Sie dient der Verbesserung der – als Einheit zu betrachtenden – Leistung einer Tageszeitung (vgl. BGH GRUR 1979, 409 (410)). Bewirbt ein Verlag jedoch eine bereits eingeführte Wochenzeitschrift oder -zeitung mit einem vierwöchigen Probebezug, so ist dies von einem Erprobungszweck der Gratisverteilung nicht mehr gedeckt (vgl. OLG München NJW-RR 1996, 490; OLG Schleswig AfP in 1996, 78). Auch ist die massenhafte Gratisverteilung einer bereits auf dem Markt befindlichen Tageszeitung dann wettbewerbswidrig, wenn hierdurch lediglich ein neu gestalteter (Immobilien)Teil der Zeitung bekannt gemacht werden soll. Ein solches Vorgehen birgt die Gefahr, irgendwelche Anlässe zu einer Verteilaktion zu nutzen (vgl. KG Berlin AfP 1999, 281 (283)).

3. Der BGH hatte sich wiederholt mit der Frage zu befassen, ob die ständige Gratisverteilung **9**
von *Fachzeitschriften* wettbewerbswidrig ist.

a) Nach der *früheren Rechtsprechung* des BGH (NJW 1971, 2025; 1977, 1060 ff.) war die **10**
ständige kostenlose Verteilung von erheblichen Teilen (40 %) der Auflage einer Zeitschrift, die sonst entgeltlich vertrieben wird, wettbewerbswidrig, ohne dass es des Nachweises einer Marktverstopfung oder einer konkreten Existenzgefährdung anderer Presseverlage bedurfte. Es genügte die Wahrscheinlichkeit, dass nicht unerhebliche Teile des Publikums von entgeltlichen Publikationen zu den gratis Verteilten wechseln. Dabei war die Gefahr der Nachahmung durch die übrigen Konkurrenten zu berücksichtigen. Nur wenn im Einzelfall besondere Rechtfertigungsgründe hinzutreten, wurde die Gratisverteilung ausnahmsweise als zulässig angesehen.

b) In seiner „Back-Journal"-Entscheidung (vgl. BGH NJW 1982, 335 f.) vollzog der BGH die **11**
Abkehr von dem bis dahin angenommenen Regel-Ausnahme-Verhältnis, wonach die Gratisverteilung nur ausnahmsweise zulässig war. Er erkannte grundsätzlich an, dass die überwiegende oder vollständige Anzeigenfinanzierung von Presseerzeugnissen ein betriebs- und marktwirtschaftlich sinnvolles System darstellt (s. dazu *Sachon* WRP 1980, 659 ff. (662 f.)). Nach der „Back-Journal"-Entscheidung ist bei der Beurteilung der Wettbewerbswidrigkeit nunmehr auf sämtliche den Einzelfall prägende Umstände abzustellen. Maßgeblich sind der Umfang und die Intensität der unentgeltlichen Verteilung sowie die konkreten Auswirkungen auf den im jeweiligen Einzelfall betroffenen (Teil-)Markt. Ob eine den Bestand des Wettbewerbs gefährdende Marktstörung vorliegt, ist aus der Sicht aller Beteiligten (Leser, Inserenten, Verleger) zu beurteilen. Ein wesentlicher Anhaltspunkt für die Zulässigkeit der unentgeltlichen Abgabe von Fachzeitschriften ist es, wenn diese Art der Belieferung auf dem betreffenden Markt schon längere

Zeit praktiziert wird, ohne dass erhebliche Störungen aufgetreten sind oder konkret befürchtet werden müssen (vgl. BGH NJW 1982, 335 (337)).

12 Eine besondere Vertriebsform bei Fachzeitschriften ist der *Wechselversand, auch Controlled Circulation genannt (vgl. VDZ-Vertriebslexikon)*. Dabei wird ein begrenzter Empfängerkreis kurzfristig gratis beliefert, an dessen Stelle nach einem bestimmten Zeitraum (höchstens zwei bis drei Monate) ein anderer begrenzter Empfängerkreis tritt, so dass eine breite Streuung erzielt wird (vgl. *Löffler* AfP 1958, 9). Da diese Form der Gratisbelieferung seit langem eingeführt ist und ohne ersichtlich negative Auswirkungen praktiziert wird, bleibt es auch nach der „Back-Journal"-Entscheidung bei der von der früheren Rechtsprechung (vgl. OLG München AfP 1980, 110) festgestellten grundsätzlichen Zulässigkeit des Wechselversandes.

13 Die Grundsätze der *„Back-Journal"*-Entscheidung sind über die Fallgruppe der Fachzeitschriften hinaus auch auf die *Gratisverteilung anderer Presseerzeugnisse* (vgl. *Ricker* AfP 1982, 155 ff., zu Tageszeitungen für ein Fachpublikum) anzuwenden, da die in dieser Entscheidung entwickelten Beurteilungsgesichtspunkte allgemeiner Natur sind. Sie knüpfen an die Marktsituation und die Anschauungen der Beteiligten im konkreten Einzelfall an und beziehen sich damit nicht nur auf einen bestimmten Markt, etwa den der Fachzeitschriften (vgl. KG Berlin AfP 1997, 726). Die Anwendung der Grundsätze der „Back-Journal"-Entscheidung auf andere Presseerzeugnisse ist deshalb im Interesse einer konstruktiven Rechtsentwicklung zu bejahen (vgl. BGH NJW 1985, 1624 f.; OLG Hamm AfP 1984, 164 f.; OLG Köln AfP 1984, 44, für die erweiternde Anwendung auf Anzeigenblätter ohne redaktionellen Teil). Unter Zugrundelegung dieser Grundsätze wird man auch im überwiegenden kostenlosen Vertrieb einer Publikumszeitschrift, die sowohl am Kiosk, als auch im Abonnement angeboten wird, noch keine konkrete Gefährdung des Bestandes des Leistungswettbewerbes sehen können, wenn der fragliche Teilmarkt lediglich von einer weiteren, in der Einführungsphase befindlichen Publikumszeitschrift bedient wird (vgl. zu Publikationen für Geschäftsreisende, LG Köln AfP 1989, 576 mkritAnm *Rath-Glawatz*).

14 4. Als wettbewerbsrechtlich problematisch wurde lange Zeit auch die kostenlose Verteilung von *Anzeigenblättern* mit oder ohne redaktionellem Teil angesehen (vgl. dazu auch → Kap. 47 Rn. 22 ff.). Derartige ausschließlich aus dem Inseraten-Erlös finanzierte Blätter werden unbestellt dem Großteil der Haushaltungen des Erscheinungsortes zugeliefert. Sie bedeuten für die gegen Entgelt vertriebene Tagespresse eine ernsthafte Konkurrenz, vor allem auf dem Gebiet des Anzeigengeschäfts. Anzeigenblätter unterhalten gewöhnlich keinen umfangreichen Redaktionsapparat und können auf Grund des reduzierten Kostenaufwandes die Anzeigenpreise der Tagespresse erheblich unterbieten.

Mit der von der Tagespresse geltend gemachten Wettbewerbswidrigkeit kostenloser Anzeigenblätter hatte sich der BGH deshalb wiederholt zu befassen.

15 a) Anzeigenblätter *ohne redaktionellen* Teil dürfen kostenlos verteilt werden (vgl. BGH NJW 1956, 588). Ein Konkurrenzverhältnis zu Tageszeitungen besteht nur auf dem Anzeigensektor. Eine über das wettbewerbsrechtlich hinzunehmende Maß an Konkurrenz hinausgehende Bestandsgefährdung der Presse ist nicht ersichtlich (vgl. → Kap. 47 Rn. 25). Entsprechend den Grundsätzen der „Back-Journal"-Entscheidung, die auch hier angewendet werden können, ist ein wettbewerbsrechtliches Verbot ausnahmsweise dann möglich, wenn eine ernsthafte Bestandsgefährdung konkurrierender Presseorgane hinsichtlich ihres Anzeigengeschäfts glaubhaft gemacht wird (vgl. OLG Köln AfP 1984, 44, für den Fall, dass ein Anzeigenblatt ohne redaktionellen Teil den kostenlosen Abdruck privater Kleinanzeigen anbietet; hierzu → Rn. 28).

16 b) Als wettbewerbsrechtlich problematischer angesehen wurde hingegen die kostenlose Verteilung von Anzeigenblättern *mit redaktionellem Teil*. Durch den kostenlos abgegebenen redaktionellen Teil werden die Empfänger zum Lesen angeregt. Das wiederum dient dazu, Inserenten als Kunden anzuwerben (vgl. *Ikas* WRP 1997, 392; *Brandner* GRUR 1996, 531 (532)).

17 Nach neuerer BGH-Rechtsprechung ist auch die kostenlose Verteilung von Anzeigenblättern mit redaktionellem Teil grundsätzlich zulässig (BGH NJW 2004, 2083; Ohly/Sosnitza/*Sosnitza* UWG § 4a Rn. 49).

Ein Wettbewerbsverhältnis besteht zwischen Anzeigenblättern mit redaktionellem Inhalt und Tageszeitungen, wenn der redaktionelle Teil nach Art und Umfang so bemessen ist, dass er das Anzeigenblatt für einen erheblichen Teil des Publikums als Zeitungsersatz oder doch als eine der Tagespresse entsprechende Informationsquelle erscheinen lässt. Dann stehen Kaufzeitung und

Anzeigenblatt miteinander im Wettbewerb auf dem *Lesermarkt* (vgl. OLG Frankfurt a. M. GRUR 1980, 318; LG Berlin AfP 1991, 657, zur kostenlosen Verteilung einer „Stadtillustrierten"). Im Rahmen dieses Wettbewerbs kann eine in großem Umfang erfolgte Gratisverteilung von Presseerzeugnissen (Anzeigenblättern), die eine Kaufzeitung ersetzen können, unzulässig sein, wenn dadurch eine ernstliche Gefährdung des Bestandes der konkurrierenden (Kauf-)Tageszeitungen herbeigeführt wird (vgl. BGH NJW 1956, 588; GRUR 1992, 191; LG Tübingen NJWE-WettbR 1998, 243; ebenso für eine kostenlose Programmzeitschrift LG Braunschweig AfP 1997, 559). Die schädigenden Wirkungen können sich wegen des engen Zusammenhangs von Leser- und Anzeigenmarkt (s. dazu BGH NJW 1980, 1381) auch im Rückgang des Anzeigengeschäftes zeigen, da der redaktionelle Teil das Anzeigenblatt als *Werbeträger* interessant machen soll (vgl. BGH NJW 1969, 744; 1985, 1624). Wie bei der Beurteilung gratisverteilter Fachzeitschriften (vgl. BGH NJW 1982, 335 f.) sind auch hier alle im Einzelfall wesentlichen Umstände zu würdigen. In seiner neueren Rechtsprechung hat der BGH allerdings hervorgehoben, dass die Gratisverteilung von Anzeigenblättern mit redaktionellem Teil nur unter besonderen Umständen unlauter ist (vgl. BGH NJW 2004, 2083; AfP 2004, 255; jeweils unter Berufung auf BGH NJW 1956, 588; 1969, 744; 1985, 1624).

Nach allgemeinen Grundsätzen ist dabei nicht ausschlaggebend, ob im konkreten Fall eine **18**
Schädigung oder Behinderung eines Verlages nachweisbar ist, sondern ob die Gratisverteilung als Werbemaßnahme nach Wirkung, Umfang, Dauer und Intensität das Maß des Tragbaren übersteigt. Unbedenklich ist daher jedenfalls, wenn durch das (kostenlose) Anzeigenblatt eine Marktlücke geschlossen wird, dh vorwiegend Personen angesprochen werden, die ohnehin keine Tageszeitung kaufen (vgl. BGH NJW 1969, 744). Dasselbe gilt für die Gratisverteilung eines eine Programmvorschau enthaltenden Anzeigenblattes einer Warenhauskette, das keinerlei programmbegleitende Hintergrundinformationen enthält und insoweit nicht in Konkurrenz zu Programmzeitschriften treten kann (vgl. *Ricker* ZUM 1986, 247 (251 ff.)).

An die Gratisverteilung eines Stadtmagazins sind grundsätzlich weniger strenge Anforderungen zu stellen, als dies bei Tageszeitungen der Fall ist. Da diese Art von Zeitschrift in erster Linie über kulturelle Themen ihres Verbreitungsgebietes berichtet, nimmt sie nicht in gleichem Maße am öffentlichen Meinungskampf teil, wie Tageszeitungen, die das politische Informationsbedürfnis befriedigen (vgl. KG Berlin AfP 1997, 726; *Ikas* WRP 1997, 392; *Köhler* WRP 1998, 455). Liegt mithin keine konkrete Bestandsgefährdung der Konkurrenzmagazine vor, ist ein kostenfreies Verteilen eines Stadtmagazins zulässig (vgl. KG Berlin AfP 1997, 726).

Die Rechtsprechung hat die Wettbewerbswidrigkeit des unentgeltlichen Vertriebs von Anzeigenblättern mit redaktionellem Teil zunehmend restriktiv beurteilt. Selbst wenn der redaktionelle Teil eines Anzeigenblattes mehr als ein Drittel des Gesamtumfangs der jeweiligen Ausgabe ausmacht, ergibt sich hieraus allein noch keine Unzulässigkeit der Gratisverteilung. Es sind wiederum die Umstände des Einzelfalls maßgeblich (vgl. OLG Hamm GRUR 1985, 63; OLG Nürnberg AfP 1984, 166 f.; aA OLG Frankfurt a. M. GRUR 1980, 318). Selbst eine Gratisverteilung trotz möglicher Bestandsgefährdung der Konkurrenz kann dann zulässig sein, wenn auch das kostenfreie Anzeigenblatt in der Lage ist, die Funktion öffentlicher Meinungsbildung selbst zu erfüllen (vgl. OLG Karlsruhe AfP 1997, 273).

Diese Entwicklung ist von der jüngsten Rechtsprechung des BGH („20-Minuten-Köln" – NJW 2004, 2083) bestätigt worden (vgl. auch Ohly/Sosnitza/*Sosnitza* UWG § 4a Rn. 49; *v. Wallenberg* K & R 2004, 328 ff.). So kann auch die ausschließliche kostenlose Verteilung einer nach Erscheinungsbild und Inhalt herkömmlichen Leserzeitung, die sich nur über Anzeigen finanziert, zulässig sein. Der BGH lehnt es dabei ab, den Bestand entgeltlicher Tageszeitungen stets aus verfassungsrechtlichen Gründen vor dem Wettbewerb durch unentgeltliche Tageszeitungen zu schützen. Denn die Garantie der Pressefreiheit in Art. 5 Abs. 1 S. 2 GG unterscheide nicht danach, ob sich eine Zeitung mit redaktionellem Textteil allein durch Anzeigen oder daneben auch durch die Entgelte der Leser finanziert. Ein Schutz eines Presseorgans vor Wettbewerb durch ein anderes Presseorgan verbürge Art. 5 Abs. 1 S. 2 GG grundsätzlich nicht. Eine prinzipielle Vorrangstellung von Verfassungs wegen der für den Leser entgeltlichen Tageszeitungen gegenüber rein anzeigenfinanzierten Tageszeitungen bestehe nicht. Eine Wettbewerbswidrigkeit unabhängig vom Vorliegen einer konkreten Gefährdung des Bestandes des betroffenen Presseorgans sei abzulehnen. Es sei nicht Aufgabe des Wettbewerbsrechts, allein den Bestand bestehender wettbewerblicher Strukturen zu bewahren (vgl. BGH NJW 2004, 2083 ff.; s. zudem OLG Karlsruhe NJW-RR 1998, 912; vgl. auch *Teplitzky* GRUR 1999, 108 ff.; *Köhler* WRP 1998, 455 ff.; *Ahrens* WRP 1999, 123 ff.). In seiner Entscheidung vom 15.12.2011 (vgl. BGH GRUR 2012, 728) hat der BGH diese Linie bestätigt: Die Verteilung der kostenlosen Werbesendung „Einkauf Aktuell“ ist trotz redaktioneller Beiträge wettbewerbsrechtlich zulässig.

Auch beim kostenlosen Vertrieb einer vollwertigen (Sonntags-) Zeitung kommt es nach einer Entscheidung des BGH (AfP 2004, 255 ff.) darauf an, ob die entgeltliche Tagespresse konkret in ihrem Bestand gefährdet ist. Ist dies nicht der Fall, so lässt sich allein aus dem Umstand, dass hierin eine neue Vertriebsform vorliegt, keine Wettbewerbswidrigkeit herleiten.

Bei Gefährdung des Bestandes eines leistungsfähigen Pressewesens kann hingegen auch die Verteilung eines Amtsblattes durch eine Gemeinde wettbewerbswidrig sein (vgl. LG Tübingen NJWE-WettbR 1998, 243).

Der Einsatz sogenannter „stummer Verkäufer“, also Vorrichtungen, in denen der Kunde selbstständig seine Zeitung entnimmt und das Entgelt selbstständig hinterlässt, ist nach der neuesten Rechtsprechung des BGH selbst bei erheblichem Schwund weder unter dem Gesichtspunkt einer unzulässigen Beeinträchtigung der Kaufinteressenten noch unter dem Gesichtspunkt einer allgemeinen Marktbehinderung wettbewerbswidrig (vgl. BGH GRUR 2010, 455, unter ausdrücklicher Aufgabe von BGH GRUR 1996, 778).

19 c) Ist das Anzeigenblatt – etwa wegen der Geringfügigkeit des redaktionellen Teils – nicht als vollwertiger Ersatz für eine Tageszeitung anzusehen, so beschränkt sich die Konkurrenz mit dieser auf den Anzeigenmarkt. In diesem Falle ist die kostenlose Verteilung grundsätzlich zulässig (vgl. BGH NJW 1969, 744). Sie ist nur dann unzulässig, wenn sie die Wirtschaftsordnung, hier insbesondere die verfassungsrechtlich garantierte privatwirtschaftliche Ordnung des Pressewesen in *gemeinschaftsschädigender Weise stört* (vgl. BGH NJW 1985, 1624; OLG Karlsruhe WRP 1996, 118). Diese Störung kann in einer erheblichen Beeinträchtigung des Anzeigengeschäfts der konkurrierenden Tageszeitungen liegen. Erforderlich ist hierbei jedoch der Nachweis konkreter Tatsachen, die eine ernste Gefahr für die Konkurrenzzeitungen überwiegend wahrscheinlich erscheinen lassen (vgl. OLG Köln AfP 1984, 44). Ein Verstoß gegen UWG entfällt jedenfalls dann, wenn der eintretende Anzeigenverlust unerheblich ist (vgl. BGH NJW 1956, 588).

Eine im Sinne des Wettbewerbsrechts erhebliche Beeinträchtigung hat der BGH in dem Fall verneint, dass das Anzeigenblatt nur wöchentlich erscheint und einen geringfügigen redaktionellen Teil (25 %) hat (vgl. BGH NJW 1969, 744). Denn mit einem derartigen Umfang an redaktionellen Mitteilungen kann nicht festgestellt werden, dass das Anzeigenblatt vom Publikum als Substitut für die Tageszeitungen angesehen würde. Eine rechtserhebliche Beeinträchtigung war daher nicht anzunehmen.

20 d) Die genannten Grundsätze gelten auch für die Anzeigenblätter, die ein *Zeitungsverlag als Werbemittel* verteilt. Sie sind unzulässig, wenn sie die übrigen Tageszeitungen in gemeinschaftsschädigender Weise stören. Dieser Fall kann eintreten, wenn Tageszeitung und Anzeigenblatt so eng miteinander verknüpft werden, dass der Verlag einen von den Konkurrenten durch Leistungssteigerung nicht mehr aufholbaren Vorsprung erzielt. Diese enge Verknüpfung liegt vor, wenn folgende Faktoren zusammentreffen: gemeinsame redaktionelle Bearbeitung, gemeinsame Anzeigenannahme, Kombinationstarife für Anzeigen und massive Werbung für die Tageszeitung im Anzeigenblatt (vgl. BGH GRUR 1977, 668). Fehlt es dagegen an einer solchen Werbehilfe zugunsten der Tageszeitung, ist auch die kostenlose Verteilung von Verlagssonderseiten, die in unregelmäßigen Abständen erscheinen, in ihrer äußeren Aufmachung Anzeigenblättern entsprechen und keine eigenständige informative Bedeutung haben, wettbewerbsrechtlich zulässig (vgl. OLG Hamm AfP 1989, 745; vgl. aber OLG Hamm AfP 1986, 129).

21 5. Für die Frage der Wettbewerbswidrigkeit des Verschenkens spielt auch die *Standesauffassung* im Pressewesen eine maßgebliche Rolle: Es gilt stets als unlauter, sich durch Hinwegsetzen über anerkannte Standesregeln einen Vorsprung vor dem loyal handelnden Wettbewerber zu verschaffen (vgl. BGH GRUR 1957, 600). Nach den Wettbewerbsregeln für den Vertrieb von abonnierbaren Tages- und Wochenzeitungen des BDZV vom 17.9.2007 (abrufbar hier: https://www.bdzv.de/fileadmin/bdzv_hauptseite/positionen/richtlinien/BDZV_Vertriebsrichtlinien_2007.pdf; vgl. hierzu auch → Kap. 74 Rn. 7) gilt für die kostenlose Abgabe von Tages- und Wochenzeitungen folgendes:

Werbeexemplare, die unentgeltlich geliefert oder verteilt werden, um die Empfänger (zB Neuvermählte) als Bezieher zu gewinnen, dürfen in der Regel nicht länger als zwei Wochen an dieselben Empfänger geliefert werden. Zwischen zwei solchen Warenlieferungen muss ein zeitlicher Abstand von mindestens einem vollen Monat liegen (Ziffer 3). 22

Die VDZ-Wettbewerbsregeln von 2004 (abrufbar → Rn. 9 halten unter Ziffer 2 Absatz 2 Standesregeln für kostenlose Werbeexemplare vor: „Die Verbreitung von Werbeexemplaren darf nicht zu einer Marktverstopfung führen. Die Dauer von kostenlosen Probelieferungen an denselben Empfänger darf in der Regel nicht über mehr als drei Ausgaben erfolgen. Zwischen zwei Werbelieferungen muss ein zeitlicher Abstand von mindestens drei Monaten liegen." 23

IV. Der kostenlose Abdruck von Kleinanzeigen

Der kostenlose Abdruck privater Gelegenheitsanzeigen in Anzeigenblättern, die keinen redaktionellen Teil enthalten und gegen Entgelt vertrieben werden, ist wettbewerbsrechtlich grundsätzlich nicht zu beanstanden, da der Bestand des Wettbewerbs auf dem Anzeigenmarkt schon auf Grund der abweichenden Vertriebskonzeption dieser Blätter nicht in Frage gestellt wird (vgl. BGH GRUR 1990, 44; OLG Dresden WRP 1993, 814). Aber auch der kostenlose Abdruck derartiger Anzeigen in kostenlos verteilten Anzeigenblättern kann nur unter besonderen Umständen als Gefährdung des Bestandes der allgemeinen Tageszeitungspresse anzusehen sein (vgl. OLG Karlsruhe AfP 1988, 255; OLG Hamm WRP 1977, 271; vgl. zu kostenlosen Kleinanzeigen im Werbeblatt eines Verbrauchermarktes OLG Celle AfP 1988, 250; für eine Wettbewerbswidrigkeit einer „Kleinanzeigenverschenkaktion" eines in unmittelbarer Konkurrenz zu einem anderen Anzeigenblatt stehenden Blattes aber OLG Celle AfP 1986, 142). Wettbewerbswidrig ist ein solches Angebot auch dann nicht, wenn für die Anzeigenbeschaffung eine Werbeprämie bezahlt wird oder Zeitungshändler als Annahmestellen eingeschaltet werden (vgl. OLG Düsseldorf WRP 1987, 177). 24

Dagegen kann die kostenlose Veröffentlichung von Kleinanzeigen in einer Fachzeitschrift einen Verstoß gegen das UWG darstellen, wenn damit eine allgemeine Gefährdung des Wettbewerbs auf dem geschlossenen Markt der in diesem Bereich tätigen Fachzeitschriften verbunden ist (vgl. BGH GRUR 1991, 616; OLG Hamburg WRP 2007, 210; OLG Stuttgart NJWE-WettbR 1998, 217; krit. *Wenzel* AfP 1992, 44; vgl. dagegen LG Frankfurt a. M. AfP 1992, 393, zu einer Fachzeitschrift, die nicht auf einem geschlossenen Markt agiert). Dagegen ist einzuwenden, dass es den Verlegern konkurrierender Fachzeitschriften freisteht, sich ebenfalls dieses Werbemittels zu bedienen (vgl. Köhler/Bornkamm/Feddersen/*Köhler* UWG § 4 Rn. 5.28). Gibt der Herausgeber der örtlichen Telefonbücher der Telekom ein Kreistelefonbuch heraus, in welchem er kostenfrei sämtliche Anzeigen der örtlichen Telefonbücher abdruckt, so handelt er wettbewerbswidrig. Denn dieses Verhalten ist geeignet, Mitbewerber vom Markt der regionalen Telefonbücher zu verdrängen (vgl. OLG Stuttgart AfP 1998, 628). Eine Gefährdung des Wettbewerbs in der Branche der Tageszeitungen ist nicht ohne weiteres anzunehmen, wenn eine Tageszeitung an bestimmten Wochentagen für bestimmte Märkte Kleinanzeigen privater Inserenten ständig unentgeltlich veröffentlicht (vgl. OLG Hamburg AfP 1991, 432). 25

V. Rabatte, Zugaben und Gewinnspiele

Auswüchse des Preiskampfes auf dem Gebiet der Gewährung von *Preisnachlässen (Rabatten)* zu unterbinden, war Ziel des Rabattgesetzes. Das Gesetz wollte eine Gleichbehandlung aller Verbraucherkreise sicherstellen und verhindern, dass bestimmte Gruppen eine *Vorzugsbehandlung* erfahren (vgl. BGH NJW 1972, 1467). Seit der Abschaffung des Rabattgesetzes im Juli 2001 ist die Gewährung und werbliche Herausstellung von Rabatten zulässig, es sei denn, es treten weitere Umstände hinzu, die zu einer Unlauterkeit führen. Rabatte bzw. Preisnachlässe sind ebenso wie Zugaben, Geschenke oder Werbegewinnspiele grundsätzlich zulässige Verkaufsförderungsmaßnahmen. Unter dem Begriff *Verkaufsförderungsmaßnahmen* werden alle zur Förderung des Absatzes von Waren oder Dienstleistungen gewährten *geldwerten Vergünstigungen,* die die Kaufentscheidung der Verbraucher oder sonstigen Marktteilnehmer beeinflussen können, gefasst (vgl. BGH GRUR 2009, 1064). 26

Um nicht gegen lauterkeitsrechtliche Vorgaben zu verstoßen, müssen die Bedingungen dem Verbraucher oder sonstigen Marktteilnehmer zunächst transparent und nicht irreführend dargestellt werden. Hierbei ist sowohl an die aktive Irreführung nach § 5 UWG sowie das Irreführen durch Unterlassen nach § 5a UWG zu denken (vgl. Ohly/Sosnitza/*Sosnitza* UWG § 5a Rn. 29; umfassend zu lauterkeitsrechtlichen Anforderungen an Verkaufsförderungsmaßnahmen Köhler/Bornkamm/Feddersen/*Köhler* UWG § 3 Rn. 8.1 ff.).

Außerdem darf eine Verkaufsförderungsmaßnahme nicht derart anziehend sein, dass die Entscheidungsfreiheit des Umworbenen erheblich beeinträchtigt wird (vgl. Köhler/Bornkamm/Feddersen/*Köhler* UWG § 3 Rn. 8.77; Ohly/Sosnitza/*Sosnitza* § 4a UWG). Ein solcher Fall kann vorliegen, wenn eine Maßnahme für den Kunden so attraktiv erscheint, dass die Rationalität der Nachfrageentscheidung völlig in den Hintergrund tritt. Dies wurde beispielsweise nicht für eine Verkaufsförderungsmaßnahme erkannt, bei der jeder 100. Kunde seinen Einkauf gratis erhielt (vgl. BGH GRUR 2009, 875).

27 Die Bedingungen für die Inanspruchnahme eines Rabattes müssen klar und eindeutig angegeben werden (vgl. *Möller* NJW 2009, 2150). Dazu gehört, wer den Preisnachlass in Anspruch nehmen kann, wie die Modalitäten der Gewährung lauten (beispielsweise Limitierungen oder Befristungen) und auf welche Waren- und/oder Dienstleistungsgruppen der Rabatt sich bezieht (vgl. Ohly/Sosnitza/*Sosnitza* UWG § 5a Rn. 31). Aus Sicht des Durchschnittsverbrauchers muss sich klar und eindeutig ergeben, wie die Bedingungen für die Inanspruchnahme des Preisnachlasses aussehen (vgl. *Steinbeck* WRP 2008, 1046 (1050)). Diese Information muß der Kunde ohne großen Aufwand vor der Kaufentscheidung erlangen (vgl. BGH NJW 2010, 612 Ls. 2). Je nach Komplexität der Information und des Werbemediums ist es ausreichend, wenn für detaillierte Informationen zur Verkaufsfördermaßnahmen auf eine Internetseite verwiesen wird (vgl. BGH NJW 2010, 612; Ohly/Sosnitza/*Sosnitza* UWG § 5a Rn. 30 ff.). Grundsätzlich muss der Umfang den Erwartungen an das Informationsbedürfnis des durchschnittlich informierten Verbrauchers entsprechen (vgl. Köhler/Bornkamm/Feddersen/*Köhler* UWG § 5a Rn. 3.25). Entsprechend kann bei reiner Aufmerksamkeitswerbung, die eine Verkaufsförderungsmaßnahme nur unkonkret ankündigt, auf detaillierte Informationen verzichtet werden, da der Kunde hier auch keine entscheidungsrelevanten Informationen erwartet (vgl. *Steinbeck* WRP 2008, 1046 (1050)).

Bei Werbegewinnspielen gelten die gleichen Anforderungen im Hinblick auf die Transparenz wie bei allen anderen Verkaufsförderungsmaßnahmen auch. Die Teilnahme- und Gewinnmodalitäten müssen für den Kunden klar erkennbar sein (vgl. Ohly/Sosnitza/*Sosnitza* UWG § 5a Rn. 41 ff.).

Bei der Veranstaltung von Werbegewinnspielen muss zusätzlich beachtet werden, dass die Grenze zum Glücksspiel nicht überschritten wird. Das nicht genehmigte Veranstalten eines Glücksspiels sowie die Werbung dafür sind nach § 284 StGB strafbar (vgl. Kap. 54). Sowohl bei Gewinnspielen wie bei Glücksspielen hängt ein Gewinn im Wesentlichen vom Zufall und nicht von besonderen Fähigkeiten ab. Beim Glücksspiel kommt aber hinzu, dass der Spieler einen geldwerten Einsatz erbringt, durch den er eine Gewinnchance, erlangt (vgl. Ohly/Sosnitza/*Ohly* UWG § 3a Rn. 82). Unter Einsatz wird jede nicht ganz unbeträchtliche Leistung verstanden, die in der Hoffnung auf einen Gewinn und mit dem Risiko des Verlustes an den Gegenspieler oder Veranstalter geleistet wird (vgl. BGH NJW 1987, 852). Entscheidend ist also, dass für die Teilnahme an einem Werbegewinnspiel kein Entgelt verlangt wird. Die Koppelung an den Erwerb eines Produktes oder einer Dienstleistung ist aber zulässig und stellt kein Entgelt für die Teilnahme am Gewinnspiel dar (vgl. Köhler/Bornkamm/Feddersen/*Köhler* UWG § 3 Rn. 3.33). Bezahlt wird das Produkt bzw. die Dienstleistung, die Teilnahme am Werbegewinnspiel ist eine Zugabe.

81. Kapitel. Die Rechtsfolgen von Wettbewerbsverstößen. Haftungsfragen und prozessuale Fragen

I. Die einzelnen Ansprüche

1. Gesetzgebung und Rechtsprechung gewähren zum Schutz des redlichen Wettbewerbs eine Reihe wirksamer Rechtsbehelfe zivil- und strafrechtlicher Art. Zu den Spezialschutzbestimmungen des Wettbewerbsrechts treten ergänzend die generellen Schutzbestimmungen des bürgerlichen Rechts und des Strafrechts. So hat der BGH einen Verlagsvertreter, der einer Hausfrau durch unwahre Vorspiegelungen eine für deren Zweck unbrauchbare Zeitschrift aufschwatzte, wegen Betrugs verurteilt (vgl. BGH AfP 1971, 28). 1

2. Seit der Novelle 2004 sind die Anspruchsgrundlagen für die wettbewerbsrechtlichen Unterlassungs- und Beseitigungsansprüche zentral in § 8 UWG geregelt (vgl. Ohly/Sosnitza/*Ohly* UWG § 8 Rn. 1). Ein Rückgriff auf § 1004 BGB ist insoweit nicht mehr nötig. 2

3. Die weiteren wettbewerbsrechtlichen Rechtsbehelfe sind der Schadensersatzanspruch gemäß § 9 UWG und der Gewinnabschöpfungsanspruch des § 10 UWG. Letzterer wurde eingeführt um den wirtschaftlichen Anreiz, wettbewerbswidrige Maßnahmen auf Risiko durchzuführen, zu senken (vgl. Amtl. Begr., BT-Drs. 15/1487, 22; *Sack* BB 2003, 1073 (1080)). Die Regelungen zu den Rechtsfolgen bei Verstößen gegen die Vorgaben des UWG sind weiterhin abschließend. Dies hat zur Folge, dass das UWG auch in der neuen Fassung kein Schutzgesetz im Sinne von § 823 Abs. 2 BGB ist (vgl. Ohly/Sosnitza/*Ohly* UWG § 8 Rn. 4). Etwas anderes gilt nur für die Strafbestimmungen der §§ 16–19 UWG, da *insoweit* keine erschöpfende Regelung der zivilrechtlichen Rechtsfolgen erfolgt. Es ist zukünftig denkbar, dass mit der Umsetzung der im Rahmen des New Deal for Consumer überarbeiteten UGP-Richtlinie (vgl. → Kap. 73 Rn. 3; sowie insgesamt zum „New Deal for Consumer" *Dröge* WRP 2019, 160), eine Gesetzesänderung erfolgen wird, mit der das UWG zum Schutzgesetz iSd § 823 Abs. 2 BGB wird. Dies wäre eine Möglichkeit, den von der novellierten UGP-Richtlinie geforderten individuellen Schadensersatzanspruch bei Verstößen gegen das UWG ins deutsche Gesetzt zu implementieren. Mit einem Umsetzungsentwurf aus dem zuständigen Bundesministerium der Justiz und für Verbraucherschutz ist im Jahr 2020 zu rechnen, die Umsetzungsfrist endet im November 2021. 3

§ 8 Abs. 1 UWG regelt die Anspruchsgründe des Beseitigungs- und des Unterlassungsanspruches. Der Beseitigungsanspruch war bis zur Novelle 2004 nicht ausdrücklich erwähnt, aber schon als Ergänzung und Fortentwicklung des Unterlassungsanspruches rechtlich anerkannt (vgl. Ohly/Sosnitza/*Ohly* UWG § 8 Rn. 1; Köhler/Bornkamm/Feddersen/*Bornkamm* UWG § 8 Rn. 1.100). Die Neuregelung hatte somit nur klarstellenden Charakter. Beide Ansprüche haben zum Ziel, unlautereres Geschäftsgebaren zu unterbinden, mithin die Unterlassung Zukünftiges zu verhindern, die Beseitigung bereits eingetretene Beeinträchtigungen, die noch fortdauern zu unterbinden (vgl. Köhler/Bornkamm/Feddersen/*Bornkamm* UWG § 8 Rn. 1.101–1.103). 4

Ein Verletzungsunterlassungsanspruch setzt voraus, dass es bereits zu einer Verletzungshandlung gekommen ist. Voraussetzung ist zum einen der erfolgte Wettbewerbsverstoß und zum anderen die Wiederholungsgefahr. Das wettbewerbswidrige Verhalten muss dabei rechtswidrig, braucht aber nicht schuldhaft zu sein (vgl. Ohly/Sosnitza/*Ohly* UWG § 8 Rn. 1). Wichtig ist die Feststellung in § 8 Abs. 2 S. 2 UWG, dass ein Anspruch auch bei Erstbegehungsgefahr gegeben sein kann (vgl. Ohly/Sosnitza/*Ohly* UWG § 8 Rn. 25).

§ 9 UWG ist die Anspruchsgrundlage für die Schadensersatzansprüche der Mitbewerber. Für den Schadensersatzanspruch ist im Gegensatz zum Unterlassungs- und Beseitigungsanspruch ausdrücklich Verschulden erforderlich (vgl. Ohly/Sosnitza/*Ohly* UWG § 8 Rn. 1, sowie UWG § 9 Rn. 6). An die erforderliche Sorgfalt werden dabei im Wettbewerbsrecht hohe Anforderungen gestellt. Fahrlässiges Verschulden liegt bereits dann vor, wenn sich der Handelnde erkennbar in einem Grenzbereich des rechtlich Zulässigen bewegt, da er dann die im Verkehr erforderliche Sorgfalt außer Acht lässt (vgl. die maßgebliche Definition der Fahrlässigkeit in § 276 Abs. 2 BGB). In solchen Fällen muss er auch eine von der eigenen Einschätzung abweichende Beurteilung in Betracht ziehen (vgl. BGH GRUR NJW 1999, 139 (141)). An Fachkreise sind erhöhte Sorgfaltsanforderungen zu stellen (vgl. BGH GRUR 1999, 1106 (1109)).

Ein Schadensersatzanspruch eines Mitbewerbers kann sich auch gegen einen Verleger richten, der die den Schadensersatz auslösende Anzeige abgedruckt hat. Das in § 9 S. 2 UWG normierte Presseprivileg begrenzt die Haftung aber auf vorsätzliche Handlungen des Verlegers (Köhler/Bornkamm/Feddersen/*Köhler* UWG § 9 Rn. 2.11 ff.; zu Haftungsfragen als Mit oder Drittstörer → Rn. 7 ff.).

Der Schadensersatzanspruch wird nach hM ergänzt durch die *Hilfsansprüche* auf Auskunftserteilung (zu dessen Grenzen vgl. BGH GRUR 2001, 841; NJW 1994, 1958; ausführlich Köhler/Bornkamm/Feddersen/*Köhler* UWG § 9 Rn. 4.1 ff. und gegebenenfalls auf Rechnungslegung (vgl. BGH GRUR 1982, 305 (308)).

5 Mit der Regelung des Gewinnabschöpfungsanspruchs gemäß § 10 UWG werden die Anspruchsgrundlagen mit dem Ziel einer weiteren Verbesserung der Durchsetzung des Lauterkeitsrechts erweitert. Das frühere Recht ließ es zu, dass Wettbewerbsverstöße eingegangen wurden, um jedenfalls bis zum Einschreiten der Gegenseite Gewinne auf Kosten der lauteren Wettbewerber zu erzielen. Häufig musste der Betreffende auch nicht mit mehr als der Unterlassungsaufforderung rechnen, weil kein oder kein signifikanter Schaden eines Wettbewerbers nachweisbar war. Die amtliche Begründung weist diesbezüglich auf die sogenannten Streuschäden hin (vgl. BT-Drs. 15/1487, 23). Der erste Absatz der Norm behandelt den Tatbestand des Abschöpfungsanspruches; dieser setzt eine *vorsätzliche* Zuwiderhandlung sowie eine Gewinnerzielung auf Kosten einer Vielzahl von Abnehmern voraus. Daraus lässt sich ablesen, dass der Anspruch sich nur gegen besonders gefährliche unlautere Handlungen richtet und stark vom Abschreckungscharakter geprägt ist (vgl. *Wimmer-Leonhardt* GRUR 2004, 12 ff. mwN).

Die unlautere Handlung muss vorsätzlich begangen worden sein, um einen Gewinnabschöpfungsanspruch auszulösen. Der Unternehmer muss also wissen, dass er eine unlautere Handlung iSd § 3 UWG begeht und muss dies auch subjektiv wollen (vgl. Köhler/Bornkamm/Feddersen/*Köhler* UWG § 10 Rn. 6). Dabei ist es ausreichend, wenn er die Verwirklichung für möglich hält und billigend in Kauf nimmt (vgl. BGHZ 133, 246; OLG Frankfurt a. M. GRUR-RR 2009, 265). Es ist für den Gewinnabschöpfungsanspruch aber ausreichend, wenn sich der Vorsatz auf die unlautere Handlung bezieht, er muss sich nicht auf die Gewinnerzielung zu Lasten einer Vielzahl von Abnehmern beziehen (Köhler/Bornkamm/Feddersen/*Köhler* UWG § 10 Rn. 6). Eine vorsätzliche Begehung ist grundsätzlich anzunehmen, wenn der Täter sein Handeln nach einer Abmahnung fortsetzt (vgl. OLG Frankfurt a. M. GRUR-RR 2010, 482; OLG Schleswig MMR 2013, 579; OLG Köln GRUR-RR 2018, 431). Nur Fahrlässigkeit hinsichtlich der Begehung der unerlaubten Handlung reicht nicht aus, um einen Anspruch auf Gewinnabschöpfung nach § 10 UWG entstehen zu lassen.

Der Gewinn muss mit dem vorsätzlich verursachten Wettbewerbsverstoß erzielt worden sein (vgl. OLG Schleswig GRUR 2018, 1071; Ohly/Sosnitza/*Ohly* UWG § 10 Rn. 7). Zur Berechnung des Gewinns werden die Grundsätze herangezogen, die im Immaterialgüterrecht und unter § 4 Nr. 3 UWG im Rahmen der dreifachen Schadensberechnung anerkannt sind (vgl. Ohly/Sosnitza/*Ohly* UWG § 10 Rn. 6).

Auch für den Gewinnabschöpfungsanspruch besteht Anspruch auf Auskunfts- und Rechnungslegung (vgl. OLG Stuttgart GRUR 2007, 435; Ohly/Sosnitza/*Ohly* UWG § 10 Rn. 18.). Der § 12 Abs. 3 UWG gibt dem Verletzten außerdem den Anspruch auf Urteilsveröffentlichung. Im Gegensatz zu § 23 Abs. 2 UWG aF setzt die Veröffentlichung aber ein berechtigtes Interesse der obsiegenden Partei voraus. Dies kann deshalb auf die Bekanntmachung eines Teils der Urteilsformel beschränkt werden (vgl. BGH GRUR 1992, 527). Die Entscheidung darüber fällt das Gericht nach pflichtgemäßem Ermessen (vgl. Amtl. Begr., BT-Drs. 15/1487, 25).

6 Befugt, den Anspruch auf Gewinnherausgabe geltend machen, sind nur die „gemäß § 8 Abs. 3 Nr. 2–4 UWG zur Geltendmachung eines Unterlassungsanspruchs Berechtigten". Also weder die betroffenen Mitbewerber noch die Verbraucher selber (vgl. Köhler/Bornkamm/Feddersen/*Köhler* UWG § 10 Rn. 17).

Der BGH hat in mittlerweile zwei Entscheidungen bestätigt, dass die Geltendmachung eines Anspruchs nach § 10 UWG rechtsmissbräuchlich ist, wenn ein in die Liste qualifizierter Einrichtungen gem. § 4 UKlaG eingetragener gemeinnütziger Verbraucherschutzverband einen Vertrag mit einem Prozessfinanzierer schließt und diesem für den Fall des Obsiegens eine prozentuale Beteiligung am abgeschöpften Gewinn verspricht (vgl. *Möller* NJW 2019, 3356; BGH GRUR 2019, 850; NJW 2018, 3581)Der abgeschöpfte Gewinn ist an den Bundeshaushalt abzuführen, eine Finanzierung beispielsweise der klagebefugten Einrichtungen durch den abgeschöpften Gewinn hat der Gesetzgeber bewusst nicht vorgesehen, um keine unsachlichen Anreize für Klagen zu generieren (vgl. Köhler/Bornkamm/Feddersen/*Köhler* UWG § 10 Rn. 19).

II. Haftungsfragen

1. Adressat wettbewerbsrechtlicher Ansprüche ist immer, wer Störer oder Mitstörer ist oder für Drittstörer haftet (vgl. OLG Düsseldorf AfP 1994, 234; vgl. Ohly/Sosnitza/*Ohly* UWG § 8 Rn. 116)). Störer ist hierbei jeder, von dem ernstlich zu befürchten ist, dass er durch sein Tun oder Unterlassen einen Wettbewerbsverstoß selbst oder durch einen Dritten begeht. Mitstörer ist derjenige, der an der wettbewerbswidrigen Handlung eines Dritten willentlich und adäquat zurechenbar mitwirkt (vgl. BGH GRUR 2012, 1279; 2003, 969 (970)). Die Mitstörerhaftung setzt dabei das Bestehen gewisser Prüfungspflichten voraus (vgl. BGH NJW 1997, 2180). Störer sowie Mitstörer müssen einen eigenen Entscheidungsspielraum haben und rechtlich in der Lage sein, den Wettbewerbsverstoß zu verhindern (vgl. BGH NJW 1997, 2180; GRUR 1994, 441 (443)). 7

Im Rahmen der Abwehransprüche ist die *erweiterte Haftung* des Betriebsinhabers für Wettbewerbshandlungen seiner Angestellten und Beauftragten von besonderer Bedeutung (§ 8 Abs. 2 UWG). Eine dem § 831 BGB entsprechende Entlastungsmöglichkeit steht ihm gegenüber Unterlassungsansprüchen bei Wettbewerbsverstößen nicht zu (vgl. BGH GRUR 2003, 453 (454); 1967, 362). Auf Schadensersatzansprüche, dazugehörige Auskunftsansprüche und den Gewinnabschöpfungsanspruch findet die Regelung des § 8 Abs. 2 UWG jedoch keine Anwendung, weswegen dort die allgemeinen Bestimmungen, insbesondere die der §§ 31 und 831 BGB Anwendung finden (vgl. Amtl. Begr., BT-Drs. 15/1487, 22).

2. Auch als *Beauftragter* des Inserenten kann der Verleger gemäß § 8 Abs. 2 UWG haften, wenn er auf die Anzeigengestaltung Einfluss hat, insbesondere mit dem Inserenten zusammenwirkt (vgl. BGH GRUR 2006, 429; 2001, 529; NJW 1990, 3204 f.; OLG Köln NJW-RR 2001, 1196; OLG Düsseldorf AfP 1994, 234 ff.; *Henning-Bodewig* GRUR 1981, 867 ff.; Ohly/Sosnitza/*Ohly* UWG § 8 Rn. 131). Nach dem BGH ist beim Umfang der zu erwartenden Prüfungspflicht zu berücksichtigen, ob es sich lediglich um eine Kleinanzeige oder um ein ganzseitiges, entsprechend teures Inserat handelt. Insbesondere wenn mit Blick auf die redaktionelle Gestaltung der einzelnen im Inserat wiedergegebenen Artikel ohnehin eine eingehendere Prüfung angezeigt ist, weil es sich, wie in dem der BGH-Entscheidung zu Grunde liegenden Fall, um eine Werbung in redaktioneller Aufmachung handelte, kann sich ein Verlag nicht ohne weiteres darauf berufen, dass auf den ersten Blick kein Verstoß erkennbar war (vgl. BGH GRUR 2001, 529). Der Umfang der Prüfungspflicht hängt mithin davon ab, ob die Anzeige dem Massengeschäft zuzuordnen ist oder den Rahmen herkömmlicher Werbung überschreitet (vgl. BGH GRUR 2002, 360; Köhler/Bornkamm/Feddersen/*Köhler* UWG § 9 Rn. 2.3). 8

Die für den Werbetreibenden arbeitende Werbeagentur ist regelmäßig Beauftragte (vgl. KG Berlin BeckRS 2011, 196). Ist sie für die beanstandete Werbung verantwortlich, so haftet sie als Mitstörerin. Die Agentur ist mithin verpflichtet, jede Werbung auf deren wettbewerbsrechtliche Zulässigkeit hin zu überprüfen (vgl. *Sosnitza* ZUM 1998, 631 (640)). Hingegen haftet eine Media-Agentur, welche lediglich die Aufgabe hat, Werbung eines Unternehmens in den entsprechenden Werbeträgern zu platzieren, den Inhalt der Werbung jedoch nicht kennt, nicht bei Wettbewerbswidrigkeit der Anzeige (vgl. OLG Hamm AfP 1999, 166).

Andererseits kann auch der werbungtreibende *Inserent* selbst wegen Verstößen in Anspruch genommen werden, die im Bereich des Verlages verursacht werden. Ein Inserent, der seinen Anzeigenauftrag so unklar lässt, dass der Anzeigenabteilung ein Gestaltungsspielraum eröffnet wird, haftet nach § 8 Abs. 2 UWG für die Anzeigengestaltung, auch wenn sie auftragswidrig ist (vgl. OLG Köln AfP 1981, 407). Für Satz- oder Eingabefehler des beauftragten Verlages, durch die eine Anzeige einen wettbewerbswidrigen Inhalt erhält, haftet der Inserent andernfalls nur, wenn derartige Fehler bereits mehrfach aufgetreten sind (vgl. KG Berlin NJW-RR 1987, 489). 9

Ist der Inserent selbst (Mit-)Störer, so haftet er für eigene Verantwortlichkeit. Auf eine Zurechnung kommt es dann nicht an (vgl. BGH AfP 1994, 136). Eigenverantwortlich handelt auch der Anzeigenakquisiteur, der einen Textbeitrag mit einer damit zu koppelnden Anzeige weitergibt (vgl. BGH AfP 1994, 136).

10 Wenn in der Presse Berichte oder Interviews erscheinen, die Angaben über geschäftliche Verhältnisse der Gewerbetreibenden enthalten, so müssen sich diese falsche Äußerungen des Presseorgans zurechnen lassen, sofern sie Einfluss auf den Inhalt hatten und falschen Darstellungen nicht ausreichend entgegengewirkt haben (vgl. BGH GRUR 2015, 906; 2006, 34; NJW-RR 1996, 162; OLG Celle GRUR 1980, 803; umfassend zur Verantwortlichkeit der Presse siehe auch Köhler/Bornkamm/Feddersen/*Köhler* UWG § 9 Rn. 2.1 ff.). Die Zurechenbarkeit der lauterkeitsrechtlichen Verletzungshandlung im Sinne einer adäquaten Verursachung besteht also nur für solche vom Informanten gesetzten Bedingungen die nach den ihm bekannten Umständen die objektive Möglichkeit des eingetretenen Erfolgs nicht unerheblich erhöht haben, was eine Frage der konkreten Fallgestaltung mit ihren maßgebenden Begleitumständen ist (vgl. OLG Rostock NJWE-WettbR 1996, 8). So kann es erforderlich sein, dass der Presseinformant sicherstellen muss, dass der betreffende Bericht nicht erscheint, ohne von ihm überprüft worden zu sein (vgl. OLG Düsseldorf DB 1986, 849; *Raeschke-Kessler* DB 1986, 843; OLG Köln NJW-RR 1987, 106; OLG Karlsruhe AfP 1991, 429; vgl. aber OLG Stuttgart NJW-RR 1991, 1515). Eine Vorabprüfungspflicht des Artikels besteht dann, wenn konkrete Umstände dafür sprechen, dass über das Produkt in wettbewerbswidriger Weise berichtet werden wird (vgl. BGH NJW-RR 1997, 934; 1996, 162). Wegen der grundsätzlichen Eigenverantwortlichkeit der Presse ist ein Prüfungsvorbehalt aber nur ausnahmsweise geboten (vgl. BGH NJW-RR 1997, 934; NJW 1987, 2297). Der Schutzumfang der Pressefreiheit ist umso geringer, je weniger ein Presseerzeugnis der Befriedigung eines Informationsbedürfnisses von öffentlichem Interesse oder der Einwirkung auf die öffentliche Meinung dient und je mehr es eigennützige Geschäftsinteressen wirtschaftlicher Art verfolgt. Danach kann sich ein Presseunternehmen grundsätzlich nicht mit Erfolg auf die Grundsätze der eingeschränkten Haftung der Presse für wettbewerbswidrige (hier im Sinne von § 5 UWG irreführende) Werbeanzeigen Dritter berufen, wenn die fragliche Zeitschrift keinen nennenswerten meinungsbildenden Bezug hat, sondern nahezu ausschließlich Werbung enthält (vgl. BGH GRUR 2015, 906 [Leitsatz 2]).

Eine Verantwortlichkeit besteht des Weiteren, wenn mit falschen Informationen eine werbende Berichterstattung ermöglicht werden soll oder der Presseinformant aufgrund der Umstände damit rechnen muss, dass seine Information in unzulässiger Weise verwertet wird (vgl. BGH NJW-RR 1997, 934; 1997, 235). In diesen Fällen besteht eine Vorabprüfungspflicht des Artikels (vgl. BGH NJW-RR 1997, 934; 1996, 162).

11 3. Für die *periodische Presse* enthält § 9 S. 2 UWG ein wichtiges *Privileg:* Anders noch als unter § 13 Abs. 6 Nr. 1 S. 2 UWG aF (wo dies nur in den Fällen der irreführenden Werbung iSd § 3 UWG aF galt) beschränkt das Gesetz die Haftung der Pressebeteiligten auf Schadensersatz nun generell auf Vorsatz bzw. auf grobe, offenkundige Verstöße (vgl. Ohly/Sosnitza/*Ohly* UWG § 9 Rn. 27 ff.; Köhler/Bornkamm/Feddersen/*Köhler* UWG § 9 Rn. 2.11 ff.). Auch bei Anzeigen im Ausland ansässiger Firmen besteht keine verschärfte Prüfungspflicht der Presse (vgl. BGH NJW 1992, 2765).

III. Prozessuale Fragen

12 1. Die häufigste Reaktion auf Wettbewerbswidrigkeiten der Presse ist die auf Unterlassung gerichtete *einstweilige Verfügung* gem. §§ 935 ff. ZPO. Besondere praktische Bedeutung hat in diesem Zusammenhang § 12 Abs. 2 UWG: In Wettbewerbsstreitigkeiten bedarf es keiner Glaubhaftmachung der Dringlichkeit (wegen Besorgnis wesentlicher Nachteile durch Wiederholung des Verstoßes). Die Wiederholungsgefahr wird vielmehr (widerleglich) vermutet. Diese Vermutung ist nur durch Abgabe einer vertragsstrafebewehrten Unterlassungserklärung des abzumahnenden Störers widerlegbar. Allerdings kann die Eilbedürftigkeit entfallen, wenn der Betroffene den Verstoß längere Zeit hingenommen hat und dadurch zum Ausdruck bringt, dass es ihm „nicht so eilig ist" (vgl. OLG Köln GRUR 1994, 138 (140); OLG München WM 1990, 2055 (2057); OLG Frankfurt a. M. AfP 1985, 44 (45)). Liegt aus diesen Gründen keine Dringlichkeitsvermutung vor, so muss der Antragsteller glaubhaft machen, dass der Erlass der einstweiligen Verfügung dennoch dringlich ist. Dies kann etwa auf Grund neuer Umstände der Fall sein (vgl. OLG Köln WRP 1978, 557; vgl. Köhler/Bornkamm/Feddersen/*Köhler* UWG § 12 Rn. 3.19). Der Grundsatz der prozessualen Waffengleichheit erfordert es dabei auch in wettbewerbsrechtlichen Streitigkeiten regelmäßig, dem Antragsgegner in einem einstweiligen Verfügungsverfahren vor dem Erlass der Beschlussverfügung rechtliches Gehör zu gewähren (vgl. OLG Düsseldorf WRP 2019, 773; Kap. 28 Rn. 13).

Grundsätzlich empfiehlt es sich, den Verletzer vor Antrag auf einstweilige Verfügung oder Erhebung einer Unterlassungsklage abzumahnen, wenngleich hierzu keine Rechtspflicht besteht (vgl. Köhler/Bornkamm/Feddersen/*Bornkamm* UWG § 12 Rn. 1.7). Hierdurch wird das Kostenrisiko nach § 93 ZPO vermieden (vgl. Köhler/Bornkamm/Feddersen/*Bornkamm* UWG § 12 Rn. 1.9). Die Abmahnung ist eine Rechtshandlung, durch die der Verletzter aufgefordert wird, innerhalb einer angemessenen Frist strafbewehrt zu erklären, dass er das beanstandete Verhalten in Zukunft unterlassen werde. Nicht notwendig ist die Abmahnung, wenn der Wettbewerbsverstoß vorsätzlich begangen wird (vgl. OLG Köln WRP 1977, 276) oder die Abmahnung offensichtlich sinnlos wäre, etwa bei einem unnachgiebigen Verletzer (vgl. OLG Bremen NJW 1970, 868). Entfallen kann sie weiterhin dann, wenn sie, etwa wegen besonderer Eilbedürftigkeit, unzumutbar wäre. Auch wenn trotz abgegebener Unterlassungserklärung weiter verstoßen wird, kann die Abmahnung unterbleiben (vgl. OLG Nürnberg AfP 1992, 588; WRP 1981, 229; OLG Hamburg NJW-RR 1988, 680; Köhler/Bornkamm/Feddersen/*Bornkamm* UWG § 12 Rn. 1.7 ff.).

2. In Wettbewerbsstreitigkeiten ist besonders zu beachten, dass ein Unterlassungsantrag stets **13**
nur dann begründet ist, wenn ihm entweder die konkrete Verletzungsform oder zumindest eine abstrahierende Beschreibung des charakteristischen Kerns der Verletzungshandlung zu entnehmen ist (ausführlich zu den inhaltlichen Anforderungen Ohly/Sosnitza/*Sosnitza* UWG § 12 Rn. 14–18). Denn der Verbotsantrag muss deutlich gefasst sein, damit sich der Beklagte erschöpfend verteidigen kann und im Falle einer etwaigen Zwangsvollstreckung der Inhalt des Verbots allein aus dieser Formulierung erkennbar ist (vgl. BGH NJW-RR 1998, 835 (837)). Ein Antrag, der auf das Verbot gerichtet ist, Zeitungsanzeigen zu veröffentlichen, wenn dies „ähnlich wie" bei einer bereits veröffentlichten Anzeige geschieht, genügt diesen Anforderungen nicht (vgl. BGH WRP 1991, 216). Ebenso ist es zu unbestimmt, einen Unterlassungsantrag auf das Verbot zu richten, unentgeltlich aufgemachte Text- und/oder Bildbeiträge zu veröffentlichen, wenn sich der Inhalt des Textbeitrages in der „überwiegend pauschalen Anpreisung des Firmenangebots erschöpft" (vgl. BGH NJW-RR 1998, 835).

3. Wichtig ist weiterhin die Besonderheit des *wettbewerbsrechtlichen Gerichtsstandes.* Für denjeni- **14**
gen Gewerbetreibenden, der durch den Wettbewerbsverstoß unmittelbar in seinen Rechten verletzt wurde, ist der Gerichtsstand gemäß § 14 Abs. 2 S. 1 UWG überall dort gegeben, wo der Verstoß begangen wurde (vgl. KG Berlin GRUR 1995, 752; OLG München WRP 1995, 1055; OLG Hamburg GRUR 1995, 1291). Der Anwendungsbereich des § 14 Abs. 2 S. 1 UWG ist aber durch § 14 Abs. 2 S. 2 UWG stark eingeschränkt: Für die in § 8 Abs. 3 Nr. 2–4 UWG genannten Klageberechtigten ist der Gerichtsstand des Begehungsorts nur gegeben, wenn der Beklagte im Inland weder eine gewerbliche oder selbstständige berufliche Niederlassung noch einen Wohnsitz hat (vgl. KG Berlin NJW-RR 1995, 876; WRP 1984, 868; *Brannekämper* WRP 1994, 661 ff.; *Lindacher* FS Nakamura, S. 321 ff.; Köhler/Bornkamm/Feddersen/*Bornkamm/Feddersen* UWG § 14 Rn. 18). Ist der Wettbewerbsverstoß in einem Presseorgan enthalten, so ist Begehungsort überall dort, wo dieses nach dem Willen des Verlages regelmäßig verbreitet wird (vgl. OLG Düsseldorf BB 1981, 387; LG Düsseldorf WM 1997, 1444). Eine geringfügige Verbreitung reicht dabei nur aus, wenn sie geeignet ist, den Wettbewerb im jeweiligen Landgerichtsbezirk zu beeinflussen (vgl. OLG Köln GRUR 1991, 775; OLG Frankfurt a. M. GRUR 1989, 136; OLG Stuttgart AfP 1986, 346; OLG München AfP 1986, 143; aA KG Berlin GRUR 1989, 134; OLG Düsseldorf NJW-RR 1988, 232).

4. Bei Fällen mit *Auslandsberührung* (zB schweizerisches Blatt wird auch im Inland vertrieben) **15**
gilt deutsches Recht samt relevanter Spezialgesetze (zB Heilmittelwerbegesetz) dann, wenn die Verbreitung planmäßig auch in Deutschland stattfindet (vgl. BGH GRUR 1971, 153 ff.).

IV. Verjährung

16 Die wettbewerbsrechtlichen Ansprüche auf Unterlassung und Schadensersatz einschließlich der oben erwähnten Hilfsansprüche (vgl. BGH NJW 1973, 2285; Ohly/Sosnitza/*Sosnitza* § 11 Rn. 3) unterliegen der *kurzen Verjährung* von 6 Monaten (§ 11 Abs. 1 UWG). Die Verjährung beginnt mit dem Zeitpunkt, in dem der Verletzte von der Handlung und von der Person des Verletzers Kenntnis erlangt hat bzw. ohne grobe Fahrlässigkeit hätte erfahren müssen und endet ohne Rücksicht auf diese Kenntnis spätestens drei Jahre nach Begehung der Handlung (§ 11 Abs. 4 UWG). Da die in der Aufgabe einer wettbewerbswidrigen Annonce liegende wettbewerbswidrige Handlung mit dem Erscheinen der Zeitschrift beendet ist, kann die Verjährungsfrist zu diesem Zeitpunkt auch dann zu laufen beginnen, wenn die Zeitschrift möglicherweise noch lange im Umlauf bleibt (vgl. OLG Köln GRUR 1987, 644). Soweit Ansprüche aus Wettbewerbsverstößen zugleich Ansprüche aus unerlaubter Handlung gemäß §§ 823 und 824 BGB darstellen, hat auch hier die kurze Verjährung des § 11 UWG gegenüber der längeren Verjährung des § 852 BGB Vorrang (vgl. BGH NJW 1973, 2285; Ohly/Sosnitza/*Sosnitza* UWG § 11 Rn. 11). Nur bei der gleichzeitigen Verletzung absoluter Rechte iSd § 823 Abs. 1 BGB, wie dem Allgemeinen Persönlichkeitsrecht oder dem Recht am eingerichteten und ausgeübten Gewerbebetrieb würde die kurze Verjährungsfrist des § 11 UWG den Schädiger privilegieren, so dass hier auf die Verjährungsfrist der §§ 195, 199 BGB zurückzugreifen ist (vgl. BGH GRUR 2005, 882). Auch bei der vorsätzlichen sittenwidrigen Schädigung (§ 826 BGB) hat § 852 Vorrang (vgl. BGH GRUR 1984, 820 ff.; 1964, 218; 1977, 539).

V. Ordnungswidrigkeiten und Strafrechtliche Folgen

17 Mit dem Gesetz zur Bekämpfung unerlaubter Telefonwerbung und zur Verbesserung des Verbraucherschutzes bei besonderen Vertriebsformen vom 29.7.2009 wurde in § 20 UWG eine Bußgeldvorschrift für unerlaubte Telefonwerbung in das UWG eingefügt (umfassend zu den Neuerungen *Köhler* NJW 2009, 2567). Diese isolierte Bußgeldbewehrung eines einzelnen Unlauterkeitstatbestandes ist im UWG systemwidrig und im Hinblick auf die Verfolgung unseriös agierender Callcenter auch nahezu wirkungslos, da die behördliche Durchsetzung von Bußgeldern durch die Bundesnetzagentur deutlich schwerfälliger ist als die zivilrechtliche Verfolgung durch Mitbewerber und klagebefugte Verbände (vgl. Ohly/Sosnitza/*Sosnitza* UWG § 20 Rn. 1). Täter des § 20 UWG ist der Werbende. Darunter fällt nach der Gesetzesbegründung der Mitarbeiter des Callcenters, der Betreiber des Callcenters sowie der Auftraggeber (vgl. Amtl. Begr., BT-Drs. 16/10734, 13).

18 Strafrechtliche Folgen (Geld- bzw. Freiheitsstrafen) werden angesichts der den fairen Wettbewerb bedrohenden Gefährlichkeit durch die Erfüllung der in § 16 UWG normierten Fälle von Wirtschaftskriminalität ausgelöst. Die Strafvorschriften des § 16 I und IIAbs. 1 und 2 UWG sind *sondergesetzliche Straftatbestände.* Als solche bilden sie eine *Ausnahme* von der im Übrigen deliktsrechtlichen Ausgestaltung des Lauterkeitsrechts, deren zivilrechtliche Sanktionen im Allgemeinen schon für sich allein einen effektiven wettbewerbsrechtlichen Schutz gewährleisten (vgl. Ohly/Sosnitza/*Sosnitza* UWG § 16 Rn. 2). § 16 Abs. 1 UWG regelt die strafbare irreführende öffentliche Werbung, § 16 Abs. 2 UWG die progressive Kundenwerbung.

Eine strafbare irreführende Werbung setzt als objektiven Tatbestand voraus, dass irreführende *und* unwahre Angaben in der Absicht gemacht werden, den Anschein eines besonders günstigen Angebots hervorzurufen. Die Werbung muss dabei in öffentlichen Bekanntmachungen und Mitteilungen an einen größeren Personenkreis gerichtet worden sein. Subjektiv wird der Tatbestand nur verwirklicht, wenn der Täter die Absicht hatte, den Anschein eines besonders günstigen Angebots hervorzurufen, sowie hinsichtlich aller weiteren objektiven Tatbestandsmerkmale zumindest bedingten Vorsatz hatte (vgl. Ohly/Sosnitza/*Sosnitza* UWG § 16 Rn. 3–30; Köhler/Bornkamm/Feddersen/*Bornkamm* UWG § 16 Rn. 7 und 17 f.).

Progressive Kundenwerbung iSd § 16 Abs. 2 UWG erfasst Programme zur Kundengewinnung, die die Kunden in die weitere Vertriebsorganisation einbinden. Klassischerweise sind dies Schneeballsysteme, bei denen der Kunde weitere Kunden gewinnen muss, um zu partizipieren (vgl. Ohly/Sosnitza/*Sosnitza* UWG § 16 Rn. 31 ff.; Köhler/Bornkamm/Feddersen/*Bornkamm* UWG § 16 Rn. 34 ff.).

Diesbezüglich kommt grundsätzlich auch eine subsidiäre strafrechtliche Haftung des verantwortlichen Redakteurs oder des Verlegers nach § 20 Abs. 2 LPG in Betracht (vgl. → Kap. 48 Rn. 4). In diesem Fall sind allerdings gleichermaßen die Grundsätze heranzuziehen, welche die Rechtsprechung zur Einschränkung der zivilrechtlichen Haftung der Presse entwickelt hat (vgl. Köhler/Bornkamm/Feddersen/*Köhler* UWG § 9 Rn. 2.11 f.). War dem Verlag danach eine Überprüfung der Anzeige nicht zumutbar, kann dem verantwortlichen Redakteur oder Verleger auch kein fahrlässiges Handeln vorgeworfen werden (vgl. Köhler/Bornkamm/Feddersen/*Bornkamm* UWG § 9 Rn. 2.12).

Die bis April 2019 im UWG normierten strafrechtlichen Folgen für Geheimnisverrat (vormals **19**
§§ 17, 18 und 19 UWG alte Fassung) wurden gleichzeitig mit dem Inkrafttreten des Geschäftsgeheimnisgesetzes (GeschGehG) am 26.4.2019 aufgehoben (Art. 5 G v. 18.4.2019, BGBl. 2019 I S. 466). Mit dem GeschGehG wurde die Geheimnisschutzrichtlinie RL 2016/943/EU v. 8.6.2016 ins nationale Recht umgesetzt (vgl. → Kap. 48 Rn. 15).

17. Abschnitt. Presse und Kartellrecht

Literatur:

Bechtold/Bosch, GWB, 9. Auflage, München 2018; *Golz,* Der sachlich relevante Markt bei Verlagserzeugnissen, Heidelberg 2003; *Gounalakis/Zagouras,* Crossmedia Konzentration und multimediale Meinungsmacht, AfP 2006, S. 93 ff.; *Loewenheim/Meessen/Riesenkampff/Kersting/Meyer,* Kartellrecht, 4. Auflage, München 2020; *Nieschalk,* Folgerungen aus deregulierten Medienlandschaften für die Reformdiskussion um das Pressefusionsrecht, Hamburg 2012; *Riesenhuber,* Medienfreiheit durch Medienvielfalt, AfP 2003, S. 481 ff.; *Weberling,* Medieneigentum verpflichtet in besonderer Weise – Notwendigkeit, Optionen und Grenzen der Modernisierung der Pressefusionskontrolle in Deutschland, in FS für von Brünneck, Baden-Baden 2011; *Weberling/Nieschalk,* Kein Bedarf für eine übereilte Reform der Pressefusionskontrolle, AfP 2009, S. 221 ff.; *Wiedemann,* Handbuch des Kartellrechts, 4. Auflage, München 2020.

82. Kapitel. Bedeutung und Funktion des Kartellrechts

I. Die Sicherung der Wettbewerbsfreiheit. Übersicht

1 1. Das Kartellrecht ist für die Erhaltung der *freien Wettbewerbswirtschaft* von zentraler Bedeutung. Einen starken Einfluss hat das Kartellrecht auf die Entwicklung des Pressewesens vor allem nach der 3. GWB-Novelle von 1976 (BGBl. I S. 1697) genommen, die den Zusammenschluss von Unternehmen, deren Geschäftszweck im Verlag, der Herstellung und dem Vertrieb von Zeitungen, Zeitschriften und deren Bestandteilen („Presseunternehmen", vgl. § 38 Abs. 3 GWB) besteht, einer *pressespezifischen Fusionskontrolle* unterstellte. Neben den Regeln für den Zusammenschluss von Presseunternehmen ist vor allem die Freistellung der Vereinbarungen über das sog. Presse-Grosso vom Kartellverbot für die Presse bedeutsam.

2 2. Die durch das Kartellrecht begründete Kartellaufsicht lässt sich in die beiden großen Bereiche Verhaltenskontrolle und Strukturkontrolle unterteilen (vgl. Bechtold/Bosch Einführung GWB Rn. 56 f.). Die Verhaltenskontrolle dient der Kontrolle vertraglicher Wettbewerbsbeschränkungen und einseitigem, außervertraglichen Verhaltens, insbesondere marktbeherrschender Unternehmen. Ziel der Strukturkontrolle ist die Erhaltung oder Wiederherstellung von Marktstrukturen, in denen der Wettbewerb seine ihm zukommenden gesellschafts- und wirtschaftspolitischen Aufgaben wahrzunehmen in der Lage ist.

3 3. Darüber hinaus sieht das Kartellrecht ein *Behinderungs- und Diskriminierungsverbot* für marktstarke Unternehmen vor, § 20 Abs. 1 GWB. Diese Regelung ist etwa für die Frage des Kontrahierungszwangs im Anzeigenwesen von grundsätzlicher Bedeutung (→ Kap. 47 Rn. 17 ff.).

4 4. Schließlich bietet das Kartellrecht die Möglichkeit der rechtlichen Sicherung von *Wettbewerbsregeln* durch Beantragung ihrer Anerkennung durch das Bundeskartellamt (§§ 24 ff. GWB). Davon haben die im Presse- und Medienbereich aktiven Wirtschafts- und Berufsvereinigungen bereits mehrfach Gebrauch gemacht (vgl. → Kap. 74 Rn. 7; vgl. *Hess* AfP 2004, 231 (234 f.)).

5 5. Das auch als „Grundgesetz der Marktwirtschaft" bezeichnete Kartellrecht dient einem doppelten *Zweck.* Es schützt in erster Linie das allgemeine Interesse an der Freiheit des Wettbewerbs und soll der Ausdehnung wirtschaftlicher Macht dort Schranken setzen, wo die bestmögliche Versorgung des Verbrauchers in Frage gestellt und die dem freien Wettbewerb innewohnende Tendenz zur Leistungssteigerung beeinträchtigt wird (vgl. amtliche Begründung des GWB, BT-Drs. 3462/1952, 15; *Bechtold* NJW 2001, 3159; *Bechtold* NJW 1998, 2769 (2770)). Das Kartellrecht beschränkt die wirtschaftliche Freiheit des – nicht selten ökonomisch stärkeren – Einzelnen zugunsten der Wettbewerbsfreiheit aller. Seine Verfassungsmäßigkeit steht deshalb außer Zweifel (vgl. BVerfGE 4, 7 ff.).

6 6. Neben der im öffentlichen Interesse liegenden Sicherung der freien Marktwirtschaft dienen wichtige Bestimmungen des Kartellrechts zugleich dem Schutz der von wettbewerbsbeschränkenden Maßnahmen betroffenen Unternehmen. Denn die Freiheit des Wettbewerbs als Institution sichert auch die Wettbewerbsfreiheit des Einzelnen (vgl. BGHZ 64, 232 ff. (237 f.)).

II. Die gesetzlichen Grundlagen des Kartellrechts

1. Wichtigste Rechtsquellen des Kartellrechts sind im Unionsrecht Art. 101 und 102 AEUV, die Verordnung (EG) Nr. 1/2003 des Rates vom 16.12.2002 (Kartellverfahrensordnung, VO Nr. 1/2003) sowie die Verordnung (EG) Nr. 139/2004 des Rates vom 20.1.2004 (Fusionskontrollverordnung, FKVO) und im nationalen Recht das Gesetz gegen Wettbewerbsbeschränkungen (GWB). 7

Das primäre Unionsrecht ist in den Art. 101 ff. AEUV geregelt. Wichtigste Vorschriften des sekundären Unionsrechts sind die VO Nr. 1/2003, die FKVO und die Gruppenfreistellungsverordnungen. Den Art. 101 und 102 AEUV kommt nach der Rechtsprechung des Europäischen Gerichtshofs absoluter Vorrang vor dem nationalen Recht zu. Normenkonflikte zwischen dem EU-Kartellrecht und dem nationalen Kartellrecht sind daher nach dem Grundsatz des Vorrangs des Gemeinschaftsrechts zu lösen (vgl. EuGH Slg. 1969, 1 (14) – Walt Wilhelm). Dabei sind nicht nur die „Verbote" des Gemeinschaftsrechts, sondern auch deren Ausnahmen (wie die Gruppenfreistellungsverordnungen) zu beachten: Was nach europäischem Recht erlaubt ist, kann nicht durch nationales Recht verboten werden. Da das nationale Kartellrecht dem EU-Kartellrecht voll angepasst wurde, kann es im Verhältnis zwischen EU- und nationalem Recht nicht zu widersprechenden Ergebnissen kommen (vgl. *Bechtold/Bosch* Einführung GWB Rn. 73). Hat ein deutsches Gericht Zweifel, ob die Anwendung deutschen Rechts nach Zweck und Inhalt einer Entscheidung der EU-Kommission ausgeschlossen ist, kann es ein Verfahren der Vorabentscheidung nach Art. 267 Abs. 2 AEUV einleiten. Hierzu ist es nach Art. 267 Abs. 3 AEUV verpflichtet, wenn gegen seine Entscheidung kein innerstaatliches Rechtsmittel mehr stattfindet. Das Bundesverfassungsgericht hat den *Anwendungsvorrang* des Gemeinschaftsrechts bestätigt (vgl. BVerfG EuR 1987, 333). Das europäische Kartellrecht findet nach Art. 101 Abs. 1 AEUV nur Anwendung auf Verhaltensweisen, die geeignet sind, den freien Handel zwischen den Mitgliedstaaten der EU zu beeinträchtigen („Zwischenstaatlichkeit"). Für ein Verhalten von Unternehmen, das den zwischenstaatlichen Handel nicht beeinträchtigt, gilt uneingeschränkt das nationale Recht (vgl. Loewenheim/Meessen/Riesenkampff/Kersting/Meyer-Lindemann/*Grave/Nyberg* AEUV Art. 101 Rn. 39). 7a

Da das europäische Kartellrecht nur anwendbar ist, wenn Zwischenstaatlichkeit vorliegt, ist für die vornehmlich auf den bundesdeutschen Markt ausgerichtete Presse primär das GWB von Bedeutung. Das GWB gilt heute in der Fassung vom 26.6.2013 (BGBl. I S. 1750). Über die Jahre hinweg hatten eine ganze Reihe von Novellen bestimmte Teilbereiche des GWB verändert und neu geregelt. Von besonderer Bedeutung für Presseunternehmen waren die 2. Novelle von 1973 und die 3. Novelle von 1976. Während mit der 2. Novelle die Zulässigkeit von Preisbindungen auf Verlagserzeugnisse beschränkt, die Zusammenschlusskontrolle (§§ 35 ff. GWB; siehe Kap. 85) sowie die Monopolkommission (§§ 44 ff. GWB) geschaffen wurde, diente die 3. Novelle der Einführung der Pressefusionskontrolle. Mit der 7. Novelle von 2005 (BGBl. I S. 2114) wurde die aufgrund der VO Nr. 1/2003 erforderliche Angleichung an das Gemeinschaftsrecht bei der Beurteilung von horizontalen und vertikalen Kartellabsprachen vollzogen. Durch die 8. GWB-Novelle 2012/2013 wurde der Multiplikator für die Berechnung der Umsatzschwellen für Presseunternehmen deutlich abgesenkt und § 36 Abs. 1 GWB um eine weitere Ausnahme für Fusionen von Presseunternehmen ergänzt. Daneben wurde § 30 Abs. 2a GWB eingeführt, der die Freistellung der Vereinbarungen über das sog. Presse-Grosso vom Kartellverbot vorsieht. Die 9. GWB-Novelle 2017 brachte ua Neuregelungen im Bereich der digitalen Wirtschaft mit sich. So stellt § 18 Abs. 2a GWB jetzt klar, dass ein Markt auch bei unentgeltlichen Leistungen vorliegen kann. Ferner werden dem Bundeskartellamt nunmehr erste Kompetenzen im Verbraucherrecht eingeräumt (vgl. Loewenheim/Meessen/Riesenkampff/Kersting/Meyer-Lindemann/*Meesen/Kersting* Einführung Rn. 80 f.). 7b

2. Das GWB gliedert sich in insgesamt sechs Teile. Der erste Teil, Wettbewerbsbeschränkungen, statuiert in seinem ersten Kapitel (§§ 1–3) die Unwirksamkeit wettbewerbsbeschränkender Vereinbarungen, Beschlüsse und abgestimmter Verhaltensweisen. Das zweite Kapitel (§§ 18–21) behandelt die Marktbeherrschung und insgesamt wettbewerbsbeschränkendes Verhalten. Das dritte Kapitel (§ 22) betrifft die Anwendung des europäischen Wettbewerbsrechts. Daran schließen sich die Vorschriften über die Wettbewerbsregeln an (§§ 24–27). Das fünfte Kapitel statuiert 8

Sonderregeln für bestimmte Wirtschaftsbereiche, darunter die Preisbindung bei Zeitungen und Zeitschriften (§ 30). Im sechsten Kapitel folgen Regelungen über Befugnisse der Kartellbehörden sowie die verwaltungs- und zivilrechtlichen Sanktionen eines Wettbewerbsverstoßes. Im siebten Kapitel (§§ 35–43a) findet sich das Regelwerk über die Zusammenschlusskontrolle. Die Monopolkommission wird in den §§ 44–47 behandelt. Im zweiten Teil des Gesetzes folgen die Regelungen über Zuständigkeiten, Aufbau und Tätigkeiten der Kartellbehörden (§§ 48–53). Der dritte Teil des Gesetzes regelt das Kartellverfahrensrecht, darunter das Verwaltungsverfahren (§§ 54–80), das Bußgeldverfahren (§§ 81 ff.), die Vollstreckung (§ 86a), Vorschriften über bürgerliche Rechtsstreitigkeiten in Kartellsachen (§§ 87–89e) sowie abschließend gemeinsame Bestimmungen für alle Bereiche des Kartellverfahrensrechts (§§ 90 ff.). Der vierte Teil des GWB (§§ 97–185) enthält die Bestimmungen des Kartellvergaberechts. Im fünften und sechsten Teil folgen Regelungen zum Anwendungsbereich des Gesetzes (§ 185) sowie abschließend die Übergangs- und Schlussbestimmungen.

9 3. Von den Normgebungskompetenzen zu unterscheiden sind der räumliche Geltungsbereich und der räumliche Anwendungsbereich des GWB. Das GWB ist gemäß § 185 Abs. 2 GWB nur insoweit anwendbar, als es um wettbewerbliche Auswirkungen im Inland geht, unabhängig davon, von wo und von wem sie ausgehen (Auswirkungsprinzip; vgl. *Bechtold/Bosch* GWB § 185 Rn. 17).

III. Presse und Kartellrecht

10 1. Das Kartellrecht ist auch im *Bereich der Presse* von *großer Bedeutung* (zu den Grundsätzen des deutschen Pressekartellrechts vgl. *Riesenhuber* AfP 2003, 481 ff.). Zahlreiche Verfahren, die nicht nur juristisch außerordentlich bedeutsam sind, sondern auch von der breiten Öffentlichkeit zur Kenntnis genommen wurden, belegen dies.

Während in den vergangenen Jahren vor allem horizontale Zusammenschlüsse zwischen Presseunternehmen im Zentrum der Diskussion standen (zu nennen ist in diesem Zusammenhang zuvorderst das *Holtzbrinck/Berliner Verlag*-Zusammenschlussvorhaben mit der Frage der marktbeherrschenden Stellung und etwaiger Umgehungsmöglichkeiten sowie einer Ministererlaubnis, welches den Ausgangspunkt für die nach über zweijähriger Diskussion letztlich nicht realisierten Referenten- und Regierungsentwürfe für pressespezifische Kooperationserleichterungen sowie Erleichterungen in der Fusionskontrolle für Presseunternehmen im Zuge der 7. GWB-Novelle 2005 bildete (vgl. *Säcker* AfP 2005, 24 (28)), sind angesichts schwindender Auflagen der klassischen Zeitungsverlage sowie dem Erfordernis der Einbeziehung weiterer sachlich relevanter Märkte nach dem Bedarfsmarktkonzept vor allem sog. konglomerate bzw. marktübergreifende crossmediale Zusammenschlüsse von Bedeutung. In besonderer Weise diskutiert wurde dabei das – untersagte – Zusammenschlussvorhaben *Axel Springer AG / ProSiebenSat.1 Media AG* (vgl. OLG Düsseldorf BeckRS 2009, 10150; bestätigt durch BGH MMR 2011, 60).

11 2. Die Fragen, inwiefern einzelne Unternehmen durch Fusionen gerettet werden müssen und können, um eine Pressevielfalt zu erhalten (vgl. *Weberling/Nieschalk* AfP 2009, 221 ff.; *Bremer/Martini* ZUM 2003, 942) sowie die Absenkung der für ein Eingreifen der Pressefusionskontrolle maßgeblichen Schwellenwerte (vgl. BDZV und VDL, Gemeinsame Presseerklärung, 11.10.2011) sind durch die Privilegierung von Sanierungsfusionen notleidender Zeitungsverlage (§ 36 Abs. 1 S. 2 Nr. 3 GWB) sowie das Absenken der Presserechenklausel in § 38 Abs. 3 GWB im Zuge der 8. GWB-Novelle geklärt worden. Auf Drängen der Verlegerverbände wurden Anliegen der Zeitungsverlage (vgl. BDZV, Pressemitteilung, 9.11.2011) zu den Themenkomplexen Sanierungsfusion, potenzieller Wettbewerb und Bagatellklausel in der novellierten Fassung berücksichtigt. § 36 Abs. 1 GWB wurde um eine Ausnahme für Sanierungsfusionen im Pressebereich ergänzt (auch → Kap. 85 Rn. 19).

83. Kapitel. Das Kartellverbot

I. Das Verbot wettbewerbsbeschränkender Vereinbarungen (Art. 101 Abs. 1 AEUV / § 1 GWB)

Art. 101 Abs. 1 AEUV und § 1 GWB sind seit der 7. GWB-Novelle bis auf die in Art. 101 Abs. 1 AEUV enthaltene Zwischenstaatlichkeitsklausel inhaltlich identisch. Unter wettbewerbsbeschränkenden Vereinbarungen versteht das Gesetz seitdem nicht nur „horizontale" Wettbewerbsbeschränkungen, also solche zwischen Wettbewerbern, sondern auch „vertikale" Wettbewerbsbeschränkungen, also etwa vertikale Preis- oder Vertriebsbindungen (vgl. *Bechtold/Bosch* GWB § 1 Rn. 1). Letztere waren zuvor in den §§ 14–18 GWB aF geregelt. Anlass für die grundlegende Umgestaltung des ersten Abschnitts war die auf Grund der VO Nr. 1/2003 gebotene vollständige Angleichung des deutschen Rechts an das Gemeinschaftsrecht bei der Beurteilung von horizontalen und vertikalen Kartellabsprachen. Horizontale Kartelle sind dadurch definiert, dass die Unternehmen auf derselben Wirtschaftsstufe stehen. Vertikale Kartelle sind Beschränkungen, die zwischen Unternehmen verschiedener Wirtschaftsstufen vereinbart werden. Die Nichtigkeit von Vereinbarungen, Beschlüssen und aufeinander abgestimmten Verhaltensweisen, die die Freiheit des Wettbewerbs beeinträchtigen können, ergibt sich aus der grundlegenden Bestimmung des § 1 GWB in Verbindung mit § 134 BGB: „Vereinbarungen zwischen Unternehmen, Beschlüsse von Unternehmensvereinigungen und aufeinander abgestimmte Verhaltensweisen, die eine Verhinderung, Einschränkung oder Verfälschung des Wettbewerbs bezwecken oder bewirken, sind verboten." 1

1. Der Kreis der vom Verbot des Art. 101 Abs. 1 AEUV / § 1 GWB erfassbaren Unternehmen oder Unternehmensvereinigungen – der Unternehmensbegriff des § 1 GWB hat uneingeschränkt dem des Art. 101 AEUV zu entsprechen – ist nach der Rechtsprechung (vgl. BGHZ 31, 105 ff.) weit zu fassen. Auf die Rechtsform bzw. die Rechtsfähigkeit eines Unternehmens oder einer Unternehmensvereinigung kommt es hier ebenso wenig an wie auf die Staatsangehörigkeit. Der Begriff „Unternehmen" steht im Gegensatz zu Privatpersonen und privaten Haushalten. Wesentlich für den so genannten „funktionalen" Unternehmensbegriff ist eine wirtschaftliche Tätigkeit, die darin besteht, Güter oder Dienstleistungen auf einem bestimmten Markt anzubieten oder nachzufragen. Als Unternehmen ist daher jeder tätig, der zum Zwecke des marktwirtschaftlichen Leistungsaustausches entweder auf Anbieter- oder auf Nachfragerseite auftritt. Die Absicht der Gewinnerzielung ist hierbei nicht erforderlich (vgl. EuGH BeckRS 2004, 75393). Erfinder und Urheber betätigen sich bei Verwertung ihrer Rechte als Unternehmer. Auch die Urheberrechts-Verwertungsgesellschaften fallen unter den Unternehmensbegriff (vgl. Loewenheim/Meessen/Riesenkampff/Kersting/Meyer-Lindemann/*Grave/Nyberg* AEUV Art. 101 Rn. 191). Als Unternehmer gelten auch die öffentliche Hand und öffentlich-rechtliche Körperschaften im Rahmen ihrer nicht-hoheitlichen Tätigkeit, wie § 185 Abs. 1 GWB ausdrücklich feststellt (vgl. BGH GRUR 1987, 116 (117); KG Berlin NJWE-WettbR 1997, 257 (259); *Bechtold* NJW 2001, 3159 (3160); *Kramm* WRP 1992, 365 (368)). 2

2. Bei den von Art. 101 Abs. 1 AEUV / § 1 GWB erfassten Vereinbarungen muss es sich nicht um einen rechtswirksamen Vertrag handeln, der einklagbare Ansprüche begründet. Der Begriff „Vereinbarung" in Art. 101 Abs. 1 AEUV / § 1 GWB ist mit Blick auf den Schutzzweck der Norm (vgl. BGH NJW 1977, 804) *weit* auszulegen (vgl. OLG Frankfurt a. M. AfP 1985, 140). Es genügt, dass sich die Beteiligten faktisch oder moralisch gebunden fühlen, etwa durch Gesellschaftsbeschlüsse (vgl. BGH NJW 1971, 2027) oder auf Grund kollegialer Fairness durch ein „gentlemen's agreement" (vgl. BGH NJW 1980, 2813; OLG München NJWE-WettbR 1997, 285 (286)), dass also eine tatsächliche Bindungswirkung besteht. Eine rechtliche Bindungswirkung ist nicht erforderlich, dh es spielt keine Rolle, ob sich die Unternehmen für rechtlich, tatsächlich oder moralisch verpflichtet halten, sich absprachegemäß zu verhalten (vgl. Loewenheim/Meessen/Riesenkampff/Kersting/Meyer-Lindemann/*Grave/Nyberg* AEUV Art. 101 Rn. 196). 3

Für ein Verbot nach Art. 101 Abs. 1 AEUV / § 1 GWB reicht der objektive Tatbestand einer Wettbewerbsbeschränkung aus; der subjektive Tatbestand (Verschulden) ist nur für die Ahndung der Wettbewerbsbeschränkung als Ordnungswidrigkeit (§ 81 Abs. 1 Nr. 1 GWB) sowie für Schadensersatzansprüche (§ 33a GWB) erforderlich. Stets muss jedoch eine gegenseitige *Einigung* vorliegen. Ein spontanes gleichförmiges Verhalten – wie etwa bei paralleler Erhöhung der Zeitungspreise ohne Absprache – genügt nicht (vgl. BGH NJW 1971, 521 (524)).

4 Schließen sich Unternehmer zu einem neuen selbständigen Unternehmen, dem sog. *Gemeinschaftsunternehmen,* zusammen (zB „dpa", „Einkaufsgenossenschaft für den Papiereinkauf" ua), kommen darauf nicht allein die Vorschriften über die Fusionskontrolle zur Anwendung. Vielmehr sind immer auch die Voraussetzungen des Art. 101 Abs. 1 AEUV/§ 1 GWB zu prüfen. Dabei ist ein – konzentratives – Gemeinschaftsunternehmen, das sämtliche Funktionen eines selbständigen Unternehmens wahrnimmt, marktbezogene Leistungen erbringt und nicht ausschließlich oder überwiegend auf demselben Markt wie die Mutterunternehmen tätig ist, kartellrechtsneutral. Setzen die Mutterunternehmen dagegen ihre Tätigkeit auf demselben Markt wie das Gemeinschaftsunternehmen fort, spricht das im Regelfall für eine kartellrechtswidrige Zusammenarbeit im Rahmen des dann kooperativen Gemeinschaftsunternehmens (vgl. BGH NZG 2010, 76 – Gratiszeitung Hallo; zur Anwendung der Bestimmungen zur Fusionskontrolle auf Gemeinschaftsunternehmen → Kap. 85 Rn. 4 ff.).

5 3. Neben Vereinbarungen erfasst Art. 101 Abs. 1 AEUV / § 1 GWB auch Beschlüsse von Unternehmensvereinigungen, die das Verhalten von Unternehmen regeln. Im Unterschied zur Vereinbarung handelt es sich beim Beschluss um die Bildung eines Gesamtwillens einer Unternehmensvereinigung durch deren zuständige Organe (vgl. Loewenheim/Meessen/Riesenkampff/Kersting/Meyer-Lindemann/*Grave/Nyberg* AEUV Art. 101 Rn. 210). Gegenüber Vereinbarungen, bei denen eine Willensübereinkunft vorliegen muss, kommt es bei Beschlüssen nicht auf ihre rechtliche Verbindlichkeit an, solange nur der Wille der Unternehmensvereinigung besteht, das Wettbewerbsverhalten der Mitglieder zu koordinieren (vgl. EuGH NJW 1987, 2150).

6 4. Auch ohne vertragliche Vereinbarungen und Beschlüsse kann eine wettbewerbsbeschränkende Beeinflussung des Marktes herbeigeführt werden. Eine solche Möglichkeit bieten *aufeinander abgestimmte Verhaltensweisen,* wie sie ausdrücklich vom Kartellverbot des Art. 101 AEUV / § 1 GWB erfasst sind (vgl. *Bechtold/Bosch* GWB § 1 Rn. 23 ff.).

Die aufeinander abgestimmten Verhaltensweisen nehmen eine Mittelstellung zwischen den verbotenen Vereinbarungen und dem – erlaubten – bloßen Parallelverhalten ein. Autonome Unternehmerentscheidungen, die nur zufällig mit inhaltlich ähnlichen eines anderen Unternehmens zusammenfallen, stellen daher keinen Verstoß gegen das Kartellverbot dar. Für ein „Zusammenwirken" ist vielmehr ein Minimum an gegenseitigem Kontakt erforderlich (vgl. *Bechtold/Bosch* GWB § 1 Rn. 24).

7 5. Das nach dem früheren Recht bestehende Empfehlungsverbot (§ 22 Abs. 1 GWB aF) ist infolge der Harmonisierung des deutschen Kartellrechts mit dem EU-Kartellrecht im Zuge der 7. GWB-Novelle 2005 weggefallen. Der Begriff der „Empfehlung" erforderte ein Verhalten, das darauf gerichtet ist, den Willen des Angesprochenen in dem angeratenen Sinn zu beeinflussen, ihm also ein Tun oder Unterlassen nahe zu legen (vgl. BGH GRUR 1960, 353). § 22 GWB aF stellte von Berufsverbänden oder führenden Firmen der Branche ausgesprochene Empfehlungen, insbesondere Preisempfehlungen, im Bereich horizontalen Wettbewerbs unter bestimmten Voraussetzungen den verbotenen Kartellabsprachen gleich, da diese sich auf der nachfolgenden Stufe des Empfehlers horizontal auswirken. Zu den zulässigen Empfehlungen zählten auch die sog. „Mittelstandsempfehlungen", die dazu dienten, die Leistungsfähigkeit kleinerer und mittlerer Unternehmen gegenüber Großbetrieben zu fördern (§ 22 Abs. 2 GWB aF) sowie Empfehlungen von Wirtschafts- und Berufsvereinigungen hinsichtlich der einheitlichen Anwendung von Geschäfts-, Liefer- und Zahlungsbedingungen einschließlich der Höhe der Skonti. Der Wegfall des Empfehlungsverbots hat in Teilbereichen eine nicht unerhebliche Liberalisierung ausgelöst (vgl. Loewenheim/Meessen/Riesenkampff/Kersting/Meyer-Lindemann/*Nordemann* GWB Vor §§ 1–3 Rn. 19).

8 6. Die Vereinbarung, der Beschluss oder die abgestimmte Verhaltensweise ist nach Art. 101 Abs. 1 AEUV / § 1 GWB nur verboten, wenn die *Verhinderung, Einschränkung oder Verfälschung des Wettbewerbes bezweckt oder bewirkt wird.*

Bezweckt wird die wettbewerbsbeschränkende Maßnahme, wenn sie das Motiv der Vereinbarung oÄ oder zumindest die natürliche und wahrscheinliche Folge der Umsetzung der unternehmenskoordinierenden Maßnahme ist. Kann festgestellt werden, dass eine Wettbewerbsbeschränkung bezweckt ist, braucht eine tatsächliche Auswirkung nicht mehr vorzuliegen; es liegt mithin ein „Gefährdungstatbestand" vor. Lässt sich eine solche Motivation jedoch nicht beweisen, muss eine objektive Auswirkung der Vereinbarung oÄ auf den Markt positiv festgestellt werden. *Bewirkt* stellt auf die objektiven Auswirkungen ab, also darauf, welche Folgen der Vereinbarung, dem Beschluss oder der abgestimmten Verhaltensweise immanent ist und bei „kaufmännisch rationalem Verhalten" zu erwarten sind, wobei das eine oder das andere ausreicht (vgl. BKartA WuW/E DE-V 209 (212); *Bechtold/Bosch* GWB § 1 Rn. 37).

7. Die Folgen der Wettbewerbsbeschränkung müssen sich auf dem betreffenden Markt *spürbar auswirken;* dies setzt eine exakte Abgrenzung des relevanten Marktes in sachlicher, räumlicher sowie ggf. zeitlicher Hinsicht voraus (vgl. Loewenheim/Meessen/Riesenkampff/Kersting/Meyer-Lindemann/*Grave/Nyberg* AEUV Art. 101 Rn. 240 f.). Das in ständiger Rechtsprechung anerkannte ungeschriebene Tatbestandsmerkmal der *Spürbarkeit* muss erfüllt sein, da andernfalls der Anwendungsbereich des Kartellverbots unerwünscht weit wäre (vgl. *Bechtold/Bosch* GWB § 1 Rn. 43 f.). **9**

Allerdings wird die Spürbarkeit nur selten zu verneinen sein. Sie liegt nach der Rechtsprechung des BGH dann nicht vor, wenn die Auswirkungen eines Kartells nicht mehr ins Gewicht fallen können, also bloß als geringfügig oder unbedeutend einzustufen sind (vgl. BGH WuW/E BGH 3115 (3120)). Kriterien hierfür sind die Schwere der vereinbarten Beschränkung, Lebhaftigkeit des Marktes (stark eingeschränkte, starre Märkte sind eher zu schützen als dynamische mit einer großen Anzahl an Teilnehmern) sowie die Marktanteile der beteiligten Unternehmen. Bagatellen oder nur theoretische Außenwirkungen sind hingegen nicht ausreichend.

8. Die Wettbewerbsbeschränkung iSd Art. 101 Abs. 1 AEUV/§ 1 GWB ist weit auszulegen **10** und umfasst alles, was auf einem Markt Gegenstand von Angebot und Nachfrage sein kann (vgl. BGH NJW 1964, 2343). Dazu gehören ua Grundstücke, Rechte, Fabrikgeheimnisse, Gebrauchswaren (vgl. BGH WuW/E BGH 2158; KG Berlin AfP 1989, 466). Hinzu kommen gewerbliche Leistungen, wie zB die Leistung der Tagespresse bei der Veröffentlichung von Geschäftsanzeigen. Da auch die Angehörigen der freien Berufe Unternehmen im Sinne des Kartellgesetzes sind, fallen deren Absprachen (Preisabsprachen) unter das Verbot des Art. 101 Abs. 1 AEUV / § 1 GWB, es sei denn, dass auf Grund staatlicher Ermächtigung standesrechtliche Gebührenregelungen wie bei Anwälten und Ärzten getroffen werden.

9. Fraglich ist, ob Art. 101 AEUV dem in § 36 UrhG vorgesehenen Instrument gemeinsamer **11** Vergütungsregeln entgegensteht. Das ua von den Verlegerverbänden in Auftrag gegebene Rechtsgutachten „Kartellrechtsfragen gemeinsamer Vergütungsregeln" von *Thomas* kommt zu dem Schluss, dass der Verbotstatbestand des Art. 101 Abs. 1 AEUV durch das Aufstellen der Gemeinsamen Vergütungsregeln für freie hauptberufliche Journalisten an Tageszeitungen (GVR) erfüllt sei: Freiberuflich tätige Urheber sind Unternehmen im Sinne des Kartellrechts. Vereinigungen von Urhebern und von Verwertern sind Unternehmensvereinigungen iSd Art. 101 AEUV. Die Ausnahme des Art. 106 Abs. 2 AEUV greife mangels Betrauung mit einer Dienstleistung von allgemeinem wirtschaftlichen Interesse nicht. Die Abfassung und Praktizierung gemeinsamer Vergütungsregeln iSd § 36 UrhG sei eine tatbestandsmäßige wettbewerbsbeschränkende Verhaltensweise. Bestätigung finde dieses Ergebnis in den EuG- und EuGH-Urteilen in der Sache „CNSD", welche einen gleichgelagerten Sachverhalt in Italien betrafen (vgl. EuGH EuZW 1999, 93). Auch die Geeignetheit zur Beeinträchtigung des zwischenstaatlichen Handels bejaht *Thomas.* Die Wettbewerbsbeschränkung sei nicht freigestellt iSv Art. 101 Abs. 3 AEUV. Ausschlaggebend hierfür sei, dass die Wirkungen gemeinsamer Vergütungsregeln gerade auf eine Anhebung des Vergütungsniveaus, dh der Preise, zielen. Es handele sich somit um eine nicht freistellungsfähige Kernbeschränkung. Das Anliegen der Sicherstellung einer angemessenen Vergütung sei als gesetzgeberisches Motiv möglicherweise legitim. Es bestehe nach den zwingenden Vorgaben des EU-Kartellrechts jedoch keine Möglichkeit, eine tatbestandsmäßige Wettbewerbsbeschränkung unter Berufung auf ein sozialpolitisches Anliegen zu rechtfertigen. Hieraus würden nach *Thomas* keine berücksichtigungsfähigen Verbrauchervorteile resultieren, welche die Nachteile der Wettbewerbsbeschränkung überwögen. Das Verbot des Art. 101 AEUV gestatte keine außerwettbewerbliche Interessenabwägung im Sinne einer „rule of reason". Dem Gesetzgeber sei daher durch Art. 101 AEUV der Weg versperrt, das Anliegen einer angemessenen und fairen Vergütung dadurch zu

verwirklichen, dass er es den Unternehmen gestatte, die Höhe des Honorars durch gemeinsame Vergütungsregeln autonom zu vereinheitlichen. Hierin liege eine Verletzung des Art. 101 AEUV. Darüber hinaus verstoße der Gesetzgeber, indem er über § 36 UrhG die Durchführung wettbewerbsbeschränkender Maßnahmen erleichtere und fördere, gegen den Grundsatz der Unionstreue nach Art. 4 Abs. 3 EUV. Dies folge aus der Rechtsprechung des EuGH, etwa in den Rechtssachen „Italien/Kommission" („CNSD", vgl. EuGH EuZW 1999, 93) oder „Arduino" (vgl. EuGH EuR 2002, 257). Danach dürfe der nationale Gesetzgeber das EU-Kartellrecht nicht dadurch in Frage stellen, dass er in die Wirtschaft eingreifende Entscheidungen (hier: die Festsetzung branchenbezogen angemessener Honorare) den Unternehmen überträgt. Gesetzgeberische Entscheidungen könnten, so *Thomas,* nach Art. 101 AEUV nicht durch kollektive Vereinbarungen selbständiger Unternehmen ersetzt werden.

Der BGH hat bisher einen Verstoß der GVR gegen Art. 101 AEUV lediglich in Betracht gezogen, diesen jedoch mit Blick auf fehlenden Vortrag der streitbeteiligten Partei und Feststellungen des Berufungsgerichts zum Tatbestandsmerkmal der spürbaren Handelsbeeinträchtigung nicht weiter thematisiert (vgl. BGH BeckRS 2017, 105665 Rn. 5). Bei nachgewiesenem Vorliegen einer derartig spürbaren Handelsbeeinträchtigung (diese bedarf der Darlegung im Prozess) dürfte die Frage indes streitrelevant sein.

12 10. Vereinbarungen, Beschlüsse und abgestimmte Verhaltensweisen, die unter Art. 101 Abs. 1 AEUV / § 1 GWB fallen, sind verboten. Zivilrechtlich sind Vereinbarungen oder Beschlüsse, die gegen dieses Verbot verstoßen, unmittelbar gemäß § 134 BGB nichtig.

Die Nichtigkeit der Kartellvereinbarung erstreckt sich auch auf solche Bestimmungen des Vertrages, die bei Kenntnis der Nichtigkeit nicht verabredet worden wären (§ 139 BGB; vgl. *Bechtold/Bosch* GWB § 1 Rn. 95; OLG Frankfurt a. M. NJWE-WettbR 1996, 259 (260 f.)), Gleiches gilt für die Ausführungsverträge. § 139 BGB kann aber durch eine salvatorische Klausel abbedungen werden (vgl. BGH NJW 1996, 773 (774)). Von der Nichtigkeit *nicht* erfasst werden die Folgeverträge, also die Verträge, die von den Kartellmitgliedern „in Vollzug" des Kartells mit außenstehenden Dritten geschlossen wurden (vgl. *Bechtold/Bosch* GWB § 1 Rn. 97).

Darüber hinaus ahndet § 81 GWB die vorsätzliche oder fahrlässige Zuwiderhandlung gegen Art. 101 Abs. 1 AEUV / § 1 GWB als Ordnungswidrigkeit.

Weitere zivilrechtliche Folge kann eine Schadensersatzpflicht der beteiligten Unternehmen nach § 33a GWB sein.

II. Vom Kartellverbot freigestellte Vereinbarungen

13 Im Gegensatz zu der vom Kartellgesetz bekämpften wettbewerbsbeschränkenden Kartellabsprache stehen *Vereinbarungen mit wettbewerbsfördernder Wirkung,* insbesondere solche, die die Zusammenarbeit kleinerer und mittlerer Betriebe gestalten. Solche den Wettbewerb nicht beschränkende Vereinbarungen sind zulässig, denn sie entsprechen durchaus der Zielrichtung des Kartellgesetzes. Der Art. 101 Abs. 3 AEUV nachgebildete § 2 Abs. 1 GWB ermöglicht hierfür eine Freistellung solcher Vereinbarungen vom Kartellverbot unter bestimmten Voraussetzungen (vgl. Loewenheim/Meessen/Riesenkampff/Kersting/Meyer-Lindemann/*Nordemann/Grave* GWB § 2 Rn. 3, 8).

Grund hierfür ist, dass kleine und mittelgroße Unternehmen oft auf Kooperationen angewiesen sind, um durch die dabei entstehenden Synergie- und Rationalisierungseffekte wirtschaftlicher handeln zu können. Dadurch wird ihre Leistungsfähigkeit gegenüber Großunternehmen erhöht, was den Wettbewerb belebt und den Wettbewerbsdruck gegenüber letzteren erhöht.

Sie ist im Pressewesen möglich als Anzeigen- oder Vertriebsgemeinschaft oder als gemeinsame Redaktion, Druckerei, Rechenzentrum ua kooperierender Verlage. Auch eine gemeinsame Werbung ist zulässig, wenn damit keine Beschränkung des Wettbewerbs verbunden ist (vgl. BGHZ 36, 105). Zur modernen Kooperation gehören auch gemeinsame Marktforschung und gegenseitige Marktinformationen (zu einem unzulässigen Kooperationsvertrag zwischen zwei örtlichen Tageszeitungen vgl. BGH WRP 1991, 376).

14 2. Die als *Ausnahmen* vom grundsätzlichen Kartellverbot zugelassenen Kartelle werden durch Art. 101 Abs. 3 AEUV/§ 2 GWB definiert. Anders als nach der früheren Rechtslage, welche einen numerus clausus von Freistellungsmöglichkeiten im Rahmen von Verwaltungsverfahren

vorsah, sind Vereinbarungen, Beschlüsse und aufeinander abgestimmte Verhaltensweisen, die gegen Art. 101 Abs. 1 AEUV/§ 1 GWB verstoßen, unter den materiellen Voraussetzungen des § 2 Abs. 1 GWB von Gesetzes wegen vom Verbot des Art. 101 Abs. 1 AEUV/§ 1 GWB freigestellt (vgl. *Bechtold/Bosch* GWB § 2 Rn. 6). Art. 101 Abs. 3 AEUV/§ 2 GWB sieht kein administratives Freistellungsverfahren vor, sondern überbürdet den Unternehmen das Risiko der zutreffenden Selbsteinschätzung (vgl. Loewenheim/Meessen/Riesenkampff/Kersting/Meyer-Lindemann/*Nordemann/Grave* GWB § 2 Rn. 7, 21). Die Beweislast für das Fehlen der Voraussetzungen des Art. 101 Abs. 3 AEUV/§ 2 GWB liegt in Verwaltungsverfahren bei den Kartellbehörden, in Zivilprozessen bei derjenigen Partei, gegenüber der sich auf die Anwendung des Kartellverbots berufen wird (vgl. *Bechtold/Bosch* GWB § 2 Rn. 7 f.). Die Freistellungsvoraussetzungen müssen in jedem Augenblick der Durchführung der Kooperation erfüllt sein.

3. Durch die 9. GWB-Novelle 2017 wurde die verlagswirtschaftliche Zusammenarbeit vom **15**
Kartellverbot freigestellt, um eine Stärkung der wirtschaftlichen Grundlage der Presseverlage im Wettbewerb mit anderen Medien zu erreichen (vgl. BT-Drs. 18/10207, 54). Gem. § 30 Abs. 2b GWB gilt das Kartellverbot nicht für Vereinbarungen zwischen Zeitungs- oder Zeitschriftenverlagen über eine verlagswirtschaftliche Zusammenarbeit, soweit die Vereinbarung den Beteiligten ermöglicht, ihre wirtschaftliche Basis für den intermedialen Wettbewerb zu stärken (Pressekooperationen), und sich diese nicht auf eine Zusammenarbeit im redaktionellen Bereich erstreckt. Die Bereichsausnahme bedeutet, dass Zeitungsverlage, auch benachbarte, grundsätzlich Vereinbarungen über Vertriebsabgrenzungen, Preise für Anzeigen, aber etwa auch Abonnementpreise vereinbaren dürfen. Die Privilegierung erfasst allein die verlagswirtschaftliche Zusammenarbeit (vgl. *Bechtold/Bosch* GWB § 30 Rn. 50, 52). Eine redaktionelle Zusammenarbeit ist dagegen nicht freigestellt. Auf diese Weise soll die publizistische Vielfalt erhalten bleiben (vgl. Loewenheim/Meessen/Riesenkampff/Kersting/Meyer-Lindemann/*Nordemann* GWB § 30 Rn. 16b).

III. Die zulässige Preisbindung bei Zeitungen und Zeitschriften (§ 30 GWB) und Büchern (Buchpreisbindungsgesetz)

1. Vom Verbot der vertikalen Wettbewerbsbeschränkung sind nur *Verlagserzeugnisse* – also **16**
Zeitungen und Zeitschriften sowie Bücher – ausgenommen. § 30 GWB erstreckt sich nur auf Zeitschriften und Zeitungen. Die Buchpreisbindung wird durch das Buchpreisbindungsgesetz gewährleistet.

Grund für diese Differenzierung war die Auffassung der Kommission, dass das in Deutschland praktizierte System der Buchpreisbindung nicht mit Art. 101 AEUV vereinbar sei. Um dem Verdikt der Gemeinschaftsrechtswidrigkeit zu entgehen, wurde der Sammelrevers zunächst auf Deutschland beschränkt. Zu einer Gesetzesänderung kam es aber noch nicht, das heißt, dass für ausländische Unternehmen des EWR keine Preisbindung galt. Diese Rechtslage nutzte ein österreichisches Unternehmen, um Bücher unter dem gebundenen Preis an deutsche Endkunden zu veräußern. Daraufhin weigerten sich einige deutsche Verlage, dieses Unternehmen weiter zu beliefern. Dies wiederum nahm die Kommission zum Anlass, Bußgeldverfahren gegen einige der beteiligten Unternehmen einzuleiten (vgl. EuZW 2001, 579). Um diesem zu entgehen, fügte sich der Börsenverein des Deutschen Buchhandels schließlich (vgl. AfP 2002, 211; Engelmann (2002); vgl. zum französischen Recht *Obert* ZUM 2001, 45 ff.; EuGH ZUM 2001, 64 ff.; Kap. 67 Rn. 36).

Nach der eben beschriebenen Entwicklung war absehbar, dass der *vertragliche* Schutz der **17**
Buchpreisbindung nicht mehr aufrechtzuerhalten war. Um aber der Bedeutung des festen Buchpreises nach wie vor gerecht werden zu können, wurde das „Gesetz zur Regelung der Preisbindung bei Verlagserzeugnissen" erlassen, das als Artikel 1 das Buchpreisbindungsgesetz enthält und im Übrigen das GWB änderte (Kap. 67 Rn. 36).

2. Hintergrund der *Buch*preisbindung sind bildungspolitische Aspekte (vgl. *Waldenberger* NJW **18**
2002, 2914 ff.), die Erhaltung der kulturellen und sprachlichen Identität eines Staates und – aus europäischer Sicht – die Erhaltung der kulturellen Vielfalt (vgl. Art. 167 AEUV). Aufgrund dieser Schutzgüter sind *nationale* Buchpreisbindungssysteme auch nach Auffassung der Kommission mit europäischem Recht vereinbar (vgl. AfP 2002, 211). Dies gilt namentlich für nationale Preisbindungsgesetze (vgl. EuGH Slg. 1985, 1).

Die bevorzugte Behandlung von Verlagserzeugnissen gründet sich also auf die Überzeugung, dass der Vertrieb geistiger Werte nicht ausschließlich unter kommerziellem Blickpunkt betrachtet werden darf. Im kulturellen Bereich gewährleistet ein rein wirtschaftlich geführter Wettbewerb keineswegs die Bevorzugung des qualitativ Besseren gegenüber dem minderwertigen Massenkonsum. Dem muss auch der Gesetzgeber Rechnung tragen. Daher ist der Grundsatz des „festen Ladenpreises" gesetzlich und verfassungsrechtlich anerkannt (vgl. BVerfG AfP 1987, 478 (487); allg. *Franzen,* Die Preisbindung des Buchhandels, 1987 mwN).

19 Die Zulässigkeit der Preisbindung für *Zeitungen und Zeitschriften* ist indessen anders zu begründen. Wirtschaftliche Grundlage ist das vertraglich garantierte Remissionsrecht des Einzelhandels. Dieses ermöglicht es dem Endverkäufer, ein breites Sortiment an Zeitungen zu führen, ohne das daraus resultierende wirtschaftliche Risiko („Ladenhüter") tragen zu müssen. Erst dadurch werden publizistischer Wettbewerb und (Meinungs-)Vielfalt ermöglicht, die nicht allzu stark durch ökonomische Überlegungen beeinträchtigt werden. Dementsprechend trägt der Verlag (bzw. der Grossist) als Verpflichteter des Remissionsrechts das Absatzrisiko. Der Nachteil, der ihm dadurch entsteht, wird durch das Recht, die Preise zu kalkulieren, die Auflage und die Vertriebswege zu bestimmen (Dispositionsrecht), ausgeglichen (vgl. *Bechtold/Bosch* GWB § 30 Rn. 9; → Kap. 89 Rn. 4 f.).

Die Kommission sah bisher keine Veranlassung, gegen solche vertikalen Wettbewerbsbeschränkungen vorzugehen. Unter Rechtssicherheits- und Vertrauensschutzgesichtspunkten ist ihr daher eine willkürlich davon abweichende Entscheidung verwehrt (vgl. *Waldenberger* NJW 2002, 2916).

20 3. Entgegen dem früher maßgeblichen weiten Begriff „Verlagserzeugnisse" ist heute bei der Anwendung von § 30 GWB nur noch auf „Zeitungen und Zeitschriften" abzustellen. Der natürliche Sprachgebrauch wird aber um § 30 Abs. 1 S. 2 GWB erweitert. Demnach fallen auch „Produkte, die Zeitungen oder Zeitschriften reproduzieren oder substituieren und bei Würdigung der Gesamtumstände als überwiegend verlagstypisch anzusehen sind, sowie kombinierte Produkte, bei denen eine Zeitung oder Zeitschrift im Vordergrund steht" unter den Zeitungsbegriff des § 30 GWB und sind daher einer vertraglichen Preisbindung zugänglich. Damit unterliegen auch digitalisierte Zeitungen (zB auf CD-ROMs) oder einzelne, online angebotene Artikel sowie Übungs-CDs der Preisbindung. Stets muss aber das gedruckte Werk im Vordergrund stehen.

21 4. Bei Zeitschriften und Zeitungen dürfen die *Abnehmer* in vertikaler Richtung in ihrer Preisgestaltung rechtlich oder wirtschaftlich gebunden werden, doch kann das Recht zu einer horizontalen Bindung auf gleicher Wirtschaftsstufe aus § 30 GWB nicht hergeleitet werden. Eine zulässige „wirtschaftliche" statt der rechtlichen (vertraglichen) Bindung liegt vor, wenn dem Abnehmer – ohne vertragliche Vereinbarung – je nach Einhaltung der gewünschten Wiederverkaufspreise Vorteile oder Nachteile in Aussicht gestellt werden (vgl. BGHZ 28, 208). Die Zulässigkeit einer Bindung des Abnehmers hinsichtlich der Geschäftsbedingungen sieht § 30 GWB nicht vor. Gebunden werden können der tatsächlich zu zahlende Verkaufspreis und Preisnachlässe (Rabatte), nicht dagegen das echte Skonto, dh der Zahlungsnachlass als Entgelt für die Zahlung vor Fälligkeit (vgl. *Bechtold/Bosch* GWB § 30 Rn. 15). § 30 GWB lässt nur die Bindung „bestimmter" Preise zu; die Bindung von generellen Höchst- und Mindestpreisen wird deshalb als unzulässig angesehen (vgl. *Bechtold/Bosch* GWB § 30 Rn. 15).

Die Bindung kann sich zunächst nur auf die nächste Stufe beziehen. Der Preisbinder kann aber auch seinen Abnehmer dazu verpflichten, dass jener selbst bei der Weiterveräußerung einen bestimmten Preis vereinbart. Schließlich kann der Preisbinder mit seinem Abnehmer vereinbaren, dass letzterer alle weiteren Wiederverkäufer zur Weitergabe der Bindung verpflichtet (vgl. *Bechtold/Bosch* GWB § 30 Rn. 14).

22 5. Einer Anmeldung der Preisbindung bedarf es in den Fällen des § 30 GWB nicht, doch schreibt § 30 Abs. 2 GWB für die Preisbindungsverträge die *Schriftlichkeit* vor. Schriftlichkeit bedeutet nach § 126 BGB die eigenhändige Unterzeichnung der Vertragsurkunde. § 126 Abs. 2 BGB findet gem. § 30 Abs. 2 S. 3 GWB keine Anwendung (zum Schriftformerfordernis allgemein vgl. *Bechtold/Bosch* GWB § 30 Rn. 18 ff.).

23 Keiner Schriftform bedarf es bei Zeitungen oder Zeitschriften, wenn es sich lediglich um eine vertikale *Preisempfehlung* handelt. Die Bezugnahme auf Preisaufdrucke auf den Presseerzeugnissen selbst ist ausreichend (vgl. Bechtold/Bosch GWB § 30 Rn. 21).

6. Nach den Grundsätzen des Kartellrechts wird der vertikalen Preisbindung nur Rechtsschutz gewährt, wenn die *Lückenlosigkeit* der Preisbindung gesichert ist (vgl. BGH GRUR 1964, 629 ff.). Dem gebundenen Abnehmer ist es nicht zuzumuten, sich an die Preisbindung zu halten, wenn die Konkurrenz die gleichen Erzeugnisse billiger verkaufen darf (vgl. BGH NJW-RR 1989, 1383; das kann auch bei einem „zweigleisigen" Vertrieb mit billigeren Lizenzausgaben gelten, vgl. BGHZ 53, 76 (86 ff.); OLG Köln GRUR 1987, 545; OLG Frankfurt a. M. AfP 1985, 219). Er kann dann gegenüber dem Verlangen des Preisbinders, den gebundenen Preis einzuhalten, den Einwand der unzulässigen Rechtsausübung (§ 242 BGB) entgegenhalten (zur Wettbewerbswidrigkeit gem. § 1 UWG von sog. „Test-" oder „Probeabonnements", die zu einer Preisspaltung zulasten des Einzelhandels führen, vgl. OLG Düsseldorf AfP 2004, 274 ff.; NJW 2004, 2100 ff.; allgemein zu wettbewerbsrechtlichen Fragen zu § 30 GWB → Kap. 75 Rn. 40 f., → Kap. 76 Rn. 11). 24

Lückenlosigkeit bedeutet in diesem Zusammenhang sowohl theoretische als auch praktische Lückenlosigkeit.

Die theoretische Lückenlosigkeit liegt vor, wenn der Preisbinder nur solche Abnehmer beliefert, die sich zur Einhaltung der Preisbindung *verpflichten*. Eine praktische Lückenlosigkeit ist gegeben, wenn der Preisbinder dieses Vertragssystem und dessen *Einhaltung* überwacht und etwaige Verstöße gegen die Preisbindung verfolgt (vgl. hierzu *Bechtold/Bosch* GWB § 30 Rn. 23).

Deshalb *muss* der Preisbinder die Zuverlässigkeit seiner Preisbindung durch Testkäufe ständig überwachen. Bei Feststellung von Preisverstößen muss der Preisbinder alsbald durch Liefersperre oder mittels gerichtlicher Maßnahmen (einstweilige Verfügung bzw. Unterlassungsklage) vorgehen, will er nicht des Rechtsschutzes aus seinem Preisbindungssystem infolge Lückenhaftigkeit verlustig gehen.

7. Zulässige vertikale Preisbindungen von Zeitungen oder Zeitschriften gemäß § 30 GWB stehen nach § 30 Abs. 3 GWB für die Dauer ihrer Wirksamkeit unter der *Missbrauchsaufsicht* des Bundeskartellamtes. Demgemäß kann das BKartA die Preisbindung für bestimmte Presseerzeugnisse jederzeit – auf Antrag oder von Amts wegen – aufheben, wenn die Preisbindung geeignet ist, die Ware zu verteuern bzw. eine Verbilligung zu vermeiden oder deren Erzeugung oder Absatz zu beschränken oder die Preisbindung missbräuchlich gehandhabt wird. Die Gewährung eines gegenüber dem Einzelverkaufspreis um 35 % niedrigeren einmaligen „Schnupper-Abos" soll keine missbräuchliche Ausnutzung des Preisbindungsrechts darstellen (vgl. OLG Hamm AfP 1995, 419; *Waldenberger* NJW 2002, 2914 (2917)). 25

8. Das aus zehn Paragrafen bestehende *Buchpreisbindungsgesetz* (allgemein zur Preisbindung vgl. Wallenfels/Russ, Buchpreisbindungsgesetz) gliedert sich in eine präambelartige Beschreibung des Zwecks des Gesetzes (§ 1). In § 2 wird der Anwendungsbereich präzisiert, es gilt für Bücher und buchnahe Produkte (vgl. Loewenheim/Meessen/Riesenkampff/Kersting/Meyer-Lindemann/*Wallenfels* GWB Anh. zu § 30 Rn. 7; → Kap. 67 Rn. 33 ff.). So wird in Abs. 1 erklärt, was ebenso unter den Buchbegriff fällt; eine Definition des Buches selbst hingegen fehlt. Die §§ 3–7 beziehen sich auf die Preisbindung, § 8 auf deren Dauer. In § 9 werden die Schadensersatz- und Unterlassungsansprüche gegenüber Preisbrechern normiert; strafrechtliche oder Sanktionen aus dem Ordnungswidrigkeitenrecht finden sich hingegen nicht. Flankierend findet sich in § 10 ein Recht auf Bucheinsicht eines Wettbewerbers gegenüber demjenigen, der nicht die Preisbindung beachtet. 26

Zu beachten ist hinsichtlich des *sachlichen Geltungsbereiches* des Buchpreisbindungsgesetzes, dass nicht nur der gewerbsmäßige Verkäufer die festgesetzten Preise beim Verkauf an einen Letztabnehmer einhalten muss, sondern jeder, der geschäftsmäßig mit Büchern handelt. Dies kann auch derjenige sein, der in kurzer Zeit eine größere Anzahl neuer Bücher über eine Internet-Auktion (wie etwa die Online-Verkaufsplattform „eBay") anbietet (vgl. OLG Frankfurt a. M. NJW 2004, 2098 ff.).

Ein *Verstoß gegen die Buchpreisbindung* liegt nicht nur dann vor, wenn die Bücher unter dem festgesetzten Preis verkauft werden, sondern kann auch dann gegeben sein, wenn Kunden von Buchhandlungen Gutscheine ausgehändigt werden, die beim Kauf von Waren auf den Kaufpreis angerechnet werden. Dies gilt auch für Online-Versandhäuser, die nicht nur Bücher, sondern auch andere Artikel vertreiben, wie zum Beispiel „amazon" (vgl. OLG Frankfurt a. M. NJW

2004, 3122 f.). Enge Grenzen gelten im Rahmen von Kundenbindungssystemen (vgl. Loewenheim/Meessen/Riesenkampff/Kersting/Meyer-Lindemann/*Wallenfels* GWB Anh. zu § 30 Rn. 23). Auch die Anrechnung von sog. Bonusmeilen beim Kauf preisgebundener Druckerzeugnisse kann einen unzulässigen Preisrabatt darstellen (vgl. OLG Frankfurt a. M. ZUM 2004, 760).

84. Kapitel. Marktverhaltenskontrolle

I. Allgemeine Übersicht

1 Das Missbrauchsverbot für marktbeherrschende Unternehmen in § 19 GWB steht neben dem des Art. 102 AEUV. Ein Vorrang des Unionsrechts mit Ausschlusswirkung gegenüber dem nationalen Recht besteht dabei nicht, vielmehr bestimmt Art. 3 Abs. 2 S. 2 VO Nr. 1/2003, dass den Mitgliedstaaten nicht verwehrt wird, im Anwendungsbereich des Art. 102 AEUV in ihrem Hoheitsgebiet strengere innerstaatliche Vorschriften zur Unterbindung oder Ahndung einseitiger Handlungen von Unternehmen zu erlassen oder anzuwenden (vgl. *Bechtold/Bosch* GWB Vor § 18 Rn. 4). Einseitiges Verhalten wird im EU-Recht nur über Art. 102 AEUV geahndet, der keine eigenständigen, von Marktbeherrschung unabhängigen Verbote von Boykott und anderen abgestimmten Verhaltensweisen kennt (vgl. *Bechtold/Bosch* GWB Vor § 18 Rn. 5). Hieraus resultiert die unveränderte Bedeutung des zweiten Kapitels des GWB (§§ 18–21 GWB), der die Marktbeherrschung und deren Missbrauch sowie das Verbot sonstigen wettbewerbsbeschränkenden Verhaltens behandelt. Das GWB nimmt die Entstehung marktbeherrschender Stellungen, die auf internem Unternehmenswachstum basieren, hin. Entflechtungsregelungen kennt das deutsche Kartellrecht nicht. Das zweite Kapitel des GWB behandelt alle Vorschriften, die ein einseitiges kartellwidriges Verhalten von Unternehmen sanktionieren. § 18 GWB enthält die für das gesamte GWB geltenden Definitionen der Marktbeherrschung. § 19 GWB regelt das verbotene Verhalten von marktbeherrschenden Unternehmen, § 20 GWB das verbotene Verhalten von Unternehmen mit Marktmacht. Im Gegensatz dazu knüpft das Boykottverbot des § 21 GWB nicht an die (starke) Marktstellung des Unternehmens an.

II. Die Marktbeherrschung (§ 18 GWB)

2 1. Marktbeherrschende Unternehmen – es gilt der kartellrechtliche Unternehmensbegriff – jeder Art, somit auch Presseunternehmen, unterliegen einem strengen Missbrauchsverbot. Widrigenfalls können die Kartellbehörden gemäß § 32 GWB eingreifen und dem marktbeherrschenden Unternehmen das missbräuchliche Verhalten untersagen. Gegen das Missbrauchsverbot von § 19 Abs. 1 und 2 GWB verstoßende Verträge sind nach § 134 BGB nichtig, müssen also nicht erst mit einer Untersagungserklärung versehen werden.

3 2. Für den reichlich vagen Begriff der *„Marktbeherrschung"* gibt § 18 GWB, der sachlich nur geringfügig von § 19 Abs. 2 und 3 GWB aF abweicht, eine komplexe Legaldefinition. Danach ist ein Unternehmen *marktbeherrschend,* soweit es als Anbieter oder Nachfrager einer bestimmten Art von Waren oder gewerblichen Leistungen auf dem sachlich und räumlich relevanten Markt ohne Wettbewerber ist *(Vollmonopol),* keinem wesentlichen Wettbewerb ausgesetzt ist *(Quasimonopol)* oder eine im Verhältnis zu seinen Wettbewerbern *überragende Marktstellung* hat, § 18 Abs. 1 Nr. 1–3 GWB, wobei der Annahme eines Marktes nicht entgegen steht, dass eine Leistung unentgeltlich erbracht wird, § 18 Abs. 2a GWB (angesprochen sind hier va sog. „indirekte Netzwerkeffekte", etwa auf Buchungsplattformen im Internet). Beurteilungskriterien für Marktbeherrschung sind außer dem Marktanteil die Finanzkraft, der Zugang zu den Beschaffungs- und Absatzmärkten, Verflechtungen mit anderen Unternehmen sowie etwaige tatsächliche oder rechtliche Schranken für den Marktzutritt anderer Unternehmen. Für die Beurteilung der überragenden Marktstellung relevant ist daneben die Fähigkeit, sein Angebot oder seine Nachfrage auf andere Waren oder gewerbliche Leistungen umzustellen, sowie die Möglichkeit der Marktgegenseite, auf andere Unternehmen auszuweichen (sog. „Umstellungsflexibilität"), § 18 Abs. 3 GWB. Eine Marktbeherrschung wird des Weiteren auch dort bejaht, wo ein

einzelnes Unternehmen zwar nicht allein, aber in der *Gesamtheit* mit einem oder mehreren Unternehmen zusammen ein Voll- oder Teilmonopol bzw. eine überragende Marktstellung besitzt, sofern innerhalb dieser Gesamtheit für bestimmte Waren oder gewerbliche Leistungen ein wesentlicher Wettbewerb nicht besteht, § 18 Abs. 5 GWB.

Der auf die lückenlose Erfassung aller Fälle von Marktbeherrschung angelegte § 18 GWB stellt **4** zusätzlich in Abs. 4 eine den Abs. 1 ergänzende *Vermutung* der Marktbeherrschung auf. Abweichend von dem in § 18 Abs. 1 GWB verwendeten relativen Begriff der Marktbeherrschung („keinem wesentlichen Wettbewerb ausgesetzt") wird hier ein objektiver Begriff der Marktbeherrschung, dh die ziffernmäßige Höhe des Marktanteils zu Grunde gelegt. Danach wird vermutet, dass ein Unternehmen marktbeherrschend ist, wenn es für eine bestimmte Art von Waren oder gewerblichen Leistungen einen *Marktanteil* von mindestens 40 Prozent hat. Eine Marktbeherrschung einer Gesamtheit von Unternehmen wird dort vermutet, wo drei oder weniger Unternehmen zusammen einen Marktanteil von 50 Prozent und mehr haben bzw. fünf oder weniger Unternehmen zusammen einen Marktanteil von zwei Dritteln und mehr besitzen, § 18 Abs. 6 GWB. Diese Vermutung kann widerlegt werden, wenn die Unternehmen nachweisen, dass die Wettbewerbsbedingungen zwischen ihnen wesentlichen Wettbewerb erwarten lassen oder die Gesamtheit der Unternehmen im Verhältnis zu den übrigen Wettbewerbern keine überragende Marktstellung hat, § 18 Abs. 7 GWB.

3. Die Feststellung der Marktbeherrschung erfolgt nach allgemeiner Auffassung in einem **5** Doppelschritt: Zuerst wird der relevante Markt ermittelt. Dieser ist sowohl sachlich als auch räumlich sowie ggf. zeitlich zu erfassen. In einem zweiten Schritt wird dann auf dieser Grundlage der auf ihm bestehende Beherrschungsgrad ermittelt (vgl. Loewenheim/Meessen/Riesenkampff/Kersting/Meyer-Lindemann/*Kühnen* GWB § 18 Rn. 12).

a) Der für ein bestimmtes Unternehmen, zB einen medizinischen Fachverlag, einschlägige **6** sog. „relevante Markt" ist in erster Linie sachlich bzw. *gegenständlich,* dh im Hinblick auf eine bestimmte Art von Waren (medizinische Literatur) oder gewerbliche Leistungen zu verstehen. Einen „Markt" bilden diejenigen Waren oder Leistungen, die aus verständiger Sicht der Marktgegenseite zur Bedarfsdeckung gleichermaßen geeignet, also „funktional austauschbar" sind (sog. „Bedarfsmarktkonzept", vgl. BGH NJW-RR 2009, 264 (265); NJW 2007, 1823 (1825); OLG Düsseldorf WuW/E DE-R 3173 ff.; *Bechtold/Bosch* GWB § 18 Rn. 8; Loewenheim/Meessen/Riesenkampff/Kersting/Meyer-Lindemann/*Kühnen* GWB § 18 Rn. 14).

So zerfällt der *Buchmarkt* in den Markt der Belletristik und der Sachbücher, aber auch die **6a** Jugendbücher bilden einen Markt für sich. Unter den Sachbüchern müssen die „Märkte" für bestimmte Fachgebiete (Jurisprudenz, Medizin, Philosophie) gesondert betrachtet werden. Ob in diesem Zusammenhang auch zwischen wissenschaftlichen einerseits und berufsbezogenen Publikationen („Praktikerliteratur") andererseits zu unterscheiden ist, ist fraglich. Die Europäische Kommission steht dieser Auffassung eher ablehnend gegenüber. Das Bundeskartellamt (vgl. NJWE-WettbR 2000, 101 (102)) hingegen differenziert zum Beispiel bei juristischer Literatur zwischen solcher für den Volljuristen und populärwissenschaftlicher Literatur. Taschenbücher und Hardcover-Ausgaben sind nach Auffassung des BKartA wegen der unterschiedlichen Preise, Größe und Erscheinungsweise zwei verschiedene Märkte (vgl. *Hess* AfP 2003, 319 (320) – Random House/Ullstein Heyne List).

Bei der *Presse* stehen die beiden Märkte „Tageszeitungen" und „Publikumszeitschriften" als **6b** nicht austauschbare Ware im Vordergrund (vgl. BGH NJW 1982, 337; zur Abgrenzung des Marktes für politische Wochenzeitungen zu dem der überregionalen Tageszeitungen vgl. BGH WRP 1988, 160; NJW 1985, 1626). Pressespezifisch ist die Unterscheidung des Lesermarktes vom Anzeigenmarkt. Dem Leser geht es um Information und Unterhaltung. Der Werbekunde fragt eine Werbemöglichkeit nach (vgl. Loewenheim/Meessen/Riesenkampff/Kersting/Meyer-Lindemann/*Kühnen* GWB § 18 Rn. 41). Diese Märkte hängen jedoch, da die Presseunternehmen auf beiden miteinander in Konkurrenz stehen, untrennbar zusammen, so dass die Auswirkungen der Marktbeherrschung auf beiden Märkten regelmäßig zusammen zu betrachten sind (vgl. BGH GRUR 1980, 734 (739); *Bechtold/Bosch* GWB § 18 Rn. 21).

Zur Abgrenzung der jeweils relevanten Lesermärkte werden neben inhaltlichen Kriterien **7** organisatorisch-technische Merkmale wie die Erscheinungsweise und die Vertriebsmethode herangezogen. So erfordert ein unterschiedlicher Erscheinungsrhythmus, zB von Tageszeitung und Wochenblatt, auf dem Lesermarkt regelmäßig die Abgrenzung unterschiedlicher Märkte. Hieraus kann jedoch nicht zwingend auf das Vorliegen zweier verschiedener *Anzeigen*märkte geschlossen werden, da ein Großteil der Anzeigenkunden auch bei einer Tageszeitung nur an einer wöchentlichen Werbemöglichkeit interessiert ist (vgl. BGH GRUR 1988, 392). Innerhalb des Lesermarktes für Tageszeitungen ist zwischen den Abonnement- und den Straßenverkaufszeitungen zu differenzieren, die sich nicht nur in der Art der Darstellung, sondern auch in der Breite und Tiefe der Berichterstattung erheblich unterscheiden (vgl. BGH NJW-RR 1988, 227; NJW 1982, 337; BKartA NJWE-WettbR 1998, 167 ff.; *Hess* AfP 2002, 398 (400)).

8 Ob für Tageszeitungen und Anzeigenblätter (vgl. zu letzteren Weidenbach, Anzeigenblätter im Wettbewerbs- und Kartellrecht, Konstanz 2002) ein gemeinsamer Anzeigenmarkt besteht, lässt sich nur nach Maßgabe der Umstände des jeweiligen Einzelfalls – insbesondere nach der Bedeutung beider Werbeträger für Anzeigen von regionalem, lokalem oder nur stadtteilbezogenem Interesse – beurteilen (vgl. BGH GRUR 1988, 392 (396); BGHZ 96, 337 (342); nach Auffassung des BKartA stellen regionale Tageszeitungen und monatlich erscheinende Anzeigenblätter stets gesonderte Produktmärkte dar, vgl. BKartA 12.4.2000 – B6–20/00). Während innerhalb des Anzeigenmarktes eine lokale Tageszeitung und Anzeigenblätter zum Beispiel für Heiratsanzeigen demselben sachlich relevanten Markt zuzurechnen sein können (vgl. OLG Stuttgart AfP 1986, 50 f.), treten Anzeigenblätter im Bereich qualifizierter Stellenangebote erfahrungsgemäß nicht in Wettbewerb mit den Tageszeitungen (vgl. BGH BB 1981, 383). Zu unterscheiden ist auch nach regionalen und überregionalen Stellenanzeigen (vgl. BGH GRUR 2002, 1005 (1007)). Publikumszeitschriften bilden im Bereich der überregionalen Werbung sowohl gegenüber Zeitungen im Allgemeinen (vgl. hierzu WuW/E BKartA 1921 (1925)), als auch gegenüber den elektronischen Werbemedien einen eigenen Anzeigenmarkt (vgl. KG Berlin WuW/E OLG 2228 (2232); zum Teilmarkt der Fachzeitschriften vgl. WuW/E BKartA 1709). Für die Qualifizierung der Wettbewerbsverhältnisse zu beachten sind aber die zunehmenden Substitutionsbeziehungen (vgl. *Bechtold/Bosch* GWB § 18 Rn. 21).

In der Praxis werden die Internet-Werbemärkte von den Print-Werbemärkten unverändert getrennt (vgl. Bechtold/Bosch GWB § 18 Rn. 21). Das BKartA bezieht aber die Marktanteile der hinter den Internetportalen stehenden Verlage in die Betrachtung ein (vgl. BKartA 25.4.2014 – B6 – 98/13; *Hess* AfP 2002, 313 (314 f.)).

9 b) Die zweite Dimension des Marktbegriffs ist die *räumliche*. Die Frage der Marktbeherrschung kann verschieden beurteilt werden, je nachdem, ob auf das Gebiet einer Gemeinde, eines Kreises, eines Bundeslandes, der gesamten Bundesrepublik Deutschland oder sogar auf einen internationalen Markt abgestellt wird. Dass der räumlich relevante Markt ökonomisch gesehen weiter sein kann als das Bundesgebiet, stellt § 18 Abs. 2 GWB positiv fest.

Für den Zeitungsmarkt spielt die räumliche Dimension eine maßgebliche Rolle: Inhalt und Verbreitungsgebiet der Zeitungen und Zeitschriften bzw. das Gebiet, in dem ein Anzeigenblatt verteilt wird (vgl. BKartA NJWE-WettbR 1998, 163; KG Berlin AfP 1981, 278 (279)), bestimmen den Markt. Der Markt der Lokalpresse unterscheidet sich also von dem der regionalen und der überregionalen Zeitungen, jedoch kann unter Umständen auch zwischen ihnen ein erheblicher Randwettbewerb bestehen (vgl. hierzu OLG Düsseldorf WuW/E DE-R 1973; KG Berlin WuW/E OLG 4095).

10 c) Weiter kann der Marktbegriff auch eine *zeitliche* Dimension haben. Die zeitliche Dimension ist meist mit der Definition des sachlich relevanten Marktes verbunden. Für die meisten Branchen ist die zeitliche Dimension, die nur bei temporär angebotenen Waren oder Leistungen zum Tragen kommt, nur von geringer praktischer Relevanz (vgl. Loewenheim/Meessen/Riesenkampff/Kersting/Meyer-Lindemann/*Kühnen* GWB § 18 Rn. 68). Für Zeitungen und Zeitschriften erlangt die zeitliche Dimension Bedeutung, wenn sich die Marktbeherrschung auf einen zeitlich begrenzten Vorgang bezieht, zB eine Automobilausstellung, die Buchmesse oder Olympische Spiele (vgl. BGHZ 52, 65 (67 f.); OLG Frankfurt a. M. GRUR 1992, 554 (555); 1989, 777). So sind die Zeiten des Erscheinens von Zeitungen und Zeitschriften (täglich, wöchentlich, monatlich) unmittelbar maßgebend für die Bestimmung des sachlich relevanten Marktes (vgl. *Bechtold/Bosch* GWB § 18 Rn. 30).

10a d) Online- und Printmedien sind als sog. „wesensverschiedene Veröffentlichungsformen" nicht austauschbar (vgl. OLG Düsseldorf WuW/E DE-R 3173 (3182 f.)). Zwar mögen die

Inhalte von gedrucktem und digitalem Erzeugnis identisch sein, jedoch sind die Produkte „Onlinemedium" und „Printmedium" nicht hinreichend austausch- bzw. substituierbar und sind somit nicht demselben sachlich relevanten Markt zuzurechnen (vgl. BKartA 25.4.2014 – B6 – 98/13). Die Austausch- bzw. Substituierbarkeit definiert sich nach objektiven Kriterien wie Preis und Zweck der Produkte. Daneben sind die Wettbewerbsbedingungen und/oder die Struktur von Angebot und Nachfrage auf dem betreffenden Markt zu analysieren. Dabei können die alternativen Kriterien (1) Substituierbarkeit aus Nachfragersicht, (2) Angebotsumstellungsflexibilität und (3) Homogenität der Wettbewerbsbedingungen die Zugehörigkeit zu einem Markt begründen (vgl. Spindler/Schuster/*Gersdorf* TKG § 10 Rn. 16).

Schon die Substituierbarkeit aus Nachfragersicht von elektronischer und gedruckter Presse dürfte angesichts der weitaus vielseitigeren Verwendungsmöglichkeiten digitaler Presseerzeugnisse (zB nur lediglich Sekunden dauernde Recherchen mit Hilfe von Such-Funktionen oder einer CD-ROM, die alle bisher erschienenen Ausgaben eines Periodikums umfasst) nicht bestehen. Von einer Homogenität der Wettbewerbsbedingungen für gedruckte Presseerzeugnisse einerseits und digitale Presseerzeugnisse anderseits ist ersichtlich nicht auszugehen. So hat das BKartA für die Geschäftsfelder „Rechtswissenschaftlicher Online-Dienst" (vgl. BKartA NJWE-WettbR 2000, 101 (102)) und „Video-on-Demand-Online-Portal" (vgl. BKartA 17.3.2011 – B6–94/10) festgestellt, dass Online-Portale gegenüber den entsprechenden herkömmlichen Angeboten in aller Regel einem anderen Markt zuzuordnen sind.

e) Im EU-Recht, Art. 102 AEUV, muss für die Feststellung der Marktbeherrschung ebenso **10b**
wie im deutschen Recht der Markt sachlich und räumlich abgegrenzt werde. Die Marktanteilsschwellen, ab denen Marktbeherrschung indiziert wird, liegen tendenziell höher als die der Marktbeherrschungsvermutungen des § 18 Abs. 4 und 6 GWB (vgl. *Bechtold/Bosch* GWB § 18 Rn. 84).

III. Der Missbrauch der Marktmacht. Verbot und behördliches Eingreifen

1. Die Tatsache der Marktbeherrschung iSd § 18 GWB als solche ist wertneutral und kein Grund **11**
zur Beanstandung, ebenso wenig die Ausnutzung der Marktmacht. Erst bei einem *Missbrauch* der Marktbeherrschung tritt die Verbotswirkung bezüglich der den Missbrauch darstellenden Verhaltensweise ein. Ein hiernach verbotenes Verhalten kann die Kartellbehörde gemäß § 32 GWB untersagen.

Der Begriff des Missbrauchs wird im GWB nicht abschließend definiert. Allerdings ist er im Rahmen der – nicht abschließenden – Regelbeispiele des § 19 Abs. 2 Nr. 1–5 GWB konkretisiert worden, Beispiele für missbräuchliches Verhalten sind. Die Generalklausel des § 19 Abs. 1 GWB spielt daneben kaum eine Rolle, da für sie gegenüber den Regelbeispielen des § 19 Abs. 2 GWB nur ein geringer Anwendungsbereich verbleibt (vgl. Loewenheim/Meessen/Riesenkampff/Kersting/Meyer-Lindemann/*Loewenheim* GWB § 19 Rn. 13).

Generell setzt Missbrauch die *Behinderung, Diskriminierung* oder *Ausbeutung* anderer Marktteilnehmer voraus (vgl. *Nordemann/Czychowski/Grüter* NJW 1997, 1897 (1899 f.); OLG Frankfurt a. M. NJW-RR 1997, 553). Dies kann in einem rechtlichen oder tatsächlichen Verhalten liegen. Ein Verschulden oder ein Verstoß gegen die guten Sitten muss nicht vorliegen. Ob das Verhalten eines Marktbeherrschers ein missbräuchliches Ausnutzen der marktbeherrschenden Stellung darstellt, ist anhand einer umfassenden Würdigung und Abwägung der betroffenen Interessen zu ermitteln. Dabei muss die beherrschende Marktstellung kausal sein für den Missbrauch, dh das Ergebnis muss auf der Marktmacht beruhen. Begrifflich zu unterscheiden ist zwischen dem *Behinderungsmissbrauch* (§ 19 Abs. 2 Nr. 1 Fall 1 GWB), dem *Diskriminierungsmissbrauch* (§ 19 Abs. 2 Nr. 1 Fall 2 GWB) und dem *Ausbeutungsmissbrauch* (§ 19 Abs. 2 Nr. 2 GWB). Anders als der Ausbeutungsmissbrauch richtet sich der Behinderungsmissbrauch nicht nach dem Verhalten, das bei wirksamem Wettbewerb möglich wäre (vgl. *Bechtold/Bosch* GWB § 19 Rn. 7).

Das *Behinderungs-* (§ 19 Abs. 2 Nr. 1 Fall 1 GWB) und *Diskriminierungsverbot* (§ 19 Abs. 2 **12**
Nr. 1 Fall 2 GWB) gilt für marktbeherrschende Unternehmen (§ 19 Abs. 2 GWB), Vereinigungen von miteinander im Wettbewerb stehenden Unternehmen iSd §§ 2, 3 und 28 Abs. 1, 30 Abs. 2a und 31 Abs. 1 Nr. 1, 2 und 4 GWB (§ 19 Abs. 3 GWB), preisbindende Unternehmen

(§ 19 Abs. 3 S. 2 GWB, insbes. Verlage gemäß § 30 GWB; vgl. BGH AfP 1998, 396; BB 1979, 642; Vertriebsunternehmen, die selbst keine Preise binden, sondern die Preisbindung der Verlage lediglich an die nächste Preisstufe weitergeben, sind selbst nicht den Preisbindern zuzurechnen, vgl. *Bechtold/Bosch* GWB § 19 Rn. 93) sowie die sog. marktstarken Unternehmen iSd § 20 Abs. 1 GWB. Letztere sind solche, deren Kunden in der Weise abhängig sind, dass ihnen ausreichende und zumutbare Möglichkeiten fehlen, auf andere Unternehmen auszuweichen (vgl. BGH GRUR 1988, 640 (641); Bechtold/Bosch GWB § 20 Rn. 6). Diesen Gruppen ist die Behinderung bzw. Diskriminierung verboten, dh sie dürfen ein anderes Unternehmen in einem *Geschäftsverkehr,* der gleichartigen Unternehmen *üblicherweise zugänglich ist* (vgl. BGH BB 1998, 2332 (2333); NJW 1996, 2656; OLG Stuttgart NJW-RR 1991, 941 (942)), weder mittelbar noch unmittelbar unbillig behindern oder gegenüber gleichartigen Unternehmen ohne sachlich gerechtfertigten Grund unterschiedlich behandeln (vgl. BGH NJW 1972, 486).

13 *Marktbeherrschend* sind Unternehmen, die die Voraussetzungen des § 19 Abs. 2–3 GWB erfüllen (→ Rn. 2 ff.) sowie Oligopolunternehmen (vgl. BGH NJW 1986, 1877; *Bechtold/Bosch* GWB § 18 Rn. 59 ff.). Bei den *marktstarken* Unternehmen kann die Abhängigkeit anderer sowohl auf der Angebots- als auch auf der Nachfrageseite bestehen (vgl. BGH GRUR 1988, 640 (641)). Die Feststellung der Abhängigkeit, die das Kartellamt im Rahmen des Untersagungsverfahrens zu treffen hat, wird durch die (widerlegbare) Vermutung des § 20 Abs. 1 S. 2 GWB erleichtert. Diese Bestimmung knüpft die Vermutung der Abhängigkeit an die Gewährung besonderer Vergünstigungen durch den *Anbieter.*

14 Der Schutzbereich des Behinderungs- und Diskriminierungsverbots umfasst alle Unternehmen. Die Abhängigkeit ist nur tatbestandsbegründend, wenn das abhängige Unternehmen ein kleines oder mittleres Unternehmen ist (vgl. *Bechtold/Bosch* GWB § 20 Rn. 9).

15 a) Eine Behinderung ist jede für das Wettbewerbsverhalten des betroffenen Unternehmens objektiv nachteilige Maßnahme, also jedes Verhalten, das die wettbewerbliche Betätigungsfreiheit eines anderen Unternehmens nachteilig beeinflusst (vgl. *Bechtold/Bosch* GWB § 19 Rn. 14).

16 (1) Ob eine Behinderung unbillig ist, muss unter Abwägung der sich gegenüberstehenden wirtschaftlichen Interessen der Parteien unter Berücksichtigung der auf die Freiheit des Wettbewerbs gerichteten Zielsetzung des GWB beurteilt werden (vgl. BGHZ 38, 90 (102); Bechtold/Bosch GWB § 19 Rn. 16). Das Prinzip der unternehmerischen Entscheidungsfreiheit – namentlich des stärkeren Unternehmens – muss hierbei Berücksichtigung finden, soweit sich der Unternehmer der Mittel des Leistungswettbewerbs bedient. Es darf einem marktbeherrschenden Unternehmen nicht verwehrt werden, Marktchancen wahrzunehmen und Leistungen auch dann gegen ein Entgelt für den Zweitnutzen zu verkaufen, wenn die Aufwendungen schon durch den Verkauf für den Erstnutzen gedeckt sind (vgl. *Bechtold/Bosch* GWB § 19 Rn. 21; zur Einbeziehung eines offiziellen Amtsblatts in ein Anzeigenblatt vgl. BGH WuW/E 6/1992, 522; zum Ermessensspielraum bei der Aufnahme einer Publikation in eine Media-Analyse vgl. LG Hamburg AfP 1990, 326). Die Normadressaten können insbesondere ihr Vertriebssystem so gestalten, wie sie das für richtig und wirtschaftlich sinnvoll halten (vgl. BGH WuW/E DE-R 1377 (1378); allg. zu Vertriebssystemen vgl. *Bechtold/Bosch* GWB § 19 Rn. 24 ff.). So darf ein Verleger unter Beschränkung auf einzelne Grossisten (Gebietsvertreter) den Vertriebsweg wählen, der ihm geeignet erscheint. Verlage sind daher nicht dazu verpflichtet, ein bewährtes Vertriebssystem mit alleinigen Gebietsgrossisten zugunsten des Marktzutritts von „newcomer"-Grossisten aufzubrechen (vgl. OLG Karlsruhe WRP 1980, 635). Unbillig kann auch die Weigerung eines Grossisten sein, bestimmte Presseerzeugnisse in das Sortiment aufzunehmen (vgl. *Wenzel* AfP 1979, 380 (384 ff.)) oder Kioske, die auf Grund ihrer geringen Abnahme nicht kostendeckend beliefert werden können, von der Belieferung auszuschließen (vgl. OLG Frankfurt a. M. WRP 1987, 679; Näheres → Kap. 47 Rn. 17 ff.). Reicht der Warenvorrat, etwa im Fall einer begrenzten Auflage, nicht aus, um alle Einzelhändler zu beliefern, braucht der Verleger seine Marktstellung nicht aufzugeben. Vielmehr kann er nach freiem Ermessen entscheiden, wen er beliefern will, auch wenn dies zu einer ungleichen Behandlung gleichartiger Einzelhandelsunternehmen führt (vgl. BGH NJW 1987, 3197). Zu einer anteiligen Bedarfsbefriedigung ist er nicht verpflichtet. Die Verlage unterliegen auch keiner Lieferungsverpflichtung gegenüber Abnehmern, die sich nicht an die zulässige Preisbindung für Bücher halten (vgl. OLG Düsseldorf NJW 1977, 2169), oder die auf Grund ihrer gesellschaftsrechtlichen Konstruktion, zB durch Beteiligung der Kunden an den Umsatzerlösen des Abnehmers, nur dem Zweck dienen, die Preisbindung zu umgehen (vgl. BGH GRUR 1979, 493). Rechtmäßig ist auch die Verweigerung der Lieferung von Verlagserzeugnissen an einen Reisebuchhändler, wenn dieser zuvor systematisch und mit unlauteren Mitteln in bereits bestehende Kundenverbindungen des Verlages eingebrochen ist (vgl. LG Saarbrücken AfP 1989, 580). Liefersperren sind grundsätzlich schon dann gerechtfertigt, wenn sie auf Verhaltensweisen des Abnehmers beruhen, die ihrerseits mit dem geschäftlichen Kontakt nicht in Einklang zu bringen sind (vgl. BGH WuW/E BGH 2491 (2495), zu dem Fall eines firmen- und kennzeichenrechtlichen Fehlverhaltens des Abnehmers).

(2) Durch das Verbot des Behinderungsmissbrauchs werden marktbeherrschenden Unternehmen ergänzende Rücksichtnahmepflichten auferlegt, welche sie gegenüber anderen Marktteilnehmern verpflichten, nicht wettbewerbskonformes, leistungsfremdes Marktverhalten zu unterlassen, um eine weitere Verschlechterung der Wettbewerbsbedingungen zu vermeiden. Ohne sachlich gerechtfertigten Grund, dh missbräuchlich, sind solche leistungsfremden Praktiken, die darauf abzielen, die Marktgegenseite in ihrer Möglichkeit einzuschränken, jederzeit das für sie günstigste Angebot auszuwählen und den Marktpartner ohne ökonomische Nachteile zu wechseln (vgl. Loewenheim/Meessen/Riesenkampff/Kersting/Meyer-Lindemann/*Loewenheim* GWB § 19 Rn. 19, 21). Hierunter fallen insbesondere Rabatt- und Bonussysteme sowie Ausschließlichkeits- und Kopplungsbindungen. Ob etwa die Einführung eines (freiwilligen) Anzeigenkombinationstarifs einen Behinderungsmissbrauch darstellt, ist umstritten (bejahend OLG Schleswig AfP 1984, 158 (159)). Zwangskombinationen bei Anzeigen sollen nur dann unzulässig sein, wenn eine nicht unerhebliche Gefährdung des Restwettbewerbes zu besorgen ist (vgl. OLG Stuttgart AfP 1981, 465). 17

(3) Zu unterscheiden von diesen Bindungsregelungen sind *Leser*bindungsprogramme. Den Beziehern einer Zeitung gewährte Rabatte können wettbewerbswidrig sein, wenn sie durch ein marktbeherrschendes Unternehmen durchgeführt werden und kleinere und mittlere Bewerber dadurch aus dem Markt gedrängt werden können (vgl. LG Würzburg AfP 2002, 536 (538)).

b) Durch § 19 Abs. 2 Nr. 2 GWB werden zwei verschiedene Fälle des Ausbeutungsmissbrauchs erfasst: der Preismissbrauch (§ 19 Abs. 2 Nr. 2 Hs. 1 Alt. 1 GWB) sowie der Konditionenmissbrauch (§ 19 Abs. 2 Nr. 2 Hs. 1 Alt. 2 GWB). Die Missbräuchlichkeit von Preisen und Konditionen soll anhand des Konzeptes des Als-ob-Wettbewerbs festgestellt werden, der seinerseits durch das sog. Vergleichsmarktkonzept zu konkretisieren ist (vgl. Loewenheim/Meessen/Riesenkampff/Kersting/Meyer-Lindemann/*Loewenheim* GWB § 19 Rn. 67). Nach dem Vergleichsmarktkonzept ist ein Preisverhalten als missbräuchlich anzusehen, wenn dieses bei wirksamem Wettbewerb nicht durchgesetzt werden könnte (vgl. *Bechtold/Bosch* GWB § 19 Rn. 60). Umstritten ist, ob die Preissenkung unter die Selbstkosten des marktbeherrschenden Unternehmens einen Ausbeutungsmissbrauch darstellen kann. Hierbei sollen durch gezielte Preisunterbietungen auf einem bestimmten Gebiet kleinere Konkurrenten verdrängt werden. Ein Beispiel hierfür ist das Preissplitting marktbeherrschender Zeitungsverlage, dh die punktuelle Herabsetzung der Abonnementpreise nur auf einzelnen Märkten zur Verdrängung der dortigen Lokalzeitungen (vgl. Emmerich S. 189). Der BGH hat hierzu ausgeführt, auch ein marktbeherrschendes Unternehmen könne nicht im Wege der Preismissbrauchsaufsicht dazu gezwungen werden, entweder seine Leistungen kostendeckend anzubieten oder sich aus dem Wettbewerb zurückzuziehen (vgl. BGH NJW 2000, 76). 18

c) Nach § 19 Abs. 2 Nr. 1 und 3 GWB ist die Beeinträchtigung ausnahmsweise zulässig, wenn hierfür ein *sachlich gerechtfertigter* Grund besteht. Dies erfordert eine Interessenabwägung, in die auch die Grundrechte der betroffenen Marktteilnehmer einzubeziehen sind. Daher kann die Pressefreiheit ein sachlich gerechtfertigter Grund für eine Anzeigenzwangskombination zweier Zeitungen darstellen, wenn ohne den gemeinsamen Anzeigenteil eine der beiden Zeitungen nicht mehr rentabel wäre (vgl. BGH WuW/E BGH 1965 ff.; Bechtold/Bosch GWB § 19 Rn. 56). Argument für die Pressefreiheit ist nämlich deren dienende Funktion für den Meinungsmarkt, der ohne die betreffende Maßnahme eingeschränkt würde (→ Kap. 3 Rn. 21). Dieses Ergebnis kann jedoch dann nicht übernommen werden, wenn das Verhalten zu einer Verstopfung des Meinungsmarktes führen würde, etwa dann, wenn durch eine Anzeigenzwangskombination gerade die Vielfalt im Anzeigenwesen reduziert wird (vgl. hierzu BGH AfP 1990, 207; NJW 1984, 1116; OLG Stuttgart AfP 1981, 465; → Kap. 81 Rn. 4). 18a

18b d) Untersagt werden kann nach der Fassung der Generalklausel des § 19 Abs. 1 GWB auch ein missbräuchliches Verhalten auf anderen als den beherrschten Märkten (Drittmärkten) – also gegenüber Nicht-Wettbewerbern – sofern die marktbeherrschende Stellung dafür kausal ist (vgl. BGH NJW 1987, 3007; *Bechtold/Bosch* GWB § 19 Rn. 5).

19 2. Als Rechtsfolge eines festgestellten Verstoßes gegen das Missbrauchsverbot kann die Kartellbehörde, das Verhalten gemäß § 32 GWB zu untersagen. Möglich ist auch das Verhängen eines Bußgeldes gemäß § 81 Abs. 2 Nr. 1 GWB. Ein Gebot zum Vertragsabschluss – zB der Belieferung – kann die Kartellbehörde nicht aussprechen. Die schuldhafte Verletzung des Missbrauchsverbots des § 19 GWB kann Schadensersatzansprüche der Betroffenen gemäß § 33a GWB auslösen (vgl. OLG Frankfurt a. M. GRUR 1992, 554). Aus §§ 33a, 33 Abs. 1 GWB iVm § 19 GWB kann sich auch ein Anspruch auf Vertragsschluss, insbesondere auf Durchführung – bisher verweigerter – geschäftlicher Beziehungen, dh va Belieferung oder Abnahme von Waren oder Leistungen, ergeben. Als eine angemessene Form des Schadensausgleichs gewährt die Rechtsprechung diesen Anspruch regelmäßig als Schadensersatzanspruch (vgl. BGH NJW 1985, 2135; BGHZ 44, 279 (283); OLG Koblenz NJW-RR 1991, 944; Loewenheim/Meessen/Riesenkampff/Kersting/Meyer-Lindemann/*Loewenheim* GWB § 19 Rn. 117).

Dieser Anspruch ist mit einer Leistungsklage zu verfolgen. Letztere muss einen nach Gegenstand und Zahl der Waren konkretisierten Antrag enthalten. Ein Belieferungsanspruch kann auch mittels einer einstweiligen Verfügung durchgesetzt werden (vgl. *Bechtold/Bosch* GWB § 19 Rn. 97).

Die Presse, deren regionale Erzeugnisse in ihrem Verbreitungsgebiet vielfach marktbeherrschend sind, ist grundsätzlich frei darin, mit einem Inserenten einen *Anzeigenvertrag* abzuschließen (vgl. Rath-Glawatz/Engels/Dietrich/*Rath-Glawatz* P Rn. 278). Für diesen Grundsatz spricht nicht zuletzt, dass die Pressefreiheit auch den Anzeigenteil umfasst (vgl. BVerfGE 21, 271 ff.). Eine Abdruckverpflichtung eines Presseorgans mit Monopolstellung kann aber zu bejahen sein, wenn ähnliche, brauchbare Werbemittel nicht zur Verfügung stehen (vgl. Rath-Glawatz/Engels/Dietrich/*Rath-Glawatz* P Rn. 278, 287), was mit Blick auf die vielfältigen elektronischen Werbeformen zunehmend schwerer denkbar erscheint. Sofern ein Presseunternehmen in dem so zu verstehenden Sinn Monopolist ist, könnte die Anzeigenverweigerung den freien Wettbewerb der beworbenen Dienstleistungen und Produkte beeinträchtigen (vgl. BGH EuW/E BGH 1783 (1784)). Eine sachliche Differenzierung der akzeptierten Werbeinhalte nach einheitlichen Grundsätzen ist jedoch zulässig (vgl. OLG München WuW/E OLG 5744; Rath-Glawatz/Engels/Dietrich/*Rath-Glawatz* P Rn. 278, 286). Eine unbillige Behinderung ist daher zum Beispiel nicht gegeben, wenn ein Verleger den Abdruck unseriös erscheinender Anzeigen grundsätzlich ablehnt (vgl. OLG Stuttgart WuW/E OLG 3560 (3561)). Einzelfallbezogene Güter- und Interessensabwägungen können bei Konkurrenz- und (politischen) Wettbewerbsverhältnissen erforderlich werden. Berührt etwa die in Auftrag gegebene Anzeigenveröffentlichung die eigenen Interessen des Verlags, sind seine Interessen gegen diejenigen des Inserenten abzuwägen. Eine entsprechende Abwägung kommt auch bei politischen Wahlanzeigen in Betracht (Näheres → Kap. 47 Rn. 17 ff.). Gegen die Nichtaufnahme von Werbeanzeigen in einer Tageszeitung kann ein Inserent im Wege des einstweiligen Verfügungsverfahrens allenfalls dann vorgehen, wenn ihm für den Fall des Nichtabdrucks wesentliche Nachteile, insbesondere große finanzielle Nachteile drohen, die durch die Geltendmachung des Anspruchs im Hauptverfahren nicht aufgefangen werden können (vgl. KG Berlin AfP 1991, 442).

IV. Ablehnung der Aufnahme in wirtschafts- und berufspolitische Verbände oder Gütezeichengemeinschaften (§ 20 Abs. 5 GWB)

20 Gegen die Verbandsmacht der Wirtschafts- und Berufsvereinigungen und der Gütezeichengemeinschaften wendet sich als gesonderter Tatbestand § 20 Abs. 5 GWB. Lehnt ein solcher Verband die Aufnahme eines Unternehmens ab, kann die Kartellbehörde über § 32 GWB diese Aufnahme auf Antrag des Betroffenen anordnen, „wenn die Ablehnung eine sachlich nicht gerechtfertigte ungleiche Behandlung darstellen und zu einer unbilligen Benachteiligung des Unternehmens im Wettbewerb führen würde" (§ 20 Abs. 5 GWB).

Eine Benachteiligung im Wettbewerb kann vorliegen, weil die genannten Verbände wichtige Informationsquellen und ein bedeutsames Instrument der Interessenwahrnehmung gegenüber Gesetzgeber und Verwaltung darstellen. Eine Nichtbeteiligung kann mithin wettbewerbliche Nachteile zur Folge haben (vgl. Loewenheim/Meessen/Riesenkampff/Kersting/Meyer-Lindemann/*Loewenheim* GWB § 20 Rn. 101 f.).

Eine sachlich nicht gerechtfertigte ungleiche Behandlung liegt vor, wenn das um Aufnahme bemühte Unternehmen die satzungsmäßigen Aufnahmevoraussetzungen erfüllt. Steht eine Satzungsbestimmung der Aufnahme entgegen, kann diese nur beachtet werden, wenn diese ihrerseits, namentlich in Ansehung der Machtstellung des Verbandes, gerechtfertigt ist (vgl. Bechtold/Bosch GWB § 20 Rn. 59). Auch wenn ein Unternehmen die satzungsmäßigen Aufnahmevoraussetzungen erfüllt, kann die Ablehnung der Aufnahme sachlich gerechtfertigt sein. Dies ist anhand einer umfassenden Interessenabwägung zu ermitteln. Der bloße Verdacht der Beeinträchtigung der Verbandsarbeit rechtfertigt die Verweigerung der Aufnahme nicht, wohl aber eine begründete Befürchtung (vgl. BGH NJW-RR 1986, 583; zum Anspruch eines kommunistischen Journalisten auf Aufnahme in eine Landespressekonferenz vgl. OLG Stuttgart NJW 1972, 877).

Was für die Verweigerung der Aufnahme gilt, findet sinngemäß auch auf den Ausschluss sowie weitere, der Ablehnung gleichgestellte Verhaltensweisen Anwendung (vgl. Loewenheim/Meessen/Riesenkampff/Kersting/Meyer-Lindemann/*Loewenheim* GWB § 20 Rn. 96).

V. Boykottverbot (§ 21 Abs. 1 GWB). Verbot des Veranlassens zu unerlaubtem Verhalten (§ 21 Abs. 2 GWB). Unerlaubte Zwangsausübung (§ 21 Abs. 3 GWB)

1. Das zivilrechtliche (§ 826 BGB) und das wettbewerbsrechtliche (§ 4 Nr. 4 UWG) Boykottverbot werden durch § 21 Abs. 1 GWB um eine kartellrechtliche Sonderregelung ergänzt. § 21 Abs. 1 GWB verbietet es Unternehmen und Vereinigungen von Unternehmen, andere Unternehmen oder Vereinigungen von Unternehmen zum *Boykott* Dritter (Liefer- oder Bezugssperre) aufzufordern, wenn dies in der Absicht geschieht, bestimmte Unternehmen unbillig zu beeinträchtigen. Die Feststellung der Unbilligkeit setzt eine Interessenabwägung voraus (vgl. BGH BB 1989, 931; AfP 1985, 115). Maßgeblich ist hierbei, ob das Anliegen, das der zum Boykott Aufrufende verfolgt, rechtmäßig ist (vgl. BGH NJW 2000, 809 (810); Loewenheim/Meessen/Riesenkampff/Kersting/Meyer-Lindemann/*Loewenheim* GWB § 21 Rn. 19 f.). Die Aufforderung zur Liefer- oder Bezugssperre, die bereits gegen andere Vorschriften, insbesondere gegen Tatbestände des UWG (→ Kap. 75 Rn. 2 ff.) verstößt, stellt regelmäßig auch eine unbillige Beeinträchtigung nach § 21 Abs. 1 GWB dar (vgl. BGH WRP 1996, 1038; Loewenheim/Meessen/Riesenkampff/Kersting/Meyer-Lindemann/*Loewenheim* GWB § 21 Rn. 18). Ein Presseorgan kann sich gegenüber der unbilligen Beeinträchtigung Dritter zu Zwecken des Wettbewerbs nicht unbeschränkt auf Art. 5 GG berufen. Zwar kann auch im Falle eines Boykottaufrufes die Berichterstattung von der Pressefreiheit gedeckt sein, wenn die ihr zugrunde liegende Meinungsäußerung ein Mittel im geistigen Meinungskampf in einer die Öffentlichkeit wesentlich berührenden Frage ist (vgl. BVerfGE 62, 230 ff. (244)). Dies steht einer Anwendung des § 21 Abs. 1 GWB aber dann nicht entgegen, wenn die Meinungsäußerungen lediglich als Mittel zum Zweck der Förderung privater Wettbewerbsinteressen eingesetzt werden (vgl. BGH AfP 1985, 115; *Bechtold/Bosch* GWB § 21 Rn. 10). **21**

Als rechtfertigende Umstände, die die Unbilligkeit ausschließen, kommen insbesondere die Abwehr eines rechtswidrigen Angriffs, die Wahrnehmung berechtigter Interessen, vertragliche Bindungen sowie die Ausübung des Grundrechts auf freie Meinungsäußerung in Betracht, letzteres jedoch nur soweit dies nicht lediglich der Verfolgung außerwirtschaftlicher Ziele (zB Umweltschutz, politische oder weltanschauliche Ziele) dient (vgl. Loewenheim/Meessen/Riesenkampff/Kersting/Meyer-Lindemann/*Loewenheim* GWB § 21 Rn. 19 ff.). **21a**

Die bloße Mitteilung von Tatsachen ist regelmäßig nicht als Sperraufforderung zu werten. Gleiches gilt für die bloße Äußerung von Werturteilen ohne erkennbare Sperrabsicht. Maßgeblich ist aber immer, wie der Empfänger der Äußerung diese bei objektiver Würdigung verstehen musste (vgl. Loewenheim/Meessen/Riesenkampff/Kersting/Meyer-Lindemann/*Loewenheim* GWB § 21 Rn. 13). **21b**

21c Als zivilrechtliche Folgen des Verstoßes gegen § 21 Abs. 1 GWB kommen nach § 33 GWB Unterlassungs-, Beseitigungs- und nach § 33a GWB Schadensersatzansprüche des Boykottierten in Betracht. Außerhalb des GWB können daneben § 826 BGB sowie §§ 3, 4 Nr. 4 UWG anwendbar sein (zu den wettbewerbsrechtlichen Aspekten des Boykotts → Kap. 75 Rn. 2 ff.). Der Boykottaufruf ist nach § 81 Abs. 3 Nr. 1 GWB bußgeldbewehrt. Zudem kann die Kartellbehörde im Verwaltungsverfahren nach §§ 32–32e GWB gegen das boykottierende Unternehmen vorgehen (vgl. Loewenheim/Meessen/Riesenkampff/Kersting/Meyer-Lindemann/*Loewenheim* GWB § 21 Rn. 25).

22 2. Das GWB sanktioniert insbesondere auch den Verstoß gegen das *Verbot der Ausübung von Zwang,* um andere zu einem wettbewerbsbeschränkenden Verhalten zu veranlassen. So ist es nach § 21 Abs. 2 und 3 GWB untersagt, durch Vorteilsversprechen oder Nachteilsandrohung andere Unternehmen zu einem kartellrechtswidrigen Verhalten zu veranlassen, also zu einem Verhalten, welches nicht zum Gegenstand einer vertraglichen Bindung gemacht werden darf (vgl. BGHZ 44, 279 ff.; NJW-RR 1987, 485; Loewenheim/Meessen/Riesenkampff/Kersting/Meyer-Lindemann/*Loewenheim* GWB § 21 Rn. 42).

Das Gesetz definiert nicht näher, wie der Begriff „Zwang" zu verstehen ist. Unter Zwang ist in diesem Zusammenhang eine Beeinflussung des Adressaten zu verstehen, die dessen Willensbetätigung zwar nicht schlechthin ausschließt, aber doch so stark ist, dass dieser sich ihr bei wirtschaftlicher Betrachtung nicht entziehen sollte, also ein Alternativverhalten nach den Grundsätzen wirtschaftlicher Vernunft nicht vorteilhaft wäre (vgl. BGH NJW 1981, 634).

23 Auch dürfen Unternehmen und Vereinigungen von Unternehmen andere Unternehmen nicht zwingen, sich einer – wenn auch zulässigen – Kartellvereinbarung anzuschließen, sich mit anderen Unternehmen zusammenzuschließen oder sich zum Zwecke der Wettbewerbsbeschränkung „im Markt gleichförmig zu verhalten" (§ 21 Abs. 3 GWB).

85. Kapitel. Marktstrukturkontrolle

I. Allgemeine Übersicht

1 1. Ziel der Zusammenschlusskontrolle (gemeinhin als „Fusionskontrolle" bezeichnet) ist die Verhinderung einer übermäßigen, dem Wettbewerb abträglichen Unternehmenskonzentration. Letztere ist marktschädlich, da sie einer Ausgewogenheit und Handlungsfreiheit der Wettbewerber entgegensteht. Die nachteiligen Folgen treten aber erst dort spürbar ein, wo die durch externes Unternehmenswachstum bewirkte Konzentration eine Dimension erreicht, dass der durch Wettbewerber und die Marktgegenseite ausgeübte Wettbewerb keine hinreichende Antriebs-, Steuerungs-, Kontroll-, Auslese- und Verteilungsfunktion mehr entfalten kann (vgl. *Bechtold/Bosch* Einf. Rn. 54).

1a a) Für Zusammenschlüsse, die der FKVO unterliegen, gilt ein völliger Ausschluss des nationalen Rechts (vgl. Bechtold/Bosch GWB Vor § 35 Rn. 7). Die FKVO kommt grundsätzlich bei allen Zusammenschlüssen von gemeinschaftsweiter Bedeutung zur Anwendung. Mit ihr wurde ein rechtlich gesichertes Instrumentarium geschaffen, um der Kommission die Kontrolle „gemeinschaftsrelevanter" Zusammenschlüsse (zum Begriff des Zusammenschlusses vgl. Art. 3 und Erwägungsgrund 20 der FKVO) von Unternehmen zu ermöglichen. Soweit ein Zusammenschluss von gemeinschaftsweiter Bedeutung vorliegt, ist nationales Wettbewerbsrecht gemäß Art. 21 Abs. 3 FKVO unanwendbar (vgl. Loewenheim/Meessen/Riesenkampff/Kersting/Meyer-Lindemann/*K. Westermann* FKVO Art. 21 Rn. 4). Zu beachten ist aber die Regelung des Art. 21 Abs. 4 FKVO, dessen Unterabsatz 2 als anerkannte öffentliche Interessen, zu deren Schutz den Mitgliedstaaten die Durchbrechung des Ausschließlichkeitsprinzips gestattet ist, neben der öffentlichen Sicherheit und den Aufsichtsregeln im Bereich der Kredit- und Versicherungswirtschaft ausdrücklich auch die Medienvielfalt nennt. Dagegen enthält Art. 5 FKVO keine Sonderregelungen für die Presse.

2 b) Soweit Zusammenschlüsse – wie im Falle deutscher Presseunternehmen zumeist – nicht von gemeinschaftsweiter Bedeutung sind, kommt die Zusammenschlusskontrolle des GWB zur Anwendung, § 35 Abs. 3 GWB. Diese ist in den §§ 35–43 GWB geregelt. Jedes Zusammen-

schlussvorhaben, auf das die Fusionskontrolle durch Erreichen der entsprechenden Umsatz-Schwellenwerte anwendbar ist (§§ 35 iVm 38 GWB), muss *vor dem Vollzug* beim Bundeskartellamt angemeldet werden. Es unterliegt bis zur Freigabe einem Vollzugsverbot (§ 41 GWB).

2. Auf *Zusammenschlüsse im Pressebereich* findet das allgemeine Fusionskontrollverfahrensrecht in §§ 39 ff. GWB vollumfänglich Anwendung. Besonderheiten gelten gemäß § 36 Abs. 1 S. 2 Nr. 3 GWB hinsichtlich des Zusammenschlusses existenzgefährdeter Presseunternehmen sowie gemäß § 38 Abs. 3 GWB hinsichtlich der Umsatzschwellen. **3**

Dies findet seine Rechtfertigung darin, dass auf Grund der Regionalisierung bzw. Lokalisierung im Medienbereich das Ziel der Zusammenschlusskontrolle (→ Rn. 1) nicht erreicht werden kann, wenn die allgemeinen Umsatzgrenzen gälten. Denn lokale Zeitungen dürften kaum die von § 35 Abs. 1 Nr. 1 GWB vorausgesetzten Umsätze von 500 Mio. EUR erzielen. Das bedeutete, dass eine Fusionskontrolle nur bei bundesweit bedeutenden Presseerzeugnissen bzw. Verlagen stattfände. Dies wäre mit einer – auch auf *örtlicher Ebene* zu sichernden – Anbietervielfalt im Meinungsmarkt nicht zu vereinbaren (auch sogleich → Rn. 5).

a) Die Einführung der Pressefusionskontrolle („Drittes Gesetz zur Änderung des GWB", BGBl. 1976 I S. 1697) entsprang der Besorgnis über die unaufhaltsam fortschreitende *Pressekonzentration,* die sich in den 1960er und 1970er Jahren zu einer ernsten Bedrohung der Pressevielfalt und damit letztlich der Pressefreiheit auswuchs. Im Übrigen hielten sich Bundes- und Landesgesetzgeber hinsichtlich gesetzgeberischer Maßnahmen zum Schutz der Pressevielfalt zurück. Hintergrund dieser gesetzgeberischen Zurückhaltung war, dass nach der Rechtsprechung des BVerfG die Presse privatrechtlich organisiert ist und nach privatrechtlichen Grundsätzen arbeitet (vgl. BVerfGE 20, 162 ff. (176) – Spiegel) und nicht den gleichen Gefahren einer Konzentration ausgesetzt sei wie etwa der private Rundfunk (vgl. BVerfG NJW 1981, 1774 (1776)). **4**

Allerdings hat sich die Medienlandschaft seit 1976 unbestritten verändert. In die Betrachtung einzubeziehen sind heute vor allem die seither hinzugekommenen elektronischen Medien. Das Mediennutzungsverhalten wurde durch das Internet revolutioniert. Hieraus ergeben sich negative wirtschaftliche Folgen für Presseunternehmen, wie zB ein rückläufiges Anzeigengeschäft oder sinkende Verkaufszahlen, aber auch Chancen, etwa durch crossmediale Vermarktung, die Abwanderung von Rubrikenmärkten in das Internet zu kompensieren (vgl. *Weberling* FS von Brünneck, S. 246 (255 ff.)). **4a**

Aufgrund dieser Entwicklung wurde seit dem Regierungsentwurf für die 7. GWB-Novelle 2004 eine Reform des Pressefusionsrechts intensiv diskutiert. Forderungen nach einer Lockerung des Pressefusionsrechts betrafen vor allem pressespezifische Kooperationserleichterungen sowie Erleichterungen in der Fusionskontrolle für Presseunternehmen (vgl. Bechtold/Bosch GWB § 36 Rn. 53). Nicht zuletzt unter dem Eindruck der insbesondere zwischen den Verlegerverbänden äußerst kontrovers geführten Diskussionen hatte die Bundesregierung die Verbände zur Formulierung einer klaren und widerspruchsfreien Position aufgefordert und dies zur Voraussetzung etwaiger gesetzgeberischer Initiativen gemacht (vgl. *Weberling/Nieschalk* AfP 2009, 221). Nach intensiver Diskussion verständigten sich der Bundesverband Deutscher Zeitungsverleger (BDZV) und der Verband Deutscher Lokalzeitungen (VDL) im Herbst 2011 auf einen gemeinsamen Forderungskatalog (vgl. BDZV und VDL, Gemeinsame Presseerklärung, 11.10.2011). Die darin erhobene Forderung nach einer Abänderung der für Presseunternehmen geltenden *Presserechenklausel* mündete darin, dass der gemeinsame Umsatz fusionswilliger Verlage, ab dem der Zusammenschluss der Zusammenschlusskontrolle unterfällt, durch Absenken der Pressefusionsklausel in § 38 Abs. 3 GWB von „20" auf „8" von 25 Mio. Euro auf 62,5 Mio. Euro im Zuge der 8. GWB-Novelle 2012/2013 heraufgesetzt wurde. Zudem wurde eine Pressesanierungsklausel im neu geschaffenen § 36 Abs. 1 S. 2 Nr. 3 GWB eingeführt.

Dem vorangegangen war eine jahrelange intensive Diskussion, deren Positionen sich auch nach Abänderung der Schwellenwerte nicht erledigt haben. Die Befürworter einer Reform des Pressefusionsrechts begründeten deren Notwendigkeit mit als destruktiv und nicht mehr zeitgemäß empfundenen wirtschaftspolitischen Rahmenbedingungen für Presseunternehmen (vgl. *Döpfner* FAZ, 24.6.2009, S. 33). Das Pressekartellrecht hätte verhindert, dass sich benachbarte Verlage im Regionalzeitungsbereich gegenseitig stabilisieren könnten und expandierende Presseunternehmen zu einer „Flickenteppich-Strategie" gezwungen (vgl. Hombach, Wirtschafts- **4b** woche, 24.1.2009). Durch die Überregulierung des Printmedienmarkts würden den Verlagen wirtschaftliche Schranken gesetzt, welche die Pressevielfalt bedrohten (vgl. BDZV, Pressemitteilung vom 9.7.2009). Beklagt wurden ferner übermäßige bürokratische Hemmnisse, die für vergleichbar große Unternehmen anderer Medienzweige nicht gälten (vgl. *Rinsche* in Weberling/Wallraf/Deters S. 259, 261). Außerdem müssten Fusionen erleichtert werden, um ein Bestehen der deutschen Verlage im internationalen Wettbewerb zu gewährleisten (vgl. *Röper* epd medien 2004, Heft 9, 3 f.). Weiter bestünde die Gefahr, dass Verlage verstärkt von ausländischen Konzernen aufgekauft würden (vgl. DJV, Pressemitteilung vom 14.8.2007).

4c Nach anderer Auffassung (vgl. *Säcker* K&R 2003, 529 f. (530)) hätte sich die bisherige Fusionskontrolle jedenfalls insoweit bewährt, als sie das massive Sterben von kleinen und mittleren Presseunternehmen zwischen 1973 und 1976 deutlich verzögern konnte und Deutschland eine im internationalen Vergleich unverändert gute Versorgung mit unterschiedlichen Presseanbietern aufweisen kann (vgl. *Weberling/Nieschalk* AfP 2009, 221 (222)). Auch der damalige Präsident des Bundeskartellamtes (vgl. Heitzer, 3. Kölner Mediensymposium, Berlin, 30.3.2009), der Deutsche Journalisten-Verband DJV (vgl. epd medien 2004, Heft 16, 20 ff.) sowie die Monopolkommission (vgl. Monopolkommission, 42. Sondergutachten 2004, S. 47) sprachen sich gegen weitgehende Lockerungen des Pressefusionsrechts aus. Es sei nicht die Aufgabe des Kartellrechts, Versäumnisse bei wirtschaftlich gebotenen Maßnahmen seitens der Verlage auszugleichen (vgl. *Säcker* K&R 2003, 529 f.). Außerdem sei durch erleichterte Fusionen eine Aushöhlung der Pressefreiheit und der Meinungsvielfalt zu befürchten (vgl. epd medien 2004, Heft 1, 16 f.). Eine Lockerung der kartellrechtlichen Vorschriften führe nämlich im Wesentlichen dazu, dass vor allem kleine und mittlere Verlage durch große Unternehmen aufgekauft würden (vgl. *Röper* epd medien 2004, Heft 9, 3 f.; epd medien 2003, Heft 93, 12). Gerade diese seien aber eine wesentliche Voraussetzung für die Existenz unternehmerischer Anbietervielfalt (vgl. *Röper* Media Perspektiven 2002, 478 ff. (481)). Auch das Argument des internationalen Wettbewerbes greife nicht, da gerade im Pressebereich sprachliche Barrieren bestünden, die einen Wettbewerb über die Landesgrenzen hinaus nahezu ausschlössen. Soweit die ökonomische Lage auf dem Zeitungsmarkt den Anlass dafür bieten solle, durch die bestehende Gesetzeslage angeblich verhindertes regionales Wachstum zu ermöglichen, werde verkannt, dass der unternehmerische Wettbewerb Wesenselement der marktwirtschaftlichen Wirtschaftsordnung sei (vgl. *Weberling/Nieschalk* AfP 2009, 221 (223)). Wirtschaftliche Probleme gehörten zum allgemein üblichen „marktwirtschaftlichen Auswahlprozess“. In diesen dürfe der Gesetzgeber nicht einfach mit der Folge eingreifen, dass nach jeder Krise ein höherer Konzentrationsgrad entstünde (so *Böge* epd medien 2004, Nr. 7, 12) und durch die Einführung eines Präzedenzfalles permanente Rufe der jeweils Not leidenden Branchen nach dem Gesetzgeber provoziert würden (vgl. Stellungnahme des Wissenschaftlichen Beirates beim Bundesministerium für Wirtschaft und Arbeit vom 24.4.2004, S. 12 f.). Schließlich hätten die Reformvorhaben nicht zwischen Zeitschriften- und Zeitungsmarkt differenziert, obwohl sich diese Märkte maßgeblich unterschieden. Da der Zeitschriftenmarkt sehr wettbewerbsintensiv sei, sei dort eine Änderung der Pressefusionskontrolle nicht zu rechtfertigen (vgl. Stellungnahme des DJV in epd medien 2004, Heft 16, 20 ff., 22; Stellungnahme des Wissenschaftlichen Beirates beim Bundesministerium für Wirtschaft und Arbeit vom 24.4.2004, S. 12).

4d Die neue Vorschrift in § 36 Abs. 1 S. 2 Nr. 3 GWB ist vor allem an Problemen im Bereich der lokalen Tageszeitungen orientiert. Die dort bestehenden massiven wirtschaftlichen Probleme konnten durch das frühere Pressefusionsrecht nicht gelöst werden, das den Erwerb benachbarter Presseunternehmen verhinderte, während es den Erwerb von räumlich entfernt liegenden Presseunternehmen gestattete. In letzterer Konstellation bestand indes oftmals kein Interesse an einem Erwerb, was zur Unverkäuflichkeit notleidender Presseunternehmen führte. Im Interesse des weitest möglichen Erhalts der Pressevielfalt entschied sich der Gesetzgeber mit dem Argument, dass die Fusion im Vergleich zu einem Marktaustritt die weniger gravierende Lösung darstellt (vgl. Loewenheim/Meesen/Riesenkampff/Kersting/Meyer-Lindemann/*Kahlenberg* GWB § 36 Rn. 205), für eine Abkehr der mit der Einführung der Pressefusionskontrolle im Zuge der 3. GWB-Novelle verfolgten politischen Zielvorgabe. § 36 Abs. 1 S. 2 Nr. 3 GWB setzt voraus, dass der übernommene Verlag in den letzten drei Jahren einen erheblichen Jahresfehlbetrag iSd § 275 HGB hatte. Es reicht also nicht der Verlust als solcher aus, vielmehr muss er eine

Dimension erreicht haben, die aus betriebswirtschaftlichen Gründen die Fortführung des Verlags nicht mehr sinnvoll erscheinen lässt. Der Nachweis der so definierten Notwendigkeit einer Fusion könne insbesondere durch ein Gutachten eines unabhängigen Wirtschaftsprüfers iSv § 319 Abs. 3 HGB erbracht werden, das die in § 36 Abs. 1 S. 2 Nr. 3 GWB genannten Kriterien belegt (vgl. *Bechtold/Bosch* GWB § 36 Rn. 60).

b) Dass der Verlust an *Pressevielfalt* einen Verlust an *Pressefreiheit* bedeutet, liegt nahe. Nur wenn der Bürger aus unterschiedlichen Informationsquellen ein umfassendes Bild des öffentlichen Geschehens erhält, kann er mit Erfolg an der staatlichen Willensbildung teilnehmen. Eine nicht manipulierte öffentliche Meinung als Motor des politischen Geschehens kann sich nur dort entwickeln, wo die Presse verschiedene und gegensätzliche Ansichten zur Diskussion stellt. Die Pressevielfalt ist ein wesentliches Merkmal einer freien Presse (vgl. BVerfGE 12, 261). Mit dem Erhalt der Pressevielfalt nimmt der Gesetzgeber die ihm obliegende Pflicht zur Gewährleistung der Pressefreiheit wahr. Indem er der Entstehung oder Verstärkung von Meinungsmonopolen entgegenwirkt, sichert er das im Spiegel-Urteil (vgl. BVerfGE 20, 162 (176)) mit Verfassungsrang versehene Prinzip geistiger und wirtschaftlicher Konkurrenz der privatwirtschaftlich organisierten Presse (vgl. hierzu auch *Seiler* AfP 2002, 1 ff.). Die mit der Pressekonzentration einhergehende Abnahme der Meinungsvielfalt kann nicht mit dem Hinweis auf andere Medien relativiert oder sogar gerechtfertigt werden. Jede Mediensparte hat nämlich ihre Eigenarten (Aktualität, Möglichkeit der wiederholten Kenntnisnahme, Kosten etc). Wenn im Rahmen des Marktbegriffes zwischen den verschiedenen Medien differenziert wird, muss dies auch für die Informations- und Meinungsvielfalt gelten. Das bedeutet, dass in *jedem relevanten „Markt“* ein hinreichender „Wettbewerb an Meinungen“ gewährleistet sein muss. **5**

c) Eine Beeinträchtigung dieses Wettbewerbes ist auch durch die Betätigung politischer Parteien als Medienunternehmer zu besorgen (vgl. *Möstl* DÖV 2003, 106 ff.; *Hess* AfP 2004, 231 (234)). Denn hierdurch wird die Funktion der Presse als Verbindungsorgan zwischen Staat und Gesellschaft (vgl. BVerfGE 20, 162 (175) – Spiegel) in Frage gestellt, da die politischen Parteien, wenn auch privatrechtlich organisiert, de facto und als Wahlvorbereitungsorganisationen sogar de iure (vgl. BVerfGE 44, 125 (145)) dem staatlichen Bereich zuzuordnen sind. Besonders bedenklich erscheint dies im Falle von Beteiligungen politischer Parteien an Pressemonopolen. Dabei können auch bloße Minderheitsbeteiligungen dem Meinungsbildungsprozess widersprechen, da zu vermuten ist, dass politische Parteien auf Grund ihrer Eigenart in der Regel ein Interesse daran haben, ihre politischen Interessen publizistisch zu stützen und auf Grund ihrer Einflussmöglichkeiten vor allem als Regierungspartei auch im Falle einer bloßen Minderheitenposition durchzusetzen vermögen. Selbst wenn diese Annahme als bloß abstrakt gewertet würde, wäre einem solchem Einwand aber die Rechtsprechung des Bundesverfassungsgerichtes (BVerfGE 57, 295 ff. – 3. Rundfunkurteil) entgegenzuhalten, dass Gefahren für den Meinungsmarkt nicht erst dann entgegenzutreten ist, wenn diese sich bereits konkretisiert haben. Von daher sprechen gute Gründe dafür, über die geltenden kartellrechtlichen Möglichkeiten hinaus die Beteiligung politischer Parteien an Presseunternehmen prinzipiell auszuschließen (vgl. insoweit zum privaten Rundfunk § 6 Abs. 2 Nr. 4 Hess. Privatrundfunkgesetz sowie § 13 Abs. 4 baden-württembergisches Landesmediengesetz). **5a**

3. Ein Zusammenschluss unterliegt der *deutschen* Fusionskontrolle, wenn die Umsatzschwellen erfüllt sind (→ Rn. 13 ff.), eine Ausnahme gemäß § 35 Abs. 2 GWB nicht greift, die EU-Fusionskontrolle nach der FKVO nicht anzuwenden ist und ein Zusammenschlusstatbestand gemäß § 37 GWB vorliegt. **5b**

II. Die Zusammenschlusstatbestände (§ 37 GWB)

1. Angesichts der zahlreichen Formen des Wirtschafts- und Gesellschaftsrechts, in denen sich Unternehmenszusammenschlüsse vollziehen können, bemüht sich § 37 GWB in kasuistischer Weise, *alle* denkbaren Zusammenschlusstatbestände zu erfassen. **6**

a) Zu den Hauptformen einer Fusion gehört es, wenn das Vermögen eines anderen Unternehmens ganz oder zu einem wesentlichen Teil erworben wird (§ 37 Abs. 1 Nr. 1 GWB). **7**

Für das Vorliegen eines genehmigungspflichtigen Erwerbs genügt auch der Erwerb eines wesentlichen Teils des Vermögens. So können bei einem Anzeigenblatt die Anzeigenkundenbeziehungen wesentlicher, die Marktstellung des Unternehmens auf dem Anzeigenmarkt begründender Vermögenswert sein (vgl. BKartA AG 1999, 426 (427)).

7a b) Fusionstatbestände sind auch die Einräumung einer Mehrheitsbeteiligung (vgl. hierzu BKartA WuW/E 2251), aber auch der Erwerb von Anteilen an einem anderen Unternehmen, welche allein oder zusammen mit sonstigen, dem erwerbenden Unternehmen bereits gehörenden Anteilen 50% oder 25% des Kapitals oder der Stimmrechte erreichen (§ 37 Abs. 1 Nr. 3 GWB).

Grund hierfür ist, dass – obwohl ein Kontrollerwerb nicht vorliegen muss – mit einer 25- oder 50-prozentigen (Minderheits-)Beteiligung trotzdem oft ein besonderer gesellschaftsrechtlicher Einfluss verbunden ist (zB eine Sperrminorität).

Gemäß § 37 Abs. 1 Nr. 3 S. 2 GWB werden auch die Anteile eines anderen Unternehmens, das diese *für Rechnung des Erwerbers* hält (zB Treuhänder), den Anteilen des Erwerbers zugerechnet. Streitig ist, ob für das Vorliegen dieses Merkmals eine Weisungsbefugnis des dahinter stehenden Unternehmens erforderlich ist oder eine finanzielle Risikoverteilung ausreicht. Das BKartA hat sich der letzten Auffassung angeschlossen (vgl. BKartA WuW/E DE-V 40 – WAZ/IKZ). Der BGH geht davon aus, dass demjenigen, der das wirtschaftliche Risiko trägt, im Zweifel die Kontrolle zusteht, da der Treuhänder in der Regel in Abstimmung mit dem Treugeber handele (vgl. BGH WuW/E DE-R 613 (617) – WAZ/IKZ; *Bechtold/Bosch* GWB § 37 Rn. 33; *Bechtold* NJW 2001, 3159 (3164)).

7b c) Das Kriterium des *„Kontrollerwerbs"* (§ 37 Abs. 1 Nr. 2 GWB) lehnt an die FKVO und das leicht modifizierte Kriterium des „wettbewerblich erheblichen Einflusses" an.

8 2. Danach beschränkt sich die Prüfung des „Kontrollerwerbs" nicht nur auf Mehrheitsbeteiligungen über 50%, sondern erfasst auch Minderheitsbeteiligungen, wenn sie einen bestimmenden Einfluss vermitteln. Maßgeblich für die Frage, ob die Kontrolle erlangt wird, sind nicht rechtliche, sondern vor allem wirtschaftliche Gesichtspunkte. Auch kommt es nicht darauf an, ob eine tatsächliche Einflussnahme erfolgt oder eine diesbezügliche Absicht vorliegt. Ausreichend ist die Möglichkeit der Einflussnahme (vgl. Loewenheim/Meessen/Riesenkampff/Kersting/Meyer-Lindemann/*Riesenkampff/Steinbarth* GWB § 37 Rn. 9).

9 Mit dem Kriterium des „Kontrollerwerbs" als Zusammenschlusstatbestand sollen sämtliche Fallgestaltungen erfasst werden, in denen ein steuernder Einfluss erlangt wird, so auch Beteiligungsaufstockungen zwischen den Stufen des Beteiligungserwerbs (25%, 50%) oder Minderheitsbeteiligungen, bei denen die Beteiligung insgesamt unter 25% bleibt (vgl. Loewenheim/Meessen/Riesenkampff/Kersting/Meyer-Lindemann/*Riesenkampff/Steinbarth* GWB § 37 Rn. 9). Stockt beispielsweise ein Unternehmen, das bislang bereits zu 25% an einer Gesellschaft beteiligt war, seine Anteile auf 45% auf, so kann damit das Kriterium des „Kontrollerwerbs" erfüllt sein, wenn mit der Aufstockung tatsächlich die Kontrolle erlangt wird. Der Fusionskontrolle unterliegen nach Auffassung des OLG Düsseldorf darüber hinaus auch Anteilserwerbe durch Unternehmen, die bereits über 50% der Anteile halten (vgl. *Bechtold* AfP 2001, 115 (116) – WAZ/OTZ).

Der Fusionskontrolle unterliegt auch die Umwandlung von gemeinsamer Kontrolle in Alleinkontrolle, selbst wenn die Schwellenwerte von 25% oder 50% nicht erreicht oder überschritten werden (vgl. *Bechtold/Bosch* GWB § 37 Rn. 15ff.).

10 3. Das in der Praxis schwer fassbare Zusammenschlusskriterium des „wettbewerblich erheblichen Einflusses" in § 37 Abs. 1 Nr. 4 GWB soll es ermöglichen, die Fusionskontrolle auch auf Zusammenschlüsse anzuwenden, die nicht an die 25%-Grenze heranreichen, im Einfluss der 25-Prozent-Beteiligung aber gleichwertig sind. Es hat in den letzten Jahren insbesondere im Bereich der Medien eine nicht unerhebliche Rolle gespielt und dem Bundeskartellamt die Möglichkeit gegeben, gegen Umgehungskonzeptionen vorzugehen (vgl. *Bechtold/Bosch* GWB § 37 Rn. 42ff.).

Der bloße Erwerb von 24,9% wird aber nicht zwingend einen sonstigen wettbewerblich erheblichen Einfluss darstellen, da die gesellschaftsrechtliche Stellung eher schwach ist. Zur Anteilsübernahme hinzukommen müssen noch zusätzliche Abreden über Informations-, Mitsprache- oder Mitwirkungsrechte. Erforderlich ist jedenfalls eine Gesamtschau unter Berücksichtigung der Interessenlagen der Gesellschafter, wobei die gesellschaftsrechtlichen Regelungen das Einflusselement auch erheblich reduzieren können (vgl. *Bechtold/Bosch* GWB § 37 Rn. 42).

Dieses Zusammenschlusskriterium ist somit auch bei dem Erwerb von Anteilen unterhalb der 25 %-Schwelle bedeutsam. Nach der Gesetzesbegründung soll entscheidend sein, ob der Anteilserwerb mehr bedeutet als eine bloße Kapitalbeteiligung, also Einfluss auf die langfristige Geschäftspolitik des Beteiligungsunternehmens vermittelt. Wettbewerblich erheblicher *Einfluss* soll vorliegen, „wenn auf Grund des zwischen den Unternehmen bestehenden Beziehungsgeflechts zu erwarten ist, dass der Wettbewerb zwischen den beteiligten Unternehmen so wesentlich eingeschränkt wird, dass die Unternehmen nicht mehr unabhängig am Markt auftreten" (vgl. BGH GRUR 1988, 392; KG Berlin WuW/E OLG 4076). Entscheidend sind also *Autonomieverluste* der beteiligten Unternehmen; eine *wirtschaftliche Abhängigkeit* hingegen genügt nicht (vgl. Loewenheim/Meessen/Riesenkampff/Kersting/Meyer-Lindemann/*Riesenkampff/Steinbarth* GWB § 37 Rn. 30). 11

4. Eine *Umgehung* der Fusionskontrolle kann dann gegeben sein, wenn ein nach außen als eigenständiger Unternehmer Auftretender in Wirklichkeit die Interessen eines anderen Unternehmens wahrnimmt („Strohmann"). In diesen Fällen ist der Erwerb bzw. dessen Zulässigkeit nach den Verhältnissen des im Hintergrund stehenden Unternehmens zu ermitteln (zu dem Fall, dass der potenzielle Erwerber keine eigene starke Marktstellung hat und daher so eng wie möglich mit einem marktstarken Wettbewerber kooperieren muss und diesen „wie ein Satellit in allen wirtschaftlichen Angelegenheiten umkreisen wird", *Säcker* BB 2003, 2245 (2249); *Bechtold* BB 2003, 2528 ff. – Fusionsvorhaben Holtzbrinck/Berliner Verlag; vgl. auch *Hess* AfP 2003, 521 (523)). 12

III. Erreichen der Umsatz-Schwellenwerte (§§ 35, 38 GWB)

1. Nach § 35 Abs. 1 GWB wird ein Zusammenschluss überprüft, wenn im letzten Geschäftsjahr vor dem Zusammenschluss die beteiligten Unternehmen insgesamt weltweit Umsatzerlöse von mehr als 500 Millionen Euro und im Inland mindestens ein beteiligtes Unternehmen Umsatzerlöse von mehr als 25 Millionen Euro und ein anderes beteiligtes Unternehmen Umsatzerlöse von mehr als fünf Millionen Euro erzielt haben. Nach § 35 Abs. 1a GWB kann daneben auch der Wert der Gegenleistung für den Zusammenschluss zum Erreichen der Aufgreifschwelle führen, wenn dieser mehr als 400 Millionen Euro beträgt. Die Gegenleistung umfasst alle Vermögensgegenstände und sonstigen geldwerten Leistungen, die der Veräußerer im Zusammenhang mit dem Zusammenschluss erhält. Dadurch können nunmehr auch Zusammenschlüsse überprüft werden, die die Inlandsumsatzschwelle nicht überschreiten, etwa Facebook/WhatsApp (vgl. *Bechtold/Bosch* GWB § 35 Rn. 39, 42). 13

2. Ausnahmen bestehen, wenn sich ein Unternehmen, das nicht abhängig ist und im letzten Geschäftsjahr weltweit Umsatzerlöse von weniger als zehn Millionen Euro erzielt hat, mit einem anderen Unternehmen zusammenschließt (sog. *Bagatellklausel,* § 35 Abs. 2 GWB) oder wenn ein Markt betroffen ist, auf dem seit mindestens fünf Jahren Waren oder gewerbliche Leistungen angeboten werden und auf dem im letzten Kalenderjahr im Inland weniger als 15 Millionen Euro umgesetzt wurden (sog. *Bagatellmarktklausel,* § 36 Abs. 1 S. 2 Nr. 2 GWB). 14

3. Durch die Verdoppelung der Umsatzschwelle für das Eingreifen der Fusionskontrolle auf 500 Millionen Euro sind rund zwei Drittel der Zusammenschlüsse, die vor der Novelle von 1998 der nachträglichen Fusionskontrolle in Form der Anzeige an das Bundeskartellamt unterlagen, aus der Fusionskontrolle herausgefallen. Zugleich bedeutete aber die Absenkung der nach altem Recht für eine präventive Fusionskontrolle geltenden Umsatzschwelle von zwei Milliarden DM auf 500 Millionen Euro, dass mehr Zusammenschlüsse präventiv überprüft werden. 15

4. Die unter → Rn. 14 dargestellte Ausnahme zur Fusionskontrolle gilt nicht, wenn ein sog. Bagatellmarktbündel vorliegt. Dies ist der Fall, wenn mehrere Bagatellmärkte existieren, die einen lückenlosen, flächendeckenden, größeren Wirtschaftsraum bilden und die beteiligten Unternehmen in diesem mit einer einheitlichen Strategie auftreten. Dann liegt nach Auffassung des BGH keine Mehrzahl einzelner Bagatellmärkte, sondern ein übergreifender Gesamtmarkt vor (vgl. BGH WuW/E BGH 3037 (3042)). Zu begründen ist dies damit, dass durch die flächendeckende Organisationsstruktur der Bereich des *lokalen* Marktes verlassen und eine *gesamtwirtschaftliche* Bedeutung erlangt wird. 16

5. Für die Berechnung der Umsatzerlöse sind gemäß § 38 Abs. 1 S. 1 GWB iVm § 277 Abs. 1 HGB die Netto-Umsätze, insbesondere ohne Umsatzsteuer, Verbrauchssteuern und Erlösschmä- 17

lerungen maßgebend. Umsatzerlöse aus Lieferungen und Leistungen zwischen verbundenen Unternehmen (Innenumsatzerlöse) sowie Verbrauchssteuern bleiben außer Betracht, § 38 Abs. 1 S. 2 GWB.

18 a) Besonderheiten gelten im Pressebereich, wie auch für den Rundfunk (zur Rundfunkklausel vgl. *König/Trafkowski* ZUM 2003, 513). So lautet § 38 Abs. 3 GWB: „Für den Verlag, die Herstellung und den Vertrieb von Zeitungen, Zeitschriften und deren Bestandteilen ist das Achtfache, für die Herstellung, den Vertrieb und die Veranstaltung von Rundfunkprogrammen und den Absatz von Rundfunkwerbezeiten ist das Zwanzigfache der Umsatzerlöse in Ansatz zu bringen".

19 Der für die allgemeine Fusion angesetzte Grenzbetrag von 500 Millionen Euro wird damit schon erreicht, wenn die an einem Zusammenschluss beteiligten Presseunternehmen insgesamt einen Jahresumsatz von 62,5 Millionen Euro erreichen. Es genügt somit auf dem Pressesektor $^1/_8$ des Umsatzes, der für die übrige Wirtschaft maßgebend ist. Zu beachten ist überdies, dass die Bagatellklausel des § 35 Abs. 2 S. 1 GWB im Pressebereich Anwendung findet. Danach gelten die Vorschriften der Fusionskontrolle nicht, soweit sich ein Unternehmen, das nicht iSd § 36 Abs. 2 GWB abhängig ist und im letzten Geschäftsjahr weltweit Umsatzerlöse von weniger als 10 Millionen Euro erzielt hat, mit einem anderen Unternehmen zusammenschließt. Dividiert durch 8 (vgl. die Presserechenklausel in § 38 Abs. 3 GWB) bedeutet dies, dass der Erwerb von Presseunternehmen mit einem Umsatz von unter 1.250.000 Euro in jedem Fall fusionskontrollfrei ist (vgl. *Bechtold/Bosch* GWB § 35 Rn. 48).

20 b) Daneben ist für die Presse die Begünstigung der *Vertriebserlöse,* die auch bei Unternehmenszusammenschlüssen im Pressebereich zum Zug kommt, von Bedeutung (§ 38 Abs. 2 GWB). Danach sind bei Unternehmen, deren Geschäftsbetrieb ganz oder teilweise im Vertrieb von Waren (also auch von periodischen Druckwerken) besteht, die Vertriebserlöse bei Errechnung des Schwellenwertes nur in Höhe von drei Vierteln in Ansatz zu bringen. Soweit es also nur um Vertriebserlöse geht, erhöht sich der Grenzbetrag für das Eingreifen der Fusionskontrolle im Allgemeinen von 500 Millionen Euro auf 666,67 Millionen Euro, dh für Presseunternehmen von 62,5 Millionen Euro auf 83,33 Millionen Euro Jahresumsatz.

21 c) Erzielt ein Presseunternehmen, wie dies überwiegend der Fall ist, seine Umsätze nicht nur mit dem Vertrieb von Zeitungen, Zeitschriften oder deren Bestandteilen, sondern auch mit Büchern, Prospekten und dem Druck von sonstiger Akzidenz, so findet bei „gemischten Umsätzen" die Medienrechenklausel nur auf die *reinen Presseumsätze* Anwendung. Das Bundeskartellamt wendet den vollen Multiplikator auch bei reinen Pressevertriebsumsätzen an (vgl. BKartA 26.2.1999 – B 6–51478-U8/99; hierzu *Bechtold/Bosch* GWB § 38 Rn. 7). Die sonstigen Umsätze sind mit ihren Nominalwerten anzusetzen. Als Presseunternehmen gelten auch die Verlage von *Anzeigenblättern,* so dass die Vorschriften der Pressefusionskontrolle auch für Zusammenschlüsse gelten, an denen Anzeigenblätter beteiligt sind (vgl. BGH GRUR 1980, 734 ff.; WuW/E BGH 2443; KG AfP 1981, 278), und zwar sowohl bei deren Zusammenschluss mit Tageszeitungen als auch mit anderen Anzeigenblättern (vgl. BVerfG AfP 1985, 107 (108)).

IV. Materielle Fusionskontrolle (§ 36 GWB)

22 1. Voraussetzung für eine Untersagung des Zusammenschlusses durch das Bundeskartellamt ist, dass durch ihn eine marktbeherrschende Stellung begründet oder verstärkt wird und die dabei evtl. entstehenden Verbesserungen der Wettbewerbsbedingungen nicht überwiegen (§ 36 Abs. 1 GWB). Der Begriff der Marktbeherrschung wird in § 18 GWB definiert. Diese Bestimmung (hierzu → Kap. 84 Rn. 2 ff.) ist also mittelbar Bestandteil des § 36 Abs. 1 GWB.

23 Der Erlass einer Untersagungsverfügung setzt voraus, dass die Begründung oder Verstärkung einer marktbeherrschenden Stellung *mit hinreichender Sicherheit* zu erwarten ist (vgl. dazu BKartA AfP 2001, 165). Dementsprechend muss der geplante Zusammenschluss kausal für die wahrscheinlich eintretenden, beeinträchtigenden Marktveränderungen sein. Maßgebend für die Entscheidung der zuständigen Behörde (→ Kap. 86 Rn. 3) ist daher eine Prognose der Marktentwicklung und ein Vergleich dieses Zustandes mit dem status quo (vgl. BGH BB 2001, 849 (850); WuW/E 2795 (2804) – Pinneberger Tageblatt; *Bechtold/Bosch* GWB § 36 Rn. 10).

Bei Märkten mit einem hohen Konzentrationsgrad bedarf es nur einer geringen Beeinträchtigung des Restwettbewerbes, um eine nach § 36 GWB unzulässige Marktherrschaft bejahen zu können (vgl. BGH BB 2001, 849 – Werra Rundschau; dazu *Bechtold* NJW 2001, 3159 (3165)).

2. Eine Marktbeherrschung kann auch *marktübergreifend* sein. Dies ist der Fall, wenn für die Abnehmer trotz der Unterschiede der an sich nicht ohne weiteres als austauschbar angesehenen Wirtschaftsgüter eine Substitution nicht fern liegt. Die an sich geeignete Ware wird dann durch eine solche ersetzt, die nach Eigenart, Funktion und Preis vergleichbar ist. Die Grenzen zweier an und für sich getrennter Märkte verwischen damit (vgl. *Bechtold/Bosch* GWB § 36 Rn. 29). Dieser sog. *Substitutionswettbewerb* ist im Rahmen des § 36 GWB nur dann nicht zu berücksichtigen, wenn alle im relevanten Markt tätigen Unternehmen diesem in gleichem Maße ausgesetzt sind (vgl. BGH NJW 1985, 1626; offen gelassen in NJW-RR 1988, 227). Auf dem Markt für Straßenverkaufszeitungen kann eine marktbeherrschende Stellung durch den Erwerb einer im Substitutionswettbewerb stehenden regionalen Abonnementszeitung verstärkt werden (vgl. BGH NJW 1982, 337). **24**

3. Auch wenn feststeht, dass durch den Zusammenschluss eine marktbeherrschende Stellung entsteht oder verstärkt wird, können die betroffenen Unternehmen gemäß § 36 Abs. 1 S. 2. Nr. 1 GWB den befreienden Nachweis führen, dass durch den Zusammenschluss auch Verbesserungen der Wettbewerbsbedingungen eintreten, welche die Nachteile der Marktbeherrschung aufwiegen (zur hierbei erforderlichen Abwägung vgl. BGH NJW-RR 1988, 227 (229); WuW/E 1533; KG Berlin WuW/E OLG 4379 (4388)). **25**

Eine – die Nachteile überwiegende – Verbesserung wurde zum Beispiel darin erblickt, dass eine finanziell angeschlagene Zeitung ein erfolgreiches Anzeigenblatt übernahm, um die finanziellen Ressourcen zu erhöhen. Denn dadurch war sie in der Lage, gegenüber der marktbeherrschenden Konkurrenzzeitung weiterhin zu bestehen, was auch zukünftig eine Meinungsvielfalt gewährleisten sollte (vgl. KG Berlin WuW/E OLG 3767 – Niederrheinische Anzeigenblätter). Das Offenhalten der Märkte trat in diesem Fall zurück, da die Marktzutrittsschranken ohnehin schon hoch waren. **26**

An die auf Grund des Zusammenschlusses zu erwartende Verbesserung sind umso geringere Anforderungen zu stellen, je stärker die Marktstellung des konkurrierenden Unternehmens bereits vor der beabsichtigten Beteiligung gewesen ist. Gerade in dieser Situation sind nämlich auch minimale Wettbewerbsbelebungen für den Restwettbewerb wesentlich (vgl. BGH BB 2001, 849 (852) – Werra Rundschau). Beachtlich sind insoweit aber nur solche Verbesserungen der Wettbewerbsbedingungen, die den wirtschaftlichen Wettbewerb betreffen, Erwägungen zum publizistischen Wettbewerb sind dagegen unbeachtlich (vgl. BKartA WuW/E DE-V 1163 ff. – Springer/ProSiebenSat.1).

4. Seit dem Zusammenschlussverfahren Holtzbrinck/Berliner Verlag (vgl. → Kap. 82 Rn. 10) ist die so genannte *Ministererlaubnis* (§ 42 GWB) in den Mittelpunkt auch des öffentlichen Interesses gerückt, welche die Berücksichtigung außerwettbewerblicher Gesichtspunkte eröffnet (vgl. *Bechtold/Bosch* GWB § 42 Rn. 1; *Hess* AfP 2003, 250 (251 ff.); *Säcker* BB 2003, 2245 ff. mit einer Vielzahl an Argumenten verfassungs- und kartellrechtlicher Art gegen die Ministererlaubnis). Nach dieser Norm kann der Bundesminister für Wirtschaft und Technologie eine vom BKartA untersagte Fusion genehmigen. Dabei kann sich dieser nicht eigenmächtig über die Entscheidung des BKartA hinwegsetzen, da er an die tatsächlichen und rechtlichen Feststellungen der Behörde gebunden ist (vgl. KG Berlin WuW/E OLG 1937; *Bechtold/Bosch* GWB § 42 Rn. 6). **27**

Trotzdem kann der Antrag auf eine Ministererlaubnis Erfolg haben. Grund hierfür sind die verschiedenen Prüfungsmaßstäbe des geplanten Unternehmenszusammenschlusses. Während das BKartA lediglich eine auf die *Übereinstimmung mit dem Kartellrecht beschränkte* Prüfung vornimmt, trifft der Minister eine *wirtschaftspolitische* Entscheidung, der eine umfangreiche Abwägung – auch hinsichtlich betroffener Grundrechte und des Verhältnismäßigkeitsprinzips – zugrunde liegt (vgl. *Riesenhuber* AfP 2003, 481 (486)).

Somit ist dem BKartA die Berücksichtigung des Verlustes von Arbeitsplätzen verwehrt, da es sich hierbei nicht um ein wettbewerbsrechtliches Phänomen handelt. Der Bundesminister für Wirtschaft und Technologie hingegen, der die „gesamtwirtschaftlichen Vorteile“ und das „Interesse der Allgemeinheit“ zu berücksichtigen hat, kann diesem Aspekt Gewicht beimessen (vgl.

aber *Hess* AfP 2003, 250 (252)). „Vorteile" sind zum Beispiel das Lösen einer Strukturkrise nicht zuletzt im Kontext der Corona-Krise, die Stärkung der internationalen Wettbewerbsfähigkeit oder gesundheitspolitische Gründe (vgl. *Bechtold/Bosch* GWB § 42 Rn. 8 f.).

Die Ministererlaubnis kann unter Auflagen erteilt werden, § 42 Abs. 2 S. 1 GWB. Diese müssen sich allerdings in einem einzigen überprüfbaren Akt erschöpfen; eine dauerhafte Kontrolle durch das BKartA ist hingegen nicht möglich. Dies ergibt sich schon aus dem Verbot, Unternehmen einer laufenden Verhaltenskontrolle zu unterstellen, §§ 42 Abs. 2, 40 Abs. 3 S. 2 GWB.

86. Kapitel. Die Folgen von Rechtsverstößen. Kartellbehörden, Kartellverfahren und Monopolkommission

I. Zuwiderhandlungen gegen das Kartellrecht

1 1. *Verstöße gegen das Kartellrecht* (Vorschriften der Art. 101 oder 102 AEUV, Bestimmungen des GWB bzw. Verfügungen der Kartellbehörden) haben in zivilrechtlicher Hinsicht die Nichtigkeit der betreffenden Rechtsgeschäfte zur Folge.

Fusionskontrollpflichtige Zusammenschlüsse, bei denen kein Fusionskontrollverfahren durchgeführt wurde, sind nach § 41 GWB schwebend unwirksam. Dies umfasst namentlich den *Vollzug* des Zusammenschlusses.

Ob sich die Ungültigkeit einer einzelnen Bestimmung auf das ganze Rechtsgeschäft erstreckt, entscheidet sich nach der Auslegungsregel des § 139 BGB.

Schuldhafte Verstöße gegen die Vorschriften der Art. 101 oder 102 AEUV, gegen die Vorschriften des GWB oder gegen Verfügungen der Kartellbehörden lösen gemäß § 33 Abs. 1, Abs. 3 GWB eine Schadensersatzpflicht aus. Trifft den Betreffenden kein Verschulden, so ist er gemäß § 33 Abs. 1 S. 1 GWB gleichwohl zur *Beseitigung* und bei Wiederholungsgefahr zur *Unterlassung* verpflichtet.

§ 33 GWB macht den individuellen Rechtsschutz seit der 7. GWB-Novelle bei Verletzung eines Verbots des GWB oder der Art. 101, 102 AEUV nicht mehr vom Schutzgesetzcharakter der Vorschrift abhängig, sondern stellt auf die Betroffenheit durch den Verstoß ab. Als Gesetzesverstöße kommen insbesondere Verletzungen der Vorschriften der Art. 101 Abs. 1 AEUV / § 1 GWB sowie §§ 19–21, 29 GWB und Art. 102 AEUV in Betracht (vgl. *Bechtold/Bosch* GWB § 33 Rn. 5). Es ist jedoch im Einzelfall anhand des jeweiligen Kartelltatbestands zu prüfen, ob und inwieweit derjenige, der Schadensersatz geltend macht, als Mitbewerber oder sonstiger Marktteilnehmer durch den Verstoß beeinträchtigt ist (vgl. Loewenheim/Meessen/Riesenkampff/Kersting/Meyer-Lindemann/*Rehbinder* GWB § 33 Rn. 20 ff.).

2 2. Schuldhafte Verstöße gegen das Kartellrecht können gemäß § 81 GWB als *Ordnungswidrigkeiten* mit Geldbuße geahndet werden. Die Einleitung des Bußgeldverfahrens liegt dabei im Ermessen der Behörde. Die vorgesehenen Geldbußen sind beträchtlich und können gemäß § 81 Abs. 4 GWB bei Verschulden bis zu einer Million Euro oder über diesen Betrag hinaus bis zu 10 Prozent des im der Behördenentscheidung vorausgegangenen Geschäftsjahr erzielten Gesamtumsatzes des Unternehmens oder der Unternehmensvereinigung betragen. Eine Verletzung von Aufsichtspflichten durch den Betriebsinhaber wird auch im Pressebereich gemäß § 130 OWiG als Ordnungswidrigkeit verfolgt, da diese Vorschrift neben den entsprechenden presserechtlichen Bestimmungen Anwendung findet (vgl. BGH AfP 1986, 124). Für Kartellordnungswidrigkeiten im Pressebereich gelten nicht die kurzen presserechtlichen Verjährungsfristen, sondern gemäß § 81 Abs. 8 GWB die allgemeinen Verjährungsfristen des OWiG.

Das BKartA kann Kartellteilnehmern, die durch ihre Kooperation dazu beitragen, ein Kartell aufzudecken, die Geldbuße erlassen oder reduzieren (Bekanntmachung Nr. 9/2006 des BKartA vom 7.3.2006).

Die einzige *strafrechtlich* relevante Norm in dem hier erörterten Zusammenhang ist § 298 StGB (vgl. BGH NJW 2004, 2761 ff.); zur Entwicklung des kartellrechtlichen Sanktions- und Verfahrensrechts vgl. *Bechtold* NJW 2001, 3159 (3166 f.) zu Durchsuchungsbeschlüssen, dem Opportunitätsprinzip des BKartA und der Zuständigkeit der ordentlichen Gerichte nach § 87 GWB).

II. Kartellbehörden und Kartellverfahren

1. Das *europäische Kartellverfahrensrecht* ist durch die VO Nr. 1/2003 (ABl. 2003 L 1, S. 1) ausgestaltet. Der sachliche Anwendungsbereich der Verordnung wird in Art. 32 VO Nr. 1/2003 mit Hilfe eines Negativkatalogs bestimmt. **3**

a) Art. 5 und 6 VO Nr. 1/2003 regeln die Zuständigkeit der nationalen Behörden (wozu auch Gerichte gehören). So sind diese in nationalen Verfahren nicht nur zur Anwendung von Art. 101 Abs. 1 und 2 AEUV, sondern auch von Art. 101 Abs. 3 AEUV befugt. Die Bestimmung der zuständigen Behörden in den Mitgliedstaaten obliegt diesen selbst, Art. 35 VO Nr. 1/2003. **3a**

Durch die Verlagerung auf die Behörden und Gerichte der Mitgliedstaaten geht der Vorteil einer gemeinschaftsweit einheitlichen Spruchpraxis zu Freistellungstatbeständen zumindest teilweise verloren. Die zentrifugalen Tendenzen der nationalen Entscheidungspraktiken nehmen damit zu. Dies begünstigt Erscheinungen wie das sog. forum-shopping (also die Auswahl „günstiger" Jurisdiktionen durch zB Gerichtsstandklauseln; vgl. hierzu *Kamann/Bergmann* BB 2003, 1743 (1747 ff.)). Um diesem Phänomen wenigstens ansatzweise vorbeugen zu können, finden sich in der VO eine Vielzahl an Regelungen, die der Vermeidung potenzieller Konflikte dienen. Gemäß Art. 11 Abs. 6 VO Nr. 1/2003 endet die Zuständigkeit der Wettbewerbsbehörden des Mitgliedstaates, wenn die Kommission ein Verfahren einleitet. Das Problem, wie parallele Verfahren in der gleichen Sache in verschiedenen Mitgliedstaaten zu behandeln sind, wird durch Art. 13 VO Nr. 1/2003 gelöst. Diese Norm bestimmt in dem geschilderten Fall, dass die Parallelverfahren ausgesetzt werden können oder die Beschwerde zurückgewiesen werden kann. Schließlich dürfen gemäß Art. 16 Abs. 1 VO Nr. 1/2003 Entscheidungen der nationalen Gerichte Verfügungen der Kommission nicht widersprechen.

b) Um den zentrifugalen Auswirkungen zu begegnen, sieht die VO Nr. 1/2003 neben den skizzierten „Kollisionsregelungen" eine enge Zusammenarbeit zwischen der Kommission und den Wettbewerbsbehörden der Mitgliedstaaten vor (Art. 11 ff.; vgl. auch die Erwägungsgründe 15 ff.; vgl. *Hossenfelder/Lutz* WuW 2003, 118 (123 ff.)). **3b**

So haben die nationalen Behörden die Einleitung von Verfahren ebenso der Kommission anzuzeigen wie eine bevorstehende Entscheidung (Art. 11). Art. 12 sieht einen Informationsaustausch vor. In Art. 15 wird die Zusammenarbeit der nationalen Gerichte mit der Kommission geregelt. So haben die Mitgliedstaaten zum Beispiel jedes Urteil der Kommission in Kopie vorzulegen (Art. 15 Abs. 2).

c) Durch die VO Nr. 1/2003 wurde das frühere Anmelde- und Genehmigungsverfahren beseitigt und durch das Prinzip der Legalausnahme ersetzt. Gemäß Art. 101 Abs. 1 AEUV sind bestimmte Verhaltensweisen verboten. Ausnahmen von diesem Verbot sind aber gemäß Art. 101 Abs. 3 AEUV möglich. Der Freistellungstatbestand des Art. 101 Abs. 3 AEUV ist unmittelbar anwendbar (vgl. Art. 1 Abs. 2 VO Nr. 1/2003). Das heißt, dass die Unternehmen *selbst* einschätzen können, ob das geplante Vorhaben – weil es unter Art. 101 Abs. 1 AEUV subsumierbar ist – überhaupt einer Freistellung bedarf und ob es bejahendenfalls freistellungsfähig ist. Jedoch steht ihnen nicht nur ein diesbezügliches Recht zu, sondern es trifft sie auch die Pflicht hierzu. Denn das Prinzip der Legalausnahme ist nicht neben das Anmeldeverfahren getreten, sondern hat dieses verdrängt. Das heißt, dass die Unternehmen in der Regel gar keine Entscheidung der Kommission mehr herbeiführen können, selbst wenn sie dies aus Rechtssicherheitsgründen wollten. Art. 10 VO Nr. 1/2003 bestimmt lediglich, dass die Kommission eine solche Feststellung treffen *kann,* wenn es öffentliche Interessen erfordern (Erwägungsgrund Nr. 38 stellt in diesem Zusammenhang auf „ernsthafte Rechtsunsicherheiten" ab, die anlässlich neuer oder ungelöster Fragen entstehen). **3c**

Somit gilt das Prinzip der Verantwortung zur *Selbst*einschätzung. Folglich trifft das Risiko kartellrechtswidrigen Verhaltens die Unternehmen, welche dieses nicht abwälzen können (zu den Vorteilen und Nachteilen deklaratorischer und konstitutiver Behördenentscheidungen vgl. *Schmidt* BB 2003, 1237 (1239 f.)).

Eine gewisse Rechtssicherheit lässt sich allenfalls durch eine Verpflichtungszusage nach Art. 9 VO Nr. 1/2003 erreichen. In diesem Fall können sich die betreffenden Unternehmen zu einem bestimmten Verhalten verpflichten, durch das die seitens der Kommission geäußerten Bedenken ausgeräumt werden können. Die Kommission kann diese „Selbstverpflichtungen“ für verbindlich erklären. Folge dieser Verbindlichkeitserklärung ist, dass die Verpflichtung mittels Zwangs- und Bußgeldern durch die Kommission durchgesetzt werden kann. Im Gegenzug erklärt sie, dass „für ein Tätigwerden ihrerseits kein Anlass mehr besteht“ (Art. 9 Abs. 1 VO Nr. 1/2003). Die Bindungswirkung dieser Erklärung ist aber im Lichte des Erwägungsgrunds Nr. 13 zu betrachten: „Entscheidungen bezüglich Verpflichtungszusagen lassen die Befugnisse der Wettbewerbsbehörden und der Gerichte der Mitgliedstaaten, das Vorliegen einer Zuwiderhandlung festzustellen und über den Fall zu entscheiden, *unberührt*“.

Das Risiko der Fehleinschätzung und damit des kartellrechtswidrigen Verhaltens wird durch die *Beweislastregelung* des Art. 2 S. 2 VO Nr. 1/2003 verschärft. Nach dieser Norm trägt das Unternehmen, das sich auf Freistellungsvoraussetzungen beruft, die Beweislast für deren Vorliegen.

3d d) Aus dem Prinzip der Selbsteinschätzung folgt, dass Unternehmen die Freistellungsvoraussetzungen des Art. 101 Abs. 3 AEUV kennen müssen, um die Freistellungsfähigkeit erkennen zu können.

Voraussetzung für die Anwendbarkeit von Art. 101 Abs. 3 AEUV ist, dass das zu beurteilende Vorhaben zwar unter Art. 101 Abs. 1 AEUV fällt, jedoch die typischerweise eintretenden negativen Folgen ausbleiben und stattdessen durch die Praktizierung des Vorhabens eine *Verbesserung der wettbewerblichen Situation* eintritt. Dazu ist ein hypothetischer Vergleich zwischen dem Zustand ohne die Freistellung und dem Zustand nach Freistellung des Verhaltens anzustellen. So muss die Abrede einen wirtschaftlichen Nutzen aufweisen, der sich natürlich nicht in Vorteilen für die beteiligten Unternehmen erschöpfen darf. Er muss sich vielmehr auf den gesamten Markt positiv auswirken und damit die mit der Abrede verbundenen Nachteile zumindest kompensieren.

Aus dem Kompensationserfordernis ergibt sich des Weiteren, dass die Vorteile *kausal* gerade auf die (gem. Art. 101 Abs. 1 AEUV an und für sich verbotene) Abrede zurückzuführen sind. Der Nutzen der Abrede muss auch für die Verbraucher spürbar sein.

Zu nennen wären hier beispielsweise Preissenkungen oder qualitative Verbesserungen von Produkten oder Dienstleistungen (vgl. *Kamann/Bergmann* BB 2003, 1743 (1746)).

Die Praktizierung der an und für sich verbotenen Verhaltensweise muss *unerlässlich* für den eben beschriebenen Vorteil sein. Dieses Merkmal entspricht im Wesentlichen einer Verhältnismäßigkeitsprüfung.

So scheidet eine Befreiung nach Art. 101 Abs. 3 AEUV aus, wenn ein weniger einschneidendes Mittel zur Verfügung steht, um die gleichen positiven Effekte wie bei der Freistellung zu erreichen. Auch kommt Letztere nicht in Betracht, wenn ein Missverhältnis zwischen den durch die Absprache entstehenden Beschränkungen und den durch sie hervorgerufenen vorteilhaften Folgen besteht.

Schließlich darf in keinem Fall der *Wettbewerb ausgeschaltet* werden. Das Ausschalten des Wettbewerbes kann also durch keinen ansonsten noch so zu begrüßenden Vorteil „ausgeglichen“ werden.

3e e) Schließlich wurde durch die VO 1/2003 der *Vorrang des gemeinschaftlichen Kartellrechts verstärkt*. In diesem Zusammenhang ist Art. 3 VO 1/2003 von herausragender Bedeutung. Er bestimmt, dass bei Fällen von gemeinschaftsweiter Bedeutung lediglich Art. 101 AEUV Anwendung findet. Nach Art. 3 Abs. 2 VO Nr. 1/2003 ist es den Behörden und Gerichten verwehrt, durch Gemeinschaftsrecht erlaubte Verhaltensweisen mittels nationalem Recht zu verbieten. Erfüllt also eine Vereinbarung das Zwischenstaatlichkeitskriterium (und weist damit eine gemeinschaftsweite Bedeutung auf), und verstößt dieses nicht gegen Art. 101 AEUV (sei es, weil dessen Regelungsbereich nicht eröffnet ist, sei es, dass eine Ausnahme nach Art. 101 Abs. 3 AEUV vorliegt), so ist eine Sanktionierung durch nationales Recht verboten (zum Verhältnis zwischen Gemeinschaftsrecht und nationalem Recht vgl. *Hossenfelder/Lutz* WuW 2003, 118 (120 f.)).

3f f) Die *Ermittlungsbefugnisse* der Kommission ergeben sich aus den Art. 17 ff. VO Nr. 1/2003 (vgl. hierzu *Hossenfelder/Lutz* WuW 2003, 118 (126 f.)). Die Kommission darf nach diesen Vorschriften Untersuchungen anstellen (Art. 17 VO Nr. 1/2003), Auskünfte verlangen (Art. 18

VO Nr. 1/2003), natürliche und juristische Personen befragen (Art. 19 VO Nr. 1/2003) und alle erforderlichen Nachprüfungen vornehmen (Art. 20 VO Nr. 1/2003). Hierbei dürfen die beauftragten Bediensteten Räumlichkeiten und Grundstücke betreten, Bücher einsehen und Räume versiegeln. Die Mitgliedstaaten können anderen Mitgliedstaaten bei deren (nationalen) Ermittlungen Rechtshilfe leisten (Art. 22 VO Nr. 1/2003).

Das *Verfahren bei Anhörungen* der Beteiligten (Unternehmen, gegen die ermittelt wird, Beschwerdeführer und sonstige Dritte) richtet sich nach Art. 27 VO Nr. 1/2003. Wesentlich ist hierbei der Grundsatz des rechtlichen Gehörs. Zu nennen sind in diesem Zusammenhang das Verbot, die Entscheidung auf Umstände zu stützen, zu denen sich die Parteien nicht äußern konnten (Art. 27 Abs. 1 VO Nr. 1/2003) und Akteneinsichtsrechte (Art. 27 Abs. 2 VO Nr. 1/2003). Den *Zweckbindungsgrundsatz* bei der Erhebung und Verwertung von Daten – namentlich von Berufsgeheimnissen – regelt Art. 28 VO Nr. 1/2003.

Die *Folgen kartellrechtswidrigen Verhaltens* sind verschieden: So kann die Kommission *Sanktionen* verhängen. Diese bestehen aus Geldbußen und Zwangsgeldern (Art. 23 f. VO Nr. 1/2003). Hierbei sind die in Art. 25 f. VO Nr. 1/2003 normierten *Verjährungsregelungen* zu beachten (vgl. hierzu *Schmidt* BB 2003, 1237 (1242 f.)). Neben diesen Sanktionen hat die Kommission das Recht, den betreffenden Unternehmen Maßnahmen verhaltensorientierter oder struktureller Art vorzuschreiben (Art. 7 Abs. 1 S. 2 VO Nr. 1/2003; vgl. hierzu *Hossenfelder/Lutz* WuW 2003, 118 ff. (121 f.)). Hierzu gehört etwa die Aufforderung, bestimmte Gegenstände des Betriebsvermögens zu veräußern. In diesem Zusammenhang sind gem. Art. 8 VO Nr. 1/2003 einstweilige Maßnahmen zulässig.

Verstöße gegen das EU-Kartellrecht kann die Kommission in Brüssel bei Verschulden gemäß Art. 23 Abs. 2 VO Nr. 1/2003 mit erheblichen Geldbußen ahnden. Gegen diesen Bußgeldbescheid kann binnen zwei Monaten nach Bekanntgabe Klage vor dem Europäischen Gerichtshof in Luxemburg erhoben werden. Ist wegen desselben Sachverhalts auch ein Bußgeld der nationalen Kartellbehörde verhängt worden, wird nach allgemeinen Billigkeitsgesichtspunkten das früher verhängte Bußgeld bei der Bemessung der Bußgeldhöhe zu berücksichtigt (zur Bemessung der Geldbuße vgl. Loewenheim/Meessen/Riesenkampff/Kersting/Meyer-Lindemann/*Nowak* VerfVO Art. 23 Rn. 25 ff.). Neben das Bußgeld kann ein Zwangsgeld treten (Art. 24 VO Nr. 1/2003). Hinsichtlich eines eventuellen Schadensersatzanspruches von Mitbewerbern (§§ 823 Abs. 2 BGB iVm Art. 101 und 102 AEUV, § 249 BGB) sind jedoch alleine die *nationalen* Gerichte zuständig (vgl. *Bunte* S. 465 f.).

2. Die wichtigste nationale *Kartellbehörde* ist das Bundeskartellamt mit Sitz in Bonn (§ 51 **4**
GWB). Beschwerde- und Einspruchsgericht ist demzufolge das für Bonn örtlich zuständige OLG Düsseldorf. Das BKartA gehört zum Geschäftsbereich des Bundesministeriums für Wirtschaft und Technologie. § 48 GWB regelt die kartellamtlichen Zuständigkeiten so, dass die Kartellbehörde des Bundes statt der Landesbehörden zuständig ist, wenn es im Zusammenhang mit den Einzelvorschriften keine Spezialzuweisung gibt (vgl. §§ 30 Abs. 3, 35 ff., 36 Abs. 1, 50 GWB) und der Fall eine über die Grenzen eines Bundeslandes hinausgehende Wirkung hat.

Die Zuständigkeit des Bundesministeriums für Wirtschaft und Technologie für das BKartA ergibt sich ua aus § 42 GWB. Zur *Monopolkommission,* die keine Kartellbehörde iSd § 48 ist, vgl. die §§ 44–47 GWB.

a) Die *Verfahren* hängen davon ab, welche Sanktion auf den etwaigen Kartellverstoß in Frage **4a**
kommt.

(1) Für *bürgerliche* Rechtsstreitigkeiten, die sich aus dem Kartellrecht ergeben, sind gemäß § 87 **5**
GWB ohne Rücksicht auf den Streitwert die Landgerichte ausschließlich sachlich zuständig. Funktionell zuständig ist gemäß § 95 Abs. 2 GVG die Kammer für Handelssachen. Für die Rechtsmittel gegen die Entscheidung des Landgerichts gelten die allgemeinen Grundsätze der ZPO.

(2) Erstinstanzliches Rechtsmittel gegen kartellbehördliche Verfügungen gemäß §§ 32 ff. **5a**
GWB ist die Beschwerde. Sie kann sich sowohl gegen Verfügungen, insbesondere die ein kartellbehördliches Verfahren abschließenden Verfügungen der §§ 32–32e und 36 GWB, richten (Anfechtungsbeschwerde, § 63 Abs. 1 GWB), als auch den Erlass einer solchen verfolgen (Verpflichtungsbeschwerde, § 63 Abs. 3 GWB). Hier kann gemäß § 66 GWB binnen eines Monats die schriftliche Beschwerde bei dem für den Sitz der Kartellbehörde zuständigen Oberlandes-

gericht eingereicht werden, § 63 Abs. 4 GWB. In den Fällen der §§ 35–42 GWB entscheidet ausschließlich das wegen des Sitzes des Bundeskartellamts örtlich zuständige OLG Düsseldorf. Zur aufschiebenden Wirkung der Beschwerde und Anordnung der sofortigen Vollziehung vgl. §§ 64 f. GWB. Gegen die Entscheidungen des OLG ist unter den Voraussetzungen des § 74 GWB die Rechtsbeschwerde an den BGH gegeben. Hat das OLG die Rechtsbeschwerde nicht zugelassen, so kann diese Entscheidung gemäß § 75 GWB durch Nichtzulassungsbeschwerde angefochten werden (zum Fortsetzungsfeststellungsinteresse im kartellgerichtlichen Verfahren vgl. BGH GRUR 2002, 1005; zur Anfechtung einer Freigabeerklärung durch Wettbewerber vgl. *Bechtold* NJW 2001, 3159 (3165)).

6 (3) Gegen den *Bußgeldbescheid* einer Kartellbehörde kann Antrag auf gerichtliche Entscheidung gestellt werden. Nach 83 GWB ist für den Einspruch gegen den Bußgeldbescheid nicht wie im allgemeinen OWiG das Amtsgericht zuständig, sondern das Oberlandesgericht, in dessen Bezirk die zuständige Kartellbehörde ihren Sitz hat. Für die Rechtsbeschwerde gegen die erstgerichtliche Entscheidung gemäß § 79 OWiG ist gemäß § 84 GWB der Bundesgerichtshof zuständig (zur Durchsuchung von Geschäftsräumen wegen Beteiligung an Kartellrechtsverstößen im Auftrag der Europäischen Kommission vgl. *Toepel* NStZ 2003, 631 ff.).

7 3. Aufbau und Tätigkeit der fünfköpfigen *Monopolkommission* sind in §§ 44–47 GWB geregelt. Ihre Aufgabe ist die regelmäßige Begutachtung der Entwicklung der Unternehmenskonzentration in der Bundesrepublik wie auch der Anwendung der Vorschriften über die Zusammenschlusskontrolle. In ihren alle zwei Jahre erscheinenden sog. „Hauptgutachten" hat sie auch zu sonstigen aktuellen wettbewerbspolitischen Fragen Stellung zu nehmen. Die Bundesregierung kann die Monopolkommission mit der Erstattung zusätzlicher Gutachten beauftragen. Darüber hinaus kann die Monopolkommission nach ihrem Ermessen Gutachten erstellen. Gemäß § 44 Abs. 3 S. 3 GWB werden die Gutachten von der Monopolkommission veröffentlicht. Die Mitglieder der Kommission werden gemäß § 45 Abs. 2 GWB auf Vorschlag der Bundesregierung durch den Bundespräsidenten berufen. Gemäß § 46 Abs. 1 GWB bedürfen ihre Beschlüsse der Zustimmung von mindestens drei Mitgliedern. Durch § 47 GWB wird eine im Wege der Amtshilfe erfolgende Weiterleitung der für diese Arbeit erforderlichen Daten amtlicher Statistiken an die Monopolkommission gewährleistet. Dies ist erforderlich, da die Monopolkommission keine Kartellbehörde im Sinne der §§ 48 ff. GWB ist und daher auch nicht die entsprechenden Kompetenzen hat. Eine der Monopolkommission vergleichbare Institution gibt es im EU-Kartellrecht nicht.

87. Kapitel. Medienkonvergenz und Medienkonzentrationsrecht

I. Medienkonvergenz

1 1. In den Blick zu nehmen ist die zunehmende Konvergenz der ursprünglich getrennten Mediensektoren und die damit einhergehende Auflösung der Abgrenzungen. Die in den Pressemärkten tätigen Unternehmen sind längst keine reinen Zeitungsverlage mehr, sondern haben damit begonnen, sich andere Medienmärkte zu erschließen. Angesichts der fortschreitenden Medienkonvergenz gewinnt die Frage zunehmend an Bedeutung, wie Zusammenschlüsse zwischen Unternehmen zu behandeln sind, die nicht nur reine Presseunternehmen iSd § 38 Abs. 3 GWB sind, zB weil mindestens eines der sich zusammenschließenden Presseunternehmen an mindestens einem elektronischen Nachrichtenmedium signifikant beteiligt ist. Beispiele sind Beteiligungen von Presseunternehmen am Hörfunk sowie die Vernetzung von Print und Online etwa in der Redaktion mit eigenen Bewegtbild-Angeboten (vgl. *Weberling/Krüger* AfP 2020, 470), beim Vertrieb, im Anzeigengeschäft und beim Marketing. Diese unter dem Begriff des crossmedialen Zusammenschlusses erfassten Mischformen vertikaler und horizontaler Konzentration verstärken bzw. bewirken marktbeherrschende Stellungen zuvorderst durch Synergieeffekte. Wettbewerbsvorteile bestehen in den zusätzlichen Verwertungsmöglichkeiten und günstigeren Produktionsbedingungen durch gemeinsame Nutzung bestimmter Ressourcen wie Recherche, Archive, Dokumentationen, Personal, Korrespondenten, Management und Verwaltung (vgl. *Janik* AfP 2002, 104 (108); Nieschalk S. 79). Durch die verkürzte Wertschöpfungskette von der Erlangung

der Information bis hin zur Verbreitung – so ist es ohne weiteres möglich, die Investition Recherche mehrfach zu nutzen und aus einer recherchierten Information einen Fernsehbeitrag und einen Zeitungsartikel zu machen – wird es den sich zusammenschließenden Unternehmen erleichtert, sich auf den unterschiedlichen Märkten zu positionieren (vgl. *Gounalakis/Zagouras* AfP 2006, 93 (96)). Daneben besteht die Möglichkeit verstärkter crossmedialer Vermarktung, zumal Hinweise eines Rundfunkveranstalters auf eigene Programme und auf Begleitmaterialien, die direkt von diesen Programmen abgeleitet sind, gemäß § 70 Abs. 2 MStV nicht als Werbung gelten. Ein crossmedial verflochtenes Unternehmen wird demnach seine Produkte auf unterschiedlichen medialen Plattformen verbreiten und vermarkten und dadurch ein mediales Gesamtangebot schaffen können (vgl. BKartA 19.1.2006 – B 6–92202-Fa-103/05, S. 63).

2. Im Wege einer verfassungskonformen Auslegung ist eine weite Betrachtung der einzelnen, 2
nicht mehr trennscharf voneinander abgrenzbaren Massenkommunikationsmittel zu befürworten, durch die aus dem Blickwinkel des Demokratieprinzips die Sicherung der Meinungsvielfalt am ehesten zu gewährleisten ist. In der Konsequenz wären damit nicht nur alle herkömmlichen Medien, sondern auch alle technischen Märkte bei der Bewertung crossmedialer Verflechtungen zu berücksichtigen (vgl. *Bretschneider* WRP 2008, 761 (764); *Nieschalk* S. 179). Spätestens die kontroversdiskutierte Untersagung des Zusammenschlusses zwischen der ProSiebenSat.1 Media AG und der Axel Springer AG (vgl. BGH MMR 2011, 60) hat die Lücken des bestehenden Regelwerks, insbesondere die fehlende Definition des Begriffs der vorherrschenden Meinungsmacht auf verwandten Märkten im Bereich der Zusammenschlusskontrolle nach den Regelungen der Meinungsvielfaltssicherung, offenbart (vgl. *Nieschalk* S. 180).

3. Mit Blick auf die Verschränkung der bundes- und landesrechtlichen Bestimmungen zur 3
Verhütung von wirtschaftlicher Konzentration und vorherrschender Meinungsmacht im Medienbereich finden zwischen Bund und Ländern Abstimmungsgespräche statt, um festzustellen, ob die grundsätzliche systematische Trennung zwischen dem wirtschaftlich ausgerichteten Kartellrecht des Bundes einerseits und dem auf die Sicherung der Meinungsvielfalt ausgerichteten Medienkonzentrationsrecht der Länder andererseits durch einen einheitlichen, sowohl wirtschaftliche Machtstellungen als auch Meinungsmacht behandelnden Rechtsrahmen ersetzt werden sollte. Bund und Länder hatten bereits in ihren Koordinierungsgesprächen 2008 übereinstimmend festgestellt, dass das nunmehr in §§ 60 ff. MStV geregelte, rundfunkzentrierte Medienkonzentrationsrecht mit Blick auf die zunehmenden crossmedialen Konzentrationstendenzen einer Überarbeitung bedarf.

Die Länder hatten deshalb bereits 2008 angekündigt, die geltenden Bestimmungen ua unter folgenden Aspekten zu überprüfen: Sind Art und Höhe der Aufgreifschwellen für die vielfaltsorientierte Konzentrationskontrolle heute und in Zukunft noch angemessen? Sind insbesondere die relevanten Zuschauermarktanteile klar genug geregelt? Gewährleisten die entsprechenden Regelungen hinreichende Rechtssicherheit? Ist eine neue Gewichtung der Aktivitäten der Inhalteanbieter in den einzelnen Teilmärkten notwendig? Müssen die Kriterien für eine valide Gesamtbewertung der Meinungsmacht der einzelnen Anbieter fortentwickelt werden? Empfehlen sich Erweiterungen der Pflichten zur Offenlegung von Unternehmensverflechtungen und Kapitalbeteiligungen? Welche Bedeutung haben die Onlineaktivitäten der Verlage unter besonderer Berücksichtigung der Konkurrenz durch die öffentlich-rechtlichen Rundfunkanstalten? Welche Relevanz haben der Onlinebereich und die sonstigen elektronischen Angebote unter Einschluss von Suchmaschinen und elektronischen Programmführern für die Meinungsvielfalt in Zukunft? Welche Rolle spielen Telekommunikationsunternehmen angesichts von Digitalisierung und Konvergenz künftig im Medienbereich? Laufen klassische Inhalteanbieter Gefahr, durch integrierte Angebote der Telekommunikationsunternehmen in eine strukturelle Defensive zu geraten? Was folgt daraus für das Medienkonzentrationsrecht? Welche Rolle kann und soll der öffentlich-rechtliche Rundfunk künftig bei der Sicherung der Medienvielfalt im regionalen und lokalen Bereich spielen? Welche Gefahren gehen für die Meinungsvielfalt in Deutschland von den Aktivitäten reiner Finanzinvestoren sowie ausländischen Beteiligungen an und Übernahmen von deutschen Medienunternehmen aus? Welche Möglichkeiten bestehen, die kartell- und medienkonzentrationsrechtlichen Verfahren bei Bundeskartellamt und Landesmedienanstalten stärker als bisher zu verzahnen, damit effektiver zu gestalten und zugleich zu vereinfachen? (vgl. Bundesregierung, Medien- und Kommunikationsbericht 2008, S. 52 ff.).

4 4. Unternehmenszusammenschlüsse in der Medienbranche stellen somit zunehmend crossmediale Zusammenschlüsse dar, für die das geltende Recht kein exakt passendes Regelwerk vorhält. So bestehen etwa für das bundesweit verbreitete private Fernsehen keine gesetzlichen Bestimmungen, welche die wechselseitige Beteiligung von Fernsehveranstaltern und Presseunternehmen reglementieren (vgl. https://www.kek-online.de/medienkonzentration/medienrelevante-verwandte-maerkte/tageszeitungen/). Der Meinungseinfluss der Tageszeitungen kann jedoch lediglich bei der Beurteilung der Meinungsmacht eines Unternehmens im Rahmen der Aktivitäten auf medienrelevanten verwandten Märkten berücksichtigt werden, § 60 Abs. 2 S. 2 und Abs. 1 MStV.

Die Prüfung und Bewertung eines im vorstehend definierten Sinne crossmedialen konglomeraten Unternehmenszusammenschlusses erfolgt in zwei Verfahren durch zwei Behörden: Die Prüfung des Fusionsvorhabens erfolgt durch das Bundeskartellamt, das medienrechtliche Zulassungsverfahren erfolgt vor der zuständigen Landesmedienanstalt. Materiell-rechtlich ist zwischen den kartellrechtlichen Erwägungen, die im Hinblick auf das Funktionieren des wirtschaftlichen Wettbewerbs entscheidungserheblich sind, und den publizistischen Aspekten, die im Zusammenhang mit der Wahrung von Meinungsvielfalt relevant sind, zu unterscheiden (vgl. *Bretschneider* WRP 2008, 761 (763)). Angesichts ihrer unterschiedlichen Schutzrichtungen – das GWB schützt den Wettbewerb, der MStV schützt die Meinungsvielfalt im privaten Rundfunk und Fernsehen – finden die Regelungen des GWB und jene des MStV auf crossmediale Unternehmenszusammenschlüsse nebeneinander Anwendung (vgl. zur Vorgängerbestimmung Binder/Vesting/*Trute* RStV § 26 Rn. 8; *Bohne* WRP 2006, 540 (542); Nieschalk S. 80).

II. Kartellrechtliche Beurteilung crossmedialer Zusammenschlüsse

5 Crossmediale Unternehmenszusammenschlüsse sind nach denselben materiell- und verfahrensrechtlichen Kontrollkriterien zu beurteilen, die für die Kontrolle von Unternehmenszusammenschlüssen im Allgemeinen gelten. Bei der Bewertung eines crossmedialen Zusammenschlussvorhabens ist im Rahmen der materiellen Fusionskontrolle von sachlich und räumlich getrennten, wenn auch benachbarten Märkten auszugehen, da die Medien erhebliche Unterschiede in der Wahrnehmung aufweisen (vgl. *Bretschneider* WRP 2008, 761 (763); *Parlasca* WuW 1994, 210 (215)). Eine marktübergreifende Unternehmensmacht mit der Folge einer Minderung potenziellen Wettbewerbs kann sich deshalb nur ergeben, wenn die Marktaktivitäten der zu beurteilenden Unternehmen eine besondere Nähe aufweisen (vgl. Bechtold/Bosch GWB § 36 Rn. 26).

Das Bundeskartellamt hat bei der Prüfung des Zusammenschlussvorhabens *Axel Springer AG/ProSiebenSat.1Media AG* verschiedene Erscheinungsformen von crossmedialen Effekten herausgearbeitet, in denen ein solches Näheverhältnis angenommen werden könne. Nach seiner Einschätzung sind spürbare Effekte von crossmedialen Verflechtungen vor allem in den Bereichen der kommerziellen Werbung zu erwarten. Neben der crossmedialen Werbung zu Gunsten eigener Produkte könnten die Unternehmen ihre Marktposition vor allem auch durch crossmediale Werbekampagnen und publizistische Cross-Promotion verbessern. Im Fall *Axel Springer AG/ProSiebenSat.1Media AG* wurde von einer strengen Marktabgrenzung abgesehen und ein einheitlicher Medienwerbemarkt konstruiert, um auf diese Weise der besonderen Problematik gerecht zu werden (vgl. BKartA 19.1.2006 – B 6–92202-Fa-103/05, S. 51 ff.; *Bretschneider* WRP 2008, 761 (763)).

III. Meinungsvielfaltssicherung nach §§ 60 ff. MStV

6 1. Die rundfunkspezifischen Konzentrationsregelungen dienen der Sicherung der Meinungsvielfalt. Die §§ 60 ff. MStV gestatten den Erwerb von Medieneigentum nur innerhalb bestimmter Grenzen, um das Entstehen vorherrschender Meinungsmacht zu verhindern (vgl. BVerfGE 73, 118 (160)). Die Regelungen des MStV zur Sicherung der Meinungsvielfalt umfassen als Kernelemente die Konzentrationskontrolle und die positive Vielfaltsicherung. Hierdurch soll sichergestellt werden, dass die Vielfalt der bestehenden Meinungen möglichst breit und vollständig zum Ausdruck kommt (https://www.kek-online.de/medienkonzentration/konzentrationskontrolle/).

2. Ausgangspunkt der Beurteilung nach den Regelungen der Meinungsvielfaltssicherung ist der Zuschaueranteil des an dem Konglomerat beteiligten Fernsehveranstalters (vgl. *Bretschneider* WRP 2008, 761 (764)). Grundsätzlich kann jedes Unternehmen eine unbegrenzte Anzahl von Programmen veranstalten, solange es hierdurch keine vorherrschende Meinungsmacht erlangt, § 60 Abs. 1 MStV. Anders als im Kartellrecht bestehen insoweit auch Grenzen für das interne Unternehmenswachstum (vgl. zur Vorgängerbestimmung Binder/Vesting/*Trute* RStV § 26 Rn. 8). Für die Ermittlung der Meinungsmacht ist die publizistische Wirkung durch den Zuschauermarktanteil maßgeblich, den ein Unternehmen mit seinen Beteiligungen an den elektronischen Medien erreicht (vgl. zur Vorgängerbestimmung Binder/Vesting/*Trute* RStV § 26 Rn. 18, 22). In die hierfür maßgebliche Berechnung werden gemäß § 61 Abs. 1 MStV alle deutschsprachigen Programme des öffentlich-rechtlichen und des bundesweit empfangbaren privaten Rundfunks einbezogen. Die vorherrschende Meinungsmacht eines Veranstalters wird gemäß § 60 Abs. 2 S. 1 MStV vermutet, wenn der Zuschaueranteil im Durchschnitt eines Jahres 30 Prozent beträgt bzw. gemäß § 60 Abs. 2 S. 2 MStV bereits bei 25 Prozent vermutet, wenn das Unternehmen auf einem medienrelevanten verwandten Markt mit marktbeherrschender Stellung tätig ist. Hat ein Unternehmen vorherrschende Meinungsmacht erlangt, wird ihm gemäß § 60 Abs. 3 MStV keine weitere Zulassung erteilt und es muss gemäß § 60 Abs. 4 MStV Beteiligungen aufgeben. Zum Zuschauermarktanteil zählen gemäß § 62 Abs. 1 S. 1 MStV sämtliche Programme, die ein Unternehmen selbst veranstaltet sowie solche, die von einem Unternehmen veranstaltet werden, an dem es unmittelbar mit mindestens 25 Prozent der Kapital- oder Stimmrechtsanteile beteiligt ist. Indirekte Beteiligungen werden gemäß § 62 Abs. 1 S. 2 MStV nach den Regelungen über verbundene Unternehmen nach §§ 15 ff. AktG berücksichtigt. Bei der Zurechnung von Programmen bzw. Zuschaueranteilen sind gemäß § 62 Abs. 3 MStV auch ausländische Unternehmen einzubeziehen. Auf den Sitz des Veranstalters kommt es nicht an, solange es sich um ein deutschsprachiges Programm handelt (vgl. zur Vorgängerbestimmung Binder/Vesting/*Trute* RStV § 28 Rn. 16). Die Einhaltung der rundfunkspezifischen Konzentrationsregelungen obliegt gemäß § 60 Abs. 4 und Abs. 6 MStV den Landesmedienanstalten. Das Ergebnis dieser Prüfung ist gemäß § 60 Abs. 3 bzw. 4 MStV Voraussetzung für Erteilung bzw. Bestand einer rundfunkrechtlichen Lizenz. Unterstützt wird die jeweilige Landesmedienanstalt von der weisungsunabhängigen KEK (vgl. https://www.kek-online.de/ueber-uns/auftrag/), die gemäß § 105 Abs. 3 S. 1 MStV die abschließende Beurteilung von Fragen zur Sicherung von Meinungsvielfalt vornimmt. Hierdurch soll eine bundeseinheitliche Konzentrationskontrolle im Medienbereich erreicht werden (vgl. Bundesregierung, Medien- und Kommunikationsbericht 2008, S. 50). **7**

Nach einer Bonusregelung können bei der Berechnung des maßgeblichen Zuschaueranteils vom tatsächlichen Zuschaueranteil für die Aufnahme von Regionalfensterprogrammen zwei bzw. drei weitere Prozentpunkte für die gleichzeitige Aufnahme von Sendezeiten für Dritte in Abzug gebracht werden. Fensterprogramme sind Teil der positiven Vielfaltsicherung (https://www.kek-online.de/medienkonzentration/konzentrationskontrolle/).

3. Für die Beurteilung, welche Programme und sonstigen Medienaktivitäten einem Unternehmen zuzurechnen sind, kommt es auf die gesellschaftsrechtlichen Inhaber- und Beteiligungsverhältnisse an. Die Voraussetzungen für die Zurechnung von Programmen sind in § 62 MStV geregelt. **8**

4. Die Regelungen des MStV zur Sicherung der Meinungsvielfalt sehen vor, dass bei der Beurteilung vorherrschender Meinungsmacht eines Fernsehveranstalters auch medienrelevante verwandte Märkte einzubeziehen sind (§ 60 Abs. 2 S. 2 MStV). Der Begriff des medienrelevanten verwandten Marktes ist im RStV nicht definiert. Die amtliche Begründung zur Vorgängerbestimmung § 26 RStV zählt exemplarisch Werbung, Hörfunk, Presse, Rechte und Produktion auf. Die Aufzählung ist jedoch nicht abschließend (https://www.kek-online.de/medienkonzentration/medienrelevante-verwandte-maerkte/). **9**

a) Die Bewertung crossmedialer Verflechtungen unter dem Gesichtspunkt der Meinungsvielfaltssicherung zielt darauf ab, den Einfluss eines Medienkonglomerats auf die öffentliche und private Meinungsbildung zu bestimmen. Insofern stellt sich die Frage, welche Medien oder sonstige Angebote überhaupt Meinungsrelevanz besitzen (vgl. Maunz/Dürig/*Grabenwarter* GG Art. 5 Rn. 640 f.). Aus dem Begriff „medienrelevante verwandte Märkte" in § 60 Abs. 2 MStV **10** folgt, dass der Gesetzgeber neben dem Rundfunk auch anderen Medien Meinungsrelevanz zuerkennt.

11 b) Erste tatbestandliche Alternative für das Auslösen der Vermutungsregel nach § 60 Abs. 2 S. 2 MStV ist das Vorliegen einer nach § 18 GWB zu ermittelnden marktbeherrschenden Stellung auf medienrelevanten verwandten Märkten (vgl. zur Vorgängerbestimmung Binder/Vesting/*Trute* RStV § 26 Rn. 47). Zwar soll hierbei die Zweckbestimmung der Meinungsvielfaltssicherung im Vordergrund stehen. Dies führt aber nicht dazu, die medienrelevanten Märkte losgelöst vom Bedarfsmarktkonzept zu bestimmen (vgl. *Gounalakis/Zagouras* AfP 2006, 93 (96 f.)).

12 c) Die zweite in § 60 Abs. 2 S. 2 MStV angeführte Alternative erfordert eine Gesamtbeurteilung des Unternehmens im Fernsehen und auf medienrelevanten Märkten. Ergibt diese Gesamtbetrachtung, dass der dadurch erzielte Meinungseinfluss dem eines Unternehmens mit einem Zuschaueranteil von 30 Prozent Fernsehen entspricht, tritt die Vermutungswirkung ein (vgl. zur Vorgängerbestimmung Binder/Vesting/*Trute* RStV § 26 Rn. 50). In diesem Fall hat die KEK die Nutzeranteile auf den benachbarten Märkten in Zuschaueranteile auf dem Fernsehmarkt „umzurechnen". Die KEK bezieht dabei alle Ressourcen ein, mit deren Hilfe der Veranstalter über seine eigenen Programme hinaus den Inhalt des Gesamtangebots im bundesweiten Fernsehen beeinflussen kann (vgl. Binder/Vesting/*Trute* RStV § 26 Rn. 51). Kriterien sind die Suggestivkraft eines Mediums, seine Breitenwirkung nach Maßgabe der Reichweite und seine Aktualität (vgl. *Mailänder* AfP 2007, 297 (301)). Diese sind jedoch im Hinblick auf die funktionale Äquivalenz nur schwer zu operationalisieren, so dass die Gesamtbewertung mit Unsicherheiten behaftet ist (vgl. Binder/Vesting/*Trute* RStV § 26 Rn. 51). So griff die KEK bei der Bewertung des Meinungseinflusses der Tagespresse in Bezug auf den Fernsehmarkt bei der Beurteilung des Zusammenschlussvorhabens *Axel Springer AG/ProSiebenSat.1 Media AG* auf Erfahrungswerte und kommunikationswissenschaftliche Analysen zurück (vgl. *Bretschneider* WRP 2008, 761 (765)) und wurde dafür heftig kritisiert. Beklagt wurde insbesondere, dass die KEK den ihr als besonderes Sachverständigengremium eingeräumten, nur eingeschränkt justiziablen Beurteilungsspielraum trotz unüberhörbarer Forderungen nach einem förmlichen Verfahren vollumfänglich ausgeschöpft habe (vgl. *Bremer/Grünwald* MMR 2009, 80 ff.).

IV. Rechtsprobleme eines einheitlichen (europäischen) Medienkonzentrationsrechts

13 1. Mit Blick auf die zunehmende Konvergenz der vormals getrennten Mediensektoren und der damit einhergehenden Auflösung überkommener Abgrenzungen zwischen den einzelnen Mediensektoren stellt sich die Frage nach den Rahmenbedingungen für die Schaffung eines einheitlichen Medienkonzentrationsrechts. Zwar wäre ein solcher Reformansatz mit einer Vielzahl verfassungsrechtlicher und praktischer Probleme behaftet (vgl. *Schulz/Held,* Die Zukunft der Kontrolle der Meinungsmacht, S. 88; Münchner Kreis, Elektronische Medien – Entwicklung und Regulierungsbedarf, Zusammenfassung, S. 10), nimmt man die verfassungsgerichtlichen Vorgaben der institutionellen Garantie des Staates für ein freies Medienwesen jedoch Ernst, verbietet es sich, Presseunternehmen dem freien Spiel der Kräfte des Markts zu überlassen (vgl. *Rößner* marktintern 11/19, S. 6 f.; *Nieschalk* S. 41).

14 2. Angesichts der erheblich höheren Aufgreifschwellen im EU-Kartellrecht würde die Schaffung eines einheitlichen europäischen Medienkonzentrationsrechts zu einem gegenüber der bestehenden Rechtslage erheblich geringeren kartellaufsichtlichen Kontrollniveau führen.

15 a) Zwar ist im Bereich der Medienwirtschaft seit geraumer Zeit eine deutliche Zunahme der grenzüberschreitenden Konzentration festzustellen, deren Hauptursachen die durch die Digitalisierung veränderten Wertschöpfungsketten und der damit einhergehende Trend zu integrierten Medienunternehmen sind. Durch die seit Ende der 1980er Jahre entstandenen neuen Betätigungs- und Investitionsmöglichkeiten für Medienunternehmen in den zuvor kommunistischen Staaten sowie die zunehmenden Aktivitäten von global agierenden Finanzinvestoren in der Medienbranche wurde dieser Trend noch verstärkt (vgl. Bundesregierung, Medien- und Kommunikationsbericht 2008, S. 59). Trotz der steigenden Tendenz zu grenzüberschreitenden Investitionen und Verflechtungen im Medienbereich sind die Nutzermärkte im Kern national

bzw. regional geblieben. Die Medien sind unverändert an traditionelle Kultur- und Sprachräume sowie nationale Identitäten gebunden (vgl. Hans-Bredow-Institut, Zur Entwicklung der Medien in Deutschland zwischen 1998 und 2007, S. 296) Zwar gibt es im Medienbereich grenzüberschreitende Marktmachtstellungen, jedoch haben diese bislang keine Meinungsmacht mit grenzüberschreitender Wirkung entstehen lassen (vgl. *Hepp* APuZ 2008, 9 (12f.); Bundesregierung, Medien- und Kommunikationsbericht 2008, S. 59). Vielmehr verbleiben die publizistischen Wirkungen auch international aktiver Medienunternehmen in den jeweiligen kulturellen, regionalen und sprachlichen Grenzen und damit in der Sphäre der einzelnen Mitgliedstaaten der EU (vgl. Hans-Bredow-Institut, Zur Entwicklung der Medien in Deutschland zwischen 1998 und 2007, S. 296). Daran dürfte sich auch in absehbarer Zukunft nicht viel ändern. Damit würde ein europäisches, an der Sicherung der Meinungsvielfalt orientiertes Medienkonzentrationsrecht sein Regelungsziel weitgehend verfehlen und faktisch leerlaufen (vgl. Bundesregierung, Medien- und Kommunikationsbericht 2008, S. 59).

b) Zudem fehlt es an einer Kompetenz der EU für die Schaffung eines europäischen Medien- **16** konzentrationsrechts (vgl. Bundesregierung, Medien- und Kommunikationsbericht 2008, S. 60; *Drechsler* in Weberling/Freitag S. 53 (55); aA: *Goulanakis/Zagouras* ZUM 2006, 716ff.). Da ein solches nicht auf die Beseitigung von Hindernissen des gemeinsamen Binnenmarkts der Mitgliedstaaten der EU abzielen würde, sondern den – im Kern nicht grenzüberschreitenden – publizistischen Wettbewerb zum Gegenstand hätte, könnte sich die EU nicht auf die Ermächtigungen zur Regulierung des Binnenmarkts stützen (vgl. Bundesregierung, Medien- und Kommunikationsbericht 2008, S. 60). Die Eindeutigkeit dieser Einschätzung erscheint insofern fraglich, als sich die EG in der „Richtlinie 2003/33/EG des Europäischen Parlaments und des Rates vom 26.5.2003 zur Angleichung der Rechts- und Verwaltungsvorschriften der Mitgliedstaaten über Werbung und Sponsoring zugunsten von Tabakerzeugnissen (Tabakrichtlinie)" jedenfalls die Befugnis zur Regelung „kommerzieller Kommunikation" angemaßt hat. Ein europäisches Medienkonzentrationsrecht beträfe zuvorderst kulturelle Belange der Mitgliedstaaten. Gemäß Art. 167 AEUV darf die EU lediglich unterstützend und ergänzend im kulturellen Bereich tätig werden. Rechtssetzendes Tätigwerden ist ihr indes nicht gestattet (vgl. *Drechsler* in Weberling/Freitag S. 53). Selbst wenn europarechtliche Harmonisierungen hiernach denkbar wären, unterfielen sie dem gemeinschaftsrechtlichen Subsidiaritätsgrundsatz, der das Vorliegen zwingender Gründe dafür vorschreibt, allen Mitgliedstaaten einen einheitlichen rechtlichen Rahmen vorzugeben (vgl. Bundesregierung, Medien- und Kommunikationsbericht 2008, S. 60). Angesichts der unverändert sachlich und räumlich national begrenzten Medienmärkte ist dies nicht der Fall. Sonstige Kompetenztitel der EU für die Schaffung eines europäischen Medienkonzentrationsrechts sind nicht ersichtlich (vgl. Bundesregierung, Medien- und Kommunikationsbericht 2008, S. 60; *Drechsler* in Weberling/Freitag S. 53, 56).

c) Abgesehen davon ist die Regelung der äußeren Verfasstheit des Pressewesens der europa- **17** rechtlichen Harmonisierung entzogen. Die EU hat keine Allzuständigkeit und ist dem Prinzip der begrenzten Einzelermächtigung zufolge nur zur Regulierung des Wettbewerbs und der Wirtschaft berufen, nicht aber zur Regelung der äußeren Verfasstheit des Pressewesens (vgl. *Heintschel von Heinegg* in Weberling/Wallraf/Deters S. 101 (103f.)). Innerhalb der Mitgliedstaaten besteht keine gemeinsame demokratische und rechtsstaatliche Tradition, die ein vergleichbares Schutzniveau in Bezug auf die Verfasstheit des Pressewesens erwarten ließe (vgl. *Heintschel von Heinegg* in Weberling/Wallraf/Deters S. 101 (120)). Auch der Schutz der Presse ist in den einzelnen Mitgliedstaaten – blickt man auf die derzeit beobachtbaren Rechtsentwicklungen ua in Polen und Ungarn – unterschiedlich ausgestaltet. Diesen Ausgestaltungen liegen unterschiedliche rechtliche, politische und gesellschaftliche Kulturen zu Grunde. Selbst Länder, die über ähnlich lange Demokratieerfahrungen wie die Bundesrepublik Deutschland verfügen wie etwa Italien, ermangelt es eines hinreichenden Schutzniveaus in Bezug auf die äußere Verfasstheit des Pressewesens (vgl. *Nieschalk* S. 184).

d) Die mit einem einheitlichen europäischen Medienkonzentrationsrecht einhergehende **18** Schaffung einer rechtlichen Grundlage für weitergehende ausländische Eigentümerschaft an nationalen Nachrichtenmedien begegnet daneben Vorbehalten, die aus der institutionellen Garantie für ein freies Pressewesen folgen. Für den Bereich der inneren Verfasstheit der Presse hat das Bundesverfassungsgericht festgestellt, dass eine Beeinträchtigung des Instituts der freien

Presse auch vorliegen könne, wenn der Staat Presseunternehmen fremden, nicht-staatlichen Einflüssen aussetze (vgl. BVerfGE 52, 283 (296 f.)). Auf Grund des durch Art. 5 Abs. 1 S. 2 GG begründeten Postulats, der Freiheit der Presse umfassend Rechnung zu tragen (vgl. BVerfGE 20, 162 (175) – Spiegel), kann für die äußere Verfasstheit der Presse insofern nichts Anderes gelten. Da ausländische Medienkonzerne oder Finanzinvestoren in der Regel ein weniger starkes Interesse an der nationalen Identität und Kultur eines Landes haben werden als regional oder lokal verhaftete Unternehmen, sind solche Beeinträchtigungen grundsätzlich denkbar. Beispielhaft seien hier die vieldiskutierten Fälle „Berliner Zeitung" und „ProSiebenSat.1-Sendergruppe" angeführt, für welche sich die Engagements ausländischer Investoren nach Ansicht von Kritikern verheerend ausgewirkt hätten (vgl. *Elitz* Der Tagesspiegel, 7.9.2008, S. 31). Ausländische Eigentümerschaft von Nachrichtenmedien kann sich als eine Bedrohung für die Medienlandschaft (vgl. *Nieschalk* S. 185) und auf nächster Stufe für die nationalen demokratischen Arrangements eines Landes erweisen. Der auf die institutionelle Garantie der freien privatwirtschaftlich organisierten Presse gemäß Art. 5 Abs. 1 S. 2 GG verpflichtete deutsche Gesetzgeber (vgl. BVerfGE 20, 162 (174 f.) – Spiegel) ist insoweit verpflichtet, auch derartige Tendenzen nicht durch die Schaffung eines supranationalen Medienkonzentrationsrechts zumindest mittelbar zu befördern, sondern ihnen frühzeitig und wirksam entgegenzutreten. Insofern besteht zwar kein verfassungsrechtliches Gebot, Anteile ausländischer Investoren an deutschen Medienunternehmen zu begrenzen, gleichwohl ist dem Staat das (mittelbare) Befördern solcher Beteiligungen gleichsam nicht gestattet (vgl. *Nieschalk* S. 185).

19 e) Auf Grund des engen Anwendungsbereichs des Außenwirtschaftsgesetzes (AWG) und der Außenwirtschaftsverordnung (AWV) unterliegen ausländische Investitionen im Medienbereich regelmäßig keiner Prüfung. Das AWG und die AWV setzen zu hohe Anforderungen an eine Untersagung oder Auflagen für einen Erwerb: Zwingende europarechtliche Voraussetzung ist eine Gefährdung der öffentlichen Ordnung oder Sicherheit durch die Investition (vgl. Bundesregierung, Medien- und Kommunikationsbericht 2008, S. 56). Nach der Rechtsprechung des EuGH müsste eine tatsächliche und hinreichend schwere Gefährdung der öffentlichen Ordnung oder Sicherheit der Bundesrepublik Deutschland vorliegen, die ein Grundinteresse der Gesellschaft berührt. Eine solche Gefährdung setzte voraus, dass eine ausländische Beteiligung im Medienbereich eine erhebliche Beeinträchtigung der Meinungsvielfalt oder eine gezielte Beeinflussung der politischen Meinungs- und Willensbildung in Deutschland bewirken würde, da in einem solchen Fall ein Kernbereich der nationalen Verfassungsordnung berührt wäre (vgl. Bundesregierung, Medien- und Kommunikationsbericht 2008, S. 56). Hier besteht das unauflösbare Problem, dass derartige Medienengagements im Hinblick auf die europäische Wirtschaftsverfassung einerseits systemimmanent, andererseits geeignet sind, die für die Demokratie eines Landes elementare Medienverfassung zu gefährden. Auch aus diesem Grund gebietet die institutionelle Garantie des Staates für ein freies Pressewesen insofern äußerste Zurückhaltung (vgl. *Nieschalk* S. 185).

20 3. Über 40 Jahre nach Inkrafttreten der Pressefusionskontrolle konnte der Wettbewerb auf den Märkten der Lokal- und Regionalberichterstattung zumindest erhalten bleiben. Die Pressefusionskontrolle konnte die Entstehung „publizistischer Flickenteppiche" nicht verhindern, aber den einer Übernahme durch Medienkonzerne regelmäßig vorangehenden zerstörerischen Wettbewerb eindämmen. Die unternehmerische publizistische Vielfalt im Printbereich wurde zwar – offenkundig unwiederbringlich – weiter ausgedünnt, jedoch nicht in so starkem Maße wie vor der Einführung der pressespezifischen Marktstrukturkontrolle oder im Referenzzeitraum in anderen Ländern (vgl. *Nieschalk* S. 188). Die Entwicklung der von regionalen Monopolen geprägten Presselandschaft in den neuen Bundesländern unter dem geltenden Regelwerk hat gezeigt, dass eine engere Vermaschung des publizistischen Flickenteppichs verzögert werden konnte, gleichzeitig aber verdeutlicht, dass die Marktstrukturkontrolle die Marktzutrittschancen potenzieller Wettbewerber in keiner Weise verbessert. Die Krise der Struktur des Pressewesens wird insbesondere an der gegenüber vorangegangenen Referenzzeiträumen verschlechterten wirtschaftlichen Situation von Presseunternehmen sowie der verschlechterten wirtschaftlichen Situation von Presseunternehmen gegenüber Unternehmen anderer Mediengattungen festgemacht. Auch auf politischer Seite wird der Handlungsbedarf zur Änderung der Marktstrukturkontrolle des Pressewesens damit begründet, „die Spielräume der Verlage zur Stabilisierung ihrer wirtschaftlichen Basis durch Zusammenschlüsse" zu erweitern und ihre „Wettbewerbsfähigkeit zu steigern" (vgl. Bundesministerium für Wirtschaft und Technologie, Referentenentwurf zur 8. Novelle des GWB, S. 27 f.).

Soweit die ökonomische Lage auf dem Zeitungsmarkt den Anlass dafür bieten soll, durch die bestehende Gesetzeslage angeblich verhindertes Wachstum durch erleichtertes externes Wachstum zu ermöglichen, wird verkannt, dass Wesenselement der marktwirtschaftlichen Wirtschaftsordnung das in freiem unternehmerischen Wettbewerb zu erzielende interne Unternehmenswachstum ist (vgl. *Nieschalk* S. 174). Mit anderen Worten ist es nicht die Aufgabe des Wirtschaftsrechts, Marktentwicklungen umzusteuern (vgl. *Hansen,* Politik und wirtschaftlicher Wettbewerb in der Globalisierung, S. 96).

a) Allerdings weist die geltende Regelung auch unbestreitbare Defizite auf. Das „Anfallprinzip" der geltenden Marktstrukturkontrolle bedingt, dass das Bundeskartellamt Marktentwicklungen nur fallbezogen prüft. Beispielhaft sei hier nur die im Ergebnis nicht entscheidungserhebliche Einschätzung des Bundeskartellamts zur Austauschbarkeit von Print- und Online-Angeboten genannt. So seien Online-Anzeigen deshalb nicht in den relevanten Anzeigenmarkt einzubeziehen, da sie wegen der unterschiedlichen Verfügbarkeit der betreffenden Informationen nicht als funktionell austauschbar anzusehen seien. Bei der Schaltung von Werbung im Internet sei die Anzeige für den Leser nicht zu jeder Zeit und praktisch an jedem Ort verfügbar, so dass das Internet als eine mit einer regionalen Tageszeitung oder einem Anzeigenblatt austauschbare Informationsquelle ausscheide (vgl. BKartA 26.1.2006 – B 6–138/05, S. 24). Diese Feststellungen erschienen angesichts der mobilen Internet-Technologie bereits für das Jahr 2006 fraglich. Offenkundig hatte sich das Bundeskartellamt mit dieser Problematik zuvor noch nicht befassen müssen. Vor ständigen Marktanalysen durch das Bundeskartellamt selbst steht jedoch das Verbot der laufenden Verhaltenskontrolle in § 40 Abs. 3 S. 2 GWB. **21**

b) Die bestehende Rechtslage ist zudem rechtsdogmatisch unbefriedigend. Der in § 38 Abs. 3 GWB festgeschriebene Multiplikator „8" ist sachlich durch keine bestimmte legislatorische Zielvorgabe für den Wettbewerbsmarkt der Tageszeitungsproduktion begründet und angesichts der weitreichenden finanziellen Auswirkungen für die Kooperationsmöglichkeiten zwischen Presseunternehmen unter dem verfassungsrechtlichen Gleichbehandlungsgebot bedenklich. Es fehlt zumindest an einem sachlichen Grund, weshalb der maßgebliche Multiplikator „8" lautet. Ein solcher lässt sich ebenso schwer begründen, wie die gesetzliche Festschreibung anderer Multiplikatoren, etwa „4", „6" oder auch „20". Dies führt zu Unsicherheiten bei der Rechtsanwendung, insbesondere im Randbereich der Schwellenwerte. Der Multiplikator „8" setzt die Pressebranche und die übrige Wirtschaft in ein feststehendes Verhältnis zueinander, das der Realität von vornherein nicht entsprechen kann. Zudem sind Verkaufszahlen und damit einhergehend Umsätze allein nicht maßgebend, um die Auswirkungen eines Nachrichtenmediums auf die öffentliche Willensbildung feststellen zu können (vgl. Maunz/Dürig/*Grabenwarter* GG Art. 5 Rn. 640 f.). Ein sachlicher Grund besteht insofern weder für den bestehenden Multiplikator „8", noch wäre er für einen veränderten Multiplikator herleitbar (vgl. Nieschalk S. 192 f.). **22**

Das gesetzgeberseits ungeklärte Verhältnis zwischen den beiden Umsatzberechnungstatbeständen in § 38 Abs. 2 GWB und § 38 Abs. 3 GWB bedingt zudem unbefriedigende Unsicherheiten bei der Rechtsanwendung (vgl. *Bechtold/Bosch* GWB § 38 Rn. 7). Das Bundeskartellamt hat sich bislang noch nicht zu der Frage verhalten, warum § 38 Abs. 2 GWB im Bereich der Vertriebserlöse von Presseunternehmen keine Berücksichtigung finden soll.

c) Auf Grund der fehlenden Annahme eines marktübergreifenden Wettbewerbs erweist sich die Fusionskontrolle bei konglomeraten Zusammenschlüssen als unzureichend, da sie nur unmittelbare, entscheidende Veränderungen der Marktsituation erfasst. Das Bundeskartellamt ist nach der gesetzlichen Konzeption jedoch nicht in der Lage, Marktentwicklungen hinreichend schnell nachzuvollziehen, da es die Marktrealitäten nur anlässlich der Anmeldung von Zusammenschlussvorhaben erfasst. Dem Wortlaut des § 38 Abs. 3 GWB entsprechend hat es sich hierbei im Medienbereich auf die Wettbewerbsmärkte von Presse- und Rundfunkunternehmen zu beschränken. Das Herausgreifen dieser beiden Mediengattungen ist – vergleichbar der durch die historischen Gegebenheiten zur Zeit der Entstehung des Grundgesetzes bedingten Aufzählung von Presse, Rundfunk und Film in Art. 5 Abs. 1 S. 2 GG – durch die historische Medienwirklichkeit zur Zeit der Entstehung der Norm in den 1970er Jahren bedingt. Ob auf ver- **23** wandten Märkten bereits relevante Umsätze erzielt werden, kann das Bundeskartellamt allein im Rahmen der Prüfung von Zusammenschlüssen von Presse- und Rundfunkunternehmen feststellen. Marktentwicklungen können sich deshalb unterhalb der Wahrnehmung der kartellaufsichtlichen Kontrolle vollziehen (*Nieschalk* S. 193 f.). Es besteht die Gefahr, dass das Bundeskartellamt Marktentwicklungen, die sich etwa im Fall der Social-Media-Plattformen rapide vollzogen haben, um Jahre hinterherläuft und so zu unzutreffenden Einschätzungen gelangt (vgl. *Mundt* Der Tagesspiegel, 28.11.2011, S. 14). Die gesellschaftliche Bedeutung eines Medienunternehmens – hierin liegt gerade die Rechtfertigung für die besonderen Vorgaben zur Berechnung der Umsatzschwellen in § 38 Abs. 3 GWB – hängt nicht nur von dessen Umsatzerlösen ab. Der Gesetzgeber hat dies in § 18 Abs. 2a GWB mittlerweile berücksichtigt.

24 Die nach dem Gesetzeswortlaut nur Zusammenschlüsse von Presse- und Rundfunkunternehmen erfassende Marktstrukturkontrolle berücksichtigt die Wechselwirkungen der Austauschbarkeit von Medienangeboten nicht hinreichend, da eine trennscharfe Abgrenzung der Märkte auf Grund der sich vollziehenden und bereits vollzogenen technischen Entwicklungen nicht mehr möglich ist. Zwar ist ein eine Lokalzeitung publizierendes Presseunternehmen unverändert vornehmlich auf dem Markt für Lokal- oder Regionalberichterstattung tätig, daneben bedient es eine Vielzahl weiterer Nachfragen: Insoweit substituierbar mit Internetangeboten bedient es den Markt für Sportnachrichten, insoweit substituierbar mit bundesweitem Fernsehen bedient es den Markt für bundesweite politische Berichterstattung, insoweit substituierbar mit Fernsehzeitschriften bedient es den Markt für Fernsehprogramminformationen (vgl. *Nieschalk* S. 194).

25 f) Für das bestehende Regelwerk spricht, dass sich dieses – geht man von der ursprünglichen gesetzgeberischen Zielsetzung aus – angesichts der unverändert vorhandenen Anbietervielfalt im Pressebereich bewährt hat. Die Pressefusionskontrolle konnte das massive Sterben kleinerer und mittlerer Presseunternehmen erheblich verzögern. Deutschland hat heute eine unverändert gute Versorgung mit regionalen und lokalen Tageszeitungen. An diesem Erfolg haben sich Novellierungsvorhaben auszurichten.

18. Abschnitt. Pressevertriebsrecht

Literatur:

Badura/von Danwitz/Herdegen/Sedemund/Stern, Postgesetz, 2. Auflage, München 2004; *Bechtold/Bosch,* GWB Gesetz gegen Wettbewerbsbeschränkungen, 9. Auflage, München 2018; *Koller,* Transportrecht, 10. Auflage München 2020; *Löffler,* Presserecht, 5. Auflage, München 2006; *Mann/Smid,* Pressevertriebsrecht, Köln 2008; *Müller-Glöge/Preis/Schmidt,* Erfurter Kommentar zum Arbeitsrecht, 21. Auflage, München 2021; *Paschke/Berlit/Meyer/Kröner,* Hamburger Kommentar. Gesamtes Medienrecht, 4. Auflage, Baden-Baden 2021; *Weberling,* Mögliche Konsequenzen des Gesetzes zur Bekämpfung der „Scheinselbständigkeit" für den Medienbereich, AfP 1999, 236 ff.; *ders.,* Folgerungen aus dem Mindestlohngesetz (MiLoG) für Presseunternehmen, AfP 2014, 417 ff.; *ders.,* Optionen zur Gewährleistung eines angemessenen Ausgleichs für Nachtarbeit, NJ 2019, 432 ff.

88. Kapitel. Postmonopol. Postgeheimnis. Postzeitungsvertrieb

I. Die einschlägigen Bestimmungen des geltenden Postrechts

1. Mit dem **Postgesetz** (PostG) vom 22.12.1997 (BGBl. I S. 3294) verfolgt der Bundesgesetzgeber das ordnungspolitische Ziel, die rechtlichen Rahmenbedingungen zu schaffen, die der Wirtschaft und den Verbrauchern den Zugang zu modernen, preiswerten und kundengerechten Postdienstleistungen eröffnen. Durch Regulierung im Bereich des Postwesens – so die in § 1 PostG ausgedrückte Vorstellung – sollen der Wettbewerb gefördert und flächendeckend angemessene und ausreichende Dienstleistungen gewährleistet werden. **1**

Mit Inkrafttreten des PostG am 1.1.1998 wurden die bestehenden Monopolrechte aber noch nicht aufgehoben. Im Rahmen der durch die gemeinschaftsrechtlichen und der verfassungsrechtlichen Vorgaben eröffneten Möglichkeiten wurden zunächst nur einzelne Teilbereiche für den Wettbewerb geöffnet. Den wesentlichen Markt der Briefbeförderung schützte eine befristete Exklusivlizenz zugunsten der Deutschen Post AG vor Wettbewerb. Diese Lizenz wurde zum 31.12.2007 ersatzlos aufgehoben. **2**

2. Nach § 11 Abs. 1 iVm § 4 Nr. 1 lit. c PostG ist die Beförderung von Zeitschriften und Zeitungen ist nur insoweit als Postdienstleistung anzusehen, als sie durch Unternehmen erfolgt, die Postdienstleistungen nach § 4 Nr. 1 lit. a und b (Brief- und Paketdienstleistungen) PostG erbringen. Diese Einschränkung auf § 4 Nr. 1 lit. a und b PostG bewirkt, dass die Zustellung von Zeitschriften und Zeitungen durch eigens dafür spezialisierte Unternehmen nach dem PostG aus dem Universaldiensteregime der Postdienstleistungen ausgenommen bleibt und damit nicht den Regelungen des PostG unterfällt (vgl. *Badura/von Danwitz/Herdegen/Sedemund/Stern* PostG § 11 Rn. 39). **3**

Umgekehrt ist jedoch die Beförderung von Presseerzeugnissen durch Brief- bzw. Paketdienstleister gem. § 1 Abs. 1 Nr. 3 (Post-Universaldienstleistungsverordnung) PUDLV in den Universaldienst einbezogen. Universaldienstleistungen sind ein Mindestangebot an Postdienstleistungen, die flächendeckend in einer bestimmten Qualität und zu einem erschwinglichen Preis erbracht werden müssen. Hierdurch soll eine flächendeckende Versorgung mit wichtigen Informationsträgern sichergestellt werden. Die Einbeziehung von Printmedien als Träger von kulturellem Wert, die der Befriedigung von Informationsbedürfnissen der Bevölkerung dienen, trägt dem Stellenwert des Art. 5 GG Rechnung (vgl. *Badura/von Danwitz/Herdegen/Sedemund/Stern* PUDLV § 4 Rn. 34). **4**

§ 4 PUDLV regelt die Qualitätsmerkmale der Beförderungen von Zeitungen und Zeitschriften. Nach diesen sind Zeitungen und Zeitschriften im Rahmen des betrieblich Zumutbaren bedarfsgerecht zu befördern. Bedarfsgerecht bedeutet dabei, dass Zeitungen und Zeitschriften entsprechend ihrer Erscheinungsweise zu befördern und an den Endverbraucher auszuliefern sind. Presseprodukte sind darauf angewiesen, möglichst zeitnah beim Kunden einzutreffen. Dies versteht sich bei Tageszeitungen von selbst, gilt aber ebenso für Zeitschriften, die sonst viel von **5** ihrer Aktualität verlieren, wenn sie nicht am Erscheinungstag allgemein verfügbar sind (vgl. Badura/von Danwitz/Herdegen/Sedemund/Stern, § 11 PUDLV § 4 Rn. 4).

II. Der Kontrahierungszwang

6 1. Das Beförderungsmonopol der Post für Zeitungen politischen Inhalts (vgl. § 1 Abs. 1 Ziff. 2 PostG von 1871) wurde bereits durch das PostG von 1969 endgültig abgeschafft (vgl. auch § 2 Abs. 3 Ziff. 2 PostG idFv 14.9.1994 BGBl. I S. 2325, ber. 1996 I S. 103). Auch nach der Privatisierung der Post und dem Wegfall des Postmonopols ist die Presse hinsichtlich der nicht durch den eigenen Zustellungsdienst erreichbaren Abonnenten auf Postdienstleister angewiesen. Daher bestimmt § 3 PDLVo (Postdienstleistungsverordnung), dass Kunden und damit auch die Presse gegenüber Unternehmen, die Postdienstleistungen aufgrund einer Verpflichtung zum Universaldienst nach § 13 oder § 14 des Postgesetzes oder diese Leistungen nach § 56 des Postgesetzes erbringen, einen Anspruch auf Erbringung der entsprechenden Leistungen, dh Beförderung von Presseerzeugnissen gem. § 11 Abs. 1 iVm § 4 Nr. 1 lit. c PostG, haben.

7 Steht fest oder ist zu befürchten, dass eine Universaldienstleistung in einem Gebiet nicht ausreichend erbracht wird, sind die Postdienstleister ab einem Umsatz von 500.000 EUR verpflichtet, nach Maßgabe der §§ 13–17 dazu beizutragen, dass die Universaldienstleistung erbracht werden kann. Sollte sich nach § 13 Abs. 1 PostG kein Unternehmen finden, diese Dienstleistung zu erbringen, kann die Regulierungsbehörde nach § 13 Abs. 2 PostG den Postdienstleister verpflichten, der auf dem räumlich relevanten oder einem räumlich angrenzenden Markt lizenzpflichtige Postdienstleistungen erbringt und auf diesem Markt marktbeherrschend ist. Gibt es mehrere marktbeherrschende Unternehmen, so greift § 13 Abs. 3 PostG und die Behörde kann einen oder mehrere dieser Postdienstleister verpflichten, die Universaldienstleistung zu erbringen. Eine solche Verpflichtung darf die Verpflichteten im Verhältnis zu anderen Postdienstleistern natürlich nicht unbillig benachteiligen. Ist eine Verpflichtung nach § 13 Abs. 2 oder 3 PostG nicht möglich, wird die Universaldienstleistung entsprechend § 14 Abs. 1 PostG ausgeschrieben.

8 Gegen den so gefundenen Postdienstleister hat die Presse einen Anspruch auf Erbringung der entsprechenden Leistungen, dh Beförderung von Presseerzeugnissen gem. § 11 Abs. 1 iVm § 4 Nr. 1 lit. c PostG.

9 2. Die Beförderungspflicht besteht nur bei Erfüllung festgelegter Bedingungen der Gesetze und der Allgemeinen Geschäftsbedingungen. Als beförderungspflichtige Universaldienstleistungen gelten nur solche Zeitungen und Zeitschriften die zu dem Zweck herausgegeben werden, die Öffentlichkeit über Tagesereignisse, Zeit- oder Fachfragen durch presseübliche Berichterstattung zu unterrichten (vgl. *Badura/von Danwitz/Herdegen/Sedemund/Stern* PostG Anh. § 11 Rn. 15 f.). Ein Teil der Rechtsprechung legte diese Merkmale eng aus, die Unterrichtung der Öffentlichkeit muss *alleiniger Zweck* der Herausgabe des Presse-Erzeugnisses sein. Sobald in erster Linie wirtschaftliche oder verbandsinterne Interessen Zweck der Herausgabe sind, entfällt die Privilegierung (vgl. BVerwG AfP 1983, 426 (428); VGH Kassel AfP 1984, 175 zu den wortgleichen Regelungen der früheren PZO bzw. zu Ziff. 4.1.1. Abs. 1 AGB PZD). Zwischenzeitlich hat der BGH klargestellt, dass es für die Zuweisung einer Druckschrift zum Universaldienst der Post iSv § 1 Abs. 1 Nr. 3 PUDLV nicht auf die politische Ausrichtung oder Schwerpunktsetzung der Publikation, sondern ausschließlich auf ihren formalen Zweck ankommt, die Öffentlichkeit über Tagesereignisse, Zeit- oder Fachfragen zu unterrichten (vgl. BGH AfP 2012, 562).

10 Der BGH (AfP 1995, 491; so auch VGH München AfP 1986, 256) entschied zudem, dass sich eine Fachzeitschrift im Rahmen der im Gesetz festgelegten Zulassungsvoraussetzungen hält und auch dann der Unterrichtung der Öffentlichkeit dient, wenn sie eine ganze gewerbliche Berufssparte mit Informationen über ihre berufliche Tätigkeit sowie mit interessanten Neuigkeiten auf dem Laufenden hält. Zur Begründung führte er aus, dass es sich hier nicht um eine Unterrichtung der Öffentlichkeit handele, die den geschäftlichen Interessen eines bestimmten Unternehmens oder auch mehrerer bestimmbarer Unternehmen, Vereine usw diene. Vielmehr liege eine presseübliche Information vor, die eine fachlich interessierte Öffentlichkeit und demgemäß nicht ein individuell bestimmbares Unternehmen mit Informationen versorgt. Fachzeitschriften

mit vergleichbarer Zielsetzung, aber anderem Bezieherkreis können daher auch die Universaldienstleistung in Anspruch nehmen.

Fachspezifische, insbesondere *wirtschaftsfachbezogene* Publikationen werden regelmäßig von den Lesern mit besonderem Interesse genutzt, weil sie die dort vermittelten Informationen im Rahmen ihrer unternehmerischen Dispositionen nutzbringend anwenden können (vgl. BGH AfP 1995, 492). Der von den Wirtschaftsfachzeitschriften initiierte Kommunikationsprozess ist von besonderer Wirksamkeit, was sich gerade darin zeigt, dass die von ihnen publizierten Mitteilungen vom Leser in konkretes unternehmerisches Handeln umgesetzt werden. Zeitungen oder Zeitschriften, die geschäftlichen Interessen der Leser dienen, erbringen also einen *besonderen Beitrag* zur Erfüllung der öffentlichen Aufgabe der Presse. Da die Presse bei der Erfüllung ihrer öffentlichen Aufgabe unterstützt werden soll, wäre es widersprüchlich, Presseerzeugnisse nicht zu fördern, wenn sie geschäftlichen Interessen der Leser dienen. Die faktische Subventionierung der Presse durch den verbilligten Postzeitungsdienst ist mit Art. 5 Abs. 1 S. 2 GG vereinbar, da durch sie keinerlei Einflussnahme auf Inhalt und Gestaltung einzelner Presseerzeugnisse erfolgt sowie Verzerrungen des publizistischen Wettbewerbs insgesamt vermieden werden. Sie wird allen Zeitungen und Zeitschriften ohne Rücksicht auf Tendenz, Leserkreis und Qualität gewährt und nur pressefernen Publikationen versagt, die den geschäftlichen Interessen von Unternehmen, Vereinen, Verbänden oder sonstigen Körperschaften dienen. Es ist dem Staat nicht von vornherein verboten, bei der Subventionierung der Presse nach meinungsneutralen Kriterien zu differenzieren (vgl. BVerfG NJW 1989, 2877 f.; Löffler/*Cornils* LPG § 1 Rn. 170 f.). 11

89. Kapitel. Zeitungszustellung und Presselogistik

I. Stellung und Grundstruktur des Pressevertriebs

1. Nach der Rechtsprechung des BVerfG garantiert das Grundrecht der Pressefreiheit als objektives Recht die Freiheit des Pressewesens insgesamt. Dieser Schutz reicht von der Beschaffung der Information bis zur Verbreitung der Nachricht und der Meinung (vgl. BVerfGE 10, 118 (121) = NJW 1960, 29). Er erfasst im Interesse einer ungehinderten Meinungsverbreitung auch inhaltsferne Hilfsfunktionen von Presseunternehmen. Für die Definition des Schutzbereichs kommt es darauf an, was notwendige Bedingung des Funktionierens einer freien Presse ist. Der Grundrechtsschutz des Art. 5 Abs. 1 GG besteht im Interesse der freien Meinungsbildung und kann deswegen nur durch einen ausreichenden Inhaltsbezug ausgelöst werden. Dieser ist bei presseinternen Hilfstätigkeiten durch den organisatorischen Zusammenhalt des Presseunternehmens regelmäßig gegeben. Für presseexterne Hilfstätigkeiten bleibt es dagegen in der Regel beim Schutz anderer Grundrechte, namentlich des Art. 12 Abs. 1 GG. Etwas anderes gilt jedoch ausnahmsweise im Interesse eines freiheitlichen Pressewesens, wenn eine selbständig ausgeübte, nicht die Herstellung von Presseerzeugnissen betreffende Hilfstätigkeit typischerweise pressebezogen ist, in enger organisatorischer Bindung an die Presse erfolgt, für das Funktionieren einer freien Presse notwendig ist und wenn sich die staatliche Regulierung dieser Tätigkeit zugleich einschränkend auf die Meinungsverbreitung auswirkt (vgl. BVerfG NJW 1988, 1833; Paschke/Berlit/Meyer/Kröner/*Christiansen* 50. Abschnitt Rn. 61). 1

Nach der Rechtsprechung des Bundesverfassungsgerichts gehören zu diesen Hilfstätigkeiten insbesondere die Arbeit der Pressegrossisten (vgl. BVerfG NJW 1988, 1833 (1834); → Rn. 2 ff.), der Vertrieb von Tageszeitungen durch die frühmorgendliche Botenzustellung (vgl. BVerfG NJW 1999, 2106; → Rn. 6 f.) sowie der Straßenverkauf von Sonntagszeitungen (vgl. BVerfG NVwZ 2007, 1306; → Rn. 32 f.).

2. Die wirtschaftliche Bedeutung des Pressevertriebs ist für die Presseverlage insbesondere seit dem Ende des Briefmonopols der Deutschen Post AG am 31.12.2007 erheblich gestiegen (vgl. Mann/Smid/*Mann* A Rn. 71). Als Inhaber oder Vertragspartner von Zustellstrukturen, welche täglich in den Morgenstunden die „letzte Meile“ bis zum Bürger bedienen, lag es auf der Hand, diese Strukturen durch die Mitnahme von Briefen besser auszulasten. Die insbesondere durch das Inkrafttreten des Mindestlohngesetzes (MiLoG) erheblich gestiegenen Personalkosten der Zeitungszustellung machen es für Verlage erforderlich, alle Rationalisierungsmöglichkeiten nicht 2

zuletzt durch die Zusammenlegung von Zustellstrukturen zu nutzen, um die Zeitungszustellung überhaupt aufrechterhalten zu können (vgl. BDZV, Zeitungszahlen 2019, S. 6 ff.).

3 3. Der Vertrieb von Zeitungen und Zeitschriften erfolgt im Wesentlichen im Einzelverkauf über von Unternehmen des Presse-Grosso belieferten Einzelverkaufsstellen bzw. von den Verlagen oder bundesweit tätigen Vertriebsdienstleistern („National-Vertriebe") direkt belieferten Bahnhofsbuchhandlungen oder im Abonnement-Verkauf mittels Direktzustellung durch Zeitungszusteller oder Belieferung über den Postzeitungsdienst. Hinzu gekommen ist der unmittelbare Vertrieb und Verkauf journalistisch-redaktioneller Telemedien über das Internet (vgl. Mann/Smid/*Mann* A Rn. 12; Paschke/Berlit/Meyer/Kröner/*Christiansen* 50. Abschnitt Rn. 62 ff.).

II. Pressevertrieb über den Pressegroßhandel (Presse-Grosso)

4 Das System des Pressevertriebs von Zeitungen und Zeitschriften über den Pressegroßhandel (Presse-Grosso) war insbesondere aufgrund divergierender Gerichtsentscheidungen in Frage gestellt worden (vgl. *Paal* AfP 2012, 1 ff.; *Guggenberger/Ulmer* AfP 2013, 183 ff.; *Kollmann* K&R 2013, 23 ff.). Der Bundesgesetzgeber hat daraufhin in der am 30.6.2013 in Kraft getretenen 8. GWB-Novelle (BGBl. I S. 1738) § 30 GWB um Abs. 2a und Abs. 3 Satz 2 ergänzt (vgl. Bechtold/Bosch GWB § 30 Rn. 1). Danach gilt das allgemeine Verbot wettbewerbsbeschränkender Vereinbarungen in § 1 GWB nicht für Branchenvereinbarungen zwischen Vereinigungen von Unternehmen, die nach § 30 Abs. 1 GWB Preise für Zeitungen oder Zeitschriften binden (Presseverlage), und Vereinigungen von deren Abnehmern, die im Preis gebundene Zeitungen und Zeitschriften mit Remissionsrecht beziehen und mit Remissionsrecht an Letztveräußerer verkaufen (Presse-Grossisten), für die von diesen Vereinigungen jeweils vertretenen Unternehmen. Voraussetzung ist dafür, dass in diesen Branchenvereinbarungen der flächendeckende und diskriminierungsfreie Vertrieb von Zeitungs- und Zeitschriftensortimenten durch die Presse-Grossisten, insbesondere dessen Voraussetzungen und dessen Vergütungen sowie die dadurch abgegoltenen Leistungen geregelt sind. § 30 Abs. 2a S. 2 GWB stellt klar, dass diese Vereinigungen und die von ihnen jeweils vertretenen Presseverlage und Presse-Grossisten insoweit zur Sicherstellung eines flächendeckenden und diskriminierungsfreien Vertriebs von Zeitungen und Zeitschriften im stationären Einzelhandel im Sinne von Art. 106 Abs. 2 AEUV mit Dienstleistungen von allgemeinem wirtschaftlichem Interesse betraut sind (vgl. *Bechtold/Bosch* GWB § 30 Rn. 36 ff.; detailliert 46. Kap. Rn. 2 ff.).

5 Damit steht das auf den Grundsätzen des Dispositionsrechts, des Remissionsrechts, der Preis- und Verwendungsbindung sowie der Verpflichtung der Presse-Grosso-Unternehmen zur Neutralität und Gleichbehandlung aller Presseprodukte bzw. -verlage (vgl. § 2 Abs. 2 LPG Brandenburg) basierende System des Presse-Grosso zur flächendeckenden Belieferung aller Einzelverkaufsstellen nicht mehr ernsthaft in Frage (vgl. *Bechtold/Bosch* GWB § 30 Rn. 44 ff. mwN). Die Auffassung des OLG Düsseldorf, dass das System des Presse-Grosso keine Dienstleistung von allgemeinen wirtschaftlichem Interesse im Sinne von Art. 106 Abs. 2 AUEV sei, wurde vom BGH zu Recht in Anbetracht der besonderen verfassungsrechtlichen Aspekte des Pressevertriebs ausdrücklich nicht geteilt (vgl. BGH AfP 2016, 143 (144 ff.) = GRUR 2016, 304 (305 ff.) mAnm *Alexander/Dörig*). Nach einer Änderung des nach Ansicht des Gesetzgebers bewährten Großhandelsvertriebssystems könnten etwaige negative Entwicklungen auf dem grundrechtssensiblen Presse- und Pressevertriebsmarkt nur schwer oder überhaupt nicht rückgängig gemacht werden. Dagegen schlösse das gegenwärtige, durch zentrale Verhandlungen und Gebietsmonopole gekennzeichnete Pressevertriebssystem Diskriminierungen der Verlage beim Zugang zum Vertrieb ebenso zuverlässig aus, wie es die Überall-Erhältlichkeit von Presseprodukten gewährleistet (vgl. BGH AfP 2016, 143 Rn. 58).

III. Rechtliche Besonderheiten der Zeitungsvertriebs

6 Grundsätzlich erfolgt die Zeitungs- und Zeitschriftenzustellung nach den allgemeinen gesetzlichen Bestimmungen. Die besonderen Anforderungen der insbesondere in den frühen Morgenstunden notwendigen täglichen Zustellung von Tageszeitungen haben vor dem Hintergrund der

nicht zuletzt verfassungsrechtlich geschützten Zustelltätigkeit zu rechtlichen Besonderheiten geführt.

1. Ein Abonnementvertrag über die **Lieferung der Zeitung frei Haus,** verpflichtet den Verlag nicht zur Lieferung der Zeitung bis an die Haustür. Ausreichend ist die Ablage an der Grundstücksgrenze in einem vom Besteller bereitzustellendes geeignetes Behältnis (vgl. AG Hanau NJW 1989, 398; Löffler/*Burkhardt* (5. A.) BT VertriebsR Rn. 64 und 99). Ein Vermieter hat es zu dulden, dass sich ein Mieter die Zeitung an seine Wohnungstür bringen lässt (vgl. AG München NJW-RR 1986, 1144), und ist zudem verpflichtet, dem Zusteller einer vom Mieter bezogenen Tageszeitung einen Schlüssel für die Haustür zu Händen des Verlags oder des Mieters zu übergeben, damit die Zeitung bereits vor 6 Uhr morgens in den Briefkasten des Mieters eingeworfen werden kann (vgl. AG Wedding NJW-RR 1986, 314; Löffler/*Burkhardt* (5. A.) BT VertriebsR Rn. 99). Die beim Zustellunternehmen befindlichen Hausschlüssel sind dementsprechend wichtige Hilfsmittel für die Zustelltätigkeit, die aber nicht die Identität des Zustellunternehmens prägen. Eine Weitergabe der Schlüssel an ein anderes Unternehmen begründet deshalb keinen Betriebsübergang gemäß § 613a BGB (vgl. BAG NJOZ 2015, 1665 Rn. 21; LAG München ReckRS 2014, 71905 Rn. 45 und 96 f.). 7

Sofern Zusteller bei ihrer Zustelltätigkeit ein eigenes oder vom Arbeitgeber gestelltes Kfz nutzen, müssen sie in ihrem Zustellbezirk für die Zustellung der Zeitungen in kurzen Zeitabständen das Fahrzeug verlassen und sind nach § 21a Abs. 1 Nr. 2 StVO nicht verpflichtet, die vorgeschriebenen Sicherheitsgurte anzulegen. 8

Der Vertrieb von gedruckten und digitalen Presseprodukten unterliegt seit Inkrafttreten des Gesetzes zur weiteren steuerlichen Förderung der Elektromobilität und zur Änderung weiterer steuerlicher Vorschriften am 18.12.2019 (BGBl. I S. 2451) mit einem neuen § 12 Abs. 2 Nr. 14 UstG einheitlich dem reduzierten Umsatzsteuersatz. 9

2. Nach § 9 Abs. 1 Arbeitszeitgesetz (ArbZG) dürfen Arbeitnehmer an Sonn- und Feiertagen von 0 bis 24 Uhr nicht beschäftigt werden. Die Beschäftigung von Arbeitnehmern mit dem Austragen von Presseerzeugnissen, darunter auch reine Sonntagszeitungen, ist an Sonn- und Feiertagen jedoch gemäß §§ 10 Abs. 1 Nr. 8, 11 Abs. 3 ArbzG erlaubt, wenn für den Sonntag innerhalb eines Zeitraums von zwei Wochen ein Ersatzruhetag gewährt wird (vgl. ErfK/*Wank* § 10 ArbZG Rn. 11, 11 ArbZG Rn. 3 f.). 10

Die **vergütungspflichtige Arbeitszeit der Zusteller** beurteilt sich nach den konkreten Bedingungen ihrer Tätigkeit. 11

Die Arbeitszeit des Zustellers beginnt nicht erst beim ersten Zeitungsabonnenten, sondern bei der Ablagestelle, die sich im günstigsten Fall im konkret vom Zusteller betreuten Zustellgebiet beim Zusteller direkt vor seiner Haustür befindet. An dieser Ablagestelle übernimmt der Zusteller die jeweiligen Zustellprodukte, befüllt sein Zustellfahrrad bzw. seinen Zustellwagen und nimmt die Informationen des Arbeitgebers zur konkret durchzuführenden Zustellung auf dem sog. Spitzenpackzettel zur Kenntnis. Mit der Aufnahme dieser Tätigkeit beginnt die Arbeit des Zustellers. Denn die Tätigkeit an der Ablagestelle unterliegt dem Weisungsrecht des Arbeitgebers. Er weist den Zusteller an, welche Arbeiten er konkret an der Ablagestelle zu erledigen hat. Mit der Zurücklegung des Wegs von zu Hause zur Ablagestelle erbringt der Arbeitnehmer noch keine Arbeit. Die einfache Anfahrt zur Arbeitsstelle dient als solche keinem fremden Bedürfnis, sondern lediglich dem eigenen Bedürfnis des Zustellers zur Arbeit zu gelangen. In dieser Zeit unterliegt er auch nicht den Weisungen seines Arbeitgebers (vgl. BAG NZA-RR 2019, 231 Rn. 15; ErfK/*Wank* ArbZG § 2 Rn. 14). Die an die Ablagestelle anschließende Zustelltour ist vom Arbeitgeber fest vorgegeben und ändert sich innerhalb des Zustellgebiets grundsätzlich nicht. Begibt sich der Zusteller im Anschluss an seinen letzten Abonnenten zu einem weiteren Zustellgebiet ist die dafür aufgewendete Arbeitszeit als fremdnützige Tätigkeit gleichermaßen vergütungspflichtig. Begibt sich der Zusteller nach der Zustellung wieder zurück an die Ablagestelle, um Verpackungsmaterialien und/oder insbesondere bei mit der Zeitungszustellung verbundener Briefzustellung Rückläufer abzuladen oder um den Zustellwagen abzustellen, erfolgt auch dieser Weg in Ausübung seiner Dienstpflichten und ist ihm entsprechend zu vergüten. Begibt sich der Zusteller allerdings nach dem letzten Abonnenten direkt auf den Weg nach Hause, sind die von ihm zu erbringenden Zustelldienste mit dem Einstecken der letzten Zeitung beendet.

Den Besonderheiten des Arbeitsverhältnisses eines Zeitungszustellers ist zudem bei Betriebsratswahlen durch die Ermöglichung der Briefwahl Rechnung zu tragen (vgl. BAG NZA 1992, 894; LAG Hamm AfP 2019, 258 (260)).

12 3. Ausnahmeregelungen existieren auch für die **Beschäftigung von Jugendlichen mit der Zustellung von Presseprodukten.**

Jugendlicher im Sinne des Jugendarbeitsschutzgesetzes (JArbSchG) ist gemäß § 2 Abs. 2 JArbSchG, wer 15, aber noch nicht 18 Jahre alt ist. Nach § 2 Abs. 3 JArbSchG finden auf Jugendliche, die der Vollzeitschulpflicht unterliegen, die für Kinder geltenden Vorschriften Anwendung. Die Vollzeitschulpflicht beginnt mit dem 6. Lebensjahr und dauert in den meisten Bundesländern neun, in Berlin, Brandenburg, Hamburg, Nordrhein-Westfalen und Thüringen zehn Jahre (vgl. ErfK/*Schlachter* JArbSchG § 2 Rn. 3).

Nach § 2 Abs. 1 Nr. 1 KindArbSchV dürfen Kinder über 13 Jahre und vollzeitschulpflichtige Jugendliche abweichend vom grundsätzlichen Beschäftigungsverbot für Kinder nach § 1 KindArbSchV mit leichten Arbeiten wie dem Austragen von Zeitungen, Zeitschriften, Anzeigenblättern und Werbeprospekten beschäftigt werden (vgl. ErfK/*Schlachter* JArbSchG § 5 Rn. 7 zur diesbezüglichen Umsetzung der RL 94/33/EG).

Nach § 16 Abs. 1 JArbSchG und § 17 Abs. 1 JArbSchG dürfen Jugendliche am Samstag und an Sonntagen grundsätzlich nicht beschäftigt werden. Das Verbot ist zwingend und kann nicht durch eine Zustimmung der Eltern beseitigt werden (vgl. ErfK/*Schlachter* JArbSchG § 16 Rn. 2). Ausnahmen bestehen nach § 16 Abs. 2 JArbSchG und § 17 Abs. 2 JArbSch. Im Gegensatz zu § 17 Abs. 2 JArbSchG für den Sonntag, enthält § 16 Abs. 2 S. 1 Nr. 3 JArbSchG für den Samstag eine Bereichsausnahme für das „Verkehrswesen". Nach dem BVerwG erfasst der Begriff des Verkehrswesens alle Betriebe oder Betriebsteile, deren Zweck unmittelbar auf die Beförderung von Personen, Gütern oder Nachrichten für andere gerichtet ist, sowie die dazu gehörigen unselbständigen oder selbständigen Neben- oder Hilfsbetriebe, darunter auch Zeitungsvertriebsgesellschaften (vgl. BVerwG NVwZ 1984, 374 (375); ErfK/*Schlachter* JArbSchG § 16 Rn. 7). Eine Beschäftigung Jugendlicher in der Zustellung als Teil des Verkehrswesens ist nach § 16 Abs. 2 S. 1 Nr. 3 JArbSchG daher zulässig. Gemäß § 16 Abs. 2 S. 2 JArbSchG *sollen* mindestens zwei Samstage im Monat für Jugendliche beschäftigungsfrei bleiben (vgl. ErfK/*Schlachter* JArbSchG § 16 Rn. 12). Für Jugendliche zwingend ist nach § 15 JArbSchGdie Einhaltung der Fünf-Tage-Woche, was im Fall von Samstagsarbeit durch Freistellung an einem anderen berufsschulfreien Arbeitstag derselben Woche sicherzustellen ist (vgl. § 16 Abs. 3 S. 1 JArbSchG).

13 4. Am 16.8.2014 trat nach Veröffentlichung im Bundesgesetzblatt das Gesetz zur Regelung eines allgemeinen Mindestlohnes **(Mindestlohngesetz – MiLoG)** als Art. 1 des Tarifautonomiestärkungsgesetzes in Kraft (BGBl. I S. 1348). Seit dem 1.1.2015 hat gemäß § 1 MiLoG jeder Arbeitnehmer Anspruch auf Zahlung eines Arbeitsentgelts mindestens in Höhe des Mindestlohns durch den Arbeitgeber. Nach § 1 Abs. 2 MiLoG betrug der Mindestlohn ursprünglich 8,50 Euro brutto, seit dem 1.1.2021 9,50 Euro für jede Zeitstunde (vgl. ErfK/*Franzen* MiLoG § 1 Rn. 3; 3. Mindestlohnanpassungserordnung – MiLoV3 v. 9.11.2020, BGBl. I, S. 2356). Die für die Zeitungszustellung in § 24 Abs. 2 MiLoG eingefügten Übergangsregelungen sind mit Ablauf des Jahres 2017 bedeutungslos geworden (vgl. ErfK/*Franzen* MiLoG § 24 Rn. 1 [20. Auflage 2020]; *Weberling* AfP 2014, 417 (419 f.)). Auf die in Pressezustellunternehmen tätigen Beschäftigten findet das MiLoG nunmehr uneingeschränkt Anwendung.

13a a) Nach § 22 Abs. 1 S. 1 MiLoG gilt das **Gesetz für alle Arbeitnehmer.** Das Gesetz verzichtet auf eine eigene Definition des Arbeitnehmers. Es gelten also die allgemeinen Grundsätze, wonach Arbeitnehmer ist, wer auf Grund eines privatrechtlichen Vertrags zur Arbeit im Dienst eines anderen, also zur weisungsgebundenen Arbeit verpflichtet ist. Das MiLoG gilt demnach nicht für die Zusammenarbeit mit Selbständigen, darunter auch arbeitnehmerähnliche Personen (vgl. ErfK/*Franzen* MiLoG § 22 Rn. 1; *Weberling* AfP 2014, 417).

Gemäß § 22 Abs. 2 MiLoG gelten auch Kinder und Jugendliche nach § 2 Abs. 1 und 2 JArbSchG, die keine abgeschlossene Berufsausbildung haben, nicht als Arbeitnehmer im Sinne des MiLoG. Gemäß § 22 Abs. 3 MiLoG regelt das Gesetz auch nicht die Vergütung von zu ihrer Berufsausbildung Beschäftigten sowie ehrenamtlich Tätigen (vgl. *Weberling* AfP 2014, 417; ErfK/*Franzen* MiLoG § 22 Rn. 2 ff.).

Nach § 22 Abs. 1 S. 2 MiLoG gelten dagegen grundsätzlich Praktikanten im Sinne von § 26 BBiG als Arbeitnehmer im Sinne des MiLoG. Als Praktikant definiert das Gesetz in § 22 Abs. 1 S. 3 MiLoG eine Person, welche sich unabhängig von der Bezeichnung des Rechtsverhältnisses nach der tatsächlichen Ausgestaltung und Durchführung des Vertragsverhältnisses für eine begrenzte Dauer zum Erwerb praktischer Erkenntnisse und Erfahrungen einer bestimmten betrieblichen Tätigkeit zur Vorbereitung auf eine berufliche Tätigkeit unterzieht, ohne dass es sich dabei um eine Berufsausbildung im Sinne des BBiG oder um eine damit vergleichbare praktische Ausbildung handelt. Nach dem Willen des Gesetzgebers gehören dazu ausdrücklich nicht Volontariate, da sie auf eine praktische Ausbildung abzielen, die mit der Berufsausbildung im Sinne des BBiG vergleichbar seien, also weder Arbeitsverhältnis noch Praktikumsverhältnis sind. Voraussetzung dafür ist natürlich, dass Volontäre tatsächlich im Rahmen ihres Beschäftigungsverhältnisses eine geordnete Ausbildung etwa entsprechend den Regeln des Tarifvertrags für Volontäre an Tageszeitungen durchlaufen (vgl. *Ory* AfP 2014, 308 (309); *Picker/Sausmikat* NZA 2014, 942 (946); *Weberling* AfP 2014, 417; ErfK/*Franzen* MiLoG § 22 Rn. 6 f.).

Davon abweichend gilt das MiLoG gemäß § 22 Abs. 1 S. 2 Nr. 1–4 MiLoG nicht für Praktikanten, die ein verpflichtendes Praktikum aufgrund einer schulrechtlichen Bestimmung, einer Ausbildungsordnung, einer hochschulrechtlichen Bestimmung oder im Rahmen einer Ausbildung an einer gesetzlich geregelten Berufsakademie leisten, oder ein Praktikum von bis zu drei Monaten zur Orientierung für eine Berufsfortbildung oder für die Aufnahme eines Studiums leisten, oder ein Praktikum von bis zu drei Monaten begleitend zu einer Berufs- oder Hochschulausbildung leisten, wenn nicht zuvor ein solches Praktikumsverhältnis mit demselben Auszubildenden bestanden hat, oder an einer Einstiegsqualifizierung gem. § 54a SGB III oder an einer Berufsausbildungsvorbereitung gem. §§ 68–70 BBiG teilnehmen (vgl. ErfK/*Franzen* MiLoG § 22 Rn. 8 ff.). „Schnupperpraktika" von Absolventen branchenfremder Absolventen in Presseunternehmen sind damit in Zukunft entweder entsprechend dem MiLoG zu vergüten oder nicht mehr möglich. Arbeitgeber sind daher in Zukunft gehalten, das Vorliegen der gesetzlich geregelten Ausnahmen vor Beginn eines Praktikums zu kontrollieren, um keine Ordnungswidrigkeit gemäß § 20 MiLoG zu begehen (vgl. *Weberling* AfP 2014, 417).

b) Gemäß § 1 Abs. 1 MiLoG hat jeder Arbeitnehmer im Sinne des MiLoG Anspruch auf **14**
Zahlung eines Arbeitsentgelts durch den Arbeitgeber mindestens in **Höhe des Mindestlohns,** der gemäß § 1 Abs. 2 S. 2 MiLoG in Verbindung mit der MiLoV2 vom 13.11.2018 (BGBl. I S. 1876) seit dem 1.1.2020 grundsätzlich 9,35 Euro brutto je Zeitstunde beträgt. Nach § 20 Mindestlohngesetz (MiLoG) sind Arbeitgeber verpflichtet, ihren im Inland tätigen Arbeitnehmern ein Arbeitsentgelt mindestens in Höhe des Mindestlohns nach § 1 Abs. 2 MiLoG zu zahlen, ohne näher auszuführen, welche vertraglichen bzw. tatsächlich geleisteten Vergütungselemente für den Abgleich mit dem Mindestlohn heranzuziehen sind. Nach dem Willen des Gesetzgebers handelt sich bei dem Mindestlohn um einen Mindestentgeltssatz iSd § 2 Nr. 1 Arbeitnehmer-EntsendeG (AEntG; vgl. ErfK/*Franzen* MiLoG § 1 Rn. 11).

Nach der Rechtsprechung des EuGH zur der dem AEntG zugrundeliegenden Arbeitnehmer-Entsende-RL 96/71/EG können Vergütungsbestandteile in den Mindestlohn einbezogen werden, wenn sie das Verhältnis zwischen der Leistung des Arbeitnehmers auf der einen und der Gegenleistung, die er dafür erhält, auf der anderen Seite nicht verändern, also der Arbeitgeber damit die „Normalleistung" des Arbeitnehmers abgelten möchte (vgl. ErfK/*Franzen* MiLoG § 1 Rn. 11 ff.). Ob Vergütungsbestandteile in den Mindestlohn einbezogen werden können, hängt daher zum einen von deren Zielrichtung ab, und zum anderen von der vertraglichen Vereinbarung, die der Zusammenarbeit zugrunde liegt (vgl. *Weberling* AfP 2014, 417 (418)).

Wegegelder für Zeitungszusteller sind nach der Bewertung des Gesetzgebers in den Mindestlohn einzubeziehen, wenn sie beispielsweise in wegintensiven Zustellbezirken ein allgemein geltendes Stücklohnmodell aufstocken und nicht als bloßer Aufwendungsersatz besonderen Fahrtaufwand des Zustellers abgelten (vgl. ErfK/*Franzen* MiLoG § 1 Rn. 13 f.; *Weberling* AfP 2014, 417 (418)).

Leistungen wie Urlaubs- und Weihnachtsgeld sind dagegen nur dann in den Mindestlohn einzubeziehen, wenn sie dem Arbeitnehmer innerhalb des in § 2 Abs. 1 MiLoG geregelten Zeitraums wirklich als Entgelt für den vergangenen Monat zur Verfügung stehen. Gleiches gilt für Provisionen. Neben einem Fixum gezahlte Provisionen sind dann in den Mindestlohn einzubeziehen, wenn sie dem Arbeitnehmer im Folgemonat unwiderruflich zumindest in Höhe des Mindestlohns zur Verfügung stehen, also eventuelle mit Provisionen zu verrechnende Garantiezahlungen nicht den Mindestlohnanspruch des Arbeitnehmers berühren. Sonntags-, Feiertags-, Überstunden-, Schicht- und sonstige Erschwerniszuschläge können besondere Arbeitsbedingungen ausgleichen und dann nicht in den Mindestlohn einbezogen werden. Zulässig ist es aber auch, für eine definierte Tätigkeit ein Grundentgelt mit dem gesetzlichen Mindestlohn als Untergrenze zu vereinbaren. Dementsprechend kommt es in der Praxis immer darauf an, welche Gegenleistung der Arbeitgeber mit dem Arbeitnehmer für seine (Normal-)Leistung vertraglich vereinbart (vgl. ErfK/*Franzen* MiLoG § 1 Rn. 14 f.).

15 Dazu können in den gesetzlichen Grenzen auch Sachleistungen wie zum Beispiel steuerfreie Tankgutscheine gehören. Hierzu findet sich zwar keine ausdrückliche Aussage in den Gesetzesbegründungen. Dies liegt aber daran, dass die Bundesregierung lediglich zum Änderungswunsch des Bundesrates Stellung genommen hat, der gezielt nach der Behandlung von Zulagen/Zuschlägen gefragt hatte. Die Bundesregierung hat ausdrücklich von einer Ergänzung hinsichtlich der Definition und der Bestandteile des Mindestlohns abgesehen und auf die vom MiLoG unverändert geltenden allgemeinen Bestimmungen verwiesen. Dies wurde vom Gesetzgeber in seiner Begründung ebenfalls ausdrücklich ausgeführt (vgl. *Weberling* AfP 2017, 417 (418)).

Der Vereinbarung von Sachbezügen sind in § 107 Abs. 2 GewO zum Schutz des Arbeitnehmers jedoch Grenzen gesetzt. Sachleistung und Arbeitsleistung müssen im unmittelbaren Gegenseitigkeitsverhältnis stehen und dürfen nur als Teil (also nicht insgesamt!) des Arbeitsentgelts vereinbart werden, wenn dies dem Interesse des Arbeitnehmers oder der Eigenart des Arbeitsverhältnisses entspricht. Nur solche Sachleistungen sind im Interesse des Arbeitnehmers, die er der Art nach sinnvoll nutzen oder verbrauchen kann. Sofern die zuzustellenden Zeitungsstücke abgezählt sind und ein Zusteller die Zeitung nicht ohnehin anderweitig erhält, kann auch eine Sachleistung Zeitungsabonnement für den Zusteller grundsätzlich sinnvoll nutzbar sein, wenn die Anrechnung des Abonnements gemäß § 107 Abs. 2 S. 3 GewO zu den durchschnittlichen Selbstkosten des Arbeitgebers erfolgt (vgl. ErfK/*Preis* GewO § 107 Rn. 4 ff.). Der Selbstkostenbetrag ist derjenige Betrag, den das Zustellunternehmen an den Zeitungsverlag zu bezahlen hat. Aufgrund der Preisbindung von Zeitungen darf dieser Betrag nicht niedriger sein als bei den gewöhnlichen Abonnements, auch wenn das Zustellunternehmen mit dem Zeitungsverlag gesellschaftsrechtlich verbunden ist. Voraussetzung ist ferner, dass der Wert des vereinbarten Sachbezugs oder die Anrechnung der überlassenen Waren auf das Arbeitsentgelt die Höhe des pfändbaren Teils des Arbeitsentgelts nicht übersteigen darf. Dem Zusteller muss der unpfändbare Teil seines Arbeitsentgelts „in Geld" ausgezahlt werden. Geld- und Naturalleistungen sind nach § 850e Nr. 3 S. 1 ZPO zusammenzurechnen, wenn der Schuldner neben seinem in Geld zahlbaren Einkommen auch Naturalleistungen erhält. Ist die Summe beider Leistungen nach §§ 850c Abs. 1, 850e Nr. 3 ZPO unpfändbar, verstößt eine Anrechnung des Sachbezugs auf das Arbeitseinkommen gegen § 107 Abs. 2 S. 5 GewO (vgl. *Weberling* AfP 2014, 417 (418)). Unzulässig ist dagegen die Einbeziehung des Nachtzuschlags gemäß § 6 Abs. 5 ArbZG (vgl. ErfK/*Franzen* MiLoG § 1 Rn. 14; dazu → Rn. 21 ff.).

16 Die Möglichkeit der Vereinbarung oder Fortführung vereinbarter Stücklohnmodelle in der Zeitungszustellung wird durch das MiLoG nicht berührt, sofern gewährleistet ist, dass damit der Mindestlohn für die geleisteten Arbeitsstunden erreicht wird. Die Bezugsgröße für die Berechnung des Mindestlohns ist dabei der Kalendermonat, wie sich indirekt aus den Bestimmungen zur Fälligkeit des zu zahlenden Mindestlohns in § 2 Abs. 1 S. 1 Nr. 2 MiLoG ergibt. Dementsprechend muss der an den Arbeitnehmer auszuzahlende monatliche Bruttoarbeitslohn die Anzahl der in diesem Monat geleisteten Bruttoarbeitsstunden multipliziert mit dem Mindeststundenlohn erreichen, unabhängig wie der Arbeitgeber bzw. die Vertragsparteien die einzelnen Leistungen bezeichnen und bewerten bzw. auf welcher Basis und mit welcher Methode der an den Arbeitnehmer tatsächlich ausbezahlte Lohn ermittelt wurde (vgl. *Bayreuther* NZA 2014, 865 (867) mwN; *Weberling* AfP 2014, 417 (418 f.)).

Gemäß § 2 Abs. 2 MiLoG ist die Fortführung bzw. Führung von vereinbarten Arbeitszeitkonten abweichend von § 2 Abs. 1 MiLoG in der Weise möglich, dass die über die vertragliche Arbeitszeit hinausgehenden Arbeitsstunden in ein Arbeitszeitkonto eingestellt werden können, wenn diese Stunden spätestens nach zwölf Kalendermonaten durch bezahlte Freizeit oder

Zahlung des Mindestlohns ausgeglichen werden, soweit dieser Anspruch nicht gemäß § 2 Abs. 1 S. 1 MiLoG durch Zahlung für das verstetigte Arbeitsentgelt erfüllt ist. Die in das Arbeitszeitkonto eingestellten Stunden dürfen monatlich jeweils 50% der vereinbarten Arbeitszeit nicht übersteigen (vgl. ErfK/*Franzen* MiLoG § 2 Rn. 4 f.).

c) Gemäß § 17 Abs. 1 MiLoG ist ein Arbeitgeber, der geringfügig Beschäftigte im Sinne von § 8 Abs. 1 SGB IV oder Arbeitnehmer in den in § 2a SchwarzArbG genannten Wirtschaftsbereichen beschäftigt, verpflichtet, **Beginn, Ende und Dauer der täglichen Arbeitszeit** dieser Arbeitnehmer bis spätestens zum Anlauf der siebten auf den Tag der Arbeitsleistung folgenden Kalendertage aufzuzeichnen und diese Aufzeichnungen mindestens zwei Jahre beginnend ab dem für die Aufzeichnung maßgeblichen Zeitpunkt aufzubewahren. Der größte Teil der Zeitungszusteller arbeitet auf der Basis geringfügiger Beschäftigung. Zu den in § 2a SchwarzArbG genannten Wirtschaftsbereichen gehört gemäß § 2a Abs. 1 Nr. 4 SchwarzArbG das Speditions-, Transport- und damit verbundene Logistikgewerbe. Die Zustellung von Zeitungen und Zeitschriften insbesondere durch Mitarbeiter von zu Verlagshäusern gehörenden Zustellgesellschaften ist allerdings kein Teil dieses Wirtschaftszweigs (vgl. SG Augsburg 23.10.2012 – S 3 R 970/10), so dass die von § 2a SchwarzArbG normierte Pflicht zur Mitführung und Vorlage von Ausweispapieren nicht für Zeitungszusteller gilt. 17

§ 17 Abs. 4 MiLoG bevollmächtigt das Bundesministerium der Finanzen, diese Verpflichtungen des Arbeitsgebers durch Rechtsverordnung im Einvernehmen mit dem Bundesministerium für Arbeit und Soziales einzuschränken oder zu erweitern. Von dieser Möglichkeit hat das Bundesfinanzministerium mit der seit dem 5.12.2014 in Kraft befindlichen Mindestlohnaufzeichnungsverordnung (MiLoAufzV; BGBl. I S. 1824) Gebrauch gemacht. 18

Gemäß § 1 Abs. 1 MiLoAufzV genügt ein Arbeitgeber, der Arbeitnehmer mit ausschließlich mobilen Tätigkeiten beschäftigt, diese keinen Vorgaben zur konkreten Arbeitszeit (Beginn und Ende) unterliegen und sich ihre tägliche Arbeitszeit eigenverantwortlich einteilen, seiner Pflicht zur Aufzeichnung der täglichen Arbeitszeit nach § 17 Abs. 1 MiLoG bereits durch die Aufzeichnung der tatsächlichen täglichen Arbeitszeit dieser Arbeitnehmer. Die Voraussetzungen des § 1 Abs. 1 MiLoAufzV müssen kumulativ vorliegen (vgl. *Weberling* AfP 2014, 501 (502)).

§ 1 Abs. 2 S. 1 MiLoAufzV definiert die ausschließlich mobile Tätigkeit nach Abs. 1 als eine Tätigkeit, die nicht an Beschäftigungsorte gebunden ist. Dazu gehören nach § 1 Abs. 2 S. 2 MiLoAufzV insbesondere die Zustellung von Briefen, Paketen und Druckerzeugnissen, also nicht zuletzt die Zustellung von Tages-, Wochen- und Anzeigenzeitungen. Keinen konkreten Vorgaben zur Einteilung der Arbeitszeit unterliegen Arbeitnehmer nach § 1 Abs. 2 S. 3 MiLoAufzV, wenn die Arbeit lediglich innerhalb eines konkreten zeitlichen Rahmens erbracht werden muss, ohne dass die konkrete Lage (Beginn und Ende) der Arbeitszeit durch den Arbeitgeber festgelegt wird. Der Verordnungsgeber begründet diese Ausnahme damit, dass es Tätigkeiten gibt, bei denen die konkrete Lage der Arbeitszeit für den Arbeitgeber unerheblich ist, solange die Arbeitsleistung in einem bestimmten Zeitraum erbracht wird und sich die Arbeitnehmer ihre Arbeitszeit in diesem Zeitkorridor eigenverantwortlich einteilen können. Der Arbeitnehmer teilt seine Arbeitszeit im Sinne des Abs. 1 nach § 1 Abs. 2 S. 4 und 5 MiLoAufzV eigenverantwortlich ein, wenn er während seiner täglichen Arbeitszeit nicht regelmäßig durch seinen Arbeitgeber oder Dritte Arbeitsaufträge entgegennimmt oder für entsprechende Arbeitsaufträge zur Verfügung stehen muss. Zudem muss die konkrete zeitliche Ausführung des täglichen Arbeitsauftrags in der Verantwortung des Arbeitnehmers liegen. Dies trifft auf die Tätigkeit von Zeitungszustellern uneingeschränkt zu. Zeitungszustellern ist regelmäßig freigestellt, wann konkret, auf welche konkrete Weise und mit welchen Unterbrechungen sie im Zeitraum zwischen dem Abladezeitpunkt der Zustellstücke und dem den Endverbrauchern (Abonnenten) zugesagten Zustellungszeitpunkt ihren Zustellauftrag durchführen (vgl. *Weberling* AfP 2014, 501 (502)).

Nach dem Willen des Verordnungsgebers ist es dem Arbeitgeber in diesen Fällen ausdrücklich freigestellt, wie er seiner Pflicht zur Aufzeichnung nachkommt. Der Arbeitgeber darf ausdrücklich die Soll-Arbeitszeit, also den für die Durchführung des Zustellauftrags normalerweise erforderlichen Zeitaufwand vorgeben und muss dann nur aufgetretene Abweichungen einarbeiten. Der Arbeitgeber erfüllt seine Dokumentationspflichten nach § 17 MiLoG, wenn er die optimale Wegfolge, die üblichen Weg- und Steckzeiten durch anerkannte Geoinformations- 19 systeme ermittelt und zumindest stichprobenartig bzw. im Streitfall immer verifiziert und dokumentiert sowie den Zusteller vertraglich auf die Einhaltung dieser Gangfolge, die damit verbundene Routine-Arbeitszeit und die Zustellung der ihm täglich übergebenen Zustellstücke sowie ein Verfahren zur Meldung von abweichenden Zeiten bei der konkreten Durchführung der Zustellung verpflichtet. Die Freiheit des Zustellers zur eigenverantwortlichen Einteilung, Durchführung und (auch wiederholten) Unterbrechung seines Zustellgangs, darunter auch aus persönlichem und eigenem Ermessen erfolgende Abweichungen von der optimalen Wegfolge wird dadurch nicht berührt (vgl. *Weberling* AfP 2014, 501 (502)).

Bildet also eine durch den Arbeitgeber ermittelte Soll-Arbeitszeit (Dauer) die Grundlage der Arbeitszeitaufzeichnung, ist diese bei Abweichungen durch den Arbeitnehmer zu korrigieren. Dies setzt in jedem Fall eine rechtzeitige Mitteilung der ermittelten Soll-Arbeitszeit je Arbeitstag an den Arbeitnehmer voraus, um diese bei Überschreitung bzw. auch Unterschreitung korrigieren zu können. Erhält der Zusteller monatlich mit der Gehaltsabrechnung ein Beiblatt mit den der Abrechnung zugrunde gelegten täglichen Sollarbeitszeiten und kann er die tatsächlich angefallenen Arbeitszeiten damit abgleichen und Korrekturen bei Abweichungen beantragen, genügt dieses den Vorgaben des MiLoG sowie der MiLoAufzV (vgl. HZA Regensburg, Bescheid vom 10.11.2015 – SV 3100 B – E 1).

20 § 17 MiLoG iVm der MiLoAufzV ist auch richtlinienkonform, da der Gesetzgeber von den Vorgaben EU-Richtlinie 2003/88/EG abweichen darf, wenn die Arbeitszeit wegen der besonderen Merkmale der ausgeübten Tätigkeit nicht gemessen oder im Voraus festgelegt werden kann. Die in Art. 17 RL 2003/88/EG genannten Personengruppen sind Beispiele. Art. 17 der Richtlinie 2003/88/EG (ABl. 2003 L 299, S. 9 ff.) verwendet ebenso wie Art. 17 der (Vorgänger-)Richtlinie 93/104/EG vom 23.11.1993 (ABl. 1993 L 307, S. 18 ff.) vor der Aufzählung der Beispiele für Ausnahmen ausdrücklich das Wort „insbesondere“ (vgl. Baeck/Deutsch ArbZG § 18 Rn. 12; ErfK/*Wank* ArbbZG § 18 Rn. 1).

21 5. Gemäß § 6 Abs. 5 ArbZG hat der Arbeitgeber, soweit keine tarifvertraglichen Ausgleichsregelungen bestehen, dem Zusteller als **Ausgleich für** die von ihm **während der Nachtzeit geleistete Arbeit** eine angemessene Zahl bezahlter freier Tage oder einen angemessenen Zuschlag auf das ihm hierfür zustehende Bruttoarbeitsentgelt zu gewähren. Nachtarbeitnehmer ist gemäß § 2 Abs. 5 ArbZG, wer an mindestens 48 Tagen im Kalenderjahr Nachtarbeit leistet, also gemäß § 2 Abs. 3 und 4 ArbZG an diesen Tagen mehr als zwei Stunden im Zeitraum von 23 bis 6 Uhr tätig ist. Der für Nachtarbeit zu gewährende Ausgleich gemäß § 6 Abs. 5 ArbZG ist angemessen, wenn zwischen der mit Nachtarbeit verbundenen Erschwernis und dem Ausgleich ein ausgewogenes Verhältnis besteht. Die Höhe des angemessenen Nachtzuschlags gemäß § 6 Abs. 5 ArbZG richtet sich nach der Gegenleistung, für die sie bestimmt ist. Ein geringerer Ausgleich ist erforderlich, wenn in die Nachtarbeit Arbeitsbereitschaft fällt. Nach der Art der Arbeitsleistung ist auch zu beurteilen, ob der vom Gesetzgeber mit dem Lohnzuschlag verfolgte Zweck, im Interesse der Gesundheit des Arbeitnehmers Arbeit zu verteuern, zum Tragen kommt. Die Höhe des Nachtzuschlags bemisst sich nach dem vom Gesetzgeber mit dem Nachtzuschlag verfolgten Zweck, Nachtarbeit einzuschränken. Da die Zustellung von Tageszeitungen strukturell in den frühen Morgenstunden erfolgen muss (vgl. BVerfG NJW 1999, 2106; → Rn. 6 f.), ein Nachtzuschlag hier also keine Auswirkung auf die Vermeidung von Nachtarbeit hat, sich andererseits aber auf wenige Stunden beschränkt, beträgt der bei der Zustellung von Tageszeitungen während der Nacht zu zahlende, nicht in den Mindestlohn einzubeziehende im Sinne von § 6 Abs. 5 ArbZG angemessene Nachtarbeitszuschlag nach der langjährig gefestigten Rechtsprechung auf 10 % auf den Bruttostundenlohn (vgl. *Weberling* AfP 2014, 417 (418) mwN).

22 In einer neueren Entscheidung vom 25.4.2018 urteilte des BAG dagegen einen Nachtzuschlag in Höhe von 30 % aus und begründete dies mit dem zwischen den Parteien dieses Verfahrens unstreitigen Umstand, dass die dortige Arbeitnehmerin ihre reguläre Arbeitsleistung in Dauernachtarbeit erbracht habe und bei Erbringung der regulären Arbeitsleistung in Dauernachtarbeit regelmäßig ein Nachtarbeitszuschlag in Höhe von 30 % auf den Bruttostundenlohn als angemessen anzusehen sei (vgl. BAG AfP 2018, 415; *Weberling* NJ 2019, 432).

Den vom BAG kreierten Begriff „Dauernachtarbeit“ kennt das ArbZG allerdings nicht. Das ArbZG regelt lediglich die Begriffe Nachtzeit (§ 2 Abs. 3 ArbZG), Nachtarbeit (§ 2 Abs. 4 ArbZG) und Nachtarbeitnehmer (§ 2 Abs. 5 ArbZG) sowie die Rahmen- und Ausgleichsbedingungen für Nachtarbeit (§ 6 ArbZG), darunter die vorgeschriebenen Ausgleichsleistungen des Arbeitgebers in § 6 Abs. 5 ArbZG. An Stelle des vom Gesetzgeber bewusst verwendeten, für jeden Einzelfall auslegungsbedürftigen Begriffs des „angemessenen" Freizeitausgleichs oder Entgeltzuschlags setzt das BAG einen von ihm in ersichtlich freier Rechtsschöpfung angenommenen Zuschlag in Höhe von 30 % (vgl. *Weberling* AfP 2018, 420 (421)).

Nach der Rechtsprechung des BVerfG (vgl. ua BVerfG NZA 2018, 774 ff.) steht die Anwendung und Auslegung der Gesetze durch die Gerichte mit dem Rechtsstaatsprinzip (Art. 20 Abs. 3 GG) in Einklang, wenn sie sich in den Grenzen vertretbarer Auslegung und zulässiger richterlicher Rechtsfortbildung bewegt: „*Richterliche Rechtsfortbildung darf hingegen nicht dazu führen, dass die Gerichte ihre eigene materielle Gerechtigkeitsvorstellung an die Stelle derjenigen des Gesetzgebers setzen* [Nachweise]. *Die Gerichte dürfen sich nicht dem vom Gesetzgeber festgelegten Sinn und Zweck des Gesetzes entziehen, sondern müssen die gesetzgeberische Grundentscheidung respektieren. Eine Interpretation, die sich über den klar erkennbaren Willen des Gesetzgebers hinwegsetzt, greift unzulässig in die Kompetenzen des demokratisch legitimierten Gesetzgebers ein* [Nachweise]." (vgl. *Bayreuther* NZA 2018, 905 ff.; *Weberling* NJ 2019, 432 (433)).

Der Gesetzgeber hat die Regelung in § 6 Abs. 5 ArbZG seinem Wortlaut nach ausdrücklich offen gefasst. Das ArbZG legt keine konkreten Zuschlagshöhen fest, sondern überlässt die Regelung des angemessenen Ausgleich gemäß § 6 Abs. 5 ArbZG den Arbeitsvertrags-, Betriebs- oder Tarifparteien (vgl. *Baeck/Deutsch* ArbZG § 6 Rn. 82 ff. mwN). Das BAG hat in seiner Entscheidung vom 25.4.2018 folglich in verfassungswidriger Weise die Grenzen richterlicher Rechtsfortbildung überschritten, indem es entgegen dem Willen des Gesetzgebers an Stelle der Arbeitsvertrags-, Betriebs- oder Tarifparteien eine von ihm als gerecht angesehene Zuschlagshöhe statisch festgelegt hat (vgl. Maunz/Dürig/*Hillgruber* GG Art. 97 Rn. 63 ff. mwN; *Weberling* AfP 2018, 415 (422)).

Einem Arbeitgeber stehen daher zur Leistung eines angemessenen Ausgleichs für Nachtarbeit **23**
gem. § 6 Abs. 5 ArbZG unverändert zahlreiche Varianten jenseits der statischen Zahlung des Nachtzuschlags zur Verfügung. Dabei hat der Arbeitgeber allerdings das Mitbestimmungsrecht des Betriebsrats zu beachten, soweit keine tariflichen Regelungen bestehen.

a) Der vom Gesetzgeber mit dem Nachtarbeitszuschlag verbundene Zweck, die Nachtarbeit **24**
einzuschränken, kann bei der Zeitungszustellung nicht erreicht werden. Denn die Zeitungszustellung ist für die Abonnenten in den frühen Morgenstunden unabdingbar. Nur wenn der Kunde seine Tageszeitung in den frühen Morgenstunden vorfindet, ist ein Zeitungsabonnement im Rahmen des Printmediums überhaupt sinnvoll. Denn Online-Bezieher können das Medium ohnehin jederzeit abrufen (vgl. ArbG Solingen 21.5.2019, 2 Ca 1515/18; BVerfG NJW 1999, 2106; → Rn. 6 f.).

Es bleibt deshalb nur noch der Zweck, den Zusteller für seine Zustelltätigkeit in den frühen Morgenstunden zu entschädigen. Im Rahmen dieser Entschädigung kann jedoch nicht, wie beim primären Zweck die nächtliche Tätigkeit zu verhindern, der Einfachheit halber auf einen pauschalen Zuschlag abgestellt werden. Eine Entschädigung kann nur individuell erfolgen. Dafür müssen die jeweiligen Zustellzeiten des Zustellers berücksichtigt werden und für den konkreten, angemessenen Nachtarbeitszuschlag ausschlaggebend sein.

Vergleichbare Konstellationen existieren beispielsweise bei Rettungsdiensten (10 % Nachtzuschlag) oder bei Dauernachtwachen in einem Pflegeheim (20 % Nachtzuschlag), zu denen der Arbeitgeber gesetzlich verpflichtet ist (vgl. BAG NZA 221, 44; NZA 2006, 324 ff.; LAG Baden-Württemberg BeckRS 2019, 13360).

Alternativ besteht für den Arbeitgeber die Möglichkeit, dem Zusteller wegen der Erschwernisse der Zustellung zur Nachtzeit den Grundlohn zu erhöhen. Dabei ist zu berücksichtigen, dass Dauernachtarbeit selbst unter Berücksichtigung der neueren Rechtsprechung des BAG nur dann einen Nachtzuschlag in Höhe von 30 % begründet, wenn der Zusteller dauerhaft nur zur Nachtzeit gemäß § 2 Abs. 3 ArbZG tätig ist. Das ist dann nicht der Fall, wenn der Zusteller vertragsgemäß sowohl nachts als auch tagsüber tätig ist (vgl. *Weberling* NJ 2019, 432 (434)).

b) Auch wenn der Arbeitgeber entscheiden kann, sofern keine tarifvertraglichen Ausgleichs- **25**
regelungen bestehen, ob er den Ausgleich für die Nachtarbeit in Geld oder freien Tagen gewährt, haben auch die Betriebsparteien nach § 88 BetrVG die Möglichkeit, in einer freiwilligen Betriebsvereinbarung unterschiedliche Komponenten eines angemessenen Ausgleichs für

Nachtarbeit kollektivarbeitsrechtlich zu vereinbaren (vgl. ArbG Solingen 21.5.2019, 2 Ca 1515/ 18; BAG NZA 2009, 1366; ErfK/*Kania* BetrVG § 88 Rn. 1 f.; *Baeck/Deutsch* ArbZG § 6 Rn. 83 mwN; *Weberling* NJ 2019, 432 (434)).

26 c) Wie sich aus § 6 Abs. 5 ArbZG ergibt, sind tarifvertragliche Ausgleichsregelungen für Nachtarbeit vorrangig. Hinsichtlich der Ausgestaltung dieser Ausgleichsregelungen haben die Tarifparteien einen großen Gestaltungsspielraum. Dieser ist allerdings überschritten, wenn die Tarifparteien eine Regelung treffen, die gesicherte arbeitswissenschaftliche Kenntnisse völlig außer Acht lässt (vgl. LAG Bremen NZA-RR 2019, 425 (428)).

27 6. Der **arbeits- und sozialversicherungsrechtliche Status der Beschäftigten in der Zeitungszustellung und der Presselogistik** richtet sich nach dem Grad ihrer persönlichen Abhängigkeit vom Arbeit-/Auftraggeber und ihrer Eingliederung in dessen Betriebsorganisation (vgl. hierzu auch → Kap. 34 Rn. 12 ff.). Die richtige Einstufung und deren regelmäßige Überprüfung ist nicht nur zur Vermeidung unnötiger arbeitsrechtlicher Statusfeststellungklagen und Nachforderungen von Sozialversicherungsbeiträgen, sondern auch zur Vermeidung strafrechtlicher Ermittlungsverfahren von Bedeutung. Denn die Sozialversicherungsträger zeigen die Verantwortlichen zunehmend auch bei den Strafverfolgungsbehörden wegen des Verdachts des Vorenthaltens oder Veruntreuens von Arbeitsentgelt gemäß § 266a StGB (vgl. → Kap. 56 Rn. 10) an.

28 a) Zeitungszusteller sind unabhängig von ihrem Beschäftigungsumfang grundsätzlich als versicherungspflichtige Arbeitnehmer zu qualifizieren. Sie haben keine Verfügungsbefugnis über die eigene Arbeitskraft, Arbeitszeit und Arbeitsort, da sie regelmäßig täglich innerhalb eines engen Zeitrahmens auf einer üblicherweise vom Zustellunternehmen exakt festgelegten Zustelltour tätig sind. Außerdem wird nicht zuletzt aufgrund der feststehenden Abonnements auch der Umfang der zu verteilenden Erzeugnisse und die Zahl weiterer Zustellobjekte wie Briefe vom Zustellunternehmen festgelegt. Der Zusteller übernimmt auch kein eigenes unternehmerisches Risiko, da er keine Möglichkeit hat, durch seinen Einsatz Gewinne oder Verluste zu erwirtschaften (vgl. OLG Frankfurt a. M. WRP 1986, 36 ff.; BAG NZA 1998, 369 mwN; ErfK/*Rolfs* SGB IV § 7 Rn. 7 ff.).

29 Anders zu beurteilen ist dies bei Zustellern, die lediglich an Sonntagen oder an einem anderen einzelnen Wochentag innerhalb eines größeren zeitlichen Rahmens tätig werden und sich dabei auch noch von mithelfenden Personen vertreten lassen dürfen. In solchen Fällen liegt keine Weisungsgebundenheit nach den oben dargestellten Kriterien vor (vgl. ArbG Oldenburg NZA-RR 1997, 162 f.; LG Darmstadt NZA-RR 2001, 631 f.). In solchen Fällen ist ausnahmsweise von einer geringfügigen selbständigen Tätigkeit gemäß § 8 Abs. 3 S. 1 SGB IV auszugehen (vgl. ErfK/*Rolfs* SGB IV § 8 Rn. 23).

30 b) Dagegen sind die für den Transport der Zeitungen zwischen der Druckerei und den Ablagestellen bzw. für das Ausfahren und Einholen von Postgut tätigen Kleinspediteure regelmäßig selbständig tätig. Denn der Gesetzgeber hat den Frachtführer als selbständigen Gewerbetreibenden und damit nicht als Arbeitnehmer eingeordnet hat, obwohl der Frachtführer schon von Gesetzes wegen weitreichenden Weisungsrechten unterliegt (vgl. § HGB § 418 HGB). Der Frachtführer ist regelmäßig auch dann selbstständiger Gewerbetreibender, wenn er als Einzelperson ohne weitere Mitarbeiter nur für einen Spediteur tätig und die Zusammenarbeit mit diesem Auftraggeber auf einem auf Dauer angelegten entsprechenden Rahmenvertrag beruht und das Fahrzeug – wie in der Branche üblich – die Farben und das Firmenzeichen eines anderen Unternehmers aufweist. Insoweit legt die Rechtsprechung die gesetzgeberische Wertung zugrunde, wonach Frachtführer Gewerbetreibende und damit Selbständige sind (vgl. § 407 HGB; LAG Mecklenburg-Vorpommern NZA-RR 2015, 605 (606); BAG NZA 1998, 364; Koller HGB § 407 Rn. 29 mwN in Fn. 177). Ein Arbeitsverhältnis kann aber dann zu bejahen sein, wenn Vereinbarungen getroffen und praktiziert werden, die zur Folge haben, dass der betreffende Fahrer in der Ausübung seiner Tätigkeit weit weniger frei ist, als ein Frachtführer im Sinne des HGB, er also nicht mehr im Wesentlichen frei seine Tätigkeit gestalten und seine Arbeitszeit bestimmen kann. Wirtschaftliche Zwänge allein begründen die Arbeitnehmereigenschaft nicht. Entscheidend ist vielmehr, welche Gestaltungsspielräume dem Beschäftigten in dem System verbleiben und ob seine persönliche Abhängigkeit das für Arbeitsverhältnisse typische Maß erreicht (vgl. LAG Mecklenburg-Vorpommern NZA-RR 2015, 605 (606); BAG NZA 2008, 878; LSG Bayern 18.2.2016 – L 14 R 984/12; SG Regensburg AfP 2017, 551 (553)).

Soweit zeitliche Vorgaben der Einhaltung gesetzlicher Bestimmungen wie dem PostG oder der PUDLV dienen, sind sie kein Indiz für die Annahme einer abhängigen Beschäftigung. Denn zeitliche Vorgaben oder die Verpflichtung, bestimmte Termine für die Erledigung der übertragenen Aufgaben einzuhalten, sind kein wesentliches Merkmal für ein Arbeitsverhältnis. Auch im Rahmen von Dienst- oder Werkverträgen können von dem Dienstberechtigten oder dem Besteller Termine für die Erledigung der Arbeit bestimmt werden, ohne dass daraus eine zeitliche Weisungsabhängigkeit folgt, wie sie für das Arbeitsverhältnis kennzeichnend ist (vgl. BAG NZA 1991, 933 (934); *Weberling* AfP 1999, 236 (238 f.)). **31**

c) Nach den vergleichbaren Rahmenbedingungen sind auch die im Straßen- und Kneipenverkauf tätigen ambulanten Straßenverkäufer (Zeitungssonderhandel) gemäß § 84 Abs. 1 S. 1 HGB regelmäßig selbständig tätig. **32**

Nach § 84 Abs. 1 S. 1 HGB ist derjenige ein Handelsvertreter, der als selbständiger Gewerbetreibender ständig damit betraut ist, für einen anderen Unternehmer Geschäfte zu vermitteln oder in dessen Namen abzuschließen. Selbständig im Sinne von § 84 Abs. 1 S. 1 HGB ist nach § 84 Abs. 1 S. 2 HGB, wer im wesentlichen frei seine Tätigkeit gestalten und seine Arbeitszeit bestimmen kann.

Die ohne stationäre Verkaufsstelle tätigen Zeitungssonderhändler verkaufen die Ihnen übergebenen Zeitungen nicht im eigenen Namen, sondern im Namen und auf Rechnung des Zeitungsverlags oder dessen Vertriebsgesellschaft. Für jedes verkaufte Exemplar bekommt der Zeitungssonderhändler eine Provision ggf. zzgl. MWSt. Die Buchhaltung und steuerliche Behandlung der verkauften Zeitungen obliegen dem Zeitungsverlag bzw. dessen Vertriebsgesellschaft.

Der ambulante Zeitungs- und Zeitschriftenhandel ist kein zulassungspflichtiges Gewerbe und seit 1984 von dem Erfordernis einer Reisegewerbekarte freigestellt. Wer einen ambulanten Zeitungssonderhandel ausübt, hat nur den Beginn dieser Tätigkeit nach §§ 55c iVm 55a Nr. 10 GewO der zuständigen Behörde anzuzeigen (vgl. Löffler/*Burkhardt* (5. A.) BT VertriebsR Rn. 160). **33**

Entsprechend § 84 Abs. 1 S. 2 HGB muss der Zeitungssonderhändler seine Tätigkeit nur im wesentlichen frei gestalten können. Seine Selbständigkeit im Sinne seiner persönlichen Freiheit wird nicht beeinträchtigt, wenn er gewissen Weisungen des Unternehmens unterliegt. Die Weisungsbefugnis folgt aus der Natur der Geschäftsbesorgungspflicht des Zeitungssonderhändlers. Denn er steht, obwohl er nach § 1 HGB selbst Kaufmann und Unternehmer ist, in einer ständigen Vertragsbeziehung zu einem anderen Unternehmer, für den er tätig ist und dessen Interessen er nach § 86 Abs. 1 HGB wahrzunehmen hat. Seine Freiheit kann eingeschränkt werden, solange seine Selbständigkeit nicht im Kerngehalt beeinträchtigt wird (vgl. BSG BB 1981, 2074; *Weberling* AfP 1999, 236 (238)). Wenn der Zeitungssonderhändler verpflichtet wird, im Rahmen seiner Tätigkeit die Produktionserfordernisse eines Tageszeitungsbetriebs wie beispielsweise aus dem Druck der Zeitung folgende Anlieferzeitpunkte zu berücksichtigen, berühren diese den Kerngehalt der selbständigen Tätigkeit des Zeitungssonderhändlers nicht (vgl. BAG NZA 1998, 364 (366); *Weberling* AfP 1999, 236 (239)).

Gesetzestexte

Grundgesetz für die Bundesrepublik Deutschland

Vom 23.5.1949 (BGBl. S. 1)

Art. 5 [Recht der freien Meinungsäußerung, Medienfreiheit, Kunst- und Wissenschaftsfreiheit]

(1) Jeder hat das Recht, seine Meinung in Wort, Schrift und Bild frei zu äußern und zu verbreiten und sich aus allgemein zugänglichen Quellen ungehindert zu unterrichten. Die Pressefreiheit und die Freiheit der Berichterstattung durch Rundfunk und Film werden gewährleistet. Eine Zensur findet nicht statt.

(2) Diese Rechte finden ihre Schranken in den Vorschriften der allgemeinen Gesetze, den gesetzlichen Bestimmungen zum Schutze der Jugend und in dem Recht der persönlichen Ehre.

(3) Kunst und Wissenschaft, Forschung und Lehre sind frei. Die Freiheit der Lehre entbindet nicht von der Treue zur Verfassung.

Art. 18 [Verwirkung von Grundrechten]

Wer die Freiheit der Meinungsäußerung, insbesondere die Pressefreiheit (Art. 5 Abs. 1), die Lehrfreiheit (Art. 5 Abs. 3), die Versammlungsfreiheit (Art. 8), die Vereinigungsfreiheit (Art. 9), das Brief-, Post- und Fernmeldegeheimnis (Art. 10), das Eigentum (Art. 14) oder das Asylrecht (Art. 16a) zum Kampfe gegen die freiheitliche demokratische Grundordnung missbraucht, verwirkt diese Grundrechte. Die Verwirkung und ihr Ausmaß werden durch das Bundesverfassungsgericht ausgesprochen.

Art. 19 [Einschränkung von Grundrechten; Grundrechtsträger; Rechtsschutz]

(1) Soweit nach diesem Grundgesetz ein Grundrecht durch Gesetz oder auf Grund eines Gesetzes eingeschränkt werden kann, muss das Gesetz allgemein und nicht nur für den Einzelfall gelten. Außerdem muss das Gesetz das Grundrecht unter Angabe des Artikels nennen.

(2) In keinem Falle darf ein Grundrecht in seinem Wesensgehalt angetastet werden.

(3) Die Grundrechte gelten auch für inländische juristische Personen, soweit sie ihrem Wesen nach auf diese anwendbar sind.

(4) Wird jemand durch die öffentliche Gewalt in seinen Rechten verletzt, so steht ihm der Rechtsweg offen. Soweit eine andere Zuständigkeit nicht begründet ist, ist der ordentliche Rechtsweg gegeben. Art. 10 Abs. 2 Satz 2 bleibt unberührt.

Konvention zum Schutze der Menschenrechte und Grundfreiheiten

In der Fassung der Bekanntmachung vom 22.10.2010 (BGBl. II S. 1198)[1]

Art. 10 Freiheit der Meinungsäußerung

(1) Jede Person hat das Recht auf freie Meinungsäußerung. Dieses Recht schließt die Meinungsfreiheit und die Freiheit ein, Informationen und Ideen ohne behördliche Eingriffe und ohne Rücksicht auf Staatsgrenzen zu empfangen und weiterzugeben. Dieser Artikel hindert die Staaten nicht, für Hörfunk[2]-, Fernseh- oder Kinounternehmen eine Genehmigung vorzuschreiben.

(2) Die Ausübung dieser Freiheiten ist mit Pflichten und Verantwortung verbunden; sie kann daher Formvorschriften, Bedingungen, Einschränkungen oder Strafdrohungen unterworfen werden, die gesetzlich vorgesehen und in einer demokratischen Gesellschaft notwendig sind für die nationale Sicherheit, die territoriale Unversehrtheit oder die öffentliche Sicherheit, zur Aufrechterhaltung der Ordnung oder zur Verhütung von Straftaten, zum Schutz der Gesundheit oder der

---

1 Neubekanntmachung der Europäischen Menschenrechtskonvention vom 4.11.1950 (BGBl. 1952 II S. 685, ber. S. 953) in einer sprachlich überarbeiteten deutschen Übersetzung in der ab 1.6.2010 geltenden Fassung.

2 Schweiz und Liechtenstein: Radio.

Moral, zum Schutz des guten Rufes oder der Rechte anderer, zur Verhinderung der Verbreitung vertraulicher Informationen oder zur Wahrung der Autorität und der Unparteilichkeit der Rechtsprechung.

Charta der Grundrechte der Europäischen Union

Vom 12.12.2007 (ABl. C 303, S. 1)

Art. 11 Freiheit der Medien und Informationsfreiheit

(1) Jede Person hat das Recht auf freie Meinungsäußerung. Dieses Recht schließt die Meinungsfreiheit und die Freiheit ein, Informationen und Ideen ohne behördliche Eingriffe und ohne Rücksicht auf Staatsgrenzen zu empfangen und weiterzugeben.

(2) Die Freiheit der Medien und ihre Pluralität werden geachtet.

Allgemeine Erklärung der Menschenrechte

Am 10.12.1948 von der Generalversammlung der Vereinten Nationen verkündet (Resolution 217 A (III) der UN-Generalversammlung)[1]

Art. 19 [Meinungs- und Informationsfreiheit]

Jeder hat das Recht auf Meinungsfreiheit und freie Meinungsäußerung; dieses Recht schließt die Freiheit ein, Meinungen unbehindert anzuhängen sowie über Medien jeder Art und ohne Rücksicht auf Grenzen Informationen und Gedankengut zu suchen, zu empfangen und zu verbreiten.

Internationaler Pakt über bürgerliche und politische Rechte

So genannter Menschenrechtspakt der Vereinten Nationen vom 16.12.1966 (BGBl. 1973 II S. 1534)

Art. 19 [Meinungs-, Äußerungs- und Informationsfreiheit]]

(1) Jedermann hat das Recht auf unbehinderte Meinungsfreiheit.

(2) Jedermann hat das Recht auf freie Meinungsäußerung; dieses Recht schließt die Freiheit ein, ohne Rücksicht auf Staatsgrenzen Informationen und Gedankengut jeder Art in Wort, Schrift oder Druck, durch Kunstwerke oder andere Mittel eigener Wahl sich zu beschaffen, zu empfangen und weiterzugeben.

(3) Die Ausübung der in Abs. 2 vorgesehenen Rechte ist mit besonderen Pflichten und einer besonderen Verantwortung verbunden. Sie kann daher bestimmten, gesetzlich vorgesehenen Einschränkungen unterworfen werden, die erforderlich sind

a) für die Achtung der Rechte oder des Rufs anderer;
b) für den Schutz der nationalen Sicherheit, der öffentlichen Ordnung (odre public), der Volksgesundheit oder der öffentlichen Sittlichkeit.

[1] Übersetzung: Deutscher Übersetzungsdienst bei den Vereinten Nationen.

Schlussakte der Konferenz von Helsinki über Sicherheit und Zusammenarbeit in Europa

(KSZE) vom 1.8.1975
Auszug aus dem so genannten „Korb 3“:

Abschnitt VII

Achtung der Menschenrechte und Grundfreiheiten einschließlich der Gedanken-, Gewissens-, Religions- oder Überzeugungsfreiheit.

Die Teilnehmerstaaten werden die Menschenrechte und Grundfreiheiten einschließlich der Gedanken-, Gewissens-, Religions- oder Überzeugungsfreiheit für alle ohne Unterschied der Rasse, des Geschlechts, der Sprache oder der Religion achten.

Sie werden die wirksame Ausübung der zivilen, politischen, wirtschaftlichen, sozialen, kulturellen sowie der anderen Rechte und Freiheiten, die sich alle aus der dem Menschen innewohnenden Würde ergeben, und für seine freie und volle Entfaltung wesentlich sind, fördern und ermutigen.

Die Teilnehmerstaaten anerkennen die universelle Bedeutung der Menschenrechte und Grundfreiheiten, deren Achtung ein wesentlicher Faktor für den Frieden, die Gerechtigkeit und das Wohlergehen ist, die ihrerseits erforderlich sind, um die Entwicklung freundschaftlicher Beziehungen und der Zusammenarbeit zwischen ihnen sowie zwischen allen Staaten zu gewährleisten.

Sie werden diese Rechte und Freiheiten in ihren gegenseitigen Beziehungen stets achten und sich einzeln und gemeinsam, auch in Zusammenarbeit mit den Vereinten Nationen, bemühen, die universelle und wirksame Achtung dieser Rechte und Freiheiten zu fördern. Sie bestätigen das Recht des Individuums, seine Rechte und Pflichten auf diesem Gebiet zu kennen und auszuüben.

Auf dem Gebiet der Menschenrechte und Grundfreiheiten werden die Teilnehmerstaaten in Übereinstimmung mit den Zielen und Grundsätzen der Charta der Vereinten Nationen und mit der Allgemeinen Erklärung der Menschenrechte handeln. Sie werden ferner ihre Verpflichtungen erfüllen, wie diese festgelegt sind in den internationalen Erklärungen und Abkommen auf diesem Gebiet, soweit sie an sie gebunden sind, darunter auch in den Internationalen Konventionen über die Menschenrechte.

Gesetz über die Presse (Landespressegesetz Baden-Württemberg)

vom 14. Januar 1964 (GBl. S. 11)[1]
Zuletzt geändert durch Gesetz vom 24. April 2018 (GBl. S. 129, 131)

§ 1 Freiheit der Presse. (1) Die Presse ist frei. Sie dient der freiheitlichen demokratischen Grundordnung.

(2) Die Freiheit der Presse unterliegt nur den Beschränkungen, die durch das Grundgesetz unmittelbar und in seinem Rahmen durch dieses Gesetz zugelassen sind.

(3) Sondermaßnahmen jeder Art, die die Pressefreiheit beeinträchtigen, sind verboten.

(4) Berufsorganisationen der Presse mit Zwangsmitgliedschaft und einer mit hoheitlicher Gewalt ausgestattete Standesgerichtsbarkeit der Presse sind unzulässig.

(5) Gesetzen, die für jedermann gelten, ist auch die Presse unterworfen.

§ 2 Zulassungsfreiheit. (1) Die Pressetätigkeit einschließlich der Errichtung eines Verlagsunternehmens oder eines sonstigen Betriebes des Pressegewerbes darf von irgendeiner Zulassung nicht abhängig gemacht werden.

§ 3 Öffentliche Aufgabe der Presse. Die Presse erfüllt eine öffentliche Aufgabe, wenn sie in Angelegenheiten von öffentlichem Interesse Nachrichten beschafft und verbreitet, Stellung nimmt, Kritik übt oder auf andere Weise an der Meinungsbildung mitwirkt.

[1] Änderungsgesetze vor 1997 sind in den Fußnoten nicht nachgewiesen.

§ 4 Informationsrecht der Presse. (1) Die Behörden sind verpflichtet, den Vertretern der Presse die der Erfüllung ihrer öffentlichen Aufgabe dienenden Auskünfte zu erteilen.

(2) Auskünfte können verweigert werden, soweit

1. hierdurch die sachgemäße Durchführung eines schwebenden Verfahrens vereitelt, erschwert, verzögert oder gefährdet werden könnte oder,
2. Vorschriften über die Geheimhaltung entgegenstehen oder
3. ein überwiegendes öffentliches oder schutzwürdiges privates Interesse verletzt würde oder
4. ihr Umfang das zumutbare Maß überschreitet.

(3) Anordnungen, die einer Behörde Auskünfte an die Presse allgemein verbieten, sind unzulässig.

(4) Der Verleger einer Zeitung oder Zeitschrift kann von den Behörden verlangen, daß ihm deren amtliche Bekanntmachungen nicht später als seinen Mitbewerbern zur Verwendung zugeleitet werden.

§ 5 *(aufgehoben)*

§ 6 Sorgfaltspflicht der Presse. Die Presse hat alle Nachrichten vor ihrer Verbreitung mit der nach den Umständen gebotenen Sorgfalt auf Wahrheit, Inhalt und Herkunft zu prüfen. Die Verpflichtung, Druckwerke von strafbarem Inhalt freizuhalten oder Druckwerke strafbaren Inhalts nicht zu verbreiten (§ 20 Abs. 2), bleibt unberührt.

§ 7 Begriffsbestimmungen. (1) Druckwerke im Sinne des Gesetzes sind alle mittels der Buchdruckerpresse oder eines sonstigen zur Massenherstellung geeigneten Vervielfältigungsverfahrens hergestellten und zur Verbreitung bestimmten Schriften, besprochenen Tonträger, bildlichen Darstellungen mit und ohne Schrift, Bildträger und Musikalien mit Text oder Erläuterungen.

(2) Zu den Druckwerken gehören auch die vervielfältigten Mitteilungen, mit denen Nachrichtenagenturen, Pressekorrespondenzen, Materndienste und ähnliche Unternehmungen die Presse mit Beiträgen in Wort, Bild oder ähnlicher Weise versorgen. Als Druckwerke gelten ferner die von einem presseredaktionellen Hilfsunternehmen gelieferten Mitteilungen ohne Rücksicht auf die technische Form, in der sie geliefert werden.

(3) Den Bestimmungen dieses Gesetzes über Druckwerke unterliegen nicht

1. amtliche Druckwerke, soweit sie ausschließlich amtliche Mitteilungen enthalten,
2. die nur Zwecken des Gewerbes und Verkehrs, des häuslichen und geselligen Lebens dienenden Druckwerke, wie Formulare, Preislisten, Werbedrucksachen, Familienanzeigen, Geschäfts-, Jahres- und Verwaltungsberichte und dergleichen, sowie Stimmzettel für Wahlen.

(4) Periodische Druckwerke sind Zeitungen, Zeitschriften und andere in ständiger, wenn auch unregelmäßiger Folge und im Abstand von nicht mehr als sechs Monaten erscheinende Druckwerke.

§ 8 Impressum. (1) Auf jedem im Geltungsbereich dieses Gesetzes erscheinenden Druckwerk müssen Name oder Firma und Anschrift des Druckers und des Verlegers, beim Selbstverlag des Verfassers oder des Herausgebers, genannt sein.

(2) Auf den periodischen Druckwerken sind ferner Name und Anschrift des verantwortlichen Redakteurs anzugeben. Sind mehrere Redakteure verantwortlich, so muß das Impressum die in Satz 1 geforderten Angaben für jeden von ihnen enthalten. Hierbei ist kenntlich zu machen, für welchen Teil oder sachlichen Bereich des Druckwerks jeder einzelne verantwortlich ist. Für den Anzeigenteil ist ein Verantwortlicher zu benennen; für diesen gelten die Vorschriften über den verantwortlichen Redakteur entsprechend.

(3) Zeitungen und Anschlußzeitungen, die regelmäßig ganze Seiten des redaktionellen Teils fertig übernehmen, haben im Impressum auch den für den übernommenen Teil verantwortlichen Redakteur und den Verleger zu benennen. Kopfzeitungen müssen im Impressum auch den Titel der Hauptzeitung angeben.

§ 9 Persönliche Anforderungen an den verantwortlichen Redakteur. (1) Als verantwortlicher Redakteur darf nicht tätig sein und beschäftigt werden, wer

1. seinen ständigen Aufenthalt außerhalb des Geltungsbereiches des Grundgesetzes hat,
2. infolge Richterspruchs die Fähigkeit, öffentliche Ämter zu bekleiden, Rechte aus öffentlichen Wahlen zu erlangen oder in öffentlichen Angelegenheiten zu wählen oder zu stimmen, nicht besitzt,

3. das 21. Lebensjahr nicht vollendet hat,
4. nicht oder nur beschränkt geschäftsfähig ist,
5. nicht unbeschränkt strafgerichtlich verfolgt werden kann.

(2) Die Vorschriften des Abs. 1 Nr. 3 und 4 gelten nicht für Druckwerke, die von Jugendlichen für Jugendliche herausgegeben werden.

(3) Von der Voraussetzung des Absatzes 1 Nr. 1 kann das Ministerium für Wissenschaft und Kunst im Einvernehmen mit dem Justizministerium in besonderen Fällen auf Antrag Befreiung erteilen.

§ 10 Kennzeichnung entgeltlicher Veröffentlichungen. Hat der Verleger eines periodischen Druckwerks oder der Verantwortliche (§ 8 Abs. 2 Satz 4) für eine Veröffentlichung ein Entgelt erhalten, gefordert oder sich versprechen lassen, so hat er diese Veröffentlichung, soweit sie nicht schon durch Anordnung und Gestaltung allgemein als Anzeige zu erkennen ist, deutlich mit dem Wort „Anzeige" zu bezeichnen.

§ 11 Gegendarstellungsanspruch. (1) Der verantwortliche Redakteur und der Verleger eines periodischen Druckwerks sind verpflichtet, eine Gegendarstellung der Person oder Stelle zum Abdruck zu bringen, die durch eine in dem Druckwerk aufgestellte Tatsachenbehauptung betroffen ist. Die Verpflichtung erstreckt sich auf alle Nebenausgaben des Druckwerks, in denen die Tatsachenbehauptung erschienen ist.

(2) Die Pflicht zum Abdruck einer Gegendarstellung besteht nicht, wenn die betroffene Person oder Stelle kein berechtigtes Interesse an der Veröffentlichung hat, wenn die Gegendarstellung ihrem Umfang nach nicht angemessen ist oder bei Anzeigen, die ausschließlich dem geschäftlichen Verkehr dienen. Überschreitet die Gegendarstellung nicht den Umfang des beanstandeten Textes, so gilt sie als angemessen. Die Gegendarstellung muß sich auf tatsächliche Angaben beschränken und darf keinen strafbaren Inhalt haben. Sie bedarf der Schriftform und muß von dem Betroffenen oder seinem gesetzlichen Vertreter unterzeichnet sein. Der Betroffene oder sein Vertreter kann den Abdruck nur verlangen, wenn die Gegendarstellung dem verantwortlichen Redakteur oder dem Verleger unverzüglich, spätestens innerhalb von drei Monaten nach Veröffentlichung, zugeht.

(3) Die Gegendarstellung muß in der nach Empfang der Einsendung nächstfolgenden, für den Druck nicht abgeschlossenen Nummer, in dem gleichen Teil des Druckwerks und mit gleicher Schrift wie der beanstandete Text ohne Einschaltungen und Weglassungen abgedruckt werden; sie darf nicht in der Form eines Leserbriefs erscheinen. Der Abdruck ist kostenfrei. Wer sich zu der Gegendarstellung in derselben Nummer äußert, muß sich auf tatsächliche Angaben beschränken.

(4) Für die Durchsetzung des Gegendarstellungsanspruchs ist der ordentliche Rechtsweg gegeben. Auf Antrag des Betroffenen kann das Gericht anordnen, daß der verantwortliche Redakteur und der Verleger in der Form des Absatzes 3 eine Gegendarstellung veröffentlichen. Auf dieses Verfahren sind die Vorschriften der Zivilprozeßordnung über das Verfahren auf Erlaß einer einstweiligen Verfügung entsprechend anzuwenden. Eine Gefährdung des Anspruchs braucht nicht glaubhaft gemacht zu werden. Ein Hauptverfahren findet nicht statt.

(5) Die Absätze 1 bis 4 gelten nicht für wahrheitsgetreue Berichte über öffentliche Sitzungen der gesetzgebenden oder beschließenden Organe des Bundes, der Länder und der Gemeinden (Gemeindeverbände) sowie der Gerichte.

§ 12 Datenverarbeitung zu journalistischen Zwecken.[2] (1) Soweit Unternehmen der Presse und deren Hilfsunternehmen personenbezogene Daten zu journalistischen oder literarischen Zwecken verarbeiten, ist es den hiermit befassten Personen untersagt, diese personenbezogenen Daten zu anderen Zwecken zu verarbeiten (Datengeheimnis). Bei der Aufnahme ihrer Tätigkeit sind diese Personen auf das Datengeheimnis zu verpflichten. Das Datengeheimnis besteht auch nach Beendigung der Tätigkeit fort.

(2) Im Übrigen finden für die Datenverarbeitung zu journalistischen oder literarischen Zwecken durch Unternehmen der Presse und deren Hilfsunternehmen von den Kapiteln II bis VII und IX der Verordnung (EU) 2016/679 des Europäischen Parlaments und des Rates vom 27. April 2016 zum Schutz natürlicher Personen bei der Verarbeitung personenbezogener Daten, zum freien Datenverkehr und zur Aufhebung der Richtlinie 95/46/EG (Datenschutz-Grundverordnung) (ABl. L 119 vom 4. Mai 2016, S. 1, ber. ABl. L 314 vom 22. November 2016, S. 72)

[2] § 12 neugefasst mit Gesetz vom 24. April 2018, GBl. S. 129, 131.

nur Artikel 5 Absatz 1 Buchstabe f in Verbindung mit Absatz 2, Artikel 24 und 32 sowie von den Vorschriften des Bundesdatenschutzgesetzes (BDSG) vom 30. Juni 2017 (BGBl. I S. 2097) nur § 83 in ihrer jeweils geltenden Fassung Anwendung. Artikel 82 der Verordnung (EU) 2016/679 gilt mit der Maßgabe, dass nur für unzureichende Maßnahmen nach Artikel 5 Absatz 1 Buchstabe f in Verbindung mit Absatz 2, Artikel 24 und 32, § 83 BDSG mit der Maßgabe, dass nur für eine Verletzung des Datengeheimnisses nach Absatz 1 gehaftet wird.

(3) Führt die journalistische oder literarische Verarbeitung personenbezogener Daten zur Verbreitung von Gegendarstellungen der betroffenen Person oder zu Verpflichtungserklärungen, Beschlüssen oder Urteilen über die Unterlassung der Verbreitung oder über den Widerruf des Inhalts der Daten, so sind diese Gegendarstellungen, Verpflichtungserklärungen und Widerrufe zu den gespeicherten Daten zu nehmen und dort für dieselbe Zeitdauer aufzubewahren wie die Daten selbst sowie bei einer Übermittlung der Daten gemeinsam mit diesen zu übermitteln.

§ 13 Anordnung der Beschlagnahme. (1) Die Beschlagnahme eines Druckwerks kann nur der Richter anordnen.

(2) Die Beschlagnahme darf nur angeordnet werden, wenn

1. dringende Gründe für die Annahme vorliegen, daß das Druckwerk eingezogen oder seine Einziehung vorbehalten (§ 74b Abs. 2 des Strafgesetzbuches) wird und
2. in den Fällen, in denen die Einziehung einen Antrag oder eine Ermächtigung voraussetzt, dringende Gründe für die Annahme vorliegen, daß der Antrag gestellt oder die Ermächtigung erteilt wird.

(3) Die Beschlagnahme darf nicht angeordnet werden, wenn

1. der mit ihr verfolgte und erreichbare Rechtsschutz offensichtlich geringer wiegt als ein durch die Beschlagnahme gefährdetes öffentliches Interesse an unverzögerter Unterrichtung durch das Druckwerk oder
2. ohne weiteres feststeht, daß die nachteiligen Folgen der Beschlagnahme außer Verhältnis zu der Bedeutung der Sache stehen.

§ 14 Umfang der Beschlagnahme. (1) Die Anordnung der Beschlagnahme erfaßt nur die Stücke eines Druckwerks, die sich im Besitz des Verfassers, Verlegers, Herausgebers, Redakteurs, Druckers, Händlers oder anderer bei der Herstellung, Veröffentlichung oder Verbreitung mitwirkenden Personen befinden, sowie die öffentlich ausgelegten oder öffentlich angebotenen oder sonst zur Verbreitung oder Vervielfältigung bestimmten Druckstücke; die Beschlagnahme kann in der Anordnung noch weiter beschränkt werden. Die Beschlagnahme kann auf Druckformen, Platten und Matrizen oder entsprechende, den gedanklichen Inhalt der Veröffentlichung tragende Vervielfältigungsmittel ausgedehnt werden.

(2) In der Beschlagnahmeanordnung sind die die Beschlagnahme veranlassenden Stellen des Druckwerks unter Anführung der verletzten Gesetze zu bezeichnen. Ausscheidbare Teile, die nichts Strafbares enthalten, sind von der Beschlagnahme auszuschließen.

(3) Die Beschlagnahme kann dadurch abgewendet werden, daß der Betroffene den die Beschlagnahme veranlassenden Teil des Druckwerks von der Vervielfältigung oder der Verbreitung unverzüglich ausschließt.

§ 15 Verbreitungsverbot für beschlagnahmte Druckwerke. Während der Dauer einer Beschlagnahme ist die Verbreitung des von ihr betroffenen Druckwerks oder der Wiederabdruck des die Beschlagnahme veranlassenden Teiles dieses Druckwerks verboten.

§ 16 Aufhebung der Beschlagnahme. (1) Die Beschlagnahmeanordnung ist aufzuheben, wenn nicht binnen eines Monats die öffentliche Klage erhoben oder die selbständige Einziehung oder der Vorbehalt der Einziehung (§ 74b Abs. 2 des Strafgesetzbuches) beantragt ist.

(2) Reicht die in Absatz 1 bezeichnete Frist wegen des Umfangs des Verfahrens oder infolge erheblicher Beweisschwierigkeiten nicht aus, so kann die Staatsanwaltschaft bei dem Gericht beantragen, die Frist um einen Monat zu verlängern. Der Antrag kann wiederholt werden.

(3) Solange weder die öffentliche Klage erhoben noch ein Antrag auf selbständige Einziehung oder Vorbehalt der Einziehung (§ 74b Abs. 2 des Strafgesetzbuches) gestellt ist, ist die Beschlagnahmeanordnung aufzuheben, wenn die Staatsanwaltschaft dies beantragt. Gleichzeitig mit dem Antrag tritt das Verbot nach § 15 außer Kraft. Die Staatsanwaltschaft hat die Betroffenen von der Antragstellung zu unterrichten.

§ 17 Entschädigung für fehlerhafte Beschlagnahme. (1) War die Beschlagnahme unzulässig oder erweist sich ihre Anordnung als offensichtlich ungerechtfertigt, so ist dem durch die Beschlagnahme unmittelbar Betroffenen auf Antrag eine angemessene Entschädigung in Geld zu gewähren. Dies gilt auch, wenn die Beschlagnahmeanordnung fortbesteht, obwohl sie nach § 16 Abs. 1 aufzuheben war.

(2) Der Antrag kann nur geltend gemacht werden, wenn die Beschlagnahme aufgehoben oder wenn weder im Hauptverfahren noch im Einziehungsverfahren (§§ 440, 441 Abs. 1 bis 3 der Strafprozeßordnung) die Einziehung des Druckwerkes angeordnet oder vorbehalten (§ 74b Abs. 2 des Strafgesetzbuches) worden ist. Der Anspruch entfällt, wenn die Bestrafung oder die Entscheidung über die Einziehung nur deshalb unterblieben ist, weil kein Antrag gestellt oder keine Ermächtigung erteilt worden ist.

(3) Die Entschädigung wird für den durch die Beschlagnahme verursachten Vermögensschaden geleistet. Entschädigungspflichtig ist das Land.

(4) Der Antrag nach Absatz 1 ist binnen drei Monaten nach der Bekanntmachung der im Absatz 2 genannten Entscheidung bei der Staatsanwaltschaft des Landgerichts zu stellen, in dessen Bezirk die Entscheidung ergangen ist. Über den Antrag entscheidet das Justizministerium. Gegen seinen Bescheid ist binnen einer Ausschlußfrist von sechs Monaten nach Zustellung die Klage zulässig. Das Landgericht ist ohne Rücksicht auf den Wert des Streitgegenstandes ausschließlich zuständig.

§ 18 Vorläufige Sicherstellung. (1) Die Staatsanwaltschaft oder ihre Hilfsbeamten dürfen ein Druckwerk ohne richterliche Beschlagnahme zu anderen Zwecken als zur Beweissicherung vorläufig sicherstellen, wenn seine Herstellung oder Verbreitung eine rechtswidrige Tat ist, die den Tatbestand

1. des Friedensverrats, des Hochverrats, der Gefährdung des demokratischen Rechtsstaates, des Landesverrats, der Gefährdung der äußeren Sicherheit oder
2. der §§ 109d, 109g, 111, 129, 130, 131, 184 des Strafgesetzbuches oder der Anstiftung zum Ungehorsam (§ 19 in Verbindung mit § 1 Abs. 3 des Wehrstrafgesetzes) oder
3. des § 21 Abs. 1 bis 3 des Gesetzes über die Verbreitung jugendgefährdender Schriften verwirklicht und wenn eine richterliche Anordnung der Beschlagnahme nicht rechtzeitig herbeigeführt werden kann. § 13 Abs. 2 und 3 sowie §§ 14 und 17 sind auf die vorläufige Sicherstellung entsprechend anzuwenden.

(2) Über die Bestätigung oder Aufhebung der vorläufigen Sicherstellung entscheidet das zuständige Gericht. Die Staatsanwaltschaft hat die Entscheidung binnen 24 Stunden nach der Sicherstellung zu beantragen. Das Gericht hat binnen 24 Stunden nach Eingang des Antrags zu entscheiden.

(3) Ist die vorläufige Sicherstellung von einem Hilfsbeamten der Staatsanwaltschaft angeordnet worden, so muß er die Verhandlungen spätestens innerhalb von zwölf Stunden der Staatsanwaltschaft vorlegen.

(4) Die Anordnung der vorläufigen Sicherstellung wird unwirksam, wenn nicht binnen fünf Tagen seit ihrem Erlaß der bestätigende Gerichtsbeschluß der Behörde zugegangen ist, die die Sicherstellung angeordnet hat, die vorläufig sichergestellten Stücke sind unverzüglich freizugeben.

(5) Der Beschluß des Gerichts, der die vorläufige Sicherstellung aufhebt, ist unanfechtbar.

§ 19 Beschlagnahme zur Beweissicherung. Auf die Beschlagnahme einzelner Stücke eines Druckwerks zur Sicherung des Beweises finden die §§ 13 bis 18 keine Anwendung.

§ 20 Strafrechtliche Verantwortung. (1) Die Verantwortlichkeit für Straftaten, die mittels eines Druckwerks begangen werden, bestimmt sich nach den allgemeinen Strafgesetzen.

(2) Ist mittels eines Druckwerkes eine rechtswidrige Tat begangen worden, die einen Straftatbestand verwirklicht, so wird, soweit er nicht wegen dieser Handlung schon nach Absatz 1 als Täter oder Teilnehmer strafbar ist, mit Freiheitsstrafe bis zu einem Jahr oder mit Geldstrafe bestraft

1. bei periodischen Druckwerken der verantwortliche Redakteur, wenn er vorsätzlich oder fahrlässig seine Verpflichtung verletzt hat, Druckwerke von strafbarem Inhalt freizuhalten,
2. bei sonstigen Druckwerken der Verleger, wenn er vorsätzlich oder fahrlässig seine Aufsichtspflicht verletzt hat und die rechtswidrige Tat hierauf beruht.

§ 21 Strafbare Verletzung der Presseordnung. (1) Mit Gefängnis bis zu einem Jahr oder mit Geld strafe wird bestraft, wer

1. als Verleger eine Person zum verantwortlichen Redakteur bestellt, die nicht den Anforderungen des § 9 entspricht,
2. als verantwortlicher Redakteur zeichnet, obwohl er die Voraussetzungen des § 9 nicht erfüllt,
3. als verantwortlicher Redakteur oder Verleger – beim Selbstverlag als Verfasser oder Herausgeber – bei einem Druckwerk strafbaren Inhalts den Vorschriften über das Impressum (§ 8) zuwiderhandelt,
4. ent gegen dem Verbot des § 15 ein beschlagnahmtes Druckwerk verbreitet oder wieder abdruckt.

§ 22 Ordnungswidrigkeiten.[3] (1) Ordnungswidrig handelt, wer vorsätzlich oder fahrlässig

1. als verantwortlicher Redakteur oder Verleger – beim Selbstverlag als Verfasser oder Herausgeber – den Vorschriften über das Impressum (§ 8) zuwiderhandelt oder als Unternehmer Druckwerke verbreitet, in denen die nach § 8 vorgeschriebenen Angaben (Impressum) ganz oder teilweise fehlen,
2. als Verleger oder als Verantwortlicher (§ 8 Abs. 2 Satz 4) eine Veröffentlichung gegen Entgelt nicht als Anzeige kenntlich macht oder kenntlich machen läßt (§ 10),
3. gegen die Verpflichtung aus § 11 Abs. 3 Satz 3 verstößt,
4. *(aufgehoben)*

(2) Ordnungswidrig handelt auch, wer fahrlässig eine der in § 21 bezeichneten Handlungen begeht.

(3) Die Ordnungswidrigkeit kann mit einer Geldbuße bis zu 5000 Euro geahndet werden.

(4) Verwaltungsbehörde im Sinne des § 36 Abs. 1 Nr. 1 des Gesetzes über Ordnungswidrigkeiten ist das Regierungspräsidium.

§ 23 Zeugnisverweigerungsrecht und Beschlagnahmeverbot. (1) Redakteure, Journalisten, Verleger, Herausgeber Drucker und andere, die bei der Herstellung oder Veröffentlichung eines periodischen Druckwerks berufsmäßig mitgewirkt haben, können über die Person des Verfassers, des Einsenders oder des Gewährsmanns einer Veröffentlichung dieses Druckwerks sowie über die ihnen anvertrauten, dieser Veröffentlichung zu Grunde liegenden Tatsachen das Zeugnis verweigern.

(2) Das Zeugnis darf nicht verweigert werden

1. bei einer Veröffentlichung strafbaren Inhalts, es sei denn, daß ein Redakteur oder ein anderer hauptberuflicher und ständiger journalistischer Mitarbeiter wegen dieser Veröffentlichung bestraft ist oder seiner Bestrafung keine tatsächlichen und keine rechtlichen Hindernisse entgegenstehen, oder
2. wenn auf Grund bestimmter Tatsachen anzunehmen ist, daß die einer Veröffentlichung zugrunde liegenden Schriftstücke, Unterlagen oder Mitteilungen unter Verletzung eines Strafgesetzes, das eine Freiheitsstrafe im Höchstbetrag von nicht weniger als einem Jahr androht, erlangt oder durch andere verschafft worden sind, oder
3. wenn nach dem Inhalt der Veröffentlichung auf Grund bestimmter Tatsachen anzunehmen ist, daß der Verfasser, der Einsender oder der Gewährsmann eine mit lebenslanger Freiheitsstrafe oder mit Freiheitsstrafe bis zu fünfzehn Jahren bedrohte Handlung begangen hat.

(3) Eine Bestrafung des verantwortlichen Redakteurs nach § 20 Abs. 2 Nr. 1 berechtigt nicht zur Verweigerung des Zeugnisses nach Absatz 2 Nr. 1.

(4) Zu dem Zweck, die Person des Verfassers, des Einsenders oder des Gewährsmanns einer Veröffentlichung in einem periodischen Druckwerk zu ermitteln, ist die Beschlagnahme von Schriftstücken und Unterlagen, die sich im Gewahrsam der nach den Absätzen 1 bis 3 zur Verweigerung des Zeugnisses Berechtigten befinden, nicht zulässig; das gleiche gilt, wenn die Beschlagnahme zu dem Zweck erfolgen soll, die den nach den Absätzen 1 bis 3 zur Verweigerung des Zeugnisses Berechtigten anvertrauten, dieser Veröffentlichung zugrunde liegenden Tatsachen festzustellen, nachzuweisen oder zu ermitteln. Für die Durchsuchung gilt Satz 1 entsprechend.

---

[3] § 22 Abs. 3 geändert durch Art. 6 des Gesetzes zur Umstellung landesrechtlicher Vorschriften auf Euro und zur Änderung des Fischereigesetzes vom 20. November 2001, GBl. 2001, S. 605.

(5) Zu den in Absatz 4 genannten Zwecken ist die Beschlagnahme von Schriftstücken und Unterlagen in den Räumen einer Redaktion, eines Verlags oder einer Druckerei nur zulässig, wenn die Voraussetzungen des Absatzes 2 Nr. 2 oder 3 vorliegen oder wenn durch die Veröffentlichung eine rechtswidrige Tat begangen worden ist, die den Tatbestand eines Verbrechens oder eines Vergehens nach den §§ 80a, 86, 89, 95, 97 oder 100a des Strafgesetzbuches verwirklicht; das gleiche gilt, wenn eine rechtswidrige Tat begangen worden ist, die nach Art. 7 des Vierten Strafrechtsänderungsgesetzes vom 11. Juni 1957 (BGBl. I S. 597) in der Fassung des Art. 147 des Einführungsgesetzes zum Strafgesetzbuch vom 2. März 1974 (BGBl. I S. 469) den Tatbestand eines Verbrechens oder in Verbindung mit den §§ 89, 95 oder 97 des Strafgesetzbuches den Tatbestand eines Vergehens verwirklicht.
Für die Durchsuchung gilt Satz 1 entsprechend.

§ 24 Verjährung.[4] (1) Die Verfolgung von Straftaten,

1. die durch die Veröffentlichung oder Verbreitung von Druckwerken strafbaren Inhalts begangen werden oder
2. die sonst den Tatbestand einer Strafbestimmung dieses Gesetzes verwirklichen,

verjährt bei Verbrechen in einem Jahr, bei Vergehen in sechs Monaten. Die Vorschrift findet keine Anwendung auf die in § 18 Abs. 1 bezeichneten Verbrechen und auf die in § 130 Abs. 2 bis 4, § 131 sowie § 184 Abs. 3 und 4 des Strafgesetzbuches genannten Vergehen.

(2) Die Verfolgung der in § 22 genannten Ordnungswidrigkeiten verjährt in drei Monaten.

(3) Die Verjährung beginnt mit der Veröffentlichung oder Verbreitung des Druckwerks. Wird das Druckwerk in Teilen veröffentlicht oder verbreitet oder wird es neu aufgelegt, so beginnt die Verjährung erneut mit der Veröffentlichung oder Verbreitung der weiteren Teile oder Auflagen.

§ 25. (1) Bis zur gesetzlichen Neuregelung der allgemeinen Rechtsverhältnisse des Rundfunks gelten die §§ 1, 3 bis 6, 20 Abs. 1 und Abs. 2 Nr. 1, 21 Nr. 1, 23 und 24 Abs. 1 und 3 für Hörrundfunk und Fernsehen entsprechend. § 23 gilt mit folgender Maßgabe:

1. Zur Verweigerung des Zeugnisses sind berechtigt Intendanten, Programmdirektoren, Redakteure und andere, die bei der Vorbereitung oder Durchführung einer Rundfunksendung berufsmäßig mitgewirkt haben;
2. wenn der Verfasser, der Einsender oder der Gewährsmann selbst im Rundfunk spricht, darf das Zeugnis über seine Person nicht verweigert werden.

(2) Der Staatsvertrag über den Südwestfunk vom 27. August 1951 (Bad. GVBl. 1952 S. 40; Reg.Bl. Württ.-Hohenzollern 1952 S. 27) in der Fassung des Staatsvertrags zur Änderung des Staatsvertrags über den Südwestfunk vom 29. Februar 1952 (Bad. GVBl. S. 42; Reg.Bl.Württ.-Hohenzollern S. 30), der Staatsvertrag über die Errichtung der Anstalt des öffentlichen Rechts „Zweites Deutsches Fernsehen" vom 6. Juni 1961 (Ges. Bl. S. 215) und das württ.-bad. Gesetz Nr. 1096 – Rundfunkgesetz – vom nbsp;21.&November 1950 (Reg.Bl. 1951 S. 1) in der Fassung des württ.-bad. Gesetzes Nr. 1113 zur Änderung des Gesetzes Nr. 1096 – Rundfunkgesetz – vom 2. August 1951 (Reg. Bl. S. 63) bleiben unberührt.

§ 26 Schlußbestimmungen. (1) Dieses Gesetz tritt am 1. Februar 1964 in Kraft.

(2) Gleichzeitig treten alle Rechtsvorschriften, die diesem Gesetz entsprechen oder widersprechen, außer Kraft, insbesondere

1. das Reichsgesetz über die Presse vom 7. Mai 1874 (RGBl. S. 65),
2. das württ.-bad. Gesetz Nr. 1032 über die Freiheit der Presse vom 1. April 1949 (Reg. Bl. S. 59),
3. das württ. Gesetz, betreffend Ausführungsbestimmungen zu dem Reichsgesetz über die Presse vom 27. Juni 1874 (Reg. Bl. S. 181), zuletzt geändert durch das Gesetz betreffend Abänderung des Ausführungsgesetzes zu dem Reichsgesetz über die Presse vom 24. Januar 1900 (Reg. Bl. S. 111),
4. die Verfügung der württ. Ministerien der Justiz und des Inneren zum Vollzug des Gesetzes vom 24. Januar 1900, betreffend Abänderung des Ausführungsgesetzes zu dem Reichsgesetz über die Presse vom 9. Februar 1900 (REG. Bl. S. 112),

[4] § 24 Abs. 1 Satz 2 neugefasst durch Gesetz zur Änderung des Landespressegesetzes und des Landesmediengesetzes vom 24. November 1997, GBl. 1997, S. 483.

5. die Verordnung des württ. Kultusministeriums über die Abgabe von Schriften an die Landesbibliothek in Stuttgart vom 24. Juni 1931 (Reg. Bl. S. 322),
6. das badische Gesetz, die Einführung des Reichspressegesetzes betreffend, vom 20. Juni 1874 (GVBl. S. 279), geändert durch § 147 Ziff. 3 des badischen Gesetzes, die Einführung der Reichsjustizgesetze im Großherzogtum Baden betreffend, vom 3. März 1879 (GVBl. S. 91),
7. die badische Verordnung zum Vollzug des Reichsgesetzes über die Presse vom 18. Mai 1937 (GVBl. S. 238),
8. das badische Gesetz über die Abgabe von Freistücken der im Land Baden erscheinenden oder daselbst zum Druck gelangten Druckwerke an die badische Landesbibliothek vom 27. Februar 1936 (GVBl. S. 49), für Südbaden geändert durch das Landesgesetz über die Abgabe von Freistücken der im Land Baden erscheinenden oder daselbst zum Druck gelangten Druckwerke vom 6. August 1948 (GVBl. S. 141),
9. die badische Verordnung zur Durchführung des Gesetzes vom 27. Februar 1936 über die Abgabe von Freistücken der im Land Baden erscheinenden oder daselbst zum Druck gelangten Druckwerke an die badische Landesbibliothek vom 24. Juli 1939 (GVBl. S. 152),
10. die südbadische Anordnung des badischen Ministeriums des Innern zur Überwachung von Druckschriften vom 10. April 1946 (Amtsblatt der Landesverwaltung Baden, S. 7), geändert durch Anordnung vom 6. Dezember 1946 (Amtsblatt der Landesverwaltung Baden, S. 149),
11. § 6 des preußischen Gesetzes über die Presse vom 12. Mai 1851 (GS. S. 273).[5]

[5] § 12 neugefasst mit Gesetz vom 24. April 2018, GBl. S. 129, 131.

Sachregister

Die fetten Zahlen verweisen auf Kapitel, die mageren Zahlen auf Randziffern; Kursivdruck kennzeichnet Kernfundstellen